沖縄語動詞形態変化の歴史的研究

武蔵野書院創業百周年記念出版

多和田 眞一郎

武蔵野書院

沖縄語動詞形態変化の歴史的研究

武蔵野書院創業百周年記念出版

はじめに

　静岡大学人文学部に提出する卒業論文のテーマに自身の第一言語の「動詞の活用」を選んで以来約半世紀、私の関心の中心は沖縄語の形態、就中、動詞形態変化の変遷（史的変化）にある。それを跡付けるべく、地道に資料収集・分析を行ってきた。やっとある程度のまとめができ、相応の知見も得ることができたので、目に見える形にしてみることにする。

　沼本克明（2006）に次のようにある。

　　日本語史の研究は、これも歴史研究の在り方として説かれているように、これまでほぼ次のような過程を経て今日に至っている。

　　　　①各時代における日本語の実態を明らかにする。

　　　　②日本語の各時代を通じての変遷を明らかにする。

　　　　③変遷に対する解釈を与える（どのような過程を経て、いかなる理由によって変遷したか）。

　　今日、さらに日本語研究者の関心はその最終的な段階を目指して、

　　　　④日本語の変遷にはいかなる原理があるかという一般則にまで高める。

　　というところまで大方の関心が向かいつつあり、そのような域に達した研究成果もかなり蓄積されているのが現状である。(p.82)

　安易な対照は慎むべきであるが、参照するという意味で言えば、沖縄語史の研究は、先人・先輩方の個別研究は少なからず存するものの、①の段階にもないような印象がある。本書は（動詞に限るが）、当然のように①を目指し、更に②の段階まで進もうとしている（部分的には③まで及ぶ場合もある）。分析の対象とした資料を成立年代順に並べ、可能な限りの説明を加えただけのものでしかないが、全てはそこから始まるはずであるから必須の段階のものであると位置づけられるであろう。

　本書で行ったことは、例えて言えば、原初的なドローンを飛ばして川の流れるさまを写真に収めたようなものであろうか。川がどこで曲がるか、どこから直線的になるか、幅がどのように変わるか等は写せるが、流れる速さはどうか、深さはどうか、川底の様子はどうか、そこに生息する動・植物にはどのようなものがあるか等はカバーできていない。

　将来的には、動画を撮る、水中カメラで撮る等に例えることのできる「手法」を生かして更なる分析ができるようになることを望んでいる。

沖縄語動詞形態変化の歴史的研究

目　次

はじめに …………………………………………………………………………… iii

序章　分析対象資料及び用例収集のための前提 ……………………………… 1

第1章　ハングル資料の動詞形態の考察 ……………………………………… 36
　第1節　『海東諸國紀』付載の「語音翻訳」の動詞形態の考察 …………… 37
　第2節　『琉球・呂宋漂海録』中の「言語」「琉球」語の動詞形態の考察 … 40

第2章　漢字資料の動詞形態の考察 …………………………………………… 42
　第1節　「琉球館譯語」の動詞形態の考察……………………………………… 43
　第2節　陳侃『使琉球録』中の「夷語」の動詞形態の考察 ………………… 47
　第3節　郭汝霖『使琉球録』中の「夷語」の動詞形態の考察 ……………… 50
　第4節　周鐘　等『音韻字海』中の「附録夷語音釈」の動詞形態の考察 … 54
　第5節　蕭崇業『使琉球録』中の「夷語」の動詞形態の考察 ……………… 58
　第6節　夏子陽『使琉球録』中の「夷語」の動詞形態の考察 ……………… 61
　第7節　徐葆光『中山伝信録』中の「琉球語」の動詞形態の考察 ………… 64
　第8節　潘相『琉球入學見聞録』中の「土音」の動詞形態の考察 ………… 69
　第9節　李鼎元『琉球譯』の動詞形態の考察………………………………… 72

第3章　仮名資料の動詞形態の考察 …………………………………………… 134
　第1節　「碑文記」の動詞形態の考察 ………………………………………… 136
　第2節　『田名文書』の動詞形態の考察 ……………………………………… 153
　第3節　『おもろさうし』の動詞形態の考察 ………………………………… 154
　第4節　『君南風由来幷位階且公事』の動詞形態の考察 …………………… 260
　第5節　『仲里旧記』の動詞形態の考察 ……………………………………… 279
　第6節　『混効験集』の動詞形態の考察 ……………………………………… 309
　第7節　『琉球国由来記』の動詞形態の考察 ………………………………… 330
　第8節　「組踊　五組」脚本の動詞形態の考察 ……………………………… 340
　第9節　『具志川間切旧記』の動詞形態の考察 ……………………………… 447
　第10節　『沖縄對話』の動詞形態の考察 …………………………………… 453
　第11節　「琉球官話集」の動詞形態の考察 ………………………………… 584

第4章　アルファベット資料の動詞形態の考察 ························· 594
　第1節　クリフォード『琉球語彙』の動詞形態の考察 ················· 594
　第2節　ベッテルハイム『琉球語と日本語の文法の要綱』・
　　　　　『琉球語辞書』の動詞形態の考察 ······················· 616
　第3節　チェンバレン『琉球語文典』の動詞形態の考察 ·············· 837
　第4節　『沖縄語辞典』の動詞形態の考察 ·························· 899

第5章　沖縄語動詞形態変化の通時的考察 ·························· 927
　序　説　現代沖縄語動詞形態変化の様相 ·························· 928
　第1節　「四段活用」動詞の史的変化 ···························· 938
　第2節　「上一段活用」動詞の史的変化 ·························· 1097
　第3節　「上二段活用」動詞の史的変化 ·························· 1109
　第4節　「下一段活用」動詞の史的変化 ·························· 1117
　第5節　「下二段活用」動詞の史的変化 ·························· 1118
　第6節　「カ行変格活用」動詞の史的変化 ························ 1169
　第7節　「サ行変格活用」動詞の史的変化 ························ 1176
　第8節　「ナ行変格活用」動詞の史的変化 ························ 1196
　第9節　「ラ行変格活用」動詞の史的変化 ························ 1198
　第10節　「あり」・「をり」との接続 ·························· 1227

　　　注 ·· 1288

　　　参考文献 ·· 1338

　　　事項索引 ·· 1345

　　　語彙索引（第1章～第4章の見出し語のみ）················ 1351

おわりに ·· 1373

序章　分析対象資料及び用例収集のための前提

1）分析対象資料一覧

　　分析の対象とした資料の一覧を示す。成立年代順に配列する。
　　《　》は、用例を示す際に使用する略号であることを示す。

01、《翻訳》語音翻訳（1501）…『海東諸国紀』付載のハングル資料
02、《碑文（玉殿）》たまおとんのひもん（1501）…仮名資料
03、《琉館》琉球館訳語（16世紀前半成立か）…『華夷訳語』の一つとしての漢字資料
04、《碑文（石東）》石門之東之碑文（国王頌徳碑）（1522）…仮名資料
05、《碑文（石西）》石門の西のひもん（真珠湊碑文）（1522）…仮名資料
06、《田名1》田名文書第1号（1523）…仮名資料
07、《碑文（崇寺）》崇元寺之前東之碑うらの文（1527）…仮名資料
08、《おも1》『おもろさうし』巻一（1531）…仮名資料
　　　　　　　　1709年11月原本焼失。1710年7月再編
09、《陳使》陳侃『使琉球録』中の「夷語」（1534）…漢字資料
10、《田名2》田名文書第2号（1536）…仮名資料
11、《田名3》田名文書第3号（1537）…仮名資料
12、《田名4》田名文書第4号（1541）…仮名資料
13、《碑文（かた）》かたはなの碑おもての文（1543）…仮名資料
14、《田名5》田名文書第5号（1545）…仮名資料
15、《碑文（添門）》添継御門の南のひのもん（1546）…仮名資料
16、《田名6》田名文書第6号（1551）…仮名資料
17、《碑文（やら）》やらさもりくすくの碑のおもての文（1554）…仮名資料
18、《田名7》田名文書第7号（1560）…仮名資料
19、《郭使》郭汝霖『使琉球録』中の「「夷語」（1561）…漢字資料
20、《田名8》田名文書第8号（1562）…仮名資料
21、《田名9》田名文書第9号（1563）…仮名資料
22、《音字》周鐘等『音韻字海』中の
　　　　　　　　「附録夷語音釈」「附夷字音釈」（1572頃）…漢字資料
23、《蕭使》蕭崇業『使琉球録』中の「「夷語」（1579）…漢字資料
24、《田名10》田名名文書第10号（1593）…仮名資料
25、《碑文（浦城）》浦添城の前の碑おもての文（1597）…仮名資料
26、《田名11》田名文書第11号（1606）…仮名資料
27、《夏使》夏子陽『使琉球録』中の「「夷語」（1606）…漢字資料
28、《碑文（よう）》ようとれのひのもん（1609）…仮名資料

29、《おも2》『おもろさうし』巻二（1613）…仮名資料
　　　　　1709年11月原本焼失。1710年7月再編
30、《おも3》『おもろさうし』巻三〜巻二十二（1623）…仮名資料
　　　　　1709年11月原本焼失。1710年7月再編
　（編集年次不明の巻11、巻14、巻17、巻22も「1623」に準じるものとする。）
31、《碑文（本山）》本覚山碑文（1624）…仮名資料
32、《田名12》田名名文書第12号（1627）…漢字仮名混じり資料
33、《田名13》田名名文書第13号（1628）…漢字仮名混じり資料
34、《田名14》田名名文書第14号（1631）…漢字仮名混じり資料
35、《田名15》田名名文書第15号（1634）…漢字仮名混じり資料
36、《田名16》田名名文書第16号（1660）…漢字仮名混じり資料
　　　　《田名12》〜《田名16》に関して、用例としては仮名のみを採用する。
37、《君由》『君南風由来幷位階且公事』（1700頃）…仮名資料
38、《仲里》『仲里旧記』（1703頃）…仮名資料
39、《混験》『混効験集』（1711）…仮名資料
40、《琉由》『琉球国由来記』（1713）…仮名資料
41、《組五》玉城朝薫「組踊五組」の脚本〈「護佐丸敵討」「執心鐘入」「銘苅子」
　　　　　「孝行之巻」「女物狂」〉（1718頃）…仮名資料
42、《中信》徐葆光『中山伝信録』中の「琉球語」（1721）…漢字資料
43、《具志》『具志川間切旧記』〈1743〉…仮名資料
44、《琉見》潘相『琉球入学見聞録』中の「土音」（1764）…漢字資料
45、《琉訳》李鼎元『琉球訳』（1800頃）…漢字資料
46、《漂録》『琉球・呂宋漂海録』中の「言語」「琉球」語（1818）…ハングル資料
47、《クリ》クリフォード『琉球語彙』（1818）…アルファベット資料
48、《ベッテ》ベッテルハイム『琉球語と日本語の文法の要綱』（1849）・
　　　　　『琉球語辞書』（1852）…アルファベット資料
49、《沖話》『沖縄対話』（1880）…仮名資料
50、《チェン》チェンバレン『琉球語文典』（1895）…アルファベット資料
51、《官話》「琉球官話集」（19世紀？）…仮名資料
52、《沖辞》『沖縄語辞典』（1963）…（アルファベット資料）

2）「動詞」の捉え方
（単語、形態素、助辞、接辞等について）

　「動詞」の用例を収集し、それに考察を加えるというのだが、「動詞」とは何か。このように正面切って言わずに、普通に考えられている「動詞」であり、これから提示する全てのもの（用例）がそれであると言うことも可能であろう。しかし、そうしたとしても用例収集のための前提、あるいは拠り所のようなものがなければなるまい。そのことについて少々触れておきたい。以下は、多和田（2006）で述べたことをもとにしている。

「事物の動作・作用・状態・存在などを表す語」が「動詞」であるとするが、この「語」（単語）が、自明のことのようでありながら、いざ定義するとなると、容易に解決できない種々の問題を含み、取り扱いが難しい。それで、「日本語には、言語の基本的な単位である単語の定義をめぐっての共通理解がいまだに得られていない」[注1]と述べられたりもする。

　そこで、その前後から迫っていくことによってその対象を鮮明に浮かび上がらせようとすることになる。「単語」とはこのようなものだと緩やかに認定しておいて、分析を進めつつ、最終的にめざすものはこれであったとする手法である。実例を提示しながら概念化を図っていく方法であると言ってもよかろう。

　ここでは、単語を「一定の形式と意味とをもった自立性のあるまとまり」とし、「動詞」に関してこの方法を取ろうとしている。

　単語の内部構造・構成に主眼をおいて研究する「形態論」の単位たる「形態素」を「最小の意味単位」と簡潔に定義し、（沖縄語）動詞の（通時的）考察を行おうとするものである。

　語構成や語形変化などの観点から、形態素を次のように分類する考え方を援用する。[注2]
(1) 語基 (base)＝合成語を作る要素となる比較的自立性の高い形態素で、語形成上の単位となる。
(2) 語幹 (stem)＝同一の単語の文法的な語形を構成する活用上の単位で、変化しない部分である。
(3) 付属辞＝自立性の低い形態素である。接辞、語尾、助辞に分類される。
　①接辞 (affix)＝語基と結合して派生語を作る。接頭辞 (prefix)、接尾辞 (suffix) が多いが、接中辞（infix）もある。
　②語尾 (ending)＝語幹につく形式で、語形変化をする単語の変化する部分である。（屈折辞とする場合もある。）「学校文法」の「助動詞」の多くはこれに属すると言える。
　③助辞 (particle)＝語基あるいは語幹＋語尾につく形式で、単語性の高い付属辞である。「学校文法」の「助詞」の多くはこれに属すると言える。

　「助詞」「助動詞」を単語とするか否かによって、分析の違いが出てくることになる。「暑さのせいで、冷たいものばかり飲んでいます。」を例にして説明しよう。
　まず、形態素分析をして、上記の分類をあてはめてみる。（下記の /seʀ-/,{SER-}における「-R-」は「長音」を意味する。）

/acusa-no/	/seʀ-de/	/cumeta-i/	/mono-bakari/	/noɴ-de/	/i-mas-u/
{ACUSA-NO}	{SER-DE}	{CUMETA-I}	{MONO-BAKARI}	{NON-TE}	{I-MAS-U}
(1)　　③	(1)　③	(2)　②	(1)　　③	(2)　②	(2) ① ①

「助詞」「助動詞」を単語と認めるか否かによって、次のような三つの立場の違いができる。
　Ａ．暑さの□せいで□冷たい□ものばかり□飲んで□います
　　（助詞も助動詞も認めない立場）

3

B．暑さ□の□せい□で□冷たい□もの□ばかり□飲んで□います
　　　（助詞は認めるが、助動詞は認めない立場）
　　C．暑さ□の□せい□で□冷たい□もの□ばかり□飲ん□で□い□ます
　　　（助詞も助動詞も認める立場）
　　Aの立場からすると、「行かせられたくなかったようだったそうですね」は、一つの単語ということになるのであろうが、そうするには抵抗感が生じるはずである。その感覚はどこから来るのか。
　　上記の例文でもわかるように、「単語」としての固まり具合を「茹卵」の譬えで言うと以下のようになろう。つまり、「助辞」は「接辞」より自立性が高いが、「単語」とはならず、あたかも「半熟」のような存在なのである。さらに言えば、「半熟」に程度の差があるように、「助辞」にも幅がある。

図1

図2

　　さっきの抵抗感の原因は、この「半熟」的存在の「助辞」にあるように思われる。（本書では、Bに近い立場を取る。）
　　因みに、上記の例文に対応する沖縄（現代）語[注3]は次のようである。

　　　　暑さのために、冷たいものばかり飲んでいます
　　　/ʔacjisanu　tamini　hizjurusaru　muɴbikʼeʼi　nudoʼojabiʼiɴ/

/ʔacjisa-nu/	/tami-ni/	/hizjurusa-ru/	/ muɴ-bikʼeʼi/	/nudoʼo-ʼjabiʼiɴ /
{ʔACJISA-NU}	{TAMI-NI}	{HIZJURUSA-RU}	{MUɴ-BIKEʼEʼI}	{NUDOʼO- ʼJABIʼIN}
(1)　　　③	(1)　　③	(2)　　　②	(1)　　　③	(2)　　　①

　　再び「動詞」に立ち返って、補いをしておきたい。
　　亀井孝・河野六郎・千野栄一（1996）『言語学大辞典　第6巻　術語編』（三省堂）に「動詞は，行動や動きの概念を示すだけではない．何か別の要素が必要である．」とあり、次のような項目が並ぶ（説明文、省略）。
［動詞の統語機能］
［動詞に関わる文法範疇］
　1）人称 (person)・数 (number)　2）時称 (tense)　3）アスペクト (aspect)
　4）態 (voice) 5）法 (mood)　6）性 (gender)　7）去来相 (orientation)
［述語の中核としての動詞］

　　これらについて論じる意図はなく、用例収集の際に念頭に置くべき事柄として挙げるものである。

３）沖縄語音韻の通時的変化の概要

「形態」について考えるためには、前提としての「音韻」を見ておく必要がある。多和田（2010）で述べたことをもとに（多少の補訂を加えて）、動詞の形態変化（活用）に関連するようにという観点から、沖縄語音韻の通時的変化の概要を以下に記す。

カ行音　＊/ k i , k e , k a , k u , k o /

＊/ki/ は、16 世紀終りあたりからその兆候はあるが、17 世紀の初めごろ破擦音化して
　　[ʧi]/cji/ となる。

（注）[ʧi]：/cji/（[tsi]：/ci/ との関係で、このようにする。）

＊/ke/ は、16 世紀の半ばごろ [ki]/ki/ となる。それ以前、[kï]/kï/ の時期があったと考えられる。

＊/ka/ は、[ka]/ka/ のまま現代に到る。

　　/i/ の後で口蓋化したが、それが破擦音化するのは 18 世紀の終りごろかと思われる。

＊/ku/ は、[ku]/ku/ のまま現代に到る。

＊/ko/ は、16 世紀に入って間もなく [ku]/ku/ になった可能性が高い。

ガ行音　＊/ g i , g e , g a , g u , g o /

＊/gi/ は、17 世紀の初めごろ破擦音化して [ʤi]/zji/ となる。

＊/ge/ は、16 世紀の半ばごろ [gi]/gi/ となる。それ以前、[gï]/gï/ の時期があったと考えられる。

＊/ga/ は、[ga]/ga/ のまま現代に到る。

　　/i/ の後で口蓋化したが、それが破擦音化するのは 18 世紀の終りごろかと思われる。

＊/gu/ は、[gu]/gu/ のまま現代に到る。

＊/go/ は、16 世紀に入って間もなく [gu]/gu/ になった可能性が高い。

（注）[ʤi]：/zji/（[dzi]：/zi/ との関係で、このようにする。）

タ行音　＊/ t i , t e , t a , t u , t o /

＊/ti/ は、16 世紀の初めには破擦音化して [ʧi]/cji/ となっていた。それが現代に到る。

＊/te/ は、16 世紀の初めには [tï]/tï/ であったが、16 世紀半ば以降 [ti]/ti/ になった。それが現代に到る。

＊/ta/ は、変わらずに [ta]/ta/ である。

　　/i/ の後で口蓋化・破擦音化したが、16 世紀初めには破擦音化していた。

＊/tu/ は、16 世紀初め [tsɯ]/cü/ であったものが、17 世紀半ば以降 [tsï]/cï/ となり、18
　　世紀の初めごろから [tsi]/ci/ に変わったと考えられる。それが 19 世紀末ごろまで
　　続き、その後 [ʧi]/cji/ になった。

＊/to/ は、16 世紀の初めには [tu]/tu/ となっており、それが現代語まで続くことになる。

ダ行音　＊/ d i , d e , d a , d u , d o /

＊/di/ は、16 世紀の初めには破擦音化して [ʤi]/zji/ となっていた。それが現代に到る。

5

*/de/ は、16 世紀の初めには [dïi]/dï/ であったが、16 世紀半ば以降 [di]/di/ になった。
　　それが現代に到る。

*/da/ は、[da]/da/ のまま推移してきた。
　　/i/ の後で口蓋化・破擦音化したが、16 世紀初めには破擦音化していた。

*/du/ は、16 世紀初め [dzɯ]/zü/ であったものが、17 世紀半ば以降 [dzï]/zï/ となり、18
　　世紀の初めごろから [dzi]/zi/ に変わったと考えられる。それが 19 世紀末ごろまで
　　続き、その後 [dʒi]/zji/ になった。

*/do/ は、16 世紀の半ばには [du]/du/ となっており、それが現代語まで続くことになる。

ハ行音　*/pi, pe, pa, pu, po/

*/pi/ は、[pi]/pi/（破裂音）であったものが、16 世紀前半以降 [ɸi]/hwi/（摩擦音）に変
　　化したらしい。それが 20 世紀に入ってから [çi]/hi/ になる。

*/pe/ は、[pï]/pï/ を経て、16 世紀前半以降 [ɸi]/hwi/（摩擦音）に変化したらしく思われ
　　る。さらに、20 世紀に入ってから [çi]/hi/ になる。

*/pa/ は、[pa]/pa/ から変化して、16 世紀前半以降 [ɸa]/hwa/ になったが、その後完全
　　に [ha]/ha/ になることはなく、現代語に到っても「共存」状態にあると言える。

*/pu/ は、16 世紀前半以降 [pu]/pu/ から [ɸu]/hwu/ に変わり、現代に到っている。

/po/ は、16 世紀前半以降 [po]/po/ から [ɸu]/hwu/ に変わり、/pu/ と同じになって現代
　　に到る。

□「ハ行転呼」とその後

　「ハ行転呼」は、16 世紀前半あたりから始まったらしい。但し、現代語の [ʔaɸasaɴ]
　　/ʔahwasa'ɴ/（あはし、淡し、味が薄い）、[kuɸasaɴ]/kuhwasa'ɴ/（こはし、硬し）
　　等をいかに取り扱うかという問題であり、現象的には、「ハ行転呼」は終了していな
　　いことになる。

バ行音　*/bi, be, ba, bu, bo/

*/bi/ は、[bi]/bi/ のまま現代に至る。

*/be/ は、16 世紀の初めには [bï]/bï/ であったが、16 世紀半ば以降 [bi]/bi/ になった。そ
　　れが現代に到る。

*/ba/ は、[ba]/ba/ のまま現代に至る。

*/bu/ は、[bu]/bu/ のまま現代に至る。
　　[-bura] が [-nda] に変化する場合がある。（例、「あぶら、油」）

*/bo/ は、16 世紀の初めには [bu]/bu/ となっており、それが現代語まで続くことになる。

サ行音　*/si, se, sa, su, so/

*/si/ は、[ʃi]/si/ の状態で現代に繋がっている。

*/se/ は、16 世紀前半までは [sï]/sï/ であった可能性が高く、その後 [si]/si/ に転じた。
　　これが、19 世紀初めまで続き、さらに [ʃi]/sji/ となり現代に到る。

*/sa/ は、[sa]/sa/ のまま現代に到る。

*/su/ は、16 世紀初め [sɯ]/sü/ であったものが、17 世紀半ば以降 [sï]/sï/ となり、18 世

紀の初めごろから [si]/si/ に変わったと考えられる。それが 19 世紀終りごろまで続き、その後 [ʃi]/sji/ になった。

*/so/ は、16 世紀の初めには [su]/su/ となっており、それが現代語まで続くことになる。

ザ行音　＊／ z i , z e , z a , z u , z o ／

*/zi/ は、[dʒi]/zji/ の状態で現代に繋がっている。

*/ze/ は、16 世紀前半までは [dzï]/zï/ であった可能性が高く、その後 [dzi]/zi/ に転じた。これが、19 世紀初めまで続き、さらに [dʒi]/zji/ となり現代に到る。

*/za/ は、[za]/za/ のまま現代に到る。

*/zu/ は、16 世紀初め [dzɯ]/zü/ であったものが、17 世紀半ば以降 [dzï]/zï/ となり、18 世紀の初めごろから [dzi]/zi/ に変わったと考えられる。それが 19 世紀終りごろまで続き、その後 [dʒi]/zji/ になった。

*/zo/ は、16 世紀の初めには [dzu]/zu/ となっており、それが現代語まで続くことになる。

マ行音　＊／ m i , m e , m a , m u , m o ／

*/mi/ は、[mi]/mi/ で現代に到る。但し、撥音化の例がある。
　　[bi]/bi/ に変わる例がある。　　[kami]/kami/→[kabi]/kabi/（かみ、紙）

*/me/ は、16 世紀の初めには [mï]/mï/ であったが、16 世紀半ば以降 [mi]/mi/ になった。それが現代に到る。

*/ma/ は、変わらずに [ma]/ma/ である。
　　　*/-ima/ に口蓋化が起こった。

*/mu/ は、[mu]/mu/ のまま移ってきた。但し、撥音化の例がある。
　　[mura]/mura/ が [ɴda]/ɴda/ に変わる例がある。
　　　　[nakamurakari]/nakamurakari/→[nakaɴdakari]/nakaɴdakari/（なかむらかり、仲村渠）、[komura]/komura/→[kuɴda]/kuɴda/（こむら、腓）

*/mo/ は、16 世紀半ば以降 [mu]/mu/ に変化したらしい。

ナ行音　＊／ n i , n e , n a , n u , n o ／

*/ni/ は、[ni]/ni/ で現代に到る。但し、撥音化がある。

/ne/ は、16 世紀の初めには [nï]/nï/ であったが、16 世紀半ば以降 [ni]/ni/ になった。それが現代に到る。（但し、/ne/[ni],*/ni/[ɲi] の別が 19 世紀まであったとする考え方もある。このことに関しては別の機会に論じることにしたい。）

*/na/ は、変わらずに [na]/na/ である。
　　　*/-ina/ に口蓋化が起こった。

*/nu/ は、[nu]/nu/ のまま移ってきた。但し、撥音化がある。

*/no/ は、16 世紀半ば以降 [nu]/nu/ に変化したらしい。

ラ行音　＊／ r i , r e , r a , r u , r o ／

*/ri/ は、[ri]/ri/ であったが、18 世紀に入って [ji]/ʾi/ に変化した。但し、[ri]/ri/ のままの例もある（例、[ʃidʒiri]/sizjiri/ すずり、硯）。

*/re/ は、16 世紀の初めには [rï]/rï/ であったが、16 世紀半ば以降 [ri]/ri/ になった。そ
れが現代に到る。
*/ra/ は、変わらずに [ra]/ra/ である。
　　[kura]/kura/ が [kkwa]/Qkwa/ に変わる例がある。
　　[makura]/makura/→ [makkwa]/maQkwa/（まくら、枕）
*/ru/ は、[ru]/ru/ のまま移ってきた。
*/ro/ は、16 世紀半ば以降 [ru]/ru/ に変化したらしい。

□　/ʔ/（声門閉鎖）と /ˀ/（非声門閉鎖）との対立が生じたのは 1700 年前後と推定される。
それで、それ以降の資料の用例には /ʔ/, /ˀ/ が表示されることになる。具体的には、《君由》
（1700 ごろ）がその最初の対象となる。

　その他詳しいことは、多和田（2010）に譲る。

4）「活用形」について

　日本語古語文法でいう「活用形」の名称「未然形・連用形・終止形・連体形・已然形・
命令形」を、「形態素を示す」名称として使用する。「活用形」は「単語」相当であるも
のとそうでないものとが混在しているが、ともに「形態素」相当の形式であることに相
違ないので、用例を得る際の目安とすることにする。
　「のむ（飲）」を例にして言えば、「のみ　連用形」「のめ　命令形」「のむ　終止形」「の
む　連体形」「のめ　已然形」「のま　未然形」等に対応すると考えられる形式に注目し
ながら用例を収集していくことになる。(この順序に大した意味は持たせていないが、「連
用形」を最初に置いたのは、これが「動詞形態変化」の中核をなす存在であるという認
識に基づく。これを出発点に所謂「活用語尾」の母音に注目し、原則として /i/・/u/・/
e/・/a/ の順とした。/numi/（のみ）、/numu/（のむ）、/nume'e/（のめは）、/numa'a/（の
まは）等のように。)（「〈て〉の形」はこれらとは性質が異なるので、別格扱いとなる。)

5）沖縄語動詞の記述の仕方
（先行研究の例）

　『沖縄語辞典』「Ⅳ　首里方言の文法」は「辞典を利用するために必要な限りの動詞・
形容詞・連詞の形態論的な構造にとどめる」としながらも詳しく記述され、大いに参考
になる。今、（動詞に関する）項目だけを取り出してみる。
　(1) 動詞の活用
　　　①規則動詞　　②動詞のいろいろな形　　③不規則動詞
　(2) 動詞の形態的論構造（その1）
　　　①肯定普通態現在　ʼjunuN ◎（付　ʼjunui ◎, ʼjunuira ◎　など）
　　　②肯定持続態現在　ʼjudooN ◎（読んでいる）
　　　③肯定結果態現在　ʼjudeeN ◎（読んである）

④肯定保存態現在　'judoo¯cuɴ ◎（読んでおく）
⑤肯定過去（①〜④の過去）
⑥肯定確言過去
⑦否定現在（①〜④の否定）
⑧否定過去（⑦の過去）
⑨丁寧体

（3）動詞の形態的論構造（その２）
①推定と伝聞（-gisaɴ）
②進行（-agijuɴ 〜 -agiiɴ）
③尊敬（-mişeeɴ,-ɴşeeɴ）
④希望（-busjaɴ）
⑤可能（-juusjuɴ）
⑥受身・可能・尊敬（-arijuɴ）
⑦使役（-asjuɴ, -imijuɴ）
一つのモデルとして以下に活用することとしたい。

　さて、以上のことを念頭に置いて用例収集の作業を開始するが、効率化を旨として、次のような手立てを講じた。即ち、（あくまでも比喩的な表現であるが）「用例整理箱」とも呼ぶべき「容器」を用意する。それぞれの容器には「活用形」をもとにした「ラベル」を付け、それに対応すると考えられる形式を収容する。（但し、実際に用例を提示する際には「ラベル」は表示しない。）

　「沖縄（現代）語」の「のむ（飲）」注4）に対応する語を代表例として＜「用例整理箱」のラベル＞を示すと以下のようである。

　なお、以下の〈＊のみ ＊/nomi/、＊のめ＊/nome/〉等の「＊」は「想定される元の形」であることを示そうとしているが、〈＊のみをりむ ＊/nomiworimu/〉等は仮に想定したものである。詳しくは第５章で論じることになろう。

「用例整理箱」のラベル（1～18）

1 /numi/ ＊のみ */nomi/<「連用形」に対応する（と考えられる）形＞

2 /numu'ɴ/ ＊のみをりむ */nomiworimu/<「連用形＋をりむ」に対応する（と考えられる）形＞

3 /numi/ ＊のめ */nome/<「命令形」に対応する（と考えられる）形＞

4 ＊/numu/ ＊のむ */nomu/<「終止形」に対応する（と考えられる）形＞

5 ＊/numu/ ＊のむ */nomu/<「連体形」に対応する（と考えられる）形＞

6 /numi/ ＊のめ */nome/<「已然形」に対応する（と考えられる）形＞

7 /numa/ ＊のま */noma/<「未然形」に対応する（と考えられる）形＞

8 /numa'ɴ/ ＊のまぬ */nomanu/<「未然形＋ぬ」に対応する（と考えられる）形＞

9 /nudi/ ＊のみて */nomite/ <「のみて」に対応する（と考えられる）形＞

10 /nuda'ɴ/ ＊のみてありむ */nomite arimu/ （→「のみたりむ」）<「過去形」に対応する（と考えられる）形＞

11 /nude'e'ɴ/ ＊のみてはありむ */nomitewa arimu/ （「のみてはありむ」に対応する（と考えられる）形＞

12 /nudo'o'ɴ/ ＊のみてはをりむ */nomitewa worimu/<「のみてはをりむ」に対応する（と考えられる）形＞

13 のみてはおく ～～～～ /nudo'ocju'ɴ/ ⇒「おく」の活用（形態変化）に準じる。

14 のみてはおきてはおく～～～～ /nudo'o'cjo'ocju'ɴ/ ⇒「おく」の活用（形態変化）に準じる。

15 のみてありく ～～～～ /nudaQcju'ɴ/ ⇒「ありく」の活用（形態変化）に準じる。

16 のみて みる～～～～ /nudi 'ɴzju'ɴ/ ⇒「みる」の活用（形態変化）に準じる。

17 のみて く～～～～ /nudi cju'u'ɴ/ ⇒「く」の活用（形態変化）に準じる。

18 のみて いく～～～～ /nudi ʔicju'ɴ/ ⇒「いく」の活用（形態変化）に準じる。

その「内容」の例を少し詳しく述べると、以下のようである。例文を添える。

Ⅰ、「のむ」（飲）の「形態変化」配列

1 /numi/ ＊のみ */nomi/<「連用形」[1]に対応する（と考えられる）形＞

　　　[1] 想定される元の「連用形」。以下、「命令形」「已然形」等も同様。

1) /numi/「のみ」（飲み）[2]

　　　[2] 音韻表記／「（対応すると考えられる）日本古語」（現代日本語訳）。以下、同じ。

（例）/du'ucju'inumi/ ？（独り飲み）？

2) /numi'iga/「のみが」（飲みに）

（例）/cju'u'ɴ mata numi'iga ʔicjuru ba'a'i/ （今日もまた、飲みに行くのか）。

3) /nume'e/,/numi'ja/「のみは」（飲みは）

（例）/ nume'e susjiga/ （飲みはするが）（飲むことは飲むが）。

4) /numi'ini /「のみに」（飲む時に）

（例）/kusu'i numi'ini mizji muQcji ku'u'jo'o/ （薬飲む時に、水持って来て）。

5) /numi'ine'e/,/numi'ini'ja/「のみには」（飲む時には）

（例）/kusu'i numi'ine'e, ʔunu me'eni nu'ugana 'wata'ɴka'i ʔiQto'oki'jo'o/（薬飲む時には、その前に何かお腹に入れておきなさいよ）。

6) /numiga/「のみが」（飲みが？、飲むか）

（例）/numiga sura 'wakara'ɴsjiga/（飲むかわからないが）。

7) /numidu/「のみど」（飲みぞ）

（例）/ʔuna'ata'i 'jare'e numidu suru/（それぐらいなら飲むよ）。

8) /numidu'ɴ/「のみども」（飲みさえ）

（例）/kusu'i numidu'ɴ se'e sji'wa'a ne'e'ɴsa/（薬さえ飲めば、心配はないよ）。

9) /numigisa'ɴ/「のみげさあり」（飲みそうだ）

（例）/cjaQsa'ɴ numigisa'ɴdo'o/（たくさん飲みそうだよ）。

元は /numigisa ʔa'ɴ/「のみげさありむ」と推定される　→　他は、「あり（有）」の活用（形態変化）に準じる。

/numigisa'i/（飲みそうだし）、/numigisa'ɴ/（飲みそうだ）、/numigisami/、/numigisa'ɴna'a/、/numigisaru/ ＋名詞、/numigisasji/₃)、/numigisasjiga/、/numigisakutu/、/numigisare'e/、/numigisara'a/　　等のように。　　　　　　　₃)/sji/[ʃi],/si/[si] である。

10) /numibusa'ɴ/「のみぼしさあり」（飲みたい）

（例）/na'a ʔuhwe'e numibusa'ɴ /（もう少しは飲みたい）。

元は /numibusa ʔa'ɴ/「のみぼしさありむ」と推定される　→　他は、「あり（有）」の活用（形態変化）に準じる。

/numi'busa'i/、/numi'busa'ɴ/、/numi'busami/、/numi'busa'ɴna'a/、/numi'busaru/ ＋名詞、/numi'busasji/、/numi'busasjiga/、/numi'busakutu/、/numi'busare'e/、/numi'busara'a/　　等のように。

11) /numabi'i'ɴ/,/numabi'ju'ɴ/「のみはべり」（飲みます）← */numabirju'ɴ/

（例）/ɪ'wa'ɴni'ɴ 'i'inu mu'ɴ numabi'i'ɴ/（私も同じ物飲みます）。

元は / numabiri 'u'ɴ/「のみはべりをりむ」と推定される　→　他は、「をり（居）」の活用（形態変化）に準じる。

/numabi'i'i/,/numabi'ju'i/、 /numabi'i'ɴ/,/numabi'ju'ɴ/、/numabi'imi/,/numabi'jumi/、/numabi'i'ɴna'a/,/numabi'ju'ɴna'a/、/numabi'iru/ ＋名詞 ,/numabi'juru/ ＋名詞、/numabi'isji/,/numabi'jusji/、/numabi'isjiga/,/numabi'jusjiga/、/numabi'ikutu/,/numabi'jukutu/、/numabi'ire'e/,/numabi'jure'e/、/numabi'ira'a/,/numabi'jura'a/　　等のように。

12) /numagi'i'ɴ/,/numagi'ju'ɴ/「のみあげりをり」（飲みつつある）← */numagirju'ɴ/

（例）/ʔari! mata numagi'i'ɴdo'o/（ああ、また飲みつつあるよ（飲みそうだよ））　　　/hwe'eku tumire'e'wa/（早く止めなさい）。

元は / numagiri 'u'ɴ/「のみあげりをりむ」と推定される　→　他は、「をり（居）」の活用（形態変化）に準じる。

/numagi'i'i/,/numagi'ju'i/、 /numagi'i'ɴ/,/numagi'ju'ɴ/、/numagi'imi/,/numagi'jumi/、/numagi'i'ɴna'a/,/numagi'ju'ɴna'a/、/numagi'iru/ ＋名詞 ,/numagi'juru/ ＋名詞、

/numagi'isji/,/numagi'jusji/、/numagi'isjiga/,/numagi'jusjiga/、

/numagi'ikutu/,/numagi'jukutu/、/numagi'ire'e/,/numagi'jure'e/、

/numagi'ira'a/,/numagi'jura'a/　　等のように。[4]

[4] 以上は、あくまでも代表例である。他に、/numite'e/「のみたい」（飲みたい）、/numimise'e'N/「のみめす」（飲みなさる）、/numi'jaQsa'N/「のみやすし」（飲み易い）、/numigurisa'N/「のみぐるし」（飲みにくい）、/numizju'usa'N/「のみづよし」（飲みすぎる）、/numihazjimi'i'N/「のみはじむ」（飲み始める）、/numu'usu'N/「のみおほす」（「飲み果す」）（飲める）等の例がある。ほとんどが、「あり（有）」及び「をり（居）」の活用（形態変化）に準じる。省略に従う。

2　/numu'N/[5]　＊のみをりむ ＊/nomiworimu/[6] ＜「連用形＋をりむ〉」に対応する（と考えられる）形＞

[5] /nunu'N/ もある。/nuna'N/、/nune'e/ などはなく、/nunuru/、/nunure'e/、/nunura'a/ などがあるから、共時態としては、/num-/,/nun-/ を異形態と捉え、｛NUM｝｛'U'N｝などのように処理する方法もあろう。

[6] 仮にこのように表記しておく。＊/nomiworumu/ かもしれない。

（例）/ko'ohi'i 'jati'N ko'ocja 'jati'N nu'u jati'N numu'Ndo'o/（コーヒーでも紅茶でも何でも飲むよ）。

元は/numi 'u'N/「のみをりむ」と推定される　→　他も、「をり（居）」の活用（形態変化）に準じことになる。今，仮に，「のみをりむ」のように表記してみる。[注5]

参考までに、一通り列記する。

1)/numu'i/「のみをり」（飲むし）、

2)/numu'N/「のみをり<u>む</u>」（飲む）、

3)/numumi/「のみをり<u>む</u>い」（飲むか）、

4)/numu'Nna'a/「のみをり<u>む</u>な」（飲むのか）、

5)/numu'Ndo'o/「のみをり<u>む</u>ぞ」（飲むよ）、

6)/numuru/「のみをる」（飲む）＋名詞、

7)/numusji/「のみを（る）す」（飲むの）、

8)/numusjiga/「のみを（る）すが」（飲むが）、

9)/numukutu/「のみを（る）こと」（飲むから）、

10)/numure'e/「のみをれは」（飲むのなら）、

11)/numura'a/「のみをらは」（飲むのなら）、

</numi 'uti/　＊のみをりて＞

12)/numuti/「のみをりて」（飲んで）、

13)/numuta'N/「のみをりてあり<u>む</u>」（飲むのであった）、

14)/numuta'i/「のみをりてあり」（飲むのであったし）、

15)/numuti'i/「のみをりてい」（飲むのであったか）、

16)(/numutami/「のみをりてあり<u>む</u>い」（飲むのであったか）?、

17)/numuta'Nna'a/「のみをりてあり<u>む</u>な」（飲むのであったのか）、

18)/numuta'ɴdo'o/「のみをりてありむぞ」（飲むのであったよ）、
19)/numutaru/「のみをりてある」（飲むのであった）＋名詞、
20)/numutasji/「のみをりてあ（る）す」（飲むのであったの）、
21)/numutasjiga/「のみをりてあ（る）すが」（飲むのであったが）、
22)/numutakutu/「のみをりてあ（る）こと」（飲むのであったから）、
23)/numutare'e/「のみをりてあれは」（飲むのであったなら）、
24)/numutara'a/「のみをりてあらは」（飲むのであったなら）等。

</numi 'uti'ɴ /　＊のみをりても＞
/numuti'ɴ/「のみをりても」（飲むのであっても）
（例）/ʔja'aga numuti'ɴ ʔariga numa'ɴdare'e cja'a'ɴ nara'ɴjo'o/（君が飲むのであっても彼が飲まなければどうにもならないよ）。

</numi 'uti'ja/　＊のみをりては＞
/numute'e/「のみをりては」（飲むのでは）
（例）/na'ahi'ɴ numute'eru ba'aru 'jata'ɴna'a/（もっと飲むのではあったのかい）。

（以下、記述を簡略化）
/numute'e'i/（飲むのではあったし）
/numute'e'ɴ/（飲むのではあった）
(/numute'emi/（飲むのではあったか)）?
/numute'e'ɴna'a/（飲むのではあったのか）
/numute'e'ɴdo'o/（飲むのではあったのだよ）
/numute'eru/（飲むのではあった）＋名詞
/numute'esji/（飲むのではあったの）
/numute'esjiga/（飲むのではあったが）
/numute'ekutu/（飲むのではあったから）
/numute'ere'e/（飲むのではあったなら）
/numute'era'a/（飲むのではあったなら）
/numute'ene'e（ra）'ɴ ʔa'i/（飲むのではなかったし）
/numute'ene'e（ra）'ɴ/ ?（飲むのではなかった）
/numute'ene'e（ra）ni/（飲むのではなかったか）
/numute'ene'e（ra）'ɴna'a/ 飲むのではなかったのか）
/numute'ene'e（ra）'ɴ/ ?（飲むのではなかった）＋名詞
/numute'ene'e（ra）'ɴsji/（飲むのではなかったの）
/numute'ene'e（ra）'ɴsjiga/（飲むのではなかったが）
/numute'ene'e（ra）'ɴkutu/（飲むのではなかったから）
/numute'ene'e（ra）'ɴ ʔare'e/（飲むのではなかったなら）
/numute'ene'e（ra）'ɴ ʔara'a/（飲むのではなかったなら）　等。
(/ne'e'ɴ/,/ne'era'ɴ/ の両形あるので /ne'e（ra）'ɴ/ のようにした。)

13

3 /numi/ ＊のめ ＊/nome/＜「命令形」に対応する（と考えられる）形＞
　1）/numi/「のめ」（飲め）
（例）/hwe'eku numi/（早く飲め）。
　2）/numi'jo'o/「のめよ」（飲めよ）
（例）/muru muni'jo'o/（全部、飲めよ）。
　3）/nume'e/「のめは」（飲め）
　　/numi'wa/「のめは」（飲め）
（例）/ʔja'aɴ nume'e/（君も飲め）。

4 ＊/numu/ ＊のむ ＊/nomu/＜「終止形」に対応する（と考えられる）形＞
　＊/numu/　　　　　　　　　ある時期から /numu'ɴ/ に交代する。
　/numuna/「のむな」（飲むな）
　（例）/dukukara sake'e numunaj'o'o/（余り酒は飲むなよ）
5 ＊/numu/ ＊のむ ＊/nomu/＜「連体形」に対応する（と考えられる）形＞
　＊/numu/　　　　　　　　　ある時期から /numuru/ に交代する。
6 /numi/ ＊のめ ＊/nome/＜「已然形」に対応する（と考えられる）形＞
　/nume'e/「のめは」（飲めば）
　　/numi'wa/「のめは」（飲めば）
　（例）/mizji nume'e sjimuru ba'aja ʔara'ɴna'a/（水を飲めばいい事じゃないのか）。
7 /numa/ ＊のま ＊/noma/＜「未然形」に対応する（と考えられる）形＞
　1）/numa/「のま」（飲もう）
　　/numana/「のまな」（飲もう）
　（例）/cja'aɴde'e numana /（お茶でも飲もう）。
　2）/numa'a /「のまは」（飲まば）
　　/numa'wa /「のまは」（飲まば、飲んだら）
　（例）/ʔuri numa'a mata numasusa/（それ飲んだら、また飲ますよ）。
　3）/numa'wa'ɴ/「のまはも」（飲んでも）
　（例）/numa'wa'ɴ numa'ɴdara'wa'ɴ 'i'i nu muno'o ʔara'ɴga'ja'a/（飲んでも飲まな
　　　くても、同じじゃないのかなあ）。
　4）/numa'ɴdi/「のままむて」（飲もうと）
　（例）/na'ahi'ɴ numa'ɴdi sasjiga, zji'ɴnu ne'era'ɴ nato'ota'ɴ/（もっと飲もうとし
　　　たが、金がなくなっていた）。
　5）/numasu'ɴ/「のます」（飲ます、飲ませる）
　（例）/hwe'eku kusu'i numasji'jo'o/（早く薬飲ませなさいよ）。
元は/numasji'u'ɴ/「のませをり<u>む</u>」と推定される　→　他は、「をり（居）」の活用（形態変化）に準じる。
　/numasu'i/、/numasu'ɴ/、/numasumi/、/numasu'ɴna'a/、/numasuru/＋名詞、/numasusji/、
/numasusjiga/、/numasukutu/、/numasure'e/、/numasura'a/ 等のように。
　否定の形は、以下のようになる。/numasa'ɴ/「のまさぬ」（飲まさん）を除き、他は、

「あり（有）」の活用（形態変化）に準じる。/numasa'ɴʔa'i/、/numasani/、/numasa'ɴna'a/、/numasa'ɴ/ ＋ 名詞、/numasa'ɴsji/、/numasa'ɴsjiga/、/numasa'ɴkutu/、/numasa'ɴʔare'e/、/numasa'ɴʔara'a/　等のように。

　6）/numasjimi'i'ɴ/,/numasjimi'ju'ɴ/「のましむ」（飲ましめる、飲ませる）
　（例）/ʔari'ɴka'e'e numasjimi'ɴna/（彼には飲まさせるな）
元は/numasjimiri 'u'ɴ/「のましめりをり<u>む</u>」と推定される　→　他は、「をり（居）」の活用（形態変化）に準じる。

　/numasjimi'i'i/,/numasjimi'ju'i/、/numasjimi'i'ɴ/,/numasjimi'ju'ɴ/、/numasjimi'imi/,/numasjimi'jumi/、/numasjimi'i'ɴna'a/,/numasjimi'ju'ɴna'a/、/numasjimi'iru/,/numasimi'juru/ ＋名詞、/numasjimi'isji/,/numasjimi'jusji/、/numasjimi'isjiga/,/numasjimi'jusjiga/、/numasjimi'ikutu/,/numasjimi'jukutu/、/numasjimi'ire'e/,/numasjimi'jure'e/、/numasjimi'ira'a/,/numasjimi'jura'a/　等のように。
　否定の形は、/numasjimira'ɴ/「のましめらぬ」（飲ましめない、飲まさない）。
　7）/numari'i'ɴ/,/numari'ju'ɴ/「のまる」（飲まれる、飲める）
　（例）/cja'aga. numari'imi /（どうだ。飲めるか）。
元は/numari 'u'ɴ/「のまれをり<u>む</u>」と推定される　→　他は、「をり（居）」の活用（形態変化）に準じる。[7)]

　/numari'i'i/,/numari'ju'i/、/numari'i'ɴ/,/numari'ju'ɴ/、/numari'imi/,/numari'jumi/、/numari'i'ɴna'a/,/numari'ju'ɴna'a/、/numari'iru/,/numari'juru/ ＋名詞、/numari'isji/,/numari'jusji/、/numari'isjiga/,/numari'jusjiga/、/numari'ikutu/,/numari'jukutu/、/numari'ire'e/,/numari'jure'e/、/numari'ira'a/,/numari'jura'a/　等のように。

　　[7)] /numu'usu'ɴ/「のみおほす」（「飲み果す」）（飲める）との違いについては、後述する。

　否定の形は、/numara'ɴ /「のまらぬ」（飲まらん）と /numarira'ɴ/「のまれらぬ」（飲まれん）との二つ存在する。
/numara'ɴ/、/numarira'ɴ/を除き、他は、「あり（有）」の活用（形態変化）に準じる。
/numara'ɴ /「のまらぬ」（飲まれん）
　　/numara'ɴʔa'i/、/numara'ɴ/、/numarani/、/numara'ɴna'a/、/numara'ɴ/ ＋名詞、/numara'ɴsji/、/numara'ɴsjiga/、/numara'ɴkutu/、/numara'ɴʔare'e/、/numara'ɴʔara'a/ /numarira'ɴ/「のまれらぬ」（飲まれん）
　　/numarira'ɴʔa'i/、/numarira'ɴ/、/numarirani/、/numarira'ɴna'a/、/numarira'ɴ/ ＋名詞、/numarira'ɴsji/、/numarira'ɴsjiga/、/numarira'ɴkutu/、/numarira'ɴʔare'e/、/numarira'ɴʔara'a/ 等のように。
　8　/numa'ɴ/　＊のまぬ ＊**nomanu**　＜「未然形＋ぬ」に対応する（と考えられる）形＞
　（例）/na'a numa'ɴna'a/（もう飲まないのか）。
/numa'ɴʔa'i/、/numa'ɴʔ(a)re'e/、/numa'ɴʔ(a)ra'a/ 等は、「あり（有）」の活用（形態変化）に準じる。

　上にならい、一通り列記する。

15

1)/numa'ɴʔa'i/「のまぬあり」（飲まないし）、

2)/numa'ɴ/「のまぬ」（飲まない）、

3)/numani/「のまぬい」（飲まないか）、

4)/numa'ɴna'a/「のまぬな」（飲まないか）、

5)/numa'ɴdo'o/「のまぬぞ」（飲まないよ）、

6)/numa'ɴ/「のまぬ」（飲まない）＋名詞、

7)/numa'ɴsji/「のまぬす」（飲まないの）、

8)/numa'ɴsjiga/「のまぬすが」（飲まないが）、

9)/numa'ɴkutu/「のまぬこと」（飲まないから）、

10)/numa'ɴ(ʔa)re'e/「のまぬあれは」（飲まなければ）、

11)/numa'ɴ(ʔa)ra'a/「のまぬあらは」（飲まなければ）等のように。

12)/numa'ɴti/「のまぬありて」（飲まなくて）、

13)/numa'ɴta'ɴ/「のまぬありてあり<u>む</u>」（飲まなかった）、

14)/numa'ɴta'i/「のまぬてあり」（飲まなかったし）、

15)/numa'ɴti'i/「のまぬてい」（飲まなかったか）、

16)(/numa'ɴtami/「のまぬてあり<u>むい</u>」（飲まなかったのか））、

17)/numa'ɴta'ɴna'a/「のまぬてあり<u>む</u>な」（飲まなかったのか）、

18)/numa'ɴta'ɴdo'o/「のまぬてあるぞ」（飲まなかったよ）、

19)/numa'ɴtaru/「のまぬてある」（飲まなかった）＋名詞、

20)/numa'ɴtasji/「のまぬてあ（る）す」（飲まなかったの）、

21)/numa'ɴtasjiga/「のまぬてあ（る）すが」（飲まなかったが）、

22)/numa'ɴtakutu/「のまぬてあ（る）こと」（飲まなかったから）、

23)/numa'ɴtare'e/「のまぬてあれは」（飲まなかったら）、

24)/numa'ɴtara'a/「のまぬてあらは」（飲まなかったら）等。

\</numa'ɴti'ɴ/　＊のまぬありても＞

/numa'ɴti'ɴ/「のまぬありても」（飲まなくても）

（例）/nudi'ɴ numa'ɴti'ɴ/「のみてものまぬありても」（飲んでも飲まなくても）

\</numa'ɴti'ja/　＊のまぬありては＞

/numa'ɴte'e/,/numa'ɴti'ja/「のまぬありては」（飲まなくては）

（例）/numa'ɴte'e nara'ɴdo'o/（飲まなくてはいけないよ）。

/numa'ɴte'e/（飲まなくては）

/numa'ɴte'e'ɴ/（飲まなかったのだ）

/numa'ɴte'e'i/（飲まなかったのだし）

(/numa'ɴte'emi/（飲まなかったのか）)

/numa'ɴte'e'ɴna'a/（飲まなかったのか）

/numa'ɴte'e'ɴdo'o/（飲まなかったのだよ）

/numa'ɴte'eru/（飲まなかった）＋名詞

/numa'ɴte'esji/（飲まなかったの）

/numa'ɴte'esjiga/（飲まなかったのだが）

/numa'ɴte'ekutu/（飲まなかったのだから）

/numa'ɴte'ere'e/（飲まなかったのなら）

/numa'ɴte'era'a/（飲まなかったのなら）

9　/nudi/ *のみて */nomite/ ＜「のみて」に対応する（と考えられる）形＞

☆「連用形＋て」の形は、「あり」、「をり」と結合してテンス・アスペクトを表す重要な要素となるので、「〈て〉の形」と呼称して一つの項目を立てることにする。

/nudi/「のみて」（飲んで）←　*/nuɴdi/「のんで」　⇔　/numa'ɴti/←/numa'ɴ ʔati/

（例）/cja'a'ɴde'e nudikara ʔike'e'wa /（お茶でも飲んでから行きな）。

/nudi'ɴ/「のみても」（飲んでも）

（例）/nudi'ɴ numa'ɴti'ɴ ka'wa'e'e ne'eɴsa'a /（飲んでも飲まなくても変わりはないなあ）。

/nude'e/,/nudi'ja/「のみては」（飲んでは）

（例）/'warabe'e nude'e nara'ɴdo'o/（子どもは飲んではいけないよ）。

10　/nuda'ɴ/ *のみてありむ */nomite arimu/（→「のみたりむ」）＜「過去形」に対応する（と考えられる）形＞

のみてありむ　/nuda'ɴ/(←nudja'ɴ←nudiʔa'ɴ)

（例）/cjinu'u'ɴ sjitataka nuda'ɴdiru hanasji'jaQsa'a/（昨日もしたたか飲んだという話だよ）

/nuda'i/（飲んだり、飲んだし）

/nuda'ɴ/（飲んだ）

(/nuda mi/)

/nudi'i/（飲んだか）

/nuda'ɴna'a/（飲んだのか）

/nuda'ɴdo'o/（飲んだよ）

/nudaru/（飲んだ）＋名詞

/nudasji/（飲んだの）

/nudasjiga/（飲んだが）

/nudakutu/（飲んだから）

/nudare'e/（飲んだなら）

/nudara'a/（飲んだなら）等。

11　/nude'e'ɴ/　*のみてはありむ*/numitewa arimu/　＜「のみてはありむ」に対応する（と考えられる）形＞

のみてはありむ　/nude'e'ɴ/(←nudje'e'ɴ←nudje'eʔa'ɴ←nudi'ja ʔa'ɴ)

（例）/muru du'ucju'iQsji nude'e'ɴdi/（全部、一人で飲んであるって）。

（以下、記述を簡略化）

/nude'e'i/（飲んではあるし）

/nude'e'N/（飲んではある）
(/nude'emi/（飲んではあるか）)
/nude'e'Nna'a/（飲んではあるのか）
/nude'eru/（飲んではある）＋名詞
/nude'esji/（飲んではあるの）
/nude'esjiga/（飲んではあるが）
/nude'ekutu/（飲んではあるから）
/nude'ere'e/（飲んではあるなら）
/nude'era'a/（飲んではあるなら）

/nude'eta'N/←/nudi'ja ʔata'N/
/nude'eta'i/（飲んではあったし）
/nude'eta'N/（飲んではあった）
(/nude'etami/（飲んではあったか）)
/nude'eta'Nna'a/（飲んではあったのか）
/nude'eta'Ndo'o/（飲んではあったのだよ）
/nude'etaru/（飲んではあった）＋名詞
/nude'etasji/（飲んではあったの）
/nude'etasjiga/（飲んではあったが）
/nude'etakutu/（飲んではあったから）
/nude'etare'e/（飲んではあったなら）
/nude'etara'a/（飲んではあったなら）　等。

☆/nude'e'N/ を「のみてはありむ」と考える理由について簡潔に述べておく。
/nude'e'N/ の否定の形は /nude'e ne'e'N/ あるいは /nude'e ne'era'N/ であり、これらは
/nudi'ja ne'e'N/（「のみては　ないぬ」に対応）あるいは /nudi'ja ne'era'N/（「のみては
ないらぬ」に対応）の縮約した形であると内省できる。/ne'e'N/, /ne'era'N/ に対応する
肯定の形は /ʔa'N/（「ありむ」に対応）であるから、パラレルに考えると次のように対応
する。

/nude'e ne'e'N/　←　　/nudi'ja ne'e'N/
/nude'e ne'era'N/　←　　/nudi'ja ne'era'N/
/nude'e'N/　←　　/nudi'ja ʔa'N/

即ち、/nude'e'N/ は「のみてはありむ」に対応することがわかる。前 (10) の /nuda'N/
(← nudiʔa'N)（「のみてありむ」に対応）が単に「飲んだ」と「完了」したことを示す
のに対し、/nude'e'N/ は「飲んではある」と「完了」したことを「確認」し更に他と「対
比」する意味が含まれていると言える。
　因みに、『沖縄語辞典』には「肯定結果態現在 /judeeN/⓪（読んである）」とある。

12　/nudo'o'N/　＊のみてはをりむ＊/nomitewa worimu/<「のみてはをりむ」に対応する
　　（と考えられる）形＞

のみてはをりむ /nudo'o'ɴ/ (←nudjo'o'ɴ) (←nudi'ja 'u'ɴ)
（例）/nu'u nudo'oga /（何飲んでるの？）
/nudo'o'i/（飲んではおり、飲んではいるし）
/nudo'o'ɴ/（飲んではいる）
/nudo'omi/（飲んではいるか）
/nudo'o'ɴna'a/（飲んではいるのか）
/nudo'o'ɴdo'o/（飲んではいるよ）
/nudo'oru/（飲んではいる）＋名詞
/nudo'osji/（飲んではいるの）
/nudo'osjiga/（飲んではいるが）
/nudo'okutu/（飲んではいるから）
/nudo'ore'e/（飲んではいるなら）
/nudo'ora'a/（飲んではいるなら）
/nudo'ora'ɴ ʔa'i/（飲んではおらず、飲んではいないし）
/nudo'ora'ɴ/（飲んではいない）
/nudo'orani/（飲んではいないか）
/nudo'ora'ɴna'a/（飲んではいないのか）
/nudo'ora'ɴdo'o/（飲んではいないよ）
/nudo'ora'ɴ/（飲んではいない）＋名詞
/nudo'ora'ɴsji/（飲んではいないの）
/nudo'ora'ɴsjiga/（飲んではいないが）
/nudo'ora'ɴkutu/（飲んではいないから）
/nudo'ora'ɴre'e/（飲んではいないのなら）
/nudo'ora'ɴra'a/（飲んではいないのなら）等。
/nudo'ota'i/（飲んではいたのであったし）
/nudo'ota'ɴ/（飲んではいたのであった）
(/nudo'otami/)
/nudo'oti'i/（飲んではいたのであったか）
/nudo'ota'ɴna'a/（飲んではいたのであったのか）
/nudo'ota'ɴdo'o/（飲んではいたのであったよ）
/nudo'otaru/（飲んではいたのであった）＋名詞
/nudo'otasji/（飲んではいたのであったの）
/nudo'otasjiga/（飲んではいたのであったが）
/nudo'otakutu/（飲んではいたのであったから）
/nudo'otare'e/（飲んではいたのであったのなら）
/nudo'otara'a/（飲んではいたのであったのなら）
/nudo'ora'ɴta'i/（飲んではいないのであったし）
/nudo'ora'ɴta'ɴ/（飲んではいないのであった）
(/nudo'ora'ɴtami/)
/nudo'ora'ɴti'i/（飲んではいないのであったか）

/nudo'ora'ɴta'ɴna'a/（飲んではいないのであったのか）

/nudo'ora'ɴta'ɴdo'o/（飲んではいないのであったよ）

/nudo'ora'ɴtaru/（飲んではいないのであった）＋名詞

/nudo'ora'ɴtasji/（飲んではいないのであったの）

/nudo'ora'ɴtasjiga/（飲んではいないのであったが）

/nudo'ora'ɴtakutu/（飲んではいないのであったから）

/nudo'ora'ɴtare'e/（飲んではいないのであったのなら）

/nudo'ora'ɴtara'a/（飲んではいないのであったのなら）

/nudo'ote'e'ɴ/、/nudo'ote'era'ɴ/、/nudo'ote'ete'e'ɴ/、/nudo'ote'ete'era'ɴ/ 等については、前出の例に準じる。省略。

　/nude'e'ɴ/ と /nuda'ɴ/ とが対比されるごとく、/nudo'o'ɴ/ と対比される /nudu'ɴ/ の存在が想定されるが、現代語では見出せない。

　しかし、《クリ》（1818）に、/nudu'ɴ/「のみてをりむ」、/ni'ɴtu'ɴ/「ねぶりてをりむ」や /simato'o'ɴ/「すまひてはをりむ」、/'jado'o'ɴ/「やみてはをりむ」等がある。《ベッテ》（1849）・（1852）には、/ʔicju'ɴ/「いひてをりむ」や /ʔiꝖcjo'o'ɴ/「いりてはをりむ」等があり、/no'oti'u'ɴ/「なほりてをりむ」と /no'oto'o'ɴ/「なほりてはをりむ」という同じ「なほる治」に「－てをりむ」と「－てはをりむ」との両方が現れている例もあるので、かつて存在した /nudu'ɴ/ グループが /nudo'o'ɴ/ グループに押されて消えてしまったと思われる。その原因・時期などに関してはこれからの課題としておく。

13　のみてはおく　　～～～～ /nudo'ocju'ɴ/　⇒「おく」の活用（形態変化）に準じる。

　（例）/nama'uti nudo'oke'e'wa/（今のうちに飲んでおきな）。

14　のみてはおきてはおく～～～～ /nudo'o'cjo'ocju'ɴ/　⇒「おく」の活用（形態変化）に準じる。

　（例）/nizjika'ɴme'ekara nudo'ocjo'oka'ɴdare'e cjika'ɴdi ʔjuꝖsa'a/（二時間前から飲んでおいておかないと効かないというね）。

15　のみてありく　　～～～～ /nudaꝖcju'ɴ/　⇒「ありく」の活用（形態変化）に準じる。

　（例）/namacjikiti ʔu'ɴguto'oru mu'ɴ nudaꝖcjuru ba'ana'a/（まだそんなものを飲んだりしているのか）。

16　のみて　みる～～～～ /nudi 'ɴzju'ɴ/　⇒「みる」の活用（形態変化）に準じる。

　（例）/mazje'e nudi 'ɴde'e/（まずは飲んでみな）。

17　のみて　く～～～～ /nudi cju'u'ɴ/　⇒「く」の活用（形態変化）に準じる。

　（例）/ʔama'ɴzji zju'usu'ɴde'e nudi ku'u'wa/（あっちでジュースでも飲んで来いよ）。

18　のみて　いく～～～～ /nudi ʔicju'ɴ/　⇒「いく」の活用（形態変化）に準じる。

　（例）/kuꝖpe'e nudi ʔiki'jo'o/（これだけは飲んで行きなよ）。

Ⅱ、「をり」（居）の「形態変化」配列

1 /ˈuˈi/ * をり */wori/ ＜「連用形」に対応する（と考えられる）形＞

1) /ˈuˈi/「をり」（居り）
   (例) /ˈNnaˈuˈi/（無駄居）（居ることが無駄）

2) /ˈuˈeˈe/, /ˈuˈiˈja/「をりは」（居りは）
   (例) /ˈuˈeˈe susjiga/（居りはするが）（居ることは居るが）。

3) /ˈuˈini/「をりに」（居る時に）
   (例) /ʔariga ˈuˈini ʔikaˈNdareˈe/（彼が居る時に行かなければ）。

4) /ˈuˈineˈe/, /ˈuˈiniˈja/「をりには」（居る時には）
   (例) /ʔariga ˈuˈineˈe ʔNzjeˈe naraˈNdoˈo /（彼が居る時には行ってはいけないよ）。

5) /ˈuˈiga/「をりが」（居りが？）
   (例) /naˈada ˈuˈiga sura ˈwakaraˈNsjiga ʔNzji ˈNdeˈe/（まだ居るかどうかわから
       ないが、行ってみな）。

6) /ˈuˈidu/「をりど」（居てぞ）
   (例) /ˈjaˈaˈNkaˈi ˈugaˈjaˈa /（家に居るかな）。/ˈuˈidu suru/（居るはずだ）。

7) /ˈuˈiduˈN/「をりども」（居さえ）
   (例) /ˈjaˈaˈNkaˈi ˈuˈiduˈN seˈe sjiˈwaˈa neˈeˈNsa/（家に居さえすれば、心配はないよ）。

8) /ˈuˈigisaˈN /「をりげさあり」（居りそうだ）
   (例) /cjaQsaˈN ˈuˈigisaˈNdoˈo /（たくさん居そうだよ）。
*元は /uˈigisa ʔaˈN/「をりげさあり<u>む</u>」と推定される　→　他は、「あり（有）」の活用（形
態変化）に準じる。*
/ˈuˈigisaˈi/（居りそうだし）、/ˈuˈigisaˈN/（居りそうだ）、/ˈuˈigisami/、/ˈuˈigisaˈNnaˈa/、/ˈuˈigisaru/
＋名詞、/ˈuˈigisasji/ 、/ˈuˈigisasjiga/、/ˈuˈigisakutu/、/ˈuˈigisareˈe/、/ˈuˈigisaraˈa/
等のように。

9) /ˈuˈibusaˈN/「をりほしさあり」（居りたい）
   (例) /naˈa ʔuhweˈe kumaˈNkaˈi ˈuˈibusaˈN /（もう少しはここに居たい）。
*元は /uˈibusa ʔaˈN/「をりほしさあり<u>む</u>」と推定される　→　他は、「あり（有）」の活
用（形態変化）に準じる。*
/ˈuˈiˈbusaˈi/、/ˈuˈiˈbusaˈN/、/ˈuˈiˈbusami/、/ˈuˈiˈbusaˈNnaˈa/、/ˈuˈiˈbusaru/ ＋名詞、/ˈuˈiˈbusasji/、
/ˈuˈiˈbusasjiga/、/ˈuˈiˈbusakutu/、/ˈuˈiˈbusareˈe/、/ˈuˈiˈbusaraˈa/ 等のように。

10) /ˈuʼjabiʼiʼɴ/, /ˈuʼjabiʼjuʼɴ/「をりはべり」（居ります）

(例) /ʔacjamadeʼe ʔucjinaʼaʼɴkaʼi ˈuʼjabiʼiʼɴ/（明日までは沖縄に居ります）。

元は/ˈuʼjabiri ˈuʼɴ/「をりはべりをりむ」と推定される。

/ˈuʼjabiʼiʼi/、/ˈuʼjabiʼjuʼi/、/ˈuʼjabiʼiʼɴ/、/ˈuʼjabiʼjuʼɴ/、/ˈuʼjabiʼimi/、/ˈuʼjabiʼjumi/、
/ˈuʼjabiʼiʼɴnaʼa/、/ˈuʼjabiʼjuʼɴnaʼa/、/ˈuʼjabiʼiru/ ＋名詞 ,/ˈuʼjabiʼjuru/ ＋名詞、
/ˈuʼjabiʼisji/、/ˈuʼjabiʼjusji/、/ˈuʼjabiʼisjiga/、/ˈuʼjabiʼjusjiga/、/ˈuʼjabiʼikutu/、/ˈuʼjabiʼjukutu/、
/ˈuʼjabiʼireʼe/、/ˈuʼjabiʼjureʼe/、/ˈuʼjabiʼiraʼa/、/ˈuʼjabiʼjuraʼa/ 等のように。

以上は、あくまでも代表例である。他に、/ˈuʼiteʼe/「をりたい」（居りたい）、/ˈuʼimiseʼeʼɴ/「を
りめす」（居りなさる）、/ˈuʼiʼjaQsaʼɴ/「をりやすし」（居り易い）、/ˈuʼigurisaʼɴ/「をりぐ
るし」（居りにくい）、/ˈuʼizjuʼusaʼɴ/「をりづよし」（居りすぎる）、/ˈuʼihazjimiʼi ʼɴ/「を
りはじむ」（居り始める）、/ˈuʼjuʼusuʼɴ/「をりおほす」（「居り果す」）（居られる）等の例
がある。ほとんどが、「あり（有）」及び「をり（居）」の活用（形態変化）に準じる。省略に従う。

2　*をりむ*/worimu/　＜「をりむ」に対応する（と考えられる）形＞
　　仮に、「*をりむ*/worimu/」と表記する。
　/ˈuʼɴ/「をりむ」（居る）
　　(例) /meʼenacji ʼjaʼaʼɴkaʼi uʼɴdoʼo/（毎日うちに居るよ）。
　/ˈuʼi/「をり」（居るし）、
　/ˈuʼɴ/「をりむ」（居る）、
　/ˈumi/「をりむい」（居るか）、
　/ˈuʼɴnaʼa/「をりむな」（居るのか）、
　/ˈuʼɴdoʼo/「をりむぞ」（居るよ）

3　/ˈuri/ *をれ*/wore/　＜「命令形」に対応する（と考えられる）形＞
　1) /ˈuri/「をれ」（居れ）
　(例) /ˈjaʼaʼɴkaʼi ʼuri/（うちに居よ）。

　2) /ˈuriʼjoʼo/「をれよ」（居れよ）
　(例) /ˈjaʼani ʼuriʼjoʼo/（うちに居ろよ）。

　3) /ˈureʼe/「をれは」（居れ）
　　　/ˈuriʼwa/「をれは」（居れ）
　(例) /ʔamani ʼuriʼwa/（あそこに居な）。

4　*/ˈuri/ *をり*/wori/　＜「終止形」に対応する（と考えられる）形＞
　*/ˈuri/　　　　　　　　　　ある時期から /ˈuʼɴ/ に交代する。仮に「*をりむ*」と表記する。

5　/ˈuru/ *をる*/woru/　＜「連体形」に対応する（と考えられる）形＞
　*/ˈuru/

22　序章　分析対象資料及び用例収集のための前提

/ˈuru/

（例）/ʔjaˀa kusjiˀNkaˀi ˈuru Qcjoˀo taˀa ˈjaga/（君の後ろに居る人はだれかね）。

/ˈuruna//ˈuˀNna//ˈuna/「をるな」（居るな）

（例）/hukaneˀe niQkamadeˀe ˈuˀNnajoˀo/（外には遅くまで居るなよ）。

/ˈuru/「をる」（居る）＋名詞、

/ˈusji/「を（る）す」（居るの）、

/ˈusjiga/「を（る）すが」（居るが）、

/ˈukutu/「を（る）こと」（居るから）、

6　/ˈuri/ * をれ */wore/　＜「已然形」に対応する（と考えられる）形＞

/ˈureˀe/「をれは」（居れば）

/ˈuriˀwa/「をれは」（居れば）

（例）/ʔuQsa ˈureˀe daizjoˀobu ˈjasa/（それだけ居れば大丈夫だ）。

7　/ˈura/ * をら */wora/　＜「未然形」に対応する（と考えられる）形＞

1) /ˈura/「をら」（居よう）

/ˈurana/「をらな」（居よう）

（例）/naˀa ˈuhweˀe ˈurana/（もう少し居ようよ）。

2) /ˈuraˀa/「をらは」（居らば）

/ˈuraˀwa/「をらは」（居らば）

（例）/cjiˀibusaˀNdiru dusjinu ˈuraˀa soˀoti kuˀuˀwa/（来たいと言う友達が居たら、連れてきな）。

3) /ˈuraˀwaˀN/「をらはも」（居ても）

（例）/ʔariga ˈuraˀwaˀN ˈuraˀNdaraˀwaˀN kwaˀNkeˀeja neˀeˀNˀeˀesani/（彼が居ても居なくても関係はないだろう？）。

4) /ˈuraˀNdi/「をらむて」（居ようと）

（例）/niQkamadi ˈuraˀNdi soˀotaˀN /（遅くまで居ようとしていた）（遅くまで居たがっていた）。

5) /ˈurasuˀN/「をらす」（居らす）（居らせる））（居させる）

（例）/niQkamadeˀe ˈurasunajoˀo/（遅くまでは居させるなよ）。

元は／ˈurasji ˈuˀN／「をらせをりむ」と推定される。

/ˈurasuˀi/、/ˈurasuˀN/、/ˈurasumi/、/ˈurasuˀNnaˀa/、/ˈurasuru/＋名詞、/ˈurasusji/、/ˈurasusjiga/、/ˈurasukutu/、/ˈurasureˀe/、/ˈurasuraˀa/等のように。

　否定の形は、以下のようになる。/ˈurasaˀN/「をらさぬ」（居らさん）を除き、他は、「あ

り（有）」の活用（形態変化）に準じる。/ˈurasaᴺʔaʼi/、/ˈurasani/、/ˈurasaˈᴺnaʼa/、/ˈurasaᴺ/＋名詞、/ˈurasaʼᴺsji/、/ˈurasaˈᴺsjiga/、/ˈurasaʼᴺkutu/、/ˈurasaʼᴺʔareʼe/、/ˈurasaᴺʔaraʼa/等のように。

6)/ˈurasjimiʼiʼᴺ/、/ˈurasjimiʼjuʼᴺ/「をらしめる」（居らしめる）（居させる）
（例）/niQkamadi ʼurasjmiʼiʼirubaʼnaʼa/（遅くまで居させようとするの？）。
元は/ˈurasjimiri ʼuʼᴺ/「をらしめりをり<u>む</u>」と推定される。

/ˈurasjimiʼiʼi/、/ˈurasjimiʼjuʼi/、/ˈurasjimiʼiʼᴺ/、/ˈurasjimiʼjuʼᴺ/、/ˈurasjimiʼimi/、/ˈurasjimiʼjumi/、/ˈurasjimiʼiˈᴺnaʼa/、/ˈurasjimiʼjuˈᴺnaʼa/、/ˈurasjimiʼiru/、/ˈurasimiʼjuru/＋名詞、/ˈurasjimiʼisji/、/ˈurasjimiʼjusji/、/ˈurasjimiʼisjiga/、/ˈurasjimiʼjusjiga/、/ˈurasjimiʼikutu/、/ˈurasjimiʼjukutu/、/ˈurasjimiʼireʼe/、/ˈurasjimiʼjureʼe/、/ˈurasjimiʼiraʼa/、/ˈurasjimiʼjuraʼa/等のように。

否定の形は、/ˈurasjimiraʼᴺ/「をらしめらぬ」（居らしめない、居らさない）（居させない）。

7)/ˈurariʼiʼᴺ/、/ˈurariʼjuʼᴺ/「をられる」（居られる）
（例）/kuʼᴺna ʔacjisaru tukuruʼᴺ kaʼi ʼjuʼu ʼurariʼiQsaʼa/（こんなに暑い所によく居られるなあ）。
元は/urariʼuʼᴺ/「をられをり<u>む</u>」と推定される.

/ˈurariʼiʼi/、/ˈurariʼjuʼi/、/ˈurariʼiʼᴺ/、/ˈurariʼjuʼᴺ/、/ˈurariʼimi/、/ˈurariʼjumi/、/ˈurariʼiˈᴺnaʼa/、/ˈurariʼjuˈᴺnaʼa/、/ˈurariʼiru/、/ˈurariʼju ru/＋名詞、/ˈurariʼisji/、/ˈurariʼjusji/、/ˈurariʼisjiga/、/ˈurariʼjusjiga/、/ˈurariʼikutu/、/ˈurariʼjukutu/、/ˈurariʼireʼe/、/ˈurariʼjureʼe/、/ˈurariʼiraʼa/、/ˈurariʼjuraʼa/等のように。

否定の形は、/ˈur006 ...

否定の形は、/ˈuraraʼᴺ/「をららぬ」（居られん）と/ˈurariraʼᴺ/「をられらぬ」（居られん）との二つ存在する。

/ˈuraraᴺʔaʼi/、/ˈuraraʼᴺ/、/ˈurarani/、/ˈuraraˈᴺnaʼa/、/ˈuraraʼᴺ/＋名詞、/ˈuraraʼᴺsji/、/ˈuraraˈᴺsjiga/、/ˈuraraʼᴺkutu/、/ˈuraraʼᴺʔareʼe/、/ˈuraraʼᴺʔaraʼa/

/ˈurariraᴺʔaʼi/、/ˈurariraʼᴺ/、/ˈurarirani/、/ˈurariraˈᴺnaʼa/、/ˈurariraʼᴺ/＋名詞、/ˈurariraʼᴺsji/、/ˈurariraˈᴺsjiga/、/ˈurariraʼᴺkutu/、/ˈurariraʼᴺʔareʼe/、/ˈurariraᴺʔaraʼa/等のように。

8 /ˈuraʼᴺ/ *をらぬ */woranu/ ＜「をらぬ」に対応する（と考えられる）形＞
（例）/maʼaᴺkaʼiᴺ ʼuraʼᴺdu ʔagaʼjaʼaʼjaʼa/（どこにも居ないのだろうかね）。
/ʼuraʼᴺʔaʼi/、/ʼuraʼᴺʔaʼreʼe/、/ʼuraʼᴺʔaʼraʼa/等は、「あり（有）」の活用（形態変化）に準じる。

一通り列記する。
1)/ˈuraᴺʔaʼi/「をらぬあり」（居ないし）、
2)/ˈuraʼᴺ/「をらぬ」（居ない）、

3)/ˈuraɴi/「をらぬい」（居ないか）、

4)/ˈuraˈɴna'a/「をらぬな」（居ないか）、

5)/ˈuraˈɴdo'o/「をらぬぞ」（居ないよ）、

6)/ˈuraˈɴ/「をらぬ」（居ない）＋名詞、

7)/ˈuraˈɴsji/「をらぬす」（居ないの）、

8)/ˈuraˈɴsjiga/「をらぬすが」（居ないが）、

9)/ˈuraˈɴkutu/「をらぬこと」（居ないから）、

10)/ˈuraˈɴ(ʔa)re'e/「をらぬあれは」（居なければ）、

11)/ˈuraˈɴ(ʔa)ra'a/「をらぬあらは」（居なければ）等のように。

12)/ˈuraˈɴti/「をらぬありて」（居なくて）、

13)/ˈuraˈɴta'ɴ/「をらぬありてあり<u>む</u>」（居なかった）、

14)/ˈuraˈɴta'i/「をらぬてあり」（居なかったし）、

15)/ˈuraˈɴti'i/「をらぬてい」（居なかったか）、

16)(/ˈuraˈɴtami/「をらぬてあり<u>む</u>い」（居なかったのか））、

17)/ˈuraˈɴta'ɴna'a/「をらぬてあり<u>む</u>な」（居なかったのか）、

18)/ˈuraˈɴta'ɴdo'o/「をらぬてあるぞ」（居なかったよ）、

19)/ˈuraˈɴtaru/「をらぬてある」（居なかった）＋名詞、

20)/ˈuraˈɴtasji/「をらぬてあ（る）す」（居なかったの）、

21)/ˈuraˈɴtasjiga/「をらぬてあ（る）すが」（居なかったが）、

22)/ˈuraˈɴtakutu/「をらぬてあ（る）こと」（居なかったから）、

23)/ˈuraˈɴtare'e/「をらぬてあれは」（居なかったら）、

24)/ˈuraˈɴtara'a/「をらぬてあらは」（居なかったら）等。

</ˈuraˈɴti'ɴ/ ＊をらぬありても＞

/ˈuraˈɴti'ɴ/「をらぬありても」（居なくても）

（例）/ˈuti'ɴ 'uraˈɴti'ɴ ka'wara'ɴ/「をりてもをらぬありてもかはらぬ」（居ても居なくても変わらない）

</ˈuraˈɴti'ja/ ＊をらぬありては＞

/ˈuraˈɴte'e/,/ˈuraˈɴti'ja/「をらぬありては」（居らんでは、居なくては）

（例）/ˈuraˈɴte'e naraˈɴdo'o/（居なくてはいけないよ）。

/ˈuraˈɴte'e/（居なくては）

/ˈuraˈɴte'e'ɴ/（居なかったのだ）

/ˈuraˈɴte'e'i/（居なかったのだし）

(/ˈuraˈɴte'emi/（居なかったのか））

/ˈuraˈɴte'e'ɴna'a/（居なかったのか）

/ˈuraˈɴte'e'ɴdo'o/（居なかったのだよ）

/ˈuraˈɴte'eru/（居なかった）＋名詞

/ˈuraˈɴte'esji/（居なかったの）

/ˈuraˈɴte'esjiga/（居なかったのだが）

/ˈuraꞎte'ekutu/（居なかったのだから）

/ˈuraꞎte'ere'e/（居なかったのなら）

/ˈuraꞎte'era'a/（居なかったのなら）

9 /ˈuti/ * をりて */worite/ ＜「をりて」に対応する（と考えられる）形＞

/ˈuti/「をりて」（居て）　　　←　*/ˈuQti/「をって」　⇔　/ˈuraꞎti/←/ˈuraꞎ ʔati/

（例）/ˈwikigaꞎŋwabika'a'i 'uti cja'aꞎ nara'ꞎdiQsa'a/（息子ばかり居て、どうにもならないそうだよ）。

/ˈuti'ꞎ/「をりても」（居ても）

（例）/ʔja'aga 'uti'ꞎ ka'wa'e'e ne'era'ꞎ hazjide'e/（君が居ても変わりはないはずだよ）。

/ˈute'e/,/ˈuti'ja/「をりては」（居ては）

（例）/ʔja'aja nama'a ʔꞎma'ꞎka'i 'ute'e nara'ꞎsjiga/（君は、今は、そこに居てはいけないんだが）。

10　/ˈuta'ꞎ/ * をりてありむ */worite arimu/（→「をりたりむ」）＜「過去形」に対応する（と考えられる）形＞

をりてありむ /ˈuta'ꞎ/（←'utja'ꞎ）　⇔　/ˈuraꞎta'ꞎ/←/ˈuraꞎ ʔati ʔaꞎ/

（例）/ʔja'a'ꞎ ʔama'ꞎka'i 'uta'ꞎdiru ba'a'i/（君もあそこに居たって言うのか）。

/ˈuta'i/（居たり、居たし）

/ˈuta'ꞎ/（居た）

(/ˈuta mi/)

/ˈuti'i/（居たか）

/ˈuta'ꞎna'a/（居たのか）

/ˈuta'ꞎdo'o/（居たよ）

/ˈutaru/（居た）＋名詞

/ˈutasji/（居たの）

/ˈutasjiga/（居たが）

/ˈutakutu/（居たから）

/ˈutare'e/（居たなら）

/ˈutara'a/（居たなら）等。

11　/ˈute'e'ꞎ/* をりてはありむ */woritewa arimu/＜「をりてはありむ」に対応する（と考えられる）形＞

（例）/ˈꞎna kataka'ꞎka'i 'ute'eru hazji'jasa/（皆、陰に居たはずなのだ）。

/ˈute'e'i/（居たはずだし）

/ˈute'esji/（居たはずの）

/ˈute'esjiga/（居たはずだが）

/ˈute'ekutu/（居たはずだから）

/ˈute'ere'e/（居たはずなら）

26　序章　分析対象資料及び用例収集のための前提

/ˈute’era’a/（居たはずなら）　等。

12　/ˈuto’oꞰ/* をりてはをり**む** */woritewa worimu/<「をりてはをり**む**」に対応する（と
　　考えられる）形>
　　（例）/damatidu ’uto’oru/（黙って居るのだ）。
　　/ˈuto’o’i/（居てはいるし）
　　/ˈuto’osji/（居てはいるの）
　　/ˈuto’osjiga/（居てはいるが）
　　/ˈuto’okutu/（居てはいるから）
　　/ˈuto’ore’e/（居てはいれば）　等。

13　をりてはおく　　　〜〜〜〜/ˈuto’ocjuꞰ/　⇒「おく」の活用（形態変化）へ
　　　〈をりてはおきをり**む**〉
　　（例）/na’a ʔuhwe’e ’uto’ocjusa/（もう少し居ておくよ）。

（14〜15　対応なし）

16　をりて　みる〜〜〜〜/ˈuti ’ꞰzjuꞰ/　⇒「みる」の活用（形態変化）へ
　　　〈をりて　みをり**む**〉
　　（例）/na’a ʔuhwe’e　’uti ’ꞰdaꞰdi ʔumu’juꞰ/（もう少し居てみようと思う）。

（17〜18　対応なし）

Ⅲ、「あり」（有）の「形態変化」配列

1　/ʔa’i/ * あり */ʔari/　<「連用形」に対応する（と考えられる）形>
　1）/ʔa’i /「あり」（有り）
　（例）/ʔama’Ʞka’e’e ʔiruʔiru ʔa’i bi’Ʞri’Ʞjata’i sukutu ’ju’u ʔicju’Ʞdo’o/（あそこに
　　はいろいろあり、便利であったりするから、よく行くよ）。

　2）/ʔa’e’e/,/ʔa’i’ja/「ありは」（有りは）
　（例）/zjino’o ʔa’e’e susjiga/（金はありはするが）（金はあることはあるが）。

　3）/ʔa’ini /「ありに」（有る時に）
　（例）/ ʔa’ini　ke’ese’e　sjimusa /（有る時に返せばいいよ）。

　4）/ʔa’ine’e/,/ʔa’ini’ja/「ありには」（有る時には）
　（例）/ʔa’ine’e ʔaru kurasji ne’e’Ʞdare’e ne’e’Ʞ kurasji /（有る時には、ある暮らし、
　　無いときには、ない暮らし）。

5) /ʔa'iga/「ありが」（ありが？、有るか）

（例）/nama'ɴ ʔa'iga sura 'wakara'ɴsjiga/（今も有るかわからないが）。

6) /ʔa'idu/「ありど」（有りぞ）

（例）/ʔuna'ata'i 'jare'e ʔa'idu suru/（それぐらいなら有るよ）。

7) /ʔa'idu'ɴ/「ありども」（ありさえ）

（例）/zji'ɴnu ʔa'idu'ɴ se'e sji'wa'a ne'e'ɴsa/（金さえ有れば、心配はないよ）。

8) /ʔa'igisa'ɴ/「ありげさあり」（有りそうだ）

（例）/cjaQsa'ɴ ʔa'igisa'ɴ/（たくさん有りそうだな）。

元は /ʔa'igisa ʔa'ɴ/「ありげさあり*む*」と推定される。

/ʔa'igisa'i/、/ʔa'igisa'ɴ/、/ʔa'igisami/、/ʔa'igisa'ɴna'a/、/ʔa'igisaru/＋名詞、/ʔa'igisasji/、
/ʔa'igisasjiga/、/ʔa'igisakutu/、/ʔa'igisare'e/、/ʔa'igisara'a/ 等のように。

9) /ʔa'ibusa'ɴ/「ありほしさあり」（ありたい）

（例）/ʔanu Qcju'ɴka'e'e na'a ʔuhwe'e cjicjisjiminu ʔa'ibusa'ɴja'a /（あの人には
もう少し慎みがありたいね）。

元は /ʔa'ibusa ʔa'ɴ/「ありほしさあり*む*」と推定される。

/ʔa'ibusa'i/、/ʔa'ibusa'ɴ/、/ʔa'ibusami/、/ʔa'ibusa'ɴna'a/、/ʔa'ibusaru/＋名詞、/ʔa'ibusasji/、
/ʔa'ibusasiga/、/ʔa'ibusakutu/、/ʔa'ibusare'e/、/ʔa'ibusara'a/ 等のように。

10) /ʔa'ibi'i'ɴ /、/ʔa'jabi'i'ɴ/、/ʔa'jabi'ju'ɴ/「ありはべり」（有ります）← *ʔa'jabirju'ɴ/

（例）/'wa'ɴni'ɴ 'i'inu mu'ɴnu ʔa'jabi'i'ɴ/（私も同じ物が有ります）。

元は /ʔa'jabiri 'u'ɴ/「ありはべりをり*む*」と推定される → 他は、「をり（居）」の活
用（形態変化）に準じる。

/ʔa'ibi'i'i/、/ʔa'jabi'i'i/、/ʔa'jabi'ju'i/、/ʔa'ibi'i'ɴ/、/ʔa'jabi'i'ɴ/、/ʔa'jabi'ju'ɴ/、
/ʔa'ibi'imi/、/ʔa'jabi'imi/、/ʔa'jabi'jumi/、/ʔa'ibi'i'ɴna'a/、/ʔa'jabi'i'ɴna'a/、/ʔa'jabi'ju'ɴna'a/、
/ʔa'ibi'iru ＋名詞 /、/ʔa'jabi'iru/ ＋名詞 ,/ʔa'jabi'juru/ ＋名詞、
/ʔa'ibi'isji/、/ʔa'jabi'isji/、/ʔa'jabi'jusji/、/ʔa'ibi'isjiga/、/ʔa'jabi'isjiga/、/ʔa'jabi'jusjiga/、
/ʔa'ibi'ikutu/、/ʔa'jabi'ikutu/、/ʔa'jabi'jukutu/、/ʔa'ibi'ire'e/、/ʔa'jabi'ire'e/、/ʔa'jabi'jure'e/、
/ʔa'ibi'ira'a/、/ʔa'jabi'ira'a/、/ʔa'jabi'jura'a/ 等。

11) /ʔa'jagi'i'ɴ/、/ʔa'jagi'ju'ɴ/「ありあげりをり」（ありつつある）← *ʔa'jagirju'ɴ/

（例）/ʔari! mata ʔa'jagi'i'ɴdo'o/（ああ、またありつつあるよ（ありそうだよ））

元は /ʔa'jagiri 'u'ɴ/「ありあげりをり*む*」と推定される。

/ʔa'igi'i'i/、/ʔa'jagi'i'i/、/ʔa'jagi'ju'i/、/ʔa'igi'i'ɴ/、/ʔa'jagi'i'ɴ/、/ʔa'jagi'ju'ɴ/、
/ʔa'igi'imi/、/ʔa'jagi'imi/、/ʔa'jagi'jumi/、/ʔa'igi'i'ɴna'a /、/ʔa'jagi'i'ɴna'a/、/ʔa'jagi'ju'ɴna'a/、
/ʔa'igi'iru/ ＋名詞 ,/ʔa'jagi'iru/ ＋名詞 ,/ʔa'jagi'juru/ ＋名詞、
/ʔa'igi'isji/、/ʔa'jagi'isji/、/ʔa'jagi'jusji/、/ʔa'igi'isjiga/、/ʔa'jagi'isjiga/、/ʔa'jagi'jusjiga/、

/ʔa'igi'ikutu/,/ʔa'jagi'ikutu/,/ʔa'jagi'jukutu/、/ʔa'igi'ire'e/,/ʔa'jagi'ire'e/,/ʔa'jagi'jure'e/、/ʔa'igi'ira'a/,/ʔa'jagi'ira'a/,/ʔa'jagi'jura'a/ 等。

2　/ʔa'N/ * ありむ */arimu/　<「ありむ」に対応する（と考えられる）形>
　（例）/cju'u'ja nu'u'jati'N ʔa'Ndo'o/（今日は、何でもあるよ。）
　1)/ʔa'i/「あり」（有るし）、
　2)/ʔa'N/「ありむ」（有る）、
　3)/ʔami/「ありむい」（有るか）、
　4)/ʔa'Nna'a/「ありむな」（有るのか）、
　5)/ʔa'Ndo'o/「ありむぞ」（有るよ）、
　6)/ʔaru/「ある」（有る）＋名詞、
　7)/ʔasji/「あ（る）す」（有るの）、
　8)/ʔasjiga/「あ（る）すが」（有るが）、
　9)/ʔakutu/「あ（る）こと」（有るから）、
　10)/ʔare'e/「あれは」（有るのなら）、
　11)/ʔara'a/「あらは」（有るのなら）、

3　/ʔari/ * あれ */ʔare/　<「命令形」に対応する（と考えられる）形>
　/ʔari/「あれ」（有れ）
　(/ʔari'jo'o/「あれよ」（有れよ）)
　/ʔari'wa/「あれは」（有れ）
　　/ʔare'e/「あれは」（有れ）
　（例）/ʔja'a'N ʔa'Nsji ʔari'jo'o/（君もそのようにあれよ）。

4　*/ʔari/ * あり */ʔari/<「終止形」に対応する（と考えられる）形>
　*/ʔari/　　　　　　　　　　ある時期から /ʔa'N/ に交代する。

5　*/ʔaru/ * ある */ʔaru/　<「連体形」に対応する（と考えられる）形>
　/ʔaru/　　　　　　　/ʔaru/ のまま移行してきたと考えられる。
　（例）/ʔaruQsa muQcji kuu'wa/（あるたけ持って来い）。

6　/ʔari/ * あれ */ʔare/<「已然形」に対応する（と考えられる）形>
　/ʔare'e/「あれは」（有れば）
　/ʔari'wa/「あれは」（有れば）
　（例）/zjika'Nnu ʔare'e na'iru kuto'o 'jasjiga /（時間があればできることではあるが）

7　/ʔara/ * あら */ʔara/<「未然形」に対応する（と考えられる）形>
　/ʔara/「あら」（有ろう）
　/ʔarana/「あらな」（有ろう）
　/ʔara'a/「あらは」（有らば、有ろう）

/ʔaraʼwa/「あらは」（有らば、有ろう）　　　二つをまとめて /ʔaraʼ(w)a/ とすることも可能。
（例）/zjikaʼɴnu ʔaraʼwaʼɴ neʼeʼɴdaraʼwaʼɴ nubagaraʼɴdareʼe naraʼɴʼeʼesani/（時間があろうとなかろうと、顔だけは見せないといけないだろうよ）。

8　/ʔaraʼɴ/ ＊あらぬ ＊/aranu/ ＜「あらぬ」に対応する（と考えられる）形＞
　　現代語の /ʔaraʼɴ/ は、「〜ではない」の意味を表わす。
　　（例）/ʔureʼe mizjeʼe ʔaraʼɴbaʼanaʼa/（それは水ではないのか）。

　　1)/ʔaraʼɴʔaʼi/「あらぬあり」（〜ではないし）、
　　2)/ʔaraʼɴ/「あらぬ」（〜ではない）、
　　3)/ʔarani/「あらぬい」（〜ではないか）、
　　4)/ʔaraʼɴnaʼa/「あらぬな」（〜ではないか）、
　　5)/ʔaraʼɴdoʼo/「あらぬぞ」（〜ではないよ）、
　　6)/ʔaraʼɴ/「あらぬ」（〜ではない）＋名詞、
　　7)/ʔaraʼɴsji/「あらぬす」（〜ではないの）、
　　8)/ʔaraʼɴsjiga/「あらぬすが」（〜ではないが）、
　　9)/ʔaraʼɴkutu/「あらぬこと」（〜ではないから）、
　　10)/ʔaraʼɴ(ʔa)reʼe/「あらぬあれは」（〜ではなければ）、
　　11)/ʔaraʼɴ(ʔa)raʼa/「あらぬあらは」（〜ではなければ）等。

9　/ʔati/ ＊ありて ＊/arite/＜「ありて」に対応する（と考えられる）形＞
　　/ʔati/「ありて」（有って）　　　←　＊/ʔaQti/「あって」
　　（例）/namamadi ʔiruʔiru ʔati nakanaka kuraraʼɴtaʼɴ/（今までいろいろあって、なかなか来られなかった）。

　　/ʔatiʼɴ/「ありても」（有っても）
　　（例）/zjinoʼo ʔatiʼɴ cjikaʼikata macjigeʼeneʼe sukweʼesuʼɴdoʼo/（金はあっても、使い方を間違えると困ったことになるよ）。

　　/ʔateʼe/,/ʔatiʼja/「ありては」（有っては）
　　（例）/ʔuʼɴna kutoʼo ʔateʼe naraʼɴ kutuʼjoʼo/（そんなことは、あってはならないことだよ）。

10　/ʔataʼɴ/ ＊ありてありむ ＊/arite arimu/（→「ありたりむ」）＜「過去形」に対応する（と考えられる）形＞
　　ありてありむ /ʔataʼɴ/（←ʔatjaʼɴ）　⇒　「あり」の活用（形態変化）へ
　　（例）/cjinuʼumadeʼe ʼjaʼanakaʼi ʔataʼɴdiru hanasjiʼjasjiga/（昨日までは家にあったという話だが）。
　　/ʔataʼi/（有ったり、有ったし）
　　/ʔataʼɴ/（有った）

（/ʔatami/）
/ʔati’i/（有ったか）
/ʔata’ɴna’a/（有ったのか）
/ʔata’ɴdo’o/（有ったよ）
/ʔataru/（有った）＋名詞
/ʔatasji/（有ったの）
/ʔatasjiga/（有ったが）
/ʔatakutu/（有ったから）
/ʔatare’e/（有ったなら）
/ʔatara’a/（有ったなら）　等。

11　/ʔate’e’ɴ/* ありてはありむ */aritewa arimu/　＜「ありてはありむ」に対応する（と考えられる）形＞
　　　（例）/muru ʔɴma’ɴka’i ʔate’e’ɴdiruru ba’ana’a/（全部、そこに有ったんだということか）。

　　/ʔate’e’i/（有ったのではあるし）
　　/ʔate’e’ɴ/（有ったのではある）
　　（/ʔate’emi/（有ったのではあるか））
　　/ʔate’e’ɴna’a/（有ったのではあるのか）
　　/ʔate’eru/（有ったのではある）＋名詞
　　/ʔate’esji/（有ったのではあるの）
　　/ʔate’esjiga/（有ったのではあるが）
　　/ʔate’ekutu/（有ったのではあるから）
　　/ʔate’ere’e/（有ったのではあるなら）
　　/ʔate’era’a/（有ったのではあるなら））　等。

（12 ～ 18　対応なし）

以下においては、（他の項目は類推により容易に導き出せるので）主要項目だけに絞り、簡潔な表示にする。

Ⅳ、「おく」（置）の「形態変化」配列

1　/ʔucji/　* おき */oki/＜「連用形」に対応する（と考えられる）形＞
2　/ʔucju’ɴ /* おきをりむ */okiworimu/＜「連用形＋をりむ〉」に対応する（と考えられる）形＞
3　/ʔuki/　* おけ */oke/＜「命令形」に対応する（と考えられる）形＞
4　*/ʔuku/　* おく */oku/＜「終止形」に対応する（と考えられる）形＞
　　*/ʔuku/　　　　　　　　　　　　ある時期から /ʔucju’ɴ/ に交代する。

31

5 */ʔuku/ *おく */oku/<「連体形」に対応する（と考えられる）形>
   */ʔuku/   ある時期から /ʔucjuru/ に交代する。
6 /ʔuki/ *おけ */oke/<「已然形」に対応する（と考えられる）形>
7 /ʔuka/ *おか */oka/<「未然形」に対応する（と考えられる）形>
8 /ʔuka'N/ *おかぬ */okanu/ <「未然形＋ぬ」に対応する（と考えられる）形>
9 /ʔucji/ *おきて */okite/ <「おきて」に対応する（と考えられる）形>
10 /ʔucja'N/ *おきてありむ */okite arimu/（→「おきたりむ」）<「過去形」に対応する（と考えられる）形>
11 /ʔucje'e'N/ *おきてはありむ */okitewa arimu/<「おきてはありむ」に対応する（と考えられる形>
12 /ʔucjo'o'N/ *おきてはをりむ */okitewa worimu/<「おきてはをりむ」に対応する（と考えられる形>
13 おきてはおく〜〜〜〜 /ʔucjo'ocju'N/
14 おきてはおきてはおく〜〜〜〜 /ʔucjo'o'cjo'ocju'N/
15 おきてありく〜〜〜〜 /ʔucjaQcju'N/   ⇒「ありく」の活用（形態変化）に準じる。
16 おきて　みる〜〜〜〜 /ʔucji 'Nzju'N/   ⇒「みる」の活用（形態変化）に準じる。
17 おきて　く〜〜〜〜 /ʔucji cju'u'N/   ⇒「く」の活用（形態変化）に準じる。
18 おきて　いく〜〜〜〜 /ʔucji ʔicju'N/   ⇒「いく」の活用（形態変化）に準じる。

V、「ありく」（歩）の「形態変化」配列

1 /ʔaQcji/ *ありき */ariki/<「連用形」に対応する（と考えられる）形>
2 /ʔaQcju'N / *ありきをりむ */arikiworimu/<「連用形＋をりむ〉」に対応する（と考えられる）形>
3 /ʔaQki/ *ありけ */arike/<「命令形」に対応する（と考えられる）形>
4 */ariku/ *ありく */ariku/<「終止形」に対応する（と考えられる）形>
   */ʔaQku/   ある時期から /ʔaQcju'N/ に交代する。
   /ʔaQkuna/「ありくな」（歩くな）
5 */ariku/ *ありく */ariku/<「連体形」に対応する（と考えられる）形>
   */ʔaQku/   ある時期から /ʔaQcjuru/ に交代する。
6 /ʔaQki / *ありけ */arike/<「已然形」に対応する（と考えられる）形>
7 /ʔaQka/ *ありか */arika/<「未然形」に対応する（と考えられる）形>
8 /ʔaQka'N/ *ありかぬ */arikanu/ <「未然形＋ぬ」に対応する（と考えられる）形>
9 /ʔaQcji/ *ありきて */arikite/ <「ありきて」に対応する（と考えられる）形>
10 /ʔaQcja'N/ *ありきてありむ */arikite arimu/（→「ありきたりむ」）<「過去形」に対応する（と考えられる）形>
11 /ʔaQcje'e'N/ *ありきてはありむ */arikitewa arimu/<「ありきてはありむ」に対応する（と考えられる）形>
12 /ʔaQcjo'o'N/ *ありきてはをりむ */arikitewa worimu/<「ありきてはをりむ」に対応する（と考えられる）形>

32 序章　分析対象資料及び用例収集のための前提

13　ありきてはおく〜〜〜〜 /ʔaQcjo'ocju'ɴ/　　⇒「おく」の活用（形態変化）に準じる。

14　ありきてはおきてはおく〜〜〜〜 /ʔaQcjo'o'cjo'ocju'ɴ/　　⇒「おく」の活用（形態変化）に準じる。

15　ありきてありく〜〜〜〜 /ʔaQcjaQcju'ɴ/　　⇒「ありく」の活用（形態変化）に準じる。

16　ありきて　みる〜〜〜〜 /ʔaQcji 'ɴzju'ɴ/　　⇒「みる」の活用（形態変化）に準じる。

17　ありきて　く〜〜〜〜 /ʔaQcji cju'u'ɴ/　　⇒「く」の活用（形態変化）に準じる。

18　ありきて　いく〜〜〜〜 /ʔaQcji ʔicju'ɴ/　　⇒「いく」の活用（形態変化）に準じる。

Ⅵ、「みる」（見）の「形態変化」配列

1　/miïi/　＊みり＊/miri/＜「ラ行（四段）化」後の「連用形」に対応する（と考えられる）形＞
　　/'ɴzji/　＊みりて＊/mirite/ に対応する（と考えられる）形。[mirite]→[mindi]→[mindʒi]→
　　　　[ndʒi]//'ɴzji/ 等と変化し、「連用形」のような機能を担うようになったか。
　　　　（/mi'i/,/'ɴzji/ 両形存することに関しては、第5章で詳述することにする。）

2　/nu'u'ɴ/＊みをりむ＊/miworimu/＜「連用形＋をりむ〉」に対応する（と考えられる）形＞
　　/'ɴzju'ɴ/＊みりをりむ＊/miriworimu/＜「ラ行（四段）化」後の「連用形＋をりむ〉」
　　に対応する（と考えられる）形＞

3　/'ɴdi/　＊みれ＊/mire/＜「命令形」に対応する（と考えられる）形＞

4　＊/miru/　＊みる＊/miru/＜「終止形」に対応する（と考えられる）形＞
　　＊/miru/　　　　　　　　　　　ある時期から /nu'u'ɴ/,/'ɴzju'ɴ/ に交代する。

5　＊/miru/　＊みる＊/miru/＜「連体形」に対応する（と考えられる）形＞
　　＊/miru/　　　　　　　　　　　ある時期から /'ɴzjuru/ に交代する。

6　/'ɴdi/　＊みれ＊/mire/＜ラ行（四段）化」後の「已然形」に対応する（と考えられる）形＞

7　/'ɴda/　＊みら＊/mira/＜ラ行（四段）化」後の「未然形」に対応する（と考えられる）形＞

8　/'ɴda'ɴ/　＊みらぬ＊/miranu/　＜ラ行（四段）化」後の「未然形＋ぬ」に対応する（と
　　考えられる）形＞

9　/'ɴcji/＊みて＊/mite/　＜「みて」に対応する（と考えられる）形＞

10　/'ɴcja'ɴ/＊みてありむ＊/mite arimu/（→「みたりむ」）＜「過去形」に対応する（と考えら
　　れる）形＞

11　/'ɴcje'e'ɴ/　＊みてはありむ＊/mitewa arimu/＜「みてはありむ」に対応する（と考えら
　　れる）形＞

12　/'ɴcjo'o'ɴ/　＊みてはをりむ＊/mitewa worimu/＜「みてはをりむ」に対応する（と考え
　　られる）形＞

13　みてはおく〜〜〜〜 /'ɴcjo'ocju'ɴ/　　⇒「おく」の活用（形態変化）に準じる。

14　みてはおきてはおく〜〜〜〜 /'ɴcjo'o'cjo'ocju'ɴ/　　⇒「おく」の活用（形態変化）に準じる。

15　みてありく　　〜〜〜〜 /'ɴcjaQcju'ɴ/　　⇒「ありく」の活用（形態変化）に準じる。

16　みて　みる〜〜〜〜 /'ɴcji 'ɴzju'ɴ/

17　みて　く〜〜〜〜 /'ɴcji cju'u'ɴ/　　⇒「く」の活用（形態変化）に準じる。

18　みて　いく〜〜〜〜 /'ɴcji ʔicju'ɴ/　　⇒「いく」の活用（形態変化）に準じる。

Ⅶ、「く」（来）の「形態変化」配列

1 /cji'i/ ＊き ＊/ki/＜「連用形」に対応する（と考えられる）形＞

2 /cju'uN/ ＊きをりむ ＊/kiworimu/＜「連用形＋をりむ〉」に対応する（と考えられる）形＞

3 /ku'u/ ＊こ ＊/ko/＜「命令形」に対応する（と考えられる）形＞

4 ＊/ku/ ＊く ＊/ku/＜「終止形」に対応する（と考えられる）形＞
   ＊/ku/　　　　　　　　　　　ある時期から /cju'uN/ に交代する。

5 ＊/kuru/ ＊くる ＊/kuru/＜「連体形」に対応する（と考えられる）形＞
   ＊/kuru/　　　　　　　　　　　　　　ある時期から /cju'uru/ に交代する。

6 /kuri/ ＊くれ ＊/kure/＜「已然形」に対応する（と考えられる）形＞

7 /ku'u/ ＊こ ＊/ko/＜「未然形」に対応する（と考えられる）形＞

8 /ku'uN/ ＊こぬ ＊/konu/ ＜「未然形＋ぬ」に対応する（と考えられる）形＞

9 /Qcji/＊きて ＊/kite/ ＜「きて」に対応する（と考えられる）形＞

10 /cjaN/＊きてありむ ＊/kite arimu/（→「きたりむ」）＜「過去形」に対応する（と考えられる）形＞

11 /cje'eN/＊きてはありむ ＊/kitewa arimu/＜「きてはありむ」に対応する（と考えられる）形＞

12 /cjo'oN/＊きてはをりむ ＊/kitewa worimu/＜「きてはをりむ」に対応する（と考えられる）形＞

13 きてはおく〜〜〜〜 /cjo'ocju'N/　　⇒「おく」の活用（形態変化）に準じる。

14 きてはおきてはおく〜〜〜〜 /cjo'o'cjo'ocju'N/　　⇒「おく」の活用（形態変化）に準じる。

15 きてありく〜〜〜〜 /cjaQcju'N/　　⇒「ありく」の活用（形態変化）に準じる。

16 きて　みる〜〜〜〜 /Qcji 'nzju'N/　　⇒「みる」の活用（形態変化）に準じる。

（17〜18　対応なし）

Ⅷ、「いく」（行）の「形態変化」配列

1 /ʔicji/ ＊いき ＊/iki/＜「連用形」に対応する（と考えられる）形＞

2 /ʔicju'N/ ＊いきをりむ ＊/ikiworimu/＜「連用形＋をりむ〉」に対応する（と考えられる）形＞

3 /ʔiki/ ＊いけ ＊/ike/＜「命令形」に対応する（と考えられる）形＞

4 ＊/iku/ ＊いく ＊/iku/＜「終止形」に対応する（と考えられる）形＞
   ＊/iku/　　　　　　　　　　　ある時期から /ʔicju'N/ に交代する。

5 ＊/iku/ ＊いく ＊/iku/＜「連体形」に対応する（と考えられる）形＞
   ＊/iku/　　　　　　　　　　　　ある時期から /ʔicjuru/ に交代する。

6 /ʔiki/ ＊いけ ＊/ike/＜「已然形」に対応する（と考えられる）形＞

7 /ʔika/ ＊いか ＊/ika/＜「未然形」に対応する（と考えられる）形＞

8 /ʔika'N/ ＊いかぬ ＊/ikanu/＜「未然形＋ぬ」に対応する（と考えられる）形＞

9 ＊/ʔicji/＊いきて ＊/ikite/ ＜「いきて」に対応する（と考えられる）形＞　ある時期から

/ʔNZji/ に交代する。

/ʔNZji/ ＊いにて＊/inite/ ＜「いにて」に対応する（と考えられる）形＞

10　/ʔNZja'N/ ＊いにてあり<u>む</u>＊/inite arimu/（→「いにたり<u>む</u>」）＜「過去形」に対応する（と考えられる）形＞

11　/ʔNZje'e'N/　＊いにてはあり<u>む</u>＊/initewa arimu/＜「いにてはあり<u>む</u>」に対応する（と考えられる）形＞

12　/ʔNZjo'o'N/　＊いにてはをり<u>む</u>＊/initewa worimu/＜「いにてはをり<u>む</u>」に対応する（と考えられる）形＞

13　いにてはおく～～～～ /ʔNZjo'ocju'N/　　⇒「おく」の活用（形態変化）に準じる。

14　いにてはおきてはおく～～～～ /ʔNZjo'o'cjo'ocju'N/　　⇒「おく」の活用（形態変化）に準じる。

15　いにてありく～～～～ /ʔNZjaQcju'N/　　⇒「ありく」の活用（形態変化）に準じる。

16　いにて　みる～～～～ /ʔNZji 'NZju'N/　　⇒「みる」の活用（形態変化）に準じる。

17　いにてく～～～～ /ʔNZji cju'u'N/　　⇒「みる」の活用（形態変化）に準じる。

（18　対応なし）

第1章　ハングル資料の動詞形態の考察

<分析対象資料>

1、『海東諸國紀』付載の「語音翻訳」（1501）
　　依拠した本文：申叔舟『海東諸国紀』（1975）国書刊行会（復刻版）
2、『琉球・呂宋漂海録』中の「言語」「琉球」語（1818）
　　依拠した本文：『「琉球・呂宋漂海録」の研究－二百年前の琉球・呂宋の民俗・言語－』
　　（1974）武蔵野書院

<用例の示し方>

○見出し語は（歴史的仮名遣い相当の）平仮名とし、その語彙的意味を示す漢字を添える。
○ハングルに転写字を添える。以下のとおりである。

《翻訳》（1501）の場合の転写字

（母音字）

ㅣ	ㅖ	ㅕ	ㅓ	ㅏ	ㅐ	ㅑ	ㅜ	ㅗ	ㆍ	ㅡ	ㅑ	ㅠ	ㅛ	ㅙ	ㅘ	ㅟ	ㅚ
i	jɔi	cj	ɔ	ɯiɯ	ʌi	ai	a	u	o	ʌ	ɯ	ja	ju	jo	oai	oa	ui	oi

（子音字）

ㅇ	ㄱ	ㅋ	ㄷ	ㅌ	ㅽ	ㅂ	ㅍ	ㅅ	ㅈ	ㅊ	ㅿ	ㅁ	ㄴ	ㄹ	ㅱ	ㆁ
’	k	kh	t	th	st	p	ph	s	c	ch	z	m	n	r	w	ŋ

《漂録》（1818）の場合の転写字

（母音字）

ㅣ	ㅖ	ㅒ	ㅕ	ㅓ	ㅏ	ㅣ	ㅐ	ㅑ	ㅜ	ㅗ	ㆍ	ㅡ	ㅑ	ㅠ	ㅛ	ㅘ	ㅚ	ㅝ
i	jɔi	ɔi	jɔ	ɔ	ɯiɯ	ʌi	ai	a	u	o	ʌ	ɯ	ja	ju	jo	oa	oi	ɯɔ

（子音字）

ㅇ	ㄱ	ㄲ	ㅋ	ㄷ	ㄸ	ㅌ	ㅂ	ㅃ	ㅍ	ㅎ	ㅅ	ㅈ	ㅉ	ㅊ	ㅿ	ㅁ	ㄴ	ㄹ	ㆁ
’	k	kk	kh	t	tt	th	p	pp	ph	h	s	c	cc	ch	z	m	n	r	ŋ

○見出し語に該当する形を助辞・接辞とともに示す。必要最小限の範囲で所在箇所表示
　をする。所在箇所の用例該当部分をゴシック体にする。
　用例転写字の音節と音節との境に「-」を入れる。
　（例）구모뎨 ku-mo-tjɔi 032 天陰了 **텬구모뎨** thjɔn- **ku-mo-tjɔi**
○翻刻上の誤りと思われる箇所の次に〈〉で正しいと思われる形を（転写字のみ）示す。
　（例）루구미 ru〈nu〉-ku-mi 051 向火 피**루구미** phi- **ru**〈nu〉**-ku-mi**
○数字は、用例の所在箇所を示す通し番号である。詳しくは、多和田（2010）[1]参照。
○後の通時的考察に資するために、☼　のあとにコメントを付す。

第1節　『海東諸國紀』付載の「語音翻訳」の動詞形態の考察

（四段）

のます飲

　　로마ᄉ라 ro〈no〉-ma-sʌ-ra〈na〉　021 不要饋他喫　아리**로마ᄉ라** ’a-ɯi-
　　　　　　　　　　　　　　　　　　　　　　　　　　　ro〈no-ma-sʌ-ra〈na〉

　　　☆ 終止形「のます」を含む。「のますな」に対応。

　　　/nomasüna/ と推定。

　　로미셰 ro〈no〉-mi＜ma＞-sjɔi　022 小饋他喫　예계나구**로미셰** ’jɔi-kjɔi-na-ku
　　　　　　　　　　　　　　　　　　　　　　　　　　-ro〈no〉-mi＜ma＞-sjɔi

　　　☆ 命令形「のませ」に対応。

　　　/nomasï/ と推定。

わかす沸

　　와가시 ’oa-ka-si　018 湯酒　사긔**와가시** sa-kɯi-’oa-ka-si
　　　　　　　　　　　100 焼茶　챠**와가시** chja-’oa-ka-si

　　　☆ 命令形「わかせ」に対応。連用形「わかし」の可能性もあるか。

　　　/wakasï/ と推定。

たつ発

　　탇졔 that-cjɔi　009 我旧年正月起身　완구조쇼옹과ᄌ**탇졔**　wan-ku-co-sjo-’oŋ-koa-cʌ
　　　　　　　　　　　　　　　　　　　　　　　　　　-that-cjɔi

　　　☆「たちて」に対応。

　　　/taQcï/ と推定。

　　타졔기 tha-cjɔi-ki〈ka〉　008 你幾時離了本国　우라읻ᄌ시마**타졔기** ’u-ra-’it-cʌ
　　　　　　　　　　　　　　　　　　　　　　　　　　-si-ma-tha-cjɔi-ki〈ka〉

　　　☆「たちて」を含む。「たちてか」に対応か。

　　　/taQcïka/ と推定。

いふ言

　　이우가 ’i-’u-ka　003 你的姓甚麼　우라나와이갸**이우가**　’u-ra-na-’oa-’i-kja-’i-’u-ka
　　　☆ 終止形「いふ」を含む。「いふか」に対応。注1)

　　　/iuka/ と推定。

ゑふ酔

　　이우디 ’i-’u-ti　076 酒酔了　사긔**이우디** sa-kɯi-’i-’u-ti

　　　☆「ゑうて」に対応。

　　　/iutï/ と推定。

あすぶ遊

　　아솜비 ’a-sʌm-pi　024 請裏頭要子　우지바라왜쳐**아솜비** ’u-ci-pa-ra-’oai-chjɔ-
　　　　　　　　　　　　　　　　　　　　　　　　　　’a-sʌm-pi

　　　☆ 命令形「あすべ」に対応。

　　　/asü(ɴ)bï/ と推定。

ぬくむ温

　　루구미 ru〈nu〉-ku-mi　051　向火피**루구미** phi-ru〈nu〉-ku-mi

☆命令形「ぬくめ」に対応。注2)

/nukumï/ と推定。

のむ飲

누미 nu-mi　073 飲酒 **누미 nu-mi**

☆命令形「のめ」に対応。注3)

/nomï/ と推定。

やすむ休

야ᅀᅳ며 'ja-sʌ-mjɔ　040 日頭落了　텬다**야ᅀᅳ며**잇졔 thjɔn-ta-'ja-sʌ-mjɔ-'is-cjɔi

☆連用形「やすみ」に対応。

/jasümi/ と推定。

いる入

잇졔 'is-cjɔi　040 日頭落了　텬다야ᅀᅳ며**잇졔** thjɔn-ta-'ja-sʌ-mjɔ-**'is-cjɔi**

☆「いりて」に対応。「いって」と変化。

/iQcï/ と推定。促音化、破擦音化がある。

くもる曇

구모뎨 ku-mo-tjɔi　032 天陰了 텬**구모뎨** thjɔn- **ku-mo-tjɔi**

☆「くもりて」に対応。「くもって」と変化。

/kumoQtï/ と推定。促音化がある。

なる成

랃디 rat 〈nat〉-ti　023 酒尽了　사긔 미나**랃디** sa-kɯi-mi-na- **rat 〈nat〉-ti**

☆「なりて」に対応。「なって」と変化。

/naQtï/ と推定。

にごる濁

링그나사긔 riŋ 〈niŋ〉-kʌ-na 〈ri〉-sa-kɯi

　　　　071 白酒　**링그나사긔 riŋ 〈niŋ〉-kʌ-na 〈ri〉-sa-kɯi**

☆連用形「にごり」を含む。「にごりさけ」に対応。

/ni(N)gorisakï/ と推定。

ふる降

유기푸리 'ju-ki- phu-ri　036 下雪　**유기푸리 'ju-ki- phu-ri**

☆連用形「ふり」を含む。「ゆきふり」に対応。

/jukipuri/ と推定。

푿뎨 phut-tjɔi　034 下雨 아믜**푿뎨** 'a-mɯi- **phut-tjɔi**

☆「ふりて」に対応。「ふって」と変化。

/puQtï/ と推定。

（上一段）ナシ　（上二段）ナシ　（下一段）ナシ

（下二段）

あぐ上

아긔라 'a-kɯi-ra　017 請一鐘酒　사긔부뎨ᄌ**아긔라** sa-kɯi-pu-tjɔi-cʌ-**'a-kɯi-ra**

☆「ラ行（四段）化」した「あげる」の未然形「あげら」に対応。

/agïra/ と推定。

앙긔리 'aŋ-kɯi-ri 078 喫飯　앙긔리 'aŋ-kɯi-ri

☼ 「ラ行（四段）化」した「あげる」の命令形「あげれ」に対応。[注4]

/agïrï/ と推定。

しらぐ精

시랑가디 si-raŋ-ka<ki>-ti 083 師米고믜**시랑가디** ko-mɯi- si-raŋ-ka<ki>-ti

☼ 「しらげて」に対応。

/sjiragïtï/ と推定。[注5]

はる晴

파리뎨 pha-ri-tjɔi　033 天晴了텬**파리뎨** thjɔn- pha-ri-tjɔi

파릳뎨 pha-rit-tjɔi　035 雨晴了 아믜**파릳뎨** 'a-mɯi- pha-rit-tjɔi

피릳디 phi < pha > -rit-ti　037 雪住了 유기**피릳디** 'ju-ki- phi < pha > -rit-ti

☼ 「はれて」に対応。

/parïQtï/ と推定。

（カ変）

く来

구 ku 019 洒酒来　사긔와가디**구** sa-kɯi-'oa-ka-ti- ku

☼ 命令形「こ」に対応。[注6]

/ko/ と推定。

긴졔 kit-cjɔi 011 我們今年正月初三日縫裏　환구두시샤옹과ᅀ취타지**긴졔** wan
-ku-tu-si-sja-'oŋ-koa-cʌ-chui- tha-ci- kit-cjɔi

☼ 「きて」に対応。

/kicï/ と推定。

싱 siŋ<caŋ> 010 你幾時到這裏　우라읻ᅀ고마**싱** 'u'ra-'it-cʌ-ko-ma- siŋ<caŋ>

☼ 「きて」を含む。「きてありむ」に対応か。「き-」相当部分（収録段階で）脱落か。

/(ki)caŋ/ と推定。

징 ciŋ<caŋ> 가 012 你初到江口是好麼　우라푸라모도**징가** 'u-ra-phu-ra-mo-to-
ciŋ<caŋ>-ka

☼ 「きて」を含む。「きてありむが」」に対応か。「き-」相当部分（収録段階で）脱落か。

/(ki)caŋga/ と推定。

（サ変）

おはす御座

왜쳐 'oai-chjɔ 024 請裏頭要子　우지바라**왜쳐**아솜비 'u-ci-pa-ra-'oai-chjɔ-'a-sʌm-pi

☼ 「おはして」に対応。

/waicï/ と推定。

す為

스례 sʌ-rjɔi 079 做飯　오바리**스례** 'o-pa-ri<ni>- sʌ-rjɔi

☼ 命令形「すれ」に対応。[注7]

/sürï/ と推定。

（ラ変）

あり有

アリ 'a-ri 004 你的父親有麼　우라아샤**아리** 'u-ra-'a-sja-**'a-ri**

005 你哥哥有麼　우라신자**아리** 'u-ra-sin-ca-**'a-ri**

006 你姐姐有麼　우라아릐**아리** 'u-ra-'a-rʌi<nʌi>-**'a-ri**

007 妹子有麼　오라리**아리** 'o-ra<na>-ri-**'a-ri**

☆ 終止形「あり」に対応。

/ari/ と推定。

아랴븨란루모 'a-rja-pɯi-ran-ru-mo 016 無甚麼好下飯　사가나무**아랴븨란루모**

sa-ka-na-mu-**'a-rja-pɯi-ran**-ru-<tu>-mo

☆ 連用形「あり」を含む。「ありはべらねども」に対応。

/arjabïraɴdomo/ と推定。

第2節　『琉球・呂宋漂海録』中の「言語」「琉球」語の動詞形態の考察

（四段）

もつ持

무쯶 mu-scin　111 取来　(81) 무쯶지쇼 mu-scin-ci-sko

☆ 「もちて→もって」に対応。注1)

/muQcji/ と推定。破擦音化の変化がある。

をどる踊（舞）

우두이리 'u-tu-'i-ri　28 舞　(25) 우두이리 **'u-tu-'i-ri**

☆ 命令形「をどれ」に対応。

/'uduri/ と推定。注2)

（上一段）（上二段）（下一段）ナシ

（下二段）

いぬ寝

이닉띠 'i-nʌi-tsi 25 眠　(25) 이닉띠 **'i-nʌi-tsi**

☆ 「いねて」に対応。

/ʔiniti/ と推定。/ʔinïti/ の可能性を残す。

かふ替

케라 khɔi-ra 91 交易　(66) 케라 khɔi-ra

☆ 未然形「かへら」に対応。

/ke'era/ と推定。二重母音の長母音への変化がある。

（変格）

（カ変）

く来

고 sko 111 取來　(81) 무쯶지쇼 mu-scin-ci-**sko**

☆ 命令形「こ」に対応。

/ku/ と推定。

（ナ変）

いぬ 往

囚지 scin-ci 111 取来 （81）무囚지쇼 mu- **scin-ci**-sko

　☼「いにて」に対応。[注1]

　/ʔɴzji/ と推定。

しぬ 死

신융 sin-ʼjuŋ 26 死 （23）**신융** sin-ʼjuŋ

　☼連用形「しに」を含む。「しにをりむ」に対応。新終止形の「シニュン」。

　/sjinjuʼɴ/ と推定。

いみめす召

맨소오리 main-so-ʼo-ri 21 座 （18）**맨소오리** **main-so-ʼo-ri**

　☼連用形「いみめし」を含む。「いみめしおわれ」に対応。[注3]

　/(ʔi)meʼɴsoʼori/ と推定。

第2章　漢字資料の動詞形態の考察

＜分析対象資料＞

1、『華夷訳語』の一つとしての「琉球館訳語」（16世紀前半成立か）
　　　依拠した本文：『琉球館訳語　本文と索引』小林印刷出版（1979）
2、陳侃『使琉球録』中の「夷語」（1534）
　　　依拠した本文：『纂集　日本譯語』京都大学文学部国語国文学研究室（1968）
3、郭汝霖『使琉球録』中の「「夷語」（1561）
　　　依拠した本文：『冊封使録　九』球陽研究会（1969）
4、周鐘　等『音韻字海』中の「附録夷語音釈」（1572頃）
　　　依拠した本文：『纂集　日本譯語』京都大学文学部国語国文学研究室（1968）
5、蕭崇業『使琉球録』中の「「夷語」（1579）
　　　依拠した本文：『明代史籍彙刊　⑥使琉球録』臺灣學生局（1977）
6、夏子陽『使琉球録』中の「「夷語」（1606）
　　　依拠した本文：『明代史籍彙刊　⑦使琉球録』臺灣學生局（1977）
7、徐葆光『中山伝信録』中の「琉球語」（1721）
　　　依拠した本文：『纂集　日本譯語』京都大学文学部国語国文学研究室（1968）
8、潘相『琉球入学見聞録』中の「土音」(1764)
　　　依拠した本文：『國家圖書館藏資料彙編　下』黄潤華　薛英　編
　　　　　　　　　　北京圖書館出版社（2000）
9、李鼎元『琉球譯』（1800頃）
　　　依拠した本文：『國家圖書館藏資料彙編　下』黄潤華　薛英　編
　　　　　　　　　　北京圖書館出版社（2000）

＜用例の示し方＞
○見出し語は（歴史的仮名遣い相当の）平仮名とし、その語彙的意味を示す漢字を添える。
○見出し語に該当する形を助辞・接辞とともに示す。必要最小限の範囲で所在箇所表示
　をする。所在箇所の用例該当部分を**ゴシック体**にする。
　（例）開的　232　字　**開的**
○数字は、用例の所在箇所を示す通し番号である。詳しくは、多和田（2010）[1] 参照。
○後の通時的考察に資するために、　☆　のあとにコメントを付す。
○以下に参照する《日館》は、『日本館譯語』（1500前後？）のことである。

第1節 「琉球館譯語」の動詞形態の考察

（四段）

いく行

    亦及　205、341 見朝　大立葉**亦及**　　324 走　（ママ）乜 姑**亦及**　　384 上緊走　排姑**亦及**

    577　起身　掲只**亦及**

    ☼ 命令形「いけ」に対応。注1)

    /iki/ と推定。

かく書

    開的　232　字　**開的**

    ☼ 「かきて」に対応。「かいて」と変化。注2)

    /kaiti/ と推定。

ふく吹

    福禄姑　016　起風　嘻集**福禄姑**

    ☼ 終止形「ふくる」に対応か。音訳字の転換とみる。日本語的に「ふくる」などにしようとしたか。注3)

    /hwukuru/ と推定。

たつ立

    達只外立　348　立住　**達只外立**

    ☼ 連用形「たち」を含む。「たちおわれ」に対応。注4)

    /tacjiuwari/ と推定。

たつ発

    掲只　577　起身　**掲只亦及**　　578 起去　**掲只亦及**　　579 起来　**掲只**

    595　明日起身　阿者速多密的**掲只**

    ☼ 「たちて」に対応。注5)

    /taQci/ と推定。

もつ持

    莫只　368　拿来　莫只个

    ☼ 「もちて」に対応。

    /muQci/ と推定。

かふ買

    高葉　336　（ママ）売　**高葉**　　336 買売　烏立**高葉**　　554　（ママ）売　**高葉**

    594　買売　烏立**高葉**

    ☼ 連用形「かひ」に対応。ハ行点呼で「かゐ」に変化したと見る。

    /kawi/ と推定。

ゑふ酔

    由的　339、435　酔了　**由的**　　387　我酔了　昂哇**由的**

    ☼ 「ゑうて」に対応。

    /juuti/ と推定。

あすぶ遊

    烏遜必　344　鞠躬　**烏遜必**

    ☼ 命令形「あすべ」に対応。

/asüɴbi/ と推定。

うる売

烏立　337　買　烏立　　　553 ^(ママ) 買　烏立

☼ 連用形「うり」に対応。注6)

/uri/ と推定。

烏立高葉　366　買売　烏立高葉　　590　買売　烏立高葉

☼ 連用形「うり」を含む。「うりかひ」に対応。

/urikai/ と推定。

おわる（「いらっしゃる」の意）

外亦立　326　来　外亦立

☼ 命令形「おわれ」に対応か。注7)

/uwari/ と推定

かたる語

嗑達立　321　説　嗑達立　　573　説　嗑達立　　582　説話　嗑達立

☼ 連用形「かたり」に対応。注8)

/katari/ と推定。

かぶる被

干不立　210　盔　干不立

看不立　400　帽　看不立

☼ 連用形「かぶり」に対応。

/kaɴburi/ と推定。

くもる曇

姑木的　017　天陰　甸尼奴姑木的　　　073　陰　姑木的

☼ 「くもりて」に対応。「くもって」と変化。注9)

/kumuQti/ と推定。

しる知

失藍子　594　不知道　失藍子

☼ 未然形「しら」を含む。「しらず」に対応。注10)

/sjiraɴzü/ と推定。

失只　585　知道　失只　　586　付荅　失只　　587　回賜　失只

☼ 「しりて」に対応。「しって」と変化。注11)

/sjiQci/ と推定。促音化、破擦音化がある。

失達哇　378、584　暁的　失達哇　　379、593　不暁的　民那失達哇

☼ 「しって」を含み、「しってあ（る）は→しった（る）は」に対応か。注12)

/sjiQtawa/ と推定。

つくる造

茲孤立　276　討修舡隻　福尼茲孤立

☼ 連用形「つくり」に対応。

/cükuri/ と推定。

ねぶる眠

眠不立　334　睡　**眠不立**

　　☼ 連用形「ねぶり」に対応。注13)

　　/niɴburi/ と推定。

ねる練

　以立蒙乞　431　麺　**以立蒙乞**

　　☼ 連用形「ねり」を含む。「ねりむぎ」(練り麦)に対応か。注14)

　　/nirimugi / と推定。

ふる降

　福禄　019　下雨　嗑乜**福禄**　　020　下雪　由乞**福禄**

　　☼ 終止形「ふる」に対応。注15)

　　/hwuru/ と推定。

もどる戻

　慢多罗　207、361　辞朝　**慢多罗**　362、580　回去　**慢多罗**

　　☼ 終止形「もどる」に対応。注16)

　　/muɴduru/ と推定。

(上一段)

みる見

　密只　388　不好看　吐 禄撒**密只**
　　　　　　　　　　　(ママ)

　　☼「みて」に対応。注17)

　　/mici/ と推定。破擦音化がある。

(上二段)

とづ閉

　大葉罗　202　関門　勒那**大葉罗**

　　☼「ラ行(四段)化」後の終止形「とぢる」に対応か。注18)

　　/tuzjiru/ と推定。

(下一段)ナシ

(下二段)

あく開

　阿个罗　201　開門　勒那**阿个罗**

　　☼「ラ行(四段)化」後の終止形「あける」に対応か。注19)

　　/akiru/ と推定。

かく掛

　个失加及　249　板橙　**个失加及**
　　　　　　250　交床　全

　　☼ 連用形「かけ」を含む。「こしかけ」(腰掛)に対応。注20)

　　/kusjikaki/ と推定。

あぐ上

　昂乞立　440　喫茶　**昂乞立扎**　441　喫飯　**昂乞立翁班尼**　442　喫肉　**昂乞立失失**
　　　　443　喫水　**昂乞立民足**　445　酒飯喫　撒及翁班尼**昂乞立**

第1節　「琉球館譯語」の動詞形態の考察　45

　　　　446　吃　**昂乞立**　　　　　447　明日早起喫筵宴　阿者速多密的　**昂乞立扎半失**

　　☼「ラ行（四段）化」後の命令形「あげれ」に対応すると見る。_{注21)}注21)

　　/a(ɴ)giri/ と推定。

　阿結的　358　進表　漂那**阿結的**　　359　進本　盆那**阿結的**

　　☼「あげて」に対応。注22)

　　/agiti/ と推定。

たつ　立

　烏達的唆亦　323　興　**烏達的唆亦**

　　☼連用形「たて」を含む。「おてさうらへ」に対応か。

　　/utatisoo(ra)i/ と推定。

こぬ　捏

　个乜禄　038　泥　**个乜禄**

　　☼「ラ行（四段）化」後の終止形「こねる」に対応。注23)

　　/kuniru/ と推定。

のぶ　伸

　奴必約　351　平身　个失烏**奴必約**

　　☼命令形「のびよ」に対応。注24)

　　/nubiju/ と推定。

くる　暮

　約姑立的　078　晩　**約姑立的**

　　☼「くれて」を含む。「よくれて」（夜暮れて）に対応。注25)

　　/jukuriti/ と推定。

はる　晴

　法立的　018　天晴　旬尼奴**法立的**

　　☼「はれて」に対応。注26)

　　/hwariti/ と推定。

（カ変）

く　来

　个　368　拿来　莫只**个**

　　☼命令形「こ」に対応。注27)

　　/ku/ と推定。

　揭只　356　起来　**揭只**

　　　　577　起身　**揭只亦及**

　　　　578　起去　**揭只亦及**

　　　　579　起来　**揭只**

　　　　595　明日起身　阿者速多密的**揭只**

　　☼「きて」に対応。注28)

　　/kici/ と推定。

（サ変）

す　為

46　第2章　漢字資料の動詞形態の考察

排是　322　拝　**排是**

　　☼ 終止形「す」を含む。「はいす」（拝す）に対応。[注29]

　　/hwaisü/ と推定。

子蓋失　388、581　請来　**子蓋失**

　　☼ 連用形「し」を含む。「つかひし」（遣ひし）に対応。[注30]

　　/cükaisji/ と推定。

是立　372　作揖　撒哇立**是立**

　　☼ 命令形「すれ」。「す」の命令形。[注31]

　　/süri/ と推定。

（ラ変）

あり有

　阿立　331　有　**阿立**

　　　　571　有　**阿立**

　　　　591　有無　**阿立** 及 （ママ）

　　☼ 終止形「あり」。[注32]

　　/ari/ と推定。

をり居

　窩喇立　343　請行　**窩喇立**

　　☼ 命令形「をられ」。[注33]

　　/wurari/ と推定。

第2節　陳侃『使琉球録』中の「夷語」の動詞形態の考察

（四段）

いく行

　亦急　226、387、392　去　**亦急**　　238　見朝　大立葉**亦急**　　275　上緊走　排姑**亦急**
　391　起身　榻知**亦急**

　　☼ 命令形「いけ」に対応。[注1]

　　/iki/ と推定。

かく書

　開的　179　字　**開的**

　　☼「かきて」に対応。「かいて」と変化。[注2]

　　/kaiti/ と推定。

ふく吹

　福禄姑　016　起風　嗑済**福禄姑**

　　☼ 終止形「ふくる」に対応か。音訳字の転換とみる。日本語的に「ふくる」などにしようとしたか。[注3]

　　/hwukuru/ と推定。

やく焼

　牙及亦石　041　磚　**牙及亦石**

　　☼ 連用形「やき」を含む。「やきいし」（焼き石）に対応。

第2節　陳侃『使琉球録』中の「夷語」の動詞形態の考察　　47

/jakiisji/ と推定。

たつ 立

苔只歪立　242　立住　苔只歪立

☼ 連用形「たち」を含む。「たちおわれ」に対応。注4)

/tacjiuwari/ と推定。

たつ 発

榻知　391　起身　榻知亦急　　392　起去　榻知亦急　　393　起来　榻知
　　　407　明早起身　阿者速多蜜的榻知

☼「たちて」に対応。注5)

/taQci/ と推定。

うる 売

烏利　234　買^{（ママ）}　烏利
吾利　384　買^{（ママ）}　吾利

☼ 連用形「うり」に対応。注6)

/uri/ と推定。

おわる（「いらっしゃる」の意）

外亦立　326　来　外亦立

☼ 命令形「おわれ」に対応か。注7)

/uwari/ と推定

かたる 語

嗑達里　222　説　嗑達里
嗑達力　388　説　嗑達力
嗑達立　395　説話　嗑達立

☼ 連用形「かたり」に対応。注8)

/katari/ と推定。

くもる 曇

姑木的　017　天陰　旬尼奴姑木的
　　　　066　陰　姑木的

☼「くもりて」に対応。「くもって」と変化。注9)

/kumuQti/ と推定。

しる 知

失藍子　406　不知道　失藍子

☼ 未然形「しら」を含む。「しらず」に対応。注10)

/sjiranʑü/ と推定。

失知　398　知道　失知　　399　付答　失知　　400　回賜　失知

☼「しりて」に対応。「しって」と変化。注11)

/sjiQci/ と推定。促音化、破擦音化がある。

失達哇　270、397　暁的　失達哇　　271　不暁的　民納失達哇

☼「しって」を含み、「しってあ（る）は→しった（る）は」に対応か。注12)

/sjiQtawa/ と推定。

ねぶる眠

眠不里　236　睡　**眠不里**

☼ 連用形「ねぶり」に対応。[注13]

/nibɴuri/ と推定。

ねる練

以利蒙巳　306　麺　**以利蒙巳**

☼ 連用形「ねり」を含む。「ねりむぎ（練り麦）に対応か。[注14]

/nirimugi/ と推定。

ふる降

福禄　019　下雨　嗑乜**福禄**　　020　下雪　由其**福禄**

☼ 終止形「ふる」に対応。[注15]

/hwuru/ と推定。

もどる戻

慢多羅　255　辞朝　**慢多羅**　　256、394　回去　**慢多羅**

☼ 終止形「もどる」に対応。[注16]

/muɴduru/ と推定。

（上一段）

みる見

蜜只　389　看　**蜜只**

☼ 「みて」に対応。[注17]

/mici/ と推定。破擦音化がある。

（上二段）ナシ

（下一段）ナシ

（下二段）

あぐ上

昂乞利　312　喫茶　**昂乞利扎**　　313　喫飯　**昂乞利翁班尼**　314　喫肉　**昂乞利**失失

☼ 「ラ行（四段）化」後の命令形「あげれ」に対応するとみる。[注18]

/a(ɴ)giri/ と推定。

阿傑的　252　進表　漂那**阿傑的**　　253　進本　盆那**阿傑的**

☼ 「あげて」に対応。[注19]

/agiti/ と推定。

こぬ捏

乜禄　037　泥　**乜禄**

☼ 「ラ行（四段）化」後の終止形「こねる」に対応。「こ」対応の音訳字脱落か。[注20]

/kuniru/ と推定。

のぶ伸

奴必約　246　平身　各失吾**奴必約**

☼ 命令形「のびよ」に対応。[注21]

/nubiju/ と推定。

くる暮

第 2 節　陳侃『使琉球録』中の「夷語」の動詞形態の考察　　49

約姑里的　071　晩　**約姑里的**

　　☼「くれて」を含む。「よくれて」（夜暮れて）に対応。注22)

　　/jukuriti/ と推定。

はる晴

　法立的　018　天晴　**旬尼奴法立的**　　067　陽　**法立的**

　　☼「はれて」に対応。注23)

　　/hwariti/ と推定。

（カ変）

く来

　个　261　拿来　**莫只个**

　　☼命令形「こ」に対応。注24)

　　/ku/ と推定。

　刻　264　放下　**吾着刻**

　　☼命令形「こ」に対応。

　　/ku/ と推定。

　揭知　250　起来　**揭知**

　　☼「きて」に対応。注25)

　　/kici/ と推定。

（サ変）

す為

　排是　223　拝　**排是**

　　☼終止形「す」を含む。「はいす」（拝す）に対応。注26)

　　/hwaisü/ と推定。

　子蓋失　237　請来　**子蓋失**

　　☼連用形「し」を含む。「つかひし」（遣ひし）に対応。注27)

　　/cükaisji/ と推定。

　是礼　265　作揖　**撒哇立是礼**

　　☼命令形「すれ」。「す」の命令形。注28)

　　/süri/ と推定。

（ラ変）

あり有

　阿力　230　有　**阿力**　　404　有無　**阿力乃**

　　☼終止形「あり」。注29)

　　/ari/ と推定。

をり居　（用例ナシ）

第3節　郭汝霖『使琉球録』中の「夷語」の動詞形態の考察

（四段）

ありく歩

亜立基　221　行　**亜立基**

　　☆命令形「ありけ」に対応。[注1]

　　/ariki/ と推定。

いく行

　畏之謾歸　250　辭朝　**畏之謾歸**

　　☆連用形「いき」を含む。「いきもどり」に対応か。

　　/ikimudui/ と推定。

　一基　220　走　迫姑一基　　251　回去　悶都里一基

　亦急　222　去　**亦急**　　270　上緊走　排姑**亦急**

　　☆命令形「いけ」に対応。[注2]

　　/iki/ と推定。

かく書

　開第　173　字　**開第**

　　☆「かきて」に対応。「かいて」と変化。[注3]

　　/kaiti/ と推定。

なく泣

　那基　396　啼　**那基**

　　☆命令形「なけ」に対応。[注4]

　　/naki/ と推定。

たつ立

　荅止歪立　238　立住　**荅止歪立**

　　☆連用形「たち」を含む。「たちおわれ」に対応。[注5]

　　/tacjiuwari/ と推定。

かふ買

　科的　230　買　**科的**

　　☆「かうて」に対応。[注6]

　　/kooti/ と推定。

つかふ遣

　子蓋失之　233　請來　**子蓋失之**

　　☆連用形「つかひ」を含む。「つかひして」に対応。[注7]

　　/cükaisjicji/ と推定。

わらふ笑

　瓦喇的　395　笑　**瓦喇的**

　　☆「わらひて」に対応。「わらって」に変化。

　　/waraQti/ と推定。

よぶ呼

　院的　397　呼　**院的**

　　☆「よびて」に対応。「よんで」と変化。

　　/juɴdi/ と推定。

うる売

屋的　231　賣　屋的

☼「うりて」に対応。「うって」と変化。注8)

/uQti/ と推定。

くもる曇

姑木的　066　陰　**姑木的**

☼「くもりて」に対応。「くもって」と変化。注9)

/kumuQti/ と推定。

しる知

失藍　266　不暁的　**失藍**

☼未然形「しら」を含む。「しらん」に対応。

/sjiraɴ/ と推定。

失藍子　385　不知道　**失藍子**

☼未然形「しら」を含む。「しらず」に対応。注10)

/sjiraɴzü/ と推定。

識之　384　知道　**識之**

☼「しりて」に対応。「しって」と変化。注11)

/sjiQci/ と推定。促音化、破擦音化がある。

識達哇　265　暁的　**識達哇**

☼「しって」を含み、「しってあ（る）は→しった（る）は」に対応か。注12)

/sjiQtawa/ と推定。

たもる賜

苔毛里　382　求討　**苔毛里**

☼命令形「たもれ」に対応。注13)

/tamuri/ と推定。

ねぶる眠

眠不里　232　睡　**眠不里**

☼連用形「ねぶり」に対応。注14)

/niɴburi/ と推定。

もどる戻

悶都里（一）基　251　回去　**悶都里（一）基**

☼連用形「もどり」を含む。「もどりいき」に対応。

/muduriiki/ と推定。

畏之謾歸　250　辭朝　**畏之謾歸**

☼連用形「もどり」を含む。「いきもどり」に対応。注15)

/ikimudui/ と推定。

ものがたる物語

麼奴嗑苔里　264　言語　**麼奴嗑苔里**

麼奴嗑達里　383　説話　**麼奴嗑達里**

☼連用形「ものがたり」に対応。

/munugatari/ と推定。

（上一段）

みる　見

　密只　381　看　**密只**

　　☆「みて」に対応。[注16]

　　/mici/ と推定。破擦音化がある。

（上二段）

おく　起

　屋起里　219　興　**屋起里**

　　☆「ラ行（四段）化」後の命令形「おけれ」に対応。

　　/ukiri/ と推定。

（下一段）ナシ

（下二段）

あつむ　集

　嗑子密的枯　256　拿來　**嗑子密的枯**

　　☆「あつめて」に対応。「あつめてこ」に対応。

　　/acümitiku/ と推定。

くる　暮

　約姑里的　071　晩　**約姑里的**

　　☆「くれて」を含む。「よくれて」に対応。[注17]

　　/jukuriti/ と推定。

はる　晴

　法立的　067　陽　**法立的**

　　☆「はれて」に対応。[注18]

　　/hwariti/ と推定。

（カ変）

く　来

　枯　256　拿來　**枯**

　　☆命令形「こ」に対応。[注19]

　　/ku/ と推定。

　吃之　223　來　**吃之**

　　☆「きて」に対応。

　　/kici/ と推定。破擦音化がある。

　揭知　246　起來　**揭知**

　　☆「きて」に対応。[注20]

　　/kici/ と推定。

（サ変）

す　為

　南及之　394　辛苦　**南及之**

　　☆連用形「し」を含む。「なんぎし」（難儀し）に対応。[注21]

　　/naŋgisji/ と推定。

排失之　218　拝　**排失之**

　☆「して」を含む。「はいして」(拝して) に対応。

　/hwaisjici/ と推定。破擦音化がある。

子蓋失之　233　請來　**子蓋失之**

　☆「して」を含む。「つかひして」(遣ひして) に対応。

　/cükaisjici/ と推定。破擦音化がある。

密加妳吸之　241　朝貢　**密加妳吸之**

　☆「して」を含む。「みつぎして」(貢して) に対応か。

　/micügisjici/ と推定。破擦音化がある。

利十之　260　作揖　**利十之**

　☆「して」を含む。「れいして」(礼して) に対応。

　/riisjici/ と推定。破擦音化がある。

(ラ変)

あり有

　阿力　226　有　**阿力**

　　☆終止形「あり」。注22)

　　/ari/ と推定。

をり居　(用例ナシ)

第4節　周鐘　等『音韻字海』中の「附録夷語音釈」の動詞形態の考察

(四段)

ありく歩

　亜立其　224　行　**亜立其**

　　☆命令形「ありけ」に対応。注1)

　　/ariki/ と推定。

いく行

　一其　223　走　迫姑一其　　252　回去　悶都里一其

　　☆命令形「いけ」に対応。注2)

　　/iki/ と推定。

　亦急　225　去　**亦急**　　270　上緊走　排姑亦急

　　☆命令形「いけ」に対応。注3)

　　/iki/ と推定。

かく書

　開第　176　字　**開第**

　　☆「かきて」に対応。「かいて」と変化。注4)

　　/kaiti/ と推定。

なく泣

　那其　375　啼　**那其**

　　☆命令形「なけ」に対応。注5)

54　第2章　漢字資料の動詞形態の考察

/naki/ と推定。

ふく吹
福禄沽　016　起風　嗑済福禄沽
　　☼ 終止形「ふくる」に対応か。音訳字の転換とみる。日本語的に「ふくる」などにしようとしたか。注6)
　　/hwukuru/ と推定。

たつ立
荅止歪立　240　立住　荅止歪立
　　☼ 連用形「たち」を含む。「たちおわれ」に対応。注7)
　　/tacjiuwari/ と推定。

たつ発
榻支　391　起身　榻支　　602　起身　榻支
　　☼「たちて」に対応。「たって」と変化。注8)
　　/taQci/ と推定。

かふ買
科的　232　買　科的
　　☼「かうて」に対応。注9)
　　/kooti/ と推定。

つかふ遣
子盖失之　235　請来　子盖失之
　　☼ 連用形「つかひ」を含む。「つかひして」に対応。注10)
　　/cükaisjicji/ と推定。

わらふ笑
瓦喇的　374　笑　瓦喇的
　　☼「わらひて」に対応。「わらって」に変化。注11)
　　/waraQti/ と推定。

よぶ呼
院的　376　叫　院的
　　☼「よびて」に対応。「よんで」と変化。注12)
　　/juɴdi/ と推定。

つかむ掴
嗑子密的　257　拿来　嗑子密的枯
　　☼「かつめて」に対応か。
　　/kacümiti/ と推定。

うる売
屋的　233　売　屋的
　　☼「うりて」に対応。「うって」に変化。注13)
　　/uti/ と推定。

くもる曇
姑木尼　017　天陰　甸尼奴姑木尼　　066　陰　姑木尼
　　☼ 連用形「くもり」に対応。注14)

第４節　周鐘　等『音韻字海』中の「附録夷語音釈」の動詞形態の考察　55

/kumuri/ と推定。

しる知

失識　268　不暁得　**失識**

　　☼ 未然形「しら」を含む。「しらん」に対応。「識」は「藍」の誤りか。「ず」相当の音訳字脱落か。[注15]

　　/sjiraɴ/ と推定。

失識子　390　不知道　**失識子**

　　☼ 未然形「しら」を含む。「しらず」に対応。「識」は「藍」の誤りか。[注16]

　　/sjiraɴzü/ と推定。

識之　382　知道　**識之**

　　☼ 「しりて」に対応。「しって」と変化。[注17]

　　/sjiQci/ と推定。促音化、破擦音化がある。

識達哇　266　暁得　**識達哇**

　　☼ 「しって」を含み、「しってあ（る）は→しった（る）は」に対応か。[注18]

　　/sjiQtawa/ と推定。

ねぶる眠

眠不里　234　睡　**眠不里**

　　☼ 連用形「ねぶり」に対応。[注19]

　　/niɴburi/ と推定。

ふる降

福禄　019　下雨　嗑乜**福禄**　　020　下雪　由旗**福禄**

　　☼ 終止形「ふる」に対応か。[注20]

　　/hwuru/ と推定。

もどる戻

悶都里一其　252　回去　**悶都里一其**

　　☼ 連用形「もどり」を含む。「もどりいき」に対応。[注21]

　　/muduriiki/ と推定。

畏之謾帰　251　辞朝　**畏之謾帰**

　　☼ 連用形「もどり」を含む。「いきもどり」に対応。

　　/ikimudui/ と推定。

（上一段）ナシ

（上二段）

おく起

屋起里　222　興　**屋起里**

　　☼ 「ラ行（四段）化」後の命令形「おけれ」に対応。[注22]

　　/ukiri/ と推定。

（下一段）ナシ

（下二段）

あぐ上

安急弟　311　喫茶　札**安急弟**　　312　喫飯　汪班尼**安急弟**　　313　喫肉　失失**安急弟**

　　☼ 「あげて」に対応。[注23]

/a(ɴ)giti/ と推定。

こぬ捏

　乜禄　037　泥　**乜禄**

　　☆「ラ行（四段）化」後の終止形「こねる」に対応か。「こ」対応音訳字脱落か。注24)

　/kuniru/ と推定。

くる暮

　姑里的　071　晩　約**姑里的**

　　☆「くれて」に対応。注25)

　/kuriti/ と推定。

はる晴

　法立的　067　陽　**法立的**

　　☆「はれて」に対応。注26)

　/hwariti/ と推定。

　法工的　018　天晴　甸泥奴**法工的**

　　☆「はれて」に対応。「工」は「立」の誤りか。

　/hwariti/ と推定。

（カ変）

く来

　枯　257　拿来　嗑子密的**枯**

　　☆命令形「こ」に対応。注27)

　/ku/ と推定。

　掲知　247　起来　**掲知**

　　☆「きて」に対応。注28)

　/kici/ と推定。

（サ変）

す為

　排失之　221　拝　**排失之**

　　☆「して」を含む。「はいして」（拝して）に対応。注29)

　/hwaisjici/ と推定。破擦音化がある。

　子蓋失之　235　請来　**子蓋失之**

　　☆「して」を含む。「つかひして」（遣ひして）に対応。注30)

　/cükaisjici/ と推定。破擦音化がある。

　利十之　261　作揖　**利十之**

　　☆「して」を含む。「れいして」（礼して）に対応。注31)

　/riisjici/ と推定。破擦音化がある。

（ラ変）

あり有

　阿力　229　有　**阿力**

　　☆終止形「あり」。注32)

　/ari/ と推定。

第4節　周鐘　等『音韻字海』中の「附録夷語音釈」の動詞形態の考察　　57

をり居　（用例ナシ）

第5節　蕭崇業『使琉球録』中の「夷語」の動詞形態の考察

（四段）

ありく歩

亜立基　224　行　**亜立基**

☼ 命令形「ありけ」に対応。[注1]

/ariki/ と推定。

いく行

畏之謾歸　253　辭朝　**畏之謾歸**

☼ 連用形「いき」を含む。「いきもどり」に対応か。[注2]

/ikimudui/ と推定。

亦急　225　去　**亦急**

☼ 命令形「いけ」に対応。[注3]

/iki/ と推定。

かく書

開第　176　字　**開第**

☼ 「かきて」に対応。「かいて」と変化。[注4]

/kaiti/ と推定。

なく泣

那基　399　啼　**那基**

☼ 命令形「なけ」に対応。[注5]

/naki/ と推定。

たつ立

苔止歪立　241　立住　**苔止歪立**

☼ 連用形「たち」を含む。「たちおわれ」に対応。[注6]

/tacjiuwari/ と推定。

かふ買

科的　233　買　**科的**

☼ 「かうて」に対応。[注7]

/kooti/ と推定。

つかふ遣

子蓋失之　236　請來　**子蓋失之**

☼ 連用形「つかひ」を含む。「つかひして」に対応。[注8]

/cükaisjicji/ と推定。

わらふ笑

瓦喇的　398　笑　**瓦喇的**

☼ 「わらひて」に対応。「わらって」に変化。[注9]

/waraQti/ と推定。

58　第2章　漢字資料の動詞形態の考察

よぶ呼

院的　400　呼　**院的**

☼「よびて」に対応。「よんで」と変化。[注10]

/juɴdi/ と推定。

うる売

屋的　234　賣　**屋的**

☼「うりて」に対応。「うって」に変化。[注11]

/uɊti/ と推定。

かたる語

嗑荅里　220　説　**嗑荅里**

☼連用形「かたり」に対応か。[注12]

/katari/ と推定。

しる知

失藍　269　不暁的　**失藍**

☼未然形「しら」を含む。「しらん」に対応。[注13]

/sjiraɴ/ と推定。

失藍子　388　不知道　**失藍子**

☼未然形「しら」を含む。「しらず」に対応。[注14]

/sjiraɴzü/ と推定。

識之　387　知道　**識之**

☼「しりて」に対応。「しって」と変化。[注15]

/sjiɊci/ と推定。促音化、破擦音化がある。

識達哇　268　暁的　**識達哇**

☼「しって」を含み、「しってあ（る）は→しった（る）は」に対応か。[注16]

/sjiɊtawa/ と推定。

たもる賜

荅毛里　385　求討　**荅毛里**

☼命令形「たもれ」に対応。[注17]

/tamuri/ と推定。

ねぶる眠

眠不里　232　睡　**眠不里**　　235　睡　**眠不里**

☼連用形「ねぶり」に対応。[注18]

/niɴburi/ と推定。

もどる戻

悶都里一基　254　回去　**悶都里一基**

☼連用形「もどり」を含む。「もどりいき」に対応。[注19]

/muduriiki/ と推定。

畏之謾歸　253　辭朝　**畏之謾歸**

☼連用形「もどり」を含む。「いきもどり」に対応。[注20]

/ikimudui/ と推定。

（上一段）

みる見

　密只　384　看　**密只**

　　　☆「みて」に対応。破擦音化がある。[注21]

　　　/mici/ と推定。

（上二段）

おく起

　屋起里　222　興　**屋起里**

　　　☆「ラ行（四段）化」後の命令形「おけれ」に対応。[注22]

　　　/ukiri/ と推定。

（下一段）ナシ

（下二段）

あつむ集

　嗑子密的枯　259　　拿來　**嗑子密的枯**

　　　☆「あつめて」を含む。「あつめてこ」に対応。[注23]

　　　/acümitiku/ と推定。

みゆ見

　迷闌　395　不見　**迷闌**

　　　☆「ラ行（四段）化」後の未然形「みえら」を含む。「みえらぬ」に対応。[注24]

　　　/miiraɴ/ と推定。

はる晴

　法立的　067　陽　**法立的**

　　　☆「はれて」に対応。[注25]

　　　/hwariti/ と推定。

（カ変）

く来

　吃之　226　來　**吃之**

　　　☆「きて」に対応。破擦音化がある。[注26]

　　　/kici/ と推定。

　揭知　249　起來　**揭知**

　　　☆「きて」に対応。[注27]

　　　/kici/ と推定。

（サ変）

す為

　利十之　263　作揖　**利十之**

　　　☆「して」を含む。「れいして」（礼して）に対応。[注28]

　　　/riisjici/ と推定。破擦音化がある。

（ラ変）

あり有

　阿力　229　有　**阿力**

60　第2章　漢字資料の動詞形態の考察

☼ 終止形「あり」。_{注29)}

/ari/ と推定。

をり居　（用例ナシ）

第6節　夏子陽『使琉球録』中の「夷語」の動詞形態の考察

（四段）

ありく歩

亜立基　224　行　**亜立基**

　☼ 命令形「ありけ」に対応。_{注1)}

　/ariki/ と推定。

いく行

畏之謾歸　253　辭朝　**畏之謾歸**

　☼ 連用形「いき」を含む。「いきもどり」に対応か。_{注2)}

　/ikimudui/ と推定。

亦急　225　去　**亦急**

　☼ 命令形「いけ」に対応。_{注3)}

　/iki/ と推定。

かく書

開第　176　字　**開第**

　☼ 「かきて」に対応。「かいて」に変化。_{注4)}

　/kaiti/ と推定。

なく泣

那基　399　啼　**那基**

　☼ 命令形「なけ」に対応。_{注5)}

　/naki/ と推定。

たつ立

荅止歪立　241　立住　**荅止歪立**

　☼ 連用形「たち」を含む。「たちおわれ」に対応。_{注6)}

　/tacjiuwari/ と推定。

かふ買

科的　233　買　**科的**

　☼ 「かうて」に対応。_{注7)}

　/kooti/ と推定。

つかふ遣

子蓋失之　236　請來　**子蓋失之**

　☼ 連用形「つかひ」を含む。「つかひして」に対応。_{注8)}

　/cükaisjicji/ と推定。

わらふ笑

瓦喇的　398　笑　**瓦喇的**

☆「わらひて」に対応。「わらって」に変化。[注9]

/waraQti/ と推定。

よぶ呼

院的　400　呼　**院的**

☆「よびて」に対応。「よんで」と変化。[注10]

/juɴdi/ と推定。

うる売

屋的　234　賣　**屋的**

☆「うりて」に対応。「うって」に変化。[注11]

/uQti/ と推定。

くもる曇

姑木的　017　天陰　旬尼奴**姑木的**

　　　066　陰　**姑木的**

☆「くもりて」に対応。「くもって」と変化。[注12]

/kumuQti/ と推定。

しる知

失藍　269　不暁的　**失藍**

☆未然形「しら」を含む。「しらん」に対応。[注13]

/sjiraɴ/ と推定。

失藍子　388　不知道　**失藍子**

☆未然形「しら」を含む。「しらず」に対応。[注14]

/sjiraɴzü/ と推定。

識之　387　知道　**識之**

☆「しりて」に対応。「しって」と変化。[注15]

/sjiQci/ と推定。促音化、破擦音化がある。

識達哇　268　暁的　**識達哇**

☆「しって」を含み、「しってあ（る）は→しった（る）は」に対応か。[注16]

/sjiQtawa/ と推定。

たもる賜

苔毛里　385　求討　**苔毛里**

☆命令形「たもれ」に対応。[注17]

/tamuri/ と推定。

ねぶる眠

眠不里　235　睡　**眠不里**

☆連用形「ねぶり」に対応。[注18]

/niɴburi/ と推定。

もどる戻

畏之謾歸　250　辭朝　**畏之謾歸**

☆連用形「もどり」を含む。「いきもどり」に対応。[注19]

/ikimudui/ と推定。

（上一段）

みる見

　密只　384　看　**密只**

　　　☆「みて」に対応。破擦音化がある。[注20]

　　/mici/ と推定。

（上二段）

おく起

　屋起里　222　興　**屋起里**

　　　☆「ラ行（四段）化」後の命令形「おけれ」に対応。[注21]

　　/ukiri/ と推定。

（下一段）ナシ

（下二段）

こぬ捏

　乜禄　037　泥　**乜禄**

　　　☆「ラ行（四段）化」後の終止形「こねる」に対応。「こ」対応音訳字脱落か。[注22]

　　/kuniru/ と推定。

あつむ集

　嗑子密的枯　259　　拿來　**嗑子密的枯**

　　　☆「あつめて」を含む。「あつめてこ」に対応。[注23]

　　/acümitiku/ と推定。

みゆ見

　迷闌　395　不見　**迷闌**

　　　☆「ラ行（四段）化」後の未然形「みえら」を含む。「みえらぬ」に対応。[注24]

　　/miiraɴ/ と推定。

はる晴

　法立的　067　陽　**法立的**

　　　☆「はれて」に対応。[注25]

　　/hwariti/ と推定。

（カ変）

く来

　枯　259　拿來　**嗑子密的枯**

　　　☆命令形「こ」。[注26]

　　/ku/ と推定。

　乞之　226　來　**乞之**

　　　☆「きて」に対応。[注27]

　　/kici/ と推定。破擦音化がある。

　掲知　249　起來　**掲知**

　　　☆「きて」に対応。[注28]

　　/kici/ と推定。

（サ変）

す為

　子蓋失之　236　請來　子蓋失之

　　☆「して」を含む。「つかひして」（遣ひして）に対応。[注29]

　　/cükaisjici/ と推定。破擦音化がある。

　利十之　263　作揖　利十之

　　☆「して」を含む。「れいして」（礼して）に対応。[注30]

　　/riisjici/ と推定。破擦音化がある。

（ラ変）

あり有

　阿力　229　有　阿力

　　☆終止形「あり」に対応。[注31]

　　/ari/ と推定。

をり居　用例ナシ。

第7節　徐葆光『中山伝信録』中の「琉球語」の動詞形態の考察

（四段）

ありく歩

　亞立其　364　行　亞立其

　　☆命令形「ありけ」に対応。[注1]

　　/ʔariki/ と推定。

　阿之　356　行路　阿之

　　☆「ありきて」に対応。[注2]

　　/ʔaQcji/ と推定。促音化、破擦音化を経た形である。

いく行

　一甚　363　走　廻姑一甚

　　☆命令形「いけ」に対応。「甚」は「其」の誤りか。

　　/ʔiki/ と推定。

　亦急　371　上緊走　排枯亦急

　　☆命令形「いけ」に対応。[注3]

　　/ʔiki/ と推定。

　一其　393　回去　悶ママ都里一其

　　☆命令形「いけ」。[注4]

　　/ʔiki/ と推定。

きく聞

　乞介楞　581　聽得　乞介楞

　　☆未然形「きか」を含む。「きかれをりむ」に対応か。

　　/cjikari’uɴ/ と推定。[注5]

　乞介藍　582　不聽得　乞介藍

　　☆未然形「きか」を含む。「きからぬ」に対応。

/cjikaraʼɴ/ と推定。

なく泣

那其　599　啼　**那其**

☼ 命令形「なけ」に対応。注6)

/naki/ と推定。

はぐ剝（脱）

化子棻　347　脱衣　**輕化子棻**

☼ 連用形「はぎ」を含む。「はぎをりむ」に対応。

/hwazjiʼuɴ/ と推定。/hwazjiʼjuɴ/ の可能性もある。注7)

めす召

米小利　351　上人乞　**三衣米小利**

☼ 連用形「めし」を含む。「めしおわれ」に対応か。

/misjoʼori/ と推定。

たつ立

苔止歪立　380　立住　**苔止歪立**

☼ 連用形「たち」を含む。「たちおわれ」に対応。

/tacjiʼuʼwari/ と推定。注8)

たつ発

楊支　602　明日起身　**阿着速圖拖枚楊支**

☼ 「たちて→たって」に対応。注9)

/taQcji/ と推定。

まつ待

末之　357　等待　**末之**

☼ 「まちて→まって」に対応。

/maQcji/ と推定。破擦音化の変化がある。

あらふ洗

鳥木的阿來　343　上人洗面　**鳥木的阿來**

☼ 連用形「あらひ」を含む。「おもてあらひ」に対応。

/ʔumutiʔaraʼi/ と推定。

思答阿來來　344　下人洗面　**思答阿來來**

☼ 連用形「あらひ」を含む。「つらあらひ」に対応。二つ目の「來」は不要か。注10)

/ciraʔaraʼi/ と推定。

阿約的　354　洗東西　**阿約的**

☼ 「あらひて」に対応。「あらって」と変化。「約」は誤りであろう。

/ʔaraQti/ と推定。

かふ買

科的　367　買　**科的**

☼ 「かうて」に対応。注11)

/koʼoti/ と推定。

つかふ遣

子失之　408　請來　子失之

 ☼ 連用形「つかひ」を含む。「つかひして」に対応。音訳字「蓋」脱落の可能性がある。[注12]

 /cika'isjicji/ と推定。

ならふ習

那那容　579　念書　西米那那容

 ☼「ラ行（四段）化」後の連用形「ならり」を含む。「ならりをりむ」に対応。[注13]

 /nara'i'u'ɴ/ と推定。/nara'ju'ɴ/ の可能性もある。

わらふ笑

瓦喇的　598　笑　瓦喇的

 ☼「わらひて」に対応。「わらって」と変化。[注14]

 /'waraQti/ と推定。

ゑふ酔

威帝　349　大醉　威帝

 ☼「ゑひて」に対応。[注15]

 /'wi'iti/ と推定。

よぶ呼

院的　600　叫　院的

 ☼「よびて」に対応。「よんで」と変化。[注16]

 /'ju'ɴdi/ と推定。

つかむ掴

蹄子烘　345　拳頭打　蹄子烘

 ☼ 連用形「つかみ」を含む。「てづかみ」（手掴み）に対応。[注17]

 /ti'iziku'ɴ/ と推定。

うる売

屋的　368　賣　屋的

 ☼「うりて」に対応。「うって」と変化。[注18]

 /ʔuQti/ と推定。

きる切

枯必起　348　殺　枯必起

 ☼ 連用形「きり」を含む。「くびきり」（首切）に対応。[注19]

 /kubicji'i/ と推定。

くもる曇

姑木的　020　天陰　町奴姑木的
   065　陰　姑木的

 ☼「くもりて」に対応。「くもって」と変化。[注20]

 /kumuQti/ と推定。

しる知

失藍　399　不曉得　失藍

 ☼ 未然形「しら」を含む。「しらぬ」に対応。[注21]

 /sjira'ɴ/ と推定。

失藍子　589　不知道　**失藍子**

　　☆未然形「しら」を含む。「しらず」に対応。注22)

　　/sjira('N)zi/ と推定。

識之　588　知道　**識之**

　　☆「しりて」に対応。「しって」と変化。注23)

　　/sjiQci/ と推定。促音化、破擦音化がある。

識達哇　398　暁得　**識達哇**

　　☆「しって」を含み、「しってあ（る）は→しった（る）は」に対応か。注24)

　　/sjiQta'wa/ と推定。

ふる降

福的　012　下雨　阿梅**福的**　013　下雪　又急**福的**

　　☆「ふりて」に対応。「ふって」と変化。注25)

　　/hwuQti/ と推定。

もどる戻

悶ママ都里一其　393　回去　**悶**ママ**都里一其**

　　☆連用形「もどり」を含む。「もどりいけ」に対応。注26)

　　/muduriʔiki/ と推定。

（上一段）

ゐる座

兀執　214　竹丬　**兀執**

　　☆「ゐて　」に対応。注27)

　　/'icji/ と推定。破擦音化の変化がある。

（上二段）

いく生

一吉之　359　生　**一吉之**

　　☆「いきて」に対応。注27)

　　/ʔicjicji/ と推定。破擦音化の変化がある。

おく起

屋起堅　362　興　**屋起堅**

　　☆連用形「おけ」を含む。「おけをりむ」に対応。注28)

　　/ʔuki'u'N/ と推定。/ʔuki'ju'N/ の可能性もある。

あぶ浴

阿美的　342　洗浴　**阿美的**

　　☆「あびて」に対応。注27)

　　/ʔamiti/ と推定。/bi/→/mi/ の変化がある。

（下一段）ナシ

（下二段）

う得

一得　403　拿來　**一得**姑

　　☆「えて」に対応。注27)

/'i('i)ti/ と推定。

やす痩

捱的　374　痩　**捱的**

☆「やせて」に対応か。注27)

/'ja(si)ti/ と推定。

こゆ肥

滑的　375　肥　**滑的**

☆「こえて」に対応。注27)

/ku'iti/ と推定。

みゆ見

妙母　580　看　**妙母**

☆連用形「みえ」を含む。「みえをりむ」に対応。

/mi('i)'u'ɴ/ と推定。音声は [mium]。注29)

迷闌　595　不見　**迷闌**

☆「ラ行（四段）化」後の未然形「みえら」を含む。「みえらぬ」に対応。注30)

/mi'ira'ɴ/ と推定。

はる晴

法力的　066　陽　町奴**法力的**

☆「はれて」に対応。注31)

/hwariti/ と推定。

（カ変）

く来

沽　019　起風　喀買ママ福的沽

☆終止形「く」に対応。注32)

/ku/ と推定。

姑　403　拿來　一得姑

☆命令形「こ」。

/ku/ と推定。

掲之　388　起來　**掲之**

☆「きて」に対応。注33)

/cjicji/ と推定。

す為

之　355　採花　拾奴吉之　　597　辛苦　南及之　　383　朝貢　密加吸之

☆連用形「し」に対応。注34)

/sji/ と推定。

しぬ死

失直　360　死　**失直**

☆「しにて」に対応。「しんで」と変化。注27)

/sjizi/ と推定。破擦音化、撥音脱落の変化がある。

あり有

阿美　583　有　阿美

　　☆ 連用形「あり」を含む。「ありをりみ」に対応。「―む＋/i/」→「み」。[35]

　　/ʔami/ と推定。

をり居　（用例ナシ）

第8節　潘相『琉球入學見聞録』中の「土音」の動詞形態の考察

（四段）

ありく歩

　阿之　188　行路　阿之

　　☆「ありきて」に対応。[1]

　　/ʔaQcji/ と推定。促音化、破擦音化を経た形。

しく敷

　十口哈喇　041　磚　十口哈喇

　　☆ 連体形「しく」を含む。「しくかわら」（敷く瓦）に対応か。

　　/sjikuka'ara/ と推定。

　識吉　207　坐　識吉

　　☆「しきて」に対応。「しいて」と変化。[2]

　　/sjicji/ と推定。破擦音化を経た形。

なく泣

　那及　388　啼　那及

　　☆「なきて」に対応。「ないて」と変化。[3]

　　/nacji/ と推定。破擦音化を経た形。

ふく吹

　弗吉　019　起風　噶子弗吉

　　☆「ふきて」に対応。「ふいて」と変化。[4]

　　/hwucji/ と推定。破擦音化を経た形。

ふく葺

　哈喇弗吉牙　217　瓦房　哈喇弗吉牙

　　☆ 連用形「ふき」を含む。「かわらふきや」に対応。

　　/ka'arahwucji'ja/ と推定。

つぐ注

　思子吉　243　油盞　思子吉

　　☆ 連用形「つぎ」を含む。「ゆつぎ」に対応。「思」は、「由」などの誤りか。

　　/jucizji/ と推定。

はぐ剥（脱）

　花子的　182　脱衣　軽花子的

　　☆「はぎて」に対応。[5]

　　/hwazjiti/ と推定。破擦音化の変化がある。

ころす殺

枯魯止　183　殺　**枯魯止**

　　☆「ころして」に対応。

　　/kurucji/ と推定。破擦音化の変化がある。

まつ待

麻之　189　等待　**麻之**

　　☆「まちて」に対応。「まって」と変化。注6)

　　/maQci/ と推定。破擦音化の変化がある。

かふ買

科的　196　買　**科的**

　　☆「かうて」に対応。注7)

　　/ko'oti/ と推定。

ならふ習

那喇的　381　念書　**西米那喇的**

　　☆「ならひて」に対応。「ならって」と変化。全体は「すみ　ならひて」に対応。注8)

　　/naraQti/ と推定。

わらふ笑

瓦喇的　387　笑　**瓦喇的**

　　☆「わらひて」に対応。「わらって」と変化。注9)

　　/'waraQti/ と推定。

ゑふ酔

威蒂　184　酔　**威蒂**

　　☆「ゑひて」に対応。注10)

　　/'wi'iti/ と推定。

つかむ掴

蹄子拱　180　拳頭　**蹄子拱**

　　☆連用形「つかみ」を含む。「てづかみ」(手掴み) に対応か。注11)

　　/ti'izikuɴ/ と推定。

やむ病（痛）

呀的　187　疼　**呀的**　　190　病　**呀的**

　　☆「やみて」に対応。「やんで」と変化。注12)

　　/jadi/ と推定。撥音脱落の変化がある。

うる売

屋的　197　賣　**屋的**

　　☆「うりて」に対応。「うって」と変化。注13)

　　/ʔuQti/ と推定。

くもる曇

窟木的　020　天陰　**廰窟木的**

　　☆「くもりて」に対応。「くもって」と変化。注14)

　　/kumuQti/ と推定。

しる知

失藍　205　不曉得　**失藍**

 ☼ 未然形「しら」を含む。「しらぬ」に対応。[注15]

 /sjira'n/ と推定。

失之　204　曉得　**失之**

 ☼「しりて」に対応。「しって」と変化。[注16]

 /sjiQci/ と推定。促音化、破擦音化の変化がある。

ねぶる眠

寧蒂　185　睡　**寧蒂**

 ☼「ねぶりて」に対応。

 /ni'nti/ と推定。撥音化の変化がある。

ふる降

福的　012　下雨　阿霽**福的**　　013　下雪　欲吉**福的**

 ☼「ふりて」に対応。「ふって」と変化。[注17]

 /hwuQti/ と推定。

もどる戻

木毒利　206　回去　**木毒利**

 ☼ 命令形「もどれ」。[注18]

 /muduri/ と推定。

わたる渡

哇答巳　062　過水　蜜子**哇答巳**。

哇搭巳　064　渡　混利**哇搭巳**

 ☼ 連用形「わたり」に対応。

 /'wata'i/ と推定。

（上一段）ナシ

（上二段）

いく生

亦吉之　191　生　**亦吉之**

 ☼「いきて」に対応。[注19]

 /ʔicjicji/ と推定。破擦音化の変化がある。

おく起

阿撒烏機　203　早起　**阿撒烏機**

 ☼ 連用形「おけ」を含む。「あさおけ」に対応。

 /ʔasaʔuki/ と推定。

烏機的　186　起來　**烏機的**

 ☼「おきて」に対応。[注20]

 /ʔukiti/ と推定。

あぶ浴

阿美搭阿谷　224　浴桶　**阿美搭阿谷**

 ☼ 連用形「あび」を含む。「あびたあご」に対応か。

 /ʔamita'agu/ と推定。/bi/→/mi/ の変化がある。

第8節　潘相『琉球入學見聞録』中の「土音」の動詞形態の考察　71

阿美搭阿美　247　湯盆　**阿美搭阿美**

　　☼ 連用形「あび」を含む。「あびかめ」に対応か。

　　/ʔamikaʼami/ と推定。/bi/→/mi/ の変化がある。

阿美的　177　洗浴　**阿美的**

　　☼「あびて」に対応。[注21]

　　/ʔamiti/ と推定。/bi/→/mi/ の変化がある。

（下一段）ナシ

（下二段）

たつ立

　羅搭低　256　燃簽　**羅搭低**

　　☼ 連用形「たて」を含む。「らふたて」に対応。[注12]

　　/roʼotati/ と推定。

こゆ肥

　快的　202　肥　**快的**

　　☼「こえて」に対応。[注22]

　　/kweʼeti/ と推定。

いる入

　柯以禮　292　香盒　**柯以禮**

　　☼ 連用形「いれ」を含む。「かういれ」（香入れ）に対応。

　　/koʼoʔiri/ と推定。

　哇答一利裘　334　綿衣　**哇答一利裘**

　　☼ 連用形「いれ」。を含む「わたいれぎぬ」（綿入れ衣）に対応。

　　/ʼwataʔirizjiʼɴ/ と推定。

　梅子利　263　水注　**梅子利**

　　☼ 連用形「いれ」を含む。「みづいれ」（水入れ）に対応。[注12]

　　/mizi(ʔi)ri/ と推定。

はる晴

　花力的　021　天晴　**廳花力的**

　　☼「はれて」に対応。[注23]

　　/hwariQti/ と推定。

（変格）ナシ

第9節　李鼎元『琉球譯』の動詞形態の考察

『沖縄語辞典』（1963）に次のような項目がある。

　kaikoo ◎（名）［開合・開口］開合。開音と合音との区別。エ段，オ段の母音を [i]，[u] と発音し，またキをチのように沖縄式に発音するのを合とし，それらを「け

せて…」,「こそと…」,「き」のように書き，または，読書の場合などには日本本土式に発音するのを開とする。～ tadasjuɴ. 開合を正す。

また、該当するところで詳述（後述）するが、《ベッテ》においては、yumi「読み」と fiódji(hodji とも)「講議」という言い方で両者を区別している。注1)

《琉訳》では、「開合」の区別なく言葉が収録されている可能性があるので、用例収集に際して注意する必要がある。

（「開」にしろ「合」にしろ）いずれにしても、所謂「日常語」とは言い難く、通時的考察の際には分析対象としがたいものも少なくないということになる。注2)

動詞の形態変化（活用形）について言えば、総じて次の三つに絞られる。即ち、1) 日本語古文の所謂「終止形」に対応すると考えられるものが多くを占め、 2) 所謂「連用形＋て」に対応すると考えられるものがそれに続き、 3) 所謂「連用形＋をり」に対応すると考えられるもの（「言いきりの形」）が散見される。他の形がないとは言えないが、僅少である。

（四段）
あく開
　阿古　0398 呿曰古直**阿古**
　　☆ 終止形「あく」に対応。「（くち）あく」。
　　/ʔaku/ と推定。
　悪中　1280 開門曰**悪中**里
　　☆ 連用形「あき」を含む。「あきをりむ」に対応。全体は「アチュンリ」、「あくと（言う）」の意で、
　　「イュン」（言ふ）が省かれた形となっている。
　　/ʔacji'u'ɴ/ と推定。/ʔacju'ɴ/ の可能性もある。
あく飽
　阿古一　0501 厭饜飽扛曰**阿古一**
　　☆ 終止形「あく」に対応。「一」は不要。誤記か。
　　/ʔaku/ と推定。
あざむく欺
　阿札木古　0394 謾曰**阿札木古**
　　☆ 終止形「あざむく」に対応。
　　/ʔazamuku/ と推定。
　阿雑木石　0580 欺曰**阿雑木石**
　　☆ 終止形「あざむく」に対応。「石」は「古」の誤記か。
　　/ʔazamuku/ と推定。
ありく歩
　阿之　1269 行路曰**阿之**

☼「ありきて」に対応。

/ʔaQcji/ と推定。促音化、破擦音化の変化がある。

いく行

木疾其　1277 拿去曰**木疾其**

☼命令形「いけ」を含む。「もちていけ」に対応。

/muQcji(ʔi)ki/ と推定。

いだく抱

一答古　0374 拿抱曰**一答古**

☼終止形「いだく」に対応。

/ʔidaku/ と推定。

いただく戴

以答答木　0605 戴曰**以答答木**

☼終止形「いただく」に対応。「木」は「古」の誤記か。

/ʔitadaku/ と推定。

うごく動

武古古　0526 動曰**武古古**

☼終止形「うごく」に対応。

/ʔuguku/ と推定。

うそぶく嘯

武叔不古　0432 嘯曰**武叔不古**

☼終止形「うそぶく」に対応。

/ʔusubuku/ と推定。

おどろく驚

武獨禄古　0429 謣曰**武獨禄古**

☼終止形「おどろく」に対応。

不武獨禄古　0993 駭曰**不武獨禄古**

☼終止形「おどろく」に対応。台湾版は「不」なし。

勿度禄骨　1395 驚蟄曰木石**勿度禄骨**

☼終止形「おどろく」に対応。「木石勿度禄骨」＝啓蟄。現代語の /musjiʔuduruku'u/ は、名詞。

/ʔuduruku/ と推定。

かがやく輝

喀喀牙古　1030 輝煌暉燦曰**喀喀牙古**

☼終止形「かがやく」に対応。

/kaga'jaku/ と推定。

かく書

寡古　2271 畫曰夷夷喀之亦曰**寡古**

☼終止形「かく」に対応。

/kaku/ と推定。

思眉喀其　1235 寫字曰**思眉喀其**

☼「かきて」を含む。「すみかきて」（墨書きて）に対応。

/simikacji/ と推定。破擦音化の変化がある。

かたぶく傾

喀答不古　0765 歆僻曰**喀答不古**

☆ 終止形「かたぶく」に対応。注3)

/katabuku/ と推定。

かわく乾

喀瓦古　0832 乾渇曰**喀瓦古**　　2726 涸竭曰**喀瓦古**

☆ 終止形「かわく」に対応。

/ka'waku/ と推定。

きく聞

及古　0771 聆曰**及古**　　2009 聴聞曰**及古**

☆ 終止形「きく」に対応。

/cjiku/ と推定。

きづく築

及即古　1046 築曰**及即古**

☆ 終止形「きづく」に対応。

/cjiziku/ と推定。

くじく挫

古及木　0354 撻曰**古及木**

☆ 終止形「くじく」に対応。「木」は「古」の誤記か。

/kuzjiku/ と推定。

こまぬく拱

古麻奴禄　0363 攦曰**古麻奴禄**

☆「ラ行化」後の終止形「こまぬる」か。

/kumanuru/ と推定。

しりぞく退

石力叔古　0614 郤曰**石力叔古**

石力竹古　0805 退曰**石力竹古**

時力竹骨　0844 辟曰**時力竹骨**亦曰阿時那一

☆ 終止形「しりぞく」に対応。

/sjirizuku/ と推定。

すく鋤

息古　2488 穮曰**息古**

☆ 終止形「すく」に対応。

/siku/ と推定。

そむく背

蘇木古　1239 負約曰牙古蘇古**蘇木古**

☆ 終止形「そむく」に対応。

/sumuku/ と推定。

蘇古木　0587 叛曰**蘇古木**

☼ 終止形「そむく」に対応。「古」「木」が逆転している。

/sumuku/ と推定。

たく 炊

答古　0942 焚曰答古

☼ 終止形「たく」に対応。

/taku/ と推定。

たたく 叩

答答古　0314 毆曰答答古

☼ 終止形「たたく」に対応。

/tataku/ と推定。

つく 衝

即古　0704 胄績衝突韶曰即古

☼ 終止形「つく」に対応。

/ciku/ と推定。

つく 突

即古　0704 胄績衝突韶曰即古

☼ 終止形「つく」に対応。

/ciku/ と推定。

つづく 続

即即古　0973 繼續曰即即古

☼ 終止形「つづく」に対応。

/ciziku/ と推定。

つまづく 躓

即麻即古　0320 跌曰即麻即古　　2006 顚癡曰即麻即古

☼ 終止形「つまづく」に対応。

/cimaziku/ と推定。

とく 解

獨古　0412 註解講執曰獨古

☼ 終止形「とく」に対応。

/tuku/ と推定。

なく 鳴

那古　1009 嚶嚶呦鳴警嗒哭曰那古

☼ 終止形「なく」に対応。

/naku/ と推定。

なげく 嘆

那日古　0566 歔欷嘆曰那日古

那日骨　0396 言意曰那日骨

☼ 終止形「なげく」に対応。

/nazjiku/ と推定。

なびく 靡

那必古　1091 靡曰那必古
　　☼ 終止形「なびく」に対応。
　　/nabiku/ と推定。

ぬく抜
　奴古　0360 揩拭抽抜帒貫曰奴古
　　☼ 終止形「ぬく」に対応。
　　/nuku/ と推定。
　奴金的禄　0574 傑曰奴金的禄
　　☼ 連用形「ぬき」を含む。「むきんでる」に対応。
　　/nuci'ɴdiru/ と推定。

のぞく除
　奴竹古　0784 除曰奴竹古
　　☼ 終止形「のぞく」に対応。
　　/nuziku/ と推定。

はく掃
　發禄　0684 捎埽曰發禄
　　☼「ラ行（四段）化」後の終止形「は（く）る」に対応か。「く」相当字脱落。
　　/hwa(ku)ru/ と推定。

はく吐
　法古　0386 嘔簾幅曰法古
　　☼ 終止形「はく」に対応。
　　/hwaku/ と推定。

はぶく省
　法不古　0831 略曰法不古
　　☼ 終止形「はぶく」に対応。
　　/hwabuku/ と推定。

ひく引
　許古　0355 援延牽引曰許古
　　☼ 終止形「ひく」に対応。
　　/hwiku/ と推定。

ひらく開
　虚喇古　0353 披曰虚喇古
　　　　　　0775 開曰虚喇古亦曰阿其智
　許喇古　2326 披肩曰咯答許喇古
　　☼ 終止形「ひらく」に対応。
　　/hwiraku/ と推定。

まく巻
　麻及　0971 綵曰麻及咯及禄
　　☼ 連用形「まき」に対応。
　　/macji/ と推定。

第 9 節　李鼎元『琉球譯』の動詞形態の考察　　77

まく蒔

　麻古　2492 種未褻曰答你麻古

　　　☼ 終止形「まく」に対応。

　　　/maku/ と推定。

まねく招

　麻你骨　0841 邀曰麻你骨

　　　☼ 終止形「まねく」に対応。

　　　/maniku/ と推定。

みがく磨

　米咯古　0925 研礛曰米咯古

　　　　　2557 磨礧琢曰米咯古

　密咯古　0383 摩曰密咯古

　　　　　2575 珋曰密咯古

　　　☼ 終止形「みがく」に対応。

　　　/migaku/ と推定。

みちびく導

　米及必古　0451 誘導曰米及必古

　　　☼ 終止形「みちびく」に対応。

　　　/micjibiku/ と推定。

やく焼

　牙古　2526 燔曰牙古　　　2535 焼炒曰牙古　　　2556 爆曰牙古

　　　☼ 終止形「やく」に対応。

　　　/ʼjaku/ と推定。

ゆく行

　由古　0345 行跋儸征徬適逶蹪能曰由古

　　　☼ 終止形「ゆく」に対応。

　　　/juku/ と推定。

わく湧

　瓦古　0191 洶曰瓦古　　　2729 湧涌曰瓦古

　　　☼ 終止形「わく」に対応。

　　　/ʼwaku/ と推定。

ゑがく描

　夷咯之　2271 畫曰夷夷咯之亦曰寡古

　　　☼ 「ゑがきて」に対応。「夷夷咯之」で「ゑ　ゑがきて」。注 4)

　　　/ʼwigacji/ と推定。破擦音化の変化がある

かしぐ炊

　咯石古　2507 炊曰咯石古

　　　☼ 終止形「かしぐ」に対応。

　　　/kasjigu/ と推定。

さわぐ騒

煞瓦禄　0329 躁曰**煞瓦禄**

　　☼ 終止形「さわぐ」に対応か。「禄」は「古」の誤記か。

　　/sawagu/ と推定。

そそぐ注

　粟粟古　0194 注瀉涼溲曰**粟粟古**

　　☼ 終止形「そそぐ」に対応。

　　/susugu/ と推定。

つぐ継

　即骨　1095 維曰**即骨**

　即古　1846 嗣曰**即古**

　　☼ 終止形「つぐ」に対応。

　　/cigu/ と推定。

　即古　1147 翌日曰**即古虚**

　　☼ 連体形「つぐ」に対応。「つぐ　ひ」（継ぐ日）。

　　/cigu/ と推定。

つなぐ繋

　即那古　0324 羈絆曰**即那古**

　　☼ 終止形「つなぐ」に対応。

　　/cinagu/ と推定。

つむぐ紡

　俗木古　2585 紡線曰以獨**俗木古**

　　☼ 終止形「つむぐ」に対応。

　　/cimugu/ と推定。

　即木　2584 紡績曰**即木**

　　☼ 終止形「つむぐ」に対応か。「ぐ」相当の字脱落か。

　　/cimugu/ と推定。

なぐ薙

　那即禄　0370 撫揹抛擲曰**那即禄**

　　☼ 「なぐ」の「ラ行（四段）化」後の終止形「なぎる」か。注5)

　　/nazjiru/ と推定。

はぐ剥（脱）

　化子榮　1259 脱衣曰軽**化子榮**

　　☼ 連用形「はぎ」を含む。「はぎをりむ」に対応。注6)

　　/hwazji'u'N/ と推定。/hwazji'ju'N/ の可能性もある。

ふせぐ防

　父石古　0907 防曰**父石古**

　　☼ 終止形「ふせぐ」に対応。

　　/hwusigu/ と推定。

へぐ剝

　虚日　0368 擘撕曰**虚日**

☆「へぎて」に対応。

/hwizji/ と推定。破擦音化の変化がある。

あらはす表

阿喇瓦息　0700 標表曰阿喇瓦息

　　☆終止形「あらはす」に対応。[注7]

　　/ʔarawasi/ と推定。

いたす到

以答席　0537 致曰以答席

　　☆終止形「いたす」に対応。

　　/ʔitasi/ と推定。

いだす出

煞歸以答江　1318 搜出来曰煞歸以答江

　　☆連用形「いだし」を含む。「さぐりいだしたり<u>む</u>」に対応か。

　　/sagu'iʔidacja'N/ と推定。

撒歸以答撒即　1319 搜不出曰撒歸以答撒即

　　☆未然形「いださ」を含む。「さぐりいださず」に対応。

　　/sagu'iʔidasazi/ と推定。

答息　0986 焯曰及木力答息

　　☆終止形「だす」に対応。[注7]「（けむり）だす」か。

　　/dasi/ と推定。

いひなほす言直

以納江　1283 講和曰以納江

　　☆連用形「いひなほし」を含む。「いひなほしたり<u>む</u>」に対応か。

　　/ʔi'ino'ocja'N/ と推定。

います在

一麻息　0734 在曰一麻息

　　☆終止形「います」に対応。[注7]

　　/ʔimasi/ と推定。

うごかす動

武古咯昔　0366 搖扤曰武古咯昔

　　☆終止形「うごかす」に対応。[注7]

　　/ʔugukasi/ と推定。

うつす移

武即息　0340 移遷徒描寫曰武即息

　　☆終止形「うつす」に対応。[注7]

　　/ʔucisi/ と推定。

うつす写

武即息　0340 移遷徒描寫曰武即息

　　☆終止形「うつす」に対応。[注7]

　　/ʔucisi/ と推定。

おとす落
　武都酥　1192 流泪曰拿達**武都酥**
　　☼ 終止形「おとす」に対応。注7)
　　/ʔutusi/ と推定。
おびやかす脅
　武必牙咯息　1003 剽曰**武必牙咯息**
　　☼ 終止形「おびやかす」に対応。注7)
　　/ʔubi'jakasi/ と推定。
かくす隠
　咯古息　0545 擁隠障蔽庚藏曰**咯古息**
　咯古席　2150 屏又曰**咯古席**
　　☼ 終止形「かくす」に対応。注7)
　　/kakusi/ と推定。
　咯古江　1282 隠藏曰**咯古江**
　　☼ 連用形「かくし」を含む。「かくしたり<u>む</u>」に対応。
　　/kakucja'ɴ/ と推定。
　胶跪治　1301 竊物曰**胶跪治**
　　☼ 「かくして」に対応。
　　/kakucji/ と推定。破擦音化の変化がある。
かへす返
　咯一息　1829 致仕曰即**咯一武咯一息**　　2471 緻曰**咯一息**
　　☼ 終止形「かへす」に対応。注7)
　　/ka'isi/ と推定。
けす消
　及息　0988 爍曰**及息**
　　☼ 終止形「けす」に対応。注7)
　　/kisi/ と推定。
ころす殺
　古禄息　1005 殺戮曰**古禄息**
　　☼ 終止形「ころす」に対応。注7)
　　/kurusi/ と推定。
さとす諭
　煞獨石　0402 譖曰**煞獨石**
　　☼ 終止形「さとす」に対応。注7)
　　/satusi/ と推定。
さらす晒
　煞喇息　0158 照晒曝曰**煞喇息**
　　☼ 終止形「さらす」に対応。注7)
　　/sarasi/ と推定。
しるす記

第9節　李鼎元『琉球譯』の動詞形態の考察　81

石禄席　0406 紀記録誌銘曰石禄席

 ☼ 終止形「しるす」に対応。注7)

 /sjirusi/ と推定。

たがやす耕

答喀牙席　2486 耕曰答喀牙席

 ☼ 終止形「たがやす」に対応。注7)

 /taga'jasi/ と推定。

たぶらかす誑

答不唎喀息　0562 瞞曰答不唎喀息

 ☼ 終止形「たぶらかす」に対応。注7)

 /taburakasi/ と推定。

ちらす散

直唎息　0202 泮曰直唎息

 ☼ 終止形「ちらす」に対応。注7)

 /cjirasi/ と推定。

つひやす費

即牙息　0721 費曰即牙息

 ☼ 終止形「つひやす」に対応。注7)

 /ci'i'jasi/ と推定。

なす成

那息　1464 雯曰骨木奔武那息

 ☼ 終止形「なす」に対応。注7)「(くもぶんを) なす」。

 /nasi/ と推定。

拿息　2549 作料曰法喀留拿息

 ☼ 終止形「なす」に対応。注7)

 /nasi/ と推定。

納之　0269 生曰武麻禄亦曰納之

 ☼ 「なして」に対応。

 /nacji/ と推定。破擦音化の変化がある。

なほす直

以納江　1283 講和曰以納江

 ☼ 連用形「なほし」を含む。「いひなほしたりむ」に対応か。

 /ʔi'ino'ocja'ɴ/ と推定。

ひたす浸

許答息　0193 涵淹漚曰許答息。

許答昔　2730 濫曰許答昔

 ☼ 終止形「ひたす」に対応。注7)

 /hwitasi/ と推定。

ほどこす施

父獨骨息　0854 施曰父獨骨息

☆終止形「ほどこす」に対応。[注7]

/hwudukusi/ と推定。

ほろぼす滅

乎禄不世　0216 滅曰**乎禄不世**

☆終止形「ほろぼす」に対応。[注7]

/hwurubusi/ と推定。

ます増

麻昔　0184 培曰**麻昔**

麻息　0835 益増莚曰**麻息**

☆終止形「ます」に対応。[注7]

/masi/ と推定。

むす蒸

木息　0895 蒸曰**木息**　　1041 熏曰**木息**

☆終止形「むす」に対応。[注7]

/musi/ と推定。

めす召

眉息　0897 召曰**眉息**

☆終止形「めす」に対応。

/misi/ と推定。

ゆるす許

由禄息　0452 許釋綽鬆曰**由禄息**　　0540 俞允曰**由禄息**　　1237 放心曰古古禄**由禄息**

☆終止形「ゆるす」に対応。[注7]

/ʔjurusi/ と推定。

わづらはす煩

瓦即瓦席　0825 煩曰**瓦即瓦席**

☆終止形「わづらはす」に対応。[注7]「ら」相当の字脱落。

/ʔwazira’wasi/ と推定。

をかす侵

武咯禄　0863 侵曰**武咯禄**

☆終止形「をかす」に対応。[注7]「禄」は誤記か。「をかする」の「す」脱落の可能性もある。

/ʔukasi/ と推定。

をかす冒

武咯息　0297 娟冒曰**武咯息**

☆終止形「をかす」に対応。[注7]

/ʔukasi/ と推定。

あやまつ誤

阿牙麻直　0392 訛曰**阿牙麻直**

☆終止形「あやまつ」に対応。[注8]

/ʔa’jamaci/ と推定。

うがつ穿

武喀即　0862 穿曰**武喀即**

　　☼ 終止形「うがつ」に対応。注8)

　　/ʔugaci/ と推定。

たつ立

答止歪立　1132 立住曰**答止歪立**

　　☼ 連用形「たち」を含む。「たちおわれ」に対応。注9)

　　/tacji'ju'wari/ と推定。

答即　0328 足隻隻曰**答即**

　　☼ 終止形「たつ」に対応。注8)

　　/taci/ と推定。

答當　1316 没搭煞曰牙公**答當**

　　☼ 未然形「たた」を含む。「たたぬ」に対応。

　　/tata'N/ と推定。

たつ裁

答息　2371 裁曰**答息**

　　☼ 終止形「たつ」に対応。注8)

　　/taci/ と推定。

たつ絶・断

答即　0873 断絶立曰**答即**

　　☼ 終止形「たつ」に対応。注8)

　　/taci/ と推定。

たもつ保

答木即　0358 拏曰**答木即**　　0911 保曰**答木即**

　　☼ 終止形「たもつ」に対応。注8)

　　/tamuci/ と推定。

へだつ隔

許答即　0888 隔曰**許答即**

　　☼「へだちて」に対応。

　　/hwidacji/ と推定。破擦音化の変化がある。

まつ待

末之　1264 等待曰**末之**

　　☼「まちて」に対応。「まって」と変化。

　　/maQcji/ と推定。破擦音化の変化がある。

もつ持

都一木直　1188 厚欯曰**都一木直**

　　☼「もちて」を含む。「とりもちて」に対応。「とりもって」と変化。「欯」は「歓」か。

　　/tu'imuQcji/ と推定。破擦音化の変化がある。

水節　0380 持曰**水節**

　　☼「もちて」に対応。「もって」と変化。「水」は「木」の誤りか。

　　/muQcji/ と推定。破擦音化の変化がある。

木疾　1277 拿去曰**木疾**其

　　☼「もちて」に対応。「もって」と変化。

　　/muQcji/ と推定。破擦音化の変化がある。

わかつ分

　瓦喀即　0473 判班曰**瓦喀即**　　1503 部曰**瓦喀即**　　2045 分曰**瓦喀即**

　　☼「わかちて」に対応。

　　/'wakacji/ と推定。破擦音化の変化がある。

あふ会

　阿　0726 遇曰**阿**

　　☼終止形「あふ→あう→おう」に対応か。注10)

　　/ʔo'o/ と推定。

　阿禄　0728 遭曰**阿禄**

　　☼「あふる→あうる→おうる」に対応か。注10)

　　/ʔo'oru/ と推定。

　窝　0696 會曰**窝**

　　☼「あふ」に対応か。

　　/ʔo'o/ と推定。

あらそふ争

　阿喇蘇　0610 争曰**阿喇蘇**

　　☼終止形「あらそふ→あらそう」に対応。

　　/ʔarasu'u/ と推定。

あらふ洗

　阿禄　0196 沐浴曰喀喇即**阿禄**

　　☼終止形「あらふ」に対応。「あらう→あろう」と変化。

　　/ʔaro'o/ と推定。

　阿約的　1334 洗東西曰**阿約的**

　　☼「あらって」に対応か。「約」は誤字か。

　　/ʔaraQti'/ と推定。

いきあふ行会

　乙夾中　1270 遭著曰**乙夾中**

　　☼「いきあひて」を含む。「いきあひてはをりむ」に対応。

　　/ʔicjato'oɴ/ と推定。破擦音化の変化がある。/ʔicjati'uɴ/ の可能性を残す。

いふ言

　一由　0420 瀆謂曰**一由**

　　☼終止形「いふ」に対応。

　　/ʔi'ju/ と推定。

　亦之　1325 怎麼講曰亦加**亦之**

　　☼「いひて」に対応。「いって」と変化。

　　/ʔiQcji/ と推定。破擦音化の変化がある。

　以納江　1283 講和曰**以納江**

☆連用形「いひ」を含み、「いひなほしたりむ」に対応か。

/ʔi'ino'ocja'ɴ/ と推定。

うしなふ失

午石納　2011 矢日午石納

　☆終止形「うしなふ」に対応。「うしなう→うしのう」と変化。「矢」は「失」の誤りであろう。

/ʔusjino'o/ と推定。

うたがふ疑

武答哥　0489 猜疑伺窺曰**武答哥**

　☆終止形「うたがふ」に対応。「うたがう→うたごう」と変化。

/ʔutago'o/ と推定。

うばふ奪

武博　0611 奪曰**武博**

　☆終止形「うばふ」に対応。「うばう→うぼう」と変化。

/ʔubo'o/ と推定。/ʔɴbo'o/ の可能性もある。

うらなふ占

午喇納　1891 卜曰午喇納

　☆終止形「うらなふ」に対応。「うらなう→うらのう」と変化。

/ʔurano'o/ と推定。

おぎなふ補

武及奴　0914　彌補曰**武及奴**

　☆終止形「おぎなふ」に対応。「おぎなう→おぎのう」と変化。

/ʔuzjino'o/ と推定。

おふ追

烏亦　0342 追曰**烏亦**曰切度牙里致

　☆連用形「おひ」に対応。

/ʔu('u)'i/ と推定。

おほふ覆

午　0885 覆曰午

　☆終止形「おほふ」に対応。「おおう→うう」と変化。

/ʔu'u/ と推定。

おもふ思

武木　0478 想惟思念曰**武木**

　☆終止形「おもふ」に対応。「おもう→うむう」と変化。

/ʔumu'u/ と推定。

かなふ叶

喀納　0453 稱曰**喀納**

　☆終止形「かなふ」に対応。「かなう→かのう」と変化。

/kano'o/ と推定。

かふ買

哥　1056 釀曰煞及哥

☆ 終止形「かふ」に対応。「かう→こう」と変化。

/ko'o/ と推定。

　　哥禄　1049 買曰**哥禄**
　　　　　2505 沽曰**哥禄**

　　　☆「かふる→かうる→こうる」に対応か。

　　/ko'oru / と推定。

きらふ嫌

　　及落　0874 憚曰**及落**

　　　☆ 終止形「きらふ」に対応。「きらう→きろう」と変化。

　　/cjiro'o/ と推定。

くふ喰

　　古禄　2501 食曰**古禄**

　　　☆「くふる→くうる」に対応か。

　　/ku'uru/ と推定。

　　邱致　1243 咬人曰**邱致**

　　　☆「くうて」に対応。

　　/ku'uti/ と推定。

くるふ狂

　　古禄不　0577 獝曰**古禄不**　　3063 獝曰**古禄不**

　　　☆ 終止形「くるふ」に対応。

　　/kuru'u/ と推定。

こふ乞

　　古　0436 請曰**古**

　　　☆ 終止形「こふ」に対応。「こう」と変化。

　　/ku'u/ と推定。

したがふ従

　　石答哥　0348 従順徇隨率率屚遵巽倭曰**石答哥**

　　　☆ 終止形「したがふ」に対応。「したがう→したごう」と変化。

　　/sjitago'o/ と推定。

したふ慕

　　石多　0508 戀曰**石多**

　　　☆ 終止形「したふ」に対応。「したう→しとう」と変化。

　　/sjito'o/ と推定。

すくふ救

　　席枯　0741 救曰**席枯**

　　　☆ 終止形「すくふ」に対応。「すくう」と変化。

　　/siku'u/ と推定。

すふ吸

　　蘇禄　0399 吸曰**蘇禄**

　　　☆「すふる→すうる」に対応か。

/su'uru/ と推定。

そこなふ損

叔古納　1006 戕曰叔古納

☼ 終止形「そこなふ」に対応。「そこなう→そこのう」と変化。

/sukuno'o/ と推定。

そふ沿

叔禄　0224 沿曰叔禄

☼ 「そふる→そうる」に対応か。

/su'uru/ と推定。

たがふ違

答哥　1038 參差曰答哥

☼ 終止形「たがふ」に対応。「たがう→たごう」と変化。

/tago'o/ と推定

たくはふ貯

答古我　1727 儲曰答古我

☼ 終止形「たくはふ」に対応。「たくはう→たくわう→たくをう」と変化。

/taku'o'o/ と推定。

ただよふ漂

答答憂　0226 漂曰答答憂

☼ 終止形「ただよふ」に対応。

/tada'ju'u/ と推定。

たまふ給

答莫　0827 頒曰答莫

☼ 終止形「たまふ」に対応。「たまう→たもう」と変化。

/tamo'o/ と推定。

ちかふ誓

及哥　0502 盟曰及哥

☼ 終止形「ちかふ」に対応。「ちかう→ちこう」と変化。

/cjiko'o/ と推定。

つかふ使

即哥　0463 差使仕曰即哥

☼ 終止形「つかふ」に対応。「つかう→つこう」と変化。

/ciko'o/ と推定。

即喀瓦力　2158 厮曰即喀瓦力

☼ 未然形「つかは」を含む。「つかはれ」に対応。

/cika'wari/ と推定。

つたふ伝

即多　0935 傳曰即多

☼ 終止形「つたふ」に対応。「つたう→つとう」と変化。注3)

/cito'o/ と推定。

ととのふ整

度度奴　0813 彬曰**度度奴**　　2543 調和曰**度度奴**

獨獨奴　0418 諧謔曰**獨獨奴**

　　☼ 終止形「ととのふ」に対応。注3)

/tutunu'u/ と推定。

とふ問

都　0442 聘詢曰**都**

　　☼ 終止形「とふ」に対応。

/tu'u/ と推定。

ならふ習

思眉拿来　1234 讀書曰**思眉拿来**

　　☼ 連用形「ならひ」を含む。「すみならひ」に対応。

/siminara'i/ と推定。/siminare'e/ の可能性を残す。

ぬふ縫

奴木木奴　1894 縫曰**奴木木奴**

　　☼ 連用形「ぬひ」を含む。「ぬひもの」に対応。台湾版「縫曰奴一木奴」にならう。

/nu'imunu/ と推定。

怒　2588 縫曰又**怒**

　　☼ 終止形「ぬふ」に対応。

/nu'u/ と推定。

はふ這

和禄　0334 匍匐曰**和禄**

　　☼ 「はふる→はうる→ほうる」に対応か。

/hwo'oru/ と推定。

ひろふ拾

虚禄　0367 採采掇拾摘曰**虚禄**

　　☼ 終止形「ひろふ」に対応。

/hwiru'u/ と推定。

ふるふ揮

福禄　0364 揮拂掘亡曰**福禄**

　　☼ 終止形「ふるふ」に対応。

/hwuru'u/ と推定。

ふるふ震

福禄　1466 震曰**福禄**

　　☼ 終止形「ふるふ」に対応。

/hwuru'u/ と推定。

まとふ纏

麻獨　0731 纏曰**麻獨**

　　☼ 終止形「まとふ」に対応。

/matu'u/ と推定。

まどふ惑

馬獨　0593 惑曰馬獨識

　☼ 連用形「まどひ→まどい」に対応。全体は「まどひして」。

/madu'i/ と推定。

まよふ迷

麻由　0556 迷曰麻由

　☼ 終止形「まよふ」に対応。

/ma'ju'u/ と推定。

むかふ向

木哥　0898 向曰木哥

　☼ 終止形「むかふ」に対応。「むかう→むこう」と変化。

/muko'o/ と推定。

むくふ報

木枯　0759 酬曰木枯

　☼ 終止形「むくふ」に対応。

/muku'u/ と推定。

やしなふ養

牙石納　3076 畜曰牙石納

　☼ 終止形「やしなふ」に対応。「やしなう→やしのう」と変化。

/'jasjino'o/ と推定。

牙古納　0887 育曰牙古納

　☼ 終止形「やしなふ」に対応。「やしなう→やしのう」と変化。「古」は「石」の誤記か。

/'jasjino'o/ と推定。

やとふ雇

牙都　1908 傭曰牙都

牙獨　0723 雇曰牙獨

　☼ 終止形「やとふ」に対応。

/'jatu'u/ と推定。

よそほふ装

由蘇午一　1033 妝曰由蘇午一

　☼ 連用形「よそほひ」に対応。

/'jusu'u'i/ と推定。

由蘇右　2364 粧曰由蘇右

　☼ 終止形「よそほふ」に対応。

/'jusu'u/ と推定。

わらふ笑

瓦禄　2000 嚬嗤嘻笑曰瓦禄

　☼ 終止形「わらふ」に対応。「わらう→わろう」と変化。

/'waro'o/ と推定。

ゑふ酔

武一禄　1051 酩酊醉醺曰**武一禄**

　☼「ラ行（四段）化」後の終止形「ゑひる」に対応。

　/'wi'iru/ と推定。

威帝　1260 大醉曰**威帝**

　☼「ゑひて」に対応。注11)

　/'wi'iti/ と推定。

あすぶ遊

　阿息不　0335 遊逍遥曰**阿息不**

　☼終止形「あすぶ」に対応。

　/ʔasibu/ と推定。

うかぶ浮

　午喀不　2728 泛浮曰**午喀不**

　☼終止形「うかぶ」に対応

　/ʔukabu/ と推定。

えらぶ選

　以喇不　0372 揀擇曰**以喇不**

　☼終止形「えらぶ」に対応。

　/ʔirabu/ と推定。

　伊喇的　1159 擇日曰虛**伊喇的**

　☼「えらびて」に対応。「えらんで」と変化。

　/ʔiradi/ と推定。撥音脱落の変化がある。

およぶ及

　武由不　1047 覃曰**武由不**

　☼終止形「およぶ」に対応。

　/ʔu'jubu/ と推定。

　武由石　1092 及曰**武由石**

　☼終止形「およぶ」に対応。「石」は「不」の誤記か。

　/ʔu'jubu/ と推定。

さけぶ叫

　煞及不　0401 詨號咷曰**煞及不**

　☼終止形「さけぶ」に対応。

　/sakibu/ と推定。

しのぶ忍

　石奴不　0864 忍曰**石奴不**

　☼終止形「しのぶ」に対応。

　/sjinubu/ と推定。

たふとぶ尊

　答獨不　0174 崇曰**答獨不**

　☼終止形「たふとぶ」に対応。

　/tatubu/ と推定。/taQtubu/ の可能性もある。

とぶ飛

　獨比阿喀禄　　0945 狪曰**獨比阿喀禄**

　　☼ 連用形「とび」を含む。「とびあがる」に対応。

　　/tubiʔagaru/ と推定。

　獨必烏　2978 鷂曰**獨必烏**

　　☼ 連用形「とび」を含む。「とびいを」に対応。

　　/tubi'ju/ と推定。

　度不　　0824 分羽翻曰**度不**

　都不　　3014 飛曰**都不**

　　☼ 終止形「とぶ」に対応。

　　/tubu/ と推定。

　獨不啜　0944 蕭羽獙翰曰**獨不啜**

　　☼ 連体形「とぶ」を含む。「とぶてう」に対応か。

　　/tubucjo'o/ と推定。

ならぶ並

　那喇不　0870 并並兼曰**那喇不**

　　☼ 終止形「ならぶ」に対応。

　　/narabu/ と推定。

はこぶ運

　發古不　0214 漕曰**發古不**

　　☼ 終止形「はこぶ」に対応。

　　/hwakubu/ と推定。

ほろぶ滅

　弗禄不　0219 泯曰**弗禄不**

　　☼ 終止形「ほろぶ」に対応。

　　/hwurubu/ と推定。

　福禄　0364 揮拂掘亡曰**福禄**

　　☼ （亡）終止形「ほろぶ」に対応。「ぶ」相当部分脱落か。但し、「ふるふ（揮）、はらふ（拂）、ほる（掘）」

　　　などと一緒にされているので、定かなことは言えない。

　　/hwuru(bu)/ と推定。

まなぶ学

　麻那不　0249 學曰**麻那不**

　　☼ 終止形「まなぶ」に対応。

　　/manabu/ と推定。

　木奴麻那不獨古禄　2103 庠序曰**木奴麻那不獨古禄**

　　☼ 連体形「まなぶ」を含む。「ものまなぶところ」に対応。

　　/munumanabutukuru/ と推定。

むすぶ結

　木席木　1879 結婚曰公武**木席木**

　　☼ 終止形「むすぶ」に対応。

/musibu/ と推定。[bu] を [mu] と聞いたとみる。

むせぶ噎

母世不　0447 噎曰**母世不**

☼ 終止形「むせぶ」に対応。

/musibu/ と推定。

もてあすぶ弄

木的阿席不　0619 玩曰**木的阿席不**

☼ 終止形「もてあすぶ」に対応。

/mutiʔasibu/ と推定。

よろこぶ喜

由禄古不　0278 欣歡悩喜曰**由禄古不**　　0600 慎曰**由禄古不**

☼ 終止形「よろこぶ」に対応。

/jurukubu/ と推定。

あむ編

阿木　0408 編曰**阿木**

☼ 終止形「あむ」に対応。

/ʔamu/ と推定。

あやしむ怪

阿牙石木　0285 怪曰**阿牙石木**

☼ 終止形「あやしむ」に対応。

/ʔa'jasjimu/ と推定。

あゆむ歩

喀直阿由米　0268 徒曰**喀直阿由米**

☼ 連用形「あゆみ」を含む。「かちあゆみ」に対応。

/kacjiʔa'jumi/ と推定。

阿由木　0327 蹐曰古阿石宜**阿由木**　　2004 歩曰**阿由木**

☼ 終止形「あゆむ」に対応。

/ʔa'jumu/ と推定。

いがむ哇

一喀木　0403 哇曰**一喀木**

☼ 終止形「いがむ」に対応。

/ʔigamu/ と推定。

いさむ勇

一煞木　0254 勇曰**一煞木**

☼ 終止形「いさむ」に対応。

/ʔisamu/ と推定。

いたむ悼

以答木　0578 慷戚惻怛疒膝慟曰**以答木**

☼ 終止形「いたむ」に対応。

/ʔitamu/ と推定。

いつくしむ慈

以即古石米 0251 仁慈曰以即古石米

☆ 連用形「いつくしみ」に対応。

/ʔicikusjimi/ と推定。

いむ忌

以木 0491 忌曰以木

☆ 終止形「いむ」に対応。

/ʔimu/ と推定。

うむ生

武麻禄 0269 生曰武麻禄亦曰納之

☆ 未然形「うま」を含む。「うまる」に対応。

/ʔumaru/ と推定。

うらむ恨

武喇木禄 1250 埋怨曰武喇木禄

☆ 連体形「うらむる」に対応。

/ʔuramuru/ と推定。

かこむ囲

喀古木 1989 腔曰喀古木

☆ 終止形「かこむ」に対応。

/kakumu/ と推定。

かすむ霞

喀息木 1273 瑣碎曰喀息木

☆ 終止形「かすむ」に対応。

/kasimu/ と推定。

かなしむ悲

喀那石木 0280 哀憐悲曰喀那石木

☆ 終止形「かなしむ」に対応。

/kanasjimu/ と推定。

かむ嚙

喀模 2007 皺曰福你喀模亦曰獨力奴歸

喀木 2538 嚼礁曰喀木

☆ 終止形「かむ」に対応。

/kamu/ と推定。

かむ咬

喀木 2008 齩曰喀木

☆ 終止形「かむ」に対応。

/kamu/ と推定。

きざむ刻

及雑木克 2558 雕刻曰及雑木克

☆ 連用形「きざみ」を含む。「きざみおく」に対応か。

/cjizamuku/ と推定。

くぼむ窪

空不中　0187 凹曰**空不中**

☆「くぼみて」を含む。「くぼみてはをりむ」に対応か。

/kubudo'o'N/ と推定。 注12) /kubudi'u'N/ の可能性を残す。

くむ汲

古木　2217 勻曰你波亦曰**古木**

　　　2490 汲曰**古木**

☆終止形「くむ」に対応。

/kumu/ と推定。

古木　2737 辱曰午**古木**

☆終止形「くむ」に対応。「午」は衍字か。

/kumu/ と推定。

くむ酌

骨木　1053 斟酌掬曰**骨木**

☆終止形「くむ」に対応。

/kumu/ と推定。

くるしむ苦

古禄石木　0612 困曰**古禄石木**

☆終止形「くるしむ」に対応。

/kurusjimu/ と推定。

古禄石木　0716 惚惚曰**古禄石木**

☆終止形「くるしむ」に対応。「惚」一字目と二字目とが同じ。重複か

/kurusjimu/ と推定。

さしはさむ挟

煞石罰刹母　2368 襀又曰**煞石罰刹母**

☆終止形「さしはさむ」に対応。

/sasjihwasamu/ と推定。

しづむ沈

石即米　0189 淪沈曰**石即米**

☆連用形「しづみ」に対応。「連用名詞形」。

/sjizimi/ と推定。

しぼむ萎

石不木　0654 萎曰**石不木**

☆終止形「しぼむ」に対応。

/sjibumu/ と推定。

すすむ進

息息母　0382 揖曰**息息母**

☆終止形「すすむ」に対応。

/sisimu/ と推定。

第9節　李鼎元『琉球譯』の動詞形態の考察　95

席席木　0804 進侑曰**席席木**

☼ 終止形「すすむ」に対応。

/sisimu/ と推定。

すむ澄

昔米煞及　1054 酏曰**昔米煞及**

☼ 連用形「すみ」を含む。「すみさけ」（澄み酒）に対応。

/simisaki/ と推定。

息木　0204 澄栖徹曰**息木**

☼ 終止形「すむ」に対応。

/simu/ と推定。

そむ染注3)

疎木　0359 擩曰**疎木**

☼ 終止形「そむ」に対応。

/sumu/ と推定。

蘇窓　2604 染曰**蘇窓**

☼「そみて」を含む。「そみてはをりむ」に対応か。

/sudo'o'ɴ/ と推定。

たくむ工

答古米　0576 巧曰**答古米**

☼ 連用形「たくみ」に対応。

/takumi/ と推定。

たのしむ楽

答奴石木　0279 嬉戯娯嗒悰曰**答奴石木**　　2621 樂曰**答奴石木**

☼ 終止形「たのしむ」に対応。

/tanusjimu/ と推定。

たのむ頼

答奴才　0486 怙頼恃曰**答奴才**

☼ 終止形「たのむ」に対応。「才」は「木」の誤記か。

/tanumu/ と推定。

つつむ包

即即米　0906 包曰**即即米**

☼ 連用形「つつみ」に対応。

/cicimi/ と推定。

喀石喇即即米　0972 纀曰**喀石喇即即米**　　2312 帽曰**喀石喇即即米**

☼ 連用形「つつみ」を含む。「かしらつつみ」（頭包）に対応。

/kasjiracicimi/ と推定。

即即米牙及　2508 炮曰**即即米牙及**

☼ 連用形「つつみ」を含む。「つつみやき」（包焼）に対応。

/cicimi'jacji/ と推定。

つむ摘

即木　0638 蘊曰**即木**

　　☼ 終止形「つむ」に対応。

　　/cimu/ と推定。

とどむ留

　獨獨麻　0347 逗遛留止停駐尼曰**獨獨麻**

　　☼ 終止形「とどむ」に対応。

　　/tudumu/ と推定。

なぐさむ慰

　即古煞木　0603 慰曰**即古煞木**

　　☼ 終止形「なぐさむ」に対応「即」は「那」の誤記か。

　　/nagusamu/ と推定。

なやむ悩

　那牙木　0514 悩曰**那牙木**

　　☼ 終止形「なやむ」に対応。

　　/na'jamu/ と推定。

にくむ憎

　宜古木　0284 憎曰**宜古木**

　宜骨木　0512 憎曰**宜骨木**

　　☼ 終止形「にくむ」に対応。

　　/nikumu/ と推定。

にらむ睨

　宜喇米　0523 瞪曰**宜喇米**

　　☼ 連用形「にらみ」に対応。

　　/nirami/ と推定。

ぬくむ温

　奴古木　1185 向火曰虚**奴古木**

　　☼ 終止形「ぬくむ」に対応。

　　/nukumu/ と推定。

ぬすむ盗

　奴息木　0286 偸竊曰**奴息木**

　　☼ 終止形「ぬすむ」に対応。

　　/nusimu/ と推定。

　奴息必度　0287 賊曰**奴息必度**

　　☼ 語幹「ぬす」を含む。「ぬすびと」に対応。語幹用法。

　　/nusibitu/ と推定。

のぞむ望

　奴竹木　0506 臨望曰**奴竹木**

　　☼ 終止形「のぞむ」に対応。

　　/nuzumu/ と推定。

のむ飲

第 9 節　李鼎元『琉球譯』の動詞形態の考察　　97

奴母　1057 醅曰煞及**奴母**

奴木　2504 飲曰**奴木**　　2539 呑曰**奴木**
　　☼ 終止形「のむ」に対応。
　　/numu/ と推定。

はさむ挟

法煞米　2369 剪曰粟禄亦曰**法煞米**
　　☼ 連用形「はさみ」に対応。
　　/hwasami/ と推定。

はらむ孕

法喇木　1980 胎胞曰**法喇木**
　　☼ 終止形「はらむ」に対応。
　　/hwaramu/ と推定。

ふくむ含

福古木　0616 含曰**福古木**
　　☼ 終止形「ふくむ」に対応。
　　/hwukumu/ と推定。

ふむ踏

父木　0322 蹈踐曰**父木**
　　☼ 終止形「ふむ」に対応。
　　/hwumu/ と推定。

めぐむ恵

毎古木　0510 恤曰**毎古木**

眉古木　0517 恩曰**眉古木**
　　☼ 終止形「めぐむ」に対応。
　　/migumu/ と推定。

もむ揉

木木　0357 揉曰**木木**
　　☼ 終止形「もむ」に対応。
　　/mumu/ と推定。

やすむ休

牙席木　0735 休曰**牙席木**
　　☼ 終止形「やすむ」に対応。
　　/ˀjasimu/ と推定。

ゆがむ歪

羊干治　0686 歪曰**羊干治**
　　☼「ゆがみて」に対応。「ゆがんで」と変化。
　　/ˀju(ᴺ) ga(ˀᴺ)di/ と推定。[注13]

よむ読

由木　0421 誦讀曰**由木**
　　☼ 終止形「よむ」に対応。

/ˈjumu/ と推定。

よむ数

羊致　1298 數物曰羊致

☼「よみて」に対応。「よんで」と変化。

/ˈju(ˈɴ)di/ と推定。

わきばさむ脇挟

瓦直法煞木　0365 掖曰**瓦直法煞木**

☼終止形「わきばさむ」に対応。

/ˈwacjibasamu/ と推定。

をしむ惜

武石木　0511 惜曰**武石木**

☼終止形「をしむ」に対応。

/ʔusjimu/ と推定。

あたる当

阿答禄　0312 冤仇讐敵當曰**阿答禄**

☼終止形「あたる」に対応。

/ʔataru/ と推定。

あつまる集

阿即麻禄　0697 聚集緝佸曰**阿即麻禄**

☼終止形「あつまる」に対応。

/ʔacimaru/ と推定。

あふる溢

阿父禄　0205 激瀲曰**阿父禄**

☼終止形「あふる」に対応。

/ʔahwuru/ と推定。

あぶる炙

阿不禄　0989 烘曰**阿不禄**

☼終止形「あぶる」に対応。

/ʔaburu/ と推定。

あやどる彩

阿牙獨禄　0970 緒操曰**阿牙獨禄**

☼終止形「あやどる」に対応。「緒」は「綾」の誤記か。

/ʔaˈjaduru/ と推定。

あやまる誤

阿牙麻禄　0492 誤愆曰**阿牙麻禄**

☼終止形「あやまる」に対応。

/ʔaˈjamaru/ と推定。

いかる怒

以喀禄　0571 哮曰**以喀禄**

一喀禄　0516 怒曰**一喀禄**

☼ 終止形「いかる」に対応。

/ʔikaru/ と推定。

米喀禄禄　0513 慍怫曰米喀禄禄

☼ 連体形「いかるる」に対応。「米」は「衣」の誤記か。

/ʔikaruru/ と推定。

いきどほる 憤

一直獨禄　0585 僵仆悶曰一直獨禄

☼ 終止形「いきどほる」に対応。

/ʔicjidu'uru/ と推定。

いたる 至

一答禄　0529 到至曰一答禄

☼ 終止形「いたる」に対応。

/ʔitaru/ と推定。

いつはる 偽

以即瓦及　0742 仮曰以即瓦及

☼ 連用形「いつはり」に対応か。「及」は「以」の誤記か。

/ʔici'wa'i/ と推定。/ri/ → /'i/ の変化がある。

一即瓦禄　0438 譎詐偽曰一即瓦禄

☼ 終止形「いつはる」に対応。

/ʔici'waru/ と推定。

一子晩那　1344 莫説誑曰一子晩那

☼ 終止形「いつはる」を含む。「いつはるな」に対応。音訳字「晩那」に関して「かかはる拘」の項参照。

/ʔici'wa'ɴna/ と推定。

いとくる 糸繰

以獨古禄　2590 繰曰以獨古禄

☼ 終止形「いとくる」に対応。

/ʔitukuru/ と推定。

いのる 祈

一奴禄　0480 祈祷曰一奴禄

☼ 終止形「いのる」に対応。

/ʔinuru/ と推定。

いる 入

以禄　0461 入得射曰以禄

☼ 終止形「いる」に対応。注14)

/ʔiru/ と推定。

いろどる 彩

以禄獨禄　0701 標綵曰以禄獨禄

☼ 終止形「いろどる」に対応。

/ʔiruduru/ と推定。

以獨禄　0966 緘綵曰以獨禄

☆ 終止形「いろどる」に対応。「ろ」相当の字脱落か。

/ʔiruduru/ と推定。

うづくまる踞

午即古麻禄　0331 蹲曰午即古麻禄

☆ 終止形「うづくまる」に対応。

/ʔuzikumaru/ と推定。

うなる唫

武那禄　0597 呷曰**武那禄**

☆ 終止形「うなる」に対応。

/ʔunaru/ と推定。

おくる送

武古禄　0341 傭侈倨傲奢起送殉曰**武古禄**

☆ 終止形「おくる」に対応。

/ʔukuru/ と推定。

武以禄　0995 餽曰**武以禄**

☆ 終止形「おくる」に対応。「以」は「久」の誤記か。

/ʔukuru/ と推定。

武古禄木直　0905 齎曰**武古禄木直**

☆ 連体形「おくる」を含む。「おくるもち」に対応か。

/ʔukurumucji/ と推定。

おこたる怠

武古答禄　0606 怠惰曰**武古答禄**

☆ 終止形「おこたる」に対応。

/ʔukutaru/ と推定。

おごる奢

武古禄　0341 傭侈倨傲奢起送殉曰**武古禄**

☆ 終止形「おごる」に対応。

/ʔuguru/ と推定。

おとる劣

武獨禄　0338 蹶劣曰**武獨禄**

☆ 終止形「おとる」に対応。

/ʔuturu/ と推定。

おもんばかる慮

武木發咯利　0479 慮曰**武木發咯利**

☆ 連用形「おもんばかり」に対応。

/ʔumuʼnbakari/ と推定。

武蒙八咯禄　0488 虞曰**武蒙八咯禄**

武夢發咯禄　0582 恕曰**武夢發咯禄**

☆ 終止形「おもんばかる」に対応。

/ʔumuʼnbakaru/ と推定。

第9節　李鼎元『琉球譯』の動詞形態の考察　101

かうむる蒙

哥木禄　0549 蒙被曰哥木禄

☆ 終止形「かうむる」に対応。

/ko'omuru/ と推定。

かかはる係

喀喀晩那　1350 勿拘禮數曰禮曰宜喀喀晩那

☆ 終止形「かかはる」を含む。「かかはるな」に対応。音訳字「晩那」に関して「いつはる偽」の項参照。

/kaka'waʼnna/ と推定。

かがまる屈

喀喀麻禄　0333 篆屈踘曰喀喀麻禄　　0362 拮据拘曰的喀喀麻禄

☆ 終止形「かがまる」に対応。

/kagamaru/ と推定。

かぎる限

喀日禄　0538 期曰喀日禄

☆ 終止形「かぎる」に対応。

/kazjiru/ と推定。

かさなる重

喀煞那禄　0849 層曰喀煞那禄

☆ 終止形「かさなる」に対応。

/kasanaru/ と推定。

喀煞喇禄　0781 重曰喀煞喇禄

☆ 終止形「かさなる」に対応。「喇」は /na/,/ra/「ナ、ラ」問題を示していると言える。

/kasanaru/ と推定。

かざる飾

喀雑禄　1034 装曰喀雑禄

☆ 終止形「かざる」に対応。

/kazaru/ と推定。

かたどる象

喀谷獨禄　3055 象曰喀谷獨禄

☆ 終止形に「かたどる」に対応か。動物の「象」のはずが。「谷」は「答」の誤記か。

/kataduru/ と推定。

かたよる偏

喀答由禄　0811 偏曰喀答由禄

☆ 終止形「かたよる」に対応。

/kata'juru/ と推定。

かたる語

喀答禄　0425 譚談曰喀答禄

☆ 終止形「かたる」に対応。

/kataru/ と推定。

嗑茶利　0390 説話曰嗑茶利

☆連用形「かたり」に対応か。

/katari/ と推定。

かはる変

咯瓦禄　1388 庚日**咯瓦禄**

☆終止形「かはる」に対応。

/ka'waru/ と推定。

かへる帰

街禄　0532 歸還日**街禄**

☆終止形「かへる」に対応。

/ka'iru/ と推定。

かへる返

咯一禄　0504 回日**咯一禄**

☆終止形「かへる」に対応。

/ka'iru/ と推定。

かる刈

咯禄　0663 枲日以泥**咯禄**

☆終止形「かる」に対応。「(いね) かる」。

/karu/ と推定。

咯禄　2493 穫日**咯禄**

☆終止形「かる」に対応。

/karu/ と推定。

かる駆

咯禄　0992 驅刁日**咯禄**

☆終止形「かる」に対応。

/karu/ と推定。

きる切

及禄　1004 斬日**及禄**

　　　2487 耘日古撒**及禄**

☆終止形「きる」に対応。

/cjiru/ と推定。

きはまる極

及瓦麻禄　0720 極窮日**及瓦麻禄**

☆終止形「きはまる」に対応。

/cjiwamaru/ と推定。

くしけづる梳

古石及即禄　2365 梳日**古石及即禄**

☆終止形「くしけづる」に対応。

/kusjikiziru/ と推定。

くだる下

古答禄　0749 降日**古答禄**

☆終止形「くだる」に対応。

/kudaru/ と推定。

　古答禄石木　1417 霜降曰古答禄石木

☆連体形「くだる」を含む。「くだるしも」に対応。

/kudarusjimu/ と推定。

くつがへる覆

　古即皆禄　0730 顛曰古即皆禄

☆終止形「くつがへる」に対応。

/kuciga'iru/ と推定。

くびる括

　懇之　1194 留人曰懇之你紹里

☆連用形「くびり」に対応か。全体は「くびりめしおわれ」。

/ku'ɴzji/ と推定。

くもる雲

　古木禄　0155 陰曰古木禄

　　　　　1369 陰霾曰古木禄

☆終止形「くもる」に対応。

/kumuru/ と推定。

くる繰

　古禄　2590 繰曰以獨古禄

☆終止形「くる」に対応。

/kuru/ と推定。

けづる削

　及即禄　0369 搔拌鎔曰及即禄

　奇即禄　0999 刮刷劙剳曰奇即禄

☆終止形「けづる」に対応。

/kiziru/ と推定。

ことなる異

　古獨那禄　0859 異曰古獨那禄

☆終止形「ことなる」に対応。

/kutunaru/ と推定。

こほる凍

　古里武的　0234 凇曰古里武的喀答及

☆「こほりて」に対応。音訳字「里」と「武」との位置が逆か。「こほりてかたき」（凍りて固き）。「凇」は「樹氷」。

/ku'uriti/ と推定。

こもる籠

　古木禄　2248 籠曰古木禄

☆終止形「こもる」に対応。

/kumuru/ と推定。

さえぎる遮

晒即禄　0884 遮曰晒即禄

☆ 終止形「さえぎる」に対応。

/se'ezjiru/ と推定。

さぐる探

煞歸　1318 捜出来曰**煞歸**以答江

☆ 連用形「さぐり」に対応。「さぐり（いだしてをりむ）」。

/sagu'i/ と推定。/ri/ → /'i/ の変化がある。

撒歸　1319 捜不出曰**撒歸**以答撒即

☆ 連用形「さぐり」に対応。「さぐり（いださず）」。

/sagu'i/ と推定。/ri/ → /'i/ の変化がある。

煞古禄　0381 探曰**煞古禄**

☆ 終止形「さぐる」に対応。

/saguru/ と推定。

さとる悟

煞獨禄　0493 悟曰**煞獨禄**

☆ 終止形「さとる」に対応。

/saturu/ と推定。

さる去

煞禄　0531 去曰**煞禄**

☆ 終止形「さる」に対応。

/saru/ と推定。

しげる茂

石及禄　0200 滋潤曰**石及禄**　　0631 薈曰**石及禄**

☆ 終止形「しげる」に対応。

/sjizjiru/ と推定。

石日禄　0644 繁鬱蘓曰**石日禄**

☆ 終止形「しげる」に対応。

/sjizjiru/ と推定。

したたる滴

石答答禄　2733 涓滴曰**石答答禄**

☆ 終止形「したたる」に対応。

/sjitataru/ と推定。

しる知

古都失理　1294 暁事曰**古都失理**

☆ 連用形「しり」を含む。「ことしり」（事知り）に対応。

/kutusjiri/ と推定。

石禄　0533 知曰**石禄**

☆ 終止形「しる」に対応。

/sjiru/ と推定。

習之　1295 暁得曰習之

　　　☆「しりて」に対応。「しって」と変化。

　　　/sjiQcji/ と推定。破擦音化の変化がある。

識之　1324 都暁得曰轉諸識之

　　　☆「しりて」に対応。「しって」と変化。注15)

　　　/sjiQcji / と推定。破擦音化の変化がある。

すする 啜

息息禄　0433 映曰息息禄

　　　☆終止形「すする」に対応。

　　　/sisiru/ と推定。

する 擦

木米息力武石　0952 磨礱曰木米息力武石

　　　☆連用形「すり」を含む。「もみすりうす」（籾摺り臼）に対応。

　　　/mumisiriʔusi/ と推定。

せまる 迫

石麻禄　0783 迫曰石麻禄

　　　☆終止形「せまる」に対応。

　　　/simaru/ と推定。

そしる 謗

叔石禄　0387 誹譸訾曰叔石禄

　　　☆終止形「そしる」に対応。

　　　/susjiru/ と推定。

そなはる 備

数那瓦禄　0161 晙曰数那瓦禄

　　　☆終止形「そなはる」に対応。

　　　/suna'waru/ と推定。

そる 剃

粟禄　2369 剪曰粟禄亦曰法煞米

　　　☆終止形「そる」に対応。

　　　/suru/ と推定。

たかぶる 崇

答喀不禄　0939 呇曰答喀不禄

　　　☆終止形「たかぶる」に対応。

　　　/takaburu/ と推定。

たける 猛

答古禄　0702 暴虐倒曰答古禄

　　　☆終止形「たける」に対応。「古」は誤記か。

　　　/takiru/ と推定。

たちもどる 立戻

答直木獨禄　0565 迍邅躊躇踟躕曰答直木獨禄

106　第2章　漢字資料の動詞形態の考察

☆ 終止形「たちもどる」に対応。

/tacjimuduru/ と推定。

たてまつる奉

答的麻即禄　0777 呈曰**答的麻即禄**

☆ 終止形「たてまつる」に対応。

/tatimaciru/ と推定。

答的麻即　0910 奉曰**答的麻即**

☆ 終止形「たてまつる」に対応。「る」相当の字脱落か。

/tatimaciru/ と推定。

たまる溜

答麻力　2763 潢曰**答麻力**

☆ 連用形「たまり」に対応。

/tamari/ と推定。

ちぢまる縮

及如麻禄　0974 縮曰**及如麻禄**

及及麻禄　1035 皺曰**及及麻禄**

☆ 終止形「ちぢまる」に対応。

/cjizjimaru/ と推定。

ち（れ）る散

直力禄　0876 散曰**直力禄**

☆ 終止形「ちれる」に対応。

/cjiriru/ と推定。

つかさどる司

即喀薩獨禄　0468 司曰**即喀薩獨禄**

即喀撒獨禄　1719 官宰曰**即喀撒獨禄**

即喀煞獨禄　1926 尸曰**即喀煞獨禄**

☆ 終止形「つかさどる」に対応。

/cikasaduru/ と推定。

即喀煞獨古　0407 典曰**即喀煞獨古**

☆ 終止形「つかさどる」に対応。「古」は誤字か。

/cikasaduru/ と推定。

つかまつる仕

即哥麻禄　0261 孝曰**即哥麻禄**

☆ 終止形「つかま（つ）る」に対応。「つ」対応音訳字脱落。

/cikama(ci)ru/ と推定。

つくる作

即古禄　0414 告諙制葺絆盡造作曰**即古禄**

☆ 終止形「つくる」に対応。注16)

/cikuru/ と推定。

即姑林　0786 低曰**即姑林**

☆ 連用形「つくり」を含む。「つくりをりむ」に対応か。「低」は「作」の誤記か。

/cikuri'u'N/ と推定。 注17)

つづる綴

午日奴　2308 衲日午日奴

　☆ 終止形「つづる」に対応。「奴」は /r/ と /n/ の交代例。「衲」は「ぬいつくろう」。

　/ciziru/ と推定。

つながる繋

即喀那禄　0682 連聯日即喀那禄

　☆ 終止形「つながる」に対応。「喀」と「那」との位置が逆転。

　/cinagaru/ と推定。

つらなる列

即喇那禄　0346 池排日即喇那禄　　0469 陳日即喇那禄　　1814 毦日即喇那禄

　☆ 終止形「つらなる」に対応。

　/ciranaru/ と推定。

つる釣

即力阿米　2298 罠日即力阿米

　☆ 連用形「つり」を含む。「つりあみ」に対応。

　/ciriʔami/ と推定。

とほる通

獨禄　0690 透融通達徹問亨取跟蹌日獨禄

　☆ 終止形「とほる」に対応。 注18)

　/tu'uru/ と推定。

どもる吃

兜母禄　0446 吃日兜母禄

　☆ 終止形「どもる」に対応。

　/dumuru/ と推定。

とる取

都一木直　1188 厚歀日都一木直

　☆ 連用形「とり」を含む。「とりもち」に対応。「歀」は「歓」の誤りか。

　/tu'imucji/ と推定。/ri/→/'i/ の変化がある。

獨禄　1876 婚日由毎獨禄

　☆ 終止形「とる」に対応。「(よめ) とる」。

　/turu/ と推定。

なる成

那禄　0579 俲習 / 成响瑠瑂日那禄

　☆ 終止形「なる」に対応。 注19)

　/naru/ と推定。

挐覧　1290 不便日挐覧

　☆ 未然形「なら」を含む。「ならぬ」に対応。

　/nara'N/ と推定。

古都那理答木奴　1296 濟事曰**古都那理答木奴**

　　☼「なりて」を含む。「ことなりてあるもの→ことなりたもの」（事成りた（る）もの）に対応。「済んだこと」の意か。

　　/kutunaritamunu/ と推定。

にぎる握

　　宜日禄　0371 掘曰**宜日禄**

　　　☼ 終止形「にぎる」に対応。台湾版「握曰宜日禄」。「掘」は「握」の誤記か。

　　　/nizjiru/ と推定。

にごる濁

　　宜古禄　0229 混淆曰**宜古禄**

　　　☼ 終止形「にごる」に対応。

　　　/niguru/ と推定。

ぬる塗

　　奴禄　0732 騎馭乗塗鏝抹曰**奴禄**

　　　☼ 終止形「ぬる」に対応。注20)

　　　/nuru/ と推定。

ねぶる眠

　　你木禄　0309 睡眠寝曰**你木禄**

　　　☼ 終止形「ねぶる」に対応。

　　　/nimuru/ と推定。

ねる練

　　你禄　2601 練曰**你禄**

　　　☼ 終止形「ねる」に対応。

　　　/niru/ と推定。

のこる残

　　奴古禄　0877 残曰**奴古禄**

　　　☼ 終止形「のこる」に対応。

　　　/nukuru/ と推定。

のぼる登・昇

　　奴不禄　0321 躋登鋪陳申述舒展曰**奴不禄**　　2081 升曰**奴不禄**

　　　☼ 終止形「のぼる」に対応。注21)

　　　/nuburu/ と推定。

のる乗

　　奴禄　0732 騎馭乗塗鏝抹曰**奴禄**　　1196 上船曰福你宜**奴禄**

　　　☼ 終止形「のる」に対応。注20)

　　　/nuru/ と推定。

はかる計・図

　　法咯禄　0450 擬計咨訣調評議圖曰**法咯禄**

　　　☼ 終止形「はかる」に対応。

　　　/hwakaru/ と推定。

はかる 測

法略六　1889 商又日 **法略六**

法略禄　2068 量斛日 **法略禄**　　2499 粜日 **法略禄**

　　☆ 終止形「はかる」に対応。

　　/hwakaru/ と推定。

法略留拿息　2549 作料日 **法略留拿息**

　　☆ 連体形「はかる」を含む。「はかるます」（測る升）に対応か。

　　/hwakarumasi/ と推定。

はびこる 蔓延

法必古禄　0206 漫日 **法必古禄**

　　☆ 終止形「はびこる」に対応。

　　/hwabikuru/ と推定。

ひるがへる 翻

許禄略一禄　0167 飄颻日 **許禄略一禄**　　　2550 幡日 **許禄略一禄**

　　☆ 終止形「ひるがへる」に対応。

　　/hwiruga'iru/ と推定。

ふさがる 塞

父煞略禄　0929 壅塞日 **父煞略禄**

　　☆ 終止形「ふさがる」に対応。

　　/hwusagaru/ と推定。

ふる 降

父禄　0165 雰日由及 **父禄**　　　1472 霏雨冬滂沱日阿眉 **父禄**

　　☆ 終止形「ふる」に対応。「（ゆき）ふる」。「（あめ）ふる」。

　　/hwuru/ と推定。

ほこる 誇

福古禄　0427 誇讚詡恧日 **福古禄**

　　☆ 終止形「ほこる」に対応。

　　/hwukuru/ と推定。

復高劣中　1214 歡喜日 **復高劣中**勿舍

　　☆「ほこりて」を含む。「ほこりてはをりむ」に対応。

　　/hwukurito'oɴ/ と推定。/hwukuriti'uɴ/ の可能性を残す。

ほる 掘

福禄　0364 揮拂掘亡日 **福禄**

　　☆ 終止形「ほる」に対応。注22)

　　/hwuru/ と推定。

まがる 曲

麻略禄　0807 局曲日 **麻略禄**　　　0828 彎日 **麻略禄**

　　☆ 終止形「まがる」に対応。

　　/magaru/ と推定。

麗夾中　0808 曲又日 **麗夾中**

☆「まがりて」を含む。「まがりてはをりむ」に対応。「龐」は「麻」の誤記か。

/magato'o'n/ と推定。/ri/→/'i/ の変化がある。/magati'u'n/ の可能性を残す。

まじはる 交

麻日瓦禄　0570　交佼曰麻日瓦禄

☆ 終止形「まじはる」に対応。

/mazji'waru/ と推定。

まじる 混

麻及禄　0984　總曰麻及禄

☆ 終止形「まじる」に対応。

/mazjiru/ と推定。

またがる 跨

麻答咯禄　0319　跨曰麻答咯禄

☆ 終止形「またがる」に対応。

/matagaru/ と推定。

まつる 祭

麻即禄　0498　奠祭祀曰麻即禄

☆ 終止形「まつる」に対応。

/maciru/ と推定。

まもる 守

麻木禄　0496　護曰麻木禄

☆ 終止形「まもる」に対応。

/mamuru/ と推定。

麻衣禄　0761　守曰麻衣禄

☆ 終止形「まもる」に対応。「衣」は「木」の誤記か。

/mamuru/ と推定。

みだる 乱

米答禄　0223　潰淫叨佷奸姦曰米答禄

☆ 終止形「みだる」に対応。

/midaru/ と推定。

米答禄及　1011　氊毻曰米答禄及

☆ 連体形「みだるる」を含み、「みだるるけ」（乱るる毛）に対応か。「る」対応の音訳字一字脱落か。

/midaru(ru)ki/ と推定。

米答禄禄　0642　茸曰米答禄禄

☆ 連体形「みだるる」に対応。注23)

/midaruru/ と推定。

みはる 見張

米法禄　0522　瞠曰米法禄

☆ 終止形「みはる」に対応。

/mihwaru/ と推定。

むさほる 貪

木煞不獨　0306 貪曰木煞不獨

　　☼ 終止形「むさぼる」に対応。「獨」は「禄」の誤記か。

　　/musaburu/ と推定。

めぐる巡

　米古禄　0159 瞰曰虚奴米古禄

　眉古禄　0683 運轉巡旋曰眉古禄　　1315 匝一月曰一即及眉古禄。

　毎古禄　2348 環曰毎古禄

　　☼ 終止形「めぐる」に対応。

　　/miguru/ と推定。

めとる娶

　毎獨禄　0460 娶曰毎獨禄

　　☼ 終止形「めとる」に対応。

　　/mituru/ と推定。

もちおくる持送

　木直武古禄　0905 齎曰木直武古禄

　　☼ 終止形「もちおくる」に対応。

　　/mucjiʔukuru/ と推定。

もとる悖

　木獨禄　0575 乖曰木獨禄

　　☼ 終止形「もとる」に対応。

　　/muturu/ と推定。

もる漏

　木禄　0210 漏曰木禄

　　☼ 終止形「もる」に対応。

　　/muru/ と推定。

やどる宿

　牙獨禄　0310 宿曰牙獨禄　　1043 寔曰牙獨禄

　　☼ 終止形「やどる」に対応。

　　/ˈjaduru/ と推定。

やぶる破

　伊牙不禄　1246 道破曰伊牙不禄

　　☼ 終止形「やぶる」を含む。「いひやぶる」に対応。

　　/ʔiˈʔijaburu/ と推定。

ゆづる譲

　由即禄　0609 遜譲謙辭曰由即禄

　　☼ 終止形「ゆづる」に対応。

　　/ˈjuziru/ と推定。

よこたはる横

　由古答瓦禄　2069 衡曰由古答瓦禄

　　☼ 終止形「よこたはる」に対応。

/'jukuta'waru/ と推定。

よみがへる甦

由毎街禄　1429 朔日**由毎街禄**

☼ 終止形「よみがへる」に対応。「ついたち」のはずが、「よみがへる」と解されたらしい。

/'jumiga'iru/ と推定。

よる依

由禄　0349 因縁依由曰**由禄**

☼ 終止形「よる」に対応。

/'juru/ と推定。

わしる走

瓦石禄　0317 奔駢馳駛曰**瓦石禄**　　2003 趨走曰**瓦石禄**

☼ 終止形「わしる」に対応。

/'wasjiru/ と推定。

わする忘

瓦席禄　0622 忘曰**瓦席禄**

☼ 終止形「わする」に対応。

/'wasiru/ と推定。

わたる渡

瓦答禄　2734 渡曰**瓦答禄**　　2745 濟曰**瓦答禄**

☼ 終止形「わたる」に対応。

/'wataru/ と推定。

をどる踊

武獨禄　2002 跳踊蹢躍曰**武獨禄**

☼ 終止形「をどる」に対応。

/'uduru/ と推定。

をはる終

武瓦禄　0754 終喪了訖曰**武瓦禄**

☼ 終止形「をはる」に対応。

/'ʔu'waru/ と推定。

をる折

武禄　0225 濡洳折宋居踞沖曰**武禄**

☼ 終止形「をる」に対応。注24)

/'uru/ と推定。

（上一段）

にる似

宜禄　0896 肖曰**宜禄**

☼ 終止形「にる」に対応。

/niru/ と推定。

宜答力　1100 似曰**宜答力**

☼「にて」を含む。「にてあり」に対応。「にたり」に変化。

/nitari/ と推定。

にる煮

宜禄　2533 烹煮曰**宜禄**

☼ 終止形「にる」に対応。

/niru/ と推定。

はなひる嚔

法那許禄　0448 噴曰**法那許禄**

☼ 終止形「はなひる」に対応。

/hwanahwiru/ と推定。

うかがひみる窺見

武咯喀一米禄　0524 覰曰**武咯喀一米禄**

☼ 終止形「うかがひみる」に対応。

/ʔukaga'imiru/ と推定。

かへりみる顧

戒力米禄　0520 顧曰**戒力米禄**

☼ 終止形「かへりみる」に対応。

/ka'irimiru/ と推定。

みる見

米禄　0525 看覧察瞻闞目舌曰**米禄**　　　1905 胥曰**米禄**　　　1941 矑曰**米禄**
　　　2010 瞻視觀見曰**米禄**

☼ 終止形「みる」に対応。

/miru/ と推定。

米之　1225 作夢曰因惟**米之**

☼「みて」に対応。「ゆめみて」(夢見て)。

/micji/ と推定。破擦音化の変化がある。

米江　1304 看脈曰米牙古**米江**

☼「みて」を含む。「みてありむ→みたりむ」に対応。「脈見たり」の意。

/micja'ɴ/ と推定。破擦音化の変化がある。

你賤　1303 看過曰**你賤**

☼「みて」を含む。「みてあり<u>む</u>→みたり<u>む</u>」に対応。

/micja'ɴ/ と推定。破擦音化の変化がある。

いる射

以禄　0461 入得射曰**以禄**

☼ 終止形「いる」に対応。

/ʔiru/ と推定。

もちゐる用

木雞喇蘭　1323 不中用曰**木雞喇蘭**

☼「ラ行（四段）化」後の未然形「もちゐらら」を含む。「もちゐららぬ」に対応。

/mucji'irara'ɴ/ と推定。

ゐる座

一禄　2412 艫曰昔瓦禄一禄

　　☆ 終止形「ゐる」に対応。「昔瓦禄一禄」は「すわる　ゐる」。

　　/ˀiru/ と推定。

一蘭　1354 不敢僭坐曰喀密雑宜一蘭

　　☆「ラ行（四段）化」後の未然形「ゐら」を含む。「ゐらぬ」に対応。「かみざにゐらぬ」（上座に座らぬ）。

　　/ˀiraꞌɴ/ と推定。

（上二段）

すぐ過

息古禄　0880 過曰息古禄

　　☆ 連体形「すぐる」に対応。

　　/siguru/ と推定。

おつ落

武即禄　0426 讒諞感落曰武即禄

　　☆ 連体形「おつる」に対応。

　　/ˀucjiru/ と推定。

以石奴武即禄歸　0947 碻石宮曰以石奴武即禄歸

　　☆ 連体形「おつる」を含む。「いしのおつるこゑ」（石の落ちる声）に対応。

　　/ˀisjinuˀucjirukwi/ と推定。

武得禄　0858 陁曰武得禄

　　☆「ラ行（四段）化」後の終止形「おてる」に対応。

　　/ˀutiru/ と推定。

くつ朽

古獨　0552 蠱朽事曰古獨

　　☆ 終止形「くつ」に対応か。

　　/kutu/ と推定。

みつ満

米即禄　1027 充填瀰食蒙満曰米即禄

　　☆「ラ行（四段）化」後の終止形「みちる」に対応。

　　/micjiru/ と推定。

抵密之　0207 満曰抵密之

　　☆「みちて」に対応。音訳字の順序に誤りがある。「密之抵」の順であるべきであろう。

　　/micjiti/ と推定。

とづ閉

獨日禄　0776 閉曰獨日禄

　　☆「ラ行（四段）化」後の終止形「とぢる」に対応。

　　/tuzjiru/ と推定。

とづ綴

獨即　0377 括曰獨即

　　☆ 終止形「とづ」に対応。連用形「とぢ」の可能性もある。

　　/tuzi/ と推定。/tuzji/ の可能性もある。

はづ恥

法即禄　0283 羞悩慚恥曰**法即禄**

☼「ラ行（四段）化」後の終止形「はぢる」に対応。

/hwazjiru/ と推定。

あぶ浴

阿毎禄　0195 盥洗澡曰**阿毎禄**

☼「ラ行（四段）化」後の終止形「あびる」に対応。

/ʔamiru/ と推定。/bi/→/mi/ の交代がある。

阿美的　1262 洗浴曰**阿美的**

☼「あびて」に対応。[注25)

/ʔamiti/ と推定。/bi/→/mi/ の交代がある。

あぶ呼・叫

柯比音　1271 打更曰**柯比音**

☼連用形「あび」を含む。「あびをりむ」に対応。[注26)

/ʔabiʼjuʼɴ/ と推定。/ʔabiʼiʼɴ/ の可能性もある。

おぶ佩

武必禄　0788 佩曰**武必禄**

☼「ラ行（四段）化」後の終止形「おびる」に対応。

/ʔubiru/ と推定。

こぶ媚

古比禄　0487 媚絞曰**古比禄**

☼「ラ行（四段）化」後の終止形「こびる」に対応。

/kubiru/ と推定。

こころむ試

古古禄木　0444 試曰**古古禄木**

☼終止形「こころむ」に対応。

/kukurumu/ と推定。

おゆ老

武禄　1851 婆曰**武禄**

☼「ラ行（四段）化」後の終止形「おいる」に対応。

/ʔuʼiru/ と推定。

委禄　0293 飢老曰**委禄**

☼「ラ行（四段）化」後の終止形「おいる」に対応。[注27)

/ʔuʼiru/ と推定。/ʔwʼiʼiru/ の可能性もある。

くゆ悔

貴禄　0494 悔曰**貴禄**

☼「ラ行（四段）化」後の終止形「くいる」に対応。

/kuʼiru/ と推定。

おる降

武力治　1179 下来曰**武力治**

☆「おれて」に対応。「下一段」的になっている。

　　/ʔuriti/ と推定。

（下一段）

ゆだる 怠

　由大力治　　1306 懶惰曰**由大力治**

　　☆「ゆだれて」に対応か。

　　/ʔjudariti/ と推定。

（下二段）

う 得

　以禄　　0461 入得射曰**以禄**

　　☆「ラ行（四段）化」後の終止形「える」に対応。「ラ行（四段）化」後の連用形「えり」を含み、「えり
　　をる」に対応する可能性もある。

　　/ʔiʔiru/ と推定。

　一的姑　　1276 拿来曰**一的姑**

　　☆「えて」を含む。「えてこ」に対応。注28)

　　/ʔiʔitikuʼu/ と推定。

あく 開

　阿其智　　0775 開曰虚喇古亦曰**阿其智**

　　☆「あけて」に対応。

　　/ʔakiti/ と推定。

　鴨其治泥　　1281　莫開曰**鴨其治泥**

　　☆未然形「あけ」を含む。「あけずに」に対応。

　　/ʔakizini/ と推定。

あく 明

　阿及禄　　1151 天明曰由奴**阿及禄**

　　☆「ラ行（四段）化」後の終止形「あける」に対応。「よのあける」（夜の明ける）。

　　/ʔakiru/ と推定。

うく 受

　武及禄　　0507 稟承受曰**武及禄**

　　☆「ラ行（四段）化」後の終止形「うける」に対応。

　　/ʔukiru/ と推定。

かく 掛

　喀及禄　　0971 絞曰麻及**喀及禄**

　　☆「ラ行（四段）化」後の終止形「かける」に対応。

　　/kakiru/ と推定。

　屧其阻　　1321 門未鎖曰**屧其阻**

　　☆未然形「かけ」を含む。「かけず」に対応。

　　/kakizi/ と推定。

　渇其担　　1322 門已鎖曰**渇其担**

　　☆「かけて」を含む。「かけてありむ」に対応。「かけたりむ→かけたむ」と変化。

/kakitaʼɴ/ と推定。

かく駆

喀及禄　2005 跑曰喀及禄　　　3015 翱翔曰喀及禄

☆「ラ行（四段）化」後の終止形「かける」に対応。

/kakiru/ と推定。

かく欠

喀古禄　2086 闕曰喀古禄

☆連体形「かくる」に対応。

/kakuru/ と推定。

かたぶく傾

喀答不古　0765 歆僻曰喀答不古

☆終止形「かたぶく」に対応。注3)

/katabuku/ と推定。

さく裂

煞及禄　1084 裂曰煞及禄

☆「ラ行（四段）化」後の終止形「さける」に対応。

/sakiru/ と推定。

さづく授

煞即古禄　0356 授曰煞即古禄

☆連体形「さづくる」に対応。

/sazikuru/ と推定。

しりぞく退

石力竹古　0805 退曰石力竹古

☆終止形「しりぞく」に対応。

/sjirizuku/ と推定。

そむく背

蘇木古　1239 負約曰牙古蘇古蘇木古

☆終止形「そむく」に対応。

/sumuku/ と推定。

蘇古木　0587 叛曰蘇古木

☆終止形「そむく」に対応。「古」と「木」の位置が逆転している。

/sumuku/ と推定。

たすく助

答息及　0903 資曰答息及　　　1724 償曰答息及

☆連用形「たすけ」に対応。

/tasiki/ と推定。

答息古　0485 佑祐助諪扶曰答息古　　　1720 丞曰答息古　　　2425 輔曰答息古

☆終止形「たすく」に対応。

/tasiku/ と推定。

答息古禄　0397 謀曰答息古禄

☼ 連体形「たすくる」に対応。

/tasikuru/ と推定。

とく 溶

獨及禄　0203 泮曰**獨及禄**

☼「ラ行（四段）化」後の終止形「とける」に対応。

/tukiru/ と推定。

とろく 蕩

獨喇及禄　0192 泆曰**獨喇及禄**

☼「ラ行（四段）化」後の終止形「とろける」に対応。

/turukiru/ と推定。

ふく 更

福及禄　0746 更曰**福及禄**

☼「ラ行（四段）化」後の終止形「ふける」に対応。

/hwukiru/ と推定。

わく 分

瓦古禄　0232 決曰**瓦古禄**

☼ 連体形「わくる」に対応。

/ʔwakuru/ と推定。

あぐ 上

阿古禄　0738 舉曰**阿古禄**

☼ 連体形「あぐる」に対応。

/ʔaguru/ と推定。

阿日禄　0842 揚曰**阿日禄**

☼「ラ行（四段）化」後の終止形「あげる」に対応。「げ→ぎ→じ」の変化ありか。「とぐ」参照。

/ʔazjiru/ と推定。

阿傑的　1135 進表曰漂那**阿傑的**

☼「あげて」に対応。注29)

/ʔagiti/ と推定。

かかぐ 掲

喀喀古　0352 搊翹捧曰**喀喀古**

☼ 終止形「かかぐ」に対応。

/kakagu/ と推定。

喀喀及禄　0375 撅曰**喀喀及禄**

☼「ラ行（四段）化」後の終止形「かかげる」に対応。

/kakagiru/ と推定。

さまたぐ 妨

煞麻答古　0908 妨曰**煞麻答古**

☼ 終止形「さまたぐ」に対応。

/samatagu/ と推定。

とぐ 遂

獨石禄　0693 攸遂曰**獨石禄**

　　☆「ラ行（四段）化」後の終止形「とげる」に対応。「げ→ぎ→じ」の変化ありか。「あぐ」参照。

　　/tuzjiru/ と推定。

なぐ投

那即武古　0351 投曰**那即武古**

　　☆連用形「なげ」を含む。「なげおく」に対応か。「げ→ぎ→じ」の変化ありか。「あぐ」「とぐ」参照。

　　/nazjiʔuku/ と推定。

にぐ逃

泥及禄　0337 逋曰**泥及禄**

　　☆「ラ行（四段）化」後の終止形「にげる」に対応。

　　/nigiru/ と推定。

ひさぐ提

虚煞及　0376 挈提曰**虚煞及**

　　☆連用形「ひさげ」に対応。

　　/hwisagi/ と推定。

あはす合

阿瓦昔禄　0695 總曰**阿瓦昔禄**

　　☆連体形「あはする」に対応。「ラ行化」後の終止形「あはせる」の可能性もある。

　　/ʔa'wasiru/ と推定。

のす載

奴息禄　0724 載曰**奴息禄**

　　☆連体形「のする」に対応。「ラ行化」後の終止形「のせる」の可能性もある。

　　/nusiru/ と推定。

よす寄

由席禄　0770 寄曰**由席禄**

　　☆連体形「よする」に対応。「ラ行化」後の終止形「よせる」の可能性もある。

　　/jusiru/ と推定。

すつ捨

席的禄　0769 棄廃曰**席的禄**

　　☆「ラ行（四段）化」後の終止形「すてる」に対応。

　　/sitiru/ と推定。

そばだつ蔽

叔八答即　0179 峙曰**叔八答即**

　　☆終止形「そばだつ」に対応。

　　/subadaci/ と推定。

いづ出

一即　1436 暾旭曰許**一即**

　　☆終止形「いづ」に対応。「ひ　いづ」（日　出づ）。

　　/ʔizi/ と推定。

以即禄　0819 出曰**以即禄**

120　第2章　漢字資料の動詞形態の考察

☆連体形「いづる」に対応。

/ʔiziru/ と推定。

一即禄　2739 澤瀆曰瓦直**一即禄**

　☆連体形「いづる」に対応。「わきいづる」（湧き出る）。

/ʔiziru/ と推定。

你即的　1173 出来曰**你即的著**

　☆「（お）んいでて」に対応。

/ʔɴziti / と推定。

ぬきんづ 抜出

奴金的禄　0574 傑曰**奴金的禄**

　☆「ラ行（四段）化」後の終止形「ぬきんでる」に対応。

/nuci'ɴdiru/ と推定。

かぬ 兼

喀你禄　0836 該曰**喀你禄**

　☆「ラ行（四段）化」後の終止形「かねる」に対応。

/kaniru/ と推定。

たづぬ 尋

答即你禄　0482 討曰**答即你禄**

答竹你禄　2077 尋曰**答竹你禄**

　☆「ラ行（四段）化」後の終止形「たづねる」に対応。

/taziniru/ と推定。

つかぬ 束

即喀你禄　0829 束曰**即喀你禄**

　☆「ラ行（四段）化」後の終止形「つかねる」に対応。

/cikaniru/ と推定。

つらぬ 列

即喇奴　0919 烈曰**即喇奴**

　☆終止形「つらぬ」に対応。台湾版は「即」のところが「列」。

/ciranu/ と推定。

即喇禄　2594 綿曰**即喇禄**

　☆終止形「つらぬ」に対応。音訳字に「ぬ」と「る」の交代がある。

/ciranu/ と推定。

即喇你禄　1878 聯姻曰因武**即喇你禄**

　☆「ラ行（四段）化」後の終止形「つらねる」に対応。「えんを　つらねる」

/ciraniru/ と推定。

あたふ 与

阿多　0821 給曰**阿多**

　☆終止形「あたふ→あたう→あとう」に対応。

/ʔato'o/ と推定。

阿答一禄　0855 貤曰**阿答一禄**

☆「ラ行（四段）化」後の終止形「あたへる」に対応。

　　/ʔata'iru/ と推定。

うつたふ訴

　　武多　0416 誷訟訴曰**武多**

　　　☆終止形「うつたふ」に対応。

　　/ʔuQto'o/ と推定。

かぞふ数

　　喀著　1048 算曰**喀著**

　　　☆終止形「かぞふ」に対応。

　　/kazu'u/ と推定。

かなふ叶

　　喀納　0453 稱曰**喀納**

　　　☆終止形「かなふ」に対応。

　　/kano'o/ と推定。

くはふ加

　　古我　0779 加曰**古我**

　　　☆終止形「くはふ」に対応。

　　/ku'o'o/ と推定。

そなふ備

　　叔納　0679 備具供曰**叔納**

　　　☆終止形「そなふ」に対応。

　　/suno'o/ と推定。

そふ添

　　粟一　0886 副曰**粟一**

　　　☆連用形「そへ」に対応。「そい」と変化。

　　/su'i/ と推定。

　　叔一禄　0699 添曰**叔一禄**

　　　☆「ラ行（四段）化」後の終止形「そへる」に対応。

　　/su'iru/ と推定。

　　施的　1249 請添曰**施的**

　　　☆「そへて」に対応。

　　/su'iti/ と推定。

たくはふ貯

　　答古我　1727 儲曰**答古我**

　　　☆終止形「たくはふ」に対応。

　　/taku'o'o/ と推定。

たふ堪

　　怠禄　0869 堪曰**怠禄**

　　　☆「ラ行（四段）化」後の終止形「たへる」に対応。

　　/ta'iru/ と推定。

つかふ仕

即咯一　1829 致仕曰**即咯一武咯一息**

　☼ 連用形「つかひ」に対応。「つかひを　かへす」か。

　/cika'i/ と推定。

伊力即哥　1828　入仕曰**伊力即哥**

　☼ 終止形「つかふ」を含む。「いりつかふ」に対応。

　/ʔiriciko'o/ と推定。

即咯禄　0733 存曰**即咯禄**

　☼「ラ行（四段）化」後の終止形「つかへる」に対応。

　/cika('i)ru/ と推定。

つかふ支

即咯一禄　1070 癖曰**即咯一禄**

　☼「ラ行（四段）化」後の終止形「つかへる」に対応。

　/cika'iru/ と推定。

つたふ伝

即多　0935 傳曰**即多**

　☼ 終止形「つたふ」に対応。

　/cito'o/ と推定。

ととのふ整

度度奴　0813 彬曰**度度奴**　　2543 調和曰**度度奴**

獨獨奴　0418 諧謔曰**獨獨奴**

　☼ 終止形「ととのふ」に対応。

　/tutunu'u/ と推定。

となふ唱

獨納　0435 唱曰**獨納**

　☼ 終止形「となふ」に対応。

　/tuno'o/ と推定。

をしふ教

武書　0413 教曰**武書**

　☼ 終止形「をしふ」に対応。

　/ʔusji'u/ と推定。

武収　0393 誨訓曰由**武収**

　☼ 終止形「をしふ」に対応。

　/ʔusji'u/ と推定。

武世奴光　1827 教官曰**武世奴光**

　☼ 連用形「をしへ」を含む。「をしへのくわん」（教への官）に対応。

　/ʔusji'inukwa'ɴ/ と推定。

くらぶ比

古喇不　1021 比曰**古喇不**

　☼ 終止形「くらぶ」に対応。

/kurabu/ と推定。

すぶ統

叔必禄　0467 帥統曰叔必禄

　☼「ラ行（四段）化」後の終止形「すべる」に対応。

　/sibiru/ と推定。

あつむ集

阿即木　0409 篇曰阿即木

　☼ 終止形「あつむ」に対応。

　/ʔacimu/ と推定。

阿即木禄　0630 萃苞曰阿即木禄

　☼ 連体形「あつむる」に対応。

　/ʔacimuru / と推定。

阿即米禄　2222 鐘曰阿即米禄

　☼「ラ行（四段）化」後の終止形「あつめる」に対応。

　/ʔacimiru / と推定。

あらたむ改

阿喇答木　3051 革曰阿喇答木

　☼ 終止形「あらたむ」に対応。注30)

　/ʔaratamu/ と推定。

いさむ諌

伊煞母　0918 伀曰伊煞母

　☼ 終止形「いさむ」に対応。

　/ʔisamu/ と推定。

いましむ戒

一麻石禄　0581 誡戒禦曰一麻石禄

　☼ 連体形「いましむる」に対応。「む」相当の音訳字無し。

　/ʔimasji(mu)ru/ と推定。

さだむ定

撒達木禄　1160 定曰曰虚撒達木禄

　☼ 連体形「さだむる」に対応。

　/sadamuru/ と推定。

さむ醒

煞眉禄　0495 醒寤曰煞眉禄

　☼「ラ行（四段）化」後の終止形「さめる」に対応。

　/samiru/ と推定。

したたむ認

石答答木　0454 認識曰石答答木

　☼ 終止形「したたむ」に対応。

　/sjitatamu/ と推定。

すすむ進

124　第2章　漢字資料の動詞形態の考察

息息木禄　0894 烝曰**息息木禄**

　　☆ 連体形「すすむる」に対応。

　/sisimuru/ と推定。

せむ攻

石木禄　0567 攻諑譙責曰**石木禄**

　　☆ 連体形「せむる」に対応。

　/simuru/ と推定。

そむ染

疎木　0359 擩曰**疎木**

　　☆ 終止形「そむ」に対応。

　/sumu/ と推定。

蘇眉治　1300 染物曰**蘇眉治**

　　☆ 「そめて」に対応。

　/sumiti/ と推定。

つとむ勤

即獨木　0615 勤劇曰**即獨木**

　　☆ 終止形「つとむ」に対応。

　/citumu/ と推定。

即獨木禄　0904 孜曰**即獨木禄**

　　☆ 連体形「つとむる」に対応。

　/citumuru/ と推定。

とどむ留

獨獨麻　0347 逗遛留止停駐尼曰**獨獨麻**

　　☆ 終止形「とどむ」に対応。

　/tudumu/ と推定。

なだむ宥

那答木禄　0548 宥曰**那答木禄**

　　☆ 連体形「なだむる」に対応。

　/nadamuru/ と推定。

ほむ襃

父眉禄　0431 頌襃曰**父眉禄**

　　☆ 「ラ行（四段）化」後の終止形「ほめる」に対応。

　/hwumiru/ と推定。

やむ止

牙木禄　0815 竣曰**牙木禄**

　　☆ 連体形「やむる」に対応。

　/jamuru/ と推定。

ゆるむ緩

由禄必禄　0901 弛曰**由禄必禄**

　　☆ 「ラ行（四段）化」後の終止形「ゆるめる」に対応。

第 9 節　李鼎元『琉球譯』の動詞形態の考察　125

/'jurumiru/ と推定。/mi/ と /bi/ の問題がある。

いゆ癒
　一禄　1017 愈曰一禄
　　☼「ラ行（四段）化」後の終止形「いえる」に対応。
　　/ʔi'iru/ と推定。

きゆ消
　機禄　0890 消銷曰機禄
　知禄　0987 熄曰知禄
　　☼「ラ行（四段）化」後の終止形「きえる」に対応。
　　/cji'iru/ と推定。

こゆ越
　帰禄　0343 超越踰逾曰帰禄
　　☼「ラ行（四段）化」後の終止形「こえる」に対応。
　　/ku'iru/ と推定。/kwi'iru/ の可能性もある。

こゆ肥
　古一禄　0455 膣肥月朿腴曰古一禄
　　☼「ラ行（四段）化」後の終止形「こえる」に対応。
　　/ku'iru/ と推定。

あきる呆
　日中　0303 呆曰日中
　　☼「ラ行（四段）化」後の連用形「あきり」を含む。「あきりをりむ」対応。「あ」相当音訳字脱落。
　　/(ʔa)cji'ju'N/ と推定。

あらはる現
　阿喇瓦禄　0740 著曰阿喇瓦禄
　　　　　　0891 彰曰阿喇瓦禄
　　☼終止形「あらはる」に対応。
　　/ʔara'waru/ と推定。
　阿喇瓦力禄　1320 露出来曰阿喇瓦力禄
　　☼「ラ行（四段）化」後の終止形「あらはれる」に対応。
　　/ʔara'wariru/ と推定。

ある荒
　阿力禄　0633 荒蕪枯莽曰阿力禄
　　☼「ラ行（四段）化」後の終止形「あれる」に対応。注31)「莽」、台湾版は「莽」。
　　/ʔariru/ と推定。

いる入
　以禄　0461 入得射曰以禄
　　☼終止形「いる」に対応。
　　/ʔiru/ と推定。
　一禄禄　0975 紩曰一禄禄
　　☼連体形「いるる」に対応。

/ʔiruru/ と推定。

以里禄　1333 當東西曰失及**以里禄**

☼「ラ行（四段）化」後の終止形「いれる」に対応。

/ʔiriru/ と推定。

おそる恐

武叔禄　0282 忉惕憮惆愁悝憂患悽懼怏憬怺慅恂曰**武叔禄**

☼終止形「おそる」に対応。

/ʔusuru/ と推定。

武蘇禄禄　0594 惺忪慺雙畏悚曰**武蘇禄禄**

☼連体形「おそるる」に対応。

/ʔusururu/ と推定。

武露禄　0590 慅曰**武露禄**

☼連体形「おそるる」に対応。「そ」相当の音訳字無し。

/ʔusururu/ と推定。

かくる隠

胶屈力地　1195 避人曰**胶屈力地**

☼「かくれて」に対応。

/kakuriti/ と推定。

くづる崩

古即力禄　0932 墜隕曰**古即力禄**

☼「ラ行（四段）化」後の終止形「くづれる」に対応。

/kuziriru/ と推定。

けがる穢

及喀禄　0774 汙曰**及喀禄**

☼終止形「けがる」に対応。

/kigaru/ と推定。

こがる焦

古喀禄　2540 焦曰**古喀禄**

☼終止形「こがる」に対応。

/kugaru/ と推定。

しびる痺

時必力禄　1072 痿曰**時必力禄**

☼「ラ行（四段）化」後の終止形「しびれる」に対応。

/sjibiriru/ と推定。

ただる爛

答答利禄　2541 爛曰**答答利禄**

☼「ラ行（四段）化」後の終止形「ただれる」に対応。

/tadariru/ と推定。

たはむる戯

答瓦福禄　1903 戯曰**答瓦福禄**

達瓦福禄　1242 調笑曰**達瓦福禄**

答瓦父禄　0419 譃又曰**答瓦父禄**

　　☆ 終止形「たわむる」に対応。

　　/ta'waburu/ と推定。/mu/ → /bu/ の変化がある。

たふる倒

答古禄　0702 暴虐倒曰**答古禄**

　　☆ 終止形「たふる」に対応。「古」は誤記か。

　　/ta'uru/ と推定。

たる垂

答力禄　0899 垂曰**答力禄**

　　☆「ラ行（四段）化」後の終止形「たれる」に対応。

　　/tariru/ と推定。

つかる疲

及咯禄禄　0316 疲勞憊曰**及咯禄禄**

　　☆ 連体形「つかるる」に対応。

　　/cikaruru/ と推定。

即咯力禄　0933 尩隤曰**即咯力禄**

　　☆「ラ行化（四段）」後の終止形「つかれる」に対応。

　　/cikariru/ と推定。

ながる流

那咯禄禄　0222 滿滔溶湲決汔曰**那咯禄禄**

　　☆ 連体形「ながるる」に対応。

　　/nagaruru/ と推定。

那咯禄禄禄　0237 湝汩瀧曰米即奴**那咯禄禄禄**咯答及

　　☆ 連体形「ながるる」に対応。台湾版は「那咯禄禄咯答及」で、「禄」は二つのみ。

　　/nagaruru/ と推定。

なる慣

那力禄　0618 慣狃曰**那力禄**

　　☆「ラ行（四段）化」後の終止形「なれる」に対応。

　　/nariru/ と推定。

のがる逃

奴咯禄　0336 遯脱逃逸曰**奴咯禄**

　　☆ 終止形「のがる」に対応。

　　/nugaru/ と推定。

はる晴

法里禄　1368 晴霽曰**法里禄**

　　☆「ラ行（四段）化」後の終止形「はれる」に対応。

　　/hwariru/ と推定。

ふる狂

服力禄　0302 猖狂曰**服力禄**

128　第2章　漢字資料の動詞形態の考察

☆「ラ行（四段）化」後の終止形「ふれる」に対応。

/hwuriru/ と推定。

まぎる紛

麻直禄　0822 紛曰麻直禄

☆ 終止形「まぎる」に対応。

/mazjiru/ と推定。

みだる乱

米答禄　0223 潰淫叩俍奸姦曰米答禄

☆ 終止形「みだる」に対応。

/midaru/ と推定。

米答禄禄　0642 茸曰米答禄禄

☆ 連体形「みだるる」に対応。

/midaruru/ と推定。

米答禄及　1011 羹甋曰米答禄及

☆ 連体形「みだるる」を含み、「みだるるけ」（乱るる毛）に対応か。「る」対応の音訳字一字脱落か。

/midaru(ru)ki/ と推定。

もる漏

木禄　0210 漏曰木禄

☆ 終止形「もる」に対応。

/muru/ と推定。

やぶる破

牙不麗　1002 創曰牙不麗

☆ 連用形「やぶれ」に対応か。

/jaburi/ と推定。

牙不禄　0400 訌曰牙不禄

牙父禄　0621 捕傷曰牙父禄

☆ 終止形「やぶる」に対応。

/jaburu/ と推定。

牙不禄禄　0991 蝕曰牙不禄禄

☆ 連体形「やぶるる」に対応。

/jabururu/ と推定。

野力治　1278 扯破曰野力治

☆「やぶれて」に対応か。

/jariti/ と推定。

わかる別

瓦喀禄　0833 別曰瓦喀禄　　　1191 離別曰瓦喀禄

☆ 終止形「わかる」に対応。

/wakaru/ と推定。

わする忘

瓦席禄　0622 忘曰瓦席禄

☼ 終止形「わする」に対応。

/ʔwasiru/ と推定。

うう 飢

武一禄　2542 餞曰**武一禄**

☼「ラ行化（四段）」後の終止形「うえる」に対応。

/ʔu'iru/ と推定。

委禄　0293 飢老曰**委禄**

☼「ラ行化」後の終止形「うえる」に対応。注27)

/ʔwi'iru/ と推定。

うう 植

尾諾　0635 栽曰**尾諾**

☼ 連用形「うゐ」を含む。「うゐをりむ」に対応。

/ʔwi'i'ɴ/ と推定。

（カ変）

く 来

字不加　1257 何来曰馬**字不加**

☼ 連用形「き」を含む。「きを（る）が」に対応。

/cju'uga/ と推定。

中　0806 直曰答答直亦曰送姑**中**

☼ 連用形「き」を含む。「きをりむ」に対応。

/cju'u'ɴ/ と推定。

姑　1276 拿来曰一的**姑**

☼ 命令形「こ」に対応。注32)

/ku'u/ と推定。

詰之　0530 到曰**詰之**

☼「きて」に対応。

/cjicji/ と推定。

及之　1129 起来曰**及之**

☼「きて」に対応。注33)

/cjicji/ と推定。

之　1174 進去曰你著你勿**之**

☼「きて」に対応か。

/(Q)cji/ と推定。

著　1173 出来曰你即的**著**

☼「きて」に対応。

/(Q)cji/ と推定。

及答禄　0861 来曰**及答禄**

☼「きて」を含む。「きてある」に対応。「きたる」と変化。

/cjitaru/ と推定。

（サ変）

す為

眉賣示　1140 問安曰眉賣示

☆ 連用形「し」を含む。「みまひし」に対応。

/mi'ime'esji/ と推定。

你葩示　1201 不肯曰你葩示

☆ 連用「し」を含む。「んぱし」（嫌だと言い）に対応か。

/'Npasji/ と推定。

席　2949 蠶曰古街一席

☆ 終止形「す」に対応。全体は「こがひす」。

/si/ と推定

吸之　1125 朝貢曰密加乃吸之

☆ 「して」に対応。[注34]

/sjicji/ と推定。

順家　1330 幹何事曰亦加順家

☆ 連用形「し」を含む。「しをるか」に対応。

/sju('N)ga/ と推定。

あいす愛

愛席禄　0604 愛曰愛席禄亦曰浮舍

☆ 終止形「あいする」に対応。

/ʔa'isiru/ と推定。

います在

一麻息　0734 在曰一麻息

☆ 終止形「います」に対応。

/ʔimasi/ と推定。

かす化

寡息禄　0883 化曰寡息禄

☆ 終止形「かする」に対応。

/kasiru/ と推定。

たいす対

得息禄　0423 對曰得息禄

☆ 終止形「たいする」に対応。

/te'esiru/ と推定。

たむろす屯

答木禄息　0698 屯曰答木禄息

☆ 終止形「たむろす」に対応。

/tamurusi/ と推定。

そんず損

孫即　0866 損曰孫即

☆ 終止形「そんず」に対応。

/su'Nzi/ と推定。

やすんず安

牙星即　0744 康日**牙星即**

☼ 終止形「やすんず」に対応。

/ˈjasiˈɴzi/ と推定。

（ナ変）

いぬ往

入真　1258 何去日麻**入真**

☼ 「いにて」に対応。「いんで」と変化。台湾版は「麻入其」。「真」は「其」の誤りと見る。（何処　行って）の意か。

/ʔɴzji/ と推定。破擦音化の変化がある。

你著　1174 進去日**你著**你勿之

☼ 「いにて」に対応。「いんで」と変化。

/ʔɴzji/ と推定。破擦音化の変化がある。

しぬ死

石奴禄　1075 死日**石奴禄**亦日申之

☼ 連体形「しぬる」に対応。

/sjinuru/ と推定。

申之　1075 死日石奴禄亦日**申之**

☼ 「しにて」に対応。「しんで」と変化。

/sji(ˈɴ)zji/ と推定。

（ラ変）

あり有

阿力　1018 有日**阿力**　　1345 大有年日午一宜寧**阿力**

☼ 終止形「あり」に対応。

/ʔari/ と推定。

阿禄　1245 應該日安**阿禄**必及

☼ 連体形「ある」に対応。「アンあるべき」。

/ʔaru/ と推定。

阿喀　1353 豈有此理日溶的骨奴掇理奴**阿喀**

☼ 連体形「ある」を含む。「あ（る）が」に対応。

/ʔaga/ と推定。

はべり侍

凡必禄　0474 侍日**凡必禄**

☼ 連体形「はべる」に対応。

/hwabiru/ と推定。

をり居

烏闌　1338 不在家日**烏闌**

☼ 未然形「をら」を含む。「をらぬ」に対応。

/ˈuraˈɴ/ と推定。

いみめす召

印門不紹里　1256 何往曰馬**印門不紹里**

　☆ 連用形「いみめし」を含む。「いみめしおわれ」に対応か。音訳字「不」「紹」の順が逆か。
/ʔime'ɴsjo'ori/ と推定。

第3章　仮名資料の動詞形態の考察

＜分析対象資料＞

1、『碑文記』
　　1）たまおとんのひもん（1501）…Ⅰ ｛玉｝
　　2）石門之東之碑文（國王頌徳碑）（1522）…Ⅱ ｛石東｝
　　3）石門の西のひもん（真珠湊碑文）（1522）…Ⅲ ｛石西｝
　　4）崇元寺之前東之碑うらの文（1527）…Ⅳ ｛崇｝
　　5）かたはなの碑おもての文（1543）…Ⅴ ｛かた｝
　　6）添継御門の南のひのもん（1546）…Ⅵ ｛添｝
　　7）やらさもりくすくの碑のおもての文（1554）…Ⅶ ｛やら｝
　　8）浦添城の前の碑おもての文（1597）…Ⅷ ｛浦｝
　　9）ようとれのひのもん（1620）…Ⅸ ｛よう｝
　　10）本覚山碑文（1624）…Ⅹ ｛本｝
　　　　　「Ⅰ ｛玉｝、Ⅱ ｛石東｝、Ⅲ ｛石西｝、Ⅳ ｛崇｝、Ⅴ ｛かた｝、Ⅵ ｛添｝、Ⅶ ｛やら｝、
　　　　　Ⅷ ｛浦｝、Ⅸ ｛よう｝、Ⅹ ｛本｝」は、用例所在箇所を示す際に使用する略号である。
　　　　依拠した本文：琉球国中碑文記』「伊波本」・「東恩納本（甲乙）、『仲原善忠全集
　　　　　　　　　　第二巻　文学編』沖縄タイムス社（1977）をもととし、塚田清策
　　　　　　　　　　『琉球国碑文記』啓学出版（1970）を参照。
2、『田名文書』
　　1）田名文書第1号（1523）　　　　2）田名文書第2号（1536）
　　3）田名文書第3号（1537）　　　　4）田名文書第4号（1541）
　　5）田名文書第5号（1545）　　　　6）田名文書第6号（1551）
　　7）田名文書第7号（1560）　　　　8）田名文書第8号（1562）
　　9）田名文書第9号（1563）　　　　10）田名文書第10号（1593）
　　11）田名文書第11号（1606）　　　12）田名文書第12号（1627）
　　13）田名文書第13号（1628）　　　14）田名文書第14号（1631）
　　15）田名文書第15号（1634）　　　16）田名文書第16号（1660）
　　　　依拠した本文：『企画展　田名家所蔵展－ある首里士族の四〇〇年－』沖縄県立
　　　　　　　　　　博物館（1987）
3、『おもろさうし』巻一（1531）、巻二（1613）、巻三〜巻二十二（1623）
　　　　　　　　＜1709年11月原本焼失。1710年7月再編＞
　　　　依拠した本文：仲原善忠・外間守善『校本おもろさうし』（1966）・『おもろさうし
　　　　　　　　　　本文と総索引』角川書店（1967）
4、『君南風由来幷位階且公事』（1700頃）
　　　　依拠した本文：「二　君南風由来幷位階且公事」〈第一部　久米島古文書（一）〉
　　　　　　　　　　『沖縄久米島資料篇「沖縄久米島の言語・文化・社会の総合的研究」報告書』
　　　　　　　　　　弘文堂（1983）

5、『仲里旧記』（1703 頃）

依拠した本文：「一　久米仲里旧記」〈第一部　久米島古文書（一）〉
『沖縄久米島資料篇「沖縄久米島の言語・文化・社会の総合的研究」報告書』
弘文堂（1983）

「校注　仲里旧記」『仲原善忠全集　第三巻　民俗篇』沖縄タイムス社（1978）と
仲里村史編集委員会「仲里間切旧記」『仲里村史　第二巻　資料編１』仲里村役場（1998）
も参照。

6、『混効験集』（1711）

依拠した本文：外間守善『混効験集　校本と研究』角川書店（1970）
池宮正治『琉球古語辞典　混効験集の研究』第一書房（1995）

7、『琉球国由来記』（1713）

依拠した本文：外間守善・波照間永吉『定本琉球国由来記』角川書店（1997）

8、玉城朝薫「組踊　五組」の脚本（1718 頃）

「護佐丸敵討」「執心鐘入」「銘苅子」「孝行の巻」「女物狂」
依拠した本文：『伊波普猷全集　第三巻』平凡社（1974）

9、『具志川間切旧記』（1743）

依拠した本文：「三　久米具志川間切旧記」〈第一部　久米島古文書（一）〉
『沖縄久米島資料篇「沖縄久米島の言語・文化・社会の総合的研究」報告書』
弘文堂（1983）

10、『沖縄対話』（1880）

依拠した本文：沖縄県庁『沖縄對話』　国書刊行会　復刻（1975）
伊波普猷『琉球語便覧』（1916）中の「沖縄對話」　琉球史料複刻
頒布会（1969）　　　　　　　　　　　　　　　　　ママ

11、「琉球官話集」（19 世紀?）

依拠した本文：宮良當壮『宮良當壮全集　10　琉球官話集』第一書房（1981）

＜用例の示し方＞

○見出し語は(歴史的仮名遣い相当の)平仮名とし、その語彙的意味を示す漢字を添える。
○見出し語に該当する形を助辞・接辞とともに示す。必要最小限の範囲で所在箇所表示
　をする。所在箇所の用例該当部分をゴシック体にする。

　　（例）たたる　　**たたる**へし。Ⅰ　{玉}　(17)21　　☆ 終止形「たたる」を含む。

○後の通時的考察に資するために、☆ のあとにコメントを付す。

第1節 「碑文記」の動詞形態の考察

1)《碑文（玉殿）》(1501)

（四段）

そむく背

　　そむく人　　　このかきつけそむく人あらは　　Ⅰ　｛玉｝ (16) 14

　　　　☆ 連体形「そむく」に対応。

　　　/sumuku/ と推定。

あふぐ仰

　　あをき　　　てんにあをき　　Ⅰ　｛玉｝ (17) 10

　　　　☆ 連用形「あをぎ」に対応。

　　　/awogi/ と推定。

さす差

　　さすかさの　　　さすかさのあんし　Ⅰ　｛玉｝ (4) 6

　　　　☆ 連体形「さす」を含む。「さすかさの」に対応。

　　　/sasükasano/ と推定。

ふす伏

　　ふして　　　ちにふして　　Ⅰ　｛玉｝ (17) 7

　　　　☆「ふして」に対応。

　　　/pusjitï/ と推定。

あらそふ争

　　あらそふ人　　　あらそふ人あらは　　Ⅰ　｛玉｝ (14) 13

　　　　☆ 連体形「あらそふ」に対応。

　　　/arasupu/ と推定。

いたる至

　　いたるまて　　　千年万年にいたるまて　　Ⅰ　｛玉｝ (12) 2

　　　　☆ 連体形「いたる」を含む。「いたるまで」に対応。

　　　/itarumadï/ と推定。

たたる祟

　　たたるへし　　　たたるへし。Ⅰ　｛玉｝ (17) 21

　　　　☆ 終止形「たたる」を含む。「たたるべし」に対応。

　　　/tatarubïsji/ と推定。

をさまる納

　　おさまるへし　　　このところにおさまるへし　Ⅰ　｛玉｝ (13) 14

　　　　☆ 終止形「をさまる」を含む。「をさまるべし」に対応。

　　　/wosamarubïsji/ と推定。

（上一段）

みる見

　　見るへし　　　このすミ見るへし。Ⅰ　｛玉｝ (15) 12

☆ 終止形「みる」を含む。「みるべし」に対応。

/mirubïsji/ と推定。

（上二段）ナシ　　（下一段）ナシ

（下二段）

かきつく書付

かきつけ　　このかきつけそむく人あらは　　Ⅰ ｜玉｜ (16) 9

☆ 連用形「かきつけ」に対応。「連用名詞用法」。

/kakicükï/ と推定。

（ラ変）

あり有

あらは　　あらそふ人あらは　　Ⅰ ｜玉｜ (14) 20

　　　　そむく人あらは　　Ⅰ ｜玉｜ (16) 20

☆ 未然形「あら」を含む。「あらば」に対応。

/araba/ と推定。

2)《碑文（石東）》(1522)

（四段）

わたる渡

わたり　　わたり申候　　Ⅱ ｜石東｜ (2) 5

☆ 連用形「わたり」に対応。

/watari/ と推定。

（上一段）ナシ　　（上二段）ナシ　　（下一段）ナシ

（下二段）

たつ建

たて　　たて候ひのもん　Ⅱ ｜石東｜ (2) 17

☆ 連用形「たて」に対応。

/tati/ と推定。

3)《碑文（石西）》(1522)

（四段）

つく着

つかしよわちへ　　ま玉はしくにのまたやわたしよわちへつかしよわちへ　　Ⅲ ｜石西｜
　　　　　　　(7) 22

☆ 未然形「つか」を含む。「つかしおはして」に対応。「し」は、使役の「す」の連用形。

/cükasjijuwaci/ と推定。

つさす突刺

つさしよわちへ　　たしきやくきつさしよわちへ　　Ⅲ ｜石西｜ (8) 9

☆ 連用形「つさし」を含む。「つさしおはして」に対応。注1)

/cüsasjijuwaci/ と推定。

わたす渡

わたし　　はしわたし申候時の　Ⅲ〔石西〕(2) 11

　　　　　　わたしよわちへ　Ⅲ〔石西〕(7) 14

　☼ 連用形「わたし」に対応。

　/watasji/ と推定。

そろふ揃

せいそろい　　**せいそろい**　Ⅲ〔石西〕(16) 4

　☼ 連用形「そろひ」を含む。「せいそろひ」(勢揃ひ) に対応。

　/siisurui/ と推定。

そろて　　さとぬしへあくかへそろて　Ⅲ〔石西〕(10) 17

　☼「そろひて→そろって」に対応。

　/suruQti/ と推定。

をがむ拝

おかミ　　御はいおかミ申候。Ⅲ〔石西〕(10) 25

　☼ 連用形「をがみ」に対応。

　/wugami/ と推定。

たまはる賜

たまわり　　御せゝるたまわり申候。Ⅲ〔石西〕(5) 6

　☼ 連用形「たまはり」に対応。

　/tamawari/ と推定。

つくる造

つくり　　ミちつくり　Ⅲ〔石西〕(2) 4

　☼ 連用形「つくり」に対応。

　/cükuri/ と推定。

わたる渡

わたり　　ま玉はしおわたり　Ⅲ〔石西〕(15) 8

　☼ 連用形「わたり」に対応。

　/watari/ と推定。

(上一段) ナシ　　(上二段) ナシ　　(下一段) ナシ

(下二段)

あがむ崇

あかめ　　**あかめたてまつり候て**　Ⅲ〔石西〕(17) 14

　☼ 連用形「あがめ」に対応。

　/agami/ と推定。

とどむ留

ととめわちへ　　**あさかかねととめわちへ**　Ⅲ〔石西〕(8) 23

　☼ 連用形「とどめ」を含む。「とどめおはして」に対応。

　/tudumiwaci/ と推定。

4)《碑文（崇寺）》(1527)

(四段) ナシ

（上一段）ナシ

（上二段）

おる降

おれるへし　　むまからおれるへし　Ⅳ　⎰崇⎰　(1) 20

　☼「下一段」的「おれる」（終止形）を含むと見る。「おれるべし」に対応。

　/urirubisji/ と推定。

（下一段）ナシ　（下二段）ナシ　　（変格）ナシ

5)《碑文〔かた〕》（1543）

（四段）

つぐ継

つきめしよわちへ　　御くらひをつきめしよわちへ　Ⅴ　⎰かた⎰　(4) 16

　☼連用形「つぎ」を含む。「つぎめしおはして」に対応。

　/cügimisjijuwacji/ と推定。

めす召

めしよわちへ　　ミ御ミつかひめしよわちへ　Ⅴ　⎰かた⎰　(22) 8

　☼連用形「めし」を含む。「めしおはして」に対応。

　/misjijuwaci/ と推定。

あふ会

あひ　　ミおほけにあひ申候。　Ⅴ　⎰かた⎰　(18) 10

　☼連用形「あひ」に対応。

　/ahwi/ と推定。

いはふ祝

御いわひ事　　**御いわひ事**かきりなし。　　Ⅴ　⎰かた⎰　(5) 25

　☼連用形「いわひ」を含む。「おいわひごと」に対応。

　/uiwaigutu/ と推定。

いふ言

いふ　　へんのたけといふ。　　Ⅴ　⎰かた⎰　(10) 19

　☼終止形「いふ」に対応。

　/iwu/ と推定。

おそふ襲

をそひかなし　　あんしをそひかなし　Ⅴ　⎰かた⎰　(21) 12

　☼連用形「をそひ」を含む。「をそひがなし」に対応。

　/usuwiganasji/ と推定。

かなふ叶

かなひ　　ねかひ事かなひ　Ⅴ　⎰かた⎰　(27) 1

　☼連用形「かなひ」に対応。

　/kanawi/ と推定。

そろふ揃

そろて　　けらへあくかへそろて　Ⅴ　⎰かた⎰　(24) 26

☼「そろって」に対応。

/suruQti/ と推定。

あすぶ遊

御あそひ　　**御あそひ**めしよわる　Ｖ｛かた｝(11) 21

☼ 連用形「あすび」を含む。「おあすび」に対応。

/uasubi/ と推定。

よろこぶ喜

よろこひ　　**よろこひ**たのしむ事かきりなし。　Ｖ｛かた｝(27) 5

☼ 連用形「よろこび」に対応。

/jurukubi/ と推定。

たのしむ楽

たのしむ　　よろこひ**たのしむ**事かきりなし。Ｖ｛かた｝(27) 10

☼ 連体形「たのしむ」に対応。

/tanusjimu/ と推定。

をがむ拝

をかみ　　　**をかみ**申　Ｖ｛かた｝(1) 10

をかミ　　　御ミ事を**をかミ**　Ｖ｛かた｝(14) 6

　　　　　　ミはい**をかミ**申候　Ｖ｛かた｝(25) 5

☼ 連用形「をがみ」に対応。

/wugami/ と推定。

あたる当

あたりて　　ひかしに**あたりて**　Ｖ｛かた｝(10) 6

☼「あたりて」に対応。

/atariti/ と推定。

いたる至

いたる　　　わらへに**いたる**まて　Ｖ｛かた｝(26) 1

☼ 連体形「いたる」に対応。

/itaru/ と推定。

かぎる限

かきり　　　**かきり**なし。　Ｖ｛かた｝(6) 1、Ｖ｛かた｝(27) 17

☼ 連用形「かぎり」に対応。

/kagiri/ と推定。

さとる悟

さとりめしよわちへ　　**さとり**めしよわちへ　Ｖ｛かた｝(7) 1

☼ 連用形「さとり」を含む。「さとりめしおはして」に対応。

/saturimisjijuwaci/ と推定。

つくる造

つくり　　　みち**つくり**　Ｖ｛かた｝(1) 18　　ミちを**つくり**　Ｖ｛かた｝(13) 14

☼ 連用形「つくり」に対応。

/cükuri/ と推定。

ふる降

ふる　　あめ**ふる**時ハ　　Ⅴ　｛かた｝　(12) 8

☆ 連体形「ふる」に対応。

/hwuru/ と推定。

（上一段）

にる似

にたり　　きようしゆんの御代に**にたり**。　Ⅴ　｛かた｝　(8) 25

☆ 連用形「に」を含む。「にたり」に対応。

/nitari/ と推定。

（上二段）

をる降

をれめししよわちへ　　きこゑ大きみきミ〜の**をれめししよわちへ**　Ⅴ　｛かた｝　(20) 13

☆「下一段」的「をれる」の連用形「をれ」を含むと見る。「をれめしおはして」に対応。

/urimisjijuwaci/ と推定。

（下一段）ナシ

（下二段）

さづく授

さつけめししよわちへ　　**さつけめししよわちへ**　Ⅴ　｛かた｝　(5) 14

☆ 連用形「さづけ」を含む。「さづけめしおはして」に対応。

/sazükimisjijuwaci/ と推定。

あはす合

あわしめししよわちへ　　あまこ**あわしめししよわちへ**　Ⅴ　｛かた｝　(22) 19

☆ 連用形「あはせ」を含む。「あはせめしおはして」に対応。

/awasimisjijuwaci/ と推定。

あわせ　　こころ一に**あわせ**　Ⅴ　｛かた｝　(15) 28

☆ 連用形「あはせ」に対応。

/awasi/ と推定。

かなふ叶

かなひ　　ねかひ事**かなひ**　Ⅴ　｛かた｝　(27) 1

☆ 連用形「かなへ」に対応。

/kanawi/ と推定。

そろふ揃

そろへ　　ちからを**そろへ**　Ⅴ　｛かた｝　(16) 6

☆ 連用形「そろへ」に対応。

/suruwi/ と推定。

たかぶ崇

御たかへ　　**御たかへ**めししよわるもり　Ⅴ　｛かた｝　(9) 7

御たかへし申候　Ⅴ　｛かた｝　(26) 16

☆ 連用形「たかべ」を含む。「おたかべ」に対応。

/utakabi/ と推定。

第1節　「碑文記」の動詞形態の考察　141

はむ 嵌

　はめ　　いしをはめ　V　｛かた｝　(16) 14

　　☼ 連用形「はめ」に対応。

　　/hwami/ と推定。

をさむ 治

　おさめめしよわる　　おさめめしよわる事　V　｛かた｝　(7) 15

　　☼ 連用形「をさめ」を含む。「おさめめしおわる」に対応。

　　/usamimisjijuwaru/ と推定。

うまる 生

　むまれなから　　むまれなから　V　｛かた｝　(6) 13

　　☼ 連用形「うまれ」を含む。「うまれながら」に対応。

　　/Nmarinagara/ と推定。音声は [ʔmmarinagara] か。

うう 植

　うへ　　まつうへ申候ひのもん　V　｛かた｝　(1) 25

　　☼ 連用形「うゑ」に対応。

　　/uwi/ と推定。

　うへれ　　うへれとの御ミ事　V　｛かた｝　(13) 22

　　☼「ラ行（四段）化」後の命令形「うゑれ」と見る。

　　/uwiri/ と推定。

　うへれは　　まつをうへれは　V　｛かた｝　(16) 21

　　☼「ラ行（四段）化」後の已然形「うゑれ」を含む。「うゑれば」に対応。

　　/uwiriba/ と推定。

（サ変）

す 為

　し　　御たかへし申候。V　｛かた｝　(26) 20

　　☼ 連用形「し」に対応。

　　/sji/ と推定。

（ラ変）

あり 有

　あり　　もりあり。V　｛かた｝　(9) 19

　　☼ 終止形「あり」に対応。

　　/ari/ と推定。

　あるけに　　ふかさあるけに　V　｛かた｝　(12) 24

　　☼ 連体形「ある」を含む。「あるげに」に対応。

　　/arugini/ と推定。

6) 《碑文（添門）》（1546）

（四段）

めす 召

　めしよわちへ　　御さうせめしよわちへ　Ⅵ　｛添｝　(7) 7、

142　第3章　仮名資料の動詞形態の考察

　　　　　御せヽる御たほひめしよわちへ　　VI　┊添┊　(16) 12

　　　　　御ゆわいめしよわちへ　　VI　┊添┊　(20) 20

　　　　　御ゆわひめしよわちへ　　VI　┊添┊　(28) 14

　　　　　ミ御ミつか井めしよわちへ　　VI　┊添┊　(28) 2

　　☆ 連用形「めし」を含む。「めしおはして」に対応。

　　/misjijuwaci/ と推定。

　めしよわちや　　　御おもろ御たほひめしよわちやこと　　VI　┊添┊　(21) 7、VI　┊添┊　(29) 2

　　☆ 連用形「めし」を含む。「めしおはした（る）」」に対応。

　　/misjijuwacja/ と推定。

そろふ 揃

　そろて　　　大小の人々そろて　　VI　┊添┊　(10) 25

　　　　　　　そろてミはいをかみ申候。　　VI　┊添┊　(29) 10

　　　　　　　ちやうらうそうたちそろて　　VI　┊添┊　(30) 14

　　☆「そろひて→そろって」に対応。

　　/suruQti/ と推定。

たまふ 給

　御たほひめしよわちへ　　　御せヽる**御たほひめしよわちへ** VI　┊添┊　(16) 8

　　☆「たほふ」に変化した後の連用形「たほひ」を含むと見る。「おたほひめしおはして」に対応。

　　/utabuwimisjijuwaci/ と推定。

　御たほいめしよわちや　　　御おもろ**御たほいめしよわちや事** VI　┊添┊　(21) 3、(28) 27

　　☆「たほふ」に変化した後の連用形「たほひ」を含むと見る。「おたほひめしおはした（る）」に対応。

　　/utabuwimisjijuwacja/ と推定。

はらふ 祓

　まうはらへの　　　**まうはらへの時に**　　VI　┊添┊　(15) 22

　　☆ 連用形「はらひ」を含む。「まうはらひの」に対応。「連用名詞用法」。

　　/moohwarawinu/ と推定。

つむ 積

　つミ　　　なけハ二百三十ひろにつミみちへて　　VI　┊添┊　(13) 2

　　　　　御ちやう御石かきつミ申候時の　　VI　┊添┊　(2) 23

　　　　　御石かきつミ申候。VI　┊添┊　(11) 7

　　　　　この御石かきつミ申候あひたハ　　VI　┊添┊　(32) 9

　　　　　くもこたけ世つきたけおりあけわちへつミあけわちへ　　VI　┊添┊　(18) 2

　　　　　あをりやたけおりあけわちへつミあけわちへ　　VI　┊添┊　(19) 10

　　☆ 連用形「つみ」に対応。

　　/cümi/ と推定。

　つませ　　　御石かきつませてて VI　┊添┊　(7) 19

　　☆ 未然形「つま」を含む。「つませ」に対応。

　　/cümasi/ と推定。

をがむ 拝

　をかみ　　　ミ御ミ事をかみ候て　　VI　┊添┊　(8) 2

　　　　　ミはいを**かみ**申候　　Ⅵ　｛添｝　(29) 18

　をかミ　　　ミはいを**かミ**申候　　Ⅵ　｛添｝　(24) 13、(35) 5

　　　☼ 連用形「をがみ」に対応。

　　　/wugami/ と推定。

しる知

　しらす　　　ミ御ほけハか**すしらす**　　Ⅵ　｛添｝　(33) 4

　　　☼ 未然形「しら」を含む。「しらず」に対応。

　　　/sjirazü/ と推定。

のぼる登

　御のほり　　　に**るやの大ぬしきみ〳〵の御のほり**めしよわちへ　　Ⅵ　｛添｝　(26) 16

　　　☼ 連用形「のほり」を含む。「おのほり」に対応。

　　　/unuburi/ と推定。

（上一段）ナシ　　　（上二段）ナシ　　　（下一段）ナシ　　　（下二段）ナシ

（ラ変）

あり有

　ありよる　　　ひとへに**ありよる**けに　　Ⅵ　｛添｝　(6) 17

　　　☼ 連用形「あり」を含む。「ありをる」に対応。

　　　/arijuru/ と推定。

　あれとも　　　きよらさちよさ**あれとも**　　Ⅵ　｛添｝　(5) 16

　　　☼ 已然形「あれ」を含む。「あれども」に対応。

　　　/aridumu/ と推定。

7)《碑文（やら）》(1554)

（四段）

いごく動

　いきよく　　　**いきよく**まし　　Ⅶ　｛やら｝　(32) 2

　　　☼ 終止形「いごく」に対応。「ご」口蓋化で「いぎよく」。

　　　/igjuku/ と推定。

おく置

　おかて　　　くすくつませてて**おかて**　　Ⅶ　｛やら｝　(4) 16

　　　☼ 未然形「おか」を含む。「おかれて→おかりて→おかって」に対応か。

　　　/ukaQti/ と推定。

つきさす突刺

　ついさしよわちへ　　　たしきやくき**ついさし**よわちへ　　Ⅶ　｛やら｝　(14) 9

　　　☼ 連用形「つきさし」を含む。「つきさしおはして」に対応。「つきさし→ついさし」の変化がある。注2)

　　　/cüisasjijuwaci/ と推定。

めす召

　めしよわちやる　　　まうはらひ**めし**よわちやるミせ〳〵るに　　Ⅶ　｛やら｝　(10) 2

　　　☼ 連用形「めし」を含む。「めしおはしてある」に対応。

/misjijuwacjaru/ と推定。

くるふ狂？

くるくまし　　くるくまし　Ⅶ ｜やら｜ (32) 9

☆ 終止形「くるふ」を含み、「くるふまじ」に対応か。

/kuruwumazji/ と推定。

そろふ揃

そろて　　　ちはなれそろて　Ⅶ ｜やら｜ (6) 6、

あんしけすそろて　Ⅶ ｜やら｜ (18) 5

ちゃうらうはうすたそろて　Ⅶ ｜やら｜ (19) 14

☆ 「そろひて→そろって」に対応。

/suruQti/ と推定。

はらふ祓

まうはらひ　　まうはらひめしよわちやるミせせるに　Ⅶ ｜やら｜ (9) 24

☆ 連用形「はらひ」を含む。「まうはらひ」に対応。

/moohwarawi/ と推定。

はらて　　まうはらて　Ⅶ ｜やら｜ (15) 5　　　みよはらてて　Ⅶ ｜やら｜ (15) 12

☆ 「はらひて」に対応。「はらひて→はらりて→はらって」と変化か。

/hwaraQti/ と推定。

つむ積

つミ　　くすくつミつけて　Ⅶ ｜やら｜ (6) 20

いしらこはましらこはおりあけハちへつミあけハちへ　Ⅶ ｜やら｜ (12) 1

☆ 連用形「つみ」に対応。

/cümi/ と推定。

つませ　　くすくつませてておかて　Ⅶ ｜やら｜ (4) 10

☆ 未然形「つま」を含む。「つませ」に対応。

/cümasi/ と推定。

をがむ拝

おかミ　　ミはひおかミめしよはる。Ⅶ ｜やら｜ (17) 12

☆ 連用形「をがみ」に対応。

/wugami/ と推定。

おかむやに　　おかむやにおさためめしよハやる　Ⅶ ｜やら｜ (30) 2

☆ 連体形「をがむ」を含む。「をがむやに」に対応。

/wugamujani/ と推定。

おかて　　ミはひおかてあり。　Ⅶ ｜やら｜ (18) 17

☆ 「をがみて」に対応。「をがみて→をがんで」と変化。

/wugaNdi/ と推定。

いのる祈

いのりめしよハちやる　　いのりめしよハちやるけに　Ⅶ ｜やら｜ (15) 17

☆ 連用形「いのり」を含む。「いのりめしおはしてある」に対応。

/inurimisjijuwacjaru/ と推定。

（上一段）ナシ

（上二段）

おる降

　おり　　いしらこはましらこは**おり**あけハちへ　Ⅶ ｜やら｜ (12) 2

　をれ　　きこゑ大きみきみ〳〵の**をれ**めしよわちへ　Ⅶ ｜やら｜ (9) 13

　　　☼「下一段」的「おれる」の連用形「おれ」に対応。

　　　/uri/ と推定。

（下一段）ナシ

（下二段）

かたむ固

　ちかための　　**ちかため**のおよハひ　Ⅶ ｜やら｜ (19) 18

　　　☼ 連用形「かため」を含む。「ぢがための」（地地固めの）に対応。

　　　/zjigataminu/ と推定。

さだむ定

　おさため　　**おさため**めしよハやる　Ⅶ ｜やら｜ (30) 9

　　　☼ 連用形「さだめ」を含む。「おさだめ」に対応。

　　　/usadami/ と推定。

とどむ留

　と〻めハちへ　　あさかかね**と〻め**ハちへ　Ⅶ ｜やら｜ (14) 24

　　　☼ 連用形「とどめ」を含む。「とどめおはして」に対応か。

　　　/tudumiwaci/ と推定。

はなる離

　ちはなれ　　**ちはなれ**そろて　Ⅶ ｜やら｜ (5) 27

　　　☼ 連用形「はなれ」を含む。「ぢはなれ」（地離れ）に対応。

　　　/zjihwanari/ と推定。

（カ変）

く来

　きちやる　　いくさかちよくの**きちやる**ことハ　Ⅶ ｜やら｜ (23) 2

　　　☼「きて」を含む。「きてある→きたる」に対応。

　　　/kicaru/ と推定。

（サ変）

す為

　するへし　　かくこ**するへし**。Ⅶ ｜やら｜ (43) 5

　　　☼ 終止形「する」を含む。「するべし」に対応。

　　　/sürubisji/ と推定。

（ラ変）

あり有

　あら時や　　いよことの**あら時や**　Ⅶ ｜やら｜ (25) 8

　　　☼ 未然形「あら」を含む。「あらときは」に対応。「あら」に名詞の続く例。注3)

　　　/aratukija/ と推定。

146　第3章　仮名資料の動詞形態の考察

8)《碑文（浦城）》（1597）

（四段）

おく置

　をかて　　　はめさせて丶をかて　Ⅷ　｜浦｜（14）23

　　☆ 未然形「おか」を含む。「おかれて」に対応。「おかれて→おかりて→おかって」と変化。

　/ukaQti/ と推定。

つぐ継

　つきめしよわちへ　　御くらゐをつきめしよわちへ　Ⅷ　｜浦｜（4）8

　　☆ 連用形「つぎ」を含む。「つぎめしおはして」に対応。

　/cügimisjijuwaci/ と推定。

さす刺

　さしよ八ちへ　　たしきやくきついさしよ八ちへ　Ⅷ　｜浦｜（4）11

　　☆ 連用形「さし」を含む。「さしおはして」に対応。

　/sasjijuwaci/ と推定。

めす召

　めしよ八ちへ　　御さうせめしよ八ちへ　Ⅷ　｜浦｜（11）7

　　☆ 連用形「めし」を含む。「めしおはして」に対応。

　/misjijuwaci/ と推定。

　めしよはちやる　　まうはらひめしよはちやるミせ丶るに　Ⅷ　｜浦｜（19）24

　　☆ 連用形「めし」を含む。「めしおはしたる」に対応。

　/misjijuwacjaru/ と推定。

わたす渡

　わたしよわちへ　　わたしよわちへ　Ⅷ　｜浦｜（23）9

　　☆ 連用形「わたし」を含む。「わたしおはして」に対応。

　/watasjijuwaci/ と推定。

あふ会

　あひ　　あひ申し候。Ⅷ　｜浦｜（35）8

　　☆ 連用形「あひ」に対応。

　/awi/ と推定。

そろふ揃

　そろて　　ちはなれそろて　Ⅷ　｜浦｜（16）13　　　あちけすそろて　Ⅷ　｜浦｜（30）8

　　☆「そろひて→そろって」に対応。

　/suruQti/ と推定。

ねがふ願

　ねかひ　　御かほうねかひ申し候て　Ⅷ　｜浦｜（44）2

　　☆ 連用形「ねがひ」に対応。

　/nigawi/ と推定。

よぶ呼

　およひめしよわちへ　　およひめしよわちへ　Ⅷ　｜浦｜（33）18

☆連用形「よび」を含む。「およびめしおはして」に対応。

/ujubimisjijuwaci/ と推定。

御よひめししよわちへ　　**御よひめししよわちへ**　　Ⅷ 〔浦〕 (38) 19

☆連用形「よび」を含む。「およびめしおはして」に対応。

/ujubimisjijuwaci/ と推定。

つむ 積

つミ　　いしらこはましらこはありあけわちへつミあけわちへ　　Ⅷ 〔浦〕 (22) 10

　　　　たいらはし**つミ**申時のひのもん　　Ⅷ 〔浦〕 (1) 25

　　　　ミちはし**つミ**つけて　　Ⅷ 〔浦〕 (16) 22

☆連用形「つみ」に対応。

/cümi/ と推定。

をがむ 拝

おかミ　　ミはい**おかミ**申候。　　Ⅷ 〔浦〕 (30) 16

をかミ　　ミはい**をかミ**申候　　Ⅷ 〔浦〕 (44) 22

☆連用形「をがみ」に対応。

/wugami/ と推定。

いのる 祈

いのりめししよハちやる　　**いのりめししよハちやる**けに　　Ⅷ 〔浦〕 (24) 19

☆連用形「いのり」を含む。「いのりめしおはしたる」に対応。

/inurimisjijuwacjaru/ と推定。

しる 知

しらす　　かす**しらす**おゑかたまわり申。　　Ⅷ 〔浦〕 (39) 10

☆未然形「しら」を含む。「しらず」に対応。

/sjiranzü/ と推定。

たまはる 賜

たまわり　　おゑか**たまわり**申。　　Ⅷ 〔浦〕 (39) 18

☆連用形「たまわり」に対応。

/tamawari/ と推定。

てりあがる 照上

てりあかりめししよわちや　　しよりにて**りあかりめししよわちや**事　　Ⅷ 〔浦〕 (5) 2

☆連用形「てりあかり」を含む。「てりあがりめしおはした（る）」に対応。

/tiriagarimisjijuwacja/ と推定。

ふる 降

ふる時ハ　　雨**ふる**時ハ　　Ⅷ 〔浦〕 (12) 21

☆連体形「ふる」に対応。

/hwuru/ と推定。

まさる 勝

まさりの　　なを**まさりの**ミおほけに　　Ⅷ 〔浦〕 (34) 24

☆連用形「まさり」を含む。「まさりの」に対応。

/masarinu/ と推定。

すゑまさる　　　**すゑまさるわうにせてて**　Ⅷ ｜浦｜ (7) 4

　　☆ 連体形「まさる」を含む。「すゑまさる」に対応。

　　/süwimasaru/ と推定。

（上一段）ナシ

（上二段）

おる降

　をれめしよハちゑ　　**かミほとけのをれめしよハちゑ**　Ⅷ ｜浦｜ (19) 9

　　☆「下一段」的「おれる」の連用形「おれ」を含むと見る。「おれめしおはして」に対応。

　　/urimisjijuwaci/ と推定。

（下一段）ナシ

（下二段）

かく架

　かけよわちへ　　**くもこはしミ物はしかけよわちへ**　Ⅷ ｜浦｜ (23) 2

　　☆ 連用形「かけ」を含む。「かけおはして」に対応。

　　/kakijuwaci/ と推定。

　かけさせ　　**はしかけさせ**　Ⅷ ｜浦｜ (13) 21

　　☆ 未然形「かけ」を含む。「かけさせ」に対応。

　　/kakisasi/ と推定。

つく付

　つけめしよわちへ　　**すゑまさるわうにせててつけめしよわちへ**　Ⅷ ｜浦｜ (7) 15

　　☆ 連用形「つけ」を含む。「つけめしおはして」に対応。

　　/cükimisjijuwaci/ と推定。

たかぶ崇

　御たかへめしよわちや　　**御たかへめしよわちや事**　Ⅷ ｜浦｜ (29) 12

　　☆ 連用形「たかべ」を含む。「おたかべめしおはした（る）」に対応。

　　/utakabimisjijuwacja/ と推定。

そむ染

　かなそめ　　**かなそめはつまき**　Ⅷ ｜浦｜ (32) 4

　　☆ 連用形「そめ」を含む。「かなぞめ」に対応。

　　/kanazumi/ と推定。

はむ嵌

　はめさせ　　**いしはめさせてゝ**　Ⅷ ｜浦｜ (14) 17

　　☆ 未然形「はめ」を含む。「はめさせ」に対応。

　　/hwamisasi/ と推定。

はなる離

　ちはなれ　　**ちはなれそろて**　Ⅷ ｜浦｜ (16) 7

　　☆ 連用形「はなれ」を含む。「ぢはなれ」に対応。

　　/zjihwanari/ と推定。

（カ変）

く来

御ちよわひ　　　玉うらおそひに**御ちよわひ**　　Ⅷ ｛浦｝ (25) 20

　☆ 連用形「き」を含む。「おきおわり」に対応。/ri→/'i/ の変化がある。「ひ」と表記。

　/ucjuwai/ と推定。破擦音化がある。

御ちよわい　　　**御ちよわいめしよハちゑ**　　Ⅷ ｛浦｝ (28) 7

　　　　　　いつもても**御ちよわいめしよわる**　　Ⅷ ｛浦｝ (43) 12

　☆ 連用形「き」を含む。「おきおわり」に対応。/ri→/'i/ の変化がある。「い」と表記。

　/ucjuwai/ と推定。破擦音化がある。

（ラ変）

あり有

　あり　　　ゆわい事**あり**。　　Ⅷ ｛浦｝ (8) 8

　☆ 終止形「あり」に対応。

　/ari/ と推定。

　ある　　　ふかさ**ある**けに　　Ⅷ ｛浦｝ (13) 13

　☆ 連体形「ある」に対応。

　/aru/ と推定。

9)　《碑文（よう）》(1609)

（四段）

めす召

　めしよわちへ　　　御さうせ**めしよわちへ**　　Ⅸ ｛よう｝ (5) 1、(9) 17

　　　　　　　ミ御ミつかい**めしよわちへ**　　Ⅸ ｛よう｝ (6) 23

　☆ 連用形「めし」を含む。「めしおはして」に対応。

　/misjijuwacji/ と推定。

をがむ拝

　をかみ　　　おゑか**をかみ**申候。　　Ⅸ ｛よう｝ (33) 16

　おかミ　　　ミ御ミ事**おかミ**申候。　　Ⅸ ｛よう｝ (12) 23

　☆ 連用形「をがみ」に対応。

　/wugami/ と推定。

てりあがる照上

　てりあかりめしよわちや　しよりより**てりあかりめしよわちやこと**　Ⅸ ｛よう｝ (3) 1

　☆ 連用形「てりあがり」を含む。「てりあがりめしおはした（る）」に対応。

　/tiriagarimisjijuwacja/ と推定。

のこる残

　のこら　　　御なハ**のこら**にしゆるてて　　Ⅸ ｛よう｝ (9) 1

　☆ 未然形「のこら」に対応。

　/nukura/ と推定。

ほる彫

　ほるへし　　　このすミのあさくならは**ほるへし**。　　Ⅸ ｛よう｝ (18) 16

　☆ 終止形「ほる」を含む。「ほるべし」に対応。

150　第3章　仮名資料の動詞形態の考察

/hwurubisji/ と推定。

まさる勝

　　まさる　　すへ**まさる**王にせかなしは　　Ⅸ　｛よう｝　(1) 22

　　　☼ 連体形「まさる」に対応。

　　/masaru/ と推定。

（上一段）ナシ　　　（上二段）ナシ　　　（下一段）ナシ

（下二段）

たつ建

　　たてめしよわちやる　　　このひのもんハ**たてめしよわちやる**。　　Ⅸ　｛よう｝　(10) 5

　　　☼ 連用形「たて」を含む。「たてめしおはしたる」に対応。

　　/tatimisjijuwacjaru/ と推定。

（カ変）

く来

　　御ちよわひ　　　**御ちよわひ**めしよわに　　Ⅸ　｛よう｝　(7) 23

　　　☼ 連用形「き」を含む。「おきおわり」に対応。/ri→/ⁱi/ の変化がある。「ひ」と表記。

　　/ucjuwai/ と推定。破擦音化がある。

（サ変）

す為

　　しゆる　　　のこらに**しゆる**てて　Ⅸ　｛よう｝　(9) 6

　　　☼ 連用形「し」を含む。「しをる」に対応。

　　/sjijuru/ と推定。

（ラ変）

あり有

　　あれは　　　あに**あれは**　　Ⅸ　｛よう｝　(8) 10

　　　☼ 已然形「あれ」を含む。「あれば」に対応。

　　/ariba/ と推定。

10) 《碑文〔本山〕》(1624)

（四段）

あふぐ仰

　　あふき　　　天に**あふき**地にふして　　Ⅹ　｛本｝　(18) 11

　　　☼ 連用形「あふぎ」に対応。

　　/awugi/ と推定。

ふす伏

　　ふして　　　地に**ふして**　Ⅹ　｛本｝　(18) 18

　　　☼ 「ふして」に対応。

　　/hwusjiti/ と推定。

まうす申

　　申さす　　　いふにおよひ**申さす**。　　Ⅹ　｛本｝　(8) 4

　　　☼ 未然形「申さ」を含む。「まうさず」に対応。

/moosazï/ と推定。

いふ言

　いふに　　**いふにおよひ申さす。**　　X　｛本｝(7) 24

　　☆ 連体形「いふ」を含む。「いふに」に対応。

　　/iwuni/ と推定。

およぶ及

　およひ　　**いふにおよひ申さす**　　X　｛本｝(8) 1

　　☆ 連用形「および」に対応。

　　/ujubi/ と推定。

よむ詠

　よミ　　**さいもんよミ候て**　　X　｛本｝(11) 18

　　☆ 連用形「よみ」に対応。

　　/jumi/ と推定。

おくる送

　御おくり　　**御おくりし申候**　　X　｛本｝(6) 24

　　☆ 連用形「おくり」を含む。「おおくり」に対応か。

　　/uukuri/ と推定。

たたる祟

　たたるへし　　**たたるへし。**　X　｛本｝(18) 22

　　☆ 終止形「たたる」を含む。「たたるべし」に対応。

　　/tatarubisji/ と推定。

わたる渡

　御わたり　　**御わたり候て御さ候間**　　X　｛本｝(9) 22

　　☆ 連用形「わたり」を含む。「おわたり」に対応。

　　/uwatari/ と推定。

（上一段）ナシ

（上二段）

すぐ過

　御すきり　　**御すきりめしよわちや事**　　X　｛本｝(2) 9

　　☆ 「ラ行（四段）化」後の連用形「すぎり」を含む。「おすぎり」に対応。

　　/usïgiri/ と推定。

（下一段）ナシ

（下二段）

たつ建

　御たて　　**ひのもん御たてめされ御。**　X　｛本｝(14) 18

　　☆ 連用形「たて」を含む。「おたて」に対応。

　　/utati/ と推定。

あつむ集

　あつめ　　**さいくあつめ候て**　　X　｛本｝(4) 18

　　☆ 連用形「あつめ」に対応。

/acïmi/ と推定。

すう据

　　すゑ　　かさり物を**すゑ**　　X　｛本｝　(10) 25

　　　　☼ 連用形「すゑ」に対応。

　　　　/sïwi/ と推定。

（サ変）

す為

　　し　　御おくり**し**申候。　　X　｛本｝　(6) 28

　　　　☼ 連用形「し」に対応。

　　　　/sji/ と推定。

　　すれ　　御ミつかい**すれ**てて　　X　｛本｝　(3) 14

　　　　☼ 命令形「すれ」に対応。注4）

　　　　/sïri/ と推定。

（ラ変）

あり有

　　あらは　　入事**あらは**　　X　｛本｝　(18) 4

　　　　☼ 未然形「あら」を含む。「あらば」に対応。

　　　　/araba/ と推定。

　　ある　　かに**ある**事は　　X　｛本｝　(13) 4

　　　　　　あるましく候ほとに　　X　｛本｝　(13) 15

　　　　☼ 連体形「ある」に対応。

　　　　/aru/ と推定。

　　あれは　　あに**あれは**　　X　｛本｝　(7) 4

　　　　☼ 已然形「あれ」を含む。「あれば」に対応。

　　　　/ariba/ と推定。

第2節　『田名文書』の動詞形態の考察

（四段）

たまはる賜

　　たまわり　　**たまわり**申候　　1-8、2-7、3-7、4-6、5-7、6-6、7-7、8-7、9-8、10-6、11-8、

　　　　　　　　　　　　　　　　　12-6、13-5、14-6、15-6、16-6

　　　　☼ 連用形「たまはり」に対応。

　　　　/tamawari/ と推定。

まゐる参

　　まいる　　1-2、1-10、2-8、3-2、3-8、4-2、4-7、5-8、6-7、7-9、8-9、9-10、10-8、11-10

　　　　☼ 終止形「まゐる」に対応。

　　　　/mairu/ と推定。

『田名文書』の動詞の用例は、「たまはる」「まゐる」のみである。

第3節 『おもろさうし』の動詞形態の考察

　『おもろさうし』の動詞の形態の現れ方については、高橋（1991）で尽くされていると考えられる。

　また、高橋（1997）には、『おもろさうし』における動詞の〈活用の特徴〉と〈活用形の特徴〉が簡潔にまとめられていて（p.424-425）、大いに参考になる。少々長くなるが、以下に引用する。

『おもろさうし』における動詞の活用の特徴は，以下のとおりである（「参考文献」の2，16を参照）．
a) 四段，上一段，下一段，ラ変・カ変・サ変の4種類がある．
b) 一段動詞は，基本的には，ラ行四段活用になっている．
　　みらんすが　ほろび「見ない者が亡び」（未然形）
　　いりおとちへ「（鳥を）射落として」（連用形）
c) 二段動詞は一段活用になり，さらに，本来の一段活用のあとを追うように，ラ行四段活用に変化しつつある．すなわち，命令形には語尾「れ」が付いていて，未然形には多くの場合，語尾「ら」が付いている．しかし，連用形には，「り」が付いていない．
　　わが　うら　よせれ「我が浦に寄せよ」（命令形）
　　やまといくさ　よせらや「大和軍が寄せるであろうよ」（未然形）
　　よがわら　よせ　御ぐすく　げらへ「瓦を寄せ，城を造営し」（連用形）
d)「おれる（降りる）」のように，現在の標準語とは活用形を異にするものがある．また，「はけわち（佩き給いて）」と「はきよわちへ（佩き給いて）」，「たれて（垂れて）」と「きもだり（肝垂り）」，「たますだれ（玉簾）」と「たますだり（玉簾）」のように，2種の活用が共存したと思われる例がある．なお，両方の活用とも，古くから存在したのか未詳である．
e)「おわる（いらっしゃる）」は，特殊な活用をする語である．基本的には，ラ行四段活用と同じ形となる（「参考文献」の11を参照）．

活用形の特徴は、次のとおりである．
a)'未然形＋ば'と'已然形＋ば'の条件法がある（「参考文献」の2，25を参照）
　　あけまとし　ならば「明年になったら」
　　ひる　なれば「昼になると」
b)'未然形＋名詞（とき，数，人，など'，あるいは，'未然形＋助詞（ぎやで，ぎやめ，など）'の形で，未来の内容を表わす．
　　あけろとし　たたかず　きみぎみ　てづて　ふさよわれ「新年がやってくるであろうごとに，神女様を祈って栄えませ」（「たた」は「立つ」の未然形）
c)'未然形＋しよ'で，意志，推量を表わす．
　　ひがみちの　やぎみちる　いきやしよ「東道の，屋宜道を行こう」
d)'未然形＋に'で，打ち消しの疑問（「〜ないか」の意），あるいは，強い意志，願望を表わす．

154　第3章　仮名資料の動詞形態の考察

よしのうらの　めづらしや　けよから　しばしば　みらに「よしの浦のすばらしいこ
とよ。今日からしばしば見よう」

e) '未然形＋だな，な' で，打ち消しの中止法の用例がある（「参考文献」の 5 を参照）.

おうね　くらなみ　ようつゆ　かけらだな　はややせ「お船よ，暗い波，夜露をかけ
ずに走らせよ」

f) 連用形を用いた中止法の用例がある.

きこゑあおりやへや　けさよりや　まさり「有名なアオリヤへ（人名）は，昔より勝り」

g) '連用形＋おり' の形で，現在進行の意味を表わす.

けお　ふきよる　かぜや　とく　かぜと　ふきよる「今日吹いている風よ，早く風が
吹いている」

h) '連用形＋やり' の形で，完了の意味を表わす．用例は，中止法のみである.

いのりやり　ちよわは「祈っていらっしゃったら」

i) 「ついのけ（突き退け）」「かいなで（掻き撫で）」や，「よいたうちへ（寄り倒して）」「よ
いつき（依りつき）」など，連用形の接頭辞的用法においては，イ音便が生じている.

j) 四段活用の接続形（連用形＋て）に，音便現象が生じている.

タ行四段動詞は，「もちちへ（持ちて）」のように，促音化している.

カ行・ガ行・サ行四段動詞は，「ひちへ（引きて）」「こぢへ（漕ぎて）」「かわちへ（交わ
して）」のように，「き」「ぎ」「し」が，助詞「て」を口蓋化させた上で，脱落している.

ハ行四段動詞の一部とラ行四段動詞は，「おもて（思ひて）」「まぶて（守りて）」のように，
「ひ」「り」が脱落している（脱落ではなく，促音の無表記である可能性もある）.

マ行・バ行四段動詞は，「おがで（拝みて）」「ならで（並びて）」のように，「み」「び」が，
助詞「て」を有声化させた上で，脱落している（脱落ではなく，撥音の無表記である可能
性がある）.

ハ行四段動詞のあるもの（主に，語幹が 1 音節の語）は，「こうて（乞ひて）」のように，
ウ音便化している（「参考文献」の 19 を参照）.

k) 接続形による，過去の終止形がある．オモロは省略が多いので，文の終止形がはっきり
しないのであるが，中には，それと考えられるものがある.

おなり　だちへともて「オナリを抱いたと思って」

l) '接続形＋ある' の変化した形で，結果態を表わす形は数例しかなく，はっきりしない．次
の例は，「とて」＋「ある」が「とてる」となった形と考えられているものである.

ざん　とてるてやば「ジュゴンを捕ってあると言ったら」

m) ハ行・ラ行四段動詞やラ変動詞に「おわる」「やり」「おり」などが付く場合，活用語尾
の「ひ」「り」が脱落することがある.

まぶよわれ「守り給え」

n) '已然形＋ば' の形で，確定条件を表わす用法がある.

なごのうら　ただひとり　やたもの　おもいばの　きもちやさ「名護の浦にただ 1 人
で遣ったので，心が痛む」

o) 「有る」「居る」，および，完了の助動詞「たる」の「る」が，接続助詞の「もの」「こと」
に続く場合，「きよ（来＋居る）もの」「いぢや（往に＋たる）こと」のように脱落する．
すなわち，いわゆる「準連体形」（下略形）が存在する.

p) 今日の沖縄方言の終止形語尾「～ん」の前の形かと思われる「～む」の形が，数例ある．

　　あいい（ママ）てる**む**「相照る」

　　する**む**「為る」

　上を参考にしながら、沖縄語の（時間的変化の）流れの中に位置づける観点からの整理を行う。

　用例提示は、必要最小限に留める。(疑問の存する例は、原則として対象外とする。但し、通時的考察に資すると考えられるものは取り上げる。)(仮名遣いの異なるものは収録。後続形式が異なる場合も収録。)

　なお、＜＞内は、『おもろさうし辞典・総索引』（1967）による、（日本共通語）現代語訳である。

《おも 1》（1531）

（四段）

いく行

　いきやり　あおて、**いきやり**＜行きて＞

　　☼ 連用形「いき」を含む。「いきあり」に対応。注1)

　　/ikjari/ と推定。

なげく嘆

　なげくな　おぎもうちは、**なげくな**＜嘆くな＞

　　☼ 終止形「なげく」を含む。「なげくな」に対応。

　　/nagikuna/ と推定。

ゆひつく結付

　よいつき　あかぐちやが、**よいつき**＜依り憑き＞　　注2)

　　☼ 連用形「よひつき」に対応。

　　/juicüki/ と推定。

つぐ継

　つきよわちへ　いつこいのち、**つきよわちへ**＜継ぎ給いて＞

　　☼ 連用形「つぎ」を含む。「つぎおはして」に対応。

　　/cügijuwaci/ と推定。

あすばす遊

　あすばちへ　しけうち、あや、**あすばちへ**＜遊ばして＞

　　☼ 「あすばして」に対応。

　　/asübaci/ と推定。破擦音化の変化がある。

あふらす煽

　あおらちへ　あけめつら、**あおらちへ**＜煽らして＞

　　☼ 「あふらして」に対応。

　　/auraci/ と推定。破擦音化の変化がある。

おろす降

　おろちへ　世がけせぢ、**おろちへ**＜降ろして＞

156　第3章　仮名資料の動詞形態の考察

おろちゑ　いけな、ゑらて、**おろちゑ**＜降ろして＞

　　☼「おろして」に対応。

　　/uruci/ と推定。破擦音化の変化がある。

とほす通

とうちへ　かなやきやめ、**とうちへ**＜通して＞

　　☼「とほして」に対応。

　　/tuuci/ と推定。「し」の脱落がある。「て」に 破擦音化がある。

とよます鳴響

とよまさに　やぢよ、かけて、**とよまさに**＜鳴響まして＞

　　☼未然形「とよまさ」を含む。「とよまさに」に対応。

　　/tujumasani/ と推定。

とらす取

とらちへ　きもまよい、**とらちへ**＜取らして＞

　　☼「とらして」に対応。

　　/turaci/ と推定。「し」の脱落がある。「て」に破擦音化がある。

ふらす降

ふらす　きこゑ大きみきや、けよ、**ふらす**＜降らす＞、あめや

　　☼連体形「ふらす」に対応。

　　/hwurasü/ と推定。

みおやす奉

みおやせ　いくさ、せぢ**みおやせ**＜奉れ＞

　　☼命令形「みおやせ」に対応。

　　/miujasi/ と推定。

みおやせは　世そうせぢ、**みおやせ**＜奉れ＞は

　　☼已然形「みおやせ」を含む。「みおやせば」に対応。

　　/miujasiba/ と推定。

めす召

めしよわちへ　あけのよろい、**めしよわちへ**＜召し給いて＞

　　☼連用形「めし」を含む。「めしおはして」に対応。

　　/misjijuwaci/ と推定。

もてなす遇

もちなちやる　おもいくわ、**もちなちやる**＜もてなしたる＞、いけぐしや

　　☼「もてなして」を含む。「もてなしてある→もてなしたる」に対応。

　　/mutinacjaru/ と推定。

たつ立

たちよれども　きも、**たちよれども**＜立ち居れども＞、あよは、**たちよれども**

　　☼連用形「たち」を含む。「たちをれども」に対応。

　　/tacjijuridumu/ と推定。

たちよわちへ　はぢめ、いくさ、**たちよわちへ**＜立ち給いて＞

　　☼連用形「たち」を含む。「たちおはして」に対応。

第3節　『おもろさうし』の動詞形態の考察　157

/tacjijuwaci/ と推定。

あふ会

あおて　**あおて**＜戦って、合うて、会うて＞、いきやいり

あおて　**あおてす**＜戦ってぞ＞、もどりよれ

　　☆「あうて」に対応。

　　/ooti/ と推定。

おそふ襲

おそう　たしま、**おそう**＜襲う＞、あちおそい

　　☆連体形「おそふ」に対応。

　　/usuu/ と推定。

おそは　せぢ、やりやり、**おそは**＜襲は＞

おそわ　みこゑ、しやり、**おそわ**＜襲わ＞

　　☆未然形「おそは」に対応。

　　/usuwa/ と推定。

かよふ通

かよわぎやめ　ゑそこ、**かよわぎやめ**＜通うまで＞

　　☆未然形「かよは」を含む。「かよはぎやめ」に対応。

　　/kajuwagjami/ と推定。

こふ乞

こよわちへ　みおうねなよ、**こよわちへ**＜乞い給いて＞

こゆわちへ　ゑそこなよ、**こゆわちへ**＜乞い給いて＞

　　☆連用形「こひ」を含む。「こひおはして」に対応。

　　/kujuwaci/ と推定。

しなふ撓

しなよわ　おぎも、うちに、**しなよわ**＜撓い給え＞

　　☆連用形「しなひ」を含む。「しなひおわ（れ）」に対応か。

　　/sjinajuwa/ と推定。

そろふ揃

そろて　あよ、**そろて**＜揃って＞、そこて

　　☆「そろひて」に対応。

　　/suruQti/ と推定。

やしなふ養

やしなやり　**やしなやり**＜養な遣り＞、おれわちへ

　　☆連用形「やしなひ」を含む。「やしなひあり」に対応。

　　/jasjinajari/ と推定。

あすぶ遊

あすびよわれは　おれて、**あすびよわれは**＜遊び給えば＞

　　☆連用形「あすび」を含む。「あすびおわれば」に対応。

　　/asübijuwariba/ と推定。

あすべは　もちろ、かちへ、**あすべは**＜遊べば＞

☼ 已然形「あすべ」を含む。「あすべば」に対応。

/asübiba/ と推定。

うちあゆむ歩

うちあよで　しよりもり、**うちあよで**＜歩いて＞

☼ 「あゆみて」を含む。「うちあゆみて」に対応。

/ucjiajuɴdi/ と推定。撥音化。

とよむ鳴響

とよみよわれ　ぢやくに、**とよみよわれ**＜鳴響み給え＞

☼ 連用形「とよみ」を含む。「とよみおわれ」に対応。

/tujumijuwari/ と推定。

とよむ　**とよむ**＜鳴響む＞、あんしおそい

☼ 連体形「とよむ」に対応。

/tujumu/ と推定。

とよめ　あんしおそいしよ、**とよめ**＜鳴響め＞

☼ 已然形「とよめ」に対応。「しよ」の結び。

/tujumi/ と推定。

とよで　いつこ、しま、**とよで**＜鳴響んで＞

☼ 「とよみて」に対応。

/tujuɴdi/ と推定。撥音化、

あがる上

あかる　**あかる**＜上がる、揚がる（美称辞）＞おりかさが

☼ 連体形「あがる」に対応。

/agaru/ と推定。

いのる祈

いのりたてまつれは　きこゑ大きみきや、**いのり、たてまつれは**＜祈り奉れば＞

☼ 連用形「いのり」を含む。「いのりたてまつれば」に対応。

/inuritatimacüriba/ と推定。

いのられ　とよむせたかこか、みしま、**いのられ**＜祈られ＞

☼ 未然形「いのら」を含む。「いのられ」に対応。

/inurari/ と推定。

いのて　もりもりよ、**いのて**＜祈って＞

☼ 「いのりて」に対応。

/inuQti/ と推定。

うちあがる打上

うちやがて　せぢ、だか、**うちやがて**＜うち揚がって＞、ちよわれ

☼ 「うちあがりて」に対応。

/ucjijagaQti/ と推定。

おしやる押遣

おしやたる　きこゑ大きみきや、**おしやたる**＜押し遣たる＞、せいくさ

☼ 「おしやりて」を含む。「おしやりてある→おしやりたる」に対応。

/usjijaQtaru/ と推定。

きる切

　きらせ　つちぎりに、**きらせ**＜切らせ＞

　　☼ 未然形「きら」を含む。「きらせ」に対応。

　　/kirasi/ と推定。

しる知

　しらん　さに、**しらん**＜知らん＞、ころぐ

　　☼ 未然形「しら」を含む。「しらぬ」に対応。

　　/sjiraɴ/ と推定。

そわる添

　そわて　千萬、世、**そわて**＜添いて、襲いて＞、ちよわれ

　　☼「そわりて→そわって」に対応。

　　/suwaQti/ と推定。

ちよわる　「いらっしゃる」の意 [注3]

　ちよわる　首里もり、**ちよわる**＜居給う＞

　　☼ 連体形「ちよわる」に対応。

　　/cjijuwaru/ と推定。

　ちよわちへ　あんしおそいや、けおのうちに、**ちよわちへ**＜来給いて、居給いて＞

　　☼「ちよわして」に対応。

　　/cjijuwaci/ と推定。

　ちよわれ　あんしおそいしよ、すゑ、まさて、**ちよわれ**＜居給え＞

　　☼ 已然形「「ちよわれ」に対応。「しよ」の結び。

　　/cjijuwari/ と推定。

てずる手擦（祈）

　てつて　せたかこよ、**てつて**＜手擦りて＞

　　☼「てずりて→てずって」に対応。

　　/tizüQti/ と推定。

とる取

　とりよわり　ておりや、**とりよわり**＜取り給い遣り＞

　　☼ 連用形「とり」を含む。「とりおわり」に対応。

　　/turijuwari/ と推定。

　とりよわちへ　かなやゑか、**とりよわちへ**＜取り給いて＞

　　☼ 連用形「とり」を含む。「とりおはして」に対応。

　　/turijuwaci/ と推定。

なる成

　なて　あいて、**なて**＜なって＞、まぶら

　　☼「なりて→なって」に対応。

　　/naQti/ と推定。

ほこる慶

　ほこる　**ほこるて**＜慶るてて＞、げに、あり

160　第3章　仮名資料の動詞形態の考察

☆ 終止形「ほこる」に対応。

/hwukuru/ と推定。

ほこて　てるかはも、**ほこて**＜慶って＞

☆「ほこりて→ほこって」に対応。

/hwukuQti/ と推定。

まさる勝

まさりよわちへ　きこゑ大きみきや、とたけ、**まさりよわちへ**＜勝り給いて＞

☆ 連用形「まさり」を含む。「まさりおはして」に対応。

/masarijuwaci/ と推定。

まされ　せいくさせぢ、**まされ**＜勝れ＞

☆ 命令形「まされ」に対応。

/masari/ と推定。

まさて　すゑ、**まさて**＜勝って＞、ちよわれ

☆「まさりて→まさって」に対応。

/masaQti/ と推定。

まもる守

まぶりよわめ　おぎやかもいや、きみしよ、**まぶりよわめ**＜守り給わん＞

☆ 連用形「まもり」を含む。「まもりおわめ」に対応。

/maburijuwami/ と推定。/m/ と /b/ の交代がある。

まぶりよわる　かみてたの、**まぶりよわる**＜守り給う＞、あんしおそい

☆ 連用形「まもり」を含む。「まもりおわる」に対応。

/maburijuwaru/ と推定。/m/ と /b/ の交代がある。

まぶら　あいてなて、**まぶら**＜守ら＞

☆ 未然形「まもら」に対応。

/mabura/ と推定。/m/ と /b/ の交代がある。

まぶらめ　大きみす、**まぶらめ**＜守らめ＞

☆ 未然形「まもら」を含む。「まもらめ」に対応。

/maburami/ と推定。/m/ と /b/ の交代がある。

まぶれ　大ぬしす、**まぶれ**＜守れ＞

☆ 已然形「まもれ」に対応。「す」の結び。

/maburi/ と推定。/m/ と /b/ の交代がある。

みまもる見守

みまぶら　おしうけかす、**みまぶら**＜見守ら＞

☆ 未然形「みまもら」に対応。

/mimabura/ と推定。/m/ と /b/ の交代がある。

みまぶて　いしゑけりた丶みきや、**みまぶてす**＜見守ってぞ＞、よりおれて

☆「みまもりて→みまもって」に対応。

/mimabuQti/ と推定。/m/ と /b/ の交代がある。

もどる戻

もどりよれ　くにうち、しちへす、**もどりよれ**＜戻り居れ＞

☼ 連用形「もどり」を含む。「もどりをれ」に対応。

/mudurijuri/ と推定。

もる漏

　もらん　きこゑ大きみきや、あめ**もらん**＜雨漏らん＞もりに

　　☼ 未然形「もら」を含む。「もらぬ」に対応。

　/muraɴ/ と推定。

やる遣

　やりよわ　きこゑたうやまに、大きみきや、け、**やりよわ**＜遣り給え＞

　　☼ 連用形「やり」を含む。「やりおわ（れ）」に対応。

　/jarijuwa（ri）/ と推定。

よる寄

　よる　かほう**よる**みやかのもり＜果報寄るみやかの杜＞、ちよわれ

　　☼ 連体形「よる」に対応。

　/juru/ と推定。

（上一段）

みる見

　みもん　**みもん**＜見物＞

　　☼ 連用形「み」を含む。「みもの」に対応。

　/mimuɴ/ と推定。

　みれども　**みれども**あかぬ首里おや國＜見れども飽かぬ首里親国＞

　　☼ 已然形「みれ」を含む。「みれども」に対応。

　/miridumu/ と推定。

（上二段）

おる降　　　注4）

　おれふさよわ　首里もりくすく、おれて、**おれふさよわ**＜降り栄え給え＞

　　☼ 「下一段」的「おれる」の連用形「おれ」を含む。「おれふさえおわ（れ）」に対応。

　/urihwusajuwa/ と推定。

　おれほしや　首里もり、**おれほしや**＜降り欲しや＞

　　☼ 「下一段」的「おれる」の連用形「おれ」を含む。「おれほしや」に対応。

　/uribusjija/ と推定。

　おれて　首里もりくすく、**おれて**＜降りて＞、おれふさよわ

　　☼ 「おれて」に対応。

　/uriti/ と推定。

よりおる依降

　よりおれて　よきのはま、**よりおれて**＜依り降りて＞

　　☼ 「よりおれて」に対応。

　/juriuriti/ と推定。

（下二段）

あく明

　あけだちに　**あけだち**＜明け立ち＞に、たとゑて

162　第3章　仮名資料の動詞形態の考察

☆ （「あける」の）連用形「あけ」を含む。「あけだちに」に対応。

/akidacjini/ と推定。

おしうく押浮

おしうけかす　**おしうけかす**＜押し浮け数＞、みまぶら

☆ 未然形「おしうけ」を含む。「おしうけかず」に対応。

/usjiukikazï/ と推定。

おしうけて　まやい、とみ、**おしうけて**＜押し浮けて＞、おしあけ、とみ、くりうけて

☆「おしうけて」に対応。

/usjiukiti/ と推定。

かく掛

かけて　やぢよ、**かけて**＜掛けて、懸けて、支配して＞、とよまさに

☆「かけて」に対応。

/kakiti/ と推定。

つく付

つけわちへ　みうねかす、**つけわちへ**＜付け給いて＞

☆ 連用形「つけ」を含む。「つけおはして」に対応。

/cükiwaci/ と推定。

なごやく和

なごやけて　そさん、**なごやけて**＜和やけて＞

☆「なごやけて」に対応。

/nagujakiti/ と推定。

うちあぐ打上

うちあけて　なりとよみ、**うちあけて**＜打ち揚げて＞

☆「うちあげて」に対応。

/ucjiagiti/ と推定。

たひらぐ平

たいらあけて　しまは、**たいらあけて**＜平らげて＞　　　注5）

たいらけて　てにがした、**たいらけて**＜平らげて＞、ちよわれ

☆「たひらげて」に対応。

/tairagiti/ と推定。

ぬきあぐ抜上

ぬきあけて　みよたちやは、**ぬきあけて**＜差し上げて＞

☆「ぬきあげて」に対応。

/nukiagiti/ と推定。

よす寄

よせて　なでるわは、**よせて**＜寄せて＞

☆「よせて」に対応。

/jusiti/ と推定。

おしたつ押立

おしたては　せ、いくさ、**おしたては**＜押し立てば＞

第3節　『おもろさうし』の動詞形態の考察　　163

せ、ひやく、**おしたては**＜押し立てば＞

  ☼ 未然形「おしたて」を含む。「おしたてば」に対応。

  /usjitatiba/ と推定。

ふりみつ 降満

  ふりみちへて　きやのうちみやに、こかね、**ふりみちへて**＜降り満たして＞

  ☼ 「ふりみちて」に対応。「ふりみたして」ではない、とする。

  /hwurimiciti/ と推定。

よりみつ 寄満

  よりみちへに　**よりみちへ**＜寄り満＞に、おれわちへ

  ☼ 連用形「よりみて」を含む。「よりみてに」に対応。「て」に破擦音化がある。

  /jurimicini/ と推定。

かきなづ 掻撫

  かいなでわる　きこゑ大きみきや、**かいなでわる**＜掻い撫で給う＞、たゝみきよ

  ☼ 連用形「かきなで」を含む。「かきなでおわる」に対応。イ音便がある。

  /kainadiwaru/ と推定。

  かいなでゝ　あんしおそいかいなでゝす＜掻い撫でてぞ＞、よりおれて

  ☼ 「かきなでて」に対応。イ音便がある。

  /kainaditi/ と推定。

はぬ 撥

  はねて　せいくさてゝ、**はねて**＜撥ねて＞

  ☼ 「はねて」に対応。

  /hwaniQti/ と推定。

そふ 添

  そへて　しま、ひろく、**そへて**＜襲いて＞

  そゑて　くに、ひろく、**そゑて**＜襲いて＞

  ☼ 「そへて」に対応。

  /suiti/ と推定。

そろふ 揃

  そろへわちへ　しまゆ、**そろへわちへ**＜揃え給いて＞

  ☼ 連用形「そろへ」を含む。「そろへおはして」に対応。

  /suruiwaci/ と推定。

  そろいて　よう、**そろいて**＜揃えて＞

  そろへて　世、**そろへて**＜揃えて＞

  そろゑて　このみしま、**そろゑて**＜揃えて＞

  ☼ 「そろへて」に対応。

  /suruiti/ と推定。

たとふ 譬

  たとゑて　あけだちに、**たとゑて**＜譬えて＞

  ☼ 「たとへて」に対応。

  /tatuiti/ と推定。

たとゑちへ　あけとまに、**たとゑちへ**＜譬えて＞

☆「たとへて」に対応。

/tatuici/ と推定。

はじむ初・始

はぢめいくさ　**はぢめいくさ**＜初め軍＞、たちよわちへ

☆連用形「はじめ」を含む。「はじめいくさ」に対応。

/hwazjimiikusa/ と推定。

たむ矯

ためやらは　あせら、**ためやらは**＜撓めやらば＞

☆連用形「ため」を含む。「ためあらば」に対応。

/tamijaraba/ と推定。

あまゆ歓

あまゑわちへ　きこゑ大きみきや、**あまゑわちへからは**＜歓え給いてからは＞

☆連用形「あまえ」を含む。「あまえおはして」に対応。

/amaiwaci/ と推定。

きこゆ聞

きこゑて　けさにこの**きこゑて**＜聞えて＞

☆「きこえて」に対応。

/kikuiti/ と推定。

しらる知（申し上げるの意）

しられゝ　たゝみきよに、**しられゝ**＜知られれ＞、あちおそい

☆「ラ行（四段）化」後の命令形「しられれ」に対応。

/sjirariri/ と推定。

しられて　大きみに、**しられて**＜知られて＞

☆「しられて」に対応。

/sjirariti/ と推定。

すぐる勝

すぐれて　をきもうちの、**すぐれて**＜勝れて＞

☆「すぐれて」に対応。

/süguriti/ と推定。

むる群

ふれしまに　きこゑ大きききや、**ふれしま**＜群れ島＞に

☆連用形「むれ」を含む。「むれじま」に対応。「むれ」→「ふれ」の変化がある。

/burizjimani/ と推定。

もりやへきみ　あかる、おりかさが、**もりやへきみ**＜群れ合い君＞、おもいくわもち
なちやる

☆連用形「むれ」を含む。「むれあひぎみ」に対応。「む」と「も」、「れ」と「り」は、仮名遣いの問題。

/murijaigimi/ と推定。

もりやへこた　**もりやへこた**＜群れ合い子達＞、ぢやくに、しちへ

☆連用形「むれ」を含む。「むれあひこた」に対応。「む」と「も」、「れ」と「り」は、仮名遣いの問題。

/murijaikuta/ と推定。

（カ変）ナシ

（サ変）

す為

　しやり　しま、まるく、みこゑ**しやり**＜し遣り、して＞、おそわ

　　☼ 連用形「し」を含む。「しあり」に対応。注6)

　　/sjijari/ と推定。

　しよわちへ　きみたうり、**しよわちへ**＜し給いて＞

　　☼ 連用形「し」を含む。「しおはして」に対応。

　　/sjijuwaci/ と推定。

　しよわれ　世の、さうぜ、**しよわれ**＜し給え＞

　　☼ 連用形「し」を含む。「しおわれ」に対応。注7)

　　/sjijuwari/ と推定。

　しちへ　くにうち**しちへす**＜為てぞ＞、もどりよれ

　　☼「して」に対応。

　　/sjici/ と推定。破擦音化の変化がある。

しむ為　注8)

　しめや　あよまよい、**しめや**＜させて＞

　　☼ 連用形「しめ」を含む。「しめあ（り）」に対応か。

　　/sjimija(i)/ と推定。

　すもらん　おきなます、**すもらん**＜させよう＞、大きみす、世しらめ

　　☼ 終止形「す」を含む。「すもらむ」に対応か。

　　/sümuraɴ/ と推定。

（ラ変）

あり有

　あり　ほこる、てゝ、げに、**あり**＜有り＞

　　☼ 終止形「あり」に対応。

　　/ari/ と推定。

　ある　かくらの、てよりとみる、かに、**ある**＜有る、在る＞

　　☼ 連体形「ある」に対応。

　　/aru/ と推定。

　あれ　あよ、ちよく、げに、**あれ**＜有れ＞

　　☼ 命令形「あれ」に対応。

　　/ari/ と推定。

　あらきやめ　にるやせぢ**あらきやめ**＜有る限り＞

　　☼ 未然形「あら」を含む。「あらぎやめ」に対応。

　　/aragjami/ と推定。

けあり気有

　けやる　**けやる**、せいやりとみ

　　　　　けやる、てよりとみ

166　第3章　仮名資料の動詞形態の考察

☼ 連体形「ある」を含む。「けある」に対応。

/kiaru/ と推定。

をり居

単独の「をり」の例ナシ。

《おも 2》(1613)

（四段）

ぬく貫

のちやる　くもこ、またま、なわ、**のちやる**＜貫きたる＞、ことく

☼「ぬきて」を含む。「ぬきてある→ぬきたる」に対応。

/nucjaru/ と推定。

あすばす遊

あすはす　もちつき、**あすはす**＜遊ばす＞、きよらや

☼ 連体形「あすばす」に対応。

/asübasü/ と推定。

あはす合

あわちへ　いしと、かねと、**あわちへす**＜合わしてぞ＞、もとせ

☼「あはして」に対応。

/awaci/ と推定。破擦音化の変化がある。

いだす出

いぢやちへ　いちみ、さうす、**いぢやちへ**＜出して＞

☼「いだして」に対応。

/izjaci/ と推定。破擦音化の変化がある。

おろす降

おろちへ　みもの、みやふ、**おろちへ**＜降ろして＞

☼「おろして」に対応。

/uruci/ と推定。破擦音化の変化がある。

さす差

さちへ　よた、**さちへ**＜差して＞

☼「さして」に対応。

/saci/ と推定。破擦音化の変化がある。

たてなほす建直

たてなおちへ　いちやぢや、**たてなおちへ**＜建て直して＞

☼「たてなほして」に対応。

/tatinauci/ と推定。破擦音化の変化がある。

なす生

なしよわちへ　またちよもい、**なしよわちへ**＜生し給いて＞

☼ 連用形「なし」を含む。「なしおはして」に対応。

/nasjijuwaci/ と推定。

はやす囃　注1)

はやせ　せゝ、**はやせ**＜囃せ＞

　☼ 命令形「はやせ」に対応。

　/hwajasi/ と推定。

まはす回

まわちへ　けはや、のろの、**まわちへ**＜廻して＞、もちちやる

　☼「まはして」に対応。

　/mawaci/ と推定。破擦音化の変化がある。

めす召

めしよわちへ　あちおそい、てたす、**めしよわちへ**＜召し給いて＞、にせれ

　☼ 連用形「めし」を含む。「めしおはして」に対応。

　/misjijuwaci/ と推定。

もてなす遇

もちなちやる　こゑくあや、みやに、**もち、なちやる**＜もてなしたる＞、いけぐしや

　☼「もてなして」を含む。「もてなしてある→もてなしたる」に対応。

　/mucjinacjaru/ と推定。

もどす戻

もどせ　この、いくさ、せち、やて、**もどせ**＜戻せ＞

　☼ 命令形「もどせ」に対応。

　/mudusi/ と推定。

もとせ　いしと、かねと、あわちへす、**もとせ**＜戻せ＞

　☼ 已然形「もどせ」に対応。「す」の結び。

　/mudusi/ と推定。

よらす寄

よらせきみ　**よらせきみ**＜寄らせ君（神女）＞、しらたる

　☼ 連用形「よらし」を含む。「よらしきみ」に対応。

　/jurasikimi/ と推定。

たつ立

たては　おれつむか、**たては**＜立てば＞

　☼ 已然形「たて」を含む。「たてば」に対応。

　/tatiba/ と推定。

もつ持

もちちへ　世がけせぢ、まわちへ、**もちちへ**＜持って＞、みおやせ

　☼「もちて」に対応。促音表記。

　/muQci/ と推定。促音化・破擦音化の変化がある。

もちへ　たまのみつ、まわり、まわちへ、**もちへ**＜持って＞

　☼「もちて」に対応。促音無表記か。

　/mu(Q)ci/ と推定。

もちちやる　よきやのろの、けはやのろの、まわちへ、**もちちやる**＜持ち来たる＞注2)

　☼「もちて」を含む。「もちてある→もちたる」に対応。

　/muQcjaru/ と推定。

おそふ襲

おそう　うらおそう<襲う>、わかまつ

☼ 連体形「おそふ」に対応。

/usuu/ と推定。

おそうやに　しらなみや、かなごり、おそうやに<襲うように>

☼ 連体形「おそふ」を含む。「おそふやうに」に対応。

/usuujani/ と推定。

おもふ思

おもて　かみの、も丶ぢやらの、おもて<思って>

☼「おもひて」に対応。促音無表記か。

/umu(Q)ti/ と推定。

しなふ撓

しなて　くすくと、た丶みと、しなて<撓って>

☼「しなひて」に対応。促音無表記か。

/sjina(Q)ti/ と推定。

そろふ揃

そろいわちへ　はしかりか、おもろ、たま、よ、そろいわちへ<揃い給いて>

☼ 連用形「そろひ」を含む。「そろひおはして」に対応。

/suruiwaci/ と推定。

つかふ使

つかい　ゑのち、かみとのに、つかい<招待、使い>

☼ 連用形「つかひ」に対応。

/cükai/ と推定。

はふ這

はうて　たう﹅は、はちへ、ひら﹅は、はうて<這って>

☼「はうて」に対応。

/hwooti/ と推定。

むかふ向

むかて　あがるいに、むかて<向かって>

☼「むかひて」に対応。促音無表記か。

/muka(Q)ti/ と推定。

うらやむ羨

うらやみよる　かみしもの、けすの、みちへと、うらやみよる<羨みおる>

☼ 連用形「うらやみ」を含む。「うらやみをる」に対応。

/urajamijuru/ と推定。

うらやも　も丶ぢやらの、うらやも<羨む>、さうす

☼ 連体形「うらやむ」に対応。「も」は仮名遣いの問題。

/urajamu/ と推定。

たくむ工

たくたる　あまみきよか、たくたる<工みたる>、くすく

☼「たくみて→たくんで」を含む。「たくみてある→たくみたる→たくんだる」に対応。

/takuɴdaru/ と推定。撥音無表記。

たのむ 頼

たるて　おやけたちごゑくの、てた、**たるてす**＜頼みてぞ＞、きちやれ

☼「たのみて」に対応。

/taruɴdi/ と推定。/n/ と /r/ の交代がある。撥音無表記。

とよむ 鳴響

とよむ　うら、**とよむ**＜鳴響む＞、つゝみ

☼連体形「とよむ」に対応。

/tujumu/ と推定。

あがる 上

あがりよわちへ　のろくた、つめて、な　**あがりよわちへ**＜揚がり給いて＞

☼連用形「あがり」を含む。「あがりおはして」に対応。

/agarijuwaci/ と推定。

あかる　**あかる**＜上がる、揚がる＞、もりみや、あけれは

☼連体形「あがる」に対応。

/agaru/ と推定。

てずる 手摩（祈）

てづら　あんは、かみ、**てづら**＜手摩ら＞

☼未然形「てずら」に対応。

/tizüra/ と推定。

てづて　あけかなし、**てづて**＜手摩りて＞

てつて　よらせきみ、**てつて**＜手擦りて＞

☼「てずりて」に対応。

/tizüQti/ と推定。促音無表記。

ちよわる 「いらっしゃる」の意

ちよわより　あか、なさか　**ちよわより**＜居給い＞

☼連用形「ちよわり」を含む。「ちよわりをり」に対応。注3)

/cjijuwajuri/ と推定。

ちよわちへ　わしの、みね、**ちよわちへ**＜来給いて、居給いて＞

☼「ちよわして」に対応。

/cjijuwaci/ と推定。

とる 取

とりよわれ　よきやのろす、おもろねや、**とりよわれ**＜取り給え＞

☼連用形「とり」を含む。「とりおわれ」に対応。

/turijuwari/ と推定。

のぼる 上

のぼる　やきから、**のぼる**＜上る＞、したたりや

のほる　ひかから、**のほる**＜上る＞、したたりや

☼連体形「のぼる」に対応。

/nuburu/ と推定。

はしる 走

はちへ　たうぐは、**はちへ**＜走って＞、ひらくは、はうて注4)

☼「はしりて」に対応。

/hwaci/ と推定。破擦音化の変化がある。

ほこる 慶

ほこりよわちへ　世にまさる、みやかり、**ほこりよわちへ**＜慶り給いて＞

☼連用形「ほこり」を含む。「ほこりおはして」に対応。

/hwukurijuwaci/ と推定。

まさる 勝

まさる　いみやからと、こゑくは、いみきや、**まさる**＜勝る＞

☼連体形「まさる」に対応。

/masaru/ と推定。

まもる 守

まぶれ　かみや、あん、**まぶれ**＜守れ＞

☼命令形「まもれ」に対応。

/maburi/ と推定。/m/ と /b/ の交代がある。

やる 遣

やて　この、いこさ、せち、**やて**＜遣りて＞、もどせ

☼「やりて→やって」に対応。

/jaQti/ と推定。促音無表記。

よる 寄

よりよる　てるひおのかなか、つくせと、**よりよる**＜寄り居る＞

☼連用形「より」を含む。「よりをる」に対応。

/jurijuru/ と推定。

（上一段）

きる 着

きちへ　たるが、**きちへ**＜着て＞、にせる

☼「きて」に対応。

/kici/ と推定。破擦音化の変化がある。

みる 見

みもの　かみしもの、**みもの**＜見物＞する、きよらや

☼連用形「み」を含む。「みもの」に対応。

/mimunu/ と推定。

みよれは　ひかのうみ、**みよれは**＜見居れば＞

☼連用形「み」を含む。「みをれば」に対応。

/mijuriba/ と推定。

みらに　けよから、しはく、**みらに**＜見らに＞

☼「ラ行（四段）化」後の未然形「みら」を含む。「みらに」に対応。

/mirani/ と推定。

第3節　『おもろさうし』の動詞形態の考察　　171

みちへ　かみしもの、けすの、**みちへと**＜見てと＞、うらやみよる

　　☼「みて」に対応。

　　/mici/ と推定。破擦音化の変化がある。

　みちやる　こゑくもりくすく、おみや、つち、**みちやる**＜見たる＞

　　☼「みて」を含む。「みてある→みたる」に対応。

　　/micjaru/ と推定。

（上二段）ナシ　（下一段）ナシ

（下二段）

かく掛

　かけて　とく、大みや、**かけて**＜掛けて、懸けて、支配して＞ひきよせれ

　　☼「かけて」に対応。

　　/kakiti/ と推定。

おしあぐ押上

　おしあけつるき　なたか、つるき、**おしあけつるき**＜押し上げ剣＞

　　☼連用形「おしあげ」を含む。「おしあげつるぎ」に対応。

　　/usjiagicürugi/ と推定。

みあぐ見上

　みあけれは　こゑくもり**みあけれは**＜見上げれば＞

　　☼已然形「みあげれ」を含む。「みあげれば」に対応。

　　/miagiriba/ と推定。

なりあがらす鳴上

　なりあからせ　うら　とよむ、つゝみ、うちちへ、**なりあからせ**＜鳴り揚がらせ＞

　　☼命令形「なりあがらせ」に対応。

　　/nariagarasi/ と推定。

にす似

　にせる　よろい、たるが、きちへ、**にせる**＜似せる＞

　　☼「ラ行（四段）化」後の連体形「にせる」に対応。「が」の結び。

　　/nisiru/ と推定。

　にせれ　あとそいてたす、めしよわちへ、**にせれ**＜似せれ＞

　　☼「ラ行（四段）化」後の已然形「にせれ」に対応。「す」の結び。

　　/nisiri/ と推定。

ひきよす引寄

　ひきよせれ　とく、大みや、かけて、**ひきよせれ**＜引き寄せれ＞

　　☼「ラ行（四段）化」後の命令形「ひきよせれ」に対応。

　　/hwikijusiri/ と推定。

よす寄

　よせわる　世かほう、**よせわる**＜寄せ給う＞、たゝみ

　　☼連用形「よせ」を含む。「よせおわる」に対応。

　　/jusiwaru/ と推定。

　よせれ　中くすく、**よせれ**＜寄せれ＞

☆「ラ行（四段）化」後の命令形「よせれ」に対応。

　/jusiri/ と推定。

せむ攻

　せめて　いみやは、**せめて**＜攻めて＞　うたん

　　☆「せめて」に対応。

　/simiti/ と推定。

あまゆ歓

　あまゑて　つじのかす、なつやに　**あまゑて**＜歓えて＞　かか、ちよわれ

　　☆「あまえて」に対応。

　/amaiti/ と推定。

かけふさゆ掛栄

　かけふさい　**かけふさい**＜掛け栄え＞、世のふさい、しよわれ

　　☆連用形「かけふさえ」に対応。

　/kakihwusai/ と推定。

しらる知

　しらたる　おにのきも、**しらたる**＜知られている＞

　　☆「しられて」を含む。「しられてある→しられたる→しらったる」に対応。

　/sjiraQtaru/ と推定。促音無表記。

うう植

　うへて　こかねけは、**うへて**＜植えて＞

　　☆「うゑて」に対応。

　/uiti/ と推定。

（カ変）

く来

　きよる　こか**きよる**＜来居る＞、きよらや

　　☆連用形「き」を含む。「きをる」に対応。

　/kijuru/ と推定。

　こうは　おもて、さうせて、**こうは**＜来うは＞、いしとかねと

　　☆未然形「こ」を含む。「こは」に対応。

　/kuuwa/ と推定。

　きちやれ　ごゑくのてた、たるてす、**きちやれ**＜来たれ＞

　　☆「きて」を含む。「きてあれ→きたれ」に対応。「す」の結びとしての「已然形」。

　/kicjari/ と推定。

（サ変）

す為

　しやり　きもあく、み、はね**しやり**＜し遣り、して＞

　　☆連用形「し」を含む。「しあり」に対応。注5)

　/sjijari/ と推定。

　しよる　けよ、**しよる**＜し居る＞つかい

　　☆連用形「し」を含む。「しをる」に対応。

/sjijuru/ と推定。

　　しよわちへ　ひらたよど、**しよわちへ**＜し給いて＞

　　　　☆ 連用形「し」を含む。「しおはして」に対応。

　　/sjijuwaci/ と推定。

　　しよわれ　世のふさい、**しよわれ**＜し給え＞

　　　　☆ 連用形「し」を含む。「しおわれ」に対応。

　　/sjijuwari/ と推定。

　　する　みものする＜為る＞、きよらや

　　　　☆ 連体形「する」に対応。

　　/süru/ と推定。

（ラ変）

あり有

　　あつる　ねくに、**あつる**＜有る、在る＞、はやふさ

　　　　☆ 連用形「あり」を含む。「ありつる」に対応。注6）

　　/acüru/ と推定。

　　あらきやめ　ごゑくの、**あらきやめ**＜有る限り＞、ちよわれ

　　　　☆ 未然形「あら」を含む。「あらぎやめ」に対応。

　　/aragjami/ と推定。

をり居　　単独の「をり」の例ナシ。

《おも3》(1623)

○用例の後の数字は、「巻」を示している。（例）　20　→巻二十

（四段）

いく行

　　いきやへ　おとぢや、**いきやへ**＜行き合い＞、しよわちへ　20

　　　　☆ 連用形「いき」を含む。「いきあひ」に対応。

　　/icjai/ と推定。

　　いきやて　あくかへ、**いきやて**＜行き合って＞　14

　　　　☆ 連用形「いき」を含む。「いきあひて」」に対応。

　　/icjati/ と推定。

　　いきやり　あおて、**いきやり**＜行きて＞　3

　　　　☆ 連用形「いき」を含む。「いきあり→いきやり」に対応。

　　/icjari/ と推定。

　　いきやよわる　**いきやよわる**＜行き合い給う＞、ところ　13

　　　　☆ 連用形「いき」を含む。「いきあひおわる」に対応。

　　/icjajuwaru/ と推定。

　　いきよれどむ　きむは、**いきよれどむ**＜行きおれども＞　19

　　　　☆ 連用形「いき」を含む。「いきをれども」に対応。

　　/icjuridumu/ と推定。

　　いきや　御さけ、いちやせ、もて、**いきや**＜行こう＞　14

にしみちの、ちやなみちる、**いきやしゆ**＜行こうぞ＞　14

ひかみちの、やきみちる、**いきやしよ**＜行こうぞ＞　14

　　☼ 未然形「いか」に対応。

　/ikja/ と推定。口蓋化がある。

　いきや　しより、かち、**いきや**人＜行く人＞　13

　　☼ 未然形「いか」に対応。注1)

　/ikja/ と推定。口蓋化がある。

　いけは　しよりもり、のぼて、**いけは**＜行けば＞　5

　　☼ 已然形「いけ」を含む。「いけば」に対応。

　/ikiba/ と推定。

うく 浮

　うちやあかりやり　おもうやに、**うちやあかりやり**＜浮き上がって＞、みおやせ　13

　　☼ 連用形「うき」を含む。「うきあがりあり」に対応。注2)

　/ucjaagarijari/ と推定。

おく 置

　おかは　まいしがね、おもい、あか、よせて、**おかは**＜おかば＞　5

　　☼ 未然形「おか」を含む。「おかば」に対応。

　/ukaba/ と推定。

　おちへ　たけつぼに、つくて**おちへ**　19

　おちゑ　やくさくわは、なちへ、**おちゑ**　14

　　☼「おきて」に対応。

　/ucji/ と推定。

　おちやる　きみ、ほこり、けらへて、**おちやる**、ま人　17

　　☼「おきて」を含む。「おきてある→おきたる」に対応。

　/ucjaru/ と推定。

きく 聞

　き〻　かこへの、うらくと、**き〻**＜聞き＞、きよらや　13

　　☼ 連用形「きき」に対応。

　/cjicji/ と推定。

　き〻とれ　きも人す、**き〻とれ**＜聞き取れ＞　14

　　☼ 連用形「きき」を含む。「ききとれ」に対応。

　/cjicjituri/ と推定。

　き〻ほしや　せこい、**き〻ほしや**＜聞き欲しや＞、くにとよみ　11

　　☼ 連用形「きき」を含む。「ききほしや」に対応。

　/cjicjibusja/ と推定。

　きけきけ　**きけく**＜聞け聞け＞、きも人　14

　　☼ 命令形「きけ」。「きけ」の繰り返し。

　/cjikicjiki/ と推定。

　きく　ゑ、け、まさり、**きく**＜聞く＞、うらやみ　11

　　☼ 連体形「きく」に対応。

/cjiku/ と推定。

きけは　たよりから、**きけは**＜聞けば＞、きやうよりやま、さり　13

☼ 已然形「きけ」を含む。「きけば」に対応。

/cjikiba/ と推定。

きゝゑは　たりろから　**きゝゑは**、けにろから、**きゝゑは**　13

☼ 已然形「きけ」を含む。「きけば」に対応。『おもろさうし辞典・総索引』は〈未詳語。「つけれ（は）」の誤写か。〉とする。高橋（1991）に倣った。

/cjiciba/ と推定。

きちへ　みちへと、うらみよる、**きちへと**＜聞いてぞ＞、うらみよる　11

☼「きひて」に対応。

/cjicji/ と推定。

きしめく軋

きしめかは　いちやちや、**きしめかは**＜軋めかば＞　15

☼ 未然形「きしめか」を含む。「きしめかば」に対応。

/cjisjimikaba/ と推定。

さく咲

さきよれは　こかねはなの、**さきよれは**＜咲き居れば＞　4

☼ 連用形「さき」を含む。「さきをれば」に対応。

/sacijuriba/ と推定。

さいわたり　あけもとろの、はなの、**さいわたり**＜咲きわたり＞　7

☼ 連用形「さき」を含む。「さきわたり」に対応。イ音便。

/saiwatari/ と推定。

さいわたる　ちよらのはなの、**さいわたる**＜咲きわたる＞、みもん　3

☼ 連用形「さき」を含む。「さきわたる」に対応。イ音便。

/saiwataru/ と推定。

さく　天　とよて、**さく**　はな　11

　　にしたけの、さくらか、**さくやに**＜咲くように＞　14

☼ 連体形「さく」に対応。

/saku/ と推定。

さちやる　おれつむ、またな、いな、ちやはな、**さちやる**＜咲きたる＞　13

☼「さきて」を含む。「さきてある→さきたる」に対応。

/sacjaru/ と推定。

しく敷

しきよわちへ　おくと、しくと、**しきよわちへ**＜敷き給いて＞　10

☼ 連用形「しき」を含む。「しきおはして」に対応。

/sjicjijuwacji/ と推定。

すく好

すかる　あんからと、**すかる**＜好かる＞　5

☼ 未然形「すか」を含む。「すかる」に対応。

/sïkaru/ と推定。

だく 抱

　たちへ　おなり、**たちへ**ともて＜抱いてと思って＞　　12

　　☆「だきて」に対応。

　　/dacji/ と推定。

つく 着・付

　つきやり　こかねすへ、**つきやり**＜突き遣り＞　　7

　　☆連用形「つき」。「つきあり」に対応。「つき」は「突き」ではないとする。

　　/cïkjari/ と推定。

　つかは　てた、しひ　**つかは**＜着かば＞　　15

　　☆未然形「つか」を含む。「つかば」に対応。

　　/cïkaba/ と推定。

　つちへ　ゐちゑ、おわれは、きよらや、**つちへ**、おわれは、きよらや　　5

　つちゑ　ゐちへ、おわれは、きよらや、**つちゑ**、おわれは、みほしや　　5

　　☆「つきて」に対応。

　　/cïcji/ と推定。

つく 突

　つきやう　うましのかた、**つきやう**やに＜突き合うように＞　　9

　　☆連用形「つき」を含む。「つかあふ」に対応。

　　/cïkjau/ と推定。

　つく　とぎやわ、いよ、**つく**＜突く＞　　15

　　☆終止形「つく」に対応。

　　/cïku/ と推定。

　つくく　よすき、いやご、**つくく**＜突く突く＞　　10

　　☆終止形「つく」に対応。「つく」の繰り返し。

　　/cïku/ と推定。

つく 憑

　つく　しひ　**つく**＜憑く＞、あんしおそいきや　　14

　　☆連体形「つく」に対応。この「つく」は「着く、付く」でもよいと考えられる。

　　/cïku/ と推定。

どく 退

　とけ　はひやよ、**とけて**＜退けといって＞、やなで　はひ　　9

　　☆命令形「どけ」に対応。

　　/duki/ と推定。

　とけく　**とけく**＜退け退け＞、ころた　　19

　　☆命令形「どけ」に対応。「どけ」の繰り返し。

　　/dukiduki/ と推定。

なく 泣

　なちやな　くれる、てや、**なちやな**＜泣いたのか＞　　13

　　☆連用形「なき」を含む。「なきありな」に対応。

　　/nacjana/ と推定。

なげく 嘆

なげくな　おぎも、うちは、**なげくな**＜嘆くな＞　10

なけくな　あか、なさいきよ、**なけくな**＜嘆くな＞　11

　☼ 終止形「なげく」を含む。「なげくな」に対応。

/nagikuna/ と推定。

なよびく 靡

なよひちへ　あかす、くにかねや、**なよひちへ**＜靡かして＞、おれて　9

　☼「なよびきて」に対応。

/najubicji/ と推定。

ぬく 貫

ぬきやり　なわ、**ぬきやり**＜貫き遣り＞　21

のきやり　いと、**のきやり**＜貫き遣り＞　21

　☼ 連用形「ぬき」を含む。「ぬきやり」に対応。

/nucjijari/ と推定。

のちくも　むらさきの、あやくも　むらさきの、**のちくも**＜貫き雲＞　10

　☼ 連用形「ぬき」を含む。「ぬきぐも」に対応。

/nucjigumu/ と推定。

ぬちへ　またま、ゑらて、よてこう、**ぬちへ**＜貫いて＞、みおやせ　6

　☼「ぬきて」に対応。

/nucji/ と推定。

はく 佩

はきよわちへ　つくしちやら、**はきよわちへ**＜佩き給いて＞　6

　☼ 連用形「はき」を含む。「はきおはして」に対応。

/hwacjijuwacji/ と推定。

はきよわな　こうては、**はきよわな**＜佩き給わないで＞　10

　☼ 連用形「はき」を含む。「はきおわな」に対応。

/hwacjijuwana/ と推定。

はきよわやり　とりよわやり、**はきよわやり**＜佩き給いて＞　12

　☼ 連用形「はき」を含む。「はきおわりあり」に対応。

/hwacjijuwajari/ と推定。

ひく 引

ひきやり　まこ、**ひきやり**＜引き遣り＞、かちや、さげて　20

　☼ 連用形「ひき」を含む。「ひきやり」に対応。

/hwicjijari/ と推定。

ひく　しよりしゆ、もゝうら、**ひく**＜引く＞、くすく　8

　☼ 連体形「ひく」に対応。

/hwiku/ と推定。

ひちへ　なゝそ、**ひちへ**＜引いて＞、おれわちへ　10

　☼「ひきて」に対応。

/hwicji/ と推定。

ふく吹

　ふきよる　けお、**ふきよる**＜吹き居る＞、かせや　　8
　　☆連用形「ふき」を含む。「ふきをる」に対応。
　　/hwucjijuru/ と推定。

　ふきよらは　よにいし、**ふきよらは**＜吹き居らば＞　　14
　　☆連用形「ふき」を含む。「ふきをらば」に対応。
　　/hwucjijuraba/ と推定。

　ふきよれは　まはへかせ、**ふきよれは**＜吹き居れば＞　　13
　　☆連用形「ふき」を含む。「ふきをれば」に対応。
　　/hwucjijuriba/ と推定。

　ふけは　まにしか、まねく、**ふけは**＜吹けば＞　　9
　　☆已然形「ふけ」を含む。「ふけば」に対応。
　　/hwukiba/ と推定。

ふく吹（鳴）

　ふく　くわけもと、**ふく**＜吹く＞とり　　14
　　☆連体形「ふく」に対応。「鳥が鳴く」意の「ふく」。現代語では /huki'juʼɴ/・/huki'iʼɴ/。
　　/hwuku/ と推定。

まく巻

　まき　みはちまき、てちよく、**まき**＜巻き＞、しよわちへ　　14
　　☆連用形「まき」に対応。
　　/macji/ と推定。

わく湧

　わくさうす　**わくさうす**＜湧清水＞、よと、しよわ　　11
　　☆連体形「わく」を含む。「わくさうづ」に対応。
　　/wakusoozï/ と推定。

ゑがく描

　ゑかきとり　**ゑかきとり**＜描き鳥＞、まやう、しま、はちへ、おわちへ　　13
　　☆連用形「ゑがき」を含む。「ゑがきどり」に対応。
　　/wigacjiduri/ と推定。

　ゑかきみはね　**ゑかきみはね**＜描き御羽＞、こよわちへ　　13
　　☆連用形「ゑがき」を含む。「ゑがきみはね」に対応。
　　/wigacjimihwani/ と推定。

　ゑかちへ　しるいくらに、月のかた、**ゑかちへ**＜描いて＞　　14
　　☆「ゑがきて」に対応。「ゑがいて」と変化後「て」に破擦音化。
　　/wigacji/ と推定。

こぐ漕

　けわいこぎ　あまへて、**けわいこぎ**＜競い漕ぎ＞、しよわちへ　　10
　　☆連用形「こぎ」を含む。「けはひこぎ」（気延ひ漕ぎ）に対応。
　　/kiwaikuzji/ と推定。

　こけ　大きみぎや、いそここけつな、やちよく　　9

☆命令形「こげ」に対応。『～辞典・総索引』は〈こけつな　未詳語。「こけつなやちよく」は漕ぎ綱は強く、
　　　即ち櫓の先にかける綱は強くあれという意か〉とする。「漕げ。綱は強く」と解釈する。
　　/kugi/ と推定。
　こちへ　　しより、いちやしが、**こちへ**＜漕いで＞、きよる、きよらや　10
　　☆「こぎて」に対応。「こいで」と変化後「で」に破擦音化。
　　/kuzji/ と推定。
つぐ継
　つきよわれ　いしかねの、やに、をのち、**つきよわれ**＜継ぎ給え＞　8
　　☆連用形「つぎ」を含む。「つぎおわれ」に対応。
　　/cïzjijuwari/ と推定。
はぐ接
　はきちへ　　さゑく、ゑらて、**はきちへ**＜接ぎ手＞、ゑらて　13
　　☆「はぎて」に対応。「て」に破擦音化がある。
　　/hwazjicji/ と推定。
　はく　おうね、**はく**＜接ぐ＞てうむ　13
　　☆終止形「はぐ」に対応。
　　/hwagu/ と推定。
あすばす遊
　あすはす　まみや、**あすはす**＜遊ばす＞、きよらや　12
　　☆連体形「あすばす」に対応。
　　/asïbasï/ と推定。
　あすはちへ　玉のこり、こかねとり、**あすはちへ**＜遊ばして＞　12
　あすばちゑ　あや、ひよとり、**あすばちゑ**＜遊ばして＞　19
　　☆「あすばして」に対応。
　　/asïbacji/ と推定。
あはす合
　あわしゆわちへ　　てるかはと、よきやて、御こと、**あわしゆわちへ**＜合わし給いて＞　9
　　☆連用形「あはし」を含む。「あはしおはして」に対応。
　　/awasjijuwacji/ と推定。
　あわさたな　あかなさと、みこゑ、**あわさたな**＜合さないで＞　14
　　☆未然形「あはさ」を含む。「あはさだな」に対応。「未然形＋だな、な」で、打消しの中止法の用例。
　　/awasadana/ と推定。
　あわちへ　あまこ、**あわちへ**＜合わして＞、めづらしや　3
　　　　　　あまこ、**あわちへからは**＜合わしてからは＞　7
　　☆「あはして」に対応。
　　/awacji/ と推定。
あふらす煽
　あふらちへ　み物うちの、まみやに、くにあかりは、**あふらちへ**＜煽らして＞　4
　あうらちへ　なかへやほう、**あうらちへ**＜煽らして＞　12
　あおらちゑ　あけめつら、**あおらちゑ**＜煽らして＞、てよりきよら、おしたて　3

☆「あふらして」に対応。

/auracji/ と推定。

うごかす動

おごかちへ　おぼつたけ、**おごかちへ＜動かして＞**　3

　☆「うごかして」に対応。

/ugukacji/ と推定。

うゑさす植差

うゑさちゑ　わかまつ、**うゑさちゑ＜植え差して＞**　5

　☆「うゑさして」に対応。

/uisasjicji/ と推定。

うゑさちやる　おきやかもいか、おこのみ、**うゑさちやる＜植え差したる＞**、わかまつ　5

うへさちやる　あちおそいきや、**うへさちやる＜植え差したる＞**、まつなみ　7

　☆「うゑさして」を含む。「うゑさしてある→うゑさしたる」に対応。

/uisacjaru/ と推定。

おしあはす押合

おしあわし　てるかはが、**おしあわし＜押し合わし＞**、てるしのが、もちなし　3

　☆連用形「おしあはし」に対応。

/usjiawasji/ と推定。

おしあわちへ　くめのしま、**おしあわちへ＜押し合わして＞**　3

　☆「おしあはして」に対応。

/usjiawacji/ と推定。

おしやわちへ　かみ、下、**おしやわちへ＜押し合わして＞**、ちよわれ　6

　☆「おしあはして」に対応。

/usjijawacji/ と推定。

おしまはす押回

おしまわせ　なめし、いとよ、さげて、**おしまわせ＜押し廻せ＞**　9

　☆命令形「おしまはせ」に対応。

/usjimawasi/ と推定。

おす押

おしより　てるしのは、**おしより＜押し居り＞**　3

　☆連用形「おし」を含む。「おしをり」に対応。

/usjijuri/ と推定。

おせ　ゑよ、ゑ、やれ**おせ＜押せ、吹け＞**　10

　☆命令形「おせ」に対応。

/usi/ と推定。

おちへ　やうら、**おちへ＜押して、吹いて＞**、つかい　10

　☆「おして」に対応。

/ucji/ と推定。

おとす落

おとちへ　たいちに、**おとちへ＜落として＞**、すてれ　3

☆「おとして」に対応。

/utucji/ と推定。

おとちやむ　あかかかい、たまかかい、**おとちやむ**＜落とした＞　20

☆「おとして」を含む。「おとしてありむ」に対応。

/utucjaɲ/ と推定。音声は [utuʃam]。

おどす威

おどせ　おにす、いてゝ、人、**おどせ**＜威せ＞　11

☆已然形「おどせ」に対応。「す」の結びの「おどせ」（已然形）。

/udusi/ と推定。

おどちへ　人の、いちへて、おに、**おどちへ**＜威して＞　11

☆「おどして」に対応。

/uducji/ と推定。

おもはす思

おもわせ　けすに、あちよ**おもわせ**＜思わせ＞　15

☆命令形「おもはせ」に対応。

/umuwasi/ と推定。

おやす奉

おやせ　せたかこに、いちへ、**おやせ**＜上げよ＞　13

☆命令形「おやせ」に対応。

/ujasi/ と推定。

おれなほす降直

おれなおしよわ　きこゑ大きみきや、おれて、**おれなおしよわ**＜降り直し給え＞　3

☆連用形「おれなほし」を含む。「おれなほしおわ（れ）」に対応。

/urinausjijuwa/ と推定。

おれなおせ　みしま**おれなおせ**＜降り直せ＞　6

☆命令形「おれなほせ」に対応。

/urinausi/ と推定。

おれなおさ　おれほしやの、あめそこ、おれて、**おれなおさ**＜降り直さ＞　15

☆未然形「おれなほさ」に対応。

/urinausa/ と推定。

おれなおちへ　さしふ、おれほさて、むつき、**おれなおちへ**＜降り直して＞　3
おれなふちへ　とよむ、さすかさか、むつき、**おれなふちへ**＜降り直して＞　4

☆「おりなほして」に対応。

/urinaucji/ と推定。

おろす降

おるしよわ　よなは、ばま、よりやけ、はま、**おるしよわ**＜降ろし給え＞　3

☆連用形「おろし」を含む。「おろしおわ（れ）」に対応。

/urusjijuwa/ と推定。

おろす　みもん、かひやふに、てつて、**おろす**＜降ろす＞、きみや　7

☆連体形「おろす」に対応。

/urusï/ と推定。

　おろちへ　せくさ、せぢ、**おろちへ**＜降ろして＞　3

　おるちへ　きこゑ大きみきや、世かけせぢ、**おるちへ**＜降ろして＞　3

　　☼「おろして」に対応。

　　/urucji/ と推定。

　おるち　あち、はやす、なりきよら、**おるち**＜降ろして＞　しよ　はやす　7

　　☼「おろして」に対応。

　　/urucji/ と推定。

　おろちやれ　よらふさは、**おろちやれ**＜下ろしてたれ＞　21

　　☼「おろして」を含む。「おろしてあれ」に対応。

　　/urucjijari/ と推定。

おわす御座「いらっしゃるの意。[注3]」

　おわちへ　おほつ、**おわちへ**＜おわして＞　4

　おわちゑ　世ないしか、**おわちゑ**＜おわして＞　21

　おわち　まさうすこゑか　**おわち**＜おわして＞　7

　　☼「おわして」に対応。

　　/uwacji/ と推定。

　おわちやむ　あかおなり、みかみの、まふらてゝ、**おわちやむ**＜おわしたり＞、やれ、

　　ゑけ　13

　　☼「おわして」を含む。「おわしてあり<u>む</u>」に対応。

　　/uwacjaɴ/ と推定。音声は [uwat͡ʃam] か。

　おわちやれ　まとよたか、つかいしよ、くめのしま、**おわちやれ**＜おわしたれ＞　11

　　☼「おわして」を含む。「おわしてあれ」に対応。

　　/uwacjari/ と推定。

　おわちゑる　**おわちゑる**＜おわしたる＞、よりかさか、けおの、より、みもん　15

　　☼「おわして」を含む。「おわしてはある」に対応。

　　/uwacjiiru/ と推定。

かくす隠

　かくしかね　**かくしかね**＜隠し金＞、みちやる　20

　　☼連用形「かくし」を含む。「かくしがね」に対応。

　　/kakusjigani/ と推定。

　かくちへ　**かくちへ**＜隠して＞、ゑたる　のすで、はちやる　10

　　☼「かくして」に対応。

　　/kakucji/ と推定。

きかす聞

　きゝやしよわ　みちや、はりやちへ、**きゝやしよわ**＜聞かせよ＞　13

　　☼連用形「きかし」を含む。「きかしおわ（れ）」に対応。

　　/cjikjasijuwa/ と推定。口蓋化がある。

　きゝやせ　くめ、けすに、**きゝやせ**＜聞かせ＞　4

　　☼命令形「きかせ」に対応。

/cjikjasi/ と推定。口蓋化がある。

くだす 下

くたさは　わたさは、わたせ、**くたさは**＜下さば＞、くたせ　17

くださは　わたさは、わたせ、**くださは**＜下さば＞、くだせ　18

　☆ 未然形「くださ」を含む。「くださば」に対応。

/kudasaba/ と推定。

くたせ　わたさは、わたせ、くたさは、**くたせ**＜下せ＞　17

くだせ　わたさは、わたせ、くださは、**くだせ**＜下せ＞　18

　☆ 命令形「くだせ」に対応。

/kudasi/ と推定。

こがす 漕

こがせ　ゑ、やれしく、しけかけて**こがせ**＜漕がせ＞　10

こかせ　とかしきの、ちやうくち、まきしやよ、**こかせ**＜漕がせ＞　15

　☆ 命令形「こがせ」に対応。

/kugasi/ と推定。

さかやかす 栄（喜ばす）

さかやかせ　たらつ、みちへつきや、おきむ、**さかやかせ**＜栄やかせ＞　15

　☆ 命令形「さかやかせ」に対応。

/sakajakasi/ と推定。

さしまはす 差廻

さしまわちへ　**さしまわちへ**＜差し廻して＞、いれて　13

　☆「さしまはして」に対応。

/sasjimawacji/ と推定。

さす 差

さしやり　かねもちのみこし、**さしやり**＜差し遣り＞、ふさよわちへ　8

　☆ 連用形「さし」を含む。「さしやり」に対応。

/sasjijari/ と推定。

さしゆわれは　たま、みしやく　**さしゆわれは**＜差し給えば＞　15

　☆ 連用形「さし」を含む。「さしおわれば」に対応か。

/sasjijuwariba/ と推定。

さしよわちへ　もりかなし、くるまかさ、**さしよわちへ**＜差し給いて＞　14

　☆ 連用形「さし」を含む。「さしおはして」に対応。

/sasjijuwacji/ と推定。

さすやに　あけくもの、あさひ　**さすやに**＜差すように＞　4

　☆ 連体形「さす」を含む。「さすやうに」に対応。

/sasïjani/ と推定。

さゝまへ　あんしおそいや、きみしゆ、よの、くさ、**さゝまへ**＜差さむ＞　4

　☆ 未然形「ささ」を含む。「ささめ」に対応。「まへ」は「め」を表記したものとされる。
　　「め」は「む」の已然形。

/sasami/ と推定。

さゝちへ　たまき、ゑらて、**さゝちへ**＜差させて＞　10

☼未然形「ささ」を含む。「ささして」に対応。

/sasacji/と推定。

さちへ　よだ**さちへ**＜差して＞、ちよわれ　4

☼「さして」に対応。

/sacji/と推定。

さちや物　たまきや、ゑらて、**さちや物**＜差したのに＞　7

☼「さして」を含む。「さしてあるもの」に対応。

/sacjamunu/と推定。

しらす知 注4)

しらせ　きこゑおしかさか、やちよく、たに、**しらせ**＜知らせ＞　12

☼命令形「しらせ」に対応。

/sjirasi/と推定。

しらす　むつきは、せるむは、**しらす**＜宣らす＞　11

☼終止形「しらす」に対応。

/sjirasï/と推定。

せらす　さしふは、おもろは、**せらす**＜宣らす＞　11

☼終止形「しらす」に対応。

/sjirasï/と推定。

しらちやらめ　ゑかうに、かうに、ゑかうに、かみ、てたす、**しらちやらめ**　8

☼「しらして」を含む。「しらしてあらめ→しらしたらめ」に対応。注5)

/sjiracjarami/と推定。

すます済

すまちやる　あこのこよ、**すまちやる**＜済ましたる＞　17

☼「すまして」を含む。「すましてある→すましたる」に対応。

/sïmacjaru/と推定。

せめいだす攻出

せめいぢやちへ　いたぢや、**せめいぢやちへ**＜攻め出だし＞　10

☼「せめいだして」に対応。

/simiizjacji/と推定。

たてさす立差

たてさちやる　あんしおそいきや、**たてさちやる**＜立て挿したる＞、こはなみ　7

☼「たてさして」を含む。「たてさしてある→たてさしたる」に対応。

/tatisacjaru/と推定。

たてなほす建直

たてなおちへ　ましらごは、つみあげて　かなぢや、**たてなおちへ**＜建て直して＞　3

☼連用形「たて」を含む。「たてなほして」に対応。

/tatinaucji/と推定。

たふす倒

たうちへ　みねまくびり、なゝそ、**たうちへ**＜倒して＞　10

☼「たうして」に対応。

/toocji/ と推定。

つきおろす突下

つきおろせ　てるかはす、世のむすひ、**つきおろせ**＜憑き降ろせ＞　6

☼已然形「つきおろせ」に対応。「てるかはす」の「す」の結び。「つき」は「憑き」ではなく、「突き」
であるとする。

/cïcjiurusi/ と推定。

つきおろす付下

つきおろちへ　なりきよきみ、**つきおろちへ**＜憑き降ろして＞　12

つきおるちへ　なりきよきみ、**つきおるちへ**＜憑き降ろして＞　3

☼「つきおろして」に対応。「つき」は「憑き」ではなく、「付き」であるとする。

/cïcjiurucji/ と推定。

つみなほす積直

つみなおちへ　すゑの、すへとみに、**つみなおちへ**＜積み直して＞みおやせ　10

☼「つみなほして」に対応。

/cïminaucji/ と推定。

とほす通

とうちゑ　おもいの、おきも、**とうちゑ**＜通して＞、みおやせ　21

☼「とほして」に対応。

/tuucji/ と推定。

とちへ　おもいの、おきも、**とちへ**＜通して＞、みおやせ　21

☼「とほして」に対応。

/tuucji/ と推定。

とらす取

とらしよわ　やふそ、ころかま、ころかまに、**とらしよわ**＜取らし給え＞　19

☼連用形「とらし」を含む、「とらしおわ（れ）」に対応。

/turasjijuwa/ と推定。

とらちへ　ねはのこに、なりよふ、もちゑ、**とらちへ**＜取らして＞　8

とらちゑ　あかのこに、よせうち、もちゑ、**とらちゑ**＜取らして＞　8

☼「とらして」に対応。

/turacji/ と推定。破擦音化の変化がある。

とよます鳴響

とよませ　きやう、かまくら、**とよませ**＜鳴響ませ＞　15

☼命令形「とよませ」に対応。

/tujumasi/ と推定。

とよまちへ　なでゝ、おちやる、みやふさ、**とよまちへ**＜鳴響まして＞、おるしよわ　3

☼「とよまして」に対応。

/tujumacji/ と推定。

とりかはす取交

とりきやわちへ　きこへ、せのきみと、つゝ、**とりきやわちへ**＜取り交わして＞　13

186　第3章　仮名資料の動詞形態の考察

☆「とりかはして」に対応。

/turikjawacji/ と推定。

とりなほす取直

とりなおちへ　かすのねも、**とりなおちへ**＜取り直して＞　3

☆「とりなほして」に対応。

/turinaucji/ と推定。

なげかす嘆

なけかすな　いつこ、**なけかすな**＜嘆かすな＞　3

☆ 終止形「なげかす」を含む。「なげかすな」に対応。

/nagikasïna/ と推定。

なす生

なしよわちへ　きみし、あちおそへか、ちやうはちは、**なしよわちへ**＜生し給いて＞　7

なしよわちゑ　よさのくわは、**なしよわちゑ**＜生み給いて＞　はつのくわは、**なしよわちゑ**＜生み給いて＞　21

☆ 連用形「なし」を含む。「なしおはして」に対応。

/nasjijuwacji/ と推定。

なすな　あまみやすちや、**なすな**＜生すな＞　10

☆ 終止形「なす」を含む。「なすな」に対応。

/nasïna/ と推定。

なちへおちゑ　ひとりくわの、やくさくわは、**なちへおちゑ**＜生して置いて＞　14

☆「なして」を含む。「なしておきて」に対応。

/nacjiucji/ と推定。

なちへかよ　いきやる、おやの　**なちへかよ**＜生んだのか＞　15

☆「なして」を含む。「なしてがよ」に対応。「なしてあるがよ」の可能性もあるか。

/nacjigaju/ と推定。

なちへからは　せぢこ、**なちへからは**＜生んでからは＞　5

なちゑからわ　おもひ、**なちゑからわ**＜生んでからは＞　5

☆「なして」を含む。「なしてからは」に対応。

/nacjikarawa/ と推定。

なちやる　ゑらふ、しま、**なちやる**＜生みたる＞　13

☆「なして」を含む。「なしてある→なしたる」に対応。

/nacjaru/ と推定。

なちへるよ　とき、とりやり、**なちへるよ**＜生したるよ＞　15

☆「なして」を含む。「なしてあるよ→なしたるよ」に対応。

/nacjiruju/ と推定。

なほす直

嶋なふし　さすかさか、**嶋なふし**＜直し＞、おれわちへ　4

☆ 連用形「なほし」を含む。「しまなほし」に対応。

/sjimanausji/ と推定。

世なおしか　**世なおし**＜世直し＞か、おわちへ　11

☆ 連用形「なほし」を含む。「よなほしが」に対応。

/junausjiga/ と推定。

なおせ　ちかわすは、よりいて、やり**なおせ**＜直せ＞　15

☆ 命令形「なほせ」に対応。

/nausi/ と推定。

なおす　も丶ぢやら、**なおす**＜直す＞、せち、もつた丶み　5

☆ 連体形「なほす」に対応。

/nausï/ と推定。

なふさ　きら、**なふさ**＜直さ＞　4

☆ 未然形「なほさ」に対応。

/nausa/ と推定。

なふちへ　このみしま、**なふちへ**＜直して＞　4

なうちへ　きこゑ大きみきや、だしまきら、**なうちへ**＜直して＞　3

なおちへ　すさのねも、**なおちへ**＜直して＞　3

なおちゑ　たまとりに、あつる、こら、うし、**なおちゑ**＜直して＞　20

☆ 「なほして」に対応。

/naucji/ と推定。

なよびかす靡

なよひかせ　や丶のくせ、**なよひかせ**＜靡びかせ＞　9

☆ 命令形「なよびかせ」に対応。

/najubikasi/ と推定。

ならす鳴

ならす　たるか、つる、**ならす**＜鳴らす＞　14

☆ 連体形「ならす」に対応。「か」の結びの連体形。

/narasï/ と推定。

ならちへ　あま、**ならちへ**＜鳴らして＞　6

☆ 「ならして」に対応。

/naracji/ と推定。

なりあがらす鳴上

なりあからせ　けらへ、あや、つ丶み、うちちへ、**なりあからせ**＜鳴り揚がらせ＞　12

☆ 命令形「なりあがらせ」に対応。

/nariagarasi/ と推定。

はやす囃

はやしよわは　きこゑきみかなし、せち、**はやしよわは**＜囃し給わば＞　6

☆ 連用形「はやし」を含む。「はやしおわば」に対応か。

/hwajasjijuwaba/ と推定。

はやせ　とも丶と、**はやせ**＜囃せ＞おれわ　4

☆ 命令形「はやせ」に対応。

/hwajasi/ と推定。

はやす　なりきよら、おるち　しよ、**はやす**＜囃す＞、なよす　7

☆ 連体形「はやす」に対応。

/hwajasï/ と推定。

　はやさ　おきやか、あちはいや、てわん、おきも、**はやさ＜そう＞**　11

　　☆ 未然形「はやさ」に対応。

　/hwajasa/ と推定。

　はやさに　あんしおそいよ、**はやさに＜囃して＞**　11

　　☆ 未然形「はやさ」を含む。「はやさに」に対応。

　/hwajasani/ と推定。

　はやせ　きみくらす、あん、**しはやせ**　20

　　☆ 已然形「はやせ」に対応。「す」の結びの已然形。

　/hwajasï/ と推定。

はりやす走

　はりやしよわ　けおのきみ、あまへて、ふれまて、**はりやしよわ＜走らし給え＞**　13

　　☆ 連用形「はりやし」を含む。「はりやしおわ（れ）」に対応。

　/hwarijasjijuwa/ と推定。

　はりやせ　こかねつて、しより、かち、**はりやせ＜走らせよ＞**　13

　　☆ 命令形「はりやせ」に対応。

　/hwarijasï/ と推定。

　はりやせ　いちらかす、おみまふてす、**はりやせ**　22

　　☆ 已然形「はりやせ」に対応。「す」の結び。

　/hwarijasï/ と推定。

　はりやさ　まはゑ、まはへ、やおら、おせ、こかねくち、**はりやさ＜走らそう＞**　13

　　☆ 未然形「はりやさ」に対応。

　/hwarijasa/ と推定。

　はりやさは　大にしに、**はりやさは＜走らせば＞**、なよくらす、しりよわめ　13

　　☆ 未然形「はりやさ」を含む。「はりやさば」に対応。

　/hwarijasaba/ と推定。

ひきあはす引合

　ひきあわちへ　かねのしま、**ひきあわちへ＜引き合わして＞**　3

　　☆「ひきあはして」に対応。

　/hwicjawacji/ と推定。

ふらす降

　ふらす　けお、**ふらす＜降らす＞**、あめや　3

　　☆ 連体形「ふらす」。

　/hwurasï/ と推定。

まかす負

　まかせ　もゝちやら、**まかせ＜負かせ＞**　11

　　☆ 命令形「まかせ」。

　/makasï/ と推定。

まはす回

第3節　『おもろさうし』の動詞形態の考察　189

まわさたな　まう、とり、**まわさたな**＜廻さないで＞、いりおとちへ　14

　　☆ 未然形「まはさ」を含む。「まはさだな」に対応。

　/mawasadana/ と推定。

まよはす迷

　まよわちへ　あよがうちは、**まよわちへ**＜迷わして＞　3

　　☆「まよはして」に対応。

　/majuwacji/ と推定。

みおやす奉

　みおやせ　かくら、せち、あんしおそいに、**みおやせ**＜奉れ＞　4

　　☆ 命令形「みおやせ」に対応。

　/miujasi/ と推定。

　みおやせは　としの、はちまりに、よわいごと、**みおやせは**＜奉れば＞　5

　　☆ 已然形「みおやせ」を含む。「みおやせば」に対応。

　/miujasiba/ と推定。

むすびおろす結下

　むすひおろちへ　かめあみ、**むすひおろちへ**＜結び下ろして＞　11

　　☆ 連用形「むすび」を含む。「むすびおろして」に対応。

　/musïbiurucji/ と推定。

めす召

　（する、着る、乗る、飲むの敬語として用いられている。）（常に「めし」＋「おわる」の形で用いられている。）

（用例も、ほとんど「めしよわちへ」の形。他には「めしおわれ」のみ。）

　めしよわちへ　あけのよろい、**めしよわちへ**＜召し給いて＞　3

　　☆ 連用形「めし」。「めしおはして」に対応。

　/misjijuwacji/ と推定。

　めしよわれ　うまかなし、**めしよわれ**＜召し給え＞　16

　　☆ 連用形「めし」。「めしおわれ」に対応。

　/misjijuwari/ と推定。

もたす持

　もたちへ　な丶そ、ゆみ、**もたちへ**＜持たして＞　10

　　☆「もたして」に対応。

　/mutacji/ と推定。

　もたちやこと　みしゆ**もたちやこと**＜持たしたら＞　12

　　☆「もたして」を含む。「もたしてあ（る）こと」に対応。

　/mutacjakutu/ と推定。

もてなす遇

　もちなし　た丶みきよか、**もちなし**＜もてなし＞　3

　　☆ 連用形「もてなし」に対応。

　/mucjinasji/ と推定。

　もちなちへ　玉くすく、あつる、おもやいは、**もちなちへ**＜もてなして＞　9

　　☆「もてなして」に対応。

/mucjinacji/ と推定。

もどす 戻

もとちへ　いくさもい、ころかま、けさ、さゑく、**もとちへ**＜戻して＞　13

☆「もどして」に対応。

/muducji/ と推定。

もらす 盛

もらちへ　中、**もらちへ**＜盛らして＞　14

☆「もらして」に対応。

/muracji/ と推定。

やりかはす 遣交

やりかわちへ　きこへ、大きみちよ、ゑりちよ、**やりかわちへ**＜遣り交わして＞　4

☆「やりかはして」に対応。

/jarikawacji/ と推定。

ゆらす 揺

よらしゆは　たまのみあおり、**よらしゆは**＜揺らし給え＞　12

☆連用形「ゆらし」を含む。「ゆらしおわ（れ）」に対応か。

/jurasjijuwa(ri)/ と推定。

よらしよわちへ　あもと、**よらしよわちへ**＜揺らし給いて＞　10

☆連用形「ゆらし」を含む。「ゆらしおはして」に対応。

/jurasjijuwacji/ と推定。

ゆらせ　ふまれて、まちよ、ふさ、**ゆらせ**＜寄らせ＞　13

☆「命令形「ゆらせ」に対応。注6)

/jurasi/ と推定。

よらす 寄

よらちへ　なむちや、こかね、**よらちへ**＜寄らして＞　13

☆「よらして」に対応。

/juracji/ と推定。

よりあはす 寄合

よりあわちへ　あまこ、**よりあわちへ**＜寄り合わして＞　9

☆「よりあはして」に対応。

/juriawacji/ と推定。

よりおろす 依降

よりおるちへ　しよりもり、**よりおるちへ**＜依り降ろして＞　3

☆「よりおろして」に対応。

/juriurucji/ と推定。

よりおろちへ　いけなきみ、**よりおろちへ**＜依り降ろして＞　7

☆「よりおろして」に対応。

/juriurucji/ と推定。

よりなほす 寄直

よりなおちへ　なたら、**よりなおちへ**＜寄り直して＞　10

第3節　『おもろさうし』の動詞形態の考察　　191

☼「よりなほして」に対応。

/jurinaucji/ と推定。

あすびたつ 遊立

あすひたち　ゑその、いくさもひ、月のかす、**あすひ、たち**＜遊び立ち＞、ともゝと、わかてた、はやせ　12　[注7]

☼ 連用形「あすび」を含む。「あすびたち」に対応。

/asïbitacji/ と推定。

おれたつ 降立

おれたち　せのきみか、**おれたち**＜降り立ち＞　11

☼ 連用形「おれたち」に対応。[注8]

/uritacji/ と推定。

たつ 立

たちより　あやみやの、ころた、**たちより**＜立ち居り＞、ゐより、まちより　11

☼ 連用形「たち」を含む。「たちをり」に対応。

/tacjijuri/ と推定。

たちよわちへ　はぢめ、いくさ、**たちよわちへ**＜立ち給いて＞　3

☼ 連用形「たち」を含む。「たちおはして」に対応。

/tacjijuwacji/ と推定。

たちよわる　せくたち、**たちよわる**＜立ち給う＞、とよみ　18

☼ 連用形「たち」を含む。「たちおわる」に対応。

/tacjijuwaru/ と推定。

たつ　このと、**たつ**＜立つ＞あふなみや、あちおそいに、しなて　13

☼ 連体形「たつ」に対応。

/tacï/ と推定。

たては　あけたちか、**たては**＜立てば＞　7

☼ 已然形「たて」を含む。「たてば」に対応。

/tatiba/ と推定。

たゝしよ　いつか、なつ、**たゝしよ**＜立つぞ＞　7

☼ 未然形「たた」を含む。「たたしよ」に対応。[注9]

/tatasjiju/ と推定。

たちちへ　なかいきよか、みおもかけ、**たちちへ**＜立って＞　7

☼「たちて→たって」に対応。促音表記。破擦音化がある。[注10]

/taQcji/ と推定。

たつ 発

たつ　せいくさ、たつ＜発つ＞、とゑは　7

☼ 終止形「たつ」に対応。

/tacï/ と推定。

たつ　たひに、たつ＜発つ＞、あんは　13

☼ 連体形「たつ」に対応。

/tacï/ と推定。

たては　あかのこか、ふね、**たては**　8

☼ 已然形「たて」を含む。「たてば」に対応。

/tatiba/ と推定。

ふりみつ　降満

ふりみちへて　きやのうちみやに、こかね、**ふりみちへて**＜降り満たして＞　3

☼ 連用形「ふり」を含む。「ふりみちて」に対応。「ふりみたして」ではない、とする。

/hwurimicjiti/ と推定。

まつ　待

まちより　いちの、おもやけや、たちよりゐより、**まちより**＜待ち居り＞　21

☼ 連用形「まち」を含む。「まちをり」に対応。

/macjijuri/ と推定。

まちよたれ　おきとはす、**まちよたれ**＜待ち居たれ＞　13

☼ 連用形「まち」を含む。「まちをりてあれ」に対応。

/macjijutari/ と推定。

まちよら　おにのきみはゑや、やほう、ひちへ、**まちよら**＜待ち居ら＞　21

☼ 連用形「まち」を含む。「まちをら」に対応。

/macjijura/ と推定。

まちよる　あんしおそい、てたの、おうねと、**まちよる**＜待ち居る＞　13

☼ 連用形「まち」を含む。「まちをる」に対応。

/macjijuru/ と推定。

まちよれ　あん、**まちよれ**＜待ち居れ＞、まはねじ　13

☼ 連用形「まち」を含む。「まちをれ」に対応。

/macjijuri/ と推定。

まちよわれ　なわしるのちやうに、いきせりしよ、**まちよわれ**＜待ち給え＞　14

☼ 連用形「まち」を含む。「まちおわれ」に対応。

/macjijuwari/ と推定。

またな　おれつむ、**またな**＜待とう＞注11)　13

☼ 未然形「また」を含む。「またな」に対応。

/matana/ と推定。

またたな　あやのみやし、うちよわちへ、かみは、**またたな**＜待たないで＞　11

☼ 未然形「また」を含む。「まただな」に対応。

/matadana/ と推定。

みつ　満

みつやに　みかつきの、**みつやに**＜満つように＞　13

☼ 連体形「みつ」を含む。「みつや（う）に」に対応。

/micïjani/ と推定。

もつ　持

もちやり　よのつんし、かみたてのせち、**もちやり**＜持ち遣り＞、ちよわれ　4

☼ 連用形「もち」を含む。「もちやり」に対応。

/mucjijari/ と推定。

第3節　『おもろさうし』の動詞形態の考察　193

もちよわれ　あちおそいしよ、きみぎやせぢ、**もちよわれ**＜持ち給え＞　　3

　　　☼ 連用形「もち」を含む。「もちおわれ」に対応。

　　/mucjijuwari/ と推定。

もつ　よそうせち、**もつ**＜持つ＞、たゝみ　　5

　　　☼ 連体形「もつ」に対応。

　　/muci/ と推定。

もちちへ　こくらの、てもち、**もちちへ**＜持って＞、みおやせ　　12

　　　☼「もちて→もって」に対応。促音表記。破擦音化がある。注12)

　　/muQcji/ と推定。

もちゑ　あかのこに、よせうち、**もちゑ**＜持って＞、とらちゑ　　8

　　　☼「もちて→もって」に対応。

　　/muQcji/ と推定。

もて　しけち、いちやせ、**もて**＜持って＞、いきや　　14

　　　☼「もって」に対応。

　　/muti/ と推定。

よりだつ寄立

よりたゝは　きみきや、**よりたゝは**＜寄り立たば＞　　5

　　　☼ 未然形「よりだた」を含む。「よりだたば」に対応。

　　/juridataba/ と推定。

よりたちの　いなふくの、はんた、**よりたちの**、はんた＜寄り立ちの断崖＞　　17
よりだちの　ゑなふくの、はんた、**よりだちの**、はんた＜寄り立ちの断崖＞　　18

　　　☼ 連用形「よりだち」を含む。「よりだちの」に対応。

　　/juridacjinu/ と推定。

あふ会（戦)

あやり　やまたと、**あやり**、はちらと、**あやり**　　8

　　　☼ 連用形「あひ」を含む。「あひあり」に対応。注13)

　　/ajari/ と推定。

あわてゝ　はから、ひきたてゝ、**あわてゝよ**、しちやる　　3

　　　☼ 未然形「あは」を含む。「あはてて」に対応。注14)

　　/awatiti/ と推定。

あおて　**あおてす**＜戦ってぞ＞、もとりよわれ　　11

　　　☼「あうて」に対応。

　　/ooti/ と推定。

あふりあふ煽合

あおりやゑて　みちへりきよす、**あおりやゑて**＜煽り合いて)、はりやせ　　13

　　　☼「あふりあひて」に対応。

　　/aurijaiti/ と推定。

あらふ洗

あらへ　ちはな、こしたけに、あらへか、**あらへ**＜洗え＞　　14

　　　☼ 命令形「あらへ」に対応。

/arai/ と推定。

いのりあふ祈合

いのりやゑて　うらのかす、**いのりやゑて**＜祈り合いて＞、よせれ　6

☼「いのりあひて」に対応。

/inurijaiti/ と推定。

いはふ祝

ゆわい事　としのはちまりに、**ゆわい事**＜祝い事＞、すれは　5

よわいごと　としの、はちまりに、**よわいごと**＜祝い事＞、みおやせは　5

よわい事　あよ、そろて、**よわい事**＜祝い事＞、みおやせ　16

☼連用形「いはひ」を含む。「いはひごと」に対応。

/juwaigutu/ と推定。

よわいか　すつみ、**よわい**＜祝い＞**か**、おわちへ　8

☼連用形「いはひ」を含む。「いはひが」に対応。

/juwaiga/ と推定。

いふ言

いきや　のおたにか　**いきや**＜言いに＞、おわにきや、ゑけり、あんし　14

☼連用形「いひ」を含む。「いひが」に対応。

/iigja/ と推定。

いやりせ　しより、かち、いきや人、あん、かたれ、**いやりせ**＜伝言しよう＞　13

☼連用形「いひ」を含む。「いひやりせ」に対応か。注15)

/iijarisi/ と推定。

いへ　まきよの、かす、てはわい**へ**＜言え＞　20

☼命令形「いへ」に対応。

/ii/ と推定。

いよやに　あかのこか、**いよ、やに**　8

☼連体形「いふ」を含む。「いふやうに」に対応か。注16)

/ijujani/ と推定。

いやは　おかむすか、**いやは**＜言わば＞、きちやらつは　15

☼未然形「いは」を含む。「いはば」に対応。

/ijaba/ と推定。

いちへ　ともゝすゑ、これど、**いちへ**＜言って＞、とよま　5

☼「いひて」に対応。

/icji/ と推定。促音化、そしてその脱落、「て」破擦音化がある。

おしあふ押合

おしあい　あや、きやね、**おしあい**＜押し合い＞、しゆわれ　11

☼「おしあひ」に対応。

/usjiai/ と推定。

おしやへ　**おしやへ**＜押し合い＞、しちへ、もちみちへる、くすく　8

☼「おしあひ」に対応。

/usjai/ と推定。

おそふ襲

おそよわ　なみかはな、**おそよわ**＜襲い給え＞　13

☼ 連用形「おそひ」を含む。「おそひおわ（れ）」に対応。

/usujuwa/ と推定。

おそう　なさいきよかあちおそう＜襲う＞しまうち　6

　　　　うらのかす、**おそう**、世わ＜襲うよわ＞　6

☼ 連体形「おそふ」に対応。

/usuu/ と推定。

おそやに　しらなみゃ、かなくり、**おそやに**＜襲うように＞　12

☼ 連体形「おそふ」を含む。「おそふや（う）に」に対応。

/usujani/ と推定。

おそい　あちおそいす、天きや下、**おそい**＜襲い＞　13

☼ 已然形「おそへ」に対応。「す」の結び。

/usui/ と推定。

おそわ　嶋まるくみこへ、しやり、**おそわ**＜襲わ＞　3

☼ 未然形「おそは」に対応。

/usuwa/ と推定。

おそて　天ぎやした、**おそて**＜襲って＞、しよりもり、ふさて　3

☼「おそひて」に対応。

/usuti/ と推定。促音脱落の変化がある。

おふ追

おゑちへ　**おゑちへ**＜追手＞、こうて　はりやせ　10

おゑぢへ　**おゑぢへ**＜追手＞、こうて　13

おいちへ　まにし、こやへら、**おいちへ**＜追手＞、こやへら　13

☼ 連用形「おひ」を含む。「おひで」に対応。

/uizi/ と推定。

おゑぢ　**おゑぢ**＜追手＞やうら、おせ　13

☼ 連用形「おひ」を含む。「おひで」に対応。

/uizji/ と推定。

おゑちへかせ　**おゑちへかせ**＜追手風＞、ふきよれは　13

おゑぢへかぜ　**おゑぢへかぜ**＜追手風＞、おちへ、きより　13

おいちゑかせ　**おいちゑかせ**＜追手風＞、ふけは　21

☼ 連用形「おひ」を含む。「おひでかぜ」に対応。

/uizjikazi/ と推定。

おへく　はまちとり、おゑたて、**おへく**と＜追え追えと＞、おゑたて　13

☼ 命令形「おへ」に対応。「おへ」の繰り返し。

/uji/ と推定。

おもふ思

おもひ　**おもひ**＜思い子＞、なちゑ、からわ　5

☆ 連用形「おもひ」に対応。

　/umui/ と推定。

おもい　あんす、いちやけ、**おもい**＜思い＞　14

　　☆ 連用形「おもひ」に対応。

　/umui/ と推定。

おもひかけす　**おもひかけす**＜思いがけず＞、しより、あくかへ、いきやて　14

　　☆ 連用形「おもひ」を含む。「おもひがけず」に対応。

　/umuigakizï/ と推定。

おもいよわる　てたか、**おもいよわる**＜思い給う＞、まて、もちたゝみ　7

　　☆ 連用形「おもひ」を含む。「おもひおわる」に対応。

　/umuijuwaru/ と推定。

おもよわる　**おもよわる**＜思い給う＞、ところ　13

　　☆ 連用形「おもひ」を含む。「おも（ひ）おわる」に対応。

　/umujuwaru/ と推定。

おむうな　いちやちや、きしめかは、たるか、てゝ、**おむうな**＜思うな＞　15

　　☆ 終止形「おもふ」を含む。「おもふな」に対応。

　/umuuna/ と推定。

おもな　あよて、てゝ、**おもな**＜思うな＞　10

　　☆ 終止形「おもふ」を含む。「おも（ふ）な」に対応。

　/umu(u)na/ と推定。

おもうやに　**おもうやに**＜思う様に＞、けらへ、世のつち、ちよわれ　6

　　☆ 連体形「おもふ」を含む。「おもふや（う）に」に対応。

　/umuujani/ と推定。

おもやに　おゑぢへ、こうて、**おもやに**＜思う様に＞、はりやせ　13

　　☆ 連体形「おもふ」を含む。「おもふや（う）に」に対応。

　/umu(u)jani/ と推定。

おもふきやめ　**おもふきやめ**＜思う限り＞、ちよわれ　8

　　☆ 連体形「おもふ」。「おもふぎやめ」に対応。注17)

　/umuuzjami/ と推定。

おもはな　あまにやから、おきなわ、たけてゝは、**おもはな**＜思わな＞　3

　　☆ 未然形「おもは」を含む。「おもはな」に対応。

　/umuwana/ と推定。

おもわば　あよがうちに、**おもわば**＜思わば＞　3

おもわは　きもかうちに、**おもわは**＜思わば＞　3

　　☆ 未然形「おもは」を含む。「おもはば」に対応。

　/umuwaba/ と推定。

おもわれて　いちへき、ひやりよもい、かなてあんしに、**おもわれて**＜思われて＞　15

☆ 未然形「おもは」を含む。「おもはれて」に対応。

　/umuwariti/ と推定。

おもわれゝ　のちまさり、あんしに、**おもわれゝ**　14

をもわれゝ　たりじよ、けすに、**をもわれゝ**＜思われよ＞　　5

　☼ 未然形「おもは」を含む。「おもはれれ」に対応。

/umuwariri/ と推定。

おれぶさふ降栄

おれぶさよわ　きこゑ大きみきや、おれて　**おれぶさよわ**＜降り栄え給え＞　　3

おれふさよわ　きこゑきみかなし　おれて、**おれふさよわ**＜降り栄え給え＞　　6

　☼ 連用形「おれぶさひ」を含む。「おれぶさひおわ（れ）」に対応。

/uribusajuwa/ と推定。

おれふさて　とよむせたかこか、むつき　**おれふさて**＜降り栄えて＞　　3

おれほさて　さしふ、**おれほさて**＜降り栄えて＞　むつき、おれなおちへ　　3

　☼ 「おれぶさひて」に対応。

/uribusati/ と推定。

かふ買

かいか　あおしや、てうたま　**かい**＜買い＞か　11

　☼ 連用形「かひ」を含む。「かひが」に対応（＝「買いに」）（目的）。

/kaiga/ と推定。

かいきや　やまと、たひ　なお、**かい**＜買い＞きや、のほてか　21

　☼ 連用形「かひ」を含む。「かひが」に対応（＝「買いに」）（目的）。「が」に口蓋化。

/kaigja/ と推定。

かよふ通

かよい　よるなれは、いめ**かよい**＜通い＞かよて　14

かゆい　ほへむ、世のぬしや、米すとの　**かゆい**＜通い＞　　8

　☼ 連用形「かよひ」に対応。

/kajui/ と推定。

かよわきやめ　ゑそこ、**かよわきやめ**＜通うまで＞、あちおそいしよ、世しり、
　　　　　　　　よわれ　6

　☼ 未然形「かよは」を含む。「かよはぎやめ」に対応。注18)

/kajuwazjami/ と推定。

かよて　まんの、よねん　**かよて**＜通って＞　　3

　☼ 「かよって」に対応。

/kajuQti/ と推定。

こふ乞

こやへら　まにし、こや、**へら**＜乞いましょう＞、おいちへ、こや、へら　8

　☼ 連用形「こひ」を含む。「こひはべら」に対応。

/kujabira/ と推定。

こやり　すへのちな、うるわし、**こやり**＜乞い遣り＞、うちやへら　8

　☼ 連用形「こひ」を含む。「こ（ひ）やり」に対応。

/ku(i)jari/ と推定。

こよわちへ　ゑそこ、な**こよわちへ**＜乞い給いて＞、みおね、なこよわちへ　3

　☼ 連用形「こひ」を含む。「こひおはして」に対応。

198　第3章　仮名資料の動詞形態の考察

/kujuwacji/ と推定。

こゑか　やとり、こしらいや、めすかわの、まさうす**こゑか**＜乞いが＞おわち　7

　　☆ 連用形「こひ」を含む。「こひが」に対応。(「乞いに」の意)

/kuiga/ と推定。

こゑは　いりて、みつ　**こゑは**＜乞えば＞　14

　　☆ 已然形「こへ」を含む。「こへば」に対応。

/kuiba/ と推定。

こわば　にし　**こわば**＜乞わば＞、にし　なれ　13

こわは　うし　**こわは**＜乞わば＞、あんに、たほれ　8

　　☆ 未然形「こは」を含む。「こはば」に対応。

/kuwaba/ と推定。

こうて　大みつの、みぢよいもい、おゑちへ、**こうて**＜乞うて＞　はりやせ　10

　　☆「こうて」に対応。

/kuuti/ と推定。

こうたれ　おやのろは、たかへて、まはゑ、かせ、**こうたれ**＜乞うたれ＞　13

　　☆「こうて」を含む。」「こうてあれ」に対応。

/kuutari/ と推定。

しなふ撓

しなへ　かせのてや、ほう、ふくろに、**しなへ**＜撓い＞　13

　　☆ 連用形「しなひ」に対応。

/sjinai/ と推定。

しなよは　おぎもうちによしらす大きみに**しなよは**＜撓い給え＞　9

　　☆ 連用形「しなひ」を含む。「しなひおわ（れ）」に対応か。

/sjinajuwa/ と推定。

しなよわ　あよがうちに、おぼへす、せたかこに、**しなよわ**＜撓い給え＞　9

　　☆ 連用形「しなひ」を含む。「しなひおわ（れ）」に対応か。

/sjinajuwa/ と推定。

しなおやに　おきもの、**しなおやに**＜撓うように＞、はりやせ　13

　　☆ 連体形「しなふ」に対応。「しなふや（う）に」に対応。

/sjinaujani/ と推定。

しなは　てわん、おきもに、**しなは**＜撓わ＞　11

しなわ　大きみに、**しなわ**＜撓わ＞　12

　　☆ 未然形「しなは」に対応。

/sjinawa/ と推定。

しなわに　かまゑ、はやく、いちへ、おきもに、**しなわに**＜撓わに＞　8

　　☆ 未然形「しなは」を含む。「しなはに」に対応。注19)

/sjinawani/ と推定。

しなわにな　**しなわにな**＜撓わにな＞、やひきやにな、ゑけりあんし　14

　　☆ 未然形「しなは」を含む。「しなはにな」に対応。

/sjinawanina/ と推定。

第3節　『おもろさうし』の動詞形態の考察　199

しなへて　くもかせ、**しなへて**＜撓いて＞、はりやせ　13

☆「しなひて」に対応。注20)

/sjinaiti/ と推定。

しなて　君**しなて**＜撓って＞、なよら　3

☆「しなって」に対応。

/sjinaQti/ と推定。

すまふ住

すまら　よしたると、**すまら**　16

☆「ラ行化」後の未然形「すまら」に対応。注21)

/sïmara/ と推定。

すまておちやる　あか、おもひきや、**すまておちやる**＜住まて居たる＞、きせのうら　14

☆「すまひて」を含む。「すまひてをりたる」に対応。

/sïmatiucjaru/ と推定。

そろふ揃

そろい　しもの世のぬしの、**そろい**＜揃い＞　10

☆連用形「そろひ」に対応。

/surui/ と推定。

そろいわちへ　しま世、**そろいわちへ**＜揃い給いて＞　3

☆連用形「そろひ」を含む。「そろひおはして」に対応。

/suruiwacji/ と推定。

そるよわちへ　かいなで、まごるこた、みそて、**そるよわちへ**＜揃い給いて＞　3

☆連用形「そろひ」を含む。「そろひおはして」に対応。

/surujuwacji/ と推定。

そろう　よ、**そろう**＜揃う＞、ぐしかわ、けらへて　9

そろお　あよ、**そろお**＜揃う＞、た、みきう、まへかち　13

☆連体形「そろふ」に対応。

/suruu/ と推定。

そろわは　いけぐと、**そろわは**＜揃わば＞、おれら　11

☆未然形「そろは」を含む。「そろはば」に対応。

/suruwaba/ と推定。

そろて　かみ、すちや、**そろて**＜揃って＞、ほこり、よわちへ　5

そるて　のろぐ、あよ、**そるて**＜揃って＞、いのて　3

☆「そろって」に対応。

/suruQti/ と推定。

たちあふ立合

たちあわん　も、あち、**たちあわん**＜立ち合わん＞　6

☆連用形「たち」を含む。「たちあはむ」に対応。

/tacjiawaɴ/ と推定。

たとふ譬

たとわる　しよりもりくすく、これと、こかねうちに　**たとわる**＜譬えられる＞　5

☆未然形「たとは」を含む。「たとはる」に対応。

/tatuwaru/ と推定。

つかふ使

つかひ　てるかはに、ちやくに、ゑらて、**つかひ**＜招待、使い＞　13

☆連用形「つかひ」に対応。

/cïkai/ と推定。

つかい　なさいきよもい、とよまちへ、あおりやゑ、**つかい**＜招待、使い＞　4

☆連用形「つかひ」に対応。

/cïkai/ と推定。

つかよわ　くめの、こいしのか、おとちよもい、**つかよわ**＜使い給え＞　13

☆連用形「つかひ」を含む。「つか（ひ）おわ（れ）」に対応。

/cïkajuwa/ と推定。

つかわれて　きみに、**つかわれて**＜招かれて＞　12

☆未然形「つかは」を含む。「つかはれて」に対応。

/cïkawariti/ と推定。

とびあふ飛合

とひやうやに　あけずかた、**とひやうやに**＜飛び合うように＞　9

☆連体形「とびあふ」を含む。「とびあふや（う）に」に対応。

/tubijaujani/ と推定。

とふ問

とうな　たるか、てゝ、ずれか、てゝ、**とうな**＜問うな＞　13

☆終止形「とふ」を含む。「とふな」に対応。

/tuuna/ と推定。

とへは　ひとのおやに、**とへは**＜問えば＞　5

とゑは　おい人に、**とゑは**＜問えば＞　5

とへわ　おひ人に、**とへわ**＜問えば＞　12

☆已然形「とへ」を含む。「とへは」に対応。

/tuiwa/ と推定。 注22)

ならふ習

ならい　わかうらの、**ならい**＜習い＞　17

☆連用形「ならひ」に対応。

/narai/ と推定。

ならて　月よか、たては、よりあそひ、**ならて**　14

☆「ならって」に対応。

/naraQti/ と推定。

ねがふ願

ねかいわちへ　さしふ、五ころに、**ねかいわちへ**＜願い給いて＞、よりおれて　3

☆連用形「ねがひ」を含む。「ねがひおはして」に対応。 注23)

/nigaiwacji/ と推定。

ねがて　とよむ、くにとよみ、ませ　**ねがて**＜願って＞、おれわちへ　3

ねかて なさいきよもい、あちおそい、おぎもうちに、**ねかて**＜願って＞ 3

☼ 「ねがって」に対応。

/nigaQti/ と推定。

のりふさふ乗栄

のりふさい とも丶すゑ、**のりふさい**＜乗り栄え＞、しよわちへ 13

☼ 連用形「のりふさひ」に対応。

/nurihwusai/ と推定。

はりあふ走合[注24]

はりやへは なはとまり、**はりやへは**＜走り合えば＞ 13

☼ 已然形「はりあへ」を含む。「はりあへば」に対応。

/hwarijaiba/ と推定。

はりそふ走添

はりそいよ わかうらの、めつらしや、はやく、**はりそい**＜走り競い＞よ 13

☼ 命令形「はりそへ」を含む。「はりそへよ」に対応。[注25]

/hwarisuiju/ と推定。

はりそゑて ゑらふ、せりよさに、はこき、**はりそゑて**＜走り競いて＞ 13

☼ 「はりそひて」に対応。[注26]

/hwarisuiti/ と推定。

ふさふ栄[注27]

ふさいきみ すへのきみやれは、**ふさいきみ**＜栄え君＞やれは 4

☼ 連用形「ふさひ」を含む。「ふさひきみ」に対応。

/hwusaicjimi/ と推定。

ふさいよわちへ おさはつるき、さしよわちへ、さしやり、**ふさいよわちへ**＜栄え給
いて＞ 15 [注28]

☼ 連用形「ふさひ」を含む。「ふさひおはして」に対応。

/hwusaijuwacji/ と推定。

ふさよわちへ ちゑねんもりくすく、かけて、**ふさよわちへ**＜栄え給いて＞ 7

☼ 連用形「ふさひ」を含む。「ふさひおはして」に対応。

/hwusajuwacji/ と推定。

ふさよわる わしと、**ふさよわる**＜相応し給う＞、かみ下、世そわて、ちよわれ 15

☼ 連用形「ふさひ」を含む。「ふさひおわる」に対応。

/hwusajuwaru/ と推定。

ふさよわれ おきやかもいしよ、かけて、**ふさよわれ**＜栄え給え、相応しけれ＞ 4

ふさゆわれ きこゑつくしちやら、とやり、**ふさゆわれ**＜栄え給え＞ 20

☼ 連用形「ふさひ」を含む。「ふさひおわれ」に対応。

/hwusajuwari/ と推定。

ふさて 天ぎやした、おそて、しよりもり、**ふさて**＜栄えて＞ 3

☼ 「ふさひて」に対応。

/hwusaQti/ と推定。

ふりおそふ降襲

ふりおそて　てにからわ、**ふりおそて**＜降り襲って＞　　5

　　☆ 連用形「ふり」を含む。「ふりおそひて」に対応。

　　/hwuriusuti/ と推定。

まひあふ舞合

まやへて　あさとらは、**まやへて**＜舞いて＞　　6

まやゑて　こばおもりの、きみぐ、**まやゑて**＜舞いて＞、おこらめ　13

　　☆「まひあひて」に対応。

　　/majaiti/ と推定。

まふ舞

まう　なかべ、**まう**＜舞う＞とりや、くもへ、**まう**＜舞う＞とりや　5

　　☆ 連体形「まふ」に対応。

　　/mau/ と推定。

まうて　そて、たれて、**まうて**＜舞うて＞　21

　　☆「まうて」に対応。

　　/mauti/ と推定。

むかふ向

むかふ　**むかふ**とし＜向かう年＞、ならは　12

むかう　**むかう**とし＜向かう年＞、ならは　4

　　☆ 連体形「むかふ」に対応。

　　/mukau/ と推定。

むかは　あくまどし、**むかは**＜向かば＞、いしやもよは、かけおそて　3

　　☆ 未然形「むかは」に対応。注29)

　　/mukawa/ と推定。

むかて　てたかあなに、**むかて**＜向かって＞　10

　　☆「むかって」に対応。

　　/mukaQti/ と推定。

むれまふ群舞

ふれまへか　**ふれまへ**＜群れ舞い＞か、みもん　11

　　☆ 連用形「むれまひ」を含む。「むれまひが」に対応。「むれ」→「ぶれ」の変化。

　　/burimaiga/ と推定。

ふれまへは　あまへ、**ふれまへは**、も、うら、よてこう　7

　　☆ 已然形「むれまへ」を含む。「むれまへば」に対応。「むれ」→「ぶれ」の変化。

　　/burimaiba/ と推定。

ふれまて　かくらの、しけうち、あやよりも、**ふれまて**＜群れ舞って＞　4

　　☆「むれまって」に対応。「むれ」→「ぶれ」の変化。

　　/burimaQti/ と推定。

もりあふ守合

もりあい　かなふくのもりに、**もりあい**　9

　　☆ 連用形「もりあひ」に対応。

　　/muriai/ と推定。

もりあいきみ　**もりあいきみ、きみにしやが**　9
　　☼ 連用形「もりあひ」を含む。「もりあひぎみ」に対応。
　　/muriaizjimi/ と推定。
もりやいこ　**もりやいこか、および**　16
　　☼ 連用形「もりあひ」を含む。「もりあひこ」に対応。
　　/murijaiku/ と推定。
もりあいこた　**もりあいこた、みまふてす、かくらより、かゑれ**　9
　　☼ 連用形「もりあひ」を含む。「もりあひこた」に対応。
　　/muriaikuta/ と推定。
もりやへこた　**もりやへこた、まうれしや、なさいきよもいしよ**　3
もりやゑこた　大ごろた、および、**もりやゑこた**、おなおさ、きみぐしよ、よしれ　3
　　☼ 連用形「もりあひ」を含む。「もりあひこた」に対応。注30)
　　/murijaikuta/ と推定。

やしなふ養

やしなやり　かみや、いつこ、**やしなやり＜養な遣り＞**、あちおそいよ、まふれ　7
　　☼ 連用形「やしなひ」を含む。「やしなひあり」に対応。
　　/jasjinajari/ と推定。
やしなよわちへ　いつこ、あかなよわちへ、くはら、**やしなよわちへ＜養い給いて＞**　6
　　☼ 連用形「やしなひ」を含む。「やしなひおはして」に対応。
　　/jasjinajuwacji/ と推定。
やしなて　てるしのは、のたて丶、ふさちんは、**やしなて＜養って＞**　12
　　☼「やしなって」に対応。
　　/jasjinaQti/ と推定。

よりあふ寄合

よりあいなみ　**よりあいなみ＜寄り合い波＞、たては**　13
　　☼ 連用形「より」を含む。「よりあひなみ」に対応。
　　/juriainami/ と推定。
よりあふやに　くもこ、**よりあふやに＜寄り合うように＞**　9
　　☼ 連体形「よりあふ」を含む。「よりあふやうに」に対応。
　　/juriahwujani/ と推定。
よりやう　たう、なはん、**よりやう＜寄り合う＞**、なはとまり　13
　　☼ 連体形「よりあふ」に対応。
　　/jurijau/ と推定。

よりそふ寄添

よりそいよ　御さけ、ほしや、あらす、おうね、**よりそい＜寄り添い＞よ**　13
　　☼ 命令形「よりそへ」を含む。「よりそへよ」に対応。
　　/jurisuiju/ と推定。
よりそへ　しよりもりくすく、くもかせす、**よりそへ**　13
　　☼ 已然形「よりそへ」に対応。「す」の結び。
　　/jurisui/ と推定。

わらふ笑

わらて　ねやかりよ、**わらてる**＜笑ってぞ＞、いちやる　　8

  ☼「わらって」に対応。

/waraQti/ と推定。

ゑふ酔

ゑよて　御さけや、**ゑよてと**＜酔ってぞ＞、たちよる　　11

  ☼「ゑうって」に対応。

/ijuQti/ と推定。

あすぶ遊　　注31)

あすひ　あかの、おゑつきや、ともゝその、**あすひ**＜遊び＞　　8

  ☼連用形「あすび」に対応。

/asïbi/ と推定。

あすひふれまへは　すゑ、まさて、**あすひ、ふれまへは**＜遊び群れ舞えば＞　　7

  ☼連用形「あすび」を含む。「あすびむれまへば」に対応。

/asïbiburimaiba/ と推定。

あすびよわれは　おれて、**あすび、よわれは**＜遊び給えば＞　　3

あすひよわれは　おれて、**あすひ、よわれは**＜遊び給えば＞　　3

  ☼連用形「あすび」を含む。「あすびおわれば」に対応。

/asïbijuwariba/ と推定。

あすへ𛀀　大ころか、けらへたる、まみやに、**あすへ𛀀**＜遊べ遊べ＞、やちよく　　14

  ☼命令形「あすべ」に対応。「あすべ」の繰り返し。

/asïbi asïbi/ と推定。

あすぶ　いみや、からど、おれなおちへ、**あすぶ**＜遊ぶ＞　　3

  ☼連体形「あすぶ」に対応。「ど」の結び。

/asïbu/ と推定。

あすふかす　おれる、かす、よせて、**あすふ、かす**＜遊ぶごとに＞、よせて　　13

  ☼連体形「あすぶ」を含む。「あすぶかず」に対応。

/asïbukazï/ と推定。

あすばかず　おれらかず、まふら、**あすばかず**＜遊ぶごとに＞、かいなてら　　20

あすばかす　おれらかす、まふら、**あすはかす**＜遊ぶごとに＞、かいなてら　4

  ☼未然形「あすば」を含む。「あすばかず」に対応。注32)

/asïbakazï/ と推定。

あすは　世そうせち、せちまさて、**あすは**＜遊ぼう＞　　14

  ☼未然形「あすば」に対応。

/asïba/ と推定。

あすべは　おもひきみの、おれて、**あすべは**＜遊べば＞　　9

あすへは　せち、まさて、**あすへは**＜遊べば＞　　4

  ☼已然形「あすべ」を含む。「あすべは」に対応。注33)

/asïbiwa/ と推定。

あすて　わうにせと、よきやて、みかう、あわちへ、**あすて**＜遊んで＞　　3

第3節　『おもろさうし』の動詞形態の考察　　205

☆「あすんで」に対応。

　　/asïndi/ と推定。

えらぶ選

　ゑらびやり　とよむせたかこが、きら、**ゑらびやり**＜選び遣り＞　3

　ゑらひやり　とよも、国もりきや、ませ、**ゑらひやり**＜選び遣り＞、おれわちへ　4

　　☆連用形「えらび」を含む。「えらびあり」に対応。

　　/irabijari/ と推定。

　ゑらひよわちへ　おきて、**ゑらひよわちへ**＜選び給いて＞　20

　　☆連用形「えらび」を含む。「えらびおはして」に対応。

　　/irabijuwacji/ と推定。

　ゑらふ　てにより、したの、けす、**ゑらふ**＜選ぶ＞、てた　8

　　☆連体形「えらぶ」に対応。

　　/irabu/ と推定。

　ゑらで　しらくちやが、よそ、**ゑらで**＜選んで＞　10

　ゑらて　とよむせたかこか、たきよろゑか、**ゑらて**＜選んで＞　3

　　☆「えらんで」に対応。

　　/irandi/ と推定。

しのぶ忍

　しのひ　わかいきよ、**しのひ**＜忍び＞、あくみ、ちよに、まふる　13

　　☆連用形「しのび」に対応。

　　/sjinubi/ と推定。

たぶ賜

　たほう　たが、ためが、**たほう**＜賜う＞、たが、ためが、よしも　11

　　☆終止形「たぶ」に対応。

　　/tabuu/ と推定。

　たほれ　うしこわは、あんに、**たほれ**＜賜え＞　8

　　☆「ラ（四段）行化」後の命令形「たほれ」に対応。[注34]

　　/taburi/ と推定。

とぶ飛

　とひこりて　おきおほちか、さかい、**とひこりて**＜飛び越えて＞　13

　　☆連用形「とび」を含む。「とびこえて」に対応。「こりて」は「こいて」の誤記か。

　　/tubikuiti/ と推定。

　とぶ　おやおうねは、おしうけて、**とぶ**＜飛ぶ＞、とりと、いそして、はらやせ　13

　とふ　むかて、**とふ**＜飛ぶ＞、かくわよ　13

　　☆連体形「とぶ」に対応。

　　/tubu/ と推定。

　とう　とりぎや、**とう**＜飛ぶ＞　とり　10

　　☆連体形「とぶ」に対応。[注35]

　　/tu(b)u/ と推定。

ならぶ並

206　第3章　仮名資料の動詞形態の考察

ならて　　あまこ、あわちへ、**ならて＜並んで＞**　　4

　　☆「ならんで」に対応。

　　/naraꞎdi/ と推定。

のぶ伸

のばまし　　くむさうすやちよむ、みちゑ、いちゑ、いき、**のばまし＜伸ばまし＞**　　21

ぬはまし　　くむさうすやちよむ、みちへ、いちへ、いき、**ぬはまし＜伸ばまし＞**　　11

　　☆未然形「のば」を含む。「のばまし」に対応。

　　/nubamasji/ と推定。

ほろぶ滅

ほるび　　きこへいけくすく、みらんすか、**ほるび＜亡び＞**　　17

　　☆連用形「ほろび」に対応。

　　/hwurubi/ と推定。

むすぶ結

世のむすひ　　てるかはす、**世のむすひ＜世の結び＞**、つきおろせ　　6

　　☆連用形「むすび」を含む。「よのむすび」に対応。

　　/junumusïbi/ と推定。

あぐむ待望 [注36)]

あぐておちやる　　あか、おもひきや、**あぐて、おちやる＜あぐんで居たる＞**、なこの
　　　　　　　　　　　　　　　　　　うら　　14

あくておちやる　　**あくて、おちやる＜あぐんで居たる＞**、かうちちよ　　13

　　☆「あぐんで」を含む。「あぐんでをりたる」に対応。

　　/aguꞎdiwucijaru/ と推定。

あゆむ歩

あよみ　　くしかわに、**あよみ＜歩み＞**、ぬら、しよわちへ　　16

　　☆連用形「あゆみ」に対応。

　　/ajumi/ と推定。

あよみよわ　　てたかあなに、**あよみよわ＜歩み給え＞**　　10

　　☆連用形「あゆみ」を含む。「あゆみおわ（れ）」に対応。

　　/ajumijuwa(ri)/ と推定。

あよむてやは　　おわる、てやは、**あよむ、てやは＜歩むといえば＞**　　11

　　☆終止形「あゆむ」を含む。「あゆむといはは」に対応。

　　/ajumutijawa/ と推定。

あよも　　やかふ、かち、**あよも＜歩む＞**、てたゑそのてた　　17

　　☆連体形「あゆむ」に対応。

　　/ajumu/ と推定。

あよむやに　　ぢみち、**あよむやに＜歩むように＞**、こがせ　　10

　　☆連体形「あゆむ」を含む。「あゆむや（う）に」に対応。

　　/ajumujani/ と推定。

あよで　　あかるいに、**あよで＜歩いて＞**　　10

　　☆「あゆんで」に対応。

/ajuɴdi/ と推定。

うらやむ羨

　うらやみ　まへさうす、ありては、ゑ、け、まさり、きく、**うらやみ**＜羨み＞　11

　　☼ 連用形「うらやみ」に対応。

　　/urajami/ と推定。

　うらやみよる　とも丶その、あすひ、みちへと、**うら、やみよる**＜羨みおる＞　8

　　☼ 連用形「うらやみ」を含む。「うらやみをる」に対応。

　　/urajamijuru/ と推定。

　うらやめ　くに、なつち、みちへ、**うらやめ**＜羨め＞　14

　　☼ 命令形「うらやめ」に対応。

　　/urajami/ と推定。

　うらやて　あまにこの、**うらやて**＜心に響いて＞、けさにこの、きらやて　3

　　☼ 「うらやんで」に対応。

　　/urajaɴdi/ と推定。

このむ好

　このまれて　きみに、いしやまれて、ぬしに、**このまれて**＜好まれて＞　3

　　☼ 未然形「このま」を含む。「このまれて」に対応。

　　/kunumariti/ と推定。

　このて　まくし、とよたしゆよ、おやより、**このて**＜好んで＞　11

　　☼ 「このんで」に対応

　　/kunuɴdi/ と推定。

すむ澄

　すむ　ことなおし、おれわちへ、さやはの**すむ**さうす＜斎場の澄む清水＞、けらへて　14

　　☼ 連体形「すむ」に対応

　　/sïmu/ と推定。

たくむ工

　たくたる　**たくたる**＜工みたる＞、けすの、うちやり、さらめ　6

　　☼ 「たくんで」を含む。「たくんである→たくんだる」に対応。

　　/takuɴdaru/ と推定。

つむ積

　つみよわちへ　さしき、おやひかわ、せ、**つみよわちへ**からい＜積み給いてからは＞　14

　　☼ 連用形「つみ」を含む。「つみおはして」に対応。「からい」は「からは」の誤写。

　　/cïmijuwacji/ と推定。

　つむ　たま、**つむ**＜積む＞、きやんうち、みちやる　5

　つも　うらおそいの、ね国、も丶と、**つも**＜積む＞、こかね　15

　　☼ 連体形「つむ」に対応。

　　/cïmu/ と推定。

　つで　かみしもの、たから、**つで**＜積んで＞、みおやせ　5

　つて　も丶しまの、たから　**つて**＜積んで＞、みおやせ　6

　　☼ 「つんで」に対応。

/cïɴdi/ と推定。

とよむ鳴響

　とよみ　せいくさ、しま世の、**とよみ**＜鳴響み＞　3
　　　　　　みのかは、うちちへ、**とよみ**＜鳴響み＞　11
　　　☼ 連用形「とよみ」に対応。

　　/tujumi/ と推定。

　とよみよわる　こかへ、**とよみよわる**＜鳴響み給う＞、てたよ、みちやる　8

　とよみゆわる　くもか、いきつきに、**とよみゆわる**＜鳴響み給う＞、たかさ　15
　　　☼ 連用形「とよみ」を含む。「とよみおわる」に対応。

　　/tujumijuwaru/ と推定。

　とよみよる　とくよせか、したに、**とよみよる**＜鳴響み居る＞、つかい　11
　　　☼ 連用形「とよみ」を含む。「とよみをる」に対応。

　　/tujumijuru/ と推定。

　とよむ　くもこだけ、**とよむ**＜鳴響む＞、しまはぢめ、大ぬし　3
　　　☼ 連体形「とよむ」に対応。

　　/tujumu/ と推定。

　とよも大きみや　あきりぐち、**とよも**＜鳴響む＞**大きみや**、やちよ、かけて、
　　　　　　　　とよまさに　3
　　　☼ 連体形「とよむ」を含む。「とよむおほきみは」に対応。

　　/tujumuuukimija/ と推定。

　とよめ　せこさ、たてらかず、うちやりやり、**とよめ**＜鳴響め＞　3
　　　☼ 命令形「とよめ」に対応。。

　　/tujumi/ と推定。

　とよめは　けらへ、みやうぶ、**とよめは**＜鳴響めば＞、みもん　9
　　　☼ 已然形「とよめ」を含む。「とよめば」に対応。

　　/tujumiba/ と推定。

　とよま　きこゑきみかなし　おれて、**とよま**＜鳴響ま＞　6
　　　☼ 未然形「とよま」に対応。

　　/tujuma/ と推定。

　とよで　くに**とよで**＜鳴響んで＞、ちよわれ　3

　とよて　おぼつたけ、**とよて**＜鳴響んで＞　3
　　　☼「とよんで」に対応。

　　/tujuɴdi/ と推定。

ぬすむ盗

　のすで　**のすで**＜盗んで＞、はちやる　10
　　　☼「ぬすんで」に対応。

　　/nusïɴdi/ と推定。

はさむ挟

　はさめ　とかでは、とうさ、みきや、**はさめ**＜挟み＞、世かけひやし、みおやせ　14
　　　☼ 連用形「はさみ」に対応。_{注37)}

/hwasami/ と推定。

ひがむ僻（「曲がる」の意）

ひぢやむ　かねかのちては、かねは、**ひぢやむ物＜僻む物＞**　8

☆ 連体形「ひがむ」に対応。「が」に（口蓋化、そして）破擦音化がある。

/hwizjamu/ と推定。

やすむ休

やすま　こへ、やて、**おきもやすま＜休もう＞**　4

☆ 未然形「やすま」に対応。

/jasïma/ と推定。

やすて　をふれ、おきも、**やすて＜休んで＞**　5

☆「やすんで」に対応。

/jasïɴdi/ と推定。

やりあぐむ遣倦

やりあくて　きこゑきみがなし、おれみれ、さうせ、**やりあくて＜遣りあぐんで＞**　6

☆「やりあぐんで」に対応。

/jariaguɴdi/ と推定。

あがる上

あかりよわれ　みや、**あかりよわれ＜揚がり給え＞**、せたかこ　13

☆ 連用形「あがり」を含む。「あがりおわれ」に対応。

/agarijuwari/ と推定。

あかる　ゑけ、**あかる＜上がる＞**、三日月や　10

☆ 連体形「あがる」に対応。

/agaru/ と推定。

あかろ　あかるい、もりくすく、**あかろあやみやに＜揚がる綾庭＞**に　14

☆ 連体形「あがる」に対応。

/agaru/ と推定。

あがて　つくちの、しゆの、いふちへ、**あがて＜上がって、揚がって＞**くれは　9

あかて　きくやなき、たけから、**あかて＜上がって、揚がって＞**、おわる、月しゆ　7

☆「あがって」に対応。

/agaQti/ と推定。

あふる煽

あおり　きこゑはなくすく、**あおり＜煽り（傘）＞**、みつ、たて、　19

☆ 連用形「あふり」に対応。

/auri/ と推定。

あおる　かみかなし、かみきよら、**あおる＜煽る＞**、こがせや、もどる　10

☆ 終止形「あふる」に対応。注38)

/auru/ と推定。

あまる余

あまりよわれ　月じよ、**あまりよわれ＜余り給え＞**　月しよ　のこりよわれ　16

☆ 連用形「あまり」を含む。「あまりおわれ」に対応。

/amarijuwari/ と推定。

あまるのち　**あまるのち**＜余命＞、しちや、ちやに、みおやせ　16

☼ 連体形「あまる」を含む。「あまるいのち」に対応。

/amarunucji/ と推定。

いのる祈

いのりよわれは　きこゑ大きみきや、おれて　**いのりよわれは**＜祈り給えば＞　3

☼ 連用形「いのり」を含む。「いのりおわれば」に対応。

/inurijuwariba/ と推定。

いのりよれは　ゑんかくじ、けらへて、**いのりよれは**＜祈り給えば＞　5

☼ 連用形「いのり」を含む。「いのりをれば」に対応。

/inurijuriba/ と推定。

いのる　うぶだまは、**いのるす**＜祈る人＞ど、よかける　3

☼ 連体形「いのる」に対応。

/inuru/ と推定。

いのろ　きこゑ、きみ、かなし、きみか、**いのろもり**＜祈る杜＞に、ちよわちへ　22

☼ 連体形「いのる」に対応。

/inuru/ と推定。

いのれ　あちおそいしよ、てるかはは、**いのれ**＜祈れ＞　3

☼ 已然形「いのれ」に対応。「しよ」の結び。

/inuri/ と推定。

いのらに　またまもり、**いのらに**＜祈らに＞　4

☼ 未然形「いのら」を含む。「いのらに」（祈らぬか）に対応。

/inurani/ と推定。

いのらは　きみくか、**いのらは**＜祈らは＞、てるかはか、まふらは　3

☼ 未然形「いのら」を含む。「いのらば」に対応。

/inuraba/ と推定。

いのらめ　とも、とす、とひやくさす、**いのらめ**＜祈らめ＞　7

☼ 未然形「いのら」を含む。「いのらめ」に対応。

/inurami/ と推定。

いのられて　いつこ、**いのられて**＜祈られて＞、くはら、ほこられて　3

☼ 未然形「いのら」を含む。「いのられて」に対応。

/inurariti/ と推定。

いのて　あゆそるて、**いのて**＜祈って＞　3

☼ 「いのって」に対応。

/inuQti/ と推定。

いる入

いりて　きこゑ、くになおり、**いりて**＜入りて＞、みつこゑは　14

☼ 「いりて」に対応。

/iriti/ と推定。

いりちへ　首里、まぢや、おどの、**いりちへ**、みちゑ、きよらやの、みおとん　5

☆「いりて」に対応。注39)

/iricji/ と推定。

おくる送

おこりよわ　あかきなの、もゝかみ、おやせとべ、**おこりよわ**＜送り給え＞　13

　☆連用形「おくり」を含む。「おくりおわ（れ）」に対応。

/ukurijuwa/ と推定。

おこれや　ゑ、**おこれや**＜送れや＞、やちよこ　13

　☆命令形「おくれ」を含む。「おくれや」に対応。

/ukurija/ と推定。

おこらめ　かなもりの、きみく、まやゑてす、**おこらめ**＜送らめ＞　13

　☆未然形「おくら」を含む。「おくらめ」に対応。

/ukurami/ と推定。

おこられゝ　おゑぢへ、こうて、くもに、**おこられゝ**＜送られれ＞　13

　☆未然形「おくら」を含む。「おくられれ」に対応。

/ukurariri/ と推定。

おこらに　みやきせん、ねしやり、かゑなて、**おこらに**＜送らないか＞　13

　☆未然形「おくら」を含む。「おくらに」に対応。

/ukurani/ と推定。

おしかかる押掛

おしかかて　わらいきよ、さしふ、**おしかかて**＜押し憑って＞　12

　☆「おしかかりて→おしかかって」に対応。

/usjikakaQti/ と推定。

おしやる押遣

おしやたる　きこゑ大きみきや、**おしやたる**＜押し遣たる＞、せいくさ　11

　☆「おしやりて」を含む。「おしやりてある→おしやりたる→おしやったる」に対応。

/usjijaQtaru/ と推定。

おれかはる降変

おれかわて　とよむ、あおりやへや、なりきよ、**おれかわて**＜降りかわて＞　4

　☆「おれかはりて→おれかはって」に対応。

/urikawaQti/ と推定。

おわる（「いらっしゃる」の意）注40)

おわよりな　おかやへより、**おわよりな**＜おわしたか＞　14

　☆連用形「おわ（り）」を含む。「おわ（り）をりな」に対応。

/uwajurina/ と推定。

おわれ　はふとりか、みせらは、みちへ、**おわれ**＜居られよ＞　14

　☆命令形「おわれ」に対応。

/uwari/ と推定。

おわるてゝ　なさの、たゝみきよか、**おわるてゝ**＜おわすてて＞、しらにや　6

　☆終止形「おわる」を含む。「おわるてて」に対応。

/uwarutiti/ と推定。

おわる　首里、**おわる**＜おわす、居られる＞、てたこか　5

　　☆ 連体形「おわる」に対応。　連体形の例多し。

　/uwaru/ と推定。

おわれは　ゐちへ、**おわれは**＜居られると＞、きよらや　つちゑ、**おわれは、**
　　　　みほしや　5

　　☆ 已然形「おわれ」を含む。「おわれば」に対応。

　/uwariba/ と推定。

おわめ　きこゑ、きみがなし、せち　はやしよわは、せちにす、**おわめ**　6

　　☆ 未然形「おわ」を含む。「おわめ」に対応。

　/uwami/ と推定。

かはる変

おもかわり　ひやくさ、なるきやめむ、**おもかわり**＜面変わり＞、しよわるな　7

　　☆ 連用形「かはり」をふくむ。「おもかはり」に対応。

　/umukairi/ と推定。

なわかわり　もゝと、なるきやめむ、**なわかわり**＜縄変わり＞、しよわるな　7

　　☆ 連用形「かはり」をふくむ。「なはかはり」に対応。

　/nawakairi/ と推定。

かへる帰

かゑれ　大ころた、みまぶてす、おぼつより、**かゑれ**＜帰れ＞　3

かへれ　もりやへこた、あかなたす、かくらより、**かへれ**＜帰れ＞　7

　　☆ 已然形「かへれ」に対応。

　/kairi/ と推定。

かゑら　あちおそいきや、およりとて、おほつより、**かゑら**＜帰ろう＞　7

　　☆ 未然形「かへら」に対応。

　/kaira/ と推定。

かゑて　おぼつより、**かゑて**＜帰って＞、けよのうちに、もどて　3

　　☆「かへって」に対応。

　/kaiQti/ と推定。

きる切

きりやり　いちへ、**きりやり**＜切り遣り＞、かね、わかこ、さしよわちへ　11

　　☆ 連用形「きり」を含む。「きりやり」に対応。

　/cjirijari/ と推定。

つちぎり　**つち、ぎり**＜土斬り＞に、きらせ　10

つちきり　**つち、きり**＜土斬り＞に、きらせ　13

　　☆ 連用形「きり」を含む。「つちぎり」に対応。

　/cïcjizjiri/ と推定。

きらせ　つち、きりに、**きらせ**　13
　　　　　みちや、きりに、**きらせ**　13

　　☆ 未然形「きら」を含む。「きらせ」に対応。

　/cjirasi/ と推定。

くだる下

　くたり　さてしかわ、**くたりくれ＜下り雨＞**、ふらん、つよの　14

　　☆ 連用形「くだり」に対応。『おもろさうし辞典・総索引』は「くたりくれ（下り雨）」とする。

　/kudari/ と推定。

けづる削

　けすれ　やまくすく、たゝみきよ、まちやよす、**けすれ＜削れ＞**　20

　　☆ 已然形「けづれ」に対応。注41)

　/kiziri/ と推定。

さがる下

　さがる　かつおうたけ、**さがる＜下がる＞**、あまくれ、おろちへ　14

　　☆ 連体形「さがる」に対応。注42)

　/sagaru/ と推定。

さはる触

　さわらん　つしやの、たまやれは、くひからむ、**さわらん＜触らん＞**　13

　　☆ 未然形「さはら」を含む。「さはらむ」に対応。

　/sawaraɴ/ と推定。

さへづる囀

　さへずるな　きやがす、**さへずるな＜囀るな＞**　5

　さへするな　はたす、**さへするな＜囀るな＞**　5

　　☆ 終止形「さへづる」を含む。「さへづるな」に対応。

　/saiziruna/ と推定。

さる去

　されく　**されく＜去れ去れ＞**、ころた　19

　　☆ 命令形「され」。「され」の繰り返し。

　/sarisari/ と推定。

　さらん　まはねじや、きもからも、**さらん**　13

　　☆ 未然形「さら」を含む。「さらむ」に対応。注43)

　/saraɴ/ と推定。

しる知

　しりゆわめ　きみかなし、きみの、あちす、**しりゆわめ＜知りよわめ＞**　6

　しりよわめ　てた、なさいきよす、**しりよわめ＜知りよわめ＞**　6

　　☆ 連用形「しり」を含む。「しりおわめ」に対応。

　/sjirijuwami/ と推定。

　しると　とりむ、物、**しると＜知ると＞**　5

　　☆ 終止形「しる」を含む。「しると」に対応。

　/sjirutu/ と推定。

　しらす　ふゆ、なつむ、**しらす＜知らず＞**　11

　　☆ 未然形「しら」を含む。「しらず」に対応。

　/sjirazi/ と推定。

　しらぬ　かす、**しらぬ＜知らぬ＞**、まころた　7

☆未然形「しら」を含む。「しらぬ」に対応。

/sjiranu/ と推定。

しらん　さに、**しらん**＜知らん＞、いつこの　14

☆未然形「しら」を含む。「しらぬ」に対応。

/sjiraɴ/ と推定。

しらねとも　とまり、**しらねとも**＜知らねども＞　13

☆未然形「しら」を含む。「しらねども」に対応。

/sjiranidumu/ と推定。

しらにや　おわるてゝ、**しらにや**＜知らないか＞　6

☆未然形「しら」を含む。「しらにや」に対応。

/sjiranija/ と推定。

しらたな　すつなりきや、ふなこゝろ、**しらたな**＜知らないか＞　13

☆未然形「しら」を含む。「しらだな」に対応。注44)

/sjiradana/ と推定。

しられ　てるくもに、**しられ**＜知られ＞、おそて、とゞやけれ　5

☆未然形「しら」を含む。「しられ」に対応。

/sjirari/ と推定。

しられゝ　てるかはに、**しられゝ**＜知られれ＞　3

☆未然形「しら」を含む。「しられれ」に対応。

/sjirariri/ と推定。

しられて　おしかさに、**しられて**＜知られて＞　13

☆未然形「しら」を含む。「しられて」に対応。

/sjirariti/ と推定。

しらたる　かなや、せぢ、**しらたる**＜知られている＞　3

☆未然形「しら」を含む。「しられたる→しらったる」に対応。

/sjiraQtaru/ と推定。

すみあがる澄上

すみあがて　あめ　ふりやり、**すみあがて**＜澄み上がって＞　10

☆「すみあがりて→すみあがって」に対応。

/sïmiagaQti/ と推定。

そそる選

そゝて　**そゝておちやる**＜選んで置きたる＞、ま人　17

☆「そそって」に対応。

/susuQti/ と推定。

そわる添

そわる　よ、**そわる**＜襲わる、支配する＞、あやこ　4

☆連体形「そわる」に対応。

/suwaru/ と推定。

そわて　世、**そわて**＜添いて、襲いて＞、ちよわれ　5

☆「そわって」に対応。

/suwaQti/ と推定。

たちなほる立直

たちなおる　くもかぜの、**たちなおる**＜立ち直る＞、きよらや　13

☼ 連体形「たちなほる」に対応。

/tacjinauru/ と推定。

たよる頼

たより　やまと、**たより**＜頼り、親近者ママ＞、なちへ　3

☼ 連用形「たより」に対応。

/tajuri/ と推定。

たる垂　注45)

きもたりよ　きもかうちに、おもわは、**きもたり**＜肝垂り＞よ、しめれ　3

☼ 連用形「きもたり」を含む。「きもたりよ」に対応。

/cjimutariju/ と推定。

ちよわる　「いらっしゃる」の意

ちよわよる　のちまさり、**ちよわよる**＜居給う＞、きよらや　9

☼ 連用形「ちよわり」を含む。「ちよわりをる」に対応。

/cjijuwajuru/ と推定。

ちよわい　おなり、ゑけり、**ちよわい**＜来給い＞、かなしけさ　16

☼ 連用形「ちよわり」に対応。

/cjijuwai/ と推定。

ちよわれ　しま世の、あらぎやめ、**ちよわれ**＜来給え＞　5

☼ 命令形「ちよわれ」に対応。

/cjijuwari/ と推定。

ちよわる　しよりもり、**ちよわる**＜居給う＞、いせゑけり、あちおそい　4

☼ 連体形「ちよわる」に対応。

/cjijuwaru/ と推定。

ちよわる　あちおそいや、いみやからと、すゑまさて、**ちよわる**＜居給う＞　7

☼ 連体形「ちよわる」に対応。「と」の結び。

/cjijuwaru/ と推定。

ちよわれは　とよむあんしおそいか、またまもり、**ちよわれは**＜居給えば＞　7

☼ 已然形「ちよわれ」を含む。「ちよわれば」に対応。

/cjijuwariba/ と推定。

ちよわれ　ともゝとす、**ちよわれ**＜居給え＞　4

　　　　　おきやかもひしよ、ともゝと、**ちよわれ**＜＞　5

☼ 已然形「ちよわれ」に対応。「す・しよ」の結び。

/cjijuwari/ と推定。

ちよわちへ　首里、**ちよわちへ**＜来給いて、居給いて＞、からわ　5

ちよわちゑ　すゑのおどの、**ちよわちゑ**＜来給いて＞、つぼに、みしやく、

　　　　　ぬきあげは　5

☼ 「ちよわして」に対応。

/cjijuwacji/ と推定。

ちやうわちへ　たまはしり、つきあけわちへ、**ちやうわちへ**＜来給いて＞　11
　　☼「ちよわして」に対応。注46)

/cjijauwacji/ と推定。

ちよわちやれ　うらおそいむ、**ちよわちやれ**＜来給いたれ＞　15
　　☼「ちよわしてあれ」に対応。

/cjijuwacjijari/ と推定。

つくる作

つくりよわちへ　しねりきよわ、くには、**つくりよわちへ**＜作り給いて＞　5
　　☼連用形「つくり」を含む。「つくりおはして」に対応。

/cïkurijuwacji/ と推定。

つくれ　しま、**つくれて丶**＜作れといって＞、わちへ　10
　　☼命令形「つくれ」に対応。

/cïkuri/ と推定。

つくるぎやめも　しまつくるぎやめも＜作るまでも＞　10
　　☼連体形「つくる」を含む。「つくるぎやめも」に対応。

/cïkuruzjamimu/ と推定。

つくらぎやめも　くに、**つくらぎやめも**＜作るまでも＞　10
　　☼未然形「つくら」を含む。「つくらぎやめも」に対応。

/cïkurazjamimu/ と推定。注47)

つくて　あまみきよわ、大しまは、**つくて**＜作って、造って＞　5
　　☼「つくって」に対応。

/cïkuQti/ と推定。

つくておちへ　よなみねの大や、たけつぼに、**つくておちへ**＜作っておいて＞　19
　　☼「つくって」を含む。「つくっておいて」に対応。

/cïkuQtiucji/ と推定。

てずる手擦（祈）

てつりよら　おなりかみ、**てつりよら**＜手摩り居ら＞　13
　　☼連用形「てずり」を含む。「てずりをら」に対応。

/tizïrijura/ と推定。

てつれ　きらのかす、あちおそいす、**てつれ**＜手摩れ＞　12
　　☼已然形「てずれ」に対応。「す」の結び。

/tizïri/ と推定。

てつら　大きみよ、おかま、きみくよ、**てつら**＜手摩ら＞　3
　　☼未然形「てずら」に対応。

/tizïra/ と推定。

てつられ　も丶すへ、**てつられ**＜手摩られ＞　21
　　☼未然形「てずら」を含む。「てずられ」に対応。

/tizïrari/ と推定。

てつられ丶　も丶と、**てつられ丶**＜手摩られれ＞　11

☆ 未然形「てずら」を含む。「てずられれ」に対応。

/tizïrariri/ と推定。

てつて　あちおそいしよ、**てつて**＜手擦りて＞、ふさよわれ　4

てづて　きみきみは、**てづて**＜手摩りて＞　3

☆ 「てずって」に対応。

/tizïQti/ と推定。

てりあがる照上

てりあかて　くもこいろよ、**てりあかて**＜照り揚がって＞、ちやうわれ　12

☆ 「てりあがりて→てりあがって」に対応。

/tiriagaQti/ と推定。

てりやあかて　くもこいろ、**てりやあかて**＜照りや揚がって＞、ちよわれ　4

☆ 「てりはあがりて」に対応か。あるいは、「あ」は謡うときの延ばし音か。

/tirijaagati/ と推定。

てる照

てりいちゑやり　おゑつきや、**てりいちゑやり**＜照り出で遣り＞、ちよわれ　8

☆ 連用形「てり」を含む。「てりいでやり」に対応。

/tiriizjijari/ と推定。

てりおそう　**てりおそう**＜照り襲う＞、たしま、まふりやへら　7

☆ 連用形「てり」を含む。「てりおそふ」に対応。

/tiriusuu/ と推定。

てりよら　てるまもん、**てりよら**＜照り居ら＞　14

☆ 連用形「てり」を含む。「てりをら」に対応。

/tirijura/ と推定。

てりより　てるかはわ、**てりより**＜照り居り＞　3

☆ 連用形「てり」を含む。「てりをり」に対応。

/tirijuri/ と推定。

てりよる　てるかはか、**てりよる**＜照り居る＞、下、あよ、ふてつ、そろいて　7
　　　　　てるしのが　**てりよる**、やに＜照り居るように＞　3

☆ 連用形「てり」を含む。「てりをる」に対応。

/tirijuru/ と推定。

てりよわる　てるかはか、**てりよわるやに**＜照り給うように＞、ちよわれ　12

☆ 連用形「てり」を含む。「てりおわる」に対応。

/tirijuwaru/ と推定。

てる　首里の、てたと、天に、**てる**＜照る＞、てたと、まぢゆに、ちよわれ　5

☆ 連体形「てる」に対応。

/tiru/ と推定。

てらぎやめ　てだの、**てらぎやめ**＜照る限り＞、ちよわれ　5

☆ 未然形「てら」を含む。「てらぎやめ」に対応。

/tirazjami/ と推定。

て゛　月てたの、やに、**て゛**＜照って＞、か、ちよわれ　8

☆「てって」に対応。

/tiQti/ と推定。

とほる 通

とおり　しまなかね、**とおり**＜通り＞　10

とうり　くになかね、**とうり**＜通り＞　10

☆連用形「とほり」に対応。

/tuuri/ と推定。

とうれは　くめのしま、**とうれは**＜通れば＞　13

☆已然形「とほれ」を含む。「とほれば」に対応。

/tuuriba/ と推定。

とる 取

とり　あちおそいか、なおさ、**とり**＜取り＞、はりやせ　13

☆連用形「とり」に対応。

/turi/ と推定。

とりやり　やまの、ひよとりや、うけ、**とりやり**＜取り遣り＞、ふくやに　13

☆連用形「とり」を含む。「とりやり」に対応。 注48)

/turijari/ と推定。

とやり　大きみぎや、時、**とやり**、おれわちへ　10

☆連用形「とり」を含む。「とりやり」に対応。「り」脱落。

/tujari/ と推定。

とりよら　たか、**とりよら**＜取り居ら＞、たか、うちよら　16

　　　　　あか、なさか、ときとり、**よら**、きやめや＜取り居らきやめや＞　21

☆連用形「とり」を含む。「とりをら」に対応。

/turijura/ と推定。

とりよわちへ　しまうちゑか、**とりよわちへ**＜取り給いて＞　3

☆連用形「とり」を含む。「とりおはして」に対応。

/turijuwacji/ と推定。

とりよわやり　あおりや、**とりよわやり**＜取り給い遣り＞　3

☆連用形「とり」を含む。「とりおわ（り）やり」に対応。

/turijuwajari/ と推定。

とるきやめ　きら、なふさ、**とるきやめ**＜取る限り＞　4

☆連体形「とる」を含む。「とるぎやめ」に対応。

/turuzjami/ と推定。

とらん　**とらんてゝ**＜捕らんてて＞、しらんてゝ、しられゝ　9

☆未然形「とら」を含む。「とらむ」に対応。

/turaN/ と推定。

とて　ほうばな、**とて**＜取って＞、ぬきあけは　5

☆「とって」に対応。

/tuQti/ と推定。

とたる　ねやかりきや、時　**とたる**＜取りたる＞、まさしや　8

第3節　『おもろさうし』の動詞形態の考察　219

☼「とって」を含む。「とってある→とったる」に対応。

/tuQtaru/ と推定。

とたもの　こばうたけ、**とたもの**＜取ったもの＞　13

とた物　かつおうたけ、**とた物**＜取ったもの＞　13

☼「とって」を含む。「とってあるもの→とったるもの」に対応。

/tuQtamunu/ と推定。

とたらめ　ぬすと、みやす、かくと、みやす、**とたらめ**＜盗りたるらめ＞　20

☼「とって」を含む。「とってあるらめ→とった（る）らめ」に対応。

/tuQtarami/ と推定

とてる　かめ、**とてる**＜取ってある＞、さんとてる、てやは　9

☼「とって」を含む。「とってある」に対応。

/tuQtiru/ と推定。

なほる直

なおりとし　おしあけとし、よりおれや、**なおりとし**＜直り年＞、よりおれや　6

☼連用形「なほり」を含む。「なほりとし」に対応。「来年」の意。

/nauritusji/ と推定。

なおりよ　**なおりよ**＜直り世＞は、さたけて、あまりよは、さたけて　20

☼連用形「なほり」を含む。「なほりよ」に対応。

/nauriju/ と推定。

なおる　あけるつかさ、**なおるつかさ**＜直る司＞、やれは　13

☼連体形「なほる」に対応。

/nauru/ と推定。

なりかはる成変

なりかわて　きこゑ、あおりやへや、いけな、**なりかわて**＜成り変て＞　4

☼連用形「なり」を含む。「なりかはって」に対応。

/narikawaQti/ と推定。

なる成

なりきよかみ　いけなきみ、さきたて、**なりきよかみ**＜成り人神＞、いくまちへ　6

☼連用形「なり」を含む。「なりきよがみ」に対応。

/naricjijugami/ と推定。

なりより　かみくは、しらもゝ、**なりより**＜成り居り＞　6

☼連用形「なり」を含む。「なりをり」に対応。

/narijuri/ と推定。

なりよわちへ　もゝちやらの、ぬしてた、**なりよわちへ**＜成り給いて＞　6

☼連用形「なり」を含む。「なりおはして」に対応。

/narijuwacji/ と推定。

なれ　にし、こわば、にし、**なれ**＜為れ＞　13

☼命令形「なれ」に対応。

/nari/ と推定。

なるきやめ　とし四とせ、**なるきやめ**＜為るまで＞、またまもり、おもかしや　4

☆連体形「なる」を含む。「なるぎやめ」に対応。

　　/naruzjami/ と推定。

　なるきやめむ　ひやくさ、**なるきやめむ＜為るまでも＞**、おもかわり、しよわるな　　7

　　☆連体形「なる」を含む。「なるぎやめも」に対応。

　　/naruzjamiɴ/ と推定。

　なれは　ひる、**なれは＜為れば＞**、きもかよい、かよて　　14

　　☆已然形「なれ」を含む。「なれば」に対応。

　　/nariba/ と推定。

　ならに　ゑけりきや、さけおらに、**ならに＜なろう＞**　　14

　　　☆未然形「なら」を含む。「ならに」に対応。

　　/narani/ と推定。

　ならめ　ともゝすゑ、あまゑよす、**ならめ＜なるだろう＞**　　5

　　　☆未然形「なら」を含む。「ならめ」に対応。

　　/narami/ と推定。

　なて　わかみ、わかく、**なて＜なって＞**　　5

　　　☆「なって」に対応。

　　/naQti/ と推定。

　なてからは　ひやくさ、**なてからは＜なってからは＞**　　7

　　　☆「なって」を含む。「なってからは」に対応。

　　/naQtikarawa/ と推定。

なる鳴

　なりすつは　かねみさき、**なりすつ＜鳴り鈴＞は**、さけて　　11

　　　☆連用形「なり」を含む。「なりすずは」に対応。

　　/narisïzïwa/ と推定。

　なりよふ　ねはのこに、**なりよふ＜鳴り呼ぶ（鼓）＞**、もちゑ、とらちへ　　8

　　　☆連用形「なり」を含む。「なりよぶ」に対応。

　　/narijubu/ と推定。

　なるし　あわのきみ、**なるし＜鳴る子（鼓）＞**、しよりの、めつらしや　　13

　　　☆連体形「なる」を含む。「なるし」に対応。

　　/narusji/ と推定。

ぬる塗

　ぬりてほこ　**ぬりてほこ＜塗手鉾＞**、とりやり　　21

　　　☆連用形「ぬり」を含む。「むりてほこ」に対応。

　　/nuritibuku/ と推定。

のこる残

　のこりよわれ　月じよ、あまりよわれ　月しよ　**のこりよわれ＜残り給え＞**　　16

　　　☆連用形「のこり」を含む。「のこりおわれ」に対応。

　　/nukurijuwari/ と推定。

のぼる上

　のほり　さてしかわ、**のほりあめ＜上り雨＞**、ふらん　　14

☆ 連用形「のぼり」を含む。「のぼりあめ」に対応。

/nuburiami/ と推定。

のぼて　しよりもり、**のぼて**＜上って、登って＞、いけは　　5

のぼて　またまもり、**のぼて**＜上って、登って＞、いけは　　5

☆「のぼって」に対応。

/nubuQti/ と推定。

のぼてか　やしろ、たひ、なお、かいか、**のぼてか**＜上ってか＞　21

☆「のぼって」を含む。「のぼってか」に対応。

/nubuQtika/ と推定。

のる乗

のりかなし　おもろねやかりや、**のりかなし**＜乗り加那志（馬）＞、めしよわちへ　8

☆ 連用形「のり」を含む。「のりがなし」に対応。

/nuriganasji/ と推定。

のりよわちへ　のりかなし、**のりよわちへ**＜乗り給いて＞　8

☆ 連用形「のり」を含む。「のりおはして」に対応。

/nurijuwacji/ と推定。

のる　もゝそ、**のる**＜乗る＞、ふなこ　13

☆ 連体形「のる」に対応。

/nuru/ と推定。

はる張

はりつなや　**はりつな**＜張り綱＞や、ちよこ　13

☆ 連用形「はり」を含む。「はりづなは」に対応。

/hwarizïnaja/ と推定。

はる走

はりよる　つかさくと、ゑ、あば、いのて、**はりよる**＜走り居る＞、ゑ　13

☆ 連用形「はり」を含む。「はりをる」に対応。

/hwarijuru/ と推定。

はりよれは　おかみ、いちへて、みさき、いちへて、**はりよれは**＜走り居れば＞　13

☆ 連用形「はり」を含む。「はりをれば」に対応。

/hwarijuriba/ と推定。

はりゑや　きこゑ、おや、とまり、あよ、**はりゑや**、やちよこ　13

☆ 命令形「はりへ」を含む。「はりへは」に対応。注49)

/hwariija/ と推定。

はりゑは　おくとう、いちへて、**はりゑは**＜走れば＞、たるかてゝ、ずれかてゝ、と
　　　　うな　13

☆ 已然形「はりへ」を含む。「はりへば」に対応。

/hwariiba/ と推定。

はちへ　こがねじま、**はちへ**＜走って＞、おわちへ　10
　　　　みるや、さき**はちへ**＜走って＞、いちゑ　21

☆「はりて」に対応。注50)

222　第3章　仮名資料の動詞形態の考察

/hwacji/ と推定。

ふる降

よきふりに　うつき、**よきふり**＜雪降り＞**に**　14
　　☼連用形「ふり」を含む。「ゆきふりに」に対応。
　　/jucjihwurini/ と推定。

ふりやり　あめ、**ふりやり**＜降り遣り＞、すみあがて　10
　　☼連用形「ふり」を含む。「ふりやり」に対応。
　　/hwurijari/ と推定。

ふりよる　すてみつと、**ふりよる**＜降り居る＞　7
　　☼連用形「ふり」を含む。「ふりをる」に対応。
　　/hwurijuru/ と推定。

ふる　くすく、**ふる**＜降る＞、あめや　7
　　☼連体形「ふる」に対応。
　　/hwuru/ と推定。

ふらん　のほりあめ、**ふらん**＜降らん＞、つよの、ゑけりきや、みそてはな、
　　　　　ぬらちゑ　14
　　☼未然形「ふら」を含む。「ふらむ」に対応。
　　/hwuraɴ/ と推定。

ほこる慶

ほこりほしや　おもろ、ねやかりや、あまへほしや、**ほこりほしや**＜慶り欲しや＞　8
　　☼連用形「ほこり」を含む。「ほこりほしや」に対応。
　　/hwukuribusjija/ と推定。

ほこりやべら　ゑぞにやのうちや、あまへやべら、**ほこりやべら**＜慶り侍ら＞　5
　　☼連用形「ほこり」を含む。「ほこりはべら」に対応。
　　/hwukurijabira/ と推定。

ほこりよら　たらもいや、とくらしや、あまへよら、**ほこりよら**＜慶り居ら＞　16
　　☼連用形「ほこり」を含む。「ほこりをら」に対応。
　　/hwukurijura/ と推定。

ほこりよわちへ　かみ、すちや、そろて、**ほこり、よわちへ**＜慶り給いて＞　5
ほこりよわちゑ　かみてだの、そろて、**ほこり、よわちゑ**＜慶り給いて＞　5
　　☼連用形「ほこり」を含む。「ほこりおはして」に対応。
　　/hwukurijuwacji/ と推定。

ほこれ　きみてつり、**ほこれ**＜慶れ＞、かみつかい、このめ　20
　　☼命令形「ほこれ」に対応。
　　/hwukuri/ と推定。

ほこる　かみ**ほこる**＜慶る＞そやけこ　13
　　☼連体形「ほこる」に対応。
　　/hwukuru/ と推定。

ほこら　つるこ、にくけ、あちはゑ、きよらや、**ほこら**＜慶ら＞　15
　　☼未然形「ほこら」に対応。

第3節　『おもろさうし』の動詞形態の考察　　223

/hwukura/ と推定。

ほこられて　いつこ、いのられて、くはら、**ほこられて＜慶られて＞**　3

　　☼ 未然形「ほこら」を含む。「ほこられて」に対応。

　　/hwukurariti/ と推定。

ほこて　てるかはも、**ほこて＜慶って＞** 12

　　　　いつ、こたしやり、**ほこて＜慶って＞**　16

　　　　よりかさか、**ほこて＜慶って＞**　13

　　☼「ほこって」に対応。

　　/hwukuQti/ と推定。

まさる勝

まさり　おにより、**まさり＜勝り＞**　11

　　☼ 連用形「まさり」に対応。

　　/masari/ と推定。

まさりよわちへ　だに、さうせて、ふため、**まさり、よわちへ＜勝り給いて＞**　19

　　☼ 連用形「まさり」を含む。「まさりおはして」に対応。

　　/masarijuwacji/ と推定。

まされ　ひやくさ、せち、**まされ＜勝れ＞**　10

　　☼ 命令形「まされ」に対応。

　　/masari/ と推定。

まさる　いみやと、世は、**まさる＜勝る＞**　8

　　☼ 連体形「まさる」に対応。「ど」の結び。

　　/masaru/ と推定。

まさて　**まさて＜勝って＞**　3

　　☼「まさって」に対応。

　　/masaQti/ と推定。

まはる回

まわる　ひやもさ、ぐさき、**まわる＜廻る＞**　13

　　☼ 終止形「まはる」に対応。

　　/mawaru/ と推定。

まわて　かさすちやらは、たりしゆ、とよめ、みれは、みつ、**まわて＜廻って＞**　11

　　☼「まはって」に対応。

　　/mawaQti/ と推定。

まもる守

まぶりよわちへ　てるかはが、**まぶりよわちへ＜守り給いて＞**　3

まふりよわちへ　かみてたの、ほこて、**まふりよわちへ＜守り給いて＞**　7

　　☼ 連用形「まもり」に対応する「まぶり」を含む。「まもりおはして」に対応。

　　/maburijuwacji/ と推定。/m/ と /b/ の交代がある。

まふりやへら　たしま、**まふりやへら＜守り侍ら＞**　7

　　☼ 連用形「まもり」に対応する「まぶり」を含む。「まもりはべら」に対応。

　　/maburijabira/ と推定。/m/ と /b/ の交代がある。

まふれ　おろす、かみや、いつこ、やしなやり、あちおそいよ、**まふれ**＜守れ＞　　7

　　☆命令形「まもれ」に対応する「まぶれ」。

　/maburi/ と推定。/m/ と /b/ の交代がある。

まふる　大きみきや、**まふる**＜守る＞、てたかすへ、あちおそい　　12

　　　　やまのなしのか、**まふる**、かみ＜守る神＞、なりよわちへ　　13

　　☆連体形「まもる」に対応する「まぶる」。

　/maburu/ と推定。/m/ と /b/ の交代がある。

まぶれ　きみぐしよ、**まぶれ**＜守れ＞　　3

　　☆已然形「まもれ」に対応する「まぶれ」。「しよ」の結び。

　/maburi/ と推定。/m/ と /b/ の交代がある。

まふら　おれらかす、**まふら**＜守ら＞　　4

　　☆未然形「まもら」に対応する「まぶら」。

　/mabura/ と推定。/m/ と /b/ の交代がある。

まふらに　首里もり、**まふらに**＜守らに＞　　4

　　☆未然形「まもら」に対応する「まぶら」を含む。「まもらに」に対応。

　/maburani/ と推定。/m/ と /b/ の交代がある。

まぶらは　大きみが、**まぶらは**＜守らば＞　　3

まふらは　きみぐきや、**まふらは**＜守らば＞　　3

　　☆未然形「まもら」に対応する「まぶら」を含む。「まもらば」に対応。

　/maburaba/ と推定。/m/ と /b/ の交代がある。

まふらめ　またまもり、きみぐしよ、**まふらめ**＜守らめ＞　　13

　　☆未然形「まもら」に対応する「まぶら」を含む。「まもらめ」に対応。

　/maburami/ と推定。/m/ と /b/ の交代がある。

まふられて　みしま、おかまれて、ぬしに、**まふられて**＜守られて＞　　7

　　☆未然形「まもら」に対応する「まぶら」を含む。「まもられて」に対応。

　/maburariti/ と推定。/m/ と /b/ の交代がある。

まぶて　てるかはす、**まぶて**＜守って＞よはちよわれ　　5

まふて　あかた丶みかなし、**まふて**＜守って＞まふりよわれ　　7

　　☆「まもって」に対応する「まぶって」。

　/mabuQti/ と推定。/m/ と /b/ の交代がある。

まゐる参

まへて　けおの、よかるひに、しけちもりに、**まへて**＜参りて＞　　16

　　☆「まゐって」に対応。

　/maiQti/ と推定。

みちあがる満上

みちあかる　大きみの、**みちあかる**＜満ち上がる＞、くすく　　17

　　☆連用形「みち」を含む。「みちあがる」に対応。

　/micjiagaru/ と推定。

みまもる見守

みまぶり　おしけかす、**みまぶり**＜見守り＞　　3

☆ 連用形「みまもり」に対応する「みまぶり」。

/mimaburi/ と推定。/m/ と /b/ の交代がある。

みまふる　大きみきや、**みまふる**＜見守る＞、てたかすへ、あちおそい　3

みまふろ　せたかこか、**みまふろ**＜見守る＞すへまさる、わうにせ　12

☆ 連体形「みまもる」に対応する「みまぶる」。

/mimaburu/ と推定。/m/ と /b/ の交代がある。

みまふれ　あけとまか、たては、てるかはす、**みまふれ**＜見守れ＞　7

☆ 已然形「みまもれ」に対応する「みまぶれ」。「す」の結び。

/mimaburi/ と推定。/m/ と /b/ の交代がある。

みまぶら　けやる、よゝす、とみ、おしうけかず、**み、まぶら**＜見守ら＞　3

みまふら　せやる、おきめつら、くりうけかず、**みまふら**＜見守ら＞　3

☆ 未然形「みまもら」に対応する「みまぶら」。

/mimabura/ と推定。/m/ と /b/ の交代がある。

みまぶて　大ころた、**みまぶてす**＜見守りてぞ＞、おぼつより、かゑれ　3

みまふて　しまなおし、おれわちへ、ころくよ、**みまふて**＜見守って＞　7

　　　　　さしふ、五ころに、**みまふてす**＜見守ってぞ＞、おれたれ　4

☆ 「みまもって」に対応する「みまぶって」。

/mimabuQti/ と推定。/m/ と /b/ の交代がある。

もどる戻

もとりよわれ　あおてす、**もとりよわれ**＜戻り給え＞　11

☆ 連用形「もどり」を含む。「もどりおわれ」に対応。

/mudurijuwari/ と推定。

もとらに　あまこ、あわちへ、**もとらに**＜戻らに＞　21

☆ 未然形「もどら」を含む。「もどらに」に対応。

/mudurani/ と推定。

もとらめ　あま、こあわちへ、**もとらめ**＜戻らめ＞　11

☆ 未然形「もどら」を含む。「もどらめ」に対応。

/mudurami/ と推定。

もとれ　うちちへす、**もとれ**＜戻れ＞　10

☆ 已然形「もどれ」に対応。

/muduri/ と推定。

もどて　けよのうちに、**もどて**＜戻って＞　3

もとて　けおのうちに、**もとて**＜戻って＞　6

☆ 「もどって」に対応。

/muduQti/ と推定。

もる盛

もりよる　なつ、ふよむ、わからす、あまへて、しけち、ちよ、**もりよる**

　　　　　＜盛り居る＞　15

☆ 連用形「もり」を含む。「もりをる」に対応。

/murijuru/ と推定。

もる　なつは、しけち、**もる**＜盛る＞　11

☼ 終止形「もる」に対応。

/muru/ と推定。

もる漏

もらね　あまつゝは、あめたもす、**もらね**＜漏らね＞　17

☼ 未然形「もら」を含む。「もらね」に対応。

/murani/ と推定。

もらん　**あめもらん**＜雨漏らん＞、かなもり　19

☼ 未然形「もら」を含む。「もらぬ」に対応。「雨漏らぬ金森」。

/muraɴ/ と推定。

やる遣

やり　せちや**やり**＜遣り＞、やまと、しま、ひちめ　3

☼ 連用形「やり」に対応。

/jari/ と推定。

やりやり　天きや、した、せち**やり**、**やり**＜遣り遣り＞ちよわれ　5

☼ 連用形「やり」を含む。「やりやり」に対応。

/jarijari/ と推定。

やりよは　きこゑきみかなし、おきもせち、**やりよは**＜遣り給え＞　6

☼ 連用形「やり」を含む。「やりおわ（れ）」に対応。

/jarijuwa/ と推定。

やりよわやり　くめのきみはゑに、おこと、**やりよわやり**＜遣り給いて＞　3

☼ 連用形「やり」を含む。「やりおわれあり」に対応。

/jarijuwajari/ と推定。

やらは　せち、**やらは**＜遣らば＞、たに又たに　4

☼ 未然形「やら」を含む。「やらば」に対応。

/jaraba/ と推定。

やて　こへ**やて**＜遣りて＞、おきもやすま　4

☼ 「やって」に対応。

/jaQti/ と推定。

やたる　やまとの、こらに、みせたな、**やたる**＜遣りたる＞　14

☼ 「やって」を含む。「やってある→やったる」に対応。

/jaQtaru/ と推定。

やた物　なか人に、**やた物**＜遣たもの＞　13

☼ 「やって」を含む。「やってあるもの→やった（る）もの」に対応。

/jaQtamunu/ と推定。

よる寄

よりより　くもこも、**よりより**＜寄り居り＞　11

☼ 連用形「より」を含む。「よりをり」に対応。

/jurijuri/ と推定。

よる　ちゑねんもりくすく、たうのふね、こゝら**よる**＜寄る＞、くすく　19

☆ 連体形「よる」に対応。

/juru/ と推定。

よれは　やせのはなさきに、**よれは**、すてゝ、よむいきのかず　17

☆ 已然形「よれ」を含む。「よれば」に対応。注51)

/juriba/ と推定。

よて　またま、ゑらて、**よて**＜寄って＞　こう、ぬちへ、みおやせ　6

☆ 「よって」に対応。

/juQti/ と推定。

わかる解

わからす　なつ、ふゆむ、**わからす**＜判らず＞、あまへて　15

☆ 未然形「わから」を含む。「わからず」に対応。

/wakarazï/ と推定。

わきあがる湧上

わきあかる　ぢいからは、**わきあかる**＜湧き上がる＞、よねもいは、けらへて　5

☆ 終止形「わきあがる」に対応。

/wacjiagaru/ と推定。

わきあがて　きた、むかて、**わきあがて**＜湧き上がって＞　10

☆ 「わきあがって」に対応。

/wacjiagaQti/ と推定。

わたる渡

わたて　ゑなん、**わたて**＜渡って＞ちいたかわたて　15

☆ 「わたって」に対応。

/wataQti/ と推定。

わたたる　あくて、おちやる、かうちちよ、そて、たれて、**わたたる**＜渡りたる＞　13

☆ 「わたって」を含む。「わたってある→わたったる」対応。

/wataQtaru/ と推定。

（上一段）注52)

いる射

いりおとちへ　せちの、たはる、まう、とり、まわさたな、**いりおとちへ**
＜射り落として＞　14

☆ 「ラ行（四段）化」後の連用形「いり」を含む。「いりおとして」に対応。注53)

/iriutucji/ と推定。

きる着

きちや物　わかさ、あしときや、よろい、ゑらて、**きちや物**＜着たのだが＞　7

☆ 「きて」を含む。「きてあるもの→きた（る）もの」に対応。注54)

/cjicjamunu/ と推定。

みる見

みおれは　おさんしちへ、**みおれは**＜見居れば＞　10

☆ 連用形「み」を含む。「みをれば」に対応。

/miuriba/ と推定。

みよれは　あすひや、から、**みよれは**＜見居れば＞　12

☼ 連用形「み」を含む。「みをれば」に対応。

/mijuriba/ と推定。

みきや　**みきや**＜見に＞、おれわちへ　4

☼ 連用形「み」を含む。「みが」に対応。「きや」は口蓋化を表記。

/migja/ と推定。

みほしや　ゐちへ、おわれは、きよらや、つちゑ、おわれは、**みほしや**＜見欲さ＞　5

みふしや　わかいきよか、**みふしや**＜見欲さ＞　21

☼ 連用形「み」を含む。「みほしや」に対応。

/mibusja/ と推定。

みよわちへ　なさいきよ、いきやて、**みよわちへ**＜見給いて＞　13

☼ 連用形「み」を含む。「みおはして」に対応。

/mijuwacji/ と推定。

みよわれ　しま、よ、そろへて、**みよわれ**＜見給え＞　8

☼ 連用形「み」を含む。「みおわれ」に対応。

/mijuwari/ と推定。

「み」を含むものとして以上の他に、以下のような例がある。

みもの＜見物＞17、み物＜見物＞5、みもん＜見物＞3、みあがやり＜見揚が遣り＞3、みあかるちやう＜見揚がる門＞17、みあぐて＜見あぐんで＞13、みああぐむ＜見あぐむ＞13、みやくむ＜見あぐむ＞13、みやくむたけ＜見あぐむ嶽＞3、みやあくむ＜見あぐむ＞17、みあけれは＜見上げれば＞2、みやかねよりもり＜見揚がりの寄せ杜＞に20、みやかの＜見揚がりの＞ひやし11、みやがの＜見揚がりの（美称辞）＞とり5、みやかよせ＜見揚が寄せ（美称辞）＞きゝかなし8、みやけほしや＜見上げ欲しや＞7、みやけほしやす＜見上げ欲しやす＞11、みやけれは＜見上げれば＞7、みやげれは＜見上げれば＞9、みやり＜見遣り＞9、みやりほしや＜見遣り欲しや＞10、みやりほしや＜見遣り欲しや＞18、みやれは＜見遣れば＞10

みれよ　あけもとろのはなの、さいわたり、あれよ、**みれよ**＜見れよ＞、きよらやよ　7

☼ 「ラ行（四段）化」後の命令形「みれ」を含む。「みれよ」に対応。

/miriju/ と推定。

みる　みもんする、あすひ、とよめは、**みるす**＜見る者＞か、まさり　20
　　　かみしもの、**みるめ**＜見る眼＞　9

☼ 連体形「みる」に対応。

/miru/ と推定。

みれとも　**みれとも**、あかん＜見れども飽かん＞、しより、おやくに　3

☼ 已然形「みれ」を含む。「みれども」に対応。

/miridumu/ と推定。

みれは　つかさや、**みれは**＜見れば＞、またま、てる、みこし　8

☼ 已然形「みれ」を含む。「みれば」に対応。

/miriba/ と推定。

みらな　あたにやの、あやより、くせより、**みらな**＜見らな＞　14

☼ 「ラ行（四段）化」後の未然形「みら」を含む。「みらな」に対応。

/mirana/ と推定。

みらに　けよから、しはぐ**みらに**＜見らに＞　17
　　☼「ラ行（四段）化」後の未然形「みら」を含む。「みらに」に対応。
　　/mirani/ と推定。

みらは　しま、**みらは**＜見らは＞、くめたら、あちやわ、なはとまり　13
　　☼「ラ行（四段）化」後の未然形「みら」を含む。「みらば」に対応。
　　/miraba/ と推定。

みらんすか　きこへいけくすく、**みらんす**＜見ない者＞**か**、ほるび　17
　　☼「ラ行（四段）化」後の未然形「みら」を含む。「みらぬすが」に対応。
　　/miraɴsïga/ と推定。

みちへ　みろく**みちへ**＜見て＞やはるこのうまれと　　7
　　　　　のう**みちへか**＜見てか＞おひきよる　12
　　　　　ぬし**みちへす**＜見てす＞おひきよれ　12
　　　　　とも、そのあすひ**みちへと**＜見てと＞うらやみよる　　8

みちゑ　首里まぢや、おどの、いりちへ、**みちゑ**＜見て＞、きよらやの、みおとん　5
　　☼「みて」に対応。
　　/micji/ と推定。破擦音化の変化がある。

みちやすが　きこゑおに、**みちやす**＜見た者＞**が**、まさり　17
　　☼「みて」を含む。「みてあ（る）すが→みたる（す）が」に対応。
　　/micjasïga/ と推定。

みちやる　たまつむ、きやん、うち、**みちやる**＜見たる＞　5
　　☼「みて」を含む。「みてある→みたる」に対応。
　　/micjaru/ と推定。破擦音化の変化がある。

みたれは　あかちやる、まさり、**みたれは**＜見たれば＞、かなしや　14
　　☼「みて」を含む。「みてあれば→みたれば」に対応。注55)
　　/mitariba/ と推定。

ゐる座

いよる　あかなさは、いきやか、**いよる**＜居る＞、めつらし　21
　　☼連用形「ゐ」を含む。「ゐをる」に対応。注56)
　　/ijuru/ と推定。

ゐちへ　**ゐちへ**、おわれは、きよらや　5
ゐちゑ　**ゐちゑ**、おわれは、きよらや　5
　　☼「ゐて」に対応。
　　/icji/ と推定。

（上二段）注57)

おる降 注58)

おれほしや　大きみは、いのて、しよりもり、**おれほしや**＜降り欲しや＞　7
　　☼「下一段」的「おれる」の連用形「おれ」を含む。「おれほしや」に対応。
　　/uribusja/ と推定。

おれわちへ　すゑ、とめて、**おれわちへ**＜降り給いて＞　3
おれわちゑ　国、なおちへ、**おれわちゑ**＜降り給いて＞　21

☆「下一段」的「おれる」の連用形「おれ」を含む。「おれおはして」に対応。

/uriwacji/ と推定。

おれるかす　おと、きみ、やれとも、**おれるかす＜降りるごとに＞**、きみ　はやす、
　　　　　みこい　11

☆連体形「おれる」を含む。「おれるかず」に対応。「連体形＋名詞」[注59]

/urirukazï/ と推定。

おれら　きこゑせのきみきや、いけぐと、そろわは、**おれら＜降りよう＞**　11

☆「ラ行（四段）化」後の未然形「おれら」に対応。

/urira/ と推定。

おれらかす　**おれらかす＜降りるごとに＞**、まふら　4

☆「ラ行（四段）化」後の未然形「おれら」を含む。「おれらかず」に対応。「未然形＋名詞」[注59]

/urirakazï/ と推定。

おれらに　またまもりくすく　月のかす、**おれらに＜降りてほしい＞**　4

☆「ラ行（四段）化」後の未然形「おれら」を含む。「おれらに」に対応。

/urirani/ と推定。

おれて　しよりもり、**おれて＜降りて＞**　5
　　　　　も、と、ふみあがりや、**おれて＜降りて＞**、あすひ、よわれは　6
　　　　　きこへせのきみきや、**おれて＜降りて＞**、ふれまへは　11

☆「おれて」に対応。

/uriti/ と推定。

おれたる　みやくすく、もりに、けに、み物、**おれたる＜降りたる＞**　16

☆「おれて」を含む。「おれてある→おれたる」に対応。

/uritaru/ と推定。

おれたれ　むつき、七ころに、みまふてす、**おれたれ＜降りたれ＞**　4

☆「おれて」を含む。「おれてあれ→おれたれ」に対応。

/uritari/ と推定。

よりおる依降

ゆりおれや　けお、とまに、よりおれや、ゑか、ゑらひの、**ゆりおれ＜依り降れ＞や**　6

☆連用形「よりおれ」を含む。「よりおれは」に対応。

/juriurija/ と推定。

よりおれて　あたおそいに、**よりおれて＜依り降りて＞**　3

☆「よりおれて」に対応。

/juriuriti/ と推定。

（下一段）

ける蹴

けりあけて　あさつゆは、**けりあけて＜蹴り上げて＞**　13

☆「ラ行（四段）化」後の連用形「けり」を含む。「けりあげて」に対応。

/kiriagiti/ と推定。

けやけたる　**けやけたる＜蹴上げたる＞**、つよは　14

☆「ラ行（四段）化」後の連用形「けり」を含む。「け（り）あげたる」に対応。

/kijagitaru/ と推定。

（下二段）注60

う得

　ゑりきや　しま、**ゑり**＜島貰い＞きや、ほしやす、やへま、しま、おわちやれ　21
　　☆「ラ行（四段）化」後の連用形「えり」を含む。「えりが」に対応。
　/irigja/ と推定。

　ゑれ　うみちへ、**ゑれ**＜貰え＞、おかちへ、ゑれ、なりあんし　14
　　☆「ラ行（四段）化」後の命令形「えれ」に対応。
　/iri/ と推定。

　ゑれい　たま**ゑれい**＜貰え＞、つしやゑれ、おなりあんし　14
　　☆「ラ行（四段）化」後の命令形「えれ」を含む。「ゑれい」に対応。注61
　/iri/ と推定。

　ゑらたな　こうては、**ゑらたな**＜得らたな＞　10
　　☆「ラ行（四段）化」後の未然形「えら」を含む。「えらだな」に対応。
　/iradana/ と推定。

　ゑたる　かくちへ、**ゑたる**＜得たる＞、のすで、はちやる　10
　　☆「えて」を含む。「えてある→えたる」に対応。
　/itaru/ と推定。

あく開

　あけわちへ　あちおそいきや、すへの、ちやうは、**あけわちへ**＜開け給いて＞　5
　　　　　　　しより、おわる、てたこか、たうのみち、**あけわちへ**＜開け給いて＞　13
　　☆連用形「あけ」を含む。「あけおはして」に対応。
　/akiwacji/ と推定。

　あけて　もゝと、ふみあかりや、みち**あけて**＜開けて＞、かなひやふ、てつて　6
　　☆「あけて」に対応。
　/akiti/ と推定。

　あけたれ　こちやくち、ちやなもいしゆ、**あけたれ**＜開けたれ＞　14
　　☆「あけて」を含む。「あけてあれ→あけたれ」に対応。
　/akitari/ と推定。

あく明

　あけだち　けおの、あけとまに、けおの、**あけだち**＜明け立ち＞に　10
　あけたち　あよかうちの、おさうせや、**あけたち**＜明け立ち＞に、たとへて　12
　　☆連用形「あけ」を含む。「あけだち」に対応。
　/akidacji/ と推定。

　あける　**あける**日＜明ける日＞や、おみかうと、おかむ　13
　　　　　おみかうの、おかめはの、よが、**あける**やに＜明けるように＞　7
　　☆「ラ行（四段）化」後の連体形「あける」に対応。
　/akiru/ と推定。

　あけろ　**あけろ**とし＜明ける年＞、たゝかす、きみぐ、てつて、ふさよわれ　12
　　☆「ラ行（四段）化」後の連体形「あける」に対応。

/akiru/ と推定。

あけて　よのあけて＜明けて、開けて＞、てだの、てりよる、やに　5

　☆「あけて」に対応。

/akiti/ と推定。

あづく預

あづけわちへ　しまよ、あつけわちへ＜預け給いて＞　15

　☆連用形「あづけ」を含む。「あづけおはして」に対応。

/azïkiwacji/ と推定。

うく浮

うけわちへ　さちきや、もりくすく、にきり、かた、うけわちへ＜浮け給い＞　13

おけわちへ　さちきや、もりくすく、ひぢやりかた、おけわちへ＜浮け給いて＞　13

　☆連用形「うけ」を含む。「うけおはして」に対応。

/ukiwacji/ と推定。

うけるかす　うけたから、とよて、うけるかす＜浮けるごとに＞、ちやくにとみ、
　　　　　　　おうね　13

　☆「ラ行（四段）化」後の連体形「うける」を含む。「うけるかず」に対応。

/ukirukazï/ と推定。

うけら　おたね、うけら＜浮けら＞、たな、とよて、うけた、事　16

　☆「ラ行（四段）化」後の未然形「うけら」に対応。

/ukira/ と推定。

うけた事　うけら、たな、とよて、うけた、事＜浮けたので＞　16

　☆「うけて」を含む。「うけてあ（る）こと→うけたこと」に対応。

/ukitakutu/ と推定。

おしあく押開

おしあけわちへ　とはしり、やはしり、おしあけわちへ＜押し開け給いて＞　13

　☆連用形「おしあけ」を含む。「おしあけおはして」に対応。

/usjiakiwacji/ と推定。

おしやけわちへ　たまやりちよ、おしやけわちへ＜押し開け給いて＞　11

　☆連用形「おしあけ」を含む。「おしあけおはして」に対応。

/usjijakiwacji/ と推定。

おしあけれよ　さやは、しもはしり、おしあけれよ＜押し開けれよ＞、ちやうのしよ　7

　☆「ラ行（四段）化」後の命令形「おしあけれ」を含む。「おしあけれよ」に対応。

/usjiakiriju/ と推定。

おしあけて　けおのうち、おしあけて、しよりもり、おれわちへ　4

をしあけて　けおのうちは、をしあけて＜押し開けて＞、さんこおり、つきあけて　4

　☆「おしあけて」に対応。

/usjiakiti/ と推定。

おしうく押浮

おしうけ　やらいとみ、おしうけ＜押し浮け＞、むかい、ほこら　13

　☆連用形「おしうけ」に対応。

/usjiuki/ と推定。

　おしうけわちへ　**おしうけわちへ**＜押し浮け給いて＞、くりうけわちへ　13
　　☆ 連用形「おしうけ」を含む。「おしうけおはして」に対応。

/usjiukiwacji/ と推定。

　おしうけかず　あちおそいきや、おやおうね、**おしうけかず**＜押し浮け数＞、
　　　　　　　　まふりよは　13
　　☆ 未然形「おしうけ」を含む。「おしうけかず」に対応。

/usjiukikazï/ と推定。

　おしうけらは　けらい、まさり、とみ、**おしうけらは**＜押し浮けらは＞、しまよ、
　　　　　　　　ふさよわれ　13
　　☆「ラ行（四段）化」後の未然形「おしうけら」を含む。「おしうけらば」に対応。注62)

/usjiukiraba/ と推定。

　おしうけて　ゑそこかす、みおうねかす、**おしうけて**＜押し浮けて＞　6
　おしおけて　ようとれか　しよれは　いたきよらは　**おしおけて**＜押し浮けて＞　11
　　☆「おしうけて」に対応。

/usjiukiti/ と推定。

　おしうけたる　くすぬきの、みおうね、**おしうけたる**＜押し浮けたる＞、みおうね　13
　　☆「おしうけて」を含む。「おしうけてある→おしうけたる」に対応。

/usjiukitaru/ と推定。

おそひつく襲付
　おそいつけて　あたり、**おそいつけて**＜襲いつけて＞　9
　　☆「おそひつけて」に対応。

/usuicïkiti/ と推定。

かく掛
　かけわちへ　きこゑ、あおりやへや、しけうち、あや、**かけわちへ**＜掛け給いて＞　4
　　☆ 連用形「かけ」を含む。「かけおはして」に対応。

/kakiwacji/ と推定。

　かけわれ　いと、わたちへ、**かけわれ**＜掛け給え＞　3
　　☆ 連用形「かけ」を含む。「かけ（お）われ」に対応。

/kakiwari/ と推定。

　かけらたな　おうね、くらなみ、ようつゆ、**かけらたな**＜掛けずに＞、はりやせ　13
　　☆「ラ行（四段）化」後の未然形「かけら」を含む。「かけらだな」に対応。

/kakiradana/ と推定。

　かけて　天きや下、いと、**かけて**＜掛けて・懸けて＞、ちよわれ　3
　　　　　ゆきの、そよめきに、なむちや、くら、**かけて**＜掛けて・懸けて＞　11
　　☆「かけて」に対応。

/kakiti/ と推定。

せめつく攻付
　せめつけて　あたり、**せめつけて**＜攻めつけて＞　9
　　☆「せめつけて」に対応。

/simicïkiti/ と推定。

ついのく 退

ついのけ　ひせと　あわちへ　**ついのけ**＜つい退け＞　3

☼ 連用形「「ついのけ」に対応。

/cïinuki/ と推定。

つく 付・着

つけわちへ　ゑそこかす、**つけわちへ**＜付け給いて＞　3

☼ 連用形「つけ」を含む。「つけおはして」に対応。

/cïkiwacji/ と推定。

つけれ　うけみつ、なりおそい、**つけれ**＜付けれ＞　13

☼ 「ラ行（四段）化」後の命令形「つけれ」に対応。

/cïkiri/ と推定。

つけれ　しらよねにつけれは世の中に、**つけれ**＜着けれ＞　13

☼ 「ラ行（四段）化」後の命令形「つけれ」に対応。

/cïkiri/ と推定。

つけるな　かうさびも、**つけるな**＜付けるな＞　3

☼ 「ラ行（四段）化」後の終止形「つける」を含む。「つけるな」に対応。

/cïkiruna/ と推定。

つけな　なたまいろの、なるつき、つみ、**つけな**＜付けず＞、しよりもり、みをやせ　13

☼ 終止形「つける」を含む。「つけ（る）な」に対応。注63)

/cïkina/ と推定。

つけれは　にるやちに、**つけれは**＜着ければ＞、おうちよのか、やぐさめ　13

☼ 「ラ行（四段）化」後の已然形「つけれ」を含む。「つければ」に対応。

/cïkiriba/ と推定。

つけた　ふなさき、つよ、**つけた**＜付けずに＞、はりやせ　13

☼ 未然形「つけ」を含む。「つけだ」に対応。注64)

/cïkida/ と推定。

つけて　もとつけな、な　**つけて**＜付けて＞　13

☼ 「つけて」に対応。

/cïkiti/ と推定。

つけて　いみやとよみ、**つけて**＜着けて＞　13

☼ 「つけて」に対応。

/cïkiti/ と推定。

はぎうく 接浮

はぎうけたる　しないとみ、**はぎうけたる**＜接ぎ浮けたる＞、きよらや　13

☼ 「はぎうけて」を含む。「はぎうけてある→はぎうけたる」に対応。

/hwazjiukitaru/ と推定。

はく 佩

はけわちへ　かくらの、くひよもい、**はけわちへ**＜佩き給いて＞　14

☼ 連用形「はけ」を含む。「はけおはして」に対応。

第3節　『おもろさうし』の動詞形態の考察　235

/hwakiwacji/ と推定。

みつく 見付

みつけたる　いゑや大やこか、**みつけたる**＜見つけたる＞、小はなれかち、くれて　13

☆「みつけて」を含む。「みつけてある→みつけたる」に対応。

/micïkitaru/ と推定。

よがく 世掛

よかける　うぶだまは、いのるすど、**よかける**＜世掛ける＞　3

世かける　しよりおやひかわ、みつ、からど、**世かける**＜世掛ける＞　8

☆「ラ行（四段）化」後の連体形「よがける」に対応。「ど」の結び。

/jugakiru/ と推定。

世かけは　きみかなし、おもろせは、**世かけは**＜世掛けよ＞　6

☆命令形「よがけ」を含む。「よがけは」に対応。注65)

/jugakiwa/ と推定。

よせつく 寄着

よせつける　いしけした、ようかほう、**よせつける**＜寄せ付ける＞、とまり　10

☆連体形「よせつける」に対応。

/jusicïkiru/ と推定。

よりかく 依掛

よりかけ　金、きやぐら、**よりかけ**＜依り掛け＞　10

☆連用形「よりかけ」に対応。

/jurikaki/ と推定。

あぐ 上

あける　**あける**つかさ＜揚げる司＞、なおるつかさ、やれは　13

☆「ラ行（四段）化」後の連体形「あげる」に対応。

/agiru/ と推定。

あけれ　このひやし、**あけれ**＜揚げれ＞　8

☆「ラ行（四段）化」後の命令形「あげれ」に対応。

/agiri/ と推定。

おしあぐ 押上

おしあけわちへ　いと、すたり、**おしあけわちへ**、ちよわちへ　21

☆連用形「おしあげ」を含む。「おしあげおはして」に対応。

/usjiagiwacji/ と推定。

おしあけは　むかか、おゑか、**おしあけは**、おさうせ、やに、おそて　3

☆未然形「おしあげ」を含む。「おしあげば」に対応。「あけ」は「上げ」とする。「ラ行化していない未然形条件形の例」に従う。注66)

/usjiagiba/ と推定。

おしあけて　ややの、まほう、**おしあけて**＜押し揚げて＞、はりやせ　13

☆「おしあげて」に対応。

/usjiagiti/ と推定。

おしやけて　やゝの、まほう、**おしやけて**＜押し揚げて＞　13

☆「おしあげて」に対応。

/usjagiti/ と推定。

さぐ 下

さげて　なめし、いとよ、**さげて**＜下げて＞　　9

さけて　かねわかこ、ひもすつは、**さけて**＜下げて＞　　11

☆「さげて」に対応。

/sagiti/ と推定。

ささぐ 捧

みさゝげ　ね国から、**みさゝげ**＜御捧げ＞や、のぼて　　19

みさゝけ　けよも、あちやむ、**みさゝけ**＜御捧げ＞と、はりよる　　14

☆連用形「ささげ」を含む。「みささげ」に対応。

/misasagi/ と推定。

さゝけれ　みしやく　**さゝけれ**＜捧げれ＞、みしやく　　11

☆「ラ行（四段）化」後の命令形「ささげれ」に対応。

/sasagiri/ と推定。

さゝけて　しよはやす、なよす、**さゝけて**＜捧げて＞　　7

☆「ささげて」に対応。

/sasagiti/ と推定。

さしあぐ 差上

さしあけれ　みしやく、**さしあけれ**＜差し上げれ＞　　21

☆「ラ行（四段）化」後の命令形「さしあげれ」に対応。

/sasjiagiri/ と推定。

さしやけは　きこゑ、あけしのか、おみしやく、**さしやけは**＜差し上げは＞、
　　　　　　　　はりやせ　　13

☆未然形「さしあげ」を含む。「さしあけば」に対応。「やけ」は「上げ」とする。「ラ行化していない未然形条件形の例」に従う。注66)

/sasjijagiba/ と推定。

たひらぐ 平

たいらけて　天か下、**たいらけて**＜平らげて＞、ちよわれ　　3

☆「たひらげて」に対応

/tairagiti/ と推定。

つみあぐ 積上

つみあげて　あふくもの、よろいは、**つみあげて**＜積み上げて＞、みおやせ　　10

つみあけて　くもこだけ、おりあけて、あおりや、はな、**つみあけて**＜積み上げて＞　　3

☆「つみあげて」に対応。

/cïmiagiti/ と推定。

ぬきあぐ 抜上

ぬきあけ　かさす、わかてたに、御みしやく、**ぬきあけ**＜差し上げ＞　　11

☆連用形「ぬきあげ」に対応。

/nucjiagi/ と推定。

ぬきやけみづ　**ぬきやけみづ**＜差し上げ水＞、かいなでみづ、せまし　18

のきあけみつ　**のきあけみつ**＜差し上げ水＞、かいなてみつ、せまし　17

　　☆連用形「ぬきあげ」を含む。「ぬきあげみづ」に対応。

　/nucjiagimizï/ と推定。

ぬきあけわちへ　此みしやこ、**ぬきあけわちへ**＜差し上げ給いて＞　7

　　☆連用形「ぬきあげ」を含む。「ぬきあげおはして」に対応。

　/nucjiagiwacji/ と推定。

ぬきあけれ　またまの、みしやく、**ぬきあけれ**＜差し上げれ＞、　11

　　☆「ラ行（四段）化」後の命令形「ぬきあげれ」に対応。

　/nucjiagiri/ と推定。

ぬきあけは　つぼ、にみしやく、**ぬきあけは**＜差し上げれば＞　5

　　☆未然形「ぬきあげ」を含む。「ぬきあげば」に対応。「ラ行化していない未然形条件形の例」に従う。注66)

　/nucjiagiba/ と推定。

ぬきやげは　御しやく、**ぬきやげは**＜差し上げれば＞　19

　　☆未然形「ぬきあげ」を含む。「ぬきあげば」に対応。「ラ行化していない未然形条件形の例」に従う。注66)

　/nucjagiba/ と推定。

ぬきやげて　まさけなよ、**ぬきやげて**＜差し上げて＞　3

　　☆「ぬきあげて」に対応。

　/nucjagiti/ と推定

まきあぐ巻上

まきやけ　とも、**まきやけ**＜巻き上げ＞、なはとまり、はりやせ　13

　　☆連用形「まきあげ」に対応。

　/macjagi/ と推定。

まきあけれよ　たますたれ、**まきあけれよ**＜巻き上げれよ＞、すてもの　7

　　☆「ラ行（四段）化」後の命令形「まきあげれ」を含む。「まきあげれよ」に対応。

　/macjiagiriju/ と推定。

まきあけて　けおのうちの、いとすたり、**まきあけて**＜巻き上げて＞　21

　　☆「まきあげて」に対応。

　/macjiagiti/ と推定。

もちにぐ持逃

もちにけて　たま、**もちにけて**＜持ち逃げて＞　12

　　☆「もちにげて」に対応。

　/mucjinigiti/ と推定。

よりあぐ寄上

よりあけもり　**よりあけもり**＜寄り上げ杜＞、おやり、あよなさめ、けに、あて　3

　　☆連用形「よりあげ」を含む。「よりあげもり」に対応。

　/juriagimuri/ と推定。

よりやけはま　よなはばま、**よりやけはま**＜寄り上げ浜＞、おるしよわ　3

　　☆連用形「よりあげ」を含む。「よりあげはま」に対応。

　/jurijagihwama/ と推定。

わきあぐ湧上

わきやけ　あけもとろ、やもとろ、とも、**わきやけ＜湧き上げ＞**おきなわに、つかい　13

　☼ 連用形「わきあげ」に対応。

/wacjagi/ と推定。

うす失

うせなもの　いめや、あとなもの、いめや、**うせなもの＜失せなもの＞**　12

　☼ 連用形「うせ」を含む。「うせなもの」に対応。

/usinamunu/ と推定。

かきよす掻寄

かきよせれ　やまきし、すざべし、うちよせれ、**かきよせれ＜掻き寄せれ＞**　20

　☼「ラ行（四段）化」後の命令形「かきよせれ」に対応。

/kacjijusiri/ と推定。

かきよせて　**かきよせて＜掻き寄せて＞**、あちおそいに、みおやせ　11

　☼「かきよせて」に対応。

/kacjijusiti/ と推定。

きりふす切伏

きりふせて　もゝそ、**きりふせて＜斬り伏せて＞**　　3

　☼「きりふせて」に対応。

/cjirihwusiti/ と推定。

にす似

にせる　たるか、さちへ、**にせる＜似せる＞**　11

　☼「ラ行（四段）化」後の連体形「にせる」に対応。「か」の結びか。

/nisiru/ と推定。

にせれ　わか、てたす、きみぐに、**せれ＜似せれ＞**　　5

　☼「ラ行（四段）化」後の已然形「にせれ」に対応。「す」の結び。

/nisiri/ と推定。

にせめ　せのきみしよ、よは**にせめ＜似せめ＞**　21

　☼ 未然形「にせ」を含む。「にせめ」に対応。

/nisimi/ と推定。

にせて　かつれんと、**にせて＜似せて＞**　16

　☼「にせて」に対応。

/nisiti/ と推定。

にせたれ　こしらへす、**にせたれ＜似せたれ＞**　11

　☼「にせて」を含む。「にせてあれ→にせたれ」に対応。

/nisitari/ と推定。

のす乗

のせわちへ　ふなこ、ゑらて、**のせわちへ＜乗せ給いて＞**　13

　☼ 連用形「のせ」を含む。「のせおはして」に対応。

/nusiwacji/ と推定。

のせて　てかち、ゑらて、**のせて＜乗せて＞**　10

☆「のせて」に対応。

/nusiti/ と推定。

のぼす上

のほせて　しよりもり、**のほせて**＜上せて＞、あちおそいに、みおやせ　13

☆「のほせて」に対応。

/nubusiti/ と推定。

ひきよす引寄

ひきよせる　もゝしま、**ひきよせる**、わし　20

☆連体形「ひきよせる」に対応。

/hwicjijusiru/ と推定。

ひきよせて　もゝくら、**ひきよせて**＜引き寄せて＞、みおやせ　5

☆「ひきよせて」に対応。

/hwicjijusiti/ と推定。

みす見

みせたな　やまとのこらに、**みせたな**＜見せないで＞、やたる　14

☆未然形「みせ」を含む。「みせだな」に対応。

/misidana/ と推定。

みせらは　はふとりか、**みせらは**＜見せらば＞、みちへ、おわれ　14

☆「ラ行（四段）化」後の未然形「みせら」を含む。「みせらば」に対応。注67)

/misiraba/ と推定。

もちよす持寄

もちよせる　やまと、ふねせに、こかね、**もちよせる**＜持ち寄せる＞、くすく　11

☆「ラ行（四段）化」後の連体形「もちよせる」に対応。

/mucjijusiru/ と推定。

もちよせれ　みあがるちやう、たてゝ、しけち、**もちよせれ**＜持ち寄せれ＞　17

☆「ラ行（四段）化」後の命令形「もちよせれ」に対応。

/mucjijusiri/ と推定。

もちよせて　にし、ひかの、かまへ、**もちよせて**＜持ち寄せて＞　15

☆「もちよせて」に対応。

/mucjijusiti/ と推定。

よす寄

よせ　世かはら、**よせ**＜寄せ＞、御くすく、けらへ　8

☆連用形「よせ」に対応。

/jusi/ と推定。

よせくるま　**よせくるま**＜寄せ車＞、よせて　5

☆連用形「よせ」を含む。「よせぐるま」に対応。

/jusiguruma/ と推定。

よせもい　あかのこか、**よせもい**＜寄せ杜＞、ひぢやりも、にぎりも、かなしや　8

☆連用形「よせ」を含む。「よせもり」に対応。

/jusimui/ と推定。

240　第3章　仮名資料の動詞形態の考察

よせわちへ　あまみきよは、**よせわちへ**＜寄せ給いて＞　　10

 ☆ 連用形「よせ」を含む。「よせおはして」に対応。

 /jusiwacji/ と推定。

よせわ　世のてもち、まへに、**よせわ**＜寄せよ＞　　6

 ☆ 連用形「よせ」を含む。「よせ（お）わ（れ）」に対応。[注68]

 /jusiwa/ と推定。

よせる　たしま、あるきやめも、せいくさ、**よせるまし**＜寄せるまし＞　　12
   ともゝすへ、せいいくさ、**よせる**、まじ＜寄せるまじ＞　　13

 ☆ 「ラ行（四段）化」後の終止形「よせる」に対応。

 /jusiru/ と推定。

よせる　あや、わし**よせる**＜寄せる＞、はなくすく　　19

 よ ☆「ラ行（四段）化」後の連体形「よせる」に対応。

 /jusiru/ と推定。

よせれ　かねくすく、もりに、つくせ、**よせれ**＜寄せれ＞　　11

 ☆ 「ラ行（四段）化」後の命令形「よせれ」に対応。

 /jusiri/ と推定。

よせれ　かみ ぐ す、うらのかす、いのりやゑて、**よせれ**＜寄せれ＞　　6

 ☆ 「ラ行（四段）化」後の已然形「よせれ」に対応。（「かみ ぐ す」の）「す」の結び。

 /jusiri/ と推定。

よせらや　やまといくさ、**よせらや**＜寄せらや＞　　20

 ☆ 「ラ行（四段）化」後の未然形「よせら」を含む。「よせらや」に対応。

 /jusiraja/ と推定。

よせて　ちやくにとみ、**よせて**＜寄せて＞　　3

ゆせて　しまよ、**ゆせて**＜寄せて＞、みおやせ　　8

 ☆ 「よせて」に対応。

 /jusiti/ と推定。

よせたる　ぢやぐに、**よせたる**＜寄せたる＞、あちおそいしよ、とよめ　　10

 ☆ 「よせて」を含む。「よせてある→よせたる」に対応。

 /jusitaru/ と推定。

おしたつ押発

おしたて　はゝら、**おしたて**＜押し立て＞、はやめよ、くちに、とめれ　　3

 ☆ 連用形「おしたて」に対応。

 /usjitati/ と推定。

おしたては　せいくさ、**おしたては**＜押し発てば＞　　20

 ☆ 未然形「おしたて」を含む。「おしたてば」に対応。

 /usjitatiba/ と推定。

おしたつ押立

おしたて　てよりきよら、**おしたて**＜押し立て＞　　3

 ☆ 連用形「おしたて」に対応。

 /usjitati/ と推定。

おしみつ 押閉

おしみちへれ　さやは、しもはしり、**おしみちへれ**＜押し閉じよ＞、ちやうのしゆ　7

☼「ラ行（四段）化」後の命令形「おしみてれ」に対応。

/usjimicjiri/ と推定。

おひたつ 追立

おゑたて　はまちとり、**おゑたて**＜追い立て＞　13

☼連用形「おひたて」に対応。

/uitati/ と推定。

おゑたてゝ　あやき、ぶち、とらちへ、**おゑたてゝ**＜追い立てて＞、はりやせゑ　13

☼「おひたてて」に対応。

/uitatiti/ と推定。

すつ 捨

すてれ　たいちに、おとちへ、**すてれ**＜捨てれ＞　3

☼「ラ行（四段）化」後の命令形「すてれ」に対応。

/sïtiri/ と推定。

たつ 発

たてわやり　あがかいなで、あちおそい、せくさ、**たてわやり**＜立て給いて＞　3

☼連用形「たて」を含む。「たておわりあり」に対応。 注69)

/tatiwajari/ と推定。

たてらかず　せこさ、**たてらかず**＜立てるごとに＞、うちやりやり、とよめ　3

☼「ラ行（四段）化」後の未然形「たてら」を含む。「たてらかず」に対応。

/tatirakazï/ と推定。

たつ 建

たてゝ　いしちやうは、**たてゝ**＜建てて＞　11

☼「たてて」に対応。

/tatiti/ と推定。

たつ 立

たてわちへ　うみなおし、**たてわちへ**＜立て給いて＞　13

☼連用形「たて」を含む。「たておはして」に対応。

/tatiwacji/ と推定。

たてゝ　いけな、きみ、**たてゝ**＜立てて＞　12

☼「たてて」に対応。

/tatiti/ と推定。

ひきたつ 引立

ひきたて　あちおうねや、まぬのほうは、**ひきたて**＜引き立て＞　13

☼連用形「ひきたて」に対応。

/hwicjitati/ と推定。

ひきたてゝ　はたよみやか、そて花、みきやう、**ひき、たてゝ**＜引き立てて＞　14

☼「ひきたてて」に対応。

/hwicjitatiti/ と推定。

242　第3章　仮名資料の動詞形態の考察

みつ満

みちへ　とよむ、わうにせか、はたち、**みちへ**、やちよ　7
　　☼ 連用形「みて」に対応。
　　/micji/ と推定。

みつる　せなは、おきて、なつ、**みつ**＜夏満つ＞**る**、かに、ある　13
　　☼ 連体形「みつる」に対応か。注70)
　　/micïru/ と推定。

みちへて　たゝみきよ、きも、**みちへて**＜満たして＞、あすて　4
　　☼「みてて」に対応。
　　/micjiti/ と推定。

もちみつ持満

もちみちゑる　たうのし、なむちや、こかね、**もちみちゑる**＜持ち満てる＞　15
　　☼「ラ行（四段）化」後の終止形「もちみてる」に対応。
　　/mucjimicjiru/ と推定。

もちみちへる　おしやへ、しちへ、**もちみちへる**＜持ち満てる＞、くすく　8
　　☼「ラ行（四段）化」後の連体形「もちみてる」に対応。
　　/mucjimicjiru/ と推定。

もちみちろ　またま、こかね、**もち**、**みちろ**、くすく＜持ち満ちる城＞　4
　　☼「ラ行（四段）化」後の連体形「もちみてる」に対応。
　　/mucjimicjiru/ と推定。

よりみつ寄満

よりみちへか　**よりみちへ**＜寄り満＞**か**、および、せぢよせか、なおさ　6
　　☼ 連用形「よりみて」を含む。「よりみてが」に対応。
　　/jurimicjiga/ と推定。

よりみちへは　あちおそい、**よりみちへ**＜寄り満＞**は**、けらへて　7
　　☼ 連用形「よりみて」を含む。「よりみては」に対応。
　　/jurimicjiwa/ と推定。

よりみちゑと　より、きよらと、より、**みちゑ**＜寄り満＞**と**、このみよる　21
　　☼ 連用形「よりみて」を含む。「よりみてと」に対応。
　　/jurimicjitu/ と推定。

よりみちへれ　ちゑねんあつめなに、世う、**よりみちへれ**＜寄り満てれ＞　19
ゆりみちへれ　くしかわのもりに、いなよね、**ゆりみちへれ**＜寄り満てれ＞　11
　　☼「ラ行（四段）化」後の命令形「よりみてれ」に対応。
　　/jurimicjiri/ と推定。

よりみちへて　しよりもり、こかね、**よりみちへて**＜寄り満たして＞　5
よりみちゑて　きみきや、よりたゝは、こかね、**よりみちゑて**＜寄り満たして＞　5
　　☼「よりみてて」に対応。
　　/jurimicjiti/ と推定。

いづ出

いちへ　まゑ、はやく、**いちへ**、おきもに、しなわに　8

おざの、たちよもいや、なみいちへ、とのみちへ、きよもん　15

☆ 連用形「いで」に対応。注71)

/izi/ と推定。破擦音化がある。

いちへれ　といし、**いちへれ**＜出よ＞　14

☆ 「ラ行（四段）化」後の命令形「いでれ」に対応。

/iziri/ と推定。破擦音化がある。

いてらかず　**いてらかず**＜出るごとに＞、そてたれて、はりやせ　13

☆ 「ラ行（四段）化」後の未然形「いでら」を含む。「いでらかず」に対応。

/idirakazï/ と推定。注72)

いちへらかす　**いちへら、かす**＜出るごとに＞、おみ、まぶてす、はりやせ　13

☆ 「ラ行（四段）化」後の未然形「いでら」を含む。「いでらかず」に対応。

/izirakazï/ と推定。注72)

いちらかす　**いちらかす**＜出るごとに＞、おみまふてす、はりやせ　22

☆ 「ラ行（四段）化」後の未然形「いでら」を含む。「いでらかず」に対応。

/izjirakazï/ と推定。注72)

いてゝ　おにす、**いてゝ**＜出て＞、人おどせ　11

☆ 「いでて」に対応。

/iditi/ と推定。

いちへて　人の、**いちへて**＜出でて＞、おに、おどちへ　11

☆ 「いでて」に対応。

/iziti/ と推定。破擦音化がある。注73)

いてたる　くもこより、**いてたる**＜出でたる＞　11

☆ 「いでて」を含む。「いでてある→いでたる」に対応。

/iditaru/ と推定。

いちへたる　またま、より、**いちへたる**＜出でたる＞　21
いちゑたる　くもこ、より、**いちへたる**＜出でたる＞　21

☆ 「いでて」を含む。「いでてある→いでたる」に対応。

/izitaru/ と推定。破擦音化がある。　注74)

えらびいづ選出

ゑらひいちへの　きこゑみやくすく、**ゑらひいちへのまかね**＜選び出での真金＞　16

☆ 連用形「えらび」を含む。「えらびいでの」に対応。

/irabiizinu/ と推定。

おしいづ押出

おしいて　おにの、きみ、**おしいて**＜押し出て＞　14

☆ 連用形「おしいで」に対応。

/usjiidi/ と推定。

おしいちへやり　おし、**いちへやり**＜押し出でて＞、はりやさは、うらこ、しちへ　13

☆ 連用形「おしいで」を含む。「おしいでやり」に対応。

/usjiizijari/ と推定。

おしちへたる　**おしちへたる**＜押し出でたる＞、ゑ、つかさくと　13

☆連用形「おしいで」を含む。「おしいでたる」に対応。

/usjizitaru/ と推定。

おしいちへは　とよむせたかこか、しらにしやか、**おしいちへは**＜押し出でば＞　7

☆已然形「おしいで」を含む。「おしいでば」に対応。

/usjiiziba/ と推定。

かきなづ掻撫

かゑなて　みやきせん、ね　しやり、**かゑなて**＜掻い撫で＞、かいなて、おこらに　13

☆連用形「かきなで」に対応。「かき～→かい～」のイ音便化がある。

/kainadi/ と推定。

かいなでわる　きこゑ大きみきや、**かいなで、わる、**あちおそい＜掻い撫で給う

按司襲い＞　3

☆連用形「かきなで」を含む。「かきなでおわる」に対応。「かき～→かい～」のイ音便化がある。

/kainadiwaru/ と推定。

かいなてわちへ　さしふ、めつらかて、むつき、**かいなてわちへ**＜掻い撫で給いて＞　6

☆連用形「かきなで」を含む。「かきなでおはして」に対応。「かき～→かい～」のイ音便化がある。

/kainadiwacji/ と推定。

かいなでら　あすばかす、**かいなでら**＜掻い撫でら＞　6

かいなてら　あすはかす、**かいなてら**＜掻い撫でら＞　4

☆「ラ行（四段）化」後の未然形「かきなでら」に対応。「かき～→かい～」のイ音便化がある。

/kainadira/ と推定。

かいなてて　むつき、七ころに、**かいなててす**＜掻い撫ででぞ＞、おれたれ　6

かいなてゝ　むつき、七ころに、**かいなてゝす**＜掻い撫ででぞ＞、おれたれ　4

☆「かいなでて」に対応。「かき～→かい～」のイ音便化がある。

/kainaditi/ と推定。

なりいづ鳴出

なりいぢゑて　あか、おもひか、こゑ、**なりいぢゑて**＜鳴り出でて＞　14

☆「なりいでて」に対応。

/nariiziti/ と推定。

はりいづ走出

はりいてたる　**はりいてたる**＜走り出でたる＞、ゑ、つかさくと　13

☆「はりいでて」を含む。「はりいでてある→はりいでたる」に対応。

/hwariiditaru/ と推定。

はりいちへたる　**はりいちへたる**＜走り出でたる＞、ゑ、つかさこ　22

☆「はりいでて」を含む。「はりいでてある→はりいでたる」に対応。

/hwariizitaru/ と推定。破擦音化がある。

ひきいづ引出

ひきいちへ物　なおか、**ひきいちへ物**＜引出物＞、なおか、てつともの　15

☆連用形「ひきいで」を含む。「ひきいでもの」に対応。

/hwicjizimunu/ と推定。

こぬ捏（踊）

こねり　あめく、まひやりよもひ、**こねり**＜舞いの手＞、なよる、かなしけ　12

　　☼「ラ行（四段）化」後の連用形「こねり」に対応。

　　/kuniri/ と推定。

こねら　くせて、うちへ、**こねら**＜踊ろう＞　9

　　☼「ラ行（四段）化」後の未然形「こねら」に対応。

　　/kunira/ と推定。

はぬ撥

はねて　こかねもりおやりことなめさ**はねて**＜撥ねて＞　3

　　☼「はねて」に対応。

　　/hwaniti/ と推定。

そろふ揃

そろへやり　もゝしま、**そろへやり**＜揃え遣り＞、みおやせ　4

　　☼連用形「そろへ」を含む。「そろへやり」に対応。

　　/suruijari/ と推定。

そろへわちへ　おそて、**そろへわちへ**＜揃え給いて＞　6

そろゑわちへ　かほう、**そろゑわちへ**＜揃え給いて＞　12

そろゑわちゑ　かほう、**そろゑわちゑ**＜揃え給いて＞　5

　　☼連用形「そろへ」を含む。「そろへおはして」に対応。

　　/suruiwacji/ と推定。

そろゑる　かみ、しもの、世、**そろゑる**＜揃える＞、くすく　5

　　☼「ラ行（四段）化」後の連体形「そろへる」に対応。

　　/suruiru/ と推定。

そろいれ　あちおそいしゆ、よ**そろいれ**＜揃えれ＞　11

　　☼「ラ行（四段）化」後の命令形「そろへれ」に対応。

　　/suruiri/ と推定。

そろいて　あよ、ふてつ、**そろいて**＜揃えて＞、かけおそたる、きよらさ　7

そろへて　かみしむは、**そろへて**＜揃えて＞　5

そろゑて　世、**そろゑて**＜揃えて＞　3

　　☼「そろへて」に対応。

　　/suruiti/ と推定。

たとふ譬

たとゑる　やまとの、かまくらに、**たとゑる**＜譬える＞　16

　　☼「ラ行（四段）化」後の終止形「たとへる」に対応。

　　/tatuiru/ と推定。

たとへる　あちおそいきや、おもいくわ、つれの、あぢきや、**たとへる**＜譬える＞　5

たとゑる　かつれんわ、なおにきや、**たとゑる**＜譬える＞　16

　　☼「ラ行化」後の連体形「たとへる」に対応。「きや」の結び。

　　/tatuiru/ と推定。

たとへて　あけとまに、**たとへて**＜譬えて＞　12

　　☼「たとへて」に対応。

/tatuiti/ と推定。

はふ延

　はへて　まちゆの、なわ、**はへて**＜引いて＞　　5

　はゑて　しらぬのも**はゑて**＜引いて＞　　15

　　　☼「はへて」に対応。「延へて」で「引いて」ではない。

　　/hweeti/ と推定。

　はゑちへ　かせ　**はゑちへ**＜引いて＞、ぬの　**はゑちへ**　　14

　　　☼「はへて」に対応。「延へて」で「引いて」ではない。_{注75)}

　　/hweecji/ と推定。

むかふ迎

　おむかい　みちなか、**おむかい**＜お迎い＞、せらまへ　　15

　　　☼連用形「むかへ」を含む。「おむかへ」に対応。

　　/umukai/ と推定。

　むかい　さやはたけ、きみ⟨しよ、**むかい**＜迎い＞　　13

　　　☼已然形「むかへ」に対応。「しよ」の結び。

　　/mukai/ と推定。

　むかいたる　たかへすの、こらか、**むかいたる**＜迎えたる＞、ほこらしや　　16

　　　☼「むかへて」を含む。「むかへてある→むかへたる」に対応。

　　/mukaitaru/ と推定。

たかぶ崇

　たかへ　こみかす、**たかへ**＜崇べ＞　　11

　　　☼連用形「たかべ」に対応。

　　/takabi/ と推定。

　たかべて　大きみは、**たかべて**＜崇べて＞　　5

　たかへて　のろ⟨は、**たかへて**＜崇べて＞　　13

　　　☼「たかべて」に対応。「たかべて」「たかへて」ともに例多数。「たかへて」のほうが多い。

　　/takabiti/ と推定。

のぶ絢

　ぬへわちへ　てもち、なわ　**ぬへわちへ**＜絢い給いて＞　　6

　　　☼連用形「のべ」を含む。「のべおはして」に対応か。_{注76)}

　　/nubiwacji/ と推定。

おひつむ追詰

　おいつめて　てらほ、**おいつめて**＜追い詰めて＞　　10

　　　☼「おひつめて」に対応。

　　/uicïmiti/ と推定。

こむ込

　こめて　かめ、ひやく、**こめて**＜込めて＞　　11

　　　☼「こめて」に対応。

　　/kumiti/ と推定。

せむ攻

せめら　さしき、**せめらて**＜攻めようといって＞、しちやる　19

☆「ラ行（四段）化」後の未然形「せめら」に対応。

/simira/ と推定。

とどむ留

と〻めは　あさか、かね、**と〻めは**＜留めは＞　13

☆未然形「とどめ」を含む。「とどめば」に対応か。注77)

/tudumiba/ と推定。

はじむ初・始

はぢめいくさ　きこゑ大きみきや、**はぢめ、いくさ**＜初め軍＞、たちよわちへ　3

☆連用形「はじめ」を含む。「はじめいくさ」に対応。

/hwazjimiikusa/ と推定。

はちめと　あまみきよか、**はちめ**＜初め＞**と**、もちよる　14

☆連用形「はじめ」を含む。「はじめと」に対応。

/hwazjimitu/ と推定。

はちめて　あまみや、**はちめて**＜初めて＞、おぎもうちは、おまれて　3

☆「はじめて」に対応。

/hwazjimiti/ と推定。

ひきしむ引締

ひきしめて　といき〻、おび、まやし、**ひきしめて**＜引き締めて＞　14

☆「ひきしめて」に対応。

/hwicjisjimiti/ と推定。

みつむ見詰

みつめてた　**みつめてた**＜見つめテダ＞、あくちよ、あまい　16

☆連用形「みつめ」を含む。「みつめテダ」に対応。

/micïmitida/ と推定。

あまゆ歓

あまい　みつめてた、あくちよ、**あまい**　16　注78)

☆連用形「あまえ」に対応。

/amai/ と推定。

あまへ　きこへさすかさか、よかほう、**あまへ**＜歓え＞　4

☆連用形「あまえ」に対応。

/amai/ と推定。

あまへほしや　**あまへほしや**＜歓え欲しや＞、ほこりほしや　8

☆連用形「あまえ」を含む。「あまえほしや」に対応。

/amaibusija/ と推定。

あまへやべら　**あまへやべら**＜歓え侍ら＞、ほこりやべら　5

☆連用形「あまえ」を含む。「あまえはべら」に対応。

/amaijabira/ と推定。

あまへよら　**あまへよら**＜歓え居ら＞、ほこりよら　16

☆連用形「あまえ」を含む。「あまえをら」に対応。

248　第3章　仮名資料の動詞形態の考察

/amaijura/ と推定。

あまへわちへ　**あまへわちへ**＜歓え給いて＞、あそひよわ　4

　　　　　　おもろ、ねやかりきや、**あまへわちへからは**＜歓え給いてからは＞　8

　☆連用形「あまえ」を含む。「あまえおはして」に対応。

/amaiwacji/ と推定。

あまゑやり　**あまゑやり**＜歓えて＞、みおやせは　5

　☆連用形「あまえ」を含む。「あまえあり」に対応。

/amaijari/ と推定。

あまへる　かみぐ、**あまへる**＜歓える＞、きよらや　6

　☆「ラ行（四段）化」後の連体形「あまえる」に対応。

/amairu/ と推定。

あまへれ　あれぐ、**あまへれ**＜歓えれ＞、やちよこ　6

　☆「ラ行（四段）化」後の命令形「あまえれ」に対応。

/amairi/ と推定。

あまへて　**あまへて**＜歓えて＞、けわいこぎ、しよわちへ　10

あまゑて　**あまゑて**＜歓えて＞、かが、ちよわれ　20

　☆「あまえて」に対応。

/amaiti/ と推定。

きこゆ聞

きこへあおりやへ　**きこへ**＜聞こえ＞**あおりやへ**か、たけ、みつき、しまの、つち、

　　　　　　ちよわれ　11

きこゑあおりやい　**きこゑ**＜聞こえ＞**あおりやい**、おれて、あすひよわれは　12

　☆連用形「きこえ」を含む。「きこへあほりやへ」に対応。

/cjikuiaurijai/ と推定。

きこへる　いしなけは、**きこへる**＜聞える＞　なりきよ、おろちへ　12

　☆「ラ行（四段）化」後の終止形「きこえる」に対応。　注79)

/cjikuiru/ と推定。

きこへる　くめの、こいしのか、もゝすへ、とよむ、**きこへるもり**＜聞こえる杜＞　11

きこゑる　くめの、こゑしのか、もゝすゑ、とよむ、**きこゑるもり**＜聞こえる杜＞　21

　☆「ラ行（四段）化」後の連体形「きこえる」に対応。

/cjikuiru/ と推定。

きこゑて　けさにこの、**きこゑて**＜聞こえて＞　9

　☆「きこえて」に対応。

/cjikuiti/ と推定。

こゆ越

こいて　きちり、**こいて**＜越えて＞、なこのうら　17

　☆「こえて」に対応。

/kuiti/ と推定。

はゆ栄

はへて　たゝみきよ、きも**はへて**＜栄えて＞、あすて　6

第3節　『おもろさうし』の動詞形態の考察　249

はゑて　あちおそいぢよ、あよ、**はゑて**＜栄えて＞　あすて　3

はいて　中ち、あやみやに、みれは、きも**はいて**＜栄えて＞　11

　　☆「はえて」に対応。

　　/hwaiti/ と推定。

まひこゆ舞越

まいこゑて　くめは、いなへ、やり、けらま、**まいこゑて**＜舞い越えて＞　5

　　☆「まひこえて」に対応。_{注80)}

　　/maikuiti/ と推定。

みゆ見

めより　しないとみ、まちら、たな、**めより**＜見え居り＞　13

　　☆連用形「みえ」を含む。「みえをり」に対応。_{注81)}

　　/mijuri/ と推定。

めいるな　よないしやり、あかくちやに、**めいるな**＜見えるな＞　16

　　☆「ラ行（四段）化」後の終止形「みえる」を含む。「みえるな」に対応。_{注82)}

　　/miiruna/ と推定。

いる入

いれゝ　おやちやうあけて、わん、**いれゝ**＜入れよ＞　17

　　☆「ラ行（四段）化」後の命令形「いれれ」に対応。

　　/iriri/ と推定。

いれて　ぬきまわちへ、**いれて**＜入れて＞　13

　　☆「いれて」に対応。

　　/iriti/ と推定。

入たる　さけ、かめに、**入たる**＜入たる＞　みき　10

　　☆「いれて」を含む。「いれてある→いれたる」に対応。

　　/iritaru/ と推定。

うまる生

うまれとし　ことし、**うまれ、とし**＜生まれ年＞　6

　　☆連用形「うまれ」を含む。「うまれとし」に対応。

　　/umaritusji/ と推定。

うまれわちへ　てるしのか、てりよるやに、おきも、**うまれわちへ**＜勝れ給いて＞　7

うまれわちゑ　てるしのが、てりよるやに、おきむ、**うまれわちゑ**＜勝れ給いて＞　3

　　☆連用形「うまれ」を含む。「うまれおはして」に対応。

　　/umariwacji/ と推定。

うまれて　おきも、うちの、**うまれて**＜勝れて＞　3　_{注83)}

おまれて　あまみや、はちめて、おぎもうちは、**おまれて**＜生まれて＞　3

　　☆「うまれて」に対応。

　　/umariti/ と推定。

きかる聞

きゝやれよれ　あらはゑす、とよみ、**きゝやれよれ**＜聞かれ居れ＞　16

　　☆連用形「きかれ」を含む。「きかれをれ」に対応。

250　第3章　仮名資料の動詞形態の考察

/cjikjarijuri/ と推定。口蓋化がある。

きかれゝ　あふそ　やきしまよ、たりす、とよみ、**きかれゝ**＜聞こえれ＞　17

　　☆ 已然形「きかれれ」に対応。「す」の結び。注84)

/cjikariri/ と推定。

くる呉

くれわれ　あん、まふて、**くれわれ**＜くれ給え＞　13

　　☆ 連用形「くれ」を含む。「くれおわれ」に対応。

/kuriwari/ と推定。

すぐる勝

すぐれて　あよか、おちの、**すぐれて**＜勝れて＞　3

すくれて　あよかねが、**すくれて**＜勝れて＞　3

　　☆「すぐれて」に対応。

/sïguriti/ と推定。

たる垂

たれきゝおひ　おによとのか、**たれきゝおひ**＜垂れ帯＞　13

　　☆ 連用形「たれ」を含む。「たれききおび」に対応。

/taricjicjubi/ と推定。

たればかま　おによとのか、**たればかま**＜垂れ袴＞　13

　　☆ 連用形「たれ」を含む。「たればかま」に対応。

/taribakama/ と推定。

たれて　そで、**たれて**＜垂れて＞、かなわせ　3

　　☆「たれて」に対応。

/tariti/ と推定。

つきおる憑降

つきおれや　この、きらの、**つきおれ**＜憑き降り＞や　3

　　☆ 連用形「つきおれ」を含む。「つきおれは」に対応。

/cïcjiurija/ と推定。

つきおれて　とよむ、きみかなし、このみ、しま、**つきおれて**＜憑き降りて＞　3

　　☆「つきおれて」に対応。

/cïcjiuriti/ と推定。

なる馴

よなれ　しのくりやは、**世なれかみ**＜世馴れ神＞やれは　11

　　　　あかるもちつきや、さしふ、**よなれきみ**＜世馴れ君＞　12

　　☆ 連用形「なれ」を含む。「よなれ」に対応。

/junari/ と推定。

よなれん　さしふの、**よなれん時**＜世馴れん時＞に　12

　　☆ 未然形「なれ」を含む。「よなれむ」に対応。「世に馴れた時」の意。

/junariɴ/ と推定。

はなる離

はなれ　**はなれ**＜離れ（島）＞、おる、あんは　11

☆ 連用形「はなれ」に対応。

/hwanari/ と推定。

はなれあかるいに　**はなれ、あかるい**＜離れ東＞に　はなれ、おわる、あんは　17

　☆ 連用形「はなれ」を含む。「はなれあがるへに」に対応。

/hwanariagaruini/ と推定。

ひきつる引連

ひきつれる　もゝくら、**ひきつれる**＜引き連れる＞、御くら、けらへ　19

　☆ 連体形「ひきつれる」に対応。

/hwicjicïriru/ と推定。

むる群

ふれおもいてた　もゝちやらの、**ふれおもいてた**＜群れ思いテダ＞　8

ふれおもひてた　もゝちやらの、**ふれおもひてた**＜群れ思いテダ＞　20

　☆ 連用形「むれ」を含む。「むれおもひテダ」に対応。「むれ」→「ぶれ」の変化。

/buriumuitida/ と推定。

ふれしま　**ふれしま**＜群れ島＞の、かみぐ、あよそろて、まふりよは　13

　☆ 連用形「むれ」を含む。「むれしま」に対応。「むれ」→「ぶれ」の変化。

/burisjima/ と推定。

ふれたかの　**ふれたか**＜群れ鷹＞の、まやうやに　13

　☆ 連用形「むれ」を含む。「むれたかの」に対応。「むれ」→「ぶれ」の変化。

/buritakanu/ と推定。

ふれよわせ　ひやし、うちちへ、きみよ、**ふれよわせ**＜群れ給え＞　12

　☆ 連用形「むれ」を含む。「むれおはせ」に対応。「むれ」→「ぶれ」の変化。注85)

/burijuwasi/ と推定。

ほれほし　ゑけ、あかる、**ほれほし**＜群れ星＞や　10

　☆ 連用形「むれ」を含む。「むれほしは」に対応。「むれ」→「ぶれ」の変化。「ほれ」と表記。

/buribusjija/ と推定。

わする忘

わすれたな　**ゑわすれたな**＜忘れだな＞、なさいきよか、御みかうの、みほしや　11

　☆ 未然形「わすれ」を含む。「わすれだな」に対応。

/wasïridana/ と推定。

わる割

われる　いしきやのちては、いしは、**われる物**＜割れる物＞　8

　☆ 「ラ行（四段）化」後の連体形「われる」に対応。

/wariru/ と推定。

うう植

うへけ　あやみねに、あつる　うきおほちが、**うへけ**　11

うゑけ　あよみねに、あつる、おきよおほちか、**うゑけ**　13

　☆ 連用形「うゑ」を含む。「うゑけ」に対応。注86)

/uiki/ と推定。

うゑて　くわげ、**うゑて**＜植えて＞　17

うへて　くめの、たうやまに、**うへて**＜植えて＞、あつる、うるわし　13

おゑて　しらけ、**おゑて**＜植えて＞　11

　　☆「うゑて」に対応。

　　/uiti/ と推定。

おへておちへ　くねふけは、**おへておちへ**＜植えておいて＞　13

　　☆「うゑて」を含む。「うゑておきて」に対応。

　　/uitiucji/ と推定。

すう 据

すへまし　うきおほちか、世、やてや、も、、かめむ、**すへまし**＜据えまし＞　11

　　☆未然形「すゑ」を含む。「すゑまし」に対応。

　　/süimasji/ と推定。

すゑて　も、かめは、**すゑて**＜据えて＞　11

すへて　百かめは、八十かめは、**すへて**＜据えて＞　11

　　☆「すゑて」に対応。

　　/süiti/ と推定。

（カ変）

かはりく 変来

かわりくる　も、つ、**かわりくる**、きやめ＜変わってくるまで＞　5

　　☆連体形「かはりくる」に対応。

　　/kawarikuru/ と推定。

く 来

きやり　くもは、**きやり**　10

　　☆連用形「き」を含む。「きあり」に対応。注87)

　　/cjijari/ と推定。

きより　てかねまる、しまかねて、**きより**＜来居り＞　8

　　☆連用形「き」を含む。「きをり」に対応。

　　/cjijuri/ と推定。

きよりて、　おや、みぶさ、**きより**、て、＜来居りて、＞、しられい　13

　　☆連用形「き」を含む。「きをりてて」に対応。

　　/cjijurititi/ と推定。

きよる　しより、いちやしが、こちへ、**きよる**＜来居る＞、きよらや　10

　　☆連用形「き」を含む。「きをる」に対応。

　　/cjijuru/ と推定。

きよもの　うまのとし、**きよもの**＜来たもの＞　11

きよ物　かねつき、**きよ物**＜来たもの＞　5

　　☆連用形「き」を含む。「きを（る）もの」に対応。

　　/cjijumunu/ と推定。

きよもん　なかみね、**きよもん**＜来たもの＞　かねつき、きよ物　5

　　☆連用形「き」を含む。「きを（る）もの」に対応。

　　/cjijumuɴ/ と推定。

こう　まゑに、かち、よてこう＜来う、来い＞　21
　　☼ 命令形「こ」に対応。
　　/kuu/ と推定。

くるやに　しま、かよて、くるやに＜来るように＞　16
　　☼ 連体形「くる」を含む。「くるやうに」に対応。
　　/kurujani/ と推定。

くれは　なおぢきよか、しよりかち、くれは＜来れば＞　5
　　☼ 已然形「くれ」を含む。「くれば」に対応。
　　/kuriba/ と推定。

きちゑ　さしきから、もだいきよ、きちゑ＜来て＞　19
きちへ　おほつたけ、より、きちへ＜来て＞　20
　　☼ 「きて」に対応。
　　/cjicji/ と推定。破擦音化がある。

ちやれ　きこゑ、よんたむさ、おしやけ、みあぐて、たりす、はりす、ちやれ
　　　　＜来たれ＞　13
　　☼ 「きて」を含む。「きてあれ→きたれ」に対応。注88)
　　/cjijari/ と推定。

（サ変）

す為
し　もゝと、ふみあかありや、おりほしやよ、し＜サ変動、為＞、世かほう、かなし、
　　おとん　6
　　☼ 連用形「し」に対応。「中止」用法。
　　　/sji/ と推定。

しやり　けらへ、こかねとみ、あか、かに、こせと、しやり＜し遣り、して＞　13
　　☼ 連用形「し」を含む。「しあり」に対応。
　　/sjijari/ と推定。

しよる　みやき、せんの、あすた、ほこて、しよる＜し居る＞、つかい　5
　　☼ 連用形「し」を含む。「しをる」に対応。注89)
　　/sjijuru/ と推定。

しゆる　けお、しゆる＜する＞、つかい　8
　　☼ 連用形「し」を含む。「しをる」に対応。注90)
　　/sjijuru/ と推定。

しゆるな　いちよ、なしや、しゆるな＜するな＞　5
　　☼ 連用形「し」を含む。「しをるな」に対応。
　　/sjijuruna/ と推定。

しよれとも　み物きよら、しよれとも＜し居れども＞　14
　　☼ 連用形「し」を含む。「しをれども」に対応。
　　/sjijuridumu/ と推定。

しよれは　あさどれか、しよれは＜し居れば＞　10
　　☼ 連用形「し」を含む。「しをれば」に対応。

/sjijuriba/ と推定。

しよらい　けよわ、のが、**しよらい**＜しているのか＞　5
　　☆ 連用形「し」を含む。「しをらい」に対応。

　/sjijurai/ と推定。

しよらしよ　けおわ、のか、**しよらしよ**＜しているのか＞　7
　　☆ 連用形「し」を含む。「しをらしよ」に対応。

　/sjijurasjiju/ と推定。

しよwoれ　ほししゆ、さに、**しよわれ**＜し給え＞　8
しゆわれ　あや、きやね、おしあい、**しゆわれ**＜し給え＞　11
　　☆ 連用形「し」を含む。「しおわれ」に対応。

　/sjijuwari/ と推定。

しよわ　おもいきみ、金ちやう、よと**しよわ**＜し給え＞　12
しゆわ　けらへきみ、金ちやう、よと**しゆわ**＜し給え＞　12
しゆは　な、そ、ひちへ、金ちやう、よと**しゆは**＜し給え＞　12
　　☆ 連用形「し」を含む。「しおわ（れ）」に対応。

　/sjijuwa/ と推定。

しよわて丶　せこさ、たち、**しよわて丶**＜し給えといって＞　3
　　☆ 連用形「し」を含む。「しおわてて」に対応。

　/sjijuwatiti/ と推定。

しよわるな　ひやくさ、なるきやめむ、おもかわり、**しよわるな**＜し給うな＞　7
　　☆ 連用形「し」を含む。「しおわるな」に対応。

　/sjijuwaruna/ と推定。

しよわれば　天の、いのり、**しよわれば**＜し給えば＞　3
しよわれは　けおの、より、**しよわれは**＜し給えば＞　16
　　☆ 連用形「し」を含む。「しおわれば」に対応。

　/sjijuwariba/ と推定。

しよわは　も丶そひちへ、金ちやう、よと　**しよわは**＜し給えば＞　12
　　☆ 連用形「し」を含む。「しおわ（れ）ば」に対応。

　/sjijuwaba/ と推定。

しよわちへ　いべの、いのり、**しよわちへ**＜し給いて＞　3
しよわちゑ　ひやくさ、さに**しよわちゑ**＜し給いて＞　5
　　☆ 連用形「し」を含む。「しおはして」に対応。

　/sjijuwacji/ と推定。

する　もちつきよ丶はあからしにあわし**する**＜為る＞　16
　　　おりよいは**する**く＜為る為る＞　10
　　☆ 終止形「する」に対応。

　/sïru/ と推定。

するむ　のちかほう　**するむ**＜オモロ＞　10
　　☆ 終止形「する」を含む。「するむ」に対応。注91)

　/sïruɴ/ と推定。音声は [sïrum] か。

第 3 節　『おもろさうし』の動詞形態の考察　　255

する　ともゝすゑ、ぎやめも、かみしもの、みもんする＜為る＞、きよらや　5

　　☼ 連体形「する」に対応。

　　/sïru/ と推定。

するやに　大ぬしぎや、しつこはま、するやに＜為るように＞　10

　　☼ 連体形「する」を含む。「するや（う）に」に対応。

　　/sïrujani/ と推定。

すれは　としの、はちまりに、ゆわい事、すれは＜為れば＞　5

　　☼ 已然形「すれ」を含む。「すれば」に対応。

　　/sïriba/ と推定。

せに　世こと、せに、せきうせ、せに＜為に＞、おなり、あんし　14

　　☼ 未然形「せ」を含む。「せに」に対応。注92)

　　/sini/ と推定。

せは　きみかなし、おもろせは＜為ば＞　6

　　☼ 未然形「せ」を含む。「せば」」に対応。注93)

　　/siba/ と推定。

せまし　たかかわの、みつの、よこすもの、やてや、のきあけみつ、かいなてみつ、
　　　　　せまし＜為まし＞　17

　　☼ 未然形「せ」を含む。「せまし」に対応。注94)

　　/simasji/ と推定。

せたな　ぬしか、まふり、せたな＜守りしないで＞　21

　　☼ 未然形「せ」を含む。「せだな」に対応。

　　/sidana/ と推定。

せらに　みちへ、おて、いき、せらに＜為らに＞　15

　　☼ 未然形「せ」を含む。「せらに」に対応

　　/sirani/ と推定。

せらまへ　みちなか、おむかい、せらまへ＜為らまへ＞　15

　　☼ 未然形「せ」を含む。「せらめ」に対応。注95)

　　/sirami/ と推定。

して　ともゝと、さにして＜為て＞、ちよわれ　4

　　☼「して」に対応。

　　/sjiti/ と推定。

しちへ　ともゝと、さに、しちへ＜為て＞、ちよわれ　3

しちゑ　さゝけ、しちゑ＜為て＞、きよ、物　5

　　☼「して」に対応。

　　/sjicji/ と推定。破擦音化の変化がある。

しちへおちへ　はた、よみやは、みしよ、よみやは、しちへおちへ＜為ておいて＞　14

　　☼「して」を含む。「しておきて」に対応。

　　/sjicjiucji/ と推定。破擦音化の変化がある。

しちやる　まさけなよ、おしあけて、つかてゝよ、しちやる＜為たる＞　3

　　☼「して」を含む。「してある→したる」に対応。

/sjicjaru/ と推定。破擦音化の変化がある。

しむ 「させる」の意 _{注96)}

　しめまし　かいなてみつ、**しめまし**＜させたい＞　7

　　☆ 未然形「しめ」を含む。「しめまし」に対応。

　　/sjimimasji/ と推定。

　しめれ　きもかうちに、おもわは、きもたりよ、**しめれ**＜させれ＞　3

　　☆「ラ行（四段）化」後の命令形「しめれ」に対応。

　　/sjimiri/ と推定。

　しめて　おきなます、**しめて**＜させて＞　3

　　☆「しめて」に対応。

　　/sjimiti/ と推定。

（ラ変）

あり 有

　ありよわれ　おにの、きみこゑや、みやけ、ほしやす、**ありよわれ**＜有り給う＞　11

　　☆ 連用形「あり」を含む。「ありおわれ」に対応。

　　/arijuwari/ と推定。

　ありよな　かつれんの、あまわり、たま、みしやく、**ありよな**＜有り居るぞ＞　16

　　☆ 連用形「あり」を含む。「ありを（る）な」に対応。

　　/arijuna/ と推定。

　ありより　くにかさか、ゑん、けらへ、**ありより**＜有り居り＞　13

　　☆ 連用形「あり」を含む。「ありをり」に対応。

　　/arijuri/ と推定。

　ありよる　めつらしやと、**ありよる**＜有り居る＞　9

　　☆ 連用形「あり」を含む。「ありをる」に対応。

　　/arijuru/ と推定。

　ありる　中ち、あやみやに、ゑんけらへ、**ありる**＜有り居る＞　11

　ありろ　なかち、くせみやに、むか、けらゑ、**ありろ**＜有り居る＞　21

　　☆ 連用形「あり」を含む。「あり（を）る」に対応。

　　/ariru/ と推定。

　あよる　めつらしや、げに、**あよる**＜有りおる＞　3

　　☆ 連用形「あり」を含む。「あ（り）をる」に対応。_{注97)}

　　/ajuru/ と推定。

　あよるな　こか、きよらさ、こか、みほしや、**あよるな**＜有りおるな＞　14

　　☆ 連用形「あり」を含む。「あ（り）をるな」に対応。

　　/ajuruna/ と推定。

　ありよれ　ま人たも、こか、みほしや、**ありよれ**＜有り居れ＞　14

　　☆ 連用形「あり」を含む。「ありをれ」に対応。

　　/arijuri/ と推定。

　あよれ　おきてたも、こか、きよらさ、**あよれ**＜有りおれ＞　14

　　☆ 連用形「あり」を含む。「あ（り）をれ」に対応。_{注98)}

/ajuri/ と推定。

あつる　かくら、**あつる**＜有る、在る＞、くもこ、ごちへ、みおやせ　5

　　　　かくら、**あつる**＜有る、在る＞、金すゑ、あんしおそいに、みおやせ　7

　　☆連用形「あり」を含む。「あ（り）つる」に対応。

/acïru/ と推定。

あるよる　いしけ、なは、まみやに、けさ、けらへ、**あるよる**＜有る居る＞　13

　　☆連体形「あり」を含む。「ありをる」に対応。「る」は「り」の誤写と見る。注99)

/arijuru/ と推定。

あれ　あよが、うちや、まちよく、**あれ**＜有れ＞　3

　　☆命令形「あれ」に対応。

/ari/ と推定。

あり　つかい、**ありては**＜有りといえば＞　12

　　　　まゑ、さうす、**ありちゑは**＜有りといえば＞　21

　　☆終止形「あり」に対応。

/ari/ と推定。

ある　せめうち、かねまる、うらきらしや、かに**ある**　15

　　　　かくらの、けおの、うちに、**ある**　4

　　☆終止形「ある」に対応。注100)

/aru/ と推定。

ある　げ**ある**＜有る、在る＞、せやり、どみ　10

　　　　しまよせる、づゞみの、**ある**＜有る、在る＞あぢ　19

　　☆連体形「ある」に対応。

/aru/ と推定。

あるきやめも　たしま、**あるきやめも**＜有るまでも＞、せいくさ、よせるまし　12

　　☆連体形「ある」を含む。「あるぎやめも」に対応。注101)

/aruzjamimu/ と推定。

あるな　さけと、**あるな**＜有るな＞、みきと、あるな　15

　　☆連体形「ある」を含む。「あるな」に対応。

/aruna/ と推定。

あもの　あか、わりきや、おもろ、くち、まさしや、**あもの**＜あるもの＞　5

あ物　あんの、あかわりや、くち、まさしや、**あ物**＜あるもの＞　5

あもん　ちやなのよかりしま、うみ、ちかさ、**あもん**＜あるもの＞　15

　　☆連体形「ある」を含む。「あ（る）もの」に対応。注102)

/amuɴ/ と推定。

あれ　げす、たもす、かに、**あれ**＜有れ＞　7

　　☆已然形「あれ」に対応。

/ari/ と推定。

あれとも　たひに、たつ、あんは、くれかてや、**あれとも**＜有れども＞　13

　　☆已然形「あれ」を含む。「あれども」に対応。

/aridumu/ と推定。

あれはと　みれつな、おきて、かに**あれはと**＜有れども＞、おはたわ、よりよる　　8

　　☆已然形「あれ」を含む。「あれはど」に対応。注103)

　　/ariwadu/ と推定。

あらかめ　きみきやせぢ、**あらかめ**＜有る限り＞　　3

　　☆未然形「あら」を含む。「あらがめ」に対応。

　　/aragami/ と推定。

あらきやめ　にるや、せぢ、**あらきやめ**＜有る限り＞　　3

あらぎやめ　にるや、せち、**あらぎやめ**＜有る限り＞　　9

　　☆未然形「あら」を含む。「あらぎやめ」に対応。注104)

　　/arazjami/ と推定。

あらぎやで　しまよの、**あらぎやで**＜有るまで＞　　5

あらぎやて　しまよの、**あらぎやて**＜有るまで＞　　5

　　☆未然形「あら」を含む。「あらぎやで」に対応。

　　/arazjadi/ と推定。

あらは　しられ事、**あらは**＜有るならば＞　　5

　　☆未然形「あら」を含む。「あらば」に対応。

　　/araba/ と推定。

あらまし　うきおほちか、おわにや、ゑん、けらへ、**あらまし**＜あるだろう＞　　11

　　☆未然形「あら」を含む。「あらまし」に対応。

　　/aramasji/ と推定。

あて　よりあけもり、おやり、あよなめさ、けに、**あて**＜有て＞　　3

　　　　いきやる、さうす、**あてか**＜有てか＞、くもこより、いてたる　　11

　　　　あかるいの、みしま、なお、つほに、**あてかよう**＜有てかよ＞　　13

　　☆「あって」に対応。

　　/aQti/ と推定

をり居　注105)

おやり　もりてゝは、おもはな、よりあけもり、**おやり**＜居やり＞　　3

　　☆連用形「をり」を含む。「をりあり」に対応。

　　/ujari/ と推定。

おりやり　かわはんた、**おりやり**＜降りやり＞、こゝはんた、みれは　　11

　　☆連用形「をり」を含む。「をりあり」に対応。注106)

　　/urijari/ と推定。

おりほしや　きこへ、きみかなし、**おりほしや**＜降り欲しや＞、ちよわちへ　　6

　　☆連用形「をり」を含む。「をりほしや」に対応。注107)

　　/uribusjija/ と推定。

おて　うねに、**おて**＜居て＞、うては、大さとに、とよて　　11

　　　　おほつ、**おて**＜居て＞、みれは　　11

　　　　かくら、**おて**＜居て＞、みれは　　11

　　　　あかのこか、いぢへな、**おて**＜居て＞、みれは　　17　　注108)

　　☆「をって」に対応。

第3節　『おもろさうし』の動詞形態の考察　　259

/uQti/ と推定。

おたる　いみや、ある、みや、**おたる**＜居たる＞、けよから、しばく、みらに　17

　　☼「をって」を含む。「をってある→をったる」に対応。

/uQtaru/ と推定。

第4節　『君南風由来幷位階且公事』の動詞形態の考察

（四段）

あく明

あけまとし　むかうとし　**あけまとし**　いしきよらや　71－419

　　☼連用形「あき」を含む。「あきまとし」に対応。「け」は仮名遣いの問題。

/ʔakimatusji/ と推定。注1)

かがやく輝

きやがる　けふの**きやがる**日に　かほうそるて　69－321

　　☼連用形「かがやき」を含む。「かがやきある」に対応。

/kjagaru/ と推定。

きく聞

ちい　**ちいあ**ふあいや　69－302

　　☼連用形「きき」に対応。

/cji'i/ と推定。

ちゝよわい　**ちゝよわい**すのきみ　とよもすのきみ　76－670

　　☼連用形「きき」を含む。「ききおわり」に対応。

/cjicji'ju'wa'i/ と推定。

きゝ　我かやしゆくよ**きゝ**　我かうまんちよ聞し　77－688

　　☼命令形「きけ」に対応。

/cjiki/ と推定。

聞は　いちめしか**聞は**　たまめしか**聞は**　77－680

　　☼已然形「きけ」を含む。「きけば」に対応。但し、「は」のみ仮名なのが難点。

/cjikiba/ と推定。

しく敷

しきふさい　かけふさいのおよゑ　**しきふさい**のおよゑ　80－828

せきふさい　かけふさいのおよゑ　**せきふさい**のおよゑ　78－730

　　☼連用形「しき」を含む。「しきふさひ」に対応。

/sjicjihwusa'i/ と推定。

つく突

つきやけわれ　くわいにや　**つきやけわれ**　くわいにや　80－834

　　☼連用形「つき」を含む。「つきあけおわれ」に対応。

/cicji'jaki'wari/ と推定。

つけやけ口　**つけやけ口**　くわいにや　おしあけわれ　80－832

　　☼連用形「つき」を含む。「つきあけぐち」に対応。

/cicji'jakigucji/ と推定。

ひく引

ひきじもの　**ひきじものたはうち**　68-238

☼ 連用形「ひき」を含む。「ひきでもの」に対応。

/hwicjizjimunu/ と推定。

ひちやうて　さとぬしへ　家来赤頭　げん**ひちやうて**　た**にひちやうて**　80-853

☼ 「ひきて」を含む。「ひきてはおいて」に対応。

/hwicjo'oti/ と推定。

わく湧

わきやあかれは　むめき**わきやあかれは**　64-74

☼ 連用形「わき」を含む。「わきあがれば」に対応。

/'wacjagariba/ と推定。

なぐ薙

なきあわせは　先立て　はな立て　**なきあわせは**　きりあわせは　71-377

☼ 連用形「なぎ」を含む。「なぎあはせば」に対応。

/nazjiʔa'wasjiba/ と推定。

はぐ接

はき浮て　いたきゆらは**はき浮て**　66-162

☼ 連用形「はぎ」を含む。「はぎうけて」に対応。

/hwazjiʔukiti/ と推定。

あがらす上

ないあからし　すめて**ないあからし**　おつち**ないあからし**　77-692

☼ 命令形「あがらせ」を含む。「なりあがらせ」に対応。

/na'iʔagarasji/ と推定。

あすばす遊

あそばちい　こかねとり　玉のとり　**あそばちい**　あふやわい　おれみがとおれたる
　　　　　　　　69-304

☼ 「あそばして」に対応。

/ʔasubacji/ と推定。

あはす合

なきあわちやる　きりあわちやる　**なきあわちやる**　御みや内に　78-767

☼ 連用形「あはし」を含む。「なぎあはしてある→なぎあはしたる」に対応。

/nazjiʔa'wacjaru/ と推定。

きりあわせは　なきあわせは　**きりあわせは**　おみやなて　まみやなて　71-378

☼ 已然形「あはせ」を含む。「きりあはせば」に対応。

/cjiriʔa'wasjiba/ と推定。

なきあわせは　先立て　はな立て　**なきあわせは**　きりあわせは　71-377

☼ 已然形「あはせ」を含む。「なぎあはせば」に対応。

/nazjiʔa'wasjiba/ と推定。

きりあわちやる　なわ掛て　**きりあわちやる**　なきあわちやる　78-766

☆「あはして」を含む。「きりあはしてある」に対応。

/cjiriʔa'wacjaru/ と推定。

いぐます賑

いぐまち　いぐまちおれら　とよまちおれら　77−696

　　☆「いぐまして」に対応。

　　/ʔigumacji/ と推定。

いだす出

しめいきやち　なみちやしごしめいきやち　64−46

　　☆「いだして」を含む。「しめいだして」に対応。

　　/sjimiʔizjacji/ と推定。

もていきやち　こかねしごもていきやち　64−48

　　☆「いだして」を含む。「もちていだして→もっていだして」に対応。

　　/mutiʔizjacji/ と推定。

そゝりいだち　よかるひより　きやかるひより　ゑらひいだち　そゝりいだち
　　　　　　　70−342

　　☆「いだして」を含む。「そそりいだして」に対応。

　　/susu'iʔidacji/ と推定。

ゑらひいだち　よかるひより　きやかるひより　ゑらひいだち　そゝりいだち
　　　　　　　70−341

　　☆「いだして」を含む。「えらびいだして」に対応。

　　/ʔirabiʔidacji/ と推定。

おす押

おしあかて　安里はしおしあかて　65−108

　　☆連用形「おし」を含む。「おしあがりて→おしあがって」に対応。

　　/ʔusjiʔagati/ と推定。促音脱落がある。

おしやあかて　島そへに　おしやあかて　おれふしやのくだ　70−334

　　☆連用形「おし」を含む。「おしあがりて→おしあがって」に対応。

　　/ʔusji'jagati/ と推定。/ʔusjagati/ の可能性を残す。

おしやかて　かなほうにおしやかて　こんちもうちおしやかて　77−701

　　☆連用形「おし」を含む。「おしあがりて→おしあがって」に対応。

　　/ʔusji'jagati/ と推定。/ʔusjagati/ の可能性を残す。

おしやがて　いしたもとおしやがて　彼方も遠しやかて 77−715

　　☆連用形「おし」を含む。「おしあがりて→おしあがって」に対応。

　　/ʔusji'jagati/ と推定。/ʔusjagati/ の可能性を残す。

おしやけわれ　つけや口　くわいにや　おしやけわれ　80−833

　　☆連用形「おし」を含む。「おしあげおわれ」に対応。

　　/ʔusji'jagi'wari/ と推定。/ʔusjagi'wari/ の可能性を残す。

おし浮て　なみちしやごおし浮て　64−33

　　☆連用形「おし」を含む。「おしうけて」に対応。

　　/ʔusjiʔukiti/ と推定。

きかす聞

聞し　我かやしゆくよきゝ　我かうまんちよ**聞し**　77-689

☆命令形「きかせ」に対応。但し、「し」のみ仮名なのが難点。

/kikasji/ と推定。

なす成

なさきよらや　なさきよらや　いちよゑと　まちよる　69-311

☆未然形「なさ」を含む。「なさきよらや」に対応。

/nasacji'jura'ja/ と推定。

なち　久米の仲城　月のかす　なつ**なち**　あまいよる城　69-325

☆「なして」に対応。

/nacji/ と推定。破擦音化がある。

なほす直

なふさへる　あまみきや　しにうきや　**なふさへる**　こふしやへる　71-410

☆連用形「なほし」を含む。「なほしはべる」に対応。

/no'osabiru/ と推定。

おれなふしゆら　つみくらの下に　たるか**おれなふしゆら**　つれかおれほさへら
　　　　　　　　　　　72-456

☆連用形「なほし」を含む。「おれなほしをら」に対応。

/ʔurino'osji'jura/ と推定。/ʔurino'osjura/ の可能性を残す。

おれなふしゆる　きみはいと**おれなふしゆる**　けうのしゆとおれほさへる　72-458

☆連用形「なほし」を含む。「おれなほしをる」に対応。

/ʔurino'osji'juru/ と推定。/ʔurino'osjuru/ の可能性を残す。

よなふし　しのもちゝ　**よなふしは**　あとなふち　78-754

☆連用形「なほし」を含む。「よなほし」に対応。

/'juna'usji/ と推定。/'juno'osji/ の可能性を残す。

なふしはと　しとき　かみづ　なふち　こふち　**なふしはと**　こふしはと　71-416

☆已然形「なほせ」を含む。「なほせはど」に対応。

/no'osji'wadu/ と推定。

なふち　けふの時**なふち**　なまのうへかなふち　69-277

☆「なほして」に対応。

/no'ocji/ と推定。破擦音化がある。

おれなふち　おれて**おれなふち**　おれておれふさて　72-452

☆「なほして」を含む。「おれなほして」に対応。

/ʔurino'ocji/ と推定。

おやけなふち　つみやげなふち　**おやけなふち**　あもとしゆる　こもとしゆる
　　　　　　　　　　　78-773

☆「なほして」を含む。「おりあげなほして」に対応。

/ʔu'jagino'ocji/ と推定。

つみやげなふち　いしらかうは　ましらかうは　**つみやげなふち**　おやけなふち
　　　　　　　　　　　78-772

☆「なほして」を含む。「つみあげなほして」に対応。

/cimiʔagino'ocji/ と推定。

めす召

めしやる　いさらぐに　ましらぐに　ちやよくめしやる　かげちめしやる　70-349

☆連用形「めし」を含む。「めしある」に対応。

/misji'jaru/ と推定。

めしよわちへ　きもほこりとて　あよほこりめしよわちへ　68-253

☆連用形「めし」を含む。「めしおはして」に対応。

/misji'ju'wacji/ と推定。

めしよわる　かけふめしよわる　しきふめしよわる　72-434

☆連用形「めし」を含む。「めしおわる」に対応。

/misji'ju'waru/ と推定。

めしよわれ　きもほこり　あよほこり　けにめしよわれ　たにめしよわれ　72-430

☆連用形「めし」を含む。「めしおわれ」に対応。

/misji'ju'wari/ と推定。

なりめしよわちへ　すじほてら　けうほてら　なりめしよわちへ　73-513

☆連用形「めし」を含む。「なりめしおはして」に対応。

/na'imisji'ju'wacji/ と推定。

よらす寄

よらちへ　かな実入て　なかもらちへ　はたよらちへ　きもほこり　72-427

☆「よらして」に対応。

/'juracji/ と推定。

うつ打

おちよぶ　も、くちのおちよぶ　やそくちのなよぶ　すめてないあからし　おつちな
　　　　いあからし　77-690

☆連用形「うち」を含む。「うちよぶ」に対応。

/ʔucji'jubu/ と推定。

おつち　も、くちのおちよぶ　やそくちのなよぶ　すめてないあからし
　　　　おつちないあからし　77-693

☆「うちて→うって」に対応。

/ʔuQcji/ と推定。破擦音化がある。

たつ立

立は　よしちめか　けに立は　たに立は　71-381

☆未然形「たた」を含む。「たたば」に対応。但し、仮名が「は」のみは難。

/tataba/ と推定。

まつ待

まちよる　なさきよらや　いちよゑと　まちよる　69-311

☆連用形「まち」を含む。「まちをる」に対応。

/macji'juru/ と推定。/macjuru/ の可能性を残す。

もつ持

もていきやち　こかねしごもていきやち　64−48

☆「もちて→もって」を含む。「もちていだして→もっていだして」に対応。

/mutiʔizjacji/ と推定。

おそふ襲

もゝうらそへ　もゝうらそへにおしあかて　65−124

☆連用形「おそひ」を含む。「もももうらおそひ」に対応。

/mumuʔurasuʼi/ と推定。

おもふ思

おもひきみ　おもひきみがこかね門に　およとしやうちい　69−309

☆連用形「おもひ」を含む。「おもひぎみ」に対応。

/ʔumuʼizjimi/ と推定。

おもわきみ　よわのきみ　ちきよるきみ　おもわきみ　かなしきみ　73−523

☆未然形「おもは」を含む。「おもはぎみ」に対応。

/ʔumuʼwazjimi/ と推定。

とめば　是とおゑかとめば　又おゑかたはうち　68−246

☆已然形「おもへ」を含む。「とおもへば」に対応。縮約形。

/tumiba/ と推定。

げらふ造

きらいて　おみやうちきらいて　真庭内きらいて　76−674

けらいて　十ひるとのけらいて　八ひるどのげらいて　77−676

げらいて　十ひるとのけらいて　八ひるどのげらいて　77−677

☆「げらひて」に対応。

/giraʼiti/ と推定。

こふ乞

てごわれて　大こらうにいちやれて　まこるかうにてごわれて　77−714

☆未然形「こは」を含む。「てごはれて」に対応。

/tiguʼwariti/ と推定。

そふ添

しまそへ　しまそへにおれて　きもたかにいみやち　69−279

☆連用形「そひ」を含む。「しまぞひ」に対応。

/sjimazuʼi/ と推定。

すいきよら　こもとしゆる　すいきよらの　あまみやのろ　75−585

☆連用形「そひ」を含む。「そひきよら」に対応。

/suʼicjiʼjura/ と推定。

そへて　そへてちやるしとき　なみてちやるかみづ　71−402

☆「そひて」に対応。

/suʼiti/ と推定。

そろふ揃

そるて　けふのよかる日に　かほうそるて　69−318

☆「そろひて→そろって」に対応。

第4節　『君南風由来幷位階且公事』の動詞形態の考察　265

/suruti/ と推定。促音脱落がある。

たまふ給

たまうれ　ていまさるおなさ　みまふやうちたまうれ　78-735

☼ 命令形「たまふれ」に対応。

/tamo'ori/ と推定。

たはうち　ひきじものたはうち　68-238

☼ 連用形「たまひ」を含む。「たまひおはして」に対応。

/tabo'ocji/ と推定。

たほわちへ　こひち玉たほわちへ　66-136

☼ 連用形「たまひ」を含む。「たまひおはして」に対応。

/tabo'ocji/ と推定。

つかふ使

うみつかい　くし川にやかうみつかい　さつぬしかうみつかい　80-845

☼ 連用形「つかひ」を含む。「おみつかひ」に対応。

/ʔumicika'i/ と推定。

ぬしつかわい　神つかわいあよちよさ　ぬしつかわいあよちさ　77-683

☼ 未然形「つかは」を含む。「ぬしつかはい」に対応。

/nusjicika'wa'i/ と推定。

はらふ払

押はらて　さかて押はらて　65-78

☼ 「はらひて→はらって」を含む。「おしはらひて→おしはらって」に対応。

/ʔusjihwarati/ と推定。

ふさふ栄

おれほさへら　たるかおれなふしゆら　つれかおれほさへら　きみはいと
おれなふしゆら　72-457

☼ 連用形「ふさひ」を含む。「おれふさひをら」に対応。

/ʔurihwusa'ira/ と推定。

おれほさへる　きみはいとおれなふしゆる　けうのしゆとおれほさへる　72-459

☼ 連用形「ふさひ」を含む。「おれふさひをる」に対応。

/ʔurihwusa'iru/ と推定。

かけふさい　かけふさいのおよゑ　せきふさいのおよゑ　78-729

☼ 連用形「ふさひ」を含む。「かけふさひ」に対応。

/kakihwusa'i/ と推定。

しきふさい　かけふさいのおよゑ　しきふさいのおよゑ　80-828

☼ 連用形「ふさひ」を含む。「しきふさひ」に対応。

/sjicjihwusa'i/ と推定。

せきふさい　かけふさいのおよゑ　せきふさいのおよゑ　78-730

☼ 連用形「ふさひ」を含む。「しきふさひ」に対応。

/sjicjihwusa'i/ と推定。

ふさて　おれておれなふち　いみやちいみやふさて　69-282

☼「ふさひて」に対応。

　　/hwusati/ と推定。

　おれふさて　おれておれなふち　おれて**おれふさて**　72－453

　　☼「ふさひて」を含む。「おれふさひて」に対応。

　　/ʔurihwusati/ と推定。

やしなふ養

　やすなやうれ　てすられるおよゑ　みまふやうれ　**やすなやうれ**　80－864

　　☼連用形「やしなひ」を含む。「やしなひおわれ」に対応。

　　/ˈjasjina’joʼori/ と推定。

えらぶ選

　ゑらひいだち　よかるひより　きやかるひより　**ゑらひいだち**　そゝりいだち
　　　　　　　　　　　　　　70－341

　　☼連用形「えらび」を含む。「えらびいだして」に対応。

　　/ʔirabiʔidacji/ と推定。

　ゑらて　ふなこ**ゑらて**のせて　64－42

　　☼連用形「」を含む。「えらびて→えらんで」に対応。

　　/ʔiraɴdi/ と推定。

　ゑらで　てかぢ**ゑらで**のせて　66－166

　　☼連用形「」を含む。「えらびて→えらんで」に対応。

　　/ʔiraɴdi/ と推定。

よぶ呼

　おちよぶ　もゝくちの**おちよぶ**　やそくちの**なよぶ**　すめてないあからし　おつちな
　　　　　　　　　いあからし　77－690

　　☼終止形「よぶ」を含む。「うちよぶ」に対応。

　　/ʔucji’jubu/ と推定。

　なよぶ　やそくちの**なよぶ**　すめてないあかし　77－691

　　☼終止形「よぶ」を含む。「なりよぶ」に対応。縮約形。

　　/na’jubu/ と推定。

つむ積

　つみくら　とくよせ下に　**つみくら**の下に　たるかおれなふしゆら　72－455

　　☼連用形「つみ」を含む。「つみくら」に対応。

　　/cimikura/ と推定。

　つみやげなふち　いしらかうは　ましらかうは　**つみやげなふち**　おやけなふち
　　　　　　　　　　　　　　78－772

　　☼連用形「つみ」を含む。「つみあげなほして」に対応。

　　/cimiʔagino’ocji/ と推定。

とよむ鳴響

　君とよむ　**君とよむ**　主とよむ　いのやへん　てじやへん　79－798

　　☼終止形「とよむ」に対応。

　　/tu’jumu/ と推定。

主とよむ　君とよむ　主とよむ　79－799

　　☆ 終止形「とよむ」を含む。「ぬしとよむ」に対応。

/nusjitu'jumu/ と推定。

とよたる　いきなは真庭　とよたる真庭　76－673

　　☆「とよみて」を含む。「とよみてある→とよみたる→とよんだる」に対応。

/tu'judaru/ と推定。撥音脱落がある。

をがむ拝

おかまれる　かなほくのあらきやて　おかまれるおよゑ　てすられるおよゑ　80－861

　　☆ 未然形「をがま」を含む。「をがまれる」に対応。

/ʔugamariru/ と推定。

をかまれて　てすられて　をかまれて　ともゝとのおよゑ　80－856

　　☆ 未然形「をがま」を含む。「をがまれて」に対応。

/ʔugamariti/ と推定。

あがる上

わきやあかれは　むめきわきやあかれは　64－74

　　☆ 已然形「あがれ」を含む。「わきあがれば」に対応。

/ʔwacjagariba/ と推定。

あかて　あとなふち　のほてまふち　あかてまふち　78－757

　　☆「あがりて→あがって」に対応。

/ʔagati/ と推定。

おしあかて　安里はしおしあかて　65－108

おしやかて　かなほうにおしやかて　こんちもうちおしやかて　77－701

おしやあかて　島そへに　おしやあかて　おれふしやのくだ　70－334

おしやがて　いしたもとおしやがて　彼方も遠しやかて 77－715

　　☆「あがりて→あがって」を含む。「おしあがりて→おしあがって」に対応。

/ʔusji'jagati/ と推定。/ʔusjagati/ の可能性を残す。

あふる煽

あふあい　ちいあふあいや　きみくらの　ぬきはな　69－302

あふやわい　玉のとり　あそはちい　あふやわい　おれみがとおれたる　69－305

　　☆ 連用形「あふり」に対応か。

/ʔahwu'ja'i/ と推定。

あふらあい　あふらあいの　くみやしのまきゆの　70－369

　　☆ 連用形「あふり」を含む。「あふりあい」に対応。

/ʔahwura'i/ と推定。

あふらちへ　あやのやほあふらちへ　64－50

　　☆「あふらして」に対応。

/ʔahwuracji/ と推定。

いのる祈

いのやへん　君とよむ　主とよむ　いのやへん　てじやへん　79－800

　　☆ 連用形「いのり」を含む。「いのりはべりをり<u>む</u>」に対応。

/ʔinu'jabi'ɴ/ と推定。

いまゐる参？

いみやふさて　おれておれなふち　いみやちいみやふさて　69-282

　☼ 連用形「いまゐり」を含む。「いまゐりふさひて」に対応。

/ʔimjahwusati/ と推定。

いみやち　おれておれなふち　**いみやちいみやふさて**　69-280

　☼「いまゐりて」に対応。

/ʔimjacji/ と推定。

うつる移

おちやたい　きくかはな　きくかゑだ　**おちやたい**　やゑわたゑ　74-543

　☼ 連用形「うつり」を含む。「うつりわたり」に対応。

/ʔucjata'i/ と推定。

おる織

おやけなふち　つみやげなふち　**おやけなふち**　あもとしゆる　こもとしゆる
　　　　　　　　　　　　　　　　　78-773

　☼ 連用形「おり」を含む。「おりあげなほして」に対応。

/ʔu'jagino'ocji/ と推定。

きる切

きりあわせは　なきあわせは　**きりあわせは**　おみやなて　まみやなて　71-378

　☼ 連用形「きり」を含む。「きりあはせば」に対応。

/cjiriʔa'wasjiba/ と推定。

きりあわちやる　なわ掛て　**きりあわちやる**　なきあわちやる　78-766

　☼ 連用形「きり」を含む。「きりあはしてある」に対応。

/cjiriʔa'wacjaru/ と推定。

つくる造

かけつくり　**かけつくりおしあかて**　65-122

　☼ 連用形「つくり」を含む。「かけづくり」に対応。

/kakiziku'i/ と推定。

てずる手擦

てじやへん　君とよむ　主とよむ　いのやへん　**てじやへん**　79-801

　☼ 連用形「すり」を含む。「てずりはべりをりむ」に対応。

/tizji'jabi'ɴ/ と推定。

てづら　あかなさきよう　のちまさり　**てづら**　69-320

　☼ 未然形「すら」を含む。「てずら」に対応。

/tizira/ と推定。

てすられる　おかまれるおよゑ　**てすられるおよゑ**　80-862

　☼ 未然形「すら」を含む。「てずられ(を)る」に対応。

/tizirariru/ と推定。

てすられて　**てすられて**　をかまれて　80-855

　☼ 未然形「すら」を含む。「てずられて」に対応。

/tizirariti/ と推定。

てすて　**てすて**おれよわちへ　66-142
　　☼「すりて」を含む。「てずりて→てずって」に対応。

/tiziQti/ と推定。

てる照
てるしによ　天に**てる**てるかは　**てるしによ**と　すじふてち　76-640
　　☼ 連体形「てる」を含む。「てるしによ」に対応。

/tirusjinju/ と推定。

とる取
とて　きもぽこり**とて**　68-250
　　☼「とりて→とって」に対応。

/tuti/ と推定。促音脱落がある。

なる鳴
ないあからし　すめて**ない**あからし　おつち**ない**あからし　77-692
　　☼ 連用形「なり」を含む。「なりあがらせ」に対応。

/na'iʔagarasji/ と推定。/ri/ → /'i/ の変化がある。

なよぶ　やそくちの**なよぶ**　すめてないあかし　77-691
　　☼ 連用形「なり」を含む。「なりよぶ」に対応。縮約形。

/na'jubu/ と推定。

なる成
なよひ　あふの山　あふの嶽　げに**なよひ**　たに**なよひ**　71-691
　　☼ 連用形「なり」を含む。「なりをり」に対応。

/na'ju'i/ と推定。/ri/ → /'i/ の変化がある。

なりめしよわちへ　すじほてら　けうほてら　**なりめしよわちへ**　73-513
　　☼ 連用形「なり」を含む。「なりめしおはして」に対応。

/na'imisji'ju'wacji/ と推定。

なれは　あさどれの**なれは**　66-170
　　☼ 已然形「なれ」を含む。「なれば」に対応。

/nariba/ と推定。

なて　なきあわせは　きりあわせは　おみや**なて**　まみや**なて**　71-398
　　☼「なりて→なって」に対応。

/nati/ と推定。促音脱落がある。

のぼる登
のぼて　しもあや門に**のぼて**　65-112
　　☼「のぼりて→のぼって」に対応。

/nubuti/ と推定。

のほてまふち　あとなふち　**のほて**まふち　あかてまふち
　　☼「のぼりて」を含む。「のぼりてまういて」に対応か。

/nubutimo'ocji/ と推定。

はじまる始

270　第3章　仮名資料の動詞形態の考察

はしまれ　てた始　**はしまれ**　70－360

  ☼ 連用形「はじまり」に対応。

/hwazjimari/ と推定。

はる走

はれ過　ふたまたも　**はれ過**　65－100

  ☼ 連用形「はり」を含む。「はりすぎ」に対応。

/hwarisizji/ と推定。

はれ着　宮古嶋　**はれ着**　65－80

  ☼ 連用形「はり」を含む。「はりつき」に対応。

/hwaricicji/ と推定。

はれは　いとほけて　**はれは**　64－54

  ☼ 已然形「はれ」を含む。「はれば」に対応。

/hwariba/ と推定。

ほこる誇

あよほこり　**あよほこりめしよわちへ**　66－134

あよぽこり　きもぽこりとて　**あよほこりめしよわちへ**　68－253

  ☼ 連用形「ほこり」を含む。「あよぼこり」に対応。

/ʔa'jubuku'i/ と推定。

きもほこり　**きもほこりめしよわちへ**　66－132

きもぽこり　**きもぽこりとて　あよぽこりめしよわちへ**　68－250

  ☼ 連用形「ほこり」を含む。「きもぼこり」に対応。

/cjimubuku'i/ と推定。

まあぽこり　**まあぽこりめしよわちへ**　68－236

  ☼ 連用形「ほこり」を含む。「まほこり」に対応。

/ma'abuku'i/ と推定。

あけほこら　いしまつり　おゑまつり　いけほこら　**あけほこら**　70－346

  ☼ 未然形「ほこら」を含む。「あげほこら」に対応。

/ʔagihukura/ と推定。

いけほこら　夏なち　あまいよる城　**いけほこら**　70－326

  ☼ 未然形「ほこら」を含む。「いけほこら」に対応。

/ʔikihwukura/ と推定。

まがる曲

三まかり　ちいあふあいや　ともり　**三まかりかけて**　69－307

  ☼ 連用形「まがり」を含む。「みまがり」に対応。

/mimaga'i/ と推定。

まさる勝

のちまさり　あかなさきよう　**のちまさり**　てづら　69－320

  ☼ 連用形「まさり」を含む。「のちまさり」に対応。

/nucjimasa'i/ と推定。

よくまさり　いしきよらや　ふさつのや　**よくまさり**　又まさり　71－422

第4節　『君南風由来幵位階且公事』の動詞形態の考察　271

☼ 連用形「まさり」を含む。「よくまさり」に対応。

/ʔjukumasaʔi/ と推定。

まつる 祭

いしまつり　**いしまつり**　おゑまつり　いけほこら　あけほこら　72−462

　　☼ 連用形「まつり」を含む。「いしまつり」に対応。

　/ʔisjimaciʔi/ と推定。

おゑまつり　いしまつり　**おゑまつり**　いけほこら　あけほこら　70−344

　　☼ 連用形「まつり」を含む。「おゑまつり」に対応。

　/ʔuʔimaciʔi/ と推定。

まゐる 参

あかてまふち　あとなふち　のほてまふち　**あかてまふち**　78−757

　　☼ 「あがりてまうりて→あがってまういて」に対応か。「まうる」を想定。

　/ʔagatimoʔocji/ と推定。

のほてまふち　あとなふち　**のほてまふち**　あかてまふち　78−757

　　☼ 「まうりて→まういて」を含む。「のぼりてまういて」に対応か。

　/nubutimoʔocji/ と推定。

みまもる 見守

みまふやうち　ていまさるおなさ　**みまふやうちたまふれ**　78−735

　　☼ 連用形「みまもり」を含む。「みまもりおはして→みまぶりおはして」に対応。

　/mimabuʔjoʔocji/ と推定。

みまふやうれ　すじほてら　けうほてら　なりめしよわちへ　**みまふやうれ**　74−538

　　☼ 連用形「みまもり」を含む。「みまもりおわれ→みまぶおわれ」に対応。

　/mimabuʔjoʔori/ と推定。

わたる 渡

おちやたい　きくかはな　きくかゑだ　**おちやたい**　やゑわたゑ　74−543

　　☼ 連用形「わたり」を含む。「うつりわたり」に対応。

　/ʔucjataʔi/ と推定。/ri/ → /ʔi/ の変化がある。

やゑわたゑ　きくかゑだ　おちやたい　**やゑわたゑ**　あもとしゆる　こもとしゆる
　　　　　　　　　　74−544

　　☼ 連用形「わたり」を含む。「やゑわたり」に対応。「り」 → 「い」（「ゑ」と表記）の変化がある。

　/ʔjaʔiwataʔi/ と推定。

（上一段）

みる 見

見れは　あと**見れはあまぐれ**　64−58

　　☼ 「ラ行（四段）化」後の已然形「みれ」を含む。「みれば」に対応。

　/miriba/ と推定。

めあけ森　こしやてしゆる　**めあけ森**　こしやて森　75−579

　　☼ 連用形「み」を含む。「みあげもり」に対応。

　/miʔagimuʔi/ と推定。

めやけ　まきよねの　**めやけしゆる**　こしやてしゆる　75−577

272　第3章　仮名資料の動詞形態の考察

☆ 連用形「み」を含む。「みあげ」に対応。

/mi'jagi/ と推定。

（上二段）

おる降

おれなふしゆら　つみくらの下に　たるかおれなふしゆら　つれかおれほさへら
　　　　　　　　　　　　72－456

☆「下一段」的「おれる」の連用形「おれ」を含む。「おれなほしをら」に対応。

/ʔurino'osji'jura/ と推定。/ʔurino'osjura/ の可能性を残す。

おれなふしゆる　きみはいとおれなふしゆる　けうのしゆとおれほさへる　72－458

☆「下一段」的「おれる」の連用形「おれ」を含む。「おれなほしをる」に対応。

/ʔurino'osji'juru/ と推定。/ʔurino'osjuru/ の可能性を残す。

おれなふち　おれておれなふち　おれておれふさて　72－452

☆「下一段」的「おれる」の連用形「おれ」を含む。「おれなほして」に対応。

/ʔurino'ocji/ と推定。

おれふさて　おれておれなふち　おれておれふさて　72－453

☆「下一段」的「おれる」の連用形「おれ」を含む。「おれふさひて」に対応。

/ʔurihwusati/ と推定。

おれほさへら　たるかおれなふしゆら　つれかおれほさへら　きみはいと
　　　　　　　　　　おれなふしゆら　72－457

☆「下一段」的「おれる」の連用形「おれ」を含む。「おれふさひをら」に対応。

/ʔurihwusa'ira/ と推定。

おれほさへる　きみはいとおれなふしゆる　けうのしゆとおれほさへる　72－459

☆「下一段」的「おれる」の連用形「おれ」を含む。「おれふさひをる」に対応。

/ʔurihwusa'iru/ と推定。

おれふしや　島そへに　おしやあかて　おれふしやのくだ　70－335

☆「下一段」的「おれる」の連用形「おれ」を含む。「おれほしさ」に対応。

/ʔuribusja/ と推定。

おれよわちへ　　かめておれよわちへ　66－140

☆「下一段」的「おれる」の連用形「おれ」を含む。「おれおはして」に対応。

/ʔuri'ju'wacji/ と推定。

おれら　いぐまちおれら　とよまちおれら　77－696

☆「ラ行（四段）化」後の未然形「おれら」に対応。

/ʔurira/ と推定。

おれて　しまそへにおれて　きもたかにいみやち　69－279

☆「おれて」に対応。

/ʔuriti / と推定。

おれたる　あふやわい　おれみがとおれたる　69－305

☆「おれて」を含む。「おれてある→おれたる」に対応。

/ʔuritaru/ と推定。

（下一段）ナシ

第4節　『君南風由来幷位階且公事』の動詞形態の考察　273

（下二段）

あく　開

おしやけ われ　つけや口　くわいにや　**おしやけ われ**　80－833

☼ 連用形「あけ」を含む。「おしあけおわれ」に対応。

/ʔusji'jaki'wari/ と推定。/ʔusjaki'wari/ の可能性を残す。

つきやけ われ　くわいにや　**つきやけ われ**　くわいにや　80－834

☼ 連用形「あけ」を含む。「つきあけおわれ」に対応。

/cicji'jaki'wari/ と推定。

つけやけ口　**つけやけ口**　くわいにや　おしあけ われ　80－832

☼ 連用形「あけ」を含む。「つきあけぐち」に対応。

/cicji'jakigucji/ と推定。

かく　掛

かけつくり　**かけつくりおしあかて**　65－122

☼ 連用形「かけ」を含む。「かけづくり」に対応。

/kakiziku'i/ と推定。

かけふさい　**かけふさいのおよゑ**　せきふさいのおよゑ　78－729

☼ 連用形「かけ」を含む。「かけふさひ」に対応。

/kakihwusa'i/ と推定。

かけて　ちいあふあいや　ともり三まかり　**かけて**　69－307

☼「かけて」に対応。

/kakiti/ と推定。

掛て　糸**掛て**　なわ**掛て**　　　69－307

☼「かけて」に対応。

/kakiti/ と推定。

つく　付

なづけ　あさうはき名付　しらうはき**なづけ**　みじけしやうち　78－759

☼ 連用形「つけ」を含む。「なづけ」に対応。

/naziki/ と推定。

名付　あさうはき**名付**　しらうはきなづけ　みじけしやうち　78－758

☼ 連用形「つけ」を含む。「なづけ」に対応。

/naziki/ と推定。

あぐ　上

あけほこら　いしまつり　おゑまつり　いけほこら　**あけほこら**　70－346

☼ 連用形「あげ」を含む。「あげほこら」に対応。

/ʔagihwukura/ と推定。

おやけなふち　つみやげなふち　**おやけなふち**　あもとしゆる　こもとしゆる
　　　　　　　　　78－773

☼ 連用形「あげ」を含む。「おりあげなほして」に対応。

/ʔu'jagino'ocji/ と推定。

つみやげなふち　いしらかうは　ましらかうは　**つみやげなふち**　おやけなふち

274　第3章　仮名資料の動詞形態の考察

78－772

☆ 連用形「あげ」を含む。「つみあげなほして」に対応。

/cimi'jagino'ocji/ と推定。

めあけ森　こしやてしゆる　**めあけ森**　こしやて森　75－579

☆ 連用形「あげ」を含む。「みあげもり」に対応。

/mi'jagimu'i/ と推定。

めやけ　まきよねの　**めやけしゆる**　こしやてしゆる　75－577

☆ 連用形「あげ」を含む。「みあげ」に対応。

/mi'jagi/ と推定。

あけて　いとほ**あけて**はれは　64－54

☆「あげて」に対応。

/ʔagiti/ と推定。

のす乗

のせて　ふなこゑて**のせて**　64－42

☆「のせて」に対応。

/nusjiti/ と推定。

あつ当

こしやて　めやけしゆる　**こしやてしゆる**　めあけ森　こしやて森　75－578

☆ 連用形「あて」を含む。「こしあて」に対応。

/kusji'jati/ と推定。/kusjati/ の可能性を残す。

こしやてばや　八ひるどのげらいて　**こしやてばやよち、み**　77－678

☆ 連用形「あて」を含む。「こしあてばや」に対応。

/kusji'jatiba'ja/ と推定。/kusjatiba'ja/ の可能性を残す。

こしやて森　**こしやてしゆる**　めあけ森　**こしやて森**　75－580

☆ 連用形「あて」を含む。「こしあてもり」に対応。

/kusji'jatimu'i/ と推定。/kusjatimu'i/ の可能性を残す。

たつ立

たて、　くめしま**たて、**　65－95

☆「たてて」に対応。

/tatiti/ と推定。

さき立て　や、けにやは**さき立て**　はな立て　78－751

先立て　おとち　こばらは　**先立て**　はな立て　70－375

☆「たてて」を含む。「さきたてて」に対応。

/sacjitatiti/ と推定。

のだつ宣言

のだて口　あもとねの　こもとねの　始口　**のだて口**　78－747

☆ 連用形「のだて」を含む。「のだてぐち」に対応。

/nudatigucji/ と推定。

のたて、　五のいへ　七のいへ　たかへて　**のたて、**　74－554

☆「のだてて」に対応。

/nudatiti/ と推定。

のだてゝ　五のいへ　七のいへ　たかへて　**のだてゝ**　70－364

　　☼「のだてて」に対応。

/nudatiti/ と推定。

のたてたる　しによゑから**のたてたる**　いしまつり御祝　77－710

　　☼「のだてて」を含む。「のだててある→のだてたる」に対応。

/nudatitaru/ と推定。

すづ孵

すでもの　あらめの**すでもの**　あらめのわかちやらあ　79－813

　　☼ 連用形「すで」を含む。「すでもの」に対応。

/sidimunu/ と推定。

かさぶ重

かさへて　や**かさへて**たはうち　68－244

かさべて　と**かさべて**たはうち　68－242

　　☼「かさべて」に対応。

/kasabiti/ と推定。

たかぶ崇

たかへて　東嶽は**たかへて**　64－42

たかべて　西嶽は**たかべて**　64－64

　　☼「たかべて」に対応。

/takabiti/ と推定。

あつむ集

あちみな　**あちみな**の　まきよねの　74－575

　　☼ 連用形「あつめ」を含む。「あつめには」に対応。

/ʔacimina/ と推定。

かむ戴

かめて　**かめて**おれよわちへ　66－140

　　☼「かめて」に対応。

/kamiti/ と推定。

しむ締

しめいきやち　なみちやしご**しめいきやち**　64－46

　　☼ 連用形「しめ」を含む。「しめいだして」に対応。

/sjimiʔizjacji/ と推定。

すめて　やそくちのなよぶ　**すめて**ないあからし　77－692

　　☼「しめて」に対応。

/sjimiti/ と推定。

となむ鎮

となみて　八重山嶋**となみて**　67－198

　　☼「となめて」に対応。

/tunamiti/ と推定。

はじむ始

始たろ　按司始　ちやら始　**始たろ**　あたためのすでもの　79-812

 ☼「はじめて」を含む。「はじめてある→はじめたる」に対応。

 /hwazjimitaru/ と推定。

あまゆ歓

あまへ門　**あまへ門**にのぼて　65-116

 ☼連用形「あまえ」を含む。「あまえ門」に対応。

 /ʔama'imuʼɴ/ と推定。

さかゆ栄

さかいきよら　わいひとの　**さかいきよら**　五のいへ　七のいへ　たかへて　74-550

 ☼連用形「さかえ」を含む。「さかえきよら」に対応。

 /saka'icjiʼjura/ と推定。

いる入

いしみれ　**いしみれ**のおよゑ　かなみれのおよゑ　72-466

 ☼連用形「いれ」を含む。「いしみいれ」に対応。

 /ʔisjimiri/ と推定。

いれる　いし実**いれ**ろ御祝　かね実いれる御祝　69-286

いれろ　いし実**いれ**ろ御祝　かね実いれる御祝　69-285

 ☼連用形「いれ」を含む。「いれをる」に対応。

 /ʔiriru/ と推定。

かなみれ　いしみれのおよゑ　**かなみれ**のおよゑ　72-720

 ☼連用形「いれ」を含む。「かなみいれ」に対応。

 /kanamiri/ と推定。

とる凪

ようとれ　**ようとれ**かすれは　67-202

ようどれ　**ようどれ**のすれは　66-172

 ☼連用形「とれ」を含む。「ゆうどれ」に対応。

 /ju'uduri/ と推定。

あさとれ　**あさとれ**かなれは　67-200

あさどれ　**あさどれ**のなれは　66-170

 ☼連用形「とれ」を含む。「あさどれ」に対応。

 /ʔasaduri/ と推定。

むる群

ほれ嶋　**ほれ嶋**もはれ過　65-102

 ☼連用形「むれ」を含む。「むれじま」に対応。「むれ」→「ぶれ」の変化がある。

 /burizjima/ と推定。

（カ変）

く来

ちやうある　ちいあふあい　たけ三次　しまかうへに　**ちやうある**　69-314

 ☼連用形「き」を含む。「きおわる」に対応。

第4節　『君南風由来幷位階且公事』の動詞形態の考察　277

/cjo'waru/ と推定。

ちゃる　そへて**ちゃる**しとき　なみて**ちゃる**かみづ　71－402

☆「きて」を含む。「きてある→きたる」に対応。

/cjaru/ と推定。破擦音化がある。/Qcjaru/ の可能性を残す。

（サ変）

す為

しやうち　みじけ**しやう**ち　みかね**しやう**ち　78－760

しやうちい　こかね門に　およと**しやう**ちい　なさきよらや　いちよゑと　まちよる
　　　　　　　69－310

☆連用形「し」を含む。「しおはして」に対応。

/sji'jo'ocji/ と推定。

しゆる　あもと**しゆる**　こもと**しゆる**　あをきよらの大づかさ　73－518

☆連用形「し」を含む。「しをる」に対応。

/sji'juru/ と推定。/sjuru/ の可能性を残す。

しるやに　むかしからあるやに　けさしから**しるやに**　いしまつりおよゑ　72－461

☆連用形「し」を含む。「しをるやうに」に対応。「しをる→しゆる→しる」のように変化か。（本来の連体形「する」と共存か。）

/sjiru'jani/ と推定。

すれは　ようどれの**すれは**　66－172

☆已然形「すれ」を含む。「すれば」に対応。

/siriba/ と推定。

したるやに　あたるやに　くわいにや　**したるやに**　くわいにや　80－842

☆「して」を含む。「してあるやうに→したるやうに」に対応。

/sjitaru'jani/ と推定。

（ラ変）

あり有

あるやに　むかしから**あるやに**　けさしからしるやに　72－460

☆連体形「ある」を含む。「あるやうに」に対応。

/ʔaru'jani/ と推定。

あよちよさ　神つかわい**あよちよさ**　ぬしつかわいあよちさ　77－682

あよちさ　神つかわいあよちよさ　ぬしつかわい**あよちさ**　77－683

☆連用形「あり」を含む。「ありといひを（る）さ」に対応か。

/ʔa'jucjusa/ と推定。

あらきやて　くし川の**あらちやて**　かなほくの**あらきやて**　80－860

あらちやて　くし川の**あらちやて**　かなほくのあらきやて　80－859

☆未然形「あら」を含む。「あらぎやで」に対応。

/ʔarazjadi/ と推定。

あたるやに　けさしから　くわいにや　**あたるやに**　80－841

☆「ありて」を含む。「ありてあるやうに→ありたるやうに」に対応。

/ʔataru'jani/ と推定。

やり也
　　やる　　かうらの　げおの内ど　かにやる　69-308
　　　☼ 連体形「やる」に対応。「ど」の結びとしての連体形。
　　　/'jaru/ と推定。
　　やらぬ　此おもろ　くわいにや　いきややらぬ　くわいにや　なおやらぬ　くわいにや
　　　　　　　80-237
　　　☼ 未然形「やら」を含む。「やらぬ」に対応。
　　　/'jaranu/ と推定。/'jara'N/ の可能性を残す。
　　やらは　たにまことあにやらは　けにまことあにやらは　おきてくしわらい　77-684
　　　☼ 未然形「やら」を含む。「やらば」に対応。
　　　/'jaraba/ と推定。
をり居　ナシ

第5節　『仲里旧記』の動詞形態の考察

（数字は、『沖縄久米島資料篇「沖縄久米島の言語・文化・社会の総合的研究」報告書』の「（二）索引篇」で示された「頁数・行数」である。）

「仲原仲里」は、「校注　仲里旧記」『仲原善忠全集　第三巻　民俗篇』のことである。

（四段）

いく行
　　いきよゑ　　いきよゑ　みなわれていきよゑ　もるわれていきよゑ　13-425
　　　☼ 連用形「いき」を含む。「いきをり」に対応。
　　　/ʔicju'i/ と推定。
　　いきよこと　　いきよこと　あまていきよこと　こゑていきよこと　61-2814
　　　☼ 連用形「いき」を含む。「いきを（る）こと」に対応。
　　　/ʔicjukutu/ と推定。
おく置
　　おけば　　あくらかしたに　よりかけかしたに　くめておけば　46-2038
　　　☼ 已然形「おけ」を含む。「おけば」に対応。
　　　/ʔukiba/ と推定。
しく敷
　　おりしき　　あたしおりしき　こんでおしあけて　47-2120
　　　☼ 連用形「しき」を含む。「をりしき」に対応。
　　　/'u'isjicji/ と推定。
だく抱
　　たき死　たかはたき死しめて　45-2009
　　　☼ 連用形「だき」を含む。「だきじに」に対応。
　　　/dacjizjini/ と推定。
　　だかは　くわば乞死　だかはたき死　しめて　53-2421

たかば　くわば乞死　**たかばたき死**　しめて　48－2161

　　☆ 未然形「だか」を含む。「だかば」に対応。

　　/dakaba/ と推定。

つく付

　とひつかんやうに　なかはいとひつかんやうに　ち中飛つかんやうに　45－2016

　飛つかんやうに　　なかはいとひつかんやうに　ち中飛つかんやうに　45－2017

　　☆ 未然形「つか」を含む。「とびつかぬやうに」に対応。

　　/tubicika'ɴ'jo'oni/ と推定。

つく憑

　つきおれて　五の神　七の神　寄りおれて　**つきおれて**　60－2738

　　☆ 連用形「つき」を含む。「つきおれて」に対応。

　　/cicjiʔuriti/ と推定。

つづく続

　夜つゝき〈夜続き〉　**夜つゝきにたまふれ**　夜ならびにたまふれ　10－288

　夜つゞき〈夜続き〉　**夜つゞきにたまふれ**　夜ならびにたまふれ　17－578

　　☆ 連用形「つづき」を含む。「よつづき」に対応。

　　/'jucizicji/ と推定。

ぬく貫

　のきうへろ　さしうへろ　**のきうへろ**　いしきよら　ほさつのふ　45－1976

　　☆ 連用形「ぬき」を含む。「ぬきうゑる」に対応。

　　/nucjiʔu'iru/ と推定。

ひく引

　ひかは　かけて**ひかは**　かけ死しめて　45－2005

　　☆ 未然形「ひか」を含む。「ひかば」に対応。

　　/hwikaba/ と推定。

こぐ漕

　こきいてらば　布帆あけて　**こきいてらば**　おしいてらば　41－1817

　　☆ 連用形「こぎ」を含む。「こぎいでらば」に対応。

　　/kuzjiʔidiraba/ と推定。

つなぐ繋

　くなきつな　よしみつな付て　**くなきつな付て**　46－2035

　　☆ 連用形「つなぎ」を含む。「つなぎづな」に対応。「く」は「つ」の誤りか。

　　/cinazjizina/ と推定。

あがらす上

　とひあからち　なかばいとひあからち　ちなかまいからち　55－2517

　とびあからち　なかはいとびあからち　ちなかまへあからちへ　49－2180

　とひあからちへ　なかばいとひあからちへ　ちなかまいあからちへ　54－2432

　飛あからちへ　なかばい飛あからちへ　ちなかまへあからちへ　51－2279

　　☆ 「あがらして」を含む。「とびあがらして」に対応。

　　/tubiʔagaracji/ と推定。

まいあからちへ　なかばいとひあからちへ　ちなかまいあからちへ　54－2433

まへあからちへ　なかばい飛あからちへ　ちなかまへあからちへ　51－2280

   ☆「あがらして」を含む。「まひあがらして」に対応。

  /ma'i?agaracji/ と推定。

まいからち　なかばいとひあからち　ちなかまいからち　55－2518

   ☆「あがらして」を含む。「まひあがらして」に対応。「あ」脱落。

  /ma'igaracji/ と推定。

あべらす賑

あべらちへ　**あべらちへ**　よすらちへ　18－658

   ☆「あべらして」に対応。

  /?abiracji/ と推定。

いぐます？賑？

いぐましゆす　雨乞ていぐましゆす　いぶ乞てとよましゆす　10－160

   ☆連用形「いぐまし」を含む。「いぐましを（る）す」に対応か。

  /?igumasjusi/ と推定。

いだす出

いたち　あかさばい　ほくさばいや　干瀬の外　なみの外　あおゑ**いたち**

     ていゑいたち　56－2727

     干瀬か外　なみの外　あふゑ**いだち**　ていゑいたち　たまふれ

    51－2297

いだち　干瀬か外　なみの外　あふゑ**いだち**　ていゑいたち　たまふれ

    51－2289

     干瀬か外　なみの外　あふゑ**いだち**　ていゑ**いだち**　54－2441

いだちへ　干瀬か外　なみの外　あふゑ**いだちへ**注1)　ていゑいたち　たまふち

      49－2190

   ☆「いだして」に対応。

  /?idacji/ と推定。

います参

いみやし　おろしほうわい　**いみやしほうわい**　15－488

   ☆連用形「いまし」に対応。

  /?imjasji/ と推定。口蓋化がある。

おす押

おしあがり　きもだかに　**おしあがり**　くみあかり　7－94

   ☆連用形「おし」を含む。「おしあがり」に対応。

  /?usji?aga'i/ と推定。

おしあけて　あたしおりしき　こんで**おしあけて**　47－2121

   ☆連用形「おし」を含む。「おしあげて」に対応。

  /?usji?agiti/ と推定。

おとす落

けれおとち　とろかしたに　**けれおとち**　ふみおとち　55－2509

第5節　『仲里旧記』の動詞形態の考察　281

けれおとちへ　土のしたに　**けれおとちへ**　ふみおとちへ　54−2428

　　☼「おとして」を含む。「けりおとして」に対応。

　　/kiriʔutucji/ と推定。

おろす降

おろし　いみやしほうわい　**おろしほうわい**　36−1543

　　☼ 連用形「おろし」に対応。

　　/ʔurusji/ と推定。

おろちい　雨**おろちい**たまふれ　6−64　〈降ろして〉

おろちへ　いぶ**おろちへ**たまふれ　6−65　〈降ろして〉

　　☼「おろして」に対応。

　　/ʔurucji/ と推定。

こもらす籠

くまらちへ　やね**くまらちへ**　とて**くまらちへ**　61−2822

　　☼「こもらして」に対応。

　　/kumaracji/ と推定。

さす刺

さしうへろ　田数　まし数　**さしうへろ**　のきうえろ　44−1975

　　☼ 連用形「さし」を含む。「さしうゑる」に対応。

　　/sasjiʔu'iru/ と推定。

ただらす爛

た〻らしやべもの　いしきよら　ほさつのふ　**た〻らしやべもの**　60−2761

　　☼ 連用形「ただらし」を含む。「ただらしはべ（る）もの」に対応。

　　/tadarasjabimunu/ と推定。

た〻らしゆす　あさふさい　ふくさはいか　さつかいし　**た〻らしゆす**　49−2187

た゛らしゆす　いしきゆら　ほさつのふ　さつかいし**た゛らしゆす**　48−2159

　　☼ 連用形「ただらし」を含む。「ただらしを（る）す」に対応。

　　/tadarasjusi/ と推定。

た〻らしゆすや　にかもしや　からもしやか　さつかいし　**た〻らしゆすや**　50−2268

　　☼ 連用形「ただらし」を含む。「ただらしを（る）すは」に対応。

　　/tadarasjusi'ja/ と推定。

た〻らしゆもの　いしきゆら　ほさつのふ　さつかいしゆもの　**た〻らしゆもの**
　　　　　　　　　　　　　45−2000

　　☼ 連用形「ただらし」を含む。「ただらしを（る）もの」に対応。

　　/tadarasjumunu/ と推定。

とよます鳴響

とよましゆす　雨乞ていぐ**ましゆす**　いぶ乞て**とよましゆす**　10−261

　　☼ 連用形「とよまし」を含む。「とよましを（る）す」に対応。

　　/tu'jumasjusi/ と推定。

とらす取

とらしやへもの　大ちかい　世ちかい　**とらしやへもの**　60−2765

☆連用形「とらし」を含む。「とらしはべ（る）もの」に対応か。

/turasjabimunu/ と推定。

とらちへ　きむほくり**とらちへ**　あよほくり**とらちへ**　25-1025

☆「とらして」に対応。

/turacji/ と推定。

なす生

なし出し　尾長くわは　**なし出し**　59-2752　〈生し出し〉

☆連用形「なし」を含む。「なしいだし」に対応。

/nasjiʔizjasji/ と推定。

なしやふりくわ　わかぢちよか　**なしやふりくわ**　びれやぶりくわの　50-2241

なしやぶりくわ　おとぢちよ　わかぢちよか　**なしやぶりくわ**　ひれやぶりくわの
48-2140

なせやふりくわ　てたのまへの　**なせやふりくわの**　60-2749

☆連用形「なし」を含む。「なしやぶりこら」に対応。

/nasji'jaburiQkwa/ と推定。

なちやうて　おとちちうみゝ長ぐわ　**なちやうて**　60-2790

☆「なして」を含む。「なしてはをりて」に対応。

/nacjo'oti/ と推定。

なちやろくわ　天のてだ　いきろてだの　**なちやろくわ**　55-2476

☆「なして」を含む。「なしてあるこら→なしたるこら」に対応。

/nacjaruQkwa/ と推定。

なほす直

おれなふし　ましらくに　**おれなふし**　若つかさ　めまよきよら　11-322

☆連用形「なほし」を含む。「おれなふし」に対応。

/ʔurino'osji/ と推定。

なふち　けふか**なふち**　時なまの時**なふち**　31-1291

なふちへ　けふのとき**なふちへ**　なまのゑか**なふちへ**　33-1413

☆「なほして」に対応。

/no'ocji/ と推定。

はらす走

はらせ　おもづらちへ**はらせ**　ふりまわちへ**はらせ**　8-157

☆命令形「はらせ」に対応。

/hwarasi/ と推定。

はらちへ　おもづらちへ**はらちへ**　ふりまわちへはれば　9-210

☆「はらして」に対応。

/hwaracji/ と推定。

ひびかす響

ひゞかしゆす　いしきよら　ほさつのふ　たゝらしゆす　**ひゞかしゆす**　61-2804

☆連用形「ひびかし」を含む。「ひびかしを（る）す」に対応。

/hwibikasjusi/ と推定。

ふらす降

　　ふらち　雨**ふらち**たまふれ　いふ**ふらち**へたまふれ　31－1319

　　ふらちへ　雨**ふらちへ**たまふれ　いぶ**ふらちへ**たまふれ　15－523

　　ほらちへ　雨**ほらちへ**たまふれ　いぶ**ほらちへ**たまふれ　6－72

　　　☼「ふらして」に対応。

　　/hwuracji/ と推定。

ほす干

　　あみふしの　**あみふしの** さてふしの めまよきよら あしかきよらかなし　39－1698

　　　☼連用形「ほし」を含む。「あみほしの」（網干しの）に対応。

　　/ʔamihwusjinu/ と推定。

　　さてふしの　あみふしの **さてふしの** めまよきよら あしかきよらかなし　39－1698

　　　☼連用形「ほし」を含む。「さでほしの」（叉手干しの）に対応。

　　/sadihwusjinu/ と推定。

まはす回

　　ふりまわちへ　おもづらちへはらせ　**ふりまわちへ**はらせ　8－158

　　　☼「まはして」を含む。「ふりまはして」に対応。

　　/hwu'ima'wacji/ と推定。

めす召

　　めしやへ　名付　さつけ　**めしやへ**　12－375

　　めしやい　名付　さつけ**めしやい**　47－2090

　　　☼連用形「めし」を含む。「めしあり」に対応。

　　/misja'i/ と推定。

　　めしやる　　たなきよらに、ぢやよく**めしやる**、きみよし、きみちやかなし。五十七

　　めしやる　ちやよく**めしやる**　きみよしきみちやかかなし　39－1690

　　　☼連用形「めし」を含む。「めしある」に対応。

　　/misjaru/ と推定。

　　めしよわい　きむほこれ**めしよわい**　あよほこれ**めしよわひ**　42－1858

　　めしよわひ　きむほこれ**めしよわい**　あよほこれ**めしよわひ**注2)　42－1859

　　　☼連用形「めし」を含む。「めしおわり」に対応。

　　/misju'wa'i/ と推定。

　　めしよわろ　ざよく**めしよわろ**　がけじ**めしよわろ**　43－1921

　　　☼連用形「めし」を含む。「めしおわる」に対応。

　　/misju'waru/ と推定。

　　めしよわれ　御たほい**めしよわれ**　22－840

　　　☼連用形「めし」を含む。「めしおわれ」に対応。

　　/misju'wari/ と推定。

　　めしやうれ　とこゑあはせ**めしやうれ**　ゑりぢよあはせ　7－109

　　　☼連用形「めし」を含む。「めしおわれ」に対応。

　　/misjo'ori/ と推定。

　　みしやうれは　げに**みしやうちへ**　だに**みしやうれは**　42－1839

☆連用形「めし」を含む。「めしおわれば」に対応。

　　/misjo'oriba/ と推定。

　めしやうろ　おしたて　よりたて　**めしやうろ**　21－789

　　☆連用形「めし」を含む。「めしおわる」に対応。

　　/misjo'oru/ と推定。

　めしやうちやる　こゝろ生　すぐれ生　**めしやうちやる**　46－2072

　めしやうちやろ　おしたて**めしやうちやろ**　よひたて**めしやうちやろ**　12－370

　　☆連用形「めし」を含む。「めしおはしたる」に対応。

　　/misjo'ocjaru/ と推定。

　めしよわち　さよく**めしよわち**　かけじ**めしよわろ**　44－1937

　めしやうち　見守**めしやうち**　御たほい**めしよわれ**　40－1751

　めしよわちへ　御せぢあはせ**めしよわちへ**　御げをあはせ**めしよわちへ**　14－449

　めしやうちへ　げに**めしやうちへ**　だに**めしやうちへ**　11－286

　みしやうちへ　めれまごと　げに**みしやうちへ**　だに**みしやうれは**　42－1838

　　☆連用形「めし」を含む。「めしおはして」に対応。

　　/misjo'ocji/ と推定。

もらす盛

　もらちへ　田数　まし数　なか**もらちへ**　はたよらちへ　6－70

　　☆「もらして」に対応。

　　/muracji/ と推定。

やらす遣

　やらさは　雲とゝめ**やらさは**　風とゝめ**やらさは**　46－2028

　　☆未然形「やらさ」を含む。「やらさば」に対応。

　　/'jarasaba/ と推定。

よすらす賑？

　よすらちへ　あべらちへ　**よすらちへ**　18－659

　　☆「よすらして」に対応。

　　/'jusiracji/ と推定。

よらす寄

　よらちへ　田数　まし数　なかもらちへ　はた**よらちへ**　6－71

　　☆「よらして」に対応。

　　/'juracji/ と推定。

をどらす踊

　おとらしゆす　すじやなゝそ揃て　あすはしゆす　**おとらしゆす**　9－179

　　☆連用形「をどらし」を含む。「をどらしを（る）す」に対応。

　　/'udurasjusi/ と推定。

　おどらしゆむ　あすばしゆむ　**おどらしゆむ**　9－189

　おどらしゆん　いぶ乞に　**おどらしゆん**　10－230

　　☆連用形「をどらし」を含む。「をどらしをりむ」に対応。

　　/'udurasju'ɴ/ と推定。

たつ立

はなたつ　おしわきか先たつ　おや口ろかはなたつ　16-539

☆ 終止形「たつ」を含む。「はなたつ」に対応。「先立つ」で、先頭に立つこと。

/hwanataci/ と推定。

いごふ乞

いぞわれて　大ごろう　まころくか　いぞわれて　13-413

☆ 未然形「いごは」を含む。「いごはれて」に対応。

/ʔizju'wariti/ と推定。途中、/ʔigo-/ → /ʔigju/ → /-ʔizju-/ 等の変化が考えられる。

いふ言

れいち　かにいちてぐわれて　れいちてぐわれて　15-514

☆ 「(と) いひて」に対応。

/riʔicji/ と推定。

いまふ〈いらっしゃる〉

いまふれは　中はい　ち中に　いまふれは　24-965

いまふれば　ぢるや　かなやに　いまふれば　12-361

☆ 「ラ行（四段）化」後の已然形「いまふれ」を含む。「いまふれば」に対応。

/ʔima'uriba/ と推定。

いまふ参

いみやちへ　おれておれなふちへ　いみやちへいみやなふちへ　15-476

☆ 「いまひて」に対応。

/ʔimjacji/ と推定。口蓋化がある。

いみやなふちへ　おれておれなふちへ　いみやちへいみやなふちへ　15-476

☆ 連用形「いまひ」を含む。「いまひなふして」に対応。

/ʔimjano'ocji/ と推定。口蓋化がある。

うやまふ敬

おやまて　なげやたけおやまて　まうとたけさんとたうて　25-1011

☆ 「うやまひて」に対応。

/ʔu'jamati/ と推定。

おやまたうて　なげやだけ　おやまたうて　まをとたけ　さんだたうて　22-856

☆ 「うやまひて」を含む。「うやまひてはをりて」に対応。

/ʔu'jamato'oti/ と推定。

あとおふ集？

あとおゐて　神な〻そあとおゐて　9-176

☆ 「あとおひて」に対応。

/ʔatu'u'iti/ と推定。

おもふ思

おもひきみ　おもひきみ　よ〻そきみかなし　6-29

☆ 連用形「おもひ」を含む。「おもひぎみ」に対応。

/ʔumu'izjimi/ と推定。

くふ咬

くわは　**くわは乞死**　たかはたき　死しめて　58－2661

くわば　**くわば乞死**　たかばたき死　しめて　48－2160

乞は　たかはたき死しめて　**乞は乞死しめて**　45－2010

　　☼ 未然形「くは」を含む。「くはば」に対応。

　　/ku'waba/ と推定。

こふ乞

手ぐいの　まころくが手ぐいの　**雨乞てたまふれ**　15－510

　　☼ 連用形「こひ」を含む。「てごひの」に対応。

　　/tigu'inu/ と推定。

こふよる　雨よねど**こふよる**　いぶよねど**こふよる**　22－875

　　☼ 連用形「こひ」を含む。「こひをる」に対応。「ど　こふよる」で照応関係。係り結び。

　　/ku'u'juru/ と推定。

くわぬ　あばす風**くわぬ**　しきよ風**くわぬ**　きよらよねど乞る　10－240

　　☼ 未然形「くは」を含む。「くはぬ」に対応。

　　/ku'wanu/ と推定。/ku'wa'ɴ/ の可能性を残す。

くわん　あばす風**くわん**　しきよ風**くわん**　23－913

　　☼ 未然形「くは」を含む。「くはぬ」に対応。

　　/ku'wa'ɴ/ と推定。/kwa'a'ɴ/ の可能性を残す。

てくわれて　いぞうれて　**てくわれて**　雨乞てたまふれ　13－414

てぐわれて　かにいち**てぐわれて**　れいち**てぐわれて**　15－513

　　☼ 未然形「くは」を含む。「てぐはれて」に対応。

　　/tigu'wariti/ と推定。

そふ添

そいきよら　**そいきよらのおやのろおやぬし**　6－53

　　☼ 連用形「そひ」を含む。「そひきよら」に対応。

　　/su'icji'jura/ と推定。

そろふ揃

そろいて　すじやなゝそ**そろいて**　神のまねすれは　25－1004

そるいて　七の神**そるいて**　神のまねめしやうちへ　17－619

　　☼ 連用形「そろひ」を含む。「そろひて」に対応。

　　/suru'iti/ と推定。

たまふ給

御たほい　見守めしやうち　**御たほいめしよわれ**　40－1752　〈お賜い〉御賜わり。

　　☼ 連用形「たまひ」を含む。「おたほひ」に対応。途中、「たまふ→たばふ」の変化ありか。

　　/ʔutabu'i/ と推定。

たまふれ　雨おろちい**たまふれ**　いぶおろちへ**たまふれ**　6－64

　　☼ 命令形「たまふれ」に対応。

　　/tamo'ori/ と推定。

たまふち　あふゑいだちへ　ていゑいたち　**たまふち**　49－2191

たまふちへ　あふし越**たまふちへ**　あちら越**たまふちへ**　11－278

☼「たまひて」に対応。

　　/tamo'ocji/ と推定。

　たほうちへ　　まうへち風たほうちへ　　真南風風たほうちへ

　　☼ 連用形「たほひ」を含む。「たほひて」に対応。

　　/tabo'ocji/ と推定。

ちかふ誓

　大ちかい　　**大ちかい**　　世ちかい　　しめて　　45－1982

　大ぢかい　　**大ぢかいしめて**　　世ぢかいしめて　　51－2291

　世ちかい　　大ちかい　　**世ちかい**　　しめて　　45－1983

　ぬしちかい　　のろちかいしめて　　**ぬしちかいしめて**　　51－2295

　のろちかい　　**のろちかいしめて**　　ぬしちかいしめて　　51－2294

　　☼ 連用形「ちかひ」を含む。「～ぢかひ」に対応。

　　/-zika'i/ と推定。

はふ這

　よはいくわ　　天のてたの　　**よはいくわの**　　ふれくわの　　44－1964

　　☼ 連用形「はひ」を含む。「よばひこ」に対応。

　　/'juba'ikwa/ と推定。

ふさふ栄

　ふさて　　おれなふちへおれて　　おれてふさて　　26－1053

　　☼「ふさひて」に対応。

　　/hwusati/ と推定。

　おれふさて　　おれておれなふちへ　　おれて**おれふさて**　　13－406

　　☼「ふさひて」を含む。「おれひさひて」に対応。

　　/ʔurihwusati / と推定。

まふ舞

　とびやいまやいの　　**とびやいまやいの司かなし**　　52－2360

　とひやいまやへの　　**とひやいまやへの司**　　56－2582

　とびやへまやへの　　**とびやへまやへの司に**　　御たかへ　　御みのけやへら　　21－806

　飛やいまいやいの　　**飛やいまいやいの司と**　　名付　　さつけ　　めしやい　　47－2099

　飛やへまへやへの　　**飛やへまへやへの司と**　　名付　　授付　　めしやへ　　13－383

　飛やへまやへの　　**飛やへまやへの司かなし**　　24－966

　　☼ 連用形「まひ」を含む。「とびありまひありの」に対応。

　　/tubja'ima'ja'inu/ と推定。

　まいあからちへ　　なかばいとひあからちへ　　ちなか**まいあからちへ**　　54－2433

　ま へあからちへ　　なかばい飛あからちへ　　ちなか**まへあからちへ**　　51－2280

　　☼ 連用形「まひ」を含む。「まひあがらして」に対応。

　　/ma'iʔagaracji/ と推定。

　まいからち　　なかばいとひあからち　　ちなか**まいからち**　　55－2518

　　☼ 連用形「まひ」を含む。「まひあがらして」に対応。「あ」脱落。

　　/ma'igaracji/ と推定。

288　第3章　仮名資料の動詞形態の考察

むかふ向

　むかいなふち　**むかいなふち**　こしやてなふちへ　57－2586

　　　☆ 連用形「むかひ」を含む。「むかひなほして」に対応。

　/ˈɴkaˈinoˈocji/ と推定。

やしなふ養

　やしない　みまもりめしよわちへ　**やしないめしよわちへ**　5－994

　　　☆ 連用形「やしなひ」を含む。「やしなひめしおはして」に対応。

　/ˈjasjinaˈimisjoˈocji/ と推定。

　やしなやうれ　みまぶやうれ　**やしなやうれ**　18－669

　　　☆ 連用形「やしなひ」を含む。「やしなひおわれ」に対応。

　/ˈjasjinaˈjoˈori/ と推定。

　やしなやうちへ　みまふやうちへ　**やしなやうちへ**　10－267

　　　☆ 連用形「やしなひ」を含む。「やしなひおはして」に対応か。

　/ˈjasjinaˈjoˈocji/ と推定。

あすぶ遊

　わたりあすひ　うつりあすひ　**わたりあすひ**　めしよわろ　32－1362

　　　☆ 連用形「あすび」を含む。「わたりあすび」に対応。

　/ˈwataˈiʔasibi / と推定。

　あすばしゆす　すじやな丶そ揃て　**あすばしゆす**　9－178

　　　☆ 未然形「あすば」を含む。「あすばしを（る）す」に対応。

　/ʔasibasjusi/ と推定。

　あすばしゆむ　いぶ乞て　**あすばしゆむ**　おどらしゆむ　9－188

　　　☆ 未然形「あすば」を含む。「あすばしをり<u>む</u>」に対応。

　/ʔasibasjuˈɴ / と推定。音声は [ʔasibaʃum]。

　あすば　いぶ乞におどらしゆん　おどらば　**あすば**　10－233

　　　☆ 未然形「あすば」を含む。「あすばば」に対応。〈遊ばば〉「あすばば」の誤記。

　/ʔasibaba/ と推定。

えらぶ選

　ゑらびいたち　**ゑらびいたち**　そ丶ひいだち　7－86

　　　☆ 連用形「えらび」を含む。「えらびいだして」に対応。

　/ʔirabiʔidacji/ と推定。

とぶ飛

　とびやいまやいの　**とびやいまやいの**司かなし　52－2360

　とひやいまやへの　**とひやいまやへの**司　56－2582

　とびやへまやへの　**とびやへまやへの**司に　御たかへ　御みのけやへら　21－806

　飛やいまいやいの　**飛やいまいやいの**司と　名付　さつけ　めしやい　47－2099

　飛や へまへやへの　**飛や へまへやへの**司と　名付　授付　めしやへ　13－383

　飛やへまやへの　**飛やへまやへの**司かなし　24－966

　　　☆ 連用形「まひ」を含む。「とびありまひありの」に対応。

　/tubjaˈimaˈjaˈinu/ と推定。

とひあからち　なかばいとひあからち　ちなかまいからち　55－2517

とびあからち　なかはいとびあからちち　なかまへあからちへ　49－2180

とひあからちへ　なかばい　とひあからちへ　ちなかまいあからちへ　54－2432

飛あからちへ　なかばい飛あからちへ　ちなかまへあからちへ　51－2279

　　☆ 連用形「とび」を含む。「とびあがらして」に対応。

　　/tubiʔagaracji/ と推定。

とひつかんやうに　なかはいとひつかんやうに　ち中飛つかんやうに　45－2016

飛つかんやうに　　　なかはいとひつかんやうに　ち中飛つかんやうに　45－2017

　　☆ 連用形「とび」を含む。「とびつかんやうに」に対応。

　　/tubicika'ɴ'jo'oni/ と推定。

ならぶ並

夜ならひに　夜つゞきにたまふれ　夜ならひにたまふれ　19－687

夜ならびに　夜つゞきにたまふれ　夜ならびにたまふれ　17－579

　　☆ 連用形「ならび」を含む。「よならびに」に対応。

　　/'junarabini/ と推定。

むすぶ結

むすび　むすびく　むすびかため　51－2310

むすひ　くなきつな付て　むすひくかため注3)　56－2549

　　☆ 連用形「むすび」に対応。

　　/musibi/ と推定。

かためむすで　かためく　かためむすで　51－2311

　　☆ 「むすびて」を含む。「かためむすびて→かためむすんで」に対応。

　　/katamimusiɴdi/ と推定。

くむ組

こんで　　こんであはせ　6－58

こんて　　こんてあわちへ　26－1036

　　☆ 「くみて→くんで」に対応。

　　/ku'ɴdi/ と推定。

このむ工

このたる　こはらが　たくだろ　このたる　あさ川　はら川　7－78

　　☆ 「このみて」を含む。「このみてある→このみたる→このんだる」に対応。

　　/kunu'ɴdaru/ と推定。

たくむ工

たくだろ　こはらが　たくだろ　このだる　あさ川　はら川　7－78

　　☆ 「たくみて」を含む。「たくみてある→たくみたる→たくんだる」に対応。

　　/taku'ɴdaru/ と推定。

とよむ鳴響

とよむ　とよむすのきみかなし　したかくかなし　30－1236

　　☆ 連体形「とよむ」に対応。

　　/tu'jumu/ と推定。

ふむ踏

ふみおとち　土かした　とろかしたに　けれおとち　**ふみおとち**　55−2510

ふみおとちへ　どろのした　土のしたに　けれおとちへ　**ふみおとちへ**　54−2429

　　☆ 連用形「ふみ」を含む。「ふみおとして」に対応。

　　/hwumiʔutucji/ と推定。

ふみきるな　井口たてきるな　井はな**ふみきるな**　19−710

　　☆ 連用形「ふみ」を含む。「ふみきるな」に対応。

　　/hwumicjiruna/ と推定。

ふみきつち　井はな立きつち　井口**ふみきつち**　23−892

　　☆ 連用形「ふみ」を含む。「ふみきりて」に対応。「立きつち」の対。

　　/hwumicjiQcji/ と推定。

くみあかり　しまそいに　きもだかに　おしあがり　**くみあかり**　7−96

　　☆ 連用形「ふみ」を含む。「ふみあがり」に対応。「ふ」と「く」の交代がある。

　　/kumiʔaga'i/ と推定。

をがむ拝

おかみやへらに　み袖あわちへ　こんてあわちへ　**おかみやへらに**注4）40−1743

　　☆ 連用形「をがみ」を含む。「をがみはべらに」に対応。

　　/ʔugami'jabirani/ と推定。

おかみよわろ　てずりよわろ　**おかみよわろ**　37−1610

　　☆ 連用形「をがみ」を含む。「をがみおわる」に対応。

　　/ʔugami'ju'waru/ と推定。

おかで　十はい八はい　**おかで**　大雨乞しやへもの　30−1258

　　☆ 「をがみて→をがんで」に対応。

　　/ʔugadi/ と推定。撥音脱落がある。

あがる上

おしあがり　しまそいに　きもだかに　**おしあがり**　くみあかり　7−94

　　☆ 連用形「あがり」を含む。「おしあがり」に対応。

　　/ʔusjiʔaga'i/ と推定。

くみあかり　しまそいに　きもだかに　おしあがり　**くみあかり**　7−96

　　☆ 連用形「あがり」を含む。「ふみあがり」に対応。「ふ」と「く」の交代がある。

　　/kumiʔaga'i/ と推定。

おしあかて　天のみやに**おしあかて**　雨のみやにおしあかて　8−161

　　☆ 「おしあがりて→おしあがって」に対応。

　　/ʔusjiʔagati/ と推定。促音脱落がある。

あふる煽

あおゑいたち　あかさばい　ほくさばいや　干瀬の外なみの外　**あおゑいたち**
　　　　　　　　　ていゑいたち　56−2727

あふゑいだち　干瀬か外　なみの外　**あふゑいだち**　ていゑいたち　たまふれ
　　　　　　　51−2289

あふゑいだちへ　干瀬か外　なみの外　**あふゑいだちへ**　ていゑいたち

たまふち　49-2190

　　☼ 連用形「あふり」を含む。「あふりいだして」に対応。

　　/ʔa'u'iʔidacji/ と推定。

あまる余

　あまて　あまていきよこと　61-2814

　　☼「あまりて→あまって」に対応。

　　/ʔamati/ と推定。促音脱落がある。

いる入

　いろ　いし実いろ御よゑ　かな実いろ御よゑ　14-465

　　☼ 連体形「いる」に対応。

　　/ʔiru/ と推定。

うつる移

　うつりあすひ　きくかゑた　うつりあすひ　わたりあすひ　めしよわろ　32-1361

　　☼ 連用形「うつり」を含む。「うつりあすび」に対応。

　　/ʔuci'iʔasibi/ と推定。

かがる輝

　きやかる　よかるひ　きやかるひに　7-85

　きやかろ　なまのきやかろひに　24-969

　　☼ 連用形「かがり」を含む。「かがりある」に対応。

　　/kjagaru/ と推定。

きる切

　たてきるな　井くち　たてきるな　井はなたてきろな　9-201

　たてきろな　井くちたてきるな　井はなたてきろな　9-202

　　☼ 終止形「きる」を含む。「たてきるな」に対応。「塞ぐな」の意。

　　/taticjiruna/ と推定。

　ふみきるな　井口たてきるな　井はなふみきるな　19-710

　　☼ 終止形「きる」を含む。「ふみきるな」に対応。

　　/hwumicjiruna/ と推定。

　ふみきつち　井はな立きつち　井口ふみきつち　23-892

　　☼「きりて→きって」を含む。「ふみきって」に対応。

　　/hwumicjiʔcji/ と推定。

しる知

　おしられ　おしられ　おみのけやへら　52-2364

　御しられ　御しられしやへら　57-2588

　　☼ 未然形「しら」を含む。「おしられ」に対応。「奏上すること」。

　　/ʔusjirari/ と推定。

　おしられこと　おしられこと　御みのけやへら　40-1735

　　☼ 未然形「しら」を含む。「おしられごと」に対応。「奏上事」。

　　/ʔusjirarigutu/ と推定。

てずる手擦

292　第3章　仮名資料の動詞形態の考察

てずりよわろ　くしらわいか　**てずりよわろ**　おかみよわろ　あかぐちや
　　　　　　　　ぜろま〻かなし　37-1609

　　☼ 連用形「てずり」を含む。「てずりおわる」に対応。「祈り給う」意。

　　/tiziri'ju'waru/ と推定。

てる 照

　　ていゑいたち　干瀬か外　なみの外　あふゑいだち　**ていゑいたち**　たまふれ
　　　　　　　　　51-2297

　　ていゑいだち　干瀬か外　なみの外　あふゑいだち　**ていゑいだち**　54-2441

　　☼ 連用形「てり」を含む。「てりいだして」に対応。

　　/ti'i?idacji/ と推定。/tiri/ → /ti'i/ の変化がある。

　　てる　天に**てる**てろかは　7-107

　　　　　だしま**てる**てるしにふと　7-107

　　　　　天に照る**てる**かは　だしま照るてるしにふ　23-883

　　てろ　天にてる**てろ**かは　だしまてるてるしにふと　7-107

　　　　　天にてろては　だしまてろ**てろ**しによと　10-169

　　　　　天に照て**ろ**かは　だしま照てろしのふ　み袖あわちへ　27-1110

　　　　　天に照るてろかは　だしま**てろ**照るしのふ　26-1034

　　☼ 連体形「てる」に対応。「ろ」は仮名遣いの問題。

　　/tiru/ と推定。

とる 取

　　みとり　あんじおそいかたはる　わうにせか**みとり**　25-996

　　みどり　あんじおそいが田はる　わうにせか**みどり**　22-858

　　☼ 連用形「とり」を含む。「みどり」に対応。「実取り」。

　　/midu'i/ と推定。

　　とりあわち　五打はな**とりあわち**　七打はま**とりあわち**　61-2778

　　☼ 連用形「とり」を含む。「とりあはして」に対応。

　　/tu'i?a'wacji/ と推定。

　　とりなふちへ　糸かち　たまかち　うけなふちへ　**とりなふちへ**　41-1814

　　☼ 連用形「とり」を含む。「とりなほして」に対応。

　　/tu'ino'ocji/ と推定。

　　とやへすや　神のまねとよる　ぬしのまね**とやへすや**　おとろしや　13-408

　　☼ 連用形「とり」を含む。「とりはべるすは」に対応。注5)

　　/tu'jabi('i)si'ja/ と推定。

　　とよる　神のまね**とよる**　ぬしのまね**とよる**　15-479

　　☼ 連用形「とり」を含む。「とりをる」に対応。

　　/tu'juru/ と推定。

　　とよす　神のまね**とよす**　ぬしのまね**とよす**　神のまねおとるしや　15-503

　　☼ 連用形「とり」を含む。「とりを（る）す」に対応。

　　/tu'jusi/ と推定。

　　とらば　神のまね**とらば**　ぬしのまねとらは　19-680

第5節　『仲里旧記』の動詞形態の考察　293

とらは　神のまねとらば　ぬしのまねとらは　19-681
　　☆ 未然形「とら」を含む。「とらば」に対応。
　　/turaba/ と推定。

なほる直
おれなふれめしよわろ　**おれなめしよわろ**　40-1761
　　☆ 連用形「なほり」を含む。「おりなほりめしよわる」に対応。
　　/ʔurino'orimisju'waru/ と推定。

なる成
なり　尾長　びゞきやに　**なり**　48-2143
　　☆ 連用形「なり」に対応。
　　/na'i/ と推定。
なやうちへ　先うね　はなうねに　**なやうちへ**　41-1824
　　☆ 連用形「なり」を含む。「なりおはして」に対応。
　　/na'jo'ocji/ と推定。
ならば　ほうに**ならば**　ほさに**ならは**　49-2215
ならは　ほうに**ならば**　ほさに**ならは**　49-2216
　　☆ 未然形「なら」を含む。「ならば」に対応。「穂にならば、房にならば」。
　　/naraba/ と推定。
なたうて　きもくらに**なたうて**　あよくらに**なたうて**　44-1968
　　☆ 「なりて」を含む。「なりてはをりて」に対応。
　　/nato'oti/ と推定。

はじまる始
はじまり　むかし**はじまり**　けさし**はじまり**　12-337
　　　　　　　　て た始**はじまり**かなし　6-33
はしまり　てたはしめ**はしまり**かなしたかへて　7-102
　　☆ 連用形「はじまり」に対応。
　　/hwazjima'i/ と推定。

はる走
はり　なはとまり　おやみなと　**はり**着ろ　引着るてゝ　42-1854
　　☆ 連用形「はり」に対応。
　　/hwa'i/ と推定。
はれば　おもづらちへはらちへ　ふりまわちへ**はれば**　9-211
　　☆ 已然形「はれ」を含む。「はれば」に対応。
　　/hwariba/ と推定。

ひる放
ひれやぶりくわの　なしやぶりくわ　**ひれやぶりくわの**　尾長びゞきやになり
　　　　　　　　　　　　48-2141
　　☆ 連用形「ひり」を含む。「ひりやぶりこらの」に対応。
　　/hwiri'jaburiQkwanu/ と推定。
ひちやろくわの　天のてだ　いきろてだの　なちやろくわ　**ひちやろくわの**

おとぢちよ　55-2477　〈生した〉

☆ 連用形「ひり」を含む。「ひりてあるこらの→ひりたるこらの」に対応。

/hwi(Q)cjaruQkwanu/ と推定。

ふる振

ふりまわちへ　おもづらちへはらせ　**ふりまわちへはらせ**　8-158

☆ 連用形「ふり」を含む。「ふりまはして」に対応。

/hwu'ima'wacji/ と推定。

ほこる誇

きむほくり　まころくか数　**きむほくりとらちへ**　25-1025

きむほこれ　御しられ　御みのければ　**きむほこれめしよわい**　42-1858

肝ほこり　まごろく　**肝ぽこり**　あよぽこり　11-284

肝ほこり　まころくが数　**肝ほこりとらちへ**　22-869

肝ほくれ　まころくか数　**肝ほくれとらちへ**　26-1066

肝ほこれ　まころくか数　**肝ほこれとらちへ**　28-1174

☆ 連用形「ほこり」を含む。「きもぼこり」に対応。〈肝誇り〉心からの喜び。

/cjimubuku'i/ と推定。

みまもる見守

みまもりめしよわちへ　**みまもりめしよわちへ**　やしないめしよわちへ　25-993〈

☆ 連用形「みまもり」を含む。「みまもりめしおはして」に対応。

/mimamu'imisju'wacji/ と推定。

みまもやうちへ　**みまもやうちへたまふれ**　やしなやうちへたまふれ　27-1089

☆ 連用形「みまもり」を含む。「みまもりおはして」に対応。

/mimamu'jo'ocji/ と推定。

みまぶりめしよわちへ　**みまぶりめしよわちへ**　やしないめしよわちへ　49-2219

みまふりめしよわちへ　いしきよら　ほさつのふ　**みまふりめしよわちへ**　57-2615

☆ 連用形「みまもり」を含む。「みまもりめしおはして」に対応。

/mimaburimisju'wacji/ と推定。

みまぶやうれ　まきよ司　こだ司　**みまぶやうれ**　やしなやうれ　18-668

みまふやうれ　嶽御せぢ　森御せぢ　**みまふやうれ**　やしなやうれ　18-672

☆ 連用形「みまもり」を含む。「みまもりおわれ」に対応。

/mimabu'jo'ori/ と推定。

みまふやうちへ　**みまふやうちへたまふれ**注6)　やしなやうちへたまふれ　29-1220

みまふやうち　おそひやの司　**みまふやうちたまふれ**　28-1144

☆ 連用形「みまもり」を含む。「みまもりおはして」に対応。

/mimabu'jo'ocji/ と推定。

みまふよわちへ　**みまふよわちへたまふれ**　やしなやうちへたまふれ　60-2772

☆ 連用形「みまもり」を含む。「みまもりおはして」に対応。

/mimabu'ju'wacji/ と推定。

めぐる巡

めくり　五めくりめくて　七めくりめくて　35-1504

☼ 連用形「めぐり」に対応。

　　/migu'i/ と推定。

　めくて　五めくりめくて　七めくりめくて　35−1504

　　☼「めぐりて→めぐって」に対応。

　　/miguQti/ と推定。

やぶる破

　なしやぶりくわ　わかぢちよか　**なしやぶりくわ**　ひれやぶりくわの　48−2140

　なせやふりくわ　てたのまへの　**なせやふりくわの**　60−2749

　　☼ 連用形「やぶり」を含む。「なしやぶりこら」に対応。

　　/nasji'jaburiQkwa/ と推定。

　ひれやぶりくわ　なしやぶりくわ　**ひれやぶりくわの**　尾長　びざきやに　なり
　　　　　　　　　　48−2141　〈生み破り子〉

　びれやぶりくわ　なしやぶりくわの　**びれやぶりくわの**　尾長　びざきやになり
　　　　　　　　　　53−2402　〈生み破り子〉

　　☼ 連用形「やぶり」を含む。「ひりやぶりこら」に対応。

　　/hwiri'jaburiQkwa/ と推定。

よる寄

　よりたて　おしたて　**よりたて**　めしやうろ　21−789

　　☼ 連用形「より」を含む。「よりたて」に対応。

　　/'juritati/ と推定。

　よひたて　おし立めしやうろ　**よひたてめしやうろ**　12−344

　　☼ 連用形「より」を含む。「よりたて」に対応。

　　/'ju'itati/ と推定。/ri/→/'i/ の変化がある。

　よりくわちへ　あぶしより満て　**あせらよりくわちへ**　22−866

　　☼ 連用形「より」を含む。「よりこえさして」に対応。

　　/'jurikwa'acji/ と推定。

　よやわちへ　五の神　七の神　**よやわちへ**　30−1256

　　☼ 連用形「より」を含む。「よりあはして」に対応。

　　/'ju'ja'wacji/ と推定。/ri/→/'i/ の変化がある。

わたる渡

　わたりあすひ　うつりあすひ　**わたりあすひ**　めしよわろ　32−1362

　　☼ 連用形「わたり」を含む。「わたりあすび」に対応。

　　/'watari?asibi/ と推定。

をどる踊

　おどり御みや　**おどり御みややて**　あすひ御みややて　8−174

　おとり御みや　あすび御みや　**おとり御みや**　げにあるけに　10−227

　　☼ 連用形「をどり」を含む。「をどりおみや」に対応。

　　/uduri?umij'ja / と推定。

　おどらば　**おどらば**　あすば　10−232

　　☼ 未然形「をどら」を含む。「をどらば」に対応。

/ʼuduraba/ と推定。

をる折

おりしき　あたしおりしき　こんでおしあけて　47-2120

☼ 連用形「をり」を含む。「をりしき」に対応。「折り敷き」。

/ʼurisjicji/ と推定。

（上一段）

みる見

みあけ森　とのなはの　**みあけ森**　大司　わか司　御たかへしやへら　40-1754

☼ 連用形「み」を含む。「みあげもり」に対応。

/miʔagimuʼi/ と推定。

（上二段）

おつ落

つろおて　**つろおてしめて**　羽おてしめて　45-2015　〈羽落ち〉

☼ 「ラ行（四段）化」後の連用形「おてり」を含む。「つるおてり」（筋落てり）に対応。「-おてり→おてい→-おて」のような変化が考えられる。

/ciruʔuti/ と推定。

おる降

おれなふし　ましらくに　**おれなふし**　若つかさ　めまよきよら　11-322

☼ 「下一段」的「おれる」の連用形「おれ」を含む。「おれなほし」に対応。

/ʔurinoʼosji/ と推定。

おれなふちへ　**おれておれなふちへ**　おれておれふさて　13-405

☼ 「下一段」的「おれる」の連用形「おれ」を含む。「おれなほして」に対応。

/ʔurinoʼocji/ と推定。

おれなふれ　ましらこに　**おれなふれめしよわろ**　40-1761

☼ 「下一段」的「おれる」の連用形「おれ」を含む。「おれなほり」に対応。

/ʔurinoʼori/ と推定。

おれろ　水乞ておれろ　いぶ乞ておれろ　34-1426

☼ 「ラ行（四段）化」後の終止形「おれる」に対応。注7)

/ʔuriru/ と推定。

おれて　なかのまきよおれて　まきよの根におれて　8-134

☼ 「おれて」に対応。

/ʔuriti/ と推定。

おしおれて　たなきよらに　**おしおれて**　33-1392

☼ 「おれて」を含む。「おしおれて」に対応。

/ʔusjiʔuriti/ と推定。

つきおれて　五の神　七の神　寄りおれて　**つきおれて**　60-2738

☼ 「おれて」を含む。「つきおれて」に対応。

/cicjiʔuriti/ と推定。

（下一段）

ける蹴

けれおとちへ　土のしたに　**けれおとちへ**　ふみおとちへ　54-2428

けれおとち　とろかしたに　**けれおとち**　ふみおとち　55-2509

　　☆「ラ行（四段）化」後の連用形「けり」を含む。「けりおとして」に対応。

　　/kiriʔutucji/ と推定。

（下二段）

あく開

あけ　井はなひろく**あけ**　36-1568

　　☆連用形「あけ」に対応。

　　/ʔaki/ と推定。

あけよわちへ　井口ひろく**あけよわちへ**　36-1569

　　☆連用形「あけ」を含む。「あけおはして」に対応。

　　/ʔaki’ju’wacji/ と推定。

あけれ　しねりやみぞ**あけれ**　19-712

　　☆「ラ行（四段）化」後の命令形「あけれ」に対応。

　　/ʔakiri/ と推定。

あけて　井くちひろく**あけて**　9-203

　　☆「あけて」に対応。

　　/ʔakiti/ と推定。

うく浮

うけなふちへ　糸かち　たまかち　**うけなふちへ**　とりなふちへ　41-1813

　　☆連用形「うけ」を含む。「うけなほして」に対応。

　　/ʔukino’ocji/ と推定。

おけれけれ　**おけれけれ**　すゝなべ　**おけれけれ**　かななべ　16-542

　　☆「ラ行（四段）化」後の命令形「うけれ」の重ね。「うけれ（う）けれ」。

　　/ʔukirikiri/ と推定。

おけて　すゝなべは浮て　かななべば**おけて**　9-209

　　☆「うけて」に対応。

　　/ʔukiti/ と推定。

おけてけれ　**おけてけれ**　すゝなへ　おけれけれ　かななへ　17-562

　　☆「うけて」を含む。「うけて（う）けれ」に対応。

　　/ʔukitikiri/ と推定。

おしおけたろ　はきおけたろ　**おしおけたろ**　いぞく　みうね　42-1845

　　☆「うけて」を含む。「おしうけてある→おしうけたる」に対応。

　　/ʔusjiʔukitaru/ と推定。

おみのく奏上

おみのけやへら　向ゐこしあてなふち**おみのけやへら**　47-2124

御みのけやへら　とびやへ　まやへの司に　御たかへ　**御みのけやへら**　21-869

御みのけやべら　大なざ　さだとのかなしに　**御みのけやべら**　6-51

　　☆連用形「おみのけ」を含む。「おみのけはべら」に対応。

　　/ʔuminuki’jabira/ と推定。

御みのければ　引着るて、　御しられ　**御みのければ**　きむほこれましよわい
42-1857

☆已然形「おみのけれ」を含む。「おみのければ」に対応。

/ʔuminukiriba/ と推定。

かく掛

かけ死　かけてひかは　**かけ死**しめて　45-2005

☆連用形「かけ」を含む。「かけじに」に対応。

/kakizjini/ と推定。

かけて　打て引よせ　**かけて**引よせ　48-2155

かきて　こまてこま**かきて**　打て引よせ　53-2413

掛て　あめのはし**掛て**　くれのはし**掛て**　31-1323

☆「かけて」に対応。

/kakiti/ と推定。

さづく授

さつけめしやい　せろま、かなしと　名付　**さつけ**　めしやい　47-2090　〈授け〉

☆連用形「さづけ」を含む。「さづけめしあり」に対応。

/sazikimisji'ja'i/ と推定。

さつけめしよわろ　わかまのこ、しと　名付　**さづけ**　めしよわろ　47-2080

☆連用形「さづけ」を含む。「さづけめしおわる」に対応。

/sazikimisji'ju'waru/ と推定。

とどく届

と、けらは　ちろやにと、けらは　かなやに**と、けらは**　45-2030

☆「ラ行（四段）化」後の未然形「とどけら」」を含む。「とどけらば」に対応。

/tudukiraba/ と推定。

と゛けて　ちろや　かなやに　**と゛けて**たまふれ　45-1985

☆「とどけて」に対応。

/tudukiti/ と推定。

はぎうく接浮

はぎおけらば　**はぎおけらば**　おしおけらば　41-1805

☆「ラ行（四段）化」後の未然形「はぎうけら」を含む。「はぎうけらば」に対応。

/hwazji'ʔukiraba/ と推定。

はきおけらに　いぞく　みうね　**はきおけらに**　おしおけらにて、　40-1748

☆「ラ行（四段）化」後の未然形「はぎうけら」を含む。「はぎうけらに」に対応。

/hwazji'ʔukirani/ と推定。

はきおけたろ　**はきおけたろ**　おしおけたろ　いぞく　みうね　42-1844

☆「はぎうけて」を含む。「はぎうけてある→はぎうけたる」に対応。

/hwazji'ʔukitaru/ と推定。

あぐ上

おもあけ　なまから　**おもあけ**しめらん　48-2164

☆連用形「あげ」を含む。「おもあげ」に対応。

/ʔumuʔagi/ と推定。

よりあけ　よねの森　**よりあけ森**　24-936

寄りあけ　よねのもり　**寄りあけもり**　25-978

　　☼ 連用形「あげ」を含む。「よりあげ」に対応。

/juʼiʔagi/ と推定。

みあけ　とのなはの　**みあけ森**　大司　わか司　御たかへしやへら　40-1754

見あけ　とんなはの　**見あけ森**　見あけたけ　大つかさ　11-319

　　☼ 連用形「あげ」を含む。「みあげ」に対応。

/miʔagi/ と推定。

あけれ　あめのみやにいぶ**あけれ**　23-917

　　☼ 「ラ行（四段）化」後の命令形「あげれ」に対応。

/ʔagiri/ と推定。

あげて　くれへ**あげて**たまふれ　14-445

あけて　いぶ**あけて**たまふれ　27-1815

　　☼ 「あげて」に対応。

/ʔagiti/ と推定。

あはす合

あはせ　みそで**あはせ**　こんで**あはせ**　6-57

　　☼ 連用形「あはせ」に対応。

/ʔaʼwasi/ と推定。

あわせめしよわちへ　御ぜち**あわせ**めしよわちへ　60-2743

　　☼ 連用形「あはせ」を含む。「あはせめしおはして」に対応。

/ʔaʼwasimisjoʼocji/ と推定。

あはちへ　御げを**あはちへ**　10-270　〈合わせて〉

あわち　み袖**あわち**　こんで**あわち**　47-2118　〈合して〉

あわちへ　ゑりぢよ　**あわちへ**　とこゑ　**あわちへ**　34-1450

　　☼ 「あはせて」に対応。

/ʔaʼwacji/ と推定。

よやわちへ　五の神　七の神　**よやわちへ**　30-1256

　　☼ 「あはせて」を含む。「よりあはせて」（寄り合せて）（集めて）に対応。

/ʼjuʼjaʼwacji/ と推定。

にす似

にせよわろ　なよくらとふさわへろ　くしらわへと**にせ**よわろ　33-1419

　　☼ 連用形「にせ」を含む。「にせおわる」に対応。

/nisiʼjuʼwaru/ と推定。

にせろ　なよくらと**にせろ**　こしらわいとふさいろ　31-1295

　　☼ 「ラ行（四段）化」後の連体形「にせる」に対応。

/nisiru/ と推定。

にせろか　たろかあれちへ　ふさわいら　すれかあれちへ　**にせろか**　31-1294

　　☼ 「ラ行（四段）化」後の連体形「にせる」を含む。「にせるが」に対応。

/nisiruga/ と推定。

のす 載

のせて　そくふしきやに**のせて**　とたてなしやに**のせて**　46-2026

　　☼「のせて」に対応。

　/nusiti/ と推定。

よす 寄

よせよわちへ　かななへも**よせよわれ**　けものも**よせよわちへ**　26-1045

　　☼ 連用形「よせ」を含む。「よせおはして」に対応。

　/'jusi'ju'wacji/ と推定。

よせよわれ　すゝなへも**よせよわれ**　かななへも**よせよわれ**　26-1013

　　☼ 連用形「よせ」を含む。「よせおわれ」に対応。

　/'jusi'ju'wari/ と推定。

あつ 当

こしやあて　**こしやあてなふち**　おみのけやへら　47-2123

こしやて　むかいなふち　**こしやてなふち**　57-2587

　　☼ 連用形「あて」を含む。「こしあて」に対応。

　/kusjati/ と推定。

おつ 落

つるおて　**つるおてしめて**　羽**おてしめて**　45-2014

　　☼ 連用形「おて」を含む。「つるおて」に対応。「つるおて」は「筋肉落ち」の意。

　/ciruʔuti/ と推定。

たつ 立

おしたて　**おしたてめしやうちやら**　12-370

　　☼ 連用形「たて」を含む。「おしたて」に対応。

　/ʔusjitati/ と推定。

よりたて　おしたて　**よりたて**　めしやうろ　21-789

　　☼ 連用形「たて」を含む。「よりたて」に対応。

　/'juritati/ と推定。

よひたて　おし立めしやうろ　**よひたてめしやうろ**　12-344

　　☼ 連用形「たて」を含む。「よりたて」に対応。

　/'ju'itati/ と推定。/ri/→/'i/ の変化がある。

たてきるな　井くち　**たてきるな**　井はな**たてきろな**　9-201

たてきろな　井くちたてきるな　井はな**たてきろな**　9-202

　　☼ 連用形「たて」を含む。「たてきるな」に対応。「塞ぐな」の意。

　/taticjiruna/ と推定。

たてゝ　神がはな　**たてゝ**　のろがはな　**たてゝ**　8-144

　　☼「たてて」に対応。

　/tatiti/ と推定。

のだつ 宣言

のたてらば　まうとたけさんとたうて　たかへらば　**のたてらば**　25-1014

☼「ラ行（四段）化」後の未然形「のだてら」を含む。「のだてらば」に対応。

/nudatiraba/ と推定。

のたてゝ　七たけの七いへ　たかへて　のたてゝ　29−1211

☼「のだてて」に対応。「宣り事をして。祈って」の意。

/nudatiti/ と推定。

いづ出

いてさかい　みまふりめしよわちへ　いてさかい　しらさかい　しめて　57−2616

いてざかい　しらざかいしめて　いてざかいしめて　51−2319

いでさかい　いでさかい　しらさいしめて　49−2213

いでざかい　いでざかい　しらざかい　しめて　53−2387

☼連用形「いで」を含む。「いでざかえ」に対応。

/ʔidizaka'i/ と推定。

わきいでこおり　いづみごおりたかへて　わきいでこおりたかへて　7−101

☼連用形「いで」を含む。「わきいでごおり」に対応。

/'wacjiʔidigo'ori/ と推定。

わきてこおり　いつみこおり　わきてこおり　44−1930

わきでこおり　いづみごおり　わきでこおり　7−76

☼連用形「いで」を含む。「わきいでごおり」に対応。「い」脱落。

/'wacjidigo'ori/ と推定。

おしいてらば　糸帆あけて　布帆あけて　こきいてらば　おしいてらば　41−18181

☼「ラ行（四段）化」後の未然形「いでら」を含む。「おしいでらば」に対応。

/ʔusjiʔidiraba/ と推定。

こきいてらば　布帆あけて　こきいてらば　おしいてらば　41−1817

☼「ラ行（四段）化」後の未然形「いでら」を含む。「こぎいでらば」に対応。

/kuzjiʔidiraba/ と推定。

ぬ寝

とねい　かなぜいかしたに　とねいしめて　やねいしめて　49−2206

☼連用形「ね」を含む。「とね」に対応。「とね」は「十寝」の意。

/tuni/ と推定。

やねい　かなぜいかしたに　とねいしめて　やねいしめて　49−2206

☼連用形「ね」を含む。「やね」に対応。「やね」は「八寝」の意。

/'jani/ と推定。

「沖文仲里」では「とねい」も「やねい」も〈未詳語〉。

まぬ真似

けさしまね　むかしまね　けさしまね　しやへもの　30−1261

☼連用形「まね」を含む。「けさしまね」に対応。「昔の真似」の意。

/kisasjimani/ と推定。

まねやへもの　しねりやからするやに　大雨乞まねやへもの　32−1352

☼連用形「まね」を含む。「まねはべ（る）もの」に対応。注8)

/mani'jabimu'ɴ/ と推定。

たかぶ祟

御たかへ　いしたうね**御たかへ**　かなたうね**御たかへ**　36－1554

　　　☆ 連用形「たかべ」を含む。「おたかべ」に対応。「祟め。祈願」の意。

　　/ʔutakabi/ と推定。

たかへらば　まうとたけさんとたうて　**たかへらば**　のたてらば　25－1013

　　　☆ 「ラ行（四段）化」後の未然形「たかべら」を含む。「たかべらば」に対応。

　　/takabiraba/ と推定。

たかへて　あふりやへ**たかへて**　さすかさ**たかへて**　7－98

　　　☆ 「たかべて」に対応。

　　/takabiti/ と推定。

あつむ集

あつみなの　**あつみなの**大ころう　43－1898

　　　☆ 連用形「あつめ」を含む。「あつめなの」に対応。「集め庭の」の意。

　　/ʔaciminanu/ と推定。

かたむ固

かため　むすびく　むすび**かため**　かためく　**かためむすで**　51－2310
　　　　むすび**かため**　**かためく**　かためてむすで　51－2311
　　　　むすひ付て　**かため付て**　56－2551

　　　☆ 連用形「かため」に対応。

　　/katami/ と推定。

こむ込

くめよもの　かためむすで　とねい**くめよもの**　やねい**くめよもの**　51－2312

　　　☆ 連用形「こめ」を含む。「こめを（る）もの」に対応。

　　/kumi'jumunu/ と推定。

くめて　よりかけかしたに　**くめて**おけば　46－2038

　　　☆ 「こめて」に対応。

　　/kumiti/ と推定。

とどむ留

とゝめ　雲**とゝめ**やらさは　風**とゝめ**やらさは　46－2028

　　　☆ 連用形「とどめ」に対応。

　　/tudumi/ と推定。

はじむ始

はじめくち　せるまゝかなしまへの　うまれくち　**はじめくち**　12－348

はしめ口　あかくちや　ぜろまゝか　生口　**はしめ口**　42－1904

　　　☆ 連用形「はじめ」を含む。「はじめぐち」に対応。「最初」の意。

　　/hwazjimigucji/ と推定。

こゆ越

こゑて　あまていきよこと　**こゑて**いきよこと　61－2815　〈越えて〉

　　　☆ 「こえて」に対応。

　　/ku'iti/ と推定。

　　　　　　　　　　　　　　第 5 節　『仲里旧記』の動詞形態の考察　　303

さかゆ栄

　　しらさかい　　しらさかいしめて　　青さかいしめて　　46-2043

　　しらざかい　　しらざかいしめて　　いてざかいしめて　　51-2318

　　　　☼ 連用形「さかえ」を含む。「しらざかえ」に対応。稲の繁茂する様子。

　　/sjirazaka'i/ と推定。

あざる戯

　　あざれらちへ　　まきよ国　　おろちへ　　あざれらちへ　　よられらりへ　　61-2793

　　　　☼「ラ行（四段）化」後の未然形「あざれら」を含む。「あざれらして」に対応。「騒ぎ乱れさせて」。

　　/ʔazariracji/ と推定。

　　あざれて　　すじや国　　まきよ国　　おれて　　あざれて　　よられて　　60-2755

　　　　☼「あざれて」に対応。「騒ぎ乱れて」。

　　/ʔazariti/ と推定。

いる入

　　いし実いり　　いし実いり　　かな実いりて　　54-2458

　　　　☼ 連用形「いれ」を含む。「いしみいれ」に対応。

　　/ʔisjimiʔiri/ と推定。

　　いろ　　いし実いろ御よゑ　　かな実いろ御よゑ

　　　　☼ 終止形「いる」に対応。

　　/ʔiru/ と推定。

　　いりて　　いし実いり　　かな実いりて　　54-2459

　　入て　　いし実入　　かな実入て　　57-2621

　　　　☼「いれて」に対応。

　　/ʔiriti/ と推定。

うまる生

　　うまれくち　　うまれくち　　はじめくち　　12-347

　　　　☼ 連用形「うまれ」を含む。「うまれぐち」に対応。

　　/ʔumarigucji/ と推定。

くる暮

　　夜ぐれの　　夜ぐれのふか内に　　夜すだめか内に　　9-214

　　夜くれの　　けふの夜すゞめに　　なまの夜くれのふに　　20-726

　　　　☼ 連用形「くれ」を含む。「よぐれの」に対応。「夕暮れの」の意。

　　/'jugurinu/ と推定。

すぐる勝

　　しくれ生　　こゝろ生　　しくれ生　　めしやうろ　　24-956

　　すくれ生　　こゝろ生めしよわろ　　すくれ生めしよわろ　　43-1912

　　すぐれ生　　こゝろ生めしやうろ　　すぐれ生めしやうろ　　12-355

　　　　☼ 連用形「すぐれ」を含む。「すぐれうまれ」に対応。「勝れ生れ」。

　　/siguriʔɴmari/ と推定。

たる垂

　　くびたれ　　羽たれしめて　　くびたれしめて　　49-2183

304　第3章　仮名資料の動詞形態の考察

くひたれ　羽たれしめて　**くひたれしめて**　55－2520

こひたれ　羽たれ　**こひたれ**　しめて　59－2682

首たれ　羽たれしめて　**首たれしめて**たまふれ　51－2282

　　　☆連用形「たれ」を含む。「くびだれ」に対応。

　　/kubidari/ と推定。

はねだれ　**はねだれしめて**　首たれしめて　54－2434

羽たれ　**羽たれしめて**　くびたれしめて　たまふれ　49－2182

　　　☆連用形「たれ」を含む。「はねだれ」に対応。「羽垂れ」。

　　/hwanidari/ と推定。

はなる離

地はなれの　**地はなれの**　かみしもの　41－1819

　　　☆連用形「はなれ」を含む。「ちはなれの」に対応。「離島の」の意。

　　/zjihwanarinu/ と推定。

ふる狂

ふれくわの　天のてたの　よはいくわの　**ふれくわの**　大しまにおれて　45－1990

　　　☆連用形「ふれ」を含む。「ふれこらの」に対応か。

　　/hwuriQkwanu/ と推定。

よらる怠？

よられて　すじや国　まきよ国　おれて　あざれて　**よられて**　60－2756

　　　☆「よられて」に対応か。

　　/'jurariti/ と推定。

わる割

われよもの　水ほしや　いぶほしやに　**みなわれよもの**　22－833

　　　☆連用形「われ」を含む。「われを（る）もの」に対応。

　　/'wari'jumunu/ と推定。

われる　雨ほしやに**われる**　いぶほしやに**われる**　22－859

われろ　雨ふしやに**われろ**　いふふしやに**われろ**　25－997

　　　☆「ラ行（四段）化」後の終止形「われる」に対応。

　　/'wariru/ と推定。

われて　み**なわれて**　もろ**われて**　7－119

　　　☆「われて」に対応。

　　/'wariti/ と推定。

うう植

さしうへろ　田数　まし数　**さしうへろ**　のきうえろ　44－1975

　　　☆「ラ行（四段）化」後の終止形「うゑる」を含む。「さしうゑる」に対応。「刺しうゑる」。

　　/sasjiʔu'iru/ と推定。

のきうへろ　さしうへろ　**のきうへろ**　いしきよら　ほさつのふ　45－1976

　　　☆「ラ行（四段）化」後の終止形「うゑる」を含む。「ぬきうゑる」に対応。「貫きうゑる」。

　　/nucjiʔu'iru/ と推定。

すう据

第５節　『仲里旧記』の動詞形態の考察　305

いしすい　**いしすい**　かなすいかしたに　61－2820

いしぜい　**いしぜいかした**　かなぜいかしたに　49－2204

　　☼ 連用形「すゑ」を含む。「いしずゑ」に対応。「石据ゑ」。

　/ʔisjizi'i/ と推定。

かなすい　いしすい　**かなすいかしたに**　61－2821

かなせい　いしぜいがしたに　**かなせいのしたに**　51－2307

かなぜい　いしぜいかした　**かなぜいかしたに**　49－2205

　　☼ 連用形「すゑ」を含む。「かなずゑ」に対応。「金据ゑ」。

　/kanazi'i/ と推定。

（カ変）

く来

ちよわる　あらさきに**ちよわる**　黒まんの司　9－190

　　☼ 連用形「き」を含む。「きおわる」に対応。「来給う」の意。場合によっては「居給う」。

　/cji'ju'waru/ と推定。

（サ変）

す為

しやへら　わか司　すて司　御たかへ**しやへら**　41－1788

　　☼ 連用形「し」を含む。「しはべら」に対応。

　/sjabira/ と推定。

しやへもの　むかしまね　けさしまね　**しやへもの**　30－1261

　　☼ 連用形「し」を含む。「しはべ（る）もの」に対応。

　/sjabimunu/ と推定。

おとるしや　**おとるしや**、やぐめさ、げにあれども、　三十五　他に、3例。

　　☼ 連用形「し」を含む。「をどるしや」に対応。「しや」は「為る者」の意。

　/'udurusja/ と推定。

おもろしや　おゑなき　時なき　**おもろしや**　くいにや**しや**　10－660

　　☼ 連用形「し」を含む。「おもろしや」に対応。「しや」は「為る者」の意。「沖文仲里」は〈すれば〉と

　するが。「－する者」か。「おゑなき、時なき」はそれぞれ連体形の「なき」だろう。

　/ʔumurusja/ と推定。

さつかいし　**さつかいし**　たらしゆす　49－2187

　　☼ 連用形「し」を含む。「さつがいし」に対応。「殺害し」。

　/saciga'isji/ と推定。

しゆる　あもと**しゆる**　こもと**しゆる**　五の神　七の神　73－503

しゆろ　かうじやが**しゆろがいじ**　かうじやが**しゆろのがいじ**　19－704

　　☼ 連用形「し」を含む。「しをる」に対応。

　/sji'uru/ と推定。/sjuru/ の可能性を残す。

しゆよす　しぢよくあすひ**しゆよす**　あさかあすひ**しゆすや**　28－1148

　　☼ 連用形「し」を含む。「しをるす」に対応。

　/sju'jusi/ と推定。

しゆすや　あさかあすひ**しゆすや**　28－1149

☆連用形「し」を含む。「しを（る）すは」に対応。

/sjusi'ja/ と推定。

しゆもの　あさかあすひ　**しゆもの**　27-1088　〈為るので〉

しよもの　さつかいし**しよもの**　た゛らし**ゆもの**　45-1979　〈為るので〉

☆連用形「し」を含む。「しを（る）もの」に対応。「するので」の意。

/sjumunu/ と推定。

するやに　むかしからあるやに　けさしから**するやに**　9-185

すろやに　むかしからあろやに　けさしから**すろやに**　26-1069

☆連体形「する」を含む。「するやうに」に対応。

/siru'jani/ と推定。

すれは　神のまね**すれは**　ぬしまね**すれは**　25-1005

☆已然形「すれ」を含む。「すれば」に対応。

/siriba/ と推定。

しち　あし入　ひさ入　**しち**　61-2800　〈為て〉

☆「して」に対応。

/sjicji/ と推定。

しちやろ　いきや**しちやろ**みうねか　のふ**しちやろ**いぞくが　42-1834

☆「して」を含む。「してある→したる」に対応。

/sjicjaru/ と推定。

しちやうて　神のまね**しちやうて**　ぬしのまね**しちやうて**　9-182

☆連用形「して」を含む。「してはをりて」に対応。

/sjicjo'oti/ と推定。

しむ為

しむ　しぢよくあすひ　げに**しむ**　だに**しむ**　36-1538

☆終止形「しむ」に対応。「沖文仲里」は「〈為る〉「しゆむ」の「ゆ」が脱落したものか」とする。

/sji'N/ と推定。音声は [ʃim] か [ʃimu] かであろう。

しめらん　おもあけ**しめらん**　こまけ**しめらん**　48-2154

☆「ラ行（四段）化」後の未然形「しめら」を含む。「しめらむ」に対応。「させない」の意。

/sjimira'N/ と推定。音声は [ʃimiraN] であろう。

しめて　大ちかい　世ちかい　**しめて**　45-1983

☆「しめて」に対応。「させて」の意。

/sjimiti/ と推定。

高橋（1991）〈古語の助動詞「しむ」と同源であろうが、オモロの用例では、自立語として機能しているので、動詞としたほうが適切である。〉p.423 に倣い、動詞として扱うこととした。

（ナ変）

しぬ死

かけ死に　かなかけて　かけてひかは　**かけ死にしめて**　45-2005

☆連用形「しに」を含む。「かけじに」に対応。

/kakizjini/ と推定。

乞死　乞てひかは　**乞死しめて**注9）　45-2006

☼ 連用形「しに」を含む。「くひじに」に対応。

/ku'izjini/ と推定。

（ラ変）

あり也

あやへれとも　おとろしや　おやぐめさ　**あやへれとも**　13−410

☼ 連用形「あり」を含む。「ありはべれども」に対応。

/ʔa'jabiridumu/ と推定。

あもの　みなわれて**あもの**　31−1281

☼ 連体形「ある」を含む。「あ（る）もの」に対応。「あるので」の意。

/ʔamunu/ と推定。

あよれとも　おやぐさめ**あよれとも**　8−167

☼ 連用形「あり」を含む。「ありをれども」に対応。「あるけれども」の意。

/ʔa'juridumu/ と推定。

あるけに　げに**あるけに**　10−228

☼ 連体形「ある」を含む。「あるげに」に対応。

/ʔarugini/ と推定。

あるやに　むかしから**あるやに**　8−168

あろやに　むかしから**あろやに**　26−1068

☼ 連体形「ある」を含む。「あるやうに」に対応。

/ʔaru'jani/ と推定。

あれとも　げに**あれとも**　だに**あれとも**　18−664

☼ 已然形「あれ」を含む。「あれども」に対応。

/ʔaridumu/ と推定。

あらん　のふや**あらん**　いきやや　**あらん**　9−180

☼ 未然形「あら」を含む。「あらぬ」に対応。

/ʔara'ɴ/ と推定。

あらちへ　しまがほう　世かほう　**あらちへ**たまふれ　52−2329

☼ 未然形「あら」を含む。「あらして」に対応。

/ʔaracji/ と推定。

はべり侍　（助動詞）

とやへすや　世ちかい　**とやへすや**　61−2785

☼ 「はべる」を含む。「とりはべ（る）すは」に対応。

/tu'jabi('i)si'ja/ と推定。

まねやべもの　大雨乞**まねやべもの**　32−1352

☼ 「はべる」を含む。「まねはべ（る）もの」に対応。

/mani'jabimunu/ と推定。

御みのけやへら　こんであわせ　**御みのけやへら**　6−59

御みのけやべら　大なざ　さだとのかなしに　**御みのけやべら**　6−51

☼ 未然形「はべら」を含む。「おみのけはべら」に対応。「申し上げましょう」の意。

/ʔuminuki'jabira/ と推定。

をり居　　単独の「をり」ナシ

第6節　『混効験集』の動詞形態の考察

　数字は、池宮正治（1995）『琉球古語辞典　混効験集の研究』（第一書房）による項目番号に準じるもの。全て「四桁」になるように「0」を前接した。「0001〜1148」になる。

（四段）

あがく足掻

　　あがく　　　1122　**あがく**　（踠）^{アガク}

　　　☆ 終止形「あがく」に対応。

　　　/ʔagaku/ と推定。

いく行

　　いきよが　　1081　のうのつらしちへ**いきよが**　何の顔せありて行か也。

　　　☆ 連用形「いき」を含む。「いきをるが」に対応。

　　　/ʔicjuga/ と推定。

　　いきや　　0866　でい　いざと云事。でい**いきや**と云時（は）、いざまいらうと云事。

　　　☆ 未然形「いか」に対応。

　　　/ʔikja/ と推定。口蓋化がある。

かく掻

　　かへなでら　　0970　**かへなでら**　掻撫と云事。

　　　☆ 連用形「かき」を含む。「かきなでら」に対応。「かき→かい」と変化。「へ」は表記、仮名遣いの問題。

　　　/ka'inadira/ と推定。

さらめく吹

　　さらめけば　　1024　**さらめけば**　風がそよくと吹事なり。

　　　☆ 已然形「さらめけ」を含む。「さらめけば」に対応。

　　　/saramikiba/ と推定。

しりぞく退

　　しじよき　　0689　**しじよき**　退の字。しりぞくと云事。和詞にもしぞくと云。

　　　☆ 連用形「しりぞき」に対応。

　　　/sjizjucji/ と推定。

そよめく戦

　　そよめきよれ　　0363　さへむ　其さへ。琉歌に「木草さへむ風のおせば**そよめきよれ**おなさけにまやぬ人やないさめ」。

　　　☆ 連用形「そよめき」を含む。「そよめきをれ」に対応。^{注1)}

　　　/su'jumicjuri/ と推定。

どく退

　　どけく　　　0960　されく　また**どけく**、除〻^{ノケ}、と云事。

　　　☆ 命令形「どけ」に対応。繰り返し。

/dukiduki/ と推定。

ぬく貫

ぬきあてゝ　　1017　**ぬきあてゝ**　さし当てなり。「なはどまりぬきあてゝ、
おやどまりぬきあてゝ。

☆ 連用形「ぬき」を含む。「ぬきあてて」に対応。

/nucji(ʔ)atiti/ と推定。

わく湧

わきあがて　　0759　かぜむかて**わきあがて**　船の向風にも嫌はす〔馳を〕云也。

☆ 連用形「わき」を含む。「わきあがりて」に対応。注2)

/ʼwacji(ʔ)agati/ と推定。

わめく喚

わめく　　1129　**わめく**　嚲（ワメク）。

☆ 終止形「わめく」に対応。

/ʼwamiku/ と推定。

いそぐ急

いしゆがれ　　0359　とむたてれ　他所へ人を使ひぬる時こしらへる云。**いしゆがれ**共
いふ。

☆ 未然形「いそが」を含む。「いそがれ」。「そ」に口蓋化がある。

/ʔisjugari/ と推定。

しのぐ凌

しのぐ　　0793　**しのぐ**　「〔凌〕之字也。風波霜雪暑寒等のうへにあるべし」。

☆ 終止形「しのぐ」に対応。

/sjinugu/ と推定。

おどろかす驚

おどろかす　　0821　**おどろかす**　驚字。和詞にも同じ。

☆ 終止形「おどろかす」に対応。

/ʔudurukasi/ と推定。

きかす聞

きかすな　　0698　**きかすな**　きかするなと云事。

☆ 終止形「きかす」を含む。「きかすな」に対応。

/cjikasina/ と推定。

さす差

さゝちへ　　0535　たまきゑらで**さゝちへ**　刀を撰でさゝすると云事か。

☆ 未然形「ささ」を含む。「ささして」に対応。破擦音化がある。

/sasacji/ と推定。

すかす賺

すかす　　1123　**すかす**　賺（スカス）　小児など（たらす心な）り。〔偽寄とも書也〕。

☆ 終止形「すかす」に対応。

/sikasi/ と推定。

ともす灯

とぼし　0138　**とぼし**　明松。たいまつ。続松共書也

☼ 連用形「ともし」に対応。

/tubusji/ と推定。途中、/m/→/b/ の交代があったと考えられる。

ながす流

ながす　0825　**おもひながす**〔思流ス〕。〔思事ノ遠クナルヲ云〕。

☼ 終止形「ながす」に対応。

/nagasi/ と推定。

なほす直

さおさ　1042　**なおさ**　（御）為。

☼ 未然形「なほさ」に対応。注3)

/na'usa/ と推定。

めす召

めしよわへ　0121　**めしよわへ**おみこし　御腰物。

☼ 連用形「めし」を含む。「めしよわり」に対応。注4)

/misji'ju'wa'i/ と推定。

めしよわれ　0341　おさゐ**めしよわれ**　〔心也〕

☼ 連用形「めし」を含む。「めしおわれ」に対応。

/misji'ju'wari/ と推定。

めしやうれ　0863　**めしやうれ**　食など参れと云事。

☼ 連用形「めし」を含む。「めしおわれ」に対応。音変化により「めしやうれ」。注5)

/misjo'ori/ と推定。

めしよはべむ　0360　おへむ**めしよはべむ**　御召寄の事。およびめしよはべむ共云。

☼ 連用形「めし」を含む。「めしをりはべりむ→めしよりはべりむ→めしよはべむ」等と変化か。注6)

/misi'ju'wabi'N/ と推定。音声は [miʃijuwabim] か。

めしやれ　0395　おちやい**めしやれ**　極敬ふ言葉也　按司部は、ちやいむしやれと云
なり。

☼ 連用形「めし」を含む。「めしあれ」に対応。「めしあれ→めしやれ」。注7)

/misij'ari/ と推定。

むしやれ　0395　おちやいめしやれ　極敬ふ言葉也。按司部は、ちやい**むしやれ**と云
なり。

☼ 連用形「めし」を含む。「めしあれ」に対応。注8)

/'Nsjari/ と推定。音声は [mʃari]。

めしやうち　0879　おちよはへ**めしやうち**　行幸又は〔オ〕まします〔心ニモ叶フ〕。

めしよわちへ　0326　おちよわひ**めしよわちへ**（行幸の）事なり。

☼ 連用形「めし」を含む。「めしおはして」に対応。

/misjo'ocji/ と推定。

もたす持

もたちへ　0755　なそ弓（ゆみ）**もたちへ**　七人に弓をもたす事也。

☼ 「もたして」に対応。

第6節　『混効験集』の動詞形態の考察　311

/mutacji/ と推定。破擦音化がある。

たつ立

たちへ　1059　みおもかげ**たちへ**　御面影たつと云事也。

　☼「たちて」に対応。

/tacji/ と推定。促音脱落及び破擦音化がある。

もつ持

もて　1078　人はごくほさつのきも**もて**　五穀を敬つて菩薩と称する物ならん。穀のみのり次第に穂をたる、ごとくに人みな君の俸禄をうけ富貴に成次第つ、しめよといふ言葉なり。

　☼命令形「もて」に対応。

/muti/ と推定。

あつかふ扱

おわつかい　0037　お世**おわつかい**　摂政の事。

　☼連用形「つかひ」を含む。「おあつかひ」に対応。注9)

/ʔu'wacika'i/ と推定。

いそふ競

そいよ　1020　はり**そいよ**　はせ寄れと云事なり。

　☼命令形「いそへ」を含む。「いそへよ」に対応。注10)

/(ʔi)su'i'ju/ と推定。

いふ言

いちへ　1013　**いちへ**　云てなり。

　☼「いひて」に対応。

/ʔicji/ と推定。破擦音化がある。

おぼかふ

おぼかふ　0853　**おぼかふ**　飲食する事を云。

　☼終止形「おぼかふ」に対応か。注11)

/ʔubuko'o/ と推定。

おぼかう　0924　**おぼかう**やべて　食などくだされたと云事。

　☼終止形「おぼかふ」に対応か。注12)

/ʔubuko'o/ と推定。

おもふ思

おもひ　0825　**おもひ**ながす　〔思流ス〕。〔思事ノ遠クナルヲ云〕。

　☼連用形「おもひ」に対応。

/ʔumu'i/ と推定。

とめば　0074　ゆづくひ　夕附日　（中略）　琉歌に「よすゞめがなればありちをられらぬおめさとが使のにやきよら**とめば**」。

　☼已然形「おもへ」を含む。「とおもへば」に対応。「とおもへば→ともへば→とめば」等と変化か。注13)

/tumiba/ と推定。

くらふ食

くはい　0906　**くそくはい**　童子の 嚔（ハナヒル）　時まじなふ詞。

☼ 命令形「くらへ」に対応。

/kwa'i/ と推定。

さそふ誘

さそて　　　1068　ともからはさそて　1069　返詞ちおとぢやはさそて　〔輩〕兄弟を誘
　　　　　　　　　　引して也。

☼ 「さそひて」に対応。

/sasuti/ と推定。

すふ吸

そよさ　　　0073　みすとめて　未明の事。和詞には明闇と云。琉歌に「みすとめておけ
　　　　　　　　　　て庭むかて見ればあやはべる無座右が花どそよさ」。

☼ 連用形「すひ」を含む。「すひをるさ」に対応。注14)

/su'jusa/ と推定。

そふ添

さうれ　　　0830　**さうれ**　人を誘引する事。<ruby>携<rt>タヅサフ</rt></ruby>と云詞を上略したる〔か〕。

☼ 「ラ行（四段）化」後の命令形「そうれ」に対応。注15)

/so'ori/ と推定。

そはて　　　0893　嶋**そはて**　長久之事。

☼ 未然形「そは」を含む。「そはせて」に対応。「添ふ」に「従わせる」の意がある。注16)

/su'wati/ と推定。

たぼふ貯

たぼへ　　　1091　もうけらんよりは**たぼへ**　萬つ物〔求ランヨリハ有物〕よく秘蔵せよ
　　　　　　　　　　といふ事なり。

☼ 命令形「たぼへ」に対応。

/tabu'i/ と推定。

つかなふ養

つかなひばうと　　　0093　**つかなひばうと**　鳩の事。

☼ 連用形「つかなひ」を含む。「つかなひばうと」「（養鳩）に対応。

/cikana'ibo'otu/ と推定。

のろふ詛

のろふ　　　0921　**のろふ**　<ruby>呵<rt>シカル</rt></ruby>と云事。また<ruby>呪咀<rt>ジユシヨ</rt></ruby>する事も云。

☼ 終止形「のろふ」に対応。

/nuru'u/ と推定。

まじなふ呪

まじなふ　　　1124　**まじなふ**　<ruby>禁<rt>マジナフ</rt></ruby>。<ruby>厭<rt>エンジヤウ</rt></ruby>（常とも書）。

☼ 終止形「まじなふ」に対応。

/mazjino'o/ と推定。

まふ舞

まふて　　　0763　<ruby>袖<rt>そで</rt></ruby>たれて**まふて**

　　　　　　　0764　はねたれて**まふて**　広〔き〕袖を飜して舞と也。

☼ 「まうて」に対応。「まふて」と表記。

/mo'oti/ と推定。

まやゑて　　1038　**まやゑて**　寄合てなり。

☆ 連用形「まひ」を含む。「まひあひて」に対応。

/ma'ja'iti/ と推定。

まよふ迷

まやぬ　　0363　さへむ　其れさへ。琉歌に「木草さへむ風のおせばそよめきよれおな
　　　　　　　　さけに**まやぬ**人やないさめ」。

☆ 未然形「まよは」を含む。「まよはぬ」に対応。

/ma'ja'N/ と推定。

むかふ向

むかふ　　0744　**むかふ**年（とし）　来年の事を申也。

☆ 連体形「むかふ」に対応。

/'Nko'o/ と推定。

むかて　　0073　みすとめて　未明の事。和詞には明闇と云。琉歌に「みすとめておけ
　　　　　　　　て庭**むかて**見ればあやはべるむざうが花どそよさ」。

　　　　　0759　かぜ**むかて**わきあがて　船の向風にも嫌はす〔馳を〕云也。

☆ 「むかひて→むかって」に対応。

/'Nkati/ と推定。促音脱落がある。

やすらふ跉跰

やすらふ　　0809　**やすらふ**　〔跉跰〕と書歟。和詞にも云。注17）

☆ 終止形「やすらふ」に対応。

/'jasiro'o/ と推定。

よこふ憩

ゆこふ　　0717　**ゆこふ**　〔憩ノ字カ〕。　いつときゆくふと云時は、しばしやすむ事
　　　　　　　　也。和詞にはいこふと云。

☆ 終止形「よこふ」に対応。「ゆこふ」と表記。

/'juku'u/ と推定。

よしろふ　参・参進・伺候

よしろひ　　0984　よせれ　参ると云事を**よしろひ**と申也。

☆ 連用形「よしろひ」に対応。命令形の可能性もある。

/'jusjiru'i/ と推定。

よしろて　　0320　**よしろて**　参進する事。王府御双紙に「よしろていまふさしむしや
　　　　　　　　べるやう」とあり。

☆ 「よしろひて→よしろって」に対応。注18）

/'jusjiruti/ と推定。促音脱落がある。

えらぶ選

ゑらで　　0535　たまき**ゑらで**さゝちへ　刀を撰でさゝすると云事か。

☆ 「えらびて→えらんで」に対応。「えらびて→えらんで→えらで（「ゑらで」と表記）」

/'ʔiradi/ と推定。撥音脱落の変化がある。

とぶ飛

314　第3章　仮名資料の動詞形態の考察

とむたてれ　　0359　**とむたてれ**　他所へ人を使ひぬる時こしらへる云。いしゆがれ共
　　　　　　　　　　　　いふ。

　　☼ 連用形「とび」を含む。「とびたてれ→とんたてれ」に対応。

　　/tu'ɴtatiri/ と推定。音声は [tumtatiri] 。

つむ積

　つみ　　　0758　ましらごは**つみ**あげて　石垣を積上ル事を云。
　　　　　　1050　**つみ**つけな　積なから也。

　　☼ 連用形「つみ」に対応。

　　/cimi/ と推定。

つむ摘

　つむきる　　　1103　**つむきる**　〔摘切ノ字カ〕

　　☼ 連用形「つみ」を含む。「つみぎる→つんぎる」に対応。

　　/ci'ɴzjiru/ と推定。音声は [tsimdʒiru]。

　つみて　　0792　身を**つみて**　我か身をつみてかへりみる事云。

　　☼「つみて」に対応。

　　/cimiti/ と推定。

　つで　　　0792　身を**つ**みて　（中略）　琉歌「吾が身つでみちへど人の上やしよる無り
　　　　　　　　　　〔す〕るなうき〔世情ばかり〕」。

　　☼「つみて→つんで」に対応。

　　/cidi/ と推定。撥音脱落の変化がある。

とよむ鳴響

　とよむ　　0776　にるや**とよむ**　にらひかないまでとよむと也。
　　　　　　0777　たしま**とよむ**　返しの詞。〔他嶋カ〕。

　　☼ 終止形「とよむ」に対応。

　　/tu'jumu/ と推定。

　とよむ　　0475　地天**とよむ**大ぬし
　　　　　　0476　天地**とよむ**わかぬし　二行共に主上の御事。

　　☼ 連体形「とよむ」に対応。

　　/tu'jumu/ と推定。

　とよて　　　0771　だくに**とよて**ママ　大国まで聞えとよむと云事。〔他国カ〕。

　　☼「とよみて→とよんで」に対応。

　　/tu'judi/ と推定。撥音脱落の変化がある。

はづむ弾

　はづむ　　1130　**はづむ**　却舍（鞠）ハ(ヅ)ム

　　☼ 終止形「はづむ」。

　　/hwazimu/ と推定。

ふむ踏

　こみよへ　　1079　よひものむつれ丶ばた丶みのへりこ**みよへ**〔わる〕いものむつれ
　　　　　　　　　　ばつななわかるよむ　最明寺時頼公御歌に「善人に接て悪敷事はな
　　　　　　　　　　し麻の中なる蓬見るにも」。

☼ 連用形「ふみ」を含む。「ふみをり」に対応。「ふ」と「く」の交代がある（「こ」と表記）。

/kumi'ju'i/ と推定。

まどろむ微睡

まどろむ　　0811　**まどろむ**　「助。少ねぶる事也」。

☼ 終止形「まどろむ」に対応。

/madurumu/ と推定。

よどむ淀

よどむ　　**よどむ**　0798　〔タユム心。水ノトゞコホルヲ淀ムト云〕。

　　　　　よどむ　1120　不行。^{ヨドム}

☼ 終止形「よどむ」に対応。

/'judumu/ と推定。

をがむ拝

おがみ　　0396　おうらなへ**おがみ**　御伺する事也。

☼ 連用形「をがみ」に対応。

/'ugami/ と推定。

おがま　　1076　とこいしちへおみかう**おがま**　十声八声しちへおがまと申事あれば
　　　　　　　　御顔を拝み御物語を申と云事也。

☼ 未然形「をがま」に対応。

/'ugama/ と推定。

拝で　　0337　ちやうれ　萬歳｛萬ゝ｝歳幾久しく御ませと座いふことなり。琉歌に
　　　　　「おぎもかなしげの首より天がなしあすらまんちやうはれ**拝です**でら」。

☼ 「をがみて→をがんで」に対応。

/'ugadi/ と推定。撥音脱落の変化がある。

あがる上

あがふれ　　0342　**あがふれ**　おぼかふ（れ。飲）食するなり。
　　　　　　0860　**あがふれ**　食などあがれと云事。

☼ 連用形「あがり」を含む。「あがりおわれ」に対応か。融合した後の命令形「あがふれ」か。^{注19)}

/'aga'uri/ と推定。

おしやがれ　　0340　**おしやがれ**　〔召上リノ心也〕。

☼ 命令形「あがれ」を含む。「おしあがれ」に対応。「おしやがれ」と変化。

/'usjagari/ と推定。

おしあがる　　0226　すゑんみこみちやの御盆がなし　むかし正式にすゑんみこみち
　　　　　　　　やにて**おしあがる**御朝夕の供御也。

☼ 連体形「あがる」を含む。「おしあがる」に対応。^{注20)}

/'usjagaru/ と推定。

わきあがて　　0759　かぜむかて**わきあがて**　船の向風にも嫌はす〔馳を〕云也。

☼ 「あがりて→あがって」を含む。「わきあがって」に対応。

/'wacji'agati/ と推定。促音脱落の変化がある。

いまうる来

いまうれ　　0301　おつさ**うれ**　是に来れと云事なり　ちと敬ふ方にはいま**うれ**と云

316　第3章　仮名資料の動詞形態の考察

☼「いまうる」の命令形「いまうれ」に対応。注21)

/ʔimoʼori/ と推定。

おしあがる押上（召上）

おしやがれ　　0340　**おしやがれ**　〔召上リノ心也〕

☼ 命令形「おしあがれ」に対応。

/ʔusjagari/ と推定。

おわる

あうれ　　0344、0865　**あうれ**　来れと云事。

☼ 命令形「あうれ」に対応か。注22)

/ʔoʼori/ と推定。

めしよわれ　　0341　**おさゐめしよわれ**　〔心也〕。

☼「めす」の連用形「めし」を含む。「めしおわれ」に対応。

/misjiʼjuʼwari/ と推定。

めしやうれ　　0863　**めしやうれ**　食など参れと云事。

☼「めす」の連用形「めし」を含む。「めしおわれ」に対応。
「めしよわる←めし（連用形）＋おわる」とパターン化できようか。注23)

/misjoʼori/ と推定。

かかる掛

かるよむ　　1079　**よひものむつれゝばたゝみのへりこみよへ〔わる〕いものむつれゝ**
ばつななわかるよむ　最明寺時頼公御歌に「善人に接て悪敷事はな
し麻の中なる蓬見るにも」。

☼「連用形「かかり」を含む。「かかよむ」の誤りと見る。「かかりをりむ→かかりよりむ→かかりよむ
→かかよむ」のように変化か。注24)

/kakaʼjuɴ/ と推定。音声は [kakajum]。

かはる変

たながはり　　1093　**たながはり**　種子変と書。

☼ 連用形「かはり」を含む。「たながはり」に対応。

/tanagaʼwari/ と推定。

きる切

つむきる　　1103　　**つむきる**　〔摘切ノ字カ〕

☼ 終止形「きる」を含む。「つみきる」に対応。

/ciʼɴzjiru/ と推定。音声は [tsimdʑiru]。

くもる曇

くもて　　0427　**くもて**　曇〔りてと云事〕なり。

☼「くもりて→くもって」に対応。

/kumuti/ と推定。促音脱落の変化がある。

くる剝

くりうけ　　1009　**くりうけ**　船をおしうけてなり。

☼ 連用形「くり」を含む。「くりうけ」（剝り浮け）に対応。

/kuʼiʔuki/ と推定。

さぐる探

さぐり　　　0802　**さぐり**　〔探ナリ〕。

　☼ 連用形「さぐり」に対応。

/sagu'i/ と推定。

さぐれ　　　1080　**たうれらばはらさぐれ**　顚倒する時は親族を探り求めよと云事。

　☼ 命令形「さぐれ」に対応。

/saguri/ と推定。

さる去

されく　　　0960　**されく**　またどけく、除〻〔ノケ〕と云事。

　☼ 命令形「され」に対応。繰り返し。

/sarisari / と推定。

しる知

しよる　　　0792　**身をつみて**　我か〔ママ〕身をつみてかへりみる事云。琉歌「吾が身つで
　　　　　　　　　　　みちへど人の上や**しよる**無り〔す〕るなうき〔世情ばかり〕」。

　☼ 連用形「しり」を含む。「しりをる」に対応。

/sji'juru/ と推定。

おしられ　　　0321　**おしられ**　物を申上事。

　☼ 未然形「しら」を含む。「おしられ」（御知られ）に対応。

/ʔusjirari/ と推定。

よしられ　　　0973　**よしられ**　又 0974 奏聞して也。「大君に**よしられ**、てるかはにの
　　　　　　　　　　　だ（て）れ」と有。

　☼ 未然形「しら」を含む。「よしられ」（世知られ）に対応。

/jusjirari/ と推定。

おつされ　　　0300　**おつされ**　物を申さんと案内をこふ事。

　☼ 未然形「しら」を含む。「おしられ」に対応。注25)

/ʔuQsari/ と推定。

おつさうれ　　　0301　**おつさうれ**　是に来れと云事なり。ちと敬ふ方にはいまうれと云。

　☼ 未然形「しら」を含む。「おしられおわれ」に対応か。注26)

/ʔuQso'ori/ と推定。

てずる手擦

てずりあげ　　　0314　**てずりあげ**　合掌しておがみをする事。
　　　　　　　　　　　0938　**てずりあげ**　手を合せおがみをするを云。

　☼ 連用形「てずり」を含む。「てずりあげ」に対応。

/tiziriʔagi/ と推定。

てる照

てる　　　0413　**てるかは**　御日の事。
　　　　　0414　**てるしの**　右に同。
　　　　　1036　**ゑらぶてる月**　さやか成月なり。

　☼ 連体形「てる」に対応。

/tiru/ と推定。

318　第3章　仮名資料の動詞形態の考察

とがる 尖

とがて　　0932　**とがて**　神酒などの酢気入候を云。和詞には人の言葉過たるも云か。

　☆「とがりて→とがって」に対応。

　/tugati/ と推定。促音脱落の変化がある。

とほる 通

と〔を〕り　　0751　しまながねと〔を〕り

　　　　　　　　0752　〔国ながねとをり〕　嶋国の上より雲などのと〔を〕ると也。

　☆連用形「とほり」に対応。

　/tu'u'i/ と推定。

とる 取

とり　　0540　おきれとり　火取の事。

　☆連用形「とり」に対応。

　/tu'i/ と推定。

とる　　1092　ねずへるものどおほいよとる　物事に能堪忍せよと云事なり。
　　　　　　　　（中略）　堪忍してゐる時は大魚をつると云事あり。

　☆連体形「とる」に対応。前の「ものど」の「ど」と照応関係にある。結びとしての連体形。

　/turu/ と推定。

なる 成

なやべらぬ　　0382　あにやなやべらぬ　左様にはえならぬ也。おけがはざる言葉なり。
　　　　　　　　　　　只ならぬとも云。

　☆連用形「なり」を含む。「なりはべらぬ」に対応。

　/na'jabira'N/ と推定。

ならぬ　　0382　あにやなやべらぬ。左様にはえならぬ也。おけがはざる言葉なり。
　　　　　　　　只ならぬとも云。

　☆未然形「なら」を含む。「ならぬ」に対応。

　/nara'N/ と推定。

なれ　　0796　と（ヲ）なれか（ァ）なれ　とにつ（け）かくにつ（け云心）。

　☆命令形「なれ」に対応。

　/nari/ と推定。

はしる 走

はれ　　0730　はれ　走と云事。はしれヲ中略〔也〕。

　☆命令形「はしれ」に対応。

　/hwari/ と推定。

はちへ　　1001　**はちへきより**　走来る。

　☆「はしりて→はしって」に対応。[注27]

　/hwacji/ と推定。破擦音化がある。

はまる 嵌

（は）まる　　1125　（は）**まる**　狹入。ハマル

　☆終止形「はまる」に対応。

　/hwamaru/ と推定。

第6節　『混効験集』の動詞形態の考察　319

まがる　曲

まがよる　　1118　おゑべやうちにか〔い〕どまがよる　〔指ヤ内ニマガル也〕。

☆連用形「まがり」を含む。「まがりをる」に対応。注28)

/maga'juru/ と推定。

まはる　回

まはり　　0732　うらまはり

　　　　　　0733　さきまはり　返しの詞　浦〔々〕巡行之事を〔云〕。

☆連用形「まはり」に対応。

/ma'wa'i/ と推定。

もどる　戻

むどて　　0967　もどろうちにむどて　日中帰りて也。

☆「もどりて→もどって」に対応。注29)

/muduti/ と推定。促音脱落の変化がある。

やぶる　破？

やんけん　　0842　どうやんけん　不意に僭事をなして自非をしり、恥悔謙るを云。

☆連用形「やぶり」を含むか。「やぶりをりむ」（破り居りむ）に対応か。注30)

/'ja'ŋki'n/ と推定。

をる　折

ねぶりをり　　0076　ねぶりをり　賦折。俗には、ねむじやれ。

☆連用形「をり」を含む。「ねむりをり」に対応。「眠る折り」（眠る時）の意。

/nibu'i'u'i/ と推定。

（上一段）

みる　見

みよれば　　0738　おさんしちみよれば　高所より下を臨見る心

　　　　　　0739　ざりゆくしちみよれば　返し詞　高所より下を臨見る心也

☆連用形「み」を含む。「みをれば」に対応。

/mi'juriba/ と推定。

見れば　　0073　みすとめて　未明の事。和詞に明闇と云。琉歌に「みすとめて
　　　　　　おけて庭むかて見ればあやはべるむざうが花どそよさ」

☆已然形「みれ」を含む。「みれば」に対応。

/miriba/ と推定。

みちへ　　1070　みちへいぢへ　見て往てなり

　　　　　0792　身をつみて　（中略）　琉歌吾が身つでみちへど人の上やしよる無り
　　　　　　〔す〕るなうき〔世情ばかり〕

☆「みて」に対応。

/micji/ と推定。破擦音化がある。

みちやる　　0963　みちやる　見タルト云事カ

☆「みて」を含む。「みてある→みたる」に対応。「みてある→みたる→みちやる」のように変化。

/micjaru/ と推定。破擦音化の変化がある。更に →[mʃaru]→[nʃaru] /'ɴcjaru/ と変化しよう。

（上二段）

おく起

おけて　　　0073　みすとめて　未明の事。和詞に明闇と云。琉歌に「みすとめておけて
　　　　　　　　　　　　　庭むかて見ればあやはべるむざうが花どそよさ」。

　　☆「ラ行（四段）化」後の「おけて」に対応。注31)

　　/ʔukiti/ と推定。

たかぶ崇

たかべ　　　0936　**たかべ**　神前に祈する事。

　　☆連用形「たかべ」に対応。

　　/takabi/ と推定。

わぶ詫

わべれ　　　0690　**わべれ**　何にても思事のたらずして悔事を云。

　　☆「ラ行（四段）化」後の已然形「わべれ」に対応か。命令形の可能性もある。

　　/ʔwabiri/ と推定。

おゆ老

おへちよわれ　　　0990　しまが**おへちよわれ**　嶋か_ママ_老るまて長久にあれとなり。

　　☆「おいて」を含み「おいておわれ」に対応か。

　　/ʔu’icju’wari/ と推定。破擦音化がある。

（下一段）ナシ

（下二段）

うく浮

くりうけ　　　1009　**くりうけ**　船をおしうけてなり。

　　☆連用形「うけ」。「くりうけ」（刳り浮け）に対応。「くる」も参照。

　　/ku’iʔuki/ と推定。

おく熾

おきれ〔て〕　　　0884　**おきれ**〔て〕　火のながる〻事。

　　☆「ラ行（四段）化」後の「おきれて」に対応。注32)

　　/ʔukiriti/ と推定。

かく掛

みそかけ　　　0157　**みそかけ**　衣架と書。

　　☆連用形「かけ」を含む。「みそかけ」に対応。

　　/misukaki/ と推定。

よりかけ　　　0523　こがねきやぐら**よりかけ**

　　　　　　　0524　なむぢやきやぐら**よりかけ**　これは返しの詞也　いづれも馬に
　　　　　　　　　　　　　鞍置事をほめて云也。

　　☆連用形「かけ」を含む。「よりかけ」に対応。

　　/’ju’ikaki/ と推定。

つく付

つけな　　　1050　つみ**つけな**　積なから也。

　　☆連用形「つけ」を含む。「つけな」に対応。

　　/cikina/ と推定。

とづけ　　0364　**とづけ**　物を云ひ附る事なり

　　　　　　0929　**とづけ**　言を申付る事　届と書か。

　　☆ 連用形「つけ」に対応。「ことづけ」（言付け）に対応。注33)

　　/tuziki/ と推定。

のく言上？

みおみのけ　　0309　**みおみのけ**　言上の事。只おみのけと云時は貴人へも云。

　　☆ 連用形「のけ」を含む。「みおみのけ」に対応。

　　/miʔuminuki/ と推定。

おみのけ　　0309　**みおみのけ**　言上の事。只おみのけと云時は貴人へも云。

　　☆ 連用形「のけ」を含む。「おみのけ」に対応。　　注34)

　　/ʔuminuki/ と推定。

まうく儲

まうけら　　1091　**まうけらよりやたぼへ**　萬つ物〔求ランヨリハ有物〕よく秘蔵せよ
　　　　　　　　　　　　　といふ事なり。

　　☆「ラ行（四段）化」後の未然形「まうけら」に対応。

　　/moʼokira/ と推定。

よく避

よける　　0797　**よける**　物をよぎる事也。

　　☆「ラ行（四段）化」後の終止形「よける」に対応。

　　/ʼjukiru/ と推定。

かたわく方分

かたわけ　　0665　**かたわけ**　何にても勝負物に左右に人数を分るを云。

　　☆ 連用形「かたわけ」に対応。

　　/kataʼwaki/ と推定。

あぐ上

てずりあげ　　**てずりあげ**　0314　合掌しておがみをする事。

　　　　　　　てずりあげ　0938　手を合せおがみをするを云。

　　☆ 連用形「あげ」を含む。「てずりあげ」に対応。

　　/tiziriʔagi/ と推定。

あげれ　　0864　**あげれ**　食などくふを云。

　　☆「ラ行（四段）化」後の命令形「あげれ」に対応。

　　/ʔagiri/ と推定。

あげて　　0758　**ましらごはつみあげて**　石垣を積上ル事を云。

　　☆「あげて」に対応。

　　/ʔagiti/ と推定。

おしあぐ押上

おしやげらる　　0225　**につまぬき**　みつまぬき共云。（中略）そなへこちや勢頭部
　　　　　　　　　　　御規式の御盆がなしおしやげらる時、此着かたこしぬきにて
　　　　　　　　　　　御宮仕なり。今も有之事也。

　　☆「ラ行（四段）化」後の未然形「おしあげら」を含む。「おしあげらる」に対応。注35)

/Ɂusjagiraru/ と推定。

次の項目に、下二段の「にかぐ」を立ててみる。その前は「にかあぐ」、更にその前は「みかあぐ」（御香上げ）（「み→に」の交代ありとして）であったと考えてみた。

「0861　にきやがうれ」「0862　にぎやけれ」は、この範疇で扱ってみる。「にきや-」は「にか-」の「か」の口蓋化で説明できるが、「にぎや-」は「にが-」を想定しなければ説明できない。「にかぐ」に対する「にがく」等を想定すべきか。

にかぐ御香上？

にきやがうれ　　　0861　**にきやがうれ**　同上　　　0862　にぎやけれ　同上

　　　　☼「みかあがうれ」に対応か。「みかあがり＋おわれ→みかがうれ→にかがうれ→にきやがうれ」か。注36)

　　　/nikjago'ori/ と推定。注37)

おほす仰

およせ　　　0322　およせ　上より命ぜらるゝ事いふ。

　　　　　　　0941　およせ　上より被仰付事を云。

　　☼連用形「おほせ」に対応。

　/Ɂu'jusi/ と推定。

おやす奉

おやし　　　0312　もりつぎ　次酒の事。王府御双紙に各盞にておやし、もり次はぜん御酒よりと有。

　　☼連用形「おやせ」に対応。

　/Ɂu'jasji/ と推定。

おやする　　0901　おじるもの　野菜薪之類納ヲおじるもの**おやする**と云。三月三日、貝のり之類納を、ひせぐみのおじるものと云。

　　☼「ラ行（四段）化」後の終止形「おやする」に対応。

　/Ɂu'jasiru/ と推定。

おやすら　　0232　干瀬ぐみ御捧物　さゞい　栄螺　びる　海松（ミル）　**おやすら**　海雲（モヅク）むけ（こ）

　　　　　　　0889　みおやすら　進上ノ事也。**おやすら**とも云

　　☼「ラ行（四段）化」後の未然形「おやすら」に対応。

　/Ɂu'jasira/ と推定。

みおやすら　　0306　**みおやすら**　進上の事也。おやすら共云。

　　　　　　　　0889　**みおやすら**　進上ノ事也。おやすらとも云。

　　☼「ラ行（四段）化」後の未然形「みおやすら」に対応。

　/miɁu'jasira/ と推定。

みおやせ　0767　**みおやせ**　主上にる物を云也。みおやすれなどゝ云。

　　☼命令形「みおやせ」に対応。

　/miɁujasi/ と推定。

みおやすれ　0767　**みおやせ**　主上にる物を云也。**みおやすれ**などゝ云。

　　☼「ラ行（四段）化」後の命令形「みおやすれ」に対応。注38)

　/miɁu'jasiri/ と推定。

やらす遣

やらす　　0708　**やらす**　遣ると云事。

　　　☼ 終止形「やらす」に対応。

　　/ˈjarasi/ と推定。

やらせやれ　　　1112　**やらせやれ**　呉竹集に「やらひ、人に物をやるといふ。筑紫にて
　　　　　　　　　　　　　は我｜方｜へおこせと云事につかふ」。

　　　☼ 連用形「やらせ」を含む。「やらせあれ」（遣らせあれ）に対応。

　　/ˈjarasiˈjari/ と推定。

よす寄？

よせれ　　0984　**よせれ**　参ると云事をよしろひと申也。

　　　☼「ラ行（四段）化」後の命令形「よせれ」に対応か。

　　/ˈjusiri/ と推定。

よしろひ　　0984　よせれ　参ると云事を**よしろひ**と申也。

　　　☼ 連用形「よしろひ」に対応か。

　　/ˈjusjiruˈi/ と推定。

よしろて　　0320　**よしろて**　参進する事。王府御双紙に「よしろていまふさしむしや
　　　　　　　　　　べるやう」とあり。

　　　☼「よしろひて」に対応か。「よせろうて」からの変化の可能性もある。注39)

　　/ˈjusjiruti/ と推定。

あつ当

ぬきあてゝ　　　1017　**ぬきあてゝ**　さし当てなり。

　　　☼「あてて」を含む。「ぬきあてて」に対応か。

　　/nucjiʔatiti/ と推定。

そだつ育

そだて　　0343　**そだて**　養育するをいふ。
　　　　　　　0896　**そだて**　養育するを云。そだて物と云時は辨物之事也。

　　　☼ 連用形「そだて」に対応。

　　/sudati/ と推定。

たつ立

とむたてれ　　　0359　**とむたてれ**　他所へ人を使ひぬる時こしらへる云。いしゆがれ共
　　　　　　　　　　　　いふ

　　　☼「ラ行（四段）化」後の命令形「たてれ」を含む。「とびたてれ→とんたてれ」に対応。

　　/tuˈɴtatiri/ と推定。音声は [tumtatiri]。

いづ出

いじへ　　0388　すゑんのおつさべら　**いじへ**やうおつさうれ　内裏晩のさくりの時
　　　　　　　　　うたふ詞なり。外の人の居らば出て参れと云事也。

　　　☼ 連用形「いで」か、「いでて」か、判断しにくい。

　　/ʔizji/ と推定。

すづ孵

もゝすで　　0855　**もゝすですで**ゝ　冥加亘有と云事。

　　　☼ 連用形「すで」を含む。「ももすで」（百孵化）に対応。

/mumusidi/ と推定。

すでやべて　　0328　も、すでやべて　冥加難有といふ事なり。

☆ 連用形「すで」を含む。「すではべりて」に対応。

/sidi'jabiti/ と推定。

すでゝ　　0855　も、すですでゝ　冥加巨有と云事。

☆「すでて」に対応。注40)

/siditi/ と推定。

なづ撫

かへなでら　　0970　**かへなでら**　掻撫と云事。

☆「ラ行（四段）化」後の未然形「なでら」を含む。「かきなでら」に対応。「かき→かい」のイ音便がある。

/ka'inadira/ と推定。

あつらふ誂

あつらへ物　　0800　**あつらへ物**　〔誂物ナリ〕。

☆ 連用形「あつらへ」を含む。「あつらへもの」に対応。

/ʔacira'imunu/ と推定。

すばふ戯？

すばいれ　　0981　あまへれ　0982　**すばいれ**　〔二共歓ノ心カ〕

☆「ラ行（四段）化」後の命令形「すばいれ」に対応。

/siba'iri/ と推定。

さらふ浚

さらへ　　0925　川さらへ　井をさらゆるを云。

☆ 連用形「さらへ」に対応。

/sara'i/ と推定。

さらゆる　　0925　川さらへ　井をさらゆるを云。

☆ 連用形「さらへ」を含む。「さらへをる」に対応。

/sara'juru/ と推定。

とまふ探？

とまへる　　0928　**とまへる**　物を探索之事。又人など尋るにも云。

☆「ラ行（四段）化」後の終止形「とまへる」に対応か。

/tuma'iru/ と推定。

おしなぶ押並

おしなべて　　0826　**おしなべて**　何不別。惣様と云心也。ヲシナヘテ

☆「おしなべて」に対応。

/ʔusjinabiti/ と推定。

とがむ咎

とがむる　　0823　**とがむる**　和詞〔同。咎ルト書也〕。

☆ 連体形「とがむる」に対応。

/tugamuru/ と推定。

あまゆ歓

あまへわち　　0685　**あまへわち**　よろこび之事。

☆ 連用形「あまえ」を含む。「あまえおはして」に対応。

/ʔama'i'wacji/ と推定。破擦音化がある。

あまへれ　　0981　**あまへれ**　0982　すばいれ　〔二共歓ノ心カ〕

☆ 「ラ行（四段）化」後の命令形「あまえれ」に対応。

/ʔama'iri/ と推定。

あまへて　　1044　**あまへて**　1045　反詞けわい　〔ケオヒノ心カ〕。

☆ 「あまえて」に対応。

/ʔama'iti/ と推定。

あんまへらう　　0685　**あまへわち**　よろこび之事。（中略）〔琉詞にあんまへらうと
　　　　　　　　　　　　　　　　　　云心か〕。

あんまいらふ　　0822　**あんまいらふ**　子の親にあまゆるを云。和詞にはあまると云。

☆ 未然形「あんまえら」を含む。「あんまえらふ」に対応。注41)

/ʔa'nma'iro'o/ と推定。

こゆ越

こゑた　　0063　**こゑたつき**　越た月なり。

☆ 「こえて」を含む。「こえたり」に対応。「り」脱落。

/ku'ita/ と推定。

とだゆ途絶

とだいち　　0824　**とだいち**　物の騒（動）して又静かなるを云。〔湍ト書也〕。

☆ 「とだえて」に対応。破擦音化がある。注42)

/tuda'icji/ と推定。

はゆ栄・映

はへて　　0780　肝**はへて**　肝うれしきと云心。

　　　　　　0781　あよ**はへて**　返しの詞

☆ 「はえて」に対応。

/hwa'iti/ と推定。

みゆ見

めよむ　　1090　おほまだら**めよむ**　さだかに見えぬ心なり。

☆ 連用形「みえ」を含む。「みえをりむ」に対応。注43)

/mi'ju'ɴ/ と推定。音声は [mijum]。

もだゆ悶

もだい　　0699　**もだい**　〔悶絶　もだへ也〕。

☆ 連用形「もだえ」に対応。

/muda'i/ と推定。

あかる別

あかれ　　0675　**あかれ**　別の字歟。夫婦別離をめうとあかれと云。和詞にもわかれ
　　　　　　　　　　をあかれと云事、諸書に見えたり。〔アハ五音横通也〕。

☆ 連用形「あかれ」に対応。

/ʔakari/ と推定。

こぼる溢

326　第3章　仮名資料の動詞形態の考察

こぼるゝ　　　0827　**こぼるゝ**　溢ノ字〔カ〕

　　☼ 連体形「こぼるる」に対応。

　　/kubururu/ と推定。

すぐる 勝

　すぐれ　　　0819　**すぐれ**　勝の字。和詞にも云。

　　☼ 連用形「すぐれ」に対応。

　　/siguri/ と推定。

たふる 倒

　たうれらば　　　1080　**たうれらばはらさぐれ**　顛倒する時は親族を探り求めよと云事。

　　☼「ラ行（四段）化」後の未然形「たうれら」を含む。「たうれらば」に対応。連用形「たうれ」を含み「た
　　うれをらば」に対応の可能性もある。

　　/to'oriraba/ と推定。

たる 垂

　たれて　　　0763　袖**たれて**まふて
　　　　　　　　　0764　はね**たれて**まふて　広〔き〕袖を飜して舞と也。

　　☼「たれて」に対応。

　　/tariti/ と推定。

ながる 流？

　ながふれ　　　0907　**ながふれ**　舟ながれ之事。

　　☼ 連用形「ながうれ」に対応か。

　　/nago'ori/ と推定。

ぬる 濡

　むでゝ　　　0709　しほと**むでゝ**　ひたくとぬるゝと云事。

　　☼「ぬれて」に対応。注44)

　　/'ɴditi/ と推定。音声は [mditi]。

はなる 離

　ぢはなれ　　　0419　**ぢはなれ**　嶋ゝ之事。

　　☼ 連用形「はなれ」を含む。「ぢはなれ」（地離れ）に対応。

　　/zjihwanari/ と推定。

むつる 睦

　むつれゝば　　　1079　よひもの**むつれゝば**たたみのへりこみよへ〔わる〕いもの**むつ
　　　　　　　　　　れゝば**つなゝわかるよむ

　　☼「ラ行（四段）化」後の已然形「むつれれ」を含む。「むつれれば」に対応。

　　/muciririba/ と推定。

（カ変）

く 来

　おちよわひ　　　0326　**おちよわひ**めしよ（わちへ）　（行幸の）事なり。

　　☼ 連用形「き」を含む。「おきおわり」（御来おわり）に対応。

　　/ʔucju'wa'i/ と推定。破擦音化の変化がある。

　おちよはへ　　　0879　**おちよはへ**めしやうち　行幸又〔オ〕はまします〔心ニモ叶フ〕。

☆連用形「き」を含む。「おきおわり」（御来おわり）に対応。注45)

　/ʔucju'wa'i/ と推定。破擦音化の変化がある。

おちやい　0395　おちやいめしやれ　極敬ふ言葉也。按司部は、ちやいむしやれと云なり。

　☆連用形「き」を含む。「おきあり」（御来あり）に対応。注46)

　/ʔucja'i/ と推定。破擦音化の変化がある。

きより　　　1001　はちへきより　走来る。

　☆連用形「き」を含む。「きをり」に対応。

　/cji'juri/ と推定。

きよら　　0074　ゆづくひ　夕附日　（中略）　琉歌に「よすゞめがなればありちをられ
　　　　　　　　　　　　　らぬおめさとが使のにやきよらとめば」。

　☆連用形「き」を含む。「きをら」に対応。「きよら」と変化。

　/cji'jura/ と推定。

こう　　0859　もとふく　早きと云事。もとふくいぢこうなどゝ云。あやく行てこよと
　　　　　　　　　　いふ心なり。

　☆命令形「こ」に対応。

　/ku'u/ と推定。

（サ変）

す為

しや（べて）　　0327　もゝがほうしや（べて）（行幸）を（蒙）ぶりて也。

　☆連用形「し」を含む。「しはべりて」に対応。

　/sjabiti/ と推定。

しよれば　　1000　しよれば　しておれば。

　☆連用形「し」を含む。「しをれば」に対応。注47)

　/sji'juriba/ と推定。

しよわちへ　　1021　はししよわちへ　たよりしてなり。注48)
　　　　　　　　1022　よどしよわちへ　少し滞在してとなり。

　☆連用形「し」を含む。「しおはして」に対応。

　/sji'ju'wacji/ と推定。

さべら　　0388　すゑんのおつさべら　いぢへやうおつさうれ　内裏晩のさぐりの時
　　　　　　　　うたふ詞なり。外の人の居らば出て参れと云事也。注49)

　☆連用形「し」を含む。「しはべら」に対応。

　/sabira/ と推定。

すれ　　0668　かていすれ　人を呼と云事也。

　☆命令形「すれ」に対応か。注50)

　/siri/ と推定。

せたれ？　　0965　せたれ　申上といふ事。注51)

　☆連用形「し」を含む。「してあれ→したれ」に対応。「せたれ」と表記。

　/sitari/ と推定。

せらに　　0958　せらに　致と云事なり。

　☆未然形「せ」を含む。「せらに」に対応。注52)

/sirani/ と推定。

　しち　　　0738　おさん**しち**みよれば

　　　　　　　0739　ざりゆく**しち**みよれば　返しの詞。高所より下を臨見る心也。

　　☆「して」に対応。

　　/sjicji/ と推定。破擦音化の変化がある。

　しちへ　　1067　おら〔く〕**しちへ**　楽くとしたる事なり。注53)

　　　　　　　1081　のうのつら**しちへ**いきよが　何の顔せありて行か也

　　☆「して」に対応。

　　/sjicji/ と推定。破擦音化の変化がある。

ねんず念

　ねずへる　1092　**ねずへる**ものどおほいよとる　物事に能堪忍せよと云事なり。
　　　　　　　　　　　　物ねず共云。

　　☆「ラ行（四段）化」後の連体形「ねずへる」に対応。

　　/nizi'iru/ と推定。

ゑんず怨

　ヱンゼ　　0951　いむせもの　〔ネチケ人抔云心カ。物エンゼナド、源氏ニ多キ詞也〕。

　　☆連用形「ゑんじ」に対応か。注54)

　　/ʔ(w)i'ɴzji/ と推定。

（ナ変）

いぬ往

　いぢ　　　0859　もとふく　早きと云事。もとふく**いぢ**こうなど、云。はやく行て
　　　　　　　　　　　こよといふ心なり。

　　☆「いにて」に対応。注55)

　　/ʔizji/ と推定。破擦音化の変化がある。

　いぢへ　　1070　みちへ**いぢへ**　見て往てなり。

　　☆「いにて」に対応。

　　/ʔizji/ と推定。破擦音化の変化がある。

（ラ変）

あり有

　ある　　　1007　かに**ある**　〔角あると云心カ〕。　如斯有と云事也。

　　☆連体形「ある」に対応。

　　/ʔaru/ と推定。

　あれ　　　1065　かに**あれ**　角て有。

　　☆命令形「あれ」に対応。

　　/ʔari/ と推定。

　おちやいめしやれ　　　0395　**おちやいめしやれ**　極敬ふ言葉也。按司部は、ちやいむ
　　　　　　　　　　　　　　　しやれと云なり

　　☆連用形「あり」を含む。「おきありめしあれ」に対応。注56)

　　/ʔucja'imisjari/ と推定。

はべり侍

第6節　『混効験集』の動詞形態の考察　　329

だやべる　　0378　あにだやべる　左様にて侍るなり。然の字に叶か。

　　☆ 連体形「はべる」を含む。「どはべる→だやべる」に対応。注57)

　　/da'jabiru/ と推定。

あやべらぬ　　0381　あにやあやべらぬ　左様にては侍らぬ也。否の字に当る歟。

　　☆ 未然形「はべら」を含む。「ありはべらぬ」に対応。注57)

　　/ʔa'jabira'ɴ/ と推定。

なやべらぬ　　0382　あにやなやべらぬ　左様にはえならぬ也。おけがはざる言葉なり。
　　　　　　　　　　　　　　　　　　　只ならぬとも云。

　　☆ 未然形「はべら」を含む。「なりはべらぬ」に対応。注57)

　　/na'jabira'ɴ/ と推定。

やべて　　0328　もゝすでやべて　冥加難有といふ事なり。

　　☆ 「はべりて」に対応。注57)

　　/'jabiti/ と推定。

めしよはべむ　　0360　おへむめしよはべむ　御召寄の事。およびめしよはべむ共云。

　　☆ 連用形「はべり」を含む。「めしをりはべり<u>む</u>」に対応。

　　/misju'jabi'ɴ/ と推定。音声は [miʃujabim]。

をり居

をり　　0703　をり　居ノ字。和詞にも云。

　　☆ 終止形「をり」に対応。

　　/'uri/ と推定。

おりほしや　　0994　おりほしや　居度と也。

　　☆ 連用形「をり」を含む。「をりほしや」に対応。

　　/'uribusja/ と推定。

をられらぬ　　0074　ゆづくひ　夕附日　（中略）　琉歌に「よすゞめがなればありち
　　　　　　　　　　　　　　をられらぬおめさとが使のにやきよらとめば」。

　　☆ 未然形「をら」を含む。「をられらぬ」に対応。

　　/'urarira'ɴ/ と推定。

第7節　『琉球国由来記』の動詞形態の考察

　ほとんどの例が、所謂「連用名詞形」である。地名が主なものである以上、致し方のないことである。形態上の資料は余り得られないが、どのような語彙が収められているかを知る縁にはなろうと思う。

（四段）

おく置

置カ　玉置カワスシヤ

　　☆ 未然形「おか」に対応。

　　/ʔuka/ と推定。

つく付

ツク　　ムクロツク

　　☼ 終止形「つく」に対応か。

　　/ciku/ と推定。

つく搗

　モチヅキ　　**モチヅキ**

　　☼ 連用形「つき」を含む。「もちづき」に対応。「餅搗き」。

　　/mucjizicji/ と推定。

ぬく抜

　ヌキ　　サキ**ヌキ**ノ嶽

　　☼ 連用形「ぬき」に対応。

　　/nucji/ と推定。

ひく引

　ヒキ　　**ヒキ**ツケカサノ御イベ

　　☼ 連用形「ひき」に対応。

　　/hwicji/ と推定。

ふく葺

　フキ　　**フキ**アゲ

　　☼ 連用形「ふき」に対応。「葺上ゲ」の例がある。

　　/hwucji/ と推定。

やく焼

　ヤキ　　イマ**ヤキ**マカリ

　　☼ 連用形「やき」に対応。「今焼マカリ」「今焼壷」の例がある。

　　/jacji/ と推定。

ゆく行

　ユキ　　**ユキ**アガリノ御イベ

　　☼ 連用形「ゆき」に対応。

　　/jucji/ と推定。

つぐ継

　ツギ　　ソイ**ツギ**ノイシズ御イベ）

　　　　　テン**ツギ**テンガネ

　　　　　テン**ツギ**ノカナヒヤブノ御イベ

　　　　　テン**ツギ**ノ嶽

　　　　　アマ**ツギ**ノ御イベ

　　☼ 連用形「つぎ」に対応。「添継ぎ」「天継ぎ」「天次」の例がある。

　　/cizji/ と推定。

あかす明

　明シ　　照添照**明シ**

　　☼ 連用形「あかし」に対応。

　　/ʔakasji/ と推定。

おす押

オシ　　オシアゲクダオシアゲマキウマイケガマイトクノ御イベ
　　　　オシアゲ嶽
　　　　オシアゲヅカサキウフヅカサ潮花司七ツ御イベ
　　　　オシカケ
　　　☼ 連用形「おし」に対応。「押上ヅカサノ御イベ」「押明富」の例がある。
　　/ʔusji/ と推定。
ヲシ　　ヲシアゲ川　　ヲシアゲ森　　ヲシタテノアカゴチヤガナシ
　　　☼ 連用形「おし」に対応。
　　/ʔusji/ と推定。
さす差
　サス　　アフライサスカサ御イベ
　　　☼ 連体形「さす」に対応。
　　/sasi/ と推定。
さす刺
　サシ　　サシボ
　　　☼ 連用形「さし」に対応。「サシボ」は「刺し穂」か。
　　/sasji/ と推定。
　指シ　　柴指シ
　　　☼ 連用形「さし」に対応。「柴ヲ指由来」の例もある。
　　/sasji/ と推定。
　サス　　サスクイ
　　　☼ 連体形「さす」に対応。
　　/sasi/ と推定。
なほす直
　ナフシ　　ヤナフシ　　世ナフシオヒヤ　　ヨナフシ神遊　　ヨナフシノ御イベ
　　　　　　ヨナフシハマノ嶽　　島ナフシ
　　　☼ 連用形「なほし」に対応。
　　/na'usji/ と推定。
　ナヲシ　　ヤナヲシ皿
　　　☼ 連用形「なほし」に対応。「島直シ」の例がある。
　　/na'usji/ と推定。
ふす伏
　フシ　　下アミフシ御嶽
　　　☼ 連用形「ふし」に対応。
　　/hwusji/ と推定。
ほす干
　ホシ　　稲ホシ御嶽
　　　☼ 連用形「ほし」に対応。
　　/hwusji/ と推定。
めす召

メシ　　イシラゴマシラゴザレコトリメシヨワルワカツカサノ御イベ

☼ 連用形「めし」に対応。「トリメシヨワル」は「取り召しおわる」に対応しよう。

/misji/ と推定。

ミサウ　　出ミサウ入ミサウマヌシ

☼ 未然形「めさ」を含む。「めさう」に対応か。

/miso'o/ と推定。

たつ立

タチヨム　　**タチヨムガナシ**

☼ 連用形「たち」。「タチヨム」は「たちをりむ」に対応か。

/tacji'ju'ɴ/ と推定。音声は [taʃum] か。

タツ　　**タツヒヤク**

☼ 連体形「たつ」に対応か。

/taci/ と推定。

立ツ　　**立ツガナシ**

☼ 連体形「たつ」に対応か。

/taci/ と推定。

おもふ思

ヲモヒ　　セノク森**ヲモヒ**君ガナシ

☼ 連用形「おもひ」に対応。

/ʔumu'i/ と推定。

思ヒ　　**思ヒメガ**

☼ 連用形「おもひ」に対応。

/ʔumu'i/ と推定。

かよふ通

通ヒ　　ワタリ神**通ヒ**神

☼ 連用形「かよひ」に対応。

/ka'ju'i/ と推定。

なふ綯

ナイ　　タケナイヲリメ

☼ 連用形「なひ」に対応。

/na'i/ と推定。

ナフ　　タケナフ嶽　　タケナフ嶽ノ殿　　タケナフノ嶽

☼ 連体形「なふ」に対応。

/no'o / と推定。

はらふ祓

アクマハライ　　**アクマハライ**

☼ 連用形「はらひ」を含む。「あくまばらひ」に対応。

/ʔakumabara'i/ と推定。

アブシバライ　　**アブシバライ**

☼ 連用形「はらひ」を含む。「あぶしばらひ」に対応。「アブシ払」の例がある。

/ʔabusjibara'i/ と推定。

よこふ憩

　ウチユクイ　　ウチユクイノ阿武志良礼

　　☼ 連用形「よこひ」を含む。「うちよこひ」に対応。

　　/ʔucji'juku'i/ と推定。

わらふ笑

　ワライ　　ワライキヨ　　ワライニキヨウ

　　☼ 連用形「わらひ」に対応。「笑キヨ」「笑キヨウ」「笑司ノ御イベ」の例がある。

　　/'wara'i/ と推定。

あすぶ遊

　アソビ　　アソビ　　神アソビ

　　☼ 連用形「あそび」に対応。「神遊」の例がある。

　　/ʔasubi/ と推定。

むすぶ結

　結ビ　　結ビ

　　☼ 連用形「むすび」に対応。

　　/musibi/ と推定。

つむ積

　ツミ　　ツミタテノイベナヌシ

　　☼ 連用形「つみ」に対応。

　　/cimi/ と推定。

とよむ鳴響

　トヨム　　トヨムスノキミ御イベ

　　☼ 連体形「とよむ」に対応。

　　/tu'jumu/ と推定。

をがむ拝

　オカミ　　原オカミ

　オガミ　　オガミ

　　☼ 連用形「をがみ」に対応。

　　/'ugami/ と推定。

　拝ミ　　拝ミ崎　　ツハ拝ミ

　　☼ 連用形「をがみ」に対応。「津波掟」の例がある。

　　/'ugami/ と推定。

あがる上

　アガリ　　―アガリミヤ　　ユキアガリノ御イベ　　テリアガリ

　　　　　御内原ノマモノ内ノウチアガリ御嶽　　キヤノアガリアヲヤハナノ御イベ

　　☼ 連用形「あがり」に対応。

　　/ʔaga'i/ と推定。

　アガレ　　アガレ森

　　☼ 連用形「あがり」に対応。「アガレ」と表記したと見る。

334　第3章　仮名資料の動詞形態の考察

/ʔaga'i/ と推定。

　アガル　　アガル御イベツレル御イベ　　　アガルタケ押明森ノ御イベ

　　☼ 連体形「あがる」に対応。

　/ʔagaru/ と推定。

かかる掛

　神ガカリ　　**神ガカリ**

　　☼ 連用形「かかり」を含む。「かみがかり」に対応。

　/kamigaka'i/ と推定。

かさなる重

　カサナリ　　アラシハナ**カサナリ**

　　☼ 連用形「かさなり」に対応。

　/kasana'i/ と推定。

する摺

　キミテズリ　　**キミテズリ**

　　☼ 連用形「すり」を含む。「きみてずり」に対応。

　/cjimitizi'i/ と推定。

つくる作

　コバヅクリノ　　**コバヅクリノ**ヨリアゲ森

　　☼ 連用形「つくり」を含む。「クバづくりの」（クバ作りの）に対応。

　/kubaziku'inu/ と推定。

てる照

　テリ　　**テリ**アガリ　　マヒラ**テリ**嶽テルカヾミノ御イベ

　　☼ 連用形「てり」に対応。

　/tiri/ と推定。

　テル　　**テル**ヅカサノ御イベ　　　**テル**ヒキウノ御イベ

　　　　マヒラテリ嶽―**テル**カヾミノ御イベ

　　☼ 連体形「てる」に対応。「照月キンナフ」「照月ケンハフ」の例がある。

　/tiru/ と推定。

とまる泊

　トマリ　　**トマリ**御待所　　**トマリ**ガシラ嶽　　**トマリ**ノトノ　　**トマリ**原屋敷　　**トマリ**町

　　☼ 連用形「とまり」に対応。「泊」「泊キユラマカアラフキユラマカ」「泊白玉マヘヒキ」「泊高橋」「泊トノ」

　　　「泊ノロ殿内火神ノ御前」「泊ノヲヒヤ屋敷」「泊村」「泊ヲヒヤ屋敷」の例がある。

　/tuma'i/ と推定。

とる取

　トリ　　イシラゴマシラゴザレコ**トリ**メシヨワルワカツカサノ御イベ

　　☼ 連用形「とり」に対応。「トリメシヨワル」は「取り召しおわる」。

　/tu'i/ と推定。

　ヤトリネ　　**ヤトリ**ガネ

　　☼ 連用形「とり」を含む。「やどりがね」（矢取り金）に対応。

　/'jadu'igani/ と推定。

なる成

ナリ　　コハナリノ御イベ　　スヾナリノ嶽　　スヾナリノツカサ御イベ

　☼ 連用形「なり」に対応。順に「クバ成りの御いべ」「鈴生りの嶽」「鈴生りの司」。

　/na'i/ と推定。

にぎる握

ニギリ　　ニギリキノミカミ　　ニギリキノミ神　　ニギリ飯

　☼ 連用形「にぎり」に対応。順に「握り木の御神」「握り木の御神」「握り飯」。

　/nizji'i/ と推定。

のぼる登？

ノボリ　　ノボリ

　☼ 連用形「のぼり」に対応。

　/nubu'i/ と推定。

まつる祭

マツリ　　穂マツリ

　☼ 連用形「まつり」に対応。「穂祭」の例がある。

　/maci'i/ と推定。

わたる渡

ワタリ神　　ワタリ神通ヒ神

渡リ神　　渡リ神通リ神

　☼ 連用形「わたり」を含む。「わたり神」に対応。

　/'wata'igami/ と推定。

をる折

ヲリメ　　タケナイヲリメ　　田植ヲリメ

　☼ 連用形「をり」を含む。「をりめ」（折り目）に対応。

　/'u'imi/ と推定。

オリメ　　シノゴオリメ　　田植祝オリメ

　☼ 連用形「をり」を含む。「をりめ」（折り目）に対応。「シノゴ折目」「三日崇シノゴ折目」の例がある。

　/'u'imi/ と推定。

（上一段）

みる見

ミアゲ　　ミアゲ森　　ミアゲ森御イベ

　☼ 連用形「み」を含む。「みあげ」（見上げ）に対応。「見上森」「見上森ノ御イベ」の例がある。

　/miʔagi/ と推定。

（上二段）

おづ怖

ヲシルマシ　　ヲシルマシ

　☼「ラ行（四段）化」後の終止形「おぢる」を含む。「おぢるまじ」（怖ぢるまじ）に対応と見る。

　/ʔuzjirumazji/ と推定。

ヲシロマシ　　ヲシロマシ

　☼「ラ行（四段）化」後の終止形「おぢる」を含む。「おぢるまじ」（怖ぢるまじ）に対応と見る。

「ロ」は表記上の問題。

/ʔuzjirumazji/ と推定。

おる降

オレ　　アマオレツカサ　　アマオレ司　　アマオレヅカサノ御イベ
　　　　壱ツ瀬ノアマオレツカサノ御イベ　　オレ口

　　☼「下一段」的「おれる」の連用形「おれ」に対応。「天降」の例がある。「アマオレツカサ」「アマオレ司」
　　　「アマオレヅカサ」「アマオレツカサ」は「天降れ司」。「オレ口」は「降れ口」。

　　/ʔuri/ と推定。

ヲレ　　ヲレ嶽　　ヲレグチ　　ヲレマサリ　　川ヲレ

　　☼「下一段」的「おれる」の連用形「おれ」に対応。順に「降れ嶽」「降れ口」「降れ勝り」「川降れ」。

　　/ʔuri/ と推定。

ヲルヽ　　ヲルヽ御嶽

　　☼連体形「おるる」に対応。「下二段」的様相を呈している。

　　/ʔururu/ と推定。

（下一段）ナシ

（下二段）

かく掛

カケ　　アスヒカケハベルカケアルジ　　アスヒカケハベルカケニシ
　　　　オシカケ　　岩カケノ嶺　　糸カケナ之殿

　　☼全て、連用形「かけ」に対応。「岩掛ノ嶺」「腰掛石」の例がある。

　　/kaki/ と推定。

かく駆

カケ　　アマカケノ御イベ

　　☼連用形「かけ」に対応。「アマカケノ」は「天駆けの」。「掛け」の可能性もあるか。

　　/kaki/ と推定。

つく付

ツケ　　ヒキツケカサノ御イベ　　積ツケ森

　　☼連用形「つけ」に対応。

　　/ciki/ と推定。

ツク　　ムクロツク

　　☼終止形「つく」に対応か。「躯付く」か。

　　/ciku/ と推定。

あぐ上

アゲ　　オシアゲ嶽　　フキアゲ　　ミアゲ森　　ミアゲ森御イベ　　ヨリアゲコダ嶽ヨリ
　　　　アゲ嶽　　ヨリアゲノイベナヌシ　　ヨリアゲマウリ御イベヨリアゲマキウ
　　　　嶽　　ヨリアゲマキウノ嶽　　ヨリアゲマチウノ御イベ　　ヨリアゲ森
　　　　ヨリアゲモリオシアゲモリ　　ヨリアゲ森ノ御イベ　　ヲシアゲ川　　ヲシアゲ森

　　☼全て、連用形「あげ」に対応。「茸上ゲ」「見上森ノ御イベ」「寄上森」「寄揚森之殿」の例がある。

　　/ʔagi/ と推定。

アキリ　　アキリマキウコバヅカサノ御イベ　　アキリ嶽

☆「ラ行（四段）化」後の連用形「あげり」に対応か。「あげり」を「アキリ」と表記したと見る。

　　/ʔagi'i/ と推定。

よす寄

　　ヨセ　　キシノヨセ玉ノヨセ　　　トモヨセ　　　トモヨセ大神ノ御イベ

　　☆連用形「よせ」に対応。「友寄ノミカミ」の例がある。

　　/'jusi/ と推定。

あつ当

　　コシアテ　　　コシアテヅカサノ御イベ　　　コシアテノ御イベ　　　コシアテノ中森
　　　　　　　コシアテ森　　　コシアテモリノ御イベ

　　☆連用形「あて」を含む。「こしあて」（腰当て）に対応。

　　/kusjiʔati/ と推定。

　　コシヤテ　　　コシヤテ森　　　コシヤテ森大ツカサ若ツカサガナシ

　　☆連用形「あて」を含む。「こしあて」（腰当て）に対応。

　　/kusjati/ と推定。

たつ立

　　タテ　　　ツミタテノイベナヌシ　　　ヲシタテノアカゴチヤガナシ
　　　　　　　オトカ島立ヲトカクニタテ

　　☆連用形「たて」に対応。複合語の一部「－たて」。「立御拝」の例がある。

　　/tati/ と推定。/dati/ の可能性もある。

　　ノダテ　　　ノダテゴト　　　ノダテ事　　　ノダテ森

　　☆連用形「たて」を含む。「のだて」に対応。

　　/nudati/ と推定。

なづ撫

　　ナデル　　　ナデルコバヅカサ　　　ナデルワノ御イベ　　　ナデルワノ御神ヅカサ
　　　　　　　ナデルワノ御セジ　　　ナデルワンヅカサノ御イベ
　　　　　　　ナフシナデルハイノ御イベ

　　☆「ラ行（四段）化」後の連体形「なでる」に対応。

　　/nadiru/ と推定。

ゆづ茹

　　茹デ　　　茹デ米

　　☆連用形「ゆで」に対応。

　　/'judi/ と推定。

かさぬ重

　　キトカサネ　　　キトカサネ森

　　☆連用形「かさね」を含む。「きとがさね」に対応。

　　/cjitugasani/ と推定。

こぬ捏

　　コネリ　　　コネリ　　　コネリ御唄

　　☆「ラ行（四段）化」後の連用形「こねり」に対応。

　　/kuni'i/ と推定。

そふ添

ソイツギノ　　ソイツギノイシズ御イベ

☆ 連用形「そへ」を含む。「そへつぎの」（添継の）に対応。

/su'icizjinu/ と推定。

トモソヘ　　豊見トモソヘ豊見キナキ

☆ 連用形「そへ」を含む。「ともぞへ」に対応。

/tumuzu'i/ と推定。

ヲホソイ　　ニタメヲホソイ

☆ 連用形「そへ」を含む。「おほそへ」（大添へ）に対応か。

/ʔuhwuzu'i/ と推定。

あつむ集

アツメ　　アツメクダノ御イベ　　アツメナノ御イベ　　アツメナノトノ

アツミ　　アツミナコシヤテ森イツノイベガナシ

☆ 連用形「あつめ」に対応。

/ʔacimi/ と推定。

あふる煽

アフリ　　アフリ川　　アフリキヨラ御嶽　　アフリ嶽　　アフリノハナ

アフリ森

☆ 連用形「あふれ」に対応。

/ʔahwuri/ と推定。

アヲリ　　アヲリ　　アヲリ岳

☆ 連用形「あふれ」に対応。

/ʔa'uri/ と推定。

いる入

イリコ　　イリコ

☆ 連用形「いれ」を含む。「いれこ」に対応。「入子鍋」の例がある。

/ʔiriku/ と推定。

たる垂

タレ　　シレタレ　　ソデタレ御嶽　　袖タレ大アルジ

☆ 連用形「たれ」に対応。それぞれ「尻垂れ」「袖垂れ」「袖垂れ」か。

/tari/ と推定。/-dari/ の可能性もある。

はなる離

ハナレ　　ハナレ山

☆ 連用形「はなれ」に対応。

/hwanari/ と推定。

離レ　　離レ出砂

☆ 連用形「はなれ」に対応。

/hwanari/ と推定。

（変格）ナシ

第8節 「組踊 五組」脚本の動詞形態の考察

○原資料（『伊波普猷全集 第三巻』）に付された振り仮名は、用例該当部分のみを取る。
○ 数字は、「場」毎に付した通し番号である。

〈伊波のローマナイズでは、ni,nyi の書き分けがなされている。（ね ni、に nyi）〉

1 《組五護敵》

（四段）

いく行

いきぼしや 10 **いきぼしやどあすが、** ichibusha du asi ga,

☼ 連用形「いき」を含む。「いきぼしや」に対応。

/ʔicjibusja/ と推定。

いかは 16 **いかは、** ikawa,

☼ 未然形「いか」を含む。「いかは」に対応。

/ʔika'wa/ と推定。

行かう 29 **行かうよ。** ikô yo.

☼ 未然形「いか」を含む。「いかう」に対応。

/ʔiko'o/ と推定。

いく生

生別 14 **生別** ichiwakari

☼ 連用形「いき」を含む。「いきわかれ」に対応。

/ʔicji'wakari/ と推定。

うく浮

浮かされて 27 **春に浮かされて、** faru nyi ukasariti,

☼ 未然形「うか」を含む。「うかされて」に対応。

/ʔukasariti/ と推定。

おく置

置けば 3 **苅やり置けば、** kayayi uki ba,

☼ 已然形「おけ」を含む。「おけば」に対応。

/ʔukiba/ と推定。

きく聞

聞きとめて 8 **聞きとめて給うれ。** chichitumiti tabori.

☼ 連用形「きき」を含む。「ききとめて」に対応。

/cjicjitumiti/ と推定。

聞かな 28 **ましやいる事 聞かな、** misheru kutu chikana,

☼ 未然形「きか」を含む。「きかな」に対応。

/cjikana/ と推定。

ちかづく近

近づきゆる 43 **近づきゆるはべる** chikazichuru habiru

☼ 連用形「ちかづき」を含む。「ちかづきをる」に対応。

340 第3章 仮名資料の動詞形態の考察

/cjikazicjuru/ と推定。

ぬく貫
貫きとめて　14　**貫きとめて、**　nuchi tumiti,
　☆ 連用形「ぬき」を含む。「ぬきとめて」に対応。
/nucjitumiti/ と推定。

つぐ注
つぎゆる　37　**つぎゆる酒までも**　tsijuru saki madin
　☆ 連用形「つぎ」を含む。「つぎをる」に対応。
/cizjuru/ と推定。
つげよ　35　**つげよ　く　、**　tsigi yu tsigi yu!
　　　　37　**つげよ　く　。**　tsigi yu tsigi yu!
　　　　37　**つげよ　く　。** tsigi yu tsigi yu!
　☆ 命令形「つげ」を含む。「つげよ」に対応。
/cigi'ju/ と推定。

あはす合
見合しやり　16　**見合しやり、**　miawashayi,
　☆ 連用形「あはし」を含む。「みあはしあり」に対応。
/miʔa'wasja'a'i/ と推定。

しらす知
知らしやうち　6　**知らしやうち、**　shirashôchi,
　☆ 連用形「しらし」を含む。「しらしはおきて」に対応。
/sjirasjo'ocji/ と推定。

いだす出
出され　6　**さがし出され**　sagashi 'njasari
　☆ 未然形「いださ」を含む。「いだされ」に対応。
/ʔɴzjasari/ と推定。破擦音化の変化がある。
出しやうれ　22　**出しやうれ、く　。**　dashôri! dashôri!
　☆ 連用形「だし」を含む。「だしおわれ」に対応。
/dasjo'ori/ と推定。

おす押
押列れて　25　**押列れて踊る。**　ushitsiriti wuduru.
　☆ 連用形「おし」を含む。「おしつれて」に対応。
/ʔusjiciriti/ と推定。

かくす隠
隠されて　6　**隠されて、**　kakusariti,
　☆ 未然形「かくさ」を含む。「かくされて」に対応。
/kakusariti/ と推定。

くらす暮
暮す　27　**遊で暮す。**　aside kurasu.
　☆ 終止形「くらす」に対応。

/kurasi/ と推定。

暮さ　1　浮世　暮さ。　uchiyu kurasa.

　☼ 未然形「くらさ」に対応。

/kurasa/ と推定。

ころす殺

殺されて　6　**殺されて、**　kurusariti,

　☼ 未然形「ころさ」を含む。「ころされて」に対応。

/kurusariti/ と推定。

殺ち　1　護佐丸も**殺ち、**　gusamarun kuruchi,

　☼ 「ころして」に対応。

/kurucji/ と推定。破擦音化の変化がある。

さかす咲

咲ち　43　**咲ち吸ゆが。**　sakachi suyu ga.

　☼ 「さかして」に対応。

/sakacji/ と推定。破擦音化の変化がある。

さがす探

さがし　6　**さがし出され**　sagashi 'njasari

　☼ 連用形「さがし」に対応。

/sagasji/ と推定。

とらす取

とらしゆ　10　**けふどとらしゆもの**　chû du turashu munu

　☼ 連用形「とらし」を含む。「とらしをる」に対応。「る」脱落。

/turasju/ と推定。

とらさう　33　是も**とらさうよ　く　。** kurin turasô yu　kurin turasô yu.

　☼ 未然形「とらさ」を含む。「とらさう」に対応。

/turaso'o/ と推定。

ながす流

ながしかねて　13　思**ながしかねて、**　umuinagashi kaniti,

　☼ 連用形「ながし」を含む。「ながしかねて」に対応。

/nagasjikaniti/ と推定。

のがす逃

逃す　47　**逃すまい。**　nugasumai.

　☼ 終止形「のがす」を含む。「のがすまい」に対応。

/nugasima'i/ と推定。

ほろぼす滅

滅亡ぼすば　1　**滅亡ぼすば、**　furubusi ba,

　☼ 已然形「ほろぼせ」を含む。「ほろぼせば」に対応。注1)

/hwurubusiba/ と推定。

めす召

ましやいる　28　**ましやいる事**　聞かな、misheru kutu chikana,

342　第3章　仮名資料の動詞形態の考察

☆ 連用形「めし」を含む。「めしありをる」に対応か。

/misje'eru/ と推定。

みしやうち　6　かうずみしやうち、　kôzimi shôchi

☆ 連用形「めし」を含む。「めしおはして」に対応か。

/misjo'ocji/ と推定。

もどす戻

戻せ　46　戻せはやるまい。　mudushi wa yarumai.

☆ 連用形「もどし」を含む。「もどしは」に対応。「し」とすべきを「せ」としたとして、仮名遣いの混
乱と見る。

/mudusji'ja/ と推定。

わたす渡

わたしゆ　10　今日どわたしゆもの、　chû du watashu munu,

☆ 連用形「わたし」を含む。「わたしをる」に対応。「る」脱落。

/'watasju/ と推定。

うつ討

討ちとたる　49　かたき討ちとたる　けふの嬉しさや　katachi uchitutaru chû nu
urishisa ya

☆ 連用形「うち」を含む。「うちとりたる」に対応。

/ʔucjitutaru/ と推定。

討取たる　48　討取たることや　uchitutaru kutu ya

☆ 連用形「うち」を含む。「うちとりたる」に対応。

/ʔucjitutaru/ と推定。

敵討や　11　親の敵討や　uya nu tichiuchi ya

☆ 連用形「うち」を含む。「てきうちは」に対応。

/ticjiʔucji'ja/ と推定。

討たね　13　討たね。　utani.

☆ 未然形「うた」を含む。「うたね」。「うたぬ + /i/」。/i/ は「疑問」を示す。

/ʔutani/ と推定。

討たん　8　討たんしゆもの。　utan shu munu.

☆ 未然形「うた」を含む。「うたむ」に対応。

/ʔuta'N/ と推定。

討たう　6　敵討たうやあ。　tichi utô yâ.

☆ 未然形「うた」を含む。「うたう」に対応。

/ʔuto'o/ と推定。

たつ立

立戻れ　14　立戻れ、　tachimuduri,

☆ 連用形「たち」を含む。「たちもどれ」に対応。

/tacjimuduri/ と推定。

たゝぬ　20　たゝぬ、　tatan,

☆ 未然形「たた」を含む。「たたぬ」に対応。

/tata'ɴ/ と推定。

いふ言

て　6　はる遊びてもの、　faruasibi timunu,

☼ 「いひて」を含む。「いひてある」→「いてる」→「て」等と変化か。

/ti/ と推定。

おもふ思

思　10　思染めて、　umisumiti,

☼ 連用形「おもひ」に対応。

/ʔumi/ と推定。注2)

思　13　思ながしかねて、　uminagashi kaniti,

☼ 連用形「おもひ」に対応。

/ʔumi/ と推定。

思　17　物思つめて。　munumitsimiti.

☼ 連用形「おもひ」に対応。「おもひ→おめ→め」と変化。

/mi/ と推定。

思めば　17　物思めば、　munu umiba,

☼ 已然形「おもへ」を含む。「おもへば」に対応。

/ʔumiba/ と推定。

思ば　11　別ると思ば。　wakaru tumiba.

　　49　知ゆらと思ば。　shiyura tumi ba.

☼ 已然形「おもへ」を含む。「おもへば」に対応。

/miba/ と推定。

きあふ来会

きやた　51　露きやたごと。　tsiyu chata gutu.

☼ 「きあひて」を含む。「きあひてある→きあひたる→きやたる→きやた」に対応。注3)

/cjata/ と推定。

すふ吸

吸ゆが　43　咲ち吸ゆが。　sakachi suyu ga.

☼ 連用形「すひ」を含む。「すひをるが」に対応。

/su'juga/ と推定。

そふ添

そたる　10　肌そたる　此守り刀　fada fada sutaru kunu mamuyi gatana

☼ 連用形「そひ」を含む。「そひてある→そひたる」に対応。

/sutaru/ と推定。

たまふ給

給うれ　8　聞きとめて給うれ。　chichitumiti tabori.

☼ 「たまふ」→「たばふ」と変化。更に「たばうる」と「ラ行（四段）化」した後の命令形「たばうれ」と判断。

/tabori/ と推定。「聞き留めて給うれ」を「8音」にするために /tabori/。

とふ問

344　第3章　仮名資料の動詞形態の考察

わどい　32　我身やればわどい、　wadu yariba waduyi,

☆ 連用形「とひ」を含む。「わどひ」に対応。

/'wadu'i/ と推定。

ならふ習

習や　1　此世界の習や。　kunu shike nu nare ya.

☆ 連用形「ならひ」を含む。「ならひは」に対応。

/nare('e')ja/ と推定。

にほふ匂

匂ひの　37　匂ひのしほらしや。　nyiwi nu shurasha.

☆ 連用形「にほひ」を含む。「にほひの」に対応。

/ni'wi('i)nu/ と推定。

匂ひに　40　匂ひに引かされて、　nyiwi nyi fikasariti,

☆ 連用形「にほひ」を含む。「にほひに」に対応。

/ni'wi('i)ni/ と推定。

あすぶ遊

遊び　6　はる遊びてもの、　faruasibi timunu,

☆ 連用形「あすび」に対応。

/ʔasibi/ と推定。

遊ぶ　18　遊ぶ嬉しや。　asibu urisha.

☆ 連体形「あすぶ」に対応。

/ʔasibu/ と推定。

遊べ　18　遊べ、く。　asibi! asibi!

　　　20　遊べ。　asibi.

☆ 命令形「あすべ」に対応。

/ʔasibi/ と推定。

あそば　1　願立てゝあそば。　gwan tatiti asiba.

　　　　3　立てゝあそば。　tatiti asiba.

☆ 未然形「あすば」に対応。

/ʔasiba/ と推定。

遊ば　1　出て遊ば、　diti asiba,

　　　3　出て遊ば、　diti asiba,

　　　20　飲で遊ば。　nudi asiba.

☆ 未然形「あすば」に対応。

/ʔasiba/ と推定。

遊で　1　自由しち遊で　jiyu shichi asidi,

　　　27　遊で暮す。　aside kurasu.

☆ 「あすびて→あすんで」に対応。

/ʔasidi/ と推定。撥音脱落の変化がある。

えらぶ選

ゑらで　1　まさる日ゑらで、　masaru fiyuyi iradi,

1　よかる日撰ゑらで、　yukaruhi fiyuyi iradi,

　☼「えらびて→えらんで」に対応。仮名遣いの違いがある。

　/ʔiradi/ と推定。撥音脱落の変化がある。

しのぶ忍

　忍で　27　花のもと忍で、　hana nu mutu shinudi,

　☼「しのびて→しのんで」に対応。

　/sjinudi/ と推定。撥音脱落の変化がある。

よぶ呼

　お呼び　26　**お呼び**よ。　uyubi yu.

　☼連用形「よび」を含む。「および」に対応。

　/ʔu'jubi/ と推定。

　呼べ　25　**呼べ**よ　yubi yu

　☼命令形「よべ」に対応。

　/'jubi/ と推定。

つぼむ蕾

　莟て居る　43　**莟て** (ママ) 居る花に　tsibudi wuru hana nyi

　　　　　　51　**莟て** (ママ) 居る花の　tsubudi wuru hana nu

　☼「つぼみて」を含む。「つぼみてをる→つぼんでをる」に対応。

　/cibudi'uru/ と推定。撥音脱落の変化がある。

つむ摘

　つで　32　**つで**ど見やべる。　tsidi du myabiru.

　☼「つみて→つんで」に対応。

　/cidi/ と推定。撥音脱落の変化がある。

とよむ鳴響

　とよまれる　46　**だんじゅとよまれる**。　danju tuyumariru.

　☼未然形「とよま」を含む。「とよまれる」に対応。

　/tu'jumariru/ と推定。

のぞむ望

　望み事　1　**望み事**　nuzumigutu

　☼連用形「のぞみ」を含む。「のぞみごと」に対応。

　/nuzumigutu/ と推定。

のむ飲

　飲まに　37　又も**飲ま**に。　matan numa nyi.

　☼未然形「のま」を含む。「のまに」に対応。「のまぬ＋/i/」。

　/numani/ と推定。

　飲まぬ　37　どく**飲まぬ**　わぬどまたやすが、　duku numan wan du mata yasiga,

　☼未然形「のま」を含む。「のまぬ」に対応。

　/numa'N/ と推定。

　飲で　20　**飲で**遊ば。　nudi asiba.

　☼「のみて→のんで」に対応。

346　第3章　仮名資料の動詞形態の考察

/nudi/ と推定。撥音脱落の変化がある。

飲だる　40　**飲だる**　まげさ。　　nudaru magisa.

　☼「のみて」を含む。「のみてある→のみたる→のんだる」に対応。

/nudaru/ と推定。撥音脱落の変化がある。

をがむ拝

拝も　12　また**拝も**ことも、　mata wugamu kutun,

　☼連体形「をがむ」に対応。仮名遣いの違いがある。

/'ugamu/ と推定。

拝がで　32　御側寄て**拝がで**、　usuba yuti wugadi,

　☼「をがみて→をがんで」に対応。

/'ugadi/ と推定。撥音脱落の変化がある。

かかる掛

かゝら　16　敵に**かゝら**。　　tichi nyi kakara.

　☼未然形「かから」に対応。

/kakara/ と推定。

かはる変

替て　46　人に**替て**。　　fitu nyi kawati.

　☼「かはりて→かはって」に対応。

/ka'wati/ と推定。促音脱落の変化がある。

かへる帰

かへる　24　根に**かへる**　花も　ni nyi kayiru hanan

　☼連体形「かへる」に対応。

/ka'iru/ と推定。

かる刈

苅　1　**苅捨てゝ**、　kayi sititi

　☼連用形「かり」に対応。

/ka'i/ と推定。/ri/ → /'i/ の変化がある。

苅やり　3　**苅やり**置けば、　kayayi uki ba,

　☼連用形「かり」を含む。「かりあり」に対応。

/ka'ja'i/ と推定。/ri/ → /'i/ の変化がある。

さかる盛

花盛り　25　**花盛り**わらべ　fanazakari warabi

　　　　28　**花盛り**わらべ、　fanazakari warabi,

　　　　37　**花盛り**わらべ　fanazakari warabi

　☼連用形「さかり」を含む。「はなざかり」に対応。

/hwanazakari/ と推定。

さはる障

肝障り　1　**肝障り**無らぬ、　chimuzawayi neran,

　　　　3　**肝障り**無らぬ、　chimuzawayi neran,

　☼連用形「さはり」を含む。「きもざはり」に対応。

第8節　「組踊　五組」脚本の動詞形態の考察　347

/cjimuza'wa'i/ と推定。/ri/ → /'i/ の変化がある。

<ruby>道障<rt>みちざ</rt></ruby>り1　<ruby>道障<rt>みちざ</rt></ruby>りしゆたる　michizawayi shutaru

☼ 連用形「さはり」を含む。「みちざはり」に対応。

/micjiza'wa'i/ と推定。/ri/ → /'i/ の変化がある。

事さわり（ママ）　3　事さわり（ママ）無らぬ。　kutuzawayi neran.

☼ 連用形「さはり」を含む。「ことざはり」に対応。

/kutuza'wa'i/ と推定。/ri/ → /'i/ の変化がある。

しる<ruby>知<rt>し</rt></ruby>

<ruby>知<rt>し</rt></ruby>る　3　おが達も<ruby>知<rt>し</rt></ruby>る　護佐丸のかんだ　ugatachin shiru gusamaru nu kanda

☼ 連体形「しる」に対応。

/sjiru/ と推定。

<ruby>知<rt>し</rt></ruby>らね　5　我親<ruby>知<rt>し</rt></ruby>らね。　wa uya shirani?

☼ 未然形「しら」を含む。「しらね」に対応。「しらぬ +/i/」。

/sjirani/ と推定。

<ruby>知<rt>し</rt></ruby>らぬ　36　やぐさめも<ruby>知<rt>し</rt></ruby>らぬ。　yagumisan shiran.

☼ 未然形「しら」を含む。「しらぬ」に対応。

/sjira'N/ と推定。

<ruby>知<rt>し</rt></ruby>ゆり　5　木草だいん<ruby>知<rt>し</rt></ruby>ゆり、　kikusa den shiyuyi,

☼ 連用形「しり」を含む。「しりをり」に対応。「しりをり→しりうり→しゆり」等と変化。

/sji'ju'i/ と推定。/ri/ → /'i/ の変化がある。

<ruby>知<rt>し</rt></ruby>ゆら　49　<ruby>知<rt>し</rt></ruby>ゆらと思ば。　shiyura tumi ba.

☼ 連用形「しり」を含む。「しりをら」に対応。

/sji'jura/ と推定。/ri/ → /'i/ の変化がある。

<ruby>知<rt>し</rt></ruby>つた　47　<ruby>知<rt>し</rt></ruby>つたか。　shitta ka?

☼「しりて」を含む。「しりてある→しりたる→しったる→しった」と対応。

/sjiQta/ と推定。

ちる<ruby>散<rt>ち</rt></ruby>

<ruby>散<rt>ち</rt></ruby>りて　24　<ruby>散<rt>ち</rt></ruby>りて　chiriti

☼「ちりて」に対応。

/cjiriti/ と推定。

つもる<ruby>積<rt>つも</rt></ruby>

<ruby>積<rt>つも</rt></ruby>て　6　年月や<ruby>積<rt>つも</rt></ruby>て、　tushitsichi ya tsimuti,

☼「つもりて→つもって」に対応。

/cimuti/ と推定。促音脱落の変化がある。

とる<ruby>取<rt></rt></ruby>

<ruby>酌<rt>しゃく</rt></ruby>　<ruby>取<rt>と</rt></ruby>り　37　<ruby>酌取<rt>しゃくと</rt></ruby>りの清さ、　shaku tuyi nu churasa,

☼ 連用形「とり」を含む。「しやくとり」に対応。

/sjakutu'i/ と推定。

とやり　7　親の敵とやり、　uya nu tichi tuyayi,

☼ 連用形「とり」を含む。「とりあり」に対応。

/tu'jai/ と推定。/ri/ → /'i/ の変化がある。

とゆる　9　**とゆる**義理立　tuyuru jiridati

  ☼ 連用形「とり」を含む。「とりをる」に対応。

/tu'juru/ と推定。/ri/ → /'i/ の変化がある。

とるな　28　命**とるな**。　inuchi turuna.

  ☼ 終止形「とる」を含む。「とるな」に対応。

/turuna/ と推定。

とらに　36　わぬ御酌**とらに**。　wan ushaku tura nyi.

  ☼ 未然形「とら」を含む。「とらに」に対応。「とらぬ +/i/」。

/turani/ と推定。

取らさう　44　**取らさう**よ、　turasô yu,

       44　**取らさう**よ、　turasô yu,

  ☼ 未然形「とら」を含む。「とらさう」に対応。

/turaso'o/ と推定。

取たる　48　討**取たる**ことや　uchitutaru kutu ya

とたる　49　かたき討ち**とたる**　けふの嬉しさや　katachi uchitutaru chû nu urishisa ya

  ☼「とりて」を含む。「とりてある→とりたる→とったる→とたる」と対応。

/tutaru/ と推定。促音脱落の変化がある。

なる成

なやり　16　躍子に**なやり**、　wuduyigwa nyi nayayi,

  ☼ 連用形「なり」を含む。「なりあり」に対応。

/na'ja'i/ と推定。/ri/ → /'i/ の変化がある。

なゆめ　9　すらな**なゆめ**。　sirana nayumi.

  ☼ 連用形「なり」を含む。「なりをりみ」に対応。

/na'jumi/ と推定。/ri/ → /'i/ の変化がある。

なれば　5　節々が**なれば**、　shitsijitsi ga nariba,

  ☼ 已然形「なれ」を含む。「なれば」に対応。注4)

/nariba/ と推定。

のこる残

残る　6　**残る**ふたりは、　nukuru futari wa,

     7　沙汰ど**残る**。　sata du nukuru.

  ☼ 連体形「のこる」に対応。但し、二例目は「係り結び」、「ど」の結びとしての「連体形」である。

/nukuru/ と推定。

まさる勝

まさる　3　**まさる**日撰やこと、　masaru fiyui yakutu

     24　色**まさる**　ことの嬉しや。　iru masaru kutunu urisha.

  ☼ 連体形「まさる」に対応。

/masaru/ と推定。

まもる守

守り刀　10　此**守り刀**　kunu mamuyi gatana

　　☼ 連用形「まもり」を含む。「まもりがたな」に対応。

　/mamu'igatana/ と推定。

もどる戻

　立戻れ 14　**立戻れ**、　tachimuduri,

　　☼ 命令形「もどれ」を含む。「たちもどれ」に対応。

　/tacjimuduri/ と推定。

　戻らう　49　躍て**戻らう**や。　　wuduti mudurô ya.
　　　　　 50　躍て**戻らう**や。　　wuduti mudurô ya.

　　☼ 未然形「もどら」を含む。「もどらう」に対応。

　/muduro'o/ と推定。

やる遣

　やる　46　戻せは**やる**まい。　mudushi wa yarumai.

　　☼ 終止形「やる」に対応。

　/jaru/ と推定。

よる寄

　寄て　32　御側**寄て**拝がで、　usuba yuti wugadi,

　　☼ 「よりて」に対応。「よって」と変化。

　/'juti/ と推定。促音脱落の変化がある。

をどる踊

　踊る　25　押列れて**踊る**。　　ushitsiriti wuduru.

　　☼ 終止形「をどる」に対応。

　/'uduru/ と推定。

　踊らしやうれ　41　**踊らしやうれ**、　wudurashôri,
　　　　　　　　 44　**踊らしやうれ**。　wudurashôri.

　　☼ 未然形「をどら」を含む。「をどらせおわれ」に対応。

　/'udurasjo'ori/ と推定。

　踊て　26　**踊て**みおうめかけれ。　　wuduti myûmikakiri.
　　　　　 42　またも**踊て**、　matan wuduti,
　　　　　 45　またも**躍て**、　matan wuduti,
　　　　　 49　**躍て**戻らうや。　wuduti mudurô ya.
　　　　　 50　**躍て**戻らうや。　wuduti mudurô ya.

　　☼ 「をどりて」に対応。「をどって」と変化。

　/'uduti/ と推定。促音脱落の変化がある。

（上一段）

できる出来

　出来た　37　**出来た**く　。　dikita dikita!

　　☼ 「できて」を含む。「できてあり→できたり→できた」と変化。

　/dikita/ と推定。

みる見

350　第3章　仮名資料の動詞形態の考察

見合しやり　16　**見合しやり、**　miawashayi,

　　☼ 連用形「み」を含む。「みあはしあり」に対応。

　　/mi'a'wasja('a)'i/ と推定。

見ほしや　41　**見ほしや**　く　。　mibusha mibusha.

　　☼ 連用形「み」を含む。「みほしや」に対応。

　　/mibusja/ と推定。

見やべる 32　つでど**見やべる。**　tsidi du myabiru.

　　☼ 連用形「み」を含む。「みはべる」に対応。

　　/mi'jabi('i)ru/ と推定。注5)

見ちやか　25　**見ちやか**　nchaka

　　☼ 「みて」を含む。「みてあるか→みたか」と変化。さらに変化して「んちやか」となった。

　　/'ɴcjaka/ と推定。破擦音化の変化がある。

（上二段）

すぐ過

過し　49　**過し父親も**　sijishi chichiuyan

　　☼ 連用形「すぎ」を含む。「すぎし」に対応。注6)

　　/sizjisji/ と推定。

（下一段）ナシ？

（下二段）

あく明

　明る1　**明る**廿日、　akiru fatsika,

　　1　**明る**卅日、　akiru misuka,

　　3　**明る**三十日　akiru misuka

　　3　**明る**廿日　akiru fatsika

　　☼ 「ラ行（四段）化」後の連体形「あける」に対応。

　　/ʔakiru/ と推定。

かく掛

　かけやうれ　42　**御目かけやうれ。**　umikakiyôri.

　　　　　　　　45　**みおうめかけやうれ。**　myûmikakiyôri.

　　☼ 連用形「かけ」を含む。「かけおわれ」に対応。

　　/kaki'jo'ori/ と推定。

みおうめかけれ　26　踊て**みおうめかけれ。**　wuduti myûmikakiri.

　　☼ 「ラ行（四段）化」後の命令形「かけれ」を含む。「みおめかけれ」に対応。

　　/miʔumikakiri/ と推定。

すつ捨

　捨て、　1　**苅捨て、、**　kayi sititi,

　　　　　1　**苅捨て、、**　kayi sititi,

　　☼ 「すてて」に対応。

　　/sititi/ と推定。

たつ立

義理立　9　**義理立**よやれば、　jiridati yu yariba,

　　☼ 連用形「たて」を含む。「ぎりだて」に対応。

　/zjiridati/ と推定。

立てゝ　1　願**立てゝ**あそば。　gwan tatiti asiba.

立てゝ　3　**立てゝ**あそば。　tatiti asiba.

　　☼「たてて」に対応。

　/tatiti/ と推定。

いづ出

出立　12　**出立**や　'njitachi ya

　　☼ 連用形「いで」を含む。「いでたちは」に対応。

　/ʔɴzjitacji'ja/ と推定。破擦音化の変化がある。

いでゝ　18　もえ**いでゝ**、　muyi iditi,

　　☼「いでて」に対応。

　/ʔiditi/ と推定。

づ出

出様ちやる　1　**出様ちやる**者や、　diyôcharu munu ya,

　　☼ 連用形「で」を含む。「でやうちやる」に対応。

　/di'jo'ocjaru/ と推定。

出やうち　26　**出やうち**、　diyôchi,

　　☼ 連用形「で」を含む。「でやうち」に対応。

　/di'jo'ocji/ と推定。

でよ　6　**でよ**　diyu

　　　29　**でよ**　diyu

　　☼ 命令形「でよ」に対応。

　/di'ju/ と推定。

出て　1　**出て**遊ば、　diti asiba,

　　　3　**出て**遊ば、　diti asiba,

　　☼「でて」に対応。

　/diti/ と推定。

かぬ兼

かねて　13　思ながし**かねて**、　umuinagashi kaniti,

　　☼「かねて」に対応。

　/kaniti/ と推定。

ぬ寝

寝ても　8　**寝ても**忘れらぬ　親の敵かたき　nitin wasiriran uya nu tichikatachi

　　　48　**寝ても**忘れらぬ　親の敵かたき　nitin wasiriran uya nu tichi

　　☼「ねて」を含む。「ねても」に対応。

　/niti'ɴ/ と推定。

さだむ定

さだめぐれしや　12　**さだめぐれしや**。　sadami gurisha.

352　第3章　仮名資料の動詞形態の考察

☆連用形「さだめ」を含む。「さだめぐれしや」に対応。

/sadamigurisja/ と推定。

そむ染

染めて　10　思**染**めて、　umisumiti,

☆「そめて」に対応。

/sumiti/ と推定。

つむ詰

つめて　17　物思**つ**めて。　munumitsimiti.

☆「つめて」に対応。

/cimiti/ と推定。

とむ留

とめて　8　聞き**とめ**て給うれ。　chichitumiti tabori.

　　　　14　貫き**とめ**て、　nuchi tumiti,

☆「とめて」に対応。

/tumiti/ と推定。

をさむ納

納め　49　刀や鞘に**納**め、　katana ya saya nyi wusami,

☆連用形「をさめ」に対応。

/ʔusami/ と推定。

たゆ絶

絶ゆる　1　**絶**ゆるとも、　tayurutun,

☆連用形「たえ」を含む。「たえをる」に対応。

/taʼjuru/ と推定。

絶らぬ　1　**絶**らぬ　此世界の習や。　taeran kunu shike nu nare ya.

☆「ラ行（四段）化」後の未然形「たえら」を含む。「たえらぬ」に対応。

/teraʼɴ/ と推定。「記録映画」の音声が [teraɴ] であることによる。

もゆ萌

もえ　18　**もえ**いで〻、　muyi iditi,

☆連用形「もえ」を含む。「もえいでて」に対応。

/muʼiʔiditi/ と推定。

あらはる現

あらはれる　17　色に**あらはれ**る。　iru nyi arawariru.

☆未然形「あらはれ」を含む。「あらはれる」に対応。「ラ行（四段）化」後の終止形「あらはれる」の
可能性もある。

/ʔaraʼwariru/ と推定。

うまる生

生れたうて　5　人に**生れ**たうて、　fitu nyi ʼnmaritoti,

☆「うまれて」を含む。「うまれてはをりて→うまれたうて」に対応。

/ʔɴmaritoti/ と推定。「人に生れたうて」が8音になるように /ʔɴmaritoʼoti/ ではなく、/ʔɴmaritoti/
として実現される。

生れたる　10　女生れたる　事の　winagu 'mmaritaru kutunu

☆「うまれて」を含む。「うまれてある→うまれたる」に対応。

/ʔɴmaritaru/ と推定。

つる連

つれて　8　**つれて**　tsiriti

列れて　10　なしこわない**列れて、**　nashigwa mane tsiriti,

　　　　　25　押**列れて**踊る。　ushitsiriti wuduru.

☆「つれて」に対応。

/ciriti/ と推定。

はる晴

はればれと　18　**はれ**　⌒　と　faribari tu

☆連用形「はれ」を含む。「はればれと」に対応。

/hwaribaritu/ と推定。

まぎる紛

まぎれゆる　39　花に**まぎれゆる**　わらべ年姿。　fana nyi majiriyuru warabi tushi sigata.

☆連用形「まぎれ」を含む。「まぎれをる」に対応。

/mazjiri'juru/ と推定。破擦音化の変化がある。

わかる別

別れぐれしや　14　**別れ**ぐれしや。　wakari gurisha.

☆連用形「わかれ」を含む。「わかれぐれしや」に対応。

/ˈwakarigurisja/ と推定。

生別れ　14　**生別れ**　ichiwakari

☆連用形「わかれ」を含む。「いきわかれ」に対応。

/ʔicji'wakari/ と推定。

別る　11　**別る**と思ば。　wakaru tumiba.

☆終止形「わかる」に対応。

/ˈwakaru/ と推定。

わする忘

忘れらぬ　8　寝ても**忘れらぬ**　親の敵かたき　nitin wasiriran uya nu tichikatachi

　　　　　48　寝ても**忘れらぬ**　親の敵かたき　nitin wasiriran uya nu tichi katachi

☆「ラ行（四段）化」後の未然形「わすれら」を含む。「わすれらぬ」に対応。

「わすらぬ」/ˈwasira'ɴ/ と「わすららぬ」/ˈwasirara'ɴ/ と「わすれらぬ」/ˈwasirira'ɴ/ との対照が必要になろう。

/ˈwasirira'ɴ/ と推定。

（カ変）

く来

くれば　18　春**くれば、**　haru kuriba,

　　　　24　春**くれば、**　haru kuriba

☆已然形「くれ」を含む。「くれば」に対応。

354　第3章　仮名資料の動詞形態の考察

/kuriba/ と推定。

（サ変）

す為

しゆが　15　きやし**ゆが**。　　chashu ga?

　☆ 連用形「し」を含む。「しを（る）が」に対応。

/sjuga/ と推定。

しゆたる　1　道障<ruby>障<rt>みちざはり</rt></ruby>**しゆたる**　護佐丸も　　michizawayi shutaru gusamarun

　☆ 連用形「し」を含む。「しをりたる」に対応。

/sjutaru/ と推定。

すな　17　油断**すな**、互に　　yudan suna, tage nyi,

　☆ 終止形「す」を含む。「すな」に対応。

/suna/ と推定。

するな　10　油断**するな**。　　yudan siruna.

　☆ 終止形「する」を含む。「するな」に対応。

/siruna/ と推定。

すらに　1　首里軍**すらに**、　　shuyi ikusa sira nyi,

　　　　1　那覇いくさ**すらに**。　　nafa ikusa sira nyi.

　☆ 未然形「すら」を含む。「すらに」に対応。_{注7)}

/sirani/ と推定。

すらな　9　**すらな**なゆめ。　　sirana nayumi

　☆ 未然形「すら」を含む。「すらな」に対応。

/sirana/ と推定。

させう　3　用意しめ**させう**。　　yûyi shimisa shô.

　☆ 未然形「さ」を含む。「させう」に対応。_{注8)}

/sasjo'o/ と推定。

しち　1　自由**しち**遊で、　　jiyu shichi aside,

　　　30　能羽**しち**、　　nufa shichi,_{注9)}

　☆ 「して」に対応。

/sjicji/ と推定。破擦音化の変化がある。

（ナ変）

しぬ死

死ぢ　7　**死ぢ**跡も、　　shiji atun,

　☆ 「しにて→しんで」に対応。

/sjizji/ と推定。破擦音化、撥音脱落の変化がある。

（ラ変）

あり有

ある　7　国の**ある**迄や、　　kunyi nu aru jadi ya,

　☆ 連体形「ある」に対応。

/ʔaru/ と推定。

あゆる　38　ほこらしやど**あゆる**。　　fukurasha du ayuru.

第8節　「組踊　五組」脚本の動詞形態の考察　355

☆連用形「あり」を含む。「ありをる」に対応。

/ʔa'juru/ と推定。/ri/ → /'i/ の変化がある。

あすが　10　いきぼしやどあすが、　ichibusha du asi ga,

　　　　　11　ほこらしやどあすが、　fukurasha du asiga,

☆連体形「ある」を含む。「あるすが→あすが」に対応。

/ʔasiga/ と推定。

あもの　14　くれしやあもの、　kurisha amunu,

☆連体形「ある」を含む。「あるもの」に対応。「あもの」と変化。

/ʔamunu/ と推定。

あらは　14　あらし声のあらは、　arashigwi nu arawa,

☆未然形「あら」を含む。「あらは」に対応。

/ʔara'wa/ と推定。

をり居

居る　43　苔て居る花に　tsibudi wuru hana nyi

　　　51　苔て居る花の　tsubudi wuru hana nu

☆連体形「をる」に対応。

/'uru/ と推定。

（無）

無らぬ 1　肝障り無らぬ、　chimuzawayi neran,

　　　1　道障り無らぬ。　michizawayi neran.

　　　3　肝障り無らぬ。　chimuzawayi neran

　　　3　事さママわり無らぬ。　Kutuzawayi neran

　　　6　罪科も無らぬ。　tsimitugan neran

☆「ないあらぬ→ないらぬ」の変化か。

/ne('e)ra'N/ と推定。

2 《組五執鐘》

（四段）

いく行

行　2　旅に行暮れて、　tabi nyi ichikuriti,

☆連用形「いき」を含む。「いきくれて」に対応。

/ʔicjikuriti/ と推定。

行きよる　1　やてどひちより行きよる。　yati du fichuyi ichuru.

☆連用形「いき」を含む。「いきをる」に対応。

/ʔicjuru/ と推定。

行きゆる　18　やてど行きゆる。　yati du ichuru

☆連用形「いき」を含む。「いきをる」に対応。

/ʔicjuru/ と推定。

いく　23　たゞやいくまい。tada ya iku mai.

☆終止形「いく」に対応。

/ʔiku/ と推定。

行く　22　**行く**末吉の　yuku suyiyushi nu

　　☆ 連体形「いく」に対応。

　/ʔiku/ と推定。

行先　2　**行先**もないらぬ。　ikusachin neran,

　　2　**行先**やまよて、　ikusachi ya mayuti,

　　6　**行先**も見らぬ、　ikusachin miran,

　　24　**行先**もないらぬ　ikusachin neran

　　☆ 連体形「いく」を含む。「いくさき」に対応。

　/ʔikusacji/ と推定。

いかは　19　ふり捨てゝ**いかは**、　furisititi ikawa,

　　☆ 未然形「いか」を含む。「いかは」に対応。

　/ʔika’wa/ と推定。

おく置

置て　5　宿からち**置て**、yadu karachi uchoti,

　　☆「おきて」を含む。「おきてはをりて」に対応。

　/ʔucjoti/ と推定。全体で「8音」になるようにするためには /ʔucjo’oti/ ではなく、/ʔucjoti/ が妥当。

きく聞

聞き　27　**聞き**とめれ。　chichi tumiri.

　　☆ 連用形「きき」を含む。「ききとめれ」に対応。

　/cjicjitumiri/ と推定。

聞けば　40　うらめゆす**聞けば**、　uramiyusi chikiba,

　　☆ 已然形「きけ」を含む。「きけば」に対応。

　/cjikiba/ と推定。

聞かに　21　急ぢ**聞かに**。　isuji chika nyi.

　　☆ 未然形「きか」を含む。「きかに」。「きかぬ +/i/」（疑問の接辞 /i/）。

　/cjikani/ と推定。

つく着

つちやる　55　まとひ**つちやる**。　matuyi tsicharu.

　　☆「つきて」を含む。「つきてある→つきたる」に対応。注1)

　/cicjaru/ と推定。破擦音化の変化がある。

つく　34　花に**つく**胡蝶　hana nyi tsiku haberu

　　☆ 連体形「つく」。

　/ciku/ と推定。

つく付

追付き　22　跡から**追付き**、　atu kara ’wîtsiki,

　　☆ 命令形「つけ」を含む。「おひつけ」に対応。

　/ʔwi’iciki/ と推定。

ひく引

ひかされて　44　匂に**ひかされて**、nyiwi nyi fikasariti,

　　☆ 未然形「ひか」を含む。「ひかされて」に対応。

/hwikasariti/ と推定。

いそぐ急
急ぢ　21　急ぢ聞かに。　isuji chika nyi.
　　　　38　急ぢ立戻れ、　isuji tachimuduri,
☆「いそぎて」に対応。注2)
/ʔisuzji/ と推定。破擦音化の変化がある。

あかす明
あかしぶしや　2　あかしぶしやの。　akashi busha nu.
☆連用形「あかし」を含む。「あかしぶしや」に対応。
/ʔakasjibusja/ と推定。

いだす出
しぢやち　56　かにやることしぢやち、　kanyaru kutu shijachi,
☆「いだして」を含む。「しいだして」に対応。
/sjizjacji/ と推定。破擦音化の変化がある。

うつす移
うつす　31　匂やうつす。　nyiwi ya uchusu.
☆終止形「うつす」に対応か。
/ʔucisu/ と推定。注3)

かくす隠
隠す　23　隠すかた無いらん、kakusu kata neran,
☆連体形「かくす」に対応。
/kakusu/ と推定。注4)
隠さ　25　かいじやうがねの　下に隠さ。　kejogani nu shicha nyi kakusa.
☆未然形「かくさ」に対応。
/kakusa/ と推定。
かくち　25　花の顔かくち、　hana nu kawu kakuchi,
☆「かくして」に対応。
/kakucji/ と推定。破擦音化の変化がある。

からす貸
からち　2　からち給うれ。　karachi tabori.
　　　　4　からちたばうれ。karachi tabori.
　　　　6　からちたばうれ。　karachi tabori.
　　　　5　宿からち置て、yadu Karachi uchoti,
☆「からして」に対応。
/karacji/ と推定。破擦音化の変化がある。

くりかへす繰返
繰返ち　6　繰返ちまたや　kuyikêchi mata ya
☆「くりかへして」に対応。
/ku'ika'icji/ と推定。破擦音化の変化がある。「記録映画」の音声が [kujikajiʧi] である。

さがす探

358　第3章　仮名資料の動詞形態の考察

さがさはも　27　**さがさはも**ばからひ、　sagasawam bakari,

　　☆ 未然形「さがさ」を含む。「さがさはむ」に対応か。

　/sagasa'wa'N/ と推定。「記録映画」の音声は [sagasawam]、[b] が続くから当然ではあるが。

探ち　55　寺の内を**探ち**、　tira nu uchi wu sagachi,

　　☆「さがして」に対応。

　/sagacji/ と推定。破擦音化の変化がある。

つくす尽

尽ち　56　法力を［よ］**尽ち**、　fôrichi yu tsikuchi,

　　☆「つくして」に対応。

　/cikucji/ と推定。破擦音化の変化がある。

はなす放

はなされめ　19　はなち**はなされめ**。　hanachi hanasarimi?

　　☆ 未然形「はなさ」を含む。「はなされめ」に対応。

　/hwanasarimi/ と推定。

はなさらぬ　22　はなち**はなさらぬ**。　hanachi hanasaran.

　　☆ 未然形「はなさ」を含む。「はなさらぬ」に対応。

　/hwanasara'N/ と推定。

はなち　19　**はなち**はなされめ。　hanachi hanasarimi?

　　　　22　**はなち**はなされぬ。　hanachi hanasaran.

　　☆「はなして」に対応。

　/hwanacji/ と推定。破擦音化の変化がある。

ゆるす許

ゆるち　40　**ゆるち**　見せら。　yuruchi mishira.

　　☆「ゆるして」に対応。

　/'jurucji/ と推定。破擦音化の変化がある。

たつ立

立　2　**立**寄やり、　tachiyuyayi,

　　38　急ぢ　**立**戻れ、　isuji tachimuduri,

　　☆ 連用形「たち」に対応。

　/tacji/ と推定。

立ちゆめ　5　憂名**立ちゆめ**。　ukina tachumi?

　　☆ 連用形「たち」を含む。「たちをりみ」に対応。「め」は仮名違いの問題。

　/tacjumi/ と推定。

まつ待

待ちかねる　12　しばし**待ちかねる**　夜明しら雲。　shibashi machikaniru yuaki
　　　　　　　　　　shirakumu!

　　☆ 連用形「まち」を含む。「まちかねる」に対応。

　/macjikaniru/ と推定。

あふ会

あはぬ　55　**あはぬ**恨めしやに、　awan uramisha nyi,

第 8 節　「組踊　五組」脚本の動詞形態の考察　359

☼ 未然形「あは」を含む。「あはぬ」に対応。

/ʔa'wa'N/ と推定。

いきあふ行合

御行合　9　まれの**御行合**さらめ　mari nu 'wiche sarami

☼ 連用形「いきあひ」を含む。「おいきあひ」に対応。

/ʔwicja'i/ と推定。「記録映画」の音声は [ʔwiʃasarami] と聞こえる。

御行合に　10　はつ**御行合**に　fatsi'wiche nyi

☼ 連用形「いきあひ」を含む。「おいきあひに」に対応。

/ʔwicja'ini/ と推定。

御行合や　11　**御行合**や　'wiche ya

☼ 連用形「いきあひ」を含む。「おいきあひは」に対応。

/ʔwicja'i'ja/ と推定。

いふ言

いひぐれしや　6　**いひぐれしや**あすが、　î gurisha asi ga,

☼ 連用形「いひ」を含む。「いひぐれしや」に対応か。

/ʔi'igurisja/ と推定。

いやに　23　むぱで**いやに**すれば、　mpa di 'yanyi siri ba,

☼ 連用形「いひ」を含む。「いひありに」に対応か。

/ʔja'jani/ と推定。

いふす　3　宿からんで**いふす**や。　yadu kara ndi 'yusi ya?

　　　　6　自由ならぬで**いふす**に　jiyu naran di 'yusi nyi

☼ 連用形「いひ」を含む。「いひを（る）す」に対応。

/ʔjusi/ と推定。

いふめ　7　いやで**いふめ**御宿。　yiya di 'yu mi uyadu.

☼ 連用形「いひ」を含む。「いひをりみ」に対応か。「いふみ」は「いふ<u>む</u>＋/i/」か。仮名遣いの違いがある。

/ʔjumi/ と推定。

いちも　56　いきや**いちも**　icha ichin

☼「いひて」を含む。「いひても」に対応。

/ʔicji'N/ と推定。破擦音化の変化がある。

おふ追

追付き 22　跡から**追付き**、　atu kara 'wîtsiki,

☼ 連用形「おひ」を含む。「おひつき」に対応。

/ʔwi'icicji/ と推定。

おもふ思

思　23　**思**積てからや　umitsimuti kara ya

☼ 連用形「おもひ」に対応。

/ʔumi/ と推定。

思ふな　23　麁相にども**思ふな**。　suso nyi dun umu na.

☼ 終止形「おもふ」を含む。「おもふな」に対応。

/ʔumuna/ と推定。「8音」にするためには /ʔumuna/ となる。

思事　37　**思事のあてど**　umukutu nu ati du

　☆ 連体形「おもふ」を含むか。「おも（ふ）こと」に対応か。

　/ʔumukutu/ と推定。

思ば　7　**里と思ば、**　satu tumiba,

　☆ 已然形「おもへ」を含む。「おもへば」に対応。

　/miba/ と推定。「とめば」/miba/ で慣用句化。

かたらふ語合

語らひぼしや　9　**語らひぼしやの。**　katare busha nu.

　☆ 連用形「かたらひ」を含む。「かたらひほしや」に対応。

　/katarebusja/ と推定。「かたらひほしやの」を「6音」にするには、/katare'ebusja/ ではなく、

　/katarebusja/ が妥当。

すくふ救

救て　20　**救てたばうれ。** sukuti tabori!

　　　24　**救てたばうれ。**　sukuti tabori!

　☆「すくひて」に対応。

　/sukuti/ と推定。

すふ吸

吸ゆる　13　**吸ゆる世の中の**　習や知らね。suyuru yununaka nu nare ya shirani?

　☆ 連用形「すひ」を含む。「すひをる」に対応。

　/su'juru/ と推定。

たまふ給

たばうれ　6　**からちたばうれ。**　karachi tabori.

　　　　24　救て**たばうれ。**　sukuti tabori!

給うれ　2　からち**給うれ。**　karachi tabori.

　☆「たまふ」→「たばふ」と変化。更に「たばうる」と「ラ行（四段）化」した後の命令形「たばうれ」
　　と判断。

　/tabori/ と推定。「からちたばうれ」「救くてたばうれ」を「6音」にするために /tabori/。

ならふ習

習や　13　**習や知らね。** suyuru yununaka nu nare ya shirani?

　☆ 連用形「ならひ」を含む。「ならひは」に対応。

　/nare'ja/ と推定。「習や知らね」を「6音」にするには /nare'e'ja/ ではなく、/nare'ja/ が妥当。

にほふ匂

匂　46　**またも匂まさる**　梅どやゆる。　matan nyiwi masaru 'mmi du yayuru.

　☆ 連用形「にほひ」に対応。

　/ni'wi/ と推定。「またも匂まさる」を「8音」にするには /ni'wi'i/ ではなく、/ni'wi/ が妥当。

匂や　31　**匂やうつす。**　nyiwi ya uchusu.

　☆ 連用形「にほひ」を含む。「にほひは」に対応。

　/ni'wi'ja/ と推定。「匂やうつす」を「6音」にするには /ni'wi'ja/ が妥当。

匂に　44　**匂にひかされて、** nyiwi nyi fikasariti,

　☆ 連用形「にほひ」を含む。「にほひに」に対応。

/ni'wini/ と推定。

まとふ纏

まとひつちやる　55　**まとひつちやる**。　matuyi tsicharu.

　☼ 連用形「まとひ」を含む。「まとひつきたる」に対応。

/matu'icicjaru/ と推定。

まよふ迷

まよて　2　行先や**まよて**、　ikusachi ya mayuti,

　　　　8　道**まよて**をたん。　michi mayuti wutan.

　☼「まよひて」に対応。

/ma'juti/ と推定。

およぶ及

<ruby>及<rt>およ</rt></ruby>ばらぬ　17　**<ruby>及<rt>およ</rt></ruby>ばらぬ**里と　uyubaran satu tu

　☼ 未然形「およば」を含む。「およばらぬ」に対応。

/ʔu'jubara'ɴ/ と推定。

むすぶ結

<ruby>結<rt>むす</rt></ruby>びやべが　17　袖に**<ruby>結<rt>むす</rt></ruby>びやべが**。　sudi nyi musibyabi ga?

　　☼ 連用形「むすび」を含む。「むすびはべるが」に対応か。

/musibjabiga/ と推定。

むすばはん　18　**むすばはん**ばかひ、musibawam bakari

　　☼ 未然形「むすば」を含む。「むすばはむ」に対応か。

/musiba'wa'ɴ/ と推定。
<ruby>結<rt>むす</rt></ruby>で　19　悪縁の**<ruby>結<rt>むす</rt></ruby>で**、akuyin nu musidi,　注5)

　　☼「むすびて→むすんで」に対応。

/musidi/ と推定。撥音脱落の変化がある。

うらむ恨

うらめゆす　40　**うらめゆす**聞けば、uramiyusi chikiba,

　　☼ 連用形「うらみ」を含む。「うらみを（る）す」に対応。

/ʔurami'jusi/ と推定。

たのむ頼

<ruby>頼<rt>たの</rt></ruby>まば　22　**<ruby>頼<rt>たの</rt></ruby>まば**終に　tanuma ba tsî nyi

　　☼ 未然形「たのま」を含む。「たのまば」に対応。

/tanumaba/ と推定。
<ruby>頼<rt>たの</rt></ruby>で　24　**<ruby>頼<rt>たの</rt></ruby>で**わないきちやん。tanudi wane chichan.

　　☼「たのみて→たのんで」に対応。

/tanudi/ と推定。撥音脱落の変化がある。

つむ積

<ruby>積<rt>つも</rt></ruby>て　23　思<ruby>積<rt>おめつも</rt></ruby>てからや　umitsimuti kara ya

　　☼「つもりて→つもって」に対応。

/cimuti/ と推定。促音脱落の変化がある。

やすむ休

362　第3章　仮名資料の動詞形態の考察

やすま　8　しばしやすま。　shibashi yasi ma.

　☆ 未然形「やすま」に対応。

　/jasima/ と推定。

あさる漁
　あさて　27　耳の根よあさて、　mimi nu ni yu asati,

　☆「あさりて→あさって」に対応。

　/ʔasati/ と推定。促音脱落の変化がある。

いのる祈
　祈り　56　祈りのけろうよ。　inuyi nukiro yu.

　☆ 連用形「いのり」に対応。

　/ʔinu'i/ と推定。

いる入
　入やうれ　25　入やうれ　く　。iyôri iyôri.

　☆ 連用形「いり」を含む。「いりおわれ」に対応。

　/ʔi'jo'ori/ と推定。

かたる語
　語やべら　7　互に語やべら。　tage nyi katayabira.

　☆ 連用形「かたり」を含む。「かたりはべら」に対応。

　/kata'jabira/ と推定。

　かたる　10　かたる事ないさめ。　kataru kutu nesami.

　☆ 連体形「かたる」に対応。

　/kataru/ と推定。

　語る　29　語る嬉しや。　kataru urisha.

　☆ 連体形「かたる」に対応。

　/kataru/ と推定。

かる借
　かゆる　4　宿かゆる浮世、yadu kayuru uchiyu,

　☆ 連用形「かり」を含む。「かりをる」に対応。

　/ka'juru/ と推定。

　からんで　3　宿からんでいふすや。　yadu kara ndi 'yusi ya?

　☆ 未然形「から」を含む。「からむで」に対応か。

　/kara'ɴdi/ と推定。

さかる盛
　花盛り　30　あたら　花盛り　atara hanazakari

　　　　　44　女花盛り　wunna hanazakari

　☆ 連用形「さかり」を含む。「はなざかり」に対応。

　/hanazaka'i/ と推定。　二つとも「記録映画」の音声は [hanazakaji] と聞こえる。

しる知
　知らぬ　12　御縁てす知らぬ、　guyin tisi shiran,

　　　　　12　恋の道知らぬ。　kuyi nu michi shiran;

第8節　「組踊　五組」脚本の動詞形態の考察　363

14 知_しらぬ。　shiran.

☆ 未然形「しら」を含む。「しらぬ」に対応。

/sjira'ɴ/ と推定。

知_しらね　13　習や知_しらね。suyuru yununaka nu nare ya shirani?　注6)

☆ 未然形「しら」を含む。「しらに」に対応。「しらに」を「しらね」と表記。

/sjirani/ と推定。

しらぬ　15　恋しらぬものや　kuyi shiran munu ya

知_しらぬ　16　義理知_しらぬものや　jiri shiran munu ya

40　知_しらぬふりしちゆて、　shiran furi shichuti,

41　慈悲知_しらぬものや　jifi shiran munu ya

☆ 未然形「しら」を含む。「しらぬ」に対応。注7)

/sjira'ɴ/ と推定。

知_しらば　17　かねてから知_しらば、kaniti kara shiraba,

☆ 未然形「しら」を含む。「しらば」に対応。

/sjiraba/ と推定。

しられ　2　物しられしやべら。　munushirari shabira.

☆ 未然形「しら」を含む。「しられ」に対応。

/sjirari/ と推定。

たよる頼

便_{たよ}て　2　火の光便_{たよ}て、　fi nu fikari tayuti,

☆ 「たよりて」に対応。「たよって」と変化。

/ta'juti/ と推定。促音脱落の変化がある。

てる照

照_てる　1　照_てるてだや　tiru tida ya

☆ 連体形「てる」に対応。

/tiru/ と推定。

とる取

取_とゆん　23　命も取_とゆん。nuchin tuyun.

☆ 連用形「とり」を含む。「とりをりむ」に対応。

/tu'ju'ɴ/ と推定。

とらん　22　露の命を　とらんとよ。　tsiyu nu inuchi wu turan tu yu.

☆ 未然形「とら」を含む。「とらむ」に対応。

/tura'ɴ/ と推定。

なる成

なや (ママ) め　34　禁止のなや (ママ) め。　chiji nu nayumi?

☆ 連用形「なり」を含む。「なりをりみ」に対応か。

/na'jumi/ と推定。

ならぬ　3　自由もならぬ。　jiyun naran.

30　ひちよりしちならぬ。

6　自由ならぬでいふすに　jiyu naran di 'yusi nyi

364　第3章　仮名資料の動詞形態の考察

☆ 未然形「なら」を含む。「ならぬ」に対応。「－ぬ」は終止の形。

/nara'N/ と推定。

ならぬ　33　自由ならぬよりや、　jiyu naran yuyi ya,
　　　　　56　ならぬこと。　　naran kutu.

　　☆ 未然形「なら」を含む。「ならぬ」に対応。「－ぬ」は連体の形。

/nara'N/ と推定。

ならに　33　一道ならに。　　chumichi nara nyi.

　　☆ 未然形「なら」を含む。「ならに」に対応。

/narani/ と推定。

なて　55　鬼になて鐘に　unyi nati kani nyi

　　☆ 「なりて→なって」に対応。

/nati/ と推定。促音脱落の変化がある。

なても　1　布だけになても、　nunu daki nyi katin

　　☆ 「なりて」を含む。「なりても→なっても」に対応。

/nati'N/ と推定。促音脱落の変化がある。

のぼる登

のぼる　2　あてど首里にのぼる。　　ati du shuyi nyi nuburu.
　　　　　6　首里にのぼる。　　Shuyi nyi nuburu.

　　☆ 終止形「のぼる」に対応。

/nuburu/ と推定。

ふる振

ふり　19　ふり捨てゝいかは、　furisititi ikawa,
　　　23　命ふりすてゝ、inuchi furi sititi,
　　　23　恥もふり捨てゝ、hajin furi sititi,

　　☆ 連用形「ふり」に対応。

/hwuri/ と推定。

まさる勝

まさる　46　またも匂まさる　梅どやゆる。　　matan nyiwi masaru 'mmi du yayuru.

　　☆ 連体形「まさる」に対応。

/masaru/ と推定。

もどる戻

戻る　6　戻る道ないらん　muduru michi neran
　　　25　戻る道ないらぬ　muduru michi neran

　　☆ 連体形「もどる」に対応。

/muduru/ と推定。

戻れ　34　戻れく　。　muduri! Muduri!
　　　38　急ぢ立戻れ、　isuji tachimuduri,

　　☆ 命令形「もどれ」に対応。

/muduri/ と推定。

よる寄

寄やり　2　立<ruby>寄<rt>たちよ</rt></ruby>やり、　tachiyuyayi,

　☆ 連用形「より」を含む。「よりあり」に対応。

/ˈju'ja'i/ と推定。

（上一段）

みる見

見ちやる　23　<ruby>見<rt>ん</rt></ruby>ちやる目のいちやさ　ncharu mi nu ichasa

　☆「みて」を含む。「みてある→みたる」に対応。融合変化の結果「んちやる」となった。

/ˈɴcjaru/ と推定。

<ruby>見<rt>ん</rt></ruby>だぬ　38　夢やちやうも<ruby>見<rt>ん</rt></ruby>だぬ。　　imi ya chon ndan.

　☆「ラ行（四段）化」後の「みる」（新形式）の未然形「みら」を含む。「みらぬ」に対応。

/ˈɴda'ɴ/ と推定。

（上二段）

おく起

起きれ　9　<ruby>起<rt>お</rt></ruby>きれ　く、里よ、ukiri ₍ママ₎ kiri! satu yu! ₍注8₎

　☆「ラ行（四段）化」した後の命令形「おけれ」と判断。

/ʔukiri/ と推定。

（下一段　ナシ）

（下二段）

あく開

開けて　25　<ruby>開<rt>あ</rt></ruby>けてかいじやうがねの　akiti kejogani nu

　☆「あけて」に対応。

/ʔakiti/ と推定。

あく明

夜明　12　<ruby>夜明<rt>よあけ</rt></ruby>しら雲。　　yuaki shirakumu!

　☆ 連用形「あけ」を含む。「よあけ」に対応。

/ˈjuʔaki/ と推定。

たすく助

御助け　22　たんで<ruby>御助<rt>おたす</rt></ruby>け、　わがいのち。　　tandi utasiki, wa ga inuchi.

　☆ 連用形「たすけ」を含む。「おたすけ」に対応。

/ʔutasiki/ と推定。

<ruby>助<rt>たす</rt></ruby>けほしや　25　<ruby>助<rt>たす</rt></ruby>けほしやの。　　tasiki bushanu.

　☆ 連用形「たすけ」を含む。「たすけほしや」に対応。

/tasikibusja/ と推定。

のく退

のけろう　56　祈りのけろうよ。　inuyi nukiro yu.

　☆「ラ行（四段）化」した後の未然形「のけら」を含む。「のけらう」に対応。「のけろう」と変化。

/nukiro'o/ と推定。

にぐ逃

にげれ　48　早くにげれ、く　。　　hayaku nyigiri! nyigiri!

　☆「ラ行（四段）化」した後の命令形「にげれ」と判断。

/nigiri/ と推定。

みす見

見せら　40　ゆるち　**見せら**。　　yuruchi mishira.

☆「ラ行（四段）化」した後の未然形「みせら」と判断。

/misira/ と推定。

すつ捨

すて〉　23　命ふり**すて〉**、inuchi furi sititi,

捨て〉　19　ふり**捨て〉**いかは、　furisititi ikawa,

　　　　23　恥もふり**捨て〉**、hajin　furi sititi,

☆「すてて」に対応。

/sititi/ と推定。

かぬ兼

かねる　12　しばし待ち**かねる**　夜明しら雲。　　shibashi machikaniru yuaki shirakumu!

☆「ラ行（四段）化」した後の連体形「かねる」と判断。

/kaniru/ と推定。

かねてから　17　**かねてから**知らば、kaniti kara shiraba,

☆「かねて」を含む。「かねてから」に対応。

/kanitikara/ と推定。

たづぬ尋

尋ねゆる　38　**尋ねゆる**里や　tazuniyuru satu ya

☆連用形「たづね」を含む。「たづねをる」に対応。

/tazini'juru/ と推定。

尋ねたる　55　若衆**尋ねたる**、　女わらべ。　　wakashu tazunitaru, wunna warabi.

☆「たづねて」を含む。「たづねてある→たづねたる」に対応。

/tazinitaru/ と推定。

あつむ集

集め　25　小僧共　**集め**、　kuzû dumu atsimi,

☆連用形「あつめ」に対応。

/ʔacimi/ と推定。

さだむ定

定めらぬ　39　是非も**定めらぬ**　人の怨めしや。　　jifin sadamiran fitu nu ramisha.

☆「さだめる」に変化（「ラ行化」）した後の未然形「さだめら」を含む。「さだめらぬ」に対応。

/sadamira'N/ と推定。

とむ留・止

とめれ　27　聞き**とめれ**。　chichi tumiri.

☆「ラ行（四段）化」した後の命令形「とめれ」に対応。

/tumiri/ と推定。

とめら〉ぬ　55　**とめもとめら〉ぬ**、　tumin tumiraran,

☆「ラ行（四段）化」した後の未然形「とめら」を含む。「とめららぬ」に対応。

/tumirara'N/ と推定。

まるむ丸

まろめて　41　あたま**まろめても**　atama marumitin

　　☆「まるめて」に対応。「ろ」は仮名遣いの問題。

/marumiti/ と推定。

丸めて　44　あたま**丸めても、**　atama marumitin,

　　☆「まるめて」に対応。

/marumiti/ と推定。

みゆ見

見らぬ　6　行先も**見らぬ、**　ikusachin miran,

　　　　15　底も**見らぬ。**　sukun miran.

　　☆「ラ行（四段）化」した後の未然形「みえら」を含む。「みえらぬ」に対応。

/mi('i)ra'ɴ/ と推定。「8音」及び「6音」にするには /mi'ira'ɴ/ ではなく、/mira'ɴ/ が妥当。

いる入

入れる　42　麁相に**入れる。**　suso nyi iriru? ₍ママ₎

　　☆「ラ行（四段）化」した後の終止形「いれる」に対応。

/ʔiriru/ と推定。

うまる生

生れても　15　をとこ**生れても、**　wutuku 'mmaritin,

　　　　　16　女**生れても、**　wunna 'mmaritin,

　　☆「うまれて」を含む。「うまれても」に対応。

/ʔɴmariti'ɴ/ と推定。

くる暮

暮れて　2　旅に**行暮れて、**　tabi nyi ichikuriti,

　　☆「くれて」に対応。

/kuriti/ と推定。

こがる焦

こがれとて　47　一人**こがれとて、**　fichuyi kugarituti,

　　☆「こがれて」を含む。「こがれてをりて」に対応。

/kugarituti/ と推定。「一人こがれとて」を「8音」にするために /kugarituti/。

/kugaritoti/ も可能か。

しる知

知れて　5　与所**知れて**　yusu shiriti

　　☆「しれて」に対応。

/sjiriti/ と推定。

はづる外

はづれ　2　あの村の**はづれ**　anu mura nu fajiri

　　☆連用形「はづれ」に対応。

/hwaziri/ と推定。

ふる呆（狂？）

ほれたか　52　**ほれたか。**　furita ka?

54　**ほれたか**　く　。　furita ka furita ka?

　　☆「ふれて」を含む。「ふれてあるか→ふれた（る）か」に対応。

　　/hwuritaka/ と推定。

わする忘

　忘れとて　42　事や**忘れとて**、　kutu ya wasirituti

　　☆「わすれて」を含む。「わすれてをりて」に対応。

　　/'wasirituti/ と推定。「事や忘れとて」で「8音」に。

（カ変）

く来

　くる　23　とまいて**くる**ばかり　tumeti kuru bakayi

　　☆連体形「くる」に対応。

　　/kuru/ と推定。

　きちやん　24　頼でわない**きちやん**。tanudi wane chichan.

　　☆「きて」を含む。「きてあり<u>む</u>→きたり<u>む</u>」に対応。注9)

　　/cjicja'N/ と推定。

　きちも　27　人とまいて**きちも**、　fitu tumeti chichin,

　　☆「きて」を含む。「きても」に対応。

　　/cjicji'N/ と推定。注10)

　きちやる　37　あてど　とまいて**きちやる**。　ati du tumeti chicharu.

　　☆「きて」を含む。「きてある」に対応。注11)

　　/cjicjaru/ と推定。

　きちやが　35　とまいて**きちやが**。　tumeti chicha ga?

　　☆「きて」を含む。「きてあるが」に対応。注12)

　　/cjicjaga/ と推定。

（サ変）

す為

　しやべら　2　物しられ**しやべら**。　munushirari shabira.

　　☆連用形「し」を含む。「しはべら」に対応。

　　/sjabira/ と推定。

　しゆゆら　56　いきやが**しゆゆら**。　icha ga shuyura?

　　☆連用形「し」を含む。「しをりをら」に対応。注13)

　　/sju'jura/ と推定。

　しぢやち　56　かにやること**しぢやち**、　nanyaru kutu shijachi,

　　☆連用形「し」を含む。「しいだして」に対応。

　　/sjizjacji/ と推定。

　すれば　23　むぱでいやに**すれば**、　mpa di 'yanyi siri ba,

　　☆已然形「すれ」を含む。「すれば」に対応。

　　/siriba/ と推定。

　するな　27　そさうに**するな**。　suso nyi siruna

　　　　　27　麁相にども**するな**。　suso nyi dun siru na

☼ 終止形「する」を含む。「するな」に対応。

/siruna/ と推定。

さしやう　25　番のしめさしやう。　ban nu shimisa shô.

☼ 未然形「さ」を含む。「させう」に対応。註14)

/sasjo'o/ と推定。

しち　30　ひちよりしちならぬ。　fichuyi shichi naran.

☼「して」に対応。

/sjicji/ と推定。

しちゆて　40　知らぬふりしちゆて、　shiran furi shichuti,

☼「して」を含む。「してをりて」に対応。

/sjicjuti/ と推定。

しちやる　50　いきやしちやる事が、ichashicharu kutu ga?

☼「して」を含む。「してある→したる」に対応。

/sjicjaru/ と推定。

しちやれ　11　またしちやれ、mata shichari

☼「して」を含む。「してあれ→したれ」に対応。

/sjicjari/ と推定。

しちをとて　56　麁相にしちをとて、suso nyi shichi wututi,

☼「して」を含む。「してをりてをりて」に対応。

/sjicji'ututi/ と推定。

「記録映画」の音声は [-wutoti] と聞こえるが、成り立ちを考慮すると /-'ututi/ がよいか。

/ 〜 uti+uti/ → / 〜 ututi/。

しがな　25　いきやしがなわらべ　ichashi gana warabi

☼ 連用形「し」を含む。「し（ある）がな」に対応。「どうしたか。わらべ」の意。

/sjigana/ と推定。

きんず禁

きじらゝぬ　55　禁止もきじらゝぬ、　chijin chijiraran,

☼「ラ行（四段）化」後の未然形「きじら」を含むとみる。「きじら＋ら＋ぬ」に対応。

/cjizjirara'N/ と推定。

（ナ変）

しぬ死

死ぬ　47　死ぬが心気。shinu ga shinchi.

☼ 終止形「しぬ」に対応。

/sjinu/ と推定。

（ラ変）

あり有

ある　39　情ある浮世、　nasaki aru uchiyu,

☼ 連体形「ある」に対応。

/ʔaru/ と推定。

あすが　6　いひぐれしやあすが、　ì gurisha asi ga,

21　わらべ声の**あすが**、　warabi gwi nu asi ga,

46　色美さ**あすが**、　irujurasa asi ga,

☼連体形「ある」を含む。「あるすが」に対応。「あすが」と変化。

/ʔasiga/ と推定。

あてど　2　みやだいりごと**あてど**　myadeyi gutu ati du

6　みやだいりごと**あてど**　myadeyi gutu ati du

37　思事の**あてど** umukutu nu ati du

☼「ありて」を含む。「ありてど」に対応。

/ʔatidu/ と推定。

あつた　48　だいんな事が**あつた**。　denna kutu ga atta.

☼「ありて」を含む。「ありてあり」に対応。「あったり→あった」と変化か。

/ʔaQta/ と推定。

あとて　35　いきやる事**あとて**、　icharu kutu atuti,

☼「ありて」を含む。「ありてをりて」に対応。

/ʔatuti/ と推定。/ʔatoti/ も可か。

なし無

ないらぬ　2　行先も**ないらぬ**。　iksachin neran,

25　戻る道**ないらぬ**　muduru michi neran

☼「ないあらぬ」に対応。「ないあらぬ→ないらぬ」と変化か。

/neraʼN/ と推定。音数を揃えるために /neʼeraʼN/ ではなく /neraʼN/。

ないらん　6　戻る道**ないらん** muduru michi neran

☼「ないあらぬ」に対応。「ないあらぬ→ないらぬ→ないらん」と変化か。

/neraʼN/ と推定。音数を揃えるために /neʼeraʼN/ ではなく /neraʼN/。

無いらん　23　隠すかた**無いらん**、kakusu kata neran,

☼「ないあらぬ」に対応。「ないあらぬ→ないらぬ→ないらん」と変化か。

/neraʼN/ と推定。音数を揃えるために /neʼeraʼN/ ではなく /neraʼN/。

ないぬ　47　御縁**ないぬ**さらめ、　guyin nen sarami;

☼「ないぬ」に対応。

/neʼN/ と推定。

ないさめ　10　かたる事**ないさめ**。　kataru kutu nesami.

☼「ないさありみ」に対応か。「ないさありむ＋i→ないさあむ＋i→ないさむ＋i→ないさみ（「ないさめ」と表記）」と変化か。

/nesami/ と推定。音数を揃えるために /neʼesami/ ではなく /nesami/。

をり居

をとて　56　麁相にしち**をとて**、suso　nyi shichi wututi,

☼「をりて」を含む。「をりてをりて」に対応。

/ʼututi/ と推定。

をたん　8　道まよて**をたん**。　michi mayuti wutan.

☼「をりて」を含む。「をりてあり<u>む</u>→をりたり<u>む</u>→をったり<u>む</u>→をたり<u>む</u>」に対応。

/ʼutaʼN/ と推定。

3 《組五銘苅》

（四段）

いく行

　いき　　1　原のいきもどり　faru nu ichimuduyi
　　　　　40　朝夕いきくらち、　asayu ichi kurachi

　　☆ 連用形「いき」に対応。

　　/ʔicji/ と推定。

　行きやり　14　大原に行きやり、　ufubaru nyi ichayi,
　　　　　　15　大原に行きやり、　ufubaru nyi ichayi,
　　　　　　45　朝夕つれ行きやり、　asayu tsiri ichayi,

　　☆ 連用形「いき」を含む。「いきあり」に対応。

　　/ʔicja'i/ と推定。

　いきゆん　37　肝暮れていきゆん。　chimu kuriti ichun.
　行きゆん　37　母とまひて行きゆん。　fafa tumeti ichun.
　　　　　　40　夜も暮れて行きゆん、　yun kuriti ichun,

　　☆ 連用形「いき」を含む。「いきをりむ」に対応。

　　/ʔicjuˀn/ と推定。

　行きゆる　45　今ど行きゆる。　nama du ichuru.

　　☆ 連用形「いき」を含む。「いきをる」に対応。

　　/ʔicjuru/ と推定。

　行きゆが　4　まかへ行きゆが。　ma kayi ichu ga.
　往きゆが　29　まかへ往きゆが。　ma kayi ichu ga?

　　☆ 連用形「いき」を含む。「いきをるが」に対応。

　　/ʔicjuga/ と推定。

　行かん　35　行かんしゆもの。　ikan shu munu.

　　☆ 未然形「いか」を含む。「いかぬ」に対応。「いかん」と変化。

　　/ʔikaˀn/ と推定。

　いかに　40　引列れていかに。　fichitsiriti ikanyi.
　行かに　18　飛びのやり行かに。　tubinuyayi ikanyi.
　　　　　40　つれ戻て行かに、　tsirimuduti ikanyi,

　　☆ 未然形「いか」を含む。「いかに」。「行かぬか」の意。

　　/ʔikani/ と推定。

おく置

　おき　16　おきさるししちやうん。　uchisarushi shichon.
　置き　16　置き古みしちやうん、　uchifurumi shichon,

　　☆ 連用形「おき」に対応。

　　/ʔucji/ と推定。

　置ちやが　5　掛けて置ちやが。　Kakiti ucha ga?

　　☆ 「おきて」を含む。「おきてあるが」に対応。

/ʔucjaga/ と推定。

きく 聞

聞き　42　だによ**聞き**とめて、　danyi yu chichitumiti,

　　　42　だによ**聞き**とめれ。　danyi yu chichitumiri.

聞　49　みすく**聞**拝め。　misiku chichi wugami.

☆連用形「きき」に対応。

/cjicji/ と推定。

聞けば　18　あることよ**聞けば**、　aru kutu yu chiki ba,

☆已然形「きけ」を含む。「きけば」に対応。

/cjikiba/ と推定。

聞かば　18　この事よ**聞かば**、　kunu kutu yu chika ba,

☆未然形「きか」を含む。「きかば」に対応。

/cjikaba/ と推定。

つく 着

つちやる　18　けふどとまい**つちやる**　chû du tume tsicharu

　　　　49　百果報ど**つちやる**。　mumu kafu du yayuru[tsicharu].

☆「つきて」を含む。「つきてある→つきたる」に対応。前の「ど」と照応関係にある。「ど」の結び。

/cicjaru/ と推定。

つちやす　50　百かほの**つちやす**　mumu kafu nu tsichasi

☆「つきて」を含む。「つきてあるす→つきたるす」に対応。

/cicjasi/ と推定。

つく 付

心付　1　**心付**見れば、　kukurujichi miri ba,

☆連用形「つき」に対応。「こころづき」に対応。

/kukuruzicji/ と推定。

なく 泣

泣き　42　**泣き**くらち　をすや　nachi akachi[kurachi] wusi ya

　　　42　**泣き**よまたするな。　nachi yu mata siruna.

泣　37　たがひに**泣**暮ち、　tage nyi nachi kurachi,

　　37　一期**泣**暮ち、　ichigu nachi kurachi,

　　45　**泣**暮ちをんてやり、　nachikurachi wun tiyari,

　　48　**泣**暮ちをる事や　nachi kurachi wuru kutu ya

☆連用形「なき」に対応。

/nacji/ と推定。

泣きゆが　34　いつ迄よ**泣きゆが**。　itsi jadi yu nachu ga?

☆連用形「なき」を含む。「なきをるが」に対応。

/nacjuga/ と推定。

泣きゆら　23　**泣きゆら**と思ば。　nachura tumi ba.

☆連用形「なき」を含む。「なきをら」に対応。

/nacjura/ と推定。

なくな　16　寝なせ、起きてなくな。　ninashi! ukiti nakuna!
泣（な）くな　16　泣（な）くなやう。　naku na yô!
　　　　　42　母とまいて泣（な）くな、　fafa tumeti nakuna,
　　　　　42　母呼やり泣（な）くな。　fafa yubyayi nakuna.

　　☆終止形「なく」を含む。「なくな」に対応。

　　/nakuna/ と推定。

なけば　40　足摺とてなけば、　ashi situti naki ba,

　　☆已然形「なけ」を含む。「なけば」に対応。

　　/nakiba/ と推定。

泣（なか）なれば　16　泣（なか）なれば、呉ゆんだう、　nakanari ba, kwiyun dô!

　　☆未然形「なか」を含む。「なかぬあれば」に対応。

　　/nakanariba/ と推定。

ひく引

引（ひき）　13　天の引（ひきや）合（は）せよ。　tin nu fichawashi yu!
　　　　　40　引（ひき）列れていかに。　fichitsiriti ikanyi.

　　☆連用形「ひき」に対応。

　　/hwicji/ と推定。

引（ひ）きゆる　37　引（ひ）きゆる足引（ひ）かれらぬ、　fichuru ashi fikariran,

　　☆連用形「ひき」を含む。「ひきをる」に対応。

　　/hwicjuru/ と推定。

引（ひ）かれらぬ　37　引（ひ）きゆる足引（ひ）かれらぬ、　fichuru ashi fikariran,
　　　　　38　足も引（ひ）かれらぬ、　ashin fikariran,

　　☆未然形「ひか」を含む。「ひかれらぬ」に対応。

　　/hwikarira'N/ と推定。

ゆく行

行（ゆ）きやひに　1　原の行（ゆ）きやひに、　faru nu yutchai nyi,

　　☆連用形「ゆき」を含む。「ゆきあひに」に対応か。

　　/'juQcja'ini/ と推定。

いそぐ急

急（いそ）ぎ　34　この事や急（いそ）ぎ、父に語ら。　kunu kutu ya isuji, chichi nyi katara.
　　　　　35　おめなりや急（いそ）ぎ　uminayi ya isuji

　　☆連用形「いそぎ」に対応。

　　/ʔisuzji/ と推定。

急（いそ）ぢ　17　急（いそ）ぢ立戻て、　isuji tachi muduti,
　　　　　36　けふや急（いそ）ぢ立戻て、　chû ya isuji tachimuduti,
　　　　　40　急（いそ）ぢ立戻れ。　isuji tachimudiri.
　　　　　39　急（いそ）ぢ立起きれ、　isuji tachiukiri!
　　　　　40　急（いそ）ぢ立寄やり、　isuji tachiyuyayi,
　　　　　18　急（いそ）ぢねれよ。　isuji niri yu!
　　　　　21　急（いそ）ぢねれよ　〵　。　isuji niri yu niri yu!

18　急ぢ寝なしめて、　isuji nina shimiti,

☼「いそぎて」に対応。変化して「いそぢ」。破擦音化の変化がある。注1)

/ʔisuzji/ と推定。

うかす浮

浮かされて　2　こゝろ浮かされて、　kukuru ukasariti,

☼未然形「うかさ」を含む。「うかされて」に対応。

/ʔukasariti/ と推定。

おす押

押列れて　18　押列れて遊ば、　ushitsiriti asiba;

36　明日や押列れて、　acha ya ushitsiriti,

49　押列れて宿に　ushitsiriti yadu nyi

☼連用形「おし」を含む。「おしつれて」に対応。

/ʔusjiciriti/ と推定。

かくす隠

もゝ隠し　18　もゝ隠し　く　mumu kakushi kakushi

☼連用形「かくし」を含む。「ももかくし」に対応。

/mumukakusji/ と推定。

隠ち　32　母や白雲の　隠ち見らぬ。　fafa ya shirakumu nu kakuchi miran.

36　隠ち自由ならぬ。　kakuchi jiyu naran;

☼「かくして」に対応。

/kakucji/ と推定。

くらす暮

暮しゆゆが　43　いきやし暮しゆゆが、　ichashi kurashuyu ga,

☼連用形「くらし」を含む。「くらしをるが」に対応。

/kurasju'juga/ と推定。

くらち　40　朝夕いきくらち、　asayu ichi kurachi

42　泣きくらち　をすや　nachi akachi[kurachi] wusi ya

暮ち　37　たがひに泣暮ち、　tage nyi nachi kurachi,

37　一期泣暮ち、　ichigu nachi kurachi,

45　泣暮ちをんてやり、　nachikurachi wun tiyari,

48　泣暮ちをる事や　nachi kurachi wuru kutu ya

☼「くらして」に対応。

/kuracji/ と推定。破擦音化の変化がある。

さす差

さし　1　光　さしまわてからに、　fikari sashimawati kara nyi,

☼連用形「さし」

/sasji/ と推定。

すかす賺

すかち　18　わがなし子すかち、　wa ga nashigwa sikachi,

40　我がなし子すかち、　waga nashigwa sikachi,

42　おめけりよすかち、　umikiyi yu sikachi,

　☼「すかして」に対応。

　/sikacji/ と推定。破擦音化の変化がある。

つくす尽

　つくち　43　思つくち居ても、　umitsikuchi wutin,

　　☼「つくして」に対応。

　　/cikucji/ と推定。破擦音化の変化がある。

なす成

　なせ　16　寝なせ、起きてなくな。　ninashi! ukiti nakuna!

　　☼命令形「なせ」に対応。

　　/nasi/ と推定。

なす生

　なし子　14　なし子わない二人。　nashigwa wane futayi.

　　　　18　なし子わない二人、nashigwa wane futayi,

　　　　18　わがなし子すかち、　wa ga nashigwa sikachi,

　　　　21　やあ、なし子、　yâ! nashigwa!

　　　　31　なし子ふあかれの　nashigwa fuyakari nu

　　　　40　なし子。　nashigwa!

　　☼連用形「なし」を含む。「なしご」に対応か。

　　/nasjigwa/ と推定。

はなす放

　はなす　18　はなす事ならぬ。　fanasu kutu naran.

　　☼連体形「はなす」に対応。注2)

　　/hwanasu/ と推定。

　はなち　37　たよるものはなち、　tayuru munu fanachi,

　　　　40　たよるものはなち、　tayuru munu fanachi,

　　☼「はなして」に対応。

　　/hwanacji/ と推定。破擦音化の変化がある。

めす召

　めしやいん　45　お素立よめしやいん、　usudati yu mishen;

　　　　　45　御取立めしやいん、　utuyitati mishen;

　　　　　45　首里の御位　賜べめしやいんてやり、　shuyi nu 'wika tabi-mishen
　　　　　　　　　　　　　　　　　　　　　　　　tiyari

　　　　　48　おの御取立めしやいん、　utuyitati mishen;

　　　　　48　御素立よめしやいん、　usudati yu mishen;

　　　　　48　首里のおゑか　賜べめしやいんてやりの shuyi nu 'wika tabi-mishen
　　　　　　　　teyi nu

　　☼連用形「めし」を含む。「めしありをりむ」に対応か。

　　/misje'N/ と推定。

もどす戻

376　第3章　仮名資料の動詞形態の考察

戻ち　51　昔くり**戻ち**　'nkashi kuyi muduchi

☆「もどして」に対応。

/muducji/ と推定。破擦音化の変化がある。

うつ打

打笑て　49　**打笑て**遊べ、　uchi warati asibi,

☆連用形「うち」を含む。「うちわらひて」に対応。

/ʔucji'warati/ と推定。

たつ立

立　17　急ぢ**立**戻て、　isuji tachi muduti,

34　互に**立**戻て、　tage nyi tachimuduti,

36　けふや急ぢ**立**戻て、　chû ya isuji tachimuduti,

39　急ぢ**立**起きれ、　isuji tachiukiri!

40　急ぢ**立**寄やり、　isuji tachiyuyayi,

40　急ぢ**立**戻れ。　isuji tachimudiri.

45　すぐに**立**寄やり、　sigu nyi tachiyuyayi,

☆連用形「たち」に対応。

/tacji/ と推定。

立ちやり　1　かたはらに**立ちやり**、　katahara nyi tachayi,

42　互に生**立ちやり**、　tage nyi 'witachayi,

☆連用形「たち」を含む。「たちあり」に対応。

/tacja'i/ と推定。

まつ待

まち　1　**まち**とめてむだに。　machitumiti nda nyi.

待　1　**待**受て見だに、　machiukiti nda nyi,

☆連用形「まち」に対応。

/macji/ と推定。

みつ満

満ち［た］ぬ　37　十に**満ち**［た］ぬ内に、　tu nyi mitan uchi nyi,注3)

☆未然形「みた」を含む。「みたぬ」に対応。

/mitaʼɴ/ と推定。

あふ合

（行き）やひに　1　原の**行き**やひに、　faru nu yutchai nyi,

☆連用形「あひ」を含む。「ゆきあひに」に対応。

/ʔjuQcja'ini/ と推定。

あらふ洗

あらは　2　かしら**あらは**。　kashira arawa.

☆未然形「あらは」に対応。

/ʔara'wa/ と推定。

洗て　3　**洗て**のぼら。　arati nubura.

☆「あらひて→あらって」に対応。

/ʔarati/ と推定。促音脱落の変化がある。

いふ言

言ひ声　39　物言ひ声も無いらぬ。　munuigwin neran!

　　☼ 連用形「いひ」を含む。「いひごゑ」に対応。

　　/ʔigwi/ と推定。/ʔi'igwi'i/ ではなく、/ʔigwi/ として「物言ひ声も無いらぬ」を「8音」に。

い言葉　10　里がい言葉や　satu ga ikutuba ya

　　　　18　なし子い言葉に　nashigwa ikutuba nyi

　　　　44　い言葉にわぬも　ikutuba nyi wanun

　　☼ 連用形「いひ」を含む。「いひことば」に対応。「いことば」に変化。

　　/ʔikutuba/ と推定。

てやり　18　をらんてやりすれば、　wuran teyi siri ba,

　　　　18　飛んてやりすれば、　tuban teyi siri ba,

　　　　23　飛ばんてやりすれば、　tuban teyi siri ba,

　　　　45　泣暮ちをんてやり、　nachikurachi wun tiyari,

　　　　45　首里の御位　賜べめしやいんてやり、　shuyi nu 'wika tabi-mishen tiyari

　　　　48　首里の御位　賜べめしやいんてやりの shuyi nu 'wika tabi-mishen teyi nu

　　☼ 連用形「いひ」を含む。「ていひあり」に対応か。

　　/ti'ja'i/ と推定。

言ふすや　6　我が物と言ふすや　wa ga munu tu 'yusi ya

　　☼ 連用形「いひ」を含む。「いひを（る）すは」に対応。

　　/ʔjusi'ja/ と推定。

言やな　8　言やなまたなゆめ、　iyana mata nayumi,

　　☼ 未然形「いは」を含む。「いはぬは」に対応か。

　　/ʔi'jana/ と推定。

てす　8　御縁てす知らぬ、　guyin tisi shiran,（てす＝と云ふ事、といふもの）

　　　8　浮世てす知らぬ、　uchiyu tisi shiran,（てす＝と云ふ事、といふもの）

　　　9　天の雨てすも　tin nu ami tisin

　　☼ 連体形「いふ」を含む。「といふす」に対応か。

　　/tisi/ と推定。

おもふ思

思　42　肝に思染めて、　chimu nyi umisumiti,

　　43　思つくち居ても、　umitsikuchi wutin,

　　49　肝に思留めて、　chimu nyi umitumiti,

　　49　胸に思染めて、muni nyi umisumiti,

　　☼ 連用形「おもひ」に対応。

　　/ʔumi/ と推定。

めば　5　すがるとめば。　sigaru tumi ba.

思ば　23　泣きゆらと思ば。　nachura tumi ba.

　　　24　すがると思ば。　sigaru tumi ba.

　　　31　これ迄よと思ば、　kuri jadi yu tumi ba,

☆ 已然形「おもへ」を含む。「おもへば」に対応。「とめば」と慣用句化。

/miba/ と推定。

思て　37　互に母思て、　tage nyi fafa umuti,

　　　42　ならぬ事思て、　naran kutu imuti,

　　　42　母の事思て、　fafa nu kutu umuti,

☆「おもひて→おもって」に対応。

/ʔumuti/ と推定。促音脱落の変化がある。

思て　1　肝ふしぎと思て、chimufushiji tumuti,

思て　1　肝ふしぎと思て、chimufushiji tumuti,

☆「おもひて→おもって」に対応。

/muti/ と推定。促音脱落の変化がある。

そふ添

そはに　7　互にそはに。　tage nyi suwanyi.

☆ 未然形「そは」を含む。「そはに」に対応。

/suwani/ と推定。

たまふ給

賜べめしやいん　45　首里の御位　賜べめしやいんてやり、　shuyi nu 'wika

　　　　　　　　　　　　tabi-mishen tiyari

　　　　　　48　首里のおゑか　賜べめしやいんてやりの　shuyi nu 'wika

　　　　　　　　　　　　tabi-mishen teyi nu

☆「たぶ」に変化した後の連用形「たび」を含む。「たびめしありをりむ」に対応。仮名遣いに違いあり。

/tabimisje'N/ と推定。

つかふ使

御使　46　首里の御使どやゆる。　shuyi nu utsikê du yayuru.

　　　48　御使どやゆる。　utsikê du yayuru.

☆ 連用形「つかひ」を含む。「おつかひ」に対応。

/ʔucike'e/ と推定。

おんつかひ　49　おんつかひしやべら。　unchikê shabira.

☆ 連用形「つかひ」を含む。「おんつかひ」に対応。

/ʔu'ɴcike'e/ と推定。

とまふ探

とまい　18　けふどとまいつちやる　chû du tume tsicharu

　　　45　親とまいまよて、　uya tumeyi mayuti,

☆ 連用形「とまひ」に対応。

/tume/,/tume'i/ と推定。「記録映画」の音声は、18が [tume]45が [tumeji] である。

伊波のローマナイズも「tume」と「tumeyi」とで違いを見せている。

とまいり　41　とまいりはもをらぬ。　tumeriwan wuran;

☆「ラ行（四段）化」後の連用形「とまひり」を含む。「とまひりはも」に対応。

/tumeri'wa'N/ と推定。「とまいりはもをらぬ」を「8音」に。

とまひら　36　互にとまひら。　tage nyi tumera.

☆「ラ行（四段）化」後の未然形「とまひら」と判断。

　　/tumera/ と推定。「互にとまひら」を「6音」に。

とまいて　23　母、**とまいて**　fafa tumeti,

　　　　　　42　母**とまいて**泣くな、　fafa tumeti nakuna,

　　　　　　48　朝夕おや**とまいて**、　asayu uya tumeti,

とまひて　35　わぬや母**とまひて**、　wan ya fafa tumeti,

　　　　　　37　こがと迄**とまひて**、　kugato jadi tumeti,

　　　　　　37　母**とまひて**行きゆん。　fafa tumeti ichun.

　　☆「とまひて」に対応。

　　/tumeti/ と推定。

ならふ習

習ひ　10　此世界の**習ひ**、　kunu shike nu narayi,

　　　11　世界の**習ひ**。　Shike nu nara<u>yi</u>.

　　☆ 連用形「ならひ」に対応。

　　/nara'i/ と推定。

ひろふ拾

ひろて　15　粟**ひろて**あそば。　awa firuti asiba,

拾て　15　稲**拾て**遊ば、　'nni firuti asiba,

　　☆「ひろひて→ひろって」に対応。

　　/hwiruti/ と推定。促音脱落の変化がある。

まふ舞

舞御衣　16　わが按司の**舞御衣**　wa ga aji nu mênshu

　　☆ 連用形「まひ」を含む。「まひみそ」に対応。

　　/me'e'ɴsju/ と推定。

まよふ迷

まよて　45　親と**まいまよて**、　uya tumeyi mayuti,

　　☆「まよひて→まよって」に対応。

　　/ma'juti/ と推定。促音脱落の変化がある。

わらふ笑

笑て　49　打**笑て**遊べ、　uchi warati asibi,

　　☆「わらひて→わらって」に対応。

　　/'warati/ と推定。促音脱落の変化がある。

あすぶ遊

あそべ　49　うちほこて**あそべ**。　uchi fukuti asibi

遊べ　49　打笑て**遊べ**、　uchi warati asibi,

　　☆ 命令形「あすべ」に対応。

　　/ʔasibi/ と推定。

あそば　15　粟ひろて**あそば**。　awa firuti asiba,

遊ば　15　稲拾て**遊ば**、　'nni firuti asiba,

　　　18　押列れて**遊ば**、　ushitsiriti asiba;

☼ 未然形「あすば」に対応。

/ʔasiba/ と推定。

遊ばは　16　**遊ばはどくいゆんだう。**　　asibawa du kwiyun dô!

☼ 未然形「あすば」を含む。「あすばは」に対応。

/ʔasiba'wa/ と推定。

遊で　14　**遊で戻れ。**　　asidi muduri.

☼「あそびて→あそんで」に対応。

/ʔasidi/ と推定。撥音脱落の変化がある。

ころぶ転

つまころび　37　**つまころびするな。**　　tsimakurubi siruna.

☼ 連用形「ころび」を含む。「つまころび」に対応。

/cimakurubi/ と推定。

とぶ飛

飛び　18　**飛びのやり行かに。**　　tubinuyayi ikanyi.

　　　18　**飛び乗やり昇ら、**　　tubinuyayi nubura,

　　　45　**飛びうせてをらぬ。**　　tubi ushiti wuran.

　　　31　**飛びも飛ばれらぬ、**　　tubin tubariran;

飛　16　わが按司の**飛御衣**　wa ga aji nu tubinshu

☼ 連用形「とび」に対応。

/tubi/ と推定。

飛ばん　23　**飛ばんてやりすれば、**　tuban teyi siri ba,

飛ん　18　**飛んてやりすれば、**　tuban teyi siri ba,

☼ 未然形「とば」を含む。「とばむ」に対応。

/tuba'N/ と推定。

飛ばれらぬ　31　**飛びも飛ばれらぬ、**　tubin tubariran;

☼ 未然形「とば」を含む。「とばれらぬ」に対応。

/tubarira'N/ と推定。

まろぶ転

足まろび　37　**足まろびするな、**　ashimarubi siruna,

　　　　39　**足まろびするな、**　ashimarubi siruna,

☼ 連用形「まろび」を含む。「あしまろび」に対応。

/ʔasjimarubi/ と推定。

むすぶ結

結で　7　武蔵と縁**結で、**　'nzo tu yin musidi,

☼「むすびて→むすんで」に対応。

/musidi/ と推定。撥音脱落の変化がある。

よぶ呼

呼やり　42　母**呼やり泣くな。**　fafa yubyayi nakuna.

☼ 連用形「よび」を含む。「よびあり」に対応。

/'jubja'i/ と推定。

うらむ恨

恨みても　44　**恨みても**きやしゆが、　uramitin chashu ga?

　☼「うらみて」を含む。「うらみても」に対応。

　/ʔuramiti'ɴ/ と推定。

恨めても　22　**恨めても**きやしゆが、　uramitin chashu ga?

　☼「うらみて」を含む。「うらみても」に対応。仮名遣いに違いあり。「み」と「め」。

　/ʔuramiti'ɴ/ と推定。

おぞむ覚

おぞで　24　**おぞで**百すがり　uzudi mumu sigayi

　　　　25　**おぞでも**ゝずか［すが］り　uzudi mumu sigayi

　☼「おぞみて→おぞんで」に対応。

　/ʔuzudi/ と推定。撥音脱落の変化がある。

ふるむ古

古み　16　置き**古み**しちやうん、uchifurumi shichon,

　☼連用形「ふるみ」に対応。

　/hwurumi/ と推定。

よむ数

よめば　18　姉の年**よめば**、ani nu tushi yumi ba,

　☼已然形「よめ」を含む。「よめば」に対応。

　/'jumiba/ と推定。

をがむ拝

拝む　43　また**拝む**ことの　mata wugamu kutu nu

　☼連体形「をがむ」に対応。

　/'ugamu/ と推定。

拝め　49　みすく聞**拝め**。　misiku chichi wugami.

　☼命令形「をがめ」に対応。

　/'ugami/ と推定。

拝で　45　此のみうおうんきごと**拝で**、　kunu myunchigutu wugadi,

　☼「をがみて→をがんで」に対応。

　/'ugadi/ と推定。撥音脱落の変化がある。

かたる語

語ら　34　この事や急ぎ、父に**語ら**。　kunu kutu ya isuji, chichi nyi katara.

　　　　36　父に**語ら**。　chichi nyi katara.

　☼未然形「かたら」に対応。

　/katara/ と推定。

かはる変

かはて　48　世に**かはて**をれば、　yu nyi kawati wuri ba,

　☼「かはりて→かはって」に対応。

　/ka'wati/ と推定。促音脱落の変化がある。

くだる下

あまくだり　42　**あまくだり**しやる女。　amakudari sharu winagu.

　　☼ 連用形「くだり」を含む。「あまくだり」に対応。

　　/ʔamakuda'i/ と推定。「記録映画」の音声では [ʔamakudaji] と聞いたが、判然としない。

下る　42　**下る**ことならぬ。　kudaru kutu naran.

　　☼ 連体形「くだる」に対応。

　　/kudaru/ と推定。

下て　9　**下て**水なゆり、　kudati mizi nayuyi,

　　☼「くだりて→くだって」に対応。

　　/kudati/ と推定。促音脱落の変化がある。

くる繰

くり戻ち　51　昔**くり戻ち**　'nkashi kuyi muduchi

　　☼ 連用形「くり」を含む。「くりもどして」に対応。

　　/ku'imuducji/ と推定。

しる知

知らぬ　6　里や物**知らぬ**、　satu ya munu shiran,

　　　　8　御縁てす**知らぬ**、　guyin tisi shiran,（てす＝と云ふ事、といふもの）

　　　　8　浮世てす**知らぬ**、　uchiyu tisi shiran,（てす＝と云ふ事、といふもの）

　　☼ 未然形「しら」を含む。「しらぬ」に対応。

　　/sjira'ɴ/ と推定。

知らぬ　4　**知らぬ**思里が　shiran umisatu ga

　　☼ 未然形「しら」を含む。「しらぬ」に対応。注4)

　　/sjira'ɴ/ と推定。

知らば　18　此事よ**知らば**、　kunu kutu yu shira ba,

　　☼ 未然形「しら」を含む。「しらば」に対応。

　　/sjiraba/ と推定。

すがる縋

すがり　4　おぞで百**すがり**　uzudi mumu sigayi

　　　　18　もゝ**すがり**すがて、　mumusigayi sigati,

　　　　25　おぞでもゝずか［**すが**］り　uzudi mumu sigayi

　　☼ 連用形「すがり」に対応。

　　/siga'i/ と推定。

すがる　24　**すがる**と思ば。　sigaru tumi ba.

　　　　25　**すがる**とめば。　sigaru tumi ba.

　　☼ 終止形「すがる」に対応。

　　/sigaru/ と推定。

すがられ　37　**すがられ**のくれしや、　sigarari nu kurisha,

　　☼ 未然形「すがら」を含む。「すがられ」に対応。

　　/sigarari/ と推定。

すがて　18　もゝすがり**すがて**、　mumusigayi sigati,

　　☼「すがりて→すがって」に対応。

/sigati/ と推定。促音脱落の変化がある。

する摺

摺とて　40　足摺とてなけば、　ashi situti naki ba,

☆「すりて」を含む。「すりてをりて」に対応。

/situti/ と推定。

たよる頼

たよる　37　たよるものはなち、　tayuru munu fanachi,

　　　　40　たよるものはなち、　tayuru munu fanachi,

☆連体形「たよる」に対応。

/ta'juru/ と推定。

たる足

足らぬ　37　十に足らぬ中に、　tu nyi taran uchi nyi,

　　　　40　十に足ぬをなり　tu nyi taran wunayi

　　　　45　十に足らぬをなり　tu nyi taran winayi

☆未然形「たら」を含む。「たらぬ」に対応。

/tara'N/ と推定。

ちぎる契

契る　13　契るうれしや。　chijiru urisha.

☆連体形「ちぎる」に対応。

/cjizjiru/ と推定。

とる取

取　45　取沙汰のあれば、tuyisata nu ari ba,

　　48　取沙汰のあとて、tuyisata nu atuti,

　　45　御取立めしやいん、　utuyitati mishen;

　　48　おの御取御取立めしやいん、　utuyitati mishen;

☆連用形「とり」に対応。

/tu'i/ と推定。

取やり　4　羽衣を取やり、　hagurumu tuyayi,

☆連用形「とり」を含む。「とりあり」に対応。

/tu'ja'i/ と推定。

取られ　12　飛衣や取られ、tibijin ya turari,

☆未然形「とら」を含む。「とられ」に対応。

/turari/ と推定。

取たる　18　今日ど我ない取たる。　chû du wane tutaru.

☆「とりて」を含む。「とりてある」に対応。「とりたる」→「とったる」と変化。

/tutaru/ と推定。促音脱落の変化がある。

なる成

なゆり　9　下て水なゆり、　kudati mizi nayuyi,

　　　18　九ツになゆり、　kukunutsi nyi nayuyi,

☆連用形「なり」を含む。「なりをり」に対応。

/na'ju'i/ と推定。

なゆめ　8　言やなまた**なゆめ**、　iyana mata nayumi,

☼ 連用形「なり」を含む。「なりをりめ」に対応。

/na'jumi/ と推定。

なるが　38　目もとくらぐと**なるが**心気。　mimutu kuragura tu naru ga shinchi.

☼ 連体形「なる」を含む。「な（る）すが」に対応。

/naruga/ と推定。

なれば　2　若夏が**なれば**、　wakanatsi ga nariba,

☼ 已然形「なれ」を含む。「なれば」に対応。

/nariba/ と推定。

ならぬ　10　わ自由**ならぬ**。　wa jiyu naran.

　　　　12　にやまた自由**ならぬ**、　nya mata jiyu naran,

　　　　18　いつ迄も　居てもわない**ならぬ**、　itsi jadin wutin wane naran,

　　　　18　はなす事**ならぬ**。　fanasu kutu naran.

　　　　18　わ自由**ならぬ**。　wa jiyu naran.

　　　　36　隠ち自由**ならぬ**。　kakuchi jiyu naran;

　　　　40　肝もきも**ならぬ**、　chimun chimu naran,

　　　　40　肝もきも**ならぬ**、　chimun chimu naran,

　　　　42　下ること**ならぬ**。　kudaru kutu naran.

　　　　42　我が為に**ならぬ**。　wa ga tami nyi naran.

　　　　42　母の為に**ならぬ**、　fafa nu tami nyi naran,

　　　　43　**ならぬ**でよやれば、　naran di yu yari ba,

　　　　45　自由**ならぬ**あたら、　jiyu naran atara,

☼ 未然形「なら」を含む。「ならぬ」に対応。

/nara'ɴ/ と推定。

ならぬ　42　**ならぬ**事思て、　naran kutu imuti,

☼ 未然形「なら」を含む。「ならぬ」に対応。注5)

/nara'ɴ/ と推定。

ならば　45　ほど　く　に**ならば**、　fudufudu nyi nara ba,

　　　　48　ほど　く　に**ならば**、　fudufudu nyi nara ba,

☼ 未然形「なら」を含む。「ならば」に対応。

/naraba/ と推定。

ねぶる眠

ねぶる　37　**ねぶる**よもねらぬ　niburu yun niran

　　　　40　**ねぶる**夜もねらぬ　niburu yun niran

☼ 連体形「ねぶる」に対応。

/niburu/ と推定。

のぼる登

のぼら　3　洗ての**ぼら**。　arati nubura.

　　　　18　列れての**ぼら**。　tsiriti nubura.

第 8 節　「組踊　五組」脚本の動詞形態の考察　385

昇ら　18　飛び乗やり昇ら、　tubinuyayi nubura,

　　　　30　わぬもつれ昇ら、　wanun tsiri nubura,

　　☼ 未然形「のぼら」に対応。

/nubura/ と推定。

昇て　42　天昇てからや　tin nubuti kara ya

　　☼「のぼりて→のぼって」に対応。

/nubuti/ と推定。促音脱落の変化がある。

のる乗

のやり　18　飛びのやり行かに。　tubinuyayi ikanyi.

乗やり　18　飛び乗やり昇ら、　tubinuyayi nubura,

　　☼ 連用形「のり」を含む。「のりあり」に対応。

/nu'ja'i/ と推定。

ふる振

振り　45　振りすてゝ今や　furisititi nama ya

　　☼ 連用形「ふり」に対応。

/hwuri/ と推定。

ほこる誇

ほこて　49　うちほこてあそべ。　uchi fukuti asibi

　　☼「ほこりて→ほこって」に対応。

/hwukuti/ と推定。促音脱落の変化がある。

まさる勝

勝る　1　今日の勝る日に、　chû nu masaru fi nyi,

　　☼ 連体形「まさる」に対応。

/masaru/ と推定。

増て　44　おもかげの増て、　umukaji nu masati;

　　☼「まさりて→まさって」に対応。

/masati/ と推定。促音脱落の変化がある。

まわる回

まわて　1　光　さしまわてからに、fikari sashimawati kara nyi,

　　☼「まわりて→まわって」に対応。

/ma'wati/ と推定。

もどる戻

もどり　1　原のいきもどり　faru nu ichimuduyi

　　☼ 連用形「もどり」に対応。

/mudu'i/ と推定。

戻れ　14　遊で戻れ。　asidi muduri.

　　　　35　戻ゆらば戻れ。　muyuyura ba muduri.

　　　　40　急ぢ立戻れ。　isuji tachimudiri.

　　☼ 命令形「もどれ」に対応。

/muduri/ と推定。

386　第3章　仮名資料の動詞形態の考察

戻ら　49　躍て戻ら。　　wuduti mudura.

☆ 未然形「もどら」に対応。

/mudura/ と推定。

戻て　17　急ぢ立戻て、　isuji tachi muduti,

　　　34　互に立戻て、　tage nyi tachimuduti,

　　　36　けふや急ぢ立戻て、　chû ya isuji tachimuduti,

　　　40　つれ戻て行かに、　tsirimuduti ikanyi,

☆ 「もどりて→もどって」に対応。

/muduti/ と推定。促音脱落の変化がある。

もる守

もり素立て　18　なし子もり素立て　nashigwa muyisudati

☆ 連用形「もり」を含む。「もりそだて」に対応。

/mu'isudati/ と推定。

よる寄

寄やり　40　急ぢ立寄やり、　isuji tachiyuyayi,

　　　45　すぐに立寄やり、　sigu nyi tachiyuyayi,

☆ 連用形「より」を含む。「よりあり」に対応。

/'ju'ja'i/ と推定。

をどる踊

躍て　49　躍て戻ら。　　wuduti mudura.

☆ 「をどりて→をどって」に対応。

/'uduti/ と推定。促音脱落の変化がある。

（上一段）

みる見

見ぼしや　51　見ぼしやばかり。　mibusha bakari.

☆ 連用形「み」を含む。「みほしや」に対応。

/mibusja/ と推定。

見れば　1　あの松を見れば、　anu matsi wu miri ba,

　　　1　心付見れば、　kukurujichi miri ba,

☆ 「ラ行（四段）化」後の已然形「みれ」を含む。「みれば」に対応。

/miriba/ と推定。

むだに　1　まちとめてむだに。　machitumiti nda nyi

見だに　1　待受て見だに、　machiukiti nda nyi,

☆ 「ラ行（四段）化」後の未然形「みら」を含む。「みらに」に対応。

/'Ndani/ と推定。音声は [mdani] である可能性が高い。

　　[mirani] → [mrani] → [mdani] のように変化か。

見だに　45　尋ねやり見だに。　tazuniyayi nda nyi.

☆ 「ラ行（四段）化」後の未然形「みら」を含む。「みらに」に対応。

/'Ndani/ と推定。音声は [ndani] であろう。

　　[mirani] → [mrani] → [mdani] → [ndani] のように変化か。

見だぬ　49　夢ちやうん**見だぬ**　yumi ya chon ndan

　　　　　50　夢やちやうん**見だぬ**　yumi ya chon ndan

　☼「ラ行（四段）化」後の未然形「みら」を含む。「みらぬ」に対応。

　/ˈnda'ɴ/ と推定。

　　　[miran(u)] → [mran(u)] → [mdan(u)] → [ndan(u)] のように変化か。

（上二段）

おく起

起きれ　39　急ぢ立**起きれ**、　isuji tachiukiri!

　☼「ラ行（四段）化」後の命令形「おけれ」と判断。

　/ʔukiri/ と推定。

起きて　16　寝なせ、**起きて**なくな。　ninashi! ukiti nakuna!

　☼「おけて」に対応。

　/ʔukiti/ と推定。

おふ生

生　42　互に**生**立ちたり、　tage nyi 'witachayi,

　☼連用形「をひ」に対応。

　/ʔu'i/ と推定。「記録映画」の音声は [ʔujitaʧaji] と聞いた。[ʔwiːtaʧaji] の可能性も否定できない。

（下一段）ナシ

（下二段）

あく明

夜明　18　**夜明**しら雲と　yuaki shirakumu tu

　☼連用形「あけ」を含む。「よあけ」に対応

　/ˈjuʔaki/ と推定。

明けて　18　今日**明けて**あちやや　chû akiti acha ya

　☼「あけて」に対応。

　/ʔakiti/ と推定。

うく受

受て　1　待**受て**見だに、　machiukiti nda nyi,

　☼「うけて」に対応。

　/ʔukiti/ と推定。

かく掛

掛けて　5　**掛けて**置ちやが。　kakiti ucha ga?

　☼「かけて」に対応。

　/kakiti/ と推定。

あはす合

引合せ　13　天の**引合せ**よ。　tin nu fichawashi yu!

　☼連用形「あはせ」を含む。「ひきあはせ」に対応。

　/hwicja'wasji/ と推定。

うす失

うせて　45　飛び**うせて**をらぬ。　tubi ushiti wuran.

☆「うせて」に対応。

/ʔusiti/ と推定。

すつ捨

すてられて	48	母に**すてられて**、	fafa nyi sitirariri,
棄てられて	37	母に**棄てられて**、	fafa nyi sitirariti,
	40	母に**棄てられて**、	fafa nyi sitirariti,

☆「すつ」から「すてる」に変化した（「ラ行（四段）化」）後の未然形「すてら」を含む。「すてられて」に対応。

/sitirariti/ と推定。

| 振り**すて**ゝ | 45 | 振り**すて**ゝ今や | furisititi nama ya |
| おめけりとわぬ**棄て**ゝ | 29 | おめけりとわぬ**棄て**ゝ、 | umikiyi tu wan sititi, |

☆「すてて」に対応。

/sititi/ と推定。

そだつ育

| もり**素立**て | 18 | なし子もり**素立**て | nashigwa muyisudati |

☆連用形「そだて」を含む。「もりそだて」に対応。

/mu'isudati/ と推定。

| お**素立** | 45 | **お素立**よめしやいん、 | usudati yu mishen; |
| | 48 | **御素立**よめしやいん、 | usudati yu mishen; |

☆連用形「そだて」を含む。「おそだて」に対応。

/ʔusudati/ と推定。

たつ立

| 御**取立** | 45 | **御取立**めしやいん、 | utuyitati mishen; |
| | 48 | **御取立**めしやいん、 | utuyitati mishen; |

☆連用形「たて」を含む。「おとりたて」に対応。

/ʔutu'itati/ と推定。

すづ孵

| **すで**ごと | 49 | **すでごと**よだいもの、 | sidi gutu yu demunu, |

☆連用形「すで」を含む。「すでごと」に対応。

/sidigutu/ と推定。

いづ出

でる出←いづ

| **出**様ちやる | 1 | **出様ちやる**者や | diyôcharu munu ya |
| | 45 | **出様ちやる**ものや | diyôcharu munu ya |

☆連用形「で」を含むか。「でやうちやる」に対応。

/di'jo'ocjaru/ と推定。

たづぬ尋

| **尋**ねやり | 45 | **尋ねやり**見だに。 | tazuniyayi nda nyi. |

☆連用形「たづね」を含む。「たづねあり」に対応。

/tazini'ja'i/ と推定。

ぬ寝

第8節 「組踊 五組」脚本の動詞形態の考察 389

寝なせ　16　**寝なせ**、起きてなくな。　ninashi! ukiti nakuna!

　　☼ 連用形「ね」を含む。「ねなせ」に対応か。

　/nisasi/ と推定。

寝なしめて　18　急ぢ**寝なしめて**、　isuji nina shimiti,

　　☼ 連用形「ね」を含む。「ねなしめて」に対応か。

　/ninasjimiti/ と推定。

ねなしちをる　24　**ねなしちをる**うちに　ninashichoru uchi nyi

　　　　　　　25　**ねなしちよる**うちに、　ninashichoru uchi nyi,

　　☼ 連用形「ね」を含む。「ねなしてはをる」に対応か。

　/ninasjicjoru/ と推定。

ねれ　18　急ぢ**ねれ**よ。　isuji niri yu!

　　　　21　急ぢ**ねれ**よ　く　。　isuji niri yu niri yu!

　　☼「ねる」に変化した後の命令形「ねれ」と判断。

　/niri/ と推定。

ねらぬ　37　ねぶるよも**ねらぬ**　niburu yun niran

　　　　40　ねぶる夜も**ねらぬ**　niburu yun niran

　　☼「ねる」に変化した（「ラ行（四段）化」）後の未然形「ねら」を含む。「ねらぬ」に対応。

　/nira'N/ と推定。

寝らに　20　側に**寝らに**。　suba nyi niranyi.

　　☼「ねる」に変化した（「ラ行（四段）化」）後の未然形「ねら」を含む。「ねらに」に対応。

　/nirani/ と推定。

さだむ定

御定　11　天の**御定**ど　tin nu usadami du

　　　45　天の**御定**の　tin nu u-sadami nu

　　☼ 連用形「さだめ」を含む。「おさだめ」に対応。

　/ʔusadami/ と推定。

定めたる　13　**定めたる**をなご　sadamitaru winagu

　　☼「さだめて」を含む。「さだめてある→さだめたる」に対応。

　/sadamitaru/ と推定。

そむ染

染めて　14　互になれ**染めて**、　tage nyi narisumiti,

　　　　18　互になれ**染めて**、　tage nyi narisumiti,

　　　　42　肝に思**染めて**、　chimu nyi umisumiti,

　　　　49　胸に思**染めて**、　muni nyi umisumiti,

　　☼「そめて」に対応。

　/sumiti/ と推定。

とむ留

とめれ　42　だによ聞き**とめれ**。　danyi yu chichitumiri.

　　☼「とめる」に変化した（「ラ行（四段）化」）後の命令形「とめれ」に対応。

　/tumiri/ と推定。

とめて　1　まちとめてむだに。　machitumiti nda nyi.

　　　　42　だによ聞きとめて、　danyi yu chichitumiti,

留めて　49　肝に思留めて、　chimu nyi umitumiti,

☆「とめて」に対応。

/tumiti/ と推定。

はじむ始

初め　11　誰がしちやが初め。　taga shicha ga fajimi?

☆連用形「はじめ」に対応。

/hwazjimi/ と推定。

みゆ見

見らぬ　32　母や白雲の　隠ち見らぬ。　fafa ya shirakumu nu kakuchi miran.

　　　　33　母や見らぬ。　fafa ya miran.

　　　　37　母親や見らぬ、　fafa-uya ya miran,

☆「みえる」に変化した（「ラ行（四段）化」）後の未然形「みえら」を含む。「みえらぬ」に対応。

/mira'N/ と推定。

うまる生

生れ　37　生れらぬ生れ。　'mmariran 'mmari.

☆連用形「うまれ」に対応。

/ʔNmari/ と推定。

生れらぬ　37　生れらぬ生れ。　'mmariran 'mmari.

☆「うまれる」に変化した（「ラ行（四段）化」）後の未然形「うまれら」を含む。「うまれらぬ」に対応。注6)

/ʔNmarira'N/ と推定。

おる降

天降　14　天降してわ身や　amari shichi wami ya

　　　　42　天降しやる女、　amari sharu winagu,

　　　　45　天降しやる女。　amarisharu winagu.

☆「下一段」的「おれる」の連用形「おれ」を含む。「あまおれ」に対応とする。

/ʔamari/ と推定。

おりて　2　玉水におりて、　tamamizi nyi uriti,

　　　　9　おりて世界来れば、　uriti shike kuri ba,

☆「おれて」に対応。

/ʔuriti/ と推定。

かくる隠

かくれ　1　かたはらにかくれ　katahara nyi kakuri

☆連用形「かくれ」に対応。

/kakuri/ と推定。

くる呉

くいゆん　16　遊ばはどくいゆんだう。　asibawa du kwiyun dô!

呉ゆん　16　泣なれば、呉ゆんだう、　nakanari ba, kwiyun dô!

☆連用形「くれ」を含む。「くれをりむ」に対応。

第8節　「組踊　五組」脚本の動詞形態の考察　391

/kwi'ju'n/ と推定。

くる暮
　暮れる　17　やがて夜も暮れる、　yagati yun kuriru,
　　　　　40　夜も暮れる。　　yun kuriru.
　　☿ 終止形「くれる」に対応。
　/kuriru/ と推定。
　暮れて　37　肝暮れていきゆん。　chimu kuriti ichun.
　　　　　40　夜も暮れて行きゆん、　yun kuriti ichun,
　　☿「くれて」に対応。
　/kuriti/ と推定。

つかる疲
　疲れ　38　此間の疲れ　kunu 'weda nu tsikari
　　☿ 連用形「つかれ」に対応。
　/cikari/ と推定。

つる連
　つれ　30　わぬもつれ昇ら、　wanun tsiri nubura,
　　　　45　朝夕つれ行きやり、　asayu tsiri ichayi,
　　　　40　つれ戻て行かに、　tsirimuduti ikanyi,
　　☿ 連用形「つれ」に対応。
　/ciri/ と推定。
　つれて　37　おめけりよつれて、　umikiyi yu tsiriti,
　列れて　14　このゑけり列れて、　kunu wikiyi tsiriti,
　　　　18　列れてのぼら。　　tsiriti nubura.
　　　　18　押列れて遊ば、　ushitsiriti asiba;
　　　　36　明日や押列れて、acha ya ushitsiriti,
　　　　49　押列れて宿に　ushitsiriti yadu nyi
　　　　40　引列れていかに。　　fichitsiriti ikanyi.
　　☿「つれて」に対応。
　/ciriti/ と推定。

なる慣
　なれ　14　互になれ染めて、　tage nyi narisumiti,
　　　　18　互になれ染めて、　tage nyi narisumiti,
　　☿ 連用形「なれ」に対応。
　/nari/ と推定。
　なれら　12　里になれらぬ。　satu nyi narira.［○「なれらぬ」のぬは誤入か。］
　　☿「なれる」に変化した（「ラ行（四段）化」）の未然形「なれら」に対応。
　/narira/ と推定。

はなる離
　離れぐれしや　19　離れぐれしや。　fanari gurisha.
　　☿ 連用形「はなれ」を含む。「はなれぐれしや」に対応。

392　第3章　仮名資料の動詞形態の考察

/hwanarigurisja/ と推定。

ほる惚

ほれて　12　玉水に**ほれて**、　tamamizinyi furiti,

☼「ほれて」に対応。

/hwuriti/ と推定。

わかる別

別れやり　37　**別れやり**居れば、　wakariyayi wuri ba,

　　　　　40　**別れやり**をれば、　wakariyayi wuri ba,

☼ 連用形「わかれ」を含む。「わかれあり」に対応。

/'wakari'ja'i/ と推定。

わかれらな　25　**わかれらな**きやしゆが、　wakarirana chashu ga?

別れらな　24　**別れらな**きやしゆが、　wakarirana chashu ga?

☼「ラ行（四段）化」後の未然形「わかれら」を含む。「わかれらねは」に対応。

/'wakarirana/ と推定。

（カ変）

く来

きちも　37　こがとぎやで**きちも**、　kugato jadi tchin,

☼「きて」を含む。「きても」に対応。注7）

/Qcji'N/ と推定。「記録映画」、よく聞き取れない部分だが。

来れば　9　おりて世界**来れば**、　uriti shike kuri ba,

☼ 已然形「くれ」を含む。「くれば」に対応。

/kuriba/ と推定。

（サ変）

す為

しやる　42　天降**しやる**女、　amari sharu winagu,

　　　　45　天降**しやる**女。　amarisharu winagu.

　　　　42　あまくだり**しやる**女。　amakudari sharu winagu.

☼ 連用形「し」を含む。「しある」に対応。

/sjaru/ と推定。

しやべら　49　おんつかひ**しやべら**。　unchikê shabira.

☼ 連用形「し」を含む。「しはべら」に対応。

/sjabira/ と推定。

しゆが　22　恨めても きや**しゆが**、　uramitin chashu ga?

　　　　24　別れらなきや**しゆが**、　wakarirana chashu ga?

　　　　25　わかれらなきや**しゆが**、　wakarirana chashu ga?

☼ 連用形「し」を含む。「しを（る）が」に対応。

/sjuga/ と推定。

しゆす　42　按司みやだいり**しゆす**ど　aji medeyi shusi du

　　　　42　首里みやだいり**しゆす**ど　shuyi medeyi shusi du

☼ 連用形「し」を含む。「しを（る）す」に対応。

/sjusi/ と推定。

しゆゆら　41　いきやが**しゆゆら**。　　icha ga shuyura?
　　☼ 連用形「し」を含む。「しをりをら」に対応。

/sju'jura/ と推定。

するな　37　つまころび**するな**。　　tsimakurubi siruna
　　　　37　足まろび**するな**、　ashimarubi siruna,
　　　　39　足まろび**するな**、　ashimarubi siruna,
　　　　42　泣きよまた**するな**。　　nachi yu mata siruna.
　　☼ 終止形「する」を含む。「するな」に対応。

/siruna/ と推定。

すれば　18　をらんてやり**すれば**、　wuran teyi siri ba,
　　　　18　飛んてやり**すれば**、　tuban teyi siri ba,
　　　　23　飛ばんてやり**すれば**、　tuban teyi siri ba,
　　☼ 已然形「すれ」を含む。「すれば」に対応。

/siriba/ と推定。

しちやる　22　誰が**しちやる**ことが、　ta ga shicharu kutu ga?
　　☼ 「して」を含む。「してある→したる」に対応。

/sjicjaru/ と推定。

しちやが　11　誰が**しちやが**初め。　　taga shicha ga fajimi?
　　☼ 「して」を含む。「してあるが→たるが」に対応。

/sjicjaga/ と推定。

しちやうん　16　おきさるし**しちやうん**。　　uchisarushi shichon.
　　　　　　16　置き古み**しちやうん**、　uchifurumi shichon,
　　☼ 「して」を含む。「してはをり<u>む</u>」に対応。

/sjicjo'ɴ/ と推定。

しちをる　24　ねな**しちをる**うちに　ninashichoru uchi nyi
しちよる　25　ねな**しちよる**うちに、　ninashichoru uchi nyi,
　　☼ 「して」を含む。「してはをる」に対応。

/sjicjoru/ と推定。

（ナ変）　ナシ

（ラ変）

あり有

ある　18　**ある**ことよ聞けば、　aru kutu yu chiki ba,
　　　22　かに**ある**うきくれしや　kanyaru uchikurisha
　　　40　かにくれしや**ある**い。　　kanyi kurisha aruyi! 注8)
　　☼ 連体形「ある」に対応。

/ʔaru/ と推定。

あたら　45　自由ならぬ**あたら**、　jiyu naran atara,
　　☼ 「ありて」を含む。「ありてあら」に対応。

/ʔatara/ と推定。

あれば　45　取沙汰の**あれば**、tuyisata nu ari ba,

　　　　51　百かほの**あれば**、　mumu kafu nu ari ba,

　☆已然形「あれ」を含む。「あれば」に対応。

　/ʔariba/ と推定。

あても　8　お恥かしや**あても**、　ufazikasha atin,

　☆「ありて」を含む。「ありても→あっても」に対応。

　/ʔatin/ と推定。促音脱落の変化がある。

あとて　4　いきやる事**あとて**、　icharu kutu atuti,

　　　　48　取沙汰の**あとて**、tuyisata nu atuti,

　☆「ありて」を含む。「ありてをりて」に対応。

　/ʔatuti/ と推定。

をり居

　をん　45　泣暮ち**をんて**やり、　nachikurachi wun tiyari,

　☆連用形「をり」を含む。「をり<u>む</u>」に対応。

　/'u'n/ と推定。

　をる　24　ねなしち**をる**うちに　ninashichoru uchi nyi

　　　　25　ねなしち**をる**うちに　ninashichoru uchi nyi

　　　　48　泣暮ち**をる**事や　nachi kurachi wuru kutu ya

　☆連体形「をる」に対応。

　/'uru/ と推定。

　をす　42　泣きくらち　**をす**や　nachi akachi[kurachi] wusi ya

　☆連体形「をる」を含むと判断。「を（る）す」に対応。

　/'usi/ と推定。

　をれば　40　別れやり**をれば**、　wakariyayi wuri ba,

　　　　　48　世にかはて**をれば**、　yu nyi kawati wuri ba,

居れば　37　別れやり**居れば**、　wakariyayi wuri ba,

　☆已然形「をれ」を含む。「をれば」に対応。

　/'uriba/ と推定。

　をらぬ　26　母や**をらぬ**。　fafa ya wuran.

　　　　　37　母親や**をらぬ**。　fafa-uya ya wuran;

　　　　　41　とまいりはも**をらぬ**。　tumeriwan wuran;

　　　　　45　飛びうせて**をらぬ**。　tubi ushiti wuran.

居らぬ　13　わ身やまた**居らぬ**。　wami ya mata wuran.

　☆未然形「をら」を含む。「をらぬ」に対応。

　/'ura'n/ と推定。

　をらん　18　**をらん**てやりすれば、　wuran teyi siri ba,

　☆未然形「をら」を含む。「をらぬ」に対応。

　/'uran/ と推定。

　をらに　17　側に。suba nyi wura nyi.

　☆未然形「をら」を含む。「をらに」に対応。

/ʔurani/ と推定。

居ても　18　いつ迄も　居てもわないならぬ、　itsi jadin wutin wane naran,
　　　　43　思つくち居ても、　umitsikuchi wutin,

　☆「をりて」を含む。「をりても」に対応。「をっても」と変化。

/ʔutiʼɴ/ と推定。

をたん　18　この間やをたん。　kunu ʼweda ya wutan.

　☆「をりて」を含む。「をりてありむ→をりたりむ→をったりむ→をたりむ」に対応。

/ʔutaʼɴ/ と推定。

4 《組五孝行》

（四段）

いく行

いきやり　5　大原にいきやり、　ufubaru nyi ichayi,
行きやり　4　大原に行きやり、　ufubaru nyi ichayi,
　　　　　4　大原に行きやり、　ufubaru nyi ichayi,
往きやり　23　大海に往きやり、　ufu umi nyi ichayi,
　　　　　25　大海に往きやり、　ufu umi nyi ichayi,

　☆連用形「いき」を含む。「いきあり」に対応。

/ʔicjaʼi/ と推定。

往きぼしや　42　往きほしや［や］無いらぬ、ichi busha ya neran,

　☆連用形「いき」を含む。「いきほしや」に対応。

/ʔicjibusja/ と推定。

行きゆめ　33　行きゆめ、おめなりよ。　ichumi? uminayi yu

　☆連用形「いき」を含む。「いきをりめ」に対応。

/ʔicjumi/ と推定。

いきゆる　42　母の為やてど　ほこていきゆる。　fafa nu tami yati du fukuti ichuru.
行きゆる　54　ほこて行きゆる。　fukuti ichuru.

　☆連用形「いき」を含む。「いきをる」に対応。

/ʔicjuru/ と推定。

往きゆが　14　まかへ往きゆが。　ma kayi ichu ga?
行きゆが　40　いきやし列行きゆが、　ichashi tsiri ichu ga?
　　　　　41　いきやしつれ行きゆが、　ichashi tsiri ichu ga?

　☆連用形「いき」を含む。「いきをるが」に対応。

/ʔicjuga/ と推定。

おく置

置きゆん　1　道々に置きゆん。　michimichi nyi uchun,
　　　　　1　道々に置きゆん。　michimichi nyi uchun,

　☆連用形「おき」を含む。「おきをりむ」に対応。

/ʔucjuʼɴ/ と推定。

置けば　1　根葉枯らち置けば、　nifa karachi uki ba,

☆已然形「おけ」を含む。「おけば」に対応。

/ʔukiba と推定。

きく聞

聞　1　だによ**聞**留めれ。　danyi yu chichi tumiri.

☆連用形「きき」に対応。

/cjicji/ と推定。

聞きゆる　1　頭取**聞きゆる**　ものどやゆる。　kashiraduyi chichuru mun du
　　　　　yayuru.

☆連用形「きき」を含む。「ききをる」に対応。

/cjicjuru/ と推定。

聞ちやる　51　けふどわない**聞ちやる**。　chû du wane chicharu.

☆「ききて」を含む。「ききてある→ききたる」に対応。

/cjicjaru/ と推定。

聞ちやめ　54　これ**聞ちやめ**、　人のきや、　kuri chichami? chu nu cha!

☆「ききて」を含む。「ききてあ（り）み」に対応。

/cjicjami/ と推定。

さく咲

咲ちやる　11　先**咲ちやる**花や　sachi sacharu hana ya

☆「さきて」を含む。「さきてある→さきたる」に対応。

/sacjaru/ と推定。

吹［咲］かち　62　水の花**吹**［咲］**かち**、　mizi nu hana sakachi,

☆未然形「さか」を含む。「さかして」に対応。

/sakacji/ と推定。

つく着

着きやり　53　とまい**着きやり**共に　tumetsichayi tumu nyi

☆「つきて」を含む。「つきてあり→つきたり」に対応。

/cicja'i/ と推定。

つく付

付きゆる　62　飛**付きゆる**内に、　tubitsichuru uchi nyi,

☆連用形「つき」を含む。「つきをる」に対応。

/cicjuru/ と推定。

心付き　8　**心付き**見れば、　kukuruzichi miri ba,

☆連用形「つき」を含む。「こころづき」に対応。

/kukuruzicji/ と推定。

付ちやる　21　思**付ちやる**ことの　umitsicharu kutu nu

☆「つきて」を含む。「つきてある→つきたる」に対応。

/cicjaru/ と推定。

心付く　1　**心付く**ものや　kukuru ziki munu ya

☆連体形「つく」を含む。「こころづく」に対応。

/kukuruziku/ と推定。

なく泣

泣　19　互に泣暮ち、　tage nyi nachi kurachi,

　　☼ 連用形「なき」に対応。

　/nacji/ と推定。

泣きゆら　34　泣きゆらと思ば。　nachura tumi ba.

　　☼ 連用形「なき」を含む。「なきをら」に対応。

　/nacjura/ と推定。

泣くな　17　余りどく泣くな、　amri duku naku na,

　　☼ 終止形「なく」を含む。「なくな」に対応。

　/nakuna/ と推定。

ぬく貫

貫　31　袖に貫留めて、　sudi nyi nuchi tumiti,

　　☼ 連用形「ぬき」に対応。

　/nucji/ と推定。

ひく引

引　59　わ身に引受けて、　wa mi nyi fichiukiti,

　　6　神の引合に　kami nu fichawashi nyi

　65　神の引合せよ。　kami nu fichawashi yu!

　　☼ 連用形「ひき」に対応。

　/hwicji/ と推定。

ふく吹

吹　1　屋蔵吹崩ち、　yagura fuchi kuzuchi,

　62　火花吹散らち、　fibana fuchi chirachi,

　　☼ 連用形「ふき」に対応。

　/hwucji/ と推定。

吹く　12　花に吹く嵐　hana nyi fuku arashi

　62　火花吹く大蛇　fibana fuku ufuja

　　☼ 連体形「ふく」に対応。

　/hwuku/ と推定。

いそぐ急

急ぎほしや　19　いへも片時も　急ぎほしやの。　ifin katatuchin isuji busha nu,

　　☼ 連用形「いそぎ」を含む。「いそぎほしや」に対応。

　/ʔisuzjibusja/ と推定。

急ぎ　31　急ぎ立戻れ。　isuji tachimuduri!

　31　急ぎ立戻れ。　isuji tachimuduri! 注1)

急ぢ　43　急ぢ立ち登れ、　isuji tachi nuburi,

　　☼ 連用形「いそぎ」に対応。

　/ʔisuzji/ と推定。

つぐ継

つぎやり　4　死にゆる命つぎやり、　shinyuru nuchi tsijayi,

☆ 連用形「つぎ」を含む。「つぎあり」に対応。

/cizja'i/ と推定。

いだす 出

しぢやち　58　かにやる事**しぢやち**、　kanyeru kutu shijachi,

☆「いだして」を含む。「しいだして」に対応。

/sjizjacji/ と推定。

思出やしゆる　66　能くど**思出**やしゆる、　yuku du ubijashuru,

☆ 連用形「いだし」を含む。「おもひいだしをる」に対応。

/ʔubizjasjuru/ と推定。

おこす 起

起ち　8　風の根よ**起ち**、　kazi nu ni yu ukuchi,

☆「おこして」に対応。

/ʔukucji/ と推定。破擦音化の変化がある。

おす 押

おし列れて　50　共に**おし列れて**、　tumu nyi tsiri ichayi[ushi tsiriti],

押列れて　4　**押列れて**、　ushitsiriti,

　　　　　　67　とても**押列れて**、　tutin ushitsiriti,

☆ 連用形「おし」を含む。「おしつれて」に対応。

/ʔusjiciriti/ と推定。

かくす 隠

百かくし　53　のうてやり**百かくし**　nû tiyari mumu kakushi

☆ 連用形「かくし」を含む。「ももかくし」に対応。

/mumukakusji/ と推定。

隠ち　53　**隠ち**あたが。　kakuchi ata ga?

☆「かくして」に対応。

/kakucji/ と推定。破擦音化の変化がある。

からす 枯

枯らち　1　根葉**枯らち**置けば、　nifa karachi uki ba,

☆「からして」に対応。

/karacji/ と推定。破擦音化の変化がある。

くづす 崩

崩ち　1　屋蔵吹**崩ち**、　yagura fuchi kuzuchi,

☆「くづして」に対応。

/kuzicji/ と推定。

くらす 暮

くらし　3　**くらし**かねて。　kurashi kaniti.

☆ 連用形「くらし」に対応。

/kurasji/ と推定。

暮しゆゆが　16　いきやし**暮しゆゆが**、　ichashi kurashuyu ga?

☆ 連用形「くらし」を含む。「くらしをるが」に対応。

/kurasju'juga/ と推定。

暮ち　　4　今日迄や暮ち　　chû jadi ya kurachi

　　　19　互に泣暮ち、　tage nyi nachi kurachi,

　　　24　いきやし思暮ち、　ichashi umikurachi,

　　☼「くらして」に対応。

　/kuracji/ と推定。破擦音化の変化がある。

しるす記

　しるち　　1　高札にしるち、　takafuda nyi shiruchi,

　　☼「しるして」に対応。

　/sjirucji/ と推定。破擦音化の変化がある。

ちらす散

　散らち　62　火花吹散らち、　fibana fuchi chirachi,

　　☼「ちらして」に対応。

　/cjiracji/ と推定。破擦音化の変化がある。

つくす尽

　尽す　　9　孝の道尽す。　　kô nu michi tsikusi.

　　☼終止形「つくす」に対応。　注2)

　/cikusi/ と推定。

　尽ち　　9　朝夕肝尽ち、　asayu chimu tsikuchi,

　　☼「つくして」に対応。

　/cikucji/ と推定。破擦音化の変化がある。

なす為

　なしやり　8　蛇の餌食なしやり、　ja nu yijichi nashayi,

　　☼連用形「なし」を含む。「なしあり」に対応。

　/nasja'i/ と推定。

なす成

　なしやり　53　なし子先なしやり、　nashigwa sachi nashayi,

　　☼連用形「なし」を含む。「なしあり」に対応。

　/nasja'i/ と推定。

　なしゆん　15　与所に　なしゆんちやこと。　yusu nyi nashun cha kutu.

　　☼連用形「なし」を含む。「なしをりむ」に対応。

　/nasju'N/ と推定。

　なしゆる　11　弟先なしゆる　uttu sachi nashuru

　　☼連用形「なし」を含む。「なしをる」に対応。

　/nasjuru/ と推定。

　なす　　13　与所になすあらば、　yusu nyi nasu ara ba,

　　☼終止形「なす」。「なす（こと）」とも考えられる。そうであれば連体形「なす」となる。

　/nasi/ と推定。

なす生

　なし親　　1　なし親やだによ　nashi uya ya danyiyu

8　**なし親**やだにによ、　nashi uya ya danyi yu,

　☆ 連用形「なし」を含む。「なしおや」に対応。

　/nasji?u'ja/ と推定。

なし子　4　侍の**なし子**　samurê nu nashigwa

　　　53　**なし子**先なしやり、　nashigwa sachi nashayi,

　　　56　玉黄金**なし子**　tama-kugani nashigwa

　　　58　やあ、**なし子**、　ya! Nashigwa!

　　　66　やあ、**なし子**、　yâ! Nashigwa,

　☆ 連用形「なし」を含む。「なしご」に対応。

　/nasjigwa/ と推定。

めす召

めしやいる　1　おの素立**めしやいる**　unu sudati misheru

ましやいる　65　御祝儀事**ましやいる**　ushûji gutu misheru

　☆ 連用形「めし」を含む。「めしありをる」に対応か。

　/misjeru/ と推定。それぞれ「8音」になるように /misjeru/ となる。

めしやうれ　4　あはれ知り**めしやうれ**、　awari shiri mishori!

　☆ 連用形「めし」を含む。「めしおわれ」に対応か。

　/misjori/ と推定。「8音」になるように /misjoru/ となる。

めしやうち　50　肝ほこり**めしやうち**、　chimu fukuyi mishochi,

　☆ 連用形「めし」を含む。「めしおはして」に対応か。

　/misjocji/ と推定。「8音」になるように /misjocji/ となる。

たつ立

立ち　43　急ぢ**立ち**登れ、　isuji tachi nuburi,

　　　67　ほこて**立ち**戻ら。　fukuti tachimudura.

立　31　急ぎ**立**戻れ。　isuji tachimuduri!

　　　31　急ぎ**立**戻れ。　isuji tachimuduri!

　　　67　躍て**立**戻ら、　wuduti tacimudura,

　☆ 連用形「たち」に対応。

　/tacji/ と推定。

立ちゆる　17　互に母親の　為に思**立ちゆる**　事どやゆる。tage nyi fafa-uya nu tami nyi umitachuru kutu du yayuru.

　☆ 連用形「たち」を含む。「たちをる」に対応。

　/tacjuru/ と推定。

立てやうれ　1　**立てやうれ**　く　。　tatiyôri tatiyôri.

　☆ 命令形「たて」を含む。「たてやうれ」に対応。？

　/tati'jo'ori/ と推定。

立たぬ　9　居ても役**立たぬ**　wutin yaku tatan

　☆ 未然形「たた」を含む。「たたぬ」に対応。

　/tata'N/ と推定。

まつ待

待_まちゆが 24 わぬや待_まちゆが。 wan ya machu ga?

☼ 連用形「まち」を含む。「まちをるが」に対応。

/macjuga/ と推定。

もつ持

もちやり 49 我がもちやり居れば、 wa ga muchayi wuri ba,

☼ 連用形「もち」を含む。「もちあり」に対応。

/mucja'i/ と推定。

あふ合

似合_{にやひ} 65 年やいど似合_{にやひ}よやれば、 tushiyê du nyiyê yu yari ba,

☼ 連用形「あひ」を含む。「にあひ」に対応。

/ni'je'e/ と推定。

いふ言

い言葉 63 互にい言葉や tage nyi ikutuba ya

☼ 連用形「いひ」を含む。「いひことば」に対応。「いことば」に変化。

/ʔikutuba/ と推定。

言_いふる 13 姉の言_いふる言葉 ani nu 'yuru kutuba

51 与所の言_いふる言葉 yusu nu 'yuru kutuba 注3)

☼ 連用形「いひ」を含む。「いひをる」に対応。

/ʔjuru/ と推定。

言_いやば 63 言_いやば何時迄も、 iya ba itsi jading+

☼ 未然形「いは」を含む。「いはば」に対応。

/ʔi'jaba/ と推定。

言_いちも 53 言_いちもいたづらに ichin itazira nyi

☼ 「いひて」を含む。「いひても」に対応。

/ʔicji'ɴ/ と推定。

ちやこと 15 与所に なしゆんちやこと。 yusu nyi nashun cha kutu.

☼ 「いひて」を含む。「いひてあること」に対応か。

/cjakutu/ と推定。

てやり 21 潮汲みがてやり shû kumi ga tiyari

30 母の為てやり fafa nu tami tiyari

52 母の為てやり fafa nu tami tiyari

53 のうてやり百かくし nû tiyari mumu kakushi

☼ 「いひて」を含む。「いひてあり」に対応か。

/ti'ja'i/ と推定。

てる 1 御願てる御願 unige tiru unige

1 たかべてるたかべ takabi tiru takabi

1 むろけてる池に muruchi tiru ichi nyi

8 むろけてる池に muruchi tiru ichi nyi

53 むろけてる池に muruchi tiru ichi nyi

8 大蛇てるものゝ ufuja tiru mumu nu

62　大蛇てるものゝ　ufuja tiru munu nu

☆「いひて」を含む。「いひてある」に対応か。

/tiru/ と推定。

てす　53　親の為てすや　uya nu tami tisi ya

　　　60　親の為てすや　uya nu tami tisi ya

　　　54　神仏てすも　外に又あるゑ。　kami futuki tisin fuka nyi mata aruyi?

　　　65　又おめわらべてすも　mata umiwarabi tisin

☆「といふす」に対応か。

/tisi/ と推定。

おもふ思

思　54　思わらべつれて、　umiwarabi tsiriti,

　　30　思切らんすれば、　umichiran siri ba,

　　44　思切れよ、わらべ。　umichiri yu warabi!

　　24　いきやし思暮ち、　ichashi umikurachi,

　　17　互に母親の　為に思立ちゆる　事どやゆる。tage nyi fafa-uya nu tami nyi umitachuru kutu du yayuru.

　　21　思付ちやることの　umitsicharu kutu nu

　　22　物よ思つめて。　munu yu umitsimiti.

　　26　今日や思留まて、　chû ya imitumati,

☆連用形「おもひ」に対応。変化して「おめ」。

/ʔumi/ と推定。

思　26　のがすおめわらべ　物思面しちゆる。　nugasi umiwarabi munumizira shichuru?

　　26　物思つめしちゆて、　munumitsimi shichuti,

　　28　物思つめしちゆて、　munumitsimi shichuti,

　　29　物思つめしちゆて、　munumitsimi shichuti,

☆連用形「おもひ」に対応。「おもひ→おめ→め」と変化。

/mi/ と推定。

思ふが　45　露ほども　惜しさ思ふが。　tsiyu fudun ushisa umu ga?

☆終止形「おもふ」を含む。「おもふが」に対応。「おもひをるが」の可能性もある。

/ʔumuga/ と推定。

思ば　22　物思ば色に　顕れる浮世、　munu umi ba iru nyi arawariru uchiyu,

　　34　泣きゆらと思ば。　nachura tumi ba.

　　53　思ばまた苦しや、　umi ba mata kurisha,

☆已然形「おもへ」を含む。「おもへば→おめば」に対応。「おもれば→おもりば→おもいば→おめば」の可能性もある。

/ʔumiba/ と推定。

思ば　62　空に物音の　あんと思ば、　sura nyi munuutu nu an tumi ba,

☆已然形「おもへ」を含む。「おもへば」に対応。「おもへば→おめば→めば」等と変化。「おもれば→おもりば→おもいば→おめば→めば」の可能性もある。

第8節　「組踊　五組」脚本の動詞形態の考察　403

/miba/ と推定。

思まぬ　36　露ほども思まぬ、　tsiyu fudun uman,

　　　　37　露ほども思まぬ、　tsiyu fudun uman,

　　　　50　親麁相に思まぬ　uya suso uman

思ぬ　34　露ほども思ぬ、tsiyu fudun uman,

　　☼　未然形「おもは」を含む。「おもはぬ」に対応。「おもはぬ→おまぬ」と変化。

/ʔuma'N/ と推定。

思まち　53　朝夕物思まち、　asayu munu umachi,

　　　　58　物よ思まち。　　munu yu umachi.

　　　　60　朝夕物思まち、　asayu munu umachi,.

　　☼　未然形「おもは」を含む。「おもはして」に対応。「おもはして→おまして→おまち」等と変化。

/ʔumacji/ と推定。

思て　16　おめなりが事よ　朝夕思て。　uminayi ga kutu yu asayu umuti.

　　　20　此のからに、　思ていたづらに　ならばきやしゆが。　kunu kara nyi,umuti itazira nyi nara ba cha shu ga?

　　☼　「おもひて」に対応。「おもひて」→（「ラ行化」により）「おもりて→おもって→おもて」のように変化か。

/ʔumuti/ と推定。

思て　45　親の為と思て、　uya nu tami tumuti,

　　☼　「おもひて」に対応。「おもひて」→（「ラ行化」により）「おもりて→おもって→おもて→もて」のように変化か。

/muti/ と推定。

思　66　能くど思出やしゆる、　yuku du ubijashuru,

　　☼　連用形「おもひ」に対応。「おもひ→おめ→おべ」等と変化か。[ʔumui → ʔumi: → ʔubi: → ʔubi] か。

/ʔubi/ と推定。

かなふ叶

叶て　9　わが望み叶て、　wa ga nuzumi kanati,

　　☼　「かなひて」に対応。「かなひて」→（「ラ行化」により）「かなりて→かなって→かなて」等と変化か。

/kanati/ と推定。

すくふ救

救て　37　母とおめけりや　救て給うれ。　fafa tu umikiya ya sukuti tabori.

　　　62　救てきちやる。　sukuti chicharu.

　　　4　死にゆる命救て　shinyuru nuchi sukuti

　　☼　「すくひて」に対応。「すくひて」→（「ラ行化」により）「すくりて→すくって→すくて」等と変化か。

/sukuti/ と推定。

そろふ揃

そろて　1　きもそろて願て、　chimu suruti nigati,

　　　　65　きもそろて拝め。　chimu suruti wugami.

揃て　1　肝揃て拝め、　chimu suruti wugami,

　　　1　肝揃て立てゝ　chimu suruti tatiti

　　　54　揃て拝め。　suruti wugami.

404　第3章　仮名資料の動詞形態の考察

65　おめなりも**揃**て、　uminayin suruti,

65　おめなりも**揃**て、　uminayin suruti,

65　肝**揃**て拝め。　chimu suruti wugami.

☼「そろひて」に対応。「そろひて」→（「ラ行化」により）「そろりて→そろって→そろて」等と変化か。

/suruti/ と推定。

たまふ給

給うれ　37　母とおめけりや　救て**給**うれ。　fafa tu umikiya ya sukuti tabori.

☼「たまふ」→「たばふ」と変化。更に「たばうる」と「ラ行（四段）化」した後の命令形「たばうれ」
と判断。

/tabori/ と推定。「救て給うれ」を「6音」にするために /tabori/。/bau/ → /boo/ → /bo/。

つかふ使

気遣　38　**気遣**ばしするな。　chizike bashi siruna.

☼連用形「つかひ」を含む。「きづかひ」に対応か。「ひ」相当の仮名脱落か。

/cjizike/ と推定。/kai/ → /kee/ → /ke/。

とまふ探

とまい　53　**とまい**着きやり共に　tumetsichayi tumu nyi

☼「とまひる」と「ラ行（四段）化」した後の（連用形）「とまひり」（→「とまいり」）と判断。

/tume/ と推定。/mai/ → /mee/ → /me/。

ならふ習

習ひや　4　此世界の**習**ひや　kunu shike nu nare ya

☼連用形「ならひ」を含む。「ならひは」に対応。

/nare'ja/ と推定。/rai/ → /ree/ → /re/。

ねがふ願

御願　1　**御願**てる御願　unige tiru unige

1　御願てる御願　unige tiru unige

☼連用形「ねがひ」を含む。「おねがひ」に対応。「おねがひ→おねがい→おねげ」と変化。

/ʔunige/ と推定。/gai/ → /gee/ → /ge/。

願て　1　きもそろて**願**て、　chimu suruti nigati,

☼「ねがひて」に対応。「ねがひて→（「ラ行化」により）ねがりて→ねがって→ねがて」と変化か。

/nigati/ と推定。

ひろふ拾

拾ひ　4　稲落穂**拾**ひ、　'nni utibu firuyi,

5　稲落穂**拾**ひ、　'nni utibu firuyi,

☼連用形「ひろひ」に対応。

/hwiru'i/ と推定。

ひろて　4　粟落穂ひろて、　awa utibu firuti,

4　稲落穂拾て　'nni utibu firuti

☼「ひろひて」に対応。「ひろひて」→（「ラ行化」により）「ひろりて→ひろって→ひろて」と変化。

/hwiruti/ と推定。

まよふ迷

もの迷ひ　14　もの迷ひしちやめ。　munu mayuyi shichami?
物迷ひ　58　物迷ひしちやめ、　munumayuyi shichami?

☆連用形「まよひ」を含む。「ものまよひ」に対応。

/munuma'ju'i/ と推定。

あすぶ遊

遊びほれ　29　遊びほれするな、　asibiburi siruna,
　　　　　30　遊びほれしゆたる、　asibiburi shutaru,

☆連用形「あすび」を含む。「あすびぼれ」（遊び惚れ）に対応。

/ʔasibiburi/ と推定。

およぶ及

及び　8　かつ死に及び、　katsijinyi nyi uyubi,

☆連用形「および」に対応。

/ʔu'jubi/ と推定。

及で　1　かつ死に及で、　katsijinyi nyi uyudi,

☆「およびて」に対応。「およんで」と変化。

/ʔu'judi/ と推定。撥音脱落の変化がある。

しのぶ忍

しのばらぬ　59　忍でしのばらぬ、　shinude shinubaran,

☆未然形「しのば」を含む。「しのばらぬ」に対応。

/sjinubara'N/ と推定。

忍で　59　忍でしのばらぬ、　shinude shinubaran,

☆「しのびて」に対応。「しのんで」と変化。

/sjinudi/ と推定。撥音脱落の変化がある。

とぶ飛

飛付きゆる　62　飛付きゆる内に、　tubitsichuru uchi nyi,

☆連用形「とび」を含む。「とびつきをる」に対応。

/tubicjicjuru/ と推定。

うらむ恨

恨みごと　18　恨みごとあらば、　urami gutu ara ba,

☆連用形「うらみ」を含む。「うらみごと」に対応。

/ʔuramigutu/ と推定。

かがむ屈

百かゞみ　62　百かゞみかゞで、　mumukagami kagadi,

☆連用形「かがみ」を含む。「ももかがみ」に対応。

/mumukagami/ と推定。

かゞで　62　百かゞみかゞで、　mumukagami kagadi,

☆「かがみて」に対応。「かがんで」と変化。

/kagadi/ と推定。撥音脱落の変化がある。

くむ汲

汲み　21　潮汲みがてやり　shû kumi ga tiyari

☆ 連用形「くみ」を含む。「くみが」に対応。「が」は目的を示す助辞。

/kumiga/ と推定。

汲めよ　26　潮花**汲**めよ。　　Shubana kumi yu,
　　　　28　しほばな**汲**めよ。　shubana kumi yu.

☆ 命令形「くめ」を含む。「くめよ」に対応。

/kumi'ju/ と推定。

汲まに　23　潮ばな**汲**まに。　shubana kuma nyi.
　　　　25　しほばな**汲**まに。　shubana kuma nyi.

☆ 未然形「くま」を含む。「くまに」に対応。

/kumani/ と推定。

すむ住

棲で　1　大蛇**棲**で居とて、　ufuja sidi wututi,

☆「すみて」に対応。「すんで」と変化。

/sidi/ と推定。撥音脱落の変化がある。

たくむ工

たくで　51　さかし事**たく**で、　sakashi gutu takudi,
巧で　　53　かにやる事、**巧**で　kanyeru kutu takudi,

☆「たくみて」に対応。「たくんで」と変化。

/takudi/ と推定。

つぼむ蕾

莟て (ママ) をる　69　**莟**て (ママ) **を**る花の　tsibudi wuru hana nu

☆「つぼみて」を含む。「つぼみてをる→つぼんでをる」に対応。注4)

/cibudi'uru/ と推定。撥音脱落の変化がある。

つむ摘

つで　66　**つ**でど見やべる。　tsidi du myabiru.

☆「つみて」に対応。「つんで」と変化。

/cidi/ と推定。撥音脱落の変化がある。

つむ詰

つまち　51　わ肝**つま**ち。　wa chimu tsimachi.
　　　　53　わ肝**つま**ち。　wa chimu tsimachi.

☆ 未然形「つま」を含む。「つまして」に対応。

/cimacji/ と推定。破擦音化の変化がある。

のぞむ望

望み　9　わが**望み**叶て、　wa ga nuzumi kanati,
　　　9　わが**望み**遂げて、　wa ga nuzumi tugiti,

☆ 連用形「のぞみ」に対応。

/nuzumi/ と推定。

をがむ拝

をがめ　1　肝とめて**をがめ**。　chimu tumiti wugami!
拝め　　1　肝揃て**拝め**、　chimu suruti wugami,

第8節　「組踊　五組」脚本の動詞形態の考察　407

54 揃て拝め。 suruti wugami.

65 きもそろて拝め。 chimu suruti wugami.

65 肝揃て拝め。 chimu suruti wugami.

65 肝留めて拝め chimu tumiti wugami

65 肝留めて拝め、 chimu tumiti wugami,

☼ 命令形「をがめ」に対応。

/ʔugami/ と推定。

拝て (ママ) 1 およす事拝て (ママ)、 'wîsi-gutu wugadi,

19 母一目拝て (ママ)、 fafa fitumi wugadi,

35 高札の表 細々に拝て (ママ)、 takafuda nu umuti kumaguma nyi wugadi,

54 おいすごと拝て (ママ) 'wisigutu wugadi,

29 母もわない拝て (ママ)、 fafan wane wugadi,

☼ 「をがみて」に対応。「をがんで」と変化。

/ʔugadi/ と推定。撥音脱落の変化がある。

いる入

入やうれ 38 入やうれ く 。 iyôri iyôri.

☼ 連用形「いり」を含む。「いりおわれ」に対応。

/ʔi'jo'ori/ と推定。

かざる飾

かざて 1 蛇の餌食かざて、 ja nu yijichi kazati,

☼ 「かざりて」に対応。「かざって」と変化。

/kazati/ と推定。促音脱落の変化がある。

かたる語

語れ 7 わぬに語れ。 wan nyi katari.

☼ 命令形「かたれ」に対応。

/katari/ と推定。

語ら 21 口めぐり語ら。 kuchimiguyi katara.

☼ 未然形「かたら」に対応。

/katara/ と推定。

きる切

切れよ 44 思切れよ、わらべ。 umichiri yu warabi!

☼ 命令形「きれ」を含む。「きれよ」に対応。

/cjiri'ju/ と推定。

切らん 30 思切らんすれば、 umichiran siri ba,

☼ 未然形「きら」を含む。「きらぬ」に対応。

/cjira'N/ と推定。

さがる下

さがて 62 天の雲さがて、 tin nu kumu sagati,

☼ 「さがりて→さがって」に対応。

408 第3章 仮名資料の動詞形態の考察

/sagati/ と推定。

さだまる定
定またる　44　**定またる事の**　sadamataru kutu nu

☆連用形「さだまり」を含む。「さだまりてある」に対応。「さだまったる」と変化。

/sadamataru/ と推定。促音脱落の変化があるか。

さはる障
道障り　54　**道障りしよん、**　michizawayi shun,
　　　　54　**道障りなゆん。**　michizawayi nayun.

☆連用形「さはり」を含む。「みちざはり」に対応。

/micjiza'wa'i/ と推定。

しる知
物知りの　46　**わぬの物知りの**　wan nu munushiri nu

☆連用形「しり」を含む。「ものしりの」に対応。

/munusjirinu/ と推定。

知りめしやうれ　4　**あはれ知りめしやうれ、**　awari shiri mishori!

☆連用形「しり」を含む。「しりめしおわれ」に対応。

/sjirimisjori/ と推定。

知らぬ　4　**明日も亦知らぬ**　acham mata shiran

☆未然形「しら」を含む。「しらぬ」に対応。

/sjira'N/ と推定。

知らね　12　**時や知らね。**　tuchi ya shiranyi.

☆未然形「しら」を含む。「しらに」に対応。

/sjirani/ と推定。

知らば　20　**もしか母親の　知らば、**　mushika fafa-uya nu shira ba,

☆未然形「しら」を含む。「しらば」に対応。

/sjiraba/ と推定。

ちる散
散りる　11　**さきどまた散りる、**　sachi du mata chiriru,

☆連用形「ちり」を含む。「ちりをる」に対応。

/cjiriru/ と推定。

つくる作
物作も　1　**作る物作も**　tsukuru muzukuyin
　　　　1　**原の物作も**　faru nu muzukuyin

☆連用形「つくり」を含む。「も（の）づくりも」に対応。

/muzjuku'i'N/ と推定。

作る　1　**作る物作も**　tsukuru muzukuyin

☆連体形「つくる」に対応。

/cukuru/ と推定。

とまる止

とまれ　65　波の声もとまれ、　name nu kwin tumari!

　　　　65　風の声もとまれ、　kazi nu kwin tumari!

　　☼ 命令形「とまれ」に対応。

　　/tumari/ と推定。

留まて　26　今日や思留まて、　chû ya umitumati,

　　☼「とまりて」に対応。「とまって」と変化。

　　/tumati/ と推定。促音脱落の変化がある。

とる取

取らに　4　粟落穂取らに。　awa utibu tura nyi.

とらに　5　粟落穂とらに。　awa utibu tura nyi.

　　　　65　一つゞ嫁とらに。　chutsizi yumi tura nyi.

取らに　65　一粒婿取らに、　chutsizi muku tura nyi;

　　☼ 未然形「とら」を含む。「とらに」に対応。

　　/turani/ と推定。

取て　46　このわらべ取てほこれ。　kunu warabi tuti fukuri.

　　☼「とりて」に対応。「とって」と変化。

　　/tuti/ と推定。促音脱落の変化がある。

取たる　53　露の身の命　取たるわらべ。　tsiyu nu mi nu inuchi tutaru warabi.

　　☼「とりて」を含む。「とりてある」に対応。「とったる」と変化。

　　/tutaru/ と推定。促音脱落の変化がある。

なる成

なりが　35　蛇の餌食なりが　ja nu yijichi nayi ga

　　　　36　蛇の餌食なりが　ja nu yijichi nayi ga

　　☼ 連用形「なり」を含む。「なりおをるが」に対応。

　　/na'iga/ と推定。

なやり　8　蛇の餌食なやり、　ja nu yijichi nayayi,

　　　　53　蛇の餌食なやり、　ja nu ijichi nayayi,

　　☼ 連用形「なり」を含む。「なりあり」に対応。

　　/na'ja'i/ と推定。

なゆん　10　助けなゆん。　tasiki nayun.

　　　　54　道障りなゆん。　michizawayi nayun.

　　☼ 連用形「なり」を含む。「なりをりむ」に対応。

　　/na'juꞰ/ と推定。

[なゆめ]　67　肝のあだならぬ[なゆめ]、　chimu nu ada nayumi[naranu]?

　　☼ 連用形「なり」を含む。「なりをりみ」に対応。

　　/na'jumi/ と推定。

ならば　20　此のからに、思ていたづらに　ならばきやしゆが。　kunu kara nyi,

　　　　umuti itazira nyi nara ba cha shu ga?

　　☼ 未然形「なら」を含む。「ならば」に対応。

　　/naraba/ と推定。

ならぬ　1　首里納めならぬ、　shuyi wusami naran
　　　　1　那覇納めならぬ、　nafa wusami naran,
　　　　4　口かすぎならぬ、　kuchikasiji naran,

　☼ 未然形「なら」を含む。「ならぬ」に対応。

　/nara'N/ と推定。

ならぬ　65　たゞならぬ事よ、　tada naran kutu yu!
　　　　65　まゝならぬ事よ、　mama naran kutu yu!

　☼ 未然形「なら」を含む。「ならぬ」に対応。

　/nara'N/ と推定。

ならに　9　首里御為ならに、　shuyi u-dami nara nyi,
　　　　9　母の為ならに。　fafa nu tami nara nyi.

　☼ 未然形「なら」を含む。「ならに」に対応。

　/narani/ と推定。

なて　1　こぞことしなてや　kuzu kutushi nati ya
　　　62　雨になてうせて、　ami nyi nati ushiti,
　　　62　雲になて失せて、　kumu nyi nati ushiti,

　☼「なりて」に対応。「なって」と変化。

　/nati/ と推定。促音脱落の変化がある。

なたん　43　果報時のなたん。　kafu duchi nu natan.
　　　　43　祭り時の (ママ)なたん、　matsiriduchi natan,

　☼「なりて」を含む。「なりてありむ」に対応。「なったん」と変化。

　/nata'N/ と推定。促音脱落の変化がある。

なたる　17　棄てゝ先なたる　sititi sachinataru
　　　　66　捨てゝ先なたる　sititi sachi nataru

　☼「なりて」を含む。「なりてある」に対応。「なったる」と変化。

　/nataru/ と推定。促音脱落の変化がある。

のこる残

残る　29　残ること無いらぬ。nukuru kutu neran.

　☼ 連体形「のこる」に対応。

　/nukuru/ と推定。

残て　9　おめけりや残て、　umikiyi ya nukuti,
　　　10　残て母親の　nukuti fafa uya nu
　　　16　あとにわない残て、　atu nyi wane nukuti,

　☼「のこりて」に対応。「のこって」と変化。

　/nukuti/ と推定。促音脱落の変化がある。

のぼる登

立ち登れ　43　急ぢ立ち登れ、　isuji tachi nuburi,

　☼ 命令形「のぼれ」を含む。「たちのぼれ」に対応

　/tacjinuburi/ と推定。

ほこる誇

肝ほこり　7　**肝ほこりしゆゆが。**　chimu fukuyi shuyu ga?

　　　　　50　**肝ほこりめしやうち、**　chimu fukuyi mishochi,

　☼ 連用形「ほこり」を含む。「きもほこり」に対応。

　/cjimuhwuku'i/ と推定。

ほこれ　46　このわらべ取て**ほこれ。**　kunu warabi tuti fukuri.

　　　　　46　此のわらべ得て**ほこれ、**　kunu warabi yiti fukuri,

　☼ 命令形「ほこれ」に対応。

　/hwukuri/ と推定。

ほこて　1　おにきやらや**ほこて、**　unichara ya fukuti,

　　　　　1　またかやらや**ほこて、**　mata kara ya fukuti,

　　　　　2　母の為やてど　**ほこていきゆる。**　fafa nu tami yati du fukuti ichuru.

　　　　54　**ほこて行きゆる。**　fukuti ichuru.

　　　　67　**ほこて立ち戻ら。**　fukuti tachimudura.

　☼「ほこりて」に対応。「ほこって」と変化。

　/hwukuti/ と推定。促音脱落の変化がある。

まさる勝

まさる　46　けふの**まさる**日に　chû numasaru fu nyi

　☼ 連体形「まさる」に対応。

　/masaru/ と推定。

まさて　27　俤の**まさて、**　umukaji nu masati,

　☼「まさりて」に対応。「まさって」と変化。

　/masati/ と推定。

めぐる巡

口めぐり　21　**口めぐり**語ら。　kuchimiguyi katara.

　☼ 連用形「めぐり」を含む。「くちめぐり」に対応。

　/kucjimigu'i/ と推定。

もどる戻

立戻れ　31　急ぎ**立戻れ。**　isuji tachimuduri!

　　　　　31　急ぎ**立戻れ。**　isuji tachimuduri!

　☼ 命令形「もどれ」を含む。「たちもどれ」に対応。

　/tacjimuduri/ と推定。

戻ら　67　ほこて立ち**戻ら。**　fukuti tachimudura.

　　　　67　躍て立**戻ら、**　wuduti tacimudura,

　☼ 未然形「もどら」に対応。

　/mudura/ と推定。

戻て　50　此事や**戻て、**　kunu kutu ya muduti,

　☼「もどりて」に対応。「もどって」と変化。

　/muduti/ と推定。促音脱落の変化がある。

よる選

日撰　65　**よかる**日**撰**やれば、　yukaru fiyuyi yari ba,

412　第3章　仮名資料の動詞形態の考察

☼ 連用形「より」を含む。「ひより」に対応。

/hwi'ju'i/ と推定。

わたる渡

渡りぐりしや　4　渡りぐりしや。　watayi gurisha.

☼ 連用形「わたり」を含む。「わたりぐれしや」に対応。

/ʼwata'igurisja/ と推定。

をどる踊

躍て　67　躍て立ち戻ら、　wuduti tacimudura,

☼ 「をどりて」に対応。「をどって」と変化。

/ʼuduti/ と推定。促音脱落の変化がある。

（上一段）

できる出来

出来て　1　時々に出来て、　tuchiduchi nyi dikiti,

☼ 「できて」に対応。

/dikiti/ と推定。

にる似

似合　65　年やいど似合よやれば、　tushiyê du nyiyê yu yari ba,

☼ 連用形「に」を含む。「にあひ」に対応。

/ni'je'e/ と推定。/ni'ja'i/ → /ni'je'e/。

みる見

見やべる　66　つでど見やべる。　tsidi du myabiru.

☼ 連用形「み」を含む。「みはべる」に対応。

/mi'jabiru/ と推定。

見れば　8　心付き見れば、　kukuruzichi miri ba,

☼ 「ラ行（四段）化」後（新形式）の「みる」の已然形「みれ」を含む。「みれば」に対応。

/miriba/ と推定。

見だぬ　66　夢やちやうも見だぬ、　imi ya chon ndan;

☼ 「ラ行（四段）化」後（新形式）の「みる」の未然形「みら」を含む。「みらぬ」に対応。

/ʼNda'N/ と推定。

見し (ママ) やめ　54　これ見し (ママ) やめ、わらべ。　kuri nchami? warabi!

☼ 「みて」を含む。「みてあ（り）み→みたみ」に対応。

/ʼNcjami/ と推定。途中、撥音化・破擦音化がある。

（上二段）

いく生

生ち　56　生ちをため。　ichichi wutami?

　　　57　あけ、生ちをため。　aki! ichichi wutami?

　　　61　生ちきちやが。　ichichi chicha ga?

☼ 「いきて」に対応。

/ʔicjicji/ と推定。破擦音化の変化がある。

すぐ過

過ぎし　27　**過ぎし**父親の　sijishi chichi-uya nu

　　☼ 連用形「すぎ」を含む。「すぎし」に対応。注5)

　/sizjisji/ と推定。

おつ落

落穂　4　粟**落穂**ひろて、　awa utibu firuti,

　　4　粟**落穂**取らに。　awa utibu tura nyi.

　　5　粟**落穂**とらに。　awa utibu tura nyi.

　　4　稲**落穂**拾て　'nni utibu firuti

　　4　稲**落穂**拾ひ、　'nni utibu firuyi,

　　5　稲**落穂**拾ひ、　'nni utibu firuyi,

　　☼「ラ行（四段）化」後の連用形「おてり」を含む。「おてりぽ」に対応。「おてりぽ→おていぽ→おてぽ」

　　のような変化が考えられる。

　/ʔutibu/ と推定。

（下一段）ナシ

（下二段）

う得

得て　46　此のわらべ**得て**ほこれ、　kunu warabi yiti fukuri,

　　☼「えて」に対応。

　/ʔiti/ と推定。

あく明

明る　65　けふ**明る**三十日　chû akiru misuka

　　☼「ラ行（四段）化」後の連体形「あける」に対応。注6)

　/ʔakiru/ と推定。

うく受

受けて　59　わ身に引**受けて**、　wa mi nyi fichiukiti,

　　☼「うけて」に対応。

　/ʔukiti/ と推定。

たすく助

助け　10　**助け**なゆん。　tasiki nayun.

　　☼ 連用形「たすけ」に対応。

　/tasjiki/ と推定。

御助け　8　**御助け**のあんで　utasiki nu andi

　　50　やがて**御助け**の　yagati utasiki nu

　　67　神の**御助け**の　あるが嬉しや。　kami nu utasiki nu aru ga urisha.

　　49　神の**御助**の　kami nu utasiki nu

　　☼ 連用形「たすけ」を含む。「おたすけ」に対応。

　/ʔutasjiki/ と推定。

助けほしや　8　**助けほしや**の。　tasiki busha nu.

　　59　**助けほしや**の。　tasiki busha nu.

　　☼ 連用形「たすけ」を含む。「たすけほしや」に対応。

/tasikibusja/ と推定。

おしあぐ押上（捧）

おしやげらば　1　命**おしやげらば**、　inuchi ushagira ba,

　　　　　　　　8　命**おしやげらば**、　inuchi ushagira ba,

　☆「ラ行（四段）化」後の未然形「おしあげら」を含む。「おしあげらば」に対応。

　/ʔusjagiraba/ と推定。

とぐ遂

遂げて　9　わが望み、**遂げて**　wa ga nuzumi tugiti,

　☆「とげて」に対応。

　/tugiti/ と推定。

あはす合

引合　6　神の**引合**に　kami nu fichawashi nyi

　☆連用形「あはせ」を含む。「ひきあはせ」に対応。

　/hwicja'wasi/ と推定。

引合せ　65　神の**引合せ**よ。　kami nu fichawashi yu!

　☆連用形「あはせ」を含む。「ひきあはせ」に対応。

　/hwicja'wasi/ と推定。

うす失

うせて　62　雨になて**うせて**、　ami nyi nati ushiti,

失せて　62　雲になて**失せて**、　kumu nyi nati ushiti,

　☆「うせて」に対応。

　/ʔusiti/ と推定。

おほす仰

おいすごと　54　**おいすごと**拝がて（ママ）　'wisigutu wugadi,

　☆連用形「おほせ」を含む。「おほせごと」に対応。

　/ʔwi'isigutu/ と推定。変化して /ʔwi'isigutu/ に。

みす見

見せら　13　迚も我が命　捨て、**見せら**。　tutin wa ga inuchi sititi mishira.

　☆「ラ行（四段）化」後の未然形「みせら」と判断。

　/misira/ と推定。

すつ捨

捨てほしや　15　**捨てほしや**やないらぬ、　siti busha ya neran,

　☆連用形「すて」を含む。「すてほしや」に対応。

　/sitibusja/ と推定。

捨てる　32　**捨てる**我が命　sitiru waga inuchi,

　　　　37　**捨てる**我が命　sitiru wa ga inuchi

　　　　45　**捨てる**我が命　sitiru wa ga inuchi

　☆「ラ行（四段）化」後の連体形「すてる」と判断。

　/sitiru/ と推定。

捨てゆらば　8　命**捨てゆらば**、　inuchi sitiyura ba,

☆「ラ行（四段）化」後の連用形「すてり」を含む。「すてりをらば」に対応。

/siti'juraba/ と推定。

棄てられて　4　父親に棄てられて、　chichiuya nyi sitirariti,

☆「ラ行（四段）化」後の未然形「すてら」を含む。「すてられて」に対応。

/sitirariti/ と推定。

捨てゝ　13　迚も我が命　捨てゝ見せら。　tutin wa ga inuchi sititi mishira.

　　　　52　命よ捨てゝ。　inuchi[niche yu] sititi.

　　　　66　捨てゝ先なたる　sititi sachi nataru

棄てゝ　14　母とわぬ棄てゝ、　fafa tu wan sititi,

　　　　17　棄てゝ先なたる　sititi sachinataru

☆「すてて」に対応。

/sititi/ と推定。

そだつ育

素立めしやいる　1　おの素立めしやいる　unu sudati misheru

☆連用形「そだて」を含む。「そだてめしおわる」に対応。

/sudatimisjeru/ と推定。

御素立の　38　やがて御素立の　yagati usudati nu

☆連用形「そだて」を含む。「おそだての」に対応。

/ʔusudatinu/ と推定。

たつ立

立てゝ　1　肝揃て立てゝ　chimu suruti tatiti

　　　　1　道々に立てゝ、michimichi nyi tatiti,

☆「たてて」に対応。

/tatiti/ と推定。

いづ出

でる出←いづ

出様ちやる　1　出様ちやるものや　diyôcharu munu ya

☆連用形「で」を含む。「でやうちやる」に対応。

/di'jo'ocjaru/ と推定。

出やうれ　39　出やうれ　く　。diyôri diyôri.

☆連用形「で」を含む。「でおわれ」に対応。

/di'jo'ori/ と推定。

かぬ兼

かねて　3　くらしかねて。　kurashi kaniti.

☆「かねて」に対応。

/kaniti/ と推定。

たかぶ崇

たかべ　1　たかべてるたかべ　takabi tiru takabi

　　　　1　たかべてるたかべ　takabi tiru takabi

☆連用形「たかべ」に対応。

/takabi/ と推定。

おさむ 納

首里納<ruby>納<rt>をさ</rt></ruby>め　1　首里<ruby>納<rt>をさ</rt></ruby>めならぬ、　shuyi wusami naran

☆ 連用形「おさめ」を含む。「しゆりおさめ」に対応。

/sju'i'usami/ と推定。

那覇納<ruby>納<rt>をさ</rt></ruby>め　1　那覇<ruby>納<rt>をさ</rt></ruby>めならぬ、　nafa wusami naran,

☆ 連用形「おさめ」を含む。「なはおさめ」に対応。

/nahwa'usami/ と推定。

つむ 詰

物思つめ　26　**物思つめ**しちゆて、　munumitsimi shichuti,

　　　　　　28　**物思つめ**しちゆて、　munumitsimi shichuti,

　　　　　　29　**物思つめ**しちゆて、　munumitsimi shichuti,

☆ 連用形「つめ」を含む。「ものおもひつめ」に対応

/munumicimi/ と推定。

思つめて　22　物よ**思つめて**。　munu yu umitsimiti.

☆「つめて」を含む。「おもひつめて」に対応。

/ʔumicimiti/ と推定。

とむ 止

とめららぬ　52　<ruby>止<rt>と</rt></ruby>めて**とめらら**ぬ、　tumiti tumiraran,

☆「ラ行（四段）化」後の未然形「とめら」を含む。「とめららぬ」に対応。

/tumirara'N/ と推定。

聞留めれ　1　だによ**聞<ruby>留<rt>と</rt></ruby>めれ**。　danyi yu chichi tumiri.

☆「ラ行（四段）化」後の命令形「とめれ」を含む。「ききとめれ」に対応。

/cjicjitumiri/ と推定。

とめて　1　肝**とめて**をがめ。　chimu tumiti wugami!

<ruby>留<rt>と</rt></ruby>めて　31　袖に貫**<ruby>留<rt>と</rt></ruby>めて**、　sudi nyi nuchi tumiti,

　　　　65　肝**<ruby>留<rt>と</rt></ruby>めて**拝め　chimu tumiti wugami

　　　　65　肝**<ruby>留<rt>と</rt></ruby>めて**拝め、　chimu tumiti wugami,

<ruby>止<rt>と</rt></ruby>めて　52　**<ruby>止<rt>と</rt></ruby>めて**とめららぬ、　tumiti tumiraran,

☆「とめて」に対応。

/tumiti/ と推定。

はじむ 始

はじめ　67　御祝事**はじめ**、　uyuwegutu fajimi,

☆ 連用形「はじめ」に対応。

/hwazjimi/ と推定。

たゆ 絶

たえらぬ　1　雨の根も**たえら**ぬ、　ami nu nin teran,

<ruby>絶<rt>た</rt></ruby>えらぬ　1　風の根も**<ruby>絶<rt>た</rt></ruby>えら**ぬ、　kazi nu nin teran,

☆「ラ行（四段）化」後の未然形「たえら」を含む。「たえらぬ」に対応。

/tera'N/ と推定。/te'era'N/ を「音数」のために /tera'N/ に。

第8節　「組踊　五組」脚本の動詞形態の考察　417

あらはる現

顕れる　22　物思ば色に　顕れる浮世、　munu umi ba iru nyi arawariru uchiyu,

☼「ラ行（四段）化」後の連体形「あらはれる」に対応。

/ʔara'wariru/ と推定。

あらはれて　62　御神あらはれて、　ukami arawariti,

☼「あらはれて」に対応。

/ʔara'wariti/ と推定。

うまる生

生れ　8　生れらぬ生れ　しち居らずよりや、'mmariran 'mmari shichi wurazi yuyi ya,

☼連用形「うまれ」に対応。

/ʔNmari/ と推定。

生れらぬ　8　生れらぬ生れ　しち居らずよりや、　'mmariran 'mmari shichi wurazi yuyi ya,

☼「うまれる」に変化した後の未然形「うまれら」を含む。「うまれらぬ」に対応。

/ʔNmarira'N/ と推定。

生れため　53　畜生生れため、　chikusho 'mmaritami?

☼「うまれて」を含む。「うまれてありみ→うまれたりみ」に対応。「む＋/i/→み」。「め」と表記。

/ʔNmaritami/ と推定。

おる降

下りて　21　大海に下りて、　ufu umi uriti,

☼「おれて」に対応。

/ʔuriti/ と推定。

しる知

知れて　65　天にさし知れて、　tin nyi sashi shiriti,

☼「しれて」に対応。

/sjiriti/ と推定。

つる連

つれ　41　いきやしつれ行きゆが、　ichashi tsiri ichu ga?

列　40　いきやし列行きゆが、　ichashi tsiri ichu ga?

☼連用形「つれ」に対応。

/ciri/ と推定。

つれもの　54　親子つれもの〻　uyaku tsiri munu nu

☼連用形「つれ」を含む。「つれもの」に対応。

/cirimunu/ と推定。

つれて　6　今日つれて来ちやん。　chû tsiriti chichan.

　　　　54　思わらべつれて、　umiwarabi tsiriti,

列れて　4　押列れて、　ushitsiriti,

　　　　50　共におし列れて、　tumu nyi tsiri ichayi[ushi tsiriti],

　　　　67　とても押列れて、　tutin ushitsiriti,

☼「つれて」に対応。

418　第3章　仮名資料の動詞形態の考察

/ciriti/ と推定。

はる晴

晴れて　23　けふや雨**晴れて**、　chû ya ami hariti,

　　　　25　けふや雨**晴れて**、　chû ya ami hariti,

　　☆「はれて」に対応。

　/hwariti/ と推定。

ふる呆（狂）

ふれて　14　肝**ふれて**居ゆめ。　chimu furiti wuyumi;

　　☆「ふれて」に対応。

　/hwuriti/ と推定。

ほる惚

遊びぼれ　29　**遊びぼれ**するな、　asibiburi siruna,

　　　　　30　**遊びぼれ**しゆたる、　asibiburi shutaru,

　　☆連用形「ぼれ」を含む。「あすびぼれ」に対応。

　/ʔasibiburi/ と推定。

まぎる紛

まぎれゆる　40　花に**まぎれゆる**　わらべ年すがた、　hana nyi majiriyuru warabi
　　　　　　　　　　　　　　　　　　　　　　　　　　　　tushi sigata,

　　☆連用形「まぎれ」を含む。「まぎれをる」に対応。

　/mazjiri'juru/ と推定。

むつる睦

友むつれ　29　**友むつれ**するな。　dushimutsiri siruna.

　　☆連用形「むつれ」を含む。「どしむつれ」に対応。

　/dusjimuciri/ と推定。

わかる別

別れ　18　おめなりよ**別れ**、　uminayi yu wakari,　注7)

　　☆連用形「わかれ」に対応。

　/'wakari/ と推定。

別れぼしや　19　**別れぼしや**の。　wakari busha nu.

　　☆連用形「わかれ」を含む。「わかれぼしや」に対応。

　/'wakaribusja/ と推定。

別れぐれしや　31　**別れぐれしや**。　wakari gurisha.

　　☆連用形「わかれ」を含む。「わかれぐれしや」に対応。

　/'wakarigurisja/ と推定。

別れゆる　30　まこと**別れゆる**　ことの恨めしや。　makutu wakariyuru kutu nu
　　　　　　　　　　　　　　　　　　　　　　　　　　ramisha.

　　☆連用形「わかれ」を含む。「わかれをる」に対応。

　/'wakari'juru/ と推定。

わする忘

忘れぐれしや　27　**忘れぐれしや**。　wasiri gurisha.

☆ 連用形「わすれ」を含む。「わすれぐれしや」に対応。

/'wasirigurisja/ と推定。

（カ変）

く来

来ちゃん　6　今日つれて来<ruby>来<rt>き</rt></ruby>ちゃん。　chû tsiriti chichan.

　　　　　35　わぬや来<ruby>来<rt>き</rt></ruby>ちゃん。　wan ya chichan. 注8)

☆「きて」を含む。「きてあり<u>む</u>」に対応。

/cjicja'N/ と推定。

来<ruby>来<rt>き</rt></ruby>ちゃめ　36　来<ruby>来<rt>き</rt></ruby>ちゃめ、わらべ。　chichami, warabi?

☆「きて」を含む。「きてありみ→きたりみ」に対応。「<u>む</u>＋/i/→み」。「め」と表記。

/cjicjami/ と推定。

きちやる　62　救てきちやる。　sukuti chicharu. 注9)

☆「きて」を含む。「きてある→きたる」に対応。

/cjicjaru/ と推定。

きちやが　61　生ちきちやが。　ichichi chicha ga? 注10)

☆「きて」を含む。「きてあるが→きたるが」に対応。

/cjicjaga/ と推定。

（サ変）

す為

いきやし　16　いきやし暮しゆゆが、　ichashi kurashuyu ga?

　　　　　24　いきやし思暮ち、　ichashi umikurachi,

　　　　　40　いきやし列行きゆが、　ichashi tsiri ichu ga?

　　　　　41　いきやしつれ行きゆが、　ichashi tsiri ichu ga?

☆ 連用形「し」を含む。「いかし」（如何し）に対応。

/ʔicjasji/ と推定。

しぢやち　58　かにやる事しぢやち、　kanyeru kutu shijachi,

☆ 連用形「し」を含む。「しいだして」に対応。

/sjizjacji/ と推定。

しよん　54　道障りしよん、　michizawayi shun,

☆ 連用形「し」を含む。「しをり<u>む</u>」に対応。

/sju'N/ と推定。

しゆが　18　わぬやきやしゆが。　wan ya cha shu ga?

　　　　19　与所あらばきやしゆが。　yusu ara ba cha shu ga?

　　　　20　此のからに、　思ていたづらに　ならばきやしゆが。　kunu kara nyi,

　　　umuti itazira nyi nara ba cha shu ga? 注11)

☆ 連用形「し」を含む。「しを（る）が」に対応。

/sjuga/ と推定。

しゆゆが　7　肝ほこりしゆゆが。　chimu fukuyi shuyu ga? 注11)

☆ 連用形「し」を含む。「しをりをるが」に対応。

/sju'juga/ と推定。

しゆたる　30　遊びほれ**しゆたる**、　asibiburi shutaru,

　☆連用形「し」を含む。「しをりたる」に対応。

　/sjutaru/ と推定。

しゆもの　38　あらん**しゆもの**。　aran shu munu.

　　　　　46　おたかべよ**しゆもの**、　utakabi yu shu munu,

　　　　　46　御祭よ**しゆもの**、　umatsiri yu shu munu,

　　　　　50　あらん**しゆもの**。　aran shu munu,(ママ)

　　　　　53　いかん**しゆもの**。　Ikan shu munu.

　☆連用形「し」を含む。「しをるもの」に対応。「る」脱落。

　/sjumunu/ と推定。

すな　22　油断**すな**互に　yudan suna tage nyi 注12)

　☆終止形「す」を含む。「すな」に対応（禁止）。

　/suna/ と推定。

するな　29　友むつれ**するな**。　dushimutsiri siruna.

　　　　　29　遊びほれ**するな**、　asibiburi siruna,

　　　　　38　気遣ばし**するな**。（ばし＝など）chizike bashi siruna.

　　　　　46　風のわざ**するな**、　kazi nu waza siru na,

　　　　　46　雨のわざ**するな**。　ami nu waza siru na. 注12)

　☆終止形「する」を含む。「するな」に対応。

　/siruna/ と推定。

すれば　30　思切らん**すれば**、　umichiran siri ba,

　☆已然形「すれ」を含む。「すれば」に対応。

　/siriba/ と推定。

すらに　43　御祭よ**すらに**。　umatsiri yu sira nyi

　☆未然形「すら」を含む。「すらに」に対応。

　/sirani/ と推定。

しち　8　生れらぬ生れ　**しち**居らずよりや、'mmariran 'mmari shichi wurazi
　　　　　　yuyi ya,

　☆「して」に対応。

　/sjicji/ と推定。破擦音化の変化がある。

しちやめ　14　もの迷ひ**しちやめ**。　munu mayuyi shichami?

　☆「して」を含む。「してありみ」に対応。

　/sjicjami/ と推定。

しちやる　17　誰が**しちやる**ことが。　ta ga shicharu kutu ga?

　　　　　53　**しちやる**事だいもの、　shicharu kutu demunu,

　　　　　67　親の為**しちやる**　uya nu tami shicharu

　☆「して」を含む。「してある→したる」に対応。

　/sjicjaru/ と推定。

しちゆる　26　物思面**しちゆる**。　munumizira shichuru?

　☆「して」を含む。「してをる」に対応。

/sjicjuru/ と推定。

しちゆて　26　物思つめ**しちゆて**、　munumitsimi shichuti,

　　　　　　28　物思つめ**しちゆて**、　munumitsimi shichuti,

　　　　　　29　物思つめ**しちゆて**、　munumitsimi shichuti,

　☆「して」を含む。「してをりて」に対応。

/sjicjuti/ と推定。

（ナ変）

しぬ死

死にゆる　　4　**死**にゆる命つぎやり、　shinyuru nuchi tsijayi,

　　　　　　4　**死**にゆる命救て　shinyuru nuchi sukuti

　☆連用形「しに」を含む。「しにをる」に対応。

/sjinjuru/ と推定。

（ラ変）

あり有

あゆん　21　わ身にまた**あゆん**、　wami nyi mata ayun,

　　　　50　目の前に**あゆん**。　mi nu mê nyi ayun.

　☆連用形「あり」を含む。「ありをり<u>む</u>」に対応。

/ʔa'juˀN/ と推定。

あん　62　空に物音の　**あん**と思ば、　sura nyi munuutu nu an tumi ba,

　　　　8　御助けの**あんで**　utasiki nu andi

　☆連用形「あり」を含む。「あり<u>む</u>」に対応。

/ʔaˀN/ と推定。

あむ　1　百果報の**あむで**　mumu kafu nu an di

　☆連用形「あり」を含む。「あり<u>む</u>」に対応。

/ʔaˀN/ と推定。「あむで」は、音声としては [ʔamdi] の可能性もあろう。

あゆる　9　ほこらしやど**あゆる**。　fukurasha du ayuru;

　　　　67　ほこらしやど**あゆる**。　Fukurasha du ayuru;

　☆連用形「あり」を含む。「ありをる」に対応。

/ʔa'juru/ と推定。

あるい　11　道の**あるい**。　michi nu aruyi?

有るい　12　後先の**有るい**。　atusachi nu aruyi?

あるゑ　54　神仏てすも　外に又**あるゑ**。　kami futuki tisin fuka nyi mata aruyi?

　☆連体形「ある」を含む。「あるい」に対応。「あるか」の意。「－ゑ」は仮名遣いの違い。

/ʔaru'i/ と推定。

ある　1　心**ある**ものや　kukuru aru munu ya

　　　1　心**ある**ものや　kukuru aru munu ya

　　　8　心**ある**ものや　kukuru aru munu ya

　　　8　肝の**ある**者や　chimu nu aru munu ya

　　　47　神も**ある**ものよ、　kamin aru munu yu,

　　　48　ときも**ある**ものだやべる。　tuchin aru munu d'ayabiru.

49　誠**ある**心　makutu aru kukuru

　　54　御肝**ある**御主の　ujimu aru ushu nu

　　7　目の前**ある**嬉しや　mi nu me aru urisha

　　6　**ある**が嬉しや。　aru ga urisha.

　　49　**ある**が嬉しや。　aru ga urisha.

　　67　神の御助けの　**ある**が嬉しや。　kami nu utasiki nu aru ga urisha.

☼ 連体形「ある」に対応。

/ʔaru/ と推定。

あすが　53　かにやること**あすが**、　kanyeru kutu asi ga,

☼ 連体形「ある」を含む。「あ（る）すが」に対応。

/ʔasiga/ と推定。

あすや　64　百果報の**あすや**　mumu-kafu nu asi ya

☼ 連体形「ある」を含む。「あ（る）すは」に対応。

/ʔasi'ja/ と推定。

あもの　1　みすゞりの**あもの**　misiziri nu a munu

　　8　高札の**あもの**、　takafuda nu a munu,

　　26　夢繁さ**あもの**、　imi shijisa a munu,

　　28　うらきらしや**あもの**、　urachirasha a munu,

　　63　目の前に**あもの**。　mi nu me nyi a munu.

　　65　御言葉の**あもの**、　ukutuba nu a munu,

☼ 連体形「ある」を含む。「あ（る）もの」に対応。

/ʔamunu/ と推定。

あれば　9　あにやる事**あれば**、　anyeru kutu ari ba,

　　62　お言葉の**あれば**、　ukutuba nu ari ba,

　　62　みすゞの**あれば**、　misiziri nu ari ba,

　　66　百果報の**あれば**、　mumu-kafu nu ari ba,

☼ 已然形「あれ」を含む。「あれば」に対応。

/ʔariba/ と推定。

あらば　1　おたかべの**あらば**、　utakabi nu ara ba,

　　1　御祭の**あらば**、　umatsiri nu ara ba,

　　13　与所になす**あらば**、　yusu nyi nasu ara ba,

　　18　恨みごと**あらば**、　urami gutu ara ba,

　　19　与所**あらば**きやしゆが。　yusu ara ba cha shu ga?

　　24　風あらさ**あらば**、　kazi arasa ara ba,

　　24　浪あらさ**あらば**、　nami arasa ara ba,

☼ 未然形「あら」を含む。「あらば」に対応。

/ʔaraba/ と推定。

あても　44　肝いちやさ**あても**、　chimu ichasa atin,

☼ 「ありて」を含む。「ありても→あっても」に対応。

/ʔati'ɴ/ と推定。促音脱落の変化がある。

第8節　「組踊　五組」脚本の動詞形態の考察　423

あてから　50　心あてからや、　kukuru ati kara ya,

　　☆「ありて」を含む。「ありてから→あってから」に対応。

　　/ʔatikara/ と推定。促音脱落の変化がある。

あとて　7　いきやる事あとて、　icharu kutu atuti,

　　☆「ありて」を含む。「ありてをりて」に対応。

　　/ʔatuti/ と推定。

あたうて　61　いきやる事あたうて、　icharu kutu atoti,

　　☆「ありて」を含む。「ありてはをりて」に対応。

　　/ʔatoti/ と推定。「いきやることあとて」/ʔicjarukutuʔatoti/ で「8音」に。/ʔato'oti/ にする
　　と「9音」になってしまう。

あたが　53　隠ちあたが。　kakuchi ata ga?

　　☆「ありて」を含む。「ありてあ（る）が→ありたが→あったが」に対応。

　　/ʔataga/ と推定。促音脱落の変化がある。

をり居

居ゆめ　14　肝ふれて居ゆめ。　chimu furiti wuyumi;

　　☆連用形「をり」を含む。「をりをりみ」に対応。「む＋/i/→み」。「め」と表記。

　　/'u'jumi/ と推定。

居る　4　一人をる母の　fichuyi wuru fafa nu

　　　58　一人をる母に　fichuyi wuru fafa nyi

　　　60　一人をる母に　fichuyi wuru fafa nyi

居る　9　一人居る母に　fichuyi wuru fafa nyi

　　　53　一人居る母に　fichuyi wuru fafa nyi

　　　53　一人居る姉の　fichuyi wuru ani nu

　　☆連体形「をる」に対応。

　　/'uru/ と推定。

居すが　4　けふぎやでや居すが、　chû jadi ya wusi ga,

　　☆連体形「をる」を含むと判断。「をるすが」に対応。

　　/'usiga/ と推定。

居れば　49　我がもちやり居れば、　wa ga muchayi wuri ba,

　　☆已然形「をれ」を含む。「をれば」に対応。

　　/'uriba/ と推定。

をれよ　26　側にをれよ。　suba nyi wuri yu.

　　☆命令形「をれ」を含む。「をれよ」に対応。

　　/'uri'ju/ と推定。

立てやうれ　1　立てやうれ　く　。　tatiyôri tatiyôri.

　　☆命令形「をれ」を含む。「たちてをれ→たってをれ→たてをれ」に対応。

　　/tatjo'ori/ と推定。

居らに　30　母の側に居らに。　fafa nu suba nyi wura nyi.

　　☆未然形「をら」を含む。「をらに」に対応。「ぬ＋/i/→に」。

　　/'urani/ と推定。

424　第3章　仮名資料の動詞形態の考察

居らず　8　生れらぬ生れ　しち居らずよりや、'mmariran 'mmari shichi wurazi
　　　　　　yuyi ya,

　　☆未然形「をら」を含む。「をらず」に対応。

/'urazi/ と推定。

居ても　9　居ても役立たぬ　wutin yaku tatan

　　☆「をりて」を含む。「をりても→をっても」に対応。

/'uti'ɴ/ と推定。促音脱落の変化がある。

居てど　30　おめなりが　uminayi ga wuti du

　　☆「をりて」を含む。「をりてど→をってど」に対応。

/'utidu/ と推定。促音脱落の変化がある。

居とて　1　大蛇棲で居とて、　ufuja sidi wututi,

　　☆「をりて」を含む。「をりてをりて」に対応。

/'ututi/ と推定。「大蛇棲で居とて」を「8音」にするために /'ututi/。

をため　56　生ちをため。　ichichi wutami?。
　　　　57　あけ、生ちをため。　aki! ichichi wutami?

　　☆「をりて」を含む。「をりてありみ→をりたりみ→をったりみ→をたみ」に対応。「む+ /i/ →み」。「め」
　　　と表記。

/'utami/ と推定。促音脱落の変化がある。

5　《組五女狂》

（四段）

いく行

行きやり　　5　けふからや行きやり、　chû kara ya ichayi,
　　　　　21　人はなれ行きやり、　fitu hanari ichayi,
　　　　　24　人はなれ行きやり、　fitu hanari ichayi,

　　☆連用形「いき」を含む。「いきあり」に対応。

/ʔicja'i/ と推定。

いきゆん　43　肝迷ていきゆん。　chimu mayuti ichun.
行きゆん　16　山原に行きゆん。　yambaru nyi ichun.

　　☆連用形「いき」を含む。「いきをりむ」に対応。

/ʔicju'ɴ/ と推定。

行きゆが　6　まかへ列れ行きゆが、　makayi tsiri ichu ga?

　　☆連用形「いき」を含む。「いきをるが」に対応。

/ʔicjuga/ と推定。

行く　13　行く先も見らぬ、　iku sachin miran,
　　　16　行く先も見らぬ。　iku sachin miran.
　　　28　行く先も知らぬ。　ikusachin shiran.
　　　37　行く先も知らぬでて、　ikusachin shiran. diti,

　　☆連体形「いく」に対応。

/ʔiku/ と推定。

行かう　3　すかし行かう。　sikashi ikô.

☆ 未然形「いか」を含む。「いかう」に対応。

/ʔiko'o/ と推定。

行かん　42　行かんしゆもの。　ikan shu munu.

☆ 未然形「いか」を含む。「いかぬ」に対応。

/ʔika'ɴ/ と推定。

おく置

置きやべら　28　しまて置きやべら。　shimati uchabira.

☆ 連用形「おき」を含む。「おきはべら」に対応。

/ʔucjabira/ と推定。

置きなげな　35　置きなげな男。　uchi nagina wutuku.

☆ 連用形「おき」を含む。「おきなげな」に対応。

/ʔucjinagina/ と推定。

置かうや　27　しばて置かうや。　shibati ukô ya

☆ 未然形「おか」を含む。「おかうや」に対応。

/ʔuko'o'ja/ と推定。「しばておかうや」を「6音」にするには /ʔuko'ja/ がいいが。

知らしやうち　17　知らしやうち、　shirashôchi,

☆ 「おきて」を含む。「しらしはおきて」に対応。

/sjirasjo'ocji/ と推定。

かく書

書付の　37　書付のあもの、　kachitsiki nu a munu,

☆ 連用形「かき」を含む。「かきつけの」に対応。

/kacjicikinu/ と推定。

きく聞

聞き　37　だによ聞きとめれ。　danyi yu chichi tumiri.

聞　18　座主も聞留めた。　zasin chichi tumita.

　　38　見出聞出候はゞ、　midashi chichidashi suruwaba,

☆ 連用形「きき」に対応。

/cjicji/ と推定。

聞けば　54　言ゆることよ聞けば、　'yuru kutu yu chiki ba,

☆ 已然形「きけ」を含む。「きけば」に対応。

/cjikiba/ と推定。

聞かば　28　似ちよる者、　nyichoru munu chika ba,

☆ 未然形「きか」を含む。「きかば」に対応。

/cjikaba/ と推定。

さく咲

咲きゆり　4　梯梧の花咲きゆり、　dîgu nu hana sachuyi,

☆ 連用形「さき」を含む。「さきをり」に対応。

/sacju'i/ と推定。

だく抱

抱かれ　21　盗人に抱かれ、　nusubitu nyi dakari,

　　☼ 未然形「だか」を含む。「だかれ」に対応。

　/dakari/ と推定。

つく付

　思付ちやる　28　思付ちやることの　umichicharu kutu nu

　　☼ 連用形「つき」を含む。「おもひつきてある」に対応。

　/ʔumicicjaru/ と推定。

ひく引

　ひき　1　ひきつけてたばうれ。　fichitsikiti tabori.

　引き　1　引きあはちたばうれ、　fichiawachi tabori,

　　　　1　わらべ引きぬすま。　warabi fichi nusuma.

　　　16　わらべ引きつれて、　warabi fichitsiriti,

　　　18　わらべ引きつれる　warabi fichitsiriru

　　　37　わらべ引きぬすで、　warabi fichinusudi,

　引　28　わらべ引盗で、　warabi fichinusudi,

　　☼ 連用形「ひき」に対応。

　/hwicji/ と推定。

　引きやり　1　那覇わらべ、引きやり　nafa warabi fichayi,

　　☼ 連用形「ひき」を含む。「ひきあり」に対応。

　/hwicja'i/ と推定。

ゆく行

　行先　38　行先不＿相知＿候間、　yukuyi ayishirazi suru ayida,
　　　　　（ママ）

　　☼ 連体形「ゆく」を含む。「ゆくへ」に対応か。

　/'juku'i/ と推定。

いそぐ急

　急ぎ　34　急ぎ起さう。　isuji ukusô.

　　　54　急ぎ戻れ。　isuji muduri,注1)

　　☼ 連用形「いそぎ」に対応。

　/ʔisuzji/ と推定。

あかす明

　あかせ　18　一夜あかせ。　ichiya akasi.

　　☼ 命令形「あかせ」に対応。

　/ʔakasi/ と推定。

　あかさ　13　今宵あかさ。　kuyuyi akasa.

　　☼ 未然形「あかさ」に対応。

　/ʔakasa/ と推定。

あはす合

　あはち　1　引きあはちたばうれ、　fichiawachi tabori,

　　☼ 「あはして」に対応。

　/ʔa'wacji/ と推定。破擦音化の変化がある。

（い）だす出

見出聞出　38　**見出聞出**候はゞ、　midashi chichidashi suruwaba,

☼ 連用形「だし」を含む。「みだしききだし」に対応。

/midasjicjicjidasji/ と推定。

おこす起

起す　36　こねやから**起す**。　kuniya kara ukusu?

☼ 終止形「おこす」に対応。

/ʔukusu/ と推定。

起さう　34　急ぎ**起さう**。　isuji ukusô.

☼ 未然形「おこさ」を含む。「おこさう」に対応。

/ʔukuso'o/ と推定。

起ち　28　**起ち**たぶらかち、　ukuchi taburakachi,

☼「おこして」に対応。

/ʔukucji/ と推定。破擦音化の変化がある。

おす押

おしつれて　68　**おしつれて**互に、　ushitsiriti tage nyi,

☼ 連用形「おし」を含む。「おしつれて」に対応。

/ʔusjiciriti/ と推定。

からす貸

からさうや　17　宿を**からさうや**。　yadu wu karasô ya.

☼ 未然形「からさ」を含む。「からさうや」に対応。

/karaso'o'ja/ と推定。

からち　16　**からち**たばうれ。　karachi tabori.

☼「からして」に対応。

/karacji/ と推定。破擦音化の変化がある。

くらす暮

暮す　48　遊で**暮す**。　○暮す、暮せ。異本には、「戻れ」。　asidi kurasi.

☼ 終止形「くらす」に対応。

/kurasi/ と推定。/kurasu/? 注2)

さす差

差　38　腰に鎌　**差**。　kushi nyi irana sashi.

☼ 連用形「さし」に対応。

/sasji/ と推定。

しらす知

知らしやうち　17　**知らしやうち**、　shirashôchi,

☼ 連用形「しらし」を含む。「しらしはおきて」に対応。

/sjirasjo'ocji/ と推定。

知らせ　しばてをて**知らせ**。　shibati wuti shirashi.

☼ 命令形「しらせ」に対応。

/sjirasji/ と推定。

すかす賺
  すかし　3　すかし行かう。　sikashi ikô.
    ☼ 連用形「すかし」に対応。
    /sikasji/ と推定。
たぶらかす誑
  たぶらかち　28　起ちたぶらかち、　ukuchi taburakachi,
    ☼「たぶらかして」に対応。
    /taburakacji/ と推定。破擦音化の変化がある。
つくす尽
  思尽^{つく}す　47　思尽^{つく}すことの　umitsikusu kutu nu
          48　思尽^{つく}すことの　umitsikusu kutu nu
    ☼ 連体形「つくす」を含む。「おもひつくす」に対応。
    /ʔumicikusu/ と推定。
とらす取
  とらさ　5　此の仏とらさ。　kunu futuki turasa.
    ☼ 未然形「とらさ」に対応。
    /turasa/ と推定。
  とらさ　22　救てとらさ。　sukuti turasa.
    ☼ 未然形「とらさ」に対応。
    /turasa/ と推定。
なす生
  なし子　21　侍のなし子。　samurê nu nashi-gwa
    ☼ 連用形「なし」を含む。「なしご」に対応。
    /nasjigwa/ と推定。
ぬかす抜（逃）
  ぬかさぬ　39　ぬかさぬ。　nukasanu.
    ☼ 未然形「ぬかさ」を含む。「ぬかさぬ」に対応。
    /nukasa'N/ と推定。「記録映画」[nukasanu] か。聞き取れず。（音声ナシ？）
はなす放
  放^{はな}す　7　放^{はな}すことならぬ。　hanasu kutu naran._{注3)}
    ☼ 連体形「はなす」に対応。
    /hwanasu/ と推定。
ゆるす許
  許^{ゆる}す　7　許^{ゆる}すことならぬ。　yurusu kutu naran.
    ☼ 連体形「ゆるす」に対応。
    /'jurusu/ と推定。
  ゆるち　6　ゆるちたばうれ。　yuruchi tabori.
    ☼「ゆるして」に対応。
    /'jurucji/ と推定。破擦音化の変化がある。
たつ立

第 8 節　「組踊　五組」脚本の動詞形態の考察　429

立ちやり　1　かたはらに立ちやり、　katahara nyi yuyayi,

☼ 連用形「たち」を含む。「たちあり」に対応。

/tacja'i/ と推定。

立て　9　立てく　。　tati tati.

☼ 命令形「たて」に対応。

/tati/ と推定。

まつ待

待ちかねて　43　待ちかねて居たん。　machikaniti wutan.

☼ 連用形「まち」を含む。「まちかねて」に対応。

/macjikaniti/ と推定。

待ち　1　わらべ待ちぬすま、　warabi machi nusuma,

☼ 「まちて→まって」に対応。

/macji/ と推定。破擦音化の変化がある。

みつ満

満たぬ　43　十に満たぬ内に、　tu nyi mitan uchi nyi,

☼ 未然形「みた」を含む。「みたぬ」に対応。

/mitaɴ/ と推定。

いふ言

ものい声　20　ものい声のあすが、　munuigwi nu asi ga,

物言声　43　物言声もすらぬ　munuigwin siran

☼ 連用形「いひ」を含む。「ものいひごゑ」に対応。

/munuʔigwi/ と推定。

言る　54　言ることよ聞けば、　'yuru kutu yu chiki ba, 注4)

☼ 連用形「いひ」を含む。「いひをる」に対応。

/ʔjuru/ と推定。

てやり　43　犬猫の餌食　なたらてやりとめば、in maya nu yijichi natara teyi

tumi ba,

☼ 連用形「いひ」を含む。「といひあり」に対応か。

/te'i/ と推定。「なたらてやりとめば」を「8音」で収めるには /te'i/ とするしかない。

て　28　似ちよるごとあものでて、　nyichoru gutu a munu diti,

37　行く先も知らぬでて、　ikusachin shiran. diti,

☼ 「いひて」に対応。「で」は引用の助辞「で」とする。

/ti/ と推定。

うしなふ失

失やり　53　一人子失やり、　chuyigwa ushinayayi,

☼ 連用形「うしなひ」を含む。「うしなひあり」に対応か。

/ʔusjina'ja'i/ と推定。

失なたる　56　失なたるわらべ　ushinataru warabi

☼ 「うしなひて」を含む。「うしなひてある→うしなひたる→うしなたる」に対応。

/ʔusjinataru/ と推定。

おもふ思

> 思　28　思付ちやることの　umichicharu kutu nu
>
> 　　43　今ど思知ゆる。　nama du umishiyuru.
>
> 　　47　思尽すことの　umitsikusu kutu nu
>
> 　　48　思尽すことの　umitsikusu kutu nu
>
> 　　60　思合はしゆることの　umiwashuru kutu nu
>
> 　　42　つれて、思わらべ、　tsiriti, umi-warabi,

☆連用形「おもひ」に対応。「おもり→おもい→おめ」の可能性もあるか。

/ʔumi/ と推定。

> めば　43　犬猫の餌食　なたらてやりとめば、in maya nu yijichi natara teyi tumi ba,

☆已然形「おもへ」を含む。「おもへば」に対応。

/miba/ と推定。

> 思ば　10　別ると思ば。　wakaru tumiba.

☆已然形「おもへ」を含む。「おもへば」に対応。

/miba/ と推定。

> 思た　3　思たこと、　umuta kutu,

☆「おもひて」を含む。「おもひてあ（る）→おもひた（る）→おもた（る）」に対応か。

/ʔumuta/ と推定。

> もて　43　友むつれともて、　dushi mutsiri tumuti,
>
> 　　43　遊びほれともて、　asibiburi tumuti,

☆「おもひて」に対応。

/muti/ と推定。

くらふ食

> くわやり　1　うまさものくわやり、　umasa munu kwayayi,

☆連用形「くらひ」を含む。「くらひあり」に対応か。

/kwa'ja'i/ と推定。

こふ乞

> 暇乞も　6　暇乞もすらぬ、　itumagwin siran,

☆連用形「こひ」を含む。「いとまごひも」に対応。

/ʔitumagwiꞌɴ/ と推定。

さふらふ候

> 候はゞ　38　見出聞出候はゞ、　midashi chichidashi suruwaba,

☆未然形「さふらは」を含む。「さふらはば」に対応。

/suru'waba/ と推定。

しまふ仕舞

> しまて　28　しまて置きやべら。　shimati uchabira.
>
> 　　28　しまてをて語れ、　shimati wuti katari,

☆「しまって」に対応。

/sjimati/ と推定。促音脱落の変化がある。

すくふ救

救て　21　我が命　**救て**たばうれ。　　wa ga inuchi sukuti tabori.

22　**救て**とらさ。　　sukuti turasa.

66　**救て**あたる。　　sukuti ataru.

☼「すくって」」に対応。

/sukuti/ と推定。促音脱落の変化がある。

たまふ給

たばうれ　1　ひきつけて**たばうれ**。　　fichitsikiti tabori.

1　引きあはち**たばうれ**、　fichiawachi tabori,

6　ゆるち**たばうれ**。　　yuruchi tabori.

16　からち**たばうれ**。　　karachi tabori.

21　我が命　救て**たばうれ**。　　wa ga inuchi sukuti tabori.

☼「たまふ」→「たばふ」と変化。更に「ラ行（四段）化」した後の命令形「たばうれ」と判断。

/tabori/ と推定。「ひきつけて～」「引きあはち～」を「8音」に、「ゆるち～」「からち～」「すくて～」を「6音」にするために /tabori/。

つかふ使

気遣　22　**気遣**すなわらべ。　　chizike suna warabi

42　**気遣**すなわらべ、　chizike suna warabi,

☼連用形「つかひ」を含む。「きづかひ」に対応。

/cjizike/ と推定。/cjizika'i→cjizike/。「8音」にするために /cjizike/。

早使　28　首里**早使**あもの　　shuyi fêzikê a munu

早使　28　那覇**早使**あもの、　nafa fêzikê a munu

☼連用形「つかひ」を含む。「はやづかひ」に対応。

/hwezike/ と推定。/hwe'ezike'e→hwezike'e/。「8音」にするために /hwezike/。

ととのふ調

調やうれ　29　御羽書のやう、　**調や**うれ。　　u-fagachi nu yô, tutunuyôri.

☼連用形「ととのひ」を含む。「ととのひおわれ」に対応か。

/tutunu'jo'ori/ と推定。

とまふ探

とまい　64　**とまい**つちやることや　tumetsicharu kutu ya

☼「「ラ行（四段）化」後の連用形「とまひり」（→とまいり→とまい）と判断。

/tume/ と推定。/tuma'i→tume'e/。「8音」にするために /tume/。

とまいれは　43　**とまいれは**も居らぬ。　　tumeri wan wuran.

53　**とまいれは**も居らぬ、　tumeri wan wuran,

☼「「ラ行（四段）化」後の已然形「とまいれ」を含む。「とまいれは」に対応。

/tumeri'wa/ と推定。/「tuma'iri'wa→tume'eri'wa/。8音」にするために /tumeri'wa/。

とまひて　2　どし**とまひて**つれて、　dushi tumeti tsiriti;

20　**とまいて**来ちやが。　tumeti chichaga?

52　寺内を　**とまいて**来ちやが。　tira uchi wu tumeti chicha ga?

☼「とまひて」に対応。

/tumeti/ と推定。/tuma'iti→tume'eti→tumeti /。

432　第3章　仮名資料の動詞形態の考察

ねがふ願

願た　3　**願た**こと　nigata kutu

☼「ねがひて」を含む。「ねがひてある→ねが（ひ）たる」と変化。

/nigata/ と推定。「る」脱落。

まよふ迷

もの迷ひ　43　**もの迷ひ**がしちやら、　munumayi ga shichara,

☼連用形「まよひ」を含む。「ものまよひ」に対応。

/munuma'i/ と推定。/munuma'ju'i/。「8音」にするために /munuma'i/。

迷て　53　肝**迷て**居ゆん。　chimu-mayuti wuyun.

　　　43　肝**迷て**いきゆん。　chimu mayuti ichun.

☼「まよって」に対応。

/ma'juti/ と推定。促音脱落の変化がある。

もらふ貰

もらて　67　一人子今日**もらて**、　chuyigwa chû murati,

☼「もらって」に対応。

/murati/ と推定。促音脱落の変化がある。

あすぶ遊

遊びほしや　2　**遊びほしや**の。　asibi busha nu.

☼連用形「あすび」を含む。「あすびほしや」に対応。

/ʔasibibusja/ と推定。

遊びほれ　21　**遊びほれ**しちど　asibiburi shichi du

　　　　　24　**遊びほれ**しちど　asibiburi shichi du

　　　　　43　**遊びほれ**ともて、　asibiburi tumuti,

☼連用形「あすび」を含む。「あすびほれ」に対応。

/ʔasibiburi/ と推定。

遊で　48　**遊で**暮す。　asidi kurasi.

☼「あすびて→あすんで」に対応。

/ʔasidi/ と推定。撥音脱落の変化がある。

おらぶ叫

おらびゆらば　7　**おらびゆらば**おらべ。　urabiyura ba urabi.

　　　　　　11　**おらびゆらば**おらべ。　urabiyura ba urabi.

☼連用形「おらび」を含む。「おらびをらば」に対応。

/ʔurabi'juraba/ と推定。

おらべ　7　おらびゆらば**おらべ**。　urabiyura ba urabi.

　　　　11　おらびゆらば**おらべ**。　urabiyura ba urabi.

☼命令形「おらべ」に対応。

/ʔurabi/ と推定。

あゆむ歩

歩め　5　**歩め**く　。　ayumi! Ayumi!

　　11　**歩め**く　。　ayumi! ayumi!

13 **歩め** く 。　ayumi! Ayumi!

　　☼ 命令形「あゆめ」に対応。

　　/ʔa'jumi/ と推定。

歩ゆで　21　知らぬ道**歩ゆで**、　shiran michi ayudi,

　　☼「あゆみて→あゆんで」に対応。

　　/ʔa'judi/ と推定。撥音脱落の変化がある。

こむ込

込だる　32　呑**込だる**まげさ。　numikudaru magisa.

　　☼「こみて」を含む。「こみてある→こんだる」に対応。

　　/kudaru/ と推定。撥音脱落の変化がある。

たくむエ

たくだ　29　すぢりごと**たくだ**。　sijiri gutu takuda.

　　☼「たくみて」を含む。「たくみてある→たくんだる」に対応。

　　/takuda/ と推定。撥音脱落の変化がある。「る」脱落。

たのむ頼

たので　65　この御寺**たので**、　kunu utira tanudi,
頼で　13　あの御寺**頼で**、　anu utira tanudi,
　　　43　朝夕我が**頼で**　asayu wa ga tanudi

　　☼「たのみて→たのんで」に対応。

　　/tanudi/ と推定。撥音脱落の変化がある。

つぼむ蕾

つぼでをる　69　**つぼでをる**花の　露きやたごと。　tsibudi wuru hana nu tsiyu chata
　　　　　　　　　　gutu.

　　☼「つぼみて」を含む。「つぼみてをる→つぼんでをる」に対応。

　　/cibudi'uru/ と推定。撥音脱落の変化がある。

　　「－て＋をり」の形を残している段階だと言える。更に /du'uru/ へと進むことになる。

ぬすむ盗

ぬすま　1　わらべ引き**ぬすま**。　warabi fichi nusuma.
　　　　　1　わらべ待ち**ぬすま**、　warabi machi nusuma,

　　☼ 未然形「ぬすま」。

　　/nusuma/ と推定。

ぬすで　1　首里わらべ**ぬすで**、　shuyi warabi nusudi,
　　　　37　わらべ引き**ぬすで**、　warabi fichinusudi,
盗で　28　わらべ引**盗で**、　warabi fichinusudi,

　　☼「ぬすみて→ぬすんで」に対応。

　　/nusudi/ と推定。撥音脱落の変化がある。

のむ飲

呑　32　**呑込**だるまげさ。　numikudaru magisa.

　　☼ 連用形「のみ」に対応。

　　/numi/ と推定。

やすむ 休

休みやうれ　18　**休みやうれ**　く　。　　yasimyôri yasimyôri.

　☆ 連用形「やすみ」を含む。「やすみおわれ」に対応。

　/ˀjasimjo'ori/ と推定。

休ま　12　暫し**休ま**。　　shibashi yasima.

　☆ 未然形「やすま」に対応。

　/ˀjasima/ と推定。

やむ 病（痛）

やみゆり　12　足もとも**やみゆり**、　ashimutun yamyuyi,

　☆ 連用形「やみ」を含む。「やみをり」に対応。

　/ˀjamju'i/ と推定。

あまる 余

あまて　48　身に**あまて**居らば、　mi nyi amati wura ba,

余て　47　身に**余て**居てど　mi nyi amati du

　☆「あまりて→あまって」に対応。

　/ˀamati/ と推定。促音脱落の変化がある。

うる 売

売やり　1　国頭に**売やり**、　kunjan nyi uyayi,

　　　　1　中頭に**売やり**、　nakugan nyi uyayi,

　☆ 連用形「うり」を含む。「うりあり」に対応。

　/ˀu'ja'i/ と推定。

売てど　1　高どしろ**売てど**　taka dushiru uti du

　☆「うりて」を含む。「うりてど→うってど」に対応。

　/ˀutidu/ と推定。促音脱落の変化がある。

かたる 語

語れ　28　しまてをて**語れ**、　shimati wuti katari,

　☆ 命令形「かたれ」に対応。

　/katari/ と推定。

かる 借

かたる　20　宿**かたる**わらべ　yadu kataru warabi

　　　　24　よい［ひ］に宿**かたる**　yuyi nyi yadu kataru

　☆ 連用形「かり」を含む。「かりてある→かりたる→かったる」に対応。

　/kataru/ と推定。促音脱落の変化がある。

さかる 盛

花ざかり　24　**花ざかり**わらべ　hanazakari warabi

　　　　　42　**花ざかり**わらべ、　hanazakari warabi,

　☆ 連用形「さかり」に対応。「はなざかり」に対応。

　/hwanazakari/ と推定。「記録映画」の音声は [hanazakaji]。

しばる 縛

しばて　27　**しばて**置かうや。　shibati ukô ya.

28　しばてをて知らせ。　　shibati wuti shirashi.

☆「しばりて→しばって」に対応。

/sjibati/ と推定。促音脱落の変化がある。

しる知

知ゆる　43　今ど思知ゆる。　　nama du umishiyuru.

☆連用形「しり」を含む。「しりをる」に対応。

/sji'juru/ と推定。

知らぬ　28　行く先も知らぬ。　　ikusachin shiran.

知らぬ　37　行く先も知らぬでて、　ikusachin shiran. diti,

☆未然形「しら」を含む。「しらぬ」に対応。

/sjira'ɴ/ と推定。

知らぬ　21　知らぬ此の寺に　　shiran kunu tira nyi

　　　　　21　知らぬ道歩ゆで、　shiran michi ayudi,

☆未然形「しら」を含む。「しらぬ」に対応。続くのが名詞なので別項目にした。

/sjira'ɴ/ と推定。

たよる頼

たより　42　たよりあるやらば、　tayuyi aru yara ba,

☆連用形「たより」に対応。

/ta'ju'i/ と推定。/ri/ → /'i/ の変化がある。

たる足

足らぬ　43　十に足らぬ内に、　tu nyi taran uchi nyi,

☆未然形「たら」を含む。「たらぬ」に対応。「足らぬ」は、「ママ」。「たらぬ」の誤りであろうか、断定できない可能性を残す。

/tara'ɴ/ と推定。

とる取

搦取り　38　即刻搦取り、　sukkuku karamituri,

☆連用形「とり」を含む。「からめとり」に対応。

/karamituri/ と推定。

とれば　2　風車やとれば、　kazimaya ya turi ba,

☆已然形「とれ」を含む。「とれば」に対応。

/turiba/ と推定。

取らん　42　弟子に取らんしゆもの。　dishi nyi turan shu munu.

☆未然形「とら」を含む。「とらむ」に対応。

/tura'ɴ/ と推定。

取られ　21　盗人に取られ、　nusubitu nyi turari,

　　　　　24　盗人に取られ、　nusubitu nyi turari,

☆未然形「とら」を含む。「とられ」に対応。

/turari/ と推定。

取て　1　たかどしろ取てど　taka dushiru tuti du

☆「とりて→とって」に対応。

436　第3章　仮名資料の動詞形態の考察

/tuti/ と推定。促音脱落の変化がある。

とる捕

捕られ　38　何某子盗人に捕られ、　nanyigashi kkwa nusubitu nyi turari,

　　　　　65　盗人に捕られ、　nusubitu nyi turari,

　　　　　66　盗人に捕られ、　nusubitu nyi turari,

　☆未然形「とら」を含む。「とられ」に対応。

/turari/ と推定。

なばくる揄

なばくるな　54　無理になばくるな、　muri nyi nabakuru na,

　☆終止形「なばくる」を含む。「なばくるな」に対応。

/nabakuruna/ と推定。

なる成

なれば　4　四月がなれば、　shingwachi ga nari ba [注6]

　☆已然形「なれ」を含む。「なれば」に対応。

/nariba/ と推定。

ならぬ

　　　　　7　許すことならぬ。　yurusu kutu naran.

　　　　　7　放すことならぬ。　hansu kutu naran.

　　　　13　ならぬ　く　。　naran naran.

　　　　43　肝も肝ならぬ　chimun chimu naran

　　　　43　恥も恥ならぬ　hajin haji naran

　　　　53　肝も肝ならぬ、　chimun chimu naran,

　　　　53　恥も恥ならぬ、　hajin haji naran,

　☆未然形「なら」を含む。「ならぬ」に対応。

/nara'N/ と推定。

なて　53　二十日なて、　fatsika nati,

　　　66　二十日なて、　fatsika nati,

　☆「なりて→なって」に対応。

/nati/ と推定。促音脱落の変化がある。

なたら　43　犬猫の餌食　なたらてやりとめば、　in maya nu yijichi natara teyi tumi ba,

　☆「なりて」を含む。「なりてあら→なったら」に対応。

/natara/ と推定。促音脱落の変化がある。

めぐる巡

めぐる　2　風つれてめぐる、　kazi tsiriti miguru;

　☆終止形「めぐる」に対応。

/miguru/ と推定。

もどる戻

もどれ　55　たう　く　、もどれ　く　。　tô tô, muduri muduri.

戻れ　54　急ぎ戻れ。　isuji muduri,

68　踊て戻れ。　　wuduti muduri.

☼ 命令形「もどれ」に対応。

/muduri/ と推定。

よる寄

寄やり　1　かたはらに寄やり、　katahara nyi yuyayi,

☼ 連用形「より」を含む。「よりあり」に対応。

/'ju'ja'i/ と推定。

わたる渡

渡やべる　1　浮世渡やべる、　uchiyu watayabiru,

☼ 連用形「わたり」を含む。「わたりはべる」に対応。

/'wata'jabiru/ と推定。

をどる踊

踊り　44　踊りしち来ゆん。　wuduyi shichi chûn.

☼ 連用形「をどり」に対応。

/'udu'i/ と推定。

踊れ　46　又も踊れく　。matan wuduri wuduri

　　　51　踊れく　。　wuduri wuduri.

☼ 命令形「をどれ」に対応。

/'uduri/ と推定。

踊て　48　踊て片時も　wuduti katatuchin

　　　50　踊て来るは。　wuduti kuru wa.

　　　68　踊て戻れ。　wuduti muduri.

☼「をどりて→をどって」に対応。

/'uduti/ と推定。促音脱落の変化がある。

（上一段）

できる出来

出来た　40　出来たく　。　dikita dikita.

☼「できて」を含む。「できてある」に対応。「できたる→できた」と変化。

/dikita/ と推定。

にる似

似ちよる　28　似ちよるごとあものでて、　nyichoru gutu a munu diti,

　　　　　28　似ちよるものあらば、　nyichoru munu ara ba,

　　　　　28　似ちよる者聞かば、　nyichoru munu chika ba,

☼「にて」を含む。「にてはをる」に対応。

/nicjoru/ と推定。音数を整えるために /nicjo'oru/ ではなく /nicjoru/ に。

みる見

見出　38　見出聞出候はゞ、　midashi chichidashi suruwaba,

☼ 連用形「み」を含む。「みだし」に対応。

/midasji/ と推定。

見物

438　第3章　仮名資料の動詞形態の考察

44 　見物_{みもの}よ　く　、　mîmunu yu mîmunu yu

50 　見物_{みもの}　く　。　mimunu mimunu!注7

　　☆ 連用形「み」を含む。「みもの」に対応。

/mimunu/ と推定。

見る_み　1　見_みる人もないらぬ、　miru fitun neran,

　　☆ 連体形「みる」に対応。

/miru/ と推定。

見_んだう　44　でよ　く　つれて、見_んだうや。　diyu diyu tsiriti, ndô ya.

　　　　　45　たう　く　つれて、見_んだうや。　tôtô tsiriti, ndô ya.

　　☆「ラ行（四段）化」後の未然形「みら」を含む。「みらう」に対応。「んだう」と変化。

/ˈɴdo'o/ と推定

見_んちやめ　7　これ見_んちやめ、わらべ。　kuri nchami? warabi!

　　☆「みて」を含む。「みてあ（り）み」に対応。「みたみ」と変化。融合変化の結果「んちやめ」となった。

/ˈɴcjami/ と推定。[mitami] → [mitjami] → [miʃami] → [mʃami] → [nʃami] /ˈɴcjami/
のような変化が想定される。

見_んちやる　22　見_んちやる目のいちやさ、　'ncharu mi nu ichasa,（'n ではなく、n が正か）

　　☆「みて」を含む。「みてある」に対応。「みたる」と変化。融合変化の結果「んちやる」となった。

/ˈɴcjaru/ と推定。[mitaru] → [mitjaru] → [miʃaru] → [mʃaru] → [nʃaru] /ˈɴcjaru/
のような変化が想定される。

見_んちやか　7　これ、見_んちやかわらべ。　kuri nchaka? warabi!

　　　　　44　あれ見_んちやか　く　。　ari ncha ka ncha ka.

　　☆「みて」を含む。「みてあるか」に対応。「みたか」と変化。融合変化の結果「んちやか」となった。

/ˈɴcjaka/ と推定。[mitaka]→[mitjaka]→[miʃaka]→[mʃaka]→[nʃaka] /ˈɴcjaka/ の
ような変化が想定される。

（上二段）

いく生_い

生_いち　61　生_いち居ため。　ichichi wutami?

　　　61　あゝけ、生_いち居ため。　âki! ichichi wutami?

　　　65　生_いち居やべたん。　ichichi wuyabitan.

　　☆「いきて」に対応。

/ʔicjicji/ と推定。破擦音化の変化がある。

おく起_お

起_おきれ　35　寝るな、起_おきれ。　niru na! ukiri!

　　☆「ラ行（四段）化」後の命令形「おけれ」と判断。

/ʔukiri/ と推定。

おつ落_お

落_おてゝ　43　山淵に、落_おてゝ　yamafuchi nyi utiti,

　　☆「おてる」に変化した後の「て」の形「おてて」に対応。「ラ行（四段）化」後の「て」の形「おてりて」
　　　に対応との解釈も可能か。

/ʔutiti/ と推定。「おてりて」だとすれば、/ʔutiriti→ʔutiQti→ʔutiti / と変化か。

第 8 節　「組踊　五組」脚本の動詞形態の考察　439

（下一段）

ねる寝

寝るな　35　**寝るな、起きれ。**　niru na! ukiri!

☿ 終止形「ねる」を含む。「ねるな」に対応。

/niruna/ と推定。

（下二段）

あく明

明けるぎやでも　43　**夜の明けるぎやでも**　yu nu akiru jadin

☿「ラ行（四段）化」後の連体形「あける」を含む。「あけるぎやでも」に対応。所謂「一段化」。注8)

/ʔakiruzjadi'N/ と推定。

かく掛

みせかけ　3　**先づ人形をみせかけ、**　mazi nyinjô wu mishikaki,

☿ 連用形「かけ」を含む。「みせかけ」に対応。

/misjikaki/ と推定。

すく据

すけて　1　**うまさ物すけて、**　umasa munu sikiti,

☿「すけて」に対応。

/sikiti/ と推定。

たすく助

助けほしや　24　**助けほしやの。**　tasiki busha nu.

☿ 連用形「たすけ」を含む。「たすけほしや」に対応。

/tasikibusja/ と推定。

つく付

書付の　37　**書付のあもの、**　kachitsiki nu a munu,

☿ 連用形「つけ」を含む。「かきつけの」に対応。

/kacjicikinu/ と推定。

形付　38　**浅黄地に形付。**　asajiji nyi katatsiki.

☿ 連用形「つけ」を含む。「かたつけ」に対応。

/kataciki/ と推定。

ひきつけて　1　**ひきつけてたばうれ。**　fichitsikiti tabori.

☿「つけて」を含む。「ひきつけて」に対応。

/hwicjicikiti/ と推定。

すぐ過

すぢりごと　29　**すぢりごとたくだ。**　sijiri gutu takuda.

☿「ラ行（四段）化」後の連用形「すぎり」を含む。「すぎりごと」に対応か。

/sizjirigutu/ と推定。

みす見

みせかけ　3　**先づ人形をみせかけ、**　mazi nyinjô wu mishikaki,

☿ 連用形「みせ」を含む。「みせかけ」に対応。

/misjikaki/ と推定。

440　第3章　仮名資料の動詞形態の考察

すつ捨

捨てられて　43　親に捨てられて、　uya nyi sitirariti,

☆「ラ行（四段）化」後の未然形「すてら」を含む。「すてられて」に対応。

/sitirariti/ と推定。

いづ出

でよ　17　でよ　く　。　diyu diyu.

　　　　44　でよ　く　つれて、　見だうや。　diyu diyu tsiriti, ndô ya.

☆命令形「でよ」に対応。

/di'ju/ と推定。

出ようれ　50　出ようれ　く　。　diyôri diyôri.

☆連用形「で」を含む。「でありをれ」に対応。

/di'jo'ori/ と推定。

かぬ兼

待ちかねて　43　待ちかねて居たん。　machikaniti wutan.

☆「かねて」を含む。「まちかねて」に対応。

/macjikaniti/ と推定。

たづぬ尋

尋ねゆる　60　あてど尋ねゆる。　ati du tazuniyuru.

☆連用形「たづね」を含む。「たづねをる」に対応。

/tazuni'juru/ と推定。

あつむ集

集め　22　小僧ども集め、　kuzû dumu atsimi

☆連用形「あつめ」に対応。

/ʔacimi/ と推定。

からむ搦

搦 取り　38　即刻搦 取り、　sukkuku karamituri,

☆連用形「からめ」を含む。「からめとり」に対応。

/karamituri/ と推定。

さだむ定

定めぐれしや　49　定めぐれしや。　sadami gurisha.

　　　　　　64　定めぐれしや。　Sadami gurisha.

☆連用形「さだめ」を含む。「さだめぐれしや」に対応。

/sadamigurisja/ と推定。

とむ留

とめれ　37　だによ聞きとめれ。　danyi yu chichi tumiri

☆「ラ行（四段）化」後の命令形「とめれ」に対応。

/tumiri/ と推定。

留めた　18　座主も聞留めた。　zasin chichi tumita.

☆「とめて」を含む。「とめてある」に対応。「とめたる→とめた」と変化。「る」脱落。

/tumita/ と推定。

みゆ見

見らぬ　13　行く先も**見**らぬ、　iku sachin miran,

　　　　16　行く先も**見**らぬ。　iku sachin miran.

　☆「ラ行（四段）化」の未然形「みえら」を含む。「みえらぬ」に対応。

　/mira'N/ と推定。音数上、/mi'ira'N/ ではなく /mira'N/。

うまる生　（うむ？）

生れらぬ　43　**生れらぬ生れ**　'mmariran 'mmari　注9)

　☆「ラ行（四段）化」後の未然形「うまれら」を含む。「うまれらぬ」に対応。

　/ʔNmarira'N/ と推定。

くる呉

呉らに　5　うまさ物**呉**らに、　umasa munu kwira nyi,

　☆「ラ行（四段）化」後の未然形「くれら」を含む。「くれらに」に対応。「−ぬ＋/i/→に」。

　/kwirani/ と推定。

くる暮

暮れる　43　夜の**暮れる**ぎやでも　yu nu kuriru jadin

　☆「ラ行（四段）化」後の連体形「くれる」とする。（本来の連体形「くるる」ではなく。）

　/kuriru/ と推定。

暮れて　13　今日や夜も**暮れて**、　chû ya kuriti,

　　　　16　今日や夜も**暮れて**、　chû ya yun kuriti,

　☆「くれて」に対応。

　/kuriti/ と推定。

つかる疲

疲れ　12　昨日からの**疲れ**　chinû kara nu tsikari

　☆連用形「つかれ」に対応。

　/cikari/ と推定。

つる連

列れ　6　まかへ**列れ**行きゆが、　makayi tsiri ichu ga?

　☆連用形「つれ」に対応。

　/ciri/ と推定。

つれる　18　わらべ引き**つれる**　warabi fichitsiriru

　☆「ラ行（四段）化」後の終止形「つれる」に対応。

　/ciriru/ と推定。

つれられて　21　**つれられて来ちやん。**　tsirirariti chichan.

　☆「ラ行（四段）化」後の未然形「つれら」を含む。「つれられて」に対応。

　/cirirariti/ と推定。

つれて　2　どしとまひて**つれて**、　dushi tumeti tsiriti;

　　　　2　風**つれて**めぐる、　kazi tsiriti miguru;

　　　　5　今日からや**つれて**、　chû kara ya tsiriti,

　　　　16　わらべ引き**つれて**、　warabi fichitsiriti,

　　　　42　**つれて、思わらべ、**　tsiriti, umi-warabi,

44　でよ　く　**つれて**、　見だうや。　diyu diyu tsiriti, ndô ya.

45　たう　く　**つれて**、　見だうや。　tôtô tsiriti, ndô ya.

68　おし**つれて**互に、　ushitsiriti tage nyi,

☼「つれて」に対応。

/ciriti/ と推定。

はなる離

人はなれ　21　**人はなれ**行きやり、　fitu hanari ichayi,

24　**人はなれ**行きやり、　fitu hanari ichayi,

3　**人はなれ**迄　fitu hanari madi

☼連用形「はなれ」を含む。「ひとはなれ」に対応。

/hwituhwanari/ と推定。

ふる狂

ふれもの　46　ゑい　く　**ふれもの**、　yî yî furimun,

48　ゑい　く　、**ふれもの**、　yî yî, furimun,

51　ゑい、**ふれもの**。　yî, furimun.

52　ゑい、**ふれもの**。　yî, furimun.

☼連用形「ふれ」を含む。「ふれもの」に対応。

/hwurimu'N/ と推定。

女ふれもの　52　**女ふれもの**の　yinagu furimun nu

女狂人<small>ふれもの</small>　44　**女狂人<small>ふれもの</small>の**　yinagu furimun nu

50　**女狂人<small>ふれもの</small>の**　yinagu furimun nu

☼連用形「ふれ」を含む。「ゐなごふれもの」に対応。

/'inaguhwurimu'N/ と推定。

ふれて　43　肝**ふれて**居ゆん　chimu furiti wuyun

53　肝**ふれて**をゆん、　chimu-furiti wuyun,

☼「ふれて」に対応。

/hwuriti/ と推定。

ほる惚

遊びほれ　21　**遊びほれ**しちど　asibiburi shichi du

24　**遊びほれ**しちど　asibiburi shichi du

43　**遊びほれ**ともて、　asibiburi tumuti,

☼連用形「ほれ」を含む。「あすびほれ」に対応。

/ʔasibiburi/ と推定。

むつる睦

友むつれ　43　**友むつれ**ともて、　dushi mutsiri tumuti,

☼連用形「むつれ」を含む。「どしむつれ」に対応。

/dusjimuciri/ と推定。

わかる別

別<small>わか</small>れやり　10　**別<small>わか</small>れやり**をすが、　wakariyayi wusi ga,

43　**別<small>わか</small>れやり**をれば、　wakariyayi wuri ba,

☆ 連用形「わかれ」を含む。「わかれあり」に対応。

/'wakari'ja'i/ と推定。

別る　10　**別る**と思ば。　wakaru tumiba.

☆ 終止形「わかる」に対応。

/'wakaru/ と推定。

わする忘

忘れぐれしや　67　**忘れぐれしや**。　wasiri gurisha.

☆ 連用形「わすれ」を含む。「わすれぐれしや」に対応。

/'wasirigurisja/ と推定。

（カ変）

く来

来ゆん　44　踊りしち**来ゆん**。　wuduyi shichi chûn.

☆ 連用形「き」を含む。「きをりむ」に対応。

/cju'u'N/ と推定。

来る　3　ゑいわらべの**来る**。　yî warabi nu kuru.

来る　50　踊て**来る**は。　wuduti kuru wa.

☆ 連体形「くる」に対応。

/kuru/ と推定。

来ちやん　21　つれられて**来ちやん**。　tsirirariti chichan.

　　　　　66　この寺に**来ちやん**。　kunu tira nyi chichan. 注10)

☆「きて」を含む。「きてありむ→きたりむ」に対応。

/cjicja'N/ と推定。

来ちやる　24　こがとぎやて (ママ) **来ちやる**。　kugatu jadi chicharu. 注11)

☆「きて」を含む。「きてある→きたる」に対応。

/cjicjaru/ と推定。

来ちやが　20　とまいて**来ちやが**。　tumeti chichaga?

　　　　　52　寺内を　とまいて**来ちやが**。　tira uchi wu tumeti chicha ga? 注12)

☆「きて」を含む。「きてあるが→きたるが」に対応。「る」脱落。

/cjicjaga/ と推定。

（サ変）

す為

しやべる　1　浮世楽**しやべる**。　uchiyu raku shabiru.

☆ 連用形「し」を含む。「しはべる」に対応。

/sjabiru/ と推定。

しゆもの　42　行かん**しゆもの**。　ikan shu munu.

☆ 連用形「し」を含む。「しをるもの」に対応。「る」脱落。

/sjumunu/ と推定。

しやうち　27　分別を**しやうち**、　fumbitsi wu shôchi,

☆ 連用形「し」を含む。「しおはして」に対応。

/sjo'ocji/ と推定。

すな　22　気遣**すな**わらべ、　chizike suna warabi
　　　42　気遣**すな**わらべ、　chizike suna warabi,

　☆ 終止形「す」を含む。「すな」に対応（禁止）。

　/suna/ と推定。

さしやう　22　談合しめ**さしやう**。　dangô shimisashô.

　☆ 未然形「さ」を含む。「させう」に対応。

　/sasjo'o/ と推定。

すらぬ　43　物言声**すらぬ**　munuigwi siran
　　　　 6　暇乞も**すらぬ**、　itumagwin siran,

　☆ 未然形「すら」を含む。「すらぬ」に対応。

　/sira'ɴ/ と推定。

しち　43　あしゆら**しち**居らぬ。　ashura shichi wuran.
　　　44　踊り**しち**来ゆん。　wuduyi shichi chûn.

　☆「して」に対応。

　/sjicji/ と推定。破擦音化の変化がある。

しちど　21　遊びほれ**しちど**　asibiburi shichi du
　　　　24　遊びほれ**しちど**　asibiburi shichi du

　☆「して」を含む。「してど」に対応。

　/sjicjidu/ と推定。破擦音化の変化がある。

しちやる　31　**しちやる**まげさ。　shicharu magisa.
　　　　　43　朝夕伽**しちやる**　玉黄金一人子　asayu tuji shicharu tamakugani
　　　　　　　　chuyigwa

　☆「して」を含む。「してある→したる」に対応。

　/sjicjaru/ と推定。破擦音化の変化がある。

しちやら　43　かつ死にが**しちやら**、　katsijinyi ga shichara?
　　　　　43　もの迷ひが**しちやら**、　munumayi ga shichara,

　☆「して」を含む。「してあら→したら」に対応。

　/sjicjara/ と推定。破擦音化の変化がある。

（ナ変）

いぬ往

　去ぢやる　43　**去ぢやる**三月に、　'njaru sangwatsi nyi,
　　　　　　53　**去ぢやる**三月の　'njaru sangwatsi nu
　　　　　　66　**去ぢやる**三月の　'njaru sangwatsi nu

　☆「いにて」を含む。「いにてある」に対応。「いんだる」と変化。

　/ʔɴzjaru/ と推定。破擦音化の変化がある。

かつじぬ渇死？

　かつ死に　43　**かつ死に**が**しちやら**、　katsijinyi ga shichara?

　☆ 連用形「かつじに」に対応。

　/kacizjini/ と推定。

（ラ変）

あり有

あゆん　28　我身に又あゆん。　wami nyi mata ayun.
　　　☆連用形「あり」を含む。「ありをりむ」に対応。
　　/ʔa'juɴ/ と推定。

ある　42　たよりあるやらば、　tayuyi aru yara ba,
　　　☆連体形「ある」に対応。
　　/ʔaru/ と推定。

あもの　28　似ちよるごとあものでて、　nyichoru gutu a munu diti,
　　　　28　首里早使あもの　shuyi fêzikê a munu
　　　　28　那覇早使あもの、　nafa fêzikê a munu
　　　　37　書付のあもの、　kachitsiki nu a munu,
　　　☆連体形「ある」を含む。「あるもの」に対応。「る」脱落。
　　/ʔamunu/ と推定。

あれ　47　心あれわらべ、　kukuru ari warabi,
　　　☆命令形「あれ」に対応。
　　/ʔari/ と推定。

あらば　28　似ちよるものあらば、　nyichoru munu ara ba,
　　　☆未然形「あら」を含む。「あらば」に対応。
　　/ʔaraba/ と推定。

あてど　60　あてど尋ねゆる。　ati du tazuniyuru.
　　　　66　肝ぐれしやあてど　chimugurisha ati du
　　　☆「ありて」を含む。「ありてど」に対応。「あってど」に変化。
　　/ʔatidu/ と推定。促音脱落の変化がある。

あとて　20　いきやることあとて、　icharu kutu atuti,
　　　　36　何事のあとて、　nû gutu nu atuti,
　　　　52　いきやることあとて、　icharu kutu atuti,
　　　☆「ありて」を含む。「ありてをりて」に対応。
　　/ʔatuti/ と推定。

あたる　66　救てあたる。　sukuti ataru.
　　　☆「ありて」を含む。「ありてある→ありたる→あったる」に対応。
　　/ʔataru/ と推定。促音脱落の変化がある。

をり居

居やべたん　65　生ち居やべたん。　Ichichi wuyabitan.
　　　☆連用形「をり」を含む。「をりはべりてありむ」に対応。
　　/'u'jabita'ɴ/ と推定。

をゆん　53　肝ふれてをゆん、　chimu-furiti wuyun,
居ゆん　43　肝ふれて居ゆん　chimu furiti wuyun
　　　　53　肝迷て居ゆん。　chimu-mayuti wuyun.
　　　☆連用形「をり」を含む。「をりをりむ」に対応。
　　/'u'juɴ/ と推定。「あゆん」（有）も参照。

446　第3章　仮名資料の動詞形態の考察

居^をゆら　49　この世にが居^をゆら、　kunu yu nyi ga wuyura?

　　☼ 連用形「をり」を含む。「をりをら」に対応。前の「が」と「〜が　〜ら」の照応関係にある。

　　/ʼuʼjura/ と推定。/ʼura/ に変化していくと予想される。

をる　69　つぼでをる花の　露きやたごと。　tsibudi wuru hana nu tsiyu chata gutu.

　　☼ 連体形「をる」に対応。「つぼでをる」は融合する前の姿を示している。

　　/ʼuru/ と推定。

をすが　10　別れやりをすが、　wakariyayi wusi ga,

　　☼ 連帯形「をる」を含むと判断。「を（る）すが」に対応。

　　/ʼusiga/ と推定。

をれば　43　別れやりをれば、　wakariyayi wuri ba,

　　☼ 已然形「をれ」を含む。「をれば」に対応。

　　/ʼuriba/ と推定。

居らぬ　43　あしゆらしち居らぬ。　ashura shichi wuran.
　　　　43　とまいれはも居^をらぬ。　tumeri wan wuran.
　　　　53　とまいれはも居^をらぬ、　tumeri wan wuran,

　　☼ 未然形「をら」を含む。「をらぬ」に対応。

　　/ʼuraʼɴ/ と推定。

居らば　48　身にあまて居らば、　mi nyi amati wura ba,

　　☼ 未然形「をら」を含む。「をらば」に対応。

　　/ʼuraba/ と推定。

をて　28　しばてをて知らせ。　shibati wuti shirashi.
　　　28　しまてをて語れ、　shimati wuti katari,

　　☼「をりて」に対応。「をって」と変化。

　　/ʼuti/ と推定。促音脱落の変化がある。

居てど　47　身に余て居てど　狂れて居^をゆる。　mi nyi amati du furiti wuyuru.

　　☼「をりて」を含む。「をりてど→をってど」に対応。

　　/ʼutidu/ と推定。促音脱落の変化がある。

居^をたん　43　待ちかねて居^をたん。　machikaniti wutan.

　　☼「をりて」を含む。「をりてあり<u>む</u>→をってあり<u>む</u>→をったり<u>む</u>→をたり<u>む</u>」に対応。

　　/ʼutaʼɴ/ と推定。促音脱落の変化がある。

居ため　61　あ丶け、生ち居ため。　âki! ichichi wutami?
　　　　61　生ち居^をため。　ichichi wutami?

　　☼「をりて」を含む。「をりてあり<u>み</u>→をってあり<u>み</u>→をったり<u>み</u>→をたり<u>み</u>」に対応。

　　/ʼutami/ と推定。

第9節　『具志川間切旧記』の動詞形態の考察

（四段）

きく聞

　ちきよわい　ちきよわい兼城　とよむ　88−95

☼ 連用形「きき」を含む。「ききおわり」に対応。

/cjicju'wa'i/ と推定。

ふく葺

かやふき　桁見ればおち桁　**かやふき**細工かやばなしちよく　やしれまちや　88-125

☼ 連用形「ふき」を含む。「かやぶき」に対応。

/ka'jabucji/ と推定。

なぐ薙

なげあわすば　おまんちよ揃て　きりあわすば　**なげあわすば**　87-71

なけあわすば　きりあわすば　**なけあわすば**　88-83

☼ 連用形「なぎ」を含む。「なぎあはせば」に対応。

/nazji?a'wasjiba/ と推定。

はぐ接

はぢや　**はぢや**細工たので　めかね細工たので　88-116

☼ 連用形「はぎ」を含む。「はぎや」に対応。

/hwazji'ja / と推定。

あはす合

きりあわすば　**きりあわすば**　なけあわすば　88-82

☼ 已然形「あはせ」を含む。「きりあはせば」に対応。

/cjiri?a'wasiba/ と推定。

なげあわすば　おまんちよ揃て　**きりあわすば**　なげあわすば　87-71

なけあわすば　きりあわすば　**なけあわすば**　88-83

☼ 已然形「あはせ」を含む。「なぎあはせば」に対応。

/nazji?a'wasiba/ と推定。

おろす降

読**おろち**　六ツ俣に登て　稲千束読**おろち**　粟子のき掛**おろち**　91-255

☼「おろして」を含む。「よみおろして」に対応。

/'jumi?urucji/ と推定。

さす差

さしふ　**さしふ**てるまもの　真南風うそ風とまふる　89-170

☼ 連用形「さし」を含む。「さしぶ」に対応。

/sasjibu/ と推定。

たふす倒

たうち　あふの嶽登て　大木いらで**たうち**　そらうちまなち　88-111

☼「たふして」に対応。

/to'ocji/ と推定。

なす成

なち　まひる間に米**なち**　まひつじによね**なち**　91-259

☼「なして」に対応。

/nacji/ と推定。

なちは　なまふよる雨の雨のまさなさ　あちや**なち**はふらな　ねか**なち**はふらな

91－269

☆「なして」を含む。「なしては」に対応。

/nacji'wa/ と推定。

なほす 直

よなふし　　**よなふし**おひや　92－318

　　　　　　よなふしのおひや　92－312

　　　　　　よなふしのひや　92－309

☆連用形「なほし」を含む。「よなほし」に対応。

/'juno'osji/ と推定。

ぬらす 濡

のらしゆら　思弟濡し**ゆら**　真によく樽**のらしゆら**　91－272

☆連用形「ぬらし」を含む。「ぬらしをら」に対応。

/nurasji'jura/ と推定。

うつ 打

うちまなち　大木いらでた**うち**　そら**うちまなち**　よそば**打**けづて　88－112

☆連用形「うち」を含む。「うちばらひて」に対応か。「うちばらひて→うちまらひて→うちまなひて」
等の変化があるか。

/ʔucjimanacji/ と推定。

げらふ 造

げらいて　とねいら殿**げらいて**　やわいら殿**げらいて**　88－120

けらいて　たれまみき**げらいて**　たりしとぎ**けらいて**　89－128

☆「げらひて」に対応。

/gira'iti/ と推定。

そろふ 揃

揃て　おまんちよ**揃て**　きりあわすば　なげあわすば　87－69

☆「そろひて」に対応。

/suruti/ と推定。

つかふ 使

みつかい　思ひ弟**みつかい**　真によくたる**みつかい**　91－265

☆連用形「つかひ」を含む。「みつかひ」に対応。

/micika'i/ と推定。

むかふ 迎

むかふれ　たりしとぎけらいて　みしやく**むかふれ**　まにやねぶとよろ　89－129

☆連用形「むかひ」を含む。「むかひをれ」に対応。

/muka'uri/ と推定。

やとふ 雇

雇て　春天四十**雇て**　まひる間に米なち　91－258

☆「やとひて」に対応。

/'jatuti/ と推定。

えらぶ 選

いらで　大木いらでたうち　そらうちまなち　88-111

　　☆「えらびて→えらんで」に対応。

　　/ʔiradi/ と推定。撥音脱落がある。

このむ工

こので　いしへつはこのて　かなべつばこので　海つりばわやげて　88-98

このて　いしへつはこのて　かなべつばこので。　88-97

　　☆「このみて→このんで」に対応。

　　/kunudi/ と推定。撥音脱落がある。

このたる　おとちが　こばらか　たくだる　このたる　此森　此嶽　87-66

　　☆「このみて→このんで」を含む。「このんである→このんだる」」に対応。

　　/kunudaru/ と推定。撥音脱落がある。

たくむ工

たくだる　おとちが　こばらか　たくだる　このだる　此森　此嶽　87-65

　　☆「たくみて→たくんで」を含む。「たくんである→たくんだる」に対応。

　　/takudaru/ と推定。撥音脱落がある。

たのむ頼

たので　はぢや細工たので　めかね細工たので　ばんぢやうかねかけて　88-116

　　☆「たのみて→たのんで」に対応。

　　/tanudi/ と推定。撥音脱落がある。

とよむ鳴響

とよむ　くし川の真玉按司からどとよむ　86-11

　　☆連体形「とよむ」に対応。「ど」の結びとしての連体形。

　　/tuʼjumu/ と推定。

いまゐる参?

いもふちやさ　おもひ弟いもふちやさ　真によく樽いもふちやさ　92-276

　　☆「いまうりて」を含む。「いまうりてあるさ→いまうりたるさ」に対応。「いまうる」を想定。

　　/ʔimoʼocjasa/ と推定。

おわる居

おわよる　くし川におわよる　かなふくにおわよる　思ひ弟みつかい　91-263

　　☆連用形「おわり」を含む。「おわりをる」に対応。

　　/ʔuʼwaʼjuru/ と推定。

きる切

きりあわすば　きりあわすば　なけあわすば　88-82

　　☆連用形「きり」を含む。「きりあはせば」に対応。

　　/cjiriʔaʼwasiba/ と推定。

けづる削

打けづて　大木いらでたうち　そらうちまなち　よそば打けづて　88-113

　　☆「けづりて→けづって」を含む。「うちけづって」に対応。

　　/ʔucjikiziti/ と推定。促音脱落がある。

てる照

450　第3章　仮名資料の動詞形態の考察

てるまもの　ちきよわいましらでや　さしふてるまもの　真南風うそ風とまふる
　　　　　　89－170

　　☆ 連体形「てる」を含む。「てるまもの」に対応。

　/tirumamunu/ と推定。

とまる泊

とどまり　きふの夜やおどまり　なまの夜やおどまり　92－280

　　☆ 連用形「とまり」を含む。「おどまり」に対応。

　/ʔuduma'i/ と推定。

とる取？

とよろ　みしやくむかふれ　まにやねびとよろ　89－130

　　☆ 連用形「とり」を含む。「とりをる」に対応。

　/tu'juru/ と推定。

なる成

なたる　うにからど　またからと　うみやしきやなたる　またやしきやなたる　83－86

　　☆ 連用形「なりて→なって」を含む。「なってある→なったる」に対応。

　/nataru/ と推定。促音脱落がある。

のぼる登

登て　あふの山登て　あふの嶽登て　88－109

　　☆「のぼりて→のぼって」に対応。

　/nubuti/ と推定。促音脱落がある。

ふる降

ふらな　なまふよる雨の雨のまさなさ　あちやなちはふらな　ねかなちはふらな
　　　　　　91－269

　　☆ 未然形「ふら」を含む。「ふらな」に対応。

　/hwurana/ と推定。

ふよる　けふふよる雨のうらめしや　なまふよる雨の雨のまさなさ　91－267

　　☆ 連用形「ふり」を含む。「ふりをる」に対応。

　/hwu'juru/ と推定。

まもる守

まふる　さしふてるまもの　真南風うそ風とまふる　89－171

　　☆ 連体形「まもる」に対応。「ど」の結びとしての連体形。「も」→「む」→「ぶ」の変化がある。

　/maburu/ と推定。

わる割

わやげて　海つりばわやげて　石づりばわやげて　たけたかく積上て　88－99

　　☆ 連用形「わり」を含む。「わりあげて」に対応。

　/'wa'jagiti/ と推定。

（上一段）

にる似

によす　みなの姉にによすないぬ　がきのお戸にによすないぬ　91－245

　　☆ 連用形「に」を含む。「にを（る）す」に対応。

/ni'jusi/ と推定。

みる見

　　見れば　わしら**見れば**おちはしら　桁**見れば**おち桁　88-122

　　　☼ 已然形「みれ」を含む。「みれば」に対応。

　　/miriba/ と推定。

（上二段）ナシ　　　（下一段）ナシ

（下二段）

はく履

　　はけて　ばんぢやうかね**はけて**　まくろなわば**はけて**　88-118

　　　☼ 「はけて」に対応。

　　/hwakiti/ と推定。

あぐ上

　　わやげて　海つりば**わやげて**　石づりば**わやげて**　たけたかく積上て　88-99

　　　☼ 「あげて」を含む。「わりあげて」に対応。

　　/'wa'jagiti/ と推定。

よす寄

　　寄て　うす廿**寄て**　春天四十雇て　91-257

　　　☼ 「よせて」に対応。

　　/'jusiti / と推定。

たつ立

　　初立て　しぢやのろは先立て　しぢやのろは**初立て**　88-80

　　　☼ 「たてて」を含む。「はつだてて」に対応。

　　/hwacidatiti/ と推定。

　　先立て　しぢやのろは**先立て**　しぢやのろは初立て　88-79

　　　☼ 「たてて」を含む。「さきだてて」に対応。

　　/sacjidatiti/ と推定。

まぬ真似

　　けさしまね　**けさしまね**見れば　おち桁　かやばなしちよく　88-123

　　　☼ 連用形「まね」を含む。「けさしまね」に対応。

　　/kisasjimani/ と推定。

くらぶ比

　　まくなべて　皆並て見れは　**まくなべて**見れは　91-244

　　　☼ 「くらべて」を含む。「まくらべて」に対応。「ら」「な」の交代ありか。

　　/makunabiti/ と推定。

はじむ始

　　按司はじめ　まきよ始**按司はじめ**　ぢやら始　87-36

　　　☼ 連用形「はじめ」を含む。「あぢはじめ」に対応。

　　/ʔazihwazjimi/ と推定。

たる垂

　　たりしとぎ　たれまみきげらいて　**たりしとぎ**けらいて　89-128

452　第3章　仮名資料の動詞形態の考察

☆ 連用形「たれ」を含む。「たれしとぎ」に対応。

/tarisjituzji/ と推定。

たりちゝび　真によく檜のらしゆら　**たりちゝびみのもちやにむかいらす**　91－273

☆ 連用形「たれ」を含む。「たれききおび」に対応。

/taricjicjibi/ と推定。

たれまみき　**たれまみきげらいて**　たりしとぎけらいて　89－127

☆ 連用形「たれ」を含む。「たれまみき」に対応。

/tarimamicji/ と推定。

（変格）ナシ

なし無

ないぬ　みなの姉ににによす**ないぬ**　がきのお戸ににによす**ないぬ**　91－245

☆ 「ない」を含む。「ないぬ」に対応。

/ne'enu/ と推定。/ne'eɴ/ の可能性を残す。

第10節　『沖縄對話』の動詞形態の考察

（用例、通し番号、○『沖縄對話』の沖縄語、□『沖縄對話』の日本語、▽『琉球語便覧』の沖縄語、『琉球語便覧』のローマナイズの順に示す。）

（四段）

あく空

アチガ　0628　○ナマー。**アチガウヤビーラ**。　　□只今ハ、空^{アイ}テヲリマスルカ

　　　　　▽ナマー　アチ　ガ　ウヤビーラ。　　Namā achi ga wuyabīra?

☆ 連用形「あき」を含む。「あきが」に対応。「－が～～ら」の照応がある。

/ʔacjiga/ と推定。

ありく歩

アッチ　0677　○**アッチ**。イチユセーナヤビラン。　　□歩行テ、往クコト出來マセヌデ、

　　　　　▽アッチ　イチユセーナラン　atchi ichusē naran,

☆ 「ありきて」に対応。

/ʔaQcji/ と推定。

アッチン　0693　○ナガハマヤテ。**アッチンヒナラン**。　　□長ヒ濱デ、歩行テモハ

　　　　　カドラズ、　▽　ナガハマ　ヤテ　アッチン　ヒナラン　nagahama yati,

　　　　　atchin finaran

☆ 「ありきて」を含む。「ありきても」に対応。

/ʔaQcji'ɴ/ と推定。

アッチド　0673　○カグカラウリテ**アッチドシヤ**ビタル。　　□駕籠ヨリ下リテ、

　　　　　歩行^{アルキ}マシタ　▽カグカラ　ウリテ　アッチドシヤビタル。kagu kara

　　　　　uriti atchi du shabitaru.

☆ 「ありきて」を含む。「ありきてど」に対応。

/ʔaQcjidu/ と推定。

いく行

イチー子ー　0581　○**イチー子ー**。フン<u>ドゥ</u>カランヂ。□<ruby>往<rt>ユ</rt></ruby>キハ、<ruby>本道<rt>ホンミチ</rt></ruby>ヲ参リマシテ、▽イチー子ー　フンドゥカランヂ　Ichinē fundō kara nji

　他に、0583,0641 に用例がある。

☆ 連用形「いき」を含む。「いきには」に対応。

/ʔicji'ine'e/ と推定。

イチドンセー　0448　○ムマカライチドンセー。　□馬デ行キマシタラ、　▽ンマカライチ　ドンセー_{注1)} mma kara ichi dunsē,

☆ 連用形「いき」を含む。「いきどもせは」に対応。

/ʔicji duˀⁿse'e/ と推定。

イ<u>チユ</u>ル　0607　○ウチナーマデ。**イチユル**カンゲー。ヤ、ビーン。　□沖繩迄、参ル積リデ、ゴザリマス　▽ウチナーマデ　イチユルカンゲー　ヤ、ビーン。Uchinā madi ichuru kangē yayabīn.　　他に、0442, 0680 に用例がある。

☆ 連用形「いき」を含む。「いきをる」に対応。

/ʔicjuru/ と推定。

<u>イチユ</u>クト　0329　○ゲーニナユルムノー。シチヤンカイ。アレーナガチ**イチユクト**。□<ruby>害毒物<rt>ワルキ</rt></ruby>ヲ、洗テ<ruby>下層<rt>シタ</rt></ruby>ニ、流シ込ミマスカラ、　▽ゲー　ニ　ナユルムノー　シチヤン　カイ　アレーナガチ　イチユ　クト　gē ni nayuru munō shichan kai arē nagachi ichu kutu,

☆ 連用形「いき」を含む。「いきを (る) こと」に対応。「(る)」に関しては《ベッテ》に準じる。

/ʔicjukutu/ と推定。

イチユセー　0677　○<u>アツチ</u>。**イチユ**セーナヤビラン。□<ruby>歩行<rt>アルキ</rt></ruby>テ、往クコト出來マセヌデ、　▽アツチ　イチユセーナラン　ホーテ　ド　イチヤビタサー。atchi ichusē naran,hōti du ichabita sā.

☆ 連用形「いき」を含む。「いきを (る) すは」に対応。

/ʔicjuse'e/ と推定。

イチヤビラ　0237　○フヘークイ**チヤビラ**。　□早ク、出掛ケマ<u>シヤウ</u>　▽ヘーク　イチヤビラ。　fēku ichabira.

　他に、0018,0024,0230,0237,0240,0461,0487,0534,0705 に用例がある。

☆ 連用形「いき」を含む。「いきはべら」に対応。

/ʔicjabira/ と推定。

イチヤビーン　0136　○イチジヌ。シブイチウテー**イチヤビーン**。　□一時ノ、四分一バカリデ、参リマス　▽ジユーグ　フン_{注2)}ウテー　イチヤビーン。Jūgufun wute_{注3)} ichabīn.

☆ 連用形「いき」を含む。「いきはべりをり<u>む</u>」に対応。

/ʔicjabi'iˀⁿ/ と推定。

イ<u>チヤ</u>ビール　0689　○ムドルミチカラド。ヒドゥ<u>ウイ</u>ーバルンカエー。**イチヤビール**。□戻道カラ、邊戸土原、参リマス　▽ムドルミチ　カラ　ド　ヒドウイバル　ンカエー　イチヤビール。Mudurumichi kara du Fidu-uibaru nkayē ichabīru.

454　第3章　仮名資料の動詞形態の考察

☆ 連用形「いき」を含む。「いきはべりをる」に対応。「－ど〜〜る」の照応がある。

/ʔicjabi'iru/ と推定。

イチ<u>ヤ</u>ビーガ　0136　○ナ<u>ジ</u>ツプンヌ。<u>シ</u>ヤクウテー。**イチヤビーガ**。　□何十分、バカリデ、行カレマスカ　▽ナンジツプン　ヌ　シヤクウテー　イチヤビー　ガ。　Najippun nu shaku wute_{注3)} ichabī ga?

☆ 連用形「いき」を含む。「いきはべりを（る）が」に対応。

/ʔicjabi'iga//と推定。

イチ<u>ヤ</u>ビースガ　0444　○アスビーガイ**チヤビースガ**。　□遊ビニ参ヘリマスガ、▽アスビー　ガ　イチヤビーシガ　asibi ga ichabīsiga,

☆ 連用形「いき」を含む。「いきはべりを（る）すが」に対応。

/ʔicjabi'isiga/ と推定。

イチ<u>ヤ</u>ビタスガ　0639　○カグカラド。**イチヤビタスガ**。　□駕籠デ、参リマシタガ、▽カグ　カラ　ド　イチヤビタシ　ガ　Kagu kara du ichiabitasi ga, 他に、0397,0665,0693 に用例がある。

☆ 連用形「いき」を含む。「いきはべりた（る）すが」に対応。

/ʔicjabitasiga/ と推定。

イチ<u>ヤ</u>ビタサー　0677　○<u>アツチ</u>。イ<u>チユ</u>セーナヤビラン。ホーテド**イチヤビタサー**。　□歩行テ、往クコト出來マセヌデ、匍匐テ参ヘリマシタ　▽アツチ　イチユセーナラン　ホーテ　ド　イチヤビタサー。　atchi ichusē naran, hōti du ichabita sā.

☆ 連用形「いき」を含む。「いきはべりた（る）さ」に対応。

/ʔicjabitasa'a/ と推定。

イ<u>チヤ</u>ビラン　0451　○マーダ**イチヤビランスガ**。　□マダ参ヘリマセヌガ、▽マーダ　イチヤビランシガ　Māda ichabiransi ga,　　他に、0671 に用例がある。

☆ 連用形「いき」を含む。「いきはべらぬ」に対応。

/ʔicjabira'N/ と推定。

いごく動

ン<u>ジユ</u>チガ　0211　○**ンジユチガ**<u>シ</u>ヤビーラ。ン<u>ジユ</u>カンガアヤビーラ。　□動キマスカ動キマセヌカ　▽ンジユチ　ガ　シヤビーランジユカン　ガ　アヤ　ビーラ。　Njuchi ga shabīra njukan ga ayabīra?

☆ 連用形「いごき」を含む。「いごきが」に対応。この「が」は次の「〜ら」と照応関係にある。

/ʔNzjucjiga/ と推定。

ン<u>ジユ</u>チヤビーン　0212　○<u>チ</u>ヤー。**ンジユチヤビーン**。　□始終、動イテヲリマス　▽チヤー　ンジユチヤビーン。　Chā njuchabīn.

☆ 連用形「いごき」を含む。「いごきはべりをりむ」に対応。

/ʔNzjucjabi'i'N/ と推定。

ン<u>ジユ</u>チヤビーガ　0213　○チヤーシ、。**ンジユチヤビーガ**。　□ドウ、動キマスカ　▽チヤーシ　シ　ンジユチヤビーガ。　Chā shi sshi njuchabī ga?

☆ 連用形「いごき」を含む。「いごきはべりを（る）が」に対応。

/ʔNzjucjabi'i'ga/ と推定。

ンジユカン　0211　○ン<u>ジ</u>ユチガ<u>シ</u>ヤビーラ。ン<u>ジ</u>ユカンガアヤビーラ。　　□動キマスカ、動キマセヌカ　▽ン<u>ジ</u>ユチ　ガ　シヤビーランジユカン　ガ　アヤビーラ。　Njuchi ga shabīra njukan ga ayabīra?

☆ 未然形「いごか」を含む。「いごかぬ」に対応。

/ʔNzjuka'N/ と推定。

いただく頂

イタ、<u>チ</u>ヤ。ビタン　0050　○イタ、<u>チ</u>ヤ。ビタン。　　□頂戴、致シマシタ
　　　　　　　　　　　　　　▽イタ<u>゛</u>チヤ　ビタン。　itadachabitan.

☆ 連用形「いただき」を含む。「いただきはべりたりむ」に対応。

/ʔitadacjabita'N / と推定。

イタ<u>゛</u>チヤビラ　0786　○グ<u>シ</u>ユウジヌ。ウサカヅチ。ヤ_{ママ}ビークト。イタ<u>゛</u>チヤビラ。　□御祝儀ノ、御盞_{サカヅキ}デ、ゴザリマスカラ、頂戴致シマ<u>シ</u>ヤウ_{テウダイ}　▽グ<u>シ</u>ユウジヌ　ウサカヅチヤ、ビークト　イタ<u>゛</u>チヤビラ。　gushūji nu usakazachi yayabī kutu itadachabira,

☆ 連用形「いただき」を含む。「いただきはべら」に対応。

/ʔitadacjabira/ と推定。

おく置

ウチ　0220　○クヌマーイ。ウチミードンセー。　□此ノ毬_{マリ}ヲ、置キテ見マスルト、クヌ　マーイ　ウチミードンセー　kunu māyi uchimīdunsē,

☆ 「おきて」に対応。

/ʔucji/ と推定。

ウチエール　0496　○<u>ケツ</u>トヌ<u>ウ</u>井ーナカイ。ウチエールグトーヤビースガ。　□毛布ノ上ニ、載セテアル様ニ見ヘマスガ、_{ケット}▽キットーヌウイナカイ　ウチエール　グトーヤビーシガ

☆ 「おきて」を含む。「おきてはある」に対応。

/ʔucje'eru/ と推定。

かく書

カチテー　0146　○テガミ。カチテーンデ。ウム<u>タフ</u>ヤビーン。　□手紙ヲ、認メ_{シタ、}タフゴザリマス　▽テガミ　カチテーンデ　ウムタウヤビーン。　Tigami Kachitē ndi umutōyabīn.

☆ 連用形「かき」を含む。「かきたい」に対応。

/kacjite'e/ と推定。

カチヤビタン　0157　○<u>ヤフヤク</u>。カチヤビタン。　□漸ク、認マシタ_{シタ、}　▽ヤウヤク　カチヤ　ビタン。　yoyaku_{注4)} kachabitan.

☆ 連用形「かき」を含む。「かきはべりたりむ」に対応。

/kacjabita'N/ と推定。

カチユル　0175　○テガミ<u>カチユル</u>。テフノー。　□書簡ヲ、認マスル、軌範ハ、　▽テガミ　カチユル　テフノー　ヌー　Tigami kachuru tifunō

☆ 連用形「かき」を含む。「かきをる」に対応。

/kacjuru/ と推定。

カチヤイ　0252　○シユムツユダイ。ジーカチヤイ。スヌバンツカタイ。□書物ヲ
讀三、字ヲ寫シ、算盤ヲ彈キ、▽シユムツ　ユダイ　ジーカチヤイ　スヌ
バン　ハンチヤイ　shumutsi yudayi jī kachayi sunudan hanchayi

☆ 連用形「かき」を含む。「かきあり」に対応。

/kacja'i/ と推定。

カチエーヤビーン　0459　○イクトクシン、デイチ。カチエーヤビーン。　□育徳
泉ト、書テアリマス　▽イクトクシン　ンデ　イチ　カチエーヤ
ビーン。"Iku-tuku-shin" ndi ichi kachē yabīn.

☆ 「かきて」を含む。「かきてははべりをりむ」に対応。

/kacje'e'jabi'i'N/ と推定。

カチエースガ　0465　○イクトクシン、デイチカチエースガ。ミートーヤビースガ。
□育徳泉ノ題字ガ、見ヘテヲリマスガ、▽イクトクシン　ンデ　イ
チ　カチエーシガ　ミートー　ヤビーシ　ガ　"Iku-tuku-shin" ndi
ichi kachesi ga mitō yabī si ga

☆ 「かきて」を含む。「かきてはあ（る）すが」に対応。

/kacje'esiga/ と推定。

カチエーミシエービースガ　0653　○スウボウテンエン、デイチ。カチエーミシエ
ービースガ。　□數峰天遠ト、書テアリマスガ、▽ス
ウ　ボウ　テン　エン　ンデイチ　カチエー　ミシエー
ビージ　ガ　"Sū bō ten yen" ndi ichi kachē mishībīshi
ga, 注5）

☆ 「かきて」を含む。「かきてはめしはべりを（る）すが」に対応。

/ kacje'emise'ebi'isiga / と推定。

きく　利

チ丶ヤビラン　0329　○クエーン。チ丶ヤビランアイ。　□肥モ、キ丶マセヌモノ
デゴザリマシテ、▽クエーン　チ丶ヤビラン　アイ　kwēn
chichabiran ayi

☆ 連用形「きき」を含む。「ききはべらぬ」に対応。

/cjicjabira'N/ と推定。

チカン　0731　○ムツト。チカングトーヤビータクト。　□一向、キ丶マセヌ様ニ
アリマシタカラ、▽ムツト　シルシエー　ミーラン 注6） グトー　ヤビー
タクト　muttu shirushē miran gutō yabīta kutu,

☆ 未然形「きか」を含む。「きかぬ」に対応。

/cjika'N/ と推定。

チ丶ユル　0732　○シーヤクアランドンアレー。チ丶ユルグトン子ーンデ。ウマー
リヤビーン。　□製藥デナイト、キ丶ソウモナイ様ニ、思ハレマス　▽シ
ーヤク　アラン　ドン　アレー　シルシエー　ミーラン　ンデ　ウマーリ
ヤビーン。　shīyaku aran dun arē shirushē mīran ndi umāri yabīn.

第10節　『沖縄對話』の動詞形態の考察　457

☼ 連用形「きき」を含む。「ききをる」に対応。

/cjicjuru/ と推定。

きく聞

チヽテー　0232　○イハリ。**チヽテーンデ**。ウム**タフ**ヤビーン。　□譯ヲ、聞**タフ**、
　　　　　ゴザリマス　▽イワリ　チヽテー　ンデ　ウムトーヤビーン。　iwari
　　　　　chichi ttē注7)ndi umutōyabīn.

☼ 連用形「きき」を含む。「ききたい」に対応。

/cjicjite'e/ と推定。

チヽー子ー　0757　○**クワジンデイユルクイー**。**チヽー子ー**。ナー。ザーンカイ。
　　　　　□火事ト云フ聲ヲ、聞キマスト、最早、座敷ノ方へ、　▽クワジ　ンデ
　　　　　イユル　クキー　チヽ子ー　ナーザーンカイ　kwaji ndi iuru kwī
　　　　　chichi nē nā zā nkai ~~fī nu chikatō yabīta kutu.~~

☼ 連用形「きき」を含む。「ききには」に対応。

/cjicji'ine'e/ と推定。

チヽヤビースガ　0348　○ウフザカヌ**サウ**バー。ルクイン**シゾツシン**ヌ**シヤクンデイ**
　　　　　チ。**チヽヤビースガ**。　□大阪ノ相場ハ、六圓四拾錢位ト、聞キマ
　　　　　スレバ、　▽ウーサカ　ヌ　サウバー　ルクイン　シゾツシン　ヌ
　　　　　シヤク　ンデ　イチ　チヽヤビーシガ　Ūsaka nu sōba rukuyin
　　　　　shijisshin nu shaku ndi ichi chichabīsi ga,

☼ 連用形「きき」を含む。「ききはべりを（る）すが」に対応。

/cjicjabi'isiga/ と推定。

チチヤビタン　0513　○ウザガク。ムマ**シユ**ウブンデーヤ。アンデイチ。**チチヤビタ
　　　　　ン**。　□座樂、競馬抔ガ、アルト聞キマシタ、　▽ウザガク　ンマシ
　　　　　ユーブン　デーヤ　アンデイチ　チチヤビタン　uzagaku mmashūbu
　　　　　ndē ya an di ichi chichabitan.

チヽヤビタン　0559　○ハウヅ井マルヌ。シンチヤウカラ**チヽヤビタン**。　□豊瑞
　　　　　丸ノ、船長ニ聞キマシタ　▽ホーヅイマルヌ　シンチヤウカラチヽヤ
　　　　　ビタン。　Hōzui-maru nu shinchō kara chichabitan.

他に、0629,0763 に用例がある。

☼ 連用形「きき」を含む。「ききはべりたりむ」に対応。

/cjicjabita'N/ と推定。

チヽヤビタスガ　0652　○バンジユ子ー。ワウブンヂヌ。ガクアギテーミ**シエーン**、
　　　　　デイチ**チヽヤビタスガ**。チヤーガ　ヤ、ビーラ。　□番所ニハ、王
　　　　　文治ノ、額ヲ掲ゲテアルト聞マシタガ、如何デゴザリマス　▽バン
　　　　　ジユ　ネー　ジユブーコー　ヌ　ガク　アギテー　ミシエーン　ン
　　　　　デイ　チチ　ヽヤビタシガ　チヤー　ガ　ヤヽビーラ。　Banju nē
　　　　　Jufūkō nu gaku agitē misiēn ndi ichi chichabita si ga, chā, ga
　　　　　yayabīra?

他に、0396,0576,0606,0636,0734,0764,0770 に用例がある。

☼ 連用形「きき」を含む。「ききはべりた（る）すが」に対応。

/cjicjabitasiga/ と推定。

チヽ　0443　○クンナゲーヌ<u>シヤウ</u>ベーヌ　ナリユチ。チヽンデー。　　□以前ノ商
賣ヲ、聞キマスルト、　▽クンナゲー　ヌ　シヤウベー　ヌ　ナリユチ　チヽ
ンデー　Kunnagē nu shōbē nu nariyuchi chichi ndē,

0694　○<u>チユウ</u>ヤ。ウハナシチヽ。ヤンバルンカインジ。ンチヤル。クヽチヤヽ
ビーサー。　　□今日ハ、御話ヲ聞マシテ、山原ヘ參リテ、見タ様ナ、心モチデ
ゴザリマシタ、　▽チユウ　ヤ　ウハナシ　チヽ　ヤンバル　ンカイ　ンジ
ンチヤル　クヽチ　ヤヽビーサー　Chū ya ufanashi chichi Yambaru nkai nji
ncharu kukuchi yayabī sā.

☼「ききて」に対応。「きいてみて」(0443)と「きいて」(0694)と見たが、後者は「きき」の可能性
もある。

/cjicji/ と推定。

チヽヤウヤビーン　0647　○アンシ。**チヽヤウヤビーン。**　　□左様ニ、聞テヲリマ
スル　▽アンシ　チヽヤウ　ヤビーン。　anshi chichō yabīn.

☼「ききて」を含む。「きいてはをりはべりをり<u>む</u>」に対応。

/cjicjo'o'jabi'i'N/ と推定。

チヽヤウヤビークト　0402　○ドット。デームツチヤウン、デイチ**ヽヤウヤビーク**
ト。　　□大分、直ガ出マシタト承リマシタデ　▽ドット　デー
ムツチヤウン、デイチヽヤウビークト　duttu dē mutchōn
ndi ichi chichāyabī kutu

☼「ききて」を含む。「ききてはをりはべり（る）こと」に対応。

/cjicjo'o'jabi'ikutu/ と推定。

チヽヤウヤビースガ　0451　○ウホーク。アンデイチ**チヽヤウヤビースガ。**　　□許多、^{アマタ}
アルト聞キマシタガ、　▽ウホーク　アン　デイチ　チチヤウヤ
ビーシ　ガ　ufōku an di ichi chitōyabīsi ga,

他に、0612 に用例がある

☼「ききて」を含む。「ききてはをりはべりを（る）すが」に対応。

/cjicjo'o'jabi'isiga/ と推定。

さく咲

サチ　0010　○**サチ**ハヂミトーヤビイン。　　□咲初^{サキソメ}マシタ　▽サチハヂミトー　ヤ
ビイン。　sachi hajimitō yabīn.

☼連用形「さき」に対応。

/sacji/ と推定。

サチユル　0016　○**サチユル**ハヅデービル。　　□咲キマ<u>シヤウ</u>　▽サチユラ_{注8)}　ハ
ヅ　デービル。　sachura hazi dēbiru.

☼連用形「さき」を含む。「さきをる」に対応。

/sacjuru/ と推定。

サチョウル　0005　○**サチョウル**ハヅ。デービル。　　□綻^{ホコロ}ビマシタデゴザリマ<u>シヤ</u>
<u>ウ</u>　▽サチョーラ_{注8)}　ハヅ　デービル。　sachōra hazi dēbiru.

☼「さきて」を含む。「さきてはをる」に対応。

第10節 『沖縄對話』の動詞形態の考察　459

/sacjo'oru/ と推定。

サチヨーヤビイン　0025　○サチヨーヤビイン。　□開テヲリマス　▽サチヨーヤ
ビイン。　sachōyabīn.

☼「さきて」を含む。「さきてはをりてはべりをりむ」に対応。

/sacjo'o'jabi'i'N/ と推定。

さばく捌

ウイサバチヌ　0441　○ウイサバチヌ。ウジヤウズヤミシエービースガ。　□捌キ
方ガ、御上手ダガ、　▽ウイサバチ　ヌ　ウジヤウズ　ヤ、ビーシ
ガ　uyisabachi nu ujōziyayabīsi ga,

他に、0346,0424 に用例がある。

☼連用形「さばき」を含む。「うりさばきの」（売り捌きの）に対応。

/ʔu'isabacjinu/ と推定。

ウイサバチエーミシエービーサー　0433　○ウレードツト。ユーウイサバチエーミシ
エービーサー。　□ソレハ誠ニ、ヨク捌ケマシタ
▽ウレー　ドツト　ユーウイ　サバチ　ミシエービ
タサー。　Urē duttu yū uyisabachi mishēbita sā.

☼「さばきて」を含む。「うりさばきてはめしはべ（る）さ」に対応。

/ʔu'isabacje'emisje'ebi'isa'a/ と推定。

ウイサバチヤビーガ　0355　○チヤヌシヤクシエー。ウイサバチヤビーガ。　□ド
ノ位ニ）捌ケマス　▽チヤヌ　シヤク　シエー　ウイサバチヤ
ビーガ。　cha nu shaku shē uyi sabachabī ga?

☼連用形「さばき」を含む。「うりさばきはべりを（る）が」に対応。

/ʔu'isabacjabi'iga/ と推定。

ウイサバチユル　0356　○ウイサバチユルハヅデービル。　□ハケマシヤウ　▽ウ
イ　サバチユラ注8）　ハヅ　デービル。uyisabachura hazi dēbiru.

☼連用形「さばき」を含む。「うりさばきをる」に対応。

/ʔu'isabacjuru/ と推定。

しく敷

シカンテン　0645　○ムシルンデーヤシカンテン。スグ丼ラリヤビーン。　□筵抔
敷マセズトモ、スグニ坐テ居ラレマス　▽ムシル　ンデー　ヤ　シカ
ン　テン　スグ　ヰラリヤビーン。　mushiru ndē ya shikantin sig注9）
yirari yabīn.

☼未然形「しか」を含む。「しかぬても」に対応。

/sjika'Nti'N/ と推定。

すく好

スチ　0046　○スチ。デービル。　□好物デ、ゴザリマス　▽スチ　デービル。
sichi dēbiru.

☼連用形「すき」に対応。

/sicji/ と推定。

ウスチガ　0097○ウスチガ。ヤ、ビーラ。　□御好デ、ゴザリマスカ　▽ウスチガ

ヤ、ビーラ。　usichi ga yayabīra?

　☆ 連用形「すき」を含む。「おすきが」に対応。「－が～～ら」の照応がある。

/ʔusicjiga/ と推定。

スチヨーヤビイン　0098　○ワン子ードツト。**スチヨーヤビイン。**　□私ハ、至テ、
　　　　　　　　　スキデ、ゴザリマス　▽ワン子ー　ドツト　スチヨーヤ　ビイン。
　　　　　　　　　wannē duttu sichō yabīn.

スチヨオヤビイン　0100　○ヌーン。**スチヨオヤビイン。**　□何デモ、スイテヲリ
　　　　　　　　　マス。　▽ヌーン　スチヨオヤビイン。　　nūn sichōyabīn.

　☆「すいて」を含む。「すいてはをりはべりをりむ」に対応。

/sicjo'o'jabi'iɴ/ と推定。

スチヤウル　0192　○ガクムノー。**スチヤウル**ヨウス。ヤ、ビーン。　□學問ハ、
　　　　　好キノ様デゴザリマス　▽ガクムノーシチヤウル　ヨウシ　ヤ、ビー
　　　　　ン。　gaku munō sichōru yōsi yayabin.

　☆「すいて」を含む。「すいてはをる」に対応。

/sicjo'oru/ と推定。

スチヤウスガ　0339　○ク、ルイヌ。**スチヤウスガ**アイ。ニールイヌ。スチヤウス
　　　　　ガアイ。クサルイヌ。スチヤウスガアクト。　□穀類ノ、好モノト、
　　　　　根類ノ、好モノト、草類ノ、好モノトアリマスカラ、　▽ク、ルイ
　　　　　ヌ　シチヤウシ　ガ　アイ　ニールイ　ヌ　シチヤウシ　ガ　アイ
　　　　　クサルイ　ヌ　シチヤウシ　ガ　アクト　kukurui nu sichōsi ga ayi
　　　　　nirui nusichōsi ga ayi kusarui nu sichōsi ga akutu,

　☆「すいて」を含む。「すいてはを（る）すが」に対応。

/sicjo'osiga/ と推定。

つく付

ツチ　0355　○イー　ウチヌツチヤテー。ヤビーサー。　□ヨイ御心付デ、ゴザリ
　　　　マシタガ、　▽イー　ウチヌツチ　ヤテー　ヤビーサー　yī uchi nu tsichi
　　　　yatē yabīsā,

　☆ 連用形「つき」に対応。「ウチヌツチ」で「おきのつき」（御気の付き）。

/cicji/ と推定。

ツチヤウヤビータスガ　0264　○ハジメー。ウヘー。**ツチヤウヤビータスガ。**　□
　　　　　　　　　初メハ、少シ、付キマシタガ、　▽ハジメー　ウヘー　ツチ
　　　　　　　　　ヤウ　ヤビータシ　ガ　Hajimē ufē tsichō yabītasi ga,

　☆「ついて」を含む。「ついてはをりはべりた（る）すが」に対応。

/cicjo'o'jabi'itasiga/ と推定。

ツカンガ　0263　○ムシエー。**ツカンガ**アヤビーラ。　□虫ハ、付キマセヌカ　▽
　　　　　ムシエー　ツカン　ガ　アヤビーラ。　Mushē tsikan ga ayabīra?

　☆ 未然形「つか」を含む。「つかぬが」に対応。

/cika'ŋga/ と推定。

ツイテ　0236　○ガククワヌクトニツイテ。　□學科ノ事ニ付テ、　▽ガツクワ　ヌ
　　　　クト　ニ　ツイテ　gakkwa nu kutu ni tsīti

☆「ついて」に対応。

/ci'iti/ と推定。

つく着

ウッチミシヤウチヤル　0584　○フヘーク。**ウッチミシヤウチヤル**ハヅデービル。　　□迅ク、御着ニナリマシタデゴザリマシヤウ　▽ヘーク　ウッチ_{迅ク}_{御着}ミシヤウチヤラ_{注8)}ハ　ヅデービル。　Fēku utsi mishōchara hazi dēbi dēbiru

　　☆連用形「つき」を含む。「おつきめしおはしたる」に対応。

/ʔucicjimisjo'ocjaru/ と推定。

ツチヤビタクト　0585　○ウーカタイチジカングレーウテー。サイ**チヤウツチヤビタクト**。　　□凡ソ一時間位デ、西京ニ着キマシタユヘ、　▽ウーカタイチジカングレーウテー　サイチヤウツチヤビタクト　ūkata ichiji kan gurē wutē Saichō tsichabita kutu,

　　☆連用形「つき」を含む。「つきはべりた（る）こと」に対応。次項「ツキヤビタクト」参照。表記の統一性に問題がある。

/cicjabitakutu/ と推定。

ツキヤビタクト　0643　○ウヌナーチヤー。フヘークウンナバンジュ。**ツキヤビタクト**。マンザ**マウ**マデン。ミグテナービタサー。　　□其_{ヨクジツ}翌日ハ、早ク恩_{ウンナ}納番所へ、着マシタカラ、萬_{マンザマウ}坐毛迄モ、廻_{マハ}リマシタ　▽ウヌナーチヤー　ヘーク　ウンナ　バンジユ　ツチヤビタクト　マンザモーマデン　ミグテナービタサー。　unu nācha fēku unna banju tsichabita kutu, Manzamō madin miguti nābitasā.

　　☆連用形「つき」を含む。「つきはべりた（る）こと」に対応。前項「ツチヤビタクト」参照。表記の統一性に問題がある。

/cicjabitakutu/ と推定。

ツチ　0595　○ククヌッスリウテー。**ツチ**。　　□正午少シ過ギ、着致シマシテ、　▽ククヌッスリウテー　ツチ　kukunutsi siri wutē tsichi

　　☆「ついて」に対応。

/cicji/ と推定。

とどく届

トゞ**チヤビタサー**　0348　○ユー。**トゞチヤビタサー**。　　□ヨク、御手ガ届_{トゞ}キマシタ、　▽ユー　トゞチヤビタサー　yū tuduchabita sā.

　　☆連用形「とどき」を含む。「とどきはべりた（る）さ」に対応。

/tuducjabitasa'a/ と推定。

トドカン　0319　○サニマチジングヌ。テーイリヌ。**トドカンドンアレー**。　　□播_{タネ}種_{マキ}前後ノ、手入ガ、届キマセヌト、▽サニマチユル　アト　ト　メーヌ　テーイリ　ヌ　トゞカン　ドン　アレー　sani machuru atu tu mē nu tīiri nu tudukan dun arē,

　　☆未然形「とどか」を含む。「とどかぬ」に対応。

/tuduka'ɴ/ と推定。

462　第3章　仮名資料の動詞形態の考察

トゞチ　0603　○ドット。ウテヌトゞチ。　　□誠ニ、御手ノ届キマシタモノデ、　▽
　　　　　　　　ドットテーイリヌユタシヤヌ注10)　　duttu tīiri nu yutasha nu,

　　☆「とどきて」に対応。

　　/tuducji/ と推定。

トゞチヤウル　0604　○ジフブン。ウテヌトゞチヤウルツムイデービル。　□十分ノ、
　　　　　　　　御手ガ届テヲリマシヤウ　▽ジウブン　テーイリサットール注11)ツ
　　　　　　　　ムイデービル　jūbun tīiri sattōru tsimuyi dēbiru.

　　☆「とどきて」を含む。「とどきてはをる」に対応。

　　/tuducjo'oru/ と推定。

のぞく除

ヌヅキタイ　0331　○イシヌグトールンチヤムルシ。ヌヅキタイ。ヤナグサ。ユー。
　　　　　　　　トイヌヅキタイシユルクトド。ヤ、ビール。　□石塊ヲ除ケ、又雑草ヲ、
　　　　　　　　能ク、取リ除ル事デ、ゴザリマス　▽イシ　ヌ　グトール　ンチヤ　ム
　　　　　　　　ルシ　トイ　ドキタイ注12)　ヤナグサ　ユー　トイ　ムシ　タイ　シユ
　　　　　　　　ルクトド　ヤ、ビール。ishi nu gutōru nchamurushi tuyi dukitayi
　　　　　　　　yanagusa yū tuyi mushi tayi shuru kutu du yayabīru.

　　☆「のぞきて」を含む。「のぞきてあり→のぞきたり」に対応。

　　/nuzukita'i/ と推定。

ひく引

ヒチアミ　0595　○ヒチアミンデー。シミヤビタン。　　□引網ヲ、致サセマシタ
　　　　　　　　▽ヒキアミンデー　シミヤビタン。　ヒキアミンデー　シミヤビタン。
　　　　　　　　fichiami ndē shimi　yabitan. Akogi-ga-ura wuti

　　☆連用形「ひき」を含む。「ひきあみ」に対応。

　　/hwicjiʔami/ と推定。

ヒカリール　0679　○メーンカイ。ヒカリールグトシ、。　　□前ノ方へ、引レル様
　　　　　　　　ニ思ヒマシテ、▽メーンカイ　ヒカリール　グトシ、　　mē nkai
　　　　　　　　fikarīru gutu sshi

　　☆未然形「ひか」を含む。「ひかれる」に対応。

　　/hwikari'iru/ と推定。

ひらく開

ウヒラチミシエーガ　0374○ナー。ウヒラチミシエーガシヤビタラ。　　□最早、御
　　　　　　　　開キニナリマシタカ　▽ナー　ウヒラチ　ミシエー　ガ　シヤ
　　　　　　　　ビタラ。　Nā ufirachi mishē ga shabitara?

　　☆連用形「ひらき」を含む。「おひらきめしあ（る）が」に対応。

　　/ʔuhwiracjimisje'ega/ と推定。

ヒラチエーヤビーン　0375　○チヌー。ンナ。ヒラチエーヤビーン。　□昨日、皆、
　　　　　　　　開テ仕舞マシタ　▽チヌー　ンナ　ヒラチエー　ヤビーン。
　　　　　　　　Chinū nna firachē yabīn.

　　☆「ひらきて」を含む。「ひらきてはありはべりむ」に対応。

　　/hwiracje'e'jabi'i'ɴ/ と推定。

ヒラカン　0009　○ツブメー。**ヒラカン**ガアヤビーラ。注13)　□蕾（ツボミ）ヲ、破リマセヌカ　▽ツブメー　ヒラカニ。　tsibumē firakani?

☼ 未然形「ひらか」を含む。「ひらかぬ」に対応。

/hwiraka'ɴ/ と推定。

まく蒔

サニマチアトヌ　0330　○**サニマチアトヌ**。テーイリンデイユセー。　□播種後ノ手入レトハ、▽サニ　マチ　アト　ヌ　テーイリ　ンデ　イユセー　Sani machi atu nu tīiri ndi iusē

他に、0319 に用例がある。

☼ 連用形「まき」を含む。「たねまきあとの」に対応。

/sanimacjiʔatunu/ と推定。

ウマチミ。シエービタガ　0303 ○チヤヌシヤコー。**ウマチミ。シエービタガ**。　□ドレダケ、御蒔ニ、ナリマシタ　▽チヤヌ　シヤコー　ウマチミ　シエービタガ。　Cha nu shakō u machimi shēbita ga?

☼ 連用形「まき」を含む。「おまきめしはべりた（る）が」に対応。

/ʔumacjimisje'ebitaga/ と推定。

マチヤビタン　0304　○シチタンユー。**マチヤビタン**。　□七反餘リ播マシタ　▽シチタン　アマイ　マチヤビタン。　shichi tan amayi machabitan.

☼ 連用形「まき」を含む。「まきはべりたりむ」に対応。

/macjabita'ɴ/ と推定。

マチヤスガ　0300　○サ子ー**マチヤスガ**。　□種子（タネ）ヲ播（マ）キマシタガ、▽サ子ーマチヤシガ　sanē machasiga,

☼「まきて」を含む。「まきてあるすが→まきた（る）すが」に対応。

/macjasiga/ と推定。

やく焼

ヤチガ　0502　○ニーガシヤビーラ。マタ**ヤチガ**シヤビーラ。　□煮附（ニツケ）マシヤウカ、又燒（ヤキ）マシヤウカ　▽ニーガ　シヤビーラマタヤチガ　シヤビーラ。　nī ga shabīra mata yachi ga shabīra?

☼ 連用形「やき」を含む。「やきが」に対応。この「が」は次の「～ら」と照応関係にある。

/'jacjiga/ と推定。

シユウヤチ　0503　○**シユウヤチ**シヤラー。チヤーデービルガ。　□鹽燒（シホヤキ）ニシテハ、如何デゴザリマシヤウ　▽トシユウヤチシヤラー　チヤーデービルガ。　shūyachi sharā chā dēbiruga?

☼ 連用形「やき」を含む。「しほやき」（塩焼）に対応。

/sju'u'jacji/ と推定。

ゆく行

ナリユチ　0443　○クンナゲーヌシヤウベーヌ　**ナリユチ**。チヽンデー。　□以前ノ商賣ヲ、聞キマスルト、▽クンナゲー　ヌ　シヤウベー　ヌ　ナリユチ　チヽンデー　Kunnagē nu shōbē nu nariyuchi chichi ndē,

☆連用形「ゆき」を含む。「なりゆき」(成行)に対応。

/nari'jucji/ と推定。

ユチ<u>ユ</u>セー　0124　○ツチヒヌ。スヂ<u>ユチユ</u>セー。　□月^{ツキ}日^ヒノ行^{ユク}ハ、▽ツチヒヌ
　　　　　　　スギトウイシエー　tsichifi nu sujitoishē

☆連用形「ゆき」を含む。「ゆきを(る)すは」に対応。

/'jucjuse'e/ と推定。

いそぐ急

ウイスヂヌ　0149　○ウイスヂヌ。グユー<u>ジユ</u>。ガ。ヤ、ビーラ。　□御急^{オイソギ}ノ、御^ゴ
　　　　　　　用事デ、ゴザリマスカ　▽ウイスヂ　ヌ　グユージユ　ガ　ヤ、ビーラ。
　　　　　　　Uisuji nu guyūju ga yayabīra?

☆連用形「いそぎ」を含む。「おいそぎの」に対応。

/ʔuʔisuzjinu/ と推定。

イスヂ　0144　○イスヂ。<u>チヤービタクト</u>。　□急デ、マヘリマシタユヘ、▽イス
　　　　　ヂ　チヤービタクト　　isuji chabita kutu,_{注14}

☆「いそぎて→いそいで」に対応。

/ʔisuzji/ と推定。

イスジン　0671　○イスジンウイ。スツタト ゛ルチン<u>チヤウヤ</u>ビータクト。　□急
　　　　　デモヲリマシタシ、數久田轟ヲ觀マシタカラ、▽イスジン　ウイ　スツ
　　　　　タ　ト ゛ルチ　ンチヤウヤ　ビータクト　Isujin wuyi Sutta-tu-duruchi
　　　　　nchōyabītaku tu,

☆「いそぎて→いそいで」を含む。「いそいでも」に対応。

/ʔisuzji'N/ と推定。

しのぐ凌

シヌヂヤスク　0075　○<u>ドット</u>。シヌヂヤスク。ナトウヤビイン。　□大分凌^{シノ}ギヤ
　　　　　　　スク、ナリマシタ　▽ドット　シヌギ　ヤスク　ナトウヤビイン。
　　　　　　　duttu shinuji yasiku natōyabīn.

☆連用形「しのぎ」を含む。「しのぎやすく」に対応。

/sjinuzji'jasiku/ と推定。

(サ行)

いだす出

ンジヤシユル　0358　○グルツク、ヌ<u>シヤクナーヤ</u>。ンジヤシユルカンゲー。ヤ、ビー
　　　　　　　スガ。　□五六石ヅ、ハ、出ス積^{ツモリ}デ、アリマスガ、▽グルツク、
　　　　　　　ヌ　シヤクナー　ヤ　ンジヤシユル　カンゲー　ヤ、ビー　シガ
　　　　　　　Gu rukkuku nu shaku nā ya nja shuru kangē yayabīsi ga,

☆連用形「いだし」を含む。「いだしをる」に対応。

/ʔNzjasjuru/ と推定。

ンジヤチ　0387　○タデーマ。ンジヤチ。チヤービースガ。　□只今、出シテ、參ヘ
　　　　　リマスガ、▽ナマ　ンジヤチ　チヤービーシガ　Nama njachi chābīsi
　　　　　ga,

☆「いだして」に対応。

/ʔɴzjacji / と推定。

おす押

ウシトナミテ　0345　○ウシトナミテ。ユイングジッシンヌシヤク。ヤ、ビーン。
　　　　　　　　□平均、四圓五拾錢位デ、ゴザリマス　▽ウシトナミテ　ユイン　グ
　　　　　　　　ジツシン　ヌ　シヤク　ヤ、ビーン。　ushitunamiti yu yin gujisshin
　　　　　　　　nu shaku yayabīn.

　　☆連用形「おし」を含む。「おしとなめて」に対応。

/ʔusjitunamiti/ と推定。

かはす交

カワチ　0339　○井ヌムン。ナゲーツクイー子ー。シヂンニ。ウヌクエーヌ。子ー
　　　　　ンナユクト。**カワチツクユスガ**。マシヤ、ビーン ₍ママ₎ ₍○なし₎　□同シ物ヲ、
　　　　　永ク作ルト、自然、其肥料ガ、ナクナリマスルユヘ換テ作ルガ、亘シフ
　　　　　ゴザリマス　▽イヌムン　ナゲー　ツクイ　子ー　シヂン　ニウ　ヌ　ク
　　　　　エー　ヌ　子ーン　ナ　ユ　クト　カワ　チツクユシガ　マシヤ、ビーン。
　　　　　yiuumun nagē tsukuyi nē shizin ni unu kwē nu nen na yu kutu, kawachi
　　　　　shukyusi ga mashi yayabīn. ₍注15₎

　　☆「かはして」に対応。

/ka'wacji/ と推定。

かへす反

ウチケーシユスガ　0322　○ンチヤヌスクマデ。**ウチケーシユスガ**。ヤ、ビーラ。
　　　　　　　　□壊底 ₍ツチゾコ₎ マデ、鋤反 ₍スキカヘ₎ スコトデ、ゴザリマスカ　▽ンチヤ　ヌ　ス
　　　　　　　　ク　マデ　ウチケーシユシ　ガ　ヤ、ビーラ。　ncha nu suku
　　　　　　　　madi uchikē shusi ga yayabīra?

　　他に、0321 にも用例がある。

　　☆連用形「かへし」を含む。「うちかへしを（る）すが」に対応。

/ʔucjike'esjusiga/ と推定。

ウチケーシヤビール　0329　○ニシヤークユーン。フカーク。**ウチケーシヤビール**。
　　　　　　　　□二尺餘モ深ク墾反ス様ニ致シマス　▽ニシヤーク　アマイ
　　　　　　　　ン ₍注16₎　フカーク　ウチ　ケーシヤビール。nishāku amayin
　　　　　　　　fukāku uchi kēshabīru.

　　☆連用形「かへし」を含む。「うちかへしはべりをる」に対応。

/ʔucjike'esjabi'iru/ と推定。

ウチケーチ　0327　○スウイヤウ。**ウチケーチ**。ユタシヤ、ビーン。　□殘ラス ₍ママ₎、
　　　　　墾反ス、コトデゴザリマス　▽スウヤウ　ウチケーチ　ユータシヤ　ヤ
　　　　　ビーン。　suyō uchi kēchi yutasha yabīn.

　　☆「かへして」を含む。「うちかへして」に対応。

/ʔucjike'ecji/ と推定。

くらす暮

クラシユスン　0125　○イチニンクラシユスン。ユミヌグト〻。アヤビール。　□
　　　　　一年計 ₍バカリ₎ ハ、夢ノ様 ₍イヤウ₎ ニ暮 ₍クラ₎ シテ、仕舞マス ₍注17₎　▽イチニンクラシユ

シン　イミヌ　グト゜　アヤビール。　ichinin kurashusin imi nu
gutu du ayabīru.

☆ 連用形「くらし」を含む。「くらしを（る）すも」に対応。

/kurasjusi'ɴ/ と推定。

こす越

ウクシミ シエーン　0606　○クヌウチトーサンカイ。ウクシミ シエーン、デイチ。
チ、ヤビタスガ。　□近々遠方へ、御越シニナルト、承リマシ
タガ、　▽クヌウチトーサンカイウクシミ シエーン、デイヂ
チ、ヤビタシガ　Kunu uchi tūsa nkai ukushi mishēn ndi ichi
chichabitasi ga,

☆ 連用形「こし」を含む。「おこしめしありむ」に対応。

/ʔukusjimisje'eɴ/ と推定。

ウクシミ シエービタラ　0660　○ハニヂンカイガ。　ウクシミ シエービタラ。　□
羽地ノ方へ、御越ニナリマシタカ　▽ハニヂンカイ　ガ　ウク
シ　ミシエービタラ。　Haniji nkai ga ukushi mishēbitara?

☆ 連用形「こし」を含む。「おこしめしはべりたら」に対応。注18)

/ʔukusjimisje'ebitara と推定。

ウクシミ。シエービーミ　0189　○ウミットン。ウクシミ。シエービーミ。　□御
賢弟モ、御越シニ、ナリマスカ　▽ウミットン　ウンジ
ミシエービーミ。注19)　umittun unji mishēbīmi?

☆ 連用形「こし」を含む。「おこしめしはべりみ」に対応。「－はべりむ＋/i/ →－はべりみ」

/ʔukusjimisje'ebi'imi/ と推定。

しらす知

ウシラシ　0634　○イチユターウシラシミ シヤウチウタビミ シエービリ　□一寸御
知ラセ下サレマセ　▽チヤーン　シラチウタビミ　シエービリ。　chān
shirachi utabi mishēbiri.注20)

☆ 未然形「しら」を含む。「おしらし」に対応。

/ʔusjirasji/ と推定。

すます済

スマチ　0683　○チグワノースマチ。クマンカイ。ケーユルヒー。　□祈願ヲ済シ
マシテ、コチラへ、歸リマス日、　▽チグワノー　スマチ　クマン　カイ
ケーユルヒー　Chigwanō Simachi kuma nkai kēyururu fī

☆ 「すまして」に対応。

/simacji/ と推定。

そらす逸

スラチエー　0521　○トチスラチエー。ドク。ユタシコー子ーヤビラン。　□深更ハ、
餘リ、ヨロシフゴザリマスマイ　▽ユナカナイネー注21)　ドク　ユタ
シコーネーヤビラン。　yunaka nayi nē duku yutashikō nē yabiran.

☆ 「そらして」を含む。「そらしては」に対応。

/suracje'e/ と推定。

とほす通

トーサン　0329　○イーチ。**トーサンドンアレー**。　□空氣ヲ、通セ子バ、　▽イー
チ　トーサン　ドン　アレー　Ichi tūsan dun arē

☉ 未然形「とほさ」を含む。「とほさぬ」に対応。

/tu'usa'ɴ/ と推定。

ながす流

アレーナガチ　0329　○ゲーニナユルムノー。シチヤンカイ。**アレーナガチ**<u>イチユ
ク</u>ト。　□害毒物ヲ、洗テ下層ニ、流シ込ミマスカラ、　▽ゲー　ニ
ナユル　ムノー　シチヤン　カイ　アレーナガチ　イチユ　クト　gē
ni nayuru munō shichan kai arē nagachi ichu kutu,

☉ 「ながして」を含む。「あらひながして」に対応。

/ʔare'enagacji/ と推定。

なす成

ナ<u>シ</u>ヤビラ　0382　○デーヂノー。ナー。グインヌ<u>シ</u>ヤコーウフク**ナ<u>シ</u>ヤビラ**。
□代金ハ、今、五圓丈ケ増シマ<u>シ</u>ヤウ　▽デーヤ　ナーグインヌシヤユー
ウフクナシヤビラ。Dē ya nā gu yin nu shakō ufuku nashabira.

☉ 連用形「なし」を含む。「なしはべら」に対応。

/nasjabira/ と推定。

ナチ　0300　○リーニンヤカ。ウヘー。ウフク**ナチ**。　□例年ヨリ、少シ、増テ、
▽リーニン　ヤカ　ウヘーウフク　ナチ　Rīnin yaka ufē ufuku nachi
他に、0285,0371,0389 に用例がある。

☉ 「なして」に対応。

/nacji/ と推定。

なほす直

ノーチ　0089　○**ノーチ**。ウタビミ<u>シ</u>エービリ。　□御直シ、下サレマセ　▽ノー
チ　ウタビミシエービリ。　nōchi utabi mishēbiri.
他に、0092 にも用例がある。

☉ 「なほして」に対応。

/no'ocji/ と推定。

ならす均

ナラシニ　0426　○チヤヌ<u>シ</u>ヤクヌ。**ナラシニ**ナヤビーガ。　□ドノ位ノ、平均ニ
ナリマスカ　▽チヤヌ　シヤク　ヌ　トナミ　ニ　ナヤビーガ。　Cha
nu shaku nu tunami ni nayabī ga?
他に、0427 にも用例がある。

☉ 連用形「ならし」（連用名詞形）を含む。「ならしに」に対応。

/narasjini/ と推定。

ナラ<u>シ</u>エー　0442　○テーゲーグブヌ<u>シ</u>ヤクヌ。**ナラ<u>シ</u>エー**。イチユルハヅヤ、ビー
スガ。　□凡ソ五分位ノ、平均ニモ、參リマ<u>シ</u>ヤウカ、　▽テーゲー
グブ　ヌ　シヤクヌ　トナメー　イチユラ　ハヅ　ヤ、ビーシガ　Tēgē
gufu nu shakunu tunamē ichura hazi yayabīsi ga,

468　第3章　仮名資料の動詞形態の考察

☆連用形「ならし」を含む。「ならしは」に対応。

/narasje'e/ と推定。

ならはす習

ナラーチ　0243　○ウヘー。**ナラーチ**。ウタビミ<u>シエ</u>ービリ。　□少シ、御教ヘ、
　　　下サレ　▽ウヘー　ナラーチ　ウタビミシエービリ。　ufē narāchi utabi
　　　mishē biri.

☆「ならはして」に対応。

/nara'acji/ と推定。

のこす残

ウヌクシミ<u>シエ</u>ービリ　0385　○**ウヌクシミ<u>シエ</u>ービリ**。　□御殘シ、下サレマセ
　　　▽ウヌクシミシエービリ。　unukushi mishēbiri.

☆連用形「のこし」を含む。「おのこしめしはべれ」に対応。

/ʔunukusjimisje'ebiri/ と推定。

はづす外

ハズ<u>シエ</u>ーナラン　0776　○**チヤーン。ハズ<u>シエ</u>ーナラン<u>シ</u>ヽ**。グブリーシヤビタ
　　　サー。　□ドウモ、逃スコトガ、出來マセズ、御無禮イタシマシ
　　　タ　▽チヤーン　ハズシエーナラン　シヽ　グブリーシヤビタ
　　　サー。　chān hazi shē naran sshi guburī shabita sā.

☆連用形「はづし」を含む。「はづしはならぬ」に対応。

/hazisje'enara'N/ と推定。

はなす話

ハナシ　0187　○ユウ。**ハナシ**ナユルムン。ウヤビーミ。　□能ク、話セル人
　　　ガ、ゴザリマスカ　▽ユウ　ハナシナユル　ムンヌ　ウヤビーミ。　yū
　　　hanashuru munun 注22) wuyabīmi?

　　他に、0188 にも用例がある。

☆連用形「はなし」に対応。連用名詞形。

/hanasji/ と推定。

ハナ<u>シエ</u>ー　0763　○**チユウアサヌハナ<u>シエ</u>ー**。　□今朝ノ話ニハ、　▽チユウ　ア
　　　サ　ヌ　ハナシエー　Chū asa nu hanashē

　　他に、0325 にも用例がある。

☆連用形「はなし」を含む。「はなしは」に対応。注23)

/hanasje'e/ と推定。

ウハナシ　0246　○アンシカラ。**ウハナシ**シヤビラ。　□其上デ、御話シ致シマシ
　　　ヤウ　▽アンシ　カラ　ウハナシ　シヤビラ。　Anshi kara ufanashi
　　　sharira.

　　他に、0183,0242,0365,0646,0694,0695 に用例がある。

☆連用形「はなし」を含む。「おはなし」に対応。

/ʔuhanasji/ と推定。

ウハナ<u>シエ</u>ー　0401　○**チヤーシン。ウハナ<u>シエ</u>ーナヤビラン**。　□トテモ、御
　　　話シニハナリマセヌ　▽　チヤーシン　ウハナシエーナヤビラン。

第 10 節　『沖縄對話』の動詞形態の考察　469

Chāshin ufanashē nayabiran. 注24)

☼ 連用形「はなし」を含む。「おはなしは」に対応。

/ʔuhanasje'e/ と推定。

ウハナシニ　0715　○ウツイデヌバシヤウ。イチユター。ウハナシニイメンシヤウ
　　　　　　　　　チ。クミ<u>シエ</u>ービリ。　□御序ノ折ハ、チト、御話ニ御越シ、下サレマ
　　　　　　　　　セ　▽ウツイデ　ヌ　バシヤウ　イチユター　ウハナシ　ニ　イメンシ
　　　　　　　　　ヤウ　チクキ　ミシエービリ。　　u-tsidi nu bashō ichutā ufanashi ni
　　　　　　　　　imenshochi kwi mishēbir. 注25)

他に、0751 にも用例がある。

☼ 連用形「はなし」を含む。「おはなしに」に対応。

/ʔuhanasjini/ と推定。

みおろす見下

ミーウル<u>シユシエー</u>　0207　○カウザン。ウイカラミーウル<u>シユシエー</u>。　□高キ
　　　　　　　　　　　　　　　山ヲ、マ上ヨリ見下スニハ、▽カウザン　ウイ　カラ　ミー
　　　　　　　　　　　　　　　ウルシユセー　kōzan ui kara mīurushusē

☼ 連用形「みおろし」を含む「みおろしを（る）すは」に対応。

/mi'iʔurusjusje'e/ と推定。

ミーウルサリール　0208　○フウシン。ヌイドンセー。ミーウルサリールハヅヤ、
　　　　　　　　　　　　　ビーン。　□軽氣球ニ乗リマシタラ、見下スコトガ出來マ<u>シ</u>
　　　　　　　　　　　　　ヤウ　▽ケイキキウ　ヌイ　ドンセー　ミーウルサリーラ
　　　　　　　　　　　　　ハヅ　ヤ、ビーン。　Keikikyū nuyi dunsē, mīurusarira hazi
　　　　　　　　　　　　　yayabīn.

☼ 未然形「みおろさ」を含む。「みおろされる」に対応。

/mi'iʔurusari'iru/ と推定。

みとほす見通

ミートーサリール　0669　○ワヅカ。ミートーサリールフド、。アヤビークト。
　　　　　　　　　　　　　□僅カニ、見通サレル程デ、アリマスカラ、▽チユツ　ニ　ミー
　　　　　　　　　　　　　トー　サリール　シヤコー　アヤビラン　クト 注26)　Chuttu
　　　　　　　　　　　　　ni mītusarīru shakō ayabiran kutu,

☼ 未然形「みとほさ」を含む。「みとほされる」に対応。

/mi'itu'usari'iru/ と推定。

めす召 （補助動詞的なものも含めた。）

ミ<u>シエ</u>ーガ　0365　○ビツニン。ターンカイン。ウハナシミ<u>シエ</u>ーガ<u>シ</u>ヤビタラ。
　　　　　　　　　□別ニモ誰ニカ、御話ニナリマシタカ　▽ビツ　ニン　ターンカイン
　　　　　　　　　ウハナシミシエー　ガシヤビタラ。　bitsi nin tā nkain ufanashi
　　　　　　　　　mishē ga shabitara?

他に、0353,0357,0374,0558,0588,0650,0670,0676,0726,0728,0748,0654 に用例が
ある。

、<u>シエ</u>ーガ　0203　○ウユミ、<u>シエ</u>ーガ。<u>シ</u>ヤビタラ。　□御讀三、ナサレタカ
　　　　　　　　　▽ウユミ　ミ<u>シエ</u>ーガ　シヤビタラ。　uyumi mishē ga shabitara?

他に、0600,0724 に用例がある。

☼ 連用形「めし」を含む。「めしあ（る）が」に対応。

/misje'ega/ と推定。

ミ。シエービリ　0037　○ウトイミ。シエービリ。　□オ脱^{ヌキ}、ナサレマセヌカ
　　　　　　　　　　▽ウ・トイ　ミシエービリ。　u tui mishēbiri.

ミ。シエービリ　0040　○ウイリミ。シエービリ。　□御免^{ゴメン}ヲ、被リマ^{カフ}シヤウ　▽
　　　　　　　　　　グブリー　シヤビラ。gubri shabira. _(注27)

ミシエービリ　0039　○ウトイミシエービリ。　□御^オトリ、ナサレマセ　▽ウ・トイ
　　　　　　　　　　ミシエービリ。u tui mishēbiri.

ミシエービリ　0156　○ウツケーミシエービリ。　□御ツカヒナサレマセ　▽ウッ
　　　　　　　　　　ケー　ミシエービリ。　Utsikē mishēbiri.

　他に、0219,0242,0243,0244,0290,0335,0377,0382, 0384,0385,0394,0460,0462,
0486,0504,0572,0634,0715,0750,0751,0772,0785,0789 に用例がある。

、シエービリ　0246　○マヅ。アリニサンドーウユミ、シエービリ。　□先ヅ、ア
　　　　　　　　　　レヲ二三度御讀^オナサレ、　▽マヅ　ウリニサンドー　ウユミ　ミシ
　　　　　　　　　　エービリ　maji uri nisando uyumi mishēribi.

☼ 連用形「めし」を含む。「めしはべれ」に対応。

/misje'ebiri/ と推定。

ミ。シエービーミ　0189　○ウミツトン。ウクシミ。シエービーミ。　□御賢弟^ゴモ、
　　　　　　　　　　御越^オシニ、ナリマスカ　▽ウミツトン　ウンジ　ミシエービーミ。
　　　　　　　　　　umittun unji mishēbīmi?

☼ 連用形「めし」を含む。「めしはべりをりみ」に対応。

/misje'ebi'imi/ と推定。

ミ。シエービーガ　0147　○マーンカイ。ウツケーミ。シエービーガ。　□何レヘ、
　　　　　　　　　　御^オツカハシニ、ナリマスカ　▽マーンカイ　ウツケーミシエー
　　　　　　　　　　ビーガ。　Mānkai utsikē mishēbīga?

ミシエービーガ　0231　○ヌー。グフシンミシエービーガ。　□如何^{ドウ}イフ事ヲ、御尋^オ
　　　　　　　　　　子ナサレマス　▽ヌー　グフシン　ミシエービーガ。　Nū gufushin
　　　　　　　　　　mishēbī ga?

☼ 連用形「めし」を含む。「めしはべ（る）が」に対応。

/misje'ebi'iga/ と推定。

ミシエービールン　0382　○ウンジヨウ。イツヤテン。ウチユームンドンシミシヤ
　　　　　　　　　　ウレー。ウトミシエービールン。_{注28)}　□貴方ハ、何時デモ、御
　　　　　　　　　　注文ニサヘナレバ、御手ニ入ルモノデアリマスカラ、　▽ウン
　　　　　　　　　　ジヨウ　イツ　ヤテン　ウワーツレードン　シミシヤウレー
　　　　　　　　　　ウト　ミシエービークト　Unjō itsi yatin uwātsirē dun shi
　　　　　　　　　　mishōrē utuyi mishebī kutu,

☼ 連用形「めし」を含む。「めしはべりをるん」に対応。

/misje'ebi'iru'N/ と推定。

ミシエービースガ　0653　○スウボウテンエン、デイチ。カチエーミシエービース

第10節　『沖縄對話』の動詞形態の考察　471

ガ。　□數峰天遠ト、書テアリマスガ、　▽スウ　ボウ　テン
エン　ンデイチ　カチエー　ミシエービージ　ガ　"Sū bō ten
yen" ndi ichi kachē mishībīshi ga, _{注29)}

☆ 連用形「めし」を含む。「めしはべ（る）すが」に対応。

/misje'ebi'isiga/ と推定。

ミシエービーサー　0433　○ウレードット。ユーウイサバチエーミシエービーサー。
□ソレハ誠ニ、ヨク捌ケマシタ　▽ウレー　ドット　ユーウイ　サ
バチ　ミシエービタサー。　Urē duttu yū uyisabachi mishēbita
sā.

☆ 連用形「めし」を含む。「めしはべ（る）さ」に対応。

/misje'ebi'isa'a/ と推定。

ミシエービーラ　0314　○クエーヤ。ヌーンデーガ。ウイリミシエービーラ。　□肥
ハ、何抔ヲ、オヤリナサレマスカ　▽クエー　ヤ　ヌー　ンデー
ガ　ウイリミシエービーラ。　Kwē ya nū ndē ga uiri mishēbīra?

他に、0235,0722 に用例がある。

☆ 連用形「めし」を含む。「めしはべら」に対応。

/misje'ebi'ira/ と推定。

ミセービーラ　0750　○アンガミセービーラ。　□左様デゴザリマスカ、　▽アン
ガ　ヤ、ビーラ_{注30)}　An ga yayabīra?

☆ 連用形「めし」を含む。「めしはべら」に対応。

/mise'ebi'ira/ と推定。

ミシエービラナ　0078　○ウンヂミシエービラナ。　□御出ナサイマセヌカ　▽ウ
ンヂミシエービラナ。　unjimīshēbira na?

☆ 連用形「めし」を含む。「めしはべらな」に対応。

/misje'ebirana/ と推定。

ミ。シエービランカヤー　0173　○イチブナーヤ。ウムタシミ。シエービランカヤー。
□一部ヅ、御遣シ、下サレマセヌカ　▽イチブ　ナー
ヤ　ウムタシミシエービランナー。_{注31)}　ichibu nā ya
umutashi mishēbiran nā?

ミシエービランカヤー　0380　○サンジウインシヤーイ。ウユヅミシヤウチウタビ
ミシエービランカヤー。　□三拾圓デ、御讓リ下サイマセ
ヌカ　▽サンジウ　イン　シヤーイ　ウユヅミ　シヤウ
チ　ウタビミシエービラン　カ　ヤー。　sanjū yin shāyi
uyuzimishōchi utabi mishēbiran ka ya?

☆ 連用形「めし」を含む。「めしはべらぬかや」に対応。

/misje'ebira'ɴka'ja'a/ と推定。

ミシエービラニ　0568　○ヌーン。ウチユームノー。子ーミシエービラニ。　□何カ、
御注文ハ、ゴザリマセヌカ　▽ヌーン　ウチユームノー　子ー　ミ
シエービラニ。　Nūn u-chūmunō nē mishēbirani?

☆ 連用形「めし」を含む。「めしはべらに」に対応。

/misje'ebirani/ と推定。

ミ。シエービタガ　0303　○チヤヌシヤコー。ウマチミ。シエービタガ。　□ドレ
ダケ、御蒔ニ、ナリマシタ　▽チヤヌ　シヤコー　ウマチミ　シ
エービタガ。　Cha nu shakō u machimi shēbita ga?

他に、0197,0305 に用例がある。

ミシエービタガ　0412　○マーンカイ。ウワーツレーミシエービタガ。　□何ヘ
誂(アツラ)ヘニナリマシタ　▽マーンカイ　ウワーツレーミシエービタガ。
mānkai wwātsirē mishēbita ga?

他に、0441 にも用例がある。

、。シエービタガ　0199　○ヌー。ウユミ、。シエービタガ。　□何ヲ、御讀(オ)ミニ、
ナリマシカ　▽ヌー　ウユミ　ミシエービタガ。　nū uyumi
mishēbita ga?

☆ 連用形「めし」を含む。「めしはべりた（る）が」に対応。

/misje'ebitaga/ と推定。「シェー」と「セー」。並存か。

ミセービタガ　0057　○ウワーツレヘ。ミセービタガ。　□御誂(オアツラヘ)、ナサレマシタ
▽ワーツレー　ミシエービタガ。　wwatsirē mishēbita ga?

☆ 連用形「めし」を含む。「めしはべりた（る）が」に対応。

/mise'ebitaga/ と推定。「シェー」と「セー」。並存か。

ミシエービタラ　0660　○ハニヂンカイガ。　ウクシミシエービタラ。　□羽地ノ(ハニヂ)
方へ、御越ニナリマシタカ　▽ハニヂンカイ　ガ　ウクシ　ミシ
エービタラ。　Haniji nkai ga ukushi mishēbitara?

他に、0201,0346,0396,0424,0640.0642 に用例がある。

ミシエービタラ　0758　○スグ。クマンカイガ。ウヒンジミシエービタラ。　□直グニ、
此處へ、御避ゲデゴザリマシタカ　▽スグ　クマ　ンカイ　ガ　ウヒ
ンジ　ミシエービタラ。　Sigu kuma nkai ga ufinji mishēbitara?

☆ 連用形「めし」を含む。「めしはべりたら」に対応。

/misje'ebitara/ と推定。

ミシエーン　0652　○バンジユ子ー。ワウブンヂヌ。ガクアギテーミシエーン、デ
イチチ、ヤビタスガ。チヤーガ　ヤ、ビーラ。　□番所ニハ、王文治ノ、
額ヲ掲ゲテアルト聞マシタガ、如何デゴザリマ　▽バンジユ　ネー　ジ
ユブーコー　ヌ　ガク　アギテー　ミシエーン　ンデイ　チチ、ヤビ
タシガ　チヤー　ガ　ヤ、ビーラ。　Banju nē Jufūkō nu gaku agitē
misiēn ndi ichi chichabita si ga, chā, ga yayabīra?

他に、0606 にも用例がある。

☆ 連用形「めし」を含む。「めしありむ」に対応。

/misje'e'N/ と推定。

ミシエーヌ　0404　○ウユヅミシエーヌナエーシヤビラニ　□少々、御讓リ下サレ
マセヌカ　▽ウタビミシエーヌナエーシヤビラニ。注32)　utabi mishē
nu nayē shabirani?

☆ 連用形「めし」を含む。「めしありの」に対応。

第 10 節　『沖縄對話』の動詞形態の考察　473

/misje'enu/ と推定。

ミシエール　0445　○マーンカイ。ウンジミシエール。ウカンゲーヤ、ビーガ。
　　　　　　　□何處ヘ、御出ノ、御積リデゴザリマスカ　▽マー　ンカイ　ウンジ
　　　　　　　ミシエール　ウカンゲー　ヤ、ビーガ。　　mā nkai unji mishil ukangē
　　　　　　　yayabī ga?注33)

　　他に、0246,0275,0410,0416,0752 に用例がある。

　　☼ 連用形「めし」を含む。「めしある」に対応。

/misje'eru/ と推定。

ミセール　0191　○ナー。ユウ。ミセールハヅ。デービル。　　□モウ、能ク、御出
　　　　　　　來ナサルデ、ゴザリマシヤウ　▽ナー　ユウ　ミシエーラ　ハヅ　デービ
　　　　　　　ル。　Nā yū mishēra hazi dēbiru.

　　☼ 連用形「めし」を含む。「めしある」に対応。「琉便」では「ミシエーラ」となっている。

/mise'eru/ と推定。

ミシエータル　0748　○アンウヤミシエータルハヅデービル。　　□左様デゴザリマ
　　　　　　　シヤウ、　▽アン　ヤタラ　ハヅ　デービル　An yatara hazi dēbiru,

　　☼ 連用形「めし」を含む。「めしありたる」に対応。「琉便」では別の表現になっている。

/misje'etaru/ と推定。

ミシヤウレー　0382　○ウンジヨウ。イツヤテン。ウチユームンドンシミシヤウレー。
　　　　　　　ウトミシエービールン。　　□貴方ハ、何時デモ、御注文ニサヘナレバ、
　　　　　　　御手ニ入ルモノデアリマスカラ、　▽ウンジヨウ　イツ　ヤテン　ウ
　　　　　　　ワーツレードン　シミシヤウレー　ウト　ミシエービークト　Unjō
　　　　　　　itsi yatin uwātsirē dun shi mishōrē utuyi mishebī kutu,

　　☼ 連用形「めし」を含む。「めしおわれ」に対応。

/misjo'ore'e/ と推定。

ミシヤウラン　0244　○グインローミシヤウラングト。　　□御遠慮ナク、　▽グイン
　　　　　　　ロー　ミシヤウラン　グト　　guyinrō mishōran gutu

ミシヤウラン　0402　○チシテグスン子ーウナミシヤウランハヅ。　　□決シテ、御
　　　　　　　損ニハナリマスマイ　▽チシテ　グスン子ーウナミシヤウランハヅ。
　　　　　　　chishiti gusun nē una mishōr ママ n hazi.

　　他に、0570,0772,0789 に用例がある。

　　☼ 連用形「めし」を含む。「めしおわらぬ」に対応。「＋ごと」「＋はず」なので「連体形」と判断される。

/misjo'ora'N/ と推定。

ミシヤウラリーガ　0438　○ナマ。ウタビミシヤウラリーガ。シヤビーラ。　　□只
　　　　　　　今、頂戴ガ、出來マシヤウカ　▽　ナマ　ウタビ　ミシヤウラリー
　　　　　　　ガ　シヤビーラ。　Nama utabi mishōrariga注34) shabīra?

　　☼ 連用形「めし」を含む。「めしおわられが」に対応。

/misjo'orari'iga/ と推定。

ミシヤウラリーヤ　0434　○グルツピチエー。ウタビミシヤウラリーヤ。シヤビラニ。
　　　　　　　□五六疋、御引受申スコトハ、出來マセヌカ　▽グルツ　タノー
　　　　　　　　　注35)　ウタビミシヤウラリーヤシヤビラニ。　gurutanō utabi

474　第3章　仮名資料の動詞形態の考察

　　　　　　　mishōrarī ya shabirani?

　他に、0376 にも用例がある。

　☆ 連用形「めし」を含む。「めしおわられは」に対応。

/misjo'orari'i'ja/ と推定。

ミ<u>シ</u>ヨーンナ　0022　○グシンパエー。**ミ<u>シ</u>ヨーンナ**。　□御心配^{ゴシンパイ}ニハ、及ビマセ
　　　　　　　ヌ　▽グシンパエー　ミシヨーンナ。　gushinpayē mishōn na.

　他に、0081 にも用例がある。

　☆ 連用形「めし」を含む。「めしおわるな」に対応。

/misjo'o'ɴna/ と推定。

ミ<u>シ</u>ヤウチ　0494　○ビントーン。グユウイミ<u>シヤウチ</u>ガウヤビーラ。　□弁當モ、
　　　　　　　御用意デ、ゴザリマシタカ　▽ビントーン　グユウイ　ミシヤウチガ
　　　　　　　ウヤビーラ。bintōn guyūyi mishōchi ga wuyabīra?

　他に、0380,0382,0383,0434,0525,0704,0752,0772,0773,0774,0780,0785,0789 に
　用例がある。

、シヤウチ　0504　○マヅ。ウクヽルミ。、**シヤウチ**ウミカキミ<u>シエービリ</u>。　□
　　　　　　　先ヅ、御試^{コヽロ}三、下サレマセ　▽マヅウクヽルミ　ミシヤウチウミカキ
　　　　　　　ミシエービリ。　mazi ukukurumi mishōchi umikaki mishēbiri.

　他に、0574 にも用例がある。

　☆ 連用形「めし」を含む。「めしおはして」に対応。

/misjo'ocji/ と推定。

ミ。<u>シヤウチエー</u>　0261　○ウツクイミ。**<u>シヤウチエー</u>**。ヤビーガ。　□オ作リデ、
　　　　　　　ゴザリマスカ　▽ウツクイ　ミシヤウチエー　ヤビーガ。
　　　　　　　utsukuyi　mishōche yabī gaya?_{注36)}

ミ<u>シヤウチエー</u>　0289　○タチワチ。フーロー。ンデーヤ。ウツクイミ**<u>シヤウチエー</u>**。
　　　　　　　子ーンガアヤビーラ。　□刀豆、裙帯豆^{ナタマメ　ジフロクサヽゲ}、ナドハ、御^オツクリナサ
　　　　　　　レマセヌカ　▽タチワチ　フーロー　ンデー　ヤ　ウツクイ　ミシ
　　　　　　　ヤウチエー　子ーン　ガ　アヤビーラ。　Tachiwachi fūrō ndē ya
　　　　　　　utskuyi mishōchē nēn ga ayabīra?

　☆ 連用形「めし」を含む。「めしおはしては」に対応。

/misjo'ocje'e/ と推定。

ミ<u>シ</u>ヤウチヤン　0576　○イセサングウ。**ミ<u>シ</u>ヤウチヤン**、デイチチヽヤビタスガ。
　　　　　　　□伊勢參宮^{イセサングウ}ヲ、ナサレタト承リマシタガ、　▽イセサンチー　ミシ
　　　　　　　ヤウ　チヤンンデイチチヽヤビタシガ　Ise-sanchī mishōchan ndi
　　　　　　　chichō yabitasi ga,

　☆ 連用形「めし」を含む。「めしおはしてありむ」に対応。

/misjo'ocja'ɴ/ と推定。

ミ<u>シ</u>ヤウチヤル　0398　○テーブン。ウトミ**<u>シヤウチヤル</u>**ハヅデービル。□大分、
　　　　　　　御手ニ入リマシタデゴザリマ<u>シヤウ</u>　▽テーブン　ウトミシヤウ
　　　　　　　チヤラ_{注37)}ハヅデービル。　tēbun　utuyi mishōchara hazi dēbiru.

ミ<u>シ</u>ヤウチヤル　0642　○クマカラ。ウタチミ**<u>シヤウチヤル</u>**ヒーヤ。　□此處ヲ、

御立ニナリマシタ日ハ、　▽クマカラ　ウタチ　ミシヤウチヤル_注

₃₇₎　ヒーヤ　Kuma kara utachi mishōcharu fī ya

　他に、0584,0638 に用例がある。

　☼ 連用形「めし」を含む。「めしおはしたる」に対応。

/misjo'ocjaru/ と推定。

ミシヤウチヤクト　0646　○クマー。マンニンヤテン。井ラリーンヤーンデ。ウハ
　　　　　　　　　　ナシミ**シヤウチヤクト**。　　□此處ハ、萬人デモ、坐テ居ラレル
　　　　　　　　　　ト、御話ニナリマシタデ、　▽クマー　マン　ニン　ヤテン　ヰ
　　　　　　　　　　ラリーン　ヤー　ンデ　ウハナシ　ミシヤウチヤ　クト　kumā
　　　　　　　　　　mannin yatin Yirarīn yā ndi ufanashi mishō cha kutu,

　☼ 連用形「めし」を含む。「めしおはした（る）こと」に対応。

/misjo'ocjakutu/ と推定。

ミシヤウチヤセー　0592　○ウドマイミ**シヤウチヤセー**。　　□御泊リハ、　▽ウドマ
　　　　　　　　　　イミシヤウチヤセー　Udumayi mishōchasē

　☼ 連用形「めし」を含む。「めしおはした（る）すは」に対応。

/misjo'ocjase'e/ と推定。

ミシヤウチヤラー　0523　○ワッターウテ。ウミカキミ**シヤウチヤラー**。チヤーデー
　　　　　　　　　　ビルガヤー。　　□私ノ方デ、御覽ナサレマシタラ、如何デゴザ
　　　　　　　　　　リマ**シヤウ**　▽ワッター　ウテ　ウミカキミシヤウチヤラー
　　　　　　　　　　チヤーデービルガヤー。　　wattā wuti umikaki mishōcharā chā
　　　　　　　　　　dēbiru ga yā?

　☼ 連用形「めし」を含む。「めしおはしたらは」に対応。

/misjo'ocjara'a/ と推定。

ミシヤウチヤウン　0734　○ターリーヤ。井チリー。ウカ、**ミシヤウチヤウン**デイ
　　　　　　　　　　チ。チ丶ヤビタスガ。　　□御尊父様ハ、悪疫ニ、御感ジナサレ
　　　　　　　　　　タト、聞キマシタガ、　▽ターリー　ヤ　ヰチリー　ウカ丶ミシ
　　　　　　　　　　ヤウチヨーン　デチ　チ丶ヤビタシ　ガ　ārī ya yichirī u-kaka
　　　　　　　　　　mishōchōn dichi chichabitasi ga,

　☼ 連用形「めし」を含む。「めしおはしてはをりむ」に対応。

/misjo'ocjo'o'N/ と推定。

ミシヤウチヤウヤビーガ　0710　○マーナカイ。ウヤドーミ**シヤウチヤウヤビーガ**
　　　　　　　　　　　　□何處ニ、御宿デゴザリマスカ　▽マー　ナカイ　ウヤ
　　　　　　　　　　　　ドーミシヤウチヤウ　ヤビーガ。　Mā nkai_{注38)} u-yadō
　　　　　　　　　　　　mishōchō yabī ga?

　他に、0740 にも用例がある。

　☼ 連用形「めし」を含む。「めしおはしてはをりはべ（る）が」に対応。

/misjo'ocjo'o'jabi'iga/ と推定。

ミシヤウチヤウヤビースガ　0782　○ウミートンダ。ユー。ウスリー。**ミシヤウチ
ヤウヤビースガ**。　□御夫婦様、ヨク、御揃ヒ、成サ
　　　　　　　　　　レマシタガ、　▽ウミートンダ　ユーウスリー　ミシヤ

476　第3章　仮名資料の動詞形態の考察

ウチヤウヤビーシガ　Umītunda yū usurī mishōchō
yabīsi ga

　他に、0778 にも用例がある。

　☆連用形「めし」を含む。「めしおはしてはをりはべ（る）すが」に対応。

/misjo'ocjo'o'jabi'isiga/ と推定。

ミシヤウチヤウル　0748　○ウツカリミ**シヤウチヤウル**グトシ〻。　□御疲勞ト〔オツカレ〕

見ヘマシテ、▽ウツカリ　ミシヨーチヨール　グト　シ〻

utsikari mishōchōru gutu sshi

　他に、0349,0706 に用例がある。

　☆連用形「めし」を含む。「めしおはしてはをる」に対応。

/misjo'ocjo'oru/ と推定。

もたす持

ウムタシ　0357　○ビングト。**ウムタシ**　ミ**シ**エーガ。**シヤ**ビーラ。　□便 毎ニ御〔ビン ゴト〕

送リニ、ナリマス　▽ビングト　ウムタシ　ミシエー　ガシヤビーラ。

bin gutu umutashi mishē ga shabīra?

　他に、0173,0410 にも用例がある。

　☆連用形「もたし」を含む。「おもたし」に対応。

/ʔumutasji/ と推定。

ムタ**シヤ**ビタン　0354　○セウチウ。ウヘームタ**シヤ**ビタン。　□焼酎ヲ、少々送〔セウチウ〕

リマシタ　▽セウチウ　ウヘー　ムタシヤビタン。　shōchū ufē

mutashabitan.

　他に、0347 にも用例がある。

　☆連用形「もたし」を含む。「もたしはべりたりむ」に対応。

/mutasjabita'N/ と推定。

ムタサ子ー　0411　○ナルビ**チ**エー。フヘークムタサ子ーナヤビランスガ。　□成

ルベク、早ク送ラ子バナリマセヌガ、▽ナルビチエー　ヘーク　ムタ

サ子ーナヤビラン**シ**ガ　Narubichē fɔku matasa nē 注84)nayabiransi

ga,

　☆未然形「もたさ」を含む。「もたさねは」に対応。

/mutasane'e/ と推定。

ムタチ　0439　○ユサンデマデナカイ。**ムタチ**アギヤビラ。　□夕景マデニ、持〔ユフケイ〕

セテアゲマ**シヤウ**　▽ユサンデ　マデ　ナカイ　ムタチ　アギ　ヤビラ。

yusandi madi nakai mutachi agi yabira.

　他に、0486 にも用例がある。

　☆「もたして」に対応。

/mutacji/ と推定。破擦音化がある。

やます病（痛）

ヤマ**チヤイ**　0764　○シゞヤイ。ドー**ヤマチヤイ**シヤウスン。ウンデイチ。チ〻ヤ

ビタスガ。　□死傷モ、アリタト、聞キマシタガ、▽シゞヤイ　ドー〔シヤウ〕

ヤマチヤイ　シヤウシン　ウンデイチ　チ〻ヤビタシ　ガ　Shijayi dū

第 10 節　『沖縄對話』の動詞形態の考察　477

yamachayi shōsin wundi ichi chichabitasi ga,

☼ 「やまして」を含む。「やましてあり→やましたり」に対応。

/ˈjamacja'i/ と推定。

やらす遣

ヤラ<u>シヤ</u>ビークト　0486　○シチムン。ヒバチンデー。ムタチヤラ<u>シヤ</u>ビークト。
□^{シキモノ}敷物^{ヒバチ}火鉢抔ヲ、持セテ遣リマスカラ　▽シチムン　ヒバチ　ン
デー　ムタチ　ヤラシヤビークト。_{注39)} Shichi-mun fibachi ndē
mutachi

y yarashabī kutu.

☼ 連用形「やらし」を含む。「やらしはべ（る）こと」に対応。

/ˈjarasjabi'ikutu/ と推定。

ヤラ<u>シヤ</u>ビーガヤー　0498　○フ子ー。マーンカイ。ヤラ<u>シヤ</u>ビーガヤー。　□舟ハ、
何レノ方ヘ、遣リマ<u>シヤウ</u>カ　▽フ子ー　マーンカイ　ハラシ
ヤビーガ。　Funē ma nkai harashabī ga?

☼ 連用形「やらし」を含む。「やらしはべ（る）がや」に対応。

/ˈjarasjabi'iga'ja'a/ と推定。

ヤラシミ<u>シエー</u>ビリ　0290　○イツヤラワン。ウツケー。ウヤラシミ<u>シエー</u>ビリ。
□イツデモ、^{オメシツカイ}御召使ヲ、^{オツカワ}御遣シナサレマセ　▽イツ　ヤラワ
ン　ウツケー　ウヤラシ　ミシエービリ。itsi yarawan utsikē
uyarashi mishēbiri.

☼ 連用形「やらし」を含む。「おやらしめしはべれ」に対応。

/ʔu'jarasjimisje'ebiri/ と推定。

わたす渡

ワタサン　0364　○タチン　ヌ<u>シヤ</u>ウニン子ー。ワタサングト。シーテーンデ。ウ
ム<u>タウ</u>ヤビーン　□他縣商人ノ手ニ、^{ワタ}渡サヌ様ニ、致シタイト、思ヒマ
ス　▽タチン　ヌ　シヤウニン　子ー　ワタサン　グト　シーテー　ン
デ　ウムタウ　ヤビーン。tachin nu shōnin nē watasan gutu shī tē ndi
umutō yabīn.

☼ 未然形「わたさ」を含む。「わたさぬ」に対応。

/ˈwatasaʼɴ/ と推定。

いでたつ出立（おいでたつ）

ウンヂタ<u>チエー</u>　0552　○トウ<u>チヤ</u>ウンカイヌ。ウンヂタ<u>チエー</u>。イツカガ。ヤ丶
ビーラ。　□東京ヘノ、御出立ハ、何日デ、ゴザリマスカ　▽トウ
キヤウンカイヌ　ウンヂタチエー　イツガ　ヤ丶ビーラ。　Tōkyō
nkai nu u-njitachē itsi ga yayabīra?

☼ 連用形「いでたち」を含む。「おんいでたちは」に対応。

/ʔu'ɴzjitacje'e/ と推定。

うつ打

ウチケー<u>シユ</u>スガ　0322　○ンチ<u>ヤ</u>ヌスクマデ。ウチケー<u>シユ</u>スガ。ヤ丶ビーラ。
□^{ツチゾコ}壌底マデ、^{スキガヘ}鋤反スコトデ、ゴザリマスカ　▽ンチヤ　ヌ　スク　マ

デ　ウチケー　シユシ　ガ　ヤ、ビーラ。　　ncha nu suku madi
uchikē shusi ga yayabīra?

　　他に、0274, 0321,0324,0327,0329,0491 に用例がある。

　☼ 連用形「うち」を含む。「うちかへしを（る）すが」に対応。

　/ʔucjike'esjusiga/ と推定。

ウチユス　0322　○**ウチユス**フカク**シユンデ**イユセー。　　□墾方ヲ深クスルト申セ
　　　　ハ、ママ、　▽ウチユシ　フカク　シユンデ　イユセー　Uchusi fukaku shu
　　　　ndi iusē

　☼ 連用形「うち」を含む。「うちを（る）す」に対応。

　/ʔucjusi/ と推定。

ウッチ　0328　○アンシフカーク。**ウッチ**ユタシヤセー。　　□左様ニ深ク、鋤クガ
　　　　宜シキハ、　▽アンシ　フカーク　ウッチ　ユタシヤ　セー　Anshi fukāku
　　　　utchi yutasha sē

　☼「うちて→うって」に対応。

　/ʔuQcji/ と推定。

ウッチエーヤビーン　0490　○アヌフ子ー。アミ**ウッチエーヤビーン**。　□彼ノ舟
　　　　ハ、網ヲ投テヲリマス　▽アヌ　フ子ー　アミ　ウッチエー
　　　　ヤビーン。　　Anu funē ami utchēyabīn.

　☼「うって」を含む。「うってはありはべりむ」に対応。

　/ʔuQcje'e'jabi'iɴ/ と推定。

うつ討

ウッチエール　0605　○テチ**ウッチエール**チユウシチ。ウヘノ、グスクンデー。チ
　　　　ンブツシ、。　　□復讎ノ古跡上野ノ本城抔ヲ、見物イタシマシタデ、
　　　　▽テチウチヌアタットクロ注40)　ウエヌ　グスク　ンデー　チンブ
　　　　ツシ　tichi uchi nu atattukuru Uinu nu gusiku ndē chinbutsi sshi

　☼「うちて」を含む。「うちてはある」に対応。

　/ʔuQcje'eru/ と推定。

たつ発

ウタチ　0642　○クマカラ。**ウタチ**ミシヤウチヤルヒーヤ。　　□此處ヲ、御立ニナ
　　　　リマシタ日ハ、　▽クマカラ　ウタチ　ミシヤウチヤル　ヒーヤ　Kuma
　　　　kara utachi mishōcharu fī ya

　☼ 連用形「たち」を含む。「おたち」に対応。

　/ʔutacji/ と推定。

タッチ　0577　○ハチ**グワツヌ**。**チウジユングルニ**。**タッチ**。クンツチヌハジミ
　　　　ニ。ケーヤビタン。　　□八月ノ、中頃カラ、立マシテ、當月ノ初メニ、歸リ
　　　　マシタ　▽ハチグワツヌ　ナカグルコ　タッチ　クンツチヌハジミニ
　　　　ケーヤビタン。　　Hachigwatsi nu nakaguru tatchi kuntsichinu hajimi ni
　　　　kēyabitan.

　☼「たちて→たって」に対応。

　/taQcji/ と推定。

第10節 『沖縄對話』の動詞形態の考察　　479

たつ　立

ウミタチ　0501　○<u>チユウ</u>ヌアスベー。井ーウミタチヤテーヤビーサー。　□今晩
ノ遊ビハ、ウミ好イ　ゾンジタテ存<u>立</u>デゴザリマシタ　▽チユウ　ヌアスベー
イーウミ　タチヤテー　ヤビーサー。　chū nu asibē yī umitachi yatē
yabīsa. (yabīsa → yabīsā)

☆連用形「たち」を含む。「おもひたち」(思ひ立ち)に対応。

/ʔumitacji/ と推定。

ウミタ<u>チヤ</u>ビタサー　0609　○ウミタ<u>チヤ</u>ビタサー。　□思ヒ<u>立</u>マシタ　▽ウミタ
チヤビタサー。　umitachabita sā.

☆連用形「たち」を含む。「おもひたちはべりた(る)さ」に対応。

/ʔumitacjabitasa'a/ と推定。

<u>タツチ</u>　0691　○ミチヌローハウ。イワヌ<u>タツチ</u>。　□道ノ両方、岩立デ、　▽ミチ
ヌローホー　イワ　ヌ　タツチ　Michi nu rōfo iwa nu tatchi

☆「たちて→たって」に対応。

/taQcji/ と推定。

<u>タツチヤウ</u>ヤビークト　0703　○ハタヌ。<u>タツチヤウ</u>ヤビークト　スグワカヤビー
ン。　□旗ガ樹テヲリマスデ、直ニ分リマス　▽ハタ　ヌ
タツチヤウヤビー　クト　スグ　ワカヤビーン。　hata nu
tatchōyabī kutu, sigu wakayabīn.

☆「たちて→たって」を含む。「たちてはをりはべ(る)こと」に対応。

/taQcjo'o'jabi'ikutu/ と推定。

まつ　待

マチ　0061　○アミマチカンテー。ヤ、ビーサー。　□頻リニ、雨ヲ望テ、ヲリマ
ス　▽アミ　マチカンテー　ヤ、ビーサー。　ami machikantī yayabīsā.

☆連用形「まち」に対応。

/macji/ と推定。

ウマチ　0775　○<u>シツ</u>カク。ウマチ<u>シヤウ</u>ヤビータスガ。　□セツカク折角、御待チ申上マ
シタガ、　▽シツカク　ウマチシヤ　ウヤビータシガ　Shikkaku umachi
nishō yabītasi ga

他に、0486,0527 に用例がある。

☆連用形「まち」を含む。「おまち」に対応。

/ʔumacji/ と推定。

みつ　満

ミチヒリヌ　0221　○ウ<u>シ</u>ユヌ。ミチヒリヌアセー。　□ウシホ潮水ニ、盈虚ノアルハ、
▽ウシユ　ヌ　ミチヒリ　ヌ　アセー　Ushu nu michi firi nu asē

他に、0222,0475 に用例がある。

☆連用形「みち」を含む。「みちひりの」に対応。

/micjihwirinu/ と推定。

ミチ<u>ヤビ</u>ーガ　0474　○<u>チユウ</u>ヌ。<u>シウヤ</u>。ナンドチ。ミチ<u>ヤビ</u>ーガヤー。　□今日ノ、
シホ潮ハ、何時頃、参リマスカ　▽チユウ　ヌ　シウヤ　ナンドチ　ミチ

ヤビーガ　ヤー。　Chū nu shū ya nanduchi michabī ga ya?

　　☆連用形「みち」を含む。「みちはべるが」に対応。

/micjabi'iga/ と推定。

もつ持

ムチ　0391　○ムチ̇クダテン。アタラン。　□持下リマシテモ、合ヒマセヌ　▽ム
　　　　チ̇クダテン　アタラン。muchi kudatin ataran.

　　☆連用形「もち」に対応。

/mucji/ と推定。

ウムチミ̇シ̇ヤ̇ウ̇チ̇　0383　○ウムチ̇ミ̇シ̇ヤ̇ウ̇チ̇イメンシエービリ。　□御持チナサ
　　　　　　　　　　レマセ　▽ウムチ̇ミ̇シヤウチイメンシエービリ。　Umuchi
　　　　　　　　　　mishochi imenshēbiri.

　　☆連用形「もち」を含む。「おもちめしおはして」に対応。

/ʔumucjimisjo'ocji/ と推定。

ウムチミ̇。シ̇ヤ̇ウ̇チ̇ヨウル　0101　○ハーチウイン。ウムチ̇ミ̇。シ̇ヤ̇ウ̇チ̇ヨウル。ハ
　　　　　　　　　　　ヅデービル。　□盆栽ヲ、御持デ、ゴザリマシ̇ヤ̇ウ̇　▽
　　　　　　　　　　　ハーチウイン　ウムチ̇　ミ̇　シヤウ　チ̇ヨ̇ウ̇ラ注37)　ハ
　　　　　　　　　　　ヅ̇　デービル。　hāchiuin umuchi mi shōchōra hazi
　　　　　　　　　　　debiru.注41)

　　☆連用形「もち」を含む。「おもちめしおはしてはをる」に対応。

/ʔumucjimisjo'ocjo'oru/ と推定。

ムタチ　0572○井一。シチバントラープルト。ムタ̇チ̇ウタビミ̇シエービリ。　□
　　　　良キ、石板ト、ラープルヲ御送リ下サレマセ　▽イーシキバントラープル
　　　　トムタ̇チ̇ウタビミシエービリ。　yī shikiban tu rāpuru tu mutachi utabi
　　　　mishēbiri.

　　☆未然形「もた」を含む。「もたして」に対応。

/mutacji/ と推定。

ムツチ　0482　○ワーガアメー。ムツ̇チ̇ツチ。イヨートヤビラ。　□私ガ網ヲ、持
　　　　參シテ、魚ヲ、捕リマシ̇ヤ̇ウ̇　▽ワン注42)　アメー　ムツ̇チ̇ツチ　イヨー
　　　　トヤビラ。　wan amē mutchitchi iyō tuyabira.

　　☆「もちて→もって」に対応。

/muQcji/ と推定。

ムツチヤ̇ウ̇ン　0402　○ドット。デームツ̇チ̇ヤ̇ウ̇ン、デイチヽヤ̇ウ̇ヤビークト。
　　　　　　　　□大分、直ガ出マシタト承リマシタデ　▽ドット　デームツ̇チ̇ヤ̇ウ̇
　　　　　　　　ン、デイチヽヤ̇ウ̇ビークト　duttu dē mutchōn ndi ichi chichāyabī
　　　　　　　　kutu

　　☆「もちて」を含む。「もちてはをり̇む」に対応。

/muQcjo'o'N/ と推定。

ムツチヤ̇ウ̇ヤビーン　0180　○マーヤテン。ムツ̇チ̇ヤ̇ウ̇ヤビーン。　□何レモ、持
　　　　　　　　　テヲリマス　▽マーヤテン　ムツ̇チヨー　ヤビーン。　mā
　　　　　　　　　yatin muchōyabīn.注43)

第10節『沖縄對話』の動詞形態の考察　481

☆「もちて」を含む。「もちてはをりはべりをり<u>む</u>」に対応。

/muQcjo'o'jabi'i'ɴ/ と推定。

<u>ムッチヤゥヤビークト</u>　0481　○ムッチヤゥヤビークト。　□持チテヲリマスデ、

▽ムッチヤゥ　ヤビークト　mutchō yabī kutu,

☆「もちて」を含む。「もちてはをりはべ（る）こと」に対応。

/muQcjo'o'jabi'ikutu/ と推定。

<u>ムッチヤゥル</u>　0495　○ムッチヤゥルハヅデービル。　□持參シテヲリマ<u>シヤゥ</u>

▽ムッチ　ヤゥラハヅデービル_{注)44)}。　mutchōra hazi dēbiru.

☆「もちて」を含む。「もちてはをる」に対応。

/muQcjo'oru/ と推定。

<u>ムッチエール</u>　0378　○クリマデユフ。ムッチエールムン。ヤ、ビールンナー。
　　　　□是迄ヨク、持チタモノデ、ゴザリマス、　▽クリ　マデ　ユー
　　　　ムッチエール　ムン　ヤ、ビールンナー　kuri madi yū mutchēru
　　　　mun yayabīrun nā.

☆「もちてはある」に対応。

/muQcje'eru/ と推定。

あらふ洗

アレーナガチ　0329　○ゲーニナユルムノー。シチヤンカイ。アレーナガチ<u>イチユク</u>
　　　　ト。　□<ruby>害毒物<rt>ワルキ</rt></ruby>ヲ、洗テ<ruby>下層<rt>シタ</rt></ruby>ニ、流シ込三マスカラ、　▽ゲー　ニ
　　　　ナユル　ムノー　シチヤン　カイ　アレーナガチ　イチユ　クト
　　　　gē ni nayuru munō shichan kai arē nagachi ichu kutu,

☆連用形「あらひ」を含む。「あらひながして」に対応。

/ʔare'enagacji/ と推定。

いふ言

イ、　0022　○イ、ツキテークト。　□申付マシタカラ、　▽イ、ツケテークト
　　　　ītsikitē kutu,

イー　0495　○イーツキテーヤビークト。　□申付テ置キマシタカラ、　▽イーツキ
　　　　テーヤビークト　Ītsikitē yabī kutu,

☆連用形「いひ」に対応。

/ʔi'i/ と推定。

イー　0252　○<u>シユムツユダイ</u>。ジーカ<u>チヤイ</u>。スヌバンツカタイ。チリー<u>シッチヤイ</u>。
　　　　ジンデーヌクト<u>シッチヤイ</u>。ミーウサミタイ<u>シユル</u>。ルツクワ。カニマナブセー。
　　　　フツウンデイー。　□書物ヲ讀三、字ヲ<ruby>寫<rt>ウツ</rt></ruby>シ、<ruby>算盤<rt>ソロバン</rt></ruby>ヲ彈キ、地ノ理ヲ知リ、前
　　　　代ノ事ニ通シ、身ヲ修ムルノ、六科ヲ、兼子、學ブ事ヲ、申シタノデ、　▽シユ
　　　　ムツ　ユダイ　ジーカチヤイ　スヌバン　ハンチヤイ　ヂー　ヌ　クト　シッチ
　　　　ヤイ　ンカシ　ヌ　クト　ワカタイ　ドー　ウサミタイ　シユル　ルツクワ　カ
　　　　ニ　マナブセー　フツウ　ンデ　イー　shumutsi yudayi jī kachayi sunudan
　　　　hanchayi jī nu kutu shitchayi nkashi nu kutu wakatayi dū wusamitayi
　　　　shuru rukkwa kani manabusē futsū ndi ī,

☆連用形「いひ」に対応。連用中止。

/ʔiˈi/ と推定。

イーブン　0337　○クイケーシ丶。ツクユルイーブンド。ヤ丶ビール。　□順 繰リ^{ジュン}
ニ換ヘテ、作ルコトデ、ゴザリマス　▽クイ　(ママ)ーシシ　ツクユル　イー
ブンド　ヤ丶ビール。　kuyike sshi tsukuyuru ībun du yayabīru.

☆連用形「いひ」を含む。「いひぶん」に対応。

/ʔiˈibu'N/ と推定。

イヤビーン　0545　○テンシヤーグーンデイヤビーン。　□鳳仙花ト申シマス　▽^{ホウセンクハ}
デンシヤーグーンデイヤビーン。　Tinshāgū ndi yyabīn.

他に、0020,0252,0617 に用例がある。

☆連用形「いひ」を含む。「いひはべりをりむ」に対応。

/ʔjabiˈi'N/ と推定。

イヤビール　0210　○マルサクト゛。チチウンデイヤビール。　□圓形デアリマス^{エンケイ}
カラ、地球ト、申シマス　▽マルサ　クト　゛　チキウ　ンデ　イヤビー^{チキウ}
ル。　Marusa kutu du, chikyū ndi iya bīru.

☆連用形「いひ」を含む。「いひはべりをる」に対応。連体形となる。「マルサクト゛」の「ど」の結び。

/ʔjabiˈiru/ と推定。

イヤビーガ　0548　○ヌーンデイヤビーガヤー。　□何ト申シマス　▽ヌーンデイ
ヤビーガヤー。　nū ndi yyabī ga?

☆連用形「いひ」を含む。「いひはべりを（る）が」に対応。

/ʔjabiˈiga/ と推定。

イヤビースガ　0668　○ハニヂターブツクワー。ヒリートクルンデイヤビースガ。
□羽地田圃ハ、廣イ處ト申マスガ、▽ハニヂ　ターブツクワー^{ハニヂタンボ}
ヒリー　トクル　ンデ　イヤビーシ　ガ　Haniji tabukkwā firī
tukuru ndi yyabīsi ga

他に、0443,0457,0614,0662,0666,0670,0680 に用例がある。

☆連用形「いひ」を含む。「いひはべ（る）すが」に対応。

/ʔjabiˈisiga/ と推定。

イヤビータスガ　0611　○ムトー。サンビヤクリアマインデ。イヤビータスガ。
□元ハ、三百里餘ト、申マシタガ、▽ムトー　サンビヤクリア
マインデ　イヤビータシガ　Mutō sambyaku ri amayi ndi
yyabītasi ga,

他に、0109 にも用例がある。

☆連用形「いひ」を含む。「いひはべりた（る）すが」に対応。

/ʔjabiˈitasiga/ と推定。

イヤビラン　0366　○マーダ。ターンカイン。イヤビラン。　□未ダ 誰レニモ、^マ
語リマセヌ　▽マーダ　ターンカイン　イヤビラン。　Māda taankain
iyabiran.

☆連用形「いひ」を含む。「いひはべらぬ」に対応。

/ʔjabira'N/ と推定。

イユイ　0549　○シルバナー。タイザンハクンデイユイ。ウリガシチヤナカイア

第 10 節 『沖縄對話』の動詞形態の考察　483

セー。シカイヌヅンデイ<u>ヤ</u>ビーン。　□白キ花ハ、泰山白デ、其次ニアルハ、世界圖ト申シマス　▽シルバナー　タイザンハクンデイユイ　ウリガシチヤナカイアセー　シケーヌヅーンデイヤビーン。　Shirubanā taizanhaku ndi iuyi uri ga shicha nakai asē shikēnu-zī ndi yyabīn.

☼ 連用形「いひ」を含む。「いひをり」に対応。

/ʔjuʾi/ と推定。

イユル　0767　○ハジミテンデ。<u>イユル</u>グトーヤビーン。　□初メテト、申コトデゴザリマス　▽ハジミテ　ンデ　イユルグトー　ヤビーン。　haji miti ndi iuru gutō yabīn.

他に、0178,0246,0544,0614,0616,0631,0757 に用例がある。

☼ 連用形「いひ」を含む。「いひをる」に対応。

/ʔjuru/ と推定。

イユツ　0712　○ヌーンデ　<u>イユツ</u>トクルガ。ヤ、ビーラ。　□何ト申ス所デ、ゴザリマス　▽ヌー　ンデ　イユットクル　ガ　ヤ、ビーラ。　nū ndi iuttukuru ga yayabīra?

他に、0630,0654,0665,0693 に用例がある。

☼「連用形「いひ」を含む。「いひをっ」に対応。「る」の「促音化」。用例は全て「＋ところ」である。「いひをるところ→いひをっところ」。

/ʔjuQ/ と推定。

イユセー　0655　○チユダヌテミヅ　ンデ<u>イユセー</u>。ナダケートクルヤ、ビースガ。　□許田ノ手水ト云フハ、名高キ所デアリマスガ、　▽チユダ　ヌ　テミヅ　ンデ　イユセーナダ　ケー　トクル　ヤ、ビーシ　ガ　Ch uda-nu-tmizi ndi iusē nadakē tukuru yayabīsi ga,

他に、0252,0252,0322,0330 に用例がある。

☼「連用形「いひ」を含む。「いひを（る）すは」に対応。

/ʔjuseʾe/ と推定。

イユニン　0319　○クエーヤ。<u>イユニン</u>ウユバビランスガ。　□肥ハ、勿論デゴザリマスガ、　▽クエー　ヤ　イユ　ニン　ウユバビランシ　ガ　kwē ya iu nin uyubabiransi ga,

他に、に 0331 も用例がある。

☼ 連体形「いふ」を含む。「いふにも」に対応。

/ʔjuniʾN/ と推定。

イハリ　0232　○デンチヌ。ウクユルイハリ。　□電氣ノ、起ル譯ヲ、　▽デンキ　ヌ　ウクユル　イワリ　Denki nu ukuyuru iwari

イワリ　0221　○チヤールイワリ。ヤ、ビーガヤー。　□如何ノ譯デ、アリマスカ　▽チヤール　イワリ　ヤ、ビーガヤー。　chāru iwari yayabī ga yā?

☼ 未然形「いは」を含む。「いはれ」に対応。

/ʔiʾwari/ と推定。

イチ　0459　○イクトクシン、デイチ。カチエーヤビーン。　□育德泉ト、書テアリマス　▽イクトクシン　ンデ　イチ　カチエーヤビーン。　"Iku-tuku-shin"

484　第3章　仮名資料の動詞形態の考察

ndi ichi kachē yabīn.

他に、0246,0348,0402,0415,0451,0465,0513,0547,0576,0606,0612,0629,0636,
0652,0653,0734,0747,0763,0764,0770 に用例がある。

☼「いひて」に対応。「いひて→いって→いち」と変化。

/ʔicji/ と推定。

イ**チエ**ー　0646　○ウリカラ。マンザ**マウンデイチエ**ー。ウヤビランカヤー。　　□
　　　　　夫カラ、萬坐毛ト申シテハ、ヲリマセヌカ　▽ウリカラ　マンザモー
　　　　　ンデ　イチエー　ウヤビラン　カ　ヤー。　uri kara Manzamō ndi ichē
　　　　　wu yabiran ka yā.

☼「いひて」を含む。「いひては」に対応。

/ʔicje'e/ と推定。

イチン　0403　○スンシユンデイチン。　　□損シタトテモ、　▽スンシン　sun shin

☼「いひて」を含む。「いひても」に対応。

/ʔicji'ɴ/ と推定。

うたがふ疑

ウタ**ゲー**ヌ　0236　○ウヘー。**ウタゲーヌアヤビークト**。　　□少シ、疑ヒガアリ
　　　　　マスカラ、　▽ウヘーウタゲー　ヌ　アヤビー　クト　ufē utagē nu
　　　　　ayabī kutu,

☼連用形「うたがひ」を含む。「うたがひの」に対応。

/ʔutage'enu/ と推定。

おもふ思

ウミーヌフカ　0094　○**ウミーヌフカ**。　　□思ヒノ外、　▽ウミー　ヌ　フカ　umī
　　　　　nufuka

☼連用形「おもひ」を含む。「おもひのほか」に対応。

/ʔumi'inuhuka/ と推定。

ウミタチ　0501　○**チユウヌアスベー**。井ー**ウミタチヤテーヤビーサー**。　　□今晩
　　　　　ノ遊ビハ、好イ　存立デゴザリマシタ　▽チユウ　ヌアスベー　イーウ
　　　　　ミ　タチヤテー　ヤビーサー。　chū nu asibē yī umitachi yatē yabīsa.
　　　　　(yabīsa → yabīsā)

☼連用形「おもひ」を含む。「おもひたち」に対応。「おもひ→うみい→うみ」と変化。

/ʔumitacji/ と推定。

ウミタ**チヤ**ビタサー　0609　○**ウミタチヤビタサー**。　　□思ヒ立マシタ　▽ウミタ
　　　　　チヤ
　　　　　ビタサー。　umitachabita sā.

☼連用形「おもひ」を含む。「おもひたちはべりを（る）たさ」に対応。「おもひ→うみい→うみ」と変化。

/ʔumitacjabitasa'a/ と推定。

ウム**タフ**ヤビーン　0569　○ウヘー。ウダヌミ。シーテーンデ**ウムタフヤビーン**。□
　　　　　些ト、御願ヒ、致シタフゴザリマス　▽ウヘー　ウダヌミ　シー
　　　　　テーンデウムトーヤビーン。　ufē udanumi shītē ndi umntō
　　　　　yabīn.

他に、0146,0148,0232 に用例がある。

ウム<u>タウ</u>ヤビーン　0567　○チンブツン。シーヤサンカヤーンデ。**ウム<u>タウ</u>ヤビーン**。
　　　　　　　□見物モ出來マ<u>シヤ</u>ウカト、思ヒマス　▽チンブツン　シーヤサンカ
　　　　　　　ヤーンデー　ウムトーヤビーン。　chinbutsin shi ya san kayā
　　　　　　　ndē umutō yabīn.

他に、0364 にも用例がある。

ウムトウヤ。ビイン　0042　○ヌミテーンデ。**ウムトウヤ。ビイン**。　□^{テウダイ}頂戴イタ
　　　　　　　シタウ、ゴザリマス　▽ヌミテー　ンデ　ウムトウヤビイン。
　　　　　　　numitē ndi umutōyabīn.

ウムトーヤビーン　0256　○ムヂヌ<u>イツ</u>チン。デキンデ。**ウムトーヤビーン**。　□
　　　　　^{ムギ}麥ガ十分ノ出來ト、思ヒマス　▽ムヂ　ヌ　イツツン　デキ　ンデ　ウムト
　　　　　ー　ヤビーン。　muji nu ittsin diki ndi umuto yabīn.

☼「おもひて」を含む。「おもひてはをりはべり<u>む</u>」に対応。

/ʔumuto'o'jabi'iʼɴ/ と推定。

ウムトーヤビール　0633　○サチヌム<u>イヤウ</u>シデーニド。ナエーサンカヤーンデ。
　　　　　　　ウムトーヤビール。　□向ノ模様次第ニ、致シマ<u>シヤウ</u>ト、思
　　　　　　　テ　ヲリマス　▽サチ　ヌ　ムヤウシデーニ　ド　ナエー　サ
　　　　　　　ンカヤーンデ　ウムトー　ヤビール。　Sachi nu muyō shidē ni
　　　　　　　du nayē sanka yā ndi umutō yabīru.

☼「おもひて」を含む。「おもひてはをりはべる」に対応。

/ʔumuto'o'jabi'iru/ と推定。

ウム<u>タフ</u>ヤビースガ　0158　○ユタ<u>シ</u>ヤンデ。**ウム<u>タフ</u>ヤビースガ**。　□結構ト、存
　　　　　　　ジマスガ、　▽ユタシヤンデ　ウムタウヤビーシ　ガ
　　　　　　　yutashandi umutōyabīsi ga,

ウムトウヤビースガ　0073　○ワンニン。アンウムトウヤビースガ。　□私モ左様ニ
　　　　　　　思マスガ、　▽ワンニン　アン　ウムトウヤビーシガ　Wannin
　　　　　　　an umutōyabīsi ga,

ウムトーヤビースガ　0738　○イ<u>チ</u>ユター。ウミメー。シーテーンデ。**ウムトーヤビー
　　　　　　　スガ**。　□一寸、^{オミマヒ}御見舞、申上^{タフ}度、ゴザリマスガ、　▽イチユ
　　　　　　　ター　ウミメー　シーテー　ンデ　ウムトー　ヤビーシ　ガ
　　　　　　　Ichutā umimē shītē ndi umutō yabīsi ga

☼「おもひて」を含む。「おもひてはをりはべ（る）すが」に対応。

/ʔumuto'o'jabi'isiga/ と推定。

ウム<u>タフ</u>ヤビークト　0234　○ヒトヽウイ<u>シ</u>エー。ユタシヤンデウム<u>タフ</u>ヤビーク
　　　　　　　ト。　□^{ヒトトホ}一通リデ、亙フゴザリマスカラ、　▽ヒトヽウイ　シ
　　　　　　　エー　ユタシヤ　ンデ　ウムトーヤビークト　Fitutūyi shē
　　　　　　　yutasha ndi umutōyabī kutu,

他に、0230 にも用例がある。

ウムトーヤビークト　0675　○シグヽ。チンスニ　アヤビークト。ウヒン。マチゲー
　　　　　　　シー子ー。デージンデ。**ウムトーヤビークト**。　□至テ、嶮

岨デアリマスユヘ、少シ、間違ツタラ、大變ト、思ヒマスカ
ラ、　▽シグク　チンス　ニ　アヤビー　クト　ウヒン　マ
チゲー　シー子ー　デージ　ンデ　ウムトー　ヤビークト
shiguku chinsu ni ayabī kutu, ufin machigē shinē dēji ndi
umutōyabī kutu

☆「「おもひて」を含む。「おもひてはをりはべ（る）こと」に対応。

/ʔumuto'o'jabi'ikutu/ と推定。

ウム<u>タウ</u>ヤビータクト　0429　○ユタシヤンデウム<u>タウ</u>ヤビータクト。　□ヨイ積
リデアリマスカラ、　▽ユタシヤン　デウムトーヤビータク
ト　yutashan di umutō yabī takutu

☆「おもひてはをりはべりた（る）こと」に対応。

/ʔumuto'o'jabi'itakutu/ と推定。

ウマーリヤビーン　0687　○イチバンヌグトーンデ。**ウマーリヤビーン**。　□上等ノ
様ニ、思ハレマス　▽イチバン　ヌ　グトー　ンデ　ウマーリ
ヤビーン。　ichiban nu gutō ndi umāri yabīn.

他に、0423,0427,0454,0468,0653,0732 に用例がある。

☆未然形「おもは」を含む。「おもはれをりはべり<u>む</u>」に対応。

/ʔuma'ari'jabi'i'N/ と推定。

ウマーリヤビール　0621　○ウヘー。チカサンデド。**ウマーリヤビール**。　□少シ、
近イ様ニ、思ヒマス　▽ウヘー　チカサン　デ　ドゥマーリヤ
ビール。　ufē chikasan di du umāriyabīru.

☆未然形「おもは」を含む。「おもはれをりはべる」に対応。

/ʔuma'ari'jabi'iru/ と推定。

ウマーリヤビースガ　0324　○ケーテー。ツジドヤエーサニンデ。**ウマーリヤビー
スガ**。　□却テ、悪カラント、思ヒマスガ、　▽ケーテー　ツ
ジド　ヤエーサニ　ンデ　ウマーリヤビーシガ　kētē tsiji du
yayē sani ndi umāriyabīsi ga,

他に、0271,0312 に用例がある。

☆未然形「おもは」を含む。「おもはれをりはべ（る）すが」に対応。

/ʔuma'ari'jabi'isiga/ と推定。

かふ買

ウケー　0396　○チヤヌシヤクガ。**ウケーミ　シエービタラ**。　□如何程、御買込
ニナリマシタカ　▽チヤヌシヤクガ　ウケーミ　シエービタラ。　cha nu
shakuga ukēmi shēbita ga?

他に、0340,0353 にも用例がある。

☆連用形「かひ」を含む。「おかひ」に対応。

/ʔuke'e/ と推定。

ケーイレー　0358　○ウホークヌケーイレー。ムツカシヤヌ。　多分ノ買込ガ、六
ツカスクテ、□　▽ウホーク　ヌ　ケーイレ　ムツカシヤ　ヌ　ufōku
nu kēirē mutsikasha nu

第10節『沖縄對話』の動詞形態の考察　487

☆ 連用形「かひ」を含む。「かひいれは」に対応。

/ke'eʔire'e/ と推定。

イッテゲー 0364 ○イッテゲーシヽ。 □一口ニ買込三、▽イッテ ゲーシ itti-
gē sshi

☆ 連用形「かひ」を含む。「いってがひ」（一手買ひ）に対応。

/ʔiQtige'e/ と推定。

カフヤビタン 0161 ○イヅミヤーカラ。**カフヤビタン**。 □和泉屋ニテ、買ヒマシ
タ ▽イヅミヤー カラ カウヤビタン。 Izumiyā kara kōyabitan.

☆ 「ラ行（四段）化」後の連用形「かうり」を含む。「かうりをりはべりたりむ」に対応。

/ko'o'jabita'n/ と推定。

カフヤビタスガ 0350 ○ウヘー。**カフヤビタスガ**。 □少々、買ヒマシタガ、▽
ウヘー カウヤビタシ ガ ufē kōyabitasi ga,

☆ 「ラ行（四段）化」後の連用形「かうり」を含む。「かうりをりはべりた（る）すが」に対応。

/ko'o'jabitasiga/ と推定。

カウイアツミヤビタン 0399 ○ニジフイツタンヌシヤコー。**カウイアツミヤビタ
ン**。 □廿一反程、買集メマシタ ▽ニジウイツタンヌシヤ
コー カウイアツミヤビタン。 nijū-ittan nu shakō kōyi
atsimiyabitan.

☆ 「ラ行（四段）化」後の連用形「かうり」を含む。「かうりをりあつめはべりたりむ」に対応。

/ko'o'iʔacimi'jabita'n/ と推定。

カウヤーガ 0434 ○**カウヤーガ**。ズングエー。ウホークナテ。 □買人ガ、思ノ外、
多クナリマシテ、▽カウヤー ガ ズングエー ウホーク ナテ kōyā
ga zungwē ufōku nati

☆ 「ラ行（四段）化」後の連用形「かうり」を含む。「かうりをりやが」に対応。

/ko'o'ja'aga/ と推定。

カウユル 0397 ○グルツピヤツタンヌシヤコー。**カウユル**カンゲーシヽ。イチ
ヤビタスガ。 □五六百反程、買入ノ積リデ、参リマシタガ、▽グル
ツピヤクタンヌシヤコー コーユルカンゲーシ イチヤビタシガ Gu-
ruppyaku tan nu shāko kōyuru kangē sshi ichabitasi ga,

☆ 「ラ行（四段）化」後の連用形「かうり」を含む。「かうりをる」に対応。

/ko'o'juru/ と推定。

カフテーヤビークト 0381 ○ワンニン。ウヘーウユルサチヌ。クヽルアテヌアテド。
カフテーヤビークト。 □私モ、少シ、賣先ノ、心當ガアリテ、
買ヒマシタカラ、▽ワンニン ウヘー ウユル サチ ヌ
クヽル アテ ヌ アテド コーテー ヤビークト Wannin
ufē uyuru sachi nu kukuruati nu ati du kōtē yabī kutu,

☆ 「かうて」を含む。「かうてありてはべ（る）こと」に対応。

/ko'ote'e'jabi'ikutu/ と推定。

かまふ構

カマーン 0324 ○ウレー。**カマーンガアヤビーラ**。 □其レハ、構ヒマセヌカ

▽ウレー　カマー　ンガ　アヤビーラ。　urēkamān ga ayabīra?

☆ 未然形「かまは」を含む。「かまはぬ」に対応。

/kama'a'N/ と推定。

かよふ通

カユヤビタン　0198　○ユニンハンバカーイ。**カユヤビタン**。　□四年半計リ、通^{カヨ}
ヒマシタ　▽ユニンハンバカーイ　カユヤビタン。　Yunin han
bakāyi kayuyabitan.

☆ 連用形「かよひ」を含む。「かよひをりはべりたり<u>む</u>」に対応。

/ka'ju'jabita'N/ と推定。

しまふ仕舞

ウシメー　0370　○ヌー。　シナガ。**ウシメーナヤビタラ**。　□如何イフ、品物^{シナモノ}ヲ、
御仕入ニナリマシタ　▽ヌー　シナ　ガ　ウシメー　ナヤビタラ。　nū
shina ga ushimē nayabitara?

他に、0390,0562 にも用例がある。

☆ 連用形「しまひ」を含む。「おしまひ」に対応。

/ʔusjime'e/ と推定。

シメーヤ　0371　○アマウテヌ。**シメーヤ**。　□彼地^{アチラ}デノ、仕入ハ、▽アマ　ウテ
ヌ　シメーヤ　ama wuti nu shimē ya

☆ 「連用形「しまひ」を含む。「しまひは」に対応。

/sjime'e'ja/ と推定。

シメータフヤビーン　0563　○井ークル。**シメータフヤビーン**。　□大槭、仕舞ヒ
マシタ　▽イークル　シメートーヤビーン。　yīkuru shimētō
yabīn.

☆ 「しまひて」を含む。「しまひてはをりはべり<u>む</u>」に対応。

/sjime'eto'o'jabi'i'N/ と推定。

そふ添（連）

サウテ　0757　○ユルチヤーチヽヤウルマヽ。ロウブ。ワラビンチヤー。　**サウテ**。
クシヌヤードクチカラ。ヒンジヤビタン。　□寝衣ノ儘^{マヽ}、老母^{チマキ}ヤ、子供ヲ、
連レテ、裏口^{ウラグチ}ヨリ避^{ニゲ}マシタ　▽ユルチヤー　チチヤウル　マヽトシユイ　ウ
ヤ　ワラビンチヤー　サウテ　クシ　ヌ　ヤードクチ　カラ　ヒンジヤビタ
ン。　yuru chiyā chichōru mama tushnyiuya_{注45)} warabin'chāsōti kushi
nu yadu-kuchi kara finji yabitan.

他に、0755 に用例がある。

☆ 「そうて」に対応。

/so'oti/ と推定。

そろふ揃

ウスリー　0782　○ウミートンダ。ユー。ウスリー。ミシヤウチヤウヤビースガ。
□御夫婦^{ゴフウフ}様、ヨク、御揃^{オソロ}ヒ、成サレマシタガ、▽ウミートンダ　ユー
ウスリー　ミシヤウチヤウヤビーシガ　Umītunda yū usurī mishōchō
yabīsi ga

☼ 連用形「そろひ」を含む。「おそろひ」に対応。

/ʔusuri'i/ と推定。

ちがふ違

チガトール　0622　○クマトー。スベテヌクト。ユフード。**チガトールハヅデービル。**　□此地トハ、都デノ事ガ、余程、違ヒマ<u>シヤウ</u>　▽クマトー　スベテ　ヌクト　ユフード　チガトーラ_{注37)}ハヅ　デビール。　Kuma tō sibiti nu kutu yufūdu chigatōra hazi dēbiru.

☼ 「ちがひて」を含む。「ちがひてはをる」に対応。

/cjigato'oru/ と推定。

つかふ遣

ウッケー　0290　○イツヤラワン。**ウツケー。**ウヤラシミ<u>シエー</u>ビリ。　□イツデモ、御^{メシツカイ}召使 ヲ、御^{オツカワ}遣 シナサレマセ　▽イツ　ヤラワン　ウツケー　ウヤラシミシエービリ。itsi yarawan utsikē uyarashi mishēbiri.

☼ 連用形「つかひ」を含む。「おつかひ」に対応。

/ʔucjike'e/ と推定。

ウツケーミ<u>シエー</u>ビリ　0153　○**ウツケーミ<u>シエー</u>ビリ。**　□御^オツカヒ成サレマセ　▽ウツケー　ミシエービリ。　utsikē mishēbiri.

☼ 連用形「つかひ」を含む。「おつかひめしはべれ」に対応。

/ʔucjike'emisje'ebiri/ と推定。

ツケー　0485　○**ツケー。**ツカテーヤビークト。　□^{メシツカヒ}召使 ヲ、遣テ置キマシタカラ、　▽ツケー　ツカテー　ヤ　ビ　クト　tsikē tsitate_{注46)} yabī kutu,

☼ 連用形「つかひ」に対応。「召使」の意。

/cjike'e/ と推定。

ツカタイ　0252　○シユムツユダイ。ジーカチヤイ。スヌバンツカタイ。　□書物ヲ讀三、字ヲ^{ウツ}寫シ、^{ソロバン}算盤ヲ彈キ、　▽シユムツ　ユダイ　ジーカチヤイ　スヌバン　ハンチヤイ　shumutsi yudayi jī kachayi sunudan hanchayi

☼ 「つかひて」を含む。「つかひてあり→つかったり」に対応。

/cikata'i/ と推定。促音の脱落がある。

ツカテーヤビークト　0485　○ツケー。**ツカテーヤビークト。**　□^{メシツカヒ}召使 ヲ、遣テ置キマシタカラ、　▽ツケー　ツカテー　ヤ　ビ　クト　tsikē tsitate_{注46)} yabī kutu,

☼ 「つかひて」を含む。「つかひてありはべ（る）こと」に対応。

/cikate'e'jabi'ikutu/ と推定。

ならふ習

ウナレー　0185　○ターカラ。**ウナレーミ<u>シエー</u>ビタガ。**　□誰レニ、御^オ習ヒ、ナサレマシタ　▽ター　カラ　ウナレー　ミシエービタ　ガ。　Tā kara unarē mishēbita ga?

☼ 連用形「ならひ」を含む。「おならひ」に対応。

/ʔunare'e/ と推定。

ナラヤビーン　0186　○デンシウジ<u>ユ</u>ウテ。**ナラヤビーン。**　□^{デンシフシヨ}傳習所デ、習フテ

490　第3章　仮名資料の動詞形態の考察

ヲリマス　▽デンシウジユ　ウテ　ナラヤビーン。　dinshūji wuti narayabīn.

☆連用形「ならひ」を含む。「ならひはべり<u>む</u>」に対応。

/nara'jabi'i'ɴ/ と推定。

ナラユセー　0138　○**ナラユセー**。ナンドチカラ。ハジマユガ。　□授業ハ、何時カラ、始マリマスカ　▽ナラユセー　ナンドチカラ　ハジマユガ。　Narayusē nan duchi kara hajimayu ga?

☆連用形「ならひ」を含む。「ならひを（る）すは」に対応。

/nara'juse'e/ と推定。

ねがふ願

ウニゲー　0773　○<u>ウイ</u>ー<u>ウイ</u>ー。**ウニゲー<u>シ</u>ユルクトン**。アルハヅヤ、ビーレー。　□追々、御願申スコトモ、アリマ<u>シヤウ</u>ガ、　▽アトムッテ　ウニゲー　シユルクトン　アラ_{注37)}ハヅヤヤビーレー　　atu mutti unigē shuru kutun ara hazi yayabīrē

☆連用形「ねがひ」を含む。「おねがひ」に対応。

/ʔunige'e/ と推定。

はふ這

ホーテ　0677　○<u>アツ</u>チ。イ<u>チユ</u>セーナヤビラン。**ホーテドイ<u>チ</u>ヤビタサー**。　□歩行テ、往クコト出來マセヌデ、匍匐テ参ヘリマシタ　▽アツチ　イ<u>チユ</u>セーナラン　ホーテ　ド　イチヤビタサー。　atchi ichusē naran, hōti du ichabita sā.

☆「はうて」に対応。

/ho'oti/ と推定。

まちがふ間違

マチゲーヤ　0720　○アンシーガ<u>シ</u>ヤビーラ。アンセー。ナー**マチゲーヤ**。サンハヅデービル。　□左様デゴザリマスカ、夫レデハ、モウ ^{マヨフ}迷 ^{ハ ッ}モ、アリマスマイ、▽アンシーガ　シヤビーラ　アンシエー　ナー　マチゲーヤ　サン　ハヅ　デービル　An shī ga shabīra, anshē nā machigē ya san hazi dēbiru.

他に、0675 に「マチゲー」用例がある。

☆連用形「まちがひ」を含む。「まちがひは」に対応。

/macjige'e'ja/ と推定。

みまふ見舞

ウミメー　0738　○イ<u>チユ</u>ター。**ウミメー**。シーテーンデ。ウムトーヤビースガ。　□一寸、^{オ ミ マヒ}御見舞、申上^{タフ}度、ゴザリマスガ、▽イチユター　ウミメー　シーテー　ンデ　ウムトー　ヤビーシ　ガ　Ichutā umimē shītē ndi umutō yabīsi ga

☆連用形「みまひ」を含む。「おみまひ」に対応。

/ʔumime'e/ と推定。

ウミメーニ　0756　○ウヌユルン。**ウミメーニ<u>チ</u>ヤービタスガ**。　□當夜モ、御見

　　　　　舞申上マシタガ、　▽ウヌ　ユルン　ウミメーニ　チヤービタシ　ガ

　　　　　Unu yurun umimē ni chābitasi ga,

　　☿ 連用形「みまひ」を含む。「おみまひに」に対応。

　　/ʔumime'eni/ と推定。

ウミメーン　0744　○クリマデ。**ウミメーン**。シヤビラン。＿□是迄、御見舞モ、

　　　　　申上マセズ、　▽クリマデ　ウミメーン　シヤビラン　　kuri madi

　　　　　umimēn shabiran

　　☿ 連用形「みまひ」を含む。「おみまひも」に対応。

　　/ʔumime'eʼɴ/ と推定。

むかふ向

ンカトール　0216　○ヒーンカイ。**ンカトール**。トクロー。ヒル。　　□太陽ニ、向

　　　　　ヒタル、處ハ、晝デアリマシテ、　▽ヒーン　カイ　ンカトール　トク

　　　　　ロー　ヒル　Fī nkai nkatōru tukurō firu

　　☿「むかひて」を含む。「むかひてはをる」に対応。

　　/ʼɴkato'oru/ と推定。

ンカーチ　0506　○ナカシマムテンカイ。フ子ーンカーチ。チヤーデービルガ。

　　　　　□中島ノ方へ、舟ヲ向ケテハ、如何デゴザリマス　▽ナカシマムテンカ

　　　　　イ　フネーンカーチ　チヤーデービルガ。　Nakashima muti nkai funē

　　　　　nkā chi chā dēbiru ga?

　　☿ 未然形「むかは」を含む。「むかはして」に対応。

　　/ʼɴka'acji/ と推定。

やとふ雇

ヤトテール　0491　○アレー。**ヤトテール**。アミウチブニヤルハヅデービル。　　□

　　　　　彼ガ、傭ヒマシタ、漁船デゴザリマシヤウ　▽アレー　ヤトテール

　　　　　アミウチブニ　ヤルハヅデービル。　arē yatutēru amiuchifuni yara

　　　　　hazi dēbiru.

　　☿「やとひて」を含む。「やとひてはある」に対応。

　　/ʼjatute'eru/ と推定。

ゆくふ憩

ユクテ　0665　○ナチジンバンジユナカイ。ウヘー。**ユクテ**。　□今歸仁番所デ、

　　　　　少頃、休三マシテ、　▽ナチジン　バンジユ　ナカイ　ウヘーユクテ

　　　　　Nachijin banju nakai ufē yukuti

　　☿「ゆくひて」に対応。

　　/ʼjukuti/ と推定。

あすぶ遊

アスビーガ　0721　○ニサンニチヌウチナカイ。**アスビーガ**。イメンシエービリ。

　　　　　□二三日ノ内、御遊ニ、御出下サレマセ　▽ニサンニチ　ヌ　ウチナ

　　　　　カイ　アスビーガ　イメンシエービリ。　nisannichi nu uchi nakai

　　　　　asibī ga imenshēbiri.

　　　他に、0444 にも用例がある。

☆ 連用形「あすび」を含む。「あすびが」に対応。この「が」は「目的」を示す。

/ʔasibi'iga/ と推定。

アスベー　0501　○チユウヌアスベー。井ーウミタチヤテーヤビーサー。　□今晩
ノ遊ビハ、好イ　存立デゴザリマシタ　▽チユウ　ヌアスベー　イーウ
ミ　タチヤテー　ヤビーサー。　chū nu asibē yī umitachi yatē yabīsa.
（yabīsa → yabīsā）

☆ 連用形「あすび」を含む。「あすびは」に対応。

/ʔasibe'e/ と推定。

アスバリーヤ　0448　○アスバリーヤシヤビラニ。　□遊ブ間ハ、アリマシヤウ
▽アスバリーヤシヤビラニ。　asibarī yashabira ni?

☆ 未然形「あすば」を含む。「あすばれは」に対応。

/ʔasibari'i'ja/ と推定。

およぶ及

ウユバビラン　0292　○チツシテ。グインル子ー。ウユバビラン　ママ（○ナシ）　□決シテ、
御遠慮ニハ、及ビマセヌ　▽ヌーン　グインリユ子ー　ウユバビラン。
Nūn guyinryu nē uyubabiran.

☆ 連用形「および」を含む。「およびはべらぬ」に対応。

/ʔu'jubabira'ɴ/ と推定。

ウユバビランスガ　0319　○クエーヤ。イユニンウユバビランスガ。　□肥ハ、勿
論デゴザリマスガ、　▽クエー　ヤ　イユ　ニン　ウユバビラン
シ　ガ　kwē ya iu nin uyubabiransi ga,

☆ 連用形「および」を含む。「およびはべらぬすが」に対応。

/ʔu'jubabira'ɴsiga/ と推定。

ウユバノー　0331　○クエーイリールクトー。イユニンウユバノーアヤビースガ。
□肥ヲヤルコトハ、申スマデモアリマセヌガ、　▽クエー　イリール
クトー　イユ　ニン　ウユバビラン　kwē irīru kutō iu nin uyubabi-
ran,

☆ 未然形「およば」を含む。「およばぬは」に対応。

/ʔu'jubano'o/ と推定。

たぶ賜

ウタビミシエービリ　0243　○ウヘー。　ナラーチ。ウタビミシエービリ。　□少シ、
御教へ、下サレ　▽ウヘー　ナラーチ　ウタビミシエービリ。
ufē narāchi utabi mishē biri.

他に、0089,0155,0158,0382,0384,0394,0572,0574,0634,0751,0772,0773,0785,0789
に用例がある。

ウタビミシヱービリ　0092　○ドウデン。ウホーク。ノーチ。ウタビミシヱービリ。
□ドウゾ、十分ニ、御添削ヲ、願ヒマス　▽ドウデン　ウ
ホーク　ノーチ　ウタビミシエービリ。　dōdin ufōku nōchi
utabi mishēbiri.

☆ 連用形「たび」を含む。「おたびめしはべれ」に対応。

/ʔutabimisje'ebiri/ と推定。

ウタビミ<u>シエ</u>ービランカヤー　0380　○サンジウインシヤーイ。ウユヅミ<u>シ</u>ヤウチウ<u>タビミ</u><u>シエ</u>ービランカヤー。　□三拾圓デ、御讓リ下サイマセヌカ　▽サンジウ　イン　シヤーイ　ウユヅミ　シヤウチ　ウタビミ　シエービラン　カ　ヤー。 sanjū yin shāyi uyuzimishōchi utabi mishēbiran ka ya?

☆ 連用形「たび」を含む。「おたびめしはべらぬかや」に対応。

/ʔutabimisje'ebira'ɴka'ja'a/ と推定。

ウタビミ<u>シヤウ</u>ラリーヤ　0434　○グルツピチエー。ウタビミ<u>シヤウ</u>ラリーヤ。<u>シ</u>ヤビラニ。　□五六疋、御引受申スコトハ、出來マセヌカ　▽グルツ　タノー　ウタビミ　シヤウラリーヤシヤビラニ。 gurutanō utabi mishōrarī ya shabirani?

☆ 連用形「たび」を含む。「おたびめしおわられは」に対応。

/ʔutabimisjo'orari'i'ja/ と推定。

ウタビミ<u>シヤウ</u>ラリーガ　0438　○ナマ。ウタビミ<u>シヤウ</u>ラリーガ。<u>シ</u>ヤビーラ。　□只今、頂戴ガ、出來マ<u>シヤウ</u>カ　▽　ナマ　ウタビ　ミ　シヤウラリーガ　シヤビーラ。　Nama utabi mishōrariga 注47) shabīra?

☆ 連用形「たび」を含む。「おたびめしおわられが」に対応。

/ʔutabimisjo'orari'iga/ と推定。

まなぶ学

マナベー　0252　○ルツクワ。カニ。マナベーサン。　□六科ヲ、兼子、學ビマセヌ事デ、▽ルツクワ　カニマナベーサン　rukkwa kani manabē san

☆ 連用形「まなび」を含む。「まなびは」に対応。「マナベーサン」で「まなびは　せぬ」の意。

/manabe'e/ と推定。

マナブセー　0252　○ルツクワ。カニマナブセー。フツウンデイー。　□六科ヲ、兼子、學ブ事ヲ、申シタノデ、▽ツクワ　カニ　マナブセー　フツウ　ン　デ　イー　rukkwa kani manabusē futsū ndi ī,

☆ 連用形「まなび」を含む。「まなびを（る）すは」に対応。

/manabuse'e/ と推定。

マナデ　0252　○ニサン<u>クワ</u>マナデ。　□二三科ヲ學ビマシテ、▽ニサンクワ　マナデ　nisan kwa manadi

☆ 「まなびて→まんで」に対応。

/manadi/ と推定。撥音脱落の変化。

よろこぶ喜

ウユルクビ　0782　○チシテ。ウユルクビウヤミ<u>シエ</u>ールハヅデービル。　□サゾ、御喜(ママ)（ヨロウビ）デゴザリマ<u>シヤウ</u>　▽チシテ　ウユルクビウヤミシエーラ　ハヅ　デービル。　chishiti uyurukubi uyamishera hazi dēbiru.

☆ 連用形「よろこび」を含む。「およろこび」に対応。

/ʔu'jurukubi/ と推定。

おしつむ押詰

ウシツマトウスガ 0124 ○トシウチン。**ウシツマトウスガ**。　□年内モ、オシ迫^{ツマ}
リシタガ、▽トシ　ウチン　ウシツマトウシ　ガ tushi uchin
ushitsimatōsi ga,

☼「おしつまりて」を含む。「おしつまりてはを（る）すが」に対応。

/ʔusjicimato'osiga/ と推定。

かむ嚙〔食〕

カヌル 0737 ○ウヒナーヤ。**カヌル** グトー。ヤビーン。　□少シヅゝハ、タベ
テヲル様デ、ゴザリマス　▽ウヒナーヤ　カヌル　グトー　ヤビーン。
ufinā ya kanuru gutō yabīn.

☼連用形「かみ」を含む。「かみをる」に対応。

/kanuru/ と推定。

くむ汲

ウクミ 0062 ○<u>ワツター</u>カーカラ。**ウクミ**、<u>シエ</u>ービリ。　私ノ井ヲ、御ク^オ三ナ
サレ□　▽ワツター　カー　カラ　ウクミ　ミセービリ。　wattā kā kara
ukumi misēbiri.

☼連用形「くみ」を含む。「おくみ」に対応。

/ʔukumi/ と推定。

クマ<u>シヤ</u>ビラ 0499 ○マヅウテンダンカイ。　ンジ。井一ミヅ。**クマシヤビラ**。
□先ヅ落平^{オテンダ}ノ方へ、参リマシテ、美キ水ヲ、汲^{クマ}セマ<u>シヤウ</u>　▽マヅ
ウテンダンカイ　ンジ　イーミヅ　クマシヤビラ。　Mazi Utinda
nkai nji yī mizi kumashabira.

☼未然形「くま」を含む。「くましはべら」に対応。

/kumasjabira/ と推定。

くむ組

テグメー 0480 ○フニヌ**テグメー**。<u>チヤー</u><u>シヤ</u>ラー。ナヤビーガヤー。　□舟ノ
手當^{テアテ}ハ、如何シラタバ、出來マスカ　▽フニ　ヌ　テグメー　チヤー　シ
ヤラー　ナヤビーガヤー。　Funi nu tigumē chā sharā nayabī ga yā?

☼連用形「くみ」を含む。「てぐみは」に対応。

/tigume'e/ と推定。

くるしむ苦

クルシミ子ー 0591 ○アンマデクルシミ子ーナヤビランタン。　□餘リ苦ニモ　ナ
リマセナンダ　▽アンマデクルシミ子ーナヤビランタン。　an madi
kurushimi nē nayabirantan.

☼連用形「くるしみ」を含む。「くるしみには」に対応。

/kurusjimine'e/ と推定。

そむ染

スドール 0327 ○<u>クエー</u>ヌスドール<u>ウツ</u>サー。　□肥壤丈ケハ、▽クエー　ヌ
スドール　ウツサー　kwē nu sudōru ussā

第10節 『沖縄對話』の動詞形態の考察　495

他に、0324 にも用例がある。

☼「そみて→そんで」を含む。「そんではをる」に対応。

/sudo'oru/ と推定。撥音脱落の変化。

たのしむ楽

タヌシミ　0471　○チユウヤタヌシミシヤビタン。　□今日ハ樂三マシタ、　▽チユウ
ヤ　タヌシミ　シヤビタン　chū ya tanushimi shabitan.

☼連用形「たのしみ」。

/tanusjimi/ と推定。

タヌシデ　0115　○ユチヌチイ。タヌシデ。　□雪中ノ景ヲ、樂三ニ、　▽ユチ　ヌ
チイ　タヌシデ　yuchi nu chī tanushidi

☼「たのしみて→たのしんで」に対応。

/tanusjidi/ と推定。撥音脱落の変化。

たのむ頼

ウダヌミ　0569　○ウヘー。ウダヌミ。シーテーンデウムタフヤビーン。　□些ト、
御願ヒ、致シタフゴザリマス　▽ウヘー　ウダヌミ　シーテーンデウムトー
ヤビーン。　　ufē udanumi shītē ndi umntō yabīn.

☼連用形「たのみ」を含む。「おだのみ」に対応。

/ʔudanumi/ と推定。

タノナビタン　0058　○タノナビタン。　□頼三マシタ　▽タノナビタン。
tanunabitan.

☼連用形「たのみ」を含む。「たのみはべりたりむ」に対応。

/tanunabita'ɴ/ と推定。

タルデ　0534　○アン子ーシヤ。タルデ。イチヤビラ。　□案内者ヲ、頼ンデ、參
ヘリマシヤウ　▽アンネーシヤ　タルデ　イチヤビラ。　annēshā tarudi
ichabira.

他に、0483 にも用例がある。

☼「たのみて→たのんで」に対応。途中、「タノンデ→タヌデ→タルデ」のような変化（/nu/ と /ru/ の
交代）が考えられる。

/tarudi/ と推定。

とりこむ取込

ウトイクミヌ　0775　○カクビツヌ。ウトイクミヌグイヤウスヤテ。　□御餘義ナ
キ、御障ノ御様子デ、　▽カクビツヌ　ウトイクミヌ　グヤウスヤテ
kakubitsi nu guyōsi yati

他に、0772 にも用例がある。

☼連用形「とりこみ」を含む。「おとりこみの」に対応。

/ʔutu'ikuminu/ と推定。

トイクドーヤビークト　0439　○ウヘー。トイクドーヤビークト。　□少シ、取込
デヲリマスカラ、　▽ウヘー　トイクドー　ヤビークト
tuyikudō yabīkutu,

☼「とりこみて→とりこんで」を含む。「とりこんではをりはべ（る）こと」に対応。

496　第3章　仮名資料の動詞形態の考察

/tu'ikudo'o'jabi'ikutu/ と推定。撥音脱落の変化。

なぐさむ慰

ナグサミニ　0597　○**ナグサミニナヤビタン**。　□^{ナグサミ}慰ニナリマシタ　▽ナグサミニ　ナヤビタン。　nagusami ni nayabitan.

☆連用形「なぐさみ」を含む。「なぐさみに」に対応。

/nagusamini/ と推定。

のぞむ望

ウヌズミヌ　0395　○**ウヌズミヌ**。ブノー。アギヤビラ。　□御望三ノ、分ハ、上ゲマ<u>シヤウ</u>　▽ウヌズミヌ　ブノー　アギヤビラ。　Unuzumi nu bunō agiyabira.

☆連用形「のぞみ」を含む。「おのぞみの」に対応。

/ʔunuzuminu/ と推定。

ヌヅドースガ　0380　○**ヌヅドースガ**。ウヤビークト。　□望三ノ人ガ、アリマスカラ、　▽ヌヅドーシ　ガ　ウ　ヤビー　クト　nuzudō shi ga wu yabī kutu,

☆「のぞみて→のぞんで」を含む。「のぞんではを（る）すが」に対応。

/nuzudo'osiga/ と推定。撥音脱落の変化。

のむ飲

ヌミテー　0042　○**ヌミテーンデ**。ウムトウヤ。ビイン。　□^{テウダイ}頂戴イタシタウ、ゴザリマス　▽ヌミテー　ンデ　ウムトウヤビイン。　numitē ndi umutōyabīn.

☆連用形「のみ」を含む。「のみたい」に対応。

/numite'e/ と推定。

ヌドーヤビーン　0729　○**ハジミカラ**。クスイ**ヌドーヤビーン**。　□初メヨリ、^{フクヤク}服藥致シテヲリマス　▽ハジミ　カラ　クスイ　ヌドー　ヤビーン。　Hajimi kara kusuyi nudō yabīn.

☆「のみて→のんで」を含む。「のんではをりはべりむ」に対応。

/nudo'o'jabi'i'N/ と推定。撥音脱落の変化。

ふくむ含

フクドースガ　0339　○**ヂーナカエー**。イルイルヌ。<u>クエー</u>。**フクドースガ**。　□地中ニハ、種種ノ、^{コヤシ}肥料ヲ、^{フクミ}含テヲリマスルカ、　▽ヂー　ナカエー　イルイル　ヌ　クエー　フクドーシ　ガ　Jī nakayē iruiru nu kwē fukudōsi ga,

☆「ふくみて→ふくんで」を含む。「ふくんではを（る）すが」に対応。

/hukudo'osiga/ と推定。

みこむ見込

ミクミガ　0416　○ヌートヤラワン。ウケーミシエールウ**ミクミガ**。ヤゝビーラ。　□何トカ、御交易ノ御見込デ、ゴザリマス　▽ヌーガナト　ウケーミシエールウミクミガ　ヤゝビーラ。　Fū_{注48)}gana tu ukē mishēru umikumi ga yayabīra?

☆ 連用形「みこみ」を含む。「みこみが」に対応。

/mikumiga/ と推定。

やすむ 休

ウエースミ　0740　○マーナカイ。**ウエースミ シヤウチヤウ**ヤビー ガ。　　□ドチラ
　　　　へ、御臥〈オヤスミ〉デゴザリマスカ　▽マー　ナカイ　ウエー　スミ　シヤウ
　　　　チヤウ　ヤビー　ガ。　Mā nakai wwēsimi shōchō yabī ga?

　　☆ 連用形「やすみ」を含む。「おやすみ」に対応。

/ʔwe'esimi/ と推定。

やむ 病（痛）

ウヤミ　0724　○ウンチヤウビン。**ウヤミ、シエー**ガ **シヤ**ビーラ。　　□御頭痛〈ヅツゥ〉モ、
　　　　致シマスカ　▽ウンチヤウビン　ウヤミ、シエー　ガ　シヤビーラ。
　　　　Unchōbin uyami mishē ga shabīra?

　　☆ 連用形「やみ」を含む。「おやみ」に対応。

/ʔu'jami/ と推定。

ヤナビータスガ　0725　○チヌーマデー。**チユウク**。カラヅヌ **ヤナビータスガ**。
　　　　□昨日マデハ、烈〈ハゲシ〉敷ク、頭痛ガ致シマシタガ、　▽チヌーマデー
　　　　チユウク　カラヅ　ヌ　ヤナビータシ　ガ　Chi nu madē chuku
　　　　karazi nu yanabītasi ga,

　　☆ 連用形「やみ」を含む。「やみはべりた（る）すが」に対応。

/ʔjanabi'itasiga/ と推定。

よむ 読

ウユミ、。**シエービタガ**　0199　○ヌー。**ウユミ、。シエービタガ**。　　□何ヲ、御
　　　　讀ミニ、ナリマシカ　▽ヌー　ウユミ　ミシエービタガ。
　　　　nū uyumi mishēbita ga?

　　☆ 連用形「よみ」を含む。「およみめしはべりた（る）が」に対応。

/ʔu'jumimisje'ebitaga/ と推定。

ウユミ、シエービリ　0246　○マヅ。アリニサンドー**ウユミ、シエービリ**。　　□先ヅ、
　　　　アレヲ二三度御讀〈オ〉三ナサレ、　▽マヅ　ウリニサンドー　ウユ
　　　　ミ　ミシエービリ　maji uri nisando uyumi mishēribi.

　　☆ 連用形「よみ」を含む。「およみめしはべれ」に対応。

/ʔu'jumimisje'ebiri/ と推定。

ウユミ シエーガ　0203　○ウユミ、**シエーガ**。**シヤ**ビタラ。　　□御讀〈オ〉三、ナサレタ
　　　　カ　▽ウユミ　ミシエーガ　シヤビタラ。　uyumi mishē ga
　　　　shabitara?

　　☆ 連用形「よみ」を含む。「およみ（め）しはべ（る）が」に対応。「-め-」脱落。上記二例と対照の事。

/ʔu'jumisje'ega/ と推定。

ユミ **ヤツサル**　0248　○**ユミヤツサル**フンヤ、ビーン。　　□讀ミ易キ本デアリマス
　　　　▽ユミヤツサル　フン　ヤ、ビーン。　yumiyassaru Funayabīn. 注49)

　　☆ 連用形「よみ」を含む。「よみやすさある」に対応。

/'jumi'jaQsaru/ と推定。

498　第3章　仮名資料の動詞形態の考察

ユナビーン　0204　○ナマ**ユナビーン**。　□唯今、讀デ居リマス　▽ナマユナビーン。
　　　　　　　　　Nama yunabīn.

　☆連用形「よみ」を含む。「よみはべりをりむ」に対応。

　/ʹjunabi'i'N/ と推定。

ユマリーソーナ　0247　○ワッターガン。**ユマリーソーナ**。シユムツガヤ、ビーラ。
　　　　　　　　　□私共デモ、讀メル樣ナ、本デゴザリマスカ　▽ワッター　ガン
　　　　　　　　　ユマリソーナ　シユムツ　ガ　ヤ、ビーラ。　Wattā gan yumarī
　　　　　　　　　sō na shumutsi ga yayabīra?

　☆未然形「よま」を含む。「よまれりそうな」に対応。

　/ʹjumari'iso'ona/ と推定。

ユデ　0249　○フヘーク。**ユデ**ユシリヤビラ。　□早速、讀三テ參リマ<u>シヤウ</u>　▽
　　　　　ヘーク　ユデ　ユシリヤビラ。　fēku yudi yushiriyabira.

　他に、0200 にも用例がある。

　☆「よみて→よんで」に対応。

　/ʹjudi/ と推定。撥音脱落の変化。

ユダイ　0252　○シユムツ**ユダイ**。ジーカチヤイ。　□書物ヲ讀三、字ヲ寫シ、　▽
　　　　　シユムツ　ユダイ　ジーカチヤイ　shumutsi yudayi jī kachayi

　☆「よみて」を含む。「よみてあり→よんだり」に対応。

　/ʹjuda'i/ と推定。撥音脱落の変化。

をがむ拝（拝謁）

ウガミウー<u>シヤビラン</u>　0756　○マーンカイガ。イメンシヤウチヤラ。**ウガミウー**
　　　　　　　　　シヤビランタサー。　□何レヘカ、御 立 退跡）跡ニテ、御
　　　　　　　　　目ニ懸リマセナンダ　▽マーンカイ　ガ　イメン　シヤウ
　　　　　　　　　チヤラ　ウガミ　ウーシヤビランタサー。　ma nkai ga
　　　　　　　　　imenshōchara wugami ūshabiranta sā.

　☆連用形「をがみ」を含む。「をがみおほしはべらぬ」に対応。

　/ʹugami'u'usjabira'N/ と推定。

ウガマン　0127　○クンドゥ。**ウガマン**ハヅヤビーレー。　□當年ハ、御目ニカ、
　　　　　　　リマスマイ、　▽クンドゥ　ウガマンハヅ　kundō wugaman hazi.

　☆未然形「をがま」を含む。「をがまぬ」に対応。

　/ʹugama'N/ と推定。

ウガデ　0742　○アンセー。**ウガデ**。チヤービラ。　□夫デハ、御免ヲ、蒙リマ<u>シ</u>
　　　　　<u>ヤウ</u>　▽アンシエー　ウガデ　チヤービラ。　Anshē wugadi chābira.

　☆「をがみて→をがんで」に対応。

　/ʹugadi/ と推定。撥音脱落の変化。

をがむ拝（拝見）

ウガデ　0090　○**ウガデ**。ナービラ。　□拜見、イタシマ<u>シヤウ</u>　▽ウガデ　ナー
　　　　　ビラ。　wugadi nābira!

　他に、0105 にも用例がある。

　☆「をがみて→をがんで」に対応。

/ˈugadi/ と推定。撥音脱落の変化。

をがむ拝（拝聴）

ウガドーヤビータスガ　0744　○ウビヤウチヌナヘー。**ウガドーヤビータスガ。**
□御病氣ノ┐ハ、存ジナガラ、▽ウビヤウチ　ヌ　ナエー
ウガドー　ヤビータシ　ガ　Gubyōchi nu naye ukagadō
yabīsi ga,

☼「をがみて→をがんで」を含む。「をがんではをりはべりた（る）すが」に対応。

/ˈugado'o'jabi'itasiga/ と推定。撥音脱落の変化。

あがる上

アガラシヤビーガーヤー　0518　○チヤヌシヤクバカーイ。**アガラシヤビーガー
ヤー。**　□凡ソ、幾本位、揚リマ<u>シヤウ</u>　▽チヤヌシヤ
クバカーイ　アガラシヤビーガーヤー。　　cha nu shaku
bakāyi agarashabī ga yā?

他に、0514 にも用例がある。

☼未然形「あがら」を含む。「あがらしはべ（る）がや」に対応。

/ʔagarasjabi'iga'ja'a/ と推定。

アガラシヤビーカヤー　0516　○ユルン。**アガラシヤビーカヤー。**　□夜分モ、揚
リマスカ　▽ユルン　アガラシヤビーカヤー。　　Yurun
agayabī ka yā? ⁽注50⁾

☼未然形「あがら」を含む。「あがらしはべ（る）かや」に対応。

/ʔagarasjabi'ika'ja'a/ と推定。

アガラシヤビータスガ　0515　○クゾー。カタバルウテ。**アガラシヤビータスガ。**
□昨年ハ、瀉原デ揚リマシタガ、▽クゾー　カタバルウテ　ア
ガラシヤビータシガ　Kuzō Katabaru wuti agarashabītasi
ga,

他に、0519 にも用例がある。

☼未然形「あがら」を含む。「あがらしはべりた（る）すが」に対応。

/ʔagarasjabi'itasiga/ と推定。

アガラシユル　0517　○ユルド。ウホーク。**アガラシユルハヅデービル。**　□夜分
ガ、多ク、揚リマ<u>シヤウ</u>　▽ユルド　ウホーク　アガラシユラ ⁽注37⁾ ハ
ヅデービル。　Yuru du ufōku agrashura hazi dēbiru.

☼未然形「あがら」を含む。「あがらしをる」に対応。

/ʔagarasjuru/ と推定。

アガトーヤビースガ　0500　○ツチヌ。**アガトーヤビースガ。**　□月ガ上リマシタガ、
▽ツチヌ　アガトーヤビーシガ　Tsichi nu agatō yabīsi ga,

☼「あがりて」を含む。「あがりてはをりはべ（る）すが」に対応。

/ʔagato'o'jabi'isiga/ と推定。

あたる当

アタヤビーン　0308　○ズイブンヒーヤユーアタヤビーン。　□随分日向ハ、ヨ
クゴザリマス　▽ヂーブン　ヒーヤユー　アタヤビーン。　zībun fī

ya yū atayabīn.

☼ 連用形「あたり」を含む。「あたりはべりむ」に対応。

/ʔata'jabi'i'n/ と推定。

アタヤビラン　0317　○ワームノー。ウヘーカワランドンアレー。サンミンヌ　**アタヤ
ビラン**。　□私ノハ、少シ違マセヌト、勘定（カンヂヤウ）ガ立チマセヌ　▽ワー
ムノー　ウヘー　カワランドン　アレー　サンミン　ヌ　アタヤビラ
ン。　Wāmunō ufē kawaran dun arē sammin nu atayabiran.

☼ 連用形「あたり」を含む。「あたりはべらぬ」に対応。

/ʔata'jabira'n/ と推定。

<u>ウワータミ</u>シヤウラン　0789　○ヌーン。ミクチ子―**ウワータミ**<u>シヤウ</u>ランハヅヤ、
ビースガ。　□何モ、御口合（クチアヒ）ハゴザリマセヌガ、　▽ヌーン　ミ
クチ子―　ウ　ワータミ　シヤウランハヅヤ、ビーシガ　Nun
mikuchi nē nwatā mishōran (注51) hazi yayabīsi ga,

☼ 連用形「あたり」を含む。「おあたりめしおわらぬ」に対応。

/ʔwa'atamisjo'ora'n/ と推定。

アタ<u>ユツ</u>　0307　○ヒーヌユーア**タユツ**トクルヤルハヅ。デービル。　□日當（ヒアタリ）ノ宜
キ場所デ、ゴザリマ<u>シヤウ</u>　▽ヒー　ヌ　ユーアタユットクル　ヤラ(注37)
ハヅ　デービル。fī nu yū atayuttukuru yara hazi dēbiru.

☼ 連用形「あたり」を含む。「あたりをる」に対応。「－る」の促音化。「＋ところ」。

/ʔata'juQ/ と推定。

アタラン　0391　○ムチクダテン。**アタラン**。　□持下リマシテモ、合ヒマセヌ
▽ムチクダテン　アタラン。muchi kudatin ataran.

他に、0220にも用例がある。

☼ 未然形「あたら」を含む。「あたらぬ」に対応。

/ʔatara'n/ と推定。

アタテ　0220　○ヒカリニ**アタテ**。アカバトールトクローヒル。　□燈光（トモシビ）ニ面（ム）キテ、
明キ所ハ晝ルデ、　▽ヒカリニアタテ　アカバトール　トクロー　ヒル　fikayi
ni atati akagatottukurō firu

他に、0443にも用例がある。

☼ 「あたりて→あたって」に対応。

/ʔatati/ と推定。

アタ<u>トフ</u>　ヤビーン　0379　○ウレー。ニ<u>ジ</u>ウインバカーイ。**アタトフ　ヤビー
ン**。　□ソレハ、貳拾圓計リニ、付テヲリマス　▽ウレー　ニ
ジウ　イン　バカーイ　アタトー　ヤビーン。　Urē nijū yin
bakāyi atatō yabin.

☼ 「あたりて」を含む。「あたりてはをりはべりむ」に対応。

/ʔatato'o'jabi'i'n/ と推定。

アタトーヤビータクト　0637　○クンドン。ウヌトシニ**アタトーヤビータクト**。ワー
ガ。ンヂ。　□今度モ、其年ニ當リマシタカラ、私ガ、參リ
マシテ、　▽クンドン　ウヌ　トシ　ニ　アタトー　ヤビー

第10節　『沖縄對話』の動詞形態の考察　501

クト　ワーガ　ンヂ　kundun unu tushi ni atatō yabīta
kutu 注52), wā ga nji

☼「あたりて」を含む。「あたりてはをりはべりた（る）こと」に対応。

/ʔatato'o'jabi'itakutu/ と推定。

アタトール　0769　○ウヌヒーカラ。テフド。ヒヤクニンミニ。アタトールイヤウス。
ヤビーン 注53)。　□彼日ガ、丁度、百ヶ年目ニ、當リマシタサウデ、ゴ
ザリマス　▽ウヌ　ヒー　カラ　テフド　ヒヤク　ニン　ミ　ニ　アタ
トール　ヤウスヤビーン 注53)。　Unu fī kara chōdu hyaku nin mi ni
atatōru yōsi yayabīn.

☼「あたりて」を含む。「あたりてはをる」に対応。

/ʔatato'o'ru/ と推定。

いる入

シツイリ　0109　○シツイリンデガヤラ。イヤビータスガ。　□節ガハリトカ、申
シテ、ヲリマシタ　▽シツイリ　ンデ　ガ　ヤラ　イヤビータシガ。
shitsi-iri ndi ga yara iya bītasi ga.

☼連用形「いり」を含む。「せついり」に対応。

/sjiciʔiri/ と推定。

ンジイリ　0487　○ンジイリシヤッチユルムンヌ。カンゲータウヤビークト。　□
出入ノ者ガ、心得テ居リマスカラ、　▽ンジ　イリ　シヤッチユル　ム
ンヌ　カン　ゲーテ　ウヤビークト　nji iri shatchuru mun nu gangēti
wuyabī kutu,

　他に、0481 にも用例がある。

☼連用形「いり」を含む。「いでいり」に対応。

/ʔnzjiʔiri/ と推定。

ミーイレー　0293　○ムヅクイヌミーイレー。　□作物ノ實入リガ、　▽ムヅクイ
ヌ　ミー　ヌ　イリカター　muzukuyi nu mīnu irikatā

☼連用形「いり」を含む。「みいりは」に対応。

/mi'iʔire'e/ と推定。

イヤビーガ　0556　○イツグル。イヤビーガ。　□何ツ頃、入港致シマス　▽イツグ
ル　イヤビーガ。　Itsi guru iyabi ga?

☼連用形「いり」を含む。「いりはべ（る）が」に対応。

/ʔi'jabi'iga/ と推定。

イヤビースガ　0320　○ワンニン。ズイブン。ニンイヤビースガ。　□私モ、随分、念
ヲ入レマスガ、　▽ワンニン　ズイブン　ニン　イヤビーシ　ガ　Wannin
zībun nin iyabīsi ga,

☼連用形「いり」を含む。「いりはべ（る）すが」に対応。「日本語」（「入レマスガ」）に従えば、下二段
の可能性もある。但し、それなら「イリヤビースガ」となるか。

/ʔi'jabi'isiga/ と推定。

イーソーニ　0258　○ナマヌカタチシエー。テーゲー。ユーイーソーニ。アヤビー
ン。　□只今ノ景氣デハ、大槩、根イリモヨサソフニ、見ヘマス　▽ナ

マ　ヌ　カタチ　シエー　テーゲー　ユーイーソーニ　アヤビーン。
Nama nu katachi shē tege yū isō ni ayabin.

☆ 連用形「いり」を含む。「いりそうに」に対応。

/ʔi'iso'oni/ と推定。/ri/ → /'i/ の変化。

イーガ　0562　○アンセー。ナマニイーガシユラ。ワカヤビランスガ。　□ソレ
　　　　デハ、今ニ入ルカモ、知レマセヌガ、▽アンシエー　ナマガイーラワカヤ
　　　　ビランシガ　Anshē nama ga īra wakayabiransi ga,

☆ 連用形「いり」を含む。「いりが」に対応。次の「シユラ」の「ら」と「－が〜ら」の照応関係がある。

/ʔi'iga/ と推定。

イール　0557　○ニサンニチヌウチ子ー。イールハヅデービル。　□二三日ノ内ニ
　　　　ハ、參リマシヤウ　▽ニサンニチヌウチ子ー　イーラ注37)ハヅデービル。
　　　　Ni san nichi nu uchi nē īra hazi dēbiru.

☆ 連用形「いり」を含む。「いりをる」に対応。

/ʔi'iru/ と推定。

イッチヤクト　0268　○ビシテ。サタウシユルバシユ。イチダン。ニン。イッチヤク
　　　　ト。　□殊ニ、製糖ノ比ニ、一層、念ヲ入レマシタガ、▽ビシテ　サタ
　　　　ウ　シユル　バシユ　イチダン　ニンイッチヤ　クト　bishiti satō
　　　　shuru bashu ichidan nin itcha kutu,

☆ 「いりて→いって)」を含む。「いってあ（る）こと→いった（る）こと」に対応。

/ʔiQcjakutu/ と推定。

イッチヤウル　0296　○マヅ。ンモンデーヤ。井ーブン子ー。イッチヤウルハヅ。
　　　　□先ヅ、蕃薯抔ハ、幾分カ、根ガ入リテ、ヲリマシヤウ　▽マヅ　ン
　　　　モンデー　ヤ　ネー　イッチヤウラ注37)　ハヅ。　Mazi mmu ndē ya
　　　　yī bun nē itchōra hazi.

☆ 「いりて→いって」を含む。「いってはをる」に対応。

/ʔiQcjo'oru/ と推定。

イッチヤウンカ　0629　○リクヾンヌブンケンタイヌ。イッチヤウンカンデイチ。
　　　　チヽヤビタン。　□陸軍ノ分遣隊ガ、入テ居ルトカ、聞キマシタ
　　　　▽リクヾン　ヌブンケンタイ　ヌ　イッチヤウン注54)　ンデ　イチチヽ
　　　　ヤビタン。　rikugun nu bunkentai nu itchōn ndi chichabitan.

☆ 「いりて→いって)」を含む。「いってはをるか」に対応。

/ʔiQco'o'ɴka/ と推定。

いる　要

イラン　0391　○フユムノー。アンマデーイランクト。　□冬衣ガ、格別イリマセ
　　　　ヌカラ、▽フユムノー　アンマデーイラン　クト　fuyumunō ammadē
　　　　iran kutu

☆ 未然形「いら」を含む。「いらぬ」に対応。

/ʔira'ɴ/ と推定。

うつる　写

ウツトウル　0086　○クヌミヅンカイ。ウツトウルヒカリン。ユタシヤヤビーサー

第10節 『沖縄對話』の動詞形態の考察　503

ヤー。　□コノ水ニ、映ル光モ、奇麗デ、ゴザリマス　▽クヌ　ミヅ

ン　カイ　ウツトウル　ヒカリン　ユタシヤ　ヤビーサー　ヤー。

　kunu mizi nkai utsitōru fikarin yutasha yabī sā yā.

☼「うつりて→うつって」を含む。「うつってはをる」に対応。

/ʔucito'oru/ と推定。促音脱落の変化がある。

うる売

ウイ　0346　○ウイサバチガシミシエービタラ。　□賣捌マシタカ　▽ウイ　サバ

チ　ガ　シミシエービタラ。　uyisabachi ga shi mishēbitara?

他に、0355,0356,0424,0430,0432,0433,0441,0443 に用例がある。

☼連用形「うり」に対応。

/ʔu'i/ と推定。途中に、/ʔuri/→/ʔu'i/ の変化がある。

ウヽミシエービタガ　0441　○ナンワリヌシヤコー。ウヽミシエービタガ。　□何割

位デ、御賣立ニナリシタカ　▽ナンワリ　ヌ　シヤコー　ウ

ミ　シエービタガ。　　nan warinu shakō umi shēbitaga?

☼連用形「うり」を含む。「おう（り）めしはべりた（る）が」に対応する。「琉便」は「ウミ」として

いるが「ウヽミ」が妥当であろう。

/ʔu'umisje'ebitaga/ と推定。

ウヤビタン　0425　○ハンブンバカーエー。ウヤビタン。　□半分計リ、賣リマ

シタ　▽ハンブン　バカーエー　ウヤビタン。　　hanbun bakāyē

uyabitan.

☼連用形「うり」を含む。「うりはべりたりむ」に対応。

/ʔu'jabita'ɴ/ と推定。途中に、/ʔuri/→/ʔu'i/ の変化がある。

ウヤビタスガ　0430　○ワンニン。ウヌカンゲーシヽ。ウヤビタスガ。　□私モ、

其積リデ、賣リ出シマシタガ、▽ワンニン　ウヌカンゲーシヽ　ウ

ヤビタシ　ガ　Wannin unu kangē sshi uyabitasi ga,

☼連用形「うり」を含む。「うりはべりた（る）すが」に対応。

/ʔu'jabitasiga/ と推定。途中に、/ʔuri/→/ʔu'i/ の変化がある。

ウユル　0381　○ワンニン。ウヘーウユルサチヌ。クヽルアテヌアテド。カフテー

ヤビークト。　□私モ、少シ、賣先ノ、心當ガアリテ、買ヒマシタカラ、

▽ワンニン　ウヘー　ウユル　サチ　ヌ　クヽル　アテ　ヌ　アテド　コー

テー　ヤビークト　Wannin ufē uyuru sachi nu kukuruati nu ati du kōtē

yabī kutu,

他に、0408 にも用例がある。

☼連用形「うり」を含む。「うりをる」に対応。

/ʔu'juru/ と推定。途中に、/ʔuri/→/ʔu'i/ の変化がある。

ウユセー　0420　○イナカヌヒンウテウユセー。　□田舎ノ方ノ賣グアヒハ、▽イ

ナカヌヒンウテウユセー　Inaka nu fin wuti uyusē

☼連用形「うり」を含む。「うりを（る）すは」に対応。

/ʔu'juse'e/ と推定。

ウラリーン　0415　○ユー。ウラリーンデ。イチチヤウヤビーン。　□能ク賣レルト、

申シテ参リマシタ　▽ユー　ウラリーンデ　イチチヤウヤビーン。yū

urarīn di ichi chōyabin.

　　☆ 未然形「うら」を含む。「うられをりむ」に対応。

　/ʔurari'i'ɴ/ と推定。

ウラリール　0443　○アンセー。フヘーク。ウラリールハヅ。デービル。　□ソレデハ、

　　　　　　　早ク、賣レル筈デ、ゴザリマス、　▽アンシエー　ヘーク　ウラリーラ

　　　　　　　^{注37)}ハヅ　デービル　An shē fēku urarīra hazi dēbiru,

　　☆ 未然形「うら」を含む。「うられをる」に対応。

　/ʔurari'iru/ と推定。

ウトーヤビーン　0429　○ドット。ヤスミテ。ウトーヤビーン。　□格別安價^{ヤス}^子

　　　　　　　デ、賣リテヲリマス　▽ドットヤスミチウトーヤビン。duttu

　　　　　　　yasimitiutō yabīn.

　　☆ 「うりて」を含む。「うりてはをりはべりむ」に対応。

　/ʔuto'o'jabi'i'ɴ/ と推定。

おくる送

ウクヒテー　0148　○ドシヌ。ナニガシマデ。ウクヒテーンデ。ウムタフヤビーン。

　　　　　　　□朋友ノ、某迄、贈リタフ、ゴザリマス　▽ドシ　ヌ　ナニガシ　マ

　　　　　　　デ　ウクイ　テ　ンデ　ウムタウ　ヤビーン。　Dushi nu nanigashi

　　　　　　　madi ukui tē ndi umutōyabīn.

　　☆ 連用形「おくり」を含む。「おくりたい」に対応。

　/ʔuku'ite'e/ と推定。途中に、/ri/→/'i/ の変化がある。

おこる起

ウクユル　0232　○デンチヌ。ウクユルイハリ。　□電氣ノ、起ル譯ヲ、　▽デンキ^{デン}^キ

　　　　　　　ヌ　ウクユル　イワリ　Denki nu ukuyuru iwari

　　他に、0245 にも用例がある。

　　☆ 連用形「おこり」を含む。「おこりをる」に対応。

　/ʔuku'juru/ と推定。途中に、/ʔukuri/→/ʔuku'i/ の変化がある。

おしあがる押上（召上）

ウシヤガヤビイミ　0045　○ウシヤガヤビイミ。　□上リマスカ　▽ウシヤガヤビ

　　　　　　　イミ。　ushagayabīmi?

　　☆ 連用形「おしあがり」を含む。「おしあがりはべりみ」に対応。　「-む+/i/→み」

　/ʔusjaga'jabi'imi/ と推定。

ウシヤガイガ　0736　○ウブノー。ユーウシヤガイガ。シヤビーラ。　□御膳ハ、^{ゴゼン}

　　　　　　　御喰^オ^{アガリ}ガ、出來マスカ　▽ウブノー　ユー　ウシヤガイ　ガ　シヤビー

　　　　　　　ラ。　Ubunō yū ushagayi ga shabīra?

　　☆ 連用形「おしあがり」を含む。「おしあがりが」に対応。次の「シヤビーラ」の「ら」と「-が〜ら」

　　　の照応がある。

　/ʔusjaga'iga/ と推定。

ウシヤガエー　0049　○ウシヤガエーシヤビラニ。　□アガリマセヌカ　▽ウシヤ

　　　　　　　ガエー　シヤビラニ。　ushagayē shabira ni?

☆ 連用形「おしあがり」を含む。「おしあがりは」に対応。

/ʔusjaga'e/ と推定。

ウシヤガミ シヤウチ　0789 ○ドーデン。グ井ンローミ <u>シヤウ</u> ラングト。**ウシヤガ
ミ　シヤウチウタビミ <u>シエー</u> ビリ。**　□何卒ゾ、御遠慮ナ
ク、<ruby>御上<rt>オアガ</rt></ruby>リ下サレマセ　▽ドーデン　グインローミシヤウ
ングト　ウシヤガミシヤウチウタビミ　シエービリ。　dōdin
guyinrō mishōran gutu ushaga mishōchi utabi mishēbiri.

☆ 連用形「おしあがり」を含む。「おしあがりめしおはして」に対応。「おしあがりめし～→おしやがい
めし～→おしやがみ～」等の変化が考えられる。

/ʔusjagamisjo'ocji/ と推定。

ウシヤガミ <u>シエーガ</u>　0728　○クスエー。**ウシヤガミ <u>シエーガ</u> <u>シヤ</u> ビタラ。**　□藥ハ、
御上リニナリマシタカ　▽クスエー　ウシヤガイ　ミシエー
ガ　シヤビタラ。　Kusuyē ushagayi mishē ga shabitara?

☆ 連用形「おしあがり」を含む。「おしあがりめしあ（る）が」に対応。

/ʔusjagamisje'ega/ と推定。

おもひきる思切

ウミ <u>チツチヤウ</u> ヤビータスガ　0747　○チヤーシン。ノーユセー。カテームンデイチ。
ウミ <u>チツチヤウ</u> ヤビータスガ。　□迚モ、快復ハ、出
來マイト、覺悟シテ居リマシタガ、　▽チヤーシン
ノーユセー　カテームン　デ　イチ　ウミチツ　チヤ
ウ　ヤビータシ　ガ　Chāshin nōyusē katēmun di
ichi umi cihi tchō [注55] yabītasi ga,

☆ 連用形「おもひきり」を含む。「おもひきりてはをりはべりた（る）すが」に対応。

/ʔumicjiQcjo'o'jabi'itasiga/ と推定。

かかる掛

カ、ヤビール　0233　○ナゲーカ、**ヤビール** ハヅ。　□時間ガカ、リマ <u>シヤウ</u>　▽
ナゲー　カ、ヤビーラ [注37] ハヅ。　nagē kakayabīra hazi.

☆ 連用形「かかり」を含む。「かかりはべる」に対応。

/kaka'jabi'iru/ と推定。

カ、ヤビラン　0234　○アンマデーナガコー。**カ、ヤビラン** ハヅ。　□ソンナニ永
クハ、カ、リマスマイ　▽アンマデーナガコー　カ、ヤビランハヅ。
an madē nagakō kakayabiran hazi.

☆ 連用形「かかり」を含む。「かかりはべらぬ」に対応。

/kaka'jabira'N/ と推定。

カ、ヤビーラ　0361　○ザツペー。チヤヌ <u>シヤク</u> ガ **カ、ヤビーラ。**　□雑費ハ、何
程カ、リマスカ　▽ザツペー　チヤヌシヤク　ガ　カ、ヤ　ビーラ。
zappē cha nu shaku ga kakayabīra?

☆ 連用形「かかり」を含む。「かかりはべら」に対応。前の「<u>チヤヌシヤク</u> ガ」の「ガ」と「－が～ら」
の照応がある。

/kaka'jabi'ira/ と推定。

506　第3章　仮名資料の動詞形態の考察

カヽミシヤウチ　0752　○ウミンチヤキラングセーナンウカヽミシヤウチ。　□不_フ
慮ノ御災難デ、　▽ウミンチヤキラン　セーナン　ウワータ　ミシ
ヤウチ　uminchakiran sēnan wwāta mishōchi

☆連用形「かかり」を含む。「かか（り）めしおはして」に対応。「かかりめし～→かかいめし～→かかめし～」
等と変化。

/kakamisjo'ocji/ と推定。

カヽテー　0003　○**カヽテー。**　□カヽリテハ、　▽カヽテー　kakatē

☆「かかりて」を含む。「かかりては」に対応。

/kakate'e/ と推定。

カヽトーヤビイン　0004　○**カヽトーヤビイン。**　□霞ヲ帯ビマシタ　▽カヽトー
ヤビイン。　kakatō yabīn.

カヽトーヤビーン　0731　○クヌウチエー。ラン　パウイシヤ。**カヽトーヤビーン。**
□近頃ハ、西洋_{セイイヤウ}家_カニ、頼_{タノ}ミマス　▽クヌウチエー　ラン　パウ
イ　カヽトーヤビーン。　kunu uchē rampōyi kakato yabīn.

☆「かかりて」を含む。「かかりてはをりはべりむ」に対応。

/kakato'o'jabi'i'ɴ/ と推定。

カヽトーヤビータスガ　0731　○メーヤ。カンパウイシヤ。**カヽトーヤビータス
ガ。**　□以前_{イゼン}ハ、漢法醫ニ、掛ツテヲリマシタガ、　▽メー
ヤ　カンパウイ　カヽトーヤビータシ　ガ　mē ya Kampōi
kakatō yabitasi ga,

☆「かかりて」を含む。「かかりてはをりはべりた（る）すが」に対応。

/kakato'o'jabi'itasiga/ と推定。

カヽトウル　0085　○アヌキーナカイ。**カヽトウル。**チーチエー。　□アノ梢ニ、
掛リタル、景色ハ、　▽アヌ　キー　ナカイ　カヽトウル　チーチエー
Anu kī nakai kakatōru chīchē

☆「かかりて」を含む。「かかりてはをる」に対応。

/kakato'oru/ と推定。

カヽラン　0747　○ヨウヤクヌチ子―。**カヽラングトーヤビーン。**　□稍_{ヤヽヤク}命丈
ハ、免_{タスカ}リマシタ　▽ヨウヤク　ヌチ子―　カヽラン　グトー　ヤビーン。
yōyaku nuchi nē kakaran gutō yabīn.

☆未然形「かから」を含む。「かからぬ」に対応。

/kakara'ɴ/ と推定。

かかる 罹

ウカヽミシヤウチヤウン　0734　○ターリーヤ。井チリー。**ウカヽミシヤウチヤウ
ンデイチ。チヽヤビタスガ。**　□御尊父_{ゴソンプ}様ハ、惡疫_{アクエキ}ニ、
御感_{オカン}ジナサレタト、聞キマシタガ、　▽ターリー　ヤ　ヰ
チリー　ウカヽミシヤウチヨーン　デチ　チヽヤビタシ
ガ　ārī ya yichirī u-kaka mishōchōn dichi chichabitasi
ga,

☆連用形「かかり」を含む。「おかか（り）めしてはをりむ」に対応。

/ʔukakamisjo'ocjo'o'N/ と推定。

かはる変

カワエー　0312　○チカター。ナンヅヌ。**カワエー**。アランンデ。ウマーリヤビースガ。　□地味ニ、格別ノ違ハ、アルマイト、思ヒマスガ、　▽チカター　ナンヅ　ヌ　カワエー　アラン　ンデ　ウマーリヤビーシ　ガー　chikatā nanzu nu Kawayē aran di umāriyabīsi gā,

☆連用形「かはり」を含む。「かはりは」に対応。

/ka'wa'e'e/ と推定。途中に、/ri/→/'i/ の変化がある。

カハヤビランタン　0599　○ニシチ井ー　カハヤビランタン。　□錦繪ノ通リデゴザリマシタ　▽ニシチイー　カワヤビランタン。　nishichiyī kawayabirantan.

☆連用形「かはり」を含む。「かはりはべらぬたり<u>む</u>」に対応。途中「かはり→かわい」の変化がある。

/ka'wa'jabira' Nta'N/ と推定。

カワラン　0317　○ワームノー。ウヘー**カワランドンアレー**。サンミンヌアタヤビラン。　□私ノハ、少シ違マセヌト、勘定ガ立チマセヌ　▽ワームノー　ウヘー　カワランドン　アレー　サンミン　ヌ　アタヤビラン。　Wāmunō ufē kawaran dun arē sammin nu atayabiran.

☆未然形「かはら」を含む。「かはらぬ」に対応。

/ka'wara'N/ と推定。

カワテ　0194　○ンカシトー**カワテ**。　□昔トハ　違マシテ、　▽ンカシトー　カワテ　nkashi tō kawati

他に、0274,0587,0645 に用例がある。

☆「かはりて→かはって」に対応。

/ka'wati/ と推定。促音脱落の変化がある。

カワトーヤビーン　0623　○ドット**カワトーヤビーン**。　□大分違ヒマス　▽ドット　カワトー　ヤビーン。　duttu kawatō yabīn.

☆「かはりて」を含む。「かはりてはをりはべり<u>む</u>」に対応。

/ka'wato'o'jabi'i'N/ と推定。

カワトール　0625　○ヌーグトン。ウヒナーヤ。　**カワトールグトーヤビーン**。　□何事モ、少シヅヽハ、違ツテヲル様デゴザリマス　▽ヌーグトン　ウヒナーヤ　カワトール　グトーヤビーン。　nū gutun ufīnā ya kawatōru gutō yabīn.

☆「かはりて」を含む。「かはりてはをる」に対応。

/ka'wato'oru/ と推定。

カワトーセー　0369　○アンマデ。**カワトーセー**子ーン。　□餘リ、變異モアリマセヌ、　▽アンマデ　カワトーセー　子ーン　Anmadi kawatōsē nēn,

他に、0316 にも用例がある。

☆「かはりて」を含む。「かはりてはを（る）すは」に対応。

/ka'wato'ose'e/ と推定。

かへる帰

ケー井ー子ー　0581　○イチー子ー。フンドゥカランヂ。**ケー井ー子ー**。イガゴヘ
カラ。　□往キハ、本道ヲ參リマシテ、歸リハ　伊賀越ヲ　▽イチー
子ー　フンドゥカランヂ　ケーイー子ー　イガゴヘ　Ichinē fundō
kara nji kēyi nē Igagōe

　他に、0641 にも用例がある。

　☼ 連用形「かへり」を含む。「かへりには」に対応。

/ke'e'i'ine'e/ と推定。途中に、/ka'i/→/ke'e/ の変化がある。

ケーヤビラ　0471　○イヤウンナー。**ケーヤビラ**。　□徐々、歸リマ<u>シヤウ</u>　▽ヨー
ンナーケーヤビラ。　Yōn nā kēyabira.

　☼ 連用形「かへり」を含む。「かへりはべら」に対応。

/ke'e'jabira/ と推定。途中に、/ka'i/→/ke'e/ の変化がある。

ケーヤビタン　0577　○ハチ<u>グワツ</u>ヌ。<u>チウジユ</u>ングルニ。<u>タッチ</u>。クンツチヌハ
ジミニ。**ケーヤビタン**。　□八月ノ、中頃カラ、立マシテ、當月ノ初
メニ、歸リマシタ　▽ハチグワツヌ　ナカグルコ　タッチ　クンツ
チヌハジミニ　ケーヤビタン。　Hachigwatsi nu nakaguru tatchi
kuntsichinu hajimi ni kēyabitan.

　☼ 連用形「かへり」を含む。「かへりはべりたり<u>む</u>」に対応。

/ke'e'jabita'N/ と推定。途中に、/ka'i/→/ke'e/ の変化がある。

ケーヤビタ　サー　0637　○クンドン。ウヌトシニアタトーヤビータクト。ワーガ。
ンヂ。チヌードケーヤビタ　サー　□今度モ、其年ニ當リマシタ
カラ、私ガ、參リマシテ、昨日、歸リマシタ　▽クンドン　ウヌ
トシ　ニ　アタトー　ヤビークト　ワーガ　ンヂ　チヌード　ケー
ヤビタ　サー。　kundun unu tushi ni atatō yabīta kutu, wā
ga nji chinū du kēyabita sā.

　☼ 連用形「かへり」を含む。「かへりはべりた（る）さ」に対応。

/ke'e'jabitasa'a/ と推定。途中に、/ka'i/→/ke'e/ の変化がある。

ケーユル　0683　○チ<u>グワ</u>ノースマチ。クマンカイ。**ケーユルヒー**。　□祈願ヲ濟
シマシテ、コチラヘ、歸リマス日、　▽チグワノー　スマチ　クマン　カ
イ　ケーユルヒー　Chigwanō Simachi kuma nkai kēyururu fī

　☼ 連用形「かへり」を含む。「かへりをる」に対応。

/ke'e'juru/ と推定。途中に、/ka'i/→/ke'e/ の変化がある。

かる借

カヤビタル　0759　○ウヌユロー。チンピンヌ。シンルイヌトクルナカイ。ウテ。
チヌード。クヌヤー**カヤビタル**。　□其夜ハ、近邊ノ、親類ノ所ニ、居リ
マシテ、昨日、此家ヲ借リマシタ　▽ウヌ　ユロー　チンピン　ヌ　ウ
エーカ　ヌ　トクル　ナカイ　ウテ　チヌー　ド　クヌ　ヤー　カヤビ
タル。　unu yurō chimpin nu wwēka nu tukuru nakai wuti, chinū
du Kunu yā kayabitaru.

　☼ 連用形「かり」を含む。「かりはべりたる」に対応。前の「チヌード」の「ド」と「－ど～る」の照応

関係がある。

/ka'jabitaru/ と推定。途中に、/kari/→/ka'i/ の変化がある。

きはまる極

チハマラノー　0553　○マーダ。　**チハマラノーアヤビースガ。**　□未ダ、決定
　　　　　　　　ハ　致サレマセヌガ、▽マーダ　チワマラノーアヤビーシガ　Māda
　　　　　　　　chiwamaranō ayabīsi ga,

☼ 未然形「きはまら」を含む。「きはまらぬは」に対応。

/cji'wamarano'o/ と推定。

くさる腐

クサリテ　0294　○ムット。**クサリテ子ーンナトーン。**　□スッカリ、腐テ仕舞
　　　　　　　　マシタ　▽ムット　クサリテ子ーン　ナトーン。　muttu kusariti nēn
　　　　　　　　natōn.

　　他に、0300 にも用例がある。

☼「くされて」に対応。

/kusariti/ と推定。

くだる下

クダテン　0391　○ムチクダテン。アタラン。　□持下リマシテモ、合ヒマセヌ
　　　　　　　　▽ムチクダテン　アタラン。muchi kudatin ataran.

☼「くだりて→くだって」を含む。「くだっても」に対応。

/kudati'N/ と推定。促音脱落の変化がある。

くびる括

クンチ　0680　○アマー。カヤクンチナギー　ドンセー。シチヤイチユルイエー子ー。
　　　　　　　ワツクイーンデイヤビースガ。　□彼處ハ、茅ヲ束テ投マスト、下ニ落ル間
　　　　　　　ニ、離レ散リマスト申シマスガ、▽アマー　カヤ　クンチ　ナギー　ドン
　　　　　　　セー　シチヤ　イチユルエー　ネー　ワックキーン　デイヤビーシ　ガ
　　　　　　　amā kaya kunchi nagī dunsē, shicha ichuru ē nē wakkwīndi yyabisi ga,

☼「くびりて」に対応。「くびりて→（くびって）→くんち」の変化。

/ku'Ncji/ と推定。途中に、/kubiriti/→/kubiQti/→/ku'Ncji/ の変化があると考えられる。

クンチエール　0493　○アヌヤナジヌカヂナカイ。**クンチエール。**フニデービル。
　　　　　　　　□アノ柳ノ蔭ニ、繋ヒデアル、舟デゴザリマ　▽アヌヤナジヌカジ
　　　　　　　　　　　　　（カゲ）　　（ツナ）
　　　　　　　　ナカイ　クンチエール　フニデービル。　Anu yanaji nu kaji nakai
　　　　　　　　kun chēru funi dēbiru.

☼「くびりて」を含む。「くびりてはある」に対応。

/ku'Ncje'eru/ と推定。途中に、/kubiriti/→/kubiQti/→/ku'Ncji/ の変化があると考えられる。

くる繰

クイケー　0337　○クイケーシヽ。ツクユルイーブンド。ヤ、ビール。　□順繰リ
　　　　　　　　　　　　　　　　　　　　　　　　　　　　　　　（ジュン）
　　　　　　　　ニ換ヘテ、作ルコトデ、ゴザリマス　▽クイ　（ママ）ーシシ　ツクユル　イー
　　　　　　　　ブンド　ヤ、ビール。　kuyike sshi tsukuyuru ībun du yayabīru.

☼ 連用形「くり」を含む。「くりかへ」に対応。「くり→くい」の変化がある。「くりかへ＋して」

/ku'ike'e/ と推定。途中に、/kurika'i/→/ku'ika'i'/→/ku'ike'e/ の変化がある。

ことわる断

ウクトワイ　0381　○マヅ。**ウクトワイ**デービル。　□先ヅ、御斷リ申マス　▽マ
　　　　　ヅ　ウクトワイ　デービル。　mazi ukutuwayi dēbiru.

　☼連用形「ことわり」を含む。「おことわり」に対応。

　/ʔukutu'wa'i/ と推定。途中に、/ri/→/'i/ の変化がある。

こはる強

クハテ　0112　○ユナカ、ラー。ミー**クハテ**。　□夜中ニ、目ガ、覺テ、　▽ユナカ
　　　　　カラー　ミークハテ　yunaka karā mī kufati

　☼「こはりて」に対応。「こはりて→こはって→こはて」の変化が考えられる。

　/kuhwati/ と推定。途中に、/kuhwariti/→/kuhwaQti/→/kuhwati/ の変化がある。

さがる下

サガ**タフ**ヤビースガ　0471　○ヒーン**サガタフ**ヤビースガ。　□日暮ニナリマシタ
　　　　　ガ、　▽ヒーン　サガトーヤビーシガ　fīn sagātō yabīsi ga,

　☼「さがりて」を含む。「さがりてはをりはべ（る）すが」に対応。

　/sagato'o'jabi'isiga/ と推定。

さはる障

サワエー　0309　○アンマデヌ**サワエー**。子ーランハヅデービル。　□格別ノイタ
　　　　　三ハ、ゴザリマスマイ　▽アンマデ　ヌ　サワエー　子ーラン　ハヅ
　　　　　デービル。　ammadi nu swayē nēran hazi debiru.

　☼連用形「さはり」を含む。「さはりは」に対応。

　/sa'wa'e'e/ と推定。途中に、/ri/→/'i/ の変化がある。

サーヤビランスガ　0748　○マーダ。グサ**ウ**ヤ。ドク**ウユタシコー**サーヤビランスガ。
　　　　　ナ　□未ダ、御容貌ガ、餘程惡クゴザリマス、　▽マーダ　グサ
　　　　　ウ　ヤ　ドク　ウユタシコー　サーヤビラン注56)　māda gusōya
　　　　　duku uyutashikō sāyabiran.

　☼連用形「さはり」を含む。「さはりはべらぬすが」に対応。

　/sa'a'jabira'ɴsiga/ と推定。途中に /sa'wari/→/sa'wa'i/→/sa'a'i/ 等の変化が考えられる。

サーラン　0153　○ウカ、ワイン**サーラン**グト。　□ゴエンリヨナク、　▽ウカ、ワ
　　　　　イン　サーラングト　ukakawayin sāran gutu

　☼未然形「さはら」を含む。「さはらぬ」に対応。

　/sa'ara'ɴ/ と推定。

サーランガ　0241　○ウサシツケーヤ。**サーランガ**アヤビーラ。　□御忙クハ、
　　　　　ゴザリマセヌカ　▽ウサシツケー　ヤ　サーラン　ガ　アヤビーラ。
　　　　　usashitsikē ya sāran ga ayabīra?
　　他に、0275,0524,0738,0754 に用例がある。

　☼未然形「さはら」を含む。「さはらぬが」に対応。後続の「アヤビーラ」の「ラ」と「－が～ら」の照
　　応関係がある。

　/sa'ara'ŋga/ と推定。

サーテガ　0318　○チヤーガナ。カワイー。テーイリヌ。**サーテガ**ウヤビーラ。
　　　　　□何カ、別段ノ、御手入ガ、ゴザリマスカ　▽チヤー　ガ　ナ　カワイー

テーイリ　ヌ　サーテガ゙ウヤビーラ。　Chā ga na Kawayī tīiri nu sāti ga wuyabīra?

☆「さはりて」を含む。「さはりてが」に対応。後続の「ウヤビーラ」の「ラ」と「－が～ら」の照応関係がある。

/sa'atiga/ と推定。

サーテー　0772　○ヌーン。サウウーヌグユーン。サーテードンウラー。　□何カ、相應ノ御用モ、ゴザリマスレバ、▽ヌーン　サウウー　シユル　グユーン　アイドン　シユラー　Nūn sōwū shuru guyūn ayi dun shurā,

☆「さはりて」を含む。「さはりては」に対応。

/sa'ate'e/ と推定。

サートーヤビーラ　0608　○ヌーヌウユージユヌガサートーヤビーラ。　□何ノ御用デアリマスカ　▽ヌーヌウユージユヌガサートーヤビーラ。nu nu uyūju nu ga sātō yabīra?

☆「さはりて」を含む。「さはりてはをりはべら」に対応。

/sa'ato'o'jabi'ira/ と推定。

しる 知

シリカカラ　0404　○ウフザカヌシリカカラ。　□大坂ノ得意先カラ、　▽ウウザカヌエーカシヤウシカラ注57　Ūzaka nu wwēka shōsi kara

☆連用形「しり」を含む。「しりかから」（知り家から）に対応。

/sjirikakara/ と推定。

シヤビラン　0515　○クンドー。チヤーガヤ、ビーラ。シヤビラン。　□當年ハ、如何デゴザリマスカ、マダ存ジマセヌ　▽クンドー　チヤーガ　ヤヤビーラ　シヤビン注58。　kundō chā ga yayabīra shiyabiran.

☆連用形「しり」を含む。「しりはべらぬ」に対応。「しり→しい」の変化がある。

/sji'jabira'N/ と推定。

シヤビランスガ　0631　○タミトムカウヌ。ビユウヤ。シヤビランスガ。　□鎮西公ノ廟ハ、存ジマセヌガ、▽タミトムコー　ヌ　ビユウヤ　シヤビランシ　ガ　Tamitumu kō nu byū ya shiyabiransi ga,

☆連用形「しり」を含む。「しりはべらぬすが」に対応。

/sji'jabira'Nsiga/ と推定。途中、/ri/ → /'i/ の変化がある。

ウシリミシヤウチヤウル　0349　○ウシリミシヤウチヤウルグト。　□御承知ノ通リ、　▽ウシリ　ミシヤウ　チヤウル　グト　Ushiri mishō chōru gutu

☆連用形「しり」を含む。「おしりめしてはをりてはをる」に対応。

/ʔusjirimisjo'ocjo'oru/ と推定。

シラノー　0513　○シカツトー。シラノーアヤビースガ。　□委シクハ、存ジマセヌガ、▽　シカツートー　シラノーアヤビーシガ　Shikattō shiranō ayabīsi ga,

☆未然形「しらぬ」を含む。「しらぬは」に対応。

/sjirano'o/ と推定。

シッチヤイ　0252　○シユムツユダイ。ジーカ<u>チヤイ</u>。スヌバンツカタイ。チリー
シッチヤイ。ジンデーヌクト**シッチヤイ**。ミーウサミタイ<u>シユル</u>。ル
ツクワ。　　□書物ヲ讀三、字ヲ寫シ、算盤ヲ彈キ、地ノ理ヲ知リ、前
代ノ事ニ通シ、身ヲ修ムルノ、六科ヲ、▽シユムツ　ユダイ　ジーカ
チヤイ　スヌバン　ハンチヤイ　ヂー　ヌ　クト　シツチヤイ　ンカ
シ　ヌ　クト　ワカタイ　ドー　ウサミタイ　シユル　ルツクワ
shumutsi yudayi jī kachayi sunudan hanchayi jī nu kutu shitchayi
nkashi nu kutu wakatayi dū wusamitayi shuru rukkwa

　　☆「しりて→しって」を含む。「しりてあり→しったり」に対応。

/sjiQcja'i/ と推定。

シッチヤ<u>ウ</u>ラ子ー　0252　○ターヤテン。**シツチヤ<u>ウ</u>ラ子ーナラン。ムンヤテ。**　　□
何人デモ、心得テ居ラ子バスマヌ、モノデアリマシテ、▽ターヤ
テン　シツチヤウラ子ーナラン　ムンヤテ　tāyatin shitchoranē
naran mun yati,

　　☆「しりて」を含む。「しりてはをらねは」に対応。

/sjiQcjo'orane'e/ と推定。

たよる　頼

タユイヌ　0587　○タビユチエー。**タユイヌユタシクナトーヤビーン。**　　□旅行ハ、
都合ガヨロシフゴザリマス　▽タベー　タユイヌユタシクナトーヤビー
ン。　tabē tayuyi nu yutashiku natō yabīn.

　　☆連用形「たより」を含む。「たよりの」に対応。

/ta'ju'inu/ と推定。

たる　足

タリール　0359　○カナグスクムラウテ。**タリール<u>ウツ</u>サガ。ヤ、ビーラ。**　　□
金城村ノ、醸造計リデ、ゴザリマスカ　▽カナグスクムラ　ウテ　タリー
ル　ウツサ　ガ　ヤ、ビーラ。　Kanagusikumura wuti tarīru ussa ga

　　☆連用形「たり」を含む。「たりをる」に対応。

/tari'iru/ と推定。

つくる　作

ウツクイミ<u>シヤ</u>ウチエー　0289　○タチワチ。フーロー。ンデーヤ。**ウツクイミシ
ヤウチエー。子ーンガアヤビーラ。**　　□刀豆、裙帯豆、
ナドハ、御ツクリナサレマセヌカ　▽タチワチ　フーロー
ンデー　ヤ　ウツクイ　ミシヤウチエー　子ーン　ガ　ア
ヤビーラ。　Tachiwachi fūrō ndē ya utskuyi mishōchē
nēn ga ayabīra?

　　☆連用形「つくり」を含む。「おつくりめしをりては」に対応。

/Ɂucuku'imisjo'ocje'e/ と推定。

ウツクイミ。<u>シヤ</u>ウチエー。ヤビーガ　0261　○ウツクイミ。**<u>シヤ</u>ウチエー。ヤ
ビーガ。**□オ作リデ、ゴザリマスカ　▽ウツ
クイ　ミシヤウチエー　ヤビーガ。　utsukuyi

mishōche yabī gaya?

　☆ 連用形「つくり」を含む。「おつくりめしをりてはべりを（る）が」に対応。

　/ʔucuku'imisjo'ocje'e'jabi'iga/ と推定。

ウツクイミシ<u>ヤ</u>ウチエーヤビーラ　0285　○ヌーガ。ムトナチ。**ウツクイミシヤ**
　　　　　　　　　　　　　　　　　ウ　チエーヤビーラ。　□如何云物ヲ、重ニ、
　　　　　　　　　　　　　　　　　オツクリナサレマスカ　▽ヌーガ　ムト　ナチ
　　　　　　　　　　　　　　　　　ウツクイ　ミシヤウチエー　ヤビーラ。　Nu ga
　　　　　　　　　　　　　　　　　mutu nachi utsukuyi mishōchē yabēra. 注59

　☆ 連用形「つくり」を含む。「おつくりめしをりてはべりをら」に対応。「ヌーガ」の「ガ」と「ーが～ら」
　　の照応関係がある。

　/ʔucuku'imisjo'ocje'e'jabi'ira/ と推定。

ウツクミシ<u>ヨ</u>ウ<u>チエ</u>ール　0090　○**ウツクミシ<u>ヨ</u>ウ<u>チエ</u>ールン。**　□御早ク、出
　　　　　　　　　　　　　　　　　来マシタ、　▽ウツクミ　シヨウチエールン　utsukumi
　　　　　　　　　　　　　　　　　shōchērun.

　☆ 連用形「つくり」を含む。「おつくりめしてはある」に対応。

　/ʔucuku'imisjo'ocje'eru/ と推定。

ニヅクイ　0411　○**ニヅクイヌナヤビラン。**　□荷 作リガ出來マセヌ　▽ニヅクイ
　　　　　　　　ヌナヤビラン。nizukuyi nu nayabiran.（最後の n が不鮮明）注60

　☆ 連用形「つくり」を含む。「にづくり」に対応。

　/nizuku'i/ と推定。

ツクイー子ー　0339　○井ヌムン。ナゲーツクイー子ー。シヂンニ。ウヌ<u>ク</u>エーヌ。
　　　　　　　　子ーンナユクト。カワチツクユスガ。マシヤ、ビーン ママ（○なし）　　　□
　　　　　　　　同シ物ヲ、永ク作ルト、自然、其肥料ガ、ナクナリマスルユヘ換テ作
　　　　　　　　ルガ、亙シフゴザリマス　▽イヌムン　ナゲー　ツクイ　子ー　シヂ
　　　　　　　　ン　ニウ　ヌ　クエー　ヌ　子ーン　ナユ　クト　カワ　チツクユシ
　　　　　　　　ガ　マシヤ、ビーン。　yiuumun 注61 nagē tsukuyi nē shizin ni unu
　　　　　　　　kwē nu nen na yu kutu, kawachi shukyusi 注61 ga mashi yayabīn.

　☆ 連用形「つくり」を含む。「つくりには」に対応。途中「つくり→つくい」の変化がある。

　/cuku'i'ine'e/ と推定。

ツクユル　0337　○クイケーシ、。**ツクユルイーブンド。ヤ、ビール。**　□順 繰リ
　　　　　　　ニ換ヘテ、作ルコトデ、ゴザリマス　▽クイ （ママ）ーシシ　ツクユル　イー
　　　　　　　ブンド　ヤ、ビール。　kuyike sshi tsukuyuru ībun du yayabīru.

　☆ 連用形「つくり」を含む。「つくりをる」に対応。

　/cuku'juru/ と推定。

ツクテーヤビーン　0262　○デークニ。ウホーク。**ツクテーヤビーン。**　□大根ヲ、
　　　　　　　　　　　澤山、作リマシタ　▽デークニ　ウホーク　ツクテー　ヤビーン。
　　　　　　　　　　　dēkuni ufōku tsukute yabīn.

　　他に、0286, 0288 にも用例がある。

　☆ 「つくりて」を含む。「つくりてはありはべりむ」に対応。

　/cukute'e'jabi'i'ɴ/ と推定。

514　第3章　仮名資料の動詞形態の考察

ツクテーヤビークト　0589　○チンダイブンエイ。**ツクテーヤビークト。**　□<ruby>鎭臺<rt>チンダイ</rt></ruby>

<ruby>分營<rt>ブンエイ</rt></ruby>ガ、建築ニナリマシタデ、　▽チンダイブンエイツクテ

Chindai funei tsukuti

☼「つくりて」を含む。「つくりてはありはべ（る）こと」に対応。

/cukute'e'jabi'ikutu/ と推定。

ツクテー。ヤビースガ　0089　○ヨウヤク。**ツクテー。ヤビースガ。**　□漸ク、拙作ガ、

出來マシタカラ、　▽ヨウヤク　ツクテー　ヤビーシガ

Yōyaku tsukutēyabīsiga,

☼「つくりて」を含む。「つくりてはありはべ（る）すが」に対応。

/cukute'e'jabi'isiga/ と推定。

ツクテール　0178　○ワーガ**ツクテール。**サクブング**ヤク**ダインデ**イ**ユルフノー。

□私ガコシラヘマシタ、作文五百題ト申本ハ、　▽ワー　ガ　ツクテー

ル　サクブングヒヤクダイ　ンデ　イユルフノー　wā ga tsukutēru

sakubun-guhakudē ndi iuru funō

☼「つくりて」を含む。「つくりてはある」に対応。

/cukute'eru/ と推定。

とほる通

トヲイ　0413　○**イッシヤウヌトヲイ。**　□例ノ通リ、　▽ Isshō nu tūyi

☼連用形「とほり」に対応。

/tu'u'i/ と推定。/ri/ → /'i/ の変化がある。

ウトーミ**シエー**ビタラ　0640　○ヒジヤジユクガ。**ウトーミシエービタラ。**　□<ruby>東<rt>ヒジヤ</rt></ruby>

<ruby>宿<rt>ジユク</rt></ruby>ヲ、御通リナサレマシタカ　▽ヒジヤジユクガ　ウトー

ミシエービタラ。　Fijajuku ga utūyi mishēbitara?（ウトー

→ウトーイ）

☼連用形「とほり」を含む。「おとほりめしはべりたら」に対応。「

/'utu'umisje'ebitara/ と推定。/'utu'uri/ → /'utu'u'i/ → /'utu'u/ の変化が考えられる。

トーヤビークト　0649 ○ヤンバルヲウクワン**シユル**　フニン。メ　(ママ)　カラ**トー**ヤ

ビークト。　□<ruby>山原<rt>ヤンバル</rt></ruby>ヘ往還スル舟モ、前ヲ通リマスカラ、　▽ヤン

バル　ヲークワン　シユル　フニンメーカラ　トーヤビークト

Yambaru wakwan_{注62)} shuru funin mē kara tū yabī kutu,

☼連用形「とほり」を含む。「とほりはべ（る）こと」に対応。

/tu'u'jabi'ikutu/ と推定。

トーヤビタスガ　0661　○ムトブンカイ**トー**ヤビタスガ。　□本部ノ方ヲ通リマ

シタガ、　▽ムトブ　ンカイ　トーヤビタシガ　Mutubu nkai

tūyabitasi ga,

☼連用形「とほり」を含む。「とほりはべりた（る）すが」に対応。

/ tu'u'jabi'itasiga/ と推定。

トーラン　0661　○カグン**トーラン。ドット。**ナンジシヤビタサー。　□駕籠モ通

ヒ　マセズ、誠ニ、難義ヲ致シマシタ　▽カグン　ドット　ナンジ　シヤ

ビタ　サー。　kagun turan duttu nanji shabita sā.（turan → tūran）

第 10 節 『沖繩對話』の動詞形態の考察　515

☆ 未然形「とほら」を含む。「とほらぬ」に対応。

/tu'ura'ɴ/ と推定。

トーラヽン　0691　○ハイ、<u>チヤ</u>テー。**トーラヽンアテ**。　□行違テ、通ラレマセ^{ユキチガツ}
ヌユヘ、▽ハイチヤ　テー　トーラヽン　シ、　hayi ichatē tūraran
sshi,

☆ 未然形「とほら」を含む。「とほららぬ」に対応。

/tu'urara'ɴ/ と推定。

トーテ　0661　○フンドーヤ。クヌメートーテ。　ンチヤウヤビータクト。　□本^{ホン}
街道^{カイドウ}ハ、以前通リテ、見マシタユヘ、▽フンドーヤ　クヌメートーテ　ン
チヤウ　ヤビータクト　fundō ya kunu mē tūti nchō yabīta kutu,

他に、0641 にも用例がある。

☆ とうて」に対応か。

/tu'uti/ と推定。

とまる泊

ウドマイ　0592　○ウドマイ<u>ミシヤウチヤ</u>セー。　□御泊リハ、▽ウドマイミシヤ
ウチヤセー　Udumayi mishōchasē

☆ 連用形「とまり」を含む。「おどまり」に対応。

/ʔuduma'i/ と推定。

トマヤビタン　0593　○サカヌシタエチナカイ。**トマヤビタン**。　□坂ノ下驛^{サカ　シタエキ}デ、
泊リマシタ　▽サカヌシタエキナカイトマヤビタン。　Saka-nu-
shita-eki nakai tmayabitan. 注63)

☆ 連用形「とまり」を含む。「とまりはべりたり<u>む</u>」に対応。

/tuma'jabita'ɴ/ と推定。

とる取

ウトイミ。<u>シエー</u>ビリ　0037　○**ウトイミ**。<u>シエー</u>ビリ。　□オ脱^{ヌキ}_{ママ}、ナサレマセ
ヌカ　▽ウ　トイ　ミシエービリ。　u tui mishēbiri.

ウトイミシエービリ　0039　○ウトイミシエービリ。　□御トリ、ナサレマセ　▽
ウ　トイ　ミシエービリ。u tui mishēbiri.

ウトイミ<u>シエー</u>ビリ　0385　○ウイリユーヌブノー。**ウトイミ**<u>シエー</u>ビリ。　□御
入用ノ分ハ、御取リナサレマ、▽ウイリユーヌ　ブノー　ウ
トイミシエービリ　Uiriyu nu bunō utuyi mishēbiri.

☆ 連用形「とり」を含む。「おとりめしはべれ」に対応。

/ʔutu'imisje'ebiri/ と推定。

ウトイヽリニ　0396　○ウホーク。タンフ。**ウトイヽリニナタンデイチ**。チヽヤビ
タスガ。　□澤山、反布ヲ御仕入ニナリマシタト、承リマシタガ、
▽ウホーク　タンフ　ウトイヽリニナタンデイチ　チヽヤビタシガ
ufōku tanfu utuyi iri ni natan di ichi chichabitasi ga,

☆ 連用形「とり」を含む。「おとりいれに」に対応。

/ʔutu'iʔirini/ と推定。

ウトミ<u>シヤウチヤ</u>ル　0398　○テーブン。**ウトミ**<u>シヤウチヤ</u>ルハヅデービル。　□

大分、御手ニ入リマシタデゴザリマ<u>シヤウ</u>　▽テーブン　ウ[・]ト[・]
ミ<u>シヤウチヤラ</u>_{注37)}ハヅデービル。　tēbun utuyi mishōchara
hazi dēbiru.

　☆連用形「とり」を含む。「おとりめしてある」に対応。

/ʔutumisjo'ocjaru/ と推定。途中 /ʔuturi/ → /ʔutu'i/ → /ʔutu/ の変化がある。_{注64)}

ウトミ<u>シ</u>エービールン　0382　○ウンジヨウ。イツヤテン。ウチユームンドンシミ
　　　　<u>シヤウ</u>レー。ウトミ<u>シヤ</u>エービールン。　□貴方ハ、何時デモ、
　　　　御注文ニサヘナレバ、御手ニ入ルモノデアリマスカラ、　▽
　　　　ウンジヨウ　イツ　ヤテン　ウワーツレードン　シミシヤウ
　　　　レー　ウ[・]ト[・]　ミシエービークト　Unjō itsi yatin uwātsirē
　　　　dun shi mishōrē utuyi mishebī kutu,

　☆連用形「とり」を含む。「おとりめしはべりをるん」に対応。

/ʔutumisje'ebi'iruꞰ/ と推定。/ʔuturi/ → /ʔutu'i/ → /ʔutu/ の変化。_{注64)}

トイメー　0306　○<u>サウ</u>ウーヌ[・]ト[・]イ[・]メー。アタスガ。　□相應ノトリマヘガ、アリ
　　　　マシタガ、　▽サウウー　ヌ[・]ト[・]イ[・]メー　アタシガ　sōwū nu tuyimē atasi
　　　　ga,

　☆連用形「とり」を含む。「とりみは」に対応。

/tu'ime'e/ と推定。

トイミヌ　0312　○ウンジユナーヤ。[・]ト[・]イ[・]ミヌ。ウフサルグトー。子ーヤビランカ
　　　　ヤー。　□貴方ノ、収穫ガ、多ヒ様デハ、アリマセヌカ　▽ウンジユナー
　　　　ヤ　[・]ト[・]イ[・]ミヌ　ウフサル　グトー　子ーヤビラン　カ　ヤー。unjunā ya
　　　　tuimi nu ufusaru gutō nēyabiran ka yā?

　他に、0316,0332 にも用例がある。

　☆連用形「とり」を含む。「とりみの」に対応。「取り味の」か。

/tu'iminu/ と推定。

ウヒマドイ　0126　○[・]ウ[・]ヒ[・]マ[・]ドイ。ナヤビタン。　□御邪<ruby>魔<rt>オシヤ</rt></ruby><ruby>ヲ<rt>マ</rt></ruby>、仕リマシタ　▽
　　　　[・]ウ[・]ヒ[・]マ[・]ドイ　ナヤビタン。　ufimadui nayabitan.

　☆連用形「とり」を含む。「おひまどり」に対応。

/ʔuh(w)imadu'i/ と推定。

トイヌヅキタイ　0331　○イシヌグトールン<u>チヤ</u>ムルシ。ヌヅキタイ。ヤナグサ。
　　　　ユー。[・]ト[・]イ[・]ヌ[・]ヅ[・]キ[・]タイ<u>シユ</u>ルクトド。ヤ、ビール。　□石塊ヲ除
　　　　ケ、又<ruby>雜草<rt>ワルキクサ</rt></ruby>ヲ、能ク、取リ除ル事デ、ゴザリマス　▽イシ　ヌ
　　　　グトール　ンチヤ　ムルシ　ト[・]イ[・]　ドキタイ　ヤナグサ　ユー
　　　　トイ　ムシ　タイ　シユルクトド　ヤ、ビール。ishi nu gutōru
　　　　nchamurushi tuyi dukitayi yanagusa yū tuyi mushi tayi shuru
　　　　kutu du yayabīru.

　☆連用形「とり」を含む。「とりのぞきたり」に対応。

/tu'inuzukita'i/ と推定。

トイアツミヤビーン　0360　○[・]トイ[・]アツミヤビーン。　□集メマス　▽[・]ト[・]イ[・]アツミ
　　　　ヤビーン。　tuiatsimi yabīn.

第10節『沖縄對話』の動詞形態の考察　517

☆ 連用形「とり」に対応。「とりあつめはべりをりむ」

/tu' iʔacimi'jabi'i'ɴ/ と推定。

トヤビーン　0417　○ウヘー。**トヤビーン**。　□少シ、取リマ<u>シヤウ</u>　▽ウヘー・
　　　　　　　　トヤビーン。　ufē tuyabīn.

☆ 連用形「とり」を含む。「とりはべりをりむ」に対応。

/tu'jabi'i'ɴ/ と推定。

トヤビラ　0482　○ワーガアメー。ムッチ<u>ツ</u>チ。イヨー**トヤビラ**。　□私ガ網ヲ、
　　　　　　　持参シテ、魚ヲ、捕リマ<u>シヤウ</u>　▽ワン　アメー　ムッチッチ　イヨー・
　　　　　　　トヤビラ。　wan amē mutchitchi iyō tuyabira.

☆ 連用形「とり」を含む。「とりはべら」に対応。

/tu'jabira/ と推定。

トヤビタン　0202　○ウワタル<u>シユウ</u>ク。**トヤビタン**。　□卒業證<ruby>書<rt>ショウショ</rt></ruby>ヲモラヒ
　　　　　　　マシタ　▽ソツゲフシヨウシヨ　**ト**ヤビタン。　sotsugyō shōsho
　　　　　　　tuyabitan.

☆ 連用形「とり」を含む。「とりはべりたりむ」に対応。

/tu'jabita'ɴ/ と推定。

トヤビタル　0397　<u>チヤー</u>シン。<u>シヤウ</u>ベー子ーナランタクト。ウヒド**トヤビタ**
　　　　　　　ル。　□トテモ、商法ニナリマセヌ故、聊カ、仕入マシタ　▽チヤー
　　　　　　　シン　シヤウベー子ーナラン　タ　ク　ト　ウヒド　トヤビタル。
　　　　　　　chāshin shōbē nē naranta kutu ufi du tuyabitaru.

☆ 連用形「とり」を含む。「とりはべりたる」に対応。

/tu'jabitaru/ と推定。

トユル　0260　○リイニン<u>ヌ</u><u>シヤ</u>コー。**トユルハヅヤ**、ビーン。　□<ruby>例<rt>レイ</rt></ruby>年位ノ、收
　　　　　<ruby>穫<rt>イレ</rt></ruby>ハアリマ<u>シヤウ</u>　▽リイニン　ヌ　シヤコー　**ト**ユラ_{注37)}　ハヅ　ヤ、
　　　　　ビーン。　rīnin nu shakō tuyura hazi yayabīn.

☆ 連用形「とり」を含む。「とりをる」に対応。

/tu'juru/ と推定。

トラリーギサ　0295　○ヌーンデーヤ。トヤカコー。**トラリーギサ**。ヤビーガヤー。
　　　　　　　□何ナドガ、可ナリ、トレサフデ、ゴザリマスカ　▽ヌー　ンデー　ヤ
　　　　　　　トヤカコー　トラリー　ギサ　ヤビー　ガ　ヤー。　Nū ndē ya tuyakakō
　　　　　　　turarī gisa yabī ga yā?

☆ 未然形「とら」を含む。「とられげさ」に対応。

/turari'igisa/ と推定。

トーヤビースガ　0502　○イヨー。　ウホーク。**トーヤビースガ**。　□魚ガ、
　　　　　　　<ruby>澤山<rt>タクサン</rt></ruby>、<ruby>捕<rt>ト</rt></ruby>レマシタガ、　▽イユ　ウホーク　**ト**ーヤビーシガ
　　　　　　　Iyu ufōku tutē yabīsi ga

☆ 「とりて」を含む。「とりてはありはべ（る）すが」に対応。

/tute'e'jabi'isiga/ と推定。

なほる治

　　ノーヤビータスガ　0733　○アリ<u>シヤ</u>ーイ。ビヤウチヌ。**ノーヤビータスガヤー**。

518　第3章　仮名資料の動詞形態の考察

□アレデ、病氣ガ、直ツタモノデゴザリマス　▽アリシヤー
　　　　イ　ビヤウチ　ヌ　ノー　ヤビータシ　ガ　ヤー。　ari shayi
　　　　byōchi nu nō yabitasi ga yā.

　☆連用形「なほり」を含む。「なほりはべりた（る）すが」に対応。

/no'ojabi'itasiga/ と推定。/na'uri/→/na'u'i/→/no'o'i/ 等の変化が考えられる。

ノーユセー　　0747　○チヤーシン。**ノーユセー**。カテームンデイチ。□迚モ、快復ハ、
　　　　出來マイト、覺悟シテ居リマシタガ、　▽チヤーシン　ノーユセー　カ
　　　　テームン　デ　イチ　Chāshin nōyusē katēmun di ichi

　☆連用形「なほり」を含む。「なほりを（る）すは」に対応。

/no'ojuse'e/ と推定。

なる成（出來）

ナエー　　0142　○ウンチエームン。**ナエー** シヤビラニ　□御借シ、下サレマセヌカ、
　　　　▽ウンチエームン　ナエー　シヤビラニ。　unchēmun nayē shabira ni?

　☆連用形「なり」を含む。「なりは」に対応。

/na'e'e/ と推定。途中に /nari/→/na'i/ の変化がある。

ウナミ シエービーミ　0183　○ウハナシ。**ウナミ シエービーミ**。　□御話 ガ、出來
　　　　マスカ　▽ウハナシ　ウナミシエービーミ。　ufanashi nu 注65)
　　　　unai mishēbīmi?

　☆連用形「なり」を含む。「おなりめしはべりをりみ」に対応。

/ʔunamisje'ebi'imi/ と推定。/ʔunari/→/ʔuna'i/→/ʔuna/ の変化がある。

ナヤビーガヤー　　0207　○チヤーシードンセー。**ナヤビーガヤー**。　□如何シタラバ、
　　　　ヨロシフアリマスカ　▽チヤーシー　ドンセー　ナヤビーガヤー。
　　　　chā shī dunsē nayabī ga ya?

　☆連用形「なり」を含む。「なりはべりを（る）がや」に対応。

/na'jabi'iga'ja'a/ と推定。

ナヤビラン　　0401　○チヤーシン。ウハナシエー **ナヤビラン**。　□トテモ、御話シ
　　　　ニハナリマセヌ　▽チヤーシン　ウハナシエーナヤビラン。　Chāshin
　　　　ufanashē nayabiran.

　　他に、0184 にも用例がある。

　☆連用形「なり」を含む。「なりはべらぬ」に対応。

/na'jabira'N/ と推定。

ナユル　0749　○ドークルシヤーイ。ヨウヤクウキクリヌ。**ナユルアタイド**。ヤヽビー
　　　　ル。　□獨（ヒトリ）デ、稍ク起臥ガ、出來ル位デ、ゴザリマス　▽ドークル　シヤー
　　　　イ　ヨウヤク　ウキクリ　ヌ　ナユル　アタイ　ド　ヤヽビール。　dūkuru
　　　　shayi yōyaku ukikuri nu nayuru atayi du yayabīru.

　　他に、0187 にも用例がある。

　☆連用形「なり」を含む。「なりをる」に対応。

/na'juru/ と推定。

なる成

ナリユチ　　0443　○クンナゲーヌ シヤウベーヌ　**ナリユチ**。チヽンデー。　□以前

ノ商賣ヲ、聞キマスルト、　▽クンナゲー　ヌ　シヤウベー　ヌ　ナリユ
チ　チヽンデー　Kunnagē nu shōbē nu nariyuchi chichi ndē,

☆ 連用形「なり」を含む。「なりゆき」に対応。

/nari'jucji/ と推定。/na'i/ でないことに注目。

ナイドン　0523　○ユナカ。**ナイドン**シユラー。　□深更ニモ、ナリマシタラ、　▽
ユナカ　ナイドンシユラー　yunaka nayi dun shurā,

他に、0324,0705 にも用例がある。

☆ 連用形「なり」を含む。「なりども」に対応。「ナイドンシユラー」は「なりどもしをらは」。

/na'iduɴ/ と推定。/nari/ → /na'i/ の変化。

ナエー　0406　○ヒヤクゞジツタノー。**ナエー**シヤビラニ。　□百五十反、願ガワ
レマセヌカ　▽ヒヤクゞジツタノーナエーシヤビラニ。　Hyaku-go-jittanō
nayē shabirani?

他に、0404,0633,0704 に用例がある。

☆ 連用形「なり」を含む。「なりは」に対応。

/na'e'e/ と推定。/nari/ → /na'i/ の変化。

ナイガ　0484　○ウヌ**イヤウ**ナクトヌ。ジユニ。**ナイガ**シヤビーラ。　□ソンナ自由
ナ事ガ、直ニ出來マスカ　▽ウヌ　ヤウナ　クトヌ　ジユーニ　ナイ　ガ
シヤ　ビーラ。　Unu yō na kutu nu jiyu ni yayi ga shabīra?

☆ 連用形「なり」を含む。「なりが」に対応。「シヤビーラ」と「～が～ら」の照応がある。

/na'iga/ と推定。/nari/ → /na'i/ の変化。

ナミシエーガ　0748　○ウザウチカラヌ。グフ**イヤウ**ヌシヤコー。　ウナミ**シエー**
ガシヤビーラ。　□御間内ノ、御歩行位ハ、御出來ナサレマスカ　▽
ウザウチ　カラ　ヌ　グフヤウ　ヌ　シヤコー　ウナミ　シエー　ガ
シヤビーラ。　uza uchi kara nu gufuyō nu shakō unami sha ga
shabira?注66)

☆ 連用形「なり」を含む。「なりめしはべ（る）が」に対応。

/namisje'ega/ と推定。/nari/ → /na'i/ → /na/ の変化。

ナミ**シヤウ**ラン　0402　○チシテグスン子ーウナミ**シヤウ**ランハヅ。　□決シテ、
御損ニハナリマスマイ　▽チシテ　グスン子ーウナミシヤウランハ
ヅ。chishiti gusun nē una mishōr n hazi.

☆ 連用形「なり」を含む。「なりめしはをらぬ」に対応。

/namisjo'oraɴ/ と推定。/nari/ → /na'i/ → /na/ の変化。

ナヤビイン　0030　○**ナヤビイン**。　□ナリマス。　▽ナヤビイン。　nayabīn.

ナヤビーン　0481　○ナンドチヤテン。**ナヤビーン**。　□何時デモ、間ニ合ヒマス
▽ナンドチ　ヤテ　ンナヤビーン。　nanduchi yatin nayabīn.

☆ 連用形「なり」を含む。「なりはべりをりむ」に対応。

/na'jabi'iɴ/ と推定。

ナヤビール　0034　○アツク**ナヤビール**ハヅ。　□^{アツク}熱ナリマ**シヤウ**　▽アツク　ナ
ヤビーラ注37)ハヅ。　atsiku nayabīra hazi.

他に、0178,0270 にも用例がある。

520　第3章　仮名資料の動詞形態の考察

☼ 連用形「なり」を含む。「なりはべりをる」に対応。

/na'jabi'iru/ と推定。

ナヤビーガ　0426　○チヤヌシヤクヌ。ナラシニナヤビーガ。　□ドノ位ノ、平均(ナラシ)
　　　　　ニナリマスカ　▽チヤヌ　シヤク　ヌ　トナミ　ニ　ナヤビーガ。
　　　　　Cha nu shaku nu tunami ni nayabī ga?

　　他に、0480 にも用例がある。

☼ 連用形「なり」を含む。「なりはべ（る）が」に対応。

/na'jabi'iga/ と推定。

ナヤビースガ　0010　○ウスク。ナヤビースガ。　□遅ク、ゴザリマスガ、▽ウス
　　　　　ク　ナヤビーシ　ガ　usiku nayabīsi ga

☼ 連用形「なり」を含む。「なりはべ（る）すが」に対応。

/na'jabi'isiga/ と推定。

ナヤビークト　0080　○ウヘー。ウサチナヤビークト。　□少シ御先ニ參ヘリマス(オサキ)
　　　　　カラ　▽ウヘー　ウサチ　ナヤビークト　ufē usachi nayabī kutu,

☼ 連用形「なり」を含む。「なりはべ（る）こと」に対応。

/na'jabi'ikutu/ と推定。

ナヤビラ　0463　○ウサチ。ナヤビラ。　□御先へ、御免ヲ 蒙 リマシヤウ　▽ウ(オ)(ゴメン)(カフムリ)
　　　　　サチ　ナヤビラ。　usachi nayabira.

☼ 連用形「なり」を含む。「なりはべら」に対応。

/na'jabira/ と推定。

ナヤビタン　0126　○ウヒマドイ。ナヤビタン。　□御邪ママ魔ヲ、仕リマシタ　▽(オシヤ)(マ)
　　　　　ウヒマドイ　ナヤビタン。　ufimadui nayabitan.

　　他に、0002,0597 にも用例がある。

☼ 連用形「なり」を含む。「なりはべりたりむ」に対応。

/na'jabita'N/ と推定。

ナヤビタラ　0370　○ヌー。　シナガ。ウシメーナヤビタラ。　□如何イフ、品物ヲ、(シナモノ)
　　　　　御仕入ニナリマシタ　▽ヌー　シナ　ガ　ウシメー　ナヤビタラ。　nū
　　　　　shina ga ushimē nayabitara?

☼ 連用形「なり」を含む。「なりはべりたら」に対応。前の「シナガ」の「ガ」と「－が〜ら」の照応が
　　ある。

/na'jabitara/ と推定。

ナヤビタガ　0340　○クンドヌサタウヤ。チヤヌシヤク。ウケーイリニ。ナヤビタガ。
　　　　　□當年の砂糖ハ、ドレ位、御買込ニ、ナリマシタ　▽クンド　ヌ　サトー(オカヒコミ)
　　　　　ヤ　チヤヌシヤク　ウケー　イリ　ニ　ナヤビタガ。　Kundu nu satō
　　　　　ya cha nu shaku ukēiri ni nayabita ga?

☼ 連用形「なり」を含む。「なりはべりた（る）が」に対応。

/na'jabitaga/ と推定。

ナヤビタサー　0129　○クレー。グブリー。ナヤビタサー。　□コレハ、失禮、イ
　　　　　タシマシタ　▽クレー　グブリー　ナヤビタサー。　Kurē guburī
　　　　　nayabitasā.

第 10 節 『沖縄對話』の動詞形態の考察　521

他に、0772 にも用例がある。

☼ 連用形「なり」を含む。「なりはべりた（る）さ」に対応。

/na'jabitasa'a/ と推定。

ナヤビラン　0677　○アツチ。イチユセーナヤビラン。ホーテドイチヤビタサー。
□歩行テ、往クコト出來マセヌデ、匍匐テ参ヘリマシタ　▽アツチ
イチユセーナラン　ホーテ　ド　イチヤビタサー。　atchi ichusē naran,
hōti du ichabita sā.

他に、0411 にも用例がある。

☼ 連用形「なり」を含む。「なりはべらぬ」に対応。

/na'jabira'ɴ/ と推定。

ナヤビランスガ　0411　○ナルビチエー。フヘークムタサ子ーナヤビランスガ。
□成ルベク、早ク送ラ子バナリマセヌガ、　▽ナルビチエー　ヘー
ク　ムタサ子ーナヤビランシガ　Narubichē fɔku matasa nē 注67)
nayabiransi ga,

☼ 連用形「なり」を含む。「なりはべらぬすが」に対応。

/na'jabira'ɴsiga/ と推定。

ナヤビランクト　0751　○クングトシヤウ井ー子ー。ドット。サビツサヌナヤビラ
ンクト。　□斯シテ居リマスト、誠ニ、淋クテナリマセヌカラ、
▽クングト　シヤウイー　ネー　ドット　サビツサ　ヌ　ナヤビ
ラン　クト　　kun gutu shōyi nē duttu sabisa nu 注68) nayabiran
kutu,

☼ 連用形「なり」を含む。「なりはべらぬこと」に対応。

/na'jabira'ɴkutu/ と推定。

ナヤビランタン　0591　○アンマデクルシミ子ーナヤビラインタン。　□餘リ苦ニモ
ナリマセナンダ　▽アンマデクルシミ子ーナヤビラインタン。　　an
madi kurushimi nē nayabirantan.

☼ 連用形「なり」を含む。「なりはべらぬたりむ」に対応。

/na'jabira'ɴta'ɴ/ と推定。

ナヤビランタガ　0390　○イーチユムノー。チヤーシ、。ウシメー子ーナヤビラン
タガ　□絹物ハ、ナゼ、御仕入ニナリマセヌカ　▽イーチユムノー
チヤーシ　ウシメー子ーナヤビランタガ。　Īchu mun ōchashi sshi
注69) ushimē nē nayabiran ta ga?

☼ 連用形「なり」を含む。「なりはべらぬた（る）が」に対応。

/na'jabira'ɴtaga/ と推定。

ナヤビランタサー　0679　○メーンカイ。ヒカリールグトシ、。チヤーンナヤビ
ランタサー。　□前ノ方へ、引レル様ニ思ヒマシテ、ドウモナ
リマセナンダ　▽メーンカイ　ヒカリール　グトシ、　チヤーン
ン　ナヤビランタサー。　mē nkai fikarīru gutu sshi chān
nayabirantasā.

☼ 連用形「なり」を含む。「なりはべらぬた（る）さあ」に対応。

522　第3章　仮名資料の動詞形態の考察

/na'jabira'ntasa'a/ と推定。

ナルタキ　0321　○**ナルタキ**フカーク。ウチケー<u>シユ</u>スガ。マヅデーイチヤ、ビー
　　　　　　　　　ン。　　　　　□成丈ケ深ク、墾反スガ、先ツ_{ママ}第一デゴザリマス　▽ナル
　　　　　　　　　タキ　フカク　ウチケーシユシ　ガ　マヅ　デーイチ　ヤ、ビーン。
　　　　　　　　　Narudaki fukaku uchikēshusi ga mazi dēichi yayabīn.

　☆連体形「なる」を含む。「なるたけ」に対応。「なるたけ」で慣用句的か。「琉便」は、仮名表記は「ナ
　　ルタキ」であるのにローマ字表記は「Narudaki」となっていて、不一致がある。

/narutaki/ と推定。

ナユル　0329　○ゲーニ**ナユル**ムノー。シチヤンカイ。アレーナガチ<u>イチ</u>ユクト。
　　　　　　　　　□害毒物ヲ、洗テ下層ニ、流シ込三マスカラ、　▽ゲー　ニ　ナユル　ム
　　　　　　　　　ノーシチヤン　カイ　アレーナガチ　イチユ　クト　　gē ni nayuru munō
　　　　　　　　　shichan kai arē nagachi ichu kutu,

　☆連用形「なり」を含む。「なりをる」に対応。

/na'juru/ と推定。

ナユスガ　0364　○クリンウヘー。トク**ナユ**スガ。　　□コレモ少々ハ、益ニナリマ
　　　　　　　　　スガ、　▽クリン　ウヘー　トク　ナユシガ　Kurin ufē tuku nayusi ga,

　☆連用形「なり」を含む。「なりを（る）すが」に対応。

/na'jusiga/ と推定。

ナユクト　0339　○井ヌムン。ナゲーツクイー子ー。シヂンニ。ウヌ<u>クエ</u>ーヌ。子ー
　　　　　　　　　ン**ナユクト**。カワチツクユスガ。マシヤ、ビーン_{ママ（○なし）}　□同シ物ヲ、
　　　　　　　　　永ク作ルト、自然、其肥料ガ、ナクナリマスルユヘ換テ作ルガ、冝シフゴ
　　　　　　　　　ザリマス　▽イヌムン　ナゲー　ツクイ　子ー　シヂン　ニウ　ヌ　ク
　　　　　　　　　エー　ヌ　子ーン　ナユ　クト　カワ　チツクユシガ　マシヤ、ビーン。
　　　　　　　　　yiuumun_{注70)}　nagē tsukuyi nē shizin ni unu kwē nu nen na yu kutu,
　　　　　　　　　kawachi shukyusi_{注70)} ga mashi yayabīn.

　☆連用形「なり」を含む。「なりを（る）こと」に対応。

/na'jukutu/ と推定。

ナラン　0298　○クノグロー。チヤーン**ナラン**。<u>ウツチヤンギテ</u>ドアル。　　□此頃
　　　　　　　　　ハ、仕方ナク、打捨テ居リマス　▽クノグロー　チヤーンナラン　ウツチ
　　　　　　　　　ヤンギテ　ド　アル。　kunugurō chān naran utchangiti duaru.　他に、
　　　　　　　　　0399,0411 に用例がある。

　☆未然形「なら」を含む。「ならぬ」に対応。

/nara'n/ と推定。

ナラン　0252　○ターヤテン。シツチヤウラ子ー**ナラン**。ムンヤテ。　　□何人デモ、
　　　　　　　　　心得テ居ラ子バスマヌ、モノデアリマシテ、　▽ターヤテン　シツチヤウラ
　　　　　　　　　子ーナラン　ムンヤテ　tāyatin shitchoranē naran mun yati,
　　　　　　他に、0435 に同様の用例がある。

　☆未然形「なら」を含む。「ならぬ」に対応。名詞（ここでは「もの」）が後続している。

/nara'n/ と推定。

ナラノー　0068　○クリヤカ。アツコー**ナラノー**。アヤビラニ。　　□暑モ、コレヨリ、

　　　　強クハ、ナリマスマイカ　▽クリヤカ　アッコーナラノー　アヤビラニ。
　　　　kuri yaka atsikō naranō ayabirani?

　　他に、0737 にも用例がある。

　☼ 未然形「なら」を含む。「ならぬは」に対応。

　/narano'o/ と推定。

ナランタクト　0397　○<u>チヤーシン</u>。　<u>シヤウ</u>ベー子ー**ナランタクト**。ウヒドトヤ
　　　　ビタル。　　□トテモ、　商法ニナリマセヌ故、聊カ、仕入マシタ　▽
　　　　チヤーシン　シヤウベー子ーナラン　タ　ク　ト　ウヒ　ド　（ママ）
　　　　ヤビタル。　　chāshin shōbē nē naranta kutu ufi du tuyabitaru.

　☼ 未然形「なら」を含む。「ならぬた（る）こと」に対応。

　/nara'ɴtakutu/ と推定。

ナテ　0036　○チユーク**ナテ**。　□<ruby>烈<rt>ハゲ</rt></ruby>シクテ、　▽チユーク　ナテ　chūku nati,
　　　他に、0324,0434,0444 に用例がある。

　☼「なりて→なって」に対応。

　/nati/ と推定。促音脱落の変化がある。

ナテー　0015　○ウヒク**ナテー**。ウヤビランカヤー。　　□大キク、ナリタデハ、
　　　　ゴザリマセヌカ　▽ウヒク**ナテー**　ウヤビラン　カヤー。　ufiku natē
　　　　wuyabi ran kayā?
　　　他に、0029,0072,0447,0448 に用例がある。

　☼「なりて→なって」を含む。「なっては」に対応。

　/nate'e/ と推定。促音脱落の変化がある。

ナタン　0396　○ウホーク。タンフ。ウトイ、リニ**ナタン**デイチ。チ、ヤビタスガ。
　　　　□澤山、反布ヲ御仕入ニナリマシタト、承リマシタガ、　▽ウホーク　タン
　　　　フ　ウトイ、リニ**ナタン**デイチ　チ、ヤビタシガ　ufōku tanfu utuyi iri
　　　　ni natan di ichi chichabitasi ga,

　☼「なりて→なって」を含む。「なったりむ」に対応。

　/nataɴ/ と推定。促音脱落の変化がある。

ナタノー　0033　○ナツヌシツニ。**ナタノー**。アヤビランカヤー。　　□夏ノ<ruby>季<rt>キ</rt></ruby>ニ、
　　　　ナリマシタデハ、ゴザリマセヌカ　▽ナツ　ヌ　シツ　ニ　**ナタノー**　ア
　　　　ヤビラン　カ　ヤー。　　natsi nu shitsi ni natanō ayabiran ka yā?
　　　他に、0140 にも用例がある。

　☼「なりて→なって」を含む。「なってありぬは→なったりぬは」に対応。この「ぬ」は「完了」のそれ
　　と考えられる。

　/natano'o/ と推定。促音脱落の変化がある。

ナタクト　0112　○ユルヌ。<u>ドット</u>。ナガク。**ナタクト**。　　□夜ガ、餘程、長ク、
　　　　ナリマシタカラ、　▽ユル　ヌ　ドット　ナガク　**ナタクト**　Yuru nu
　　　　duttu nagaku nata kutu,

　☼「なりて→なって」を含む。「なりてあ（る）こと→なった（る）こと」に対応。

　/natakutu/ と推定。促音脱落の変化がある。

ナトーイ　0591　○ミチン<u>ドット</u>ユタシク**ナトーイ**。　　□道モ大分ヨクナリテ

524　第3章　仮名資料の動詞形態の考察

ヲリマスルシ、　▽ミチン　ドットユタシクナトーイ　michin duttu
yutashiku natōyi

☆「なりて→なって」を含む。「なりてはをり→なってはをり」に対応。

/nato'o'i/ と推定。促音脱落の変化がある。

ナトーン　0294　○ムット。クサリテ子ーンナトーン。　□スッカリ、腐テ仕舞
マシタ　▽ムット　クサリテ子ーン　ナトーン。　muttu kusariti nēn
natōn.

☆「なりて→なって」を含む。「なりてはをりむ→なってはをりむ」に対応。

/nato'o'N/ と推定。促音脱落の変化がある。

ナトークト　0550　○チユウヤ。ニッカナトークト。　□今日ハ、晩クナリマシタ
カラ、　▽チユウヤ　ニッカナトークト　chū ya nika 注71) natō kutu

☆「なりて→なって」を含む。「なりてはを（る）こと→なってはを（る）こと」に対応。

/nato'okutu/ と推定。促音脱落の変化がある。

ナトーヤビーン　0012　○ヌク、。ナトーヤビーン。　□暖和ニ、ナリマシタ　▽
ヌク、　ナヤビタン。　nukuku nayabitan.

　　他に、0587 にも用例がある。

ナトオヤビイン　0035　○チユークナトオヤビイン。　□暑サ、増シマシタ　▽チ
ユウク　ナトオヤビイン。　chūku natōyabin.

ナトウヤビイン　0075　○ナトウヤビイン。　□ナリマシタ　▽ナトウヤビイン。
natōyabīn.

ナタフヤビーン　0131　○ワートチーヤ。ハチジナタフヤビーン。　□私ノ時計ハ、
八時デゴザリマス　▽ワートチー　ヤ　ハチジナターウヤビーン。
Wā tuchī ya hachiji natōyabīn.

☆「なりて→なって」を含む。「なりてはをりはべりむ→なってはをりはべりむ」に対応。

/nato'o'jabi'i'N/ と推定。促音脱落の変化がある。

ナトーヤビール　0031　○ウヒドナトーヤビール。　□纔ニ、ナリマシタ　▽ウ
ヒドナトール。　ufi du natōru.

☆「なりて→なって」を含む。「なりてはをりはべる→なってはをりはべる」に対応。「琉便」では、「ナ
トール」に変えられている。

/nato'o'jabi'i'ru/ と推定。促音脱落の変化がある。

ナタフヤビーガ　0130　○ウンジユヌ。ウトチーヤ。ナンジナタフヤビーガ。
□貴方ノ、御時計ハ、何時デアリマスカ　▽ウンジユ　ヌ　ウト
チーヤ　ナンジ　ナタウヤビー　ガ。　Unju nu utuchī ya nanji
natōyabī ga?

☆「なりて→なって」を含む。「なりてはをりはべ（る）が→なってはをりはべ（る）が」に対応。

/nato'o'jabi'iga/ と推定。促音脱落の変化がある。

ナトウヤビーサー　0074　○スダクナトウヤビーサーヤー。　□凉シクナリマシタ
▽スダクナトウヤビーサーヤー。　sidaku natōyabīsā yā.

　　他に、0274,0586 にも用例がある。

☆「なりて→なって」を含む。「なりてはをりはべ（る）さあ→なってはをりはべ（る）さあ」に対応。

/nato'o'jabi'isa'a/ と推定。促音脱落の変化がある。

ナトゥーヤビイスガ　0108　○ヒィーク。**ナトゥーヤビイスガ。**　□寒クナッテ、
　　　　　　マヘリマシタガ、　▽フィーク　ナトゥーヤビイシ　ガ　fīku
　　　　　　natō yabīsi ga,

ナ<u>タフ</u>ヤビースガ　0333　○チンニノー。トイミヌ。イキラク<u>ナタフ</u>ヤビースガ。
　　　　　　□近年、収穫〔トリダカ〕ガ、減少〔ヘリ〕マシタガ、▽クヌグロー　トイミ　ヌ
　　　　　　イキラク　ナタウ　ビーシガ　kunugurō tuyimi nu ikiraku
　　　　　　natōybīsi ga

ナトーヤビースガ　0506　○トチン。<u>ニツ</u>カナトーヤビースガ。　□時刻モ、移リ〔ウツ〕
　　　　　　マシタデ、　▽トチン　ニツカナトーヤビーシガ　tuchin nikka
　　　　　　natō yabīsi ga,

　☼「なりて→なって」を含む。「なりてはをりはべ（る）すが→なってはをりはべ（る）すが」に対応。

/nato'o'jabi'isiga/ と推定。促音脱落の変化がある。

ナ<u>タウ</u>ヤビータスガ　0345　○イク丶チン。**ナ<u>タウ</u>ヤビータスガ。**　□幾〔イク〕口〔クチ〕ニモ、
　　　　　　ナリマシタガ、　▽イク丶チン　ナタウ　ヤビータシ（・）シ
　　　　　　ガ　Ikukuchin natō yabītasi ga,

　☼「なりて→なって」を含む。「なりてはをりはべりた（る）すが→なってはをりはべりた（る）すが」
　　に対応。

/nato'o'jabi'itasiga/ と推定。促音脱落の変化がある。

ナ<u>タフ</u>ヤビークト　0141　○クジメー。**ナ<u>タフ</u>ヤビークト。**　□九時前ニ、ナ
　　　　　　リマシタカラ、　▽クジメー　ナタウ　ヤ　ビーン　kuji mē
　　　　　　natōyabīn.

ナ<u>タウ</u>ヤビークト　0435　○イキラク**ナ<u>タウ</u>ヤビークト。**　□減リマシタカラ、　▽
　　　　　　イキラク　ナトーヤビー　クト　ikiraku natōyabī kutu,
　　　他に、0194 にも用例がある。

ナトー　ヤビークト　0473　○<u>ニツ</u>カナトー　ヤビークト。　□晩クナリマシタカ
　　　　　　ラ、　▽ニツカ　ナトー　ヤビークト　nikka natōyabī kutu

　☼「なりて→なって」を含む。「なりてはをりはべ（る）こと→なってはをりはべ（る）こと」に対応。

/nato'o'jabi'ikutu/ と推定。促音脱落の変化がある。

ナトール　0590　○ミチヌヒルクナトール<u>イヤウ</u>スヤ丶ビークト。　□廣キ道ガ出
　　　　　　來タ様子デアリマスカラ、　▽ミチヌヒルクナトールヤウスヤ丶ビークト
　　　　　　michi nu firuku natōru yōsi yayabī kutu
　　　他に、0007,0216,0391,0611 に用例がある。

　☼「なりて→なって」を含む。「なりてはをる→なってはをる」に対応。

/nato'oru/ と推定。促音脱落の変化がある。

ナトーサー　0300　○ンナ。クサリテ子ンナトーサー。　□殘ラズ、腐テ仕舞マシ
　　　　　　タ　▽ンナ　クサリテ　子ンナトーサー。　nna kusariti nēn natōsā.

　☼「なりて→なって」を含む。「なりてはを（る）さあ→なってはを（る）さあ」に対応。

/nato'osa'a/ と推定。促音脱落の変化がある。

ナトータン　0443　○<u>カツ</u>テニナトータンデ。<u>イヤ</u>ビースガ。　□勝手ナ取引〔トリヒキ〕ガ、

526　第3章　仮名資料の動詞形態の考察

出來タト申シマスガ、　▽ウミ　チツチ　アチネー　ヌ　デキタンデ
イヤビーシ　ガ　umi chitchi achinē nu dikitan di iyabīsi ga

☼「なりて→なって」を含む。「なりてはをりたり<u>む</u>→なってはをりたり<u>む</u>」に対応。「琉便」は大幅に
　改変されている。「ナトータン」も「デキタン」（できた）に変わっている。

/nato'ota'ɴ/ と推定。促音脱落の変化がある。

ねぶる眠

ニントーヤビーン　0741　〇クチヤナカイ。ニントーヤビーン。　□部屋ニ、寝テ
　　　　　　　　　　ヲリマス　▽クチヤ　ナカイ　ニントー　ヤビーン。　Kucha
　　　　　　　　　　nakai nintō yabīn.

　☼「ねぶりて」を含む。「ねぶりてはをりはべりをり<u>む</u>」に対応。

/ni'ɴto'o'jabi'i'ɴ/ と推定。

のこる残

ヌクイヌ　0785　〇ヌクイヌ<u>イヤウナムンシヤーイ</u>。<u>イツ</u>パイ。アギヤビークト。
　　　　　□残物ノ様ナモノデ、一献、上ゲマスカラ、　▽ヌクイヌ　ヤウナムン　シ
　　　　　ヤーイ　イツパイ　アギヤビークト　　　nukuyi nu yō na mun shāyi ippai
　　　　　agiyabī kutu,

　☼連用形「のこり」を含む。「のこりの」に対応。

/nuku'inu/ と推定。/nukuri/→/nuku'i/ の変化がある。

ヌクトール　0014　〇ヌクトールユチン。　　□残雪モ、　▽ヌクトール　ユチン
　　　　　　　　　nukutōru yuchin

　☼「のこりて→のこって」を含む。「のこりてはをる→のこってはをる」に対応。

/nukuto'oru/ と推定。促音脱落の変化がある。

ヌクトーヤビースガ　0761　〇ヒサウナムンバカーエー。ヌクトーヤビースガ。
　　　　　　　　　　イシヤウダウグヒヤウグンデーヤ。　ウーカタ。ヤキトーヤビー
　　　　　　　　　　ン。　□秘藏物丈ケハ、殘リマシタガ、衣裳家具抔ハ、荒方、
　　　　　　焼テ仕舞マシタ　▽ヒサウ　ヌ　ムン　バカーエー　ヌクトー
　　　　　　ヤビーシ　ガ　イシヤウ　ダウグ　ヒヤウグ　ンデー　ヤ　ウーカ
　　　　　　タ　ヤキトーヤビーン。　fisō nu　mun bakayē nukutō yabīsi
　　　　　　ga, ishō dōgu hyōgu ndē ya ūkata yakitō yabin.

　☼「のこりて→のこって」を含む。「のこりてはをりはべ（る）すが→のこってはをりはべ（る）すが」
　　に対応。

/nukuto'o'jabi'isiga/ と推定。促音脱落の変化がある。

ヌクトーヤビータクト　0761　〇サイハヒ。クラヌ。タカノー。ヌクトーヤビータクト。
　　　　　　　　　□幸ヒ、藏ガ、二戸前殘リマシタユヘ、　▽セーエー　クラ
　　　　　　　　　ヌ　タカノー　ヌクトー　ヤビータ　クト　Sēwē kura nu
　　　　　　　　　takanō nukutō yabīta kutu,

　☼「のこりて→のこって」を含む。「のこりてはをりはべりた（る）こと→のこってはをりはべりた（る）
　　こと」に対応。

/nukuto'o'jabi'itakutu/ と推定。

のぼる登

第10節 『沖縄對話』の動詞形態の考察　527

ヌブエー　0651　○**ヌブエー**シヤビランタスガ。バンジユカランチン。ドツト。タ
　　　　　カサルグトーヤビータン。　　□登リハ致シマセヌガ、番所ヨリ見マシテモ、
　　　　　餘程、高イ様ニアリマシタ　▽ヌブエーシヤビランタシガ　バンジユ　カ
　　　　　ランチン　ドツト　タカサルグトー　ヤビータン。　　Nubuyē shabiran
　　　　　tasi gabanju kara nchin duttu takasaru gutō yabītan.

　　☼ 連用形「のぼり」を含む。「のぼりは」に対応。

　/nubu'e'e/ と推定。/nuburi/→/nubu'i/ の変化がある。

ヌブテ　0650　○ウンナダキ。**ヌブテ**。ウミカキミシエーガシヤビタラ。　　□恩納
　　　　　嶽へ、登リテ、御覽ニナリマシタカ　▽ウンナダキ　ヌブテ　ウミカキ　ミ
　　　　　シエーガ　シヤビタラ。　　Unnadaki nubuti umikaki mishē ga shakitara?
　　　　　　　　　　　　　　　　　　　　　　　　　　　　　　　　　　　　注72)

　　☼ 「のぼりて→のぼって」に対応。

　/nubuti/ と推定。促音脱落の変化がある。

ヌブトウヤビイン　0065　○チユウヤ。チヌーヤカ。サンド。**ヌブトウヤビイン**。
　　　　　□今日ハ、昨日ヨリ、三度昇リテ、ヲリマス　▽今日ハ　昨日
　　　　　ヨリ　三度　　昇リテヲリマス。　　chū ya chinū yaka sandu
　　　　　nubutōyabīn.

　　☼ 「のぼりて→のぼって」を含む。「のぼりてはをりはべり<u>む</u>→のぼってはをりはべり<u>む</u>」に対応。

　/nubuto'o'jabi'i'N/ と推定。促音脱落の変化がある。

ヌブトウヤビーガ　0064　○ナンドマデ。**ヌブトウヤビーガ**。　　□何度迄、昇リ
　　　　　マシタカ　▽ナンドマデ　ヌブトウヤビーガ。　　nandu madi
　　　　　nubutōyabī ga?

　　☼ 「のぼりて→のぼって」を含む。「のぼりてはをりはべ（る）が→のぼってはをりはべ（る）が」に対応。

　/nubuto'o'jabi'iga/ と推定。促音脱落の変化がある。

のる乗

ヌイ　0208　○フウシン。**ヌイ**ドンセー。ミーウルサリールハヅヤ、ビーン。　　□
　　　　　輕氣球ニ乗リマシタラ、見下スコトガ出來マシヤウ　▽ケイキキウ　ヌイ　ド
　　　　　ンセー　ミーウルサリーラ注37)　ハヅ　ヤ、ビーン。　　Keikikyū nuyi dunsē,
　　　　　mīurusarira hazi yayabīn.

　　☼ 連用形「のり」に対応。

　/nu'i/ と推定。/nuri/→/nu'i/ の変化。

ウヌ井　0554　○フ子ーヌ。**ウヌ井**ミシエービーガ。　　□船ハ何へ、御乗リニ
　　　　　ナリマスカ　▽フネーヌー　ウヌイミシエービーガ。　　Funē nū u-nuyi
　　　　　mishēbī ga?

　　☼ 連用形「のり」を含む。「おのり」に対応。

　/ʔunu'i/ と推定。/nuri/→/nu'i/ の変化。

ウヌミシエーガ　0582　○アンセー。ジヤウチシヤウヌミシエーガシヤビタラ。
　　　　　□ソレデハ、汽車ニ、御乗リデゴザリマシタカ　▽アンシエー　キ
　　　　　シヤ　ウヌミシエーガシヤビタラ。　　Anshē kasha u nuyi mishē
　　　　　ga shabitara?

　　☼ 連用形「のり」を含む。「おのりめしあるが」に対応。

528　　第3章　仮名資料の動詞形態の考察

/ʔunumisje'ega/ と推定。/ʔunuri/→/ʔunu'i/→/ʔunu/ の変化。

ヌヤビラ　0023　○ヌヤビラ。　□乘リマ<u>シヤウカ</u>　▽ヌヤビラ。　nuyabira

☼ 連用形「のり」を含む。「のりはべら」に対応。

/nu'jabira/ と推定。/nuri/→/nu'i/→/nu/ の変化。

ヌユル　0492　○ウマ<u>ジユウン</u>。　**ヌユル**フ子ー。マーナカイウヤビーガ。　□御
　　　同然ノ、乘ル船ハ、何レニヲリマスカ　▽ウマジユウン　ヌユルフ子ー　マー
　　　ナカイウヤビーガ。　umajūn nuyuru funē mā nakai wayabīga?[注73]

☼ 連用形「のり」を含む。「のりをる」に対応。

/nu'juru/ と推定。/nuri/→/nu'i/ の変化。

ヌテイ　0583　○イチー子ー。カ<u>ウビヌステーシヨンカラ</u>。サイチヤウマデ。**ヌテイ**
　　　イチヤビタン。　□參リ掛ケ二ハ、神戸ノ停車場ヨリ、西京迄、乘リテ往キマ
　　　シタ　▽イチー子ー　カウベヌステーシヨンカラ　サイチヤウマデ　ヌテイチ
　　　ヤビタン。　ichi nē Kōbenusutēshon kara Saichō madi ichabitan.

☼「のりて→のって」に対応。

/nuti/ と推定。促音脱落の変化がある。

ヌテー　0675　○カグナカイ**ヌテー**。ヲラリヤビラン。　□駕籠二乘リテハ、居ラ
　　　レマセヌ　▽カグ　ナカイ　ヌトーテー　ヲラリヤビラン。　kagu nakai
　　　nutōtē wurariyabiran.

☼「のりて→のって」を含む。「のりては→のっては」に対応。

/nute'e/ と推定。促音脱落の変化がある。

ヌタクト　0595　○バシヤ。**ヌタクト**。　□馬車二、乘リマシタユヘ、　▽バシヤ
　　　ヌタクト　Basha nuta kutu,

☼「のりて→のって」を含む。「のりてあ（る）こと→のってあ（る）こと→のった（る）こと」に対応。

/nutakutu/ と推定。促音脱落の変化がある。

はじまる始

ハジマヤビーン　0139　○クジカラ。**ハジマヤビーン**。　□九時二、ハジマリマス
　　　　　　　　　　▽クジ　カラ　ハジマヤビーン。　Kuji kara hajimaya bīn.

☼ 連用形「はじまり」を含む。「はじまりはべり<u>む</u>」に対応。

/hazjima'jabi'i'N/ と推定。

ハジマユガ　0138　○ナラユ子ー。ナンドチカラ。**ハジマユガ**。　□授業ハ、何
　　　時カラ、始マリマスカ　▽ナラユ子ー　ナンドチカラ　ハジマユガ。
　　　Narayusē nan duchi kara hajimayu ga?

☼ 連用形「はじまり」を含む。「はじまりを（る）が」に対応。

/hazjima'juga/ と推定。

はやる流行

ヘーヤビーガ　0414　○チヤールムイヤ<u>ウヌヘーヤビーガ</u>。　□如何ナ向ガ<ruby>流行<rt>ハヤリ</rt></ruby>マ
　　　　　　　　　スカ　▽チヤール　ムヤウヌヘーヤビガ。　chāru muyō nu fēyabī
　　　　　　　　　ga?

☼ 連用形「はやり」を含む。「はやりはべりを（る）が」に対応。

/hwe'e'jabi'iga/ と推定。

ふる　降

フイサウナ　0053　○**フイサウナ**。テンチエー。　□アリサウナ、氣色〔ケシキ〕デハ、　▽フ
イサウ　ナ　テンチエー　fuisō na tichē

☼ 連用形「ふり」を含む。「ふりさうな」に対応。

/hu'iso'ona/ と推定。

フイサウニ　0054　○**フイサウニ**。アヤビイン。　□來〔キ〕サウナ、模様〔モイヤウ〕ニ、ナリマシタ。
▽フイサウニ　アヤビイン。　fuisō ni ayabīn.

☼ 連用形「ふり」を含む。「ふりさうに」に対応。

/hu'iso'oni/ と推定。

フレー　0060　○アミヌ。**フレー**ユタ<u>シヤ</u>、ビースガ。　□雨ガホシク、ゴザリマス。
▽アミヌ　フレー　ユタシヤヤビーシガ。　ami nu furē yutashayabīsiga!

☼ 已然形「ふれ」を含む。「ふれは」に対応。

/hure'e/ と推定。

フトウヤビイン　0123　○ユチヌ。**フトウヤビイン**。　□雪ガ、降リテ、ヲリマス
▽ユチヌ　フトウヤビイン。　yuchi nu futoyabīn.

☼ 「ふりて」を含む。「ふりてはをりはべりむ」に対応。

/huto'o'jabi'i'N/ と推定。

フトール　0059　○アミヌ。**フトール**。ムヨー。　□雨ガ降テ、ヲリサウニ、　▽ア
ミ　ヌ　フトール　ムヨー　ami nu futōru muyō

☼ 「ふりて」を含む。「ふりてはをる」に対応。

/huto'oru/ と推定。

ふる　振

フラツタル　0639　○**フラツタル**ユイガヤラ。ウヘークタンデトールグトー。ヤビー
サー。　□搖〔ユラレ〕マシタユヘカ、少シ疲レタ様デ、ゴザリマス　▽ウーラ
ツタル　ユイ　ガ　ヤラ　ウヘー　クタンデ　トール　グトー　ヤビー
サー。　wūrattaru yuyi ga yara ufē kutanditōru gutō yabīsā.

☼ 未然形「ふら」を含む。「ふられてある→ふられたる」に対応。「ふられたる→ふらったる」の変化。「琉
便」は「ウーラツタル」(ゆすられた) に変えてある。

/huraQtaru/ と推定。

まじはる　交

マジワイヌ　0194　○**マジワイヌ**ヒルクナ<u>タウ</u>ヤビークト。　□交際ガ、廣クアリ
マスカラ　▽マジワイ　ヌ　ヒルク　ナタウヤビークト。　majiwayi
nu firuku natōyabī kutu.

☼ 連用形「まじはり」を含む。「まじはりの」に対応。

/mazji'wa'inu/ と推定。

めぐる　巡

ミグヤビーン　0214　○ニシカラ。ヒガシンカイ。**ミグヤビーン**。　□西ヨリ、東
ニ、轉〔メグ〕リマス　▽イリ　カラ　アガリン　カイ　ミグヤビーン。　Iri
kara agari nkai miguyabīn.

☼ 連用形「めぐり」を含む。「めぐりはべりむ」に対応。

/migu'jabi'i'ɴ/ と推定。

ミグインデーヤ　0770　○ワザハヒヌ。トシヌミグインデーヤ。ドーデン。子ーン。ア
　　　　　イテーナムン。ヤ、ビーサー。　　□災殃ノ、年回抔ハ、何卒、ナキ様
　　　　　ニ、致シタイモノデ、ゴザリマス　▽ワザエー　ヌ　トシ　ヌ　ミグ
　　　　　イ　ンデー　ヤ　ドーデン　子ーン　アイテー　ナ　ムン　ヤ、ビー
　　　　　サー。　wazawē nu tushi nu miguyi ndē ya dōdin nēn ayi tē na
　　　　　mun yayabī sā.

　☼連用形「めぐり」に対応。「めぐりにては」に対応。

/migu'i'ɴde'e'ja/ と推定。

ミグテ　0643　○ウヌナーチヤー。フヘークウンナバンジュ。ツキヤビタクト。マ
　　　　　ンザマウマデン。ミグテナービタサー。　　□其翌日ハ、早ク恩納番所へ、着
　　　　　マシタカラ、萬坐毛迄モ、廻リマシタ　▽ウヌナーチヤー　ヘーク　ウン
　　　　　ナ　バンジユ　ツチヤビタクト　マンザモーマデン　ミグテナービタサー。
　　　　　unu nācha fēku unna banju tsichabita kutu, Manzamō madin miguti
　　　　　nābitasā.

　☼「めぐりて→めぐって」に対応。

/miguti/ と推定。促音脱落の変化がある。

ミグテー　0589　○ビツダンミグテーナービランタスガ。□別段廻テハ見マセ
　　　　　ナンダガ、　▽ビツダンミグテーナービランタシガ　Bitsidan migutē
　　　　　mābirantasi ga, 注74)

　☼「めぐりて→めぐって」を含む。「めぐりては→めぐっては」に対応。

/migute'e/ と推定。促音脱落の変化がある。

もどる戻

　ウムドイヌ　0604　○ウムドイヌ。イガゴエー。　　□御歸路ノ、伊賀越ハ、　▽ウ
　　　　　ムドイヌ　イガゴエー　Umuduyi nu Igagoyē

　☼連用形「もどり」を含む。「おもどりの」に対応。

/ʔumudu'inu/ と推定。

　ウムドエー　0692　○ウムドエー。マーンカイガ。イメンシエービタラ。　　□
　　　　　御歸路ハ、ドチラノ方へ、御越ニナリマシタカ　▽ウムドエー
　　　　　マー　ンカイ　ガ　イメンシエービタラ。　Umuduyē mā nkai ga
　　　　　imenshēbītara?

　☼連用形「もどり」を含む。「おもどりは」に対応。

/ʔumudu'e'e/ と推定。

　ムドル　0691　○ムドルミチンデ。イーッテートーヤビーン。　　□戻道ト、言傳へ
　　　　　マス　▽ムドルミチ　ンデ　イーッテートー　ヤビーン。　Mudurumichi
　　　　　ndi ītsitētō yabīn.

　　　他に、0688,0689にも用例がある。

　☼連体形「もどる」に対応。新「連体形」なら「ムドユル」/mudu'juru/,「ムドイル」/mudu'iru/のは
　　ずである。「古い形」が示されているように見える。慣用句としての「ムドルミチ」（戻る道）の可能
　　性もある。

第10節　『沖縄對話』の動詞形態の考察　531

/muduru/ と推定。

やぶる破

ヤンテ　0281　○ワッター。アタイン。ムル。**ヤンテ**。子ーヤビランサー。　□私ノ、
菜園モ、サッパリ、損シテ、仕舞マシタ　▽ワッター　アタイン　ムル　ヤ
ンテ　子ーヤビランサー。　Wattā atain muru yanti nēyabiran sā.

　　☆「やぶりて→やぶって」に対応。

　　/'jaɴti/ と推定。途中、撥音化、促音脱落の変化がある。

ヤンテー　0284　○フーヌアテ。アンマデー。**ヤンテー**子ーヤビラン。　□幸ナ
コトデ、左マデ、荒レマセナンダ　▽フー　ヌ　アテ　アンマデー　ヤン
テー子ーヤビラン。　fū nu ati an madē yantē nēyabiran.

　　☆「やぶりて→やぶって」を含む。「やぶりては→やぶっては」に対応。

　　/'jaɴte'e/ と推定。途中、撥音化、促音脱落の変化がある。

ヤンテール　0279　○テーブン。ムヅクイ。**ヤンテール**ハヅ。ヤ、ビーサー。　□
大分作物ヲ、荒シタデ、ゴザリマシヤウ　▽テーブン　ムヅクイ　ヤン
テーラ 注37)　ハヅ　ヤヤビーサー。　tēbun muzukuyi yanterā 注75) hazi
yayabisā.

　　☆「やぶりて→やぶって」を含む。「やぶりてはある→やぶってはある」に対応。

　　/'jaɴte'eru/ と推定。途中、撥音化、促音脱落の変化がある。

ゆづる譲

ウユヅミシヤウチ　0380　○サンジウインシヤーイ。**ウユヅミシヤウチ**ウタビミシ
エービランカヤー。　□三拾圓デ、御譲リ下サイマセヌカ　▽
サンジウ　イン　シヤーイ　ウユヅミ　シヤウチ　ウタビミシ
エービラン　カ　ヤー。　sanjū yin shāyi uyuzimishōchi utabi
mishēbiran ka ya?

　　他に、0382 にも用例がある。

　　☆連用形「ゆづり」を含む。「おゆづりめしおはして」に対応。「り」相当部分脱落。

　　/ʔu'juzimisjo'ocji/ と推定。

ウユヅミシエーヌ　0404　○**ウユヅミシエーヌ**ナエーシヤビラニ　□少々、御譲リ
下サレマセヌカ　▽ウタビミシエーヌナエーシヤビラニ。　utabi
mishē nu nayē shabirani?

　　☆連用形「ゆづり」を含む。「おゆづりめしの」に対応。「り」相当部分消滅（？）。「琉便」では別の語（ウ
タビミ〜）が使われている。

　　/ʔu'juzimise'enu/ と推定。

よる寄

トシユイ　0755　○トシユイ。ワラビンチヤーンデー。サウテンジーンデー。　□
年寄ヤ、子供ヲ、連レ出スニハ、　▽トシユイ　ワラビンチヤー　ンデー
サウテ　ンジー　ンデー　tushuyi warabin'chā ndē sōti njīn di

　　☆連用形「より」を含む。「としより」に対応。

　　/tusji'ju'i/ と推定。

ユタル　0770　○クズヌ子ーン。**クワンエイニンカンウー子ーヌユタル**。　ニヒヤ

532　第3章　仮名資料の動詞形態の考察

ク ヾ ジフニンマーイヌヒーンデイチ。チ ヽ ヤビタスガ。　□昨年ノ地震モ、寛 永大地震ノ、二百五十年回ノ日ダト、聞キマシタガ、▽クズ　ヌ　ネーン　クワンエイ　ニンカン　ヌ　ウーネー　ヌ　ユタル　ニヒヤク　グジユー　ニン　マーイ　ヌ　ヒ　ンデ　イチチヤヤビタシ　ガ　kuzu nu nēn Kwanyī nin kan ū-nē nu yutaru ni hyaku gujū nin māyi nu fī ndi ichi chichabitasi ga,

☼ 連用形「よりて→よって」を含む。「よってある→よったる」に対応。

/'jutaru/ と推定。促音脱落の変化がある。

わかる解

ワカイヤツサル　0217　○**ワカイヤツサル**。タトエー。　□了解リ易キ例ハ、▽ワカイ　ヤツサル　タトエー　Wakayi yassaru tatuyē

☼ 連用形「わかり」を含む。「わかりやすさある」に対応。

/'waka'i'jaQsaru/ と推定。

ワカヤビーン　0703　○ハタヌ**タツチヤウ**ヤビークト。スグ**ワカヤビーン**。　□旗ガ樹テヲリマスデ、直ニ分リマス　▽ハタ　ヌ　タツチヤウヤビー　クト　スグ　ワカヤビーン。　hata nu tatchōyabī kutu, sigu wakayabīn.

他に、0719 にも用例がある。

☼ 連用形「わかり」を含む。「わかりはべりをりむ」に対応。

/'waka'jabi'i'ɴ/ と推定。

ワカヤビランスガ　0562　○アンセー。ナマニンイーガ**シユラ**。**ワカヤビランスガ**。　□ソレデハ、今ニ入ルカモ、知レマセヌガ、▽アンシエー　ナマガイーラ　ワカヤビランシガ　Anshē nama ga īra wakayabiransi ga,

☼ 連用形「わかり」を含む。「わかりはべらぬすが」に対応。

/'waka'jabira'ɴsiga/ と推定。

ウワーカミ**シエール**　0246　○アラ ヽ ヽ。ウハナシ**シヤクト**。ンデイチ。**ウワーカミ　シエール**　ムノーアヤビラン。　□荒々、御話シ申シタトテ、御了解ガ出來　マスマヒ、▽アラアラ　ウハナシシヤクト　ンデイチ　ウワカミシエール　ムノー　アヤビラン　araara ufanashi shakutu ndi ichi uwakayi mishēru Munō yayabiran.

☼ 連用形「わかり」を含む。「おわかりめしある」に対応。

/'ʔu'wa'akamisje'eru/ と推定。

ワカユル　0707　○ウー。クトバンデーヤ。ウヒナーヤ。**ワカユル**グトーヤビーン。　□ハイ、言葉ナドハ、少シ、分ル様ニナリマシタ　▽ウー　クトバ　ンデー　ヤ　ウヒナー　ヤ　ワカユルグトー　ヤビーン。　Ū, kutuba ndē ya ufinā ya wakayuru gutō yabīn.

☼ 連用形「わかり」を含む。「わかりをる」に対応。

/'waka'juru/ と推定。

わたる渡

第 10 節 『沖縄對話』の動詞形態の考察　533

フナワタイヌ　0612　○シチタ<u>ウ</u>ナダー。<u>ド</u>ット。**フナワタイヌムツカシートクル**ンデイチ。チ丶ヤウヤビースガ。　　□七島灘ハ、餘程、航海ノ灘義^{ヨ ホド}^{コウカイ}^{ナ ギ}ナ處ト、聞テヲリマスガ、▽シチタウナダー　ドット　フナワタイヌムツカシートクルンデイチチ丶ヤウヤビーシガ　Shichitō natā duttu funawatayi nu mutsikashī tukuru ndi ichi chiyō yabīsi ga,

☼ 連用形「わたり」を含む。「ふなわたりの」に対応。

/huna'wata'inu/ と推定。

ムチワタトール　0443　○ミーミー。**ムチワタトール**シナー。　　□銘々、持渡リノ^{メイ く}品ハ、　メー　ムチワタトール　シナー　menē muchi watatōru shinā

☼ 「わたりて」を含む。「もちわたりてはをる」に対応。

/mucji'watato'oru/ と推定。

をはる終

ウワイガ　0201　○セウガククワー。**ウワイガ**。ミ<u>シ</u>エービタラ。　　□小學科ハ、卒業、ナサレマシタカ　▽セウガククワー　ウワイガ　ミシエービタラ。^{ソツギョウ}shōgaku kwā uwai ga mishēbitara?

☼ 連用形「をはり」を含む。「をはりが」に対応。次の「ミ<u>シ</u>エービタラ」と「−が〜ら」の照応関係がある。

/ʔu'wa'iga/ と推定。

ウワタル　0202　○**ウワタル<u>シ</u>ユウク**。トヤビタン。　　□卒業證書ヲモラヒマシタ^{ショウショ}▽ソツゲフシヨウシヨ　トヤビタン。　　sotsugyō shōsho tuyabitan.

☼ 「をはりて→おはって」を含む。「をはってある→をはったる」に対応。

/ʔu'wataru/ と推定。促音脱落の変化がある。

（上一段）

きる着

ウスヂエー　0110　○ウンジヤウ。**ウスヂエー**。アミセービラニ。　　□貴方ハ、御^オ薄着デハ、ゴザリマセヌカ　▽ウンジヤウ　ウスヂエー　アミシエービ^{ウスギ}ラニ。　　unjō usujē amishē bira ni?

☼ 連用形「き」を含む。「うすぎは」に対応。

/ʔusuzje'e/ と推定。

ユルチヤー　0757　○**ユルチヤーチ丶ヤウルマ丶**。　　□寝衣ノ儘、▽ユルチヤー^{子マキ　マ丶}チチヤウル　マ丶　　yuru chiyā chichōru mama

☼ 連用形「き」を含む。「よるきあ」に対応。「連用形＋/a'a/」でその行為・行為者・ものを表す。ここは「夜着る物」の意。

/jurucji'ja'a/ と推定。

チ丶ヤウル　0757　○ユルチヤーチ丶ヤ<u>ウ</u>ルマ丶。　　□寝衣ノ儘、　▽ユルチヤー^{子マキ　マ丶}チチヤウル　マ丶　　yuru chiyā chichōru mama

☼ 「きて」を含む。「きてはをる」に対応。

/cjicjo'oru/ と推定。

チチヨークト　0111　○ジバンニ。アーシムン。**チチヨークト**。　　□襦袢ニ袷ヲ、^{ジュバン}^{アハセ}

着テ、ヲリマスガ、　▽ジバン　ニ　アーシムン　チチヨー　クト

jiban ni āshimun chichō kutu,

☆「きて」を含む。「きてはを（る）こと」に対応。

/cjicjo'okutu/ と推定。

できる出来（実）

デキ　　0266　○クゾー。ヂントー。マリ子ー。**デキヤ、ビータスガ。**　　□昨年ハ、
　　　　誠ニ、稀レナル豊<ruby>熟<rt>ミノリ</rt></ruby>デゴザリマシタガ、　▽クゾー　ヂントー　マリ子ー　デ
　　　　キ　ヤ、ビータシ　ガ　Kuzō jintō marinē diki yayabītasi ga,

　　他に、0255,0256,0268 に用例がある

☆連用形「でき」に対応。音韻対応上は「でけ」の可能性もある。以下、同じ。

/diki/ と推定。

<u>ジヤウデキヌ</u>　0272　○ズイブン。**ジヤウデキヌ。イヤウス。ヤ、ビーン。**　　□随分、
　　　　上作ノ様子デ、ゴザリマス　▽ズイブン　ジヤウデキ　ヌ　ヤウシ
　　　　ヤ、ビーン。　　zībun jōdiki nu yōsi yayabīn.

　　他に、0467 にも用例がある

☆連用形「でき」を含む。「じやうできの」に対応。

/zjo'odikinu/ と推定。

デケー　　0271　○クンドヌ。**デケー。チヤーヤ、ビーガヤー。**　　□當年ノ、出來ハ、
　　　　如何デゴザリマ<u>シヤウ</u>　▽クンド　ヌ　デケー　チヤー　ヤ、ビーガヤー。
　　　　kundu nu dikē chā yayabī gayā?

　　他に、0254,0267 にも用例がある

☆連用形「でき」を含む。「できは」に対応。

/dike'e/ と推定。

できる出来

デキーヤ　0087　○シーヤ。<u>ドット</u>。**デキーヤ。<u>シヤビランカヤー。</u>**　　□<ruby>詩<rt>シ</rt></ruby><ruby>料<rt>リヤウ</rt></ruby>ガ、
　　　　十分デハ、ゴザリマセヌカ　▽シー　ヌ　ザイリヤウ　ヤ　ジユーブノー
　　　　アヤビラニ。　　Shī nu zairyō ya jubunō ayabirami? [注76]

☆「ラ行（四段）化」後の連用形「でけり」を含み、「でけりは」に対応。「琉便」は、ほとんどが言い
　　換えられている。

/diki'i'ja/ と推定。

デキヤビラン　0088　○ケーテー。**デキヤビラン。**　　□<ruby>却<rt>カヘツ</rt></ruby>テ、<ruby>苦<rt>クル</rt></ruby>シ三マス　▽ケー
　　　　テー　スクエーシ　ド　シヤビール。　　kētē sukwēshidu shabīru.

☆「ラ行（四段）化」後の連用形「でけり」を含む。「でけりはべらぬ」に対応。「琉便」は、ほとんど
　　が言い換えられている。

/diki'jabira'N/ と推定。

デキテガ　0453　○ユーデキテガ。ウヤビーラ。　　□ヨク出來テ、ヲリマスカ　▽ユー
　　　　デキテ　ガ　ウヤビーラ。　　Yū dikiti ga wuyabīra?

☆「でけて」を含む。「でけてが」に対応。次の「ウヤビーラ」と「ーが〜ら」の照応関係（係結び）が
　　ある。

/dikitiga/ と推定。

デキトウヤビイン　0091　○デキトウヤビイン。　□結構デ、ゴザリマス　▽デキ
トウヤビイン。dikitōyabīn.

デキトーヤビーン　0788　○ウルーエー。デキトーヤビーン　□御料理ガ、結構
デゴザリマス　▽ウリユウエー　デキトーヤビーン。　Uryūyē
dikito yabīn.

　☆「でけて」を含む。「でけてはをりはべりむ」に対応。

　/dikito'o'jabi'i'ɴ/ と推定。

デキ<u>タ</u>フン　0468　○ズイブン。　ユーデキ<u>タ</u>フンデウマーリヤビーン。　□隨分、
好イ出來ト三ヘマス　▽ズイブン　ユーデキトー　ンデウマーリヤビー
ン。　zībun yū dikitō ndi umāriyabīn.

　☆「でけて」を含む。「でけてはをりむ」に対応。

　/dikito'o'ɴ/ と推定。

デキ<u>タウ</u>タノー　0454　○ユーデキ<u>タウ</u>タノーアラニンデ。ウマーリヤビーン_(。ナシ)□
ヨク出來テヲツタト、思ヒマス　▽ユー　デキタウ　ンデ　ウマー
リヤビーン。　yū ditōra_{注77)} ndi umāriyabīn.

　☆「でけて」を含む。「でけてはをりた（り）ぬは」に対応。「ぬ」は「完了」を示す。

　/dikito'otano'o/ と推定。

にる似

ウニリミ<u>シヤウチ</u>　0780　○ウハヽ二。ユーウニリミ<u>シヤウチ</u>。　□御母様ニヨ
ク御肖^オデ、　▽ウハヽ二　ユーウニリミ<u>シヤウチ</u>　ufafa ni yū
uniri mishōchi

　☆「ラ行（四段）化」後の連用形「にり」を含む。「おにりめしおはして」に対応。

　/ʔunirimisjo'ocji/ と推定。

にる煮

ニーガ　0502　○ニーガ<u>シヤビーラ</u>。マタヤチガ<u>シヤビーラ</u>。　□羹附マ<u>シヤウカ</u>、
又燒^{ヤキ}マ<u>シヤウカ</u>　▽ニーガ　シヤビーラマタヤチガ　シヤビーラ。　nī ga
shabīra mata yachi ga shabīra?

　☆「ラ行（四段）化」後の連用形「にり」を含む。「にりが」に対応。途中 /niriga/ → /ni'iga/ の変化が考
えられる。「<u>シヤビーラ</u>」と「－が～ら」の照応関係（係結び）がある。

　/ni'iga/ と推定。

ひる干

ヒヤビラン　0071　○ウヒヌヒデリ子ー。ヒヤビラン。　□大抵ノ旱魃^{タイテイ カンハツ}マニテハ、
涸レマセヌ　▽ウヒ　ヌ　ヒデリ　子ー　ヒヤビラン。　ufi nu fidiri
nē fiyabiran.

　☆連用形「ひ」を含む。「ひはべらぬ」に対応。「ラ行（四段）化」後の連用形「ひり」である可能性も
否定できない。

　/hi'jabira'ɴ/ と推定。

ミチヒリ　0221　○ウ<u>シユ</u>ヌ。ミチヒリヌアセー。　□潮水ニ、盈虚^{ウシホ ミチヒ}ノアルハ、　▽
ウ<u>シユ</u>　ヌ　ミチヒリ　ヌ　アセー　Ushu nu michi firi nu asē

他に、0222 にも用例がある

☼「ラ行（四段）化」後の連用形「ひり」を含む。「みちひり」に対応。

　　/micjihiri/ と推定。

ヒツチヨースガ　0061　○チヌーカラ<u>ヒツチヨ</u>ースガ　□昨日ヨリ、涸マシタガ、カレ
　　　　　　　　　　　　　▽チヌー　カラ　ヒツチヨーシガ　chinū kara fitchōsi ga,

　　☼「ひりて→ひって」を含む。「ひってはを（る）すが」に対応。

　　/hiQcjo'osiga/ と推定。

みる見

ツチミ　0076　○<u>ツチミ</u>。<u>シ</u>、ナービラ。　□賞月ヲナサレマセヌカ　▽ツチミ
　　　　シシナービラ。　　tsichimi sshinābira?

　　☼連用形「み」を含む。「つきみ」（月見）に対応。

　　/cicjimi/ と推定。

チクミ　0095　○<u>チクミ</u>。<u>シヤ</u>ビークト。　□觀菊ヲ、致シマスカラ、　▽チクミ　キクミ
　　　　シヤビー　クト　　chikumi shabī kutu,

　　☼連用形「み」を含む。「きくみ」（菊見）に対応。

　　/cjikumi/ と推定。

ウチミードンセー　0220　○トールヌ。メーナカイ。クヌマーイ。<u>ウチミードンセー</u>。
　　　　　　　　□行燈ママノ前ニ、此ノ毬ヲ、置キテ見マスルト、　▽・トール　アンドウ
　　　　ヌ　メー　ナカイ　クヌ　マーイ　ウチミードンセー　Tūru nu
　　　　mē nakai kunu māyi uchimīdunsē,

　　☼「ラ行（四段）化」後の連用形「みり」を含む。「うちみりどもせは」に対応。途中 /miri/ → /mi'i/
　　　の変化がある。

　　/ʔucjimi'idu'ɴse'e/ と推定。

ミーガ　0017　○ハナ<u>ミー</u>ガ。　□花見ハ、　▽ハナミー　ガ　hana mī ga

　　☼「ラ行（四段）化」後の連用形「みり」を含む。「みりが」に対応。途中に /miri/ → /mi'i/ の変化がある。
　　「が」は、「目的」を表す助辞。

　　/mi'iga/ と推定。

ミーブ<u>シヤ</u>ヤビータクト　0609　○クヌグルヌ。　ム<u>イ</u>ヤウ。イチドー。<u>ミーブシ</u>
　　　<u>ヤ</u>ヤビータクト。　□近頃ノ模様ヲ、一返、見タクア　モイヤウ　イツペン
　　　リマスカラ、　▽クヌグルヌ　ムヤウイチドー　ミーブシ
　　　ヤタクト　Kunuguru nn muyō ichidē mībushata kutu 注78）

　　☼「ラ行（四段）化」後の連用形「みり」を含む。「みりほしさありはべりた（る）こと」に対応。途中
　　　に /miri/ → /mi'i/ の変化がある。

　　/mi'ibusja'jabi'itakutu/ と推定。

ナービイン　0113　○ウヒナーヤ。<u>シユ</u>ムツ。<u>ナービイン</u>。　□少シヅ、、書物ヲ、
　　　　見ルコトガ、出來マスル　▽ウヒナー　ヤシユムツ　ナービイン。
　　　　ufi nā ya shumutsi nā bīn.

　　☼連用形「み」を含む。「みはべりをりむ」に対応。/mihwabiri ～ / → /mja'abiri ～ / → /nja'abiri ～ /
　　　→ /na'abiri ～ / 等の変化がある。

　　/na'abi'i'ɴ/ と推定。

ナービタサー　0643　○ウヌナーチヤー。<u>フ</u>ヘークウンナバン<u>ジユ</u>。ツキヤビタクト。

マンザ<u>マウ</u>マデン。ミグテナービタサー。　□其翌日ハ、早ク恩納番<ruby>翌日<rt>ヨクジツ</rt></ruby>　<ruby>恩納<rt>ウンナ</rt></ruby>所ヘ、着マシタカラ、萬坐毛迄モ、廻リマシタ　▽ウヌナーチヤー<ruby>萬坐毛<rt>マンザマウ</rt></ruby>　<ruby>迄<rt>マハ</rt></ruby>ヘーク　ウンナ　バンジュ　ツチヤビタクト　マンザモーマデン　ミグテナービタサー。　　unu nācha fēku unna banju tsichabita kutu, Manzamō madin miguti nābitasā.

　☼ 連用形「み」を含む。「みはべりた（る）さ」に対応。/mihwabiri ～ / → /mja'abiri ～ / → /nja'abiri ～ / → /na'abiri ～ / 等の変化がある。

　/na'abitasa'a/ と推定。

ナービタスガ　0683　○イ<u>チ</u>ユター。ンジナービタスガ。　□一寸、參リテ見マシ<ruby>一寸<rt>チヨツト</rt></ruby>タガ、　▽イチユター　ンジ　ナービタシ　ガ　ichutā nji nābitasi ga'

　☼ 連用形「み」を含む。「みはべりた（る）すが」に対応。/mihwabiri ～ / → /mja'abiri ～ / → /nja'abiri ～ / → /na'abiri ～ / 等の変化がある。

　/na'abitasiga/ と推定。

ニヤービラ　0163　○ウン<u>ニユキテニヤ</u>ービラ　□伺ヒマス　▽ウンニユキテ　ニヤービラ。　unnyukiti nyābira.

　☼ 連用形「み」を含む。「みはべら」に対応。/mihwabira/ → /mja'abira/ → /nja'abira/ 等の変化がある。

　/nja'abira/ と推定。

ナービラ　0076　○ツチミ。<u>シ丶ナ</u>ービラ。　□賞月ヲナサレマセヌカ　▽ツチミ<ruby>賞月<rt>ツキミ</rt></ruby>シシナービラ。　tsichimi sshinābira?

　他に、0090,0105,0205,0473,0528 に用例がある

　☼ 連用形「み」を含む。「みはべら」に対応。/mihwabira/ → /mja'abira/ → /nja'abira/ → /na'abira/ 等の変化がある。前の項目の /nja'abira/ と、この /na'abira/ との両形が存在していたことになる。

　/na'abira/ と推定。

ナービランタスガ　0589　○ビツダンミグテーナービランタスガ。　□別段廻テハ見マセナンダガ、　▽ビツダンミグテーナービランタシガBitsidan migutē mābirantasi ga, 注79)

　☼ 連用形「み」を含む。「みはべらぬた（る）すが」に対応。/mihwabira ～ / → /mja'abira ～ / → /nja'abira ～ / → /na'abira ～ / 等の変化がある。

　/na'abira'Ntasiga/ と推定。

ンデー　0443　○クンナゲーヌ<u>シヤウ</u>ベーヌ　ナリユチ。<u>チ丶ン</u>デー。　□以前ノ商賣ヲ、聞キマスルト、　▽クンナゲー　ヌ　シヤウベー　ヌ　ナリユチチ丶ンデー　Kunnagē nu shōbē nu nariyuchi chichi ndē,

　他に、0661 にも用例がある

　☼ 已然形「みれ」を含む。「みれは」に対応。[miriwa] → [mire:] → [mre:] → [nre:] → [nde:]/'Nde'e/ 等の変化が考えられる。

　/'Nde'e/ と推定。

ンチン　0651　○ヌブエー<u>シヤ</u>ビランタスガ。バンジユカランチン。<u>ドツ</u>ト。タカサルグトーヤビータン。　□登リハ致シマセヌガ、番所ヨリ見マシテモ、餘程、高イ様ニアリマシタ　▽ヌブエーシヤビランタシガ　バンジユ　カラ

538　第3章　仮名資料の動詞形態の考察

ンチン　ド̇ット̇　タカサルグトー　ヤビータン。　　Nubuyē shabiran tasi
gabanju kara nchin duttu takasaru gutō yabītan.

☆「みて」を含む。「みても」に対応。[miʧimu] → [miʧim] → [mʧīm] → [nʧīɴ]/ɴcji'ɴ/ 等の変化が考え
られる。

/'ɴcji'ɴ/ と推定。

ンチヤル　0694　○チユウヤ。ウハナシチ丶。ヤンバルンカインジ。**ンチヤル**。ク丶
チヤ丶ビーサー。　　□今日ハ、御話ヲ聞マシテ、山原ヘ参リテ、見夕様ナ、
心モチデゴザリマシタ、　▽チユウ　ヤ　ウハナシ　チ丶　ヤンバル　ン
カイ　インジ　ンチヤル　ク丶チ　ヤ丶ビーサー　Chū ya ufanashi chichi
Yambaru nkai nji ncharu kukuchi yayabī sā.

☆「みて」を含む。「みてある→みたる」に対応。[mitaru] → [miʧaru] → [mʧaru] → [nʧaru]/ɴcjaru/ 等
の変化が考えられる。

/'ɴcjaru/ と推定。

ンチヤウヤビータクト　0661　○フンドーヤ。クヌメートーテ。　　**ンチヤウヤビー**
タクト。　　□本街道ハ、以前通リテ、見マシタユヘ、　▽
フンドーヤ　クヌメートーテ　ンチヤウ　ヤビータクト
fundō ya kunu mē tūti nchō yabīta kutu,

他に、0671 にも用例がある

☆「みて」を含む。「みてはをりはべりた（る）こと」に対応。[mitʃo: ～] → [miʧo: ～] → [mʧo: ～] → [nʧo:
～]/ɴcjo'o ～ / 等の変化が考えられる。

/'ɴcjo'o'jabi'itakutu/ と推定。

ゐる座

井ラリヤビーン　0645　○ムシルンデーヤシカンテン。スグ井ラリヤビーン。　□筵拯
敷マセズトモ、スグニ 坐 テ居ラレマス　　▽ムシル　ンデー　ヤ　シ
カン　テン　スグ　ヰラリヤビーン。　　mushiru ndē ya shikantin
sig（注80）yirari yabīn.

☆「ラ行「四段」化」後の未然形「ゐら」を含む。「ゐられはべりむ」に対応。

/'irari'jabi'i'ɴ/ と推定。

井ラリーンヤー　0646　○クマー。マンニンヤテン。**井ラリーンヤーンデ**。ウハナ
シミシヤウチヤクト。　　□此處ハ、萬人デモ、坐テ居ラレルト、御
話ニナリマシタデ、　▽クマー　マン　ニン　ヤテン　ヰラリーン
ヤー　ンデ　ウハナシ　ミシヤウチヤ　クト　　kumā mannin yatin
Yirarīn yā ndi ufanashi mishō cha kutu,

☆「ラ行（四段）化」後の未然形「ゐら」を含む。「ゐられをりむや」に対応。

/'irari'i'ɴ'ja'a と推定。

（上二段）

おく起

ウキクリヌ　0749　○ドークルシヤーイ。ヨウヤクウキクリヌ。ナユルアタイド。ヤ丶
ビール。　　□獨 デ 、稍ク起臥ガ、出來ル位デ、ゴザリマス　▽ドーク
ル　シヤーイ　ヨウヤク　ウキクリ　ヌ　ナユル　アタイ　ド　ヤ丶ビー

ル。　dūkuru shayi yōyaku ukikuri nu nayuru atayi du yayabīru.

☆ 連用形「おけ」を含む。「おけくれの（起け暮れの）」に対応。

/ʔukikurinu/ と推定。

すぐ過

スヂ<u>ユチユ</u>セー　0124　○ツチヒヌ。**スヂ<u>ユチユセー</u>。**　□月日^{ツキヒ}ノ行^{ユク}ハ、▽ツチヒ
ヌ　スギトウイシエー　tsichifi nu sujitoishē

☆ 連用形「すぎ」を含む。「すぎゆきを（る）すは」に対応。「琉便」の「スギトウイシエー」は「すぎ
とほ（る）すは」に対応し「過ぎ通るのは」の意となり、「スヂ<u>ユチユ</u>セー」の「過ぎ行くのは」とは
違うことになる。

/sizji'jucjuse'e/ と推定。

おつ落

ウテヤビーガ　0656　○アヌタ<u>チ</u>エー。<u>チヤヌシヤク</u>カラ。**ウテヤビーガ。**　□彼
ノ瀧^ドハ、何ノ位カラ、落チマスカ　▽アヌ　タチエー　チヤヌシヤ
ク　カラ　ウテヤビーガ。　Anu tachē cha nu shaku kara utiyabī
ga?

☆ 「ラ行（四段）化」後の連用形「おてり」を含む。「おてりはべ（る）が」に対応。

/ʔuti'jabi'iga/ と推定。

ウテヤビースカ　0657　○テーゲー。サン<u>ジヤウ</u>グレーヌトクルカラ。**ウテヤビース
カ**^{ママ}。　□大概、三丈位ノ所カラ、落チマスガ、▽テーゲー　サ
ンジヤウグレー　ヌ　トクル　カラ　ウテヤビーシガ　Tēgē sanjū
gurē nu tukuru kara utiyabīshi ga,

☆ 「ラ行（四段）化」後の連用形「おてり」を含む。「おてりはべ（る）すが」に対応。「ウテヤビースカ」
の「カ」は「ガ」の誤りと見る。

/ʔuti'jabi'isiga/ と推定。

もちふ用

ムチーヤビーン　0315　○ムトナチムチーヤビーン。　□重^{オモ}ニ、用ヒマス　▽ムト
ナチ　ムチーヤビーン。　mutu machi muchīyabīn.

☆ 連用形「もちひ」を含む。「もちひはべり<u>む</u>」に対応。

/mucji'i'jabi'i'n/ と推定。

ムチーユル　0334　○メーヤカー。イチダン。<u>クエー</u>ヤウホークド。**ムチーユル。**
□従前^{ジウゼン}ヨリハ、一層、肥ヲ多ク、用井マス　▽メーヤカー　イチダン　ク
エー　ヤ　ウホーク　ド　ムチーユル。　mē y kā ichidan kwē ya ufōku
du muchīyuru.

☆ 連用形「もちひ」を含む。「もちひをる」に対応。前の「ウホークド」と「－ど～る」照応関係（係結び）
がある。

/mucji'i'juru/ と推定。

ムチータル　0319　○クエーン。ムチータル。シンヌ。子ーヤビラン。　□肥モ、用^{モチイ}
タ丈ノ、功^{カウ}ガ、ナイモノデゴザリマス　▽クエーン　ムチータルシ　ン
ヌ　子ーヤビラン。　kwēn muchītaru shin nu nēyabiran.

☆ 「もちひて」を含む。「もちひてある→もちひたる」に対応。

540　第3章　仮名資料の動詞形態の考察

/mucji'i'taru/ と推定。

こころむ試

クルミ　0202　〇クズヌ。アトヌククルミウテ。　□昨年ノ、後期試験デ　▽ク
ズ　ヌ　コーキシケン　ウテ　kuzu nu kōkishiken wuti

☆連用形「こころみ」に対応。「琉便」は「しけん」に言い換えている。

/kukurumi/ と推定。

ウクヽルミ　0504　〇マヅ。ウクヽルミ。ヽシヤウチウミカキミシエービリ。　□
先ヅ、御試三、下サレマセ　▽マヅウクヽルミ　ミシヤウチウミカキ
ミシエービリ。　mazi ukukurumi mishōchi umikaki mishēbiri.

☆連用形「こころみ」を含む。「おこころみ」に対応。

/ʔukukurumi/ と推定。

おる降

ウリテ　0673　〇ユナヌタカヒラ。ビヌチビラ。ザチユンビラ。ブミビランデー
ウテー。井ークル。カグカラウリテアッチドシヤビタル。　□、與那ノ
高坂、邊野喜坂、座中坂、武見坂抔デハ大概、駕籠ヨリ下リテ、歩行マシ
タ　▽ユナヌタカヒラ　ビヌチビラ　ザチユンビラ　ブミビラ　ンデー　ウ
テー　イークルカグカラ　ウリテ　アッチドシヤビタル。　Yuna-nu-ta-ka-
bira Binuchi-bira Zachun-bira ndē wutē yīkuru kagu kara uriti atchi du
shabitaru.

（「ブミビラ」に相当するローマ字表記が脱落している。）

☆「おれて」に対応。

/ʔuriti/ と推定。

（下一段）ナシ

（下二段）

〈カ行〉

うく受

ウキラン　0329　〇ムヅクエー。ウヌゲーヤ。ウキラン。　□作物ハ、其害ヲ、受
ケマセヌ、　▽ムヅクエー　ウヌ　ゲーヤ　ウキラン　muzukuyē unu gē
ya ukiran.

☆「ラ行（四段）化」後の未然形「うけら」を含む。「うけらぬ」に対応。

/ʔukira'ɴ/ と推定。

ウキトースガ　0404　〇サチシマタンフヌ。チユームン。ウキトースガ　□先島反
布ノ、注文ヲ受ケマシタガ、　▽サチシマタンフヌ　チユームンウキ
トーシガ　Sachishimatanfu nu chūmun ukitōsi ga,

☆「うけて」を含む。「うけてはを（る）すが」に対応。

/ʔukito'osiga/ と推定。

かく掛

カキテー。ヤビイン　0115　〇カキテー。ヤビイン。　□掛ケテ、ヲリマス　▽カ
キテー　ヤビイン。　kakitē yabīn.

☆「かけて」を含む。「かけてはありはべりむ」に対応。

/kakite'e'jabi'i'N/ と推定。

ウミカキ　0670　○ウミカキミ<u>シエー</u>ガ<u>シヤ</u>ビタラ。　□御覽ニナリマシタカ　▽
　　　　ウミカキ　ミシエー　ガ　シヤビタラ。umikaki mishē ga shabitara?
　　他に、0159,0335,0504,0523,0588,0650,0654,0676 に用例がある。

☼ 連用形「かけ」を含む。「おめかけ」に対応。

/ʔumikaki/ と推定。

ウミカキランガ　0472　○<u>クワンカウタエー</u>。ウミカキランガ　ア　ヤビーラ。　□
　　　　觀耕臺ハ、御覽ナサレマセヌカ　▽クワンコーダエー　ウミカキラ
　　　　ンガ　ア　ヤビラー。注81 Kwankōdayē umikakiran ga ayabira?

☼ 「ラ行（四段）化」後の未然形「かけら」を含む。「おめかけらぬが」に対応。

/ʔumikakira'Nga/ と推定。

ウミカキテ　0377　○アマナカイ。アヤビークト。ウミカキテ　<u>クイミシエー</u>ビ
　　　　リ。　□アチラニ、在リマスカラ、御覽下サイ　▽アマ　ナカイ　アヤ
　　　　ビークト　ウミカキテ　クイミシエービリ。　Ama nakai ayabī kutu,
　　　　umikakiti kwimishē biri.

☼ 「かけて」を含む。「おめかけて」に対応。

/ʔumikakiti/ と推定。

さしわく差分

　サシワキ　0236　○フツウト。ヒンスクトヌ。サシワキ。　□普通ト、變則トノ、
　　　　區別ヲ、　▽フツウ　ト　ヒンスク　ト　ヌ　サシワキ　futsū tu finsuku
　　　　tu nu sashiwaki

☼ 連用形「さしわけ」に対応。

/sasji'waki/ と推定。

つく着

　ツキヤビラ　0367　○<u>フ</u>ヘーク。　テーツキヤビラ。　□早速、手ヲ著マ<u>シヤウ</u>
　　　　▽ヘーク　テー　ツキヤビラ。　fēku tī tsiki yabira?

☼ 「ラ行（四段）化」後の連用形「つけり」を含む。「つけりはべら」に対応。
　　「つけはべら」ではなく、「つけりはべら」と考える。[～ rihabira] → [～ rjabira] → [～ jabira]/ ～ 'jabira/
　　の変化があったと考えられる。

/ciki'jabira/ と推定。

つく付

　イ、ツキテークト　0022　○イ、ツキテークト。　□申付マシタカラ、　▽イ、ツケ
　　　　テークト　ītsikitē kutu,

☼ 「つけて」を含む。「いひつけてはあ（る）こと」に対応。「琉便」は「イ、ツケ～」となっている。

/ʔi'icikite'ekutu/ と推定。

　ツキテーヤビークト　0248　○カナツキテーヤビークト。　□假名送リノ文デ、　▽
　　　　カナ　ツキテーヤビークト　Kana tsikitēyabī kutu,
　　他に、0495 にも用例がある。

☼ 「つけて」を含む。「つけてはありはべ（る）こと」に対応。

/cikite'e'jabi'ikutu/ と推定。

542　第3章　仮名資料の動詞形態の考察

まうく儲

ウモーキ　0348　○ウホーク。**ウモーキミ**シ**エービール**ハズ。　□大分ノ、御利益〔ゴリエキ〕
デ、ゴザリマシ**ヤウ**　▽ウホーク　ウモーキ　ミシエービーラ注37)　ハ
ズ。ufōku umōki mishēbīra hazi.

☆連用形「まうけ」を含む。「おまうけ」に対応。

/ʔumo'oki/ と推定。

マフケー　0408　○**マフケー**。　□利得ハ、　▽モーケー　Mōkē

☆連用形「まうけ」を含む。「まうけは」に対応。

/mo'oke'e/ と推定。

やく焼

ムルヤキ　0753　○**ムルヤキ**シ**ヤウ**ヤビーサー。　□丸燒ニナリマシタ〔マルヤケ〕　▽ムルヤ
キ　シヤウヤビーサー。　muruyaki shōyabī sā.

☆連用形「やけ」を含む。「もろやけ」に対応。

/muru'jaki/ と推定。

ヤキタル　0760　○グ**ホウ**ムツルイン。テーブン。**ヤキタル**ハズデービル。　□
御寶物類〔ゴホウモツ〕モ、大分、燒ケマシタデゴザリマシ**ヤウ**　▽グホームツ　ルイ
ン　テーブン　ヤキタラ注37)　ハヅ　デービル。　guhōmutsi ruin tēbun
yakitara hazi dēbiru.

☆「やけて」を含む。「やけてある→やけたる」に対応。

/'jakitaru/ と推定。

ヤキトーヤビーン　0761　○ウーカタ。**ヤキトーヤビーン**。　□荒方〔アラカタ〕、燒テ仕舞マ
シタ　▽ウーカタ　ヤキトーヤビーン。　fisō nu mun bakayē
nukutō yabīsi ga, ishō dōgu hyōgu ndē ya ūkata yakitō yabin.

☆「やけて」を含む。「やけてはをりはべり**む**」に対応。

/'jakito'o'jabi'i'N/ と推定。

ヤキトース　0504　○ウヘー**ヤキトースガ**アヤビースガ。　□少　燒ケタノガアリ
マスデ、　▽ウヘーヤキトーヤビー　シガ　Ufē yakitō yabīsi ga

☆「やけて」を含む。「やけてはを（る）す」に対応。

/'jakito'osi/ と推定。

わく分

ワキヌ　0251　○フツウト。ヒンスクトヌ。**ワキヌ**アヤビースガ。　□普通ト、變
則トノ、別チガアリマスガ、　▽フツウト　ヒンスク　ト　ヌ　ワキ　ヌ
アヤビーシガ　futsū tu finsuku tu nu waki nu ayabīsi ga

☆連用形「わけ」を含む。「わけの」に対応。

/'wakinu/ と推定。

ワケー　0252　○チシンナン二ユヌ。**ワケー**子ーン　□貴賤男女ノ、別チナク、
▽ミブン　ヌ　タカサ　ヒクサ　ヰキガ　ヰナグ　ヌ　ワケー　子ーン
mibun nu takasa fikusa wikiga winagu nu wakē nēn

☆連用形「わけ」を含む。「わけは」に対応。「琉便」では、「チシンナン二ユヌ」（貴賤男女の）を「ミ
ブンヌタカサ　ヒクサ　ヰキガ　ヰナグ　ヌ」（身分の高さ低さ、男女の）と書き換えている。

第10節　『沖縄對話』の動詞形態の考察　543

/'wake'e/ と推定。

ワキール　0408　○ハンブンナーワキールグト<u>シヤ</u>ラー。　□折半ト致シマシタラ、

セッパン

　　　　　▽ハンブンワーキーシヤラー　hanbun wākī sharā

☆「ラ行（四段）化」後の連用形「わけり」を含む。「わけりをる」に対応。

/'waki'iru/ と推定。

ワキラチ　0394　○クリン。　ウヒナーヤ。ワキラチ。ウタビミ<u>シエエ</u>ビリ。　　□
　　　　　是レモ、少々ヅヽ、御分ケ、下サイマセ　▽クリン　ウヒナーヤ　ワキラ
　　　　　チ　ウタビミシエービリ。　kurin ufi nā ya wakirachi utabi mishēbiri.

　他に、0384 にも用例がある。

☆「ラ行（四段）化」後の未然形「わけら」を含む。「わけらして」に対応。

/'wakiracji/ と推定。

あぐ上

アギヤビークト　0785　○ヌクイヌ<u>イヤウ</u>ナムンシヤーイ。<u>イツ</u>パイ。アギヤビーク
　　　　　ト。　　□残物ノ様ナモノデ、一獻、上ゲマスカラ、　▽ヌクイヌ

ザンブツ　　　　　イツコン

　　　　　ヤウナムンシヤーイ　イツパイ　アギヤビークト　nukuyi nu yō
　　　　　na mun shāyi ippai agiyabī kutu,

☆「ラ行（四段）化」後の連用形「あげり」を含む。「あげりはべ（る）こと」に対応。

/ʔagi'jabi'ikutu/ と推定。

アギヤビラ　0395　○ウヌズミヌ。ブノー。アギヤビラ。　□御望三ノ、分ハ、上
　　　　　ゲマ<u>シヤウ</u>　▽ウヌズミヌ　ブノー　アギヤビラ。　Unuzumi nu
　　　　　bunō agiyabira.

　他に、0041,0439 にも用例がある。

☆「ラ行（四段）化」後の連用形「あげり」を含む。「あげりはべら」に対応。

/ʔagi'jabira/ と推定。

アギーセー　0435　○アギーセーナランハヅヤ、ビーサー。　□アゲルコトハ、出
　　　　　來マスマイ　▽アギーセー　ナラン　ハヅ　ヤ、ビーサー。　agīsē
　　　　　naran hyzi yayabī sā.

☆「ラ行（四段）化」後の連体形「あげる」を含む。「あげ（る）すは」に対応。「あげりを（る）す」
　の可能性もあるか。

/ʔagi'ise'e/ と推定。

アギラシヤビラ　0575　○マジユーンムトミテ。アギラ<u>シヤ</u>ビラ。　□一處ニ求メテ、
　　　　　御送リ申シマ<u>シヤウ</u>　▽マジユーンムトミテ　アギラシヤビラ。
　　　　　majūn mutumiti agirashabira.

☆「ラ行（四段）化」後の未然形「あげら」を含む。「あげらしはべら」に対応。

/ʔagirasjabira/ と推定。

アギテー　0652　○<u>ワウ</u>ブンヂヌ。ガクアギテーミ<u>シエ</u>ーンヽデイチチ、ヤビタスガ。
　　　　　□王文治ノ、額ヲ揭ゲテアルト聞マシタガ、　▽ジユブーコー　ヌ　ガ
　　　　　ク　アギテー　ミシエーン　ンデイ　チチヽヤビタシガ。　Jufūkō nu
　　　　　gaku agitē misiēn ndi ichi chichabita si ga,

☆「あげりて」を含む。「あげりては」に対応。「あげては」の可能性もある。

544　第3章　仮名資料の動詞形態の考察

/ʔagite'e/ と推定。

おしあぐ押上（献上）

ウシヤギール　0174　○**ウシヤギール**。カンゲーヤ、ビーン。　□進上致ス、ツモ
リデアリマス　▽ウシヤ　ギールカンゲー　ヤ、ビーン。　usha
gīru kangē yayabīn.

☼ 連用例「おしあげ」を含む。「おしあげをる」に対応。

/ʔusjagi'iru/ と推定。

ウシヤギテン　0407　○**ウシヤギテン**。ユタ<u>シヤ</u>、ビーン。　□御上ゲ申シテモ、
ヨロシフゴザリマス　▽ウシギテン　ユタシヤ、ビーン。ushagitin
yutasha yabīn.

他に、0437 にも用例がある。

☼「おしあげて」を含む。「おしあげても」に対応。

/ʔusjagiti'N/ と推定。

なぐ投

ナギー　ドンセー　0680　○アマー。カヤクンチナギー　ドンセー。シ<u>チヤイチユ</u>
<u>ルイヤ</u>ー子ー。<u>ワツクイ</u>ーンデイ<u>ヤ</u>ビースガ。　□彼處ハ、茅
ヲ束テ投マスト、下ニ落ル間ニ、離レ散リマスト申シマスガ、
▽アマー　カヤ　クンチ　ナギー　ドンセー　シチヤ　イチユ
ルエー　ネー　ワツクキーン　デイヤビーシ　ガ　amā kaya
kunchi nagī dunsē, shicha ichuru ē nē wakkwīndi yyabisi ga,

☼「ラ行（四段）化」後の連用形「なげり」を含む。「なげりどもせは」に対応。/nagiri/ → /nagi'i/
の変化がある。

/nagi'idu'Nse'e/ と推定。

はぐ禿

ハギ<u>タ</u>ウール　0326　○**ハギタウールチカタドンヤレー**。　□磽确タ地デハ、▽ハ
ギタウル　チカタ　ドン　ヤレー　hagitoru （注82） chikata dun yarē,

☼「はげて」を含む。「はげてはをる」に対応。

/hagito'oru/ と推定。

おほす果

ウガミウー<u>シヤ</u>ビランタサー　0756　○マーンカイガ。イメン<u>シヤウチヤラ</u>。**ウガミ　ウー
シヤビランタサー**。　□何レヘカ、御立退跡）跡ニテ、御
目ニ懸リマセナンダ　▽マーンカイ　ガ　イメン　シヤウ
チヤラ　ウガミ　ウーシヤビラ　ンタサー。　ma nkai
ga imenshōchara wugami ūshabiranta sā.

☼ 連用形「おほせ」を含む。「をがみおほせはべらぬた（る）さ」に対応。

/'ugamiʔu'usjabira'Ntasa'a/ と推定。

きかす聞

ウチカシ　0219　○**ウチカシミ**<u>シ</u>エービリ。　□御聞セ下サイ　▽ウチカシミ　シ
エービリ。　Uchikashi mishēbiri.

☼ 連用形「きかせ」を含む。「おきかせ」に対応。

第 10 節 『沖縄對話』の動詞形態の考察　545

/ʔucjikasji/ と推定。

のぼす上

ヌブスタイ　0619　○ニー**ヌブスタイ**ンデーヌ。**ドット**。フタユイナトクルデービ
ル。　□荷揚杯ハ、誠ニ、不便利ナ處デゴザリマス　▽ニー　ヌブシ
タイ　ヌーシヤイ　ヌ　ドット　フタユイナ　トクルデービル。　Nī
unbushitayi 注83) nū shayi nu duttu futayuyi na tukuru dēbiru.

☼ 連用形「のぼせ」を含む。「のぼせたり」に対応。「琉便」では「ヌブスタインデーヌ」(上せたりなど
の) 対応部分が「ヌブシタイ　ヌーシヤイ　ヌ」(上せたり何したりの) と変えられている。

/nubusjita'i/ と推定。

みす見

ウミシ　0726　○イシヤニン。**ウミシミ**シエー**ガ**シヤビタラ。　□醫者ニハ、御見
セナサレマシタカ　▽イシヤニン　ウミー　ミシエー　ガ　シヤビタラ。
isha nin u-mī mishē ga shabitara?

他に、0376 にも用例がある。

☼ 連用形「みせ」を含む。「おみせ」に対応。

/ʔumisji/ と推定。

ミシテ　0158　○イチユター。**ミシテ**。ウタビミ**シエー**ビリ。　□一寸、御見セ、
下サレマセヌカ　▽イチユター　ミシテ　ウタビミ　シエービリ。　ichutā
mishiti utabi mishēbiri.

☼「みせて」に対応。

/misjiti/ と推定。

やす痩

ヤシテ　0333　○ウレー。チカタヌ。**ヤシテ**ドウルハヅ。デービル。　□ソレハ、
土地ガ、瘠セタノデ、アリマ**シヤウ**　▽ウレー　チカタ　ヌ　ヤシテ　ド
ウラ 注37) ハヅ デービル。　Ure chikata nu yashiti du wura hazi dēbiru.

☼「やせて」に対応。

/'jasjiti/ と推定。

よす寄 (参上) (「よす」に「立ち寄る」の意がある))

ユシリヤビラ　0716　○ウヌウチニ。**ユシリヤビラ**。　□其内ニ、伺ヒマ**シヤウ**
　　▽ウヌ　ウチニ　ユシ　リヤビラ。　unu uchi ni yushiri yabira.

他に、0249,0750 にも用例がある。

☼「ラ行 (四段) 化」後の連用形「よせり」を含む。「よせりはべら」に対応。

/jusjiri'jabira/ と推定。

ユシリール　0776　○ワンニン。**チヤーシン**。**ユシリール**。カンゲーヤ、ビータスガ。
　　□私モ、是非、参上致シマス、積リデゴザリマシタガ、▽ワンニン　チ
ヤーシン　ユシリール　カンゲー　ヤ、ビータシガ　Wan nin chā shin
yushirīru kangē yayabītasi ga,

他に、0635 にも用例がある。

☼「ラ行 (四段) 化」後の連用形「よせり」を含む。「よせりをる」に対応。

/jusjiri'iru/ と推定。

546　第3章　仮名資料の動詞形態の考察

ユシリ、ワド　0526　○アチヤー。ユシリ、ワドヤ、ビール。　□明日ハ、御邪魔^{オジヤマ}ヲ、仕リマシヤウ　▽アチヤー　ユシリ、ワドヤ、ビール。　achā yushiriri wa du yayabīru.

☆「ラ行（四段）化」後の已然形「よせれ」を含む。「よせれはど」に対応。

/'jusjiriri'wadu/ と推定。

ユシリトーヤビークト　0784　○イチユタ。グシユウジユンヌキーガド。ユシリトーヤビークト。　□一寸、御祝儀^{ゴシウギ}マデニ、上リマシタカラ、▽イチユタ　グシユウジユンヌキーガドユシリトーヤビークト　ichuta gushūji nu nukī ga dt_{注85)} yushiritō yabī kutu

☆「ラ行（四段）化」後の「よせりて」を含む。「よせりてはをりはべ（る）こと」に対応。

/'jusjirito'o'jabi'ikutu/ と推定。

あきはつ厭果

アチハテドクル　0693　○ドット。アチハテ。ドクルヤ、ビータサー。　□誠ニ、飽果タ^{アキハテ}、處デアリマシタ　▽ドット　アチハテ　ドクル　ヤ、ビータサー。　duttu achihati dukuru yayabīta sa.

☆連用形「あきはて」を含む。「あきはてどころ」に対応。

/ʔacjihatidukuru/ と推定。

あつ当

クヽルアテ　0381　○ワンニン。ウヘーウユルサチヌ。クヽルアテヌアテド。カフテーヤビークト。　□私モ、少シ、賣先ノ、心當ガアリテ、買ヒマシタカラ、▽ワンニン　ウヘー　ウユル　サチ　ヌ　クヽル　アテ　ヌ　アテド　コーテー　ヤビークト　Wannin ufē uyuru sachi nu kukuruati nu ati du kōtē yabī kutu,

☆連用形「あて」を含む。「こころあて」に対応。

/kukuruʔati/ と推定。

そだつ育

オソダテニ　0007　○オソダテニ。ナトール。ウグイスン。　□御育^{オソダ}テニ、ナリマシタ、鶯モ、▽ウスダテニ　ナトール　ウグイスン　usudati ni natōru ugūisin

☆連用形「そだて」を含む。「おそだてに」に対応。「オソダテニ」は「日本語」につられた表記か。「琉便」は「ウスダテニ」としている。

/ʔusudatini/ と推定。

たつ立

タテヽ　0364　○クワイシヤタテヽ。　□會社^{クワイシヤ}ヲ立テ、▽クワイシヤ　タテヽ　Kwaisha tatiti

☆「たてて」に対応。

/tatiti/ と推定。

はつ果

ウイハテヽール　0430　○ナー。ウイハテヽールシナヌ。イルヽヽ　アヤビーン。　□最早賣切リタ物ガ、種々^{イロく}ゴザリマス　▽ナー　ウイ　ハテテー

ル　シナ　ヌ　イルイル　アヤビーン。nā uyi hatiteru shina nu
iruiru ayabīn.

　　☼「はてて」を含む。「うりはててはある」に対応。

　　/ʔu'ihatite'eru/ と推定。「琉便」のローマ字表記が「ha～」となっている。

ウイハテトーヤビースガ　0432　　○フヘークカラ。ウイハテトーヤビースガ。　　　□
　　　　　　　　　早クカラ、賣リ切リマシタガ、　▽ヘーク　カラ　ウイハ
　　　　　　　　　テトー　ヤビーシ　ガ　fēku kara uyi hatitō yabīsi ga,

　　☼「はてて」を含む。「うりはててはをりはべ（る）すが」に対応。

　　/ʔu'ihatito'o'jabi'isiga/ と推定。

へだつ隔

ヒダテトール　0625　　○スヒヤクリ。ヒダテトールトクル。ヤ、ビークト。　　□數百里、
　　　　　　　　　隔テタ處デ、アリマスカラ、　▽スヒ　ヤクリ　ヒヂミトール　トク
　　　　　　　　　ル　ヤ、　ビークト　　Sū hyaku ri fijamitōru tukuru yayabī kutu,

　　☼「へだてて」を含む。「へだててはをる」に対応。「琉便」は「ヒヂミトール」としている。

　　/hidatito'oru/ と推定。

いづ出（おんいづ御出）

ンヂダカー　0259　　○クミヌ。ンヂダカー。チヤーガヤ、ビーラヤー。　　□米ノ、
　　　　　　　　　出來高ハ、如何デゴザリマシヤウ　▽クミ　ヌ　ンヂダカー　チヤー
　　　　　　　　　ガ　ヤ、ビーラヤー。　　Kumi nu njidakā chā ga yayabīraya?

　　☼連用形「いで」を含む。「（お）んいでだかは」（出高は）に対応。

　　/ʔɴzjidaka'a/ と推定。

ンジイリ　0481　　○ワッターカラ。ンジイリシヤッチユスガ。　　□私ノ、出入ノ
　　　　　　　　　者ガ、　▽ワッター　カランジイリシヤッチユシガ　wattā kara njiiri
　　　　　　　　　shatchusi ga

　　他に、0487にも用例がある。

　　☼連用形「いで」を含む。「（お）んいでいり」（出入）に対応。

　　/ʔɴzji'ʔiri/ と推定。

ンジヤビーン　0170　　○クヌウチ。イ、ジーヒチヌ。ンジヤビーン。　　□近日ノ内ニ、
　　　　　　　　　良字引ヲ、拵ヘマス　▽クヌウチ　イージーヒチ　ヌ　ンヂヤビーン。
　　　　　　　　　kunu uchi yī jīfichi nu njiyabin.注86)

　　☼連用形「いで」を含む。「（お）んいではべりをりむ」に対応。

　　/ʔɴzji'jabi'i'ɴ/ と推定。

ンジヤビーガ　0171　　○ヌージーヒチヌ。ンジヤビーガヤー。　　□何ノ字引ヲ、御
　　　　　　　　　編輯ニナリマスカ　▽ヌー　ヌ　ジーヒチ　ウックイミシエビー
　　　　　　　　　ガ。　　Nū nu jifichi utsukui mishēbī ga? ＜jifichi は、jīfichi とある
　　　　　　　　　べきである。＞

　　☼連用形「いで」を含む。「（お）んいではべりを（る）が」に対応。

　　/ʔɴzji'jabi'iga/ と推定。

ンジヤビラ　0485　　○ヨーンナー。ンジヤビラ。　　□徐々、出掛マシヤウ　▽トヨー
　　　　　　　　　ンナー　ンジヤビラ。　　yōnnā njiyabira?

☼ 連用形「いで」を含む。「(お)んいではべら」に対応。

/ʔ<small>N</small>zji'jabira/ と推定。

ンヂヤビタスガ　0585　○ゴヂン。ハチジニンヂヤビタスガ。　□午前、八時ニ出
マシタガ、　▽アサヌ　ハチジニンヂヤビタシガ　Asa nu hachiji
ni njiyabitasi ga

☼ 連用形「いで」を含む。「お」んいではべりた(る)すが」に対応。

/ʔ<small>N</small>zji'jabitasiga/ と推定。

ウンジミシエール　0132　○ナー。ガツカウジンカイ。**ウンジミシエールジブノー。**
アヤビラニ。　□最早、學校へ、御出ナサル時刻デハ、アリマセ
ヌカ　▽ナーガツカウ　ンカイ　ウンジミシエール　ジブノー
アヤビラニ。　Nā gakkō nkai unji mishēru jibunō ayabirani?

ウンジミシエール　0445　○マーンカイ。**ウンジミ** <u>**シエール**</u>。ウカンゲーヤ、ビーガ。
□何處へ、御出ノ、御積リデゴザリマスカ　▽マー　ンカイ　ウ
ンジ　ミシエール　ウカンゲー　ヤ、ビーガ。　mā nkai unji
mishilu<small>注87)</small> ukangē yayabī ga?

☼ 連用形「いで」を含む。「おんいでめしある」に対応。

/ʔu'<small>N</small>zjimisje'eru/ と推定。

ウンジミ<u>シエービリ</u>　0462　○ウサチ。**ウンジミ** <u>**シエービリ**</u>。　□御先ニ、御出
下サレ　▽ウサチ　ウンジ　ミシエービリ。　usachi unji
mishēbiri.

☼ 連用形「いで」を含む。「おんいでめしありはべれ」に対応。

/ʔu'<small>N</small>zjimisje'ebiri/ と推定。

ウンジミ。<u>シエービタガ</u>　0197　○ナンニンヌ<u>シヤク</u>。**ウンジミ。** <u>**シエービタガ**</u>。
□幾年程、御越ニ、ナリマシタカ　▽ナンニン　ヌ　シヤ
ク　ウンジミ　シエービタ　ガ。　Unjō shōgakkō nkayē
nannin nu shaku unji mishēbita ga?

☼ 連用形「いで」を含む。「おんいでめしありはべりた(る)が」に対応。

/ʔu'<small>N</small>zjimisje'ebitaga/ と推定。

ンヂラリヤビラン　0036　○**ンヂラリヤビラン。**　□出ラレマセヌ　▽ンヂラリヤ
ビラン。　njirariyabiran.

☼ 「ラ行(四段)化」後の未然形「いでら」を含む。「(お)んいでられはべらぬ」に対応。

/ʔ<small>N</small>zjirari'jabira'<small>N</small>/ と推定。

ウンヂミシエービラナ　0078　○**ウンヂミシエービラナ。**　□御出ナサイマセヌカ
▽ウンヂミシエービラナ。　unjimīshēbira na?

☼ 連用形「いで」を含む。「おんいでめしありはべらな」に対応。

/ʔu<small>N</small>zjimisje'ebirana/ と推定。

ンジーンデー　0755　○トシユイ。ワラビンチ<u>ヤーンデー</u>。サウテン<u>ジーンデー</u>。
<u>ドット</u>。<u>スックエーシヤビタ</u>　サー。　□年寄ヤ、子供ヲ、連レ出
スニハ、餘程、困却デゴザリマシタ　▽トシユイ　ワラビンチ
ヤー　ンデー　サウテ　ンジー　ンデー　ドット　スックエーシヤ

第10節『沖縄對話』の動詞形態の考察　549

ビタ　サー。　tushuyi warabin'chā ndē sōti njīn di duttu sukkwē

shabita sā.

☼ 連用形「いで」を含む。「(お)んいでにては」に対応。「琉便」は、カナ書き「ンジー　ンデー」、ロー

マ字表記「njīndi」で不一致なところがある。

/ʔnzji'i'nde'e/ と推定。

ンジークト　0477　○ツチン。ウヌクロー。**ンジークト**。　□月モ、其頃、出マスカラ、

▽ツチン　ウヌクロー　ンジー　クト　Tsichin unu kurō njī kutu,

☼ 連用形「いで」を含む。「(お)んいでを(る)こと」に対応。

/ʔnzji'ikutu/ と推定。

ンジトーヤビーン　0013　○ミドリ。**ンジトーヤビーン**。　□嫩茅ヲ、萠出マシタ

▽ミドリ　ンジトーヤビーン。　miduri njitōyabīn.

☼ 「いでて」を含む。「(お)んいでてはをりはべりむ」に対応。

/ʔnzjito'o'jabi'i'n/ と推定。

ンジタウヤビーン　0172　○ヂガチヌ。**ンジタウヤビーン**。　□草稿ガ、出來テ

ヲリマス　▽ヂガチ　ヌ　デキタウヤビーン。　jigachi nu

dikitōyabīn.

☼ 「いでて」を含む。「(お)んいでてはをりはべりむ」に対応。「琉便」の「デキタウヤビーン」は「で

きています」の意となる。

/ʔnzjito'o'jabi'i'n/ と推定。

ンジトウヤビーン　0268　○ドット。井ー。サタウヌ。**ンジトウヤビーン**　□誠ニ、

上品ナ、砂糖ガ、出來マシタ　▽ドット　イー　サタウ　ヌ　ン

ジトウヤビーン。　duttu yī satō nu njitōyabīn.

☼ 「いでて」を含む。「(お)んいでてはをりはべりむ」に対応。

/ʔnzjito'o'jabi'i'n/ と推定。

たづぬ尋

ウタンニ　0244　○**ウタンニ**ミシエービリ。　□御尋ナサレ　▽ウタンニ　ミシエー

ビリ。　utan ni mishēbiri.

他に、0558, 0719 にも用例がある。

☼ 連用形「たづね」を含む。「おたづね」に対応。途中 /ʔutazini/ → /ʔuta'nni/ などの変化があると

考えられる。

/ʔuta'nni/ と推定。

ウタンニガ　0246　○デンチヌ。ムトヒ。**ウタンニガ**。ウヤミシエービーラ。　□電

氣ノ、原因デ、アリマスカ、▽デンキ　ヌ　ムトイ　ウタンニ　ガ

ウヤミシエービーラ　Dinki nu mutui utanni ga uyamishēbīra.

☼ 連用形「たづね」を含む。「おたづねが」に対応。次の「ウヤミシエービーラ」と「－が〜ら」照応関

係にある。

/ʔuta'nniga/ と推定。

あつらふ誂

アツレーヤビタン　0413　○ウルクンカイ。**アツレーヤビタン**。　□小祿へ、誂へ

マシ　▽ウルクンカイ　アツレーヤビタン。Uruku nkai atsirē

yakiatn._{注88)}

yakiatn. [注88]

　　☼ 連用形「あつらへ」を含む。「あつらへはべりたりむ」に対応。

　/ʔacire'ejabita'ɴ/ と推定。

ウワーツレへ　0412　○ウワーツレへ。ミセービタガ。　　□御誂、ナサレマシタ〔オ　アツラヘ〕

　　　　　　　　　▽ wwātsirē mishēbita ga?

　　☼ 連用形「あつらへ」を含む。「おあつらへ」に対応。

　/ʔwa'acire'e/ と推定。

ウワーツレー　0412　○マーンカイ。　ウワーツレーミシエービタガ。　□何へ

　　　　　誂ヘニナリマシタ　▽マーンカイ　ウワーツレーミシエービタガ。

　　　　　mānkai wwātsirē mishēbita ga?

　　☼ 連用形「あつらへ」を含む。「おあつらへ」に対応。

　/ʔwa'acire'e/ と推定。

かふ替

クイケー　0337　○クイケーシ、。ツクユルイーブンド。ヤ、ビール。　□順繰リ〔ジュン〕

　　　　　ニ換ヘテ、作ルコトデ、ゴザリマス　▽クイ　ーシシ　ツクユル　イーブ

　　　　　ンド　ヤ、ビール。　kuyike_{注89)} sshi tsukuyuru ību du yayabīru.

　　☼ 連用形「かへ」を含む。「くりかへ」に対応。

　/ku'ike'e/ と推定。

ウケー　0416　○ヌートヤラワン。ウケーミシエールウミクミガ。ヤ、ビーラ。

　　　　　□何トカ、御交易ノ御見込デ、ゴザリマス　▽ヌーガナト　ウケーミシエー

　　　　　ル　ウミクミガ　ヤ、ビーラ。　Fū_{注90)} gana tu ukē mishēru umikumi ga

　　　　　yayabīra?

　　☼ 連用形「かへ」を含む。「おかへ」に対応。「ヌートヤラワン」(何とであっても) が、「琉便」では「ヌー

　　　　ガナト」(何かと) に変えられている。

　/ʔuke'e/ と推定。

ケーユン　0336　○シチバケーユンデイユセー。　□地面ヲ換ヘルトハ、　▽シチバ

　　　　　ケーユンデ　イユセー　Shichiba kēyun di iusē

　　☼ 「ラ行 (四段) 化」後の連用形「かへり」を含む。「かへりをりむ」に対応。

　/ke'e'juɴ/ と推定。

ケーテ　0335　○シチバケーテ。ウミカキミシエービリ。　□地面ヲ換テ、御覧ナ〔カヘ〕

　　　　　サレ　▽シチバ　ケーテウミカキ　ミシエービリ。　shichiba kēti umikaki

　　　　　mishebiri.

　　☼ 「かへて」に対応。

　/ke'eti/ と推定。

かんがふ考

カンゲー　0776　○ワンニン。チヤーシン。ユシリール。カンゲーヤ、ビータスガ。

　　　　　□私モ、是非、参上致シマス、積リデゴザリマシタガ、▽ワンニン　チ〔ゼヒ〕

　　　　　ヤーシン　ユシリール　カンゲー　ヤ、ビータシガ　Wan nin chā shin

　　　　　yushirīru kangē yayabītasi ga,

　　　　他に、0174,0236,0358,0397,0410,0430,0445,0555,0565,0607,0632,0635 に用例

がある。

☼ 連用形「かんがへ」に対応。

/ka'Nge'e/ と推定。

カンゲー子ー　0324　○ワーカンゲー子ー。　□私ノ考ニハ、　▽ワー　カンゲー
　　　　　　　　　子ー　　wā kangē nē

☼ 連用形「かんがへ」を含む。「かんがへには」に対応。

/ka'Nge'ene'e/ と推定。

カンゲータウヤビークト　0487　○ンジイリシヤッチユルムンヌ。カンゲータウヤ
　　　　　　　　ビークト。　□出入ノ者ガ、心得テ居リマスカラ、　▽ン
　　　　　　　　ジ　イリ　シヤッチユル　ムンヌ　カンゲーテ　ウヤビー
　　　　　　　　クト　nji iri shatchuru mun nu gangēti wuyabī kutu,

☼「かんがへて」を含む。「かんがへてはをりはべりを（る）こと」に対応。「琉便」の「カンゲーテ　ウヤビー
　　クト」は「－て　をり～」が融合していない形を示している。

/ka'Nge'eto'o'jabi'ikutu/ と推定。

さしつかふ差支

サシツケー　0193　○サシツケー。ヤ、ビーサーヤー。　□不自由デ、ゴザリマス
　　　　　　　▽サシツケー　ヤビーサーヤー。　sashitsikē yabisā yā.

☼ 連用形「さしつかへ」に対応。

/sasjicike'e/ と推定。

サシツケーヤ　0525　○ウヒン。サシツケーヤネーヤビランクト。　□少シモ、
　　　　　　　差支マセヌデ、　▽ウヒン　サシツケーヤ　ネーヤビランクト
　　　　　　　Ufin sashitsikē ya nēyabiran kutu,

他に、0241,0524,0738 に用例がある。

☼ 連用形「さしつかへ」を含む。「さしつかへは」に対応。

/sasjicike'e'ja/ と推定。

たとふ譬

タトヒ　0587　○タトヒ。ジヤウチシヤヌ子ーントクルヤテン。　□假令、滊車ノ
　　　　　　ナイ處デモ、　▽タトイキシヤヌネーントクルヤテン　tatui kisha　nu nēn
　　　　　　tukuru yatin

☼ 連用形「たとへ」に対応。

/tatu'i/ と推定。

タトエー　0217　○ワカイヤツサル。タトエー。　□了解リ易キ例ハ、　▽ワカイ
　　　　　　ヤツサル　タトエー　Wakayi yassaru tatuyē

☼ 連用形「たとへ」を含む。「たとへは」に対応。

/tatu'e'e/ と推定。

つかふ支

ツケーヤ　0739　○ウヒン。ツケーヤ子ーヤビラン。　□少シモ、支ヘマス﹁ハゴ
　　　　　　ザリマセヌ　▽ウヒン　ツケー　ヤビラン。　Ufin tsikē yabiran.

☼ 連用形「つかへ」を含む。「つかへは」に対応。

/cike'e'ja/ と推定。

552　第3章　仮名資料の動詞形態の考察

つたふ伝

イーツテートーヤビーン　0691　○ムドルミチンデ。**イーツテートーヤビーン**。
□戻道ト、言傳ヘマス　▽ムドルミチ　ンデ　イーツ
テートー　ヤビーン。　Mudurumichi ndi ītsitētō yabīn.

☆「つたへて」を含む。「いひつたへてはをりはべりをりむ」に対応。

/ʔi'icite'eto'o'jab'i'i'ɴ/ と推定。

むかふ迎

ウムケー　0127　○ウミデタク。シンニン。**ウムケーミシエービリ**。　□御目出度フ、
新年ヲ、御迎ヘ、ナサレマセ　▽ミデタク　シンニン　ウムケーシミシエー
ビリ。　Miditaku shinnin unkē shi mishēbiri.

☆連用形「むかへ」を含む。「おむかへ」に対応。

/ʔu'ɴke'e/ と推定。

をしふ教

ウシーガター　0252　○ニンジン。フツウヌ。**ウシーガター**。アランクト。□人間
普通ノ教方デハ、アリマセヌカラ、變則ト申シマス　▽ニンジン　フ
ツウ　ヌ　ウシーカター　アラン　クト　ヒンスク　ンデ　イヤビー
ン。　ni jin futsū nu ushī kata aran kutu,

☆連用形「をしへ」を含む。「をしへがたは」（教え方は）に対応。

/ʔusji'igata'a/ と推定。

あつむ集

アツミヤビーン　0360　○トイアツミヤビーン。　□集メマス　▽トイアツミ　ヤ
ビーン。　tuiatsimi yabīn.

☆連用形「あつめ」を含む。「あつめはべりをりむ」に対応。

/ʔacimi'jabi'i'ɴ/ と推定。

アツミヤビタン　0399　○ニジフイッタンヌシヤコー。**カウイアツミヤビタン**。
□廿一反程、買集メマシタ　▽ニジウイッタンヌシヤコー　カウイ
アツミヤビタン。　nijū-ittan nu shakō kōyi atsimiyabitan.

☆連用形「あつめ」を含む。「あつめはべりたりむ」に対応。

/ʔacimi'jabita'ɴ/ と推定。

いたむ傷

イタミラン　0331　○スビテムヅクイヌニー。**イタミランイヤウニ**。　□都テ作物
ノ根ガ、傷マヌ様ニ　▽スビテ　ムヅクイ　ヌ　ニー　イタミラン　ヤ
ウニ　sibiti muzukuyi nu nī itamiran yō ni

☆「ラ行（四段）化」後の未然形「いためら」を含む。「いためらぬ」に対応。

/ʔitamira'ɴ/ と推定。

さだむ定

サダミテ　0293　○**サダミテ**。ユタシコー子―ランハヅ。　□定テ、悪クゴザリマ
シヤウ　▽サダミテ　ワツサラ注37）ハヅ。sadamiti wassara hazi.

☆「さだめて」に対応。「ユタシコー子―ランハヅ」（よろしくはないはず）が、「琉便」では「ワツサラ
ハヅ」（悪いはず）に変えられている。

第10節 『沖縄對話』の動詞形態の考察　553

/sadamiti/ と推定。

となむ調

ウシトナミテ　0345　○ウシトナミテ。ユイングジツシンヌシヤク。ヤ、ビーン。
□平均、四圓五拾錢位デ、ゴザリマス　▽ウシトナミテ　ユイングジ
ッシン　ヌ　シヤク　ヤ、ビーン。　ushitunamiti yu yin gujisshin
nu shaku yayabīn.

☆「となめて」を含む。「おしとなめて」（押し調めて）に対応。

/ʔusjitunamiti/ と推定。

ながむ眺

ツチナガミン　0477　○テウド。ツチナガミン井ージブンデービル。　□丁度月觀ガ、
亙ヒ時分デゴザリマス　▽チヨウド　ツチナガミン　イージブン
デービル。chōdu tsichinaga min yī jibun dēbiru.

☆連用形「ながめ」を含む。「つきながめも」に対応。

/cicjinagami’ɴ/ と推定。

ナガミテ　0591　○アヌフデステヤマヌチーチ。イセヌウミンデーナガミテ。　□彼
ノ筆捨山ノ景、伊勢ノ海抔ヲ眺マシテ、　▽アヌフデステヤマヌチーチ　イ
セヌウミンデーナガミテ　anu Fudisitiyama nu chīchi Ise nu umi ndē
nagamiti

☆「ながめて」に対応。

/nagamiti/ と推定。

ナガミタイ　0663　○シスク。ミンナンデーヌ。ハナリジマナガミタイシ、。　□
瀨底、水無抔ノ、離レ島ヲ眺メマシテ、　▽シスク　ミンナ　ンデー
ヌ　ハナリ　ナガミタ　イシ、　Shisuk Miuna ndē nu hanari naga
mitayi sshi

（Shisuk Miuna → Shisuku Minna）

☆「ながめて」を含む。「ながめてあり→ながめたり」に対応。

/nagamita’i/ と推定。

はじむ始

ハヂミトーヤビイン　0010　○サチハヂミトーヤビイン。　□咲初マシタ　▽サチ
ハヂミトー　ヤビイン。　sachi hajimitō yabīn.

☆「はじめて」を含む。「はじめてはをりはべりをりむ」に対応。

/hazjimito’o’jabi’iɴ/ と推定。

もとむ求

ムトミヤビタン　0601　○ケールイ。ウヘームトミヤビタン。　□貝類ヲ、少々、
求メマシタ　▽ケールイ　ウヘームトミヤビタン。　Kērui ufē
mutumi yabitan.

☆連用形「もとめ」を含む。「もとめはべりたりむ」に対応。

/mutumi’jabita’ɴ/ と推定。

ウムトミ、シエーガ　0600　○ナダケームノー。ウムトミ、シエーガシヤビタラ。
□名産ハ、御求ニナリマシタカ　▽ナダケームノー　ウムト

　　　　　ミ、シエーガシヤビタラ。　　nadakē munō umutumi mishē

　　　　　gashabitara?

　☆ 連用形「もとめ」を含む。「おもとめめしあ（る）が」に対応。

/ʔumutumimisje'ega/ と推定。

ウムトミ、シエービタガ　0160　○マーヌ。シユムツヤーカラ。**ウムトミ、シエー**

　　　　　ビタガ。　□何處ノ、書林デ、御求メニナリマシタカ　▽

　　　　　マー　ヌ　シユムツヤー　カラ　ウムトミ、シエービタ

　　　　　ガ。　mā nu shumutsi yā kara umutu mi mishē bitaga?

　☆ 連用形「もとめ」を含む。「おもとめめしはべりた（る）が」に対応。

/ʔumutumimisje'ebitaga/ と推定。

ウムトミ、シヤウチ　0574　○ウミシチリミンヌチームン。**イツタノー**。**ウムトミ、**

　　　　　シヤウチウタビミ**シエー**ビリ。　　□御召縮緬ノ單衣ヲ、一

　　　　　反、御求メ下サレ　マセ　▽ウミシチリミンヌチームン　イ

　　　　　ツタノー　ウムトミ、シヤウチウタビミシエービリ。　umishi-

　　　　　chirimin nu chī mun ittanō umutumi mishōchi utabi

　　　　　mishēbiri.

　☆ 連用形「もとめ」を含む。「おもとめめしおはして」に対応。

/ʔumutumimisjo'ocji/ と推定。

ムトミリワド　0162　○チヤーシン。ワンニンムトミリワド。ヤ、ビール。　□是

　　　　　非、私モ求メマ**シヤウ**　▽チヤーシン　ワンニン　ムトミリワド

　　　　　ヤ、ビール。　Chāshin wannin mutumiriwa duyayābīru.

　☆ 「ラ行（四段）化」後の已然形「もとめれ」を含む。「もとめれはど」に対応。次の「ヤ、ビール」と

「－ど～る」照応関係にある。係結び。

/mutumiri'wadu/ と推定。

ムトミテ　0575　○マジユーンムトミテ。アギラ**シヤ**ビラ。　□一處ニ求メテ、御

　　　　　送リ申シマ**シヤウ**　▽マジユーンムトミテ　アギラシヤビラ。　majūn

　　　　　mutumiti agirashabira.

　☆ 「もとめて」に対応。

/mutumiti/ と推定。

ムトミタラー　0169　○ウリムトミタラー。**チヤ**ーヤ、ビーガヤー。　□ソレヲ求

　　　　　メテハ、如何デゴザリマ**シヤウ**　▽ウリ　ムトミタラー　チヤーヤ、

　　　　　ビー　ガ　ヤー。　Uri mutu mitarā chā yayabī ga yā?

　☆ 「もとめて」を含む。「もとめてあらは→もとめたらは」に対応。

/mutumitara'a/ と推定。

をさむ修

ウサミタイ　0252　○ミーウサミタイ**シユル**。ルツクワ。カニマナブセー。□身ヲ修

　　　　　ムルノ、六科ヲ、兼子、學ブ事ヲ、　▽ドー　ウサミタイ　シユル　ルツク

　　　　　ワ　カニ　マナブセー　dū wusamitayi shuru rukkwa kani manabusē

　☆ 「をさめて」を含む。「をさめてあり→をさめたり」に対応。

/'usamita'i/ と推定。

第 10 節　『沖縄對話』の動詞形態の考察　555

こゆ越

イガゴエー　0604　○ウムドイヌ。**イガゴエー**。　□御歸^{オカヘリミチ}路ノ、伊賀越ハ、　▽ウムドイヌ　イガゴエー　Umuduyi nu Igagoyē

※ここ「御歸路ノ、伊賀越ハ」の「歸路」に振り仮名「オカヘリミチ」

☆連用形「こえ」を含む。「いがごえは」に対応。

/ʔigagu'e'e/ と推定。

みゆ見

ミーヤビークト　0523　○ワッターヤーウテン。ズイブン。**ミーヤビークト**。　□拙宅ニテモ、隨分見ヘマスデ、　▽ワッターヤーウテン　ズイブン　ミーヤビークト　Wattā wuttin zībun mīyabīa kutu,_{注91)}

☆連用形「みえ」を含む。「みえはべりを（る）こと」に対応。

/mi'i'jabi'ikutu/ と推定。

ミーユイ　0649　○ナグ。ムトブンデーン。**ミーユイ**。　□名護^{ナグ}、本部^{ムツブ}抔モ、見へ、　▽ナグムトブ　ンデー　ン　ミーユイ　Nagu Mutubu ndēn mīyuyi

他に、0663 にも用例がある。

☆連用形「みえ」を含む。「みえをり」に対応。

/mi'i'ju'i/ と推定。

ミイユル　0003　○ミイユル。ヤマー。　□見ヘマス、山ハ　▽ミイユル　ヤマー　mīyuru ya mā

ミーユル　0223　○テンナカイミーユル。フシヌ。　□空天^{ソラ}ニ見ユル、星ニ、　▽テン　ナカイ　ミーユル　フシ　ヌ　Tin nakai mīyuru fushi nu

☆連用形「みえ」を含む。「みえをる」に対応。

/mi'i'juru/ と推定。

ミートーヤビースガ　0465　○イクトクシン、デイチカチエースガ。**ミートーヤビースガ**。　□育徳泉ノ題字ガ、見ヘテヲリマスガ、　▽イクトクシン　ンデ　イチ　カチエーシガ　ミートー　ヤビーシ　ガ　"Iku-tuku-shin" ndi ichi kachesi ga mitō yabī si ga

☆「みえて」を含む。「みえてはをりはべりを（る）すが」に対応。

/mi'ito'o'jabi'isiga/ と推定。

いる入

ウイリ　0305　○クエーヤ。ヌーウイリミ。シエービタガ。　□肥ハ、何ヲ御ヤリナサレマシタ　▽クエーヤ　ヌー　ウイリミ　シエービタガ。　Kwē ya nu uiri mishēbita ga?

他に、0314 にも用例がある。

☆連用形「いれ」を含む。「おいれ」に対応。

/ʔuʔiri/ と推定。

ウケーイリニ　0340　○クンドヌサタウヤ。チヤヌシヤク。**ウケーイリニ**。ナヤビタガ。　□當年の砂糖ハ、ドレ位、御買込^{オカヒ コミ}ニ、ナリマシタ　▽クンド　ヌ　サトー　ヤ　チヤヌシヤク　ウケー　イリ　ニ　ナヤビタガ。　Kundu nu satō ya cha nu shaku ukēiri ni nayabita ga?

☆連用形「いれ」を含む。「おかひいれに」に対応。

556　第3章　仮名資料の動詞形態の考察

/ʔuke'eʔirini/ と推定。

ウトイ、リニ　0396　○ウホーク。タンフ。**ウトイ、リニナタンデイチ**。チ丶ヤビタスガ。　□澤山、反布ヲ御仕入ニナリマシタト、承リマシタガ、▽ウホーク　タンフ　ウトイ、リニナタンデイチ　チ丶ヤビタシガ　ufōku tanfu utuyi iri ni natan di ichi chichabitasi ga

☆ 連用形「いれ」を含む。「おとりいれに」に対応。

/ʔutu'iʔirini/ と推定。

テーイリ　0330　○サニマチアトヌ。**テーイリンデイユセー**。　□播種後ノ手入レトハ、▽サニ　マチ　アト　ヌ　テーイリ　ンデ　イユセー　Sani machi atu nu tīiri ndi iusē

☆ 連用形「いれ」を含む。「ていれ」に対応。

/ti'iʔiri/ と推定。

テーイリヌ　0318　○チヤーガナ。カワイー。**テーイリヌ**。サーテガウヤビーラ。　□何カ、別段ノ、御手入ガ、ゴザリマスカ　▽チヤー　ガ　ナ　カワイー　テーイリ　ヌ　サーテガウヤビーラ。　Chā ga na Kawayī tīiri nu sāti ga wuyabīra?

他に、0319 にも用例がある。

☆ 連用形「いれ」を含む。「ていれの」に対応。

/ti'iʔirinu/ と推定。

ニトイリ　0356　○ニトイリシ丶。　□貳斗入デ、▽ニトイリシ丶　Nitu iri sshi

☆ 連用形「いれ」を含む。「にといれ」に対応。

/nituʔiri/ と推定。

ケーイレー　0358　○ウホークヌケーイレー。ムツカシヤヌ。　□多分ノ買込ガ、六ツカスクテ、▽ウホーク　ヌ　ケーイレ　ムツカシヤ　ヌ　ufōku nu kēirē mutsikasha nu

☆ 連用形「いれ」を含む。「かひいれは」に対応。

/ke'eʔire'e/ と推定。

イリーガ　0043　○**イリーガ**。シヤビーラ。　□入レマシヤウカ　▽イリーガ　シヤビーラ。　irī ga shabīra?

☆「ラ行（四段）化」後の連用形「いれり」を含む。「いれりが」に対応。次の「シヤビーラ」と「－が～ら」照応関係にある。係結び。

/ʔiri'iga/ と推定。

イリヤビラ　0120　○タン。**イリヤビラ**。　□炭ヲ、容レ、マシヤウカ　▽タン　イリヤビラ。　tan iriyabira?

☆「ラ行（四段）化」後の連用形「いれり」を含む。「いれりはべら」に対応。

/ʔiri'jabira / と推定。

イリヤビタン　0190　○ウットンガクカウンカイ。**イリヤビタン**。　□弟モ、入校致サセマシタ　▽ウットン　ガクカウ　ンカイ　イリヤビタン。　uttun gakkō nkai iriyabitan.

☆「ラ行（四段）化」後の連用形「いれり」を含む。「いれりはべりたりむ」に対応。

第 10 節　『沖縄對話』の動詞形態の考察　557

/ʔiri'jabita'N/ と推定。

イリール　0331　○クエーイリールクトー。イユニンウユバノーアヤビースガ。
　　　　　　　　□肥ヲヤルコトハ、申スマデモアリマセヌガ、▽クエー　イリール　ク
　　　　　　　　トー　イユ　ニン　ウユバビラン　kwē irīru kutō iu nin uyubabiran,
　　　　他に、0330,0615 にも用例がある。

　　☼「ラ行（四段）化」後の連用形「いれり」を含む。「いれりをる」に対応。「いれをる」ではないとする。
　　/ʔiri'iru/ と推定。

<u>イツタ</u>ママ（ツなし）サー　0306　○イルヽヽヌ<u>クヱ</u>（ママ「ー」ガ消えている）。<u>イツタ</u>ママ（ツなし）
　　　　　　　　サー。□種々ノ肥ヲヤリマシタ　▽イルイル　ヌ　クヱー
　　　　　　　　イツタッサー。　iruiru nu kwē ittassā.

　　☼連用形「いれて」を含む。「いれてあ（る）さ→いれた（る）さ」に対応。
　　/ʔiQta(Q)sa'a/ と推定。

おくる遅

ウクリテガ　0488　○ウクリテガウヤビーラ。　□後レマシタカ　▽ウクリテ・　ガ
　　　　　　　　ウ・ヤビーラ。　ukuriti ga wuyabira?

　　☼「おくれて」を含む。「おくれてが」に対応。次の「ウヤビーラ」と「ーが〜ら」の照応関係がある。係結び。
　　/ʔukuritiga/ と推定。

ウクリタクト　0350　○ジヽツヌウクリタクト。　□時ガ後レマシタユヘ、▽ジヽ
　　　　　　　　ツ　ヌ　ウクリタ・　クト　jishitsi nu ukurita kutu

　　☼「おくれて」を含む。「おくれてあ（る）こと→おくれた（る）こと」に対応。
　　/ʔukuritakutu/ と推定。

きる切

チリヤビタガ　0431　○ヌーシナヌ。チリヤビタガ。　□<ruby>如何<rt>ドウ</rt></ruby>イフ品ガ、切レマ
　　　　　　　　シタカ　▽ヌーシナ　ヌ　チリ　ヤビタガ。　Nū shina nu chiri
　　　　　　　　yabita ga?

　　☼「ラ行（四段）化」後の連用形「きれり」を含む。「きれりはべりた（る）が」に対応。
　　/cjiri'jabitaga/ と推定。

くたびる草臥

ウクタンデ　0638　○ウクタンデ。ミ・シヤウチヤルハヅデービル。　□<ruby>御疲<rt>オツカレ</rt></ruby>デ、ゴ
　　　　　　　　ザリマ<u>シヤウ</u>　▽ウクタンデ　ミ・シヤウチヤラ注37　ハヅ・　デービル。uku
　　　　tandi mi shochara haji debiru.

　　☼連用形「くたびれ」を含む。「おくたびれ」に対応。途中 [kutabiri] → [kutamiri] → [kutamri]
　　　→ [kutandi]/kuta'Ndi/ 等の変化が考えられる。
　　/ʔukuta'Ndi/ と推定。

クタンデトール　0639　○フラツタルユイガヤラ。ウヘークタンデトールグトー。
　　　　　　　　ヤビーサー。　□<ruby>搔<rt>ユラレ</rt></ruby>マシタユヘカ、少ン疲レタ様デ、ゴザリマス　▽ウーラツ
　　　　　　　　タル　ユイ　ガ　ヤラ　ウヘー　クタンデ　トール　グトー　ヤビーサー。
　　　　wūrattaru yuyi ga yara ufē kutanditōru gutō yabīsā.

　　☼「くたびれて」を含む。「くたびれてはをる」に対応。「琉便」では「フラツタル」の代わりに「ウー・
　　　ラツタル」としている。

/kuta'Ndito'oru/ と推定。

くる呉

クイミシエービリ　0377　○アマナカイ。アヤビークト。ウミカキテ　**クイミシエー** **ビリ**。　□アチラニ、在リマスカラ、御覽下サイ　▽アマ　ナ　カイ　アヤビークト　ウミカキテ　クイミシエービリ。　Ama nakai ayabī kutu, umikakiti kwimishē biri.

  ☼ 連用形「くれ」を含む。「くれめしはべれ」に対応。

/kwimisje'ebiri/ と推定。

クミシエービリ　0715　○ウツイデヌバ**シヤウ**。イチユター。ウハナシニイメン**シ** **ヤウ**　チ。**クミシエービリ**。　□御序ノ折ハ、チト、御話ニ御越シ、下サレマセ　ウツイデ　ヌ　バシヤウ　イチユター　ウハナシ　ニ　イメンシヤウ　チクキ　ミシエービリ。　u-tsidi nu bashō ichutā ufanashi ni imenshochi kwi mishēbir.注92)

  ☼ 連用形「くれ」を含む。「くれめしはべれ」に対応。

/kumisje'ebiri/ と推定。前項の [kwi] と [ku] 両方あったと解釈する。

しる知

シリヤビラン　0313　○ウヘー。ウフサガアラ。**シリヤビラン**。　□少シハ、多ヒカモ、知レマセヌ　▽ウヘー　ウフサ　ガ　アラ　シリヤビラン。　ufē ufusa ga ara shiriyabiran.

  ☼ 「ラ行（四段）化」後の連用形「しれり」を含む。「しれりはべらぬ」に対応。

/sjiri'jabira'N/ と推定。

つかる疲

ウツカリ　0748　○**ウツカリミシヤウチヤウルグトシ丶**。　□御疲勞ト　見ヘマシテ、　▽ウツカリ　ミシヨーチヨール　グト　シ丶　utsikari mishōchōru gutu sshi

  ☼ 連用形「つかれ」を含む。「おつかれ」に対応。

/ʔucikari/ と推定。

なる馴

ウナリ　0706　○ナーユー。**ウナリミシヤウチヤウルハヅデービル**。　□モウ能ク、御ナレデゴザリマ**シヤウ**　▽ナーユー　ウナイミシヤ　ウチヤウラ注37)　ハヅ　デービル。　nā yū unayi mishō chōra hazi dōbiru.注93)

  ☼ 連用形「なれ」を含む。「おなれ」に対応。

/ʔunari/ と推定。

ナリトーセー　0469　○アヌミヅヂハナカイ。シルドイヌ。**ナリトーセー**。　□ア・ノ汀ハニ、白キ鳥ノ、馴レテヲリマスルトコロハ、▽アヌ　ミヅヂワ　ナカイ　シルドイ　ヌ　ナリトーセー　anu mizijiwa nakai shiru duyi nu naritōsē

  ☼ 「なれて」を含む。「なれてはを（る）すは」に対応。

/narito'ose'e/ と推定。

はなる離

ハナリトーヤビーガ　0626　○シユイグスコー。ナーハヌマームテナカイアテ。ナ
ンリバカーイ。ハナリトーヤビーガ。　□首里城ハ、那覇ノ
何方ニ當リマシテ、何里バカリ、距レテヲリマスカ　▽シユ
イグスコー　ナーハ　ヌ　マームテ　ナカイアテ　ナンリ
バカーイ　ハナリトーヤビーガ。　Shuyi-gusikō Nafa nu mā
muti nakai ati nanri bakāyi hanaritōyabīga?

☼「はなれて」を含む。「はなれてはをりはべりを（る）が」に対応。

/hanarito'o'jabi'iga/ と推定。

はる晴

ハリードンセー　0034　○ハリードンセー。　□晴マシタラバ、▽ハリードンセー
harī dunsē,

☼「ラ行（四段）化」後の連用形「はれり」を含む。「はれりどもせば」に対応。

/hari'idu'Nse'e/ と推定。

「ハリー」なので、「はれ」にではなく、「はれり」に対応すると考える。例えば、「飲む」なら「ノミドンセー」
（のみどもせば）（「ノミー」ではない）。

やぶる破

ヤンデトーヤビーン　0421　○チイチヌ。ヤンデトーヤビーン。　□景氣ガ、悪ク
ゴザリマス　▽チイチヌ　ヤンデトーヤビーン。　chīchi nu
yanditō yabīu.注94)

☼「やぶれて」を含む。「やぶれてはをりはべりむ」に対応。「やぶれ→ヤンディ」の変化は「あぶら→アンダ」
等参照。

/'ja'Ndito'o'jabi'i'N/ と推定。

わする忘

ワスタフヤビーサー　0144　○ケー。ワスタフヤビーサー。　□頓ト忘レマシタ
▽ケー　ワシタウヤビーサー。　kē wasitō yabī sā.

☼「わすれて」を含む。「わすれてはをりはべるさ」」に対応。

/'wasito'o'jabi'isa'a/ と推定。

うう植

ハーチウイヌ　0010　○ハーチウイヌムメー。　□盆栽ノ梅ハ、▽ハチ　ウイ　ヌ
ムメー　Hachi ui nu mmē

☼連用形「うゑ」を含む。「はちうゑの」に対応。

/ha'acji?winu/ と推定。

ハーチウイン　0101　○ハーチウイン。ウムチミ。シヤウチヨウル。ハヅデービル。
□盆栽ヲ、御持デ、ゴザリマシヤウ　▽ハーチウイン　ウムチ　ミ　シ
ヤウ　チヨウラ注37)　ハヅ　デービル。　hāchiuin umuchi mi shōchōra
hazi debiru.

☼連用形「うゑ」を含む。「はちうゑも」に対応。

/ha'acji?wi'N / と推定。

ウイテー。ヤビイン　0102　○ランヌルイ。ウヘー。ウイテー。ヤビイン。　□蘭
ノ類ヲ、少シ、栽テ、ヲリマス　▽ラン　ヌ　ルイ　ウヘー

　　　　　　ウイテー　　ヤビイン。　　　　　ran nu rui ufē uitē yabīn.

　☆「うゑて」を含む。「うゑてはありはべりをり<u>む</u>」に対応。

　/ʔwi'ite'e'jabi'i'ɴ/ と推定。

<u>ウイーユイ</u>　　0337　○クリマデヌ。ムギバタキ子ー。ンム<u>ウイーユイ</u>。　ンムウイー
　　　　　　テールトクル子ー。ウージ<u>ウイーユル</u>グトシ、。□コレマデノ、<ruby>麥畑<rt>ムギバタ</rt></ruby>ヘハ、
　　　　　　<ruby>蕃薯<rt>カライモ</rt></ruby>ヲ<ruby>植<rt>ウ</rt></ruby>ヘ、蕃薯ノ所ヘハ、<ruby>甘蔗<rt>サタウキビ</rt></ruby>ヲ植ル様ニ、▽クリマデ　ヌ　ムギ
　　　　　　バタキ　子ー　ンム　ウイ　ンム　ウイテール　トクル　子ー　ウー
　　　　　　ジ　ウイユル　グトシシ　Kuri madi nu mujibataki nē mmu ui mmu
　　　　　　uitēru tu kuru nē wūji uiru gutu sshi

　☆「ラ行（四段）化」後の連用形「うゑり」を含む。「うゑりをり」に対応。

　/ʔwi'i'ju'i/ と推定。

（カ変）

く来

　<u>チヤービイン</u>　　0032　○ナツヌ。チヤービイン　□夏ガ、参ヘリマス　▽ナツヌ
　　　　　　チヤービイン。　natsi nu chābin.

　☆連用形「き」を含む。「きはべりをり<u>む</u>」に対応。

　/cja'abi'i'ɴ/ と推定。

　<u>チヤービースガ</u>　0387　○タデーマ。ンジヤチ。チヤービースガ。　□只今、出シ
　　　　　　テ、参ヘリマスガ、▽ナマ　ンジヤチ　チヤービーシガ　Nama
　　　　　　njachi chābīsi ga,

　☆連用形「き」を含む。「きはべりを（る）すが」に対応。

　/ cja'abi'i'siga/ と推定。

　<u>チヤービー</u>。クト　　0081　○チヤービー。クト。　　□参ヘリマスガ、▽チヤービー
　　　　　　クト　chābi kutu,

　☆連用形「き」を含む。「きはべりを（る）こと」に対応。

　/cja'abi'i'siga/ と推定。

　<u>チヤービラ</u>　　0694　○マタ。アチヤ。チヤービラ。　□又、明日　、参上致シマス
　　　　　　▽マタ　アチヤ　チヤービラ。　Mata acha chābira.

　　他に、0550,0742 に用例がある。

　☆連用形「き」を含む。「きはべら」に対応。

　/cja'abira/ と推定。

　<u>チヤービタン</u>　0709　○ウツテーヌ。クワンコウマルカラ。チヤービタン。　□一昨
　　　　　　日ノ、貫効丸デ、参リマシ　▽ウツテーヌ　クワンコウマル　カラ
　　　　　　チヤービタン。　Wuttī nu Kwankōmaru kara chābitan.

　　他に、0581 にも用例がある。

　☆連用形「き」を含む。「きはべりたりむ」に対応。

　/cja'abita'ɴ/ と推定。

　<u>チヤービタスガ</u>　0756　○ウヌユルン。ウミメーニチヤービタスガ。　□當夜モ、
　　　　　　御見舞申上マシタガ、▽ウヌ　ユルン　ウミメーニ　チヤービタ
　　　　　　シ　ガ　Unu yurun umimē ni chābitasi ga,

第10節　『沖縄對話』の動詞形態の考察　　561

他に、0603 にも用例がある。

☼ 連用形「き」を含む。「きはべりた（る）すが」に対応。

/cja'abitasiga/ と推定。

<u>チヤ</u>ービタクト　0144　○イスヂ。<u>チヤービタクト</u>。　　□急デ、マヘリマシタユヘ、
　　　　　　　　　　　　　▽イスヂ　チヤービタクト　isuji chabita 注95) kutu,

　　他に、0776 にも用例がある。

☼ 連用形「き」を含む。「きはべりた（る）こと」に対応。

/cja'abitakutu/ と推定。

<u>チツ</u>　0443　○ヤスウイ<u>シヤーアチ子ーガチツ</u>。　　□安賣商人ガ來テ、　▽ヤスウイ
　　　　　　　　　　　　　　　　　　　　　　　　ヤスウリアキンド　キ
　　シヤーアチ子ー　ガ　ツチ　asi-uyi-shā-achinē ga tchi

<u>ツチ</u>　0482　○ワーガアメー。ムツチ<u>ツチ</u>。イヨートヤビラ。　□私ガ網ヲ、持參シテ、
　　　　　　　　　　　　　　　　　　　　　　　　　　アミ
　　魚ヲ、捕リマ<u>シヤウ</u>　▽ワン　アメー　ムツチツチ　イヨー　トヤビラ。　　wan
　　amē mutchitchi iyō tuyabira.

☼ 「きて」に対応。

/Qcji/ と推定。

<u>チヤイニ</u>　0615　○ユービンシンヌンヂヤイ<u>チヤイニ</u>。マヅ。イリール　ンミヤトヌ。
　　　　　　　　　アヤビーン。　　□郵便船ノ往來ニハ、大概、入レル港ガ、ゴザリマス　▽
　　　　　　　　　ユービンシン　ヌ　ンヂヤイ　チヤイ　ニ　マヅイリール　ンミヤト
　　　　　　　　　ヌ　アヤビーン。　　Yūbinshin nu njayi chayi ni mazi irīru mmyatu nu
　　　　　　　　　ayabīn.

☼ 「きて」を含む。「きてありに」に対応。

/cja'ini/ と推定。

<u>チヤウ</u>ヤビーン　0373　○<u>ウツテー</u>。<u>チヤウヤビーン</u>。　　□一昨日、到着致シマシ
　　　　　　　　　　　　　　　　　　　　　　　　　　オトヽ　ヒ
　　　　　　　　　　　　タ　▽ウツテー　チヤウ　ヤビーン。　wuttī chōya bīn.

　　他に、0415,0460,0539,0541 に用例がある。

☼ 「きて」を含む。「きてはをりはべりをり<u>む</u>」に対応。

/cjo'o'jabi'i'N/ と推定。

<u>チヤウ</u>ヤビーミ　0372　○ニーヤ。<u>チヤウヤビーミ</u>。　　□御荷物ハ、參ヘリマシタ
　　　　　　　　　　　　カ　▽ニー　ヤ　チヤウヤビーミ。　Nī ya chōyabīmi?

　　他に、0392 にも用例がある。

<u>チヤウ</u>ヤビーミ　0465　○ナー。<u>チヤウヤビーミ</u>。　　□最早、參ヘリマシタカ、　▽
　　　　　　　　　　　　ナー　チヤウ　ヤビーミ　Nā chō yabīmi?

☼ 「きて」を含む。「きてはをりはべりをり<u>み</u>」に対応。

/cjo'o'jabi'imi/ と推定。

<u>チヤウ</u>ヤビースガ　0378　○リツパナ。シタン<u>チヤダナヌ</u>。<u>チヤウヤビースガ</u>。
　　　　　　　　　　　□見事ナ、紫檀茶棚ガ、參ヘリマシタガ、　▽リツパ　ナ　シ
　　　　　　　　　　　タン　チヤダナ　ヌ　チヤウ　ヤビーシガ　rippa na shitan
　　　　　　　　　　　chadana nu chō yabīsi ga,

　　他に、0423 にも用例がある。

☼ 「きて」を含む。「きてはをりはべりを（る）すが」に対応。

562　第3章　仮名資料の動詞形態の考察

/cjo'o'jabi'isiga/ と推定。

<u>チヤウ</u>ヤビーラ　0538　○マーカラガ。**チヤウヤビーラ**。　　□何處カラ、參へリマシタカ　▽マーカラガ　チヤウヤビーラ。　　mā kara ga chō yabira?

☼「きて」を含む。「きてはをりはべりをら」に対応。前の「マーカラガ」と「－が～ら」の照応関係がある。係結び。

/cjo'o'jabi'ira/ と推定。

<u>チヤウル</u>　0168　○**チヤウル**ハヅ。ヤビーン。　　□來テ、ヲリマ<u>シヤウ</u>　▽チヤウラ_{注37)}　ハヅヤヤビーン。　　chōra fazi yayabīn.

<u>チヤウル</u>　0497　○サキン。**チヤウル**ハヅ　デービル。　　□酒モ、來テヲルハズデゴザリマス　▽サキン　チヤウラ_{注37)}ハヅ　デービル。　　Sakin chōra hazi dēbiru.

他に、0560,0561 にも用例がある。

☼「きて」を含む。「きてはをる」に対応。

/cjo'oru/ と推定。

（サ変）

す為

シードンセー　0207　○<u>チヤーシードンセー</u>。ナヤビーガヤー。　　□如何シタラバ、ヨロシフアリマスカ　▽チヤーシー　ドンセー　ナヤビーガヤー。　　chā shī dunsē nayabī ga ya?

☼連用形「し」を含む。「しどもせは」に対応。

/sji'idu'ɴse'e/ と推定。

シーガ　0229　○フシン**シーガ**　イチヤビースガ。　　□^{シツモン}質問ニ、參リマスガ、　▽フシンニ　イチヤビーシ　ガ　fushin ni ichabīsi ga,

☼連用形「し」を含む。「しいが」に対応。「－いが」は目的の助辞。「琉便」では「し」相当がなく、「フシンシーガ」を「フシンニ」と「名詞＋に」と置き換えられている。

/sji'iga/ と推定。

シーガ　0720　○アン**シーガ**<u>シヤ</u>ビーラ。アンセー。　　□左様デゴザリマスカ、　夫レデハ、▽アンシーガ　シヤビーラ　アンシエー　　An shī ga shabīra, anshē

☼連用形「し」を含む。「しが」に対応。次の「<u>シヤ</u>ビーラ」と「－が～ら」の照応関係にある。係結び。

/sji'iga/ と推定。

シーヤ　0567　○チンブツン。**シーヤ**サンカヤーンデ。ウム<u>タウ</u>ヤービーン。　　□見物モ出來マ<u>シヤウ</u>カト、思ヒマス　▽チンブツン　シーヤサンカヤーンデー　ウムトーヤービーン。　　chinbutsin shi ya san kayā ndē umutō yabīn.

☼連用形「し」を含む。「しは」に対応。「シーヤサンカヤー」は「しはさぬかや」に対応しようが、対応「日本語」は「しはせぬかや」であろう。

/sji'i'ja/ と推定。

シーテー　0230　○フシン**シーテー**ンデ　ウム<u>タフ</u>ヤビークト。　　□尋子度^タ^{ママ}コト

ガ、ゴザリマスデ、▽フシン　シーテーンデ　ウムトーヤビークト

fushin shītē ndi umu tōyabī kutu,

他に、0364,0569,0738 に用例がある。

☼ 連用形「し」を含む。「したい」に対応。

/sji'ite'e/ と推定。

シー子ー　0675　○ウヒン。マチゲーシー子ー。デージンデ。ウムトーヤビークト。
　　　　　□少シ、間違ツタラ、大變ト、思ヒマスカラ、▽ウヒン　マチゲー　シー
　　　　　子ー　デージ　ンデ　ウムトー　ヤビークト　ufin machigē shinē dēji ndi
　　　　　umutōyabī kutu

☼ 連用形「し」を含む。「しいには」に対応。「マチゲーシー子ー。デージ」は「間違いしては大変」の意。

/sji'ine'e/ と推定。

シービチー　0241　○グフシン。シービチームンヌ。アテ。　□御尋子、申上度キ事ガ、
　　　　　ゴザリマシテ、▽グフシン　シービチー　ムン　ヌ　アテ　gufushin
　　　　　shī bichī mun nu ati

☼ 連用形「し」を含む。「しべき」に対応。「すべき」に対応するのではない。「連用形＋べし」である。
　　次の例も参照。(飲) ヌミビチー、(乗) ヌイビチー、(起) ウキービチー

/sji'ibicji'i/ と推定。

シミシエービーガ　0145　○ヌーシミシエービーガ。　□何ニナサレマスカ　▽ヌー
　　　　　シ　ミシエービーガ。　Nū shi mishēbī ga?

☼ 連用形「し」を含む。「しめしはべりを(る)が」に対応。「ヌー」と「～ガ」は照応関係にある。疑問詞「ヌー」
　　(何) を「－が」で受ける。

/sjimisje'ebi'iga/ と推定。

シミシエール　0275　○ウスツクエーシミシエール。クトー。サーランガアヤビー
　　　　　タラ。　□御コマリノ、事モ、ゴザリマセナンダカ　▽ウスツク
　　　　　エーシ　ミシエール　クトー　サーラン　ガ　アヤビータラ。
　　　　　usukkwēshi mishēru kutō sāran ga ayabītara?

☼ 連用形「し」を含む。「しめしある」に対応。

/sjimisje'eru/ と推定。

シミシエービタラ　0424　○ンナ。　ウイサバチガ。シミシエービタラ。　□悉皆、
　　　　　御賣捌 ガ、出來マシタカ　▽ンナ　ウイサバチ　ガ　シミシエー
　　　　　ビタラ。　nna uyisabachi ga shimishēbitara?

他に、にも用例がある。

☼ 連用形「し」を含む。「しめしはべりたら」に対応。前の「ウイサバチガ」と「－が～ら」の照応関
　　係にある。係結び。

/sjimise'ebitara/ と推定。

シミシヤウレー　0382　○ウンジヨウ。イツヤテン。ウチユームンドンシミシヤウ
　　　　　レー。ウトミシエービールン。　□貴方ハ、何時デモ、御注文ニ
　　　　　サヘナレバ、御手ニ入ルモノデアリマスカラ、▽ウンジヨウ
　　　　　イツ　ヤテン　ウワーツレードン　シミシヤウレー　ウト　ミシ
　　　　　エービークト　Unjō itsi yatin uwātsirē dun shi mishōrē utuyi

564　第3章　仮名資料の動詞形態の考察

mishebī kutu,

☼ 連用形「し」を含む。「しめしおわれは」に対応。

/sjimisjo'ore'e/ と推定。

シヤビーミ　0536　○チンブツ。シヤビーミ。　□見物、イタシマシヤウカ　▽チンブツシヤビーミ。　chimbutsi shabīmi?

☼ 連用形「し」を含む。「しはべりをりみ」に対応。

/sjabi'imi/ と推定。

シヤビール　0705　○ズイブンナイドシヤビール。　□御易ﾞﾃデゴザリマス、　▽ズイブン　ナイ　ド　シヤビール　Zībun nayi du shabīru

☼ 連用形「し」を含む。「しはべる」に対応。

/sjabi'iru/ と推定。

シヤビースガ　0704　○グブリーヤエーシヤビースガ。　□御迷惑ﾅｶﾞﾗ、　▽グブリー　ヤエー　シヤビーシ　ガ　Guburī yayē shabīsi ga,

☼ 連用形「し」を含む。「しはべりを（る）すが」に対応。

/sjabi'isiga/ と推定。

シヤビークト　0095　○チクミ。シヤビークト。　□観菊ﾞｦ、致シマスカラ、　▽チクミ　シヤビー　クト　chikumi shabī kutu,

☼ 連用形「し」を含む。「しはべりを（る）こと」に対応。

/sjabi'ikutu/ と推定。

シヤビーラ　0211　○ンジユチガシヤビーラ。ンジユカンガアヤビーラ。　□動キマスカ、動キマセヌカ　▽ンジユチ　ガ　シヤビーランジユカン　ガ　アヤビーラ。　Njuchi ga shabīra njukan ga ayabīra?

　他に、0043,0047,0357,0438,0484,0502,0508,0512,0602,0620,0658,0720,0736,0748 に用例がある。

☼ 連用形「し」を含む。「しはべりをら」に対応。前の「ンジユチガ」と「－が～ら」の照応関係にある。係結び。

/sjabi'ira/ と推定。

シヤビラ　0784　○ウイートマシヤビラ。　□御暇、申上ゲマス　▽ウイトマシヤビラ。uituma shabira.

　他に、0141,0238,0246,0449,0504,0537,0695,0750 に用例がある。

☼ 連用形「し」を含む。「しはべら」に対応。

/sjabira/ と推定。

シヤビラン　0403　○アンマデ。ミーワコーシヤビラン。　□左マデ、迷惑ﾆﾊﾅリマセヌ　▽アンマデ　ミーワコー　シヤビラン。an madi mīwakō shakiran.

　他に、0744 にも用例がある。

☼ 連用形「し」を含む。「しはべらぬ」に対応。

/sjabira'n/ と推定。

シヤビラニ　0444　○ウンジユン。イメンシヤウラリーヤシヤビラニ。　□貴方モ、御出ナサレマセヌカ　▽ウンジユン　イメンシヤウラリーヤ　シヤビ

第10節『沖縄對話』の動詞形態の考察　565

ラニ。　　unjun imenshōrarīya shabira ni?

　他に、0142,0049,0376,0404,0406,0434,0448,0704 に用例がある。

　☆ 連用形「し」を含む。「しはべら<u>に</u>」に対応。

/sjabirani/ と推定。

<u>シヤビランタスガ</u>　0651　○ヌブエーシ**ヤビランタスガ**。バン<u>ジユ</u>カランチン。
　　　　　　　　□登リハ致シマセヌガ、番所ヨリ見マシテモ、　▽ヌブエーシ
　　　　　　　　ヤビランタシガ　　バンジユ　カランチン　Nubuyē shabiran
　　　　　　　　tasi gabanju kara nchin

　☆ 連用形「し」を含む。「しはべらぬた（る）すが」に対応。

/sjabira'Ntasiga/ と推定。

<u>シヤビタン</u>　0585　○チンブツ。**シヤビタン**。　□見物、致シマシタ　▽チンブツ
　　　　　　　　シヤビタン。chinbutsi shakitan._{注96)}

　他に、0471 にも用例がある。

　☆ 連用形「し」を含む。「しはべりたり<u>む</u>」に対応。

/sjabita'N/ と推定。

<u>シヤビタル</u>　0673　○カグカラウリテ<u>アツチド</u>**シヤビタル**。　□駕籠ヨリ下リテ、
　　　　　　　　歩行^{アルキ}マシタ　▽カグカラ　ウリテ　アツチドシヤビタル。　kagu kara
　　　　　　　　uriti atchi du shabitaru.

　☆ 連用形「し」を含む。「しはべりたる」に対応。前の「<u>アツチド</u>」と「－ど～る」の照応関係にある。

/sjabitaru/ と推定。

<u>シヤビタスガ</u>　0787　○ユシミアギーヤ。　**シヤビタスガ**。　□御止^{オト}メハ、申シ
　　　　　　　　マシタガ、　▽ユシミアギーヤ　シヤビタシガ　Uyushimi agī ya
　　　　　　　　shabitasi ga

　☆ 連用形「し」を含む。「しはべりた（る）すが」に対応。

/sjabitasiga/ と推定。

<u>シヤビタサー</u>　0776　○チヤーン。ハ<u>ズ</u>シエーナランシ、。グブリー**シヤビタサー**。
　　　　　　　　□ドウモ、逃^{ハツ}スコトガ、出來マセズ、御無禮イタシマシタ　▽チヤー
　　　　　　　　ン　ハズシエーナラン　シ、　グブリーシヤビタサー。　chān hazi shē
　　　　　　　　naran sshi guburī shabita sā.

　他に、0276,0661 にも用例がある。

　☆ 連用形「し」を含む。「しはべりた（る）さ」に対応。

/sjabitasa'a/ と推定。

<u>シヤビタラ</u>　0670　○ウミカキミ<u>シエー</u>ガ**シヤビタラ**。　□御覽ニナリマシタカ
　　　　　　　　▽ウミカキ　ミシエー　ガ　シヤビタラ。umikaki mishē ga shabitara?
　　他に、0203,0353,0374,0558,0582,0594,0600,0636,0650,0654,0676,0682,0728 に
　　用例がある。

　☆ 連用形「し」を含む。「しはべりたら」に対応。前の「ウミカキミ<u>シエーガ</u>」と「－が～ら」の照応関係にある。係結び。

/sjabitara/ と推定。

<u>シヤーイ</u>　0380　○サン<u>ジウ</u>イン<u>シヤーイ</u>。ウユヅミ<u>シヤウ</u>チウタビミ<u>シエー</u>ビラ

566　第3章　仮名資料の動詞形態の考察

ンカヤー。　　□三拾圓デ、御譲リ下サイマセヌカ　▽サンジウ　イ̇ン　シ
ヤーイ　ウユヅミ　シヤウチ　ウタビミシエービラン　カ　ヤー。　sanjū
yin shāyi uyuzimishōchi utabi mishēbiran ka ya?

　他に、0222,0733,0749,0785 に用例がある。

　☼連用形「し」を含む。「しあり」に対応。

/sja'a'i/ と推定。

シヤーエー　0731　○クサヌヒヂ。　キーヌカーンデー。シ̇テールシヤクヌ。クスイ
シヤーエー。　□草ノ根、木ノ皮抔ヲ、煎ジ出シタバカリノ、藥デハ、　▽
クサ　ヌ　ヒヂ　キー　ヌ　カーンデ　シジテール　シヤク　ヌ　クスイ　シ
ヤ̇ー　エー　kusa nu fiji kī nu kā ndē shijitēru shaku nu kusuyi shāyē

　☼連用形「し」を含む。「しありは」に対応。

/sja'a'e'e/ と推定。

<u>シヤクト</u>　0246　○アラヽヽ。ウハナシ**シヤクト**。ンデイチ。ウワーカミ<u>シエール</u>
ムノーアヤビラン。　　□荒々、御話シ申シタトテ、御了解ガ出來マスマ
ヒ、　▽アラアラ　ウハナシシヤクト　ンデイチ　ウワカミシエール　ム
ノー　アヤビラン　araara ufanashi shakutu ndi ichi uwakayi mishēru
munō yayabiran.

　☼連用形「し」を含む。「しあ（る）こと」に対応。

/sjakutu/ と推定。

<u>シヤラー</u>　0520　○フニウトーテ。チンブツ**シヤラー**。**チヤー**。ヤヽビーガ。　□船デ、
見物致シマシタラ、如何デ、ゴザリマスカ　▽フニウトーデ　チンブツシ
ヤラー　チヤーヤヽビーガ。　　Funi wutōti chinbutsi sharā chā yayabī
ga?

　他に、0320,0408,0480,0503 に用例がある。

　☼連用形「し」を含む。「しあらは」に対応。

/sjara'a/ と推定。

<u>シユン</u>　0322　○ウチユスフカク<u>シユン</u>デ<u>イユ</u>セー。　　□墾方ヲ深クスルト申セハ
▽ウチユシ　フカク　シユンデ　イユセー　Uchusi fukaku shu ndi
iusē

　☼連用形「し」を含む。「しをりむ」に対応。

/sju'n/ と推定。

シユン　0403　○スンシユンデイチン。　□損シタトテモ、　▽スンシン　sun shin

　☼連用形「し」を含む。「しをりむ」に対応。全体の意味は「そんするといっても」なのだが、「琉便」
　のそれは「損しても」になっている。

/sju'n/ と推定。

<u>シユル</u>　0336　○**チヤー**<u>シユル</u>クトガ。ヤヽビーラ。　□ドウスルコトデ、ゴ
ザリマス　▽チヤーシユル　クトガ　ヤヽビーラ。　chāshuru kutu ga
yayabīra?

　他に、0236,0252,0253,0268,0331,0565,0649,0773 に用例がある。

　☼連用形「し」を含む。「しをる」に対応。

第 10 節 『沖縄對話』の動詞形態の考察　567

/sjuru/ と推定。

<u>シユセー</u>　0338　○アン<u>シユセー</u>。<u>チヤ</u>ールワチガ。ヤ、ビーラ。　□左様スルノハ、
如何ノ譯デ、ゴザリマス　▽アンシユセー　チヤール　ワキガ　ヤ、ビー
ラ。　An shusē chāru waki ga yayabīra?

　他に、0483 にも用例がある。

　☼ 連用形「し」を含む。「しを（る）すは」に対応。

/sjuse'e/ と推定。

<u>シユスン</u>　0188　○ユウ。ハナ<u>シシユスン</u>。ウヤビールハヅ。　□能ク、話セル人モ、
ゴザリマ<u>シヤウ</u>　▽ユウ　ハナシシユシン　ウヤビーラ[注37]　ハヅ。　yū
hanashusin wuyabīra hazi.

　☼ 連用形「し」を含む。「しを（る）すも」に対応。

/sjusi'ɴ/ と推定。

<u>シユラ</u>　0562　○アンセー。ナマニンイーガ<u>シユラ</u>。ワカヤビランスガ。　□ソレ
デハ、今ニ入ルカモ、知レマセヌガ、　▽アンシエー　ナマガイーラワカヤ
ビランシガ　Anshē nama ga īra wakayabiransi ga,

　☼ 連用形「し」を含む。「しをら」に対応。前の「イーガ」と「－が～ら」の照応関係にある。係結び。「琉
　　便」は「イーラ」となっていて、「す（為）」には対応しない。

/sjura/ と推定。

<u>シユラー</u>　0523　○ユナカ。ナイドン<u>シユラー</u>。　□深更ニモ、ナリマシタラ、
▽ユナカ　ナイドンシユラー　yunaka nayi dun shurā,

　☼ 連用形「し」を含む。「しをらは」に対応。

/sjura'a/ と推定。

<u>セー</u>　0567　○トカヌ<u>シヤク</u>。ウイドンセー。　□十日バカリ、居リマシタラ、▽
トカヌシヤク　ウイドンセー　Tuka nu shaku wuyi dunsē

　他に 0324,0326,0329,0448,0551,0560,0562,0582,0594,0658,0680,0695,0720,07
21 に用例がある。

　☼ 已然形「せ」を含む。「せは」に対応。

/se'e/ と推定。

<u>サン</u>　0032　○ヌーグトン。<u>サンウチニ</u>。　□何事モ、出来ナイ内、▽ノーグトン
サンウチ　ニ　Nūgutun sanuchi ni

　他に、0720 にも用例がある。

　☼ 未然形「さ」を含む。「さぬ」に対応。

/sa'ɴ/ と推定。[注97]

<u>サニ</u>　0324　○ケーテー。ツジドヤエー<u>サニ</u>ンデ。ウマーリヤビースガ。　□却テ、
悪カラント、思ヒマスガ、　▽ケーテー　ツジド　ヤエーサニ　ンデ　ウマー
リヤビーシガ　kētē tsiji du yayē sani ndi umāriyabīsi ga,

　☼ 未然形「さ」を含む。「さに」に対応。

/sani/ と推定。

<u>サンカヤー</u>　0567　○チンブツン。シーヤ<u>サンカヤー</u>ンデ。ウム<u>タウ</u>ヤービーン。　□
見物モ出来マ<u>シヤウ</u>カト、思ヒマス　▽チンブツン　シーヤサンカヤー　ン

568　第3章　仮名資料の動詞形態の考察

デー　ウムトーヤービーン。　　chinbutsin shi ya san kayā ndē umutō
yabīn.

　他に、0633 にも用例がある。

☆ 未然形「さ」を含む。「さぬかや」に対応。

/saˈnkaˈjaˈa/ と推定。

シシ　0205　○フシン**シシ**ナービラ。　□御尋申マ<u>シヤウ</u>（オタヅ子）　▽フシンシシ　ナービ
ラ。　fushin sshi nābira.

シヽ　0076　○ツチミ。**シヽ**ナービラ。　□賞月ヲナサレマセヌカ（ツキミ）　▽ツチミ　シ
シナービラ。　tsichimi sshinābira?

　他に 0337,0364,0397,0408,0430,0461,0469,0478,0585,0605,0637,0643,0663,06
79,0683,0685,0705,0717,0748,0776 に用例がある。

シヽ　0213　○チヤー<u>シヽ</u>。ン**ジュ**チヤビーガ。　□ドウ、動キマスカ　▽チヤー
シ　シ　　　ンジユチヤビーガ。　Chā shi sshi njuchabī ga?

他に、0337,0356,0390 に用例がある。

☆「して」に対応。

/Qsji/ と推定。

シ　0647　○アン**シ**。チヽヤウヤビーン。　□左様ニ、聞テヲリマスル　▽アンシ
チヽヤウ　ヤビーン。　anshi chichō yabīn.

　他に、0535 にも用例がある。

☆「して」に対応。

/Qsji/ と推定。

シエー　0399　○チヤー<u>シン</u>。アン**シエー**ナランアテ。　□ナカナカ、ソウハ、参
リマセヌデ、　▽チヤーシン　アンシエーナランアテ　Chāshin anshē
naran ati,

　他に、0258,0355 にも用例がある。

☆「して」を含む。「しては」に対応。　「しは」は「シーヤ」。「せは」は「セー」。

/sjeˈe/ と推定。

<u>シヽン</u>　0306　○アンダグーバカーイ<u>シヽン</u>。□油滓計デ（アブラカス）、　▽アンダグー　バカー
イシン　bakāyi sshiu（注98）

☆「して」を含む。「しても」に対応。。

/Qsjiˈn/ と推定。

シン　0776　○ワンニン。チヤー**シン**。ユシリール。カンゲーヤヽビータスガ。
□私モ、是非、参上致シマス、積リデゴザリマシタガ、　▽ワンニン　チヤー
シン　ユシリール　カンゲー　ヤヽビータシガ　Wan nin chā shin yushirīru
kangē yayabītasi ga,

　他に、0044,0397,0399,0401,0721,0747 に用例がある。

☆「して」を含む。「しても」に対応。

/sjiˈn/ と推定。/Qsjiˈn/ と /sjiˈn/ とは異形態ということになる。

シド　0329　○アン**シド**。　□其レ故　▽アンシ　ド　Anshi du

☆「して」を含む。「してど」に対応。

/sjidu/ と推定。

シカラ　0246　○アンシカラ。ウハナシシヤビラ。　□其上デ、御話シ致シマシ
　　　　　ヤウ　▽アンシ　カラ　ウハナシ　シヤビラ。　Anshi kara ufanashi
　　　　　sharira.

☆「して」を含む。「してから」に対応。

/sjikara/ と推定。途中 /Qsji/ → /sji/ の変化があろう。

シヤウ井ー子ー　0751　○クングトシヤウ井ー子ー。ドット。サビツサヌナヤビラ
　　　　　ンクト。　□斯シテ居リマスト、誠ニ、淋クテナリマセヌカラ、
　　　　　▽クングト　シヤウイー　ネー　ドット　サビツサ　ヌ　ナヤビラ
　　　　　ン　クト　kun gutu shōyi nē duttu sabisa nu nayabiran kutu,

☆「して」を含む。「してはをりいには」に対応。

/sjo'o'i'ine'e/ と推定。

シヤウヤビーン　0783　○ヤフヤク。アンシンシヤウヤビーン。　□稍ク、安心
　　　　　イタシマシタ　▽ヤウヤク　アンシンシヤウヤビン。　yōyaku
　　　　　anshin shō yabīn.

他に、0527,0711 にも用例がある。

☆「して」を含む。「してはをりはべりをりむ」に対応。

/sjo'o'jabi'i'ɴ/ と推定。

シヤウヤビール　0745　○ワーガド。グブリー。シヤウヤビール。　□私コソ、失禮、
　　　　　致シテヲリマス　▽ワー　ガ　ド　グブリー　シヤウ　ヤビール。
　　　　　Wā ga du guburī shō yabīru.

他に、0744 にも用例がある。

☆「して」を含む。「してはをりはべりをる」に対応。「ワーガド」と「ーど〜る」の照応関係にある。係結び。

/sjo'o'jabi'iru/ と推定。

シヤウヤビースガ　0637　○クニンミグトニ。サンチーシヤウヤビースガ。　□九
　　　　　年目毎ニ、參詣シテヲリマスガ、　▽クニン　ミゴトニ　サンチー
　　　　　シヤウヤビーシ　ガ　kunin mi gutu ni sanchī shō yabīsi go, 注99)

☆「して」を含む。「してはをりはべりを（る）すが」に対応。

/sjo'o'jabi'isiga/ と推定。

シヤウヤビーガ　0255　○ヌーヌイチバン。ジヤウデキシヤウヤビーガ。　□何ガ
　　　　　一番、上出来デゴザリマスカ　▽ヌー　ヌ　イチバン　ジヤウ　デ
　　　　　キ　シヤウヤビー　ガ。nū nu ichiban jōdiki shōyabī ga?

☆「して」を含む。「してはをりはべりを（る）が」に対応。

/sjo'o'jabi'iga/ と推定。

シヤウヤビーサー　0753　○ムルヤキシヤウヤビーサー。　□丸燒ニナリマシタ
　　　　　▽ムルヤキ　シヤウヤビーサー。　muruyaki shōyabī sā.

☆「して」を含む。「してはをりはべりを（る）さ」に対応。

/sjo'o'jabi'isa'a/ と推定。

シヤウヤビータン　0280　○ンナ。シンパイシヤウヤビータン。　□皆、心配シテ
　　　　　居リマシタ　▽ンナ　シンパイ　シヤウヤビータン。　nna

570　第3章　仮名資料の動詞形態の考察

shimpai shōyabītan.

☆「して」を含む。「してはをりはべりをりたり<u>む</u>」に対応。

/sjo'o'jabi'ita'N/ と推定。

シヤウヤビータスガ　0775　○シツカク。ウマチ<u>シヤウヤビータスガ</u>。　□<ruby>折角<rt>セツカク</rt></ruby>、
　　　　　　　　御待チ申上マシタガ、　▽シツカク　ウマチシヤ　ウヤビータ
　　　　　　　　シガ　Shikkaku umachi nishō yabītasi ga

☆「して」を含む。「してはをりはべりをりた（る）すが」に対応。

/sjo'o'jabi'itasiga/ と推定。

シヤウル　0653　○ユー。チーチト。<u>サウウーシヤウル</u>グトーンデ。ウマーリヤビー
　　　　　　ン。　□能ク、景色ニ、相應シテヲル様ニ、思ハレマス　▽ユー　チー
　　　　　　チ　ト　サウウー　シヤウル　グトーン　デ　ウマーリヤビーン。　yū
　　　　　　chīchi tu　sōwu shōru gutōn di umāri yabin.

他に、0443 にも用例がある。

☆「して」を含む。「してはをる」に対応。

/sjo'oru/ と推定。

シヤウスン　0764　○シゞヤイ。ドーヤマチ<u>ヤイシヤウスン</u>。ウンデイチ。チヽヤ
　　　　　　ビタスガ。　□死傷モ、アリタト、聞キマシタガ、　▽シゞヤイ　ドー
　　　　　　ヤマチヤイ　<ruby>シヤウ<rt>シヤウ</rt></ruby>シン　ウンデイチ　チヽヤビタシ　ガ　Shijayi dū
　　　　　　yamachayi shōsin wundi ichi chichabitasi ga,

☆「して」を含む。「してはを（る）すも」に対応。

/sjo'osi'N/ と推定。

シヤッチユル　0487　○ンジイリ<u>シヤッチユル</u>ムンヌ。カンゲー<u>タ</u>ウヤビークト。
　　　　　　　　□出入ノ者ガ、心得テ居リマスカラ、　▽ンジ　イリ　シヤッチユル　ム
　　　　　　　　ンヌ　カンゲーテ　ウヤビークト　nji iri shatchuru mun nu gangēti
　　　　　　　　wuyabī kutu,

☆「して」を含む。「してあるきをる」に対応。/ru/ の促音化、/ki/ の（子音の）破擦音化がある。

/sjaQcjuru/ と推定。

シヤッチユスガ　0481　○<u>ワツター</u>カラ。ンジイリ<u>シヤッチユスガ</u>。　□私ノ、出
　　　　　　　　入ノ者ガ、　▽ワツター　カランジイリシヤツチユシガ　wattā
　　　　　　　　kara njiiri shatchusi ga

☆「して」を含む。「してあるきを（る）すが」に対応。

/sjaQcjusiga/ と推定。

しむ　（使役の助動詞）？

シミヤビーン　0222　○ヒートツチトヌチカラ。ミチヒリ<u>シミヤビーン</u>。　□太陽
　　　　　　ト月トノ<ruby>引力<rt>インリヨク</rt></ruby>デ、<ruby>潮汐<rt>ミチヒ</rt></ruby>ガ出來マス、　▽ヒート　ツチト　ヌ　チカ
　　　　　　ラ　シヤーイ　ミチヒリ　シミヤビーン。　fi tu tsichi tu nu chikara
　　　　　　shāyi michi firi shimiyabīn:

☆連用形「しめ」を含む。「しめはべりをり<u>む</u>」に対応。

/sjimi'jabi'i'N/ と推定。

シミヤビタン　0595　○ヒチアミンデー。<u>シミヤビタン</u>。　□<ruby>引網<rt>ヒキアミ</rt></ruby>ヲ、致サセマシ

第 10 節　『沖縄對話』の動詞形態の考察　571

タ　▽ヒ̇キアミンデー　シミヤビタン。　ヒ̇キアミンデー　シミヤ

ビタン。　fichiami ndē shimi　yabitan. Akogi-ga-ura wuti

☆ 連用形「しめ」を含む。「しめはべりたりむ」に対応。

/sjimi'jabita'ɴ/ と推定。

せんず煎

シゞテール　0731　○クサヌヒヂ。　キーヌカーンデー。シゞテールシヤクヌ。ク

スイシヤーエー。　□草ノ根、木ノ皮抔ヲ、煎ジ出シタバカリノ、薬デ

ハ、　▽クサ　ヌ　ヒヂ　キー　ヌ　カーンデ　シジテール　シヤク

ヌ　クスイ　シヤーエー　kusa nu fiji kī nu kā ndē shijitēru shaku

nu kusuyi shāyē

☆ 「せんじて」を含む。「せんじてはある」に対応。「ん」脱落か。

/sjizjite'eru/ と推定。

つうず通

ツウジラン　0193　○クトバヌ。ヒ̇ルク。ツウジランドンアレー。　□言葉ガ、廣ク、

通ジマセヌト、　▽クトバ　ヌ　ヒ̇ルク　ツウジラン　ド̇ン　アレー

kutuba nu firuku tsūjiran dun arē,

☆ 「ラ行（四段）化」後の未然形「つうじら」を含む。「つうじらぬ」に対応。

/cu'uzjira'ɴ/ と推定。

ツウジーガ　0195　○トウチヤウヌクトバー。ヒ̇ルクツウジーガシヤビーラ。　□

東京ノ言葉ハ、廣ク、通ジマスカ　▽トウキヤウ　ヌ　クトバー　ヒ̇

ルク　ツウジーガ　シヤビーラ。　Tōkyō nu kutubā firuku tsūjī ga

shabīra?

☆ 「ラ行（四段）化」後の連用形「つうじり」を含む。「つうじりが」に対応。/ri/ → /'i/ の変化がある。

そのために「ツウジー」となっている。次の「シヤビーラ」と「−が〜ら」の照応関係にある。

/cu'uzji'iga/ と推定。

ツウジヤビーン　0196　○マーヌチンヤテン。テーゲーヤ。ツウジヤビーン。　□

何縣ニテモ、大概、通ジマス　▽マーヌチン　ヤテン　テーゲー

ヤ　ツウジ　ヤビーン。　Mā nu chin yatin tēgē ya tsūji yabīn.

☆ 「ラ行（四段）化」後の連用形「つうじり」を含む。「つうじりはべりをりむ」に対応。/ri/ → /'i/ の変化がある。

/cu'uzji'jabi'i'ɴ/ と推定。

ひす比

ヒ̱ツシタラー　0612　○ヒユガナダトヒ̱ツシタラー。　□日向灘ト比ラベマシタラ、（ヒウガナダ・ク）

▽ユーガナダトヒツシタラー　hyūganada tu fisshitarā,

☆ 「ひして」を含む。「ひしてあらは→ひしたらは」に対応。

/hwiQsjitara'a/ と推定。

ヒ̱ツシラリヤビラン　0669　○チ̱ヤタントー。ヒ̱ツシラリヤビラン。　□北谷トハ、

比ベラレマセヌ　▽チヤタン　トー　ヒツシラリヤビラン。

Chatan tō fisshirariyabiran.

☆ 未然形「ひせ」を含む。「ひせられはべらぬ」に対応。

/hwiQsjirari'jabira'N/ と推定。

（ナ変）

いぬ往

ンジ　0499　○マヅウテンダンカイ。　ンジ。井ーミヅ。クマシヤビラ。　□先
ヅ落平ノ方へ、参リマシテ、美キ水ヲ、汲セマシヤウ　▽マヅウテンダン
カイ　ンジ　イーミヅ　クマシヤビラ。　Mazi Utinda nkai nji yī mizi
kumashabira.

☆「いにて」に対応。

/ʔNzji/ と推定。

ンジ　0528　○ハクブツクワヌンカイ。ンジナービラ。　□博物館へ、行キマシヤ
ウ　▽ハクブツクワヌンカイ　ンジナービラ。　hakubutsikwanu nkan nji
nabira!

　他に、0676,0683,0694 に用例がある。

☆「いにて」に対応。

/ʔNzji/ と推定。

ンヂ　0581　○イチー子ー。フンドウカランヂ。ケー井ー子ー。イガゴヘカラ。チヤー
ヤビタン。　□往キハ、本道ヲ参リマシテ、歸リハ　伊賀越ヲ、致シマシタ
▽イチー子ー　フンドウカランヂ　ケーイー子ー　イガゴヘトーヤビタン。
Ichinē fundō kara nji kēyi nē Igagōe tūyabitan.

　他に、0637 にも用例がある。

☆「いにて」に対応。

/ʔNzji/ と推定。

ンヂヤイ　0615　○ユービンシンヌンヂヤイチヤイニ。マヅ。イリール　ンミヤトヌ。
アヤビーン。　□郵便船ノ往來ニハ、大概、入レル港ガ、ゴザリマス　▽
ユービンシン　ヌ　ンヂヤイ　チヤイ　ニ　マヅイリール　ンミヤト
ヌ　アヤビーン。　Yūbinshin nu njayi chayi ni mazi irīru mmyatu nu
ayabīn.

☆「いにて」を含む。「いにてあり」に対応。

/ʔNzja'i/ と推定。

ンジヤラー　0696　○ク、リツヂンカウンカへー。クマカランジヤラー。ユタシヤ
ガ　アヤビーラ。　□國立銀行ヘハ、是カラ参リマシタラ、亙シフゴザ
リマスカ　▽ク、リツジンカウ　ンカエー　クマカラ　ンジヤラー
ユタシヤガ　アヤビーラ。　jinkō nkayē kuma kara njarā yutasha ga
ayabīra?（「ク、リツ」に相当するローマ字表記脱落）

☆「いにて」を含む。「いにてあらは」に対応。

/ʔNzjara'a/ と推定。

しぬ死

シゞヤイ　0764　○シゞヤイ。ドーヤマチヤイシヤウスン。ウンデイチ。チ、ヤビ
タスガ。　□死傷モ、アリタト、聞キマシタガ、▽シゞヤイ　ドー
ヤマチヤイ　シヤウシン　ウンデイチ　チ、ヤビタシ　ガ　Shijayi dū

yamachayi shōsin wundi ichi chichabitasi ga,

☼「しにて」を含む。「しにてあり」に対応。

/sjizja'i/ と推定。

（ラ変）

あり有

アイ　0329　○クエーン。チヽヤビランアイ。　□肥モ、キヽマセヌモノデゴザリ
マシテ、▽クエーン　チヽヤビラン　アイ　kwēn chichabiran ayi

他に、0224,0329,0429,0658 に用例がある。

☼連用形「あり」に対応。

/ʔa'i/ と推定。/ʔari/ → /ʔa'i/ の変化がある。

アイガ　0702　○ヌーンミジルシヌ。**アイガ**シヤビーラ。　□何カ目印ガ、ゴザリ
マスカ　▽ヌー　ガナシルビ　ヌ　アイ　ガ　シヤビーラ。　Nū ga na
shirubi　nu ayi ga shabīra?

他に、0118,0167,0225,0508,0512,0620 に用例がある。

☼連用形「あり」を含む。「ありが」に対応。次の「シヤビーラ」と「－が〜ら」の照応関係にある。

/ʔa'iga/ と推定。/ʔari/ → /ʔa'i/ の変化がある。

アイテーナムン　0770　○ワザハヒヌ。トシヌミグインデーヤ。ドーデン。子ーン。
アイテーナムン。ヤヽビーサー。　□災殃ノ、年回抔ハ、何卒、ナ
キ様ニ、致シタイモノデ、ゴザリマス　▽ワザエー　ヌ　トシ
ヌ　ミグイ　ンデー　ヤ　ドーデン　子ーン　アイテー　ナ　ムン
ヤヽビーサー。　wazawē nu tushi nu miguyi ndē ya dōdin nēn ayi
tē na mun yayabī sā.

☼連用形「あり」を含む。「ありたいなもの」に対応。現代語なら /ʔa'ibus(j)aru mu'ɴ/「ありぼしさあるもの」になるか。

/ʔa'ite'enamu'ɴ/ と推定。/ʔari/ → /ʔa'i/ の変化がある。

アヤビイン　0119　○ウホーク。**アヤビイン**。　□澤山、ゴザリマス　▽ウホーク
アヤビイン。　ufōku ayabīn.

アヤビーン　0154　○クマナカヒ。**アヤビーン**。　□コレニ、ゴザリマス　▽クマ
ナカイ　アヤビーン。　Kuma nakai ayabīn.

他に、0104,0166,0218,0224,0393,0430,0452,0456,0466,0615 に用例がある。

☼連用形「あり」を含む。「ありはべりをりむ」に対応。

/ʔa'jabi'iɴ/ と推定。/ʔari/ → /ʔa'i/ の変化がある。

アヤビール　0627　○アガリムテナカイアテ。ウーカタイチリハンヌシヤクン。
アヤビールハヅ。　□東ノ方ニテ、凡一里半位モ、アリマシヤウ　▽ア
ガリ　ムテ　ナカイ　アテ　ウーカタ　イチリ　ハン　ヌ　シヤクン
アヤビーラ注37）　ハヅ。　Agari muti nakai ati, ichiri han nu shakun
Ayabīra hazi.

☼連用形「あり」を含む。「ありはべりをる」に対応。

/ʔa'jabi'iru/ と推定。/ʔari/ → /ʔa'i/ の変化がある。

アヤビーガ　0134　○ガツカウマデヌ。ミチエー。チヤヌシヤコー。**アヤビーガ**。　□

學校迄ノ、道ハ、何程、アリマスカ　▽ガツカウ　マデヌ　ミチエー　チ
ヤ　ヌ　シヤコー_{注100)}　アヤビーガ。　　Gakkō madi nu michē cha nu
shakō ayabī ga?

　　他に、0630 に用例がある。

　　☼ 連用形「あり」を含む。「ありはべりを（る）が」に対応。

/ʔa'jabi'iga/ と推定。/ʔari/ → /ʔa'i/ の変化がある。

アヤビーガヤー　0610　○フナミチエーチヤヌシヤク。アヤビーガヤー。　　□海路
ドレダケ、ゴザリマシヤウ　▽フナミチエーチヤヌシヤクアヤビー
ガヤー。　　funamichē cha nu shaku ayabī ga yā?

　　☼ 連用形「あり」を含む。「ありはべりを（る）がや」に対応。

/ʔa'jabi'iga'ja'a/ と推定。/ʔari/ → /ʔa'i/ の変化がある。

アヤビーセー　0385　○フルブンヌ。ユー。ス丶テールムンヌ。アヤビーセー。
□古キ盆デ、ヨクフキダシタノガ、アリマスガ、▽フルブンヌ
ユー　ヒチヤイルヌ　ンジトーシガ　アヤビーシガ　furubun nu yū
fichayi iru nu njitōsi ga ayabīsi

　　☼ 連用形「あり」を含む。「ありはべりを（る）すは」に対応。

/ʔa'jabi'ise'e/ と推定。/ʔari/ → /ʔa'i/ の変化がある。

アヤビースガ　0434　○チユームンヌ。ウホークアヤビースガ。　　□注文ガ、澤
山アリマスガ、▽チユームン　ヌ　ウホーク　アヤビーシガ
chūmunnu ufōku ayabīsi ga,

　　他に、0028,0055,0251,0331,0415,0447,0504,0513,0548,0569,0596,0661,0737
に用例がある。

　　☼ 連用形「あり」を含む。「ありはべりを（る）すが」に対応。

/ʔa'jabi'isiga/ と推定。/ʔari/ → /ʔa'i/ の変化がある。

アヤビークト　0575　○ワンニン。ツイデヌアヤビークト。　　□私モ、序デガアリ
マスカラ、▽ワンニン　ツイデヌアヤビークト　Wannin tsīdi nu
ayabī kutu,

　　他に、0070, 0153,0246,0290,0377,0407,0528,0586,0587,0669,0675 に用例があ
る。

　　☼ 連用形「あり」を含む。「ありはべりを（る）こと」に対応。

/ʔa'jabi'ikutu/ と推定。/ʔari/ → /ʔa'i/ の変化がある。

アヤビーラ　0690　○ンマー。チヤヌグトガ。アヤビーラ。　　□ソコハ、如何云フ
様子デ、ゴザリマスカ　▽ンマー　チヤ　ヌ　グト　ガ　アヤビーラ。
mmā cha nu guta ga ayabīra?

　　他に、0179,0009,0165,0209,0211,0217,0229,0324,0386,0388,0450,0472,0524,0
614,0698 に用例がある。

　　☼ 連用形「あり」を含む。「ありはべりをら」に対応。前の「チヤヌグトガ」と「－が～ら」の照応関係にある。

/ʔa'jabi'ira/ と推定。

アヤビータスガ　0593　○マーダフヘーサーアヤビータスガ。　　□未ダ早フハゴザ
リマシタガ、▽　マーダヘーサーアヤビータシガ　Māda fēsa

yabītasi ga, 注101)

☼ 連用形「あり」を含む。「ありはべりをりた（る）すが」に対応。

/ʔa'jabi'itasiga/ と推定。

アヤビータサー　0665　○ンカシンチ<u>ユ</u>ヌフニヌ。ウホークアヤビータサー。　□
昔ノ人ノ骨ガ、澤山ゴザリマシタ　▽ンカシンチユ　ヌ　フニ
ヌ　ウホーク　アヤビータサー。　nkashinchu nu funi nu ufōku
ayabita sā.

☼ 連用形「あり」を含む。「ありはべりをりた（る）さ」に対応。

/ʔa'jabi'itasa'a/ と推定。

アヤビータラ　0754　○キガーサーランガ。アヤビータラ。　□御怪我ハ、ゴザリ
マセナンダカ　▽キガー　サーラン　ガ　アヤビータラ。　kigā
sāran ga ayabītara?

他に、0275 にも用例がある。

☼ 連用形「あり」を含む。「ありはべりをりたら」に対応。前の「サーランガ」と「－が～ら」の照応関
係にある。

/ʔa'jabi'itara/ と推定。

アヤビランカヤー　0522　○マーン。井ートクロー。子ーノーアヤビランカヤー。　□
何處）カ好キ場所ハ、ザリマスマイカ　▽マーン　イートクロー
ネーノー　アヤビラニ。　mān yī tukurō nēnō ayabirani?

☼ 連用形「あり」を含む。「ありはべりをらぬかや」に対応。「琉便」は「アヤビラニ」となっている。

/ʔa'jabira'ɴka'ja'a/ と推定。

アン　0672　○クン<u>ジ</u>ヤノー。ヒラヌウホークアンデ<u>イ</u>ヤビースガ。　□國頭ハ、
坂ガ澤山アルト申シマスルガ、　▽クンヂヤノー　ヒラ　ヌ　ウホーク　アン
デ　イヤビーシ　ガ　Kunjanō fira nu ufōku andi yyabīsi ga,

他に、0451,0513,0670 に用例がある。

☼ 連用形「あり」を含む。「あり<u>む</u>」に対応。

/ʔa'ɴ/ と推定。

アル　0215　○ヒルユルヌアルワケー。チヤールムン。デービルガヤー。　□晝夜ノア
ル譯ハ、ドウイフモノデ、ゴザリマスカ　▽ユル　ヒル　ヌ　アル　ワケー　チ
ヤール　ムン　デービルガヤー。　Yuru firu nu aru wake chāru mun dēbiru
ga ya

他に、0170,0298,0350,0389, 0631,0657,0681,0699,0770,0773 に用例がある。

☼ 連体形「ある」に対応。

/ʔaru/ と推定。

アルメー　0423　○リ<u>ジ</u>ユノーネーノーアルメーンデウマーリヤビーン。　□利益
モアルマヒト存ジマス　▽ツトコーネーノー　アラ　ニ　ンデ　ウヤーリ
ヤビーン。　tukō nēnō ara ni ndi umēri yabīn. 注103)

☼ 連体形「ある」を含む。「あるまい」に対応。「琉便」は「アラニ」に言い換えられている。

/ʔarume'e/ と推定。

アスガ　0031　○ク子ーダヌグトゞ。アスガ。　□此頃ノ様ニ、思ヒマスガ、　▽ク

子ーダ　ヌ　グト　ゞ　アシ　ガ　kunēda nu gutu du asi ga,

☼ 連体形「ある」を含む。「あ（る）すが」に対応。

/ʔasiga/ と推定。

アセー　0549　○シルバナー。タイザンハクンデイ<u>イユイ</u>。ウリガシチヤナカイアセー。
シカイヌヅンデイヤビーン。　□白キ花ハ、泰山白デ、其次ニアルハ、
世界圖ト申シマス　▽シルバナー　タイザンハクンデイユイ　ウリガシチ
ヤナカイアセー　シケーヌヅーンデイヤビーン。　Shirubanā taizanhaku
ndi iuyi uri ga shicha nakai asē shikēnu-zī ndi yyabīn.

☼ 連体形「ある」を含む。「あ（る）すは」に対応。

/ʔase'e/ と推定。

アラ　0313　○ウヘー。ウフサガアラ。シリヤビラン。　□少シハ、多ヒカモ、　知
レマセヌ　▽ウヘー　ウフサ　ガ　アラ　シリヤビラン。　ufē ufusa ga ara
shiriyabiran.

☼ 未然形「あら」に対応。前の「ウフサガ」と「－が～ら」の照応関係にある。

/ʔara/ と推定。

アラニ　0454　○ユーデキ<u>タウ</u>タノーアラニンデ。ウマーリヤビーン　_{（。ナシ）}　□ヨク
出來テヲツタト、思ヒマス　▽ユー　デキタウ　ンデ　ウマーリヤビーン。
yū ditōra_{注102)}ndi umāriyabīn.

☼ 未然形「あら」を含む。「あらに」に対応。

/ʔarani/ と推定。

アラン　0312　○チカター。ナンヅヌ。カワエー。**アラン**ンデ。ウマーリヤビースガ。
□地味ニ、格別ノ違ハ、アルマイト、思ヒマスガ、　▽チカター　ナンヅ
ヌ　カワエー　アラン　ンデ　ウマーリヤビーシ　ガー　chikatā nanzu nu
Kawayē aran di umāriyabīsi gā,

☼ 未然形「あら」を含む。「あらぬ」に対応。

/ʔara'N/ と推定。

アランカヤー　0011　○**アランカヤー**。　□アリマセヌカ　▽アランカ　ヤー。
aran ka yā.

☼ 未然形「あら」を含む。「あらぬかや」に対応。

/ʔara'Nka'ja'a/ と推定。

アレー　0193　○クトバヌ。ヒルク。ツウジランドンアレー。　□言葉ガ、廣ク、
通ジマセヌト、　▽クトバ　ヌ　ヒルク　ツウジラン　ドン　アレー
kutuba nu firuku tsūjiran dun arē,

他に、0254,0319,0329,0411,0427 に用例がある。

☼ 已然形「あれ」を含む。「あれは」に対応。「ドンアレー」でほぼ慣用句化している。

/ʔare'e/ と推定。

アテ　0723　○子ツヌ**アテ**。<u>スツクエー</u>チヤウヤビーサー　□^{子ツ}熱ガゴザリマシテ、
コマツテヲリマス　▽ニツ　ヌ　アテ　スツクエー　チヤウヤビーサー。
nitsi nu ati sukwēchō yabī sā:

他に、0241,0284,0399,0411,0626, 0627,0691,0706 に用例がある。

第10節 『沖縄對話』の動詞形態の考察　　577

☆「ありて→あって」に対応。

/ʔati/ と推定。促音脱落の変化がある。

アテド　0381　○ワンニン。ウヘーウユルサチヌ。クヽルアテヌアテド。<u>カフテーヤビー</u>
クト。　□私モ、少シ、賣先ノ、心當ガアリテ、買ヒマシタカラ、　▽ワンニ
ン　ウヘー　ウユル　サチ　ヌ　クヽル　アテ　ヌ　アテド　コーテー
ヤビークト　　Wannin ufē uyuru sachi nu kukuruati nu ati du kōtē yabī
kutu,

☆「ありて→あって」を含む。「あってど」に対応。

/ʔatidu/ と推定。促音脱落の変化がある。

アタル　0342　○ニサンマンチ<u>ヤウ</u>ヤ。アタルハヅデービル。　□二三萬挺ハ、ゴ
ザリマ<u>シヤウ</u>　▽ニサンマンチヤウ　ヤアラ　ハヅ　デービル。　Nisan
man chō ya yara hazi dēbiru.

☆「ありて→あって」を含む。「あってある→あったる」に対応。「琉便」では「アタルハヅ」が「アラ
ハヅ」に変えられているが、ローマ字表記は「yara hazi」になっている。

/ʔataru/ と推定。促音脱落の変化がある。

アタスガ　0306　○<u>サウウーヌトイメー</u>。アタスガ。　□相應ノトリマヘガ、ア
リ　マシタガ、　▽サウウー　ヌトイメー　アタシガ　sōwū nu tuyimē
atasi ga,

☆「ありて→あって」を含む。「あってあ（る）すが→あった（る）すが」に対応。

/ʔatasiga/ と推定。促音脱落の変化がある。

をり居

ウイ　0671　○イスジンウイ。<u>スツタトヾルチンチヤウ</u>ヤビータクト。　□急デモ
ヲリマシタシ、數久田轟ヲ觀マシタカラ、　▽イスジン　ウイ　スツタ　トヾ
ルチ　ンチヤウヤ　ビータクト　　Isujin wuyi Sutta-tu-duruchi nchōyabītaku tu,
他に、0567 にも用例がある。

☆連用形「をり」に対応。

/ʔu'i/ と推定。/ri/ → /ʔi/ の変化がある。

ウヤビーン　0533　○ウー。ウヤビーン。　□ハイ、ゴザリマス　▽ウー　ウヤビー
ン。　Ū, wuyabīn.

他に、0713 にも用例がある。

☆連用形「をり」を含む。「をりはべりをりむ」に対応。

/ʔu'jabi'i'N/ と推定。/ri/ → /ʔi/ の変化がある。

ウヤビーミ　0187　○ユウ。ハナシナユルムン。ウヤビーミ。　□能ク、話セル人ガ、
ゴザリマスカ　▽ユウ　ハナシナユル　ムンヌ[注104]　ウヤビーミ。yū
hanashuru munun[注104] wuyabīmi?

☆連用形「をり」を含む。「をりはべりをりみ」に対応。

/ʔu'jabi'imi/ と推定。/ri/ → /ʔi/ の変化がある。

ウヤビーガ　0492　○ウマジユウン。　ヌユルフ子ー。マーナカイウヤビーガ。
　□御同然ノ、乘ル船ハ、何レニヲリマスカ　▽ウマジユウン　ヌユル
フ子ー　マーナカイウヤビーガ。　　umajūn nuyuru funē mā nakai

578　第3章　仮名資料の動詞形態の考察

wayabīga? 注105)

　☆ 連用形「をり」を含む。「をりはべるが」に対応。

　/'u'jabi'iga/ と推定。/ri/ → /'i/ の変化がある。

ウヤビーカヤー　0532　○アン子ーシヤヌ。**ウヤビーカヤー**。　□案内者（アンナイシヤ）ガ、ゴザ
　　　　　　　　リマスカ　▽アンネーシユシガ　ウヤビーカヤー。　anne shusi
　　　　　　　　ga wuyabī ka yā?

　☆ 連用形「をり」を含む。「をりはべるかや」に対応。

　/'u'jabi'ika'ja'a/ と推定。/ri/ → /'i/ の変化がある。

ウヤビール　0188　○ユウ。ハナシシユスン。**ウヤビールハヅ**。　□能ク、話セル人
　　　　　　モ、ゴザリマシヤウ　▽ユウ　ハナシシユシン　ウヤビーラ注37)　ハヅ。
　　　　　　Yū hanashusin wuyabīra hazi.

　☆ 連用形「をり」を含む。「をりはべりをる」に対応。

　/'u'jabi'iru/ と推定。

ウヤビースガ　0448　○ウヘー。ニツカナテーウヤビースガ。　□少シ、晩クナリ
　　　　　　マシガ、▽ウヘー　ニツカ　ナテー　ウヤビーシ　ガ　Ufē nikka
　　　　　　natē wuyabīsi ga,

　☆ 連用形「をり」を含む。「をりはべ（る）すが」に対応。

　/'u'jabi'isiga/ と推定。/ri/ → /'i/ の変化がある。

ウヤビークト　0380　○ヌヅドースガ。**ウヤビークト**。　□望三ノ人ガ、アリマス　カ
　　　　　　ラ、▽ヌヅドーシ　ガ　ウ　ヤビー　クト　nuzudō shi ga wu yabī
　　　　　　kutu,

　☆ 連用形「をり」を含む。「をりはべ（る）こと」に対応。

　/'u'jabi'ikutu/ と推定。/ri/ → /'i/ の変化がある。

ウヤビーラ　0628　○ナマー。アチガ**ウヤビーラ**。　□只今ハ、空テヲリマスルカ（アイ）
　　　　　　▽ナマー　アチ　ガ　ウヤビーラ。　Namā achi ga wuyabīra?

　　他に、0318,0494 にも用例がある。

　☆ 連用形「をり」を含む。「をりはべりをら」に対応。前の「アチガ」と「－が～ら」の照応関係がある。

　/'u'jabi'ira/ と推定。/ri/ → /'i/ の変化がある。

ウヤビランカヤー　0072　○スダクナテー。**ウヤビランカヤー**。　□涼（スズシ）ク、ナリ
　　　　　　タデハゴザリマセヌカ　▽スダク　ナテー　ウヤビラン　カ
　　　　　　ヤー。　sīdaku natē wuyabiran ka yā?

　　他に、0015,0029,0447,0646 に用例がある。

　☆ 連用形「をり」を含む。「をりはべらぬかや」に対応。

　/'u'jabira'ɴka'ja'a/ と推定。/ri/ → /'i/ の変化がある。

ウヤビラニ　0003　○**ウヤビラニ**。　□ヲリマセヌカ　▽ウヤビラニ。　uyabirani?

　☆ 連用形「をり」を含む。「をりはべらに」に対応。

　/'u'jabirani/ と推定。/ri/ → /'i/ の変化がある。

ウン　0764　○シヾヤイ。ドーヤマチヤイシヤウスン。**ウンデイチ**。チヽヤビタス
　　　　　　ガ。　□死傷モ、アリタト、聞キマシタガ、▽シヾヤイ　ドー　ヤマチヤイ
　　　　　　シヤウシン（シヾヤウ）　ウンデイチ　チヽヤビタシ　ガ　Shijayi dū yamachayi shōsin

wundi ichi chichabitasi ga,

☼ 連用形「をり」を含む。「をりむ」に対応。

/ˈuʼɴ/ と推定。

ウル　0333　○ウレー。チカタヌ。ヤシテドウルハヅ。デービル。　□ソレハ、土地ガ、
瘠セタノデ、アリマシ<u>シヤウ</u>　▽ウレー　チカタ　ヌ　ヤシテ　ド　ウラ_{注37)}ハヅデー
ビル。　Ure chikata nu yashiti du wura hazi dēbiru.

☼ 連体形「をる」に対応。

/ˈuru/ と推定。

ウラー　0434　○ウムチミ<u>シヤウチ</u>ドンウラー。　□御持合セナラ、　▽ウムチ　ミ
シヤウチ　ドン　ウラー　umuchi mishōchi dun wurā

他に、0772にも用例がある。

☼ 未然形「をら」を含む。「をらは」に対応。

/ˈuraʼa/ と推定。

ヲラリヤビラン　675　○カグナカイヌテー。ヲラリヤビラン。　□駕籠ニ乗リテハ、
居ラレマセヌ　▽カグ　ナカイ　ヌトーテ　ヲラリヤビラン。
kagu nakai nutōtē wurariyabiran.

☼ 未然形「をら」を含む。「をられはべらぬ」に対応。

/ˈurariʼjabiraʼɴ/ と推定。

ウテ　0759　○ウヌユロー。チンピンヌ。シンルイヌトクルナカイ。ウテ。チヌード。
クヌヤーカヤビタル。　□其夜ハ、近邊ノ、親類ノ所ニ、居リマシテ、昨日、
此家ヲ借リマシタ　▽ウヌ　ユロー　チンピン　ヌ　ウエーカ　ヌ　トクル
ナカイ　ウテ　チヌー　ド　クヌ　ヤー　カヤビタル。　unu yurō chimpin
nu wwēka nu tukuru nakai wuti, chinū du Kunu yā kayabitaru.

☼「をりて→をって」に対応。

/ˈuti/ と推定。促音脱落の変化がある。

をり居（助辞）

ウテ　0359　○カナグスクムラウテ。タリールウ<u>ツ</u>サガ。ヤゝビーラ。　□^{カナグスク}金城村ノ、
^{ヂヤウザウ}醸造計リデ、ゴザリマスカ　▽カナグスクムラ　ウテ　タリール　ウツサ
ガ　ヤゝビーラ。　Kanagusikumura wuti tarīru ussa ga

他に、0186,0202,0408, 04200514,0515,0523,0595 に用例がある。

☼「をりて→をって」に対応。

/ˈuti/ と推定。促音脱落の変化がある。

ウテヌ　0371　○アマウテヌ。シメーヤ。　□^{アチラ}彼地デノ、仕入ハ、　▽アマ　ウテ
ヌ　シメーヤ　ama wuti nu shimē ya

☼「をりて→をって」を含む。「をっての」に対応。

/ˈutinu/ と推定。促音脱落の変化がある。

ウテー　0429　○クリウテー。ザツピヌ<u>シヤク</u>アイドンセー。　□此節ハ雑用丈ア^{ザツヨウ}
レバ、　▽クリウテー　ザツピ　ヌ　シヤク　アイドン　セー　Kuri wutē
zappi nu shaku ayi dunsē

他に、0419,0475,0585,0595,0661,0673 に用例がある。

580　第3章　仮名資料の動詞形態の考察

☼「をりて→をって」を含む。「をっては」に対応。

/'ute'e/ と推定。促音脱落の変化がある。

ウテン　0523　○ワッターヤーウテン。ズイブン。ミーヤビークト。　□拙宅ニテ
　　　　　　　モ、隨分見ヘマスデ、　▽ワッターヤーウテン　ズイブン　ミーヤビークト
　　　　　　　Wattā wuttin zībun mīyabīa kutu,

☼「をりて→をって」を含む。「をっても」に対応。

/'uti'N/ と推定。促音脱落の変化がある。

ウトーテ　0520　○フニウトーテ。チンブツシヤラー。チヤー。ヤ、ビーガ。　□船デ、
　　　　　　　見物致シマシタラ、如何デ、ゴザリマスカ　▽フニウトーデ　チンブツシ
　　　　　　　ヤラー　チヤーヤ、ビーガ。　Funi wutōti chinbutsi sharā chā yayabī
　　　　　　　ga?

☼「をりて」を含む。「をりてはをりて」に対応。

/'uto'oti/ と推定。

（不規則変化動詞）

いみめす行

イメンシエー　ガ　0682　○ヒドウイーバルンカイン。イメンシエー　ガシヤビタ
　　　　　　　ラ。　□邊戸上原ヘモ、御出ニナリマシタカ　▽ヒド　ウイバ
　　　　　　　ル　ンカイン　イメンシエー　ガ　シヤビタラ。　Fidu-uibaru
　　　　　　　nkain imenshē ga shabitara?

　　　他に、0636 にも用例がある。

☼連用形「いみめし」を含む。「いみめしあ（る）が」に対応。

/ʔime'Nsje'ega/ と推定。

イメンシエーヌ　0704　○イチユター。ウソーミシヤウチ。イメンシエーヌ。ナエー
　　　　　　　シヤビラニ。　□少シ、御案内下サル┐ハ、出來マセヌカ　▽イチ
　　　　　　　ユター　ウソーイミシヤウチ　イメ　ンシエー　ヌ　ナエーシヤビ
　　　　　　　ラニ。　ichutā usōyi michōchi imenshē nu nayē shabira ni?

☼連用形「いみめし」を含む。「いみめしありの」に対応。

/ʔime'Nsje'enu/ と推定。

イメンシエービーミ　0127　○イメンシエービーミ。　□御歸リデ、ゴザリマスカ、
　　　　　　　▽イメンシエービーミ　Imenshēbīmi?

　　　他に、0564 にも用例がある。

☼連用形「いみめし」を含む。「いみめしありはべりをりみ」に対応。

/ʔime'Nsje'ebi'imi/ と推定。

イメンシエービーガ　0606　○マーンカイ。イメンシエービーガ。　□何處ヘ、御
　　　　　　　出ニナリマスカ　▽マーンカイ　イメンシエービーガ。　mā
　　　　　　　nkai imenshēbī ga?

☼連用形「いみめし」を含む。「いみめしありはべ（る）が」に対応。

/ʔime'Nsje'ebi'iga/ と推定。

イメンシエービリ　0239　○ウサチ。イメンシエービリ。　□御先キニ、御出デナ
　　　　　　　サレ　▽ウサチ　イメンシエービリ。　usachi imenshēbiri.

第 10 節　『沖縄對話』の動詞形態の考察　581

他に、0383,0697,0701,0743 に用例がある。

☼ 連用形「いみめし」を含む。「いみめしありはべれ」に対応。

/ʔimeᴺsje'ebiri/ と推定。

イメンシエービタサー　0368　○フヘーサ。**イメンシエービタサー**。　□オ早ク、ゴザリマシタ、▽ヘーサ　イメンシエー　ビタ　サー Fēsa imenshēbita sā.

☼「連用形「いみめし」を含む。いみめしありはべりた（る）さ」に対応。

/ʔimeᴺsje'ebitasa'a/ と推定。

イメンシエービタガ　0576　○イツグル。**イメンシエービタガ**。　□何時頃、御越シニナリマシタカ　▽イツグル　イメンシエービタガ。 itsiguru imenshēbita ga?

☼ 連用形「いみめし」を含む。「いみめしありはべりた（る）が」に対応。

/ʔimeᴺsje'ebitaga/ と推定。

イメンシエービタラ　0692　○ウムドエー。マーンカイガ。**イメンシエービタラ**。　□御帰路ハ、ドチラノ方へ、御越ニナリマシタカ　▽ウムドエー　マーンカイ　ガ　イメンシエービタラ。　Umuduyē mā nkai ga imenshēbītara?

他に、0580 にも用例がある。

☼ 連用形「いみめし」を含む。「いみめしありはべりたら」に対応。「疑問のガ」（マーンカイ**ガ**）に照応する「〜ラ」を含む。

/ʔimeᴺsje'ebitara/ と推定。

イメン　シエール　0632　○サチシマ、デン。**イメン　シエール**。ウカンゲーガヤ、ビーラ。　□先島迄モ、御越シニナル、御積リデ、ゴザリマスカ　▽サチシマ　マデン　イメン　シエール　ウカンゲー　ガヤ、ビーラ。 Sachi-shima madin imenshēru ukangē ga yayabī? [注15]

☼ 連用形「いみめし」を含む。「いみめしある」に対応。

/ʔimeᴺsje'eru/ と推定。

イメンシヤウラン　0450　○イチドン。**イメンシヤウラン**ガアヤビーラ。　□一度モ、御出ニナリマセヌカ　▽イチドン　イメンシヤウラン　ガ　アヤビーラ。　ichidun imenshōran ga ayabīra?

他に、0229 にも用例がある。

☼ 連用形「いみめし」を含む。「いみめしおわらぬ」に対応。

/ʔimeᴺsjo'ora'ᴺ/ と推定。

イメンシヤウラリーヤ　0444　○ウンジユン。**イメンシヤウラリーヤ**シヤビラニ。　□貴方モ、御出ナサレマセヌカ　▽ウンジユン　イメンシヤウラリーヤ　シヤビラニ。　unjun imenshōrarīya shabira ni?

☼ 連用形「いみめし」を含む。「いみめしおわられは」に対応。

/ʔimeᴺsjo'orari'i'ja/ と推定。

イメンシヤウチ　0719　○イッテフバカーイ。**イメンシヤウチ**。　□一丁計、御

出ナサレマシテ、▽イツテフ　バカーイ　イメンセウチ　itchō
bakayi imenshōchi

　☆連用形「いみめし」を含む。「いみめしおはして」に対応。

/ʔimeʼɴsjoʼocji/ と推定。

イメン<u>シヤウチ</u>ヤンデ　0636　○ク子ーダヒドンカイ。グチ<u>グワン</u>ニ。**イメンシヤ
ウチヤンデイチ。チヽヤビタス　ガ。**　□此間邊^ヘ^ド戸ヘ、御
祈願_{キグワン}ニ、御出ナサレタト、聞マシタガ、▽クネーダ
ヒ[.]ド[.]ンカイ　グチグワン　ニ　イメンシヤウチヤン　デ
イチチヽヤビタシ　ガ　Kunēda Fidu nkai guchigwan ni
imenshōchan di ichi chichabitasi ga,

　☆連用形「いみめし」を含む。「いみめしおはしたりむで」に対応。「いらっしゃったと」の意。

/ʔimeʼɴsjoʼocjaʼɴdi/ と推定。

イメン<u>シヤウチ</u>ヤラ　0756　○マーンカイガ。**イメン<u>シヤウチ</u>ヤラ。**ウガミウーシ
ヤビランタサー。　□何レヘカ、御^オ立^{タチ}退^{ノキ}跡)跡ニテ、御目ニ
懸リマセナンダ　▽マーンカイ　ガ　イメン　シヤウチヤラ
ウガミ[.]　ウーシヤビランタサー。　ma nkai ga imenshōchara
wugami ūshabiranta sā.

　☆連用形「いみめし」を含む。「いみめしおはしたら」に対応。

/ʔimeʼɴsjoʼocjara/ と推定。

いみめす来

イメン<u>シエー</u>ビリ　0080　○スグ。**イメン<u>シエー</u>ビリ。**　□直^{デキ}ニ、御出^オヲ。願ヒマ
ス　▽スグ　イメンシエービリ。　sigu imenshēbiri.

イメン<u>シエー</u>ビリ　0695　○**イメン<u>シエー</u>ビリ。**クワシク。ウハナシ<u>シヤビラ</u>。
□御越ナサレマセ、委^{クハシ}ク、御話シ致シマ<u>シヤウ</u>　▽イメンシエー
ビリ　クワシク　ウハナシ　シヤビラ。imenshēbiri. Kuwashiku
ufanashi shabira.

　他に、0106,0525,0721 に用例がある。

イメン<u>シエー</u>ビリ　0095　○**イメン<u>シエー</u>ビリ。**　□御出^オデナサレマセヌカ　▽イ
メン　シエービリ。　imen shēbiri.

　☆「連用形「いみめし」を含む。「いみめしありはべれ」に対応。

/ʔimeʼɴsjeʼebiri/ と推定。

イメン<u>シエー</u>ビタガ　0708　○イツ**イメン<u>シエー</u>ビタガ。**　□何時御越ニナリマシ^イ^ツ
タカ、▽イツメン　シエービタガ。　itsi imen shēbita ga?

　☆連用形「いめし」を含む。「いめしありはべりた（る）が」に対応。

/ʔimeʼɴsjeʼebitaga/ と推定。

イメン<u>シヤウチ</u>　0751　○ウヒマヌバ<u>シヤウ</u>。ドーデン。ウハナシニ。**イメン<u>シヤ
ウチ</u>。**ウタビミ<u>シエー</u>ビリ_{（ママ）（。ナシ）}□御間隙ノ折ハ、何卒、御^オ^ヒ^マ
話ニ、御出下サレマセ　▽ウヒマ　ヌ　バシヨー　ドーデン^{ドウ}^ゾ　ウハ
ナシニ　イメンシヤウチ　ウタビミシエービリ。　uhima un_{注16)}
bashō dōdin ufanashi ni imenshōchi utabi mishēbiri.

他に、0715 にも用例がある。

☼ 連用形「いみめし」を含む。「いみめしおはして」に対応。

/ʔime'ɴsjo'ocji/ と推定。

イメンシヤウチヤウル　0706　○ウンジヨウ。イエーヌアテ。クマンカエー。イメ
　　　　　　　　　　　　　ンシヤウチヤウルグトーヤビース　ガ。　　□　貴方ハ、久_{ヒサ}
　　　　　　　　敷此處_(ママ)^{シク コ}ヘ、御出ノ御様子デ、▽ウンジヨウ　エー
　　　　　　　　ヌ　アテ　クマンカエー　イメンシヤウチヤウル　グトー
　　　　　　　　ヤビーシ　ガ　Unjō ē nu ati kuma nkayē imenshōchoru
　　　　　　　　gutōyabīsi ga,

☼ 連用形「いみめし」を含む。「いみめしおはしたる」に対応。

/ʔime'ɴsjo'ocjo'oru/ と推定。

第11節　「琉球官話集」の動詞形態の考察

（四段）

かく掻

カキガサ　292　小瘡　**カキガサ**　グマガサ

☼ 連用形「かき」を含む。「かきがさ」に対応。

/kacjigasa/ と推定。

カク　339　爬耳　ミ　**カク**_{注1)}
　　　　340　抓痒　ヲヘカウサ**カク**_{注2)}

☼ 終止形「かく」に対応。

/kaku/ と推定。

かわく乾

カケハル　358　口渇　クツ**カケハル**_{注3)}

☼ 「かわく」から変化した、終止形「かわける」に対応か。

/ka'wakiru/ と推定

さばく裁

サバカン　193　蓬頭　ニヤラ**サバカン**カラズ　ホリイカラズ　髪乱也

☼ 未然形「さばか」を含む。「さばかぬ」に対応。「ニヤラサバカンカラズ」は「まだ裁かぬ髪」。

/sabaka'ɴ/ と推定。

たく炊

タク　496　煮粥　カイ**タク**

☼ 終止形「たく」に対応。

/taku/ と推定。

タケ　480　煮飯　メシ**タケ**

☼ 命令形「たけ」に対応。

/taki/ と推定。

つく付

ツク　325　作膿　ウミノ**ツク**

☆ 終止形「つく」に対応。

/ciku/ と推定。

ナンツキ　495　鍋粑　**ナンツキ**

☆ 連用形「つき」を含む。「なべつき」に対応。

/na'ɴcicji/ と推定。

はく 吐

ハク　302　吐血　**キイハク**

☆ 終止形「はく」に対応。

/haku/ と推定。

はく 佩

タキワキ　456　刀豆　**タキワキ**

☆ 連用形「はき」を含む。「たちはき」に対応。

/tacji'wacji/ と推定。

はじく 弾

ハンク　217　弾手　**テイハンク**

☆「はじく」の変化した「はんく」に対応か。

/ha'ɴku/ と推定。

ハキヤゴミ　475　炒米　**ハキヤゴミ**

☆ 連用形「はじき」を含む。「はじきやごめ」に対応か。

/hacjagumi/ と推定。

ひく 引

ヒキミ　333　斜眼　**ヒキミスル　シヤウマア**

☆ 連用形「ひき」を含む。「ひきめ」に対応。

/hicjimi/ と推定。

ひひめく 咳？

ヒミキ　304　痰呼　**ヒミキ**

☆ 連用形「ひみき」に対応。注4)

/himicji/ と推定。

ほとめく 瞬？

メイボトミキ　362　眼跳　目屢跳動也　**メイボトミキスル　ミウチシヨル7**

☆ 連用形「ほとめき」を含む。「めほとめき」に対応。

/mi'ibutumicji/ と推定。

やく 焼

ヤキ　512　焼肉　**ヤキジ**注5)

　　　530　焼鵞　**ヤキガアナア**

☆ 連用形「やき」に対応。

/'jacji/ と推定。

つぐ 注

ツグ　544　斟酒　**サケツグ**　杯ニツク也　　545　篩酒　**上全**

　　　546　酳酒　**上全**　　　　　　　　　547　倒酒　**上全**

☆ 終止形「つぐ」に対応。

/cigu/ と推定。

かわかす乾

カアカシイヨ　527　煎魚　**カアカシイヨ**

☆ 連用形「かわかし」を含む。「かわかしいを」（乾かし魚）に対応。

/ka'akasjiʔi'ju/ と推定。

こす濾

コシザケ　540　釃酒　**コシザケ**　下酒也　斟酒也

☆ 連用形「こし」を含む。「こしざけ」（漉し酒）に対応。

/kusjizaki/ と推定。

ほがす開穴

アラホガシ　276　破爪　女子初与人交合開色也　**アラホガシ**

☆ 連用形「ほがし」を含む。「あらほがし」に対応。「あら」は「新」。「ほがし」は「穴をあけること」の意。

/ʔarahugasji/ と推定。

むす蒸

ンブシブタ　513　蒸肉　**ンブシブタ**　シ丶ンブシ

☆ 連用形「むし」を含む。「むしぶた」（蒸し豚）に対応。

/ʔɴbusjibuta/ と推定。

ンブシブタアシ　522　蒸蹄　**ンブシブタアシ**　猪肚也

☆ 連用形「むし」を含む。「むしぶたあし」（蒸し豚脚）に対応。

/ʔɴbusjibutaʔasji/ と推定。

ンボシズセ　507　炖肉　**ンボシズセ**

☆ 連用形「むし」を含む。「むしじし」（蒸し肉）に対応。

/ʔɴbusjizjisji/ と推定。

ンボシアヒル　524　蒸鴨　**ンボシアヒル**

☆ 連用形「むし」を含む。「むしあひる」（蒸し家鴨）に対応。

/ʔɴbusjiʔahwiru/ と推定。

ンブシ　513　蒸肉　**ンブシブタ**　シ丶ンブシ

☆ 命令形「むせ」に対応。「シ丶ンブシ」は「しし　むせ」（肉　蒸せ）。

/ʔɴbusji/ と推定。

わかす沸

ワカス　553　泡茶　チヤイリ丶　**チヤワカス**
　　　　554　烹茶　上同

☆ 終止形「わかす」に対応。

/'wakasi/ と推定。

あふ合

アリイヤエノモノ　488　便飯　**アリイヤエノモノ**

☆ 連用形「あひ」を含む「ありあひのもの」（有り合ひのもの）に対応。

/ʔariʔe'enumunu/ と推定。

おそふ襲

ウソヤ　209　目罩　メウソヤ

　　☼ 連用形「おそひ」を含む。「おそひや」に対応。

　　/ʔusuʼjaʼa/ と推定。

はふ這？

シラバイ　201　汗班　シラバイ　　298　汗瘢　シラバイ

　　☼ 連用形「はひ」を含む。「しらばひ」に対応。

　　/sjirabaʼi/ と推定。口語的には /sjirabeʼe/ か。

ふるふ震

ホリイカラズ　193　蓬頭　ニヤラサバカンカラズ　ホリイカラズ

　　☼ 連用形「ふるひ」を含む。「ふるひからず」に対応。「ふるひ→ふるい→ふりい」。「ホリイ」と表記。

　　/huriʼikarazi/ と推定。

ふるふ振

ホレイ　344　瘭疾　ホレイ

　　☼ 連用形「ふるひ」に対応。「ふるひ→ふるい→ふりい」。「ホレイ」と表記。

　　/huriʼi/ と推定。

まふ舞

ミイマヱ　348　看病　ミイマヱ

　　☼ 連用形「まひ」を含む。「みまひ」（見舞ひ）に対応。

　　/miʼimaʼi/ と推定。口語的には /miʼimeʼe/ か。

やしなふ養

ヤシナイウヤ　36　乾母　ヤシナイウヤ

　　☼ 連用形「やしなひ」を含む。「やしなひおや」（養ひ親）に対応。

　　/ˈjasjinaʼiʔuʼja/ と推定。口語的には /ˈjasjineʼeʔuʼja / か。

ヤシナイクワ　37　乾児　ヤシナイクワ

　　☼ 連用形「やしなひ」を含む。「やしなひこ」（養ひ子）に対応に対応。

　　/ˈjasjinaʼikwa/ と推定。口語的には /ˈjasjineʼeQkwa / か。

かむ嚙（食）

カミ　485　吃飯　モノカミ

　　☼ 命令形「かめ」に対応。注6）

　　/kami/ と推定。

くぼむ窪

コブミ　369　膈子窩　ワキノコブミ

　　☼ 連用形「くぼみ」に対応。

　　/kubumi/ と推定。

くむ編

ヒラグン　192　辮子　ヒラグン

　　☼ 連用形「くみ」を含む。「ひらぐみ」に対応。

　　/hiraguˈN/ と推定。

つつむ包

ツ　モ　324　灌膿　カサノウメツ　モ

☼ 終止形「つつむ」に対応。　二つ目の「つ」脱落か。

/cicimu/ と推定。

やむ病（痛）

ヤモン　281　眼疼　メイノヤモン　　282　腰疼　コシノヤモン

　　　　283　手疼　テイノヤモン　　284　脚疼　ヒサノヤモン

☼ 連用形「やみ」を含む。「やみをりむ」に対応。

/ˈjamu'ɴ/ と推定。

ヤリ　280　頭疼　アカラジノヤリ

☼ 「やみて」に対応。

/ˈjari/ と推定。 注7)

あさる漁

アサル　341　刷牙　ハンザキヤア　ハアサル

☼ 終止形「あさる」に対応。

/ʔasaru/ と推定。

いる入

？イリガサ　286　疹瘡　イリガサ

☼ 連用形「いり」を含む。「いりがさ」（入り瘡）に対応。

/ʔirigasa/ と推定。

いる炒

イリキジ　511　炒肉　イリキジ

☼ 連用形「いりき」を含む。「いりきじし」（炒め肉）に対応（表記上「し」が脱落）。

/ʔiricjizjisji/ と推定。

きる切

キリビラ　589　韮菜　キリビラ

☼ 連用形「きり」を含む。「きりにら」に対応か。 注8)

/cjiribira/ と推定。

チリモヅ　445　大麵　チリモヅ

☼ 連用形「きり」を含む。「きりむぎ」に対応。/muzji/ 対応部分を「モヅ」と表記。

/cjirimuzji/ と推定。

しぼる絞

シボヱハタ　315　痢病　リイビウフ　─シボヱハタ

☼ 連用形「しぼり」を含む。「しぼりわた」（絞り腸）に対応。「しぼり→しぶい」。「シボヱ」と表記。

/sjibu'i'wata/ と推定。

する擦

スル　470　碓米　モミウヲスニスル

☼ 終止形「する」に対応。「モミウヲスニスル」は「籾を臼に擦る」。

/siru/ と推定。

たる垂

ハナライ　354　鼻水　ハナライ

☼ 連用形「たり」を含む。「はなだり」に対応。 注9)

/hanara'i/ と推定。

つくる作

ツヨクリ　482　傲飯　メセツヨクリ

☼ 命令形「つくれ」に対応。「メセツヨクリ」は「めし　つくれ」（飯　作れ）。

/cukuri/ と推定。

とる取

トヨン　350　把脉　ミヤクンツヨン　ミヤクトヨン

☼ 連用形「とり」を含む。「とりをりむ」に対応。

/tu'juɴ/ と推定。

トヘヨヲ　494　飯湯　トヘヨヲ

☼ 連用形「とり」を含む。「とりゆ」（取り湯）に対応。「とり」→「とうい」。「トヘ」と表記。

/tu'i'ju'u/ と推定。

ふさがる塞

ホサカル　208　閉眼　ミクラ　入眼也　メホサカル

☼ 終止形「ふさがる」に対応。

/husagaru/ と推定。

まがる曲

マカヱ　229　手湾　テイノヒズノマカヱ

マガヱ　230　脚湾　ツンシノマガヱ

☼ 連用形「まがり」に対応。「まがり」→「まがい」。「マカヱ」「マガヱ」と表記。

/maga'i/ と推定。口語的には /mage'e/ か。

よる選

ヨル　473　簁米　コミヨル

☼ 終止形「よる」に対応。

/'juru/ と推定。

わる割

ワル　472　搗米　コミワル　上全

☼ 終止形「わる」に対応。

/'waru/ と推定。

（上一段）

にる煮

子イセヽ　514　煮肉　子イセヽ

☼ 「ラ行（四段）化」後の連用形「にり」を含む。「にいしし」（煮肉）に対応。「にり」が「にい」に変化。

/ni'isjisji/ と推定。

みる見

ヒキミ　333　斜眼　ヒキミスル　シヤウマア

☼ 連用形「み」を含む。「ひきみ」（引き見）に対応。

/hicjimi/ と推定。

ミイマヱ　348　看病　ミイマヱ

☼ 「ラ行（四段）化」後の連用形「みり」を含む。「みりまひ」（見り舞ひ）に対応。「みり」が「みい」に変化。

第11節　「琉球官話集」の動詞形態の考察　589

/mi'ima'i/ と推定。口語的には /mi'ime'e/ か。

　　ンツヨン　350　把脈　ミヤクンツヨン　ミヤクトヨン
　　　　　　　351　診脈　上全
　　　　　　　352　看脈　上全
　　☆「みて」を含む。「みてはをりむ」に対応。「ミヤクンツヨン」は「脈　見ている」の意。
　　/'Ncjo'o'N/ と推定。

（上二段）

のぶ伸

　　ノヲビ　306　呵欠　アクビノヲビ
　　☆連用形「のび」に対応。
　　/nu'ubi/ と推定。

（下一段）ナシ

（下二段）

かく欠

　　カ　360　缺唇　スバカ
　　☆連用形「か（け）」に対応。表記の過程で「－ケ」が落ちたか。
　　/ka(ki)/ と推定。

つく漬

　　ツケシヤウガ　574　糟薑　ツケシヤウガ
　　☆連用形「つけ」を含む。「つけしやうが」に対応。
　　/cjikisjo'oga/ と推定。

　　ツケナ　575　醃菜　ツケナ
　　　　　　576　醃菜　ツケ注10)
　　　　　　577　糟菜　カスヅケツケナ
　　　　　　579　醬菜　ミソズケツケナ
　　☆連用形「つけ」を含む。「つけな」に対応。
　　/cjikina/ と推定。

　　ツケヒル 580　淹菜　ツケヒル
　　☆連用形「つけ」を含む。「つけへる」に対応。
　　/cjikihwiru/ と推定。

　　シヨツケ　532　魚鯗　乾魚也　シヨツケ
　　☆連用形「つけ」を含む。「しほつけ」に対応。
　　/sji'jucjiki/ と推定。

　　カスヅケ　577　糟菜　カスヅケツケナ
　　☆連用形「つけ」を含む。「かすづけ」に対応。
　　/kasizjiki/ と推定。

　　ミソズケ　579　醬菜　ミソズケツケナ
　　☆連用形「つけ」を含む。「みそづけ」に対応。
　　/misuzjiki/ と推定。

　　カスキケ　578　糟酒　カスキケウヱ

☆連用形「つけ」を含む。「かすつけ」に対応。注11)

/kasicjiki/ と推定。

しらぐ精

シラゲグミ　434　白米　シラゲグミ

☆連用形「しらげ」を含む。「しらげごめ」（精げ米）に対応。

/sjiragigumi/ と推定。

シラケル　471　舂米　コミシラケル

☆「ラ行（四段）化」後の終止形「しらげる」に対応とみる。

/sjiragiru/ と推定。

まぐ曲

マゲル　218　挽手　テイマゲル
　　　　　219　絞手　上仝

☆「ラ行（四段）化」後の終止形「まげる」に対応。

/magiru/ と推定。

いづ出

イギル　322　発熱　ニツノイギル

☆「ラ行（四段）化」後の終止形「いでる」に対応。

/ʔizjiru/ と推定。

イジル　327　出膿　ウメノイジル　上仝　　329　抜膿　ウメノイジル

☆「ラ行（四段）化」後の終止形「いでる」に対応。

/ʔizjiru/ と推定。

テル　231　潵尿　シヨビン　シイバエ　ヨテル

☆「ラ行（四段）化」後の終止形「いでる」の更なる変化形「でる」に対応か。

/diru/ と推定。

そふ添

スイリ　487　添飯　メシスイリ

☆「ラ行（四段）化」の命令形「そへれ」に対応。「すいり」と表記。

/su'iri/ と推定。

（バ行）

のぶ伸

ノビル　220　伸手　テイノビル

ノベル　221　伸脚　ヒサノベル

☆「ラ行（四段）化」後の終止形「のべる」に対応。それぞれ「手伸べる」「足伸べる」。

/nubiru/ と推定。

いる入

イリカン　195　仮髪　女ノイリカン

☆連用形「いれ」を含む。「いれがみ」（入れ髪）に対応。

/ʔiriga'ɴ/ と推定。

メシイリ　486　盛飯　メシイリ

☆連用形「いれ」を含む。「めしいれ」（飯入れ）に対応。

/misjiʔiri/ と推定。

　チヤイリ　553　泡茶　**チヤイリ**　チヤワカス

　　☼ 連用形「いれ」を含む。「ちやいれ」（茶入れ）に対応。

　/cjaʔiri/ と推定。

くづる崩

　ミクジラ　337　耳襲　**ミクジラ**

　　☼ 連用形「くづれ」を含む。「みみくづら」に対応。行為・行為者を示す接辞「-あ」が付いた。

　　「くづれ＋あ」→「くぢりあ」→「くぢらあ」か。

　/mi(Ꞑ)kuzjira'a/ と推定。

だる垂

　ダデル　267　軟了^{音ゾろん}　ヤハラシヤ　タ子ノダデル

　　☼ 「ラ行（四段）化」の終止形「だれる」に対応。「だれる」→「ダデル」で、「れ」と「で」の交代。

　/dadiru/ と推定。

ながる流

　ウナガリサケ　541　福酒　マキリノ**ウナガリサケ**　アマザケ

　　☼ 連用形「ながれ」を含む。「おながれさけ」（御流れ酒）に対応。

　/ʔunagarisaki/ と推定。

はる腫

　ワタハレヤマへ　301　蠱脹^{音古}　中表也　**ワタハレヤマへ**

　　☼ 連用形「はれ」を含む。「わたはれやまひ」（腸張れ病）に対応。

　/'watahari'jama'i/ と推定。/'wataha'i'ja'Ꞑme'e/ の可能性もある。

　ハリル　323　腫了　**ハリル**

　　☼ 「ラ行（四段）化」後の終止形「はれる」に対応。

　/hariru/ と推定。

ふくる膨

　メイホクワア　335　眼腫　**メイホクワア**

　　☼ 連用形「ふくれ」を含む。「めふくれあ」に対応。行為・行為者を示す接辞「-あ」が付いた。注12)

　/mi'ihuQkwa'a/ と推定。

　ンナボコヱ　316　虚腫　**ンナボコヱ**

　　☼ 連用形「ふくれ」を含む。「みなぶくれ」に対応。注13)

　/'Ꞑnabuku'i/ と推定。

（サ変）

す為

　スル　313　大舌　ウホシタ　ウフグキ**スル**　シタクワエ
　　　　314　刀舌　ヤナグキ**スル**
　　　　332　斜眼　ヒキミ**スル**　シヤウマア
　　　　362　眼跳　目屢跳動也　メイボトミキ**スル**　ミウチシヨル

　　☼ 終止形と見做される「する」に対応。

　/siru/ と推定。

　シヨル　362　眼跳　目屢跳動也　メイボトミキスル　ミウチ**シヨル**

☆ 連用形「し」を含む。「しをる」に対応。

/sjuru/ と推定。

しす死

シヽル　157　先叔　亡父之弟也　シヽルヲザヽアクワ

☆ 未然形「しせ」を含む。「しせる」に対応。「る」は所謂助動詞「り」の連体形。

/sjisjiru/ と推定。

しやうず生

シヤウジタン　321　生瘡　カサノシヤウジタン

☆ 連用形「しやうじ」を含む。「しやうじたり<u>む</u>」に対応。

/sjo'ozjita'ɴ/ と推定。

（ラ変）

あり有

アリイヤエノモノ　488　便飯　アリイヤエノモノ

☆ 連用形「あり」を含む。「ありあひのもの」（有り合ひのもの）に対応。

/ʔari'ʔe'enumunu/ と推定。

アン　346　有病　ヤマエノアン

☆ 連用形「あり」を含む。「あり<u>む</u>」に対応。

/ʔa'ɴ/ と推定。

（「をり」ナシ）

第4章　アルファベット資料の動詞形態の考察

＜分析対象資料＞

1、クリフォード琉球語彙（1818）
　　　依拠した本文：『クリフォード　琉球語彙』勉誠社（1979）

2、ベッテルハイム『琉球語と日本語の文法の要綱』（1849）・『琉球語辞書』（1852）
　　　依拠した本文：
　　　　　伊波和正・喜名朝昭・森庸夫・高橋俊三「翻訳　ベッテルハイム著『琉球語と
　　　　　　日本語の文法の要綱』（1）〜（5）」『南島文化』（沖縄国際大学南
　　　　　　島文化研究所紀要）（2）〜（5）（1980〜84）
　　　　　伊波和正「メドハーストとトベッテルハイムの比較（I）：動詞」『沖縄国際大
　　　　　　学文学部紀要（英文学科篇）』第10巻第1号（通巻10号）沖縄国
　　　　　　際大学文学部（1987）
　　　　　高橋俊三「『英琉辞書』における動詞の活用の型」『南島文化』（沖縄国際大学
　　　　　　南島文化研究所紀要）第23号（2001）

3、チェンバレン『琉球語文典』（1895）
　　　依拠した本文：
　　　　　山口栄鉄編訳『チェンバレン　日琉比較文典』琉球文化社（1976）
　　　　　伊波普猷『琉球語便覧』（1916）中の「チャンバーレン氏　増訂琉球會話」琉
　　　　　　球史料複刻頒布会（1969）（以下の記述では「琉便」と略称）
　　　　　『世界言語学名著選集　第II期　東アジア言語編　第1巻　Essay
　　　　　in Aid of a Grammar and Dictionary of the Luchun ₍ₘₐ₎ Language』
　　　　　ゆまに書房（1999）

第1節　クリフォード『琉球語彙』の動詞形態の考察

○ Loo-Choo　/　English　/　Literal Translation の順に変えた。
○「アクセント記号」らしき（「é・á」などの）「´」を省く（atchoong などを「atchoong」
　のようにする）。
○通し番号の「497」「876」等は「PART I.」に、「14.」「25.」（数字の後に「.」が付
　いている）等は「PART II.」に、それぞれ属していることを示している。

（四段）

ありく　歩

atchoong　876　**atchoong**/ walk, to

☼ 連用形「ありき」を含む。「ありきをりむ」に対応。

/ʔaQcjuʼN/ と推定。破擦音化の変化がある。

いく　行

eechoong　25. Atookarra wang **eechoong** atookarra **eechoong**　/ I am going now, he
　　　　　will come presently　/　By and by I to go, by and by to go.

☼ 連用形「いき」を含む。「いきをりむ」に対応。

/ʔicjuʼN / と推定。破擦音化の変化がある。

ickkee　14. Go down there　-　/　Amunka **ickkee**　　-　/　＊　there.

☼ 命令形「いけ」に対応。

/ʔiki/ と推定。

うなづく　頷

najeechoong　497　**najeechoong**/ nod, to

☼ 連用形「うなづき」を含む。「うなづきをりむ」に対応。

/ʔNnazjicjuʼN/ と推定。破擦音化の変化がある。

かく　書

katchoong　（73.）Jee **katchoong** 注1)　-　/ To write a letter　-　/ A character to write.

☼ 連用形「かき」を含む。「かきをりむ」に対応。

/kacjuʼN/ と推定。破擦音化の変化がある。

katchee　615 **katchee** yanjee/ right, in writing characters

☼ 「かいて」に対応。

/kacji/ と推定。破擦音化の変化がある。

かく　描

katchoong　74. Tayin hashee noo ee-**katchoong**　/ Tayin is sketching the bridge　/
　　　　　Tayin bridge of to sketch.

☼ 連用形「かき」を含む。「かきをりむ」に対応。

/kacjuʼN/ と推定。破擦音化の変化がある。

katchee　75. Tayin yoo**katchee** choo-rasa　/ Tayin sketches very well　/　Tayin
　　　　　＊　sketches handsome.

☼ 「かいて」に対応。

/kacji/ と推定。破擦音化の変化がある。

きく　聞

cheechee gootoo　67. Jeeroo oota yooshoong **cheecheegootoo**　/ Jeeroo sings well, or
　　　　　with good taste / 　Jeeroo song to sing　＊　＊　　＊.

☼ 連用形「きき」を含む。「ききごと」に対応。

/cjicjigutu/ と推定。

sitch-oong　2.　Moonooyoong, ya **sitch- oong**, or Chickkee / I speak, you hear　-/
　　　　　I speak, you to hear, or hearing.

第1節　クリフォード『琉球語彙』の動詞形態の考察　595

☆連用形「きき」を含む。「ききをりむ」に対応。

/cjicji'u'N/ と推定。破擦音化の変化がある。

titchoong　905　mono**titchoong** / whisper, to

☆連用形「きき」を含む。「ききをりむ」に対応。

/cjicju'N/ と推定。破擦音化の変化がある。

skitchoong　331　sit'choong, or **skitchoong** sitchoong, − /hear, to

332　moonoo **skitchoong**/hear, I

☆連用形「きき」を含む。「ききをりむ」に対応。

/cjicju'N/ と推定。破擦音化の変化がある。

chickkee　2.　Moonooyoong, ya sitch- oong, or **Chickkee** / I speak, you hear　－ / I speak, you to hear, or hearing.

☆命令形「きけ」に対応。

/cjiki/ と推定。

chee karung　161　mimmee **chee karung** / deaf (literally, ear not to hear)

☆未然形「きか」を含む。「きからぬ」に対応。

/cjikara'N/ と推定。

sitcheekarang　333　sitcheerang, or **sitcheekarang** /hear, I cannot(or understand)

☆未然形「きか」を含む。「きからぬ」に対応。

/cjikara'N/ と推定。「si」は /ʔjusi/（「いひを（る）す」）の /si/ に対応する可能性もある。

sitcheerang　333　**sitcheerang**, or sitcheekarang /hear, I cannot(or understand)

☆「きいて」を含む。「きいて（を）らぬ」に対応。

/cjicji('u)ra'N/ と推定。「si」は /ʔjusi/（「いひを（る）す」）の /si/ に対応する可能性もある。

すく　鋤

sitchoong　561　**sitchoong** /plough, to

☆連用形「すき」を含む。「すきをりむ」に対応。

/sicju'N/ と推定。破擦音化の変化がある。

たく　炊

tatchoong　65. Sinna ooshoo shaee ma- shoo **tatchoong**　/　Sand spread on a level plain on which water is sprinkled for mak-ing salt　/　Sand sea　* salt to make.

☆連用形「たき」を含む。「たきをりむ」に対応。

/tacju'N/ と推定。破擦音化の変化がある。

つく　突

tseechoong　105. Sootitsee wang **tseechoong** yatee / The sootitsee(sago tree) pricked me / Sootitsee I　*　*。

☆連用形「つき」を含む。「つきをりむ」に対応。

/cicju'N/ と推定。

つく　着

sitchoong　833　sayoong, or **sitchoong** /touch, to

☆連用形「つき」を含む。「つきをりむ」に対応。

/cicju'N/ と推定。破擦音化の変化がある。

つく 付

sitchoong　411　ing **sitchoong**/letter, to seal a

☼ 連用形「つき」を含む。「つきをりむ」に対応。

/cicju'N/ と推定。破擦音化の変化がある。

だく 抱

dachoong　098　**dachoong** / carry to, a child in the arms

☼ 連用形「だき」を含む。「だきをりむ」に対応。

/dacju'N/ と推定。破擦音化の変化がある。

なく 泣

nachoong　44. Doochoo innago Ingere meeoong **nachoong**　/ If a Loo-Choo wo-man should see you she will be alarmed　/　Loo-Choo woman English to see, to cry.

☼ 連用形「なき」を含む。「なきをりむ」に対応。

/nacju'N/ と推定。破擦音化の変化がある。

なく 鳴

nachoong　104　**nachoong** deeoong/ cat, to mew as a

☼ 連用形「なき」を含む。「なきをりむ」に対応。

/nacju'N/ と推定。破擦音化の変化がある。

はく 吐

hach-oong　107. Weetee moonoo **hach-oong**　/ Drunk, I vomit　/　Drunk I vomit.

☼ 連用形「はき」を含む。「はきをりむ」に対応。

/hacju'N/ と推定。破擦音化の変化がある。

ひく 引

feetchoong　063　yoomee **feetchoong** / bow, to pull a

fitchoong　582　feetchooog, or **fitchoong** / pull, to, a person

☼ 連用形「ひき」を含む。「ひきをりむ」に対応。

/hwicju'N/ と推定。破擦音化の変化がある。

feeoong　193　mimmee **feeoong**, or feetchoong/ ears, to pull the

☼ 連用形「ひき」を含む。「ひきをりむ」に対応。

/hwicju'N/ と推定。破擦音化の変化がある。

ひく 弾

feetchoong　477　kootoo **feetchoong** / musical instrument, to play on a

☼ 連用形「ひき」を含む。「ひきをりむ」に対応。

/hwicju'N/ と推定。破擦音化の変化がある。

ひびく 響

habbeecoong　434　**habbeecoong** / make, to, a noise

☼ 連用形「ひびき」を含む。「ひびきをりむ」に対応。

/hibicju'N/ と推定注2)。破擦音化の変化がある。

ふく吹

foo-tchoong　048　**foo-tchoong** / blow up, to, or light a fire

☼ 連用形「ふき」を含む。「ふきをり<u>む</u>」に対応。

/hwucjuʼN/ と推定。破擦音化の変化がある。

ふく吹 （煙草吸）

footchoong　714　**footchoong**, or kootchoong/ smoke, to

kootchoong　714　footchoong, or **kootchoong**/smoke, to

☼ 連用形「ふき」を含む。「ふきをり<u>む</u>」に対応。

/hwucjuʼN/ と推定。破擦音化の変化がある。

fookee　716　tobacoo **fookee** / smoking tobacco

☼ 命令形「ふけ」に対応。

/hwuki/ と推定。

ほとく解

hootoochoong　868　**hootoochoong** / untie, to, a knot

☼ 連用形「ほとき」を含む。「ほときをり<u>む</u>」に対応。

/hwutucjuʼN/ と推定。

およぐ泳

weejoong　774　**weejoong** / swim, to

☼ 連用形「およぎ」を含む。「およぎをり<u>む</u>」に対応。

/ʔwiʼizjuʼN/ と推定。破擦音化の変化がある。

weejee　775　**weejee** /swimming

☼ 「およぎて」に対応。

/ʔwiʼizji/ と推定。

つぐ注

cheejoong　565　**cheejoong** / pour out, to

☼ 連用形「つぎ」を含む。「つぎをり<u>む</u>」に対応。

/cjizjuʼN/ と推定。破擦音化の変化がある。

cheejee　566　**cheejee** /pouring

☼ 「つぎて」に対応。

/cjizji/ と推定。破擦音化の変化がある。

ぬぐ抜

noojoong　581　**noojoong** / pull, to, out of the ground

☼ 連用形「ぬぎ」を含む。「ぬぎをり<u>む</u>」に対応。

/nuzjuʼN/ と推定。破擦音化の変化がある。

はぐ剥 （脱）

hajeeing　867　ching **hajeeing** / undress, to

☼ 連用形「はぎ」を含む。「はぎをり<u>む</u>」に対応。

/hazjiʼiʼN/ と推定。

hasseeoong　782　**hasseeoong** / take off the hat, to

☼ 連用形「はぎ」を含む。「はぎをり<u>む</u>」に対応。

/hazji'u'ɴ/ と推定。破擦音化の変化がある。

へぐ 剝

feejoong　151　cheeoong, or feeoong, or **feejoong** / cut, to

feeoong　151　cheeoong, or **feeoong**, or feejoon/ cut, to

☆ ともに、連用形「へぎ」を含む。「へぎをりむ」に対応。

/hwizju'ɴ/ と推定。破擦音化の変化がある。

いだす 出

injashoong　586　**injashoong** /put, to, up a thing above, high

☆ 連用形「いだし」を含む。「いだしをりむ」に対応。

/ʔi'ɴzjasju'ɴ/ と推定。

injatchee　580　**injatchee** /pull, to, or draw out

☆ 「いだして」に対応。

/ʔi'ɴzjacji/ と推定。破擦音化の変化がある。

おしとほす 押通

oosheetthushee　537　**oosheetthushee** /pin, ladle head, do

☆ 連用形「おしとほし」に対応。「押し通し」で簪の意。

/ʔusjitu'usji'i/ と推定。

おとす 落

ootooshung　630　soosooing, or soosootee **ootooshun**g /rub, to

☆ 連用形「おとし」を含む。「おとしをりむ」に対応。

/ʔutusju'ɴ/ と推定。

ootooshoong　631 seeree　**ootooshoong**, or soosootee：ooteetung, or coonshoong /rub,
　　　　　　to, out

☆ 連用形「おとし」を含む。「おとしをりむ」に対応。

/ʔutusju'ɴ/ と推定。

ootoochung　432　**ootoochung** /lose, to

☆ 「おとして」を含む。「おとしてをりむ」に対応。

/ʔutucji'u'ɴ/ と推定。[注3]

くずす 崩

coonshoong　631 seeree　ootooshoong, or soosootee：ooteetung, or **coonshoong** /rub,
　　　　　　to, out

☆ 連用形「くずし」を含む。「くずしをりむ」に対応。

/ku'ɴsju'ɴ/ と推定。

coonsoona　632　**coonsoona**/rup, to, not out

☆ 「くずすな」に対応。

/ku'ɴsuna/ と推定。

ころす 殺

koorashoong　376　sheemoong, or koorashoong /kill, to

☆ 連用形「ころし」を含む。「ころしをりむ」に対応。

/kurusju'ɴ/ と推定。

ころばす転

kooroobashoong 516 **kooroobashoong** /overturn, to, or upset

  ☼ 連用形「ころばし」を含む。「ころばしをりむ」に対応。

  /kurubasjuʼɴ/ と推定。

さす差

sashoong 593 eebee gannee **sashoong** /put, to, a ring on the finger

  ☼ 連用形「さし」を含む。「さしをりむ」に対応。

  /sasjuʼɴ/ と推定。

satchee 824 cooshee **satchee,** or foosa/tobacco pouch

  ☼「さして」に対応。

  /sacji/ と推定。

すべらす滑

sinda dakatchee 63. koon**sinda dakatchee** ‐ / Making a false step / ＊

  ☼「すべらかして」に対応。「koonsinda dakatchee」で「ふみすべらかして」。「da」の一つは重複（誤り）であろう。

  /siʼɴdakacji/ と推定。*[suberakaʃite] → [sibirakaʃiti] → [simirakaʧĩ] → [simrakaʧĩ] → [sinrakaʧĩ] → [sindakaʧĩ]/siʼɴdakacji/ 等と変化か。「あぶら（油）」→ /ʔaʼɴda/,「こむら（腓）」→ /kuʼɴda/ 等の変化も参考になる。

たふす倒

tawshoong 219 **tawshoong,** or tawring/ fall, to

  ☼ 連用形「たふし」を含む。「たふしをりむ」に対応。

  /toʼosjuʼɴ/ と推定。

なほす直

nawshoong 932 **nawshoong** / wrong in writing characters

  ☼ 連用形「なほし」を含む。「なほしをりむ」に対応。

  /noʼosjuʼɴ/ と推定。

ならす鳴

narashoong 243 **narashoong** / fire, to, a gun

  ☼ 連用形「ならし」を含む。「ならしをりむ」に対応。

  /narasjuʼɴ/ と推定。

のます飲

nooma chee 97. Chee **nooma chee** ‐ / Sucking milk at the breast / Milk ＊
                       breast.

  ☼「のまして」に対応。

  /numacji/ と推定。破擦音化の変化がある。

はならす離

hanna-ratchee 428 **hanna-ratchee** / look, to, at a distance

  ☼「はならして」に対応。

  /hanaracji/ と推定。

ほがす開穴

hoogashoong　573　**hoogashoong** / prick, to, with a knife

☼ 連用形「ほがし」を含む。「ほがしをり<u>む</u>」に対応。

/hwugasjuʼɴ/ と推定。

ほす乾

fooshoong　186　eenshoo **fooshoong** / dry, to, powder

☼ 連用形「ほし」を含む。「ほしをり<u>む</u>」に対応。「味噌（を）乾す」。

/hwusjuʼɴ/ と推定。

めぐらす巡

meegoorashoong　655　**meegoorashoong** / screw, to

　　　　　　　　　　658　**meegoorashoong** / scull, to, a boat

☼ 連用形「めぐらし」を含む。「めぐらしをり<u>む</u>」に対応。

/migurasjuʼɴ/ と推定。

めす召

meeshawdee 16. Ya oodee **meeshawdee**　‐　/ You go below　‐　/　You　＊　＊.

☼ 連用形「めし」を含む。「めしおわれ」に対応。「oodee meeshawdee」で「おれめしおわれ（降れ召しおわれ）」。

/misjoʼodi/ と推定。/ri/ → /di/ の変化がある。

うつ打（耕）

oochoong　167　**oochoong** /dig, to, up the ground

☼ 連用形「うち」を含む。「うちをり<u>む</u>」に対応。

/ʔucjuʼɴ/ と推定。

うつ打

ochoong　165　sheego roocoo **ochoong** / dice, to, play with

ootchoong　030　chibbee　**ootchoong** /beat to, with the bamboo

choong　028　nacoo‐**choong** / beat, as the heart

☼ ともに、連用形「うち」を含む。「うちをり<u>む</u>」に対応。

/ʔucjuʼɴ/ と推定。

「028　nacoo‐choong」は [naːku ʔuʧuɴ]「みゃくうつ（脈打つ）」であるが、[ku] と [ʔu] が続いたために [naːkuʧuɴ] のように聞こえたのであろう。

うつ打（縄綯）

ootchoong　435　cheena **ootchoong** /make, to, a rope

☼ 連用形「うち」を含む。「うちをり<u>む</u>」に対応。

/ʔucjuʼɴ/ と推定。

たつ立

tatchoong　619　**tatchoong** / rise, to, from a chair

☼ 連用形「たち」を含む。「たちをり<u>む</u>」に対応。

/tacjuʼɴ/ と推定。/taQcjuʼɴ/ の可能性もある。

ta‐tee　279　**ta‐tee** / get up

☼ 命令形「たて」に対応。

/tati/ と推定。

まつ待

matee 41.　**Matee**, Atookarra ya meesheeoong / Stop, you shall look presently　/ Stop, by and by you to Look at.

☆ 命令形「まて」に対応。

/mati/ と推定。

もつ持

mootchoo　46.　Hoodee **mootchoo** 　-　/ Give me that pencil　/　Pencil bring.

☆「もちて→もって」を含む。「もちてこ→もってこ」に対応。

/muQcjiku'u/ と推定。

あらふ洗

arayoong　881　**arayoong** / wash, to

☆ 連用形「あらひ」を含む。「あらひをりむ」に対応。「ラ行（四段）化」後の連用形「あらり」を含み、「あらりをりむ」に対応するとも考えられる。

/ʔara'ju'ɴ/ と推定。

aratee　884　ching **aratee** / washing clothes

☆「あらひて→あらって」に対応。

/ʔarati/ と推定。促音脱落の変化がある。

いふ言

yoong　009　aree ga aan **yoong** /answer, to

young　732　moonoo **young** / speak, to

oong　104　nachoong dee **oong**/cat, to mew as a

☆ ともに、連用形「いひ」を含む。「いひをりむ」に対応。

/ʔju'ɴ/ と推定。

eega 902　noond**eega**/ What do you call this?

☆ 連用形「いひ」を含む。「いひを（る）が」に対応。「ラ行（四段）化」後の連用形「いり」を含み、「いりを（る）が」に対応するとも考えられる。

/ʔiga/ と推定。/ʔi'iga/ の可能性もある。

うたふ歌

ootayoong　699　ootashoong, or ootayooshoong, or **ootayoong**/sing, to

☆ 連用形「うたひ」を含む。「うたひをりむ」に対応。「ラ行（四段）化」後の連用形「うたり」を含み、「うたりをりむ」に対応するとも考えられる。

/ʔuta'ju'ɴ/ と推定。

おそふ襲

oosoo-ostang　42. Koomoo teeda **oosoo-ostang**　/ Clouds obscure the sun.　/　Clouds sun to cover over.

☆「おそうて」を含む。「おそうてをりたりむ」に対応。全体は「雲、太陽　覆った」の意。

/ʔusuta'ɴ/ と推定。/ʔusu'juta'ɴ/ とも考えられる。

くふ衛

cootee　720　haboo　**cootee** /snake stings

　　　　96. Haboo **cootee** sheenoong / The sting of a snake will kill /　Snake

602　第4章　アルファベット資料の動詞形態の考察

sting to kill.

☼「くうて」に対応。

/ku'uti/ と推定。

くふ喰

cooyoong　40　**cooyoong** /bite to, as a dog

coo-yoong　101. Amang itchchawng **coo-yoong**　/ A live shell-fish will bite　/
　　　　　　　　Shell-fish to be alive to bite.

☼ ともに、連用形「くひ」を含む。「くひをりむ」に対応。「ラ行化」後の連用形「くひり」を含み、「く
　ひりをりむ」に対応とも考えられる。

/ku'u'ju'ɴ/ と推定。

くらふ食

quatee　110　oosheenoo chee **quatee**　/cheese(literally cow's milk and fat)

☼「くらひて」に対応。

/kwati/ と推定。/kura/ → /kwa/ 変化の例として、「まくら（枕）」*/makura/ → /maQkwa/
を上げることができる。

すふ吸

spootee　381　coochee　**spootee** / kiss, to (lit. kissing the mouth)

☼「すぷうて」に対応。

/supu('u)ti/ と推定。

すまふ住

simmajoo coo　81. Tayin **simmajoo coo**　‐　Tayin lives here　‐　/ Tayin lives here.

☼ 連用形「すまひ」を含む。「すまひどこ（ろ）」に対応。

/sime'ezjuku/ と推定。大略、*[sumapidoko] → [simaiduku] → [simaidʒuku] → [simeː dʒuku]
/sime'ezjuku/ 等と変化か。

simmatong　424　**simmatong** / live, or reside, to

☼「すまひて」を含む。「すまひてはをりむ」に対応。

/simato'o'ɴ/ と推定。

なふ縫

nawyoong　433　ching **nawyoong** / make, to, clothes

no-a-yoong　667　nawyoong, or **no-a-yoong** / sew, to

☼ ともに、連用形「なうひ」を含む。「なうひをりむ」に対応。「ラ行（四段）化」後の連用形「なうり」
　を含み、「なうりをりむ」に対応するとも考えられる。

/no'o'ju'ɴ/ と推定。

はふ這

hoyoong　145　**hoyoong**/ crab, to crawl as a

hawyoong　146　**hawyoong**/ creep, to

☼ ともに、連用形「はうひ」を含む。「はうひをりむ」に対応。「ラ行（四段）化」後の連用形「はうり」
　を含み、「はうりをりむ」に対応するとも考えられる。

/ho'o'ju'ɴ/ と推定。

わらふ笑

warrayoong　400　**warrayoong**/ laugh, to

  ☼ 連用形「わらひ」を含む。「わらひをり<u>む</u>」に対応。「ラ行（四段）化」後の連用形「わらり」を含み、「わらりをり<u>む</u>」に対応するとも考えられる。

  /ˈwaraˈjuˈɴ/ と推定。

warratee　401　**warratee**/ laughing

  ☼「わらひて」に対応。

  /ˈwarati/ と推定。

ゑふ酔

weeoong　184　**weeoong**/ drunk, to get

  ☼ 連用形「ゑひ」を含む。「ゑひをり<u>む</u>」に対応。「ラ行（四段）化」後の連用形「ゑり」を含み、「ゑりをり<u>む</u>」に対応するとも考えられる。

  /ˈwiˈiˈuˈɴ/ と推定。注4)

weetee　107. **Weetee** moonoo hach-oong　/ Drunk, I vomit　/　Drunk I vomit.

  ☼「ゑひて」に対応。

  /ˈwiˈiti/ と推定。

とぶ飛

toobeeoong　266　**toobeeoong**/ fly, to, as a bird

  ☼ 連用形「とび」を含む。「とびをり<u>む</u>」に対応。

  /tubiˈuˈɴ/ と推定。注4)

かむ嚙（食）

kamoong　197　moonoo **kamoong** /eat, I

  ☼ 連用形「かみ」を含む。「かみをり<u>む</u>」に対応。

  /kamuˈɴ/ と推定。

kanoung　198　meeshee　kamoong, or **kanoung**/eat, to, boild rice

  ☼ 連用形「かみ」を含む。「かみをり<u>む</u>」に対応。

  /kanuˈɴ/ と推定。/kamuˈɴ//kanuˈɴ/両形並存。

kannoong　712　**kannoong** , or kashashoong / smell to

  ☼ 連用形「かみ」を含む。「かみをり<u>む</u>」に対応。「鼻を近づけて匂いをかぐ→食べる」の誤解と解釈。

  /kanuˈɴ/ と推定。

のむ飲

noomoong　180　sackkee **noomoong** / drink, to wine

  ☼ 連用形「のみ」を含む。「のみをり<u>む</u>」に対応。

  /numuˈɴ/ と推定。注5)

noodee　760　**noodee** / sucking

      32. Cha **noodee** narang　-　/ I never drink tea　-　/ Tea drinking never.

  ☼「のみて→のんで」に対応。suck は「～を吸う、すする」を意味するが、「32.」の例を参照して、「760」も「のむ」と解釈。

  /nudi/ と推定。撥音脱落の変化がある。

noodung　005　ignea **noodung**/ all drink, every one drinks

  ☼「のみて→のんで」を含む。「のみてをり<u>む</u>→のんでをり<u>む</u>」に対応。「飲んだ」の可能性もあるが、

604　第4章 アルファベット資料の動詞形態の考察

英語が「drink」「drinks」なので「のんでいる」と解釈。

/nuduˈN/ と推定。/nudiˈuˈN/→/nuduˈN/ と解釈。

noomang　181　sackkee **noomang** ／ drink, not to, wine

　　☼ 未然形「のま」を含む。「のまぬ」に対応。

　　/numaˈN/ と推定。

noomoo　178　**noomoo** ／ drink

　　☼ 終止形「のむ」に対応。「文語」を収録か。

　　/numu/ と推定。

noonootoosha　770　**noonootoosha** ／ swallowing

　　☼「のみて→のんで」を含む。「のみてをりた（る）さ→のんでをりた（る）さ」に対応。

　　/nunutasja/ と推定。/mju/ → /nju/ → /nu/ の変化ありと見る。

ふむ踏

koonsinda dakatchee　439　**koonsinda dakatchee**／making a false step

　　☼ 連用形「ふみ」を含む。「ふみすべらかして」に対応。「ふむ→くむ」の変化ありと考える。

　　/kuˈNsiˈNdakacji/ と推定。

やむ病（痛）

yaddee　083　**yaddee**, or akka/ burn, to

eddee　693　watta eddee /sick belly

　　☼ ともに、「やみて→やんで」に対応。

　　/ˈjadi/ と推定。撥音脱落の変化がある。

yadong　329　seebooroo **yadong** ／ head − ache (lit. sick head)

　　☼「やみて→やんで」を含む。「やみてはをり<u>む</u>→やんではをり<u>む</u>」に対応。

　　/ˈjadoˈoˈN/ と推定。撥音脱落の変化がある。

よむ読

yoomoong　605　**yoomoong**, or yoono-oong/ read, to

　　☼ 連用形「よみ」を含む。「よみをり<u>む</u>」に対応。

　　/ˈjumuˈN/ と推定。

yoono-oong　605　yoomoong, or **yoono-oong** ／ read, to

　　☼ 連用形「よみ」を含む。「よみをり<u>む</u>」に対応。

　　/ˈjunuˈN/ と推定。/ˈjumuˈN//ˈjunuˈN/ 両形並存。

おくる送

oocooyoong　28. Acha hoonee nittee Doo-choo mang hoonee **oocooyoong**　／ When the ships de-part to-morrow all the Loo-Choo peo-ple will pray　/To-morrow ship ＊ Loo- Choo thousand ship ＊ .

　　☼ 連用形「おくり」を含む。「おくりをり<u>む</u>」に対応。

　　/ˈʔukuˈjuˈN/ と推定。

かかる掛

kakatong　100. Innago **kakatong** eeki　-　/ A woman leaning on an anchor　/ Woman to lean anchor.

　　☼「かかりて→かかって」を含む。「かかりてはをり<u>む</u>→かかってはをり<u>む</u>」に対応。

/kakato'oɴ/ と推定。

かたる騙 （取ってしまう）

katayoong　721　**katayoong** /snatch, to

　☼ 連用形「かたり」を含む。「かたりをりむ」に対応。

　/kata'juɴ/ と推定。

かぶる被

kanjoong　587　**kanjoong** /put, to, on the hat

　☼ 連用形「かぶり」を含む。「かぶりをりむ」に対応。

　/ka'ɴzju/ と推定。[kaburi] → [kamuri] → [kamri] → [kandi] → [kandʒi]/ka'ɴzji/ のような変化があったと考えられる。

きる切

cheeoong　305　coosa **cheeoong** / grass, to cut

　☼ 連用形「きり」を含む。「きりをりむ」に対応。

　/cji'uɴ/ と推定。注4)

chirraring　672　aka, or **chirraring**?/ sharp

　☼ 未然形「きら」を含む。「きられをりむ」に対応。

　/cjirari'iɴ/ と推定。

chirrarung　052　**chirrarung** / blunt

　☼ 未然形「きら」を含む。「きられをりむ」に対応。但し、blunt は「鋭い」。

　/cjiraru'ɴ/ と推定。/cjirari'uɴ/ の変化形か。

さがる下

sagayoong　767　teeda **sagayoong** /sunset

　☼ 連用形「さがり」を含む。「さがりをりむ」に対応。

　/saga'juɴ/ と推定。/ri/ → /'i/ の変化がある。/saga'i'uɴ/ → /saga'juɴ/ であろう。

さはる触

sayoong　833　**sayoong**, or sitchoong /touch, to

　☼ 連用形「さはり」を含む。「さはりをりむ」に対応。

　/sa'a'juɴ/ と推定。/'wa/ → /'a/ の変化がある。

すがる縋

seegatong　877　**seegatong** /walk, to, or crawl as a butterfly

　☼「すがりて→すがって」を含む。「すがりてはをりむ→すがってはをりむ」に対応。「縋り付いている」の意。

　/sigato'oɴ/ と推定。促音脱落の変化がある。

する擦

seeree ootooshoong　631　**seeree ootooshoong**, or soosootee ooteetung, or
　　　　　　　　　　　　　coonshoong / rub, to, out

　☼ 連用形「すり」を含む。「すりおとしをりむ」に対応。

　/siri?utusju'ɴ/ と推定。

そる剃

sooyoong　673　**sooyoong** / shave, to

　☼ 連用形「そり」を含む。「そりをりむ」に対応。

606　第4章　アルファベット資料の動詞形態の考察

/su'ju'ɴ/ と推定。/ri/ → /'i/ の変化がある。/su'i'u'ɴ/ → /su'ju'ɴ/ であろう。

たぎる滾

tajeeing　056　**tajeeing** / boil, to

　　☼ 連用形「たぎり」を含む。「たぎりをりむ」に対応。

　　/tazji'i'ɴ/ と推定。/ri/ → /'i/ の変化がある。破擦音化の変化がある。

つくる作

sookooyoong　020　quashee **sookooyoong** /bake bread, to

　　☼ 連用形「つくり」を含む。「つくりをりむ」に対応。

　　/cjuku'ju'ɴ/ と推定。「つる」が chee ～なので、倣って「cju ～」とした。

skoyoong　437　sata **skoyoong** /make, to, sugar

　　☼ 連用形「つくり」を含む。「つくりをりむ」に対応。

　　/cjuku'ju'ɴ/ と推定。/ri/ → /'i/ の変化がある。

scootee　64. Napa jeeshee **scootee**　/ Vases made at Napa　/　Napa vases made.

　　☼「つくりて→つくって」に対応。

　　/cjukuti/ と推定。促音脱落の変化がある。

つる釣

cheeoong　21. Timma eechoong ooshoo eeo **cheeoong** / To go to sea in a boat to
　　　　　　catch fish　/　Boat to go sea fish to catch.

　　☼ 連用形「つり」を含む。「つりをりむ」に対応。

　　/cji'u'ɴ/ と推定。/ri/ → /'i/ の変化がある。注4)

stitchee　255　eeo **stitchee** / fish spear

　　☼「つりて→つって」に対応。

　　/ciQcji/ と推定。

てる照

tettee　768　teeda **tettee** / sunshine

　　☼「てりて→てって」に対応。

　　/tiQti/ と推定。

とる取

tootee　77　fee**tootee** coo / bring fire here

　　☼「とりて→とって」に対応。

　　/tuti/ と推定。促音脱落の変化がある。

なる成

narang　645　**narang** / say it, I cannot

　　☼ 未然形「なら」を含む。「ならぬ」に対応。「できない」の意。

　　/nara'ɴ/ と推定。

narang　32. I never drink tea　-　/ Cha noódee **narang**　-　/ Tea drinking never.

　　☼ 未然形「なら」を含む。「ならぬ」に対応。「ならない、いけない」の意。「お茶（を）飲んで（は）ならない」。

　　/nara'ɴ/ と推定。

ぬる塗

nooyoong　392　**nooyoong**　/　lacker, to

☆ 連用形「ぬり」を含む。「ぬりをり<u>む</u>」に対応。

/nu'ju'ɴ/ と推定。/ri/ → /'i/ の変化がある。

ねぶる眠

ninjoong　708　**ninjoong** / sleep, to

　　☆ 連用形「ねぶり」を含む。「ねぶりをり<u>む</u>」に対応。

　　/ni'ɴzju'ɴ/ と推定。

nintee　709　**nintee** / sleeping

　　☆「ねぶりて」に対応。

　　/ni'ɴti/ と推定。

nintoong　723　**nintoong** / snore, to

　　☆「ねぶりて」を含む。「ねぶりてをり<u>む</u>」に対応。

　　/ni'ɴtu'ɴ/ と推定。/ni'ɴti'u'ɴ/ の変化したものと見る。

のぼる登

noobooyoong　119　matsee kee **noobooyoong** / climb, to, a pine － tree

　　　　　　　288　**noobooyoong** (lit. to climb)/ go, to, up a hill

　　☆ 連用形「のぼり」を含む。「のぼりをり<u>む</u>」に対応。

　　/nubu'ju'ɴ/ と推定。/ri/ → /'i/ の変化がある。

nooboorang　289　**nooboorang** / go, not to, up a hill

　　☆ 未然形「のぼら」を含む。「のぼらぬ」に対応。

　　/nubura'ɴ/ と推定。

noobootee　133　**noobootee** coo/ coming up from below

　　☆「のぼりて→のぼって」に対応。

　　/nubuti/ と推定。促音脱落の変化がある。

のる乗

nayoong　614　ma nayoong　/　ride, to, a horse

　　☆ 連用形「のり」を含む。「のりをり<u>む</u>」に対応。

　　/nu'ju'ɴ/ と推定。/ri/ → /'i/ の変化がある。

ひねる捻

feenoyoong　916　**feenoyoong**　/ wind, to, up a watch

　　☆ 連用形「ひねり」を含む。「ひねりをり<u>む</u>」に対応。

　　/hwinu'ju'ɴ/ と推定。/ri/ → /'i/ の変化がある。

ほる掘

hooyoong　350　anna **hooyoong** / hole to make in the ground

　　☆ 連用形「ほり」を含む。「ほりをり<u>む</u>」に対応。

　　/hwu'ju'ɴ/ と推定。/ri/ → /'i/ の変化がある。

hootee　106. moo jee **hootee** ee-yoong　/ To plant potetoes　/　Potatoes ground ＊　＊

　　☆「ほりて→ほって」に対応。

　　/hwuti/ と推定。促音脱落の変化がある。

めぐる巡

meegoyoong　845　**meegoyoong** / turn round to

☼ 連用形「めぐり」を含む。「めぐりをりむ」に対応。

/migu'ju'ɴ/ と推定。/ri/ → /'i/ の変化がある。

もどる戻

moodoeeong　291　amaki eechoong, or **moodoeeong** / go, to, on shore

☼ 連用形「もどり」を含む。「もどりをりむ」に対応。

/mudu'i'u'ɴ/ と推定。/ri/ → /'i/ の変化がある。

moo- totee　24. Ignea weetee amaki **moo- totee** yootoosha　/ When all are drunk We shall be permit- ted to go on shore　/　All drunk shore ＊

☼「もどりて→もどって」に対応か。

/muduti/ と推定。促音脱落の変化がある。

やる破

yayoong　793　**yayoong**/ tear, to

☼ 連用形「やり」を含む。「やりをりむ」に対応。

/'ja'ju'ɴ/ と推定。/ri/ → /'i/ の変化がある。

yadee tung　832　**yadee tung** / torn, part of any thing

☼「やりて」を含む。「やりてをりむ」に対応。

/'jaditu'ɴ/ と推定。/ri/ → /di/ の交代あり。/'jaditi'u'ɴ/ の変化形と見る。

katchee yanjee　615　**katchee yanjee** / right, in writing characters

☼「かきやりて」に対応。「かきやぶりて」の可能性もあるか。

/kacji'ja'ɴzji/ と推定。

yatee　574　**yatee**　/ pricking

105. Sootitsee wang tseechoong **yatee** / The sootitsee(sago tree) pricked me / Sootitsee / I ＊ ＊

☼「やりて→やって」に対応。「ソテツ、我（の）着ている（もの）　やりて」の意のようである。

/'jati/ と推定。促音脱落の変化がある。

よりかかる寄掛

yookakatoong　407　**yookakatoong** / lean, to, against a thing

☼「よりかかりて→よっかかって」を含む。「よりかかりてをりむ→よっかかってをりむ」に対応。

/'ju(Q)kakatu'ɴ/ と推定。/'juQkakati'u'ɴ/ の変化形と見る。

わる割

wyoong　071　**wyoong** / break, to, a tea － cup

☼ 連用形「わり」を含む。「わりをりむ」に対応。

/'wa'ju'ɴ/ と推定。/ri/ → /'i/ の変化がある。

をどる踊

oodooee　152　**oodooee** , or makatta　/　dance

☼ 連用形「をどり」に対応。「makatta」は「まひかた（舞ひ方）[me:kata]」か。

/'udu'i/ と推定。/ri/ → /'i/ の変化がある。

をる折

ootee　111. Ma tawrittee tayin noo eebee **ootee** / The horse fell down, and the tayin broke his finger　/　Horse fell down, tayin's finger broke.

☆「をりて」に対応。「をりをりて」の可能性もある。

/ʔu'uti/ と推定。

（上一段）

にる似

neechawng　60　**neechawng** , or yoonoomoong/ both alike, or all the same

☆「にて」を含む。「にてはをり<u>む</u>」に対応。

/nicjo'o'N/ と推定。破擦音化の変化がある。

にる煮

ning　261　shishee **ning** /　flesh, no

☆連用形「に」を含む。「にをり<u>む</u>」に対応。

/ni'i'N/ と推定。

みる見

mirree　50.Akittee **mirree**, or aka-tindee　/ Open this, or it　‐　/　Opening it.

☆「ラ行（四段）化」後の命令形「みれ」に対応。

/miri/ と推定。

ndee　50.Akittee mirree, or aka-ti**ndee**　/ Open this, or it　‐　/　Opening it.

☆「ラ行（四段）化」後の命令形「みれ」に対応。

/ʰNdi/ と推定。［miri→mri→nri→ndi］/ʰNdi/ 等のように変化したであろう。

いる射

eechung　377　hotoo **eechung**　/ kill, to, birds

☆「いて」を含む。「いてをり<u>む</u>」に対応。「いりてをり<u>む</u>」の可能性もある。

/ʔicji'u'N/ と推定。

（上二段）

いく生

itch-chawng　003　**itch-chawng** /alive, to be

☆「いきて」を含む。「いきてはをりむ」に対応。

/ʔicjicjo'o'N/ と推定。破擦音化の変化がある。

itch-itchee　002　**itch-itchee** / alive

☆「いきて」に対応。

/ʔicjicji/ と推定。破擦音化の変化がある。

おく起

ooking　012　**ooking** / awake, to

☆「ラ行（四段）化」後の連用形「おけり」を含む。「おけりをり<u>む</u>」に対応。

/ʔuki'i'N/ と推定。

oocatee　013　**oocatee** /awaking

☆「おけて」に対応。

/ʔukiti/ と推定。

おつ落

ooteetung　631　seereeootooshoong, or soosootee; **ooteetung**, or coonshoong/rub, to, out

☆「おてりて」を含む。「おてりてをり<u>む</u>」に対応。

/ʔutitu'ɴ/ と推定。/ʔutiriti'u'ɴ/ → /ʔutiQti'u'ɴ/ → /ʔutiti'u'ɴ/ → /ʔutitu'ɴ/ のような変化を
したものと見る。

みつ満

meetchittee　277　**meetchittee** / full

  ☼「みちて」に対応。

  /micjiti/ と推定。

おる降

oodee meeshawdee　16.　Ya **oodee meeshawdee**　‐/ You go below ‐/ You　＊　＊.

  ☼「下一段」的「おれる」の）連用形「おれ」を含む。「おれめしおわれ」に対応。

  /ʔudimisjo'odi/ と推定。/ri/ → /di/ の変化ありと見る。

oodeeyoong　131　**oodeeyoong** /come, to, down a hill

  ☼「下一段」的「おれる」の）連用形「おれ」を含む。「おれをりむ」に対応。

  /ʔudi'ju'ɴ/ と推定。/ri/ → /di/ の変化ありと見る。

ooritee　295　**ooritee** coo/going down below

  ☼「おれて」に対応。

  /ʔuriti/ と推定。

（下一段）

ける蹴

king　374　**king** /kick, to, with the foot

  ☼「ラ行（四段）化」後の連用形「けり」を含む。「けりをりむ」に対応。

  /ki'i'ɴ/ と推定。/ri/ → /'i/ の変化がある。

（下二段）

あく開

akeeoong　510　**akeeoong** / open, to, or unlock

  ☼「ラ行（四段）化」後の連用形「あけり」を含む。「あけりをりむ」に対応。

  /ʔaki'u'ɴ/ と推定。 注4)

akirree　511　**akirree** / open it

  ☼「ラ行（四段）化」後の命令形「あけれ」に対応。

  /ʔakiri/ と推定。

akittee　50.　**Akittee** mirree, or aka‐tindee　/ Open this, or it　‐ /　Opening it.

akati　51.　**Akati**ndee, or ya akirree　/ Do you open this, or it　/　Opening, or you
    opening.

  ☼「あけて」に対応。「あけりて」の可能性を残す。

  /ʔakiti/ と推定。

おきつく置着

oocheeking　588　**oocheeking**　/put, to, or lay a thing down

  ☼「ラ行（四段）化」後の連用形「おきつけり」を含む。「おきつけりをりむ」に対応。

  /ʔucjiki'i'ɴ/ と推定。

かく掛（釣）

kakeoong　253　eeo **kakeoong** / fish, to catch

☆「ラ行（四段）化」後の連用形「かけり」を含む。「かけりをりむ」に対応。

/kaki'u'N/ と推定。注4)

kakittee　100　teeroo tenaki **kakittee** / carrying a basket on the arm

☆「かけりて」に対応。

/kakiQti/ と推定。

しつく躾

sheetskeeoong　572　**sheetskeeoong** /press, to, or squeeze

☆「ラ行（四段）化」後の連用形「しつけり」を含む。「しつけりをり<u>む</u>」に対応。

/sjiciki'u'N/ と推定。注4)

つく付？

skittee　488　hayee **skittee**　/ needle

☆「つけて」に対応。「針、つけて」の意と見る。

/cikiti/ と推定。

なぐ投

nageeoong　409　**nageeoong** / let, to, fall a thing

☆「ラ行（四段）化」後の連用形「なげり」を含む。「なげりをりむ」に対応。

/nagi'u'N/ と推定。注4)

nagging　816　**nagging** / throw to, a stone at a mark

☆「ラ行（四段）化」後の連用形「なげり」を含む。「なげりをり<u>む</u>」に対応。

/nagi'i'N/ と推定。

みす見

meesheeoong　41. Matte, Atookarra ya **meesheeoong** / Stop, you shall rook

presently　/　Stop, by and by you to Look at.

☆「ラ行（四段）化」後の連用形「みせり」を含む。「みせりをりむ」に対応。

/misji'u'N/ と推定。注4)　/ri/ → /'i/ の変化がある。

やす痩

yaitee　406　**yaitee**　/　lean(not fat)

☆「やせ（り）て」に対応。

/'ja(sj)iti/ と推定。

たつ立

tatteeoong　745　**tatteeoong** / stand up, to

☆「ラ行（四段）化」後の連用形「たてり」を含む。「たてりをりむ」に対応。

/tati'u'N/ と推定。注4)

tateeing　779　**tateeing** / to stick a thing in the ground

☆「ラ行（四段）化」後の連用形「たてり」を含む。「たてりをり<u>む</u>」に対応。

/tati'i'N/ と推定。

なづ撫

nadeeyoong　718　**nadeeyoong** / smooth down, to

☆「ラ行（四段）化」後の連用形「なでり」を含む。「なでりをりむ」に対応。

/nadi'ju'N/ と推定。

しむ 閉

sheemirree 382 **sheemirree** /kiss

☆「ラ行（四段）化」後の命令形「しめれ」に対応。

/sjimiri/ と推定。

たむ 矯

tammeeong　036　**tammeeong** / bend to, a thing

☆「ラ行（四段）化」後の連用形「ために」を含む。「ためりをりむ」に対応。

/ta'ɴmi'u'ɴ/ と推定。

こゆ 肥

quaitee　223　**quaitee** / fat

☆「こえて」に対応。

/kwe'eti/ と推定。

みゆ 見

meeoong　426　**meeoong** or, meeing　/ look, or see, to

　　　　38. Teeda **meeoong** kagung / To look at the sun through a glass　/　Sun to see glass.

☆「ラ行（四段）化」後の連用形「みえり」を含む。「みえりをりむ」に対応。注6)

/mi'i'u'ɴ/ と推定。

meeyoong　23. Tayin eechoong hooboo- nee **meeyoong** Shee- nooma　/ Tayin has gone to the other ship to pay his respects　/　Tayin to go large ship to see ＊.

☆「ラ行（四段）化」後の連用形「みえり」を含む。「みえりをりむ」に対応。

/mi'i'ju'ɴ/ と推定。

meeing　426　meeoong, or **meeing** / look, or see, to

☆「ラ行（四段）化」後の連用形「みえり」を含む。「みえりをりむ」に対応。

/mi'i'ɴ/ と推定。注7)

meerang　43. Toomee kagung kee noo kattakashee **meerang**　/ The branches of the tree obstruct the sight　/　Spy-glass trees branches to hide.

☆「ラ行（四段）化」後の未然形「みえら」を含む。「みえらぬ」に対応。

/mi'ira'ɴ/ と推定。

いる 入

irree fee　71. **Irree fee** tooteecoo to-bacco fookee　/ Boy, bring fire to Light my pipe / Boy fire bring, tobacco smoke.

☆連用形「いれ」を含む。「いれひ」に対応。「入れ火」か。

/ʔirihwi/ と推定。

irreeing　564　**irreeing** /pour in, to

☆「ラ行（四段）化」後の連用形「いれり」を含む。「いれりをりむ」に対応。

/ʔiri'i'ɴ/ と推定。

ittee　112. Sitchee ning, cootsee aratee jeeshee **ittee**　/ After seven years we wash the bones and put them into a vase　/ Seven years' bones washing vase putting in.

    ☼「いれて」に対応。

    /ʔiQti/ と推定。促音化がある。

eetee　72. Chawung. naki meezee **eetee** coo / Bring a cup of water here　/ Teacup ＊ water ＊ here.

    ☼「いれて」に対応。 注8)

    /ʔi(Q)ti/ と推定。

きる切

chirreetee　079　ootee, or **chirreetee** / broke

    ☼「きれて」に対応。「きれりて」の可能性もある。

    /cjiriti/ と推定。

cheereetawng　794　**cheereetawng** / tear, to a thing in pieces

    ☼「きれりて」を含む。「きれりてはをりむ」に対応。

    /cjirito'o'ɴ/ と推定。

くる呉

queeoong　282　**queeoong** /give, to

    ☼「ラ行（四段）化」後の連用形「くれり」を含む。「くれりをりむ」に対応。

    /kwi'u'ɴ/ と推定。

quirree　910　wang yee **quirree** /Will you give me

    ☼「ラ行（四段）化」後の「命令形「くれれ」に対応。

    /kwiri/ と推定。

queetang　47. Aree nee **queetang** - 　/ I gave him some paper　/　Him　＊ giving.

    ☼「くれて」を含む。「くれてありむ」に対応

    /kwita'ɴ/ と推定。

たふる倒

tawring　219　tawshoong, or **tawring** / fall, to

    ☼「ラ行（四段）化」後の連用形「たふれり」を含む。「たふれりをりむ」に対応。

    /to'ori'i'ɴ/ と推定。

tawrittee　111. Ma **tawrittee** tayin noo eebee ootee / The horse fell down, and　the tayin broke his finger　/ Horse fell down, tayin's finger broke.

    ☼「たふれりて」に対応。

    /to'ori(Q)ti/ と推定。

ぬる濡

inneetee　900　**inneetee**　/ wet

    ☼「ぬれりて」に対応。

    /'ɴditi/ と推定。

indeetaoong　882　**indeetaoong**　/ wash, to, or bathe

              901　**indeetaoong**　/ wet, to

    ☼「ぬれりて」を含む。「ぬれりてはをりむ」に対応。

    /'ɴdito'o'ɴ/ と推定。

614　第4章　アルファベット資料の動詞形態の考察

わかる別

wockkayoong　662　**wockkayoong** / separate, to

　☼「ラ行（四段）化」後の連用形「わかれり」を含む。「わかれりをりむ」に対応。

　/ˈwaka'ju'ɴ/ と推定。/ˈwakari'ju'ɴ/ の / ri / 脱落か。

wockkarittee　34. **Wockkarittee**　-　/ The parting glass　-　/　Departing.

　☼「わかれりて」に対応。

　/ˈwakari(Q)ti/ と推定。

うう植

eeeyoong　106. moo jee hootee **eeeyoong** / To plant potetoes / Potatoes ground ＊＊

　☼「ラ行（四段）化」後の連用形「うゑり」を含む。「うゑりをりむ」に対応。

　/ʔi'i'ju'ɴ/ と推定。

（カ変）

く来

choong　129　**choong**　/　co me, to

　☼「連用形「き」を含む。「きをりむ」に対応。

　/cju'u'ɴ/ と推定。

coo　076　mootchee　**coo**　/ bring here

　☼命令形「こ」に対応。

　/ku'u/ と推定。

chung　13. Cheé noo **chung**　/ I came yesterday　/　Yesterday came.

　☼「きて」を含む。「きてをりむ」に対応。

　/(Q)cji'u'ɴ/ と推定。

（サ変）

す為

shoong　061　dee **shoong** / bow to, to a person passing

　　　　　074　itchee **shoong** /breathe, to

　　　　　712　kannoong, or kasha − **shoong** /smell, to

　☼連用形「し」を含む「しをりむ」に対応。順に「礼す」「息す」「嗅す」の意である。

　/sju'ɴ/ と推定。

sitchoong　287　hayee **sitchoong** / go, to, fast

　☼「して」を含む。「してきをりむ」に対応。

　/sjiQcju'u'ɴ/ と推定。/Qsjicju'u'ɴ/ の可能性もある。

soona　765　haradatchee **soona** − /sulky, not

　☼終止形「す」を含む。「すな」に対応。「するな」の可能性もある。

　/suna/ と推定。

shee　43. Toomee kagung kee noo kattaka**shee** meerang　/ The branches of the
　　　　tree obstruct the sight / Spy-glass trees branches to hide.

　☼「して」に対応。「遠眼鏡、木が隠して（カタカして）見えぬ」の意。

　/(Q)sji/ と推定。

（ナ変）

第 1 節　クリフォード『琉球語彙』の動詞形態の考察　615

いぬ往

unjara　22. Tayin makayee ga **unjara**　/ Where is Tayin gone　/　Tayin ＊　＊　＊．

　　☆「いにて→いんで」を含む。「いにてあら→いんであら→いんだら」に対応。

　　/ʔnzjara/ と推定。

しぬ死

sheenoong　160 **sheenoong**, or gang / dead

sheenoung　378 doogaitee **sheenoung** /kill, to, by the fire of a gun

　　☆連用形「しに」を含む。「しにをりむ」に対応。

　　/sjinu'N/ と推定。

（ラ変）

あり有

atan　95. Yoo joon**atan**　‐　‐ / I am very busy　‐ /　＊　＊　＊

　　☆「ありて→あって」を含む。「ありてありむ→あってありむ→あったりむ」に対応。

　　[juːʤunu　ʔatan]（「用事があった」の意）が [juːʤunataN] と聞こえ、「Yoo joonatan」と
　　表記されたと解釈する。

　　/ʔata'N/ と推定。促音脱落の変化がある。

をり居

oong　141　oohawko-**oong** /count, to

　　☆連用形「をり」を含む。「をりむ」に対応。

　　/'u'N/ と推定。

ootee　748　hoonee **ootee** / stay on board ship

　　☆「をりて→をって」に対応。「ふねをりて（船をりて）」で、機能としては「船にて」に近く、助辞的である。

　　/'uti/ と推定。促音脱落の変化がある。

oorung　104. Doochoo innago fwhoocoo **oorung**　/ Loo-Choo women are not very
　　　　　handsome /　Loo-Choo woman great many　＊．　注9)

　　☆未然形「をら」を含む。「をらぬ」に対応。

　　/'ura'N/ と推定。

第2節　ベッテルハイム『琉球語と日本語の文法の要綱』・『琉球語辞書』の動詞形態の考察

○用例の所在個所を示すのに、例えば「1-52」「4-242」のようにする。前の数字「1-」
　「4-」は、依拠した本文の順序を、後の数字「-52」「-242」は頁を示す。

　　　依拠した本文の順序は以下の通り。

　「1-」＝「翻訳　ベッテルハイム著　琉球語と日本語の文法の要綱」(1)、「2-」＝同 (2)、「3-」＝同 (3)、「4-」
＝同 (4)、「5-」＝同 (5)、「6-」＝「『英琉辞書』における動詞の活用の型」。

　　例えば、「1-52」は「翻訳　ベッテルハイム著　琉球語と日本語の文法の要綱」(1) の 52 頁、「4-242」は
「翻訳　ベッテルハイム著　琉球語と日本語の文法の要綱」(4) の 242 頁を示している。

○用例は、一つの変化形（活用形）に一つ示すのを原則とするが、後続形式が異なる場
　合や表記が異なる場合等は、それらも並記する。

○「￣　´　ˇ　¨」を入力。「￣　´　ˇ　¨」が重なっている場合（例えば、￣とˇとが表記されている場合）は、この順序の優先で一つのみとし、「網掛け」をする。（例）おもふ　思　ūmŭyŭng 1-52（ūの部分は、元には、￣とˇとが表記されている）

○「のぼる登　ki nubuti, ki nŭbuti 5-101」「おもひはかる慮おもんぱかる　umūng8, bakari, ŭmūng bākărĭnŭ 5-109」のように、翻刻上生じたことなのか、元（ベッテルハイムの原稿）がそうなのか、判別しがたい例は、違う表記として、そのまま記載することとする。

（四段）

あざむく欺

azamutchung　2-119　アザムク **azamutchun**g〈欺く〉

　　☆ 連用形「あざむき」を含む。「あざむきをり**む**」に対応。

　　/ʔazamucjuˈɴ/ と推定。

ありく歩

achīng　4-242　**achīn**g-sang,*"he does not even walk"*〈彼は歩きさえしない〉

　　☆ 連用形「ありき」を含む。「ありきも」に対応。

　　/ʔaQcjiˈɴ/ と推定。促音表記はないが、次を参照して促音ありとした。

atchung　3-113　assid**atchun**g〈歩き廻る〉は , assibiung〈遊ぶ〉と ,atchung〈歩く〉からなり ,

　　☆ 連用形「ありき」を含む。「ありきをり**む**」に対応。

　　/ʔaQcjuˈɴ/ と推定。促音表記あり。

-atchung　2-87　soti-**atchun**g*"lead and go, conduct"*がママ〈連れていく , 指揮する〉が , sótachung になる。

　　☆ 連用形「ありき」を含む。「ありきをり**む**」に対応。

　　/ʔaQcjuˈɴ/ と推定。促音表記あり。

āchūng　3-115　Vanya kunu utché māng akang[5]. *"Lately ((although)) I could not go anywhere,"*〈私は最近外出できなかったし ,〉[5] **āchūn**g〈歩く〉。

　　☆ 連用形「ありき」を含む。「ありきをり**む**」に対応。

　　/ʔaQcjuˈɴ/ と推定。促音表記なしだが。

-achung　2-87　soti-atchung*"lead and go, conduct"*がママ〈連れていく , 指揮する〉が , sót**achun**g になる。

　　☆ 連用形「ありき」を含む。「ありきをり**む**」に対応。

　　/ʔaQcjuˈɴ/ と推定。促音表記なしだが。

akang　3-115　Vanya kunu utché māng **akan**g[5]. *"Lately((although)) I could not go anywhere,"*〈私は最近外出できなかったし ,〉[5] **āchūn**g〈歩く〉。

　　☆ 未然形「ありか」を含む。「ありかぬ」に対応。

　　/ʔaQkaˈɴ/ と推定。促音表記なしだが。

akansiga　3-116　**akansiga**

　　☆ 未然形「ありか」を含む。「ありかぬすが」に対応。

　　/ʔaQkaˈɴsiga/ と推定。促音表記なしだが。

-atchi　3-107　assid**atchi**-nda*"Let us walk"*〈散歩をしよう〉

第 2 節　ベッテルハイム『琉球語と日本語の文法の要綱』・『琉球語辞書』の動詞形態の考察　617

☆「ありきて」に対応。

/ʔaQcji/ と推定。促音表記あり。

assidachaï　4-241　nudaï kadaï yitchaï **assidachaï**-shutang.　"*We ate & drank, sat & then walked about.*"〈飲んだり食べたり，坐ったり歩き回ったりした〉

☆「ありきて」を含む「あすびてありきてあり→あすびてありきたり→あすびたりきたり」（遊びて歩きたり）に対応。

/ʔasida(Q)cja'i/ と推定。

いく行

itchi mudúï　6-36　**itchi mudúï**-shung（行き戻りする。連用語幹 itch-）〈walk〉

☆連用形「いき」を含む。「いきもどり」に対応。

/ʔicjimudu'i/ と推定。

ichidunse　2-107　Itchung, "to go"〈行く〉　接続法　**ichidunse**,itcharé

☆連用形「いき」を含む。「いきどもせは」に対応。

/ʔicjidu'ɴse'e/ と推定。

itchung　2-107　Itchung, "to go"〈行く〉　直接法　**itchung**,itchang,ikkandi shung.　否定　ikkang,ikkantang,ikkandi sang

íchung　6-36　**íchung**（行く。融合語幹 ich-）〈go〉

☆連用形「いき」を含む。「いきをりむ」に対応。

/ʔicju'ɴ/ と推定。促音はないと考える。

ichuru　2-107　Itchung, "to go"〈行く〉　疑念　**ichuru** hazi

itchuru　2-107　Itchung, "to go"〈行く〉　不定詞　**itchuru**,itchi

☆連用形「いき」を含む。「いきをる」に対応。

/ʔicjuru/ と推定。促音はないと考える。

yútchung　6-36　**yútchung**（行く。融合語幹 yutch- ）〈go〉

☆連用形「ゆき」を含む。「ゆきをりむ」に対応。注1)

/'jucju'ɴ/ と推定。促音はないと考える。

ĭkī　3-111　múchĭkī, tutĭkī, "*take away((take and go))*"〈持って行け〉

(ĭkī　3-125　ĭkī)

☆命令形「いけ」に対応。

/ʔiki/ と推定。

ikiyó　3-114　Vanné ĭkāng aravang, iyaga **ikiyó**. "*although I should not to go, do you only go.*"〈たとえ私が行かないとしても，君が行けば良い〉ĭkāng, ikiyo

☆命令形「いけ」を含む。「いけよ」に対応。

/ʔiki'o'o/ と推定。

iké　6-36　**iké**（行け。基本語幹 ik-）〈go-k〉ママ

☆命令形「いけ」を含む。「いけは」に対応。

/ʔike'e/ と推定。

ikkaváng　6-36　**ikkaváng**（行こうと。基本語幹 ikk-）〈like〉

☆未然形「いか」を含む。「いかはも」に対応。

/ʔika'wa'ɴ/ と推定。促音はないと考える。

ikandī 3-116 **Ikandī** sé, yudjūnū ati ikarang, "*I should have gone,* ((*was about to go*)) *but having had business, did not go.*〈行くべきであったが((行こうとしたが)),用事があって行けなかった〉

☼ 未然形「いか」を含む。「いかむて」に対応。「いかむて　せは」は、日本古語に対応させるとすれば「いかむとせば」となろう。

/ʔika'ɴdi/ と推定。

ikkandi 2-107 Itchung, "to go"〈行く〉　直接法　itchung,itchang,**ikkandi** shung.　否定 ikkang,ikkantang,ikkandi sang

☼ 未然形「いか」を含む。「いかむて」に対応。

/ʔika'ɴdi/ と推定。促音はないと考える。

ikkaï 2-107 Itchung, "to go"〈行く〉　疑問　**ikkaï**

ïkaï 5-107 Tó nama, undju,　vanné **ïkaï**.(*And now, sir, I must go.*)　さて,帰らなければなりません。

☼ 未然形「いか」を含む。「いかい」に対応。「－い」は「疑問」の助辞。

/ʔika'i'i/ と推定。

ikkang 2-107 Itchung, "to go"〈行く〉　直接法　itchung,itchang,ikkandi shung.　否定　**ikkang**,ikkantang,ikkandi sang

ïkāng 3-114 Vanné **ïkāng** aravang, iyaga ikiyó. "*although I should not to go, do you only go.*"〈たとえ私が行かないとしても,君が行けば良い〉

☼ 未然形「いか」を含む。「いかぬ」に対応。

/ʔika'ɴ/ と推定。促音はないと考える。

ikkantang 2-107 Itchung, "to go"〈行く〉 直接法 itchung,itchang,ikkandi shung.　否 ikkang,**ikkantang**,ikkandi sang

☼ 未然形「いか」を含む。「いかぬたり<u>む</u>」に対応。

/ʔika'ɴta'ɴ/ と推定。促音はないと考える。

ikkantaru 2-107 Itchung, "to go"〈行く〉　分詞　ichuru,icharu―ikkang,**ikkantaru**

☼ 未然形「いか」を含む。「いかぬたる」に対応。

/ʔika'ɴtaru/ と推定。促音はないと考える。

ickasang 6-36 **ickasang**（行かさない。基本語幹 ick-）〈never〉

☼ 未然形「いか」を含む。「いかさぬ」に対応。

/ʔikasa'ɴ/ と推定。促音はないと考える。

ikané 5-107 Yūdjunu **ū**fussa kutu **ikané** naransiga, (*I have much business. I must go*)たくさん用事がありますので,行かねばなりません。

☼ 未然形「いか」を含む。「いかねは」に対応。

/ʔikane'e/ と推定。

ikarang 3-116 Ikandī sé, yudjūnū ati **ikarang**, "*I should have gone,* ((*was about to go*)) *but having had business, did not go.*〈行くべきであったが((行こうとしたが)),用事があって行けなかった〉

☼ 未然形「いか」を含む。「いからぬ」に対応。

/ʔikara'ɴ/ と推定。

ikaransi 3-122 **Ikaransi**du uramitoru, ikariru mung dunyaré medi ndjotassiga. *"Would that I could go."*〈いけたらよかったのに〉注2) uramitoru……を悲嘆する

　☼ 未然形「いか」を含む。「いからぬす」に対応。

　/ʔikara'ɴsi/ と推定。

ikariru 3-122 Ikaransidu uramitoru, **ikariru** mung dunyaré medi ndjotassiga. *"Would that I could go."*〈いけたらよかったのに〉

　☼ 未然形「いか」を含む。「いかれをる」に対応。

　/ʔikari'iru/ と推定。

ikūnna 5-98 ariga ménkae **ikūnna**, *don't go near it* 近寄ってはいけない

　☼ 終止形「いく」を含む。「いくな」に対応。注3)

　/ʔikuna/ と推定。/ʔiku'ɴna/ の可能性も否定できない。

itchang 2-107 Itchung, "to go"〈行く〉 直接法 itchung,**itchang**,ikkandi shung. 否定 ikkang,ikkantang,ikkandi sang

　☼ 「いきて」を含む。「いきてありむ→いきたりむ」に対応。

　/ʔicja'ɴ/ と推定。/ʔiQcja'ɴ/ の可能性も否定できない。注4)

itcharé 2-107 Itchung, "to go"〈行く〉 接続法 ichiidunse,**itcharé**

　☼ 「いきて」を含む。「いきてあれは→いきたれは」に対応。

　/ʔicjare'e/ と推定。/ʔiQcjare'e/ の可能性も否定できない。

icharu 2-107 Itchung, "to go"〈行く〉 分詞 ichuru,**icharu**—ikkang,ikkantaru

　☼ 「いきて」を含む。「いきてある→いきたる」に対応。

　/ʔicjaru/ と推定。/ʔiQcjaru/ の可能性も否定できない。注5)

おく置

uchung 3-114 Dzing kviran ating((atanting)), iyaga kŏti chóki[18] vadu shinyuru, *"although I gave no money you should still have bought((& come))"* たとえお金をあげなかったとしても, 君が買っておくべきだった〉 [18]chi〈来る〉と uchung〈置いておく〉注6)

utchung 3-113 tskotóchung〈作る〉は,tskoyung〈作る〉と **utchung**〈置く, 残しておく〉からなる複合語であろう。

ūtchūng 2-119 ヲク注7)**ūtchūng**〈置く, 残しておく〉

óchung 2-87 語尾 i は, u の前で変化し両方が融合して o, になる。例えば, tskoti utchung*"made, I shall have it"*〈作る, あるだろう〉は, tskot**óchung**"*I shall heve done, or made*"〈私はして, または, 作っておくだろう〉になる。

　☼ 連用形「おき」を含む。「おきをりむ」に対応。

　/ʔucju'ɴ/ と推定。促音はないと考える。

óki vadu 3-114 ïyăgă kunu kutu sh**óki**[21] **vadu** sinyuru*"you should still have done it"*〈君はそれをしておくべきだった〉 [21]shi-uchung

　☼ 已然形「おけ」を含む。「おけはど」に対応。

　/ʔuki'wadu/ と推定。

ūkărāng 5-98 yānying **ūkărāng** *you would not leave me(allow me to remain)* in *the house* 私を家に留め置く（留まることを許可する）ことはないだろう

　　☆ 未然形「おか」を含む。「おからぬ」に対応。

　　/ʔukaraʼN/ と推定。

utchi　3-113　保存の動詞（*verbs of placement*）は，ヲク utchung, "*to place* "〈置く〉を付加することによって，一層意味が強くなる。utchóchung((**utchi** utchung)) "*to put down* "，〈置いておく〉。

　　☆「おきて」に対応。

　　/ʔucji/ と推定。促音はないと考える。

uchétang　5-98　kakīmŭnū kāchǐ-yātǐ **uchétang**　*broke & tore the wardrobe*　衣類を裂き千切り，放っておいた

　　☆「おきて」を含む。「おきてはありたりむ」に対応。

　　/ʔucje'etaʼN/ と推定。

uchéta-kutu　5-95　tūīkétǐ **uchéta-kutu**　*he exchanged & having placed it,* 取り代えて置いていた

　　☆「おきて」を含む。「おきてはありた（る）こと」に対応。

　　/ʔucje'etakutu/ と推定。

utchóchung　3-113　保存の動詞（*verbs of placement*）は，ヲク utchung, "*to place* "〈置く〉を付加することによって，一層意味が強くなる。**utchóchung**((utchi utchung)) "*to put down* "，〈置いておく〉。

　　☆「おきて」を含む。「おきてはおきをりむ」に対応。

　　/ʔucjo'ocjuʼN/ と推定。促音はないと考える。

おどろく驚

udurutchi wung　2-118　この型に属する動詞は，ヲドロク uduruchung((**udurutchi wung** とはっきり聞こえることがある))〈驚く〉 注8)

　　☆ 連用形「おどろき」を含む。「おどろきをりむ」に対応。

　　/ʔudurucji ʼuʼN/ と推定。

uduruchung　2-118　この型に属する動詞は，ヲドロク **uduruchung**((udurutchi wung とはっきり聞こえることがある))

　　☆ 連用形「おどろき」を含む。「おどろきをりむ」に対応。

　　/ʔudurucjuʼN/ と推定。

ūdŭrŭchāng　5-105　yūbé kānnaīnŭ nati, mata fudinu ākagāti **ūdŭrŭchāng**.(*We were frightened by the thunder and lightening this night.*)　昨夕は雷と稲光りでこわかったです。

　　☆「おどろきて」を含む。「おどろきてありむ→おどろきたりむ」に対応。

　　/ʔudurucjaʼN/ と推定。

uduruchāssiga　5-98　chūīshǐ yanŭ-bānó **uduruchāssiga** ndi unyikitang　*Upon which the-servant-replied, that alone as-the-watch of-the-house he-was-afraid*　一人で留守番をするのはこわい，と申し述べた

　　☆「おどろきて」を含む。「おどろきてあ（る）すが」→おどろきた（る）すが」に対応。

　　/ʔudurucjasiga/ と推定。/ʔudurucjaQsiga/ の可能性もある。

かく書

katchi hatitochung 3-122　Iyaga churu yéda vuté **katchi hatitochung**. shi hatitochung, または hatitokandi shung. "*when you come I shall have done writing, have done* "〈君が来る時には書き終えておく，し終えておく〉

☆ 連用形「かき」を含む。「かきはててはおきをり<u>む</u>」に対応。

/kacjihatito'ocju'ɴ/ と推定。

kátchă gana　3-127　kanya gana, **kátchă găna**, shagachinā. "*whilst eating, whilst writing, whilst doing.*"〈食べながら，書きながら，しながら〉

☆ 連用形「かき」を含む。「かきありがな」に対応か。

/kacjagana'a/ と推定。

tsidji gatchi　1-57　**tsidji gatchi**〈補遺・継ぎ書き〉

☆ 連用形「かき」を含む。「つぎがき」に対応。

/cizjigacji/ と推定。

katchung　3-127　Tábaco futcha gănā ((または futchagătchī)) simi **katchung**. " *To write whilst smoking.*"〈たばこを吸いながら書く（こと）〉

katchúng　6-28　**katchúng**（書く。融合語幹 katch-）〈write〉これと同じ表記は約24 例。tch と ch は、音韻としては同じ音とみなされる。

☆ 連用形「かき」を含む。「かきをり<u>む</u>」に対応。

/kacju'ɴ/ と推定。促音はないと考える。

kachuné　3-126　**kachuné**-shung, "*do as if writing* "〈あたかも書いているかのようにする〉注9)

☆ 連用形「かき」を含む。「かきをるなり」に対応。

/kacju('ɴ)ne'e/ と推定。

kaki　3-114　iyăgă **kaki**. "*do you only write.*"〈君が書けば良い〉

☆ 命令形「かけ」に対応。

/kaki/ と推定。

kakandī　3-116　**Kakandī** sé, tīnu yadi kakarang, "*I should have written, but, having had pain in the hand, did not write.* "〈書くべきだったが，手が痛んだので，書かなかった〉注10)

☆ 未然形「かか」に対応。「かかむて」に対応。

/kaka'ɴdi/ と推定。

kăkā　3-126　Văga **kăkā**[1], "*let me write*"〈私に書かせて〉[1] kachīnda 等と全く同じ。

☆ 未然形「かか」に対応。

/kaka/ と推定。

kăkāng　3-114　Vanné ăchă **kăkāng** ătīng, " *Although I should not write to-morrow,*"〈明日たとえ私が書かないとしても，〉

kakang　6-28　**kakang**（書かない。基本語幹 kak-）〈write〉

☆ 未然形「かか」を含む。「かかぬ」に対応。

/kaka'ɴ/ と推定。

622　第4章　アルファベット資料の動詞形態の考察

kakané 4-241 **kakané** narang

☆ 未然形「かか」を含む。「かかねは」に対応。

/kakane'e/ と推定。

kakarang 3-116 Kakandī sé, tīnu yadi **kakarang**, "*I should have written, but, having had pain in the hand, did not write.*"〈書くべきだったが，手が痛んだので，書かなかった〉注10)

☆ 未然形「かか」を含む。「かからぬ」に対応。

/kakara'ɴ/ と推定。

kachīnda 3-126 Văga kăkā[1), "*let me write* "〈私に書かせて〉[1) **kachīnda** 等と全く同じ。

☆「かきて→かいて」を含む。「かきてみら」(「書いてみよう」の意) に対応。

/kacji'ɴda/ と推定。

kachang 6-28 **kachang** （書いた。音便語幹 katch-)〈write〉

☆「かきて→かいて」を含む。「かきてありむ→かいてありむ→かいたりむ」に対応。

/kacja'ɴ/ と推定。

かく掻

kachi 5-98 kakimung **kachi**-yatési 'nchī *seeing the destruction of the wardrobe* 衣類の破損を見，

kāchī 5-98 kakīmŭnū **kāchĭ-yātĭ** uchétang *broke & tore the wardrobe* 衣類を裂き千切り，放っておいた

☆ 連用形「かき」に対応。

/kacji/ と推定。

かわく乾 「かわらく」もあると考える。

kavatchung 3-120 kārăkărā, kárákang[1) ara vakarang."*I know not it is dry or not*"〈それが乾いているのか，いないのかわからない〉[1) karachung, または **kavatchung**

☆ 連用形「かわき」を含む。「かわきをりむ」に対応。

/ka'wacju'ɴ/ と推定。

karachung 3-120 kārăkărā, kárákang[1) ara vakarang."*I know not it is dry or not*"〈それが乾いているのか，いないのかわからない〉[1) **karachung**, または kavatchung

☆ 連用形「かわらき」を含む。「かわらきをりむ」に対応。

/ka'aracju'ɴ/ と推定。

kārăkărā 3-120 **kārăkărā**, kárákang[1) ara vakarang."*I know not it is dry or not*"〈それが乾いているのか，いないのかわからない〉[1) karachung, または kavatchung

☆ 未然形「かわらか」を含む。「かわらか（か）わら（か）」に対応。注11)

/ka'arakara'a/ と推定。

kárákang 3-120 kārăkārā, **kárákang**[1) ara vakarang."*I know not it is dry or not*"〈それが乾いているのか，いないのかわからない〉[1) karachung, または

kavatchung

☆ 未然形「かわらか」を含む。「かわらかぬ」に対応。

/ka'araka'ɴ/ と推定。

きく聞

chīchǐgū̆tǔ　5-106　Ah, **chīchǐgū̆tǔ** yǎssā! (*Oh! That's worth hearing!*)　あゝ，いい音色だ。

☆ 連用形「きき」を含む。「ききごと」に対応。

/cjicjigutu/ と推定。

chǐchǐ shtā̆gǎï　5-90　kǎnā̆yǔsǐ *corresponding* 適っているのは　**chǐchǐ shtā̆gǎïdū̆nsé** *would hear & follow*　聞き　従ったならば

☆ 連用形「きき」を含む。「ききしたがい」に対応。

/cjicjisjitaga'i/ と推定。

chichung　3-114　Nantó ichīng chkang[4]. "*say ever so much, he does not obey*" 〈いくら言っても，彼は聞かない〉　[4] キク **chichung** の否定形。

☆ 連用形「きき」を含む。「ききをりむ」に対応。

/cjicju'ɴ/ と推定。

chkang　3-114　Nantó iching **chkang**[4]. "*say ever so much, he does not obey*" 〈いくら言っても，彼は聞かない〉　[4] キク chichung の否定形。

☆ 未然形「きか」を含む。「きかぬ」に対応。

/cjika'ɴ/ と推定。

chkang　5-101　アンシン　マタ　キカン　モノワ[注12]　anshing mata **chkang** muno *if he still do not obey*　もしそれでも従わなければ，

☆ 未然形「きか」を含む。「きかぬ」に対応。「ぬ」は連体形。「きかぬ　ものは」。

/cjika'ɴ/ と推定。

chichi kviri　5-107　Uyanu cha vanyi kavati kvī **chichi kviri**　御両親によろしくおっしゃって下さい。(*Please give my respects to your parents.*)

☆ 「ききて→きいて」を含む。「きいてくれ」に対応。

/cjicjikwiri/ と推定。

chichaï　4-241　'Nchai **chichaï** shā tukuró vassī gū̆rishāng. "*What is heard & what is seen cannot be easily forgotten*" 〈見たり聞いたりしたことは，簡単に忘れられるものではない〉

☆ 「ききて→きいて」を含む。「ききてあり」に対応。

/cjicja'i/ と推定。

chǐchāng　3-108　chóndi((**chǐchāng**)). "*Heard he is come.*" 〈来ていると聞いた〉

☆ 「ききて→きいて」を含む。「きいてありむ」に対応。

/cjicja'ɴ/ と推定。

chicharu　4-241　'Nchai[1] chichaï shā tukuró vassī gū̆rishāng. "*What is heard & what is seen cannot be easily forgotten*" 〈見たり聞いたりしたことは，簡単に忘れられるものではない〉　[1] 上品さは落ちるが，'nchi **chicharu** kutu ということもできる。

☆「ききて→きいて」を含む。「ききてある→ききたる」に対応。

/cjicjaru/ と推定。

しりぞく退

shiri zuchung　3-126　Shídjǐng ((tutting shidjing)) shirizukang[1], *“Die ((rather than)) but not retreat ”*〈退くよりはむしろ死のう〉[1] **shiri**zukiung、または **zuchung**〈退く〉

☆ 連用形「しりぞき」を含む。「しりぞきをりむ」に対応。

/sjirizucju'ɴ/ と推定。

shirizukang　3-126　Shídjǐng ((tutting shidjing)) **shirizukang**[1], *“Die ((rather than)) but not retreat ”*〈退くよりはむしろ死のう〉[1]shirizukiung、または zuchung〈退く〉

☆ 未然形「しりぞか」を含む。「しろぞかぬ」に対応。

/sjirizuka'ɴ/ と推定。

たたく叩

tatachung　2-119　タゝク **tatachung**〈たたく〉

☆ 連用形「たたき」を含む。「たたきをりむ」に対応。

/tatacju'ɴ/ と推定。

tătăchǐ　5-97　kăgănó *the glass* 鏡を　 **tătăchǐ** *she knocked* たたいて　 vătĭ *& broke* 割って

☆「たたきて→たたいて」に対応。

/tatacji/ と推定。

つく突

tski　2-118　ツク tstchŭng〈突く〉 接続不定 tstchi,tski　現在 tstchung　過去 tstchang　否定 tskang　命令 tski　受身 tskarīng　使役 tskashung

☆ 連用形「つき」に対応。

/ciki/ と推定。

tschung　5-92　ti nakae *in the hand* 手に hădjĭchĭ *ta?too* ママ入墨を　 **tschung** *they apply*　した

tstchŭng　2-118　ツク **tstchŭng**〈突く〉 接続不定 tstchi,tski　現在 tstchung　過去 tstchang　否定 tskang　命令 tski　受身 tskarīng　使役 tskashung

☆ 連用形「つき」を含む。「つきをりむ」に対応。

/cicju'ɴ/ と推定。

tski　2-118　ツク tstchŭng〈突く〉 接続不定 tstchi,tski　現在 tstchung　過去 tstchang　否定 tskang　命令 **tski**　受身 tskarīng　使役 tskashung

☆ 命令形「つけ」に対応。

/ciki/ と推定。

tskang　2-118　ツク tstchŭng〈突く〉 接続不定 tstchi,tski　現在 tstchung　過去 tstchang　否定 **tskang**　命令 tski　受身 tskarīng　使役 tskashung

☆ 未然形「つか」を含む。「つかぬ」に対応。

/cika'ɴ/ と推定。

tskarīng　2-118　ツク tstchŭng〈突く〉接続不定 tstchi,tski　現在 tstchung　過去
　　　tstchang　否定 tskang　命令 tski　受身 **tskarīng**　使役 tskashung

　　☆ 未然形「つか」を含む。「つかれをりむ」に対応。

　　/cikari'i'n/ と推定。

tskashung　2-118　ツク tstchŭng〈突く〉接続不定 tstchi,tski　現在 tstchung　過
　　　去 tstchang　否定 tskang　命令 tski　受身 tskarīng　使役 **tskashung**

　　☆ 未然形「つか」を含む。「つかしをりむ」に対応。

　　/cjikasju'n/ と推定。

tstchi　2-118　ツク tstchŭng〈突く〉接続不定 **tstchi**,tski　現在 tstchung　過去
　　　tstchang　否定 tskang　命令 tski　受身 tskarīng　使役 tskashung

　　☆「つきて→ついて」に対応。

　　/cicji/ と推定。

tstchang　2-118　ツク tstchŭng〈突く〉接続不定 tstchi,tski　現在 tstchung　過去
　　　tstchang　否定 tskang　命令 tski　受身 tskarīng　使役 tskashung

　　☆「つきて→ついて」を含む。「ついてありむ→ついたりむ」に対応。

　　/cicja'n/ と推定。

tsītchèrŭ　5-91　tī nakae *in the hand*　手に　hādjĭchi-**tsītchèrŭ** *shame* (*tattooing*)
　　　applying　恥を（入墨する）つける　hadjimé *the origin of*　始め

　　☆「つきて→ついて」を含む。「ついてはある」に対応。

　　/cicje'eru/ と推定。

つく付

tstchung　3-112　ツク **tstchung**〈つく，くっつく〉

　　☆ 連用形「つき」を含む。「つきをりむ」に対応。

　　/cicju'n/ と推定。

tsīti　3-109　鼻音の n で終る（動詞的）名詞に tsīti,"*on account of*"〈〜のために〉
　　　が後続すると，**tsīti** は tsté ママ となる。例えば ,assing*) tsité, "*because of
　　　having, since he has*"〈有るので〉　*) 語尾 ng の性格については，不明なとこ
　　　ろがあったので，活用変化表の所では一言もふれなかった。（以下、略）

tsītĭ　4-232　yūtti,**tsītĭ**,shtagati,uïti((まれに聞かれる))：これらはすべて "*on
　　　account*"〈故に〉,"*in consequence of*"〈…の結果〉,"*in accordance with*"〈…
　　　によって〉を意味し，与格を支配する。

　　☆「つきて→ついて」に対応。

　　/ci'iti/ と推定。

tsté　3-109　鼻音の n で終る（動詞的）名詞に tsīti,"*on account of*"〈〜のために〉が
　　　後続すると，tsīti は **tsté** ママ となる。例えば ,assing*) tsité, "*because of having,
　　　since he has*"〈有るので〉　*) 語尾 ng の性格については，不明なところがあった
　　　ので，活用変化表の所では一言もふれなかった。（以下、略）

tsité　4-232　ang assing **tsité**, "*this being thus*"〈これがこうであるので〉

tsīté　5-98　kunu nza dūchŭĭ sabĭsanu kurasaranyi **tsīté**, *The servant* (*on account
　　　of being*) *unable to exist moping & alone,* この下男はうつうつと一人で過ご

すことが出来なくて，

　☆「つきて→ついて」を含む。「つきては→ついては」に対応。

　/ci'ite'e/ と推定。

なく泣

　nāchĭ-nāchĭ　5-94　**nāchĭ-nāchĭ** *weep & weep* 泣き泣き　shabīru ndi icha kutu *she did* していますと言った

　　☆連用形「なき」を含む。「なきなき」に対応。

　　/nacjinacji/ と推定。

　năché　5-94　shó-**năché** *true weeping* 真の泣き　ărāng *is not* ではない

　　☆連用形「なき」を含む。「なきは」に対応。

　　/nacje'e/ と推定。

　nachabing　3-125　kuri turandidu **nachabīng.** " ((*The child*)) *cried because he wanted to have* ((*take*)) *this*"〈（その子は）これを手に入れ（（取り））たくて泣いたのだ〉

　　☆連用形「なき」を含む。「なきはべりをりむ」に対応。

　　/nachabi'ï'ɴ/ と推定。

　nachŭrŭ　5-94　**nāchŭrŭ**-mŭnyĭ　*to one who weeps* 泣く者に対し

　nachuru　4-243　**nachuru** gutu または nachuga gutu、"*as if crying* "〈泣くかのように〉

　nachuru　4-233　**nachuru** bashu, "*weeping, while weeping* "〈泣いている間に〉

　　☆連用形「なき」を含む。「なきをる」に対応。

　　/nacjuru/ と推定。

　nāchŭsé　5-94　anu *of that* あの　winagonu *woman* 女の　**nāchŭsé** *the weeping* 泣くのは

　　☆連用形「なき」を含む。「なきを（る）すは」に対応。

　　/nacjuse'e/ と推定。

　nachuga　4-243　nachuru gutu または **nachuga** gutu、"*as if crying* "〈泣くかのように〉

　　☆連用形「なき」を含む。「なきを（る）が」に対応。

　　/nacjuga/ と推定。

　nāchĭ　5-97　djĭtsĭnyĭ **nāchĭ** *truly she wept* 本当に泣き，kāgănó*the glass* 鏡を tātăchĭ vātĭ *she knoched & broke*, たたいて割って

　　☆連用形「なき」に対応。「ないて」の可能性も否定できない。

　　/nacji/ と推定。

　nacharé　5-95　kuri *this* これを　mi-nakae *into the eye* 目の中にママ nūtĭ *painted* 塗って **nacharé** *a while crying* 泣いたので

　　☆連用形「なき」を含む。「なきあれは」に対応。

　　/nacjare'e/ と推定。

なげく嘆

　nadjichung　2-119　ナゲク **nadjichung**〈嘆く〉

　　☆連用形「なげき」を含む。「なげきをりむ」に対応。

/nazjicju'ɴ/ と推定。

nádjichuru　4-234　感嘆の感嘆詞は　**nádjichuru** kutuba　（略）と呼んでいる。

☼ 連用形「なげき」を含む。「なげきをる」に対応。

/nazjicjuru/ と推定。

ひく引

fichi kechi　5-89　nakabanyi *in the middle* 中ばで（ママ）　**fichi kechi** *you here & returned* ここに戻って　chā tūchĭndŏ *& are come as you have,*　来たので

☼ 連用形「ひき」を含む。「ひきかへして」（引き返して）に対応。

/hwicjike'ecji/ と推定。

fĭkkéchĭ　5-90　hădjīchĭ *ashamed* 恥じて　sīgŭnyĭ *simply* (*just he was*)　すぐに（恥じると同時に）　**fĭkkéchĭ** *turned round* 引き返して

☼ 連用形「ひき」を含む。「ひきかへして」に対応。

/hwiQke'ecji/ と推定。前項と対比すると、/hwicjike'ecji/ と /hwiQke'ecji/ が並存していたと思われる。

ふく吹

futchūng　2-118　フク ,fŭchūng〈吹く〉接続不定 fuchi　現在 **futchūng**　過去 futchang　否定 fukang　命令 fuki　受身 fukaring　使役 fukashung

fŭtchūng　3-122　Ami fuyuru tema ărăng, kazi madding **fŭtchūng**. "*It does not only rain, but it is windy*((*also the wind blows*))."〈雨が降るだけでなく，風までも吹く〉

☼ 連用形「ふき」を含む。「ふきをりむ」に対応。

/hwucju'ɴ/ と推定。

fuki　2-118　フク ,fŭchūng〈吹く〉接続不定 fuchi　現在 futchūng　過去 futchang　否定 fukang　命令 **fuki**　受身 fukaring　使役 fukashung

☼ 命令形「ふけ」に対応。

/hwuki/ と推定。

fukang　2-118　フク ,fŭchūng〈吹く〉接続不定 fuchi　現在 futchūng　過去 futchang　否定 **fukang**　命令 fuki　受身 fukaring　使役 fukashung

☼ 未然形「ふか」を含む。「ふかぬ」に対応。

/hwuka'ɴ/ と推定。

fukaring　2-118　フク ,fŭchūng〈吹く〉接続不定 fuchi　現在 futchūng　過去 futchang　否定 fukang　命令 fuki　受身 **fukaring**　使役 fukashung

☼ 未然形「ふか」を含む。「ふかれをりむ」に対応。

/hwukari'i'ɴ/ と推定。

fukashung　2-118　フク ,fŭchūng〈吹く〉接続不定 fuchi　現在 futchūng　過去 futchang　否定 fukang　命令 fuki　受身 fukaring　使役 **fukashung**

☼ 未然形「ふか」を含む。「ふかしをりむ」に対応。

/hwukasju'ɴ/ と推定。

fuchi　2-118　フク ,fŭchūng〈吹く〉接続不定 **fuchi**　現在 futchūng　過去 futchang　否定 fukang　命令 fuki　受身 fukaring　使役 fukashung

☼「ふきて→ふいて」に対応。

/hwucji/ と推定。

futchang　2-118　フク,fǔchūng〈吹く〉接続不定 fuchi　現在 futchūng　過去 **futchang**
　　　　　　否定 fukang　命令 fuki　受身 fukaring　使役 fukashung

☼「ふきて」を含む。「ふきてありむ→ふきたりむ」に対応。

/hwucja'ɴ/ と推定。

ふく吹〈煙草吸〉

futcha gānā　3-127　Tábaco **futcha gănā**((または futchagātchī)) simi katchung. "*To write whilst smoking.*"〈たばこを吸いながら書く（こと）〉

☼連用形「ふき」を含む「ふきあ（る）がな」に対応。

/hwucjagana'a/ と推定。

fǔkā　3-126　**fǔkā**, "*let us smoke*"〈たばこを吸わせて〉

☼未然形「ふか」に対応。「意志・勧誘」を示す。

/hwuka/ と推定。

ほめく熱「火（ほ）めく」

fūmǐchǐ　5-105　**fūmǐchǐ** mata chósang (*the heat being very great*)　暑さもまた格
　　　　　　別ですから

☼連用形「ほめき」に対応。

/hwumicji/ と推定。

まく蒔

machung　2-119　マク **machung**〈まきちらす, 種を蒔く〉

☼連用形「まき」を含む。「まきをりむ」に対応。

/macju'ɴ/ と推定。

まねく招

manitchung　2-118　マネク **manitchung**〈召ママく〉

☼連用形「まねき」を含む。「まねきをりむ」に対応。

/manicju'ɴ/ と推定。

やく焼

yachi tuï　1-57　**yachi tuï**〈焼鳥〉

☼連用形「やき」を含む。「やきとり」に対応。

/'jacjitu'i/ と推定。

yachung　2-118　ヤク **yachung**〈焼く〉

☼連用形「やき」を含む。「やきをりむ」に対応。

/'jacju'ɴ/ と推定。

yǎchi　5-103　tsina nóti fǐnyi **yǎchi** *make a rope & burn it,* 綱をなって, 火に燃し,

☼連用形「やき」に対応。「やきて」の可能性もある。

/'jacji/ と推定。

あふぐ仰

aǔdjïung　2-121　アフグ **aǔdjïung**〈仰ぐ〉

☼連用形「あふぎ」を含む。「あふぎをりむ」に対応。

/ʔa'uzji'u'ɴ/ と推定。/-i/ と /u-/ とが融合していない。

いそぐ急

issudjung　2-121　イソグ **issudjung**〈急ぐ〉

☆ 連用形「いそぎ」を含む。「いそぎをり<u>む</u>」に対応。

/ʔisuzju'ɴ/ と推定。

issugió　4-234　**Issugió**"*make haste* "〈急げ〉

☆ 命令形「いそげ」を含む。「いそげよ」に対応。

/ʔisugi'jo'o/ と推定。

およぐ泳

wīdjung　2-121　ヲ_{ママ}ヨグ **wīdjung**〈泳ぐ〉

☆ 連用形「およぎ」を含む。「およぎをり<u>む</u>」に対応。

/ʔwi'izju'ɴ/ と推定。

こぐ漕

kūdjung　2-121　コグ **kūdjung**〈漕ぐ〉

☆ 連用形「こぎ」を含む。「こぎをり<u>む</u>」に対応。

/ku'uzju'ɴ/ と推定。

そそぐ濯

susudjung　2-121　ソヽグ **susudjung**〈濯ぐ〉

☆ 連用形「そそぎ」を含む。「そそぎをり<u>む</u>」に対応。

/susuzju'ɴ/ と推定。

つぐ継

tsidji gatchi　1-57　**tsidji gatchi**〈補遺・継ぎ書き〉

☆ 連用形「つぎ」を含む。「つぎがき」に対応。

/cizjigacji/ と推定。

とぐ研

tŭdjūng　2-121 トグ tudjung〈研ぐ〉接不定 tudji　現在 **tŭdjūng**　過去 tujang　否定 tugang　命令 tugi　受身 tugarīng　使役 tugashung

☆ 連用形「とぎ」を含む。「とぎをり<u>む</u>」に対応。

/tuzju'ɴ/ と推定。

tugi　2-121 トグ tudjung〈研ぐ〉接不定 tudji　現在 tŭdjūng　過去 tujang　否定 tugang　命令 **tugi**　受身 tugarīng　使役 tugashung

☆ 命令形「とげ」に対応。

/tugi/ と推定。

tugang　2-121 トグ tudjung〈研ぐ〉接不定 tudji　現在 tŭdjūng　過去 tujang　否定 **tugang**　命令 tugi　受身 tugarīng　使役 tugashung

☆ 未然形「とが」を含む。「とがぬ」に対応。

/tuga'ɴ/ と推定。

tugarīng　2-121 トグ tudjung〈研ぐ〉接不定 tudji　現在 tŭdjūng　過去 tujang　否定 tugang　命令 tugi　受身 **tugarīng**　使役 tugashung

☆ 未然形「とが」を含む。「とがれをり<u>む</u>」に対応。

/tugari'i'N/ と推定。

tugashung　2-121　トグ tudjung〈研ぐ〉接不定 tudji　現在 tŭdjūng　過去 tujang
　　　　　　否定 tugang　命令 tugi　受身 tugarīng　使役 **tugashung**

　☼ 未然形「とが」を含む。「とがしをりむ」に対応。

　/tugasju'N/ と推定。

tudji　2-121　トグ tudjung〈研ぐ〉接不定 ママ **tudji**　現在 tŭdjūng　過去 tujang　否定
　　　　　tugang　命令 tugi　受身 tugarīng　使役 tugashung

　☼「とぎて→といで」に対応。

　/tuzji/ と推定。

tujang　2-121　トグ tudjung〈研ぐ〉接不定 ママ tudji　現在 tŭdjūng　過去 **tujang**　否
　　　　　定 tugang　命令 tugi　受身 tugarīng　使役 tugashung

　☼「とぎて→といで」を含む。「といでありむ→とぎたりむ」に対応。

　/tuzja'N/ と推定。

ぬぐ脱

nudji gatchi　6-28　**nudji gatchi** shung（抜き書きする。この nudji は「脱ぎ」ママ対
　　　　　　応している。連用形語幹 nudj-)〈extract〉

　☼ 連用形「ぬぎ」を含む。「ぬぎがき」に対応。

　/nuzjigacji/ と推定。

nudjung　6-28　**nudjung**（脱ぐ。融合語幹 nudj-)〈take〉

　☼ 連用形「ぬぎ」を含む。「ぬぎをりむ」に対応。

　/nuzju'N/ と推定。

nugang　6-28　**nugang**（脱がない。基本語幹 nug-)〈take〉

　☼ 未然形「ぬが」を含む。「ぬがぬ」に対応。

　/nuga'N/ と推定。

nudjang　6-28　**nudjang**（脱いだ。音便語幹 nudj-)〈take〉

　☼「ぬぎて」を含む。「ぬぎてありむ→ぬぎたりむ」に対応。

　/nuzja'N/ と推定。

ぬぐ抜？

nūdjŭng　2-121　ノグ **nūdjŭng**〈抜く〉

　☼ 連用形「ぬぎ」を含む。「ぬぎをりむ」に対応。「ぬく（抜く）」に「だます。ごまかす」の意あり。

　/nuzju'N/ と推定。

はぐ剥

hadjéng　3-113　ka̅ ké **hadjéng**, tsi̅ hadjeng, "*a skin a little grazed*"〈皮をすりむ
　　　　　いている〉

　☼「はぎて→はいで」を含む。「はぎてはありむ」に対応。

　/hazje'e'N/ と推定。

ふさぐ塞

fassadjung　2-121　フサグ **fassadjung**〈塞ぐ〉注13)

　☼ 連用形「ふさぎ」を含む。「ふさぎをりむ」に対応。

　/hwusazju'N/ と推定。

ふせぐ防

fushidjung　2-121 フセグ fushidjung〈防ぐ〉　接不定ママ fushidji　現在 **fushidjung**
　　　　過去 fushidjang　否定 fushigang　命令 fushigi　受身 fushigarīng　使
　　　　役 fushigashung

　☆ 連用形「ふせぎ」を含む。「ふせぎをりむ」に対応。

　/hwusjizju'N/ と推定。

fushigi　2-121　フセグ fushidjung〈防ぐ〉　接不定ママ fushidji　現在 fushidjung　過去
　　　　fushidjang　否定 fushigang　命令 **fushigi**　受身 fushigarīng　使役 fushigashung

　☆ 命令形「ふせげ」に対応。

　/hwusjigi/ と推定。

fushigang　2-121　フセグ fushidjung〈防ぐ〉　接不定ママ fushidji　現在 fushidjung
　　　　過去 fushidjang　否定 **fushigang**　命令 fushigi　受身 fushigarīng　使役
　　　　fushigashung

　☆ 未然形「ふせが」を含む。「ふせがぬ」に対応。

　/hwusjiga'N/ と推定。

fushigarīng　2-121 フセグ　fushidjung〈防ぐ〉　接不定ママ fushidji　現在 fushidjung
　　　　過去 fushidjang　否定 fushigang　命令 fushigi　受身 **fushigarīng**　使役
　　　　fushigashung

　☆ 未然形「ふせが」を含む。「ふせがれをりむ」に対応。

　/hwusjigari'i'N/ と推定。

fushigashung　2-121 フセグ fushidjung〈防ぐ〉　接不定ママ fushidji　現在 fushidjung
　　　　過去 fushidjang　否定 fushigang　命令 fushigi　受身 fushigarīng　使役
　　　　fushigashung

　☆ 未然形「ふせが」を含む。「ふせがしをりむ」に対応。

　/hwusjigasju'N/ と推定。

fushidji　2-121　フセグ fushidjung〈防ぐ〉　接不定ママ **fushidji**　現在 fushidjung
　　　　過去 fushidjang　否定 fushigang　命令 fushigi　受身 fushigarīng　使役
　　　　fushigashung

　☆「ふせぎて→ふせいで」に対応。

　/hwusjizji/ と推定。

fushidjang　2-121 フセグ fushidjung〈防ぐ〉　接不定ママ fushidji　現在 fushidjung
　　　　過去 **fushidjang**　否定 fushigang　命令 fushigi　受身 fushigarīng　使役
　　　　fushigashung

　☆「ふせぎて→ふせいで」を含む。「ふせぎてありむ→ふせぎたりむ」に対応。

　/hwusjizja'N/ と推定。

あかす明

akaché　3-114　Nantó kangeyundung **akaché**[2] nărāng. "*How much soever ((I))*
　　　　think, I can not divine((open it, the riddle))."〈いくら考えても，その迷い
　　　　は解明できない〉 [2] 動名詞。Achung の他動詞形。

　☆「あかして」を含む。「あかしては」に対応。

/ʔakacje'e/ と推定。

あはす合

avashung　3-111　**avashung**, "to *joint* "〈合わす〉の代わりに āshung；(略) 等々を用いるのが, ごく普通である。

☼。連用形「あはし」を含む。「あはしをりむ」に対応

/ʔa'wasju'ɴ/ と推定。

āshung　3-111　avashung, "to *joint* "〈合わす〉の代わりに **āshung**；(略) 等々を用いるのが, ごく普通である。

☼ 連用形「あはし」を含む。「あはしをりむ」に対応。上記と両形あるのは /ʔa'wa 〜→ ʔa'a 〜 / の過渡期を示すか。

/ʔa'asju'ɴ / と推定。

あらはす現

aravāshuru　5-100　Nusudu **aravāshuru** tĭdăng hănăshĭ *An anecdote on the method of discovering a thief* 泥棒の見つけ方の話

☼ 連用形「あらはし」を含む。「あらはしをる」に対応。

/ʔara'wasjuru/ と推定。

あらはす洗

aravashung　3-111　**aravashung**, "*cause to wash* "〈洗わす〉の代わりに arāshung；(略) 等々を用いるのが, ごく普通である。

☼ 連用形「あらはし」を含む。「あらはしをりむ」に対応。

/ʔara'wasju'ɴ/ と推定。

arāshung　3-111　aravashung, "*cause to wash* "〈洗わす〉の代わりに **arāshung**；(略) 等々を用いるのが, ごく普通である。

☼ 連用形「あらはし」を含む。「あらはしをりむ」に対応。上記と両形あるのは /ʔara'wa 〜→ ʔara'a 〜 / の過渡期を示すか。

/ʔara'asju'ɴ/ と推定。

いごかす動

ndjukachéru　3-109　Anyi kadjinu **ndjukachéru** ăshĭ ndandiru shūrŭĭ, 又は ndandiru umutorŭĭ "*Do you intend to see a reed shaken with the wind?* "〈雨風でゆり動かされている葦を見ようとしているのか？〉

☼「いごかして」を含む。「いごかしてはある」に対応。

/ʔɴzjukacje'eru/ と推定。

いだす出

ndjashung　4-239　(略) ndjung, "*to go* "〈出る〉(略) 等は中性動詞であるが, それらの能動動詞あるいは他動詞 (transitive) は, それぞれ　(略) **ndjashung** (略) となる。

☼ 連用形「いだし」を含む。「いだしをりむ」に対応。

/ʔɴzjasju'ɴ/ と推定。

ndjāchi　5-98　fŭnnŭ sātā yătă kŭtū tsĭbŭ siti **ndjāchi**, *it being really suger; he took it out together with the jar;* それがまさしく砂糖であったので, 壺ごと取り

出し，

   ndjǎchi　5-98　kfū sharé tsīnyi kangé **ndjǎchi**, *Upon consideration he produced a scheme* いろいろ考えた末，一つの計略を思いつき，

     ☼「いだして」に対応。

     /ʔNzjacji/ と推定。

うつす写

   utsishīmung　2-98　**utsishīmung**, *the thing copied, a copy* 〈写し物〉

     ☼ 連用形「うつし」を含む。「うつしもの」に対応。

     /ʔucisjimu'N/ と推定。

   utsishung　2-98　**utsishung**, *to copy* 〈写す〉

     ☼ 連用形「うつし」を含む。「うつしをりむ」に対応。

     /ʔucisju'N/ と推定。

おす押

   ushi　3-113　**ushi**nchung 〈押し込む〉

   ūshǐ　5-89　kunu nunu *this cloth* この布を　nakaba vūti *in the midst* 中ばで **ūshǐ**chǐchésitŭ *with its being cut through* 切ったのと　yinŭ mung *one & the same* 同じことで

     ☼ 連用形「おし」に対応。

     /ʔusji/ と推定。

   ūshshtǐ　5-92　uyanu-chā *the parents* 両親は **ūshshtǐ** *forcibly* おして　wuttu *a husband* 夫を　mutasandi-sha kutu *to cause to take because they did* 持たそうとしたので

     ☼「おして」に対応。

     /ʔusjiti/ と推定。/ʔuQsjiti/ の可能性もあるか。

おろす降

   urushung　3-112　**urushung** 〈降ろす，荷を下ろす〉

     ☼ 連用形「おろし」を含む。「おろしをりむ」に対応。

     /ʔurusju'N/ と推定。

かへす返

   késhung　3-113　tsin keshung 〈口答えする〉((**késhung** は 〈戻す，返す〉))

   keshung　3-113　tsin **keshung** 〈口答えする〉((késhung は 〈戻す，返す〉))

     ☼ 連用形「かへし」を含む。「かへしをりむ」に対応。

     /ke'esju'N/ と推定。

きざす兆

   chizaché　5-102　マタ　イウ　ベカラン　コト　コ丶ロニ　チザキヤ　スマン。mata ïyū bikarang kutu kukurunyi **chizaché** simang. *& what you are afraid to speak of（and what cannot be uttered）don't let it spring up in your heart.* そして，言ってはまずいこと（及び口にしてはいけないこと）は心に思い浮かべてもいけない。

     ☼「きざして」を含む。「きざしては」に対応。「chizaché simang」は「きざしてはすまぬ」で「兆

してはいけない」の意になる。

/cjizacje'e/ と推定。

くはす食

kvashung　3-114　Bútchi kvắchăndung[14], "*although I did beat him*"〈彼をぶった
　　　　　が〉[14]kvayung〈食べる〉の使役形過去。butch **kvashung**, "*to make one*
　　　　　eat the stick "〈鞭を食わせる〉

　　☼ 連用形「くはし」を含む。「くはしをりむ」に対応。

　　/kwa'asju'ɴ/ と推定。

kvắchan　3-114　Bútchi **kvắchăn**dung[14], "*although I did beat him*"〈彼をぶったが〉[14]
　　　　　kvayung〈食べる〉の使役形過去。butch kvashung, "*to make one eat the*
　　　　　stick "〈鞭を食わせる〉

　　☼「くはして」を含む。「くはしてありむ」に対応。

　　/ kwa'acja'ɴ/ と推定。

kwacharu　3-123　Chu kangétinde, anu iya chinyu va kva buchi kváchasé,
　　　　　butchi **kwacharu**[2] téma arang, fōbĭshi vadu yarundinu kutu yatang.
　　　　　"*I have considered to-day that in* ((*the matter of*)) *your beating*
　　　　　yesterday my child, there was not only no reason for beating, but it
　　　　　was a matter worthy of reward. "〈今日考えてみると，君が昨日私の
　　　　　子をたたいたのだが，（息子には）たたかれる理由がなかっただけでな
　　　　　く，むしろ褒美に価することだった〉[2]kutu が続くものとして解釈す
　　　　　る。kvacharu kutu〈たたいた事，理由〉。能動態の受動的用法。正確
　　　　　には，kvasarīru.

kvacharu　3-123　Chu kangétinde, anu iya chinyu va kva buchi kváchasé, butchi
　　　　　kwacharu[2] téma arang, fōbĭshi vadu yarundinu kutu yatang. "*I have*
　　　　　considered to-day that in ((*the matter of*)) *your beating yesterday my*
　　　　　child, there was not only no reason for beating, but it was a matter
　　　　　worthy of reward. "〈今日考えてみると，君が昨日私の子をたたいたの
　　　　　だが，（息子には）たたかれる理由がなかっただけでなく，むしろ褒美に
　　　　　価することだった〉　[2]kutu が続くものとして解釈する。**kvacharu** kutu
　　　　　〈たたいた事，理由〉。能動態の受動的用法。正確には，kvasarīru.3-123
　　　　　buchi kváchasé, butchi kwacharu, kvacharu kutu

　　☼「くはして」を含む。「くはしてある→くはしたる」に対応。

　　/kwa'acjaru/ と推定。

kváchasé　3-123　Chu kangétinde, anu iya chinyu va kva buchi **kváchasé,** butchi
　　　　　kwacharu[2] téma arang, fōbĭshi vadu yarundinu kutu yatang. "*I have*
　　　　　considered to-day that in ((*the matter of*)) *your beating yesterday my*
　　　　　child, there was not only no reason for beating, but it was a matter
　　　　　worthy of reward. "〈今日考えてみると，君が昨日私の子をたたいたのだ
　　　　　が，（息子には）たたかれる理由がなかっただけでなく，むしろ褒美に価
　　　　　することだった〉　[2]kutu が続くものとして解釈する。kvacharu kutu〈た

たいた事，理由〉。能動態の受動的用法。正確には ,kvasarīru.

☆「くはして」を含む。「くはしてあ（る）すは→くはした（る）すは」に対応。

/kwa'acjase'e/ と推定。

くらす暮

kuráshung　3-121　úyanu cha ((shivangsang gŭtŭ)) ándákunyi kurāshússïgăyā[6].
　　"*how happyhis parents would be!*"〈両親は何と幸せであろうか〉[6]
　　kuráshung〈生存する，暮らす，時間を費やす〉注14)

☆連用形「くらし」を含む。「くらしをりむ」に対応。

/kurasju'N/ と推定。

kurāshússïgă　3-121　úyanu cha ((shivangsang gŭtŭ)) ándákunyi **kurāshússïgăyā**[6].
　　"*how happy his parents would be!*"〈両親は何と幸せであろうか〉[6]
　　kuráshung〈生存する，暮らす，時間を費やす〉注14)

☆連用形「くらし」を含む。「くらしを（る）すが」に対応。

/kurasjusiga/ と推定。/kurasjuQsiga/ の可能性もある。

kurasaranyi　5-98　kunu nza dŭchŭï sabïsanu **kurasaranyi** tsïté, *The servant (on
　　account of being) unable to exist moping & alone,* この下男はうつう
　　つと一人で過ごすことが出来なくて，

☆未然形「くらさ」を含む。「くらさらに」に対応。

/kurasaranji/ と推定。注15)

ころす殺

kurushussi　3-108　**kurushussi**tu yinu mung "*is same with the killing of him*"〈そ
　　の人を殺すのと同じである〉

☆連用形「ころし」を含む。「ころしを（る）す」に対応。

/kurusjusi/ と推定。

さしこす差越

sashi kuchi　5-89　yimpó mădī *even to distant land* 遠方までも　**sashi kuchi** *you removed*
　　引っ越した　gakumung *but the studies* しかし学問が　djódjósāng gŭtŭ
　　unfinished 成就しないのに

☆「さしこして」に対応。

/sasjikucji/ と推定。

さす差

sashi　5-89　yimpó mădī *even to distant land* 遠方までも　**sashi** kuchi *you removed*
　　引っ越した　gakumung *but the studies* しかし学問が　djódjósāng gŭtŭ *unfinished*
　　成就しないのに

☆連用形「さし」に対応。

/sasji/ と推定。

săshūng　3-113　sashi* kunyung〈差し込む〉　*săshūng 自体は動詞で，〈刺す〉
　　の意味である。

☆連用形「さし」を含む。「さしをりむ」に対応。

/sasju'N/ と推定。

sashun　3-127　Yū **sashun**di yutitang. "*While pouring out*((または *in*)) *tea, he spilled.*"〈お茶をつぐ時にこぼした〉

　　☼ 連用形「さし」を含む。「さしをりむ」に対応。

　　/sasjuʼN/ と推定。

ībi zāchi　5-100　murumurunu fitunyi **ībi zāchi**, *pointing towards every one* 一人一人を指差して

　　☼ 連用形「さし」を含む。「ゆびざし」に対応。

　　/ʔi'ibizacji/ と推定。

しるす印（標）

shīrŭshĭ　5-96　vākărīnŭ **shīrŭshĭ** *as a separation-token* 別れのしるしとして

　　☼ 連用形「しるし」に対応。

　　/sjirusji/ と推定。

すかす賺

skashuru　3-127　**skashuru** ba((skatchuru ba³⁾)) "*With the child on your arm* "〈子供を抱いたまま〉³skatchi achung 〈((子供を)) あやして歩く〉と同じ。

　　☼ 連用形「すかし」を含む。「すかしをる」に対応。

　　/sikasjuru/ と推定。[sikaʧi] の [si] の（母音 i の）無声化と見る。

skatchi　3-127　skashuru ba((skatchuru ba³⁾)) "*With the child on your arm* "〈子供を抱いたまま〉³⁾**skatchi** achung 〈((子供を)) あやして歩く〉と同じ。

　　☼「すかして」に対応。

　　/sikacji/ と推定。

skatchuru　3-127　skashuru ba((**skatchuru** ba³⁾)) "*With the child on your arm* "〈子供を抱いたまま〉³skatchi achung〈((子供を)) あやして歩く〉と同じ。

　　☼「すかして」を含む。「すかしてをる」に対応。

　　/sikacjuru/ と推定。　← /sikacji 'uru/

すます済

sīmāchĭ　5-94　ūnŭ wīkĭgăyă *This man* この男は　tstomi *his business* 勤めを **sīmachĭ** *finished* すまして

　　☼「すまして」に対応。

　　/simacji/ と推定。

ただす正

tadashi　5-100　kuri mī atiti **tadashi** tskita kutu　*he was perceived , & a suit instituted* (*applied*)　見つけられ , 裁きが開始され（付され）

tādăshi　5-100　**tādăshi** kātaya vaga shundi īchi *I shall do this case.* この件は私が処理しましょう

　　☼ 連用形「ただし」。それぞれ「ただし・つけた」、「ただしかた」に対応。

　　/tadasji/ と推定。

たのします楽

tanushimashung　5-107　chŭ **tanushimashung**. (*Today, we have quite a treat.*) 今日はほんとに楽しかった。

☆連用形「たのしまし」を含む。「たのしましをりむ」に対応。

/tanusjimasju'N/ と推定。

だまかす騙

damakasansiga　3-127　Ftu **damakasansiga** kamé damakachang. "*Thou hast not lied unto men but unto God.* "〈汝は人を欺いたのではなくて, 神を欺いたのだ〉

　　☆未然形「だまかさ」を含む。「だまかさぬすが」に対応。

　　/damakasa'Nsiga/ と推定。

damakachang　3-127　Ftu damakasansiga kamé **damakachang**. "*Thou hast not lied unto men but unto God.* "〈汝は人を欺いたのではなくて, 神を欺いたのだ〉

　　☆「だまかして」を含む。「だまかしてありむ→だまかしたりむ」に対応。

　　/damakacja'N/ と推定。

ちらす散

chirasi̇̄　5-96　fa̱ka̱ri̱gu̱tu̱ *plan* 謀の　a̱dji̱　*the taste* 味を　**chirasi̱**ndi *to dispel*(*spoil*) 散らす（だいなしにする）と　íchi *he said* 言って

　　☆終止形「ちらす」に対応。

　　/cjirasi/ と推定。

つくす尽

tsku̱cha ku̱tū　5-98　ka̱mi̱ **tsku̱cha ku̱tū** "consumed it up-entirely"〈全部たいらげてしまった〉

　　☆「つくして」を含む。「つくしてあ（る）こと→つくした（る）こと」に対応。

　　/cikucjakutu/ と推定。[tsikuʃakutu] の [tsi] の（母音 i の）無声化と見る。

つひやす費

tsi-yassang　3-121　tushifi̱ munashku **tsi-yassang**((tuchi sirasang[9])) ati dung atéré, "*& not idled away my time* "〈月日をむなしく費すような事がなかったら〉 [9]tuchi siráshung〈時間を奪う、時間を費やす〉[注16]

　　☆未然形「ついやさ」を含む。「つひやさぬ」に対応。

　　/ci'i'jaQsa'N/ と推定。

とほす通

Yū akidóshi　5-105　**Yū akidóshi** yassundji nindarang.(*We could not sleep the whole night.*)　一晩中寝れママませんでした。

　　☆連用形「とほし」を含む。「よあけどほし」（夜明け通し）に対応。

　　/'ju'u?akido'osji/ と推定。

tūshung　3-112　**tūshung**〈通す〉

　　☆連用形「とほし」を含む。「とほしをりむ」に対応。

　　/tu'usju'N/ と推定。

とらす取

torashung　1-63　béshi **torashung**〈2倍で与える〉

　　☆「連用形「とらし」を含む。「とらしをりむ」に対応。

/turasju'N/ と推定。

tŏrăchā kūūt　5-96　**tŏrăchā kūūt**　*& when he had given it her* それを与えたら

toracha kutu　5-103　**kŭriga nī sura vākachi kūndi ichi toracha kutu**, *desiring them to find out the root & to part*, その根の部分と先の部分を見分けるようにと言ってきたので

　☼「とらして」を含む。「とらしてあ（る）こと→とらした（る）こと」に対応。

　/turacjakutu/ と推定。注17)

なす生

nashi　6-28　**nashi** agotóng（産し終っている。agatong の直訳は「あがっている」である。連用形語幹 nash-）〈bear〉

　☼ 連用形「なし」に対応。

　/nasji/ と推定。

nashung　6-28　**nashung**（産す。融合語幹 nash-）〈breed〉

　☼ 連用形「なし」を含む。「なしをり<u>む</u>」に対応。

　/nasju'N/ と推定。

nasáng　6-28　**nasáng**（産さない。基本語幹 nas-）〈never〉

　☼ 未然形「なさ」を含む。「なさぬ」に対応。

　/nasa'N/ と推定。

nachi　6-28　**nachi**（産して。音便語幹 nach-）〈concubine〉

　☼「なして」に対応。

　/nacji/ と推定。

なす成

năcchāng　3-107　aru ússa tskoriti 'nna **năcchāng** "*he exhausted to the last what he had*"〈持ち金を全部浪費してしまった〉

　☼「なして」を含む。「なしてあり<u>む</u>」に対応。

　/nacja'N/ と推定。/naQcja'N/ の可能性も否定できない。

nāchagă　3-117　chū **nāchagă**?[3] "*& do it to-day?*"〈今日それをするのか〉[3] ナル nayung（成る）の使役形。ならせる, つくらせる, させる

　☼「なして」を含む。「なしてあ（る）が→なした（る）が」に対応。

　/nacjaga/ と推定。

なほす直

nóshé　5-102　kútubanu kagiré **nóshé** narang mung, yaré　*but the shortcomings of a spoken word are irreparable, hence*　（口から出た）言葉の過ちは修復できない。だから,

　☼ 連用形「なほし」を含む。「なほしは」に対応。

　/no'osje'e/ と推定。

nósarīssiga　5-102　Tākără dāmănŭ kagitóse udjinōti-**nósarīssiga**, *The failings of a precious stone can be repaired,*　宝玉の傷は補修できるが

　☼ 未然形「なほさ」を含む。「なほされ（る）すが」に対応。

　/no'osari'isiga/ と推定。

ならす鳴

nărăshŭsé　5-106　**nărăshŭsé** t**ā**ga? (*Who plays?*) 誰が弾いているんのですか。

　　☼ 連用形「ならし」を含む。「ならしを（る）すは」に対応。「鳴らすものは」の意。

　　/narasjuse'e/ と推定。

ならはす習

naráshuru　1-56　**naráshuru** ftu *a teaching man,* すなわち *a teacher* 〈先生〉

năráshuru　4-238　**năráshuru** ftu, "*a teacher*" 〈教師〉

　　☼ 連用形「ならはし」を含む。「ならはしをる」に対応。

　　/nara'asjuru/ と推定。

ぬらす濡

ndashung　4-239　ndiung, "*to get wet* "〈濡れる〉 （略）等は中性動詞であるが，そ
　　　　　　　　　　れらの能動動詞あるいは他動詞(transitive)は，それぞれ **ndashung**, （略）
　　　　　　　　　　となる。

　　☼ 連用形「ぬらし」を含む。「ぬらしをり<u>む</u>」に対応。

　　/ᴺdasju'ᴺ/ と推定。

のこす残

nukuchōru　4-233　ある表現において（（十分に意を尽くさないため）） 思い残しがあ
　　　　　　　　　　る時 ((umúïnu **nukuchōru** ba))

　　☼ 「のこして」を含む。「のこしてはをる」に対応。助辞に注目すると、「おもひを　のこしてはをる」
　　　ではなく、「おもひの　のこしてはをる」となっている。

　　/nukucjo'oru/ と推定。

のぼす上　（「のぼせる」を四段に活用させた語）

nubussiung　3-112　nubussiung 〈上げる〉

　　☼ 連用形「のぼし」を含む。「のぼしをり<u>む</u>」に対応。

　　/nubusji'u'ᴺ/ と推定。注18)

のます飲

numashutassiga　3-116　iyănyi yī chă numashutassiga, "*I would have given you
　　　　　　　　　　good tea* ((*to drink*))"〈君に良いお茶を飲ませただろう〉

　　☼ 連用形「のまし」を含む。「のましをりた（る）すが」に対応。

　　/numasjutasiga/ と推定。

ひからす光

fikarashung　3-112　fikashung, fikarashung 〈光らす〉

　　☼ 連用形「ひからし」を含む。「ひからしをり<u>む</u>」に対応。

　　/hwikarasju'ᴺ/ と推定。

fikashung　3-112　fikashung, fikarashung 〈光らす〉

　　☼ 連用形「ひからし」を含む。「ひか（ら）しをり<u>む</u>」に対応。

　　/hwika(ra)sju'ᴺ/ と推定。

ひきかへす引返

fichi kéchi　5-89　**fichi kéchi** *you here & returned* ここに戻って

　　☼ 「ひきかへして」に対応。

/hwicjike'ecji/ と推定。

　fïkkéchï　5-90　**fïkkéchï** *turned round* 引き返して

　　☼「ひきかへして→ひっかへして」に対応。

　/hwiQke'ecji/ と推定。

ひきこす引越

　fïchïkūchï　5-88　**fïchïkūchï** *he removed* 引っ越して

　　☼「ひきこして」に対応。

　/hwicjikucji/ と推定。

ひやす冷

　fïăsăba　5-109　（Yumi）ジウ　ジツ　コレヲ　ヒヤサハ　djū djītsi kurïu **fïăsăba**

　　☼ 未然形「ひやさ」を含む「ひやさば」に対応。「訓読」的「日本語」と解される。

　/hwi'jasaba/ と推定。

ほす干

　fuchi ïŭ　1-57　**fuchi ïŭ**〈干し魚〉注19)

　　☼ 連用形「ほし」を含む。「ほしいを」に対応。

　/hwusjiʔi'ju/ と推定。

まうす申

　móshi　5-103　コマ　子ンデ　マウシンギレンデ　イキ・ウノ　トウリ　マウシ
　　　　イデタ　コト　kūma ni ndï **móshi** ndjirïmdï ichi, ūnu tūï móshi ndjita kutu
　　　　inform them there is the root. They informed them accordingly　ここが根
　　　　ですと申し出なさいと言った。そのように申し出たところ

　　☼ 連用形「まうし」に対応。

　/mo'osji/ と推定。

まはす回

　mavashung　3-111　欠落音節を補うために母音を産み出す現象にあたるものは，あ
　　　　きらかに日本語でも大いにみられる。　（略）　**mavashung**, *"to round
　　　　((as round a cape))"*〈（マントを背中から廻して着ける場合の）廻す〉
　　　　の代わりに māshung　（略）など等を用いるのが，ごく普通である。

　　☼ 連用形「まはし」を含む。「まはしをりむ」に対応。

　/ma'wasjuʼɴ/ と推定。

　māshung　3-111　欠落音節を補うために母音を産み出す現象にあたるものは，あき
　　　　らかに日本語でも大いにみられる。　（略）　mavashung, *"to round ((as
　　　　round a cape))"*〈（マントを背中から廻して着ける場合の）廻す〉の代わ
　　　　りに **māshung**　（略）など等を用いるのが，ごく普通である。

　　☼ 連用形「まはし」を含む。「まはしをりむに対応。

　/ma'asjuʼɴ/ と推定。　　/ma'wa～→ma'a～/ の変化が考えられるが、両形並存状態とすべきか。

めす召

　mishori　3-111　kumankae **mishori** *"please hither , come in"*〈どうぞこちらに来て
　　　　下さい〉

　　☼ 連用形「めし」を含む。「めしおわれ」に対応。「来」の尊敬としての用法。

　　　第2節　ベッテルハイム『琉球語と日本語の文法の要綱』・『琉球語辞書』の動詞形態の考察　641

/misjo'ori/ と推定。

mishori-riyo　2-105　命令　menshori,**mishori-riyo,***please!*〈どうか……して下さい〉;
mishōnnă,*please don't*〈……しないで下さい〉

　☼ 連用形「めし」を含む。「めしおわれよ」に対応。

/misjo'ori'jo'o/ と推定。

mishó nna　3-112　命令否定形は kvinna, **mishó nna,** *"don't please"*〈どうかしない
で下さい〉となり，そして，よく yó を付加して misho-nnayó となる。

　☼ 連用形「めし」を含む。「めしおわるな」に対応。

/misjo'o'ɴna/ と推定。

mishorandi　2-105　未来 menshorandi, または **mishorandi** shi.

　☼ 連用形「めし」を含む。「めしおわらむて」に対応。

/misjo'ora'ɴdi/ と推定。

mishōchang　2-105　動詞といっしょに用いられる時には, mensheng よりも, misheng
の方が普通である。kvī misheng,**mishōchang,***is, was pleased to give*（か
たじけなくも，下さる，下さった）;

　☼ 連用形「めし」を含む。「めしおわりてありむ」に対応。「呉」の尊敬としての用法。

/misjo'ocja'ɴ/ と推定。

（以下の例は、補助動詞）

mishényi　5-109　kūshinŭ ī **mishényi**　*Confucy said,*〈孔子が言われた〉

　☼ 連用形「めし」を含む。「めしありに」に対応。

/misje'enji/ と推定。

misheng　2-105　動詞といっしょに用いられる時には, mensheng よりも, **misheng**
の方が普通である。kvī misheng,mishōchang,*is, was pleased to give*（か
たじけなくも，下さる，下さった）; utabi **misheng,***granted*〈下さった〉—
気取りやの首里っ子（*Shuy people*）は, misheng を鼻音化し, me^nhéng と
発音する。　　（yānu nūshi mmănyi wūga?*where is the master?*〈おまえ
の主人はどこだ〉menshōrang! *He is out(does not deign tobe in)*〈いらっ
しゃいません〉

　☼ 連用形「めし」を含む。「めしありむ」に対応。

/misje'e'ɴ/ と推定。

mishemi　5-107　Yutsi kashirandi ī**mishemi!** *Nine o'clock.* 9時ですって*!*

　☼ 連用形「めし」を含む。「めしありみ」に対応。

/misje'emi/ と推定。

misheru　5-98　shujinnu kadjimité **misheru** dūkŭ yākŭ ndjāchi, *took out the
poison, you were pleased to hide,* あなたが隠しておられた毒薬を取り出し

　☼ 連用形「めし」を含む。「めしある」に対応。

/misje'eru/ と推定。

mishori　3-111　muchi **mishori** *"deign to bring"*〈どうぞ持って来て下さい〉

mishóri　5-106　chā shi **mishóri** *Please drink!* どうぞお飲み下さい

　☼ 連用形「めし」を含む。「めしおわれ」に対応。

/misjo'ori/ と推定。

misho-nnayó　3-112　命令否定形は kvinna, mishó nna, "*don't please*"〈どうかしないで下さい〉となり，そして，よく yó を付加して **misho-nnayó** となる。

mishónnayó　5-107　tsī vasté **mishónnayó**　*Don't forget.* お忘れなく。

　☆連用形「めし」を含む。「めしおわるな」に対応。

/misjo'o'ɴna'jo'o/ と推定。

mishochī　2-105　Tōdzinu chā chī, ま た は chi **mishochī**, *Did the interpreters, or compradors come?*〈通事たちは来たか〉

　☆連用形「めし」を含む。「めしおはして」に対応。

/misjo'ocji/ と推定。

もたす持

mŭttăsăndĭ　5-92　wūttŭ *husband* 夫 を　**mŭttăsăndĭ**-shang *to cause her to take did* 彼女に持たそうと

muttasandi　5-92　wuttu *a husband* 夫 を　**muttasandi**sha-kutu *to cause to take because they did* 持たそうとしたので

　☆未然形「もたさ」を含む。「もたさむて」に対応。「持たそうと」の意。

/mutasa'ɴdi/ と推定。

ゆるす許

yurusi　1-68　ūyūssū ftu, 又は, sibitinu ftu chūsi yurusī, tāng chūsi **yurusi**.〈来る人は誰でも入れなさい〉

　☆命令形「ゆるせ」に対応。

/ʃurusi/ と推定。

yurusăttang　5-98　nāmă kărā sātchĭ unu-yónŭ kŭtu sŭnnăndi tuzikiti **yurusăttang** *& commanding he should hence forward not do a similar thing, he forgave him* (*was forgiven*)　以後同様の振舞はするな，と命じ下男を許した（下男は許された）注20)

　☆未然形「ゆるさ」を含む。「ゆるされてありむ→ゆるされたりむ」に対応。

/ʃurusQta'ɴ/ と推定。

よす止

yoshóchung　2-119　**yoshóchung**〈よしておく，なされないままに放っておく〉

　☆「よして」を含む。「よしてはおきをりむ」に対応。

/ʃo'osjo'ocju'ɴ/ と推定。

あやまつ誤

ayamatchĭū　5-110　アヤマチヲ　ミテ　(Yumi)**ayamatchĭū** mīti　その過ちを見て

　☆連用形「あやまち」を含む。「あやまちを」に対応。漢文訓読。

/ʔa'jamacji'ju/ と推定。

ā̆yamáché　5-111　ヒトノ　アヤマテルヤ (Tŭkushŭ) chūnu ā̆yamáché　人の過ちは

　☆連用形「あやまち」を含む。「あやまちは」に対応。

/ʔa'jamacje'e/ と推定。

ayamatiruya　5-110　ヒトノ　アヤマテルヤ　(Yumi) fitunu **ayamatiruya**　人の過は

☼「あやまてるは」に対応。漢文訓読。

/ʔa'jamatiru'ja/ と推定。

うつ打（耕）

utchéru　3-127　haru **utchéru** ba iya mūngdó, "*Whilst it((the field)) remained, it was thine*",〈((畑が))手もとにある間は汝のものであったし〉

☼「うちて」を含む。「うちてはある」に対応。

/ʔuQcje'eru/ と推定。促音ありと見る。

うつ打

ti-utchakī　4-238　**ti-utchakī**("*a hand lay on*"〈手置き〉)"*a ballustrade*"〈欄干〉

☼連用形「うち」を含む。「てうちかけ」に対応。「手打ち掛け」と解釈。

/ti'i'ʔuQcjaki'i/ と推定。促音ありと見る。

ŭtchung　2-119　ウツ **ŭtchung**〈打つ, 撃つ〉

utchūng　3-108　nagi **utchūng** "*to pell*"(("*throw & beat*"))〈投げうつ〉

☼連用形「うち」を含む。「うちをりむ」に対応。

/ʔucjuʼɴ/ と推定。/ʔuQcjuʼɴ/ の可能性もあるか。

ū̆ttandi　5-101　ウツタンデ　ナゲタン[注21]　**ū̆ttandi** nagitang *& threw at him* 彼に投げつけた

☼未然形「うた」を含む。「うたむて」に対応。一文は「打とうと投げた」の意。

/ʔuQtaʼɴdi/ と推定。

utchi　3-113　(1)ushung((〈押す〉, 過去形は **utchi**, utchang))　(1)uchung〈打つ〉と混同したのであろう。

☼「うちて→うって」に対応。

/ʔuQcji/ と推定。

utchang　3-113　(1)ushung((〈押す〉, 過去形は utchi, **utchang**))　(1)uchung〈打つ〉と混同したのであろう。

☼「うちて」を含む。「うちてありむ→うちたりむ」に対応。

/ʔuQcjaʼɴ/ と推定。

かつ勝

kătchūng　2-119　カツ **kătchūng**〈勝つ〉

☼連用形「かち」を含む。「かちをりむ」に対応。

/kacjuʼɴ/ と推定。現代語との対応から促音なしと判断する。

たつ立

tā̆chi　5-107　(⁺fíódji. または tū̆ku-shū)　アクニンノ　グスクヌィ　タキ[注22]　Aku nyinnu gussi kunyi **tā̆chi**, 意味 *To appear at a bad man's court,*〈悪い人の朝廷に出仕して,〉（文字通りには, *The standing in the capital of a bad man(king),*）

tachi　6-29　**tachi** tudumati（立ち止まって。連用形語幹 tach-)〈*stop*〉 -ch-,-tch-,-ttch- は混同があるが、前2者と後者は区別される傾向があるといえよう。

☼連用形「たち」に対応。

/tacji/ と推定。

tattchi　6-29　**tattchi** furumainu icckang（立ち振る舞いがいけない。連用形語幹 tatch-)

〈irregular〉 -ch-,-tch-,-ttch- は混同があるが、前2者と後者は区別される傾向が
あるといえよう。

☼ 連用形「たち」に対応。

/tacji/ と推定。

táchung　6-29　**táchung**（立つ。音便語幹 tatch-）〈dust〉 -ch-,-tch-,-ttch- は混同
があるが、前2者と後者は区別される傾向があるといえよう。

☼ 連用形「たち」を含む。「たちをりむ」に対応。

/tacju'n/ と推定。

tătchŭng　2-119　タツ **tătchŭng**〈立つ〉接続不定 tatchi　現在 tatchung　過去 tatchang
否定 tătāng　命令 tati

tatchung　2-119　タツ **tătchŭng**〈立つ〉接続不定 tatchi　現在 **tatchung**　過去 tatchang
否定 tătāng　命令 tati

tatchúng　6-29　**tatchúng**（立つ。融合語幹 tatch-）〈stand〉 -ch-,-tch-,-ttch- は混
同があるが、前2者と後者は区別される傾向があるといえよう。

tattchung　6-29　**tattchung**（立つ。融合語幹 tattch-）〈place〉 -ch-,-tch-,-ttch- は
混同があるが、前2者と後者は区別される傾向があるといえよう。

☼ 連用形「たち」を含む。「たちをりむ」に対応。

/tacju'n/ と推定。

tati　2-119　タツ **tătchŭng**〈立つ〉接続不定 tatchi　現在 tatchung　過去 tatchang
否定 tătāng　命令 **tati**[2]　[2]原注に「ツおよびク型語幹の規則的な使役形の代り
に能動動詞（active verb）を形成するのにそれぞれの動詞の否定形形成子音
が用いられ，この形が使役形に取ってかわる。tskashung（（ツクの使役形））に
対して tskiung *to join to*〈付ける〉（（*cause to stick to*〈くっつかせる〉））そ
して tatashung（（タツの使役形　この形は用いられることがない））に対して
tatiru *to erect*〈立てる〉（（すなわち *cause to stand*〈立たせる〉）」とある。

tăti　5-107　[*](Yumi)　アク　ジンノ　キヤウニ　タテ　Āku djīnnŭ chónyi **tăti**, 意
味 *To appear at a bad man's court,*〈悪い人の朝廷に出仕して，〉（文字通りに
は，*The standing in the capital of a bad man*(king),）[*] yumi とは学識ある者
の「読み」の型で，ほとんど琉球語と同じ様に読まれる意味解釈方式である。
[+] fiódji（（講議））あるいは tūkushu（（読書））という読み方よりも，より中国語
の構文と発音に近い。[注23]

☼ 文脈上は「たちて」に対応すると考えられるが、音韻の上では「たて」にしか対応しない。

/tati/ と推定。

tătāng　2-119　タツ **tătchŭng**〈立つ〉接続不定 tatchi　現在 tatchung　過去 tatchang
否定 **tătāng**　命令 tati

tatáng　6-29　yakún **tatáng**（役に立たない。基本語幹 tat-）〈useless〉 -ch-,-tch-,-
ttch- は混同があるが、前2者と後者は区別される傾向があるといえよう。

☼ 未然形「たた」を含む。「たたぬ」に対応。

/tata'n/ と推定。

tatchi　2-119　タツ **tătchŭng**〈立つ〉接続不定 **tatchi**　現在 tatchung　過去 tatchang

否定 tătāng　命令 tati

☆「たちて→たって」に対応。

/taQcji/ と推定。

tatchang　2-119　タツ **tătchŭng**〈立つ〉接続不定 tatchi　現在 tatchung　過去 **tatchang**

否定 tătāng　命令 tati

☆「たちて」を含む。「たちてありむ」に対応。

/taQcja'N/ と推定。

tattchong　6-29　**tattchong**（立っている。音便語幹 tattch-）〈clouded〉

☆「たちて」を含む。「たちてはをりむ」に対応。

/taQcjo'o'N/ と推定。

たもつ保

tamuchung　2-119　タモツ　**tamuchung**〈保つ〉

3-118　**ūyănŭ** vékanu chāng nagadé kara tamuchóchutaru[8] hazi yassiga, " might already long since have been the support of your parents & family"〈久しい以前から , 両親や一族の面倒を見ていたことだろう〉[8]**tamuchung**〈保つ , 支える〉。この場合は utchung と結合した形。注24)

☆連用形「たもち」を含む。「たもちをりむ」に対応。

/tamucju'N/ と推定。

tamuchóchutaru　3-117　**ūyănŭ** vékanu chāng nagadé kara **tamuchóchutaru**[8] hazi yassiga, " might already long since have been the support of your parents & family"〈久しい以前から , 両親や一族の面倒を見ていたことだろう〉[8]tamuchung〈保つ , 支える〉。この場合は utchung と結合した形。注24)

☆「たもちて」を含む。「たもちてはおきをりたる」に対応。

/tamucjo'ocjutaru/ と推定。

まつ待

măchŭng　2-119　マツ　**măchŭng**〈待つ〉

☆「まちをりむ」に対応。

/macju'N/ と推定。

mattchi　3-119　nya chŭ ken tuzikīru yéda **mattchi**, anshi si. " *wait for a second order, before you do it*"〈次の命令を待って , それからしなさい〉

☆「まちて→まって」に対応。

/maQcji/ と推定。

もつ持

muchi mishori　3-111　**muchi mishori**, "*deign to bring*"〈 どうか持って来て下さい〉

☆連用形「もち」を含む。「もちめしおわれ」に対応。

/mucjimisjo'ori/ と推定。

mutchung　2-119　モツ mŭtchūng〈持つ , 持ってくる〉接続不定 mutchi　現在 **mutchung**　過去 mutchang　否定 mutang　命令 muti　受身 mutarīng

646　第 4 章　アルファベット資料の動詞形態の考察

使役 mutashung

mŭtchūng　2-119　モツ **mŭtchūng**〈持つ，持ってくる〉接続不定 mutchi　現在 mutchung
　　　　　　過去 mutchang　否定 mutang　命令 muti　受身 mutarīng　使役 mutashung
　　☼ 連用形「もち」を含む。「もちをりむ」に対応。
　　/mucju'N/ と推定。促音はないと考える。

muti　2-119　モツ **mŭtchūng**〈持つ，持ってくる〉接続不定 mutchi　現在 mutchung
　　　　過去 mutchang　否定 mutang　命令 **muti**　受身 mutarīng　使役 mutashung
　　☼ 命令形「もて」に対応。
　　/muti/ と推定。

mŭtté　5-92　wŭttŭ-**mŭtté** *on marrying*　結婚の際
　　☼ 已然形「もて」を含む。「もては」に対応。
　　/mute'e/ と推定。

mutang　2-119　モツ **mŭtchūng**〈持つ，持ってくる〉接続不定 mutchi　現在 mutchung
　　　　　　過去 mutchang　否定 **mutang**　命令 muti　受身 mutarīng　使役 mutashung
　　☼ 未然形「もた」を含む。「もたぬ」に対応。
　　/muta'N/ と推定。

mŭtāntăng　5-92　wŭttŭ-**mŭtāntăng** *and did not take a husband*　夫を持たなかった
　　☼ 未然形「もた」を含む。「もたぬたりむ」に対応。
　　/muta'Nta'N/ と推定。

mutarīng　2-119　モツ **mŭtchūng**〈持つ，持ってくる〉接続不定 mutchi　現在 mutchung
　　　　　　過去 mutchang　否定 mutang　命令 muti　受身 **mutarīng**　使役 mutashung
　　☼ 未然形「もた」を含む。「もたれをりむ」に対応。
　　/mutari'i'N/ と推定。

mutashung　2-119　モツ **mŭtchūng**〈持つ，持ってくる〉接続不定 mutchi　現在 mutchung
　　　　　　過去 mutchang　否定 mutang　命令 muti　受身 mutarīng　使役 **mutashung**
　　☼ 未然形「もた」を含む。「もたしをりむ」に対応。
　　/mutasju'N/ と推定。

muchi　1-69　nukutósi **muchi** kū *Bring what remains*〈残っているものを持って来い〉

múchĭ　3-111　**múchĭkī**,tutĭkī , *"take away ((take and go))"*〈持って行け〉

mūchi　5-103　ūnŭ mămă **mūchi** ndji ushāgīrīndi *& go & present it thus* そのまま
　　持っていって差し上げなさいと
　　☼「もちて→もって」に対応。
　　/muQcji/ と推定。促音ありと見る。

mutchi　3-111　**mutchi** kviri, *"please bring"*〈どうか持って来て下さい〉
　　☼「もちて→もって」に対応。
　　/muQcji/ と推定。

muché　5-92　wŭttŭ taï **muché**-simāndi *husband two should not marry* 夫を二人持
　　つべきでないと
　　☼「もちて→もって」を含む。「もちては→もっては」に対応。
　　/muQcje'e/ と推定。促音ありと見る。

mutchang　2-119 モツ mŭtchūng〈持つ , 持ってくる〉接続不定 mutchi　現在 mutchung
　　　　　　過去 **mutchang**　否定 mutang　命令 muti　受身 mutarīng　使役 mutashung

　　☼「もちて→もって」を含む。「もちてありむ→もちたりむ」に対応。

　　/muQcjaʼɴ/ と推定。

あふ会

óyung　2-118　アフ **óyung**〈会う〉

　　☼ 連用形「あひ」を含む。「あひをりむ」に対応。

　　/ʔoʼojuʼɴ/ と推定。注25)

あらそふ争

arasōyung　2-118　アラソフ **arasōyung**〈競う , 争う〉

　　☼ 連用形「あらそひ」を含む。「あらそひをりむ」に対応。

　　/ʔarasoʼojuʼɴ/ と推定。注26)

あらふ洗

arayā　4-238　ching **arayā**, "*a easher* (*man*)"〈洗濯する人〉

　　☼ 連用形「あらひ」を含む。「あらひや」に対応。

　　/ʔaraʼjaʼa/ と推定。

arārăng　1-51　ラは発音されないことが多い。(略) ラを発音しないかわりに、ラの
　　　　　　前に来る母音を伸ばすこともよく起こる。(略) 例えば、**arārăng**〈洗わない〉
　　　　　　は arāng

　　☼「ラ行（四段）化」後の未然形「あらら」を含む。「あららぬ」に対応。

　　/ʔararaʼɴ/ と推定。

arāng　1-51　ラは発音されないことが多い。(略) ラを発音しないかわりに、ラの
　　　　　　前に来る母音を伸ばすこともよく起こる。(略) 例えば、arārăng〈洗わない〉
　　　　　　は **arāng**

　　☼ 未然形「あらは」を含む。「あらはぬ」に対応。注27)

　　/ʔaraʼaʼɴ/ と推定。

いきあふ行会

itchati　3-107　dŭshĭ **itchati** munugataïshi ato "*meet to a friend & chat* "〈友達に
　　　　　　会って語らい , 〉

　　☼「いきあひて」に対応。

　　/ʔicjati/ と推定。

ichatang　4-232　sévényi **ichatang** "*happily* (*is blessing*) *I met*"〈幸いにも会った〉

　　☼「いきあひて」を含む。「いきあひてありむ→いきあひたりむ」に対応。

　　/ʔicjataʼɴ/ と推定。

ichataru　1-69　Vāgă undjú **ichataru** tuché amé furansiga, fuïgisatang。*At the
　　　　　　time I met you* ((*when I met you*, 英語では、*atethe time of meeting you*
　　　　　　とも言える)), *it did not rain, but was about to rain.*〈私があなたに会っ
　　　　　　た時、雨は降っていなかったが、降りそうだった〉

　　☼「いきあひて」を含む。「いきあひてある→いきあひたる」に対応。

　　/ʔicjataru/ と推定。

いふ言

i-tsikïung　3-114　í-tskiténdung[13]((tskiteng-dumu)), "*Although I commanded* "〈言いつけたが〉 [13] イウの短縮形 i と **tskïung**

　☼ 連用形「いひ」を含む。「いひつけをり<u>む</u>」に対応。

　/ʔi'iciki'u'ɴ/ と推定。

í-tskiténdung　3-114　**í-tskiténdung**[13]((tskiteng-dumu)), "*Although I commanded* "〈言いつけたが〉 [13] イウの短縮形 i と tskïung

　☼ 連用形「いひ」を含む。「いひつけてはあり<u>む</u>ども」に対応。

　/ʔi'icikite'e'ɴdu'ɴ/ と推定。

ī tskīru　5-98　shudjinnu toga ī tskīru yó nărāng, *The master, unable to find a way to pronounce on his gult,*　それで主人はその事を罪と決めつけるすべもなく，

　☼ 連用形「いひ」を含む。「いひつけをる」に対応。

　/ʔi'iciki'iru/ と推定。

ībŭnyĭ　5-95　winagonkae **ībŭnyĭ** *and said unto her* 女に（言うに）

ibunyi　5-98　s<u>ā</u>shitsīmati, **ibunyi** *nonplussed, said*　当惑し，（言った）

　☼ 連用形「いひ」を含む。「いひぶんに」に対応。

　/ʔi'ibu'ɴnji/ と推定。

ī mishényi　5-109　'hodji. k<u>ū</u>shinu **ī mishényi**　コヲシノ　イヒ　ミシヤニ　意味.*Confucy said*,〈孔子が言われた〉

　☼ 連用形「いひ」を含む。「いひめしあるに」に対応。

　/ʔimisje'enji/ と推定。

ï gurishang　6-36　ï gurishang（言いにくい。連用語幹 '-)〈hard〉

　☼ 連用形「いひ」を含む。「いひぐれしやありむ」に対応。

　/ʔi'igirisja'ɴ/ と推定。

iyung　2-87　kami-ndi **iyung** " *they call it kami*"*a god*'"〈彼等はそれをカミ（神）と言う〉

ïyung　4-232　satchinyi **ïyung**, "*to say before* "〈先に言う〉

ïyūng　3-108　yi ftu-ndi **ïyūng**. " *They say , he is agood man.*"〈皆彼をいい人であると言っている〉

　☼ 連用形「いひ」を含む。「いひをりむ」に対応。

　/ʔi'ju'ɴ/ と推定。

yung　1-67　chŭnŭ **yung**〈人々が言う，ある人が言う。〉

　☼ 連用形「いひ」を含む。「いひをりむ」に対応。

　/ʔju'ɴ/ と推定。[注28]

yŭrŭ　3-118　Vanné intëen-dŭ ichetassiga, nyādang((または nyāfĭng)) ofoku **yŭrŭ** kutunu ang. "*Although I said little, yet I had much more to say.* "〈わずかしか言わなかったが，しかし私にはまだ言うべきことがたくさんあった〉

　☼ 連用形「いひ」を含む。「いひをる」に対応。

　/ʔjuru/ と推定。

yŭgă 4-242 *"What do you call this, how is this called"* 〈これを何と呼んでいるか, これは何と呼ばれているのか〉は kuri nūndi yubayuga, nūndi **yŭgă**?（その返事の）*"a knife"* 〈小刀〉は sigundi ïyung.

☆ 連用形「いひ」を含む。「いひを（る）が」に対応。

/ʔjuga/ と推定。

ïyurashung 2-122 イウ〈言う〉現在 ïyūng, ichung 過去 ïchăng 否定 iyāng 命令 ī, ïrï 使役 **ïyurashung**

☆ 連用形「いひ」を含む。「いひをらしをり<u>む</u>」に対応。

/ʔi'jurasjuɴ/ と推定。

ïyura 3-124 Vaga anu nama itaru kutuba **ïyura**ndi((ïyarīndi)) umutassiga, anye ïyānsăyā, yantésăyā *"I thought the word now spoken ((this expression)) say able ((usable)) can one ((may one)) not say so-did they not say so?"* 〈今言った言葉（（この表現））は可能（（用いられる））〉と思ったけれど, そのような言い方はできないのか—そのような言い方はしなかったのか〉

☆ 連用形「いひ」を含む。「いひをら」に対応。

/ʔi'jura/ と推定。

ïyussing 4-232 kunu kutu **ïyussing** tsite, *"he saying this"* 〈彼がこう言っているので〉,((*"on account of his saying this"* 〈彼がこう言っている故に〉))

☆「連用形「いひ」を含む。いひを（る）すに」に対応。

/ʔi'jusiɴ/ と推定。

yussé 5-98 dūkŭyākŭndï **yussé** 'nchïnda ndi kangéti *he would have a look at what his master was pleased to call poisonous stuff* 主人が毒薬と言っておられるものを見てみようと考えた

yusé 5-107 アク　ジント　モノイヨスヤ　akudjintu munu**yusé** *to speak with a bad man,* 悪い人と話すことは,

☆ 連用形「いひ」を含む。「いひを（る）すは」に対応。

/ʔjuse'e/ と推定。

munuyusé 5-107 (fiódji) アク　ジント　モノイヨスヤ　akudjintu **munuyusé**, *to speak with a bad man,* 悪人と話すことは。

☆ 連用形「いひ」を含む。「ものいひを（る）すは」に対応。

/munu'juse'e/ と推定。

īssiga 3-119 Vanne gāttīnnŭ fūishi īndi((または ūndi)) **īssiga**, *"Although I may seemingly say yes,"* 〈私は合点したふりをして受け合うけれども〉

☆ 連用形「いひ」を含む。「いひを（る）すが」に対応。

/ʔi'isiga/ と推定。[注29]

itaru 3-124 Vaga anu nama **itaru** kutuba ïyurandi((ïyarīndi)) umutassiga, anye ïyānsăyā, yantésăyā *"I thought the word now spoken ((this expression)) say able ((usable)) can one ((may one)) not say so-did they not say so?"* 〈今言った言葉（（この表現））は可能（（用いられる））〉と思ったけれど, そのような言い方はできないのか—そのような言い方はしなかったのか〉

650　第4章　アルファベット資料の動詞形態の考察

☼ 連用形「いひ」を含む。「いひをりてある→いひをりたる」に対応。

/ʔitaru/ と推定。注30)

innayō　1-70　Vaga yānyi chunyi **innayō**ndi icharu kutuba, nkashinu shimutsi kara tuténgdo。*The words which I told you say to none, are taken from an old book.*〈私が君に誰にも言うなと言った言葉は、古い書物から取ったものだ〉

☼ 連用形「いひ」を含む。「いひをるなよ」に対応。

/ʔi'ɴna'jo'o/ と推定。/ʔi'uruna'jo'o → ʔi'juruna'jo'o → ʔi'ju'ɴna'jo'o → ʔju'ɴna'jo'o → ʔi'ɴna 'jo'o/ 等と変化か。

ichi　5-103　kūriga nī sura vākachi kūndi **ichi** toracha kutu, *desiring them to find out the root & to part*, その根の部分と先の部分を見分けるようにと言ってきたので

īchǐ　5-92　**īchǐ** *they say* 言って

īchǐ　2-87　yutasandi **īchǐ** "*he((says it to be)) finds it good*"〈彼はそれが良いと認める（と言った）〉

īchi　5-103　móshi ndjirīmdī **īchi**, *They informed them accordingly,*　申し出なさいと言った

īchǐ　5-95　umikakira ndi **īchǐ** *let you see* お目にかけましょうと

☼ 「いひて→いって」に対応。促音の脱落、及び破擦音化を経ている。

/ʔicji/ と推定。

icha kutu　5-90　nūng *whatever* 何も　yūdjū *use* 用所は néngdu *not having* ない aru-ndi *it is,* のであると　**icha kutu** *when she had said* 彼女が言った時, ichǎ kutu

　　　　　5-98　tunaïnu-mŭnŭdīng tārudī-chǐ tumuni bansindi **ichǎ kutu** *said the master, call in commission & let come a neighbor & keep watch together* 隣人を呼び入れて（頼み、来させて）一緒に番をしなさい, と主人は言った。

☼ 「いひて」を含む。「いひてあ（る）こと→いった（る）こと」に対応。

/ʔicjakutu/ と推定。促音脱落、及び破擦音化を経ている。

ichang　4-243　sigundi irindi **ichang**. "*He told me I should tell you it is a knife*"〈それは小刀であると言うようにと, 彼は私に言った〉

ǐchāng　5-88　nūyătī *why* なぜ　mūdŭtī *returned* 戻って　chăgāndī *did you come* 来たかと　**ǐchāng** (*she said*)（言った）

ǐchăng　2-122　イウ〈言う〉現在 ïyūng, ichung　過去 **ǐchăng**　否定 iyāng　命令 ī, ïrǐ　使役 ïyurashung

☼ 「いひて」を含む。「いひてありむ→いったりむ」に対応。促音脱落、及び破擦音化を経ている。

/ʔicja'ɴ/ と推定。

icharu　1-70　Vaga yānyi chunyi innayōndi **icharu** kutuba, nkashinu shimutsi kara tuténgdo。*The words which I told you say to none, are taken from an old book.*〈私が君に誰にも言うなと言った言葉は、古い書物から取ったものだ〉

第2節　ベッテルハイム『琉球語と日本語の文法の要綱』・『琉球語辞書』の動詞形態の考察　651

☆「いひて」を含む。「いひてある→いったる」に対応。

/Ɂicjaru/ と推定。促音脱落、及び破擦音化を経ている。

icharé　5-95　tsira *face* 顔を uchagĭtĭ *raise up* 上げて ndĭndi *let me see* 見せなさい
　　　　と **icharé** 言って

☆「いひて」を含む。「いひてあれは→いったれは」に対応。促音の脱落、及び破擦音化を経ている。

/Ɂicjare'e/ と推定。

itchēru　2-86　**itchēru** tuï du sheru" (*It is*) *done according to what has been said*"
　　　　〈言った通りにしてある〉

☆「いひて」を含む。「いひてはある」に対応。破擦音化を経ている。

/Ɂicje'eru/ と推定。

ichésiga　1-55　vané kunu shimutzi 'yanyi kvirindi((arinyi)) **ichésiga**, aré
　　　　kvirang. *Although I told him to give you the book, he gave* (*it*) *not.*

ichéssiga　3-115　Wanné kunnnayóndi **ichéssiga**, chóndo, "*although I told him not
　　　　to come, yet he came.* "〈私は来るなと言ったが, 彼は来ているんだよ〉

☆「いひて」を含む。「いひてはあ（る）すが」に対応。破擦音化を経ている。

/Ɂicje'esiga/ と推定。

itchésé　1-70　ここでは *What has been told to you* に相当する部分に、ittankae **itchésé**,
　　　　icharu tukuró, 又は, itcharu tukurunu kutu あるいは mung, 又は icharukutu
　　　　を使うこともできる。

☆「いひて」を含む。「いひてはあ（る）すは」に対応。破擦音化を経ている。

/Ɂicje'ese'e/ と推定。

ichetassiga　3-118　Vanné intëen-dǔ **ichetassiga**, nyādang((ま た は nyāfĭng)) ofoku
　　　　yŭrŭ kutunu ang. "*Although I said little, yet I had much more to say.* "
　　　　〈わずかしか言わなかったが, しかし私にはまだ言うべきことがたくさ
　　　　んあった〉

☆「いひて」を含む。「いひてはありてあ（る）すが」に対応。破擦音化を経ている。

/Ɂicje'etasiga/ と推定。

ichung　1-67　ichuru bashing ang, yényé **ichung**。〈時々人がそう言うかも知れない〉
　　　　2-122　イウ〈言う〉現在 ïyūng, **ichung** 過去 ĭchăng 否定 iyāng 命令 ĭ,ĭrĭ
　　　　使役 ïyurashung
　　　　3-114　Nantó ichīng[3] chikang, "*say ever so much, he does not obey* "〈い
　　　　くら言っても, 彼は聞かない〉[3] イウ, 不規則動詞 ïyung, または ichung, "*I
　　　　say* "〈言う〉。

☆「いひて」を含む。「いひてをりむ」に対応。破擦音化を経ている。

/Ɂicju'ɴ/ と推定。

ichuru　1-67　**ichuru** bashing ang, yényé ichung。〈時々人がそう言うかも知れない〉

☆「いひて」を含む。「いひてをる」に対応。

/Ɂicjuru/ と推定。

ichīng　3-114　Nantó **ichīng** chikang, "*say ever so much, he does not obey* "〈いく
　　　　ら言っても, 彼は聞かない〉

☆「いひて」を含む。「いひても」に対応。破擦音化を経ている。

/ʔicjiʼɴ/ と推定。

ïyū　5-102　マタ　イウ　ベカラン　コト　コヽロニ　チザキヤ　スマン。mata **ïyū** bikarang kutu kukurunyi chizache simang. *& what you are afraid to speak of*（*and what cannot be uttered*）*don't let spring up in your heat.*

ïyu　4-240　dū yakā chó massati nzosasshusi utunᾱssa mitchinu itadachitu **ïyu** bichī　"*& forgo all private interests for others may be said the height of morality*"〈自己の利益より他人のことを考えることは, 道徳の極みと言えよう〉

ïyū　1-55　vané kunu shimutzi ʼyanyi kvirindi((arinyi)) ichésiga[7], aré kvirang. *Aithough I told him to give you the book, he gave*（*it*）*not.*　[7]. イウ **ïyū**, ʼyu〈言う〉

☆終止形「いふ」に対応。

/ʔiʼju/ と推定。

ʼyu 1-55　vané kunu shimutzi ʼyanyi kvirindi((arinyi)) ichésiga[7], aré kvirang. *Aithough I told him to give you the book, he gave*（*it*）*not.*　[7]. イウ ïyū, **ʼyu**〈言う〉

☆終止形「いふ」に対応。

/ʔju/ と推定。

ïyunyé　3-125　Kafushi **ïyunyé** uyubang, tarirang. "*Not worth thanks*((*the saying of thanks*))"〈感謝する,（感謝を述べる）価値はない〉

☆「いふには」に対応。「いふには→いふにや」。

/ʔiʼjunjeʼe/ と推定。

m̄unuyū kŭtŭ　5-107　(Yumĭ)　アク　ジント　モノユ　コト　aku djintu **m̄unuyū kŭtŭ**, *to speak with a bad man,*　悪人と話すことは

☆「もの　いふ　こと」に対応。

/munuʼjuʼu kutu/ と推定。

ivaku　5-111　Yinshika **ivaku**　尹氏（Yinshi）が言うには

īvăkŭ　5-111　Tishinu **īvăkŭ**　程氏（Ching shi）が言うには

☆「いはく」に対応。

/ʔiʼwaku/ と推定。

ïyang　3-114　Vanné **ïyang** ating, tudzikirang atanting"*although I did not say,*"〈たとえ私が言わなかった, 言いつけなかったとしても〉

ïyăng　6-36　**ïyăng**（言わない。基本語幹 ïy-)〈say〉iya([ʔiya]) が ïya（[ʔja]）と音変化しているのである。

iyăng　2-122　イウ〈言う〉現在 ïyūng, ichung　過去 ĭchăng　否定 **iyăng**　命令 ī, ĭrĭ 使役 ïyurashung

iyăng　3-119　Nŭchĭ stiti shóting ((stiting)) iyankae kafushé **iyăng**[5]. "*You might have laid might lay down your life for him, he would not thank you.*"〈彼のために生命を捨てる覚悟でしても, 彼は感謝しないだろう〉　[5]iyăng(iyung の否定形）

☆未然形「いは」を含む。「いはぬ」に対応。

/ʔi'ja'ɴ/ と推定。

ïyā̆nsă̄　3-124　Vaga anu nama itaru kutuba ïyurandi((ïyarīndi)) umutassiga,
anye **ïyā̆nsăyā**, yantésă̆yā̄　"*I thought the word now spoken ((this
expression)) say able ((usable)) can one ((may one)) not say so-did they
not say so?*"〈今言った言葉（（この表現））は可能（（用いられる)））と思っ
たけれど，そのような言い方はできないのか─そのような言い方はしなかっ
たのか〉

　☆ 未然形「いは」を含む。「いはぬさ」に対応。

/ʔi'ja'ɴsa/ と推定。

ïyanse　3-127　Munu kanyuruba munnu **ïyanse** mashi, yuku nudinkae iundo. "*At
meal it isi better not to talk, lest it ((the food)) go into the wrong throat.* "
〈食事中は話をしない方が良い。気管が支えてはいけないから〉

　☆ 未然形「いは」を含む。「いはぬすは」に対応。

/ʔi'ja'ɴse'e/ と推定。

yantésă̄　3-124　Vaga anu nama itaru kutuba ïyurandi((ïyarīndi)) umutassiga,
anye ïyā̆nsăyā, **yantésă̆yā̄**　"*I thought the word now spoken ((this
expression)) say able ((usable)) can one ((may one)) not say so-did they
not say so?*"〈今言った言葉（（この表現））は可能（（用いられる)））と思っ
たけれど，そのような言い方はできないのか─そのような言い方はしな
かったのか〉

　☆ 未然形「いは」を含む。「いはぬてはあ（る）さ」に対応。

/ʔja'ɴte'esa/ と推定。

ïyarīn　3-124　Vaga anu nama itaru kutuba ïyurandi((**ïyarīn**di)) umutassiga, anye
ïyā̆nsăyā, yantésă̆yā̄　"*I thought the word now spoken ((this expression))
say able ((usable)) can one ((may one)) not say so-did they not say so?*"〈今
言った言葉（（この表現））は可能（（用いられる)））と思ったけれど，そのよう
な言い方はできないのか─そのような言い方はしなかったのか〉

iyarīng　6-36　**iyarīng**（言われる〈受身〉。基本語幹 iy-)〈say〉

　☆ 未然形「いは」を含む。「いはれをりむ」に対応。

/ʔi'jari'i'ɴ/ と推定。

iyattong　6-37　**iyattong**（言われている〈受動態〉。音便語幹 iya-)〈say〉

　☆ 未然形「いは」を含む。「いはれてはをりむ」に対応。

/ʔi'jaQto'o'ɴ / と推定。

iyashundung　3-114　Ching nórindi **iyashundung**, norantang, "*although I told her
often to sow, she did not.* "〈着物を縫いなさいといくら言っても，縫わ
なかった〉

　☆ 未然形「いは」を含む。「いはしをりむども」に対応。

/ʔi'jasju'ɴdu'ɴ/ と推定。

ïyaráng　6-37　**ïyaráng**（言われない。基本語幹 ïyar-)〈speak〉

　☆ 未然形「いは」を含む。「いはらぬ」に対応。

654　第 4 章　アルファベット資料の動詞形態の考察

/ʔi'jara'N/ と推定。注31)

ïvang 5-101 タヾイマ ウリレンデ イワン キカン， ウリランタコト注21) tadēma
　　　　uririndi **ïvang** chkang. urirānta kūtū *Quickly come down! But as the boy*
　　　　would not hear nor come down, すぐ降りなさいと言った。しかし，その子供は
　　　　聞き入れず，降りて来なかったので，

　　☼ 未然形「いは」を含む。「いはも」に対応。「言っても」の意となる。

　　/ʔi'wa'N/ と推定。

irang 6-36 **irang**（言わない。基本語幹 ir-）〈say〉

　　☼「ラ行（四段）化」後の未然形「いら」を含む。「いらぬ」に対応。

　　/ʔira'N/ と推定。

ī 2-122 イウ〈言う〉現在 ïyūng, ichung　過去 ïchăng　否定 iyāng　命令 ī,ïrĭ
　　使役 ïyurashung

　　☼ 命令形「いへ」に対応。「いへ→いひ→いい」のように変化か。

　　/ʔi'i/ と推定。

ïyé 6-36 **ïyé**（言え。基本語幹 ïy-）〈say〉

　　☼ 命令形「いへ」を含む。「いへは」に対応。

　　/ʔi'e'e/ と推定。/ʔje'e/ の可能性もある。

ïrĭ 2-122 イウ〈言う〉現在 ïyūng, ichung　過去 ïchăng　否定 iyāng　命令 ī,ïrĭ
　　使役 ïyurashung

iri 4-243 sigundi **iri**ndi ichang. *"He told me I should tell you it is a knife"*〈それ
　　は小刀であると言うようにと，彼は私に言った〉

　　☼「ラ行（四段）化」後の命令形「いれ」に対応。

　　/ʔiri/ と推定。

iré 6-36 **iré**（言え。基本語幹 ir-）〈say〉

　　☼「ラ行（四段）化」後の命令形「いれ」を含む。「いれは」に対応。

　　/ʔire'e/ と推定。

īdŏmŏ 5-109 （Yumi）テンガ　シヤウジ　ヤスキノ　モノ　アリト　イヘドモ
　　　　Tinga shódji yassĭchĭnŭ āritu **īdŏmŏ**, *Even the easy easiest growing thi*注32)
　　　　ngs in the world, この世で（一番）芽を出し易いものでも

　　☼ 已然形「いへ」を含む。「いへども」に対応。

　　/ʔi'idumu/ と推定。

うたがふ疑

utageye 3-120 Tassikiru chimu makutunyi aidung shutere, **utageye** nerang
　　　　tassikitara hazi yassiga. *"Had they really desired to help you, no*
　　　　doubt, they might have helped you, but,"〈彼らが本当に君を助ける気
　　　　持があったなら，疑いなく助けていたはずだが。〉

utagéyé 3-117 Chinyu vūti tskoyuru kangenu, atéré((atidung vutéré)) **utagéyé**
　　　　nérang, chiaki tskoï oshutara((tskotóchutara)) hazi yassiga. *"If you had*
　　　　desired to do it yesterday, you might no doubt heve done it"〈君が昨日
　　　　なしとげる考えがあったならば，疑いなくなし終えていただろう〉

☆ 連用形「うたがひ」を含む。「うたがひは」に対応。

/ʔutage'e'e/ と推定。/ʔutage'e'ja/ の変化形か。

utagetóru　5-100　**utagetóru** fitubitu uffóku atsimiti, *He assembled many of the suspected,* 彼は容疑者を多く集め，

☆ 「うたがひて」を含む。「うたがひてはをる」に対応。

/ʔutage'eto'oru/ と推定。/ʔutagato'oru/ ではない。

うたふ歌

utarang　6-35　**utarang**（歌わない。基本語幹 utar-）〈narrate〉

☆ 「ラ行（四段）化」後の未然形「うたら」を含む。「うたらぬ」に対応。

/ʔutara'n/ と推定。

utāchóng　6-35　**utāchóng**（歌わせている。基本語幹 ut-）〈woman〉全体は使役態の「過去終止形」である。これから否定の「終止形」は utāng であると推定できる。

☆ 未然形「うたは」を含む。「うたはしてはをり<u>む</u>」に対応。

/ʔuta'acjo'o'n/ と推定。

おぎなふ補

udjinōti　5-102　Tăkără dāmănŭ kagitóse **udjinōti**-nósarissiga,　タカラ　ダマノ　カゲテ　ヲスヤ　ヲジノフテ　ナウサレヨスガ *The failings of a precious stone can be reoaired,* 宝玉の傷は補修できるが，

☆ 「おぎなうて」に対応。

/ʔuzjino'oti/ と推定。

おこなふ行

ukunăyūng　2-118　ヲコナフ ukunó(**ukunăyūng**)〈行なう〉 注33)

☆ 連用形「おこなひ」を含む。「おこなひをり<u>む</u>」に対応。

/ʔukuna'ju'n/ と推定。

ukunó　5-102　Fitó **ukunó** bikarang kutū　ヒトワ　ヲコナフ　ベカラン　コト　*What you are ashamed to do,*　恥ずかしくてできないと思うことは

☆ 「おこなふ→おこなう→おこのう」に対応。

/ʔukuno'o/ と推定。

ukunati　5-101　Kŭchīshĭ imashimiti kumi ukirang munó shūshŭ tōga **ukunati**,　クチシ　イマシミテ　クミ　ウケラン　モノワ　シヨヲ　く：　トガ　ヲコナテ 注34)　*that he who does not mind a remonstrance (with the mouth)it is right to punish him alittle*　（口で言っても）聞き入れる心を持っていなければ，その人を少々罰することは妥当であり，

☆ 「おこなひて→おこなって」に対応。

/ʔukunati/ と推定。

おふ追

ūyŭn　5-98　uri **ūyŭn**dĭ machigéshi kachi yati, *while driving it, by mistake I tore (the wardrobe)* それを追いたてている間に，まちがって（衣類を）引き裂いてしまいました

☆ 連用形「おひ」を含む。「おひをり<u>む</u>」に対応。

/ʔu'u'juʹɴ/ と推定。

おもふ思

umúï　4-233　((十分に意を尽せないために))思い残しがある時((**umúï**nu nukuchóru ba))　注35)

　　　　6-35　**umúï**dunse（思いぞすれば。連用形語幹 umú-)〈forget〉

　　☆ 連用形「おもひ」に対応。

　　/ʔumu'i/ と推定。

omi késhi　6-35　**omi késhi**（思い返し。連用形語幹 om-)〈think〉語頭の u と o が相違しているが、音韻的には同じ音である。

　　☆ 連用形「おもひ」を含む。「おもひかへし」に対応。

　　/ʔumike'esji/ と推定。

umi(umūï)　6-35　**umi(umūï)**tskayung（思いつかる。連用形語幹 um-/umú)〈expect〉かっこは umi tskayung とも umūï tskayung とも言うことを表している。umūï と umúï は音韻的には同じと考えられる。　注36)

　　☆ 連用形「おもひ」に対応。

　　/ʔumi'i(ʔumu'i)/ と推定。

umŭnna　3-118　Vanné mugúndu shotassiga urīrantandi **umŭnna**yo. "*Although I kept silence, think not I was not grieved.* "〈無言でいたけれども , 憂えていなかったとは思わないでくれ〉

　　☆ 連用形「おもひ」を含む。「おもひをるな」に対応。

　　/ʔumu'ɴna/ と推定。

umuyung　3-108　yi ftu-ndi **umuyung**, または umutóng((ヲモテヲン)) "*I think him to be a good man.* " "*I think him a good man.* " '*bonum hominem ((esse)) existimo.*'〈彼はいい人と思う〉

úmuyung　6-35　**úmuyung**（思う。音便語幹 umuy-)〈think〉

ūmuyūng　2-118　ヲモフ **ūmuyūng**〈思う〉　注37)

ūmŭyŭng　1-52　ヲモフは **ūmŭyŭng**〈思ふ〉　注37)

　　☆ 連用形「おもひ」を含む。「おもひをりむ」に対応。

　　/ʔumu'juʹɴ/ と推定。

umuré　3-121　Tukuttu **umuré**, ah, duttu zannying du yaru. "*Considering this fully (quietly) , I feel I am guilty((distressed)).*"〈これをとくと ((静かに)) 考えてみると , 残念な気持になる ((気が滅入る))〉

　　☆ 連用形「おもひ」を含む。「おもひをれば」に対応。

　　/ʔumure'e/ と推定。

umāng　4-239　umurang, **umāng**, umāzi(知識階級の間では，否定形に zi を用いることがある。例えば，umurang や , その異形である umāng の代わりに umāzi, "*I think not*"〈思わない〉,yirangyizi,"*obtain not*"〈貰わない〉と言うことがある。)

　　☆ 未然形「おもは」を含む。「おもはぬ」に対応。

　　/ʔuma'aʹɴ/ と推定。/ʔumura'ɴ/ もあり、共存状態か。

umāzi　4-239　umurang, umāng, **umāzi**(知識階級の間では，否定形に zi を用いることがある。例えば，umurang や，その異形である umāng の代わりに umāzi, *"I think not"*〈思わない〉,yirangyizi,*"obtain not"*〈貰わない〉と言うことがある。)

　　☆ 未然形「おもは」を含む。「おもはず」に対応。注38)

　　/ʔuma'azi/ と推定。

umura　6-35　**umura**ndi shi（思おうとし。基本語幹 umur-）〈him〉umura は志向形であり、前項と同じ基本語幹から作られる。

　　☆「ラ行（四段）化」後の未然形「おもら」に対応。

　　/ʔumura/ と推定。

umurang　4-239　**umurang**, umāng, umāzi(知識階級の間では，否定形に zi を用いることがある。例えば，umurang や，その異形である umāng の代わりに umāzi, *"I think not"*〈思わない〉,yirangyizi,*"obtain not"*〈貰わない〉と言うことがある。)

　　☆「ラ行（四段）化」後の未然形「おもら」を含む。「おもらぬ」に対応。

　　/ʔumura'ɴ/ と推定。/ʔuma'a'ɴ/ もあり、共存状態か。

umuti　5-96　shŭdjïnnŭng *The master likewise* 主人もまた　zungwényi *extraordinary (strange)* 存外に（不思議に）**umuti**, *thought it,* 思って,

ŭmŭtĭ　5-96　Vă (*when*) *my* 私の　kutu *things* (*i.e.me*) 事を（すなわち，私を）**ŭmŭtĭ** *you remember*　思って

ŭmŭtĭ　5-96　kăvăĭ kăgăndŭ *a strange glass* 変な鏡　yarundi *to be* であると **ŭmŭtĭ** *she thought* 思ったが,

　　☆「おもひて→おもって」に対応。促音脱落の変化がある。

　　/ʔumuti/ と推定。

umuti kara　6-35　**umuti kara**（思ってから。音便語幹 umut-）〈think〉

　　☆「おもひて」を含む。「おもひてから」に対応。

　　/ʔumutikara/ と推定。

umutaga　3-127　Haru utchéru ba iya mūngdó, uratti áto mata iyagadu kamūyŭng, chimu nakae nanzu kunu kutu **umutaga**? " *Whilst it* ((*the field*)) *remained, it was thine, & after being sold, it was again you who superintended* ((*the thing*)). *Why hast thou conceived this thing in thy heart.* "〈((畑が)) 手もとにある間は汝のものであったし，また，売った後も，((それを)) 管理しているのは汝であった。何故心の中でかくの如き事を考えたのか。〉

　　☆「おもひて」を含む。「おもひてあ（る）が→おもひた（る）が」に対応。

　　/ʔumutaga/ と推定。

umutassiga　3-124　Vaga anu nama itaru kutuba ïyurandi((ïyarīndi)) **umutassiga**, anye ïyānsăyā, yantésăyā " *I thought the word now spoken* ((*this expression*)) *say able* ((*usable*)) *can one* ((*may one*)) *not say so-did they not say so?* "〈今言った言葉 ((この表現)) は可能 ((用いられる))〉と思っ

658　第4章　アルファベット資料の動詞形態の考察

たけれど，そのような言い方はできないのか─そのような言い方はしな
かったのか〉

☆「おもひて」を含む。「おもひてあ（る）すが→おもひた（る）すが」に対応。

/ʔumutasiga/ と推定。

umuta　3-126　**Umuta** fuï，または umutoru fuï，"*as though he thought*"〈あたかも
思っているかのように〉

☆「おもひて」を含む。「おもひてあ（る）→おもひた（る）」に対応。

/ʔumuta/ と推定。

umutóng　3-108　3-108　yi ftu-ndi umuyung，または **umutóng**（（ヲモテヲン））"*I think
him to be a good man.*" "*I think him a good man.*" '*bonum hominem
((esse)) existimo.*'〈彼はいい人と思う〉　umutóng（（ヲモテヲン））注39

☆「おもひて」を含む。「おもひてはをり<u>む</u>」に対応。

/ʔumuto'o'ɴ/ と推定。

umutoru　3-126　Umuta fuï，または **umutoru** fuï，"*as though he thought*"〈あたか
も思っているかのように〉

☆「おもひて」を含む。「おもひてはをる」に対応。

/ʔumuto'oru/ と推定。

かなふ叶

kănăyŭsĭ　5-90　mata wŭttŭng *& the husband also*，そして夫も　tudjinu kutuba *the
wife's words*，妻の言葉が　djĭrĭnyĭ **kănăyŭsĭ** *to propriety corresponding*，義
理に適っているのは　chĭchĭ shitāgäïdūnsé *would hear & follow*，従ったなら
ば

☆連用形「かなひ」を含む。「かなひを（る）す」に対応。

/kana'jusi/ と推定。

kanavang　3-111　**kanavang** の代わりに kanāng "*to suit one*(2)"〈適う〉等々を用
いるのが，(2) "*not to suit one*" の誤りであろう。

☆未然形「かなは」を含む。「かなはぬ」に対応。

/kana'wa'ɴ/ と推定。/kana'a'ɴ/ と共存状態か。

kanāng　3-111　kanavang の代わりに **kanāng** "*to suit one*(2)"〈適う〉等々を用いる
のが，(2) "*not to suit one*" の誤りであろう。kanavang, kanāng

☆未然形「かなは」を含む。「かなはぬ」に対応。

/kana'a'ɴ/ と推定。/kana'wa'ɴ/ と共存状態か。

かふ買

kóï ósan　6-32　**kóï ósan**（買いおおせない。連用形語幹 kóy-）〈priceess〉　kóï の
ï は母音の後に来ているので yi とみなすと前項と同じになる。

（㊟　前項は，「kóyiga ikandi」である。）

☆「ラ行（四段）化」後の連用形「かうり」を含む。「かうりおほさぬ」に対応。「買うり果さぬ」であ
る。

/ko'o'iʔo'osa'ɴ/ と推定。

kóyiga　6-32　**kóyiga** ikandi（買いに行こうと。連用形語幹 kóy-）〈go〉

☼「ラ行（四段）化」後の連用形「かうり」を含む。「かうりが」に対応。

/ko'o'iga/ と推定。

kó 2-118 カウ **kó**((琉球語では常に kóru と言う))〈買う〉

☼「かふ→かう→こう」に対応。

/ko'o/ と推定。

koyung 3-114 Dzing kviran ating((atanting)), iyaga kŏti[17] chóki vadu sinyuru, "*although I gave no money you should still have bought((& come))*"〈たとえお金をあげなかったとしても，君が買っておくべきだった〉 [17]**koyung**

kóyung 6-32 **kóyung**（買う。融合語幹 kóy-）〈buy〉

☼「ラ行（四段）化」後の連用形「かうり」を含む。「かうりをり<u>む</u>」に対応。「かうをりむ」の可能性もあるか。

/ko'o'ju'N/ と推定。

kóri 1-68 tā yaravang, ūyŭssĭ((uyung は〈売る〉))kărā **kóri**〈売る人が誰であろうとその人から買いなさい〉

☼「ラ行（四段）化」後の連用形「かうり」を含む。「かうりをれ」に対応。「かうをれ」の可能性もあるか。

/ko'ori/ と推定。

kórarang 4-233 dzin neng shi **kórarang**, "*having no money (done, while having no money) nothing can be bought,* "〈お金がないので（お金のないときになされて）何も買えない〉

☼「ラ行（四段）化」後の未然形「かうら」を含む。「かうららぬ」に対応。

/ko'orara'N/ と推定。

kórārāntăng 4-236 Dzing néntă kŭtū **kórārāntăng**, "*As I had no money, I could not not buy.*"〈お金がなかったので，買えなかった〉

☼「ラ行（四段）化」後の未然形「かうら」を含む。「かうらぬたり<u>む</u>」に対応。

/ko'ora'Nta'N/ と推定。

kórachang 6-32 **kórachang**（買わせた。基本語幹 kór-）〈employ〉これから、「買わない」は kórang であると推察される

☼「ラ行（四段）化」後の未然形「かうら」を含む。「かうらしてありむ」に対応。

/ko'oracja'N/ と推定。

kotĭ 3-111 **kotĭ**ch-chi,"*he bought & came* "〈彼は買って，そして来た〉

kŏti 3-114 Dzing kviran ating((atanting)), iyaga **kŏti** chóki vadu sinyuru, "*although I gave no money you should still have bought((& come))* "〈たとえお金をあげなかったとしても，君が買っておくべきだった〉

kóti 3-116 Matchinkae ndjitivutērē((wurava, wuïdunse)), yī mung **kóti** kvĭŭtāssiga, "*Had I gone to market, I should have bought & given you some thing good ((but I was not)).*"〈市場に出かけていたならば，良い物を買って君に上げただろう（が私はそこにいなかった）〉

☼「かうて」に対応。「かひをりて」の可能性もあるか。

/ko'oti/ と推定。

kótang 3-128 Vanya sūnshi-mivakó yatassiga,adde((ari)) **kótang**. "*Although I explained I was a loser, yet he bought.* "〈私が損をすると説明したが，彼

660 第4章 アルファベット資料の動詞形態の考察

　　　　は買い取った〉

　　6-33　kótang（買った。音便語幹 kót-）〈prejudice〉注40)

　☆「かうてありむ」に対応。「かひをりてありむ」の可能性もあるか。

　/ko'ota'ɴ/ と推定。

kótaru　1-69　anu ftu chinyu va kara shimutzi **kótaru** munó, chū mata chóng. *the man, who bought yesterday a book from me, came today again*〈昨日私から本を買った人がまた来た〉

kotaru　1-69　anu chinyu va kara shimutzi **kotaru** ftu, chu mata chong　*the man, who bought yesterday a book from me, came today again*〈昨日私から本を買った人がまた来た〉

　☆「かうてある」に対応。「かひをりてある」の可能性もあるか。

　/ko'otaru/ と推定。

かまふ構

kamūyūng　3-127　Haru utchéru ba iya mūngdó, uratti áto mata iyagadu **kamūyŭng**, chimu nakae nanzu kunu kutu umutaga? "*Whilst it ((the field)) remained, it was thine, & after being sold, it was again you who superintended ((the thing)). Why hast thou conceived this thing in thy heart.*"〈((畑が)) 手もとにある間は汝のものであったし，また，売った後も，((それを)) 管理しているのは汝であった。何故心の中でかくの如き事を考えたのか。〉kamūyūng

　☆連用形「かむひ」を含む。「かむひをりむ」に対応。（音韻的には「かむふ」に対応）

　/kamu'ju'ɴ/ と推定。

kamurang　3-120　kūvang, kūng aravang kāmāng((**kamurang**)) "*whethtr he come or not, I don't mind.*"〈彼が来ても来なくても構わない〉

　☆「ラ行（四段）化」後の未然形「かむら」を含む。「かむらぬ」に対応。（音韻的には「かむふ」に対応）

　/kamura'ɴ/ と推定。

kămāng　3-120　kūvang, kūng aravang **kămāng**((kamurang)) "*whethtr he come or not, I don't mind.*"〈彼が来ても来なくても構わない〉

　☆未然形「かまは」を含む。「かまはぬ」に対応。

　/kama'a'ɴ/ と推定。

くらふ食

kvayabitassiga　5-98　skushi **kvayabitassiga**, shinyāng, uffóku kvatārava shinyigashurandi umuti, sūyó kvayabitassiga, shinyabirang, "*& ate a little, but did not die. I thought on eating much I-should-die, but though I ate it allup I could not die.*"〈少し食べましたが死にませんでした。沢山食べたら死ぬだろうと思って，すっかり食べてしまいましたが，死ねませんでした。〉

　☆連用形「くらひ」を含む。「くらひをりはべりた（る）すが」に対応。

　/kwa'jabitasiga/ と推定。

kvatārava　5-98　skushi kvayabitassiga, shinyāng, uffóku **kvatārava** shinyigashurandi umuti, sūyó kvayabitassiga, shinyabirang, "*& ate a little, but did not die. I thought on eating much I-should-die, but though I ate it allup I could not die.*" 〈少し食べましたが死にませんでした。沢山食べたら死ぬだろうと思って，すっかり食べてしまいましたが，死ねませんでした。〉

☆「くらひて」を含む。「くらひてあらは→くらひたらは」に対応。

/kwatara'wa/ と推定。

kvédjira　4-235　ye hïa, gatchi! yé hia **kvédjira**! "*You glutton!*"〈このがき野郎！〉

☆連用形「くらひ」を含む。「くらひぎれや」に対応。

/kwe'ezjira'a/ と推定。

こふ乞

Ĭtōmă gōï　5-107　**Ĭtōmă gō.ĭ.**(*Good by.*)　さようなら。

itoma goï　5-107　Tó, **itoma goï.**(*Good by.*)　さようなら。

☆連用形「こひ」を含む。「いとまごひ」に対応。

/ʔitumago('o)'i/ と推定。

kūrang　3-126　Yāsha-djinyi shing ((yashashi shidjing)) munó **kūrang**, "*Sooner die hunger than beg*"〈物乞いするよりは飢え死にしよう〉

☆「ラ行（四段）化」後の未然形「こうら」を含む。「こうらぬ」に対応。

/ku'ura'ɴ/ と推定。

したがふ従

shtăgăi　5-90　mata wūttŭng *& the husband also,* そして夫も　tudjinu kutuba *the wife's words,* 妻の言葉が　djīrĭnyĭ kănāyŭsĭ *to propriety corresponding,* 義理に適っているのは　chĭchĭ shitāgăĭdūnsé *would hear & follow,* 従ったならば **shtăgăi dū**nsĕ

☆連用形「したがひ」に対応。

/sjitaga'i/ と推定。

shtagati　4-232　yūtti,tsītĭ,**shtagati**,uïti((まれに聞かれる)): これらはすべて "*on account*"〈故に〉,"*in consequence of*"〈…の結果〉,"*in accordance with*"〈…によって〉を意味し，与格を支配する。shtagati

☆「したがひて→したがって」に対応。促音脱落の変化がある。

/sjitagati/ と推定。

shtagó　5-110　ヒトノ　アヤマテルヤ　ヲノく　ソノ　タウニ　シヤガフ（ママ）　fitunu ayamatiruya ūnuūnu sunu tónyi **shtagó** *the failings of a man betray* (*are within*)*his condition* (*class*)　人の過ちは，その人の人となり（類）をあらわす。

☆「したがふ→したがう→したごう」に対応。

/sjitago'o/ と推定。

すくふ救

skuyun　2-86　Ftu **skuyun**didu charu "*Only to save man* ((*he*)) *came*"〈人を救うためだけに来た〉注41)

☆連用形「すくひ」を含む。「すくひをりむ」に対応。

/suku'ju'ɴ/ と推定。

そふ添

sīyung 2-118 ソフ **sīyung** 〈余分に加える〉

☼ 連用形「そひ」を含む。「そひをりむ」に対応。「そへりをりむ」の可能性もある。

/si'i'ju'ɴ/ と推定。

ちがふ違

michi chigé 4-238 **michi-chigé**(*"a way-mistake"* 〈道違い〉)

☼ 連用形「ちがひ」を含む。「みちちがひ」に対応。

/micjicjige'e/ と推定。

つかなふ養

tskané 1-53 **tskanéngwă** 〈養い子〉

☼ 連用形「つかなひ」に対応。

/cikane'e/ と推定。

つかふ使

tsiké 1-57 **tinnu tsiké** 〈天使〉

☼ 連用形「つかひ」に対応。

/cike'e/ と推定。

furiziké 3-107 Dzinó assiga, mūnū kangé nengshi, **furizikéshi,** *"He had money, but being inconsiderate & prodigal, "* 〈お金は持っていたが, 思慮が浅く, 放蕩だったので,〉

☼ 連用形「つかひ」を含む。「ふれづかひ」に対応。

/hwurizike'e/ と推定。

tskayung 6-35 **tskayung** 〈使う。融合語幹 tskay-〉〈delegate〉

☼ 連用形「つかひ」を含む。「つかひをりむ」に対応。

/cika'ju'ɴ/ と推定。

tskoyung 6-35 **tskoyung** 〈使う。融合語幹 tskoy- 〉〈do〉

☼「つかうをりむ」に対応。「つかひをりむ」の可能性もある。

/ciko'o'ju'ɴ/ と推定。

tsikarirang 1-51 ラは発音されないことが多い。(略) ラを発音しないかわりに、ラの前に来る母音を伸ばすこともよく起こる。 (略) **tsikarirang** 〈使われない〉は tsikārang.

☼ 未然形「つかは」を含む。「つかはれらぬ」に対応。

/cika'arira'ɴ/ と推定。

tsikārang 1-51 ラは発音されないことが多い。(略) ラを発音しないかわりに、ラの前に来る母音を伸ばすこともよく起こる。 (略) tsikarirang 〈使われない〉は **tsikārang**.

☼ 未然形「つかは」を含む。「つかはらぬ」に対応。

/cika'ara'ɴ/ と推定。

tskarattang 3-110 一般的にいって, この言語は未来時制の場合と同様に受身形になじまない。(略)tskateng, *"sent "* 〈(使いを)送った〉という用法が,(略)

tskarattang という（受身の）用法よりも，頻繁に用いられる。

☆ 未然形「つかは」を含む。「つかはられたり<u>む</u>」に対応。

/cika'araQta'ɴ/ と推定。促音ありと考える。/cika'aQta'ɴ/ を参照のこと。

tsikati　3-117　Dzing kanginshi **tsikati**-dung atere　"*If you had been sparing of money*"〈君がお金をかげんして使っていたら，〉

tskāti　5-103　kī īppŭng **tskāti** *ent a beam*　一本の木材を送ってきて，

☆「つかひて→つかって」に対応。

/cikati/ と推定。促音脱落の変化がある。

tskātang　3-110　**tskātang**, "*has been sent*"〈（使いに）やられた〉

☆ 未然形「つかは」を含む。「つかはれたり<u>む</u>」に対応。

/cika'aQta'ɴ/ と推定。促音ありと考える。/cika'araQta'ɴ/ を参照。

tskateng　3-110　一般的にいって，この言語は未来時制の場合と同様に受身形になじまない。（略）**tskateng**, "*sent*"〈（使いを）送った〉という用法が，（略）tskarattang という（受身の）用法よりも，頻繁に用いられる。

☆ 未然形「つかは」を含む。「つかはれてはありむ」に対応。

/cikaQte'e'ɴ/ と推定。促音ありと考える。

tskoritang　3-107　Dzinó assiga, mūnū kangé nengshi, furizikéshi, aru ússa tskoriti 'nna năcchāng. "*He had money, but being inconsiderate & prodigal, he exhausted to the last what he had,*"〈お金は持っていたが，思慮が浅く，放蕩だったので，持ち金を全部浪費してしまった〉。完全な過去形は，（略）**tskoritang** であるが，ここでは接続不定詞の形をとっている。

☆「つかうれたり<u>む</u>」に対応か。

/ciko'orita'ɴ/ と推定。

tskoriti　3-107　Dzinó assiga, mūnū kangé nengshi, furizikéshi, aru ússa **tskoriti** 'nna năcchāng. "*He had money, but being inconsiderate & prodigal, he exhausted to the last what he had,*"〈お金は持っていたが，思慮が浅く，放蕩だったので，持ち金を全部浪費してしまった〉。完全な過去形は，（略）tskoritang であるが，ここでは接続不定詞の形をとっている。

☆「つかうれて」に対応か。

/ciko'oriti/ と推定。

tskoti aru　1-51　動詞がｉで終わり、助動詞アルやヲルと結合する時、ｉは吸収されてしまう。例えば、**tskoti aru** は tskotaru〈（使った）〉

☆「つかうてある」に対応か。

/ciko'oti ʔaru/ と推定。

tskotaru　1-51　動詞がｉで終わり、助動詞アルやヲルと結合する時、ｉは吸収されてしまう。例えば、tskoti aru は **tskotaru**〈（使った）〉

☆「つかうてある→つかうたる」に対応か。前項の「融合形」と考えられる。

/ciko'otaru/ と推定。

とふ問

tū　2-118　トウ **tū** ((tūyŭng))〈問う〉

☆「とふ」に対応。

/tu'u/ と推定。

tūyŭng　2-118　トウ **tū** ((**tūyŭng**))〈問う〉

☆連用形「とひ」を含む。「とひをりむ」に対応。

/tu'uju'ɴ/ と推定。

tūtĭ　5-88　mūdŭtĭ chūsĭ *the returning-coming* 戻って来たのを　'n̆ ch ĭ *seeing* 見て **tūtĭ** *asking* 尋ねて　ībŭnyĭ *she said* 言った

☆「とうて」に対応。

/tu'uti/ と推定。

tūtă kutu　5-98　nūyatí ān shagăndi **tūtă kutu** *he asked, why have you done this?* なぜこのようなことをしでかしたのだ, と問うた。

☆「とうて」を含む。「とうてあ（る）こと→とうた（る）こと」に対応。

/tu'utakutu/ と推定。

なふ綯

nóti　5-103　tsina **nóti** fɪnyi yachi *make a rope & burn it,*　網をなって, 火で燃し,（ママ）

☆「なうて」に対応。

/no'oti/ と推定。

ならふ習

nărăyŭng　1-52　ナラフは **nărăyŭng**〈習う〉

narayung　2-118　ナラフ **narayung**〈習う〉

☆連用形「ならひ」を含む。「ならひをりむ」に対応。

/nara'juɴ/ と推定。

narati　3-121　Ayé va kva dóding simi yū **narati**, kókónu kva naïte yăssā, "*O, that my child were to obey & study well* "〈私の子供が親の言うことをよく聞きよく学問してくれたら,〉

☆「ならひて→ならって」に対応。促音脱落の変化がある。

/narati/ と推定。

narātang　3-111　また, この欠如音節 ri を補うために, 単にその前の母音を作り出した（長音化した）別の例もある。例えば,**narātang**, "*has been learned* "〈教えられた〉注42)

☆「ならひて」を含む。「ならひてありむ」に対応。

/narata'ɴ/ と推定。

naratóru　1-56　simi **naratóru** ftu *a science-learned man* すなわち *a man who learned knowledge*〈学問を習っている人〉

☆「ならひて」を含む。「ならひてはをる」に対応。

/narato'oru/ と推定。

なふ縫注43)

noyung　3-114　Ching nórindi[8)] iyashundung, norantang, "*although I told her often to sow, she did not.* "〈着物を縫いなさいといくら言っても, 縫わなかっ（ママ）

た〉 [8]**noyung**

☆「ラ行（四段）化」後の連用形「なうり」を含む。「なうりをりむ」に対応。

/no'o'juʼɴ/ と推定。

nóri　3-114　Ching **nóri**ndi iyashundung, norantang, "*although I told her often to sow, she did not.* "〈着物を縫いなさいといくら言っても，縫わなかった〉

☆「ラ行（四段）化」後の命令形「なうれ」に対応。

/no'ori/ と推定。

norantang　3-114　Ching nórindi iyashundung, **norantang**, "*although I told her often to sow, she did not.* "〈着物を縫いなさいといくら言っても，縫わなかった〉

☆「ラ行（四段）化」後の未然形「なうら」を含む。「なうらぬたりむ」に対応。

/no'oraʼɴtaʼɴ/ と推定。

ねがふ願

nige gatchi　4-238　**nige** gatchi（"*wishing writing* "〈願い書き〉）"*a petition*"〈嘆願書〉

☆連用形「ねがひ」を含む。「ねがひがき」に対応。

/nige'egacji/ と推定。

nigenyi　2-86　kukuru **nigenyi** kunu kutu nayundó　「心正所願也」"*the hearti wish is this may truely be so*"〈心からの願いはこれがまさしくそうなることである〉

☆連用形「ねがひ」を含む。「ねがひに」に対応。

/nige'enji/ と推定。

nigényé　3-121　**Nigényé** hótu gutunu hana mīté yassā, anse kuma kara tubi sătĭ tukuttu naïssigaya, "*Oh that I had wings like a dove, then I would fly away & be at rest.*"〈鳩のように翼があったら，ここを飛び去って楽な気持ちになれるんだが〉

nigényé　4-234　願望（*Oh, I would*）nigawakwa! nigényé! これらの語のあとに，動詞が tendi の形で続く。**nigényé** kumakae chīténdi, "*I wish you had come hither*"〈こちらへ来たらよかったのに〉

☆連用形「ねがひ」を含む。「ねがひには」に対応。

/nige'enje'e/ と推定。

nigatóng　4-243　mimeshundi（（vuganyundi））fushashong, または **nigatóng**. "*He desires to visit you*"〈彼はあなたと訪ねたいと思っている〉

☆「ねがひて」を含む。「ねがひてはをりむ」に対応。

/nigato'o'ɴ/ と推定。

nigatósi　1-70　nigatósi yaka uffissaru（（nagassaru））ami yatang, *It rained more than（what）was wanted.*〈望んだ以上の雨が降った〉又は, **nigatósi** sidjitóru ami, *A rain surpassing the one wished for.*〈望んだ以上の雨〉。

☆「ねがひて」を含む。「ねがいてはを（る）す」に対応。

/nigato'osi/ と推定。

nigatótang   5-106   Tāng, mŭdjĭnu hataking, māmĭng nāngden, sūyo ami dūdŭ **nigatótang**. (*The rice fields as well as the cornfields, the peas & greens all required rain.*)   田も畑も，豆も葉野菜もすべて雨を待ち望んでおりました。

　☆「ねがひて」を含む。「ねがひてはをりたりむ」に対応。

　/nigato'ota'N/ と推定。

nigawakúwa   3-121   **Nigawakúwa** dzing aïté véki shité, chómi aïté yăssā. "*How much I wish to have, O that I had money, that I become rich, thet I had long life.*" 〈願わくは，お金と，富と，長寿がえたいものだ〉

　☆「ねがはくは」に対応。

　/niga'waku'wa/ と推定。

nigawakwa   4-234   願望(*Oh, I would*)**nigawakwa**! nigényé! これらの語のあとに，動詞が tendi の形で続く。nigényé kumakae chīténdi, "*I wish you had come hither*" 〈こちらへ来たらよかったのに〉

　☆「ねがはくは」に対応。

　/niga'wakwa/ と推定。/niga'waku'wa/ の変化したもの。

のたまふ宣

nŭ tāmaavāku   5-109   (Yumi)シンノ　ノタマワク[(1)] Shinnŭnŭ tāmaavāku, (意味) *Confucy said,* 〈孔子が言われた〉　[(1)] 原文「シンノノ　タマワク」とあるのを，後の筆跡で「シンノ　ノタマワク」と訂正している。しかし，ローマ字表記では訂正していない。また原文の 50 頁裏でも「子曰」を「シノヽ　タマハク」としている。ベッテルハイムは当初「タマワク」という単語を考えていたようである。

　☆「のたまはく」に対応。

　/nutama'waku/ と推定。

nŭ tamabaku   5-110   シノヽ　タマワク　(Yumi.) shīnŭnŭ **tamabaku** *Confucius said*

　☆「ぬたまばく」に対応。5-110 では nu tamaavaku。

　/nutamabaku/ と推定。

ふるふ震

furuyung   2-121   フルブ furubiung, *tremble*[(1)] 〈震える〉　[1)] 『辞書』の *tremble* の項を見ると **furuyung** とある。〈滅びる〉の誤りか。

　☆連用形「ふるひ」を含む。「ふるひをりむ」に対応。

　/hwuru'ju'N/ と推定。

まちがふ間違

machigé   2-86   **machigé**shidu īttéru hazi "*It may be, It was by mistake, that it was put in*" 〈間違えて入れてあるはず〉

　☆連用形「まちがひ」に対応。

　/macjige'e/ と推定。

みまふ見舞

第 2 節　ベッテルハイム『琉球語と日本語の文法の要綱』・『琉球語辞書』の動詞形態の考察　667

mimé 3-115 ufoku yūdjŭnŭ ātĭng, dushi **mimé**shuru fima ataru tsimui. "*although you had much business, you might still have had time to visit afriend.*"〈どんなに多用であったとしても，友を訪ねる暇はあっただろう〉

mime 4-243 **mime**shundi ((vuganyundi)) fushashong，または nigatóng. "*He desires to visit you*"〈彼はあなたと訪ねたいと思っている〉
　　※ 連用形「みまひ」に対応。
　　/mime'e/ と推定。/mi'ime'e/ の可能性もある。

むかふ向

nkayung 1-52 ムカウは **nkayung**〈向かう・会う〉
　　※ 連用形「むかひ」を含む。「むかひをりむ」に対応。
　　/'ɴka'ju'ɴ/ と推定。

'nkati 5-100 murumurunu fitunyi **'nkati** ībi zāchi, *& pointing towards every one,* 一人一人を指差して
　　※ 「むかひて→むかって」に対応。
　　/'ɴkati/ と推定。促音脱落の変化がある。

やしなふ養

yashinaï gāta 5-103 yū **yashinaï gāta**-sīndi ītsikita kutu, *feed & nurse them well, Thus commanded,* よく扶養しなければならないと言いつけたので，
　　※ 連用形「やしなひ」を含む。「やしなひがた」に対応。
　　/'jasjina'igata/ と推定。

yashinayūng 2-118 ヤシナウ yashinó((**yashinayūng**))〈養う〉
　　※ 連用形「やしなひ」を含む。「やしなひをり<u>む</u>」に対応。
　　/'jasjina'ju'ɴ/ と推定。

yashinó 2-118 ヤシナウ **yashinó**((yashinayūng))〈養う〉
　　※ 「やしなふ→やしなう→やしのう」に対応。
　　/'jasjino'o/ と推定。

よばふ叫（呼）

yubayung 4-239 **yubayung**（"*to call out*"〈叫ぶ〉）
　　※ 連用形「よばひ」を含む。「よばひをり<u>む</u>」に対応。
　　/'juba'ju'ɴ/ と推定。

yubayuga 4-242 "*What do you call this, how is this called*"〈これを何と呼んでいるか，これは何と呼ばれているのか〉は kuri nūndi **yubayuga**, nūndi yŭgă?（その返事の）"*a knife*"〈小刀〉は sigundi ïyung.
　　※ 連用形「よばひ」を含む。「よばひを（る）が」に対応。
　　/'juba'juga/ と推定。

わらふ笑

varaï tavafuri 6-34 **varaï tavafuri**（笑い戯れ。連用形語幹 vara-）〈laugh〉前の2例の冒頭の vo と va は同じ音韻と考えられる。注44)
　　※ 連用形「わらひ」を含む。「わらひたはふれ」に対応。
　　/'wara'ita'wahwuri/ と推定。

varé　6-34　**varé** fukuyung（笑い誇る。連用〔ママ〕語幹 var-）〈smile〉　このばあい aï が相互同化して、語尾が é となったため、活用語尾の i を取り除くことができない。「連用形」の活用語尾 é というものを設定せざるをえないという特殊なものとなっている。

☼ 連用形「わらひ」に対応。

/'ware'e/ と推定。　/a'i/ → /e'e/ の変化がある。

varayung　6-35　**varayung**（笑う。融合語幹 varay-）〈laugh〉

☼ 連用形「わらひ」を含む。「わらひをり<u>む</u>」に対応。

/'wara'ju'ɴ/ と推定。

vorarīru　6-34　**vorarīru**（笑われる。基本語幹 vor-）〈expose〉

☼ 未然形「わらは」を含む。「わらはれをる」に対応。

/'wara'ari'iru/ と推定。注45)

vorati　4-233　ūīnyi((ufuinyi の代用)) **vorati**[1], "*laughed greatly*"〈大いに笑った〉[1] 『辞書』の *laugh* の項には「varayung」とある。vo は va の誤りか。注46)

☼ 「わらひて→わらって」に対応。（「わらりて→わらって」の可能性もある。）

/'warati/ と推定。促音脱落の変化がある。

vóratáng　6-35　**vóratáng**（笑った。音便語幹 vórat-）〈laugh〉

☼ 「わらひて」を含む。「わらひてありむ→わらひたりむ」に対応。

/'warata'ɴ/ と推定。

あすぶ遊

assibĭung　3-116　nū ndjī shi assidi[12) kū, "*we'll walk a little*"〈少々散歩しましょう。〉 12)**assibĭung**。注47)

assibiung　3-113　assidatchung〈歩き廻る〉は **assibiung**〈遊ぶ〉と ,atchung〈歩く〉からなり,

☼ 連用形「あすび」を含む。「あすびをり<u>む</u>」に対応。

/ʔasibi'u'ɴ/ と推定。

assibashang　3-122　shimutsi yumantéma arang, fuka ndjiti furi **assibashang** ((assidang)). "*You have not only read, but also gone out & played.*"〈書物を読まないだけでなく,外に出て遊びほうけた〉

☼ 連用形「あすび」を含む。「あすびしあり<u>む</u>」に対応。

/ʔasibi sja'ɴ/ と推定。ローマ字表記をそのまま写せば /ʔasibasja'ɴ/ のようになろうが、((assidang)) を参考にすれば、このように解釈したほうがよいと考える。「辞書2017」の次の記述も参考にした。

Play 遊ぶ；〔名〕〔遊び〕assibi,muti assibi,assibi gutu,（以下、略）〔動〕〔遊ぶ〕assibĭung, gammari shung（いたずらする）,（以下、略）

assibinnayó　3-127　Shukutchi shǎ gānā, tstomi sha gānā tavafuri **assibinnayó**. "*While doing your work, or your duty, don't play*"〈仕事をしながら,あるいは勤めをしながら,たわむれてはいけない〉

☼ 「連用形「あすび」を含む。「あすびをるなよ」に対応。

/ʔasibu'ɴna'jo'o/ と推定。ローマ字表記の「-bi-」は「-bu-」の誤記であろう。

assidi　3-115　**assidi** kū "*we'll walk a little*"〈散歩しましょう〉

☆「あすびて→あすんで」に対応。

/ʔasidi/ と推定。撥音脱落の変化がある。

assidang　3-122　furi assibashang((assidang)) "*played*"〈遊びほうけた〉

☆「あすびて→あすんで」を含む。「あすびてありむ→あすびたりむ」に対応。

/ʔasida'ɴ/ と推定。撥音脱落の変化がある。

assidatchi　3-107　**assidatchi**-nda"*Let us walk*"〈散歩しよう〉

☆「あすびて→あすんで」を含む。「あすんでありきて」に対応。

/ʔasidaQcji/ と推定。撥音脱落・破擦音化の変化がある。

assidachaï　4-241　nudaï kadaï yitchaï **assidachaï**-shutang. "*We ate & drank, sat & then walked about.*"〈飲んだり食べたり，坐ったり歩き回ったりした〉

☆「あすびて→あすんで」を含む。「あすんでありきたり」に対応。

/ʔasida(Q)cja'i/ と推定。撥音脱落・破擦音化の変化がある。

assidatchung　3-113　**assidatchung**〈歩き廻る〉は assibiung〈遊ぶ〉と ,atchung〈歩く〉からなり，

☆「あすびて→あすんで」を含む。「あすんでありきをりむ」に対応。

/ʔasidaQcju'ɴ/ と推定。撥音脱落・破擦音化の変化がある。

えらぶ選

yirabiung　2-121　エラブ **yirabiung** または irrabiung〈選ぶ〉((通常，不規則的であることは確かだが，否定形は irarang, 命令形は irari となる))注48)

☆連用形「えらび」を含む。「えらびをりむ」に対応。

/ʔirabi'u'ɴ/ と推定。

およぶ及

○　2-121　ヲヨブ○注49)〈達する，伸びている〉

uyubang　3-125　Kafushi iyunye **uyubang**, tarirang. "*Not worth thanks ((the saying of thanks))*"〈感謝する，(感謝を述べる) 価値はない〉

ūyŭbāng　5-106　Anshe kvinna, umuyussinyi **ūyŭbāng.** (*Don't mention it*)　どうぞおかまいなく。

☆未然形「およば」を含む。「およばぬ」に対応。

/ʔu'juba'ɴ/ と推定。

uyubankutu　3-125　Sunyé(sunying) **uyubankutu** sunyé tarirang. "*What is not one's business, what is not worth doing.*"〈関係のないことは，する価値がない〉

☆未然形「およば」を含む。「およばぬこと」に対応。

/ʔu'juba'ɴkutu/ と推定。

たふとぶ尊

tăttŭbĭŭng　1-52　タットムは **tăttŭbĭŭng**〈尊ぶ〉

tāttŭbĭŭng　2-121　○注49)　**tāttŭbĭŭng** は，過去形が tattudang と tattubiutang の2つあり，否定形が tattubang である。

☆連用形「たっとび」を含む。「たっとびをりむ」に対応。

/taQtubi'u'ɴ/ と推定。

tattubiutang　2-121　○注49)　tāttŭbĭung は，過去形が tattudang と **tattubiutang** の
　　　　　　　2つあり，否定形が tattubang である。

☼ 連用形「たっとび」を含む。「たっとびをりたりむ」に対応。

/taQtubi'uta'ɴ/ と推定。

tattubang　2-121　○注49)　tāttŭbĭung は，過去形が **tattudang** と tattubiutang の2
　　　　　　　つあり，否定形が tattubang である。

☼ 未然形「たっとば」を含む。「たっとばぬ」に対応。

/taQtuba'ɴ/ と推定。

tāttudi　4-240　kamiū paishĭ(又は wugadi), chimi **tāttudi**, fūbū kókóshi, "*To adore
　　　　　god, honor the Prince, obey ones parents,* "〈神を崇べ，君を崇び，両親に
　　　　　従い,〉

☼「たっとびて→たっとんで」に対応。

/taQtudi/ と推定。撥音脱落の変化がある。

tattudang　2-121　○注49)　tāttŭbĭung は，過去形が **tattudang** と tattubiutang の2
　　　　　　　つあり，否定形が tattubang である。

☼「たっとびてありむ→たっとんでありむ→たっとんだりむ」に対応。

/taQtuda'ɴ/ と推定。撥音脱落の変化がある。

とぶ飛

tubi　3-121　kuma kara **tubi** sătĭ tukuttu naïssigaya. "*I would fly away & be at
　　　　　rest* "〈ここを飛び去って楽な気持ちになれるんだが〉

túbi　6-30　**túbi** fashïung（飛び走る。連用形語幹 tub-）〈flee〉

☼ 連用形「とび」に対応。

/tubi/ と推定。

tubiung　2-121　トブ **tubiung**, *to free*〈解放する〉は，過去形が tŭdāng と tubiutang の
　　　　　　　2つある。

tubïung　6-31　**tubïung**（飛ぶ。融合語幹 tubij-）〈flutter〉

☼ 連用形「とび」を含む。「とびをりむ」に対応。

/tubi'u'ɴ/ と推定。

tubyunne　6-31　**tubyunne**（飛ぶように。融合語幹 tuby-）〈fast〉比喩を表す接尾
　　　　　　　辞 ne は活用語には「終止形」に接続する。

☼ 連用形「とび」を含む。「とびをるなり」に対応。

/tubju'ɴne'e/ と推定。/-nari → -na'i → -ne'e-/ の変化がある。

tubiutang　2-121　トブ tubiung, *to free*〈解放する〉は，過去形が tŭdāng と **tubiutang**
　　　　　　　の2つある。

☼ 連用形「とび」を含む。「とびをりたりむ」に対応。

/tubi'uta'ɴ/ と推定。

tubáng　6-30　**tubáng**（飛ばない。基本語幹 tub-）〈riddle〉

☼ 未然形「とば」を含む。「とばぬ」に対応。

/tuba'ɴ/ と推定。

tudi　6-31　**tudi**（飛んで。音便語幹 -）〈countenance〉

　　☆「とびて→とんで」に対応。

　　/tudi/ と推定。撥音脱落の変化がある。

tŭdāng　2-121　トブ tubiung, *to free*〈解放する〉は，過去形が **tŭdāng** と tubiutang
　　　の２つある。

　　☆「とびて→とんで」を含む。「とびてあり<u>む</u>→とんであり<u>む</u>」に対応。

　　/tuda'N/ と推定。撥音脱落の変化がある。

ほろぶ滅

furubiung　2-121 フルブ　**furubiung**, *tremble*[1]〈震える〉も，時々過去形として
　　　furubiutang が聞かれることがある。　　脚注[1]『辞書』の tremble の項をみ
　　　ると furuyung とある。〈滅びる〉の誤りか。

　　☆ 連用形「ほろび」を含む。「ほろびをり<u>む</u>」に対応。

　　/hwurubi'u'N/ と推定。

furubiutang　2-121 フルブ　furubiung, *tremble*[1]〈震える〉も，時々過去形とし
　　　て **furubiutang** が聞かれることがある。　　脚注[1]『辞書』の tremble の項
　　　をみると furuyung とある。〈滅びる〉の誤りか。

　　☆ 連用形「ほろび」を含む。「ほろびをりたり<u>む</u>」に対応。

　　/hwurubi'uta'N/ と推定。この後（/hwurubi'uta'N/ →）/hwurubjuta'N/ → /hwurubuta'N/
　　　と変化か。/hwuruda'N/（← /hwurudiʔa'N/ ほろびてあり<u>む</u>）が存在するが、これとの違いを示す好例
　　　となる。

まなぶ学

manabiung　2-121　マナブ **manabiung**〈学ぶ〉

　　☆ 連用形「まなび」を含む。「まなびをり<u>む</u>」に対応。

　　/manabi'u'N/ と推定。まだ /manabu'N / のようにはなっていないことを示している。他にも同様
　　　の例がある。

むすぶ結

musubiung　2-121　ムスブ **musubiung**〈結ぶ〉

　　☆ 連用形「むすび」を含む。「むすびをり<u>む</u>」に対応。

　　/musubi'u'N/ と推定。まだ /musubu'N / のようにはなっていないことを示している。他にも同様
　　　の例がある。また、/musibi'u'N/ ではない。

よぶ呼

yubi　2-120 ～ 121　ヨビ〈呼ぶ〉yubiung　接不現 **yubi**　接不過 yudi　現在 yubiung
　　　過去 yudang　否定 yubang　命令 yubi　受身 yubaring　使役 yubashung

　　☆ 連用形「よび」に対応。

　　/'jubi/ と推定。

yubiung　2-120 ～ 121　ヨビ（ママ）〈呼ぶ〉**yubiung** 接不現 yubi　接不過 yudi　現在
　　　yubiung　過去 yudang　否定 yubang　命令 yubi　受身 yubaring　使役
　　　yubashung

　　☆ 連用形「よび」を含む。「よびをり<u>む</u>」に対応。

　　/'jubi'u'N/ と推定。

yubi　2-120 〜 121　ヨビ〈呼ぶ〉（ママ）yubiung　接不現 yubi　接不過 yudi　現在 yubiung
　　　　過去 yudang　否定 yubang　命令 **yubi**　受身 yubaring　使役 yubashung

　　☼ 命令形「よべ」に対応。

　　/'jubi/ と推定。

yubang　2-120 〜 121　ヨビ〈呼ぶ〉（ママ）yubiung　接不現 yubi　接不過 yudi　現在 yubiung
　　　　過去 yudang　否定 **yubang**　命令 yubi　受身 yubaring　使役 yubashung

　　☼ 未然形「よば」を含む。「よばぬ」に対応。

　　/'juba'ɴ/ と推定。

yubaring　2-120 〜 121　ヨビ〈呼ぶ〉（ママ）yubiung　接不現 yubi　接不過 yudi　現在 yubiung
　　　　過去 yudang　否定 yubang　命令 yubi　受身 **yubaring**　使役 yubashung

　　☼ 未然形「よば」を含む。「よばれをりむ」に対応。

　　/'jubari'i'ɴ/ と推定。

yubasatteng　3-110　一般的にいって，この言語は未来時制の場合と同様に受身形に
　　　　なじまない。（略）yubatcheng,“*called*”〈呼んだ〉,…（略）…という
　　　　用法が，（略）**yubasatteng**,（略）という（受身の）用法よりも，頻繁
　　　　に用いられる。

　　☼ 未然形「よば」を含む。「よばされてはありむ」に対応。

　　/'jubasaQte'e'ɴ/ と推定。

yubashung　2-120 〜 121　ヨビ〈呼ぶ〉（ママ）yubiung　接不現 yubi　接不過 yudi　現
　　　　在 yubiung　過去 yudang　否定 yubang　命令 yubi　受身 yubaring
　　　　使役 **yubashung**

　　☼ 未然形「よば」を含む。「よばしをりむ」に対応。

　　/'jubasju'ɴ/ と推定。

yubasattang　3-110　**yubasattang**,“*has been called*《呼ばれた (2)》(2) 現在の方言で
　　　　は，「呼ばされた」の意味である。

　　☼ 未然形「よば」を含む。「よばされたりむ」に対応。

　　/'jubasaQta'ɴ/ と推定。

yubatcheng　3-110　一般的にいって，この言語は未来時制の場合と同様に受身形に
　　　　なじまない。（略）**yubatcheng**,“*called*”〈呼んだ〉,…（略）…という
　　　　用法が，（略）yubasatteng,（略）という（受身の）用法よりも，頻繁
　　　　に用いられる。

　　☼ 未然形「よば」を含む。「よばしてありむ」に対応。

　　/'jubacje'e'ɴ/ と推定。

yudi　2-120 〜 121　ヨビ〈呼ぶ〉（ママ）yubiung　接不現 yubi　接不過 **yudi**　現在 yubiung
　　　　過去 yudang　否定 yubang　命令 yubi　受身 yubaring　使役 yubashung

yūdi　5-98　tunaïnu munung **yūdi**　*called the neighbour*　隣人を呼び

　　☼「よびて→よんで」に対応。

　　/'judi/ と推定。撥音脱落の変化がある。

yudang　2-120 〜 121　ヨビ〈呼ぶ〉（ママ）yubiung　接不現 yubi　接不過 yudi　現在
　　　　yubiung　過去 **yudang**　否定 yubang　命令 yubi　受身 yubaring　使役

yubashung

☆「よびてあり<u>む</u>→よんであり<u>む</u>」に対応。

/'juda'N/ と推定。撥音脱落の変化がある。

よろこぶ喜

yurukubi　2-120 〜 121　ヨロコブ yurukubïung・yurukubiyung〈喜ぶ〉　接不現
yurukubi　接不過 yurukudi　現在 yurukubiung　過去 yurukudang　否
定 yurukubang　命令 yurukubi　受身 yurukubassarīng 脚注〈原注に「この
場合にも，受身形が絶対に必要な場合には，使役形から形成されたこの形がより好まれる」と
ある。〉　使役 yurukubashung

☆ 連用形「よろこび」に対応。

/'jurukubi/ と推定。

yurukubïung　2-120 〜 121　ヨロコブ **yurukubïung**・yurukubiyung〈喜ぶ〉　接不現
yurukubi　接不過 yurukudi　現在 yurukubiung　過去 yurukudang　否
定 yurukubang　命令 yurukubi　受身 yurukubassarīng 脚注〈原注に「この
場合にも，受身形が絶対に必要な場合には，使役形から形成されたこの形がより好まれる」
とある。〉　使役 yurukubashung

yurukubiung　2-120 〜 121　ヨロコブ yurukubïung・yurukubiyung〈喜ぶ〉　接不現
yurukubi　接不過 yurukudi　現在 **yurukubiung**　過去 yurukudang　否
定 yurukubang　命令 yurukubi　受身 yurukubassarīng

☆ 連用形「よろこび」を含む。「よろこびをり<u>む</u>」に対応。

/'jurukubi'u'N/ と推定。

yurukubiyung　2-120 〜 121　ヨロコブ yurukubïung・**yurukubiyung**〈喜ぶ〉　接不現
yurukubi　接不過 yurukudi　現在 yurukubiung　過去 yurukudang
否定 yurukubang　命令 yurukubi　受身 yurukubassarīng 脚注〈原注に
「この場合にも，受身形が絶対に必要な場合には，使役形から形成されたこの形がより好
まれる」とある。〉　使役 yurukubashung

☆ 連用形「よろこび」を含む。「よろこびをり<u>む</u>」に対応。

/'jurukubi'ju'N/ と推定。 /'jurukubi'ju'N/ → /'jurukubju'N/ → /'jurukubu'N/ と変化して現
代語に到ることとなる。

yurukubi　2-120 〜 121　ヨロコブ yurukubïung・yurukubiyung〈喜ぶ〉　接不現
yurukubi　接不過 yurukudi　現在 yurukubiung　過去 yurukudang　否
定 yurukubang　命令 **yurukubi**　受身 yurukubassarīng

☆ 命令形「よろこべ」に対応。

/'jurukubi/ と推定。

yurukubang　2-120 〜 121　ヨロコブ yurukubïung・yurukubiyung〈喜ぶ〉　接不現
yurukubi　接不過 yurukudi　現在 yurukubiung　過去 yurukudang
否定 **yurukubang**　命令 yurukubi　受身 yurukubassarīng 脚注〈原注に「こ
の場合にも，受身形が絶対に必要な場合には，使役形から形成されたこの形がより好まれる」
とある。〉　使役 yurukubashung

☆ 未然形「よろこば」を含む。「よろこばぬ」に対応。

/ˈjurukuba'N/ と推定。

yurukubashung　2-120 〜 121　ヨロコブ yurukubïung・yurukubiyung〈喜ぶ〉接不現
　　　　　yurukubi　接不過 yurukudi　現在 yurukubiung　過去 yurukudang
　　　　　否定 yurukubang　命令 yurukubi　受身 yurukubassarīng　使役
　　　　　yurukubashung

　☆ 未然形「よろこば」を含む。「よろこばしをりむ」に対応。

　　　/ˈjurukubasju'N/ と推定。

yurukubassarīng　2-120 〜 121　ヨロコブ yurukubïung・yurukubiyung〈喜ぶ〉接不現
　　　　　yurukubi　接不過 yurukudi　現在 yurukubiung　過去 yurukudang
　　　　　否定 yurukubang　命令 yurukubi　受身 **yurukubassarīng**[4]　使役
　　　　　yurukubashung　[4] 原注に「この場合にも，受身形が絶対に必要
　　　　　な場合には，使役形から形成されたこの形がより好まれる」とあ
　　　　　る。

　☆ 未然形「よろこば」を含む。「よろこばされをりむ」に対応。

　　　/ˈjurukubasari'i'N/ と推定。

yurukudi　2-120 〜 121　ヨロコブ yurukubïung・yurukubiyung〈喜ぶ〉　接不現
　　　　　yurukubi　接不過 **yurukudi**　現在 yurukubiung　過去 yurukudang
　　　　　否定 yurukubang 命令 yurukubi　受身 yurukubassarīng 使役 yurukubashung

　☆「よろこびて→よろこんで」に対応。

　　　/ˈjurukudi/ と推定。撥音脱落の変化がある。

yurukudang　2-120 〜 121　ヨロコブ yurukubïung・yurukubiyung〈喜ぶ〉　接不
　　　　　現 yurukubi　接不過 yurukudi　現在 yurukubiung　過去 **yurukudang**
　　　　　否定 yurukubang　命令 yurukubi　受身 yurukubassarīng　使役
　　　　　yurukubashung

　☆「よろこびて→よろこんで」を含む。「よろこびてありむ→よろこんだりむ」に対応。

　　　/ˈjurukuda'N/ と推定。撥音脱落の変化がある。

あかむ赤

akami　4-239　**akami**（名詞形）

　☆ 連用形「あかみ」に対応。

　　　/ʔakami/ と推定。

akanyung　4-239　**akanyung**,“*it becomes red*”〈赤くなる〉

　☆ 連用形「あかみ」を含む。「あかみをりむ」に対応。

　　　/ʔakanju'N/ と推定。途中 /ʔakami'u'N/ → /ʔakamju'N/ → /ʔakanju'N/ 等の変化があったと考
　　　える。

akadong　4-239　**akadong**, “*it has become red*”〈赤くなった〉

　☆「あかみて→あかんで」を含む。「あかんではをりむ」に対応。

　　　/ʔakado'o'N/ と推定。撥音脱落の変化がある。

あはれむ憐

avarimubichi　4-234　**avarimubichi** mung yassā! *“How wretched I am!”*〈ほんとに
　　　　　惨めだ！〉

☼ 終止形「あはれむ」を含む。「あはれむべき」に対応。

/ʔa'warimubicji/ と推定。

うらむ恨

uramiung　2-120　ウラム，ウラムル **uramiung**〈嫌う〉

☼ 連用形「うらみ」を含む。「うらみを<u>りむ</u>」に対応。

/ʔurami'u'N/ と推定。

uramitoru　3-122　Ikaransidu **uramitoru**, ikariru mung dunyaré medi ndjotassiga. "*Would that I could go.*"〈いけたらよかったのに〉　uramitoru……を悲嘆する 注2)

☼「うらみて」を含む。「うらみてはをる」に対応。

/ʔuramito'oru/ と推定。

かなしむ悲

kanashimi　4-237　**kanashimi**, "compassion"〈悲しみ〉

☼ 連用形「かなしみ」に対応。

/kanasjimi/ と推定。

かむ嚙（食）

kami　2-119　カム kamung, kanyung〈食べる〉　接不現 **kami**　接不過 kadi　現在 kanyung　過去 kădāng　否定 kămāng　命令 kămi　受身 kamarīng　使役 kamashung

kămĭ　5-98　**kămĭ** tskŭcha kŭtū *consumed it up-entirely* 全部たいらげてしまった

☼ 連用形「かみ」に対応。

/kami/ と推定。

kanyuné　3-126　**kanyuné**shung, "*do as if eating*"〈あたかも食べているかのようにする〉注50)

☼ 連用形「かみ」を含む。「かみをるなり」に対応。

/kanju'Nne'e/ と推定。途中 /-nari-/ → /-na'i-/ → /-ne'e-/ の変化がある。

knya gana　3-127　**knya gana** "*whilst eating*"〈食べながら〉注51)

☼ 連用形「かみ」を含む。「かみありがな」に対応か。

/kanjagana'a/ と推定。

kămi　2-119　カム kamung, kanyung〈食べる〉　接不現 kami　接不過 kadi　現在 kanyung　過去 kădāng　否定 kămāng　命令 **kămi**　受身 kamarīng　使役 kamashung

☼ 命令形「かめ」に対応。

/kami/ と推定。

kamung　2-119　カム **kamung**, kanyung〈食べる〉　接不現 kami　接不過 kadi　現在 kanyung　過去 kădāng　否定 kămāng　命令 kămi　受身 kamarīng　使役 kamashung

☼ 連用形「かみ」を含む。「かみを<u>りむ</u>」に対応。

/kamu'N/ と推定。/kami'u'N/ → /kamju'N/ → /kamu'N/ と変化か。次の /kanju'N/ との関係については第5章で論じる。

676　第4章　アルファベット資料の動詞形態の考察

kanyung　2-119　カム kamung, **kanyung**〈食べる〉　接不現 kami　接不過 kadi
現在 **kanyung**　過去 kădāng　否定 kămāng　命令 kămi　受身 kamarīng
使役 kamashung

　☼ 連用形「かみ」を含む。「かみをりむ」に対応。

/kanjuʼɴ/ と推定。/kamiʼuʼɴ/ → /kamjuʼɴ/ → /kanjuʼɴ/ と変化か。前の /kamuʼɴ/ との関係に
ついては第 5 章で論じる。

kanyuruba　3-127　Munu **kanyuruba** munnu ïyanse mashi, yṹkū nūdinkae īūndo.
"*At meal it is better not to talk, lest it ((the food)) go into the wrong
throat.*"〈食事中は話をしない方が良い。気管がつかえてはいけないか
ら〉

　☼ 連用形「かみ」を含む。「かみをる　ば」に対応。「食べる時」の意。

/kanjuru ba/ と推定。

kămā　3-126　**kămā**, "*let me eat*"〈私に食べさせて〉

　☼ 未然形「かま」に対応。「意志」を示す。

/kama/ と推定。

kămāng　2-119　カム kamung, kanyung〈食べる〉　接不現 kami　接不過 kadi
現在 kanyung　過去 kădāng　否定 **kămāng**　命令 kămi　受身 kamarīng
使役 kamashung

　☼ 未然形「かま」を含む。「かまぬ」に対応。

/kamaʼɴ/ と推定。

kamantaru　3-109　**kamantaru** "*have not eaten*"

　☼ 未然形「かま」を含む。「かまぬたる」に対応。

/kamaʼɴtaru/ と推定。

kamarīng　2-119　カム kamung, kanyung〈食べる〉　接不現 kami　接不過 kadi
現在 kanyung　過去 kădāng　否定 kămāng　命令 kămi　受身 **kamarīng**
使役 kamashung

　☼ 未然形「かま」を含む。「かまれをりむ」に対応。

/kamariʼiʼɴ/ と推定。

kamashung　2-119　カム kamung, kanyung〈食べる〉　接不現 kami　接不過
kadi　現在 kanyung　過去 kădāng　否定 kămāng　命令 kămi　受身
kamarīng　使役 **kamashung**

　☼ 未然形「かま」を含む。「かましをりむ」に対応。

/kamasjuʼɴ/ と推定。

kadi　2-119　カム kamung, kanyung〈食べる〉　接不現 kami　接不過 **kadi**　現在
kanyung　過去 kădāng　否定 kămāng　命令 kămi　受身 kamarīng　使役
kamashung

kădĭ　3-115　āchā assabanungde **kădĭ**, ndjitīndana. "*to-morrow, after breakfast,
we'll go*"〈明日朝食後に出かけましょう〉

　☼「かみて→かんで」に対応。

/kadi/ と推定。撥音脱落の変化がある。

kadīn 4-242 **kadīn** săng , " he does not even eat, even eating he does not" 〈彼は食べさえしない〉

☼「かみて→かんで」を含む。「かんでも」に対応。

/kadi'ɴ/ と推定。撥音脱落の変化がある。

kade 3-109 shé, **kade** ndang "*I have never seen it done, eaten* [3] 〈それをするのを, 食べるのを見たことがない〉[3] 〈今日の琉球方言では「それをしたこと, 食べたことがない」の意味である。〉

☼「かみて→かんで」を含む。「かんでは」に対応。

/kade'e/ と推定。撥音脱落の変化がある。

kadaï 4-241 nudaï **kadaï** yitchaï assidachaï-shutang. "*We ate & drank, sat & then walked about*." 〈飲んだり食べたり, 坐ったり歩き回ったりした〉

☼「かみて→かんで」を含む。「かんであり→かんだり」に対応。

/kada'i/ と推定。途中 /-ari-/ → /-a'i-/ の変化がある。撥音脱落の変化がある。

kadā 4-236 kadā kutu, **kădā** tuchi u do, kadaru yüinyi, " as he did eat, because he ate" 〈食べたので, 食べたから〉。tuchindo は普通の会話においてはあまり用いられない。

☼「かみて→かんで」を含む。「かみてあ（る）→かんだ（る）」に対応。

/kada/ と推定。撥音脱落の変化がある。「－る」も脱落。

kădāng 2-119 カム kamung, kanyung 〈食べる〉 接不現 kami 接不過 kadi 現在 kanyung 過去 **kădāng** 否定 kămāng 命令 kămi 受身 kamarīng 使役 kamashung

☼「かみて→かんで」を含む。「かんでありむ→かんだりむ」に対応。

/kada'ɴ/ と推定。撥音脱落の変化がある。

kadaru ftu 1-69 **kadaru** ftu *the man who did eat , the having eaten man* 食べた人

☼「かみて→かんで」を含む。「かみてありたる　ひと→かんだる　ひと」に対応。

/kadaru hwitu/ と推定。撥音脱落の変化がある。

kadaru 3-109 **kadaru**, "*have eaten*" 〈食べた〉 脚注 〈namadu kadaru（今ぞ食べた）のような表現, すなわち, du などの係助詞に対する結びの形をとった表現を, kadaru と書いたのであろう。〉

☼「かみて→かんで」を含む。「かみてある→かんだる」に対応。

/kadaru/ と推定。撥音脱落の変化がある。

きざむ刻

chizanyung 2-12 キザム **chizanyung** 〈刻む〉

☼連用形「きざみ」を含む。「きざみをりむ」に対応。

/cjizanju'ɴ/ と推定。

くやむ悔

kuyami 4-237 **kuyami**, "*repentance*" 〈悔やみ〉

☼連用形「くやみ」に対応。

/ku'jami/ と推定。

678　第4章　アルファベット資料の動詞形態の考察

くるしむ苦

kurushimi　4-237　**kurushimi**,"*distress*"〈苦しみ〉

　　☆連用形「くるしみ」に対応。

　　/kurusjimi/ と推定。

このむ工

kŭnŭdĭ　5-98　**kŭnŭdĭ**dŭ sharūndi ichiĭ shkarātti *your present deed is deliberately done,he scolded him*　意図的なものだと叱り

　　☆「このみて→このんで」に対応。

　　/kunudi/ と推定。撥音脱落の変化がある。

こむ込

kunyung　3-113　sashi **kunyung**〈差し込む〉

　　☆連用形「こみ」を含む。「こみをりむ」に対応。

　　/kunju'ɴ/ と推定。

しらむ白

shirami　4-237　**shirami**, "*the whiteness*"〈白み〉

　　☆連用形「しらみ」に対応。

　　/sjirami/ と推定。注52)

shirumi　4-239　**shirumi**, shirami という名詞形が残存している

　　☆連用形「しろみ」に対応。

　　/sjirumi/ と推定。注52)

shirudóng　4-239　**shirudóng**, "*it became white*"〈白くなった〉

　　☆「しろみて→しろんで」を含む。「しろんではをりむ」に対応。

　　/sjirudo'o'ɴ/ と推定。撥音脱落の変化がある。

すむ済

simi　2-86　**simi**dū shuru"*It is something which may be left as it is.Never mind*"〈そのまま放っておいても良い。気にするな〉

　　☆連用形「すみ」に対応。

　　/simi/ と推定。

simé　3-124　Chu vattāga chūsĭ **simé**sani? "*Might not our coming to-day be dispensed with?*"〈今日私達は来なくてもよろしいでしょうか。〉

sime　2-104　――反復形 **sime**shung.

　　☆連用形「すみ」を含む。「すみは」に対応。

　　/sime'e/ と推定。

simiung　2-104　**simiung**,sinyung,*never mind*,〈構わない〉,*let it be*〈放っておく〉,*It may be dispensed with, can do without*〈なくて済ませることが出来る〉。

　　☆連用形「すみ」を含む。「すみをりむ」に対応。

　　/simi'u'ɴ/ と推定。/simu'ɴ/ 等との関係については第5章で論じる。

simung　2-104　スム ,sinyung または **simung**, "*to leave as it is*"

　　☆連用形「すみ」を含む。「すみをりむ」に対応。

　　/simu'ɴ/ と推定。/simi'u'ɴ/ 等との関係については第5章で論じる。

sĭnyŭng　5-106　**Sĭnyŭng**; kurishi sinyung.　結構です。(*Never mind.*)

sinyung　2-104　simiung,**sinyung**,*never mind*,〈構わない〉,*let it be*〈放っておく〉
　　　　　　　　It may be dispensed with, can do without〈なくて済ませることが出来る〉

sinyung　2-104　chā ushagīmi,*shall I serve up the tea?*〈お茶をさしあげましょ
　　　　　　　　か〉——**sinyung**,*No!*〈結構です〉((すなわち,*may be done without*〈な
　　　　　　　　て済まされる〉))

sinyun　2-104　——**sinyun**dóndi ichi,*it may be left,he said*〈放っておいてよい,
　　　　　　　　言った〉*He said,no*〈否,と言った〉

　　☼ 連用形「すみ」を含む。「すみをり<u>む</u>」に対応。

　　/sinju'N/ と推定。/simu'N/・/simi'u'N/ 等との関係については第5章で論じる。

simumi　2-104　sinyumi, あるいは **simumi**,simani ? *May I or not?*〈いいか；
　　　　　　　　くないか〉; simésani,simesankaya,*may it not perhaps be?*〈多分よく
　　　　　　　　いのではなかろうか〉;

　　☼ 連用形「すみ」を含む。「すみをり<u>み</u>」に対応。

　　/simumi/ と推定。sinyumi はあるが、simyumi はない。

sinyumi　2-104　**sinyumi**, あるいは simumi,simani ? *May I or not?*〈いいか；
　　　　　　　　くないか〉; simésani,simesankaya,*may it not perhaps be?*〈多分よく
　　　　　　　　いのではなかろうか〉;

　　☼ 連用形「すみ」を含む。「すみをり<u>み</u>」に対応。

　　/sinjumi/ と推定。simyumi はない。

sinyuru　3-114　iyaga kŏti chóki vadu **sinyuru**, "*you should still have bought((
　　　　　　　　come))*"〈君が買っておくべきだった〉

sinyuru　2-104　——**sinyuru**,simidūshūrū,*what may be done quite without*〈全
　　　　　　　　なしで済まされる（もの)〉。

　　☼ 連用形「すみ」を含む。「すみを<u>る</u>」に対応。

　　/sinjuru/ と推定。途中 /-mju-/ → /-nju-/ 等の変化があったと考える。

sinyussiga　3-115　chū njing **sinyussiga** *To-day our walk may be left((although,yet
　　　　　　　　〈今日出かけても良いが〉

　　☼ 連用形「すみ」を含む。「すみを（る）すが」に対応。

　　/sinjusiga/ と推定。途中 /-mju-/ → /-nju-/ 等の変化があったと考える。

sinyussā　4-234　tó, sinyung, tó, **sinyussā** *"Well,then."*〈さて,それでは〉

　　☼ 連用形「すみ」を含む。「すみを（る）さ」に対応。

　　/sinjusa/ と推定。途中 /-mju-/ → /-nju-/ 等の変化があったと考える。

sinyutang　2-104　——**sinyutang**,simantang.

　　☼ 連用形「すみ」を含む。「すみをりたり<u>む</u>」に対応。

　　/sinjuta'N/ と推定。途中 /-mju-/ → /-nju-/ 等の変化があったと考える。

simang　4-241　amayusi **simang**, "*I do not want(what is over & above) the surplus*
　　　　　　　　〈余るのは欲しない〉

simang　2-104　否定形 **simang**,*No!*〈否！〉,*by no means!*〈決しﾏﾏ……てない！〉

simān　5-92　wūttū taï muché-**simān**di *hasbands two should not marry*　夫を二

680　第4章　アルファベット資料の動詞形態の考察

人持つべきでないと

siman　3-108　Nyindjinó shindjĭtsi kānyūnyi san ate **siman**dinu munugataï, " *a dicourse*　ママ *on not to neglecting to make truth the principal thing*"〈人間は真実を一番肝要なものと重んじなければならないという話〉

　☆ 未然形「すま」を含む。「すまぬ」に対応。

　/sima'ɴ/ と推定。

simani　2-104　sinyumi, あるいは simumi,**simani** ? *May I or not?*〈いいか；よくないか〉; simésani,simesankaya,*may it not perhaps be?*〈多分よくないのではなかろうか〉;

　☆ 未然形「すま」を含む。「すまに」に対応。

　/simani/ と推定。

simansiga　2-104　——sinyussiga,**simansiga**

　☆ 未然形「すま」を含む。「すまぬすが」に対応。

　/sima'ɴsiga/ と推定。

simantang　2-104　——sinyutang,**simantang**.

　☆ 未然形「すま」を含む。「すまぬたり<u>む</u>」に対応。

　/sima'ɴta'ɴ/ と推定。

sĭmăshŭng　2-104　——他動詞形 **sĭmăshŭng**。

　☆ 未然形「すま」を含む。「すましをり<u>む</u>」に対応。

　/simasju'ɴ/ と推定。

たくむエ

tākŭmĭnŭ　5-97　dūnŭ **tākŭmĭnŭ** yańditósi nchi　*of her*（自分の）*subtility*（企みが）*the spoiling*（破れたのを）*she saw*（見て）

　☆ 連用形「たくみ」を含む。「たくみの」に対応。「自分の企みの」の意。

　/takuminu/ と推定。

たのしむ楽

tanushimi　4-237　**tanushimi**, *"enjoyment"*〈楽しみ〉

　☆ 連用形「たのしみ」に対応。

　/tanusjimi/ と推定。

たのむ頼

tanumung　2-120　タノム tanunyung, **tanumung**〈頼む, 信頼する〉

　☆ 連用形「たのみ」を含む。「たのみをり<u>む</u>」に対応。

　/tanumu'ɴ/ と推定。

tanunyung　2-120　タノム **tanunyung**, tanumung〈頼む, 信頼する〉

　☆ 連用形「たのみ」を含む。「たのみをり<u>む</u>」に対応。

　/tanunju'ɴ/ と推定。途中 /-mju-/ → /-nju-/ 等の変化があったと考える。

tārudĭ　5-98　tunaï nu-mŭnŭdīng **tārudĭ**-chĭ　*call in(commission & let come) a neighbor*　隣人を呼び入れて（頼み, 来させて）

　☆「たのみて→たのんで」に対応。

　/tarudi/ と推定。撥音脱落の変化がある。途中 /-nu-/ → /-ru-/ の変化があったと考えられる。

第2節　ベッテルハイム『琉球語と日本語の文法の要綱』・『琉球語辞書』の動詞形態の考察　681

つつしむ慎

tsitsishimé　5-102　yaré fitubitu gungunó **tsitsishimé**, yukuyuku níng irang-até simang　ヤレハ　ヒトく：　ゴンゴノワ　ツヽシミヤ　ユクく：　子ン　イラン　アテヤ　スマン　hence utmost attention in speaking can not be too much recommended(every one must be always attentive & careful on his speech)　だから，話をする時にはいくら慎重にしてもしすぎることはない。（誰しも自分の言葉には絶えず慎み，気をつけなければいけない）

☼ 連用形「つつしみ」を含む。「つつしみは」に対応。

/cicisjime'e/ と推定。途中 /-mi'ja-/ → /-me'e-/ の変化がある。

tsitsïshmiyó　3-120　**Tsitsïshmiyó** dugeïndó.〈気を付けて！　ころぶよ〉

☼ 命令形「つつしめ」を含む。「つつしめよ」に対応。

/cicisjimi'jo'o/ と推定。

つむ積

tsimung　2-120　ツム，ツモル **tsimung**, tsinyung.〈積む〉

☼ 連用形「つみ」を含む。「つみをり<u>む</u>」に対応。

/cimu'ɴ/ と推定。次の /cinju'ɴ/ との関係については第5章で論じる。

tsinyung　2-120　ツム，ツモル tsimung, **tsinyung**.〈積む〉

☼ 連用形「つみ」を含む。「つみをり<u>む</u>」に対応。

/cinju'ɴ/ と推定。途中 /-mju-/ → /-nju-/ 等の変化があったと考える。前の /cimu'ɴ/ との関係については第5章で論じる。

なぐさむ慰

nagussami　5-106　**nagussami** deru, yūg̃afū yăssā. *What a comfort, quiet a good year.*　心もなごみ，ほんとに豊年だ。

☼ 連用形「なぐさみ」に対応。

/nagusami/ と推定。

năg̃ŭsămī　5-96　**năg̃ŭsămī** ndi ichi　*be comforted*　慰みなさい（と言って）

☼ 命令形「なぐさめ」に対応。

/nagusami/ と推定。

のぞむ望

nuzumung　2-120　ノゾム nuzumung〈期待する，望む〉

☼ 連用形「のぞみ」を含む。「のぞみをり<u>む</u>」に対応。

/nuzumu'ɴ/ と推定。nuzunyung がない。「たのむ」には tanunyung, tanumung とある。

のむ飲

numi　2-120　ノム numung, nunyung〈飲む〉　接不現 **numi**　接不過 nudi　現在 nunyung　過去 nudang　否定 numang　命令 numi　受身 numarīng　使役 numashung

☼ 連用形「のみ」に対応。

/numi/ と推定。

numung　2-120　ノム **numung**, nunyung〈飲む〉　接不現 numi　接不過 nudi　現在

682　第4章　アルファベット資料の動詞形態の考察

nunyung　過去 nudang　否定 numang　命令 numi　受身 numarīng　使
役 numashung

☼ 連用形「のみ」を含む。「のみをりむ」に対応。

/numu'ɴ/ と推定。次の /nunju'ɴ/ との関係については第5章で論じる。

nunyung 2-120　ノム numung, **nunyung**〈飲む〉　接不現 numi　接不過 nudi　現在
nunyung　過去 nudang　否定 numang　命令 numi　受身 numarīng　使
役 numashung

☼ 連用形「のみ」を含む。「のみをりむ」に対応。

/nunju'ɴ/ と推定。前の /numu'ɴ/ との関係については第5章で論じる。

nunyung ne 3-126　Mizzi **nunyung** ne,“*as if drinking*”〈あたかも（水を）飲むか
のように〉　注 né, または nebi,“ the aping”〈みせかけ, まねること〉。shung
がついて動詞になる。注53)

☼ 連用形「のみ」を含む。「のみをるなり」に対応。

/nunju'ɴne'e/ と推定。途中 /-nari-/ → /-na'i-/ → /-ne'e-/ の変化がある。

numi 2-120　ノム numung, nunyung〈飲む〉　接不現 numi　接不過 nudi　現在
nunyung　過去 nudang　否定 numang　命令 **numi**　受身 numarīng　使役
numashung

☼ 命令形「のめ」に対応。

/numi/ と推定。

numang 2-120　ノム numung, nunyung〈飲む〉　接不現 numi　接不過 nudi　現
在 nunyung　過去 nudang　否定 **numang**　命令 numi　受身 numarīng
使役 numashung

☼ 未然形「のま」を含む。「のまぬ」に対応。

/numa'ɴ/ と推定。

numarang 3-110　**numarang**,“ *can not be drunk*”〈飲むことができない〉

☼ 未然形「のま」を含む。「のまらぬ」に対応。

/numara'ɴ/ と推定。

numarīng 3-110　**numarīng**,“*can be, may be drunk*”〈飲める, 飲むことができる〉

☼ 未然形「のま」を含む。「のまれをりむ」に対応。

/numari'i'ɴ/ と推定。

numashung 2-120　ノム numung, nunyung〈飲む〉　接不現 numi　接不過 nudi　現在
nunyung　過去 nudang　否定 numang　命令 numi　受身 numarīng
使役 **numashung**

☼ 未然形「のま」を含む。「のましをりむ」に対応。

/numasju'ɴ/ と推定。

numasăttăng 3-110　**numasăttăng**“has been drunk ”〈飲まれた (3)〉　(3 現在の方言で
は,「飲まされた」の意味である。

☼ 未然形「のま」を含む。「のまされたりむ」に対応。

/numasaQta'ɴ/ と推定。促音化の変化がある。

nudi 2-120　ノム numung, nunyung〈飲む〉　接不現 numi　接不過 **nudi**　現在

nunyung　過去 nudang　否定 numang　命令 numi　受身 numarīng　使役
numashung

☆「のみて→のんで」に対応。

/nudi/ と推定。撥音脱落の変化がある。

nudaï　4-241　**nudaï** kadaï yitchaï assidachaï-shutang. "*We ate & drank, sat &
then walked about.*"〈飲んだり食べたり，坐ったり歩き回ったりした〉

☆「のみて→のんで」を含む。「のんであり→のんだり」に対応。

/nuda'i/ と推定。撥音脱落の変化がある。途中 /-ari-/ → /-a'i-/ の変化がある。

nudang　2-120　ノム numung, nunyung〈飲む〉接不現 numi　接不過 nudi　現
在 nunyung　過去 **nudang**　否定 numang　命令 numi　受身 numarīng
使役 numashung

☆「のみて→のんで」を含む。「のみてあり<u>む</u>→のんだり<u>む</u>」に対応。

/nuda'ɴ/ と推定。撥音脱落の変化がある。

はばむ阻

fabami　4-237　**fabami**, "*hindrance*"〈妨害〉

☆連用形「はばみ」に対応。

/hwabami/ と推定。

はらむ孕

haranyung　2-120　ハラム **haranyung**〈孕む〉

☆連用形「はらみ」を含む。「はらみをり<u>む</u>」に対応。

/haranju'ɴ/ と推定。haramung の例はない。「fa～」ではなく「ha～」であることにも注意。

やむ止

yămāng gutu　4-233　**yămāng gutu**"*unceasing(g)ly*"〈止まずに〉

☆未然形「やま」を含む。「やまぬごと」に対応。

/'jama'ɴgutu/ と推定。

やむ病（痛）

yanyung　3-113　〈痛む〉の意味の **yanyung**

☆連用形「やみ」を含む。「やみをり<u>む</u>」に対応。

/'janju'ɴ/ と推定。

yadi　3-116　Kakandī sé, tīnu **yadi** kakarang, "*I should have written, but, having
had pain in the hand, did not write.*"〈書くべきだったが，手が痛んだので，
書かなかった〉注54)

yadi　4-234　ah **yadi**" *ah it pains*"〈ああ、いたい〉

☆「やみて→やんで」に対応。

/jadi/ と推定。撥音脱落の変化がある。

よむ読

yumi　3-117　V<u>ā</u>gă ïya kunu shimutzi keti mutumirandi-shusi shtchidung
vutéré,ch<u>i</u>shshtī **yumi** ovatóchutassiga(("*but I did not know,* "〈しかし知ら
なかった〉tada shirantang)) "*Had I known you should desire back this
book, I should certainly have finished((reading)) it.*"〈この本を返してもら

684　第4章　アルファベット資料の動詞形態の考察

いたいという君の気持を知っていたら，きっと読み終えていただろう〉

    6-29   **yumi** fhadjimiung（読み始める。連用形語幹 yum-）〈commence〉

    3-111   **yumi** kviri, "*please read* "〈どうか読んで下さい〉

yumī   3-107   mata sīmǐ **yumī**ndǎ"*again read* "〈また読書をしよう〉

  ☼ 連用形「よみ」に対応。注55)

/ˈjumi/ と推定。

yume   3-114   Shimutzi chassa **yume**[6]shundung, ubi ōsan. " *Let me read so mach ((so many)) I remember nothing*".〈いくら（（何冊））本を読んでもおぼえられない〉 [6]yumu,yunyung の反復形。

  ☼ 連用形「よみ」を含む。「よみは」に対応。

/ˈjume'e/ と推定。途中 /-i'ja-/ → /-e'e-/ の変化がある。

yumung   2-120   ヨム yunyung, **yumung**〈読む〉

yumúng   6-30   **yumúng**（読む。融合語幹 yum-）〈stress〉

  ☼ 連用形「よみ」を含む。「よみをり<u>む</u>」に対応。

/ˈjumu'ɴ/ と推定。

yumu   3-114   yume の注   **yumu**,yunyung の反復形。

  ☼ 終止形「よむ」に対応。

/ˈjumu/ と推定。

yunyung   2-120   ヨム **yunyung**, yumung〈読む〉

    6-30   yunyung（読む。融合語幹 yuny-）〈read〉   『沖縄語辞典』に「また，(ix)の『…する』の形は首里周辺には nuN で終わるかわりに 'jumuN（「読む」）のように muN で終わることもあり、首里では、古風な形としては 'jumjuN ということもある」とある。『英琉辞書』には yumyung の例は今のところ見あたらない。注56)

  ☼ 連用形「よみ」を含む。「よみをり<u>む</u>」に対応。

/ˈjunju'ɴ/ と推定。

yunyuru   3-123   Ăchā shimutzi **yunyuru**((または yumandi shuru)) téma arang, bitzi nyi shirutūng ang. "*To morrow there will not only be reading, but also some other business.*"〈明日は書物を読むだけでなく，他にも仕事がある〉

  ☼ 連用形「よみ」を含む。「よみをる」に対応。

/ˈjunjuru/ と推定。

yunyā   4-238   **yunyā**, "*a reader*"〈読む人〉

  ☼ 連用形「よみ」を含む。「よみあ」に対応か。

/ˈjunja'a/ と推定。途中 /ˈjumi'a/ → /ˈjumja'a/ → /ˈjunja'a/ の変化が考えられる。

yuma   3-123   ăchā shimutzi yunyuru((または **yuma**ndi shuru)) téma arang, bitzi nyi shirutūng ang. "*To morrow there will not only be reading, but also some other business.* "〈明日は書物を読むだけでなく，他にも仕事がある〉

  ☼ 未然形「よま」に対応。

/ˈjuma/ と推定。

第 2 節　ベッテルハイム『琉球語と日本語の文法の要綱』・『琉球語辞書』の動詞形態の考察　685

yumang　6-29　**yumang**（読まない。基本語幹 yum-）〈only〉

yuman　3-122 shimutsi **yuman**téma arang, fuka ndjiti furi assibashang((assidang)). "*You have not only read, but also gone out & played.* "〈書物を読まないだけでなく, 外に出て遊びほうけた〉

　☼ 未然形「よま」を含む。「よまぬ」に対応。

　/ˈjumaˈɴ/ と推定。

yudi　3-125　Vatta kuma vuti shimutzi yudinda, ama vuti attaya **yudi**ndi[1]. "*Let us read here, & let them read there.* "〈私達はここで, あの人達はむこうで読書することにしよう〉[1] ここでも "I think"〈私は思う〉とか "order"〈命ずる〉(("they should read there"〈あの人達はむこうで読書をすべきである〉)) の語句を補足して考えるべきである[1]　　[1]yudindi（読んでみろ）の ndi と, jumundi umuyung（読むと思う）の ndi を混同したのであろう。

yudi　4-240　shimutsi **yudi** "*read*"〈書を読み〉

　☼「よみて→よんで」に対応。

　/ˈjudi/ と推定。撥音脱落の変化がある。

をがむ拝

wugamabira　4-240　chū **wugamabira**, ＜琉球語の意味を文字通りに解釈すると＞ "*to-day I had not yet the honor to worship you*"〈今日はまだあなたに敬意を表する栄誉に浴しておりません〉

vugamabira　5-104　Chū **vugamabira** ＜琉球語の意味を文字通りに解釈すると＞(*Today I have not yet worshipped you*) 今日はまだあなた様を拝んでおりません 注57)

　☼ 連用形「をがみ」を含む。「をがみはべら」に対応。

　/ˈugamabira/ と推定。/ˈugamjabira/ → /ˈugamabira/ 等の変化があったとか考えられる。

vuganyébira　5-104　Kīssă **vuganyébira** ＜琉球語の意味を文字通りに解釈すると＞(*I have a little ago worshipped you*)（同じ日に二度同じ人と出会う時）先程あなた様を拝みました

　☼ 連用形「をがみ」を含む。「をがみはべら」に対応。

　/ˈuganjabira/ と推定。/ˈugamjabira/ → /ˈuganjabira/ 等の変化があったと考えられる。

vuganyun　4-243　mimeshundi((**vuganyun**di)) fusahsong, ま た は nigatóng. "*He desires to visit you*"〈彼はあなたと訪ねたいと思って入る〉

wuganyung　4-241　tatimatsiung は琉球語では,「崇敬する」という意味で, 接頭辞的に **wuganyung** の前に置かれる。

　☼ 連用形「をがみ」を含む。「をがみをりむ」に対応。

　/ˈuganjuˈɴ/ と推定。/ˈugamjuˈɴ/ や /ˈugamuˈɴ/ 等に相当する例は見当らない。

wugadi　4-240　kamiū païshi（又は **wugadi**）"*To adore god*"〈神を崇べ〉

　☼「をがみて→をがんで」に対応。

　/ˈugadi/ と推定。撥音脱落の変化がある。

をしむ惜

ūshĭdi　5-94　nāgūrĭ **ūshĭdi** *the separation* 名残を *sorrowed for* 惜しんで

☆「をしみて→をしんで」に対応。

/ʔusjidi/ と推定。撥音脱落の変化がある。

あかがる明

ākagāti　5-105　yūbé kānnaïnŭ nati, mata fudinu **ākagāti** ūdŭrŭchāng.(*We were frightened by the thunder and lightening this night.*)　昨夕は雷と稲光りでこわかったです。

☆「あかがりて→あかがって」に対応。

/ʔakagati/ と推定。促音脱落の変化がある。

あたる当

ātătīng　5-98　fūkīnyĭ **ātătīng** dédjidó　*the very exhalation is dangerous*　その風気でさえ危険だから

☆「あたりて→あたって」を含む。「あたっても」に対応。「風気に当たっても（当たっただけでも）一大事だ」の意。

/ʔatati'ɴ/ と推定。促音脱落の変化がある。

あつまる集

atsimayung　3-112　**atsimayung** アツマル〈集まる〉

☆連用形「あつまり」を含む。「あつまりをりむ」に対応。

/ʔacima'ju'ɴ/ と推定。

atsimati　5-103　vākămūndjŭ **atsimati** ワカモンジウ　アツマテ　*the youths assembled*　若者達が集まって

☆「あつまりて→あつまって」に対応。

/ʔacimati/ と推定。促音脱落の変化がある。

あぶる焙

ándjung　3-113　**ándjung**, antang, andang〈火であぶる, 揚げる〉

☆連用形「あぶり」を含む。「あぶりをりむ」に対応。

/ʔa'ɴzju'ɴ/ と推定。この形に到るまでの過程については第5章で考察する。

andang　3-113　ándjung, antang, **andang**〈火であぶる, 揚げる〉

☆未然形「あぶら」を含む。「あぶらぬ」に対応。

/ʔa'ɴda'ɴ/ と推定。注58

antang　3-113　ándjung, **antang**, andang〈火であぶる, 揚げる〉

☆「あぶりて→あぶって」を含む。「あぶったりむ」に対応。

/ʔa'ɴta'ɴ/ と推定。促音脱落の変化がある。

あまる余

amayusi　4-241　**amayusi** simang, "*I do not want(what is over & above) the surplus*"〈余るのは欲しない〉

☆連用形「あまり」を含む。「あまりを（る）す」に対応。

/ʔama'jusi/ と推定。

いかる怒

īkătĭ　5-97　fūkăkŭ **īkătĭ**　*deeply*　深く　*she was angry*　怒って

☆「いかりて→いかって」に対応。

/ʔikati/ と推定。促音脱落の変化がある。

いたる至

itātti　5-103　kuré **itātti** yăssichĭ mung　コレヤ　イタツテ　ヤスキ　モン　*This is very easy thing*　これはいたってたやすいことだ

　　☼「いたりて→いたって」に対応。

　　/ʔitaQti/ と推定。

いつはる偽

itsivari　3-120　Ah, djitse aranteng,itsivatidu yatengte((yatengdo))　*"it was not real, it was put on."*〈ああ，本当ではなかったんだ。偽りだったんだ〉
　　　注 itsivati 偽りの。**itsivari**

　　☼ 連用形「いつはり」に対応。

　　/ʔici'wari/ と推定。

itsivati　3-120　Ah, djitse aranteng,**itsivati**du yatengte((yatengdo))　*"it was not real, it was put on."*〈ああ，本当ではなかったんだ。偽りだったんだ〉　注 itsivati 偽りの。itsivari

ītsĭvātĭ　5-94　**ītsĭvātĭ** chăvāng nakae mĭzzĭdŭ ĭttĭ-chóti　*mockingly* 偽って　*in a tea cup* 茶碗の中に　*water it is she put(& come)* 水をいれて（来て）

　　☼「いつはりて→いつはって」に対応。

　　/ʔici'wati/ と推定。促音脱落の変化がある。

itsvatōru　5-95　vang **itsvatōru**-shūkŭ umikakirā ndi īchĭ　*I* 私　は　*of the imposition the proof* 偽りの証拠を　*let me see* お目にかけましょうと

　　☼「いつはりて→いつはって」を含む。「いつはってはをる」に対応。

　　/ʔici'wato'oru/ と推定。促音脱落の変化がある。

いる入

ī　5-103　nĭya fŭkaku, mizinyu ī　子ヤ　フカク　ミヅニ　イ、　*the root part will sink deeper into the water* 根の方が深く水に沈み

　　☼ 連用形「いり」に対応。「根は深く水に入り」の意。nyu は nyi の誤りのはずである。
　　「辞書2017」に，次のようにある。〈Enter 入る ;sísimu,utchnyi ĭung, féyung, féri 'nchung;（以下、略）〉参考になる。

　　/ʔi'i/ と推定。途中 /ʔiri/ → /ʔi'i/ の変化がある。

ĭyŭng　5-103　sūraga assaku mizinyi **ĭyŭng**　ソラヤアサク　ミヅニ　イヨン　*whereas the top-part will only superficially enter* 上の方は浅く水に入る

　　☼ 連用形「いり」を含む。「いりをりむ」に対応。

　　/ʔi'ju'N/ と推定。/ʔiri'u'N/ → /ʔirju'N/ → /ʔi'ju'N/ のような変化が考えられる。

īūng　2-122　イル〈入る〉現在 īūng　過去 itchang　否定 irang

　　☼ 連用形「いり」を含む。「いりをりむ」に対応。

　　/ʔi'u'N/ と推定。途中 /ʔiri-/ → /ʔi'i-/ の変化があると考えられる。

ĭyu-tŭkŭrū　5-103　fukaku mizinyi **ĭyu-tŭkŭrū** nī yākūtŭ　*The root being where it deeper enters the water* 深く水に入るところが根だから

　　☼ 連用形「いり」を含む。「いりをる　ところ」に対応。

688　第4章　アルファベット資料の動詞形態の考察

/ʔi'ju tukuru/ と推定。/ʔiri'uru tukuru/ → /ʔirjuru tukuru/ → /ʔi'juru tukuru/ → /ʔi'juQ tukuru/ → /ʔi'ju tukuru/ のような変化が考えられる。

irang　2-122　イル〈入る〉現在ĭŭng　過去 itchang　否定 **irang**

irang　5-102　fitubitu gungunó tsitsishimé, yukuyuku ning **irang**-até simang
　　　　ヒトく： ゴンゴノワ ツヽシミヤ ユクく： 子ン イラン アテヤ スマン
　　　　utmost attention in speaking can not be too much recommended(every one must be always attentive & careful on his speech)　話をする時にはいくら慎重にしてもしすぎることはない。（誰しも自分の言葉には絶えず慎み，気をつけなければいけない。）

　　☼ 未然形「いら」を含む。「いらぬ」に対応。

　　/ʔira'ɴ/ と推定。

ichi　6-34　**ichi**（入って。音便語幹　ich-）〈nothing〉

īchĭ　5-98　yói·yoï **īchĭ** ndji　*he went in very slowly into the pantry*　ゆっくりゆっくり庫裡の中へ入って行き

　　☼「いりて→いって」に対応。

　　/ʔi(Q)cji/ と推定。破擦音化の変化がある。

itchang　2-122　イル〈入る〉現在ĭŭng　過去 **itchang**　否定 irang

　　☼「いりて→いって」を含む。「いってあり<u>む</u>→いったり<u>む</u>」に対応。

　　/ʔiQcja'ɴ/ と推定。破擦音化の変化がある。

íttchóng　6-34　**íttchóng**（入っている。音便語幹　ittch-）〈include〉

　　☼「いりて→いって」を含む。「いってはをり<u>む</u>」に対応。

　　/ʔiQcjo'o'ɴ/ と推定。破擦音化の変化がある。

ittchoru　6-34　**ittchoru**（入っている。音便語幹　ich-）〈pie〉

　　☼「いりて→いって」を含む。「いってはをる」に対応。

　　/ʔiQcjo'oru/ と推定。破擦音化の変化がある。

īttchó kutu　5-98　duku yakunu **īttchó kutu**　*in which poisonous medicine is contained*　それには毒薬が入っている

　　☼「いりて→いって」を含む。「いってはを（る）こと」に対応。

　　/ʔiQcjo'okutu/ と推定。破擦音化の変化がある。

うる売

uyung　1-68　tā yaravang, **ūyŭssī**((**uyung** は〈売る〉))kārā kóri〈売る人が誰であろうとその人から買いなさい〉

　　☼ 連用形「うり」を含む。「うりをり<u>む</u>」に対応。

　　/ʔu'ju'ɴ/ と推定。途中 /ʔurju-/ → /ʔu'ju-/ の変化があると考えられる。

ūyŭssī　1-68　tā yaravang, **ūyŭssī**((**uyung** は〈売る〉))kārā kóri〈売る人が誰であろうとその人から買いなさい〉

　　☼ 連用形「うり」を含む。「うりを（る）す」に対応。

　　/ʔu'jusi/ と推定。途中 /ʔurju-/ → /ʔi'ju-/ の変化があると考えられる。

urātti　3-127　**urātti** ato mata iyagadu kamuyung　*"after being sold, it was again you who superintended((the thing))"*　〈売った後も，((それを))　管理して

いるのは汝であった。〉

☆ 未然形「うら」を含む。「うられて→うらって」に対応。

/ʔuraQti/ と推定。

おこたる怠

úkŭtarí mung　4-235　**úkŭtarí mung**"Lazy"〈怠け者〉

☆ 連用形「おこたり」を含む。「おこたりもの」に対応。「おこたれもの」の可能性もあるか。

/ʔukutarimuʼN/ と推定。

ukutărāng　gutu　3-121　vorabi shóying kărā yudangsang((**ukutărāng**)) **gutu** simi
narati. tushifï munashku tsi-yassang((tuchi sirasang)) ati
dung atéré　"*I had unweariedly studied from may youth up &
not idled away my time*"〈子供の頃から根気強く学問をし，月日
をむなしく費やすようなことがなかったら〉

☆ 未然形「おこたら」を含む。「おこたらぬごと」に対応。

/ʔukutaraʼN gutu/ と推定。

おもんばかる慮

umūng,bakari　5-109　Yumi　ヒト　トホキ　ヲモンバカリ　ナキトキハ　fitu
tūchi **umūng** 8,**bakari** nachi tuchiva

意味　*he who has no remote plan of thinking(does not take measures.
when things are yet far off)*〈遠い計画を持たない（物事が遠くに
ある時対策を講じていない）者は，〉

☆ 連用形「おもんばかり」に対応。（「umūng 8,bakari」の「8」は何らかの手違いによるものと
判断して、用例では削除）

/ʔumuʼNbakari/ と推定。

ŭmūng bākărĭnŭ　5-109　'hodji　fitu tūchi **ŭmūng bākărĭnŭ** nendung aré　ヒト
トホキ　ヲモンハカリノ　ナインドン　アレヤ

意味　*he who has no remote plan of thinking(does not take measures.
when things are yet far off)*〈遠い計画を持たない（物事が遠くに
ある時対策を講じていない）者は，〉

☆ 連用形「おもんばかり」を含む。「おもんばかりの」に対応。

/ʔumuʼNbakarinu/ と推定。

おる織

uri-vadu　5-89　yudansang gutu **uri-vadu** *unremittingly*〈油断しないように〉
must be woven〈織らなければならない〉

☆ 連用形「おり」を含む。「おりはど」に対応。

/ʔuri'wadu/ と推定。

ūyŭtāng　5-88　tudjé nŭnŭ **ūyŭtāng** *his wife*〈妻は〉*cloth*〈布を〉*wove*〈織った〉

☆ 連用形「おり」を含む。「おりをりたりむ」に対応。

/ʔuʼjutaʼN/ と推定。

かかる掛

kakayuga　1-65　chassa **kakayuga**〈重さはいくらか〉

690　第4章　アルファベット資料の動詞形態の考察

☼ 連用形「かかり」を含む。「かかりを（る）が」に対応。「いくら　かかるか」の意。

/kaka'juga/ と推定。

かはる代

kavati　5-107　Uyanu cha vanyi **kavati** kvī chichi kviri　御両親によろしくおっしゃっ
　　　　て下さい。（*Please give my respects to your parents*.）

☼ 「かはりて→かはって」に対応。「親達、私に代わって声聞いてくれ」の意。

/ka'wati/ と推定。促音脱落の変化がある。

かはる変

kāvăĭ kăgān　5-96　**kāvăĭ kăgān**dŭ yarundi ūmŭtĭ　*a strange glass* 変な鏡　*to be*
　　　　であると　*she thought* 思ったが

☼ 連用形「かはり」を含む。「かはりかがみ」に対応。

/ka'wa'ikaga'N/ と推定。

kāvărăng　5-103　skushi **kāvărăng**　スクシ　カワラン　*exactly*(*without the slightest*
　　　　difference)　まさしく

☼ 未然形「かはら」を含む。「かはらぬ」に対応。「少し（も）変わらぬ」の意。

/ka'wara'N/ と推定。

かぶる被

kandji nunu　6-30　**kandji nunu**（被り布。連用形語幹 kandj-）〈sheet〉

☼ 連用形「かぶり」を含む。「かぶりぬの」に対応。

/ka'Nzjinunu/ と推定。

kan-djung　3-113　**kan-djung**, -tang, -dang 〈((帽子などを頭に)) かぶる〉

kandjung　6-30　**kandjung**（被る。融合語幹 kandj-）〈wear〉

kandïung　6-30　**kandïung**（被る。融合語幹 kandiy-）〈put〉

☼ 連用形「かぶり」を含む。「かぶりをりむ」に対応。

/ka'Nzji'u'N/ と推定。「かぶり〜」からの変化過程については第5章で考察する。

kan -dang　3-113　**kan**-djung, -tang, **-dang** 〈((帽子などを頭に)) かぶる〉

kandang　6-30　**kandang**（被らない。基本語幹 kand-）〈put〉

☼ 未然形「かぶら」を含む。「かぶらぬ」に対応。

/ka'Nda'N/ と推定。

kan -tang　3-113　**kan**-djung, **-tang**, -dang 〈((帽子などを頭に)) かぶる〉

kantang　6-30　**kantang**（被った。音便語幹 kant-）〈put〉

☼ 「かぶりて→かぶって」を含む。「かぶってありむ→かぶったりむ」に対応。

/ka'Nta'N/ と推定。促音脱落の変化がある。

kanti-wuï　3-127　ching kantóï((**kanti-wuï**)) *"having been dressed* "〈着物をつけ
　　　　たまま〉

☼ 「かぶりて→かぶって」を含む。「かぶってをり」に対応。

/ka'Nti 'u'i/ と推定。

kantóï　3-127　ching **kantóï**((kanti-wuï)) *"having been dressed* "〈着物をつけたまま〉

☼ 「かぶりて→かぶって」を含む。「かぶってはをり」に対応。

/ ka'Nto'o'i/ と推定。

かへる帰

kéyŭrŭ　5-94　kŭnyĭnyĭi **kéyŭrŭ** tuchinyi *coutrg* _{ママ} 故郷に　*of returning* 帰る *at the time* 時に

> ☼ 連用形「かへり」を含む。「かへりをる」に対応。
>
> /ke'e'juru/ と推定。

kéti　3-107　yanyi **kéti** chi mata simi yuminda. "*then return & again read*"〈家に帰って来て , また読書をしよう〉

kétĭ　5-88　tudji mī b**ū**shshǎsh**ī** **kétĭ** *his wife* 妻を *to see desirous* 見たくなって *he returned* 戻って

> ☼「かへりて→かへって」に対応。
>
> /ke'eti/ と推定。促音脱落の変化がある。

かる借

kayung　3-122　**kayung**〈借りる , 請求する〉

> ☼ 連用形「かり」を含む。「かりをり<u>む</u>」に対応。
>
> /ka'ju'ɴ/ と推定。

kătāng　3-122　dzing mading ufóku **kătāng** "*asked much money also* "〈代金もたくさん請求した〉

> ☼「かりて→かって」を含む。「かってあり<u>む</u>→かったり<u>む</u>」に対応。
>
> /kata'ɴ/ と推定。促音脱落の変化がある。

きばる気張

chibaï　3-117　yakkutu dzībung **chibaï** tskirïó. "*Do then by all means apply yourself.* "〈だからぜひ十分に頑張りなさい〉

> ☼ 連用形「きばり」に対応。
>
> /cjiba'i/ と推定。/-ri/ → /-'i/ の変化がある。

きる切

chiri　6-34　**chiri** yandïung（切り破る。連用形語幹 chir-）〈mangle〉

> ☼ 連用形「きり」に対応。
>
> /cjiri/ と推定。

chïï　6-34　**chïï**dun se（切りぞすれば。連用形語幹 chiy-）〈prune〉

> ☼ 連用形「きり」に対応。
>
> /cji'i/ と推定。/-ri/ → /-'i/ の変化がある。

chīung　2-122　キル〈切る〉現在 **chīung**　過去 chichǎng　否定 chīrang　命令 chiri　使役 chirashung

> ☼ 連用形「きり」を含む。「きりをり<u>む</u>」に対応。
>
> /cji'u'ɴ/ と推定。

chiri　2-122　キル〈切る〉現在 chīung　過去 chichǎng　否定 chīrang　命令 **chiri**　使役 chirashung

> ☼ 命令形「きれ」に対応。
>
> /cjiri/ と推定。

chīrang　2-122　キル〈切る〉現在 chīung　過去 chichǎng　否定 **chīrang**　命令 chiri

692　第4章　アルファベット資料の動詞形態の考察

使役 chirashung

☆ 未然形「きら」を含む。「きらぬ」に対応。

/cjira'ɴ/ と推定。

chiráng gutu　6-34　**chiráng gutu**（切らないように。基本語幹 chir-）〈whole〉

☆ 未然形「きら」を含む。「きらぬ　ごと」に対応。

/ cjira'ɴ gutu/ と推定。

chirashung　2-122 キル〈切る〉現在 chīung　過去 chīchăng　否定 chīrang　命令
　　　　　　chiri　使役 **chirashung**

☆ 未然形「きら」を含む。「きらしをりむ」に対応。

/cjirasju'ɴ/ と推定。

chichi　6-34　**chichi**（切って。音便語幹 chich-）〈ethical〉

chīchī　5-88　nūnŭ **chīchī** *the cloth* 布を *cut* 切って

☆「きりて→きって」に対応。

/cjiQcji/ と推定。促音が表記されてないと見る。

chīchăng　2-122 キル〈切る〉現在 chīung　過去 **chīchăng**　否定 chīrang　命令 chiri
　　　　　　使役 chirashung

chichang　3-127　Fidji sŭyūndi **chichang**. *"While shaving I cut myself."*〈ひげをそっ
　　　　　　ている時に切った〉

☆「きりて→きって」を含む。「きってありむ→きったりむ」に対応。

/cjiQcja'ɴ/ と推定。促音が表記されてないと見る。

chīchā-tūchī　5-89　kŭnū sīgūshī **chīchā-tūchī**ndŏ　*with this knife* この小刀で *cut
　　　　　　having been* 切ったので

☆「きりて→きって」を含む。「きってある　とき→きったる　とき」に対応。

/cjiQcjaQtucji/ と推定。促音が表記されてないと見る。破擦音化がある。

chīchésitu　5-89　kunu nunu *this cloth* この布を　nakaba vūti *in the midst* 中ば
　　　　　　で ūshi**chīchésitŭ** *with its being cut through* 切ったのと　yinŭ mung
　　　　　　one & the same 同じことで

☆「きりて→きって」を含む。「きってはあ（る）すと」に対応。

/cjiQcje'esitu/ と推定。促音が表記されてないと見る。破擦音化がある。

くだる下

kudaï　2-118　クダル kudaru〈下る〉接続不定現在 **kudaï**　接続不定過去 kudati
　　　　　　現在 kudayung　過去 kudatang　否定 kudarang　命令 kudari

☆ 連用形「くだり」に対応。

/kuda'i/ と推定。/-ri/ → /-'i/ の変化がある。

kudayung　2-118　クダル kudaru〈下る〉接続不定現在 kudaï　接続不定過去 kudati
　　　　　　現在 **kudayung**　過去 kudatang　否定 kudarang　命令 kudari

☆ 連用形「くだり」を含む。「くだりをりむ」に対応。

/kuda'ju'ɴ/ と推定。/-ri/ → /-'i/ の変化がある。

kudari　2-118　クダル kudaru〈下る〉接続不定現在 kudaï　接続不定過去 kudati
　　　　　　現在 kudayung　過去 kudatang　否定 kudarang　命令 **kudari**

☆命令形「くだれ」に対応。

/kudari/ と推定。

kudarang 2-118 クダル kudaru〈下る〉 接続不定現在 kudaï 接続不定過去 kudati
現在 kudayung 過去 kudatang 否定 **kudarang** 命令 kudari

☆未然形「くだら」を含む。「くだらぬ」に対応。

/kudara'N/ と推定。

kudati 2-118 クダル kudaru〈下る〉 接続不定現在 kudaï 接続不定過去 **kudati**
現在 kudayung 過去 kudatang 否定 kudarang 命令 kudari

☆「くだりて→くだって」に対応。

/kudati/ と推定。促音脱落の変化がある。

kudatang 2-118 クダル kudaru〈下る〉 接続不定現在 kudaï 接続不定過去 kudati
現在 kudayung 過去 **kudatang** 否定 kudarang 命令 kudari

☆「くだりて→くだって」を含む。「くだってありむ→くだったり<u>む</u>」に対応。

/kudata'N/ と推定。促音脱落の変化がある。

ことわる断

kŭtŭvăyŭndŭng 5-92 dan-dang **kŭtŭvăyŭndŭng** uyanu-chā ŭshshtĭ *repeatedly*
繰返して *gainsaying(although yet)* 反対した（けれども） *the*
parents 両親は *forcibly* おして

☆連用形「ことわり」を含む。「ことわりをり<u>む</u>ども」に対応。

/kutu'wa'ju'Ndu'N/ と推定。

さしつまる差詰

sāshitsīmati 5-98 **sāshitsīmati,** "*nonplussed*"〈当惑し〉

☆「さしつまりて→さしつまって」に対応。

/sasjicimati/ と推定。促音脱落の変化がある。

さはる障

savaye 5-105 **Savaye** néni?（*Are you well?*）お元気ですか。

savayé 5-105 Mazi **savayé** néng.（*They are pretty well*） すこぶる元気です。

☆連用形「さはり」を含む。「さはりは」に対応。

/sa'wa'e'e/ と推定。/sa'wa'ri'wa/ → /sa'wa'i'ja/ → /sa'wa'e'e/ 等の変化が考えられる。

sate 4-234 **saté** urang!

☆「さはりて」を含む。「さはりては」に対応。

/sa'ate'e/ と推定。/sa'wa'rite'wa/ → /sa'wa'i'ti'ja/ → /sa'wate'e/ → /sa'ate'e/ 等の変化が
考えられる。

さる去

sayung 3-121 **sayung**〈過ぎ去る〉

☆連用形「さり」を含む。「さりをり<u>む</u>」に対応。

/sa'ju'N/ と推定。

sătĭ 3-121 kuma kara tubi **sătĭ** tukuttu naïssigaya. "*I would fly away & be at*
rest"〈ここを飛び去って楽な気持ちになれるんだが〉

☆「さりて→さって」に対応。

/sati/ と推定。促音脱落の変化がある。

しかる 叱

shkaratti　5-98　kŭnŭdīdŭ sharūndi ichiĭ **shkarātti** *your present deed is deliberately done,he scolded him*　意図的なものだと叱り 注59)

☆ 未然形「しから」を含む。「しかられて→しからって」に対応。

/sjikaraQti/ と推定。

shkarāttă kŭtu　5-95　**shkarāttă kŭtu** *having thus scolded him*　叱ったので

☆ 未然形「しから」を含む。「しかられた（る）こと→しからった（る）こと」に対応。

/sjikaraQtakutu/ と推定。

しる 知

munushiri　4-237　**munushiri**, *"knowledge"* 〈物知り, 知識〉

　　　　　4-240　**munushiri**(gaku mung) atsimiti takuvétasi *"have stored up knowledge"* 〈知識をたくわえていることに〉

☆ 連用形「しり」を含む。「ものしり」に対応。

/munusjiri/ と推定。

shiŭng　2-122　シル 〈知る〉 現在 **shiŭng**, shtchong　過去 shtchang　否定 shirang 命令 shtchori　使役 shirashung

☆ 連用形「しり」を含む。「しりをり<u>む</u>」に対応。

/sji'u'N/ と推定。

shinu bishi　5-111　スナワチ　ヒトノ　ジン　フジン　シヌ　ベシ （注釈部） sinavatchi ftunu djing fudjing shinu bishi

☆ 終止形「しる」を含む。「しるべし」に対応。

/sjirubisji/ と推定。途中 /-ru/-nu/ の交代ありきか。

shiru　5-110　(Yumi) sinavatchi djinū **shiru**. スナハチ　ジンヲ　シル

☆ 終止形「しる」に対応。

/sjiru/ と推定。

shirang　1-68　*I know none* 〈誰も知らない〉 は tāng **shirang**。物について言う場合は tītsīng **shirang**。

shirang　3-120　Chāshi tskōyŭrā((tskōtărā)) **shirang**. *"I know not how he makes((mede)) it."* 〈彼がどんな風にそれを作る（（作った））のか知らない〉

☆ 未然形「しら」を含む。「しらぬ」に対応。

/sjira'N/ と推定。

shirani　4-235　Now mādă **shirani**, *"do you not yet know?"* 〈まだ知らないのか〉

☆ 未然形「しら」を含む。「しらに」に対応。「しらぬ」+疑問の助辞 /i/。

/sjirani/ と推定。

shirang fitŭ　1-68　nanyi tukurunyi((māgă yărā)) **shirang fitŭ**nŭ vung 〈どこかは知らないが, どこかに人が居る〉

☆ 未然形「しら」を含む。「しらぬ　ひと」に対応。

/sjira'N　hwitu/ と推定。

shirang fuï　3-126　**shirang fuï**, *" as if not knowing"* 〈あたかも知らないかのように〉

第2節　ベッテルハイム『琉球語と日本語の文法の要綱』・『琉球語辞書』の動詞形態の考察　695

☆ 未然形「しら」を含む。「しらぬ　ふり」に対応。

/sjira'N　hwu'i/ と推定。

shiransa　4-242　**shiransa,** *"I don't know, surely one does not know "*〈知らない。断じて知らない〉

☆ 未然形「しら」を含む。「しらぬさ」に対応。

/sjira'Nsa/ と推定。

shirantang　3-117　Vāgă ïya kunu shimutzi keti mutumirandi-shusi shtchidung vutéré, chīshshtī yumi ovatóchutassiga((*"but I did not know, "*〈しかし知らなかった〉tada **shirantang**)) *"Had I known you should desire back this book,* I should certainly have finished((reading)) it."〈この本を返してもらいたいという君の気持を知っていたら，きっと読み終えていただろう〉

☆ 未然形「しら」を含む。「しらぬてありむ→しらんたりむ」に対応。

/sjira'Nta'N/ と推定。

shiraríng　6-37　**shiraríng**（知れる〈可能態〉。融合語幹 shirar-）〈infer〉

shirarīng　5-111　(Tūkushū) machigé 'nchi chakī ariga yī tukuru **shirarīng**. *Seeing his errors you may infer his virtue*(*can immediately know his good side*)　その過ちを見て，その人の徳を推測できる（すぐにその人の良い面を知ることができる）

☆ 未然形「しら」を含む。「しられをりむ」に対応。

/sjirari'i'N/ と推定。

shiraráng　6-37　**shiraráng**（知れない。基本語幹 shirar-）〈one〉

☆ 未然形「しら」を含む。「しららぬ」に対応。

/sjirara'N/ と推定。

shirashung　2-122　シル〈知る〉現在 shiŭng, shtchong　過去 shtchang　否定 shirang　命令 shtchori　使役 **shirashung**

☆ 未然形「しら」を含む。「しらしをりむ」に対応。

/sjirasju'N/ と推定。

shtchi　6-34　**shtchi**（知って。音便語幹 shtch-）〈reform〉　促音便化していると考えられるが、『英琉辞書』では促音の表記が正確でなく、明確なことは言えないということであろう。

☆「しりて→しって」対応。

/sjiQcji/ と推定。破擦音化がある。

shtchidung　3-117　Vāgă ïya kunu shimutzi keti mutumirandi-shusi **shtchidung** vutéré, chīshshtī yumi ovatóchutassiga((*"but I did not know, "*〈しかし知らなかった〉tada shirantang)) *"Had I known you should desire back this book,* I should certainly have finished((reading)) it."〈この本を返してもらいたいという君の気持を知っていたら，きっと読み終えていただろう〉

☆「しりて→しって」を含む。「しってども」に対応。

696　第4章　アルファベット資料の動詞形態の考察

/sjiQcjidu'ɴ/ と推定。破擦音化がある。

shtching　6-34　**shtching**（知っても。音便語幹 shtch-）〈man〉　促音便化している
と考えられるが、『英琉辞書』では促音の表記が正確でなく、明確なこと
は言えないということであろう。

☼「しりて→しって」を含む。「しっても」に対応。

/sjiQcji'ɴ/ と推定。破擦音化がある。

shtchang　2-122　シル〈知る〉　現在 shiüng, shtchong　過去 **shtchang**　否定 shirang
命令 shtchori　使役 shirashung

shtcháng　6-34　**shtcháng**（知った。音便語幹 shtch-）〈know〉　促音便化している
と考えられるが、『英琉辞書』では促音の表記が正確でなく、明確なこと
は言えないということであろう。

☼「しりて→しって」を含む。「してありむ→しったりむ」に対応。

/sjiQcja'ɴ/ と推定。破擦音化がある。

shtchong　1-53　vanya kurïü yū **shtchong** / vané kuré yū **shtchong**〈私に関しては私
はこれを良く知っている〉
脚注＜原注に「これは（知る）接続不定詞過去シテ shiti と wūrū が一緒になった shiti-
uru が, shtchuru と縮約したものにほかならない。同様にイル〈行く〉の所にあげた
ichung も, iti-ung の縮約形である。それは英語において *tio* が sho と発音され, さら
には *,nature* の *tu* が chu と発音されるのと同様である」とある。＞

☼「しりて→しって」を含む。「してはをりむ」に対応。

/sjiQcjo'o'ɴ/ と推定。破擦音化がある。

shtchori　2-122　シル〈知る〉　現在 shiüng, shtchong　過去 shtchang　否定 shirang
命令 **shtchori**　使役 shirashung
脚注＜原注に「これは（知る）接続不定詞過去シテ shiti と wūrū が一緒になった shiti-
uru が, shtchuru と縮約したものにほかならない。同様にイル〈行く〉の所にあげた
ichung も, iti-ung の縮約形である。それは英語において *tio* が sho と発音され, さら
には *,nature* の *tu* が chu と発音されるのと同様である」とある。＞

☼「しりて→しって」を含む。「してはをれ」に対応。

/sjiQcjo'ori/ と推定。破擦音化がある。

shtchoru　4-242　munushirinu ftu も munu **shtchoru** ftu の代用形であろう。

shtchoru　3-126　Shta((シテア)) fuï, または **shtchoru**((シテヲル)) fuï, "*as if he knew*"
〈あたかも知っているかのように〉

☼「しりて→しって」を含む。「してはをる」に対応。

/sjiQcjo'oru/ と推定。破擦音化がある。

shtchuru　1-68　〈この事を知っている人々〉は, kunu kutu shtchǔrǔ fitu bitu、又は,
munu; あるいは, fitu bitu, kunu kutu **shtchuru** munó.

shtchǔrǔ　1-68　〈この事を知っている人々〉は, kunu kutu **shtɕhǔrǔ**[2] fitu bitu, 又
は, munu; あるいは, fitu bitu, kunu kutu shtchuru munó。[2]shtchǔrǔ
のようにも思われる。(㊟　ɬ は, t の上に横棒あり。)

☼「しりて→しって」を含む。「してをる」に対応。

第 2 節　ベッテルハイム『琉球語と日本語の文法の要綱』・『琉球語辞書』の動詞形態の考察　697

/sjiQcjuru/ と推定。

そしる誇

sushiru　2-118　ソシル **sushiru**,〈中傷する〉

☼「そしる」に対応。これだけでは「終止形」であるか「連体形」であるかは判断できない。

/susjiru/ と推定。

そる剃

sŭyun　3-127　Fidji **sŭyūn**di chichang. "*While shaving I cut myself.*"〈ひげをそっている時に切った〉

☼ 連用形「そり」を含む。「そりをりむ」に対応。

/su'ju'ɴ/ と推定。

たてまつる奉

tatimatsi　4-240　sunu kamiū **tatimatsi** vugadi, shimutsi yudi, *to pray, read*　神を礼拝し，書を読み

☼ 連用形「たてまつ（り）」に対応。

/tatimaci/ と推定。/tatimaci'i/ の可能性もある。

tatimatsiung　4-241　**tatimatsiung** は琉球語では，「崇敬する」という意味で，接頭辞的に wuganyung の前に置かれる。

☼ 連用形「たてまつり」を含む。「たてまつりをりむ」に対応。

/tatimaci'u'ɴ/ と推定。

たばる縛

tabati　3-108　Chŭnŭ tī **tabati** "*he tying of a man's hand*"t〈人の手を縛って〉

☼「たばりて→たばって」に対応。

/tabati/ と推定。促音脱落の変化がある。

たる足

tarirang　3-125　Sunyé (sunying) uyubankutu sunyé **tarirang**. "*What is not one's business, what is nut worth doing*"〈関係のないことは，する価値がない〉
3-125　Kafushi ïyunyé uyubang, tarirang. "*Not worth thanks ((the saying of thanks))*"〈感謝する，（感謝を述べる）価値はない〉

☼「ラ行（一段→四段）化」後の未然形「たりら」を含む。「「たりらぬ」に対応。

/tarira'ɴ/ と推定。

つくる作 注60)

tskoï nébi　2-112　**Tskoï nébi**-shung "*to do as if he made* " まね・様子肯定

☼ 連用形「つくり」を含む。「つくり（ま）ねび」に対応。

/cuku'i ne'ebi/ と推定。/ri/ → /'i/ の変化がある。

tskoï tukuru(dukuru)　2-116　**Tskoï Tukuru(dukuru)** "*workshop* " 名詞との結合形肯定

☼ 連用形「つくり」を含む。「つくりところ（どころ）」に対応。

/cuku'i tukuru(dukuru)/ と推定。/ri/ → /'i/ の変化がある。/cukuri/ → /cuku'i/ の変化。

tskoï-djŭ　2-116　**Tskoï-djŭ** "*workshop* " 名詞との結合形肯定

☼ 連用形「つくり」を含む。「つくりじよ」に対応。「作り所」か。

/cuku'izju/ と推定。/ri/ → /'i/ の変化がある。/cukuri/ → /cuku'i/ の変化。

tskŏyā　2-115　**Tskŏyā**, "*a maker*"　　動詞的名詞肯定

tskoyā　4-238　　**tskoyā**, "a maker"〈作る人〉

　☆ 連用形「つくり」を含む。「つくりあ」に対応。「－あ」は「もの、こと、ひと」等を示す接辞。

　/cuku'ja'a/ と推定。/ri/ → /'i/ の変化がある。

Yana-zukuï　3-122　**Yana-zukuï** téma ărāng, "*Not only have you badly madeit,* "〈造りが悪いだけでなく,〉

　☆ 連用形「つくり」を含む。「やなづくり」に対応。

　/'janazuku'i/ と推定。/ri/ → /'i/ の変化がある。

tskoïga　2-113　**Tskoïga**(njang, 行った)"*to make* "　　動名詞肯定

　☆ 連用形「つくり」を含む。「つくりが」に対応。

　/cuku'iga/ と推定。/ri/ → /'i/ の変化がある。/cukuri/ → /cuku'i/ の変化。

tskoīnye　2-114　**Tskoīnye**, "*if he were to make* "　　接続法肯定

　☆ 連用形「つくり」を含む。「つくりには」に対応。

　/cuku'inje'e/ と推定。_{注61)}　　/ri/ → /'i/ の変化がある。/cukuri/ → /cuku'i/ の変化。

tskoiné　2-111　**Tskoiné**, tskoinyé, "*while making* "　　時・期間肯定

　☆ 連用形「つくり」を含む。「つくりには」に対応。

　/cuku'ine'e/ と推定。_{注61)}　　/ri/ → /'i/ の変化がある。/cukuri/ → /cuku'i/ の変化。

tskoïshung　2-109　**Tskoïshung**" *to continue*"_{注62)}　　習慣肯定

　☆ 連用形「つくり」を含む。「つくり　しをりむ」に対応。

　/cuku'i sju'N/ と推定。/ri/ → /'i/ の変化がある。/cukuri/ → /cuku'i/ の変化。

tskoïrā　2-110　**Tskoïrā**, "*whether , how, he may make it.* "　　疑念肯定

tskoïrā̄　2-114　**Tskoïrā̄** "*if he made*"（現在）　接続法肯定

　☆ 連用形「つくり」を含む。「つくりをらは」に対応。

　/cuku'ira'a/ と推定。/cukuri'ura'wa/ → /cukurjura'a/ → /cuku'jura'a/ → /cuku'ira'a/ の変化。

tskoyāgănā　2-111　**Tskoyāgănā**"*whilst making, (another action began or continued)* "　　時・期間肯定

　☆ 連用形「つくり」を含む。「つくりありがな」に対応。

　/cuku'jagana'a/ と推定。/ri/ → /'i/ の変化がある。

tskoya gatchinā　2-111　**Tskoya gatchinā** *whilst making,(another action began or continued)* "　　時・期間肯定

　☆ 連用形「つくり」を含む。「つくりありがちな」に対応。

　/cuku'jagacji'ina'a/ と推定。/ri/ → /'i/ の変化がある。

tskori vadu　2-110　**Tskori vadu** yaru "*should be done* "（現在）　義務肯定

　☆ 連用形「つくり」を含む。「つくりはど」に対応。

　/cukuri'wadu/ と推定。後の「tskoivadu」と対照。

tskoivadu　3-108　Tskoyundi, tskotendi, tskoígissandi, tskorarigashurandi, **tskoivadu** yarundi umutóng. "*I think he makes, made, is about to make, this maight be made, should be made.* "〈私は彼が作る , 作った , 作るつもりでいる , 作られるかも知れない , 作らなければならないと思う〉

☼ 連用形「つくり」を含む。「つくりはど」に対応。

/cuku'i'wadu/ と推定。/ri/ → /'i/ の変化がある。前の「tskori vadu」と対照。

tskoyé　3-109　aïye,até,**tskoyé**, tskoté は，助辞と結合した接続不定詞に外ならない。

☼ 連用形「つくり」を含む。「つくりは」に対応。

/cuku'je'e/ と推定。/cukuri'wa/ → /cukuri'ja/ → /cukurje'e/ → /cuku'je'e/(cuku'e'e) の変化。

tskoyéshung　2-109　**Tskoyéshung**"*making, use to make*"　習慣肯定

☼ 連用形「つくり」を含む。「つくりはしをり<u>む</u>」に対応。「作りはする」の意となる。

/cuku'je'esju'N/ と推定。/ri/ → /'i/ の変化がある。/cukuri/ → /cuku'i/ の変化。

tskoyéshumi　2-116　**Tskoyéshumi**, "*Do they usually make*"　疑問肯定

☼ 連用形「つくり」を含む。「つくりはしをりみ」に対応。「－<u>む</u>＋/i/」→「－み」で /i/ は「疑問」の意を示す助辞。

/cuku'je'esjumi/ と推定。/ri/ → /'i/ の変化がある。/cukuri/ → /cuku'i/ の変化。

tskoyésang　2-109　**Tskoyésang**　習慣否定

☼ 連用形「つくり」を含む。「つくりはさぬ」に対応。「作りはしない」の意となる。「す」(為)の未然形「さ」を想定する。

/cuku'je'esa'N/ と推定。/ri/ → /'i/ の変化がある。/cukuri/ → /cuku'i/ の変化。

tskoyésaní　2-116　**Tskoyésaní**, "*Do they no usually make*"(*would he, you, not rather make it*)　疑問否定

☼ 連用形「つくり」を含む。「つくりはさに」に対応。「－ぬ＋/i/」→「－に」で /i/ は「疑問」の意を示す助辞。「作りはしないか」の意となる。

/cuku'je'esani/ と推定。/ri/ → /'i/ の変化がある。/cukuri/ → /cuku'i/ の変化。

tskoïga　2-110　**Tskoïga**shura, "*whether he shall make it.*"　疑念肯定

☼ 連用形「つくり」を含む。「つくりが」に対応。「－が～－ら」の照応関係がある。

/cuku'iga/ と推定。/ri/ → /'i/ の変化がある。/cukuri/ → /cuku'i/ の変化。

tskoïdu　2-110　**Tskoïdu**shuru, "*one can make it*"　可能肯定

☼ 連用形「つくり」を含む。「つくりど」に対応。「－ど～－る」の照応関係がある。

/cuku'idu/ と推定。/ri/ → /'i/ の変化がある。/cukuri/ → /cuku'i/ の変化。

tskoïdun　2-114　**Tskoïdun**se, "*if he made*"(現在)　接続法肯定

☼ 連用形「つくり」を含む。「つくりども」に対応。

/cuku'idu'N/ と推定。/ri/ → /'i/ の変化がある。/cukuri/ → /cuku'i/ の変化。

tskoyabīssiga　2-115　**Tskoyabīssiga** "*one, who although he should make*"(謙譲語) 動詞的名詞肯定

☼ 連用形「つくり」を含む。「つくりはべ（る）すが」に対応。

/cuku'jabi'isiga/ と推定。/ri/ → /'i/ の変化がある。/cukuri/ → /cuku'i/ の変化。

tskoï ōshung　2-110　**Tskoï ōshung**, "*have ability to make it*"　可能肯定

☼ 連用形「つくり」を含む。「つくりおほしをり<u>む</u>」に対応。〈参考　「つくりおほす」〈作り果す〉〉

/cuku'i ʔo'osju'N/ と推定。/ri/ → /'i/ の変化がある。/cukuri/ → /cuku'i/ の変化。

tskoï oshutara　3-117　Chinyu vūti tskoyuru kangenu, atéré((atidung vutéré)) utagéyé nérang, chiaki **tskoï oshutara**((tskotóchutara)) hazi yassiga.注63) *"If you had desired to do it yesterday, you might no doubt have done it"*〈君が昨日なしとげる考えがあったならば，疑いなくなし終えていただろう〉

☆ 連用形「つくり」を含む。「つくりおほしをりたら」に対応。〈参考 「つくりおほす」〈作り果す〉〉

/cuku'i ʔo'osjutara/ と推定。/ri/ → /'i/ の変化がある。/cukuri/ → /cuku'i/ の変化。

tskoï ōsan　3-119　iyaya nantu shīng yū　**tskoï ōsan.** *"you'll never make it right".*〈どんなにやっても，これをうまく作れないだろう。〉

tskoi ōsang　2-110　**Tskoi ōsang**　可能肯定

☆ 連用形「つくり」を含む。「つくりおほさぬ」に対応。

/cuku'i ʔo'osa'N/ と推定。/ri/ → /'i/ の変化がある。/cukuri/ → /cuku'i/ の変化。

tskoïté　2-111　**Tskoïté** *"Oh, to make"*　願望肯定

tskoité　2-111　**Tskoité**ndi fushashung, *"how much I desire to make"*　願望肯定

☆ 連用形「つくり」を含む。「つくりたい」に対応。直訳的には「作りたいと欲しさする」となろう。

/cuku'ite'e/ と推定。/ri/ → /'i/ の変化がある。/cukuri/ → /cuku'i/ の変化。

tskoi yandirang　3-126　Tutting nyidu tskoting, **tskoi yandirang.** *"Make it twice rather than spoil"*〈作り損うより二度作った方が良い〉

☆ 連用形「つくり」を含む。「つくりやぶれらぬ」に対応。

/cuku'i 'ja'Ndira'N/ と推定。/ri/ → /'i/ の変化がある。/cukuri/ → /cuku'i/ の変化。

tskoï(yassang)　2-113　**Tskoï(yassang,** 易い）*"to make"*　動名詞肯定

☆ 連用形「つくり」を含む。「つくりやすさあり<u>む</u>」に対応。

/cuku'i ('jaQsa'N)/ と推定。/ri/ → /'i/ の変化がある。/cukuri/ → /cuku'i/ の変化。

tskoïgissa　2-110　**Tskoïgissa,** *"perhaps he make"*　疑念肯定

☆ 連用形「つくり」を含む。「つくりげさ」に対応か。「作り気さ」か。

/cuku'igiQsa/ と推定。/ri/ → /'i/ の変化がある。/cukuri/ → /cuku'i/ の変化。

tskoïgissan　3-108　Tskoyundi, tskotendi, **tskoïgissan**di, tskorarigashurandi, tskoivadu yarundi umutóng. *"I think he makes, made, is about to make, this maight be made, should be made."*〈私は彼が作る，作った，作るつもりでいる，作られるかも知れない，作らなければならないと思う〉

tskoïgissa-ng 2-109 **Tskoïgissa-ng,** *"is about to make"*　近接未来肯定

☆ 連用形「つくり」を含む。「つくりげさあり<u>む</u>」に対応。

/cuku'igiQsa'N/ と推定。/ri/ → /'i/ の変化がある。/cukuri/ → /cuku'i/ の変化。

tskoïgissaru 2-109 **Tskoïgissaru,** "was *about to make*"　近接未来肯定分詞

☆ 連用形「つくり」を含む。「つくりげさある」に対応。

/cuku'igiQsaru/ と推定。/ri/ → /'i/ の変化がある。/cukuri/ → /cuku'i/ の変化。

tskoïgissatang 2-109 **Tskoïgissatang,** "was *about to make*"　近接未来肯定

☆ 連用形「つくり」を含む。「つくりげさありたり<u>む</u>」に対応。

/cuku'igiQsata'N / と推定。/ri/ → /'i/ の変化がある。/cukuri/ → /cuku'i/ の変化。

tskoïgissataru 2-109 **Tskoïgissataru,** "was *about to make*"　近接未来肯定分詞

☆ 連用形「つくり」を含む。「つくりげさありたる」に対応。

/cuku'igiQsataru/ と推定。/ri/ → /'i/ の変化がある。/cukuri/ → /cuku'i/ の変化。

第2節　ベッテルハイム『琉球語と日本語の文法の要綱』・『琉球語辞書』の動詞形態の考察　701

tskoïgatta　2-109　**Tskoïgatta,** "*just about making*"　近接未来肯定

　　☼ 連用形「つくり」を含む。「つくりがた」に対応か。

　　/cuku'igaQta/ と推定。/ri/ → /'i/ の変化がある。/cukuri/ → /cuku'i/ の変化。

tskoïkantī　2-112　**Tskoïkantī**-shung　焦慮・熱望肯定

　　☼ 連用形「つくり」を含む。「つくりかねて」に対応。

　　/cuku'ikan'Nti'i/ と推定。/ri/ → /'i/ の変化がある。/cukuri/ → /cuku'i/ の変化。

tskoi bĭchi　2-110　**Tskoi bĭchi,** "*what can be made*"　可能肯定

　　☼ 連用形「つくり」を含む。「つくりべき」に対応。「つくるべき」ではない。「日本語」と違うところと
　　　いうべきか。

　　/cuku'ibicji/ と推定。/ri/ → /'i/ の変化がある。/cukuri/ → /cuku'i/ の変化。

tskoi bikarang　2-110　**Tskoi bikarang**　可能否定

　　☼ 連用形「つくり」を含む。「つくりべからぬ」に対応。

　　/cuku'ibikara'N/ と推定。/ri/ → /'i/ の変化がある。/cukuri/ → /cuku'i/ の変化。

tskori　3-111　**tskori**, kskoré, tskoriyó, tskoréyo, "*make!*"　〈作れ〉
〔ママ〕

　　☼ 命令形「つくれ」に対応。

　　/cukuri/ と推定。

tskoriyó　3-111　tskori, kskoré, **tskoriyó**, tskoréyo, "*make!*"　〈作れ〉

　　☼ 命令形「つくれ」を含む。「つくれよ」に対応。

　　/cukuri'jo'o/ と推定。

kskoré　3-111　tskori, **kskoré**, tskoriyó, tskoréyo, "*make!*"　〈作れ〉

　　☼ 命令形「つくれ」を含む。「つくれは」に対応か。

　　/cukure'e/ と推定。

tskoréyo　3-111　tskori, kskoré, tskoriyó, **tskoréyo**, "*make!*"　〈作れ〉

　　☼ 命令形「つくれ」を含む。「つくれよ」に対応か。

　　/cukure'e'jo('o)/ と推定。

tskora　2-108　**Tskora**ndi shung, "*shall make*"　直接法能動態肯定

　　　　　2-109　**Tskora**ndi shuru, "*who shall make*"　分詞肯定

　　　　　2-108　**Tskora**ndi shang, "*was about to make*" 直接法能動態肯定

　　　　　2-109　**Tskora**ndi sharu　分詞肯定

　　　　tskora の例は、他に、2-110、2-111、2-112、2-115 等にある（計 15 例）。

　　☼ 未然形「つくら」に対応。

　　/cukura/ と推定。

tskŭrā　2-112　**Tskŭrā,** "*let(me) do it*"　勧誘肯定

　　☼ 未然形「つくら」を含む。「つくらは」に対応。「tskōyŭrā((tskōtărā))　3-120」（つくりをらは）
　　　との対比から「つくらは」と判断する。

　　/cukura'a/ と推定。

tskoravang　2-111　**Tskoravang** tskorang aravang, "Let him make or not" "*whether
　　　　　　　　he make or not*(' *tis all the same*)"　随意肯定

　　☼ 未然形「つくら」を含む。「つくらはも」に対応。

　　/cukura'wa'N/ と推定。

tskorăï 2-116 **Tskorăï**, *"shall I make "*　疑問肯定

　☆ 未然形「つくら」を含む。「つくらい」に対応。「い」は「疑問」の意を示す助辞。「作ろうね」の意となる。

　/cukura'i'i/ と推定。

tskuru 2-117 **tskuru**, tskurunu, *"of the making "*〈作ることの〉

　☆ 連体形「つくる」に対応。

　/cukuru/ と推定。

tskurunu 2-117 tskuru, **tskurunu**, *"of the making "*〈作ることの〉

　☆ 連体形「つくる」を含む。「つくるの」に対応。「つくる」が名詞的に使用されていると考える。

　/cukurunu/ と推定。

tskurunyi 4-237 **tskurunyi** yutti, *"on account of making "*〈作る故に〉

　☆ 連体形「つくる」を含む。「つくるに」に対応。「つくる」が名詞的に使用されていると考える。「つくる（こと）によって」の意であろう。

　/cukurunji/ と推定。

tskurunyia 2-115 **Tskurunyia** [2]　動詞的名詞肯定　[2] これは語根 (tskoru) の与格に ,a が付加されたものであろう。Tskorunyia arang, "not for its making " すなわち, *"not for the purpose of making it"*

　☆ 連体形「つくる」を含む。「つくるには」に対応。

　/cukurunji'ja/ と推定。

tskuruga 4-243 tsukuyuru gutu または **tskuruga** gutu, *"as if making "*〈作るかのように〉

　☆ 連体形「つくる」を含む。「つくるが」に対応。「つくるがごと（く）」。

　/cukuruga/ と推定。

tskūnnă 2-116 **Tskūnnă**,Tskorunna,Tskoté simang　命令否定

　☆ 終止形「つくる」を含む。「つくるな」に対応。

　/cuku'nna/ と推定。撥音化の変化がある。/-ru-/ → /-'n-/。

tskorunna 2-116 Tskūnnă,**Tskorunna**,Tskoté simang　命令否定

　☆ 連用形「つくり」を含む。「つくりをるな」に対応。

　/cukuru'nna/ と推定。撥音化の変化がある。/-ru-/ → /-'n-/。

tskoyung 2-87 aru,tskuru(*do*), kamu(*eat*), assibu(*amuse*) 等は , 通常 ,「語幹」(*radical*) と呼ばれる真の不定詞ではあるが , 単に動詞が表わす行動そのものを述べよと言われた時に , 当地の人は普通 , 動詞の現在形の ang, **tskoyung**, kanyung, assibung を語幹の代わりに使う。*"to have " "to do "* をどう言うかとの質問に対して andi, tskoyun ndi iyung*"They call it* ang, tskuyung " という答えが返ってくるであろう。

　　2-108 **Tskoyung** [1], *"make "*　直接法能動態肯定　[1] 日本語の動詞には性や数の区別がない。

　　2-118 **tskoyung**((現在時制)), tskotang((過去)) はヲルとアルの語形変化に準ずる。　原注に「このng(琉球語では)鼻音ngは単に音調を整えるもの(euphonical)にすぎないように思える。日本語（の動詞）にはこれがない」とある。

tskoyun 3-108 **Tskoyun**di, tskotendi, tskoígissandi, tskorarigashurandi, tskoivadu yarundi umutóng. *"I think he makes, made, is about to make, this maight be made, should be made. "* 〈私は彼が作る , 作った , 作るつもりでいる , 作られるかも知れない , 作らなければならないと思う〉

tskuyung　3-122　(yana-zukuï) 悪い造り。zukuï はツクル **tskuyung** からの派生形が軟化され伸ばされたもの。

　☆ 連用形「つくり」を含む。「つくりをり<u>む</u>」に対応。

　/cuku'ju'N/ と推定。

tskoyumi　2-116　**Tskoyumi**,Tskurani, *"Does he, shall I make or not"*　疑問肯定

　☆ 連用形「つくり」を含む。「つくりをりみ」に対応。「−<u>む</u>＋/i/」→「み」。/i/ は「疑問」の接辞。

　/cuku'jumi/ と推定。

tskoyundung　2-112　**Tskoyundung** *"although, even making, yet &c."*　譲歩肯定

　☆ 連用形「つくり」を含む。「つくりをるども」に対応。

　/cuku'ju'Ndu'N/ と推定。撥音化の変化がある。/-ru-/ → /-'N-/。

tskoyundó　2-112　**Tskoyundó** *"surely I make"*　強意・主張肯定

　☆ 連用形「つくり」を含む。「つくりをるど」に対応。「−ど」は助辞。

　/cuku'ju'Ndo'o/ と推定。

tskoyunté　2-112　**Tskoyunté** *"of course I make "*　強意・主張肯定

　☆ 連用形「つくり」を含む。「つくりをるて」に対応か。「−て」は助辞。

　/cuku'ju'Nte'e/ と推定。

tskoyuru　2-117　ru を ri に変えると , 接続不定詞現在が得られ ,ru を ti に変えると , 接続不定詞過去が得られる。tsukuru,tskuri((琉球語では tskoï と発音する))注64),tskoti. 前者に wuru, 後者に aru を付加すると , 対応する分詞が得られる。**tskoyuru**,tskutaru.

　☆ 連用形「つくり」を含む。「つくりをる」に対応。

　/cuku'juru/ と推定。

tskoyuru kange　3-117　Chinyu vūti **tskoyuru kange**nu, atéré((atidung vutéré)) utagéyé nérang, chiaki tskoï oshutara((tskotóchutara)) hazi yassiga. *"If you had desired to do it yesterday, you might no doubt heve done it "* 〈君が昨日なしとげる考えがあったならば , 疑いなくなし終えていただろう〉

　　他に、hazi、fūï、tami 等の名詞が続く tskoyuru の例が、2-110、2-111、2-112、2-113、4-238、4-243 等にある（計 9 例）。

　☆ 連用形「つくり」を含む。「つくりをる　かんがへ」に対応。

　/cuku'juru ka'Nge'e/ と推定。

tskoyúttūchi　2-113　**Tskoyúttūchin**do　理由（そうであるから）肯定

　☆ 連用形「つくり」を含む。「つくりをるとき」に対応。

　/cuku'juQtucji/ と推定。/cuku'jurutucji/ → /cuku'juQtucji/ の変化。「る」の促音化。注65)

tskoyū kkūtū　2-113　**Tskoyū kkūtū** *"this done, made, as it is already made consequently &c."* 理由（そうであるから）肯定

　☆ 連用形「つくり」を含む。「つくりをること」に対応。

/cuku'juQkutu/ と推定。/cuku'jurukutu/→/cuku'juQkutu/ の変化。「る」の促音化。

tskoyū kŭtŭ　2-116　**Tskoyū kŭtŭ**, "*as it is making* " 名詞との結合形肯定

　☼ 連用形「つくり」を含む。「つくりを（る）こと」に対応。

　/cuku'jukutu/ と推定。促音の消滅した形と考える。

tskoyū tukuru　2-116　**Tskoyū tukuru**(tskoyūttŭkŭrŭ と読む) "*the place where it is made*" 名詞との結合形肯定

　☼ 連用形「つくり」を含む。「つくりを（る）ところ」に対応。

　/cuku'jutukuru/ と推定。促音の消滅した形と考える。/cuku'jurutukuru/→/cuku'juQtukuru/ →/cuku'jutukuru/ の変化が考えられる。

tskoyussi　2-114　**Tskoyussi** narang"*con not be made* " 受動態否定

　☼ 連用形「つくり」を含む。「つくりをるす」に対応。

　/cuku'juQsi/ と推定。/ru/ → /Q/ を示す例と見る。促音消滅で次の例に到る。

tskoyusi　2-115　**Tskoyusi**, "*the making* " あるいは , **Tskŏyŭrŭ kūtŭ** 動詞的名詞肯定

　☼ 連用形「つくり」を含む。「つくりを（る）す」に対応。

　/cuku'jusi/ と推定。/cuku'juQsi/ の促音消滅の例と見る。

tskuyuse　2-110　**Tskuyuse** nayung, "*its making can be*" 可能肯定

tskoyusé　3-109　**tskoyusé**, "*its making* " 〈それを作ること〉

　☼ 連用形「つくり」を含む。「つくりを（る）すは」に対応。

　/cuku'juse'e/ と推定。

tskoyussiga　2-115　**Tskoyussiga**, "*one, who although he make* " 動詞的名詞肯定

　☼ 連用形「つくり」を含む。「つくりを（る）すが」に対応。

　/cuku'jusiga/ と推定。

tskoyussa-ya　2-112　**Tskoyussa-ya** "*one makes, certainly* " 強意・主張肯定

　☼ 連用形「つくり」を含む。「つくりを（る）さや」に対応。

　/cuku'jusa'ja'a/ と推定。

tskoyuga　2-113　**Tskoyuga** 動名詞肯定

　☼ 連用形「つくり」を含む。「つくりを（る）が」に対応。

　/cuku'juga/ と推定。

tskoyuka-ya　2-116　**Tskoyuka-ya**, tskoyussăyă, "*Does he make* " 疑問肯定

　☼ 連用形「つくり」を含む。「つくりを（る）かや」に対応。

　/cuku'juka'ja'a/ と推定。

tskōyŭrā　3-120　Chāshi **tskōyŭrā**((tskōtărā)) shirang. " *I know not how he makes((mede)) it.*" 〈彼がどんな風にそれを作る（（作った））のか知らない〉

　☼ 連用形「つくり」を含む。「つくりをらは」に対応。「tskŭrā 2-112」「つくらは」参照。

　/cuku'jura'a/ と推定。

tskorang　2-117　ル ru で終る動詞語幹を基とすると , 否定形は ru を rang に変えて形成する。受身形は rang を rariung, または縮約させて rarīng に , 使役形は rang を rashung に変えて作る。命令形では ,rang が ri になる。tsu kuru,**tskorang**,tskorarīng,tsko rashung,tskori

　2-108　**Tskorang**, "*does not make*" 直接法能動態否定

2-108　**Tskorang**"*he who does not make*"　分詞否定

☆ 未然形「つくら」を含む。「つくらぬ」に対応。

/cukura'ɴ/ と推定。

tskorang ā̌ tū　2-113　**Tskorang ā̌ tūchĭndŏ**　理由（そうであるから）否定

☆ 未然形「つくら」を含む。「つくらぬ　あと」に対応。

/cukura'ɴ ʔatu/ と推定。

tskorani　2-116　**Tskorani**, "*Does he not make*"　疑問否定

☆ 未然形「つくら」を含む。「つくらに」に対応。「―ぬ＋/i/」→「に」。/i/ は「疑問」の接辞。

/cukurani/ と推定。

tskorané　3-122　kunu vaza **tskorané** narang tuchindó, chimu tskiti sī yó. "*As you cannot help doing this, do it willingly.*"〈これはやらざるを得ないんだから進んでやりなさい〉

☆ 未然形「つくら」を含む。「つくらねは」に対応。

/cukurane'e/ と推定。

tskoranó　2-116　**Tskoranó**,arani, "*has he not not made it*"("*I think he did not make it*")　疑問否定

☆ 未然形「つくら」を含む。「つくらぬは」に対応。

/cukurano'o/ と推定。

tskorandó　2-112　**Tskorandó**　強意・主張否定

☆ 未然形「つくら」を含む。「つくらぬど」に対応。

/cukura'ɴdo'o/ と推定。

tskoranga　2-110　**Tskoranga** yara　疑念否定

☆ 未然形「つくら」を含む。「つくらぬが」に対応。次の「yara」とで「－が～－ら」の照応関係（係り結び）がある。

/cukura'ɴga/ と推定。

tskorankaya　2-116　**Tskorankaya**　疑問否定

☆ 未然形「つくら」を含む。「つくらぬかや」に対応。

/cukura'ɴka'ja'a/ と推定。

tskorang aïté　2-111　Tskorang aïté　願望否定

　他に、ari、aré、ărā、aru、ati 等の続く tskorang の例（2-110、2-114 等　計6例、）がある。

☆ 未然形「つくら」を含む。「つくらぬ　ありたい」に対応。

/cukura'ɴ ʔa'ite'e/ と推定。

tskoransi　2-115　**Tskoransi**, "*the not making*"　動詞的名詞否定

☆ 未然形「つくら」を含む。「つくらぬす」に対応。

/cukura'ɴsi/ と推定。

tskoransé　2-114　**Tskoransé**(sava) 注66), "*if he were not to make*" 接続法否定

☆ 未然形「つくら」を含む。「つくらぬすは」に対応。

/cukura'ɴse'e/ と推定。

tskorang fūï　2-112　**Tskorang fūï**　まね・様子否定

　他に、bashū、hazi、tami、tukuru 等の続く tskorang の例（2-108、2-110、2-111、2-113、

706　第4章　アルファベット資料の動詞形態の考察

2-114、2-116 等　計 10 例）がある。

　☆ 未然形「つくら」を含む。「つくらぬ　ふり」に対応。

/cukura'ɴhwu'i/ と推定。

tskoransā　2-112　**Tskoransā**-ya　強意・主張否定

　☆ 未然形「つくら」を含む。「つくらぬさ」に対応。

/cukura'ɴsa/ と推定。

tskorang gissa　2-109　**Tskorang gissa**　近接未来否定

　同様の例が他に、4 例ある。

　☆ 未然形「つくら」を含む。「つくらぬげさ」に対応。

/cukura'ɴ gisa/ と推定。

tskoranté　2-112　**Tskoranté**　強意・主張否定

　☆ 未然形「つくら」を含む。「つくらぬありては」に対応。

/cukura'ɴte'e/ と推定。

tskoranting　2-112　**Tskoranting**　譲歩否定

　☆ 未然形「つくら」を含む。「つくらぬありても」に対応。

/cukura'ɴti'ɴ/ と推定。

tskorantī　2-116　**Tskorantī**, "*Has he not made it*"　疑問否定

　☆ 未然形「つくら」を含む。「つくらぬありてい」に対応。「い」は「疑問」の意を示す助辞。「つくらな
　　かったか」の意となる。

/cukura'ɴti'i/ と推定。

tskorantang　2-108　**Tskorantang**, "*did not make*"　直接法能動態否定

　☆ 未然形「つくら」を含む。「つくらぬてありむ→つくらぬたりむ」に対応。

/cukura'ɴta'ɴ/ と推定。

tskorantaru　2-108　**Tskorantaru** "*he who did not make*"　分詞否定

　　　　　　　2-111　**Tskorantaru** tuchi "*when we made not*"　時・期間否定

　☆ 未然形「つくら」を含む。「つくらぬてある→つくらぬたる」に対応。

/cukura'ɴtaru/ と推定。

tskorantasi　2-115　**Tskorantasi**, "*the not having made*"　動詞的名詞否定

　☆ 未然形「つくら」を含む。「つくらぬてあ（る）す→つくらぬた（る）す」に対応。

/cukura'ɴtasi/ と推定。

tskoranta kutu　2-108　**Tskoranta kutu**　直接法能動態否定

tskorāntā kŭtū　2-113　**Tskorāntā kŭtū**　理由（そうであるから）否定

tskorāntă kŭtŭ　2-116　**Tskorāntă kŭtŭ**　名詞との結合形否定

　☆ 未然形「つくら」を含む。「つくらぬてあ（る）こと→つくらぬた（る）こと」に対応。

/cukura'ɴtakutu/ と推定。

tskoranta tuchi　2-113　**Tskoranta tuchi**ndo　理由（そうであるから）否定

　☆ 未然形「つくら」を含む。「つくらぬてあ（る）　とき→つくらぬた（る）　とき」に対応。

/cukura'ɴta tucji/ と推定。/cukura'ɴtaru tucji/ → /cukura'ɴtaQ tucji/ → /cukura'ɴta
tucji/ と変化か。

tskorantaré　2-114　**Tskorantaré**　接続法否定

☆ 未然形「つくら」を含む。「つくらぬてあれは→つくらぬたれは」に対応。

/cukura'ɴtare'e/ と推定。

tskorantărā　2-110　**Tskorantărā**　疑念否定

☆ 未然形「つくら」を含む。「つくらぬてあらは→つくらぬたらは」に対応。

/cukura'ɴtara'a/ と推定。

tskoranteru　2-108　**Tskoranteru**_"what is not made "_　分詞否定

☆ 未然形「つくら」を含む。「つくらぬてはある」に対応。

/cukura'ɴte'eru/ と推定。

tskorantesi　2-115　**Tskorantesi,** _"the not being made"_　動詞的名詞否定

☆ 未然形「つくら」を含む。「つくらぬてはあ（る）す」に対応。

/cukura'ɴte'esi/ と推定。

Tskorantékăyā　2-116　**Tskorantékăyā**　疑問否定

☆ 未然形「つくら」を含む。「つくらぬてはあ（る）かや」に対応。

/cukura'ɴte'eka'ja'a/ と推定。

tskorantéma　2-111　**Tskorantéma** arang_"does, did not only not make"_　専一（……
のみではない）否定

☆ 未然形「つくら」を含む。「つくらぬてはあ（る）ま」に対応。

/cukura'ɴte'ema/ と推定。

tskorantéssaya　2-112　**Tskorantéssaya**　強意・主張否定

☆ 未然形「つくら」を含む。「つくらぬてはあ（る）さや」に対応。

/cukura'ɴte'esa'ja'a/ と推定。

tskorantétang　2-108　**Tskorantétang**　直接法能動態否定

☆ 未然形「つくら」を含む。「つくらぬてはありたり<u>む</u>」に対応。

/cukura'ɴte'eta'ɴ/ と推定。

tskorantetaru　2-109　**Tskorantetaru**　分詞否定

☆ 未然形「つくら」を含む。「つくらぬてはありたる」に対応。

/cukura'ɴte'etaru/ と推定。

tskorantoru　2-108　**Tskorantoru**_"what is not made "_　分詞否定

☆ 未然形「つくら」を含む。「つくらぬてはをる」に対応。

/cukura'ɴto'oru/ と推定。

tskorantósi　2-115　**Tskorantósi**　動詞的名詞否定

☆ 未然形「つくら」を含む。「つくらぬてはを（る）す」に対応。

/cukura'ɴto'osi/ と推定。

tskorantoting　2-112　**Tskorantoting**　譲歩否定

☆ 未然形「つくら」を含む。「つくらぬてはをりても」に対応。

/cukura'ɴto'oti'ɴ/ と推定。

tskorantótang　2-108　**Tskorantótang**　直接法能動態否定

☆ 未然形「つくら」を含む。「つくらぬてはをりたり<u>む</u>」に対応。

/cukura'ɴto'ota'ɴ/ と推定。

tskorantótaru　2-109　**Tskorantótaru**　分詞否定

☼ 未然形「つくら」を含む。「つくらぬてはをりたる」に対応。

/cukura'ɴto'otaru/ と推定。

tskorarïung　2-114　**Tskorarïung**, "*can be made*"　受動態肯定

　　☼ 未然形「つくら」を含む。「つくられをり<u>む</u>」に対応。

/cukurari'u'ɴ/ と推定。

tskoraring　2-117　ル ru で終る動詞語幹を基とすると , 否定形は ru を rang に変え
　　　　　　　　て形成する。受身形は rang を rariung, または縮約させて rarīng に , 使
　　　　　　　　役形は rang を rashung に変えて作る。命令形では , rang が ri になる。
　　　　　　　　tsukuru, tskorang, **tskorarīng**, tsko rashung, tskori

tskorarīng　2-114　**Tskorarīng**, "*to be made*"　受動態肯定

tskorarīng　3-110　受身形が現在時制で用いられる場合 , 受身の意味というより , ほ
　　　　　　　　とんど可能の意味だと言える。**Tskorarīng**, "*its being done*"〈作られる〉
　　　　　　　　は , "*it can be done*"〈作ることができる〉を意味し ,

tskŏrărīng　　2-109　Tskŏrărīng, "*can be make*"　可能肯定　　＜原注に「適切に
　　　　　　　　は受動態」とある。＞

　　☼ 未然形「つくら」を含む。「つくられをり<u>む</u>」に対応。

/cukurari'i'ɴ/ と推定。

tskorarīrŭ　2-114　**tskorarīrŭ** 分詞　受動態肯定

　　☼ 未然形「つくら」を含む。「つくられをる」に対応。

/ cukurari'iru/ と推定。

tskorarīsé　2-114　**Tskorarīsé**(sawa) 注67 "*if it could be made*"　受動態肯定

tskorarīse　2-115　**Tskorarīse**, "*the being possible of being made*" "*the posibility
　　　　　　　　of being made*"　動詞的名詞肯定

　　☼ 未然形「つくら」を含む。「つくられを（る）すは」に対応。

/cukurari'ise'e/ と推定。

tskorariga　3-108　Tskoyundi, tskotendi, tskoígissandi, **tskorariga**shurandi,
　　　　　　　　tskoivadu yarundi umutóng. "*I think he makes, made, is about to
　　　　　　　　make, this maight be made, should be made.*"〈私は彼が作る , 作った ,
　　　　　　　　作るつもりでいる , 作られるかも知れない , 作らなければならないと思う〉

tskorarīga　2-115　**Tskorarīga**shura, "*may perhaps be made*"　受動態肯定

　　☼ 未然形「つくら」を含む。「つくられをるが」に対応。

/cukurari'iga/ と推定。

tskorarīïdun　2-114　**Tskorarīïdun**se, "*if it could be made*"　受動態肯定

　　☼ 未然形「つくら」を含む。「つくられをれども」に対応。

/cukurari'idu'ɴ// と推定。

tskorarīgissa　2-114　**Tskorarīgissa**, "*is about, perhaps to be made*"　受動態肯定

　　☼ 未然形「つくら」を含む。「つくられを（る）げさ」に対応。

/ cukurari'igiQsa/ と推定。

tskoratti dung　2-114　**Tskoratti dung** are, "*if iti had been made*"　受動態肯定

　　☼ 未然形「つくら」を含む。「つくられてども」に対応。

/cukuraQtidu'N// と推定。

tskorátteng　3-110　一般的にいって，この言語は未来時制の場合と同様に受身形に
なじまない。skoteng, *"made"*〈作った〉…（中略）…という用法が
tskorátteng…（中略）…または, tskorattang という（受身の）用法よりも,
頻繁に用いられる。

tskorắtténg　2-114　**Tskorắtténg,** *"has been made"*　受動態肯定
☆ 未然形「つくら」を含む。「つくられてはあり<u>む</u>」に対応。

/cukuraQte'e'N/ と推定。

tskoratéru　2-114　**Tskoratéru** 分詞　受動態肯定
☆ 未然形「つくら」を含む。「つくられてはある」に対応。

/cukuraQte'eru/ と推定。促音無表記か。

tskorattang　3-110　一般的にいって，この言語は未来時制の場合と同様に受身形
になじまない。skoteng, *"made"*〈作った〉…（中略）…という用法
が tskorátteng…（中略）…または, **tskorattang** という（受身の）用
法よりも,頻繁に用いられる。

tskorắttang　3-110　過去形 **tskorắttang** は tskoraritang の代用であり,
☆ 未然形「つくら」を含む。「つくられたり<u>む</u>」に対応。

/cukuraQta'N/ と推定。

tskorắttắrŭ　2-114　**Tskorắttắrŭ** 分詞　受動態肯定
☆ 未然形「つくら」を含む。「つくられたる」に対応。

/cukuraQtaru/ と推定。

tskorattósi　2-115　**Tskorattósi,** *"the having been made"*（現在）　動詞的名詞肯定
☆ 未然形「つくら」を含む。「つくられてはを（る）す」に対応。

/cukuraQto'osi/ と推定。

tskoratochung　2-114　**Tskoratochung,** *"It shall be made"*（*"shall have been
made"*）　受動態肯定
☆ 未然形「つくら」を含む。「つくられてはおきをりむ」に対応。

/cukuraQto'ocju'N/ と推定。促音無表記か。

tskoratókang　2-114　**Tskoratókang**　受動態否定
☆ 未然形「つくら」を含む。「つくられてはおかぬ」に対応。

/cukuraQto'oka'N/ と推定。促音無表記か。

tskorarang　2-114　**Tskorarang** ati dung are　受動態否定

tskorarang　3-110　**tskorarang***"cannot be made"* は〈作ることができない〉を意味
する。

tskŏrắrăng　2-109　Tskŏrắrăng　可能否定

tskŏrắrắng　2-114　**Tskŏrắrắng**（tskorarirang, 廃語）　受動態否定
☆ 未然形「つくら」を含む。「つくららぬ」に対応。

/cukurara'N/ と推定。

tskoraranga　2-114　**Tskoraranga** yắrā　受動態否定
☆ 未然形「つくら」を含む。「つくららぬが」に対応。

/cukurara'ŋga/ と推定。

tskoraranggissa　2-114　**Tskoraranggissa**　受動態否定

☆ 未然形「つくら」を含む。「つくららぬげさ」に対応。

/cukurara'ŋgiQsa/ と推定。

tskoraransi　2-115　**Tskoraransi,** *"the impossibility of making"*　動詞的名詞否定

☆ 未然形「つくら」を含む。「つくららぬす」に対応。

/cukurara'ɴsi / と推定。

tskoraranse　2-114　**Tskoraranse**　受動態否定

☆ 未然形「つくら」を含む。「つくららぬすは」に対応。

/cukurara'ɴse'e/ と推定。

tskorarantaru 2-114　**tskorarantaru** 分詞　受動態否定

☆ 未然形「つくら」を含む。「つくららぬたる」に対応。

/cukurara'ɴtaru/ と推定。

tskorarantasi　2-115　**Tskorarantasi,** *"the impossibility of making"*
　　　　　　　　　　　（過去）動詞的名詞否定

☆ 未然形「つくら」を含む。「つくららぬた（る）す」に対応。

/cukurara'ɴtasi/ と推定。

tskorariransé　2-114　**Tskorariransé**　受動態否定

☆ 未然形「つくら」を含む。「つくられらぬすは」に対応。

/cukurarira'ɴse'e/ と推定。

tskorassi　2-116　**Tskorassi,**sé,siyo, séyo*"let it be made"*　命令肯定

☆ 未然形「つくら」を含む。「つくらせ」に対応。

/cukurasi/ と推定。

tskorasunna-yó　2-116　**Tskorasunna-yó**　命令否定

☆ 未然形「つくら」を含む。「つくらするなよ」に対応。

/cukurasu'ɴna'jo'o/ と推定。

tskorashung　2-113　**Tskorashung** *"I cause to make, let make"*　使役肯定　Shung
　　　　　　　　　と全く同様に活用する。

☆ 未然形「つくら」を含む。「つくらしをり<u>む</u>」に対応。

/cukurasju'ɴ/ と推定。

tskorashusi　2-115　**Tskorashusi,** *"the causing it to be made"*　動詞的名詞肯定

☆ 未然形「つくら」を含む。「つくらしを（る）す」に対応。

/cukurasjusi/ と推定。

tskorassang　2-113　**Tskorassang**　使役否定　Shung と全く同様に活用する。

☆ 未然形「つくら」を含む。「つくらさぬ」に対応。

/ cukurasa'ɴ / と推定。

tskorasansi　2-115　**Tskorasansi,** *"the not causing it to be made"*　動詞的名詞否定

☆ 未然形「つくら」を含む。「つくらさぬす」に対応。

/cukurasa'ɴsi/ と推定。

tskorashimīng　2-113　**Tskorashimīng** *"I cause to make, let make"*　使役肯定

shimiung と全く同様に活用する。

☆ 未然形「つくら」を含む。「つくらしめをり<u>む</u>」に対応。

/cukurasjimi'i'ɴ/ と推定。

tskorashimirang　2-113　**Tskorashimirang**　使役否定　shimiung と全く同様に活用する。

☆ 未然形「つくら」を含む。「つくらしめらぬ」に対応。

/cukurasjimira'ɴ/ と推定。

tskorasattósi　2-115　Tskorasattósi[4] , "*the having been made*"（過去）　動詞的名詞肯定[4] 正確には使役[1]であるが，常に受動態として用いられている。[1] *factive*（使役形）の書き誤りか。

☆ 未然形「つくら」を含む。「つくらされてはを（る）す」に対応。

/cukurasaQto'osi/ と推定。

tskoti　2-117　ru を ri に変えると，接続不定詞現在が得られ，ru を ti に変えると，接続不定詞過去が得られる。tsukuru, tskuri((琉球語では tskoï と発音する))，**tskoti**. 前者に wuru, 後者に aru を付加すると，対応する分詞が得られる。tskoyuru, tskutaru.

　　3-117 ufu yang **tskoti**, "*you might perhaps now have a palace*"〈恐らく今頃は宮殿を作り,〉

☆ 「つくりて→つくって」に対応。

/cukuti/ と推定。促音脱落の変化がある。

tskotïa　2-115　**Tskotïa**, tskoté[1]　動詞的名詞肯定[1] Tskoïyé narang, "*its making cannot be,* " Tskoté simang, "*its doing may not be*", 動名詞参照のこと。

☆ 「つくりて→つくって」を含む。「つくっては」に対応。

/cukuti'ja/ と推定。促音脱落の変化がある。

tskote　2-113　**Tskote**(simang, いけない) "*to make, don't make* "　動名詞肯定
　　2-113　**Tskoté**(yassang, 易い) "*to make* "　動名詞肯定
　　2-116　Tskūnnă, Tskorunna, **Tskoté** simang　命令否定
　　3-109　aïye, até, tskoyé, **tskoté** は，助辞と結合した接続不定詞に外ならない。

☆ 「つくりて→つくって」を含む。「つくりては」に対応。

/cukute'e/ と推定。促音脱落の変化がある。

tskotékăyā　2-116　Tskotémi, tskotékăyā "*has he made* ", "*is it made* "　疑問肯定

☆ 「つくりて→つくって」を含む。「つくりてはあ（る）かや」に対応。

/cukute'eka'ja'a/ と推定。促音脱落の変化がある。

tskoting　3-126　Tutting nyidu **tskoting**, tskoi yandirang. "*Make it twice rather than spoil*"〈作り損うより二度作った方が良い〉

☆ 「つくりて→つくって」を含む。「つくっても」に対応。

/cukuti'ɴ/ と推定。促音脱落の変化がある。

tskotishung　2-109　Tskotishung "*making, go on*"　習慣肯定

☆ 「つくりて→つくって」を含む。「つくって　しをり<u>む</u>」に対応。

/cukuti sju'ɴ/ と推定。促音脱落の変化がある。

（以下、「つくりてありむ」の変化）

tskoti an　2-114　Tskotandung, **tskoti an**dung *"although he made"*（過去）
　　　　　接続法肯定

　　☆「つくりて→つくって」を含む。「つくって　ありむ」に対応。

　　/cukuti ʔa'ɴ/ と推定。促音脱落の変化がある。/cukuti ʔa'ɴ/ → /cukutia'ɴ/ → /cukuta'ɴ/ と
　　変化していくはずである。

tskoti aran　2-114　**Tskoti aran**dung, *"hough he made not"*　接続法否定

　　☆「つくりて→つくって」を含む。「つくって　あらぬ」に対応。

　　/cukuti ʔara'ɴ/ と推定。促音脱落の変化がある。

tskoti ating　2-112　**Tskoti ating**　*"admitting he made, suppose also he made, yet &c."*　譲歩肯定

　　☆「つくりて→つくって」を含む。「つくって　あっても」に対応。

　　/cukuti ʔati'ɴ / と推定。促音脱落の変化がある。

tskoti atanting　2-112　**Tskoti atanting**　譲歩肯定

　　☆「つくりて→つくって」を含む。「つくって　あったりむても」に対応。

　　/cukuti ʔata'ɴti'ɴ / と推定。促音脱落の変化がある。

（以下、「つくりて＋〜」の例）

tskoti ato　2-108　**Tskoti ato** *"This done, having been made, after having been made"*
　　　　　直接法能動態肯定

　　☆「つくりて→つくって」を含む。「つくって　あとは」に対応。

　　/cukuti ʔato'o/ と推定。促音脱落の変化がある（以下、同じ。省略）。

tskoti dung　2-114　**Tskoti dung** are　接続法肯定
　　　　　　　2-114　**Tskoti dung** atére　接続法肯定
　　　　　　　2-114　**Tskoti dung** wutére　接続法肯定

　　☆「つくりて→つくって」を含む。「つくってども」に対応。

　　/cukutidu'ɴ/ と推定。

tskoti kărā　2-108　Tskoti kărā *"This done, having been made, after having been made"*　直接法能動態肯定

　　/cukutikara'a/ と推定。

tskoti shóri　2-111　Tskoti shóri(shi wūri)　時・期間肯定

　　☆「つくりて→つくって」を含む。「つくってしをれ」に対応。

　　/cukuti sjo'ori/ と推定。

tskoti wuï wuïshung　2-109　Tskoti wuï wuïshung　習慣肯定

　　☆「つくりて→つくって」を含む。「つくってをりをりしをりむ」に対応。

　　/cukuti 'u'ï'u'isju'ɴ / と推定。

tskoti á tŭ　2-113　**Tskoti á tŭ**chīndó　理由（そうであるから）肯定

　　☆「つくりて→つくって」を含む。「つくって　あと」に対応。

　　/cukuti ʔatu/ と推定。

tskotīndă　2-112　**Tskotīndă**(miriba)注68), *"let us do it"*　勧誘肯定

☆「つくりて→つくって」を含む。「つくって　みら」に対応。

/cukuti 'ɴda/ と推定。

tskotī　2-116　**Tskotī**, "*has he made* ", tskotéï, "*is it made* "　　疑問肯定

☆「つくりて→つくって」を含む。「つくってい」に対応。「作ったか」の意。「い」は「疑問」の意を示す助辞。

/cukuti'i/ と推定。

tskotaï　⁽2-113　**Tskotaï** tskorantaï ⁽*" *To make & not make*"　　並立や対立関係にあるいくつかの動詞否定　　⁽* 明らかに，それは，接続不定詞過去が aru の接続不定詞現在と結合したものにすぎない。Tskoti-ai（アリ），Tskoranti-ai が縮約して tskotaï, tskorantaï となる。

☆「つくりて→つくって」を含む。「つくってあり」に対応。

/cukuta'i/ と推定。

tskotang　2-108　**Tskotang**,（非人称的用法）tskoténg ²⁾, "*made* "　　直接法能動態肯定　　²⁾Tskotang は私や彼などが作ったの意.tskoténg は "*It is made* "〈それが作られ（てい）る〉の意味。この意味においては大過去 tskotóng(ti-wung)。

2-118　tskoyung((現在時制)), **tskotang**((過去)) はヲルとアルの語形変化に準ずる。　＜原注に「この ng（琉球語では）鼻音 ng は単に音調を整えるもの（euphonical）にすぎないように思える。日本語（の動詞）にはこれがない」とある。＞

☆「つくりて→つくって」を含む。「つくってあり<u>む</u>→つくったり<u>む</u>」に対応。

/cukuta'ɴ/ と推定。

tskotaru　2-108　**Tskotaru**"*(the person)who made* "　　分詞肯定

2-110　**Tskotaru** hazi"*perhaps he made* "　　疑念肯定

2-111　**Tskotaru** temang注69"*did not only &c.* "　　専一（……のみではない）肯定

2-110　**Tskotaru** tsmuï "*might still have made*"　　意図肯定

2-111　**Tskotaru** tuchi "*at the time of making* "（現在）　時・期間肯定

2-117 ru を ri に変えると，接続不定詞現在が得られ,ru を ti に変えると，接続不定詞過去が得られる。tsukuru,tskuri((琉球語では tskoï と発音する)), tskoti. 前者に wuru, 後者に aru を付加すると，対応する分詞が得られる。tskoyuru,**tskutaru**.

☆「つくりて→つくって」を含む。「つくってある→つくったる」に対応。

/cukutaru/ と推定。

tskotasi　2-115　**Tskotasi**, "*the having made*"　　動詞的名詞肯定

tskotassi　2-110　**Tskotassi** narang または narangdo　　義務否定

☆「つくりて→つくって」を含む。「つくりてあ（る）す→つくった（る）す」に対応。

/cukutasi/ と推定。

tskotā kkutu　2-113　**Tskotā kkutu** "*this done, made, as it is already made, consequently &c.* " 理由（そうであるから）肯定

☆「つくりて→つくって」を含む。「つくってあること→つくったること」に対応。

714　第4章　アルファベット資料の動詞形態の考察

/cukutaQkutu/ と推定。/cukutarukutu/ → /cukutaQkutu/ であろう。

tskotakutu　2-108　**Tskotakutu**(tskoti-a-kutu)　直接法能動態肯定

tskotā̆kŭtŭ　2-116　**Tskotā̆ kŭtŭ**, *"since it has been made"* 名詞との結合形肯定

　　☆「つくりて→つくって」を含む。「つくってあ（る）こと→つくったること」に対応。

　　/cukutakutu/ と推定。/cukutarukutu/ → /cukutaQkutu/ → /cukutakutu/ であろう。

tskōtărā　3-120　Chāshi tskōyŭrā((**tskōtărā**)) shirang. *"I know not how he makes((mede)) it."* 〈彼がどんな風にそれを作る((作った))のか知らない〉

　　☆「つくりて→つくって」を含む。「つくってあらは→つくったらは」に対応。(tskūrā 2-112 の例あり)

　　/cukutara'a/ と推定。

tskotanting　2-112　**Tskotanting** *"admitting he made, suppose also he made, yet &c."* 譲歩肯定

　　☆「つくりて→つくって」を含む。「つくってあり<u>む</u>ても→つくったり<u>む</u>ても」に対応。

　　/cukuta'ɴti'ɴ/ と推定。

tskotandung　2-114　**Tskotandung**, tskoti andung *"although he made"*（過去） 接続法肯定

　　☆「つくりて→つくって」を含む。「つくってあるども→つくったるども」に対応。

　　/cukuta'ɴdu'ɴ/ と推定。

tskotaré　2-113　**Tskotaré**　理由（そうであるから）肯定

　　☆「つくりて→つくって」を含む。「つくってあれは→つくったれは」に対応。

　　/cukutare'e/ と推定。

tskotarā　2-110　**Tskotarā**, *"whether, how, he made it."*　疑念肯定

tskotără　2-114　**Tskotără** *"if he had made"*　接続法肯定

　　☆「つくりて→つくって」を含む。「つくってあらは→つくったらは」に対応。

　　/cukutara'a/ と推定。

tskotatōru　2-114　**Tskotatōru** 分詞　受動態肯定

　　☆「つくりて→つくって」を含む。「つくってありてはをる」に対応。

　　/cukuta(Q)to'oru/ と推定。促音無表記と見る。

tskuteng　2-86　iyagadu **tskuteng**[注70]*"you have done it, iti is your falt"*〈あなたがしたのです。あなたの過失です〉

tskoteng　3-110　一般的にいって，この言語は未来時制の場合と同様に受身形になじまない。**tskoteng**, *"made"*〈作った〉…（中略）…という用法が tskorátteng…（中略）…または, tskorattang という（受身の）用法よりも, 頻繁に用いられる。

tskoténg　2-108　Tskotang,（非人称的用法）**tskoténg**[2], *"made"*　直接法能動態肯定 [2] Tskotang は私や彼などが作った意 .tskoténg は *"It is made"*〈それが作られ（てい）る〉の意味。この意味においては大過去 tskotóng(ti-wung)。

　　2-114　**Tskoténg**, *"is made"*　受動態肯定

tskoten　3-108　Tskoyundi, **tskoten**di, tskoígissandi, tskorarigashurandi, tskoivadu yarundi umutóng. *"I think he makes, made, is about to make, this maight be made, should be made."*〈私は彼が作る , 作った , 作るつ

　　　　もりでいる , 作られるかも知れない , 作らなければならないと思う〉

tskotén　2-112　**Tskotén**do *"surely I made"*　強意・主張肯定

　　　　　　2-112　**Tskotén**té *"of course I made " made I not?"*　強意・主張肯定

　　☼「つくりて→つくって」を含む。「つくってはあり<u>む</u>」に対応。

　　/cukute'e'ɴ/ と推定。

tskotémi　2-116　**Tskotémi**,tskotékăyā*"has he made "*, *"is it made "*　疑問肯定

　　☼「つくりて→つくって」を含む。「つくってはありみ」に対応。「－<u>む</u>＋/i/」→「み」。/i/ は疑問の接辞。

　　/cukute'emi/ と推定。

tskotéru　2-108　**Tskotéru***"the thing that has been made "*　分詞肯定

　　☼「つくりて→つくって」を含む。「つくってはある」に対応。

　　/cukute'eru/ と推定。

tskotessiga　2-115　**Tskotessiga** [3]*"one, who although he made "*　動詞的名詞肯定

　　　　　　　　　[3]tóssiga,tassiga を続けることもできる。

　　☼「つくりて→つくって」を含む。「つくってはあ（る）すが」に対応。

　　/cukute'esiga/ と推定。

tskotéré　2-114　**tskotéré**(ti aré)　接続法肯定

　　☼「つくりて→つくって」を含む。「つくってはあれは」に対応。

　　/cukute'ere'e/ と推定。

tskotéravang　2-111　**Tskotéravang**, tskorantaravang, *"whether he made or not"*
　　　　　　　　　随意肯定？

　　☼「つくりて→つくって」を含む。「つくってはあらはも」に対応。

　　/cukute'era'wa'ɴ/ と推定。

tskotéssa-ya　2-112　**Tskotéssa-ya** *"no doubt one makes "*　強意・主張肯定

　　☼「つくりて→つくって」を含む。「つくってはあ（る）さや」に対応。

　　/cukute'esa'ja'a/ と推定。

tskotetang　2-108　**Tskotetang**(tskoti atang) *"had made "*　直接法能動態肯定

　　☼「つくりて→つくって」を含む。「つくってはありたり<u>む</u>」に対応。

　　/cukute'eta'ɴ/ と推定。

tskotētărŭ　2-109　**Tskotētărŭ***"the thing that had been made "*　分詞肯定

　　☼「つくりて→つくって」を含む。「つくってはありたる」に対応。

　　/cukute'etaru/ と推定。

tskotóru 2-108 **Tskotóru***"the thing that has been made "* 分詞肯定

　　☼「つくりて→つくって」を含む。「つくってはをる」に対応。

　　/cukuto'oru/ と推定。

tskotó kkutu　2-113　**Tskotó kkutu** *"this done, made, as it is already made,*
　　　　　　　　　consequently &c. "　理由（そうであるから）肯定

　　☼「つくりて→つくって」を含む。「つくってはをること」に対応。

　　/cukuto'oꝖkutu/ と推定。

tskotóré　2-114　**Tskotóré**(ti wuré)　接続法肯定

　　☼「つくりて→つくって」を含む。「つくってはをれは」に対応。

/cukuto'ore'e/ と推定。

tskotósi　2-115　**Tskotósi**, "*the being made*"　動詞的名詞肯定

☼「つくりて→つくって」を含む。「つくってはを（る）す」に対応。

/cukuto'osi/ と推定。

tskotóti　2-111　**Tskotóti**(tskoti wūti) "*in making*"　時・期間肯定

☼「つくりて→つくって」を含む。「つくってはをって」に対応。

/cukuto'oti/ と推定。

tskotóting　2-112　**Tskotóting**　譲歩肯定

☼「つくりて→つくって」を含む。「つくってはをっても」に対応。

/cukuto'otiɴ/ と推定。

tskotótang　2-108　**Tskotótang**(tskoti wutang) "*had made*"　直接法能動態肯定

☼「つくりて→つくって」を含む。「つくってはをりたり<u>む</u>」に対応。

/cukuto'ota'ɴ/ と推定。

tskotótaru　2-111　**Tskotótaru** tuchi "*at the time of making*"（過去）時・期間肯定

☼「つくりて→つくって」を含む。「つくってはをりたる」に対応。

/cukuto'otaru/ と推定。

tskotōtărŭ　2-109　**Tskotōtărŭ** "*the thing that had been made*"　分詞肯定

☼「つくりて→つくって」を含む。「つくってはをりたる」に対応。

/cukuto'otaru/ と推定。

tskototare　2-114　**Tskototare**　接続法肯定

☼「つくりて→つくって」を含む。「つくってはをりたれは」に対応。

/cukuto'otare'e/ と推定。

tskotochéng　2-109　**Tskotochéng**, "*what shall be finished*"　分詞肯定

☼「つくりて→つくって」を含む。「つくってはおきてはあり<u>む</u>」に対応。

/cukuto'ocje'e'ɴ/ と推定。

tskotochéru　2-109　**Tskotochéru**　分詞肯定

☼「つくりて→つくって」を含む。「つくってはおきてはある」に対応。

/cukuto'ocje'e'ru/ と推定。

tskoti utchung　2-87　語尾 i は , u の前で変化し両方が融合して o, になる。例えば ,
tskoti utchung "*made, I shall have i*t"〈作る , あるだろう〉は ,
tskotóchung "*I shall heve done, or made*"〈私はして , または , 作っ
ておくだろう〉になる。

☼「つくりて→つくって」を含む。「つくって　おきをり<u>む</u>」に対応。

/ cukuti ʔucju'ɴ/ と推定。

tskotochung　2-108　**Tskotochung** [3] ((tskoti utchung)) "*shall have made*"　直接
法能動態肯定　[3] この未来表現は , ovatochung "*to leave it finished*"〈完成
させておく〉, hatitóchung, shī hatitochung〈同〉でも可能である。例えば ,
tskoti, 又 は , tskoï ovatochung, "*I leave it finished, shall have
finished it*"〈私はそれを終えておく , それを完了してしまおう〉

tskotóchung　2-87　語尾 i は , u の前で変化し両方が融合して o, になる。例えば ,

　　　　tskoti utchung"*made, I shall have it*"〈作る , あるだろう〉は, **tskotóchung**
　　　　"*I shall heve done, or made*"〈私はして , または , 作っておくだろう〉
　　　　になる。

　☆「つくりて→つくって」を含む。「つくってはおきをりむ」に対応。

　　/cukuto'ocju'ɴ/ と推定。

tskotochuru　2-109　**Tskotochuru**, "*he who shall have finished*"　分詞肯定

　☆「つくりて→つくって」を含む。「つくってはおきをる」に対応。

　　/cukuto'ocjuru/ と推定。

tskotóchutara　3-117　Chinyu vūti tskoyuru kangenu, atéré((atidung vutéré))
　　　　utagéyé nérang, chiaki tskoï oshutara((**tskotóchutara**)) hazi
　　　　yassiga. "*If you had desired to do it yesterday, you might no doubt
　　　　heve done it* "〈君が昨日なしとげる考えがあったならば , 疑いなく
　　　　なし終えていただろう〉

　☆「つくりて→つくって」を含む。「つくってはおきをりたら」に対応。

　　/cukuto'ocjutara/ と推定。

tskotóki vadu　2-110　**Tskotóki vadu** sinyuru　義務肯定
　　　　3-114　tskotóki, nyitchóki vadu sinyuru. "*you should have made ,
　　　　boiled*,"〈君は作って , 煮ておくべきだった〉

　☆「つくりて→つくって」を含む。「つくってはおけはど」に対応。

　　/cukuto'oki'wadu/ と推定。

tskotóka　2-108　**Tskotóka**ndi sang "*shall not have made*"　直接法能動態否定
　　　　2-108　**Tskotóka**ndi shung "*shall have made*"　直接法能動態肯定
　　　　2-109　**Tskotoka**ndi sang, "*one who shall not have made*"　分詞否定

　☆「つくりて→つくって」を含む。「つくってはおか」に対応。

　　/cukuto'oka/ と推定。

tskotokang　2-109　**Tskotokang**　分詞否定

tskotókang　2-108　**Tskotókang**"*shall not have made*"　直接法能動態否定

　☆「つくりて→つくって」を含む。「つくってはおかぬ」に対応。

　　/cukuto'oka'ɴ/ と推定。

tskotókang ari　2-110　**Tskotókang ari** vadu　義務否定

　☆「つくりて→つくって」を含む。「つくってはおかぬ　あり」に対応。

　　/cukuto'oka'ɴ　ʔari/ と推定。

とどこほる滞

túdukūti　3-115　Vanya kunu utché māng akang, hărănŭ **túdukūti**, kukutchinu
　　　　ikānsīgă, "*Lately*((*although*)) *I could not go anywhere, my belly having
　　　　been obstructed*((*general exoression for indigestion*)) *& my health
　　　　impaired*,"〈私は最近外出ができないし , 腹の通じが悪いし ((消化不良の
　　　　一般的な言い方)), 体調が良くないけれど ,

　☆「とどこほりて→とどこうて」に対応。

　　/tuduku'uti/ と推定。

tudukutasiga 3-116 接尾辞 siga は前出の二つの接続不定詞（akang と túdukūti）に関係しているので，それらを完結するものと考えられるのが妥当である。すなわち，akansiga,**tudukutasiga**（の意味である）。

　　☆「とどこほりて→とどこうて」を含む。「とどこうてあ（る）すが→とどこうた（る）すが」に対応。

　　/tuduku'utasiga/ と推定。

とどまる留

tudumayung 3-112 トドマル **tudumayung**〈とどまる〉

　　☆連用形「とどまり」を含む。「とどまりをりむ」に対応。

　　/tuduma'juN/ と推定。/ri/ → /'i/ の変化がある。

とほる通

tūi 1-70 ittankae icharu **tūi**((*according to what I said to you*)), mata sūyonkae yung. *What I said unto you I said unto all.*〈君達に言ったことを皆に言う〉

tuï 2-86 itchēru **tuï** du sheru"(<u>It is</u>) *done according to what has been said*"〈言った通りにしてある〉

tūï 5-103 ウノトウリ　マウシ　イデタ　コト　<u>ū</u>nŭ **tūï** móshi ndjita kutu *They imformed them accordingly,*

　　☆連用形「とほり」に対応。

　　/tu'u'i/ と推定。/ri/ → /'i/ の変化がある。

tūyŭng 3-112 トヲ (ママ) **tūyŭng**〈通る〉

　　☆連用形「とほり」を含む。「とほりをりむ」に対応。

　　/tu'u'juN/ と推定。/ri/ → /'i/ の変化がある。

とる取

tuï 6-32 **tuï** ukushung（取り起こす。連用形語幹 tuy-）〈take〉

tūï 5-95 **tūï** kétĭ *he exchanged* 取り代えて

　　☆連用形「とり」に対応。

　　/tu'i/ と推定。/ri/ → /'i/ の変化がある。

tuyúng 6-32 **tuyúng**（取る。融合語幹 tuy-）〈take〉

tuyung 6-32 uki**tuyung**（受け取る）〈receive〉

tuyūng 3-126 Tutting[1] nyidu tskoting, tskoi yandirang. "*Make it twice rather than spoil*"〈作り損うより二度作った方が良い〉 [1] この tūtīng は恐らく動詞 **tuyūng**〈取る〉から派生したものであろう。"though taking this,yet"〈それを受け入れてもなお〉

　　☆連用形「とり」を含む。「とりをりむ」に対応。

　　/tu'juN/ と推定。/ri/ → /'i/ の変化がある。

ké tūyŭng 3-113 **ké tŭyŭng**〈力づくで奪う〉

　　☆連用形「とり」を含む。「かいとりをりむ」に対応。「かい」は接頭辞（もとは「かき」か）。

　　/ke'etu'juN/ と推定。/ri/ → /'i/ の変化がある。

turi 1-68 nūng muchi chéravang **turi**; muchicheśé, nung yaravang **turi**。〈持って来てくれたものは何でも取りなさい〉

　　☆命令形「とれ」に対応。

/turi/ と推定。

turé　1-70　turarīru ussa **turé** *As much as can be taken out take.*〈取れるだけ取れ〉

　☼ 命令形「とれ」を含む。「とれは」に対応。

/ture'e/ と推定。

tura　3-125　kuri **tura**ndidu nachabīng. *"((The child)) cried because he wanted to have ((take)) this "*〈(その子は) これを手に入れ ((取り)) たくて泣いたのだ〉

　☼ 未然形「とら」に対応。

/tura/ と推定。

turang　6-31　**turang**（取らない。基本語幹 tur-）〈refuse〉

　☼ 未然形「とら」を含む。「とらぬ」に対応。

/tura'ɴ/ と推定。

turarīru　1-70　**turarīru** ussa turé *As much as can be taken out take.*〈取れるだけ取れ〉

　☼ 未然形「とら」を含む。「とられをる」に対応。

/turari'iru/ と推定。

tuti　1-70　kūïnakae iteru shĭshĭ **tuti** kū.　*Bring in the mwat which is in the safe.*〈はい帳に入れてある肉を取って来い〉

tūtĭ　5-101　kŭssa **tūti** クサ　トテ注21) *he took some(tufts of) grass*

tūtĭ　5-88　sīgŭ **tūtĭ** *a knife took*　小刀を取って

　☼「とりて→とって」に対応。

/tuti/ と推定。促音脱落の変化がある。

tutting　3-126　**Tutting**1) nyidu tskoting, tskoi yandirang. *"Make it twice rather than spoil"*〈作り損うより二度作った方が良い〉　1) この tūtīng は恐らく動詞 tuyŭng〈取る〉から派生したものであろう。*"though taking this,yet "*〈それを受け入れてもなお〉

　☼「とりて→とって」を含む。「とっても」に対応。

/tuQti'ɴ/ と推定。

tutang　6-32　**tutang**（取った。音便語幹 tut-）〈pretend〉

　☼「とりて→とって」を含む。「とってありむ」に対応。

/tuta'ɴ/ と推定。促音脱落の変化がある。

tuténdó　1-70　Vaga yănyi chunyi innayōndi icharu kutuba, nkashinu shimutsi kara **tuténdó**. *The words which I told you to say to none, are taken from an old book.*〈私が君に誰にも言うなと言った言葉は , 古い書物から取ったものだ〉

　☼「とりて→とって」を含む。「とってはあるど」に対応。

/tute'eɴdo'o/ と推定。促音脱落の変化がある。

なする 擦

nāssīté　5-94　**nāssīté** *rubbed*　なすっては

　☼「なすりて→なすって」を含む。「なすっては」に対応。

/nasite'e/ と推定。促音脱落の変化がある。

なほる治

noti wung　1-51　動詞が i で終わり、助動詞アルやヲルと結合する時、i は吸収され
てしまう。例えば、tskoti aru は tskotaru〈(使った)〉, **nóti wung** は
nótóng〈(治っている)〉。

☆「なほりて→なうって→のうって」を含む。「のうって　をりむ」に対応。注71

/no'oti 'u'N/ と推定。促音脱落の変化がある。

nótóng　1-51　動詞が i で終わり、助動詞アルやヲルと結合する時、i は吸収されて
しまう。例えば、tskoti aru は tskotaru〈(使った)〉, nóti wung は **nótóng**〈(治っ
ている)〉。

☆「なほりて→なうって→のうって」を含む。「のうっては　をりむ」に対応。注71

/no'oto'o'N/ と推定。促音脱落の変化がある。

なる成

naï　5-101　nūyătī chūnu ki nūbuti **naï** mǔyuga　ノヲヤテ　キヨノ　ケノボテ
ナエ　モヨガ注21）*how can you pluck fruit from another man's tree?*　どう
して他人の木から実をもぎ取るのか

☆ 連用形「なり」に対応。名詞形。「果実」の意。

/na'i/ と推定。/nari/ → /na'i/ の変化がある。

naï nunnu ki　5-101　**naï nunnu ki** nubuti　ナエ　モンノ　ケ　ノボテ注21）*A boy
climbed a fruit tree*　子供が果物の木に登っていた

☆ 連用形「なり」を含む。「なりもののき」に対応。「成り物の木」。

/na'imu'Nnu ki'i/ と推定。/nari/ → /na'i/ の変化がある。

naï　5-89　īshshākŭtŭ　*one foot* 一尺と **naī** *it becomes*　なり

☆ 連用形「なり」に対応。

/na'i/ と推定。/nari/ → /na'i/ の変化がある。

naïné　2-94　**naïné**, naïnyé "*if it were*"〈なるなら〉接続法肯定

nainyé　2-95　**nainyé**, naïndé((naï miriba))nayuru utchi, nayuru tuchi, nayuruba,
nayuru bashu "*whilst, during its being, becoming*"〈なる時〉

naïnyé　2-94　naïné, **naïnyé** "*if it were*"〈なるなら〉接続法肯定

☆ 連用形「なり」を含む。「なりには」に対応。

/nai'ine'e/ と推定。/nari/ → /na'i/ の変化がある。

naïdun　2-94　**naïdun**se(naïdunsava) 接続法肯定

☆ 連用形「なり」を含む。「なりども」に対応。

/na'idu'N/ と推定。/nari/ → /na'i/ の変化がある。

naigatta　2-94　**nai**gatta "*about to be, perhaps may be*" 疑念肯定

☆ 連用形「なり」を含む。「なりがた」に対応。

/na'igata'a/ と推定。/nari/ → /na'i/ の変化がある。

naigissa　2-94　**nai**gissa "*about to be, perhaps may be*" 疑念肯定

☆ 連用形「なり」を含む。「なりげさ」に対応。

/na'igisa/ と推定。/nari/ → /na'i/ の変化がある。

naité　2-95　**naité** "*Oh that it become*"〈オー, そうなったら（よかった）〉

naïte　3-121　va kva dóding simi yū narati, kókónu kva **naïte** yăssā"*my child were to obey&study well*"〈私の子が親の言うことをよく聞きよく学問してくれたら〉

☼ 連用形「なり」を含む。「なりたい」に対応。

/na'ite'e/ と推定。/nari/ → /na'i/ の変化がある。

nayabing　2-95　**nayabing**((現在)) 謙譲法

☼ 連用形「なり」を含む。「なりはべりをりむ」に対応。

/na'jabi'i'N/ と推定。/nari/ → /na'i/ の変化がある。

nayabīmǐ　2-95　**nayabīmǐ?**((疑問)) 謙譲法

☼ 連用形「なり」を含む。「なりはべりをりみ」に対応。「一む + /i/」→「み」。/i/ は「疑問」を示す助辞。

/na'jabi'imi/ と推定。/nari/ → /na'i/ の変化がある。

nayabira　2-95　**nayabira**((未来)) 謙譲法

☼ 連用形「なり」を含む。「なりはべら」に対応。

/na'jabira/ と推定。/nari/ → /na'i/ の変化がある。

nayabitang　2-95　**nayabitang**((過去)) 謙譲法

☼ 連用形「なり」を含む。「なりはべりたりむ」に対応。

/na'jabita'N/ と推定。/nari/ → /na'i/ の変化がある。

nayabīkǎ　2-95　**nayabīkǎ**((疑問 , 現在)) 謙譲法

☼ 連用形「なり」を含む。「なりはべりを（る）か」に対応。

/na'jabi'ika/ と推定。/nari/ → /na'i/ の変化がある。

nayabīkaya　2-95　**nayabī kaya** ((疑問 , 現在)) 謙譲法

☼ 連用形「なり」を含む。「なりはべ（る）かや」に対応。

/na'jabi'ika'ja'a/ と推定。/nari/ → /na'i/ の変化がある。

neyebiranka　2-95　**neyebiranka**((疑問 , 否定)) 謙譲法

☼ 連用形「なり」を含む。「なりはべらぬか」に対応。

/ne'e'e'ebira'Nka/ と推定。/nari/ → /na'i/ の変化がある。更に、/ne'e/ と変化したらしい。

neyebiranti　2-95　**neyebiranti**((疑問 , 過去)) 謙譲法

☼ 連用形「なり」を含む。「なりはべらぬて」に対応。

/ne'e'e'ebira'Nti/ と推定。/nari/ → /na'i/ の変化がある。更に、/ne'e/ と変化したらしい。

nayeshung　2-95　**nayeshung** "*uses to be*"〈（そう）なるのが常だ〉

☼ 連用形「なり」を含む。「なりはしをりむ」に対応。

/na'e'esju'N/ と推定。/nari/ → /na'i/ の変化がある。

nayeshussiga　2-95　**nayeshussiga** "*although used to be*"〈そうなることは常であったけれど〉

☼ 連用形「なり」を含む。「なりはしを（る）すが」に対応。

/na'e'esjusiga/ と推定。/nari/ → /na'i/ の変化がある。

nayung　2-94　yagati **nayung** 直説法肯定未来

nǎyūng　2-94　**nǎyūng** "*it is, becomes, may be*"〈なる , なるだろう〉直説法肯定現在

nayun　4-243　an **nayundi** ま た は nayundóndi sadamitang. "*He determined it should be so*"〈そうなるべきだと彼は決めつけた〉

nǎyūn　5-91　yī ftūtŭ *good men* 良い人と　**nǎyūn** *would become* なるであろう。

722　第4章　アルファベット資料の動詞形態の考察

☆ 連用形「なり」を含む。「なりをりむ」に対応。

/na'ju'N/ と推定。/nari/ → /na'i/ の変化がある。

nayundó 2-86 kukuru nigenyi kunu kutu **nayundó**「心正所願也」"*the hearti wish is this may truly be so, Amen*"〈心からの願いはこれがまさしくそうなることである。アーメン。〉

☆ 連用形「なり」を含む。「なりをるど」に対応。

/na'ju'Ndo'o/ と推定。/nari/ → /na'i/ の変化がある。

nayúngté 2-95 naïnté(**nayúngté**) "*of course it can be*"〈もちろんありますよ〉

☆ 連用形「なり」を含む。「なりをりむて」に対応か。

/na'ju'Nte'e/ と推定。/nari/ → /na'i/ の変化がある。/na'ju'N/ と /na'i'N/ の両形あることがわかる。

naïnté 2-95 **naïnté**(nayúngté) "*of course it can be*"〈もちろんありますよ〉

☆ 連用形「なり」を含む。「なりをりむて」に対応か。

/na'i'Nte'e/ と推定。/nari/ → /na'i/ の変化がある。/na'ju'N/ と /na'i'N/ の両形あることがわかる。

nǎyŭmǐ 2-95 **nǎyŭmǐ**, nǎyŭkǎ, nǎyŭgǎ "*can it be? Is it so?*"〈そうなるだろうか〉

☆ 連用形「なり」を含む。「なりをりみ」に対応。「－む＋/i/」→「み」。/i/ は「疑問」の助辞。

/na'jumi/ と推定。/nari/ → /na'i/ の変化がある。

nayuru 2-95 **nayuru** tsimuï "*might, should still be*"〈それでもなお , なるだろう〉

　　　 2-95 nainyé, naïndé((naï miriba))nayuru utchi, nayuru tuchi, nayuruba, **nayuru** bashu "*whilst, during its being, becoming*"〈なる時〉

　　　 2-95 nainyé, naïndé((naï miriba))**nayuru** utchi, nayuru tuchi, nayuruba, nayuru bashu "*whilst, during its being, becoming*"〈なる時〉

　　　 2-95 nainyé, naïndé((naï miriba))nayuru utchi, nayuru tuchi, **nayuru**ba, nayuru bashu "*whilst, during its being, becoming*"〈なる時〉

　　　 3-117 kunyinu ĭchĭbannu fitunu gūtŭkŭ **nayuru** hazi 注 72) "*you may become of like a first rate man in the country*"〈国で一番の人のようになるであろう。〉

☆ 連用形「なり」を含む。「なりをる」に対応。

/na'juru/ と推定。/nari/ → /na'i/ の変化がある。

nǎyū tukuru 2-95 **nǎyū** tukuru "*the place where it happened*"〈それが起った所〉

☆ 連用形「なり」を含む。「なりをる　ところ」に対応。

/na'ju(Q)tukuru/ と推定。/nari/ → /na'i/ の変化がある。/na'jurutukuru/ → /na'juQtukuru/ → /na'jutukuru/ と変化か。但し、促音無表記の可能性もある。

nayusi 2-95 naïsi,**nayusi** "*the being*"〈なること〉動詞的名詞

☆ 連用形「なり」を含む。「なりを（る）す」に対応。

/na'jusi/ と推定。/nari/ → /na'i/ の変化がある。

naïsi 2-95 **naïsi**,nayusi "*the being*"〈なること〉動詞的名詞

☆ 連用形「なり」を含む。「なりを（る）す」に対応。

/na'isi/ と推定。/nari/ → /na'i/ の変化がある。/na'jusi/ → /na'isi/ と変化したらしい。

nayusé 5-90 kwan-nyinyitu *state's officers* 国 の 役 人 と **nayusé** *his becoming*（夫が）成ったのは

☆ 連用形「なり」を含む。「なりを（る）すは」に対応。

/na'juse'e/ と推定。/nari/ → /na'i/ の変化がある。

nayussiga 2-95 **nayussiga**,natassiga,naransiga,naran-tangssiga （譲歩）

☆ 連用形「なり」を含む。「なりを（る）すが」に対応。

/na'jusiga/ と推定。/nari/ → /na'i/ の変化がある。

naïssigaya 3-121 Nigényé hótu gutunu hana mité yassā, anse kuma kara tubi sātǐ tukuttu **naïssigaya**, "*Oh that I had wings like a dove,then I would fly away & be at rest.*" 〈鳩のように翼があったら，ここを飛び去って楽な気持ちになれるのだが〉

☆ 連用形「なり」を含む。「なりを（る）すがや」に対応。

/na'isiga'ja'a/ と推定。/nari/ → /na'i/ の変化がある。

nāyūgǎ 2-95 nāyūmǐ, nāyūkǎ, nāyūgǎ "*can it be? Is it so?*" 〈そうなるだろうか〉

☆ 連用形「なり」を含む。「なりを（る）が」に対応。

/na'juga/ と推定。/nari/ → /na'i/ の変化がある。

nāyūkǎ 2-95 nāyūmǐ, nāyūkǎ, nāyūgǎ "*can it be? Is it so?*" 〈そうなるだろうか〉

☆ 連用形「なり」を含む。「なりを（る）か」に対応。

/na'juka/ と推定。/nari/ → /na'i/ の変化がある。

naïrā 2-94 **naïrā**"*perhaps, if it can be*" 疑念肯定

☆ 連用形「なり」を含む。「なりをらは」に対応。

/na'ira'a/ と推定。/nari/ → /na'i/ の変化がある。/na'jura'a/ → /na'ira'a/。

naïssā 2-95 **naïssā**"*that will certainly be*" 〈確かになるだろう〉

☆ 連用形「なり」を含む。「なりをるさ」に対応。

/na'iQsa'a/ と推定。/nari/ → /na'i/ の変化がある。

nayutang 2-94 nayutang"*is done*" 〈なされた〉直説法肯定過去

☆ 連用形「なり」を含む。「なりをりたり<u>む</u>」に対応。

/na'juta'N/ と推定。/nari/ → /na'i/ の変化がある。

nayutara hazi 3-121 nama kvannyinnung den nayutara hazi yassiga. "*I might now be a mandarin.*" 〈今頃役人になっていたかもしれないのに〉

☆ 連用形「なり」を含む。「なりをりたら　はず」に対応。

/na'jutara hazi/ と推定。

nārǐ 2-95 nārǐ, nāré, nārǐyó"*be*" 〈なれ〉命令

nari 4-243 shītu **nari** ((shi, は中国語の " 聖 "sheng))。"*hollowed be*" 〈聖となれ〉

☆ 命令形「なれ」に対応。

/nari/ と推定。

nariyó 4-234 奮起を促す表現 Hé! "*make haste*" 〈急げ〉は hé fékuná! Issugió,Hǎyé **nariyó**, tadéma kuyó.

nǎrǐyó 2-95 nǎrǐ, nǎré, nǎrǐyó"*be*" 〈なれ〉命令

☆ 命令形「なれ」を含む。「なれよ」に対応。

/nari'jo'o/ と推定。

nǎré 2-95 nārǐ, nǎré, nǎrǐyó"*be*" 〈なれ〉命令

724 第4章 アルファベット資料の動詞形態の考察

☆ 命令形「なれ」を含む。「なれは」に対応。

/nare'e/ と推定。

naru　2-85　ナル **naru** " *to become, to be*"

naru　2-118　ナル **naru** 〈成る〉

　☆ 終止形「なる」に対応か。

　/naru/ と推定。

nānnă　2-95　naté simang, **nānnă** " *be not*"〈なるな〉命令

　☆ 終止形「なる」を含む。「なるな」に対応。

　/na'ɴna/ と推定。/ru/ → /'ɴ/ の変化がある。

nariva　2-94　naré(**nariva**) 接続法肯定

　☆ 已然形「なれ」を含む「なれは」に対応。

　/nari'wa/ と推定。

naré　2-94　**naré**(nariva) 接続法肯定

　☆ 已然形「なれ」を含む「なれは」に対応。

　/nare'e/ と推定。

nara　2-94　**nara**ndi shung 直説法肯定未来

　　　2-94　**nara**ndi shuru 分詞肯定

　　　2-94　**nara**ndi sang 分詞否定

　☆ 未然形「なら」に対応。

　/nara/ と推定。

narava　2-94　nărā(**narava**) 接続法肯定

　☆ 未然形「なら」を含む。「ならは」に対応。

　/nara'wa/ と推定。

nărā　2-94　**nărā**(narava) 接続法肯定

　☆ 未然形「なら」を含む。「ならは」に対応。

　/nara'a/ と推定。

naravang　2-95　**naravang**, narang aravang "*whether it be or not*"〈そうなろうと
　　　　なるまいと〉

　☆ 未然形「なら」を含む。「ならはも」に対応。

　/nara'wa'ɴ/ と推定。

narang　2-94　**narang** "*cannot be*"〈なれない〉直説法否定現在

　　　3-108　Tskoyusi **narang**(("*its doing cannot be*")), "*I cannot do it.* "〈私に
　はそれができない〉

　　　3-109　até **narang** "*cannot be had* [4]"〈ありえない〉

　　　　[4] 今日の琉球方言では「あってはならない」の意味である。

　　　4-241　ansané **narang**, "*not to do so cannot be*"〈そうしないことは有りえ
　ない〉は , "*most positively I must do it* "〈どうしてもそうしなければなら
　ない〉を意味し , kakané narang は "*I must write* "〈書かなければならない〉,
　"*cannot be off writing*"〈書かないですますことはできない〉を意味する。

nărāng　3-114　Nantó kangeyundung akaché **nărāng**. "*How much soever ((I))*" *think, I can not divine*((open it, the riddle))." 〈いくら考えても，その迷いは解明できない〉

　　　☆ 未然形「なら」を含む。「ならぬ」に対応。

　　　/nara'ɴ/ と推定。

narandó　4-242　**narandó**, "*will certainly not be*" 〈きっとあってはならない〉

　　　☆ 未然形「なら」を含む。「ならぬど」に対応。

　　　/nara'ɴdo'o/ と推定。

narani　2-95　**narani?** naranó arani? "*can it not be not* " 〈ならないということはないか〉, "*Is it not rather the contrary?* " 〈むしろ逆ではないか〉[注]このnaranó や前述の aranó における nó は，日本語の fitova（人は）が琉球方言で fitó になる例に見られるように，ノヤ nuya, ノワ nuva の短縮形である。

　　　☆ 未然形「なら」を含む。「ならに」に対応。「―ぬ＋/i/」→「に」。/i/ は「疑問」の助辞。

　　　/narani/ と推定。

naranó　2-95　narani? **naranó** arani? "*can it not be not* " 〈ならないということはないか〉, "*Is it not rather the contrary?* " 〈むしろ逆ではないか〉[注]このnaranó や前述の aranó における nó は，日本語の fitova（人は）が琉球方言で fitó になる例に見られるように，ノヤ nuya, ノワ nuva の短縮形である。

　　　☆ 未然形「なら」を含む。「ならぬは」に対応。

　　　/narano'o/ と推定。

narang aravang　2-95　naravang, narang aravang "*whether it be or not* " 〈そうなろうとなるまいと〉

　　　☆ 未然形「なら」を含む。「ならぬ　あらはも」に対応。

　　　/nara'ɴ ʔara'wa'ɴ/ と推定。

他に、2-94　narang ati、2-94　narang gissa　の例がある。

narang hazi　2-94　**narang hazi** 疑念否定

　　　☆ 未然形「なら」を含む。「ならぬ　はず」に対応。

　　　/nara'ɴ hazi/ と推定。

同様に、次に名詞が続くものとして、他に、3-119　nǎrāng mung、3-122　narang tuchi　等の例がある。

naransi　2-95　**naransi**, narantasi （否定形）

　　　☆ 未然形「なら」を含む。「ならぬす」に対応。

　　　/nara'ɴsi/ と推定。

naransé　2-94　**naransé** "*if it were not* " 接続法否定

　　　☆ 未然形「なら」を含む。「ならぬすは」に対応。

　　　/nara'ɴse'e/ と推定。

naransiga　2-95　nayussiga, natassiga, naransiga, naran-tangssiga （譲歩）

　　　☆ 未然形「なら」を含む。「ならぬすが」に対応。

　　　/nara'ɴsiga/ と推定。

naransā　2-95　**naransā** "*Oh that won't be* " 〈オー，（そうであっては）ならない〉

　　　☆ 未然形「なら」を含む。「ならぬさ」に対応。

726　第4章　アルファベット資料の動詞形態の考察

/naraᴺsa'a/ と推定。

narankaya　2-95　**narankaya**"*Is it not so? Can it not be?*"〈そうならないだろうか〉

　　☼ 未然形「なら」を含む。「ならぬかや」に対応。

　　/nara'ᴺka'ja'a/ と推定。

narantang　2-94　**narantang** "*could not be*" 直説法否定過去

　　☼ 未然形「なら」を含む。「ならぬたり<u>む</u>」に対応。

　　/nara'ᴺta'ᴺ/ と推定。

narantaru　2-94　**narantaru** 分詞否定

　　☼ 未然形「なら」を含む。「ならぬたる」に対応。

　　/nara'ᴺtaru/ と推定。

narantaré　2-94　**narantaré** 接続法否定

　　☼ 未然形「なら」を含む。「ならぬたれは」に対応。

　　/nara'ᴺtare'e/ と推定。

narantasi　2-95　naransi,**narantasi**（否定形）

　　☼ 未然形「なら」を含む。「ならぬた（る）す」に対応。

　　/nara'ᴺtasi/ と推定。

naran-tangssiga　2-95　nayussiga,natassiga,naransiga,**naran-tangssiga**（譲歩）

　　☼ 未然形「なら」を含む。「ならぬた（る）すが」に対応。

　　/nara'ᴺta'ᴺsiga/ と推定。/-tarusiga/→/-ta'ᴺsiga/ と変わり、更に /-tasiga / と変わることを
　　示していよう。

nărāntĭ　2-95　**nărāntĭ** "*was it not,could it not be*"〈ならなかったか〉

　　☼ 未然形「なら」を含む。「ならぬありてい」に対応。「－い (i)」は「疑問」を示す助辞。

　　/nara'ᴺti'i/ と推定。

narantóting　2-95　naran,**narantóting**"*though it became not*"〈そうならなくても〉

　　☼ 未然形「なら」を含む。「ならぬてはをりても」に対応。

　　/nara'ᴺto'oti'ᴺ/ と推定。

nati　5-89　tsīnyé *finally* ついには　īttăntŭ *one piece* 一反と　**nati** *it becomes* なっ
　　て

　　　　5-90　gākŭshă tu *leaned-man* 学者と **nati** *he became* なって

　　☼「なりて→なって」に対応。

　　/nati/ と推定。促音脱落の変化がある。

naté　2-95　**naté** simang, nānnă "*be not*"〈なるな〉命令

　　☼「なりて→なって」を含む。「なっては」に対応。

　　/nate'e/ と推定。促音脱落の変化がある。

nătī　2-95　**nătī**,natómi, "*Is it done?*"〈仕上がったか〉

　　☼「なりて→なって」を含む。「なってい」に対応。「い (i)」は「疑問」を示す助辞。

　　/nati'i/ と推定。促音脱落の変化がある。

nătīng　2-95　**nătīng**, natóting, "*though it became*"〈そうなっても〉

　　☼「なりて→なって」を含む。「なっても」に対応。

　　/nati'ᴺ/ と推定。促音脱落の変化がある。

nati dung　2-94　**nati dung** are"*it is hed been* " 接続法肯定

　　　　　　　2-94　**nati dung** ataré 接続法肯定

　☿「なりて→なって」を含む。「なってども」に対応。

　/natidu'ɴ/ と推定。促音脱落の変化がある。

nătāng　2-94　**nătāng**"*has become* "〈なった〉直説法肯定過去

nătăng　5-90　kwan-nyinyi *states officer* 官使ママ に **nătăng** *he became* なった。

natang　3-119　Aminu fuïgissatassiga yī tĭnchi **natang**. "*Although it looked rainy((was about to rain)) the weather became fine.*"〈雨が降り ((出し))そうであったが , 良い天気になった〉

　☿「なりて→なって」を含む。「なってあり<u>む</u>→なったり<u>む</u>」に対応。

　/nata'ɴ/ と推定。促音脱落の変化がある。

nătărŭ　2-94　**nătărŭ** 分詞肯定

　☿「なりて→なって」を含む。「なってある→なったる」に対応。

　/nataru/ と推定。促音脱落の変化がある。

natasi　2-95　**natasi**, natési,natósi（過去形）動詞的名詞

　☿「なりて→なって」を含む。「なってあ（る）す→なった（る）す」に対応。

　/natasi/ と推定。促音脱落の変化がある。

natassiga　2-95　nayussiga,**natassiga**,naransiga,naran-tangssiga（譲歩）

　☿「なりて→なって」を含む。「なってあ（る）すが→なった（る）すが」に対応。

　/natasiga/ と推定。促音脱落の変化がある。

nătā kutu　2-95　**nătā kutu**,năto kutu"*as it is* "〈そうだから〉"*since it is or was so*"〈そうだから , あるいは , そうだったから〉

　☿「なりて→なって」を含む。「なってあ（る）こと→なった（る）こと」に対応。

　/natakutu/ と推定。促音脱落の変化がある。

naténg　2-94　**naténg** 直説法肯定過去

　☿「なりて→なって」を含む。「なってはあり<u>む</u>」に対応。

　/nate'eɴ/ と推定。促音脱落の変化がある。

natéru　2-94　**natéru** 分詞肯定

　☿「なりて→なって」を含む。「なってはある」に対応。

　/nate'eru/ と推定。促音脱落の変化がある。

natési　2-95　natasi, **natési**,natósi（過去形）動詞的名詞

　☿「なりて→なって」を含む。「なってはあ（る）す」に対応。

　/nate'esi/ と推定。促音脱落の変化がある。

natong　4-231　shirutu **natong**"*it became white* "〈白くなった〉

　　　　　4-239　shirutu **natong**, "*it became white*"〈白くなった〉

　　　　　4-243　an nayundi, , **natong**, shitu nari

　　　　　4-243　<u>Naru</u>"*to become* "〈なる〉も <u>tu</u> を支配する。Yī fitŭtŭ **natong**, "*become a good man* "〈良い人となった〉

　　　　　4-243　shirūtŭ **natong**, "*become white* "〈白くなった〉

　　　　　5-89　**natong** *it has become*　なっている

728　第 4 章　アルファベット資料の動詞形態の考察

natóng　2-94　**natóng** 直説法肯定過去

　　☆「なりて→なって」を含む。「なってはをりむ」に対応。

　　/nato'o'ɴ/ と推定。促音脱落の変化がある。

natómi　2-95　nătī,**natómi**, "*Is it done?*"〈仕上がったか〉

　　☆「なりて→なって」を含む。「なってはをりみ」に対応。「—む + /i/」→「み」。/i/ は「疑問」の助辞。

　　/nato'omi/ と推定。促音脱落の変化がある。

natóru　2-94　**natóru** 分詞肯定

　　☆「なりて→なって」を含む。「なってはをる」に対応。

　　/nato'oru と推定。促音脱落の変化がある。

natósi　2-95　natasi, natési,**natósi**（過去形）動詞的名詞

　　　　　5-96　mākkŭrŭ *black* 真黒く　**natósi** *to have become* なっているのを

　　☆「なりて→なって」を含む。「なってはを（る）す」に対応。

　　/nato'osi/ と推定。促音脱落の変化がある。

natóting　2-95　nătīng, **natóting**, "*though it became* "〈そうなっても〉

　　☆「なりて→なって」を含む。「なってはをりても」に対応。

　　/nato'oti'ɴ/ と推定。促音脱落の変化がある。

natótang　5-96　mākkŭrŭ *very black* 真黒く **natótang** *had become*　なっていた

　　☆「なりて→なって」を含む。「なってはをりたりむ」に対応。

　　/nato'ota'ɴ/ と推定。促音脱落の変化がある。

năto kutu　2-95　nătā kutu,**năto kutu**" *as it is*"〈そうだから〉" *since it is or was so*"〈そうだから , あるいは , そうだったから〉

　　☆「なりて→なって」を含む。「なってはを（る）こと」に対応。

　　/nato'okutu/ と推定。促音脱落の変化がある。

なる鳴

naï mung　5-106　Ah, chīchĭgutu yăssā! anu **naï mung**. nărăshŭsé tāga?(*Oh! That's worth hearing! Who plays?*)　あゝ, いい音色だ。誰が弾いているんですか。

　　☆ 連用形「なり」を含む。「なりもの」に対応。

　　/na'i mu'ɴ/ と推定。/nari/ → /na'i/ の変化がある。

nati　5-105　yūbé kānnaïnu **nati**, mata fudinu ākagāti ūdŭrŭchāng.(*We were frightened by the thunder and lightening thus night.*)　昨夕は雷と稲光でこわかったです。

　　☆「なりて→なって」に対応。

　　/nati/ と推定。促音脱落の変化がある。

ぬる塗

nuï kāta　5-103　nī sŭră yīnu gūtŭ kanatstchi **nuï kāta**shi　子　ソラ　エノゴトカナツキ　ノリ　カタシ *uniformly planed at top & bottom & painted over* 根の部分と先の部分に一様にかんなをかけ , 塗装した

　　☆ 連用形「ぬり」を含む。「ぬりかた」に対応。

　　/nu'i kata/ と推定。/nuri/ → /nu'i/ の変化がある。

nūtĭ　5-95　kuri *this* これを　mi-nakae *into the eye* 目の中に **nūtĭ** *painted* 塗って 注73)

☼「ぬりて→ぬって」に対応。

/nuti/ と推定。促音脱落の変化がある。

ねぶる眠

nindji　6-30　sho **nindji**（本当の眠り。連用形語幹 nindj-）〈real〉

　　☼連用形「ねぶり」に対応。

　　/ni'ɴzji/ と推定。途中、撥音化、破擦音化の変化がある。

nibuyung　1-52　日本語の m のかわりに、しばしば n、または、b が用いられる。例えば、ネムルは **nibuyung**〈眠る〉、タットムは〜（下略）。

　　☼連用形「ねぶり」を含む。「ねぶりをりむ」に対応。

　　/nibu'juɴ/ と推定。/ri/ → /'i/ の変化がある。

nindjung　2-122　ネムル〈眠る〉　現在 **nindjung**　過去 nintang　否定 nindang
　　　　命令 nindi　使役 ninsiung

nindjung　6-30　**nindjung**（眠る。融合語幹 nindj-）〈sleep〉nindïung の例は見あたらない。例が少ないからであろうか。

　　☼連用形「ねぶり」を含む。「ねぶりをりむ」に対応。

　　/ni'ɴzju'ɴ/ と推定。/niburi/→/ni'ɴzji/ の変化がある。[74]

nindi　2-122　ネムル〈眠る〉　現在 nindjung　過去 nintang　否定 nindang　命
　　　令 **nindi**　使役 ninsiung

níndi　6-30　**níndi**（眠れ。基本語幹 nind-）〈rise-d〉

　　☼命令形「ねぶれ」に対応。

　　/ni'ɴdi/ と推定。

nindang　2-122　ネムル〈眠る〉　現在 nindjung　過去 nintang　否定 **nindang**
　　　　命令 nindi　使役 ninsiung

nindang　5-105　Varabinu cha yassūndji **nindang** vaning mātă nīndarang.（*My children were very restless, & consequently myself could not sleep.*）子供たちがなかなか寝ないので，私自身もねむれませんでした。

　　☼未然形「ねぶら」を含む。「ねぶらぬ」に対応。

　　/ni'ɴda'ɴ/ と推定。[neburaɴ] → [nibraɴ] → [nindaɴ] /ni'ɴda'ɴ /のように変化（相互同化）したと思われる。

nindarīng　6-37　**nindarīng**（眠れる。融合語幹 nindar-）〈sleep〉

　　☼未然形「ねぶら」を含む。「ねぶられをりむ」に対応。

　　/ni'ɴdari'i'ɴ/ と推定。

nindarang　5-105　Yū akidóshi yassundji **nindarang**.（*We could not sleep the whole night.*）一晩中寝れませんでした。[75]

nīndarang　5-105　Varabinu cha yassūndji nindang vaning mātă **nīndarang**.（*My children were very restless, & consequently myself could not sleep.*）子供たちがなかなか寝ないので，私自身もねむれませんでした。

nindaráng　6-37　**nindaráng**（眠れない。基本語幹 nindar-）〈wakeful〉

　　☼未然形「ねぶら」を含む「ねぶららぬ」に対応。

　　/ni'ɴdara'ɴ/ と推定。

ninti dūru　2-86　**ninti dūru**"*he is sleeping*"〈彼は眠っている〉

☼「ねぶりて」を含む。「ねぶりてどをる」に対応。

/niʼɴtiduʼuru/ と推定。/niʼɴtidu/ +/ʼuru/ → /niʼɴtiduʼuru/ と変化。注76)

nintang　2-122　ネムル〈眠る〉　現在 nindjung　過去 **nintang**　否定 nindang
　　　　命令 nindi　使役 ninsiung

☼「ねぶりて」を含む。「ねぶりてあり<u>む</u>」に対応。

/niʼɴtaʼɴ/ と推定。

のこる残

nukuĭ-gatchi　4-238　**nukuĭ-gatchi** ("*a leaving, or left writing*〈残す，または残され
　　　　た書き物〉) "*a will*"〈遺言〉

☼連用形「のこり」を含む。「のこりがき」に対応。

/nukuʼigacji/ と推定。/ri/ → /ʼi/ の変化がある。

nukuti　3-126　**nukuti** wuti, "*being left behind*"〈後に残されて〉

☼「のこりて→のこって」に対応。

/nukuti/ と推定。促音脱落の変化がある。

nukutoru　1-69　例えば、*Bring what remains*〈残っているものを持って来い〉は
　　　　nukutoru kutū, 又は、munu、あるいは , mung muchi kū[すなわち、*the*
　　　　remaining thung, bring]と言うか、または nukutósi muchi kū と言うか
　　　　である。

☼「のこりて→のこって」を含む。「のこってはをる」に対応。

/nukutoʼoru/ と推定。促音脱落の変化がある。

nukutósi　1-69　例えば、*Bring what remains*〈残っているものを持って来い〉は
　　　　nukutoru kutū, 又は、munu、あるいは , mung muchi kū[すなわち、*the*
　　　　remaining thung, bring]と言うか、または **nukutósi** muchi kū と言うか
　　　　である。

　　　　4-241　**nukutósi** kara tuti ku. "*bring of what remained over*"〈残ってい
　　　　るものから取って来なさい〉

☼「のこりて→のこって」を含む。「のこってはを（る）す」に対応。

/nukutoʼosi/ と推定。促音脱落の変化がある。

nukutóti　3-125　ikutaya ya nakae **nukutóti**, bānsindi. "*some remain at home to*
　　　　keep the house.〈幾人かは家に残して留守番をさせておこう〉

　　　　5-98　yāyă **nukutóti** yānŭ bānyi-yu-sindi tuzikita kutu *he ordered him*
　　　　to remain behind & watch the house well　主人が彼に家に残って留守番
　　　　をよくするように言い付けた

☼「のこりて→のこって」を含む。「のこってはをって」に対応。

/nukutoʼoti/ と推定。促音脱落の変化がある。

のぼる登
（ママ）

nubujung　3-112　ノブル^{ママ} **nubujung**^{ママ}〈登る〉

☼連用形「のぼり」を含む。「のぼりをり<u>む</u>」に対応。

/nubuʼjuʼɴ/ と推定。

第 2 節　ベッテルハイム『琉球語と日本語の文法の要綱』・『琉球語辞書』の動詞形態の考察　731

nubuti　5-101　Varabinu chūnu yānyi wītéru naïmunnu ki **nubuti**, ワラビノ　キヨ
　　　　　ノ　ヤニ　ウエタル　ナエモンノ　ケ　ノボテ注21)

A boy climbed a fruit tree planted in another man's house, 子供が他人の屋
敷に植えられている果物の木に登っていた。

nūbuti　5-101　nūyăti chūnu ki **nūbuti** naï mūyuga　ノヲヤテ　キヨノ　ケ　ノボ
　　　　　テ　ナエ　モヨガ注21)

how can you pluck fruit from another man's tree?　どうして他人の木から
実をもぎ取るのか

☆「のぼりて→のぼって」に対応。

/nubuti/ と推定。促音脱落の変化がある。

のる乗

nuïmung　4-238　**nuïmung**,(*"a riding thing"*〈乗る物〉)*"a conveyance"*〈乗り物〉

☆ 連用形「のり」を含む。「のりもの」に対応。

/nu'imuꞥ/ と推定。/ri/ → /'i/ の変化がある。

nŭyūng　3-112　ノル **nŭyūng**〈乗る〉

☆ 連用形「のり」を含む。「のりをりむ」に対応。

/nu'juꞥ/ と推定。/ri/ → /'i/ の変化がある。

はかる測

hakayuga　1-65　chassa **hakayuga**, 又は、kakayuga〈重さはいくらか〉

☆ 連用形「はかり」を含む。「はかりを（る）が」に対応。「いくら測るか」又は「掛かるか」の意。

/haka'juga/ と推定。/ri/ → /'i/ の変化がある。「は」対応部分が「ha」と表記されているので /ha/
とし、次の「はかる謀」は「fa」なので /hwa/ とする。

はかる謀

fakari　4-237　**fakari**, *"a plan"*〈謀り, 計画〉

☆ 連用形「はかり」に対応。

/hwakari/ と推定。

fākărĭgūtŭ　5-96　**fākărĭgūtŭ** *plan* 謀の　　ādjĭ　*the taste* 味を

☆ 連用形「はかり」を含む。「はかりごと」に対応。

/hwakarigutu/ と推定。

はしる走

fashïung　6-30　túbi **fashïung**（飛び走る。連用語幹　tub-）〈flee〉

☆ 連用形「はしり」を含む。「はしりをりむ」に対応。

/hwasji'uꞥ/ と推定。/ri/ → /'i/ の変化がある。

ひかる光

fikayung　3-112　ヒカル **fikayung**〈光る〉

☆ 連用形「ひかり」を含む。「ひかりをりむ」に対応。

/hwika'juꞥ/ と推定。/ri/ → /'i/ の変化がある。

ふる降

fuïgisatang　1-69　Vāgă undjú ichataru tuché amé furansiga, **fuïgisatang**。*At the
time I met you*((*when I met you*, 英語では、*at the time of meeting*

732　第4章　アルファベット資料の動詞形態の考察

you とも言える)), *it did not rain, but was about to rain.* 〈私があなた
に会った時、雨は降っていなかったが、降りそうだった〉

☼ 連用形「ふり」を含む。「ふりげさありたり<u>む</u>」に対応。

/hwu'igisata'ɴ/ と推定。/ri/ → /ʰi/ の変化がある。

fuïgissatassiga　3-119　Aminu **fuïgissatassiga** yī tĭnchĭ natang. "*Although it looked rainy*((*was about to rain*))*the weather become fine.*" 〈雨が
降り ((出し)) そうであったが , 良い天気になった〉

☼ 連用形「ふり」を含む。「ふりげさありた (る) すが」に対応。

/hwu'igisatasiga/ と推定。/ri/ → /ʰi/ の変化がある。

fuyung　3-119　フル **fuyung**

☼ 連用形「ふり」を含む。「ふりをり<u>む</u>」に対応。

/hwu'ju'ɴ/ と推定。/ri/ → /ʰi/ の変化がある。

fuyuru　3-122　Ami **fuyuru** tema ărăng, kazi madding fŭtchūng. "*It does not only rain, but it is windy*((*also the wind blows*))." 〈雨が降るだけでなく , 風ま
でも吹く〉

☼ 連用形「ふり」を含む。「ふりをる」に対応。

/hwu'juru/ と推定。/ri/→/ʰi/ の変化がある。

furansiga　1-69　Vāgă undjú ichataru tuché amé **furansiga**, fuïgisatang. *At the time I met you*((*when I met you,* 英語では、*atethe time of meeting you* とも言える)), *it did not rain, but was about to rain.* 〈私があなた
に会った時、雨は降っていなかったが、降りそうだった〉

☼ 未然形「ふら」を含む。「ふらぬすが」に対応。

/hwura'ɴsiga/ と推定。

futaru　5-106　Vané kunu utchinu amé(kunu utchi **futaru** amé) dūdŭ yī amindi umutóng. *I think the rain, which, we lately had, has done much good;*
この前の雨は恵みの雨だったと思います。

☼「ふりて→ふって」を含む。「ふってある→ふったる」に対応。

/hwutaru/ と推定。促音脱落の変化がある。

ふる振

fuï　3-119　Vanne gắttĭnnŭ **fŭï**shi īndi((または ūndi)) īssiga, "*Although I may seemingly say yes,*" 〈私は合点したふりをして受け合うけれども ,〉

fuï　3-119　**fuï**shung 〈様相をする。あたかも……のようにする〉

☼ 連用形「ふり」に対応。

/hwu'i/ と推定。/ri/ → /ʰi/ の変化がある。

ほこる誇

fukuyung　1-66　ari du, 又は dushae **fukuyung** 〈彼は自分自身を誇る〉

☼ 連用形「ほこり」を含む。「ほこりをり<u>む</u>」に対応。

/hwuku'ju'ɴ/ と推定。/ri/ → /ʰi/ の変化がある。

まさる勝

massayung　4-240　マサル **massayung**, "*to exceed*" 〈勝る〉

第 2 節　ベッテルハイム『琉球語と日本語の文法の要綱』・『琉球語辞書』の動詞形態の考察　733

☆ 連用形「まさり」を含む。「まさりをりむ」に対応。

/masa'juɴ/ と推定。/ri/ → /'i/ の変化がある。

massati　4-240　dū yakā chó **massati** nzosasshusi, "*forgo all private interests for others* "〈自己の利益より他人のことを考えることは〉

☆「まさりて→まさって」に対応。

/masati/ と推定。促音脱落の変化がある。

まじはる交

madjivati　4-240　Fitutu **madjivati**(ndé) yī dólinu assi aravarirangshi, "*if your good principles are never seen in your conversation with others*"〈他人との交わりで , 自らの信条の立派なところを見せられなかったら ,〉

☆「まじはりて→まじはって」に対応。

/mazji'wati/ と推定。促音脱落の変化がある。

まじる混

madjïung　2-122　マジル **madjïung**

☆ 連用形「まじり」を含む。「まじりをりむ」に対応。

/mazji'uɴ/ と推定。/ri/ → /'i/ の変化がある。

まもる守

mamuti　5-92　shtsĭ-djĭ *chastity* 節義を　**mamuti** *kept(keeping)* 守った（守り）

☆「まもりて→まもって」に対応。

/mamuti/ と推定。促音脱落の変化がある。

もどる戻

mūdŭtĭ　5-88　nūyăĭ *why* なぜ　**mūdŭtĭ** *returned* 戻って　chăgăndĭ*did you come* 来たかと　ĭchāng(*she said*)（言った）

☆「もどりて→もどって」に対応。

/muduti/ と推定。促音脱落の変化がある。

ものがたる物語

munugatari　4-237　**munugatari**(tari は taï と発音される)

☆ 連用形「ものがたり」に対応。

/munugata'i/ と推定。

munugataï　3-107　dŭshĭ itchati **munugataï**shi ato yānyi kéti " *meet a friend & chat ' & then return*"〈友達に会って語らい , 家に帰って来て〉

　　　　　3-108　Nindjinó shindjitsi kanyunyi san ate simandinu **munugataï**, " *a dicourse* ママ *on not to neglecting to make truth the principal thing*"〈人間は真実を一番肝要なものと重んじなければならないという話〉

　　　　　3-115　īttăgă chi,**munugataï**sha kutu, wīrŭkissăng " *you coming &coversing with me I brightened*"〈君達が来て , 話し合ったから , 気が晴ればれした〉

munugattaï　1-53　messinu**munugattaï**　*of bribery a talk*〈賄賂的な話〉

☆ 連用形「ものがたり」に対応。

/munugata'i/ と推定。/ri/→/'i/ の変化がある。

やぶる破

yandjung　3-112　**yandjung**〈破る〉

yan-djung　3-113　**yan-djung**, -tang, -dang,〈破る, だいなしにする〉

　　☼ 連用形「やぶり」を含む。「やぶりをり<u>む</u>」に対応。

　　/'ja'ɴzju'ɴ/ と推定。 _{注77)}

yandāng　3-112　vaga uri **yandāng**, nakurudu yanditaru, "*I did not spoil it, it spoiled of itself*"〈それは私が破ったのではない。自然に破れたのだ〉

yan-dang　3-113　**yan**-djung, -tang, **-dang**,〈破る, だいなしにする〉

　　☼ 未然形「やぶら」を含む。「やぶらぬ」に対応。

　　/'ja'ɴda'ɴ/ と推定。

yābŭtĭ　5-95　wŭtĭ *break* 折って　**yābŭtĭ** & *spoil* 破って

　　☼「やぶりて→やぶって」に対応。

　　/'jabuti/ と推定。促音脱落の変化がある。

yānti　5-92　kātāchi *form* 形を　**yānti** *spoiled* 損じて

　　☼「やぶりて」に対応。

　　/'ja'ɴti/ と推定。

yan-tang　3-113　**yan**-djung, **-tang**, -dang,〈破る, だいなしにする〉

　　☼「やぶりて」を含む。「やぶりてあり<u>む</u>」に対応。

　　/'ja'ɴta'ɴ/ と推定。

やる破

yati　5-98　machigéshi kachi **yati** *by mistake I tore*(*the wardrobe*)　まちがって(衣類を)引き裂いてしまいました

yātĭ　5-98　kakīmŭnū kāchĭ-**yātĭ** uchétang　*broke & tore the wardrobe* 衣類を裂き千切り, 放っておいた

　　☼「やりて」に対応。

　　/'jati/ と推定。 _{注78)}

yatési　5-98　kakimung kachi-**yatési** 'nchĭ　*seeing the destruction of the wardrobe* 衣類の破損を見,

　　☼「やりてはあ(る)す」に対応。

　　/'jate'esi/ と推定。

よる依

yutti　4-232　varinyi **yutti**, "*in my account*"〈私の故に〉。しかし日常の会話では va taminyi がむしろ普通である。

　　4-237　tsukurunyi **yutti**, "*on account of making*"〈作る故に〉

yūtti　4-232　**yūtti**,tsītĭ,shtagati,uïti((まれに聞かれる)):これらはすべて "*on account*"〈故に〉, "*in consequence of*"〈…の結果〉, "*in accordance with*"〈…によって〉を意味し, 与格を支配する。

　　☼「よりて→よって」に対応。

　　/'juQti/ と推定。

わかる解

vakarang 　1-66　kuriga・uriga chimu **vakarang** 〈その意味（（これの意味））が私には分らない〉

5-100　Fitunu nŭsŭdusătti sh'tīnŭ **vakarang** kwandjŭnkae ŭttăĭshakutu kwan nyinu chāng sūkkvéchótăssiga, *Somebody having-been-robbed, but not-knowing who-was-the-perpetrator, when he sued at-court the officers knew not what to do.*　ある人が泥棒に入られ，犯人が誰かわからず，官所に訴えたら，役人たちもわからなかった。

☼ 未然形「わから」を含む」。「わからぬ」に対応。

/ʼwakaraʼɴ/ と推定。

わる割

vătĭ　5-97　kăgănó *the glass* 鏡を　tătăchĭ *she knoched* たたいて　**vătĭ** *& broke* 割って

☼「わりて→わって」に対応。

/ʼwati/ と推定。促音脱落の変化がある。

をはる終

ovaïnu　1-64　**ovaïnu** mung 〈最後の人〉

☼ 連用形「をはり」を含む。「をはりの」に対応。

/ʔuʼwaʼinu/ と推定。/ri/ → /ʼi/ の変化がある。

ovaïnyi　1-64　are satch, sachinyi, 又は、satchinyĭshi, vané **ovaïnyi** chang 〈彼が最初に来て、私は最後に来た〉

☼ 連用形「をはり」を含む。「をはりに」に対応。

/ʔuʼwaʼinji/ と推定。/ri/→/ʼi/ の変化がある。

ovatóshung　3-117　yumi-**ovatóshung** 〈読み終る〉 注79)

☼「をはりて→をはって」を含む。「をはってはおきをりむ」に対応。

/ʔuʼwatoʼocjuʼɴ/ と推定。

ovatóchutassiga　3-117　Văgă ïya kunu shimutzi keti mutumirandi-shusi shtchidung vutéré,chĭshshtĭ yumi **ovatóchutassiga**((*"but I did not know,"* 〈しかし知らなかった〉 tada shirantang)) *"Had I known you should desire back this book, I should certainly have finished ((reading)) it."* 〈この本を返してもらいたいという君の気持を知っていたら，きっと読み終えていただろう〉

☼「をはりて→をはって」を含む。「をはってはおきた（る）すが」に対応。

/ʔuʼwatoʼocjutasiga/ と推定。

をる折

wūtĭ　5-95　**wūtĭ** *break* 折って　yăbŭtĭ *& spoil* 破って

☼「をりて→をって」に対応。「をうて」の可能性もあるか。

/ʼuʼuti/ と推定。

（上一段）

いる射

iri　6-31　**iri** kudachang（射砕いた。連用形語幹 ir-）〈shoot〉

iri　6-31　**iri** kata shung; ī kata shung（射方をする。連用形語幹 ir-/i-）〈random〉iri
　　と ī の 2 つの形が併記されている。

　　☼「ラ行（四段）化」後の連用形「いり」に対応。

　　/ʔiri/ と推定。

ī　6-31　iri kata shung; **ī** kata shung（射方をする。連用形語幹 ir-/i-）〈random〉
　　iri と ī の 2 つの形が併記されている。

　　☼「ラ行（四段）化」後の連用形「いり」に対応。

　　/ʔi'i/ と推定。/ri/ → /'i/ の変化がある。

īŭng　6-31　**īŭng**（射る。融合語幹 ī-）〈shoot〉

　　☼「ラ行（四段）化」後の連用形「いり」を含む。「いりをりむ」に対応。

　　/ʔi'u'ɴ/ と推定。/ri/ → /'i/ の変化がある。

íyŭng　6-31　**íyŭng**（射る。融合語幹 íy-）〈radiate〉

īyŭng　6-31　**īyŭng**（射る。融合語幹 īy-）〈bow〉

　　☼「ラ行（四段）化」後の連用形「いり」を含む。「いりをりむ」に対応。

　　/ʔi'ju'ɴ/ と推定。/ri/→/'i/ の変化がある。

iráng　6-31　**iráng**（射ない。基本語幹 ir-）〈shoot〉

　　☼「ラ行（四段）化」後の未然形「いら」を含む。「いらぬ」に対応。

　　/ʔira'ɴ/ と推定。

íttchang　6-31　**íttchang**（射た。音便語幹 itch-）〈radiate〉

　　☼「いりて→いって」を含む。「いってありむ→いったりむ」に対応。

　　/ʔiQcja'ɴ/ と推定。破擦音化の変化がある。/ʔirita'ɴ/→/ʔiricja'ɴ/→/ʔiQcja'ɴ/ の変化があるか。

ichang　6-31　**ichang**（射た。音便語幹 ich-）〈shoot〉

　　☼「いりて→いって」を含む。「いりてありむ→いったりむ」に対応。

　　/ʔicja'ɴ/ と推定。/ʔiQcja'ɴ/→/ʔicja'ɴ/ の変化があるか。但し、現代語は /ʔita'ɴ/。

きる着

chi　6-33　**chi** yandïung（着破る。連用形語幹 ch-）〈wear〉

　　☼「ラ行（四段）化」後の連用形「きり」に対応。

　　/cji'i/ と推定。/ri/ → /'i/ の変化がある。

chïung　2-122　キル〈着る〉　現在 **chïung**　過去 chīchăng　否定 chīrang　命令
　　chiri　使役 chirashung

　　☼「ラ行（四段）化」後の連用形「きり」を含む。「きりをりむ」に対応。

　　/cji'u'ɴ/ と推定。

chiri　2-122　キル〈着る〉　現在 chïung　過去 chīchăng　否定 chīrang　命令 **chiri**
　　使役 chirashung

　　☼「ラ行（四段）化」後の命令形「きれ」に対応。

　　/cjiri/ と推定。

chīrang　2-122　キル〈着る〉　現在 chïung　過去 chīchăng　否定 **chīrang**　命令
　　chiri　使役 chirashung

chiráng　6-33　**chiráng**（着ない。基本語幹 chir-）〈put〉

　　☼「ラ行（四段）化」後の未然形「きら」を含む。「きらぬ」に対応。

第 2 節　ベッテルハイム『琉球語と日本語の文法の要綱』・『琉球語辞書』の動詞形態の考察　737

/cjira'ɴ/ と推定。

chirashung　2-122　キル〈着る〉　現在 chïüng　過去 chïchăng　否定 chïrang　命令 chiri　使役 **chirashung**

　　☆「ラ行（四段）化」後の未然形「きら」を含む。「きらしをりむ」に対応。

　　/cjirasju'ɴ/ と推定。

chī　6-33　**chī**（着。中止形。連用形語幹 ch-）〈meanly〉

　　☆「きて」ではなく「き」に対応すると思われる。

　　/cji'i/ と推定。

chīchăng　2-122 キル〈着る〉　現在 chïüng　過去 **chïchăng**　否定 chïrang　命令 chiri　使役 chirashung

chichang　6-33　**chichang**（着た。音便語幹 chich-）〈put〉同じ活用をする「坐る」「似る」「煮る」の音便語幹の例を見ると次のように、促音とも、促音でないとも、とれそうである。　○ yitchang（座った）〈sit〉○ nyitchong（似ている）〈similar〉○ nytchi（煮て）〈boil〉

　　☆「きて」を含む。「きてありむ→きたりむ」に対応。

　　/cjicja'ɴ/ と推定。破擦音化の変化がある。

できる出来

dikitóng　5-106　Namanu gutu 'mmūng kvabunyi aï,kŭming yasseng **dikitóng**,(*Now we have abundance of potatoes, plenty of rice & greens.*) 今では芋も豊富にあり，米や野菜も豊かにある。

　　☆「でけて」を含む。「でけてはをりむ」に対応。

　　/dikito'o'ɴ/ と推定。

にる似

nyitchóng　1-68　tégé, ūkătă **nyitchóng**〈幾分似ている〉

　　☆「にて」を含む。「にてはをりむ」に対応。

　　/njicjo'o'ɴ/ と推定。破擦音化の変化がある。

にる煮

nyïung　3-114　ニル, **nyïung**, 過去形は nyitchang((nyitchi uki ﾏﾏ))

　　☆連用形「に」を含む。「にをりむ」に対応。

　　/nji'u'ɴ/ と推定。

nyitchóki vadu　3-114　tskotóki, **nyitchóki vadu** sinyuru. "*you should have made ,boiled,*"〈君は作って，煮ておくべきだった〉

　　☆「にて」を含む。「にておきはど」に対応。

　　/njicjo'oki'wadu/ と推定

nyitchang　3-114　ニル, nyïung, 過去形は **nyitchang**((nyitchi uki ﾏﾏ))

　　☆「にて」を含む。「にてありむ→にたりむ」に対応。

　　/njicja'ɴ/ と推定。

みる見

mibusha　5-88　yă *you(thee)* 君を　**mi** *to see* 見　**busha**nudu *from the desire it is that* たくなったので

738　第4章　アルファベット資料の動詞形態の考察

mībusha　6-36　**mī busha**shóng（見たがっている。「見欲しさしおる」に対応で、連用形。連用形語幹 m-）〈see〉nɕi の形は見あたらない。

mībush**ā**　2-86　**mī bush**ā**nudu**"*It is from a desire to see*(*you*) "〈あなたを見たいがために〉

　☆「ラ行（四段）化」後の連用形「みり」を含む。「みりほしさ」に対応。

　/mi'ibusja/ と推定。

mī atiti　5-100　kuri **mī** atiti "*he was perceived* "〈見つけられ〉注80)

　☆「ラ行（四段）化」後の連用形「みり」を含む。「みりあてて」に対応。

　/mi'iʔatiti/ と推定。

mīru　5-110　コレニ　ヲヘヱテ　コレヲ　ミルトキ　（注釈部）kurinyi ūïti kuriū **mīru** tuchi *(are within) his condition(class). Seeing his errors* その過ちを見て，

　　5-111　Yinshika ivaku kurinyi ūïti kuriū **mīru** tuchi, sinavatchi ftunu djing fudjing shinu bishi.　エンシカ　イハク　コレニ　ヲヘヱテ　コレヲ　ミルトキ　スナハチ　ヒトノ　ジン　シヌ　ベシ。*Seeing his errors you may infer his virture(can immediately know his good side.* 尹氏（Yinshi）が言うには：人は他人の過ちを見て，すぐにその人が徳のある人か，そうでないかを知ることができる。

　☆連体形「みる」に対応。「漢文訓読」。「古文」の「連体形」。

　/miru/ と推定。

nyung　1-63　kata mīshi **nyung**〈片目で見る〉

nyūng　2-122 ミル〈見る〉　現在 **nyūng**　過去 nch**ā**ng　否定 ndang　命令 ndi　使役 mīrashung

　　6-36　**nyūng**（見る。融合語幹 ny-）〈look〉ndjung の形は見あたらない。

　☆連用形「み」を含む。「みをりむ」に対応。

　/nju'u' N/ と推定。/mju'u' N/ → /nju'u' N/ の変化があったと考えられる。注81)

ndjung　4-239　**ndjung**, "*to go* "〈出る〉注82)

　☆「ラ行（四段）化」後の連用形「みり」を含む。「みりをりむ」に対応。

　/'Nzju' N/ と推定。[miri]→[mri]→[ndi]→[ndʒi]。[ndʒiwuN] → [ndʒuN] /'Nzju' N/ のような変化があったであろう。

mīrararing　6-35　**mīrararing**（見られない。基本語幹 mir-）〈invisible〉ndang（見ない。基本語幹 nd-）〈see〉

　　上の２例から、否定形が２つあることになる。

　☆「ラ行（四段）化」後の未然形「みら」を含む。「みららぬ」に対応。

　　「見られない」の訳が正しいのであれば、「mīrarang」と綴られるべきであろう。「-ri-」は紛れ込みと見ることにするが、これが入っているということを是認すれば、肯定形である可能性が高くなることを示す（「みられをりむ」？）。それとも「みられぬ」か。

　/mirara'N/ と推定。

mīrashung　2-122　ミル〈見る〉　現在 nyūng　過去 nch**ā**ng　否定 ndang　命令 ndi　使役 **mīrashung**

☼「ラ行（四段）化」後の未然形「みら」を含む。「みらしをりむ」に対応
/mirasju'ɴ/ と推定。

（命令）

ndi　　2-122 ミル〈見る〉　現在 nyūng　過去 nchāng　否定 ndang　命令 **ndi**　使役 mīrashung

ndī̆　　5-95　tsira *face* 顔を uchagītī *rise up* 上げて **ndī**ndi *let me see* 見せなさいと
　　　　注83)

☼「ラ行（四段）化」後の命令形「みれ」に対応。

/'ɴdi/ と推定。[miri]→[mri]→[ndi]/'ɴdi/ の変化が考えられる。

ndé　　4-234　tó, mazi kangéti**ndé**. *"Well, we'll see about it."*〈では，そのことを考えてみよう〉 注84)

ndé　　5-105　'nchī**ndé**

☼「ラ行（四段）化」後の命令形「みれ」を含む。「みれは」に対応。「みてみれ」。

/'ɴde'e/ と推定。[miriwa]→[mriwa]→[ndiwa]→[nde:]/'ɴde'e/ のような変化が考えられる。

（已然）

nde　　3-123　Chu kangéti**nde**, *"I have considered to-day that"*〈今日考えてみると，〉

ndé　　4-240　Fitunu madjivati (**ndé**)[1] *"in your conversation with others"*〈他人との交わりで〉[1]) ndé((ミレハ)) は用いてもよく，省略してもよい。

☼「ラ行（四段）化」後の已然形「みれ」を含む。「みれは」に対応。

/'ɴde'e/ と推定。[miriwa]→[mriwa]→[ndiwa]→[nde:]/'ɴde'e/ のような変化が考えられる。

（未然）

nda　　3-107　ndjiti-**nda** *"let us go"*〈出かけてみよう〉

　　　　3-107　ichati-**nda** *"let us meet"*〈会ってみよう〉

　　　　3-107　assidatchi-**nda** *"Let us walk"*〈散歩をしよう〉

　　　　3-109　Anyi kadjinu ndjukachéru ăshī̆ **nda**ndiru shūrŭ̆ï, 又　は **nda**ndiru umutoruï *"Do you intend to see a reed shaken with the wind?"*〈雨風でゆり動かされている葦を見ようとしているのか？〉 注85)

　　　　3-125　　Vatta kuma vuti shimutzi yudi**nda**, ama vuti attaya yudindi. *"Let us read here, & let them read there."*〈私達はここで，あの人達はむこうで読書することにしよう〉 脚注〈yudindi（読んでみろ）の ndi と，jumundi umuyung（ママ）（読むと思う）の ndi を混同したのであろう。

ndā　　3-126　**Ndā**, *"let me, let us see"*〈私に，私達に見見せて（ママ）〉

ndă　　3-107　mata sīmī̆ yumī̆**ndă** *"& again read"*〈また読書をしよう〉 …,nda で表わされている意味 *Let us* は,…

　　　　3-125　Vattāya nama hayéshi, charu kutuga yărā ndji nchī̆**ndă** *"Let us now run & see what it is ((what the matter is))"*〈走って行って何事か（（何が起ったのか））見て見よう〉

☼「ラ行（四段）化」後の未然形「みら」に対応。

/'ɴda/ と推定。[mira]→[mra]→[nda]/'ɴda/ のような変化が考えられる。

ndana　　3-115　ăchā assabanungde kădĭ, ndjiti**indana**. *" to-morrow, after breakfast,*

740　第4章　アルファベット資料の動詞形態の考察

we'll go"〈明日朝食後に出かけましょう〉

☆「ラ行（四段）化」後の未然形「みら」を含む。「みらな」に対応。

/ˈɴdana/ と推定。

ndang　3-109　shé, kade **ndang**, "*I have never seen it done, eaten* "[3]〈それをする のを，食べるのを見たことがない〉 [3] 今日の琉球方言では「それをしたこと，食べたことがない」の意味である。

ndang　3-126　**Ndang** fuï, "*as if not seeing* "〈あたかも見ないかのように〉

☆「ラ行（四段）化」後の未然形「みら」を含む。「みらぬ」に対応。

/ˈɴdaˈɴ/ と推定。

「て」の形

mɨti　5-110　アヤマチヲ　ミテ　(Yumi) ayamatchï ū **mɨti** *Seeing his errors* 他人 の過ちを見て

☆「みて」に対応。（漢文調）「古文」の「みて」ということになる。

/miti/ と推定。

n̄chi　5-95　kuri **n̄chi** *seeing this* これを見て

n̄chī　5-97　yanditósi *the spoiling* 破れたのを　**n̄chī** *she saw* 見て

nchī　3-125　charu kutuga yărā ndji **nchī**nda "*see what it is* "〈行って何事か（（ 何が 起ったのか ））見てみよう〉

'nchi　4-241　'Nchai[1] chichaï shā tukuró "*What is heard & what is seen*　〈見 たり聞いたりしたことは，〉 [1] 上品さは落ちるが，**'nchi** chicharu kutu とい うこともできる。

5-96　māKKūrŭ *black* 真黒く　natósi *to have become* なっているのを　'nchi *seeing* 見て

5-111　machigé **'nchi** chakī ariga yī tukuru shīraring. アヤマチヲ　ミテ　ス ナハチ　ジンヲ　シル　*Seeing his errors you may infer his virture(can immediately know his good side.* 他人の過ちを見て，すぐにその人が徳のあ る人か，そうでないかを知ることができる。

'nchi　5-96　kagan *glass* 鏡を　**'n̄chi** *behold* 見て

'nchī　5-98　dūkŭyākŭndĭ yussé **'n̄chī**nda ndi kangéti *he would have a look at what his master was pleased to call poisonous stuff* 主人が毒薬と言っておら れるものを見てみようと考えた

'n̄chĭ　5-88　mūdŭtĭ chūsĭ *the returning-comng* 戻って来たのを　**'n̄chĭ** *seeing* 見て

☆「みて」に対応。

/ˈɴcji/ と推定。[mite] → [miti] → [miʧi] → [mʧi] → [nʧi]/ˈɴcji/ のような変化が考えられる。

'nchai　4-241　'Nchai chichaï shā tukuró vassī gūrishāng. "*What is heard & what is seen cannot be easily forgotten*"〈見たり聞いたりしたことは，簡 単に忘れられるものではない〉

☆「みて」を含む。「みてあり→みたり」に対応。

/ˈɴcja'i/ と推定。[mite ari] → [miti ai] → [miʧai] → [mʧai] → [nʧai]/ˈɴcja'i/ のような 変化が考えられる。

'nchang　6-36　**'nchang**（見た。音便語幹 'nch-）〈see〉

nchăng　2-122　ミル〈見る〉　現在 nyūng　過去 **nchăng**　否定 ndang　命令 ndi　使
　　　役 mīrashung
　　☆「みて」を含む。「みてありむ→みたりむ」に対応。
　　/'ɴcja'ɴ/ と推定。

ncha kutu　5-97　tūnkétĭ *turning* 振り返って　　**ncha kutu** *& looking* 見ると
　　☆「みて」を含む。「みてあ（る）こと→みた（る）こと」に対応。
　　/'ɴcjakutu/ と推定。

'ncharé　5-98　kāmĭ ăkītĭ **'ncharé** *opened the jar, looked* 壺を開け , 見た

'nchărĕ　5-96　tŭtĭ *took* 取って　　**'nchărĕ** *& seeing* 見ると
　　☆「みて」を含む。「みてあれは→みたれは」に対応。
　　/'ɴcjare'e/ と推定。

ゐる座

　yīung　2-122　イル〈坐る〉　現在 **yīung**　過去 yītchang　否定 yīrang　命令 yīri　使
　　　　役 yirashimïung, yishïung

　yĭung　3-115　yitchi-wūti。イル , **yĭung**, 過去形 yitchāng。
　　☆「ラ行（四段）化」後の連用形「ゐり」を含む。「ゐりをりむ」に対応。
　　/'i'u'ɴ/ と推定。

　yīri　2-122　イル〈坐る〉　現在 yīung　過去 yītchang　否定 yīrang　命令 **yīri**　使役
　　　　yirashimïung, yishïung
　　☆「ラ行（四段）化」後の命令形「ゐれ」に対応。
　　/'iri/ と推定。

　yīrang　2-122　イル〈坐る〉　現在 yīung　過去 yītchang　否定 **yīrang**　命令 yīri　使
　　　　役 yirashimïung, yishïung
　　☆「ラ行（四段）化」後の未然形「ゐら」を含む。「ゐらぬ」に対応。
　　/'ira'ɴ/ と推定。

　yirashimïung　2-122　イル〈坐る〉　現在 yīung　過去 yītchang　否定 yīrang　命令
　　　　　　yīri　使役 **yirashimïung**, yishïung
　　☆「ラ行（四段）化」後の未然形「ゐら」を含む。「ゐらしめをりむ」に対応。
　　/'irasjimi'u'ɴ/ と推定。

　yishïung　2-122　イル〈坐る〉　現在 yīung　過去 yītchang　否定 yīrang　命令 yīri
　　　　　使役 yirashimïung, **yishïung**
　　☆連用形「ゐ」を含む。「ゐしをりむ」に対応。
　　/'isji'u'ɴ/ と推定。

　yitchi　3-115　**yitchi**-wūti。イル , yīung, 過去形 yitchāng。
　　☆「ゐて」に対応。
　　/'icji/ と推定。破擦音化の変化がある。

　yitchaï　4-241　nudaï kadaï, **yitchaï** assidachaï-shutang. "*We ate & drunk, sat &*
　　　　then walked about."〈飲んだり食べたり , 坐ったり歩き回ったりした〉
　　☆「ゐて」を含む。「ゐてあり」に対応。

/ˈicja'i/ と推定。破擦音化の変化がある。

yītchang　2-122 イル〈坐る〉現在 yīung　過去 **yītchang**　否定 yīrang　命令 yīri
　　　　使役 yirashimïung, yishïung

yitchāng　3-115　yitchi-wūti。イル, yïung, 過去形 **yitchāng**。
　　☆「ゐて」を含む。「ゐてありむ→ゐたりむ」に対応。
　　/ˈicja'N/ と推定。破擦音化の変化がある。

yitchōï　3-127　**Yitchōï**((yitchi wūï)) yitchōti((yitchi wūtï)), "sitting"ママ〈坐ったまま〉
　　☆「ゐて」を含む。「ゐてはをり」に対応。
　　/ˈicjo'o'i/ と推定。破擦音化の変化がある。

yitchóti　3-115　Vang chuï **yitchóti** sabisatasiga, "*I sitting alone was melancholy,*"
　　　　〈自分1人で坐っていて淋しかったが,〉

yitchōti　3-127　Yitchōï((yitchi wūï)) **yitchōti**((yitchi wūtï)), "sitting"ママ〈坐ったまま
　　☆「ゐて」を含む。「ゐてはをりて」に対応。
　　/ˈicjo'oti/ と推定。破擦音化の変化がある。

yitchōruga gutukunyi　5-107　⁺fiódji. または tŭku-shū：　アクニンノ　グスクニィ
　　　　タキ,　アク　ジント　モノイヨスヤ　キヤウド　ウヤダリ
　　　　ヂン　ウヤダリ　ガモリシ　ドル　タン　ナカエ　エキヲル
　　　　ガ　ゴトクニ　アン。Aku nyinnu　gussi kunyi tăchi, akud-
　　　　jintu munuyusé chódu wedaï kamurĭshi dūrŭ tang nakae
　　　　yitchōruga gutukunyi ang　　　　　　意味 *To appear at a bad*
　　　　man's court, to speak with a bad man, is like wallowing in
　　　　dust & ashes clad in courtly apparel & (official) cap.〈悪い
　　　　人の朝廷に出仕して, 悪い人と話すことは, 官の衣装に（公の）
　　　　帽子をかぶって, 泥や灰の中を転げ回るのと同じである〉（文字
　　　　通りには, *The standing in the capital of a bad man (king),*
　　　　the speaking with a bad man, is like sitting into mud &
　　　　ashes (coal) with public (official) dress & official cap.　注86)
　　☆「ゐて」を含む。「ゐてはをるがごとくに」に対応。
　　/ˈicjo'oruga gutukunji/ と推定。

（上二段）
おく起
　ukïung　6-32　**ukïung**（起きる。融合語幹 ukiy-）〈rise〉
　　☆「ラ行化」後の連用形「おけり」を含む。「おけりをりむ」に対応。
　　/ʔuki'u'N/ と推定。
　ukikantī　6-32　**ukikantī**（起きかねて。連用形語幹 uk-）〈sleep〉
　　☆連用形「おけ」を含む。「おけかねて」に対応。
　　/ʔukika'Nti/ と推定。
　ukirang　6-32　**ukirang**（起きない。基本語幹 ukir-）〈sleep〉
　　☆「ラ行（四段）化」後の未然形「おけら」を含む。「おけらぬ」に対応。
　　/ʔukira'N/ と推定。

ukitang 6-32 **ukirang**（起きた。音便語幹 ukit-）〈early〉

　☼「おけて」を含む。「おけてありむ→おけたりむ」に対応。

　/ʔukitaʼɴ/ と推定。

すぐ過

sidji 5-111 クンシハ　アイニ　スギ　シヤウジンハ　シノブニ　スグ　（注釈部）
　　　　 kunshiva aïnyi **sidji**, shodjinva shinubunyi sigu.

　☼ 連用形「すぎ」に対応。漢文訓読「文語」と言える。

　/sizji/ と推定。破擦音化の変化がある。

sidjitóru 1-70 nigatósi **sidjitóru** ami, *A rain surpassing the one wished for.*〈望
　　　　 んだ以上の雨〉

　☼「すぎて」を含む「すぎてはをる」に対応。

　/sizjitoʼoru/ と推定。破擦音化の変化がある。

sigu 5-111 クンシハ　アイニ　スギ　シヤウジンハ　シノブニ　スグ　（注釈部）
　　　　 kunshiva aïnyi sidji, shodjinva shinubunyi **sigu**.

　☼ 終止形「すぐ」に対応。漢文訓読の「文語」と言える。

　/sigu/ と推定。

はづ恥

hadjïung 2-122 ハヂル **hadjïung** または fhadjïung〈恥じる〉

　☼ 連用形「はぢ」を含む。「はぢをりむ」に対応。

　/hazjiʼuʼɴ/ と推定。/hwazjiʼuʼɴ/ 参照。

fhadjïung 2-122 ハヂル hadjïung または **fhadjïung**〈恥じる〉

　☼ 連用形「はぢ」を含む。「はぢをりむ」に対応。

　/hwazjiʼuʼɴ/ と推定。/hazjiʼuʼɴ/ 参照。

hădjĭchĭ 5-90 wuttó *the husband* 夫は　　fukăkŭ *deeply* 深く　　**hădjĭchĭ** *ashamed*
　　　　 恥じて

　☼「はぢて」に対応。

　/hazjicji/ と推定。破擦音化の変化がある。

おゆ老

tushïŭï 5-103 **Tushïŭï** sŭsónyĭshuru kŭnyinu ăti, *There was a country that*
　　　　 lightly esteemed the aged: 年寄を粗相にする国があって，

tushïŭï 5-103 **tushïŭïnu** chă atsimiti djimmishimita kutu *They caused then the*
　　　　 elders to assemble & consult. 　年寄達を集めて吟味させたところ，

　☼ 連用形「おい」を含む。「としおい」に対応。「としより（年寄）」ではなく、「としおい（年老）」と見た。
　　「としより」なら「tushïyŭï」等と表記されたであろう。

　/tusjiʔuʼi/ と推定。

おる降

urïung 3-112 ウレル **urïung**〈降りる〉, urushung〈降ろす，荷を下ろす〉，また
　　　　 urirashung ともなる

　☼「下一段」的「おれる」の連用形「おれ」を含む。「おれをりむ」に対応。

　/ʔuriʼuʼɴ/ と推定。

uriri　5-101　タヾイマ　ウリレンデ　イワン　キカン，　ウリランタコト[21]

　　tadēma **uriri**ndi īvang chkang. urirānta ta kūtū *he said, Quickly come down! But as the boy would not hear nor come down*　すぐに降りなさいと言った。しかし，その子供は聞き入れず，降りて来なかったので，

　　☆「ラ行（四段）化」後の命令形「おれれ」に対応。

　　/Ɂuriri/ と推定。

urirashung　3-112　ウレル urïung〈降りる〉, urushung〈降ろす, 荷を下ろす〉, また **urirashung** ともなる

　　☆「ラ行（四段）化」後の未然形「おれら」を含む。「おれらしをり<u>む</u>」に対応。

　　/Ɂurirasju'ɴ/ と推定。

urirānta kūtū　5-101　タヾイマ　ウリレンデ　イワン　キカン，　ウリランタコト[21]　tadēma uririndi īvang chkang. urirānta ta kūtū *he said, Quickly come down! But as the boy would not hear nor come down*　すぐに降りなさいと言った。しかし，その子供は聞き入れず，降りて来なかったので，

uriranta kutu　5-101　アンシン　コノ　ワラビ　ヲソレラン；ウリランタ　コト[21]　anshing kunu vorabi ussurirang; **uriranta kutu**, *but neither was he thus frightened, nor came down*　けれども，その子供は恐れもせず，降りもしなかった。

　　☆「ラ行（四段）化」後の未然形「おれら」を含む。「おれらぬた（る）こと」に対応。

　　/Ɂurira'ɴtakutu/ と推定。

（下一段）

ける蹴[87]

kíri agïung　6-31　**kíri agïung**（蹴り上げる。連用形語幹 kir-）〈kick〉

　　☆四段型の連用形「けり」を含む。「けりあげりをり<u>む</u>」に対応。

　　/kiriɁagi'u'ɴ/ と推定。

kïúng　6-31　**kïúng**（蹴る。融合語幹 kiy-）〈kick〉

　　☆下一段型の連用形「け」を含む。「けをり<u>む</u>」に対応。「けをり<u>む</u>」の可能性もあるか。

　　/ki'u'ɴ/ と推定。

kirang　6-31　**kirang**（蹴らない。基本語幹 kir-）〈wince〉

　　☆四段型の未然形「けら」を含む。「けらぬ」に対応。

　　/kira'ɴ/ と推定。

kítang　6-31　**kítang**（蹴った。音便語幹 kit-）〈kick〉『英琉辞書』では、例が少ないためか、kittchi のような例が見あたらない。

　　☆「けりて→けって」を含む。「けってあり<u>む</u>→けったりむ」に対応。

　　/kita'ɴ/ と推定。促音脱落の変化がある。

（下二段）

う得

yïrā　3-126　**Yïrā**, "let me have it"〈私にくれ〉

　　☆「ラ行（四段）化」後の未然形「えら」に対応。

第 2 節　ベッテルハイム『琉球語と日本語の文法の要綱』・『琉球語辞書』の動詞形態の考察　745

/ˈiˈira/ と推定。

yirang　4-239　**yirang** の代わりに yizi, "*obtain not* "〈貰わない〉と言うことがある。

　　☼「ラ行（四段）化」後の未然形「えら」を含む。「えらぬ」に対応。

　　/ˈiˈiraˈn/ と推定。

yizi　4-239　yirang の代わりに **yizi**, "*obtain not* "〈貰わない〉と言うことがある。

　　☼未然形「え」を含む。「えず」に対応。漢文訓読。「文語」。

　　/ˈiˈi zi/ と推定。

あく 開

ăkĭtĭ　5-98　kāmĭ **ăkĭtĭ** 'ncharé　*opened the jar, looked & seeing*　壺を開け , 見た。

　　☼「あけて」に対応。

　　/ʔakiti/ と推定。

うく 受

uki　6-32　**uki**tuyung（受け取る。連用形語幹 uk-）〈receive〉

　　☼連用形「うけ」に対応。

　　/ʔuki/ と推定。

ukiïdun　6-32　**ukiïdun**se（受けこそすれば。受けたら。連用形語幹 uk-）〈kindness〉

　　☼「ラ行（四段）化」後の連用形「うけり」を含む。「うけりども」に対応。

　　/ʔukiˈiduˈn/ と推定。/ri/ → /ˈi/ の変化ある。

ukiung　3-119　**ukiung**〈受ける , 被る〉

　　　　　　6-32　**ukiung**（受ける。融合語幹 uki-）〈receive〉

ukĭung　6-32　**ukĭung**（受ける。融合語幹 ukiy-）〈inherit〉

　　☼連用形「うけ」を含む。「うけをりむ」に対応。「うけりをりむ」の可能性もあるか。

　　/ʔukiˈuˈn/ と推定。

ukiráng　6-32　**ukiráng**（受けない。基本語幹 ukir-）〈refuse〉

　　☼「ラ行（四段）化」後の未然形「うけら」を含む。「うけらぬ」に対応。

　　/ʔukiraˈn/ と推定。

ukiting　3-119　Vúng **ukiting** kandjirang. "*Receiving favours, yet he is ((not influenced)) ungrateful.*"〈恩を受けても , 彼は ((影響されない)) 恩知らずだ〉

　　☼「うけて」を含む。「うけても」に対応。「うけりても」の可能性もあるか。

　　/ʔukitiˈn/ と推定。

ukitang　6-32　**ukitang**（受けた。音便語幹 ukit-）〈disgraced〉

　　☼「うけて」を含む。「うけてありむ→うけたりむ」に対応。「うけりてありむ→うけりたりむ」の可能性もあるか。

　　/ʔukitaˈn/ と推定。

うく 浮

ukīïdun　5-103　kanu kumīïnyi **ukīïdun**se　*you place the beam into that pond*　あの池に置くと注88)

　　☼「ラ行（四段）化」後の連用形「うけり」を含む。「うけりども」に対応。現代語 /ʔukiraˈn/「うけらぬ」（浮けない）参照。

/ʔuki'idu'N/ と推定。/ri/ → /'i/ の変化がある。

かく 掛

kăkī　4-238　**kăkī** *"any pedestal fixed to a wall"* 〈壁に固定された受け台〉

☼ 連用形「かけ」に対応。

/kaki'i/ と推定。

しりぞく 退

shirizukiung　3-126　Shídjĭng ((tutting shidjing)) shirizukang[1], *"Die ((rather than)) but not retreat "*〈退くよりはむしろ死のう〉[1]**shirizukiung**, または zuchung〈退く〉 [注89]

☼ 連用形「しりぞけ」を含む。「しりぞけをり<u>む</u>」に対応。

/sjirizuki'u'N/ と推定。

たすく 助

tassiki　3-120　**Tassiki** ōshidung shūtărē tassikitassiga. *"Had I been able to help you, I should, &c. "*〈助けることができたら , 助けたんだが〉

☼ 連用形「たすけ」に対応。

/tasiki/ と推定。

tassikīndo　3-120　Vaga iya tassiki ōshurā, **tassikīndo**. *"If able I shall ((certainly)) help you."*〈できたら ((きっと)) 君を助ける〉

☼ 連用形「たすけ」を含む。「たすけをるど」に対応。

/tasiki'i'Ndo'o/ と推定。

tassikiru　2-11　タスケル **tassikiru**〈助ける〉

tassikīru　3-120　**Tassikīru** chimu makutunyi aïdung shutéré, utageye nerang tassikitara hazi yassiga. Ah, djitsé aranteng, itsivatidu yatengté ((yatengdó)). *"Had they really desired to help you, no doubt, they might have helped you, but, alas, it was not real, it was put on. "*〈彼らが本当に君を助ける気持があったなら , 疑いなく助けていたはずだが。ああ , 本当ではなかったんだ。偽りだったんだ〉

☼ 連用形「たすけ」を含む。「たすけをる」に対応。

/tasiki'iru/ と推定。

tassikīsi　3-108　Finsu ftunyi **tassikīsi** chŭ kanashashusi ndi ĭchi. *" To assist a poor man is charitable"*〈貧しい人を助けることは慈善を施すことである〉 ,((*"the assisting of a poor man is called charity. "*〈貧しい人を助けるのは慈善と呼ばれる〉))

☼ 連用形「たすけ」を含む。「たすけを (る) す」に対応。

/ tasiki'isi/ と推定。

tassikiïssiga　3-120　Tassiki ōshïdunse, **tassikiïssiga** *"If I could help, I would ((but cannot))."*〈助けることができたら , 助けるんだが ((できない))〉

☼ 連用形「たすけ」を含む。「たすけを (る) すが」に対応。

/tasiki'isiga/ と推定。

tassikirang　4-235　**tassikirang** mung! *" You good for nothing!"*〈ろくでなし！〉

☼「ラ行（四段）化」後の未然形「たすけら」を含む。「たすけらぬ」に対応。

/tasikira'N/ と推定。

tassikiti　3-121　Ayé vanné kunu vazavénu assiga, tāgă vang **tassikiti**, kunu shinyusi nugarachi kvīgaya. "*Oh wretched man that I am, who will deliver me from this death.*"〈あわれな , この僕をこの死の苦しみから誰が救い出してくれるだろうか〉

　☼「たすけて」に対応。

/tasikiti/ と推定。

tassikitassiga　3-120　Tassiki ōshidung shūtărĕ **tassikitassiga**. "*Had I been able to help you, I should, &c.*"〈助けることができたら , 助けたんだが〉

　☼「たすけて」を含む。「たすけてあ（る）すが→たすけた（る）すが」に対応。

/tasikitasiga/ と推定。

tassikitara　3-120　Tassikīru chimu makutunyi aïdung shutéré, utageye nerang **tassikitara** hazi yassiga. Ah, djitsé aranteng, itsivatidu yatengté ((yatengdó)). "*Had they really desired to help you, no doubt, they might have helped you, but, alas, it was not real, it was put on.*"〈彼らが本当に君を助ける気持があたなら , 疑いなく助けていたはずだが。ああ , 本当ではなかったんだ。偽りだったんだ〉

　☼「たすけて」を含む。「たすけてあらは→たすけたら」に対応。

/tasikitara/ と推定。

つく付

tski- kūdjó(　4-238 **tski-kūdjó**("*join-word*"〈付け言葉〉)

　☼連用形「つけ」を含む。「つけこうじやう」（付け口上）に対応。

/cikiku'uzjo'o/ と推定。

tskiïdun　3-117　kūkvéshi chibaï **tskiïdun**se, "*if you repent & be diligent,*"〈後悔し , 勤勉になるならば ,〉

　☼「ラ行（四段）化」後の連用形「つけり」を含む。「つけりども」に対応。「気張りつけりども」。

/ciki'idu'N/ と推定。/ri/ → /'i/ の変化がある。

tskiïung　3-112　**tskiïung**〈糊づけする。合わせる〉

tskiung　4-239　**tskiung**, "*to join to*"〈付ける〉

　☼連用形「つけ」を含む。「つけをりむ」に対応。「つけりをり<u>む</u>」の可能性もあるか。

/ciki'u'N/ と推定。

tskirïo　3-117　dzībung chibaï **tskirïo**. "*Do then by all means apply yourself.*"〈十分に頑張りなさい〉

　☼「ラ行（四段）化」後の命令形「つけれ」を含む。「つけれよ」に対応。

/ciki'ri'jo'o/ と推定。

tsikiti　3-122　kunu vaza tskorané narang tuchindó, chimu **tsikiti** sī y ó. "*As you cannot help doing this, do it willingly.*"〈これはやらざるを得ないんだから進んでやりなさい〉

　☼「つけて」に対応。

/cikiti/ と推定。

（いひつく　言付）

i-tsikïung　3-114　í-tskiténdung[13]((tskiteng-dumu)), *"Although I commanded "*
〈言いつけたが〉[13] イウの短縮形 i と **tskïung**

☼ 連用形「いひつけ」を含む。「いひつけをりむ」に対応。

/ʔi'iciki'u'N/ と推定。

í-tskiténdung　3-114　**í-tskiténdung**[13]((tskiteng-dumu)), *"Although I commanded "*
〈言いつけたが〉[13] イウの短縮形 i と tskïung

☼「いひつけて」を含む。「いひつけてはありむども」に対応。

/ʔi'icikite'e'Ndu'N/ と推定。

ī tskīru　5-98　shudjinnu toga **ī tskīru** yó nărāng, *The master, unable to find a*
way to pronounce on his gult, それで主人はその事を罪と決めつけるす
べもなく,

☼ 連用形「いひつけ」を含む。「いひつけをる」に対応。

/ʔi'iciki'iru/ と推定。

ī tskita kutu　5-98　kataku **ī tskita kutu**, *Having minutely given these orders,*
詳細にこのような命令を下して,

☼「いひつけて」を含む。「いひつけてあ（る）こと→いひつけた（る）こと」に対応。

/ʔi'icikitakutu/ と推定。

つづく続

tsidzikiti　4-233　**tsidzikiti** *"continuedly"* 〈続けて〉

☼「つづけて」に対応。

/cizikiti/ と推定。

どく退

dūkītī　5-95　sūdī *the sleeve* 袖を　**dūkītī** *he pushed aside* どけて

☼「どけて」に対応。

/dukiti/ と推定。

とづく託、言付（令）

tu-zikiung　3-114　**tu-zikiung**. i-tskiung と同じ。zikiung の z はヅで, tskiung の
ts の軟音。

tuzikiung　3-123　ïyankae sunnayóndi[3] **tuzikirantī?** *" Did I not command you*
not to do it?"〈してはいけないと言ったではないか〉[3] この ndi は動詞
tuzikiung の支配語である。

☼ 連用形「とづけ」を含む。「とづけをりむ」に対応。

/tuziki'u'N/ と推定。

tuzikīru　3-119　nya chŭ ken **tuzikīru** yéda mattchi, anshi si. *" wait for a second*
order, before you do it."〈次の命令を待って, それからしなさい〉

☼ 連用形「とづけ」を含む。「とづけをる」に対応。

/tuziki'i'ru/ と推定。

tudzikirang　3-114　Vanné īyăng ating, **tudzikirang** atanting, *"although I did not*

第2節　ベッテルハイム『琉球語と日本語の文法の要綱』・『琉球語辞書』の動詞形態の考察　749

say , nor command," 〈たとえ私が言わなかった，言いつけなかったとしても，〉

☆「ラ行（四段）化」後の未然形「とづけら」を含む。「とづけらぬ」に対応。

/tuzikira'ɴ/ と推定。

tuzikirantī　3-123　ïyankae sunnayóndi[3] **tuzikirantī**? *"Did I not command you not to do it?"* 〈してはいけないと言ったではないか〉　[3] この ndi は動詞 tuzikiung の支配語である。

☆「ラ行（四段）化」後の未然形「とづけら」を含む。「とづけらぬありてい」に対応。「－い (i)」は「疑問」の助辞。

/tuzikira'ɴti'i/ と推定。

tuzikiravang　1-68　nuding, nunkvi, **tuzikiravang** sīyó 〈彼が命ずることは何でもしなさい〉

☆「ラ行（四段）化」後の未然形「とづけら」を含む。「とづけらはも」に対応。

/tuzikira'wa'ɴ/ と推定。

tuzikiti　5-98　nāmă kărā sātchī unu-yónŭ kūtu sūnnăndi **tuzikiti** yurusāttang. *Commanding he should hence forward not do a similar thing, he forgave him(was forgiven)* 以後同様の振舞はするな，と命じ下男を許した（下男は許された）

☆「とづけて」に対応。

/tuzikiti/ と推定。

tudzikité　5-98　shudjīnnu **tudzikité** ă misheru dūkŭyākŭndĭ yussé 'nchīnda ndi kangéti *thought he would have a look at what his master was pleased to call poisonous stuff* 主人が毒薬と言っておられるものを見てみようと考えた

☆「とづけて」を含む。「とづけては」に対応。

/tuzikite'e/ と推定。

tudjikitang　3-108　tskorindi **tudjikitang**. *"Commanded him to do."* 〈彼にするように命じた〉

tudzikitang　4-243　kundi **tudzikitang**. *"He commanded him to come "* 〈来るようにと彼は命じた〉

☆「とづけて」を含む。「とづけてあり<u>む</u>→とづけたり<u>む</u>」に対応。

/tuzikita'ɴ/ と推定。

tuzikita kutu　5-98　yāyă nukutóti yānŭ bānyi-yu-sindi **tuzikita kutu** *he ordered him to remain behind & watch the house well* 主人が彼に家に残って留守番をよくするように言い付けた

☆「とづけて」を含む。「とづけてあ（る）こと→とづけた（る）こと」に対応。

/tuzikitakutu/ と推定。

まうく儲

mokirang　3-123　San ning achineshi **mokirang**[1] tuchindo, *"It being now three years that((since))"* *he trades without profit,* 〈商売を 3 年も

やって何ら益をあげていないのだから ,〉[1]mokiru〈蓄える〉

☆「ラ行（四段）化」後の未然形「まうけら」を含む。「まうけらぬ」に対応。

/mo'okira'ɴ/ と推定。

わく分

vakiung　3-112　**vakiung**〈分ける〉

☆連用形「わけ」を含む。「わけをりむ」に対応。「わけりをりむ」の可能性もあるか。

/'waki'u'ɴ/ と推定。/ri/→/'i/ の変化がある。

うちなぐ打投

utchangiung　3-113　**utchangiung**〈投げ捨てる〉

☆連用形「うちなげ」を含む。「うちなげをりむ」に対応。

/ʔuQcja'ɴgi'u'ɴ/ と推定。

おしあぐ押上（献上）（差上）

ushāgirī　5-103　ウノマヽ　モツキ　イデ　ヲシヤゲレンデ　イキヤコト　ウノ　トウリ　ウシヤゲタ　コト ūmū mămă mūchi ndji **ushāgirī**ndi ïcha kūtū, ūnŭ tūï ushagita kutu *go & present it thus. They presented it accoidingly*ママ　そのまま持っていって差し上げなさいといったところ，その通り差し上げたら ,

ushagirī　5-106　chă **ushagirī**ndi sŭn sun ubirang "*I have quite forgotten to offer you tea*"　お茶を出すのもすっかり忘れてしまいました。

☆「ラ行（四段）化」後の命令形「おしあげれ」に対応。

/ʔusjagiri/ と推定。

ushagita kutu　5-103　ウノマヽ　モツキ　イデ　ヲシヤゲレンデ　イキヤコト　ウノ　トウリ　ウシヤゲタ　コト ūmū mămă mūchi ndji ushāgirīndi ïcha kūtū, ūnŭ tūï **ushagita kutu** *go & present it thus. They presented it accoidingly*ママ　そのまま持っていって差し上げなさいといったところ , その通り差し上げたら ,

☆「おしあげて」を含む。「おしあげてあ（る）こと→おしあげた（る）こと」に対応。

/ʔusjagitakutu/ と推定。

さぐ下

săgī　4-238　**săgī**"*anything hanging*"〈吊るされた物〉。mŭnū が付加されることがしばしばである。săgī mŭnū

☆連用形「さげ」を含む。「さげい」に対応。「－い」は「もの」を示す接尾辞。

/sagi'i/ と推定。

なぐ投

nagi　3-108　**nagi** utchūng "*to pell*"(("*thorw*ママ *& beat*"))〈投げうつ〉, nagi stiung, "*throw away*"(("*throw & reject*"))〈なげすてる〉

☆連用形「なげ」に対応。

/nagi/ と推定。

nagiung　3-113　**nagiung**〈投げる〉

☆連用形「なげ」に対応。「なげをりむ」に対応。「なげりをりむ」の可能性もあるか。

/nagi'u'N/ と推定。

nagiraritang　3-111　nagir**a**ttang, "*has been thrown* "〈投げられた〉は **nagi raritang** の代用形である。

☼「ラ行（四段）化」後の未然形「なげら」を含む。「なげられたり**む**」に対応。

/nagirarita'N/ と推定。　　→/nagiraQta'N/ へと変化。

nagir**a**ttang　3-111　**nagir**a**ttang**, "*has been thrown* "〈投げられた〉は nagi raritang の代用形である。

☼「ラ行（四段）化」後の未然形「なげら」を含む。「なげられたり**む**」に対応。

/nagiraQta'N/ と推定。　　←/nagirarita'N/ から変化。

nagitang　5-101　クサ　トテ　ウレシ　ウツタンデ　ナゲタン[注21]
　　　　　k**u**ssa t**u**ti **u**r**i**sh**i** **u**ttandi **nagitang**, *he took some (tufs of) grass & threw at him*　主人は（一握りの）草を取り，彼に投げつけた。
　　　　　n**ā**git**ā**ng　5-101　ツイニ　イシ　トテ　ナゲタン　ts**i**nyi **i**shi t**u**ti **nāgitāng**
　　　　　finally the man threw stones at him　ついに主人は彼に石を投げつけた

☼「なげて」を含む。「なげてあり**む**→なげたり**む**」に対応。

/nagita'N/ と推定。

おほす果　　（補助動詞的用法が多い）　後に /'u'usu'N/ に変化した。

ōshiïdun　3-120　Tassiki **ōshiïdun**se, tassikiïssiga"*If I could help, I would ((but cannot))*."〈助けることができたら，助けるんだが（（できない））〉

ōshidung　3-120　Tassiki **ōshidung** shūtărē tassikitassiga. "*Had I been able to help you, I should, &c.*"〈助けることができたら，助けたんだが〉

☼已然形「おほせ」を含む。「おほせども」に対応。統語的には「Tassiki ōshiïdunse」がひと纏まりとなる。

/ʔo'osjidu'N/ と推定。

oshé　6-38　ī **oshé** shúndung　（言いおおせはするが。連用形語幹 osh-）〈parrot〉

☼連用形「おほせ」を含む。「おほせは」に対応。

/ʔo'osje'e/ と推定。

ōshung　3-117　**ōshung**〈可能である〉

ōshung　6-38　shī **ōshung**　（しおおせる。融合語幹 osh-）〈can〉

oshung　6-38　文語下二段系動詞「おおせる」に対応する **oshung** は「…することができる」の意を表す。　（略）　音便語幹の例が見あたらない。　（略）　例の見あたらない形を除くと、「する」の動詞と同じ活用である。

☼連用形「おほせ」を含む。「おほせをり**む**」に対応。

/ʔo'osju'N/ と推定。

ōshurā　3-120　Vaga iya tassiki **ōshurā**, tassikīndo. "*If able I shall ((certainly)) help you.*"〈できたら（（きっと））君を助ける

☼連用形「おほせ」を含む。「おほせをらは」に対応。

/ʔo'osjura'a/ と推定。

oshutara　3-117　Chinyu v**u**ti tskoyuru kangenu, atéré((atidung vutéré)) utagéyé nérang, chiaki tskoï **oshutara**((tskotóchutara)) hazi yassiga. "*If you had* *desired to do it yesterday, you might no doubt heve done it* 〈君が昨日なしとげる考えがあったならば，疑いなくなし終えていただろう〉

☼ 連用形「おほせ」を含む。「おほせをりてあら→おほせをりたら」に対応。

/ʔo'osjutara/ と推定。

ōsan　3-114　ubi **ōsan**"*I remember nothing*"〈おほえられない〉

☼ 未然形「おほさ」を含む。「おほさぬ」に対応。

/ʔo'osaʼɴ/ と推定。

ōsantang　3-118　shī **ōsantang** "*I could not do it*"〈できなかった〉

☼ 未然形「おほさ」を含む。「おほさぬてあり<u>む</u>→おほさぬたり<u>む</u>」に対応。

/ʔo'osaʼɴtaʼɴ/ と推定。

ōsantassiga　5-103　ワカシ　オサンタスガ　wakashi **ōsantassiga** *they could not decide* (*distinguish*) 見分けることができず，

☼ 未然形「おほさ」を含む。「「おほさぬてあ（る）すが→おほさぬた（る）すが」に対応。

/ʔo'osaʼɴtasiga/ と推定。

のす乗

nussiung　3-112　**nussiung**〈乗せる，荷を乗せる_{ママ}〉

☼ 連用形「のせ」を含む。「のせをり<u>む</u>」に対応。

/nusi'u'ɴ/ と推定。

ゐす座（据）

yǐshīǐ　5-100　myanyi nā̆mǐ **yǐshīshǐmǐtǐ**, *drew them-up in a row in the yard,*　庭に一列に整列させ

☼ 「ラ行（四段）化」後の連用形「ゐすり」に対応。

/ʔisji'i/ と推定。/ri/→/ʔi/ の変化がある。

yǐshtē̆tǎrŭ　5-97　mizzi *the water* 水を　ǐti **yǐshtē̆tǎrŭ** *put into & placed* 入れておいた chavanó *tea cup*　茶碗が

☼ 「ゐすりて」を含む。「ゐすりてはありたる」に対応。

/ʔisjite'etaru/ と推定。

あつ当

atiti　5-100　kuri mǐ **atiti** "*he was perceived*"〈見つけられ〉

☼ 「あてて」に対応。

/ʔatiti/ と推定。

atirarīru　5-98　toga **atirarīru** batsi ndi umuti, *would visit my guilt with punishment* 私は罪を罰されるだろうと思い，

☼ 「ラ行（四段）化」後の未然形「あてら」を含む。「あてられをる」に対応。

/ʔatirari'iru/ と推定。

あわつ慌（急）

avatissiga　5-107　Unsjo_{ママ} hfā̆nă fada **avatissiga**, *You are in a great hurry*

☼ 「あわて」を含む。「あわてを（る）すが」に対応。

/ʔa'wati'isiga/ と推定。

すつ捨

stī 2-118 ステル stiru 接続不定現在 **stī**((stïī)) 接続不定過去 stiti 現在 stiyung
　　　過去 stitang 否定 stirang 命令 stiri

　☆ 連用形「すて」に対応。

　/siti/ と推定。

stïī 2-118 ステル stiru 接続不定現在 stī(**(stïī)**) 接続不定過去 stiti 現在 stiyung
　　　過去 stitang 否定 stirang 命令 stiri

　☆「ラ行化」後の連用形「すてり」に対応。

　/siti'i/ と推定。/sitiri/ → /siti'i/ の変化がある。

stiung 3-108 nagi **stiung**, "*throw away* "(("*throw & reject* "))〈なげすてる〉

stïung 3-119 ステル **stïung**〈捨てる〉

　☆ 連用形「すて」を含む。「すてをり<u>む</u>」に対応。「すてりをり<u>む</u>」の可能性もある。

　/siti'u'ɴ/ と推定。

stiyung 2-118 ステル stiru 接続不定現在 stī((stïī)) 接続不定過去 stiti 現在 **stiyung**
　　　　過去 stitang 否定 stirang 命令 stiri

　☆ 連用形「すて」を含む。「すてをり<u>む</u>」に対応。「すてりをり<u>む</u>」の可能性もある。

　/siti'ju'ɴ/ と推定。

stiri 2-118 ステル stiru 接続不定現在 stī((stïī)) 接続不定過去 stiti 現在 stiyung
　　　過去 stitang 否定 stirang 命令 **stiri**

　☆「ラ行化」後の命令形「すてれ」に対応。

　/sitiri/ と推定。

stirang 2-118 ステル stiru 接続不定現在 stī((stïī)) 接続不定過去 stiti 現在
　　　　stiyung 過去 stitang 否定 **stirang** 命令 stiri

　☆「ラ行（四段）化」後の未然形「すてら」を含む。「すてらぬ」に対応。

　/sitira'ɴ/ と推定。

stiti 3-119 Nŭchĭ **stiti** shóting((stiting)) iyankae kafushé iyăng "*You might have*
　　　laid((*might lay*)) *down your life for him, he would not thank you.* "〈彼のた
　　　めに生命を捨てる覚悟でしても，彼は感謝しないだろう〉

　☆「すてて」に対応。

　/sititi/ と推定。

stitang 2-118 ステル stiru 接続不定現在 stī((stïī)) 接続不定過去 stiti 現在 stiyung
　　　　過去 **stitang** 否定 stirang 命令 stiri

　☆「すてて」を含む。「すててあり<u>む</u>→すてたり<u>む</u>」に対応。

　/sitita'ɴ/ と推定。

はつ果

hatïung 3-108 shī **hatïung** "*finish to do, finish doing, have done* "〈するのを終え
　　　　る，し終える，やりとげる〉

　☆ 連用形「はて」を含む。「はてをり<u>む</u>」に対応。「はてりをり<u>む</u>」の可能性もあるか。

　/hati'u'ɴ/ と推定。

hatitochung 3-122 Iyaga churu yéda vuté katchi hatitochung. shi **hatitochung**,
　　　　　または hatitokandi shung. "*when you come I shall have done writing,*

have done "〈君が来る時には書き終えておく，し終えておく〉

☆「はてて」を含む。「はててはおきをりむ」に対応。

/hatito'ocju'N/ と推定。

hatitoka 3-122 Iyaga churu yéda vuté katchi hatitochung. shi hatitochung, または **hatitoka**ndi shung. *"when you come I shall have done writing, have done* "〈君が来る時には書き終えておく，し終えておく〉

☆「はてて」を含む。「はててはおか」に対応。

/hatito'oka/ と推定。

いづ出（おんいづ御出）

nū ndji shi 3-115 **nū ndji shi**[11] assidi kū *come & we'll walk a little* 来なさい。そしたら少々散歩しましょう。 [11] shi は省いて良いが，ここでは動詞 ndji((イデル)) を副詞的なものにしている。

☆ 連用形「いで」を含む。「の（お）んいでして」（野出して）に対応。

/nu'uʔNzji(Q)sji/ と推定。

ndjïung 3-117 Matchinkae [1]ndjiti vutērē((wurava, wuïdunse)), yī mung kóti kvĩūtāssiga, *"Had I gone to market, I should have bought & given you some thing good ((but I was not))"*〈市場に出かけていたならば，良い物を買って君に上げただろう（が私はそこにいなかった）〉 [1] イデル **ndjïung**, 過去形は ndjang[1], または ndjitang。 脚注[1] 現在の方言では ndjang は ichung〈行く〉の過去形である。

☆ 連用形「いで」を含む。「（お）んいでをりむ」に対応。

/ʔNzji'u'N/ と推定。

ndjirï 5-103 コマ 子ンデ マウシンギレンデ イキ kŭma ni ndĭ móshi **ndjirï**mdĭ ichi, *inform them there is the root* ここが根ですと申し出なさいと言った

☆「ラ行（四段）化」後の命令形「いでれ」を含む。「（お）んいでれ」に対応。

/ʔNzjiri/ と推定。

ndjiti 3-109 **Ndjiti** ato, または, ndjaru ato, *"after he had gone"*〈彼が行った後は〉

3-116 Matchinkae [1]**ndjiti** vutērē((wurava, wuïdunse)), yī mung kóti kvĩūtāssiga, *"Had I gone to market, I should have bought & given you some thing good ((but I was not))"*〈市場に出かけていたならば，良い物を買って君に上げただろう（が私はそこにいなかった）〉 [1] イデル ndjïung, 過去形は ndjang[1], または ndjitang。 脚注[1] 現在の方言では ndjang は ichung〈行く〉の過去形である。

3-107 **ndjiti**-nda *"let us go"*〈出かけてみよう〉

3-122 shimutsi yumantéma arang, fuka **ndjiti** furi assibashang((assidang)). ママ *"You have not only read, but also gone out & played."*〈書物を読まないだけでなく，外に出て遊びほうけた〉

ndjitï 3-115 ăchā assabanungde kădĭ, **ndjitï**ndana. " *to-morrow, after breakfast, we'll go*"〈明日朝食後に出かけましょう〉

ndjiti　5-98　shudjinya sǎssuku **ndjǐti** ndjang. *He hastily left.*　主人は早速出かけた。

　　☼「(お) んいでて」に対応。

　　/ʔnzjiti/ と推定。

ndjitang　3-117　Matchinkae [1]ndjiti vutērē((wurava, wuǐdunse)), yī mung kóti kvǐūtāssiga, *"Had I gone to market, I should have bought & given you some thing good ((but I was not))"* 〈市場に出かけていたならば, 良い物を買って君に上げただろう (が私はそこにいなかった)〉　[1] イデル ndjǐung, 過去形は ndjang[1], または **ndjitang**。　　脚注[1] 現在の方言では ndjang は ichung 〈行く〉の過去形である。

　　☼「(お) んいでて」を含む。「(お) んいでてありむ→ (お) んいでたりむ」に対応。

　　/ʔnzjita'n/ と推定。

ndjita kutu　5-103　ウノ　トウリ　マウシ　イデタコト　ūnu tūī móshi **ndjita kutu** *They informed them accordingly,*　そのように申し出たとこ ,

　　☼「(お) んいでて」を含む。「(お) んいでてあ (る) こと→ (お) んいでた (る) こと」に対応。

　　/ʔnzjitakutu/ と推定。

かさぬ重

kassaniti　5-89　chū sīdjǐ chū sīdjǐ *one thread by one thread* 一筋一筋　**kassaniti** *doubled(woof)*　重ねて (横糸を)

　　☼「かさねて」に対応。

　　/kasaniti/ と推定。

うるたふ訴 「うったふ」

ūttāī　5-100　Fitunu nǔsǔdusātti sh'tīnǔ vakarang kwandjūnkae **ūttāī**sha-kutu kwan nyinu chāng sūkkvéchótāssiga, *Somebody having-been-robbed, but not-knowing who-was-the-perpetrator, when he sued at-court the officers knew not what to do.*　ある人が泥棒に入られ, 犯人が誰かわからず, 官所に訴えたら, 役人たちもわからなかった。

　　☼ 連用形「うるたへ」に対応。

　　/ʔuQta'i/ と推定。

うれふ愁

ǔrīgutu　4-237　**ǔrīgutu**,*"grief"* 〈愁い事〉

　　☼ 連用形「うれへ」を含む。「うれへごと」に対応。

　　/ʔuri'igutu/ と推定。

urī　5-109　Yumi　カナラズ　チカキ　ウレヒ　アリ　kānarāzi chlatchi **urī** ări　意味 *.will surely have near grief (will surely have grief when they are come near)* きっと近い憂いがあるだろう (それらが近くにやって来た時きっと悩むであろう)

　　☼ 連用形「うれへ」に対応。

　　/ʔuri'i/ と推定。

urīnu　5-109　'hodji　カナラズ　チカキ　ウレイノ　アン kanarāzi chkatci **urīnu** ang　意味 *.will surely have near grief (will surely have grief when they*

are come near）きっと近い憂いがあるだろう（それらが近くにやって来た
時きっと悩むであろう）

☼ 連用形「うれへ」を含む。「うれへの」に対応。

/ʔuri'inu/ と推定。

urīshung　3-112　ウレイル urīung〈憂う〉, **urīshung**, urīrashung〈他の人を悲し
　　　ませる〉

☼ 連用形「うれへ」を含む。「うれへしをりむ」に対応。

/ʔuri'isjuʼɴ/ と推定。

urīung　3-112　ウレイル **urīung**〈憂う〉, urīshung, urīrashung〈他の人を悲しませる〉
　　　　　3-118　ウレイ **urīung**〈憂える, 悲しむ〉

☼ 連用形「うれへ」を含む。「うれへをりむ」に対応。

/ʔuri'uʼɴ/ と推定。

ŭrīrŭ　5-96　ŭmŭutĭ **ŭrīrŭ** *you remember & grieve* 思って悲しむ　tuchi(*at the time*)
　　　（その時）

☼ 「ラ行（四段）化」後の連体形「うれへをる」に対応。

/ʔuri'iru/ と推定。/ʔuri'i'uru / → /ʔuri'juru / → /ʔuri'iru / のような変化が考えられる。

urīrantan　3-118　Vanné mugúndu shotassiga **urīrantan**[2]di umŭnnayo. *"Although I
　　　kept silence, think not I was not grieved. "*〈無言でいたけれども, 憂え
　　　ていなかったとは思わないでくれ〉[2] ウレイ urīung〈憂える, 悲しむ〉の
　　　否定形過去。

☼ 「ラ行（四段）化」後の未然形「うれへら」を含む。「うれへらぬてありむ→うれらぬたりむ」に対応。

/ʔuri'iraʼɴtaʼɴ/ と推定。

urīrashung　3-112　ウレイル urīung〈憂う〉, urīshung, **urīrashung**〈他の人を悲し
　　　ませる〉

☼ 「ラ行（四段）化」後の未然形「うれへら」を含む。「うれへらしをりむ」に対応。

/ʔuri'irasjuʼɴ/ と推定。

かぞふ数

kazōyung　2-118　カゾフ **kazōyung**〈数える〉

☼ 連用形「かぞへ」を含む。「かぞへをりむ」に対応か。

/kazu'uʼjuʼɴ/ と推定。《沖辞》は「kazuu=juɴ」。これに準じた。更に考察が必要だろう。

かふ代

kétĭ　5-95　tŭi **kétĭ** *he exchanged*　取り代えて

☼ 「かへて」に対応。

/ke'eti/ と推定。

kététa kutu　5-97　**kététa kutu** *having been exchanged* 代えてあったので

☼ 「かへて」を含む。「かへてはありた（る）こと→かへては（あり）た（る）こと」に対応。

/ke'ete'etakutu/ と推定。

かふ変

kérarănta kŭtŭ　5-103　kan **kérarănta kŭtŭ** *could not find it out* (*turn their
　　　speculation to it*) 考えつかなかった [Kan kérarănta, *turn their*

speculation to it(考察をそれに向けることが出来なかった)]ので,

  ☆「ラ行（四段）化」後の未然形「かへら」を含む。「かへららぬてあ（る）こと」に対応。

/ke'erara'ɴtakutu/ と推定。

かんがふ 考

  kangé 1-66 dūnŭ **kangé**〈自身の，彼自身の考え〉

      3-107 Dzinó assiga, mūnū **kangé** nengshi, furizikéshi, *"He had money, but being inconsiderate & prodigal, "*〈お金は持っていたが，思慮が浅く，放蕩だったので,〉

  ☆連用形「かんがへ」に対応。

/ka'ɴge'e/ と推定。

  kangenu 3-117 Chinyu vūti tskoyuru **kangenu**, atéré((atidung vutéré)) *"If you had desired to do it yesterday, "*〈君が昨日なしとげる考えがあったならば,〉

  ☆連用形「かんがへ」を含む。「かんがへの」に対応。

/ka'ɴge'enu/ と推定。

  kangé ndjāchi 5-98 **kangé ndjāchi**

  ☆連用形「かんがへ」を含む。「かんがへいだして」に対応。

/ka'ɴge'eʔɴzjacji/ と推定。

  kangeyung 3-114 Nantó kangeyundung[1], akaché nārāng. *"How much soever ((I)) think, I can not divine ((open it, the riddle))."* [1]**kangeyung**

  ☆連用形「かんがへ」を含む。「かんがへをりむ」に対応。

/ka'ɴge'e'ju'ɴ/ と推定。

  kangeyundung 3-114 Nantó **kangeyundung**[1], akaché nārāng. *"How much soever ((I))think, I can not divine ((open it, the riddle))."* [1]kangeyung

  ☆連用形「かんがへ」を含む。「かんがへをるども」に対応。

/ka'ɴge'e'ju'ɴdu'ɴ/ と推定。

  kangéyūkkŭtū 5-103 トシヨリヤ　ワカモン　ヨカ　コノゴト　ユクぐカンガヘヨクコト　Tushĭuyé văkă mūng yūkā kunugutu yūkuyuku **kangéyūkkŭtū**, *Since the aged thus think much more than youth,*　年寄は，このように，若者より物事をすべてもっとよく考えるから,

  ☆連用形「かんがへ」を含む。「かんがへをること」に対応。

/ka'ɴge'e'juQkutu/ と推定。/ka'ɴge'e'jurukutu/ → /ka'ɴge'e'juQkutu/

                   （更に→ /ka'ɴge'e'jukutu/ と変化していく）

  kangérachi 5-103 モノゴト　カンガヘラキ　munu gutu **kangérachi** *let them consider, every thung for you*　物事を考えさせて

  ☆「ラ行（四段）化」後の未然形「かんがへら」を含む。「かんがへらして」に対応。

/ka'ɴge'eracji/ と推定。

  kangéti 3-123 Chu **kangétinde**[1], *"I have considered to-day (that in the matter of)"*〈今日考えてみると,〉 [1]考えることと見ること。ndé はミデバに対応し，miru からの派生語。

☆「かんがへて」に対応。

/ka'Nge'eti/ と推定。

kangétagā 5-103 ウイノ フタツノ コト ノヲノ カンガヘタガンデトウタ
コト wīnu tātsi kutu nŭnu **kangétagā**ndi tūtā kŭtu *When asked, how-did-you-invent(think out) the above two things?* 上の二つの事をどんなふうに考えついたのかと問われた

☆「かんがへて」を含む。「かんがへてあ（る）が→かんがへた（る）が」に対応。

/ka'Nge'etaga/ と推定。

hangétan 5-103 kunu tātsi tushï uïnu chānu atsimati **hangétan**di ichǎng. *The elders, said they, assembled & invented both.* この二つの事は，年寄達が集まって考えたのだと答えた。

☆「かんがへて」を含む。「かんがへてありむ→かんがえたりむ」に対応。

/ka'Nge'eta'N/ と推定。

「hangétan」の「h」は翻刻上の誤り（「h」は「k」の誤り）と見る。「辞書2017」に「kangétan」のような例は見い出せないが，「考」関連の語は全て「kan～」であって「han～」は見当たらないので，そのように判断する。

くはふ加

kuvéru 2-118 クワフル **kuvéru** 〈加える〉

☆連用形「くはへ」を含む。「くはへをる」に対応。

/ku'we'eru/ と推定。

たくはふ貯

takuvétasi 4-240 sunu kamiū tatimatsi vugadi, shimutsi yudi, munushiri(gaku mung) atsimiti **takuvétasi** charu yitchinu aga? *"What use to pray, read & have stored up knowledge,"* 〈神を礼拝し，書を読み，知識をたくわえていることに何の益があろうか〉

☆「たくはへて」を含む。「たくはへてあ（る）す→たくはへた（る）す」に対応。

/taku'we'etasi/ と推定。

たとふ譬

tatoï 5-101 タトリ モノガタリ ド ヤル[注21]
tatoï munugataï du yaru. *This is an anecdote shew by example,* 逸話である

☆連用形「たとへ」に対応。

/tatu'i/ と推定。

ととのふ整

tutunūyung 2-118 トヽノフ **tutunūyung** 〈整う〉

☆連用形「ととのへ」を含む。「ととのへをりむ」に対応。

/tutunu'u'ju'N/ と推定。

しらぶ調

shirabïti 5-103 ūnu tūkuru **shirabïti**, *mark that spot* そのところに印をして，

☆「しらべて」に対応。

/sjirabiti/ と推定。

たかぶ高

takabiung　1-66　Dushai du **takabiung**〈自分自身をほめる〉

　　☆連用形「たかべ」を含む。「たかべをり<u>む</u>」に対応。

　　/takabi'uɴ/ と推定。

あがむ崇

agamiung　2-120　アガム **agamiung**〈推奨する，尊敬する〉

　　☆連用形「あがめ」を含む。「あがめをり<u>む</u>」に対応。

　　/ʔagami'uɴ/ と推定。

あたたむ暖

ătătămītĭ　5-109　Yumi. イチ　ニチ　コレヲ　アタヽメテ　ĭchi nyĭchi kurïü ătătămītĭ
　　if you scorch them one day　もし1日こがしたら，

atatamiti　5-110　ここでは **atatamiti** が適切である。nukutamiti や atsirāchi はただ
　　"*warm*"（あたためる）の意味で，"<u>scorch</u>"（焦がす）の意味ではない。

　　☆「あたためて」に対応。

　　/ʔatatamiti/ と推定。

あつむ集

atsimiung　3-112　**atsimiung** アツミル〈集める〉　　ママ

atsimiung　4-239　**atsimiung**, "*to collect*"〈集める〉

　　☆連用形「あつめ」を含む。「あつめをり<u>む</u>」に対応。

　　/ʔacimi'uɴ/ と推定。

atsimiti　4-240　sunu kamiū tatimatsi vugadi, shimutsi yudi, munushiri(gaku
　　mung) **atsimiti** takuvétasi charu yitchinu aga?"*What use to pray, read
　　& have stored up knowledge,*"〈神を礼拝し，書を読み，知識をたくわえ
　　ていることに何の益があろうか〉

　　☆「あつめて」に対応。

　　/ʔacimiti/ と推定。

あらたむ改

aratamiung　2-120　アラタム **aratamiung**〈代える，新しくする〉

　　☆連用形「あらため」を含む。「あらためをり<u>む</u>」に対応。

　　/ʔaratami'uɴ/ と推定。

いさむ諫

issamĭshĭ　5-90　vāssărŭ-kūtŭnŭ **issamĭshĭ** arava(ărā) *any failing having* 何か欠点が
　　あったら　**issamĭshĭ** *would repro(vereprovingly)* 諫めて（責めるように）

　　☆連用形「いさめ」を含む。「いさめ　して」に対応。

　　/ʔisami Qsji/ と推定。

いましむ戒

imashimiung　2-120　イマシム **imashimiung**〈戒める〉

　　☆連用形「いましめ」を含む。「いましめをり<u>む</u>」に対応。

　　/ʔimasjimi'uɴ/ と推定。

imashimiti　5-101　クチシ　イマシミテ　クミ　ウケラン　モノワ [注21]

760　第4章　アルファベット資料の動詞形態の考察

Kŭchīshĭ **ǐmashimǐti** kumi ukirang munó *that he who does not mind a remonstrance*(*with the mouth*)（口で言っても）聞き入れる心を持っていなければ，

☼「いましめて」に対応。

/ʔimasjimiti/ と推定。

うづむ埋

uzunyung　2-120　ウヅム **uzunyung**〈埋める〉

☼ 連用形「うづめ」を含む。「うずめをりむ」に対応。

/ʔuzunju'N/ と推定。/ʔuzumi'u'N/ → /ʔuzumju'N/ → /ʔuzunju'N/ と変化（更に変化して現代語の /ʔuzunu'N/ となる）。

さだむ定

sadamiung　2-120　サダム，サダメル **sadamiung**〈定める〉(3)　　脚注(3)　四段動詞と一段動詞，文語と口語，他動詞と自動詞が混在しているようである。注90)

☼ 連用形「さだめ」を含む。「さだめをりむ」に対応。

/sadami'u'N/ と推定。

sadamitang　4-243　an nayundi または nayundóndi **sadamitang**. "*He determined it should be so* "〈そうなるべきだと彼は決めつけた〉

☼「さだめて」を含む。「さだめてありむ→さだめたりむ」に対応。

/sadamita'N/ と推定。

すすむ勧

sisinyung　2-120　ススム **sisinyung**〈勧める(1)，入る(2)〉(1) 現在は sisimijun と言い（『沖縄語辞典』），「進む」の時の活用と違う。著者自身が次に述べている例外にあたるものである。　　(2) 原文は *enter* である。「進む」をこのように英訳したものであろう。

☼ 連用形「すすめ」を含む。「すすめをりむ」に対応。

/sisinju'N/ と推定。/sisimi'u'N/→/sisimju'N/→/sisinju'N/ と変化（更に /sisinu'N/ となる）。

そむ染

sūmǐtǐ　5-92　īrŭ *a colour* 色を　**sūmǐtǐ** *she painted* 染めて

☼「そめて」に対応。

/sumiti/ と推定。

ちぢむ縮

chidjumita kutu　5-100　ūbizīnyi kobi **chidjumita kutu**, *forgetting himself, drew his head in,* おぼえずその頭をひっこめ縮めたので，

☼「ちぢめて」を含む。「ちぢめてあ（る）こと→ちぢめてた（る）こと」に対応。

/cjizjimitakutu/ と推定。アルファベット表記「-dju-」は「-dji-」の誤りかと思われる。

つとむ勤

tstomi　5-93　ūnŭ wīkǐgǎyǎ *This man* この男は　**tstomi** *his business* 勤めを sīmachǐ *finished* すまして注91)

☼ 連用形「つとめ」に対応。

/citumi/ と推定。

tstōmǐnǔ　5-93　bǐtsǐ tūkǔrǔnyǐ *in another place* 別の所に　**tstōmǐnǔ** *official business*
勤めが　ātǐ ndji *had & went*　あって行った

☼ 連用形「つとめ」を含む。「つとめの」に対応。

/cituminu/ と推定。

とがむ咎

togami　4-237　**togami**, "*defalt*"〈過失〉

☼ 連用形「とがめ」に対応。

/tugami/ と推定。

とどむ留

tudumiung　4-239　**tudumiung**, "*to stop, arrest*"〈止める〉

☼ 連用形「とどめ」を含む。「とどめをりむ」に対応。

/tudumi'u'n/ と推定。/tudumi'ju'n/ 参照。

tudumiyung　3-112　**tudumiyung**〈他の人をとどめる,他の人の行為を阻止する〉

☼ 連用形「とどめ」を含む。「とどめをりむ」に対応。

/tudumi'ju'n/ と推定。/tudumi'u'n/ 参照。

とむ止

tūmisě　3-123　San ning achinéshi mokirang tuchindo, achiné **tūmisě**[4], yenye
sédjin kara achine shi fhadjimirantasé mashi arantī. "*It being now three
years that((since))*" *he trades without profit,had he not better give up
trading, or never begun trading?*〈商売を3年もやって何ら益をあげていな
いのだから,ここでやめるか,あるいは最初からそれに手を出さなかった方
が良いのではないか〉[4]tumiru〈それをやめる〉の動詞的名詞形で,〈やめ
ること〉の意味。

☼「ラ行（四段）化」後の連体形「とめる」を含む。「とめ（る）すは」に対応。

/tumi'ise'e/ と推定。

なむ舐

nāmǐtǐ　5-98　skushi **nāmǐtǐ** nchare *Having tasted a little,*　少し味してみると

☼「なめて」に対応。

/namiti/ と推定。

はじむ始

fhadjimïung　3-108　tsko **fhadjimïung** "*begin to make*"〈作り始める〉

☼ 連用形「はじめ」を含む。「はじめをりむ」に対応。

/hwazjimi'u'n/ と推定。/hwazjimi'ju'n/ 参照。

fadji miyung　3-123　San ning achineshi mokirang tuchindo, achiné tūmisě,
yenye sédjin kara achine shi[8] fhadjimirantasé mashi arantī. "*It
being now three years that((since))*" *he trades without profit,had
he not better give up trading, or never begun trading?*〈商売を3
年もやって何ら益をあげていないのだから,ここでやめるか,ある
いは最初からそれに手を出さなかった方が良いのではないか〉[8] shī
fadjimiyung〈やり始める〉。fhadjimirantase は動詞的名詞で,〈それ

を始めなかったこと〉の意味。it（に相当する語）は si の代用形である sé((siya の短縮形))の中に含まれている。

☆ 連用形「はじめ」を含む。「はじめをりむ」に対応。

/hwazjimi'ju'ɴ/ と推定。/hwazjimi'u'ɴ/ 参照。

fhadjimirantasé　3-123　San ning achinèshi mokirang tuchindo, achiné tūmīsĕ, yenye sédjin kara achine shi[8] fhadjimirantasé mashi arantī. "*It being now three years that((since))*" *he trades without profit, had he not better give up trading, or never begun trading?* 〈商売を 3 年もやって何ら益をあげていないのだから，ここでやめるか，あるいは最初からそれに手を出さなかった方が良いのではないか〉[8] shī fadjimiyung 〈やり始める〉。**fhadjimirantase** は動詞的名詞で，〈それを始めなかったこと〉の意味。it（に相当する語）は si の代用形である sé((siya の短縮形))の中に含まれている。

☆「ラ行（四段）化」後の未然形「はじめら」を含む。「はじめらぬてあ（る）すは→はじめらぬた（る）すは」に対応。

/hwazjimira'ɴtase'e/ と推定。

hadjimitóchung　2-119　**hadjimitóchung**(hadjimiti utchung) 〈((丁度今)) 始める〉

☆「はじめて」を含む。「はじめてはおきをりむ」に対応。

/hazjimi'to'ocju'ɴ/ と推定。

hadjimitoka　2-119　hadjimitochung は ,*I beging* 〈私は始める〉か，または *I shall have begung* 〈始めておこう〉を意味するであろうが，後者の場合には ,**hadjimitoka**ndi shung という方がより意味が明確になる。

☆「はじめて」を含む。「はじめてはおか」に対応。

/hazjimito'oka/ と推定。

もとむ求

mutumira　3-117　Vāgă ïya kunu shimutzi keti **mutumira**ndi-shusi shtchidung *vutéré, chīshshtĭ yumi ovatóchutassiga*(("but I did not know, " 〈しかし知らなかった〉 *tada shirantang*)) "*Had I known you should desire back this book, I should certainly have finished((reading)) it.*" 〈この本を返してもらいたいという君の気持を知っていたら，きっと読み終えていただろう〉

☆「ラ行（四段）化」後の未然形「もとめら」に対応。

/mutumira/ と推定。

mūtūmĭtĭ　5-93　unu tukurunu *of that place* その所の　winago *a woman* 女を **mūtŭmĭtĭ** *he asked*　求めて

☆「もとめて」に対応。

/mutumiti/ と推定。

をさむ治

ussami　2-118　ヲサメ ﾏﾏ **ussami** 〈納める〉〈治める〉

☆ 連用形「をさめ」に対応。

/ʔusami/ と推定。

ussamiung　2-120　ヲサム **ussamiung**〈管理する , 治める〉

　　☼ 連用形「をさめ」を含む。「をさめをりむ」に対応。

　　/ʔusami'u'ɴ/ と推定。

ussamīru　4-237　**ussamīru** kutu, *"the management"*〈管理〉

　　☼ 連用形「をさめ」を含む。「をさめをる」に対応。

　　/ʔusami'iru/ と推定。

おぼゆ覚

ubi ōsan　3-114　Shimutzi chassa yumeshundung, [7]**ubi ōsan**. *" Let me read so mach ((so many)) I remember nothing"*.〈いくら ((何冊)) 本を読んでもおぼえられない〉 yume の注　yumu,yunyung の反復形。[7] ヲボエル , ubïung

　　☼ 連用形「おぼえ」を含む。「おぼえおほさぬ」に対応。

　　/ʔubi'i(ʔ)o'osa'ɴ/ と推定。

ubïung　3-114　Shimutzi chassa yumeshundung, [7]ubi ōsan. *" Let me read so mach ((so many)) I remember nothing"*.〈いくら ((何冊)) 本を読んでもおぼえられない〉 yume の注　yumu,yunyung の反復形。[7] ヲボエル , **ubïung**

　　☼ 連用形「おぼえ」を含む。「おぼえをりむ」に対応。

　　/ʔubi'u'ɴ/ と推定。

ubirang　5-106　chă ushagirīndi sŭn sun **ubirang** chā shi mishóri! *I have quiet forgotten to offer you tea. Please drink!* お茶を出すのもすっかり忘れてしまいました。どうぞお飲み下さい。

　　☼「ラ行 (四段) 化」後の未然形「おぼえら」を含む。「おぼえらぬ」に対応。

　　/ʔubira'ɴ/ と推定。

ūbizīnyi　5-100　**ūbizīnyi** kobi chidjumita kutu, *forgetting himself, drew his head in,* おぼえずその頭をひっこめ縮めたので ,

　　☼ 未然形「おぼえ」を含む。「おぼえずに」に対応。

　　/ʔubi'izini/ と推定。

みゆ見

mīrang　1-68　nūng **mīrang**, tītsing mīrang〈何も目に入らない〉

　　☼「ラ行 (四段) 化」後の未然形「みえら」を含む。「みえらぬ」に対応。

　　/mi'ira'ɴ/ と推定。

あらはる現

aravarïung　4-240　Fitutu madjivati(ndé) yī dólinu assi [3]aravarirangshi, *"if your good principles are never seen in your conversation with others"*〈他人との交わりで , 自らの信条の立派なところを見せられなかったら ,〉[3] **aravarïung**, *" to appear"*〈現われる〉。中性動詞。

　　☼ 連用形「あらはれ」を含む。「あらはれをりむ」に対応。

　　/ʔara'wari'u'ɴ/ と推定。

aravarirangshi　4-240　Fitutu madjivati(ndé) yī dólinu assi [3]**aravarirangshi**, *"if*

764　第 4 章　アルファベット資料の動詞形態の考察

your good principles are never seen in your conversation with others〈他人との交わりで，自らの信条の立派なところを見せられなかったら，〉³ aravarïung, "*to appear*"〈現われる〉。中性動詞。

☆「ラ行（四段）化」後の未然形「あらはれら」を含む。「あらはれらぬ　し」に対応。この「し」は「す（為）」の連用形「し」と見る。

/ʔara'warira'ɴ sji/ と推定。

いる入

saki ïrī　4-238　**saki ïrī** は saki iri dogu と同じことで，"*a thing in which brandy is reserved*"〈酒を貯蔵する物〉，"*a barandy holder*"〈酒を貯える容器〉を意味する。

☆連用形「いれ」を含む。「さけいれ」（酒入れ）に対応。

/sakiʔiri'i/ と推定。

saki iri dogu　4-238　saki ïrī は **saki iri dogu** と同じことで，"*a thing in which brandy is reserved*"〈酒を貯蔵する物〉，"*a barandy holder*"〈酒を貯える容器〉を意味する。

☆連用形「いれ」を含む。「さけいれだうぐ」（酒入れ道具）に対応。

/sakiʔirido'ogu/ と推定。

iri　6-33　**iri** kassaniung（入れ重ねる。連用形語幹 ir-）〈include〉

☆連用形「いれ」に対応。

/ʔiri/ と推定。

irïung　6-33　**irïung**（入れる。融合語幹 iriy-）〈include〉

☆連用形「いれ」を含む。「いれをりむ」に対応。「ラ行（四段）化」後の連用形「いれり」を含み、「いれりをりむ」に対応する可能性もある。

/ʔiri'u'ɴ/ と推定。

irīru　4-238　**irīru** dogu　ある物を何かに入れるために用いる道具，すなわち　ショベルに類する道具を表わし，一方 iri dōgu は物を入れて納める道具を表わすだろう。

☆連用形「いれ」を含む。「いれをる」に対応。「ラ行（四段）化」後の連用形「いれり」を含み、「いれりをる」に対応する可能性もある。

/ʔiri'iru/ と推定。

irirashung　6-33　**irirashung**（入れさせる。基本語幹 irir-）〈saint〉

☆「ラ行（四段）化」後の未然形「いれら」を含む。「いれらしをりむ」に対応。

/ʔirirasju'ɴ/ と推定。

ítti　6-33　**ítti**（入れて。音便語幹 itt-）〈strain-f〉^{ママ}

ĭ́ttĭ　5-94　mīzzĭdŭ **ĭ́ttĭ**-chóti　*water it is she put(& come)*　水を入れて（来て）

ĭ́tĭ　6-33　**ĭ́tĭ** utchósi（入れておいた。音便語幹 it-）〈copper〉『沖縄語辞典』では、接続形が /ʔiQti/ と促音便化している。

☆「いれて」に対応。

/ʔiQti/ と推定。

iteru　1-70　kūī nakae **iteru** shīshĭ tuti kū　*Bring in the meat which is in the safe.*

　　　　　〈はい帳に入れてある肉を取って来い〉

ĭttéru　2-86　machigeshidu ĭttéru hazi "*It may be, it was by mistake, that it was put in* "〈間違えて入れてあるはず〉

　　☼「いれて」を含む。「いれてはある」に対応。

　　/ʔiQte'eru/ と推定。

ittang　6-33　**ittang**（入れた。音便語幹 itt-）〈take〉

　　☼「いれて」を含む。「いれてありむ」に対応。

　　/ʔiQta'N/ と推定。

ittóng　6-33　**ittóng**（入れている。音便語幹 itt-）〈fold〉

　　☼「いれて」を含む。「いれてはをりむ」に対応。

　　/ʔiQto'o'N/ と推定。

ĭttóchung　3-113　**ĭttóchung**((ĭti utchung))，"*put into* ((*a drawer &c.*))"〈（引出しなどに）入れておく〉

　　☼「いれて」を含む。「いれてはおきをりむ」に対応。

　　/ʔiQto'ocju'N/ と推定。

うまる生

'm mărĭung　1-52　日本語のムマ，ウマ，イモは 'mm となる。アポシトロフィ（'）で示された音には，母音的性質はないが，それは音節をなし，しばしば強勢もおかれる。　　例えば 'mmū〈芋〉，**'m mărĭung**〈生まれる〉

　　☼ 連用形「うまれ」を含む。「うまれをりむ」に対応。

　　/ʔNmari'u'N/ と推定。

おそる恐

ussurirang　5-101　アンシン　コノ　ワラビ　ヲソレラン；ウリランタコト[注21]
　　　　　　anshing kunu vorabi **ussurirang**; uriranta kutu, *but neither was he thus frightened, nor came down;*　けれども，その子供は恐れもせず，降りもしなかった。

　　☼「ラ行（四段）化」後の未然形「おそれら」を含む。「おそれらぬ」に対応。

　　/ʔusurira'N/ と推定。

ussuriransā　4-234　tó, kúa **ussuriransā**! "*Well, now, come on!* (*I dont* ママ *fear you*)"〈さあ来い。（お前なんか怖くないぞ）〉

　　☼「ラ行（四段）化」後の未然形「おそれら」を含む。「おそれらぬさ」に対応。

　　/ʔusurira'Nsa'a/ と推定。

くる呉

kvĭung　1-55　**kvĭung**〈与える〉

kvíung　3-111　**kvíung**〈与える〉

kvĭung　3-114　Yanditóting, 又は yanti ating, timmang kvitando[16]. "*although it was spoiled, I'll still gave your wages,*"〈しくじったが，手間賃はあげたよ〉
　　　　　[16] **kvĭung**

　　☼ 連用形「くれ」を含む。「くれをりむ」に対応。

　　/kwi'u'N/ と推定。

766　第4章　アルファベット資料の動詞形態の考察

kviūndŏ　3-114　Yandiravang tīmmăng **kviūndŏ**, "*although you should spoil it, I'll still give your wages.* "〈たとえしくじっても , 手間賃はあげますよ〉

☆ 連用形「くれ」を含む。「くれをるど」に対応。

/kwi'u'ɴdo'o/ と推定。

kvīgaya　3-121　Ayé vanné kunu vazavénu assiga, tāgă vang tassikiti, kunu shinyusi nugarachi **kvīgaya**. " *Oh wretched man that I am, who will deliver me from this death.*"〈あわれな , この僕をこの死の苦しみから誰が救い出してくれるだろうか〉

☆ 連用形「くれ」を含む。「くれを（る）がや」に対応。/ri/ → /'i/ の変化がある。

/kwi'iga'ja'a/ と推定。

kvīū-kŭtū　5-96　kunu kăgān *this glass* この鏡を　**kvīū-kŭtū** *since(as) I give you* 上げるから

☆ 連用形「くれ」を含む。「くれを（る）こと」に対応。

/kwi'ukutu/ と推定。/kwi'urukutu/ → /kwi'uQkutu/ → /kwi'ukutu/ のように変化したろう。更に /kwi"ikutu/ と変化していこう。

kviri　1-55　vané kunu shimutzi 'yănyi **kviri**ndi((arinyi)) ichésiga, aré kvirang. *Aithough I told him to give you the book, he gave (it) not.*

kviri　5-107　Yūdjunu ūffussa kutu ikané naransiga, yuruchi **kviri**. Tó, itoma goï.(*I have much business. You'll forgive. I must go, Good by*)　たくさん用事がありますので , 行かねばなりません。失礼します。さようなら。

kuīrĭ　5-106　Ayé, vane bŭli kunéti **kuīrĭ**, (*Osir; you'll forgive!*)　あっ , お許し下さい。

☆ 連用形「くれ」を含む。「くれをれ」に対応。

/kwiri/ と推定。

kvinna　3-112　命令否定形は **kvinna**,mishó nna, "*don't please*"〈どうかしないで下さい〉となり ,

kvīnna　5-106　anshé **kvīnna**

☆ 連用形「くれ」を含む。「くれをるな」に対応。

/kwi'ɴna/ と推定。

kvirang　1-55　vané kunu shimutzi 'yănyi kvirindi((arinyi)) ichésiga, aré **kvirang**. *Aithough I told him to give you the book, he gave (it) not.*

　　　　4-236　Dzinó assiga, vanyi **kvirang**, "*Although he had money he gave me none*"〈金はあるが , 私にくれなかった[(1)]〉, または dzing andung vanyi kvirang.[(1)] 方言は現在形であるが , 英語は過去形である。ひょっとすると仮定法なのであろうか。そうだとすれば , 時制は現在となる。

☆「ラ行（四段）化」後の未然形「くれら」を含む。「くれらぬ」に対応。

/kwi'ra'ɴ/ と推定。/ri/ → /'i/ の変化がある。

kviran ating　3-114　Dzing **kviran** ating((atanting)), "*although I gave no money*"〈たとえお金をあげなかったとしても ,〉

☆「ラ行（四段）化」後の未然形「くれら」を含む。「くれらぬありても」に対応。

/kwira'ɴ ʔati'ɴ/ と推定。更に /kwira'ɴti'ɴ/ に変化していこう。/ri/ → /'i/ の変化がある。

第 2 節　ベッテルハイム『琉球語と日本語の文法の要綱』・『琉球語辞書』の動詞形態の考察　767

kvitang 1-54　vané arinyi shmutsi **kvitang,** 又は、vané shmutsi arinyi kvitang, *I t gave him a book* 〈私は彼に書物を与えた〉

　☼「くれて」を含む。「くれてあり<u>む</u>→くれたり<u>む</u>」に対応。

　/kwita'ɴ/ と推定。/ri/ → /'i/ の変化がある。

kvitando 3-114　Yanditóting, 又は yanti ating, timmang **kvitando**[16]. *"although it was spoiled, I'll still gave your wages,"*〈しくじったが, 手間賃はあげたよ〉[16] kvïung

　☼「くれて」を含む。「くれてあるど→くれたるど」に対応。

　/kwita'ɴdo'o/ と推定。/ri/ → /'i/ の変化がある。

kvïŭt\=assiga 3-116　Matchinkae ndjitivut\=er\=e((wurava, wuĭdunse)), yī mung kóti **kvïŭt\=assiga,** *"Had I gone to market, I should have bought & given you some thing good ((but I was not))."*〈市場に出かけていたならば, 良い物を買って君に上げただろう (が私はそこにいなかった)〉

　☼連用形「くれ」を含む。「くれをりてあ (る) すが→くれをりた (る) すが」に対応。

　/kwi'utasiga/ と推定。更に /kwi'itasiga/ と変化していこう。

たはむる戯

tavafuri 3-127　**tavafuri** assibinnayó*"don't play"*〈たわむれてはいけない＞

　☼連用形「たはふれ」に対応。

　/ta'wahwuri/ と推定。

つる連

tsĭrītĭ 5-98　Aru tuchi shudjīnya bitsinkae t\=udjĭ kvă **tsĭrītĭ** ikané năr\=ang kutu *At a certain time, when his master, accompanied by wife & child, could-not— help leaving home*　ある時, 主人は妻子を連れて, 家を離れ (他所へ行か) ざるをえなかったので,

　☼「つれて」に対応。

　/ciriti/ と推定。

ながる流

nagarīru 4-243　kārănŭ **nagarīru** gutóng, または kāvănŭ nagarīruga gutu. *"like a flowing river"*〈流れる川のように〉注92)

　☼連用形「ながれ」を含む。「ながれをる」に対応。

　/nagari'iru/ と推定。

nagarīrŭga 4-243　kārănŭ nagarīru gutóng, または kāvănŭ **nagarīrŭga** gutu. *"like a flowing river"*〈流れる川のように〉注92)

　☼「ラ行 (四段) 化」後の連体形「ながれる」を含む。「ながれるが」に対応。漢文訓読風。本来の漢文訓読なら「ながるるが」となろう。

　/nagariruga/ と推定。

なる慣

narirang 5-105　Fūchĭ **narirang,** *Unaccustomed to the climate,* 気候にも馴れず,

　☼「ラ行 (四段) 化」後の未然形「なれら」を含む。「なれらぬ」に対応。

　/narira'ɴ/ と推定。

ぬる濡

ndiung　4-239　**ndiung**, "*to get wet*"〈濡れる〉

☼ 連用形「ぬれ」を含む。「ぬれをり<u>む</u>」に対応。

/ˈɴdi'u'ɴ/ と推定。[nuri 〜] → [nri 〜] → [ndi 〜]/'ɴdi 〜 / のように変化か。

のがる逃

nugayung　3-121　Ayé vanné kunu vazavénu assiga, tāgă vang tassikiti, kunu shinyusi nugarachi¹⁾ kvīgaya. "*Oh wretched man that I am, who will deliver me from this death.*"〈あわれな , この僕をこの死の苦しみから誰が救い出してくれるだろうか〉 ¹⁾ **nugayung**〈逃れる〉の他動詞形

☼ 連用形「のがれ」を含む。「のがれをり<u>む</u>」に対応。

/nuga('a)'ju'ɴ/ と推定。

nugarachi　3-121　Ayé vanné kunu vazavénu assiga, tāgă vang tassikiti, kunu shinyusi **nugarachi**¹⁾ kvīgaya. "*Oh wretched man that I am, who will deliver me from this death.*"〈あわれな , この僕をこの死の苦しみから誰が救い出してくれるだろうか〉 ¹⁾ nugayung〈逃れる〉の他動詞形

☼ 連用形「のがれ」を含む。「のがれらして」に対応。

/nuga('a)racji/ と推定。

ふる狂

furi assibashang　3-122　shimutsi yumantéma arang, ndjiti furi assibashang((assidang)) "*You have not only not read, but also gone out & played.*"〈書物を読まないだけでなく , 外に出て遊びほうけた〉

☼ 連用形「ふれ」を含む。「ふれあすびしありむ」に対応。

/hwuriʔasibisja'ɴ/ と推定。

やぶる破

yandiyung 3-112　**yandiyung**〈自然に破れる〉,yandjung〈破る〉

☼ 連用形「やぶれ」を含む。「やぶれをり<u>む</u>」に対応。

/ˈjaɴdi'ju'ɴ/ と推定。[jaburi 〜] → [jamuri 〜] → [jamri 〜] → [jandi 〜] /ˈjaɴdi 〜 / のような変化があったろう。

yandirang　3-126　Tutting nyidu tskoting, tskoi **yandirang**. "*Make it twice rather than spoil*"〈作り損うより二度作った方が良い〉

☼ 「ラ行（四段）化」後の未然形「やぶれら」を含む。「たぶれらぬ」に対応。

/ˈjaɴdira'ɴ/ と推定。

yandiravang　3-114　**Yandiravang** t̄immăng kviūndŏ, "*although you should spoil it, I'll still give your wages.*"〈たとえしくじっても , 手間賃はあげますよ〉

☼ 「ラ行（四段）化」後の未然形「やぶれら」を含む。「やぶれらはも」に対応。

/ˈjaɴdira'wa'ɴ/ と推定。

yanditaru　3-112　vaga uri yandang, nakurudu **yanditaru**. "*I dind not spoil it, it spoiled if itself*"〈それは私が破ったのではない。自然に破れたのだ〉

☼ 「やぶれて」を含む。「やぶれてある→やぶれたる」に対応。

/ˈjaɴditaru/ と推定。

第 2 節　ベッテルハイム『琉球語と日本語の文法の要綱』・『琉球語辞書』の動詞形態の考察　769

yanditósi　5-97　dūnŭ *of her* 自分の　tăkŭmĭnŭ *subtility* 企みが　**yanditósi** *the spoiling* 破れたのを　nchi *she saw* 見て

☆「やぶれて」を含む。「やぶれてはを（る）す」に対応。

/ˈjaᴺditoˈosi/ と推定。

yanditóting　3-114　**Yanditóting,** 又は yanti ating, timmang kvitando. *"although it was spoiled, I'll still gave your wages,"*〈しくじったが，手間賃はあげたよ〉

☆「やぶれて」を含む。「やぶれてはをりても」に対応。

/ˈjaᴺditoˈotiˈᴺ/ と推定。

わかる分

vakayung　3-112　**vakayung** *"to differ"*〈異る〉

☆ 連用形「わかれ」を含む。「わかれをり<u>む</u>」に対応。

/ˈwakaˈjuˈᴺ/ と推定。[wakariwuᴺ]→[wakarijuᴺ]→[wakarjuᴺ]→[wakajuᴺ] /ˈwakaˈjuˈᴺ/ のように変化か。

わかる別

vākărĭ-kăntī　5-94　**vākărĭ-kăntī**shĭ-mĭshésé *separating difficulty deigns to have,* 別れにくくなさる事は

☆ 連用形「わかれ」を含む。「わかれかねて」に対応。

/ˈwakarikaˈᴺtiˈi/ と推定。

vākărĭnŭ　5-96　**vākărĭnŭ** shĭrŭshĭ　*as a separation-token* 別れのしるしとして

☆ 連用形「わかれ」を含む。「わかれの」に対応。

/ˈwakarinu/ と推定。

wakari　5-94　kuri madinu[1] **wakari** *such a degree a separation* これ程までの別れ　yatidu *it being*　であるから　[1]方言の意味は「これかぎりの別れ」の意味である。

☆ 連用形「わかれ」に対応。

/ˈwakari/ と推定。

vākărānătă kŭtū　5-94　**vākărānătă kŭtū** *not separated(seeing that)* 別れようとしなかった（のを見て）

☆「ラ行（四段）化」後の未然形「わかれら」を含む。「わか（れ）らぬてあ（る）こと」に対応。

/ˈwakaraˈᴺtakutu/ と推定。/ˈwakariraˈᴺʔatarukutu/→/ˈwakaQraˈᴺʔataQkutu/→/ˈwakaraˈᴺtaQkutu/→/ˈwakaraˈᴺtakutu/ のように変化したか。

vākătāng　5-97　tagényi *from each other* 互に **vākătāng** *they separated.*　別れた。

☆「わか（れ）て」を含む。「わか（れ）てあり<u>む</u>→わか（れ）たり<u>む</u>」に対応。

/ˈwakataˈᴺ/ と推定。/ˈwakaritiʔataˈᴺ/ → /ˈwakaQtitaˈᴺ/ → /ˈwakaQtaˈᴺ/ → /ˈwakataˈᴺ/ のような変化があったか。

わする忘

vassī gūrishāng　4-241　**vassī gūrishāng**

☆ 連用形「わすれ」を含む。「わす（れ）ぐれしさあり<u>む</u>」に対応。

/ˈwasiˈigurisjaˈᴺ/ と推定。

vasiru 4-242 vung **vasiru** ftu

☆ 連用形「わすれ」を含む。「わすれをる」に対応。

/ʼwasiʼiru/ と推定。

vassirunu 4-242 vung vassirunu ftu

☆ 連体形「わするる」に対応すると見る。「わするの」の可能性も否定できないが、「vasiru」「vastoru」
との対照上「わするる」か。

/ʼwasiruru/ と推定。

vastoru 4-242 vung **vastoru** ftu

☆ 「わすれて」を含む。「わすれてはをる」に対応。

/ʼwasitoʼoru/ と推定。

tsī vasté 5-107 **tsī vasté** mishónnayó. *Don't forget.* お忘れなく。

☆ 「わすれて」を含む。「ついわすれては」に対応。「つい」は接頭辞。

/ciʼiʼwasiteʼe/ と推定。

うう植

wīteru 5-101 ワラビノ キヨノ ヤニ ウエタイル ナエモンノ ケ ノボテ
注21) Vorabinu chūnu yānyi **wīteru** naï munnu ki nubuti *A boy climbed a
fruit tree palnted in another man's house* 子供が他人の屋敷に植えられて
いる果物の木に登っていた。

☆ 「うゑて」を含む。「うゑてはある」に対応。

/ʔwiʼiteʼeru/ と推定。

（カ変）

く来

（き）

chi 2-119 語幹クル chung は，ル・ru で終っているが，同時に分詞であるので ,**chi**
と wuru の結合した構造をはっきり示している。その接続不定詞は chi((過去は
知識階級の間では chiti となる)) で，疑いもなくク型語幹に属する。 注93)

☆ 連用形「き」に対応。

/cji/ と推定。破擦音化の変化がある。以下、同じ。

chí osan 6-39 **chí osan** （来おおさない。基本語幹 ch-）〈delay〉

☆ 連用形「き」を含む。「きおほさぬ」に対応。

/cjiʔoʼosaʼɴ/ と推定。

chīté 4-234 nigényé kumakae **chīté**ndi, "*I wish you had come hither* "〈こちらへ
来たらよかったのに〉

☆ 連用形「き」を含む。「きたい」に対応。

/cjiʼiteʼe/ と推定。

chīïdun 2-106 Chung, "*to come* "〈来 る〉 接続法 **chīïdun**se, chósa((sava)),
chótaré, chotidung are. ―否定 kūnsǎ, kung are, kūndǔng are, kūntǎré,
kung atidung aré.

chīïdun 5-98 shudjǐnnu kéti **chīïdun**se *when the master comes*, 主人が帰ったら

chiïdun 6-39 **chiïdun**se （来たら。連用形語幹 chiy-）〈immediately〉

☼ 連用形「き」を含む。「きども」に対応。

/cji'idu'ɴ/ と推定。統語的には、次の「se」とともに /cji'idu'ɴ se'e/ でひと纏まりとなる。

chiïgissa　2-106　Chung, *"to come "*〈来る〉　疑念　chūrā̄, chiïgashura, churu hazi, **chiïgissa**, chótărā— 否 定　kung ărā, kūnggashura; kūng hazi, kunggissa, kūntărā.

☼ 連用形「き」を含む。「きげさ」に対応。

/cji'igi(Q)sa/ と推定。

chiïga　2-106　Chung, *"to come "*〈来る〉　疑念　chūrā̄, **chiïga**shura, churu hazi, chiïgissa, chótărā—否定　kung ărā, kūnggashura; kūng hazi, kunggissa, kūntărā.

chiīga　3-120　**Chiīgashura**, kūnga yărā vakarang. "*I know not whether he'll come or not.*"〈彼は来るのか来ないのかわからない〉

☼ 連用形「き」を含む。「きが」に対応。

/cji'iga/ と推定。統語的には、次の「shura」とともに /cji'iga sjura/ でひと纏まりとなる。

chayabing　2-106　Chung, *"to come "*〈来る〉　謙譲法　**chayabing**

☼ 連用形「き」を含む。「きはべりをりむ」に対応。

/cja'jabi'i'ɴ/ と推定。

chung　2-118　ku 型語幹は, 接続不定詞の現在, 過去両方とも chi である。現在 **chung**, 過去 chang, 否定 kang, 受身 karīng, 使役 kashung

　　3-109　"*Does he come?* "〈彼は来るのか〉に対する答えは **chung**, または, churu, "*he comes, is comming*"〈来る〉となる。

chūng　3-110　ăchā **chūng**, "*to morrow he comes* "〈明日来る〉

☼ 連用形「き」を含む。「きをりむ」に対応。

/cju'u'ɴ/ と推定。

chumǐ　2-106　Chung, *"to come "*〈来る〉　疑問　**chumǐ**, chūkăyă, chī, chótī.　否定, kūnǐ, kungkăyā.

☼ 連用形「き」を含む。「きをりみ」に対応。「−む + /i/」→「−み」。/i/ は「疑問」の接辞。

/cju'umi/ と推定。

churu　2-106　Chung, *"to come "*〈来る〉　疑念　chūrā̄, chiïgashura, **churu** hazi, chiïgissa, chótărā— 否定　kung ărā, kūnggashura; kūng hazi, kunggissa, kūntărā.

　　2-106　Chung, *"to come "*〈来る〉　分詞　**churu**, charu, chotaru((chi wutaru))—否定　kūng, kūntaru

　　3-109　"*Does he come?* "〈彼は来るのか〉に対する答えは chung, または, **churu**, "*he comes, is comming*"〈来る〉となる。

　　3-122　Iyaga **churu** yéda vuté katchi hatitochung. shi hatitochung, または hatitokandi shung. "*when you come I shall have done writing, have done* "〈君が来る時には書き終えておく, し終えておく〉

☼ 連用形「き」を含む。「きをる」に対応。

/cju'uru/ と推定。

chūkăyă　2-106　Chung, *"to come "*〈来る〉　疑問　chumǐ, **chūkăyă**, chī, chótī.　否

772　第4章　アルファベット資料の動詞形態の考察

定, kūnĭ, kungkăyā.

☆ 連用形「き」を含む。「きを（る）かや」に対応。

/cju'uka'ja'a/ と推定。

chūsĭ 1-68　ūyūssū ftu, 又は, sibitinu ftu **chūsĭ** yurusĭ, tāng chūsi yurusi.〈来る人は誰でも入れなさい〉

chūsĭ 3-124　Chu vattāga **chūsĭ** simésani? "*Might　not our coming to-day be dispensed with?*"〈今日私達は来なくてもよろしいでしょうか。〉

☆ 連用形「き」を含む。「きを（る）す」に対応。

/cju'usi/ と推定。

churava 6-39　**churava**（来るのなら。融合語幹 chu-）〈condition〉

☆ 連用形「き」を含む。「きをらは」に対応。

/cju'ura'wa/ と推定。

chūrā　2-106　Chung, "*to come*"〈来る〉　疑念　**chūrā**, chiïgashura, churu hazi, chiïgissa, chótărā—否定　kung ărā, kūnggashura; kūng hazi, kunggissa, kūntărā.

☆ 連用形「き」を含む。「きをらは」に対応。

/cju'ura'a/ と推定。

kū　1-70　kūïnakae iteru shīshĭ tuti **kū**。*Bring in the mwat which is in the safe.*〈はい帳に入れてある肉を取って来い〉

ku　4-241　nukutósi kara tuti **ku**. "*bring of what remained over*"〈残っているものから取って来なさい〉

　　4-243　**ku**ndi tudzikitang "*He commanded him to come*"〈来るようにと彼に命じた〉

ku! 5-106　Yū sāshĭ**ku**! (*Bring in hot water!*）お湯をもって来なさい。

kū　2-106　Chung, "*to come*"〈来る〉　直説法　chung, *come*〈来る〉, chāng, *came*〈来た〉, **kū**ndi shi, *shall come*,〈来るだろう〉.—否定　kūng, kūntang, kundi sang.

　　6-38　**kū**（来い。基本語幹 k-）〈come〉

☆ 命令形「こ」に対応。

/ku'u/ と推定。

kúa　4-234　tó, **kúa** ussuriransā! "*Well, now, come on! (I dont* ᴹᴹ *fear you)*"〈さあ来い。（お前なんか怖くないぞ）〉

☆ 命令形「こ」を含む。「こは」に対応。「さあ、来い。恐れないぞ」の意。

/ku'u'wa/ と推定。

kúyó　4-234　奮気を促す表現　Hé! "*make haste*"〈急げ〉は hé fékuná! Issugió, Hăyé nariyó, tadéma **kúyó**

☆ 命令形「こ」を含む。「こよ」に対応。

/ku'u'jo'o/ と推定。

kūrē 6-38　**kūrē**（来たら。基本語幹 k-）〈certainly〉

☆ 已然形「くれ」を含む。「くれは」に対応。

/kure'e/ と推定。

kūri varu　6-38　íyading **kūri varu**（是非来なければならない。基本語幹 k-）〈must〉

☆ 已然形「くれ」を含む。「くれはど」に対応。

/kuri'wadu/ と推定。

kū　3-115　assidi **kū**"*we'll walk a little*"〈散歩しましょう〉

☆ 未然形「こ」に対応。「勧誘」を示す。

/ku'u/ と推定。

kuǐ　6-38　shi **kuǐ**（〈私は〉して来ようね。基本語幹 k-）〈eat〉

☆ 未然形「こ」を含む。「こい」に対応。「い」/i/ は「念押し」の助辞。

/ku'u'i'i/ と推定。

kūǎ　6-38　**kūǎ**（〈人が〉来たら。基本語幹 k-）〈any〉

　　　6-38　**kūǎ**（来たら。基本語幹 k-）〈soon〉

☆ 未然形「こ」を含む。「こは」に対応。

/ku'u'wa/ と推定。

kūvang　3-120　**kūvang**, kūng aravang kǎmāng((kamurang)) "*wheth*tr *he come or not, I don't mind.* "〈彼が来ても来なくても構わない〉3-120 kūvang

☆ 未然形「こ」を含む。「こはも」に対応。

/ku'u'wa'ɴ/ と推定。

kūrá　6-38　**kūrá**（来たら。基本語幹 k-）〈time〉

☆ 未然形「こ」を含む。「こらは」に対応か。「こあらは」か。

/ku'ura'a/ と推定。現代語では /cju'ura'a/（きをらは）である。

kung　2-106　Chung, "*to come* "〈来る〉　疑念　chūrā, chiïgashura, churu hazi, chiïgissa, chótǎrā—否定　**kung** ǎrā, kūnggashura; kūng hazi, kunggissa, kūntǎrā.

kūng　1-68　chuïng **kūng**。〈誰も来ない〉

　　　3-120　kūvang, **kūng** aravang kǎmāng((kamurang)) "*wheth*tr *he come or not, I don't mind.* "〈彼が来ても来なくても構わない〉

☆ 未然形「こ」を含む。「こぬ」に対応。

/ku'u'ɴ/ と推定。

kūnǐ　2-106　Chung, "*to come* "〈来る〉　疑問　chumǐ, chūkǎyǎ, chī, chótī.　否定 , **kūnǐ**, kungkǎyā.

☆ 未然形「こ」を含む。「こぬに」に対応。「－ぬ＋/i/」→「に」。/i/ は「疑問」を示す。

/ku'uni/ と推定。「nyī」ではなく、「nī」と表記されている。/nui/ → /ne/ → /ni/ の変化を示唆しているか。

kūnsǐ　2-106　Chung, "*to come* "〈来る〉（動詞的）名詞　chūsǐ, chōtǎsǐ; **kūnsǐ**, kuntasi

☆ 未然形「こ」を含む。「こぬす」に対応。

/ku'u'ɴsi/ と推定。

kūnsǎ　2-106　Chung, "*to come* "〈来る〉　接続法　chīdunse, chósa((sava)), chótaré, chotidung are. —否定　**kūnsǎ**, kung are, kūndǔng are, kūntǎré, kung atidung aré.

☆ 未然形「こ」を含む。「こぬさ」に対応。

774　第 4 章　アルファベット資料の動詞形態の考察

/ku'uɴsa'a/ と推定。

kūndŭng　2-106　Chung, "*to come* "〈来る〉　接続法　chīïdunse, chósa((sava)),
chótaré, chotidung are. —否定　kūnsă, kung are, **kūndŭng** are, kūntăré,
kung atidung aré.

☼　未然形「こ」を含む。「こぬども」に対応。

/ku'uɴdu'ɴ/ と推定。

kūng hazi　2-106　Chung, "*to come* "〈来る〉　疑念　chūrā, chiïgashura, churu hazi,
chiïgissa, chótărā—否定　kung ărā, kūnggashura; **kūng hazi**, kunggissa,
kūntărā.

☼　未然形「こ」を含む。「こぬはず」に対応。

/ku'uɴhazi/ と推定。

kūng madu　4-235　**kūng madu**, "*before coming*"〈来る前に〉, "*while not yet coming*
"〈来ないうちに〉

☼　未然形「こ」を含む。「こぬまど」に対応。

/ku'uɴma'adu/ と推定。

kunggissa　2-106　Chung, "*to come* "〈来る〉　疑念　chūrā, chiïgashura, churu hazi,
chiïgissa, chótărā—否定　kung ărā, kūnggashura; kūng hazi, **kunggissa**,
kūntărā.

☼　未然形「こ」を含む。「こぬげさ」に対応。

/ku'uɴgiQsa/ と推定。

kungkăyā　2-106　Chung, "*to come* "〈来る〉　疑問　chumĭ, chūkăyă, chī, chótī.
否定 , kūnĭ, **kungkăyā**.

☼　未然形「こ」を含む。「こぬかや」に対応。

/ku'uɴka'ja'a/ と推定。

kūnga　3-120　Chīïgashura, **kūnga** yărā vakarang. " *I know not whether he'll
come or not*."〈彼は来るのか来ないのかわからない〉

kūngga　2-106　Chung, "*to come* "〈来る〉　疑念　chūrā, chiïgashura, churu hazi,
chiïgissa, chótărā— 否 定　kung ărā, **kūngga**shura; kūng hazi, kunggissa,
kūntărā.

☼　未然形「こ」を含む。「こぬが」に対応。

/ku'uɴga/ と推定。

kunnayó　3-115　Wanné **kunnnayó**ndi ichéssiga, chóndo, "*although I told him not
to come, yet he came*."〈私は来るなと言ったが, 彼は来ているんだよ〉

☼　未然形「こ」を含む。「こぬなよ」に対応。

/ku'nna'jo'o/ と推定。

kūntang　2-106　Chung, "*to come* "〈来る〉　直説法　chung, *come*〈来る〉, chāng, *came*
〈来た〉, kūndi shi, *shall come*,〈来るだろう〉. —否定　kūng, **kūntang**, kundi
sang.

☼　未然形「こ」を含む。「こぬてありむ→こぬたりむ」に対応。

/ku'uɴta'ɴ/ と推定。

第 2 節　ベッテルハイム『琉球語と日本語の文法の要綱』・『琉球語辞書』の動詞形態の考察　775

kūntaru　2-106　Chung, *"to come"*〈来る〉 分詞　churu, charu, chotaru((chi wutaru))—
否定　kūng, **kūntaru**

☼ 未然形「こ」を含む。「こぬてある→こぬたる」に対応。

/ku'u'ɴtaru/ と推定。

kuntasi　2-106　Chung, *"to come"*〈来る〉 （動詞的）名詞　chūsĭ, chōtăsĭ; kūnsĭ,
kuntasi

☼ 未然形「こ」を含む。「こぬてあ（る）す→こぬた（る）す」に対応。

/ku'u'ɴtasi/ と推定。

kūntasse　3-124　**kūntasse** ((shimiranse)) nūgă dunyare? – adde((ari)) kutunu aru
yuïderu. *"His not coming having come his not doing it what does it
signify? He had business."*〈彼が来ないこと（（来なかったこと))〉, し
ないこと, それは何を意味するか。それは用事があったからだ〉

☼ 未然形「こ」を含む。「こぬてあ（る）すは→こぬた（る）すは」に対応。

/ku'u'ɴtase'e/ と推定。

kūntă-kutu　5-92　**kūntă-kutu** *not come when he had* 来なかったので

☼ 未然形「こ」を含む。「こぬてあ（る）こと→こぬた（る）こと」に対応。

/ku'u'ɴtakutu/ と推定。

kūntăré　2-106　Chung, *"to come"*〈来る〉 接続法　chīdunse, chósa((sava)), chótaré,
chotidung are. —否定　kūnsă, kung are, kūndŭng are, **kūntăré**, kung atidung
aré.

☼ 未然形「こ」を含む。「こぬてあれは→こぬたれは」に対応。

/ku'u'ɴtare'e/ と推定。

kūntărā　2-106　Chung, *"to come"*〈来る〉 疑念　chūrā, chiïgashura, churu hazi,
chiïgissa, chótărā—否定　kung ărā, kūnggashura; kūng hazi, kunggissa,
kūntărā.

☼ 未然形「こ」を含む。「こぬてあらは→こぬたらは」に対応。

/ku'u'ɴtara'a/ と推定。

kuntaga　3-115　yassiga, chāsi **kuntaga**, *"this notwithstanding, how is it you did
not come"*〈それはそうだろうが, どうして来なかったのか〉

☼ 未然形「こ」を含む。「こぬてあ（る）が→こぬた（る）が」に対応。

/ku'u'ɴtaga/ と推定。

kurarīru　6-38　**kurarīru**hazi （来られるはず。基本語幹 k-)〈if〉

☼ 未然形「こ」を含む。「こられをる」に対応。

/kurari'iru/ と推定。

kūrasi　6-38　**kūrasi** （来らせる。基本語幹 k-)〈order〉

☼ 未然形「こ」を含む。「こらせ」に対応。

/kurasi/ と推定。

以下は、「首里」「那覇」以外の言葉の可能性が高いと思われる。

kang　2-118　ku 型語幹は, 接続不定詞の現在, 過去両方とも chi である。現在
chung, 過去 chang, 否定 **kang**, 受身 karīng, 使役 kashung

☆ 未然形「か」を含む。「かぬ」に対応か。

/ka'aɴ/ と推定。

karīng　2-118　ku 型語幹は，接続不定詞の現在，過去両方とも chi である。現在
chung, 過去 chang, 否定 kang, 受身 **karīng**[5], 使役 kashung　　　[5]原注に「ま
たは，kassarīng。これは使役形 kashung の否定形から形成される」とある。

☆ 未然形「か」を含む。「かれをりむ」に対応か。

/ka'ari'iɴ/ と推定。

kashung　　2-118　ku 型語幹は，接続不定詞の現在，過去両方とも chi である。現在
chung, 過去 chang, 否定 kang, 受身 karīng, 使役 **kashung**

☆ 未然形「か」を含む。「かしをりむ」に対応か。

/ka'asju'ɴ/ と推定。

（きて）

chiti　2-118　ku 型語幹は，接続不定詞の現在，過去両方とも chi[4]である。現在 chung,
過去 chang, 否定 kang, 受身 karīng, 使役 kashung　　　[4]原注に「知識階級の間で
は、過去形はしばしば **chiti** と発音される」とある。

2-119　語幹クル chung は，ル・ru で終っているが，同時に分詞であるので，chi
と wuru の結合した構造をはっきり示している。その接続不定詞は chi((過去
は知識階級の間では **chiti** となる))で，疑いもなくク型語幹に属する。

ch'ti　2-106　Chung, *"to come"*〈来る〉　不定詞　churu, chǐ. 知識階級の人々は，過
去形に **ch'ti** を用いることがある。

☆「きて」に対応。

/cjiti/ と推定。

ch-chi　3-111　kotǐ**ch-chi**, *"he bought & came"*〈彼は買って，そして来た〉

☆「きて」に対応。

/Qcji/ と推定。

chi　1-54　Fitunu kumankae **chi**, *a man came here*〈人がここに来て〉

1-55　Fitunu chi は *men came*〈人（複数）が来た〉を意味するのはもちろん、
a man came〈人（単数）が来た〉も意味する。

2-118　ku 型語幹は，接続不定詞の現在，過去両方とも **chi**[4]である。現在
chung, 過去 chang, 否定 kang, 受身 karīng[5], 使役 kashung　　[4]原注に「知識
階級の間では、過去形はしばしば chiti と発音される」とある。　　[5]原注に「ま
たは，kassarīng。これは使役形 kashung の否定形から形成される」とある。

3-115　ǐttǎgǎ **chi**,munugataïsha kutu, wīrǔkissǎng *"you coming &coversing
with me I brightened"*〈君達が来て，話し合ったから，気が晴ればれしした〉

5-98　Shudjǐnyi ǔtsǐkǐ yānyi kétǐ-**chi** kakimung kachi-yatési 'nchǐ *The
master immediately returned (& came) & seeing the destruction of the
wardrobe*　その後主人がすぐに帰って（来て）衣類の破損を見，

chī　2-106　Chung, *"to come"*〈来る〉　疑問　chumǐ, chūkǎyā, **chī**, chótī.　否定，
kūnǐ, kungkǎyā.

chī　2-106　Chung, *"to come"*〈来る〉　不定詞　churu, **chǐ**. 知識階級の人々は，過

去形に ch'ti を用いることがある。

chĭ　5-98　tunaï nu-mŭnŭdīng tǎrudĭ-**chĭ** *call in(commission & let come)* *a neighbor* 隣人を呼び入れて（頼み，来させて）

☆「きて」に対応。

/Qcji/ と推定。

chĭ kvīri　6-39　**chĭ kvīri**（来てくれ。音便語幹 ch-）〈beg〉　なお、『琉球語と日本語の文法の要綱』に「知識階級の人々は、過去形（いわゆる「接続形」…引用者注）に ch'ti を用いることがある」とある。『沖縄語辞典』には「Qci（来て）」とある。『英琉辞書』では、それらの例がみあたらない。注94) ただし、次の chichi はその可能性もある。今後の検討を要する。　○‥ word again, utuziri chichi-chi chikassi.〈bring〉

☆「きて」を含む。「きてくれ」に対応。

/Qcjikwiri/ と推定。

cháng　1-64　are satch, sachinyi, 又は、satchinyïshi, vané ovaïnyi **chang**〈彼が最初に来て、私は最後に来た〉
（マ　マ）

chang　2-118　ku 型語幹は，接続不定詞の現在，過去両方とも chi である。現在 chung, 過去 **chang**, 否定 kang, 受身 karīng, 使役 kashung
4-231　vantu または　vantu tumunyi **chang** *"he came with,* または *together with me "*〈彼は私と共に来た〉
4-242　sata muchi **chang** とか，謙譲法の *"muchichaïbitang "* という単純な表現を避けたがる。

chāng　2-106　Chung, *"to come "*〈来る〉　直説法　chung, *come*〈来る〉, **chāng**, came〈来た〉, kūndi shi, *shall come*,〈来るだろう〉.—否定　kūng, kūntang, kundi sang.

☆「きて」を含む。「きてありむ→きたりむ」に対応。

/cja'N/ と推定。

charu　2-106　Chung, *"to come "*〈来る〉　分詞　churu, **charu**, chotaru((chi wutaru))—否定　kūng, kūntaru

charu　3-109　shkin skuyundiru **charu**, *" He came, only to save the world."*〈社会を救うためにきたのだ〉

chărū　5-88　yǎ *you (thee)* 君を　mi *to see* 見　bushanudu *from the desire it is* たくなったので　**chărū**ndi *that I came* 来たと　ĭchā kutu *after having said* 言ったから

☆「きて」を含む。「きてある→きたる」に対応。

/cjaru/ と推定。

chā tūchĭ　5-89　nakabanyi *in the middle* 中ばで　fichi kechi *you here & returned* ここに戻って　**chā tū**ch**ĭ**ndŏ *& are come as you have,*　来たので
（マ　マ）

☆「きて」を含む。「きてあるとき→きたるとき」に対応。

/cjaQtucji/ と推定。/cjaru tucji/ → /cjaQtucji/ の変化がある。促音無表記と見る。

chā-kŭtū　5-88　yānyĭ *(to his house)home*（彼の家へ）自宅へ　**chā-kŭtū** *when he* *was come* 彼が来た時

☆「きて」を含む。「きてあ（る）こと→きた（る）こと」に対応。

/cjaQkutu/ と推定。/cjaru kutu/ → /cjaQkutu/ の変化がある。促音無表記と見る。更に、/cjakutu/ に変化する。

chăgā̆　5-88　nūyătĭ *why* なぜ　mŭdŭtĭ *returned* 戻って　**chăgā̆**ndĭ *did you come* 来たかと　ĭchāng (*she said*)（言った）

☆「きて」を含む。「きてあ（る）が→きた（る）が」に対応。

/cjaga/ と推定。

chaï　6-39　ndjaï **chaï**（行ったり来たり。音便語幹 ch-）〈come〉

☆「きて」を含む。「きてあり→きたり」に対応。

/cja'i/ と推定。/ri/ → /'i/ の変化がある。

chaïbitang　4-242　sata muchi chang とか, 謙譲法の "muchi**chaïbitang**" という単純な表現を避けたがる。

☆「きて」を含む。「きてありはべりたりむ→きたりはべりたりむ」に対応。

/cja'ibita'N/ と推定。

chaïbīssiga　4-242　sătá muchi**chaïbīssiga**, "*I have bought sugar, although...*"〈砂糖を持って来ましたが…〉

☆「きて」を含む。「きてありはべ（る）すが→きたりはべ（る）すが」に対応。

/cja'ibi'isiga/ と推定。

chéng　6-39　**chéng**（来てある。音便語幹 ch-）〈brought〉

☆「きて」を含む。「きてはありむ」に対応。

/cje'e'N/ と推定。

chésé　1-68　nūng muchi chéravang, turi; muchi**chésé**, nung yaravang, turi。〈持って来てくれたものは何でも取りなさい〉

☆「きて」を含む。「きてはあ（る）すは」に対応。

/cje'ese'e/ と推定。

chéravang　1-68　nūng muchi **chéravang**, turi; muchichésé, nung yaravang, turi。〈持って来てくれたものは何でも取りなさい〉

☆「きて」を含む。「きてはあらはも」に対応。

/cje'era'wa'N/ と推定。

chóng　1-69　anu ftu chinyu va kara shimutzi kótaru munó, chū mata **chóng**。*the man, who bought yesterday a book from me, came today again*〈昨日私から本を買った人がまた来た〉

chón　3-108　**chón**di((キヲンデ)) chichang. "*Heard he is come.*"〈来ていると聞いた〉

☆「きて」を含む。「きてはをりむ」に対応。

/cjo'o'N/ と推定。

chóndó　3-115　Wanné kunnnayóndi ichéssiga, **chóndo**, "*although I told him not to come, yet he came.*"〈私は来るなと言ったが, 彼は来ているんだよ〉

☆「きて」を含む。「きてはをるど」に対応。

/cjo'o'Ndo'o/ と推定。

chósa　2-106　Chung, "*to come*"〈来る〉　接続法　chīdunse, **chósa**((sava)), chótaré, chotidung are. —否定　kūnsă, kung are, kūndŭng are, kūntăré, kung atidung aré.

　☼「きて」を含む。「きてはを（る）さ」に対応。

　/cjo'osa/ と推定。

chóti　5-94　mǐzzǐdŭ ǐttǐ-**chóti**　*water it is she put(& come)*　水を入れて（来て）

chóti　5-98　nǐzimǐnŭ **chóti** kakazīta kutu, *a rat coming & boring,* ねずみが来てかじったので，

　☼「きて」を含む。「きてはをりて」に対応。

　/cjo'oti/ と推定。

chótī　2-106　Chung, "*to come*"〈来る〉　疑問　chumǐ, chūkăyă, chī, **chótī**.　否定，kūnǐ, kungkăyā.

　☼「きて」を含む。「きてはをりてい」に対応。「い」/i/ は「疑問」の助辞。「来ていたか」の意。

　/cjo'oti'i/ と推定。

chotidung　2-106　Chung, "*to come*"〈来る〉　接続法　chīdunse, chósa((sava)), chótaré, **chotidung** are. —否定　kūnsă, kung are, kūndŭng are, kūntăré, kung atidung aré.

　☼「きて」を含む。「きてはをりてども」に対応。

　/cjo'otiduʼ/ と推定。

chótaru　4-231　chū gŭku kara **chótaru** funi, または chu guku karanu funi, "*the ship that came from china*"〈中国から来た船〉

chotaru　2-106　Chung, "*to come*"〈来る〉　分詞　churu, charu, **chotaru**((chi wutaru))—否定　kūng, kūntaru

　☼「きて」を含む。「きてはをりてある→きてはをりたる」に対応。

　/cjo'otaru/ と推定。

chōtăsǐ　2-106　Chung, "*to come*"〈来る〉（動詞的）名詞　chūsǐ, **chōtăsǐ**; kūnsǐ, kuntasi

　☼「きて」を含む。「きてはをりてあ（る）す→きてはをりた（る）す」に対応。

　/cjo'otasi/ と推定。

chótaré　2-106　Chung, "*to come*"〈来る〉　接続法　chīdunse, chósa((sava)), **chótaré**, chotidung are. —否定　kūnsă, kung are, kūndŭng are, kūntăré, kung atidung aré.

　☼「きて」を含む。「きてはをりてあれは→きてはをりたれは」に対応。

　/cjo'otare'e/ と推定。

chótărā　2-106　Chung, "*to come*"〈来る〉　疑念　chūră, chiïgashura, churu hazi, chiïgissa, **chótărā**—否定　kung ără, kūnggashura; kūng hazi, kunggissa, kūntără.

　☼「きて」を含む。「きてはをりてあらは→きてはをりたらは」に対応。

　/cjo'otara'a/ と推定。

chóki vadu　3-114　Dzing kviran ating((atanting)), iyaga kŏti **chóki vadu** sinyuru, "*although I gave no money you should still have bought((& come))*"

〈たとえお金をあげなかったとしても，君が買っておくべきだった〉

☆「きて」を含む。「きてはおきはど」に対応。

/cjo'oki'wadu/ と推定。

（サ変）

す為

（し）連用

sh'tinu　5-100　Fitunu nŭsŭdusătti **sh'tīnŭ** vakarang kwandjŭnkae ŭttāīsha-kutu kwan nyinu chāng sūkkvéchótăssiga, *Somebody having-been-robbed, but not-knowing who-was-the-perpetrator, when he sued at-court the officers knew not what to do.*　ある人が泥棒に入られ，犯人が誰かわからず，官所に訴えたら，役人たちもわからなかった

☆連用形「し」を含む。「しての」に対応。「し - て（為手）の」。

/sjitinu/ と推定。

shïa　2-102　動詞的名詞　**shïa**，または shé,shusi, *the doing*〈すること〉。

☆連用形「し」を含む。「しあ」に対応。「あ」は動作・人等を示す接辞。

/sji'a/ と推定。

shé　2-102　動詞的名詞　shïa，または **shé**,shusi, *the doing*〈すること〉。

☆連用形「し」を含む。「しは」に対応。「しは　する」等の「しは」と考える。

/sje'e/ と推定。

shi　2-97　yŭkŭmīshi, tīyóshi((あるいは shi を重ねて tiyóshishi となる事さえある)) īchāng, *with a sideglance and a motion of the hand he said*〈横目で見ながら手を振って言った〉

☆連用形「し」に対応。「yŭkŭmīshi」は「横目し」、「tīyóshi」は「手様し」の意である。

/sji/ と推定。

shī　3-108　**shī** hatiung "*finish to do, finish doing, have done*"〈するのを終える，し終える，やりとげる〉

shi　3-122　Iyaga churu yéda vuté katchi hatitochung. **shi** hatitochung, または hatitokandi shung. "*when you come I shall have done writing, have done*"〈君が来る時には書き終えておく，し終えておく〉

☆連用形「し」に対応。「shī hatiung」は「しはてる」（し終える）、「shi hatitochung」は「しはてておく」（し終えておく）の意である。

/sji'i/ と推定。

shinyé　2-100　時・期間　**shinyé**, sharu ba, shuru bashu, shuru utchi, shóti((shi wuti)), shóri((shi wuri)), *while doing, in doing*〈している時〉

shīné　2-99　接続法　**shīné**((shiïné)) *if he did, were to do*

☆連用形「し」を含む。「しには」に対応。「する時には」の意。

/sji'ine'e/ と推定。

shī dung　2-99　接続法　**shī dung** are, *if had done*

shīdun　2-99　接続法　**shīdun**se((shiïdunse)) *if he did, were to do*

☆連用形「し」を含む。「しども」に対応。

/sji'iduʼɴ/ と推定。統語的には次の「se」とともに /sji'iduʼɴ se'e/ でひと纏まりとなる。

shīga 2-100 （疑念）**shīga**shura, *whether he do*〈するかどうか〉

    ☼ 連用形「し」を含む。「しいが」に対応。

/sji'iga/ と推定。統語的には /sji'iga sjura/ で一纏り。「するであろうか」の意。

shīga 2-100 動名詞 shīga. **shīga** ndjang, *went to do it*〈しに行った〉

    5-89 gakumung **shīga** *to make studies* 学問をしに yimpó mădī *even to distant land* 遠方までも[注95]

    ☼ 連用形「し」を含む。「しいが」に対応。

/sji'iga/ と推定。統語的には「shīga ndjang」/sji'iga ʔɴzja'ɴ/ でひと纏まり。「しに行った」の意。

shīté 2-101 願望 **shīté** yăssā *should like to do*〈したい〉, shī kăntī〈同上〉[(1)] [(1)] 現在 shi kanti は「しにくそう」という意味である。著者の誤解か。

shité 3-121 Nigawakúwa dzing aïté véki **shité**, chómi aïté yăssā. *"How much I wish to have, O that I had money, that I become rich, thet I had long life."*〈願わくは, お金と, 富と, 長寿がえたいものだ〉

    ☼ 連用形「し」を含む。「したい」に対応。

/sji'ite'e/ と推定。

shī yássa 2-100 **shī**((接続不定詞))**yássa**,shité yássa, *easy to do*〈し易い〉

    ☼ 連用形「し」を含む。「しやすさ」に対応。

/sji'i'jaǪsa/ と推定。

shīgissa 2-100 疑念 shuru hazi, sheru, sharu hazi, **shīgissa**, *perhaps does, has done, is about to do*〈恐らくする, した, しようとしているだろう〉

    ☼ 連用形「し」を含む。「しげさ」に対応。

/sji'igiǪsa/ と推定。

shīgissaru 2-100 （疑念）分詞 **shīgissaru**; 過去 shigissatang

    ☼ 連用形「し」を含む。「しげさある」に対応。

/sji'igiǪsaru/ と推定。

shigissatang 2-100 （疑念）分詞 shīgissaru; 過去 **shigissatang**

    ☼ 連用形「し」を含む。「しげさありてありむ→しげさありたりむ」に対応。

/sji'igiǪsata'ɴ/ と推定。

shia–bīng 2-101 謙譲法 **shia–bīng** – bitang –bira –bīmi

    ☼ 連用形「し」を含む。「しはべりをりむ」に対応。

/sji'abi'i'ɴ/ と推定。

shiyabissiga 2-102 shussiga, shossiga, **shiyabissiga**, shutassiga, sansíga, santassíga.

    ☼ 連用形「し」を含む。「しはべ（る）すが」に対応。

/sji'jabi'i'siga/ と推定。

shiabitasi 2-102 （動詞的名詞）shesi, shósi, shotasi, **shiabitasi**, *the having done*〈したこと〉。

    ☼ 連用形「し」を含む。「しはべりてあ（る）す→しはべりた（る）す」に対応。

/sji'abitasi/ と推定。

shabira　5-98　uridunyarā anshuru-gutu **shabira**ndi fintósha kutu, *If so, complying, I shall humbly do so, answered the servant.* では謹んでそういたします，と下男は返答した

　☆ 連用形「し」を含む。「しはべら」に対応。

　/sjabira/ と推定。

shabīru　5-94　nāchǐ-nāchǐ *weep & weep* 泣き泣き　shabīru ndi icha kutu *she did* していますと言った

　☆ 連用形「し」を含む。「しはべる」に対応。「しはべりをる」に対応する可能性もある。

　/sjabi'iru/ と推定。

shi méhémi　5-105　gandjún**shi méhémi** (*are they well?*) 皆様お元気ですか。

　☆ 連用形「し」を含む。「しめしをりみ」に対応。「－む＋i」→「－み」。

　/sjimehe'emi/ と推定。

shi mishóri　5-106　chā **shi mishóri** (*Please drink!*) どうぞお飲み下さい。

　☆ 連用形「し」を含む。「しめしおわれ」に対応。

　/sjimisjo'ori/ と推定。

shī ōsǎn　6-37　shī ōsǎn（しおおせない。連用形語幹 sh-）〈able〉

　☆ 連用形「し」を含む。「しおほさぬ」に対応。

　/sji'i?o'osa'ɴ/ と推定。

shī ōsantang　3-118　Vanné **i**chǎrǔ tūï kunu yūdjǔ shókandi shuttassiga, ch**ū**ttǔnyi hófaï shi kashimashamu((または savagassanu)) **shī ōsantang**. "*I should have done this, according to promise, but from the noise of a fire alarm, I could not do it.*"〈約束通り，これをしようと思っていたが，火災警報の騒音で，できなかった〉

　☆ 連用形「し」を含む。「しおほさぬてあり<u>む</u>→しおほさぬたり<u>む</u>」に対応。

　/sji'i?o'osa'ɴta'ɴ/ と推定。

（しあり）

　例えば、/nuda'ɴ/「のみてあり<u>む</u>」等とパラレルになるのであれば、「してあり」となりそうであるが、形の上からは「しあり」に対応しているとしか思えない。

shang　2-98　kanasha**shang** も kan(a)shashung も *he likes, lives*〈愛する〉という同じ意味になる。ただ後者は，目的語を従える時により多く用いられ，前者は〈愛しているの〉のような特性を描写するのに多く用いられる。

　5-100　kuri mǐ atiti tadashi tskita kutu makutunyi nusudushandi fhakudjó **shang** *he was perceived, & a suit instituted* (*applied*) *& it was clearky established that he was truly the thief.*　　見つけられ，裁きが開始され（付され），彼が真犯人であることが確定した。

　5-92　wūttǔ *a husband* 夫を mǔttǎsǎndǐ-**shang** *to cause her to take did* 彼女に持たそうとした

　6-37　**shang**（した。音便語幹 sh-）〈difficulty〉　(6-38)shang は「連用形＋ang」の音変化したものである。他の動詞が「連体形＋たり＋mu」の音変化したものであるのに比べて特殊である。

第2節　ベッテルハイム『琉球語と日本語の文法の要綱』・『琉球語辞書』の動詞形態の考察　783

shan 5-100 kuri mī atiti tadashi tskita kutu makutunyi nusudu**shan**di fhakudjó
shang *he was perceived , & a suit instituted (applied) & it was clearky
established that he was truly the thief.* 見つけられ，裁きが開始され（付
され），彼が真犯人であることが確定した。

5-103 īgó itätti té shtsinyi sanné narang mung, munu gutu kangérachi,
kanashāshi yū yashinaï gāta-sīndi ītskita kutu, uri kara tushïuï dūdŭ
kānashā**shan**dinu mūnugatāi *you cannot but consider them of utmost im-
portance, let them consider, every thing for you, love them, feed & nurse
them well. Thus commanded, they thence forward loved the aged very
much. Of(thus loving the aged, this is) a talk.* （以後）いたって大切にし
なければいけない。物事を考えさせて，慈しみ，よく扶養しなければならな
いと言いつけたので，それから年寄りをたいへん慈しんだという物語。

☆ 連用形「し」を含む。「しありむ」に対応。

/sja'N/ と推定。

sha(shia) kutu 4-236 **shā(shia) kutu**, "*this being done, therefore* "〈したので、し
たがって〉〉

sha kŭtū 4-236 sōdang **sha kŭtū**, "*since he discoussed*"〈相談したので〉

sha kutu 3-115 **ittăgă** chi,munugataï**sha kutu**, wīrŭkissăng "*you coming
&coversing with me I brightened*"〈君達が来て，話し合ったから，気が
晴ればれした〉

sha-kutu 5-91 muttasandi-**sha-kutu** *to cause to take because they did* 持たそうと
したので

shā kutu 5-98 **Shā kutu** kunu nza dūchŭī sabīsanu kurasaranyi tsīté, *The
servant (on account of being) unable to exist moping & alone,* この下男
はうつうつと一人で過ごすことが出来なくて，

shā-kŭtū 5-90 shūshshī-**shā-kŭtū** *practiced when he had* 精出したので

☆ 連用形「し」を含む。「しあ（る）こと」に対応。

/sjakutu/ と推定。

shaga 1-70 Vaga arinyi shé ickandi icharu kutó yāyă nuyati **shaga**? *Why did
you what I told him is not right to be done?*〈私が彼にしてはいけないと言っ
たことを君はなぜしたのか〉

shagă 5-98 nūyatí ān **shagă**ndi tūtă kutu *he asked, why have you done this?*
なぜこのようなことをしでかしたのだ，と問うた

shāgă 3-123 Nūyătĭ kunu kutu **shāgă**? "*Why did you do this?*"〈なぜそんなこと
をしたのか〉

☆ 連用形「し」を含む。「しあ（る）が」に対応。

/sjaga/ と推定。

sha gachinā 3-127 kanya gana, kátchă găna, **shagachinā** "*whilst eating, whilst
eating, whilst* writing, *whilst* doing. "〈食べながら，書きながら，
しながら〉

☆ 連用形「し」を含む。「しあ（る）がちな」に対応。

/sjagacji('i)na'a/ と推定。

sha gănā　3-127　Shkutchi **shă gănā**, tstomi sha gănā tavafuri assibinnayó *"While doing ((your)) work, or your duty, don't play."*〈仕事をしながら，あるいは勤めをしながら，たわむれてはいけない＞ tstomi sha gănā

shāgănā　5-98　hānăshĭ**shāgănā** tāī shĭ kămĭ tskūcha kŭtū *both chatting away(amid chatting) consumed it up-entirely*　二人で軽口をたたきながら，全部たいらげてしまった

shă gănā　3-127　Shkutchi **shă gănā**, tstomi sha gănā tavafuri assibinnayó *"While doing ((your)) work, or your duty, don't play."*〈仕事をしながら，あるいは勤めをしながら，たわむれてはいけない＞

☆ 連用形「し」を含む。「しあ（る）がな」に対応。

/sjagana'a/ と推定。

sharu　2-100　疑念 shuru hazi, sheru, **sharu** hazi, shīgissa, *perhaps does, has done, is about to do*〈恐らくする，した，しようとしているだろう〉

　　　　2-100　時・期間 shinyé, **sharu** ba, shuru bashu, shuru utchi, shóti((shi wuti)), shóri((shi wuri)), *while doing, in doing*〈している時〉

　　　　2-101　（受動態）複合形 ((kutu, tukuru, tuchi との複合))shŭkkutu, *this doing, since, because it is doing*〈するから〉,shăkkutu, *has been done*〈したから〉, sarīkŭtŭ〈同上〉, shuttukuru, *place, where doing*〈するところ〉; shuru tuchi, **sharu** tuchi, *when doing, done*〈する，したとき〉

sharū　5-98　namanu gutu shusé kūnŭdĭdŭ **sharū**ndi ichiĭ shkarātti *your present deed is deliberately done,he scolded him*　君の今度のことも意図的なものだと叱り

☆ 連用形「し」を含む。「しある」に対応。

/sjaru/ と推定。

shăkkutu　2-101　（受動態）複合形 ((kutu, tukuru, tuchi との複合))shŭkkutu, *this doing, since, because it is doing*〈するから〉,**shăkkutu**, *has been done*〈したから〉, sarīkŭtŭ〈同上〉, shuttukuru, *place, where doing*〈するところ〉; shuru tuchi, sharu tuchi, *when doing, done*〈する，したとき〉

☆ 連用形「し」を含む。「しあること」に対応。

/sjaQkutu/ と推定。/sjarukutu/ → /sjaQkutu/ と変化。更に /sjakutu/ → /sakutu/ と変化していこう。

sha tukuro　4-241　'Nchai chichaï **shā tukuró** vassī gūrishāng. *" What is heard & what is seen cannot be easily forgotten"*〈見たり聞いたりしたことは，簡単に忘れられるものではない〉

☆ 連用形「し」を含む。「しあるところは」に対応。

/sjatukuro'o/ と推定。/sjarutukuro'o/ → /sjaQtukuro'o/ → /sjatukuro'o/ と変化。

sharé　5-98　kfū **sharé** tsīnyi kangé ndjāchi, *Upon consideration he produced a scheme* いろいろ考えた末，一つの計略を思いつき，

☼ 連用形「し」を含む。「しあれは」に対応。

/sjare'e/ と推定。

（しをり）

shi-wūyin　3-121　vorabi shóying[1] kără yudangsang((ukutărāng)) gutu simi narati. tushifi munashku tsi-yassang((tuchi sirasang)) ati dung atéré　"I had unweariedly studied from may youth up & not idled away my time"〈子供の頃から根気強く学問をし，月日をむなしく費やすようなことがなかったら〉 [1] **shi-wūyin**。

☼ 連用形「し」を含む。「しをり<u>む</u>」に対応。

/sji'u'i'N/ と推定。

shi-wutīng　3-119　Nŭchĭ stiti shóting[2]((stiting)) iyankae kafushé iyăng "You might have laid((might lay)) down your life for him, he would not thank you."〈彼のために生命を捨てる覚悟でしても，彼は感謝しないだろう〉

[2] **shi-wutīng**

☼ 連用形「し」を含む。「しをりても」に対応。

/sji'uti'N/ と推定。

shung　1-52　yéti-**shung**〈敢えてする〉

2-100　kūkvé**shung**, to repent〈後悔する〉

2-100　mulinyi**shung**(当地では mulnyishung), force, compel〈無理やりさせる〉

2-100　namida **shung**, to shed tears〈涙を流す〉

3-110　ăchă kundi **shung**, "to morrow he will comes"〈明日来るだろう〉

3-122　Iyaga churu yéda vuté katchi hatitochung. shi hatitochung, または hatitokandi **shung**. "when you come I shall have done writing, have done "〈君が来る時には書き終えておく，し終えておく〉

3-123　fōbĭ shĭ[3] vadu yarundinu kutudu yatang. "it was a matter worthy of reward."〈褒美に価することだった。〉 [3] fōbi**shung**〈褒美を与える〉

3-126 bān **shung**〈番をする，見張る〉

4-231　shūkŭ tŭ**shung**, "it becomes, constitutes a proof"〈証拠となる，証拠を構成する〉〉

4-232　Chuïshae mittchaï tu**shung** の表現が三位一体の神を表わす適切な訳語であろう。その概念は chuishi mittchaï tushuru dóli または mí ttchaï chuï túshusi と表現される。

4-233　abi**shung**, "to make a noise"〈騒ぐ〉

shūng　4-232　tīstĭ tŭ**shūng** "it makes one"〈ひとつになる〉」

shun　5-100　kunu tădăshi kătaya vaga **shun**di īchi　I shall do this case.「この件は私が処理しましょう」と申し出た

☼ 連用形「し」を含む。「しをり<u>む</u>」に対応。

/sju'N/ と推定。

786　第4章　アルファベット資料の動詞形態の考察

shung　2-97　スル , shuru,**shung** "*to do*"〈する〉注96)

　　☼ 連用形「し」を含む。「しをりむ」に対応。

　　/sjuˈɴ/ と推定。

shundung　3-114　Shimutzi chassa yume**shundung**, ubi ōsan. "*Let me read so mach ((so many)) I remember nothing*".〈いくら ((何冊)) 本を読んでもおぼえられない〉

　　☼ 連用形「し」を含む。「しをりむども」に対応。

　　/sjuˈɴduˈɴ/ と推定。

shundó　4-242　**shundó**"(*you see*) *I do* "〈((見ておれよ) やるぞ〉

　　☼ 連用形「し」を含む。「しをりむど」に対応。

　　/sjuˈɴdoˈo/ と推定。

shunté　2-101　**shunté**, *of course one does*〈もちろんやるとも〉

　　☼ 連用形「し」を含む。「しをりむて」に対応。

　　/sjuˈɴteˈe/ と推定。

　　shūmi　2-101　疑問 **shūmi**, *shall I do, does he?*〈しましょうか , するか〉

　　☼ 連用形「し」を含む。「しをりみ」に対応。「－む + /i/」→「－み」。

　　/sjumi/ と推定。

shuru　1-68　chŭnŭ sibiti **shuru** tukuró yū sivadu yarundó〈やるべきことは何でもちゃんとやりなさい〉

　　2-100　(動名詞)**shuru** tsimui, *sould, might still be done*〈それでもなすべきである , するかもしれない〉

　　2-100　**shuru** tami, または taminyi, *for to do, in order to do*〈する為に〉

　　2-100　疑念　**shuru** hazi, sheru, sharu hazi, shīgissa, *perhaps does, has done, is about to do*〈恐らくする , した , しようとしているだろう〉

　　2-100　時・期間 shinyé, sharu ba, **shuru** bashu, shuru utchi, shóti((shi wuti)), shóri((shi wuri)), *while doing, in doing*〈している時〉

　　2-100　時・期間 shinyé, sharu ba, shuru bashu, **shuru** utchi, shóti((shi wuti)), shóri((shi wuri)), *while doing, in doing*〈している時〉

　　2-101　(受動態) 複合形 ((kutu, tukuru, tuchi との複合))shŭkkutu, *this doing, since, because it is doing*〈するから〉,shăkkutu, *has been done*〈したから〉, sarīkŭtŭ〈同上〉, shuttukuru, *place, where doing*〈するところ〉; **shuru** tuchi, sharu tuchi, *when doing, done*〈する , したとき〉

　　3-115　ufóku yūdjŭnŭ ātĭng, dushi mimé**shuru** fima ataru tsimui. "*although you had mech business, you might still have had time to visit a friend.*"〈どんなに多用であったとしても , 友を訪ねる暇はあっただろう〉

　　5-98　uridunyarā an**shuru**-gutu shabirandi fintósha kutu, *If so, complying, I shall humbly do so, answered the servant.* では謹んでそういたします , と下男は返答した

　　5-103　Tushīūĭ sŭsónyĭ **shuru** kūnyinu āti, *There was a country that lightly esteemed the aged* 年寄を粗相にする国があって

shuru 2-86 simidū **shuru**[3] *"It is something which may be left as it is. Never mind"*〈そのまま放っておいても良い. 気にするな〉[3] 原注に「これも分詞」とある。

☼ 連用形「し」を含む。「しをる」に対応。前の「dū」と「ど〜る」照応関係にある「連体形」。

/sjuru/ と推定。

shuttukuru 2-101 （受動態）複合形((kutu, tukuru, tuchi との複合))shŭkkutu, *this doing, since, because it is doing*〈するから〉,shăkkutu, *has been done*〈したから〉, sarīkŭtŭ〈同上〉, **shuttukuru**, *place, where doing*〈するところ〉; shuru tuchi, sharu tuchi, *when doing, done*〈する, したとき〉

☼ 連用形「し」を含む。「しをるところ」に対応。

/sjuQtukuru/ と推定。[ʃurutukuru] /sjuQruukuru/ → [ʃuttukuru] /sjuQtukuru/ と変化。

shŭkkutu 2-101 （受動態）複合形((kutu, tukuru, tuchi との複合))shŭkkutu, *this doing, since, because it is doing*〈するから〉,shăkkutu, *has been done*〈したから〉, sarīkŭtŭ〈同上〉, **shuttukuru**, *place, where doing*〈するところ〉; shuru tuchi, sharu tuchi, *when doing, done*〈する, したとき〉

☼ 連用形「し」を含む。「しをること」に対応。

/sjuQkutu/ と推定。[ʃurukutu] /sjurukutu/ → [ʃukkutu] /sjuQkutu/ となり、更に→ [ʃukutu]/sjukutu/ → [sukutu] /sukutu/ と変化していく。

shūrŭï 3-109 Anyi kadjinu ndjukachéru ăshĭ ndandiru **shūrŭï**, 又は ndandiru umutoruï *"Do you intend to see a reed shaken with the wind?"*〈雨風でゆり動かされている葦を見ようとしているのか？〉

☼ 連用形「し」を含む。「しをるい」に対応。「い」/i/ は疑問の意を表す助辞。

/sjuru'i/ と推定。

shuga 2-101 （疑問）shuga, nu **shuga**, *what is to be done?*〈何をするか〉

5-98 shudjĭnnu kéti chïïdūnse nūndi fintó**shuga**ndi ĭchĭ, *What, said he, shall I answer when the master comes?* 主人が帰ったらどう答えよう, と思い,

☼ 連用形「し」を含む。「しを（る）が」に対応。

/sjuga/ と推定。

shusi 2-102 動詞的名詞 shïa, または shé,**shusi**, *the doing*〈すること〉。

3-117 ïya kunu shimutzi kéti mutumirandi-**shusi** *"you should desire back this book"*〈この本を返してもらいたいという君の気持を〉

sshusi 4-240 dū yakā chó massati nzosas**shusi**, *"forgo all private interests for others"*〈自己の利益より他人のことを考えることは〉

☼ 連用形「し」を含む。「しを（る）す」に対応。

/sjusi/ と推定。

shusé 5-98 namanu gutu **shusé** kŭnŭdĭdŭ sharūndi ichĭï shkarātti *your present deed is deliberately done,he scolded him* 君の今度のことも意図的なものだと叱り

☆連用形「し」を含む。「しを（る）すは」に対応。

/sjuse'e/ と推定。

shussing　2-101　（譲歩）**shussing**, shóting〈同上〉注97)

☆連用形「し」を含む。「しを（る）すも」に対応。

/sjusi'n/ と推定。

shussiga　2-102　**shussiga**, shossiga, shiyabissiga, shutassiga, sansíga, santassíga.

☆連用形「し」を含む。「しを（る）すが」に対応。

/sjusiga/ と推定。

shura　2-100　(疑念)shīga**shura**, *whether he do*〈するかどうか〉

　　　3-108　Tskoyundi, tskotendi, tskoígissandi, tskorariga**shura**ndi, tskoivadu yarundi umutóng. "*I think he makes, made, is about to make, this maight be made, should be made.*"〈私は彼が作る, 作った, 作るつもりでいる, られるかも知れない, 作らなければならないと思う〉

　　　3-120　Chīga**shura**, kūnga yārā vakarang. "*I know not whether he'll come or not.*"〈彼は来るのか来ないのかわからない〉

　　　6-37　**shura**（するだろうか。融合語幹 sh-）〈quantity〉

☆連用形「し」を含む。「しをら」に対応。前の「-ga」と「－が～ら」の照応関係にある。

/sjura/ と推定。

shŭrā　2-99　接続法　**shŭrā**, *if he should do*

☆連用形「し」を含む。「しをらは」に対応。

/sjura'a/ と推定。

（しをりてあり）

shutang　4-241　nudaï kadaï yitchaï assidachaï-**shutang**. "*We ate & drank, sat & then walked about.*"〈飲んだり食べたり, 坐ったり歩き回ったりした〉

☆連用形「し」を含む。「しをりてありむ→しをりたりむ」に対応。

/sjuta'n/ と推定。

shutassiga　5-106　munugattaï-**shutassiga** chǎ ushagirīndi sŭn sun ubirang (*Discoursing with you I have quite forgotten to offer you tea*) 話に夢中になってお茶を出すのもすっかり忘れてしまいました。

shuttassiga　3-118　Vanné ĭchǎrŭ tūï kunu yūdjŭ shókandi **shuttassiga**, chŭttŭnyi hófaï shi kashimashamu((または savagassanu)) shī ōsantang. "*I should have done this, according to promise, but from the noise of a fire alarm, I could not do it.*"〈約束通り, これをしようと思っていたが, 火災警報の騒音で, できなかった〉

shŭtǎssīgǎ　5-89　**shŭtǎssīgǎ** *it would have been* していたであろう

☆連用形「し」を含む。「しをりてあ（る）すが→しをりた（る）すが」に対応。

/sjutasiga/ と推定。

shūtǎrē　3-120　Tassiki ōshidung **shūtǎrē** tassikitassiga. "*Had I been able to help you, I should, &c.*"〈助けることができたら, 助けたんだが〉

☆連用形「し」を含む。「しをりてあれは→しをりたれは」に対応。

第2節　ベッテルハイム『琉球語と日本語の文法の要綱』・『琉球語辞書』の動詞形態の考察　789

/sjutare'e/ と推定。

shutéré　3-120　Tassikīru chimu makutunyi aïdung **shutéré**, utageye nerang tassikitara hazi yassiga. Ah, djitsé aranteng, itsivatidu yatengté((yatengdó)). *"Had they really desired to help you, no doubt, they might have helped you, but, alas, it was not real, it was put on.*"〈彼らが本当に君を助ける気持があたなら，疑いなく助けていたはずだが。ああ，本当ではなかったんだ。偽りだったんだ〉

☆ 連用形「し」を含む。「しをりてはあれは」に対応。

/sjute'ere'e/ と推定。

（せ）命令

si　1-64　satchi kunu kutu, atu anu kutu **si**〈先にこれをして，後にあれをせよ〉

　　3-119　anshi **si** *"before you do it* "〈それからしなさい〉

　　5-98　tumunyi ban **si**ndi icha kutu, *said the master, keep watch together*　一緒に番をしなさい，と主人は言った

sí　6-37　**sí**（せよ。基本語幹 s-）〈do〉

sī　5-103　īgó it**ā**tti té shtsinyi sanné narang mung, munu gutu kangérachi, kanash**ā**shi yū yashinaï g**ā**ta-**sī**ndi ītskita kutu, uri kara tushïuï dūd**ŭ** k**ā**nash**ā**shandinu m**ū**nugat**ā**ï *you cannot but consider them of utmost importance, let them consider, every thing for you, love them, feed & nurse them well. Thus commanded, they thence forward loved the aged very much. Of(thus loving the aged, this is) a talk.*　（以後）いたって大切にしなければいけない。物事を考えさせて，慈しみ，よく扶養しなければならないと言いつけたので，それから年寄りをたいへん慈しんだという物語。

☆ 命令形「せ」を含み「せい」に対応。/siri/ の変化した形の可能性もある。

/si'i/ と推定。

sī yó　3-122　kunu vaza tskorané narang tuchindó, chimu tsikiti **sī yó.** *"As you cannot help doing this, do it willingly.*"〈これはやらざるを得ないんだから進んでやりなさい〉

sĭyó　3-111　si, se, **sĭyó,** *"Do!*"〈やれ！〉

☆ 命令形「せ」を含む。「せよ」に対応。

/si'i'jo'o/ と推定。

sé　2-101　命令 si, **sé**, sīyŏ, *do*〈せよ〉

se　3-111　si, **se**, sĭyó, *"Do!*"〈やれ！〉

☆ 命令形「せ」を含む。「せは」に対応。

/se'e/ と推定。

連体形「する」

sirunyi　4-237　**sirunyi**（（または sunyi）） uyubang, *"not sufficient for (not reaching to) doing it"*〈それをするには十分ではない（達していない）〉

☆ 連体形「する」を含む。「するに」に対応。

/sirunji/ と推定。注98)　訓読体。文語。

790　第 4 章　アルファベット資料の動詞形態の考察

sunyi 4-237 sirunyi ((または **sunyi**)) uyubang, "*not sufficient for (not reaching to) doing it*" 〈それをするには十分ではない（達していない）〉

☼ 終止形「す」を含む。「す（る）に」に対応か。

/sunji/ と推定。訓読体。文語。/siruni/ → /su'ɴni/ → /suni/ と変化したと見る。

sunying 3-125 Sunyé[1](**sunying**) uyubankutu sunyé tarirang. "*What is not one's business, what is not worth doing.*"〈関係のないことは，する価値がない〉[1]（スニヤ。動名詞として用いられた語幹スルに，与格語尾の付加した形，スルニヤ，"*to his doing*"〈彼のすることに〉と同じ。

☼ 連体形「する」を含む。「す（る）にも」に対応か。

/sunji'ɴ/ と推定。

sunyé 3-125 **Sunyé**[1](sunying) uyubankutu sunyé tarirang. "*What is not one's business, what is not worth doing.*"〈関係のないことは，する価値がない〉[1]（スニヤ。動名詞として用いられた語幹スルに，与格語尾の付加した形，スルニヤ，"*to his doing*"〈彼のすることに〉と同じ。

☼ 連体形「する」を含む。「す（る）には」に対応か。

/sunje'e/ と推定。注98)

（するな）禁止

sūnnă 2-101 （命令）**sūnnă**, sunnayo, shé simang, *don't*〈するな〉

súnna 6-37 **súnna**（するな。基本語幹 s-）〈do〉

sūnna 5-98 nămă kără sătchĭ unu-yónŭ kŭtu **sūnnă**ndi tuzikiti yurusăttang *& commanding he should hence forward not do a similar thing, he forgave him (was forgiven)* 以後同様の振舞はするな，と命じ下男を許した（下男は許された）

☼ 連体形「する」を含む。「するな」に対応。

/su'ɴna/ と推定。

sunnayo 2-101 （命令）sūnnă, **sunnayo**, shé simang, *don't*〈するな〉

sunnayó 3-123 ïyankae **sunnayó**ndi[3] tuzikirantī? "*Did I not command you not to do it?*"〈してはいけないと言ったではないか〉[3] この ndi は動詞 tuzikiung の支配語である。よ

☼ 連体形「する」を含む。「するなよ」に対応。

/su'ɴna'jo'o/ と推定。

（せ）已然

sivadu 1-68 chŭnŭ sibiti shuru tukuró yū **sivadu** yarundó〈やるべきことは何でもちゃんとやりなさい〉

shĭ vadu 3-123 fōbĭ **shĭ**[3] **vadu** yarundinu kutudu yatang. "*it was a matter worthy of reward.*"〈褒美に価することだった。〉[3] fōbishung〈褒美を与える〉

☼ 已然形「せ」を含む。「せはど」に対応。

/si'wadu/ と推定。注99)

sĭvăng 5-103 văka mung sūyó atsimati djĭmmi**sĭvăng** kan kérarănta kŭtŭ *all the youths assembled, consulted, but could not find it out(turn their speculation* *to it*) 若者が皆集まって協議しても考えつかなかった [Kan kéraranta, *turn their speculation to it*（考察をそれに向けることが出来なかった）] ので，

☆ 已然形「せ」を含む。「せはも」に対応。

/si'wa'ɴ/ と推定。

sé 2-99 接続法 **sé** ((anse,*so if he were to do so*)) *if he did, were to do*

3-116 Ikandī **sé**[1]), yudjūnū ati ikarang, "*I should have gone, ((was about to go)) but having had business, did not go.*〈行くべきであったが((行こうとしたが))，用事があって行けなかった〉[1]) sé は shung の活用形で，sava の代用，この構文では，sé の前の ī は長められ，dī sé となる。

se 5-98 shudjinnu kéti menshīdūn**se**, *when you come back*,　あなたが帰られたら

2-87 接続法の dun**se**(dunsawa), dung are, または dung yare に現われる du は，疑いもなく，この du であり，

☆ 已然形「せ」を含む。「せは」に対応。

/se'e/ と推定。

（さ）未然

ssa 2-99 直説法未来 **ssa**ndi shung, *shall do*

sa 2-99 分詞 **sa**ndi shuru

☆ 未然形「さ」に対応。注100)「意志」を示す。

/sa/ と推定。

sava 3-116 Ikandī sé[1]), yudjūnū ati ikarang, "*I should have gone, ((was about to go)) but having had business, did not go.*〈行くべきであったが((行こうとしたが))，用事があって行けなかった〉[1]) sé は shung の活用形で，**sava** の代用，この構文では，sé の前の ī は長められ，dī sé となる。

☆ 未然形「さ」を含む。「さは」に対応。

/sa'wa/ と推定。

săvāng 2-101 （随意）chā **săvāng**, *do what he may*〈何をしようと〉

savang 2-101 随意 **savang**, sang aravang, *whether he do or not*〈してもしなくても〉

saváng 6-37 **saváng**（しようと。基本語幹 s-）〈may〉

☆ 未然形「さ」を含む。「さはも」に対応。

/sa'wa'ɴ/ と推定。

sandé 2-99 接続法 **sandé** sé, *was about to do, but & c.*

☆ 未然形「さ」を含む。「さむては」に対応か。「しようとは」の意。

/sa'ɴde'e/ と推定。統語的には「sandé sé」/sa'ɴde'e se'e/「さむては　せは」(「しようとはすれ」の意) でひと纏まりとなる。

（さぬ）

sang 3-121 úyanu cha ((shivangsang[4]) gŭtŭ)) ándákunyi kurāshússīgăyā. "*how happy his parents would be!*"〈両親は何と幸せであろうか〉[4]) shiva〈苦悩〉 shivashung〈苦悩する〉，否定形は shivansang

4-242 achīng-**sang**, "*he does not even walk*"〈彼は歩きさえしない〉

4-242 kanashān **sang**, "*I don't love*"〈愛さない〉

792　第4章　アルファベット資料の動詞形態の考察

6-37 sang（しない。基本語幹 s-）〈do〉

săng　4-242 kadīn **sang**, "*he does not even eat, eaven eating he does not* "〈彼は
食べさえしない〉注101)

　　☆ 未然形「さ」を含む。「さぬ」に対応。

　　/saᴺ/ と推定。

sānĭ　2-101 （疑問）否定 **sānĭ**, santī　注102)

　　☆ 未然形「さ」を含む。「さに」に対応。「−ぬ＋/i/」→「に」。

　　/sani/ と推定。

santī　2-101 （疑問）否定 sānĭ, **santī**　注103)

　　☆ 未然形「さ」を含む。「さぬてい」に対応。「−て＋/i/」→/−ti'i/。

　　/saᴺti'i/ と推定。

sandung　2-99 接続法　**sandung** are

　　☆ 未然形「さ」を含む。「さぬども」に対応。

　　/sa'ᴺdu'ᴺ/ と推定。

sănkăyā　3-124 Andó yayé **sănkăyā**, yayésănĭ. "*Is it perhaps not so?* "〈多分そう
ではないだろうか〉

　　☆ 未然形「さ」を含む。「さぬかや」に対応。

　　/sa'ᴺka'ja'a/ と推定。

sane　2-97 不定詞　shuru, shĭ shti;　否定形　**sane**

sané　2-100 **sané** narang, *can not be left undone, must be done,* 〈せずにすておく
ことはできない, せねばならない〉

sané　2-97 **sané** narang"*not to do can not be* "〈しないことはできない〉, "*must do* "
〈しなければならない〉。助動詞 shung は, ほとんどすべての単語を動詞化し
たり, 副詞化したりする機能を有するので, 非常にひんぱんに用いられる。そ
れは語尾変化していない名詞に, 直接付加されたり, nyi や tu を介して付加さ
れたりして機能を果す。ūshashă, "*joy* "〈うれしさ〉 （略） ti-yó"*the motion,
gesticulation of the hand* "〈手振り〉などに shung を付けると動詞となる。

　　☆ 未然形「さ」を含む。「さねは」に対応。

　　/sane'e/ と推定。

sanné　5-103 īgó itātti té shtsinyi **sanné** narang mung, munu gutu kangérachi,
kanashāshi yū yashinaï gāta-sīndi ītskita kutu, uri kara tushïuï dūdŭ
kānashāshandinu mūnugatāï *you cannot but consider them of utmost im-
portance, let them consider, every thing for you, love them, feed & nurse
them well. Thus commanded, they thence forward loved the aged very
much. Of(thus loving the aged, this is) a talk.* （以後）いたって大切にし
なければいけない。物事を考えさせて, 慈しみ, よく扶養しなければならな
いと言いつけたので, それから年寄りをたいへん慈しんだという物語。

　　☆ 未然形「さ」を含む。「さぬには」に対応。

　　/sa'ᴺne'e/ と推定。

san bashu　2-101 （時・期間）否定 sang ba, **san bashu**注104)

第 2 節　ベッテルハイム『琉球語と日本語の文法の要綱』・『琉球語辞書』の動詞形態の考察　793

☆ 未然形「さ」を含む。「さぬばす」に対応。次に名詞が続いているので、「連体形」ということになる。

/sa'ɴ basju/ と推定。

sang ba　2-101　（時・期間）否定 **sang** ba, san bashu

☆ 未然形「さ」を含む。「さぬば」に対応。

/sa'ɴba'a/ と推定。

sang gŭtŭ　3-121　úyanu cha ((shivangsang[4] **gŭtŭ**)) ándákunyi kurāshússǐgǎyā. "*how happy his parents would be!*" 〈両親は何と幸せであろうか〉[4] shiva 〈苦悩〉shivashung 〈苦悩する〉, 否定形は shivansang

sãng gŭtŭ　5-89　gakumung *but the studies* しかし学問が djódjó **sãng gŭtŭ** *unfinished* 成就しないのに vang *me* 私を　mī bushashi *to see desirous* 見たがって

☆ 未然形「さ」を含む。「さぬごと」に対応。

/sa'ɴgutu/ と推定。

sang hazi　2-100　（疑念）否定 **sang hazi**, santaru hazi, **sanggissa**, 注105)

☆ 未然形「さ」を含む。「さぬはず」に対応。

/sa'ɴhazi/ と推定。

sanggissa　2-100　（疑念）否定 sang hazi, santaru hazi, **sanggissa**, 注105)

☆ 未然形「さ」を含む。「さぬげさ」に対応。

/sa'ɴgi(Q)sa/ と推定。

sansi　2-102　（動詞的名詞）否定 **sansi**, santasi.

☆ 未然形「さ」を含む。「さぬす」に対応。

/sa'ɴsi/ と推定。

sansé　2-99　接続法　**sansé**, *if he were not to do*

☆ 未然形「さ」を含む。「さぬすは」に対応。

/sa'ɴse'e/ と推定。

sansíga　2-102　shussiga, shossiga, shiyabissiga, shutassiga, **sansíga**, santassíga.

☆ 未然形「さ」を含む。「さぬすが」に対応。

/sa'ɴsiga/ と推定。

sang aravang　2-101　随意 savang, **sang aravang**, *whether he do or not* 〈してもしなくても〉

☆ 未然形「さ」を含む。「さぬあらはも」に対応。

/sa'ɴʔara'wa'ɴ/ と推定。

sang aré　3-119　kuri tákŭmǐnu tǐdang **sang aré** narang mung ya kutu, iyaya nantu shīng yū tskoï ōsan. "*Work ever so mach, you'll never make it right. This required much skill.*" 〈どんなにやっても, これはうまく作れないだろう。大変技術を要するんだ〉

☆ 未然形「さ」を含む。「さぬあれは」に対応。

/sa'ɴʔare'e/ と推定。

san ati　2-99　接続法　**san ati** dung are

☆ 未然形「さ」を含む。「さぬありて」に対応。

/sa'ɴʔati/ と推定。

san ate 3-108 Nyindjinó shindjĭtsi kānyūnyi **san ate** simandinu munugataï, " *a dicourse* ママ *on not to neglecting to make truth the principal thing*"〈人間は真実を一番肝要なものと重んじなければならないという話〉

☼ 未然形「さ」を含む。「さぬありては」に対応。

/sa'nʔate'e/ と推定。

santang 2-99 （直説法過去）**santang**

☼ 未然形「さ」を含む。「さぬてありむ」に対応。

/sa'ɴta'ɴ/ と推定。

santaru 2-99 （分詞）**santaru**

2-100 （疑念）否定 sang hazi, **santaru** hazi, sanggissa, 注105)

☼ 未然形「さ」を含む。「さぬてある」に対応。

/sa'ɴtaru/ と推定。

santasi 2-102 （動詞的名詞）否定 sansi, **santasi**.

☼ 未然形「さ」を含む。「さぬてあ（る）す→さぬた（る）す」に対応。

/sa'ɴtasi/ と推定。

sāntăgă 3-117 chāsi **sāntăgă**, " *why did you not do it?*"〈どうしてしなかったか？〉

☼ 未然形「さ」を含む。「さぬてあ（る）が→さぬた（る）が」に対応。

/sa'ɴtaga/ と推定。

santassíga 2-102 shussiga, shossiga, shiyabissiga, shutassiga, sansíga, **santassíga**.

☼ 未然形「さ」を含む。「さぬてあ（る）すが→さぬた（る）すが」に対応。

/sa'ɴtasiga/ と推定。

santing 2-101 （譲歩）否定 **santing**, santóting. 注106)

☼ 未然形「さ」を含む。「さぬても」に対応。

/sa'ɴti'ɴ/ と推定。

santóting 2-101 （譲歩）否定 santing, **santóting**. 注106)

☼ 未然形「さ」を含む。「さぬてはをりても」に対応。

/sa'ɴto'oti'ɴ/ と推定。

「さる」（される）

sariïdun 2-101 受動態 肯定 **sariïdun**se *if it were done*

☼ 未然形「さ」を含む。「されりども」に対応。

/sari'idu'ɴ/ と推定。/-ri'i-/ なので「－れれ－」ではなく、「－れり－」に対応すると判断。

sarīgissa 2-101 （受動態）疑念（肯定）**sarīgissa**, sarigashura

☼ 未然形「さ」を含む。「されりげさ」に対応。

/sari'igiQsa/ と推定。

sarigissami 2-101 sarigashuraï, **sarigissami**, *may it perhaps be done*〈されるだろうか〉

☼ 未然形「さ」を含む。「されりげさありみ」に対応。

/sari'igiQsami/ と推定。

sariung 2-101 受動態 肯定 **sariung**, sarīng, *to be done*(*to be, its used*)

☼ 未然形「さ」を含む。「されりをりむ」に対応。

/sari'u'ɴ/ と推定。/sari'i'ɴ/ 参照。

sarīng　2-101　受動態　肯定 sariung, **sarīng**, *to be done* (*to be, its used*)

　　☼ 未然形「さ」を含む。「されりをり<u>む</u>」に対応。

/sari'i'ɴ/ と推定。/sari'u'ɴ/ 参照。

sarīru　2-101　受動態　肯定 **sarīru** 分詞

　　　　2-101　(受動態) 疑念 (肯定) **sarīru** hazi

　　☼ 未然形「さ」を含む。「されりをる」に対応。

/sari'iru/ と推定。

sarīkŭtŭ　2-101　(受動態) 複合形 ((kutu, tukuru, tuchi との複合))shŭkkutu, *this doing, since, because it is doing* 〈するから〉,shăkkutu, *has been done*〈したから〉, **sarīkŭtŭ**〈同上〉, shuttukuru, *place, where doing*〈するところ〉; shuru tuchi, sharu tuchi, *when doing, done*〈する , したとき〉

　　☼ 未然形「さ」を含む。「されりを (る) こと」に対応。

/sari'ikutu/ と推定。

sarīse　2-102　(動詞的名詞) 受動 **sarīse**, sattosi, sattési, sariranse, sarirantasi.

　　☼ 未然形「さ」を含む。「されりを (る) すは」に対応。

/sari'ise'e/ と推定。

sarīmi　2-101　(受動態) 疑問 **sarīmi**, *shall it be done*〈されるだろうか〉,

　　☼ 未然形「さ」を含む。「されりをりみ」に対応。

/sari'imi/ と推定。

sariga　2-101　**sariga**shuraī, sarigissami, *may it perhaps be done*〈されるだろうか〉;

　　☼ 未然形「さ」を含む。「されりを (る) が」に対応。

/sari'iga/ と推定。

satti　2-101 受動態　否定 **satti** arandung aré

sătti　5-100　Fitunu nŭsŭdus**ătti** sh'tīnŭ vakarang kwandjŭnkae ūtt**ā**isha-kutu kwan nyinu chāng sūkkvéchótăssiga, *Somebody having-been-robbed, but not-knowing who-was-the-perpetrator, when he sued at-court the officers knew not what to do.* ある人が泥棒に入られ , 犯人が誰かわからず , 官所に訴えたら , 役人たちもわからなかった

　　☼ 未然形「さ」を含む。「されて」に対応。

/saQti/ と推定。

sattidung　2-101　受動態　肯定 **sattidung** are

　　☼ 未然形「さ」を含む。「されてども」に対応。

/saQtidu'ɴ/ と推定。

sattī　2-101　**sattī**, *was it done*〈されたか〉

　　☼ 未然形「さ」を含む。「されてい」に対応。「い」 /i/ は「疑問」の助辞。

/saQti'i/ と推定。

sattang　2-101　受動態　肯定 **sattang**, *have been done*

　　☼ 未然形「さ」を含む。「されてあり<u>む</u>→されたり<u>む</u>」に対応。

/saQta'ɴ/ と推定。

sattaru　2-101　受動態　肯定 **sattaru** 分詞

　☼ 未然形「さ」を含む。「されてある→されたる」に対応。

　/saQtaru/ と推定。

sattési　2-102　（動詞的名詞）受動 sarīse, sattosi, **sattési**, sariranse, sarirantasi

　☼ 未然形「さ」を含む。「されてはあ（る）す」に対応。

　/saQte'esi/ と推定。

sattosi　2-102　（動詞的名詞）受動 sarīse, **sattosi**, sattési, sariranse, sarirantasi

　☼ 未然形「さ」を含む。「されてはを（る）す」に対応。

　/saQto'osi/ と推定。

sarirang　2-101　受動態　否定 **sarirang**, *not be done*

　☼ 未然形「さ」を含む。「されらぬ」に対応。

　/sarira'ɴ/ と推定。

sariranse　2-101　受動態　否定 **sariranse**

　☼ 未然形「さ」を含む。「されらぬすは」に対応。

　/sarira'ɴse'e/ と推定。

sarirang ami　2-101　**sarirang ami**, ati, atami, *Is it not done, has it not been done?*
　　　　　　　　〈されていないか, されていなかったか〉,

　☼ 未然形「さ」を含む。「されらぬありみ」に対応。

　/sarira'ɴʔami/ と推定。

sarirang ati dung　2-101　受動態　否定 **sarirang ati dung** aré

　☼ 未然形「さ」を含む。「されらぬありてども」に対応。

　/sarira'ɴʔatidu'ɴ/ と推定。

sariranga　2-101　（受動態）疑念（否定）**sariranga** yărā

　☼ 未然形「さ」を含む。「されらぬが」に対応。

　/sarira'ɴga/ と推定。

sarirantang　2-101　受動態　否定 **sarirantang**

　☼ 未然形「さ」を含む。「されらぬてありむ→されらぬたりむ」に対応。

　/sarira'ɴta'ɴ/ と推定。

sarirantaru　2-101　受動態　否定 **sarirantaru**

　☼ 未然形「さ」を含む。「されらぬてある→されらぬたる」に対応。

　/sarira'ɴtaru/ と推定。

sarirantasi　2-102　（動詞的名詞）受動 sarīse, sattosi, sattési, sariranse, **sarirantasi**

　☼ 未然形「さ」を含む。「されらぬてあ（る）す→されらぬた（る）す」に対応。

　/sarira'ɴtasi/ と推定。

sarirantī　2-101　**sarirantī**〈されていないか, されていなかったか〉

　☼ 未然形「さ」を含む。「されらぬてい」に対応。「い」/i/ は「疑問」の助辞。

　/sarira'ɴti'i/ と推定。

（して）

shti　2-97　不定詞　shuru, shĭ **shti**；否定形　sané

　☼「して」に対応。「sh」は母音 /i/ が無声化したことを示していよう。

第 2 節　ベッテルハイム『琉球語と日本語の文法の要綱』・『琉球語辞書』の動詞形態の考察　797

/sjiti/ と推定。

shī　2-101　（疑問）shī, *has he done, is it done?*〈したか〉

☆「して」を含む。「してい」に対応。「い」/i/ は「疑問」の助辞。「しい」の可能性もあるか。

/sji'i/ と推定。/Qsji'i/ の可能性もある。

（しては）？　（しは）？

shé　1-70　Vaga arinyi **shé** ickandi icharu kutó yāyă nuyati shaga? *Why did you what I told him is not right to be done?*〈私が彼にしてはいけないと言ったことを君はなぜしたのか〉

2-101　（命令）sūnnă, sunnayo, **shé** simang, *don't*〈するな〉

3-109　**shé**, kade ndang "*I have never seen it done, eaten*[3]〈それをするのを，食べるのを見たことがない〉[3]〈今日の琉球方言では「それをしたこと，食べたことがない」の意味である。〉

☆「して」を含む。「しては」に対応。「しは」の可能性もあるか。

/sje'e/ と推定。

（以下は，「し」と「して」との区別がしにくいものであるが，現代語などとの対応から「して」と判断する。）

shi　3-117　kūkvé**shi** chibaï tskiïdunse, "*if you repent & be diligent,*"〈後悔し，勤勉になるならば，〉

shi　3-107　Dzinó assiga, mūnū kangé neng**shi**, furiziké**shi**, "*He had money, but being inconsiderate & prodigal,*"〈お金は持っていたが，思慮が浅く，放蕩だったので，〉

shi　3-125　Vattāya nama hayé**shi**, charu kutuga yărā ndji nchīndă "*Let us now run & see what it is ((what the matter is))*"〈走って行って何事か（（何が起ったのか））見て見よう〉

shi　3-115　nū ndji **shi**[11] assidi kū　*come & we'll walk a little*　来なさい。そしたら少々散歩しましょう。　[11] shi は省いて良いが，ここでは動詞 ndji（（イデル））を副詞的なものにしている nū ndji shi

shi　3-117　Dzing kangīn**shi** tsikati-dung atere "*If you had been sparing of money*"〈君がお金をかげんして使っていたら，〉kagīnshi）

shi　3-119　Vanne gattīnnŭ fŭï**shi** īndi（（または ūndi））īssiga, "*Although I may seemingly say yes,*"〈私は合点したふりをして受け合うけれども〉

shi　3-120　Chā**shi** tskŏyŭrā（（tskōtărā））shirang. "*I know not how he makes((mede))it.*"〈彼がどんな風にそれを作る（（作った））のか知らない〉

shi　3-128　Vanya sūn**shi**-mivakó yatassiga, adde（（ari））kótang. "*Although I explained I was a loser, yet he bought.*"〈私が損をすると説明したが，彼は買い取った〉

shi　4-240　kamiū paï**shi**（又は wugadi）"*To adore god*"〈神を崇べ〉」

shi　5-94　nāmidā**shi** *shed tears* 涙を出し

shi　5-98　shiva**shi** *he felt uneasy* 彼は不安になってきた

shi　5-103　nuï kāta**shi** *painted over* 塗装した

shĭ　2-97　不定詞　shuru, **shĭ** shti；否定形　sané

798　第4章　アルファベット資料の動詞形態の考察

shĭ　5-88　tudji *his wife* 妻を mī bushshă**shĭ** *to see desires* 見たくなって

shĭ　5-90　ĭchĭn**shĭ** *talking over by*　意見して

　　☆「して」に対応。

　　/(Q)sji/ と推定。注107)

shidu　2-86　machige**shidu** īttéru hazi "*It may be, it was by mistake, that it was put in* "〈間違えて入れてあるはず〉

　　☆「して」を含む。「してど」に対応。

　　/(Q)sjidu/ と推定。

shing　3-126　Yāsha-djinyi **shing** ((yashashi shidjing)) munó kūrang, "*Sooner die hunger than beg*"〈物乞いするよりは飢え死にしよう〉)

shīng　2-101　（譲歩）kan **shīng**,*even, though doing so, yet &c.*〈たとえそうしても……〉

　　☆「して」を含む。「しても」に対応。

　　/(Q)sji'ɴ/ と推定。

（してある）

shta　接続不定詞過去 shti と a の結合し短縮した **shta** から形容詞が形成されることもある。kanasháshta ftu, *a loving man*〈～を愛している人〉, hashitushta, *healthy*〈健康な〉, sóvūshta ftu, *a man fit for all things*〈すべてに相応した人〉

　　☆「して」を含む。「してあ（る）→した（る）」に対応。

　　/(Q)sjita/ と推定。/(Q)sjitaru/ → /(Q) sjitaQ / → /(Q) sjita/ のような変化があったと考える。

shta fuï　3-126　**Shta**((シテア)) **fuï**, または shtchoru((シテヲル)) fuï, "*as if he knew*"〈あたかも知っているかのように〉

　　☆「「して」を含む。「してあ（る）ふり→した（る）」ふり」に対応。

　　/(Q)sjitahwu'i/ と推定。/(Q)sjitaruhwu'i/ → /(Q)sjitaQhwu'i/ → / (Q)sjitahwu'i /、及び /ri/ → /'i/ の変化があった。

sheng　2-99　直説法過去　shang(*), shutang, *did*　(*他に **sheng**, *done, it is done*〈為された〉：複合語では shóng((shi wung)) も使われる。fanshong, *spoken against*〈反対される〉。

　　　　　4-234　Yū **sheng** yassa. "*Well done*"〈よくできた〉

　　☆「して」を含む。「してはあり<u>む</u>」に対応。

　　/(Q)sje'e'ɴ/ と推定。

sheru　2-100　疑念 shuru hazi, **sheru,** sharu hazi, shīgissa, *perhaps does, has done, is about to do*〈恐らくする，した，しようとしているだろう〉

　　　　　5-100　djinyi nusudu **sheru** fitó ūbizĭnyi kobi chidjumita kutu, *The real thief, forgetting himself, drew his head in,* ほんとに泥棒した者はおぼえずその頭をひっこめ縮めたので，

　　☆「して」を含む。「してはある」に対応。

　　/(Q)sje'eru/ と推定。

sheru　2-86　itcheru tuï du **sheru** "(*It is) done according to what has been said*"〈言った通りにしてある〉

☼「して」を含む。「してはある」に対応。前の「du」と「－ど～る」の照応関係としての連体形。

/(Q)sje'eru/ と推定。

shéru nā　4-243　**shéru nā,** “is it done? ”〈やってあるか〉

☼「して」を含む。「してはあるな」に対応。

/(Q)sje'eruna'a/ と推定。注108)

shesi　2-102（動詞的名詞）**shesi**, shósi, shotasi, shiabitasi, *the having done*〈したこと〉。

☼「して」を含む。「してはあ（る）す」に対応。

/(Q)sje'esi/ と推定。

（してをり）

shong　5-105　Soté hashittu**shong**.（*They are all in good health*）皆健康です。

shóng　2-99　直説法過去　shang(*, shutang, *did*　(*sheng, *done, it is done*〈為された〉; 複合語では **shóng**((shi wung)) も使われる。fanshong, *spoken against*〈反対される〉

6-38　shóng（している。音便語幹 sh-）〈disorder〉

☼「して」を含む。「してはをりむ」に対応。

/(Q)sjo'o'ɴ/ と推定。

shoru　2-99　分詞　**shoru**((shi wuru))

☼「して」を含む。「してはをる」に対応。

/(Q)sjo'oru/ と推定。

shóri　2-100　時・期間 shinyé, sharu ba, shuru bashu, shuru utchi, shóti((shi wuti)), **shóri**((shi wuri)), *while doing, in doing*〈している時〉

2-101　（時・期間）kvété **shóri**, *being pregnant, while pregnant*〈懐胆(ママ)している時〉

☼「して」を含む。「してはをり」に対応。

/(Q)sjo'ori/ と推定。/sjo'o'i/ ではないことに注意。

shósi　2-102（動詞的名詞）shesi, **shósi**, shotasi, shiabitasi, *the having done*〈したこと〉。

☼「して」を含む。「してはを（る）す」に対応。

/(Q)sjo'osi/ と推定。

shossiga　2-102　shussiga, **shossiga**, shiyabissiga, shutassiga, sansíga, santassíga.

☼「して」を含む。「してはを（る）すが」に対応。

/(Q)sjo'osiga/ と推定。

shóti　2-100　時・期間 shinyé, sharu ba, shuru bashu, shuru utchi, **shóti**((shi wuti)), shóri((shi wuri)), *while doing, in doing*〈している時〉

2-101　（時・期間）vorabi **shóti**, *while having been a child*〈子供であったころ〉

☼「して」を含む。「してはをりて」に対応。

/(Q)sjo'oti/ と推定。

shóting　3-119　Nŭchĭ stiti **shóting**[2)]((stiting)) iyankae kafushé iyăng “*You might have laid((might lay)) down your life for him, he would not thank you.* ”

〈彼のために生命を捨てる覚悟でしても，彼は感謝しないだろう〉[2] shi-wutīng

☆「して」を含む。「してはをりても」に対応。

/(Q)sjo'oti'ɴ/ と推定。

shotaru　2-99　分詞 **shotaru**((shi wutaru))

☆「して」を含む。「してはをりたる」に対応。

/(Q)sjo'otaru/ と推定。

shotasi　2-102　（動詞的名詞）shesi, shósi, **shotasi**, shiabitasi, *the having done* 〈したこと〉。

☆「して」を含む。「してはをりた（る）す」に対応。

/(Q)sjo'otasi/ と推定。

shotassiga　3-118　Vanné mugúndu **shotassiga** urīrantan[2]di umūnnayo. "*Although I kept silence, think not I was not grieved.* "〈無言でいたけれども，憂えていなかったとは思わないでくれ〉[2] ウレイ urīung〈憂える，悲しむ〉の否定形過去。

☆「して」を含む。「してはをりた（る）すが」に対応。

/(Q)sjo'otasiga/ と推定。

shókayá　5-105　gandjun**shókayá**?〈*are they well?*〉皆様お元気ですか。

☆「して」を含む。「してはを（る）かや」に対応。

/(Q)sjo'oka'ja'a/ と推定。

shóying　2-100　（時・期間）vorabi **shóying**, *while a child, in childhood* 〈子供の頃〉

☆「して」を含む。「してはをるに」に対応。

/(Q)sjo'o'i'ɴ/ と推定。/ni/→/ɴ/ の変化がある。

shóying kărā　3-121　vorabi **shóying**[1) **kărā** yudangsang((ukutărāng)) gutu simi narati. tushifi munashku tsi-yassang((tuchi sirasang)) ati dung atéré　"*I had unweariedly studied from may youth up & not idled away my time*" 〈子供の頃から根気強く学問をし，月日をむなしく費やすようなことがなかったら〉[1) shi-wūyin.

shoying kara　2-101　（時・期間）worabi **shoying kara**, *from childhood onward* 〈子供のころからずっと〉

☆「して」を含む。「してはをるにから」に対応。

/(Q)sjo'o'i'ɴkara/ と推定。/ni/→/ɴ/ の変化がある。

（しておく）

shi-uchung　3-114　ïyăgă kunu kutu shóki[21) vadu sinyuru"*you should still have done it* "〈君はそれをしておくべきだった〉[21) **shi-uchung**

☆「して」を含む。「しておきをりむ」に対応。

/(Q)sjiʔucju'ɴ/ と推定。/(Q)sjicju'ɴ/ 参照。

shtchung　2-99　直説法未来複合形 **shtchung**, ((shi ut'chung)), *shall have done*

☆「して」を含む。「しておきをりむ」に対応。

/(Q)sjicju'ɴ/ と推定。/(Q)sjiʔucju'ɴ/ 参照。

第2節　ベッテルハイム『琉球語と日本語の文法の要綱』・『琉球語辞書』の動詞形態の考察　801

shóka 3-118 Vanné ǐchǎrǔ tūī kunu yūdjǔ **shóka**ndi shuttassiga, chǔttǔnyi hófaï
shi kashimashamu((または savagassanu)) shī ōsantang. "*I should have done
this, according to promise, but from the noise of a fire alarm, I could not do it.* "
〈約束通り，これをしようと思っていたが，火災警報の騒音で，できなかった〉

☼「して」を含む。「してはおか」に対応。

/(Q)sjo'oka/ と推定。

shóki vadu 3-117 Chīnyǔ **shóki vadu** yatassiga, " *Yesterday you ought to have
done it,* "〈昨日しておくべきだったのに，〉

☼「して」を含む。「してはおけはど」に対応。

/(Q)sjo'oki'wadu/ と推定。

shi ukang 2-99 （直説法未来複合形） **shi ukang**

☼「して」を含む。「しておかぬ」に対応。

/(Q)sji?uka'N/ と推定。

おいてす於為

uūtisi 5-111 （注釈部）fitunu ayamatiruya unu unu sunu luïnyi **uūtisi**, 人の過ちは
それぞれ((その過ちをあらわす))人の類によって条件づけられる((影響される))

☼「おいてす」に対応。注109)

/?u'itisi/ と推定。

がいす害為

geshung 1-66 dūnyi **geshung** 〈自分自身を傷つける〉

☼ 連用形「がいし」を含む。「がいしをり<u>む</u>」に対応。

/ge'esju'N/ と推定。

ざす座

zāsiruga gūtuku 5-107 ザスルガ　ゴトク　**zāsiruga gūtuku**

☼ 連体形「ざする」を含む。「ざするがごとく」に対応。

/zasirugagutuku/ と推定。注110)

しっす失

shishi 5-111 （注釈部）kunshiva tsininyi atsichinyi shīshi, shodjinva tsininyi ussichinyi
shǐshi　君子は善にすぎる点で過ち，小人は((行為の))あさはかさで過つ。

☼ 連用形「しっし」に対応。

/sji(Q)sji/ と推定。

shisi 5-111 （注釈部）kunshiva tsininyi atsichinyi shīshi, shodjinva tsininyi ussichinyi
shǐsi　君子は善にすぎる点で過ち，小人は((行為の))あさはかさで過つ。

☼ 終止形「しっす」に対応。

/sji(Q)si/ と推定。

はっす発

fassiru 4-233 一般に琉球語では、間投詞のことを kussi, または gu **fassiru**((発句))
kutuba と呼んでいるが，

☼ 終止形「はっする」に対応。

/hwaQsiru/ と推定。

802　第4章　アルファベット資料の動詞形態の考察

かんず感

kandjïung　2-122　カンズ **kandjïung**〈感ずる〉

kandjiung　3-119　Vúng ukiting ²⁾kandjirang. *"Receiving favours, yet he is ((not influenced)) ungrateful."*〈恩を受けても，彼は((影響されない))恩知らずだ〉²⁾ "感" kan, **kandjiung**

　☆ 連用形「かんじ」を含む。「かんじをりむ」に対応。

　/ka'ɴzji'u'ɴ/ と推定。

kandjirang　3-119　Vúng ukiting ²⁾**kandjirang**. *"Receiving favours, yet he is ((not influenced)) ungrateful."*〈恩を受けても，彼は((影響されない))恩知らずだ〉²⁾ "感" kan, kandjiung

　☆「ラ行（四段）化」後の未然形「かんじら」を含む。「かんじらぬ」に対応。

　/ka'ɴzjira'ɴ/ と推定。

しやうず生

shódji yassíchïnu　5-109　（Yumi）テンガ　シヤウジ　ヤスキノ　モノ　アリト　イヘドモ　Tinga **shódji yassíchïnu** munu āritu īdŏmŏ,

　☆ 連用形「しやうじ」を含む。「しやうじやすきの」に対応。

　/sjo'ozji'jasicjinu/ と推定。

shódji yāssaru　5-110　（Tuku-shu）テンガ　シヤウジ　ヤサル　モノ　アリヤ　シヨンドン　Tinga **shódji yāssaru** munu ayéshūndung,　（意味）*Even the easy(easiest) growing things in the world*, この世で（一番）芽を出し易いものでも，

　☆ 連用形「しやうじ」を含む。「しやうじやすさある」に対応。

　/sjo'ozji'jaQsaru/ と推定。

shódziru　5-109　（Yumi）イマダ　ヨク　シヤウズル　モノ　アラズ　īmădă yūku **shódziru** mūnu ārazi.
〔ママ〕

　☆ 終止形「しやうずる」に対応。訓読体。文語。

　/sjo'oziru/ と推定。

shédjiru　5-110　（Tuku-shu）マアダ　ヨク　シヤウズル　モノ　ナイン mādă yūku **shédjiru** munu neng.　（意味）*will never be able to grow.*　決して芽を出すことはできない（だろう）。

　☆「ラ行（四段）化」後の連体形「しやうじる」に対応。「shé」は「shó」の誤りであろう。「辞書2017」には，次のようにある。〈Grow 生える；植物が生ずる〕mí ndjïung, shódjiung;（中略）　諸々の丘の岩の間に生える₍ママ₎ muru muru yamanu ishinu uchinyi shódjiru kussa;（以下、略）〉

　/sjo'oziru/ と推定。

しんず信

shindjïung　2-122　ジンスル ₍ママ₎，琉球語では **shindjïung**〈信ずる〉

　☆ 連用形「しんじ」を含む。「しんじをりむ」に対応。

　/sji'ɴzji'u'ɴ/ と推定。

shindjité　1-70　tsudjirang mung，féku **shindjité** narang　*What you don't understand don't easily believe.*〈理解できないものは簡単に信じてはい

けない〉

☀「しんじて」を含む。「しんじては」に対応。

/sji'ɴzjite'e/ と推定。

たんず嘆

tandjiru 4-234 苦痛のために発する感嘆詞のことを **tandjiru** kutuba と呼び，感嘆の感嘆詞は nadjichuru kutuba, 賞嘆の感嘆詞は tambinu((歎美)) kutuba と呼んでいる。

☀連体形「たんじる」に対応。

/ta'ɴzjiru/ と推定。

つうず通

tsudjirang 1-70 **tsudjirang** mung, féku shindjité narang *What you don't understand don't easily believe.* 〈理解できないものは簡単に信じてはいけない〉

☀「ラ行（四段）化」後の未然形「つうじら」を含む。「つうじらぬ」に対応。

/cu'uzjira'ɴ/ と推定。

べんず弁

bindjïung 2-122 ベンズ **bindjïung** 〈区別する〉

☀連用形「べんじ」を含む。「べんじをり<u>む</u>」に対応。

/bi'ɴzji'u'ɴ/ と推定。

やすんず安 　（ヤスミスの音便）

yassūndji 5-105 Varabinu cha **yassūndji** nindang vaning mātă nīndarang. (*My children were) very restless, & consequently myself could not sleep.*) 子供たちがなかなか寝ないので，私自身もねむれませんでした。

yassndji 5-105 Yū akidóshi **yassndji** nindarang. (*We could not sleep the whole night.*) 一晩中寝れませんでした。^{ママ}

☀連用形「やすんじ」に対応。

/'jasu'ɴzji/ と推定。

yassūndjirānse 5-105 **yassūndjirānse** firumashī arang mung; (*it is not to be wondered,*) よく寝れないのも不思議ではありません。^{ママ}

☀「ラ行（四段）化」後の未然形「やすんじら」を含む。「やすんじらぬすは」に対応。

/'jasu'ɴzjira'ɴse'e/ と推定。

（ナ変）

いぬ往

ndji 3-107 Dikā! Shūshŭ assidatchi matchinkae **ndji**, "*Well now! Let us walk a little, go to the market,* " 〈さあ，しばらく散歩して，街へ行き，〉

3-125 charu kutuga yărā **ndji** nchīnda "*see what it is* " 〈行って何事か ((何が起ったのか)) 見てみよう〉

4-234 tó **ndji** yutashang " *Well, go to*" 〈では，行きなさい〉

ndjĭ 5-90 shshónu *of the master* 師匠の　tŭkŭrūnkae *to the place* 所に　**ndjĭ** *went* 行って　san ninga yeda *three years during* 三年が間

☆「いにて→いんで」に対応。

/ʔɴzji/ と推定。

ndjang　1-54　yā kae **ndjang** *he went home*〈彼は家に行った〉

1-68　bitsinkae **ndjang**〈別の所に行った〉

3-117　Matchinkae [1)]ndjiti vutērē((wurava, wuïdunse)), yī mung kóti kvïūtāssiga, "*Had I gone to market, I should have bought & given you some thing good ((but I was not))*"〈市場に出かけていたならば，良い物を買って君に上げただろう（が私はそこにいなかった）〉[1)]イデル ndjïung, 過去形は **ndjang**[(1)]，または ndjitang。　脚注[(1)]現在の方言では ndjang は ichung〈行く〉の過去形である。

ndjáng　6-36　**ndjáng**（行った。音便語幹 ndj-）〈go〉

☆「いにて」を含む。「いにてありむ→いんでありむ→いんだりむ」に対応。

/ʔɴzja'ɴ/ と推定。

ndjaru　3-109　**ndjaru** ato

6-36　**ndjaru** hazi（行ったはず。音便語幹 ndj-）〈nearly〉

☆「いにて」を含む。「いにてある→いんである→いんだる」に対応。

/ʔɴzjaru/ と推定。

ndjăkăyā　3-124　**Ndjăkăyā** "*Is he perhaps gone?*"〈行っただろうか〉

☆「いにて」を含む。「いにてあるかや→いんであるかや→いんだるかや」に対応。

/ʔɴzjaka'ja'a/ と推定。

ndjotassiga　3-122　Ikaransidu uramitoru, ikariru mung dunyaré medi **ndjotassiga**[6)]. "*Would that I could go.*"〈いけたらよかったのに〉[6)] ndjotassiga, ndji((イデル))wutassiga 注2)

☆「いにて」を含む。「いにてはをりてあ（る）すが→いんではをりてあ（る）すが→いんではをりた（る）すが」に対応。

/ʔɴzjo'ota(Q)siga/ と推定。

しぬ死

shinyi ftu　1-57　**shinyi ftu**〈死人〉

☆連用形「しに」を含む。「しにひと」に対応。

/sjinjihwitu/ と推定。

Yāsha-djinyi　3-126　**Yāsha-djinyi** shing ((yashashi shidjing)) munó kūrang, "*Sooner die hunger than beg*"〈物乞いするよりは飢え死にしよう〉

☆連用形「しに」を含む。「やさじに」に対応。

/ʹja'asazjinji/ と推定。

shinyabirang　5-98　skushi kvayabitassiga, shinyāng, uffóku kvatārava shinyigashurandi umuti, sūyó kvayabitassiga, **shinyabirang**, "*& ate a little, but did not die. I thought on eating much I-should-die, but though I ate it allup I could not die.*"〈少し食べましたが死にませんでした。沢山食べたら死ぬだろうと思って，すっかり食べてしまいましたが，死ねませんでした。〉

第2節　ベッテルハイム『琉球語と日本語の文法の要綱』・『琉球語辞書』の動詞形態の考察　805

☆ 連用形「しに」を含む。「しにはべらぬ」に対応。

/sjinjabira'N/ と推定。

shǐnyī būshǎ 6-27　**shǐnyī būshǎ**shǔng（死にたがる。連用形語幹 shiny-）〈death〉

☆ 連用形「しに」を含む。「しにほしさ」に対応。

/sjinjibusja/ と推定。

shinyiga　5-98　skushi kvayabitassiga, shinyāng, uffóku kvatārava

shinyigashurandi umuti, sūyó kvayabitassiga, shinyabirang, "*& ate a little, but did not die. I thought on eating much I-should-die, but though I ate it allup I could not die.*"〈少し食べましたが死にませんでした。沢山食べたら死ぬだろうと思って，すっかり食べてしまいましたが，死ねませんでした。〉

☆ 連用形「しに」を含む。「しにが」に対応。

/sjinjiga/ と推定。統語的には /sjinjiga sjura/ でひと纏まり。

shinyung　2-122　シヌル〈死ぬ〉現在 **shinyung**　過去 shidjang　否定 shinang　命令 shini　使役 shinyashung

6-27　**shinyung**（死ぬ。融合語幹 shiny-）〈die〉

☆ 連用形「しに」を含む。「しにをりむ」に対応。

/sjinju'N/ と推定。

shinyusi　3-121　Ayé vanné kunu vazavénu assiga, tāgǎ vang tassikiti, kunu **shinyusi** nugarachi kvīgaya. "*Oh wretched man that I am, who will deliver me from this death.*"〈あわれな，この僕をこの死の苦しみから誰が救い出してくれるだろうか〉

shǐnyǔsi　5-98　tǔttǐng dūshi **shǐnyǔsi** mǎshǐndǐ ǐchǐ, *I thought to die fom-my-own-accord is rather better,* 自ら死んだ方がましだと考えて，

☆ 連用形「しに」を含む。「しにを（る）す」に対応。

/sjinjusi/ と推定。

shini　2-122　シヌル〈死ぬ〉現在 shinyung　過去 shidjang　否定 shinang　命令 **shini**　使役 shinyashung

☆ 命令形「しね」に対応。

/sjini/ と推定。

shidji　6-28　**shidji**（死んで。音便語幹 shidj-）〈immortal〉

☆「しにて→しんで」に対応。

/sjizji/ と推定。撥音脱落の変化がある。

shidjing　3-126　**shidjing** findjirang((fingirang)), "*Die but not run*"〈逃げるより死のう〉

shídjǐng　3-126　**Shídjǐng** ((tutting shidjing)) shirizukang, "*Die ((rather than)) but not retreat*"〈退くよりはむしろ死のう〉

☆「しにて→しんで」を含む。「しにても→しんでも」に対応。

/sjizji'N/ と推定。撥音脱落の変化がある。

shidjang　2-122　シヌル〈死ぬ〉現在 shinyung　過去 **shidjang**　否定 shinang　命

令 shini　使役 shinyashung

6-28　**shidjang**（死んだか。音便語幹 shidj-）〈kill〉

☆「しにて→しんで」を含む。「しにてありむ→しんだりむ」に対応。

/sjizja'ɴ/ と推定。

shinyāng　5-98　skushi kvayabitassiga, **shinyāng**, uffóku kvatārava shinyigashurandi umuti, sūyó kvayabitassiga, shinyabirang, "*& ate a little, but did not die. I thought on eating much I-should-die, but though I ate it allup I could not die.*"〈少し食べましたが死にませんでした。沢山食べたら死ぬだろうと思って，すっかり食べてしまいましたが，死ねませんでした。〉

☆未然形「しな」を含む。「しなぬ」に対応。/sjina'ɴ/ 参照。

/sjinja'ɴ/ と推定。/sjina'ɴ/ 参照。

shinang　2-122　シヌル〈死ぬ〉現在 shinyung　過去 shidjang　否定 **shinang**　命令 shini　使役 shinyashung

☆未然形「しな」を含む。「しなぬ」に対応。

/sjina'ɴ/ と推定。/sjinja'ɴ/ 参照。

shinyānsē　6-27　**shinyānsē**（死なないこと。基本語幹 shiny-）〈wonder〉

☆未然形「しな」を含む。「しなぬすは」に対応。

/sjinja'ɴse'e/ と推定。

shinyashung　2-122　シヌル〈死ぬ〉現在 shinyung　過去 shidjang　否定 shinang　命令 shini　使役 **shinyashung**

☆「未然形「しな」を含む。しなしをりむ」に対応。

/sjinjasju'ɴ/ と推定。

（ラ変）

あり有

（2-87 ～ 92）には、arang が ang の否定形として出て来る。「to be= なり（也）、あり（有）、をり（居）」であるが、少なくとも「現代語」では、「なり（也）= 'ja'ɴ⇔ʔara'ɴ、あり（有）= ʔa'ɴ⇔ne'e'ɴ、をり（居）= 'u'ɴ⇔'ura'ɴ」のように対応するから、arang は 'ja'ɴ の否定形であって、ʔa'ɴ の否定形ではないと言える。(2-87)「表」を解釈して、（他の箇所での記述も参照しつつ）以下のように表示した（他の項目に関しても同様にしたところがある）。

aigissa　1-67　〈時々似たような事が起こる〉は tushi tushe((tuchi dutchi)) unu yónu kutu **aigissa**, ayeshung。

aïgissa　2-88　近接未来（*To be about to*）（肯定形）（現在）**aïgissa**, a gissang "*about to have*"〈ありそそう〉

☆連用形「あり」を含む。「ありげさ」に対応。

/ʔa'igisa/ と推定。/ri/ → /'i/ の変化がある。

aï gurishang　3-108　**aï((アリ))gurishang** "*difficult to be had*"〈有るのが難しい〉, aï yassang "*easy to be had*"〈有ることが易しい〉, aï bichī "*possible to be had*"〈有ることが可能である〉

☆連用形「あり」を含む。「ありぐるしさありむ」に対応。

/ʔa'igurisja'ɴ/ と推定。/ri/ → /'i/ の変化がある。

ai bichi　2-89　当然・義務・可能（*should, must, can*）（肯定形）**ai bichi** *"could be had"*

aï bishi　2-89　当然・義務・可能（*should, must, can*）（肯定形）**aï bishi** *"can be had"*

ai bikarantang　2-89 当然・義務・可能（*should, must, can*）（否定形）**ai bikarantang**

☆ 連用形「あり」を含む。それぞれ「ありべき」「ありべし」「ありべからぬたり<u>む</u>」に対応。

それぞれ /ʔa'ibicji/,/ʔa'ibisji/,/ʔa'ibikara'ɴta'ɴ/ と推定。/ri/→/'i/ の変化がある。

　いずれも、「あり＋べし」であって「ある＋べし」ではないことに注意する必要がある。

　この「あり」を連用形の「あり」と見たが、終止形の「あり」である可能性も否定できない。第5章で総合的に検討する必要がある。

ainyé　2-89　時・期間（*During*）（肯定形）**ainyé** *"having"*

aïnyé　2-88　接続法（*Conjunctive*）肯定形（現在）**aïné**, **aïnyé** *"if it were, in case there be, have"*

☆ 連用形「あり」を含む。「ありには」に対応。

/ʔa'inje'e/ と推定。/ri/ → /'i/ の変化がある。ʔa'ine'e/ 参照。

aïné　2-88　接続法（*Conjunctive*）肯定形（現在）**aïné**, aïnyé *"if it were, in case there be, have"*

☆ 連用形「あり」を含む。「ありには」に対応。

/ʔa'ine'e/ と推定。/ri/ → /'i/ の変化がある。ʔa'inje'e/ 参照。

aï aye　2-92　**aï aye**shussiga*'as for having, they have'*〈あるにはあるが〉

　　　　5-106　Namanu gutu 'mmū̄ng kvabunyi **aï**,kŭming yasseng dikitóng,(*Now we have abundance of potatoes, plenty of rice & greens.*) 今では芋も豊富にあり，米や野菜も豊かにある。

☆ 連用形「あり」を含む。「ありありは」に対応。「ありありはするが」。

/ʔa'iʔa'je'e / と推定。/ri/ → /'i/ の変化がある。

aïdung　3-120 Tassikīru chimu makutunyi **aïdung** shutéré, utageye nerang tassikitara hazi yassiga. Ah, djitsé aranteng, itsivatidu yatengté ((yatengdó)). *"Had they really desired to help you, no doubt, they might have helped you, but, alas, it was not real, it was put on."*〈彼らが本当に君を助ける気持があたなら，疑いなく助けていたはずだが。ああ，本当ではなかったんだ。偽りだったんだ〉

aïdun　2-88　接続法（*Conjunctive*）肯定形（現在）**aïdun**se(アリドンサワ) *"if it were, in case there be, have"*

aïdun　6-40　**aïdun**se（有りこそすれば。連用形語幹 ay-）〈duty〉

☆ 連用形「あり」を含む。「ありども」に対応。

/ʔa'idu'ɴ/ と推定。/ri/ → /'i/ の変化がある。

aïga　2-89　疑念（*Doubt*）（肯定形）**aïga**shura *"may have, if have"*〈有るかしら，有るかどうか〉

aïgá　6-40　**aïgá**shura（有るかも知れない。連用形語幹 ay-）〈there〉

☆ 連用形「あり」を含む。「ありが」に対応。次の「shura」と「－が～ら」の照応関係にある。

/ʔa'iga/ と推定。/ri/ → /'i/ の変化がある。

808　第4章　アルファベット資料の動詞形態の考察

aiya　2-91 動詞的名詞（*Verbal nouns*）（肯定形）aïyé[2], **aiya**; ayayé ayeshussiga "*As for having, one has*"〈有るには有るが〉　　[2] 原注に「多分 "アリヤ" であろう。次のように伸ばされた時にはっきりする。ariénu mung〈ありあわせの物〉」とある。注111)

　☼ 連用形「あり」を含む。「ありは」に対応。

　/ʔa'i'ja/ と推定。/ri/ → /'i/ の変化がある。

aïye　3-109　<u>動詞的名詞について</u>　**aïye**, até, tskoyé, tskoté は，助辞と結合した接続不定詞に外ならない。例えば，aïye, até は，aria, atia，アリヤ，アテヤから生じたものである。そしてほとんどの場合，動名詞として機能する。

aïyé　2-91　動詞的名詞（*Verbal nouns*）（肯定形）**aïyé**[2], aiya; ayayé ayeshussiga "*As for having, one has*"〈有るには有るが〉　　[2] 原注に「多分 "アリヤ" であろう。次のように伸ばされた時にはっきりする。ariénu mung〈ありあわせの物〉」とある。

　☼ 連用形「あり」を含む。「ありあへ」に対応。

　/ʔa'i'je'e/ と推定。/ri/ → /'i/ の変化がある。/ʔa'i'e'e/ 参照。

aïé　2-92 **aïé** または aïyé ayeshussiga'*as for having (it) they have*'〈（それは）あるにはあるが〉

　☼ 連用形「あり」を含む。「ありあへ」に対応。

　/ʔa'i'e'e/ と推定。/ri/ → /'i/ の変化がある。/ʔa'i'je'e/ 参照。

aye　2-88 習慣（*Frequency*）（肯定形）*)**aye**shung（アヤション）" *used to have*"〈いつもある〉　*)"*a*" が 2 つ続くと ayé になる。a-a shung "*to have & again to have*"〈有り，また再び，る〉が縮約して，ayéshang になる。Éng 型の分詞は a-ang が縮約された形にすぎない。

　　2-91 動詞的名詞（*Verbal nouns*）（肯定形）aïyé[2], aiya; ayayé **aye**shussiga "*As for having, one has*"〈有るには有るが〉　　[2] 原注に「多分 "アリヤ" であろう。次のように伸ばされた時にはっきりする。ariénu mung〈ありあわせの物〉」とある。

　　2-92 aï **aye**shussiga'*as for having, they have*'〈あるにはあるが〉

ayé　2-88 習慣（*Frequency*）（否定形）**ayé**shang "customarily have none "〈習慣的にない〉

　☼ 連用形「あり」を含む。「ありは」に対応。

　/ʔa'je'e/ と推定。/ri/ → /'i/ の変化がある。

ayayé　2-91 動詞的名詞（*Verbal nouns*）（肯定形）aïyé[2], aiya; **ayayé** ayeshussiga "*As for having, one has*"〈有るには有るが〉　　[2] 原注に「多分 "アリヤ" であろう。次のように伸ばされた時にはっきりする。ariénu mung〈ありあわせの物〉」とある。

　☼ 連用形「あり」を含む。「ありはあへ」に対応。

　/ʔa'ja'je'e/ と推定。/ri/ → /'i/ の変化がある。

aïrā　2-89　疑念（*Doubt*）（肯定形）**aïrā** " *whether he have*"〈あるかしら〉

　☼ 連用形「あり」を含む。「ありあらは」に対応。

/ʔa'ira'a/ と推定。/ri/ → /ʔi/ の変化がある。

aïte　2-90　願望（*Optative*）（肯定形）**aïte** *"oh that I had"*〈オー有ったら〉

aïté　3-121　Nigawakúwa dzing **aïté** véki shité, chómi aité yăssā. *"How much I wish to have, O that I had money, that I become rich, thet I had long life."*〈願わくは，お金と，富と，長寿がえたいものだ〉

☆ 連用形「あり」を含む。「ありたい」に対応。

/ʔa'ite'e/ と推定。/ri/ → /ʔi/ の変化がある。

a gissang　2-88　近接未来（*To be about to*）（肯定形）（現在）aïgissa, **a gissang** *"about to have"*〈ありそそう〉

☆ 連用形「あり」を含む。「ありげさありむ」に対応。

/ʔa('i)gisa'ɴ/ と推定。/ri/ → /ʔi/ の変化がある。更に脱落。

ă misheru　5-98　shudjīnnu tudzikité **ă misheru** dūkŭyākŭndĭ yussé 'nchīnda ndi kangéti *thought he would have a look at what his master was pleased to call poisonous stuff* 主人が毒薬と言っておられるものを見てみようと考えた

☆ 連用形「あり」を含む。「ありめしある」に対応。

/ʔa('i)misje'eru/ と推定。/ri/ → /ʔi/ の変化がある。更に脱落。

aria　3-109　<u>動詞的名詞について</u>　aïye, até, tskoyé, tskoté は，助辞と結合した接続不定詞に外ならない。例えば，aïye, até は，**aria**,atia アリヤ，アテヤから生じたものである。そしてほとんどの場合，動名詞として機能する。

☆ 連用形「あり」を含む。「ありは」に対応。

/ʔari'ja/ と推定。

ayabika-bikaya　2-91　謙譲法（*Humble mode*）（肯定形）**ayabika-bikaya** *"May I have?"* bi[1] は，bina-mung〈すてきなもの〉という語におけるように *good* の意味であると聞き及んでいる。（以下、略）[1] 原注に「中国語の "美" meï〈快い，素敵な〉」とある。注 112)

☆ 連用形「あり」を含む。「ありはべるか」と「ありはべるかや」をいっしょにして簡略化表記をしたと見る。

/ʔa'jabi('i)ka//ʔa'jabi('i)ka'ja'a/ と推定。

ayabing　2-91　謙譲法（*Humble mode*）（肯定形）**ayabing** *"I humbly have"* bi[1] は，bina-mung〈すてきなもの〉という語におけるように *good* の意味であると聞き及んでいる。（以下、略）[1] 原注に「中国語の "美"meï〈快い，素敵な〉」とある。

☆ 連用形「あり」を含む。「ありはべりをりむ」に対応。

/ʔa'jabi'i'ɴ/ と推定。/ri/ → /ʔi/ の変化がある。

ayabīmi　2-91　謙譲法（*Humble mode*）（肯定形）**ayabīmi** *"May I have?"* bi[1] は，bina-mung〈すてきなもの〉という語におけるように *good* の意味であると聞き及んでいる。（以下、略）[1] 原注に「中国語の "美"meï〈快い，素敵な〉」とある。

☆ 連用形「あり」を含む。「ありはべりをりみ」に対応。「-<u>む</u>+ /i/」→「み」。

/ʔa'jabi'imi/ と推定。

ayabīru 2-91 謙譲法（*Humble mode*）（肯定形）**ayabīru** 分詞 bi[1] は ,bina-mung〈すてきなもの〉という語におけるように *good* の意味であると聞き及んでいる。（以下、略）[1] 原注に「中国語の"美"meï〈快い , 素敵な〉」とある。

ayabīru 5-94 wāgă *I* 私には wūkăshă dŭ *ridiculous to be* おかしく **ayabīru** *humbly*（*think*）（思われます）；

　☆ 連用形「あり」を含む。「ありはべりをる」に対応。前の「dŭ」と「ど〜る」の照応関係にある。

　/ʔa'jabi'iru/ と推定。/ri/ → /'i/ の変化がある。

ayabissiga 2-92 動詞的名詞（*Verbal nouns*）（肯定形）atassiga 譲歩形 **ayabissiga** 譲歩形 ayabitassiga この形にはいくぶん譲歩の意味が含まれており , この後には , 常に次のような意味あいの語を含む文が続く。*'although''yet'*〈とはいえ〉; *'having yet'*〈持ってはいるが , しかし〉 *'I should have, but...'*〈私は持っているが , しかし〉

　☆ 連用形「あり」を含む。「ありはべりを（る）すが」に対応。

　/ʔa'jabi'isiga/ と推定。/ri/ → /'i/ の変化がある。

ayabīti 2-91 謙譲法（*Humble mode*）（肯定形）**ayabīti** "had he *humbly ?*" bi[1] は , bina-mung〈すてきなもの〉という語におけるように *good* の意味であると聞き及んでいる。（以下、略）[1] 原注に「中国語の"美"meï〈快い , 素敵な〉」とある。

　☆ 連用形「あり」を含む。「ありはべりをりてい」に対応。「い」/i/ は「疑問」の助辞。

　/ʔa'jabi'iti'i/ と推定。/ri/ → /'i/ の変化がある。

ayabitang 2-91 謙譲法（*Humble mode*）（肯定形）**ayabitang** "*I humbly had*" bi[1] は , bina-mung〈すてきなもの〉という語におけるように *good* の意味であると聞き及んでいる。（以下、略）[1] 原注に「中国語の"美"meï〈快い , 素敵な〉」とある。

　☆ 連用形「あり」を含む。「ありはべりてあり<u>む</u>→ありはべりたり<u>む</u>」に対応。

　/ʔa'jabita'ɴ/ と推定。/ri/ → /'i/ の変化がある。

ayabitanka-kaya（ママ） 2-91 謙譲法（*Humble mode*）（否定形）**ayabitanka-kaya** bi[1] は , bina-mung〈すてきなもの〉という語におけるように *good* の意味であると聞き及んでいる。（以下、略）[1] 原注に「中国語の"美"meï〈快い , 素敵な〉」とある。

　☆ 連用形「あり」を含む。「ありはべらぬか」と「ありはべらぬかや」をいっしょにして簡略化表記をしたもの。「ayabitanka-kaya」は「ayabiran-kaya」の誤りと見る。

　/ʔa'jabira'ɴka//ʔa'jabira'ɴka'ja'a/ と推定。/ri/→/'i/ の変化がある。

ayabitaru 2-91 謙譲法（*Humble mode*）（肯定形）**ayabitaru** 分詞 bi[1] は , bina-mung〈すてきなもの〉という語におけるように *good* の意味であると聞き及んでいる。（以下、略）[1] 原注に「中国語の"美"meï〈快い , 素敵な〉」とある。

　☆ 連用形「あり」を含む。「ありはべりてある→ありはべりたる」に対応。

　/ʔa'jabitaru/ と推定。

ayabitassiga 2-92 動詞的名詞（*Verbal nouns*）（肯定形）atassiga 譲歩形 ayabissiga

譲歩形 **ayabitassiga** この形にはいくぶん譲歩の意味が含まれており，この後には，常に次のような意味あいの語を含む文が続く。'*although*''*yet*'〈とはいえ〉；'*having yet*'〈持ってはいるが，しかし〉'*I should have, but...*'〈私は持っているが，しかし〉

☼ 連用形「あり」を含む。「ありはべりてあ（る）すが」→ありはべりた（る）すが」に対応。

/ʔa'jabitasiga/ と推定。

ayabira 2-91 謙譲法（*Humble mode*）（肯定形）**ayabira** "*I humbly shall have*" bi[1] は，bina-mung〈すてきなもの〉という語におけるように *good* の意味であると聞き及んでいる。（以下、略）[1] 原注に「中国語の "美" meï〈快い，素敵な〉」とある。

☼ 連用形「あり」を含む。「ありはべりをら」に対応。

/ʔa'jabi'ira/ と推定。

ayabirang 2-91 謙譲法（*Humble mode*）（否定形）**ayabirang** bi[1] は，bina-mung〈すてきなもの〉という語におけるように *good* の意味であると聞き及んでいる。（以下、略）[1] 原注に「中国語の "美" meï〈快い，素敵な〉」とある。

☼ 連用形「あり」を含む。「ありはべりをらぬ」に対応。

/ʔa'jabira'N/ と推定。

ayabirani 2-91 謙譲法（*Humble mode*）（否定形）**ayabirani** bi[1] は，bina-mung〈すてきなもの〉という語におけるように *good* の意味であると聞き及んでいる。（以下、略）[1] 原注に「中国語の "美" meï〈快い，素敵な〉」とある。

☼ 連用形「あり」を含む。「ありはべりをらに」に対応。

/ʔa'jabirani/ と推定。

ayabirantang 2-91 謙譲法（*Humble mode*）（否定形）**ayabirantang** bi[1] は，bina-mung〈すてきなもの〉という語におけるように *good* の意味であると聞き及んでいる。（以下、略）[1] 原注に「中国語の "美" meï〈快い，素敵な〉」とある。

☼ 連用形「あり」を含む。「ありはべらぬてありむ→ありはべらぬたりむ」に対応。

/ʔa'jabira'Nta'N/ と推定。

āri 5-109 (Yumi) カナラズ チカキ ウレヒ アリ kānarāzi chkatchi urī āri *will surely have near grief*（*will surely have grief when they are come near*）きっと近い憂いがあるだろう（それらが近くにやって来た時きっと悩むであろう）

āri 5-109 (Yumi) テンガ シヤウジ ヤスキノ モノ アリト イヘドモ Tinga shódji yassíchǐnǔ āritu īdǒmǒ，（意味）*Even the easy easiest growing things in the world,* この世で（一番）芽を出し易いものでも

☼ 連用形「あり」に対応。訓読体。文語。

/ʔari/ と推定。

ang 1-54 ari yudjunu **ang**, *he has business* 〈彼は用事を持っている〉

1-54 yi kukurunu **ang**, *has a good heart* 〈良い心を持っている〉

1-70 Dzémutsi，又は、dzénu ā tukuru kukurunyi mata **ang** *Where the treasure*

812　第4章　アルファベット資料の動詞形態の考察

is there is the heart also. 〈財物のあるところにまた心もある〉

2-87　直説法（*Indicative*）肯定形　現在 **ang** "*have, am*"

3-118　Vanné intëen-dŭ ichetassiga, nyādang((または nyāfĭng)) ofoku yŭrŭ kutunu **ang**. "*Although I said little, yet I had much more to say.*" 〈わずかしか言わなかったが，しかし私にはまだ言うべきことがたくさんあった〉

3-123　shigutūng **ang**

4-232　fukachinyi ang, または, fukaku ang は fukassang 〈深い〉の意味に相当する。 takachinyi ang 〈高い〉。

4-241　Uyanu cha kókoshuru kva sevenu **ang** "*The child who obeys his parents will be blessed*" 〈親に従う子は天恵を得る〉

4-242　**ang**, "*is*" 〈ある〉

5-107　⁺fiódji. または tŭku-shū　ドル　タン　ナカエ　エキヲルガ　ゴトクニ　アン dūrŭ tang nakae yitchōruga gutukunyi **ang** *is like wallowing in dust & ashes* 〈泥や灰の中を転げ回るのと同じである〉

5-109　(ʻhodji) カナラズ　チカキ　ウレイノ　アン　kanarāzi chkatchi urīnu **ang** *will surely have near grief*(*will surely have grief when they are come near*)　きっと近い憂いがあるだろう（それらが近くにやって来た時きっと悩むであろう）

5-111　（注釈部）chŭnu ăyamáché nāmé mé lŭĭnŭ **ang**　人の過ちはそれぞれ((その過ちをあらわす)) 人の類によって条件づけられる ((影響される))

☆ 連用形「あり」を含む。「ありむ」に対応。

/ʔaʼɴ/ と推定。

（参考）

¦< ang 1-56 （略）　takasang *is high* 〈高い〉, nurusang *is tepid* 〈ぬるい〉, （略）ng は *to have* や *to be* を意味する（日本語の）助動詞アルに由来する ang であり、takasang, nurusan 等は、それぞれ takasa **ang** *it has height* 〈高さがある〉,nurusa ang *it has lepidity* 〈ぬるさがある〉に相当する

☆ 連用形「あり」を含む。「ありむ」に対応。「たかさありむ」（形容詞）の一部分。

/ - aʼɴ/ と推定。

ang　2-92　動詞的名詞（*Verbal nouns*）（肯定形 yutashang "*to be good*" 〈良い〉;

☆ 連用形「あり」を含む。「ありむ」に対応。「よたしさありむ」（形容詞）の一部分。

/ - aʼɴ/ と推定。>¦ （参考、ここまで）

an dó　2-88　強調（*very strongly maintained*）（肯定形）　未来 **an dó**

☆ 連用形「あり」を含む。「ありむど」に対応。

/ʔaʼɴdoʼo/ と推定。

āndūng　2-90　譲歩（*Concessive*）（肯定形）ātīng, **andūng** "*though having, yet, &c.*"

☆ 連用形「あり」を含む。「ありむども」に対応。

/ʔaʼɴduʼɴ/ と推定。

āntē　2-91　疑問（*Interrogative*）（肯定形）āntē "*of course so*" "*Is it not!*"

☆ 連用形「あり」を含む。「ありむて」に対応。「あるよ！」「ないわけないだろう！」の意。

/ʔaˈnteʼe/ と推定。

ammi　2-90　疑問（*Interrogative*）（否定形）**ammi** nēni *"have you or not "* " *is it or not*"〈持っているかいないか, あるかないか〉

ămmi　2-90　疑問（*Interrogative*）（肯定形）**ămmi** *"has he?"*〈持っているか？あるか？〉

☆ 連用形「あり」を含む。「ありをりみ」に対応。「−む+/i/」→「み」。

/ʔaˈnmi/ と推定。/ʔami/ 参照。

ami　3-120　Yītchĭnŭ **ami** néni shirang. "I *know not whether it is advantageous or not.*"〈それが有益なのかどうかわからない〉

ámi　6-40　**ámi**（有るか。融合語幹 a-）〈sort〉

　　　6-40　**ámi** néni（有るか、無いか）〈have〉*文語的な文において、「ない」にあたるところに arang が用いられている〜*

☆ 連用形「あり」を含む。「ありみ」に対応。「−む+/i/」→「み」。

/ʔami/ と推定。/ʔaˈnmi/ 参照。撥音脱落の変化がある。「ammi nēni」「ami néni」参照。

aru　2-85　アル **aru**" *to have, to be*"；ヤル yaru"*to be* "；ナル naru"*to become, to be* "；ヲル wuru"*to exist, to be* "；

　　　2-87　アル, **aru**, "*to have, be* "〈有る〉

aru　1-56　**aru** ftu *a being man*, すなわち *a certain man*〈或る人〉

　　　3-109　**aru** ftu（("*a being man* "〈存在する人〉)）〈或る人〉

　　　4-241　munushiri **aru** fitu または munushirinu ftu, " *a man of knowledge*"〈知識の豊かな人〉

　　　2-89　当然・義務・可能（*should, must, can*）（肯定形）**aru** tsimuï（(ツモリ)）"*may have* "〈あるかもしれない〉

　　　2-89　当然・義務・可能（should, must, can）（否定形）arang **aru** tsmuï

　　　2-91　動詞的名詞（*Verbal nouns*）（肯定形）**aru** " *the having, being*"

　　　5-98　anu kūĭnŭ ūtchinyi **aru** kāmi *In that safe(lumber-room) there is a jar*, あの庫裡（物置き）の中には壺がある

　　　5-100　séchi **aru** mung *a clever man*

　　　3-124　kūntasse（(shimiranse)）nūgă dunyare? − adde((ari)) kutunu **aru** yüĭderu. "*His not coming having come his not doing it what does it signify? He had business.* "〈彼が来ないこと((来なかったこと))〉, しないこと, それは何を意味するか。それは用事があったからだ〉

☆ 連体形「ある」に対応。

/ʔaru/ と推定。

aru　5-90　nūng *whatever* 何も　yūdjū *use* 用所は néngdu *not having* ない **aru**-ndi *it is,* のであると　icha kutu *when she had said* 彼女が言った時,

　　　5-95　ĭkāndŭ **aru** ndi ichi *this is not ni c* これはよくないと
　　　　　　　　　　　　　　　　　　　　　ママ

☆ 連体形「ある」に対応。「du」（ど）の結びとしての連体形「ある」に対応。

/ʔaru/ と推定。

aru　3-107　Dzinó assiga, mūnū kangé nengshi, furizikéshi, **aru** ússa tskoriti ʼnna nǎcchāng. "*He had money, but being inconsiderate & prodigal, he exhausted to the last what he had,* "〈お金は持っていたが，思慮が浅く，放蕩だったので，持ち金を全部浪費してしまった〉

☼ 連体形「ある」に対応。/aru ússa/ /aru ʔuQsa/ が、後に /ʔaruQsa/「アルッサ」(「全部」の意) と一語のようになっていくので、別に取り出した。

/ʔaru/ と推定。

āyŭka 2-90 疑問 (*Interrogative*)(肯定形) **āyŭka** "*has he?* "〈持っているか？あるか？〉

☼ 連体形「ある」を含む。「あるか」に対応。

/ʔa'juka/ と推定。/ʔaruka / → /ʔa'juka/ の変化ありか。

ákayá 2-90 疑問 (*Interrogative*)(肯定形) **āgǎ, ákayá** "*has he?* "〈持っているか？あるか？〉

☼ 連体形「ある」を含む。「あるかや」に対応。

/ʔaka'ja'a/ と推定。/ʔaruka / → /ʔa'juka/ の延長線上に /ʔaka'ja'a / があると考える。

ā kŭtū 2-90 理由 (*this being so*)(肯定形) **ā kŭtū**

ā kŭtŭ 6-40 **ā kŭtŭ** (有るので。融合語幹 a-)〈beg〉

ā kutu 3-115 sūttū yá nakae yudjunu **ā kutu** "*as I have all sort of business at home* "〈家に色々用事があるので〉

ākutu 4-236 **ākutu, ātuchindo, aru yüinyi,** "*because he has* "〈有るので〉

☼ 連体形「ある」を含む。「あること」に対応。

/ʔa(Q)kutu/ と推定。/ʔaQkutu/ と変化した後に撥音脱落の変化か。

ā tuchi 2-90 理由 (*this being so*)(肯定形) **ā tuchi**ndo

☼ 連体形「ある」を含む。「あるとき」に対応。

/ʔa(Q)tucji/ と推定。/ʔaQtucji / と変化した後に撥音脱落の変化か。

ātuchin 4-236 **ākutu, ātuchin**do, aru yüinyi, "*because he has* "〈有るので〉

☼ 連体形「ある」を含む。「あるときも」に対応。

/ʔa(Q)tucji'N/ と推定。/ʔaQtucji'N / と変化した後に撥音脱落の変化か。

aga 1-65 cha nǎgī **aga** 〈どのぐらいの長さか〉。chanu fukkasa aga, fukassa chadaki aga 〈どのくらい深いか〉。cha daki aga 〈どのくらい高いか〉。chanu mbunu aga, mbussassi chassaga 〈重さはいくらか〉。nan djing aga 〈何斤あるか〉。

āgǎ 2-90 疑問 (*Interrogative*)(肯定形) **āgǎ, ákayá** "*has he?* "〈持っているか？あるか？〉

☼ 連体形「ある」を含む。「あるが」に対応。

/ʔaga/ と推定。

ăssā 2-88 強調 (*very strongly maintained*)(肯定形) 現在 **ăssā** "*certainly I have, indeed!* "〈確かに有る，本当に／〉

assā 4-242 **assā,** " *I have*"〈持っているよ〉

☼ 連体形「ある」を含む。「あ（る）さ」に対応。

/ʔaQsa'a/ と推定。/ʔarusa'a/ → /ʔaQsa'a/ か。

assi　2-92　**assi'***the having*'〈あること〉

assi　2-92　動詞的名詞（*Verbal nouns*）（肯定形 Dzing **assi** yutashang"*it is good to have money*"〈お金のあることは良いことだ〉；

assi　2-92　動詞的名詞（*Verbal nouns*）（肯定形）**assi** "*the having*'〈あること〉または "*things had*'〈あるもの〉.

assi　2-92　動詞的名詞（*Verbal nouns*）（肯定形）dzing **assi**"*to have money*"〈お金があること〉または "*the having of money*"〈お金の存在〉；

assi　2-92　動詞的名詞（*Verbal nouns*）（肯定形 – **assi**kara"*from what(you) have*"〈(君が) 持っているものから〉

　　☼ 連体形「ある」を含む。「あるす」に対応。

　　/ʔaQsi/ と推定。/ʔarusi/ → /ʔaQsi/ か。

assïa　2-92　**assïa** または assé'*the having it*'〈それがあること〉

　　☼ 連体形「ある」を含む。「あるすは」に対応。

　　/ʔaQsi'ja/ と推定。/ʔaQse'e/ 参照。

assé　2-92　assïa または **assé**'*the having it*'〈それがあること〉

　　☼ 連体形「ある」を含む。「あるすは」に対応。

　　/ʔaQse'e/ と推定。/ʔaQsi'ja/ 参照。

assing　3-109 **assing**[*] tsité "*because of having, since he has*"〈有るので〉。((attang tsté は理由の a tuchindo と同じ)) 　[*]語尾 ng の性格については，不明なところがあったので，活用変化表の所では一言もふれなかった。この ng は縮約名詞における場合と同様に属格の nu の役目をするように思われる。aka"*red*"〈赤〉と kwa"*child*"〈子〉から，akangva，(略) が生じるが，(略) akanu kva (略) の代用形であることは明らかである。これと同様に，assin((g)) tsité は assinu tsité の代用形であると思われる。

　　☼ 連体形「ある」を含む。「あるすも」に対応。

　　/ʔaQsi'N/ と推定。

assiga　2-92 動詞的名詞 (*Verbal nouns*)（肯定形) **assiga** "*one who has*"〈有る人が〉，"*I have*"〈(私は) 有るが〉

　　3-107 Dzinó **assiga**, mūnū kangé nengshi, furizikéshi, "*He had money, but being inconsiderate & prodigal,*"〈お金は持っていたが，思慮が浅く，放蕩だったので，〉

　　3-121 Ayé vanné kunu vazavénu **assiga**, tāgă vang tassikiti, kunu shinyusi nugarachi kvīgaya. "*Oh wretched man that I am, who will deliver me from this death.*"〈あわれな，この僕をこの死の苦しみから誰が救い出してくれるだろうか〉

　　☼ 連体形「ある」を含む。「あるすが」に対応。

　　/ʔaQsiga/ と推定。

aré　2-88 接続法 (*Conjunctive*) 否定形 (現在) arandun **aré** "*if it were not*"

　　2-91 命令 (*Imparative*)（肯定形) árĭ, **aré**, ariyo "*have*"〈有れ〉((まれに使われる))

☆ 命令形「あれ」を含む。「あれは」に対応。

/ʔare'e/ と推定。

ari vadu　2-89　当然・義務・可能（*should, must, can*）（肯定形）**ari vadu** "*must, ought to be*"〈有るべきである〉

ārĭvădū　5-92　āng *thus* そのように　**ārĭvădū**-yārū *be must so it is* あるべきであると īchī *they say* 言って

☆ 已然形「あれ」を含む。「あれはど」に対応。注113)

/ʔari'wadu/ と推定。

ăré　2-88　接続法（*Conjunctive*）肯定形（現在）**ăré**（アレバ）"*if it were, in case there be, have*"

☆ 已然形「あれ」を含む。「あれは」に対応。

/ʔare'e/ と推定。

ara　2-87　直説法（*Indicative*）肯定形　未来 **ara**ndi shung "*shall have*"

　　　2-88　分詞（*Participle*）（肯定形）未来 **ara**ndi shuru

☆ 未然形「あら」に対応。

/ʔara/ と推定。

arava　5-90　vāssārū-kūtŭnŭ *any failing* 何か欠点が　**arava**(ărā) *having* あったら

☆ 未然形「あら」を含む。「あらは」に対応。

/ʔara'wa/ と推定。

ărā　2-90　説得・勧誘（*Persuasive & Exhortative*）（肯定形）**ărā** "*Let me have (it)*"

ărā　3-120　kārăkărā, kárákang **ărā** vakarang."*I know not it is dry or not*"〈それが乾いているのか，いないのかわからない〉

ărā　2-90　疑問（*Interrogative*）（肯定形）ărā, kavarunga **ărā** "*is it all right*^{ママ}"〈良いか〉"*Is there no mistake?*"〈まちがいはないか〉

☆ 未然形「あら」を含む。「あらは」に対応。

/ʔara'a/ と推定。

ārăvăng　2-90　随意（*Optional*）（肯定形）**ārăvăng**, ărāng aravang "*having or not*"((*all the same*))

aravang　3-114　Vanné īkāng **aravang**[11], iyaga ikiyó. " *although I should not to go, do you only go.* "〈たとえ私が行かないとしても，君が行けば良い〉[11]aru.

　　　3-120　kūvang, kūng **aravang** kămāng((kamurang)) "*whethtr*^{ママ} *he come or not, I don't mind.* "〈彼が来ても来なくても構わない〉

☆ 未然形「あら」を含む。「あらはも」に対応。

/ʔara'wa'ɴ/ と推定。

ara hāzī　5-105　Kurinyi stu, nya bitsi yuïshŭnŭ **ara hāz**indi umutóng.(*I think there may be another reason besides.*)　この他に，別の理由があると思います。

☆ 未然形「あら」を含む。「あらはず」に対応。

/ʔara hazi/ と推定。/ʔaru/ ではない。

ati　3-116　Ikandī sé, yudjūnū **ati** ikarang, "*I should have gone, ((was about to go))*"

but having had business, did not go. 〈行くべきであったが((行こうとしたが)),
用事があって行けなかった〉

    3-121　tushifĭ munashku tsi-yassang((tuchi sirasang)) **ati** dung atéré, "*& not
idled away my time* "〈月日をむなしく費すような事がなかったら〉

    1-54　ftunu **ati,** *there was a man* 〈人がいて〉 注114)

āti 5-103　Tushiīrĭ sŭsónyĭ shuru kūnyinu **āti,** *There was a country that lightly
esteemed the aged* 年寄を粗相にする国があって

ātĭ 5-93　tstōmĭnŭ *official business* 勤めが **ātĭ** *had* あって　ndji *& went,* 行った。

atī 2-90　説得・勧誘（*Persuasive & Exhortative*）（肯定形）**ati**nda((アテミレバ))"
Let us have"

    ☼「ありて→あって」に対応。

    /ʔati/ と推定。促音脱落の変化がある。

atia 3-109　<u>動詞的名詞について</u>　aïye, até, tskoyé, tskoté は , 助辞と結合した接続
不定詞に外ならない。例えば , aïye, até は ,aria,**atia** アリヤ , アテヤから生じ
たものである。そしてほとんどの場合 , 動名詞として機能する。

    ☼「ありて」を含む。「ありては→あっては」に対応。

    /ʔati'ja/ と推定。促音脱落の変化がある。

atiya 2-91　動詞的名詞（*Verbal nouns*）（肯定形）até, **atiya**; até narang, "*cannot
be had* "〈有ってはいけない〉, até[3] nérang"*never herd of it*'(*its being is
not*)〈それについての消息がない（その存在がない）〉　[3]「当て」を「有て」
と混同したものと思われる。 注115)

    ☼「ありて」を含む。「ありては→あっては」に対応。

    /ʔati'ja/ と推定。促音脱落の変化がある。

até 2-89　当然・義務・可能（*should, must, can*）（否定形）**até** simang

    2-91　動詞的名詞（*Verbal nouns*）（肯定形）**até**, atiya; até narang, "*cannot be
had* "〈有ってはいけない〉, até[3] nérang"*never herd of it*'(*its being is not*)〈そ
れについての消息がない（その存在がない）〉　[3]「当て」を「有て」と混同した
ものと思われる。

    3-109　**até** narang "*cannot be had*'"〈ありえない〉[4] 今日の琉球方言では「あ
ってはならない」の意味である。

    5-102　fitubitu gungunó tsistsishimé, yukuyuku ning irang-**até** simang *utmost
attention in speaking can not be too much recommended(every one must be
always attentive & careful on his speech)*　話をする時にはいくら慎重にしても
しすぎることはない。（誰しも自分の言葉には絶えず慎み , 気をつけなければい
けない。）

    ☼「ありて」を含む。「ありては→あっては」に対応。

    /ʔate'e/ と推定。促音脱落の変化がある。

atidung 2-88　接続法（*Conjunctive*）肯定形（過去）**atidung** aré " *if it had been,
if I had had*"

    ☼「ありて」を含む。「ありてども→あってども」に対応。

/ʔatidu'ɴ/ と推定。促音脱落の変化がある。

ating　3-114　Yanditóting, 又は yanti **ating**, timmang kvitando[16]. "*although it was spoiled, I'll still gave your wages,*"〈しくじったが, 手間賃はあげたよ〉

　　　　3-114　Vanné ĭyang **ating**, tudzikirang atanting"*although I did not say,* "〈たとえ私が言わなかった, 言いつけなかったとしても〉

ātīng　2-90　譲歩（*Concessive*）（肯定形）**ātīng**, andūng "*though having, yet, &c.*"

ătĭng　3-114　Vanné ăchā kăkāng **ātīng**, "*Although I should not write to-morrow,*"〈明日たとえ私が書かないとしても,〉

ătĭng　3-115　ufóku yūdjŭnŭ **ātīng**, dushi miméshuru fima ataru tsimui. "*although you had mech business, you might still have had time to visit a friend.*"〈どんなに多用であったとしても, 友を訪ねる暇はあっただろう〉

　☆「ありて」を含む。「ありても→あっても」に対応。

　/ʔati'ɴ/ と推定。促音脱落の変化がある。

attang　3-110　((**attang** tsté は理由の a tuchindo と同じ))[注116]

　☆「ありて」を含む。「ありてありむ→あってありむ→あったりむ」に対応。

　/ʔaQta'ɴ/ と推定。

atang　2-87　直説法（*Indicative*）肯定形　過去 **atang**, "*had, was*"

atáng　6-40　**atáng**（有った。音便語幹 at-）〈have〉

　☆「ありて」を含む。「ありてありむ→あってありむ→あったりむ」に対応。

　/ʔata'ɴ/ と推定。促音脱落の変化がある。

ătī　2-90　疑問（*Interrogative*）（肯定形）**ătĭ**, **ātĭmĭ**, "*had he?*" "*was it?*"〈持っていたか？あったか？〉

　☆「ありて」を含む。「ありてい→あってい」に対応。「い」/i/ は「疑問」を示す。

　/ʔati'i/ と推定。促音脱落の変化がある。

ātĭmĭ　2-90　疑問（*Interrogative*）（肯定形）ătī, **ātĭmĭ**, "*had he?*" "*was it?*"〈持っていたか？あったか？〉[注117]

　☆「ありて」を含む。「ありてみ→あってみ」に対応。

　/ʔati'imi/ と推定。促音脱落の変化がある。

atantema　2-90　唯一（*Exclusive*）（肯定形）**atantema** bakaï arang "*he has not only but etc.*"

　☆「ありて」を含む。「ありてありむてま→あってありむてま→あったりむてま」に対応。

　/ʔata'ɴte'ema/ と推定。促音脱落の変化がある。

atantemang　2-90　唯一（*Exclusive*）（肯定形）**atantemang** "*only having* "〈ただ持っている〉

　☆「ありて」を含む。「ありてありむてまも→あってありむてまも→あったりむてまも」に対応。

　/ʔata'ɴte'ema'ɴ/ と推定。促音脱落の変化がある。

atanting　2-90　譲歩（*Concessive*）（肯定形）**atanting** "*though having, yet, &c.*"

　　　　3-114　Vanné ĭyang ating, tudzikirang **atanting**"*although I did not say,* "〈たとえ私が言わなかった, 言いつけなかったとしても〉

　☆「ありて」を含む。「ありてありむても→あってありむても→あったりむても」に対応。

/ʔataʼᴺtiʼɴ/ と推定。

ātăru　2-88　分詞（*Participle*）（肯定形）過去 **ātăru**, ātĕru, atŏru

ataru　2-89　疑念（*Doubt*）（肯定形）**ataru** hazi "*perhaps had*"〈有ったはず〉

　　2-89 当然・義務・可能（*should, must, can*）（肯定形）**ataru** tsimuï "*might have had*"〈あったかもしれない〉

　　3-109　**ataru** kutu〈あった事〉

　　3-115　ufóku yūdjŭnŭ **āti̐ng**, dushi miméshuru fima **ataru** tsimui. "*although you had mech business, you might still have had time to visit a friend.*"〈どんなに多用であったとしても , 友を訪ねる暇はあっただろう〉

　☼「ありて」を含む。「ありてある→あってある→あったる」に対応。

　/ʔataru/ と推定。促音脱落の変化がある。

ātăsĭ　2-92　動詞的名詞（*Verbal nouns*）（肯定形）**ātăsĭ** atési atósi "*the having had*"〈有ったこと〉;

　☼「ありて」を含む。「ありてあ（る）す→あってあ（る）す→あった（る）す」に対応。

　/ʔatasi/ と推定。促音脱落の変化がある。

atasé　2-92　**atasé** '*the having had it*'〈それがあったこと〉

　　2-92　動詞的名詞（*Verbal nouns*）（肯定形）**atasé** "*this has been already*"〈すでに有った〉"*I have had it already*"〈すでに持っていた〉

　☼「ありて」を含む。「ありてあ（る）すは→あってあ（る）すは→あった（る）すは」に対応。

　/ʔatase'e/ と推定。促音脱落の変化がある。

ātăssā　2-88　強調（*very strongly maintained*）（肯定形）　過去 **ātăssā** "certainly I have had"〈確かに有った〉

　☼「ありて」を含む。「ありてあ（る）さ→あってあ（る）さ→あった（る）さ」に対応。

　/ʔataQsa'a/ と推定。促音脱落の変化がある。

atassiga　2-92 動詞的名詞（*Verbal nouns*）（肯定形）**atassiga**　譲歩形 ayabissiga 譲歩形 ayabitassiga この形にはいくぶん譲歩の意味が含まれており , この後には , 常に次のような意味あいの語を含む文が続く。'*although*" *yet*'〈とはいえ〉; '*having yet*'〈持ってはいるが , しかし〉'*I should have, but...*'〈私は持っているが , しかし〉

　☼「ありて」を含む。「ありてあ（る）すが→あってあ（る）すが→あった（る）すが」に対応。

　/ʔataQsiga/ と推定。促音脱落の変化がある。

ăta kutu　2-90　理由（*this being so*）（肯定形）**ăta kutu**

　☼「ありて」を含む。「ありてあ（る）こと→あってあ（る）こと→あった（る）こと」に対応。

　/ʔatakutu/ と推定。促音脱落の変化がある。

ataré　2-89　理由（*this being so*）（肯定形）**ataré** "*since he had, was*"

　☼「ありて」を含む。「ありてあれは→あってあれは→あったれは」に対応。

　/ʔatare'e/ と推定。促音脱落の変化がある。

atará　2-89　疑念（*Doubt*）（肯定形）**atará**

　☼「ありて」を含む。「ありてあらは→あってあらは→あったらは」に対応。

　/ʔatara'a/ と推定。促音脱落の変化がある。

aténg　2-87　直説法（*Indicative*）肯定形　過去 **aténg**

　　☼「ありて」を含む。「ありてはあり<u>む</u>→あってはあり<u>む</u>」に対応。

　　/ʔate'eʼn/ と推定。促音脱落の変化がある。

ătĕru　2-88　分詞（*Participle*）（肯定形）過去 ātăru, ătĕru, atōru

　　☼「ありて」を含む。「ありてはある→あってはある」に対応。

　　/ʔate'eru/ と推定。促音脱落の変化がある。

atési　2-92　動詞的名詞（*Verbal nouns*）（肯定形）ātăsĭ **atési** atósi*"the having had"*
　　〈有ったこと〉；

　　☼「ありて」を含む。「ありてはあ（る）す→あってはあ（る）す」に対応。

　　/ʔate'esi/ と推定。促音脱落の変化がある。

atere　3-117　tsikati-dung **atere**

atéré　2-88　接続法（*Conjunctive*）肯定形（過去）atidung **atéré** *" if it had been, if I had had"*

　　3-117　Chinyu vūti tskoyuru kangenu, **atéré**((atidung vutéré)) utagéyé nérang, chiaki tskoï oshutara((tskotóchutara)) hazi yassiga. *"If you had desired to do it yesterday, you might no doubt heve done it "*〈君が昨日なしとげる考えがあったならば，疑いなくなし終えていただろう〉

　　3-121　tushifĭ munashku tsi-yassang((tuchi sirasang)) ati dung **atéré**, *"& not idled away my time "*〈月日をむなしく費すような事がなかったら〉

　　☼「ありて」を含む。「ありてはあれは→あってはあれは」に対応。

　　/ʔate'ere'e/ と推定。促音脱落の変化がある。

atóng　2-87　直説法（*Indicative*）肯定形　過去 **atóng**

　　☼「ありて」を含む。「ありてはをり<u>む</u>→あってはをり<u>む</u>」に対応。

　　/ʔato'oʼn/ と推定。促音脱落の変化がある。

atōru　2-88　分詞（*Participle*）（肯定形）過去 ātăru, ătĕru, **atōru**

　　☼「ありて」を含む。「ありてはをる→あってはをる」に対応。

　　/ʔato'oru/ と推定。促音脱落の変化がある。

atósi　2-92　動詞的名詞（*Verbal nouns*）（肯定形）ātăsĭ atési atósi*"the having had "*
　　〈有ったこと〉；

　　☼「ありて」を含む。「ありてはを（る）す→あってはを（る）す」に対応。

　　/ʔato'osi/ と推定。促音脱落の変化がある。

atóting　2-90　譲歩（*Concessive*）（肯定形）**atóting** *"though having had, yet, &c."*

　　☼「ありて」を含む。「ありてはをりても→あってはをりても」に対応。

　　/ʔato'otiʼn/ と推定。促音脱落の変化がある。

　　☆　　他に、/'jaʼn/（也）の否定形としての「arang」及びその「変化形」（の用例）が多数存在するが、「動詞」ではないとしてこの項には含めないことにする。また、/ʔaʼn/「あり有」の（語彙的意味での）否定の形の「なし無」に対応する「neng」及びその「変化形」に関する用例も同様とする。

をり居

wuïdju　6-39　**wuïdju**（居所。連用語幹 wui-）〈place〉

第 2 節　ベッテルハイム『琉球語と日本語の文法の要綱』・『琉球語辞書』の動詞形態の考察　821

☼ 連用形「をり」を含む。「をりじよ」（居り処）に対応。

/ɾu'izju/ と推定。/ri/ → /'i/ の変化がある。

vuï　1-67　yutashasiga **vuï**, vassassing vūng.〈ある人達は善人である人達は悪人〉

wuï　2-96　不定詞 wūru, **wuï**（ヲリ）, wŭti; urané（（否定））注118)

☼ 連用形「をり」に対応。

/ɾu'i/ と推定。/ri/ → /'i/ の変化がある。

wuïdun　3-116　Matchinkae ndjiti vutērē((wurava, **wuïdun**se)), yī mung kóti kvīŭtāssiga, "*Had I gone to market, I should have bought & given you some thing good ((but I was not))*"〈市場に出かけていたならば，良い物を買って君に上げただろう（が私はそこにいなかった）〉

☼ 連用形「をり」を含む。「をりども」に対応。

/ɾu'idu'N/ と推定。/ri/ → /'i/ の変化がある。

wuïga　2-96　**wuïga**shura, uranga yara "(*I know not*) *whether he be in or not*"〈いるかどうか（わからない）〉

☼ 連用形「をり」を含む。「をりが」に対応。

/ɾu'iga/ と推定。/ri/ → /'i/ の変化がある。統語的には /ɾu'iga sjura/ でひと纏まり。「－が～ら」の照応関係がある。

wuïgissa　2-96　**wuïgissa** "*may be, about to be*"〈いるかもしれない，いることになろう〉

☼ 連用形「をり」を含む。「をりげさ」に対応。

/ɾu'igiQsa/ と推定。/ri/ → /'i/ の変化がある。

wuïwuï　2-96　kadé **wuïwuï** "*constantly eat*"〈常時食べる〉

　　　　2-96　**wuïwuï** "*to be again and again*"〈再三にわたって有ること〉

☼ 連用形「をり」を含む。「をりをり」に対応。

/ɾu'i'u'i/ と推定。/ri/ → /'i/ の変化がある。

wuïwuïshung　2-96　**wuïwuïshung** "*to continue*"〈続ける〉

☼ 連用形「をり」を含む。「をりをりしをり<u>む</u>」に対応。

/ɾu'i'u'isju'N/ と推定。

wïunye　2-96　**wïunye**, wuïndé, wuti, wutóti "*while being*"〈いる時〉注119)

☼ 連用形「をり」を含む。「をりには」に対応。

/ɾu'inje'e/ と推定。/ri/ → /'i/ の変化がある。

wuïndé　2-96　wïunye, **wuïndé**, wuti, wutóti "*while being*"〈いる時〉

☼ 連用形「をり」を含む。「をりにては」に対応。

/ɾu'iNde'e/ と推定。/ri/ → /'i/ の変化がある。

wuyabing　2-97　謙譲法　**wuyabing**, wuyabitang, wuyabira, wuyabīmi, wuyabīka, wuyabiranti?

☼ 連用形「をり」を含む。「をりはべりをり<u>む</u>」に対応。

/ɾu'jabi'i'N/ と推定。/ri/ → /'i/ の変化がある。

wuyabīmi　2-97　謙譲法　wuyabing, wuyabitang, wuyabira, **wuyabīmi**, wuyabīka, wuyabiranti?

☆ 連用形「をり」を含む。「をりはべりをりみ」に対応。「－む＋ /i/ 」→「み」。

/ʃu'jabi'imi/ と推定。/ri/ → /'i/ の変化がある。

wuyabissiga　2-97　動詞的名詞　wusi, ariga kumankae wusi "*his being here*"〈彼が
　　　ここにいること〉；wútasi, wutési, vutósi, wuyabítasi((過去)), uransi,
　　　urantasi((否定)), wussiga, **wuyabissiga**, wutassiga, wuyabitassiga,
　　　wutossiga, uransiga, urantassiga((譲歩および接続)), uransā "*Indeed
　　　he is not* "〈確かにいない〉,wuyeshussiga, wuyeshossiga.

☆ 連用形「をり」を含む。「をりはべ（る）すが」に対応。

/ʃu'jabi'isiga/ と推定。/ri/ → /'i/ の変化がある。

wuyabīka　2-97　謙譲法　wuyabing, wuyabitang, wuyabira, wuyabīmi, **wuyabīka**,
　　　wuyabiranti?

☆ 連用形「をり」を含む。「をりはべるか」に対応。

/ʃu'jabi'ika/ と推定。/ri/ → /'i/ の変化がある。

wuyabitang　2-97　謙譲法　wuyabing, **wuyabitang**, wuyabira, wuyabīmi, wuyabīka,
　　　wuyabiranti?

☆ 連用形「をり」を含む。「をりはべりてあり<u>む</u>→をりはべりたり<u>む</u>」に対応。

/ʃu'jabita'ɴ/ と推定。/ri/ → /'i/ の変化がある。/ʃu'jabi'ita'ɴ/ の可能性もある。

wuyabítasi　2-97　動詞的名詞　wusi, ariga kumankae wusi "*his being here*"〈彼が
　　　ここにいること〉；wútasi, wutési, vutósi, **wuyabítasi**((過去)), uransi,
　　　urantasi((否定)), wussiga, wuyabissiga, wutassiga, wuyabitassiga,
　　　wutossiga, uransiga, urantassiga((譲歩および接続)), uransā "*Indeed
　　　he is not* "〈確かにいない〉,wuyeshussiga, wuyeshossiga.

☆ 連用形「をり」を含む。「をりはべりてあ（る）す→をりはべりた（る）す」に対応。

/ʃu'jabitasi/ と推定。/ri/ → /'i/ の変化がある。/ʃu'jabi'itasi/ の可能性もある。

wuyabitassiga　2-97　動詞的名詞　wusi, ariga kumankae wusi "*his being here*"〈彼が
　　　ここにいること〉；wútasi, wutési, vutósi, wuyabítasi((過去)), uransi,
　　　urantasi((否定)), wussiga, **wuyabissiga**, wutassiga, wuyabitassiga,
　　　wutossiga, uransiga, urantassiga((譲歩および接続)), uransā "*Indeed
　　　he is not* "〈確かにいない〉,wuyeshussiga, wuyeshossiga.

☆ 連用形「をり」を含む。「をりはべりてあ（る）すが→をりはべりた（る）すが」に対応。

/ʃu'jabitasiga/ と推定。/ri/ → /'i/ の変化がある。/ʃu'jabi'itasiga/ の可能性もある。

wuyabira　2-97　謙譲法　wuyabing, wuyabitang, **wuyabira**, wuyabīmi, wuyabīka,
　　　wuyabiranti?

☆ 連用形「をり」を含む。「をりはべりをら」に対応。

/ʃu'jabira/ と推定。/ri/ → /'i/ の変化がある。/ʃu'jabi'ira/ の可能性もある。

wuyabiranti　2-97　謙譲法　wuyabing, wuyabitang, wuyabira, wuyabīmi, wuyabīka,
　　　wauyabiranti?

☆ 連用形「をり」を含む。「をりはべらぬてい」に対応。「い」/i/ は「疑問」を示す。

/ʃu'jabira'ɴti'i/ と推定。/ri/ → /'i/ の変化がある。

wuye　2-97　動詞的名詞　wusi, ariga kumankae wusi "*his being here*"〈彼がここに

第 2 節　ベッテルハイム『琉球語と日本語の文法の要綱』・『琉球語辞書』の動詞形態の考察　823

いること〉; wútasi, wutési, vutósi, wuyabítasi((過去)), uransi, urantasi((否定)), wussiga, wuyabissiga, wutassiga, wuyabitassiga, wutossiga, uransiga, urantassiga((譲歩および接続)), uransā "*Indeed he is not*" 〈確かにいない〉, **wuye**shussiga, **wuye**shossiga.

☼ 連用形「をり」を含む。「をりは」に対応。

/ʔu'je'e/ と推定。/ri/ → /ʔi/ の変化がある。

vūng 1-67 yutashasiga vuï, vassassing **vūng**。〈ある人達は善人である人達は悪人〉

vung 1-68 nanyi tukurunyi, ((māgǎ yǎrā)) shirang fitǔnǔ **vung**。〈どこかは知らないが、どこかに人が居る〉

1-68 sadamiti vūtukurunu[1] **vung**。<どこかに彼がいるはずだ> [1]『辞書』(485V.) には *he certainly is* Kanadzi wú tuktrunu aru hazi とある。

4-231 ményi **vung**, "*he is before,*" すなわち "*in the front*" 〈彼は前にいる〉

4-233 kunu gutu, kunu gutóng((gutu **vung**)), "*thus (in this manner)*" 〈このように〉

wung 4-232 kumanyi **wung**, "*is here*" 〈ここにいる〉

wūng 2-96 ヲル, **wūng**, "*to be, exist*" 〈居る, 存在する〉

wūng 2-96 直説法 **wūng**, wutang, urandi shung,—urang "*he is not at home*" 〈彼は家にいない〉, urantang((否定))

wúng 6-39 **wúng** (居る。融合語幹 w-) 〈home〉 注120)

☼ 連用形「をり」を含む。「をりむ」に対応。

/ʔu'N/ と推定。/ri/ → /ʔi/ の変化がある。

wunté 2-97 **wunté**"*of course he is*" 〈もちろんいる〉

☼ 連用形「をり」を含む。「をりむて」に対応。

/ʔu'Nte'e/ と推定。/ri/ → /ʔi/ の変化がある。

wūmi 2-97 **wūmi**, wūka, wuga"*Is he in?*" 〈いるか〉,wǔtī, wutómi"*was he in*"ママ〈いたか〉,urani, uranka-kaya, uranti((否定)).

wūmǐ 2-97 **wūmǐ** urani, "*Is he in or not?*" 〈いるかいないか〉

☼ 連用形「をり」を含む。「をりみ」に対応。「ーむ + /i/」→「み」。

/ʔumi/ と推定。/ri/ → /ʔi/ の変化がある。

wuga 2-97 wūmi, wūka, **wuga**"*Is he in?*" 〈いるか〉,wǔtī, wutómi"*was he in*"ママ〈いたか〉,urani, uranka-kaya, uranti((否定)).

☼ 連体形「をる」を含む。「を（る）が」に対応。

/ʔuga/ と推定。

wūka 2-97 wūmi, **wūka**, wuga"*Is he in?*" 〈いるか〉,wǔtī, wutómi"*was he in*"ママ〈いたか〉,urani, uranka-kaya, uranti((否定)).

☼ 連体形「をる」を含む。「を（る）か」に対応。

/ʔuka/ と推定。

wūru 2-96 不定詞 **wūru**, wuï （ヲリ）, wǔti; urané ((否定))

wuru 2-85 ヲル **wuru** "*to exist, to be*"

1-69 kumanyi **wuru** ftu *the man which is here, the here being man* 〈ここ

に居る人〉

2-96 **wuru** hazi "*may be(present)*" 〈いるだろう〉

4-237 kurényi **vuru** kutu, "*reign(the being on the throne)*" 〈統治（玉座に
居ること）〉

☆ 連体形「をる」に対応。

/ʻuru/ と推定。

vūtukurunu　1-68　sadamiti **vūtukurunu**[1] vung。＜どこかに彼がいるはずだ＞ [1]
『辞書』(485V.) には *he certainly is* Kanadzi wú tuktrunu aru hazi と
ある。

☆ 連体形「をる」を含む。「をるところの」に対応。

/ʻu(Q)tukuru/ と推定。/ʻurutukuru/ → /ʻuQtukuru/ の変化がある。

wusi　2-97　動詞的名詞　**wusi**, ariga kumankae **wusi** "*his being here*"〈彼がここに
いること〉；wútasi, wutési, vutósi, wuyabítasi((過去)), uransi, urantasi((否
定)), wussiga, wuyabissiga, wutassiga, wuyabitassiga, wutossiga, uransiga,
urantassiga((譲歩および接続)), uransā "*Indeed he is not*"〈確かにいない〉,
wuyeshussiga, wuyeshossiga.

wūsi　6-39　**wūsi**（居ること。融合語幹 w-）〈being〉

☆ 連体形「をる」を含む。「を（る）す」に対応。

/ʻusi/ と推定。

wū kutu　2-97　**wū kutu**((this being so〈そうであるから[1]〉)) [1] 現在の方言のでは ﾏﾏ
「いるので」の意味である。

☆ 連体形「をる」を含む。「を（る）こと」に対応。

/ʻukutu/ と推定。/ʻuQkutu/ の可能性もある。

wussiga　2-97　動詞的名詞　**wusi**, ariga kumankae wusi "*his being here*"〈彼がここ
にいること〉；wútasi, wutési, vutósi, wuyabítasi((過去)), uransi, urantasi
((否定)), **wussiga**, wuyabissiga, wutassiga, wuyabitassiga, wutossiga,
uransiga, urantassiga((譲歩および接続)), uransā "*Indeed he is not*"〈確
かにいない〉,wuyeshussiga, wuyeshossiga.

☆ 連体形「をる」を含む。「を（る）すが」に対応。

/ʻusiga/ と推定。

wūri　2-97　命令　**wūri**, wuriyo, 否定は wuté simang

☆ 命令形「をれ」に対応。

/ʻuri/ と推定。

wuriyo　2-97　命令　**wūri, wuriyo**, 否定は wuté simang

☆ 命令形「をれ」を含む。「をれよ」に対応。

/ʻuri'jo'o/ と推定。

ura　2-96　直説法　wūng, wutang, **ura**ndi shung,—urang "*he is not at home*"
〈彼は家にいない〉, urantang((否定))　［注］日本語は未来時制になじまない
言語であり,urandi shung"*shall be*"〈居るだろう〉という形は,全く規則通り
に造られているが,実際はほとんど聞かれない。せいぜい yagati nayung " It

shall come pass it shall be" 〈そいうことになるであろう〉という表現が聞かれるぐらいである。

☆ 未然形「をら」に対応。

/'ura/ と推定。

wurava　3-116　Matchinkae ndjiti vutērē((**wurava**, wuïdunse)), yī mung kóti kvĭŭtāssiga, "*Had I gone to market, I should have bought & given you some thing good ((but I was not))*" 〈市場に出かけていたならば，良い物を買って君に上げただろう（が私はそこにいなかった）〉

☆ 未然形「をら」を含む。「をらは」に対応。

/'ura'wa/ と推定。

uravang　2-96　**uravang** arang uravang "(*It's all the same)whether he be or not* " 〈いようといまいと（どちらでも同じだ）〉注121)

☆ 未然形「をら」を含む。「をらはも」に対応。

/'ura'wa'N/ と推定。

urang　1-68　chuïng **urang**。*there is none* 〈1人もいない〉

　　　　4-234　Ah tinning ūu djimó saté **urang**! "*Oh heaven, you have no feeling for me!*" 〈おお，神よ，御心をかけて下さらない！〉

uráng　6-39　**uráng**（居ない。基本語幹 ur-)〈widower〉　語頭の v は w と音韻的に同じとみなされる。（略）『英琉辞書』では、（略）語頭の [?u] は u で、[u 〜 wu] は wu あるいは vu で表記しているが、語中・語尾の [u 〜 wu] は u で表記している。前の二例注122)は語頭に w があるかどうかの相違がある。　現在の首里方言を万国音声記号で表わせば、「居ない」は [urang 〜 wurang]（「をらぬ」に対応）で、「売らない」は [?urang] である。したがって、wurang の方が正確な表記である。

wurang　6-39　**wurang**（居ない。基本語幹 wur-)〈widow〉　前の二例注122)は語頭に w があるかどうかの相違がある。現在の首里方言を万国音声記号で表わせば、「居ない」は [urang 〜 wurang]（「をらぬ」に対応）で、「売らない」は [?urang] である。したがって、wurang の方が正確な表記である。

☆ 未然形「をら」を含む。「をらぬ」に対応。

/'ura'N/ と推定。

urani　2-97　wūmi, wūka, wuga"*Is he in?*"〈いるか〉,wŭtī, wutómi"*was he in* "〈いたか〉,**urani**, uranka-kaya, uranti((否定)).

　　　　2-97　wūmĭ **urani**, "*Is he in or not?*" 〈いるかいないか

☆ 未然形「をら」を含む。「をらに」に対応。「−ぬ＋/i/」→「に」。

/'urani/ と推定。

uran hazi　2-96　**uran hazi** "*perhaps, he is not* " 〈多分いないだろう〉

☆ 未然形「をら」を含む。「をらぬはず」に対応。

/'ura'N hazi/ と推定。

urang gissa　2-96　**urang gissa** "*may not be* " 〈いないかもしれない〉

☆ 未然形「をら」を含む。「をらぬげさ」に対応。

/'ura'ⁿgi(Q)sa/ と推定。

uranga　2-96　wuïgashura, **uranga** yara "(*I know not*) *whether he be in or not*"〈いるかどうか（わからない）〉

☼ 未然形「をら」を含む。「をらぬが」に対応。

/'ura'ⁿga/ と推定。

uranka-kaya　2-97　wǔmi, wǔka, wuga"*Is he in?*"〈いるか〉,wǔtī, wutómi"*was*
ママ
he in "〈いたか〉,urani, **uranka-kaya**, uranti((否定)).

☼ 未然形「をら」を含む。「をらぬか」と「おらぬかや」をいっしょにした簡略化表記。

/'ura'ⁿka//'ura'ⁿka'ja'a/ と推定。

uransi　2-96　**uransi** "*not to be*"〈いないこと〉

2-97　動詞的名詞　wusi, ariga kumankae wusi "*his being here*"〈彼がここにいること〉；wútasi, wutési, vutósi, wuyabítasi((過去)), **uransi**, urantasi((否定)), wussiga, wuyabissiga, wutassiga, wuyabitassiga, wutossiga, uransiga, urantassiga((譲歩および接続)), uransā "*Indeed he is not* "〈確かにいない〉,wuyeshussiga, wuyeshossiga.

☼ 未然形「をら」を含む。「をらぬす」に対応。

/'ura'ⁿsi/ と推定。

uransiga　2-97　動詞的名詞　wusi, ariga kumankae wusi " *his being here*"〈彼がここにいること〉；wútasi, wutési, vutósi, wuyabítasi((過去)), uransi, urantasi((否定)), wussiga, wuyabissiga, wutassiga, wuyabitassiga, wutossiga, **uransiga**, urantassiga((譲歩および接続)), uransā "*Indeed he is not* "〈確かにいない〉,wuyeshussiga, wuyeshossiga.

☼ 未然形「をら」を含む。「をらぬすが」に対応。

/'ura'ⁿsiga/ と推定。

uransā　2-97　動詞的名詞　wusi, ariga kumankae wusi "*his being here*"〈彼がここにいること〉；wútasi, wutési, vutósi, wuyabítasi((過去)), uransi, urantasi((否定)), wussiga, wuyabissiga, wutassiga, wuyabitassiga, wutossiga, uransiga, urantassiga((譲歩および接続)), **uransā** "*Indeed he is not* "〈確かにいない〉,wuyeshussiga, wuyeshossiga.

☼ 未然形「をら」を含む。「をらぬさ」に対応。

/'ura'ⁿsa'a/ と推定。

urané　2-96　不定詞 wǔru, wuï（ヲリ）, wǔti; **urané** ((否定))

2-96　**urané**(1) narang " *must be present*"〈いなければならない〉((*not being cannot be*))〈いないことはできない〉(1) 否定の不定詞として先に説明されているが, 英語の法助動詞対応にする日本語を一括して扱う意図で, ここで言及しているものと思われる。注123)

2-96　**urané** narang "*not to be could not be*"〈いないということはできない〉すなわち "*must be* "〈いなければならない〉

☼ 未然形「をら」を含む。「をらねは」に対応。

/'urane'e/ と推定。

uranting　2-96　wuting, wutóting, **uranting** "*though being, having been, not being*"〈いても , いたにしても , いなくても〉

　　☆ 未然形「をら」を含む。「をらぬても」に対応。

　　/ˀuraʼɴti’ɴ/ と推定。

uranti　2-97　wǖmi, wǖka, wuga"*Is he in?*"〈いるか〉,wǖtī, wutómi"*was he in*"〈いたか〉,urani, uranka-kaya, **uranti**((否定)).

　　☆ 未然形「をら」を含む。「をらぬてい」に対応。「い」/i/ は「疑問」の助辞。

　　/ˀuraʼɴti’i/ と推定。

urataru　2-96　分詞　wuru, wutaru, wutéru, wutóru—urang, **urataru**　注124)

　　☆ 未然形「をら」を含む。「をらぬてある→をらぬたる」に対応。

　　/ˀuraʼɴtaru/ と推定。

urantasi　2-97　動詞的名詞　wusi, ariga kumankae wusi "*his being here*"〈彼がここにいること〉;wútasi, wutési, vutósi, wuyabítasi((過去)), uransi, **urantasi**((否定)), wussiga,wuyabissiga,wutassiga,wuyabitassiga,wutossiga, uransiga, urantassiga((譲歩および接続)), uransā "*Indeed he is not*"〈確かにいない〉,wuyeshussiga, wuyeshossiga.

　　☆ 未然形「をら」を含む。「をらぬてあ（る）す→をらぬた（る）す」に対応。

　　/ˀuraʼɴtasi/ と推定。

urantassiga　2-97　動詞的名詞　wusi, ariga kumankae wusi "*his being here*"〈彼がここにいること〉;wútasi, wutési, vutósi, wuyabítasi((過去)), uransi, urantasi((否定)), wussiga, wuyabissiga, wutassiga, wuyabitassiga, wutossiga, uransiga, **urantassiga**((譲歩および接続)), uransā "*Indeed he is not*"〈確かにいない〉,wuyeshussiga, wuyeshossiga.

　　☆ 未然形「をら」を含む。「をらぬてあ（る）すが→をらぬた（る）すが」に対応。

　　/ˀuraʼɴtasiga/ と推定。

vuti　3-125　Vatta kuma **vuti** shimutzi yudinda, ama **vuti** attaya yudindi[1]. "*Let us read here, & let them read there.*"〈私達はここで , あの人達はむこうで読書することにしよう〉

vúti　6-39　**vúti**（居て。音便語幹 vuti-）〈home〉　語頭の v は w と音韻的に同じとみなされる。(略)『英琉辞書』では、(略) 語頭の [ˀu] は u で、[u 〜 wu] は wu あるいは vu で表記しているが、語中・語尾の [u 〜 wu] は u で表記している。

vūti　5-89　nakaba **vūti** *in the midst* 中ばで

wuti　2-96　**wuti**, kuma **wuti** "*here having been*"〈ここにいたこと〉から "*in here, here*"〈この場所において , ここで〉という意味になる。wuti はよく反覆して用いられ , wuti wuti は wutóti と短縮される。

　　2-96　wǐunye, wuïndé, **wuti**, wutóti "*while being*"〈いる時〉

　　2-96　ama **wuti** "*there*"〈あそこで〉。wuti はよく反覆して用いられ , wuti wuti は wutóti と短縮される。

　　2-96　yā **wuti** "*in the house*"〈家で〉。wuti はよく反覆して用いられ , wuti

wuti は wutóti と短縮される。

☼「をりて→をって」に対応。

/ʔuti/ と推定。促音脱落の変化がある。ここでの用法は「助辞的」である。

wuting　2-96　**wuting**, wutóting, uranting "*though being, having been, not being* "
〈いても , いたにしても , いなくても〉

☼「をりて→をって」を含む。「をりても→をっても」に対応。

/ʔuti'N/ と推定。促音脱落の変化がある。

wutidung　3-116　Vaga tchinyu funingkae **wutidung**((wurava)) iyănyi yī chă
numashutassiga, "*Had I been yesterday on board, I would have given
you good tea* ((*to drink*))" 〈昨日船上にいたならば , 君に良いお茶を飲
ませただろう〉

☼「をりて→をって」を含む。「をりてども→をってども」に対応。

/ʔutidu'N/ と推定。促音脱落の変化がある。

vuté　3-122　Iyaga churu yéda **vuté** katchi hatitochung. shi hatitochung, または
hatitokandi shung. "*when you come I shall have done writing, have done* "
〈君が来る時には書き終えておく , し終えておく〉

wuté　2-97　命令　wūri, wuriyo, 否定は **wuté** simang

☼「をりて→をって」を含む。「をりては→をっては」に対応。

/ʔute'e/ と推定。促音脱落の変化がある。

vutērē　3-116　Matchinkae ndjiti **vutērē**((wurava, wuïdunse)), yī mung kóti
kvĭŭtāssiga, "*Had I gone to market, I should have bought & given you
some thing good* ((*but I was not*))" 〈市場に出かけていたならば , 良い物を
買って君に上げただろう（が私はそこにいなかった）〉

vutéré　3-117　Vāgă ïya kunu shimutzi keti mutumirandi-shusi shtchidung
vutéré, chīshshtĭ yumi ovatóchutassiga(("*but I did not know,* " 〈しかし知
らなかった〉 tada shirantang)) "*Had I known you should desire back this
book, I should certainly have finished*((*reading*)) *it.*" 〈この本を返してもら
いたいという君の気持を知っていたら , きっと読み終えていただろう〉

☼「をりて→をって」を含む。「をりてはあれは→をってはあれは」に対応。

/ʔute'ere'e/ と推定。促音脱落の変化がある。

wutéru　2-96　分詞　wuru, wutaru, **wutéru**, wutóru—urang, urataru

☼「をりて→をって」を含む。「をりてはある→をってはある」に対応。

/ʔute'eru/ と推定。促音脱落の変化がある。

wutési　2-97　動詞的名詞　wusi, ariga kumankae wusi "*his being here*" 〈彼がここに
いること〉; wútasi, **wutési**, vutósi, wuyabítasi((過去)), uransi, urantasi((否
定)), wussiga, wuyabissiga, wutassiga, wuyabitassiga, wutossiga, uransiga,
urantassiga((譲歩および接続)), uransā "*Indeed he is not* " 〈確かにいな
い〉,wuyeshussiga, wuyeshossiga.

☼「をりて→をって」を含む。「をりてはあ（る）す→をってはあ（る）す」に対応。

/ʔute'esi/ と推定。促音脱落の変化がある。

vŭtang　1-67　ftunu **vŭtang**〈人が居た〉

wutang　2-96　直説法　w**ū**ng, **wutang**, urandi shung,—urang *"he is not at home "* 〈彼は家にいない〉, urantang((否定))

　☼「をりて→をって」を含む。「をりてあり<u>む</u>→をってあり<u>む</u>→をったり<u>む</u>→をたり<u>む</u>」に対応。
　/'uta'ɴ/ と推定。促音脱落の変化がある。

wŭti　2-96　不定詞 wūru, wuï（ヲリ）, **wŭti**; urané((否定))

wŭtī　2-97　w**ū**mi, w**ū**ka, wuga*"Is he in?"* 〈いるか〉,**wŭtī**, wutómi*"was he in"* 〈い
　　たか〉,urani, uranka-kaya, uranti((否定)).

　☼「をりて→をって」を含む。「をりてい→をってい」に対応。「い」/i/ は「疑問」を示す。
　/'uti'i/ と推定。促音脱落の変化がある。

vutaru　1-56　kumankae **vutaru** ftu *the here having been man*, すなわち *the man
　　who was here*〈ここに居た人〉

wutaru　2-96　分詞　wuru, **wutaru**, wutéru, wutóru—urang, urataru

　☼「をりて→をって」を含む。「をりてある→をってある→をったる」に対応。
　/'utaru/ と推定。促音脱落の変化がある。

wútasi　2-97　動詞的名詞　wusi, ariga kumankae wusi *"his being here"*〈彼がここに
　　いること〉; **wútasi**, wutési, vutósi, wuyabítasi((過去)), uransi, urantasi((否
　　定)), wussiga, wuyabissiga, wutassiga, wuyabitassiga, wutossiga, uransiga,
　　urantassiga((譲歩および接続)), uransā *"Indeed he is not "*〈確かにいない〉,
　　wuyeshussiga, wuyeshossiga.

　☼「をりて→をって」を含む。「をりてあ（る）す→をってあ（る）す→をった（る）す」に対応。
　/'utasi/ と推定。促音脱落の変化がある。

wutassiga　2-97　動詞的名詞　wusi, ariga kumankae wusi *"his being here"*〈彼が
　　ここにいること〉; wútasi, wutési, vutósi, wuyabítasi((過去)), uransi,
　　urantasi((否定)), wussiga, wuyabissiga, **wutassiga**, wuyabitassiga,
　　wutossiga, uransiga, urantassiga((譲歩および接続)), uransā *"Indeed
　　he is not "*〈確かにいない〉,wuyeshussiga, wuyeshossiga.

wutässiga　5-98　Likutsinu n'nzanu ichi nyin **wutässiga** Once there was a witty
　　slave. 昔, 機智に富んだ下男が一人いた。

wŭtässīgă　5-88　ch**ū**inŭ *one* 一人の　nyīsé *young man* 青年が　**wŭtässīgă** *was*
　　いたが

　☼「をりて→をって」を含む。「をりてあ（る）すが→をってあ（る）すが→をった（る）すが」に対応。
　/'utasiga/ と推定。促音脱落の変化がある。

wută kutu　2-97　**wută kutu**, wutó kutu " this having been so "〈そうであったか
　　ら⁽²⁾〉⁽²⁾ 現在の方言では「いたので」の意味である。

　☼「をりて→をって」を含む。「をりてあ（る）こと→をってあ（る）こと→をった（る）こと」に対応。
　/'utakutu/ と推定。促音脱落の変化がある。

vutósi　2-97　動詞的名詞　wusi, ariga kumankae wusi *"his being here"*〈彼がここに
　　いること〉; wútasi, wutési, **vutósi**, wuyabítasi((過去)), uransi, urantasi((否
　　定)), wussiga, wuyabissiga, wutassiga, wuyabitassiga, wutossiga, uransiga,

urantassiga((譲歩および接続))、uransā "*Indeed he is not* "〈確かにいない〉、
wuyeshussiga, wuyeshossiga.

☼「をりて→をって」を含む。「をりてはを（る）す→をってはを（る）す」に対応。

/'uto'osi/ と推定。促音脱落の変化がある。

wutossiga　2-97　動詞的名詞　wusi, ariga kumankae wusi "*his being here* "〈彼
　　　　　　がここにいること〉；wútasi, wutési, vutósi, wuyabítasi((過去))、uransi,
　　　　　　urantasi((否定))、wussiga, wuyabissiga, wutassiga, wuyabitassiga,
　　　　　　wutossiga, uransiga, urantassiga((譲歩および接続))、uransā "*Indeed
　　　　　　he is not* "〈確かにいない〉,wuyeshussiga, wuyeshossiga.

☼「をりて→をって」を含む。「をりてはを（る）すが→をってはを（る）すが」に対応。

/'uto'osiga/ と推定。

vutóti　2-96　kachusu **vutóti** "*in the middle of writing, while writing*"〈書いてい
　　　　　る時〉注125)

　　　　　5-105　yūru mindzang **vutóti**, nyādang chōsang,(*the heat being very great,*
　　　　　especialy at night in the bed,)夜寝床における暑さもまた格別ですから

wutot　2-96　yā **wutoti** "*in the house* "〈家で〉。wuti はよく反覆して用いられ,
　　　　　wuti wuti は wutóti と短縮される。

wutóti　2-96　wïunye, wuïndé, wuti, **wutóti** "*while being*"〈いる時〉

☼「をりて→をって」を含む。「をりてはをりて→をってはをって」に対応。

/'uto'oti/ と推定。促音脱落の変化がある。

wutóting　2-96　wuting, **wutóting**, uranting "*though being, having been, not being* "
　　　　　〈いても , いたにしても , いなくても〉

☼「をりて→をって」を含む。「をりてはをりても→をってはをっても」に対応。

/'uto'oti'N/ と推定。促音脱落の変化がある。

wutómi　2-97　wūmi, wūka, wuga "*Is he in?* "〈いるか〉,wūtī, **wutómi** "*was he in*^{ママ}"〈い
　　　　　たか〉,urani, uranka-kaya, uranti((否定)).

☼「をりて→をって」を含む。「をりてはをりみ→をってはをりみ」に対応。「－む＋ /i/ 」→「み」

/'uto'omi/ と推定。促音脱落の変化がある。

wutóru　2-96　分詞　wuru, wutaru, wutéru, **wutóru**—urang, urataru

☼「をりて→をって」を含む。「をりてはをる→をってはをる」に対応。

/'uto'oru/ と推定。促音脱落の変化がある。

wutó kutu　2-97　wută kutu, **wutó kutu** " *this having been so* "〈そうであったか
　　　　　ら⁽²⁾〉 ⑵ 現在の方言では「いたので」の意味である。

☼「をりて→をって」を含む。「をりてはを（る）こと→をってはを（る）こと」に対応。

/'uto'okutu/ と推定。促音脱落の変化がある。

（融合しているもの）

ninti dūru　2-86　**ninti dūru** "*he is sleeping* "〈彼は眠っている〉

☼連体形「をる」を含む。「ねむりてどをる」に対応。

/ni'Ntidu'uru/ と推定。/ni'Ntidu//'uru/ の縮約形。

shóri　2-96　kanshóti, kan**shóri** "*in doing so*"〈そうしているうちに〉((kan-shi-wuti

第 2 節　ベッテルハイム『琉球語と日本語の文法の要綱』・『琉球語辞書』の動詞形態の考察　831

および kan-shi-wuri の短縮形))

☼「をり」を含む。「しをり」に対応。

/sjo'ori/ と推定。

shóti　2-96　kan**shóti**, kanshóri" in doing so"〈そうしているうちに〉((kan-shi-wuti および kan-shi-wuri の短縮形))

☼「をりて」を含む。「しをりて」に対応。

/sjo'oti/ と推定。

《漂録》注 3）で述べたことを受け、「いみめす召」を設定して用例をまとめてみる。
いみめす召

mensheigisassa　2-105　疑念　mensheïra,menshega yara,mensheru hazi,**menshei**gis assa,mensheïgashura；否定　menshorang hazi,menshoranga yara

☼連用形「いみめし」を含む。「いみめしありげさあるさ」に対応か。

/me'ɴsje'e'igisaQsa('a)/ と推定。/me'ɴ/ は /ʔme'ɴ/ の可能性を含む。以下、同じ。

mensheïdunse　2-105　接続法　menshēïné,**mensheï**dunse,menshórā,*If he pleased, in case he deugns*〈かたじけなくも……して下されば，……して下さる場合は〉.—否定　menshórang aïné,menshorandung aré. — menshochi dung are,*if he had pleased*〈……して下さったならば〉；否定　menshórantaré menshórang atí dung aré.

☼連用形「いみめし」を含む。「いみめしあれどもせは」に対応か。

/me'ɴsje'e'idu'ɴse'e/ と推定。

mensheēïné　2-105　接続法　**menshēïné**,mensheïdunse,menshórā,*If he pleased, in case he deugns*〈かたじけなくも……して下されば，……して下さる場合は〉.—否定　menshórang aïné,menshorandung aré. —menshochi dung are,*if he had pleased*〈……して下さったならば〉；否定　menshórantaré menshórang atí dung aré.

☼連用形「いみめし」を含む。「いみめしありには」に対応か。

/me'ɴsje'e'ine'e/ と推定。

mensheïga　2-105　疑念　mensheïra,menshega yara,mensheru hazi, mensheigisassa,**mensheïga**shura；否定　menshorang hazi,menshoranga yara

☼連用形「いみめし」を含む。「いみめしあり（をる）が」に対応か。

/me'ɴsje'e'iga/ と推定。

mensheïra　2-105　疑念　**mensheïra**,menshega yara,mensheru hazi,mensheigisas sa,mensheïgashura；否定　menshorang hazi,menshoranga yara

☼連用形「いみめし」を含む。「いみめしあり（を）ら」に対応か。

/me'ɴsje'e'ira/ と推定。

mensheng　2-105　動詞といっしょに用いられる時には ,**mensheng** よりも ,misheng の方が普通である。kvī misheng,mishōchang,*is, was pleased to give*（かたじけなくも , 下さる , 下さった）；utabi misheng *granted*〈下さった〉

832　第 4 章　アルファベット資料の動詞形態の考察

―気取りやの首里っ子（*Shuy people*）は ,misheng を鼻音化し ,meᵐhéng
と発音する。　　（yānu nūshi mmănyi wūga?*where is the master?*〈お
まえの主人はどこだ〉menshōrang! *He is out(does not deign tobe in)*〈い
らっしゃいません〉

☼ 連用形「いみめし」を含む。「いみめしあり<u>む</u>」に対応か。

/me'ɴsje'e'ɴ/ と推定。

menshémĭ　2-106　疑問　mensheï,**menshémĭ**,menshega. ―過去
menshochī,menshetī；―未来　menshorandi shumi? ―否定
menshorani,menshoran-kaya,mensherantī.

☼ 連用形「いみめし」を含む。「いみめしありみ」に対応か。

/me'ɴsje'emi/ と推定。

ménshéru　2-105　分詞　**ménshéru**,menshetaru,menshocharu,―menshorang,
menshorantaru.

mensheru　2-105　疑念　mensheïra,menshega yara,**mensheru** hazi,mensheigisas
sa,mensheïgashura；否定　menshorang hazi,menshoranga yara

☼ 連用形「いみめし」を含む。「いみめしある」に対応か。

/me'ɴsje'eru/ と推定。

menshega　2-105　疑念　mensheïra,**menshega** yara,mensheru hazi,mensheigisas
sa,mensheïgashura；否定　menshorang hazi,menshoranga yara

☼ 連用形「いみめし」を含む。「いみめしあ（る）が」に対応か。

/me'ɴsje'ega/ と推定。

menshesi　2-106　動詞的名詞 **menshesi,** menshóchassi, menshétassi, menshoransi,
menshórantassi. Kótinu（国ᴹᴹ帝）tudziki mishosi は皇帝の命令を意
味し ,*what the Emp. Was or is pleased to command*〈皇帝が命じ給う
たもの〉が文字通りの意味である。

☼ 連用形「いみめし」を含む。「いみめしあ（る）す」に対応か。

/me'ɴsje'esi/ と推定。

menshetī　2-106　疑問　mensheï,menshémĭ,menshega. ―過去
menshochī,**menshetī**；―未来　menshorandi shumi? ―否定
menshorani,menshoran-kaya,mensherantī.

☼ 連用形「いみめし」を含む。「いみめしありてい」に対応か。「い」/i/ は「疑問」の助辞。

/me'ɴsje'eti'i/ と推定。

menshéting　2-105　譲歩　**menshéting**,menshóching,menshoranting―

☼ 連用形「いみめし」を含む。「いみめしありても」に対応か。

/me'ɴsje'eti'ɴ/ と推定。

menshetaru　2-105　分詞　ménshéru,**menshetaru**,menshocharu,―menshorang,
menshorantaru.

☼ 連用形「いみめし」を含む。「いみめしありたる」に対応か。

/me'ɴsje'etaru/ と推定。

menshétassi　2-106　動詞的名詞 menshesi, menshóchassi, **menshétassi**,menshoransi, menshórantassi. Kótinu（国ママ帝）tudziki mishosi は皇帝の命令を意味し,*what the Emp. Was or is pleased to command*〈皇帝が命じ給うたもの〉が文字通りの意味である。

　☆ 連用形「いみめし」を含む。「いみめしありた（る）す」に対応か。

　/meʼɴsjeʼetasi/ と推定。

mensherantī　2-106　疑問　mensheï,menshémĭ,menshega.―過去　menshochī,menshetī；―未来　menshorandi shumi?―否定　menshorani,menshoran-kaya,**mensherantī**.

　☆ 連用形「いみめし」を含む。「いみめしあらぬてい」に対応か。「い」/i/ は「疑問」の助辞。

　/meʼɴsjeʼeraʼɴtiʼi/ と推定。

menshori　2-105　命令　**menshori**,mishori-riyo,*please!*〈どうか……して下さい〉；mishōnnă,*please don't*〈……しないで下さい〉

　☆ 連用形「いみめし」を含む。「いみめしおわれ」に対応か。

　/meʼɴsjoʼori/ と推定。

menshorandi　2-106　疑問　mensheï,menshémĭ,menshega.―過去　menshochī,menshetī；―未来　**menshorandi** shumi?―否定　menshorani,menshoran-kaya,mensherantī.

　☆ 連用形「いみめし」を含む。「いみめしおわら<u>む</u>て」に対応か。

　/meʼɴsjoʼoraʼɴdi/ と推定。

menshórā　2-105　接続法　menshēïné,menshéïdunse,**menshórā**,*If he pleased, in case he deugns*〈かたじけなくも……して下されば，……して下さる場合は〉.―否定　menshórang aïné,menshorandung aré. ―menshochi dung are,*if he had pleased*〈……して下さったならば〉；否定　menshórantaré menshórang atí dung aré.

　☆ 連用形「いみめし」を含む。「いみめしおわらは」に対応か。

　/meʼɴsjoʼoraʼa/ と推定。

menshoravang　2-105　随意　**menshoravang**,menshorang aravang.

　☆ 連用形「いみめし」を含む。「いみめしおわらはも」に対応か。

　/meʼɴsjoʼoraʼwaʼɴ/ と推定。

menshorang　2-105　分詞　ménshéru,menshetaru,menshocharu,―**menshorang**,menshorantaru.

　☆ 連用形「いみめし」を含む。「いみめしおわらぬ」に対応か。

　/meʼɴsjoʼoraʼɴ/ と推定。

menshoran　2-106　疑問　mensheï,menshémĭ,menshega.―過去　menshochī,menshetī；―未来　menshorandi shumi?―否定　**menshorani**,menshoran-kaya,mensherantī.

　☆ 連用形「いみめし」を含む。「いみめしおわらに」に対応か。

　/meʼɴsjoʼorani/ と推定。

menshoran-kaya　2-106　疑問　mensheï,menshémĭ,menshega.―過去

834　第4章　アルファベット資料の動詞形態の考察

menshochī,menshetī；─未来　menshorandi shumi?─否定
menshorani,**menshoran-kaya**,mensherantī.

☆ 連用形「いみめし」を含む。「いみめしおわらぬかや」に対応か。

/me'ɴsjo'ora'ɴka'ja'a/ と推定。

menshoranga　2-105　疑念　mensheïra,menshega yara,mensheru hazi,mensheigisassa,
　　　　　mensheïgashura；否定　menshorang hazi,**menshoranga** yara

☆ 連用形「いみめし」を含む。「いみめしおわらぬが」に対応か。

/me'ɴsjo'ora'ɴga/ と推定。

menshorang hazi　2-105　疑念　mensheïra,menshega yara,mensheru
　　　　　hazi,mensheigisassa,mensheïgashura；否定　**menshorang
　　　　　hazi**,menshoranga yara

☆ 連用形「いみめし」を含む。「いみめしおわらぬはず」に対応か。

/me'ɴsjo'ora'ɴhazi/ と推定。

menshoransi　2-106　動詞的名詞 menshesi, menshóchassi, menshétassi,
　　　　　menshoransi,menshórantassi. Kótinu（国ママ帝）tudziki mishosi は
　　　　　皇帝の命令を意味し,*what the Emp. Was or is pleased to command*
　　　　　〈皇帝が命じ給うたもの〉が文字通りの意味である。

☆ 連用形「いみめし」を含む。「いみめしおわらぬす」に対応か。

/me'ɴsjo'ora'ɴsi/ と推定。

menshórang aïné　2-105　接続法　menshēïné,mensheïdunse,menshórā,*If he
pleased, in case he deugns*〈かたじけなくも……して下されば，
……して下さる場合は〉.─否定　**menshórang aïné**,menshorandung
aré.─menshochi dung are,*if he had pleased*〈……して下さっ
たならば〉；否定　menshórantaré menshórang atí dung aré.

☆ 連用形「いみめし」を含む。「いみめしおわらぬありには」に対応か。

/me'ɴsjo'ora'ɴʔa'ine'e/ と推定。

menshórang atí　2-105　接続法　menshēïné,mensheïdunse,menshórā,*If he pleased,
in case he deugns*〈かたじけなくも……して下されば，……して
下さる場合は〉.─否定　menshórang aïné,menshorandung aré.
─menshochi dung are,*if he had pleased*〈……して下さったなら
ば〉；否定　menshórantaré **menshórang atí** dung aré.

☆ 連用形「いみめし」を含む。「いみめしおわらぬありて」に対応か。

/me'ɴsjo'ora'ɴʔati/ と推定。

menshorantang　2-105　過去　menshōchang,mishōchang,**menshorantang**

☆ 連用形「いみめし」を含む。「いみめしおわらぬてありむ→いみめしおわらぬたり<u>む</u>」に対応か。

/me'ɴsjo'ora'ɴta'ɴ/ と推定。

menshorantaru　2-105　分詞　ménshéru,menshetaru,menshocharu,─menshorang,
　　　　　menshorantaru.

☆ 連用形「いみめし」を含む。「いみめしおわらぬてある→いみめしおわらぬたる」に対応か。

/me'ɴsjo'ora'ɴtaru/ と推定。

menshórantassi　2-106　動詞的名詞 menshesi, menshóchassi, menshétassi, menshoransi,**menshórantassi**. Kótinu（国ママ帝）tudziki mishosi は皇帝の命令を意味し,*what the Emp. Was or is pleased to command*〈皇帝が命じ給うたもの〉が文字通りの意味である。

　☿ 連用形「いみめし」を含む。「いみめしおわらぬてあ（る）す→いみめしおわらぬた（る）す」に対応か。

　/me'ɴsjo'ora'ɴtasi/ と推定。

menshórantaré　2-105　接続法　menshēïné,mensheïdunse,menshórā,*If he pleased, in case he deugns*〈かたじけなくも……して下されば, ……して下さる場合は〉.—否定　menshórang aïné,menshorandung aré. —menshochi dung are,*if he had pleased*〈……して下さったならば〉; 否定　**menshórantaré** menshórang atí dung aré.

　☿ 連用形「いみめし」を含む。「いみめしおわらぬてあれは→いみめしおわらぬたれは」に対応か。

　/me'ɴsjo'ora'ɴtare'e/ と推定。

menshochi　2-105　接続法　menshēïné,mensheïdunse,menshórā,*If he pleased, in case he deugns*〈かたじけなくも……して下されば, ……して下さる場合は〉.—否定　menshórang aïné,menshorandung aré. —**menshochi** dung are,*if he had pleased*〈……して下さったならば〉; 否定　menshórantaré menshórang atí dung aré.

　☿ 連用形「いみめし」を含む。「いみめしおはして」に対応か。

　/me'ɴsjo'ocji/ と推定。

menshochī　2-106　疑問　mensheï,menshémï,menshega. —過去　**menshochī**,menshetī; —未来　menshorandi shumi? —否定　menshorani,menshoran-kaya,mensherantī.

　☿ 連用形「いみめし」を含む。「いみめしおはしてい」に対応か。「い」/i/ は「疑問」の助辞。

　/me'ɴsjo'ocjī'i/ と推定。

menshóching　2-105　譲歩　menshéting,**menshóching**,menshoranting—
　☿ 連用形「いみめし」を含む。「いみめしおはしても」に対応か。

　/me'ɴsjo'ocji'ɴ/ と推定。

menshōchang　2-105　過去 **menshōchang**,mishōchang,menshorantang
　☿ 連用形「いみめし」を含む。「いみめしおはしてありむ→いみめしおはしたりむ」に対応か。

　/me'ɴsjo'ocja'ɴ/ と推定。

menshocharu　2-105　分詞　ménshéru,menshetaru,**menshocharu**,—menshorang, menshorantaru.

　☿ 連用形「いみめし」を含む。「いみめしおはしてある→いみめしおはしたる」に対応か。

　/me'ɴsjo'ocjaru/ と推定。

menshóchassi　2-106　動詞的名詞 menshesi, **menshóchassi**, menshétassi, menshoransi,menshórantassi. Kótinu（国ママ帝）tudziki mishosi は皇帝の命令を意味し,*what the Emp. Was or is pleased to command*〈皇帝が命じ給うたもの〉が文字通りの意味である。

　☿ 連用形「いみめし」を含む。「いみめしおはしてあ（る）す→いみめしおはした（る）す」に対応か。

/meʼɴsjoʼocjasi/ と推定。

méhēng　2-104　mensheng, または misheng, または **méhēng**,"to deign,please"

　　☼ 変種形。　/meheʼeʼɴ/ と推定。

méhémi　5-105　gandjúshi **méhémi**. *Are they well?* お元気ですか。

　　☼ 変種形。　/meheʼemi/ と推定。

第3節　チェンバレン『琉球語文典』の動詞形態の考察

○見出し語は平仮名とし、その語彙的意味を示す漢字を添える。

○用例は、助辞・接辞とともに示す。該当用例前後の表示は、必要最小限の範囲とする。
「琉便」版が翻刻版と異なる場合、「〈琉便〉achusi」のように示す。

○漢字片仮名交じりの「日本語」は「琉便」のそれ、漢字平仮名交じりの「日本語」は
山口〈チェン〉（1976）のそれである。

○「琉便」に収録されていない例の場合、原本通りに「琉球語・日本語・英語」を示す
こととする。

○数字については、以下のとおりである。「89」や「102」などのように下線を施
したものは、山口〈チェン〉（1976）における所在ページを示し、下線なしの「001」
や「285」などは、復刻版の（p.147 ～ 187）に収録された "SPECIMENS OF
LUCHUAN WITH JAPANESE AND ENGLISH TRANSLATIONS" の項目に付した
通し番号（001 ～ 369）である。用例所在箇所を示す目安とする。

○見出し語相当部分をゴシックにする。

　　（例）「agatōng　029　Tīda nu **agatōng**. 日ガ上ツタ」

（四段）

あく開

achung　107　**achung** 開く

　　☼ 連用形「あき」を含む。「あきを<u>り</u>む」に対応。

　　/ʔacjuʼɴ/ と推定。

ありく歩

atchusi　241　kunu kāra sūti **atchusi** du mashē arani?　コノ流レニツイテ下ニ行
　　　　　　　ツタラヨカラウヂヤナイカ　〈琉便〉achusi

　　☼ 連用形「ありき」を含む。「ありきを（る）す」に対応。

　　/ʔaQcjusi/ と推定。

akki　064　Yōnna **akki**. ソロソロアルケ

　　☼ 命令形「ありけ」に対応。

　　/ʔaQki / と推定。

いく行

ichung　348　Uchinā kai **ichung**. 沖縄へ参ります。

　　☼ 連用形「いき」を含む。「いきを<u>り</u>む」に対応。

/ʔicju'ɴ/ と推定。

ichumi　052　**Ichumi**, yōshōchumi?　行カウカ　ヨサウカ
　　☼ 連用形「いき」を含む。「いきをりみ」に対応。
　　/ʔicjumi/ と推定。

ichusē　025　**Ichusē** mashi.　行ク方ガイイ
　　☼ 連用形「いき」を含む。「いきを（る）すは」に対応。
　　/ʔicjuse'e/ と推定。

ichīnē　９８　**ichīnē**
　　☼ 連用形「いき」を含む。「いきには」に対応。
　　/ʔicji'ine'e/ と推定。

iching　354　**Iching** ikarirang; 去るにも去られず
　　☼ 連用形「いき」を含む。「いきも」に対応。
　　/ʔicji'ɴ/ と推定。 注1)

ikē　351　Yā mading **ikē**,　お前まで行ってしまえば、
　　☼ 已然形「いけ」を含む。「いけは」に対応。
　　/ʔike'e/ と推定。

iki　072　Mutchi **iki**.　モッテ行ケ
　　☼ 命令形「いけ」に対応。
　　/ʔiki/ と推定。

ika　046　Wang **ika**.　（私）行カウ
　　☼ 未然形「いか」に対応。
　　/ʔika/ と推定。

ikawa　347　Tārī ga Uchinā **ikawa**,　お前の父親が沖縄へ行くと
　　☼ 未然形「いか」を含む。「いかは」に対応。
　　/ʔika'wa/ と推定。

ikang sē　026　**Ikang sē** mashi.　行カナイ方ガイイ
　　☼ 未然形「いか」を含む。「いかぬすは」に対応。
　　/ʔika'ɴse'e/ と推定。

ikashung　１０６　**ikashung**　行かせる
　　☼「未然形「いか」を含む。「いかしをりみ」に対応。
　　/ʔikasju'ɴ/ と推定。

ikasang　１０６　**ikasang**
　　☼「未然形「いか」を含む。「いかさぬ」に対応。
　　/ʔikasa'ɴ/ と推定。

ikachang　１０６　**ikachang**
　　☼「未然形「いか」を含む。「いかしたりむ」に対応。
　　/ʔikacja'ɴ/ と推定。

ikarīng　１０４　**ikarīng**　行ける
　　☼「未然形「いか」を含む。「いかれをりむ」に対応。
　　/ʔikari'i'ɴ/ と推定。

838　第4章　アルファベット資料の動詞形態の考察

ikarirang　354　Iching **ikarirang**;　去るにも去られず

　　☼ 未然形「いか」を含む。「いかれらぬ」に対応。

　　/ʔikarira'ɴ/ と推定。

いごく動

njuchung　８９　**njuchung**「動く」

　　☼ 連用形「いごき」を含む。「いごきをりむ」に対応。

　　/ʔɴzjucju'ɴ/ と推定。

njukang　８９　**njukang**「動かぬ」

　　☼ 未然形「いごか」を含む。「いごかぬ」に対応。

　　/ʔɴzjukaɴ/ と推定。

かく書

kachi　312　Niguri-tachu'sa! tu **kachi**-ukūta kutu, 濁リ立ツト書キヨコシタカラ

　　☼「かきて」に対応。注2)

　　/kacji/ と推定。

かわく乾

kākiti　024　Nūdī nu **Kākiti**. 咽ガ渇イタ

　　☼「かわきて」に対応。注3)

　　/ka'akiti/ と推定。

きく聞

chichabīng　１１０　**chichabīng**「各種語幹群に yabīng が接尾辞としてつく様態」

　　☼ 連用形「きき」を含む。「ききはべりをりむ」に対応。

　　/cjicjabi'i'ɴ/ と推定。

chichabitarā　109　**Chichabitarā**, 承リマシタラ

　　☼ 連用形「きき」を含む。「ききはべりたらは」に対応。

　　/cjicjabitara'a/ と推定。

chichabitasi ga　256　Chika-gurō, dzī-bung ikiraku natō'ndi　[i] chi **chicha bitasi ga**, 近頃ハ大部薄ラギマシタトカ聞キマシタガ

　　☼ 連用形「きき」を含む。「ききはべりた（る）すが」に対応。

　　/cjicjabitasiga/ と推定。

chichi- mishē dungsē　304　hanashi **chichi- mishē dungsē** munu-hachi mishēru shaku nu　話ニ聞ケバ　嘔吐ヲ催ス程ノ

　　☼ 連用形「きき」を含む。「ききめしはどもせは」に対応。

　　/cjicjimisje'edu'ɴse'e/ と推定。

chichi-yantōng　１１３　**chichi-yantōng**「聞き損う」

　　☼ 連用形「きき」を含む。「ききやぶりてはをりむ」に対応。

　　/cjicji'ja'ɴto'o'ɴ/ と推定。

chichung　８９　**chichung**「理論上、当然「聞く」を意味する琉球語の古形でなければならぬ kikung 又は kikumu（[日] kiku）は、全く同様の経過を辿り、現代語に見る chichung へと変化していったであろう。」「より古形を留めるのは常に否定形においてである。」「より古い kiki に対する chichi が知

第3節　チェンバレン『琉球語文典』の動詞形態の考察　839

られる。」

　　☆ 連用形「きき」を含む。「ききをりむ」に対応。

　　/cjicjuɴ/ と推定。

chichuM̲i　１０２　肯定疑問 **chichuM̲i**

　　☆ 連用形「きき」を含む。「ききをりみ」に対応。

　　/cjicjumi/ と推定。

chiki, ē̲　８５　**chiki, ē̲**

　　☆ 命令形「きけ」を含む。「きけ」、「きけは」に対応。

　　/cjiki/,/cjike'e/ と推定。

chikang　８５　**chikang**

　　☆ 「きかぬ」に対応。

　　/cjika'ɴ/ と推定。

chikaN̲i　１０２　否定疑問 **chikaN̲i**

　　☆ 未然形「きか」を含む。「きかに」に対応。

　　/cjikani/ と推定。

chikachi　183　**chikachi** u tabi mishēbiri　聞シテ下サイ

　　☆ 「未然形「きか」を含む。「きかして」に対応。

　　/cjikacji/ と推定。

「＋て」

chichi　277　"Mazi, **chichi** kwiri! 注4)

　　☆ 「ききて」に対応。例文は「まず聞いてくれ」の意。

　　/cjicji/ と推定。

chichi i　９０　**chichi i** ← chichiti

　　☆ 「ききてい」に対応。「い」/i/ は、疑問の助辞。「聞いたか」の意となる。

　　/cjicji'i/ と推定。

chichang　８５　**chichang**

　　☆ 「ききて」を含む。「ききてありむ→ききたりむ」に対応。「聞いた」の意となる。

　　/cjicja'ɴ/ と推定。

きく利

chichō ndi　286　Chi nu **chichō ndi** isē, kunna mung y'aru　hazi. 頓知トイフハカ
　　　　ヤウノ事ヲイフナル可シ 注5)

　　☆ 「ききて→きいて」を含む。「きいてはをりむで」に対応。「利いていると」の意。

　　/cjicjo'o'ɴdi/ と推定。

つく付

tsichōru　258　'CHI NU **TSICH ŌRU** FŪ-KŪ-NING　頓知ノ番頭

　　☆ 「つきて→ついて」を含む。「ついてはをる」に対応。

　　/cicjo'oru/ と推定。

tsītē̲　７６　Sidaku natōsi n'**tsītē̲**　涼しくなったについては

　　☆ 「つきては→ついては」に対応。

　　/ci'ite'e/ と推定。

840　第4章　アルファベット資料の動詞形態の考察

つく 着

u nuitsichi mishēbiri 330 fēku **u nuitsichi mishēbiri**. どうぞ早くお出掛けの程を。

　☆ 連用形「つき」を含む。「おのりつきめしはべれ」に対応。

　/ʔunu'icicjimisje'ebiri/ と推定。

tsichung 367 Sumi-**tsichung** t'umiba, Nuchi du imēru. 慕えば消ゆる　別格の君

　☆ 連用形「つき」を含む。「つきをり<u>む</u>」に対応。

　/cicju'ɴ/ と推定。

tsikawa 357 Ime-**tsikawa**, 沖縄へ着かば

　☆ 未然形「つか」を含む。「つかは」に対応。

　/cika'wa/ と推定。

tsichai 364 Tada īshu nu wwi kara Njai, **tsichai**. 絹の上を辿る如くに　船の行
きつ戻りつ

　☆ 「つきて→ついて」を含む。「ついてあり→ついたり」に対応。

　/cicja'i/ と推定。

ぬく 貫

nuchi-kurushung 　１１２　 **nuchi-kurushung** 突き殺す /nuchi-kuruchang

　☆ 連用形「ぬき」を含む。「ぬきころしをり<u>む</u>」に対応。

　/nucjikurusju'ɴ/ と推定。

はく 吐

hachi mishēru 304 munu-**hachi mishēru** shaku nu chu y'amishētasi ga, 嘔吐ヲ
催ス程ノ人デ御座イマシタガ

　☆ 連用形「はき」を含む。「はきめしある」に対応。

　/hacjimisje'eru/ と推定。

hachung 　８９　 **hachung**「吐く」

　☆ 連用形「はき」を含む。「はきをり<u>む</u>」に対応。

　/hacju'ɴ/ と推定。

hakang 　８９　 **hakang**「吐かぬ」

　☆ 未然形「はか」を含む。「はかぬ」に対応。

　/haka'ɴ/ と推定。

ひく 引

fichi-ūyabīng 247 Wā ga **fichi-ūyabīng**. 大丈夫受合ヒマス

　☆ 連用形「ひき」を含む。「ひきおひはべりをり<u>む</u>」に対応。

　/hwicjiʔu'u'jabi'i'ɴ/ と推定。

fiki 322 Tī njasā, iji **fiki**. 手を出せば、意地を控えよ。

　☆ 命令形「ひけ」に対応。

　/hwiki/ と推定。

fichi 048 Kazi **fichi**. 風ヲ引イテ　Hanashichi Kakati.

　　（「琉便」は、Hanashichi Kakati. である）

　☆ 「ひきて→ひいて」に対応。

　/hwicji/ と推定。

ひく弾

u fichi mishōchi 106 Samising **u fichi mishōchi**, 三味線ヲオ彈キナサレテ

    ☼ 連用形「ひき」を含む。「おひきめしおはして」に対応。

    /ʔuhwicjimisjoʼocji/ と推定。

fichi 105 Samising **fichi** chikachi kwiri. 三味線ヲ彈イテ聞カシテ呉レイ

    ☼ 「ひきて→ひいて」に対応。

    /hwicji/ と推定。

ふく吹

fuchi-gikung nēng 083 Duku kazi **fuchi-gikung nēng**. 餘リ風ガ吹キサウモナイ

    ☼ 連用形「ふき」を含む。「ふきげくもない<u>む</u>」に対応。

    /hwucjigikuʼNeʼeʼN/ と推定。

fuchi-tsimiti 325 Kazē mma nu fa **fuchi-tsimiti**, 風も南よりの快い順風となってることだし、

    ☼ 連用形「ふき」を含む。「ふきつめて」に対応。

    /hwucjicimiti/ と推定。

ふく吹（煙草吸）

fuki 97 Tabaku fukē 煙草を吸え / **fuki**

    ☼ 命令形「ふけ」に対応。

    /hwuki/ と推定。

fukē 97 Tabaku **fukē** 煙草を吸え / fuki!

    ☼ 命令形「ふけ」を含む。「ふけは」に対応。

    /hwukeʼe/ と推定。

やく焼

yachung 107 **yachung** 焼く

    ☼ 連用形「やき」を含む。「やきをり<u>む</u>」に対応。

    /ʔjacjuʼN/ と推定。

いそぐ急

isujabīng 110 isujung 急ぐ **isujabīng**「各種語幹群に yabīng が接尾辞としてつく様態」

    ☼ 連用形「いそぎ」を含む。「いそぎはべりをり<u>む</u>」に対応。

    /ʔisuzjabiʼiʼN/ と推定。

isujung 84 **isujung** isujang isugang isuji isugi, ē

    ☼ 連用形「いそぎ」を含む。「いそぎをり<u>む</u>」に対応。

    /ʔisuzjuʼN/ と推定。

isugi, ē 84 isujung isujang isugang isuji **isugi, ē**

    ☼ 命令形「いそげ」を含む。「いそげ」、「いそげは」に対応。

    /ʔisugi/,/ʔisugeʼe/ と推定。

isuga 101 **isuga** isugang

    ☼ 未然形「いそが」に対応。

    /ʔisuga/ と推定。

isugang　84　isujung isujang **isugang** isuji isugi, ē

☼ 未然形「いそが」を含む。「いそがぬ」に対応。

/ʔisuga'ɴ/ と推定。

isugā　318　**Isugā,** māri.　急がば廻れ。

☼ 未然形「いそが」を含む。「いそがは」に対応。

/ʔisuga'a/ と推定。

isuji　085　Narā, **isuji** u tabi mishēbiri.　ナルタケ急イデ下サイ

☼ 「いそぎて→いそいで」に対応。

/ʔisuzji/ と推定。

isujang　84　isujung **isujang** isugang isuji isugi, ē

☼ 「いそぎて」を含む。「いそぎてありむ」に対応。

/ʔisuzja'ɴ/ と推定。

ねぐ？耐？

nijidē　77　**Nijidē** nu asi ga du, ufu-iyō tuyuru.　辛抱強い者が大魚を得る

☼ 連用形「ねぎり」を含む。「ねぎりだい」に対応。

/nizji'ide'e/ と推定。

いだす出

njasā　322　Tī **njasā**, iji fiki.　手を出せば、意地を控えよ。

☼ 未然形「いださ」を含む。「いださは」に対応。

/ʔɴzjasa'a/ と推定。

njasarīng　080　腹ガ立ツ　Kunjō **njasarīng**.

☼ 未然形「いださ」を含む。「いだされをりむ」に対応。

/ʔɴzjasari'i'ɴ/ と推定。

おとす落

utuchi　360　Kata-hu mutiwa, Kata-nada **utuchi**;　片帆上がれば　片目より涙あふ
　　　　れ

☼ 「おとして」に対応。

/ʔutucji/ と推定。

からす貸

karachi　240　**Karachi** kwīru chu nu wuyabīmi?　貸シテ呉レル人ガナイノデ 注6)

☼ 「からして」に対応。

/karacji/ と推定。

かへす返

kēchi　132　Gumā-ya nēyabirang kutu. ichi-ying sshi **kēchi** kwi-mishēbīmi? 小サ
　　　　イノガ御座イマセンカラ一圓デツリガ御座イマスカ　注7)

☼ 「かへして」に対応。

/ke'ecji/ と推定。

かへす帰

kēshung　107　**kēshung** 帰す

☼ 連用形「かへし」を含む。「かへしをりむ」に対応。

/ke'esjuɴ/ と推定。

きかす聞

chikasi　104　'Samising **chikasi**.　Samisen kikasero.　Play the banjo to me.注8)

　　☼ 命令形「きかせ」に対応。

　　/cjikasi/ と推定。

chikachi　089　**Chikachi** utabi mishēbiri.　聞カシテ下サイ

　　☼「きかして」に対応。

　　/cjikacji/ と推定。

くらす暮

kurashi yassa　257　atsisaru bā y'ating, **kurashi yassa** yabīng.　暑サガ凌ギヨウ御
　　　　　　　　　　　　座イマス

　　☼ 連用形「くらし」を含む。「くらし　やすさ」に対応。

　　/kurasji'jaQsa/ と推定。

kurashu'ga　351　Yā mading ikē, ammā-ya chā shi **kurashu'ga**?　お前まで行って
　　　　　　　　　　　しまえば、私は如何にして暮して行けよう。

　　☼ 連用形「くらし」を含む。「くらしを（る）が」に対応。

　　/kurasjuga/ と推定。

kurasarī' ga　352　ammā-ya　chā shi **kurasarī' ga**! Tō Kuma ngkai imenshōri!
　　　　　　　　　　お母さんはどうして生きて行けるだろう。

　　☼ 未然形「くらさ」を含む。「くらされを（る）が」に対応。

　　/kurasari'iga/ と推定。

けす消

chāshung　１０７　**chāshung** 消す

　　☼ 連用形「きあし」を含む。「きあしをり<u>む</u>」に対応。

　　/cja'asjuɴ/ と推定。

chāchi　９１・９２　**chāchi**←chāsiti

　　☼「きあして」に対応。

　　/cja'acji/ と推定。

ころす殺

kurushi　８７　kurushung kuruchang kurusang **kurushi** kurusi, ē

　　☼ 連用形「ころし」に対応。

　　/kurusji/ と推定。

kurushabīng　１１０　kurushung 殺す　<u>kurushabīng</u>「各種語幹群に yabīng が接
　　　　　　　　　尾辞としてつく様態」

　　☼ 連用形「ころし」を含む。「ころしはべりをり<u>む</u>」に対応。

　　/kurusjabi'iɴ/ と推定。

kurushung　８０　kurushung kurushuru kurushu' kurushumi kurushusi

　　☼ 連用形「ころし」を含む。「ころしをり<u>む</u>」に対応。

　　/kurusjuɴ/ と推定。

kurushumi　８０　kurushung kurushuru kurushu' **kurushumi** kurushusi

844　第4章　アルファベット資料の動詞形態の考察

☆連用形「ころし」を含む。「ころしをりみ」に対応。

/kurusjumi/ と推定。

kurushuru　80　kurushung **kurushuru** kurushu' kurushumi kurushusi

☆連用形「ころし」を含む。「ころしをる」に対応。

/kurusjuru/ と推定。

kurushu'　80　kurushung kurushuru **kurushu'** kurushumi kurushusi

☆連用形「ころし」を含む。「ころしを（る）」に対応。

/kurusju/ と推定。

kurushusi　80　kurushung kurushuru kurushu' kurushumi **kurushusi**

☆連用形「ころし」を含む。「ころしを（る）す」に対応。

/kurusjusi/ と推定。

kurusi, ē　87　kurushung kuruchang kurusang kurushi **kurusi, ē**

☆命令形「ころせ」、「ころせ」を含む。「ころせ」、「ころせは」に対応。

/kurusi/,/kuruse'e/ と推定。

kurusang　87　kurushung kuruchang **kurusang** kurushi kurusi, ē

☆未然形「ころさ」を含む。「ころさぬ」に対応。

/kurusa'ɴ/ と推定。

kuruchi　91　**kuruchi**←kurutschi←kurutishi←kurusiti 又は kurushiti

☆「ころして」に対応。

/kurucji/ と推定。

kuruchang　87　kurushung **kuruchang** kurusang kurushi kurusi, ē

☆「ころして」を含む。「ころしてありむ→ころしたり<u>む</u>」に対応。

/kurucja'ɴ/ と推定。

たふす倒

tōshung　112　**tōshung** / chiri-**tōshung** 切り倒す / chiri-tōchang / kiri-tōshung
蹴り倒す / kiri-tōchang

☆連用形「たふし」を含む。「たふしをり<u>む</u>」に対応。

/to'osju'ɴ/ と推定。

tōchang　112　tōshung / chiri-tōshung 切り倒す / chiri-**tōchang** / kiri-tōshung
蹴り倒す / kiri-**tōchang**

☆「たふして」を含む。「たふしてありむ→たふしたり<u>む</u>」に対応。

/to'ocja'ɴ/ と推定。

とらす取

turasa　073　kitchi **turasa!** 蹴ツテヤラウ

☆未然形「とらさ」に対応。

/turasa/ と推定。

なす生

nashi-munu-kwa　353　**nashi-munu-kwa** nu kakarē, chāng narang sā!　我が子の
 こととなると誠に如何ともし難い…。

☆連用形「なし」を含む。「なしものこ」に対応。

/nasjimunu(Q)kwa/ と推定。

nachi　320　Kwa **nachi** du, uya nu wunō shiyuru.　子を持って知る親の恩。

☼「なして」に対応。

/nacji/ と推定。

ぬらす濡

nurachi　369　Hurang natsi-guri nu Wa sudi **nurachi**.　雨も降らぬに　そで濡らす

☼「ぬらして」に対応。

/nuracji/ と推定。

のこす残

nukuchi　338　Wang fichui **nukuchi**, Imē nu nayumi?　我1人残し　いかで行くべき

☼「のこして」に対応。

/nukucji/ と推定。

のばす延

nubashura hazi　９５　**Nubashura hazi**. 延ばす筈

☼連用形「のばし」を含む。「のばしをら　はず」に対応。注9)

/nubasjura hazi/ と推定。

むらす蒸

murachi　342　Mīnada awa **murachi**, Numing narang.　涙の露と化し　飲むを能はず

☼「むらして」に対応。注10)

/muracji/ と推定。

めす召

mishēbīng　１１１　mishēng　/ **mishēbīng** / tu-mishēng, tu-mishēru, tu-mishe'

☼連用形「めし」を含む。「めしはべりをり<u>む</u>」に対応。

/misje'ebi'i'ɴ/ と推定。

mishēng　１１１　**mishēng**　/ mishēbīng / tu-mishēng, tu-mishēru, tu-mishe'

☼連用形「めし」を含む。「めしありむ」に対応。

/misje'e'ɴ/ と推定。

mishēmi　１２０　mishēng, mishēru, mishē', **mishēmi**, mishēsi

☼連用形「めし」を含む。「めしありみ」に対応。

/misje'emi/ と推定。

mishēru　１２０　mishēng, **mishēru**, mishē', mishēmi, mishēsi

☼連用形「めし」を含む。「めしある」に対応。

/misje'eru/ と推定。

misheru　363　Kari-yushi ya itsing Kari-yushi du **misheru**;　好運は常に　好運のままに

☼連用形「めし」を含む。「めしある」に対応。

/misje('e)ru/ と推定。

mishē'　１２０　mishēng, mishēru, **mishē'**, mishēmi, mishēsi

☼連用形「めし」を含む。「めしあ（る）」に対応。

/misje'e/ と推定。

mishēsi　１２０　mishēng, mishēru, mishē', mishēmi, **mishēsi**

☼ 連用形「めし」を含む。「めしあ（る）す」に対応。

/misje'esi/ と推定。

mishōn-na　１０３　**mishōn-na**「そんなことまでして下さいますな」

☼ 連用形「めし」を含む。「めしおわるな」に対応。

/misjo'o'ɴna/ と推定。

もたす持

u mutashi　343　bing-gutu u cha tam-munu ndē **u mutashi**-mishēng dō,　船の着
　　　　　　　くたびに茶・反物などをお届け下さることでしょう。

☼ 連用形「もたし」を含む。「おもたし」に対応。

/ʔumutasji/ と推定。

mutachi　347　sō-bing kara **mutachi** yarashu'kutu,　早船にて筆や紙類を届けさせ
　　　　　　　てやる故、

☼ 「もたして」に対応。

/mutacji/ と推定。

やます病（痛）

yamashung　１１３　Ashi ndē yamachē wurang ga yā? 足でも痛めているのではな
　　　　　　　かろうか。/**yamashung** yamachi

☼ 連用形「やまし」を含む。「やましをりむ」に対応。

/jamasju'ɴ/ と推定。

yamachi　１１３　Ashi ndē yamachē wurang ga yā? 足でも痛めているのではなか
　　　　　　　ろうか。/yamashung **yamachi**

☼ 「やまして」に対応。

/'jamacji/ と推定。

yamachē　218　Ashi ndē **yamachē** wurang ga yā?　足デモ傷メタノデハナイカ

☼ 「やまして」を含む。「やましては」に対応。

/'jamacje'e/ と推定。

やらす遣

yarashu'kutu　347　bing-gutu kabi huding sō-bing kara mutachi **yarashu'kutu**,
　　　　　　　早船にて筆や紙類を届けさせてやる故、

☼ 連用形「やらし」を含む。「やらしを（る）こと」に対応。

/'jarasjukutu/ と推定。

ゆるす許

yuruchi　061　**Yuruchi** kwi- mishōri. 御免ナサイ　Yuruchi kwi mishōri.

☼ 「ゆるして」に対応。

/'jurucji/ と推定。

よす止

yōshōchumi　052　行カウカ　ヨサウカ　Ichumi, **yōshōchumi?**

☼ 「よして」を含む。「よしてはおきをりみ」に対応。

/'jo'osho'ocjumi/ と推定。

うつ打

utchi　298　nji-guchi nu hāiya nakai shitataka tsiburu **utchi**,　出口ノ柱ニテ頭ヲ
シタ丶カ打チタリ

☼「うちて→うって」に対応。

/ʔuQcji/ と推定。

たつ発

u tachi mishēbiri　356　Fēku **u tachi** mishēbiri.　どうぞ早くお立ち下さるよう。

☼ 連用形「たち」を含む。「おたちめしはべれ」に対応。

/ʔutacji misje'ebiri / と推定。

tachu'kutu　126　Achā **tachu'kutu**, yītinchi ni nashibusaibī sā(*for* busha yabī'sā).
明日立ツカラヨイ天氣ニシタイモノデス

☼ 連用形「たち」を含む。「たちを（る）こと」に対応。

/tacjukutu/ と推定。

たつ立

tachung　１０７　**tachung** 立つ

☼ 連用形「たち」を含む。「たちをり<u>む</u>」に対応。

/tacju'ɴ/ と推定。

tachu'sa　312　Niguri-**tachu'sa**!　濁リ立ツ

☼ 連用形「たち」を含む。「たちを（る）さ」に対応。

/tacjusa/ と推定。

まつ待

u machi shabira　358　Kukuru yasi-yasi tu **U machi shabira**. 心おきなく待たまほし

☼ 連用形「まち」を含む。「おまちしはべら」に対応。

/ʔu macji sjabira/ と推定。

u machi-mishōrachi　171　**U machi-mishōrachi**, duttu chādungding
unnukirariyabirang. 御待タセ申シテ誠ニ相濟ミマセン

☼ 連用形「まち」を含む。「おまちめしおわらして」に対応。

/ʔu macji misjo'oracji/ と推定。

machabīng　１１０　machung　待つ　**machabīng**「各種語幹群に yabīng が接尾辞
としてつく様態」

☼ 連用形「まち」を含む。「まちはべりをり<u>む</u>」に対応。

/macjabi'i'ɴ/ と推定。

machung　１１０　**machung**　待つ　machabīng「各種語幹群に yabīng が接尾辞と
してつく様態」

☼ 連用形「まち」を含む。「まちをり<u>む</u>」に対応。

/macju'ɴ/ と推定。

mati　９７　Ifē matē!　ちょっと待て / **mati**!

☼ 命令形「まて」に対応。

/mati/ と推定。

matē　9 7　Ifē **matē!**　ちょっと待て / mati!
　　☼ 命令形「まて」を含む。「まては」に対応。
　　/mate'e/ と推定。

matang　8 7　machung matching **matang** machi mati, ē
　　☼ 未然形「また」を含む。「またぬ」に対応。
　　/mata'ɴ/ と推定。

matanting　127　**Matanting** shimi du shabīru. 待ツニハ及ビマセン
　　☼ 未然形「また」を含む。「またぬても」に対応。
　　/mata'ɴti'ɴ/ と推定。

matarī-ya　331　nā ni-san-nichē chōng **matarī-ya** sani?　あと 2・3 日なりとも待て
　　　　　　　　ぬか。
　　☼ 未然形「また」を含む。「またれりは」に対応。
　　/matari'i'ja/ と推定。

matchi　9 2　matichi（実際に見られる形態 **matchi**）← machiti
　　☼「まちて→まって」に対応。
　　/maQcji/ と推定。

matchē　9 8　matchi matchē / matchōri
　　☼「まちて→まって」を含む。「まっては」に対応。
　　/maQcje'e/ と推定。

matching　8 7　machung **matching** matang machi mati, ē
　　☼「まちて→まって」を含む。「まっても」に対応。
　　/maQcji'ɴ/ と推定。

matchōri　061　'Ifē **matchōri**.　Sukoshi mate.　Wait a minute.注11)
　　☼「まちて→まって」を含む。「まってはをれ」に対応。
　　/maQcjo'ori/ と推定。

matchōti　062　Ifē **matchōti** kwi-mishōri(*or* mishēbiri). 少シ御待チナサイ
　　☼「まちて→まって」を含む。「まってはをって→まってはをて」に対応。
　　/maQcjo'oti/ と推定。

みつ満

mitchōbīsā　191　Nā wata **mitchōbīsā**. モウ腹ガ一杯デス
　　☼「みって」を含む。「みってはをりはべりを（る）さ」に対応。
　　/miQcjo'obi'isa'a/ と推定。

もつ持

mutiwa　360　Kata-hu **mutiwa**, Kata-nada utuchi；片帆上がれば　片目より涙あ
　　　　　　　ふれ
　　☼ 已然形「もて」を含む。「もては」に対応。組踊の詞章。
　　/muti'wa/ と推定。

mutchi　9 6　**Mutchi** kū.　持って来い
　　☼「もって」に対応。
　　/muQcji/ と推定。

第 3 節　チェンバレン『琉球語文典』の動詞形態の考察　849

mutchē　９６　Nūng **mutchē** wuyabirang.　何も持っていません。

　　☆「もって」を含む。「もっては」に対応。

　　/muQcje'e/ と推定。

mucharu　341　Ituma-guiyu' tumuti **Mucharu** saka-dzichi ya,　別れとて手にし杯

　　☆「もちてある」に対応。

　　/mucjaru/ と推定。注12)

あきなふ商

achinē-n'-chu　259　Aru ufu-**achinē-n'-chu** nu uchi nakai 或商賣人ノ家ニ

　　☆連用形「あきなひ」を含む。「あきなひのひと」に対応。

　　/ʔacjine'e'ɴcju/ と推定。

いふ言

iyabīng　　１１９　yung　半過去 ichang 又は yutang, 条件 isē , 同時 īnē, 限定付随
　　　　　　　idungsē, 否定現在 yang, 敬讓形 **iyabīng**, 受身半過去 yattang

　　☆連用形「いひ」を含む。「いひはべりをりむ」に対応。

　　/(ʔ)i'jabi'i'ɴ/ と推定。

yabī'ga　060　U kuni wutē, kurē nū ndi **yabī'ga?** オ國デハコレヲ何ト申シマス
　　　　　〈琉便〉yyabīga。

　　☆連用形「いひ」を含む。「いひはべりを（る）が」に対応。

　　/(ʔ)i'jabi'iga/ と推定。

yabīta ga　095　Nū ndi **yabīta ga?**　何トオッシヤッタカ　「琉便」yyabīta ga?

　　☆連用形「いひ」を含む。「いひはべりた（る）が」に対応。

　　/(ʔ)i'jabi'itaga/ と推定。

i-mi-shēbī'ga　193　Nū ndi ang **i-mi-shēbī'ga?** マアヨイデハ御座リマセンカ少々御
　　　　　　　話ナスツテイラツシヤイマシ

　　☆連用形「いひ」を含む。「いひめしはべりを（る）が」に対応。

　　/(ʔ)imisje'ebi'iga/ と推定。

imishēbitang　204　u kē mishēdungsā yutasharu gutu unnukiti kwiri ndi
　　　　　　　imishēbitang.　オ歸リニナツタラ宜シクト申サレマシタ

　　☆連用形「いひ」を含む。「いひめしはべりたりむ」に対応。

　　/(ʔ)imisje'ebi('i)ta'ɴ/ と推定。

i-mishēru chu　302　Yuza ndi　**i-mishēru chu** un menshētasi ga, 與座トイフ人ガ
　　　　　　　アリマシタガ

　　☆連用形「いひ」を含む。「いひめしある　ひと」に対応。

　　/(ʔ)imisje'eru cju/ と推定。

yuru mura　220　Kunu murā, nū ndi **yuru mura** ga?　此村ハ何ト言フ村カ
　　　　　　　〈琉便〉yyuru。

　　☆連用形「いひ」を含む。「いひをる　むら」に対応。

　　/(ʔ)juru mura/ と推定。

yuru hanashi　314　uri karā mutu nu tūi ukunēng tadashiku na-mishōcha'ndi
　　　　　　　yuru hanashi nu ang. ソレカラハモトノ通リ品行方正ニナツタトイフ

850　第4章　アルファベット資料の動詞形態の考察

話ガアル 〈琉便〉iuru。

☆ 連用形「いひ」を含む。「いひをる　はなし」に対応。

/(ʔ)juru hanasji/ と推定。

iru ji-bung　268　mata iri-mūkū tui ga yā ndi **iru ji-bung** natōsi ga, マタハムコヲ
取ル可キカニナリタレドモ

☆ 連用形「いひ」を含む。「いひをる　じぶん」に対応。

/(ʔ)iru zjibuʼɴ/ と推定。

yut tukuru　065　Kumā, nū ndi **yut tukuru** ga yā?　此處ハ何トイフ處カ
〈琉便〉yyut。

☆ 連用形「いひ」を含む。「いひをる　ところ」に対応。

/(ʔ)juQtukuru/ と推定。　/(ʔ)juru tukuru / → /(ʔ)juQ tukuru / と変化。

yung　**１１９**　**yung**　半過去 ichang 又は yutang, 条件 isē , 同時 īnē, 限定付随
idungsē, 否定現在 yang, 敬譲形 iyabīng, 受身半過去 yattang

☆ 連用形「いひ」を含む。「いひをりむ」に対応。

/(ʔ)juʼɴ/ と推定。

yutang　１１９　yung　半過去 ichang 又は **yutang**, 条件 isē , 同時 īnē, 限定付随
idungsē, 否定現在 yang, 敬譲形 iyabīng, 受身半過去 yattang

☆ 連用形「いひ」を含む。「いひをりたりむ」に対応。

/(ʔ)jutaʼɴ/ と推定。

yuta'ga　094　Nū ndi **yuta'ga**?　何ト言ツタカ　　〈琉便〉yyuta。

☆ 連用形「いひ」を含む。「いひをりた（る）が」に対応。

/(ʔ)jutaga/ と推定。

idungsē 140' Ang **idungsē**.　Sō ieba.　If you say that.　If you put it that way. 注13)

☆ 連用形「いひ」を含む。「いひどもせは」に対応。

/(ʔ)i(ʻi)duʼɴ se'e/ と推定。

īnē　**１１９**　yung 半過去 ichang 又は yutang, 条件 isē , 同時 **īnē**, 限定付随 idungsē,
否定現在 yang, 敬譲形 iyabīng, 受身半過去 yattang

☆ 連用形「いひ」を含む。「いひには」に対応。

/(ʔ)i'ine'e/ と推定。

isi　**７４**　Urē, yā ga kan-chigē ndi **isi** du y'aru. それは、君の勘違いというものだ。

☆ 連用形「いひ」を含む。「いひを（る）す」に対応。

/(ʔ)i(ʻi)si/ と推定。

isē　315　Acha ndi **isē**, uninung warayung.　来年のことを言うと鬼が笑う。注14)

☆ 連用形「いひ」を含む。「いひを（る）すは」に対応。

/(ʔ)i(ʻi)se'e/ と推定。

yang　066　Wannē annē **yang**.　私ハソンナ事ヲ言ハナイ　　〈琉便〉yyang。

☆ 未然形「いは」を含む。「いはぬ」に対応。

/(ʔ)jaʼɴ/ と推定。

yarang　346　Kiyu di-buni nariba, Munung **yarang**.　船出づる今　こととふ能はず

☆ 未然形「いは」を含む。「いはらぬ」に対応。

/(ʔ)jara'ɴ/ と推定。

yanting　093　Ung gutōru kutō **yanting** yutasharu munu. ソンナコト言ハナクテモヨイノニ　〈琉便〉yyanting 。

　　☼ 未然形「いは」を含む。「いはぬても」に対応。

　　/(ʔ)ja'ɴti'ɴ/ と推定。

yattang　１１９　yung 半過去 ichang 又は yutang, 条件 isē, 同時 īnē, 限定付随 idungsē, 否定現在 yang, 敬譲形 iyabīng, 受身半過去 **yattang**

　　☼ 未然形「いは」を含む。「いはれたりむ」に対応。

　　/(ʔ)jaQta'ɴ/ と推定。/(ʔ) jarita'ɴ/ → /(ʔ)jaQta'ɴ/ と変化。

ichi　092　Kannazi chūru gutu sshi ndi **ichi** kū. キット來ル様ニ言ツテ來イ

　　☼「いひて」に対応。

　　/(ʔ)icji/ と推定。

iching　258　Nū-bai ndi **iching** furangsē, 入梅ト言ツテモ降ラナイノハ

　　☼「いひて」を含む。「いひても」に対応。

　　/(ʔ)icji'ɴ/ と推定。

ichang　300　"Unu fī sshi, ji-ta u mi-kaki mishēbiri" ndi **ichang**. 『ソノ火デ下駄ヲ御覽ナサイ』トイフタ

　　☼「いひて」を含む。「いひてありむ→いひたりむ」に対応。

　　/(ʔ)icja'ɴ/ と推定。

ichang-tēng　067　Anu tchu ang **ichang-tēng**, wannē gattinō sang. アノ人ガサウ言ツタケレドモ私ハ信ジナイ

　　☼「いひて」を含む。「いひてありむてはも」に対応。

　　/(ʔ)icja'ɴte'e'ɴ/ と推定。

icha'kutu　282　chā ga yī-kangē-ya nērani?'ndi **icha'kutu**,　如何カヨキ都合ヤアラン』ト言ヘバ

　　☼「いひて」を含む。「いひてあ（る）こと→いひた（る）こと」に対応。

　　/(ʔ)icjakutu/ と推定。

おぎなふ補

ujinui　213　ham-mē nu **ujinui** shi, dūdu yī-mung y'ayabīng. 食物ヲ補助シテ餘程ヨイモノデ御座イマス

　　☼ 連用形「おぎなひ」に対応。「おぎのひ」？

　　/ʔuzjinu'i/ と推定。

おふ負

ū-yabīng　247　Chāng nēyabirang. Wā ga fichi-**ūyabīng**. 何デモ御座イマセン大丈夫受合ヒマス　Chāng nēyabirang.

　　☼ 連用形「おひ」を含む。「おひをりはべりをりむ」に対応。

　　/ʔu'u'jabi'i'ɴ/ と推定。

おもふ思

umuyung　８５　**umuyung**「思う」

　　☼ 連用形「おもひ」を含む。「おもひをりむ」に対応。

/ʔumu'juɴ/ と推定。

umuyusi ga　214　Achā, Naka-Gusiku gusiku nji nda ndi **umuyusi ga**,　明日ハ中
城ノ城ニ行ツテ見ヨウト思フガ

☼ 連用形「おもひ」を含む。「おもひを（る）すが」に対応。

/ʔumu'jusiga/ と推定。

umārang　344　Unu kutung **umārang** dō, Sandū.　そのようなことを考えているい
とまがあろうか、

☼ 未然形「おもは」を含む。「おもはらぬ」に対応。

/ʔuma'araɴ/ と推定。

mmāriyabirang　284　Yōi nē kata-fishā inchasa'ndē **mmāriyabirang**. Kētē,『中々片
足短シナドトハ見エズ
〈琉便〉umāriyabirang

☼ 未然形「おもは」を含む。「おもはれはべらぬ」に対応。

/ʔɴma'ari'jabi'raɴ/ と推定。

mmārīru gurē　285　kata-fishā nagasa'ndi **mmārīru gurē** du y'ayabīru" ndi ichang.
片足長キ位ナリ』ト
〈琉便〉umārīru gurē

☼ 未然形「おもは」を含む。「おもはれる　ぐらひ」に対応。

/ʔɴma'ari'iru gure'e/ と推定。

t'umiba　367　Tabi nu satu ya Nama kara sa-ta shu-na! Sumi-tsichung **t'umiba**,
Nuchi　du imēru.　旅先の主につきては　ふたたび語りそ慕えば消ゆる
別格の君

☼ 已然形「おもへ」を含む。「とおもへば」に対応。融合して /tumiba/ となった。

/tumiba/ と推定。

tumuti　341　Ituma-guiyu' **tumuti** Mucharu saka-dzichi ya,　別れとて手にし杯は

☼ 「おもひて」を含む。「とおもひて」に対応。融合して /tumuti/ となった。

/tumuti/ と推定。

かけあふ掛合

kakiōyabīng　168　Nama madē **kakiōyabīng**. マダ間ニ合ヒマス

☼ 連用形「かけあひ」を含む。「かけあひをりはべりをりむ」に対応。

/kakiʔo'o'jabi'iɴ/ と推定。

kakiōyabirang　166　Nā **kakiōyabirang**. モウ間ニ合マセン

☼ 連用形「かけあひ」を含む。「かけあひをりはべらぬ」に対応。

/kakiʔo'o'jabiraɴ/ と推定。

kakiōrang　167　Nā **kakiōrang** ga ayabīra? モウ間ニ合ヒマスマイカ

☼ 連用形「かけあひ」を含む。「かけあひをらぬ」に対応。

/kakiʔo'ora'ɴ/ と推定。

kakiōī ga　165　**Kakiōī ga** shabīra? 間ニ合ヒマセウカ
〈琉便〉Kakiōyi

☼ 連用形「かけあひ」を含む。「かけあひをりを（る）が」に対応。

第3節　チェンバレン『琉球語文典』の動詞形態の考察　853

/kaki?o'o'iga/ と推定。

かなふ叶

kana-mishēbī'ga　184　Dzirō chī ni **kana-mishēbī'ga?**　ドチラガ御氣ニ入リマスカ

　　☼ 連用形「かなひ」を含む。「かな（ひ）めしはべるが」に対応。「ひ」脱落と見る。

　　/kanamisje'ebi'iga/ と推定。

かふ買

kōyabīng　110　kōyung 買う　**kōyabīng**「各種語幹群に yabīng が接尾辞としてつ
　　　　く様態

　　☼「ラ行（四段）化」後の連用形「かうり」を含む。「かうりはべりをりむ」に対応。

　　/ko'o'jabi'iɴ/ と推定。注15)

kō mishōri　111　Nunu kōnshōri(**kō mishōri** に対して)「生地をお買い下さい」{平
　　　　民の発話、として}

kō-mishori　177　反物ヲ買ヒナサイ　Nunu **kō-mishori**.

　　☼「ラ行（四段）化」後の連用形「かうり」を含む。「かうりめしおわれ」に対応。

　　/ko'omisjo'ori/ と推定。

kōnshōri　111　Nunu **kōnshōri**(kō mishōri に対して)「生地をお買い下さい」{平
　　　　民の発話、として}

　　☼「ラ行（四段）化」後の連用形「かうり」を含む。「かうりめしおわれ」に対応。

　　/ko'o'ɴsjo'ori/ と推定。注16)

kōyung　110　**kōyung** 買う　kōyabīng「各種語幹群に yabīng が接尾辞としてつく
　　　　様態

　　☼「ラ行（四段）化」後の連用形「かうり」を含む。「かうりをりむ」に対応。

　　/ko'o'ju'ɴ/ と推定。

kōyuru madō　178　Namā **kōyuru madō** nērang. 今ハ買フマガナイ

　　☼「ラ行（四段）化」後の連用形「かうり」を含む。「かうりをる　まどは」に対応。

　　/ko'o'juru mado'o/ と推定。

kō'　85　kōyung kōtang kōrang ナシ　**kō'** kōri, ē

　　☼「かう」に対応。

　　/ko'o/ と推定。

kōri, ē　85　kōyung kōtang kōrang ナシ　kō' **kōri, ē**

　　☼「「ラ行（四段）化」後の命令形「かうれ」、「かうれ」を含む「かうれは」に対応。

　　/ko'ori/,/ko'ore'e/ と推定。

kōrang　85　kōyung kōtang **kōrang** ナシ　kō' kōri, ē

　　☼「ラ行（四段）化」後の未然形「かうら」を含む。「かうらぬ」に対応。

　　/ko'ora'ɴ/ と推定。

kōtang　85　kōyung **kōtang** kōrang ナシ　kō' kōri, ē

　　☼「ラ行（四段）化」後の「かうりて」を含む。「かうりてありむ」に対応。

　　/ko'ota'ɴ/ と推定。

くふ喰

kwāwa　313　Chu-**kwāwa**, ana tāsi futi kū.　人のろわば、穴2つ。注17)

854　第4章　アルファベット資料の動詞形態の考察

☆「くはは」に対応。

/kwa'a'wa/ と推定。

kwārīng　314　Ing tsikanati, tī **kwārīng**.　飼犬に手をくわれる。

　☆ 未然形「くは」を含む。「くはれをりむ」に対応。

　/kwa'ari'i'ɴ/ と推定。

こふ乞

ituma-guiyu'　341　**Ituma-guiyu'** tumuti Mucharu saka-dzichi ya,　別れとて手にし

　　　　　　　　　　　　　　　　　　　　　　　　　　杯は

　☆ 連用形「こひ」を含む。「いとまごひを」に対応。組踊の詞章。

　/ʔitumagu'i'ju/ と推定。

ituma-gwing　345　**Ituma-gwing** shurawa, Kaniti wuti mishōri!　暇乞い申せむばは

　　　　　　　　　　　　　　　　　　　　　　　　　やはやに

　☆ 連用形「こひ」を含む。「いとまごひも」に対応。組踊の詞章。

　/ʔitumagwi'ɴ/ と推定。

そふ沿

sūti　241　Sēwē kāra nu a'kutu, kunu kāra **sūti** atchusi du mashē arani? 幸イ川

　　　　ガアルカラコノ流レニツイテ下ニ行ツタラヨカラウヂヤナイカ

　☆「そうて」に対応。

　/su'uti/ と推定。

ちがふ違

kan-chigē　７４　Urē, yā ga **kan-chigē** ndi isi du y'aru. それは、君の勘違いという

　　　　　　　　　　　　　　　　　　　　　　　　　　ものだ。

　☆ 連用形「ちがひ」を含む。「かんちがひ」に対応。

　/ka'ɴcjige'e/ と推定。

つかなふ養

tsikanati　314　Ing **tsikanati**, tī kwārīng.　飼犬に手をくわれる。

　　☆「つかなひて」に対応。

　/cikanati/ と推定。

とふ問

tūi ga　090　先程聞キニヤリマシタガ、マダ返事ガアリマセン　Nama-sachi **tūi ga**

　　　　　　yarashabitasi ga , māda fintō-ya nēyabirang.

　☆ 連用形「とひ」を含む。「とひいが」に対応。

　/tu'u'iga/ と推定。

tūti　１１４　**Tūti** chābira. 聞いて参りましょう　/ **Tūti** nābira. 聞いて見ましょう

　　☆「とうて」に対応。

　/tu'uti/ と推定。

ねがふ願

unigē　055　U **nigē** shabira. オ願ヒ申シマス

　☆ 連用形「ねがひ」を含む。「おねがひ」に対応。

　/ʔunige'e/ と推定。

第 3 節　チェンバレン『琉球語文典』の動詞形態の考察　855

まちがふ　間違

michi-machigē　235　Shū-mē! sāi! **michi-machigē** shōyabīsi ga...... 檀那路ガ違ヒ
マシタカ

☆ 連用形「まちがひ」を含む。「みちまちがひ」に対応。

/micjimacjige'e/ と推定。

まふ　舞

mōyung　323　Taka nu mōrē, garasing **mōyung**. うの真似するからす。

☆「ラ行（四段）化」後の連用形「まうり」を含む。「まうりをりむ」に対応。「鷹が舞えば烏も舞う」の意。

/mo'o'juɴ/ と推定。

mōrē　323　Taka nu **mōrē**, garasing mōyung. うの真似するからす。

☆「ラ行（四段）化」後の已然形「まうれ」を含む。「まうれは」に対応。

/mo'ore'e/ と推定。

よこふ　憩

u yukui　121　少シハ御休ミナサイマセンカ　Ifē **u yukui**-mishēbirang nā?

☆「ラ行（四段）化」後の連用形「よこり」を含む。「およこり」に対応。

/ʔu'juku'i/ と推定。/ri/ → /'i/ の変化がある。

yukura　223　Ifē uriti yukura. 一寸オリテ休マウ　Ifē uriti **yukura**

☆「ラ行（四段）化」後の未然形「よこら」に対応。

/ʔjukura/ と推定。

yukuti kara　９６　**Yukuti kara**. 休んでから

☆「ラ行（四段）化」後の「よこりて」を含む。「よこりてから」に対応。

/ʔjukutikara/ と推定。

わらふ　笑

warayung　315　Acha ndi isē, uninung **warayung**. 来年のことを言うと鬼が笑う。

☆「ラ行（四段）化」後の連用形「わらり」を含む。「わらりをりむ」に対応。途中の変化がある。

/ʔwara'juɴ/ と推定。途中 /ri/→/'i/ の変化がある。

あすぶ　遊

asibi　９０　**asibi** / asibung / asidi←asibiti

☆ 連用形「あすび」に対応。

/ʔasibi/ と推定。

asibung　９０　asibi / **asibung** / asidi←asibiti

☆ 連用形「あすび」を含む。「あすびをり<u>む</u>」に対応。

/ʔasibuɴ/ と推定。

asidi　９０　asibi / asibung / **asidi**←asibiti

☆「あすびて→あすんで」に対応。

/ʔasidi/ と推定。撥音脱落の変化がある。

えらぶ　選

iradi　033　**Iradi** ī-mishōri. オ好キノヲオ取リナサイ

☆「えらびて→えらんで」に対応。

/ʔiradi/ と推定。撥音脱落の変化がある。

ころぶ転

tsima-kurubi　316　Hai-mmanu **tsima-kurubi**.　走り馬のつまころび。

☼ 連用形「ころび」を含む。「つまころび」に対応。

/cimakurubi/ と推定。

たぶ賜

u tabi mishēbiri　106　chikachi **u tabi mishēbiri**.　オ聞カセナスツテ下サイ

☼ 連用形「たび」を含む。「おたびめしはべれ」に対応。

/ʔutabimisje'ebiri/ と推定。

u tabi mishōrarī ga　103　Kunu uchi, dziru ding tītsi **u tabi mishōrarī ga** shabīra?
コノウチドレカ一ツ頂戴出來マセウカ

☼ 連用形「たび」を含む。「おたびめしおわられが」に対応。

/ʔutabimisjo'orari'iga/ と推定。

u tabi mishōchi　169　Kunēda yī-mung **u tabi mishōchi**, ni-fē dēbiru.　先日ハ結構ナ
品ヲ下サツテ難有ウ御座イマス

☼ 連用形「たび」を含む。「おたびめしおはして」に対応。

/ʔutabimisjo'ocji/ と推定。

たまふ給

tabori　357　Gu-jo mutachi **tabori**!　ふみつかはしたまへ

☼ 命令形「たぼれ」に対応。注18)

/tabori/ と推定。

よぶ呼

yubi　<u>８４</u>　yubung　yudang　yubang　**yubi**　yubi,ē
<u>９０</u>　**yubi**/ yubung/ yudi←yubiti

☼ 連用形「よび」に対応。

/ˈjubi/ と推定。

yubabīng　<u>１１０</u>　yubung 呼ぶ **yubabīng**　「各種語幹群に yabīng が接尾辞としてつ
く様態」

☼ 連用形「よび」を含む。「よびはべりをりむ」に対応。

/ˈjubabi'i'N/ と推定。

yubung　<u>１１０</u>　**yubung** 呼ぶ yubabīng　「各種語幹群に yabīng が接尾辞としてつく
様態」

☼ 連用形「よび」を含む。「よびをりむ」に対応。

/ˈjubu'N/ と推定。

yubi,ē　<u>８４</u>　yubung　yudang　yubang　yubi　**yubi,ē**

☼ 命令形「よべ」、「よべ」を含む「よべは」に対応。

/ˈjubi/,/ˈjube'e/ と推定。

yubā　306　ang-gwē dzuri- **yubā** na-mishōchi,　案外女郎買ニ浮身ヲヤツシテ

☼ 未然形「よば」を含む。「よばあ」に対応。「－あ」/a'a/ は行為者を示す接辞。

/ˈjuba'a/ と推定。

yuba　<u>１０１</u>　**yuba** yubang

☼ 未然形「よば」に対応。

/'juba/ と推定。

yubang 84 yubung yudang **yubang** yubi yubi,ē

☼ 未然形「よば」を含む。「よばぬ」に対応。

/'juba'ɴ/ と推定。

yubantang 102 **yubantang**

☼ 未然形「よば」を含む。「よばぬてありむ→よばぬたりむ」に対応。

/'juba'ɴta'ɴ/ と推定。

yudi 275 sō-dang sa ndi, suba ngkai **yudi**, 一相談ト側ニ引寄セ

☼「よびて→よんで」に対応。

/'judi/ と推定。撥音脱落の変化がある。

yudang 84 yubung **yudang** yubang yubi yubi,ē

☼「よびて→よんで」を含む。「よびてありむ→よんだりむ」に対応。

/'juda'ɴ/ と推定。撥音脱落の変化がある。

かむ嚙（食）

kanabīng 110 kanung 食べる **kanabīng**「各種語幹群に yabīng が接尾辞として
つく様態」

☼ 連用形「かみ」を含む。「かみはべりをりむ」に対応。

/kanabi'i'ɴ/ と推定。注19)

kanung 110 **kanung** 食べる kanabīng「各種語幹群に yabīng が接尾辞として
つく様態」

☼ 連用形「かみ」を含む。「かみをりむ」に対応。

/kanu'ɴ/ と推定。注19)

kanu'kutu 118 Namā mishi **kanu'kutu**, matchōti kwiri. 今御飯ヲ喰ベテ居ルカ
ラ待ツテ呉レイ

☼ 連用形「かみ」を含む。「かみを（る）こと」に対応。

/kanukutu/ と推定。注19)

kami, ē 85 kanung kadang kamang kani **kami, ē**

☼ 命令形「かめ」、「かめ」を含む「かめは」に対応。

/kami/,/kame'e/ と推定。

kama 104 kanung 食べる **kama** kamarīng 食べられる /kamarītang

☼ 未然形「かま」に対応。

/kama/ と推定。

kamang 85 kanung kadang **kamang** kani kami, ē

☼ 未然形「かま」を含む。「かまぬ」に対応。

/kama'ɴ/ と推定。

kamarang 076 Nīshanu **kamarang**. マズクテ喰ベラレナイ

☼ 未然形「かま」を含む。「かまらぬ」に対応。

/kamara'ɴ/ と推定。

kamarīng 104 kanung 食べる kama **kamarīng** 食べられる /kamarītang

858 第4章 アルファベット資料の動詞形態の考察

☆ 未然形「かま」を含む。「かまれをりむ」に対応。

　/kamari'i'ɴ/ と推定。

kamarirang　　１０５　kamatti 食べられて　kamattang 食べられた　**kamarirang**
　　　　　　食べられない　kamarang 食べれない ママ

　　☆ 未然形「かま」を含む。「かまれらぬ」に対応。

　/kamarira'ɴ/ と推定。

kamarītang　　１０４　kanung 食べる　kama　kamarīng 食べられる　　**kamarītang**

　　☆ 未然形「かま」を含む。「かまれてありむ→かまれたりむ」に対応。

　/kamari'ita'ɴ/ と推定。

kamatti　　１０５　**kamatti** 食べられて　　kamattang 食べられた　/kamarirang
　　　　　　食べられない　kamarang 食べれない ママ

　　☆ 未然形「かま」を含む。「かまれて」に対応。

　/kamaQti/ と推定。途中 /kamariti/ → /kamaQti/ の変化がある。

kamattang　　１０５　kamatti 食べられて　　**kamattang** 食べられた　/kamarirang 食
　　　　　　べられない　kamarang 食べれない ママ

　　☆ 未然形「かま」を含む。「かまれてありむ→かまれたりむ」に対応。

　/kamaQta'ɴ/ と推定。途中 /kamarita'ɴ/ → /kamaQta'ɴ/ の変化がある。

kamashung　　１０６　kanung 食べる　**kamashung** 食べさせる　kamachang
　　　　　　　　kamasang

　　☆ 未然形「かま」を含む。「かましをりむ」に対応。

　/kamasju'ɴ/ と推定。

kamasang　　１０６　kanung 食べる　kamashung 食べさせる　kamachang
　　　　　　　　kamasang

　　☆ 未然形「かま」を含む。「かまさぬ」に対応。

　/kamasa'ɴ/ と推定。

kamachang　　１０６　kanung 食べる　kamashung 食べさせる　**kamachang**
　　　　　　　　kamasang

　　☆ 未然形「かま」を含む。「かましてありむ→かましたりむ」に対応。

　/kamacja'ɴ/ と推定。

kani　　８５　kanung kadang kamang **kani** kami, ē

　　☆ 連用形「かみ」に対応。

　/kani/ と推定。/kami/ が /kani/ に変化か。

kadi　　９１　kadi←kaniti
　　　　　045　**Kadi** nērang natōng. 喰ベテ了ツタ

　　☆ 「かみて→かんで」に対応。

　/kadi/ と推定。撥音脱落の変化がある。

kadang　　８５　kanung **kadang** kamang kani kami, ē

　　☆ 「かみて→かんで」を含む。「かんでありむ→かんだりむ」に対応。

　/kada'ɴ/ と推定。撥音脱落の変化がある。

すむ済

shimi 127 Matanting **shimi** du shabīru. 待ツニハ及ビマセン

〈琉便〉simi

☼ 連用形「すみ」に対応。全体は「待たぬてもすみどしはべりをる」に対応。

/sjimi/ と推定。注20)

sinabirang 332 Kuri-hudu nu jum-pū ukuritē **sinabirang**. これ程の順風を逸して
はなりませぬ。

☼ 連用形「すみ」を含む。「すみはべらぬ」に対応。

/sinabira'ɴ/ と推定。注19)

simang 9 6 Nintē **simang**. 寝てはいけない

☼ 未然形「すま」を含む。「すまぬ」に対応。

/sima'ɴ/ と推定。

すむ澄

shimiti 309 unu uta ni: **Shimiti** nagari-wuru ソノ歌ニ清（ス）ンデ流レル

〈琉便〉も shimiti

☼「すみて」に対応。

/sjimiti/ と推定。注20)

そむ染

sumi-tsichung 367 **Sumi-tsichung** t'umiba, Nuchi du imēru. ふたたび語りそ慕
えば消ゆる 別格の君

☼ 連用形「そみ」を含む。「そみつきをり<u>む</u>」に対応。

/sumicjicju'ɴ/ と推定。

たのむ頼

tanumu 365 Misachi nui-diriwa Mi kazi du **tanumu**. 岬廻れば 風頼むのみ

☼ 連体形「たのむ」に対応。注21)

/tanumu/ と推定。

つむ積

tsidi 243 yū sshi **tsidi** kwi-mishēbiri. 積ミ方ヲ宜シク頼ミマス

☼「つみて→つんで」に対応。

/cidi/ と推定。撥音脱落の変化がある。

のむ飲

numing 342 Mīnada awa murachi, **Numing** narang. 涙の露と化し 飲むを
能はず

☼ 連用形「のみ」を含む。「のみも」に対応。Numing narang は「のみもならぬ」に対応。

/numi'ɴ/ と推定。

nunung 7 6 Sigu nunusi du mashi y'aru すぐ飲むのがましだ。 / **nunung**「飲む」

☼ 連用形「のみ」を含む。「のみをり<u>む</u>」に対応。

/nunu'ɴ/ と推定。注19) 注22)

nunusi 7 6 Sigu **nunusi** du mashi y'aru すぐ飲むのがましだ。 / nunung「飲む」

☼ 連用形「のみ」を含む。「のみを（る）す」に対応。

/nunusi/ と推定。注19) 注23)

860 第4章 アルファベット資料の動詞形態の考察

numi 041 御茶オアガリ Chā **numi**.

☼ 命令形「のめ」に対応。

/numi/ と推定。

numani 043 オ茶ハ呑マナイカ Chā **numani**?

☼ 未然形「のま」を含む。「のまに」に対応。

/numani/ と推定。

nunutasi 7 7 Ā! sigu **nunutasi** du mashi y'atarung yā！あ、、すぐ飲んだ方が
よかったろうに！

☼ 連用形「のみ」を含む。「のみをりた（る）す」に対応。

/nunutasi/ と推定。注19) 注24)

はさむ挟

hasamariti 349 Futatsi nēng wa mi nu Naka ni **hasamariti**, 身の2つだになき
我身にはさまれ

☼ 未然形「はさま」を含む。「はさまれて」に対応。

/hasamariti/ と推定。注25)

やむ病（痛）

yadi 049 'Karazi nu **yadi**. Dzutsū ga shite. Having a headache. 注26)

049 "Wata nu **yadi**. Hara ga itakute. Having a stomach-ache. 注27)

☼ 「やみて→やんで」に対応。

/'jadi/ と推定。撥音脱落の変化がある。

よむ詠

yudi 308 dushi nu chā kara uta **yudi** ukutaru kutu nu asi ga, 友達カラ歌ヲヨン
デヨコシタ事ガアリマシタガ

☼ 「よみて→よんで」に対応。

/'judi/ と推定。撥音脱落の変化がある。

よむ読

yumi- yantōng 1 1 3 **yumi- yantōng** 「読み損う」

☼ 連用形「よみ」を含む。「よみやぶりてはをりむ」に対応。

/'jumi'ja'ɴto'o'ɴ/ と推定。

yunung 9 0 **yunung**

☼ 連用形「よみ」を含む。「よみをりむ」に対応。注19)

/'junu'ɴ/ と推定。注19) 注28)

yudi 9 1 **yudi**←yuniti 注29)

☼ 「よみて→よんで」に対応。

/'judi/ と推定。撥音脱落の変化がある。

yudang 9 7 yudi **yudang** yudōng yudōtang

☼ 「よみて→よんで」を含む。「よんでありむ→よんだりむ」に対応。

/'juda'ɴ/ と推定。撥音脱落の変化がある。

yudōng 9 7 yudi yudang **yudōng** yudōtang

☼ 「よみて→よんで」を含む。「よんではをりむ」に対応。

/ˈjudo'o'ɴ/ と推定。撥音脱落の変化がある。

yudōtang　9 7　yudi yudang yudōng **yudōtang**

　　☼「よみて→よんで」を含む。「よんではをりたりむ」に対応。

　　/ˈjudo'ota'ɴ/ と推定。撥音脱落の変化がある。

をがむ拝（見・会・拝見）

wugaming　009　Nagadē **wugaming** shabirang. 暫ク御無沙汰致シマシタ
　　　　　　　　　〈琉便〉は wugamin

　　☼ 連用形「をがみ」を含む。「をがみも」に対応。

　　/ˈugami'ɴ/ と推定。

wuganabira　001　Chiū **wuganabira**. 今日ハ　Chū wuganabira.

　　☼ 連用形「をがみ」を含む。「をがみはべら」に対応。

　　/ˈuganabira/ と推定。注19)

wugamarang　368　Shu nu Mē tā ūning **wugamarang** natōrē,　御主人らを運ぶ船
　　　　　　　　　もはや目の届かぬ所ゆえ、

　　☼ 未然形「をがま」を含む。「をがまらぬ」に対応。

　　/ˈugamara'ɴ/ と推定。

wugadi　096　チト拝見　Ichutā **wugadi** nābira.

　　☼「をがみて→をがんで」に対応。

　　/ˈugadi/ と推定。撥音脱落の変化がある。

wugadē　180　未ダ拝見致シマセン　Māda **wugadē** nābirang.

　　☼「をがみて→をがんで」を含む。「をがんでは」に対応。

　　/ˈugade'e/ と推定。撥音脱落の変化がある。

あがる上

agatōng　029　Tīda nu **agatōng**. 日ガ上ツタ

　　☼「あがりて」を含む。「あがりてはをりむ」に対応。

　　/ʔagato'o'ɴ/ と推定。

あたる当

atarang gutu　211　An shurā, kazi ning **atarang gutu** sshi, ソンナラ風ニモアタラ
　　　　　　　　　ナイヤウニシテ能ク養生ナサイマシ

　　☼ 未然形「あたら」を含む。「あたらぬごと」に対応。

　　/ʔatara'ɴ gutu/ と推定。

いまゐる行？

imē nu　338　Wang fichui nukuchi, **Imē nu** nayumi?　我1人残し　いかで行くべき

　　☼ 連用形「いまゐり」を含む。「いまゐりの」に対応。

　　/ʔime'enu/ と推定。

いまゐる来？

imēru　367　Sumi-tsichung t'umiba, Nuchi du **imēru**. 慕えば消ゆる　別格の君

　　☼ 連体形「いまゐる」に対応。

　　/ʔime'eru/ と推定。

いまうる行

862　第4章　アルファベット資料の動詞形態の考察

imōri　337　Wanung sōti **imōri**!　我も連れ行け

　　☆命令形「いまうれ」に対応。

　　/ʔimo'ori/ と推定。

imōchi　368　Fēku u yadu ni **imōchi**, gu shū-ji sari nshōri! 早く宿へ戻り宴を開く
　　　　　　　としよう。

　　☆「いまうりて」に対応。

　　/ʔimo'ocji/ と推定。

いる入

ī du　245　**Ī du** shabīru!　這入リマストモ

　　☆連用形「いり」を含む。「いりど」に対応。全体は「いりどしはべりをる」。

　　/ʔi'i/ と推定。　注30)

ī-ga　244　nna **ī-ga** shabīra?　皆這入リキレマセウカ

　　☆連用形「いり」を含む。「いりが」に対応。

　　/ʔi'iga/ と推定。　注30)

iri-mūkū　7 8　**iri-mūkū** tura ndi sshing,　入婿を取ろうにも

　　☆連用形「いり」を含む。「いりむこ」に対応。　注31)

　　/ʔirimu'uku'u/ と推定。

ww'īri mishēbiri　199　Imenshēbitī! **Ww'īri mishēbiri!** 井ラツシヤイマシ
　　　　　　　　　　　〈琉便〉uiri mishēbiri

　　☆連用形「いり」を含む。「おいりめしはべれ」に対応。

　　/ʔwi'iri misje'ebiri/ と推定。

īsi ga　236　Nāgati yū **īsi ga**……　モウヂキ日ガ暮レルガ

　　☆連用形「いり」を含む。「いりを（る）すが」に対応。

　　/ʔi'isiga/ と推定。

itchi　057　Ning **itchi** u tabi mishēbiri.　氣ヲ付ケテ下サイ

　　☆「いりて→いって」に対応。

　　/ʔiQcji/ と推定。

itchoyē　219　Ashi ndē nakai ishi nudu **itchoyē** sani?　足ニデモ石ナドガ這入ッ
　　　　　　　テ井ルノヂヤナイカ　Ashi ndē nakai ishi nu du itchoyē sani?

　　☆「いりて→いって」を含む。「いってはをりは」に対応。

　　/ʔiQcjo'o'(j)e'e/ と推定。

うる売

utē　9 6　Ang shi **utē** mutung kakayabirang kutu,…　このような値で売っては
　　元値の埋め合わせさえつきませんから…

　　☆「うりて→うって」を含む。「うっては」に対応。

　　/ʔute'e/ と推定。促音脱落の変化がある。

おくる送

huna-ukui　051　**Huna-ukui** shu'ndi ichi.　船送リヲスルトテ
　　　　　　　〈琉便〉Huna-ukuyi

　　☆連用形「おくり」を含む。「ふなおくり」に対応。

第3節　チェンバレン『琉球語文典』の動詞形態の考察　863

/hwuna ʔuku'i/ と推定。

ukuti　369　Shu nu Mē huni **ukuti** Muduru michi sigara,　君送りて後の　道すがら

　☼「おくりて→おくって」に対応。

　/ʔukuti/ と推定。促音脱落の変化がある。

ukutaru kutu　308　dushi nu chā kara uta yudi **ukutaru kutu** nu asi ga,　友達カラ歌ヲヨンデヨコシタ事ガアリマシタガ

　☼ 連用形「おくり」を含む。「おくりたる こと」に対応。

　/ʔukutaru kutu/ と推定。

ukūta kutu　312　Niguri-tachu'sa! tu kachi-**ukūta kutu**,　濁リ立ツト書キヨコシタカラ　〈琉便〉kachi ukuta kutu,

　☼ 連用形「おくり」を含む。「おくりをりた（る）こと」に対応。

　/ʔukutakutu/ と推定。

おしあがる押上 （召上）

ushagai mishēbiri　190　Dīsai chassang **ushagai mishēbiri**.　ドウゾ澤山メシアガレ　〈琉便〉ushagayi mishē biri

　☼ 連用形「おしあがり」を含む。「おしあがりめしはべれ」に対応。

　/ʔusjaga'imisje'ebiri/ と推定。

ushagari　040　Ucha **ushagari**.　御茶オ上リナサイ

　☼ 命令形「おしあがれ」に対応。

　/ʔusjagari/ と推定。

ushagarani　042　U chā **ushagarani**?　オ茶ヲアガリマセンカ

　☼ 未然形「おしあがら」を含む。「おしあがらに」に対応。

　/ʔusjagarani/ と推定。

かかる掛

kakayabirang kutu　9 6　Ang shi utē mutung **kakayabirang kutu**,...　このような値で売っては元値の埋め合わせさえつきませんから ...

　☼ 連用形「かかり」を含む。「かかりはべらぬ　こと」に対応。

　/kaka'jabira'ɴkutu/ と推定。

kakayung　1 1 5　**kakayung**

　☼ 連用形「かかり」を含む。「かかりをりむ」に対応。

　/kaka'ju'ɴ/ と推定。

kakarē　353　nashi-munu-kwa nu **kakarē**, chāng narang sā!　我が子のこととなると誠に如何ともし難い…。

　☼ 已然形「かかれ」を含む。「かかれは」に対応。

　/kakare'e/ と推定。

kakati　210　wanning hū-chi ni **kakati**, ni-sannichi mē kara nitsing arē,　私モ風邪ニカ、ツテ二三日前カラ熱モアレバ

　☼「かかりて→かかって」に対応。

　/kakati/ と推定。促音脱落の変化がある。

かへる帰

864　第4章　アルファベット資料の動詞形態の考察

kēyabira   005   ' **Kēyabira**.   Kaerumashō.   I must be going. 注32)

  ☆ 連用形「かへり」を含む。「かへりはべら」に対応。

  /ke'e'jabira/ と推定。

u kē mishēdungsā   204   **u kē mishēdungsā** yutasharu gutu unnukiti kwiri ndi
                    imishēbitang.   オ歸リニナツタラ宜シクト申サレマシタ

  ☆ 連用形「かへり」を含む。「おかへりめしあれどもせは」に対応。

  /ʔuke'emisje'edu'ɴsa'a/ と推定。

kēyuru bā   290   ang shi unu tchu nu **kēyuru bā**,   歸ラントスルニ

  ☆ 連用形「かへり」を含む。「かへりをる　ば」に対応。

  /ke'e'juru ba'a/ と推定。

kēyung   １０７   **kēyung** 帰え ママ る

  ☆ 連用形「かへり」を含む。「かへりをりむ」に対応。

  /ke'e'ju'ɴ/ と推定。

kēra ndi   295   fēku **kēra ndi** shang-tēmang,   早ク歸ラントスレドモ

  ☆ 未然形「かへら」を含む。「かへらんで」に対応。「かへらむと」の意。

  /ke'era'ɴdi/ と推定。

かる借

kati   239   Kagu-dūru y'ating **kati** kūng nā?   燈灯デモカリテ來イ

  ☆ 「かりて→かって」に対応。

  /kati/ と推定。促音脱落の変化がある。

きる切

chiri-tōshung   １１２   **chiri**-tōshung 切り倒す / **chiri**-tōchang /**chiri**-kurushung
                切り殺す /**chiri**-kuruchang

  ☆ 連用形「きり」を含む。「きりたふしをりむ」に対応。

  /cjirito'osju'ɴ/ と推定。

chitchi   ９１   **chitchi**←chiriti

  ☆ 「きりて→きって」に対応。

  /cjiQcji/ と推定。

さはる障

sātō yabīmi   102   Nūng u yū-ju nu **sātō yabīmi**?   何カ御用ガ御座イマスカ

  ☆ 「さはりて」を含む。「さはりてはをりはべりみ」に対応。

  /sa'ato'o'jabi'imi/ と推定。

しる知

shiyabīng   １１０   shiyung 又は shīng 知る **shiyabīng**「各種語幹群に yabīng が
                接尾辞としてつく様態」

  ☆ 連用形「しり」を含む。「しりはべりをりむ」に対応。

  /sji'jabi'i'ɴ/ と推定。

u shiri mishōchō- yabīmi   099   Anu tchu **u shiri mishōchō- yabīmi ?**   アノ人ヲ御
                    存知デスカ

  ☆ 連用形「しり」を含む。「おしりめしをりてはをりはべりをりみ」に対応。

/ʔusjirimisjo'ocjo'o'jabi'imi/ と推定。

shiyung　１１０　**shiyung** 又は **shīng** 知る shiyabīng「各種語幹群に yabīng が接尾
　　　　　　　　辞としてつく様態」

☼ 連用形「しり」を含む。「しりをりむ」に対応。

/sji'ju'ɴ/ と推定。

shīng　９１　shiyung 又は **shīng** / shitchi←shiriti

　　　　１１０　shiyung 又は **shīng** 知る shiyabīng「各種語幹群に yabīng が接尾辞
　　　　　　　としてつく様態」

☼ 連用形「しり」を含む。「しりをりむ」に対応。

/sji'i'ɴ/ と推定。/sji'ju'ɴ/ → /sji'i'ɴ/ の変化。

shiyuru　319　Tabi sshi du, munō **shiyuru**. 旅をしてぞ、ものを知る。

☼ 連用形「しり」を含む。「しりをる」に対応。

/sji'juru/ と推定。

shi'　８６　shiyung shitchang shirang shiri **shi'** shiri, ē

☼「し（り）」に対応。

/sji/ と推定。

shiri, ē　８６　shiyung shitchang shirang shiri shi' **shiri, ē**

☼ 命令形「しれ」、「しれ」を含み「しれは」に対応。

/sjiri/,/sjire'e/ と推定。

shirang　８６　shiyung shitchang **shirang** shiri shi' shiri, ē

☼ 未然形「しら」を含む。「しらぬ」に対応。

/sjira'ɴ/ と推定。

shitchi　９１　shiyung 又は shīng / **shitchi**←shiriti

☼「しりて→しって」に対応。

/sjiQcji/ と推定。

shitchang　８６　shiyung **shitchang** shirang shiri shi' shiri, ē

☼「しりて→しって」を含む。「しってあり<u>む</u>」に対応。

/sjiQcja'ɴ/ と推定。

shitchōng　９４　**shitchōng**「知っている」

☼「しりて→しって」を含む。「してはをりむ」に対応。

/sjiQcjo'o'ɴ/ と推定。

shitchōru tūi　278　yāng **shitchōru tūi**,　承知ノ通リ

☼「しりて→しって」を含む。「してはをる　とほり」に対応。

/sjiQcjo'oru tu'u'i/ と推定。

そる剃

suti　086　Fiji **suti** kwītē. 鬚ヲスツテ貰ヒタイ_{注33)}

☼「そりて→そって」に対応。

/suti/ と推定。促音脱落の変化がある。

つくる作

tsukuyuru　312　Yu-dang sangsi ga du, ufu-mmō **tsukuyuru**. 油断大敵。

☆ 連用形「つくり」を含む。「つくりをる」に対応。

/cuku'juru/ と推定。

tsukutē'ga　087　Kurē, nū sai **tsukutē'ga?**　コレハ何デ出來テ居ルカ

☆ 「つくりて」を含む。「つくりてはあ（る）が」に対応。

/cukute'ega/ と推定。

とほる通

tū-mishēbiri　003　**Tū-mishēbiri.**　オ通リナサイ

☆ 連用形「とほり」を含む。「とほりめしはべれ」に対応。

/tu'umisje'ebiri/ と推定。

tūi　278　yāng shitchōru **tūi,**　承知ノ通リ

〈琉便〉tūyi

☆ 連用形「とほり」に対応。

/tu'u'i/ と推定。

とまる止？

tumayung　１１５　**tumayung**

☆ 連用形「とまり」を含む。「とまりをり<u>む</u>」に対応。

/tuma'ju'ɴ/ と推定。

とる取[注34]

tui　９１　**tui**←turi/ tuyung←turung/ tuti←turit

☆ 連用形「とり」に対応。

/tu'i/ と推定。

tui-shirabītē　９７　**Tui-shirabītē** ndi ichi chasa. 取り調べをする積もりで来たよ

☆ 連用形「とり」を含む。「とりしらべたい」に対応。

/tu'isjirabite'e/ と推定。

tuyabīng　１１０　tuyung 取る **tuyabīng**「各種語幹群に yabīng が接尾辞としてつ
く様態」

☆ 連用形「とり」を含む。「とりはべりをり<u>む</u>」に対応。

/tu'jabi'i'ɴ/ と推定。

tu-mishēng　１１１　**tu-mishēng,** tu-mishēru, tu-mishe'

☆ 連用形「とり」を含む。「とりめしあり<u>む</u>」に対応。

/tumisje'e'ɴ/ と推定。

tu'nshōri　340　Tō! Uyammāng a-shūng u saka-dzichi **tu'nshōri.**　どうぞ、うやん
まあ殿、家の者ともども杯取りなされ。

☆ 連用形「とり」を含む。「とりめしおわれ」に対応。

/tu'ɴsjo'o'ri/ と推定。/tu'imisjo'o'ri/ → /tu'ɴsjo'o'ri/ の変化。

tuibushang　１０３　turangdung arē「取らないのであれば」/ **tuibushang**「取りたい」
/ tui-bushakō nērang 又は tui-bushakō nēng「取りたくない」

☆ 連用形「とり」を含む。「とりぼしさあり<u>む</u>」に対応。

/tu'ibusja'ɴ/ と推定。

tui-bushakō nērang　１０３　turangdung arē「取らないのであれば」/ tuibushang

「取りたい」/ **tui-bushakō nērang** 又は tui-bushakō nēng「取り
たくない」

☼ 連用形「とり」を含む。「とりほしくはないらぬ」に対応。

/tu'ibusjako'o ne'eraɴ/ と推定。

tui-bushakō nēng 　１０３　turangdung arē「取らないのであれば」/ tuibushang「取
りたい」/ tui-bushakō nērang 又は tui-**bushakō nēng**「取りたく
ない」

☼ 連用形「とり」を含む。「とりほしくはないぬ」に対応。

/tu'ibusjako'o ne'eɴ/ と推定。

tui ga yā　268　iri-mūkū **tui ga yā** ndi iru ji-bung natōsi ga,　ムコヲ取ル可キカニ
ナリタレドモ

〈琉便〉tuyi

☼ 連用形「とり」を含む。「とりがや」に対応。注30)

/tu'iga'ja'a/ と推定。

tuinē　99　tutōrē←tuti wurē の縮合形　/ tutōng←tuti wung / tutōri←tuti wuri /
turē turā **tuinē**　tuidungsē

☼ 連用形「とり」を含む。「とりには」に対応。

/tu'ine'e/ と推定。

tuidungsē　99　tutōrē←tuti wurē の縮合形　/ tutōng←tuti wung / tutōri←tuti
wuri / turē turā tuinē　**tuidungsē**

☼ 連用形「とり」を含む。「とりどもせは」に対応。

/tu'iduɴ se'e/ と推定。

tuyung　110　**tuyung** 取る tuyabīng「各種語幹群に yabīng が接尾辞としてつく
様態」

☼ 連用形「とり」を含む。「とりをりむ」に対応。

/tu'juɴ/ と推定。

tuyumi　120　tuyung, tuyuru, tuyu', **tuyumi**/tuimi（早い発話においてのみ）, tuyusi
☼ 連用形「とり」を含む。「とりをりみ」に対応。

/tu'jumi/ と推定。

tuimi　053　**Tuimi**, yōshōchumi?　取ラウカ　ヨサウカ

　１２０　tuyung, tuyuru, tuyu', tuyumi/**tuimi**（早い発話においてのみ）, tuyusi
☼ 連用形「とり」を含む。「とりをりみ」に対応。

/tu'imi/ と推定。/tu'jumi/ → /tu'imi/ の変化を示唆。

tuyuru　77　Nijidē nu asi ga du, ufu-iyō **tuyuru**.　辛抱強い者が大魚を得る
☼ 連用形「とり」を含む。「とりをる」に対応。

/tu'juru/ と推定。

tuyu'　120　tuyung, tuyuru, **tuyu'**, tuyumi/tuimi（早い発話においてのみ）, tuyusi
☼ 連用形「とり」を含む。「とりを（る）」に対応。

/tu'ju/ と推定。

tuyusi　120　tuyung, tuyuru, tuyu', tuyumi/tuimi（早い発話においてのみ）, **tuyusi**

☆ 連用形「とり」を含む。「とりを（る）す」に対応。

/tu'jusi/ と推定。

turi　97　tuti turang tutōng tutōtang　/ Chā turē! 又は chā numi!　茶を取れ
（又は飲め）/ chā **turi**!

☆ 命令形「とれ」に対応。

/turi/ と推定。

turē　97　tuti turang tutōng tutōtang　/ Chā **turē**! 又は chā numi!　茶を取れ
（又は飲め）/ chā turi!

☆ 命令形「とれ」を含む。「とれは」に対応。

/ture'e/ と推定。

turē　98　tutōri / **turē** 及び turā / tuinē

☆ 已然形「とれ」を含む。「とれは」に対応。

/ture'e/ と推定。

tura ndi　280　iri mūkū **tura ndi** ssing,　ムコヲ取ルニモ

☆ 未然形「とら」を含む。「とらんで」に対応。「とらむと」の意。

/tura'ndi/ と推定。

turā　98　tutōri / turē 及び **turā** / tuinē

☆ 未然形「とら」を含む。「とらは」に対応。

/tura'a/ と推定。

turang　97　tuti **turang** tutōng tutōtang　/ Chā turē! 又は chā numi!　茶を取
れ（又は飲め）/ chā turi!

☆ 未然形「とら」を含む。「とらぬ」に対応。

/tura'ɴ/ と推定。

turangdung　103　**turangdung** arē「取らないのであれば」/ tuibushang「取り
たい」/ tui-bushakō nērang 又は tui-bushakō nēng「取りたくない」

☆ 未然形「とら」を含む。「とらぬども」に対応。

/tura'ndu'ɴ/ と推定。

turangtai　100　tutai **turangtai**「取ったり取らなかったり」/ tuyung

☆ 未然形「とら」を含む。「とらぬたり」に対応。

/tura'ɴta'i/ と推定。

turantang　102　tutē wurang「取っていない」（I have not taken）, tutē
wurangtang「取っていなかった」（I had not taken）/ **turantang**

☆ 未然形「とら」を含む。「とらぬたりむ」に対応。

/tura'ɴta'ɴ/ と推定。

turarīng　104　tuyung取る　tura **turarīng** 取られる　/turarīru turarī゜/turarītang

☆ 未然形「とら」を含む。「とられをりむ」に対応。

/tura'ri'i'ɴ/ と推定。

turarang　105　**turarang** 取れない

☆ 未然形「とら」を含む。「とららぬ」に対応。

/turara'ɴ/ と推定。

第 3 節　チェンバレン『琉球語文典』の動詞形態の考察　869

turarīru　１０４　tuyung 取る　tura turarīng 取られる　**/turarīru** turarī'
　　　　　/turarītang

☼ 未然形「とら」を含む。「とられをる」に対応。

/turari'iru/ と推定。

turarī'　１０４　tuyung 取る　tura turarīng 取られる　/turarīru **turarī'** /turarītang

☼ 未然形「とら」を含む。「とられを（る）」に対応。

/turari'i/ と推定。/turari'ju/ → /turari'i/ の変化。

turarītang　１０４　tuyung 取る　tura turarīng 取られる　/turarīru turarī'
　　　　　/turarītang

☼ 未然形「とら」を含む。「とられたりむ」に対応。

/turari'ita'ɴ/ と推定。

turatti　１０５　**turatti** 取られて

☼ 未然形「とら」を含む。「とられて→とらって」に対応。

/turaQti/ と推定。

turattang　１０５　**turattang** 取られた
　　　　　１１３　Kani ut-**turattang**. Kani kē-**turattang**. 金をとられてしまった

☼ 未然形「とら」を含む。「とられてありむ→とらったりむ」に対応。

/turaQta'ɴ/ と推定。

turarirang　１０５　**turarirang** 取られない

☼ 未然形「とら」を含む。「とられらぬ」に対応。

/turarira'ɴ/ と推定。

turashung　１０６　tuyung 取る　**turashung** 取らせる、即ち与える　turachang
　　　　　turasan

☼ 未然形「とら」を含む。「とらしをりむ」に対応。

/turasju'ɴ/ と推定。

turachang　１０６　tuyung 取る　turashung 取らせる、即ち与える　**turachang**
　　　　　turasang

☼ 未然形「とら」を含む。「とらしてありむ→とらしたりむ」に対応。

/turacja'ɴ/ と推定。

turasang　１０６　tuyung 取る　turashung 取らせる、即ち与える　turachang
　　　　　turasang

☼ 未然形「とら」を含む。「とらさぬ」に対応。

/turasa'ɴ/ と推定。

turasarīng　１０７　**turasarīng**「取らされる」（即ち「受ける」）、 turasarīrang「取
　　　　　らされない」turasarang「取らし得ない」

☼ 未然形「とら」を含む。「とらされをりむ」に対応。

/turasari'i'ɴ/ と推定。

turasarīrang　１０７　turasarīng「取らされる」（即ち「受ける」）、 **turasarīrang**「取
　　　　　らされない」turasarang「取らし得ない」

☼ 未然形「とら」を含む。「とらされらぬ」に対応。

/turasarira'ɴ/ と推定。

turasarang 　１０７　turasarīng「取らされる」(即ち「受ける」)、turasarīrang「取らされない」**turasarang**「取らし得ない」

　☆ 未然形「とら」を含む。「とらさらぬ」に対応。

　/turasara'ɴ/ と推定。

tuti 　９１　tui←turi/ tuyung←turung/ **tuti**←turiti

　　　　９７　**tuti** turang tutōng tutōtang 　/ Chā turē! 又は chā numi! 　茶を取れ(又は飲め)/ chā turi!

　☆ 「とりて→とって」に対応。

　/tuti/ と推定。促音脱落の変化がある。以下、同じ。

tutē 　１０２　**tutē** wurang「取っていない」(I have not taken)，tutē wurangtang「取っていなかった」(I had not taken)/ turantang

　☆ 「とりて→とって」を含む。「とっては」に対応。

　/tute'e/ と推定。

tutai 　１００　**tutai** turangtai「取ったり取らなかったり」/ tuyung

　☆ 「とりて→とって」を含む。「とりてあり→とったり」に対応。

　/tuta'i/ と推定。

tutī 　９３　「tuyug が tuyumi を有すると全く同様 ang は疑問形 ami を有するのであり、従って半過去の疑問形としては tutami であってしかるべきであろう。しかし、半過去疑問形は **tutī** であって tutami なる形は存在しない。」

　☆ 「とりて→とって」を含む。「とってい」に対応。「取ったか」の意。

　/tuti'i/ と推定。

tutōng 　１１６　**tutōng**← tuti wung,　tutōtang←tuti wutang

　☆ 「とりて→とって」を含む。「とってはをりむ」に対応。「取っている」の意。

　/tuto'o'ɴ/ と推定。

tutōri 　９９　tutōrē←tuti wurē の縮合形　/ tutōng←tuti wung / **tutōri**←tuti wuri / turē　turā tuinē　tuidungsē

　☆ 「とりて→とって」を含む。「とってはをれ」に対応。

　/tuto'ori/ と推定。

tutōrē 　９９　**tutōrē**←tuti wurē の縮合形　/ tutōng←tuti wung / tutōri←tuti wuri / turē　turā tuinē　tuidungsē

　☆ 「とりて→とって」を含む。「とってはをれは」に対応。

　/tuto'ore'e/ と推定。

tutōtang 　１１６　tutōng← tuti wung,　**tutōtang**←tuti wutang

　☆ 「とりて→とって」を含む。「とってはをりたりむ」に対応。

　/tuto'ota'ɴ/ と推定。

tutōtī 　９４　「過去完了疑問形は、それに相当する半過去の形と同様に考察し得ることが分る。即ち tuti wutī に対する **tutōti**ママ が本来動名詞 wuti が疑問形化したものであると見なす。」注35)

　☆ 「とりて→とって」を含む。「とってはをりてい」に対応。「い」/i/ は疑問の助辞。

第３節　チェンバレン『琉球語文典』の動詞形態の考察　871

/tuto'oti'i/ と推定。

なる成

nai　85　nayung natang narang **nai** na' nari, ē

　☼ 連用形「なり」に対応。

　/na'i/ と推定。/ri/ → /'i/ の変化。以下、同じ。

na-mishēbī'ga　069　Unjō, tushē ikutsi **na-mishēbī'ga?** 貴方ハオ歳ハイクツデスカ

　☼ 連用形「なり」を含む。「なりめしはべりをるが」に対応。

　/namisje'ebi'iga/ と推定。/nari-/ → /na'i-/ → /na-/ と変化。

nā-mishēbiri　004　Sachi ngkai **nā-mishēbiri**.　ドウゾオ先キヘ

　　　　　　　　　〈琉便〉 u-na-imi-shēbiri

　☼ 連用形「なり」を含む。「なりめしはべれ」に対応。

　/namisje'ebiri/ と推定。/nari-/ → /na'i-/ → /na-/ と変化。「琉便」の表記参照。

na-mishōchi　306　ang-gwē dzuri- yubā **na-mishōchi**, 案外女郎買ニ浮身ヲヤツシテ

　☼ 連用形「なり」を含む。「なりめしおはして」に対応。

　/namisjo'ocji/ と推定。/nari-/ → /na'i-/ → /na-/ と変化。

nayabiti　123　Kunu gurō, atta ni fīku **nayabiti**, 此頃俄ニ寒クナリマシテ

　☼ 連用形「なり」を含む。「なりはべりて」に対応。

　/na'jabiti/ と推定。

nayung　85　**nayung** natang narang nai na' nari, ē

　☼ 連用形「なり」を含む。「なりをり<u>む</u>」に対応。

　/na'juɴ/ と推定。

nayumi　338　Wang fichui nukuchi, Imē nu **nayumi**? 我1人残しいかで行くべき

　☼ 連用形「なり」を含む。「なりをりみ」に対応。

　/na'jumi/ と推定。

naru ga　350　Kukuru yami-yami tu **Naru ga** shin-chi!　悲しびなむ　堪え難き

　☼ 連体形「なる」を含む。「なるが」に対応。注36)

　/naruga/ と推定。

na'　85　nayung natang narang nai **na'** nari, ē

　☼ 「な（る）」に対応。

　/na/ と推定。

nari, ē　85　nayung natang narang nai na' **nari, ē**

　☼ 命令形「なれ」、「なれ」を含む「なれは」に対応。

　/nari/,/nare'e/ と推定。

nari　063　Fēku hāyē **nari**.　早ク走レ

　☼ 命令形「なれ」に対応。

　/nari/ と推定。

nariba　346　Kiyu di-buni **nariba**, Munung yarang.　船出づる今　こととふ能はず

　☼ 已然形「なれ」を含む。「なれば」に対応。全体は「今日　出舟なれば、ものも言はらぬ」に対応。

　/nariba/ と推定。

narā　085　**Narā**, isuji u tabi mishēbiri.　ナルタケ急イデ下サイ

☼ 未然形「なら」を含む。「ならは」に対応。

/nara'a/ と推定。

narang　070　Chāng **narang**.　仕方ガナイ

☼「ならぬ」に対応。

/nara'ɴ/ と推定。

nati　<u>７７</u>　Yī tushi ni **nati** wusi ga,　年頃になっているが、

☼「なりて→なって」に対応。

/nati/ と推定。促音脱落の変化がある。以下、同じ。

nati ga　120'　Fung-yakō, **nati ga** wuyabīra?　　Honyaku wa, dekimashitarō ka?
　　　　　　Is the translation done?　　注37)

☼「なりて→なって」を含む。「なってが」に対応。

/natiga/ と推定。

natang　<u>８５</u>　nayung **natang** narang nai na' nari, ē

☼「なりて→なって」を含む。「なってありむ→なったり<u>む</u>」に対応。

/nata'ɴ/ と推定。

natōyabīng　159　duttu yutashiku **natōyabīng**.　大キニ快クナリマシタ

☼「なりて→なって」を含む。「なってはをりはべりをり<u>む</u>」に対応。

/nato'o'jabi'i'ɴ/ と推定。

natōyabīrē　330　yī jum-pū **natōyabīrē**,　順風になっておりますれば

☼「なりて→なって」を含む。「なってはをりはべりをれは」に対応。

/nato'o'jabi'ire'e/ と推定。

natōyabī ga yā　131　Sam-minō, chassa **natōyabī ga yā?**　御勘定ハイクラデスカ

☼「なりて→なって」を含む。「なってはをりはべりをるがや」に対応。

/nato'o'jabi'iga'ja'a/ と推定。

natōrē　325　yī jum-pū **natōrē**,　快い順風となっていることだし、

☼「なりて→なって」を含む。「なってはをれは」に対応。

/nato'ore'e/ と推定。

natō'ndi　256　Chika-gurō, dzī-bung ikiraku **natō'ndi** [i] chi chichabitasi ga, 近頃
　　　　　ハ大部薄ラギマシタトカ聞キマシタガ

☼「なりて→なって」を含む。「なってはをり<u>むて</u>」に対応。「なっていると」の意。

/nato'o'ɴdi/ と推定。

natōsi n'　<u>７６</u>　Sidaku **natōsi n'** tsītē　涼しくなったについては　「※ Natōsi は、
　　　　　nayung「なる」（[日] naru）の完了時制における名詞形である。」

☼「なりて→なって」を含む。「なってはを（る）すに」に対応。

/nato'osi'ɴ/ と推定。

natōsi ga　268　　mata iri-mūkū tui ga yā ndi iru ji-bung **natōsi ga**,　マタハムコヲ
　　　　　取ル可キカニナリタレドモ

☼「なりて→なって」を含む。「なってはを（る）すが」に対応。

/nato'osiga/ と推定。

natō'kutu　250　Nni nu waruku **natō'kutu**.　胸ガ悪クナッタカラ

☼「なりて→なって」を含む。「なってはを（る）こと」に対応。

/nato'okutu/ と推定。

natō'sa　224　Hara-ubi nu yuruku **natō'sa!**　腹帯ガ弛ンダ

☼「なりて→なって」を含む。「なってはを（る）さ」に対応。

/nato'osa/ と推定。

なる生

natōng　044　Kunibu **natōng**. 蜜柑ガナツタ

〈琉便〉Kunibu nu　（「主格」を示す nu が付加されている。）

☼「なりて→なって」を含む。「なってはをりむ」に対応。

/nato'o'ɴ/ と推定。

ねぶる眠

ninjabīng　１１０　ninjung 寝る **ninjabīng**「各種語幹群に yabīng が接尾辞として
つく様態」

☼連用形「ねぶり」を含む。「ねぶりはべりをりむ」に対応。

/ni'ɴzjabi'i'ɴ/ と推定。

ninji　８５　ninjung nintang nindang **ninji** nindi, ē

☼連用形「ねぶり」に対応。

/ni'ɴzji/ と推定。

ninjung　１０４　**ninjung** 寝る　ninda nindarīng 寝られる

☼連用形「ねぶり」を含む。「ねぶりをりむ」に対応。

/ni'ɴzju'ɴ/ と推定。

ninjusi　252　(*Ditto to an inferior*：**Ninjusi** du mashi y'aru) ネタ方ガイイ（下ニ向
ツテハ：Ninjusi du mashi y'aru）

☼連用形「ねぶり」を含む。「ねぶりを（る）す」に対応。

/ni'ɴzjusi/ と推定。

nindi　014　**Nindi!**　寝ロ

☼命令形「ねぶれ」に対応。

/ni'ɴdi/ と推定。

nindi, ē　８５　ninjung nintang nindang ninji **nindi, ē**

☼命令形「ねぶれ」、「ねぶれ」を含み「ねぶれは」に対応。

/ni'ɴdi/,/ni'ɴde'e/ と推定。

ninda　１０４　ninjung 寝る **ninda** nindarīng 寝られる

☼未然形「ねぶら」に対応。

/ni'ɴda/ と推定。

nindang　８５　ninjung nintang **nindang** ninji nindi, ē

☼未然形「ねぶら」を含む。「ねぶらぬ」に対応。

/ni'ɴda'ɴ/ と推定。

nindarīng　１０４　ninjung 寝る　ninda **nindarīng** 寝られる

☼未然形「ねぶら」を含む。「ぬぶられをりむ」に対応。

/ni'ɴdari'i'ɴ/ と推定。

nindarangtang　１０６　Ninting **nindarangtang**. 寝ても寝られなかった　/ninjung
「寝る」

☼ 未然形「ねぶら」を含む。「ねぶららぬたり<u>む</u>」に対応。

/ni'ɴdara'ɴta'ɴ/ と推定。

ninti　９１　ninjung/ **ninti**←ninditi

☼ 「ねぶりて→ねぶって」に対応。

/ni'ɴti/ と推定。促音脱落の変化がある。以下、同じ。

nintē　９６　**Nintē** simang.　寝てはいけない

☼ 「ねぶりて→ねぶって」を含む。「ねぶっては」に対応。

/ni'ɴte'e/ と推定。

ninting　１０６　**Ninting** nindarangtang.　寝ても寝られなかった　/ninjung「寝る」

☼ 「ねぶりて→ねぶって」を含む。「ねぶっても」に対応。

/ni'ɴti'ɴ/ と推定。

nintang　８５　ninjung **nintang** nindang ninji nindi, ē

☼ 「ねぶりて→ねぶって」を含む。「ねぶったり<u>む</u>」に対応。

/ni'ɴta'ɴ/ と推定。

のる乗

nui-diriwa　365　Misachi **nui-diriwa** Mi kazi du tanumu.　岬廻れば　風頼むのみ

☼ 連用形「のり」を含む。「のりでれは」に対応。

/nu'idiri'wa/ と推定。

u nui mishōcharu　９５　**U nui mishōcharu** hazi.　お乗りになるところでしょう。

☼ 連用形「のり」を含む。「おのりめしおはしたる」に対応。

/ʔunu'imisjo'ocjaru/ と推定。注38)

u nuitsichi mishōrashuru　325　**u nuitsichi mishōrashuru** gutu shung.　お乗りいた
だくこととしよう。

☼ 連用形「のり」を含む。「おのりつきめしおわらしをる」に対応。

/ʔunu'icicjimisjo'orasjuru/ と推定。

u nuitsichi mishēbiri　333　Fēku **u nuitsichi mishēbiri**.　早くお乗り下さいませ。

☼ 連用形「のり」を含む。「おのりつきめしはべれ」に対応。

/ʔunu'icicjimisje'ebiri/ と推定。

はじまる始

hajimayung　１０７　**hajimayung** 始まる

☼ 連用形「はじまり」を含む。「はじまりをり<u>む</u>」に対応。

/hazjima'ju'ɴ/ と推定。注38)

はる走

hai-mmanu　316　**Hai-mmanu** tsima-kurubi.　走り馬のつまころび。

☼ 連用形「はり」を含む。「はりうまの」に対応。

/ha'iʔɴmanu/ と推定。

ふる降

fui-gisaibīng　082　Ami **fui-gisaibīng**. 雨ガ降リサウデ御座イマス

第３節　チェンバレン『琉球語文典』の動詞形態の考察　875

〈琉便〉fuyi

☼ 連用形「ふり」を含む。「ふりげさありはべりをりむ」に対応。

/hwu'igisa'ibi'i'N/ と推定。_{注38}

fui ga　123　yamā yuchi ndē **fui ga** shara shiriyabirang.　山ニ雪ガ降リマシタカ
モ知リマセン

〈琉便〉fuyi

☼ 連用形「ふり」を含む。「ふりが」に対応。

/hwu'iga/ と推定。

furangsē　258　Nū-bai ndi iching **furangsē**, chāru waki y'ayabī'ga yā?　入梅ト言
ツテモ降ラナイノハドウシタモノデ御座イマセウ

☼ 未然形「ふら」を含む。「ふらぬすは」に対応。

/hwura'Nse'e/ と推定。

hurang natsi-guri nu　369　**Hurang natsi-guri nu** Wa sudi nurachi.　雨も 降らぬに
そで濡らす

☼ 未然形「ふら」を含む。「ふらぬ　なつぐれの」に対応。

/hura'Nnaciguri/ と推定。

hutī　049　Ami nu uhōku **hutī**. 大雨ガ降ツテ

〈琉便〉futi

☼「ふりて→ふって」に対応。

/huti/ と推定。

hutē　188　Kunu gutu ami nu **hutē**, fī-guru-ma y'ating,　コンナニ雨ガ降ツテハ蒸
気船デモ

〈琉便〉futē

☼「ふりては→ふっては」に対応。

/hute'e/ と推定。

ほる掘

futi　313　Chu-kwāwa, ana tāsi **futi** kū._{注17)}　人のろわば、穴２つ。

☼「ほりて→ほって」に対応。

/hwuti/ と推定。

まはる回

māri　318　Isugā, **māri**. 急がば廻れ。

☼ 命令形「まはれ」に対応。

/ma'ari/ と推定。

もどる戻

muduru michi sigara　369　Shu nu Mē huni ukuti **Muduru michi sigara**,　君送り
て後の　道すがら

☼ 連体形「もどる」を含む。「もとる　みち　すから」に対応。　組踊の詞章。「口語」なら「muduyuru」
のはずである。

/muduru micji sigara/ と推定。

やぶる破

876　第４章　アルファベット資料の動詞形態の考察

yantang　１１３　yantōng **yantang**

　　☆「やぶりて」を含む。「やぶりてありむ」に対応。

　　/'ja'ɴta'ɴ/ と推定。

yantōng　１１３　**yantōng** yantang

　　☆「やぶりて」を含む。「やぶりてはをりむ」に対応。

　　/'ja'ɴto'o'ɴ/ と推定。

やる遣

yarashabitasi ga　０９０　Nama-sachi tūi ga **yarashabitasi ga** , māda fintō-ya
　　　　　　　　　　　nēyabirang.　先程聞キニヤリマシタガ、マダ返事ガアリマセン

　　☆未然形「やら」を含む。「やらしはべりた（る）すが」に対応。

　　/'jarasjabitasiga/ と推定。

わかる解

waka-mishōchī　111　Unjō **waka-mishōchī?**　貴方ハオワカリナサイマシタカ

　　☆連用形「わかり」を含む。「わかりめしおはしてい」に対応。「い」/i/ は「疑問」の助辞。

　　/'wakamisjo'ocji/ と推定。注39)

u waka-mishē ga　182　**U waka-mishē ga** shabītara?　オワカリデ御座イマセウカ

　　☆連用形「わかり」を含む。「おわかりめしあ（る）が」に対応。

　　/ʔu'wakamisje'ega/ と推定。注39)

wakayabirangkutu　183　Nāda **wakayabirangkutu**, nā chukēnō ichi chikachi u
　　　　　　　　　　tabi mishēbiri.　未ダワカリマセンカラモウ一度言ツテ聞シ
　　　　　　　　　　テ下サイ

　　☆連用形「わかり」を含む。「わかりはべらぬこと」に対応。

　　/'waka'jabira'ɴkutu/ と推定。

wakayabitang　112　Ū, **wakayabitang**.　ハイワカリマシタ

　　☆連用形「わかり」を含む。「わかりはべりたりむ」に対応。

　　/'waka'jabita'ɴ/ と推定。

wakarang　100　Urē duttu **wakarang**.　ソレハ少シモワカラナイ
　　　　　〈琉便〉Urē zōi wakarang.

　　☆未然形「わから」を含む。「わからぬ」に対応。

　　/'wakara'ɴ/ と推定。

wakatī　110　Yā ya **wakatī?**　御前ハワカツタカ

　　☆「わかりて→わかって」を含む。「わかってい」に対応。「い」/i/ は「疑問」の助辞。「わかったか」の
　　意。

　　/'wakati'i/ と推定。促音脱落の変化がある。以下、同じ。

wakatōng　９４　**wakatōng**「分っている」

　　☆「わかりて→わかって」を含む。「わかってはをりむ」に対応。

　　/'wakato'o'ɴ/ と推定。

（上一段）

みる見注40)

nābīng　１１１　nūng 見る ;**nābīng**

第３節　チェンバレン『琉球語文典』の動詞形態の考察　877

☆ 連用形「み」を含む。「みはべりをり<u>む</u>」に対応。

/na'abi'i'ɴ/ と推定。 _{注41)}

nābira　146　Shi **nābira**. ヤツテ見マセウ

☆ 連用形「み」を含む。「みはべら」に対応。

/na'abira/ と推定。 _{注41)}

nābirang　176　Wannē nūng **nābirang**. 私ハ何モ見マセン .

☆ 連用形「み」を含む。「みはべらぬ」に対応。

/na'abira'ɴ/ と推定。 _{注41)}

nābitasi ga　238　Nji **nābitasi ga**, tāng wuyabirang.　行ツテ見マシタガ誰モ居リマ
　　　　　　　　　　　セン

☆ 連用形「み」を含む。「みはべりた（る）すが」に対応。補助動詞的である。

/na'abitasiga/ と推定。

nūng　１１１　**nūng** 見る ;nābīng

☆ 連用形「み」を含む。「みをり<u>む</u>」に対応。

/nu'u'ɴ/ と推定。 _{注42)}

nūsi　097　I-sha ni mishiti **nūsi** du mashē arani?　醫者ニ見テ貰フガイイヂヤナ
　　　　　　　イカ

☆ 連用形「み」を含む。「みを（る）す」に対応。

/nu'usi/ と推定。 _{注42)}

ndi　152　Nchi **ndi**! 一寸見ロ

☆「ラ行（四段）化」後の命令形「みれ」に対応。

/'ɴdi/ と推定。 _{注43)}

nda　149　Ang sshi **nda**. サウシテ見ヤウ

☆「ラ行（四段）化」後の未然形「みら」に対応。

/'ɴda/ と推定。 _{注44)}

ndarī ga　１０５　Wattā-gang **ndarī ga** shabīra?　我々にも見れ_{ママ}るでしょうか?

☆「ラ行（四段）化」後の未然形「みら」を含む。「みられが」に対応。

/'ɴdari'iga/ と推定。

nchi　145　**Nchi** chābira.　見テ來マセウ　Nichi chābira.

☆「みて」に対応。

/'ɴcji/ と推定。 _{注45)}

nchē　151　**Nchē** nābirang.　見タ事ハアリマセン

☆「みて」を含む。「みては」に対応。

/'ɴcje'e/ と推定。

nchī　175　Yā ya mī **nchī**?　Omae wa nani wo mita? What have you seen?
　　　　　　御前ハ何ヲ見タ
　　　　　　〈琉便〉Yyā ya nū ncha ga? _{注46)}

☆「みてい」に対応。「い」/i/ は「疑問」の助辞。

/'ɴcji'i/ と推定。

（上二段）

878　第4章　アルファベット資料の動詞形態の考察

おる降

  uriti　223　Ifē **uriti** yukura.　一寸オリテ休マウ

　　　☆「おれて」に対応。「上二段」ではなくなっている。

　　　/ʔuriti/ と推定。

（下一段）

ける蹴

kiri-tōshung　１１２　**kiri-tōshung** 蹴り倒す / kiri-tōchang

　　　☆「ラ行（四段）化」後の連用形「けり」を含む。「けりたふしをりむ」に対応。

　　　/kirito'osjuᴺ/ と推定。

  kitchi　073　Yā hyā hurimung! **kitchi** turasa!　馬鹿ナベラバウ蹴ツテヤラウ

　　　☆「けりて→けって」に対応。

　　　/kiQcji/ と推定。

（下二段）

う得

yyīyung　１０６　**yyīyung**「得る」

　　　☆「ラ行（四段）化」後の連用形「えり」を含む。「えりをりむ」に対応。

　　　/ˈi'i'juᴺ/ と推定。「えり」に /ri/→/ˈi/ の変化がある。

  ī-mishōri　033　Iradi **ī-mishōri**. オ好キノヲオ取リナサイ

　　　　　　〈琉便〉Iradi tu-mishōri 注47)

　　　☆「ラ行（四段）化」後の連用形「えり」を含む。「えりめしおわれ」に対応。

　　　/ˈi'imisjo'ori/ と推定。

あく開

  akīng　１０７　**akīng** 開ける

　　　☆「ラ行（四段）化」後の連用形「あけり」を含む。「あけりをりむ」に対応。

　　　/ʔaki'juᴺ/ と推定。「あけり」に /ri/→/ˈi/ の変化がある。

  akiti　059　Hashiru-guchi **akiti** kwi- mishētē.　戸ヲ開ケテ貰ヒタイ

　　　☆「あけて」に対応。

　　　/ʔakiti/ と推定。

かく掛

  U mi-kaki- yēbira , y'ayabira　156　**U mi-kaki- yēbira**(*for* y'ayabira).　御目ニカケ
　　　　　　　　　　　　　　　　　　　　　　　　　　マセウ

　　　☆連用形「かけ」を含む。「おめかけははべら」に対応。

　　　/ʔumikaki'e'ebira/,/ʔumikaki'ja'jabira/ と推定。

  u mi-kaki mishēbiri　300　"Unu fī sshi, ji-ta **u mi-kaki mishēbiri**" ndi ichang.『ソノ
　　　　　　　　　　　　火デ下駄ヲ御覽ナサイ』トイフタ

　　　☆連用形「かけ」を含む。「おけかけめしはべれ」に対応。

　　　/ʔumikakimisje'ebiri/ と推定。

  u mi-kaki-ri　153　Nchi u mi-**kaki-ri**!　御覽ナサイ

　　　☆「ラ行（四段）化」後の命令形「かけれ」を含む。「おめかけれ」に対応。

　　　/ʔumikakiri/ と推定。

U mi-kakira　155　**U mi-kakira.**　御目ニカケヤウ

　　☼「ラ行（四段）化」後の未然形「かけら」を含む。「おめかけら」に対応。

　　/ʔumikakira/ と推定。

u mi-kakiti　<u>７６</u>　Mē-nichi dabi nu chūsi **u mi-kakiti**.　毎日弔いの通るのを見て

　　☼「かけて」を含む。「おめかけて」に対応。

　　/ʔumikakiti/ と推定。

kakiti　250　Nni nu waruku natō' kutu. ifē **kakiti** nābira.　胸ガ悪クナツタカラ
　　　　一寸横ニナリマセウ

　　☼「かけて」に対応。

　　/kakiti/ と推定。

かたづく 片付

katadziki-gatang　331　Uyammā **katadziki-gatang** māda y'asiga, nā ni-san-nichē
　　　　chōng matarī-ya sani?　うやんまあのこともまだ片づいていな
　　　　いことだし、あと２・３日なりとも待てぬか。

　　☼連用形「かたづけ」を含む。「かたづけがたも」に対応。「片付け方も」の意である。

　　/katazikigata'ɴ/ と推定。

つく 着

tsikiti　249　ichutā huni **tsikiti** kwirang nā?　一寸舟ヲツケテ呉レマイカ

　　☼「つけて」に対応。

　　/cikiti/ と推定。

つく 点

tsikirang gutu　289　tsichi nu yū dung y'arē, tū-rung **tsikirang gutu**　月夜ナレバ
　　　　トテトモシ火ツケズ

　　☼「ラ行（四段）化」後の未然形「つけら」を含む。「つけらぬ　ごと」に対応。

　　/cikira'ɴ gutu/ と推定。

tsikiti　292　"Dōding fī **tsikiti** mishiti u tabi mishēbiri"ndi icha'kutu,『オ氣ノ毒ナ
　　　　ガラアカリヲ見セテ下サイ』トイフニ

　　☼「つけて」に対応。

　　/cikiti/ と推定。

やく 焼

yakīng　<u>１０７</u>　**yakīng** 焼ける

　　☼「ラ行（四段）化」後の連用形「やけり」を含む。「やけりをり<u>む</u>」に対応。

　　/'jaki'iɴ/ と推定。

おしあぐ 押上 （差上）

usagiyabirang　206　Yyā! shika ttu sē **usagiyabirang**.　イエ行届キマセンデ誠ニ
　　　　〈琉便〉ushagiyabirang.

　　☼「ラ行（四段）化」後の連用形「おしあげり」を含む。「おしあげりはべらぬ」に対応。

　　/ʔusagi'jabira'ɴ/ と推定。

みす 見

mishīng　<u>１１８</u>　使役 **mishīng** 未来 mishira 動名詞 mishiti

☆「ラ行（四段）化」後の連用形「みせり」を含む。「みせりをりむ」に対応。

　/misjiʼiʼɴ/ と推定。

mishira　１１８　使役 mishīng　未来 **mishira**　動名詞 mishiti

　　☆「ラ行（四段）化」後の未然形「みせら」に対応。

　/misjira/ と推定。

mishiti　７５　Isha ni **mishiti** nūsi du,　医者に見て貰うことが

　　　　　１１４　I-sha ni mishiti nūsi du, mashē arani? 医者に見せて見るのがよく

　　　はないだろうか。/ mishīng「見せる」

　　☆「みせて」に対応。

　/misjiti/ と推定。

たつ 立

tatīng　１０７　**tatīng** 立てる

　　☆「ラ行（四段）化」後の連用形「たてり」を含む。「たてりをりむ」に対応。

　/tatiʼiʼɴ/ と推定。

いづ 出

u nji mishōchi　201　Namā **u nji mishōchi**, imenshēbirang.　只今留守デ御座イマス

　☆連用形「いで」を含む。「おんいでめしおはして」に対応。

　/ʔuʼɴzjimisjoʼocji/ と推定。

njing shōrachi　335　Uyammā tāng **njing shōrachi**, u shaku tuʼnshōrasi.　うやん
　　　　　　　まあ一同をお呼び申し上げ別れの杯を交わすよういたせ。

　☆連用形「いで」を含む。「（お）んいでしをらして」に対応。

　/ʔɴzjiʼɴsjoʼoracji/ と推定。

njiyung　８０　**njiyung** njiyuru njiyuʼ njiyumi njiyusi

　☆連用形「いで」を含む。「（お）んいでをりむ」に対応。

　/ʔɴzjiʼjuʼɴ/ と推定。

njīng　９１　njiyung 又は **njīng**

　☆連用形「いで」を含む。「（お）んいでをりむ」に対応。

　/ʔɴzjiʼiʼɴ/ と推定。/ʼju/→/ʼi/ の変化がある。

njīʼ ʼn di　299　"Akkā! akkā! Mī kara fī nu **njīʼ ʼn di** ichaʼkutu, nūshi nu ībung
　　　　　niː-『ア、イタヤイタヤ目カラ火ガ出ル』トイフニ主人ハ

　☆連用形「いで」を含む。「（お）んいでをりむで」に対応。

　/ʔɴzjiʼiʼɴdi/ と推定。

njiyumi　８０　njiyung njiyuru njiyuʼ **njiyumi** njiyusi

　☆連用形「いで」を含む。「（お）んいでをりみ」に対応。

　/ʔɴzjiʼjumi/ と推定。

njiyuru　８０　njiyung **njiyuru** njiyuʼ njiyumi njiyusi

　☆連用形「いで」を含む。「（お）んいでをる」に対応。

　/ʔɴzjiʼjuru/ と推定。

njiyuʼ　８０　njiyung njiyuru **njiyuʼ** njiyumi njiyusi

　☆連用形「いで」を含む。「（お）んいでを（る）」に対応。

/ʔNzji'ju/ と推定。

njiyusi　8 0　njiyung njiyuru njiyu' njiyumi **njiyusi**

　☼ 連用形「いで」を含む。「（お）んいでを（る）す」に対応。

/ʔNzji'jusi/ と推定。

njirā　321　Iji **njirā**, tī fiki.　腹が立てば、手を控えよ。

　☼「ラ行（四段）化」後の未然形「いでら」を含む。「（お）んいでらは」に対応。

/ʔNzjira'a/ と推定。

njiti　203　Wā ga **njiti** wurang bashu, tā y'ating imenshōrantī?　留守中ニドナタ
　　　モ御出ハナカツタカ

　☼「（お）んいでて」に対応。

/ʔNzjiti/ と推定。

njitōng　116　Huni ga **njitōng**.　Funega deta.　The ship has gone　船が出タ
　　　〈琉便〉Huni nu njitang.

　☼「（お）んいでて」を含む。「（お）んいでてはをり<u>む</u>」に対応。

/ʔNzjito'o'N/ と推定。

di-buni　346　Kiyu **di-buni** nariba, Munung yarang.　船出づる今　こととふ能はず

　☼「でる」の連用形「で」（とみる）を含む。「でぶね」に対応。

/dibuni/ と推定。

nui-diriwa　365　Misachi **nui-diriwa** Mi kazi du tanumu.　岬廻れば　風頼むのみ

　☼「でる」の已然形「でれ」（とみる）を含む。「のりでれは」に対応。

/nu'idiri'wa/ と推定。

かんがふ考

kangē wū-shabirang　161　Chāng **kangē wū-shabirang**.　考ヘガツキマセン
　　　　　　　　　　　　〈琉便〉kangē ūshabirang

　☼ 連用形「かんがへ」を含む。「かんがへおほしはべらぬ」に対応。注48)

/ka'Nge'e'u'usjabira'N/ と推定。

kangē-ya　269　uya nu chā nu **kangē-ya**, kāgē yutashasi ga,　両親思フヤウ・・・
　　　ミメ形ハヨケレドモ

　☼ 連用形「かんがへ」を含む。「かんがへは」に対応。

/ka'Nge'e'ja/ と推定。

yī-kangē-ya　282　chā ga **yī-kangē-ya** nērani?'ndi icha'kutu,　如何カヨキ都合ヤ
　　　アラン』ト言ヘバ

　☼ 連用形「かんがへ」を含む。「よいかんがへは」に対応。

/'i'ika'Nge'e'ja/ と推定。

たとふ譬

tatui　279　**tatui** chu ngkai kwira ndi ssing,　タトヘ餘所ニヤルモ

　☼ 連用形「たとへ」に対応。

/tatu'i/ と推定。

くぶ括

kunji　8 5　kunjung kunchang kundang **kunji** kundi, ē

☆「ラ行（四段）化」後の連用形「くびり」に対応。

/ku'ɴzji/ と推定。

kunjabīng　１１０　kunjung 縛る　**kunjabīng**「各種語幹群に yabīng が接尾辞とし
てつく様態」

☆「ラ行（四段）化」後の連用形「くびり」を含む。「くびりはべりをり<u>む</u>」に対応。

/ku'ɴzjabi'i'ɴ/ と推定。

kunjung　９１　**kunjung**/ kunchi←kunditi

　　　　　１１０　**kunjung** 縛る　kunjabīng「各種語幹群に yabīng が接尾辞として
つく様態」

☆「ラ行（四段）化」後の連用形「くびり」を含む。「くびりをり<u>む</u>」に対応。

/ku'ɴzju'ɴ/ と推定。

kundi, ē　８５　kunjung kunchang kundang kunji **kundi, ē**

☆「ラ行（四段）化」後の命令形「くびれ」、「くびれ」を含み「くびれは」に対応。

/ku'ɴdi/,/ku'ɴde'e/ と推定。

kundang　８５　kunjung kunchang **kundang** kunji kundi, ē

☆「ラ行（四段）化」後の未然形「くびら」を含む。「くびらぬ」に対応。

/ku'ɴda'ɴ/ と推定。

kunchi　９１　kunjung/ **kunchi**←kunditi

☆「くびりて」に対応。

/ku'ɴcji/ と推定。

kunchang　８５　kunjung **kunchang** kundang kunji kundi, ē

☆「ラ行（四段）化」後の「くびりて」を含む。「くびりてあり<u>む</u>→くびりたり<u>む</u>」に対応。

/ku'ɴcja'ɴ/ と推定。

しらぶ調

tui-shirabītē ndi　９７　**tui-shirabītē ndi** ichi chasa.　取り調べをする積もりで来たよ

☆連用形「しらべ」を含む。「とりしらべたいんで」に対応。「取り調べたいと」の意。

/tu'isjirabite'e'ɴdi/ と推定。

のぶ伸

nubiti　225　Abui nu inchasanu, fisha nu dū-guri-gusha' kutu, ifē **nubiti** kwiri. ア
ブミガ短クテ足ガ痛イカラチト延バシテ呉レイ

☆「のべて」に対応。

/nubiti/ と推定。

あらたむ改

aratamiti　313　tadēma tachimachi **aratamiti**,　早速改心シテ

☆「あらためて」に対応。

/ʔaratamiti/ と推定。

はじむ始

hajimīng　１０７　**hajimīng** 始める

☆連用形「はじめ」を含む。「はじめをり<u>む</u>」に対応。

/hazjimi'i'ɴ/ と推定。

はやむ早・速

hayamiri 063 Fēku hāyē nari.Ufē ashi **hayamiri** 早ク走レ

☼「ラ行（四段）化」後の命令形「はやめれ」に対応。

/ha'jamiri/ と推定。

おぼゆ覚

ubiebirang 209 Hū! Kūtēnung **ubiebirang** mung nā. イエ少シモ存ジマセンデシ
タ　〈琉便〉ubiyabirang

☼連用形「おぼえ」を含む。「おぼえはべらぬ」に対応。

/ʔubi'ebiraɴ/ と推定。

ubitō mishēbīmi 208 Unjō, kissa nē nu yutasē **ubitō mishēbīmi?**　貴方ハ先程地
震ガ御座イマシタノヲ御存知デスカ

☼「おぼえて」を含む。「おぼえてはをりめしはべりをりみ」に対応。

/ʔubito'omisje'ebi'imi/ と推定。

きゆ消

chāyung <u>１０７</u> **chāyung** 消える

☼連用形「きえ」を含む。「きえをりむ」に対応。

/cja'a'juɴ/ と推定。

みゆ見

mīyusi ga 317 Kiramā **mīyusi ga**, matsigē mīrang.　慶良間は見えるが、まつ
げ見えず。

☼「ラ行（四段）化」後の連用形「みえり」を含む。「みえりを（る）すが」に対応。

/mi'i'jusiga/ と推定。

mīrang 317 Kiramā mīyusi ga, matsigē **mīrang**. 慶良間は見えるが、まつげ見
えず。

☼「ラ行（四段）化」後の未然形「みえら」を含む。「みえらぬ」に対応。

/mi'iraɴ/ と推定。

mīrangta'kutu 291 ji-ta nu **mīrangta' kutu**, nūshi ngkai,　下駄ノ見エザレバ主
人ニ向ヒ　jita nu mirangta'kutu, nūshi ngkai,

☼「ラ行（四段）化」後の未然形「みえら」を含む。「みえらぬありた（る）こと」に対応。

/mi'iraɴtakutu/ と推定。

mītōng 115 Huni nu **mītōng**.　船ガ見エタ

☼「みえて」を含む。「みえてはをりむ」に対応。

/mi'ito'oɴ/ と推定。

いる入

itti 130 Fī **itti** kū. 火ヲ入レテ來イ

☼「いれて→いって」に対応。

/ʔiQti/ と推定。

うまる生

mmārī 265 **mmārī** gūnā y'atang.　生レツキビツコナリ

☼連用形「うまれ」に対応。

884　第4章　アルファベット資料の動詞形態の考察

/ʔɴmari'i/ と推定。

おくる遅

ukuritē　332　Kuri-hudu nu jum-pū **ukuritē** Sinabirang.　これ程の順風を逸して
はなりませぬ。

☼「おくれて」を含む。「おくれては」に対応。

/ʔukurite'e/ と推定。

くる呉

kwi- mishēbiri　058　Hashiru michiti **kwi- mishēbiri**.　戸ヲ閉メテ下サイ

☼ 連用形「くれ」を含む。「くれめしはべれ」に対応。

/kwimisje'ebiri/ と推定。

kwi-mishēbīmi　132　Gumā-ya nēyabirang kutu. ichi-ying sshi kēchi
　　　　　　kwi-mishēbīmi? 小サイノガ御座イマセンカラ一圓デツリガ御座イマ
　　　　　　スカ

☼ 連用形「くれ」を含む。「くれめしはべりをりみ」に対応。

/kwimisje'ebi'imi/ と推定。

kwimishēbiti　205　Tabi-tabi u kangē mishōchi **kwimishēbiti,** ni-fē dēbiru.　段々
御周旋下サイマシテ難有ウ御座イマス

☼ 連用形「くれ」を含む。「くれめしはべりて」に対応。

/kwimisje'ebiti/ と推定。

kwi-mishēbirang nā　129　Ching nu shipū tu nditi wuyabī'kutu, fuchi
　　　　　　kwi-mishēbirang nā? 着物ガビツシヨリ濡レタカラ干シテ下サ
　　　　　　イマセンカ

☼ 連用形「くれ」を含む。「くれめしはべらぬな」に対応。

/kwimisje'ebira'ɴ na'a/ と推定。

kwi- mishētē　059　Hashiru-guchi akiti **kwi- mishētē**.　戸ヲ開ケテ貰ヒタイ

☼ 連用形「くれ」を含む。「くれめしあ（り）たい」に対応。

/kwimisje'ete'e/ と推定。

kwi-mishōri　105　Samising chikachi **kwi-mishōri**.　Samisen wo hiite kikashite o
　　　　　　kunnasai.　Please be so kaind to play the banjo to me. 注49）

☼ 連用形「くれ」を含む。「くれめしおわれ」に対応。

/kwimisjo'ori/ と推定。

kwira ndi　279　tatui chu ngkai **kwira ndi** ssing,　タトヘ餘所ニヤルモ

☼「ラ行（四段）化」後の未然形「くれら」を含む。「くれらんで」に対応。「くれようと」の意。

/kwira'ɴdi/ と推定。

kwirang nā　249　ichutā huni tsikiti **kwirang nā?**　一寸舟ヲツケテ呉レマイカ

☼「ラ行（四段）化」後の未然形「くれら」を含む。「くれらぬな」に対応。「くれないか」の意。

/kwira'ɴna'a/ と推定。

kwītē　086　Fiji suti **kwītē**.　鬚ヲスツテ貰ヒタイ
　　　　〈琉便〉kwīrē　　。＜「スツテ」は「ソツテ」の誤りか＞

☼「ラ行（四段）化」後の連用形「くれり」を含む。「くれりたい」に対応。

/kwi'ite'e/ と推定。

kwīru chu　240　Karachi **kwīru chu** nu wuyabīmi?　貸シテ呉レル人ガナイノデ

☼「ラ行（四段）化」後の連用形「くれり」を含む。「くれりをる　ひと」に対応。

/kwi'iru cju/ と推定。

kwiri　225　ifē nubiti **kwiri**.　チト延バシテ呉レイ

☼「ラ行（四段）化」後の命令形「くれれ」に対応。

/kwiri/ と推定。

kwirē　224　Hara-ubi nu yuruku natō'sa! Shimirē.（或ハ Shimiti **kwirē**）. オイ腹
帯ガ弛ンダシメテクレ

☼「ラ行（四段）化」後の命令形「くれれ」を含む。「くれれは」に対応。

/kwire'e/ と推定。

しる知

shiriyabirang　123　Kunu gurō, atta ni fīku nayabiti'yamā ni yuchi ndē fuyi ga
shara **shiriyabirang**. 此頃俄ニ寒クナリマシテ山ニ雪ガ降リマシタ
カモ知リマセン

☼「ラ行（四段）化」後の連用形「しれり」を含む。「しれりはべらぬ」に対応。

/sjiri'jabira'N/ と推定。

ながる流

nagari-wuru　309　Shimiti **nagari-wuru** Yuza-gawa nu mizing, 清ﾝﾃﾞ流レル與座
川ノ水モ　shimiti

〈琉便〉nagari yuru

☼連用形「ながれ」を含む。「ながれをる」に対応。

/nagari'uru/ と推定。

ぬる濡

nditi　129　Ching nu shipū tu **nditi** wuyabī'kutu, fuchi kwi-mishēbirang nā?
着物ガビッショリ濡レタカラ干シテ下サイマセンカ

☼「ぬれて」に対応。

/'Nditi/ と推定。注50)

わする忘

wasiyabīng　１１０　wasiyung 又は wasīng 忘れる **wasiyabīng**「各種語幹群に yabīng
が接尾辞としてつく様態」

☼連用形「わすれ」を含む。「わすれはべりをり<u>む</u>」に対応。

/'wasi'jabi'i'N/ と推定。

wasiri　８６　wasiyung wasitang wasirang **wasiri** wasi' wasiri, ē / wasiyung 又
は wasīng　wasiyuru 又は wasīru　wasiyumi 又は wasīmi

☼連用形「わすれ」に対応。

/'wasiri/ と推定。

wasiri, ē　８６　wasiyung　wasitang　wasirang　wasiri　wasi' **wasiri, ē** / wasiyung
又は wasīng　wasiyuru 又は wasīru　wasiyumi 又は wasīmi

☼命令形「わすれ」、「わすれ」を含み「わすれは」に対応。

/ˈwasiri/,/ˈwasire'e/ と推定。

wasiyung 110 **wasiyung** 又は wasīng 忘れる wasiyabīng「各種語幹群に yabīng
が接尾辞としてつく様態」

　　☼ 連用形「わすれ」を含む。「わす（れ）をりむ」に対応。「わすれ」の「れ」脱落とみる。

　/ˈwasi'ju'ɴ/ と推定。

wasīng 86 wasiyung wasitang wasirang wasiri wasi' wasiri, ē / wasiyung
又は **wasīng** wasiyuru 又は wasīru wasiyumi 又は wasīmi

　　☼ 連用形「わすれ」を含む。「わす（れ）をりむ」に対応。「わすれ」の「れ」脱落とみる。

　/ˈwasi'i'ɴ/ と推定。/ˈwasi'ju'ɴ/ → /ˈwasi'i'ɴ/ の変化。/ˈju/ → /ˈi/。

wasiyumi 86 wasiyung wasitang wasirang wasiri wasi' wasiri, ē / wasiyung
又は wasīng wasiyuru 又は wasīru **wasiyumi** 又は wasīmi

　　☼ 連用形「わすれ」を含む。「わす（れ）をりみ」に対応。「わすれ」の「れ」脱落とみる。

　/ˈwasi'jumi/ と推定。

wasīmi 86 wasiyung wasitang wasirang wasiri wasi' wasiri, ē / wasiyung
又は wasīng wasiyuru 又は wasīru wasiyumi 又は **wasīmi**

　　☼ 連用形「わすれ」を含む。「わす（れ）をりみ」に対応。「わすれ」の「れ」脱落とみる。

　/ˈwasi'imi/ と推定。/ˈwasi'jumi/ → /ˈwasi'imi/ の変化。/ˈju/ → /ˈi/。

wasiyuru 86 wasiyung wasitang wasirang wasiri wasi' wasiri, ē / wasiyung
又は wasīng **wasiyuru** 又は wasīru wasiyumi 又は wasīmi

　　☼ 連用形「わすれ」を含む。「わす（れ）をる」に対応。「わすれ」の「れ」脱落とみる。

　/ˈwasi'juru/ と推定。

wasīru 86 wasiyung wasitang wasirang wasiri wasi' wasiri, ē / wasiyung
又は wasīng wasiyuru 又は **wasīru** wasiyumi 又は wasīmi

　　☼ 連用形「わすれ」を含む。「わす（れ）をる」に対応。「わすれ」の「れ」脱落とみる。

　/ˈwasi'iru/ と推定。/ˈwasi'juru/ → /ˈwasi'iru/ の変化。/ˈju/ → /ˈi/。

wasi' 86 wasiyung wasitang wasirang wasiri **wasi'** wasiri, ē / wasiyung 又
は wasīng wasiyuru 又は wasīru wasiyumi 又は wasīmi

　　☼ 連用形「わすれ」を含む。「わす（れ）を」に対応。「わすれ」の「れ」脱落とみる。

　/ˈwasi'i/ と推定。

wasirang 86 wasiyung wasitang **wasirang** wasiri wasi' wasiri, ē / wasiyung
又は wasīng wasiyuru 又は wasīru wasiyumi 又は wasīmi

　　☼ 未然形「わすれら」を含む。「わす（れ）らぬ」に対応。「わすれ」の「れ」脱落とみる。

　/ˈwasira'ɴ/ と推定。

wasiti 91 わする忘 **wasiti**←wasiriti

　　☼「わす（れ）て」に対応。

　/ˈwasiti/ と推定。

wasitang 86 wasiyung **wasitang** wasirang wasiri wasi' wasiri, ē / wasiyung
又は wasīng wasiyuru 又は wasīru wasiyumi 又は wasīmi

　　☼「わす（れ）て」を含む。「わす（れ）てありむ」に対応。

　/ˈwasita'ɴ/ と推定。

うう植

wwītēsi ga　212　sū-tītsi **wwītēsiga**, arē nū shu'ga yā?　蘇鐵ガ植エテアルガドウ
　　　　　　　　　イフ譯ダ

☼「うゑて」を含む。「うゑてはあ（る）すが」に対応。

/ʔwi'ite'esiga/ と推定。

（カ変）

く来注51)

chābīng　１１０　chūng 来る **chābīng**

☼連用形「き」を含む。「きはべりをりむ」に対応。

/cja'abi'i'ɴ/ と推定。注52)

chābira　１１４　chūng　/ Tūti **chābira**. 聞いて参りましょう
　　　　　　　145　Nchi **chābira**.　見テ來マセウ

☼連用形「き」を含む。「きはべら」に対応。

/cja'abira/ と推定。

chūng　１１０　**chūng** 来る chābīng

☼連用形「き」を含む。「きをりむ」に対応。

/cju'u'ɴ/ と推定。

chūmi　１２０　chūng, chūru, chū, **chūmi**, chūsi

☼連用形「き」を含む。「きをりみ」に対応。

/cju'umi/ と推定。

chūru　１２０　chūng, **chūru**, chū, chūmi, chūsi

☼連用形「き」を含む。「きをる」に対応。

/cju'uru/ と推定。

chūru gutu　092　Kannazi **chūru gutu** sshi ndi ichi kū.　キット來ル様ニ言ツテ來イ

☼連用形「き」を含む。「きをる　ごと」に対応。

/cju'uru gutu/ と推定。

chūru bashu　288　chunu yuru **chūru bashu**,　人ノ夜訪ネ來タルニ

☼連用形「き」を含む。「きをる　ばしゅ」に対応。

/cju'uru basju/ と推定。

chūt tukuru　296　hajimiti **chūt tukuru** y'arē,　始メテノ家ナレバ

☼連用形「き」を含む。「きをる　ところ」に対応。「る」相当部促音化。

/cju'uQ tukuru/ と推定。[ʧu:ru tukuru]→[ʧu:ttukuru] /cju'uQ tukuru/。

chūsi　７６　Mē-nichi dabi nu **chūsi** u mi-kakiti. 毎日弔いの通るのを見て

☼連用形「き」を含む。「きを（る）す」に対応。

/cju'usi/ と推定。

chū　１２０　chūng, chūru, **chū**注53), chūmi, chūsi

☼連用形「き」を含む。「きを（る）」に対応。

/cju'u/ と推定。

kū　130　Fī itti **kū**.　火ヲ入レテ來イ

☼命令形「こ」に対応。

888　第4章　アルファベット資料の動詞形態の考察

/ku'u/ と推定。

kūng nā　237　ama nji tūti **kūng nā?**　聞イテ來ナイカ
　　☆ 未然形「こ」を含む。「こぬな」に対応。
　　/ku'u'ɴ na'a/ と推定。

chichai　１００　njai chai（又は njai **chichai**）「行ったり来たり」/ chūng
　　☆「きて」を含む。「きてあり」に対応。
　　/cjicja'i/ と推定。/cjicja'i/→/Qcja'i/→/cja'i/ の変化か。

chai　１００　njai **chai**（又は njai chichai）「行ったり来たり」/ chūng
　　☆「きて」を含む。「きてあり」に対応。
　　/cja'i/ と推定。/cjicja'i/→/Qcja'i/→/cja'i/ の変化か。

charu wikiga　７４　Chinū **charu wikiga**　昨日来た男
　　☆「きて」を含む。「きてある　ゐきが→きたる　ゐきが」に対応。
　　/cjaru 'wikiga/ と推定。

chasa　９７　Tui-shirabītē ndi ichi **chasa**.　取り調べをする積もりで来たよ
　　☆「きて」を含む。「きてあ（る）さ」に対応。
　　/cjasa/ と推定。

cha'kutu　273　aru tuchi fū-kū-ning nu asa fēku **cha'kutu**,　或日番頭ナル者朝早
　　　　　　　　　ク來リタレバ
　　☆「きて」を含む。「きてあ（る）こと」に対応。
　　/cjakutu/ と推定。

cha'ga　329　Chā shi **cha'ga?**　　何用あって来た。
　　☆「きて」を含む。「きてあ（る）が」に対応。
　　/cjaga/ と推定。

（サ変）

す為[注 54]

shi　290　nagē ari kuri nu hanashi sshi, ang **shi** unu tchu nu kēyuru bā,　暫ラ
　　　　　ク何ヤカヤ話シテ歸ラントスルニ
　　☆ 連用形「し」に対応。
　　/sji/ と推定。

shī　297　ang **shī** kang shī shuru uchi ni,　カレコレスルウチニ
　　☆ 連用形「し」を含む。「しい」に対応。「ああしいこうしい」の意。
　　/sji'i/ と推定。

shinē　９９　shung「する」、**shinē**[注 55]
　　☆ 連用形「し」を含む。「しには」に対応。
　　/sji'ine'e/ と推定。

shābīng　１１　shung する；**shābīng**
　　☆ 連用形「し」を含む。「しはべりをりむ」に対応。
　　/sjabi'i'ɴ/ と推定。[注 56]

shabira　055　U nigē **shabira**.　オ願ヒ申シマス
　　☆ 連用形「し」を含む。「しはべら」に対応。

/sjabira/ と推定。

shabirang　009　Nagadē wugaming **shabirang**. 暫ク御無沙汰致シマシタ

☼ 連用形「し」を含む。「しはべらぬ」に対応。

/sjabira'ɴ/ と推定。

shabitang　036　Sukkwē **shabitang**.　困リマシタ

☼ 連用形「し」を含む。「しはべりたり<u>む</u>」に対応。

/sjabita'ɴ/ と推定。

shabīra　165　Kakiōi ga **shabīra**?　間ニ合ヒマセウカ）

☼ 連用形「し」を含む。「しはべりをら」に対応。

/sjabi'ira/ と推定。

shabīru　127　Matanting shimi du **shabīru**.　待ツニハ及ビマセン

☼ 連用形「し」を含む。「しはべりをる」に対応。

/sjabi'iru/ と推定。

shabītara　182　U waka-mishē ga **shabītara?**　オワカリデ御座イマセウカ

☼ 連用形「し」を含む。「しはべりをりたら」に対応。

/sjabi'itara/ と推定。

shabī'kutu　215　Aga tōnā nu michē kagu-kaching nan-ji **shabī'kutu**, mma kara menshēsē mashē ayabīrani? アンナ遠イ路ハ山籠舁モ難儀シマスカラ馬デイラッシタ方ガヨーゴザイマセンカ

☼ 連用形「し」を含む。「しはべりを（る）こと」に対応。

/sjabi'ikutu/ と推定。

shi-mishēbiri　186　Unjō kē-shō kara hunē-ing shimishōrang gutu sshi imenshōchi, u ganjūng **shi-mishēbiri** yō!　貴方ハ船中デ船酔モナサラナイヤウニナサイマシテ達者デ井ラッシヤイ

☼ 連用形「し」を含む。「しめしはべれ」に対応。

/sjimisje'ebiri/ と推定。

shi-mishēmi　124　Unjō Hunē-i **shi-mishēmi**?　貴方ハ船酔ナサイマスカ

☼ 連用形「し」を含む。「しめしありみ」に対応。

/sjimisje'emi/ と推定。

shi-mishōri　211　An shurā, kazi ning atarang gutu sshi, yū yō-jō **shi-mishōri** yō!　ソンナラ風ニモアタラナイヤウニシテ能ク養生ナサイマシ

☼ 連用形「し」を含む。「しめしおわれ」に対応。

/sjimisjo'ori/ と推定。

shimishōrang gutu　186　Unjō kē-shō kara hunē-ing **shimishōrang gutu** sshi imenshōchi, u ganjūng shi-mishēbiri yō!　貴方ハ船中デ船酔モナサラナイヤウニナサイマシテ達者デ井ラッシヤイ

☼ 連用形「し」を含む。「しめしおわらぬ ごと」に対応。

/sjimisjo'ora'ɴ gutu/ と推定。

shara　123　Kunu gurō, atta ni fīku nayabiti'yamā ni yuchi ndē fuyi ga **shara** shiriyabirang.　此頃俄ニ寒クナリマシテ山ニ雪ガ降リマシタカモ知リマセン

☆連用形「し」を含む。「しあら」に対応。

/sjara/ と推定。

shang-tēmang　295　tima-dāri shuru uchi ni, unu tchō fēku kēra ndi **shang-tēmang**,
　　　手間取ルウチニ早ク歸ラントスレドモ

　☆連用形「し」を含む。「しありてまも」に対応。

/sja'ɴte'ema'ɴ/ と推定。

shung　325　fēku uZēbang nu Mē ww'an-nē sshi, u nuitsichi mishōrashuru gutu
　　　shung. 早く在番の頭を御案内申し上げ、お乗りいただくこととしよう。

　☆連用形「し」を含む。「しをりむ」に対応。

/sju'ɴ/ と推定。

shu'ndi　051　Huna-ukuyi **shu'ndi** ichi.　船送リヲスルトテ

　☆連用形「し」を含む。「しをりむで」に対応。shu'ndi ichi で「すると言って」の意。

/sju'ɴdi/ と推定。

shu-na　367　Tabi nu satu ya Nama kara sa-ta **shu-na**!　旅先の主につきては　ふ
　　　たたび語りそ

　☆連用形「し」を含む。「しを（る）な」に対応。

/sjuna/ と推定。

shuru uchi　297　ang shī kang shī **shuru uchi** ni, カレコレスルウチニ

　☆連用形「し」を含む。「しをる　うち」に対応。

/sjuru ʔucji/ と推定。

shu'ga　212　sū-tītsi wwītēsiga, arē nū **shu'ga** yǎ?　蘇鐵ガ植エテアルガドウイフ
　　　譯ダ

　☆連用形「し」を含む。「しを（る）が」に対応。

/sju ga/ と推定。

shu'kutu　188　fī-guru-ma y'ating, kē-shō-ya nan-ji **shu'kutu**, nubashura hazi.
　　　蒸気船デモ航海中難儀スルカラ日延ベスルダラウ

　　☆連用形「し」を含む。「しを（る）こと」に対応。

　/sju kutu/ と推定。/sjurukutu/ → /sjuQkutu/ → /sjukuru/ 等の変化ありか。

shu'sā　210　wanning hū-chi ni kakati, ni-sannichi mē kara nitsing arē, sakkwīng
　　　shu'sā　私モ風邪ニカ、ツテ二三日前カラ熱モアレバ咳モデマス

　☆連用形「し」を含む。「しを（る）さ」に対応。

/sjusa'a/ と推定。

shurawa　345　Ituma-gwing **shurawa**, Kaniti wuti mishōri!　暇乞い申せむば　は
　　　やはやに

　☆連用形「し」を含む。「しをらは」に対応。

/sjura'wa/ と推定。

shurā　211　An **shurā**, kazi ning atarang gutu sshi,　ソンナラ風ニモアタラナイ
　　　ヤウニシテ

　☆連用形「し」を含む。「しをらは」に対応。

/sjura'a/ と推定。/sjura'wa/ → /sjura'a/ の変化。

第3節　チェンバレン『琉球語文典』の動詞形態の考察　891

shutasi 100 kang **shutasi** du mashētarung「こうした方がよかったろうに」

   ☼ 連用形「し」を含む。「しを（る）たす」に対応。

   /sjutasi/ と推定。

sē 122 Nū kara ufanashi **sē**, yutashayabī'ga yā?　何カラオ話申シテヨカラウ

   〈琉便〉shē

   ☼ 已然形「せ」を含む。「せは」に対応。

   /se'e/ と推定。

sē 206 Yyā! shika ttu **sē** usagiyabirang.　イエ行届キマセンデ誠ニ

   〈琉便〉shē

   ☼「して」を含む。「しては」に対応。

   /se'e/ と推定。

sa ndi 275 fū-kū-ninungkai sō-dang **sa ndi**, suba ngkai yudi,　番頭ニ一相談ト

   側ニ引寄セ

   ☼ 未然形「さ」を含む。「さんで」に対応。

   /sa'Ndi/ と推定。

sā 204 u kē mishēdung**sā** yutasharu gutu unnukiti kwiri ndi imishēbitang.　オ

   歸リニナツタラ宜シクト申サレマシタ

   ☼ 未然形「さ」を含む。「さは」に対応。

   /sa'a/ と推定。

sari nshōri 368 Fēku u yadu ni imōchi, gu shū-ji **sari nshōri**!　早く宿へ戻り宴を

   開くとしよう。

   ☼ 未然形「さ」を含む。「されめしおわれ」に対応。

   /sari'Nsjo'ori/ と推定。

sang 067 Anu tchu ang ichang-tēng, wannē gattinō **sang**.　アノ人ガサウ言ツタ

   ケレドモ私ハ信ジナイ

   ☼ 未然形「さ」を含む。「さぬ」に対応。

   /sa'N/ と推定。

sani 331 nā ni-san-nichē chōng matarī-ya **sani**?　あと2・3日なりとも待てぬか。

   ☼ 未然形「さ」を含む。「さに」に対応。

   /sani/ と推定。

sangsi 312 Yu-dang **sangsi** ga du, ufu-mmō tsukuyuru.　油断大敵。

   ☼ 未然形「さ」を含む。「さぬす」に対応。「油断せぬものが大芋は作る」の意。

   /sa'Nsi/ と推定。

sshi 149 Ang **sshi** nda.　サウシテ見ヤウ

   ☼「して」に対応。

   /Qsji/ と推定。[ʃiʃi] → [ʃiʃi] → [ʃʃi]/Qsji/ 等と変化か。

shi 146 **Shi** nābira.　ヤツテ見マセウ

   351 Yā mading ikē, ammā-ya chā **shi** kurashu'ga?　お前まで行ってしまえば、

   私は如何にして暮して行けよう。

   ☼「して」に対応。

/sji/ と推定。 注58

ssing　279　tatui chu ngkai kwira ndi **ssing**, タトヘ餘所ニヤルモ
　　　　〈琉便〉sshing

　☼「して」を含む。「しても」に対応。

　/Qsji'ɴ/ と推定。

shōyabīsā　238　Nji nābitasi ga, tāng wuyabirang. Kūwē'kutu, **shōyabīsā**.　行ツ
　　　　テ見マシタガ誰モ居リマセン　ドウモ困リマス

　☼「して」を含む。「してはをりはべ（る）さ」に対応。

　/sjo'o'jabi'isa'a/ と推定。

shōyabīsi ga　235　Shū-mē! sāi! michi-machigē **shōyabīsi ga**......檀那路ガ違ヒマ
　　　　シタカ

　☼「して」を含む。「してはをりはべ（る）すが」に対応。 注57

　/sjo'o'jabi'isi ga/ と推定。

sōtasi ga　263　kanasha**sōtasi ga**,　愛シタリシガ
　　　　〈琉便〉shōtasi'ga,

　☼「して」を含む。「してはをりてあ（る）すが」に対応。 注57

　/so'otasi ga/ と推定。

（ナ変）

いぬ往

nji　147　**Nji** nchi nda.　イツテ見マセウ

　　238　**Nji** nābitasi ga, tāng wuyabirang.　行ツテ見マシタガ誰モ居リマセン
　　　　ドウモ困リマス

　　１１５　Nji nchi nda.（直）出て見て見よう、即ち、行って見よう。 注59

　☼「いにて」に対応。

　/ʔɴzji/ と推定。

njing　212　Uchinā-ya mā ngkai **njing**, sang-ya nakai sū-tītsi wwītēsiga, arē nū
　　　　shu'ga yā? 沖繩ハ何處ヘ行ツテモ田舍ニ蘇鐵ガ植エテアルガドウイフ譯ダ

　☼「いにて」を含む。「いにても」に対応。

　/ʔɴzji'ɴ/ と推定。

njai　364　Tada īshu nu wwi kara **Njai**, tsichai.　絹の上を走る如くに　船の行き
　　　　つ戻りつ

　　１００　njai chai（又は njai chichai）「行ったり来たり」 注60

　☼「いにて」を含む。「いにてあり→いにたり」に対応。

　/ʔɴzja'i/ と推定。

njaru kutu　232　Yā-ya ama **njaru kutu** nu ami?　御前ハ彼處ヘイツタコトガアルカ

　☼「いにて」を含む。「いにてある　こと→いにたる　こと」に対応。

　/ʔɴzjaru kutu/ と推定。

しぬ死

shinabīng　１１０　shinung 死ぬ **shinabīng**「各種語幹群に yabīng が接尾辞として
　　　　つく様態」

☆ 連用形「しに」を含む。「しにはべりをりむ」に対応。

/sjinabi'i'N/ と推定。

shinung　85　**shinung** shijang shinang shini shini, ē

☆ 連用形「しに」を含む。「しにをりむ」に対応。

/sjinu'N/ と推定。/sjinju'N/ ではない。

shini　85　shinung shijang shinang **shini** shini, ē

☆ 連用形「しに」に対応。

/sjini/ と推定。

shini, ē　85　shinung shijang shinang shini **shini, ē**

☆ 命令形「しね」、「しね」を含み「しねは」に対応。

/sjini/,/sjine'e/ と推定。

shinang　85　shinung shijang **shinang** shini shini, ē

☆ 未然形「しな」を含む。「しなぬ」に対応。

/sjina'N/ と推定。

shiji　91　shinung/ **shiji**←shiniti

☆ 「しにて」に対応。

/sjizji/ と推定。

shijang　85　shinung **shijang** shinang shini shini, ē

☆ 「しにて」を含む。「しにてありむ→しにたりむ」に対応。

/sjizja'N/ と推定。

（ラ変）

あり有 注61)

ayabīng　110　ang ある **ayabīng**

☆ 連用形「あり」を含む。「ありはべりをりむ」に対応。

/ʔa'jabi'i'N/ と推定。注38)

ayabī'kutu　194　ifē yū-ju nu **ayabī'kutu**, kunu uchi chābira.　チト用事ガ出來タ
　　　　　　カラ何レマタ其ノウチ伺ヒマセウ

☆ 連用形「あり」を含む。「ありはべりを（る）こと」に対応。

/ʔa'jabi'ikutu/ と推定。注38)

ang　314　hanashi nu **ang**.　話ガアル

☆ 連用形「あり」を含む。「ありむ」に対応。

/ʔa'N/ と推定。

ami　232　Yā-ya ama njaru kutu nu **ami**?　御前ハ彼處ヘイツタコトガアルカ

☆ 連用形「あり」を含む。「ありをりみ」に対応。

/ʔami/ と推定。

aru　72　直説法現在 ang **aru** a' ami? asi / 半過去 atang ataru ata' atī? atasi

☆ 連体形「ある」に対応。

/ʔaru/ と推定。

at tuchi　74　Sizika ni at(aru に対する) tukuru.　静かな所 / Shizika ni **at tuchi**
　　　　　　(直)「静かにある時」、「静かな時」注62)

894　第4章　アルファベット資料の動詞形態の考察

☼ 連体形「ある」を含む。「ある　とき」に対応。

/ʔaQ tucji/ と推定。/ʔaru tucji/ → /ʔaQ tucji/ の変化。注63)

at tukuru　　７４　Sizika ni at(aru に対する）tukuru. 静かな所 / Shizika ni at tuchi （直）「静かにある時」、「静かな時」

☼ 連体形「ある」を含む。「ある　ところ」に対応。

/ʔaQ tukuru/ と推定。/ʔaru tukuru/ → /ʔaQ tukuru/ の変化。注63)

a'　　７２　直説法現在 ang aru a' ami? asi / 半過去 atang ataru ata' atī? atasi

☼「あ（る)」に対応。注64)

/ʔa/ と推定。

a'ga　　７５　mashē arani? よくはないか？　/ Ikutsi a'ga yā? いくつあるかね

☼ 連体形「ある」を含む（とみる)。「あ（る）が」に対応。

/ʔaga/ と推定。

a'kutu　241　Sēwē kāra nu a'kutu, 幸イ川ガアルカラ

☼ 連体形「ある」を含む（とみる)。「あ（る）こと」に対応。

/ʔakutu/ と推定。/ʔaru kutu/ → /ʔaQ kutu/ → /ʔa kutu/ か。注63)

asi ga　308　dushi nu chā kara uta yudi ukutaru kutu nu asi ga, 友達カラ歌ヲ ヨンデヨコシタ事ガアリマシタガ

☼ 連体形「ある」を含む（とみる)。「あ（る）すが」に対応。

/ʔasi ga/ と推定。/ʔaru siga/ → /ʔaQ siga/ → /ʔa siga/ か。注63)

asi ga du　　７７　Nijidē nu asi ga du, ufu-iyō tuyuru.　辛抱強い者が大魚を得る

☼ 連体形「ある」を含む（とみる)。「あ（る）すがど」に対応。

/ʔasi ga du/ と推定。

arē　210　ni-sannichi mē kara nitsing arē, sakkwīng shu'sā.　二三日前カラ熱モ アレバ咳モデマス

☼ 已然形「あれ」を含む。「あれば」に対応。

/ʔare'e/ と推定。

arā　249　Tsigō nu yutashat tukuru nu arā,　都合ノイイ所ガアツタラ

☼ 未然形「あら」を含む。「あらは」に対応。

/ʔara'a/ と推定。

ati　260　chui winagu-n'gwa nu ati, 一人ノ娘アリテ

〈琉便〉wuti

☼「ありて→あって」に対応。

/ʔati/ と推定。促音脱落の変化がある。以下、同じ。

atī　　７２　直説法現在 ang aru a' ami? asi / 半過去 atang ataru ata' atī? atasi

☼「ありて→あって」を含む。「ありてい→あってい」に対応。「い」/i/ は「疑問」の助辞。

/ʔati'i/ と推定。

ataru　　７２　直説法現在 ang aru a' ami? asi / 半過去 atang ataru ata' atī? atasi

☼「ありて→あって」を含む。「ありてある→あったる」に対応。

/ʔataru/ と推定。

atang　116　ang,「ang を今一つの ang と結合せしめ（ati ang に対する）半過

去 **atang** を形成する」

☆「ありて→あって」を含む。「ありてありむ→あったりむ」に対応。

/ʔata'N/ と推定。

atasi　**７２**　直説法現在 ang aru a' ami? asi / 半過去 atang ataru ata' atī? **atasi**

☆「ありて→あって」を含む。「あってあ（る）す→あった（る）す」に対応。

/ʔatasi/ と推定。

ata'　**７２**　直説法現在 ang aru a' ami? asi / 半過去 atang ataru **ata'** atī? Atasi

☆「ありて→あって」を含む。「あってあ（る）→あった（る）」に対応。

/ʔata/ と推定。

をり居 注65)

wī du　231　**Wī du** shabīru!　住ンデ井マストモ

〈琉便〉Wuyī!

☆連用形「をり」を含む。「をりど」に対応。全体は「をりどしはべる」。

/'wi'idu/ と推定。

wuyabīng　230　**Wuyabīng.**　住ンデ井マス

☆連用形「をり」を含む。「をりはべりをりむ」に対応。

/'u'jabi'i'N/ と推定。

wuyabīmi　240　Karachi kwīru chu nu **wuyabīmi?**　Kashite kureru hitoga nai no ni…　Why! Sir,there is nobody to lend one.　貸シテ呉レル人ガナイノデ 注66)

☆連用形「をり」を含む。「をりはべりをりみ」に対応。

/'u'jabi'imi/ と推定。

wuyabīra　120'　Fung-yakō, nati ga **wuyabīra?**　Honyaku wa, dekimashitarō ka?　Is the translation done?　注67)

☆連用形「をり」を含む。「をりはべりをら」に対応。

/'u'jabi'ira/ と推定。

wuyabī'kutu　129　Ching nu shipū tu nditi **wuyabī'kutu**, fuchi kwi-mishēbirang nā?　着物ガビツシヨリ濡レタカラ干シテ下サイマセンカ

☆連用形「をり」を含む。「をりはべりを（る）こと」に対応。

/'u'jabi'ikutu/ と推定。

wuyabirang　238　Nji nābitasi ga, tāng **wuyabirang.**　行ツテ見マシタガ誰モ居リマセン 注68)

☆連用形「をり」を含む。「をりはべらぬ」に対応。

/'u'jabira'N/ と推定。

wuyabirang ga yā　128　Kunu finō, habō **wuyabirang ga yā?**　此邊ニハ飯匕蛇（ハブ）ハ居リマセンカ

☆連用形「をり」を含む。「をりはべらぬがや」に対応。

/'u'jabira'N ga 'ja'a/ と推定。

wung　**１０２**　**wung**「居る」/ tutē wurang「取っていない」（I have not taken），tutē wurangtang「取っていなかった」（I had not taken）

☆連用形「をり」を含む。「をりむ」に対応。

/'uˈɴ/ と推定。

wuri　<u>98</u>　wung「居る」の命令形 **wuri**

　☆ 命令形「をれ」に対応。

　/'uri/ と推定。

wusi ga　<u>77</u>　Yī tushi ni nati **wusi ga**,　年頃になっているが、

　☆ 連体形「をる」を含む。「を（る）すが」に対応。

　/'usi ga/ と推定。

wū'ga yā　229　Ung gutōru tukuru nakaing, chu nu **wū'ga yā?**　ソンナ所ニモ人
　　　　　　　　ガ住ンデ井ルカ

　　　　　　　〈琉便〉wu ga yā

　☆ 連体形「をる」を含む。「を（る）がやあ」に対応。

　/'uga 'ja'a/ と推定。

wurang　<u>102</u>　wung「居る」/ tutē **wurang**「取っていない」（I have not taken），
　　　　　　tutē wurangtang「取っていなかった」（I had not taken）

　☆ 未然形「をら」を含む。「をらぬ」に対応。

　/'ura'ɴ/ と推定。

wurang ga yā　218　Ashi ndē yamachē **wurang ga yā?**　足デモ傷メタノデハナイカ

　☆ 未然形「をら」を含む。「をらぬがやあ」に対応。

　/'uraˈɴ ga 'ja'a/ と推定。

wurang bashu　203　Wā ga njiti **wurang bashu**, tā y'ating imenshōrantī?　留守中
　　　　　　　ニドナタモ御出ハナカツタカ

　　　　　　　〈琉便〉wuram bashu

　☆ 未然形「をら」を含む。「をらぬ　ばしう」に対応。

　/'uraˈɴ basju/ と推定。

wurarirang　354　Iching ikarirang; Wuting **wurarirang**;　去るにも去られず　居る
　　　　　　　にも居られず

　☆ 未然形「をら」を含む。「をられらぬ」に対応。

　/'urarira'ɴ/ と推定。

wurangtang　<u>102</u>　wung「居る」/ tutē wurang「取っていない」（I have not
　　　　　　taken），tutē **wurangtang**「取っていなかった」（I had not taken）

　☆ 未然形「をら」を含む。「をらぬたり<u>む</u>」に対応。

　/'ura'ɴta'ɴ/ と推定。

wuti　287　Ngkashi duttu yēsā ga **wuti**,　昔極メテシワキ人アリ

　☆「をりて→をって」に対応。

　/'uti/ と推定。促音脱落の変化がある。以下、同じ。

wuting　354　Iching ikarirang; **Wuting** wurarirang;　去るにも去られず　居るにも
　　　　　居られず

　☆「をりて」を含む。「をりても」に対応。

　/'uti'ɴ/ と推定。

wutōri　347　Matsī gwā-yā! Tārī ga Uchinā ikawa, bing-gutu kabi huding sō-

bing kara mutachi yarashu'kutu, yā-ya ammā tu **wutōri** yō!　我が子よ、
お前の父親が沖縄へ行くと早船にて筆や紙類を届けさせてやる故、母上と留
まっていてくれな！

☆「をりて」を含む。「をりてはをれ」に対応。

/'uto'ori/ と推定。

をりて＜助詞＞（で）

wutē　060　U kuni **wutē**, kurē nū ndi yabī'ga? オ國デハコレヲ何ト申シマス

☆「をりて」を含む。「をりては」に対応。

/'ute'e/ と推定。

いみめす召

imenshēng　76　Imenshōrangtī? いらっしゃいませんでしたか。「敬語動詞
imenshēng の疑問形半過去であり、」

☆ 連用形「いみめし」を含む。「いみめしありむ」に対応。

/ʔimeꞐsje'e'ɴ/ と推定。

imenshōrangtī　76　**Imenshōrangtī?** いらっしゃいませんでしたか。「敬語動詞
imenshēng の疑問形半過去であり、」

☆ 連用形「いみめし」を含む。「いみめしおわらぬてい」に対応。

/ʔimeꞐsjo'ora'ɴti'i/ と推定。

menshēbīng　111　menshēng いらっしゃる（敬）；**menshēbīng**

☆ 連用形「(い) みめし」を含む。「(い) みめしはべりをりむ」に対応。

/ʔmeꞐsje'ebi'i'ɴ/ と推定。

menshēng　111　**menshēng** いらっしゃる（敬）；menshēbīng

☆ 連用形「(い) みめし」を含む。「(い) みめしありむ」に対応。

/ʔmeꞐsje'e'ɴ/ と推定。

いみめす居

imenshēbīmi　197　Sāi! (or Sarī!) **Imenshēbīmi?**　御頼ミ申シマス

☆ 連用形「いみめし」を含む。「いみめしはべりをりみ」に対応。

/ʔimeꞐsje'ebi'imi/ と推定。

imenshēru yēkā　356　kuma **imenshēru yēkā**, こちらへお残りの間は

☆ 連用形「いみめし」を含む。「いみめしはべる　あいかは」に対応。

/ʔimeꞐsje'eru '(j)e'eka'a/ と推定。

menshēbī'ga　200　Nūshē **menshēbī'ga** yā? 御主人ハ御宅デ御座イマスカ

☆ 連用形「(い) みめし」を含む。「(い) みめしはべるをるが」に対応。

/meꞐsje'ebi'iga/ と推定。

menshēng　116　117　**menshēng** / 半過去 menshōchang menshēchang,
mishōchang mishēchang　/動名詞 menshōchi, mishōchi / 命令形
menshōri mishōri /条件 menshōrē mishōrē　/直説法現在 menshēbīng,
否定現在 menshēbirang, 命令形 menshēbiri　「※ menshēng は時と
して imenshēng によって置き換えられるが、これはより一層丁寧な意
を含むもののようである。」

☆ 連用形「（い）みめし」を含む。「（い）みめしありむ」に対応。

/me'ɴsje'e'ɴ/ と推定。

いみめす行

imenshēbīmi　198　**Imenshēbīmi?**　オカヘリデスカ

☆ 連用形「（い）みめし」を含む。「（い）みめしはべりをりみ」に対応。

/ʔime'ɴsje'ebi'imi/ と推定。

i-menshōrē　343　Shu nu Mē ga Uchinā **i-menshōrē**, 　御主人が沖縄へ いらっしゃれば、

imenshōrē　352　Unju mading Uchinā kai **imenshōrē**, 　そなたまで沖縄へ行くと、

☆ 連用形「いみめし」を含む。「いみめしおわれは」に対応。

/ʔime'ɴsjo'ore'e/ と推定。

imēne　336　Uchinā　kai **imēne**, 　沖縄へ行けば

☆ 連用形「いみ（めし）」を含む。「いみ（めし）には」に対応。

/ʔime'ene'e/ と推定。

いみめす来

imenshēbitī　199　**Imenshēbitī!** Ww'īri mishēbiri!　井ラッシヤイマシ

☆ 連用形「いみめし」を含む。「いみめしはべりてい」に対応。

/ʔime'ɴsje'ebiti'i/ と推定。

imenshōri　352　Tō Kuma ngkai **imenshōri!**　さあこちらへいらっしゃいまし。

☆ 連用形「いみめし」を含む。「いみめしおわれ」に対応。

/ʔime'ɴsjo'ori/ と推定。

menshēbirē　017　**Menshēbirē**　オ出デナサイ

☆ 連用形「（い）みめし」を含む。「（い）みめしはべりをれは」に対応。

/me'ɴsje'ebire'e/ と推定。

menshōri　016　Kuma ngkai **menshōri!**　此處へ御出ナサイ

☆ 連用形「（い）みめし」を含む。「（い）みめしおわれ」に対応。

/me'ɴsjo'ori/ と推定。

第4節　『沖縄語辞典』の動詞形態の考察

これまで見てきた他の資料と対照できるようにすることを主目的として、≪沖辞≫「索引篇」より動詞語彙を抽出、整理した。

○見出し語と「語幹」が音韻的に対応すると見做されるものを収録する。例えば、「あう［合う］　ʔaajuɴ, ʔatajuɴ, ʔicaajuɴ, ʔicajuɴ, 'jucaajuɴ, ṣinajuɴ」とあるが、語幹が音韻的に「あふ」と対応すると判断される「ʔaajuɴ」のみを収録する。

○動詞の活用形の記述に関して、以下のようにある。

　　動詞の活用形の例として，たとえば動作性の意志動詞の中から 'junuɴ ◎「読む」について「…する（肯定普通態現在の「終止形」）」という形と，「…しない（否定普通態現在の「終止形」）」および「…して（普通態の「分詞」）」という形をあげると，次のようになる。

'junuɴ◎（読む），'jumaɴ◎（読まない），'judi◎（読んで）

　首里方言の動詞の諸種の活用形や派生形式は，不規則動詞を除き，この三つの形を知ればそれから類推することができる。したがって，本文の規則動詞の見出し語にはこの三つの形だけを示した。たとえば，

　　　'junuɴ◎（他　=maɴ，=di）

とあるのは，この三つの形が　'junuɴ◎，'jumaɴ◎，'judi であることを示す。　（p.58）

　これはグループ分けにも有効に作用するので、以下の分類の際に参考にすることとする。

（四段）

あく開　あく［開く］ʔacuɴ

「変化」に関して、「ʔa=cuɴ①（自　=kaɴ，=ci）」とある。

　以下の例も同様に（=kaɴ，=ci のように）変化する。

あく空　あく［空く］ʔacuɴ

ありく歩　あるく［歩く］ʔaQcuɴ

いごく動　うごく［動く］ʔɴzucuɴ

いひおく言置　いいおく［言い置く］ʔiiʔucuɴ

うく浮　うく［浮く］ʔucuɴ

うつむく俯　うつむく ʔuQçiɴcuɴ

おく置　おく［置く］ʔucuɴ

おちつく落着　おちつく［落ち着く］ʔutiçicuɴ

おどろく驚　おどろく［驚く］ʔudurucuɴ

おひつく追付　おいつく［追い付く］ʔwiiçicuɴ

おもひつく思付　おもいつく［思いつく］ʔumiçicuɴ

かく書　かく［書く］kacuɴ

かく掻　かく［掻く］kacuɴ

かたむく傾　かたむく［傾く］kataɴcuɴ注1)

からまく絡　まきつける［巻きつける］karamacuɴ

かわく乾　かわく［渇く］kawacuɴ

きく聞　きく［聞く］cicuɴ

きく利　きく［利く・効く］cicuɴ

くだく砕　くだく［砕く］kudacuɴ

くひつく食付　くいつく［食いつく］kwiiçicuɴ

さく咲　さく［咲く］sacuɴ

さす差　さす　つぐ［注ぐ］sasjuɴ

さばく捌・裁　さばく［捌く・裁く］sabacuɴ

しく敷　しく［敷く］sicuɴ

しりぞく退　しりぞく［退く］ şizicuɴ

すく漉　すく［漉く］ şicuɴ

すく鋤　すく［鋤く］ şicuɴ

すく好　このむ［好む］ şicuɴ

そむく背　そむく［背く］sumucuɴ

たく炊　たく［炊く］tacuɴ

だく抱　だく［抱く］dacuɴ

たたく叩　たたく［叩く］tatacuɴ

たちのく立退　たちのく［立ち退く］tacinucuɴ

たなびく棚引　たなびく［棚引く］tanabicuɴ

ちかづく近付　ちかづく［近付く］cikazicuɴ

つく着　つく［着く］çicuɴ

つく撞　つく［撞く］çicuɴ

つく突　つく［突く］çicuɴ

つく付　つく［付く］çicuɴ

つづく続　つづく［続く］çizicuɴ

とどく届　とどく［届く］tuducuɴ

とほのく遠退　とおざかる［遠ざかる］tuunucuɴ

どく退　どく［退く］ducuɴ

ながびく長引　ながびく［長引く］nagabicuɴ

なく泣　なく［泣く］nacuɴ

なく鳴　なく［鳴く］nacuɴ

ぬく貫　ぬく［貫く］nucuɴ

ねづく根付　ねづく［根付く］niizicuɴ

のく退　のく［退く］nucuɴ

はく掃　はく［掃く］hoocuɴ

はく吐　はく［吐く］hacuɴ

はく佩　はく［佩く］hacuɴ

はたらく働　はたらく［働く］hataracuɴ

ひきかたむく引傾　けいとうする［傾倒する］(hwiQkataɴcuɴ)

ひきさく引裂　ひきさく［引き裂く］hwicisacuɴ, hwiQsacuɴ

ひく引　ひく［引く］hwicuɴ

ひく弾　ひく［弾く］hwicuɴ

ひびく響　ひびく［響く］hwibicuɴ

ひひらく疼　ひひらぐ［疼ぐ］hwiiracuɴ

ひらく開　ひらく［開く］hwiracuɴ

ふく吹　ふく［吹く］hucuɴ

ふく葺　ふく［葺く］hucuɴ

ほとく解　とく［解く］hutucuɴ 注2)

ほめく熱　ほめく　humicuɴ

まく巻　まく［巻く］macuɴ

まく蒔　まく［蒔く］macuɴ

まねく招　まねく［招く］manscuɴ 注3), manucuɴ

みちびく導　みちびく［導く］micibicuɴ

むく剝　むく［剝く］'ɴcuɴ

やく焼　やく［焼く］'jacuɴ

わく沸　わく［沸く］'wacuɴ

わく湧　わく［湧く］'wacuɴ

いそぐ急　いそぐ［急ぐ］ʔisuzuɴ

「変化」に関して、「ʔisu =zuɴ ⓪（自　=gaɴ, =zi)」とある。

　以下の例も同様に（=gaɴ, =zi のように）変化する。

およぐ泳　およぐ［泳ぐ］ʔwiizuɴ

かけつぐ掛継　かけつぐ［掛け継ぐ］kakiçizuɴ

くつろぐ寛　くつろぐ［寛ぐ］kuçiruzuɴ

しのぐ凌　しのぐ［凌ぐ］sinuzuɴ

すすぐ濯・漱　すすぐ［濯ぐ・漱ぐ］şişizuɴ

すりはぐ擦剝　すりむく şirihazuɴ

つぐ継　つぐ［継ぐ］çizuɴ

つぐ注　つぐ［注ぐ］çizuɴ

つむぐ紡　つむぐ［紡ぐ］çiɴzuɴ

とぐ研　とぐ［研ぐ］tuzuɴ

とりつぐ取次　とりつぐ［取り次ぐ］tuiçizuɴ

なへぐ塞　なえぐ［塞ぐ］neezuɴ

ぬぐ脱　ぬぐ［脱ぐ］nuzuɴ

はぐ剝　はぐ［剝ぐ］hazuɴ

ひきつぐ引継　ひきつぐ［引き継ぐ］hwiciçizuɴ

ひきぬぐ引き抜　ひきぬく［引き抜く］hwicinuzuɴ [注4]

ふさぐ塞　ふさぐ［塞ぐ］husazuɴ

ふせぐ防　ふせぐ［防ぐ］husizuɴ

へぐ剝？　そぐ［削ぐ］hwizuɴ

ゆすぐ濯　ゆすぐ 'juşizuɴ

あかす明　あかす［明かす］ʔakasjuɴ

「変化」に関して、「ʔaka=sjuɴ ①（他　=saɴ, =ci)」とある。

　以下の例も同様に（=saɴ, =ci のように）変化する。

あはす合　こねる［捏ねる］ʔaasjuɴ

あます余　あます［余す］ʔamasjuɴ

あらす荒　あらす［荒らす］ʔarasjuɴ

あらはす現　あらわす［現わす］ʔarawasjuɴ

いだす出　だす［出す］ʔɴzasjuɴ

いひいだす言出　いいだす［言い出す］ʔiiʔɴzasjuɴ

いひなほす言直　いいなおす［言い直す］ʔiinoosjuɴ

いひのこす言残　いいのこす［言い残す］ʔiinukusjuɴ

いひまぎらす言紛　いいまぎらす［言いまぎらす］ʔiimaɴgwasjuɴ

いひまはらす言回　いいぬける［言い抜ける］ʔiimaarasjuN

いりとばす射飛　うちまくる［撃ちまくる］ʔiritubasujuN

うちあはす打合　うちあわせる［打ち合わせる］ʔucaasjuN

うちとばす打飛　すっとばす［すっ飛ばす］ʔuQtubasjuN

うつす移　うつす［移す］ʔuçusjuN

うつす写　うつす［写す・映す］ʔuçusjuN

うっちゃらかす？　うっちゃらかす　ʔuQceerakasjuN, ʔuQteerakasjuN

うらがへす裏返　うらがえす［裏返す］ʔurageesjuN

えらびいだす選出　えらびだす［選び出す］ʔirabiʔNzasjuN

おくらす遅　おくらせる［遅らせる］ʔukurasjuN

おくりかへす送返　おくりかえす［送り返す］ʔukuikeesjuN

おこす起　おこす［起こす・興す］ʔukusjuN

おしあはす押合？　たす［足す］ʔusjaasjuN

おしいだす押出　おしだす［押し出す］ʔusiʔNzasjuN

おしかへす押返　おしかえす［押し返す］ʔusikeesjuN

おしかへらす押返　おしたおす［押し倒す］ʔusikeerasjuN

おしながす押流　おしながす［押し流す］ʔusinagasjuN

おしはなす押放　おしはなす［押し放す］ʔusihanasjuN

おしもどす押戻　おしもどす［押し戻す］ʔusimudusjuN

おす押　おす［押す］ʔusjuN

おとす落　おとす［落す］ʔutusjuN

おひいだす追出　おいだす［追い出す］ʔwiiʔNzasjuN

おひおとす追落　おいおとす［追い落とす］ʔwiiʔutusjuN

おもひいだす思出　おもいだす［思い出す］ʔubiʔNzasjuN

おもひかへす思返　おもいかえす［思い返す］ʔumuikeesjuN

おもひながす思流　おもいながす［思い流す］ʔuminagasjuN

おもひのこす思残　おもいのこす［思い残す］ʔumuinukusjuN

おろす降　おろす［降ろす・下ろす］ʔurusjuN

かきめぐらす掻巡　かきみだす［掻き乱す］kacimiŋwasjuN

からす貸　かす［貸す］karasjuN

かへす帰　かえす［帰す］keesjuN

かへす返　かえす［返す］keesjuN

からす枯　からす［枯らす］karasjuN

からす嗄　からす［嗄らす］karasjuN

かわかす乾　かわかす［乾かす］kaakasjuN

ききおとす聞落　ききおとす［聞き落とす］ciciʔutusjuN

ききかへす聞返　ききかえす［聞き返す］cicikeesjuN

ききながす聞流　ききながす［聞き流す］cicinagasjuN

きらす切　きらす［切らす］cirasjuN

きりころす切殺　きりころす［切り殺す］cirikurusjuN

きりたふす切倒　きりたおす［切り倒す］ciritoosjuɴ

くずす崩　くずす［崩す］kuzisjuɴ

くだす下　くだす［下す］kudasjuɴ→げり

くひたふす食倒　くいたおす［食い倒す］kweetoosjuɴ

くらす暮　くらす［暮らす］kurasjuɴ

くらはす食　くらわす［食らわす］kwaasjuɴ

くりかへす繰返　くりかえす［繰り返す］kuikeesjuɴ

くりもどす繰戻　くりもどす［繰り戻す］kuimudusjuɴ

けす消　けす［消す］caasjuɴ

けりとばす蹴飛　けとばす［蹴飛ばす］kiritubasjuɴ

こす越　こす［越す］kusjuɴ

こなす熟　しょうかする［消化する］kunasjuɴ

ころす殺　ころす［殺す］kurusjuɴ

こわす壊　こわす［壊す］kuusjuɴ

さがす探　さがす［探す］sageesjuɴ

さしころす刺殺　さしころす［刺し殺す］sasikurusjuɴ

さす差・刺　さす［差す・刺す］sasjuɴ

さます覚　さます［覚ます］samasjuɴ

さます冷　さます［冷ます］samasjuɴ

さらす晒　さらす［晒す］sarasjuɴ

しなほす仕直　しなおす［し直す］siinoosjuɴ

しめころす絞殺　しめころす［絞め殺す］simikurusjuɴ

すごす過　すごす［過ごす］şigusjuɴ

すます済　すます［済ます］şimasjuɴ

すりけす擦消　もみけす［揉み消す］şiricaasjuɴ

せめころす攻殺　せめころす［攻め殺す］simikurusjuɴ

そめかへす染返　そめかえす［染め返す］sumiikeesjuɴ, sumikeesjuɴ

たがやす耕　たがやす［耕す］tageesjuɴ

ただす正・糺　ただす［正す・糺す］tadasjuɴ

たふす倒　たおす［倒す］toosjuɴ

だます騙　だます［騙す］damasjuɴ

ためす試　ためす　tamisjuɴ

たらす垂　たらす［垂らす］tarasjuɴ

ちらす散　ちらす［散らす］cirasjuɴ

つぎあはす継合　つぎあわせる［継ぎ合わせる］çizaasjuɴ

つきはなす突放　つきはなす［突き放す］çicihanasjuɴ

つくす尽　つくす［尽くす］çikusjuɴ

でかす出来　でかす　dikasjuɴ

てばなす手放　てばなす［手放す］tibanasjuɴ

とほす通　とおす［通す］tuusjuɴ

とりかへす取返　とりかえす［取り返す］tuikeesjuɴ

とりちらかす取散　とりちらす［取り散らす］tuicirakasjuɴ

とりちらす取散　とりちらす［取り散らす］tuicirasjuɴ

とりはずす取外　とりおとす［取り落す］tuihaɴsjuɴ

とりもどす取戻　とりかえす［取り返す］tuimudusjuɴ

ながす流　ながす［流す］nagasjuɴ

なきあかす泣明　なきあかす［泣き明かす］naciʔakasjuɴ

なきくらす泣暮　なきくらす［泣き暮らす］nacikurasjuɴ

なす成　する［為る］nasjuɴ

なほす直　なおす［直す］noosjuɴ

ならす均　ならす［均らす］narasjuɴ

ならす鳴　ならす［鳴らす］narasjuɴ

ぬらす濡　ぬらす［濡らす］'ɴdasjuɴ

のがす逃　のがす［逃がす］nugasjuɴ

のこす残　のこす［残す］nukusjuɴ

のばす伸・延　のばす［伸ばす・延ばす］nubasjuɴ

はきいだす吐出　はきだす［吐き出す］haciʔɴzasjuɴ

はずす外　はずす［外す］haɴsjuɴ

はなす離・放　はなす［離す・放す］hanasjuɴ

はなす話　はなす［話す］hanasjuɴ

はやす栄　はやす［栄やす］hweesjuɴ

はやす囃　はやす［囃す］hweesjuɴ

はらす晴　はらす［晴らす］harasjuɴ

はらひおとす払落　はらいおとす［払い落す］haraiʔutusjuɴ

ひきあはす引合　ひきあわせる［引き合わせる］hwicaasjuɴ, hwiQcaasjuɴ

ひきいだす引き出　ひきだす［引き出す］hwiciʔɴzasjuɴ

ひきおとす引き落　ひきおとす［引き落とす］hwiciʔutusjuɴ

ひきかへす引返　ひきかえす［引き返す］hwicikeesjuɴ

ひきこす引越　ひっこす［引越す］hwicikusjuɴ

ひきたふす引倒　ひきたおす［引き倒す］hwicitoosjuɴ

ひきなふす引直　ひきなおす［引き直す］hwicinoosjuɴ

ひきのばす引伸　ひきのばす［引き伸ばす］hwicinubasjuɴ

ひきはなす引離　ひきはなす［引き離す］hwicihanasjuɴ

ふきけす吹消　ふきけす［吹き消す］hucicaasjuɴ

ふきとばす吹き飛　ふきとばす［吹き飛ばす］hucitubasjuɴ

ふみたふす踏倒　ふみたおす［踏み倒す］kuɴtoosjuɴ

ふみはずす踏外　ふみはずす［踏み外す］kuɴhaɴsjuɴ

ふりまはす振回　ふりまわす［振り回す］huimaasjuɴ

ほす干　ほす［干す］husjuɴ

まちあかす待明　まちあかす［待ち明かす］maciʔakasjuɴ

まはす回　まわす［回す］maasjuɴ

みあはす見合　みくらべる［見比べる］miiʔaasjuɴ

みいだす見出　みつける［見つける］miiʔɴzasjuɴ

みおとす見落　みおとす［見落す］miiʔutusjuɴ

みおろす見下　みおろす［見下ろす］miiʔurusjuɴ

みかへす見返　みかえす［見返す］miikeesjuɴ

みすます見澄　みぬく［見抜く］miiṣimasjuɴ

みたす満　みたす［満たす］mitasjuɴ

みなす見做　みなす［見なす］miinasjuɴ

みのがらす見逃　みのがす［見逃す］miinugaarasjuɴ

みはなす見放　みはなす［見放す］miihanasjuɴ

むす蒸　むす［蒸す］ʔɴbusjuɴ

むらす蒸　むらす［蒸らす］ʔɴburasjuɴ

めぐらす巡　めぐらす［巡らす］migurasjuɴ, miɴgwasjuɴ

もちなほす持直　もちなおす［持ち直す］mucinoosjuɴ

もてあます持余　もてあます［持て余す］mutiʔamasjuɴ

もどす戻　もどす［戻す］mudusjuɴ

もやす燃　もやす［燃やす］meesjuɴ

やらす遣　やる［遣る］'jarasjuɴ

ゆるす許　ゆるす［許す］'jurusjuɴ

よごす汚　よごす［汚す］'jugusjuɴ

よびいだす呼出　よびだす［呼び出す］'jubiʔɴzasjuɴ

よびもどす呼戻　よびもどす［呼び戻す］'jubimudusjuɴ

わかす沸　わかす［沸かす］'wakasjuɴ

わたす渡　わたす［渡す］'watasjuɴ

うつ打　うつ［打つ］ʔucuɴ

「変化」に関して、「ʔu =cuɴ⓪（他　=taɴ, =Qci）」とある。

　以下の例も同様に（=taɴ, =Qci のように）変化する。

うつ討　うつ［討つ］ʔucuɴ

おったつ［おっ立つ］ʔuQtacuɴ

おもだつ主立　おもだつ［重ママ立つ］ʔumudacuɴ

おもひたつ思立　おもいたつ［思い立つ］ʔumitacuɴ

かつ勝　かつ［勝つ］kacuɴ

さきだつ先立　さきだつ［先立つ］sacidacuɴ

たつ立・建　たつ［立つ・建つ］tacuɴ

たつ経　たつ［経つ］tacuɴ

ひきたつ引立　ひきたつ［引き立つ］hwicitacuɴ

まつ待　まつ［待つ］macuɴ

もつ持　もつ［持つ］mucuɴ

めだつ目立　めだつ［目立つ］miidacuɴ

そだつ育　そだつ［育つ］sudacuɴ
「変化」に関して、「suda=cuɴ ⓪（自　=taɴ, =ci）」とある。
　　次の例も同様に（=taɴ, =ci *のように*）*変化する。*
たもつ保　たもつ［保つ］tamucuɴ

主に「…しない（否定普通態現在の「終止形」）」に着目すると、三つのグループに分けられる。
１）（=aɴ, =ti）のグループ
あらふ洗　あらう［洗う］ʔarajuɴ
「変化」に関して、「ʔara=juɴ ①（他　=aɴ, =ti）」とある。
　　以下の例も同様に（=aɴ, =ti *のように*）*変化する。* 注5）
うしなふ失　うしなう［失う］ʔusinajuɴ
うばふ奪　うばう［奪う］ʔɴbajuɴ
おこなふ行　おこなう［行なう］ʔukunajuɴ
おちあふ落合（川が合流する。／考えや気持ちが一致する。）　ちょうわする［調和する］ʔucajuɴ
かたらふ語合　かたらう［語らう］katarajuɴ
かなふ叶　かなう　kanajuɴ
きらふ嫌　きらう［嫌う］cirajuɴ
くふ喰　くう［食う］kwajuɴ
ならふ習　ならう［習う］narajuɴ
ねがふ願　ねがう［願う］nigajuɴ
はらふ払　はらう［払う］harajuɴ
ひきあふ引合　ひきあう［引き合う］hwicajuɴ
みうしなふ見失　みうしなう［見失う］miiʔusinajuɴ
みならふ見習　みならう［見習う］miinarajuɴ
むかふ向　むかう［向かう］'ɴkajuɴ
わらふ笑　わらう［笑う］'warajuɴ

２）（=aɴ, =raɴ, =ti）のグループ
あつかふ扱　あつかう［扱う］ʔaçikajuɴ
「変化」に関して、「ʔaçika=juɴ ⓪①（他　=aɴ, =raɴ, =ti）」とある。
　　以下の例も同様に（=aɴ, =raɴ, =ti *のように*）*変化する。* 注6）
うかがふ伺　うかがう［伺う］ʔukagajuɴ
うたがふ疑　うたがう［疑う］ʔutagajuɴ
うたふ歌　うたう［歌う］ʔutajuɴ
うやまふ敬　うやまう［敬う］ʔujamajuɴ
したがふ従　したがう［従う］sitagajuɴ
たちむかふ立向　たちむかう［立ち向かう］taciɴkajuɴ 注7）
とりあつかふ取扱　とりあつかう［取り扱う］tuiʔaçikajuɴ

第４節　『沖縄語辞典』の動詞形態の考察　907

とりはからふ取計　とりはからう［取り計らう］tuihakarajuɴ, tuihwakarajuɴ [注8]
はからふ計　はからう［計らう］hakarajuɴ
わづらふ煩　わずらう［煩う］'wacarajuɴ

3）（=raɴ, =ti）のグループ
あふ合　あう［合う］ʔaajuɴ
「変化」に関して、「ʔaa=juɴ ⓪（自　=raɴ, =ti）」とある。
　以下の例も同様に（=raɴ, =ti のように）変化する。 [注9]
あらそふ争　あらそう［争う］ʔarasuujuɴ
おひはらふ追払　おいはらう［追い払う］ʔwiihoojuɴ
かふ買　かう［買う］koojuɴ
かまふ構　かんしょうする［干渉する］kamujuɴ　[注10]
かよふ通　かよう［通う］kajujuɴ
くふ喰　かみつく［噛み付く］（kuujuɴ）
さらふ浚　さらう［浚う］sareejuɴ
しなふ撓 (従う。順応する)　ちょうわする［調和する］ṣinajuɴ
すくふ掬　すくう［掬う］sukujuɴ
すくふ救　すくう［救う］sukujuɴ
すふ吸　すう［吸う］ṣipujuɴ, suujuɴ
そふ添　つれる［連れる］soojuɴ
そろふ揃　そろう［揃う］surijuɴ
つかふ使　つかう［使う］çikajuɴ
つくろふ繕　つくろう［繕う］çukurijuɴ
とふ問　とう［問う］tuujuɴ
なふ綯　なう［綯う］noojuɴ
にあふ似合　にあう［似合う］nioojuɴ
ぬぐふ拭　ぬぐう［拭う］nugujuɴ
ぬふ縫　ぬう［縫う］noojuɴ
まふ舞　まう［舞う］moojuɴ, → おどる
ひろふ拾　ひろう［拾う］hwirajuɴ
まちがふ間違　まちがう［間違う］macigajuɴ
ゆふ結　ゆう［結う］'juujuɴ
ゑふ酔　よう［酔う］'wiijuɴ

（母音の同化あり）
おもふ思　おもう［思う］ʔumujuɴ
「変化」に関して、「ʔumu=juɴ（他　=raɴ, ʔumaaɴ ともいう , =ti）」とある。[注11]

（不規則）
いふ言　いう［言う］ʔjuɴ

908　第4章　アルファベット資料の動詞形態の考察

ʔjuɴ ①（他　不規則）

あすぶ遊　あそぶ［遊ぶ］ʔaʃibuɴ
「変化」に関して、「ʔaʃi=buɴ ①（自　=baɴ, =di）」とある。
　以下の例も同様に（=baɴ, =di のように）変化する。
うちとぶ打飛　すっとぶ［すっ飛ぶ］ʔuQtubuɴ
えらぶ選　えらぶ［選ぶ］ʔirabuɴ
およぶ及　およぶ［及ぶ］ʔujubuɴ
ころぶ転　ころぶ［転ぶ］kurubuɴ
しのぶ忍　しのぶ［忍ぶ］sinubuɴ
たふとぶ尊　とうとぶ［尊ぶ］taQtubuɴ
とぶ飛　とぶ［飛ぶ］tubuɴ
ならぶ並　ならぶ［並ぶ］narabuɴ
むすぶ結　むすぶ［結ぶ］muʃibuɴ, musubuɴ
よぶ呼　よぶ［呼ぶ］'jubuɴ
よろこぶ喜　よろこぶ［喜ぶ］'jurukubuɴ

いきむ息　いきむ　　ʔicanuɴ
「変化」に関して、「ʔica=nuɴ ①（自　=maɴ, =di）」とある。
　以下の例も同様に（=maɴ, =di のように）変化する。
いたむ痛　いたむ［痛む］ʔitanuɴ
うむ熟　じゅくす［熟す］ʔɴnuɴ
うらむ恨　うらむ［恨む］ʔuranuɴ
おしこむ押込　おしこむ［押しこむ］ʔusikunuɴ
かきこむ掻込　かきこむ［掻き込む］kacikunuɴ
かこむ囲　かこむ［囲む］kakunuɴ
かさむ嵩　かさむ［嵩む］kasanuɴ
かむ噛（食）　たべる［食べる］（kanuɴ）
きざむ刻　きざむ［刻む］cizanuɴ
くむ汲　くむ［汲む］kunuɴ
くむ組　くむ［組む］kunuɴ
くむ履　はく［履く］kunuɴ
くやむ悔　くやむ［悔む］kujanuɴ
くるしむ苦　くるしむ［苦しむ］kurusinuɴ
くろむ黒　くろずむ［黒ずむ］kurunuɴ
しくむ仕組　しくむ［仕組む］sikunuɴ
しけこむ湿気込　しけこむ［しけ込む］sicikunuɴ
しづむ沈　しずむ［沈む］sizinuɴ
しらむ白　しらむ［白む］siranuɴ
すくむ竦　すくむ［竦む］sukunuɴ

第4節　『沖縄語辞典』の動詞形態の考察　909

すすむ進　すすむ［進む］şişinuɴ

すむ済　すむ［済む］şinuɴ

すむ澄　すむ［澄む］şinuɴ

そむ染　そまる［染まる］sunuɴ

だきこむ抱込　だきこむ［抱き込む］dacikunuɴ

たくむ工　くわだてる［企てる］takunuɴ

たのしむ楽　たのしむ［楽しむ］tanusinuɴ

たのむ頼　たのむ［頼む］tanunuɴ, tarunuɴ

ちぢむ縮　ちぢむ［縮む］cizinuɴ

つかむ掴　つかむ　çikanuɴ

つぐむ噤　つぐむ　çigunuɴ

つつしむ慎　つつしむ［慎む］çiçisinuɴ

つつむ包　つつむ［包む］çiçinuɴ

つむ積　つむ［積む］çinuɴ

つむ摘　つむ［摘む］çinuɴ

とりこむ取込　とりこむ［取り込む］tuikunuɴ

なぐさむ慰　なぐさむ［慰む］nagusanuɴ

にくむ憎　にくむ［憎む］nikunuɴ

ぬすむ盗　ぬすむ［盗む］nusunuɴ

ぬるむ温　ぬるむ［温む］nurunuɴ

のぞむ望　のぞむ［望む］nuzunuɴ

のみこむ飲込　のみこむ［飲み込む］numikunuɴ

のむ飲　のむ［飲む］nunuɴ

はさむ挟　はさむ［挟む］hasanuɴ

ひきこむ引込　ひきこむ［引き込む］hwicikunuɴ

ひきこむ引込　ひっこむ［引っ込む］hwiQkunuɴ

ふきこむ吹込　ふきこむ［吹き込む］hucikunuɴ

ふくむ含　ふくむ［含む］kukunuɴ

ふみこむ踏込　ふみこむ［踏み込む］humikunuɴ

ほしむ欲　ほっする［欲する］husinuɴ, → ほしがる

みこむ見込　みこむ［見込む］mikunuɴ

もくろむ目論　もくろむ　mukurunuɴ

もむ揉　もむ［揉む］munuɴ

やすむ休　やすむ［休む］'jaşinuɴ

やむ止　やむ［止む］'januɴ, → とまる

やむ病　やむ［病む］'januɴ

ゆがむ歪　ゆがむ［歪む］'juganuɴ

よどむ淀　よどむ［淀む］'judunuɴ

よむ読・詠　よむ［読む・詠む］'junuɴ

をがむ拝　おがむ［拝む］'uganuɴ

「=raɴ, =ti」のグループ

あがる上　あがる［上がる］ʔagajuɴ

「変化」に関して、「ʔaga=juɴ ①（自　=raɴ, =ti）」とある。

以下の例も同様に（=raɴ, =ti のように）変化する。

あさる漁　あさる［漁る］ʔasajuɴ

あたる当　あたる［当たる］ʔatajuɴ

あつまる集　あつまる［集まる］ʔaçimajuɴ

あづかる預　あずかる［預かる］ʔazikajuɴ

あぶる炙　あぶる［炙る］ʔabujuɴ

あまる余　あまる［余る］ʔamajuɴ

あやかる肖　あやかる　ʔajakaajuɴ

あやまる誤　あやまる［誤る］ʔajamajuɴ

あらたまる改　あらたまる［改まる］ʔaratamajuɴ

いきのこる生残　いきのこる［生き残る］ʔicinukujuɴ

いのる祈　いのる［祈る］ʔinujuɴ

いばる威張　いばる［威張る］ʔibajuɴ

いひはる言張　いいはる［言い張る］ʔiihajuɴ

うきあがる浮上　うきあがる［浮き上る］ʔucagajuɴ

うけとる受取　うけとる［受け取る］ʔukitujuɴ

うちかはる打変　うってかわる［うって変る］ʔucikawajuɴ

うづまる埋　うずまる［埋まる］ʔuzumujuɴ

うつる移　うつる［移る］ʔuçijuɴ

うつる写　うつる［写る・映る］ʔuçijuɴ

うばひとる奪取　うばいとる［奪い取る］ʔɴbaitujuɴ

うらがへる裏返　うらがえる［裏返る］ʔurageejuɴ

うる売　うる［売る］ʔujuɴ

えぐる剔　えぐる［剔る］‘wiigujuɴ

おくる送　おくる［送る］ʔukujuɴ

おこたる怠　なまける［怠ける］ʔukutajuɴ

おこる起　おこる［起こる］ʔukurijuɴ

おごる驕　おごる［驕る］ʔugujuɴ

おとる劣　おとる［劣る］　ʔutujuɴ

おもひあたる思当　おもいあたる［思い当たる］ʔumuiʔatajuɴ

おる織　おる［織る］ʔujuɴ

かうむる蒙　こうむる［蒙る］koomujuɴ

かかはる係　かかわる［係わる］kakawajuɴ

かかる掛　かかる［掛かる］kakajuɴ

かさなる重　かさなる［重なる］kasabajuɴ

かさばる嵩張　かさばる　kasabajuɴ

かざる飾　かざる［飾る］kazajuɴ

かたまる固　つまる［詰まる］katamajuɴ

かたる語　かたる［語る］katajuɴ

かはる代　かわる［代わる］kawajuɴ

かはる変　かわる［変わる］kawajuɴ

かぶる被　かぶる　kabujuɴ

かへる帰　かえる［帰る］keejuɴ

かへる返　かえる［返る］keejuɴ

からめとる絡取　からめとる　karamitujuɴ

かる刈　かる［刈る］kajuɴ

ききまはる聞回　ききまわる［聞き回る］cicimaajuɴ

くさる腐　くさる［腐る］kusarijuɴ

くじる抉　くじる　kuzijuɴ

くすぐる擽　くすぐる　kucugujuɴ

くばる配　くばる［配る］kubajuɴ

くみとる汲取　くみとる［汲み取る］kumitujuɴ

くもる曇　くもる［曇る］kumujuɴ

けぶる煙　けぶる［煙る］　kibujuɴ

ことわる断　ことわる［断る］kutuwajuɴ

こもる籠　こもる［籠る］kumajuɴ

さがる下　さがる［下がる］sagajuɴ

さぐる探　さぐる［探る］sagujuɴ

さづかる授　さずかる［授かる］sazakajuɴ

さとる悟　さとる［悟る］satujuɴ

さはる触　さわる［触る］saajuɴ

さはる障　さわる［障る］sawajuɴ

しかかる仕掛　しかかる［し掛かる］sikakajuɴ

しばる縛　しばる［縛る］sibajuɴ

しほる絞　しぼる［絞る］sibujuɴ

しめる湿　しめる［湿る］simijuɴ

しをはる仕終　しおわる［し終わる］siiʔuwajuɴ

すがる縋　すがる［縋る］şigajuɴ

すする啜　すする［啜る］şişijuɴ

すべる滑　すべる［滑る］şiɴdijuɴ

する擦　する［磨る］şijuɴ

そしる謗　そしる　susijuɴ

そなはる備　そなわる［備わる］sunawajuɴ

そりかへる反返　そりかえる［そり返る］surikeejuɴ

そる剃　そる［剃る］sujuɴ

たぎる滾　たぎる［滾る］tazijuɴ

たぐる手繰　たぐる［手操ママる］tagujuɴ

たちはばかる立憚　たちはばかる［立ちはばかる］tacihabakajuɴ

たちまさる立勝　たちまさる［立ち勝る］tacimasajuɴ

たまる溜　たまる［溜る］tamajuɴ

たまる撓?　たわむ［撓む］tamajuɴ

だまる黙　だまる［黙る］damajuɴ

たる足　たりる［足りる］tajuɴ, tarijuɴ

たりさがる垂下　たれさがる［垂れ下がる］taisagajuɴ

ちかよる近寄　ちかよる［近寄る］cikajujuɴ

ちぢみあがる縮上　ちぢみあがる［縮みあがる］cizimagajuɴ

ちる散　ちる［散る］cirijuɴ

つかる漬　つかる［漬かる］çikajuɴ

つきあたる突当　つきあたる［突き当たる］çici?atajuɴ

つくる作　つくる［作る］çukujuɴ

つたはる伝　つたわる［伝わる］çitawajuɴ

つながる繋　つながる［繋がる］çirugajuɴ

つまる詰　つまる［詰まる］çimajuɴ

つもる積　つみかさなる［積み重なる］çimujuɴ

つよまる強　つよまる［強まる］cuumajuɴ

つる釣　つる［釣る］çijuɴ

できあがる出来上　できあがる［出来上がる］diki?agajuɴ

てりあかがる照輝　てりかがやく［照り輝く］tiracagajuɴ

てりわたる照渡　てりわたる［照り渡る］tiriwatajuɴ

てる照　てる［照る］tijuɴ

とがる尖　とがる［尖る］tugajuɴ

とどこほる滞　とどこおる［滞る］tudukuujuɴ

とどまる留　とどまる［止まる］tudumajuɴ

とほる通　とおる［通る］tuujuɴ

とぼる点　とぼる［点る］tubujuɴ

とまる止　とまる［止まる］tumajuɴ

とまる泊　とまる［泊まる］tumajuɴ

とりしまる取締　とりしまる［取り締まる］tuisimajuɴ

とりすがる取縋　とりすがる［取り縋る］tuişigajuɴ

とる取　とる［取る］tujuɴ

なする擦　なする［擦る］naşijuɴ

なのる名乗　なのる［名乗る］nanujuɴ

なほる直　なおる［直る］noojuɴ

なまる鈍　なまる［鈍る］namarijuɴ

なる成　なる［成る・為る］najuɴ

なる生　なる［生る］najuɴ

なる鳴　なる［鳴る］najuɴ

にぎる握　にぎる［握る］nizijuɴ

にごる濁　にごる［濁る］miɴgwijuɴ, siɴgwijuɴ

ぬる塗　ぬる［塗る］nujuɴ

ねる練　ねる［練る］niijuɴ

のこる残　のこる［残る］nukujuɴ

のぼる上・登　のぼる［上る・登る］nubujuɴ

のる乗・載　のる［乗る・載る］nujuɴ

はうむる葬　ほうむる［葬る］hoomujuɴ

はかどる捗　はかどる［捗る］hakadujuɴ

はかる計　はかる［計る］hakajuɴ

はじまる始　はじまる［始まる］hazimajuɴ

はだかる開　はだかる　hatakajuɴ

はばかる憚　はばかる［憚る］habakajuɴ

はまる嵌　はまる［嵌まる］hamajuɴ

はやる流行　はやる［流行る］hweejuɴ

はる張　はる［張る］hajuɴ

ひあがる干上　ひあがる［干上がる］hjaagajuɴ

ひかる光　ひかる［光る］hwicajuɴ

ひきこもる引き籠　ひきこもる［引き籠もる］hwiQkumujuɴ

ひきたくる引手繰　ひったくる　hwiQtakujuɴ

ひきとる引取　ひきとる［引き取る］hwicitujuɴ注 12)

ひきはる引張　ひっぱる［引っ張る］hwiQpajuɴ

ひねる捻　ひねる［捻る］hwinijuɴ

ひろがる広　ひろがる［広がる］hwirugajuɴ

ひろまる広　ひろまる［広まる］hwirumajuɴ

ひんまがる曲　ひんまがる［ひん曲がる］hwiɴmagajuɴ

ふる降　ふる［降る］hujuɴ

ふる振　ふる［振る］hujuɴ

ふんばる踏張　ふんばる［踏ん張る］kuɴpajuɴ

へだたる隔　へだたる［隔たる］hwidatajuɴ

へる減　へる［減る］hwijuɴ

ほこる誇　よろこぶ［喜ぶ］hukujuɴ

ほる掘　ほる［掘る・彫る］hujuɴ

ほる彫　ほる［掘る・彫る］hujuɴ

まがる曲　まがる［曲る］magajuɴ

まきはふる巻放　まきちらす［撒き散らす］macihoojuɴ

まさる勝　まさる［勝る］masajuɴ

まじはる交　まじわる［交わる］maziwajuɴ

まじる混　まじる［混じる］mazirijuɴ

まつる祭　まつる［祀る］maçijuɴ

まとまる纏　まとまる［纏る］matumajuɴ

まはる回　まわる［回る］maajuɴ

まもる守　まもる［守る］mamujuɴ

みまはる見回　みまわる［見回る］miimaajuɴ

むしる毟　むしる［毟る］musijuɴ

めぐる巡　めぐる［巡る］migujuɴ

めひかる目光　にらむ　miihwicajuɴ

もちあがる持上　もちあがる［持ち上がる］mucagajuɴ

もどる戻　もどる［戻る］mudujuɴ

もりあがる盛上　もりあがる［盛り上がる］mujagajuɴ

もる守　もる［守る］mujuɴ

もる盛　もる［盛る］mujuɴ

もる漏　もる［漏る］mujuɴ

やすまる休　やすまる［休まる］'jaʃimajuɴ

やどる宿　やどる［宿る］'jadujuɴ

やぶりはふる破放　やぶりちらす［破り散らす］'jaihoojuɴ

やぶる破　やぶる［破る］'jajuɴ

ゆづる譲　ゆずる［譲る］'juziijuɴ

よる寄　よる［寄る］'jujuɴ

よわる弱　よわまる［弱まる］'joojuɴ

わかる分　わかる［分かる］'wakajuɴ

わきあがる湧上　わきあがる［湧き上がる］'wacagajuɴ

わたる渡　わたる［渡る］'watajuɴ

わる割　わる［割る］'wajuɴ

ゐなほる居直　いなおる［居直る］'iinoojuɴ

をさまる治　おさまる［治まる］'usamajuɴ

をはる終　おわる［終わる］ʔuwajuɴ

をどる踊　おどる［踊る］'udujuɴ

をる折　おる［折る］'uujuɴ

「=raɴ, =Qci」のグループ

いる入　いる［入る］ʔijuɴ

「変化」に関して、「ʔi=juɴ ①（自　=raɴ, =Qci）」とある。

　以下の例も同様に (=raɴ, =Qci のように) 変化する。

いる射　いる［射る］ʔijuɴ

いる要　いる［要る］ʔijuɴ

おしきる押切　おしきる［押しきる］ʔusicijuɴ

おもひしる思知　おもいしる［思い知る］ʔumisijuɴ

きる切　きる［切る］cijuɴ

くひきる食切　くいきる［食い切る］kwiicijuɴ

ける蹴　ける［蹴る］kijuɴ

しる知　しる［知る］sijuɴ

なきいる泣入　なきいる［泣き入る］naciʔijuɴ

ひききる引切　ひききる［引き切る］hwiQcijuɴ

ひる放　ひる［放る］hwijuɴ

みきる見切　みきる［見切る］miicijuɴ

みしる見知　みしる［見知る］miisijuɴ

(=daɴ, =ti)

かぶる被　かぶる　kaɴzuɴ

「変化」に関して、「kaɴzuɴ ⓪（他　=daɴ, =ti)」とある。

　　次の例も同様に (=daɴ, =ti のように) 変化する。

ねぶる眠　ねむる［眠る］niɴzuɴ

(上一段)

きる着　きる［着る］cijuɴ

「変化」に関して、「ci=juɴ ①（他　=raɴ, =ci)」とある。

　　以下の例も同様に (=raɴ, =ci のように) 変化する。

にる似　にる［似る］nijuɴ

にる煮　にる［煮る］nijuɴ

ゐる座　すわる［座る］'ijuɴ

かる借　かりる［借りる］kajuɴ

「変化」に関して、「ka=juɴ ①（他　=raɴ, =ti)」とある。

　　次の例も同様に (=raɴ, =ti のように) 変化する。

できる出来　できる　dikijuɴ

ひる干　ひる［干る］hwijuɴ

「変化」に関して、「hwi=juɴ ⓪（自　=raɴ, =Qci)」とある。

みる見　みる［見る］nuuɴ, 'ɴɴzuɴ

　nuuɴ ⓪（他・不規則）'ɴɴzuɴ と同じ。

　'ɴɴzuɴ ⓪（他・不規則）

(上二段)

いく生　いきる［生きる］ʔiciciuɴ

「変化」に関して、「ʔici=cuɴ ⓪（自　=kaɴ, =ci)」とある。

みつ満　みちる［満ちる］micuɴ

916　第4章　アルファベット資料の動詞形態の考察

「変化」に関して、「mi=cuɴ ⓪（自　=taɴ, =Qci)」とある。

　　次の例も同様に（=taɴ, =Qci のように）変化する。

くつ朽　くちる［朽ちる］kucuɴ

おく起　おきる［起きる］ʔukijuɴ
「変化」に関して、「ʔuki=juɴ ⓪①（自他　=raɴ, =ti)」とある。

　　以下の例も同様に（=raɴ, =ti のように）変化する。

いきすぐ行過　いきすぎる［行き過ぎる］ʔicişizijuɴ
いひすぐ言過　いいすぎる［言い過ぎる］ʔiişizijuɴ
すぐ過　すぎる［過ぎる］şizijuɴ
おつ落　おちる［落ちる］ʔutijuɴ
おづ怖　おじる［怖じる］ʔuzijuɴ
とづ綴　とじる［綴じる］tudijuɴ
しふ強　しいる［強いる］siijuɴ
おゆ老　おいる［老いる］ʔwiijuɴ
おる降　おりる［降りる］ʔurijuɴ

（下一段）

ふるぼける古惚　ふるぼける［古ぼける］hurubuQkwijuɴ
「変化」に関して、「hurubuQkwi=juɴ ⓪（自　=raɴ, =ti)」とある。

　　以下の例も同様に（=raɴ, =ti のように）変化する。

だれる　だれる　dajuɴ, darijuɴ
はちきれる　はちきれる［はち切れる］haQcirijuɴ

（下二段）

う得　もらう［貰う］'iijuɴ
「変化」に関して、「'ii =juɴ ⓪（他　=raɴ, =ti)」とある。
あく開　あける［開ける・明ける］ʔakijuɴ
「変化」に関して、「ʔaki=juɴ ⓪①（自　=raɴ, =ti)」とある。

　　以下の例も同様に（=raɴ, =ti のように）変化する。

あづく預　あずける［預ける］ʔazikijuɴ
いく生　いける［生ける］ʔicijuɴ
いひかく言掛　いいかける［言いかける］ʔiikakijuɴ
いひまく言負　いいまける［言い負ける］ʔiimakijuɴ
うく受　うける［受ける］ʔukijuɴ
うちあく打明　うちあける［打ち明ける］ʔuciʔakijuɴ
うちかく打掛　うちかける［打ち掛ける］ʔuQcakijuɴ
おしかく押掛　おしかける［押しかける］ʔusikakijuɴ
おしつく押付　おしつける［押しつける］ʔusiçikijuɴ
おしわく押分　おしわける［押し分ける］ʔusiwakijuɴ

第4節　『沖縄語辞典』の動詞形態の考察　917

かく掛　かける［掛ける］kakijuɴ

かく欠　かける［欠ける］kakijuɴ

かく賭　かける［賭ける］kakijuɴ

かたづく片付　かたづける［片付ける］katazikijuɴ

かたむく傾　かたむける［傾ける］kataɴkijuɴ 注13)

ききわく聞分　ききわける［聞き分ける］ciciwakijuɴ

くく絎　くける［絎ける］kukujuɴ

くだく砕　くだける［砕ける］kudakijuɴ

こころがく心掛　こころがける［心掛ける］kukurugakijuɴ

さく裂　さける［裂ける］sakijuɴ

さづく授　さずける［授ける］sazikijuɴ

さばく捌　さばける［捌ける］sabakijuɴ

しかく仕掛　しかける［仕掛ける］sikakijuɴ

しつく仕付　しつける［仕付ける］siçikijuɴ

たきつく焚付　たきつける［焚き付ける］teeçikijuɴ

たすく助　たすける［助ける］taʃikijuɴ

ちかづく近付　ちかづける［近付ける］cikazikijuɴ

つきあく突開　つきあける［突き開ける］çiciʔakijuɴ

つく着　つける［着ける］çikijuɴ

つく漬　つける［漬ける］çikijuɴ

つく付　つける［付ける］çikijuɴ

とく溶　とける［溶ける］tukijuɴ

どく退　どける［退ける］dukijuɴ

とどく届　とどける［届ける］tudukijuɴ

ばく化　ばける［化ける］bukijuɴ 注14)

はじく弾　むける［剥ける］haɴkijuɴ 注15)

ひきうく引受　ひきうける［引き受ける］hwiciʔukijuɴ

ひきかく引掛　ひっかける［引っ掛ける］hwiQkakijuɴ

ふく更　ふける［更ける］hukijuɴ

ふみつく踏付　ふみつける［踏み付ける］kuɴçikijuɴ

まうく儲　もうける［儲ける］mookijuɴ

まく負　まける［負ける］makijuɴ

まちうく待受　まちうける［待ち受ける］maciʔukijuɴ

みつく見付　みつける［見つける］miiçikijuɴ

みとどく見届　みとどける［見届ける］miitudukijuɴ

みわく見分　みわける［見分ける］miiwakijuɴ

むく向　むける［向ける］'ɴkijuɴ

やく焼　やける［焼ける］'jakijuɴ

わく分　わける［分ける］'wakijuɴ

あぐ上　あげる［上げる］ʔagijuɴ

「変化」に関して、「ʔagi=juɴ ⓪① (自他　=raɴ, =ti)」とある。
　　以下の例も同様に (=raɴ, =ti のように) 変化する。

あぐ上　あげる［揚げる］ʔagijuɴ

あけひろぐ開広　あけひろげる［開け広げる］ʔakihwirugijuɴ

うちなぐ打投　うちなぐ　うっちゃる　ʔQcaɴgijuɴ

おしあぐ押上　おしあげる［押し上げる］ʔusjagijuɴ

おしまぐ押曲　おしまげる［押し曲げる］ʔusimagijuɴ

かきあぐ掻上　かきあげる［掻き上げる］kacagijuɴ

からぐ絡　からげる　kanagijuɴ

こぐ焦　こげる［焦げる］kugarijuɴ

さぐ下　さげる［下げる］sagijuɴ

すぐ挿　すげる　şigijuɴ

そぐ削　そげる［削げる］sugijuɴ

つぐ告　つげる［告げる］çigijuɴ

とぐ遂　とげる［遂げる］tuzijuɴ

なぐ投　なげる［投げる］nagijuɴ

にぐ逃　にげる［逃げる］hwiɴgijuɴ, hwiɴzijuɴ

ぬきあぐ　さしあげる［差し上げる］nucagijuɴ

ぬぐ脱　ぬげる［脱げる］nugijuɴ

はぐ禿・剝　はげる［禿・剝げる］hagijuɴ

ひきあぐ引揚　ひきあげる［引き揚げる］hwicagijuɴ

ひきさぐ引提　ひっさげる［引っ提げる］hwiQsagijuɴ

ひろぐ広　ひろげる［広げる］hwirugijuɴ

ふりあぐ振上　ふりあげる［振り上げる］hujagijuɴ

まぐ曲　まげる［曲げる］magijuɴ

みさぐ見下　みさげる［見下げる］miisagijuɴ

もちあぐ持上　もちあげる［持ち上げる］mucagijuɴ

やはらぐ和　やわらげる［柔ママげる］'jahwarakijuɴ 注16)

あはす合　あわせる［合わせる］ʔaasjuɴ

「変化」に関して、「ʔaa=sjuɴ ⓪ (他　=saɴ, =ci)」とある。
　　以下の例も同様に (=saɴ, =ci のように) 変化する。

かへらす返　ひっくりかえす　keerasjuɴ

しらす知　しらせる［知らせる］　sirasjuɴ

とらす取　やる［遣る］turasjuɴ

とりあはす取合　とりあわせる［取り合わせる］tujaasjuɴ

かぶす被　かぶせる［被せる］kaɴsijuɴ

「変化」に関して、「kaɴsi=juɴ ⓪ (他　=raɴ, =ti)」とある。
　　以下の例も同様に (=raɴ, =ti のように) 変化する。

きす着　きせる［着せる］kusijuɴ

ことよす事寄　ことよせる［事寄せる］kutujusijuɴ

せめよす攻寄　せめよせる［攻め寄せる］simijusijuɴ

とりよす取寄　とりよせる［取り寄せる］tuijusijuɴ

にす似　にせる［似せる］nisijuɴ

のす乗・載　のせる［乗せる・載せる］nusijuɴ

のぼす上　のぼせる　nubusijuɴ

ひきよす引寄　ひきよせる［引き寄せる］hwicijusijuɴ

みす見　みせる［見せる］misijuɴ

やす痩　やせる　'jaşijuɴ

よす寄　よせる［寄せる］'jusijuɴ

よびよす呼寄　よびよせる［呼び寄せる］'jubijusijuɴ

まず混　まぜる［混ぜる］mazijuɴ

「変化」に関して、「mazi=juɴ⓪（他　=raɴ, =ti）」とある。

あつ当　あてる［当てる］ʔatijuɴ

「変化」に関して、「ʔati=juɴ⓪①（自他　=raɴ, =ti）」とある。

　　以下の例も同様に（=raɴ, =ti のように）変化する。

あらだつ荒立　あらだてる［荒立てる］ʔaradatijuɴ

あれはつ荒果　あれはてる［荒れ果てる］ʔarihatijuɴ

いひあつ言当　いいあてる［言い当てる］ʔiiʔatijuɴ

いひたつ言立　いいたてる［言い立てる］ʔiitatijuɴ

おひたつ追立　おいたてる［追い立てる］ʔwiitatijuɴ

かれはつ枯果　かれはてる［枯れ果てる］karihatijuɴ

きりすつ切捨　きりすてる［切り捨てる］cirişitijuɴ

くばりあつ配当　わりあてる［割り当てる］kubaiʔatijuɴ

くみたつ組立　くみたてる［組み立てる］kumitatijuɴ

すつ捨　すてる［捨てる］şitijuɴ

そだつ育　そだてる［育てる］sudatijuɴ

たえはつ絶果　たえはてる［絶え果てる］teehatijuɴ

とりすつ取捨　とりすてる［取り捨てる］tuişitijuɴ

はつ果　はてる［果てる］hatijuɴ

ひきたつ引立　ひきたてる［引き立てる］hwicitatijuɴ

ふりすつ振捨　ふりすてる［振り捨てる］huişitijuɴ

へだつ隔　へだてる［隔てる］hwidatijuɴ

みあつ見当　みつける［見つける］miiʔatijuɴ

みすつ見捨　みすてる［見捨てる］miişitijuɴ

みはつ見果　みおわる［見終わる］miihatijuɴ 注17)

もりたつ盛立　もりたてる［盛り立てる］muitatijuɴ

やぶりすつ破捨　やぶりすてる［破り捨てる］'jaişitijuɴ

いづ出　でる［出る］ʔNZijuN

「変化」に関して、「ʔNzi=juN ⓪（自　=raN, =ti）」とある。

　以下の例も同様に（=raN, =ti のように）変化する。

たづ　たでる tadijuN

とびいづ飛出　とびでる［飛び出る］tuNzijuN

なづ撫　なでる［撫でる］nadijuN

はひいづ這出　はいでる［這い出る］hooiʔNzijuN

まうしいづ申出　もうしでる［申し出る］moosiʔNzijuN

ゆづ茹　ゆでる［茹でる］'judijuN

かぬ兼　かねる［兼ねる］kanijuN

「変化」に関して、「kani=juN ①（他　=raN, =ti）」とある。

　以下の例も同様に（=raN, =ti のように）変化する。

たづぬ尋　たずねる［尋ねる］taNnijuN, tazinijuN, tazunijuN

たばぬ束　たばねる［束ねる］tabajuN

はぬ跳　はねる［跳ねる］hanijuN

あつらふ誂　あつらえる［誂える］ʔaçireejuN

「変化」に関して、「ʔaçiree=juN ⓪（他　=raN, =ti）」とある。

　以下の例も同様に（=raN, =ti のように）変化する。

あふ和　あえる［和える］ʔeejuN

いらふ答　こたえる［答える］ʔireejuN

うったふ訴　うったえる［訴える］ʔuQteejuN

おさふ押　おさえる［押さえる］ʔusujuN

おとろふ衰　おとろえる［衰える］ʔuturijuN, ʔuturujuN

かきそふ書添　かきそえる［書き添える］kaciʂiijuN

かぞふ数　かぞえる［数える］kazuujuN

かふ変・替　かえる［変える・替える］keejuN

かんがふ考　かんがえる［考える］kaNgeejuN

きがふ着替　きがえる［着替える］ciikeejuN

くはふ加　くわえる［加える］kuweejuN

くりかふ繰替　くりかえる［繰り替える］kuikeejuN

こたふ応　こたえる［応える］kuteejuN

こたふ答　こたえる［答える］kuteejuN

さらふ浚　さらえる［浚える］sareejuN

そふ添　そえる［添える］ʂiijuN

そめかふ染替　そめかえる［染め替える］sumikeejuN

たがふ違　たがえる［違える］tagajuN 注18)

たくはふ貯　たくわえる［貯える］takuweejuN

たとふ譬　たとえる［譬える］tatujuN

つかふ支　つかえる［支える］çikeejuɴ

つたふ伝　つたえる［伝える］çiteejuɴ

ながらふ長　ながらえる［長らえる］nagarajuɴ

ひかふ控　ひかえる［控える］hwikeejuɴ

ふるふ震　ふるえる［震える］hurijuɴ

ふ経　へる［経る］hwijuɴ

まちがふ間違　まちがう［間違う］macigeejuɴ

むかふ迎　むかえる［迎える］'ɴkeejuɴ

よこたふ横　よこたえる［横たえる］'jukuteejuɴ

くらぶ比　くらべる［比べる］kurabijuɴ

「変化」に関して、「kurabi=juɴ ①（他　=raɴ, =ti）」とある。

　以下の例も同様に（=raɴ, =ti のように）変化する。

しらぶ調　しらべる［調べる］sirabijuɴ

ならぶ並　ならべる［並べる］narabijuɴ

のぶ伸・延　のべる［伸べる・延べる］nubijuɴ

あがむ崇　あがめる［崇める］ʔagamijuɴ

「変化」に関して、「ʔagami=juɴ ⓪（他　=raɴ, =ti）」とある。

　以下の例も同様に（=raɴ, =ti のように）変化する。

あつむ集　あつめる［集める］ʔaçimijuɴ

あらたむ改　あらためる［改める］ʔaratamijuɴ

いさむ諫　はげます［励ます］ʔisamijuɴ

うけとむ受止　うけとめる［受け止める］ʔukitumijuɴ

うむ埋　うめる［埋める］ʔɴbeejuɴ 注19)

おしこむ押込　おしこめる［押しこめる］ʔusikumijuɴ

おもひつむ思詰　おもいつめる［思いつめる］ʔumiçimijuɴ

からむ絡　からめる　karamijuɴ

きよむ清　きよめる［清める］cijumijuɴ

こむ込　こめる［込める］kumijuɴ

さむ醒　さめる［覚める］samijuɴ

　　　　さめる［醒める］samijuɴ

さむ冷　さめる［冷める］samijuɴ

さむ褪　さめる［褪める］samijuɴ

しむ締　しめる［締める］simijuɴ

すすむ勧　すすめる［勧める］şişimijuɴ

せむ攻　せめる［攻める］simijuɴ

せむ責　せめる［責める］simijuɴ

そむ染　そめる［染める］sumijuɴ

たしかむ確　たしかめる［確かめる］tasikamijuɴ

たむ矯　ためる［矯める］tamijuɴ

ちぢむ縮　ちぢめる［縮める］→cizimijuɴ

つくりひろむ造広　ぞうちくする［増築する］çukuihwirumijuɴ

つとむ勤　つとめる［勤める］çitumijuɴ

つとむ努　つとめる［努める］çitumijuɴ

つむ詰　つめる［詰める］çimijuuɴ

つよむ強　つよめる［強める］cuumijuɴ

とがむ咎　とがめる［咎める］tugamijuɴ

とむ止　とめる［止める］tumijuɴ

とむ泊　とめる［泊める］tumijuɴ

とりあつむ取集　とりあつめる［取り集める］tuicameejuɴ

ながむ眺　ながめる［眺める］nagamijuɴ

なぐさむ慰　なぐさめる［慰める］nagusamijuɴ

ぬるむ温　ぬるめる［温める］nurumijuɴ

はじむ始　はじめる［始める］hazimijuɴ

はやむ早　はやめる［早める］hajamijuɴ

ひきしむ引締　ひきしめる［引き締める］hwicisimijuɴ

ひろむ広　ひろめる［広める］hwirumijuɴ

ほむ褒　ほめる［褒める］humijuɴ

まとむ纏　まとめる［纏める］matumijuɴ

まるむ丸　まるめる［丸める］marumijuɴ

みきはむ見極　みきわめる［見極める］miiciwamijuɴ

もとむ求　もとめる［求める］mutumijuɴ

やすむ休　やすめる［休める］'jaşimijuɴ

やむ止　やめる［止める］'jamijuɴ

ゆがむ歪　ゆがめる［歪める］'jugamijuɴ

ゆるむ緩　ゆるめる［緩める］'jurumijuɴ

をさむ治　おさめる［治める］'usamijuɴ

おぼゆ覚　おぼえる［覚える］ʔubijuɴ

「変化」に関して、「ʔubi=juɴ ⓪（他　=raɴ, =ti）」とある。

　以下の例も同様に（=raɴ, =ti のように）変化する。

きこゆ聞　きこえる［聞こえる］cikwiijuɴ 注20)

こゆ越　こえる［越える］kwiijuɴ

こゆ肥　こえる［肥える］kweejuɴ

さかゆ栄　さかえる［栄える］sakajuɴ, sakeejuɴ

すゆ饐　すえる［饐える］şiijuɴ

たゆ絶　たえる［絶える］teejuɴ

とだゆ途絶　とだえる［途絶える］tudeejuɴ

とびこゆ飛越　とびこえる［飛び越える］tuɴkwiijuɴ

なゆ萎　なえる［萎える］neejuɴ

にゆ煮　にえる［煮える］niijuɴ

みおぼゆ見覚　みおぼえる［見覚える］miiʔubijuɴ

みゆ見　みえる［見える］miijuɴ

もゆ燃　もえる［燃える］meejuɴ

あらはる現　あらわれる［現われる］　ʔarawarijuɴ

「変化」に関して、「ʔarawari=juɴ ⓪（自他　=raɴ, =ti）」とある。

以下の例も同様に（=raɴ, =ti のように）変化する。

ある荒　あれる［荒れる］ʔarijuɴ

いる入　いれる［入れる］ʔirijuɴ

かきいる書入　かきいれる［書き入れる］kaciʔirijuɴ

うづもる埋　うずもれる［埋もれる］ʔuzumurijuɴ

うまる生　うまれる［生まれる］ʔɴmarijuɴ

うる売　うれる［売れる］ʔurijuɴ

おしつる押連　つれる［連れる］ʔusiçirijuɴ

おぼる溺　おぼれる［溺れる］ʔɴbuQkwijuɴ

かくる隠　かくれる［隠れる］kwaQkwijuɴ

かる枯　かれる［枯れる］karijuɴ

かる嗄　かれる［嗄れる］karijuɴ

ききほる聞惚　ききほれる［聞き惚れる］cicihurijuɴ

きる切　きれる［切れる］cirijuɴ

くづる崩　くずれる［崩れる］kuzirijuɴ

くる呉　くれる［呉れる］kwijuɴ

くる暮　くれる［暮れる］’juQkwijuɴ 注21)

こはる壊　こわれる［壊れる］kuurijuɴ

ざる戯　ざれる［戯れる］zarijuɴ

しなる為慣　しなれる［し慣れる］siinarijuɴ

すぐる勝　すぐれる［勝れる］sugurijuɴ

すたる廃　すたれる［廃れる］ṣitarijuɴ

ただる爛　ただれる［爛れる］tadarijuɴ

たふる倒　たおれる［倒れる］toorijuɴ

たる垂　たれる［垂れる］tarijuɴ

つかる疲　つかれる［疲れる］çikarijuɴ

つる連　つれる［連れる］çirijuɴ

とびはなる飛離　とびはなれる［飛び離れる］tuɴbanarijuɴ 注22)

ながる流　ながれる［流れる］nagarijuɴ

なる馴　なれる［馴れる・慣れる］narijuɴ

ぬる濡　ぬれる［濡れる］’ɴdijuɴ

のがる逃　のがれる［逃れる］nugaajuɴ 注23)

はなる離　はなれる［離れる］hanarijuɴ

はる晴　はれる［晴れる］harijuɴ

ふくる膨　ふくれる［膨れる］huQkwijuɴ

ふる狂　ふれる（気が〜）hurijuɴ

ふる触　ふれる［触れる］hurijuɴ 注24)

ほる惚　ほれる［惚れる］hurijuɴ

まぎる紛　まぎれる［紛れる］mazirijuɴ

みだる乱　みだれる［乱れる］midarijuɴ, 'ɴzarijuɴ

みなる見馴　みなれる［見馴れる］miinarijuɴ

むる蒸　むれる［蒸れる］ʔɴburijuɴ

もつる縺　もつれる［縺れる］muçirijuɴ

もる漏　もれる［漏れる］murijuɴ

やつる窶　やつれる［窶れる］'jaçirijuɴ

やぶる破　やぶれる［破れる］'jarijuɴ

よごる汚　よごれる［汚れる］'jugurijuɴ

わかる分　わかれる［分かれる］'wakarijuɴ

わかる別　わかれる［別れる］'wakarijuɴ

わする忘　わすれる［忘れる］'waʂijuɴ

わる割　われる［割れる］'warijuɴ

をる折　おれる［折れる］'uurijuɴ

うう植　うえる［植える］ʔwiijuɴ

「変化」に関して、「ʔwii=juɴ ①（他　=raɴ, =ti）」とある。

（カ変）

く来　くる［来る］cuuɴ

　　cuuɴ ⓪（自・不規則）

（サ変）

す為　する［為る］sjuɴ

　　sjuɴ ①（他・不規則）

さっす察　さっする［察する］saQsijuɴ

　　saQsi=juɴ ①（他　=raɴ, =ti）［文］察する。

おうず応　おうじる［応じる］'uuzijuɴ

「変化」に関して、「'uuzi=juɴ ①（自　=raɴ, =ti）」とある。

以下の例も同様に（=raɴ, =ti のように）変化する。

しやうず生　しょうじる［生じる］sjoozijuɴ

せんず煎　せんじる［煎じる］siɴzijuɴ

どうず動　どうずる［動ずる］duuzijuɴ

ねんず念　ねんずる［念ずる］niɴzijuɴ

やすんず安　やすんずる［安んずる］'jasuɴzijuɴ

第 4 節　『沖縄語辞典』の動詞形態の考察　925

（ナ変）

いぬ往　さる［去る］ ʔNzaru

　　ʔNzaru ① （連体）去る

しぬ死　しぬ［死ぬ］ sinuN

　　si=nuN ① （自・不規則）

（ラ変）

あり有　ある［有る・在る］ ʔaN

　　ʔaN ⓪ （自・不規則）

をり居　いる［居る］ 'uN

　　'uN ① （自・不規則）

いく行　いく［行く］ ʔicuN

　　ʔicuN ① （自・不規則）

第5章　沖縄語動詞形態変化の通時的考察

　第4章までの記述を整理・統一して、沖縄語動詞形態変化の史的変化の考察（通時的考察）を行う。

☆　所謂「活用形」毎に、用例を時系列で整理していく。用例の存しない資料を一々示すことはしない。資料の通し番号を資料名と共に示す。通し番号に「飛び」がある場合そこに用例の存しない資料があることを示すためである。

　例えば、＜第1節　「四段活用」動詞の史的変化　1）「連用形」に対応する形＞において次のようにある。

　　　09,《陳使》（1534）

　　やく焼　/jakiisji/　☆ 連用形「やき」を含む。「やきいし」（焼き石）に対応。

　　　19,《郭使》（1561）

　　いく行　/ikimudui/　☆ 連用形「いき」を含む。「いきもどり」に対応か。

　09 から 19 に飛んでいるのは、資料の「10,《田名2》（1536）　11,《田名3》（1537）12,《田名4》（1541）　13,《碑文（かた）》（1543）　14,《田名5》（1545）　15,《碑文（添門)》（1546）　16,《田名6》（1551）　17,《碑文（やら）》（1554）　18,《田名7》（1560）」に、「四段活用」動詞の「連用形」に対応する形の用例が存在しないことを示している。

☆　用例数を問題にする必要はないので、（同じ用例を列挙することをせず）用例は1例ずつとする

　同じグループに属するものは同じように「（形態）変化」し、同じように「（史的）変化」をするだろうから、ヒントとなる事柄が得られやすかろうという大前提のもと、所謂「（カ行、タ行等の）行別」に分類して用例配列を行う。

☆　用例を、第4章までの配列の仕方を若干変えて、次の例のように示す。

　　　08,《おも1》（1531）

　　いく行　/ikjari/　☆ 連用形「いき」を含む。「いきあり」に対応。

　　一段目は、順に「資料の通し番号、資料名、成立年」である。

　　二段目は、順に「見出し語、用例の音韻表記、簡単なコメント」である。用例の音韻表記は、第4章までの「/ikjari/ と推定。」のようにした「と推定。」を省略した。

☆　しかるべき箇所において、史的変化にかかわる事柄について述べていく。「変化」したと見做される事柄に焦点を当てて記述することになる。詰まるところその多くは音韻の変化が「形態変化」の変化を招来したものであることがわかる。

☆　言はずもがなの可能性もあろうが、成立年の新しい資料が言語資料としても新しいものを収録しているとは限らない。「古い形」の場合もあるので、そのことにも留意しつつ記述を進めていく。

序　説　現代沖縄語動詞形態変化の様相

　「史的変化」の終着駅として現代語があるわけだから、そこに到る過程でどのような《変化》があったと考えられるかという視点から流れを考察する必要がある。その流れを考察するための前提としての現代沖縄語を見てみることにしよう。

　現代沖縄語の動詞形態変化は、次の三つのタイプから成り立っていると見ることができる。それぞれに名称を与えるとすれば、「タイプＡ（古典タイプ）」「タイプＢ（ラ行化タイプ）」「タイプＣ（「をり」付加タイプ）」となる。これらにテンス・アスペクト等を表す「て＋あり」「て＋をり」等が加わって全体を構成している。

　「タイプＡ（古典タイプ）」は、15世紀ごろまで全ての動詞がこのタイプに属していたと考えられる「古形」とも呼ぶべきものである。
　「タイプＢ（ラ行化タイプ）」は、主に「ハ行四段動詞」と「（上・下）一段動詞」「（上・下）二段動詞」とに起こった「ラ行（四段）化」と称すべき《変化》をしたグループをまとめたものである。
　「タイプＣ（「をり」付加タイプ）」は、「連用形」に「をり」由来の形式が接続して構成される「形態変化」をなすグループを指しているものである。

　代表語例を用いて具体的に説明する。違いを鮮明にするために、所謂「連用形」「命令形」「終止形」「連体形」「已然形」「未然形」にそれぞれ対応すると考えられる形式を含むものを対照することにする。
　「タイプＡ（古典タイプ）」の代表語例として「飲む」・「笑ふ」を取り上げる。
「タイプＡ（古典タイプ）」
「飲む」1)「連用形」/numi/　「のみ」に対応
　　　 2)「命令形」/numi/　「のめ」に対応
　　　 3)「終止形」/numu/　「のむ」に対応
　　　　　　　　「終止」の機能は、「のみ（連用形）＋をり<u>む</u>」由来の /numu'N/ に譲ったが、禁止を示す表現が /numuna/ として実現するので、形式としての「終止形」は「古形」を保つ形で保持されていると言える。例を付け加えれば、「泣く」・「立つ」の禁止の形がそれぞれ /nakuna/,/tatuna/ であるように、「古形」の「なく」・「たつ」が保持されていることは間違いない。
　　　 4)「連体形」「のむ」に対応する /numu/ が存在したはずであるが、現代語では「連体」の機能は、「のみ（連用形）＋をる」由来の /numuru/ が担うようになっている。
　　　 5)「已然形」/numi'wa/,/nume'e/　「のめは」に対応
　　　 6)「未然形」/numa'N/　「のまぬ」に対応
　　　　　　　　/numa/,/numana/　「のま」・「のまな」に対応
　　　　　　　　/numa'wa/,/numa'a/　「のまは」に対応

「笑ふ」1)「連用形」/'wara'i/ 「わらひ」に対応

 ｛2)「命令形」/'warari/ 「わられ」に対応（ラ行化）｝

 3)「終止形」/'wara'u/ 「わらふ」に対応

  「終止」の機能は、「わらひ（連用形）＋をりむ」由来の/'wara'juɴ/,
  /'wara'iɴ/に譲ったが、禁止を示す表現が/'wara'una/（「わらふな」
  に対応）として実現するので、形式としての「終止形」は「古形」
  を保つ形で保持されている。（後述するように/'wara'ɴna/もあ
  る。）

 4)「連体形」「わらふ」に対応する/'wara'u/が存在したはずであるが、現代
  語では「連体」の機能は、「わらひ（連用形）＋をる」由来の
  /'wara'juru/,/'wara'iru/が担うようになっている。

 5)「已然形」/'wara'i'ja/,/'wara'e'e/ 「わらへは」に対応

  ｛/'warari'wa/,/'warare'e/ 「わられは」に対応（ラ行化）｝

 6)「未然形」/'wara'a'ɴ/ 「わらはぬ」に対応

  ｛/'warara'ɴ/ 「わららぬ」に対応（ラ行化）｝

  /'wara'wa/,/'wara'wana/ 「わらは」・「わらはな」に対応

  ｛/'warara/,//'wararana/ 「わらら」・「わららな」に対応（ラ行化）｝

  /'wara'wa'wa/,/'wara'wa'a/ 「わらはは」に対応

  ｛/'warara'wa /,/'warara'a/ 「わららは」に対応（ラ行化）｝

　現代語の「ハ行四段動詞」は「古典タイプ」と「ラ行化タイプ」とが相補的分布をな
していたり並存していたりしていることになる。（「わらひ＋をり」としたのは、「わら
り＋をり」の可能性もある。詳しくは、後述する。）

　次に見るように、「一段・二段動詞」は全て「ラ行化タイプ」である。

　「タイプB（ラ行化タイプ）」の代表語例として「着る」、「起く」・「過ぐ」・「降る」、「蹴
る」、「掛く」・「上ぐ」・「立つ」・「調ぶ」・「祟む」・「離る」を取り上げる。（「ハ行四段」
に関しては先述の「笑ふ」参照。）

　「タイプB（ラ行化タイプ）」

「着る」1)「連用形」/cji'i/ 「きり」に対応（/ri/→/'i/の変化がある）

 2)「命令形」/cjiri/ 「きれ」に対応

 3)「終止形」/cjiru/ 「きる」に対応

  「終止」の機能は、「きり＋をりむ」から派生したと思われる
  /cji'ju'ɴ/, /cji'i'ɴ/が担っているが、禁止を示す表現が/cji'ɴna/（「き
  るな」に対応）として実現するので、形式としての「終止形」
  は「きる」を保つ形で保持されていると考えられる。

 4)「連体形」「きる」に対応する/cjiru/が存在したはずであるが、現代語では
  「連体」の機能は、「きり＋をる」由来の/cji'juru/,/cji'iru/が担う
  ようになっている。

 5)「已然形」/cjiri'wa/,/cjire'e/ 「きれは」に対応

 6)「未然形」/cjira'ɴ/ 「きらぬ」に対応

  /cjira/,/cjirana/ 「きら」・「きらな」に対応

序　説　現代沖縄語動詞形態変化の様相　929

　　　　　　　/cjira'wa/,/cjira'a/ 「きらは」に対応
「起く」1)「連用形」/ʔuki'i/ 「おきり」に対応（/ri/ → /'i/ の変化がある）
　　　　2)「命令形」/ʔukiri/ 「おきれ」に対応
　　　　3)「終止形」/ʔukiru/ 「おきる」に対応
　　　　　　　「終止」の機能は、「おきり＋をりむ」由来の /ʔuki'ju'n/,/ʔuki'i'n/
　　　　　　　が担っているが、禁止を示す表現が /ʔuki'nna/（「おきるな」に
　　　　　　　対応）として実現するので、形式としての「終止形」は「おきる」
　　　　　　　の形で保持されていると考えられる。
　　　　4)「連体形」「おきる」に対応する /ʔukiru/ が存在したはずであるが、現代語で
　　　　　　　は「連体」の機能は、「おきり＋をる」由来の /ʔuki'juru/,/ʔuki'iru/
　　　　　　　が担うようになっている。
　　　　5)「已然形」/ʔukiri'wa/,/ʔukire'e/ 「おきれは」に対応
　　　　6)「未然形」/ʔukira'n / 「おきらぬ」に対応
　　　　　　　/ʔukira/,/ʔukirana/ 「おきら」・「おきらな」に対応
　　　　　　　/ʔukira'wa /,/ʔukira'a/ 「おきらは」に対応
「過ぐ」1)「連用形」/sjizji'i/ 「すぎり」に対応（/ri/ → /'i/ の変化がある）
　　　　2)「命令形」/sjizjiri/ 「すぎれ」に対応
　　　　3)「終止形」/sjizjiru/ 「すぎる」に対応
　　　　　　　「終止」の機能は、「すぎり＋をりむ」由来の /sjizji'ju'n/,/
　　　　　　　sjizji'i'n/ が担っているが、禁止を示す表現が /sjizji'nna/（「すぎ
　　　　　　　るな」に対応）として実現するので、形式としての「終止形」
　　　　　　　は「すぎる」の形で保持されていると考えられる。
　　　　4)「連体形」「すぎる」に対応する /sjizjiru/ が存在したはずであるが、現代語
　　　　　　　では「連体」の機能は、「すぎり＋をる」由来の /sjizji'juru/,/sjizji'iru/
　　　　　　　が担うようになっている。
　　　　5)「已然形」/sjizjiri'wa/,/sjizjire'e/ 「すぎれは」に対応
　　　　6)「未然形」/sjizjira'n/ 「すぎらぬ」に対応
　　　　　　　/sjizjira/,/sjizjirana/ 「すぎら」・「すぎらな」に対応
　　　　　　　/sjizjira'wa/,/sjizjira'a/ 「すぎらは」に対応
「降る」1)「連用形」/ʔuri'i/ 「おれり」に対応（/ri/ → /'i/ の変化がある）
　　　　2)「命令形」/ʔuriri/ 「おれれ」に対応
　　　　3)「終止形」/ʔuriru/ 「おれる」に対応
　　　　　　　「終止」の機能は、「おれり＋をりむ」由来の /ʔuri'ju'n/,/ʔuri'i'n/
　　　　　　　が担っているが、禁止を示す表現が /ʔuri'nna/（「おれるな」に
　　　　　　　対応）として実現するので、形式としての「終止形」は「おれる」
　　　　　　　の形で保持されていると考えられる。
　　　　4)「連体形」「おれる」に対応する /ʔuriru/ が存在したはずであるが、現代語で
　　　　　　　は「連体」の機能は、「おれり＋をる」由来の /ʔuri'juru/,/ʔuri'iru/
　　　　　　　が担うようになっている。
　　　　5)「已然形」/ʔuriri'wa/,/ʔurire'e/ 「おれれは」に対応

930　第5章　沖縄語動詞形態変化の通時的考察

6)「未然形」/ʔurira'ɴ/ 「おれらぬ」に対応

　　　　　　/ʔurira/,/ʔurirana/ 「おれら」・「おれらな」に対応

　　　　　　/ʔurira'wa/,/ʔurira'a/ 「おれらは」に対応

「蹴る」1)「連用形」/ki'i/ 「けり」に対応 (/ri/ → /'i/ の変化がある)

　　　　2)「命令形」/kiri/ 「けれ」に対応

　　　　3)「終止形」/kiru/ 「ける」に対応

　　　　　　「終止」の機能は、「けり＋をりむ」由来の /ki'ju'ɴ/,/ki'i'ɴ/ が担っ
　　　　　　ているが、禁止を示す表現が /ki'ɴna/（「けるな」に対応）とし
　　　　　　て実現するので、形式としての「終止形」は「ける」の形で保
　　　　　　持されていると考えられる。

　　　　4)「連体形」「ける」に対応する /kiru/ が存在したはずであるが、現代語では
　　　　　　「連体」の機能は、「けり＋をる」由来の「/ki'juru/,/ki'iru/ が担
　　　　　　うようになっている。

　　　　5)「已然形」/kiri'wa/,/kire'e/ 「けれは」に対応

　　　　6)「未然形」/kira'ɴ/ 「けらぬ」に対応

　　　　　　/kira/,/kirana/ 「けら」・「けらな」に対応

　　　　　　/kira'wa/,/kira'a/ 「けらは」に対応

「掛く」1)「連用形」/kaki'i/ 「かけり」に対応 (/ri/ → /'i/ の変化がある)

　　　　2)「命令形」/kakiri/ 「かけれ」に対応

　　　　3)「終止形」/kakiru/ 「かける」に対応

　　　　　　「終止」の機能は、「かけり＋をりむ」由来の /kaki'ju'ɴ/,/kaki'i'ɴ/
　　　　　　が担っているが、禁止を示す表現が /kaki'ɴna/（「かけるな」に
　　　　　　対応）として実現するので、形式としての「終止形」は「かける」
　　　　　　の形で保持されていると考えられる。

　　　　4)「連体形」「かける」に対応する /kakiru/ が存在したはずであるが、現代語で
　　　　　　は「連体」の機能は、「かけり＋をる」由来の /kaki'juru/,/kaki'iru/
　　　　　　が担うようになっている。

　　　　5)「已然形」/kakiri'wa/,/kakire'e/ 「かけれは」に対応

　　　　6)「未然形」/kakira'ɴ/ 「かけらぬ」に対応

　　　　　　/kakira/,/kakirana/ 「かけら」・「かけらな」に対応

　　　　　　/kakira'wa/,/kakira'a/ 「かけらは」に対応

「上ぐ」1)「連用形」/ʔagi'i/ 「あげり」に対応 (/ri/ → /'i/ の変化がある)

　　　　2)「命令形」/ʔagiri/ 「あげれ」に対応

　　　　3)「終止形」/ʔagiru/ 「あげる」に対応

　　　　　　「終止」の機能は、「あげり＋をりむ」由来の /ʔagi'ju'ɴ/,/ʔagi'i'ɴ/
　　　　　　が担っているが、禁止を示す表現が /ʔagi'ɴna/（「あげるな」に
　　　　　　対応）として実現するので、形式としての「終止形」は「あげる」
　　　　　　の形で保持されていると考えられる。

　　　　4)「連体形」「あげる」に対応する /ʔagiru/ が存在したはずであるが、現代語
　　　　　　では「連体」の機能は、「あげり＋をる」由来の /ʔagi'juru/,/ʔagi'iru/

　　　　　　　　　が担うようになっている。
　　　5）「已然形」/ʔagiri'wa/,/ʔagire'e/　「あげれは」に対応
　　　6）「未然形」/ʔagira'ɴ/　「あげらぬ」に対応
　　　　　　　　/ʔagira/,/ʔagirana/　「あげら」・「あげらな」に対応
　　　　　　　　/ʔagira'wa/,/ʔagira'a/　「あげらは」に対応
「立つ」1）「連用形」/tati'i/　「たてり」に対応（/ri/ → /'i/ の変化がある）
　　　2）「命令形」/tatiri/　「たてれ」に対応
　　　3）「終止形」/tatiru/　「たてる」に対応
　　　　　　　　「終止」の機能は、「たてり＋をりむ」由来の /tati'juɴ/,/tati'i'ɴ/
　　　　　　　　が担っているが、禁止を示す表現が /tatii'ɴna/（「たてるな」に
　　　　　　　　対応）として実現するので、形式としての「終止形」は「たてる」
　　　　　　　　の形で保持されていると考えられる。
　　　4）「連体形」「たてる」に対応する /tatiru/ が存在したはずであるが、現代語
　　　　　　　　では「連体」の機能は、「たてり＋をる」由来の /tati'juru/,/tati'iru/
　　　　　　　　が担うようになっている。
　　　5）「已然形」/tatiri'wa/, /tatire'e/　「たてれは」に対応
　　　6）「未然形」/tatira'ɴ/　「たてらぬ」に対応
　　　　　　　　/tatira/,/ tatirana/　「たてら」・「たてらな」に対応
　　　　　　　　/tatira'wa/,/ tatira'a/　「たてらは」に対応
「調ぶ」1）「連用形」/sjirabi'i/　「しらべり」に対応（/ri/ → /'i/ の変化がある）
　　　2）「命令形」/sjirabiri/　「しらべれ」に対応
　　　3）「終止形」/sjirabiru/　「しらべる」に対応
　　　　　　　　「終止」の機能は、「しらべり＋をりむ」由来の /sjirabi'juɴ/,
　　　　　　　　/sjirabi'i'ɴ/ が担っているが、禁止を示す表現が /sjirabi'ɴna/（「し
　　　　　　　　らべるな」に対応）として実現するので、形式としての「終止形」
　　　　　　　　は「しらべる」の形で保持されていると考えられる。
　　　4）「連体形」「しらべる」に対応する /sjirabiru/ が存在したはずであるが、現代
　　　　　　　　語では「連体」の機能は、「しらべり＋をる」由来の /sjirabi'juru/,
　　　　　　　　/sjirabi'iru/ が担うようになっている。
　　　5）「已然形」/sjirabiri'wa/,/sjirabire'e/　「しらべれは」に対応
　　　6）「未然形」/sjirabira'ɴ/　「しらべらぬ」に対応
　　　　　　　　/sjirabira/,/sjirabirana/　「しらべら」・「しらべらな」に対応
　　　　　　　　/sjirabira'wa/,/sjirabira'a/　「しらべらは」に対応
「崇む」1）「連用形」/ʔagami'i/　「あがめり」に対応（/ri/ → /'i/ の変化がある）
　　　2）「命令形」/ʔagamiri/　「あがめれ」に対応
　　　3）「終止形」/ʔagamiru/　「あがめる」に対応
　　　　　　　　「終止」の機能は、「あがめり＋をりむ」由来の /ʔagami'juɴ/,
　　　　　　　　/ʔagami'i'ɴ/ が担っているが、禁止を示す表現が /ʔagami'ɴna/（「あ
　　　　　　　　がめるな」に対応）として実現するので、形式としての「終止形」
　　　　　　　　は「あがめる」の形で保持されていると考えられる。

　　　　　4)「連体形」「あがめる」に対応する /ʔagamiru/ が存在したはずであるが、現代
　　　　　　　　語では「連体」の機能は、「あがめり＋をる」由来の /ʔagami'juru/,
　　　　　　　　/ʔagami'iru/ が担うようになっている。
　　　　　5)「已然形」/ʔagamiri'wa/,/ʔagamire'e/ 「あがめれは」に対応
　　　　　6)「未然形」/ʔagamira'N/ 「あがめらぬ」に対応
　　　　　　　　/ʔagamira/,/ʔagamirana/ 「あがめら」・「あがめらな」に対応
　　　　　　　　/ʔagamira'wa/,/ʔagamira'a/ 「あがめらは」に対応
「離る」1)「連用形」/hanari'i/ 「はなれり」に対応（/ri/→/'i/ の変化がある）
　　　　2)「命令形」/hanariri/ 「はなれれ」に対応
　　　　3)「終止形」/hanariru/ 「はなれる」に対応
　　　　　　「終止」の機能は、「はなれり＋をりむ」由来の /hanari'juN/,/hanari'iN/
　　　　　　が担っているが、禁止を示す表現が /hanari'Nna/（「はなれるな」
　　　　　　に対応として実現するので、形式としての「終止形」は「はな
　　　　　　れる」の形で保持されていると考えられる。
　　　　4)「連体形」「はなれる」に対応する /hanariru/ が存在したはずであるが、現
　　　　　　代語では「連体」の機能は、「はなれり＋をる」由来の /hanari'juru/,
　　　　　　/hanari'iru/ が担うようになっている。
　　　　5)「已然形」/hanariri'wa/,/hanarire'e/ 「はなれれは」に対応
　　　　6)「未然形」/hanarira'N/ 「はなれらぬ」に対応
　　　　　　/hanarira/,/hanarirana/ 「はなれら」・「はなれらな」に対応
　　　　　　/hanarira'wa/,/hanarira'a/ 「はなれらは」に対応
「タイプC（「をり」付加タイプ）」の代表語例として前出の同じ語例を用いる。
「タイプC（「をり」付加タイプ）」
「飲む」1)「連用形」/numu'i/ 「のみをり」に対応（「飲むし」の意）（/ri/→/'i/ の変化
　　　　　　がある）
　　　　2)「命令形」/numi'uri/ 「のみをれ」に対応（「古風な」言い方になる）
　　　　3)「終止形」/numu'N/ 「のみをりむ」に対応
　　　　4)「連体形」/numuru/ 「のみをる」に対応
　　　　5)「已然形」/numuri'wa/,/numure'e/ 「のみをれは」に対応（「飲むのであ
　　　　　　れば」の意）
　　　　6)「未然形」/numura'wa/,/numura'a/ 「のみをらは」に対応（「飲むのならば」
　　　　　　の意）
　ここで、「タイプA」と「タイプC」とを対比してその違いについて考察しておこう。
例えば、/numu'i/ の現代日本語訳とも言うべき「飲むし」が示唆しているように、〈「を
り」付加タイプ〉は「強意」を示す。
　/numi/ と /numu'i/、/numi'wa/,/nume'e/ と /numuri'wa/,/numure'e/、/numa'wa/,
/numa'a/ と /numura'wa/,/numura'a/ とをそれぞれ対比すると、〈「をり」付加タイプ〉
の後者が「強意」を示す。これから類推すると、「終止形」・「連体形」においてもある
時期まで /numu/ と /numu'N/、/numu/ と /numuru/ が同様の対応関係にあったと言え
るであろう（その時期がいつか。今後に期す）。

　　　　　　　　　　　　　　　序　説　現代沖縄語動詞形態変化の様相　933

「終止形」と「連用形」に関しては、以下の用例全てにおいて同様のことが言える。

「笑ふ」1)「連用形」/ˈwara'ju'i/「わらひをり」に対応（「笑うし」の意）(/ri/ → /ˈi/
　　　　　の変化がある)
　　　2)「命令形」/ˈwara'i'uri/「わらひをれ」に対応（「古風な」言い方になる）
　　　3)「終止形」/ˈwara'ju'N/,/ˈwara'i'N/「わらひをりむ」に対応
　　　4)「連体形」/ˈwara'juru/,/ˈwara'iru/「わらひをる」に対応
　　　5)「已然形」/ˈwara'juri'wa/,/ˈwara'jure'e/「わらひをれは」に対応（「笑うの
　　　　　であれば」の意）
　　　6)「未然形」/ˈwara'jura'wa/,/ˈwara'jura'a/「わらひをらは」に対応（「笑う
　　　　　のならば」の意）

　「わらひ＋をり」としたのは、「わらり＋をり」の可能性も考えられる。もとの「連用
形」/ˈwara'i/ が「わらひ」に由来するのか、「わらり」から変化したものか判別しにく
いからである。それを「わらひ」だと判断したのは、（既に見た通り）「ハ行四段」では
「ラ行化」したものとそうでないものとが並存していることと以下の「一段・二段」と
の対比の結果である。同じ「ラ行化」ではあっても「ハ行四段」とその他では違いがあ
ることがわかるのである。「一段・二段」では「ラ行化」後の「連用形」に「をり」が
接続するのに対し、「ハ行四段」はそうではない。更に言えば、「ハ行四段」のラ行化は
「一段・二段」等より遅れて起こった可能性もある。第1節以降で各資料を通覧する過
程で明らかになろう。

「着る」1)「連用形」/cji'ju'i/「きりをり」に対応（「着るし」の意）(/ri/ → /ˈi/ の変
　　　　　化がある)
　　　2)「命令形」/cji'i'uri/「きりをれ」に対応（「古風な」言い方になる）
　　　3)「終止形」/cji'ju'N/,/cji'i'N/「きりをりむ」に対応
　　　4)「連体形」/cji'juru/,/cji'iru/「きりをる」に対応
　　　5)「已然形」/cji'juri'wa/,/cji'jure'e/「きりをれは」に対応（「着るのであれば」
　　　　　の意）
　　　6)「未然形」/cji'jura'wa/,/cji'jura'a/「きりをらは」に対応（「着るのならば」
　　　　　の意）
「起く」1)「連用形」/ʔuki'ju'i/「おきりをり」に対応（「起きるし」の意）(/ri/ → /ˈi/
　　　　　の変化がある)
　　　2)「命令形」/ʔuki'i'uri/「おきりをれ」に対応（「古風な」言い方になる）
　　　3)「終止形」/ʔuki'ju'N/,/ʔuki'i'N/「おきりをりむ」に対応
　　　4)「連体形」/ʔuki'juru/,/ʔuki'iru/「おきりをる」に対応
　　　5)「已然形」/ʔuki'juri'wa/,/ʔuki'jure'e/「おきりをれは」に対応（「起きるの
　　　　　であれば」の意）
　　　6)「未然形」/ʔuki'jura'wa /,/ʔuki'jura'a/「おきりをらは」に対応（「起きる
　　　　　のならば」の意）
「過ぐ」1)「連用形」/sjizji'ju'i/「すぎりをり」に対応（「過ぎるし」の意）(/ri/ → /ˈi/

の変化がある）

2)「命令形」/sjizji'i'uri/ 「すぎりをれ」に対応（「古風な」言い方になる）

3)「終止形」/sjizji'ju'ɴ/,/sjizji'i'ɴ/ 「すぎりをりむ」に対応

4)「連体形」/sjizji'juru/,/sjizji'iru/ 「すぎりをる」に対応

5)「已然形」/sjizji'juri'wa/,/sjizji'jure'e/ 「すぎりをれは」に対応（「過ぎるのであれば」の意）

6)「未然形」/sjizji'jura'wa/,/sjizji'jura'a/ 「すぎりをらは」に対応（「過ぎるなのらば」の意）

「降る」1)「連用形」/ʔuri'ju'i/ 「おれりをり」に対応（「降りるし」の意）(/ri/ → /'i/ の変化がある）

2)「命令形」/ʔuri'i'uri/ 「おれりをれ」に対応（「古風な」言い方になる）

3)「終止形」/ʔuri'ju'ɴ/,/ʔuri'i'ɴ/ 「おれりをりむ」に対応

4)「連体形」/ʔuri'juru/,/ʔuri'iru/ 「おれりをる」に対応

5)「已然形」/ʔuri'juri'wa/,/ʔuri'jure'e/ 「おれりをれは」に対応（「降りるのであれば」の意）

6)「未然形」/ʔuri'jura'wa/,/ʔuri'jura'a/ 「おれりをらは」に対応（「降りるのならば」の意）

「蹴る」1)「連用形」/ki'ju'i/ 「けりをり」に対応（「蹴るし」の意）(/ri/ → /'i/ の変化がある）

2)「命令形」/ki'uri/ 「けりをれ」に対応（「古風な」言い方になる）

3)「終止形」/ki'ju'ɴ/,/ki'i'ɴ/ 「けりをりむ」に対応

4)「連体形」/ki'juru/,/ki'iru/ 「けりをる」に対応

5)「已然形」/ki'juri'wa/,/ki'jure'e/ 「けりをれは」に対応（「蹴るのであれば」の意）

6)「未然形」/ki'jura'wa/,/ki'jura'a/ 「けりをらは」に対応（「蹴るのならば」の意）

「掛く」1)「連用形」/kaki'ju'i/ 「かけりをり」に対応（「掛けるし」の意）(/ri/ → /'i/ の変化がある）

2)「命令形」/kaki'i'uri/ 「かけりをれ」に対応（「古風な」言い方になる）

3)「終止形」/kaki'ju'ɴ/,/kaki'i'ɴ/ 「かけりをりむ」に対応

4)「連体形」/kaki'juru/,/kaki'iru/ 「かけりをる」に対応

5)「已然形」/kaki'juri'wa/,/kaki'jure'e/ 「かけりをれは」に対応（「掛けるのであれば」の意）

6)「未然形」/kaki'jura'wa/,/kaki'jura'a/ 「かけりをらは」に対応（「掛けるのならば」の意）

「上ぐ」1)「連用形」/ʔagi'ju'i/ 「あげりをり」に対応（「上げるし」の意）(/ri/ → /'i/ の変化がある）

2)「命令形」/ʔagi'i'uri/ 「あげりをれ」に対応（「古風な」言い方になる）

3)「終止形」/ʔagi'ju'ɴ/,/ʔagi'i'ɴ/ 「あげりをりむ」に対応

4)「連体形」/ʔagi'juru/,/ʔagi'iru/ 「あげりをる」に対応

5)「已然形」/ʔagi'juri'wa/,/ʔagi'jure'e/ 「あげりをれは」に対応（「上げるの
であれば」の意）

6)「未然形」/ʔagi'jura'wa/,/ʔagi'jura'a/ 「あげりをらは」に対応（「上げるの
ならば」の意）

「立つ」1)「連用形」/tati'ju'i/ 「たてりをり」に対応（「立てるし」の意）（/ri/→/'i/
の変化がある）

2)「命令形」/tati'i'uri/ 「たてりをれ」に対応（「古風な」言い方になる）

3)「終止形」/tati'ju'N/,/tati'i'N/「たてりをり<u>む</u>」に対応

4)「連体形」/tati'juru/,/tati'iru/ 「たてりをる」に対応

5)「已然形」/tati'juri'wa/, /tati'jure'e/ 「たてりをれは」に対応（「立てるの
であれば」の意）

6)「未然形」/tati'jura'wa/,/tati'jura'a/ 「たてりをらは」に対応（「立てるの
ならば」の意）

「調ぶ」1)「連用形」/sjirabi'ju'i/ 「しらべりをり」に対応（「調べるし」の意）
（/ri/→/'i/ の変化がある）

2)「命令形」/sjirabi'i'uri/ 「しらべりをれ」に対応（「古風な」言い方になる）

3)「終止形」/sjirabi'ju'N/,/sjirabi'i'N/ 「しらべりをり<u>む</u>」に対応

4)「連体形」/sjirabi'juru/,/sjirabi'iru/ 「しらべりをる」に対応

5)「已然形」/sjirabi'juri'wa/,/sjirabi'jure'e/ 「しらべりをれは」に対応（「調
べるのであれば」の意）

6)「未然形」/sjirabi'jura'wa/,/sjirabi'jura'a/ 「しらべりをらは」に対応（「調
べるのならば」の意）

「崇む」1)「連用形」/ʔagami'ju'i/ 「あがめりをり」に対応（「崇めるし」の意）
（/ri/→/'i/ の変化がある）

2)「命令形」/ʔagami'i'uri/ 「あがめりをれ」に対応（「古風な」言い方になる）

3)「終止形」/ʔagami'ju'N/,/ʔagami'i'N/ 「あがめりをり<u>む</u>」に対応

4)「連体形」/ʔagami'juru/,/ʔagami'iru/ 「あがめりをる」に対応

5)「已然形」/ʔagami'juri'wa/,/ʔagami'jure'e/ 「あがめりをれは」に対応（「崇
めるのであれば」の意）

6)「未然形」/ʔagami'jura'wa/,/ʔagami'jura'a/ 「あがめりをらは」に対応（「崇
めるのならば」の意）

「離る」1)「連用形」/hanari'ju'i/ 「はなれりをり」に対応（「離れるし」の意）
（/ri/→/'i/ の変化がある）

2)「命令形」/hanari'i'uri/ 「はなれりをれ」に対応（「古風な」言い方になる）

3)「終止形」/hanari'ju'N/,/hanari'i'N/ 「はなれりをり<u>む</u>」に対応

4)「連体形」/hanari'juru/,/hanari'iru/ 「はなれりをる」に対応

5)「已然形」/hanari'juri'wa/,/hanari'jure'e/ 「はなれりをれは」に対応（「離
れるのであれば」の意）

6)「未然形」/hanari'jura'wa/,/hanari'jura'a/ 「はなれりをらは」に対応（「離
れるのならば」の意）

三つのタイプを対照すると《変化》の過程も見えてくる。「飲む」「笑ふ」「着る」を代表例として対照する。（「已然形」「未然形」は、対照しやすいように、「－は」の形のみに絞った。）

現代沖縄語動詞形態変化のタイプ対照表

	A（古典タイプ）	B（ラ行化タイプ）	C（「をり」付加タイプ）
飲む 1)	/numi/		/numu'i/
2)	/numi/		/numi'uri/
3)	/numu/	（ナシ）	/numu'ɴ/
4)	(/numu/)		/numuru/
5)	/numi'wa//nume'e/		/numuri'wa//numure'e/
6)	/numa'wa//numa'a/		/numura'wa//numura'a/
笑ふ 1)	/ˈwara'i/	（ナシ）	/ˈwara'ju'i/
2)	（ナシ）	/ˈwarari/	/ˈwara'i'uri/
3)	/ˈwara'u/	/ˈwararu/	/ˈwara'ju'ɴ//ˈwara'i'ɴ/
4)	(/ˈwara'u/)	(/ˈwararu/)	/ˈwara'juru//ˈwara'iru/
5)	/ˈwara'i'ja//ˈwara'e'e/	/ˈwarari'wa//ˈwarare'e/	/ˈwara'juri'wa//ˈwara'jure'e/
6)	/ˈwara'wa'wa//ˈwara'wa'a/	/ˈwarara'wa//ˈwarara'a/	/ˈwara'jura'wa/,/ˈwara'jura'a/
着る 1)		/cji'i/	/cji'ju'i/
2)		/cjiri/	/cji'i'uri/
3)		/cjiru/	/cji'ju'ɴ/,/cji'i'ɴ/
4)	（ナシ）	(/cjiru/)	/cji'juru/,/cji'iru/
5)		/cjiri'wa//cjire'e/	/cji'juri'wa//cji'jure'e/
6)		/cjira'wa//cjira'a/	/cji'jura'wa//cji'jura'a/

「（上・下）一段・二段」動詞及び「ハ行四段」動詞に「ラ行化」現象が起こったのはそれぞれいつごろか、「連用形＋をり」が構成されるようになったのはいつごろか、これらが「沖縄語動詞形態変化の史的変化」を考察する際の大きなポイントになることがわかる。そして、その大きな流れの中で、大小様々な「移り変り」が生じたことになる。それらがいつごろどのような事情で生じたのかを、用例を時系列で通覧しながら、以下考察していくことにする。

第1節 「四段活用」動詞の史的変化

○（1）「ハ行」動詞の「ラ行（四段）化」について考察する。

「ラ行化」の判別がしやすいのが、「未然形」であると判断されるので、その用例を見ることから始めよう。「ラ行化していないもの」もある場合は、対比できるようにそれ（◇印のもの）も示す。

　　30、《おも3》（1623）の用例

すまふ住　/sïmara/「すまら」に対応。

　　48、《ﾍﾞｯﾃ》（1849）・（1852）の用例

あらふ洗　/ʔararaʼɴ/「あららぬ」に対応。　　◇/ʔaraʼaʼɴ/「あらはぬ」に対応。

いふ言　/ʔiraʼɴ/「いらぬ」に対応。　　◇/ʔiʼjaʼɴ/「いはぬ」に対応。

うたふ歌　/ʔutaraʼɴ/「うたらぬ」に対応。　　◇/ʔutaʼacjoʼoʼɴ/「うたはしてはをりむ」
　　　　　　　　　　　　　　　　　　　　　　　　　　　に対応。

おもふ思　/ʔumuraʼɴ/「おもらぬ」に対応。　　◇/ʔumaʼaʼɴ/「おもはぬ」に対応。

かまふ構　/kamuraʼɴ/「かむらぬ」に対応 (音韻的には「かむふ」に対応)。

　　　　　　　　　　　　　　　　　　◇/kamaʼaʼɴ/「かまはぬ」に対応。

　　50、《ﾁｪﾝ》（1895）の用例

よこふ憩　/ʼjukura/「よこら」に対応。

　上記の限りにおいては、《おも3》（1623）の辺りから「ハ行」動詞の「ラ行化」が始まったという印象を受けるがどうであろうか。

　「未然形」と同じく「ラ行化」の判断がしやすい「命令形」と「已然形」での現れ方を見てみる。以下のような用例がある。

（命令形）

　　30、《おも3》（1623）の用例

たまふ給　/taburi/「たぼれ」に対応。

　　37、《君由》（1700頃）の用例

たまふ給　/tamoʼori/「たまふれ」に対応。

　　38、《仲里》（1703頃）の用例

たまふ給　/tamoʼori/「たまふれ」に対応。

　　39、《混驗》（1711）の用例

そふ添　/soʼori/「そうれ」に対応。

　　41、《組五》（1718頃）の用例

たまふ給　/tabori/「たばうれ」に対応。

　　48、《ﾍﾞｯﾃ》（1849）・（1852）の用例

いふ言　/ʔiri/「いれ」に対応。

　　　　　/ʔireʼe/「いれは」に対応。

なふ縫　/noʼori/「なうれ」に対応。

　　50、《ﾁｪﾝ》（1895）の用例

かふ買　/koʼori/,/koʼoreʼe/「かうれ」、「かうれ」を含む「かうれは」に対応。

たまふ給　/tabori/「たぼれ」に対応。

（已然形）

　　38、《仲里》（1703 頃）の用例

いまふ〈いらっしゃる〉　/ʔima'uriba/「いまふれば」に対応。

　　41、《組五》（1718 頃）の用例

とまふ探　/tumeri'wa/「とまいれは」に対応。

　　50、《チェン》（1895）の用例

まふ舞　/mo'ore'e/「まうれは」に対応。

　用例がさほど多くないから即断はできないが、「未然形」の場合と同様、《おも 3》（1623）の頃から始まったらしいということは言えそうである。次に示すように、それ以前の資料に「ラ行化したもの」がないのである。

　「命令形」「已然形」「未然形」に対応する用例が見当たらないので、「連用形」「終止形」「連体形」相当の例を示す。

（連用形）

　　03、《琉館》（16C 前半成立か）の用例

かふ買　/kawi/　☆連用形「かひ」に対応。

　　05、《碑文（石西）》（1522）の用例

そろふ揃　/siisurui/　☆連用形「そろひ」を含む。「せいそろひ」（勢揃ひ）に対応。

　　08、《おも 1》（1531）の用例

こふ乞　/kujuwaci/　☆連用形「こひ」を含む。「こひおはして」に対応。

しなふ撓　/sjinajuwa/　☆連用形「しなひ」を含む。「しなひおわ（れ）」に対応か。

やしなふ養　/jasjinajari/　☆連用形「やしなひ」を含む。「やしなひあり」に対応。

　　13、《碑文（かた）》（1543）の用例

あふ会　/ahwi/　☆連用形「あひ」に対応。

いはふ祝　/uiwaigutu/　☆連用形「いわひ」を含む。「おいわひごと」に対応。

おそふ襲　/usuwiganasji/　☆連用形「をそひ」を含む。「をそひがなし」に対応。

かなふ叶　/kanawi/　☆連用形「かなひ」に対応。

　　15、《碑文（添門）》（1546）の用例

たまふ給　/utabuwimisjijuwaci/　☆「たほふ」に変化した後の連用形「たほひ」を含むと見る。
　　　　　　　　　　　　　　　　　　　「おたほひめしおはして」に対応。

　　　　　　　/utabuwimisjijuwacja/　☆「たほふ」に変化した後の連用形「たほひ」を含むと見る。
　　　　　　　　　　　　　　　　　　　「おたほひめしおはした（る」に対応。

はらふ祓　/moohwarawinu/　☆連用形「はらひ」を含む。「まうはらひの」に対応。「連用名詞用法」。

　　17、《碑文（やら）》（1554）の用例

はらふ祓　/moohwarawi/　☆連用形「はらひ」を含む。「まうはらひ」に対応。

　　19、《郭使》（1561）の用例

つかふ遣　/cükaisjicji/　☆連用形「つかひ」を含む。「つかひして」に対応。

　　22、《音字》（1572 頃）の用例

つかふ遣　/cükaisjicji/　☆連用形「つかひ」に対応。「つかひして」に対応。

　　23、《蕭使》（1579）の用例

つかふ遣　/cükaisjicji/　☆連用形「つかひ」を含む。「つかひして」に対応。

　25、《碑文（浦城）》（1597）の用例

あふ会　/awi/　☆連用形「あひ」に対応。

ねがふ願　/nigawi/　☆連用形「ねがひ」に対応。

　27、《夏使》（1606）の用例

つかふ遣　/cükaisjicji/　☆連用形「つかひ」を含む。「つかひして」に対応。

（終止形）

　01、《翻訳》（1501）の用例

いふ言　/iwuka/　☆終止形「いふ」を含む。「いふか」に対応。

　13、《碑文（かた）》（1543）の用例

いふ言　/iwu/　☆終止形「いふ」に対応。

　17、《碑文（やら）》（1554）の用例

くるふ狂　/kuruwumazji/　☆終止形「くるふ」を含み、「くるふまじ」に対応か。

（連体形）

　02、《碑文（玉殿）》（1501）の用例

あらそふ争　/arasupu/　☆連体形「あらそふ」に対応。

　08、《おも1》（1531）の用例

おそふ襲　/usuu/　☆連体形「おそふ」に対応。

　29、《おも2》（1613）の用例

おそふ襲　/usuu/　☆連体形「おそふ」に対応。

　　　　　　　/usuujani/　☆連体形「おそふ」を含む。「おそふやうに」に対応。

　再確認になるが、「未然形」でも見たように、「命令形」「已然形」でも「ラ行化していないもの」が存在する。

（命令形）

　30、《おも3》（1623）の用例

あらふ洗　/arai/「あらへ」に対応。

いふ言　/ii/「いへ」に対応。

おふ追　/uji/「おへ」に対応。

よりそふ寄添　/jurisuiju/「よりそへよ」に対応。

　39、《混験》（1711）の用例

くらふ食　/kwa'i/「くらへ」に対応。

たぼふ貯　/tabu'i/「たぼへ」に対応。

　48、《ベッテ》（1849）・（1852）の用例

いふ言　/ʔi'i/「いへ」に対応。

　　　　　　/ʔi'e'e/「いへは」に対応。

（已然形）

　30、《おも3》（1623）の用例

おそふ襲　/usui/「おそへ」に対応。「す」の結び。

こふ乞　/kuiba/「こへば」に対応。

とふ問　/tuiwa/「とへは」に対応。

はりあふ走合 /hwarijaiba/「はりあへば」に対応。

むれまふ群舞 /burimaiba/「むれまへば」に対応。

よりそふ寄添 /jurisui/「よりそへ」に対応。「す」の結び。

　48、《ベッテ》（1849）・（1852）の用例

いふ言 /ʔiʼidumu/「いへども」に対応。

　50、《チェン》（1895）の用例

おもふ思 /tumiba/「とおもへば」に対応。融合して /tumiba/ となった。

　前述のごとく（序説）、現代語においても、（「笑」）/ʼwaraʼaɴ/「わらはぬ」・/ʼwararaɴ/「わららぬ」に代表されるように、「ラ行化していないもの」と「ラ行化したもの」とが並存している。

　「ハ行四段」動詞の「ラ行化」は、《おも３》（1623）の頃から始まったらしいのだが、「ラ行化していないもの」も存在することから、完了はしていないと捉えるべきか。

　「ハ行」以外の「四段動詞」に関しては、音韻上の変化（/e/ → /i/,/ki/ → /cji/ など）はあるものの、形態上の注目すべき「史的変化」はあまりないと言える。前述の「古形」の延長線上にあると言い換えてもよかろう。まとめの意味も込めて、「○（４）」で代表例を上げながらそれを確認する。

○（２）「マ行」動詞の /-mu-/・/-nu-/ 交代のように見える変化について考察する。

　次のような例を見ると、/-mu-/ から /-nu-/ への変化が起こったかのように見える。

　　47、《クリ》（1818）の用例

かむ嚙（食） /kamuʼɴ/「かみをりむ」に対応。　/kanuʼɴ/「かみをりむ」に対応。

よむ読 /ʼjumuʼɴ/「よみをりむ」に対応。　/ʼjunuʼɴ/「よみをりむ」に対応。

しかし、次の例を見るとそうでもないらしいことがわかる。

　　48、《ベッテ》（1849）・（1852）の用例

あかむ赤 /ʔakanjuʼɴ/「あかみをりむ」に対応。

かむ嚙（食）/kamuʼɴ/「かみをりむ」に対応。　/kanjuʼɴ/「かみをりむ」に対応。

　対照してみると、/kanuʼɴ/ は、《クリ》（1818）にはあるが、《ベッテ》（1849）・（1852）にはない。/kanjuʼɴ/ は、《ベッテ》（1849）・（1852）にはあるが、《クリ》（1818）にはない。

　別の例を見てみると、次のようなものもある。

/-miʼu-/・/-mu-/・/-nju-/

　　48、《ベッテ》（1849）・（1852）の用例

うらむ恨 /ʔuramiʼuʼɴ/「うらみをりむ」に対応

すむ済 /simiʼuʼɴ/「すみをりむ」に対応。

　　　　/simuʼɴ/「すみをりむ」に対応。

　　　　/sinjuʼɴ/「すみをりむ」に対応。

かむ噛（食）　/kanju'ɴne'e/「かみをるなり」に対応。

　　　　　　　　　/kanjuru ba/「かみをる　ば」に対応。「食べる時」の意。

すむ済　/sinjuru/「すみをる」に対応。

　　　　　/sinjusiga/「すみを（る）すが」に対応。

　　　　　/sinjusa/「すみを（る）さ」に対応。

のむ飲　/nunju'ɴne'e/「のみをるなり」に対応。

よむ読　/'junjuru/「よみをる」に対応。

すむ済　/sinjuta'ɴ/「すみをりてありむ→すみをりたりむ」に対応。

/-nu-/

　　49、《沖話》（1880）の用例

かむ噛（食）　/kanuru/　☆連用形「かみ」を含む。「かみをる」に対応。

　　50、《チェン》（1895）の用例

かむ噛（食）　/kanu'ɴ/「かみをりむ」に対応。

のむ飲　/nunu'ɴ/「のみをりむ」に対応。

　　　　　/nunutasi/「のみをりてあ（る）す→のみをりた（る）す」に対応。

よむ読　/'junu'ɴ/「よみをりむ」に対応。

ここで改めて、第4章第2節（p.685）の次の記述を想起したい。

　yunyung　2-120　ヨム **yunyung**, yumung〈読む〉

　　　　　　6-30　yunyung（読む。融合語幹 yuny-）〈read〉　『沖縄語辞典』に「また,（ⅸ）の『…する』の形は首里周辺には nuN で終わるかわりに 'jumuN（「読む」）のように muN で終わることもあり、首里では、古風な形としては 'jumjuN ということもある」とある。『英琉辞書』には yumyung の例は今のところ見あたらない。

「首里周辺には nuN で終わるかわりに 'jumuN（「読む」）のように muN で終わることもあり、首里では、古風な形としては 'jumjuN ということもある」ことに注目すると、次のようなことが推測される。

　即ち、「－み＋を－」/-mi+'u-/ が変化する過程において二つの歩みがあったのではないか。/-mi/+/-'u-/→/-mju-/→/-mu-/ と /-mi/+/-'u-/→/-mju-/→/-nju-/→/-nu-/ である。共時的には　/-mju-/、/-mu-/、/-nju-/、/-nu-/　の四つが存在していたはずのものが、《クリ》・《ベッテ》・《チェン》それぞれで収録上の違いが生じた結果、資料上の差異ができたのではないか、と解釈する。現代語で、例えば「のむ飲」に関して /numu'ɴ/ と /nunu'ɴ/ が、/numuru/ と /nunuru/ がそれぞれ並存していることも裏付けになろう。

　なお、補いになるが、/-mu-/ から /-nu-/ への変化でないことは、「禁止」を表す /numuna/（飲むな）や /'jumuna/（読むな）等が、/nununa/ や /'jununa/ 等とならないことがそれを物語っていると言えよう。

　資料の制約があろうことも考慮に入れる必要があるが、このような現象は《クリ》（1818）以前には見当たらないということも指摘しておいてよかろう。

厳密に言えば、これは形態変化ではなく音韻変化であるから、（形態変化では異なるグループに属するものでも）環境が同じであれば同じような変化が起こることが予想される。まさにそうで、例えば「みる見」の /nu'uɴ/ がそれに当たる。詳しくは該当箇所で述べる。

○（3）「ねぶる眠」「やぶる破」等の /-buri-/ から /-'ɴzji-/ への変化について考察する。
　48、《ベッテ》（1849）・（1852）で、「ねぶる眠」に対応するものとして /nibu'ju'ɴ/ と /ni'ɴzju'ɴ/ の二つを見出すことができる。これをどのように解釈すべきか。同様の音環境にあるものとして次のようなものを上げることができる。
　　　　あぶる焙 /ʔa'ɴzju'ɴ/、**かぶる被** /ka'ɴzji'u'ɴ/、**やぶる破** /ja'ɴzju'ɴ/
　しかし、これらには /nibu'ju'ɴ/ とパラレルであろうと思われる /ʔabu'ju'ɴ/、/kabu'ju'ɴ/、/jabu'ju'ɴ/ のような例は見当たらない。
（但し、『日本語訳　英琉辞書』には、「Break 折れる」の中に「yabuyung（破る）」があり、「Destroy 破る（れる）」の中にも「yábuyung」があるので、当時 /ʔabu'ju'ɴ/、/kabu'ju'ɴ/ に対応するものもあったであろうことを窺わせる。）

　どのような「流れ」の中にあるのか。その前後（《ベッテ》前後の資料）の用例を見てみる。
　03、《琉館》（16C 前半成立か）
かぶる被・帽 /kaɴburi/　☼ 連用形「かぶり」に対応。
ねぶる眠 /niɴburi/　☼ 連用形「ねぶり」に対応。
　09、《陳使》（1534）
ねぶる眠 /niɴburi/　☼ 連用形「ねぶり」に対応。
　19、《郭使》（1561）
ねぶる眠 /niɴburi/　☼ 連用形「ねぶり」に対応。
　22、《音字》（1572 頃）
ねぶる眠 /niɴburi/　☼ 連用形「ねぶり」に対応。
　23、《蕭使》（1579）
ねぶる眠 /niɴburi/　☼ 連用形「ねぶり」に対応。
　27、《夏使》（1606）
ねぶる眠 /niɴburi/　☼ 連用形「ねぶり」に対応。
　38、《仲里》（1703 頃）
やぶる破 /nasji'jaburiQkwa/　☼ 連用形「やぶり」を含む。「なしやぶりこら」に対応。
　　　　　　/hwiri'jaburiQkwa/　☼ 連用形「やぶり」を含む。「ひれやぶりこら」に対応。
　47、《クリ》（1818）
かぶる被 /ka'ɴzju'ɴ/　☼ 連用形「かぶり」を含む。「かぶりをりむ」に対応。
ねぶる眠 /ni'ɴzju'ɴ/　☼ 連用形「ねぶり」を含む。「ねぶりをりむ」に対応。
　50、《チェン》（1895）
ねぶる眠 /ni'ɴzji/　☼ 連用形「ねぶり」に対応。
　　　　　　/ni'ɴzjabi'i'ɴ/　☼ 連用形「ねぶり」を含む。「ねぶりはべりをりむ」に対応。

第 1 節　「四段活用」動詞の史的変化　943

/niꞌɴzjuꞌɴ/　　☆連用形「ねぶり」を含む。「ねぶむりをりむ」に対応。

　　　/niꞌɴzjusi/　　☆連用形「ねぶり」を含む。「ねぶりを（る）す」に対応。

52、《沖辞》（1965）

ʔabu=juɴ ◎（他 =raɴ, =ti）あぶる。食物などを焼く。（以下、略）

ʔaɴ=zuɴ ◎（他 =daɴ, =ti）あぶる。火にかざす。また, 焼く。ʔabujuɴ ともいう。（以下、略）

　kabu=juɴ ◎（自 =raɴ, =ti）商売で損をする。kaɴzu と同じ。ʔudukiju ともいう。

　kaɴ=zuɴ ◎（他 =daɴ, =ti）⊖かぶる。boosi 〜 . 帽子をかぶる。⊜（負債などを）負う。

　　　　　　損をする。（以下、略）

(nibujuɴ ナシ)

niɴ=zuɴ ①（自 =daɴ, =ti）眠る。寝る。（以下、略）

　('jabujuɴ ナシ)　'jaburi ◎（名）'jadi と同じ。

　'jaɴ=zuɴ ◎（他 =daɴ, =ti）⊖こわす。（以下、略）

　'jaɴdi ◎（名）破損。こわれ。'jaburi ともいう。

　'jaɴdi= juɴ ◎（自 =raɴ, =ti）⊖こわれる。破損する。（以下、略）

　　　（最後の二例は「下二段」の「やぶる破」に対応するもので、直接の関係はないが、参考になるので示した。）

　中国資料（漢字資料）は先行資料を引き写すという癖があるので、それを考慮に入れる必要があるが、ある程度の示唆を与えるものとはなろう。

　途中の資料が存在しないので判断しにくいところではあるが、38、《仲里》（1703 頃）（の /ꞌjaburi-/）と 48、《ベッテ》（1849）・（1852）（の /ꞌjaꞌɴzjuꞌɴ/）との間のどこかで（例えば 18 世紀の半ば？）/-ꞌɴzji-/ に繋がる（史的）変化があったと推定される。それは次のようなものであったか。

　[jaburi] → [jamuri] → [jamri] → [janri] → [jandi] → [janʤi] のような変化を経ていないと [janʤuɴ] /ꞌjaꞌɴzjuꞌɴ/ にはならない。連用形 /ꞌjaꞌɴzji/ ができあがった後に「連用形＋をりむ」の結合が起きたと考えられる。[janʤi wuɴ] → [janʤuɴ] /ꞌjaꞌɴzjuꞌɴ/ であろう。「ねぶる眠」は、[niburi] → [nimuri] → [nimri] → [ninri] → [nindi] → [ninʤi] /niꞌɴzji/。[ninʤi wuɴ] → [ninʤuɴ] → /niꞌɴzjuꞌɴ/ となろう。

《ベッテ》に次のような例がある。

　　やる破　/ꞌjati/　　☆「やりて」に対応。

　　　　　　/ꞌjate'esi/　　☆「やりてはあ（る）す」に対応。

/ꞌjaꞌɴzji/ が「やぶり」の変化したものであって、他のものではないことの傍証として示すことにする。

/-buri-/ が引き継がれていったことは《沖辞》が物語っていて、《クリ》、《チェン》等に登場しないのは単に収録漏れの可能性が高いことを示唆していると解釈できるが、《沖辞》の記述は他の可能性も示唆している。

　現代沖縄語では（私の内省に従えば）、次のようなことが言える。

/kaꞌɴzjuꞌɴ/ だけだと「帽子などをかぶる」ことを意味し、「借金、負債を負う」意味にするには ʔuQka kaꞌɴzjuꞌɴ としなければならない。/kabuꞌjuꞌɴ/ は、何の前提もなしにそれだけを発した場合「借金、負債を負う」ことを意味する。意味の分担が起こっていると考えられる。《沖辞》の記述がそのようになることを先取りしている。/kabujuꞌɴ/

の意味が「商売で損をする」であり、/ka'ɴzju'ɴ/ の一番目の意味が「（帽子などを）か
ぶる」とされ、「負債を負う」意味が二番目になっている。

「ねぶる眠」と「やぶる破」とに、それぞれ想定される「nibujuɴ」・「jabujuɴ」がな
いのもその裏付けとなろう。担うべき意味がないので消えたのであろう。

　念のために、《沖辞》の「=daɴ, =ti」・「=raɴ, =ti」（否定の言い方と〈て〉の形）と
の照応関係をみておこう。
（否定の言い方）
　48、《ベッテ》（1849）・（1852）
あぶる焙　/ʔa'ɴda'ɴ/　☆ 未然形「あぶら」を含む。「あぶらぬ」に対応。
かぶる被　/ka'ɴda'ɴ/　☆ 未然形「かぶら」を含む。「かぶらぬ」に対応。
ねぶる眠　/ni'ɴda'ɴ/　☆ 未然形「ねぶら」を含む。「ねぶらぬ」に対応。
やぶる破　/'ja'ɴda'ɴ/　☆ 未然形「やぶら」を含む。「やぶらぬ」に対応。
　50、《チェン》（1895）
ねぶる眠　/ni'ɴda'ɴ/　☆ 未然形「ねぶら」を含む。「ねぶらぬ」に対応。
（〈て〉の言い方）
　47、《クリ》（1818）
ねぶる眠　/ni'ɴti/　☆「ねぶりて」に対応。
　48、《ベッテ》（1849）・（1852）
あぶる焙　/ʔa'ɴta'ɴ/　☆「あぶりて→あぶって」を含む。「あぶったりむ」に対応。
かぶる被　/ka'ɴta'ɴ/　☆「かぶりて→かぶって」を含む。「かぶってありむ→かぶったりむ」に対応。
ねぶる眠　/ni'ɴtidu'uru/　☆「ねぶりて」を含む。「ねぶりてどをる」に対応。
　　　　　　/ni'ɴta'ɴ/　☆「ねぶりて」を含む。「ねぶりてありむ」に対応。
やぶる破　/'jabuti/　☆「やぶりて→やぶって」に対応。
　　　　　　/'ja'ɴti/　☆「やぶりて」に対応。
　　　　　　/'ja'ɴta'ɴ/　☆「やぶりて」を含む。「やぶりてありむ」に対応。
　50、《チェン》（1895）
ねぶる眠　/ni'ɴti/　☆「ねむりて→ねむって」に対応。
　　　　　　/ni'ɴta'ɴ/　☆「ねむりて→ねむって」を含む。「ねむったりむ」に対応。
やぶる破　/'ja'ɴta'ɴ/　☆「やぶりて」を含む。「やぶりてありむ」に対応。

（「あり」「をり」との接続に関しては、第10節で述べる。）

○（４）**全体の流れを概観する。**
　定点観測よろしく同じ「語」について時系列で見ていくのも一法ではあるが、史的流
れを掴むには所謂「活用語尾」に注目すればよいのであるから、全体を概観すること
にもなると考えて同じグループ（カ行、ガ行、サ行、タ行等）に属する適切な例を示すこ
とにする。（全体を見渡せるように、「ハ行」の例も載せる。）

１）【連用形】

「古形」の「連用形語尾」「最終母音」たる /-i/ が保持されていく。

（カ行）

「連用形語尾」たる /-ki/ が /-cji/ に変わるのは、（音韻の通時的変化で見たように）17世紀の初めごろである。

08、《おも1》（1531）ゆひつく結付　/juicüki/「よひつき」に対応。

30、《おも3》（1623）まく巻　/macji/「まき」に対応。

40、《琉由》（1713）ひく引　/hwicji/「ひき」に対応。

41、《組五》（1718頃）おく置　/ʔucji/「おき」に対応。

45、《琉訳》（1800頃）まく巻　/macji/「まき」に対応。

47、《クリ》（1818）きく聞　/cjicjigutu/「きき」を含む。「ききごと」に対応。

48、《べッテ》（1849）・（1852）きく聞　/cjicjigutu/「きき」を含む。「ききごと」に対応。

49、《沖話》（1880）さく咲　/sacji/「さき」に対応。

50、《チェン》（1895）ふく吹　/hwucjicimiti/「ふき」を含む。「ふきつめて」に対応

51、《官話》（19世紀?）やく焼　/ˈjacji/「やき」に対応。

（ガ行）

02、《碑文（玉殿）》（1501）あふぐ仰　/awogi/「あをぎ」に対応。

08、《おも1》（1531）つぐ継　/cügijuwaci/「つぎ」を含む。「つぎおはして」に対応。

25、《碑文（浦城）》（1597）つぐ継　/cügimisjijuwaci/「つぎ」を含む。「つぎめしおはして」に対応。

30、《おも3》（1623）こぐ漕　/kiwaikuzji/「こぎ」を含む。「けはひこぎ」（気延ひ漕ぎ）に対応。

37、《君由》（1700頃）なぐ薙　/nazjiʔa'wasjiba/「なぎ」を含む。「なぎあはせば」に対応。

38、《仲里》（1703頃）つなぐ繋　/cinazjizina/「つなぎ」を含む。「つなぎづな」に対応。

41、《組五》（1718頃）いそぐ急　/ʔisuzji/「いそぎ」に対応。

43、《具志》（1743）なぐ薙　/nazjiʔa'wasjiba/「なぎ」を含む。「なぎあはせば」に対応。

44、《琉見》（1764）つぐ注　/ˈjucizji/「つぎ」を含む。「ゆつぎ」に対応。

47、《クリ》（1818）およぐ泳　/ʔwi'izju'N/「およぎ」を含む。「およぎをり<u>む</u>」に対応。

48、《べッテ》（1849）・（1852）とぐ研　/tuzju'N/「とぎ」を含む。「とぎをり<u>む</u>」に対応。

49、《沖話》（1880）いそぐ急　/ʔu'ʔisuzjinu/「いそぎ」を含む。「おいそぎの」に対応。

50、《チェン》（1895）いそぐ急　/ʔisuzjabi'i'N/「いそぎ」を含む。「いそぎはべりをり<u>む</u>」に対応。

（サ行）

05、《碑文（石西）》（1522）わたす渡　/watasji/「わたし」に対応。

08、《おも1》（1531）めす召　/misjijuwaci/「めし」を含む。「めしおはして」に対応。

25、《碑文（浦城）》（1597）さす刺　/sasjijuwaci/「さし」を含む。「さしおはして」に対応。

29、《おも2》（1613）なす生　/nasjijuwaci/「なし」を含む。「なしおはして」に対応。

30、《おも3》（1623）なほす直　/sjimanausji/「なほし」を含む。「しまなほし」に対応。

37、《君由》（1700頃）あはす合　/nazjiʔa'wacjaru/「あはし」を含む。「なぎあはしたる」に対応。

38、《仲里》（1703頃）います参　/ʔimjasji/「いまし」に対応。

39、《混験》（1711）ともす灯　/tubusji/「ともし」に対応。

40、《琉由》（1713）ふす伏　/hwusji/「ふし」に対応。

41、《組五》（1718頃）くらす暮　/kurasji/「くらし」に対応。

43、《具志》（1743）ぬらす濡　/nurasji'jura/「ぬらし」を含む。「ぬらしをら」に対応。

45、《琉訳》（1800 頃）**かくす隠** /kakucja'ɴ/「かくし」を含む。「かくしたり<u>む</u>」に対応。

47、《クリ》（1818）**ならす鳴** /narasju'ɴ/「ならし」を含む。「ならしをり<u>む</u>」に対応。

48、《ベッテ》（1849）・（1852）**おす押** /ʔusji/「おし」に対応。

49、《沖話》（1880）**はづす外** /hazisje'enara'ɴ/「はづし」を含む。「はづしはならぬ」に対応。

50、《チェン》（1895）**もたす持** /ʔumutasji/「もたし」を含む。「おもたし」に対応。

51、《官話》（19 世紀?）**むす蒸** /ʔɴbusjibuta/「むし」を含む。「むしぶた」（蒸し豚）に対応。

（タ行）

03、《琉館》（16C 前半成立か）**たつ立** /tacjiuwari/「たち」を含む。「たちおわれ」に対応。

08、《おも 1》（1531）**たつ立** /tacjijuridumu/「たち」を含む。「たちをれども」に対応。

30、《おも 3》（1623）**まつ待** /macjijuwari/「まち」を含む。「まちおわれ」に対応。

37、《君由》（1700 頃）**うつ打** /ʔucji'jubu/「うち」を含む。「うちよぶ」に対応。

41、《組五》（1718 頃）**たつ立** /tacji/「たち」に対応。

42、《中信》（1721）**たつ立** /tacji'u'wari/「たち」を含む。「たちおわれ」に対応。

45、《琉訳》（1800 頃）**たつ立** /tacji'ju'wari/「たち」を含む。「たちおわれ」に対応。

47、《クリ》（1818）**うつ打** /ʔucju'ɴ/「うち」を含む。「うちをり<u>む</u>」に対応。

48、《ベッテ》（1849）・（1852）**たつ立** /tacji/「たち」に対応。

49、《沖話》（1880）**たつ発** /ʔutacji/「たち」を含む。「おたち」に対応。

50、《チェン》（1895）**まつ待** /ʔu macji sjabira/「まち」を含む。「おまちしはべら」に対応。

（ハ行）

05、《碑文（石西）》（1522）**そろふ揃** /siisurui/「そろひ」に対応。「せいそろひ」（勢揃ひ）に対応。

08、《おも 1》（1531）**こふ乞** /kujuwaci/「こひ」を含む。「こひおはして」に対応。

13、《碑文（かた）》（1543）**いはふ祝** /uiwaigutu/「いわひ」を含む。「おいわひごと」に対応。

15、《碑文（添門）》（1546）**はらふ祓** /moohwarawinu/「はらひ」を含む。「まうはらひの」に対応。

17、《碑文（やら）》（1554）**はらふ祓** /moohwarawi/「はらひ」を含む。「まうはらひ」に対応。

23、《薗使》（1579）**つかふ遣** /cükaisjicji/「つかひ」を含む。「つかひして」に対応。

25、《碑文（浦城）》（1597）**ねがふ願** /nigawi/「ねがひ」に対応。

29、《おも 2》（1613）**つかふ使** /cükai/「つかひ」に対応。

30、《おも 3》（1623）**かよふ通** /kajui/「かよひ」に対応。

37、《君由》（1700 頃）**おそふ襲** /mumuʔurasu'i/「おそひ」を含む。「ももうらおそひ」に対応。

39、《混験》（1711）**おもふ思** /ʔumu'i/「おもひ」に対応。

40、《琉由》（1713）**かよふ通** /ka'ju'i/「かよひ」に対応。

41、《組五》（1718 頃）**まよふ迷** /munuma'ju'i/「まよひ」を含む。「ものまよひ」に対応。

42、《中信》（1721）**あらふ洗** /ʔumutiʔara'i/「あらひ」を含む。「おもてあらひ」に対応。

43、《具志》（1743）**つかふ使** /micika'i/「つかひ」を含む。「みつかひ」に対応。

45、《琉訳》（1800 頃）**ならふ習** /siminara'i/「ならひ」を含む。「すみならひ」に対応。/siminare'e/
の可能性を残す。

47、《クリ》（1818）**すまふ住** /sime'ezjuku/「すまひ」を含む。「すまひどこ（ろ）」に対応。

48、《ベッテ》（1849）・（1852）**わらふ笑** /ware'e/「わらひ」に対応。/a'i/ → /e'e/ の変化がある。

49、《沖話》（1880）**みまふ見舞** /ʔumime'e/「みまひ」を含む。「おみまひ」に対応。

50、《チェン》（1895）**ちがふ違** /ka'ɴcjige'e/「ちがひ」を含む。「かんちがひ」に対応。

わらふ笑　/'wara'ju'ɴ/「ラ行（四段）化」後の「わらり」を含む。「わらりをりむ」
に対応。

51、《官話》（19 世紀？）やしなふ養　/'jasjina'iʔu'ja/「やしなひ」を含む。「やしなひおや」に対応。

（バ行）

08、《おも1》（1531）あすぶ遊　/asübijuwariba/「あすび」を含む。「あすびおわれば」に対応。

13、《碑文（かた）》（1543）よろこぶ喜　/jurukubi/「よろこび」に対応。

30、《おも3》（1623）しのぶ忍　/sjinubi/「しのび」に対応。

31、《碑文（本山）》（1624）およぶ及　/ujubi/「および」に対応。

37、《君由》（1700 頃）えらぶ選　/ʔirabiʔidacji/「えらび」を含む。「えらびいだして」に対応。

38、《仲里》（1703 頃）むすぶ結　/musibi/「むすび」に対応。

40、《琉由》（1713）あすぶ遊　/ʔasubi/「あそび」に対応。

41、《組五》（1718 頃）とぶ飛　/tubi/「とび」に対応。

45、《琉訳》（1800 頃）とぶ飛　/tubi'ju/「とび」を含む。「とびいを」に対応。

47、《クリ》（1818）とぶ飛　/tubi'u'ɴ/「とび」を含む。「とびをりむ」に対応。

48、《ベッテ》（1849）・（1852）ほろぶ滅　/hwurubi'u'ɴ/「ほろび」を含む。「ほろびをりむ」に対応。

49、《沖話》（1880）よろこぶ喜　/ʔu'jurukubi/「よろこび」を含む。「およろこび」に対応。

50、《チェン》（1895）ころぶ転　/cimakurubi/「ころび」を含む。「つまころび」に対応。

（マ行）

01、《翻訳》（1501）やすむ休　/jasümi/「やすみ」に対応。

05、《碑文（石西）》（1522）をがむ拝　/wugami/「をがみ」に対応。

08、《おも1》（1531）とよむ鳴響　/tujumijuwari/「とよみ」を含む。「とよみおわれ」に対応。

13、《碑文（かた）》（1543）をがむ拝　/wugami/「をがみ」に対応。

15、《碑文（添門）》（1546）つむ積　/cümi/「つみ」に対応。

17、《碑文（やら）》（1554）つむ積　/cümi/「つみ」に対応。

25、《碑文（浦城）》（1597）をがむ拝　/wugami/「をがみ」に対応。

28、《碑文（よう）》（1609）をがむ拝　/wugami/「をがみ」に対応。

29、《おも2》（1613）うらやむ羨　/urajamijuru/「うらやみ」を含む。「うらやみをる」に対応。

30、《おも3》（1623）あゆむ歩　/ajumi/「あゆみ」に対応。

31、《碑文（本山）》（1624）よむ詠　/jumi/「よみ」に対応。

37、《君由》（1700 頃）つむ積　/cimikura/「つみ」を含む。「つみくら」に対応。

38、《仲里》（1703 頃）ふむ踏　/hwumicjiruna/「ふみ」を含む。「ふみきるな」に対応。

39、《混験》（1711）をがむ拝　/'ugami/「をがみ」に対応。

40、《琉由》（1713）つむ積　/cimi/　☼ 連用形「つみ」に対応。

41、《組五》（1718 頃）のぞむ望　/nuzumi/「のぞみ」に対応。

45、《琉訳》（1800 頃）たくむ工　/takumi/「たくみ」に対応。

47、《クリ》（1818）のむ飲　/numu'ɴ/「のみ」を含む。「のみをりむ」に対応。

48、《ベッテ》（1849）・（1852）かなしむ悲　/kanasjimi/「かなしみ」に対応。

49、《沖話》（1880）たのしむ楽　/tanusjimi/「たのしみ」に対応。

50、《チェン》（1895）のむ飲　/numi'ɴ/「のみ」を含む。「のみも」に対応。

51、《官話》（19 世紀？）くぼむ窪　/kubumi/「くぼみ」に対応。

（ラ行）
○「ラ行」動詞の「連用形語尾」たる /-ri/ が /-'i/ に変わるのは、1700 年前後からだと
考えられる。

01、《翻訳》（1501）ふる降　/jukipuri/「ふり」を含む。「ゆきふり」に対応。

03、《琉館》（16C 前半成立か）つくる造　/cükuri/「つくり」に対応。

04、《碑文（石東）》（1522）わたる渡　/watari/「わたり」に対応。

05、《碑文（石西）》（1522）たまはる賜　/tamawari/「たまはり」に対応。

06、《田名1》（1523）たまはる賜　/tamawari/「たまはり」に対応。

08、《おも1》（1531）いのる祈　/inuritatimacüriba/「いのり」を含む。「いのりたてまつれば」
に対応。

09、《陳使》（1534）うる売　/uri/「うり」に対応。

12、《田名4》（1541）たまはる賜　/tamawari/「たまはり」に対応。

13、《碑文（かた）》（1543）かぎる限　/kagiri/「かぎり」に対応。

15、《碑文（添門）》（1546）のぼる登　/unuburi/「のぼり」を含む。「おのぼり」に対応。

19、《郭使》（1561）ものがたる物語　/munugatari/「ものがたり」に対応。

22、《音字》（1572 頃）くもる曇　/kumuri/「くもり」に対応。

25、《碑文（浦城）》（1597）まさる勝　/masarinu/「まさり」を含む。「まさりの」に対応。

28、《碑文（よう）》（1609）てりあがる照上　/tiriagarimisjijuwacja/「てりあがり」を含む。
「てりあがりめしおはした（る）」に対応。

29、《おも2》（1613）とる取　/turijuwari/「とり」を含む。「とりおわれ」に対応。

30、《おも3》（1623）くだる下　/kudari/「くだり」に対応。

31、《碑文（本山）》（1624）わたる渡　/uwatari/「わたり」を含む。「おわたり」に対応。

37、《君由》（1700 頃）はじまる始　/hwazjimari/「はじまり」に対応。

38、《仲里》（1703 頃）なる成　/na'i/「なり」に対応。

39、《混験》（1711）とる取　/tu'i/「とり」に対応。

40、《琉由》（1713）かさなる重　/kasana'i/「かさなり」に対応。

41、《組五》（1718 頃）かる刈　/ka'i/「かり」に対応。

42、《中信》（1721）きる切　/kubicji'i/「きり」を含む。「くびきり」（首切）に対応。

43、《具志》（1743）とまる泊　/ʔuduma'i/「とまり」を含む。「おどまり」に対応。

44、《琉見》（1764）わたる渡　/'wata'i/「わたり」に対応。

45、《琉訳》（1800 頃）さぐる探　/sagu'i/「さぐり」に対応。

47、《クリ》（1818）をどる踊　/'udu'i/「をどり」に対応。

48、《ベッテ》（1849）・（1852）いる入　/ʔi'i/「いり」に対応。

49、《沖話》（1880）とる取　/ʔutu'iʔirini/「とり」を含む。「おとりいれに」に対応。

50、《チェン》（1895）とる取　/tu'i/「とり」に対応。

51、《官話》（19 世紀?）まがる曲　/maga'i/「まがり」に対応。「まがり」→「まがい」。

2）【命令形】
○「古形」を保持している「活用形」と言うべきか。「命令形語尾」たる /-e/ が最終的
に /-i/ に音韻変化した以外は「そのまま」である（勿論、語幹等の音韻変化はある）。

第1節　「四段活用」動詞の史的変化　949

（カ行）

03、《琉館》（16C 前半成立か）いく行　/iki/「いけ」に対応。

19、《郭使》（1561）なく泣　/naki/「なけ」に対応。

22、《音字》（1572 頃）ありく歩　/ariki/「ありけ」に対応。

30、《おも 3》（1623）どく退　/duki/「どけ」に対応。

37、《君由》（1700 頃）きく聞　/cjiki/「きけ」に対応。

41、《組五》（1718 頃）つく付　/ʔwi'iciki/「つけ」を含む。「おひつけ」に対応。

45、《琉訳》（1800 頃）いく行　/muQcji(ʔi)ki/「いけ」を含む。「もちていけ」に対応。

47、《クリ》（1818）きく聞　/cjiki/「きけ」に対応。

48、《ベッテ》（1849）・（1852）かく書　/kaki/「かけ」に対応。

50、《チェン》（1895）ひく引　/hwiki/「ひけ」に対応。

51、《官話》（19 世紀?）たく炊　/taki/「たけ」に対応。

（ガ行）

30、《おも 3》（1623）こぐ漕　/kugi/「こげ」に対応。

41、《組五》（1718 頃）つぐ注　/cigi'ju/「つげ」を含む。「つげよ」に対応。

48、《ベッテ》（1849）・（1852）ふせぐ防　/hwusjigi/「ふせげ」に対応。

50、《チェン》（1895）いそぐ急　/ʔisugi/「いそげ」に対応。

（サ行）

01、《翻訳》（1501）のます飲　/nomasi/「のませ」に対応。

08、《おも 1》（1531）みおやす奉　/miujasi/「みおやせ」に対応。

29、《おも 2》（1613）もどす戻　/mudusi/「もどせ」に対応。

30、《おも 3》（1623）おす押　/usi/「おせ」に対応。

37、《君由》（1700 頃）きかす聞　/kikasji/「きかせ」に対応。

38、《仲里》（1703 頃）はらす走　/hwarasi/「はらせ」に対応。

41、《組五》（1718 頃）しらす知　/sjirasji/「しらせ」に対応。

48、《ベッテ》（1849）・（1852）ゆるす許　/ʔjurusi/「ゆるせ」に対応。

50、《チェン》（1895）きかす聞　/cjikasi/「きかせ」に対応。

51、《官話》（19 世紀?）むす蒸　/ʔNbusjI/「むせ」に対応。

（タ行）

39、《混験》（1711）もつ持　/muti/「もて」に対応

41、《組五》（1718 頃）たつ立　/tati/「たて」に対応。

47、《クリ》（1818）まつ待　/mati/「まて」に対応。

48、《ベッテ》（1849）・（1852）もつ持　/muti/「もて」に対応。

50、《チェン》（1895）まつ待　/mati/「まて」に対応。

（ハ行）

30、《おも 3》（1623）あらふ洗　/arai/「あらへ」に対応。

　　　　　　　　　　たまふ給　/taburi/「ラ行（四段）化」後の「たぼれ」に対応。

37、《君由》（1700 頃）たまふ給　/tamo'ori/「たまふれ」に対応。

38、《仲里》（1703 頃）たまふ給　/tamo'ori/「たまふれ」に対応。

39、《混験》（1711）くらふ食　/kwa'i/「くらへ」に対応。

41、《組五》（1718 頃）**たまふ給**　/tabori/「ラ行（四段）化」した「たばうれ」に対応。

48、《ベッテ》（1849）・（1852）**いふ言**　/ʔiʼi/「いへ」に対応。

/ʔiri/「ラ行（四段）化」後の「いれ」に対応。

50、《チェン》（1895）**かふ買**　/koʼori/「ラ行（四段）化」後の「かうれ」に対応。

（バ行）

01、《翻訳》（1501）**あすぶ遊**　/asübï/「あすべ」に対応。

03、《琉館》（16C 前半成立か）**あすぶ遊**　/asüɴbi/「あすべ」に対応。

30、《おも 3》（1623）**あすぶ遊**　/asïbi/「あすべ」に対応。

41、《組五》（1718 頃）**よぶ呼**　/ʃjubi/「よべ」に対応。

48、《ベッテ》（1849）・（1852）**よろこぶ喜**　/ʃjurukubi/「よろこべ」に対応。

50、《チェン》（1895）**よぶ呼**　/ʃjubi/「よべ」に対応。

（マ行）

01、《翻訳》（1501）**のむ飲**　/nomï/「のめ」に対応。

30、《おも 3》（1623）**とよむ鳴響**　/tujumi/「とよめ」に対応。

41、《組五》（1718 頃）**をがむ拝**　/ʃugami/「をがめ」に対応。

48、《ベッテ》（1849）・（1852）**のむ飲**　/numi/「のめ」に対応。

50、《チェン》（1895）**のむ飲**　/numi/「のめ」に対応。

51、《官話》（19 世紀?）**かむ咬、食**　/kami/「かめ」に対応。

（ラ行）

03、《琉館》（16C 前半成立か）**おわる**　/uwari/「おわれ」に対応か。

08、《おも 1》（1531）**まさる勝**　/masari/「まされ」に対応。

09、《陳使》（1534）**おわる**　/uwari/「おわれ」に対応か。

19、《郭使》（1561）**たもる賜・給**　/tamuri/「たもれ」に対応。

27、《夏使》（1606）**たもる賜・給**　/tamuri/「たもれ」に対応。

29、《おも 2》（1613）**まもる守**　/maburi/「まもれ」に対応。

30、《おも 3》（1623）**なる成**　/nari/「なれ」に対応。

39、《混験》（1711）**さぐる探**　/saguri/「さぐれ」に対応。

41、《組五》（1718 頃）**とまる止**　/tumari/「とまれ」。に対応。

44、《琉見》（1764）**もどる戻**　/muduri/「もどれ」に対応。

46、《漂録》（1818）**をどる踊**　/ʃuduri/「をどれ」に対応。

48、《ベッテ》（1849）・（1852）**とる取**　/turi/「とれ」に対応。

50、《チェン》（1895）**まはる回**　/maʼari/「まはれ」に対応。

51、《官話》（19 世紀?）**つくる作**　/cukuri/「つくれ」に対応。

3）【終止形】

○前述の通り「禁止」の意を表す形「終止形＋な」に含まれることで現代に到るまで保持されていると考えられる。

○「終止」の機能はある時期から「連用形＋をり<u>む</u>」に譲ることになる。これについては第 10 節で詳しく述べる。

（カ行）

17、《碑文（やら）》（1554）いごく動　/igjuku/「いごく」に対応。

30、《おも3》（1623）なげく嘆　/nagikuna/「なげく」を含む。「なげくな」に対応。

39、《混験》（1711）わめく喚　/'wamiku/「わめく」に対応。

41、《組五》（1718頃）なく泣　/nakuna/「なく」を含む。「なくな」に対応。

45、《琉訳》（1800頃）わく湧　/'waku/「わく」に対応。

48、《ベッテ》（1849）・（1852）いく行　/ʔikuna/「いく」を含む。「いくな」に対応。

51、《官話》（19世紀?）つく付　/ciku/「つく」に対応。

（ガ行）

30、《おも3》（1623）はぐ接　/hwagu/「はぐ」に対応。

39、《混験》（1711）しのぐ凌　/sjinugu/「しのぐ」に対応。

45、《琉訳》（1800頃）つぐ継　/cigu/「つぐ」に対応。

　　　　　　　　　なぐ薙　/nazjiru/「ラ行（四段）化」後の終止形「なぎる」か。

51、《官話》（19世紀?）つぐ注　/cigu/「つぐ」に対応。

（サ行）

01、《翻訳》（1501）のます飲　/nomasüna/「のます」を含む。「のますな」に対応。

30、《おも3》（1623）なげかす嘆　/nagikasïna/「なげかす」を含む。「なげかすな」に対応。

39、《混験》（1711）ながす流　/nagasi/「ながす」に対応。

41、《組五》（1718頃）つくす尽　/cikusi/「つくす」に対応。

45、《琉訳》（1800頃）さとす諭　/satusi/「さとす」に対応。

47、《クリ》（1818）くずす崩　/ku'ɴsuna/「くずす」を含む。「くずすな」に対応。

48、《ベッテ》（1849）・（1852）ちらす散　/cjirasi/「ちらす」に対応。

51、《官話》（19世紀?）わかす沸　/'wakasi/「わかす」に対応。

（タ行）

30、《おも3》（1623）たつ発　/tacï/「たつ」に対応。

38、《仲里》（1703頃）たつ立　/taci/「たつ」に対応。

45、《琉訳》（1800頃）たもつ保　/tamuci/「たもつ」に対応。

（ハ行）

01、《翻訳》（1501）いふ言　/iwuka/「いふ」を含む。「いふか」に対応。

13、《碑文（かた）》（1543）いふ言　/iwu/「いふ」に対応。

17、《碑文（やら）》（1554）くるふ狂?　/kuruwumazji/「くるふ」を含み、「くるふまじ」に対応か。

30、《おも3》（1623）とふ問　/tuuna/「とふ」を含む。「とふな」に対応。

39、《混験》（1711）のろふ詛　/nuru'u/「のろふ」に対応。

41、《組五》（1718頃）おもふ思　/ʔumuna/「おもふ」を含む。「おもふな」に対応。

45、《琉訳》（1800頃）ぬふ縫　/nu'u/「ぬふ」に対応。

　　　　　　　　　ゑふ酔　/'wi'iru/「ラ行（四段）化」後の「ゑひる」に対応。

48、《ベッテ》（1849）・（1852）とふ問　/tu'u/「とふ」に対応。

50、《チェン》（1895）かふ買　/ko'o/「かふ」に対応。

（バ行）

30、《おも3》（1623）たぶ賜　/tabuu/「たぶ」に対応。

37、《君由》（1700頃）よぶ呼　/ʔucji'jubu/「よぶ」を含む。「うちよぶ」に対応。

45、《琉訳》（1800 頃）**ならぶ並**　/narabu/「ならぶ」に対応。

（マ行）

30、《おも 3》（1623）**あゆむ歩**　/ajumutijawa/「あゆむ」を含む。「あゆむといはは」に対応。

37、《君由》（1700 頃）**とよむ鳴響**　/tuʼjumu/「とよむ」に対応。

39、《混験》（1711）**よどむ淀**　/ʼjudumu/「よどむ」に対応。

45、《琉訳》（1800 頃）**やすむ休**　/ʼjasimu/「やすむ」に対応。

48、《ベッテ》（1849）・（1852）**よむ読**　/ʼjumu/「よむ」に対応。

51、《官話》（19 世紀 ?）**つつむ包**　/cicimu/「つつむ」に対応。

（ラ行）

02、《碑文（玉殿）》（1501）**たたる祟**　/tatarubìsji/「たたる」を含む。「たたるべし」に対応。

03、《琉館》（16C 前半成立か）**ふる降**　/hwuru/「ふる」に対応。

06、《田名 1》（1523）**まゐる参**　/mairu/「まゐる」に対応。

08、《おも 1》（1531）**ほこる慶**　/hwukuru/「ほこる」に対応。

09、《陳使》（1534）**もどる戻**　/muɴduru/「もどる」に対応。

11、《田名 3》（1537）**まゐる参**　/mairu/「まゐる」に対応。

20、《田名 8》（1562）**まゐる参**　/mairu/「まゐる」に対応。

28、《碑文（よう）》（1609）**ほる彫**　/hwurubisji/「ほる」を含む。「ほるべし」に対応。

30、《おも 3》（1623）**もる盛**　/muru/「もる」に対応。

31、《碑文（本山）》（1624）**たたる祟**　/tataru/「たたる」に対応。

38、《仲里》（1703 頃）**きる切**　/taticjiruna/「きる」を含む。「たてきるな」に対応。「塞ぐな」の意。

39、《混験》（1711）**はまる嵌**　/hwamaru/「はまる」に対応。

41、《組五》（1718 頃）**めぐる巡**　/miguru/「めぐる」に対応。

45、《琉訳》（1800 頃）**うなる唸**　/ʔunaru/「うなる」に対応。

48、《ベッテ》（1849）・（1852）**つくる作**　/cukuʼɴna/「つくる」を含む。「つくるな」に対応。

51、《官話》（19 世紀 ?）**よる選**　/ʼjuru/「よる」に対応。

４）【連体形】

○「古形」の「連体形」は、ある時期からその機能を「連用形＋をる」に譲る。これに
　ついては第 10 節で述べる。

（カ行）

02、《碑文（玉殿）》（1501）**そむく背**　/sumuku/「そむく」に対応。

30、《おも 3》（1623）**さく咲**　/saku/「さく」に対応。

41、《組五》（1718 頃）**ふく吹**　/hwuku/「ふく」に対応。

44、《琉見》（1764）**しく敷**　/sjikukaʼara/「しく」を含む。「しくかわら」（敷く瓦）に対応か。

（ガ行）

45、《琉訳》（1800 頃）**つぐ継**　/cigu/「つぐ」に対応。

（サ行）

02、《碑文（玉殿）》（1501）**さす差**　/sasükasano/「さす」を含む。「さすかさの」に対応。

08、《おも 1》（1531）**ふらす降**　/hwurasü/「ふらす」に対応。

29、《おも 2》（1613）**あすばす遊**　/asübasü/「あすばす」に対応。

30、《おも３》（1623）**ならす**鳴　/narasï/「ならす」に対応。「か」の結びの連体形。

40、《琉由》（1713）**さす**刺　/sasi/「さす」に対応。

41、《組五》（1718頃）**はなす**放　/hwanasu/「はなす」に対応。

（タ行）

30、《おも３》（1623）**もつ**持　/mucï/「もつ」に対応。

40、《琉由》（1713）**たつ**立　/taci/「たつ」に対応か。

（ハ行）

02、《碑文（玉殿）》（1501）**あらそふ**争　/arasupu/「あらそふ」に対応。

08、《おも１》（1531）**おそふ**襲　/usuu/「おそふ」に対応。

29、《おも２》（1613）**おそふ**襲　/usuujani/「おそふ」を含む。「おそふやうに」に対応。

30、《おも３》（1623）**そろふ**揃　/suruu/「そろふ」に対応。

31、《碑文（本山）》（1624）**いふ**言　/iwuni/「いふ」を含む。「いふに」に対応。

39、《混験》（1711）**むかふ**向　/ˈɴko'o/「むかふ」に対応。

40、《琉由》（1713）**なふ**綯　/no'o/「なふ」に対応。

41、《組五》（1718頃）**おもふ**思　/ʔumukutu/「おもふ」を含むか。「おも（ふ）こと」に対応か。

48、《ベッテ》（1849）・（1852）**いふ**言　/ʔi'junje'e/「いふ」を含む。「いふには」に対応。

49、《沖話》（1880）**いふ**言　/ʔjuni'ɴ/「いふ」を含む。「いふにも」に対応。

（バ行）

30、《おも３》（1623）**とぶ**飛　/tubu/「とぶ」に対応。

41、《組五》（1718頃）**あすぶ**遊　/ʔasibu/「あすぶ」に対応。

45、《琉訳》（1800頃）**まなぶ**学　/munumanabutukuru/「まなぶ」を含む。「ものまなぶところ」に対応。

（マ行）

08、《おも１》（1531）**とよむ**鳴響　/tujumu/「とよむ」に対応。

13、《碑文（かた）》（1543）**たのしむ**楽　/tanusjimu/「たのしむ」に対応。

17、《碑文（やら）》（1554）**をがむ**拝　/wugamujani/「をがむ」を含む。「をがむやに」に対応。

29、《おも２》（1613）**うらやむ**羨　/urajamu/「うらやむ」に対応。

30、《おも３》（1623）**つむ**積　/cïmu/「つむ」に対応。

38、《仲里》（1703頃）**とよむ**鳴響　/tu'jumu/「とよむ」に対応。

39、《混験》（1711）**とよむ**鳴響　/tu'jumu/「とよむ」に対応。

40、《琉由》（1713）**とよむ**鳴響　/tu'jumu/「とよむ」に対応。

41、《組五》（1718頃）**をがむ**拝　/ˈugamu/「をがむ」に対応。

43、《具志》（1743）**とよむ**鳴響　/tu'jumu/「とよむ」に対応。

45、《琉訳》（1800頃）**うらむ**恨　/ʔuramuru/「うらむる」に対応。

50、《チェン》（1895）**たのむ**頼　/tanumu/「たのむ」に対応。du tanumu で係り結び。組踊詞章の故か。

（ラ行）

02、《碑文（玉殿）》（1501）**いたる**至　/itarumadï/「いたる」を含む。「いたるまで」に対応。

08、《おも１》（1531）**よる**寄　/juru/「よる」に対応。

13、《碑文（かた）》（1543）**いたる**至　/itaru/「いたる」に対応。

25、《碑文（浦城）》（1597）**まさる**勝　/süwimasaru/「まさる」を含む。「すゑまさる」に対応。

「わうにせ」が続く。

28、《碑文（よう）》（1609）**まさる**勝　/masaru/「まさる」に対応。

29、《おも２》（1613）**のぼる**上　/nuburu/「のぼる」に対応。

30、《おも３》（1623）**さがる**下　/sagaru/「さがる」に対応。

37、《君由》（1700頃）**てる**照　/tirusjinju/「てる」を含む。「てるしによ」に対応。

38、《仲里》（1703頃）**てる**照　/tiru/「てる」に対応。

39、《混験》（1711）**とる**取　/turu/「とる」に対応。。結びとしての連体形。

40、《琉由》（1713）**あがる**上　/ʔagaru/「あがる」に対応。

41、《組五》（1718頃）**のこる**残　/nukuru/「のこる」に対応。

43、《具志》（1743）**まもる**守　/maburu/「まもる」に対応。結びとしての連体形。

45、《琉訳》（1800頃）**いかる**怒　/ʔikaruru/「いかるる」に対応。

　　　　　　　　　　　　　くだる下　/kudarusjimu/「くだる」を含む。「くだるしも」に対応。

48、《ベッテ》（1849）・（1852）**つくる**作　/cukuru/「つくる」に対応。

49、《沖話》（1880）**もどる**戻　/muduru/「もどる」に対応。

50、《チェン》（1895）**なる**成　/naruga/「なる」を含む。「なるが」に対応。

5）【已然形】

○「古形」が保持されている「活用形」であると言える。「ハ行」動詞では「ラ行化」
　が起こる。

（カ行）

30、《おも３》（1623）**きく**聞　/cjikiba/「きけ」を含む。「きけば」に対応。

37、《君由》（1700頃）**きく**聞　/cjikiba/「きけ」を含む。「きけば」に対応。

38、《仲里》（1703頃）**おく**置　/ʔukiba/「おけ」を含む。「おけば」に対応。

39、《混験》（1711）**さらめく**吹　/saramikiba/「さらめけ」を含む。「さらめけば」に対応。

41、《組五》（1718頃）**なく**泣　/nakiba/「なけ」を含む。「なけば」に対応。

48、《ベッテ》（1849）・（1852）**おく**置　/ʔuki'wadu/「おけ」を含む。「おけはど」に対応。

50、《チェン》（1895）**いく**行　/ʔike'e/「いけ」を含む。「いけは」に対応。

（サ行）

08、《おも１》（1531）**みおやす**奉　/miujasiba/「みおやせ」を含む。「みおやせば」に対応。

29、《おも２》（1613）**もどす**戻　/mudusi/「もどせ」に対応。「す」の結び。

30、《おも３》（1623）**はやす**囃　/hwajasi/「はやせ」に対応。

37、《君由》（1700頃）**なほす**直　/no'osji'wadu/「なほせ」を含む。「なほせはど」に対応。

41、《組五》（1718頃）**ほろぼす**滅　/hwurubusiba/「ほろぼせ」を含む。「ほろぼせば」に対応。

43、《具志》（1743）**あはす**合　/cjiriʔa'wasiba/「あはせ」を含む。「きりあはせば」に対応。

（タ行）

29、《おも２》（1613）**たつ**立　/tatiba/「たて」を含む。「たてば」に対応。

30、《おも３》（1623）**たつ**立　/tatiba/「たて」を含む。「たてば」に対応。

48、《ベッテ》（1849）・（1852）**もつ**持　/mute'e/「もて」を含む。「もては」に対応。

50、《チェン》（1895）**もつ**持　/muti'wa/「もて」を含む。「もては」に対応。組踊の詞章。

（ハ行）

30、《おも3》（1623）とふ問　/tuiwa/「とへ」を含む。「とへは」に対応。

37、《君由》（1700頃）おもふ思　/tumiba/「おもへ」を含む。「とおもへば」に対応。縮約形。

38、《仲里》（1703頃）いまふ〈いらっしゃる〉/ʔima'uriba/　☆「ラ行（四段）化」後の「いまふれ」
を含む。「いまふれば」に対応。

39、《混験》（1711）おもふ思　/tumiba/「おもへ」を含む。「とおもへば」に対応。縮約形。

41、《組五》（1718頃）おもふ思　/ʔumiba/「おもへ」を含む。「おもへば→おめば」に対応。「おもれ
ば→おもりば→おもいば→おめば」の可能性もある。

48、《ベッテ》（1849）・（1852）いふ言　/ʔi'idumu/「いへ」を含む。「いへども」に対応。

50、《チェン》（1895）おもふ思　/tumiba/「おもへ」を含む。「とおもへば」に対応。

まふ舞　/mo'ore'e/「ラ行（四段）化」後の已然形「まうれ」を含む。「まうれは」に対応。

（バ行）

08、《おも1》（1531）あすぶ遊　/asübiba/「あすべ」を含む。「あすべば」に対応。

30、《おも3》（1623）あすぶ遊　/asïbiwa/「あすべ」を含む。「あすべは」に対応。

（マ行）

08、《おも1》（1531）とよむ鳴響　/tujumi/「とよめ」に対応。「しよ」の結び。

30、《おも3》（1623）とよむ鳴響　/tujumiba/「とよめ」を含む。「とよめば」に対応。

（ラ行）

08、《おも1》（1531）まもる守　/maburi/「まもれ」に対応。

30、《おも3》（1623）なる成　/nariba/「なれ」を含む。「なれば」に対応。

37、《君由》（1700頃）なる鳴　/nariba/「なれ」を含む。「なれば」に対応。

38、《仲里》（1703頃）はる走　/hwariba/「はれ」を含む。「はれば」に対応。

41、《組五》（1718頃）とる取　/turiba/「とれ」を含む。「とれば」に対応。

48、《ベッテ》（1849）・（1852）なる成　/nari'wa/「なれ」を含む「なれは」に対応。
/nare'e/「なれ」を含む「なれは」に対応。

49、《沖話》（1880）ふる降　/hure'e/「ふれ」を含む。「ふれは」に対応。

50、《チェン》（1895）とる取　/ture'e/「とれ」を含む。「とれは」に対応。

6）【未然形】

○これも「古形」を保持している「活用形」と言える。「ハ行」動詞では「ラ行化」が
起こる。

（カ行）

05、《碑文（石西）》（1522）つく着　/cükasijiuwaci/「つか」を含む。「つかしおはして」に対応。

17、《碑文（やら）》（1554）おく置　/ukaQti/「おか」を含む。「おかれて」に対応。

25、《碑文（浦城）》（1597）おく置　/ukaQti/「おか」を含む。「おかれて」に対応。

30、《おも3》（1623）おく置　/ukaba/「おか」を含む。「おかば」に対応。

38、《仲里》（1703頃）だく抱　/dakaba/「だか」を含む。「だかば」に対応。

39、《混験》（1711）いく行　/ʔikja/「いか」に対応。

40、《琉由》（1713）おく置　/ʔuka/「おか」に対応。

41、《組五》（1718頃）いく行　/ʔika'wa/「いか」を含む。「いかは」に対応。

42、《中信》（1721）きく聞　/cjikara'N/「きか」を含む。「きからぬ」に対応。

47、《クリ》（1818）**きく聞** /cjikara'ɴ/「きか」を含む。「きからぬ」に対応。

48、《ベッテ》（1849）・（1852）**ふく吹** /hwuka'ɴ/「ふか」を含む。「ふかぬ」に対応。

49、《沖話》（1880）**とどく届** /tuduka'ɴ/「とどか」を含む。「とどかぬ」に対応。

50、《チェン》（1895）**きく聞** /cjika'ɴ/「きか」を含む。「きかぬ」に対応。

51、《官話》（19世紀?）**さばく裁** /sabaka'ɴ/「さばか」を含む。「さばかぬ」に対応。

（ガ行）

39、《混験》（1711）**いそぐ急** /ʔisjugari/「いそが」を含む。「いそがれ」に対応。

48、《ベッテ》（1849）・（1852）**ぬぐ脱** /nuga'ɴ/「ぬが」を含む。「ぬがぬ」に対応。

50、《チェン》（1895）**いそぐ急** /ʔisuga/「いそが」に対応。

（サ行）

08、《おも1》（1531）**とよます鳴響** /tujumasani/「とよまさ」を含む。「とよまさに」に対応。

30、《おも3》（1623）**まはす回** /mawasadana/「まはさ」を含む。「まはさだな」に対応。

31、《碑文（本山）》（1624）**まうす申** /moosazï/「まうさ」を含む。「まうさず」に対応。

37、《君由》（1700頃）**なす成** /nasacji'jura'ja/「なさ」を含む。「なさきよらや」に対応。

38、《仲里》（1703頃）**やらす遣** /'jarasaba/「やらさ」を含む。「やらさば」に対応。

39、《混験》（1711）**さす差** /sasacji/「ささ」を含む。「さして」に対応。

41、《組五》（1718頃）**くらす暮** /kurasa/「くらさ」に対応。

48、《ベッテ》（1849）・（1852）**なす産** /nasa'ɴ/「なさ」を含む。「なさぬ」に対応。

49、《沖話》（1880）**わたす渡** /'watasa'ɴ/「わたさ」を含む。「わたさぬ」に対応。

50、《チェン》（1895）**ころす殺** /kurusa'ɴ/「ころさ」を含む。「ころさぬ」に対応。

（タ行）

30、《おも3》（1623）**まつ待** /matana/「また」を含む。「またな」に対応。

37、《君由》（1700頃）**たつ立** /tataba/「たた」を含む。「たたば」に対応。

41、《組五》（1718頃）**みつ満** /mita'ɴ/「みた」を含む。「みたぬ」に対応。

45、《琉訳》（1800頃）**たつ立** /tata'ɴ/「たた」を含む。「たたぬ」に対応。

48、《ベッテ》（1849）・（1852）**もつ持** /muta'ɴ/「もた」を含む。「もたぬ」に対応。

49、《沖話》（1880）**もつ持** /mutacji/「もた」を含む。「もたして」に対応。

50、《チェン》（1895）**まつ待** /mata'ɴ/「また」を含む。「またぬ」に対応。

（ハ行）

08、《おも1》（1531）**かよふ通** /kajuwagjami/「かよは」を含む。「かよはぎやめ」に対応。

30、《おも3》（1623）**こふ乞** /kuwaba/「こは」を含む。「こはば」に対応。

　　　　　　　　　　　すまふ住 /sïmara/　☆「ラ行化」後の未然形「すまら」に対応。

37、《君由》（1700頃）**こふ乞** /tigu'wariti/「こは」を含む。「てごばれて」に対応。

38、《仲里》（1703頃）**くふ咬** /ku'waba/「くは」を含む。「くはば」に対応。

39、《混験》（1711）**まよふ迷** /ma'ja'ɴ/「まよは」を含む。「まよはぬ」に対応。

41、《組五》（1718頃）**あらふ洗** /ʔara'wa/「あらは」に対応。

45、《琉訳》（1800頃）**つかふ使** /cika'wari/「つかは」を含む。「つかはれ」に対応。

48、《ベッテ》（1849）・（1852）**わらふ笑** /'wara'ari'iru/「わらは」を含む。「わらはれをる」に対応。

49、《沖話》（1880）**かまふ構** /kama'a'ɴ/「かまは」を含む。「かまはぬ」に対応。

50、《チェン》（1895）**おもふ思** /ʔuma'ara'ɴ/「おもは」を含む。「おもはらぬ」に対応。

（バ行）

30、《おも3》（1623）あすぶ遊　/asïba/「あすば」に対応。

38、《仲里》（1703頃）あすぶ遊　/ʔasibaba/「あすば」を含む。「あすばば」に対応。

41、《組五》（1718頃）とぶ飛　/tubaᴎ/「とば」を含む。「とばむ」に対応。

48、《ベッテ》（1849）・（1852）よぶ呼　/ʔjubaᴎ/「よば」を含む。「よばぬ」に対応。

49、《沖話》（1880）およぶ及　/ʔu'jubano'o/「およば」を含む。「およばぬは」に対応。

50、《チェン》（1895）よぶ呼　/ʔjubaᴎ/「よば」を含む。「よばぬ」に対応。

（マ行）

15、《碑文（添門）》（1546）つむ積　/cümasi/「つま」を含む。「つませ」に対応。

17、《碑文（やら）》（1554）つむ積　/cümasi/「つま」を含む。「つませ」に対応。

30、《おも3》（1623）このむ好　/kunumariti/「このま」を含む。「このまれて」に対応。

37、《君由》（1700頃）をがむ拝　/ʔugamariti/「をがま」を含む。「をがまれて」に対応。

39、《混験》（1711）をがむ拝　/ʔugama/「をがま」に対応。

41、《組五》（1718頃）たのむ頼　/tanumaba/「たのま」を含む。「たのまば」に対応。

45、《琉訳》（1800頃）うむ生　/ʔumaru/「うま」を含む。「うまる」に対応。

47、《クリ》（1818）のむ飲　/numaᴎ/「のま」を含む。「のまぬ」に対応。

48、《ベッテ》（1849）・（1852）すむ済　/simaᴎ/「すま」を含む。「すまぬ」に対応。

49、《沖話》（1880）をがむ拝（拝謁）　/ʔugamaᴎ/「をがま」を含む。「をがまぬ」に対応。

50、《チェン》（1895）のむ飲　/numani/「のま」を含む。「のまに」に対応。

（ラ行）

03、《琉館》（16C前半成立か）しる知　/sjiraᴎzü/「しら」を含む。「しらず」に対応。

08、《おも1》（1531）きる切　/kirasi/「きら」を含む。「きらせ」に対応。

09、《陳使》（1534）しる知　/sjiraᴎzü/「しら」を含む。「しらず」に対応。

15、《碑文（添門）》（1546）しる知　/sjirazü/「しら」を含む。「しらず」に対応。

19、《郭使》（1561）しる知　/sjiraᴎ/「しら」を含む。「しらん」に対応。

23、《蕭使》（1579）しる知　/sjiraᴎ/「しら」を含む。「しらん」に対応。

25、《碑文（浦城）》（1597）しる知　/sjiraᴎzü/「しら」を含む。「しらず」に対応。

27、《夏使》（1606）しる知　/sjiraᴎ/「しら」を含む。「しらん」に対応。

28、《碑文（よう）》（1609）のこる残　/nukura/「のこら」に対応。

29、《おも2》（1613）てずる手摩（祈）　/tizüra/「てずら」に対応。

30、《おも3》（1623）かへる帰　/kaira/「かへら」に対応。

37、《君由》（1700頃）てずる手擦　/tizira/「すら」を含む。「てずら」に対応。

38、《仲里》（1703頃）とる取　/turaba/「とら」を含む。「とらば」に対応。

39、《混験》（1711）しる知　/ʔusjirari/「しら」を含む。「おしられ」（御知られ）に対応。

41、《組五》（1718頃）のぼる登　/nubura/「のぼら」に対応。

42、《中信》（1721）しる知　/sjiraᴎ/「しら」を含む。「しらぬ」に対応。

43、《具志》（1743）ふる降　/hwurana/「ふら」を含む。「ふらな」に対応。

44、《琉見》（1764）しる知　/sjiraᴎ/「しら」を含む。「しらぬ」に対応。

45、《琉訳》（1800頃）なる成　/naraᴎ/「なら」を含む。「ならぬ」に対応。

47、《クリ》（1818）のぼる登　/nuburaᴎ/「のぼら」を含む。「のぼらぬ」に対応。

48、《ベッテ》（1849）・（1852）**いる** 入　/ʔira'N/「いら」を含む。「いらぬ」に対応。

49、《沖話》（1880）**なる** 成　/nara'N/「なら」を含む。「ならぬ」に対応。

50、《チェン》（1895）**なる** 成　/nara'a/「なら」を含む。「ならは」に対応。

7）【〈て〉の形】

○所謂「音便形」について言えば、概略次のようになろう。

「イ音便」は、15世紀終わりごろには始まっていたと考えられ、母音 /i/ が「て」に口蓋化・破擦音化を起こさせるのは16世紀に入ってからか。

「促音便」は、15世紀終わりごろには始まっていたと考えられる。基本的に現代語まで続いている（「ハ行」ではそうではない。「ラ行」では促音脱落の場合とそうでない場合とがある）。

「撥音便」は、15世紀には存在したと思われる。18世紀には撥音脱落が起こったらしい。

（カ行）

03、《琉館》（16C前半成立か）**かく** 書　/kaiti/「かきて」に対応。

19、《郭使》（1561）**かく** 書　/kaiti/「かきて」に対応。

23、《蕭使》（1579）**かく** 書　/kaiti/「かきて」に対応。

29、《おも2》（1613）**ぬく** 貫　/nucjaru/「ぬきて」を含む。「ぬきてある→ぬきたる」に対応。

30、《おも3》（1623）**だく** 抱　/dacji/「だきて」に対応。

37、《君由》（1700頃）**ひく** 引　/hwicjo'oti/「ひきて」を含む。「ひきてはおいて」に対応。

41、《組五》（1718頃）**さく** 咲　/sacjaru/「さきて」を含む。「さきてある→さきたる」に対応。

42、《中信》（1721）**ありく** 歩　/ʔaQcji/「ありきて」に対応。

44、《琉見》（1764）**なく** 泣　/nacji/「なきて」に対応。

45、《琉訳》（1800頃）**ゑがく** 描　/'wigacji/「ゑがきて」に対応。

47、《クリ》（1818）**かく** 描　/kacji/「かいて」に対応。

48、《ベッテ》（1849）・（1852）**おく** 置　/ʔucji/「おきて」に対応。

49、《沖話》（1880）**とどく** 届　/tuducji/「とどきて」に対応。

50、《チェン》（1895）**きく** 聞　/cjicji/「ききて」に対応。

（ガ行）

30、《おも3》（1623）**こぐ** 漕　/kuzji/「こぎて」に対応。

41、《組五》（1718頃）**いそぐ** 急　/ʔisuzji/「いそぎて」に対応。

44、《琉見》（1764）**はぐ** 剝　/hwazjiti/「はぎて」に対応。

45、《琉訳》（1800頃）**へぐ** 剝　/hwizji/「へぎて」に対応。

47、《クリ》（1818）**およぐ** 泳　/ʔwi'izji/「およぎて」に対応。

48、《ベッテ》（1849）・（1852）**ふせぐ** 防　/hwusjizji/「ふせぎて」に対応。

49、《沖話》（1880）**いそぐ** 急　/ʔisuzji/「いそぎて」に対応。

50、《チェン》（1895）**いそぐ** 急　/ʔisuzji/「いそぎて」に対応。

（サ行）

02、《碑文（玉殿）》（1501）**ふす** 伏　/pusjiti/「ふして」に対応。

08、《おも1》（1531）**とほす** 通　/tuuci/「とほして」に対応。

29、《おも2》(1613) **おろす** 降　/uruci/「おろして」に対応。

30、《おも3》(1623) **ならす** 鳴　/naracji/「ならして」に対応。

31、《碑文 (本山)》(1624) **ふす** 伏　/hwusjiti/「ふして」に対応。

37、《君由》(1700 頃) **なす** 成　/nacji/「なして」に対応。

38、《仲里》(1703 頃) **ふらす** 降　/hwuracji/「ふらして」に対応。

39、《混験》(1711) **もたす** 持　/mutacji/「もたして」に対応。

41、《組五》(1718 頃) **つくす** 尽　/cikucji/「つくして」に対応。

43、《具志》(1743) **たふす** 倒　/to'ocji/「たふして」に対応。

44、《琉見》(1764) **ころす** 殺　/kurucji/「ころして」に対応。

45、《琉訳》(1800 頃) **かくす** 隠　/kakucji/「かくして」に対応。

47、《クリ》(1818) **さす** 差　/sacji/「さして」に対応。

48、《ベッテ》(1849)・(1852) **あかす** 明　/ʔakacje'e/「あかして」を含む。「あかしては」に対応。

49、《沖話》(1880) **そらす** 逸　/suracje'e/「そらして」を含む。「そらしては」に対応。

50、《チェン》(1895) **ゆるす** 許　/ʔjurucji/「ゆるして」に対応。

(夕行)

01、《翻訳》(1501) **たつ** 発　/taQcï/「たちて」に対応。

03、《琉館》(16C 前半成立か) **もつ** 持　/muQci/「もちて」に対応。

09、《陳使》(1534) **たつ** 発　/taQci/「たちて」に対応。

29、《おも2》(1613) **もつ** 持　/muQci/「もちて」に対応。

30、《おも3》(1623) **もつ** 持　/muQcji/「もちて」に対応。

37、《君由》(1700 頃) **うつ** 打　/ʔuQcji/「うちて」に対応。

39、《混験》(1711) **たつ** 立　/tacji/「たちて」に対応。

41、《組五》(1718 頃) **まつ** 待　/macji/「まちて」に対応。

42、《中信》(1721) **まつ** 待　/maQcji/「まちて→まって」に対応。

44、《琉見》(1764) **まつ** 待　/maQci/「まちて」に対応。

45、《琉訳》(1800 頃) **わかつ** 分　/ʔwakacji/「わかちて」に対応。

46、《漂録》(1818) **もつ** 持　/muQcji/「もちて」に対応。

48、《ベッテ》(1849)・(1852) **うつ** 打　/ʔuQcji/「うちて」に対応。

49、《沖話》(1880) **もつ** 持　/muQcji/「もちて」に対応。

50、《チェン》(1895) **まつ** 待　/maQcji/「まちて」に対応。

(ハ行)

01、《翻訳》(1501) **ゑふ** 酔　/iutï/「ゑうて」に対応。

03、《琉館》(16C 前半成立か) **ゑふ** 酔　/juuti/「ゑうて」に対応。

05、《碑文 (石西)》(1522) **そろふ** 揃　/suruQti/「そろひて」に対応。

08、《おも1》(1531) **そろふ** 揃　/suruQti/「そろひて」に対応。

13、《碑文 (かた)》(1543) **そろふ** 揃　/suruQti/「そろひて」に対応。

15、《碑文 (添門)》(1546) **そろふ** 揃　/suruQti/「そろひて」に対応。

17、《碑文 (やら)》(1554) **はらふ** 祓　/hwaraQti/「はらひて」に対応。

19、《郭使》(1561) **わらふ** 笑　/waraQti/「わらひて」に対応。

23、《蕭使》(1579) **わらふ** 笑　/waraQti/「わらひて」に対応。

25、《碑文（浦城）》（1597）そろふ揃　/suruQti/「そろひて」に対応。

29、《おも２》（1613）しなふ撓四　/sjina(Q)ti/　☼「しなひて」に対応。

30、《おも３》（1623）わらふ笑　/waraQti/「わらひて」に対応。

37、《君由》（1700 頃）ふさふ栄　/hwusati/「ふさひて」に対応。

38、《仲里》（1703 頃）ふさふ栄　/hwusati/「ふさひて」に対応。

39、《混験》（1711）いふ言　/ʔicji/「いひて」に対応。

41、《組五》（1718 頃）ねがふ願　/nigati/「ねがひて」に対応。

42、《中信》（1721）あらふ洗　/ʔaraQti/「あらひて」に対応。

43、《具志》（1743）やとふ雇　/ˈjatuti/「やとひて」に対応。

44、《琉見》（1764）ゑふ酔　/ˈwi'iti/「ゑひて」に対応。

45、《琉訳》（1800 頃）ゑふ酔　/ˈwi'iti/「ゑひて」に対応。

47、《クリ》（1818）わらふ笑　/ˈwarati/「わらひて」に対応。

48、《ベッテ》（1849）・（1852）したがふ従　/sjitagati/「したがひて」に対応。

49、《沖話》（1880）むかふ向　/ˈnkato'oru/「むかひて」を含む。「むかひてはをる」に対応。

50、《チェン》（1895）つかなふ養　/cikanati/「つかなひて」に対応。

（バ行）

19、《郭使》（1561）よぶ呼　/juɴdi/「よびて」に対応。

27、《夏使》（1606）よぶ呼　/juɴdi/「よびて」に対応。

30、《おも３》（1623）ならぶ並　/naraɴdi/「ならびて」に対応。

37、《君由》（1700 頃）えらぶ選　/ʔiraɴdi/「えらびて」に対応。

38、《仲里》（1703 頃）むすぶ結　/katamimusiɴdi/「むすびて」を含む。「かためむすびて」に対応。

39、《混験》（1711）えらぶ選　/ʔiradi/「えらびて」に対応。

41、《組五》（1718 頃）むすぶ結　/musidi/「むすびて」に対応。

42、《中信》（1721）よぶ呼　/ˈju'ɴdi/「よびて」に対応。

43、《具志》（1743）えらぶ選　/ʔiradi/「えらびて」に対応。

45、《琉訳》（1800 頃）えらぶ選　/ʔiradi/「えらびて」に対応。

48、《ベッテ》（1849）・（1852）よろこぶ喜　/ˈjurukudi/「よろこびて」に対応。

49、《沖話》（1880）まなぶ学　/manadi/「まなびて」に対応。

50、《チェン》（1895）えらぶ選　/ʔiradi/「えらびて」に対応。

（マ行）

08、《おも１》（1531）とよむ鳴響　/tujuɴdi/「とよみて」に対応。

17、《碑文（やら）》（1554）をがむ拝　/wugaɴdi/「をがみて」に対応。

29、《おも２》（1613）たのむ頼　/taruɴdi/「たのみて」に対応。

30、《おも３》（1623）ぬすむ盗　/nusïɴdi/「ぬすみて」に対応。

37、《君由》（1700 頃）とよむ鳴響　/tu'judaru/「とよみて」を含む。「とよみてある」に対応。

38、《仲里》（1703 頃）をがむ拝　/ˈugadi/「をがみて」に対応。

39、《混験》（1711）をがむ拝　/ˈugadi/「をがみて」に対応。

41、《組五》（1718 頃）のむ飲　/nudi/「のみて」に対応。

43、《具志》（1743）たのむ頼　/tanudi/「たのみて」に対応。

44、《琉見》（1764）やむ病（痛）　/ˈjadi/「やみて」に対応。

47、《クリ》（1818）**のむ飲**　/nudi/「のみて」に対応。

48、《べッテ》（1849）・（1852）**よむ読**　/'judi/「よみて」に対応。

49、《沖話》（1880）**たのむ頼**　/tarudi/「たのみて」に対応。

50、《チェン》（1895）**つむ積**　/cidi/「つみて」に対応。

51、《官話》（19世紀?）**やむ病**（痛）　/'jari/「やみて」に対応。

（ラ行）

01、《翻訳》（1501）**なる成**　/naQti/「なりて」に対応。

03、《琉館》（16C前半成立か）**くもる曇**　/kumuQti/「くもりて」に対応。

08、《おも1》（1531）**いのる祈**　/inuQti/「いのりて」に対応。

09、《陳使》（1534）**しる知**　/sjiQci/「しりて」に対応。

13、《碑文（かた）》（1543）**あたる当**　/atariti/「あたりて」に対応。

19、《郭使》（1561）**くもる曇**　/kumuQti/「くもりて」に対応。

22、《音字》（1572頃）**うる売**　/uQti/「うりて」に対応。

27、《夏使》（1606）**しる知**　/sjiQci/「しりて」に対応。

29、《おも2》（1613）**てずる手摩**（祈）　/tizüQti/「てずりて」に対応。

30、《おも3》（1623）**かへる帰**　/kaiQti/「かへりて」に対応。

37、《君由》（1700頃）**なる鳴**　/nati/「なりて」に対応。

38、《仲里》（1703頃）**あまる余**　/ʔamati/「あまりて」に対応。

39、《混験》（1711）**とがる尖**　/tugati/「とがりて」に対応。

41、《組五》（1718頃）**とる取**　/tuti/「とりて」に対応。

42、《中信》（1721）**ふる降**　/hwuti/「ふりて」に対応。

43、《具志》（1743）**のぼる登**　/nubuti/「のぼりて」に対応。

44、《琉見》（1764）**ふる降**　/hwuQti/　「ふりて」に対応。

45、《琉訳》（1800頃）**しる知**　/sjiQcji/「しりて」に対応。

47、《クリ》（1818）**のぼる登**　/nubuti/「のぼりて」に対応。

48、《べッテ》（1849）・（1852）**つくる作**　/cukuti/「つくりて」に対応。

49、《沖話》（1880）**あたる当**　/ʔatati/「あたりて」に対応。

50、《チェン》（1895）**うる売**　/ʔute'e/「うりて」を含む。「うりては」に対応。

　以下、詳細は用例に語ってもらうことにする。

　1)「連用形」に対応する形

（カ行）

　08、《おも1》（1531）

いく行　/ikjari/　☆連用形「いき」を含む。「いきあり」に対応。

ゆひつく結付　/juicüki/　☆連用形「よひつき」に対応。

　09、《陳使》（1534）

やく焼　/jakiisji/　☆連用形「やき」を含む。「やきいし」（焼き石）に対応。

　19、《郭使》（1561）

いく行　/ikimudui/　☆連用形「いき」を含む。「いきもどり」に対応か。

　23、《蕭使》（1579）

いく行　/ikimudui/　☆連用形「いき」を含む。「いきもどり」に対応か。

27、《夏使》（1606）

いく行　/ikimudui/　☆連用形「いき」を含む。「いきもどり」に対応か。

30、《おも3》（1623）

いく行　/icjai/　☆連用形「いき」を含む。「いきあひ」に対応。

　　　　/icjati/　☆連用形「いき」を含む。「いきあひて」」に対応。

　　　　/icjajuwaru/　☆連用形「いき」を含む。「いきあひおわる」に対応。

　　　　/icjari/　☆連用形「いき」を含む。「いきあり→いきやり」に対応。

　　　　/icjuridumu/　☆連用形「いき」を含む。「いきをれども」に対応。

うく浮　/ucjaagarijari/　☆連用形「うき」を含む。「うきあがりあり」に対応。

きく聞　/cjicji/　☆連用形「きき」に対応。

　　　　/cjicjituri/　☆連用形「きき」を含む。「ききとれ」に対応。

　　　　/cjicjibusja/　☆連用形「きき」を含む。「ききほしや」に対応。

さく咲　/sacijuriba/　☆連用形「さき」を含む。「さきをれば」に対応。

　　　　/saiwatari/　☆連用形「さき」を含む。「さきわたり」に対応。イ音便。

　　　　/saiwataru/　☆連用形「さき」を含む。「さきわたる」に対応。イ音便。

しく敷　/sjicjijuwacji/　☆連用形「しき」を含む。「しきおはして」に対応。

つく着・付　/cïkjari/　☆連用形「つき」。「つきあり」に対応。「つき」は「突き」ではないとする。

つく突　/cïkjau/　☆連用形「つき」を含む。「つきあふ」に対応。

なく泣　/nacjana/　☆連用形「なき」を含む。「なきありな」に対応。

ぬく貫　/nucjijari/　☆連用形「ぬき」を含む。「ぬきやり」に対応。

　　　　/nucjigumu/　☆連用形「ぬき」を含む。「ぬきぐも」に対応。

はく佩　/hwacjijuwana/　☆連用形「はき」を含む。「はきおわな」に対応。

　　　　/hwacjijuwajari/　☆連用形「はき」を含む。「はきおわりあり」に対応。

　　　　/hwacjijuwacji/　☆連用形「はき」を含む。「はきおはして」に対応。

ひく引　/hwicjijari/　☆連用形「ひき」を含む。「ひきやり」に対応。

ふく吹　/hwucjijuru/　☆連用形「ふき」を含む。「ふきをる」に対応。

　　　　/hwucjijuraba/　☆連用形「ふき」を含む。「ふきをらば」に対応。

　　　　/hwucjijuriba/　☆連用形「ふき」を含む。「ふきをれば」に対応。

まく巻　/macji/　☆連用形「まき」に対応。

ゑがく描　/wigacjiduri/　☆連用形「ゑがき」を含む。「ゑがきどり」に対応。

　　　　/wigacjimihwani/　☆連用形「ゑがき」を含む。「ゑがきみはね」に対応。

37、《君由》（1700頃）

あく明　/ʔakimatusji/　☆連用形「あき」を含む。「あきまとし」に対応。

かがやく輝　/kjagaru/　☆連用形「かがやき」を含む。「かがやきある」に対応。

きく聞　/cji'i/　☆連用形「きき」に対応。

　　　　/cjicji'ju'wa'i/　☆連用形「きき」を含む。「ききおわり」に対応。

しく敷　/sjicjihusa'i/　☆連用形「しき」を含む。「しきふさひ」に対応。

つく突　/cicji'jaki'wari/　☆連用形「つき」を含む。「つきあけおわれ」に対応。

　　　　/cicji'jakigucji/　☆連用形「つき」を含む。「つきあけぐち」に対応。

ひく引　/hwicjizjimunu/　☆連用形「ひき」を含む。「ひきでもの」に対応。

第1節　「四段活用」動詞の史的変化　963

わく湧　/ˈwacjagariba/　☆連用形「わき」を含む。「わきあがれば」に対応。

　38、《仲里》（1703 頃）

いく行　/ʔicjuˈi/　☆連用形「いき」を含む。「いきをり」に対応。

　　　　/ʔicjukutu/　☆連用形「いき」を含む。「いきを（る）こと」に対応。

しく敷　/ˈuˈisjicji/　☆連用形「しき」を含む。「をりしき」に対応。

つく憑　/cicjiʔuriti/　☆連用形「つき」を含む。「つきおれて」に対応。

だく抱　/dacjizjini/　☆連用形「だき」を含む。「だきじに」に対応。

つづく続　/ˈjucizicji/　☆連用形「つづき」を含む。「よつづき」に対応。

ぬく貫　/nucjiʔuˈiru/　☆連用形「ぬき」を含む。「ぬきうゑる」に対応。

　39、《混験》（1711）

いく行　/ʔicjuga/　☆連用形「いき」を含む。「いきをるが」に対応。

かく掻　/kaˈinadira/　☆連用形「かき」を含む。「かきなでら」に対応。「かき→かい」と変化。

しりぞく退　/sjizjucji/　☆連用形「しりぞき」に対応。

そよめく　/suˈjumicjuri/　☆連用形「そよめき」を含む。「そよめきをれ」に対応。

ぬく貫　/nucji(ʔ)atiti/　☆連用形「ぬき」を含む。「ぬきあてて」に対応。

わく湧　/ˈwacji(ʔ)agati/　☆連用形「わき」を含む。「わきあがりて」に対応。

　40、《琉由》（1713）

つく搗　/mucjizicji/　☆連用形「つき」を含む。「もちづき」に対応。「餅搗き」。

ぬく抜　/nucji/　☆連用形「ぬき」に対応。

ひく引　/hwicji/　☆連用形「ひき」に対応。

ふく葺　/hwucji/　☆連用形「ふき」に対応。「葺上ゲ」の例がある。

やく焼　/jacji/　☆連用形「やき」に対応。「今焼マカリ」「今焼壷」の例がある。

ゆく行　/jucji/　☆連用形「ゆき」に対応。

　41、《組五》（1718 頃）

いく行　/ʔicji/　☆連用形「いき」に対応。

　　　　/ʔicjiˈwakari/　☆連用形「いき」を含む。「いきわかれ」に対応。

　　　　/ʔicjibusja/　☆連用形「いき」を含む。「いきほしや」に対応。

　　　　/ʔicjikuriti/　☆連用形「いき」を含む。「いきくれて」に対応。

　　　　/ʔicjaˈi/　☆連用形「いき」を含む。「いきあり」に対応。

　　　　/ʔicjuˈɴ/　☆連用形「いき」を含む。「いきをり<u>む</u>」に対応。

　　　　/ʔicjumi/　☆連用形「いき」を含む。「いきをりみ」に対応。

　　　　/ʔicjuru/　☆連用形「いき」を含む。「いきをる」に対応。

　　　　/ʔicjuga/　☆連用形「いき」を含む。「いきをるが」に対応。

おく置　/ʔucji/　☆連用形「おき」に対応。

　　　　/ʔucjabira/　☆連用形「おき」を含む。「おきはべら」に対応。

　　　　/ʔucjinagina/　☆連用形「おき」を含む。「おきなげな」に対応。

　　　　/ʔucjuˈɴ/　☆連用形「おき」を含む。「おきをり<u>む</u>」に対応。

かく書　/kacjicikinu/　☆連用形「かき」を含む。「かきつけの」に対応。

きく聞　/cjicji/　☆連用形「きき」に対応。

　　　　/cjicjitumiti/　☆連用形「きき」を含む。「ききとめて」に対応。

/cjicjitumiri/　☆連用形「きき」を含む。「ききとめれ」に対応。

/cjicjuru/　☆連用形「きき」を含む。「ききをる」に対応。

さく咲　/sacju'i/　☆連用形「さき」を含む。「さきをり」に対応。

ちかづく近　/cjikazicjuru/　☆連用形「ちかづき」を含む。「ちかづきをる」に対応。

つく付　/cicjuru/　☆連用形「つき」を含む。「つきをる」に対応。

/kukuruzicji/　☆連用形「つき」を含む。「こころづき」に対応。

なく泣　/nacji/　☆連用形「なき」に対応。

/nacjura/　☆連用形「なき」を含む。「なきをら」に対応。

/nacjuga/　☆連用形「なき」を含む。「なきをるが」に対応。

ぬく貫　/nucji/　☆連用形「ぬき」に対応。

/nucjitumiti/　☆連用形「ぬき」を含む。「ぬきとめて」に対応。

ひく引　/hwicji/　☆連用形「ひき」に対応。

/hwicja'i/　☆連用形「ひき」を含む。「ひきあり」に対応。

/hwicjuru/　☆連用形「ひき」を含む。「ひきをる」に対応。

ふく吹　/hwucji/　☆連用形「ふき」に対応。

ゆく行　/'juQcja'ini/　☆連用形「ゆき」を含む。「ゆきあひに」に対応か。

　43、《具志》（1743）

きく聞　/cjicju'wa'i/　☆連用形「きき」を含む。「ききおわり」に対応。

ふく葺　/ka'jabucji/　☆連用形「ふき」を含む。「かやぶき」に対応。

　44、《琉見》（1764）

ふく葺　/ka'arahwucji'ja/　☆連用形「ふき」を含む。「かわらふきや」に対応。

　45、《琉訳》（1800頃）

あく開　/ʔacji'u'N/　☆連用形「あき」を含む。「あきをりむ」に対応。/ʔacju'N/の可能性もある。

ぬく抜　/nuci'Ndiru/　☆連用形「ぬき」を含む。「むきんでる」に対応

まく巻　/macji/　☆連用形「まき」に対応。

　47、《クリ》（1818）

ありく歩　/ʔaQcju'N/　☆連用形「ありき」を含む。「ありきをりむ」に対応。

いく行　/ʔicju'N /　☆連用形「いき」を含む。「いきをりむ」に対応。

うなづく頷　/ʔNnazjicju'N/　☆連用形「うなづき」を含む。「うなづきをりむ」に対応。

かく書　/kacju'N/　☆連用形「かき」を含む。「かきをりむ」に対応。

かく描　/kacju'N/　☆連用形「かき」を含む。「かきをりむ」に対応。

きく聞　/cjicjigutu/　☆連用形「きき」を含む。「ききごと」に対応。

/cjicji'u'N/　☆連用形「きき」を含む。「ききをりむ」に対応。

/cjicju'N/　☆連用形「きき」を含む。「ききをりむ」に対応。

すく鋤　/sicju'N/　☆連用形「すき」を含む。「すきをりむ」に対応。

たく炊　/tacju'N/　☆連用形「たき」を含む。「たきをりむ」に対応。

つく突　/cicju'N/　☆連用形「つき」を含む。「つきをりむ」に対応。

つく着　/cicju'N/　☆連用形「つき」を含む。「つきをりむ」に対応。

つく付　/cicju'N/　☆連用形「つき」を含む。「つきをりむ」に対応。

だく抱　/dacju'N/　☆連用形「だき」を含む。「だきをりむ」に対応。

なく泣　/nacjuʼɴ/　☆連用形「なき」を含む。「なきをりむ」に対応。

なく鳴　/nacjuʼɴ/　☆連用形「なき」を含む。「なきをりむ」に対応。

はく吐　/hacjuʼɴ/　☆連用形「はき」を含む。「はきをりむ」に対応。

ひく引　/hwicjuʼɴ/　☆連用形「ひき」を含む。「ひきをりむ」に対応。

ひく弾　/hwicjuʼɴ/　☆連用形「ひき」を含む。「ひきをりむ」に対応。

ひびく響　/hibicjuʼɴ/　☆連用形「ひびき」を含む。「ひびきをりむ」に対応。

ふく吹　/hwucjuʼɴ/　☆連用形「ふき」を含む。「ふきをりむ」に対応。

ふく吹（煙草吸）　/hwucjuʼɴ/　☆連用形「ふき」を含む。「ふきをりむ」に対応。

ほとく解　/hwutucjuʼɴ/　☆連用形「ほとき」を含む。「ほときをりむ」に対応。

　　48、《ベッテ》（1849）・（1852）

あざむく欺　/ʔazamucjuʼɴ/　☆連用形「あざむき」を含む。「あざむきをりむ」に対応。

ありく歩　/ʔaQcjiʼɴ/　☆連用形「ありき」を含む。「ありきも」に対応。

　　　　　/ʔaQcjuʼɴ/　☆連用形「ありき」を含む。「ありきをりむ」に対応。

いく行　/ʔicjimuduʼi/　☆連用形「いき」を含む。「いきもどり」に対応。

　　　　/ʔicjiduʼɴseʼe/　☆連用形「いき」を含む。「いきどもせは」に対応。

　　　　/ʔicjuʼɴ/　☆連用形「いき」を含む。「いきをりむ」に対応。

　　　　/ʔicjuru/　☆連用形「いき」を含む。「いきをる」に対応。

おく置　/ʔucjuʼɴ/　☆連用形「おき」を含む。「おきをりむ」に対応。

おどろく驚　/ʔudurucjiʼuʼɴ/　☆連用形「おどろき」を含む。「おどろきをりむ」に対応。

　　　　　/ʔudurucjuʼɴ/　☆連用形「おどろき」を含む。「おどろきをりむ」に対応。

かく書　/cizjigacji/　☆連用形「かき」を含む。「つぎがき」に対応。

　　　　/kacjihatitoʼocjuʼɴ/　☆連用形「かき」を含む。「かきはててはおきをりむ」に対応。

　　　　/kacjaganaʼa/　☆連用形「かき」を含む。「かきありがな」に対応か。

　　　　/kacjuʼɴ/　☆連用形「かき」を含む。「かきをりむ」に対応。

　　　　/kacjuʼ(ɴ)neʼe/　☆連用形「かき」を含む。「かきをるなり」に対応。

かわく乾　/kaʼwacjuʼɴ/　☆連用形「かわき」を含む。「かわきをりむ」に対応。

　　　　　/kaʼaracjuʼɴ/　☆連用形「かわらき」を含む。「かわらきをりむ」に対応。「かわらく」もあると考える。

きく聞　/cjicjigutu/　☆連用形「きき」を含む。「ききごと」に対応。

　　　　/cjicjisjitagaʼi/　☆連用形「きき」を含む。「ききしたがい」に対応。

　　　　/cjicjuʼɴ/　☆連用形「きき」を含む。「ききをりむ」に対応。

しりぞく退　/sjirizucjuʼɴ/　☆連用形「しりぞき」を含む。「しりぞきをりむ」に対応。

たたく叩　/tatacjuʼɴ/　☆連用形「たたき」を含む。「たたきをりむ」に対応。

つく突　/ciki/　☆連用形「つき」に対応。

　　　　/cicjuʼɴ/　☆連用形「つき」を含む。「つきをりむ」に対応。

つく付　/cicjuʼɴ/　☆連用形「つき」を含む。「つきをりむ」に対応。

なく泣　/nacji/　☆連用形「なき」に対応。「ないて」の可能性も否定できない。

　　　　/nacjinacji/　☆連用形「なき」を含む。「なきなき」に対応。

　　　　/nacjeʼe/　☆連用形「なき」を含む。「なきは」に対応。

　　　　/nachabiʼiʼɴ/　☆連用形「なき」を含む。「なきはべりをりむ」に対応。

　　　　/nacjareʼe/　☆連用形「なき」を含む。「なきあれは」に対応。

　　　　　/nacjuru/　☆連用形「なき」を含む。「なきをる」に対応。

　　　　　/nacjuse'e/　☆連用形「なき」を含む。「なきを（る）すは」に対応。

　　　　　/nacjuga/　☆連用形「なき」を含む。「なきを（る）が」に対応。

なげく嘆　/nazjicjuʼɴ/　☆連用形「なげき」を含む。「なげきをりむ」に対応。

　　　　　/nazjicjuru/　☆連用形「なげき」を含む。「なげきをる」に対応。

ひく引　/hwicjike'ecji/　☆連用形「ひき」を含む。「ひきかへして」（引き返して）に対応。

　　　　/hwiQke'ecji/　☆連用形「ひき」を含む。「ひきかへして」に対応。前項と対比すると
　　　　　　　　　　　　　　　　　/hwicjike'ecji/と/hwiQke'ecji/が並存していたと思われる。

ふく吹　/hwucjuʼɴ/　☆連用形「ふき」を含む。「ふきをりむ」に対応。

ふく吹（煙草吸）/hwucjagana'a/　☆連用形「ふき」を含む「ふきあ（る）がな」に対応。

ほめく熱「火（ほ）めく」/hwumicji/　☆連用形「ほめき」に対応。

まく蒔　/macjuʼɴ/　☆連用形「まき」を含む。「まきをりむ」に対応。

まねく招　/manicjuʼɴ/　☆連用形「まねき」を含む。「まねきをりむ」に対応。

やく焼　/ˈjacjitu'i/　☆連用形「やき」を含む。「やきとり」に対応。

　　　　/ˈjacji/　☆連用形「やき」に対応。「やきて」の可能性もある。

　　　　/ˈjacjuʼɴ/　☆連用形「やき」を含む。「やきをりむ」に対応。

ゆく行　/ˈjucjuʼɴ/　☆連用形「ゆき」を含む。「ゆきをりむ」に対応。

　　49、《沖話》（1880）

あく空　/ʔacjiga/　☆連用形「あき」を含む。「あきが」に対応。

いく行　/ʔicji'ine'e/　☆連用形「いき」を含む。「いきには」に対応。

　　　　/ʔicji duʼɴse'e/　☆連用形「いき」を含む。「いきどもせは」に対応。

　　　　/ʔicjuru/　☆連用形「いき」を含む。「いきをる」に対応。

　　　　/ʔicjabira/　☆連用形「いき」を含む。「いきはべら」に対応。

　　　　/ʔicjabi'iʼɴ/　☆連用形「いき」を含む。「いきはべりをりむ」に対応。

　　　　/ʔicjabi'iru/　☆連用形「いき」を含む。「いきはべりをる」に対応。

　　　　/ʔicjabi'iga/　☆連用形「いき」を含む。「いきはべりを（る）が」に対応。

　　　　/ʔicjabi'isiga/　☆連用形「いき」を含む。「いきはべりを（る）すが」に対応。

　　　　/ʔicjabitasiga/　☆連用形「いき」を含む。「いきはべりた（る）すが」に対応。

　　　　/ʔicjabitasa'a/　☆連用形「いき」を含む。「いきはべりた（る）さ」に対応。

　　　　/ʔicjabiraʼɴ/　☆連用形「いき」を含む。「いきはべらぬ」に対応。

　　　　/ʔicjukutu/　☆連用形「いき」を含む。「いきを（る）こと」に対応。

　　　　/ʔicjuse'e/　☆連用形「いき」を含む。「いきを（る）すは」に対応。

いごく動　/ʔɴzjucjiga/　☆連用形「いごき」を含む。「いごきが」に対応。

　　　　　/ʔɴzjucjabi'iʼɴ/　☆連用形「いごき」を含む。「いごきはべりをりむ」に対応。

　　　　　/ʔɴzjucjabi'i'ga/　☆連用形「いごき」を含む。「いごきはべりを（る）が」に対応。

いただく頂　/ʔitadacjabira/　☆連用形「いただき」を含む。「いただきはべら」に対応。

　　　　　/ʔitadacjabita'ɴ/　☆連用形「いただき」を含む。「いただきはべりたりむ」に対応。

かく書　/kacjite'e/　☆連用形「かき」を含む。「かきたい」に対応。

　　　　/kacjabita'ɴ/　☆連用形「かき」を含む。「かきはべりたりむ」に対応。

　　　　/kacja'i/　☆連用形「かき」を含む。「かきあり」に対応。

/kacjuru/　☼ 連用形「かき」を含む。「かきをる」に対応。

きく効　/cjicjabira'N/　☼ 連用形「きき」を含む。「ききはべらぬ」に対応。

/cjicjuru/　☼ 連用形「きき」を含む。「ききをる」に対応。

きく聞　/cjicjite'e/　☼ 連用形「きき」を含む。「ききたい」に対応。

/cjicji'ine'e/　☼ 連用形「きき」を含む。「ききには」に対応。

/cjicjabi'isiga/　☼ 連用形「きき」を含む。「ききはべりを（る）すが」に対応。

/cjicjabita'N/　☼ 連用形「きき」を含む。「ききはべりたり<u>む</u>」に対応。

/cjicjabitasiga/　☼ 連用形「きき」を含む。「ききはべりた（る）すが」に対応。

さく咲　/sacji/　☼ 連用形「さき」に対応。

/sacjuru/　☼ 連用形「さき」を含む。「さきをる」に対応。

さばく捌　/ʔu'isabacjinu/　☼ 連用形「さばき」を含む。「うりさばきの」（売り捌きの）に対応。

/ʔu'isabacjabi'iga/　☼ 連用形「さばき」を含む。「うりさばきはべりを（る）が」に対応。

/ʔu'isabacjuru/　☼ 連用形「さばき」を含む。「うりさばきをる」に対応。

すく好　/sicji/　☼ 連用形「すき」に対応。

/ʔusicjiga/　☼ 連用形「すき」を含む。「おすきが」に対応。

つく付　/cicji/　☼ 連用形「つき」に対応。「ウチヌツチ」で「おきのつき」（御気の付き）。

つく着　/ʔucicjimisjo'ocjaru/　☼ 連用形「つき」を含む。「おつきめしおはしたる」に対応。

/cicjabitakutu/　☼ 連用形「つき」を含む。「つきはべりた（る）こと」に対応。

とどく届　/tuducjabitasa'a/　☼ 連用形「とどき」を含む。「とどきはべりた（る）さ」に対応。

ひく引　/hwicjiʔami/　☼ 連用形「ひき」を含む。「ひきあみ」に対応。

ひらく開　/ʔuhwiracjimisje'ega/　☼ 連用形「ひらき」を含む。「おひらきめしあ（る）が」に対応。

まく蒔　/sanimacjiʔatunu/　☼ 連用形「まき」を含む。「たねまきあとの」に対応。

/ʔumacjimisje'ebitaga/　☼ 連用形「まき」を含む。「おまきめしはべりた（る）が」に対応。

/macjabita'N/　☼ 連用形「まき」を含む。「まきはべりたり<u>む</u>」に対応。

やく焼　/sju'u'jacji/　☼ 連用形「やき」を含む。「しほやき」（塩焼）に対応。

/'jacjiga/　☼ 連用形「やき」を含む。「やきが」に対応。

ゆく行　/nari'jucji/　☼ 連用形「ゆき」を含む。「なりゆき」（成行）に対応。

/'jucjuse'e/　☼ 連用形「ゆき」を含む。「ゆきを（る）すは」に対応。

50、《チェン》（1895）

あく開　/ʔacju'N/　☼ 連用形「あき」を含む。「あきをり<u>む</u>」に対応。

ありく歩　/ʔaQcjusi/　☼ 連用形「ありき」を含む。「ありきを（る）す」に対応。

いく行　/ʔicji'ine'e/　☼ 連用形「いき」を含む。「いきには」に対応。

/ʔicji'N/　☼ 連用形「いき」を含む。「いきも」に対応。

/ʔicju'N/　☼ 連用形「いき」を含む。「いきをり<u>む</u>」に対応。

/ʔicjumi/　☼ 連用形「いき」を含む。「いきをりみ」に対応。

/ʔicjuse'e/　☼ 連用形「いき」を含む。「いきを（る）すは」に対応。

いごく動　/ʔNzjucju'N/　☼ 連用形「いごき」を含む。「いごきをり<u>む</u>」に対応。

きく聞　/cjicjimisje'edu'Nse'e/　☼ 連用形「きき」を含む。「ききめしはどもせは」に対応。

/cjicjabi'i'N/　☼ 連用形「きき」を含む。「ききはべりをり<u>む</u>」に対応。

/cjicjabitara'a/　☼ 連用形「きき」を含む。「ききはべりたらは」に対応。

/cjicjabitasiga/ ☆ 連用形「きき」を含む。「ききはべりた（る）すが」に対応。

/cjicji'ja'ɴto'o'ɴ/ ☆ 連用形「きき」を含む。「ききやぶりてををりむ」に対応。

/cjicju'ɴ/ ☆ 連用形「きき」を含む。「ききをりむ」に対応。

/cjicjumi/ ☆ 連用形「きき」を含む。「ききをりみ」に対応。

つく着 /ʔunu'icicjimisje'ebiri/ ☆ 連用形「つき」を含む。「おのりつきめしはべれ」に対応。

/cicju'ɴ/ ☆ 連用形「つき」を含む。「つきをりむ」に対応。

ぬく貫 /nucjikurusju'ɴ/ ☆ 連用形「ぬき」を含む。「ぬきころしをりむ」に対応。

はく吐 /hacjimisje'eru/ ☆ 連用形「はき」を含む。「はきめしある」に対応。

/hacju'ɴ/ ☆ 連用形「はき」を含む。「はきをりむ」に対応。

ひく引 /hwicjiʔu'u'jabi'i'ɴ/ ☆ 連用形「ひき」を含む。「ひきおひはべりをりむ」に対応。

ひく弾 /ʔuhwicjimisjo'ocji/ ☆ 連用形「ひき」を含む。「おひきめしおはして」に対応。

ふく吹 /hwucjicimiti/ ☆ 連用形「ふき」を含む。「ふきつめて」に対応。

/hwucjigiku'ɴne'e'ɴ/ ☆ 連用形「ふき」を含む。「ふきげくもないむ」に対応。

やく焼 /'jacju'ɴ/ ☆ 連用形「やき」を含む。「やきをりむ」に対応。

51、《官話》（19 世紀 ?）

かく掻 /kacjigasa/ ☆ 連用形「かき」を含む。「かきがさ」に対応。

つく付 /na'ɴcicji/ ☆ 連用形「つき」を含む。「なべつき」に対応。

はく佩 /tacji'wacji/ ☆ 連用形「はき」を含む。「たちはき」に対応。

はじく弾 /hacjagumi/ ☆ 連用形「はじき」を含む。「はじきやごめ」に対応か。

ひく引 /hicjimi/ ☆ 連用形「ひき」を含む。「ひきめ」に対応。

ひひめく咳 /himicji/ ☆ 連用形「ひみき」に対応。「ひひめく」と関係があるか。

ほとめく瞬 /mi'ibutumicji/ ☆ 連用形「ほとめき」を含む。「めほとめき」に対応。

やく焼 /'jacji/ ☆ 連用形「やき」に対応。

（ガ行）

02、《碑文（玉殿）》（1501）

あふぐ仰 /awogi/ ☆ 連用形「あをぎ」に対応。

08、《おも 1》（1531）

つぐ継 /cügijuwaci/ ☆ 連用形「つぎ」を含む。「つぎおはして」に対応。

13、《碑文（かた）》（1543）

つぐ継 /cügimisjijuwacji/ ☆ 連用形「つぎ」を含む。「つぎめしおはして」に対応。

25、《碑文（浦城）》（1597）

つぐ継 /cügimisjijuwaci/ ☆ 連用形「つぎ」を含む。「つぎめしおはして」に対応。

30、《おも 3》（1623）

こぐ漕 /kiwaikuzji/ ☆ 連用形「こぎ」を含む。「けはひこぎ」（気延ひ漕ぎ）に対応。

つぐ継 /cïzjijuwari/ ☆ 連用形「つぎ」を含む。「つぎおわれ」に対応。

31、《碑文（本山）》（1624）

あふぐ仰 /awugi/ ☆ 連用形「あふぎ」に対応。

37、《君由》（1700 頃）

なぐ薙 /nazjiʔa'wasjiba/ ☆ 連用形「なぎ」を含む。「なぎあはせば」に対応。

はぐ接 /hwazjiʔukiti/ ☆ 連用形「はぎ」を含む。「はぎうけて」に対応。

38、《仲里》（1703 頃）

こぐ漕　/kuzjiʔidiraba/　☼ 連用形「こぎ」を含む。「こぎいでらば」に対応。

つなぐ繋　/cinazjizina/　☼ 連用形「つなぎ」を含む。「つなぎづな」に対応。

40、《琉由》（1713）

つぐ継　/cizji/　☼ 連用形「つぎ」に対応。「添継ぎ」「天継ぎ」「天次」の例がある。

41、《組五》（1718 頃）

いそぐ急　/ʔisuzji/　☼ 連用形「いそぎ」に対応。

　　　　　/ʔisuzjibusja/　☼ 連用形「いそぎ」を含む。「いそぎほしや」に対応。

つぐ継　/cizja’i/　☼ 連用形「つぎ」を含む。「つぎあり」に対応。

つぐ注　/cizjuru/　☼ 連用形「つぎ」を含む。「つぎをる」に対応。

42、《中信》（1721）

はぐ剝（脱）　/hwazji’uɴ/　☼ 連用形「はぎ」を含む。「はぎをり<u>む</u>」に対応。/hwazji’ju’ɴ/ の可能性もある。

43、《具志》（1743）

なぐ薙　/nazjiʔa’wasjiba/　☼ 連用形「なぎ」を含む。「なぎあはせば」に対応。

はぐ接　/hwazji’ja/　☼ 連用形「はぎ」を含む。「はぎや」に対応。

44、《琉見》（1764）

つぐ注　/’jucizji/　☼ 連用形「つぎ」を含む。「ゆつぎ」に対応。

45、《琉訳》（1800 頃）

はぐ剝（脱）　/hwazji’u’ɴ/　☼ 連用形「はぎ」を含む。「はぎをり<u>む</u>」に対応。/hwazji’ju’ɴ/ の可能性もある。

47、《クリ》（1818）

およぐ泳　/ʔwi’izju’ɴ/　☼ 連用形「およぎ」を含む。「およぎをり<u>む</u>」に対応。

つぐ注　/cizju’ɴ/　☼ 連用形「つぎ」を含む。「つぎをり<u>む</u>」に対応。

ぬぐ抜　/nuzju’ɴ/　☼ 連用形「ぬぎ」を含む。「ぬぎをり<u>む</u>」に対応。

はぐ剝（脱）　/hazji’i’ɴ/　☼ 連用形「はぎ」を含む。「はぎをり<u>む</u>」に対応。

　　　　　/hazji’u’ɴ/　☼ 連用形「はぎ」を含む。「はぎをり<u>む</u>」に対応。

へぐ剝　/hwizju’ɴ/　☼ 連用形「へぎ」を含む。「へぎをり<u>む</u>」に対応。

48、《ベッテ》（1849）・（1852）

あふぐ仰　/ʔa’uzji’u’ɴ/　☼ 連用形「あふぎ」を含む。「あふぎをり<u>む</u>」に対応。

いそぐ急　/ʔisuzju’ɴ/　☼ 連用形「いそぎ」を含む。「いそぎをり<u>む</u>」に対応。

およぐ泳　/ʔwi’izju’ɴ/　☼ 連用形「およぎ」を含む。「およぎをり<u>む</u>」に対応。

こぐ漕　/ku’uzju’ɴ/　☼ 連用形「こぎ」を含む。「こぎをり<u>む</u>」に対応。

そそぐ濯　/susuzju’ɴ/　☼ 連用形「そそぎ」を含む。「そそぎをり<u>む</u>」に対応。

つぐ継　/cizjigacji/　☼ 連用形「つぎ」を含む。「つぎがき」に対応。

とぐ研　/tuzju’ɴ/　☼ 連用形「とぎ」を含む。「とぎをり<u>む</u>」に対応。

ぬぐ脱　/nuzjigacji/　☼ 連用形「ぬぎ」を含む。「ぬぎがき」に対応。

　　　　　/nuzju’ɴ/　☼ 連用形「ぬぎ」を含む。「ぬぎをり<u>む</u>」に対応。

ふさぐ塞　/hwusazju’ɴ/　☼ 連用形「ふさぎ」を含む。「ふさぎをり<u>む</u>」に対応。

ふせぐ防　/hwusjizju’ɴ/　☼ 連用形「ふせぎ」を含む。「ふせぎをり<u>む</u>」に対応。

49、《沖話》（1880）

いそぐ急　/ʔuʔisuzjinu/　☼ 連用形「いそぎ」を含む。「おいそぎの」に対応。

しのぐ凌　/sjinuzji'jasiku/　☼ 連用形「しのぎ」を含む。「しのぎやすく」に対応。

　50、《チェン》（1895）

いそぐ急　/ʔisuzjabi'i'N/　☼ 連用形「いそぎ」を含む。「いそぎはべりをりむ」に対応。

　　　　　/ʔisuzju'N/　☼ 連用形「いそぎ」を含む。「いそぎをりむ」に対応。

ねぐ？耐？　/nizji'ide'e/　☼ 連用形「ねぎり」を含む。「ねぎりだい」に対応。

（サ行）

　05、《碑文（石西）》（1522）

つさす突刺　/cüsasjijuwaci/　☼ 連用形「つさし」を含む。「つさしおはして」に対応。

わたす渡　/watasji/　☼ 連用形「わたし」に対応。

　08、《おも 1 》（1531）

めす召　/misjijuwaci/　☼ 連用形「めし」を含む。「めしおはして」に対応。

　13、《碑文（かた）》（1543）

めす召　/misjijuwaci/　☼ 連用形「めし」を含む。「めしおはして」に対応。

　15、《碑文（添門）》（1546）

めす召　/misjijuwaci/　☼ 連用形「めし」を含む。「めしおはして」に対応。

　　　　　/misjijuwacja/　☼ 連用形「めし」を含む。「めしおはした（る）」に対応。

　17、《碑文（やら）》（1554）

つきさす突刺　/cüisasjijuwaci/　☼ 連用形「つきさし」を含む。「つきさしおはして」に対応。

めす召　/misjijuwacjaru/　☼ 連用形「めし」を含む。「めしおはしたる」に対応。

　25、《碑文（浦城）》（1597）

さす刺　/sasjijuwaci/　☼ 連用形「さし」を含む。「さしおはして」に対応。

めす召　/misjijuwaci/　☼ 連用形「めし」を含む。「めしおはして」に対応。

　　　　　/misjijuwacjaru/　☼ 連用形「めし」を含む。「めしおはしたる」に対応。

わたす渡　/watasjijuwaci/　☼ 連用形「わたし」を含む。「わたしおはして」に対応。

　28、《碑文（よう）》（1609）

めす召　/misjijuwacji/　☼ 連用形「めし」を含む。「めしおはして」に対応。

　29、《おも 2 》（1613）

なす生　/nasjijuwaci/　☼ 連用形「なし」を含む。「なしおはして」に対応。

めす召　/misjijuwaci/　☼ 連用形「めし」を含む。「めしおはして」に対応。

よらす寄　/jurasikimi/　☼ 連用形「よらし」を含む。「よらしきみ」に対応。

　30、《おも 3 》（1623）

あはす合　/awasjijuwacji/　☼ 連用形「あはし」を含む。「あはしおはして」に対応。

おしあはす押合　/usjiawasji/　☼ 連用形「おしあはし」に対応。

おす押　/usjijuri/　☼ 連用形「おし」を含む。「おしをり」に対応。

おれなほす降直　/urinausjijuwa/　☼ 連用形「おれなほし」を含む。「おれなほしおわ（れ）」に対応。

おろす降　/urusjijuwa/　☼ 連用形「おろし」を含む。「おろしおわ（れ）」に対応。

かくす隠　/kakusjigani/　☼ 連用形「かくし」を含む。「かくしがね」に対応。

きかす聞　/cjikjasijuwa/　☼ 連用形「きかし」を含む。「きかしおわ（れ）」に対応。

さす差　/sasjijari/　☼ 連用形「さし」を含む。「さしやり」に対応。

　　　　　/sasjijuwariba/　☼ 連用形「さし」を含む。「さしおわれば」に対応か。

　　　　　sasjijuwacji/　☆連用形「さし」を含む。「さしおはして」に対応。

たてなほす建直　/tatinaucji/　☆連用形「たて」を含む。「たてなほして」に対応。

とらす取　/turasjijuwa/　☆連用形「とらし」を含む、「とらしおわ（れ）」に対応。

なす生　/nasjijuwacji/　☆連用形「なし」を含む。「なしおはして」に対応。

なほす直　/sjimanausji/　☆連用形「なほし」を含む。「しまなほし」に対応。

　　　　　/junausjiga/　☆連用形「なほし」を含む。「よなほしが」に対応。

はやす囃　/hwajasjijuwaba/　☆連用形「はやし」を含む。「はやしおわば」に対応か。

はりやす走　/hwarijasjijuwa/　☆連用形「はりやし」を含む。「はりやしおわ（れ）」に対応。

めす召　/misjijuwacji/　☆連用形「めし」。「めしおはして」に対応。

　　　　　/misjijuwari/　☆連用形「めし」。「めしおわれ」に対応。

もてなす遇　/mucjinasji/　☆連用形「もてなし」に対応。

ゆらす揺　/jurasjijuwacji/　☆連用形「ゆらし」を含む。「ゆらしおはして」に対応。

　　　　　/jurasjijuwa(ri)/　☆連用形「ゆらし」を含む。「ゆらしおわ（れ）」に対応か。

　　37、《君由》（1700頃）

あはす合　/nazji'ʔa'wacjaru/　☆連用形「あはし」を含む。「なぎあはしてある→なぎあはしたる」に
　　　　　　　　　　　　　　　対応。

おす押　/ʔusji'ʔagati/　☆連用形「おし」を含む。「おしあがりて→おしあがって」に対応。

　　　　　/ʔusji'jagati/　☆連用形「おし」を含む。「おしあがりて→おしあがって」に対応。/ʔusjagati/
　　　　　　　　　　　　　　　の可能性を残す。

　　　　　/ʔusji'jagi'wari/　☆連用形「おし」を含む。「おしあげおわれ」に対応。/ʔusjagi'wari/ の
　　　　　　　　　　　　　　　可能性を残す。

　　　　　/ʔusji'ʔukiti/　☆連用形「おし」を含む。「おしうけて」に対応。

なほす直　/no'osabiru/　☆連用形「なほし」を含む。「なほしはべる」に対応。

　　　　　/ʔurino'osji'jura/　☆連用形「なほし」を含む。「おれなほしをら」に対応。/ʔurino'osjura/
　　　　　　　　　　　　　　　の可能性を残す。

　　　　　/ʔurino'osji'juru/　☆連用形「なほし」を含む。「おれなほしをる」に対応。/ʔurino'osjuru/
　　　　　　　　　　　　　　　の可能性を残す。

　　　　　/'juna'usji/　☆連用形「なほし」を含む。「よなほし」に対応。/'juno'osji/ の可能性を残す。

めす召　/misji'jaru/　☆連用形「めし」を含む。「めしある」に対応。

　　　　　/misji'ju'wacji/　☆連用形「めし」を含む。「めしおはして」に対応。

　　　　　/misji'ju'wari/　☆連用形「めし」を含む。「めしおわれ」に対応。

　　　　　/misji'ju'waru/　☆連用形「めし」を含む。「めしおわる」に対応。

　　　　　/na'imisji'ju'wacji/　☆連用形「めし」を含む。「なりめしおはして」に対応。

　　38、《仲里》（1703頃）

います参　/ʔimjasji/　☆連用形「いまし」に対応。

おす押　/ʔusji'ʔaga'i/　☆連用形「おし」を含む。「おしあがり」に対応。

　　　　　/ʔusji'ʔagiti/　☆連用形「おし」を含む。「おしあげて」に対応。

おろす降　/ʔurusji/　☆連用形「おろし」に対応。

さす刺　/sasji'ʔu'iru/　☆連用形「さし」を含む。「さしうゑる」に対応。

ただらす爛　/tadarasjabimunu/　☆連用形「ただらし」を含む。「ただらしはべ（る）もの」に対応。

/tadarasjusi/ ☼ 連用形「ただらし」を含む。「ただらしを（る）す」に対応。

/tadarasjusi'ja/ ☼ 連用形「ただらし」を含む。「ただらしを（る）すは」に対応。

/tadarasjumunu/ ☼ 連用形「ただらし」を含む。「ただらしを（る）もの」に対応。

とよます鳴響 /tu'jumasjusi/ ☼ 連用形「とよまし」を含む。「とよましを（る）す」に対応。

とらす取 /turasjabimunu/ ☼ 連用形「とらし」を含む。「とらしはべ（る）もの」に対応か。

なす生 /nasjiʔizjasji/ ☼ 連用形「なし」を含む。「なしいだし」に対応。

/nasji'jaburiQkwa/ ☼ 連用形「なし」を含む。「なしやぶりこら」に対応。

なほす直 /ʔurino'osji/ ☼ 連用形「なほし」を含む。「おれなふし」に対応。

ひびかす響 /hwibikasjusi/ ☼ 連用形「ひびかし」を含む。「ひびかしを（る）す」に対応。

ほす干 /ʔamihwusjinu/ ☼ 連用形「ほし」を含む。「あみほしの」（網干しの）に対応。

/sadihwusjinu/ ☼ 連用形「ほし」を含む。「さでほしの」（叉手干しの）に対応。

めす召 /misja'i/ ☼ 連用形「めし」を含む。「めしあり」に対応。

/misjaru/ ☼ 連用形「めし」を含む。「めしある」に対応。

/misju'wa'i/ ☼ 連用形「めし」を含む。「めしおわり」に対応。

/misju'waru/ ☼ 連用形「めし」を含む。「めしおわる」に対応。

/misju'wari/ ☼ 連用形「めし」を含む。「めしおわれ」に対応。

/misjo'ori/ ☼ 連用形「めし」を含む。「めしおわれ」に対応。

/misjo'oriba/ ☼ 連用形「めし」を含む。「めしおわれば」に対応。

/misjuru/ ☼ 連用形「めし」を含む。「めしをる」に対応。

/misjo'ocjaru/ ☼ 連用形「めし」を含む。「めしおはしたる」に対応。

をどらす踊 /'udurasju'N/ ☼ 連用形「をどらし」を含む。「をどらしをり<u>む</u>」に対応。

/'udurasjusi/ ☼ 連用形「をどらし」を含む。「をどらしを（る）す」に対応。

39、《混験》（1711）

ともす灯 /tubusji/ ☼ 連用形「ともし」に対応。

めす召 /misji'ju'wa'i/ ☼ 連用形「めし」を含む。「めしよわり」に対応。

/misji'ju'wari/ ☼ 連用形「めし」を含む。「めしおわれ」に対応。

/misjo'ori/ ☼ 連用形「めし」を含む。「めしおわれ」に対応。

/misi'ju'wabi'N/ ☼ 連用形「めし」を含む。「めしをりはべりむ」に対応。

/misij'ari/ ☼ 連用形「めし」を含む。「めしあれ」に対応。

/'Nsjari/ ☼ 連用形「めし」を含む。「めしあれ」に対応。

/misjo'ocji/ ☼ 連用形「めし」を含む。「めしおはして」に対応。

40、《琉由》（1713）

あかす明 /ʔakasji/ ☼ 連用形「あかし」に対応。

おす押 /ʔusji/ ☼ 連用形「おし」に対応。

さす刺 /sasji/ ☼ 連用形「さし」に対応。

なほす直 /na'usji/ ☼ 連用形「なほし」に対応。

ふす伏 /hwusji/ ☼ 連用形「ふし」に対応。

ほす干 /hwusji/ ☼ 連用形「ほし」に対応。

めす召 /misji/ ☼ 連用形「めし」に対応。

41、《組五》（1718 頃）

あかす明　/ʔakasjibusja/　☼ 連用形「あかし」を含む。「あかしほしや」に対応。

あはす合　/miʔa'wasja'a'i/　☼ 連用形「あはし」を含む。「みあはしあり」に対応。

いだす出　/ʔubizjasjuru/　☼ 連用形「いだし」を含む。「おもひいだしをる」に対応。

　だす出　/midasjicjicjidasji/　☼ 連用形「だし」を含む。「みだしききだし」に対応。

　　　　/dasjo'ori/　　☼ 連用形「だし」を含む。「だしおわれ」に対応。

おす押　/ʔusjiciriti/　☼ 連用形「おし」を含む。「おしつれて」に対応。

かくす隠　/mumukakusji/　☼ 連用形「かくし」を含む。「ももかくし」に対応。

くらす暮　/kurasji/　☼ 連用形「くらし」に対応。

　　　　/kurasju'juga/　☼ 連用形「くらし」を含む。「くらしをるが」に対応。

さがす探　/sagasji/　☼ 連用形「さがし」に対応。

さす差　/sasji/　☼ 連用形「さし」に対応。

さす射　/sasji/　☼ 連用形「さし」に対応。

しらす知　/sjirasjo'ocji/　☼ 連用形「しらし」を含む。「しらしはおきて」に対応。

すかす賺　/sikasji/　☼ 連用形「すかし」に対応。

とらす取　/turasju/　☼ 連用形「とらし」を含む。「とらしをる」に対応。「る」脱落。

ながす流　/nagasjikaniti/　☼ 連用形「ながし」を含む。「ながしかねて」に対応。

なす為　/nasja'i/　☼ 連用形「なし」を含む。「なしあり」に対応。

なす成　/nasja'i/　☼ 連用形「なし」を含む。「なしあり」に対応。

　　　　/nasju'N/　☼ 連用形「なし」を含む。「なしをり<u>む</u>」に対応。

　　　　/nasjuru/　☼ 連用形「なし」を含む。「なしをる」に対応。

なす生　/nasjigwa/　☼ 連用形「なし」を含む。「なしご」に対応か。

　　　　/nasjiʔu'ja/　☼ 連用形「なし」を含む。「なしおや」に対応。

めす召　/misje'N/　☼ 連用形「めし」を含む。「めしありをり<u>む</u>」に対応か。

　　　　/misje'eru/　☼ 連用形「めし」を含む。「めしありをる」に対応か。

　　　　/misjeru/　☼ 連用形「めし」を含む。「めしありをる」に対応か。

　　　　/misjori/　☼ 連用形「めし」を含む。「めしおわれ」に対応か。

　　　　/misjo'ocji/　☼ 連用形「めし」を含む。「めしおはして」に対応か。

　　　　/misjocji/　☼ 連用形「めし」を含む。「めしおはして」に対応か。

もどす戻　/mudusji'ja/　☼ 連用形「もどし」を含む。「もどしは」に対応。

わたす渡　/'watasju/　☼ 連用形「わたし」を含む。「わたしをる」に対応。「る」脱落。

　42、《中信》（1721）

めす召　/misjo'ori/　☼ 連用形「めし」を含む。「めしおわれ」に対応か。

　43、《具志》（1743）

さす差　/sasjibu/　☼ 連用形「さし」を含む。「さしぶ」に対応。

なほす直　/'juno'osji/　☼ 連用形「なほし」を含む。「よなほし」に対応。

ぬらす濡　/nurasji'jura/　☼ 連用形「ぬらし」を含む。「ぬらしをら」に対応。

　45、《琉訳》（1800 頃）

いだす出　/sagu'iʔidacja'N/　☼ 連用形「いだし」を含む。「さぐりいだしたり<u>む</u>」に対応か。

いひなほす言直　/ʔi'ino'ocja'N/　☼ 連用形「いひなほし」を含む。「いひなほしたり<u>む</u>」に対応か。

かくす隠　/kakucja'N/　☼ 連用形「かくし」を含む。「かくしたり<u>む</u>」に対応。

47、《クリ》（1818）

いだす出　/ʔi'ɴzjasjuʼɴ/　☆連用形「いだし」を含む。「いだしをりむ」に対応。

おしとほす押通　/ʔusjitu'usji'i/　☆連用形「おしとほし」に対応。「押し通し」で簪の意。

おとす落　/ʔutusjuʼɴ/　☆連用形「おとし」を含む。「おとしをりむ」に対応。

くずす崩　/ku'ɴsjuʼɴ/　☆連用形「くずし」を含む。「くずしをりむ」に対応。

ころす殺　/kurusjuʼɴ/　☆連用形「ころし」を含む。「ころしをりむ」に対応。

ころばす転　/kurubasjuʼɴ/　☆連用形「ころばし」を含む。「ころばしをりむ」に対応。

さす差　/sasjuʼɴ/　☆連用形「さし」を含む。「さしをりむ」に対応。

たふす倒　/to'osjuʼɴ/　☆連用形「たふし」を含む。「たふしをりむ」に対応。

なほす直　/no'osjuʼɴ/　☆連用形「なほし」を含む。「なほしをりむ」に対応。

ならす鳴　/narasjuʼɴ/　☆連用形「ならし」を含む。「ならしをりむ」に対応。

ほがす開穴　/hwugasjuʼɴ/　☆連用形「ほがし」を含む。「ほがしをりむ」に対応。

ほす乾　/hwusjuʼɴ/　☆連用形「ほし」を含む。「ほしをりむ」に対応。

めぐらす巡　/migurasjuʼɴ/　☆連用形「めぐらし」を含む。「めぐらしをりむ」に対応。

めす召　/misjo'odi/　☆連用形「めし」を含む。「めしおわれ」に対応。

48、《ベッテ》（1849）・（1852）

あはす合　/ʔa'wasjuʼɴ/　☆連用形「あはし」を含む。「あはしをりむ」に対応。

　　　　　/ʔa'asjuʼɴ /　☆連用形「あはし」を含む。「あはしをりむ」に対応。

あらはす現　/ʔara'wasjuru/　☆連用形「あらはし」を含む。「あらはしをる」に対応。

あらはす洗　/ʔara'wasjuʼɴ/　☆連用形「あらはし」を含む。「あらはしをりむ」に対応。

　　　　　/ʔara'asjuʼɴ/　☆連用形「あらはし」を含む。「あらはしをりむ」に対応。

いだす出　/ʔɴzjasjuʼɴ/　☆連用形「いだし」を含む。「いだしをりむ」に対応。

うつす写　/ʔucisjimuʼɴ/　☆連用形「うつし」を含む。「うつしもの」に対応。

　　　　　/ʔucisjuʼɴ/　☆連用形「うつし」を含む。「うつしをりむ」に対応。

おす押　/ʔusji/　☆連用形「おし」に対応。

おろす降　/ʔurusjuʼɴ/　☆連用形「おろし」を含む。「おろしをりむ」に対応。

かへす返　/ke'esjuʼɴ/　☆連用形「かへし」を含む。「かへしをりむ」に対応。

くはす食　/kwa'asjuʼɴ/　☆連用形「くはし」を含む。「くはしをりむ」に対応。

くらす暮　/kurasjuʼɴ/　☆連用形「くらし」を含む。「くらしをりむ」に対応。

　　　　　/kurasjusiga/　☆連用形「くらし」を含む。「くらしを（る）すが」に対応。/kurasjuQsiga/

　　　　　　　の可能性もある。

ころす殺　/kurusjusi/　☆連用形「ころし」を含む。「ころしを（る）す」に対応。

さす差　/sasji/　☆連用形「さし」に対応。

　　　　/ʔi'ibizacji/　☆連用形「さし」を含む。「ゆびざし」に対応

　　　　/sasjuʼɴ/　☆連用形「さし」を含む。「さしをりむ」に対応。

しるす印　/sjirusji/　☆連用形「しるし」に対応。

すかす賺　/sikasjuru/　☆連用形「すかし」を含む。「すかしをる」に対応。

ただす正　/tadasji/　☆連用形「ただし」に対応。

たのします楽　/tanusjimasjuʼɴ/　☆連用形「たのしまし」を含む。「たのしましをりむ」に対応。

とほす通　/'ju'uʔakido'osji/　☆連用形「とほし」を含む。「よあけどほし」（夜明け通し）に対応。

第1節　「四段活用」動詞の史的変化　975

　　　　　　　/tu'usju'N/　☆連用形「とほし」を含む。「とほしをり<u>む</u>」に対応。

とらす取　/turasju'N/　☆「連用形「とらし」を含む。「とらしをり<u>む</u>」に対応。

なす生　/nasji/　☆連用形「なし」に対応。

　　　　　　/nasju'N/　☆連用形「なし」を含む。「なしをり<u>む</u>」に対応。

なほす直　/no'osje'e/　☆連用形「なほし」を含む。「なほしは」に対応。

ならす鳴　/narasjuse'e/　☆連用形「ならし」を含む。「ならしを（る）すは」に対応。「鳴らすものは」の意。

ならはす習　/nara'asjuru/　☆連用形「ならはし」を含む。「ならはしをる」に対応。

ぬらす濡　/'Ndasju'N/　☆連用形「ぬらし」を含む。「ぬらしをり<u>む</u>」に対応。

のぼす上　/nubusji'u'N/　☆連用形「のぼし」を含む。「のぼしをり<u>む</u>」に対応。（「のぼせる」を四段に活用させた語）

のます飲　/numasjutasiga/　☆連用形「のまし」を含む。「のましをりた（る）すが」に対応。

ひからす光　/hwikarasju'N/　☆連用形「ひからし」を含む。「ひからしをり<u>む</u>」に対応。

　　　　　　/hwika(ra)sju'N/　☆連用形「ひからし」を含む。「ひか（ら）しをり<u>む</u>」に対応。

ほす干　/hwusji?i'ju/　☆連用形「ほし」を含む。「ほしいを」に対応。

まうす申　/mo'osji/　☆連用形「まうし」に対応。

まはす回　/ma'wasju'N/　☆連用形「まはし」を含む。「まはしをり<u>む</u>」に対応。

　　　　　　/ma'asju'N/　☆連用形「まはし」を含む。「まはしをり<u>む</u>」に対応。

めす召　/misjo'ori/　☆連用形「めし」を含む。「めしおわれ」に対応。「来」の尊敬としての用法。

　　　　　　/misjo'ori'jo'o/　☆連用形「めし」を含む。「めしおわれよ」に対応。

　　　　　　/misjo'o'Nna/　☆連用形「めし」を含む。「めしおわるな」に対応。

　　　　　　/misjo'ora'Ndi/　☆連用形「めし」を含む。「めしおわらむて」に対応。

　　　　　　/misjo'ocja'N/　☆連用形「めし」を含む。「めしおわりてあり<u>む</u>」に対応。「呉」の尊敬としての用法。

（以下の例は、補助動詞）

めす召　/misje'enji/　☆連用形「めし」を含む。「めしありに」に対応。

　　　　　　/misje'e'N/　☆連用形「めし」を含む。「めしあり<u>む</u>」に対応。

　　　　　　/misje'emi/　☆連用形「めし」を含む。「めしありみ」に対応。

　　　　　　/misje'eru/　☆連用形「めし」を含む。「めしある」に対応。

　　　　　　/misjo'ori/　☆連用形「めし」を含む。「めしおわれ」に対応。

　　　　　　/misjo'o'Nna'jo'o/　☆連用形「めし」を含む。「めしおわるな」に対応。

　　　　　　/misjo'ocji/　☆連用形「めし」を含む。「めしおはして」に対応。

○「語幹」部分に生じた音変化で「形態変化」には直接的な関連はないが、注目すべき
　事柄であるので触れておく。「あはす合」「あらはす洗」「まはす回」の次のような例
　は /-a'wa-/ と /-a'a-/ とが並存しており、変化の過渡期を示すものと思われる。

　　あはす合　/?a'wasju'N/、/?a'asju'N/　ともに「あはしをり<u>む</u>」に対応

　　あらはす洗　/?ara'wasju'N/、/?ara'asju'N/　ともに「あらはしをり<u>む</u>」に対応

　　まはす回　/ma'wasju'N/、/ma'asju'N/　ともに「まはしをり<u>む</u>」に対応

49、《沖話》（1880）

いだす出　/?Nzjasjuru/　☆連用形「いだし」を含む。「いだしをる」に対応。

いめす行　/?ime'Nsje'ega/　☆連用形「いめし」を含む。「いめしあ（る）が」に対応。

　　　　　　/?ime'Nsje'enu/　☆連用形「いめし」を含む。「いめしありの」に対応。

976　第5章　沖縄語動詞形態変化の通時的考察

　　　　　/ʔimeˈɴsjeˈebiˈimi/　☆連用形「いめし」を含む。「いめしありはべりをりみ」に対応。

　　　　　/ʔimeˈɴsjeˈebiˈiga/　☆連用形「いめし」を含む。「いめしありはべ（る）が」に対応。

　　　　　/ʔimeˈɴsjeˈebiri/　☆連用形「いめし」を含む。「いめしありはべれ」に対応。

　　　　　/ʔimeˈɴsjeˈebitasaˈa/　☆「連用形「いめし」を含む。いめしありはべりた（る）さ」に対応。

　　　　　/ʔimeˈɴsjeˈebitaga/　☆連用形「いめし」を含む。「いめしありはべりた（る）が」に対応。

　　　　　/ʔimeˈɴsjeˈebitara/　☆連用形「いめし」を含む。「いめしありはべりたら」に対応。

　　　　　/ʔimeˈɴsjeˈeru/　☆連用形「いめし」を含む。「いめしある」に対応。

　　　　　/ʔimeˈɴsjoˈoraˈɴ/　☆連用形「いめし」を含む。「いめしおわらぬ」に対応。

　　　　　/ʔimeˈɴsjoˈorariˈiʼja/　☆連用形「いめし」を含む。「いめしおわられは」に対応。

　　　　　/ʔimeˈɴsjoˈocji/　☆連用形「いめし」を含む。「いめしおはして」に対応。

　　　　　/ʔimeˈɴsjoˈocjaˈɴdi/　☆連用形「いめし」を含む。「いめしおはしたり<u>む</u>で」に対応。「いらっ
　　　　　　　　　しゃったと」の意。

　　　　　/ʔimeˈɴsjoˈocjara/　☆連用形「いめし」を含む。「いめしおはしたら」に対応。

いめす来　/ʔimeˈɴsjeˈebiri/　☆「連用形「いめし」を含む。「いめしありはべれ」に対応。

　　　　　/ʔimeˈɴsjeˈebitaga/　☆連用形「いめし」を含む。「いめしありはべりた（る）が」に対応。

　　　　　/ʔimeˈɴsjoˈocji/　☆連用形「いめし」を含む。「いめしおはして」に対応。

　　　　　/ʔimeˈɴsjoˈocjoˈoru/　☆連用形「いめし」を含む。「いめしおはしたる」に対応。

おす押　/ʔusjitunamiti/　☆連用形「おし」を含む。「おしとなめて」に対応。

かへす反　/ʔucjikeˈesjusiga/　☆連用形「かへし」を含む。「うちかへしを（る）すが」に対応。

　　　　　/ʔucjikeˈesjabiˈiru/　☆連用形「かへし」を含む。「うちかへしはべりをる」に対応。

くらす暮　/kurasjusiˈɴ/　☆連用形「くらし」を含む。「くらしを（る）すも」に対応。

こす越　/ʔukusjimisjeˈeˈɴ/　☆連用形「こし」を含む。「おこしめしあり<u>む</u>」に対応。

　　　　　/ʔukusjimisjeˈebitara/　☆連用形「こし」を含む。「おこしめしはべりたら」に対応。

　　　　　/ʔukusjimisjeˈebimi/　☆連用形「こし」を含む。「おこしめしはべりみ」に対応。

なす成　/nasjabira/　☆連用形「なし」を含む。「なしはべら」に対応。

ならす均　/narasjeˈe/　☆連用形「ならし」を含む。「ならしは」に対応。

　　　　　/narasjini/　☆連用形「ならし」（連用名詞形）を含む。「ならしに」に対応。

のこす残　/ʔunukusjimisjeˈebiri/　☆連用形「のこし」を含む。「おのこしめしはべれ」に対応。

はづす外　/hazisjeˈenaraˈɴ/　☆連用形「はづし」を含む。「はづしはならぬ」に対応。

はなす話　/hanasji/　☆連用形「はなし」に対応。連用名詞形。

　　　　　/hanasjeˈe/　☆連用形「はなし」を含む。「はなしは」に対応。「はなしには」ではない。

　　　　　/ʔuhanasji/　☆連用形「はなし」を含む。「おはなし」に対応。

　　　　　/ʔuhanasjini/　☆連用形「はなし」を含む。「おはなしに」に対応。

　　　　　/ʔuhanasjeˈe/　☆連用形「はなし」を含む。「おはなしは」に対応。

みおろす見下　/miˈiʔurusjusjeˈe/　☆連用形「みおろし」を含む「みおろしを（る）すは」に対応。

めす召　（めさる？）（補助動詞的なものも含めた。）

　　　　　/misjeˈega/　☆連用形「めし」を含む。「めしあ（る）が」に対応。

　　　　　/misjeˈebiri/　☆連用形「めし」を含む。「めしはべれ」に対応。

　　　　　/misjeˈebiˈimi/　☆連用形「めし」を含む。「めしはべりをり<u>み</u>」に対応。

　　　　　/misjeˈebiˈiga/　☆連用形「めし」を含む。「めしはべ（る）が」に対応。

/misje'ebi'iruɴ/　☆ 連用形「めし」を含む。「めしはべりをるん」に対応。

/misje'ebi'isiga/　☆ 連用形「めし」を含む。「めしはべ（る）すが」に対応。

/misje'ebi'isa'a/　☆ 連用形「めし」を含む。「めしはべ（る）さ」に対応。

/misje'ebi'ira/　☆ 連用形「めし」を含む。「めしはべら」に対応。「シェー」と「セー」。並存か。

/mise'ebi'ira/　☆ 連用形「めし」を含む。「めしはべら」に対応。「シェー」と「セー」。並存か。

/misje'ebirana/　☆ 連用形「めし」を含む。「めしはべらな」に対応。

/misje'ebira'ɴka'ja'a/　☆ 連用形「めし」を含む。「めしはべらぬかや」に対応。

/misje'ebirani/　☆ 連用形「めし」を含む。「めしはべらに」に対応。

/misje'ebitaga/　☆ 連用形「めし」を含む。「めしはべりた（る）が」に対応。「シェー」と「セー」。並存か。

/mise'ebitaga/　☆ 連用形「めし」を含む。「めしをりはべりた（る）が」に対応。「シェー」と「セー」。並存か。

/misje'ebitara/　☆ 連用形「めし」を含む。「めしはべりたら」に対応。

/misje'e'ɴ/　☆ 連用形「めし」を含む。「めしありむ」に対応。

/misje'enu/　☆ 連用形「めし」を含む。「めしありの」に対応。

/misje'eru/　☆ 連用形「めし」を含む。「めしある」に対応。

/mise'eru/　☆ 連用形「めし」を含む。「めしある」に対応。

/misje'etaru/　☆ 連用形「めし」を含む。「めしありたる」に対応。

/misjo'ore'e/　☆ 連用形「めし」を含む。「めしおわれ」に対応。

/misjo'ora'ɴ/　☆ 連用形「めし」を含む。「めしおわらぬ」に対応。

/misjo'orari'iga/　☆ 連用形「めし」を含む。「めしおわられが」に対応。

/misjo'orari'i'ja/　☆ 連用形「めし」を含む。「めしおわられは」に対応。

/misjo'o'ɴna/　☆ 連用形「めし」を含む。「めしおわるな」に対応。

/misjo'ocji/　☆ 連用形「めし」を含む。「めしおはして」に対応。

/misjo'ocje'e/　☆ 連用形「めし」を含む。「めしおはしては」に対応。

/misjo'ocja'ɴ/　☆ 連用形「めし」を含む。「めしおはしてありむ」に対応。

/misjo'ocjaru/　☆ 連用形「めし」を含む。「めしおはしたる」に対応。

/misjo'ocjakutu/　☆ 連用形「めし」を含む。「めしおはした（る）こと」に対応。

/misjo'ocjase'e/　☆ 連用形「めし」を含む。「めしおはした（る）すは」に対応。

/misjo'ocjara'a/☆ 連用形「めし」を含む。「めしおはしたらは」に対応。

/misjo'ocjo'o'ɴ/　☆ 連用形「めし」を含む。「めしおはしてはをりむ」に対応。

/misjo'ocjo'o'jabi'iga/　☆ 連用形「めし」を含む。「めしおはしてはをりはべ（る）が」に対応。

/misjo'ocjo'o'jabi'isiga/　☆ 連用形「めし」を含む。「めしおはしてはをりはべ（る）すが」に対応。

/misjo'ocjo'oru/　☆ 連用形「めし」を含む。「めしおはしてはをる」に対応。

やらす遣　/'jarasjabi'ikutu/　☆ 連用形「やらし」を含む。「やらしはべ（る）こと」に対応。

/'jarasjabi'iga'ja'a/　☆ 連用形「やらし」を含む。「やらしはべ（る）がや」に対応。

/ʔu'jarasjimisje'ebiri/　☆ 連用形「やらし」を含む。「おやらしめしはべれ」に対応。

50、《ﾁｪﾝ》（1895）

かへす帰　/ke'esju'ɴ/　☆ 連用形「かへし」を含む。「かへしをりむ」に対応。

くらす暮　/kurasji'jaQsa/　☆ 連用形「くらし」を含む。「くらし　やすさ」に対応。

　　　　　　　/kurasjuga/　☆連用形「くらし」を含む。「くらしを（る）が」に対応。

けす消（きあす）　/cja'asjuᴎ/　☆連用形「きあし」を含む。「きあしをりむ」に対応。

ころす殺　/kurusji/　☆連用形「ころし」に対応。

　　　　　　/kurusjabi'i'ᴎ/　☆連用形「ころし」を含む。「ころしはべりをりむ」に対応。

　　　　　　/kurusju'ᴎ/　☆連用形「ころし」を含む。「ころしをりむ」に対応。

　　　　　　/kurusjumi/　☆連用形「ころし」を含む。「ころしをりみ」に対応。

　　　　　　/kurusjuru/　☆連用形「ころし」を含む。「ころしをる」に対応。

　　　　　　/kurusju/　☆連用形「ころし」を含む。「ころしを（る）」に対応。

　　　　　　/kurusjusi/　☆連用形「ころし」を含む。「ころしを（る）す」に対応。

たふす倒　/to'osju'ᴎ/　☆連用形「たふし」を含む。「たふしをりむ」に対応。

なす生　/nasjimunuQkwa/　☆連用形「なし」を含む。「なしものこら」に対応。

のばす延　/nubasjura hazi/　☆連用形「のばし」を含む。「のばしをら　はず」に対応。

めす召　/misje'ebi'i'ᴎ/　☆連用形「めし」を含む。「めしはべりをりむ」に対応。

　　　　　/misje'e'ᴎ/　☆連用形「めし」を含む。「めしありむ」に対応。

　　　　　/misje'emi/　☆連用形「めし」を含む。「めしありみ」に対応。

　　　　　/misje'eru/　☆連用形「めし」を含む。「めしある」に対応。

　　　　　/misje('e)ru/　☆連用形「めし」を含む。「めしある」に対応。

　　　　　/misje'e/　☆連用形「めし」を含む。「めしあ（る）」に対応。

　　　　　/misje'esi/　☆連用形「めし」を含む。「めしあ（る）す」に対応。

　　　　　/misjo'o'ᴎna/　☆連用形「めし」を含む。「めしおわるな」に対応。

もたす持　/ʔumutasji/　☆連用形「もたし」を含む。「おもたし」に対応。

やます病（痛）　/'jamasju'ᴎ/　☆連用形「やまし」を含む。「やましをりむ」に対応。

やらす遣　/'jarasjukutu/　☆連用形「やらし」を含む。「やらしを（る）こと」に対応。

　51、《官話》（19世紀？）

かわかす乾　/ka'akasji?i'ju/　☆連用形「かわかし」を含む。「かわかしいを」（乾かし魚）に対応。

こす濾　/kusjizaki/　☆連用形「こし」を含む。「こしざけ」（漉し酒）に対応。

ほがす開穴　/ʔarahugasji/　☆連用形「ほがし」を含む。「あらほがし」に対応。「あら」は「新」。「ほ
　　　　　　　　　　　がし」は「穴をあけること」の意。

むす蒸　/ʔᴎbusjibuta/　☆連用形「むし」を含む。「むしぶた」（蒸し豚）に対応。

　　　　　/ʔᴎbusjibutaʔasji/　☆連用形「むし」を含む。「むしぶたあし」（蒸し豚脚）に対応。

　　　　　/ʔᴎbusjizjisji/　☆連用形「むし」を含む。「むしじじ」（蒸し肉）に対応。

　　　　　/ʔᴎbusjiʔahwiru/　☆連用形「むし」を含む。「むしあひる」（蒸し家鴨）に対応。

（タ行）

　03、《琉館》（16C前半成立か）

たつ立　/tacjiuwari/　☆連用形「たち」を含む。「たちおわれ」に対応。

　08、《おも1》（1531）

たつ立　/tacjijuridumu/　☆連用形「たち」を含む。「たちをれども」に対応。

　　　　/tacjijuwaci/　☆連用形「たち」を含む。「たちおはして」に対応。

　09、《陳使》（1534）

たつ立　/tacjiuwari/　☆連用形「たち」を含む。「たちおわれ」に対応。

第1節　「四段活用」動詞の史的変化　979

19、《郭使》（1561）

たつ立　/tacjiuwari/　☆連用形「たち」「たち」を含む。「たちおわれ」に対応。

22、《音字》（1572 頃）

たつ立　/tacjiuwari/　☆連用形「たち」を含む。「たちおわれ」に対応。

23、《蕭使》（1579）

たつ立　/tacjiuwari/　☆連用形「たち」を含む。「たちおわれ」に対応。

27、《夏使》（1606）

たつ立　/tacjiuwari/　☆連用形「たち」を含む。「たちおわれ」に対応。

30、《おも 3》（1623）

あすびたつ遊立　/asïbitacji/　☆連用形「あすび」を含む。「あすびたち」に対応。

おれたつ降立　/uritacji/　☆連用形「おれたち」に対応。

たつ立　/tacjijuri/　☆連用形「たち」を含む。「たちをり」に対応。

　　　　/tacjijuwacji/　☆連用形「たち」を含む。「たちおはして」に対応。

　　　　/tacjijuwaru/　☆連用形「たち」を含む。「たちおわる」に対応。

ふりみつ降満　/hwurimicjiti/　☆連用形「ふり」を含む。「ふりみちて」に対応。「ふりみたして」では
　　　　　　　　　　　　　　　　ない、とする。

まつ待　/macjijuwari/　☆連用形「まち」を含む。「まちおわれ」に対応。

　　　　/macjijuri/　☆連用形「まち」を含む。「まちをり」に対応。

　　　　/macjijuru/　☆連用形「まち」を含む。「まちをる」に対応。

　　　　/macjijuri/　☆連用形「まち」を含む。「まちをれ」に対応。

　　　　/macjijura/　☆連用形「まち」を含む。「まちをら」に対応。

　　　　/macjijutari/　☆連用形「まち」を含む。「まちをりてあれ」に対応。

もつ持　/mucjijari/　☆連用形「もち」を含む。「もちやり」に対応。

　　　　/mucjijuwari/　☆連用形「もち」を含む。「もちおわれ」に対応。

よりだつ寄立　/juridacjinu/　☆連用形「よりだち」を含む。「よりだちの」に対応。

37、《君由》（1700 頃）

うつ打　/ʔucji'jubu/ ☆連用形「うち」を含む。「うちよぶ」に対応。

まつ待　/macji'juru/ ☆連用形「まち」を含む。「まちをる」に対応。/macjuru/ の可能性を残す。

40、《琉由》（1713）

たつ立　/tacji'ju'N/ ☆連用形「たち」を含む。「タチヨム」は「たちをりむ」に対応か。

41、《組五》（1718 頃）

うつ打　/ʔucji'warati/ ☆連用形「うち」を含む。「うちわらひて」に対応。

うつ討　/ticjiʔucji'ja/ ☆連用形「うち」を含む。「てきうちは」に対応。

　　　　/ʔucjitutaru/　☆連用形「うち」を含む。「うちとりたる」に対応。

たつ立　/tacji/　☆連用形「たち」に対応。

　　　　/tacjimuduri/　☆連用形「たち」を含む。「たちもどれ」に対応。

　　　　/tacja'i/　☆連用形「たち」を含む。「たちあり」に対応。

　　　　/tacjumi/　☆連用形「たち」を含む。「たちをりみ」に対応。

　　　　/tacjuru/　☆連用形「たち」を含む。「たちをる」に対応。

まつ待　/macji/　☆連用形「まち」に対応。

　　　　　/macjikaniru/　☼ 連用形「まち」を含む。「まちかねる」に対応。

　　　　　/macjikaniti/　☼ 連用形「まち」を含む。「まちかねて」に対応。

　　　　　/macjuga/　☼ 連用形「まち」を含む。「まちをるが」に対応。

もつ持　/mucja'i/　☼ 連用形「もち」を含む。「もちあり」に対応。

　　42、《中信》（1721）

たつ立　/tacji'u'wari/　☼ 連用形「たち」を含む。「たちおわれ」に対応。

　　43、《具志》（1743）

うつ打　/ʔucjimanacji/　☼ 連用形「うち」を含む。「うちばらひて」に対応か。

　　45、《琉訳》（1800 頃）

たつ立　/tacji'ju'wari/　☼ 連用形「たち」を含む。「たちおわれ」に対応。

　　47、《クリ》（1818）

うつ打（耕）　/ʔucju'ɴ/　☼ 連用形「うち」を含む。「うちをりむ」に対応。

うつ打　/ʔucju'ɴ/　☼ 連用形「うち」を含む。「うちをりむ」に対応。

うつ打（縄綯）　/ʔucju'ɴ/　☼ 連用形「うち」を含む。「うちをりむ」に対応。

たつ立　/tacju'ɴ/　☼ 連用形「たち」を含む。「たちをりむ」に対応。/taQcju'ɴ/ の可能性もある。

　　48、《ベッテ》（1849）・（1852）

あやまつ誤　/ʔa'jamacji'ju/　☼ 連用形「あやまち」を含む。「あやまちを」に対応。漢文訓読。

　　　　　　　/ʔa'jamacje'e/　☼ 連用形「あやまち」を含む。「あやまちは」に対応。

うつ打　/ti'iʔuQcjaki'i/　☼ 連用形「うち」を含む。「てうちかけ」に対応。「手打ち掛け」と解釈。

　　　　/ʔucju'ɴ/　☼ 連用形「うち」を含む。「うちをりむ」に対応。/ʔuQcju'ɴ/ の可能性もあるか。

かつ勝　/kacju'ɴ/　☼ 連用形「かち」を含む。「かちをりむ」に対応。

たつ立　/tacji/　☼ 連用形「たち」に対応。

　　　　/tacju'ɴ/　☼ 連用形「たち」を含む。「たちをりむ」に対応。

たもつ保　/tamucju'ɴ/　☼ 連用形「たもち」を含む。「たもちをりむ」に対応。

まつ待　/macju'ɴ/　☼ 連用形「まち」を含む。「まちをりむ」に対応。

もつ持　/mucjimisjo'ori/　☼ 連用形「もち」を含む。「もちめしおわれ」に対応。

　　　　/mucju'ɴ/　☼ 連用形「もち」を含む。「もちをりむ」に対応。

　　49、《沖話》（1880）

いでたつ出立（おいでたつ）　/ʔu'ɴzjitacje'e/　☼ 連用形「いでたち」を含む。「おんいでたちは」に対応。

うつ打　/ʔucjike'esjusiga/　☼ 連用形「うち」を含む。「うちかへしを（る）すが」に対応。

　　　　/ʔucjusi/　☼ 連用形「うち」を含む。「うちを（る）す」に対応。

たつ発　/ʔutacji/　☼ 連用形「たち」を含む。「おたち」に対応。

たつ立　/ʔumitacji/　☼ 連用形「たち」を含む。「おもひたち」（思ひ立ち）に対応。

　　　　/ʔumitacjabitasa'a/　☼ 連用形「たち」を含む。「おもひたちはべりた（る）さ」に対応。

まつ待　/macji/　☼ 連用形「まち」。

　　　　/ʔumacji/　☼ 連用形「まち」を含む。「おまち」に対応。

みつ満　/micjihwirinu/　☼ 連用形「みち」を含む。「みちひりの」に対応。

　　　　/micjabi'iga/　☼ 連用形「みち」を含む。「みちはべるが」に対応。

もつ持　/mucji/　☼ 連用形「もち」に対応。

　　　　/ʔumucjimisjo'ocji/　☼ 連用形「もち」を含む。「おもちめしおはして」に対応。

/ʔumucjimisjo'ocjo'oru/ 　☆ 連用形「もち」を含む。「おもちめしおはしてはをる」に対応。

　50、《チェン》（1895）

たつ発　/ʔutacji misje'ebiri/ 　☆ 連用形「たち」を含む。「おたちめしはべれ」に対応。
　　　　　/tacjukutu/ 　☆ 連用形「たち」を含む。「たちを（る）こと」に対応。

たつ立　/tacjuʼN/ 　☆ 連用形「たち」を含む。「たちをり<u>む</u>」に対応。
　　　　　/tacjusa/ 　☆ 連用形「たち」を含む。「たちを（る）さ」に対応。

まつ待　/ʔu macji sjabira/ 　☆ 連用形「まち」を含む。「おまちしはべら」に対応。
　　　　　/ʔu macji misjo'oracji/ 　☆ 連用形「まち」を含む。「おまちめしおわらして」に対応。
　　　　　/macjabi'iʼN/ 　☆ 連用形「まち」を含む。「まちはべりをり<u>む</u>」に対応。
　　　　　/macjuʼN/ 　☆ 連用形「まち」を含む。「まちをり<u>む</u>」に対応。

（ハ行）

　03、《琉館》（16C前半成立か）

かふ買　/kawi/ 　☆ 連用形「かひ」に対応。ハ行点呼。

　05、《碑文（石西）》（1522）

そろふ揃　/siisurui/ 　☆ 連用形「そろひ」に対応。「せいそろひ」（勢揃ひ）に対応。

　08、《おも1》（1531）

こふ乞　/kujuwaci/ 　☆ 連用形「こひ」を含む。「こひおはして」に対応。

しなふ撓　/sjinajuwa/ 　☆ 連用形「しなひ」を含む。「しなひおわ（れ）」に対応か。

やしなふ養　/jasjinajari/ 　☆ 連用形「やしなひ」を含む。「やしなひあり」に対応。

　13、《碑文（かた）》（1543）

あふ会　/ahwi/ 　☆ 連用形「あひ」に対応。

いはふ祝　/uiwaigutu/ 　☆ 連用形「いわひ」を含む。「おいわひごと」に対応。

おそふ襲　/usuwiganasji/ 　☆ 連用形「をそひ」を含む。「をそひがなし」に対応。

かなふ叶　/kanawi/ 　☆ 連用形「かなひ」に対応。

　15、《碑文（添門）》（1546）

たまふ給　/utabuwimisjijuwaci/ 　☆「たほふ」に変化した後の連用形「たほひ」を含むと見る。「おたほひめしおはして」に対応。
　　　　　/utabuwimisjijuwacja/ 　☆「たほふ」に変化した後の連用形「たほひ」を含むと見る。「おたほひめしおはした（る）」に対応。

はらふ祓　/moohwarawinu/ 　☆ 連用形「はらひ」を含む。「まうはらひの」に対応。「連用名詞用法」。

　17、《碑文（やら）》（1554）

はらふ祓　/moohwarawi/ 　☆ 連用形「はらひ」を含む。「まうはらひ」に対応。

　19、《郭使》（1561）

つかふ遣　/cükaisjicji/ 　☆ 連用形「つかひ」を含む。「つかひして」に対応。

　22、《音字》（1572頃）

つかふ遣　/cükaisjicji/ 　☆ 連用形「つかひ」に対応。「つかひして」に対応。

　23、《蕭使》（1579）

つかふ遣　/cükaisjicji/ 　☆ 連用形「つかひ」を含む。「つかひして」に対応。

　25、《碑文（浦城）》（1597）

あふ会　/awi/ 　☆ 連用形「あひ」に対応。

ねがふ願　/nigawi/　☼連用形「ねがひ」に対応。

　　27、《夏使》（1606）

つかふ遣　/cükaisjicji/　☼連用形「つかひ」を含む。「つかひして」に対応。

　　29、《おも2》（1613）

そろふ揃　/suruiwaci/　☼連用形「そろひ」を含む。「そろひおはして」に対応。

つかふ使　/cükai/　☼連用形「つかひ」に対応。

　　30、《おも3》（1623）

あふ会（戦）　/ajari/　☼連用形「あひ」を含む。「あひあり」に対応。

いはふ祝　/juwaiga/　☼連用形「いはひ」を含む。「いはひが」に対応。

　　　　　　/juwaigutu/　☼連用形「いはひ」を含む。「いはひごと」に対応。

いふ言　/iigja/　☼連用形「いひ」を含む。「いひが」に対応。

　　　　/iijarisi/　☼連用形「いひ」を含む。「いひやりせ」に対応か。

おしあふ押合　/usjiai/　☼連用形「おしあひ」に対応。

　　　　　　/usjai/　☼連用形「おしあひ」に対応。

おそふ襲　/usujuwa/　☼連用形「おそひ」を含む。「おそひおわ（れ）」に対応。

おふ追　/uizi/　☼連用形「おひ」を含む。「おひで」に対応。

　　　　/uizji/　☼連用形「おひ」を含む。「おひで」に対応。

　　　　/uizjikazi/　☼連用形「おひ」を含む。「おひでかぜ」に対応。

おもふ思　/umui/　☼連用形「おもひ」に対応。

　　　　　/umuigakizi/　☼連用形「おもひ」を含む。「おもひがけず」に対応。

　　　　　/umuijuwaru/　☼連用形「おもひ」を含む。「おもひおわる」に対応。

　　　　　/umujuwaru/　☼連用形「おもひ」を含む。「おも（ひ）おわる」に対応。

おれぶさふ降栄　/uribusajuwa/　☼連用形「おれぶさひ」を含む。「おれぶさひおわ（れ）」に対応。

かふ買　/kaiga/　☼連用形「かひ」を含む。「かひが」に対応（＝「買いに」）（目的）。

　　　　/kaigja/　☼連用形「かひ」を含む。「かひが」に対応（＝「買いに」）（目的）。

かよふ通　/kajui/　☼連用形「かよひ」に対応。

こふ乞　/kujabira/　☼連用形「こひ」を含む。「こひはべら」に対応。

　　　　/ku(i)jari/　☼連用形「こひ」を含む。「こ（ひ）やり」に対応。

　　　　/kujuwacji/　☼連用形「こひ」を含む。「こひおはして」に対応。

　　　　/kuiga/　☼連用形「こひ」を含む。「こひが」に対応。（「乞いに」の意）

しなふ撓　/sjinai/　☼連用形「しなひ」に対応。

　　　　　/sjinajuwa/　☼連用形「しなひ」を含む。「しなひおわ（れ）」に対応か。

そろふ揃　/surui/　☼連用形「そろひ」に対応。

　　　　　/surujuwacji/　☼連用形「そろひ」を含む。「そろひおはして」に対応。

　　　　　/suruiwacji/　☼連用形「そろひ」を含む。「そろひおはして」に対応。

たちあふ立合　/tacjiawaɴ/　☼連用形「たち」を含む。「たちあはむ」に対応。

つかふ使　/cïkai/　☼連用形「つかひ」に対応。

　　　　　/cïkajuwa/　☼連用形「つかひ」を含む。「つか（ひ）おわ（れ）」に対応。

ならふ習　/narai/　☼連用形「ならひ」に対応。

ねがふ願　/nigaiwacji/　☼連用形「ねがひ」を含む。「ねがひおはして」に対応。

第1節　「四段活用」動詞の史的変化　983

のりふさふ乗栄　/nurihwusai/　☆連用形「のりふさひ」に対応。

ふさふ栄　/hwusajuwaru/　☆連用形「ふさひ」を含む。「ふさひおわる」に対応。

　　　　　　/hwusajuwari/　☆連用形「ふさひ」を含む。「ふさひおわれ」に対応。

　　　　　　/hwusaijuwacji/　☆連用形「ふさひ」を含む。「ふさひおはして」に対応。

むれまふ群舞　/burimaiga/　☆連用形「むれまひ」を含む。「むれまひが」に対応。

もりあふ守合　/muriai/　☆連用形「もりあひ」に対応。

　　　　　　/muriaizjimi/　☆連用形「もりあひ」を含む。「もりあひぎみ」に対応。

　　　　　　/murijaikuga/　☆連用形「もりあひ」を含む。「もりあひこ」に対応。

　　　　　　/muriaikuta/　☆連用形「もりあひ」を含む。「もりあひこた」に対応。

やしなふ養　/jasjinajari/　☆連用形「やしなひ」を含む。「やしなひあり」に対応。

　　　　　　/jasjinajuwacji/　☆連用形「やしなひ」を含む。「やしなひおはして」に対応。

よりあふ寄合　/juriainami/　☆連用形「より」を含む。「よりあひなみ」に対応。

　37、《君由》（1700 頃）

おそふ襲　/mumuʔurasu'i/　☆連用形「おそひ」を含む。「ももうらおそひ」に対応。

おもふ思　/ʔumu'izjimi/　☆連用形「おもひ」を含む。「おもひぎみ」に対応。

そふ添　/sjimazu'i/　☆連用形「そひ」を含む。「しまぞひ」に対応。

　　　　/su'icji'jura/　☆連用形「そひ」を含む。「そひきよら」に対応。

たまふ給　/tabo'ocji/　☆連用形「たまひ」を含む。「たまひおはして」に対応。

つかふ使　/miʔumicika'i/　☆連用形「つかひ」を含む。「みおみつかひ」に対応。

ふさふ栄　/ʔurihwusa'ira/　☆連用形「ふさひ」を含む。「おれふさひをら」に対応。

　　　　　/ʔurihwusa'iru/　☆連用形「ふさひ」を含む。「おれふさひをる」に対応。

　　　　　/kakihwusa'i/　☆連用形「ふさひ」を含む。「かけふさひ」に対応。

　　　　　/sjicjihwusa'i/　☆連用形「ふさひ」を含む。「しきふさひ」に対応。

やしなふ養　/'jasjina'jo'ori/　☆連用形「やしなひ」を含む。「やしなひおわれ」に対応。

　38、《仲里》（1703 頃）

いまふ参　/ʔimjano'ocji/　☆連用形「いまひ」を含む。「いまひなふして」に対応。

おもふ思　/ʔumu'izjimi/　☆連用形「おもひ」を含む。「おもひぎみ」に対応。

こふ乞　/tigu'inu/　☆連用形「こひ」を含む。「てごひの」に対応。

　　　　/ku'u'juru/　☆連用形「こひ」を含む。「こひをる」に対応。

そふ添　/su'icji'jura/　☆連用形「そひ」を含む。「そひきよら」に対応。

そろふ揃　/suru'iti/　☆連用形「そろひ」を含む。「そろひて」に対応。

たまふ給　/ʔutabu'i/　☆連用形「たまひ」を含む。「おたほひ」に対応。途中、「たまふ→たばふ」の変化ありか。

ちかふ誓　/-zika'i/　☆連用形「ちかひ」を含む。「～ぢかひ」に対応。

はふ這　/'juba'ikwa/　☆連用形「はひ」を含む。「よばひこ」に対応。

まふ舞　/tubja'ima'ja'inu/　☆連用形「まひ」を含む。「とびありまひありの」に対応。

　　　　/ma'iʔagaracji/　☆連用形「まひ」を含む。「まひあがらして」に対応。

　　　　/ma'igaracji/　☆連用形「まひ」を含む。「まひあがらして」に対応。「あ」脱落。

むかふ向　/'ŋka'ino'ocji/　☆連用形「むかひ」を含む。「むかひなほして」に対応。

やしなふ養　/'jasjina'imisjo'ocji/　☆連用形「やしなひ」を含む。「やしなひめしおはして」に対応。

　　　　　/'jasjina'jo'ori/　☆連用形「やしなひ」を含む。「やしなひおわれ」に対応。

984　第5章　沖縄語動詞形態変化の通時的考察

/ˈjasjinaˈjoˈocji/　☆連用形「やしなひ」を含む。「やしなひおはして」に対応か。

39、《混験》（1711）

あつかふ扱　/ʔuˈwacikaˈi/　☆連用形「つかひ」を含む。「おあつかひ」に対応。

おもふ思　/ʔumuˈi/　☆連用形「おもひ」に対応。

すふ吸　/suˈjusa/　☆連用形「すひ」を含む。「すひをるさ」に対応。

つかなふ養　/cikanaˈiboˈotu/　☆連用形「つかなひ」を含む。「つかなひばうと」「（飼鳩）に対応。

まふ舞　/maˈjaˈiti/　☆連用形「まひ」を含む。「まひあひて」に対応。

よしろふ参・参進・伺候　/ˈjusjiruˈi/　☆連用形「よしろひ」。命令形の可能性もある。

40、《琉由》（1713）

おもふ思　/ʔumuˈi/　☆連用形「おもひ」に対応。

かよふ通　/kaˈjuˈi/　☆連用形「かよひ」に対応。

なふ絢　/naˈi/　☆連用形「なひ」に対応。

はらふ祓　/ʔakumabaraˈi/　☆連用形「はらひ」を含む。「あくまばらひ」に対応。
　　　　　　/ʔabusjibaraˈi/　☆連用形「はらひ」を含む。「あぶしばらひ」に対応。「アブシ払」の例がある。

よこふ憩　/ʔucjiˈjukuˈi/　☆連用形「よこひ」を含む。「うちよこひ」に対応。

わらふ笑　/ˈwaraˈi/　☆連用形「わらひ」に対応。「笑キヨ」「笑キヨウ」「笑司ノ御イベ」の例がある。

41、《組五》（1718 頃）

あふ合　/ˈjuQcjaˈini/　☆連用形「あひ」を含む。「ゆきあひに」に対応。
　　　　/niˈjeˈe/　☆連用形「あひ」を含む。「にあひ」に対応。

いきあふ行合　/ʔwicjaˈi/　☆連用形「いきあひ」を含む。「おいきあひ」に対応。
　　　　　　/ʔwicjaˈini/　☆連用形「いきあひ」を含む。「おいきあひに」に対応。
　　　　　　/ʔwicjaˈiˈja/　☆連用形「いきあひ」を含む。「おいきあひは」に対応。

いふ言　/ʔjani/　☆連用形「いひ」を含む。「いひありに」に対応か。
　　　　/ʔikutuba/　☆連用形「いひ」を含む。「いひことば」に対応。「いことば」に変化。
　　　　/ʔiˈigurisja/　☆連用形「いひ」を含む。「いひぐれしや」に対応か。
　　　　/ʔjuru/　☆連用形「いひ」を含む。「いひをる」に対応。
　　　　/ʔjusi/　☆連用形「いひ」を含む。「いひを（る）す」に対応。
　　　　/ʔjusiˈja/　☆連用形「いひ」を含む。「いひを（る）すは」に対応。
　　　　/ʔjumi/　☆連用形「いひ」を含む。「いひをりみ」に対応か。
　　　　/ʔigwi/　☆連用形「いひ」を含む。「いひごゑ」に対応。
　　　　/munuʔigwi/　☆連用形「いひ」を含む。「ものいひごゑ」に対応。
　　　　/tiˈjaˈi/　☆連用形「いひ」を含む。「ていひあり」に対応か。
　　　　/teˈi/　☆連用形「いひ」を含む。「といひあり」に対応か。

うしなふ失　/ʔusjinaˈjaˈi/　☆連用形「うしなひ」を含む。「うしなひあり」に対応か。

おふ追　/ʔwiˈicicji/　☆連用形「おひ」を含む。「おひつき」に対応。

おもふ思　/ʔumi/　☆連用形「おもひ」に対応。
　　　　/mi/　☆連用形「おもひ」に対応。「おもひ→おめ→め」と変化。
　　　　/ʔubi/　☆連用形「おもひ」に対応。「おもひ→おめ→おべ」等と変化か。

かたらふ語合　/katarebusja/　☆連用形「かたらひ」を含む。「かたらひほしや」に対応。

くらふ食　/kwaˈjaˈi/　☆連用形「くらひ」を含む。「くらひあり」に対応か。

こふ乞　/ʔitumagwi'ɴ/　☼連用形「こひ」を含む。「いとまごひも」に対応。

すふ吸　/su'juru/　☼連用形「すひ」を含む。「すひをる」に対応。

　　　　/su'juga/　☼連用形「すひ」を含む。「すひをるが」に対応。

そふ添　/sutaru/　☼連用形「そひ」を含む。「そひてある→そひたる」に対応。

たまふ給　/tabimisje'ɴ/　☼「ラ行（四段）化」後の連用形「たび」を含む。「たびめしありをりむ」に対応。

つかふ使　/ʔucike'e/　☼連用形「つかひ」を含む。「おつかひ」に対応。

　　　　/ʔu'ɴcike'e/　☼連用形「つかひ」を含む。「おんつかひ」に対応。

　　　　/cjizike/　☼連用形「つかひ」を含む。「きづかひ」に対応。

　　　　/hwezike/　☼連用形「つかひ」を含む。「はやづかひ」に対応。

ととのふ調　/tutunu'jo'ori/　☼連用形「ととのひ」を含む。「ととのひおわれ」に対応か。

とふ問　/'wadu'i/　☼連用形「とひ」を含む。「わどひ」に対応。

とまふ探　/tumeri'wa'ɴ/　☼「ラ行（四段）化」後の連用形「とまひり」を含む。「とまひりはも」に対応。

　　　　/tume'/,/tume'i/　☼連用形「とまひ」に対応。

　　　　/tume'/　☼「「ラ行（四段）化」後の連用形「とまひり」（→とまいり→とまい）と判断。

ならふ習　/nara'i/　☼連用形「ならひ」。

　　　　/nare'ja/　☼連用形「ならひ」を含む。「ならひは」に対応。

にほふ匂　/ni'wi/　☼連用形「にほひ」に対応。

　　　　/ni'wi('i)ni/　☼連用形「にほひ」を含む。「にほひに」に対応。

　　　　/ni'wi('i)nu/　☼連用形「にほひ」を含む。「にほひの」に対応。

　　　　/ni'wi'ja/　☼連用形「にほひ」を含む。「にほひは」に対応。

ねがふ願　/ʔunige/　☼連用形「ねがひ」を含む。「おねがひ」に対応。

ひろふ拾　/hwiru'i/　☼連用形「ひろひ」に対応。

まとふ纏　/matu'icicjaru/　☼連用形「まとひ」を含む。「まとひつきたる」に対応。

まふ舞　/me'e'ɴsju/　☼連用形「まひ」を含む。「まひみそ」に対応。

まよふ迷　/munuma'ju'i/　☼連用形「まよひ」を含む。「ものまよひ」に対応。

　　　　/munuma'i/　☼連用形「まよひ」を含む。「ものまよひ」に対応。

　42、《中信》（1721）

あらふ洗　/ʔumutiʔara'i/　☼連用形「あらひ」を含む。「おもてあらひ」に対応。

　　　　/ciraʔara'i/　☼連用形「あらひ」を含む。「つらあらひ」に対応。

つかふ遣　/cika'isjicji/　☼連用形「つかひ」を含む。「つかひして」に対応。

ならふ習　/nara'i'u'ɴ/　☼「ラ行（四段）化」後の連用形「ならり」を含む。「ならりをりむ」に対応。

　　　　　　　　　　　　/nara'ju'ɴ/の可能性もある。

　43、《具志》（1743）

つかふ使　/micika'i/　☼連用形「つかひ」を含む。「みつかひ」に対応。

むかふ迎　/muka'uri/　☼連用形「むかひ」を含む。「むかひをれ」に対応。

　45、《琉訳》（1800 頃）

いふ言　/ʔi'ino'ocja'ɴ/　☼連用形「いひ」を含み、「いひなほしたりむ」に対応か。

おふ追　/ʔu('u)'i/　☼連用形「おひ」に対応。

ならふ習　/siminara'i/　☼連用形「ならひ」を含む。「すみならひ」に対応。/siminare'e/の可能性を残す。

ぬふ縫　/nu'imunu/　☼連用形「ぬひ」を含む。「ぬひもの」に対応。

まどふ惑　/madu'i/　☆連用形「まどひ→まどい」に対応。

よそほふ装　/jusu'u'i/　☆連用形「よそほひ」に対応。

　47、《クリ》（1818）

あらふ洗　/ʔara'ju'n/　☆連用形「あらひ」を含む。「あらひをり<u>む</u>」に対応。

いふ言　/ʔju'n/　☆連用形「いひ」を含む。「いひをり<u>む</u>」に対応。

　　　　/ʔiga/　☆連用形「いひ」を含む。「いひを（る）が」に対応。

うたふ歌　/ʔuta'ju'n/　☆連用形「うたひ」を含む。「うたひをり<u>む</u>」に対応。

くふ喰　/ku'u'ju'n/　☆連用形「くひ」を含む。「くひをり<u>む</u>」に対応。

すまふ住　/sime'ezjuku/　☆連用形「すまひ」を含む。「すまひどこ（ろ）」に対応。

なふ縫　/no'o'ju'n/　☆連用形「なうひ」を含む。「なうひをり<u>む</u>」に対応。

はふ這　/ho'o'ju'n/　☆連用形「はうひ」を含む。「はうひをり<u>む</u>」に対応。

わらふ笑　/'wara'ju'n/　☆連用形「わらひ」を含む。「わらひをり<u>む</u>」に対応。

ゑふ酔　/'wi'i'u'n/　☆連用形「ゑひ」を含む。「ゑひをり<u>む</u>」に対応。

　48、《ベッテ》（1849）・（1852）

あふ会　/ʔo'o'ju'n/　☆連用形「あひ」を含む。「あひをり<u>む</u>」に対応。

あらそふ争　/ʔaraso'o'ju'n/　☆連用形「あらそひ」を含む。「あらそひをり<u>む</u>」に対応。

あらふ洗　/ʔara'ja'a/　☆連用形「あらひ」を含む。「あらひや」に対応。

いふ言　/ʔi'ibu'nnji/　☆連用形「いひ」を含む。「いひぶんに」に対応。

　　　　/ʔi'iciki'u'n/　☆連用形「いひ」を含む。「いひつけをり<u>む</u>」に対応。

　　　　/ʔi'iciki'iru/　☆連用形「いひ」を含む。「いひつけをる」に対応。

　　　　/ʔi'icikite'e'ndu'n/　☆連用形「いひ」を含む。「いひつけてはあり<u>む</u>ども」に対応。

　　　　/ʔimisje'enji/　☆連用形「いひ」を含む。「いひめしあるに」に対応。

　　　　/ʔi'igurisja'n/　☆連用形「いひ」を含む。「いひぐれしやあり<u>む</u>」に対応。

　　　　/ʔi'ju'n/　☆連用形「いひ」を含む。「いひをり<u>む</u>」に対応。

　　　　/ʔju'n/　☆連用形「いひ」を含む。「いひをり<u>む</u>」に対応。

　　　　/ʔjuru/　☆連用形「いひ」を含む。「いひをる」に対応。

　　　　/ʔi'jusi'n/　☆「連用形「いひ」を含む。いひを（る）すに」に対応。

　　　　/ʔjuga/　☆連用形「いひ」を含む。「いひを（る）が」に対応。

　　　　/ʔjuse'e/　☆連用形「いひ」を含む。「いひを（る）すは」に対応。

　　　　/munu'juse'e/　☆連用形「いひ」を含む。「ものいひを（る）すは」に対応。

　　　　/ʔi'nna'jo'o/　☆連用形「いひ」を含む。「いひをるなよ」に対応。

　　　　/ʔi'jura/　☆連用形「いひ」を含む。「いひをら」に対応。

　　　　/ʔi'jurasju'n/　☆連用形「いひ」を含む。「いひをらしをり<u>む</u>」に対応。

　　　　/ʔi'isiga/　☆連用形「いひ」を含む。「いひを（る）すが」に対応。

　　　　/ʔitaru/　☆連用形「いひ」を含む。「いひをりてある→いひをりたる」に対応。

うたがふ疑　/ʔutage'e'e'e/　☆連用形「うたがひ」を含む。「うたがひは」に対応。

おこなふ行　/ʔukuna'ju'n/　☆連用形「おこなひ」を含む。「おこなひをり<u>む</u>」に対応。

おふ追　/ʔu'u'ju'n/　☆連用形「おひ」を含む。「おひをり<u>む</u>」に対応。

おもふ思　/ʔumi'i(ʔumu'i)/　☆連用形「おもひ」に対応。

　　　　/ʔumu'i/　☆「ラ行（四段）化後の連用形「おもり」に対応。

第1節　「四段活用」動詞の史的変化　987

　　　　/ʔumike'esji/　☼ 連用形「おもひ」を含む。「おもひかへし」に対応。

　　　　/ʔumu'ju'N/　☼ 連用形「おもひ」を含む。「おもひをりむ」に対応。

　　　　/ʔumu'Nna/　☼ 連用形「おもひ」を含む。「おもひをるな」に対応。

　　　　/ʔumure'e/　☼ 連用形「おもひ」を含む。「おもひをれは」に対応。

かなふ叶　/kana'jusi/　☼ 連用形「かなひ」を含む。「かなひを（る）す」に対応。

かふ買　/ko'o'ju'N/　☼ 連用形「かひ」を含む。「かひをりむ」に対応。

　　　　/ko'o'iʔo'osa'N/　☼ 連用形「かひ」を含む。「かひをりおほさぬ」に対応。「買ひ居り果さぬ」である。

　　　　/ko'o'iga/　☼ 連用形「かひ」を含む。「かひをりが」に対応。

　　　　/ko'ori/　☼ 連用形「かひ」を含む。「かひをれ」に対応。

かまふ構　/kamu'ju'N/　☼ 連用形「かむひ」を含む。「かむひをりむ」に対応。（音韻的には「かむふ」に対応）。

くらふ食　/kwe'ezjira'a/　☼ 連用形「くらひ」を含む。「くらひぎれや」に対応。

　　　　/kwa'jabitasiga/　☼ 連用形「くらひ」を含む。「くらひをりはべりた（る）すが」に対応。

こふ乞　/ʔitumago('o)'i/　☼ 連用形「こひ」を含む。「いとまごひ」に対応。

したがふ従　/sjitaga'i/　☼ 連用形「したがひ」に対応。

すくふ救　/suku'ju'N/　☼ 連用形「すくひ」を含む。「すくひをりむ」に対応。

そふ添　/si'i'ju'N/　☼ 連用形「そひ」を含む。「そひをりむ」に対応。

ちがふ違　/micjicjige'e/　☼ 連用形「ちがひ」を含む。「みちちがひ」に対応。

つかなふ養　/cikane'e/　☼ 連用形「つかなひ」に対応。

つかふ使　/cike'e/　☼ 連用形「つかひ」に対応。

　　　　/hwurizike'e/　☼ 連用形「つかひ」を含む。「ふれづかひ」に対応。

　　　　/cika'ju'N/　☼ 連用形「つかひ」を含む。「つかひをりむ」に対応。

　　　　/ciko'o'ju'N/　☼ 「つかうをりむ」に対応。

とふ問　/tu'u'ju'N/　☼ 連用形「とひ」を含む。「とひをりむ」に対応。

ならふ習　/nara'ju'N/　☼ 連用形「ならひ」を含む。「ならひをりむ」に対応。

なふ縫　/no'o'ju'N/　☼ 「ラ行（四段）化」後の連用形「なうり」を含む。「なうりをりむ」に対応。

ねがふ願　/nige'egacji/　☼ 連用形「ねがひ」を含む。「ねがひがき」に対応。

　　　　/nige'enji/　☼ 連用形「ねがひ」を含む。「ねがひに」に対応。

　　　　/nige'enje'e/　☼ 連用形「ねがひ」を含む。「ねがひには」に対応。

ふるふ震　/hwuru'ju'N/　☼ 連用形「ふるひ」を含む。「ふるひをりむ」に対応。

まちがふ間違　/macjige'e/　☼ 連用形「まちがひ」に対応。

みまふ見舞　/mime'e/　☼ 連用形「みまひ」に対応。/mi'ime'e/の可能性もある。

むかふ向　/'Nka'ju'N/　☼ 連用形「むかひ」を含む。「むかひをりむ」に対応。

やしなふ養　/'jasjina'igata/　☼ 連用形「やしなひ」を含む。「やしなひがた」に対応。

　　　　/'jasjina'ju'N/　☼ 連用形「やしなひ」を含む。「やしなひをりむ」に対応。

よばふ叫（呼）　/'juba'ju'N/　☼ 連用形「よばひ」を含む。「よばひをりむ」に対応。

　　　　/'juba'juga/　☼ 連用形「よばひ」を含む。「よばひを（る）が」に対応。

わらふ笑　/'wara'ita'wahwuri/　☼ 連用形「わらひ」を含む。「わらひたはふれ」に対応。

　　　　/'ware'e/　☼ 連用形「わらひ」に対応。/a'i/ → /e'e/の変化がある。

　　　　/'wara'ju'N/　☼ 連用形「わらひ」を含む。「わらひをりむ」に対応。

　49、《沖話》（1880）

あらふ洗　/ʔareʼenagacji/　☆連用形「あらひ」を含む。「あらひながして」に対応。

いふ言　/ʔiʼi/　☆連用形「いひ」に対応。

　　　　/ʔiʼi/　☆連用形「いひ」に対応。連用中止。

　　　　/ʔiʼibuʼɴ/　☆連用形「いひ」を含む。「いひぶん」に対応。

　　　　/ʔjabiʼiʼɴ/　☆連用形「いひ」を含む。「いひはべりをり<u>む</u>」に対応。

　　　　/ʔjabiʼiru/　☆連用形「いひ」を含む。「いひはべりをる」に対応。

　　　　/ʔjabiʼiga/　☆連用形「いひ」を含む。「いひはべりを（る）が」に対応。

　　　　/ʔjabiʼisiga/　☆連用形「いひ」を含む。「いひはべ（る）すが」に対応。

　　　　/ʔjabiʼitasiga/　☆連用形「いひ」を含む。「いひはべりた（る）すが」に対応。

　　　　/ʔjabiraʼɴ/　☆連用形「いひ」を含む。「いひはべらぬ」に対応。

　　　　/ʔjuʼi/　☆連用形「いひ」を含む。「いひをり」に対応。

　　　　/ʔjuru/　☆連用形「いひ」を含む。「いひをる」に対応。

　　　　/ʔjuQ/　☆「連用形「いひ」を含む。「いひをっ」に対応。

　　　　/ʔjuseʼe/　☆「連用形「いひ」を含む。「いひを（る）すは」に対応。

うたがふ疑　/ʔutageʼenu/　☆連用形「うたがひ」を含む。「うたがひの」に対応。

おもふ思　/ʔumiʼinuhuka/　☆連用形「おもひ」を含む。「おもひのほか」に対応。

　　　　/ʔumitacji/　☆連用形「おもひ」を含む。「おもひたち」に対応。

　　　　/ʔumitacjabitasaʼaʼa/　☆連用形「おもひ」を含む。「おもひたちはべりを（る）たさ」に対応。

かふ買　/ʔukeʼe/　☆連用形「かひ」を含む。「おかひ」に対応。

　　　　/keʼeʔireʼe/　☆連用形「かひ」を含む。「かひいれは」に対応。

　　　　/ʔiQtigeʼe/　☆連用形「かひ」を含む。「いってがひ」（一手買ひ）に対応。

　　　　/koʼoʼjabitaʼɴ/　☆連用形「かひ」を含む。「かひをりはべりたり<u>む</u>」に対応。

　　　　/koʼoʼjabitasiga/　☆「連用形「かひ」を含む。「かひをりはべりた（る）すが」に対応。

　　　　/koʼoʼiʔacimiʼjabitaʼɴ/　☆「連用形「かひ」を含む。「かひをりあつめはべりたり<u>む</u>」に対応。

　　　　/koʼoʼjaʼaga/　☆「連用形「かひ」を含む。「かひをりやが」に対応。

　　　　/koʼoʼjuru/　☆「連用形「かひ」を含む。「かひをる」に対応。

かよふ通　/kaʼjuʼjabitaʼɴ/　☆連用形「かよひ」を含む。「かよひをりはべりたり<u>む</u>」に対応。

しまふ仕舞　/ʔusjimeʼe/　☆連用形「しまひ」を含む。「おしまひ」に対応。

　　　　/sjimeʼeʼja/　☆「連用形「しまひ」を含む。「しまひは」に対応。

そろふ揃　/ʔusuriʼi/　☆連用形「そろひ」を含む。「おそろひ」に対応。

つかふ遣　/cjikeʼe/　☆連用形「つかひ」に対応。「召使」の意。

　　　　/ʔucjikeʼe/　☆連用形「つかひ」を含む。「おつかひ」に対応。

　　　　/ʔucjikeʼemisjeʼebiri/　☆連用形「つかひ」を含む。「おつかひめしはべれ」に対応。

ならふ習　/ʔunareʼe/　☆連用形「ならひ」を含む。「おならひ」に対応。

　　　　/naraʼjabiʼiʼɴ/　☆連用形「ならひ」を含む。「ならひはべり<u>む</u>」に対応。

　　　　/naraʼjuseʼe/　☆連用形「ならひ」を含む。「ならひを（る）すは」に対応。

ねがふ願　/ʔunigeʼe/　☆連用形「ねがひ」を含む。「おねがひ」に対応。

まちがふ間違　/macjigeʼeʼja/　☆連用形「まちがひ」を含む。「まちがひは」に対応。

みまふ見舞　/ʔumimeʼe/　☆連用形「みまひ」を含む。「おみまひ」に対応。

　　　　/ʔumimeʼeni/　☆連用形「みまひ」を含む。「おみまひに」に対応。

　　　　/ʔumime'e'ɴ/　　☼ 連用形「みまひ」を含む。「おみまひも」に対応。

50、《チェン》（1895）

あきなふ商　/ʔacjine'e'ɴcju/　　☼ 連用形「あきなひ」を含む。「あきなひのひと」に対応。

いふ言　/(ʔ)i('i)du'ɴ se'e/　　☼ 連用形「いひ」を含む。「いひどもせは」に対応。

　　　　/(ʔ)i'ine'e/　　☼ 連用形「いひ」を含む。「いひには」に対応。

　　　　/(ʔ)i'jabi'i'ɴ/　　☼ 連用形「いひ」を含む。「いひはべりをりむ」に対応。

　　　　/(ʔ)i'jabi'iga/　　☼ 連用形「いひ」を含む。「いひはべりを（る）が」に対応。

　　　　/(ʔ)i'jabi'itaga/　　☼ 連用形「いひ」を含む。「いひはべりた（る）が」に対応。

　　　　/(ʔ)imisje'ebi'iga/　　☼ 連用形「いひ」を含む。「いひめしはべりを（る）が」に対応。

　　　　/(ʔ)imisje'ebi('i)ta'ɴ/　　☼ 連用形「いひ」を含む。「いひめしはべりたりむ」に対応。

　　　　/(ʔ)imisje'eru cju/　　☼ 連用形「いひ」を含む。「いひめしある　ひと」に対応。

　　　　/(ʔ)ju'ɴ/　　☼ 連用形「いひ」を含む。「いひをりむ」に対応。

　　　　/(ʔ)juru mura/　　☼ 連用形「いひ」を含む。「いひをる　むら」に対応。

　　　　/(ʔ)juru hanasji/　　☼ 連用形「いひ」を含む。「いひをる　はなし」に対応。

　　　　/(ʔ)iru zjibu'ɴ/　　☼ 連用形「いひ」を含む。「いひをる　じぶん」に対応。

　　　　/(ʔ)juQtukuru/　　☼ 連用形「いひ」を含む。「いひをる　ところ」に対応。/(ʔ)juru tukuru/ →

　　　　　　　　　　　　　/(ʔ)juQ tukuru/ と変化。

　　　　/(ʔ)juta'ɴ/　　☼ 連用形「いひ」を含む。「いひをりたりむ」に対応。

　　　　/(ʔ)jutaga/　　☼ 連用形「いひ」を含む。「いひをりた（る）が」に対応。

　　　　/(ʔ)i('i)si/　　☼ 連用形「いひ」を含む。「いひを（る）す」に対応。

　　　　/(ʔ)i('i)se'e/　　☼ 連用形「いひ」を含む。「いひを（る）すは」に対応。

おぎなふ補（おぎのふ？）　/ʔuzjinu'i/　　☼ 連用形「おぎなひ」に対応。「おぎのひ」？

おふ負　/ʔu'u'jabi'i'ɴ/　　☼ 連用形「おひ」を含む。「おひをりはべりをりむ」に対応。

おもふ思　/ʔumu'ju'ɴ/　　☼ 連用形「おもひ」を含む。「おもひをりむ」に対応。

　　　　/ʔumu'jusiga/　　☼ 連用形「おもひ」を含む。「おもひを（る）すが」に対応。

かけあふ掛合　/kakiʔo'o'jabi'i'ɴ/　　☼ 連用形「かけあひ」を含む。「かけあひをりはべりをりむ」に対応。

　　　　　/kakiʔo'o'jabira'ɴ/　　☼ 連用形「かけあひ」を含む。「かけあひをりはべらぬ」に対応。

　　　　　/kakiʔo'o'iga/　　☼ 連用形「かけあひ」を含む。「かけあひをりを（る）が」に対応。

　　　　　/kakiʔo'ora'ɴ/　　☼ 連用形「かけあひ」を含む。「かけあひをらぬ」に対応。

かなふ叶　/kanamisje'ebi'iga/　　☼ 連用形「かなひ」を含む。「かな（ひ）めしはべるが」に対応。「ひ」

　　　　　　　　　　　　　　　脱落と見る。

かふ買　/ko'o'jabi'i'ɴ/　　☼「ラ行（四段）化」後の連用形「かうり」を含む。「かうりはべりをりむ」に対応。

　　　　/ko'omisjo'ori/　　☼「ラ行（四段）化」後の連用形「かうり」を含む。「かうりめしおわれ」に対応。

　　　　/ko'o'ɴsjo'ori/　　☼「ラ行（四段）化」後の連用形「かうり」を含む。「かうりめしおわれ」に対応。

　　　　/ko'o'ju'ɴ/　　☼「ラ行（四段）化」後の連用形「かうり」を含む。「かうりをりむ」に対応。

　　　　/ko'o'juru mado'o/　　☼「ラ行（四段）化」後の連用形「かうり」を含む。「かうりをる　まどは」

　　　　　　　　　　　　　　　に対応。

こふ乞　/ʔitumagu'i'ju/　　☼ 連用形「こひ」を含む。「いとまごひを」に対応。組踊の詞章。

　　　　/ʔitumagwi'ɴ/　　☼ 連用形「こひ」を含む。「いとまごひも」に対応。組踊の詞章。

ちがふ違　/ka'ɴcjige'e/　　☼ 連用形「ちがひ」を含む。「かんちがひ」に対応。

とふ問　/tu'u'iga/　☆連用形「とひ」を含む。「とひいが」に対応。

ねがふ願　/ʔunige'e/　☆連用形「ねがひ」を含む。「おねがひ」に対応。

まちがふ間違　/micjimacjige'e/　☆連用形「まちがひ」を含む。「みちまちがひ」に対応。

まふ舞　/mo'o'juN/　☆「ラ行（四段）化」後の連用形「まうり」を含む。「まうりをりむ」に対応。

よこふ憩　/ʔu'juku'i/　☆「ラ行（四段）化」後の連用形「よこり」を含む。「およこり」に対応。

わらふ笑　/'wara'juN/　☆「ラ行（四段）化」後の連用形「わらり」を含む。「わらりをりむ」に対応。

　51、《官話》（19世紀？）

あふ合　/ʔariʔe'enumunu/　☆連用形「あひ」を含む。「ありあひのもの」（有り合ひのもの）に対応。

おそふ襲　/ʔusu'ja'a/　☆連用形「おそひ」を含む。「おそひや」に対応。

はふ這？　/sjiraba'i/　☆連用形「はひ」を含む。「しらばひ」に対応。

ふるふ震　/huri'ikarazi/　☆連用形「ふるひ」を含む。「ふるひからず」に対応。

ふるふ振　/huri'i/　☆連用形「ふるひ」に対応。

まふ舞　/mi'ima'i/　☆連用形「まひ」を含む。「みまひ」（見舞ひ）に対応。

やしなふ養　/'jasjina'iʔu'ja/　☆連用形「やしなひ」を含む。「やしなひおや」（養ひ親）に対応。
　　　　　　/'jasjina'ikwa/　☆連用形「やしなひ」を含む。「やしなひこ」（養ひ子）に対応。

（バ行）

　08、《おも1》（1531）

あすぶ遊　/asübijuwariba/　☆連用形「あすび」を含む。「あすびおわれば」に対応。

　13、《碑文（かた）》（1543）

あすぶ遊　/uasubi/　☆連用形「あすび」を含む。「おあすび」に対応。

よろこぶ喜　/jurukubi/　☆連用形「よろこび」に対応。

　25、《碑文（浦城）》（1597）

よぶ呼　/ujubimisjijijuwaci/　☆連用形「よび」を含む。「およびめしおはして」に対応。

　30、《おも3》（1623）

あすぶ遊　/asïbi/　☆連用形「あすび」に対応。
　　　　　/asïbijuwariba/　☆連用形「あすび」を含む。「あすびおわれば」に対応。
　　　　　/asïbiburimaiba/　☆連用形「あすび」を含む。「あすびむれまへば」に対応。

えらぶ選　/irabijari/　☆連用形「えらび」を含む。「えらびあり」に対応。
　　　　　/irabijuwacji/　☆連用形「えらび」を含む。「えらびおはして」に対応。

しのぶ忍　/sjinubi/　☆連用形「しのび」に対応。

とぶ飛　/tubikuiti/　☆連用形「とび」を含む。「とびこえて」に対応。

ほろぶ滅　/hwurubi/　☆連用形「ほろび」に対応。

むすぶ結　/junumusïbi/　☆連用形「むすび」を含む。「よのむすび」に対応。

　31、《碑文（本山）》（1624）

およぶ及　/ujubi/　☆連用形「および」に対応。

　37、《君由》（1700頃）

えらぶ選　/ʔirabiʔidacji/　☆連用形「えらび」を含む。「えらびいだして」に対応。

　38、《仲里》（1703頃）

あすぶ遊　/'wata'iʔasibi/　☆連用形「あすび」を含む。「わたりあすび」に対応。

えらぶ選　/ʔirabiʔidacji/　☆連用形「えらび」を含む。「えらびいだして」に対応。

第1節　「四段活用」動詞の史的変化　991

とぶ飛　/tubja'ima'ja'inu/　☆連用形「まひ」を含む。「とびありまひありの」に対応。

　　　　/tubiʔagaracji/　☆連用形「とび」を含む。「とびあがらして」に対応。

　　　　/tubicika'ɴjo'oni/　☆連用形「とび」を含む。「とびつかんやうに」に対応。

ならぶ並　/'junarabini/　☆連用形「ならび」を含む。「よならびに」に対応。

むすぶ結　/musibi/　☆連用形「むすび」に対応。

　39、《混験》（1711）

とぶ飛　/tu'ɴtatiri/　☆連用形「とび」を含む。「とびたてれ→とんたてれ」に対応。

　40、《琉由》（1713）

あすぶ遊　/ʔasubi/　☆連用形「あそび」に対応。「神遊」の例がある。

むすぶ結　/musibi/　☆連用形「むすび」に対応。

　41、《組五》（1718頃）

あすぶ遊　/ʔasibi/　☆連用形「あすび」に対応。

　　　　/ʔasibiburi/　☆連用形「あすび」を含む。「あすびぼれ」（遊び惚れ）に対応。

　　　　/ʔasibibusja/　☆連用形「あすび」を含む。「あすびほしや」に対応。

およぶ及　/ʔu'jubi/　☆連用形「および」に対応。

おらぶ叫　/ʔurabi'juraba/　☆連用形「おらび」を含む。「おらびをらば」に対応。

ころぶ転　/cimakurubi/　☆連用形「ころび」を含む。「つまころび」に対応。

とぶ飛　/tubi/　☆連用形「とび」に対応。

　　　　/tubicjicjuru/　☆連用形「とび」を含む。「とびつきをる」に対応。

まろぶ転　/marubi/　☆連用形「まろび」に対応。

むすぶ結　/musibjabiga/　☆連用形「むすび」を含む。「むすびはべるが」に対応か。

よぶ呼　/ʔu'jubi/　☆連用形「よび」を含む。「および」に対応。

　　　　/'jubja'i/　☆連用形「よび」を含む。「よびあり」に対応。

　45、《琉訳》（1800頃）

とぶ飛　/tubi'ju/　☆連用形「とび」を含む。「とびいを」に対応。

　　　　/tubiʔagaru/　☆連用形「とび」を含む。「とびあがる」に対応。

　47、《クリ》（1818）

とぶ飛　/tubi'u'ɴ/　☆連用形「とび」を含む。「とびをりむ」に対応。

　48、《ベッテ》（1849）・（1852）

あすぶ遊　/ʔasibi sja'ɴ/　☆連用形「あすび」を含む。「あすびしありむ」に対応。

　　　　/ʔasibi'u'ɴ/　☆連用形「あすび」を含む。「あすびをりむ」に対応。

　　　　/ʔasibu'ɴna'jo'o/　☆「連用形「あすび」を含む。「あすびをるなよ」に対応。

えらぶ選　/ʔirabi'u'ɴ/　☆連用形「えらび」を含む。「えらびをりむ」に対応。

たふとぶ尊　/taQtubi'u'ɴ/　☆連用形「たっとび」を含む。「たっとびをりむ」に対応。

　　　　/taQtubi'uta'ɴ/　☆連用形「たっとび」を含む。「たっとびをりたりむ」に対応。

とぶ飛　/tubi/　☆連用形「とび」に対応。

　　　　/tubi'u'ɴ/　☆連用形「とび」を含む。「とびをりむ」に対応。

　　　　/tubju'ɴne'e/　☆連用形「とび」を含む。「とびをるなり」に対応。

　　　　/tubi'uta'ɴ/　☆連用形「とび」を含む。「とびをりたりむ」に対応。

ほろぶ滅　/hwurubi'u'ɴ/　☆連用形「ほろび」を含む。「ほろびをりむ」に対応。

　　　　/hwurubi'uta'ɴ/　☼ 連用形「ほろび」を含む。「ほろびをりたりむ」に対応。

まなぶ学　/manabi'u'ɴ/　☼ 連用形「まなび」を含む。「まなびをりむ」に対応。

むすぶ結　/musubi'u'ɴ/　☼ 連用形「むすび」を含む。「むすびをりむ」に対応。

よぶ呼　/'jubi/　☼ 連用形「よび」に対応。

　　　　/'jubi'u'ɴ/　☼ 連用形「よび」を含む。「よびをりむ」に対応。

よろこぶ喜　/'jurukubi/　☼ 連用形「よろこび」に対応。

　　　　　　/'jurukubi'u'ɴ/　☼ 連用形「よろこび」を含む。「よろこびをりむ」に対応。

　　　　　　/'jurukubi'ju'ɴ/　☼ 連用形「よろこび」を含む。「よろこびをりむ」に対応。

　49、《沖話》（1880）

あすぶ遊　/ʔasibi'iga/　☼ 連用形「あすび」を含む。「あすびが」に対応。この「が」は「目的」を示す。

　　　　　/ʔasibe'e/　☼ 連用形「あすび」を含む。「あすびは」に対応。

およぶ及　/ʔu'jubabira'ɴ/　☼ 連用形「および」を含む。「およびはべらぬ」に対応。

　　　　　/ʔu'jubabira'ɴsiga/　☼ 連用形「および」を含む。「およびはべらぬすが」に対応。

たぶ賜　/ʔutabimisje'ebiri/　☼ 連用形「たび」を含む。「おたびめしはべれ」に対応。

　　　　/ʔutabimisje'ebira'ɴka'ja'a/　☼ 連用形「たび」を含む。「おたびめしはべらぬかや」に対応。

　　　　/ʔutabimisjo'orari'i'ja/　☼ 連用形「たび」を含む。「おたびめしおわられは」に対応。

　　　　/ʔutabimisjo'orari'iga/　☼ 連用形「たび」を含む。「おたびめしおわられが」に対応。

まなぶ学　/manabe'e/　☼ 連用形「まなび」を含む。「まなびは」に対応。

　　　　　/manabuse'e/　☼ 連用形「まなび」を含む。「まなびを（る）すは」に対応。

よろこぶ喜　/ʔu'jurukubi/　☼ 連用形「よろこび」を含む。「およろこび」に対応。

　50、《チェン》（1895）

あすぶ遊　/ʔasibi/　☼ 連用形「あすび」に対応。

　　　　　/ʔasibu'ɴ/　☼ 連用形「あすび」を含む。「あすびをりむ」に対応。

ころぶ転　/cimakurubi/　☼ 連用形「ころび」を含む。「つまころび」に対応。

たぶ賜　/ʔutabimisje'ebiri/　☼ 連用形「たび」を含む。「おたびめしはべれ」に対応。

　　　　/ʔutabimisjo'orari'iga/　☼ 連用形「たび」を含む。「おたびめしおわられが」に対応。

　　　　/ʔutabimisjo'ocji/　☼ 連用形「たび」を含む。「おたびめしおはして」に対応。

よぶ呼　/'jubi/　☼ 連用形「よび」に対応。

　　　　/'jubabi'i'ɴ/　☼ 連用形「よび」を含む。「よびはべりをりむ」に対応。

　　　　/'jubu'ɴ/　☼ 連用形「よび」を含む。「よびをりむ」に対応。

（マ行）

　01、《翻訳》（1501）

やすむ休　/jasümi/　☼ 連用形「やすみ」に対応。

　05、《碑文（石西）》（1522）

をがむ拝　/wugami/　☼ 連用形「をがみ」に対応。

　08、《おも1》（1531）

とよむ鳴響　/tujumijuwari/　☼ 連用形「とよみ」を含む。「とよみおわれ」に対応。

　13、《碑文（かた）》（1543）

をがむ拝　/wugami/　☼ 連用形「をがみ」に対応。

　15、《碑文（添門）》（1546）

つむ積 /cümi/ ☆ 連用形「つみ」に対応。

をがむ拝 /wugami/ ☆ 連用形「をがみ」に対応。

　17、《碑文（やら）》（1554）

つむ積 /cümi/ ☆ 連用形「つみ」に対応。

をがむ拝 /wugami/ ☆ 連用形「をがみ」に対応。

　25、《碑文（浦城）》（1597）

つむ積 /cümi/ ☆ 連用形「つみ」に対応。

をがむ拝 /wugami/ ☆ 連用形「をがみ」に対応。

　28、《碑文（よう）》（1609）

をがむ拝 /wugami/ ☆ 連用形「をがみ」に対応。

　29、《おも2》（1613）

うらやむ羨 /urajamijuru/ ☆ 連用形「うらやみ」を含む。「うらやみをる」に対応。

　30、《おも3》（1623）

あゆむ歩 /ajumi/ ☆ 連用形「あゆみ」に対応。

　　　　　　/ajumijuwa(ri)/ ☆ 連用形「あゆみ」を含む。「あゆみおわ（れ）」に対応。

うらやむ羨 /urajami/ ☆ 連用形「うらやみ」に対応。

　　　　　　/urajamijuru/ ☆ 連用形「うらやみ」を含む。「うらやみをる」に対応。

つむ積 /cïmijuwacji/ ☆ 連用形「つみ」を含む。「つみおはして」に対応。

とよむ鳴響 /tujumi/ ☆ 連用形「とよみ」に対応。

　　　　　　/tujumijuwaru/ ☆ 連用形「とよみ」を含む。「とよみおわる」に対応。

　　　　　　/tujumijuru/ ☆ 連用形「とよみ」を含む。「とよみをる」に対応。

はさむ挟 /hwasami/ ☆ 連用形「はさみ」に対応。

　31、《碑文（本山）》（1624）

よむ誦 /jumi/ ☆ 連用形「よみ」に対応。

　37、《君由》（1700 頃）

つむ積 /cimikura/ ☆ 連用形「つみ」を含む。「つみくら」に対応。

　　　　/cimiʔagino'ocji/ ☆ 連用形「つみ」を含む。「つみあげなほして」に対応。

　38、《仲里》（1703 頃）

ふむ踏 /hwumiʔutucji/ ☆ 連用形「ふみ」を含む。「ふみおとして」に対応。

　　　　/hwumicjiruna/ ☆ 連用形「ふみ」を含む。「ふみきるな」に対応。

　　　　/hwumicjiQcji/ ☆ 連用形「ふみ」を含む。「ふみきりて」に対応。「立きつち」の対。

　　　　/kumiʔaga'i/ ☆ 連用形「ふみ」を含む。「ふみあがり」に対応。「ふ」と「く」の交代がある。

をがむ拝 /ʃugami'jabirani/ ☆ 連用形「をがみ」を含む。「をがみはべらに」に対応。

　　　　　　/ʃugami'ju'waru/ ☆ 連用形「をがみ」を含む。「をがみおわる」に対応。

　39、《混験》（1711）

つむ積 /cïmi/ ☆ 連用形「つみ」に対応。

つむ摘 /ci'ɴzjiru/ ☆ 連用形「つみ」を含む。「つみぎる→つんぎる」に対応。

ふむ踏 /kumi'ju'i/ ☆ 連用形「ふみ」を含む。「ふみをり」に対応。「ふ」と「く」の交代がある（「こ」と表記）。

をがむ拝 /ʃugami/ ☆ 連用形「をがみ」に対応。

　40、《琉由》（1713）

つむ積　/cimi/　☼ 連用形「つみ」に対応。

をがむ拝　/ʔugami/　☼ 連用形「をがみ」に対応。

　41、《組五》（1718 頃）

うらむ恨　/ʔuramigutu/　☼ 連用形「うらみ」を含む。「うらみごと」に対応。

　　　　　/ʔurami'jusi/　☼ 連用形「うらみ」を含む。「うらみを（る）す」に対応。

かがむ屈　/mumukagami/　☼ 連用形「かがみ」を含む。「ももかがみ」に対応。

くむ汲　/kumiga/　☼ 連用形「くみ」を含む。「くみが」に対応。「が」は目的を示す助辞。

のぞむ望　/nuzumi/　☼ 連用形「のぞみ」に対応。

　　　　　/nuzumigutu/　☼ 連用形「のぞみ」を含む。「のぞみごと」に対応。

のむ飲　/numi/　☼ 連用形「のみ」に対応。

ふるむ古　/hwurumi/　☼ 連用形「ふるみ」に対応。

やすむ休　/jasimjo'ori/　☼ 連用形「やすみ」を含む。「やすみおわれ」に対応。

　42、《中信》（1721）

つかむ掴　/ti'iziku'N/　☼ 連用形「つかみ」を含む。「てづかみ」（手掴み）に対応か。

　44、《琉見》（1764）

つかむ掴　/ti'izikuN/　☼ 連用形「つかみ」を含む。「てづかみ」（手掴み）に対応か。

　45、《琉訳》（1800 頃）

あゆむ歩　/kacjiʔa'jumi/　☼ 連用形「あゆみ」を含む。「かちあゆみ」に対応。

いつくしむ慈　/ʔicikusjimi/　☼ 連用形「いつくしみ」に対応。

きざむ刻　/cjizamuku/　☼ 連用形「きざみ」を含む。「きざみおく」に対応か。

しづむ沈　/sjizimi/　☼ 連用形「しづみ」に対応。「連用名詞形」。

すむ澄　/simisaki/　☼ 連用形「すみ」を含む。「すみさけ」（澄み酒）に対応。

たくむ工　/takumi/　☼ 連用形「たくみ」に対応。

つつむ包　/cicimi/　☼ 連用形「つつみ」に対応。

　　　　　/cicimi'jacji/　☼ 連用形「つつみ」を含む。「つつみやき」（包焼）に対応。

　　　　　/kasjiracicimi/　☼ 連用形「つつみ」を含む。「かしらつつみ」（頭包）に対応。

にらむ睨　/nirami/　☼ 連用形「にらみ」に対応。

はさむ挟　/hwasami/　☼ 連用形「はさみ」に対応。

　47、《クリ》（1818）

かむ噛（食）　/kamu'N/　☼ 連用形「かみ」を含む。「かみをりむ」に対応。

　　　　　/kanu'N/　☼ 連用形「かみ」を含む。「かみをりむ」に対応。

のむ飲　/numu'N/　☼ 連用形「のみ」を含む。「のみをりむ」に対応。

ふむ踏　/ku'Nsi'Ndakacji/　☼ 連用形「ふみ」を含む。「ふみすべらかして」に対応。「ふむ→くむ」の
　　　　　　　　　　　　　　　　変化ありと考える。

よむ読　/jumu'N/　☼ 連用形「よみ」を含む。「よみをりむ」に対応。

　　　　　/junu'N/　☼ 連用形「よみ」を含む。「よみをりむ」に対応。

　48、《ベッテ》（1849）・（1852）

あかむ赤　/ʔakami/　☼ 連用形「あかみ」に対応。

　　　　　/ʔakanju'N/　☼ 連用形「あかみ」を含む。「あかみをりむ」に対応。

うらむ恨　/ʔurami'u'N/　☼ 連用形「うらみ」を含む。「うらみをりむ」に対応。

かなしむ悲　/kanasjimi/　☼連用形「かなしみ」に対応。

かむ嚙（食）　/kami/　☼連用形「かみ」に対応。

　　　　　　/kamu'ɴ/　☼連用形「かみ」を含む。「かみをりむ」に対応。

　　　　　　/kanjagana'a/　☼連用形「かみ」を含む。「かみありがな」に対応か。

　　　　　　/kanju'ɴ/　☼連用形「かみ」を含む。「かみをりむ」に対応。

　　　　　　/kanjuru ba/　☼連用形「かみ」を含む。「かみをる　ば」に対応。「食べる時」の意。

　　　　　　/kanju'ɴne'e/　☼連用形「かみ」を含む。「かみをるなり」に対応。

きざむ刻　/cjizanju'ɴ/　☼連用形「きざみ」を含む。「きざみをりむ」に対応。

くやむ悔　/ku'jami/　☼連用形「くやみ」に対応。

くるしむ苦　/kurusjimi/　☼連用形「くるしみ」に対応。

こむ込　/kunju'ɴ/　☼連用形「こみ」を含む。「こみをりむ」に対応。

しらむ白　/sjirami/　☼連用形「しらみ」に対応。

　　　　　/sjirumi/　☼連用形「しろみ」に対応。

すむ済　/simi/　☼連用形「すみ」に対応。

　　　　/sime'e/　☼連用形「すみ」を含む。「すみは」に対応。

　　　　/simi'u'ɴ/　☼連用形「すみ」を含む。「すみをりむ」に対応。

　　　　/simu'ɴ/　☼連用形「すみ」を含む。「すみをりむ」に対応。

　　　　/sinju'ɴ/　☼連用形「すみ」を含む。「すみをりむ」に対応。

　　　　/simumi/　☼連用形「すみ」を含む。「すみをりみ」に対応。

　　　　/sinjuru/　☼連用形「すみ」を含む。「すみをる」に対応。

　　　　/sinjusiga/　☼連用形「すみ」を含む。「すみを（る）すが」に対応。

　　　　/sinjusa/　☼連用形「すみ」を含む。「すみを（る）さ」に対応。

　　　　/sinjuta'ɴ/　☼連用形「すみ」を含む。「すみをりたりむ」に対応。

たくむ工　/takuminu/　☼連用形「たくみ」を含む。「たくみの」に対応。

たのしむ楽　/tanusjimi/　☼連用形「たのしみ」に対応。

たのむ頼　/tanumu'ɴ/　☼連用形「たのみ」を含む。「たのみをりむ」に対応。

　　　　　/tanunju'ɴ/　☼連用形「たのみ」を含む。「たのみをりむ」に対応。

つつしむ慎　/cicisjime'e/　☼連用形「つつしみ」を含む。「つつしみは」に対応。

つむ積　/cimu'ɴ/　☼連用形「つみ」を含む。「つみをりむ」に対応。

　　　　/cinju'ɴ/　☼連用形「つみ」を含む。「つみをりむ」に対応。

なぐさむ慰　/nagusami/　☼連用形「なぐさみ」に対応。

のぞむ望　/nuzumu'ɴ/　☼連用形「のぞみ」を含む。「のぞみをりむ」に対応。

のむ飲　/numi/　☼連用形「のみ」に対応。

　　　　/numu'ɴ/　☼連用形「のみ」を含む。「のみをりむ」に対応。

　　　　/nunju'ɴ/　☼連用形「のみ」を含む。「のみをりむ」に対応。

　　　　/nunju'ɴne'e/　☼連用形「のみ」を含む。「のみをるなり」に対応。

はばむ阻　/hwabami/　☼連用形「はばみ」に対応。

はらむ孕　/haranju'ɴ/　☼連用形「はらみ」を含む。「はらみをりむ」に対応。

やむ病（痛）　/'janju'ɴ/　☼連用形「やみ」を含む。「やみをりむ」に対応。

よむ読　/'jumi/　☼連用形「よみ」に対応。

　　　　/ˈjume'e/　☆連用形「よみ」を含む。「よみは」に対応。

　　　　/ˈjumu'ɴ/　☆連用形「よみ」を含む。「よみをり<u>む</u>」に対応。

　　　　/ˈjunja'a/　☆連用形「よみ」を含む。「よみあ」に対応か。

　　　　/ˈjunju'ɴ/　☆連用形「よみ」を含む。「よみをり<u>む</u>」に対応。

　　　　/ˈjunjuru/　☆連用形「よみ」を含む。「よみをる」に対応。

をがむ拝　/ˈugamabira/　☆連用形「をがみ」を含む。「をがみはべら」に対応。

　　　　/ˈuganjabira/　☆連用形「をがみ」を含む。「をがみはべら」に対応。

　　　　/ˈuganju'ɴ/　☆連用形「をがみ」を含む。「をがみをり<u>む</u>」に対応。

　49、《沖話》（1880）

かむ嚙（食）　/kanuru/　☆連用形「かみ」を含む。「かみをる」に対応。

くむ汲　/ʔukumi/　☆連用形「くみ」を含む。「おくみ」に対応。

くむ組　/tigume'e/　☆連用形「くみ」を含む。「てぐみは」に対応。

くるしむ苦　/kurusjimine'e/　☆連用形「くるしみ」を含む。「くるしみには」に対応。

たのしむ楽　/tanisjimi/　☆連用形「たのしみ」に対応。

たのむ頼　/ʔudanumi/　☆連用形「たのみ」を含む。「おだのみ」に対応。

　　　　/tanunabita'ɴ/　☆連用形「たのみ」を含む。「たのみはべりたり<u>む</u>」に対応。

とりこむ取込　/ʔutu'ikuminu/　☆連用形「とりこみ」を含む。「おとりこみの」に対応。

なぐさむ慰　/nagusamini/　☆連用形「なぐさみ」を含む。「なぐさみに」に対応。

のぞむ望　/ʔunuzuminu/　☆連用形「のぞみ」を含む。「おのぞみの」に対応。

のむ飲　/numite'e/　☆連用形「のみ」を含む。「のみたい」に対応。

みこむ見込　/mikumiga/　☆連用形「みこみ」を含む。「みこみが」に対応。

やすむ休　/ʔwe'esimi/　☆連用形「やすみ」を含む。「おやすみ」に対応。

やむ病（痛）　/ʔu'jami/　☆連用形「やみ」を含む。「おやみ」に対応。

　　　　/ˈjanabi'itasiga/　☆連用形「やみ」を含む。「やみはべりた（る）すが」に対応。

よむ読　/ʔu'jumimisje'ebitaga/　☆連用形「よみ」を含む。「およみめしはべりた（る）が」に対応。

　　　　/ʔu'jumimisje'ebiri/　☆連用形「よみ」を含む。「およみめしはべれ」に対応。

　　　　/ʔu'jumisje'ega/　☆連用形「よみ」を含む。「およみ（め）しはべ（る）が」に対応。「-め-」脱落。

　　　　/ˈjumi'jaQsaru/　☆連用形「よみ」を含む。「よみやすさある」に対応。

　　　　/ˈjunabi'i'ɴ/　☆連用形「よみ」を含む。「よみはべりをり<u>む</u>」に対応。

をがむ拝（拝謁）　/ˈugami'u'usjabira'ɴ/　☆連用形「をがみ」を含む。「をがみおほしはべらぬ」に対応。

　50、《チェン》（1895）

かむ嚙　/kani/　☆連用形「かみ」に対応。/kami/ が /kani/ に変化か。

　　　　/kanabi'i'ɴ/　☆連用形「かみ」を含む。「かみはべりをり<u>む</u>」に対応。

　　　　/kanu'ɴ/　☆連用形「かみ」を含む。「かみをり<u>む</u>」に対応。

　　　　/kanukutu/　☆連用形「かみ」を含む。「かみを（る）こと」に対応。

すむ済　/sjimi/　☆連用形「すみ」に対応。

　　　　/sinabira'ɴ/　☆連用形「すみ」を含む。「すみはべらぬ」に対応

そむ染　/sumicjicju'ɴ/　☆連用形「そみ」を含む。「そみつきをり<u>む</u>」に対応。

のむ飲　/numi'ɴ/　☆連用形「のみ」を含む。「のみも」に対応。

　　　　/nunu'ɴ/　☆連用形「のみ」を含む。「のみをり<u>む</u>」に対応。

　　　　　/nunusi/　☼連用形「のみ」を含む。「のみを（る）す」に対応。

　　　　　/nunutasi/　☼連用形「のみ」を含む。「のみをりた（る）す」に対応。

よむ読　/'jumi'ja'ɴto'o'ɴ/　☼連用形「よみ」を含む。「よみやぶりてはをりむ」に対応。

　　　　　/'junu'ɴ/　☼連用形「よみ」を含む。「よみをりむ」に対応。

をがむ拝（見・会・拝見）　/'ugami'ɴ/　☼連用形「をがみ」を含む。「をがみも」に対応。

　　　　　　　　　　　　　/'uganabira/　☼連用形「をがみ」を含む。「をがみはべら」に対応。

　　51、《官話》（19世紀?）

くぼむ窪　/kubumi/　☼連用形「くぼみ」に対応。

くむ編　/hiragu'ɴ/　☼連用形「くみ」を含む。「ひらぐみ」に対応。

やむ病（痛）　/'jamu'ɴ/　☼連用形「やみ」を含む。「やみをりむ」に対応。

（ラ行）

　　01、《翻訳》（1501）

にごる濁　/ni(ɴ)gorisakï/　☼連用形「にごり」を含む。「にごりさけ」に対応。

ふる降　/jukipuri/　☼連用形「ふり」を含む。「ゆきふり」に対応。

　　03、《琉館》（16C前半成立か）

うる売　/uri/　☼連用形「うり」に対応。

　　　　　/urikai/　☼連用形「うり」を含む。「うりかひ」に対応。

かたる語　/katari/　☼連用形「かたり」に対応。

かぶる被　/kaɴburi/　☼連用形「かぶり」に対応。

つくる造　/cükuri/　☼連用形「つくり」に対応。

ねぶる眠　/niɴburi/　☼連用形「ねぶり」に対応。

ねる練　/nirimugi/　☼連用形「ねり」を含む。「ねりむぎ」（練り麦）に対応か。

　　04、《碑文（石東）》（1522）

わたる渡　/watari/　☼連用形「わたり」に対応。

　　05、《碑文（石西）》（1522）

たまはる賜　/tamawari/　☼連用形「たまはり」に対応。

つくる造　/cükuri/　☼連用形「つくり」に対応。

わたる渡　/watari/　☼連用形「わたり」に対応。

　　06、《田名1》（1523）

たまはる賜　/tamawari/　☼連用形「たまはり」に対応。

　　08、《おも1》（1531）

いのる祈　/inuritatimacüriba/　☼連用形「いのり」を含む。「いのりたてまつれば」に対応。

とる取　/turijuwari/　☼連用形「とり」を含む。「とりおわり」に対応。

　　　　　/turijuwaci/　☼連用形「とり」を含む。「とりおはして」に対応。

まさる勝　/masarijuwaci/　☼連用形「まさり」を含む。「まさりおはして」に対応。

まもる守　/maburijuwami/　☼連用形「まもり」を含む。「まもりおわめ」に対応。

　　　　　/maburijuwaru/　☼連用形「まもり」を含む。「まもりおわる」に対応。

もどる戻　/mudurijuri/　☼連用形「もどり」を含む。「もどりをれ」に対応。

やる遣　/jarijuwa（ri）/　☼連用形「やり」を含む。「やりおわ（れ）」に対応。

　　09、《陳使》（1534）

うる売　/uri/　☆連用形「うり」に対応。

かたる語　/katari/　☆連用形「かたり」に対応。

ねぶる眠　/ninburi/　☆連用形「ねぶり」に対応。

ねる練　/nirimugi/　☆連用形「ねり」を含む。「ねりむぎ（練り麦）に対応か。

　10、《田名2》（1536）

たまはる賜　/tamawari/　☆連用形「たまはり」に対応。

　11、《田名3》（1537）

たまはる賜　/tamawari/　☆連用形「たまはり」に対応。

　12、《田名4》（1541）

たまはる賜　/tamawari/　☆連用形「たまはり」に対応。

　13、《碑文（かた）》（1543）

かぎる限　/kagiri/　☆連用形「かぎり」に対応。

さとる悟　/saturimisjijuwaci/　☆連用形「さとり」を含む。「さとりめしおはして」に対応。

つくる造　/cükuri/　☆連用形「つくり」に対応。

　14、《田名5》（1545）

たまはる賜　/tamawari/　☆連用形「たまはり」に対応。

　15、《碑文（添門）》（1546）

のぼる登　/unuburi/　☆連用形「のぼり」を含む。「おのぼり」に対応。

　16、《田名6》（1551）

たまはる賜　/tamawari/　☆連用形「たまはり」に対応。

　17、《碑文（やら）》（1554）

いのる祈　/inurimisjijuwacjaru/　☆連用形「いのり」を含む。「いのりめしおはしてある」に対応。

　18、《田名7》（1560）

たまはる賜　/tamawari/　☆連用形「たまはり」に対応。

　19、《郭使》（1561）

ねぶる眠　/ninburi/　☆連用形「ねぶり」に対応。

もどる戻　/muduriiki/　☆連用形「もどり」を含む。「もどりいき」に対応。

　　　　　/ikimudui/　☆連用形「もどり」を含む。「いきもどり」に対応。

ものがたる物語　/munugatari/　☆連用形「ものがたり」に対応。

　20、《田名8》（1562）

たまはる賜　/tamawari/　☆連用形「たまはり」に対応。

　21、《田名9》（1563）

たまはる賜　/tamawari/　☆連用形「たまはり」に対応。

　22、《音字》（1572頃）

くもる曇　/kumuri/　☆連用形「くもり」に対応。

ねぶる眠　/ninburi/　☆連用形「ねぶり」に対応。

もどる戻　/muduriiki/　☆連用形「もどり」を含む。「もどりいき」に対応。

　　　　　/ikimudui/　☆連用形「もどり」を含む。「いきもどり」に対応。

　23、《蕭使》（1579）

かたる語？　/katari/　☆連用形「かたり」に対応か。

第1節　「四段活用」動詞の史的変化　999

ねぶる眠 　/niɴburi/　　☆連用形「ねぶり」に対応。

もどる戻 　/muduriiki/　　☆連用形「もどり」を含む。「もどりいき」に対応。

　　24、《田名 10》（1593）

たまはる賜 　/tamawari/　　☆連用形「たまはり」に対応。

　　25、《碑文（浦城）》（1597）

いのる祈 　　/inurimisjijuwacjaru/　　☆連用形「いのり」を含む。「いのりめしおはしたる」に対応。

たまはる賜 　/tamawari/　　☆連用形「たまわり」に対応。

てりあがる照上 　/tiriagarimisjijuwacja/　　☆連用形「てりあかり」を含む。「てりあがりめしおは
　　　　　　　　　　　　　　　　　　　　　　　　　　　　した（る）」に対応。

まさる勝 　/masarinu/　　☆連用形「まさり」を含む。「まさりの」に対応。

　　26、《田名 11》（1606）

たまはる賜 　/tamawari/　　☆連用形「たまはり」に対応。

　　27、《夏使》（1606）

ねぶる眠 　/niɴburi/　　☆連用形「ねぶり」に対応。

もどる戻 　/ikimudui/　　☆連用形「もどり」を含む。「いきもどり」に対応。

　　28、《碑文（よう）》（1609）

てりあがる照上 　/tiriagarimisjijuwacja/　　☆連用形「てりあがり」を含む。「てりあがりめしおは
　　　　　　　　　　　　　　　　　　　　　　　　　　　　した（る）」に対応。

　　29、《おも 2》（1613）

あがる上 　/agarijuwaci/　　☆連用形「あがり」を含む。「あがりおはして」に対応。

ちよわる「いらっしゃる」の意　/cjijuwajuri/　　☆連用形「ちよわり」を含む。「ちよわりをり」に対応。

とる取 　/turijuwari/　　☆連用形「とり」を含む。「とりおわれ」に対応。

ほこる慶 　/hwukurijuwaci/　　☆連用形「ほこり」を含む。「ほこりおはして」に対応。

よる寄 　/jurijuru/　　☆連用形「より」を含む。「よりをる」に対応。

　　30、《おも 3》（1623）

あがる上 　/agarijuwari/　　☆連用形「あがり」を含む。「あがりおわれ」に対応。

あふる煽 　/auri/　　☆連用形「あふり」に対応。

あまる余 　/amarijuwari/　　☆連用形「あまり」を含む。「あまりおわれ」に対応。

いのる祈 　/inurijuwariba/　　☆連用形「いのり」を含む。「いのりおわれば」に対応。
　　　　　　　/inurijuriba/　　☆連用形「いのり」を含む。「いのりをれば」に対応。

おくる送 　/ukurijuwa/　　☆連用形「おくり」を含む。「おくりおわ（れ）」に対応。

おわる 　/uwajurina/　　☆連用形「おわ（り）」をふくむ。「おわ（り）をりな」に対応。

かはる変 　/umukairi/　　☆連用形「かはり」をふくむ。「おもかはり」に対応。
　　　　　　　/nawakairi/　　☆連用形「かはり」をふくむ。「なはかはり」に対応。

きる切 　/cjirijari/　　☆連用形「きり」を含む。「きりやり」に対応。
　　　　　　/cïcjizjiri/　　☆連用形「きり」を含む。「つちぎり」に対応。

くだる下 　/kudari/　　☆連用形「くだり」に対応。

しる知 　/sjirijuwami/　　☆連用形「しり」を含む。「しりおわめ」に対応。

たよる頼 　/tajuri/　　☆連用形「たより」に対応。

たる垂 　/cjimutariju/　　☆連用形「きもたり」を含む。「きもたりよ」に対応。

ちよわる　「いらっしゃる」の意　/cjijuwai/　☆連用形「ちよわり」に対応。

　　　　　　　　　　　　　　　/cjijuwajuru/　☆連用形「ちよわり」を含む。「ちよわりをる」に対応。

つくる作　/cïkurijuwacji/　☆連用形「つくり」を含む。「つくりおはして」に対応。

てずる手摩（祈）　/tizïrijura/　☆連用形「てずり」を含む。「てずりをら」に対応。

てる照　/tiriizjijari/　☆連用形「てり」を含む。「てりいでやり」に対応。

　　　　/tiriusuu/　☆連用形「てり」を含む。「てりおそふ」に対応。

　　　　/tirijuwaru/　☆連用形「てり」を含む。「てりおわる」に対応。

　　　　/tirijuri/　☆連用形「てり」を含む。「てりをり」に対応。

　　　　/tirijuru/　☆連用形「てり」を含む。「てりをる」に対応。

　　　　/tirijura/　☆連用形「てり」を含む。「てりをら」に対応。

とほる通　/tuuri/　☆連用形「とほり」に対応。

とる取　/turi/　☆連用形「とり」に対応。

　　　　/turijari/　☆連用形「とり」を含む。「とりやり」に対応。

　　　　/tujari/　☆連用形「とり」を含む。「とりやり」に対応。「り」脱落。

　　　　/turijuwajari/　☆連用形「とり」を含む。「とりおわ（り）やり」に対応。

　　　　/turijura/　☆連用形「とり」を含む。「とりをら」に対応。

　　　　/turijuwacji/　☆連用形「とり」を含む。「とりおはして」に対応。

なほる直　/nauritusji/　☆連用形「なほり」を含む。「なほりとし」に対応。「来年」の意。

　　　　　/nauriju/　☆連用形「なほり」を含む。「なほりよ」に対応。

なりかはる成変　/narikawaQti/　☆連用形「なり」を含む。「なりかはって」に対応。

なる成　/naricjijugami/　☆連用形「なり」を含む。「なりきよがみ」に対応。

　　　　/narijuri/　☆連用形「なり」を含む。「なりをり」に対応。

　　　　/narijuwacji/　☆連用形「なり」を含む。「なりおはして」に対応。

なる鳴　/narisïzïwa/　☆連用形「なり」を含む。「なりすずは」に対応。

　　　　/narijubu/　☆連用形「なり」を含む。「なりよぶ」に対応。

ぬる塗　/nuritibuku/　☆連用形「ぬり」を含む。「ぬりてぼこ」に対応。

のこる残　/nukurijuwari/　☆連用形「のこり」を含む。「のこりおわれ」に対応。

のぼる上　/nuburiami/　☆連用形「のぼり」を含む。「のぼりあめ」に対応。

のる乗　/nuriganasji/　☆連用形「のり」を含む。「のりがなし」に対応。

　　　　/nurijuwacji/　☆連用形「のり」を含む。「のりおはして」に対応。

はる張　/hwarizïnaja/　☆連用形「はり」を含む。「はりづなは」に対応。

はる走　/hwarijuru/　☆連用形「はり」を含む。「はりをる」に対応。

　　　　/hwarijuriba/　☆連用形「はり」を含む。「はりをれば」に対応。

ふる降　/hwurijari/　☆連用形「ふり」を含む。「ふりやり」に対応。

　　　　/hwurijuru/　☆連用形「ふり」を含む。「ふりをる」に対応。

　　　　/jucjihwurini/　☆連用形「ふり」を含む。「ゆきふりに」に対応。

ほこる慶　/hwukuribusjija/　☆連用形「ほこり」を含む。「ほこりほしや」に対応。

　　　　　/hwukurijabira/　☆連用形「ほこり」を含む。「ほこりはべら」に対応。

　　　　　/hwukurijura/　☆連用形「ほこり」を含む。「ほこりをら」に対応。

　　　　　/hwukurijuwacji/　☆連用形「ほこり」を含む。「ほこりおはして」に対応。

まさる勝　/masari/　☼ 連用形「まさり」に対応。

　　　　　/masarijuwacji/　☼ 連用形「まさり」を含む。「まさりおはして」に対応。

まもる守　/maburijuwacji/　☼ 連用形「まもり」に対応する「まぶり」を含む。「まもりおはして」に
　　　　　　　　　　　　　　　対応。/m/ と /b/ の交代がある。

　　　　　/maburijabira/　☼ 連用形「まもり」に対応する「まぶり」を含む。「まもりはべら」に対応。

みちあがる満上　/micjiagaru/　☼ 連用形「みち」を含む。「みちあがる」に対応。

みまもる見守　/mimaburi/　☼ 連用形「みまもり」に対応する「みまぶり」。

もどる戻　/mudurijuwari/　☼ 連用形「もどり」を含む。「もどりおわれ」に対応。

もる盛　/murijuru/　☼ 連用形「もり」を含む。「もりをる」に対応。

やる遣　/jari/　☼ 連用形「やり」に対応。

　　　　/jarijari/　☼ 連用形「やり」を含む。「やりやり」に対応。

　　　　/jarijuwa/　☼ 連用形「やり」を含む。「やりおわ（れ）」に対応。

　　　　/jarijuwajari/　☼ 連用形「やり」を含む。「やりおわれあり」に対応。

よる寄　/jurijuri/　☼ 連用形「より」を含む。「よりをり」に対応。

　31、《碑文（本山）》（1624）

おくる送　/uukuri/　☼ 連用形「おくり」を含む。「おおくり」に対応か。

わたる渡　/uwatari/　☼ 連用形「わたり」を含む。「おわたり」に対応。

　32、《田名 12》（1627）

たまはる賜　/tamawari/　☼ 連用形「たまはり」に対応。

　33、《田名 13》（1628）

たまはる賜　/tamawari/　☼ 連用形「たまはり」に対応。

　34、《田名 14》（1631）

たまはる賜　/tamawari/　☼ 連用形「たまはり」に対応。

　35、《田名 15》（1634）

たまはる賜　/tamawari/　☼ 連用形「たまはり」に対応。

　36、《田名 16》（1660）

たまはる賜　/tamawari/　☼ 連用形「たまはり」に対応。

　37、《君由》（1700 頃）

あふる煽　/ʔahwu'ja'i/　☼ 連用形「あふり」を含む。「あふりあい」に対応か。

　　　　　/ʔahwura'i/　☼ 連用形「あふり」を含む。「あふりあい」に対応か。

いのる祈　/ʔinu'jabiɴ/　☼ 連用形「いのり」を含む。「いのりはべりをり<u>む</u>」に対応。

いまゐる参　/ʔimjahwusati/　☼ 連用形「いまゐり」を含む。「いまゐりふさひて」に対応。

うつる移　/ʔucjata'i/　☼ 連用形「うつり」を含む。「うつりわたり」に対応。

おる織　/ʔu'jagino'ocji/　☼ 連用形「おり」を含む。「おりあげなほして」に対応。

きる切　/cjiriʔa'wasjiba/　☼ 連用形「きり」を含む。「きりあはせば」に対応。

　　　　/cjiriʔa'wacjaru/　☼ 連用形「きり」を含む。「きりあはしてある」に対応。

つくる造　/kakiziku'i/　☼ 連用形「つくり」を含む。「かけづくり」に対応。

てずる手擦　/tizji'jabiɴ/　☼ 連用形「すり」を含む。「てずりはべりをり<u>む</u>」に対応。

なる鳴　/na'imisji'ju'wacji/　☼ 連用形「なり」を含む。「なりめしおはして」に対応。

　　　　/na'iʔagarasji/　☼ 連用形「なり」を含む。「なりあがらせ」に対応。

/na'jubu/　☆連用形「なり」を含む。「なりよぶ」に対応。縮約形。

なる成　/na'imisji'ju'wacji/　☆連用形「なり」を含む。「なりめしおはして」に対応。

　　　　/na'ju'i/　☆連用形「なり」を含む。「なりをり」に対応。

はじまる始　/hwazjimari/　☆連用形「はじまり」に対応。

はる走　/hwarisizji/　☆連用形「はり」を含む。「はりすぎ」に対応。

　　　/hwaricicji/☆連用形「はり」を含む。「はりつき」に対応。

ほこる誇　/cjimubuku'i/　☆連用形「ほこり」を含む。「きもほこり」に対応。

　　　　/ʔa'jubuku'i/　☆連用形「ほこり」を含む。「あよほこり」に対応。

　　　　/ma'abuku'i/　☆連用形「ほこり」を含む。「まほこり」に対応。

まがる曲　/mimaga'i/　☆連用形「まがり」を含む。「みまがり」に対応。

まさる勝　/nucjimasa'i/　☆連用形「まさり」を含む。「のちまさり」に対応。

　　　　/'jukumasa'i/　☆連用形「まさり」を含む。「よくまさり」に対応。

まつる祭　/ʔisjimaci'i/　☆連用形「まつり」を含む。「いしまつり」に対応。

　　　　/ʔu'imaci'i/　☆連用形「まつり」を含む。「おゑまつり」に対応。

みまもる見守　/mimabu'jo'ori/　☆連用形「みまもり」を含む。「みまもりおわれ→みまぶおわれ」に対応。

　　　　　　/mimabu'jo'ocji/　☆連用形「みまもり」を含む。「みまもりおはして→みまぶりおはして」に対応。

わたる渡　/ʔucjata'i/　☆連用形「わたり」を含む。「うつりわたり」に対応。

　　　　/'ja'i'wata'i/　☆連用形「わたり」を含む。「やゑわたり」に対応。

　38、《仲里》（1703頃）

あがる上　/ʔusjiʔaga'i/　☆連用形「あがり」を含む。「おしあがり」に対応。

　　　　/kumiʔaga'i/　☆連用形「あがり」を含む。「ふみあがり」に対応。「ふ」と「く」の交代がある。

あふる煽　/ʔa'u'i'ʔidacji/　☆連用形「あふり」を含む。「あふりいだして」に対応。

うつる移　/ʔuci'i'ʔasibi/　☆連用形「うつり」を含む。「うつりあすび」に対応。

かがる輝　/kjagaru/　☆連用形「かがり」を含む。「かがりある」に対応。

てずる手擦　/tiziri'ju'waru/　☆連用形「てずり」を含む。「てずりおわる」に対応。「祈り賜・給う」意。

てる照　/ti'i'ʔidacji/　☆連用形「てり」を含む。「てりいだして」に対応。

とる取　/midu'i/　☆連用形「とり」を含む。「みどり」に対応。「実取り」。

　　　/tu'i'ʔa'wacji/　☆連用形「とり」を含む。「とりあはして」に対応。

　　　/tu'ino'ocji/　☆連用形「とり」を含む。「とりなほして」に対応。

　　　/tu'jabi('i)si'ja/　☆連用形「とり」を含む。「とりはべるすは」に対応。

　　　/tu'juru/　☆連用形「とり」を含む。「とりをる」に対応。

　　　/tu'jusi/　☆連用形「とり」を含む。「とりを（る）す」に対応。

なほる直　/ʔurino'orimisju'waru/　☆連用形「なほり」を含む。「おりなほりめしよわる」に対応。

なる成　/na'i/　☆連用形「なり」に対応。

　　　/na'jo'ocji/　☆連用形「なり」を含む。「なりおはして」に対応。

はじまる始　/hwazjima'i/　☆連用形「はじまり」に対応。

はる走　/hwa'i/　☆連用形「はり」に対応。

ひる放　/hwiri'jaburiQkwanu/　☆連用形「ひり」を含む。「ひりやぶりこらの」に対応。

ふる振　/hwu'ima'wacji/　☆連用形「ふり」を含む。「ふりまはして」に対応。

ほこる誇　/cjimubuku'i/　☆連用形「ほこり」を含む。「きもほこり」に対応。〈肝誇り〉心からの喜び。

みまもる見守　/mimamu'imisju'wacji/　☆連用形「みまもり」を含む。「みまもりめしおはして」に
対応。

　　　　　　　/mimaburimisji'ju'wacji/　☆連用形「みまもり」を含む。「みまもりめしおはして」
に対応。

　　　　　　　/mimabu'jo'ori/　☆連用形「みまもり」を含む。「みまもりおわれ」に対応。

　　　　　　　/mimamu'jo'ocji/　☆連用形「みまもり」を含む。「みまもりおはして」に対応。

　　　　　　　/mimabu'jo'ocji/　☆連用形「みまもり」を含む。「みまもりおはして」に対応。

　　　　　　　/mimabu'ju'wacji/　☆連用形「みまもり」を含む。「みまもりおはして」に対応。

めぐる巡　/migu'i/　☆連用形「めぐり」に対応。

やぶる破　/nasji'jaburiQkwa/　☆連用形「やぶり」を含む。「なしやぶりこら」に対応。

　　　　　/hwiri'jaburiQkwa/　☆連用形「やぶり」を含む。「ひりやぶりこら」に対応。

よる寄　/'juritati/　☆連用形「より」を含む。「よりたて」に対応。

　　　　/'ju'itati/　☆連用形「より」を含む。「よりたて」に対応。

　　　　/'jurikwa'acji/　☆連用形「より」を含む。「よりこえさして」に対応。

　　　　/'ju'ja'wacji/　☆連用形「より」を含む。「よりあはして」に対応。

わたる渡　/'watari?asibi/　☆連用形「わたり」を含む。「わたりあすび」に対応。

をどる踊　/'uduri?umij'ja/　☆連用形「をどり」を含む。「をどりおみや」に対応。

をる折　/'urisjicji/　☆連用形「をり」を含む。「をりしき」に対応。「折り敷き」。

　39、《混験》（1711）

あがる上　/?aga'uri/　☆連用形「あがり」を含む。「あがりおわれ」に対応か。融合した後の命令形「あ
がふれ」か。

かはる変　/tanaga'wari/　☆連用形「かはり」を含む。「たながはり」に対応。

くる剞　/ku'i?uki/　☆連用形「くり」を含む。「くりうけ」（剞り浮け）に対応。

さぐる探　/sagu'i/　☆連用形「さぐり」に対応。

しる知　/sji'juru/　☆連用形「しり」を含む。「しりをる」に対応。

てずる手擦　/tiziri?agi/　☆連用形「てずり」を含む。「てずりあげ」に対応。

とほる通　/tu'u'i/　☆連用形「とほり」に対応。

とる取　/tu'i/　☆連用形「とり」に対応。

なる成　/na'jabira'N/　☆連用形「なり」を含む。「なりはべらぬ」に対応。

まがる曲　/maga'juru/　☆連用形「まがり」を含む。「まがりをる」に対応。

まはる回　/ma'wa'i/　☆連用形「まはり」に対応。

をる折　/nibu'i'u'i/　☆連用形「をり」を含む。「ねむりをり」に対応。「眠る折り」（眠る時）の意。

　40、《琉由》（1713）

あがる上　/?aga'i/　☆連用形「あがり」に対応。

かかる掛　/kamigaka'i/　☆連用形「かかり」を含む。「かみがかり」に対応。

かさなる重　/kasana'i/　☆連用形「かさなり」に対応。

する摺　/cjimitizi'i/　☆連用形「すり」を含む。「きみてずり」に対応。

つくる作　/kubaziku'inu/　☆連用形「つくり」を含む。「クバづくりの」（クバ作りの）に対応。

てる照　/tiri/　☆連用形「てり」に対応。

1004　第5章　沖縄語動詞形態変化の通時的考察

とまる泊　/tuma'i/　☆連用形「とまり」に対応。

とる取　/tu'i/　☆連用形「とり」に対応。

　　　　　/'jadu'igani/　☆連用形「とり」を含む。「やどりがね」（矢取り金）に対応。

なる成・生　/na'i/　☆連用形「なり」に対応。

にぎる握　/niʒji'i/　☆連用形「にぎり」に対応。

のぼる登？　/nubu'i/　☆連用形「のぼり」に対応。

まつる祭　/maci'i/　☆連用形「まつり」に対応。

わたる渡　/'wata'igami/　☆連用形「わたり」を含む。「わたり神」に対応。

をる折　/'u'imi/　☆連用形「をり」を含む。「をりめ」（折り目）に対応。

　41、《組五》（1718頃）

いのる祈　/ʔinu'i/　☆連用形「いのり」に対応。

いる入　/ʔi'jo'ori/　☆連用形「いり」を含む。「いりおわれ」に対応。

うる売　/ʔu'ja'i/　☆連用形「うり」を含む。「うりあり」に対応。

かたる語　/kata'jabira/　☆連用形「かたり」を含む。「かたりはべら」に対応。

かる刈　/ka'i/　☆連用形「かり」に対応。

　　　　/ka'ja'i/　☆連用形「かり」を含む。「かりあり」に対応。

かる借　/ka'juru/　☆連用形「かり」を含む。「かりをる」に対応。

くだる下　/ʔamakuda'i/　☆連用形「くだり」を含む。「あまくだり」に対応。

くる繰　/ku'imuducji/　☆連用形「くり」を含む。「くりもどして」に対応。

さかる盛　/hwanazakari/　☆連用形「さかり」を含む。「はなざかり」に対応。

　　　　/hanazaka'i/　☆連用形「さかり」を含む。「はなざかり」に対応。

さだまる定　/sadamataru/　☆連用形「さだまり」を含む。「さだまりてある」に対応。

さはる障　/cjimuza'wa'i/　☆連用形「さはり」を含む。「きもざはり」に対応。

　　　　/kutuza'wa'i/　☆連用形「さはり」を含む。「ことざはり」に対応。

　　　　/micjiza'wa'i/　☆連用形「さはり」を含む。「みちざはり」に対応。

しる知　/munusjirinu/　☆連用形「しり」を含む。「ものしりの」に対応。

　　　　/sjirimisjori/　☆連用形「しり」を含む。「しりめしおわれ」に対応。

　　　　/sji'ju'i/　☆連用形「しり」を含む。「しりをり」に対応。

　　　　/sji'juru/　☆連用形「しり」を含む。「しりをる」に対応。

　　　　sji'jura/　☆連用形「しり」を含む。「しりをら」に対応。

すがる縋　/siga'i/　☆連用形「すがり」に対応。

たよる頼　/ta'ju'i/　☆連用形「たより」。

ちる散　/cjiriru/　☆連用形「ちり」を含む。「ちりをる」に対応。

つくる作　/muʒjuku'i'N/　☆連用形「つくり」を含む。「も（の）づくりも」に対応。

とる取　/karamituri/　☆連用形「とり」を含む。「からめとり」に対応。

　　　　/tu'i/　☆連用形「とり」に対応。

　　　　/sjakutu'i/　☆連用形「とり」を含む。「しやくとり」に対応。

　　　　/tu'jai/　☆連用形「とり」を含む。「とりあり」に対応。

　　　　/tu'ju'N/　☆連用形「とり」を含む。「とりをり<u>む</u>」に対応。

　　　　/tu'juru/　☆連用形「とり」を含む。「とりをる」に対応。

第1節　「四段活用」動詞の史的変化　1005

なる成　/na'ja'i/　☆連用形「なり」を含む。「なりあり」に対応。

/na'ju'i/　☆連用形「なり」を含む。「なりをり」に対応。

/na'ju'ɴ/　☆連用形「なり」を含む。「なりをりむ」に対応。

/na'jumi/　☆連用形「なり」を含む。「なりをりみ」に対応。

/na'iga/　☆連用形「なり」を含む。「なりおをるが」に対応。

のる乗　/nu'ja'i/　☆連用形「のり」を含む。「のりあり」に対応。

ふる振　/hwuri/　☆連用形「ふり」に対応。

ほこる誇　/cjimuhwuku'i/　☆連用形「ほこり」を含む。「きもほこり」に対応。

まもる守　/mamu'igatana/　☆連用形「まもり」を含む。「まもりがたな」に対応。

めぐる巡　/kucjimigu'i/　☆連用形「めぐり」を含む。「くちめぐり」に対応。

もどる戻　/mudu'i/　☆連用形「もどり」に対応。

もる守　/mu'isudati/　☆連用形「もり」を含む。「もりそだて」に対応。

やむ病（痛）　/'jamju'i/　☆連用形「やみ」を含む。「やみをり」に対応。

よる寄　/'ju'ja'i/　☆連用形「より」を含む。「よりあり」に対応。

よる選　/hwi'ju'i/　☆連用形「より」を含む。「ひより」に対応。

わたる渡　/'wata'igurisja/　☆連用形「わたり」を含む。「わたりぐりしや」に対応。

/'wata'jabiru/　☆連用形「わたり」を含む。「わたりはべる」に対応。

をどる踊　/'udu'i/　☆連用形「をどり」に対応。

　42、《中信》（1721）

きる切　/kubicji'i/　☆連用形「きり」を含む。「くびきり」（首切）に対応。

もどる戻　/muduriʔiki/　☆連用形「もどり」を含む。「もどりいけ」に対応。

　43、《具志》（1743）

おわる居　/ʔu'wa'juru/　☆連用形「おわり」を含む。「おわりをる」に対応。

きる切　/cjiriʔa'wasiba/　☆連用形「きり」を含む。「きりあはせば」に対応。

とまる泊　/ʔuduma'i/　☆連用形「とまり」を含む。「おどまり」に対応。

とる取？　/tu'juru/　☆連用形「とり」を含む。「とりをる」に対応。

ふる降　/hwu'juru/　☆連用形「ふり」を含む。「ふりをる」に対応。

わる割　/'wa'jagiti/　☆連用形「わり」を含む。「わりあげて」に対応。

　44、《琉見》（1764）

わたる渡　/'wata'i/　☆連用形「わたり」に対応。

　45、《琉訳》（1800頃）

おもんばかる慮　/ʔumu'ɴbakari/　☆連用形「おもんばかり」に対応。

いつはる偽　/ʔici'wa'i/　☆連用形「いつはり」に対応か。

かたる語　/katari/　☆連用形「かたり」に対応か。

くびる縊　/ku'ɴzji/　☆連用形「くびり」に対応か。

さぐる探　/sagu'i/　☆連用形「さぐり」に対応。

しる知　/kutusjiri/　☆連用形「しり」を含む。「ことしり」（事知り）に対応。

する擦　/mumisiriʔusi/　☆連用形「すり」を含む。「もみすりうす」（籾摺り臼）に対応。

たまる溜　/tamari/　☆連用形「たまり」に対応。

つくる作　/cikuri'u'ɴ/　☆連用形「つくり」を含む。「つくりをりむ」に対応か。

つる釣　/ciriʔami/　☆ 連用形「つり」を含む。「つりあみ」に対応。

とる取　/tuʼimucji/　☆ 連用形「とり」を含む。「とりもち」に対応。

　47、《クリ》（1818）

おくる送　/ʔukuʼjuʼɴ/　☆ 連用形「おくり」を含む。「おくりをりむ」に対応。

かたる騙（取ってしまう）　/kataʼjuʼɴ/　☆ 連用形「かたり」を含む。「かたりをりむ」に対応。

かぶる被　/kaʼɴzjuʼɴ/　☆ 連用形「かぶり」を含む。「かぶりをりむ」に対応。

きる切　/cjiʼuʼɴ/　☆ 連用形「きり」を含む。「きりをりむ」に対応。

さがる下　/sagaʼjuʼɴ/　☆ 連用形「さがり」を含む。「さがりをりむ」に対応。

さはる触　/saʼaʼjuʼɴ/　☆ 連用形「さはり」を含む。「さはりをりむ」に対応。

する擦　/siriʔutusjuʼɴ/　☆ 連用形「すり」を含む。「すりおとしをりむ」に対応。

そる剃　/suʼjuʼɴ/　☆ 連用形「そり」を含む。「そりをりむ」に対応。

たぎる滾　/tazjiʼiʼɴ/　☆ 連用形「たぎり」を含む。「たぎりをりむ」に対応。

つくる作　/cjukuʼjuʼɴ/　☆ 連用形「つくり」を含む。「つくりをりむ」に対応。

つる釣　/cjiʼuʼɴ/　☆ 連用形「つり」を含む。「つりをりむ」に対応。

ぬる塗　/nuʼjuʼɴ/　☆ 連用形「ぬり」を含む。「ぬりをりむ」に対応。

ねぶる眠　/niʼɴzjuʼɴ/　☆ 連用形「ねぶり」を含む。「ねぶりをりむ」に対応。

のぼる登　/nubuʼjuʼɴ/　☆ 連用形「のぼり」を含む。「のぼりをりむ」に対応。

のる乗　/nuʼjuʼɴ/　☆ 連用形「のり」を含む。「のりをりむ」に対応。

ひねる捻　/hwinuʼjuʼɴ/　☆ 連用形「ひねり」を含む。「ひねりをりむ」に対応。

ほる掘　/hwuʼjuʼɴ/　☆ 連用形「ほり」を含む。「ほりをりむ」に対応。

めぐる巡　/miguʼjuʼɴ/　☆ 連用形「めぐり」を含む。「めぐりをりむ」に対応。

もどる戻　/muduʼiʼuʼɴ/　☆ 連用形「もどり」を含む。「もどりをりむ」に対応。

やる破　/ʼjaʼjuʼɴ/　☆ 連用形「やり」を含む。「やりをりむ」に対応。

わる割　/ʼwaʼjuʼɴ/　☆ 連用形「わり」を含む。「わりをりむ」に対応。

をどる踊　/ʼuduʼi/　☆ 連用形「をどり」に対応。

　48、《ベッテ》（1849）・（1852）

あつまる集　/ʔacimaʼjuʼɴ/　☆ 連用形「あつまり」を含む。「あつまりをりむ」に対応。

あぶる焙　/ʔaʼɴzjuʼɴ/　☆ 連用形「あぶり」を含む。「あぶりをりむ」に対応。

あまる余　/ʔamaʼjusi/　☆ 連用形「あまり」を含む。「あまりを（る）す」に対応。

いつはる偽　/ʔiciʼwari/　☆ 連用形「いつはり」に対応。

いる入　/ʔiʼi/　☆ 連用形「いり」に対応。

いる入　/ʔiʼjuʼɴ/　☆ 連用形「いり」を含む。「いりをりむ」に対応。

　　　/ʔiʼuʼɴ/　☆ 連用形「いり」を含む。「いりをりむ」に対応。

　　　/ʔiʼju tukuru/　☆ 連用形「いり」を含む。「いりをる　ところ」に対応。

うる売　/ʔuʼjuʼɴ/　☆ 連用形「うり」を含む。「うりをりむ」に対応。

　　　/ʔuʼjusi/　☆ 連用形「うり」を含む。「うりを（る）す」に対応。

おこたる怠　/ʔukutarimuʼɴ/　☆ 連用形「おこたり」を含む。「おこたりもの」に対応。「おこたれもの」
　　　　　　　の可能性もあるか。

おもんばかる慮　/ʔumuʼɴbakari/　☆ 連用形「おもんばかり」に対応。

　　　　　/ʔumuʼɴbakarinu/　☆ 連用形「おもんばかり」を含む。「おもんばかりの」に対応。

おる織 　/ʔuri'wadu/ 　☼ 連用形「おり」を含む。「おりはど」に対応。

　　　　/ʔu'juta'ɴ/ 　☼ 連用形「おり」を含む。「おりをりたりむ」に対応。

かかる掛 　/kaka'juga/ 　☼ 連用形「かかり」を含む。「かかりを（る）が」に対応。「いくら　かかるか」の意。

かはる変 　/ka'wa'ikaga'ɴ/ 　☼ 連用形「かはり」を含む。「かはりかがみ」に対応。

かぶる被 　/ka'ɴzjinunu/ 　☼ 連用形「かぶり」を含む。「かぶりぬの」に対応。

　　　　/ka'ɴzji'u'ɴ/ 　☼ 連用形「かぶり」を含む。「かぶりをりむ」に対応。

かへる帰 　/ke'e'juru/ 　☼ 連用形「かへり」を含む。「かへりをる」に対応。

かる借 　/ka'ju'ɴ/ 　☼ 連用形「かり」を含む。「かりをりむ」に対応。

きばる気張 　/cjiba'i/ 　☼ 連用形「きばり」に対応。

きる切 　/cjiri/ 　☼ 連用形「きり」に対応。

　　　　/cji'i/ 　☼ 連用形「きり」に対応。

　　　　/cji'u'ɴ/ 　☼ 連用形「きり」を含む。「きりをりむ」に対応。

くだる下 　/kuda'i/ 　☼ 連用形「くだり」に対応。

　　　　/kuda'ju'ɴ/ 　☼ 連用形「くだり」を含む。「くだりをりむ」に対応。

ことわる断 　/kutu'wa'ju'ɴdu'ɴ/ 　☼ 連用形「ことわり」を含む。「ことわりをりむども」に対応。

さはる障 　/sa'wa'e'e/ 　☼ 連用形「さはり」を含む。「さはりは」に対応。

さる去 　/sa'ju'ɴ/ 　☼ 連用形「さり」を含む。「さりをりむ」に対応。

しる知 　/munusjiri/ 　☼ 連用形「しり」を含む。「ものしり」に対応。

　　　　/sji'u'ɴ/ 　☼ 連用形「しり」を含む。「しりをりむ」に対応。

そる剃 　/su'ju'ɴ/ 　☼ 連用形「そり」を含む。「そりをりむ」に対応。

たてまつる奉 　/tatimaci/ 　☼ 連用形「たてまつ（り）」に対応。/tatimaci'i/ の可能性もある。

　　　　/tatimaci'u'ɴ/ 　☼ 連用形「たてまつり」を含む。「たてまつりをりむ」に対応。

つくる作 　/cuku'i ne'ebi/ 　☼ 連用形「つくり」を含む。「つくり（ま）ねび」に対応。

　　　　/cuku'i tukuru(dukuru)/ 　☼ 連用形「つくり」を含む。「つくりところ（どころ）」に対応。

　　　　/cuku'izju/ 　☼ 連用形「つくり」を含む。「つくりじよ」に対応。「作り所」か。

　　　　/cuku'ja'a/ 　☼ 連用形「つくり」を含む。「つくりあ」に対応。「－あ」は「もの、こと、ひと」
　　　　　　　　 等を示す接辞。

　　　　/'janazuku'i/ 　☼ 連用形「つくり」を含む。「やなづくり」に対応。

　　　　/cuku'iga/ 　☼ 連用形「つくり」を含む。「つくりが」に対応。

　　　　/cuku'inje'e/ 　☼ 連用形「つくり」を含む。「つくりには」に対応。

　　　　/cuku'ine'e/ 　☼ 連用形「つくり」を含む。「つくりには」に対応。

　　　　/cuku'i sju'ɴ/ 　☼ 連用形「つくり」を含む。「つくり　しをりむ」に対応。

　　　　/cuku'ira'a/ 　☼ 連用形「つくり」を含む。「つくりをらは」に対応。

　　　　/cuku'jagana'a/ 　☼ 連用形「つくり」を含む。「つくりありがな」に対応か。

　　　　/cuku'jagacji'ina'a/ 　☼ 連用形「つくり」を含む。「つくりありがちな」に対応。

　　　　/cukuri'wadu/ 　☼ 連用形「つくり」を含む。「つくりはど」に対応。

　　　　/cuku'i'wadu/ 　☼ 連用形「つくり」を含む。「つくりはど」に対応。

　　　　/cuku'je'e/ 　☼ 連用形「つくり」を含む。「つくりは」に対応。

　　　　/cuku'je'esju'ɴ/ 　☼ 連用形「つくり」を含む。「つくりはしをりむ」に対応。「作りはする」の意となる。

　　　　/cuku'je'esjumi/ 　☼ 連用形「つくり」を含む。「つくりはしをりみ」に対応。

/cuku'je'esa'ɴ/　☆ 連用形「つくり」を含む。「つくりはさぬ」に対応。「作りはしない」の意
となる。「す」（為）の未然形「さ」を想定する。

/cuku'je'esani/　☆ 連用形「つくり」を含む。「つくりはさに」に対応。

/cuku'iga/　☆ 連用形「つくり」を含む。「つくりが」に対応。

/cuku'idu/　☆ 連用形「つくり」を含む。「つくりど」に対応。

/cuku'idu'ɴ/　☆ 連用形「つくり」を含む。「つくりども」に対応。

/cuku'jabi'isiga/　☆ 連用形「つくり」を含む。「つくりはべ（る）すが」に対応。

/cuku'i ʔo'osju'ɴ/　☆ 連用形「つくり」を含む。「つくりおほしをりむ」に対応。

/cuku'i ʔo'osjutara/　☆ 連用形「つくり」を含む。「つくりおほしをりたら」に対応。

/cuku'i ʔo'osa'ɴ/　☆ 連用形「つくり」を含む。「つくりおほさぬ」に対応。

/cuku'ite'e/　☆ 連用形「つくり」を含む。「つくりたい」に対応。

/cuku'i 'ja'ɴdira'ɴ/　☆ 連用形「つくり」を含む。「つくりやぶれらぬ」に対応。

/cuku'i 'jaQsa'ɴ/　☆ 連用形「つくり」を含む。「つくりやすさありむ」に対応。

/cuku'igiQsa/　☆ 連用形「つくり」を含む。「つくりげさ」に対応か。「作り気さ」か。

/cuku'igiQsa'ɴ/　☆ 連用形「つくり」を含む。「つくりげさありむ」に対応。

/cuku'igiQsaru/　☆ 連用形「つくり」を含む。「つくりげさある」に対応。

/cuku'igiQsata'ɴ/　☆ 連用形「つくり」を含む。「つくりげさありたりむ」に対応。

/cuku'igiQsataru/　☆ 連用形「つくり」を含む。「つくりげさありたる」に対応。

/cuku'igaQta/　☆ 連用形「つくり」を含む。「つくりがた」に対応か。

/cuku'ika'ɴti'i/　☆ 連用形「つくり」を含む。「つくりかねて」に対応。

/cuku'ibicji/　☆ 連用形「つくり」を含む。「つくりべき」に対応。

/cuku'ibikara'ɴ/　☆ 連用形「つくり」を含む。「つくりべからぬ」に対応。

/cuku'ju'ɴ/　☆ 連用形「つくり」を含む。「つくりをりむ」に対応。

/cuku'jumi/　☆ 連用形「つくり」を含む。「つくりをりみ」に対応。

/cuku'juru/　☆ 連用形「つくり」を含む。「つくりをる」に対応。

/cukuru'ɴna/　☆ 連用形「つくり」を含む。「つくりをるな」に対応。

/cuku'ju'ɴdu'ɴ/　☆ 連用形「つくり」を含む。「つくりをるども」に対応。

/cuku'ju'ɴdo'o/　☆ 連用形「つくり」を含む。「つくりをるど」に対応。

/cuku'ju'ɴte'e/　☆ 連用形「つくり」を含む。「つくりをるて」に対応か。

/cuku'juru ka'ɴge'e/☆　連用形「つくり」を含む。「つくりをる　かんがへ」に対応。

/cuku'juQtucji/　☆ 連用形「つくり」を含む。「つくりをるとき」に対応。

/cuku'juQkutu/　☆ 連用形「つくり」を含む。「つくりをること」に対応。

/cuku'jukutu/　☆ 連用形「つくり」を含む。「つくりを（る）こと」に対応。

/cuku'jutukuru/　☆ 連用形「つくり」を含む。「つくりを（る）ところ」に対応。

/cuku'juQsi/　☆ 連用形「つくり」を含む。「つくりをるす」に対応。

/cuku'jusi/　☆ 連用形「つくり」を含む。「つくりを（る）す」に対応。

/cuku'juse'e/　☆ 連用形「つくり」を含む。「つくりを（る）すは」に対応。

/cuku'jusiga/　☆ 連用形「つくり」を含む。「つくりを（る）すが」に対応。

/cuku'jusa'ja'a/　☆ 連用形「つくり」を含む。「つくりを（る）さや」に対応。

/cuku'juga/　☆ 連用形「つくり」を含む。「つくりを（る）が」に対応。

第1節　「四段活用」動詞の史的変化　1009

/cuku'juka'ja'a/　☼ 連用形「つくり」を含む。「つくりを（る）かや」に対応。

/cuku'jura'a/　☼ 連用形「つくり」を含む。「つくりをらは」に対応。

とどまる留　/tuduma'ju'ɴ/　☼ 連用形「とどまり」を含む。「とどまりをりむ」に対応。

とほる通　/tu'u'i/　☼ 連用形「とほり」に対応。

/tu'u'ju'ɴ/　☼ 連用形「とほり」を含む。「とほりをりむ」に対応。

とる取　/tu'i/　☼ 連用形「とり」に対応。

/tu'ju'ɴ/　☼ 連用形「とり」を含む。「とりをりむ」に対応。

/ke'etu'ju'ɴ/　☼ 連用形「とり」を含む。「かいとりをりむ」に対応。

なる成　/na'i/　☼ 連用形「なり」に対応。名詞形。「果実」の意。

/na'imu'ɴnu ki'i/　☼ 連用形「なり」を含む。「なりもののき」に対応。「成り物の木」。

/na'i/　☼ 連用形「なり」に対応。

/nai'ine'e/　☼ 連用形「なり」を含む。「なりには」に対応。

/na'idu'ɴ/　☼ 連用形「なり」を含む。「なりども」に対応。

/na'igata'a/　☼ 連用形「なり」を含む。「なりがた」に対応。

/na'igisa/　☼ 連用形「なり」を含む。「なりげさ」に対応。

/na'ite'e/　☼ 連用形「なり」を含む。「なりたい」に対応。

/na'jabi'i'ɴ/　☼ 連用形「なり」を含む。「なりはべりをりむ」に対応。

/na'jabi'imi/　☼ 連用形「なり」を含む。「なりはべりをりみ」に対応。

/na'jabira/　☼ 連用形「なり」を含む。「なりはべら」に対応。

/na'jabita'ɴ/　☼ 連用形「なり」を含む。「なりはべりたりむ」に対応。

/na'jabi'ika/　☼ 連用形「なり」を含む。「なりはべりを（る）か」に対応。

/na'jabi'ika'ja'a/　☼ 連用形「なり」を含む。「なりはべ（る）かや」に対応。

/ne'e'e'ebira'ɴka/　☼ 連用形「なり」を含む。「なりはべらぬか」に対応。

/ne'e'e'ebira'ɴti/　☼ 連用形「なり」を含む。「なりはべらぬて」に対応。

/na'e'esju'ɴ/　☼ 連用形「なり」を含む。「なりはしをりむ」に対応。

/na'e'esjusiga/　☼ 連用形「なり」を含む。「なりはしを（る）すが」に対応。

/na'ju'ɴ/　☼ 連用形「なり」を含む。「なりをりむ」に対応。

/na'ju'ɴdo'o/　☼ 連用形「なり」を含む。「なりをるど」に対応。

/na'ju'ɴte'e/　☼ 連用形「なり」を含む。「なりをりむて」に対応か。

/na'ju'ɴ/ と /na'i'ɴ/ の両形あることがわかる。

/na'i'ɴte'e/　☼ 連用形「なり」を含む。「なりをりむて」に対応か。

/na'jumi/　☼ 連用形「なり」を含む。「なりをりみ」に対応。

/na'juru/　☼ 連用形「なり」を含む。「なりをる」に対応。

/na'ju(Q)tukuru/　☼ 連用形「なり」を含む。「なりをる　ところ」に対応。

/na'jusi/　☼ 連用形「なり」を含む。「なりを（る）す」に対応。

/na'isi/　☼ 連用形「なり」を含む。「なりを（る）す」に対応。

/na'juse'e/　☼ 連用形「なり」を含む。「なりを（る）すは」に対応。

/na'jusiga/　☼ 連用形「なり」を含む。「なりを（る）すが」に対応。

/na'isiga'ja'a/　☼ 連用形「なり」を含む。「なりを（る）すがや」に対応。

/na'juga/　☼ 連用形「なり」を含む。「なりを（る）が」に対応。

/na'juka/ ☆連用形「なり」を含む。「なりを（る）か」に対応。

/na'ira'a/ ☆連用形「なり」を含む。「なりをらは」に対応。

/na'iQsa'a/ ☆連用形「なり」を含む。「なりをるさ」に対応。

/na'juta'ɴ/ ☆連用形「なり」を含む。「なりをりたり<u>む</u>」に対応。

/na'jutara hazi/ ☆連用形「なり」を含む。「なりをりたら　はず」に対応。

なる鳴　/na'i mu'ɴ/ ☆連用形「なり」を含む。「なりもの」に対応。

ぬる塗　/nu'i kata/ ☆連用形「ぬり」を含む。「ぬりかた」に対応。

ねぶる眠　/nibu'ju'ɴ/ ☆連用形「ねぶり」を含む。「ねぶりをり<u>む</u>」に対応。

/ni'ɴzju'ɴ/ ☆連用形「ねぶり」を含む。「ねぶりをり<u>む</u>」に対応。

のこる残　/nuku'igacji/ ☆連用形「のこり」を含む。「のこりがき」に対応。

のぼる登　/nubu'ju'ɴ/ ☆連用形「のぼり」を含む。「のぼりをり<u>む</u>」に対応。

のる乗　/nu'imu'ɴ/ ☆連用形「のり」を含む。「のりもの」に対応。

/nu'ju'ɴ/ ☆連用形「のり」を含む。「のりをり<u>む</u>」に対応。

はかる測　/haka'juga/ ☆連用形「はかり」を含む。「はかりを（る）が」に対応。

はかる謀　/hwakari/ ☆連用形「はかり」に対応。

/hwakarigutu/ ☆連用形「はかり」を含む。「はかりごと」に対応。

はしる走　/hwasji'u'ɴ/ ☆連用形「はしり」を含む。「はしりをり<u>む</u>」に対応。

ひかる光　/hwika'ju'ɴ/ ☆連用形「ひかり」を含む。「ひかりをり<u>む</u>」に対応。

ふる降　/hwu'igisata'ɴ/ ☆連用形「ふり」を含む。「ふりげさありたり<u>む</u>」に対応。

/hwu'igisatasiga/ ☆連用形「ふり」を含む。「ふりげさありた（る）すが」に対応。

/hwu'ju'ɴ/ ☆連用形「ふり」を含む。「ふりをり<u>む</u>」に対応。

/hwu'juru/ ☆連用形「ふり」を含む。「ふりをる」に対応。

ふる振　/hwu'i/ ☆連用形「ふり」に対応。

ほこる誇　/hwuku'ju'ɴ/ ☆連用形「ほこり」を含む。「ほこりをり<u>む</u>」に対応。

まさる勝　/masa'ju'ɴ/ ☆連用形「まさり」を含む。「まさりをり<u>む</u>」に対応。

まじる混　/mazji'u'ɴ/ ☆連用形「まじり」を含む。「まじりをり<u>む</u>」に対応。

ものがたる物語　/munugata'i/ ☆連用形「ものがたり」に対応。

やぶる破　/'ja'ɴzju'ɴ/ ☆連用形「やぶり」を含む。「やぶりをり<u>む</u>」に対応。

をはる終　/ʔu'wa'inu/ ☆連用形「をはり」を含む。「をはりの」に対応。

/ʔu'wa'inji/ ☆連用形「をはり」を含む。「をはりに」に対応。

　49、《沖話》（1880）

あたる当　/ʔata'jabi'i'ɴ/ ☆連用形「あたり」を含む。「あたりはべり<u>む</u>」に対応。

/ʔata'jabira'ɴ/ ☆連用形「あたり」を含む。「あたりはべらぬ」に対応。

/ʔwa'atamisjo'ora'ɴ/ ☆連用形「あたり」を含む。「おあたりめしおわらぬ」に対応。

/ʔata'juQ/ ☆連用形「あたり」を含む。「あたりをる」に対応。

いる入　/sjiciʔiri/ ☆連用形「いり」を含む。「せついり」に対応。

/ʔɴzjiʔiri/ ☆連用形「いり」を含む。「いでいり」に対応。

/mi'iʔire'e/ ☆連用形「いり」を含む。「みいりは」に対応。

/ʔi'jabi'iga/ ☆連用形「いり」を含む。「いりはべ（る）が」に対応。

/ʔi'jabi'isiga/ ☆連用形「いり」を含む。「いりはべ（る）すが」に対応。

　　　　　　/ʔiriso'oni/　　☼ 連用形「いり」を含む。「いりそうに」に対応。

　　　　　　/ʔi'iga/　　☼ 連用形「いり」を含む。「いりが」に対応。

　　　　　　/ʔi'iru/☼ 連用形「いり」を含む。「いりをる」に対応。

うる売　/ʔu'i/　　☼ 連用形「うり」に対応。

　　　　　　/ʔu'umisje'ebitaga/　　☼ 連用形「うり」を含む。「おう（り）めしはべりた（る）が」に対応。

　　　　　　/ʔu'jabita'ɴ/　　☼ 連用形「うり」を含む。「うりはべりたりむ」に対応。

　　　　　　/ʔu'jabitasiga/　　☼ 連用形「うり」を含む。「うりはべりた（る）すが」に対応。

　　　　　　/ʔu'juru/　　☼ 連用形「うり」を含む。「うりをる」に対応。

　　　　　　/ʔu'juse'e/　　☼ 連用形「うり」を含む。「うりを（る）すは」に対応。

おくる送　/ʔuku'ite'e/　　☼ 連用形「おくり」を含む。「おくりたい」に対応。

おこる起　/ʔuku'juru/　　☼ 連用形「おこり」を含む。「おこりをる」に対応。

おしあがる押上（召上）/ʔusjaga'jabi'imi/　　☼ 連用形「おしあがり」を含む。「おしあがりはべりみ」
　　　　　　　　　　　　　　　　　　　　　　　　に対応。

　　　　　　　　　/ʔusjaga'iga/　　☼ 連用形「おしあがり」を含む。「おしあがりが」に対応。

　　　　　　　　　/ʔusjaga'e'e/　　☼ 連用形「おしあがり」を含む。「おしあがりは」に対応。

　　　　　　　　　/ʔusjagamisjo'ocji/　　☼ 連用形「おしあがり」を含む。「おしあがりめしおは
　　　　　　　　　　　　　　　　　　　　　　して」に対応。

　　　　　　　　　ʔusjagamisje'ega/　　☼ 連用形「おしあがり」を含む。「おしあがりめしあ（る）
　　　　　　　　　　　　　　　　　　　　　　が」に対応。

おもひきる思切　/ʔumicjiQcjo'o'jabi'itasiga/　　☼ 連用形「おもひきり」を含む。「おもひきりては
　　　　　　　　　　　　　　　　　　　　　　　　をりはべりた（る）すが」に対応。

かかる掛　/kaka'jabi'iru/　　☼ 連用形「かかり」を含む。「かかりはべる」に対応。

　　　　　　/kaka'jabira'ɴ/　　☼ 連用形「かかり」を含む。「かかりはべらぬ」に対応。

　　　　　　/kaka'jabi'ira/　　☼ 連用形「かかり」を含む。「かかりはべら」に対応。

　　　　　　/kakamisjo'ocji/　　☼ 連用形「かかり」を含む。「かか（り）めしおはして」に対応。

かかる罹　/ʔukakamisjo'ocjo'o'ɴ/　　☼ 連用形「かかり」を含む。「おかか（り）めしおはしてはをり<u>む</u>」
　　　　　　　　　　　　　　　　　　　　に対応。

かはる変　/ka'wa'e'e/　　☼ 連用形「かはり」を含む。「かはりは」に対応。

　　　　　　/ka'wa'jabira'ɴta'ɴ/　　☼ 連用形「かはり」を含む。「かはりはべらぬたり<u>む</u>」に対応。

かへる帰　/ke'e'i'ine'e/　　☼ 連用形「かへり」を含む。「かへりには」に対応。

　　　　　　ke'e'jabira/　　☼ 連用形「かへり」を含む。「かへりはべら」に対応。

　　　　　　/ke'e'jabita'ɴ/　　☼ 連用形「かへり」を含む。「かへりはべりたり<u>む</u>」に対応。

　　　　　　/ke'e'jabitasa'a/　　☼ 連用形「かへり」を含む。「かへりはべりた（る）さ」に対応。

　　　　　　/ke'e'juru/　　☼ 連用形「かへり」を含む。「かへりをる」に対応。

かる借　/ka'jabitaru/　　☼ 連用形「かり」を含む。「かりはべりたる」に対応。

くる繰　/ku'ike'e/　　☼ 連用形「くり」を含む。「くりかへ」に対応。

ことわる断　/ʔukutu'wa'i/　　☼ 連用形「ことわり」を含む。「おことわり」に対応。

さはる障　/sa'wa'e'e/　　☼ 連用形「さはり」を含む。「さはりは」に対応。

　　　　　　/sa'a'jabira'ɴsiga/　　☼ 連用形「さはり」を含む。「さはりはべらぬすが」に対応。

しる知　/sjirikakara/　　☼ 連用形「しり」を含む。「しりかから」（知り家から）に対応。

	/sji'jabira'ɴ/　☼ 連用形「しり」を含む。「しりはべらぬ」に対応。
	/sji'jabira'ɴsiga/　☼ 連用形「しり」を含む。「しりはべらぬすが」に対応。
	/ʔusjirimisjo'ocjo'oru/　☼ 連用形「しり」を含む。「おしりめしおはしてはをる」に対応。

たよる頼　/ta'ju'inu/　☼ 連用形「たより」を含む。「たよりの」に対応。

たる足　/tari'iru/　☼ 連用形「たり」を含む。「たりをる」に対応。

つくる作　/ʔucuku'imisjo'ocje'e/　☼ 連用形「つくり」を含む。「おつくりめしおはしては」に対応。

　　　　　/ʔucuku'imisjo'ocje'ejabi'iga/　☼ 連用形「つくり」を含む。「おつくりめしははべりを（る）が」に対応。

　　　　　/ʔucuku'imisjo'ocje'ejabi'ira/　☼ 連用形「つくり」を含む。「おつくりめしおはしてはべりをら」に対応。

　　　　　/ʔucuku'imisjo'ocje'eru/　☼ 連用形「つくり」を含む。「おつくりめしおはしてはある」に対応。

　　　　　/nizuku'i/　☼ 連用形「つくり」を含む。「にづくり」に対応。

　　　　　/cuku'i'ine'e/　☼ 連用形「つくり」を含む。「つくりには」に対応。

　　　　　/cuku'juru/　☼ 連用形「つくり」を含む。「つくりをる」に対応。

とほる通　/tu'u'i/　☼ 連用形「とほり」に対応。

　　　　　/ʔutu'umisje'ebitara/　☼ 連用形「とほり」を含む。「おとほりめしはべりたら」に対応。

　　　　　/tu'u'jabi'ikutu/　☼ 連用形「とほり」を含む。「とほりはべ（る）こと」に対応。

　　　　　/tu'u'jabi'itasiga/　☼ 連用形「とほり」を含む。「とほりはべりた（る）すが」に対応。

とまる泊　/ʔuduma'i/　☼ 連用形「とまり」を含む。「おどまり」に対応。

　　　　　/tuma'jabita'ɴ/　☼ 連用形「とまり」を含む。「とまりはべりたり<u>む</u>」に対応。

とる取　/ʔutu'iʔirini/　☼ 連用形「とり」を含む。「おとりいれに」に対応。

　　　　/ʔutu'imisje'ebiri/　☼ 連用形「とり」を含む。「おとりめしはべれ」に対応。

　　　　/ʔutumisjo'ocjaru/　☼ 連用形「とり」を含む。「おとりめしおはしたる」に対応。

　　　　/ʔutumisje'ebi'iru'ɴ/　☼ 連用形「とり」を含む。「おとりめしはべりをるん」に対応。

　　　　/ʔuhwimadu'i/　☼ 連用形「とり」を含む。「おひまどり」に対応。

　　　　/tu'ime'e/　☼ 連用形「とり」を含む。「とりみは」に対応。

　　　　/tu'iminu/　☼ 連用形「とり」を含む。「とりみの」に対応。「取り味の」か。

　　　　/tu'iʔacimi'jabi'i'ɴ/　☼ 連用形「とり」を含む。「とりあつめはべりをり<u>む</u>」に対応。

　　　　/tu'inuzukita'i/　☼ 連用形「とり」を含む。「とりのぞきたり」に対応。

　　　　/tu'jabi'i'ɴ/　☼ 連用形「とり」「とりはべりをり<u>む</u>」に対応。

　　　　/tu'jabira/　☼ 連用形「とり」を含む。「とりはべら」に対応。

　　　　/tu'jabita'ɴ/　☼ 連用形「とり」を含む。「とりはべりたり<u>む</u>」に対応。

　　　　/tu'jabitaru/　☼ 連用形「とり」を含む。「とりはべりたる」に対応。

　　　　/tu'juru/☼ 連用形「とり」を含む。「とりをる」に対応。

なほる治　/no'o'jabi'itasiga/　☼ 連用形「なほり」を含む。「なほりはべりた（る）すが」に対応。

　　　　　/no'o'juse'e/　☼ 連用形「なほり」を含む。「なほりを（る）すは」に対応。

なる成（出来）　/na'e'e/　☼ 連用形「なり」を含む。「なりは」に対応。

　　　　　/ʔunamisje'ebi'imi/　☼ 連用形「なり」を含む。「おなりめしはべりをりみ」に対応。

　　　　　/na'jabi'iga'ja'a/　☼ 連用形「なり」を含む。「なりはべりを（る）がや」に対応。

|　|　/na'jabira'ɴ/　☼ 連用形「なり」を含む。「なりはべらぬ」に対応。|
|　|　/na'juru/　☼ 連用形「なり」を含む。「なりをる」に対応。|

なる成　/na'e'e/　☼ 連用形「なり」を含む。「なりは」に対応。

　　　/nari'jucji/　☼ 連用形「なり」を含む。「なりゆき」に対応。/na'i/ でないことに注目。

　　　/na'iduɴ/　☼ 連用形「なり」を含む。「なりども」に対応。

　　　/na'iga/　☼ 連用形「なり」を含む。「なりが」に対応。

　　　/namisje'ega/　☼ 連用形「なり」を含む。「なりめしはべ（る）が」に対応。

　　　/namisjo'oraɴ/　☼ 連用形「なり」を含む。「なりめしおわらぬ」に対応。

　　　/na'jabi'iɴ/　☼ 連用形「なり」を含む。「なりはべりをり<u>む</u>」に対応。

　　　/na'jabi'iru/　☼ 連用形「なり」を含む。「なりはべりをる」に対応。

　　　/na'jabi'iga/　☼ 連用形「なり」を含む。「なりはべ（る）が」に対応。

　　　/na'jabi'isiga/　☼ 連用形「なり」を含む。「なりはべ（る）すが」に対応。

　　　/na'jabi'ikutu/　☼ 連用形「なり」を含む。「なりはべ（る）こと」に対応。

　　　/na'jabira/　☼ 連用形「なり」を含む。「なりはべら」に対応。

　　　/na'jabita'ɴ/　☼ 連用形「なり」を含む。「なりはべりたり<u>む</u>」に対応。

　　　/na'jabitara/　☼ 連用形「なり」を含む。「なりはべりたら」に対応。

　　　/na'jabitaga/　☼ 連用形「なり」を含む。「なりはべりた（る）が」に対応。

　　　/na'jabitasa'a/　☼ 連用形「なり」を含む。「なりはべりた（る）さ」に対応。

　　　/na'jabira'ɴ/　☼ 連用形「なり」を含む。「なりはべらぬ」に対応。

　　　/na'jabira'ɴsiga/　☼ 連用形「なり」を含む。「なりはべらぬすが」に対応。

　　　/na'jabira'ɴkutu/　☼ 連用形「なり」を含む。「なりはべらぬこと」に対応。

　　　/na'jabira'ɴta'ɴ/☼ 連用形「なり」を含む。「なりはべらぬたり<u>む</u>」に対応。

　　　/na'jabira'ɴtaga/　☼ 連用形「なり」を含む。「なりはべらぬた（る）が」に対応。

　　　/na'jabira'ɴtasa'a/　☼ 連用形「なり」を含む。「なりはべらぬた（る）さあ」に対応。

　　　/narutaki/　☼ 連体形「なる」を含む。「なるたけ」に対応。

　　　/na'juru/　☼ 連用形「なり」を含む。「なりをる」に対応。

　　　/na'jusiga/　☼ 連用形「なり」を含む。「なりを（る）すが」に対応。

　　　/na'jukutu/　☼ 連用形「なり」を含む。「なりを（る）こと」に対応。

のこる残　/nuku'inu/　☼ 連用形「のこり」を含む。「のこりの」に対応。

のぼる登　/nubu'e'e/　☼ 連用形「のぼり」を含む。「のぼりは」に対応。

のる乗　/nu'i/　☼ 連用形「のり」に対応。

　　　/ʔunu'i/　☼ 連用形「のり」を含む。「おのり」に対応。

　　　/ʔunumisje'ega/　☼ 連用形「のり」を含む。「おのりめしあるが」に対応。

　　　/nu'jabira/　☼ 連用形「のり」を含む。「のりはべら」に対応。

　　　/nu'juru/　☼ 連用形「のり」を含む。「のりをる」に対応。/nuri/ → /nu'i/ の変化。

はじまる始　/hazjima'jabi'iɴ/　☼ 連用形「はじまり」を含む。「はじまりはべり<u>む</u>」に対応。

　　　　　/hazjima'juga/　☼ 連用形「はじまり」を含む。「はじまりを（る）が」に対応。

はやる流行　/hwe'e'jabi'iga/　☼ 連用形「はやり」を含む。「はやりはべりを（る）が」に対応。

ふる降　/hu'iso'ona/　☼ 連用形「ふり」を含む。「ふりさうな」に対応。

　　　/hu'iso'oni/　☼ 連用形「ふり」を含む。「ふりさうに」に対応。

まじはる交　/mazji'wa'inu/　☼ 連用形「まじはり」を含む。「まじはりの」に対応。

めぐる巡　/migu'jabi'i'ɴ/　☼ 連用形「めぐり」を含む。「めぐりはべりむ」に対応。

　　　　　/migu'i'ɴde'e'ja/　☼ 連用形「めぐり」に対応。「めぐりにては」に対応。

もどる戻　/ʔumudu'inu/　☼ 連用形「もどり」を含む。「おもどりの」に対応。

　　　　　/ʔumudu'e'e/　☼ 連用形「もどり」を含む。「おもどりは」に対応。

ゆづる譲　/ʔu'juzimisjo'ocji/　☼ 連用形「ゆづり」を含む。「おゆづりめしおはして」に対応。

　　　　　/ʔu'juzimise'enu/　☼ 連用形「ゆづり」を含む。「おゆづりめしありの」に対応。

よる寄　/tusji'ju'i/　☼ 連用形「より」を含む。「としより」に対応。

わかる解　/'waka'i'jaQsaru/　☼ 連用形「わかり」を含む。「わかりやすさある」に対応。

　　　　　/'waka'jabi'i'ɴ/　☼ 連用形「わかり」を含む。「わかりはべりをりむ」に対応。

　　　　　/'waka'jabira'ɴsiga/　☼ 連用形「わかり」を含む。「わかりはべらぬすが」に対応。

　　　　　/ʔu'wa'akamisje'eru/　☼ 連用形「わかり」を含む。「おわかりめしある」に対応。

　　　　　/'waka'juru/　☼ 連用形「わかり」を含む。「わかりをる」に対応。

わたる渡　/huna'wata'inu/　☼ 連用形「わたり」を含む。「ふなわたりの」に対応。

をはる終　/ʔu'wa'iga/　☼ 連用形「をはり」を含む。「をはりが」に対応。

　50、《チェン》（1895）

いまゐる行？　/ʔime'enu/　☼ 連用形「いまゐり」を含む。「いまゐりの」に対応。

いる入　/ʔi'idu/　☼ 連用形「いり」を含む。「いりど」に対応。

　　　　/ʔi'iga/　☼ 連用形「いり」を含む。「いりが」に対応。

　　　　/ʔirimu'uku'u/　☼ 連用形「いり」を含む。「いりむこ」に対応。

　　　　/ʔwi'iri misje'ebiri/　☼ 連用形「いり」を含む。「おいりめしはべれ」に対応。

　　　　/ʔi'isiga/　☼ 連用形「いり」を含む。「いりを（る）すが」に対応。

おくる送　/hwuna ʔuku'i/　☼ 連用形「おくり」を含む。「ふなおくり」に対応。

　　　　　/ʔukutaru kutu/　☼ 連用形「おくり」を含む。「おくりたる こと」に対応。

　　　　　/ʔukutakutu/　☼ 連用形「おくり」を含む。「おくりをりた（る）こと」に対応。

おしあがる押上（召上）　/ʔusjaga'imisje'ebiri/　☼ 連用形「おしあがり」を含む。「おしあがりめし
　　　　　　　　　　　　　　　　　　　　　　　　　　はべれ」に対応。

かかる掛　/kaka'ju'ɴ/　☼ 連用形「かかり」を含む。「かかりをりむ」に対応。

　　　　　/kaka'jabira'ɴkutu/　☼ 連用形「かかり」を含む。「かかりはべらぬ こと」に対応。

かへる帰　/ke'e'jabira/　☼ 連用形「かへり」を含む。「かへりはべら」に対応。

　　　　　/ʔuke'emisje'edu'ɴsa'a/　☼ 連用形「かへり」を含む。「おかへりめしありどもせは」に対応。

　　　　　/ke'e'ju'ɴ/　☼ 連用形「かへり」を含む。「かへりをりむ」に対応。

　　　　　/ke'e'juru ba'a/　☼ 連用形「かへり」を含む。「かへりをる ば」に対応。

きる切　/cjirito'osju'ɴ/　☼ 連用形「きり」を含む。「きりたふしをりむ」に対応。

しる知　/sji'jabi'i'ɴ/　☼ 連用形「しり」を含む。「しりはべりをりむ」に対応。

　　　　/ʔusjirimisjo'ocjo'o'jabi'imi/　☼ 連用形「しり」を含む。「おしりめしおはしてはをりはべりを
　　　　　　　　　　　　　　　　　　　　　りみ」に対応。

　　　　/sji'ju'ɴ/　☼ 連用形「しり」を含む。「しりをりむ」に対応。

　　　　/sji'i'ɴ/　☼ 連用形「しり」を含む。「しりをりむ」に対応。

　　　　/sji'juru/　☼ 連用形「しり」を含む。「しりをる」に対応。

つくる作　/cuku'juru/　☆連用形「つくり」を含む。「つくりをる」に対応。

とほる通　/tu'u'i/　☆連用形「とほり」に対応。

　　　　　/tu'umisje'ebiri/　☆連用形「とほり」を含む。「とほりめしはべれ」に対応。

とまる止？　/tuma'juɴ/　☆連用形「とまり」を含む。「とまりをり<u>む</u>」に対応。

とる取　/tu'i/　☆連用形「とり」に対応。

　　　　/tu'isjirabite'e/　☆連用形「とり」を含む。「とりしらべたい」に対応。

　　　　/tu'jabi'iɴ/　☆連用形「とり」を含む。「とりはべりをり<u>む</u>」に対応。

　　　　/tumisje'eɴ/　☆連用形「とり」を含む。「とりめしあり<u>む</u>」に対応。

　　　　/tu'ɴsjo'o'ri/　☆連用形「とり」を含む。「とりめしおわれ」に対応。

　　　　/tu'ibusja'ɴ/　☆連用形「とり」を含む。「とりほしさあり<u>む</u>」に対応。

　　　　/tu'ibusjako'o ne'era'ɴ/　☆連用形「とり」を含む。「とりほしくはないらぬ」に対応。

　　　　/tu'ibusjako'o ne'e'ɴ/　☆連用形「とり」を含む。「とりほしくはないぬ」に対応。

　　　　/tu'iga'ja'a/　☆連用形「とり」を含む。「とりがや」に対応。

　　　　/tu'ine'e/　☆連用形「とり」を含む。「とりには」に対応。

　　　　/tu'idu'ɴ se'e/　☆連用形「とり」を含む。「とりどもせは」に対応。

　　　　/tu'ju'ɴ/　☆連用形「とり」を含む。「とりをり<u>む</u>」に対応。

　　　　/tu'jumi/　☆連用形「とり」を含む。「とりをりみ」に対応。

　　　　/tu'imi/　☆連用形「とり」を含む。「とりをりみ」に対応。

　　　　/tu'juru/　☆連用形「とり」を含む。「とりをる」に対応。

　　　　/tu'ju/　☆連用形「とり」を含む。「とりを（る）」に対応。

　　　　/tu'jusi/　☆連用形「とり」を含む。「とりを（る）す」に対応。

なる成　/na'i/　☆連用形「なり」に対応。/ri/ → /'i/ の変化。以下、同じ。

　　　　/namisje'ebi'iga/　☆連用形「なり」を含む。「なりめしはべりをるが」に対応。

　　　　/namisje'ebiri/　☆連用形「なり」を含む。「なりめしはべれ」に対応。

　　　　/namisjo'ocji/　☆連用形「なり」を含む。「なりめしおはして」に対応。

　　　　/na'jabiti/　☆連用形「なり」を含む。「なりはべりて」に対応。

　　　　/na'ju'ɴ/　☆連用形「なり」を含む。「なりをり<u>む</u>」に対応。

　　　　/na'jumi/　☆連用形「なり」を含む。「なりをりみ」に対応。

ねぶる眠　/ni'ɴzji/　☆連用形「ねぶり」に対応。

　　　　/ni'ɴzjabi'iɴ/　☆連用形「ねぶり」を含む。「ねぶりはべりをり<u>む</u>」に対応。

　　　　/ni'ɴzju'ɴ/　☆連用形「ねぶり」を含む。「ねぶむりをり<u>む</u>」に対応。

　　　　/ni'ɴzjusi/　☆連用形「ねぶり」を含む。「ねぶりを（る）す」に対応。

のる乗　/nu'idiri'wa/　☆連用形「のり」を含む。「のりでれは」に対応。

　　　　/ʔunu'imisjo'ocjaru/　☆連用形「のり」を含む。「おのりめしおはしたる」に対応。

　　　　/ʔunu'icicjimisjo'orasjuru/　☆連用形「のり」を含む。「おのりつきめしおわらしをる」に対応。

　　　　/ʔunu'icicjimisje'ebiri/　☆連用形「のり」を含む。「おのりつきめしはべれ」に対応。

はじまる始　/hazjima'juɴ/　☆連用形「はじまり」を含む。「はじまりをり<u>む</u>」に対応。

はる走　/ha'iʔɴmanu/　☆連用形「はり」を含む。「はりうまの」に対応。

ふる降　/h(w)u'igisa'ibi'iɴ/　☆連用形「ふり」を含む。「ふりげさありはべりをり<u>む</u>」に対応。

　　　　/h(w)u'iga/　☆連用形「ふり」を含む。「ふりが」に対応。

わかる解　/'wakamisjo'ocji/　☆連用形「わかり」を含む。「わかりめしおはしてい」に対応。

　　　　　/ʔu'wakamisje'ega/　☆連用形「わかり」を含む。「おわかりめしあ（る）が」に対応。

　　　　　/'waka'jabira'ɴkutu/　☆連用形「わかり」を含む。「わかりはべらぬこと」に対応。

　　　　　/'waka'jabitaɴ/　☆連用形「わかり」を含む。「わかりはべりたり<u>む</u>」に対応。

　51、《官話》（19世紀？）

いる入　/ʔirigasa/　☆連用形「いり」を含む。「いりがさ」（入り瘡）に対応。

いる炒　/ʔiricjizjisji/　☆連用形「いりき」を含む。「いりきじし」（炒め肉）に対応。

きる切　/cjiribira/　☆連用形「きり」を含む。「きりにら」に対応か。

　　　　/cjirimuzji/　☆連用形「きり」を含む。「きりむぎ」に対応。

しぼる絞　/sjibu'i'wata/　☆連用形「しぼり」を含む。「しぼりわた」（絞り腸）に対応。

たる垂　/hanara'i/　☆連用形「たり」を含む。「はなだり」に対応。

とる取　/tu'juɴ/　☆連用形「とり」を含む。「とりをり<u>む</u>」に対応。

　　　　/tu'i'ju'u/　☆連用形「とり」を含む。「とりゆ」（取り湯）に対応。

まがる曲　/maga'i/　☆連用形「まがり」に対応。

　2）「命令形」に対応する形

（カ行）

　03、《琉館》（16C前半成立か）

いく行　/iki/　☆命令形「いけ」に対応。

　09、《陳使》（1534）

いく行　/iki/　☆命令形「いけ」に対応。

　19、《郭使》（1561）

ありく歩　/ariki/　☆命令形「ありけ」に対応。

いく行　/iki/　☆命令形「いけ」に対応。

なく泣　/naki/　☆命令形「なけ」に対応。

　22、《音字》（1572頃）

ありく歩　/ariki/　☆命令形「ありけ」に対応。

いく行　/iki/　☆命令形「いけ」に対応。

なく泣　/naki/　☆命令形「なけ」に対応。

　23、《蕭使》（1579）

ありく歩　/ariki/　☆命令形「ありけ」に対応。

いく行　/iki/　☆命令形「いけ」に対応。

なく泣　/naki/　☆命令形「なけ」に対応。

　27、《夏使》（1606）

ありく歩　/ariki/　☆命令形「ありけ」に対応。

いく行　/iki/　☆命令形「いけ」に対応。

なく泣　/naki/　☆命令形「なけ」に対応。

　30、《おも3》（1623）

きく聞　/cjikicjiki/　☆命令形「きけ」に対応。「きけ」の繰り返し。

どく退　/duki/　☆命令形「どけ」に対応。

第1節　「四段活用」動詞の史的変化　1017

/dukiduki/　☆命令形「どけ」に対応。「どけ」の繰り返し。

37、《君由》（1700 頃）

きく聞　/cjiki/　☆命令形「きけ」に対応。

39、《混験》（1711）

どく退　/dukiduki/　☆命令形「どけ」に対応。繰り返し。

41、《組五》（1718 頃）

つく付　/ʔwi'iciki/　☆命令形「つけ」を含む。「おひつけ」に対応。

42、《中信》（1721）

ありく歩　/ʔariki/　☆命令形「ありけ」に対応。

いく行　/ʔiki/　☆命令形「いけ」に対応。

なく泣　/naki/　☆命令形「なけ」に対応。

45、《琉訳》（1800 頃）

いく行　/muQcji(ʔi)ki/　☆命令形「いけ」を含む。「もちていけ」に対応。

47、《クリ》（1818）

いく行　/ʔiki/　☆命令形「いけ」に対応。

きく聞　/cjiki/　☆命令形「きけ」に対応。

ふく吹（煙草吸）　/hwuki/　☆命令形「ふけ」に対応。

48、《ベッテ》（1849）・（1852）

いく行　/ʔiki/　☆命令形「いけ」に対応。

　　　　/ʔiki'o'o/　☆命令形「いけ」を含む。「いけよ」に対応。

　　　　/ʔike'e/　☆命令形「いけ」を含む。「いけは」に対応。

かく書　/kaki/　☆命令形「かけ」に対応。

つく突　/ciki/　☆命令形「つけ」に対応。

ふく吹　/hwuki/　☆命令形「ふけ」に対応。

50、《チェン》（1895）

ありく歩　/ʔaQki/　☆命令形「ありけ」に対応。

いく行　/ʔiki/　☆命令形「いけ」に対応。

きく聞　/cjiki/,/cjike'e/　☆命令形「きけ」、命令形「きけ」を含み「きけは」に対応。

ひく引　/hwiki/　☆命令形「ひけ」に対応。

ふく吹（煙草吸）　/hwuki/　☆命令形「ふけ」に対応。

　　　　　　　/hwuke'e/　☆命令形「ふけ」を含む。「ふけは」に対応。

51、《官話》（19 世紀 ?）

たく炊　/taki/　☆命令形「たけ」に対応。

（ガ行）

30、《おも 3》（1623）

こぐ漕　/kugi/　☆命令形「こげ」に対応。

41、《組五》（1718 頃）

つぐ注　/cigi'ju/　☆命令形「つげ」を含む。「つげよ」に対応。

48、《ベッテ》（1849）・（1852）

いそぐ急　/ʔisugi'jo'o/　☆命令形「いそげ」を含む。「いそげよ」に対応。

とぐ研　/tugi/　☆命令形「とげ」に対応。

ふせぐ防　/hwusjigi/　☆命令形「ふせげ」に対応。

　　50、《チェン》（1895）

いそぐ急　/ʔisugi/,/ʔisuge'e/　☆命令形「いそげ」、命令形「いそげ」を含み「いそげは」に対応。

（サ行）

　　01、《翻訳》（1501）

のます飲　/nomasï/　☆命令形「のませ」に対応。

わかす沸　/wakasï/　☆命令形「わかせ」に対応。連用形「わかし」の可能性もあるか。

　　08、《おも 1 》（1531）

みおやす奉　/miujasi/　☆命令形「みおやせ」に対応。

　　29、《おも 2 》（1613）

はやす囃　/hwajasi/　☆命令形「はやせ」に対応。

もどす戻　/mudusi/　☆命令形「もどせ」に対応。

　　30、《おも 3 》（1623）

おしまはす押廻　/usjimawasi/　☆命令形「おしまはせ」に対応。

おす押　/usi/　☆命令形「おせ」に対応。

おもはす思　/umuwasi/　☆命令形「おもはせ」に対応。

おやす奉　/ujasi/　☆命令形「おやせ」に対応。

おれなほす降直　/urinausi/　☆命令形「おれなほせ」に対応。

きかす聞　/cjikjasi/　☆命令形「きかせ」に対応。

くだす下　/kudasi/　☆命令形「くだせ」に対応。

こがす漕　/kugasi/　☆命令形「こがせ」に対応。

さかやかす栄（喜ばす）　/sakajakasi/　☆命令形「さかやかせ」に対応。

しらす知　/sjirasi/　☆命令形「しらせ」に対応。

とよます鳴響　/tujumasi/　☆命令形「とよませ」に対応。

なほす直　/nausi/　☆命令形「なほせ」に対応。

なよびかす靡　/najubikasi/　☆命令形「なよびかせ」に対応。

なりあがらす鳴上　/nariagarasi/　☆命令形「なりあがらせ」に対応。

はやす囃　/hwajasi/　☆命令形「はやせ」。

まかす負　/makasi/　☆命令形「まかせ」。

みおやす奉　/miujasi/　☆命令形「みおやせ」に対応。

ゆらす揺　/jurasi/　☆「命令形「ゆらせ」に対応。

　　37、《君由》（1700 頃）

あがらす上　/na'iʔagarasji/　☆命令形「あがらせ」を含む。「なりあがらせ」に対応。

きかす聞　/kikasji/　☆命令形「きかせ」に対応。

　　38、《仲里》（1703 頃）

はらす走　/hwarasi/　☆命令形「はらせ」に対応。

　　41、《組五》（1718 頃）

あかす明　/ʔakasi/　☆命令形「あかせ」に対応。

しらす知　/sjirasji/　☆命令形「しらせ」に対応。

48、《ベッテ》（1849）・（1852）

ゆるす許　/'jurusi/　☆命令形「ゆるせ」に対応。

　50、《チェン》（1895）

きかす聞　/cjikasi/　☆命令形「きかせ」に対応。

ころす殺　/kurusi/,/kuruse'e/　☆命令形「ころせ」、「ころせ」を含み「ころせは」に対応。

　51、《官話》（19世紀？）

むす蒸　/ʔNbusji/　☆命令形「むせ」に対応。

（タ行）

　39、《混験》（1711）

もつ持　/muti/　☆命令形「もて」に対応。

　41、《組五》（1718頃）

たつ立　/tati/　☆命令形「たて」に対応。

　　　　/tati'jo'ori/　☆命令形「たて」を含む。「たてやうれ」に対応。

　47、《クリ》（1818）

たつ立　/tati/　☆命令形「たて」に対応。

まつ待　/mati/　☆命令形「まて」に対応。

　48、《ベッテ》（1849）・（1852）

もつ持　/muti/　☆命令形「もて」に対応。

　50、《チェン》（1895）

まつ待　/mati/　☆命令形「まて」に対応。

　　　　/mate'e/　☆命令形「まて」を含む。「まては」に対応。

（ハ行）

30、《おも3》（1623）

あらふ洗　/arai/　☆命令形「あらへ」に対応。

いふ言　/ii/　☆命令形「いへ」に対応。

おふ追　/uji/　☆命令形「おへ」に対応。

たまふ給　/taburi/　☆「ラ行（四段）化」後の命令形「たぼれ」に対応。

はりそふ走　/hwarisuiju/　☆命令形「はりそへ」を含む。「はりそへよ」に対応。

よりそふ寄添　/jurisuiju/　☆命令形「よりそへ」を含む。「よりそへよ」に対応。

　37、《君由》（1700頃）

たまふ給　/tamo'ori/　☆命令形「たまふれ」に対応。

　38、《仲里》（1703頃）

たまふ給　/tamo'ori/　☆命令形「たまふれ」に対応。

　39、《混験》（1711）

いそふ競　/(ʔi)su'i'ju/　☆命令形「いそへ」を含む。「いそへよ」に対応。

くらふ食　/kwa'i/　☆命令形「くらへ」に対応。

そふ添　/so'ori/　☆「ラ行（四段）化」後の命令形「そうれ」に対応。

たほふ貯　/tabu'i/　☆命令形「たほへ」に対応。

　41、《組五》（1718頃）

たまふ給　/tabori/　☆「たまふ」→「たばふ」と変化。更に「たばうる」と「ラ行（四段）化」した後の

命令形「たばうれ」と判断。

48、《ベッテ》(1849)・(1852)

いふ言　/ʔi'i/　☆命令形「いへ」に対応。

　　　　/ʔi'e'e/　☆命令形「いへ」を含む。「いへは」に対応。/ʔje'e/の可能性もある。

　　　　/ʔiri/　☆「ラ行（四段）化」後の命令形「いれ」に対応。

　　　　/ʔire'e/　☆「ラ行（四段）化」後の命令形「いれ」を含む。「いれは」に対応。

なふ縫　/no'ori/　☆「ラ行（四段）化」後の命令形「なうれ」に対応。

50、《チェン》(1895)

かふ買　/ko'ori/,/ko'ore'e/　☆「「ラ行（四段）化」後の命令形「かうれ」、「かうれ」を含む「かうれは」に対応。

たまふ給　/tabori/　☆命令形「たほれ」に対応。

(バ行)

01、《翻訳》(1501)

あすぶ遊　/asübï/　☆命令形「あすべ」に対応。

03、《琉館》(16C 前半成立か)

あすぶ遊　/asüNbi/　☆命令形「あすべ」に対応。

30、《おも 3》(1623)

あすぶ遊　/asïbi asïbi/　☆命令形「あすべ」に対応。「あすべ」の繰り返し。

41、《組五》(1718 頃)

あすぶ遊　/ʔasibi/　☆命令形「あすべ」に対応。

おらぶ叫　/ʔurabi/　☆命令形「おらべ」に対応。

よぶ呼　/ˈjubi/　☆命令形「よべ」に対応。

48、《ベッテ》(1849)・(1852)

よぶ呼　/ˈjubi/　☆命令形「よべ」に対応。

よろこぶ喜　/ˈjurukubi/　☆命令形「よろこべ」に対応。

50、《チェン》(1895)

よぶ呼　/ˈjubi/,/ˈjube'e/　☆命令形「よべ」、「よべ」を含む「よべは」に対応。

(マ行)

01、《翻訳》(1501)

ぬくむ温　/nukumï/　☆命令形「ぬくめ」に対応。

のむ飲　/nomï/　☆命令形「のめ」に対応。

30、《おも 3》(1623)

うらやむ羨　/urajami/　☆命令形「うらやめ」に対応。

とよむ鳴響　/tujumi/　☆命令形「とよめ」に対応。

41、《組五》(1718 頃)

あゆむ歩　/ʔa'jumi/　☆命令形「あゆめ」に対応。

をがむ拝　/ˈugami/　☆命令形「をがめ」に対応。

48、《ベッテ》(1849)・(1852)

かむ噛（食）　/kami/　☆命令形「かめ」に対応。

つつしむ慎　/cicisjimi'jo'o/　☆命令形「つつしめ」を含む。「つつしめよ」に対応。

なぐさむ慰　/nagusami/　☆命令形「なぐさめ」に対応。

のむ飲　/numi/　☆命令形「のめ」に対応。

　50、《チェン》（1895）

かむ嚙（食）/kami/,/kame'e/　☆命令形「かめ」、「かめ」を含む「かめは」に対応。

のむ飲　/numi/　☆命令形「のめ」に対応。

　51、《官話》（19世紀？）

かむ食　/kami/　☆命令形「かめ」に対応。

（ラ行）

　03、《琉館》（16C前半成立か）

おわる　/uwari/　☆命令形「おわれ」に対応か。

　08、《おも1》（1531）

まさる勝　/masari/　☆命令形「まされ」に対応。

　09、《陳使》（1534）

おわる（「いらっしゃる」の意）/uwari/　☆命令形「おわれ」に対応か。

　19、《郭使》（1561）

たもる賜・給　/tamuri/　☆命令形「たもれ」に対応。

　23、《蕭使》（1579）

たもる賜・給　/tamuri/　☆命令形「たもれ」に対応。

　27、《夏使》（1606）

たもる賜・給　/tamuri/　☆命令形「たもれ」に対応。

　29、《おも2》（1613）

まもる守　/maburi/　☆命令形「まもれ」に対応。

　30、《おも3》（1623）

おくる送　/ukurija/　☆命令形「おくれ」を含む。「おくれや」に対応。

おわる　/uwari/　☆命令形「おわれ」に対応。

さる去　/sarisari/　☆命令形「され」。「され」の繰り返し。

ちよわる「いらっしゃる」の意　/cjijuwari/　☆命令形「ちよわれ」に対応。

つくる作　/cïkuri/　☆命令形「つくれ」に対応。

なる成　/nari/　☆命令形「なれ」に対応。

はる走　/hwariija/　☆命令形「はりへ」を含む。「はりへは」に対応。

ほこる慶　/hwukuri/　☆命令形「ほこれ」に対応。

まさる勝　/masari/　☆命令形「まされ」に対応。

まもる守　/maburi/　☆命令形「まもれ」に対応する「まぶれ」。

　39、《混験》（1711）

いまうる　/ʔimo'ori/　☆「いまうる」の命令形「いまうれ」。

おしあがる押上（召上）/ʔusjagari/　☆命令形「おしあがれ」に対応。

おわる　/ʔo'ori/　☆命令形「あうれ」に対応か。

さぐる探　/saguri/　☆命令形「さぐれ」に対応。

さる去　/sarisari/　☆命令形「され」に対応。繰り返し。

なる成　/nari/　☆命令形「なれ」に対応。

はしる走　/hwari/　☆命令形「はしれ」に対応。

41、《組五》（1718 頃）

かたる語　/katari/　☆命令形「かたれ」に対応。

きる切　/cjiri'ju/　☆命令形「きれ」を含む。「きれよ」に対応。

とまる止　/tumari/　☆命令形「とまれ」。に対応。

のぼる登　/tacjinuburi/　☆命令形「のぼれ」を含む。「たちのぼれ」に対応。

ほこる誇　/hwukuri/　☆命令形「ほこれ」に対応。

もどる戻　/muduri/　☆命令形「もどれ」に対応。

をどる踊　/ʼuduri/　☆命令形「をどれ」に対応。

44、《琉見》（1764）

もどる戻　/muduri/　☆命令形「もどれ」に対応。

46、《漂録》（1818）

をどる 舞＜踊＞　/ʼuduri/　☆命令形「をどれ」に対応。

48、《ベッテ》（1849）・（1852）

きる切　/cjiri/　☆命令形「きれ」に対応。

くだる下　/kudari/　☆命令形「くだれ」に対応。

つくる作　/cukuri/　☆命令形「つくれ」に対応。

　　　　　/cukuri'jo'o/　☆命令形「つくれ」を含む。「つくれよ」に対応。

　　　　　/cukure'e/　☆命令形「つくれ」を含む。「つくれは」に対応か。

とる取　/turi/　☆命令形「とれ」に対応。

　　　　/ture'e/　☆命令形「とれ」を含む。「とれは」に対応。

なる成　/nari/　☆命令形「なれ」に対応。

　　　　/nari'jo'o/　☆命令形「なれ」を含む。「なれよ」に対応。

　　　　/nare'e/　☆命令形「なれ」を含む。「なれは」に対応。

ねぶる眠　/ni'ɴdi/　☆命令形「ねぶれ」に対応。

50、《チェン》（1895）

いまうる行　/ʔimo'ori/　☆命令形「いまうれ」に対応。

おしあがる押上（召上）　/ʔusjagari/　☆命令形「おしあがれ」に対応。

しる知　/sjiri/,/sjire'e/　☆命令形「しれ」、「しれ」を含み「しれは」に対応。

とる取　/turi/　☆命令形「とれ」に対応。

　　　　/ture'e/　☆命令形「とれ」を含む。「とれは」に対応。

なる成　/nari/,/nare'e/　☆命令形「なれ」、「なれ」を含む「なれは」に対応。

ねむる眠　/ni'ɴdi/,/ni'ɴde'e/　☆命令形「ねむれ」、「ねむれ」を含み「ねむれは」に対応。

まはる回　/ma'ari/　☆命令形「まはれ」に対応。

51、《官話》（19 世紀？）

つくる作　/cukuri/　☆命令形「つくれ」に対応。

3）「終止形」に対応する形

（カ行）

17、《碑文（やら）》（1554）

いごく動　/igjuku/　☆終止形「いごく」に対応。「ご」口蓋化で「いぎよく」。

30、《おも3》（1623）

つく突　/cïku/　☆終止形「つく」に対応。

なげく嘆　/nagikuna/　☆終止形「なげく」を含む。「なげくな」に対応。

39、《混験》（1711）

あがく足掻　/ʔagaku/　☆終止形「あがく」に対応。

わめく喚　/'wamiku/　☆終止形「わめく」に対応。

40、《琉由》（1713）

つく付　/ciku/　☆終止形「つく」か。

41、《組五》（1718頃）

いく行　/ʔiku/　☆終止形「いく」に対応。

なく泣　/nakuna/　☆終止形「なく」を含む。「なくな」に対応。

45、《琉訳》（1800頃）

あく開　/ʔaku/　☆終止形「あく」に対応。「（くち）あく」。

あく飽　/ʔaku/　☆終止形「あく」に対応。

あざむく欺　/ʔazamuku/　☆終止形「あざむく」に対応。

いだく抱　/ʔidaku/　☆終止形「いだく」に対応。

いただく戴　/ʔitadaku/　☆終止形「いただく」に対応。

うごく動　/ʔuguku/　☆終止形「うごく」に対応。

うそぶく嘯　/ʔusubuku/　☆終止形「うそぶく」に対応。

おどろく驚　/ʔuduruku/　☆終止形「おどろく」に対応。現代語の/musjiʔuduruku'u/は、機能
的には名詞である。

かがやく輝　/kaga'jaku/　☆終止形「かがやく」に対応。

かく書　/kaku/　☆終止形「かく」に対応。

かたぶく傾　/katabuku/　☆終止形「かたぶく」に対応。

かわく乾　/ka'waku/　☆終止形「かわく」に対応。

きく聞　/cjiku/　☆終止形「きく」に対応。

きづく築　/cjiziku/　☆終止形「きづく」に対応。

くじく挫　/kuzjiku/　☆終止形「くじく」に対応。

こまぬく拱　/kumanuru/　☆「ラ行化」後の終止形「こまぬる」か。

しりぞく退　/sjirizuku/　☆終止形「しりぞく」に対応。

すく鋤　/siku/　☆終止形「すく」に対応。

そむく背　/sumuku/　☆終止形「そむく」に対応。

たく炊　/taku/　☆終止形「たく」に対応。

たたく叩　/tataku/　☆終止形「たたく」に対応。

つく衝　/ciku/　☆終止形「つく」に対応。

つづく続　/ciziku/　☆終止形「つづく」に対応。

つまづく躓　/cimaziku/　☆終止形「つまづく」に対応。

とく解　/tuku/　☆終止形「とく」に対応。

なく鳴　/naku/　☆終止形「なく」に対応。

なげく嘆　/nazjiku/　☆終止形「なげく」に対応。

なびく靡　/nabiku/　☆終止形「なびく」に対応。

ぬく抜　/nuku/　☆終止形「ぬく」に対応。

のぞく除　/nuziku/　☆終止形「のぞく」に対応。

はく掃　/hwa(ku)ru/　☆「ラ行化」後の終止形「は（く）る」に対応か。

はく吐　/hwaku/　☆終止形「はく」に対応。

はぶく省　/hwabuku/　☆終止形「はぶく」に対応。

ひく引　/hwiku/　☆終止形「ひく」に対応。

ひらく開　/hwiraku/　☆終止形「ひらく」に対応。

まく蒔　/maku/　☆終止形「まく」に対応。

まねく招　/maniku/　☆終止形「まねく」に対応。

みがく磨　/migaku/　☆終止形「みがく」に対応。

みちびく導　/micjibiku/　☆終止形「みちびく」に対応。

やく焼　/ˈjaku/　☆終止形「やく」に対応。

ゆく行　/juku/　☆終止形「ゆく」に対応。

わく湧　/ˈwaku/　☆終止形「わく」に対応。

　48、《ベッテ》（1849）・（1852）

いく行　/ʔikuna/　☆終止形「いく」を含む。「いくな」に対応。/ʔikuʼɴna/ の可能性も否定できない。

　51、《官話》（19 世紀 ?）

かく掻　/kaku/　☆終止形「かく」に対応。

かわく乾　/kaʼwakiru/　☆「かわく」から変化した、終止形「かわける」に対応か。

たく炊　/taku/　☆終止形「たく」に対応。

つく付　/ciku/　☆終止形「つく」に対応。

はく吐　/haku/　☆終止形「はく」に対応。

はじく弾　/haʼɴku/　☆「はじく」の変化した「はんく」に対応か。

（ガ行）

　30、《おも 3》（1623）

はぐ接　/hwagu/　☆終止形「はぐ」に対応。

　39、《混験》（1711）

しのぐ凌　/sjinugu/　☆終止形「しのぐ」に対応。

　45、《琉訳》（1800 頃）

かしぐ炊　/kasjigu/　☆終止形「かしぐ」に対応。

さわぐ騒　/sawagu/　☆終止形「さわぐ」に対応か。

そそぐ注　/susugu/　☆終止形「そそぐ」に対応。

つぐ継　/cigu/　☆終止形「つぐ」に対応。

つなぐ繋　/cinagu/　☆終止形「つなぐ」に対応。

つむぐ紡　/cimugu/　☆終止形「つむぐ」に対応。

なぐ薙　/nazjiru/　☆「なぐ」の「ラ行（四段）化」後の終止形「なぎる」か。

ふせぐ防　/hwusigu/　☆終止形「ふせぐ」に対応。

　51、《官話》（19 世紀 ?）

つぐ注　/cigu/　☆終止形「つぐ」に対応。

（サ行）

01、《翻訳》（1501）

のます飲　/nomasüna/　☆終止形「のます」を含む。「のますな」に対応。

30、《おも３》（1623）

しらす知　/sjirasï/　☆終止形「しらす」に対応。

なげかす嘆　/nagikasïna/　☆終止形「なげかす」を含む。「なげかすな」に対応。

なす生　/nasïna/　☆終止形「なす」を含む。「なすな」に対応。

39、《混験》（1711）

おどろかす驚　/ʔudurukasi/　☆終止形「おどろかす」に対応。

きかす聞　/cjikasina/　☆終止形「きかす」を含む。「きかすな」に対応。

すかす賺　/sikasi/　☆終止形「すかす」に対応。

ながす流　/nagasi/　☆終止形「ながす」に対応。

41、《組五》（1718 頃）

うつす移　/ʔucisu/　☆終止形「うつす」に対応か。

おこす起　/ʔukusu/　☆終止形「おこす」に対応。

くらす暮　/kurasi/　☆終止形「くらす」に対応。

つくす尽　/cikusi/　☆終止形「つくす」に対応。

なす成　/nasi/　☆終止形「なす」。「なす（こと）」とも考えられる。そうであれば連体形「なす」となる。

のがす逃　/nugasima'i/　☆終止形「のがす」を含む。「のがすまい」に対応。

45、《琉訳》（1800 頃）

あらはす表　/ʔarawasi/　☆終止形「あらはす」に対応。

いたす到　/ʔitasi/　☆終止形「いたす」に対応。

いだす出　/dasi/　☆終止形「だす」に対応。「（けむり）だす」か。

います在　/ʔimasi/　☆終止形「います」に対応。

うごかす動　/ʔugukasi/　☆終止形「うごかす」に対応。

うつす移　/ʔucisi/　☆終止形「うつす」に対応。

うつす写　/ʔucisi/　☆終止形「うつす」に対応。

おとす落　/ʔutusi/　☆終止形「おとす」に対応。

おびやかす脅　/ʔubi'jakasi/　☆終止形「おびやかす」に対応。

かくす隠　/kakusi/　☆終止形「かくす」に対応。

かへす返　/ka'isi/　☆終止形「かへす」に対応。

けす消　/kisi/　☆終止形「けす」に対応。

ころす殺　/kurusi/　☆終止形「ころす」に対応。

さとす諭　/satusi/　☆終止形「さとす」に対応。

さらす晒　/sarasi/　☆終止形「さらす」に対応。

しるす記　/sjirusi/　☆終止形「しるす」に対応。

たがやす耕　/taga'jasi/　☆終止形「たがやす」に対応。

たぶらかす誑　/taburakasi/　☆終止形「たぶらかす」に対応。

ちらす散　/cjirasi/　☆終止形「ちらす」に対応。

つひやす費　/ci'i'jasi/　☆終止形「つひやす」に対応。

なす成　/nasi/　☆終止形「なす」に対応。

ひたす浸　/hwitasi/　☆終止形「ひたす」に対応。

ほどこす施　/hwudukusi/　☆終止形「ほどこす」に対応。

ほろぼす滅　/hwurubusi/　☆終止形「ほろぼす」に対応。

ます増　/masi/　☆終止形「ます」に対応。

むす蒸　/musi/　☆終止形「むす」に対応。

めす召　/misi/　☆終止形「めす」に対応。

ゆるす許　/ˈjurusi/　☆終止形「ゆるす」に対応。

わづらはす煩　/ˈwazi(ra)ˈwasi/　☆終止形「わづらはす」に対応。

をかす侵　/ʔukasi/　☆終止形「をかす」に対応。「をかする」の「す」脱落の可能性もある。

をかす冒　/ʔukasi/　☆終止形「をかす」に対応。

　　47、《クリ》（1818）

くずす崩　/kuˈɴsuna/　☆「終止形「くずす」を含む。「くずすな」に対応。

　　48、《ベッテ》（1849）・（1852）

ちらす散　/cjirasi/　☆終止形「ちらす」に対応。

　　51、《官話》（19 世紀？）

わかす沸　/ˈwakasi/　☆終止形「わかす」に対応。

（タ行）

　　30、《おも 3》（1623）

たつ発　/tacï/　☆終止形「たつ」に対応。

　　38、《仲里》（1703 頃）

たつ立　/taci/　☆終止形「たつ」に対応。

　　45、《琉訳》（1800 頃）

あやまつ誤　/ʔaˈjamaci/　☆終止形「あやまつ」に対応。

うがつ穿　/ʔugaci/　☆終止形「うがつ」に対応。

たつ立　/taci/　☆終止形「たつ」に対応。

たつ裁　/taci/　☆終止形「たつ」に対応。

たつ絶・断　/taci/　☆終止形「たつ」に対応。

たもつ保　/tamuci/　☆終止形「たもつ」に対応。

（ハ行）

　　01、《翻訳》（1501）

いふ言　/iwuka/　☆終止形「いふ」を含む。「いふか」に対応。

　　13、《碑文（かた）》（1543）

いふ言　/iwu/　☆終止形「いふ」に対応。

　　17、《碑文（やら）》（1554）

くるふ狂？　/kuruwumazji/　☆終止形「くるふ」を含み、「くるふまじ」に対応か。

　　30、《おも 3》（1623）

おもふ思　/umuuna/　☆終止形「おもふ」を含む。「おもふな」に対応。

とふ問　/tuuna/　☆終止形「とふ」を含む。「とふな」に対応。

　　39、《混験》（1711）

おぼかふ　/ʔubuko'o/　☆終止形「おぼかふ」に対応か。

のろふ詛　/nuru'u/　☆終止形「のろふ」に対応。

まじなふ呪　/mazjino'o/　☆終止形「まじなふ」に対応。

やすらふ跲跰　/'jasiro'o/　☆終止形「やすらふ」に対応。

よこふ憩　/'juku'u/　☆終止形「よこふ」に対応。

　41、《組五》（1718 頃）

おもふ思　/ʔumuna/　☆終止形「おもふ」を含む。「おもふな」に対応。

　　　　　　/ʔumuga/　☆終止形「おもふ」を含む。「おもふが」に対応。「おもひをるが」の可能性もある。

　45、《琉訳》（1800 頃）

あふ会？　/ʔo'o/　☆終止形「あふ→あう→おう」に対応か。

　　　　　　/ʔo'oru/　☆「あふる→あうる→おうる」に対応か。

あらそふ争　/ʔarasu'u/　☆終止形「あらそふ→あらそう」に対応。

あらふ洗　/ʔaro'o/　☆終止形「あらふ」に対応。「あらう→あろう」と変化。

いふ言　/ʔi'ju/　☆終止形「いふ」に対応。

うしなふ失　/ʔusjino'o/　☆終止形「うしなふ」に対応。「うしなう→うしのう」と変化。

うたがふ疑　/ʔutago'o/　☆終止形「うたがふ」に対応。「うたがう→うたごう」と変化。

うばふ奪　/ʔubo'o/　☆終止形「うばふ」に対応。「うばう→うぼう」と変化。/ʔNbo'o/ の可能性もある。

うらなふ占　/ʔurano'o/　☆終止形「うらなふ」に対応。「うらなう→うらのう」と変化。

おぎなふ補　/ʔuzjino'o/　☆終止形「おぎなふ」に対応。「おぎなう→おぎのう」と変化。

おほふ覆　/ʔu'u/　☆終止形「おほふ」に対応。「おおう→うう」と変化。

おもふ思　/ʔumu'u/　☆終止形「おもふ」に対応。「おもう→うむう」と変化。

かなふ叶　/kano'o/　☆終止形「かなふ」に対応。「かなう→かのう」と変化。

かふ買　/ko'o/　☆終止形「かふ」に対応。「かう→こう」と変化。

　　　　　/ko'oru/　☆「かふる→かうる→こうる」に対応か。

きらふ嫌　/cjiro'o/　☆終止形「きらふ」に対応。「きらう→きろう」と変化。

くふ喰　/ku'uru/　☆「くふる→くうる」に対応か。

くるふ狂　/kuru'u/　☆終止形「くるふ」に対応。

こふ乞　/ku'u/　☆終止形「こふ」に対応。「こう」と変化。

したがふ従　/sjitago'o/　☆終止形「したがふ」に対応。「したがう→したごう」と変化。

したふ慕　/sjito'o/　☆終止形「したふ」に対応。「したう→しとう」と変化。

すくふ救　/siku'u/　☆終止形「すくふ」に対応。「すくう」と変化。

すふ吸　/su'uru/　☆「すふる→すうる」に対応か。

そこなふ損　/sukuno'o/　終止形「そこなふ」に対応。「そこなう→そこのう」と変化。

そふ沿　/su'uru/　☆「そふる→そうる」に対応か。

たがふ違　/tago'o/　☆終止形「たがふ」に対応。「たがう→たごう」と変化。

たくはふ貯　/taku'o'o/　☆終止形「たくはふ」に対応。「たくはう→たくわう→たくをう」と変化。

ただよふ漂　/tada'ju'u/　☆終止形「ただよふ」に対応。

たまふ給　/tamo'o/　☆終止形「たまふ」に対応。「たまう→たもう」と変化。

ちかふ誓　/cjiko'o/　☆終止形「ちかふ」に対応。「ちかう→ちこう」と変化。

つかふ使　/ciko'o/　☆終止形「つかふ」に対応。「つかう→つこう」と変化。

つたふ伝　/cito'o/　☼終止形「つたふ」に対応。「つたう→つとう」と変化。

ととのふ整　/tutunu'u/　☼終止形「ととのふ」に対応。

とふ問　/tu'u/　☼終止形「とふ」に対応。

ぬふ縫　/nu'u/　☼終止形「ぬふ」に対応。

はふ這　/hwo'oru/　☼「はふる→はうる→ほうる」に対応か。

ひろふ拾　/hwiru'u/　☼終止形「ひろふ」に対応。

ふるふ揮　/hwuru'u/　☼終止形「ふるふ」に対応。

ふるふ震　/hwuru'u/　☼終止形「ふるふ」に対応。

まとふ纏　/matu'u/　☼終止形「まとふ」に対応。

まよふ迷　/ma'ju'u/　☼終止形「まよふ」に対応。

むかふ向　/muko'o/　☼終止形「むかふ」に対応。「むかう→むこう」と変化。

むくふ報　/muku'u/　☼終止形「むくふ」に対応。

やしなふ養　/jasjino'o/　☼終止形「やしなふ」に対応。「やしなう→やしのう」と変化。

やとふ雇　/jatu'u/　☼終止形「やとふ」に対応。

よそほふ装　/jusu'u/　☼終止形「よそほふ」に対応。/jusu'u'u/？

わらふ笑　/'waro'o/　☼終止形「わらふ」に対応。「わらう→わろう」と変化。

ゑふ酔　/'wi'iru/　☼「ラ行（四段）化」後の終止形「ゑひる」に対応。

　　48、《ベッテ》（1849）・（1852）

いふ言　/ʔi'ju/　☼終止形「いふ」に対応。

おこなふ行　/ʔukuno'o/　☼終止形「おこなふ→おこなう→おこのう」に対応。

かふ買　/ko'o/　☼終止形「かふ→かう→こう」に対応。

したがふ従　/sjitago'o/　終止形「したがふ→したがう→したごう」に対応。

とふ問　/tu'u/　☼終止形「とふ」に対応。

やしなふ養　/'jasjino'o/　☼終止形「やしなふ→やしなう→やしのう」に対応。

　　50、《チェン》（1895）

かふ買　/ko'o/　☼終止形「かふ」に対応。

（バ行）

　　30、《おも 3 》（1623）

たぶ賜　/tabuu/　☼終止形「たぶ」に対応。

　　37、《君由》（1700 頃）

よぶ呼　/ʔucji'jubu/　☼終止形「よぶ」を含む。「うちよぶ」に対応。

　　　　/na'jubu/　☼終止形「よぶ」を含む。「なりよぶ」に対応。縮約形。

　　45、《琉訳》（1800 頃）

あすぶ遊　/ʔasibu/　☼終止形「あすぶ」に対応。

うかぶ浮　/ʔukabu/　☼終止形「うかぶ」に対応。

えらぶ選　/ʔirabu/　☼終止形「えらぶ」に対応。

およぶ及　/ʔu'jubu/　☼終止形「およぶ」に対応。

さけぶ叫　/sakibu/　☼終止形「さけぶ」に対応。

しのぶ忍　/sjinubu/　☼終止形「しのぶ」に対応。

たふとぶ尊　/tatubu/　☼終止形「たふとぶ」に対応。/taQtubu/ の可能性もある。

第 1 節　「四段活用」動詞の史的変化　1029

とぶ飛　/tubu/　☆終止形「とぶ」に対応。

ならぶ並　/narabu/　☆終止形「ならぶ」に対応。

はこぶ運　/hwakubu/　☆終止形「はこぶ」に対応。

ほろぶ滅　/hwurubu/　☆終止形「ほろぶ」に対応。

まなぶ学　/manabu/　☆終止形「まなぶ」に対応。

むすぶ結　/musibu/　☆終止形「むすぶ」に対応。

むせぶ噎　/musibu/　☆終止形「むせぶ」に対応。

もてあすぶ弄　/mutiʔasibu/　☆終止形「もてあすぶ」に対応。

よろこぶ喜　/ʼjurukubu/　☆終止形「よろこぶ」に対応。

（マ行）

　30、《おも3》（1623）

あゆむ歩　/ajumutijawa/　☆終止形「あゆむ」を含む。「あゆむといはは」に対応。

　37、《君由》（1700頃）

とよむ鳴響　/tuʼjumu/　☆終止形「とよむ」に対応。

　39、《混験》（1711）

とよむ鳴響　/tuʼjumu/　☆終止形「とよむ」に対応。

はづむ弾　/hwazimu/　☆終止形「はづむ」に対応。

まどろむ微睡　/madurumu/　☆終止形「まどろむ」に対応。

よどむ淀　/ʼjudumu/　☆終止形「よどむ」に対応。

　45、《琉訳》（1800頃）

あむ編　/ʔamu/　☆終止形「あむ」に対応。

あやしむ怪　/ʔaʼjasjimu/　☆終止形「あやしむ」に対応。

あゆむ歩　/ʔaʼjumu/　☆終止形「あゆむ」に対応。

いがむ啀　/ʔigamu/　☆終止形「いがむ」に対応。

いさむ勇　/ʔisamu/　☆終止形「いさむ」に対応。

いたむ悼　/ʔitamu/　☆終止形「いたむ」に対応。

いむ忌　/ʔimu/　☆終止形「いむ」に対応。

かこむ囲　/kakumu/　☆終止形「かこむ」に対応。

かすむ霞　/kasimu/　☆終止形「かすむ」に対応。

かなしむ悲　/kanasjimu/　☆終止形「かなしむ」に対応。

かむ噛　/kamu/　☆終止形「かむ」に対応。

かむ咬　/kamu/　☆終止形「かむ」に対応。

くむ汲　/kumu/　☆終止形「くむ」に対応。

くむ酌　/kumu/　☆終止形「くむ」に対応。

くるしむ苦　/kurusjimu/　☆終止形「くるしむ」に対応。

さしはさむ挟　/sasjihwasamu/　☆終止形「さしはさむ」に対応。

しぼむ萎　/sjibumu/　☆終止形「しぼむ」に対応。

すすむ進　/sisimu/　☆終止形「すすむ」に対応。

すむ澄　/simu/　☆終止形「すむ」に対応。

そむ染　/sumu/　☆終止形「そむ」に対応。

たのしむ楽　/tanusjimu/　☆終止形「たのしむ」に対応。

たのむ頼　/tanumu/　☆終止形「たのむ」に対応。

つむ摘　/cimu/　☆終止形「つむ」に対応。

とどむ留　/tudumu/　☆終止形「とどむ」に対応。

なぐさむ慰　/nagusamu/　☆終止形「なぐさむ」に対応。

なやむ悩　/na'jamu/　☆終止形「なやむ」に対応。

にくむ憎　/nikumu/　☆終止形「にくむ」に対応。

ぬくむ温　/nukumu/　☆終止形「ぬくむ」に対応。

ぬすむ盗　/nusimu/　☆終止形「ぬすむ」に対応。

のぞむ望　/nuzumu/　☆終止形「のぞむ」に対応。

のむ飲　/numu/　☆終止形「のむ」に対応。

はらむ孕　/hwaramu/　☆終止形「はらむ」に対応。

ふくむ含　/hwukumu/　☆終止形「ふくむ」に対応。

ふむ踏　/hwumu/　☆終止形「ふむ」に対応。

めぐむ恵　/migumu/　☆終止形「めぐむ」に対応。

もむ揉　/mumu/　☆終止形「もむ」に対応。

やすむ休　/ˈjasimu/　☆終止形「やすむ」に対応。

よむ読　/ˈjumu/　☆終止形「よむ」に対応。

わきばさむ脇挟　/ˈwacjibasamu/　☆終止形「わきばさむ」に対応。

をしむ惜　/ʔusjimu/　☆終止形「をしむ」に対応。

　47、《クリ》（1818）

のむ飲　/numu/　☆終止形「のむ」に対応。「文語」を収録か。

　48、《ベッテ》（1849）・（1852）

あはれむ憐　/ʔa'warimubicji/　☆終止形「あはれむ」を含む。「あはれむべき」に対応。

よむ読　/ˈjumu/　☆終止形「よむ」に対応。

　51、《官話》（19世紀？）

つつむ包　/cicimu/　☆終止形「つつむ」に対応。

（ラ行）

　02、《碑文（玉殿）》（1501）

たたる祟　/tatarubïsji/　☆終止形「たたる」を含む。「たたるべし」に対応。

をさまる納　/osamarubïsji/　☆終止形「をさまる」を含む。「をさまるべし」に対応。

　03、《琉館》（16C前半成立か）

ふる降　/hwuru/　☆終止形「ふる」に対応。

もどる戻　/muниколдuru/　☆終止形「もどる」に対応。

　06、《田名1》（1523）

まゐる参　/mairu/　☆終止形「まゐる」に対応。

　08、《おも1》（1531）

ほこる慶　/hwukuru/　☆終止形「ほこる」に対応。

　09、《陳使》（1534）

ふる降　/hwuru/　☆終止形「ふる」に対応。

もどる戻　/muNduru/　☆終止形「もどる」に対応。

　10、《田名2》(1536)

まゐる参　/mairu/　☆終止形「まゐる」に対応。

　11、《田名3》(1537)

まゐる参　/mairu/　☆終止形「まゐる」に対応。

　12、《田名4》(1541)

まゐる参　/mairu/　☆終止形「まゐる」に対応。

　14、《田名5》(1545)

まゐる参　/mairu/　☆終止形「まゐる」に対応。

　16、《田名6》(1551)

まゐる参　/mairu/　☆終止形「まゐる」に対応。

　18、《田名7》(1560)

まゐる参　/mairu/　☆終止形「まゐる」に対応。

　20、《田名8》(1562)

まゐる参　/mairu/　☆終止形「まゐる」に対応。

　21、《田名9》(1563)

まゐる参　/mairu/　☆終止形「まゐる」に対応。

　22、《音字》(1572頃)

ふる降　/hwuru/　☆終止形「ふる」に対応か。

　24、《田名10》(1593)

まゐる参　/mairu/　☆終止形「まゐる」に対応。

　26、《田名11》(1606)

まゐる参　/mairu/　☆終止形「まゐる」に対応。

　28、《碑文（よう）》(1609)

ほる彫　/hwurubisji/　☆終止形「ほる」を含む。「ほるべし」に対応。

　30、《おも3》(1623)

あふる煽　/auru/　☆終止形「あふる」に対応。

おわる　/uwarutiti/　☆終止形「おわる」を含む。「おわるてて」に対応。

さへづる囀　/saizïruna/　☆終止形「さへづる」を含む。「さへづるな」に対応。

しる知　/sjirutu/　☆終止形「しる」を含む。「しると」に対応。

まはる回　/mawaru/　☆終止形「まはる」に対応。

もる盛　/muru/　☆終止形「もる」に対応。

わきあがる湧上　/wacjiagaru/　☆終止形「わきあがる」に対応。

　31、《碑文（本山）》(1624)

たたる祟　/tataru/　☆終止形「たたる」に対応。

　38、《仲里》(1703頃)

きる切　/taticjiruna/　☆終止形「きる」を含む。「たてきるな」に対応。「塞ぐな」の意。

　　　　/hwumicjiruna/　☆終止形「きる」を含む。「ふみきるな」に対応。

　39、《混験》(1711)

きる切　/ci'Nzjiru/　☆終止形「きる」を含む。「つみきる」に対応。

はまる嵌　/hwamaru/　☆終止形「はまる」に対応。

　41、《組五》（1718頃）

すがる縋　/sigaru/　☆終止形「すがる」に対応。

とる取　/turuna/　☆終止形「とる」を含む。「とるな」に対応。

なばくる揄　/nabakuruna/　☆終止形「なばくる」を含む。「なばくるな」に対応。

のぼる登　/nuburu/　☆終止形「のぼる」に対応。

めぐる巡　/miguru/　☆終止形「めぐる」に対応。

やる遣　/jaru/　☆終止形「やる」に対応。

をどる踊　/ʔuduru/　☆終止形「をどる」に対応。

　45、《琉訳》（1800頃）

あたる当　/ʔataru/　☆終止形「あたる」に対応。

あつまる集　/ʔacimaru/　☆終止形「あつまる」に対応。

あふる溢　/ʔahwuru/　☆終止形「あふる」に対応。

あぶる炙　/ʔaburu/　☆終止形「あぶる」に対応。

あやどる彩　/ʔa'jaduru/　☆終止形「あやどる」に対応。

あやまる誤　/ʔa'jamaru/　☆終止形「あやまる」に対応。

いかる怒　/ʔikaru/　☆終止形「いかる」に対応。

いきどほる憤　/ʔicjidu'uru/　☆終止形「いきどほる」に対応。

いたる至　/ʔitaru/　☆終止形「いたる」に対応。

いつはる偽　/ʔici'waru/　☆終止形「いつはる」に対応。

　　　　　　　　/ʔici'wa'ɴna/　☆終止形「いつはる」を含む。「いつはるな」に対応。

いとくる糸繰　/ʔitukuru/　☆終止形「いとくる」に対応。

いのる祈　/ʔinuru/　☆終止形「いのる」に対応。

いる入　/ʔiru/　☆終止形「いる」に対応。

いろどる彩　/ʔiruduru/　☆終止形「いろどる」に対応。

うづくまる踞　/ʔuzikumaru/　☆終止形「うづくまる」に対応。

うなる唸　/ʔunaru/　☆終止形「うなる」に対応。

おくる送　/ʔukuru/　☆終止形「おくる」に対応。

おこたる怠　/ʔukutaru/　☆終止形「おこたる」に対応。

おごる奢　/ʔuguru/　☆終止形「おごる」に対応。

おとる劣　/ʔuturu/　☆終止形「おとる」に対応。

おもんばかる慮　/ʔumu'ɴbakaru/　☆終止形「おもんばかる」に対応。

かうむる蒙　/ko'omuru/　☆終止形「かうむる」に対応。

かかはる係　/kaka'wa'ɴna/　☆終止形「かかはる」を含む。「かかはるな」に対応。

かがまる屈　/kagamaru/　☆終止形「かがまる」に対応。

かぎる限　/kazjiru/　☆終止形「かぎる」に対応。

かさなる重　/kasanaru/　☆終止形「かさなる」に対応。

かざる飾　/kazaru/　☆終止形「かざる」に対応。

かたどる象　/kataduru/　☆終止形に「かたどる」に対応か。

かたよる偏　/kata'juru/　☆終止形「かたよる」に対応。

かたる語　/kataru/　☆終止形「かたる」に対応。

かはる変　/ka'waru/　☆終止形「かはる」に対応。

かへる帰　/ka'iru/　☆終止形「かへる」に対応。

かへる返　/ka'iru/　☆終止形「かへる」に対応。

かる刈　/karu/　☆終止形「かる」に対応。

かる駆　/karu/　☆終止形「かる」に対応。

きはまる極　/cjiwamaru/　☆終止形「きはまる」に対応。

きる切　/cjiru/　☆終止形「きる」に対応。

くしけづる梳　/kusjikiziru/　☆終止形「くしけづる」に対応。

くだる下　/kudaru/　☆終止形「くだる」に対応。

くつがへる覆　/kuciga'iru/　☆終止形「くつがへる」に対応。

くもる曇　/kumuru/　☆終止形「くもる」に対応。

くる繰　/kuru/　☆終止形「くる」に対応。

けづる削　/kiziru/　☆終止形「けづる」に対応。

ことなる異　/kutunaru/　☆終止形「ことなる」に対応。

こもる籠　/kumuru/　☆終止形「こもる」に対応。

さえぎる遮　/se'ezjiru/　☆終止形「さえぎる」に対応。

さぐる探　/saguru/　☆終止形「さぐる」に対応。

さとる悟　/saturu/　☆終止形「さとる」に対応。

さる去　/saru/　☆終止形「さる」に対応。

しげる茂　/sjizjiru/　☆終止形「しげる」に対応。

したたる滴　/sjitataru/　☆終止形「したたる」に対応。

しる知　/sjiru/　☆終止形「しる」に対応。

すする啜　/sisiru/　☆終止形「すする」に対応。

せまる迫　/simaru/　☆終止形「せまる」に対応。

そしる謗　/susjiru/　☆終止形「そしる」に対応。

そなはる備　/suna'waru/　☆終止形「そなはる」に対応。

そる剃　/suru/　☆終止形「そる」に対応。

たかぶる崇　/takaburu/　☆終止形「たかぶる」に対応。

たける猛　/takiru/　☆終止形「たける」に対応。

たちもどる立戻　/tacjimuduru/　☆終止形「たちもどる」に対応。

たてまつる奉　/tatimaciru/　☆終止形「たてまつる」に対応。

ちぢまる縮　/cjizjimaru/　☆終止形「ちぢまる」に対応。

ち（れ）る散　/cjiriru/　☆終止形「ちれる」に対応。

つかさどる司　/cikasaduru/　☆終止形「つかさどる」に対応。

つかまつる仕　/cikama(ci)ru/　☆終止形「つかま（つ）る」に対応。

つくる作　/cikuru/　☆終止形「つくる」に対応。

つづる綴　/ciziru/　☆終止形「つづる」に対応。

つながる繋　/cinagaru/　☆終止形「つながる」に対応。

つらなる列　/ciranaru/　☆終止形「つらなる」に対応。

とほる通　/tu'uru/　☆終止形「とほる」に対応。

どもる吃　/dumuru/　☆終止形「どもる」に対応。

とる取　/turu/　☆終止形「とる」に対応。

なる成　/naru/　☆終止形「なる」に対応。

にぎる握　/nizjiru/　☆終止形「にぎる」に対応。

にごる濁　/niguru/　☆終止形「にごる」に対応。

ぬる塗　/nuru/　☆終止形「ぬる」に対応。

ねぶる眠　/nimuru/　☆終止形「ねぶる」に対応。

ねる練　/niru/　☆終止形「ねる」に対応。

のこる残　/nukuru/　☆終止形「のこる」に対応。

のぼる登・昇　/nuburu/　☆終止形「のぼる」に対応。

のる乗　/nuru/　☆終止形「のる」に対応。

はかる計・図　/hwakaru/　☆終止形「はかる」に対応。

はかる測　/hwakaru/　☆終止形「はかる」に対応。

はびこる蔓延　/hwabikuru/　☆終止形「はびこる」に対応。

ひるがへる翻　/hwiruga'iru/　☆終止形「ひるがへる」に対応。

ふさがる塞　/hwusagaru/　☆終止形「ふさがる」に対応。

ふる降　/hwuru/　☆終止形「ふる」に対応。「(ゆき) ふる」。「(あめ) ふる」。

ほこる誇　/hwukuru/　☆終止形「ほこる」に対応。

ほる掘　/hwuru/　☆終止形「ほる」に対応。

まがる曲　/magaru/　☆終止形「まがる」に対応。

まじはる交　/mazji'waru/　☆終止形「まじはる」に対応。

まじる混　/mazjiru/　☆終止形「まじる」に対応。

またがる跨　/matagaru/　☆終止形「またがる」に対応。

まつる祭　/maciru/　☆終止形「まつる」に対応。

まもる守　/mamuru/　☆終止形「まもる」に対応。

みだる乱　/midaru/　☆終止形「みだる」に対応。

みはる見張　/mihwaru/　☆終止形「みはる」に対応。

むさぼる貪　/musaburu/　☆終止形「むさぼる」に対応。

めぐる巡　/miguru/　☆終止形「めぐる」に対応。

めとる娶　/mituru/　☆終止形「めとる」に対応。

もちおくる持送　/mucjiʔukuru/　☆終止形「もちおくる」に対応。

もとる悖　/muturu/　☆終止形「もとる」に対応。

もる漏　/muru/　☆終止形「もる」に対応。

やどる宿　/ʃjaduru/　☆終止形「やどる」に対応。

やぶる破　/ʔi'i'jaburu/　☆終止形「やぶる」を含む。「いひやぶる」に対応。

ゆづる譲　/ʃjuziru/　☆終止形「ゆづる」に対応。

よこたはる横　/ʃjukuta'waru/　☆終止形「よこたはる」に対応。

よみがへる甦　/ʃjumiga'iru/　☆終止形「よみがへる」に対応。

よる依　/ʃjuru/　☆終止形「よる」に対応。

第1節　「四段活用」動詞の史的変化　1035

わしる走 　/ˈwasjiru/　☼終止形「わしる」に対応。

わする忘 　/ˈwasiru/　☼終止形「わする」に対応。

わたる渡 　/ˈwataru/　☼終止形「わたる」に対応。

をどる踊 　/ˈuduru/　☼終止形「をどる」に対応。

をはる終 　/ʔuˈwaru/　☼終止形「をはる」に対応。

をる折 　/ˈuru/　☼終止形「をる」に対応。

　48、《ベッテ》（1849）・（1852）

しる知 　/sjiru/　☼終止形「しる」に対応。

　　　　/sjirubisji/　☼終止形「しる」を含む。「しるべし」に対応。

そしる謗 　/susjiru/　☼「そしる」に対応。これだけでは「終止形」であるか「連体形」であるかは判断できない。

つくる作 　/cukuˈnna/　☼終止形「つくる」を含む。「つくるな」に対応。

なる成 　/naru/　☼終止形「なる」に対応か。

　　　　/naˈnna/　☼終止形「なる」を含む。「なるな」に対応。

　51、《官話》（19世紀？）

あさる漁 　/ʔasaru/　☼終止形「あさる」に対応。

する擦 　/siru/　☼終止形「する」に対応。

ふさがる塞 　/husagaru/　☼終止形「ふさがる」に対応。

よる選 　/ˈjuru/　☼終止形「よる」に対応。

わる割 　/ˈwaru/　☼終止形「わる」に対応。

　4）「連体形」に対応する形

（カ行）

　02、《碑文（玉殿）》（1501）

そむく背 　/sumuku/　☼連体形「そむく」に対応。

　30、《おも3》（1623）

きく聞 　/cjiku/　☼連体形「きく」に対応。

さく咲 　/saku/　☼連体形「さく」に対応。

つく憑 　/cïku/　☼連体形「つく」に対応。この「つく」は「着く、付く」でもよいと考えられる。

ひく引 　/hwiku/　☼連体形「ひく」に対応。

ふく吹（鳴）　/hwuku/　☼連体形「ふく」に対応。「鳥が鳴く」意の「ふく」。現代語では /hukiˈjuɴ/・
　　　　　　　　　　/hukiˈiɴ/。

わく湧 　/wakusoozï/　☼連体形「わく」を含む。「わくさうづ」に対応。

　41、《組五》（1718頃）

いく行 　/ʔiku/　☼連体形「いく」に対応。

　　　　/ʔikusacji/　☼連体形「いく」を含む。「いくさき」に対応。

かくす隠 　/kakusu/　☼連体形「かくす」に対応。

つく着 　/ciku/　☼連体形「つく」に対応。

つく付 　/kukuruziku/　☼連体形「つく」を含む。「こころづく」に対応。次に続くのは「もの」。

ふく吹 　/hwuku/　☼連体形「ふく」に対応。

ゆく行 　/ˈjukuˈi/　☼連体形「ゆく」を含む。「ゆくへ」に対応か。

44、《琉見》（1764）

しく敷　/sjikuka'ara/　☼連体形「しく」を含む。「しくかわら」（敷く瓦）に対応か。

（ガ行）

45、《琉訳》（1800 頃）

つぐ継　/cigu/　☼連体形「つぐ」に対応。「つぐ　ひ」（継ぐ日）。

（サ行）

02、《碑文（玉殿）》（1501）

さす差　/sasükasano/　☼連体形「さす」を含む。「さすかさの」に対応。

08、《おも 1》（1531）

ふらす降　/hwurasü/　☼連体形「ふらす」に対応。

29、《おも 2》（1613）

あすばす遊　/asübasü/　☼連体形「あすばす」に対応。

30、《おも 3》（1623）

あすばす遊　/asïbasï/　☼連体形「あすばす」に対応。

おろす降　/urusï/　☼連体形「おろす」に対応。

さす差　/sasïjani/　☼連体形「さす」を含む。「さすやうに」に対応。

なほす直　/nausï/　☼連体形「なほす」に対応。

ならす鳴　/narasï/　☼連体形「ならす」に対応。「か」の結びの連体形。

はやす囃　/hwajasï/　☼連体形「はやす」に対応。

ふらす降　/hwurasï/　☼連体形「ふらす」。に対応

40、《琉由》（1713）

さす刺　/sasi/　☼連体形「さす」に対応。

41、《組五》（1718 頃）

つくす尽　/ʔumicikusu/　☼連体形「つくす」を含む。「おもひつくす」に対応。

はなす放　/hwanasu/　☼連体形「はなす」に対応。

ゆるす許　/ʃjurusu/　☼連体形「ゆるす」に対応。

30、《おも 3》（1623）

たつ立　/tacï/　☼連体形「たつ」に対応。

たつ発　/tacï/　☼連体形「たつ」に対応。

みつ満　/micïjani/　☼連体形「みつ」を含む。「みつや（う）に」に対応。

もつ持　/mucï/　☼連体形「もつ」に対応。

40、《琉由》（1713）

たつ立　/taci/　☼連体形「たつ」か。

（ハ行）

02、《碑文（玉殿）》（1501）

あらそふ争　/arasupu/　☼連体形「あらそふ」に対応。

08、《おも 1》（1531）

おそふ襲　/usuu/　☼連体形「おそふ」に対応。

29、《おも 2》（1613）

おそふ襲　/usuu/　☼連体形「おそふ」に対応。

/usuujani/　☼連体形「おそふ」を含む。「おそふやうに」に対応。

　30、《おも3》（1623）

いふ言　/ijujani/　☼連体形「いふ」を含む。「いふやうに」に対応か。

おそふ襲　/usuu/　☼連体形「おそふ」に対応。

　　　　　　　/usujani/　☼連体形「おそふ」を含む。「おそふや（う）に」に対応。

おもふ思　/umuujani/　☼連体形「おもふ」を含む。「おもふや（う）に」に対応。

　　　　　　　/umuuzjami/　☼連体形「おもふ」を含む。「おもふぎやめ」に対応。

しなふ撓　/sjinaujani/　☼連体形「しなふ」を含む。「しなふや（う）に」に対応。

そろふ揃　/suruu/　☼連体形「そろふ」に対応。

とびあふ飛合　/tubijaujani/　☼連体形「とびあふ」を含む。「とびあふや（う）に」に対応。

まふ舞　/mau/　☼連体形「まふ」に対応。

むかふ向　/mukau/　☼連体形「むかふ」に対応。

よりあふ寄合　/jurijau/　☼連体形「よりあふ」に対応。

　　　　　　　　　/juriahwujani/　☼連体形「よりあふ」を含む。「よりあふやうに」に対応。

　31、《碑文（本山）》（1624）

いふ言　/iwuni/　☼連体形「いふ」を含む。「いふに」に対応。

　39、《混験》（1711）

むかふ向　/ʼɴko'o/　☼連体形「むかふ」に対応。

　40、《琉由》（1713）

なふ綯　/no'o/　☼連体形「なふ」に対応。

　41、《組五》（1718頃）

いふ言　/tisi/　☼連体形「いふ」を含む。「といふす」に対応か。

おもふ思　/ʔumukutu/　☼連体形「おもふ」を含むか。「おも（ふ）こと」に対応か。

　48、《ベッテ》（1849）・（1852）

いふ言　/ʔi'junje'e/　☼連体形「いふ」を含む。「いふには」に対応。「いふには→いふにや」。

　　　　　　/munu'ju'u kutu/　☼連体形「いふ」を含む。「もの　いふ　こと」に対応。

　49、《沖話》（1880）

いふ言　/ʔjuni'ɴ/　☼連体形「いふ」を含む。「いふにも」に対応。

（バ行）

　30、《おも3》（1623）

あすぶ遊　/asïbu/　☼連体形「あすぶ」に対応。「ど」の結び。

　　　　　　/asïbukazï/　☼連体形「あすぶ」を含む。「あすぶかず」に対応。

えらぶ選　/irabu/　☼連体形「えらぶ」に対応。

とぶ飛　/tubu/　☼連体形「とぶ」に対応。

　41、《組五》（1718頃）

あすぶ遊　/ʔasibu/　☼連体形「あすぶ」に対応。

　45、《琉訳》（1800頃）

とぶ飛　/tubucjo'o/　☼連体形「とぶ」を含む。「とぶてう」に対応か。

まなぶ学　/munumanabutukuru/　☼連体形「まなぶ」を含む。「ものまなぶところ」に対応。

（マ行）

08、《おも 1 》（1531）

とよむ鳴響　/tujumu/　☆連体形「とよむ」に対応。

13、《碑文（かた）》（1543）

たのしむ楽　/tanusjimu/　☆連体形「たのしむ」に対応。

17、《碑文（やら）》（1554）

をがむ拝　/wugamujani/　☆連体形「をがむ」を含む。「をがむやに」に対応。

29、《おも 2 》（1613）

うらやむ羨　/urajamu/　☆連体形「うらやむ」に対応。

とよむ鳴響　/tujumu/　☆連体形「とよむ」に対応。

30、《おも 3 》（1623）

あゆむ歩　/ajumu/　☆連体形「あゆむ」に対応。

　　　　　　　/ajumujani/　☆連体形「あゆむ」を含む。「あゆむや（う）に」に対応。

すむ澄　/sïmu/　☆連体形「すむ」に対応。

つむ積　/cïmu/　☆連体形「つむ」に対応。

とよむ鳴響　/tujumu/　☆連体形「とよむ」に対応。

　　　　　　　/tujumuuukimija/　☆連体形「とよむ」を含む。「とよむおほきみは」に対応。

ひがむ僻（「曲がる」の意）　/hwizjamu/　☆連体形「ひがむ」に対応。

38、《仲里》（1703 頃）

とよむ鳴響　/tu'jumu/　☆連体形「とよむ」に対応。

39、《混験》（1711）

とよむ鳴響　/tu'jumu/　☆連体形「とよむ」に対応。

40、《琉由》（1713）

とよむ鳴響　/tu'jumu/　☆連体形「とよむ」に対応。

41、《組五》（1718 頃）

をがむ拝　/ʼugamu/　☆連体形「をがむ」に対応。

43、《具志》（1743）

とよむ鳴響　/tu'jumu/　☆連体形「とよむ」に対応。「ど」の結びとしての連体形。

45、《琉訳》（1800 頃）

うらむ恨　/ʔuramuru/　☆連体形「うらむる」に対応。

50、《チェン》（1895）

たのむ頼　/tanumu/　☆連体形「たのむ」に対応。du tanumu で係り結び。組踊詞章の故か。
　　　　　　　　　　　tanumuru ではないことに注目。

（ラ行）

02、《碑文（玉殿）》（1501）

いたる至　/itarumadï/　☆連体形「いたる」を含む。「いたるまで」に対応。

08、《おも 1 》（1531）

あがる上　/agaru/　☆連体形「あがる」に対応。

ちよわる「いらっしゃる」の意　/cjijuwaru/　☆連体形「ちよわる」に対応。

よる寄　/juru/　☆連体形「よる」に対応。

13、《碑文（かた）》（1543）

いたる至　/itaru/　☆ 連体形「いたる」に対応。

ふる降　/hwuru/　☆ 連体形「ふる」に対応。

　　25、《碑文（浦城）》（1597）

ふる降　/hwuru/　☆ 連体形「ふる」に対応。

まさる勝　/süwimasaru/　☆ 連体形「まさる」を含む。「すゑまさる」に対応。「わうにせ」が続く。

　　28、《碑文（よう）》（1609）

まさる勝　/masaru/　☆ 連体形「まさる」に対応。

　　29、《おも 2 》（1613）

あがる上　/agaru/　☆ 連体形「あがる」に対応。

のぼる上　/nuburu/　☆ 連体形「のぼる」に対応。

まさる勝　/masaru/　☆ 連体形「まさる」に対応。

　　30、《おも 3 》（1623）

あがる上　/agaru/　☆ 連体形「あがる」に対応。

あまる余　/amarunucji/　☆ 連体形「あまる」を含む。「あまるいのち」に対応。

いのる祈　/inuru/　☆ 連体形「いのる」に対応。

おわる　/uwaru/　☆ 連体形「おわる」に対応。連体形の例多し。

さがる下　/sagaru/　☆ 連体形「さがる」に対応。

そわる添　/suwaru/　☆ 連体形「そわる」に対応。

たちなほる立直　/tacjinauru/　☆ 連体形「たちなほる」に対応。

ちよわる「いらっしゃる」の意　/cjijuwaru/　☆ 連体形「ちよわる」に対応。

　　　　　　　　　　　　　　　　/cjijuwaru/　☆ 連体形「ちよわる」に対応。「ど」の結び。

つくる作　/cïkuruzjamimu/　☆ 連体形「つくる」を含む。「つくるぎやめも」に対応。

てる照　/tiru/　☆ 連体形「てる」に対応。

とる取　/turuzjami/　☆ 連体形「とる」を含む。「とるぎやめ」に対応。

なほる直　/nauru/　☆ 連体形「なほる」に対応。

なる成　/naruzjami/　☆ 連体形「なる」を含む。「なるぎやめ」に対応。

なる鳴　/narusji/　☆ 連体形「なる」を含む。「なるし」に対応。

のる乗　/nuru/　☆ 連体形「のる」に対応。

ふる降　/hwuru/　☆ 連体形「ふる」に対応。

ほこる慶　/hwukuru/　☆ 連体形「ほこる」に対応。

まさる勝　/masaru/　☆ 連体形「まさる」に対応。「ど」の結び。

まもる守　/maburu/　☆ 連体形「まもる」に対応する「まぶる」。

みまもる見守　/mimaburu/　☆ 連体形「みまもる」に対応する「みまぶる」。

よる寄　/juru/　☆ 連体形「よる」に対応。

　　37、《君由》（1700 頃）

てる照　/tirusjinju/　☆ 連体形「てる」を含む。「てるしによ」に対応。

　　38、《仲里》（1703 頃）

いる入　/ʔiru/　☆ 連体形「いる」に対応。

てる照　/tiru/　☆ 連体形「てる」に対応。

　　39、《混験》（1711）

あがる上　/ʔusjagaru/　☆連体形「あがる」を含む。「おしあがる」に対応。

てる照　/tiru/　☆連体形「てる」に対応。

とる取　/turu/　☆連体形「とる」に対応。前の「ものど」の「ど」と照応関係にある。結びとしての連体形。

　40、《琉由》（1713）

あがる上　/ʔagaru/　☆連体形「あがる」に対応。

てる照　/tiru/　☆連体形「てる」に対応。「照月キンナフ」「照月ケンハフ」の例がある。

　41、《組五》（1718頃）

かたる語　/kataru/　☆連体形「かたる」に対応。

かへる帰　/ka'iru/　☆連体形「かへる」に対応。

くだる下　/kudaru/　☆連体形「くだる」に対応。

しる知　/sjiru/　☆連体形「しる」に対応。

たよる頼　/ta'juru/　☆連体形「たよる」に対応。

ちぎる契　/cjizjiru/　☆連体形「ちぎる」に対応。

つくる作　/cukuru/　☆連体形「つくる」に対応。

てる照　/tiru/　☆連体形「てる」に対応。

なる成　/naruga/　☆連体形「なる」を含む。「なる（す）が」に対応。

ねぶる眠　/niburu/　☆連体形「ねぶる」に対応。

のこる残　/nukuru/　☆連体形「のこる」に対応。

まさる勝　/masaru/　☆連体形「まさる」に対応。

もどる戻　/muduru/　☆連体形「もどる」に対応。

　43、《具志》（1743）

てる照　/tirumamunu/　☆連体形「てる」を含む。「てるまもの」に対応。

まもる守　/maburu/　☆連体形「まもる」に対応。「ど」の結びとしての連体形。

　45、《琉訳》（1800頃）

いかる怒　/ʔikaruru/　☆連体形「いかるる」に対応。

おくる送　/ʔukurumucji/　☆連体形「おくる」を含む。「おくるもち」に対応か。

くだる下　/kudarusjimu/　☆連体形「くだる」を含む。「くだるしも」に対応。

はかる測　/hwakarumasi/　☆連体形「はかる」を含む。「はかるます」（測る升）に対応か。

みだる乱　/midaruru/　☆連体形「みだるる」に対応。

　48、《ヘ゛ッテ》（1849）・（1852）

つくる作　/cukuru/　☆連体形「つくる」に対応。

　　　　　/cukurunu/　☆連体形「つくる」を含む。「つくるの」に対応。「つくる」が名詞的に使用されて
　　　　　　　　　　　いると考える。

　　　　　/cukurunji/　☆連体形「つくる」を含む。「つくるに」に対応。「つくる」が名詞的に使用さ
　　　　　　　　　　　れていると考える。「つくる（こと）によって」の意であろう。

　　　　　/cukurunji'ja/　☆連体形「つくる」を含む。「つくるには」に対応。

　　　　　/cukuruga/　☆連体形「つくる」を含む。「つくるが」に対応。「つくるがごと（く）」。

　49、《沖話》（1880）

もどる戻　/muduru/　☆連体形「もどる」に対応。新「連体形」なら「ムドユル」/mudu'juru/,「ム
　　　　　　　　　　　ドイル」/mudu'iru/のはずである。「古い形」が示されているように見える。

第1節　「四段活用」動詞の史的変化　1041

慣用句としての「ムドルミチ」（戻る道）の可能性もある。

50、《チェン》（1895）

いまゐる来？ /ʔime'eru/　☆連体形「いまゐる」に対応。

なる成 /naruga/　☆連体形「なる」を含む。「なるが」に対応。「なる（こと）が」と考えて、連体形に。

なる成 /na/　☆連体形「な（る）」に対応。

もどる戻 /muduru micji sigara/　☆連体形「もどる」を含む。「もどるみちすがら」に対応。組踊の詞章。「口語」なら「muduyuru」のはずである。

5）「已然形」に対応する形

（カ行）

30、《おも3》（1623）

いく行 /ikiba/　☆已然形「いけ」を含む。「いけば」に対応。

きく聞 /cjikiba/　☆已然形「きけ」を含む。「きけば」に対応。

ふく吹 /hwukiba/　☆已然形「ふけ」を含む。「ふけば」に対応。

37、《君由》（1700頃）

きく聞 /cjikiba/　☆已然形「きけ」を含む。「きけば」に対応。

38、《仲里》（1703頃）

おく置 /ʔukiba/　☆已然形「おけ」を含む。「おけば」に対応。

39、《混験》（1711）

さらめく吹 /saramikiba/　☆已然形「さらめけ」を含む。「さらめけば」に対応。

41、《組五》（1718頃）

おく置 /ʔukiba/　☆已然形「おけ」を含む。「おけば」に対応。

きく聞 /cjikiba/　☆已然形「きけ」を含む。「きけば」に対応。

なく泣 /nakiba/　☆已然形「なけ」を含む。「なけば」に対応。

48、《ベッテ》（1849）・（1852）

おく置 /ʔuki'wadu/　☆已然形「おけ」を含む。「おけはど」に対応。

50、《チェン》（1895）

いく行 /ʔike'e/　☆已然形「いけ」を含む。「いけは」に対応。

（サ行）

08、《おも1》（1531）

みおやす奉 /miujasiba/　☆已然形「みおやせ」を含む。「みおやせば」に対応。

29、《おも2》（1613）

もどす戻 /mudusi/　☆已然形「もどせ」に対応。「す」の結び。

30、《おも3》（1623）

おどす威 /udusi/　☆已然形「おどせ」に対応。「す」の結びの「おどせ」（已然形）。

つきおろす突下 /cïcjiurusi/　☆已然形「つきおろせ」に対応。

はやす囃 /hwajasi/　☆已然形「はやせ」に対応。

はりやす走「はしらす」 /hwarijasi/　☆已然形「はりやせ」に対応。

みおやす奉 /miujasiba/　☆已然形「みおやせ」を含む。「みおやせば」に対応。

37、《君由》（1700頃）

あはす合　/cjiriʔa'wasjiba/　☼已然形「あはせ」を含む。「きりあはせば」に対応。

　　　　　　/nazjiʔa'wasjiba/　☼已然形「あはせ」を含む。「なぎあはせば」に対応。

なほす直　/no'osji'wadu/　☼已然形「なほせ」を含む。「なほせはど」に対応。

　41、《組五》（1718 頃）

ほろぼす滅　/hwurubusiba/　☼已然形「ほろぼせ」を含む。「ほろぼせば」に対応。

　43、《具志》（1743）

あはす合　/cjiriʔa'wasiba/　☼已然形「あはせ」を含む。「きりあはせば」に対応。

　　　　　　/nazjiʔa'wasiba/　☼已然形「あはせ」を含む。「なぎあはせば」に対応。

（タ行）

　29、《おも 2》（1613）

たつ立　/tatiba/　☼已然形「たて」を含む。「たてば」に対応。

　30、《おも 3》（1623）

たつ立　/tatiba/　☼已然形「たて」を含む。「たてば」に対応。

たつ発　/tatiba/　☼已然形「たて」を含む。「たてば」に対応。

　48、《ベッテ》（1849）・（1852）

もつ持　/mute'e/　☼已然形「もて」を含む。「もては」に対応。

　50、《チェン》（1895）

もつ持　/muti'wa/　☼已然形「もて」を含む。「もては」に対応。組踊の詞章。

（ハ行）

　30、《おも 3》（1623）

おそふ襲　/usui/　已然形「おそへ」に対応。

こふ乞　/kuiba/　☼已然形「こへ」を含む。「こへば」に対応。

とふ問　/tuiwa/　☼已然形「とへ」を含む。「とへは」に対応。

はりあふ走合　/hwarijaiba/　☼已然形「はりあへ」を含む。「はりあへば」に対応。

むれまふ群舞　/burimaiba/　☼已然形「むれまへ」を含む。「むれまへば」に対応。

よりそふ寄添　/jurisui/　☼已然形「よりそへ」に対応。

　37、《君由》（1700 頃）

おもふ思　/tumiba/　☼已然形「おもへ」を含む。「とおもへば」に対応。縮約形。

　38、《仲里》（1703 頃）

いまふ〈いらっしゃる〉/ʔima'uriba/　☼「ラ行（四段）化」後の已然形「いまふれ」を含む。「いまふ
　　　　　　　　　　　　　　　　　れば」に対応。

　39、《混験》（1711）

おもふ思　/tumiba/　☼已然形「おもへ」を含む。「とおもへば」に対応。縮約形。

　41、《組五》（1718 頃）

おもふ思　/ʔumiba/　☼已然形「おもへ」を含む。「おもへば→おめば」に対応。「おもれば→おもりば
　　　　　　　　　　　→おもいば→おめば」の可能性もある。

　　　　　/miba/　☼已然形「おもへ」を含む。「おもへば」に対応。「おもへば→おめば→めば」等と
　　　　　　　　　変化。「おもれば→おもりば→おもいば→おめば→めば」の可能性もある。

とまふ探　/tumeri'wa/　☼「「ラ行（四段）化」後の已然形「とまいれ」を含む。「とまいれは」に対応。

　48、《ベッテ》（1849）・（1852）

第 1 節　「四段活用」動詞の史的変化　1043

いふ言　/ʔi'idumu/　已然形「いへ」を含む。「いへども」に対応。

　50、《チェン》（1895）

おもふ思　/tumiba/　已然形「おもへ」を含む。「とおもへば」に対応。

まふ舞　/mo'ore'e/　☆「ラ行（四段）化」後の已然形「まうれ」を含む。「まうれは」に対応。

（バ行）

　08、《おも1》（1531）

あすぶ遊　/asübiba/　☆已然形「あすべ」を含む。「あすべば」に対応。

　30、《おも3》（1623）

あすぶ遊　/asïbiwa/　☆已然形「あすべ」を含む。「あすべは」に対応。

（マ行）

　08、《おも1》（1531）

とよむ鳴響　/tujumi/　☆已然形「とよめ」に対応。「しよ」の結び。

　30、《おも3》（1623）

とよむ鳴響　/tujumiba/　☆已然形「とよめ」を含む。「とよめば」に対応。

（ラ行）

　08、《おも1》（1531）

ちよわる　/cjijuwari/　☆已然形「「ちよわれ」に対応。

まもる守　/maburi/　☆已然形「まもれ」に対応。

　30、《おも3》（1623）

いのる祈　/inuri/　☆已然形「いのれ」に対応。

おわる　/uwariba/　☆已然形「おわれ」を含む。「おわれば」に対応。

かへる帰　/kairi/　☆已然形「かへれ」に対応。

けづる削　/kizïri/　☆已然形「けづれ」に対応。

ちよわる　「いらっしゃる」の意　/cjijuwari/　☆已然形「ちよわれ」に対応。

　　　　　　　　　　　　　　　/cjijuwariba/　☆已然形「ちよわれ」を含む。

てずる手擦（祈）　/tizïri/　☆已然形「てずれ」に対応。

とほる通　/tuuriba/　☆已然形「とほれ」を含む。「とほれば」に対応。

なる成　/nariba/　☆已然形「なれ」を含む。「なれば」に対応。

はる走　/hwariiba/　☆已然形「はりへ」を含む。「はりへば」に対応。

まもる守　/maburi/　☆已然形「まもれ」に対応する「まぶれ」。

みまもる見守　/mimaburi/　☆已然形「みまもれ」に対応する「みまぶれ」。

もどる戻　/muduri/　☆已然形「もどれ」に対応。

よる寄　/juriba/　☆已然形「よれ」を含む。「よれば」に対応。

　37、《君由》（1700頃）

あがる上　/'wacjagariba/　☆已然形「あがれ」を含む。「わきあがれば」に対応。

なる鳴　/nariba/　☆已然形「なれ」を含む。「なれば」に対応。

なる成　/nariba/　☆已然形「なれ」を含む。「なれば」に対応。

はる走　/hwariba/　☆已然形「はれ」を含む。「はれば」に対応。

　38、《仲里》（1703頃）

はる走　/hwariba/　☆已然形「はれ」を含む。「はれば」に対応。

41、《組五》（1718 頃）

とる取　　/turiba/　　☆ 已然形「とれ」を含む。「とれば」に対応。

なる成　　/nariba/　　☆ 已然形「なれ」を含む。「なれば」に対応。

よむ数　　/ʃjumiba/　☆ 已然形「よめ」を含む。「よめば」に対応。

48、《ベッテ》（1849）・（1852）

なる成　　/nari'wa/　☆ 已然形「なれ」を含む「なれは」に対応。

　　　　　/nare'e/　　☆ 已然形「なれ」を含む「なれは」に対応。

49、《沖話》（1880）

ふる降　　/hure'e/　　☆ 已然形「ふれ」を含む。「ふれは」に対応。

50、《チェン》（1895）

かかる掛　/kakare'e/　☆ 已然形「かかれ」を含む。「かかれは」に対応。

とる取　　/ture'e/　　☆ 已然形「とれ」を含む。「とれは」に対応。

なる成　　/nariba/　　☆ 已然形「なれ」を含む。「なれば」に対応。

　6）「未然形」に対応する形

（カ行）

05、《碑文（石西）》（1522）

つく着　　/cükasjijuwaci/　☆ 未然形「つか」を含む。「つかしおはして」に対応。「し」は、使役の「す」
　　　　　　　　　　　　　　　　の連用形。

17、《碑文（やら）》（1554）

おく置　　/ukaQti/　☆ 未然形「おか」を含む。「おかれて→おかりて→おかって」に対応か。

25、《碑文（浦城）》（1597）

おく置　　/ukaQti/　☆ 未然形「おか」を含む。「おかれて」に対応。「おかれて→おかりて→おかって」と変化か。

30、《おも3》（1623）

いく行　　/ikja/　　☆ 未然形「いか」に対応。

おく置　　/ukaba/　☆ 未然形「おか」を含む。「おかば」に対応。

きしめく軋　/cjisjimikaba/　☆ 未然形「きしめか」を含む。「きしめかば」に対応。

すく好　　/sïkaru/　☆ 未然形「すか」を含む。「すかる」に対応。

つく着・付　/cïkaba/　☆ 未然形「つか」を含む。「つかば」に対応。

38、《仲里》（1703 頃）

だく抱　　/dakaba/　☆ 未然形「だか」を含む。「だかば」に対応。

つく付　　/tubicika'ɴjo'oni/　☆ 未然形「つか」を含む。「とびつかぬやうに」に対応。

ひく引　　/hwikaba/　☆ 未然形「ひか」を含む。「ひかば」に対応。

39、《混験》（1711）

いく行　　/ʔikja/　☆ 未然形「いか」に対応。

40、《琉由》（1713）

おく置　　/ʔuka/　☆ 未然形「おか」に対応。

41、《組五》（1718 頃）

いく行　　/ʔika'wa/　☆ 未然形「いか」を含む。「いかは」に対応。

　　　　　/ʔiko'o/　　☆ 未然形「いか」を含む。「いかう」に対応。

第 1 節　「四段活用」動詞の史的変化　1045

　　　　/ʔika'ɴ/　☼ 未然形「いか」を含む。「いかぬ」に対応。

　　　　/ʔikani/　☼ 未然形「いか」を含む。「いかに」に対応。「行かぬか」の意。

うく浮　/ʔukasariti/　☼ 未然形「うか」を含む。「うかされて」に対応。

おく置　/ʔuko'o'ja/　☼ 未然形「おか」を含む。「おかうや」に対応。

きく聞　/cjikana/　☼ 未然形「きか」を含む。「きかな」に対応。

　　　　/cjikani/　☼ 未然形「きか」を含む。「きかに」に対応。

　　　　/cjikaba/　☼ 未然形「きか」を含む。「きかば」に対応。

さく咲　/sakacji/　☼ 未然形「さか」を含む。「さかして」に対応。

だく抱　/dakari/　☼ 未然形「だか」を含む。「だかれ」に対応。

なく泣　/nakanariba/　☼ 未然形「なか」を含む。「なかぬあれば」に対応。

ひく引　/hwikasariti/　☼ 未然形「ひか」を含む。「ひかされて」に対応。

　　　　/hwikarira'ɴ/　☼ 未然形「ひか」を含む。「ひかれらぬ」に対応。

　42、《中信》（1721）

きく聞　/cjikari'u'ɴ/　☼ 未然形「きか」を含む。「きかれをりむ」に対応か。

　　　　/cjikara'ɴ/　☼ 未然形「きか」を含む。「きからぬ」に対応。

　47、《クリ》（1818）

きく聞　/cjikara'ɴ/　☼ 未然形「きか」を含む。「きからぬ」に対応。

　48、《ベッテ》（1849）・（1852）

ありく歩　/ʔaQka'ɴ/　☼ 未然形「ありか」を含む。「ありかぬ」に対応。

　　　　　/ʔaQka'ɴsiga/　☼ 未然形「ありか」を含む。「ありかぬすが」に対応。

いく行　/ʔika'wa'ɴ/　☼ 未然形「いか」を含む。「いかはも」に対応。

　　　　/ʔika'ɴdi/　☼ 未然形「いか」を含む。「いかむて」に対応。

　　　　/ʔika'i'i/　☼ 未然形「いか」を含む。「いかい」に対応。

　　　　/ʔika'ɴ/　☼ 未然形「いか」を含む。「いかぬ」に対応。

　　　　/ʔikane'e/　☼ 未然形「いか」を含む。「いかねは」に対応

　　　　/ʔika'ɴta'ɴ/　☼ 未然形「いか」を含む。「いかぬたりむ」に対応。

　　　　/ʔika'ɴtaru/　☼ 未然形「いか」を含む。「いかぬたる」に対応。

　　　　/ʔikasa'ɴ/　☼ 未然形「いか」を含む。「いかさぬ」に対応。

　　　　/ʔikara'ɴ/　☼ 未然形「いか」を含む。「いからぬ」に対応。

　　　　/ʔikara'ɴsi/　☼ 未然形「いか」を含む。「いからぬす」に対応。

　　　　/ʔikari'iru/　☼ 未然形「いか」を含む。「いかれをる」に対応。

おく置　/ʔukara'ɴ/　☼ 未然形「おか」を含む。「おからぬ」に対応。

かく書　/kaka/　☼ 未然形「かか」に対応。

　　　　/kaka'ɴdi/　☼ 未然形「かか」に対応。「かかむて」に対応。

　　　　/kaka'ɴ/　☼ 未然形「かか」を含む。「かかぬ」に対応。

　　　　/kakane'e/　☼ 未然形「かか」を含む。「かかねは」に対応。

　　　　/kakara'ɴ/　☼ 未然形「かか」を含む。「かからぬ」に対応。

かわく乾　「かわらく」もあると考える。　/ka'arakara'a/　☼ 未然形「かわらか」を含む。「かわらか（か）

　　　　　　　　　　　　　　　　　　　　　　　　　　　　　わら（か）」に対応。

　　　　　　　　　　　　　　/ka'araka'ɴ/　☼ 未然形「かわらか」を含む。「かわらかぬ」に

対応。

きく聞　/cjika'N/　☆未然形「きか」を含む。「きかぬ」に対応。

しりぞく退　/sjirizuka'N/　☆未然形「しりぞか」を含む。「しろぞかぬ」に対応。

つく突　/cika'N/　☆未然形「つか」を含む。「つかぬ」に対応。

　　　/cikari'i'N/　☆未然形「つか」を含む。「つかれをり<u>む</u>」に対応。

　　　/cjikasju'N/　☆未然形「つか」を含む。「つかしをり<u>む</u>」に対応。

ふく吹　/hwuka'N/　☆未然形「ふか」を含む。「ふかぬ」に対応。

　　　/hwukari'i'N/　☆未然形「ふか」を含む。「ふかれをり<u>む</u>」に対応。

　　　/hwukasju'N/　☆未然形「ふか」を含む。「ふかしをり<u>む</u>」に対応。

ふく吹（煙草吸）　/hwuka/　☆未然形「ふか」に対応。「意志・勧誘」を示す。

　　49、《沖話》（1880）

いごく動　/ʔNzjuka'N/　☆未然形「いごか」を含む。「いごかぬ」に対応。

きく利　/cjika'N/　☆未然形「きか」を含む。「きかぬ」に対応。

しく敷　/sjika'Nti'N/　☆未然形「しか」を含む。「しかぬても」に対応。

つく付　/cika'Nga/　☆未然形「つか」を含む。「つかぬが」に対応。

とどく届　/tuduka'N/　☆未然形「とどか」を含む。「とどかぬ」に対応。

ひく引　/hwikari'iru/　☆未然形「ひか」を含む。「ひかれる」に対応。

ひらく開　/hwiraka'N/　☆未然形「ひらか」を含む。「ひらかぬ」に対応。

　　50、《チェン》（1895）

いく行　/ʔika/　☆未然形「いか」に対応。

　　　/ʔika'wa/　☆未然形「いか」を含む。「いかは」に対応。

　　　/ʔika'Nse'e/　☆未然形「いか」を含む。「いかぬすは」に対応。

　　　/ʔikasju'N/　☆「未然形「いか」を含む。「いかしをり<u>む</u>」に対応。

　　　/ʔikasa'N/　☆「未然形「いか」を含む。「いかさぬ」に対応。

　　　/ʔikacja'N/　☆「未然形「いか」を含む。「いかしたり<u>む</u>」に対応。

　　　/ʔikari'i'N/　☆「未然形「いか」を含む。「いかれをり<u>む</u>」に対応。

　　　/ʔikarira'N/　☆未然形「いか」を含む。「いかれらぬ」に対応。

いごく動　/ʔNzjukaN/　☆未然形「いごか」を含む。「いごかぬ」に対応。

きく聞　/cjika'N/　☆未然形「きか」を含む。「きかぬ」に対応。

　　　/cjikani/　☆未然形「きか」を含む。「きかに」に対応。

　　　/cjikacji/　☆「未然形「きか」を含む。「きかして」に対応。

つく着　/cika'wa/　☆未然形「つか」を含む。「つかは」に対応。

はく吐　/haka'N/　☆未然形「はか」を含む。「はかぬ」に対応。

　　51、《官話》（19世紀？）

さばく裁　/sabaka'N/　☆未然形「さばか」を含む。「さばかぬ」に対応。

（ガ行）

　　39、《混験》（1711）

いそぐ急　/ʔisjugari/　☆未然形「いそが」を含む。「いそがれ」に対応。

　　48、《ベッテ》（1849）・（1852）

とぐ研　/tuga'N/　☆未然形「とが」を含む。「とがぬ」に対応。

　　　　　　　/tugari'i'ɴ/　☼ 未然形「とが」を含む。「とがれをりむ」に対応。

　　　　　　　/tugasju'ɴ/　☼ 未然形「とが」を含む。「とがしをりむ」に対応。

ぬぐ脱　/nuga'ɴ/　☼ 未然形「ぬが」を含む。「ぬがぬ」に対応。

ふせぐ防　/hwusjiga'ɴ/　☼ 未然形「ふせが」を含む。「ふせがぬ」に対応。

　　　　　　　/hwusjigari'i'ɴ/　☼ 未然形「ふせが」を含む。「ふせがれをりむ」に対応。

　　　　　　　/hwusjigasju'ɴ/　☼ 未然形「ふせが」を含む。「ふせがしをりむ」に対応。

　50、《チェン》（1895）

いそぐ急　/ʔisuga/　☼ 未然形「いそが」に対応。

　　　　　　　/ʔisuga'ɴ/　☼ 未然形「いそが」を含む。「いそがぬ」に対応。

　　　　　　　/ʔisuga'a/　☼ 未然形「いそが」を含む。「いそがは」に対応。

（サ行）

　08、《おも1》（1531）

とよます鳴響　/tujumasani/　☼ 未然形「とよまさ」を含む。「とよまさに」に対応。

　30、《おも3》（1623）

あはす合　/awasadana/　☼ 未然形「あはさ」を含む。「あはさだな」に対応。「未然形＋だな、な」で、
　　　　　　　　　　　　　　　打消しの中止法の用例。

おれなほす降直　/urinausa/　☼ 未然形「おれなほさ」に対応。

くだす下　/kudasaba/　☼ 未然形「くださ」を含む。「くださば」に対応。

さす差　/sasami/　☼ 未然形「ささ」を含む。「ささめ」に対応。「め」は「む」の已然形。

　　　　　/sasacji/　☼ 未然形「ささ」を含む。「ささして」に対応。

なほす直　/nausa/　☼ 未然形「なほさ」に対応。

はやす囃　/hwajasa/　☼ 未然形「はやさ」に対応。

　　　　　/hwajasani/　☼ 未然形「はやさ」を含む。「はやさに」に対応。

はりやす走「はしらす」　/hwajasa/　☼ 未然形「はりやさ」に対応。

まはす回　/mawasadana/　☼ 未然形「まはさ」を含む。「まはさだな」に対応。

　31、《碑文（本山）》（1624）

まうす申　/moosazi/　☼ 未然形「まうさ」を含む。「まうさず」に対応。

　37、《君由》（1700頃）

なす成　/nasacji'jura'ja/　☼ 未然形「なさ」を含む。「なさきよらや」に対応。

　38、《仲里》（1703頃）

やらす遣　/'jarasaba/　☼ 未然形「やらさ」を含む。「やらさば」に対応。

　39、《混験》（1711）

さす差　/sasacji/　☼ 未然形「ささ」を含む。「ささして」に対応。

なほす直　/na'usa/　☼ 未然形「なほさ」に対応。

　40、《琉由》（1713）

めす召　/miso'o/　☼ 未然形「めさ」を含む。「めさう」に対応か。

　41、《組五》（1718頃）

あかす明　/ʔakasa/　☼ 未然形「あかさ」に対応。

いだす出　/ʔɴzjasari/　☼ 未然形「いださ」を含む。「いだされ」に対応。

うかす浮　/ʔukasariti/　☼ 未然形「うかさ」を含む。「うかされて」に対応。

おこす起　/ʔukuso'o/　☆ 未然形「おこさ」を含む。「おこさう」に対応。

かくす隠　/kakusa/　☆ 未然形「かくさ」に対応。

　　　　　/kakusariti/　☆ 未然形「かくさ」を含む。「かくされて」に対応。

からす貸　/karaso'o'ja/　☆ 未然形「からさ」を含む。「からさうや」に対応。

くらす暮　/kurasa/　☆ 未然形「くらさ」に対応。

ころす殺　/kurusariti/　☆ 未然形「ころさ」を含む。「ころされて」に対応。

さがす探　/sagasa'wa'N/　☆ 未然形「さがさ」を含む。「さがさはむ」に対応か。

とらす取　/turasa/　☆ 未然形「とらさ」に対応。

　　　　　/turaso'o/　☆ 未然形「とらさ」を含む。「とらさう」に対応。

ぬかす抜（逃）　/nukasa'N/　☆ 未然形「ぬかさ」を含む。「ぬかさぬ」に対応。

はなす放　/hwanasara'N/　☆ 未然形「はなさ」を含む。「はなさらぬ」に対応。

　　　　　/hwanasarimi/　☆ 未然形「はなさ」を含む。「はなされめ」に対応。

　45、《琉訳》（1800 頃）

いだす出　/sagu'iʔidasazi/　☆ 未然形「いださ」を含む。「さぐりいださず」に対応。

　48、《ベッテ》（1849）・（1852）

くらす暮　/kurasaranji/　☆ 未然形「くらさ」を含む。「くらさらに」に対応。

だまかす騙　/damakasa'Nsiga/　☆ 未然形「だまかさ」を含む。「だまかさぬすが」に対応。

つひやす費　/ci'i'jaQsa'N/　☆ 未然形「ついやさ」を含む。「つひやさぬ」に対応。

なす生　/nasa'N/　☆ 未然形「なさ」を含む。「なさぬ」に対応。

なほす直　/no'osari'isiga/　☆ 未然形「なほさ」を含む。「なほされ（る）すが」に対応。

ひやす冷　/hwi'jasaba/　☆ 未然形「ひやさ」を含む「ひやさば」に対応。「訓読」的「日本語」と解される。

もたす持　/mutasa'ndi/　☆ 未然形「もたさ」を含む。「もたさむて」に対応。「持たそうと」の意。

ゆるす許　/'jurusaQta'N/　☆ 未然形「ゆるさ」を含む。「ゆるされてありむ→ゆるされたりむ」に対応。

　49、《沖話》（1880）

しらす知　/ʔusjirasji/　☆ 未然形「しら」を含む。「おしらし」に対応。

とほす通　/tu'usa'N/　☆ 未然形「とほさ」を含む。「とほさぬ」に対応。

みおろす見下　/mi'iʔurusari'iru/　☆ 未然形「みおろさ」を含む。「みおろされる」に対応。

みとほす見通　/mi'ito'osari'iru/　☆ 未然形「みとほさ」を含む。「みとほされる」に対応。

わたす渡　/'watasa'N/　☆ 未然形「わたさ」を含む。「わたさぬ」に対応。

　50、《チェン》（1895）

いだす出　/ʔNzjasa'a/　☆ 未然形「いださ」を含む。「いださは」に対応。

　　　　　/ʔNzjasari'i'N/　☆ 未然形「いださ」を含む。「いだされをりむ」に対応。

くらす暮　/kurasari'iga/　☆ 未然形「くらさ」を含む。「くらされを（る）が」に対応。

ころす殺　/kurusa'N/　☆ 未然形「ころさ」を含む。「ころさぬ」に対応。

とらす取　/turasa/　☆ 未然形「とらさ」に対応。

（タ行）

　30、《おも 3》（1623）

たつ立　/tatasjiju/　☆ 未然形「たた」を含む。「たたしよ」に対応。

まつ待　/matana/　☆ 未然形「また」を含む。「またな」に対応。

　　　　/matadana/　☆ 未然形「また」を含む。「まただな」に対応。

よりだつ寄立 /juridataba/ ☼ 未然形「よりだた」を含む。「よりだたば」に対応。

37、《君由》（1700 頃）

たつ立 /tataba/ ☼ 未然形「たた」を含む。「たたば」に対応。

41、《組五》（1718 頃）

うつ討 /ʔutani/ ☼ 未然形「うた」を含む。「うたね」に対応。

/ʔutoʼo/ ☼ 未然形「うた」を含む。「うたう」に対応。

/ʔutaʼɴ/ ☼ 未然形「うた」を含む。「うたむ」に対応。

たつ立 /tataʼɴ/ ☼ 未然形「たた」を含む。「たたぬ」に対応。

みつ満 /mitaʼɴ/ ☼ 未然形「みた」を含む。「みたぬ」に対応。

45、《琉訳》（1800 頃）

たつ立 /tataʼɴ/ ☼ 未然形「たた」を含む。「たたぬ」に対応。

48、《ベッテ》（1849）・（1852）

たつ立 /tataʼɴ/ ☼ 未然形「たた」を含む。「たたぬ」に対応。

もつ持 /mutaʼɴ/ ☼ 未然形「もた」を含む。「もたぬ」に対応。

/mutaʼɴtaʼɴ/ ☼ 未然形「もた」を含む。「もたぬたり<u>む</u>」に対応。

/mutariʼiʼɴ/ ☼ 未然形「もた」を含む。「もたれをり<u>む</u>」に対応。

/mutasjuʼɴ/ ☼ 未然形「もた」を含む。「もたしをり<u>む</u>」に対応。

49、《沖話》（1880）

もつ持 /mutacji/ ☼ 未然形「もた」を含む。「もたして」に対応。

50、《チェン》（1895）

まつ待 /mataʼɴ/ ☼ 未然形「また」を含む。「またぬ」に対応。

/mataʼɴtiʼɴ/ ☼ 未然形「また」を含む。「またぬても」に対応。

/matariʼiʼja/ ☼ 未然形「また」を含む。「またれりは」に対応。

（ハ行）

08、《おも 1 》（1531）

おそふ襲 /usuwa/ ☼ 未然形「おそは」に対応。

かよふ通 /kajuwagjami/ ☼ 未然形「かよは」を含む。「かよはぎやめ」に対応。

30、《おも 3 》（1623）

あふ会、戦 /awatiti/ ☼ 未然形「あは」を含む。「あはてて」に対応。

いふ言 /ijaba/ ☼ 未然形「いは」を含む。「いはば」に対応。

おそふ襲 /usuwa/ ☼ 未然形「おそは」に対応。

おもふ思 /umuwana/ ☼ 未然形「おもは」を含む。「おもはな」に対応。

/umuwaba/ ☼ 未然形「おもは」を含む。「おもはば」に対応。

/umuwariri/ ☼ 未然形「おもは」を含む。「おもはれれ」に対応。

/umuwariti/ ☼ 未然形「おもは」を含む。「おもはれて」に対応。

かよふ通 /kajuwazjami/ ☼ 未然形「かよは」を含む。「かよはぎやめ」に対応。

こふ乞 /kuwaba/ ☼ 未然形「こは」を含む。「こはば」に対応。

しなふ撓 /sjinawa/ ☼ 未然形「しなは」に対応。

/sjinawani/ ☼ 未然形「しなは」を含む。「しなはに」に対応。

/sjinawanina/ ☼ 未然形「しなは」を含む。「しなはにな」に対応。

すまふ住　/sïmara/　☆「ラ行化」後の未然形「すまら」に対応。

そろふ揃　/suruwaba/　☆未然形「そろは」を含む。「そろはば」に対応。

たとふ譬　/tatuwaru/　☆未然形「たとは」を含む。「たとはる」に対応。

つかふ使　/cïkawariti/　☆未然形「つかは」を含む。「つかはれて」に対応。

むかふ向　/mukawa/　☆未然形「むかは」に対応。

　　37、《君由》（1700頃）

いごふ乞　/ʔizjariti/　☆未然形「いごは」を含む。「いごはれて」に対応。

おもふ思　/ʔumu'wazjimi/　☆未然形「おもは」を含む。「おもはぎみ」に対応。

こふ乞　/tigu'wariti/　☆未然形「こは」を含む。「てごはれて」に対応。

つかふ使　/nusjicika'wa'i/　☆未然形「つかは」を含む。「ぬしつかはい」に対応。

　　38、《仲里》（1703頃）

いごふ乞　/ʔizju'wariti/　☆未然形「いごは」を含む。「いごはれて」に対応。

くふ咬　/ku'waba/　☆未然形「くは」を含む。「くはば」に対応。

こふ乞　/ku'wanu/　☆未然形「くは」を含む。「くはぬ」に対応。/ku'wa'N/の可能性を残す。

　　　　/ku'wa'N/　☆未然形「くは」を含む。「くはぬ」に対応。/kwa'a'N/の可能性を残す。

　　　　/tigu'wariti/　☆未然形「くは」を含む。「てぐはれて」に対応。

　　39、《混験》（1711）

そふ添？　/su'wati/　☆未然形「そは」を含む。「そはせて」に対応。「添ふ」に「従わせる」の意がある。

まよふ迷　/ma'ja'N/　☆未然形「まよは」を含む。「まよはぬ」に対応。

　　41、《組五》（1718頃）

あふ会　/ʔa'wa'N/　☆未然形「あは」を含む。「あはぬ」に対応。

あらふ洗　/ʔara'wa/　☆未然形「あらは」に対応。

いふ言　/ʔi'jana/　☆未然形「いは」を含む。「いはぬは」に対応か。

　　　/ʔi'jaba/　☆未然形「いは」を含む。「いはば」に対応。

おもふ思　/ʔumacji/　☆未然形「おもは」を含む。「おもはして」に対応。「おもはして→おまして→おまち」等と変化。

　　　/ʔuma'N/　☆未然形「おもは」を含む。「おもはぬ」に対応。「おもはぬ→おまぬ」と変化。

さふらふ候　/suru'waba/　☆未然形「さふらは」を含む。「さふらはば」に対応。

そふ添　/suwani/　☆未然形「そは」を含む。「そはに」に対応。

とまふ探？　/tumera/　☆「ラ行（四段）化」後の未然形「とまひら」と判断。

　　45、《琉訳》（1800頃）

つかふ使　/cika'wari/　☆未然形「つかは」を含む。「つかはれ」に対応。

　　48、《ベッテ》（1849）・（1852）

あらふ洗　/ʔara'a'N/　☆未然形「あらは」を含む。「あらはぬ」に対応。

　　　/ʔarara'N/　☆「ラ行（四段）化」後の未然形「あらら」を含む。「あららぬ」に対応。

いふ言　/ʔi'wa'N/　☆未然形「いは」を含む。「いはも」に対応。「言っても」の意となる。

　　　/ʔi'waku/　☆未然形「いは」を含む。「いはく」に対応。

　　　/ʔi'ja'N/　☆未然形「いは」を含む。「いはぬ」に対応。

　　　/ʔi'ja'Nsa/　☆未然形「いは」を含む。「いはぬさ」に対応。

　　　/ʔi'ja'Nse'e/　☆未然形「いは」を含む。「いはぬすは」に対応。

第1節　「四段活用」動詞の史的変化　1051

/ʔjaᴺte'esa/　☆ 未然形「いは」を含む。「いはぬてはあ（る）さ」に対応。

/ʔi'jari'iᴺ/　☆ 未然形「いは」を含む。「いはれをりｍ」に対応。

/ʔi'jaQto'oᴺ/　☆ 未然形「いは」を含む。「いはれてはをりｍ」に対応。

/ʔi'jasju'ᴺdu'ᴺ/　☆ 未然形「いは」を含む。「いはしをりｍども」に対応。

/ʔi'jara'ᴺ/　☆ 未然形「いは」を含む。「いはらぬ」に対応。

/ʔira'ᴺ/　☆「ラ行（四段）化」後の未然形「いら」を含む。「いらぬ」に対応。

うたふ歌　/ʔuta'acjo'oᴺ/　☆ 未然形「うたは」を含む。「うたはしてはをりｍ」に対応。

/ʔutara'ᴺ/　☆「ラ行（四段）化」後の未然形「うたら」を含む。「うたらぬ」に対応。

おもふ思　/ʔuma'a'ᴺ/　☆ 未然形「おもは」を含む。「おもはぬ」に対応。

/ʔuma'azi/　☆ 未然形「おもは」を含む。「おもはず」に対応。

/ʔumura/　☆「ラ行（四段）化」後の未然形「おもら」に対応。

/ʔumura'ᴺ/　☆「ラ行（四段）化」後の未然形「おもら」を含む。「おもらぬ」に対応。

かなふ叶　/kana'wa'ᴺ/　☆ 未然形「かなは」を含む。「かなはぬ」に対応。

/kana'a'ᴺ/　☆ 未然形「かなは」を含む。「かなはぬ」に対応。

かふ買　/ko'orara'ᴺ/　☆「ラ行（四段）化」後の未然形「かひをら」を含む。「かひをららぬ」に対応。

/ko'oraᴺta'ᴺ/　☆「ラ行（四段）化」後の未然形「かひをら」を含む。「かひをらぬたりｍ」に対応。

/ko'oracja'ᴺ/　☆「ラ行（四段）化」後の未然形「かひをら」を含む。「かひをらしてありｍ」に対応。

かまふ構　/kama'a'ᴺ/　☆ 未然形「かまは」を含む。「かまはぬ」に対応。

/kamura'ᴺ/　☆「ラ行（四段）化」後の未然形「かむら」を含む。「かむらぬ」に対応。（音韻的には「かむふ」に対応）

こふ乞　/ku'ura'ᴺ/　☆「ラ行（四段）化」後の未然形「こうら」を含む。「こうらぬ」に対応。

つかふ使　/cika'ara'ᴺ/　☆ 未然形「つかは」を含む。「つかはらぬ」に対応。

/cika'arira'ᴺ/　☆ 未然形「つかは」を含む。「つかはれらぬ」に対応。

/cika'araQta'ᴺ/　☆ 未然形「つかは」を含む。「つかはられたりｍ」に対応。

/cika'aQta'ᴺ/　☆ 未然形「つかは」を含む。「つかはれたりｍ」に対応。

/cikaQte'e'ᴺ/　☆ 未然形「つかは」を含む。「つかはれてはありｍ」に対応。

/ciko'oriti/　☆ 未然形「つかは」を含む。「つかはれて」に対応か。

/ciko'orita'ᴺ/　☆ 未然形「つかは」を含む。「つかはれたりｍ」に対応か。

なふ縫　/no'oraᴺta'ᴺ/　☆「ラ行（四段）化」後の未然形「なうら」を含む。「なうらぬたりｍ」に対応。

ねがふ願　/niga'waku'wa/　☆「ねがはくは」に対応。

/niga'wakwa/　☆「ねがはくは」に対応。/niga'waku'wa/ の変化したもの。

のたまふ宣　/nutama'waku/　☆「のたまはく」に対応。

/nutamabaku/　☆「ぬたまばく」に対応。

わらふ笑　/'wara'ari'iru/　☆ 未然形「わらは」を含む。「わらはれをる」に対応。

49、《沖話》（1880）

いふ言　/ʔi'wari/　☆ 未然形「いは」を含む。「いはれ」に対応。

おもふ思　/ʔuma'ari'jabi'i'ᴺ/　☆ 未然形「おもは」を含む。「おもはれをりはべりｍ」に対応。

/ʔuma'ari'jabi'iru/　☆ 未然形「おもは」を含む。「おもはれをりはべる」に対応。

/ʔuma'ari'jabi'isiga/　☆ 未然形「おもは」を含む。「おもはれをりはべ（る）すが」に対応。

かまふ構　/kama'a'ᴺ/　☆ 未然形「かまは」を含む。「かまはぬ」に対応。

むかふ向　/ʼNka'acji/　☆未然形「むかは」を含む。「むかはして」に対応。

　50、《チェン》（1895）

いふ言　/(ʔ)ja'N/　☆未然形「いは」を含む。「いはぬ」に対応。

　　　　/(ʔ)jara'N/　☆未然形「いは」を含む。「いはらぬ」に対応。

　　　　/(ʔ)ja'Nti'N/　☆未然形「いは」を含む。「いはぬても」に対応。

　　　　/(ʔ)jaQta'N/　☆未然形「いは」を含む。「いはれたり<u>む</u>」に対応。

おもふ思　/ʔuma'ara'N/　☆未然形「おもは」を含む。「おもはらぬ」に対応。

　　　　/ʔNma'ari'jabi'ra'N/　☆未然形「おもは」を含む。「おもはれはべらぬ」に対応。

　　　　/ʔNma'ari'iru gure'e/　☆未然形「おもは」を含む。「おもはれる　ぐらひ」に対応。

かふ買　/ko'ora'N/　☆「ラ行（四段）化」後の未然形「かうら」を含む。「かうらぬ」に対応。

くふ喰　/kwa'a'wa/　☆未然形「くは」を含む。「くはは」に対応。

　　　　/kwa'ari'i'N/　☆未然形「くは」を含む。「くはれをり<u>む</u>」に対応。

よこふ憩「いこふ」？　/ʼjukura/　☆「ラ行（四段）化」後の未然形「よこら」に対応。

（バ行）

　30、《おも3》（1623）

あすぶ遊　/asïba/　☆未然形「あすば」に対応。

　　　　/asïbakazï/　☆未然形「あすば」を含む。「あすばかず」に対応。

のぶ伸　/nubamasji/　☆未然形「のば」を含む。「のばまし」に対応。

　38、《仲里》（1703頃）

あすぶ遊　/ʔasibaba/　☆未然形「あすば」を含む。「あすばば」に対応。

　　　　/ʔasibasju'N/　☆未然形「あすば」を含む。「あすばしをり<u>む</u>」に対応。

　　　　/ʔasibasjusi/　☆未然形「あすば」を含む。「あすばしを（る）す」に対応。

　41、《組五》（1718頃）

あすぶ遊　/ʔasiba/　☆未然形「あすば」に対応。

　　　　/ʔasiba'wa/　☆未然形「あすば」を含む。「あすばは」に対応。

およぶ及　/ʔu'jubara'N/　☆未然形「およば」を含む。「およばらぬ」に対応。

しのぶ忍　/sjinubara'N/　☆未然形「しのば」を含む。「しのばらぬ」に対応。

とぶ飛　/tuba'N/　☆未然形「とば」を含む。「とばむ」に対応。

　　　　/tubarira'N/　☆未然形「とば」を含む。「とばれらぬ」に対応。

むすぶ結　/musiba'wa'N/　☆未然形「むすば」を含む。「むすばはむ」に対応か。

　48、《ベッテ》（1849）・（1852）

およぶ及　/ʔu'juba'N/　☆未然形「およば」を含む。「およばぬ」に対応。

　　　　/ʔu'juba'Nkutu/　☆未然形「およば」を含む。「およばぬこと」に対応。

たふとぶ尊　/taQtuba'N/　☆未然形「たっとば」を含む。「たっとばぬ」に対応。

とぶ飛　/tuba'N/　☆未然形「とば」を含む。「とばぬ」に対応。

よぶ呼　/ʼjuba'N/　☆未然形「よば」を含む。「よばぬ」に対応。

　　　　/ʼjubari'i'N/　☆未然形「よば」を含む。「よばれをり<u>む</u>」に対応。

　　　　/ʼjubasju'N/　☆未然形「よば」を含む。「よばしをり<u>む</u>」に対応。

　　　　/ʼjubacje'e'N/　☆未然形「よば」を含む。「よばしてあり<u>む</u>」に対応。

　　　　/ʼjubasaQta'N/　☆未然形「よば」を含む。「よばされたり<u>む</u>」に対応。

/ˈjubasaQte'eɴ/　☼ 未然形「よば」を含む。「よばされてはあり**む**」に対応。

よろこぶ喜　/ˈjurukuba'ɴ/　☼ 未然形「よろこば」を含む。「よろこばぬ」に対応。

/ˈjurukubasju'ɴ/　☼ 未然形「よろこば」を含む。「よろこばしをり**む**」に対応。

/ˈjurukubasari'i'ɴ/　☼ 未然形「よろこば」を含む。「よろこばされをり**む**」に対応。

49、《沖話》（1880）

あすぶ遊　/ʔasibari'i'ja/　☼ 未然形「あすば」を含む。「あすばれは」に対応。

およぶ及　/ʔu'jubano'o/　☼ 未然形「およば」を含む。「およばぬは」に対応。

50、《チェン》（1895）

よぶ呼　/ˈjuba'a/　☼ 未然形「よば」を含む。「よばあ」に対応。

/ˈjuba/　☼ 未然形「よば」に対応。

/ˈjuba'ɴ/　☼ 未然形「よば」を含む。「よばぬ」に対応。

/ˈjuba'nta'ɴ/　☼ 未然形「よば」を含む。「よばぬてあり**む**→よばぬたり**む**」に対応。

（マ行）

15、《碑文（添門）》（1546）

つむ積　/cümasi/　☼ 未然形「つま」を含む。「つませ」に対応。

17、《碑文（やら）》（1554）

つむ積　/cümasi/　☼ 未然形「つま」を含む。「つませ」に対応。

30、《おも 3》（1623）

このむ好　/kunumariti/　☼ 未然形「このま」を含む。「このまれて」に対応。

とよむ鳴響　/tujuma/　☼ 未然形「とよま」に対応。

やすむ休　/jasïma/　☼ 未然形「やすま」に対応。

37、《君由》（1700 頃）

をがむ拝　/ˈugamariru/　☼ 未然形「をがま」を含む。「をがまれる」に対応。

/ˈugamariti/　☼ 未然形「をがま」を含む。「をがまれて」に対応。

39、《混験》（1711）

をがむ拝　/ˈugama/　☼ 未然形「をがま」に対応。

41、《組五》（1718 頃）

くむ汲　/kumani/　☼ 未然形「くま」を含む。「くまに」に対応。

たのむ頼　/tanumaba/　☼ 未然形「たのま」を含む。「たのまば」に対応。

つむ詰　/cimacji/　☼ 未然形「つま」を含む。「つまして」に対応。

とよむ鳴響　/tu'jumariru/　☼ 未然形「とよま」を含む。「とよまれる」に対応。

ぬすむ盗　/nusuma/　☼ 未然形「ぬすま」に対応。

のむ飲　/numa'ɴ/　☼ 未然形「のま」を含む。「のまぬ」に対応。

/numani/　☼ 未然形「のま」を含む。「のまに」に対応。

やすむ休　/ˈjasima/　☼ 未然形「やすま」に対応。

45、《琉訳》（1800 頃）

うむ生　/ʔumaru/　☼ 未然形「うま」を含む。「うまる」に対応。

47、《クリ》（1818）

のむ飲　/numa'ɴ/　☼ 未然形「のま」を含む。「のまぬ」に対応。

48、《ベッテ》（1849）・（1852）

かむ嚙（食）　/kama/　☆ 未然形「かま」に対応。「意志」を示す。

　　　　　　　　/kama'N/　☆ 未然形「かま」を含む。「かまぬ」に対応。

　　　　　　　　/kama'Ntaru/　☆ 未然形「かま」を含む。「かまぬたる」に対応。

　　　　　　　　/kamari'i'N/　☆ 未然形「かま」を含む。「かまれをり<u>む</u>」に対応。

　　　　　　　　/kamasju'N/　☆ 未然形「かま」を含む。「かましをり<u>む</u>」に対応。

すむ済　/sima'N/　☆ 未然形「すま」を含む。「すまぬ」に対応。

　　　　/simani/　☆ 未然形「すま」を含む。「すまに」に対応。

　　　　/sima'Nsiga/　☆ 未然形「すま」を含む。「すまぬすが」に対応。

　　　　/sima'Nta'N/　☆ 未然形「すま」を含む。「すまぬたり<u>む</u>」に対応。

　　　　/simasju'N/　☆ 未然形「すま」を含む。「すましをり<u>む</u>」に対応。

のむ飲　/numa'N/　☆ 未然形「のま」を含む。「のまぬ」に対応。

　　　　/numara'N/　☆ 未然形「のま」を含む。「のまらぬ」に対応。

　　　　/numari'i'N/　☆ 未然形「のま」を含む。「のまれをり<u>む</u>」に対応。

　　　　/numasju'N/　☆ 未然形「のま」を含む。「のましをり<u>む</u>」に対応。

　　　　/numasaQta'N/　☆ 未然形「のま」を含む。「のまされたり<u>む</u>」に対応。

やむ止　/'jama'Ngutu/　☆ 未然形「やま」を含む。「やまぬごと」に対応。

よむ読　/'juma/　☆ 未然形「よま」に対応。

　　　　/'juma'N/　☆ 未然形「よま」を含む。「よまぬ」に対応。

　　49、《沖話》（1880）

くむ汲　/kumasjabira/　☆ 未然形「くま」を含む。「くましはべら」に対応。

よむ読　/'jumari'iso'ona/　☆ 未然形「よま」を含む。「よまれりそうな」に対応。

をがむ拝（拝謁）　/'ugama'N/　☆ 未然形「をがま」を含む。「をがまぬ」に対応。

　　50、《チェン》（1895）

かむ嚙（食）　/kama/　☆ 未然形「かま」に対応。

　　　　　　　　/kama'N/　☆ 未然形「かま」を含む。「かまぬ」に対応。

　　　　　　　　/kamara'N/　☆ 未然形「かま」を含む。「かまらぬ」に対応。

　　　　　　　　/kamari'i'N/　☆ 未然形「かま」を含む。「かまれをり<u>む</u>」に対応。

　　　　　　　　/kamarira'N/　☆ 未然形「かま」を含む。「かまれらぬ」に対応。

　　　　　　　　/kamari'ita'N/　☆ 未然形「かま」を含む。「かまれてあり<u>む</u>→かまれたり<u>む</u>」に対応。

　　　　　　　　/kamaQti/　☆ 未然形「かま」を含む。「かまれて」に対応。

　　　　　　　　/kamaQta'N/　☆ 未然形「かま」を含む。「かまれてあり<u>む</u>→かまれたり<u>む</u>」に対応。

　　　　　　　　/kamasju'N/　☆ 未然形「かま」を含む。「かましをり<u>む</u>」に対応。

　　　　　　　　/kamasa'N/　☆ 未然形「かま」を含む。「かまさぬ」に対応。

　　　　　　　　/kamacja'N/　☆ 未然形「かま」を含む。「かましてあり<u>む</u>→かましたり<u>む</u>」に対応。

すむ済　/sima'N/　☆ 未然形「すま」を含む。「すまぬ」に対応。

のむ飲　/numani/　☆ 未然形「のま」を含む。「のまに」に対応。

はさむ挟　/hasamariti/　☆ 未然形「はさま」を含む。「はさまれて」に対応。/hasamaQti/ ではない。
　　　　　　　　　　　組踊詞章の故か。

をがむ拝（見・会・拝見）　/'ugamara'N/　☆ 未然形「をがま」を含む。「をがまらぬ」に対応。

（ラ行）

03、《琉館》（16C 前半成立か）

しる知　/sjiraɴzü/　☆ 未然形「しら」を含む。「しらず」に対応。

08、《おも1》（1531）

いのる祈　/inurari/　☆ 未然形「いのら」を含む。「いのられ」に対応。

きる切　/kirasi/　☆ 未然形「きら」を含む。「きらせ」に対応。

しる知　/sjiraɴ/　☆ 未然形「しら」を含む。「しらぬ」に対応。

まもる守　/mabura/　☆ 未然形「まもら」に対応。

　　　　/maburami/　☆ 未然形「まもら」を含む。「まもらめ」に対応。

みまもる見守　/mimabura/　☆ 未然形「みまもら」に対応。

もる漏　/muraɴ/　☆ 未然形「もら」を含む。「もらぬ」に対応。

09、《陳使》（1534）

しる知　/sjiraɴzü/　☆ 未然形「しら」を含む。「しらず」に対応。

15、《碑文（添門）》（1546）

しる知　/sjirazü/　☆ 未然形「しら」を含む。「しらず」に対応。

19、《郭使》（1561）

しる知　/sjiraɴ/　☆ 未然形「しら」を含む。「しらん」に対応。

　　　　/sjiraɴzü/　☆ 未然形「しら」を含む。「しらず」に対応。

22、《音字》（1572 頃）

しる知　/sjiraɴ/　☆ 未然形「しら」を含む。「しらん」に対応。

　　　　/sjiraɴzü/　☆ 未然形「しら」を含む。「しらず」に対応。

23、《蕭使》（1579）

しる知　/sjiraɴ/　☆ 未然形「しら」を含む。「しらん」に対応。

　　　　/sjiraɴzü/　☆ 未然形「しら」を含む。「しらず」に対応。

25、《碑文（浦城）》（1597）

しる知　/sjiraɴzü/　☆ 未然形「しら」を含む。「しらず」に対応。

27、《夏使》（1606）

しる知　/sjiraɴ/　☆ 未然形「しら」を含む。「しらん」に対応。

　　　　/sjiraɴzü/　☆ 未然形「しら」を含む。「しらず」に対応。

28、《碑文（よう）》（1609）

のこる残　/nukura/　☆ 未然形「のこら」に対応。

29、《おも2》（1613）

てずる手摩（祈）　/tizüra/　☆ 未然形「てずら」に対応。

30、《おも3》（1623）

いのる祈　/inurani/　☆ 未然形「いのら」を含む。「いのらに」に対応。

　　　　/inurami/　☆ 未然形「いのら」を含む。「いのらめ」に対応。

　　　　/inuraba/　☆ 未然形「いのら」を含む。「いのらば」に対応。

　　　　/inurariti/　☆ 未然形「いのら」を含む。「いのられて」に対応。

おくる送　/ukurani/　☆ 未然形「おくら」を含む。「おくらに」に対応。

　　　　/ukurami/　☆ 未然形「おくら」を含む。「おくらめ」に対応。

　　　　/ukurariri/　☆ 未然形「おくら」を含む。「おくられれ」に対応。

おわる　/uwami/　☆未然形「おわ」を含む。「おわめ」に対応。

かへる帰　/kaira/　☆未然形「かへら」に対応。

きる切　/cjirasi/　☆未然形「きら」を含む。「きらせ」に対応。

さはる触　/sawaraɴ/　☆未然形「さはら」を含む。「さはらむ」に対応。

さる去　/saraɴ/　☆未然形「さら」を含む。「さらむ」に対応。

しる知　/sjirazï/　☆未然形「しら」を含む。「しらず」に対応。

　　　　/sjiranu/　☆未然形「しら」を含む。「しらぬ」に対応。

　　　　/sjiraɴ/　☆未然形「しら」を含む。「しらぬ」に対応。

　　　　/sjiranija/　☆未然形「しら」を含む。「しらにや」に対応。

　　　　/sjiranidumu/　☆未然形「しら」を含む。「しらねども」に対応。

　　　　/sjiradana/　☆未然形「しら」を含む。「しらだな」に対応。

　　　　/sjirari/　☆未然形「しら」を含む。「しられ」に対応。

　　　　/sjirariri/　☆未然形「しら」を含む。「しられれ」に対応。

　　　　/sjirariti/　☆未然形「しら」を含む。「しられて」に対応。

　　　　/sjiraQtaru/　☆未然形「しら」を含む。「しられたる→しらったる」に対応。

つくる作　/cïkurazjamimu/　☆未然形「つくら」を含む。「つくらぎやめも」に対応。

てずる手摩（祈）　/tizïra/　☆未然形「てずら」に対応。

　　　　　　　　/tizïrari/　☆未然形「てずら」を含む。「てずられ」に対応。

　　　　　　　　/tizïrariri/　☆未然形「てずら」を含む。「てずられれ」に対応。

てる照　/tirazjami/　☆未然形「てら」を含む。「てらぎやめ」に対応。

とる取　/turaɴ/　☆未然形「とら」を含む。「とらむ」に対応。

なる成　/narani/　☆未然形「なら」を含む。「ならに」に対応。

　　　　/narami/　☆未然形「なら」を含む。「ならめ」に対応。

ふる降　/hwuraɴ/　☆未然形「ふら」を含む。「ふらむ」に対応。

ほこる慶　/hwukura/　☆未然形「ほこら」に対応。

　　　　/hwukurariti/　☆未然形「ほこら」を含む。「ほこられて」に対応。

まもる守　/mabura/　☆未然形「まもら」に対応する「まぶら」に対応。

　　　　/maburani/　☆未然形「まもら」に対応する「まぶら」を含む。「まもらに」に対応。

　　　　/maburami/　☆未然形「まもら」に対応する「まぶら」を含む。「まもらめ」に対応。

　　　　/maburaba/　☆未然形「まもら」に対応する「まぶら」を含む。「まもらば」に対応。

　　　　/maburariti/　☆未然形「まもら」に対応する「まぶら」を含む。「まもられて」に対応。

みまもる見守　/mimabura/　☆未然形「みまもら」に対応する「みまぶら」に対応。

もどる戻　/mudurani/　☆未然形「もどら」を含む。「もどらに」に対応。

　　　　/mudurami/　☆未然形「もどら」を含む。「もどらめ」に対応。

もる漏　/muraɴ/　☆未然形「もら」を含む。「もらぬ」に対応。

　　　　/murani/　☆未然形「もら」を含む。「もらね」に対応。

やる遣　/jaraba/　☆未然形「やら」を含む。「やらば」に対応。

わかる解　/wakarazï/　☆未然形「わから」を含む。「わからず」に対応。

　37、《君由》（1700頃）

てずる手擦　/tizira/　☆未然形「すら」を含む。「てずら」に対応。

　　　　　/tizirariru/　☼ 未然形「すら」を含む。「てずられ(を)る」に対応。

　　　　　/tizirariti/　☼ 未然形「すら」を含む。「てずられて」に対応。

ほこる誇　/ʔagihukura/　☼ 未然形「ほこら」を含む。「あげほこら」に対応。

　　　　　/ʔikihukura/　☼ 未然形「ほこら」を含む。「いけほこら」に対応。

　38、《仲里》（1703 頃）

しる知　/ʔusjirari/　☼ 未然形「しら」を含む。「おしられ」に対応。

　　　　/ʔusjirarigutu/　☼ 未然形「しら」を含む。「おしられごと」に対応。

とる取　/turaba/　☼ 未然形「とら」を含む。「とらば」に対応。

なる成　/naraba/　☼ 未然形「なら」を含む。「ならば」に対応。

をどる踊　/ʼuduraba/　☼ 未然形「をどら」を含む。「をどらば」に対応。

　39、《混験》（1711）

しる知　/ʔusjirari/　☼ 未然形「しら」を含む。「おしられ」（御知られ）に対応。

　　　　/ʔuQsari/　☼ 未然形「しら」を含む。「おしられ」に対応。

　　　　/ʔuQsoʼori/　☼ 未然形「しら」を含む。「おしられおわれ」に対応か。

　　　　/ʼjusjirari/　☼ 未然形「しら」を含む。「よしられ」（世知られ）に対応。

なる成？　/naraɴ/　☼ 未然形「なら」を含む。「ならぬ」に対応。

　41、《組五》（1718 頃）

かかる掛　/kakara/　☼ 未然形「かから」に対応。

かたる語　/katara/　☼ 未然形「かたら」に対応。

かる借　/karaʼɴdi/　☼ 未然形「から」を含む。「からむて」に対応か。

きる切　/cjiraʼɴ/　☼ 未然形「きら」を含む。「きらぬ」に対応。

しる知　/sjiraʼɴ/　☼ 未然形「しら」を含む。「しらぬ」に対応。

　　　　/sjiraʼɴ/　☼ 未然形「しら」を含む。「しらぬ」に対応。続くのが名詞なので別項目にした。

　　　　/sjirani/　☼ 未然形「しら」を含む。「しらね」に対応。

　　　　/sjiraba/　☼ 未然形「しら」を含む。「しらば」に対応。

　　　　/sjirari/　☼ 未然形「しら」を含む。「しられ」に対応。

すがる縋　/sigarari/　☼ 未然形「すがら」を含む。「すがられ」に対応。

たる足　/taraɴ/　☼ 未然形「たら」を含む。「たらぬ」に対応。

とる取　/turaɴ/　☼ 未然形「とら」を含む。「とらむ」に対応。

　　　　/turani/　☼ 未然形「とら」を含む。「とらに」に対応。

　　　　/turari/　☼ 未然形「とら」を含む。「とられ」に対応。

　　　　/turasoʼo/　☼ 未然形「とら」を含む。「とらさう」に対応。

とる捕　/turari/　☼ 未然形「とら」を含む。「とられ」に対応。

なる成　/naraɴ/　☼ 未然形「なら」を含む。「ならぬ」に対応。「－ぬ」は終止の形。

　　　　/naraɴ/　☼ 未然形「なら」を含む。「ならぬ」に対応。「－ぬ」は連体の形。

　　　　/narani/　☼ 未然形「なら」を含む。「ならに」に対応。

　　　　/naraba/　☼ 未然形「なら」を含む。「ならば」に対応。

のぼる登　/nubura/　☼ 未然形「のぼら」に対応。

もどる戻　/mudura/　☼ 未然形「もどら」に対応。

　　　　/muduroʼo/　☼ 未然形「もどら」を含む。「もどらう」に対応。

をどる踊　/'udurasjo'ori/　☆未然形「をどら」を含む。「をどらしおわれ」に対応。

　42、《中信》（1721）

しる知　/sjira'N/　☆未然形「しら」を含む。「しらぬ」に対応。

　　　　/sjira('N)zi/　☆未然形「しら」を含む。「しらず」に対応。

　43、《具志》（1743）

ふる降　/hwurana/　☆未然形「ふら」を含む。「ふらな」に対応。

　44、《琉見》（1764）

しる知　/sjira'N/　☆未然形「しら」を含む。「しらぬ」に対応。

　45、《琉訳》（1800頃）

なる成　/nara'N/　☆未然形「なら」を含む。「ならぬ」に対応。

　47、《クリ》（1818）

きる切　/cjirari'i'N/　☆未然形「きら」を含む。「きられをり<u>む</u>」に対応

　　　　/cjiraru'N/　☆未然形「きら」を含む。「きられをり<u>む</u>」に対応。/cjirari'u'N/の変化形か。

なる成　/nara'N/　☆未然形「なら」を含む。「ならぬ」に対応。「できない」の意。

　　　　/nara'N/　☆未然形「なら」を含む。「ならぬ」に対応。

のぼる登　/nubura'N/　☆未然形「のぼら」を含む。「のぼらぬ」に対応。

　48、《ベッテ》（1849）・（1852）

あぶる焙　/ʔa'Nda'N/　☆未然形「あぶら」を含む。「あぶらぬ」に対応。

いる入　/ʔira'N/　☆未然形「いら」を含む。「いらぬ」に対応。

うる売　/ʔuraQti/　☆未然形「うら」を含む。「うられて→うらって」に対応。

おこたる怠　/ʔukutara'N gutu/　☆未然形「おこたら」を含む。「おこたらぬごと」に対応。

かはる変　/ka'wara'N/　☆未然形「かはら」を含む。「かはらぬ」に対応。

かぶる被　/ka'Nda'N/　☆未然形「かぶら」を含む。「かぶらぬ」に対応。

きる切　/cjira'N/　☆未然形「きら」を含む。「きらぬ」に対応。

　　　　/cjira'N gutu/　☆未然形「きら」を含む。「きらぬ　ごと」に対応。

　　　　/cjirasju'N/　☆未然形「きら」を含む。「きらしをり<u>む</u>」に対応。

くだる下　/kudara'N/　☆未然形「くだら」を含む。「くだらぬ」に対応。

しかる叱　/sjikaraQti/　☆未然形「しから」を含む。「しかられて→しからって」に対応。

　　　　/sjikaraQtakutu/　☆未然形「しから」を含む。「しかられた（る）こと→しからった（る）
　　　　　　　　　　　　　こと」に対応。

しる知　/sjira'N/　☆未然形「しら」を含む。「しらぬ」に対応。

　　　　/sjirani/　☆未然形「しら」を含む。「しらに」に対応。

　　　　/sjira'N　hwitu/　☆未然形「しら」を含む。「しらぬ　ひと」に対応。

　　　　/sjira'Nsa/　☆未然形「しら」を含む。「しらぬさ」に対応。

　　　　/sjira'Nta'N/　☆未然形「しら」を含む。「しらぬてありむ→しらんたりむ」に対応。

　　　　/sjirari'i'N/　☆未然形「しら」を含む。「しられをり<u>む</u>」に対応。

　　　　/sjirara'N/　☆未然形「しら」を含む。「しららぬ」に対応。

　　　　/sjirasju'N/　☆未然形「しら」を含む。「しらしをり<u>む</u>」に対応。

たる足　/tarira'N/　☆「ラ行（一段→四段）化」後の未然形「たりら」を含む。「「たりらぬ」に対応。

つくる作　/cukura/　☆未然形「つくら」に対応。

/cukura'a/　☼ 未然形「つくら」を含む。「つくらは」に対応。

/cukura'wa'ɴ/　☼ 未然形「つくら」を含む。「つくらはも」に対応。

/cukura'i'i/　☼ 未然形「つくら」を含む。「つくらい」に対応。

/cukura'ɴ/　☼ 未然形「つくら」を含む。「つくらぬ」に対応。

/cukura'ɴ ʔatu/　☼ 未然形「つくら」を含む。「つくらぬ　あと」に対応。

/cukurani/　☼ 未然形「つくら」を含む。「つくらに」に対応。

/cukurane'e/　☼ 未然形「つくら」を含む。「つくらねは」に対応。

/cukurano'o/　☼ 未然形「つくら」を含む。「つくらぬは」に対応。

/cukura'ɴdo'o/　☼ 未然形「つくら」を含む。「つくらぬど」に対応。

/cukura'ɴga/　☼ 未然形「つくら」を含む。「つくらぬが」に対応。

/cukura'ɴka'ja'a/　☼ 未然形「つくら」を含む。「つくらぬかや」に対応。

/cukura'ɴ ʔa'ite'e/　☼ 未然形「つくら」を含む。「つくらぬ　ありたい」に対応。

/cukura'ɴsi/　☼ 未然形「つくら」を含む。「つくらぬす」に対応。

/cukura'ɴse'e/　☼ 未然形「つくら」を含む。「つくらぬすは」に対応。

/cukura'ɴhwu'i/　☼ 未然形「つくら」を含む。「つくらぬ　ふり」に対応。

/cukura'ɴsa/　☼ 未然形「つくら」を含む。「つくらぬさ」に対応。

/cukura'ɴ gisa/　☼ 未然形「つくら」を含む。「つくらぬげさ」に対応。

/cukura'ɴte'e/　☼ 未然形「つくら」を含む。「つくらぬありては」に対応。

/cukura'ɴti'ɴ/　☼ 未然形「つくら」を含む。「つくらぬありても」に対応。

/cukura'ɴti'i/　☼ 未然形「つくら」を含む。「つくらぬありてい」に対応。

/cukura'ɴta'ɴ/　☼ 未然形「つくら」を含む。「つくらぬてあり<u>む</u>→つくらぬたり<u>む</u>」に対応。

/cukura'ɴtaru/　☼ 未然形「つくら」を含む。「つくらぬてある→つくらぬたる」に対応。

/cukura'ɴtasi/　☼ 未然形「つくら」を含む。「つくらぬてあ（る）す→つくらぬた（る）す」に対応。

/cukura'ɴtakutu/　☼ 未然形「つくら」を含む。「つくらぬてあ（る）こと→つくらぬた（る）こと」に対応。

/cukura'ɴta tucji/　☼ 未然形「つくら」を含む。「つくらぬてあ（る）　とき→つくらぬた（る）とき」に対応。

/cukura'ɴtare'e/　☼ 未然形「つくら」を含む。「つくらぬてあれは→つくらぬたれは」に対応。

/cukura'ɴtara'a/　☼ 未然形「つくら」を含む。「つくらぬてあらは→つくらぬたらは」に対応。

/cukura'ɴte'eru/　☼ 未然形「つくら」を含む。「つくらぬてはある」に対応。

/cukura'ɴte'esi/　☼ 未然形「つくら」を含む。「つくらぬてはあ（る）す」に対応。

/cukura'ɴte'eka'ja'a/　☼ 未然形「つくら」を含む。「つくらぬてはあ（る）かや」に対応。

/cukura'ɴte'ema/　☼ 未然形「つくら」を含む。「つくらぬてはあ（る）ま」に対応。

/cukura'ɴte'esa'ja'a/　☼ 未然形「つくら」を含む。「つくらぬてはあ（る）さや」に対応。

/cukura'ɴte'eta'ɴ/　☼ 未然形「つくら」を含む。「つくらぬてはありたり<u>む</u>」に対応。

/cukura'ɴte'etaru/　☼ 未然形「つくら」を含む。「つくらぬてはありたる」に対応。

/cukura'ɴto'oru/　☼ 未然形「つくら」を含む。「つくらぬてはをる」に対応。

/cukura'ɴto'osi/　☼ 未然形「つくら」を含む。「つくらぬてはを（る）す」に対応。

/cukura'ɴto'oti'ɴ/　☼ 未然形「つくら」を含む。「つくらぬてはをりても」に対応。

/cukura'ɴto'ota'ɴ/　☼ 未然形「つくら」を含む。「つくらぬてはをりたり<u>む</u>」に対応。

/cukura'ɴto'otaru/　☼ 未然形「つくら」を含む。「つくらぬてはをりたる」に対応。

/cukurari'u'ɴ/　☼ 未然形「つくら」を含む。「つくられをり<u>む</u>」に対応。

/cukurari'i'ɴ/　☼ 未然形「つくら」を含む。「つくられをり<u>む</u>」に対応。

/cukurari'iru/　☼ 未然形「つくら」を含む。「つくられをる」に対応。

/cukurari'ise'e/　☼ 未然形「つくら」を含む。「つくられを（る）すは」に対応。

/cukurari'iga/　☼ 未然形「つくら」を含む。「つくられをるが」に対応。

/cukurari'idu'ɴ/　☼ 未然形「つくら」を含む。「つくられをれども」に対応。

/cukurari'igiQsa/　☼ 未然形「つくら」を含む。「つくられを（る）げさ」に対応。

/cukurarira'ɴse'e/　☼ 未然形「つくら」を含む。「つくられらぬすは」に対応。

/cukuraQtidu'ɴ/　☼ 未然形「つくら」を含む。「つくられてども」に対応。

/cukuraQta'ɴ/　☼ 未然形「つくら」を含む。「つくられたり<u>む</u>」に対応。

/cukuraQtaru/　☼ 未然形「つくら」を含む。「つくられたる」に対応。

/cukuraQte'e'ɴ/　☼ 未然形「つくら」を含む。「つくられてはあり<u>む</u>」に対応。

/cukuraQte'eru/　☼ 未然形「つくら」を含む。「つくられてはある」に対応。

/cukuraQto'osi/　☼ 未然形「つくら」を含む。「つくられてはを（る）す」に対応。

/cukuraQto'ocju'ɴ/　☼ 未然形「つくら」を含む。「つくられてはおきをり<u>む</u>」に対応。

/cukuraQto'oka'ɴ/　☼ 未然形「つくら」を含む。「つくられてはおかぬ」に対応。

/cukurasi/　☼ 未然形「つくら」を含む。「つくらせ」に対応。

/cukurasu'ɴna'jo'o/　☼ 未然形「つくら」を含む。「つくらするなよ」に対応。

/cukurasju'ɴ/　☼ 未然形「つくら」を含む。「つくらしをり<u>む</u>」に対応。

/cukurasjusi/　☼ 未然形「つくら」を含む。「つくらしを（る）す」に対応。

/cukurasa'ɴ/　☼ 未然形「つくら」を含む。「つくらさぬ」に対応。

/cukurasa'ɴsi/　☼ 未然形「つくら」を含む。「つくらさぬす」に対応。

/cukurasaQto'osi/　☼ 未然形「つくら」を含む。「つくらされてはを（る）す」に対応。

/cukurasjimi'i'ɴ/　☼ 未然形「つくら」を含む。「つくらしめをり<u>む</u>」に対応。

/cukurasjimira'ɴ/　☼ 未然形「つくら」を含む。「つくらしめらぬ」に対応。

/cukurara'ɴ/　☼ 未然形「つくら」を含む。「つくららぬ」に対応。

/cukurara'ɴga/　☼ 未然形「つくら」を含む。「つくららぬが」に対応。

/cukurara'ɴgiQsa/　☼ 未然形「つくら」を含む。「つくららぬげさ」に対応。

/cukurara'ɴsi/　☼ 未然形「つくら」を含む。「つくららぬす」に対応。

/cukurara'ɴse'e/　☼ 未然形「つくら」を含む。「つくららぬすは」に対応。

/cukurara'ɴtaru/　☼ 未然形「つくら」を含む。「つくららぬたる」に対応。

/cukurara'ɴtasi/　☼ 未然形「つくら」を含む。「つくららぬた（る）す」に対応。

とる取　/tura/　☼ 未然形「とら」に対応。

/tura'ɴ/　☼ 未然形「とら」を含む。「とらぬ」に対応。

/turari'iru/　☼ 未然形「とら」を含む。「とられをる」に対応。

なる成　/nara/　☼ 未然形「なら」に対応。

/nara'wa/　☼ 未然形「なら」を含む。「ならは」に対応。

/nara'a/　☼ 未然形「なら」を含む。「ならは」に対応。

/nara'wa'ɴ/　☼ 未然形「なら」を含む。「ならはも」に対応。

第1節　「四段活用」動詞の史的変化　1061

/nara'ɴ/　☼未然形「なら」を含む。「ならぬ」に対応。

/nara'ɴdo'o/　☼未然形「なら」を含む。「ならぬど」に対応。

/narani/　☼未然形「なら」を含む。「ならに」に対応。

/narano'o/　☼未然形「なら」を含む。「ならぬは」に対応。

/nara'ɴ ʔara'wa'ɴ/　☼未然形「なら」を含む。「ならぬ　あらはも」に対応。

/nara'ɴ hazi/　☼未然形「なら」を含む。「ならぬ　はず」に対応。

/nara'ɴsi/　☼未然形「なら」を含む。「ならぬす」に対応。

/nara'ɴse'e/　☼未然形「なら」を含む。「ならぬすは」に対応。

/nara'ɴsiga/　☼未然形「なら」を含む。「ならぬすが」に対応。

/nara'ɴsa'a/　☼未然形「なら」を含む。「ならぬさ」に対応。

/nara'ɴka'ja'a/　☼未然形「なら」を含む。「ならぬかや」に対応。

/nara'ɴti'i/　☼未然形「なら」を含む。「ならぬありてい」に対応。

/nara'ɴta'ɴ/　☼未然形「なら」を含む。「ならぬたり<u>む</u>」に対応。

/nara'ɴtaru/　☼未然形「なら」を含む。「ならぬたる」に対応。

/nara'ɴtare'e/　☼未然形「なら」を含む。「ならぬたれは」に対応。

/nara'ɴtasi/　☼未然形「なら」を含む。「ならぬた（る）す」に対応。

/nara'ɴta'ɴsiga/　☼未然形「なら」を含む。「ならぬた（る）すが」に対応。

/nara'ɴto'oti'ɴ/　☼未然形「なら」を含む。「ならぬてはをりても」に対応。

ねぶる眠　/ni'ɴda'ɴ/　☼未然形「ねぶら」を含む。「ねぶらぬ」に対応。

　　　　　/ni'ɴdari'i'ɴ/　☼未然形「ねぶら」を含む。「ねぶられをり<u>む</u>」に対応。

　　　　　/ni'ɴdara'ɴ/　☼未然形「ねぶら」を含む「ねぶららぬ」に対応。

ふる降　/hwura'ɴsiga/　☼未然形「ふら」を含む。「ふらぬすが」に対応。

やぶる破　/'ja'ɴda'ɴ/　☼未然形「やぶら」を含む。「やぶらぬ」に対応。

わかる解　/'wakara'ɴ/　☼未然形「わから」を含む」。「わからぬ」に対応。

　49、《沖話》（1880）

あがる上　/ʔagarasjabi'iga'ja'a/　☼未然形「あがら」を含む。「あがらしはべ（る）がや」に対応。

　　　　　/ʔagarasjabi'ika'ja'a/　☼未然形「あがら」を含む。「あがらしはべ（る）かや」に対応。

　　　　　/ʔagarasjabi'itasiga/　☼未然形「あがら」を含む。「あがらしはべりた（る）すが」に対応。

　　　　　/ʔagarasjuru/　☼未然形「あがら」を含む。「あがらしをる」に対応。

あたる当　/ʔatara'ɴ/　☼未然形「あたら」を含む。「あたらぬ」に対応。

いる要　/ʔira'ɴ/　☼未然形「いら」を含む。「いらぬ」に対応。

うる売　/ʔurari'i'ɴ/　☼未然形「うら」を含む。「うられをり<u>む</u>」に対応。

　　　　/ʔurari'iru/　☼未然形「うら」を含む。「うられをる」に対応。

かかる掛　/kakara'ɴ/　☼未然形「かから」を含む。「かからぬ」に対応。

かはる変　/ka'wara'ɴ/　☼未然形「かはら」を含む。「かはらぬ」に対応。

きはまる極　/cji'wamarano'o/　☼未然形「きはまら」を含む。「きはまらぬは」に対応。

さはる障　/sa'ara'ɴ/　☼未然形「さはら」を含む。「さはらぬ」に対応。

　　　　　/sa'ara'ɴga/　☼未然形「さはら」を含む。「さはらぬが」に対応。

しる知　/sjirano'o/　☼未然形「しらぬ」を含む。「しらぬは」に対応。

とほる通　/tu'ura'ɴ/　☼未然形「とほら」を含む。「とほらぬ」に対応。

/tu'urara'N/　☆未然形「とほら」を含む。「とほららぬ」に対応。

とる取　/turari'igisa/　☆未然形「とら」を含む。「とられげさ」に対応。

なる成　/nara'N/　☆未然形「なら」を含む。「ならぬ」に対応。

　　　　　/nara'N/　☆未然形「なら」を含む。「ならぬ」に対応。名詞（ここでは「もの」）が後続している。

　　　　　/narano'o/　☆未然形「なら」を含む。「ならぬは」に対応。

　　　　　/nara'Ntakutu/　☆未然形「なら」を含む。「ならぬた（る）こと」に対応。

ふる振　/huraQtaru/　☆未然形「ふら」を含む。「ふられてある→ふられたる」に対応。「ふられたる→ふらったる」の変化。

50、《チェン》（1895）

あたる当　/ʔatara'N gutu/　☆未然形「あたら」を含む。「あたらぬごと」に対応。

おしあがる押上（召上）　/ʔusjagarani/　☆未然形「おしあがら」を含む。「おしあがらに」に対応。

かへる帰　/ke'era'Ndi/　☆未然形「かへら」を含む。「かへらんで」に対応。「かへらむと」の意。

しる知　/sjira'N/　☆未然形「しら」を含む。「しらぬ」に対応。

とる取　/tura'Ndi/　☆未然形「とら」を含む。「とらんで」に対応。「とらむと」の意。

　　　　　/tura'a/　☆未然形「とら」を含む。「とらは」に対応。

　　　　　/tura'N/　☆未然形「とら」を含む。「とらぬ」に対応。

　　　　　/tura'Ndu'N/　☆未然形「とら」を含む。「とらぬども」に対応。

　　　　　/tura'Nta'i/　☆未然形「とら」を含む。「とらぬたり」に対応。

　　　　　/tura'Nta'N/　☆未然形「とら」を含む。「とらぬたり<u>む</u>」に対応。

　　　　　/tura'ri'i'N/　☆未然形「とら」を含む。「とられをり<u>む</u>」に対応。

　　　　　/turara'N/　☆未然形「とら」を含む。「とららぬ」に対応。

　　　　　/turari'iru/　☆未然形「とら」を含む。「とられをる」に対応。

　　　　　/turari'i/　☆未然形「とら」を含む。「とられを（る）」に対応。

　　　　　/turari'ita'N/　☆未然形「とら」を含む。「とられたり<u>む</u>」に対応。

　　　　　/turaQti/　☆未然形「とら」を含む。「とられて→とらって」に対応。

　　　　　/turaQta'N/　☆未然形「とら」を含む。「とられてありむ→とらったり<u>む</u>」に対応。

　　　　　/turarira'N/　☆未然形「とら」を含む。「とられらぬ」に対応。

　　　　　/turasju'N/　☆未然形「とら」を含む。「とらしをり<u>む</u>」に対応。

　　　　　/turacja'N/　☆未然形「とら」を含む。「とらしてありむ→とらしたり<u>む</u>」に対応。

　　　　　/turasa'N/　☆未然形「とら」を含む。「とらさぬ」に対応。

　　　　　/turasari'i'N/　☆未然形「とら」を含む。「とらされをり<u>む</u>」に対応。

　　　　　/turasarira'N/　☆未然形「とら」を含む。「とらされらぬ」に対応。

　　　　　/turasara'N/　☆未然形「とら」を含む。「とらさらぬ」に対応。

なる成　/nara'a/　☆未然形「なら」を含む。「ならは」に対応。

　　　　　/nara'N/　☆未然形「なら」を含む。「ならぬ」に対応。

ねぶる眠　/ni'Nda/　☆未然形「ねむら」に対応。

　　　　　/ni'Nda'N/　☆未然形「ねむら」を含む。「ねむらぬ」に対応。

　　　　　/ni'Ndari'i'N/　☆未然形「ねむら」を含む。「ぬむられをり<u>む</u>」に対応。

　　　　　/ni'Ndara'Nta'N/　☆未然形「ねむら」を含む。「ねむららぬたり<u>む</u>」に対応。

ふる降　/hwura'Nse'e/　☆未然形「ふら」を含む。「ふらぬすは」に対応。

第1節　「四段活用」動詞の史的変化　1063

/hura'ɴnacigurinu/　☆未然形「ふら」を含む。「ふらぬ　なつぐれの」に対応。

やる遣　/'jarasjabitasiga/　☆未然形「やら」を含む。「やらしはべりた（る）すが」に対応。

わかる解　/'wakara'ɴ/　☆未然形「わから」を含む。「わからぬ」に対応。

　　7）「〈て〉の形」に対応する形

（カ行）

　　03、《琉館》（16C 前半成立か）

かく書　/kaiti/　☆「かきて」に対応。「かいて」と変化。

　　09、《陳使》（1534）

かく書　/kaiti/　☆「かきて」に対応。「かいて」と変化。

　　19、《郭使》（1561）

かく書　/kaiti/　☆「かきて」に対応。「かいて」と変化。

　　22、《音字》（1572 頃）

かく書　/kaiti/　☆「かきて」に対応。「かいて」と変化。

　　23、《蕭使》（1579）

かく書　/kaiti/　☆「かきて」に対応。「かいて」と変化。

　　27、《夏使》（1606）

かく書　/kaiti/　☆「かきて」に対応。「かいて」に変化。

　　29、《おも 2》（1613）

ぬく貫　/nucjaru/　☆「ぬきて」を含む。「ぬきてある→ぬきたる」に対応。

　　30、《おも 3》（1623）

おく置　/ucji/　☆「おきて」に対応。

　　　　　　/ucjaru/　☆「おきて」を含む。「おきてある→おきたる」に対応。

きく聞　/cjicji/　☆「きひて」に対応。

さく咲　/sacjaru/　☆「さきて」を含む。「さきてある→さきたる」に対応。

だく抱　/dacji/　☆「だきて」に対応。

つく着・付　/cïcji/　☆「つきて」に対応。

なよびく靡　/najubicji/　☆「なよびきて」に対応。

ぬく貫　/nucji/　☆「ぬきて」に対応。

ひく引　/hwicji/　☆「ひきて」に対応。

ゑがく描　/wigacji/　☆「ゑがきて」に対応。「ゑがいて」と変化。

　　37、《君由》（1700 頃）

ひく引　/hwicjo'oti/　☆「ひきて」を含む。「ひきてはおいて」に対応。

　　41、《組五》（1718 頃）

おく置　/ʔucjaga/　☆「おきて」を含む。「おきてあるが」に対応。

　　　　　　/sjirasjo'ocji/　☆「おきて」を含む。「しらしおきて」に対応。

きく聞　/cjicjami/　☆「ききて」を含む。「ききてあめ」に対応。

　　　　　　/cjicjaru/　☆「ききて」を含む。「ききてある→ききたる」に対応。

さく咲　/sacjaru/　☆「さきて」を含む。「さきてある→さきたる」に対応。

つく着　/cicja'i/　☆「つきて」を含む。「つきてあり→つきたり」に対応。

1064　第 5 章　沖縄語動詞形態変化の通時的考察

/cicjaru/　☆「つきて」を含む。「つきてある→つきたる」に対応。

/cicjasi/　☆「つきて」を含む。「つきてあるす→つきたるす」に対応。

つく付　/cicjaru/　☆「つきて」を含む。「つきてある→つきたる」に対応。

　42、《中信》（1721）

ありく歩　/ʔaQcji/　☆「ありきて」に対応。

　44、《琉見》（1764）

ありく歩　/ʔaQcji/　☆「ありきて」に対応。

しく敷　/sjicji/　☆「しきて」に対応。「しいて」と変化。

なく泣　/nacji/　☆「なきて」に対応。「ないて」と変化。

ふく吹　/hwucji/　☆「ふきて」に対応。「ふいて」と変化。

　45、《琉訳》（1800 頃）

ありく歩　/ʔaQcji/　☆「ありきて」に対応。

かく書　/simikacji/　☆「かきて」を含む。「すみかきて」（墨書きて）に対応。

ゑがく描　/ʔwigacji/　☆「ゑがきて」に対応。

　47、《クリ》（1818）

かく書　/kacji/　☆「かいて」に対応。

かく描　/kacji/　☆「かいて」に対応。

きく聞　/cjicji(ˈu)raʼN/　☆「きいて」を含む。「きいて（を）らぬ」に対応。

　48、《ベッテ》（1849）・（1852）

ありく歩　/ʔaQcji/　☆「ありきて」に対応。

　　　　　/ʔasida(Q)cjaʼi/　☆「ありきて」を含む「あすびてありきてあり→あすびてありきたり→あすびたりきたり」（遊びて歩きたり）に対応。

いく行　/ʔicjaʼN/　☆「いきて」を含む。「いきてありむ→いきたりむ」に対応。/ʔiQcjaʼN/ の可能性も否定できない。

　　　　/ʔicjareʼe/　☆「いきて」を含む。「いきてあれは→いきたれは」に対応。/ʔiQcjareʼe/ の可能性も否定できない。

　　　　/ʔicjaru/　☆「いきて」を含む。「いきてある→いきたる」に対応。/ʔiQcjaru/ の可能性も否定できない。

おく置　/ʔucji/　☆「おきて→おいて」に対応。

　　　　/ʔucjeʼetaʼN/　☆「おきて」を含む。「おきてありたりむ」に対応。

　　　　/ʔucjeʼetakutu/　☆「おきて」を含む。「おきてありた（る）こと」に対応。

　　　　/ʔucjoʼocjuʼN/　☆「おきて」を含む。「おきてはおきをりむ」に対応。

おどろく驚　/ʔudurucjaʼN/　☆「おどろきて」を含む。「おどろきてありむ→おどろきたりむ」に対応。

　　　　　/ʔudurucjasiga/　☆「おどろきて」を含む。「おどろきてあ（る）すが」→おどろきた（る）すが」に対応。/ʔudurucjaQsiga/ の可能性もある。

かく書　/kacjiʼNda/　☆「かきて→かいて」を含む。「かきてみら」（「書いてみよう」の意）に対応。

　　　　/kacjaʼN/　☆「かきて→かいて」を含む。「かきてありむ→かいてありむ→かいたりむ」に対応。

きく聞　/cjicjikwiri/　☆「ききて→きいて」を含む。「きいてくれ」に対応。

　　　　/cjicjaʼi/　☆「ききて→きいて」を含む。「ききてあり」に対応。

　　　　/cjicjaʼN/　☆「ききて→きいて」を含む。「きいてありむ」に対応。

　　　　/cjicjaru/　☆「ききて→きいて」を含む。「きいてある」に対応。

たたく叩　/tatacji/　☆「たたきて→たたいて」に対応。

つく突　/cicji/　☆「つきて→ついて」に対応。

　　　　/cicja'N/　☆「つきて→ついて」を含む。「ついてあり<u>む</u>→ついたり<u>む</u>」に対応。

　　　　/cicje'eru/　☆「つきて→ついて」を含む。「ついてある→ついたる」に対応。

つく付　/ci'iti/　☆「つきて→ついて」に対応。

　　　　/ci'ite'e/　☆「つきて→ついて」を含む。「つきては→ついては」に対応。

ふく吹　/hwucji/　☆「ふきて→ふいて」に対応。

　　　　/hwucja'N/　☆「ふきて」を含む。「ふきてあり<u>む</u>→ふきたり<u>む</u>」に対応。

　49、《沖話》（1880）

ありく歩　/ʔaQcji/　☆「ありきて」に対応。

　　　　　/ʔaQcji'N/　☆「ありきて」を含む。「ありきても」に対応。

　　　　　/ʔaQcjidu/　☆「ありきて」を含む。「ありきてど」に対応。

おく置　/ʔucji/　☆「おきて」に対応。

　　　　/ʔucje'eru/　☆「おきて」を含む。「おきてはある」に対応。

かく書　/kacje'e'jabi'i'N/　☆「かきて」を含む。「かきてははべりをり<u>む</u>」に対応。

　　　　/kacje'esiga/　☆「かきて」を含む。「かきてはあ（る）すが」に対応。

　　　　/kacje'emise'ebi'isiga/　☆「かきて」を含む。「かきてはめしはべりを（る）すが」に対応。

きく聞　/cjicji/　☆「ききて」に対応。

　　　　/cjicjo'o'jabi'i'N/　☆「ききて」を含む。「ききてはをりはべりをり<u>む</u>」に対応。

　　　　/cjicjo'o'jabi'ikutu/　☆「ききて」を含む。「ききてはをりはべり（る）こと」に対応。

　　　　/cjicjo'o'jabi'isiga/　☆「ききて」を含む。「ききてはをりはべりを（る）すが」に対応。

さく咲　/sacjo'oru/　☆「さきて」を含む。「さきてはをる」に対応。

　　　　/sacjo'o'jabi'i'N/　☆「さきて」を含む。「さきてはをりてはべりをり<u>む</u>」に対応。

さばく捌　/ʔu'isabacje'emisje'ebi'isa'a/　☆「さばきて」を含む。「うりさばきてはめしはべ（る）さ」
　　　　　　　　　　　　　　　　　　　　　　　　　　　に対応。

すく好　/sicjo'o'jabi'i'N/　☆「すいて」を含む。「すいてはをりはべりをり<u>む</u>」に対応。

　　　　/sicjo'oru/　☆「すいて」を含む。「すいてはをる」に対応。

　　　　/sicjo'osiga/　☆「すいて」を含む。「すいてはを（る）すが」に対応。

つく付　/ci'iti/　☆「ついて」に対応。

　　　　/cicjo'o'jabi'itasiga/　☆「ついて」を含む。「ついてはをりはべりた（る）すが」に対応。

つく着　/cicji/　☆「ついて」に対応。

とどく届　/tuducji/　☆「とどきて」に対応。

　　　　　/tuducjo'oru/　☆「とどきて」を含む。「とどきてはをる」に対応。

のぞく除　/nuzukita'i/　☆「のぞきて」を含む。「のぞきてあり→のぞきたり」に対応。

ひらく開　/hwirace'e'jabi'i'N/　☆「ひらきて」を含む。「ひらきてはありはべり<u>む</u>」に対応。

まく蒔　/macjasiga/　☆「まきて」を含む。「まきてあるすが→まきた（る）すが」に対応。

　50、《チェン》（1895）

かく書　/kacji/　☆「かきて」に対応。

かわく乾　/ka'akiti/　☆「かわきて」に対応。「かわけて」の可能性もあるか。

　　1066　第5章　沖縄語動詞形態変化の通時的考察

きく聞　/cjicji/　☆「ききて」に対応。

　　　　/cjicji'i/　☆「ききてい」に対応。「聞いたか」の意。

　　　　/cjicja'ɴ/　☆「ききて」を含む。「ききてありむ→ききたりむ」に対応。

きく利　/cjicjo'o'ɴdi/　☆「ききて→きいて」を含む。「きいてはをりむで」に対応。「利いていると」の意。

つく付　/ci'ite'e/　☆「つきては→ついては」に対応。

　　　　/cicjo'oru/　☆「つきて→ついて」を含む。「ついてはをる」に対応。

つく着　/cicja'i/　☆「つきて→ついて」を含む。「ついてあり→ついたり」に対応。

ひく引　/hwicji/　☆「ひきて→ひいて」に対応。

ひく弾　/hwicji/　☆「ひきて→ひいて」に対応。

（ガ行）

　30、《おも3》（1623）

こぐ漕　/kuzji/　☆「こぎて」に対応。「こいで」と変化。

はぐ接　/hwazjicji/　☆「はぎて」に対応。

　41、《組五》（1718頃）

いそぐ急　/ʔisuzji/　☆「いそぎて」に対応。

　44、《琉見》（1764）

はぐ剥（脱）　/hwazjiti/　☆「はぎて」に対応。

　45、《琉訳》（1800頃）

へぐ剥　/hwizji/　☆「へぎて」に対応。

　47、《クリ》（1818）

およぐ泳　/ʔwi'izji/　☆「およぎて」に対応。

つぐ注　/cjizji/　☆「つぎて」に対応。

　48、《ベッテ》（1849）・（1852）

とぐ研　/tuzji/　☆「とぎて→といで」に対応。

　　　　/tuzja'ɴ/　☆「とぎて→といで」を含む。「といでありむ→とぎたりむ」に対応。

ぬぐ脱　/nuzja'ɴ/　☆「ぬぎて」を含む。「ぬぎてありむ→ぬぎたりむ」に対応。

はぐ剥　/hazje'e'ɴ/　☆「はぎて→はいで」を含む。「はいではありむ」に対応。

ふせぐ防　/hwusjizji/　☆「ふせぎて→ふせいで」に対応。

　　　　　/hwusjizja'ɴ/　☆「ふせぎて→ふせいで」を含む。「ふせぎてありむ→ふせぎたりむ」に対応。

　49、《沖話》（1880）

いそぐ急　/ʔisuzji/　☆「いそぎて→いそいで」に対応。

　　　　　/ʔisuzji'ɴ/　☆「いそぎて→いそいで」を含む。「いそいでも」に対応。

　50、《チェン》（1895）

いそぐ急　/ʔisuzji/　☆「いそぎて→いそいで」に対応。

　　　　　/ʔisuzja'ɴ/　☆「いそぎて」を含む。「いそぎてありむ」に対応。

（サ行）

　02、《碑文（王殿）》（1501）

ふす伏　/pusjitï/　☆「ふして」に対応。

　08、《おも1》（1531）

あすばす遊　/asübaci/　☆「あすばして」に対応。

第1節　「四段活用」動詞の史的変化　1067

あふらす煽　/auraci/　☼「あふらして」に対応。

おろす降　/uruci/　☼「おろして」に対応。

とほす通　/tuuci/　☼「とほして」に対応。

とらす取　/turaci/　☼「とらして」に対応。

もてなす遇　/mutinacjaru/　☼「もてなして」を含む。「もてなしてある→もてなしたる」に対応。

　29、《おも2》（1613）

あはす合　/awaci/　☼「あはして」に対応。

いだす出　/izjaci/　☼「いだして」に対応。

おろす降　/uruci/　☼「おろして」に対応。

さす差　/saci/　☼「さして」に対応。

たてなほす建直　/tatinaucji/　☼「たてなほして」に対応。

まはす回　/mawaci/　☼「まはして」に対応。

もてなす遇　/mucjinacjaru/　☼「もてなして」を含む。「もてなしてある→もてなしたる」に対応。

　30、《おも3》（1623）

あすばす遊　/asïbacji/　☼「あすばして」に対応。

あはす合　/awacji/　☼「あはして」に対応。

あふらす煽　/auracji/　☼「あふらして」に対応。

うえさす植差　/uisasjicji/　☼「うゑさして」に対応。

　　　　　　　/uisacjaru/　☼「うゑさして」を含む。「うゑさしてある→うゑさしたる」に対応。

うごかす動　/ugukacji/　☼「うごかして」に対応。

おしあはす押合　/usjiawacji/　☼「おしあはして」に対応。

おす押　/ucji/　☼「おして」に対応。

おとす落　/utucji/　☼「おとして」に対応。

　　　　　/utucjaɴ/　☼「おとして」を含む。「おとしてありむ」に対応。

おどす威　/uducji/　☼「おどして」に対応。

おれなほす降直　/urinaucji/　☼「おりなほして」に対応。

おろす降　/urucji/　☼「おろして」に対応。

　　　　　/urucjijari/　☼「おろして」を含む。「おろしてあれ」に対応。

おわす御座「いらっしゃる」の意。　/uwacji/　☼「おわして」に対応。

　　　　　　　　　　/uwacjaɴ/　☼「おわして」を含む。「おわしてありむ」に対応。

　　　　　　　　　　/uwacjari/　☼「おわして」を含む。「おわしてあれ」に対応。

　　　　　　　　　　/uwacjiiru/　☼「おわして」を含む。「おわしてはある」に対応。

かくす隠　/kakucji/　☼「かくして」に対応。

さしまはす差廻　/sasjimawacji/　☼「さしまはして」に対応。

さす差　/sacji/　☼「さして」に対応。

　　　　/sacjamunu/　☼「さして」を含む。「さしてあ（る）もの」に対応。

しらす知　/sjiracjarami/　☼「しらして」を含む。「しらしてあらめ→しらしたらめ」に対応。

すます済　/sïmacjaru/　☼「すまして」を含む。「すましてある→すましたる」に対応。

せめいだす攻出　/simiizjacji/　☼「せめいだして」に対応。

たてさす立差　/tatisacjaru/　☼「たてさして」を含む。「たてさしてある→たてさしたる」に対応。

たふす倒　/toocji/　☆「たうして」に対応。

つきおろす付下　/cïcjiurucji/　☆「つきおろして」に対応。

つみなほす積直　/cïminaucji/　☆「つみなほして」に対応。

とほす通　/tuucji/　☆「とほして」に対応。

とらす取　/turacji/　☆「とらして」に対応。

とよます鳴響　/tujumacji/　☆「とよまして」に対応。

とりかはす取交　/turikjawacji/　☆「とりかはして」に対応。

とりなほす取直　/turinaucji/　☆「とりなほして」に対応。

なす生　/nacjiucji/　☆「なして」を含む。「なしておきて」に対応。

　　　　/nacjigaju/　☆「なして」を含む。「なしてがよ」に対応。「なしてあるがよ」の可能性もあるか。

　　　　/nacjikarawa/　☆「なして」を含む。「なしてからは」に対応。

　　　　/nacjaru/　☆「なして」を含む。「なしてある→なしたる」に対応。

　　　　/nacjiruju/　☆「なして」を含む。「なしてあるよ→なしたるよ」に対応。

なほす直　/naucji/　☆「なほして」に対応。

ならす鳴　/naracji/　☆「ならして」に対応。

ひきあはす引合　/hwicjawacji/　☆「ひきあはして」に対応。

まよはす迷　/majuwacji/　☆「まよはして」に対応。

むすびおろす結下　/musïbiurucji/　☆「むすびおろして」に対応。

もたす持　/mutacji/　☆「もたして」に対応。

　　　　/mutacjakutu/　☆「もたして」を含む。「もたせてあ（る）こと」に対応。

もてなす遇　/mucjinacji/　☆「もてなして」に対応。

もどす戻　/muducji/　☆「もどして」に対応。

もらす盛　/muracji/　☆「もらして」に対応。

やりかはす遣交　/jarikawacji/　☆「やりかはして」に対応。

よらす寄　/juracji/　☆「よらして」に対応。

よりあはす寄合　/juriawacji/　☆「よりあはして」に対応。

よりおろす依降　/juriurucji/　☆「よりおろして」に対応。

よりなほす寄直　/jurinaucji/　☆「よりなほして」に対応。

　31、《碑文（本山）》（1624）

ふす伏　/hwusjiti/　☆「ふして」に対応。

　37、《君由》（1700頃）

あすばす遊　/ʔasubacji/　☆「あそばして」に対応。

あはす合　/cjiriʔa’wacjaru/　☆「あはして」を含む。「きりあはしてある」に対応。

いぐます賑　/ʔigumacji/　☆「いぐまして」に対応。

いだす出　/sjimiʔizjacji/　☆「いだして」を含む。「しめいだして」に対応。

　　　　/mutiʔizjacji/　☆「いだして」を含む。「もちていだして→もっていだして」に対応。

　　　　susu’iʔidacji/　☆「いだして」を含む。「そそりいだして」に対応。

　　　　/ʔirabiʔidacji/　☆「いだして」を含む。「えらびいだして」に対応。

なす成　/nacji/　☆「なして」に対応。

なほす直　/no’ocji/　☆「なほして」に対応。

第1節　「四段活用」動詞の史的変化　1069

/ʔurino'ocji/　☼「なほして」を含む。「おれなほして」に対応。

/ʔu'jagino'ocji/　☼「なほして」を含む。「おりあげなほして」に対応。

cimiʔagino'ocji/　☼「なほして」を含む。「つみあげなほして」に対応。

よらす寄　/'juracji/　☼「よらして」に対応。

38、《仲里》（1703頃）

あがらす上　/tubiʔagaracji/　☼「あがらして」を含む。「とびあがらして」に対応。

/ma'iʔagaracji/　☼「あがらして」を含む。「まひあがらして」に対応。

/ma'igaracji/　☼「あがらして」を含む。「まひあがらして」に対応。

あべらす賑　/ʔabiracji/　☼「あべらして」に対応。

いだす出　/ʔidacji/　☼「いだして」に対応。

おとす落　/kiriʔutucji/　☼「おとして」を含む。「けりおとして」に対応。

おろす降　/ʔurucji/　☼「おろして」に対応。

こもらす籠　/kumaracji/　☼「こもらして」に対応。

とらす取　/turacji/　☼「とらして」に対応。

なす生　/nacjo'oti/　☼「なして」を含む。「なしてはをりて」に対応。

/nacjaruQkwa/　☼「なして」を含む。「なしてあるこら→なしたるこら」に対応。

なほす直　/no'ocji/　☼「なほして」に対応。

はらす走　/hwaracji/　☼「はらして」に対応。

ふらす降　/hwuracji/　☼「ふらして」に対応。

まはす回　/hwu'ima'wacji/　☼「まはして」を含む。「ふりまはして」に対応。

めす召　/misjo'ocji/　☼連用形「めし」を含む。「めしおはして」に対応。

もらす盛　/muracji/　☼「もらして」に対応。

よすらす賑？　/'jusiracji/　☼「よすらして」に対応。

よらす寄　/'juracji/　☼「よらして」に対応。

39、《混験》（1711）

もたす持　/mutacji/　☼「もたして」に対応。

41、《組五》（1718頃）

あはす合　/ʔa'wacji/　☼「あはして」に対応。

いだす出　/sjizjacji/　☼「いだして」を含む。「しいだして」に対応。

おこす起　/ʔukucji/　☼「おこして」に対応。

かくす隠　/kakucji/　☼「かくして」に対応。

からす枯　/karacji/　☼「からして」に対応。

からす貸　/karacji/　☼「からして」に対応。

くづす崩　/kuzicji/　☼「くづして」に対応。

くらす暮　/kuracji/　☼「くらして」に対応。

くりかへす繰返　/ku'ika'icji/　☼「くりかへして」に対応。

ころす殺　/kurucji/　☼「ころして」に対応。

さかす咲　/sakacji/　☼「さかして」に対応。

さがす探　/sagacji/　☼「さがして」に対応。

しるす記　/sjirucji/　☼「しるして」に対応。

すかす賺　/sikacji/　☆「すかして」に対応。

たぶらかす誑　/taburakacji/　☆「たぶらかして」に対応。

ちらす散　/cjiracji/　☆「ちらして」に対応。

つくす尽　/cikucji/　☆「つくして」に対応。

はなす放　/hwanacji/　☆「はなして」に対応。

もどす戻　/muducji/　☆「もどして」に対応。

ゆるす許　/ˈjurucji/　☆「ゆるして」に対応。

　　43、《具志》（1743）

おろす降　/ˈjumiʔurucji/　☆「おろして」を含む。「よみおろして」に対応。

たふす倒　/to'ocji/　☆「たふして」に対応。

なす成　/nacji/　☆「なして」に対応。

　　　　　　/nacji'wa/　☆「なして」を含む。「なしては」に対応。

　　44、《琉見》（1764）

ころす殺　/kurucji/　☆「ころして」に対応。

　　45、《琉訳》（1800 頃）

かくす隠　/kakucji/　☆「かくして」に対応。

なす成　/nacji/　☆「なして」に対応。

　　47、《クリ》（1818）

いだす出　/ʔi'ɴzjacji/　☆「いだして」に対応。

おとす落　/ʔutucji'u'ɴ/　☆「おとして」を含む。「おとしてをりむ」に対応。

さす差　/sacji/　☆「さして」に対応。

すべらす滑　/si'ɴdakacji/　☆「すべらかして」に対応。

のます飲　/numacji/　☆「のまして」に対応。

はならす離　/hanaracji/　☆「はならして」に対応。

　　48、《ベッテ》（1849）・（1852）

あかす明　/ʔakacje'e/　☆「あかして」を含む。「あかしては」に対応。

いごかす動　/ɴzjukacje'eru/　☆「いごかして」を含む。「いごかしてはある」に対応。

いだす出　/ʔɴzjacji/　☆「いだして」に対応。

おす押　/ʔusjiti/　☆「おして」に対応。/ʔuQsjiti/ の可能性もあるか。

きざす兆　/cjizacje'e/　☆「きざして」を含む。「きざしては」に対応。

くはす食　/kwa'acja'ɴ/　☆「くはして」を含む。「くはしてありむ」に対応。

　　　　　　/kwa'acjaru/　☆「くはして」を含む。「くはしてある→くはしたる」に対応。

　　　　　　/kwa'acjase'e/　☆「くはして」を含む。「くはしてあ（る）すは→くはした（る）すは」に対応。

さしこす差越　/sasjikucji/　☆「さしこして」に対応。

すかす賺　/sikacji/　☆「すかして」に対応。

　　　　　　/sikacjuru/　☆「すかして」を含む。「すかしてをる」に対応。

すます済　/simacji/　☆「すまして」に対応。

だまかす騙　/damakacja'ɴ/　☆「だまかして」を含む。「だまかしてあり<u>む</u>→だまかしたり<u>む</u>」に対応。

つくす尽　/cikucjakutu/　☆「つくして」を含む。「つくしてあ（る）こと→つくした（る）こと」に対応。

とらす取　/turacjakutu/　☆「とらして」を含む。「とらしてあ（る）こと→とらした（る）こと」に対応。

なす生　/nacji/　☼「なして」に対応。

なす成　/nacja'N/　☼「なして」を含む。「なしてありむ」に対応。/naQcja'N/ の可能性も否定できない。

　　　　/nacjaga/　☼「なして」を含む。「なしてあ（る）が→なした（る）が」に対応。

のこす残　/nukucjo'oru/　☼「のこして」を含む。「のこしてはをる」に対応。

ひきかへす引返　/hwicjike'ecji/　☼「ひきかへして」に対応。

　　　　　　　　/hwiQke'ecji/　☼「ひきかへして→ひっかへして」に対応。

ひきこす引越　/hwicjikucji/　☼「ひきこして」に対応。

よす止　/'jo'osjo'ocju'N/　☼「よして」を含む。「よしてはおきをりむ」に対応。

　49、《沖話》（1880）

いだす出　/ʔNzjacji/　☼「いだして」に対応。

かはす交　/ka'wacji/　☼「かはして」に対応。

かへす反　/ʔucjike'ecji/　☼「かへして」を含む。「うちかへして」に対応。

すます済　/simacji/　☼「すまして」に対応。

そらす逸　/suracje'e/　☼「そらして」を含む。「そらしては」に対応。

ながす流　/nagacji/　☼「ながして」に対応。

なす成　/nacji/　☼「なして」に対応。

なほす直　/no'ocji/　☼「なほして」に対応。

ならはす習　/nara'acji/　☼「ならはして」に対応。

やます病（痛）　/'jamacja'i/　☼「やまして」を含む。「やましてあり→やましたり」に対応。

　50、《チェン》（1895）

おとす落　/ʔutucji/　☼「おとして」に対応。

からす貸　/karacji/　☼「からして」に対応。

かへす返　/ke'ecji/　☼「かへして」に対応。

きかす聞　/cjikacji/　☼「きかして」に対応。

けす消（きあす？）　/cja'acji/　☼「きあして」に対応。

ころす殺　/kurucji/　☼「ころして」に対応。

　　　　　　/kurucja'N/　☼「ころして」を含む。「ころしてありむ→ころしたりむ」に対応。

たふす倒　/to'ocja'N/　☼「たふして」を含む。「たふしてありむ→たふしたりむ」に対応。

なす生　/nacji/　☼「なして」に対応。

ぬらす濡　/nuracji/　☼「ぬらして」に対応。

のこす残　/nukucji/　☼「のこして」に対応。

むらす蒸　/muracji/　☼「むらして」に対応。

もたす持　/mutacji/　☼「もたして」に対応。

やます病（痛）　/'jamacji/　☼「やまして」に対応。

　　　　　　/'jamacje'e/　☼「やまして」を含む。「やましては」に対応。

ゆるす許　/jurucji/　☼「ゆるして」に対応。

よす止　/'jo'osho'ocjumi/　☼「よして」を含む。「よしてはおきをりみ」に対応。

（タ行）

　01、《翻訳》（1501）

たつ発・立　/taQcï/　☼「たちて」に対応。

1072　第5章　沖縄語動詞形態変化の通時的考察

　　　　　/taQcïka/　☆「たちて」を含む。「たちてか」に対応か。

　03、《琉館》（16C 前半成立か）

たつ発　/taQci/　☆「たちて」に対応。

もつ持　/muQci/　☆「もちて」に対応。

　09、《陳使》（1534）

たつ発　/taQci/　☆「たちて」に対応。

　22、《音字》（1572 頃）

たつ発　/taQci/　☆「たちて」に対応。「たって」と変化。

　29、《おも 2 》（1613）

もつ持　/muQci/　☆「もちて」に対応。

　　　　　/muQcjaru/　☆「もちて」を含む。「もちてある→もちたる」に対応。

　30、《おも 3 》（1623）

たつ立　/taQcji/　☆「たちて→たって」に対応。

もつ持　/muQcji/　☆「もちて→もって」に対応。

　　　　　/muti/　☆「もって」に対応。

　37、《君由》（1700 頃）

うつ打　/ʔuQcji/　☆「うちて→うって」に対応。

もつ持　/mutiʔizjacji/　☆「もちて→もって」を含む。「もちていだして→もっていだして」に対応。

　39、《混験》（1711）

たつ立　/tacji/　☆「たちて→たって」に対応。

　41、《組五》（1718 頃）

まつ待　/macji/　☆「まちて→まって」に対応。

　42、《中信》（1721）

たつ発　/taQcji/　☆「たちて→たって」に対応。

まつ待　/maQcji/　☆「まちて→まって」に対応。

　44、《琉見》（1764）

まつ待　/maQci/　☆「まちて」に対応。「まって」と変化。

　45、《琉訳》（1800 頃）

へだつ隔　/hwidacji/　☆「へだちて」に対応。

まつ待　/maQcji/　☆「まちて」に対応。「まって」と変化。

もつ持　/muQcji/　☆「もちて」に対応。「もって」と変化。

　　　　　/tuʼimuQcji/　☆「もちて」を含む。「とりもちて」に対応。「とりもって」と変化。

わかつ分　/ʼwakacji/　☆「わかちて」に対応。

　46、《漂録》（1818）

もつ 持　/muQcji/　☆「もちて→もって」に対応。

　47、《クリ》（1818）

もつ持　/muQcjikuʼu/　☆「もちて→もって」を含む。「もってこ」に対応。

　48、《ベッテ》（1849）・（1852）

あやまつ誤　/ʔaʼjamatiruʼja/　☆「あやまてるは」に対応。漢文訓読。

うつ打（耕）　/ʔuQcjeʼeru/　☆「うちて」を含む。「うちてはある」に対応。

第 1 節　「四段活用」動詞の史的変化　1073

うつ打　/ʔuQcji/　☆「うちて→うって」に対応。

　　　　/ʔuQcjaʼɴ/　☆「うちて」を含む。「うちてありむ→うちたりむ」に対応。

たつ立　/taQcji/　☆「たちて→たって」に対応。

　　　　/taQcjaʼɴ/　☆「たちて」を含む。「たちてありむ」に対応。

　　　　/taQcjoʼoʼɴ/　☆「たちて」を含む。「たちてはをりむ」に対応。

　　　　/tati/　☆文脈上は「たちて」に対応すると考えられるが、音韻の上では「たて」にしか対応しない。

たもつ保　/tamucjoʼocjutaru/　☆「たもちて」を含む。「たもちてはおきをりたる」に対応。

まつ待　/maQcji/　☆「まちて→まって」に対応。

もつ持　/muQcji/　☆「もちて→もって」に対応。

　　　　/muQcjeʼe/　☆「もちて→もって」を含む。「もちては→もっては」に対応。

　　　　/muQcjaʼɴ/　☆「もちて→もって」を含む。「もちてありむ→もちたりむ」に対応。

　　49、《沖話》（1880）

うつ打　/ʔuQcji/　☆「うちて→うって」に対応。

　　　　/ʔuQcjeʼejabiʼiʼɴ/　☆「うって」を含む。「うってはありはべりむ」に対応。

うつ討　/ʔuQcjeʼeru/　☆「うちて→うって」を含む。「うってはある」に対応。

たつ発　/taQcji/　☆「たちて→たって」に対応。

たつ立　/taQcji/　☆「たちて→たって」に対応。

　　　　/taQcjoʼoʼjabiʼikutu/　☆「たちて→たって」を含む。「たちてはをりはべ（る）こと」に対応。

もつ持　/muQcji/　☆「もちて→もって」に対応。

　　　　/muQcjoʼoʼɴ/　☆もちてを含む。「もちてはをりむ」に対応。

　　　　/muQcjoʼoʼjabiʼiʼɴ/　☆もちてを含む。「もちてはをりはべりをりむ」に対応。

　　　　/muQcjoʼoʼjabiʼikutu/　☆「もちて」を含む。「もちてはをりはべ（る）こと」に対応。

　　　　/muQcjoʼoru/　☆「もちて」を含む。「もちてはをる」に対応。

　　　　/muQcjeʼeru/　☆「もちて」を含む。「もちてはある」に対応。

　　50、《チェン》（1895）

うつ打　/ʔuQcji/　☆「うちて→うって」に対応。

まつ待　/maQcji/　☆「まちて→まって」に対応。

　　　　/maQcjeʼe/　☆「まちて→まって」を含む。「まっては」に対応。

　　　　/maQcjiʼɴ/　☆「まちて→まって」を含む。「まっても」に対応。

　　　　/maQcjoʼori/　☆「まちて→まって」を含む。「まってはをれ」に対応。

　　　　/maQcjoʼoti/　☆「まちて→まって」を含む。「まってはをって→まってはをて」に対応。

みつ満　/miQcjoʼobiʼisaʼa/　☆「みって」を含む。「みってはをりはべりを（る）さ」に対応。

もつ持　/muQcji/　☆「もって」に対応。

　　　　/muQcjeʼe/　☆「もって」を含む。「もっては」に対応。

　　　　/mucjaru/　☆「もちてある」に対応。

（ハ行）

　　01、《翻訳》（1501）

ゑふ酔　/iutï/　☆「ゑうて」に対応。

　　03、《琉館》（16C 前半成立か）

ゑふ酔　/juuti/　☆「ゑうて」に対応。

05、《碑文（石西）》（1522）

そろふ揃　/suruQti/　☼「そろひて→そろって」に対応。

　08、《おも 1 》（1531）

あふ会　/ooti/　☼「あうて」に対応。

そろふ揃　/suruQti/　☼「そろひて→そろって」に対応。

　13、《碑文（かた）》（1543）

そろふ揃　/suruQti/　☼「そろって」に対応。

　15、《碑文（添門）》（1546）

そろふ揃　/suruQti/　☼「そろって」に対応。

　17、《碑文（やら）》（1554）

そろふ揃　/suruQti/　☼「そろって」に対応。

はらふ祓　/hwaraQti/　☼「はらって」に対応。

　19、《郭使》（1561）

かふ買　/kooti/　☼「かうて」に対応。

わらふ笑　/waraQti/　☼「わらひて」に対応。「わらって」に変化。

　22、《音字》（1572 頃）

かふ買　/kooti/　☼「かうて」に対応。

わらふ笑　/waraQti/　☼「わらひて」に対応。「わらって」に変化。

　23、《蕭使》（1579）

かふ買　/kooti/　☼「かうて」に対応。

わらふ笑　/waraQti/　☼「わらひて」に対応。「わらって」に変化。

　25、《碑文（浦城）》（1597）

そろふ揃　/suruQti/　☼「そろって」に対応。

　27、《夏使》（1606）

かふ買　/kooti/　☼「かうて」に対応。

わらふ笑　/waraQti/　☼「わらひて」に対応。「わらって」に変化。

　29、《おも 2 》（1613）

おもふ思　/umu(Q)ti/　☼「おもひて」に対応。

しなふ撓四　/sjina(Q)ti/　☼「しなひて」に対応。

はふ這　/hwooti/　☼「はうて」に対応。

むかふ向　/muka(Q)ti/　☼「むかひて」に対応。

　30、《おも 3 》（1623）

あふ会、戦　/ooti/　☼「あうて」に対応。

あふりあふ煽合　/aurijaiti/　☼「あふりあひて」に対応。

いのりあふ祈合　/inurijaiti/　☼「いのりあひて」に対応。

いふ言　/icji/　☼「いひて」に対応。

おそふ襲　/usuti/　☼「おそひて」に対応。

おれぶさふ降栄　/uribusati/　☼「おれぶさひて」に対応。

かよふ通　/kajuQti/　☼「「かよって」に対応。

こふ乞　/kuuti/　☼「こうて」に対応。

第 1 節　「四段活用」動詞の史的変化　1075

/kuutari/ ☆「こうて」を含む。」「こうてあれ」に対応。

しなふ撓 /sjinaiti/ ☆「しなひて」に対応。

/sjinaQti/ ☆「しなって」に対応。

すまふ住 /sïmatiucjaru/ ☆「すまひて」を含む。「すまひてをりたる」に対応。

そろふ揃 /suruQti/ ☆「そろって」に対応。

ねがふ願 /nigaQti/ ☆「ねがって」に対応。

はりそふ走添 /hwarisuiti/ ☆「はりそひて」に対応。

ふさふ栄 /hwusaQti/ ☆「ふさひて」に対応。

まひあふ舞合 /majaiti/ ☆「まひあひて」に対応。

まふ舞 /mauti/ ☆「まうて」に対応。

むかふ向 /mukaQti/ ☆「むかって」に対応。

むれまふ群舞 /burimaQti/ ☆「むれまって」に対応。

やしなふ養 /jasjinaQti/ ☆「やしなって」に対応。

わらふ笑 /waraQti/ ☆「わらって」に対応。

ゑふ酔 /ijuQti/ ☆「ゑうって」に対応。

　　37、《君由》（1700 頃）

げらふ造 /gira'iti/ ☆「げらひて」に対応

そふ添 /su'iti/ ☆「そひて」に対応。

そろふ揃 /suruti/ ☆「そろひて→そろって」に対応。

はらふ払 /ʔusjihwarati/ ☆「はらひて→はらって」を含む。「おしはらひて→おしはらって」に対応。

ふさふ栄 /hwusati/ ☆「ふさひて」に対応。

/ʔurihwusati/ ☆「ふさひて」を含む。「おれふさひて」に対応。

　　38、《仲里》（1703 頃）

あとおふ集？ /ʔatu'u'iti/ ☆「あとおひて」に対応。

いふ言 /ʔicji/ ☆「（と）いひて」に対応。

いまふ参 /ʔimjacji/ ☆「いまひて」に対応。

うやまふ敬 /ʔu'jamati/ ☆「うやまひて」に対応。

/ʔu'jamato'oti/ ☆「うやまひて」を含む。「うやまひてはをりて」に対応。

たまふ給 /tamo'ocji/ ☆「たまひて」に対応。

/tabo'ocji/ ☆「たほひて」に対応。

ふさふ栄 /hwusati/ ☆「ふさひて」に対応。

/ʔurihwusati/ ☆「ふさひて」を含む。「おれひさひて」に対応。

　　39、《混験》（1711）

あふ会 /ma'ja'iti/ ☆「あひて」を含む。「まひあひて」に対応。

いふ言 /ʔicji/ ☆「いひて」に対応。

さそふ誘 /sasuti/ ☆「さそひて」に対応。

まふ舞 /mo'oti/ ☆「まうて」に対応。

むかふ向 /ꞥkati/ ☆「むかひて→むかって」に対応。

よしろふ参・参進・伺候？ /'jusjiruti/ ☆「よしろひて→よしろって」に対応。

　　41、《組五》（1718 頃）

　　1076　第 5 章　沖縄語動詞形態変化の通時的考察

あらふ洗　/ʔarati/　☼「あらひて→あらって」に対応。

いふ言　/ʔicji'n/　☼「いひて」を含む。「いひても」に対応。

　　　　/cjakutu/　☼「いひて」を含む。「いひてあること」に対応か。

　　　　/ti'ja'i/　☼「いひて」を含む。「いひてあり」に対応か。

　　　　/tiru/　☼「いひて」を含む。「いひてある」に対応か。

　　　　/ti/　☼「いひて」を含む。「いひてある」→「いてる」→「て」等と変化か。

　　　　/tisi/　☼「といふす」に対応か。

うしなふ失　/ʔusjinataru/　☼「うしなひて」を含む。「うしなひてある→うしなひたる→うしなたる」に対応。

おもふ思　/ʔumuti/　☼「おもひて→おもって」に対応。

　　　　/ʔumuta/　☼「おもひて」を含む。「おもひてあ（る）→おもひた（る）→おもた（る）」に対応か。

　　　　/muti/　☼「おもひて→おもって」に対応。

かなふ叶　/kanati/　☼「かなひて」に対応。

きあふ来会　/cjata/　☼「きあひて」を含む。「きあひてある→きあひたる→きやたる→きやた」に対応。

しまふ仕舞　/sjimati/　☼「しまって」に対応。

すくふ救　/sukuti/　☼「すくひて」に対応。

そろふ揃　/suruti/　☼「そろひて」に対応。

とまふ探　/tumeti/　☼「とまひて」に対応。

ねがふ願　/nigati/　☼「ねがひて」に対応。

　　　　/nigata/　☼「ねがひて」を含む。「ねがひてある→ねが（ひ）た（る）」と変化。

ひろふ拾　/hwiruti/　☼「ひろひて→ひろって」に対応。

まよふ迷　/ma'juti/　☼「まよひて→まよって」に対応。

もらふ貰　/murati/　☼「もらって」に対応。

わらふ笑　/'warati/　☼わらひて→わらって」に対応。

　　42、《中信》（1721）

あらふ洗　/ʔaraQti/　☼「あらひて」に対応。「あらって」と変化。

かふ買　/ko'oti/　☼「かうて」に対応。

わらふ笑　/'waraQti/　☼「わらひて」に対応。「わらって」と変化。

ゑふ酔　/'wi'iti/　☼「ゑひて」に対応。

　　43、《具志》（1743）

げらふ造　/gira'iti/　☼「げらひて」に対応。

そろふ揃　/suruti/　☼「そろひて」に対応。

やとふ雇　/'jatuti/　☼「やとひて」に対応。

　　44、《琉見》（1764）

かふ買　/ko'oti/　☼「かうて」に対応。

ならふ習　/naraQti/　☼「ならひて」に対応。「ならって」と変化。

わらふ笑　/'waraQti/　☼「わらひて」に対応。「わらって」と変化。

ゑふ酔　/'wi'iti/　☼「ゑひて」に対応。

　　45、《琉訳》（1800頃）

あらふ洗　/ʔaraQti/　☼「あらって」に対応か。

いきあふ行会　/ʔicjato'o'n/　☼「いきあひて」を含む。「いきあひてはをりむ」に対応。/ʔicjati'u'n/

第1節　「四段活用」動詞の史的変化　1077

の可能性を残す。

いふ言 /ʔiQcji/ ☼「いひて」に対応。「いって」と変化。

くふ喰 /ku'uti/ ☼「くうて」に対応。

ゑふ酔 /ʔwi'iti/ ☼「ゑひて」に対応。

　47、《クリ》（1818）

あらふ洗 /ʔarati/ ☼「あらひて→あらって」に対応。

おそふ襲 /ʔusutaʼN/ ☼「おそうて」を含む。「おそうてをりたりむ」に対応。ʔusuʼjutaʼN/とも考えられる。

くふ銜, 噛 /ku'uti/ ☼「くうて」に対応。

くらふ食 /kwati/ ☼「くらひて」に対応。

すふ吸 /supu('u)ti/ ☼「すぷうて」に対応。

すまふ住 /simato'oʼN/ ☼「すまひて」を含む。「すまひてはをりむ」に対応。

わらふ笑 /ʔwarati/ ☼「わらひて」に対応。

ゑふ酔 /ʔwi'iti/ ☼「ゑひて」に対応。

　48、《ベッテ》（1849）・（1852）

いきあふ行会 /ʔicjati/ ☼「いきあひて」に対応。

　　　　　　　　/ʔicjataʼN/ ☼「いきあひて」を含む。「いきあひてありむ→いきあひたりむ」に対応。

　　　　　　　　/ʔicjataru/ ☼「いきあひて」を含む。「いきあひてある→いきあひたる」に対応。

いふ言 /ʔicji/ ☼「いひて→いって」に対応。

　　　　/ʔicjiʼN/ ☼「いひて」を含む。「いひても」に対応。

　　　　/ʔicjaʼN/ ☼「いひて」を含む。「いひてありむ→いったりむ」に対応。

　　　　/ʔicjaru/ ☼「いひて」を含む。「いひてある→いったる」に対応。

　　　　/ʔicjakutu/ ☼「いひて」を含む。「いひてあ（る）こと→いった（る）こと」に対応。

　　　　/ʔicjareʼe/ ☼「いひて」を含む。「いひてあれは→いったれは」に対応。

　　　　/ʔicjeʼeru/ ☼「いひて」を含む。「いひてはある」に対応。

　　　　/ʔicjeʼesiga/ ☼「いひて」を含む。「いひてはあ（る）すが」に対応。

　　　　/ʔicjeʼeseʼe/ ☼「いひて」を含む。「いひてはあ（る）すは」に対応。

　　　　/ʔicjeʼetasiga/ ☼「いひて」を含む。「いひてはありてあ（る）すが」に対応。

　　　　/ʔicjuʼN/ ☼「いひて」を含む。「いひてをりむ」に対応。

　　　　/ʔicjuru/ ☼「いひて」を含む。「いひてをる」に対応。

うたがふ疑 /ʔutageʼetoʼoru/ ☼「うたがひて」を含む。「うたがひてはをりてはをる」に対応。

おぎなふ補 /ʔuzjinoʼoti/ ☼「おぎなうて」に対応。

おこなふ行 /ʔukunati/ ☼「おこなひて→おこなって」に対応。

おもふ思 /ʔumuti/ ☼「おもひて→おもって」に対応。

　　　　/ʔumutikara/ ☼「おもひて」を含む。「おもひてから」に対応。

　　　　/ʔumutaga/ ☼「おもひて」を含む。「おもひてあ（る）が→おもひた（る）が」に対応。

　　　　/ʔumutasiga/ ☼「おもひて」を含む。「おもひてあ（る）すが→おもひた（る）すが」に対応。

　　　　/ʔumuta/ ☼「おもひて」を含む。「おもひてあ（る）→おもひた（る）」に対応。

　　　　/ʔumutoʼoʼN/ ☼「おもひて」を含む。「おもひてはをりむ」に対応。

　　　　/ʔumutoʼoru/ ☼「おもひて」を含む。「おもひてはをる」に対応。

かふ買 /koʼoti/ ☼「かうて」に対応。「かひをりて」の可能性もあるか。

1078　第5章　沖縄語動詞形態変化の通時的考察

　　　　　/ko'ota'ɴ/　☆「かうてありむ」に対応。「かひをりてありむ」の可能性もあるか。

　　　　　/ko'otaru/　☆「かうてある」に対応。「かひをりてある」の可能性もあるか。

くらふ食　/kwatara'wa/　☆「くらひて」を含む。「くらひてあらは→くらひたらは」に対応。

したがふ従　/sjitagati/　☆「したがひて→したがって」に対応。

つかふ使　/cikati/　☆「つかひて→つかって」に対応。

　　　　　/ciko'oti ʔaru/　☆「つこうて」を含む。「つかうてある」に対応か。

　　　　　/ciko'otaru/　☆「つこうて」を含む。「つかうてある→つかうたる」に対応か。

とふ問　/tu'uti/　☆「とうて」に対応。

　　　　　/tu'utakutu/　☆「とうて」を含む。「とうてあ（る）こと→とうた（る）こと」に対応。

なふ繝　/no'oti/　☆「なうて」に対応。

ならふ習　/narati/　☆「ならひて→ならって」に対応。

　　　　　/narata'ɴ/　☆「ならひて」を含む。「ならひてありたりむ」に対応。

　　　　　/narato'oru/　☆「ならひて」を含む。「ならひてはをる」に対応。

ねがふ願　/nigato'o'ɴ/　☆「ねがひて」を含む。「ねがひてはをりむ」に対応。

　　　　　/nigato'osi/　☆「ねがひて」を含む。「ねがいてはを（る）す」に対応。

　　　　　/nigato'ota'ɴ/　☆「ねがひて」を含む。「ねがひてはをりたりむ」に対応。

むかふ向　/'ɴkati/　☆「むかひて→むかって」に対応。

わらふ笑　/'warati/　☆「わらひて→わらって」に対応。

　　　　　/'warata'ɴ/　☆「わらひて」を含む。「わらひてありむ→わらひたりむ」に対応。

　49、《沖話》（1880）

いふ言　/ʔicji/　☆「いひて」に対応。「いひて→いって→いち」と変化。

　　　　　/ʔicje'e/　☆「いひて」を含む。「いひては」に対応。

　　　　　/ʔicji'ɴ/　☆「いひて」を含む。「いひても」に対応。

おもふ思　/ʔumuto'o'jabi'i'ɴ/　☆「おもひて」を含む。「おもひてはをりはべりむ」に対応。

　　　　　/ʔumuto'o'jabi'iru/　☆「おもひて」を含む。「おもひてはをりはべる」に対応。

　　　　　/ʔumuto'o'jabi'isiga/☆「おもひて」を含む。「おもひてはをりはべ（る）すが」に対応。

　　　　　/ʔumuto'o'jabi'ikutu/　☆「「おもひて」を含む。「おもひてはをりはべ（る）こと」に対応。

　　　　　/ʔumuto'o'jabi'itakutu/　☆「おもひてはをりはべりた（る）こと」に対応。

かふ買　/ko'ote'e'jabi'ikutu/　☆「かうて」を含む。「かうてありてはべ（る）こと」に対応。

しまふ仕舞　/sjime'eto'o'jabi'i'ɴ/　☆「しまひて」を含む。「しまひてはをりはべりむ」に対応。

そふ添（連）　/so'oti/　☆「そうて」に対応。

ちがふ違　/cjigato'oru/　☆「ちがひて」を含む。「ちがひてはをる」に対応。

つかふ遣　/cikata'i/　☆「つかひて」を含む。「つか'ひてあり→つかったり」に対応。

　　　　　/cikate'e'jabi'ikutu/　☆「つかひて」を含む。「つかひてありはべ（る）こと」に対応。

はふ這　/ho'oti/　☆「はうて」に対応。

むかふ向　/'ɴkato'oru/　☆「むかひて」を含む。「むかひてはをる」に対応。

やとふ雇　/'jatute'eru/　☆「やとひて」を含む。「やとひてはある」に対応。

ゆくふ憩　/'jukuti/　☆「ゆくひて」に対応。

　50、《チェン》（1895）

いふ言　/(ʔ)icji/　☆「いひて」に対応。

/(ʔ)icji'N/　☼「いひて」を含む。「いひても」に対応。

/(ʔ)icja'N/　☼「いひて」を含む。「いひてありむ→いひたりむ」に対応。

/(ʔ)icjakutu/　☼「いひて」を含む。「いひてあ（る）こと→いひた（る）こと」に対応。

/(ʔ)icja'Nte'e'N/　☼「いひて」を含む。「いひてありむてはも」に対応。

おもふ思　/tumuti/　☼「おもひて」を含む。「とおもひて」に対応。融合して /tumuti/ となった。

かふ買　/ko'ota'N/　☼「ラ行（四段）化」後の「かうりて」を含む。「かうりてありむ」に対応。

そふ沿　/su'uti/　☼「そうて」に対応。

つかなふ養　/cikanati/　☼「つかなひて」に対応。

とふ問　/tu'uti/　☼「とうて」に対応。

よこふ憩「いこふ」？　/jukutikara/　☼「ラ行（四段）化」後の「よこりて」を含む。「よこりてから」に対応。

（バ行）

　19、《郭使》（1561）

よぶ呼　/juNdi/　☼「よびて」に対応。「よんで」と変化。

　22、《音字》（1572 頃）

よぶ呼　/juNdi/　☼「よびて」に対応。「よんで」と変化。

　23、《蕭使》（1579）

よぶ呼　/juNdi/　☼「よびて」に対応。「よんで」と変化。

　27、《夏使》（1606）

よぶ呼　/juNdi/　☼「よびて」に対応。「よんで」と変化。

　30、《おも 3》（1623）

あすぶ遊　/asïNdi/　☼「あすんで」に対応。

えらぶ選　/iraNdi/　☼「えらんで」に対応。

ならぶ並　/naraNdi/　☼「ならんで」に対応。

　37、《君由》（1700 頃）

えらぶ選　/ʔiraNdi/　☼「えらびて→えらんで」に対応。

　38、《仲里》（1703 頃）

むすぶ結　/katamimusiNdi/　☼「むすびて」を含む。「かためむすびて→かためむすんで」に対応。

　39、《混験》（1711）

えらぶ選　/ʔiradi/　☼「えらびて→えらんで」に対応。

　41、《組五》（1718 頃）

あすぶ遊　/ʔasidi/　☼「あすびて→あすんで」に対応。

えらぶ選　/ʔiradi/　☼「えらびて→えらんで」に対応。

およぶ及　/ʔu'judi/　☼「およびて→およんで」に対応。

しのぶ忍　/sjinudi/　☼「しのびて→しのんで」に対応。

むすぶ結　/musidi/　☼「むすびて→むすんで」に対応。

　42、《中信》（1721）

よぶ呼　/ʔju'Ndi/　☼「よびて」に対応。「よんで」と変化。

　43、《具志》（1743）

えらぶ選　/ʔiradi/　☼「えらびて→えらんで」に対応。

　45、《琉訳》（1800 頃）

えらぶ選　/ʔiradi/　☆「えらびて」に対応。「えらんで」と変化。

　48、《ベッテ》（1849）・（1852）

あすぶ遊　/ʔasidi/　☆「あすびて→あすんで」に対応。

　　　　　/ʔasida'ɴ/　☆「あすびて→あすんで」を含む。「あすびてありむ→あすびたりむ」に対応。

　　　　　/ʔasidaQcji/　☆「あすびて→あすんで」を含む。「あすんでありきて」に対応。

　　　　　/ʔasida(Q)cja'i/　☆「あすびて→あすんで」を含む。「あすんでありきたり」に対応。

　　　　　/ʔasidaQcju'ɴ/　☆「あすびて→あすんで」を含む。「あすんでありきをりむ」に対応。

たふとぶ尊　/taQtudi/　☆「たっとびて→たっとんで」に対応。

　　　　　　/taQtuda'ɴ/　☆「たっとびてありむ→たっとんでありむ→たっとんだりむ」に対応。

とぶ飛　/tudi/　☆「とびて→とんで」に対応。

　　　　/tuda'ɴ/　☆「とびて→とんで」を含む。「とびてありむ→とんでありむ」に対応。

よぶ呼　/'judi/　☆「よびて→よんで」に対応。

　　　　/'juda'ɴ/　☆「よびてありむ→よんでありむ」に対応。

よろこぶ喜　/'jurukudi/　☆「よろこびて→よろこんで」に対応。

　　　　　　/'jurukuda'ɴ/　☆「よろこびて→よろこんで」を含む。「よろこびてありむ→よろこんだ
　　　　　　　　　　　　　　りむ」に対応。

　49、《沖話》（1880）

まなぶ学　/manadi/　☆「まなびて→まなんで」に対応。

　50、《チェン》（1895）

あすぶ遊　/ʔasidi/　☆「あすびて→あすんで」に対応。

えらぶ選　/ʔiradi/　☆「えらびて→えらんで」に対応。

よぶ呼　/'judi/　☆「よびて→よんで」に対応。

　　　　/'juda'ɴ/　☆「よびて→よんで」を含む。「よびてありむ→よんだりむ」に対応。

（マ行）

　08、《おも1》（1531）

うちあゆむ歩　/ucjiajuɴdi/　☆「あゆみて→あゆんで」を含む。「うちあゆみて→うちあゆんで」に対応。

とよむ鳴響　/tujuɴdi/　☆「とよみて→とよんで」に対応。

　17、《碑文（やら）》（1554）

をがむ拝　/wugaɴdi/　☆「をがみて→をがんで」に対応。

　22、《音字》（1572頃）

つかむ掴　/kacümiti/　☆「かつめて」に対応か。

　29、《おも2》（1613）

たくむ工　/takuɴdaru/　☆「たくみて→たくんで」を含む。「たくみてある→たくみたる→たくんだる」
　　　　　　　　　　　　に対応。

たのむ頼　/taruɴdi/　☆「たのみて→たのんで」に対応。/n/と/r/の交代がある。

　30、《おも3》（1623）

あぐむ待望、倦　/aguɴdi(w)ucijaru/　☆「あぐんで」を含む。「あぐんでをりたる」に対応。

あゆむ歩　/ajuɴdi/　☆「あゆんで」に対応。

うらやむ羨　/urajaɴdi/　☆「うらやんで」に対応。

このむ好　/kunuɴdi/　☆「このんで」に対応。

第1節　「四段活用」動詞の史的変化　1081

たくむ工　/takuɴdaru/　☼「たくんで」を含む。「たくんである→たくんだる」に対応。

つむ積　/cïɴdi/　☼「つんで」に対応。

とよむ鳴響　/tujuɴdi/　☼「とよんで」に対応。

ぬすむ盗　/nusïɴdi/　☼「ぬすんで」に対応。

やすむ休　/jasïɴdi/　☼「やすんで」に対応。

やりあぐむ遣倦　/jariaguɴdi/　☼「やりあぐんで」に対応。

　　37、《君由》（1700頃）

とよむ鳴響　/tu'judaru/　☼「とよみて」を含む。「とよみてある→とよみたる→とよんだる」に対応。

　　38、《仲里》（1703頃）

くむ組　/ku'ɴdi/　☼「くみて→くんで」に対応。

このむ工　/kunuɴdaru/　☼「このみて」を含む。「このみてある→このみたる→このんだる」に対応。

たくむ工　/takuɴdaru/　☼「たくみて」を含む。「たくみてある→たくみたる→たくんだる」に対応。

をがむ拝　/ʔugadi/　☼「をがみて→をがんで」に対応。

　　39、《混験》（1711）

つむ摘　/cimiti/　☼「つみて」に対応。

　　　　　/cidi/　☼「つみて→つんで」に対応。

とよむ鳴響　/tu'judi/　☼「とよみて→とよんで」に対応。

をがむ拝　/ʔugadi/　☼「をがみて→をがんで」に対応。

　　41、《組五》（1718頃）

あゆむ歩　/ʔa'judi/　☼「あゆみて→あゆんで」に対応。

うらむ恨　/ʔuramiti'ɴ/　☼「うらみて」を含む。「うらみても」に対応。

おぞむ覚　/ʔuzudi/　☼「おぞみて→おぞんで」に対応。

かがむ屈　/kagadi/　☼「かがみて」に対応。「かがんで」と変化。

こむ込　/kudaru/　☼「こみて」を含む。「こみてある→こんだる」に対応。

すむ住　/sidi/　☼「すみて」に対応。「すんで」と変化。

たくむ工　/takudi/　☼「たくみて」に対応。「たくんで」と変化。

　　　　　/takuda/　☼「たくみて」を含む。「たくみてある→たくんだる」に対応。

たのむ頼　/tanudi/　☼「たのみて→たのんで」に対応。

つぼむ蕾　/cibudi'uru/　☼「つぼみて」を含む。「つぼみてをる→つぼんでをる」に対応。

つむ摘　/cidi/　☼「つみて→つんで」に対応。

つむ抓　/cidi/　☼「つみて→つんで」に対応。

ぬすむ盗　/nusudi/　☼「ぬすみて→ぬすんで」に対応。

のむ飲　/nudi/　☼「のみて→のんで」に対応。

　　　　　/nudaru/　☼「のみて」を含む。「のみてある→のみたる→のんだる」に対応。

をがむ拝　/ʔugadi/　☼「をがみて→をがんで」に対応。

　　43、《具志》（1743）

このむ巧、工　/kunudi/　☼「このみて→このんで」に対応。

　　　　　　　/kunudaru/　☼「このみて→このんで」を含む。「このんである→このんだる」に対応。

たくむ工　/takudaru/　☼「たくみて→たくんで」を含む。「たくんである→たくんだる」に対応。

たのむ頼　/tanudi/　☼「たのみて→たのんで」に対応。

44、《琉見》（1764）

やむ病（痛）　/'jadi/　☆「やみて→やんで」に対応。

45、《琉訳》（1800 頃）

くぼむ窪　/kubudo'o'ɴ/　☆「くぼみて」を含む。「くぼみてはをりむ」に対応か。/kubudi'u'ɴ/ の可
能性を残す。

そむ染　/sudo'o'ɴ/　☆「そみて」を含む。「そみてはをりむ」に対応か。

ゆがむ歪　/'ju('ɴ) ga('ɴ)di/　☆「ゆがみて」に対応。「ゆがんで」と変化。

よむ数　/'ju('ɴ)di/　☆「よみて」に対応。「よんで」と変化。

47、《クリ》（1818）

のむ飲　/nudi/　☆「のみて→のんで」に対応。

　　　/nudu'ɴ/　☆「のみて→のんで」を含む。「のみてをりむ→のんでをりむ」に対応。

　　　/nunutasja/　☆「のみて→のんで」を含む。「のみてをりた（る）さ→のんでをりた（る）さ」に対応。

やむ病（痛）　/'jadi/　☆「やみて→やんで」に対応。

　　　　/'jado'o'ɴ/　☆「やみて→やんで」を含む。「やみてはをりむ→やんでをりむ」に対応。

48、《ベッテ》（1849）・（1852）

あかむ赤　/ʔakado'o'ɴ/　☆「あかみて→あかんで」を含む。「あかんではをりむ」に対応。

うらむ恨　/ʔuramito'oru/　☆「うらみて」を含む。「うらみてはをる」に対応。

かむ噛（食）/kadi/　☆「かみて→かんで」に対応。

　　　/kadi'ɴ/　☆「かみて→かんで」を含む。「かんでも」に対応。

　　　/kade'e/　☆「かみて→かんで」を含む。「かんでは」に対応。

　　　/kada'i/　☆「かみて→かんで」を含む。「かんであり→かんだり」に対応。

　　　/kada'ɴ/　☆「かみて→かんで」を含む。「かんでありむ→かんだりむ」に対応。

　　　/kadaru/　☆「かみて→かんで」を含む。「かんでありたる→かんだる」に対応。

　　　/kada/　☆「かみて→かんで」を含む。「かんであ（る）→かんだ（る）」に対応。

このむ巧、工　/kunudi/　☆「このみて→このんで」に対応。

しらむ白　/sjirudo'o'ɴ/　☆「しろみて→しろんで」を含む。「しろんではをりむ」に対応。

たのむ頼　/tarudi/　☆「たのみて→たのんで」に対応。

のむ飲　/nudi/　☆「のみて→のんで」に対応。

　　　/nuda'i/　☆「のみて→のんで」を含む。「のんであり→のんだり」に対応。

　　　　　　　途中 /-ari-/ → /-a'i-/ の変化がある。

　　　/nuda'ɴ/　☆「のみて→のんで」を含む。「のんでありむ→のんだりむ」に対応。

やむ病（痛）　/jadi/　☆「やみて→やんで」に対応。

よむ読　/'judi/　☆「よみて→よんで」に対応。

をがむ拝　/'ugadi/　☆「をがみて→をがんで」に対応。

をしむ惜　/ʔusjidi/　☆「をしみて→をしんで」に対応。

49、《沖話》（1880）

おしつむ押詰　/ʔusjicimato'osiga/　☆「おしつまりて」を含む。「おしつまりてはを（る）すが」に対応。

そむ染　/sudo'oru/　☆「そみて→そんで」を含む。「そんではをる」に対応。

たのしむ楽　/tanusjidi/　☆「たのしみて→たのしんで」に対応。

たのむ頼　/tarudi/　☆「たのみて→たのんで」に対応。

第 1 節　「四段活用」動詞の史的変化　1083

とりこむ取込　/tu'ikudo'o'jabi'ikutu/　☼「とりこみて→とりこんで」を含む。「とりこんではをりはべ（る）こと」に対応。

のぞむ望　/nuzudo'osiga/　☼「のぞみて→のぞんで」を含む。「のぞんではを（る）すが」に対応。

のむ飲　/nudo'o'jabi'i'N/　☼「のみて→のんで」を含む。「のんではをりはべり む」に対応。

ふくむ含　/hukudo'osiga/　☼「ふくみて→ふくんで」を含む。「ふくんではを（る）すが」に対応。

よむ読　/ʃjudi/　☼「よみて→よんで」に対応。
　　　　/ʃjuda'i/　☼「よみて」を含む。「よみてあり→よんだり」に対応。

をがむ拝（拝謁）　/ʃugadi/　☼「をがみて→をがんで」に対応。
　　　　　/ʃugado'o'jabi'itasiga/　☼「をがみて→をがんで」を含む。「をがんではをりはべり た（る）すが」に対応。

50、《チェン》（1895）

かむ嚙（食）　/kadi/　☼「かみて→かんで」に対応。
　　　　/kada'N/　☼「かみて→かんで」を含む。「かんでありむ→かんだりむ」に対応。

すむ澄　/sjimiti/　☼「すみて」に対応。

つむ積　/cidi/　☼「つみて→つんで」に対応。

やむ病（痛）　/ʃjadi/　☼「やみて→やんで」に対応。

よむ詠　/ʃjudi/　☼「よみて→よんで」に対応。

よむ読　/ʃjudi/　☼「よみて→よんで」に対応。
　　　　/ʃjuda'N/　☼「よみて→よんで」を含む。「よんでありむ→よんだりむ」に対応。
　　　　/ʃjudo'o'N/　☼「よみて→よんで」を含む。「よんではをりむ」に対応。
　　　　/ʃjudo'ota'N/　☼「よみて→よんで」を含む。「よんではをりたりむ」に対応。

をがむ拝（見・会・拝見）　/ʃugadi/　☼「をがみて→をがんで」に対応。
　　　　　　/ʃugade'e/　☼「をがみて→をがんで」を含む。「をがんでは」に対応。

51、《官話》（19 世紀？）

やむ病（痛）　/ʃjari/　☼「やみて→やんで」に対応。

（ラ行）

01、《翻訳》（1501）

いる入　/iQcï/　☼「いりて」に対応。「いって」と変化。

くもる曇　/kumoQtï/　☼「くもりて」に対応。「くもって」と変化。

なる成　/naQtï/　☼「なりて」に対応。「なって」と変化。

ふる降　/puQtï/　☼「ふりて」に対応。「ふって」と変化。

03、《琉館》（16C 前半成立か）

くもる曇　/kumuQti/　☼「くもりて」に対応。「くもって」と変化。

しる知　/sjiQci/　☼「しりて」に対応。「しって」と変化。
　　　　/sjiQtawa/　☼「しりて」を含む。「しりては」に対応。

08、《おも1》（1531）

いのる祈　/inuQti/　☼「いのりて→いのって」に対応。

うちあがる打上　/ucjijagaQti/　☼「うちあがりて→うちあがって」に対応。

おしやる押遣　/usjijaQtaru/　☼「おしやりて→おしやって」を含む。「おしやってある→おしやったる」に対応。

そわる添 /suwaQti/ ☆「そわりて→そわって」に対応。

ちよわる「いらっしゃる」の意 /cjijuwaci/ ☆「ちよわして」に対応。

てずる手擦（祈） /tizüQti/ ☆「てずりて→てずって」に対応。

なる成 /naQti/ ☆「なりて→なって」に対応。

ほこる誇 /hwukuQti/ ☆「ほこりて→ほこって」に対応。

まさる勝 /masaQti/ ☆「まさりて→まさって」に対応。

みまもる見守 /mimabuQti/ ☆「みまもりて→みまもって」に対応。

　09、《陳使》（1534）

くもる曇 /kumuQti/ ☆「くもりて」に対応。「くもって」と変化。

しる知 /sjiQci/ ☆「しりて」に対応。「しって」と変化。

　　　/sjiQtawa/ ☆「しって」を含む。「しってあ（る）は→しった（る）は」に対応。

　13、《碑文（かた）》（1543）

あたる当 /atariti/ ☆「あたりて」に対応。

　19、《郭使》（1561）

うる売 /uQti/ ☆「うりて」に対応。「うって」と変化。

くもる曇 /kumuQti/ ☆「くもりて」に対応。「くもって」と変化。

しる知 /sjiQci/ ☆「しりて」に対応。「しって」と変化。

　　　/sjiQtawa/ ☆「しって」を含む。「しってあ（る）は→しった（る）は」に対応。

　22、《音字》（1572 頃）

うる売 /uQti/ ☆「うりて」に対応。「うって」と変化。

しる知 /sjiQci/ ☆「しりて」に対応。「しって」と変化。

　　　/sjiQtawa/ ☆「しって」を含む。「しってあ（る）は→しった（る）は」に対応。

　23、《蕭使》（1579）

うる売 /uQti/ ☆「うりて」に対応。「うって」と変化。

しる知 /sjiQci/ ☆「しりて」に対応。「しって」と変化。

　　　/sjiQtawa/ ☆「しって」を含む。「しってあ（る）は→しった（る）は」に対応。

　27、《夏使》（1606）

うる売 /uQti/ ☆「うりて」に対応。「うって」に変化。

くもる曇 /kumuQti/ ☆「くもりて」に対応。「くもって」と変化。

しる知 /sjiQci/ ☆「しりて」に対応。「しって」と変化。

　　　/sjiQtawa/ ☆「しって」を含む。「しってあ（る）は→しった（る）は」に対応。

　29、《おも 2》（1613）

てずる手擦（祈） /tizüQti/ ☆「てずりて→てずって」に対応。

ちよわる「いらっしゃる」の意 /cjijuwaci/ ☆「ちよわして」に対応。

はしる走 /hwaci/ ☆「はしりて」に対応。

やる遣 /jaQti/ ☆「やりて→やって」に対応。

　30、《おも 3》（1623）

あがる上 /agaQti/ ☆「あがって」に対応。

いのる祈 /inuQti/ ☆「いのって」に対応。

いる入 /iriti/ ☆「いりて」に対応。

/iricji/　☆「いりて」に対応。

おしかかる押掛　/usjikakaQti/　☆「おしかかりて→おしかかって」に対応。

おしやる押遣　/usjijaQtaru/　☆「おしやりて」を含む。「おしやりてある→おしやりたる→おしやったる」に対応。

おれかはる降変　/urikawaQti/　☆「おれかはりて→おれかはって」に対応。

かへる帰　/kaiQti/　☆「かへって」に対応。

そそる選　/susuQti/　☆「そそって」に対応。

そわる添　/suwaQti/　☆「そわって」に対応。

ちよわる「いらっしゃる」の意　/cjijuwacji/　☆「ちよわして」に対応。

/cjijauwacji/　☆「ちよわして」に対応。

/cjijuwacjijari/　☆「ちよわして」を含む。「ちよわしてあれ」に対応。

つくる作　/cïkuQti/　☆「つくって」に対応。

/cïkuQtiucji/　☆「つくって」を含む。「つくっておいて」に対応。

てずる手擦（祈）　/tizïQti/　☆「てずって」に対応。

てりあがる照上　/tiriagaQti/　☆「てりあがりて→てりあがって」に対応。

/tirijaagati/　☆「てりはあがりて」に対応か。

てる照　/tiQti/　☆「てって」に対応。

とる取　/tuQti/　☆「とって」に対応。

/tuQtaru/　☆「とって」を含む。「とってある→とったる」に対応。

/tuQtamunu/　☆「とって」を含む。「とってあるもの→とったるもの」に対応。

/tuQtarami/　☆「とって」を含む。「とってあるらめ→とった（る）らめ」に対応。

/tuQtiru/　☆「とって」を含む。「とってある」に対応。

なる成　/naQti/　☆「なって」に対応。

/naQtikarawa/　☆「なって」を含む。「なってからは」に対応。

のぼる上　/nubuQti/　☆「のぼって」に対応。

/nubuQtika/　☆「のぼって」を含む。「のぼってか」に対応。

はしる走　/hwacji/　☆「は（し）りて」に対応。

ほこる慶　/hwukuQti/　☆「ほこって」に対応。

まさる勝　/masaQti/　☆「まさって」に対応。

まはる回　/mawaQti/　☆「まはって」に対応。

まもる守　/mabuQti/　☆「まもって」に対応する「まぶって」。

まゐる参　/maiQti/　☆「まゐって」に対応。

みまもる見守　/mimabuQti/　☆「みまもって」に対応する「みまぶって」。

もどる戻　/muduQti/　☆「もどって」に対応。

やる遣　/jaQti/　☆「やって」に対応。

/jaQtaru/　☆「やって」を含む。「やってある→やったる」に対応。

/jaQtamunu/　☆「やって」を含む。「やってあるもの→やった（る）もの」に対応。

よる寄　/juQti/　☆「よって」に対応。

わきあがる湧上　/wacjiagaQti/　☆「わきあがって」に対応。

わたる渡　/wataQti/　☆「わたって」に対応。

　　　　　/wataQtaru/　☆「わたって」を含む。「わたってある→わたったる」に対応。

　37、《君由》（1700 頃）

あがる上　/ʔagati/　☆「あがりて→あがって」に対応。

　　　　　/ʔusji'jagati/　☆「あがりて→あがって」を含む。「おしあがりて→おしあがって」に対応。

　　　　　　　　　　　/ʔusjagati/ の可能性を残す。

あふる煽　/ʔahuracji/　☆「あふらして」に対応。

いまゐる参　/ʔimjacji/　☆「いまゐりて」に対応。

てずる手擦　/tiziQti/　☆「てずりて」を含む。「てずりて→てずって」に対応。

とる取　/tuti/　☆「とりて→とって」に対応。

なる鳴　/nati/　☆「なりて→なって」に対応。

なる成　/nati/　☆「なりて→なって」に対応。

のぼる登　/nubuti/　☆「のぼりて→のほって」に対応。

　　　　　/nubutimo'ocji/　☆「のぼりて」を含む。「のぼりてまういて」に対応か。

まゐる参　/mo'ocji/　☆「まうりて→まういて」に対応か。

　　　　　/nubutimo'ocji/　☆「まうりて→まういて」を含む。「のぼりてまういて」に対応か。

　38、《仲里》（1703 頃）

あがる上　/ʔusjiʔagati/　☆「おしあがりて→おしあがって」に対応。

あまる余　/ʔamati/　☆「あまりて→あまって」に対応。

きる切　/hwumicjiQcji/　☆「きりて→きって」を含む。「ふみきって」に対応。

なる成　/nato'oti/　☆「なりて」を含む。「なりてはをりて」に対応。

ひる放　/hwi(Q)cjaruQkwanu/　☆「ひりて」を含む。「ひりてあるこらの→ひりたるこらの」に対応。

めぐる巡　/miguti/　☆「めぐりて→めぐって」に対応。

　39、《混験》（1711）

あがる上　/ʃwacjiʔagati/　☆「あがりて→あがって」を含む。「わきあがって」に対応。

くもる曇　/kumuti/　☆「くもりて→くもって」に対応。

とがる尖　/tugati/　☆「とがりて→とがって」に対応。

はしる走?　/hwacji/　☆「はしりて→はしって」に対応。

もどる戻　/muduti/　☆「もどりて→もどって」に対応。

　41、《組五》（1718 頃）

あさる漁　/ʔasati/　☆「あさりて→あさって」に対応。

あまる余　/ʔamati/　☆「あまりて→あまって」に対応。

うる売　/ʔutidu/　☆「うりて」を含む。「うりてど→うってど」に対応。

かざる飾　/kazati/　☆「かざりて」に対応。「かざって」と変化。

かはる変　/ka'wati/　☆「かはりて→かはって」に対応。

かる借　/kataru/　☆「かりて」を含む。「かりてある→かりたる→かったる」に対応。

くだる下　/kudati/　☆「くだりて→くだって」に対応。

さがる下　/sagati/　☆「さがりて→さがって」に対応。

しばる縛　/sjibati/　☆「しばりて→しばって」に対応。

しる知　/sjiQta/　☆「しりて」を含む。「しりてある→しりたる→しったる→しった」と対応。

すがる縋　/sigati/　☆「すがりて→すがって」に対応。

第 1 節　「四段活用」動詞の史的変化　1087

する摺　/situti/　☆「すりて」を含む。「すりてをりて」に対応。

たよる頼　/ta'juti/　☆「たよりて」に対応。「とよって」と変化。

ちる散　/cjiriti/　☆「ちりて」に対応。

つもる積　/cimuti/　☆「つもりて→つもって」に対応。

とまる止　/tumati/　☆「とまりて」に対応。「とまって」と変化。

とる取　/tuti/　☆「とりて→とって」に対応。

　　　　/tutaru/　☆「とりて」を含む。「とりてある→とりたる→とったる→とたる」に対応。

なる成　/nati/　☆「なりて→なって」に対応。

　　　　/nati'N/　☆「なりて」を含む。「なりても→なっても」に対応。

　　　　/nata'N/　☆「なりて」を含む。「なりてありむ→なったん」に対応。

　　　　/nataru/　☆「なりて」を含む。「なりてある→なったる」に対応。

　　　　/natara/　☆「なりて」を含む。「なりてあら→なったら」に対応。

のこる残　/nukuti/　☆「のこりて→のこって」に対応。

のぼる登　/nubuti/　☆「のぼりて→のぼって」に対応。

ほこる誇　/hwukuti/　☆「ほこりて→ほこって」に対応。

まさる勝　/masati/　☆「まさりて→まさって」に対応。

まわる回　/ma'wati/　☆「まわりて→まわって」に対応。

もどる戻　/muduti/　☆「もどりて→もどって」に対応。

よる寄　/'juti/　☆「よりて→よって」に対応。

をどる踊　/'uduti/　☆「をどりて→をどって」に対応。

　　42、《中信》（1721）

うる売　/'uQti/　☆「うりて」に対応。「うって」と変化。

くもる曇　/kumuQti/　☆「くもりて」に対応。「くもって」と変化。

しる知　/sjiQci/　☆「しりて」に対応。「しって」と変化。

　　　　/sjiQtawa/　☆「しって」を含む。「しってあ（る）は→しった（る）は」に対応。

ふる降　/hwuti/　☆「ふりて」に対応。「ふって」と変化。

　　43、《具志》（1743）

いまぬる参　/'imo'ocjasa/　☆「いまうりて」を含む。「いまうりてあるさ→いまうりたるさ」に対応。

けづる削　/'ucjikiziti/　☆「けづりて→けづって」を含む。「うちけづって」に対応。

なる成　/nataru/　☆連用形「なりて→なって」を含む。「なってある→なったる」に対応。

のぼる登　/nubuti/　☆「のぼりて→のぼって」に対応。

　　44、《琉見》（1764）

うる売　/'uQti/　☆「うりて」に対応。「うって」と変化。

くもる曇　/kumuQti/　☆「くもりて」に対応。「くもって」と変化。

しる知　/sjiQci/　☆「しりて」に対応。「しって」と変化。

ねぶる眠　/ni'Nti/　☆「ねぶりて」に対応。

ふる降　/hwuQti/　☆「ふりて」に対応。「ふって」と変化。

　　45、《琉訳》（1800頃）

こほる凍　/ku'uriti/　☆「こほりて」に対応。

しる知　/sjiQcji/　☆「しりて」に対応。「しって」と変化。

なる成　/kutunaritamunu/　☼「なりて」を含む。「ことなりてあるもの→ことなりたもの」（事成り
　　　　　　　　　　　　　　た（る）もの）に対応。「済んだこと」の意か。

ほこる誇　/hwukurito'o'ɴ/　☼「ほこりて」を含む。「ほこりてはをりむ」に対応。/hwukuriti'u'ɴ/
　　　　　　　　　　　　　　の可能性を残す。

まがる曲　/magato'o'ɴ/　☼「まがりて」を含む。「まがりてはをりむ」に対応。/magati'u'ɴ/の可能
　　　　　　　　　　　　　　性を残す。

　　47、《クリ》（1818）

かかる掛　/kakato'o'ɴ/　☼「かかりて→かかって」を含む。「かかりてはをりむ→かかってはをりむ」に対応。

すがる縋　/sigato'o'ɴ/　☼「すがりて→すがって」を含む。「すがりてはをりむ→すがってはをりむ」に対応。

つくる作　/cjukuti/　☼「つくりて→つくって」に対応。

つる釣　/ciQcji/　☼「つりて→つって」に対応。

てる照　/tiQti/　☼「てりて→てって」に対応。

とる取　/tuti/　☼「とりて→とって」に対応。

ねぶる眠　/ni'ɴti/　☼「ねぶりて」に対応。

　　　　　/ni'ɴtu'ɴ/　☼「ねぶりて」を含む。「ねぶりてをりむ」に対応。/ni'ɴti'u'ɴ/の変化したもの
　　　　　　　　　　　　　　と見る。

のぼる登　/nubuti/　☼「のぼりて→のぼって」に対応。

ほる掘　/hwuti/　☼「ほりて→ほって」に対応。

もどる戻　/muduti/　☼「もどりて→もどって」に対応か。

やる破　/'jati/　☼「やりて→やって」に対応。

　　　　　/'jaditu'ɴ/　☼「やりて」を含む。「やりてをりむ」に対応。

　　　　　/kacji'ja'ɴzji/　☼「かきやりて」に対応。「かきやぶりて」の可能性もあるか。

よりかかる寄掛　/'ju(Q)kakatu'ɴ/　☼「よりかかりて→よっかかって」を含む。「よりかかりてをり
　　　　　　　　　　　　　　　　　む→よっかかってをりむ」に対応。

をる折　/'u'uti/　☼「をりて」に対応。「をりをりて」の可能性もある。

　　48、《ベッテ》（1849）・（1852）

あかがる明　/'ʔakagati/　☼「あかがりて→あかがって」に対応。

あたる当　/'ʔatati'ɴ/　☼「あたりて→あたって」を含む。「あたっても」に対応。

あつまる集　/'ʔacimati/　☼「あつまりて→あつまって」に対応。

あぶる焙　/'ʔa'ɴta'ɴ/　☼「あぶりて→あぶって」を含む。「あぶってありむ→あぶったりむ」に対応。

いかる怒　/'ʔikati/　☼「いかりて→いかって」に対応。

いたる至　/'ʔitaQti/　☼「いたりて→いたって」に対応。

いつはる偽　/'ʔici'wati/　☼「いつはりて→いつはって」に対応。

　　　　　　/'ʔici'wato'oru/　☼「いつはりて→いつはって」を含む。「いつはってはをる」に対応。

いる入　/'ʔi(Q)cji/　☼「いりて→いって」に対応。

　　　　/'ʔiQcja'ɴ/　☼「いりて→いって」を含む。「いってありむ→いったりむ」に対応。

　　　　/'ʔiQcjo'o'ɴ/　☼「いりて→いって」を含む。「いってはをりむ」に対応。

　　　　/'ʔiQcjo'oru/　☼「いりて→いって」を含む。「いってはをる」に対応。

　　　　/'ʔiQcjo'okutu/　☼「いりて→いって」を含む。「いってはを（る）こと」に対応。

かはる代　/ka'wati/　☼「かはりて→かはって」に対応。

かぶる被　/kaʼnta'ɴ/　☼「かぶりて→かぶって」を含む。「かぶってありむ→かぶったり<u>む</u>」に対応。

　　　　　/kaʼɴti 'u'i/　☼「かぶりて→かぶって」を含む。「かぶってをり」に対応。

　　　　　/kaʼɴto'o'i/　☼「かぶりて→かぶって」を含む。「かぶってはをり」に対応。

かへる帰　/ke'eti/　☼「かへりて→かへって」に対応。

かる借　/kataʼɴ/　☼「かりて→かって」を含む。「かってありむ→かったり<u>む</u>」に対応。

きる切　/cjiQcji/　☼「きりて→きって」に対応。

　　　　/cjiQcjaʼɴ/　☼「きりて→きって」を含む。「きってありむ→きったり<u>む</u>」に対応。

　　　　/cjiQcjaQtucji/　☼「きりて→きって」を含む。「きってある　とき→きったる　とき」に対応。

　　　　/cjiQcje'esitu/　☼「きりて→きって」を含む。「きってはあ（る）すと」に対応。

くだる下　/kudati/　☼「くだりて→くだって」に対応。

　　　　　/kudataʼɴ/　☼「くだりて→くだって」を含む。「くだってありむ→くだったり<u>む</u>」に対応。

さしつまる差詰　/sasjicimati/　☼「さしつまりて→さしつまって」に対応。

さはる障　/sa'ate'e/　☼「さはりて」を含む。「さはりては」に対応。

さる去　/sati/　☼「さりて→さって」に対応。

しる知　/sjiQcji/　☼「しりて→しって」対応。

　　　　/sjiQcjiduʼɴ/　☼「しりて→しって」を含む。「しってども」に対応。

　　　　/sjiQcji'ɴ/　☼「しりて→しって」を含む。「しっても」に対応。

　　　　/sjiQcjaʼɴ/　☼「しりて→しって」を含む。「しってありむ→しったり<u>む</u>」に対応。

　　　　/sjiQcjo'o'ɴ/　☼「しりて→しって」を含む。「しってはをり<u>む</u>」に対応。

　　　　/sjiQcjo'ori/　☼「しりて→しって」を含む。「しってはをれ」に対応。

　　　　/sjiQcjo'oru/　☼「しりて→しって」を含む。「しってはをる」に対応。

　　　　/sjiQcjuru/　☼「しりて→しって」を含む。「しってをる」に対応。

たばる縛　/tabati/　☼「たばりて→たばって」に対応。

つくる作　/cukuti/　☼「つくりて→つくって」に対応。

　　　　　/cukuti'ja/　☼「つくりて→つくって」を含む。「つくっては」に対応。

　　　　　/cukute'e/　☼「つくりて→つくって」を含む。「つくりては」に対応。

　　　　　/cukute'eka'ja'a/　☼「つくりて→つくって」を含む。「つくりてあ（る）かや」に対応。

　　　　　/cukuti'ɴ/　☼「つくりて→つくって」を含む。「つくっても」に対応。

　　　　　/cukuti sju'ɴ/　☼「つくりて→つくって」を含む。「つくって　しをりむ」に対応。

（以下、「つくりてあり<u>む</u>」の変化）

/cukuti ʔa'ɴ/　☼「つくりて→つくって」を含む。「つくって　ありむ」に対応。

/cukuti ʔara'ɴ/　☼「つくりて→つくって」を含む。「つくって　あらぬ」に対応。

/cukuti ʔati'ɴ/　☼「つくりて→つくって」を含む。「つくって　あっても」に対応。

/cukuti ʔata'ɴti'ɴ/　☼「つくりて→つくって」を含む。「つくって　あったり<u>む</u>ても」に対応。

（以下、「つくりて＋～」の例）

/cukuti ʔato'o/　☼「つくりて→つくって」を含む。「つくって　あとは」に対応。

/cukutidu'ɴ/　☼「つくりて→つくって」を含む。「つくってども」に対応。

/cukutikara'a/　☼「つくりて→つくって」を含む。「つくってから」に対応。

/cukuti sjo'ori/　☼「つくりて→つくって」を含む。「つくってしおわれ」に対応。

/cukuti'u'i'u'isju'ɴ/ ☼「つくりて→つくって」を含む。「つくってをりをりしをり<u>む</u>」に対応。

/cukuti ʔatu/ ☼「つくりて→つくって」を含む。「つくって　あと」に対応。

/cukuti 'ɴda/ ☼「つくりて→つくって」を含む。「つくって　みら」に対応。

/cukuti'i/ ☼「つくりて→つくって」を含む。「つくってい」に対応。「作ったか」の意。

/cukuta'i/ ☼「つくりて→つくって」を含む。「つくってあり」に対応。

/cukuta'ɴ/ ☼「つくりて→つくって」を含む。「つくってありむ→つくったり<u>む</u>」に対応。

/cukutaru/ ☼「つくりて→つくって」を含む。「つくってある→つくったる」に対応。

/cukutasi/ ☼「つくりて→つくって」を含む。「つくってあ（る）す→つくった（る）す」に対応。

/cukutaQkutu/ ☼「つくりて→つくって」を含む。「つくってあること→つくったること」に対応。

/cukutakutu/ ☼「つくりて→つくって」を含む。「つくってあ（る）こと→つくったること」に対応。

/cukutara'a/ ☼「つくりて→つくって」を含む。「つくってあらは→つくったらは」に対応。

/cukuta'ɴti'ɴ/ ☼「つくりて→つくって」を含む。「つくってありむても→つくったり<u>む</u>ても」に対応。

/cukuta'ɴdu'ɴ/ ☼「つくりて→つくって」を含む。「つくってあるども→つくったるども」に対応。

/cukutare'e/ ☼「つくりて→つくって」を含む。「つくってあれは→つくったれは」に対応。

/cukutara'a/ ☼「つくりて→つくって」を含む。「つくってあらは→つくったらは」に対応。

/cukuta(Q)to'oru/ ☼「つくりて→つくって」を含む。「つくってありてはをる」に対応。

/cukute'e'ɴ/ ☼「つくりて→つくって」を含む。「つくってはありむ」に対応。

/cukute'emi/ ☼「つくりて→つくって」を含む。「つくってはありみ」に対応。

/cukute'eru/☼ 「つくりて→つくって」を含む。「つくってはある」に対応。

/cukute'esiga/ ☼「つくりて→つくって」を含む。「つくってはあ（る）すが」に対応。

/cukute'ere'e/ ☼「つくりて→つくって」を含む。「つくってはあれは」に対応。

/cukute'era'wa'ɴ/ ☼「つくりて→つくって」を含む。「つくってはあらはも」に対応。

/cukute'esa'ja'a/ ☼「つくりて→つくって」を含む。「つくってはあ（る）さや」に対応。

/cukute'eta'ɴ/ ☼「つくりて→つくって」を含む。「つくってはありたり<u>む</u>」に対応。

/cukute'etaru/ ☼「つくりて→つくって」を含む。「つくってはありたる」に対応。

/cukuto'oru/ ☼「つくりて→つくって」を含む。「つくってはをる」に対応。

/cukuto'oQkutu/ ☼「つくりて→つくって」を含む。「つくってはをること」に対応。

/cukuto'ore'e/ ☼「つくりて→つくって」を含む。「つくってはをれは」に対応。

/cukuto'osi/ ☼「つくりて→つくって」を含む。「つくってはを（る）す」に対応。

/cukuto'oti/ ☼「つくりて→つくって」を含む。「つくってはをって」に対応。

/cukuto'oti'ɴ/ ☼「つくりて→つくって」を含む。「つくってはをっても」に対応。

/cukuto'ota'ɴ/ ☼「つくりて→つくって」を含む。「つくってはをりたり<u>む</u>」に対応。

/cukuto'otaru/ ☼「つくりて→つくって」を含む。「つくってはをりたる」に対応。

/cukuto'otare'e/ ☼「つくりて→つくって」を含む。「つくってはをりたれは」に対応。

/cukuto'ocje'e'ɴ/ ☼「つくりて→つくって」を含む。「つくってはおきてはありむ」に対応。

/cukuto'ocje'e'ru/ ☼「つくりて→つくって」を含む。「つくってはおきてはある」に対応。

/cukuti ʔucju'ɴ/ ☼「つくりて→つくって」を含む。「つくって　おきをりむ」に対応。

/cukuto'ocju'ɴ/ ☼「つくりて→つくって」を含む。「つくってはおきをり<u>む</u>」に対応。

/cukuto'ocjuru/ ☼「つくりて→つくって」を含む。「つくってはおきをる」に対応。

/cukuto'ocjutara/ ☼「つくりて→つくって」を含む。「つくってはおきをりたら」に対応。

/cukuto'oki'wadu/　☼「つくりて→つくって」を含む。「つくってはおけはど」に対応。

/cukuto'oka/　☼「つくりて→つくって」を含む。「つくってはおか」に対応。

/cukuto'oka'ɴ/　☼「つくりて→つくって」を含む。「つくってはおかぬ」に対応。

/cukuto'oka'ɴ　ʔari/　☼「つくりて→つくって」を含む。「つくってはおかぬ　あり」に対応。

とどこほる滞　/tuduku'uti/　☼「とどこほりて→とどこうて」に対応。

　　　　　　　/tuduku'utasiga/　☼「とどこほりて→とどこうて」を含む。「とどこうてあ（る）す
　　　　　　　　　　　　　　　　　が→とどこうた（る）すが」に対応。

とる取　/tuti/　☼「とりて→とって」に対応。

　　　　/tuQti'ɴ/　☼「とりて→とって」を含む。「とっても」に対応。

　　　　/tuta'ɴ/　☼「とりて→とって」を含む。「とってあり<u>む</u>」に対応。

　　　　/tute'eɴdo'o/　☼「とりて→とって」を含む。「とってはあるど」に対応。

なする擦　/nasite'e/　☼「なすりて→なすって」を含む。「なすっては」に対応。

なほる治　/no'oti'u'ɴ/　☼「なほりて→なうって→のうって」を含む。「のうって　をり<u>む</u>」に対応。

　　　　　/no'oto'o'ɴ/　☼「なほりて→なうって→のうって」を含む。「のうってはをり<u>む</u>」に対応。

なる成　/nati/　なりて→なって」に対応。

　　　　/nate'e/　☼「なりて→なって」を含む。「なっては」に対応。

　　　　/nati'i/　☼「なりて→なって」を含む。「なってい」に対応。

　　　　/nati'ɴ/　☼「なりて→なって」を含む。「なっても」に対応。

　　　　/natidu'ɴ/　☼「なりて→なって」を含む。「なってども」に対応。

　　　　/nata'ɴ/　☼「なりて→なって」を含む。「なってあり<u>む</u>→なったり<u>む</u>」に対応。

　　　　/nataru/　☼「なりて→なって」を含む。「なってある→なったる」に対応。

　　　　/natasi/　☼「なりて→なって」を含む。「なってあ（る）す→なった（る）す」に対応。

　　　　/natasiga/　☼「なりて→なって」を含む。「なってあ（る）すが→なった（る）すが」に対応。

　　　　/natakutu/　☼「なりて→なって」を含む。「なってあ（る）こと→なった（る）こと」に対応。

　　　　/nate'e'ɴ/　☼「なりて→なって」を含む。「なってはあり<u>む</u>」に対応。

　　　　/nate'eru/　☼「なりて→なって」を含む。「なってはある」に対応。

　　　　/nate'esi/　☼「なりて→なって」を含む。「なってはあ（る）す」に対応。

　　　　/nato'o'ɴ/　☼「なりて→なって」を含む。「なってはをり<u>む</u>」に対応。

　　　　/nato'omi/　☼「なりて→なって」を含む。「なってはをりみ」に対応。

　　　　/nato'oru/　☼「なりて→なって」を含む。「なってはをる」に対応。

　　　　/nato'osi/　☼「なりて→なって」を含む。「なってはを（る）す」に対応。

　　　　/nato'oti'ɴ/　☼「なりて→なって」を含む。「なってはをりても」に対応。

　　　　/nato'ota'ɴ/　☼「なりて→なって」を含む。「なってはをりたり<u>む</u>」に対応。

　　　　/nato'okutu/　☼「なりて→なって」を含む。「なってはを（る）こと」に対応。

なる鳴　/nati/　☼「なりて→なって」に対応。

ぬる塗　/nuti/　☼「ぬりて→ぬって」に対応。

ねぶる眠　/ni'ɴzji/　☼「ねぶりて」に対応。

　　　　　/ni'ɴtidu'uru/　☼「ねぶりて」を含む。「ねぶりてどをる」に対応。

　　　　　/ni'ɴta'ɴ/　☼「ねぶりて」を含む。「ねぶりてあり<u>む</u>」に対応。

のこる残　/nukuti/　☼「のこりて→のこって」に対応。

　　　　　　/nukuto'oru/　☼「のこりて→のこって」を含む。「のこってはをる」に対応。

　　　　　　/nukuto'osi/　☼「のこりて→のこって」を含む。「のこってはを（る）す」に対応。

　　　　　　/nukuto'oti/　☼「のこりて→のこって」を含む。「のこってはをって」に対応。

のぼる登　/nubuti/　☼「のぼりて→のぼって」に対応。

ふる降　/hwutaru/　☼「ふりて→ふって」を含む。「ふってある→ふったる」に対応。

まさる優　/masati/　☼「まさりて→まさって」に対応。

まじはる交　/mazji'wati/　☼「まじはりて→まじはって」に対応。

まもる守　/mamuti/　☼「まもりて→まもって」に対応。

もどる戻　/muduti/　☼「もどりて→もどって」に対応。

やぶる破　/ʃjabuti/　☼「やぶりて→やぶって」に対応。

　　　　　/ʃja'ɴti/　☼「やぶりて」に対応。

　　　　　/ʃja'ɴta'ɴ/　☼「やぶりて」を含む。「やぶりてありむ」に対応。

やる破　/ʃjati/　☼「やりて」に対応。

　　　　/ʃjate'esi/　☼「やりてはあ（る）す」に対応。

よる依　/ʃjuQti/　☼「よりて→よって」に対応。

わる割　/ʃwati/　☼「わりて→わって」に対応。

をはる終　/ʔu'wato'ocju'ɴ/　☼「をはりて→をはって」を含む。「をはってはおきをりむ」に対応。

　　　　　/ʔu'wato'ocjutasiga/　☼「をはりて→をはって」を含む。「をはってはおきた（る）すが」に対応。

をる折　/ʃu'uti/　☼「をりて→をって」に対応。「をうて」の可能性もあるか。

　49、《沖話》（1880）

あがる上　/ʔagato'o'jabi'isiga/　☼「あがりて」を含む。「あがりてはをりはべ（る）すが」に対応。

あたる当　/ʔatati/　☼「あたりて→あたって」に対応。

　　　　　/ʔatato'o'jabi'i'ɴ/　☼「あたりて」を含む。「あたりてはをりはべりむ」に対応。

　　　　　/ʔatato'o'jabi'itakutu/　☼「あたりて」を含む。「あたりてはをりはべりた（る）こと」に対応。

　　　　　/ʔatato'o'ru/　☼「あたりて」を含む。「あたりてはをる」に対応。

いる入　/ʔiQcjakutu/　☼「いりて→いって）」を含む。「いってあ（る）こと→いった（る）こと」に対応。

　　　　/ʔiQcjo'oru/　☼「いりて→いって」を含む。「いってはをる」に対応。

　　　　/ʔiQco'o'ɴka/　☼「いりて→いって）」を含む。「いってはをるか」に対応。

うつる写　/ʔucito'oru/　☼「うつりて→うつって」を含む。「うつってはをる」に対応。

うる売　/ʔuto'o'jabi'i'ɴ/　☼「うりて」を含む。「うりてはをりはべりむ」に対応。

かかる掛　/kakate'e/　☼「かかりて」を含む。「かかりては」に対応。

　　　　　/kakato'o'jabi'i'ɴ/　☼「かかりて」を含む。「かかりてはをりはべりむ」に対応。

　　　　　/kakato'o'jabi'itasiga/　☼「かかりて」を含む。「かかりてはをりはべりた（る）すが」に対応。

　　　　　/kakato'oru/　☼「かかりて」を含む。「かかりてはをる」に対応。

かはる変　/ka'wati/　☼「かはりて→かはって」に対応。

　　　　　/ka'wato'o'jabi'i'ɴ/　☼「かはりて」を含む。「かはりてはをりはべりむ」に対応。

　　　　　/ka'wato'oru/　☼「かはりて」を含む。「かはりてはをる」に対応。

　　　　　/ka'wato'ose'e/　☼「かはりて」を含む。「かはりてはを（る）すは」に対応。

くさる腐　/kusariti/　☼「くされて」に対応。

第1節　「四段活用」動詞の史的変化　1093

くだる下　/kudati'N/　☆「くだりて→くだって」を含む。「くだっても」に対応。

くびる括　/ku'Ncji/　☆「くびりて」に対応。

　　　　　/ku'Ncje'eru/　☆「くびりて」を含む。「くびりてはある」に対応。

こはる強　/kuhwati/　☆「こはりて」に対応。

さがる下　/sagato'o'jabi'isiga/　☆「さがりて」を含む。「さがりてはをりはべ（る）すが」に対応。

さはる障　/sa'atiga/　☆「さはりて」を含む。「さはりてが」に対応。

　　　　　/sa'ate'e/　☆「さはりて」を含む。「さはりては」に対応。

　　　　　/sa'ato'o'jabi'ira/　☆「さはりて」を含む。「さはりてはをりはべら」に対応。

しる知　/sjiQcja'i/　☆「しりて→しって」を含む。「しりてあり→しったり」に対応。

　　　　/sjiQcjo'orane'e/　☆「しりて」を含む。「しりてはをらねは」に対応。

つくる作・造　/cukute'e'jabi'i'N/　☆「つくりて」を含む。「つくりてはありはべり<u>む</u>」に対応。

　　　　　　　/cukute'e'jabi'ikutu/　☆「つくりて」を含む。「つくりてはありはべ（る）こと」に対応。

　　　　　　　/cukute'e'jabi'isiga/　☆「つくりて」を含む。「つくりてはありはべ（る）すが」に対応。

　　　　　　　/cukute'eru/　☆「つくりて」を含む。「つくりてはある」に対応。

とほる通　/tu'uti/　☆「とうて」に対応か。

とる取　/tute'e'jabi'isiga/　☆「とりて」を含む。「とりてはありはべ（る）すが」に対応。

なる成　/nati/　☆「なりて→なって」に対応。

　　　　/nate'e/　☆「なりて→なって」を含む。「なっては」に対応。

　　　　/nata'N/　☆「なりて→なって」を含む。「なってあり<u>む</u>→なったり<u>む</u>」に対応。

　　　　/natano'o/　☆「なりて→なって」を含む。「なってありぬは→なったりぬは」に対応。この「ぬ」は「完了」のそれと考えられる。

　　　　/natakutu/　☆「なりて→なって」を含む。「なりてあ（る）こと→なった（る）こと」に対応。

　　　　/nato'o'i/　☆「なりて→なって」を含む。「なりてはをり→なってはをり」に対応。

　　　　/nato'o'N/　☆「なりて→なって」を含む。「なりてはをり<u>む</u>→なってはをり<u>む</u>」に対応。

　　　　/nato'okutu/　☆「なりて→なって」を含む。「なりてはを（る）こと→なってはを（る）こと」に対応。

　　　　/nato'o'jabi'i'N/　☆「なりて→なって」を含む。「なりてはをりはべり<u>む</u>→なってはをりはべり<u>む</u>」に対応。

　　　　/nato'o'jabi'i'ru/　☆「なりて→なって」を含む。「なりてはをりはべる→なってはをりはべる」に対応。

　　　　/nato'o'jabi'iga/　☆「なりて→なって」を含む。「なりてはをりはべ（る）が→なってはをりはべ（る）が」に対応。

　　　　/nato'o'jabi'isa'a/　☆「なりて→なって」を含む。「なりてはをりはべ（る）さあ→なってはをりはべ（る）さあ」に対応。

　　　　/nato'o'jabi'isiga/　☆「なりて→なって」を含む。「なりてはをりはべ（る）すが→なってはをりはべ（る）すが」に対応。

　　　　/nato'o'jabi'itasiga/　☆「なりて→なって」を含む。「なりてはをりはべりた（る）すが→なってはをりはべりた（る）すが」に対応。

　　　　/nato'o'jabi'ikutu/　☆「なりて→なって」を含む。「なりてはをりはべ（る）こと→なってはをりはべ（る）こと」に対応。

　　　　/nato'oru/　☆「なりて→なって」を含む。「なりてはをる→なってはをる」に対応。

　　　　　/nato'oQsa'a/　　☆「なりて→なって」を含む。「なりてはを（る）さあ→なってはをを（る）さあ」
　　　　　　　　　　　　　　　に対応。

　　　　　/nato'ota'N/　　☆「なりて→なって」を含む。「なりてはをりたり<u>む</u> → なってはをりたり<u>む</u>」に対応。

ねぶる眠　/ni'Nto'ojabi'i'N/　　☆「ねぶりて」を含む。「ねぶりてはをりはべりをり<u>む</u>」に対応。

のこる残　/nukuto'oru/　　☆「のこりて→のこって」を含む。「のこりてはをる→のこってはをる」に対応。

　　　　　/nukuto'o'jabi'isiga/　　☆「のこりて→のこって」を含む。「のこりてはをりはべ（る）すが
　　　　　　　　　　　　　　　　→のこってはをりはべ（る）すが」に対応。

　　　　　/nukuto'o'jabi'itakutu/　　☆「のこりて→のこって」を含む。「のこりてはをりはべりた（る）
　　　　　　　　　　　　　　　　　こと→のこってはをりはべりた（る）こと」に対応。

のぼる昇・登　/nubuti/　　☆「のぼりて→のぼって」に対応。

　　　　　　　/nubuto'o'jabi'i'N/　　☆「のぼりて→のぼって」を含む。「のぼりてはをりはべり<u>む</u>→の
　　　　　　　　　　　　　　　　ぼってはをりはべり<u>む</u>」に対応。

　　　　　　　/nubuto'o'jabi'iga/　　☆「のぼりて→のぼって」を含む。「のぼりてはをりはべ（る）が
　　　　　　　　　　　　　　　　→のぼってはをりはべ（る）が」に対応。

のる乗　/nuti/　　☆「のりて→のって」に対応。

　　　　/nute'e/　　☆「のりて」→のって」を含む。「のりては→のっては」に対応。

　　　　/nutakutu/　　☆「のりて→のって」を含む。「のりてあ（る）こと→のってあ（る）こと→のっ
　　　　　　　　　　　　た（る）こと」に対応。

ふる降　/huto'o'jabi'i'N/　　☆「ふりて」を含む。「ふりてはをりはべり<u>む</u>」に対応。

　　　　/huto'oru/　　☆「ふりて」を含む。「ふりてはをる」に対応。

めぐる巡　/miguti/　　☆「めぐりて→めぐって」に対応。

　　　　　/migute'e/　　☆「めぐりて→めぐって」を含む。「めぐりては→めぐっては」に対応。

やぶる破　/'ja'Nti/　　☆「やぶりて→やぶって」に対応。

　　　　　/'ja'Nte'e/　　☆「やぶりて→やぶって」を含む。「やぶりては→やぶっては」に対応。

　　　　　/'ja'Nte'eru/　　☆「やぶりて→やぶって」を含む。「やぶりてはある→やぶってはある」に対応。

よる寄　/'jutaru/　　☆連用形「よりて→よって」を含む。「よってある→よったる」に対応。

わたる渡　/mucji'watato'oru/　　☆「わたりて」を含む。「もちわたりてはをる」に対応。

をはる終　/ʔu'wataru/　　☆「をはりて→おはって」を含む。「をはってある→をはったる」に対応。

　50、《チェン》（1895）

あがる上　/ʔagato'o'N/　　☆「あがりて」を含む。「あがりてはをり<u>む</u>」に対応。

いまうる行　/ʔimo'ocji/　　☆「いまうりて」に対応。

いる入　/ʔiQcji/　　☆「いりて→いって」に対応。

　　　　/ʔiQcjo'o'(j)e'e/　　☆「いりて→いって」を含む。「いってはをりは」に対応。

うる売　/ʔute'e/　　☆「うりて→うって」を含む。「うっては」に対応。

おくる送　/ʔukuti/　　☆「おくりて→おくって」に対応。

かかる掛　/kakati/　　☆「かかりて→かかって」に対応。

かる借　/kati/　　☆「かりて→かって」に対応。

きる切　/cjiQcji/　　☆「きりて→きって」に対応。

さはる障　/sa'ato'o'jabi'imi/　　☆「さはりて」を含む。「さはりてはをりはべりみ」に対応。

しる知　/sjiQcji/　　☆「しりて→しって」に対応。

第1節　「四段活用」動詞の史的変化　1095

　　　　　/sjiQcja'ɴ/　☼「しりて→しって」を含む。「しってありむ」に対応。

　　　　　/sjiQcjo'o'ɴ/　☼「しりて→しって」を含む。「しってはをりむ」に対応。

　　　　　/sjiQcjo'oru tu'u'i/　☼「しりて→しって」を含む。「しってはをる　とほり」に対応。

そる剃　/suti/　☼「そりて→そって」に対応。

つくる作　/cukute'ega/　☼「つくりて」を含む。「つくりてあ（る）が」に対応。

とる取　/tuti/　☼「とりて→とって」に対応。

　　　　　/tute'e/　☼「とりて→とって」を含む。「とっては」に対応。

　　　　　/tuta'i/　☼「とりて→とって」を含む。「とりてあり→とったり」に対応。

　　　　　/tuti'i/　☼「とりて→とって」を含む。「とってい」に対応。

　　　　　/tuto'o'ɴ/　☼「とりて→とって」を含む。「とってはをりむ」に対応。

　　　　　/tuto'ori/　☼「とりて→とって」を含む。「とってはをれ」に対応。

　　　　　/tuto'ore'e/　☼「とりて→とって」を含む。「とってはをれは」に対応。

　　　　　/tuto'ota'ɴ/　☼「とりて→とって」を含む。「とってはをりたりむ」に対応。

　　　　　/tuto'oti'i/　☼「とりて→とって」を含む。「とってはをりてい」に対応。

なる成　/nati/　☼「なりて→なって」に対応。

　　　　　/natiga/　☼「なりて→なって」を含む。「なってが」に対応。

　　　　　/nata'ɴ/　☼「なりて→なって」を含む。「なってありむ→なったりむ」に対応。

　　　　　/nato'o'jabi'i'ɴ/　☼「なりて→なって」を含む。「なってはをりはべりをりむ」に対応。

　　　　　/nato'o'jabi'ire'e/　☼「なりて→なって」を含む。「なってはをりはべりをれは」に対応。

　　　　　/nato'o'jabi'iga'ja'a/　☼「なりて→なって」を含む。「なってはをりはべりをるがや」に対応。

　　　　　/nato'ore'e/　☼「なりて→なって」を含む。「なってはをれは」に対応。

　　　　　/nato'o'ɴdi/　☼「なりて→なって」を含む。「なってはをりむて」に対応。

　　　　　/nato'osi'ɴ/　☼「なりて→なって」を含む。「なってはを（る）すも」に対応。

　　　　　/nato'osiga/　☼「なりて→なって」を含む。「なってはを（る）すが」に対応。

　　　　　/nato'okutu/　☼「なりて→なって」を含む。「なってはを（る）こと」に対応。

　　　　　/nato'osa/　☼「なりて→なって」を含む。「なってはを（る）さ」に対応。

なる生　/nato'o'ɴ/　☼「なりて→なって」を含む。「なってはをりむ」に対応。

ねぶる眠　/ni'ɴti/　☼「ねぶりて→ねぶって」に対応。

　　　　　/ni'ɴte'e/　☼「ねぶりて→ねぶって」を含む。「ねぶっては」に対応。

　　　　　/ni'ɴti'ɴ/　☼「ねぶりて→ねぶって」を含む。「ねぶっても」に対応。

　　　　　/ni'ɴta'ɴ/　☼「ねぶりて→ねぶって」を含む。「ねぶったりむ」に対応。

ふる降　/huti/　☼「ふりて→ふって」に対応。

　　　　　/hute'e/　☼「ふりては→ふっては」に対応。

ほる掘　/hwuti/　☼「ほりて→ほって」に対応。

やぶる破　/'ja'ɴta'ɴ/　☼「やぶりて」を含む。「やぶりてありむ」に対応。

　　　　　/'ja'ɴto'o'ɴ/　☼「やぶりて」を含む。「やぶりてはをりむ」に対応。

わかる解　/'wakati'i/　☼「わかりて→わかって」を含む。「わかってい」に対応。

　　　　　/'wakato'o'ɴ/　☼「わかりて→わかって」を含む。「わかってはをりむ」に対応。

第2節 「上一段活用」動詞の史的変化

○「ラ行化」に焦点を当てて「上一段活用」動詞の移り変りの跡を辿る。

分析対象資料の「上一段」動詞の「ラ行化」を示しているもので時期的に古い段階のものと思われる次のような用例がある。

29、《おも2》(1613) **みる見** /mirana/ 「みら」を含む。「みらな」に対応。

30、《おも3》(1623) **いる射** /iriutucji/ 「いり」を含む。「いりおとして」に対応。

この用例で見る限りにおいては、17世紀には「ラ行化」していたとなる。後で見るように、「下二段」動詞などでは15世紀後半には「ラ行化」が起こっていたらしいが、「上一段」動詞なども同時並行的に起こっていたかどうかは、資料の制約上、はっきりしたことは言えない。

○「連用形」においては、「ラ行化していない」ものも見出せる。それは、「古形」と呼べるものであったり、「語」としての「連用名詞形」に含まれる「古形」であったりする。このことが「ラ行化」の有無に一つの指標を与えてくれる。例えば、/mi/ は「み」に、/mi'i/ は「みり」にそれぞれ対応すると推定できるのである。以下を参照。

29、《おも2》(1613) **みる見** /mimunu/「みもの」に対応。/mijuriba/ 「みをれば」に対応。

30、《おも3》(1623) **みる見** /migja/「みが」に対応。/mibusja/「みほしさ」に対応。

41、《組五》(1718頃) **みる見** /mimunu/「みもの」に対応。/mibusja/「みほしさ」に対応。
　　　　　　　　　　　　　 /midasji/ 「みだし」に対応。

48、《ベッテ》(1849)・(1852) **みる見** /mi'ibusja/「みりほしさ」に対応。/mi'i?atiti/「みりあてて」に対応。

49、《沖話》(1880) **みる見** /cicjimi/「つきみ」(月見) に対応。/mi'iga/「みりが」に対応。
　　　　　　　　　　 /mi'ibusja'jabi'itakutu/「みりほしさありはべりた(る)こと」に対応。

51、《官話》(19世紀?) **みる見** /hicjimi/「ひきみ」(引き見) に対応。/mi'ima'i/「みりまひ」(見り舞ひ) に対応。

「古形」の「み」の「30、《おも3》(1623) /mibusja/」と「ラ行化した」「みり」の「48、《ベッテ》(1849)・(1852) /mi'ibusja/」とが好対照をなしている。

「古形」の「み」に関して以下のことを付け加えておくべきであろう。

「49、《沖話》(1880) **みる見**」の /na'abi'i'ɴ/・/na'abitasa'a/・/na'abitasiga/、/nja'abira/・/na'abira/ や「50、《チェン》(1895) **みる見**」の /na'abi'i'ɴ/・/na'abitasiga/、/na'abira/・/na'abira'ɴ/ 等は「み＋はべり－」「み＋はべら－」にそれぞれ対応すると考えられる。詳しくは該当箇所参照。

○「49、《沖話》(1880) **にる似** /?unirimisjo'ocji/」は「ラ行化」の過程を垣間見せてくれる貴重な用例であると言えよう。(「ラ行(四段)化」後の連用形「にり」を含む。「おにりめしをりて」に対応。) これが /?uni'imisjo'ocji/ へと、更に /?unimisjo'ocji/ へと変わっていく。

もっともこのことは、「48、《ベッテ》(1849)・(1852) **いる射** /?iri/、/?i'i/」が先取りしているとも言える (ともに「いり」に対応))。

○「已然形」には難しい問題がある。例えば、「きれ」(着れ)や「みれ」(見れ)等は、もともとの「已然形」なのか、「ラ行化した」段階での「已然形」なのか、判別できない。「変化しなかった」という捉え方も可能か。

　発想の転換ではないが、見方を変えれば、この「已然形」(「－れ」)が「ラ行化」を促した要因となったと考えることはできまいか(もともとが「ラ行化」していたという解釈もできよう)。仮説を述べるとすれば、これが呼び水となって「ラ行化」が起こったと　考えるのはどうであろうか。例えば、次のような類推が働いたと考えてみる。(乗)「のれ」－「のら」があるので、(着)「きれ」－「きら」・(見)「みれ」－「みら」とする類推である。

○「未然形」に関しては、「ラ行(四段)化」後の用例しか得られない。

○音韻変化を受けて様相が変わってしまう「みる」(見)について詳しく見ていくことにする。

【「みる見」の移り変り】
　(現代)沖縄語の「ヌーン」/nu'u'ɴ/ (見る) と「ンダン」/'ɴda'ɴ/ (見ない) の形は、一見、「みる」とは別物であるかのような様相を呈している。しかし、これらは、遡れば「みる」に行き着く。「ヌーン←みをり<u>む</u>、ンダン←みらぬ」のような変化が考えられる。その変化過程の概略を時系列的に辿ってみる。

　文献資料として、「みる」に対応すると判断される形式を含む、最初のものは、
　　　02、《碑文(玉殿)》(1501)　「このすミ見るへし」の「見る」　　であろう。
　これを出発点として、上記の「ヌーン」と「ンダン」に限定して、それらに到る流れを追うことにする。

1)「ヌーン」(見る) に到る流れ
　「み＋をり」につながると考えられる例の初出は、『おもろさうし』に求めることができる。次がそれである。
　　　30、《おも3》(1623)　みおれは(巻10)、みよれは(巻12)
ともに「見居れば」であると判断される。「みれは」(巻8)の例もあるので、「＋をり」の形とそうではない形とが並存していたということができよう。
　これに続く例としては、時間的に少し間を置く形で、次のものがある。
　　　39、《混験》(1711)　おさんしちみよれは　　　高所より下を臨見る心
　　　　　　　　　　　　さりゆくしちみよれは　　　返し詞　高所より下を臨見る心
「みよれは」がそれで、「見居れば」に対応する。
　/nu'u'ɴ/ の前の段階を示す例が、《ベッテ》に存在する。「nyung」と「nyūng」との二つの形が現れるが、「nyung」は長音記号(上の線)が表記の過程で脱落した可能性が高く、「nyūng」であると見做してよいと考える。両方とも、/nju'u'ɴ/ であると推定できる。
　　　48、《ベッテ》(1849)・(1852)
　　　○kata mīshi nyung〈片目で見る〉　　○ミル〈見る〉　現在 nyūng　過去 nchāng

否定 ndang　命令 ndi　使役 mǐrashung　　○ nyūng（見る。融合語幹 ny-）〈look〉

　　（注）この「nyūng」に関して、高橋俊三（2001）は「ndjung の形は見あたら

　　ない。」とコメントしている。

　ついに、/j/ のない「ヌーン」/nu'u'ɴ/ 相等の形が現れてくる。《チェン》の「nūng」である。

　50、《チェン》（1895）

　　○ nūng / Tūti nābira.　聞いて見ましょう　/ I-sha ni mishiti nūsi du, mashē

　　arani? 医者に見せて見るのがよくはないだろうか。/ Ang shi nābira. そうして

　　見ましょう。

　そして、次につながる。

　52、《沖辞》（1963）

　nuuɴ ⓪　（他・不規則）'ɴɴzuɴ と同じ。

　'ɴɴzuɴ ⓪　（他・不規則）㊀見る。sibai ～. 芝居を見る。'ɴɴdaɴhuunaa. 見ないふり。

　　　　　　　（以下、略）

　以上をもとに、変化過程をまとめると、以下のようになろうか。

　　[miwum] → [mijum] → [mjuːm] → [njuːm] → [nuːm] → [nuːɴ]/nu'u'ɴ/

　（[m] は、仮に [m] と想定したということを示すべくこのようにしたものである。）

　[nuːm] の存在は、「《チェン》（1895）肯定　疑問 nūmi?」によって裏付けられると考え

る（「?」は「疑問」の意を表す形であることを示している。この用例に「?」が付く

という意味ではない）。この形は、/nu'umi/（見るか）に相当すると考えられるが、後

述する /'ɴdani/（見ぬか、見ないか）と同様、「疑問」の意を表す助辞 /'i/ を含んでおり、

/nu'um/（見る）が存在したことを示すものとなろう。

　2）「ンダン」（見ない）に到る流れ

　これに関しても、最初の用例は『おもろさうし』に現れる。

　　30、《おも3》（1623）　みらんすか（巻 17）　（注）「みらんす」は「見ない者」の意。

　所謂「未然形」が「み‐ぬ」のような「み‐」ではなく、「みら‐」になっている。

「みら‐」「みり‐」「みれ‐」のごとくに変化（活用）するようになっていたことが

わかる。

　　同じく「みら‐」を含む用例として以下の3例を上げることができる。

　　　　みらに（巻 17）　　みらな（巻 14）　　みらは（巻 13）

　　それぞれ、順に、「見ないか」「見よう」「見れば」の意で、現代語の「ンダニ」/'ɴdani/、

「ンダナ」/'ɴdana/、「ンダワ」/'ɴda'wa/ に対応する。

　　時代は1世紀ほど下ることになるが、41、《組五》（1718 頃）において、次のように、

現代語に近づいた形で現れてくる。

　41、《組五》（1718 頃）

〈執鐘〉　　夢やちゃうも見だぬ。　　imi ya chon ndan.

〈銘苅〉　　夢ちゃうん見だぬ　yumi ya chon ndan

　　　　　　尋ねやり見だに。　　tazuniyayi nda nyi.

　　　　　　まちとめてむだに。　　machitumiti nda nyi.

　　　　　　待受て見だに、　machiukiti nda nyi,

〈孝行〉　　夢やちゃうも見だぬ、　imi ya chon ndan;

伊波は、「むだ～」にも「んだ～」と同じように、同一のローマ字表記「nda～」を当てている。（伊波に「音韻」の概念はなかったらしいから致し方ないが）一考を要すると思われる。「むだ～」は、変化過程を示す貴重な用例である可能性が高かろう。それを見逃してしまいかねない（表記に関して更に詳しく検証されるべき余地は残されているが）。

　《おも3》の「みら～」から《組五》の「んだ～」に到る前に「むだ～」の形が存在し、完全に移行し切れていない状況にあった、両形並存状態であったと教えてくれていると考えられまいか（この段階で、音韻的には /ʼNda～/ としてよかろう）。そうであるとすれば、次のような移り変りが想定されよう。

　　　　[mira～]→[mra～]→[mda～]→[nda～]

　前に、「/nuʼum/（見る）が存在した」であろうことを述べたが、ここでは、その否定の形 /ʼNdan/（見ぬか、見ないか）に相当する用例として、「むだに」「んだに」が存在したことを知ることができる。[mdani]、[ndani] いずれにしても、（[-ni] に）疑問の助辞 /i/ が含まれていると考えられ、前述の /nuʼum/（見る）と並行的に捉えるためには /ʼNdan/ と考える必要があろう。

　後続の資料では、「ンダン」に相当する用例のみとなる。

48、《ベッテ》（1849）（1852）

　　ndang fuï　3-126　Ndang fuï, *"as if not seeing"*〈あたかも見ないかのように〉

　　ndang　3-109　shé, kade ndang, *"I have never seen it done, eaten"*[3]〈それをするのを , 食べるのを見たことがない〉[3] 今日の琉球方言では「それをしたこと , 食べたことがない」の意味である。

50、《チェン》（1895）

　　ndang　否定　直説法現在終止 ndang・疑問 ndani?　半過去終止 ndangtang・疑問 ndangtī?　条件 ndangdarē　/ mīraring「見られる」、mīrang「見えない」・疑問形 mīrani、ndarang「見られない」・疑問形 ndarani　/ 未来 nābira、名詞形過去 nābitasi、否定現在 nābirang

　　ndani?　否定　直説法現在終止 ndang・疑問 ndani?

　　ndangdarē　否定　条件 ndangdarē

　　ndangtang　否定　半過去終止 ndangtang・疑問 ndangtī?

　　ndangtī?　否定　半過去終止 ndangtang・疑問 ndangtī?

52、《沖辞》（1963）

　　ʼNNdaN　　ʼNNzuN ⓪（他・不規則）㊀見る。sibai ～ . 芝居を見る。ʼNNdaNhuunaa. 見ないふり。（以下、略）

　その前の段階の資料では /ʼN～/ であるらしいのに、《沖辞》では「ʼNN～」で、「長く」なっている。この違いはどこから来るものなのか。検証は、これからの課題としたい。

　次に、語彙的意味では「ヌーン」/nuʼuN/（見る）と違いがないと思われる「ンジュン」/ʼNzjuN/（見る）（《沖辞》では「ʼNNzuN」）について考える。

1100　第5章　沖縄語動詞形態変化の通時的考察

前述したように、高橋（2001）が《ベッテ》に関して、「ndjung の形は見あたらない」と述べているが、第4章第2節の（注82）で述べたように、/ˈɴzjuˈɴ/ は存在したと考えられる。（注82）では、「ndjung」が [ndʒuɴ] を、「ndjïung」が [ʔndʒiuɴ] を、「ndiung」が [ndiuɴ] をそれぞれ表し、/ˈɴzjuˈɴ/（見る）、/ʔɴzjiˈuˈɴ/（出る）、/ˈɴdiˈuˈɴ/（濡れる）に対応すると述べた。

　その後（《チェン》等の19世紀終りから20世紀初めにかけて）の分析対象とした資料では、「ンジュンの形は見あたらない」が、上記のようであれば、存在したが収録されなかったという可能性が高い。

　上記の、/ˈɴzjuˈɴ/ が《沖辞》に繋がると考えられる。

　《沖辞》の「nuuɴ ⓪　（他・不規則）'ɴɴzuɴ と同じ。」という記述から、この時期には、「nuuɴ」より「'ɴɴzuɴ」のほうが優勢となっていたことが読み取れると思う。これは、現代語の「連体形」を考慮に入れるとわかりやすくなる。例えば、/ˈɴzjuru baˈani/（見る時に）の代わりに /nuˈuru baˈani/ と言えなくもないが、（私の内省に従えば）その許容度の度合いは大分低いのである。

　ところで、/nuˈuˈɴ/ と /ˈɴzjuˈɴ/ との違いはどこにあるのか。それはその成り立ちにあると思われる。途中の過程を示す用例が見当たらないので、類推に依るしかないが、次のような変化が考えられよう。

　/nuˈuˈɴ/ に到る変化については前述した。

　　[miwum]→[mijum]→[mjuːm]→[njuːm]→[nuːm] → [nuːɴ]/nuˈuˈɴ/ のようであった。

　/ˈɴzjuˈɴ/ に到る過程は、次のように考えられよう。

　　[miri]→[mri]→[mɖi]→[ndi] →[ndʒi]/ˈɴzji/

　　[ndʒiwurim]→[ndʒurim]→[ndʒum] → [ndʒuɴ]/ˈɴzjuˈɴ/

（「あり」「をり」との接続に関しては、第10節で述べる。）

　以下、詳しくは用例を参照。

　1）「連用形」に対応する形

（カ行）

　48、《ベッテ》（1849）・（1852）

きる着　/cjiˈi/　☆「ラ行（四段）化」後の連用形「きり」に対応。

　　　　　　/cjiˈuˈɴ/　☆「ラ行（四段）化」後の連用形「きり」を含む。「きりをり<u>む</u>」に対応。

　49、《沖話》（1880）

きる着　/ˈjurucjiˈjaˈa/　☆連用形「き」を含む。「よるきあ」に対応。「夜着る物」の意。

　　　　　　/ʔusuzjeˈe/　☆連用形「き」を含む。「うすぎは」に対応。

できる出来（実）　/diki/　☆連用形「でき」に対応。音韻対応上は「でけ」の可能性もある。

　　　　　　　　　　/dikeˈe/　☆連用形「でき」を含む。「できは」に対応。

　　　　　　　　　　/zjoˈodikinu/　☆連用形「でき」を含む。「じやうできの」に対応。

できる出来　/dikiˈiˈja/　☆「ラ行（四段）化」後の連用形「でけり」を含み、「でけりは」に対応。

　　　　　　　/dikiˈjabiraˈɴ/　☆「ラ行（四段）化」後の連用形「でけり」を含む。「でけりはべらぬ」

に対応。

（ナ行）

13、《碑文（かた）》（1543）

にる似　/nitari/　☆連用形「に」を含む。「にたり」に対応。

41、《組五》（1718 頃）

にる似　/ni'je'e/　☆連用形「に」を含む。「にあひ」に対応。

43、《具志》（1743）

にる似　/ni'jusi/　☆連用形「に」を含む。「にを（る）す」に対応。

47、《クリ》（1818）

にる煮　/ni'i'ɴ/　☆連用形「に」を含む。「にをりむ」に対応。

48、《ベッテ》（1849）・（1852）

にる煮　/nji'u'ɴ/　☆連用形「に」を含む。「にをりむ」に対応。

49、《沖話》（1880）

にる似　/ʔunirimisjo'ocji/　☆「ラ行（四段）化」後の連用形「にり」を含む。「おにりめしおはして」に
　　　　　　　　　　　　　　　　対応。

にる煮　/ni'iga/　☆「ラ行（四段）化」後の連用形「にり」を含む。「にりが」に対応。

51、《官話》（19 世紀？）

にる煮　/ni'isjisji/　☆「ラ行（四段）化」後の連用形「にり」を含む。「にいしし」（煮肉）に対応。「にり」
　　　　　　　　　　　　　が「にい」に変化。

（ハ行）

49、《沖話》（1880）

ひる干　/hwi'jabira'ɴ/　☆連用形「ひ」を含む。「ひはべらぬ」に対応。「ラ行（四段）化」後の連用形「ひ
　　　　　　　　　　　　　　り」である可能性も否定できない。

　　　　　　/micjihwiri/　☆「ラ行（四段）化」後の連用形「ひり」を含む。「みちひり」に対応。

（マ行）

08、《おも1》（1531）

みる見　/mimuɴ/　☆連用形「み」を含む。「みもの」に対応。

29、《おも2》（1613）

みる見　/mimunu/　☆連用形「み」を含む。「みもの」に対応。

　　　　　　/mijuriba/　☆連用形「み」を含む。「みをれば」に対応。

30、《おも3》（1623）

みる見　/migja/　☆連用形「み」を含む。「みが」に対応。

　　　　　　/mibusja/　☆連用形「み」を含む。「みほしさ」に対応。

　　　　　　/mijuwari/　☆連用形「み」を含む。「みおわれ」に対応。

　　　　　　/mijuwacji/　☆連用形「み」を含む。「みおはして」に対応。

　　　　　　/miuriba/　☆連用形「み」を含む。「みをれば」に対応。

37、《君由》（1700 頃）

みる見　/miʔagi/　☆連用形「み」を含む。「みあげ」に対応。

　　　　　　/miʔagimu'i/　☆連用形「み」を含む。「みあげもり」に対応。

38、《仲里》（1703 頃）

みる見　/miʔagimuʼi/　☆連用形「み」を含む。「みあげもり」に対応。

　39、《混験》（1711）

みる見　/miʼjuriba/　☆連用形「み」を含む。「みをれば」に対応。

　40、《琉由》（1713）

みる見　/miʔagi/　☆連用形「み」を含む。「みあげ」（見上げ）に対応。

　41、《組五》（1718 頃）

みる見　/mimunu/　☆連用形「み」を含む。「みもの」に対応。

　　　　/miʼaʼwasja(ʼa)ʼi/　☆連用形「み」を含む。「みあはしあり」に対応。

　　　　/mibusja/　☆連用形「み」を含む。「みほしや」に対応。

　　　　/miʼjabi(ʼi)ru/　☆連用形「み」を含む。「みはべる」に対応。

　　　　/midasji/　☆連用形「み」を含む。「みだし」に対応。

　48、《ベッテ》（1849）・（1852）

みる見　/miʼibusja/　☆「ラ行（四段）化」後の連用形「みり」を含む。「みりほしさ」に対応。

　　　　/miʼiʔatiti/　☆「ラ行（四段）化」後の連用形「みり」を含む。「みりあてて」に対応。

　　　　/njuʼuʼN/　☆連用形「み」を含む。「みをりむ」に対応。

　　　　/ʼNzjuʼN/　☆「ラ行（四段）化」後の連用形「みり」を含む。「みりをりむ」に対応。

　49、《沖話》（1880）

みる見　/cicjimi/　☆連用形「み」を含む。「つきみ」（月見）に対応。

　　　　/cjikumi/　☆連用形「み」を含む。「きくみ」（菊見）に対応。

　　　　/ʔucjimiʼiduʼNseʼe/　☆「ラ行（四段）化」後の連用形「みり」を含む。「うちみりどもせは」に対応。

　　　　/miʼiga/　☆「ラ行（四段）化」後の連用形「みり」を含む。「みりが」に対応。「が」は、「目的」を表す助辞。

　　　　/miʼibusjaʼjabiʼitakutu/　☆「ラ行（四段）化」後の連用形「みり」を含む。「みりほしさありはべりた（る）こと」に対応。

　　　　/naʼabiʼiʼN/　☆連用形「み」を含む。「みはべりをりむ」に対応。

　　　　/naʼabitasaʼa/　☆連用形「み」を含む。「みはべりた（る）さ」に対応。

　　　　/naʼabitasiga/　☆連用形「み」を含む。「みはべりた（る）すが」に対応。

　　　　/njaʼabira/　☆連用形「み」を含む。「みはべら」に対応。

　　　　/naʼabira/　☆連用形「み」を含む。「みはべら」に対応。

　　　　/naʼabiraʼNtasiga/　☆連用形「み」を含む。「みはべらぬた（る）すが」に対応。

　50、《チェン》（1895）

みる見　/naʼabiʼiʼN/　☆連用形「み」を含む。「みはべりをりむ」に対応。

　　　　/naʼabira/　☆連用形「み」を含む。「みはべら」に対応。

　　　　/naʼabiraʼN/　☆連用形「み」を含む。「みはべらぬ」に対応。

　　　　/naʼabitasiga/　☆連用形「み」を含む。「みはべりた（る）すが」に対応。

　　　　/nuʼuʼN/　☆連用形「み」を含む。「みをりむ」に対応。

　　　　/nuʼusi/　☆連用形「み」を含む。「みを（る）す」に対応。

　51、《官話》（19 世紀?）

みる見　/hicjimi/　☆連用形「み」を含む。「ひきみ」（引き見）に対応。

　　　　/miʼimaʼi/　☆「ラ行（四段）化」後の連用形「みり」を含む。「みりまひ」（見り舞ひ）に対応。

第 2 節　「上一段活用」動詞の史的変化　1103

　　　　　　　「みり」が「みい」に変化。口語的には /mi'ime'e/ か。

（ヤ行）
　30、《おも3》（1623）
いる射　/iriutucji/　☆「ラ行（四段）化」後の連用形「いり」を含む。「いりおとして」に対応。
　48、《ベッテ》（1849）・（1852）
いる射　/ʔiri/　☆「ラ行（四段）化」後の連用形「いり」に対応。
　　　　　/ʔi'i/　☆「ラ行（四段）化」後の連用形「いり」に対応。
　　　　　/ʔi'uˑn/　☆「ラ行（四段）化」後の連用形「いり」を含む。「いりをり<u>む</u>」に対応。
　　　　　/ʔi'juˑn/　☆「ラ行（四段）化」後の連用形「いり」を含む。「いりをり<u>む</u>」に対応。
（ワ行）
　30、《おも3》（1623）
ゐる座　/ijuru/　☆連用形「ゐ」を含む。「ゐをる」に対応。
　48、《ベッテ》（1849）・（1852）
ゐる座　/ʔi'uˑn/　☆「ラ行（四段）化」後の連用形「ゐり」を含む。「ゐりをり<u>む</u>」に対応。

　2）「命令形」に対応する形
（カ行）
　48、《ベッテ》（1849）・（1852）
きる着　/cjiri/　☆「ラ行（四段）化」後の命令形「きれ」に対応。
（マ行）
　30、《おも3》（1623）
みる見　/miriju/　☆「ラ行（四段）化」後の命令形「みれ」を含む。「みれよ」に対応。
　47、《クリ》（1818）
みる見　/miri/　☆「ラ行（四段）化」後の命令形「みれ」に対応。
　　　　　/ʔNdi/　☆「ラ行（四段）化」後の命令形「みれ」に対応。
　48、《ベッテ》（1849）・（1852）
みる見　/ʔNdi/　☆「ラ行（四段）化」後の命令形「みれ」に対応。
　　　　　/ʔNde'e/　☆「ラ行（四段）化」後の命令形「みれ」を含む。「みれは」に対応。
　50、《チェン》（1895）
みる見　/ʔNdi/　☆「ラ行（四段）化」後の命令形「みれ」に対応。
（ワ行）
　48、《ベッテ》（1849）・（1852）
ゐる座　/ʔiri/　☆「ラ行（四段）化」後の命令形「ゐれ」に対応。

　3）「終止形」に対応する形
（ナ行）
　45、《琉訳》（1800頃）
にる似　/niru/　☆終止形「にる」に対応。
にる煮　/niru/　☆終止形「にる」に対応。
（ハ行）

45、《琉訳》（1800 頃）

はなひる嚔　/hwanahwiru/　☆終止形「はなひる」に対応。

（マ行）

02、《碑文（玉殿）》（1501）

みる見　/mirubïsji/　☆終止形「みる」を含む。「みるべし」に対応。

45、《琉訳》（1800 頃）

うかがひみる窺　/ʔukaga'imiru/　☆終止形「うかがひみる」に対応。

かへりみる顧　/ka'irimiru/　☆終止形「かへりみる」に対応。

みる見　/miru/　☆終止形「みる」に対応。

（ヤ行）

45、《琉訳》（1800 頃）

いる射　/ʔiru/　☆終止形「いる」に対応。

（ワ行）

45、《琉訳》（1800 頃）

ゐる座　/ʔiru/　☆終止形「ゐる」に対応。

　4）「連体形」に対応する形

（マ行）

30、《おも 3 》（1623）

みる見　/miru/　☆連体形「みる」に対応。

41、《組五》（1718 頃）

みる見　/miru/　☆連体形「みる」に対応。

48、《ベッテ》（1849）・（1852）

みる見　/miru/　☆連体形「みる」に対応。「漢文訓読」。「古文」の「連体形」。

　5）「已然形」に対応する形

（マ行）

08、《おも 1 》（1531）

みる見　/miridumu/　☆已然形「みれ」を含む。「みれども」に対応。

30、《おも 3 》（1623）

みる見　/miridumu/　☆已然形「みれ」を含む。「みれども」に対応。

　　　　　/miriba/　☆已然形「みれ」を含む。「みれば」に対応。

37、《君由》（1700 頃）

みる見　/miriba/　☆已然形「みれ」を含む。「みれば」に対応。

39、《混験》（1711）

みる見　/miriba/　☆已然形「みれ」を含む。「みれば」に対応。

41、《組五》（1718 頃）

みる見　/miriba/　☆「已然形」「みれ」を含む。「みれば」に対応。

43、《具志》（1743）

みる見　/miriba/　☆已然形「みれ」を含む。「みれば」に対応。

第 2 節　「上一段活用」動詞の史的変化　1105

48、《ﾍﾞｯﾃ》（1849）・（1852）

みる見　/ˈNde’e/　☆已然形「みれ」を含む。「みれは」に対応。

49、《沖話》（1880）

みる見　/ˈNde’e/　☆已然形「みれ」を含む。「みれは」に対応。

6）「未然形」に対応する形

（カ行）

48、《ﾍﾞｯﾃ》（1849）・（1852）

きる着　/cjira’ɴ/　☆「ラ行（四段）化」後の未然形「きら」を含む。「きらぬ」に対応。

　　　　/cjirasju’ɴ/　☆「ラ行（四段）化」後の未然形「きら」を含む。「きらしをり<u>む</u>」に対応。

（マ行）

29、《おも2》（1613）

みる見　/mirana/　☆「ラ行（四段）化」後の未然形「みら」を含む。「みらな」に対応。

　　　　/mirani/　☆「ラ行（四段）化」後の未然形「みら」を含む。「みらに」に対応。

　　　　/miraba/　☆「ラ行（四段）化」後の未然形「みら」を含む。「みらば」に対応。

　　　　/miraNsïga/　☆「ラ行（四段）化」後の未然形「みら」を含む。「みらぬすが」に対応。

41、《組五》（1718頃）

みる見　/ˈNda’ɴ/　☆「ラ行（四段）化」後の未然形「みら」を含む。「みらぬ」に対応。

　　　　/ˈNdani/　☆「ラ行（四段）化」後の未然形「みら」を含む。「みらに」に対応。

　　　　/ˈNdo’o/　☆「ラ行（四段）化」後の未然形「みら」を含む。「みらう」に対応。「んだう」と変化。

48、《ﾍﾞｯﾃ》（1849）・（1852）

みる見　/mirara’ɴ/　☆「ラ行（四段）化」後の未然形「みら」を含む。「みららぬ」に対応。

　　　　/mirasju’ɴ/　☆「ラ行（四段）化」後の未然形「みら」を含む。「みらしをり<u>む</u>」に対応

　　　　/ˈNda/　☆「ラ行（四段）化」後の未然形「みら」に対応。

　　　　/ˈNdana/　☆「ラ行（四段）化」後の未然形「みら」を含む。「みらな」に対応。

　　　　/ˈNda’ɴ/　☆「ラ行（四段）化」後の未然形「みら」を含む。「みらぬ」に対応。

50、《ﾁｪﾝ》（1895）

みる見　/ˈNda/　☆「ラ行（四段）化」後の未然形「みら」に対応。

　　　　/ˈNdari’iga/　☆「ラ行（四段）化」後の未然形「みら」を含む。「みられが」に対応。

（ヤ行）

48、《ﾍﾞｯﾃ》（1849）・（1852）

いる射　/ʔira’ɴ/　☆「ラ行（四段）化」後の未然形「いら」を含む。「いらぬ」に対応。

（ワ行）

45、《琉訳》（1800頃）

もちゐる用　/mucji’irara’ɴ/　☆「ラ行（四段）化」後の未然形「もちゐらら」を含む。「もちゐららぬ」に対応。

ゐる座　/ˈira’ɴ/　☆「ラ行（四段）化」後の未然形「ゐら」を含む。「ゐらぬ」に対応。「かみざにゐらぬ」

　　　　　　　　（上座に座らぬ）。

48、《ﾍﾞｯﾃ》（1849）・（1852）

ゐる座　/ˈira’ɴ/　☆「ラ行（四段）化」後の未然形「ゐら」を含む。「ゐらぬ」に対応。

　　　　/irasjimi’u’ɴ/　☆「ラ行（四段）化」後の未然形「ゐら」を含む。「ゐらしめをり<u>む</u>」に対応。

49、《沖話》（1880）

ゐる座　/'irari'jabi'i'ɴ/　☼ラ行「四段」化後の未然形「ゐら」を含む。「ゐられはべりむ」に対応。

　　　　/'irari'i'ɴja'a/　☼「ラ行（四段）化」後の未然形「ゐら」を含む。「ゐられをりむや」に対応。

　7）「〈て〉の形」に対応する形

（カ行）

　29、《おも2》（1613）

きる着　/kici/　☼「きて」に対応。

　30、《おも3》（1623）

きる着　/cjicjamunu/　☼「きて」を含む。「きてあるもの→きた（る）もの」に対応。

　41、《組五》（1718頃）

できる出来　/dikiti/　☼「できて」に対応。

　　　　　　/dikita/　☼「できて」を含む。「できてある」に対応。「できたる→できた」と変化。

　48、《ベッテ》（1849）・（1852）

きる着　/cjicja'ɴ/　☼「きて」を含む。「きてありむ→きたりむ」に対応。

できる出来　/dikito'o'ɴ/　☼「できて」を含む。「できてはをりむ」に対応。

　49、《沖話》（1880）

きる着　/cjicjo'oru/　☼「きて」を含む。「きてはをる」に対応。

　　　　/cjicjo'okutu/　☼「きて」を含む。「きてはを（る）こと」に対応。

できる出来　/dikitiga/　☼「でけて」を含む。「でけてが」に対応。

　　　　　　/dikito'o'jabi'i'ɴ/　☼「でけて」を含む。「でけてはをりはべりむ」に対応。

　　　　　　/dikito'o'ɴ/　☼「でけて」を含む。「でけてはをりむ」に対応。

　　　　　　/dikito'otano'o/　☼「でけて」を含む。「でけてはをりた（り）ぬは」に対応。「ぬ」は「完了」を示す。

（ナ行）

　41、《組五》（1718頃）

にる似　/nicjoru/　☼「にて」を含む。「にてはをる」に対応。音数を整えるために/nicjo'oru/ではなく/nicjoru/。

　45、《琉訳》（1800頃）

にる似　/nitari/　☼「にて」を含む。「にてあり」に対応。「にたり」に変化。

　47、《クリ》（1818）

にる似　/nicjo'o'ɴ/　☼「にて」を含む。「にてはをりむ」に対応。

　48、《ベッテ》（1849）・（1852）

にる似　/njicjo'o'ɴ/　☼「にて」を含む。「にてはをりむ」に対応。

にる煮　/njicja'ɴ/　☼「にて」を含む。「にてありむ→にたりむ」に対応。

　　　　/njicjo'oki'wadu/　☼「にて」を含む。「にてはおきはど」に対応。

（ハ行）

　49、《沖話》（1880）

ひる干　/hwiQcjo'osiga/　☼「ひりて→ひって」を含む。「ひってはを（る）すが」に対応。

（マ行）

03、《琉館》（16C 前半成立か）

みる見　/mici/　☆「みて」に対応。

09、《陳使》（1534）

みる見　/mici/　☆「みて」に対応。

19、《郭使》（1561）

みる見　/mici/　☆「みて」に対応。

23、《蕭使》（1579）

みる見　/mici/　☆「みて」に対応。

27、《夏使》（1606）

みる見　/mici/　☆「みて」に対応。

29、《おも2》（1613）

みる見　/mici/　☆「みて」に対応。

　　　　/micjaru/　☆「みて」を含む。「みてある→みたる」に対応。

30、《おも3》（1623）

みる見　/micji/　☆「みて」に対応。

　　　　/micjasïga/　☆「みて」を含む。「みてあ（る）すが→みたる（す）が」に対応。

　　　　/micjaru/　☆「みて」を含む。「みてある→みたる」に対応。

　　　　/mitariba/　☆「みて」を含む。「みてあれば→みたれば」に対応。

39、《混験》（1711）

みる見　/micji/　☆「みて」に対応。

　　　　/micjaru/　☆「みて」を含む。「みてある→みたる」に対応。

41、《組五》（1718 頃）

みる見　/ˈɴcjami/　☆「みて」を含む。「みてあみ」に対応。「みたみ」と変化。

　　　　/ˈɴcjaru/　☆「みて」を含む。「みてある→みたる」に対応。

　　　　/ˈɴcjaka/　☆「みて」を含む。「みてあるか→みたか」と変化。

45、《琉訳》（1800 頃）

みる見　/micji/　☆「みて」に対応。

　　　　/micjaˈɴ/　☆「みて」を含む。「みてあり<u>む</u>→みたり<u>む</u>」に対応。

48、《ベッテ》（1849）・（1852）

みる見　/miti/　☆「みて」に対応。（漢文調）「古文」の「みて」。

　　　　/ˈɴcji/　☆「みて」に対応。

　　　　/ˈɴcjaʼi/　☆「みて」を含む。「みてあり→みたり」に対応。

　　　　/ˈɴcjaʼɴ/　☆「みて」を含む。「みてあり<u>む</u>→みたり<u>む</u>」に対応。

　　　　/ˈɴcjakutu/　☆「みて」を含む。「みてあ（る）こと→みた（る）こと」に対応。

　　　　/ˈɴcjareʼe/　☆「みて」を含む。「みてあれは→みたれは」に対応。

49、《沖話》（1880）

みる見　/ˈɴcjiʼɴ/　☆「みて」を含む。「みても」に対応。

　　　　/ˈɴcjaru/　☆「みて」を含む。「みてある→みたる」に対応。

　　　　/ˈɴcjoʼoʼjabiʼitakutu/　☆「みて」を含む。「みてはをりはべりた（る）こと」に対応。

50、《チェン》（1895）

みる見　/'Ncji/　☆「みて」に対応。

　　　　/'Ncje'e/　☆「みて」を含む。「みては」に対応。

　　　　/'Ncji'i/　☆「みてい」に対応。

　51、《官話》（19世紀？）

みる見　/'Ncjo'o'N/　☆「みて」を含む。「みてはをりむ」に対応。

（ヤ行）

　47、《クリ》（1818）

いる射　/?icji'u'N/　☆「いて」を含む。「いてをりむ」に対応。「いりてをりむ」の可能性もある。

　48、《ベッテ》（1849）・（1852）

いる射　/?iQcja'N/　☆「いりて→いって」を含む。「いってありむ→いったりむ」に対応。

　　　　/?icja'N/　☆「いりて→いって」を含む。「いってありむ→いったりむ」に対応。

（ワ行）

　30、《おも3》（1623）

ゐる　/icji/　☆「ゐて」に対応。

　42、《中信》（1721）

ゐる座　/'icji/　☆「ゐて」に対応。

　48、《ベッテ》（1849）・（1852）

ゐる座　/'icji/　☆「ゐて」に対応。

　　　　/'icja'i/　☆「ゐて」を含む。「ゐてあり」に対応。

　　　　/'icja'N/　☆「ゐて」を含む。「ゐてありむ→ゐたりむ」に対応。

　　　　/'icjo'o'i/　☆「ゐて」を含む。「ゐてはをり」に対応。

　　　　/'icjo'oti/　☆「ゐて」を含む。「ゐてはをりて」に対応。

　　　　/'icjo'oruga gutukunji/　☆「ゐて」を含む。「ゐてはをるがごとくに」に対応。

第3節　「上二段活用」動詞の史的変化

　高橋（1991）に「『おもろさうし』には上二段動詞は存在しないと言えそうである」
（p.343）とある。確かにそうで、『おもろさうし』以前の資料に関しても同様のことが
言えよう。但し、「上二段動詞」的形態変化（活用）をする動詞は存在しなくなったと
いうことであって、〈元「上二段活用動詞」〉と呼ぶべき動詞が存在しないということで
はない。

　〈元「上二段活用」動詞〉がどのような史的変化を遂げたかを見ようとするのが、こ
こでの目的である。

　○〈元「上二段活用」動詞〉の（分析対象資料における）初出用例は、「07、《碑文（崇寺）》
　（1527）」の「おれるへし」である。「おる降」に関する用例である。この用例から「上
　二段動詞」に関する記述を始める。

　　この「おれるへし」を、「下一段」的な（終止形）「おれる」を含み、「降れるべし」
　に対応すると判断する。これは次の理由からである。即ち、「30、《おも3》（1623）」

に「おれほしや」、「おれるかす」「おれらかす」等の例があり、これらを参照すると「お
れる」は「下一段」的なものと「ラ行（四段）」的なものとの両方の要素を合わせ持つ
動詞として位置付けることができる。この特徴がしばらく続いたらしいことが、「37、《君
由》（1700頃）」や「38、《仲里》」等にも〈「下一段」的「おれる」の連用形「おれ」〉
と〈「ラ行（四段）化」後の未然形「おれら」〉とが存在することから裏付けられる。

　それが「ラ行（四段）化」したものだけになったのは、いつごろか。用例に依る限り
においては、判断が付かない。ただ、現代語では /ʔuri'ibusa'ɴ/（「おれりほしさありむ」
に対応。「降りたい」の意）であるが、〈37《君由》（1700頃）おる降　/ʔuribusja/「お
れほしさ」に対応〉のような例があるので、18世紀以降ではないかと思われる。

○「おける」となった「おく起」と「おてる」となった「おつ落」のように「おる降」
　と似たような道筋を通ったらしい様相を見せる例もあるが、その他の〈元「上二段動
　詞」〉は、「ラ行（四段）化」していると言えよう。以下の用例参照。

（「あり」「をり」との接続に関しては、第10節で述べる。）

　1）「連用形」に対応する形
（カ行）
　42、《中信》（1721）
おく起　/ʔuki'u'ɴ/　☆連用形「おけ」を含む。「おけをりむ」に対応。/ʔuki'ju'ɴ/ の可能性もある。
　44、《琉見》（1764）
おく起　/ʔasaʔuki/　☆連用形「おけ」を含む。「あさおけ」に対応。
　47、《クリ》（1818）
おく起　/ʔuki'i'ɴ/　☆「ラ行（四段）化」後の連用形「おけり」を含む。「おけりをりむ」に対応。
　48、《ベッテ》（1849）・（1852）
おく起　/ʔuki'u'ɴ/　☆「ラ行（四段）化」後の連用形「おけり」を含む。「おけりをりむ」に対応。
　　　　/ʔukika'ɴti/　☆連用形「おけ」を含む。「おけかねて」に対応。
　49、《沖話》（1880）
おく起　/ʔukikurinu/　☆連用形「おけ」を含む。「おけくれの（起け暮れの）」に対応。
（ガ行）
　31、《碑文（本山）》（1624）
すぐ過　/usïgiri/　☆「ラ行（四段）化」後の連用形「すぎり」を含む。「おすぎり」に対応。
　41、《組五》（1718頃）
すぐ過　/sizjisji/　☆連用形「すぎ」を含む。「すぎし」に対応。
　48、《ベッテ》（1849）・（1852）
すぐ過　/sizji/　☆連用形「すぎ」に対応。漢文訓読「文語」と言える。
　49、《沖話》（1880）
すぐ過　/sizji'jucjuse'e/　☆連用形「すぎ」を含む。「すぎゆきを（る）すは」に対応。
（夕行）
　38、《仲里》（1703頃）

おつ落　/ciruʔuti/　☆「ラ行（四段）化」後の連用形「おてり」を含む。「つるおてり」（筋落てり）に対応。

　41、《組五》（1718 頃）

おつ落　/ʔutibu/　☆「ラ行（四段）化」後の連用形「おてり」を含む。「おてりほ」に対応。

　49、《沖話》（1880）

おつ落　/ʔuti'jabi'iga/　☆「ラ行（四段）化」後の連用形「おてり」を含む。「おてりはべ（る）が」に対応。

　　　　/ʔuti'jabi'isiga/　☆「ラ行（四段）化」後の連用形「おてり」を含む。「おてりはべ（る）すが」に対応。

（ダ行）

　45、《琉訳》（1800 頃）

とづ綴　/tuzi/　☆連用形「とぢ」に対応。終止形「とづ」の可能性もある。/tuzji/ の可能性もある。

　48、《ベッテ》（1849）・（1852）

はづ恥　/hazji'u'N/　☆連用形「はぢ」を含む。「はぢをりむ」に対応。

　　　　/hwazji'u'N/　☆連用形「はぢ」を含む。「はぢをりむ」に対応。

（ハ行）

　41、《組五》（1718 頃）

おふ生　/ʔu'i/　☆連用形「をひ」に対応。

　49、《沖話》（1880）

もちふ用　/mucji'i'jabi'i'N/　☆連用形「もちひ」を含む。「もちひはべりむ」に対応。

　　　　/mucji'i'juru/　☆連用形「もちひ」を含む。「もちひをる」に対応。

（バ行）

　39、《混験》（1711）

たかぶ崇　/takabi/　☆連用形「たかべ」に対応。

　44、《琉見》（1764）

あぶ浴　/ʔamita'agu/　☆連用形「あび」を含む。「あびたあご」に対応か。

　　　　/ʔamika'ami/　☆連用形「あび」を含む。「あびかめ」に対応か。

　45、《琉訳》（1800 頃）

あぶ呼・叫　/ʔabi'ju'N/　☆連用形「あび」を含む。「あびをりむ」に対応。/ʔabi'i'N / の可能性もある。

　51、《官話》（19 世紀？）

のぶ伸　/nu'ubi/　☆連用形「のび」に対応。

（マ行）

　49、《沖話》（1880）

こころむ試　/kukurumi/　☆連用形「こころみ」に対応。

　　　　　　/ʔukukurumi/　☆連用形「こころみ」を含む。「おこころみ」に対応。

（ヤ行）

　48、《ベッテ》（1849）・（1852）

おゆ老　/tusjiʔu'i/　☆連用形「おい」を含む。「としおい」に対応。

（ラ行）

　08、《おも 1》（1531）

おる降　/urihwusajuwa/　☆（「下一段」的「おれる」の）連用形「おれ」を含む。「おれふさえおわ（れ）」に対応。

　　　　/uribusjija/　☆（「下一段」的「おれる」の）連用形「おれ」を含む。「おれほしや」に対応。

13、《碑文（かた）》（1543）

おる降　/urimisjijuwaci/　☆（「下一段」的「おれる」の）連用形「おれ」を含むと見る。「おれめし
おはして」に対応。

17、《碑文（やら）》（1554）

おる降　/uri/　☆（「下一段」的「おれる」の）連用形「おれ」に対応。

25、《碑文（浦城）》（1597）

おる降　/urimisjijuwaci/　☆「下一段」的「おれる」の）連用形「おれ」を含むと見る。「おれめしお
はして」に対応。

30、《おも3》（1623）

おる降　/uribusja/　☆（「下一段」的「おれる」の）連用形「おれ」を含む。「おれほしや」に対応。
　　　　　/uriwacji/　☆（「下一段」的「おれる」の）連用形「おれ」を含む。「おれおはして」に対応。

よりおる依降　/juriurija/　☆連用形「よりおれ」を含む。「よりおれは」に対応。

37《君由》（1700頃）

おる降　/ʔurino'osji'jura/　☆「下一段」的「おれる」の連用形「おれ」を含む。「おれなほしをら」に対応。
　　　　　　　　　　　/ʔurino'osjura/の可能性を残す。

　　　　　/ʔurino'osji'juru/　☆「下一段」的「おれる」の連用形「おれ」を含む。「おれなほしをる」に対応。
　　　　　　　　　　　/ʔurino'osjuru/の可能性を残す。

　　　　　/ʔurino'ocji/　☆「下一段」的「おれる」の連用形「おれ」を含む。「おれなほして」に対応。

　　　　　/ʔurihwusati/　☆「下一段」的「おれる」の連用形「おれ」を含む。「おれふさひて」に対応。

　　　　　/ʔurihwusa'ira/　☆「下一段」的「おれる」の連用形「おれ」を含む。「おれふさひをら」に対応。

　　　　　/ʔurihwusa'iru/　☆「下一段」的「おれる」の連用形「おれ」を含む。「おれふさひをる」に対応。

　　　　　/ʔuribusja/　☆「下一段」的「おれる」の連用形「おれ」を含む。「おれほしさ」に対応。

　　　　　/ʔuri'ju'wacji/　☆「下一段」的「おれる」の連用形「おれ」を含む。「おれおはして」に対応。

38、《仲里》（1703頃）

おる降　/ʔurino'osji/　☆「下一段」的「おれる」の）連用形「おれ」を含む。「おれなほし」に対応。
　　　　　/ʔurino'ori/　☆「下一段」的「おれる」の）連用形「おれ」を含む。「おれなほり」に対応。
　　　　　/ʔurino'ocji/　☆「下一段」的「おれる」の）連用形「おれ」を含む。「おれなほして」に対応。

47、《クリ》（1818）

おる降　/ʔudimisjo'odi/　☆「下一段」的「おれる」の）連用形「おれ」を含む。「おれめしおわれ」に対応。
　　　　　/ʔudi'ju'ɴ/　☆「下一段」的「おれる」の）連用形「おれ」を含む。「おれをり<u>む</u>」に対応。

48、《ベッテ》（1849）・（1852）

おる降　/ʔuri'u'ɴ/　☆「下一段」的「おれる」の）連用形「おれ」を含む。「おれをり<u>む</u>」に対応。

2）「命令形」に対応する形

（カ行）

19、《郭使》（1561）

おく起　/ukiri/　☆「ラ行（四段）化」後の命令形「おけれ」に対応。

22、《音字》（1572頃）

おく起　/ukiri/　☆「ラ行（四段）化」後の命令形「おけれ」に対応。

23、《蕭使》（1579）

1112　第5章　沖縄語動詞形態変化の通時的考察

おく起　/ukiri/　☆「ラ行（四段）化」後の命令形「おけれ」に対応。

27、《夏使》（1606）

おく起　/ukiri/　☆「ラ行（四段）化」後の命令形「おけれ」に対応。

41、《組五》（1718頃）

おく起　/ʔukiri/　☆「ラ行（四段）化」した後の命令形「おけれ」に対応。
（マ行）

41、《組五》（1718頃）

とむ止　/cjicjitumiri/　☆「ラ行（四段）化」後の命令形「とめれ」を含む。「ききとめれ」に対応。
（ラ行）

48、《ベッテ》（1849）・（1852）

おる降　/ʔuriri/　☆「ラ行（四段）化」後の命令形「おれれ」に対応。

　3）「終止形」に対応する形
（ガ行）

48、《ベッテ》（1849）・（1852）

すぐ過　/sigu/　☆終止形「すぐ」に対応。漢文訓読の「文語」と言える。
（タ行）

45、《琉訳》（1800頃）

おつ落　/ʔutiru/　☆「ラ行（四段）化」後の終止形「おてる」に対応。

くつ朽　/kutu/　☆終止形「くつ」に対応か。

みつ満　/micjiru/　☆「ラ行（四段）化」後の終止形「みちる」に対応。
（ダ行）

03、《琉館》（16C前半成立か）

とづ閉　/tuzjiru/　☆「ラ行（四段）化」後の終止形「とぢる」に対応か。

40、《琉由》（1713）

おづ怖　/ʔuzjirumazji/　☆「ラ行（四段）化」後の終止形「おぢる」を含む。「おぢるまじ」（怖ぢるまじ）に対応と見る。

45、《琉訳》（1800頃）

とづ閉　/tuzjiru/　☆「ラ行（四段）化」後の終止形「とぢる」に対応。

とづ綴　/tuzi/　☆終止形「とづ」に対応。連用形「とぢ」の可能性もある。/tuzji/ の可能性もある。

はづ恥　/hwazjiru/　☆「ラ行（四段）化」後の終止形「はぢる」に対応。
（バ行）

45、《琉訳》（1800頃）

あぶ浴　/ʔamiru/　☆「ラ行（四段）化」後の終止形「あびる」に対応。

おぶ佩　/ʔubiru/　☆「ラ行（四段）化」後の終止形「おびる」に対応。

こぶ媚　/kubiru/　☆「ラ行（四段）化」後の終止形「こびる」に対応。
（マ行）

45、《琉訳》（1800頃）

こころむ試　/kukurumu/　☆終止形「こころむ」に対応。
（ヤ行）

45、《琉訳》（1800 頃）

おゆ老　/ʔu'iru/　☼「ラ行（四段）化」後の終止形「おいる」に対応。/ʔw'i'iru/ の可能性もある。

くゆ悔　/ku'iru/　☼「ラ行（四段）化」後の終止形「くいる」に対応。

（ラ行）

07、《碑文（崇寺）》（1527）

おる降　/urirubisji/　☼「下一段」的「おれる」（終止形）を含むと見る。「おれるべし」に対応。

38、《仲里》（1703 頃）

おる降　/ʔuriru/　☼「ラ行（四段）化」後の終止形「おれる」に対応。

4）「連体形」に対応する形

（ガ行）

45、《琉訳》（1800 頃）

すぐ過　/siguru/　☼連体形「すぐる」に対応。

（タ行）

45、《琉訳》（1800 頃）

おつ落　/ʔucjiru/　☼連体形「おつる」に対応。

　　　　/ʔisjinuʔucjirukwi/　☼連体形「おつる」を含む。「いしのおつるこゑ」（石の落ちる声）に対応。

（マ行）

45、《琉訳》（1800 頃）

うらむ恨　/ʔuramuru/　☼連体形「うらむる」に対応。

（ラ行）

30、《おも 3》（1623）

おる降　/urirukazi/　☼連体形「おれる」を含む。「おれるかず」に対応。「連体形＋名詞」

5）「已然形」に対応する形

（バ行）

39、《混験》（1711）

わぶ詫　/'wabiri/　☼「ラ行（四段）化」後の已然形「わべれ」に対応か。命令形の可能性もある。

（この一例のみ）

6）「未然形」に対応する形

（カ行）

48、《ベッテ》（1849）・（1852）

おく起　/ʔukira'ɴ/　☼「ラ行（四段）化」後の未然形「おけら」を含む。「おけらぬ」に対応。

（ハ行）

46、《漂録》（1818）

かふ替　/ke'era/　☼「ラ行（四段）化」後の未然形「かへら」に対応。

（ラ行）

30、《おも 3》（1623）

おる降　/urira/　☼「ラ行（四段）化」の未然形「おれら」に対応。

/urirakazï/　　☆「ラ行（四段）化」の未然形「おれら」を含む。「おれらかず」に対応。「未然
　　　　　　　　形＋名詞」

　　　/urirani/　　☆「ラ行（四段）化」の未然形「おれら」を含む。「おれらに」に対応。

　37《君由》（1700頃）

おる降　/ʔurira/　　☆「ラ行（四段）化」後の未然形「おれら」に対応。

　48、《ベッテ》（1849）・（1852）

おる降　/ʔurirasju'ɴ/　　☆「ラ行（四段）化」後の未然形「おれら」を含む。「おれらしをりむ」に対応。

　　　/ʔurira'ɴtakutu/　　☆「ラ行（四段）化」後の未然形「おれら」を含む。「おれらぬた（る）こと」
　　　　　　　　に対応。

　7）「〈て〉の形」に対応する形

（カ行）

　39、《混験》（1711）

おく起　/ʔukiti/　　☆「ラ行（四段）化」後の「おけて」に対応。

　41、《組五》（1718頃）

いく生　/ʔicjicji/　　☆「いきて」に対応。

　42、《中信》（1721）

いく生　/ʔicjicji/　　☆「いきて」に対応。

　44、《琉見》（1764）

いく生　/ʔicjicji/　　☆「いきて」に対応。

おく起　/ʔukiti/　　☆「おけて」に対応。

　47、《クリ》（1818）

いく生　/ʔicjicji/　　☆「いきて」に対応。

　　　/ʔicjicjo'o'ɴ/　　☆「いきて」を含む。「いきてはをりむ」に対応。

おく起　/ʔukiti/　　☆「おけて」に対応。

　48、《ベッテ》（1849）・（1852）

おく起　/ʔukita'ɴ/　　☆「おけて」を含む。「おけてありむ→おけたりむ」に対応。

（ガ行）

　48、《ベッテ》（1849）・（1852）

すぐ過　/sizjito'oru/　　☆「すぎて」を含む「すぎてはをる」に対応。

（タ行）

　41、《組五》（1718頃）

おつ落　/ʔutiti/　　☆「おてる」に変化した後の「て」の形「おてて」に対応。

　45、《琉訳》（1800頃）

みつ満　/micjiti/　　☆「みちて」に対応。

　47、《クリ》（1818）

おつ落　/ʔutitu'ɴ/　　☆「おてりて」を含む。「おてりてをりむ」に対応。

みつ満　/micjiti/　　☆「みちて」に対応。

（ダ行）

　48、《ベッテ》（1849）・（1852）

第3節　「上二段活用」動詞の史的変化　1115

はづ恥　/hazjicji/　☼「はぢて」に対応。

（ハ行）

　49、《沖話》（1880）

もちふ用　/mucji'i'taru/　☼「もちひて」を含む。「もちひてある→もちひたる」に対応。

（バ行）

　42、《中信》（1721）

あぶ浴　/ʔamiti/　☼「あびて」に対応。

　44、《琉見》（1764）

あぶ浴　/ʔamiti/　☼「あびて」に対応。

　45、《琉訳》（1800頃）

あぶ浴　/ʔamiti/　☼「あびて」に対応。

（ヤ行）

　39、《混験》（1711）

おゆ老　/ʔu'icju'wari/　☼「おいて」を含み「おいておわれ」に対応か。

（ラ行）

　08、《おも1》（1531）

おる降　uriti/　☼「おれて」に対応。

よりおる依降　/juriuriti/　☼「よりおれて」に対応。

　30、《おも3》（1623）

おる降　/uriti/　☼「おれて」に対応。

　　　　/uritaru/　☼「おれて」を含む。「おれてある→おれたる」に対応。

　　　　/uritari/　☼「おれて」を含む。「おれてあれ→おれたれ」に対応。

よりおる依降　/juriuriti/　☼「よりおれて」に対応。

　37《君由》（1700頃）

おる降　/ʔuriti/　☼「おれて」に対応。

　　　　/ʔuritaru/　☼「おれて」を含む。「おれてある→おれたる」に対応。

　38、《仲里》（1703頃）

おる降　/ʔuriti/　☼「おれて」に対応。

　　　　/ʔusjiʔuriti/　☼「おれて」を含む。「おしおれて」に対応。

　　　　/cicjiʔuriti/　☼「おれて」を含む。「つきおれて」に対応。

　45、《琉訳》（1800頃）

おる降　/ʔuriti/　☼「おれて」に対応。

　47、《クリ》（1818）

おる降　/ʔuriti/　☼「おれて」に対応。

　49、《沖話》（1880）

おる降　/ʔuriti/　☼「おれて」に対応。

　50、《チェン》（1895）

おる降　/ʔuriti/　☼「おれて」に対応。

第4節　「下一段活用」動詞の史的変化

○「ラ行（四段）化」している。用例参照。
（「あり」「をり」との接続に関しては、第10節で述べる。）

　1）「連用形」に対応する形
（カ行）
　30、《おも3》（1623）
ける蹴　/kiriagiti/　☆「ラ行（四段）化」後の連用形「けり」を含む。「けりあげて」に対応。
　　　　　/kijagitaru/　☆「ラ行（四段）化」後の連用形「けり」を含む。「け（り）あげたる」に対応。
　38、《仲里》（1703 頃）
ける蹴　/kiriʔutucji/　☆「ラ行（四段）化」後の連用形「けり」を含む。「けりおとして」に対応。
　47、《クリ》（1818）
ける蹴　/ki'i'ɴ/　☆「ラ行（四段）化」後の連用形「けり」を含む。「けりをり<u>む</u>」に対応。
　48、《ベッテ》（1849）・（1852）
ける蹴　/kiriʔagi'u'ɴ/　☆四段型の連用形「けり」を含む。「けりあげりをり<u>む</u>」に対応。
　　　　　/ki'u'ɴ/　☆下一段型の連用形「け」を含む。「けをり<u>む</u>」に対応。「けりをり<u>む</u>」の可能性もあるか。
　50、《チェン》（1895）
ける蹴　/kirito'osju'ɴ/　☆「ラ行（四段）化」後の連用形「けり」を含む。「けりたふしをり<u>む</u>」に対応。

　2）「命令形」に対応する形（ナシ）

　3）「終止形」に対応する形
　41、《組五》（1718 頃）
ねる寝　/niruna/　☆終止形「ねる」を含む。「ねるな」に対応。

　4）「連体形」に対応する形（ナシ）

　5）「已然形」に対応する形（ナシ）

　6）「未然形」に対応する形
（カ行）
　48、《ベッテ》（1849）・（1852）
ける蹴　/kira'ɴ/　☆四段型の未然形「けら」を含む。「けらぬ」に対応。
（この一例のみ）

　7）「〈て〉の形」に対応する形
（カ行）
　48、《ベッテ》（1849）・（1852）
ける蹴　/kita'ɴ/　☆「けりて→けって」を含む。「けってありむ→けったりむ」に対応。

50、《チェン》（1895）

ける蹴　/kiQcji/　☆「けりて→けって」に対応。

（ラ行）

　45、《琉訳》（1800頃）

ゆだる怠　/judariti/　☆「ゆだれて」に対応か。

第5節　「下二段活用」動詞の史的変化

○「01、《翻訳》（1501）」の「あぐ上　/agïra/「あげら」に対応」が示すように、15
　世紀後半には「ラ行化」が起こっていたらしい。そのまま「ラ行化」が進行したかと
　言えば、そうでもなさそうである。「ラ行化したもの」と「ラ行化していないもの」
　との並存状態を示す、次のような例がある。

　　　30、《おも3》（1623）　**おしうく押浮**　/usjiukikazï/「おしうけかず」に対応。

　　　　　　　　　　　　　　　　　　　　　　/usjiukiraba/「おしうけらば」に対応。

　これと次の例を対照する。

　　　08、《おも1》（1531）　**おしうく押浮**　/usjiukikazï/「おしうけかず」に対応。

　　　25、《碑文（浦城）》（1597）　**かく架**　/kakisasi/「かけさせ」に対応。

　「08、」の「おしうけ」、「25、」の「かけ」は「ラ行化していないもの」で、「古形」
とも言うべき「未然形」である。これに対して「30、」では両方の例が現れる。「おし
うけかず」の「おしうけ」/usjiuki/ は「ラ行化していない未然形」、「おしうけらば」の
「おしうけら」/usjiukira/ は「ラ行化した未然形」と言うことができよう。

　「30、」には次のような例もある。

　　　つく付・着　/cïkida/「つけだ」に対応。　**うく浮**　/ukira/「うけら」に対応。

　　　かく掛　/kakiradana/「かけらだな」に対応。

「ラ行化していない未然形」の「つけ」/cïki/、「ラ行化した未然形」の「うけら」/ukira/
・「かけら」/kakira/ である。付け加えれば、「30、」には、次のような例もある。

　　　みす見　/misidana/「みせだな」に対応。　/misiraba/「みせらば」に対応。

　　　　　　　　（同じ「未然形」に「みせ」と「みせら」の二形ある。）

○「ラ行化していないもの」と「ラ行化したもの」とが並存している。それが「45、《琉
　訳》（1800頃）でも具現されている。「漢文訓読体」という側面のあることを考慮に
　入れる必要があるが、それをも含めて当時の言語状況を物語っているという解釈も可
　能であろう。

　同じ「語」で「ラ行化していないもの」と「ラ行化したもの」とを収集してみると次
のように「対」ができるものもある。ここでは「終止形」に限ってみた。

　　　かかぐ掲　/kakagu/「かかぐ」に対応。

　　　　　　　　/kakagiru/「かかげる」に対応。

　　　つらぬ列　/ciranu/「つらぬ」に対応。

　　　　　　　　/ciraniru/「つらねる」に対応。

1118　第5章　沖縄語動詞形態変化の通時的考察

つかふ仕　/ʔiriciko'o/「いりつかふ」に対応。

　　　　　/cika('i)ru/「つかへる」に対応。

あつむ集　/ʔacimu/「あつむ」に対応。

　　　　　/ʔacimiru/「あつめる」に対応。

あらはる現　/ʔara'waru/「あらはる」に対応。

　　　　　/ʔara'wariru/「あらはれる」に対応。

いる入　/ʔiru/「いる」に対応。

　　　　/ʔiriru/「いれる」に対応。

因みに、次の例も《琉訳》と軌を一にすると見ることができよう。

51、《官話》（19世紀?）　しらぐ精　/sjiragiru/「しらげる」に対応。

　　　　　　　　　　　　まぐ曲　/magiru/「まげる」に対応。

○「上二段」のところで「下一段化」した後に「ラ行化」したと述べたが、「下二段」に関しても同様のことがあったらしく思われる。次の例を参照。

　　30、《おも3》（1623）　つく付・着　/cïkiriba/「つければ」に対応。

　　38、《仲里》（1703頃）　おみのく奏上　/ʔuminukiriba/「おみのければ」に対応。

それぞれ、「つくれば」ではなく「つければ」に、「おみのくれば」ではなく「おみのければ」に対応することを考慮に入れると、「下一段化」した後「ラ行化」したと考えられる。

○時代が下っても「ラ行化していない」ものは、これも「上一段」のところで述べた如く、「古形」と呼べるものであったり、「語」としての「連用名詞形」に含まれる「古形」であったりする。次の例参照。（煩雑にならないように、「カ行」の例に限った。）

　　02、《碑文（玉殿）》（1501）

　かきつく書付　/kakicükï/「かきつけ」に対応。「連用名詞用法」。

　　03、《琉館》（16C前半成立か）

　かく掛　/kusjikaki/「こしかけ」（腰掛）に対応。

　　25、《碑文（浦城）》（1597）

　かく架　/kakijuwaci/「かけおはして」に対応。

　つく付　/cükimisjijuwaci/「つけめしおはして」に対応。

　　30、《おも3》（1623）

　あく開　/akiwacji/「あけおはして」に対応。

　あく明　/akidacji/「あけだち」に対応。

　　37、《君由》（1700頃）

　あく開　/ʔusji'jaki'wari/「おしあけおわれ」に対応。/ʔusjaki'wari/の可能性を残す。

　　　　　/cicji'jakigucji/「つきあけぐち」に対応。

　　　　　/cicji'jaki'wari/「つきあけおわれ」に対応。

　かく掛　/kakiziku'i/「かけづくり」に対応。

　　　　　/kakihwusa'i/「かけふさひ」に対応。

　つく付　/naziki/「なづけ」に対応。

41、《組五》（1718 頃）

あく明　/ˈjuʔaki/「よあけ」に対応。

かく掛　/kakiˈjoˈori/「かけおわれ」に対応。

　　　　/misjikaki/「みせかけ」に対応。

45、《琉訳》（1800 頃）

たすく助　/tasiki/「たすけ」に対応。

47、《クリ》（1818）

あく開　/ʔakiˈuˈɴ/「あけりをりむ」に対応。

かく掛（釣）　/kakiˈuˈɴ/　「かけりをりむ」に対応。

48、《ベッテ》（1849）・（1852）

うく受　/ʔuki/「うけ」に対応。

　　　　/ʔukiˈiduˈɴ/「うけりども」に対応。

　　　　/ʔukiˈuˈɴ/「うけをりむ」に対応。「うけりをりむ」の可能性もあるか。

うく浮　/ʔukiˈiduˈɴ/「うけりども」に対応。

49、《沖話》（1880）

かく掛　/ʔumikaki/「おめかけ」に対応。

さしわく差分　/sasjiˈwaki/「さしわけ」に対応。

わく分　/ˈwakinu/「わけの」に対応。

　　　　/ˈwakeˈe/「わけは」に対応。

　　　　/ˈwakiˈiru/「わけりをる」に対応。

50、《チェン》（1895）

あく開　/ʔakiˈjuˈɴ/「あけりをりむ」に対応。

かく掛　/ʔumikakiˈeˈebira/,/ʔumikakiˈjaˈjabira/「おめかけははべら」に対応。

　　　　/ʔumikakimisjeˈebiri/「おけかけめしはべれ」に対応。

かたづく片付　/katazikigataˈɴ/「かたづけがたも」に対応。「片付け方も」の意。

やく焼　/ˈjakiˈiˈɴ/「やけりをりむ」に対応。

51、《官話》（19 世紀？）

かく欠　/ka(ki)/「か（け）」に対応。

つく漬　/cjikisjoˈoga/「つけしやうが」に対応。

　　　　/cjikina/「つけな」に対応。

　　　　/cjikihwiru/「つけへる」に対応。

「ラ行（四段）化」したものだけになったのは、いつごろか。以下の用例を通覧した限りでは、（「上二段」で述べたのと同じく）18 世紀以降ではないかと思われる。

（「あり」「をり」との接続に関しては、第 10 節で述べる。）

　以下、詳しくは用例を参照。

　1）「連用形」に対応する形

（ア行）

30、《おも 3》（1623）

う得　/irigja/　☆「ラ行（四段）化」後の連用形「えり」を含む。「えりが」に対応。

50、《チヱン》（1895）

う得　/ʼiʼiʼjuʼN/　☆「ラ行（四段）化」後の連用形「えり」を含む。「えりをりむ」に対応。

　　　/ʼiʼimisjoʼori/　☆「ラ行（四段）化」後の連用形「えり」を含む。「えりめしおわれ」に対応。

（カ行）

　02、《碑文（玉殿）》（1501）

かきつく書付　/kakicükï/　☆連用形「つけ」を含む。「かきつけ」に対応。「連用名詞用法」。

　03、《琉館》（16C前半成立か）

かく掛　/kusjikaki/　☆連用形「かけ」を含む。「こしかけ」（腰掛）に対応。

　08、《おも1》（1531）

あく明　/akidacjini/　☆（「あける」の）連用形「あけ」を含む。「あけだちに」に対応。

つく付　/cükiwaci/　☆連用形「つけ」を含む。「つけおはして」に対応。

　13、《碑文（かた）》（1543）

さづく授　/sazükimisjijuwaci/　☆連用形「さづけ」を含む。「さづけめしおはして」に対応。

　25、《碑文（浦城）》（1597）

かく架　/kakijuwaci/　☆連用形「かけ」を含む。「かけおはして」に対応。

つく付　/cükimisjijuwaci/　☆連用形「つけ」を含む。「つけめしおはして」に対応。

　30、《おも3》（1623）

あく開　/akiwacji/　☆連用形「あけ」を含む。「あけおはして」に対応。

あく明　/akidacji/　☆連用形「あけ」を含む。「あけだち」に対応。

あづく預　/azïkiwacji/　☆連用形「あづけ」を含む。「あづけおはして」に対応。

うく浮　/ukiwacji/　☆連用形「うけ」を含む。「うけおはして」に対応。

おしあく押開　/usjiakiwacji/　☆連用形「おしあけ」を含む。「おしあけおはして」に対応。

　　　　　　/usjijakiwacji/　☆連用形「おしあけ」を含む。「おしあけおはして」に対応。

おしうく押浮　/usjiuki/　☆連用形「おしうけ」に対応。

　　　　　　/usjiukiwacji/　☆連用形「おしうけ」を含む。「おしうけおはして」に対応。

かく掛　/kakiwacji/　☆連用形「かけ」を含む。「かけおはして」に対応。

　　　　/kakiwari/　☆連用形「かけ」を含む。「かけ（お）われ」に対応。

ついのく退　/cïinuki/　☆連用形「「ついのけ」に対応。

つく付・着　/cïkiwacji/　☆連用形「つけ」を含む。「つけおはして」に対応。

はく佩　/hwakiwacji/　☆連用形「はけ」。「はけおはして」に対応。

よりかく依掛　/jurikaki/　☆連用形「よりかけ」に対応。

　37、《君由》（1700頃）

あく開　/ʔusjiʼjakiʼwari/　☆連用形「あけ」を含む。「おしあけおわれ」に対応。/ʔusjakiʼwari/の
　　　　　　　　　　　　　　可能性を残す。

　　　　/cicjiʼjakigucji/　☆連用形「あけ」を含む。「つきあけぐち」に対応。

　　　　/cicjiʼjakiʼwari/　☆連用形「あけ」を含む。「つきあけおわれ」に対応。

かく掛　/kakizikuʼi/　☆連用形「かけ」を含む。「かけづくり」に対応。

　　　　/kakihwusaʼi/　☆連用形「かけ」を含む。「かけふさひ」に対応。

つく付　/naziki/　☆連用形「つけ」を含む。「なづけ」に対応。

　38、《仲里》（1703頃）

あく開　/ʔaki/　☆連用形「あけ」に対応。

　　　　/ʔaki'ju'wacji/　☆連用形「あけ」を含む。「あけおはして」に対応。

うく浮　/ʔukino'ocji/　☆連用形「うけ」を含む。「うけなほして」に対応。

おみのく奏上　/ʔuminuki'jabira/　☆連用形「おみのけ」を含む。「おみのけはべら」に対応。

かく掛　/kakizjini/　☆連用形「かけ」を含む。「かけじに」に対応。

さづく授　/sazikimisji'ja'i/　☆連用形「さづけ」を含む。「さづけめしあり」に対応。

　　　　/sazikimisji'ju'waru/　☆連用形「さづけ」を含む。「さづけめしおわる」に対応。

　39、《混験》（1711）

うく浮　/ku'iʔuki/　☆連用形「うけ」。「くりうけ」（剝り浮け）に対応。「くる」も参照。

かく掛　/misukaki/　☆連用形「かけ」を含む。「みそかけ」に対応。

　　　　/'ju'ikaki/　☆連用形「かけ」を含む。「よりかけ」に対応。

つく付　/cikina/　☆連用形「つけ」を含む。「つけな」に対応。

　　　　/tuziki/　☆連用形「つけ」に対応。「ことづけ」（言付け）に対応。

かたわく方分　/kata'waki/　☆連用形「かたわけ」に対応。

　40、《琉由》（1713）

かく掛　/kaki/　☆連用形「かけ」に対応。

かく駆　/kaki/　☆連用形「かけ」に対応。

つく付　/ciki/　☆連用形「つけ」に対応。

　41、《組五》（1718 頃）

あく明　/'juʔaki/　☆連用形「あけ」を含む。「よあけ」に対応。

かく掛　/kaki'jo'ori/　☆連用形「かけ」を含む。「かけおわれ」に対応。

　　　　/misjikaki/　☆連用形「かけ」を含む。「みせかけ」に対応。

たすく助　/tasjiki/　☆連用形「たすけ」に対応。

　　　　/ʔutasiki/　☆連用形「たすけ」を含む。「おたすけ」に対応。

　　　　/tasikibusja/　☆連用形「たすけ」を含む。「たすけほしや」に対応。

つく付　/kacjicikinu/　☆連用形「つけ」を含む。「かきつけの」に対応。

　　　　/kataciki/　☆連用形「つけ」を含む。「かたつけ」に対応。

　45、《琉訳》（1800 頃）

たすく助　/tasiki/　☆連用形「たすけ」に対応。

　47、《クリ》（1818）

あく開　/ʔaki'u'ɴ/　☆「ラ行（四段）化」後の連用形「あけり」を含む。「あけりをりむ」に対応。

おきつく置着　/ʔucjiki'i'ɴ/　☆「ラ行（四段）化」後の連用形「おきつけり」を含む。「おきつけりをりむ」に対応。

かく掛（釣）　/kaki'u'ɴ/　☆「ラ行（四段）化」後の連用形「かけり」を含む。「かけりをりむ」に対応。

しつく躾　/sjiciki'u'ɴ/　☆「ラ行（四段）化」後の連用形「しつけり」を含む。「しつけりをりむ」に対応。

　48、《ベッテ》（1849）・（1852）

うく受　/ʔuki/　☆連用形「うけ」に対応。

　　　　/ʔuki'idu'ɴ/　☆「ラ行（四段）化」後の連用形「うけり」を含む。「うけりども」に対応。

　　　　/ʔuki'u'ɴ/　☆連用形「うけ」を含む。「うけをりむ」に対応。「うけりをりむ」の可能性もあるか。

うく浮　/ʔuki'idu'ɴ/　☆「ラ行（四段）化」後の連用形「うけり」を含む。「うけりども」に対応。

かく掛　/kaki'i/　☆連用形「かけ」に対応。

しりぞく退　/sjirizuki'u'ɴ/　☆連用形「しりぞけ」を含む。「しりぞけをりむ」に対応。

たすく助　/tasiki/　☆連用形「たすけ」に対応。

　　　　　/tasiki'i'ɴdo'o/　☆連用形「たすけ」を含む。「たすけをるど」に対応。

　　　　　/tasiki'iru/　☆連用形「たすけ」を含む。「たすけをる」に対応。

　　　　　/tasiki'isi/　☆連用形「たすけ」を含む。「たすけを（る）す」に対応。

　　　　　/tasiki'isiga/　☆連用形「たすけ」を含む。「たすけを（る）すが」に対応。

つく付　/cikiku'uzjo'o/　☆連用形「つけ」を含む。「つけこうじやう」（付け口上）に対応。

　　　　/ciki'idu'ɴ/　☆「ラ行（四段）化」後の連用形「つけり」を含む。「つけりども」に対応。

　　　　/ciki'u'ɴ/　☆連用形「つけ」を含む。「つけをりむ」に対応。「つけりをりむ」の可能性もあるか。

　　　　/ʔi'iciki'u'ɴ/　☆連用形「つけ」を含む。「いひつけをりむ」に対応。

　　　　/ʔi'iciki'iru/　☆連用形「つけ」を含む。「いひつけをる」に対応。

とづく託？言付（令）　/tuziki'u'ɴ/　☆連用形「とづけ」を含む。「とづけをりむ」に対応。

　　　　　　　　　　　/tuziki'i'ru/　☆連用形「とづけ」を含む。「とづけをる」に対応。

わく分　/'waki'u'ɴ/　☆連用形「わけ」を含む。「わけをりむ」に対応。「わけりをりむ」の可能性もあるか。

　　49、《沖話》（1880）

かく掛　/ʔumikaki/　☆連用形「かけ」を含む。「おめかけ」に対応。

さしわく差分　/sasji'waki/　☆連用形「さしわけ」に対応。

つく着　/ciki'jabira/　☆「ラ行（四段）化」後の連用形「つけり」を含む。「つけりはべら」に対応。「つけはべら」ではなく、「つけりはべら」と考える。

まうく儲　/ʔumo'oki/　☆連用形「まうけ」を含む。「おまうけ」に対応。

　　　　　/mo'oke'e/　☆連用形「まうけ」を含む。「まうけは」に対応。

やく焼　/muru'jaki/　☆連用形「やけ」を含む。「もろやけ」に対応。

わく分　/'wakinu/　☆連用形「わけ」を含む。「わけの」に対応。

　　　　/'wake'e/　☆連用形「わけ」を含む。「わけは」に対応。

　　　　/'waki'iru/　☆「ラ行（四段）化」後の連用形「わけり」を含む。「わけりをる」に対応。

　　50、《チェン》（1895）

あく開　/ʔaki'ju'ɴ/　☆「ラ行（四段）化」後の連用形「あけり」を含む。「あけりをりむ」に対応。

かく掛　/ʔumikaki'e'ebira/,/ʔumikaki'ja'jabira/　☆連用形「かけ」を含む。「おめかけははべら」に対応。

　　　　/ʔumikakimisje'ebiri/　☆連用形「かけ」を含む。「おけかけめしはべれ」に対応。

かたづく片付　/katazikigata'ɴ/　☆連用形「かたづけ」を含む。「かたづけがたも」に対応。「片付け方も」の意。

やく焼　/'jaki'i'ɴ/　☆「ラ行（四段）化」後の連用形「やけり」を含む。「やけりをりむ」に対応。

　　51、《官話》（19 世紀？）

かく欠　/ka(ki)/　☆連用形「か（け）」に対応。

つく漬　/cjikisjo'oga/　☆連用形「つけ」を含む。「つけしやうが」に対応。

　　　　/cjikina/　☆連用形「つけ」を含む。「つけな」に対応。

　　　　/cjikihwiru/　☆連用形「つけ」を含む。「つけへる」に対応。

　　　　/sji'jucjiki/　☆連用形「つけ」を含む。「しほつけ」に対応。

　　　　/kasicjiki/　☆連用形「つけ」を含む。「かすつけ」に対応。

/kasizjiki/　☆連用形「つけ」を含む。「かすづけ」に対応。

　　　/misuzjiki/　☆連用形「つけ」を含む。「みそづけ」に対応。

（ガ行）

　29、《おも 2》（1613）

おしあぐ押上　/usjiagicürugi/　☆連用形「おしあげ」を含む。「おしあげつるぎ」に対応。

　30、《おも 3》（1623）

おしあぐ押上　/usjiagiwacji/　☆連用形「おしあげ」を含む。「おしあげおはして」に対応。

ささぐ捧下　/misasagi/　☆連用形「ささげ」を含む。「みささげ」に対応。

ぬきあぐ抜上　/nucjiagi/　☆連用形「ぬきあげ」に対応。

　　　/nucjiagimizï/　☆連用形「ぬきあげ」を含む。「ぬきあげみづ」に対応。

　　　/nucjiagiwacji/　☆連用形「ぬきあげ」を含む。「ぬきあげおはして」に対応。

まきあぐ巻上　/macjagi/　☆連用形「まきあげ」に対応。

よりあぐ寄上　/juriagimuri/　☆連用形「よりあげ」を含む。「よりあげもり」に対応。

　　　/jurijagihwama/　☆連用形「よりあげ」を含む。「よりあげはま」に対応。

わきあぐ湧上　/wacjagi/　☆連用形「わきあげ」に対応。

　37、《君由》（1700 頃）

あぐ上　/ʔagihwukura/　☆連用形「あげ」を含む。「あげほこら」に対応。

　　　/ʔu'jagino'ocji/　☆連用形「あげ」を含む。「おりあげなほして」に対応。

　　　/cimiʔagino'ocji/　☆連用形「あげ」を含む。「つみあげなほして」に対応。

　　　/miʔagi/　☆連用形「あげ」を含む。「みあげ」に対応。

　　　/miʔagimu'i/　☆連用形「あげ」を含む。「みあげもり」に対応。

・38、《仲里》（1703 頃）

あぐ上　/ʔumuʔagi/　☆連用形「あげ」を含む。「おもあげ」に対応。

　　　/miʔagi/　☆連用形「あげ」を含む。「みあげ」に対応。

　　　/ʔju'iʔagi/　☆連用形「あげ」を含む。「よりあげ」に対応。

　39、《混験》（1711）

あぐ上　/tiziriʔagi/　☆連用形「あげ」を含む。「てずりあげ」に対応。

にかぐ御香上？　/nikjago'ori/　☆連用形「みかあがり」を含むか。「みかあがうれ」に対応か。「み
　　　　　　かあがり＋おわれ→みかがうれ→にかがうれ→にきやがうれ」か。

　40、《琉由》（1713）

あぐ上　/ʔagi/　☆連用形「あげ」に対応。

　　　/ʔagi'i/　☆「ラ行（四段）化」後の連用形「あげり」に対応か。

　41、《組五》（1718 頃）

すぐ過　/sizjirigutu/　☆「ラ行（四段）化」後の連用形「すぎり」を含む。「すぎりごと」に対応か。

　45、《琉訳》（1800 頃）

なぐ投　/nazjiʔuku/　☆連用形「なげ」を含む。「なげおく」に対応か。

ひさぐ提　/hwisagi/　☆連用形「ひさげ」に対応。

　47、《クリ》（1818）

なぐ投　/nagi'u'N/　☆「ラ行（四段）化」後の連用形「なげり」を含む。「なげりをり<u>む</u>」に対応。

　　　/nagi'i'N/　☆「ラ行（四段）化」後の連用形「なげり」を含む。「なげりをり<u>む</u>」に対応。

48、《ベッテ》（1849）・（1852）

うちなぐ打投　/ʔuQcja'ngi'u'n/　☆連用形「うちなげ」を含む。「うちなげをりむ」に対応。

さぐ下　/sagi'i/　☆連用形「さげ」を含む。「さげい」に対応。

なぐ投　/nagi/　☆連用形「なげ」に対応。

　　　　/nagi'u'n/　☆連用形「なげ」に対応。「なげをりむ」に対応。「なげりをりむ」の可能性もあるか。

49、《沖話》（1880）

あぐ上　/ʔagi'jabi'ikutu/　☆「ラ行（四段）化」後の連用形「あげり」を含む。「あげりはべ（る）こと」に対応。

　　　　/ʔagi'jabira/　☆「ラ行（四段）化」後の連用形「あげり」を含む。「あげりはべら」に対応。

おしあぐ押上（献上）　/ʔusjagi'iru/　☆連用例「おしあげ」を含む。「おしあげをる」に対応。

なぐ投　/nagi'idu'nse'e/　☆「ラ行（四段）化」後の連用形「なげり」を含む。「なげりどもせは」に対応。

50、《チェン》（1895）

おしあぐ押上（差上）　/ʔusagi'jabira'n/　☆「ラ行（四段）化」後の連用形「おしあげり」を含む。「おしあげりはべらぬ」に対応。

51、《官話》（19世紀?）

しらぐ精　/sjiragigumi/　☆連用形「しらげ」を含む。「しらげごめ」（精げ米）に対応。

（サ行）

13、《碑文（かた）》（1543）

あはす合　/awasi/　☆連用形「あはせ」に対応。

　　　　/awasimisjijuwaci/　☆連用形「あはせ」を含む。「あはせめしおはして」に対応。

29、《おも2》（1613）

よす寄　/jusiwaru/　☆連用形「よせ」を含む。「よせおわる」に対応。

30、《おも3》（1623）

うす失　/usinamunu/　☆連用形「うせ」を含む。「うせなもの」に対応。

のす乗　/nusiwacji/　☆連用形「のせ」を含む。「のせおはして」に対応。

よす寄　/jusi/　☆連用形「よせ」に対応。

　　　　/jusiguruma/　☆連用形「よせ」を含む。「よせぐるま」に対応。

　　　　/jusimui/　☆連用形「よせ」を含む。「よせもり」に対応。

　　　　/jusiwacji/　☆連用形「よせ」を含む。「よせおはして」に対応。

　　　　/jusiwa/　☆連用形「よせ」を含む。「よせ（お）わ（れ）」に対応。

38、《仲里》（1703頃）

あはす合　/ʔa'wasi/　☆連用形「あはせ」に対応。

　　　　/ʔa'wasimisjo'ocji/　☆連用形「あはせ」を含む。「あはせめしおはして」に対応。

にす似?　/nisi'ju'waru/　☆連用形「にせ」を含む。「にせおわる」に対応。

よす寄　/'jusi'ju'wacji/　☆連用形「よせ」を含む。「よせおはして」に対応。

　　　　/'jusi'ju'wari/　☆連用形「よせ」を含む。「よせおわれ」に対応。

39、《混験》（1711）

おほす仰　/ʔu'jusi/　☆連用形「おほせ」に対応。

おやす奉　/ʔu'jasji/　☆連用形「おやせ」に対応。

やらす遣　/'jarasi'jari/　☆連用形「やらせ」を含む。「やらせあれ」（遣らせあれ）に対応。

40、《琉由》（1713）

よす寄　/ˈjusi/　☼ 連用形「よせ」に対応。

41、《組五》（1718 頃）

あはす合　/hwicjaˈwasji/　☼ 連用形「あはせ」を含む。「ひきあはせ」に対応。

おほす仰　/ʔwiˈisigutu/　☼ 連用形「おほせ」を含む。「おほせごと」に対応。

みす見　/misjikaki/　☼ 連用形「みせ」を含む。「みせかけ」に対応。

47、《クリ》（1818）

みす見　/misjiˈuˈN/　☼「ラ行（四段）化」後の連用形「みせり」を含む。「みせりをりむ」に対応。

48、《ベッテ》（1849）・（1852）

おほす果　/ʔoˈosjeˈe/　☼ 連用形「おほせ」を含む。「おほせは」に対応。

　　　　　/ʔoˈosjuˈN/　☼ 連用形「おほせ」を含む。「おほせをりむ」に対応。

　　　　　/ʔoˈosjuraˈa/　☼ 連用形「おほせ」を含む。「おほせをらは」に対応。

　　　　　/ʔoˈosjutara/　☼ 連用形「おほせ」を含む。「おほせをりてあら→おほせをりたら」に対応。

のす乗　/nusiˈuˈN/　☼ 連用形「のせ」を含む。「のせをりむ」に対応。

ゐす座（据）　/ˈisjiˈi/　☼「ラ行（四段）化」後の連用形「ゐすり」に対応。

49、《沖話》（1880）

おほす果　/ˈugamiʔuˈusjabiraˈNtasaˈa/　☼ 連用形「おほせ」を含む。「をがみおほせはべらぬた（る）さ」に対応。

きかす聞　/ʔucjikasji/　☼ 連用形「きかせ」を含む。「おきかせ」に対応。

のぼす上　/nubusjitaˈi/　☼ 連用形「のぼせ」を含む。「のぼせたり」に対応。

みす見　/ʔumisji/　☼ 連用形「みせ」を含む。「おみせ」に対応。

もたす持　/ʔumutasji/　☼ 連用形「もたせ」を含む。「おもたせ」に対応。

　　　　　/mutasjabitaˈN/　☼ 連用形「もたせ」を含む。「もたせはべりたりむ」に対応。

よす寄（参上）（「よす」に「立ち寄る」の意がある））

　　　　　/ˈjusjiriˈjabira/　☼「ラ行（四段）化」後の連用形「よせり」を含む。「よせりはべら」に対応。

　　　　　/ˈjusjiriˈiru/　☼「ラ行（四段）化」後の連用形「よせり」を含む。「よせりをる」に対応。

50、《チェン》（1895）

みす見　/misjiˈiˈN/　☼「ラ行（四段）化」後の連用形「みせり」を含む。「みせりをりむ」に対応。

（タ行）

03、《琉館》（16C 前半成立か）

たつ立　/utatisoo(ra)i/　☼ 連用形「たて」を含む。「おたてさうらへ」に対応か。

04、《碑文（石東）》（1522）

たつ建　/tati/　☼ 連用形「たて」に対応。

08、《おも 1》（1531）

よりみつ寄満　/jurimicini/　☼ 連用形「よりみて」を含む。「よりみてに」に対応。

28、《碑文（よう）》（1609）

たつ建　/tatimisjijuwacjaru/　☼ 連用形「たて」を含む。「たてめしおはしたる」に対応。

30、《おも 3》（1623）

おしたつ押発　/usjitati/　☼ 連用形「おしたて」に対応。

おひたつ追立　/uitati/　☼ 連用形「おひたて」に対応。

たつ発　/tatiwajari/　☼ 連用形「たて」を含む。「たておわりあり」に対応。

たつ立　/tatiwacji/　☼ 連用形「たて」を含む。「たておはして」に対応。

ひきたつ引立　/hwicjitati/　☼ 連用形「ひきたて」に対応。

みつ満　/micji/　☼ 連用形「みて」に対応。

よりみつ寄満　/jurimicjiga/　☼ 連用形「よりみて」を含む。「よりみてが」に対応。

　　　　　　　/jurimicjiwa/　☼ 連用形「よりみて」を含む。「よりみては」に対応。

　　　　　　　/jurimicjitu/　☼ 連用形「よりみて」を含む。「よりみてと」に対応。

　31、《碑文（本山）》（1624）

たつ建　/utati/　☼ 連用形「たて」を含む。「おたて」に対応。

　37、《君由》（1700頃）

あつ当　/kusji'jati/　☼ 連用形「あて」を含む。「こしあて」に対応。/kusjati/ の可能性を残す。

　　　　/kusji'jatiba'ja/　☼ 連用形「あて」を含む。「こしあてばや」に対応。/kusjatiba'ja/ の可能性を残す。

　　　　/kusji'jatimu'i/　☼ 連用形「あて」を含む。「こしあてもり」に対応。/kusjatimu'i/ の可能性を残す。

のだつ宣言　/nudatigucji/　☼ 連用形「のだて」を含む。「のだてぐち」に対応。

　　　　　　/nudatitaru/　☼ 連用形「のだて」を含む。「のだててある→のだてたる」に対応。

　38、《仲里》（1703頃）

あつ当　/kusjati/　☼ 連用形「あて」を含む。「こしあて」に対応。

おつ落下　/ciruʔuti/　☼ 連用形「おて」を含む。「つるおて」に対応。「つるおて」は「筋肉落ち」の意。

たつ立　/ʔusjitati/　☼ 連用形「たて」を含む。「おしたて」に対応。

　　　　/'juritati/　☼ 連用形「たて」を含む。「よりたて」に対応。

　　　　/'ju'itati/　☼ 連用形「たて」を含む。「よりたて」に対応。

　　　　/taticjiruna/　☼ 連用形「たて」を含む。「たてきるな」に対応。「塞ぐな」の意。

　39、《混験》（1711）

そだつ育　/sudati/　☼ 連用形「そだて」に対応。

　40、《琉由》（1713）

あつ当　/kusjiʔati/　☼ 連用形「あて」を含む。「こしあて」（腰当て）に対応。

　　　　/kusjati/　☼ 連用形「あて」を含む。「こしあて」（腰当て）に対応。

たつ立　/nudati/　☼ 連用形「たて」を含む。「のだて」に対応。

　41、《組五》（1718頃）

すつ捨　/sitibusja/　☼ 連用形「すて」を含む。「すてほしや」に対応。

　　　　/siti'juraba/　☼「ラ行（四段）化」後の連用形「すてり」を含む。「すてりをらば」に対応。

そだつ育　/sudatimisjeru/　☼ 連用形「そだて」を含む。「そだてめしおわる」に対応。

　　　　　/ʔusudati/　☼ 連用形「そだて」を含む。「おそだて」に対応。

　　　　　/ʔusudatinu/　☼ 連用形「そだて」を含む。「おそだての」に対応。

　　　　　/mu'isudati/　☼ 連用形「そだて」を含む。「もりそだて」に対応。

たつ立　/ʔutu'itati/　☼ 連用形「たて」を含む。「おとりたて」に対応。

　　　　/zjiridati/　☼ 連用形「たて」を含む。「ぎりだて」に対応。

　44、《琉見》（1764）

たつ立　/ro'otati/　☆連用形「たて」を含む。「らふたて」に対応。

　　47、《クリ》（1818）

たつ立　/tati'uɴ/　☆ラ行（四段）化後の連用形「たてり」を含む。「たてりをりむ」に対応。
　　　　/tati'i'ɴ/　☆ラ行（四段）化後の連用形「たてり」を含む。「たてりをりむ」に対応。

　　48、《ベッテ》（1849）・（1852）

すつ捨　/siti/　☆連用形「すて」に対応。
　　　　/siti'i/　☆「ラ行化」後の連用形「すてり」に対応。
　　　　/siti'uɴ/　☆連用形「すて」を含む。「すてをりむ」に対応。「すてりをりむ」の可能性もある。
　　　　/siti'ju'ɴ/　☆連用形「すて」を含む。「すてをりむ」に対応。「すてりをりむ」の可能性もある。

はつ果　/hati'uɴ/　☆連用形「はて」を含む。「はてをりむ」に対応。「はてりをりむ」の可能性もあるか。

　　49、《沖話》（1880）

あきはつ厭果　/ʔacjihatidukuru/　☆連用形「あきはて」を含む。「あきはてどころ」に対応。

あつ当　/kukuruʔati/　☆連用形「あて」を含む。「こころあて」に対応。

そだつ育　/ʔusudatini/　☆連用形「そだて」を含む。「おそだてに」に対応。

　　50、《チェン》（1895）

たつ立　/tati'i'ɴ/　☆「ラ行（四段）化」後の連用形「たてり」を含む。「たてりをりむ」に対応。

（ダ行）

　　08、《おも1》（1531）

かきなづ搔撫　/kainadiwaru/　☆連用形「かきなで」を含む。「かきなでおわる」に対応。

　　30、《おも3》（1623）

いづ出　/izi/　☆連用形「いで」に対応。

えらびいづ選出　/irabiizinu/　☆連用形「えらび」を含む。「えらびいでの」に対応。

おしいづ押出　/usjiidi/　☆連用形「おしいで」に対応。
　　　　/usjiizijari/　☆連用形「おしいで」を含む。「おしいでやり」に対応。
　　　　/usjiizitaru/　☆連用形「おしいで」を含む。「おしいでたる」に対応。

かきなづ搔撫　/kainadi/　☆連用形「かきなで」に対応。
　　　　/kainadiwaru/　☆連用形「かきなで」を含む。「かきなでおわる」に対応。
　　　　/kainadiwacji/　☆連用形「かきなで」を含む。「かきなでおはして」に対応。

ひきいづ引出　/hwicjizimunu/　☆連用形「ひきいで」を含む。「ひきいでもの」に対応。

　　37、《君由》（1700頃）

すづ孵　/sidimunu/　☆連用形「すで」を含む。「すでもの」に対応。

　　38、《仲里》（1703頃）

いづ出　/ʔidizaka'i/　☆連用形「いで」を含む。「いでざかえ」に対応。
　　　　/'wacjiʔidigo'ori/　☆連用形「いで」を含む。「わきいでごおり」に対応。

　　39、《混験》（1711）

いづ出　/ʔizji/　☆連用形「いで」か「いでて」か、判断しにくい。

すづ　孵化・巣出？　/mumusidi/　☆連用形「すで」を含む。「ももすで」（百孵化）に対応。
　　　　　　　　　　/sidi'jabiti/　☆連用形「すで」を含む。「すではべりて」に対応。

　　40、《琉由》（1713）

ゆづ茹　/'judi/　☆連用形「ゆで」に対応。

41、《組五》（1718 頃）

いづ出　/ʔNzjitacjiʼja/　☆連用形「いで」を含む。「（お）んいでたちは」に対応。

　　　　/diʼjoʼocjaru/　☆連用形「で」を含むか。「でやうちやる」に対応。

　　　　/diʼjoʼori/　☆連用形「で」を含む。「でありをれ」に対応。

　　　　/diʼjoʼocji/　☆連用形「で」を含む。「でやうち」に対応。

すづ孵　/sidigutu/　☆連用形「すで」を含む。「すでごと」に対応。

47、《クリ》（1818）

なづ撫　/nadiʼjuʼN/　☆「ラ行（四段）化」後の連用形「なでり」を含む。「なでりをり<u>む</u>」に対応。

48、《ベッテ》（1849）・（1852）

いづ出　/nuʼuʔNzji(Q)sji/　☆連用形「いで」を含む。「の（お）んいでして」（野出して）に対応。

　　　　/ʔNzjiʼuʼN/　☆連用形「いで」を含む。「（お）んいでをり<u>む</u>」に対応。

49、《沖話》（1880）

いづ出　/ʔNzjidakaʼa/　☆連用形「いで」を含む。「（お）んいでだかは」（出高は）に対応。

　　　　/ʔNzjiʔiri/　☆連用形「いで」を含む。「（お）んいでいり」（出入）に対応。

　　　　/ʔNzjiʼjabiʼiʼN/　☆連用形「いで」を含む。「（お）んいではべりをり<u>む</u>」に対応。

　　　　/ʔNzjiʼjabiʼiga/　☆連用形「いで」を含む。「（お）んいではべりを（る）が」に対応。

　　　　/ʔNzjiʼjabira/　☆連用形「いで」を含む。「（お）んいではべら」に対応。

　　　　/ʔNzjiʼjabitasiga/　☆連用形「いで」を含む。「（お）んいではべりた（る）すが」に対応。

　　　　/ʔuʼNzjimisjeʼeru/　☆連用形「いで」を含む。「おんいでめしある」に対応。

　　　　/ʔuʼNzjimisjeʼebiri/　☆連用形「いで」を含む。「おんいでめしありはべれ」に対応。

　　　　/ʔuʼNzjimisjeʼebitaga/　☆連用形「いで」を含む。「おんいでめしありはべりた（る）が」に対応。

　　　　/ʔuNzjimisjeʼebirana/　☆「連用形「いで」を含む。「おんいでめしありはべらな」に対応。

　　　　/ʔNzjiʼiʼNdeʼe/　☆連用形「いで」を含む。「（お）んいでにては」に対応。

　　　　/ʔNzjiʼikutu/　☆連用形「いで」を含む。「（お）んいでを（る）こと」に対応。

50、《チェン》（1895）

いづ出　/ʔuʼNzjimisjoʼocji/　☆連用形「いで」を含む。「おんいでめしおはして」に対応。

　　　　/ʔNzjiʼNsjoʼoracji/　☆連用形「いで」を含む。「（お）んいでしをらして」に対応。

　　　　/ʔNzjiʼjuʼN/　☆連用形「いで」を含む。「（お）んいでりをり<u>む</u>」に対応。

　　　　/ʔNzjiʼiʼN/　☆連用形「いで」を含む。「（お）んいでりをり<u>む</u>」に対応。

　　　　/ʔNzjiʼiʼNdi/　☆連用形「いで」を含む。「（お）んいでりをり<u>む</u>て」に対応。

　　　　/ʔNzjiʼjumi/　☆連用形「いで」を含む。「（お）んいでりをりみ」に対応。

　　　　/ʔNzjiʼjuru/　☆連用形「いで」を含む。「（お）んいでりをる」に対応。

　　　　/ʔNzjiʼju/　☆連用形「いで」を含む。「（お）んいでりを（る）」に対応。

　　　　/ʔNzjiʼjusi/　☆連用形「いで」を含む。「（お）んいでりを（る）す」に対応。

　　　　/dibuni/　☆「でる」の連用形「で」（とみる）を含む。「でぶね」に対応。

（ナ行）

30、《おも 3》（1623）

こぬ捏（踊）　/kuniri/　☆「ラ行（四段）化」後の連用形「こねり」に対応。

38、《仲里》（1703 頃）

ぬ寝　/tuni/　☆連用形「ね」を含む。「とね」に対応。「とね」は「十寝」の意。

/'jani/　☼ 連用形「ね」を含む。「やね」に対応。「やね」は「八寝」の意。

まぬ真似　/kisasjimani/　☼ 連用形「まね」を含む。「けさしまね」に対応。「昔の真似」の意。

/mani'jabimu'N/　☼ 連用形「まね」を含む。「まねはべ（る）もの」に対応。

　40、《琉由》（1713）

かさぬ重　/cjitugasani/　☼ 連用形「かさね」を含む。「きとがさね」に対応。

こぬ捏　/kuni'i/　☼「ラ行（四段）化」後の連用形「こねり」に対応。

　41、《組五》（1718頃）

たづぬ尋　/tazini'ja'i/　☼ 連用形「たづね」を含む。「たづねあり」に対応。

/tazini'juru/　☼ 連用形「たづね」を含む。「たづねをる」に対応。

/tazuni'juru/　☼ 連用形「たづね」を含む。「たづねをる」に対応。

ぬ寝　/nisasi/　☼ 連用形「ね」を含む。「ねなせ」に対応か。

/ninasjimiti/　☼ 連用形「ね」を含む。「ねなしめて」に対応か。

/ninasjicjoru/　☼ 連用形「ね」を含む。「ねなしてはをる」に対応か。

　43、《具志》（1743）

まぬ真似　/kisasjimani/　☼ 連用形「まね」を含む。「けさしまね」に対応。

　49、《沖話》（1880）

たづぬ尋　/ʔuta'Nni/　☼ 連用形「たづね」を含む。「おたづね」に対応。

/ʔuta'Nniga/　☼ 連用形「たづね」を含む。「おたづねが」に対応。

（ハ行）

　08、《おも1》（1531）

そろふ揃　/suruiwaci/　☼ 連用形「そろへ」を含む。「そろへおはして」に対応。

　13、《碑文（かた）》（1543）

かなふ叶　/kanawi/　☼ 連用形「かなへ」に対応。

そろふ揃　/suruwi/　☼ 連用形「そろへ」に対応。

　30、《おも3》（1623）

そろふ揃　/suruijari/　☼ 連用形「そろへ」を含む。「そろへやり」に対応。

/suruiwacji/　☼ 連用形「そろへ」を含む。「そろへおはして」に対応。

むかふ迎　/umukai/　☼ 連用形「むかへ」を含む。「おむかへ」に対応。

　39、《混験》（1711）

あつらふ誂　/ʔacira'imunu/　☼ 連用形「あつらへ」を含む。「あつらへもの」に対応。

さらふ浚　/sara'i/　☼ 連用形「さらへ」に対応。

/sara'juru/　☼ 連用形「さらへ」を含む。「さらへをる」に対応。

　40、《琉由》（1713）

そふ添　/su'icizjinu/　☼ 連用形「そへ」を含む。「そへつぎの」（添継の）に対応。

/ʔuhwuzu'i/　☼ 連用形「そへ」を含む。「おほそへ」（大添へ）に対応か。

/tumuzu'i/　☼ 連用形「そへ」を含む。「ともぞへ」に対応。

　45、《琉訳》（1800頃）

そふ添　/su'i/　☼ 連用形「そへ」に対応。

つかふ仕　/cika'i/　☼ 連用形「つかひ」に対応。

をしふ教　/ʔusji'inukwa'N/　☼ 連用形「をしへ」を含む。「をしへのくわん」（教への官）に対応。

1130　第5章　沖縄語動詞形態変化の通時的考察

48、《ベッテ》(1849)・(1852)

うるたふ訴「うったふ」 /ʔuQta'i/ ☆連用形「うるたへ」に対応。

うれふ愁 /ʔuri'i/ ☆連用形「うれへ」に対応。

/ʔuri'igutu/ ☆連用形「うれへ」を含む。「うれへごと」に対応。

/ʔuri'inu/ ☆連用形「うれへ」を含む。「うれへの」に対応。

/ʔuri'isju'N/ ☆連用形「うれへ」を含む。「うれへしをりむ」に対応。

/ʔuri'u'N/ ☆連用形「うれへ」を含む。「うれへをりむ」に対応。

かぞふ数 /kazu'u'ju'N/ ☆連用形「かぞへ」を含む。「かぞへをりむ」に対応か。

かんがふ考 /ka'Nge'e/ ☆連用形「かんがへ」に対応。

/ka'Nge'enu/ ☆連用形「かんがへ」を含む。「かんがへの」に対応。

/ka'Nge'eʔNzjacji/ ☆連用形「かんがへ」を含む。「かんがへいだして」に対応。

/ka'Nge'e'ju'N/ ☆連用形「かんがへ」を含む。「かんがへをりむ」に対応。

/ka'Nge'e'ju'Ndu'N/ ☆連用形「かんがへ」を含む。「かんがへをるども」に対応。

/ka'Nge'e'juQkutu/ ☆連用形「かんがへ」を含む。「かんがへをること」に対応。

くはふ加 /ku'we'eru/ ☆連用形「くはへ」を含む。「くはへをる」に対応。

たとふ譬 /tatu'i/ ☆連用形「たとへ」に対応。

ととのふ整 /tutunu'u'ju'N/ ☆連用形「ととのへ」を含む。「ととのへをりむ」に対応。

49、《沖話》(1880)

あつらふ誂 /ʔacire'e'jabita'N/ ☆連用形「あつらへ」を含む。「あつらへはべりたりむ」に対応。

/ʔwa'acire'e/ ☆連用形「あつらへ」を含む。「おあつらへ」に対応。

かふ替・変 /ku'ike'e/ ☆連用形「かへ」を含む。「くりかへ」に対応。

/ʔuke'e/ ☆連用形「かへ」を含む。「おかへ」に対応。

/ke'e'ju'N/ ☆「ラ行(四段)化」後の連用形「かへり」を含む。「かへりをりむ」に対応。

かんがふ考 /ka'Nge'e/ ☆連用形「かんがへ」に対応。

/ka'Nge'ene'e/ ☆連用形「かんがへ」を含む。「かんがへには」に対応。

さしつかふ差支 /sasjicike'e/ ☆連用形「さしつかへ」に対応。

/sasjicike'e'ja/ ☆連用形「さしつかへ」を含む。「さしつかへは」に対応。

たとふ譬 /tatu'i/ ☆連用形「たとへ」に対応。

/tatu'e'e/ ☆連用形「たとへ」を含む。「たとへは」に対応。

つかふ支 /cike'e'ja/ ☆連用形「つかへ」を含む。「つかへは」に対応。

むかふ迎 /ʔu'nke'e/ ☆連用形「むかへ」を含む。「おむかへ」に対応。

をしふ教 /ʔusji'igata'a/ ☆連用形「をしへ」を含む。「をしへがたは」(教え方は)に対応。

50、《チェン》(1895)

かんがふ考 /ka'Nge'e'ja/ ☆連用形「かんがへ」を含む。「かんがへは」に対応。

/i'ika'Nge'e'ja/ ☆連用形「かんがへ」を含む。「よいかんがへは」に対応。

/ka'Nge'e'u'usjabira'N/ ☆連用形「かんがへ」を含む。「かんがへおほしはべらぬ」に対応。

たとふ譬 /tatu'i/ ☆連用形「たとへ」に対応。

(バ行)

13、《碑文(かた)》(1543)

たかぶ崇 /utakabi/ ☆連用形「たかべ」を含む。「おたかべ」に対応。

25、《碑文（浦城）》（1597）

たかぶ崇　/utakabimisjijuwacja/　☆連用形「たかべ」を含む。「おたかべめしおはした（る）」に対応。

30、《おも 3》（1623）

たかぶ崇　/takabi/　☆連用形「たかべ」に対応。

のぶ絢　/nubiwacji/　☆連用形「のべ」を含む。「のべおはして」に対応か。

38、《仲里》（1703 頃）

たかぶ崇　/ʔutakabi/　☆連用形「たかべ」を含む。「おたかべ」に対応。「崇め。祈願」の意。

41、《組五》（1718 頃）

たかぶ崇　/takabi/　☆連用形「たかべ」に対応。

48、《ベッテ》（1849）・（1852）

たかぶ嵩　/takabi'uɴ/　☆連用形「たかべ」を含む。「たかべをりむ」に対応。

50、《チェン》（1895）

くぶ括　/kuʼɴzji/　☆「ラ行（四段）化」後の連用形「くびり」に対応。

　　　　/kuʼɴzjabi'iɴ/　☆「ラ行（四段）化」後の連用形「くびり」を含む。「くびりはべりをりむ」に対応。

　　　　/kuʼɴzjuɴ/　☆「ラ行（四段）化」後の連用形「くびり」を含む。「くびりをりむ」に対応。

しらぶ調　/tu'isjirabite'eɴdi/　☆連用形「しらべ」を含む。「とりしらべたいんで」に対応。「取り調べたいと」の意。

（マ行）

05、《碑文（石西）》（1522）

あがむ崇　/agami/　☆連用形「あがめ」に対応。

とどむ留　/tudumiwaci/　☆連用形「とどめ」を含む。「とどめおはして」に対応。

はじむ始　/hwazjimiikusa/　☆連用形「はじめ」を含む。「はじめいくさ」に対応。

たむ矯　/tamijaraba/　☆連用形「ため」を含む。「ためあらば」に対応。

13、《碑文（かた）》（1543）

はむ嵌　/hwami/　☆連用形「はめ」に対応。

をさむ治　/usamimisjijuwaru/　☆連用形「をさめ」を含む。「おさめめしおわる」に対応。

17、《碑文（やら）》（1554）

かたむ固　/zjigataminu/　☆連用形「かため」を含む。「ぢがための」（地地固めの）に対応。

さだむ定　/usadami/　☆連用形「さだめ」を含む。「おさだめ」に対応。

とどむ留　/tudumiwaci/　☆連用形「とどめ」を含む。「とどめおはして」に対応か。

25、《碑文（浦城）》（1597）

そむ染　/kanazumi/　☆連用形「そめ」に対応。「かなぞめ」に対応。

30、《おも 3》（1623）

はじむ始　/hwazjimitu/　☆連用形「はじめ」を含む。「はじめと」に対応。

　　　　/hwazjimiikusa/　☆連用形「はじめ」を含む。「はじめいくさ」に対応。

みつむ見詰　/micïmitida/　☆連用形「みつめ」を含む。「みつめテダ」に対応。

31、《碑文（本山）》（1624）

あつむ集　/acïmi/　☆連用形「あつめ」に対応。

37、《君由》（1700 頃）

あつむ集　/ʔacimina/　☆連用形「あつめ」を含む。「あつめには」（集め庭）に対応。

しむ締　/sjimiʔizjacji/　☆連用形「しめ」を含む。「しめいだして」に対応。

　38、《仲里》（1703 頃）

あつむ集　/ʔaciminanu/　☆連用形「あつめ」を含む。「あつめなの」に対応。「集め庭の」の意。

かたむ固　/katami/　☆連用形「かため」に対応。

こむ込　/kumi'jumunu/　☆連用形「こめ」を含む。「こめを（る）もの」に対応。

とどむ留　/tudumi/　☆連用形「とどめ」に対応。

はじむ始　/hwazjimigucji/　☆連用形「はじめ」を含む。「はじめぐち」に対応。「最初」の意。

　40、《琉由》（1713）

あつむ集　/ʔacimi/　☆連用形「あつめ」に対応。

　41、《組五》（1718 頃）

あつむ集　/ʔacimi/　☆連用形「あつめ」に対応。

おさむ納　/sju'i'usami/　☆連用形「おさめ」を含む。「しゆりおさめ」に対応。
　　　　　/na'hwa'usami/　☆連用形「おさめ」を含む。「なはおさめ」に対応。

からむ搦　/karamituri/　☆連用形「からめ」を含む。「からめとり」に対応。

さだむ定　/sadamigurisja/　☆連用形「さだめ」を含む。「さだめぐれしや」に対応。
　　　　　/ʔusadami/　☆連用形「さだめ」を含む。「おさだめ」に対応。

つむ詰　/munumicimi/　☆連用形「つめ」を含む。「ものおもひつめ」に対応。

はじむ始　/hwazjimi/　☆連用形「はじめ」に対応。

をさむ納　/ʔusami/　☆連用形「をさめ」に対応。

　43、《具志》（1743）

はじむ始　/ʔazihwazjimi/　☆連用形「はじめ」を含む。「あぢはじめ」に対応。

　47、《クリ》（1818）

たむ矯　/ta'nmi'u'n/　☆「ラ行（四段）化」後の連用形「ためり」を含む。「ためりをり<u>む</u>」に対応。

　48、《ベッテ》（1849）・（1852）

あがむ崇　/ʔagami'u'n/　☆連用形「あがめ」を含む。「あがめをり<u>む</u>」に対応。

あつむ集　/ʔacimi'u'n/　☆連用形「あつめ」を含む。「あつめをり<u>む</u>」に対応。

あらたむ改　/ʔaratami'u'n/　☆連用形「あらため」を含む。「あらためをり<u>む</u>」に対応。

いさむ諫　/ʔisami Qsji/　☆連用形「いさめ」を含む。「いさめ　して」に対応。

いましむ戒　/ʔimasjimi'u'n/　☆連用形「いましめ」を含む。「いましめをり<u>む</u>」に対応。

うづむ埋　/ʔuzunju'n/　☆連用形「うづめ」を含む。「うずめをり<u>む</u>」に対応。

さだむ定　/sadami'u'n/　☆連用形「さだめ」を含む。「さだめをり<u>む</u>」に対応。

すすむ勧　/sisinju'n/　☆連用形「すすめ」を含む。「すすめをり<u>む</u>」に対応。

つとむ勤　/citumi/　☆連用形「つとめ」に対応。
　　　　　/cituminu/　☆連用形「つとめ」を含む。「つとめの」に対応。

とがむ咎　/tugami/　☆連用形「とがめ」に対応。

とどむ留　/tudumi'u'n/　☆連用形「とどめ」を含む。「とどめをり<u>む</u>」に対応。
　　　　　/tudumi'ju'n/　☆連用形「とどめ」を含む。「とどめをりむ」に対応。

はじむ始　/hwazjimi'u'n/　☆連用形「はじめ」を含む。「はじめをり<u>む</u>」に対応。
　　　　　/hwazjimi'ju'n/　☆連用形「はじめ」を含む。「はじめをり<u>む</u>」に対応。

をさむ　/ʔusami/　☆連用形「をさめ」に対応。

　　　　　　　/ʔusami'uɴ/　　☆ 連用形「をさめ」を含む。「をさめをりむ」に対応。

　　　　　　　/ʔusami'iru/　　☆ 連用形「をさめ」を含む。「をさめをる」に対応。

　　49、《沖話》（1880）

あつむ集　　/ʔacimi'jabi'i'ɴ/　　☆ 連用形「あつめ」を含む。「あつめはべりをりむ」に対応。

　　　　　　　/ʔacimi'jabita'ɴ/　　　☆ 連用形「あつめ」を含む。「あつめはべりたりむ」に対応。

ながむ眺　/cicjinagami'ɴ/　　☆ 連用形「ながめ」を含む。「つきながめも」に対応。

もとむ求　/mutumi'jabita'ɴ/　　☆ 連用形「もとめ」を含む。「もとめはべりたりむ」に対応。

　　　　　　　/ʔumutumimisje'ega/　　☆ 連用形「もとめ」を含む。「おもとめめしあ（る）が」に対応。

　　　　　　　/ʔumutumimisje'ebitaga/　　☆ 連用形「もとめ」を含む。「おもとめめしはべりた（る）が」
　　　　　　　　　　　　　　　　　　　　　に対応。

　　　　　　　/ʔumutumimisjo'ocji/　　☆ 連用形「もとめ」を含む。「おもとめめしおはして」に対応。

　　50、《チェン》（1895）

はじむ始　/hazjimi'i'ɴ/　　☆ 連用形「はじめ」を含む。「はじめをりむ」に対応。

（ヤ行）

　　08、《おも 1》（1531）

あまゆ歓　/amaiwaci/　　☆ 連用形「あまえ」を含む。「あまえおはして」に対応。

　　29、《おも 2》（1613）

かけふさゆ掛栄　/kakihwusai/　　☆ 連用形「かけふさえ」に対応。

　　30、《おも 3》（1623）

あまゆ歓（喜）　/amai/　　☆ 連用形「あまえ」に対応。

　　　　　　　/amaibusija/　　☆ 連用形「あまえ」を含む。「あまえぼしや」に対応。

　　　　　　　/amaijabira/　　☆ 連用形「あまえ」を含む。「あまえはべら」に対応。

　　　　　　　/amaijari/　　☆ 連用形「あまえ」を含む。「あまえあり」に対応。

　　　　　　　/amaijura/　　☆ 連用形「あまえ」を含む。「あまえをら」に対応。

　　　　　　　/amaiwacji/　　☆ 連用形「あまえ」を含む。「あまえおはして」に対応。

きこゆ聞　/cjikuiaurijai/　　☆ 連用形「きこえ」を含む。「きこへあほりやへ」に対応。

みゆ見　/mijuri/　　☆ 連用形「みえ」を含む。「みえをり」に対応。

　　37、《君由》（1700 頃）

あまゆ歓　/ʔama'imu'ɴ/　　☆ 連用形「あまえ」を含む。「あまえ門」に対応。

さかゆ栄　/saka'icji'jura/　　☆ 連用形「さかえ」を含む。「さかえきよら」に対応。

　　38、《仲里》（1703 頃）

さかゆ栄　/sjirazaka'i/　　☆ 連用形「さかえ」を含む。「しらざかえ」に対応。稲の繁茂する様子。

　　39、《混験》（1711）

あまゆ歓　/ʔama'i'wacji/　　☆ 連用形「あまえ」を含む。「あまえおはして」に対応。

みゆ見　/mi'ju'ɴ/　　☆ 連用形「みえ」を含む。「みえをりむ」に対応。音声は [mijum]。

もだゆ悶　/muda'i/　　☆ 連用形「もだえ」に対応。

　　41、《組五》（1718 頃）

たゆ絶　/ta'juru/　　☆ 連用形「たえ」を含む。「たえをる」に対応。

もゆ萌　/mu'iʔiditi/　　☆ 連用形「もえ」を含む。「もえいでて」に対応。

　　42、《中信》（1721）

みゆ見　/mi'('i)u'ɴ/　☆ 連用形「みえ」を含む。「みえをりむ」に対応。

　47、《クリ》（1818）

みゆ見　/mi'i'u'ɴ/　☆「ラ行（四段）化」後の連用形「みえり」を含む。「みえりをりむ」に対応。

　　　　/mi'i'ju'ɴ/　☆「ラ行（四段）化」後の連用形「みえり」を含む。「みえりをりむ」に対応。

　　　　/mi'i'ɴ/　☆「ラ行（四段）化」後の連用形「みえり」を含む。「みえりをりむ」に対応。

　48、《ベッテ》（1849）・（1852）

おぼゆ覚　/ʔubi'i(ʔ)o'osa'ɴ/　☆ 連用形「おぼえ」を含む。「おぼえおほさぬ」に対応。

　　　　　/ʔubi'u'ɴ/　☆ 連用形「おぼえ」を含む。「おぼえをりむ」に対応。

　49、《沖話》（1880）

こゆ越　/ʔigagu'e'e/　☆ 連用形「こえ」を含む。「いがごえは」に対応。

みゆ見　/mi'i'jabi'ikutu/　☆ 連用形「みえ」を含む。「みえはべりを（る）こと」に対応。

　　　　/mi'i'ju'i/　☆ 連用形「みえ」を含む。「みえをり」に対応。

　　　　/mi'i'juru/　☆ 連用形「みえ」を含む。「みえをる」に対応。

　50、《チェン》（1895）

おぼゆ覚　/ʔubi'ebira'ɴ/　☆ 連用形「おぼえ」を含む。「おぼえはべらぬ」に対応。

きゆ消　/cja'a'ju'ɴ/　☆ 連用形「きえ」を含む。「きえをりむ」に対応。

みゆ見　/mi'i'jusiga/　☆「ラ行（四段）化」後の連用形「みえり」を含む。「みえりを（る）すが」に対応。

（ラ行）

　08、《おも1》（1531）

むる群　/burizjimani/　☆ 連用形「むれ」を含む。「むれじま」に対応。

　　　　/murijaigimi/　☆ 連用形「むれ」を含む。「むれあひぎみ」に対応。

　　　　/murijaikuta/　☆ 連用形「むれ」を含む。「むれあひこた」に対応。

　13、《碑文（かた）》（1543）

うまる生　/ɴmarinagara/　☆ 連用形「うまれ」を含む。「うまれながら」に対応。

　17、《碑文（やら）》（1554）

はなる離　/zjihwanari/　☆ 連用形「はなれ」を含む。「ぢはなれ」（地離れ）に対応。

　25、《碑文（浦城）》（1597）

はなる離　/zjihwanari/　☆ 連用形「はなれ」を含む。「ぢはなれ」に対応。

　30、《おも3》（1623）

うまる生　/umaritusji/　☆ 連用形「うまれ」を含む。「うまれとし」に対応。

　　　　　/umariwacji/　☆ 連用形「うまれ」を含む。「うまれおはして」に対応。

きかる聞　/cjikjarijuri/　☆ 連用形「きかれ」を含む。「きかれをれ」に対応。

くる呉　/kuriwari/　☆ 連用形「くれ」を含む。「くれおわれ」に対応。

たる垂　/taricjicjubi/　☆ 連用形「たれ」を含む。「たれききをび」に対応。

　　　　/taribakama/　☆ 連用形「たれ」を含む。「たればかま」に対応。

つきおる憑降　/cïcjiurija/　☆ 連用形「つきおれ」を含む。「つきおれは」に対応。

なる馴　/junari/　☆ 連用形「なれ」を含む。「よなれ」に対応。

はなる離　/hwanari/　☆ 連用形「はなれ」に対応。

　　　　　/hwanariagaruini/　☆ 連用形「はなれ」を含む。「はなれあがるへに」に対応。

むる群　/buriumuitida/　☆ 連用形「むれ」を含む。「むれおもひテダ」に対応。

　　　　　　　/burisjima/　　☼ 連用形「むれ」を含む。「むれしま」に対応。

　　　　　　　/buritakanu/　　☼ 連用形「むれ」を含む。「むれたかの」に対応。

　　　　　　　/burijuwasi/　　☼ 連用形「むれ」を含む。「むれおはせ」に対応。

　　　　　　　/buribusjija/　　☼ 連用形「むれ」を含む。「むれほしは」に対応。

　　37、《君由》（1700 頃）

いる入　　/ʔiriru/　　☼ 連用形「いれ」を含む。「いれをる」に対応。

　　　　　　/ʔisjimiri/　　☼ 連用形「いれ」を含む。「いしみいれ」に対応。

　　　　　　/kanamiri/　　☼ 連用形「いれ」を含む。「かなみいれ」に対応。

とる凪　　/ʔasaduri/　　☼ 連用形「とれ」を含む。「あさどれ」に対応。

　　　　　　/ʼjuʼuduri/　　☼ 連用形「とれ」を含む。「ゆうどれ」に対応。

むる群　　/burizjima/　　☼ 連用形「むれ」を含む。「むれじま」に対応。

　　38、《仲里》（1703 頃）

いる入　　/ʔisjimiʔiri/　　☼ 連用形「いれ」を含む。「いしみいれ」に対応。

うまる生　/ʔumarigucji/　　☼ 連用形「うまれ」を含む。「うまれぐち」に対応。

　　　　　　　/siguriʔNmari/　　☼ 連用形「すぐれ」を含む。「すぐれうまれ」に対応。「勝れ生れ」。

くる暮　　/ʼjugurinu/　　☼ 連用形「くれ」を含む。「よぐれの」に対応。「夕暮れの」の意。

すぐる優　/siguriʔNmari/　　☼ 連用形「すぐれ」を含む。「すぐれうまれ」に対応。「勝れ生れ」。

たる垂　　/kubidari/　　☼ 連用形「たれ」を含む。「くびだれ」に対応。

　　　　　　/hwanidari/　　☼ 連用形「たれ」を含む。「はねだれ」に対応。「羽垂れ」。

はなる離　/zjihwanarinu/　　☼ 連用形「はなれ」を含む。「ぢはなれの」に対応。「離島の」の意。

ふる狂　　/hwuriQkwanu/　　☼ 連用形「ふれ」を含む。「ふれこらの」に対応か。

わる割　　/ʼwariʼjumunu/　　☼ 連用形「われ」を含む。「われを（る）もの」に対応。

　　39、《混験》（1711）

あかる別　/ʔakari/　　☼ 連用形「あかれ」に対応。

すぐる勝　/siguri/　　☼ 連用形「すぐれ」に対応。

ながる流？　/nagoʼori/　　☼ 連用形「ながうれ」に対応か。

はなる離　/zjihwanari/　　☼ 連用形「はなれ」を含む。「ぢはなれ」（地離れ）に対応。

　　40、《琉由》（1713）

あふる煽　/ʔahwuri/　　☼ 連用形「あふれ」に対応。

　　　　　　/ʔaʼuri/　　☼ 連用形「あふれ」に対応。

いる入　　/ʔiriku/　　☼ 連用形「いれ」を含む。「いれこ」に対応。

おる降　　/ʔuri/　　☼ 連用形「おれ」に対応。「天降」の例がある。

たる垂　　/tari/　　☼ 連用形「たれ」。/-dari/ の可能性もある。

はなる離　/hwanari/　　☼ 連用形「はなれ」に対応。

　　41、《組五》（1718 頃）

うまる生　/ʔNmari/　　☼ 連用形「うまれ」に対応。

おる降　　/ʔamari/　　☼ 連用形「おれ」を含む。「あまおれ」に対応とする。

かくる隠　/kakuri/　　☼ 連用形「かくれ」に対応。

くる呉　　/kwiʼjuʼN/　　☼ 連用形「くれ」を含む。「くれをりむ」に対応。

つかる疲　/cikari/　　☼ 連用形「つかれ」に対応。

つる連　/ciri/　☆連用形「つれ」に対応。

　　　　　　/cirimunu/　☆連用形「つれ」を含む。「つれもの」に対応。

なる慣　/nari/　☆連用形「なれ」に対応。

はづる外　/hwaziri/　☆連用形「はづれ」に対応。

はなる離　/hwanarigurisja/　☆連用形「はなれ」を含む。「はなれぐれしや」に対応。

　　　　　　/hwituhwanari/　☆連用形「はなれ」を含む。「ひとはなれ」に対応。

はる晴　/hwaribaritu/　☆連用形「はれ」を含む。「はればれと」に対応。

ふる狂　/hwurimu'N/　☆連用形「ふれ」を含む。「ふれもの」に対応。

　　　　　　/'inaguhwurimu'N/　☆連用形「ふれ」を含む。「ゐなごふれもの」に対応。

ほる惚　/ʔasibiburi/　☆連用形「ほれ」を含む。「あすびぼれ」に対応。

まぎる紛　/mazjiri'juru/　☆連用形「まぎれ」を含む。「まぎれをる」に対応。

むつる睦　/tumumuciri/　☆連用形「むつれ」を含む。「ともむつれ」に対応。

　　　　　　/dusjimuciri/　☆連用形「むつれ」を含む。「どしむつれ」に対応。

わかる別　/'wakari/　☆連用形「わかれ」に対応。

　　　　　　/ʔicji'wakari/　☆連用形「わかれ」を含む。「いきわかれ」に対応。

　　　　　　/'wakaribusja/　☆連用形「わかれ」を含む。「わかれほしや」に対応。

　　　　　　/'wakarigurisja/　☆連用形「わかれ」を含む。「わかれぐれしや」に対応。

　　　　　　/'wakari'ja'i/　☆連用形「わかれ」を含む。「わかれあり」に対応。

　　　　　　/'wakari'juru/　☆連用形「わかれ」を含む。「わかれをる」に対応。

わする忘　/'wasirigurisja/　☆連用形「わすれ」を含む。「わすれぐれしや」に対応。

　43、《具志》（1743）

たる垂　/tarisjituzji/　☆連用形「たれ」を含む。「たれしとぎ」に対応。

　　　　　　/taricjicjibi/　☆連用形「たれ」を含む。「たれききおび」に対応。

　　　　　　/tarimamicji/　☆連用形「たれ」を含む。「たれまみき」に対応。

　44、《琉見》（1764）

いる入　/ko'oʔiri/　☆連用形「いれ」を含む。「かういれ」（香入れ）に対応。

　　　　　　/'wataʔirizji'N/　☆連用形「いれ」。を含む「わたいれぎぬ」（綿入れ衣）に対応。

　　　　　　/mizi(ʔi)ri/　☆連用形「いれ」を含む。「みづいれ」（水入れ）に対応。

　45、《琉訳》（1800 頃）

あきる呆　/(ʔa)cji'ju'N/　☆「ラ行（四段）化」後の連用形「あきり」を含む。「あきりをり<u>む</u>」対応。

やぶる破　/'jaburi/　☆連用形「やぶれ」に対応か。

　47、《クリ》（1818）

いる入　/ʔirihwi/　☆連用形「いれ」を含む。「いれひ」に対応。「入れ火」か。

　　　　　　/ʔiri'i'N/　☆「ラ行（四段）化」後の連用形「いれり」を含む。「いれりをり<u>む</u>」に対応。

くる呉　/kwi'u'N/　☆「ラ行（四段）化」後の連用形「くれり」を含む。「くれりをり<u>む</u>」に対応。

たふる倒　/to'ori'i'N/　☆「ラ行（四段）化」後の連用形「たふれり」を含む。「たふれりをり<u>む</u>」に対応。

わかる別　/'waka'ju'N/　☆「ラ行（四段）化」後の連用形「わかれり」を含む。「わかれりをり<u>む</u>」に対応。

　48、《べッテ》（1849）・（1852）

あらはる現　/ʔara'wari'u'N/　☆連用形「あらはれ」を含む。「あらはれをり<u>む</u>」に対応。

いる入　/ʔiri/　☆連用形「いれ」に対応。

第 5 節　「下二段活用」動詞の史的変化　1137

/ʔiri'u'ɴ/　☼ 連用形「いれ」を含む。「いれをりむ」に対応。「ラ行（四段）化」後の連用形「いれり」を含み、「いれりをりむ」に対応する可能性もある。

/ʔiri'iru/　☼ 連用形「いれ」を含む。「いれをる」に対応。「ラ行（四段）化」後の連用形「いれり」を含み、「いれりをる」に対応する可能性もある。

/sakiʔiri'i/　☼ 連用形「いれ」を含む。「さけいれ」（酒入れ）に対応。

/sakiʔirido'ogu/　☼ 連用形「いれ」を含む。「さけいれだうぐ」（酒入れ道具）に対応。

うまる生　/ʔɴmari'u'ɴ/　☼ 連用形「うまれ」を含む。「うまれをりむ」に対応。

くる呉　/kwi'u'ɴ/　☼ 連用形「くれ」を含む。「くれをりむ」に対応。

/kwi'u'ɴdo'o/　☼ 連用形「くれ」を含む。「くれをるど」に対応。

/kwi'utasiga/　☼ 連用形「くれ」を含む。「くれをりてあ（る）すが→くれをりた（る）すが」に対応。

/kwi'iga'ja'a/　☼ 連用形「くれ」を含む。「くれを（る）がや」に対応。

/kwi'ukutu/　☼ 連用形「くれ」を含む。「くれを（る）こと」に対応。

/kwiri/　☼ 連用形「くれ」を含む。「くれをれ」に対応。

/kwi'ɴna/　☼ 連用形「くれ」を含む。「くれをるな」に対応。

たはむる戯　/ta'wahwuri/　☼ 連用形「たはふれ」に対応。

ながる流　/nagari'iru/　☼ 連用形「ながれ」を含む。「ながれをる」に対応。

ぬる濡　/'ɴdi'u'ɴ/　☼ 連用形「ぬれ」を含む。「ぬれをりむ」に対応。

のがる逃　/nuga('a)'ju'ɴ/　☼ 連用形「のがれ」を含む。「のがれをりむ」に対応。

/nuga('a)racji/　☼ 連用形「のがれ」を含む。「のがれらして」に対応。

ふる狂　/hwuriʔasibisja'ɴ/　☼ 連用形「ふれ」を含む。「ふれあすびしありむ」に対応。

やぶる破　/'ja'ɴdi'ju'ɴ/　☼ 連用形「やぶれ」を含む。「やぶれをりむ」に対応。

わかる分　/'waka'ju'ɴ/　☼ 連用形「わかれ」を含む。「わかれをりむ」に対応。

わかる別　/'wakari/　☼ 連用形「わかれ」に対応。

/'wakarinu/　☼ 連用形「わかれ」を含む。「わかれの」に対応。

/'wakarika'ɴti'i/　☼ 連用形「わかれ」を含む。「わかれかねて」に対応。

わする忘　/'wasi'igurisja'ɴ/　☼ 連用形「わすれ」を含む。「わす（れ）ぐれしさありむ」に対応。

/'wasi'iru/　☼ 連用形「わすれ」を含む。「わすれをる」に対応。

49、《沖話》（1880）

いる入　/ʔuʔiri/　☼ 連用形「いれ」を含む。「おいれ」に対応。

/ʔuke'eʔirini/　☼ 連用形「いれ」を含む。「おかひいれに」に対応。

/ʔutu'iʔirini/　☼ 連用形「いれ」を含む。「おとりいれに」に対応。

/ti'iʔiri/　☼ 連用形「いれ」を含む。「ていれ」に対応。

/ti'iʔirinu/　☼ 連用形「いれ」を含む。「ていれの」に対応。

/nituʔiri/　☼ 連用形「いれ」を含む。「にといれ」に対応。

/ke'eʔire'e/　☼ 連用形「いれ」を含む。「かひいれは」に対応。

/ʔiri'iga/　☼ 連用形「いれ」を含む。「いれが」に対応。

/ʔiri'iru/　☼「ラ行（四段）化」後の連用形「いれり」を含む。「いれりをる」に対応。「いれをる」ではないとする。

/ʔiri'jabira/　☼ 連用形「いれ」を含む。「いれはべら」に対応。

/ʔiri'jabita'ɴ/　☼ 連用形「いれ」を含む。「いれはべりたりむ」に対応。

きる切　/cjiri'jabitaga/　☆連用形「きれ」を含む。「きれはべりた（る）が」に対応。

くたびる草臥　/ʔukuta'ɴdi/　☆連用形「くたびれ」を含む。「おくたびれ」に対応。

くる呉　/kwimisje'ebiri/　☆連用形「くれ」を含む。「くれめしはべれ」に対応。

　　　　/kumisje'ebiri/　☆連用形「くれ」を含む。「くれめしはべれ」に対応。[kwi][ku]両方あったと解釈する。

しる知　/sjiri'jabira'ɴ/　☆連用形「しれ」を含む。「しれはべらぬ」に対応。

つかる疲　/ʔucikari/　☆連用形「つかれ」を含む。「おつかれ」に対応。

なる馴　/ʔunari/　☆連用形「なれ」を含む。「おなれ」に対応。

はる晴　/hari'idu'ɴse'e/　☆「ラ行（四段）化」後の連用形「はれり」を含む。「はれりどもせは」に対応。

　50、《チェン》（1895）

うまる生　/ʔɴmari'i/　☆連用形「うまれ」に対応。

くる呉　/kwimisje'ebiri/　☆連用形「くれ」を含む。「くれめしはべれ」に対応。

　　　　/kwimisje'ebi'imi/　☆連用形「くれ」を含む。「くれめしはべはべりをりみ」に対応。

　　　　/kwimisje'ebiti/　☆連用形「くれ」を含む。「くれめしはべりて」に対応。

　　　　/kwimisje'ebira'ɴ na'a/　☆連用形「くれ」を含む。「くれめしはべらぬな」に対応。

　　　　/kwimisje'ete'e/　☆連用形「くれ」を含む。「くれめしあ（り）たい」に対応。

　　　　/kwimisjo'ori/　☆連用形「くれ」を含む。「くれめしおわれ」に対応。

　　　　/kwi'ite'e/　☆「ラ行（四段）化」後の連用形「くれり」を含む。「くれりたい」に対応。

　　　　/kwi'iru cju/　☆「ラ行（四段）化」後の連用形「くれり」を含む。「くれりをる　ひと」に対応。

しる知　/sjiri'jabira'ɴ/　☆「ラ行（四段）化」後の連用形「しれり」を含む。「しれりはべらぬ」に対応。

ながる流　/nagari'uru/　☆連用形「ながれ」を含む。「ながれをる」に対応。

わする忘　/ʔwasiri/　☆連用形「わすれ」に対応。

　　　　/ʔwasi'i/　☆連用形「わすれ」を含む。「わす（れ）を」に対応。「わすれ」の「れ」脱落とみる。

　　　　/ʔwasi'jabi'i'ɴ/　☆連用形「わすれ」を含む。「わすれはべりをりむ」に対応。

　　　　/ʔwasi'ju'ɴ/　☆連用形「わすれ」を含む。「わす（れ）をりむ」に対応。「わすれ」の「れ」脱落。

　　　　/ʔwasi'i'ɴ/　☆連用形「わすれ」を含む。「わす（れ）をりむ」に対応。「わすれ」の「れ」脱落。

　　　　/ʔwasi'jumi/　☆連用形「わすれ」を含む。「わす（れ）をりみ」に対応。「わすれ」の「れ」脱落。

　　　　/ʔwasi'imi/　☆連用形「わすれ」を含む。「わす（れ）をりみ」に対応。「わすれ」の「れ」脱落。

　　　　/ʔwasi'juru/　☆連用形「わすれ」を含む。「わす（れ）をる」に対応。「わすれ」の「れ」脱落。

　　　　/ʔwasi'iru/　☆連用形「わすれ」を含む。「わす（れ）をる」に対応。「わすれ」の「れ」脱落。と

　51、《官話》（19世紀?）

いる入　/ʔiriga'ɴ/　☆連用形「いれ」を含む。「いれがみ」（入れ髪）に対応。

　　　　/misjiʔiri/　☆連用形「いれ」を含む。「めしいれ」（飯入れ）に対応。

　　　　/cjaʔiri/　☆連用形「いれ」を含む。「ちやいれ」（茶入れ）に対応。

くづる崩　/mi('ɴ)kuzjira'a/　☆連用形「くづれ」を含む。「みみくづら」に対応。

ながる流　/ʔunagarisaki/　☆連用形「ながれ」を含む。「おながれさけ」（御流れ酒）に対応。

はる腫　/watahari'jama'i/　☆連用形「はれ」を含む。「わたはれやまひ」（腸張れ病）に対応。/ʔwataha'i'ja'ɴme'e/の可能性もある。

ふくる膨　/mi'ihuQkwa'a/　☆連用形「ふくれ」を含む。「めふくれあ」に対応。

　　　　/ʔɴnabuku'i/　☆連用形「ふくれ」を含む。「みなぶくれ」に対応。

（ワ行）

13、《碑文（かた）》（1543）

うう植 /uwi/ ☆連用形「うゑ」に対応。

30、《おも3》（1623）

うう植 /uiki/ ☆連用形「うゑ」を含む。「うゑけ」に対応。

31、《碑文（本山）》（1624）

すう据 /sïwi/ ☆連用形「すゑ」に対応。

38、《仲里》（1703頃）

すう据 /ʔisjizi'i/ ☆連用形「すゑ」を含む。「いしずゑ」に対応。「石据ゑ」。

/kanazi'i/ ☆連用形「すゑ」を含む。「かなずゑ」に対応。「金据ゑ」。

45、《琉訳》（1800頃）

うう植 /ʔwi'i'ɴ/ ☆連用形「うゐ」を含む。「うゐをりむ」に対応。

47、《クリ》（1818）

うう植 /ʔi'i'juɴ/ ☆「ラ行（四段）化」後の連用形「うゑり」を含む。「うゑりをりむ」に対応。

49、《沖話》（1880）

うう植 /hwa'acjiʔwinu/ ☆連用形「うゑ」を含む。「はちうゑの」に対応。

/hwa'acjiʔwiɴ/ ☆連用形「うゑ」を含む。「はちうゑも」に対応。

/ʔwi'i 'ju'i/ ☆「ラ行（四段）化」後の連用形「うゑり」を含む。「うゑりをり」に対応。

　　2）「命令形」に対応する形

（ア行）

30、《おも3》（1623）

う得 /iri/ ☆「ラ行（四段）化」後の命令形「えれ」に対応。

（カ行）

30、《おも3》（1623）

おしあく押開 /usjiakiriju/ ☆「ラ行（四段）化」後の命令形「おしあけれ」を含む。「おしあけれよ」
に対応。

つく付・着 /cïkiri/ ☆「ラ行（四段）化」後の命令形「つけれ」に対応。

よがく世掛 /jugakiwa/ ☆命令形「よかけ」をふくむ。「よがけは」に対応。

38、《仲里》（1703頃）

あく開 /ʔakiri/ ☆「ラ行（四段）化」後の命令形「あけれ」に対応。

うく浮 /ʔukirikiri/ ☆「ラ行（四段）化」後の命令形「うけれ」の重ね。「うけれ（う）けれ」。

41、《組五》（1718頃）

かく掛 /miʔumikakiri/ ☆「ラ行（四段）化」後の命令形「かけれ」を含む。「みおめかけれ」に対応。

47、《クリ》（1818）

あく開 /ʔakiri/ ☆「ラ行（四段）化」後の命令形「あけれ」に対応。

48、《ベッテ》（1849）・（1852）

つく付 /ciki'ri'jo'o/ ☆「ラ行（四段）化」後の命令形「つけれ」を含む。「つけれよ」に対応。

50、《チェン》（1895）

かく掛 /ʔumikakiri/ ☆「ラ行（四段）化」後の命令形「かけれ」を含む。「おめかけれ」に対応。

1140　第5章　沖縄語動詞形態変化の通時的考察

（ガ行）

01、《翻訳》（1501）

あぐ上　/agïrï/　☆「ラ行（四段）化」した「あげる」の命令形「あげれ」に対応。
　　　　　　　　　　連用形「あげり」の可能性もあるか。/aŋgïrï/ としてもよいか。

03、《琉館》（16C 前半成立か）

あぐ上　/aŋgiri/　☆「ラ行（四段）化」後の命令形「あげれ」に対応するとみる。

09、《陳使》（1534）

あぐ上　/aŋgiri/　☆「ラ行（四段）化」後の命令形「あげれ」に対応するとみる。

30、《おも 3》（1623）

あぐ上　/agiri/　☆「ラ行（四段）化」後の命令形「あげれ」に対応。
ささぐ捧　/sasagiri/　☆「ラ行（四段）化」後の命令形「ささげれ」に対応。
さしあぐ差上　/sasjiagiri/　☆「ラ行（四段）化」後の命令形「さしあげれ」に対応。
ぬきあぐ抜上　/nucjiagiri/　☆「ラ行（四段）化」後の命令形「ぬきあげれ」に対応。
まきあぐ巻上　/macjiagiriju/　☆「ラ行（四段）化」後の命令形「まきあげれ」を含む。「まきあげれ
　　　　　　　　　　よ」に対応。

39、《混験》（1711）

あぐ上　/ʔagiri/　☆「ラ行（四段）化」後の命令形「あげれ」に対応。

41、《組五》（1718 頃）

にぐ逃　/nigiri/　☆「ラ行（四段）化」した後の命令形「にげれ」と判断。

48、《ベッテ》（1849）・（1852）

おしあぐ押上（献上）（差上）　/ʔusjagiri/　☆「ラ行（四段）化」後の命令形「おしあげれ」に対応。

（サ行）

29、《おも 2》（1613）

なりあがらす鳴上　/nariagarasi/　☆命令形「なりあがらせ」に対応。
ひきよす引寄　/hwikijusiri/　☆「ラ行（四段）化」後の命令形「ひきよせれ」に対応。
よす寄　/jusiri/　☆「ラ行（四段）化」後の命令形「よせれ」に対応。

30、《おも 3》（1623）

かきよす搔寄　/kacjijusiri/　☆「ラ行（四段）化」後の命令形「かきよせれ」に対応。
もちよす持寄　/mucjijusiri/　☆「ラ行化」後の命令形「もちよせれ」に対応。
よす寄　/jusiwa/　☆命令形「よせ」を含む。「よせ（お）わ（れ）」に対応。
　　　　/jusiri/　☆「ラ行（四段）化」後の命令形「よせれ」に対応。

39、《混験》（1711）

おやす進上？　/miʔujasi/　☆命令形「みおやせ」に対応。
　　　　　　　/miʔu'jasiri/　☆「ラ行（四段）化」後の命令形「みおやすれ」に対応。
よす寄？　/'jusiri/　☆「ラ行（四段）化」後の命令形「よせれ」に対応。

（タ行）

30、《おも 3》（1623）

おしみつ押閉・押満　/usjimicjiri/　☆「ラ行（四段）化」後の命令形「おしみてれ」に対応。
すつ捨　/sïtiri/　☆「ラ行（四段）化」後の命令形「すてれ」に対応。
よりみつ寄満　/jurimicjiri/　☆「ラ行（四段）化」後の命令形「よりみてれ」に対応。

39、《混験》（1711）

たつ立　/tu'ɴtatiri/　☆「ラ行（四段）化」後の命令形「たてれ」を含む。「とびたてれ→とんたてれ」に対応。

48、《ベッテ》（1849）・（1852）

すつ捨　/sitiri/　☆「ラ行（四段）化」後の命令形「すてれ」に対応。

（ダ行）

30、《おも3》（1623）

いづ出　/iziri/　☆「ラ行（四段）化」後の命令形「いでれ」に対応。

41、《組五》（1718頃）

いづ出（でる）　/di'ju/　☆命令形「でよ」に対応。

48、《ベッテ》（1849）・（1852）

いづ出　/ʔɴzjiri/　☆「ラ行（四段）化」後の命令形「いでれ」を含む。「（お）んいでれ」に対応。

（ナ行）

41、《組五》（1718頃）

ぬ寝　/niri/　☆「ねる」に変化した（「ラ行（四段）化」）後の命令形「ねれ」と判断。

（ハ行）

30、《おも3》（1623）

そろふ揃　/suruiri/　☆「ラ行（四段）化」後の命令形「そろへれ」に対応。

39、《混験》（1711）

すばふ戯？　/siba'iri/　☆「ラ行（四段）化」後の命令形「すばいれ」に対応。

51、《官話》（19世紀？）

そふ添　/su'iri/　☆「ラ行（四段）化」後の命令形「そへれ」に対応。

（バ行）

03、《琉館》（16C前半成立か）

のぶ伸　/nubiju/　☆命令形「のびよ」に対応。

09、《陳使》（1534）

のぶ伸　/nubiju/　☆命令形「のびよ」に対応。

50、《チェン》（1895）

くぶ括　/ku'ɴdi/,/ku'ɴde'e/　☆「ラ行（四段）化」後の命令形「くびれ」、「くびれ」を含み「くびれは」
に対応。

（マ行）

41、《組五》（1718頃）

とむ留・止　/tumiri/　☆「ラ行（四段）化」した後の命令形「とめれ」に対応。

47、《クリ》（1818）

しむ閉　/sjimiri/　☆「ラ行（四段）化」後の命令形「しめれ」に対応。

50、《チェン》（1895）

はやむ早・速　/ha'jamiri/　☆「ラ行（四段）化」後の命令形「はやめれ」に対応。

（ヤ行）

30、《おも3》（1623）

あまゆ歓（喜）/amairi/　☆「ラ行（四段）化」後の命令形「あまえれ」に対応。

39、《混験》（1711）

あまゆ歓　/ʔama'iri/　☆「ラ行（四段）化」後の命令形「あまえれ」に対応。
（ラ行）
　08、《おも1》（1531）
しらる知　/sjirariri/　☆「ラ行（四段）化」後の命令形「しられれ」に対応。
　30、《おも3》（1623）
いる入　/iriri/　☆「ラ行（四段）化」後の命令形「いれれ」に対応。
　47、《クリ》（1818）
くる呉（与）　/kwiri/　☆「ラ行（四段）化」後の「命令形「くれれ」に対応。
　50、《チェン》（1895）
くる呉　/kwiri/　☆「ラ行（四段）化」後の命令形「くれれ」に対応。
　　　　　/kwire'e/　☆「ラ行（四段）化」後の命令形「くれれ」を含む。「くれれは」に対応。
わする忘　/'wasiri/,/'wasire'e/　☆命令形「わすれ」、「わすれ」を含み「わすれは」に対応。
（ワ行）
　13、《碑文（かた）》（1543）
うう植　/uwiri/　☆「ラ行（四段）化」後の命令形「うゑれ」に対応。

　3）「終止形」に対応する形
（ア行）
　45、《琉訳》（1800頃）
う得　/'i'iru/　☆「ラ行（四段）化」後の終止形「える」に対応。「ラ行（四段）化」後の連用形「えり」
　　　　　　　を含み、「えりをる」に対応する可能性もある。
（カ行）
　03、《琉館》（16C前半成立か）
あく開　/akiru/　☆「ラ行（四段）化」後の終止形「あける」に対応か。
　30、《おも3》（1623）
つく付・着　/cïkiruna/　☆「ラ行（四段）化」後の終止形「つける」を含む。「つけるな」に対応。
　　　　　　/cïkina/　☆終止形「つける」を含む。「つけ（る）な」に対応。
　39、《混験》（1711）
よく避　/'jukiru/　☆「ラ行（四段）化」後の終止形「よける」に対応。
　40、《琉由》（1713）
つく付？　/ciku/　☆終止形「つく」に対応か。「躯付く」か。
　45、《琉訳》（1800頃）
あく明　/ʔakiru/　☆「ラ行（四段）化」後の終止形「あける」に対応。
うく受　/ʔukiru/　☆「ラ行（四段）化」後の終止形「うける」に対応。
かく掛　/kakiru/　☆「ラ行（四段）化」後の終止形「かける」に対応。
かく駆　/kakiru/　☆「ラ行（四段）化」後の終止形「かける」に対応。
かたぶく傾　/katabuku/　☆終止形「かたぶく」に対応。
さく裂　/sakiru/　☆「ラ行（四段）化」後の終止形「さける」に対応。
しりぞく退　/sjirizuku/　☆終止形「しりぞく」に対応。
そむく背　/sumuku/　☆終止形「そむく」に対応。

第5節　「下二段活用」動詞の史的変化　1143

たすく助　/tasiku/　☆終止形「たすく」に対応。

とく溶　/tukiru/　☆「ラ行（四段）化」後の終止形「とける」に対応。

とろく蕩　/turukiru/　☆「ラ行（四段）化」後の終止形「とろける」に対応。

ふく更　/hwukiru/　☆「ラ行（四段）化」後の終止形「ふける」に対応。

（ガ行）

　　45、《琉訳》（1800 頃）

あぐ上　/ʔazjiru/　☆「ラ行（四段）化」後の終止形「あげる」に対応。

かかぐ掲　/kakagu/　☆終止形「かかぐ」に対応。

　　　　　　　　/kakagiru/　☆「ラ行（四段）化」後の終止形「「かかげる」に対応。

さまたぐ妨　/samatagu/　☆終止形「さまたぐ」に対応。

とぐ遂　/tuzjiru/　☆「ラ行（四段）化」後の終止形「とげる」に対応。

にぐ逃　/nigiru/　☆「ラ行（四段）化」後の終止形「にげる」に対応。

　　51、《官話》（19 世紀 ?）

しらぐ精　/sjiragiru/　☆「ラ行（四段）化」後の終止形「しらげる」に対応。

まぐ曲　/magiru/　☆「ラ行（四段）化」後の終止形「まげる」に対応。

（サ行）

　　30、《おも 3》（1623）

よす寄　/jusiru/　☆「ラ行（四段）化」後の終止形「よせる」に対応。

　　39、《混験》（1711）

おやす進上 ?　/ʔu'jasiru/　☆「ラ行（四段）化」後の終止形「おやする」に対応。

やらす遣　/'jarasi/　☆終止形「やらす」に対応。

（タ行）

　　30、《おも 3》（1623）

もちみつ持満　/mucjimicjiru/　☆「ラ行（四段）化」後の終止形「もちみてる」に対応。

　　45、《琉訳》（1800 頃）

すつ捨　/sitiru/　☆「ラ行（四段）化」後の終止形「すてる」に対応。

そばだつ敧　/subadaci/　☆終止形「そばだつ」に対応。

（ダ行）

　　45、《琉訳》（1800 頃）

いづ出　/ʔizi/　☆終止形「いづ」に対応。

ぬきんづ抜出　/nuci'ɴdiru/　☆「ラ行（四段）化」後の終止形「ぬきんでる」に対応。

　　51、《官話》（19 世紀 ?）

いづ出　/ʔizjiru/　☆「ラ行（四段）化」後の終止形「いでる」に対応。

　　　　　/diru/　☆「ラ行（四段）化」後の終止形「いでる」の更なる変化形「でる」に対応か。

（ナ行）

　　03、《琉館》（16C 前半成立か）

こぬ捏　/kuniru/　☆「ラ行（四段）化」後の終止形「こねる」に対応。

　　09、《陳使》（1534）

こぬ捏　/kuniru/　☆「ラ行（四段）化」後の終止形「こねる」に対応。

　　22、《音字》（1572 頃）

こぬ捏　/kuniru/　☆「ラ行（四段）化」後の終止形「こねる」に対応か。

　27、《夏使》（1606）

こぬ捏　/kuniru/　☆「ラ行（四段）化」後の終止形「こねる」に対応。

　45、《琉訳》（1800頃）

かぬ兼　/kaniru/　☆「ラ行（四段）化」後の終止形「かねる」に対応。

たづぬ尋　/taziniru/　☆「ラ行（四段）化」後の終止形「たづねる」に対応。

つかぬ束　/cikaniru/　☆「ラ行（四段）化」後の終止形「つかねる」に対応。

つらぬ列　/ciranu/　☆終止形「つらぬ」に対応。

　　　　　　/ciraniru/　☆「ラ行（四段）化」後の終止形「つらねる」に対応。

（ハ行）

　30、《おも3》（1623）

たとふ譬　/tatuiru/　☆「ラ行（四段）化」後の終止形「たとへる」に対応。

　39、《混験》（1711）

とまふ探？　/tuma'iru/　☆「ラ行（四段）化」後の終止形「とまへる」に対応か。

　45、《琉訳》（1800頃）

あたふ与　/ʔato'o/　☆終止形「あたふ→あたう→あとう」に対応。

　　　　　　/ʔata'iru/　☆「ラ行（四段）化」後の終止形「あたへる」に対応。

うつたふ訴　/ʔuQto'o/　☆終止形「うつたふ」に対応。

かぞふ数　/kazu'u/　☆終止形「かぞふ」に対応。

かなふ叶　/kano'o/　☆終止形「かなふ」に対応。

くはふ加　/ku'o'o/　☆終止形「くはふ」に対応。

そなふ備　/suno'o/　☆終止形「そなふ」に対応。

そふ添　/su'iru/　☆「ラ行（四段）化」後の終止形「そへる」に対応。

たくはふ貯　/taku'o'o/　☆終止形「たくはふ」に対応。

たふ堪　/ta'iru/　☆「ラ行（四段）化」後の終止形「たへる」に対応。

つかふ仕　/ʔiriciko'o/　☆終止形「つかふ」を含む。「いりつかふ」に対応。

　　　　　　/cika('i)ru/　☆「ラ行（四段）化」後の終止形「つかへる」に対応。

つかふ支　/cika'iru/　☆「ラ行（四段）化」後の終止形「つかへる」に対応。

つたふ伝　/cito'o/　☆終止形「つたふ」に対応。

ととのふ整　/tutunu'u/　☆終止形「ととのふ」に対応。

となふ唱　/tuno'o/　☆終止形「となふ」に対応。

をしふ教　/ʔusji'u/　☆終止形「をしふ」に対応。

（バ行）

　45、《琉訳》（1800頃）

くらぶ比　/kurabu/　☆終止形「くらぶ」に対応。

すぶ統　/sibiru/　☆「ラ行（四段）化」後の終止形「すべる」に対応。

　51、《官話》（19世紀？）

のぶ伸　/nubiru/　☆「ラ行（四段）化」後の終止形「のべる」に対応。

（マ行）

　45、《琉訳》（1800頃）

あつむ集　/ʔacimu/　☼終止形「あつむ」に対応。

　　　　　　/ʔacimiru/　☼「ラ行（四段）化」後の終止形「あつめる」に対応。

あらたむ改　/ʔaratamu/　☼終止形「あらたむ」に対応。

いさむ諌　/ʔisamu/　☼終止形「いさむ」に対応。

さむ醒　/samiru/　☼「ラ行（四段）化」後の終止形「さめる」に対応。

したたむ認　/sjitatamu/　☼終止形「したたむ」に対応。

そむ染　/sumu/　☼終止形「そむ」に対応。

つとむ勤　/citumu/　☼終止形「つとむ」に対応。

とどむ留　/tudumu/　☼終止形「とどむ」に対応。

ほむ褒　/hwumiru/　☼「ラ行（四段）化」後の終止形「ほめる」に対応。

ゆるむ緩　/ʔjurumiru/　☼「ラ行（四段）化」後の終止形「ゆるめる」に対応。

（ヤ行）

　30、《おも3》（1623）

きこゆ聞　/cjikuiru/　☼「ラ行（四段）化」後の終止形「きこえる」に対応。

みゆ見　/miiruna/　☼「ラ行（四段）化」後の終止形「みえる」を含む。「みえるな」に対応。

　45、《琉訳》（1800頃）

いゆ癒　/ʔi'iru/　☼「ラ行（四段）化」後の終止形「いえる」に対応。

きゆ消　/cji'iru/　☼「ラ行（四段）化」後の終止形「きえる」に対応。

こゆ越　/ku'iru/　☼「ラ行（四段）化」後の終止形「こえる」に対応。/kwi'iru/の可能性もある。

こゆ肥　/ku'iru/　☼「ラ行（四段）化」後の終止形「こえる」に対応。

（ラ行）

　38、《仲里》（1703頃）

いる入　/ʔiru/　☼終止形「いる」に対応。

わる割　/ʔwariru/　☼「ラ行（四段）化」後の終止形「われる」に対応。

　41、《組五》（1718頃）

いる入　/ʔiriru/　☼「ラ行（四段）化」後の終止形「いれる」に対応。

くる暮　/kuriru/　☼「ラ行（四段）化」後の終止形「くれる」に対応。

つる連　/ciriru/　☼「ラ行（四段）化」後の終止形「つれる」に対応。

わかる別　/ʔwakaru/　☼終止形「わかる」に対応。

　45、《琉訳》（1800頃）

あらはる現　/ʔara'waru/　☼終止形「あらはる」に対応。

　　　　　　/ʔara'wariru/　☼「ラ行（四段）化」後の終止形「あらはれる」に対応。

ある荒　/ʔariru/　☼「ラ行（四段）化」後の終止形「あれる」に対応。

いる入　/ʔiru/　☼終止形「いる」に対応。

　　　　/ʔiriru/　☼「ラ行（四段）化」後の終止形「いれる」に対応。

おそる恐　/ʔusuru/　☼終止形「おそる」に対応。

くづる崩　/kuziriru/　☼「ラ行（四段）化」後の終止形「くづれる」に対応。

けがる穢　/kigaru/　☼終止形「けがる」に対応。

こがる焦　/kugaru/　☼終止形「こがる」に対応。

しびる痺　/sjibiriru/　☼「ラ行（四段）化」後の終止形「しびれる」に対応。

ただる爛　/tadariru/　☆「ラ行（四段）化」後の終止形「ただれる」に対応。

たはむる戯　/ta'waburu/　☆終止形「たわむる」に対応。

たふる倒　/ta'uru/　☆終止形「たふる」に対応。

たる垂　/tariru/　☆「ラ行（四段）化」後の終止形「たれる」に対応。

つかる疲　/cikariru/　☆「ラ行化（四段）」後の終止形「つかれる」に対応。

なる慣　/nariru/　☆「ラ行（四段）化」後の終止形「なれる」に対応。

のがる逃　/nugaru/　☆終止形「のがる」に対応。

はる晴　/hwariru/　☆「ラ行（四段）化」後の終止形「はれる」に対応。

ふる狂　/hwuriru/　☆「ラ行（四段）化」後の終止形「ふれる」に対応。

まぎる紛　/mazjiru/　☆終止形「まぎる」に対応。

みだる乱　/midaru/　☆終止形「みだる」に対応。

もる漏　/muru/　☆終止形「もる」に対応。

やぶる破　/ɸjaburu/　☆終止形「やぶる」に対応。

わかる別　/ɸwakaru/　☆終止形「わかる」に対応。

わする忘　/ɸwasiru/　☆終止形「わする」に対応。

　51、《官話》（19世紀？）

たる垂　/dadiru/　☆「ラ行（四段）化」の終止形「だれる」に対応。

はる腫　/hariru/　☆「ラ行（四段）化」後の終止形「はれる」に対応。

（ワ行）

　38、《仲里》（1703頃）

うう植　/sasjiʔu'iru/　☆「ラ行（四段）化」後の（終止形）「うゑる」を含む。「さしうゑる」に対応。「刺しうゑる」。

　　　　/nucjiʔu'iru/　☆「ラ行（四段）化」後の（終止形）「うゑる」を含む。「ぬきうゑる」に対応。「貫きうゑる」。

　45、《琉訳》（1800頃）

うう飢　/ʔu'iru/　☆「ラ行（四段）化」後の終止形「うえる」に対応。

　　　　/ʔwi'iru/　☆「ラ行（四段）化」後の終止形「うえる」に対応。

　4）「連体形」に対応する形

（カ行）

　30、《おも3》（1623）

あく明　/akiru/　☆「ラ行（四段）化」後の連体形「あける」に対応。

うく浮　/ukirukazï/　☆「ラ行（四段）化」後の連体形「うける」を含む。「うけるかず」に対応。

よがく世掛　/jugakiru/　☆「ラ行（四段）化」後の連体形「よがける」に対応。「ど」の結び。

よせつく寄着　/jusicïkiru/　☆「ラ行（四段）化」後の連体形「よせつける」に対応。

　41、《組五》（1718頃）

あく明　/ʔakiru/　☆「ラ行（四段）化」後の連体形「あける」に対応。

　　　/ʔakiruzjadiʼɴ/　☆「ラ行（四段）化」後の連体形「あける」を含む。「あけるぎやでも」に対応。

　45、《琉訳》（1800頃）

かく欠　/kakuru/　☆連体形「かくる」に対応。

第5節　「下二段活用」動詞の史的変化　1147

さづく授 /sazikuru/ ☆連体形「さづくる」に対応。

たすく助 /tasikuru/ ☆連体形「たすくる」に対応。

わく分 /ʔwakuru/ ☆連体形「わくる」に対応。

（ガ行）

　30、《おも3》（1623）

あぐ上 /agiru/ ☆「ラ行（四段）化」後の連体形「あげる」に対応。

　45、《琉訳》（1800頃）

あぐ上 /ʔaguru/ ☆連体形「あぐる」に対応。

　49、《沖話》（1880）

あぐ上 /ʔagi'ise'e/ ☆「ラ行（四段）化」後の連体形「あげる」を含む。「あげ（る）すは」に対応。「あげりを（る）す」の可能性もあるか。

（サ行）

　29、《おも2》（1613）

にす似 /nisiru/ ☆「ラ行（四段）化」後の連体形「にせる」に対応。「が」の結び。

　30、《おも3》（1623）

にす似 /nisiru/ ☆「ラ行（四段）化」後の連体形「にせる」に対応。「か」の結びか。

ひきよす引寄 /hwicjijusiru/ ☆「ラ行（四段）化」後の連体形「ひきよせる」に対応。

もちよす持寄 /mucjijusiru/ ☆「ラ行（四段）化」後の連体形「もちよせる」に対応。

よす寄 /jusiru/ ☆「ラ行（四段）化」後の連体形「よせる」に対応。

　38、《仲里》（1703頃）

にす似？ /nisiru/ ☆「ラ行（四段）化」後の連体形「にせる」に対応。

　　　　 /nisiruga/ ☆「ラ行（四段）化」後の連体形「にせる」を含む。「にせるが」に対応。

　45、《琉訳》（1800頃）

あはす合 /ʔa'wasiru/ ☆連体形「あはする」に対応。「ラ行（四段）化」後の終止形「あはせる」の可能性もある。

のす載 /nusiru/ ☆連体形「のする」に対応。「ラ行（四段）化」後の終止形「のせる」の可能性もある。

よす寄 /ʔjusiru/ ☆連体形「よする」に対応。「ラ行（四段）化」後の終止形「よせる」の可能性もある。

（タ行）

　30、《おも3》（1623）

みつ満 /micïru/ ☆連体形「みつる」に対応か。

　41、《組五》（1718頃）

すつ捨 /sitiru/ ☆「ラ行（四段）化」後の連体形「すてる」に対応。

（ダ行）

　40、《琉由》（1713）

なづ撫 /nadiru/ ☆「ラ行（四段）化」後の連体形「なでる」に対応。

　45、《琉訳》（1800頃）

いづ出 /ʔiziru/ ☆連体形「いづる」に対応。

（ナ行）

　41、《組五》（1718頃）

かぬ兼 /kaniru/ ☆「ラ行（四段）化」した後の連体形「かねる」に対応。

（ハ行）

30、《おも3》（1623）

そろふ 揃　/suruiru/　☆「ラ行（四段）化」後の連体形「そろへる」に対応。

たとふ 譬　/tatuiru/　☆「ラ行（四段）化」後の連体形「たとへる」に対応。

48、《ベッテ》（1849）・（1852）

うれふ 愁　/ʔuri'iru/　☆「ラ行（四段）化」後の連体形「うれへをる」に対応。

（マ行）

39、《混験》（1711）

とがむ 咎　/tugamuru/　☆連体形「とがむる」に対応。

45、《琉訳》（1800頃）

あつむ 集　/ʔacimuru/　☆連体形「あつむる」に対応。

いましむ 戒　/ʔimasji(mu)ru/　☆連体形「いましむる」に対応。

さだむ 定　/sadamuru/　☆連体形「さだむる」に対応。

すすむ 進　/sisimuru/　☆連体形「すすむる」に対応。

せむ 攻　/simuru/　☆連体形「せむる」に対応。

つとむ 勤　/citumuru/　☆連体形「つとむる」に対応。

なだむ 宥　/nadamuru/　☆連体形「なだむる」に対応。

やむ 止　/ʼjamuru/　☆連体形「やむる」に対応。

（ヤ行）

30、《おも3》（1623）

あまゆ 歓（喜）　/amairu/　☆「ラ行（四段）化」後の連体形「あまえる」に対応。

きこゆ 聞　/cjikuiru/　☆「ラ行（四段）化」後の連体形「きこえる」に対応。

（ラ行）

30、《おも3》（1623）

ひきつる 引連　/hwicjicïriru/　☆ラ行（四段）化」後の連体形「ひきつれる」に対応。

わる 割　/wariru/　☆「ラ行（四段）化」後の連体形「われる」に対応。

39、《混験》（1711）

こぼる 溢　/kubururu/　☆連体形「こぼるる」に対応。

40、《琉由》（1713）

おる 降　/ʔururu/　☆連体形「おるる」に対応。

41、《組五》（1718頃）

あらはる 現　/ʔara'wariru/　☆「ラ行（四段）化」後の連体形「あらはれる」に対応。

くる 暮　/kuriru/　☆「「ラ行（四段）化」後の連体形「くれる」に対応。（本来の連体形「くるる」ではなく。）

45、《琉訳》（1800頃）

いる 入　/ʔiruru/　☆連体形「いるる」に対応。

おそる 恐　/ʔusururu/　☆連体形「おそるる」に対応。

つかる 疲　/cikaruru/　☆連体形「つかるる」に対応。

ながる 流　/nagaruru/　☆連体形「ながるる」に対応。

みだる 乱　/midaruru/　☆連体形「みだるる」に対応。

　　　　　/midaru(ru)ki/　☆連体形「みだるる」を含み、「みだるるけ」（乱るる毛）に対応か。

第5節　「下二段活用」動詞の史的変化　1149

やぶる破　/jabururu/　☆連体形「やぶるる」に対応。

48、《ベッテ》（1849）・（1852）

ながる流　/nagariruga/　☆「ラ行（四段）化」後の連体形「ながれる」を含む。「ながれるが」に対応。
漢文訓読風。本来の漢文訓読なら「ながるるが」となろう。

わする忘　/'wasiruru/　☆連体形「わするる」に対応すると見る。「わするの」の可能性も否定できないが、「vasiru」「vastoru」との対照上「わするる」か。

5）「已然形」に対応する形

（カ行）

30、《おも3》（1623）

つく付・着　/cïkiriba/　☆「ラ行（四段）化」後の已然形「つけれ」を含む。「つければ」に対応。

38、《仲里》（1703頃）

おみのく奏上　/ʔuminukiriba/　☆「ラ行（四段）化」後の已然形「おみのけれ」を含む。
「おみのければ」に対応。

（ガ行）

29、《おも2》（1613）

みあぐ見上　/miagiriba/　☆已然形「みあげれ」を含む。「みあげれば」に対応。

（サ行）

29、《おも2》（1613）

にす似　/nisiri/　☆「ラ行（四段）化」後の已然形「にせれ」に対応。「す」の結び。

30、《おも3》（1623）

にす似　/nisiri/　☆「ラ行（四段）化」後の已然形「にせれ」に対応。「す」の結び。

よす寄　/jusiri/　☆「ラ行（四段）化」後の已然形「よせれ」に対応。「す」の結び。

48、《ベッテ》（1849）・（1852）

おほす果　/ʔo'osjiduʼɴ/　☆已然形「おほせ」を含む。「おほせども」に対応。

49、《沖話》（1880）

よす寄（参上）　/'jusjiriri'wadu/　☆「ラ行（四段）化」後の已然形「よせれ」を含む。「よせれれはど」
に対応。（「よす」に「立ち寄る」の意がある））

（ダ行）

30、《おも3》（1623）

おしいづ押出　/usjiiziba/　☆已然形「おしいで」を含む。「おしいでば」に対応。

50、《チェン》（1895）

いづ出　/nu'idiri'wa/　☆「でる」の已然形「でれ」（とみる）を含む。「のりでれは」に対応。

（ハ行）

30、《おも3》（1623）

むかふ迎　/mukai/　☆已然形「むかへ」に対応。「しよ」の結び。

（マ行）

49、《沖話》（1880）

もとむ求　/mutumiri'wadu/　☆「ラ行（四段）化」後の已然形「もとめれ」を含む。「もとめれはど」に対応。

（ラ行）

30、《おも 3》（1623）

きかる聞　/cjikariri/　☆「ラ行（四段）化」後の已然形「きかれれ」に対応。「す」の結び。

39、《混験》（1711）

むつる睦　/muciririba/　☆「ラ行（四段）化」後の已然形「むつれれ」を含む。「むつれれば」に対応。

（ワ行）

13、《碑文（かた）》（1543）

うう植　/uwiriba/　☆「ラ行（四段）化」後の已然形「うゑれ」を含む。「うゑれば」に対応。

　6）「未然形」に対応する形

（ア行）

30、《おも 3》（1623）

う得　/iradana/　☆「ラ行（四段）化」後の未然形「えら」を含む。「えらだな」に対応。

48、《ベッテ》（1849）・（1852）

う得　/ʔiʼira/　☆「ラ行（四段）化」後の未然形「えら」に対応。

　　　/ʔiʼiraʼN/　☆「ラ行（四段）化」後の未然形「えら」を含む。「えらぬ」に対応。

　　　/ʔiʼizi/　☆未然形「え」を含む。「えず」に対応。漢文訓読。「文語」。

（カ行）

08、《おも 1》（1531）

おしうく押浮　/usjiuki/　☆未然形「おしうけ」に対応。

25、《碑文（浦城）》（1597）

かく架　/kakisasi/　☆未然形「かけ」を含む。「かけさせ」に対応。

30、《おも 3》（1623）

うく浮　/ukira/　☆「ラ行（四段）化」後の未然形「うけら」に対応。

おしうく押浮　/usjiukikazï/　☆未然形「おしうけ」を含む。「おしうけかず」に対応。

　　　　　　　/usjiukiraba/　☆「ラ行（四段）化」後の未然形「おしうけら」を含む。「おしうけらば」に対応。

かく掛　/kakiradana/　☆「ラ行（四段）化」後の未然形「かけら」を含む。「かけらだな」に対応。

つく付・着　/cïkida/　☆未然形「つけ」を含む。「つけだ」に対応。

38、《仲里》（1703 頃）

とどく届　/tudukiraba/　☆「ラ行（四段）化」後の未然形「とどけら」を含む。「とどけらば」に対応。

はぎうく接浮　/hwazjiʔukiraba/　☆「ラ行（四段）化」後の未然形「はぎうけら」を含む。「はぎうけらば」に対応。

　　　　　　　/hwazjiʔukirani/　☆「ラ行（四段）化」後の未然形「はぎうけら」を含む。「はぎうけらに」に対応。

39、《混験》（1711）

まうく儲　/moʼokira/　☆「ラ行（四段）化」後の未然形「まうけら」に対応。

41、《組五》（1718 頃）

のく退　/nukiroʼo/　☆「ラ行（四段）化」後の未然形「のけら」を含む。「のけらう」に対応。

45、《琉訳》（1800 頃）

あく開　/ʔakizini/　☆未然形「あけ」を含む。「あけずに」に対応。

かく掛　/kakizi/　☆未然形「かけ」を含む。「かけず」に対応。

48、《ベッテ》(1849)・(1852)

うく受　/ʔukira'ɴ/　☆「ラ行（四段）化」後の未然形「うけら」を含む。「うけらぬ」に対応。

たすく助　/tasikira'ɴ/　☆「ラ行（四段）化」後の未然形「たすけら」を含む。「たすけらぬ」に対応。

とづく託？言付（令）/tuzikira'ɴ/　☆「ラ行（四段）化」後の未然形「とづけら」を含む。「とづけらぬ」
に対応。

　　　　　　　　　　/tuzikira'ɴti'i/　☆「ラ行（四段）化」後の未然形「とづけら」を含む。「とづけ
らぬありてい」に対応。

　　　　　　　　　　/tuzikira'wa'ɴ/　☆「ラ行（四段）化」後の未然形「とづけら」を含む。「とづ
けらはも」に対応。

まうく儲　/mo'okira'ɴ/　☆「ラ行（四段）化」後の未然形「まうけら」を含む。「まうけらぬ」に対応。

49、《沖話》(1880)

うく受　/ʔukira'ɴ/　☆「ラ行（四段）化」後の未然形「うけら」を含む。「うけらぬ」に対応。

かく掛　/ʔumikakira'ɴga/　☆「ラ行（四段）化」後の未然形「かけら」を含む。「おめかけらぬが」に対応。

わく分　/'wakiracji/　☆「ラ行（四段）化」後の未然形「わけら」を含む。「わけらして」に対応。

50、《チェン》(1895)

かく掛　/ʔumikakira/　☆「ラ行（四段）化」後の未然形「かけら」を含む。「おめかけら」に対応。

つく点　/cikira'ɴ gutu/　☆「ラ行（四段）化」後の未然形「つけら」を含む。「つけらぬ　ごと」に対応。

（ガ行）

01、《翻訳》(1501)

あぐ上　/agïra/　☆「ラ行（四段）化」した「あげる」の未然形「あげら」に対応。

30、《おも3》(1623)

おしあぐ押上　/usjiagiba/　☆未然形「おしあげ」を含む。「おしあげば」に対応。「あけ」は「上げ」
とする。「ラ行化していない未然形条件形の例」に従う。

さしあぐ差上　/sasjijagiba/　☆未然形「さしあげ」を含む。「さしあけば」に対応。「やけ」は「上げ」
とする。「ラ行化していない未然形条件形の例」に従う。

ぬきあぐ抜上　/nucjiagiba/　☆未然形「ぬきあげ」を含む。「ぬきあげば」に対応。「ラ行化していな
い未然形条件形の例」に従う。

39、《混験》(1711)

おしあぐ押上　/ʔusjagiraru/　☆「ラ行（四段）化」後の未然形「おしあげら」を含む。「おしあげらる」
に対応。

41、《組五》(1718頃)

おしあぐ押上（捧）/ʔusjagiraba/　☆「ラ行（四段）化」後の未然形「おしあげら」を含む。「おし
あげらば」に対応。

48、《ベッテ》(1849)・(1852)

なぐ投　/nagirarita'ɴ/　☆「ラ行（四段）化」後の未然形「なげら」を含む。「なげられたりむ」に対応。

　　　　/nagiraQta'ɴ/　☆「ラ行（四段）化」後の未然形「なげら」を含む。「なげられたりむ」に対応。

49、《沖話》(1880)

あぐ上　/ʔagirasjabira/　☆「ラ行（四段）化」後の未然形「あげら」を含む。「あげらしはべら」に対応。

（サ行）

30、《おも3》（1623）

にす似　/nisimi/　☼ 未然形「にせ」を含む。「にせめ」に対応。

みす見　/misidana/　☼ 未然形「みせ」を含む。「みせだな」に対応。

　　　　/misiraba/　☼「ラ行（四段）化」後の未然形「みせら」を含む。「みせらば」に対応。

よす寄　/jusiraja/　☼「ラ行（四段）化」後の未然形「よせら」を含む。「よせらや」に対応。

39、《混験》（1711）

おやす進上？　/ʔu'jasira/　☼「ラ行（四段）化」後の未然形「おやすら」に対応。

　　　　　　　/miʔu'jasira/　☼「ラ行（四段）化」後の未然形「おやすら」を含む。「みおやすら」に対応。

41、《組五》（1718頃）

みす見　/misira/　☼「ラ行（四段）化」後の未然形「みせら」に対応。

48、《ベ゙ッテ》（1849）・（1852）

おほす果　/ʔo'osa'ɴ/　☼ 未然形「おほさ」を含む。「おほさぬ」に対応。

　　　　　/ʔo'osa'ɴta'ɴ/　☼ 未然形「おほさ」を含む。「おほさぬてありむ→おほさぬたりむ」に対応。

　　　　　/ʔo'osa'ɴtasiga/　☼ 未然形「おほさ」を含む。「「おほさぬてあ（る）すが→おほさぬた（る）すが」に対応。

49、《沖話》（1880）

もたす持　/mutasane'e/　☼ 未然形「もたさ」を含む。「もたさねは」に対応。

50、《チェン》（1895）

みす見　/misjira/　☼「ラ行（四段）化」後の未然形「みせら」に対応。

（タ行）

08、《おも1》（1531）

おしたつ押立　/usjitatiba/　☼ 未然形「おしたて」を含む。「おしたてば」に対応。

30、《おも3》（1623）

おしたつ押発　/usjitatiba/　☼ 未然形「おしたて」を含む。「おしたてば」に対応。

たつ発　/tatirakazï/　☼「ラ行（四段）化」後の未然形「たてら」を含む。「たてらかず」に対応。

38、《仲里》（1703頃）

のだつ宣言　/nudatiraba/　☼ 未然形「ラ行（四段）化」後の「のだてら」を含む。「のだてらば」に対応。

41、《組五》（1718頃）

すつ捨　/sitirariti/　☼（「すつ」から「すてる」に変化した）「ラ行（四段）化）後の未然形「すてら」を含む。「すてられて」に対応。

48、《ベ゙ッテ》（1849）・（1852）

あつ当　/ʔatirari'iru/　☼「ラ行（四段）化」後の未然形「あてら」を含む。「あてられをる」に対応。

すつ捨　/sitira'ɴ/　☼「ラ行（四段）化」後の未然形「すてら」を含む。「すてらぬ」に対応。

（ダ行）

30、《おも3》（1623）

いづ出　/idirakazï/　☼「ラ行（四段）化」後の未然形「いでら」を含む。「いでらかず」に対応。

　　　　/izirakazï/　☼「ラ行（四段）化」後の未然形「いでら」を含む。「いでらかず」に対応。

かきなづ搔撫　/kainadira/　☼「ラ行（四段）化」後の未然形「かきなでら」に対応。

38、《仲里》（1703頃）

いづ出　/ʔusʝiʔidiraba/　☼「ラ行（四段）化」後の未然形「いでら」を含む。「おしいでらば」に対応。

　　　　/kuzʝiʔidiraba/　☼「ラ行（四段）化」後の未然形「いでら」を含む。「こぎいでらば」に対応。

　　39、《混験》（1711）

なづ撫　/ka'inadira/　☼「ラ行（四段）化」後の未然形「なでら」を含む。「かきなでら」に対応。

　　49、《沖話》（1880）

いづ出（おいづ御出）　/ʔɴzʝirari'jabira'ɴ/　☼「ラ行（四段）化」後の未然形「いでら」を含む。「（お）んいでられはべらぬ」に対応。

　　50、《チェン》（1895）

いづ出　/ʔɴzʝira/　☼「ラ行（四段）化」後の未然形「いでら」を含む。「（お）んいでら」に対応。

（ナ行）

　　30、《おも3》（1623）

こぬ捏（踊）　/kunira/　☼「ラ行（四段）化」後の未然形「こねら」に対応。

　　41、《組五》（1718頃）

ぬ寝　/nira'ɴ/　☼「ねる」に変化した（「ラ行（四段）化」）後の未然形「ねら」を含む。「ねらぬ」に対応。

　　　/nirani/　☼「ねる」に変化した（「ラ行（四段）化」）後の未然形「ねら」を含む。「ねらに」に対応。

（ハ行）

　　48、《ベッテ》（1849）・（1852）

うれふ愁　/ʔuri'ira'ɴta'ɴ/　☼「ラ行（四段）化」後の未然形「うれへら」を含む。「うれへらぬてあり<u>む</u>→うれへらぬたり<u>む</u>」に対応。

　　　　/ʔuri'irasʝu'ɴ/　☼「ラ行（四段）化」後の未然形「うれへら」を含む。「うれへらしをり<u>む</u>」に対応。

かふ変　/ke'erara'ɴtakutu/　☼「ラ行（四段）化」後の未然形「かへら」を含む。「かへららぬてあ（る）こと」に対応。

かんがふ考　/ka'ɴge'eracʝi/　☼「ラ行（四段）化」後の未然形「かんがへら」を含む。「かんがへらして」に対応。

（バ行）

　　38、《仲里》（1703頃）

たかぶ崇　/takabiraba/　☼「ラ行（四段）化」後の未然形「たかべら」を含む。「たかべらば」に対応。

　　50、《チェン》（1895）

くぶ括　/ku'ɴda'ɴ/　☼「ラ行（四段）化」後の未然形「くびら」を含む。「くびらぬ」に対応。

（マ行）

　　25、《碑文（浦城）》（1597）

はむ嵌　/hwamisasi/　☼未然形「はめ」を含む。「はめさせ」に対応。

　　30、《おも3》（1623）

せむ攻　/simira/　☼「ラ行（四段）化」後の未然形「せめら」に対応。

とどむ留　/tudumiba/　☼未然形「とどめ」を含む。「とどめば」に対応か。

　　41、《組五》（1718頃）

さだむ定　/sadamira'ɴ/　☼「さだめる」に変化（「ラ行（四段）化」）した後の未然形「さだめら」を含む。「さだめらぬ」に対応。

とむ留・止　/tumirara'ɴ/　☼「ラ行（四段）化」後の未然形「とめら」を含む。「とめららぬ」に対応。

48、《ベッテ》（1849）・（1852）

はじむ始　/hwazjimira'ɴtase'e/　☆「ラ行（四段）化」後の未然形「はじめら」を含む。「はじめら
　　　　　　　　　　　　　　　　　　　ぬてあ（る）すは→はじめらぬた（る）すは」に対応。

もとむ求　/mutumira/　☆「ラ行（四段）化」後の未然形「もとめら」に対応。

49、《沖話》（1880）

いたむ傷　/ʔitamira'ɴ/　☆「ラ行（四段）化」後の未然形「いためら」を含む。「いためらぬ」に対応。

（ヤ行）

23、《蕭使》（1579）

みゆ見　/miiraɴ/　☆「ラ行（四段）化」後の未然形「みえら」を含む。「みえらぬ」に対応。

27、《夏使》（1606）

みゆ見　/miiraɴ/　☆「ラ行（四段）化」後の未然形「みえら」を含む。「みえらぬ」に対応。

39、《混験》（1711）

あまゆ歓　/ʔa'ɴma'iro'o/　☆「ラ行（四段）化」後の未然形「あんまえら」を含む。「あんまえらう」
　　　　　　　　　　　　　　　　　　に対応。

41、《組五》（1718 頃）

たゆ絶　/teraɴ/　☆「ラ行（四段）化」後の未然形「たえら」を含む。「たえらぬ」に対応。

みゆ見　/miraɴ/　☆「ラ行（四段）化」した後の未然形「みえら」を含む。「みえらぬ」に対応。

42、《中信》（1721）

みゆ見　/mi'iraɴ/　☆「ラ行（四段）化」後の未然形「みえら」を含む。「みえらぬ」に対応。

47、《クリ》（1818）

みゆ見　/mi'iraɴ/　☆「ラ行（四段）化」後の未然形「みえら」を含む。「みえらぬ」に対応。

48、《ベッテ》（1849）・（1852）

おぼゆ覚　/ʔubi'izini/　☆未然形「おぼえ」を含む。「おぼえずに」に対応。
　　　　　　/ʔubira'ɴ/　☆「ラ行（四段）化」後の未然形「おぼえら」を含む。「おぼえらぬ」に対応。

みゆ見　/mi'iraɴ/　☆「ラ行（四段）化」後の未然形「みえら」を含む。「みえらぬ」に対応。

50、《チェン》（1895）

みゆ見　/mi'iraɴ/　☆「ラ行（四段）化」後の未然形「みえら」を含む。「みえらぬ」に対応。
　　　　　/mi'ira'ɴtakutu/　☆「ラ行（四段）化」後の未然形「みえら」を含む。「みえらぬありた（る）
　　　　　　　　　　　　　　　　　　こと」に対応。

（ラ行）

30、《おも 3》（1623）

なる馴　/junariɴ/　☆未然形「なれ」を含む。「よなれむ」に対応。

わする忘　/wasïridana/　☆未然形「わすれ」を含む。「わすれだな」に対応。

38、《仲里》（1703 頃）

あざる戯　/ʔazariracji/　☆「ラ行（四段）化」後の未然形「あざれ」を含む。「あざれらして」に対応。
　　　　　　　　　　　　　　「騒ぎ乱れさせて」の意。

39、《混験》（1711）

たふる倒　/to'oriraba/　☆「ラ行（四段）化」後の未然形「たうれら」を含む。「たうれらば」に対応。
　　　　　　　　　　　　　　連用形「たうれ」を含み、「たうれをらば」に対応の可能性もある。

41、《組五》（1718 頃）

あらはる現 /ʔara'wariru/ ☼ 未然形「あらはれ」を含む。「あらはれる」に対応。「ラ行（四段）化」後の終止形「あらはれる」の可能性もある。

うまる生 /ʔNmarira'N/ ☼「ラ行（四段）化」後の未然形「うまれら」を含む。「うまれらぬ」に対応。

くる呉 /kwirani/ ☼「ラ行（四段）化」後の未然形「くれら」を含む。「くれらに」に対応。

つる連 /cirirariti/ ☼「ラ行（四段）化」後の未然形「つれら」を含む。「つれられて」に対応。

なる慣 /narira/ ☼「ラ行（四段）化」後の未然形「なれら」に対応。

わかる別 /'wakarirana/ ☼「ラ行（四段）化」後の未然形「わかれら」を含む。「わかれらねは」に対応。

わする忘 /'wasirira'N/ ☼「ラ行（四段）化」後の未然形「わすれら」を含む。「わすれらぬ」に対応。

　48、《ベッテ》（1849）・（1852）

あらはる現 /ʔara'warira'N sji/ ☼「ラ行（四段）化」後の未然形「あらはれら」を含む。「あらはれらぬ　し」に対応。この「し」は「す（為）」の連用形「し」と見る。

いる入 /ʔirirasju'N/ ☼「ラ行（四段）化」後の未然形「いれら」を含む。「いれらしをり<u>む</u>」に対応。

おそる恐 /ʔusurira'N/ ☼「ラ行（四段）化」後の未然形「おそれら」を含む。「おそれらぬ」に対応。

　　　　/ʔusurira'Nsa'a/ ☼「ラ行（四段）化」後の未然形「おそれら」を含む。「おそれらぬさ」に対応。

くる呉 /kwi'ra'N/ ☼「ラ行（四段）化」後の未然形「くれら」を含む。「くれらぬ」に対応。

　　　　/kwira'N ʔati'N/ ☼「ラ行（四段）化」後の未然形「くれら」を含む。「くれらぬありても」に対応。

なる慣 /narira'N/ ☼「ラ行（四段）化」後の未然形「なれら」を含む。「なれらぬ」に対応。

やぶる破 /'ja'Ndira'N/ ☼「ラ行（四段）化」後の未然形「やぶれら」を含む。「たぶれらぬ」に対応。

　　　　/'ja'Ndira'wa'N/ ☼「ラ行（四段）化」後の未然形「やぶれら」を含む。「やぶれらはも」に対応。

わかる別 /'wakara'Ntakutu/ ☼「ラ行（四段）化」後の未然形「わかれら」を含む。「わか（れ）らぬてあ（る）こと」に対応。

　50、《チェン》（1895）

くる呉 /kwira'Ndi/ ☼「ラ行（四段）化」後の未然形「くれら」を含む。「くれらんで」に対応。「くれようと」の意。

　　　　/kwira'Nna'a/ ☼「ラ行（四段）化」後の未然形「くれら」を含む。「くれらぬな」に対応。「くれないか」の意。

わする忘 /'wasira'N/ ☼ 未然形「わすれら」を含む。「わす（れ）らぬ」に対応。「わすれ」の「れ」脱落とみる。

（ワ行）

　30、《おも3》（1623）

すう据 /sïimasji/ ☼ 未然形「すゑ」を含む。「すゑまし」に対応。

　7）「〈て〉の形」に対応する形

（ア行）

　30、《おも3》（1623）

う得 /itaru/ ☼「えて」を含む。「えてある→えたる」に対応。

　41、《組五》（1718頃）

う得 /'iti/ ☼「えて」に対応。

　42、《中信》（1721）

1156　第5章　沖縄語動詞形態変化の通時的考察

う得　/'i('i)ti/　☆「えて」に対応。

　　45、《琉訳》（1800 頃）

う得　/'i'itiku'u/　☆「えて」を含む。「えてこ」に対応。

（カ行）

　　08、《おも1》（1531）

おしうく押浮　/usjiukiti/　☆「おしうけて」に対応。

かく掛　/kakiti/　☆「かけて」に対応。

なごやく和　/nagujakiti/　☆「なごやけて」に対応。

　　29、《おも2》（1613）

かく掛　/kakiti/　☆「かけて」に対応。

　　30、《おも3》（1623）

あく開　/akiti/　☆「あけて」に対応。

　　　　　　/akitari/　☆「あけて」を含む。「あけてあれ→あけたれ」に対応。

あく明　/akiti/　☆「あけて」に対応。

うく浮　/ukitakutu/　☆「うけて」を含む。「うけてあ（る）こと→うけたこと」に対応。

おしあく押開　/usjiakiti/　☆「おしあけて」に対応。

おしうく押浮　/usjiukiti/　☆「おしうけて」に対応。

　　　　　　　/usjiukitaru/　☆「おしうけて」を含む。「おしうけてある→おしうけたる」に対応。

おそひつく襲付　/usuicïkiti/　☆「おそひつけて」に対応。

かく掛　/kakiti/　☆「かけて」に対応。

せめつく攻付　/simicïkiti/　☆「せめつけて」に対応。

つく付・着　/cïkiti/　☆「つけて」に対応。

はぎうく接浮　/hwazjiukitaru/　☆「はぎうけて」を含む。「はぎうけてある→はぎうけたる」に対応。

みつく見付　/micïkitaru/　☆「みつけて」を含む。「みつけてある→みつけたる」に対応。

　　37、《君由》（1700 頃）

かく掛　/kakiti/　☆「かけて」に対応。

　　38、《仲里》（1703 頃）

あく開　/ʔakiti/　☆「あけて」に対応。

うく浮　/ʔukiti/　☆「うけて」に対応。

　　　　　　/ʔukitikiri/　☆「うけて」を含む。「うけて（う）けれ」に対応。

　　　　　　/ʔusjiʔukitaru/　☆「うけて」を含む。「おしうけてある→おしうけたる」に対応。

かく掛　/kakiti/　☆「かけて」に対応。

とどく届　/tudukiti/　☆「とどけて」に対応。

はぎうく接浮　/hwazjiʔukitaru/　☆「はぎうけて」を含む。「はぎうけてある→はぎうけたる」に対応。

　　39、《混験》（1711）

おく熾　/ʔukiriti/　☆「ラ行（四段）化」後の「おきれて」に対応。

　　41、《組五》（1718 頃）

あく開　/ʔakiti/　☆「あけて」に対応。

あく明　/ʔakiti/　☆「あけて」に対応。

うく受　/ʔukiti/　☆「うけて」に対応。

第5節　「下二段活用」動詞の史的変化　1157

かく掛　/kakiti/　☆「かけて」に対応。

すく据　/sikiti/　☆「すけて」に対応。

つく付　/hwicjicikiti/　☆「つけて」を含む。「ひきつけて」に対応。

　43、《具志》（1743）

はく履　/hwakiti/　☆「はけて」に対応。

　45、《琉訳》（1800頃）

あく開　/ʔakiti/　☆「あけて」に対応。

かく掛　/kakita'ɴ/　☆「かけて」を含む。「かけてありむ」に対応。「かけたりむ→かけたむ」と変化。

　47、《クリ》（1818）

あく開　/ʔakiti/　☆「あけて」に対応。「あけりて」の可能性を残す。

かく掛（釣）/kakiQti/　☆「かけりて」に対応。

つく付？　/cikiti/　☆「つけて」に対応。

　48、《ベッテ》（1849）・（1852）

あく開　/ʔakiti/　☆「あけて」に対応。

いひつく言付　/ʔi'icikite'e'ɴdu'ɴ/　☆「いひつけて」を含む。「いひつけてはありむども」に対応。

　　　　　　　/ʔi'icikitakutu/　☆「いひつけて」を含む。「いひつけてあ（る）こと→いひつけた（る）こと」に対応。

うく受　/ʔukiti'ɴ/　☆「うけて」を含む。「うけても」に対応。「うけりても」の可能性もあるか。

　　　　/ʔukita'ɴ/　☆「うけて」を含む。「うけてありむ→うけたりむ」に対応。「うけりてありむ→うけりたりむ」の可能性もあるか。

たすく助　/tasikiti/　☆「たすけて」に対応。

　　　　　/tasikitasiga/　☆「たすけて」を含む。「たすけてあ（る）すが→たすけた（る）すが」に対応。

　　　　　/tasikitara/　☆「たすけて」を含む。「たすけてあらは→たすけたら」に対応。

つく付　/cikiti/　☆「つけて」に対応。

つづく続　/cizikiti/　☆「つづけて」に対応。

どく退　/dukiti/　☆「どけて」に対応。

とづく託？言付（令）/tuzikiti/　☆「とづけて」に対応。

　　　　　　　　　　/tuzikite'e/　☆「とづけて」を含む。「とづけては」に対応。

　　　　　　　　　　/tuzikita'ɴ/　☆「とづけて」を含む。「とづけてありむ→とづけたりむ」に対応。

　　　　　　　　　　/tuzikitakutu/　☆「とづけて」を含む。「とづけてあ（る）こと→とづけた（る）こと」に対応。

　49、《沖話》（1880）

うく受　/ʔukito'osiga/　☆「うけて」を含む。「うけてはを（る）すが」に対応。

かく掛　/ʔumikakiti/　☆「かけて」を含む。「おめかけて」に対応。

　　　　/kakite'e'jabi'i'ɴ/　☆「かけて」を含む。「かけてありはべりむ」に対応。

つく付　/ʔi'icikite'ekutu/　☆「つけて」を含む。「いひつけてあ（る）こと」に対応。

　　　　/cikite'e'jabi'ikutu/　☆「つけて」を含む。「つけてありはべ（る）こと」に対応。

やく焼　/'jakitaru/　☆「やけて」を含む。「やけてある→やけたる」に対応。

　　　　/'jakito'o'jabi'i'ɴ/　☆「やけて」を含む。「やけてはをりはべりむ」に対応。

　　　　/'jakito'osiga/　☆「やけて」を含む。「やけてはを（る）すが」に対応。

50、《チェン》（1895）

あく 開　/ʔakiti/　☆「あけて」に対応。

かく 掛　/ʔumikakiti/　☆「かけて」を含む。「おめかけて」に対応。

　　　　　/kakiti/　☆「かけて」に対応。

つく 着　/cikiti/　☆「つけて」に対応。

つく 点　/cikiti/　☆「つけて」に対応。

（ガ行）

01、《翻訳》（1501）

しらぐ 精　/sjiragïti/　☆「しらげて」に対応。

03、《琉館》（16C 前半成立か）

あぐ 上　/agiti/　☆「あげて」に対応。

08、《おも 1》（1531）

うちあぐ 打上　/ucjiagiti/　☆「うちあげて」に対応。

たひらぐ 平　/tairagiti/　☆「たひらげて」に対応。

ぬきあぐ 抜上　/nukiagiti/　☆「ぬきあげて」に対応。

09、《陳使》（1534）

あぐ 上　/agiti/　☆「あげて」に対応。

22、《音字》（1572 頃）

あぐ 上　/a(ɴ)giti/　☆「あげて」に対応。

30、《おも 3》（1623）

おしあぐ 押上　/usjiagiti/　☆「おしあげて」に対応。

さぐ 下　/sagiti/　☆「さげて」に対応。

ささぐ 捧　/sasagiti/　☆「ささげて」に対応。

たひらぐ 平　/tairagiti/　☆「たひらげて」に対応。

つみあぐ 積上　/cïmiagiti/　☆「つみあげて」に対応。

ぬきあぐ 抜上　/nucjiagiti/　☆「ぬきあげて」に対応。

まきあぐ 巻上　/macjiagiti/　☆「まきあげて」に対応。

もちにぐ 持逃　/mucjinigiti/　☆「もちにげて」に対応。

37、《君由》（1700 頃）

あぐ 上　/ʔagiti/　☆「あげて」に対応。

38、《仲里》（1703 頃）

あぐ 上　/ʔagiti/　☆「あげて」に対応。

39、《混験》（1711）

あぐ 上　/ʔagiti/　☆「あげて」に対応。

41、《組五》（1718 頃）

とぐ 遂　/tugiti/　☆「とげて」に対応。

43、《具志》（1743）

あぐ 上　/'wa'jagiti/　☆「あげて」を含む。「わりあげて」に対応。

45、《琉訳》（1800 頃）

あぐ 上　/ʔagiti/　☆「あげて」に対応。

48、《ベッテ》(1849)・(1852)

おしあぐ押上（献上）（差上）　/ʔusjagitakutu/　☼「おしあげて」を含む。「おしあげてあ（る）こと
→おしあげた（る）こと」に対応。

なぐ投　/nagita'ɴ/　☼「なげて」を含む。「なげてありむ→なげたりむ」に対応。

49、《沖話》(1880)

あぐ上　/ʔagite'e/　☼「あげりて」を含む。「あげりては」に対応。「あげては」の可能性もある。

おしあぐ押上（献上）　/ʔusjagiti'ɴ/　☼「おしあげて」を含む。「おしあげても」に対応。

はぐ禿　/hagito'oru/　☼「はげて」を含む。「はげてはをる」に対応。

（サ行）

08、《おも1》(1531)

よす寄　/jusiti/　☼「よせて」に対応。

30、《おも3》(1623)

かきよす掻寄　/kacjijusiti/　☼「かきよせて」に対応。

きりふす切伏　/cjirihwusiti/　☼「きりふせて」に対応。

にす似　/nisiti/　☼「にせて」に対応。

　　　　/nisitari/　☼「にせて」を含む。「にせてあれ→にせたれ」に対応。

のす乗　/nusiti/　☼「のせて」に対応。

のぼす上　/nubusiti/　☼「のぼせて」に対応。

ひきよす引寄　/hwicjijusiti/　☼「ひきよせて」に対応。

もちよす持寄　/mucjijusiti/　☼「もちよせて」に対応。

よす寄　/jusiti/　☼「よせて」に対応。

　　　　/jusitaru/　☼「よせて」を含む。「よせてある→よせたる」に対応。

37、《君由》(1700頃)

のす乗　/nusjiti/　☼「のせて」に対応。

38、《仲里》(1703頃)

あはす合　/ʔa'wacji/　☼「あはせて」に対応。

　　　　/ʔju'ja'wacji/　☼「あはせて」を含む。「よりあはせて」（寄り合せて）（集めて）に対応。

のす載　/nusiti/　☼「のせて」に対応。

39、《混験》(1711)

よす寄？　/ʔjusjiruti/　☼「よしろひて」に対応か。「よせろうて」からの変化の可能性もある。

41、《組五》(1718頃)

うす失　/ʔusiti/　☼「うせて」に対応。

42、《中信》(1721)

やす痩　/ʔja(si)ti/　☼「やせて」に対応か。

43、《具志》(1743)

よす寄　/ʔjusiti/　☼「よせて」に対応。

47、《クリ》(1818)

やす痩　/ʔja(sj)iti/　☼「やせ（り）て」に対応。

48、《ベッテ》(1849)・(1852)

ゐす座（据）　/ʔisjite'etaru/　☼「ゐすりて」を含む。「ゐすりてはありたる」に対応。

49、《沖話》（1880）

みす見　/misjiti/　☆「みせて」に対応。

もたす持　/mutacji/　☆「もたせて」に対応。

やす瘦　/'jasjiti/　☆「やせて」に対応。

よす寄（参上）　/'jusjirito'o'jabi'ikutu/　☆「ラ行（四段）化」後の「よせりて」を含む。「よせりてはをりはべ（る）こと」に対応。（「よす」に「立ち寄る」の意がある）

50、《チェン》（1895）

みす見　/misjiti/　☆「みせて」に対応。

（タ行）

08、《おも 1 》（1531）

ふりみつ降満　/hwurimiciti/　☆「ふりみちて」に対応。「ふりみたして」ではない、とする。

30、《おも 3 》（1623）

おひたつ追立　/uitatiti/　☆「おひたてて」に対応。

たつ建　/tatiti/　☆「たてて」に対応。

たつ立　/tatiti/　☆「たてて」に対応。

ひきたつ引立　/hwicjitatiti/　☆「ひきたてて」に対応。

みつ満　/micjiti/　☆「みてて」に対応。

よりみつ寄満　/jurimicjiti/　☆「よりみてて」に対応。

37、《君由》（1700 頃）

たつ立　/tatiti/　☆「たてて」に対応。

　　　/sacjitatiti/　☆「たてて」を含む。「さきたてて」に対応。

38、《仲里》（1703 頃）

たつ立　/tatiti/　☆「たてて」に対応。

のだつ宣立　/nudatiti/　☆「のだてて」に対応。「宣り事をして。祈って」の意。

39、《混験》（1711）

あつ当？　/nucjiʔatiti/　☆「あてて」を含む。「ぬきあてて」に対応。

41、《組五》（1718 頃）

すつ捨　/sititi/　☆「すてて」に対応。

たつ立　/tatiti/　☆「たてて」に対応。

43、《具志》（1743）

たつ立　/hwacidatiti/　☆「たてて」を含む。「はつだてて」に対応。

　　　/sacidatiti/　☆「たてて」を含む。「さきだてて」に対応。

48、《ベッテ》（1849）・（1852）

あつ当　/ʔatiti/　☆「あてて」に対応。

あわつ慌（急）　/ʔa'wati'isiga/　☆「あわて」を含む。「あわてを（る）すが」に対応。

すつ捨　/sititi/　☆「すてて」に対応。

　　　/sitita'ɴ/　☆「すてて」を含む。「すててありむ→すてたりむ」に対応。

はつ果　/hatito'ocju'ɴ/　☆「はてて」を含む。「はててはおきをりむ」に対応。

　　　/hatito'oka/　☆「はてて」を含む。「はててはおか」に対応。

49、《沖話》（1880）

たつ立 /tatiti/　☆「たてて」に対応。

はつ果 /ʔuʾihatiteʾeru/　☆「はてて」を含む。「うりはててある」に対応。

　　　　/ʔuʾihatitoʾoʾjabiʾisiga/　☆「はてて」を含む。「うりはててはをりはべ（る）すが」に対応。

へだつ隔 /hwidatitoʾoru/　☆「へだてて」を含む。「へだててはをる」に対応。

（ダ行）

08、《おも1》（1531）

かきなづ掻撫 /kainaditi/　☆「かきなでて」に対応。

30、《おも3》（1623）

いづ出 /iditi/　☆「いでて」に対応。

　　　　/iziti/　☆「いでて」に対応。

　　　　/iditaru/　☆「いでて」を含む。「いでてある→いでたる」に対応。

　　　　/izitaru/　☆「いでて」を含む。「いでてある→いでたる」に対応。

かきなづ掻撫 /kainaditi/　☆「かいなでて」に対応。

なりいづ鳴出 /nariiziti/　☆「なりいでて」に対応。

はりいづ走出 /hwariiditaru/　☆「はりいでて」を含む。「はりいでてある→はりいでたる」に対応。

　　　　/hwariizitaru/　☆「はりいでて」を含む。「はりいでてある→はりいでたる」に対応。

39、《混験》（1711）

いづ出 /ʔizji/　☆連用形「いで」か、「いでて」か、判断しにくい。

すづ孵 /siditi/　☆「すでて」に対応。

41、《組五》（1718頃）

いづ出 /ʔiditi/　☆「いでて」に対応。

　　　　/diti/　☆「でて」に対応。

45、《琉訳》（1800頃）

いづ出（おんいづ御出）　/ʔɴziti/　☆「（お）んいでて」に対応。

48、《ベッテ》（1849）・（1852

いづ出（おんいづ御出）　/ʔɴzjiti/　☆「（お）んいでて」に対応。

　　　　/ʔɴzjitaʾɴ/　☆「いでて」を含む。「（お）んいでてありむ→（お）んいでたりむ」に対応。

　　　　/ʔɴzjitakutu/　☆「（お）んいでて」を含む。「（お）んいでてあ（る）こと→（お）んいでた（る）こと」に対応。

49、《沖話》（1880）

いづ出（おんいづ御出）　/ʔɴzjitoʾoʾjabiʾiʾɴ/　☆「（お）んいでて」を含む。「（お）んいでてはをりはべりむ」に対応。

50、《チェン》（1895）

いづ出（おんいづ御出）　/ʔɴzjiti/　☆「（お）んいでて」に対応。

　　　　/ʔɴzjitoʾoʾɴ/　☆「（お）んいでて」を含む。「（お）んいでてはをりむ」に対応。

（ナ行）

08、《おも1》（1531）

はぬ撥 /hwaniQti/　☆「はねて」に対応。

30、《おも3》（1623）

はぬ撥　/hwaniti/　☆「はねて」に対応。

　41、《組五》（1718頃）

かぬ兼　/kaniti/　☆「かねて」に対応。

　　　　　/kanitikara/　☆「かねて」を含む。「かねてから」に対応。

　　　　　/macjikaniti/　☆「かねて」を含む。「まちかねて」に対応。

たづぬ尋　/tazinitaru/　☆「たづねて」を含む。「たづねてある→たづねたる」に対応。

ぬ寝　/niti'N/　☆「ねて」を含む。「ねても」に対応。

　46、《漂録》（1818）

いぬ寝　/ʔiniti/　☆「いねて」に対応。/ʔinïti/の可能性を残す。

　48、《ベッテ》（1849）・（1852）

かさぬ重　/kasaniti/　☆「かさねて」に対応。

（ハ行）

　08、《おも1》（1531）

そふ添　/suiti/　☆「そへて」に対応。

そろふ揃　/suruiti/　☆「そろへて」に対応。

たとふ譬　/tatuiti/　☆「たとへて」に対応。

　　　　　/tatuici/　☆「たとへて」に対応。

　30、《おも3》（1623）

そろふ揃　/suruiti/　☆「そろへて」に対応。

たとふ譬　/tatuiti/　☆「たとへて」に対応。

はふ延　/hweeti/　☆「はへて」に対応。「延へて」で「引いて」ではない。

　　　　　/hweecji/　☆「はへて」に対応。「延へて」で「引いて」ではない。

むかふ迎　/mukaitaru/　☆「むかへて」を含む。「むかへてある→むかへたる」に対応。

　45、《琉訳》（1800頃）

そふ添　/su'iti/　☆「そへて」に対応。

　48、《ベッテ》（1849）・（1852）

かふ換　/ke'eti/　☆「かへて」に対応。

かふ代　/ke'ete'etakutu/　☆「かへて」を含む。「かへてはありた（る）こと→かへては（あり）た（る）こと」に対応。

かんがふ考　/ka'Nge'eti/　☆「かんがへて」に対応。

　　　　　/ka'Nge'eta'N/　☆「かんがへて」を含む。「かんがへてありむ→かんがえたりむ」に対応。

　　　　　/ka'Nge'etaga/　☆「かんがへて」を含む。「かんがへてあ（る）が→かんがへた（る）が」に対応。

たくはふ貯　/taku'we'etasi/　☆「たくはへて」を含む。「たくはへてあ（る）す→たくはへた（る）す」に対応。

　49、《沖話》（1880）

かふ替　/ke'eti/　☆「かへて」に対応。

かんがふ考　/ka'Nge'eto'o'jabi'ikutu/　☆「かんがへて」を含む。「かんがへてはをりはべりを（る）こと」に対応。

つたふ伝　/ʔi'icite'eto'o'jab'i'i'ɴ/　☼「つたへて」を含む。「いひつたへてはをりはべりをりむ」に対応。
（バ行）

　　30、《おも3》（1623）

たかぶ崇　/takabiti/　☼「たかべて」に対応。

　　37、《君由》（1700頃）

かさぶ重　/kasabiti/　☼「かさべて」に対応。

たかぶ崇　/takabiti/　☼「たかべて」に対応。

　　38、《仲里》（1703頃）

たかぶ崇　/takabiti/　☼「たかべて」に対応。

　　39、《混験》（1711）

おしなぶ押並　/ʔusjinabiti/　☼「おしなべて」に対応。

　　43、《具志》（1743）

くらぶ比　/makurabiti/　☼「くらべて」を含む。「まくらべて」に対応。

　　48、《ベッテ》（1849）・（1852）

しらぶ調　/sjirabiti/　☼「しらべて」に対応。

　　50、《チェン》（1895）

くぶ括　/kuɴcja'ɴ/　☼「ラ行（四段）化」後の「くびりて」を含む。「くびりてありむ→くびりたりむ」に対応。

のぶ伸　/nubiti/　☼「のべて」に対応。

（マ行）

　　19、《郭使》（1561）

あつむ集　/acümitiku/　☼「あつめて」に対応。「あつめてこ」に対応。

　　23、《蕭使》（1579）

あつむ集　/acümitiku/　☼「あつめて」を含む。「あつめてこ」に対応。

　　27、《夏使》（1606）

あつむ集　/acümitiku/　☼「あつめて」を含む。「あつめてこ」に対応。

　　29、《おも2》（1613）

せむ攻　/simiti/　☼「せめて」に対応。

　　30、《おも3》（1623）

おひつむ追詰　/uicïmiti/　☼「おひつめて」に対応。

こむ込　/kumiti/　☼「こめて」に対応。

はじむ始　/hwazjimiti/　☼「はじめて」に対応。

ひきしむ引締　/hwicjisjimiti/　☼「ひきしめて」に対応。

　　37、《君由》（1700頃）

かむ戴　/kamiti/　☼「かめて」に対応。

しむ締　/sjimiti/　☼「しめて」に対応。

となむ鎮　/tunamiti/　☼「となめて」に対応。

はじむ始　/hwazjimitaru/　☼「はじめて」を含む。「はじめてある→はじめたる」に対応。

　　38、《仲里》（1703頃）

こむ込　/kumiti/　☼「こめて」に対応。

　　41、《組五》（1718頃）

さだむ定　/sadamitaru/　☆「さだめて」を含む。「さだめてある→さだめたる」に対応。

そむ染　/sumiti/　☆「そめて」に対応。

つむ詰　/cimiti/　☆「つめて」に対応。

　　　　/ʔumicimiti/　☆「つめて」を含む。「おもひつめて」に対応。

とむ止　/tumiti/　☆「とめて」に対応。

　　　　/tumita/　☆「とめて」を含む。「とめてある」に対応。「とめたる→とめた」と変化。

　45、《琉訳》（1800 頃）

そむ染　/sumiti/　☆「そめて」に対応。

　48、《ベッテ》（1849）・（1852）

あたたむ暖　/ʔatatamiti/　☆「あたためて」に対応。

あつむ集　/ʔacimiti/　☆「あつめて」に対応。

いましむ戒　/ʔimasjimiti/　☆「いましめて」に対応。

さだむ定　/sadamitaʼN/　☆「さだめて」を含む。「さだめてありむ→さだめたりむ」に対応。

そむ染　/sumiti/　☆「そめて」に対応。

ちぢむ縮　/cjizjimitakutu/　☆「ちぢめて」を含む。「ちぢめてあ（る）こと→ちぢめてた（る）こと」に対応。

なむ舐　/namiti/　☆「なめて」に対応。

はじむ始　/hazjimiʼtoʼocjuʼN/　☆「はじめて」を含む。「はじめてはおきをりむ」に対応。

　　　　/hazjimitoʼoka/　☆「はじめて」を含む。「はじめてはおか」に対応。

　もとむ求　/mutumiti/　☆「もとめて」に対応。

　49、《沖話》（1880）

さだむ定　/sadamiti/　☆「さだめて」に対応。

となむ調　/ʔusjitunamiti/　☆「となめて」を含む。「おしとなめて」（押し調めて）に対応。

ながむ眺　/nagamiti/　☆「ながめて」に対応。

　　　　/nagamitaʼi/　☆「ながめて」を含む。「ながめてあり→ながめたり」に対応。

はじむ始　/hazjimitoʼoʼjabiʼiʼN/　☆「はじめて」を含む。「はじめてはをりはべりをりむ」に対応。

もとむ求　/mutumiti/　☆「もとめて」に対応。

　　　　/mutumitaraʼa/　☆「もとめて」を含む。「もとめてあらは→もとめたらは」に対応。

をさむ修　/ʼusamitaʼi/　☆「をさめて」を含む。「をさめてあり→をさめたり」に対応。

　50、《チェン》（1895）

あらたむ改　/ʔaratamiti/　☆「あらためて」に対応。

（ヤ行）

　08、《おも 1 》（1531）

きこゆ聞　/kikuiti/　☆「きこえて」に対応。

　29、《おも 2 》（1613）

あまゆ歓　/amaiti/　☆「あまえて」に対応。

　30、《おも 3 》（1623）

あまゆ歓（喜）　/amaiti/　☆「あまえて」に対応。

きこゆ聞　/cjikuiti/　☆「きこえて」に対応。

こゆ越　/kuiti/　☆「こえて」に対応。

はゆ栄　/hwaiti/　☆「はえて」に対応。

まひこゆ舞越　/maikuiti/　☼「まひこえて」に対応。

　　38、《仲里》（1703 頃）

こゆ越　/ku'iti/　☼「こえて」に対応。

　　39、《混験》（1711）

あまゆ歓　/ʔama'iti/　☼「あまえて」に対応。

こゆ越　/ku'ita/　☼「こえて」を含む。「こえたり」に対応。「り」脱落。

とだゆ途絶　/tuda'icji/　☼「とだえて」に対応。

はゆ栄・映　/hwa'iti/　☼「はえて」に対応。

　　42、《中信》（1721）

こゆ肥　/ku'iti/　☼「こえて」に対応。

　　44、《琉見》（1764）

こゆ肥　/kwe'eti/　☼「こえて」に対応。

　　47、《クリ》（1818）

こゆ肥　/kwe'eti/　☼「こえて」に対応。

　　49、《沖話》（1880）

みゆ見　/mi'ito'o'jabi'isiga/　☼「みえて」を含む。「みえてはをりはべりを（る）すが」に対応。

　　50、《チェン》（1895）

おぼゆ覚　/ʔubito'omisje'ebi'imi/　☼「おぼえて」を含む。「おぼえてはをりめしはべりをりみ」に対応。

みゆ見　/mi'ito'o'N/　☼「みえて」を含む。「みえてはをり<u>む</u>」に対応。

（ラ行）

　　01、《翻訳》（1501）

はる晴　/pariQti/　☼「はれて」に対応。

　　03、《琉館》（16C 前半成立か）

くる暮　/jukuriti/　☼「くれて」を含む。「よくれて」（夜暮れて）に対応。

はる晴　/hwariti/　☼「はれて」に対応。

　　08、《おも 1》（1531）

しらる知（申し上げるの意）　/sjirariti/　☼「しられて」に対応。

すぐる勝　/süguriti/　☼「すぐれて」に対応。

　　09、《陳使》（1534）

くる暮　/jukuriti/　☼「くれて」を含む。「よくれて」（夜暮れて）に対応。

はる晴　/hwariti/☼「はれて」に対応。

　　19、《郭使》（1561）

くる暮　/jukuriti/☼「くれて」を含む。「よくれて」に対応。

はる晴　/hwariti/　☼「はれて」に対応。

　　22、《音字》（1572 頃）

くる暮　/kuriti/　☼「くれて」に対応。

はる晴　/hwariti/　☼「はれて」に対応。

　　23、《蕭使》（1579）

はる晴　/hwariti/　☼「はれて」に対応。

　　27、《夏使》（1606）

はる晴　/hwariti/　☼「はれて」に対応。

　29、《おも2》（1613）

しらる知　/sjiraQtaru/　☼「しられて」を含む。「しられてある→しられたる→しらったる」に対応。

　30、《おも3》（1623）

いる入　/iriti/　☼「いれて」に対応。

　　　　　/iritaru/　☼「いれて」を含む。「いれてある→いれたる」に対応。

うまる生　/umariti/　☼「うまれて」に対応。

すぐる勝　/sïguriti/　☼「すぐれて」に対応。

たる垂　/tariti/　☼「たれて」に対応。

つきおる憑降　/cïcjiuriti/　☼「つきおれて」に対応。

　38、《仲里》（1703頃）

あざる戯　/ʔazariti/　☼「あざれて」に対応。「騒ぎ乱れて」の意。

いる入　/ʔiriti/　☼「いれて」に対応。

よらる怠？　/ʹjurariti/　☼「よられて」に対応か。

わる割　/ʹwariti/　☼「われて」に対応。

　39、《混験》（1711）

たる垂　/tariti/　☼「たれて」に対応。

ぬる濡　/ʹɴditi/　☼「ぬれて」に対応。

　41、《組五》（1718頃）

あらはる現　/ʔara'wariti/　☼「あらはれて」に対応。

うまる生　/ʔɴmariti'ɴ/　☼「うまれて」を含む。「うまれても」に対応。

　　　　　/ʔɴmaritaru/　☼「うまれて」を含む。「うまれてある→うまれたる」に対応。

　　　　　/ʔɴmaritami/　☼「うまれて」を含む。「うまれてありみ→うまれたりみ」に対応。

　　　　　/ʔɴmarito'oti/　☼「うまれて」を含む。「うまれてはをりて」に対応。

おる降　/ʔʔuriti/　☼「おれて」に対応。

くる暮　/kuriti/　☼「くれて」に対応。

こがる焦　/kugarituti/　☼「こがれて」を含む。「こがれてをりて」に対応。

しる知　/sjiriti/　☼「しれて」に対応。

つる連　/ciriti/　☼「つれて」に対応。

はる晴　/hwariti/　☼「はれて」に対応。

ふる狂　/hwuriti/　☼「ふれて」に対応。

ほる惚　/hwuriti/　☼「ほれて」に対応。

　　　　　/hwurita/　☼「ほれて」を含む。「ほれてある→ほれた（る）」に対応。

まるむ丸　/marumiti/　☼「まるめて」に対応。

わする忘　/ʹwasirituti/　☼「わすれて」を含む。「わすれてをりて」に対応。

　42、《中信》（1721）

はる晴　/hwariQti/　☼「はれて」に対応。

　44、《琉見》（1764）

はる晴　/hwariQti/　☼「はれて」に対応。

　45、《琉訳》（1800頃）

かくる 隠　/kakuriti/　☼「かくれて」に対応。

やぶる 破　/ʃjariti/　☼「やぶれて」に対応か。

　47、《クリ》（1818）

いる 入　/ʔiQti/　☼「いれて」に対応。

きる 切　/cjiriti/　☼「きれて」に対応。「きれりて」の可能性もある。

　　　　/cjirito'o'ɴ/　☼「きれりて」を含む。「きれりてはをりむ」に対応。

くる 呉（与）　/kwita'ɴ/　☼「くれて」を含む。「くれてありむ」に対応

たふる 倒　/to'ori(Q)ti/　☼「たふれりて」に対応。

ぬる 濡　/ʃɴditi/　☼「ぬれりて」に対応。

　　　　/ʃɴdito'o'ɴ/　☼「ぬれりて」を含む。「ぬれりてはをりむ」に対応。

わかる 別　/ʃwakari(Q)ti/　☼「わかれりて」に対応。

　48、《ベッテ》（1849）・（1852）

いる 入　/ʔiQti/　☼「いれて」に対応。

　　　　/ʔiQte'eru/　☼「いれて」を含む。「いれてはある」に対応。

　　　　/ʔiQta'ɴ/　☼「いれて」を含む。「いれてありむ」に対応。

　　　　/ʔiQto'o'ɴ/　☼「いれて」を含む。「いれてはをりむ」に対応。

　　　　/ʔiQto'ocju'ɴ/　☼「いれて」を含む。「いれてはおきをりむ」に対応。

くる 呉　/kwita'ɴ/　☼「くれて」を含む。「くれてありむ→くれたりむ」に対応。

　　　　/kwita'ɴdo'o/　☼「くれて」を含む。「くれてあるど→くれたるど」に対応。

つる 連　/ciriti/　☼「つれて」に対応。

やぶる 破　/ʃja'ɴditaru/　☼「やぶれて」を含む。「やぶれてある→やぶれたる」に対応。

　　　　/ʃja'ɴdito'osi/　☼「やぶれて」を含む。「やぶれてはを（る）す」に対応。

　　　　/ʃja'ɴdito'oti'ɴ/　☼「やぶれて」を含む。「やぶれてはをりても」に対応。

わかる 別　/ʃwakata'ɴ/　☼「わか（れ）て」を含む。「わか（れ）てありむ→わか（れ）たりむ」に対応。

わする 忘　/ʃwasito'oru/　☼「わすれて」を含む。「わすれてはをる」に対応。

　　　　/ci'i'wasite'e/　☼「わすれて」を含む。「ついわすれては」に対応。「つい」は接頭辞。

　49、《沖話》（1880）

いる 入　/ʔiQta(Q)sa'a/　☼「いれて」を含む。「いれてあ（る）さ→いれた（る）さ」に対応。

おくる 遅　/ʔukuritiga/　☼「おくれて」を含む。「おくれてが」に対応。

　　　　/ʔukuritakutu/　☼「おくれて」を含む。「おくれてあ（る）こと→おくれた（る）こと」に対応。

くたびる 草臥　/kuta'ɴdito'oru/　☼「くたびれて」を含む。「くたびれてはをる」に対応。

なる 馴　/narito'ose'e/　☼「なれて」を含む。「なれてはを（る）すは」に対応。

はなる 離　/hanarito'o'jabi'iga/　☼「はなれて」を含む。「はなれてはをりはべりを（る）が」に対応。

やぶる 破　/ʃja'ɴdito'o'jabi'i'ɴ/　☼「やぶれて」を含む。「やぶれてはをりはべりむ」に対応。

わする 忘　/ʃwasito'o'jabi'isa'a/　☼「わすれて」を含む。「わすれてはをりはべるさ」」に対応。

　50、《チェン》（1895）

いる 入　/ʔiQti/　☼「いれて→いって」に対応。

おくる 遅　/ʔukurite'e/　☼「おくれて」を含む。「おくれては」に対応。

ぬる 濡　/ʃɴditi/　☼「ぬれて」に対応。

わする 忘　/ʃwasiti/　☼「わす（れ）て」に対応。

　　　　/'wasita'N/　☼「わす（れ）て」を含む。「わす（れ）てありむ」に対応。

（ワ行）

　29、《おも 2》（1613）

うう植　/uiti/　☼「うゑて」に対応。

　30、《おも 3》（1623）

うう植　/uiti/　☼「うゑて」に対応。

　　　　　　/uitiucji/　☼「うゑて」を含む。「うゑておきて」に対応。

すう据　/sïiti/　☼「すゑて」に対応。

　48、《ベッテ》（1849）・（1852）

うう植　/ʔwi'ite'eru/　☼「うゑて」を含む。「うゑてはある」に対応。

　49、《沖話》（1880）

うう植　/ʔwi'ite'e'jabi'i'N/　☼「うゑて」を含む。「うゑてはありはべりをりむ」に対応。

　50、《チェン》（1895）

うう植　/ʔwi'ite'esiga/　☼「うゑて」を含む。「うゑてはあ（る）すが」に対応。

第6節　「カ行変格活用」動詞の史的変化

○「連用形」「き」が音韻変化の結果 /cji/ となったのは、17 世紀の初めごろで、以降それを反映しての形態変化となる。「きおわる」が一語としての性格を帯びるようになるのもその一環と捉えることができよう。

○次節の「す為」に比すると特筆すべき事柄はあまりないと言える。用例を通覧すれば、流れがわかる。

○「きて」については、いささか説明が必要であろう。

　《沖辞》（1963）に「Qci ◎（来て）」（p.66）とあるから、それ以前、ある時期からそのようであったろうと推測されるが、次に示すように資料によっては必ずしもそのようになっているとは限らない場合がある。

　　49、《沖話》（1880）の「**チツ**」「**ツチ**」と表記された例は /Qcji/ を示している。

　　　　チツ　0443　○ヤスウイ**シヤー**アチ子ーガ**チツ**。

　　　　ツチ　0482　○ワーガアメー。ムッチ**ツチ**。イヨートヤビラ。

　　48、《ベッテ》（1849）・（1852）には、/Qcji/ を示していると判断される「ch-chi」が存在する一方、同じ環境に「chi」「chī」「chǐ」等も現れる。

　　45、《琉訳》（1800 頃）には、/cjicji/ を示すであろう「詰之」「及之」の例があり、/Qcji/ の前の段階を示すものと思われる。

　このあたりに変化の境目があるらしいので、その後の資料に現れる「きて」相当に関して機械的に /Qcji/ とすることも可能であろうが、（資料の実態を重んじ）敢えてそのようにはしなかった。

　後の用例を一覧すればわかるように、次のような変化過程を経ていよう。

　　　　　*/kite/ → /kicï/ → /kici/ → /cjicji/ → /Qcji/

なお、「きて」*/kite/ と他の形式とが接続・融合した場合も /Qcj-/ となる過程があっ

たと想定できるが、以下のように資料上は現れて来ない。

50、《チェン》(1895) /cjaru 'wikiga/ 「きて」を含む。「きてある ゐきが→きたる ゐきが」に対応。

49、《沖話》(1880) /cjo'oru/ 「きて」を含む。「きてはをる」に対応。

48、《ベッテ》(1849)・(1852) /cjaru/ 「きて」を含む。「きてある→きたる」に対応。

これに関して次節の「して」のところで改めて述べるであろう。

(「あり」「をり」との接続に関しては、第10節で述べる。)

以下、用例参照。
1)「連用形」に対応する形

25、《碑文(浦城)》(1597)

/ucjuwai/ ☆連用形「き」を含む。「おきおわり」に対応。

28、《碑文(よう)》(1609)

/ucjuwai/ ☆連用形「き」を含む。「おきおわり」に対応。

29、《おも2》(1613)

/kijuru/ ☆連用形「き」を含む。「きをる」に対応。

30、《おも3》(1623)

/cjijari/ ☆連用形「き」を含む。「きあり」に対応。

/cjijuri/ ☆連用形「き」を含む。「きをり」に対応。

/cjijurititi/ ☆連用形「き」を含む。「きをりてて」に対応。

/cjijuru/ ☆連用形「き」を含む。「きをる」に対応。

/cjijumunu/ ☆連用形「き」を含む。「きを(る)もの」に対応。

/cjijumuɴ/ ☆連用形「き」を含む。「きを(る)もの」に対応。

37、《君由》(1700頃)

/cjo'waru/ ☆連用形「き」を含む。「きおわる」に対応。

38、《仲里》(1703頃)

/cji'ju'waru/ ☆連用形「き」を含む。「きおわる」に対応。「来給う」の意。

39、《混験》(1711)

/ʔucju'wa'i/ ☆連用形「き」を含む。「おきおわり」(御来おわり)に対応。

/ʔucja'i/ ☆連用形「き」を含む。「おきあり」(御来あり)に対応。

/cji'juri/ ☆連用形「き」を含む。「きをり」に対応。

/cji'jura/ ☆連用形「き」を含む。「きをら」に対応。「きよら」と変化。

41、《組五》(1718頃)

/cju'u'ɴ/ ☆連用形「き」を含む。「きをり<u>む</u>」に対応。

45、《琉訳》(1800頃)

/cju'u'ɴ/ ☆連用形「き」を含む。「きをり<u>む</u>」に対応。

/cju'uga/ ☆連用形「き」を含む。「きを(る)が」に対応。

47、《クリ》(1818)

/cju'u'ɴ/ ☆「連用形「き」を含む。きをり<u>む</u>」に対応。

48、《ベッテ》(1849)・(1852)

/cji/　☆連用形「き」に対応。

/cjiʔo'osaɴ/　☆連用形「き」を含む。「きおほさぬ」に対応。

/cji'ite'e/　☆連用形「き」を含む。「きたい」に対応。

/cji'idu'ɴ/　☆連用形「き」を含む。「きども」に対応。

/cji'igi(Q)sa/　☆連用形「き」を含む。「きげさ」に対応。

/cji'iga/　☆連用形「き」を含む。「きが」に対応。

/cja'jabi'i'ɴ/　☆連用形「き」を含む。「きはべりをり<u>む</u>」に対応。

/cju'u'ɴ/　☆連用形「き」を含む。「きをり<u>む</u>」に対応。

/cju'umi/　☆連用形「き」を含む。「きをりみ」に対応。

/cju'uru/　☆連用形「き」を含む。「きをる」に対応。

/cju'uka'ja'a/　☆連用形「き」を含む。「きを（る）かや」に対応。

/cju'usi/　☆連用形「き」を含む。「きを（る）す」に対応。

/cju'ura'wa/　☆連用形「き」を含む。「きをらは」に対応。

/cju'ura'a/　☆連用形「き」を含む。「きをらは」に対応。

49、《沖話》（1880）

/cja'abi'i'ɴ/　☆連用形「き」を含む。「きはべりをり<u>む</u>」に対応。

/cja'abi'i'siga/　☆連用形「き」を含む。「きはべりを（る）すが」に対応。

/cja'abira/　☆連用形「き」を含む。「きはべら」に対応。

/cja'abita'ɴ/　☆連用形「き」を含む。「きはべりたり<u>む</u>」に対応。

/cja'abitasiga/　☆連用形「き」を含む。「きはべりた（る）すが」に対応。

/cja'abitakutu/　☆連用形「き」を含む。「きはべりた（る）こと」に対応。

50、《チェン》（1895）

/cja'abi'i'ɴ/　☆連用形「き」を含む。「きはべりをり<u>む</u>」に対応。

/cja'abira/　☆連用形「き」を含む。「きはべら」に対応。

/cju'u'ɴ/　☆連用形「き」を含む。「きをり<u>む</u>」に対応。

/cju'umi/　☆連用形「き」を含む。「きをりみ」に対応。

/cju'uru/　☆連用形「き」を含む。「きをる」に対応。

/cju'uru gutu/　☆連用形「き」を含む。「きをる　ごと」に対応。

/cju'uru basju/　☆連用形「き」を含む。「きをる　ばしゆ」に対応。

/cju'uQ tukuru/　☆連用形「き」を含む。「きをる　ところ」に対応。

/cju'usi/　☆連用形「き」を含む。「きを（る）す」に対応。

/cju'u/　☆連用形「き」を含む。「きを（る）」に対応。

　２）「命令形」に対応する形

01、《翻訳》（1501）

　/ko/　☆命令形「こ」に対応。

03、《琉館》（16C前半成立か）

　/ku/　☆命令形「こ」に対応。

09、《陳使》（1534）

　/ku/　☆命令形「こ」に対応。

19、《郭使》（1561）

 /ku/　☆命令形「こ」に対応。

22、《音字》（1572 頃）

 /ku/　☆命令形「こ」に対応。

27、《夏使》（1606）

 /ku/　☆命令形「こ」に対応。

30、《おも 3》（1623）

 /kuu/　☆命令形「こ」に対応。

39、《混験》（1711）

 /ku'u/　☆命令形「こ」に対応。

42、《中信》（1721）

 /ku/　☆命令形「こ」に対応。

45、《琉訳》（1800 頃）

 /ku'u/　☆命令形「こ」に対応。

46、《漂録》（1818）

 /ku/　☆命令形「こ」に対応。

47、《クリ》（1818）

 /ku'u/　☆命令形「こ」に対応。

48、《ベッテ》（1849)・(1852）

 /ku'u/　☆命令形「こ」に対応。

 /ku'u'wa/　☆命令形「こ」を含む。「こは」に対応。

 /ku'u'jo'o/　☆命令形「こ」を含む。「こよ」に対応。

50、《チェン》（1895）

 /ku'u/　☆命令形「こ」に対応。

　　3）「終止形」に対応する形

42、《中信》（1721）

 /ku/　☆終止形「く」に対応。

（他にナシ）

　　4）「連体形」に対応する形

30、《おも 3》（1623）

 /kurujani/　☆連体形「くる」を含む。「くるやうに」に対応。

 /kawarikuru/　☆連体形「かはりくる」に対応。

41、《組五》（1718 頃）

 /kuru/　☆連体形「くる」に対応。

　　5）「已然形」に対応する形

30、《おも 3》（1623）

 /kuriba/　☆已然形「くれ」を含む。「くれば」に対応。

41、《組五》（1718 頃）

/kuriba/　☆已然形「くれ」を含む。「くれば」に対応。

48、《ベッテ》（1849）・（1852）

/kure'e/　☆已然形「くれ」を含む。「くれは」に対応。

/kuri'wadu/　☆已然形「くれ」を含む。「くれはど」に対応。

　6）「未然形」に対応する形

29、《おも2》（1613）

/kuuwa/　☆未然形「こ」を含む。「こは」に対応。

48、《ベッテ》（1849）・（1852）

/ku'u/　☆未然形「こ」に対応。「勧誘」を示す。

/ku'u'i'i/　☆未然形「こ」を含む。「こい」に対応。

/ku'u'wa/　☆未然形「こ」を含む。「こは」に対応。

/ku'u'wa'ɴ/　☆未然形「こ」を含む。「こはも」に対応。

/ku'ura'a/　☆未然形「こ」を含む。「こらは」に対応か。「こあらは」か。

/ku'u'ɴ/　☆未然形「こ」を含む。「こぬ」に対応。

/ku'uni/　☆未然形「こ」を含む。「こぬに」に対応。

/ku'u'ɴsi/　☆未然形「こ」を含む。「こぬす」に対応。

/ku'u'ɴsa'a/　☆未然形「こ」を含む。「こぬさ」に対応。

/ku'u'ɴdu'ɴ/　☆未然形「こ」を含む。「こぬども」に対応。

/ku'u'ɴhazi/　☆未然形「こ」を含む。「こぬはず」に対応。

/ku'u'ɴma'adu/　☆未然形「こ」を含む。「こぬまど」に対応。

/ku'u'ɴgiQsa/　☆未然形「こ」を含む。「こぬげさ」に対応。

/ku'u'ɴka'ja'a/　☆未然形「こ」を含む。「こぬかや」に対応。

/ku'u'ɴga/　☆未然形「こ」を含む。「こぬが」に対応。

/ku'ɴna'jo'o/　☆未然形「こ」を含む。「こぬなよ」に対応。

/ku'u'ɴta'ɴ/　☆未然形「こ」を含む。「こぬてありむ→こぬたりむ」に対応。

/ku'u'ɴtaru/　☆未然形「こ」を含む。「こぬてある→こぬたる」に対応。

/ku'u'ɴtasi/　☆未然形「こ」を含む。「こぬてあ（る）す→こぬた（る）す」に対応。

/ku'u'ɴtase'e/　☆未然形「こ」を含む。「こぬてあ（る）すは→こぬた（る）すは」に対応。

/ku'u'ɴtakutu/　☆未然形「こ」を含む。「こぬてあ（る）こと→こぬた（る）こと」に対応。

/ku'u'ɴtare'e/　☆未然形「こ」を含む。「こぬてあれは→こぬたれは」に対応。

/ku'u'ɴtara'a/　☆未然形「こ」を含む。「こぬてあらは→こぬたらは」に対応。

/ku'u'ɴtaga/　☆未然形「こ」を含む。「こぬてあ（る）が→こぬた（る）が」に対応。

/kurari'iru/　☆未然形「こ」を含む。「こられをる」に対応。

/kurasi/　☆未然形「こ」を含む。「こらせ」に対応。

以下は、「首里」「那覇」以外の言葉の可能性が高いと思われる。

/ka'a'ɴ/　☆未然形「か」を含む。「かぬ」に対応か。

/ka'ari'i'ɴ/　☆未然形「か」を含む。「かれをりむ」に対応か。

/ka'asju'ɴ/　☆未然形「か」を含む。「かしをりむ」に対応か。

次節（「サ行変格活用」動詞」の史的変化）で述べる /sa'ɴ/（さぬ）からの類推で「かぬ」を設定してみた。「す為」の「サ行四段化」のように、「く来」にも「カ行四段化」が起こりかけたのかもしれない。

50、《チェン》（1895）

/ku'u'ɴ na'a/　☆ 未然形「こ」を含む。「こぬな」に対応。

　　7）「〈て〉の形」に対応する形

01、《翻訳》（1501）

/kicï/　☆「きて」に対応。

/(ki)cAɴ/　☆「きて」を含む。「きてありむ」に対応か。「き -」相当部分（収録段階で）脱落か。

/(ki)cAɴGa/　☆「きて」を含む。「きてありむが」に対応か。「き -」相当部分（収録段階で）脱落か。

03、《琉館》（16C 前半成立か）

/kici/　☆「きて」に対応。

09、《陳使》（1534）

/kici/　☆「きて」に対応。

17、《碑文（やら）》（1554）

/kicaru/　☆「きて」を含む。「きてある→きたる」に対応。

19、《郭使》（1561）

/kici/　☆「きて」に対応。

22、《音字》（1572 頃）

/kici/　☆「きて」に対応。

23、《蕭使》（1579）

/kici/　☆「きて」に対応。

27、《夏使》（1606）

/kici/　☆「きて」に対応。

29、《おも 2》（1613）

/kicjari/　☆「きて」を含む。「きてあれ→きたれ」に対応。

30、《おも 3》（1623）

/cjicji/　☆「きて」に対応。

/cjijari/　☆「きて」を含む。「きてあれ→きたれ」に対応。

37、《君由》（1700 頃）

/cjaru/　/☆「きて」を含む。「きてある→きたる」に対応。/Qcjaru/ の可能性を残す。

41、《組五》（1718 頃）

/cjicji'ɴ/　☆「きて」を含む。「きても」に対応。

/Qcji'ɴ/　☆「きて」を含む。「きても」に対応。

/cjicja'ɴ/　☆「きて」を含む。「きてありむ→きたりむ」に対応。

/cjicjaru/　☆「きて」を含む。「きてある→きたる」に対応。

/cjicjaga/　☆「きて」を含む。「きてあるが→きたるが」に対応。

/cjicjami/　☆「きて」を含む。「きてありみ→きたりみ」に対応。

42、《中信》（1721）

/cjicji/ ☆「きて」に対応。

45、《琉訳》（1800頃）

/cjicji/ ☆「きて」に対応。

/(Q)cji/ ☆「きて」に対応か。

/cjitaru/ ☆「きて」を含む。「きてある」に対応。「きたる」と変化。

47、《クリ》（1818）

/(Q)cji'u'ɴ/ ☆「きて」を含む。「きてをりむ」に対応。

48、《ベッテ》（1849）・（1852）

/cjiti/ ☆「きて」に対応。

/Qcji/ ☆「きて」に対応。

/Qcjikwiri/ ☆「きて」を含む。「きてくれ」に対応。

/cja'ɴ/ ☆「きて」を含む。「きてありむ→きたりむ」に対応。

/cjaru/ ☆「きて」を含む。「きてある→きたる」に対応。

/cjaQtucji/ ☆「きて」を含む。「きてあるとき→きたるとき」に対応。

/cjaQkutu/ ☆「きて」を含む。「きてあ（る）こと→きた（る）こと」に対応。

/cjaga/ ☆「きて」を含む。「きてあ（る）が→きた（る）が」に対応。

/cja'i/ ☆「きて」を含む。「きてあり→きたり」に対応。

/cja'ibita'ɴ/ ☆「きて」を含む。「きてありはべりたりむ→きたりはべりたりむ」に対応。

/cja'ibi'isiga/ ☆「きて」を含む。「きてありはべ（る）すが→きたりはべ（る）すが」に対応。

/cje'e'ɴ/ ☆「きて」を含む。「きてはありむ」に対応。

/cje'ese'e/ ☆「きて」を含む。「きてはあ（る）すは」に対応。

/cje'era'wa'ɴ/ ☆「きて」を含む。「きてはあらはも」に対応。

/cjo'o'ɴ/ ☆「きて」を含む。「きてはをりむ」に対応。

/cjo'o'ɴdo'o/ ☆「きて」を含む。「きてはをるど」に対応。

/cjo'osa/ ☆「きて」を含む。「きてはを（る）さ」に対応。

/cjo'oti/ ☆「きて」を含む。「きてはをりて」に対応。

/cjo'oti'i/ ☆「きて」を含む。「きてはをりてい」に対応。

/cjo'otidu'ɴ/ ☆「きて」を含む。「きてはをりてども」に対応。

/cjo'otaru/ ☆「きて」を含む。「きてはをりてある→きてはをりたる」に対応。

/cjo'otasi/ ☆「きて」を含む。「きてはをりてあ（る）す→きてはをりた（る）す」に対応。

/cjo'otare'e/ ☆「きて」を含む。「きてはをりてあれは→きてはをりたれは」に対応。

/cjo'otara'a/ ☆「きて」を含む。「きてはをりてあらは→きてはをりたらは」に対応。

/cjo'oki'wadu/ ☆「きて」を含む。「きてはおきはど」に対応。

49、《沖話》（1880）

/Qcji/ ☆「きて」に対応。

/cja'ini/ ☆「きて」を含む。「きてありに」に対応。

/cjo'o'jabi"i'ɴ/ ☆「きて」を含む。「きてはをりはべりをりむ」に対応。

/cjo'o'jabi'imi/ ☆「きて」を含む。「きてはをりはべりをりみ」に対応。

/cjo'o'jabi'isiga/ ☆「きて」を含む。「きてはをりはべりを（る）すが」に対応。

/cjo'o'jabi'ira/ ☆「きて」を含む。「きてはをりはべりをら」に対応。

/cjo'oru/　☆「きて」を含む。「きてはをる」に対応。

50、《チェン》（1895）

　　/cjicja'i/　☆「きて」を含む。「きてあり」に対応。

　　/cja'i/　☆「きて」を含む。「きてあり」に対応。

　　/cjaru 'wikiga/　☆「きて」を含む。「きてある　ゐきが→きたる　ゐきが」に対応。

　　/cjasa/　☆「きて」を含む。「きてあ（る）さ」に対応。

　　/cjakutu/　☆「きて」を含む。「きてあ（る）こと」に対応。

　　/cjaga/　☆「きて」を含む。「きてあ（る）が」に対応。

第7節　「サ行変格活用」動詞の史的変化

○まず取り上げるべきは、/sürï/「すれ」であろう。「01、《翻訳》（1501）」が初出で「命令形」であると認定される。これに繋がるであろうと思われるのが一連の中国資料である（但し、中国資料は先行資料の引き写しが多いから扱いには注意を要するが）。

　　この流れの中にあると判断できるのが「31、《碑文（本山）》（1624）」の /sïri/、「39、《混験》（1711）」の /siri/ である。

　　「48、《ベッテ》（1849）・（1852）」には「命令形」を含むと考えられる例が三つ存在する。/si'i/、/si'i'jo'o/、/se'e/ の三つである。この三つは〈/si'i/ 命令形「せ」に対応〉〈/si'i'jo'o/ 命令形「せ」を含む。「せよ」に対応〉〈/se'e/ 命令形「せ」を含む。「せは」に対応〉というように説明できると思うが、/si'i/ には別の解釈も可能のように思われる。それは、/sürï/ の流れを汲む /siri/ が更なる変化を遂げて /si'i/ になったのではないかというものである。

　　「48、《ベッテ》（1849）・（1852）」以降の資料に「命令形」の用例が見出せないので、繋がりがはっきりしないのであるが、現代語の「命令」表現は /si'i/、/si'i'jo'o/、/se'e/ なので、これらと対照した場合、上記のような可能性が考えられ、「48、《ベッテ》（1849）・（1852）」が史的変化の境目にある可能性もある。

○「連用形『し』」については、「あり」・「をり」との接続に関すること以外に特筆すべきものはない。「あり」・「をり」との接続については、第10節で改めて扱う。

○禁止「するな」の意を示す現代（沖縄）語の /suna/ の /su/ を「終止形」と見ることができるとすれば、「古形」の「終止形『す』」が受け継がれてきていると言える。

　　「41、《組五》（1718頃）」に禁止の意を示すものとして「すな」と「するな」とが存在するが、この二つに「文法的意味」の差異は見出せず、ただ単に「音数を整える」ために使い分けられているとしか考えられない。例えば、「油断すな互に＝ゆだんすなたげに」と「友むつれするな＝ともむつれするな」という例があるが、「8音」にするために一方では「すな」を用い、他方では「するな」を用いているという以外に理由が見出しにくい。同様に、「6音」にするためにどちらかにする場合もある。前記の「油断すな」が「油断するな」で現れる例を示せば十分であろう。「肝に思染めて、油断するな」

の例があるが、「きもにおみそめて＝8、ゆだんするな＝6」である（詳しくは《組踊》の用例参照）。つまり、琉歌形式の「8，8，8，6」に準じたセリフになるようにどちらかが選択されると言える。

　ところで、伊波のローマナイズは「すな」を「suna」とし、「するな」は「siruna」としていて、二つが別由来のものであることを示唆する形になっている。

　この「する」は形の上からは「連体形」となろうが、機能上も「連体形」と言えるか。上の例で言えば、「す」も「する」も同じ「な」の前に位置し、共に禁止の意味を表しているのであるから共に「終止形」であると見做したほうが自然である。

　《組五》以前に、既にそのような例が存在する。「30、《おも3》（1623）」に次のような例がある。

　　　　　もちつきよゝはあからしにあわし**する**　16

　　　　　おりよいは**する**く　10

　2例とも、前に「係り」（助詞）がないのに「する」で終わっているので、「結び」の「連体形」とは言えず、機能上は「終止形」であることになる。《組五》の「する」はこの流れの中にあるのではないかと考えられる。

　しかし、「30、《おも3》（1623）」には次のような例もあるので、「連体形」の「ある」が別に存在するわけである。

　　　　　大ぬしぎや、しつこはま、**する**やに　10

　更に、次のような例もあって、複雑な様相を呈している。

　　　　　のちかほう　**する**む　10

　この例に関しては、高橋（1991）で〈「む」があるのに注目される。〉（p.473）、〈終止形に「するむ」という今日の終止形語尾にあたるかと思われる「む」がついた形がある。〉（p.474）という注を付けている。（「するむ」は「オモロ」を意味するという解釈もあるので、問題なしとしないが。）

　なお、「17、《碑文（やら）》（1554）」に、「するべし」に対応すると考えられる「するへし」/sürubisji/ が存在する。上記と軌を一にするものであろう。

　この「する」は、「ラ行化」後の「終止形」「する」であると考えられる。このことについては、「未然形」「すら」と対照して後述する。

　念のために、「す」と「する」との用例対比をしておく。

　　　41、《組五》（1718 頃）/suna/　終止形「す」を含む。「すな」に対応。

　　　45、《琉訳》（1800 頃）/si/　終止形「す」に対応。

　　　47、《クリ》（1818）/suna/　終止形「す」を含む。「すな」に対応。

　　　17、《碑文（やら）》（1554）/sürubisji/　終止形「する」を含む。「するべし」に対応。

　　　41、《組五》（1718 頃）/siruna/　終止形「する」を含む。「するな」に対応。

　　　45、《琉訳》（1800 頃）/ʔa'isiru/　終止形「あいする」に対応。

　　　　　　　　　　　　　　/kasiru/　終止形「かする」に対応。

　　　　　　　　　　　　　　/te'esiru/　終止形「たいする」に対応。

　　　48、《ベッテ》（1849）・（1852）/hwaQsiru/　終止形「はっする」に対応。

　　　　　　　　　　　　　　　　/sjo'oziru/　☆終止形「しやうずる」に対応。訓読体。文語。

　　　51、《官話》（19 世紀？）/siru/　終止形「する」に対応。

○「古形」の「已然形」は「すれ」で、以下のように、そのような用例も存在するが、ある時期から代わりに「せ」が現れるようになる。「すれ」の最後の用例が「41、《組五》（1718頃）」に、「せ」の最初の用例が「48、《ベッテ》（1849）・（1852）」にあるので、その間のどこかに変わり目が存在するであろうことは容易に推測されるが、用例がないので特定することは難しい。

　　　30、《おも3》（1623）　/sïriba/「すれ」を含む。「すれば」に対応。
　　　41、《組五》（1718頃）　/siriba/「すれ」を含む。「すれば」に対応。
　　　　48、《ベッテ》（1849）・（1852）　/siwadu/「せ」を含む。「せはど」に対応。
　　　　　　　　　　　　　　　/si'wa'N/「せ」を含む。「せはも」に対応。
　　　　　　　　　　　　　　　/se'e/　☆「せ」を含む。「せは」に対応。
　　　　49、《沖話》（1880）　/se'e/「せ」を含む。「せは」に対応。
　　　　50、《チェン》（1895）　/se'e/「せ」を含む。「せは」に対応。

「古形」では「せ」は「未然形」で、「30、《おも3》（1623）」の「せまし」「せだな」のように、そのような用例が存する。このような「せ」と「48、《ベッテ》（1849）・（1852）」の「せ」とはどのような関係にあるかが問われることになる。

「48、《ベッテ》（1849）・（1852）」には/sa'wa'N/という例もある。上記の/si'wa'N/と対照すると次のようになろうか。

　　　　　/si'wa'N/「せ」を含む。「せはも」に対応。
　　　　　/sa'wa'N/「さ」を含む。「さはも」に対応。

結論から先に言うと、この「せ」は「已然形」であろうということである。その理由を述べる。少々回り道になるが、前出の〈/sa'wa'N/「さはも」〉から始める。

「48、《ベッテ》（1849）・（1852）」に/sa'N/、/sarira'N/という例があり、それぞれ「さぬ」、「されらぬ」に対応すると考えられる。「‐ぬ」は否定を表す「助動詞」（助辞）であり、「‐れら‐」は受け身を表す「助動詞」（助辞）「る」（の「ラ行（四段）化」した「未然形」）である。ともに「未然形に接続する」はずであるから、そのルールに従うのであれば、「さぬ」と「されらぬ」の「さ」は「未然形」であると見做される。

この「さ」は/sa'wa'N/「さはも」の「さ」と同じであろうから、これとの対比において（今まで見てきた「未然形」と「已然形」との関係から）/si'wa'N/「せはも」の「せ」は「已然形」であると結論付けられる。後続資料の「49、《沖話》（1880）」と「50、《チェン》（1895）」との用例〈/se'e/「せは」〉も同じである。

「49、《沖話》（1880）」と「50、《チェン》（1895）」とにも〈/sa'N/「さぬ」〉の例が存在するので、軌を一にすることになる。

○上とのつながりで「未然形」について考える。上記の「未然形」「さ」とは別の「未然形」「すら」が存在するということについて述べる。

　　　《組五》に次のような例が存在する。

　　　/sirana/「すらな」に対応。　/sira'N/「すらぬ」に対応。　/sirani/「すらに」に対応。
　　　（順に「しよう」、「しない」、「しないか」の意）

「‐な」も「‐ぬ」（「‐に」は「ぬ＋疑問の意を示す/i/」）も「未然形」に接続す

1178　第5章　沖縄語動詞形態変化の通時的考察

る「助動詞」（助辞）であるから「すら」は「未然形」であると判断される。

○以上をまとめると、次のように〈「サ行四段化」した「す」〉と〈「ラ行四段化」した「する」〉との存在が浮かび上がってくる。
　　□「サ行四段化」した「す」
　　　　▽さな・さぬ・さは（未然形「さ」を含む）
　　　　▽し（連用形）
　　　　▽す（終止形）
　　　　▽する（連体形）
　　　　▽せは（已然形「せ」を含む）
　　□「ラ行四段化」した「する」
　　　　▽すらな・すらぬ（未然形「すら」を含む）
　　　　▽（連用形「すり」が想定されるが、用例存在せず）
　　　　▽する（終止形）
　　　　▽する（連体形）
　　　　▽すれは（已然形「すれ」を含む）
　　現代語でも、次のようであって、流れは続いていると見ることができる。
　　□「サ行四段化」した「す」
　　　　▽/sana/（さな）、/sa’ɴ/（さぬ）、/sa’wa/・/sa’a/（さは）（未然形 /sa/「さ」を含む）
　　　　▽/sji’ihazjimi/（しはじめ）（連用形 /sji/「し」を含む）
　　　　▽/suna/（すな）（終止形 /su/「す」を含む）
　　　　▽/suruhazji/（するはず）（連体形 /suru/「する」を含む）
　　　　▽/si’wa/・/se’e/（せは）（已然形 /si/「せ」を含む）
　　□「ラ行四段化」した「する」
　　　　▽/sura’wa/・/sura’a/（すらは）（未然形 /sura/「すら」を含む）
　　　　▽（連用形「すり」が想定されるが、用例存在せず）
　　　　▽/su’ɴna/（するな）（終止形 /suru/「する」を含む）
　　　　▽/surukutu/（すること）（連体形 /suru/「する」を含む））
　　　　▽/suri’wa/・/sure’e/（すれは）（已然形 /suri/「すれ」を含む）

　但し、/sura’wa/・/sura’a/ や /suri’wa/・/sure’e/ などであって、/sira’wa/・/sira’a/ や /siri’wa/・/sire’e/ などではないから、《組五》の「すら」・「すれ」と直接的につながるかどうかは疑問の残る点であり、今後の課題とすべきことである。

○「〈て〉の形」について述べる。
　《沖辞》（1963）の「例文（夫のために鼻を切った女の話）」の中に「ʔucinaaguciQ ̄ si ◎」（沖縄弁で）、「sideejooi ◎ Qsi ①」（次第に弱って）という例があるように、「して」に対応する /Qsji/ を確認することができる。
　前節「く来」の「きて」に関して次のように述べた。
　　　《沖辞》（1963）に「Qci ◎（来て）」（p.66）とあるから、それ以前、ある時期からそのようであったろうと推測されるが、次に示すように資料によっては必

ずしもそのようになっているとは限らない場合がある。

「Qci ◎（来て）」を「Qsi ①（して）」に変えるだけで全く同じことが言える。例を示そう。

50、《チェン》(1895)

    sshi   149   Ang **sshi** nda.   サウシテ見ヤウ

        /Qsji/「して」に対応。

    shi   146   **Shi** nābira.   ヤツテ見マセウ

        /sji/「して」に対応。

49、《沖話》(1880)

    <u>シシ</u>   0205   ○フシン<u>シシ</u>ナービラ。

    <u>シヽ</u>   0076   ○ツチミ。<u>シヽ</u>ナービラ。

    シ   0647   ○アンシ。チヽヤウヤビーン。

        /Qsji/「して」に対応。

    <u>シヽン</u>   0306   ○アンダグーバカーイ<u>シヽン</u>。

        /Qsji'N/「して」を含む。「しても」に対応。

    シン   0776   ○ワンニン。チヤー<u>シン</u>。ユシリール。

        /sji'N/「して」を含む。「しても」に対応。

48、《ベッテ》(1849)・(1852)

    shī   2-101 （疑問）shī, *has he done, is it done?*〈したか〉

        /sji'i/「して」を含む。「してい」に対応。「しい」の可能性もあるか。/Qsji'i/の可能性もある。

47、《クリ》(1818)

    shee   43. Toomee kagung kee noo kattaka**shee** meerang / The branches of the tree obstruct the sight / Spy-glass trees branches to hide.

        /(Q)sji/「して」に対応。「遠眼鏡、木が隠して（カタカして）見えぬ」の意。

    sitchoong   287   hayee **sitchoong** / go, to, fast

        /sjiQcju'N/「して」を含む。「してきをり<u>む</u>」に対応。/Qsjicju'N/の可能性もある。

45、《琉訳》(1800 頃)

    吸之   1125 朝貢曰密加乃吸之

        /sjicji/「して」に対応。

41、《組五》(1718 頃)

    しち   30   ひちよりしちならぬ。   fichuyi shichi naran.

        /sjicji/「して」に対応。

    しちど   21   遊びぼれ**しちど**   asibiburi shichi du

           24   遊びぼれ**しちど**   asibiburi shichi du

        /sjicjidu/「して」を含む。「してど」に対応。

「して」の /sjicji/ と /Qsji/ との境目が「45、《琉訳》(1800 頃)」のあたりにあるらしいことも「きて」と似ている。変化過程は以下のようになろう。

           */sjite/ → /sjiti/ → /sjici/ → /sjicji/ → /Qsji/

なお、「して」*/sjite/ と他の形式とが接続・融合した場合も /Qsj-/ となる過程のあったことが、次の例で裏付けられる

52、《沖辞》（1963）（p.66）
　　　　　Qsiwadu ①（すればこそ）　Qsi ①（しろ）　　Qsi ①（して）
　　50、《チェン》（1895）に以下の例がある。
　　　　　ssing　279　tatui chu ngkai kwira ndi **ssing**, タトヘ餘所ニヤルモ
　　　　　　　　　　〈琉便〉sshing
　　　　　/Qsji'ɴ/「して」を含む。「しても」に対応。
　《沖辞》の「Qsiwadu」に「すればこそ」という訳が与えられているが、形態上は「し
てはど」に対応するものである。ついでに言えば、「Qsi ①（しろ）」の「Qsi」も形態
上は「して」に対応するものであり、それが命令の意を示す機能を有するということが
注目される。

　　前節の「きて」のところでは触れなかったが、「きて」に関して「48、《ベッテ》（1849）・
（1852）」に /cjiti/ と推定した「chiti」と「ch'ti」が存在する。「chiti」には「知識階級
の間では、過去形はしばしば **chiti** と発音される」という原注が付され、「ch'ti」には「知
識階級の人々は, 過去形に **ch'ti** を用いることがある」とある。別途考慮すべき事柄で
はあるが、ここで扱っている「きて」とは性質を異にするものと考えられる。
　　「して」に関しても同様のことがある。次に示す、/sjiti/ と推定した「shti」である。「き
て」の場合のような原注もコメントもないが、「知識階級の人々が」「過去形に用いる」
「shti」ではないかと考えられる。
　　　　shti 2-97　不定詞　shuru, shĭ **shti**;　否定形　sane
　　　　　「sh」は母音 /i/ が無声化したことを示していよう。

（「あり」「をり」との接続に関しては、第10節で改めて述べる。）

　　以下、用例参照。
　　１）「連用形」に対応する形
す為
03、《琉館》（16C 前半成立か）
　/cükaisji/　☆連用形「し」を含む。「つかひし」（遣ひし）に対応。
08、《おも１》（1531）
　/sjijari/　☆連用形「し」を含む。「しあり」に対応。
　/sjijuwaci/　☆連用形「し」を含む。「しおはして」に対応。
　/sjijuwari/　☆連用形「し」を含む。「しおわれ」に対応。
09、《陳使》（1534）
　/cükaisji/　☆連用形「し」を含む。「つかひし」（遣ひし）に対応。
13、《碑文（かた）》（1543）
　/sji/　☆連用形「し」に対応。
19、《郭使》（1561）
　/naɴgisji/　☆連用形「し」を含む。「なんぎし」（難儀し）に対応。
28、《碑文（よう）》（1609）

/sjijuru/　☆連用形「し」を含む。「しをる」に対応。

29、《おも2》（1613）

/sjijari/　☆連用形「し」を含む。「しあり」に対応。

/sjijuru/　☆連用形「し」を含む。「しをる」に対応。

/sjijuwaci/　☆連用形「し」を含む。「しおはして」に対応。

/sjijuwari/　☆連用形「し」を含む。「しおわれ」に対応。

30、《おも3》（1623）

/sji/　☆連用形「し」に対応。「中止」用法。

/sjijari/　☆連用形「し」を含む。「しあり」に対応。

/sjijuru/　☆連用形「し」を含む。「しをる」に対応。

/sjijuruna/　☆連用形「し」を含む。「しをるな」に対応。

/sjijuridumu/　☆連用形「し」を含む。「しをれども」に対応。

/sjijuriba/　☆連用形「し」を含む。「しをれば」に対応。

/sjijurai/　☆連用形「し」を含む。「しをらい」に対応。

/sjijurasjiju/　☆連用形「し」を含む。「しをらしよ」に対応。

/sjijuwari/　☆連用形「し」を含む。「しおわれ」に対応。

/sjijuwa/　☆連用形「し」を含む。「しおわ（れ）」に対応。

/sjijuwatiti/　☆連用形「し」を含む。「しおわてて」に対応。

/sjijuwaruna/　☆連用形「し」を含む。「しおわるな」に対応。

/sjijuwariba/　☆連用形「し」を含む。「しおわれば」に対応。

/sjijuwaba/　☆連用形「し」を含む。「しおわ（れ）ば」に対応。

/sjijuwacji/　☆連用形「し」を含む。「しおはして」に対応。

31、《碑文（本山）》（1624）

/sji/　☆連用形「し」に対応。

37、《君由》（1700頃）

/sji'jo'ocji/　☆連用形「し」を含む。「しおはして」に対応。

/sji'juru/　☆連用形「し」を含む。「しをる」に対応。/sjuru/の可能性を残す。

/sjiru'jani/　☆連用形「し」を含む。「しをるやうに」に対応。「しをる→しゆる→しる」のように変化か。
（本来の連体形「する」と共存か。）

38、《仲里》（1703頃）

/sjabira/　☆連用形「し」を含む。「しはべら」に対応。

/sjabimunu/　☆連用形「し」を含む。「しはべ（る）もの」に対応。

/'udurusja/　☆連用形「し」を含む。「をどるしや」に対応。「しや」は「為る者」の意。

/ʔumurusja/　☆連用形「し」を含む。「おもろしや」に対応。「しや」は「為る者」の意。

/saciga'isji/　☆連用形「し」を含む。「さつがいし」（殺害し）に対応。

/sji'uru/　☆連用形「し」を含む。「しをる」に対応。/sjuru/の可能性を残す。

/sju'jusi/　☆連用形「し」を含む。「しをるす」に対応。

/sjusi'ja/　☆連用形「し」を含む。「しを（る）すは」に対応。

/sjumunu/　☆連用形「し」を含む。「しを（る）もの」に対応。「するので」の意。

39、《混験》（1711）

/sjabiti/　☆連用形「し」を含む。「しはべりて」に対応。

/sji'juriba/　☆連用形「し」を含む。「しをれば」に対応。

/sji'ju'wacji/　☆連用形「し」を含む。「しおはして」に対応。

/sabira/　☆連用形「し」を含む。「しはべら」に対応。

41、《組五》（1718 頃）

/sjabiru/　☆連用形「し」を含む。「しはべる」に対応。

/sjabira/　☆連用形「し」を含む。「しはべら」に対応。

/sjizjacji/　☆連用形「し」を含む。「しいだして」に対応。

/sjaru/　☆連用形「し」を含む。「しある」に対応。

/sjigana/　☆連用形「し」を含む。「し（ある）がな」に対応。

/sju'ɴ/　☆連用形「し」を含む。「しをりむ」に対応。

/sjuga/　☆連用形「し」を含む。「しを（る）が」に対応。

/sjusi/　☆連用形「し」を含む。「しを（る）す」に対応。

/sju'juga/　☆連用形「し」を含む。「しをりをるが」に対応。

/sju'jura/　☆連用形「し」を含む。「しをりをら」に対応。

/sjumunu/　☆連用形「し」を含む。「しを（る）もの」に対応。

/sjutaru/　☆連用形「し」を含む。「しをりたる」に対応。

/sjo'ocji/　☆連用形「し」を含む。「しおはして」に対応。

/ʔicjasji/　☆連用形「し」を含む。「いかし」（如何し）に対応。

42、《中信》（1721）

/sji/　☆連用形「し」に対応。

45、《琉訳》（1800 頃）

/sju('ɴ)ga/　☆連用形「し」を含む。「しをるか」に対応。

/mi'ime'esji/　☆連用形「し」を含む。「みまひし」に対応。

/'ɴpasji/　☆連用「し」を含む。「んばし」（「嫌だと言い」の意）に対応か。

47、《クリ》（1818）

/sju'ɴ/　☆連用形「し」を含む「しをりむ」に対応。

48、《ベッテ》（1849）・（1852）

/sjitinu/　☆連用形「し」を含む。「しての」に対応。「し‐て（為手）の」。

/sji'a/　☆連用形「し」を含む。「しあ」に対応。「あ」は動作・人等を示す接辞。

/sje'e/　☆連用形「し」を含む。「しは」に対応。

/sji/　☆連用形「し」に対応。

/sji'i/　☆連用形「し」に対応。

/sji'ine'e/　☆連用形「し」を含む。「しには」に対応。「する時には」の意。

/sji'idu'ɴ/　☆連用形「し」を含む。「しども」に対応。

/sji'iga/　☆連用形「し」を含む。「しいが」に対応。

/sji'ite'e/　☆連用形「し」を含む。「したい」に対応。

/sji'i'jaQsa/　☆連用形「し」を含む。「しやすさ」に対応。

/sji'igiQsa/　☆連用形「し」を含む。「しげさ」に対応。

/sji'igiQsaru/　☆連用形「し」を含む。「しげさある」に対応。

/sji'igiQsata'ɴ/　☆連用形「し」を含む。「しげさありてありむ→しげさありたりむ」に対応。

/sji'abi'i'ɴ/　☆連用形「し」を含む。「しはべりをりむ」に対応。

/sji'jabi'i'siga/　☆連用形「し」を含む。「しはべ（る）すが」に対応。

/sji'abitasi/　☆連用形「し」を含む。「しはべりてあ（る）す→しはべりた（る）す」に対応。

/sjabira/　☆連用形「し」を含む。「しはべら」に対応。

/sjabi'iru/　☆連用形「し」を含む。「しはべる」に対応。「しはべりをる」に対応する可能性もある。

/sjimehe'emi/　☆連用形「し」を含む。「しめしをりみ」に対応。

/sjimisjo'ori/　☆連用形「し」を含む。「しめしおわれ」に対応。

/sji'i?o'osa'ɴ/　☆連用形「し」を含む。「しおほさぬ」に対応。

/sji'i?o'osa'ɴta'ɴ/　☆連用形「し」を含む。「しおほさぬてありむ→しおほさぬたりむ」に対応。

（しあり）

　例えば、/nuda'ɴ/「のみてありむ」等とパラレルになるのであれば、「してあり」となりそうであるが、形の上からは「しあり」に対応しているとしか思えない。

/sja'ɴ/　☆連用形「し」を含む。「しありむ」に対応。

/sjakutu/　☆連用形「し」を含む。「しあ（る）こと」に対応。

/sjaga/　☆連用形「し」を含む。「しあ（る）が」に対応。

/sjagacji('i)na'a/　☆連用形「し」を含む。「しあ（る）がちな」に対応。

/sjagana'a/　☆連用形「し」を含む。「しあ（る）がな」に対応。

/sjaru/　☆連用形「し」を含む。「しある」に対応。

/sjaQkutu/　☆連用形「し」を含む。「しあること」に対応。

/sjatukuro'o/　☆連用形「し」を含む。「しあるところは」に対応。

/sjare'e/　☆連用形「し」を含む。「しあれは」に対応。

（しをり）

/sji'u'i'ɴ/　☆連用形「し」を含む。「しをりむ」に対応。

/sji'uti'ɴ/　☆連用形「し」を含む。「しをりても」に対応。

/sju'ɴ/　☆連用形「し」を含む。「しをりむ」に対応。

/sju'ɴdu'ɴ/　☆連用形「し」を含む。「しをりむども」に対応。

/sju'ɴdo'o/　☆連用形「し」を含む。「しをりむど」に対応。

/sju'ɴte'e/　☆連用形「し」を含む。「しをりむて」に対応。

/sjumi/　☆連用形「し」を含む。「しをりみ」に対応。

/sjuru/　☆連用形「し」を含む。「しをる」に対応。

/sjuQtukuru/　☆連用形「し」を含む。「しをるところ」に対応。

/sjuQkutu/　☆連用形「し」を含む。「しをること」に対応。

/sjuru'i/　☆連用形「し」を含む。「しをるい」に対応。

/sjuga/　☆連用形「し」を含む。「しを（る）が」に対応。

/sjusi/　☆連用形「し」を含む。「しを（る）す」に対応。

/sjuse'e/　☆連用形「し」を含む。「しを（る）すは」に対応。

/sjusi'ɴ/　☆連用形「し」を含む。「しを（る）すも」に対応。

/sjusiga/　☆連用形「し」を含む。「しを（る）すが」に対応。

/sjura/　☆連用形「し」を含む。「しをら」に対応。

/sjura'a/　☆連用形「し」を含む。「しをらは」に対応。

（しをりてあり）

/sjuta'ɴ/　☆連用形「し」を含む。「しをりてありむ→しをりたりむ」に対応。

/sjutasiga/　☆連用形「し」を含む。「しをりてあ（る）すが→しをりた（る）すが」に対応。

/sjutare'e/　☆連用形「し」を含む。「しをりてあれは→しをりたれは」に対応。

/sjute'ere'e/　☆連用形「し」を含む。「しをりてはあれは」に対応。

49、《沖話》（1880）

/sje'e/　☆連用形「し」を含む。「しは」に対応。

/sji'idu'ɴse'e/　☆連用形「し」を含む。「しどもせは」に対応。

/sji'iga/　☆連用形「し」を含む。「しいが」に対応。

/sji'i'ja/　☆連用形「し」を含む。「しは」に対応。

/sji'ite'e/　☆連用形「し」を含む。「したい」に対応。

/sji'ine'e/　☆連用形「し」を含む。「しには」に対応。

/sji'ibicji'i/　☆連用形「し」を含む。「しべき」に対応。「すべき」に対応するのではない。「連用形＋べし」である。

/sjimisje'ebi'iga/　☆連用形「し」を含む。「しめしはべりを（る）が」に対応。

/sjimisje'eru/　☆連用形「し」を含む。「しめしある」に対応。

/sjimise'ebitara/　☆連用形「し」を含む。「しめしはべりたら」に対応。

/sjimisjo'ore'e/　☆連用形「し」を含む。「しめしおわれは」に対応。

/sjabi'imi/　☆連用形「し」を含む。「しはべりをりみ」に対応。

/sjabi'iru/　☆連用形「し」を含む。「しはべりをる」に対応。

/sjabi'isiga/　☆連用形「し」を含む。「しはべりを（る）すが」に対応。

/sjabi'ikutu/　☆連用形「し」を含む。「しはべりを（る）こと」に対応。

/sjabi'ira/　☆連用形「し」を含む。「しはべりをら」に対応。

/sjabira/　☆連用形「し」を含む。「しはべら」に対応。

/sjabira'ɴ/　☆連用形「し」を含む。「しはべらぬ」に対応。

/sjabirani/　☆連用形「し」を含む。「しはべらに」に対応。

/sjabira'ɴtasiga/　☆連用形「し」を含む。「しはべらぬた（る）すが」に対応。

/sjabita'ɴ/　☆連用形「し」を含む。「しはべりたりむ」に対応。

/sjabitaru/　☆連用形「し」を含む。「しはべりたる」に対応。

/sjabitasiga/　☆連用形「し」を含む。「しはべりた（る）すが」に対応。

/sjabitasa'a/　☆連用形「し」を含む。「しはべりた（る）さ」に対応。

/sjabitara/　☆連用形「し」を含む。「しはべりたら」に対応。

/sja'a'i/　☆連用形「し」を含む。「しあり」に対応。

/sja'a'e'e/　☆連用形「し」を含む。「しありは」に対応。

/sjakutu/　☆連用形「し」を含む。「しあ（る）こと」に対応。

/sjara'a/　☆連用形「し」を含む。「しあらは」に対応。

/sju'ɴ/　☆連用形「し」を含む。「しをりむ」に対応。

/sjuru/　☆連用形「し」を含む。「しをる」に対応。

/sjuse'e/　☆連用形「し」を含む。「しを（る）すは」に対応。

/sjusi'ɴ/　☆連用形「し」を含む。「しを（る）すも」に対応。

/sjura/　☼連用形「し」を含む。「しをら」に対応。

/sjura'a/　☼連用形「し」を含む。「しをらは」に対応。

つうず通　/cu'uzji'iga/　☼「ラ行（四段）化」後の連用形「つうじり」を含む。「つうじりが」に対応。

/cu'uzji'jabi'i'ɴ/　☼「ラ行（四段）化」後の連用形「つうじり」を含む。「つうじりはべりをり<u>む</u>」に対応。

50、《チェン》（1895）

/sji/　☼連用形「し」に対応。

/sji'i/　☼連用形「し」を含む。「しい」に対応。

/sji'ine'e/　☼連用形「し」を含む。「しには」に対応。

/sjabi'i'ɴ/　☼連用形「し」を含む。「しはべりをり<u>む</u>」に対応。

/sjabira/　☼連用形「し」を含む。「しはべら」に対応。

/sjabira'ɴ/　☼連用形「し」を含む。「しはべらぬ」に対応。

/sjabita'ɴ/　☼連用形「し」を含む。「しはべりたり<u>む</u>」に対応。

/sjabi'ira/　☼連用形「し」を含む。「しはべりをら」に対応。

/sjabi'iru/　☼連用形「し」を含む。「しはべりをる」に対応。

/sjabi'itara/　☼連用形「し」を含む。「しはべりをりたら」に対応。

/sjabi'ikutu/　☼連用形「し」を含む。「しはべりを（る）こと」に対応。

/sjimisje'ebiri/　☼連用形「し」を含む。「しめしはべれ」に対応。

/sjimisje'emi/　☼連用形「し」を含む。「しめしありみ」に対応。

/sjimisjo'ori/　☼連用形「し」を含む。「しめしおわれ」に対応。

/sjimisjo'ora'ɴ gutu/　☼連用形「し」を含む。「しめしおわらぬごと」に対応。

/sjara/　☼連用形「し」を含む。「しあら」に対応。

/sja'ɴte'ema'ɴ/　☼連用形「し」を含む。「しありてまも」に対応。

/sjo'o'jabi'isa'a/　☼連用形「し」を含む。「しをりはべ（る）さ」に対応。

/sjo'o'jabi'isi ga/　☼連用形「し」を含む。「しをりはべ（る）すが」に対応。

/so'otasi ga/　☼連用形「し」を含む。「しをりてあ（る）すが」に対応。

/sju'ɴ/　☼連用形「し」を含む。「しをり<u>む</u>」に対応。

/sju'ɴdi/　☼連用形「し」を含む。「しをり<u>む</u>て」に対応。

/sjuna/　☼連用形「し」を含む。「しを（る）な」に対応。

/sjuru ʔucji/　☼連用形「し」を含む。「しをる　うち」に対応。

/sju ga/　☼連用形「し」を含む。「しを（る）が」に対応。

/sju kutu/　☼連用形「し」を含む。「しを（る）こと」に対応。

/sjusa'a/　☼連用形「し」を含む。「しを（る）さ」に対応。

/sjura'wa/　☼連用形「し」を含む。「しをらは」に対応。

/sjura'a/　☼連用形「し」を含む。「しをらは」に対応。

/sjutasi/　☼連用形「し」を含む。「しを（る）たす」に対応。

51、《官話》（19世紀？）

/sjuru/　☼連用形「し」を含む。「しをる」に対応。

がいす害為

48、《ベッテ》（1849）・（1852）/ge'esju'ɴ/　☼連用形「がいし」を含む。「がいしをり<u>む</u>」に対応。

しっす失

48、《ベッテ》（1849）・（1852）/sji(Q)sji/ ☆連用形「しっし」に対応。

かんず感

48、《ベッテ》（1849）・（1852）/ka'ɴzji'u'ɴ/ ☆連用形「かんじ」を含む。「かんじをりむ」に対応。

しやうず生

51、《官話》（19世紀？）/sjo'ozjita'ɴ/ ☆連用形「しやうじ」を含む。「しやうじたりむ」に対応。

しんず信

48、《ベッテ》（1849）・（1852）/sji'ɴzji'u'ɴ/ ☆連用形「しんじ」を含む。「しんじをりむ」に対応。

べんず弁

48、《ベッテ》（1849）・（1852）/bi'ɴzji'u'ɴ/ ☆連用形「べんじ」を含む。「べんじをりむ」に対応。

やすんず安

48、《ベッテ》（1849）・（1852）/'jasu'ɴzji/ ☆連用形「やすんじ」に対応。

ゑんず怨

39、《混験》（1711）/'i'ɴzji/ ☆連用形「ゑんじ」に対応か。

しむ為 「させる」の意

08、《おも1》（1531）/sjimija(i)/ ☆連用形「しめ」を含む。「しめあ（り）」に対応か。

２）「命令形」に対応する形

す為

01、《翻訳》（1501）

/süri/ ☆命令形「すれ」に対応。

03、《琉館》（16C前半成立か）

/süri/ ☆命令形「すれ」に対応。

09、《陳使》（1534）

/süri/ ☆命令形「すれ」に対応。

31、《碑文（本山）》（1624）

/sïri/ ☆命令形「すれ」に対応。

39、《混験》（1711）

/siri/ ☆命令形「すれ」に対応か。

48、《ベッテ》（1849）・（1852）

/si'i/ ☆命令形「せ」に対応。/siri/の変化した形の可能性もある。

/si'i'jo'o/ ☆命令形「せ」を含む。「せよ」に対応。

/se'e/ ☆命令形「せ」を含む。「せは」に対応。

しむ？ 「させる」の意

30、《おも3》（1623）/sjimiri/ ☆「ラ行化」後の命令形「しめれ」に対応。

３）「終止形」に対応する形

す為

03、《琉館》（16C前半成立か）

/hwaisü/ ☆終止形「す」を含む。「はいす」（拝す）に対応。

第7節 「サ行変格活用」動詞の史的変化 1187

09、《陳使》（1534）

　/hwaisü/　☆ 終止形「す」を含む。「はいす」（拝す）に対応。

17、《碑文（やら）》（1554）

　/sürubisji/　☆ 終止形「する」を含む。「するべし」に対応。

30、《おも 3 》（1623）

　/sïru/　☆ 終止形「する」に対応。

　/sïruɴ/　☆ 終止形「する」を含む。「するむ」に対応。

41、《組五》（1718 頃）

　/suna/　☆ 終止形「す」を含む。「すな」に対応。

　/siruna/　☆ 終止形「する」を含む。「するな」に対応。

45、《琉訳》（1800 頃）

　/si/　☆ 終止形「す」に対応。

47、《クリ》（1818）

　/suna/　☆ 終止形「す」を含む。「すな」に対応。

48、《ベッテ》（1849）・（1852）

　/su'ɴna/　☆ 終止形「する」を含む。「するな」に対応。

　/su'ɴna'jo'o/　☆ 終止形「する」を含む。「するなよ」に対応。

51、《官話》（19 世紀 ?）

　/siru/　☆「ラ行化」した終止形と見做される「する」に対応。

あいす愛

　　45、《琉訳》（1800 頃）　/ʔa'isiru/　☆ 終止形「あいする」に対応。

います在

　　45、《琉訳》（1800 頃）　/ʔimasi/　☆ 終止形「います」に対応。

おいてす於為

　　48、《ベッテ》（1849）・（1852）　/ʔu'itisi/　☆ 終止形「す」を含む。「おいてす」に対応。

かす化

　　45、《琉訳》（1800 頃）　/kasiru/　☆ 終止形「かする」に対応。

しっす失

　　48、《ベッテ》（1849）・（1852）　/sji(Q)si/　☆ 終止形「しっす」に対応。

たいす対

　　45、《琉訳》（1800 頃）　/te'esiru/　☆ 終止形「たいする」に対応。

たむろす屯

　　45、《琉訳》（1800 頃）　/tamurusi/　☆ 終止形「たむろす」に対応。

はっす発

　　48、《ベッテ》（1849）・（1852）　/hwaQsiru/　☆ 終止形「はっする」に対応。

しやうず生

　　48、《ベッテ》（1849）・（1852）　/sjo'oziru/　☆ 終止形「しやうずる」に対応。訓読体。文語。

そんず損

　　45、《琉訳》（1800 頃）　/su'ɴzi/　☆ 終止形「そんず」に対応。

やすんず安

45、《琉訳》（1800 頃）　/'jasi'ɴzi/　☼ 終止形「やすんず」に対応。

しむ為　「させる」の意
08、《おも1》（1531）　/sümuraɴ/　☼ 終止形「す」を含む。「すもらむ」に対応か。
38、《仲里》（1703 頃）　/sji'ɴ/　☼ 終止形「しむ」に対応。

　　4）「連体形」に対応する形
す為
29、《おも2》（1613）
　　/süru/　☼ 連体形「する」に対応。
30、《おも3》（1623）
　　/sïru/　☼ 連体形「する」に対応。
　　/sïrujani/　☼ 連体形「する」を含む。「するや（う）に」に対応。
38、《仲里》（1703 頃）
　　/siru'jani/　☼ 連体形「する」を含む。「するや（う）に」に対応。
48、《ベッテ》（1849）・（1852）
　　/sirunji/　☼ 連体形「する」を含む。「するに」に対応。訓読体。文語。
　　/sunji/　☼ 連体形「する」を含む。「す（る）に」に対応か。訓読体。文語。
　　/sunji'ɴ/　☼ 連体形「する」を含む。「す（る）にも」に対応か。
　　/sunje'e/　☼ 連体形「する」を含む。「す（る）には」に対応か。
ざす座
　　48、《ベッテ》（1849）・（1852）　/zasirugagutuku/　☼ 連体形「ざする」を含む。「ざするがご
　　　　　　　　　　　　　　　　　　　　　　　　　　　　　　とく」に対応。

たんず嘆
　　48、《ベッテ》（1849）・（1852）　/ta'ɴzjiru/　☼ 連体形「たんじる」に対応。
ねんず念
　　39、《混験》（1711）　/nizi'iru/　☼「ラ行（四段）化」後の連体形「ねずへる」に対応。

　　5）「已然形」に対応する形
す為
30、《おも3》（1623）
　　/sïriba/　☼ 已然形「すれ」を含む。「すれば」に対応。
37、《君由》（1700 頃）
　　/siriba/　☼ 已然形「すれ」を含む。「すれば」に対応。
38、《仲里》（1703 頃）
　　/siriba/　☼ 已然形「すれ」を含む。「すれば」に対応。
41、《組五》（1718 頃）
　　/siriba/　☼ 已然形「すれ」を含む。「すれば」に対応。
48、《ベッテ》（1849）・（1852）
　　/siwadu/　☼ 已然形「せ」を含む。「せはど」に対応。
　　/si'wa'ɴ/　☼ 已然形「せ」を含む。「せはも」に対応。

/se'e/　☼已然形「せ」を含む。「せは」に対応。

49、《沖話》（1880）

/se'e/　☼已然形「せ」を含む。「せは」に対応。

50、《チェン》（1895）

/se'e/　☼已然形「せ」を含む。「せは」に対応。

　6）「未然形」に対応する形

す為

30、《おも3》（1623）

/sini/　☼未然形「せ」を含む。「せに」に対応。

/siba/　☼未然形「せ」を含む。「せば」に対応。

/simasji/　☼未然形「せ」を含む。「せまし」に対応。

/sidana/　☼未然形「せ」を含む。「せだな」に対応。

/sirani/　☼未然形「せ」を含む。「せらに」に対応。

/sirami/　☼未然形「せ」を含む。「せらめ」に対応。

39、《混験》（1711）

/sirani/　☼未然形「せ」を含む。「せらに」に対応。

41、《組五》（1718 頃）

/sasjo'o/　☼未然形「さ」を含む。「させう」に対応。

/sirani/　☼未然形「すら」を含む。「すらに」に対応。

/sirana/　☼未然形「すら」を含む。「すらな」に対応。

/sira'N/　☼未然形「すら」を含む。「すらぬ」に対応。

48、《ベッテ》（1849）・（1852）

/sa/　☼未然形「さ」に対応。「意志」を示す。

/sa'wa/　☼未然形「さ」を含む。「さは」に対応。

/sa'wa'N/　☼未然形「さ」を含む。「さはも」に対応。

/sa'Nde'e/　☼未然形「さ」を含む。「さむては」に対応か。「しようとは」の意。

（さぬ）

/sa'N/　☼未然形「さ」を含む。「さぬ」に対応。

/sani/　☼未然形「さ」を含む。「さに」に対応。

/sa'Nti'i/　☼未然形「さ」を含む。「さぬてい」に対応。

/sa'Ndu'N/　☼未然形「さ」を含む。「さぬども」に対応。

/sa'Nka'ja'a/　☼未然形「さ」を含む。「さぬかや」に対応。

/sane'e/　☼未然形「さ」を含む。「さねは」に対応。

/sa'Nne'e/　☼未然形「さ」を含む。「さぬには」に対応。

/sa'N basju/　☼未然形「さ」を含む。「さぬばす」に対応。

/sa'Nba'a/　☼未然形「さ」を含む。「さぬば」に対応。

/sa'Ngutu/　☼未然形「さ」を含む。「さぬごと」に対応。

/sa'Nhazi/　☼未然形「さ」を含む。「さぬはず」に対応。

/sa'Ngi(Q)sa/　☼未然形「さ」を含む。「さぬげさ」に対応。

/saꞯnsi/　☼ 未然形「さ」を含む。「さぬす」に対応。

/saꞯnse'e/　☼ 未然形「さ」を含む。「さぬすは」に対応。

/saꞯnsiga/　☼ 未然形「さ」を含む。「さぬすが」に対応。

/saꞯnti'n/　☼ 未然形「さ」を含む。「さぬても」に対応。

/saꞯnʔara'waꞯn/　☼ 未然形「さ」を含む。「さぬあらはも」に対応。

/saꞯnʔare'e/　☼ 未然形「さ」を含む。「さぬあれは」に対応。

/saꞯnʔati/　☼ 未然形「さ」を含む。「さぬありて」に対応。

/saꞯnʔate'e/　☼ 未然形「さ」を含む。「さぬありては」に対応。

/saꞯnta'n/　☼ 未然形「さ」を含む。「さぬてありむ」に対応。

/saꞯntaru/　☼ 未然形「さ」を含む。「さぬてある」に対応。

/saꞯntasi/　☼ 未然形「さ」を含む。「さぬてあ（る）す→さぬた（る）す」に対応。

/saꞯntaga/　☼ 未然形「さ」を含む。「さぬてあ（る）が→さぬた（る）が」に対応。

/saꞯntasiga/　☼ 未然形「さ」を含む。「さぬてあ（る）すが→さぬた（る）すが」に対応。

/saꞯnto'oti'n/　☼ 未然形「さ」を含む。「さぬてはをりても」に対応。

（さる）（される）

/sari'idu'n/　☼ 未然形「さ」を含む。「されりども」に対応。

/sari'igiQsa/　☼ 未然形「さ」を含む。「されりげさ」に対応。

/sari'igiQsami/　☼ 未然形「さ」を含む。「されりげさありみ」に対応。

/sari'u'n/　☼ 未然形「さ」を含む。「されりをりむ」に対応。

/sari'i'n/　☼ 未然形「さ」を含む。「されりをりむ」に対応。

/sari'iru/　☼ 未然形「さ」を含む。「されりをる」に対応。

/sari'ikutu/　☼ 未然形「さ」を含む。「されりを（る）こと」に対応。

/sari'ise'e/　☼ 未然形「さ」を含む。「されりを（る）すは」に対応。

/sari'imi/　☼ 未然形「さ」を含む。「されりをりみ」に対応。

/sari'iga/　☼ 未然形「さ」を含む。「されりを（る）が」に対応。

/saQti/　☼ 未然形「さ」を含む。「されて」に対応。

/saQtidu'n/　☼ 未然形「さ」を含む。「されてども」に対応。

/saQti'i/　☼ 未然形「さ」を含む。「されてい」に対応。

/saQta'n/　☼ 未然形「さ」を含む。「されてありむ→されたりむ」に対応。

/saQtaru/　☼ 未然形「さ」を含む。「されてある→されたる」に対応。

/saQte'esi/　☼ 未然形「さ」を含む。「されてはあ（る）す」に対応。

/saQto'osi/　☼ 未然形「さ」を含む。「されてはを（る）す」に対応。

/sarira'n/　☼ 未然形「さ」を含む。「されらぬ」に対応。

/sarira'nse'e/　☼ 未然形「さ」を含む。「されらぬすは」に対応。

/sarira'nʔami/　☼ 未然形「さ」を含む。「されらぬありみ」に対応。

/sarira'nʔatidu'n/　☼ 未然形「さ」を含む。「されらぬありてども」に対応。

/sarira'nga/　☼ 未然形「さ」を含む。「されらぬが」に対応。

/sarira'nta'n/　☼ 未然形「さ」を含む。「されらぬてありむ→されらぬたりむ」に対応。

/sarira'ntaru/　☼ 未然形「さ」を含む。「されらぬてある→されらぬたる」に対応。

/sarira'ntasi/　☼ 未然形「さ」を含む。「されらぬてあ（る）す→されらぬた（る）す」に対応。

/sarira'ɴti'i/　☆ 未然形「さ」を含む。「されらぬてい」に対応。

49、《沖話》（1880）

/sa'ɴ/　☆ 未然形「さ」を含む。「さぬ」に対応。

/sani/　☆ 未然形「さ」を含む。「さに」に対応。

/sa'ɴka'ja'a/　☆ 未然形「さ」を含む。「さぬかや」に対応。

50、《チェン》（1895）

/sa'a/　☆ 未然形「さ」を含む。「さは」に対応。

/sa'ɴdi/　☆ 未然形「さ」を含む。「さんで」に対応。

/sari'ɴsjo'ori/　☆ 未然形「さ」を含む。「されめしおわれ」に対応。

/sa'ɴ/　☆ 未然形「さ」を含む。「さぬ」に対応。

/sani/　☆ 未然形「さ」を含む。「さに」に対応。

/sa'ɴsi/　☆ 未然形「さ」を含む。「さぬす」に対応。

しす死

51、《官話》（19 世紀 ?）　/sjisjiru/　☆ 未然形「しせ」を含む。「しせる」に対応。「る」は所謂助動詞「り」の連体形。

ひす比

49、《沖話》（1880）　/hwiQsjirari'jabira'ɴ/　☆ 未然形「ひせ」を含む。「ひせられはべらぬ」に対応。

かんず感

48、《ベッテ》（1849）・（1852）　/ka'ɴzjira'ɴ/　☆「ラ行（四段）化」後の未然形「かんじら」を含む。「かんじらぬ」に対応。

きんず禁

41、《組五》（1718 頃）　/cjizjirara'ɴ/　☆「ラ行（四段）化」後の未然形「きじら」を含むとみる。「きじららぬ」に対応。

つうず通

48、《ベッテ》（1849）・（1852）　/cu'uzjira'ɴ/　☆「ラ行（四段）化」後の未然形「つうじら」を含む。「つうじらぬ」に対応。

49、《沖話》（1880）　/cu'uzjira'ɴ/　☆「ラ行（四段）化」後の未然形「つうじら」を含む。「つうじらぬ」に対応。

やすんず安

48、《ベッテ》（1849）・（1852）　/jasu'ɴzjira'ɴse'e/　☆「ラ行（四段）化」後の未然形「やすんじら」を含む。「やすんじらぬすは」に対応。

しむ　「させる」の意

30、《おも 3》（1623）　/sjimimasji/　☆ 未然形「しめ」を含む。「しめまし」に対応。

38、《仲里》（1703 頃）　/sjimira'ɴ/　☆「ラ行化」後の未然形「しめら」を含む。「しめらむ」に対応。「させない」の意。

7）「〈て〉の形」に対応する形

す為

08、《おも 1》（1531）

/sjici/　☆「して」に対応。

19、《郭使》（1561）

/hwaisjici/　☆「して」を含む。「はいして」（拝して）に対応。

/cükaisjici/　☆「して」に対応。「つかひして」（遣ひして）に対応。

/micügisjici/　☆「して」に対応。「みつぎして」（貢して）に対応か。

/riisjici/　☆「して」を含む。「れいして」（礼して）に対応。

22、《音字》（1572頃）

/hwaisjici/　☆「して」を含む。「はいして」（拝して）に対応。

/cükaisjici/　☆「して」を含む。「つかひして」（遣ひして）に対応。

/riisjici/　☆「して」を含む。「れいして」（礼して）に対応。

23、《蕭使》（1579）

/riisjici/　☆「して」を含む。「れいして」（礼して）に対応。

27、《夏使》（1606）

/cükaisjici/　☆「して」を含む。「つかひして」（遣ひして）に対応。

/riisjici/　☆「して」を含む。「れいして」（礼して）に対応。

30、《おも3》（1623）

/sjiti/　☆「して」に対応。

/sjicji/　☆「して」に対応。

/sjicjiucji/　☆「して」を含む。「しておきて」に対応。

/sjicjaru/　☆「して」を含む。「してある→したる」に対応。

37、《君由》（1700頃）

/sjitaru'jani/　☆「して」を含む。「してあるやうに→したるやうに」に対応。

38、《仲里》（1703頃）

/sjicji/　☆「して」に対応。

/sjicjaru/　☆「して」を含む。「してある→したる」に対応。

/sjicjo'oti/　☆「して」を含む。「してはをりて」に対応。

39、《混験》（1711）

/sjicji/　☆「して」に対応。

/sitari/　☆「して」を含む。「してあれ→したれ」に対応。

41、《組五》（1718頃）

/sjicji/　☆「して」に対応。

/sjicjidu/　☆「して」を含む。「してど」に対応。

/sjicjaru/　☆「して」を含む。「してある→したる」に対応。

/sjicjaga/　☆「して」を含む。「してあるが→したるが」に対応。

/sjicjari/　☆「して」を含む。「してあれ→したれ」に対応。

/sjicjara/　☆「して」を含む。「してあら→したら」に対応。

/sjicjuru/　☆「して」を含む。「してをる」に対応。

/sjicjo'N/　☆「して」を含む。「してはをりむ」に対応。

/sjicjoru/　☆「して」を含む。「してはをる」に対応。

/sjicjuti/　☆「して」を含む。「してをりて」に対応。

/sjicji'ututi/　☼「して」を含む。「してをりてをりて」に対応。

45、《琉訳》（1800 頃）

/sjicji/　☼「して」に対応。

47、《クリ》（1818）

/(Q)sji/　☼「して」に対応。

/sjiQcju'uɴ/　☼「して」を含む。「してきをり<u>む</u>」に対応。/Qsjicju'uɴ/の可能性もある。

48、《ベッテ》（1849）・（1852）

（して）

/sjiti/　☼「して」に対応。

/sji'i/　☼「して」を含む。「してい」に対応。「しい」の可能性もあるか。/Qsji'i/の可能性もある。

/(Q)sji/　☼「して」に対応。

（しては）？　（しは）？

/sje'e/　☼「して」を含む。「しては」に対応。「しは」の可能性もあるか。

（以下は、「し」と「して」との区別がしにくいものであるが、現代語などとの対応から「して」と判断する。）

/(Q)sjidu/　☼「して」を含む。「してど」に対応。

/(Q)sji'ɴ/　☼「して」を含む。「しても」に対応。

（してある）

/(Q)sjita/　☼「して」を含む。「してあ（る）→した（る）」に対応。

/(Q)sjitahwu'i/　☼「「して」を含む。「してあ（る）ふり→した（る）ふり」に対応。

/(Q)sje'eɴ/　☼「して」を含む。「してはありむ」に対応。

/(Q)sje'eru/　☼「して」を含む。「してはある」に対応。

/(Q)sje'eruna'a/　☼「して」を含む。「してはあるな」に対応。

/(Q)sje'esi/　☼「して」を含む。「してはあ（る）す」に対応。

（してをり）

/(Q)sjo'o'ɴ/　☼「して」を含む。「してはをりむ」に対応。

/(Q)sjo'oru/　☼「して」を含む。「してはをる」に対応。

/(Q)sjo'ori/　☼「して」を含む。「してはをり」に対応。/sjo'o'i/ではないことに注意。

/(Q)sjo'osi/　☼「して」を含む。「してはを（る）す」に対応。

/(Q)sjo'osiga/　☼「して」を含む。「してはを（る）すが」に対応。

/(Q)sjo'oti/　☼「して」を含む。「してはをりて」に対応。

/(Q)sjo'oti'ɴ/　☼「して」を含む。「してはをりても」に対応。

/(Q)sjo'otaru/　☼「して」を含む。「してはをりたる」に対応。

/(Q)sjo'otasi/　☼「して」を含む。「してはをりた（る）す」に対応。

/(Q)sjo'otasiga/　☼「して」を含む。「してはをりた（る）すが」に対応。

/(Q)sjo'oka'ja'a/　☼「して」を含む。「してはを（る）かや」に対応。

/(Q)sjo'o'i'ɴ/　☼「して」を含む。「してはをるに」に対応。

/(Q)sjo'o'i'ɴkara/　☼「して」を含む。「してはをるにから」に対応。

（しておく）

/(Q)sji?ucju'ɴ/　☼「して」を含む。「しておきをり<u>む</u>」に対応。

/(Q)sjicju'ɴ/　☼「して」を含む。「しておきをり<u>む</u>」に対応。

/(Q)sjo'oka/　☆「して」を含む。「してはおか」に対応。

/(Q)sjo'oki'wadu/　☆「して」を含む。「してはおきはど」に対応。

/(Q)sji?uka'ɴ/　☆「して」を含む。「しておかぬ」に対応。

49、《沖話》（1880）

/Qsji/　☆「して」に対応。

/sje'e/　☆「して」を含む。「しては」に対応。

/Qsji'ɴ/　☆「して」を含む。「しても」に対応。

/sji'ɴ/　☆「して」を含む。「しても」に対応。

/sjidu/　☆「して」を含む。「してど」に対応。

/sjikara/　☆「して」を含む。「してから」に対応。

/sjo'oru/　☆「して」を含む。「してはをる」に対応。

/sjo'osi'ɴ/　☆「して」を含む。「してはを（る）すも」に対応。

/sjo'o'i'ine'e/　☆「して」を含む。「してはをりいには」に対応。

/sjo'o'jabi'i'ɴ/　☆「して」を含む。「してはをりはべりをり<u>む</u>」に対応。

/sjo'o'jabi'iru/　☆「して」を含む。「してはをりはべりをる」に対応。

/sjo'o'jabi'isiga/　☆「して」を含む。「してはをりはべりを（る）すが」に対応。

/sjo'o'jabi'iga/　☆「して」を含む。「してはをりはべりを（る）が」に対応。

/sjo'o'jabi'isa'a/　☆「して」を含む。「してはをりはべりを（る）さ」に対応。

/sjo'o'jabi'ita'ɴ/　☆「して」を含む。「してはをりはべりをりたり<u>む</u>」に対応。

/sjo'o'jabi'itasiga/　☆「して」を含む。「してはをりはべりをりた（る）すが」に対応。

/sjaQcjuru/　☆「して」を含む。「してあるきをる」に対応。

/sjaQcjusiga/　☆「して」を含む。「してあるきを（る）すが」に対応。

50、《チェン》（1895）

/Qsji/　☆「して」に対応。

/sji/　☆「して」に対応。

/se'e/　☆「して」を含む。「しては」に対応。

/Qsji'ɴ/　☆「して」を含む。「しても」に対応。

/sjo'o'jabi'isa'a/　☆「して」を含む。「してはをりはべ（る）さ」に対応。

/sjo'o'jabi'isiga/　☆「して」を含む。「してはをりはべ（る）すが」に対応。

/so'otasiga/　☆「して」を含む。「してはをりてあ（る）すが」に対応。

しむ　「させる」の意

30、《おも3》（1623）　/sjimiti/　☆「しめて」に対応。

38、《仲里》（1703頃）　/sjimiti/　☆「しめて」に対応。「させて」の意。

おはす御座

01、《翻訳》（1501）　/waicï/　☆「おはして」に対応。

ひす比

49、《沖話》（1880）　/hwiQsjitara'a/　☆「ひして」を含む。「ひしてあらは→ひしたらは」に対応。

しんず信

48、《ベッテ》（1849）・（1852）　/sji'ɴzjite'e/　☆「しんじて」を含む。「しんじては」に対応。

せんず煎

49、《沖話》（1880）　/sjizjite'eru/　☼「せんじて」を含む。「せんじてある」に対応。「ん」脱落か。

第8節　「ナ行変格活用」動詞の史的変化

○「ナ行変格活用」ではなく、「ナ行四段活用」の用例しか現れない。

○「〈て〉の形」に関して、音韻変化の結果で形態変化に影響が出ている。
　「いぬ往」は、「〈て〉の形」の用例しか存在しない。

（「あり」「をり」との接続に関しては、第10節で改めて述べる。）

　1）「連用形」に対応する形
しぬ死
38、《仲里》（1703 頃）
　/kakizjini/　☼連用形「しに」を含む。「かけじに」に対応。
　/ku'izjini/　☼連用形「しに」を含む。「くひじに」に対応。
41、《組五》（1718 頃）
　/sjinjuru/　☼連用形「しに」を含む。「しにをる」に対応。
46、《漂録》（1818）
　/sjinju'ɴ/　☼連用形「しに」を含む。「しにをりむ」に対応。
47、《クリ》（1818）
　/sjinu'ɴ/　☼連用形「しに」を含む。「しにをりむ」に対応。
48、《ベッテ》（1849）・（1852）
　/sjinjihwitu/　☼連用形「しに」を含む。「しにひと」に対応。
　/'ja'asazjinji/　☼連用形「しに」を含む。「やさじに」に対応。
　/sjinjabira'ɴ/　☼連用形「しに」を含む。「しにはべらぬ」に対応。
　/sjinjibusja/　☼連用形「しに」を含む。「しにほしさ」に対応。
　/sjinjiga/　☼連用形「しに」を含む。「しにが」に対応。
　/sjinju'ɴ/　☼連用形「しに」を含む。「しにをりむ」に対応。
　/sjinjusi/　☼連用形「しに」を含む。「しにを（る）す」に対応。
50、《チェン》（1895）
　/sjini/　☼連用形「しに」に対応。
　/sjinabi'i'ɴ/　☼連用形「しに」を含む。「しにはべりをりむ」に対応。
　/sjinu'ɴ/　☼連用形「しに」を含む。「しにをりむ」に対応。

　2）「命令形」に対応する形
しぬ死
48、《ベッテ》（1849）・（1852）
　/sjini/　☼命令形「しね」に対応。

50、《チェン》（1895）

/sjini/,/sjine'e/　☆命令形「しね」、「しね」を含み「しねは」に対応。

3）「終止形」に対応する形

しぬ死

41、《組五》（1718 頃）

/sjinu/　☆終止形「しぬ」に対応。

4）「連体形」に対応する形

しぬ死

45、《琉訳》（1800 頃）

/sjinuru/　☆連体形「しぬる」に対応。

5）「已然形」に対応する形（用例ナシ）

6）「未然形」に対応する形

しぬ死

48、《ベッテ》（1849）・（1852

/sjinja'ɴ/　☆未然形「しな」を含む。「しなぬ」に対応。

/sjina'ɴ/　☆未然形「しな」を含む。「しなぬ」に対応。

/sjinja'ɴse'e/　☆未然形「しな」を含む。「しなぬすは」に対応。

/sjinjasju'ɴ/　☆「未然形「しな」を含む。「しなしをりむ」に対応。

50、《チェン》（1895）

/sjina'ɴ/　☆未然形「しな」を含む。「しなぬ」に対応。

7）「〈て〉の形」に対応する形

いぬ往

39、《混験》（1711）

/ʔizji/　☆「いにて」に対応。

41、《組五》（1718 頃）

/ʔɴzjaru/　☆「いにて」を含む。「いにてある」に対応。

45、《琉訳》（1800 頃）

/ʔɴzji/　☆「いにて」に対応。

46、《漂録》（1818）

/ʔɴzji/　☆「いにて」に対応。

47、《クリ》（1818）

/ʔɴzjara/　☆「いにて→いんで」を含む。「いにてあら→いんであら→いんだら」に対応。

48、《ベッテ》（1849）・（1852）

/ʔɴzji/　☆「いにて→いんで」に対応。

/ʔɴzja'ɴ/　☆「いにて」を含む。「いにてありむ→いんでありむ→いんだりむ」に対応。

/ʔɴzjaru/　☆「いにて」を含む。「いにてある→いんである→いんだる」に対応。

/ʔɴzjaka'ja'a/　☆「いにて」を含む。「いにてあるかや→いんであるかや→いんだるかや」に対応。

/ʔɴzjo'otaQsiga/　☆「いにて」を含む。「いにてはをりてあ（る）すが→いんではをりてあ（る）すが→いんではをりた（る）すが」に対応。

49、《沖話》（1880）

　/ʔɴzji/　☆「いにて」に対応。

　/ʔɴzja'i/　☆「いにて」を含む。「いにてあり」に対応。

　/ʔɴzjara'a/　☆「いにて」を含む。「いにてあらは」に対応。

50、《チェン》（1895）

　/ʔɴzji/　☆「いにて」に対応。

　/ʔɴzji'ɴ/　☆「いにて」を含む。「いにても」に対応。

　/ʔɴzja'i/　☆「いにて」を含む。「いにてあり→いにたり」に対応。

　/ʔɴzjaru kutu/　☆「いにて」を含む。「いにてある　こと→いにたる　こと」に対応。

しぬ死

41、《組五》（1718頃）

　/sjizji/　☆「しにて→しんで」に対応。

42、《中信》（1721）

　/sjizi/　☆「しにて」に対応。「しんで」と変化。

45、《琉訳》（1800頃）

　/sji('ɴ)zji/　☆「しにて」に対応。「しんで」と変化。

48、《ベッテ》（1849）・（1852）

　/sjizji/　☆「しにて→しんで」に対応。

　/sjizji'ɴ/　☆「しにて→しんで」を含む。「しにても→しんでも」に対応。

　/sjizja'ɴ/　☆「しにて→しんで」を含む。「しにてあり<u>む</u>→しんだり<u>む</u>」に対応。

49、《沖話》（1880）

　/sjizja'i/　☆「しにて」を含む。「しにてあり」に対応。

50、《チェン》（1895）

　/sjizji/　☆「しにて」に対応。

　/sjizja'ɴ/　☆「しにて」を含む。「しにてあり<u>む</u>→しにたり<u>む</u>」に対応。

第9節　「ラ行変格活用」動詞の史的変化

○「古形」「あり」の流れは、*/ari/→/ʔari/→/ʔa'i/（連用形）、*/ʔare/→/ʔari/（命令形）、*/ari/→/ʔari/（終止形）、*/aru/→/ʔaru/（連体形）、*/are/→/ʔari/（已然形）、*/ara/→/ʔara/（未然形）、*/arite/→/ʔaQti/→/ʔati/（〈て〉の形）のように、若干の音韻変化を経ながら、大筋として現代語へと繋がっている。そういう意味では、用例を見れば流れが分かるので、それほどの説明は要しない。

　しかし、ある時期から現代語の/ʔa'ɴ/に到る、「あり<u>む</u>」と仮に設定した形式が加わって「終止形」の役割を担う局面が生じ複雑な様相を帯びてくる。

○「あり」と同じく、「古形」「をり」の流れも、*/wori/→/'uri/→/'u'i/（連用形）、
/wore/→/'uri/（命令形）、/wori/→/'uri/（終止形）、*/woru/→/'uru/（連体形）、
/wore/→/'uri/（已然形）、/wora/→/'ura/（未然形）、*/worite/→/'uQti/→/'uti/（〈て〉
の形）のように、若干の音韻変化を経ながら、大筋として現代語へと繋がっている。
そこへ現代語の /'u'ɴ/ に到る、「をりむ」と仮に設定した形式が加わって「終止形」
の役割を担うようになる。

以下、「あり」「をり」の「終止形」を中心に、その移り変わりの過程を明らかにしよう
と試みる。

この問題に関しては、崎山（1963）を避けて通るわけにはいくまい。当時は参照で
きなかったであろう資料もあるので、それらも考慮しつつ検討することから始めよう。
同論文の内容のまとめとして図式化されたものから、〈「有る」の活用形〉と〈「居る」
の活用形〉の関連部分を抜き出すと以下のようになる。

古 期 琉 球 語		中 期 琉 球 語	現 代 琉 球 語
前 期	後 期	（18 世紀）	（19 世紀半以後）
（15，6 世紀）	（17 世紀）		
「有る」の活用形 am ari	── （21） ＞ ari （19） ＞ ari	── ＞ aji （22） ○ ari-wum ＞ ajum(ŋ)	── 連用 ＞ ai 終止 ＞ ajiŋ ＞ aːŋ ＞ aŋ
「居る」の活用形 wum wuri	── ＞ wuri （19） ＞ wuri	── ＞ wuji ○ wuri-wum ＞ wujum(ŋ)	── 連用 ＞ wui 終止 ＞ wujiŋ ＞ wuːŋ ＞ wuŋ

(19) (e) には「念書　西米那那容」とあり，この容の漢字音からのみ考えると，当時はまだ「読む」を juŋ
又は jum といっていたことになり（那が二字あるが一字は誤写ではなかろうか），そうするとマ行四段活用に
当る動詞は，古期琉球語の -mi の i を落して -m となりそのまま終止形として「居り」を附けずに用いられてき
たが，中期琉球語になってからやや遅れて他の動詞と同じく「居り」を附け始めたと考えられる。この事は他の
上二段，下二段のマ行活用，および「死ぬ」などについてもいうことができると思う。「有り」「居り」が中期琉
球語には入ってから，さらに「居り」をとったことなどにも関連し，古期琉球語の後期では -mi,-ni,-ri など
の i を落して -m,-n,-l が成節的な音節となって終止形を表していたのにさらにその連用形に wuŋ を附した形が
発生したとも考えられる。多良間島方言で「有る」「居る」「飲む」「止む」「死ぬ」などが al,bul,num,jam,sin
であるのは極めて暗示的である。但し，10. の例では ari,wuri, ʃini のままにしてある。
(21) これ以後消滅したことを示す。
(22) ○印は複合した形を示す。　　　　　　　　　　　　　　　　　　　以上の注が付いている。

この図式によると「中期琉球語」以降の「有る」の変化は、ari-wum ＞ ajum(ŋ) ＞ ajiŋ ＞ aːŋ ＞ aŋ のようであることになるが、「7. ajuŋ, wujuŋ の語中の -ju- が落ちたのは，（中略）　ajuŋ）＞ ajiŋ ＞ aːŋ ＞ aŋ　（以下略）」とある。

終わりのほうで「筆者は 15，6 世紀の古期琉球語前期における wum, am と wuri,ari とが共存していた時代から説き起こしたが wum,am の発生については何ら触れることがなかった。wum,am は日本語の何に対応するのか，wum,am は wuri,ari と同機能だったのか，これらの問題は依然未解決のまま残されている。しかし今後の研究によって明らかにされ得ると信ずる。」とある。

（注 19）の「念書　西米那那容」に関しては少々疑義がある。(e) とは《中信》（1721）のことであるが、その「西米那那容」は「すみよむ（墨　読む）」ではなく、「すみならふ（墨　習ふ）」に対応するものであろう。《琉見》（1764）には「念書　西米那喇的」とある。「すみ　ならひて」に対応する。）

そして、これに呼応するかのように、《沖辞》（1963）に次のような記述がある。

動詞のいわゆる「終止形」。「読み居り」に対応するといわれるが，末尾の部分に直接「居り (wori)」の終止形「居り」に対応するものではなく（もしそうならば 'junui となるはず），末尾のＮは，古くは話し手の主観的な判断を表わしたと思われる *m にさかのぼるので，客観的な叙述を表わしたと思われる語尾 *ri（「有り」「居り」の「り」）と対立したものであろう。（中略）　なお、この *m は標準語文語の「助動詞」の「む」「らむ」「はむ」，助詞の「なむ（希望の場合）」などの m と関係があるものであろう。(p.67)

内間（1984）は、（Ⅱ．動詞　第 1 章　動詞活用の通時的考察）「第 2 節〈居る〉〈ある〉の活用　5．終止形の通時的考察」で、「〈居る〉〈ある〉の終止形」について「従来の説」（woru 説、*wormo 説、*wormono 説、*woriwum 説等）を比較検討してまとめてあり、大いに参考になる (p.209-221)。

また、「〈居る〉〈ある〉の終止形」より前に「第 1 節〈書く〉の活用」の中で（その終止形の成り立ちについて）「以上の説に対して，筆者の結論を先に述べると，筆者は，奄美・沖縄方言の終止形 2 は *kakiworimu（書き居りむ）から成立しているものと推定する。kaki は連用形〈書き〉に，wori は連用形〈居り〉に，mu は推量の助動詞〈む〉にそれぞれ対応するものである。mu は服部博士が推定されているように，mo であった可能性もある」(p.178) とも述べる。

なお、「終止形 2」に関しては以下のように示されている。

終止形 2

終止形 2 は次のようにあらわれる。

kakjum	古仁屋
kakjun	志戸桶，湯湾，井之川，麦屋
katʃumu	国頭
hakkimu	田皆

kaʧun	伊是名，有銘，平安座，上江洲，小湾、饒波
katsun	儀間，西銘
kakun	並里，渡久地
ɦattsun	鳥島
kakun	瀬底

　奄美方言では，終止形 1 と終止形 2 が用いられる。（以上、p.177）

対比するために「終止形 1」も示す必要があろう。

終止形 1

　終止形 1 は，奄美方言で用いられていて，沖縄方言にはあらわれない。奄美では次のようにあらわれる。

kakjuri	井之川
kakjui	志戸桶，湯湾，麦屋
kakjur	古仁屋
kaki	井之川

　その古形は，既に服部四郎博士が説いておられるように，*kakiwori（書き居り）に遡ることができる。（以上、p.176）

「終止形 1」と「終止形 2」との違いについては次のように述べている。

　　　その差異とは，概括的にいうならば，終止形 1 が「客観的表現」（事柄を客観的に表現すること）であるのに対し，終止形 2 は「話し手の，十分でない，あまり断定的でない判断を表わす」ものであることも明らかにされている。（p.177）

　しかし、崎山（1963）でも既に触れられているように、「通時的現象と共時的現象とを混同した見方」に陥らないように留意すべきであり、他の方言の「共時態」に関する用例は傍証的なものでしかないと心得なければなるまい。史的変化の考察に際しては当該方言の文献資料をまずメインに据えるべきであろう。
　以上のことを踏まえたうえで、「あり」「をり」の（主に）「終止形」に焦点を当てつつ用例の検討をしていこう。

　まず、「あり」について見てみる。「終止形」と判断される「あり」の用例は以下のとおりである。
　　01、《翻訳》（1501）　/ari/　終止形「あり」に対応。
　　03、《琉館》（16C 前半成立か）　/ari/ 終止形「あり」に対応。
　　08、《おも 1 》（1531）　/ari/　終止形「あり」に対応。
　　09、《陳使》（1534）　/ari/　終止形「あり」に対応。
　　13、《碑文（かた）》（1543）　/ari/　終止形「あり」に対応。
　　17、《碑文（やら）》（1554）　/ari/　終止形「あり」に対応。

19、《郭使》（1561）　/ari/　終止形「あり」に対応。

22、《音字》（1572 頃）　/ari/　終止形「あり」に対応。

23、《蕭使》（1579）　/ari/　終止形「あり」に対応。

25、《碑文（浦城）》（1597）　/ari/　終止形「あり」に対応。

27、《夏使》（1606）　/ari/　終止形「あり」に対応。

30、《おも 3》（1623）　/ari/　終止形「あり」に対応。

　　　　　　　　　　　　　　/aru/　終止形「ある」に対応。

45、《琉訳》（1800 頃）　/ʔari/　終止形「あり」に対応。

「30、《おも 3》（1623）」の「ある」に関して、高橋（1991）は、次のように述べている。
　　〈以上四例は、係助詞がないのに「ある」の形で、文を終止している。すなわち、
　　ラ変の終止形と連体形が同じ形になりつつあったことを示す。〉p.479

「四例」というのは、以下の四つの例をさす。
　　　かくらの　けおのうちに　<u>ある</u>　〈四の七〉
　　　せめうちかねまる　うらきらしや　かに　<u>ある</u>　〈一五の五〇〉
　　　わうともいか　なんたいむ　かに　<u>ある</u>　〈一三の一六〉
　　　しよりの　めつらしや　さに　<u>ある</u>　〈一〇の一一〉

「終止形」の機能を果たす「ある」の出現は示唆的である。「45、《琉訳》（1800 頃）
/ʔari/」は「漢文訓読体」を収録した可能性が高く、別の要素が入っているので例外とし
て扱えるとすれば、「30、《おも 3》（1623）」が「〈あり〉の終止形に変化が生じた」境い目
であると見ることができよう。現にその後に「終止形　あり」の用例は見出せない。代わ
りに現れてくるのが、以下のように「あり＋をり<u>む</u>」に対応すると考えられる形式である。

　　41、《組五》（1718 頃）
　　　　/ʔa'juʀ/　連用形「あり」を含む。「ありをり<u>む</u>」に対応。
　　　　/ʔa'ʀ/　連用形「あり」を含む。「あり<u>む</u>」に対応か。

　　42、《中信》（1721）
　　　　/ʔami/　連用形「あり」を含む。「あり<u>み</u>」に対応。

　　48、《ベッテ》（1849）・（1852）
　　　　/ʔa'ʀ/　連用形「あり」を含む。「あり<u>む</u>」に対応。
　　　　/ʔa'ʀdo'o/　連用形「あり」を含む。「あり<u>む</u>ど」に対応。
　　　　/ʔa'ʀdu'ʀ/　連用形「あり」を含む。「あり<u>む</u>ども」に対応。
　　　　/ʔa'ʀte'e/　連用形「あり」を含む。「あり<u>む</u>て」に対応。
　　　　/ʔa'ʀmi/　連用形「あり」を含む。「ありをり<u>み</u>」に対応。
　　　　/ʔami/　連用形「あり」を含む。「あり<u>み</u>」に対応。

　　49、《沖話》（1880）
　　　　/ʔa'ʀ/　連用形「あり」を含む。「あり<u>む</u>」に対応。

　　50、《チェン》（1895）
　　　　/ʔa'ʀ/　連用形「あり」を含む。「あり<u>む</u>」に対応。

/ʔami/　連用形「あり」を含む。「ありみ」に対応。

　　51、《官話》（19世紀？）

　　　　/ʔa'ɴ/　連用形「あり」を含む。「ありむ」に対応。

　ただ、「41、《組五》（1718頃）」に「/ʔaru'i/」（「かにくれしやあるい」。「あるい」は「あるか」の意）という例があり、形は「連体形」だが、機能は「終止形」のそれであるから、「30、《おも3》（1623）」の「ある」/aru/（終止形）と繋がる可能性のあるものである。

　しかし、「30、《おも3》（1623）/aru/」と「41、《組五》（1718頃）ʔa'ju'ɴ/」との間に繋がりを見出すことは難しい。溝とまでは言えまいが、違いを生じさせる何らかの「史的変化」がその間にあったことを物語っている。

　少し視点を変えてみると、《組五》（1718頃）ʔa'ju'ɴ/と繋がりがあると思われる用例が見つかる。次がそうである。

　　38、《仲里》（1703頃）　/ʔa'juridumu/　連用形「あり」を含む。「ありをれども」に対応。
　　　　　　　　　　　　　　　　　　　　「あるけれども」の意。

この例の /ʔa'juri/ は、次の例の流れを汲むものであろう。

　　30、《おも3》（1623）　/arijuri/　連用形「あり」を含む。「ありをれ」に対応。
　　　　　　　　　　　　　/ajuri/　連用形「あり」を含む。「あ（り）をれ」に対応。

これを新しい「已然形」と呼ぶことができるとすれば、（同じく30、《おも3》（1623）の）次の例は新しい「連体形」ということになろう。

　　　　/arijuru/　連用形「あり」を含む。「ありをる」に対応。
　　　　/ariru/　連用形「あり」を含む。「あり（を）る」に対応。
　　　　/ajuru/　連用形「あり」を含む。「あ（り）をる」に対応。

　「30、《おも3》（1623）」以前にも同様の例が存する。「15、《碑文（添門）》（1546）」に /arijuru/ がある。そして、これらが次の例へと繋がっていくであろうと考えられる。

　　41、《組五》（1718頃）ʔa'juru/　連用形「あり」を含む。「ありをる」に対応。

以上により、「41、《組五》（1718頃）ʔa'ju'ɴ/」に直接繋がるような用例は見出せないが、「15、《碑文（添門）》（1546）」あたりから「あり＋をり」の結合が生じ、ʔa'ju'ɴ/ へと到る形式も存在したであろうと推測できるのである。それを探るには、つまりは「をり」の変化を追えばよいことがわかる。

　「終止形」と判断される（「本動詞」としての）「をり」の用例は一例しかない。

　　39、《混験》（1711）/'uri/　終止形「をり」に対応。

　この後、新しい「終止形」ともいうべき　/'u'ju'ɴ/, /'u'ɴ/　が現れる。

　　41、《組五》（1718頃）/'u'ju'ɴ/　連用形「をり」を含む。「をりをりむ」に対応。
　　　　　　　　　　　　　/'u'ɴ/　連用形「をり」を含む。「をり<u>む</u>」に対応。
　　47、《クリ》（1818）/'u'ɴ/　連用形「をり」を含む。「をり<u>む</u>」に対応。
　　48、《ベッテ》（1849）・（1852）/'u'ɴ/　連用形「をり」を含む。「をり<u>む</u>」に対応。
　　49、《沖話》（1880）/'u'ɴ/　連用形「をり」を含む。「をり<u>む</u>」に対応。
　　50、《チェン》（1895）/'u'ɴ/　連用形「をり」を含む。「をり<u>む</u>」に対応。

これだけでは更に何の述べようもないので、所謂「補助動詞」用法の「をり」の用例を見てみることにする。

　まず、初めの手がかりを、「48、《ベッテ》（1849）・（1852）」に求める。次の「おどろく驚」の項で「連用形＋をり」に関連して貴重な指摘がなされている。

　　　2-118　この型に属する動詞は，ヲドロク uduruchung((udurutchi wung とはっ
　　　きり聞こえることがある))〈驚く〉

　前者を /ʔudurucjuʼɴ/、後者を /ʔudurucji ʼuʼɴ/ とそれぞれ推定した。融合が大分進行しているものの完成はしていなかったことを示してくれていると見ることができる。そして、このころには /ʼuʼɴ/ になっていたことも示されており、成り立ちを考えるにあたっては、どのような形から、いつ、/ʼuʼɴ/ になったかを明らかにすればよいことになる。

　（同じく「48、《ベッテ》（1849）・（1852）」の）次の例から新たな側面が見えてくる。

　　　3-121　vorabi shóying[1] kărā yudangsang((ukutărāng)) gutu simi narati. tushifi
　　　munashku tsi-yassang((tuchi sirasang)) ati dung atéré　　*I had unweariedly
　　　studied from may youth up & not idled away my time*〈子供の頃から根気強く
　　　学問をし，月日をむなしく費やすようなことがなかったら〉[1] shi-wūyin。

　「shóying」の元の形は「shi-wūyin」であるという注[1]がついているのであるが、この「shi-wūyin」を /sjiʼuʼiʼɴ/ と推定した。推測を加えれば、次のようなことが言えると思う。「wūyin」は「をりむ」*[worimu] に遡る可能性を示しているか。*[worimu] →
[wurimu] → [wujimu] → [wujim] 等と変化か。

　但し、「vorabi shóying kărā」で考えると、「わらべ　しをりにから」（こどもであった時から、の意）に対応する可能性もある。「shóying」は /sjoʼoʼini/ の変化した /sjoʼoʼiʼɴ/ であり、「shi-wūyin」は /sjiʼuʼini/ の変化した /sjiʼuʼiʼɴ/ である可能性である。そうであるのならば、上記の [-mu] → [-m] という推測は成り立たなくなるが、「shóying」「shi-wūyin」が「連用形＋をり〜」の変化過程を具現しているのは確かであろう。

　さて、「補助動詞」的用法の「をり」について見ていくが、次の第10節で分かるように、用例が多数に上るので何らかのヒントが得られるかと思いきやそうではない。融合した形とそうではない形とが並存していることは指摘できるが、/-uʼɴ/ の用例しか存在せず、/-ʼɴ/ に当たる部分が何に遡るかの情報は得られない。故に、用例をいくつか示すに留めることとする。

（四段）
　39、《混験》（1711）
かかる掛　/kakaʼjuʼɴ/　☆「連用形「かかり」を含む。「かかりを<u>り</u>む」に対応。
　41、《組五》（1718頃）
なる成　/naʼjuʼɴ/　☆連用形「なり」を含む。「なりを<u>り</u>む」に対応。

45、《琉訳》（1800頃）

あく 開　/ʔacji'u'ɴ/　☼ 連用形「あき」を含む。「あきをりむ」に対応。/ʔacju'ɴ/ の可能性もある。

　47、《クリ》（1818）

きく 聞　/cjicji'u'ɴ/　☼ 連用形「きき」を含む。「ききをりむ」に対応。

　　　　/cjicju'ɴ/　☼ 連用形「きき」を含む。「ききをりむ」に対応。

とぶ 飛　/tubi'u'ɴ/　☼ 連用形「とび」を含む。「とびをりむ」に対応。

つる 釣　/cji'u'ɴ/　☼ 連用形「つり」を含む。「つりをりむ」に対応。

ぬる 塗　/nu'ju'ɴ/　☼ 連用形「ぬり」を含む。「ぬりをりむ」に対応。

　48、《ベッテ》（1849）・（1852）

おどろく 驚　/ʔudurucji 'u'ɴ/　☼ 連用形「おどろき」を含む。「おどろきをりむ」に対応。

　　　　　　/ʔudurucju'ɴ/　☼ 連用形「おどろき」を含む。「おどろきをりむ」に対応。

あふぐ 仰　/ʔa'uzji'u'ɴ/　☼ 連用形「あふぎ」を含む。「あふぎをりむ」に対応。

いそぐ 急　/ʔisuzju'ɴ/　☼ 連用形「いそぎ」を含む。「いそぎをりむ」に対応。

ぬらす 濡　/'ɴdasju'ɴ/　☼ 連用形「ぬらし」を含む。「ぬらしをりむ」に対応。

のぼす 上　/nubusji'u'ɴ/　☼ 連用形「のぼし」を含む。「のぼしをりむ」に対応。（「のぼせる」を四段に

　　　　　　　活用させた語）

とぶ 飛　/tubi'u'ɴ/　☼ 連用形「とび」を含む。「とびをりむ」に対応。

よろこぶ 喜　/'jurukubi'u'ɴ/　☼ 連用形「よろこび」を含む。「よろこびをりむ」に対応。

　　　　　　/'jurukubi'ju'ɴ/　☼ 連用形「よろこび」を含む。「よろこびをりむ」に対応。

まじる 混　/mazji'u'ɴ/　☼ 連用形「まじり」を含む。「まじりをりむ」に対応。

やぶる 破　/'ja'ɴzju'ɴ/　☼ 連用形「やぶり」を含む。「やぶりをりむ」に対応。

　50、《チェン》（1895）

いそぐ 急　/ʔisuzju'ɴ/　☼ 連用形「いそぎ」を含む。「いそぎをりむ」に対応。

よぶ 呼　/'jubu'ɴ/　☼ 連用形「よび」を含む。「よびをりむ」に対応。

とる 取　/tu'ju'ɴ/　☼ 連用形「とり」を含む。「とりをりむ」に対応。

　51、《官話》（19世紀？）

とる 取　/tu'ju'ɴ/　☼ 連用形「とり」を含む。「とりをりむ」に対応。

（上一段）

　47、《クリ》（1818）

にる 煮　/ni'i'ɴ/　☼ 連用形「に」を含む。「にをりむ」に対応。

　48、《ベッテ》（1849）・（1852）

いる 射　/ʔi'u'ɴ /　☼ 連用形「いり」を含む。「いりをりむ」に対応。

　　　　/ʔi'ju'ɴ /　☼ 連用形「いり」を含む。「いりをりむ」に対応。

みる 見　/nju'u' ɴ/　☼ 連用形「み」を含む。「みをりむ」に対応。

　50、《チェン》（1895）

みる 見　/nu'u'ɴ/　☼ 連用形「み」を含む。「みをりむ」に対応。

（上二段）

　42、《中信》（1721）

おく 起　/ʔuki'u'ɴ/　☼ 連用形「おき」を含む。「おきをりむ」に対応。/ʔuki'ju'ɴ/ の可能性もある。

　47、《クリ》（1818）

第 9 節　「ラ行変格活用」動詞の史的変化　1205

おく起 /ʔuki'i'ɴ/　☆「ラ行（四段）化」後の連用形「おきり」を含む。「おきりをりむ」に対応。

　48、《ベッテ》（1849）・（1852）

ほろぶ滅　/hwurubi'u'ɴ/　☆連用形「ほろび」を含む。「ほろびをりむ」に対応。

（下一段）

　47、《クリ》（1818）

ける蹴　/ki'i'ɴ/　☆「ラ行（四段）化」後の連用形「けり」を含む。「けりをりむ」に対応。

　48、《ベッテ》（1849）・（1852）

ける蹴　/ki'u'ɴ/　☆下一段型の連用形「け」を含む。「けをりむ」に対応。「けりをりむ」の可能性もあるか。

（下二段）

　39、《混験》（1711）

みゆ見　/mi'ju'ɴ/　☆連用形「みえ」を含む。「みえをりむ」に対応。

　41、《組五》（1718 頃）

くる呉　/kwi'ju'ɴ/　☆連用形「くれ」を含む。「くれをりむ」に対応。

　42、《中信》（1721）

みゆ見　/mi ('i)'u'ɴ/　☆連用形「みえ」を含む。「みえをりむ」に対応。

　45、《琉訳》（1800 頃）

うう植　/ʔwi'i'ɴ/　☆連用形「うゐ」を含む。「うゐをりむ」に対応。

　47、《クリ》（1818）

なぐ投　/nagi'u'ɴ/　☆「ラ行（四段）化」後の連用形「なげり」を含む。「なげりをりむ」に対応。

　　　　　　/nagi'i'ɴ/　☆「ラ行（四段）化」後の連用形「なげり」を含む。「なげりをりむ」に対応。

みゆ見　/mi'i'u'ɴ/　☆「ラ行（四段）化」後の連用形「みえり」を含む。「みえりをりむ」に対応。

　　　　　　/mi'i'ju'ɴ/　☆「ラ行（四段）化」後の連用形「みえり」を含む。「みえりをりむ」に対応。

　　　　　　/mi'i'ɴ　☆「ラ行（四段）化」後の連用形「みえり」を含む。「みえりをりむ」に対応。

　48、《ベッテ》（1849）・（1852）

なぐ投　/nagi'u'ɴ/　☆連用形「なげ」に対応。「なげをりむ」に対応。「なげりをりむ」の可能性もあるか。

すつ捨　/siti'u'ɴ/　☆連用形「すて」を含む。「すてをりむ」に対応。「すてりをりむ」の可能性もある。

　　　　　　/siti'ju'ɴ/　☆連用形「すて」を含む。「すてをりむ」に対応。「すてりをりむ」の可能性もある。

とどむ留　/tudumi'u'ɴ/　☆連用形「とどめ」を含む。「とどめをりむ」に対応。

　　　　　　　/tudumi'ju'ɴ/　☆連用形「とどめ」を含む。「とどめをりむ」に対応。

　50、《チェン》（1895）

う得　/'i'i'ju'ɴ/　☆「ラ行（四段）化」後の連用形「えり」を含む。「えりをりむ」に対応。

わする忘　/'wasi'ju'ɴ/　☆連用形「わすれ」を含む。「わす（れ）をりむ」に対応。

　　　　　　　/'wasi'i'ɴ/　☆連用形「わすれ」を含む。「わす（れ）をりむ」に対応。

　ところで、「－をりむ」と仮定される、新しい「終止形」に疑問の意を示す助辞 /i/ が付いた場合、/-umi/ となるので「－む」相当部分は /-m/ であるという指摘がなさてきているが、このことについて初めて述べたのはチェンバレンであろうと思われる。次を参照。

　　１０２ 肯定疑問 tuyuMi　　否定疑問 turaNi　　「肯定現在及び否定現在の最
　　も古い形である蓋然性を有するものとして、それぞれ turuM, turaN;
　　kikuM,kikaN, 否むしろ turuMu,turaNu;kikuMu,kikaNu　等の形に帰着するの

である（112 参照）。」

　<u>８８</u>　より古い turung/turi

　<u>８２〜８４</u>　tuyung tuyuru 〜略〜 tutai　　turang 　〜略〜　 turangtai

　<u>９２</u>　tuyung/ tutang/ tuyumi/　tutī/ (tutami)　「終止形 tuyung が古形の tuyum
　か tuyumu 否むしろ（語幹が r で終るゆえ）trum か turumu ママ相当するものだ
　と見做したい。疑問形現在 tuyumi が m を所有する事実はこのことを示唆する
　ものである。というのは、その形を更に tuyum yyi と分解し得るのであって、
　yyi は 50 節で扱ったところの疑問の助詞である。」

　これに対して、ベッテルハイムは「単に音調を整えるもの」と見做し、文法的な意味
があるとは考えていない。次を参照。

　2-118　**tskoyung**((現在時制)), tskotang((過去)) はヲルとアルの語形変化に準
　ずる。原注に「この ng（琉球語では）鼻音 ng は単に音調を整えるもの（euphonical）
　にすぎないように思える。日本語（の動詞）にはこれがない」とある。

　（動詞の終止形に当たる形に関して）ベッテルハイムは「○○　ヲル」より成り立っ
ていると気付きながら末尾の「ng」が何であるか追究できなかった。チェンバレンは
末尾の「ng」の元の形に迫ることができたが（但し、その根拠はわからない。直観の
ようなものか）、「ヲル」が含まれていることには気付かなかった。

　言うなれば、結果として二人の考えが相互補完的に本質に迫るものとなっている。

　確認の意味を込めて「－をりみ」に対応する用例をいくつか示しておこう。

　41、《組五》（1718 頃）

いく行　/ʔicjumi/　連用形「いき」を含む。「いきをりみ」に対応。

をり居　/ʔu'jumi/　連用形「をり」を含む。「をりをりみ」に対応。

　48、《ベッテ》（1849）・（1852）

すむ済　/simumi/　連用形「すみ」を含む。「すみをりみ」に対応。
　　　　　　/sinjumi/　連用形「すみ」を含む。「すみをりみ」に対応。

く来　/cju'umi/　連用形「き」を含む。「きをりみ」に対応。

　50、《チェン》（1895）

いく行　/ʔicjumi/　連用形「いき」を含む。「いきをりみ」に対応。

とる取　/tu'jumi/　連用形「とり」を含む。「とりをりみ」に対応。
　　　　　　/tu'imi/　連用形「とり」を含む。「とりをりみ」に対応。

わする忘　/'wasi'jumi/　連用形「わすれ」を含む。「わす（れ）をりみ」に対応。
　　　　　　/'wasi'imi/　連用形「わすれ」を含む。「わす（れ）をりみ」に対応。

く来　/cju'umi/　連用形「き」を含む。「きをりみ」に対応。

○「末尾の ɴ」の実体は何か。

　崎山（1963）は少々ニュアンスが違うが、《沖辞》（1963）の「末尾の ɴ は，古くは
話し手の主観的な判断を表わしたと思われる *m にさかのぼるので」にしろ、内間（1984）

の「奄美・沖縄方言の終止形 2 は *kakiworimu（書き居りむ）から成立しているものと推定する。kaki は連用形〈書き〉に，wori は連用形〈居り〉に，mu は推量の助動詞〈む〉にそれぞれ対応するものである」にしろ、方言の「共時態」の現れから推して考えればそうなるということである。文献資料としてこの /-'N/ に関わると考えられるものはないのかと問うてみる必要がある。

「－をりむ」に直接的に関わりのありそうな例は見いだせないが、/ʔa'N/ が「ありむ」の変化した形であるとするならば、/ʔa'N/ の /-'N/ は「－む」に対応するだろうと考えて候補になりそうな用例を探すとそれらしきものが見出せる。

《組五》（1718 頃）に次のような例がある。

    1   百果報の**あむ**で   mumu kafu nu an di

    8   御助けの**あん**で   utasiki nu andi

この「あむ」と「あん」とがそれで、伊波のローマ字表記はともに「an」となっているが、音声としては違うという解釈が可能ではないか。（[d] に）逆行同化された「あん」とそうではない「あむ」との違いが反映されているのではないか。（音韻の概念を持たなかったらしい伊波は意に介さなかったのであろう。）

しかし、上記の推論が成り立つとしても [m] なのか [mu] なのかの特定は難しい。「－む」とする所以である。その前の部分は、既に見た通り（例えば、41、《組五》（1718 頃）/ʔa'ju'N/，/ʔu'ju'N/ などのように）、「－をる」などではなく、「－をり」であることがわかる。

「をり」が「連用形」であることは、内間（1984）が論証している（p.181）。これに同意するものであるが、日本語古語と沖縄語とでは（所謂「助動詞」の）「接続」の仕方に違いがある場合のある例を上げて傍証としたい。

日本語古語で「終止形に接続する」とされるものが沖縄語では「連用形に接続する」例として、「べし」の変異形とも言える「べき」/bicji'i/ がある。現代語の例で示すと、/numibicji'i/（飲むべき。「のみべき」に対応），/ʔicjibicji'i/（行くべき。「いきべき」に対応），/nu'ibicji'i/（乗るべき。「のりべき」に対応），/sjinubibicji'i/（忍ぶべき。「しのびべき」に対応），/mi'ibicji'i/（見るべき。「みりべき」に対応）等のようになる。

仮に「－をりむ」と設定するとしたが、「仮」をとることにする。それでも不特定要素が多いので、更なる追究を将来に期すことになる。

○ /ʔa'ju'N/ と /ʔa'N/ 及び /ʔu'ju'N/ と /ʔu'N/ との違いは何か

《組五》における /ʔa'ju'N/ と /ʔa'N/ 及び /ʔu'ju'N/ と /ʔu'N/ との違いは何か。改めて考察してみる。まず、次に見るように、「組踊り」（の約束事）としてのセリフの音数（6 と 8 が基本）を整えるために使い分けていることがわかる。

   （あり）

   わ身にまた**あゆん**   wami nyi mata ayun

   目の前に**あゆん**   mi nu mê nyi ayun

         ともに 8 音

   百果報の**あむ**で   mumu kafu nu an di

   御助けの**あん**で   utasiki nu andi

         ともに 8 音

空に物音の　あんと思ば　sura nyi munuutu nu an tumi ba,

> 「あんと思ば」の伊波のローマ字表記は「an tumi ba」で5音であるが、「思ば」は「うみば」の可能性もあり、そうであれば6音となる。

（をり）

肝ふれて**をゆん**　chimu-furiti wuyun

肝迷て**居ゆん**　chimu-mayuti wuyun

> 「をゆん」にすることで8音になる。

泣暮ち**をんてやり**　nachikurachi wun tiyari

> 「なちくらちをんてやり」のままだと10音だが、「をん」を1音、「てやり」を2音のようにし、全体で8音と見做しているらしい。

/ʔa'juru/ や /'u'juru/ などに関しても同様のことが言える。

（あり）

ほこらしやど**あゆる**　fukurasha du ayuru

> 8音になる。

心**あるもの**や　kukuru aru munu ya

神も**あるもの**よ　kamin aru munu yu

> ともに、「ある」にすることで8音になる。

高札の**あもの**　takafuda nu a munu

> 「ある」を「あ」にすることで8音になる。

（をり）

一人**をる**母に　fichuyi wuru fafa nyi

> 8音になる。

「をゆる」の例はないが、準じるものとして次のような例がある。

肝ふれて**居ゆめ**　chimu furiti wuyumi

この世にが**居ゆら**　kunu yu nyi ga wuyura?

> 「をめ」「をら」でも意味的な違いはないが、音数を整えるために「をゆみ」「をゆら」としていると考えられる。次の例を見ればそれがはっきりする。

身にあまて**居らば**、　mi nyi amati wura ba

> 「をゆら」に対比できる「をら」で、「居ゆらば」でもよいはずであるがそうはなっていない。音数が増えてしまうからであろう。

　音数を整えるための工夫がなされていると考えられる別の例も示しておく必要があろう。次の例を参照。

人に**生れ**たうて、　fitu nyi 'nmaritoti,

> 「うまれてはをりて→うまれたうて」に対応。「人に生れたうて」が8音になるように /ʔɴmarito'oti/ ではなく、/ʔɴmaritoti/ として実現される。

一人**こがれ**とて、　fichuyi kugarituti,

> 「こがれてをりて」に対応。「一人こがれとて」を「8音」にするために /kugarituti/。

事や**忘れ**とて、　kutu ya wasirituti

> 「わすれてをりて」に対応。/wasirituti/ と推定。「事や忘れとて」で「8音」に。

第9節　「ラ行変格活用」動詞の史的変化　1209

物思面**しちゆる**。　　munumizira shichuru?

　　　　「してをる」に対応。/sjicjuru/ と推定。「物思面**しちゆる**」で「8音」に。

おきさるし**しちやうん**。　　uchisarushi shichon.

置き古み**しちやうん**、　uchifurumi shichon,

　　　　「してはをり**む**」に対応。/sjicjo'ɴ/ と推定。全体で「8音」に。

ねな**しちをる**うちに　ninashichoru uchi nyi

ねな**しちよる**うちに、　ninashichoru uchi nyi,

　　　　「してはをる」に対応。/sjicjoru/ と推定。全体で「8音」に。

物思つめ**しちゆて**、　munumitsimi shichuti,

　　　　「してをりて」に対応。/sjicjuti/ と推定。全体で「8音」に。

麁相に**しちをとて**、suso　nyi shichi wututi,

　　　　「してをりてをりて」に対応。/sjicji'ututi/ と推定。全体で「8音」に。

　音数を整えるために使い分けられていることがはっきりしたが、果たしてそれだけかと改めて問うてみる。（本章）第10節で詳しく述べるが、現代語では「＋をり」とそうでないものとでは違いがある。そのことが念頭にあるからである。
「30、《おも3》（1623）」に　/arijuru/,/ariru/,/ajuru/ という用例のあることは既に見たところであるが、同じ「30、《おも3》（1623）」に終止形の /aru/ と連体形の /aru/ も存在する。また、「15、《碑文（添門）》（1546）」には /arijuru/ だけで /aru/ は存在しないが、「25、《碑文（浦城）》（1597）」には「ふかさあるけに」として /aru/ が存在する。これは「ある」と「ありをる」とで使い分けがあったことを物語ると思われる。その違いは何かというと、用例を見た限りにおいては、「＋をる」が「強意」を含んでいるらしく思われるということである。確かに、組踊の例もそのような側面がある。玉城朝薫はそれをも考慮した上で音数上のルールを活用し、（衰えてはいたが人々の記憶にまだ残っていたであろう）「あゆん」「うゆん」などを復活させたのではなかろうかと想像してみる。
　音数を整えるのが大きな役割なのかもしれないが、動詞の形態変化の過程が具現化されたものとして貴重な用例であると言える。

　ところで、奄美方言の「終止形1」と「終止形2」の区別は本来的なものなのか、が問われてもよかろう。元々は（どこまで遡るかは知らないが）一種類であったものが、ある時期から二種類になった可能性はないのか。
　前に、分析対象とした資料の用例を見る限りにおいては、「15、《碑文（添門）》（1546）」あたりから「あり＋をり」の結合が生じ、/ʔa'juɴ/ へと到る形式も存在したであろうと推測できると述べたが、奄美方言においてもどこかで同様のことがあり、共時態として二種類存在するようになったのではないか。今後の課題としたい。

○ /ʔuru/ と /ʔaru/ は「古形」のままか、違うか。

　/ʔuɴ/ が「をり**む**」に、/ʔaɴ/ が「ありむ」にそれぞれ遡るとすると、/ʔuru/ と /ʔaru/ とはどうなのかという問題が出てくる。「古形」としての「をる」「ある」そのままか、「をる」が付いて「をりをる」「ありをる」となり、それが変化して（古形と同じ形の）「を

る」「ある」になったのか。

　序説で示した「現代沖縄語動詞形態変化のタイプ対照表」に倣って現れ方を見てみる。対照するために「飲む」も示した。ここの状況に合わせて（古典タイプ）を「古形」に、（「ラ行化タイプ」）を「ラ行化」に、（「をり」付加タイプ）を（「をり」付加）にそれぞれ改めた。

3)（終止形）の（/ʔaru/）（/ʔuru/）は、「飲む」3) /numu/ に準じる。「禁止」の /na/ に続いて現れ /ʔaruna/ → /ʔaʼɴna/、/ʔuruna/ → /ʔuʼɴna/ となる。
5) 已然形、6) 未然形も「飲む」に準じ、（「をり」付加の場合）5) /ʔaʼjuriʼwa//ʔaʼjureʼe/「ありをれは」に対応（「あるのであれば」の意）、6) /ʔaʼjuraʼwa//ʔaʼjuraʼa/「ありをらは」に対応（「あるのならば」の意）、5) /ʔuʼjuriʼwa//ʔuʼjureʼe/「をりをれは」に対応（「いるのであれば」の意）、6) /ʔuʼjuraʼwa//ʔuʼjuraʼa/「をりをらは」に対応（「いるのならば」の意）となる。

		A（古形）	B（ラ行化）	C（「をり」付加）
飲む	1)	/numi/		/numuʼi/
	2)	/numi/		/numiʼuri/
	3)	/numu/	（ナシ）	/numuʼɴ/
	4)	(/numu/)		/numuru/
	5)	/numiʼwa//numeʼe/		/numuriʼwa//numureʼe/
	6)	/numaʼwa//numaʼa/		/numuraʼwa//numuraʼa/
あり	1)	/ʔaʼi/		/ʔaʼjuʼi/
	2)	/ʔari/		/ʔaʼiʼuri/
	3)	(/ʔaru/)	（ナシ）	(/ʔaʼjuʼɴ/ /ʔaʼiʼɴ/)
	4)	/ʔaru/		(/ʔaʼjuru//ʔaʼiru/)
	5)	/ʔaʼiʼja//ʔaʼeʼe/		/ʔaʼjuriʼwa/ /ʔaʼjureʼe/
	6)	/ʔaraʼwa//ʔaraʼa/		/ʔaʼjuraʼwa/,/ʔaʼjuraʼa/
をり	1)	/ʔuʼi/		/ʔuʼjuʼi/
	2)	/ʔuri/		/ʔuʼiʼuri/
	3)	(/ʔuru/)	（ナシ）	(/ʔuʼjuʼɴ//ʔuʼiʼɴ/)
	4)	/ʔuru/		(/ʔuʼjuru//ʔuʼiru/)
	5)	/ʔuʼiʼja//ʔuʼeʼe/		/ʔuʼjuriʼwa//ʔuʼjureʼe/
	6)	/ʔuraʼwa//ʔuraʼa/		/ʔuʼjuraʼwa//ʔuʼjuraʼa/

　「連体形」の /ʔaru//ʔuru / は、「古形」の流れを受け継ぐものであると認定できよう。テンス・アスペクト等を構成する主要素となることと合わせて考えると当然であろうと思われる。

（「あり＋をり」「をりて＋あり」等に関しては、「第10節」で述べる。）

以下、詳しくは用例参照。
〚あり有〛
　1)「連用形」に対応する形

第9節　「ラ行変格活用」動詞の史的変化　1211

01、《翻訳》（1501）

/arjabïraɴdomo/　☆ 連用形「あり」を含む。「ありはべらねども」に対応。

15、《碑文（添門）》（1546）

/arijuru/　☆ 連用形「あり」を含む。「ありをる」に対応。

29、《おも2》（1613）

/acïru/　☆ 連用形「あり」を含む。「ありつる」に対応。

30、《おも3》（1623）

/arijuwari/　☆ 連用形「あり」を含む。「ありおわれ」に対応。

/arijuna/　☆ 連用形「あり」を含む。「ありを（る）な」に対応。

/arijuri/　☆ 連用形「あり」を含む。「ありをり」に対応。

/arijuru/　☆ 連用形「あり」を含む。「ありをる」に対応。

/ariru/　☆ 連用形「あり」を含む。「あり（を）る」に対応。

/ajuru/　☆ 連用形「あり」を含む。「あ（り）をる」に対応。

/ajuruna/　☆ 連用形「あり」を含む。「あ（り）をるな」に対応。

/arijuri/　☆ 連用形「あり」を含む。「ありをれ」に対応。

/ajuri/　☆ 連用形「あり」を含む。「あ（り）をれ」に対応。

/acïru/　☆ 連用形「あり」を含む。「あ（り）つる」に対応。

37、《君由》（1700 頃）

/ʔa'jucjusa/　☆ 連用形「あり」を含む。「ありといひを（る）さ」に対応か。

38、《仲里》（1703 頃）

/ʔa'jabiridumu/　☆ 連用形「あり」を含む。「ありはべれども」に対応。

/ʔa'juridumu/　☆ 連用形「あり」を含む。「ありをれども」に対応。「あるけれども」の意。

39、《混験》（1711）

/ʔucja'imisjari/　☆ 連用形「あり」を含む。「おきありめしあれ」に対応。

41、《組五》（1718 頃）

/ʔa'juɴ/　☆ 連用形「あり」を含む。「ありをり<u>む</u>」に対応。

/ʔa'ɴ/　☆ 連用形「あり」を含む。「あり<u>む</u>」に対応か。

/ʔa'juru/　☆ 連用形「あり」を含む。「ありをる」に対応。

42、《中信》（1721）

/ʔami/　☆ 連用形「あり」を含む。「ありみ」に対応。

48、《ベッテ》（1849）・（1852）

/ʔa'igisa/　☆ 連用形「あり」を含む。「ありげさ」に対応。

/ʔa('i)gisa'ɴ/　☆ 連用形「あり」を含む。「ありげさあり<u>む</u>」に対応。

/ʔa'igurisja'ɴ/　☆ 連用形「あり」を含む。「ありぐるしさあり<u>む</u>」に対応。

/ʔa'ibicji/,/ʔa'ibisji/,/ʔa'ibikara'ɴta'ɴ /　☆ 連用形「あり」を含む。それぞれ「ありべき」「ありべし」「ありべからぬたり<u>む</u>」に対応。

/ʔa'inje'e/　☆ 連用形「あり」を含む。「ありには」に対応。

/ʔa'ine'e/　☆ 連用形「あり」を含む。「ありには」に対応。

/ʔa'iʔa'je'e/　☆ 連用形「あり」を含む。「ありありは」に対応。

/ʔa'idu'ɴ/　☆ 連用形「あり」を含む。「ありども」に対応。

/ʔa'iga/ ☆ 連用形「あり」を含む。「ありが」に対応。

/ʔa'i'ja/ ☆ 連用形「あり」を含む。「ありは」に対応。

/ʔa'i'je'e/ ☆ 連用形「あり」を含む。「ありあへ」に対応。

/ʔa'i'e'e/ ☆ 連用形「あり」を含む。「ありあへ」に対応。

/ʔa'je'e/ ☆ 連用形「あり」を含む。「ありは」に対応。

/ʔa'ja'je'e/ ☆ 連用形「あり」を含む。「ありはあへ」に対応。

/ʔa'ira'a/ ☆ 連用形「あり」を含む。「ありあらは」に対応。

/ʔa'ite'e/ ☆ 連用形「あり」を含む。「ありたい」に対応。

/ʔa('i)misje'eru/ ☆ 連用形「あり」を含む。「ありめしある」に対応。

/ʔari'ja/ ☆ 連用形「あり」を含む。「ありは」に対応。

/ʔa'jabi('i)ka//ʔa'jabi('i)ka'ja'a/ ☆ 連用形「あり」を含む。「ありはべるか」と「ありはべるかや」
をいっしょにして簡略化表記をしたと見る。

/ʔa'jabi'i'N/ ☆ 連用形「あり」を含む。「ありはべりをり<u>む</u>」に対応。

/ʔa'jabi'imi/ ☆ 連用形「あり」を含む。「ありはべりをりみ」に対応。

/ʔa'jabi'iru/ ☆ 連用形「あり」を含む。「ありはべりをる」に対応。

/ʔa'jabi'isiga/ ☆ 連用形「あり」を含む。「ありはべりを（る）すが」に対応。

/ʔa'jabi'iti'i/ ☆ 連用形「あり」を含む。「ありはべりをりてい」に対応。

/ʔa'jabita'N/ ☆ 連用形「あり」を含む。「ありはべりてあり<u>む</u>→ありはべりたり<u>む</u>」に対応。

/ʔa'jabira'Nka//ʔa'jabira'Nka'ja'a/ ☆ 連用形「あり」を含む。「ありはべらぬか」と「ありはべら
ぬかや」をいっしょにして簡略化表記をしたもの。

/ʔa'jabitaru/ ☆ 連用形「あり」を含む。「ありはべりてある→ありはべりたる」に対応。

/ʔa'jabitasiga/ ☆ 連用形「あり」を含む。「ありはべりてあ（る）すが」→ありはべりた（る）すが」に対応。

/ʔa'jabi'ira/ ☆ 連用形「あり」を含む。「ありはべりをら」に対応。

/ʔa'jabira'N/ ☆ 連用形「あり」を含む。「ありはべりをらぬ」に対応

/ʔa'jabirani/ ☆ 連用形「あり」を含む。「ありはべりをらに」に対応。

/ʔa'jabira'Nta'N/ ☆ 連用形「あり」を含む。「ありはべらぬてあり<u>む</u>→ありはべらぬたり<u>む</u>」に対応。

/ʔari/ ☆ 連用形「あり」に対応。訓読体。文語。

/ʔa'N/ ☆ 連用形「あり」を含む。「あり<u>む</u>」に対応。

/ʔa'Ndo'o/ ☆ 連用形「あり」を含む。「あり<u>む</u>ど」に対応。

/ʔa'Ndu'N/ ☆ 連用形「あり」を含む。「あり<u>む</u>ども」に対応。

/ʔa'Nte'e/ ☆ 連用形「あり」を含む。「あり<u>む</u>て」に対応。「あるよ！」「ないわけないだろう！」の意。

/ʔa'Nmi/ ☆ 連用形「あり」を含む。「ありをりみ」に対応。

/ʔami/ ☆ 連用形「あり」を含む。「ありみ」に対応。

49、《沖話》（1880）

/ʔa'i/ ☆ 連用形「あり」に対応。

/ʔa'iga/ ☆ 連用形「あり」を含む。「ありが」に対応。

/ʔa'ite'enamu'N/ ☆ 連用形「あり」を含む。「ありたいなもの」に対応。

/ʔa'jabi'i'N/ ☆ 連用形「あり」を含む。「ありはべりをり<u>む</u>」に対応。

/ʔa'jabi'iru/ ☆ 連用形「あり」を含む。「ありはべりをる」に対応。

/ʔa'jabi'iga/ ☆ 連用形「あり」を含む。「ありはべりを（る）が」に対応。

/ʔa'jabi'iga'ja'a/ ☼ 連用形「あり」を含む。「ありはべりを（る）がや」に対応。

/ʔa'jabi'ise'e/ ☼ 連用形「あり」を含む。「ありはべりを（る）すは」に対応。

/ʔa'jabi'isiga/ ☼ 連用形「あり」を含む。「ありはべりを（る）すが」に対応。

/ʔa'jabi'ikutu/ ☼ 連用形「あり」を含む。「ありはべりを（る）こと」に対応。

/ʔa'jabi'ira/ ☼ 連用形「あり」を含む。「ありはべりをら」に対応。

/ʔa'jabi'itasiga/ ☼ 連用形「あり」を含む。「ありはべりをりた（る）すが」に対応。

/ʔa'jabi'itasa'a/ ☼ 連用形「あり」を含む。「ありはべりをりた（る）さ」に対応。

/ʔa'jabi'itara/ ☼ 連用形「あり」を含む。「ありはべりをりたら」に対応。

/ʔa'jabira'ɴka'ja'a/ ☼ 連用形「あり」を含む。「ありはべりをらぬかや」に対応。

/ʔa'ɴ/ ☼ 連用形「あり」を含む。「あり<u>む</u>」に対応。

50、《チェン》（1895）

/ʔa'jabi'i'ɴ/ ☼ 連用形「あり」を含む。「ありはべりをり<u>む</u>」に対応。

/ʔa'jabi'ikutu/ ☼ 連用形「あり」を含む。「ありはべりを（る）こと」に対応。

/ʔa'ɴ/ ☼ 連用形「あり」を含む。「あり<u>む</u>」に対応。

/ʔami/ ☼ 連用形「あり」を含む。「ありみ」に対応。

51、《官話》（19 世紀？）

/ʔari'ʔe'enumunu/ ☼ 連用形「あり」を含む。「ありあひのもの」（有り合ひのもの）に対応。

/ʔa'ɴ/ ☼ 連用形「あり」を含む。「あり<u>む</u>」に対応。

　　2）「命令形」に対応する形

08、《おも1》（1531）

/ari/ ☼ 命令形「あれ」に対応。

30、《おも3》（1623）

/ari/ ☼ 命令形「あれ」に対応。

39、《混験》（1711）

/ʔari/ ☼ 命令形「あれ」に対応。

41、《組五》（1718 頃）

/ʔari/ ☼ 命令形「あれ」に対応。

48、《ベッテ》（1849）・（1852）

/ʔare'e/ ☼ 命令形「あれ」を含む。「あれは」に対応。

　　3）「終止形」に対応する形

01、《翻訳》（1501）

/ari/ ☼ 終止形「あり」に対応。

03、《琉館》（16C 前半成立か）

/ari/ ☼ 終止形「あり」に対応。

08、《おも1》（1531）

/ari/ ☼ 終止形「あり」に対応。

09、《陳使》（1534）

/ari/ ☼ 終止形「あり」に対応。

13、《碑文（かた）》（1543）

　/ari/　☆ 終止形「あり」に対応。

17、《碑文（やら）》（1554）

　/ari/　☆ 終止形「あり」に対応。

19、《郭使》（1561）

　/ari/　☆ 終止形「あり」に対応。

22、《音字》（1572 頃）

　/ari/　☆ 終止形「あり」に対応。

23、《蕭使》（1579）

　/ari/　☆ 終止形「あり」に対応。

25、《碑文（浦城）》（1597）

　/ari/　☆ 終止形「あり」に対応。

27、《夏使》（1606）

　/ari/　☆ 終止形「あり」に対応。

30、《おも 3》（1623）

　/ari/　☆ 終止形「あり」に対応。

　/aru/　☆ 終止形「ある」に対応。

45、《琉訳》（1800 頃）

　/ʔari/　☆ 終止形「あり」に対応。

　４）「連体形」に対応する形

08、《おも 1》（1531）

　/aru/　☆ 連体形「ある」に対応。

　/kiaru/　☆ 連体形「ある」を含む。「けある」に対応。

13、《碑文（かた）》（1543）

　/arugini/　☆ 連体形「ある」を含む。「あるげに」に対応。

25、《碑文（浦城）》（1597）

　/aru/　☆ 連体形「ある」に対応。

30、《おも 3》（1623）

　/aru/　☆ 連体形「ある」に対応。

　/aruzjamimu/　☆ 連体形「ある」を含む。「あるぎやめも」に対応。

　/aruna/　☆ 連体形「ある」を含む。「あるな」に対応。

　/amuɴ/　☆ 連体形「ある」を含む。「あ（る）もの」に対応。

31、《碑文（本山）》（1624）

　/aru/　☆ 連体形「ある」に対応。

37、《君由》（1700 頃）

　/ʔaru’jani/　☆ 連体形「ある」を含む。「あるやうに」に対応。

38、《仲里》（1703 頃）

　/ʔarugini/　☆ 連体形「ある」を含む。「あるげに」に対応。

　/ʔaru’jani/　☆ 連体形「ある」を含む。「あるやうに」に対応。

第９節　「ラ行変格活用」動詞の史的変化　1215

/ʔamunu/　☼ 連体形「ある」を含む。「あ（る）もの」に対応。「あるので」の意。

39、《混験》（1711）

　/ʔaru/　☼ 連体形「ある」に対応。

41、《組五》（1718頃）

　/ʔaru/　☼ 連体形「ある」に対応。

　/ʔasiga/　☼ 連体形「ある」を含む。「あるすが→あすが」に対応。

　/ʔasi'ja/　☼ 連体形「ある」を含む。「あ（る）すは」に対応。

　/ʔamunu/　☼ 連体形「ある」を含む。「あるもの」に対応。「あもの」と変化。

　/ʔaru'i/　☼ 連体形「ある」を含む。「あるい」に対応。「あるか」の意。

45、《琉訳》（1800頃）

　/ʔaru/　☼ 連体形「ある」に対応。

　/ʔaga/　☼ 連体形「ある」を含む。「あ（る）が」に対応。

48、《ベッテ》（1849）・（1852）

　/ʔaru/　☼ 連体形「ある」に対応。

　/ʔa'juka/　☼ 連体形「ある」を含む。「あるか」に対応。

　/ʔaka'ja'a/　☼ 連体形「ある」を含む。「あるかや」に対応。

　/ʔaga/　☼ 連体形「ある」を含む。「あ（る）が」に対応。

　/ʔaQsa'a/　☼ 連体形「ある」を含む。「あ（る）さ」に対応。

　/ʔaQsi/　☼ 連体形「ある」を含む。「あるす」に対応。

　/ʔaQsi'ja/　☼ 連体形「ある」を含む。「あるすは」に対応。

　/ʔaQse'e/　☼ 連体形「ある」を含む。「あるすは」に対応。

　/ʔaQsi'N/　☼ 連体形「ある」を含む。「あるすも」に対応。

　/ʔaQsiga/　☼ 連体形「ある」を含む。「あるすが」に対応。

　/ʔa(Q)kutu/　☼ 連体形「ある」を含む。「あること」に対応。

　/ʔa(Q)tucji/　☼ 連体形「ある」を含む。「あるとき」に対応。

　/ʔa(Q)tucji'N/　☼ 連体形「ある」を含む。「あるときも」に対応。

49、《沖話》（1880）

　/ʔaru/　☼ 連体形「ある」に対応。

　/ʔarume'e/　☼ 連体形「ある」を含む。「あるまい」に対応。

　/ʔasiga/　☼ 連体形「ある」を含む。「あ（る）すが」に対応。

　/ʔase'e/　☼ 連体形「ある」を含む。「あ（る）すは」に対応。

　5）「已然形」に対応する形

15、《碑文（添門）》（1546）

　/aridumu/　☼ 已然形「あれ」を含む。「あれども」に対応。

28、《碑文（よう）》（1609）

　/ariba/　☼ 已然形「あれ」を含む。「あれば」に対応。

30、《おも3》（1623）

　/ari/　☼ 已然形「あれ」に対応。

　/aridumu/　☼ 已然形「あれ」を含む。「あれども」に対応。

/ariwadu/　☆已然形「あれ」を含む。「あれはど」に対応。

/ariba/　☆已然形「あれ」を含む。「あれば」に対応。

38、《仲里》（1703 頃）

/ʔaridumu/　☆已然形「あれ」を含む。「あれども」に対応。

41、《組五》（1718 頃）

/ʔariba/　☆已然形「あれ」を含む。「あれば」に対応。

48、《ベッテ》（1849）・（1852）

/ʔari'wadu/　☆已然形「あれ」を含む。「あれはど」に対応。

/ʔare'e/　☆已然形「あれ」を含む。「あれは」に対応。

49、《沖話》（1880）

/ʔare'e/　☆已然形「あれ」を含む。「あれは」に対応。

50、《チェン》（1895）

/ʔare'e/　☆已然形「あれ」を含む。「あれは」に対応。

　6）「未然形」に対応する形

02、《碑文（玉殿）》（1501）

/araba/　☆未然形「あら」を含む。「あらば」に対応。

08、《おも1》（1531）

/aragjami/　☆未然形「あら」を含む。「あらぎやめ」に対応。

17、《碑文（やら）》（1554）

/aratukija/　☆未然形「あら」を含む。「あらときは」に対応。「あら」に名詞の続く例。

29、《おも2》（1613）

/aragjami/　☆未然形「あら」を含む。「あらぎやめ」に対応。

30、《おも3》（1623）

/aragami/　☆未然形「あら」を含む。「あらがめ」に対応。

/arazjami/　☆未然形「あら」を含む。「あらぎやめ」に対応。

/arazjadi/　☆未然形「あら」を含む。「あらぎやで」に対応。

/araba/　☆未然形「あら」を含む。「あらば」に対応。

/aramasji/　☆未然形「あら」を含む。「あらまし」に対応。

31、《碑文（本山）》（1624）

/araba/　☆未然形「あら」を含む。「あらば」に対応。

37、《君由》（1700 頃）

/ʔarazjadi/　☆未然形「あら」を含む。「あらぎやで」に対応。

38、《仲里》（1703 頃）

/ʔara'ɴ/　☆未然形「あら」を含む。「あらぬ」に対応。

/ʔaracji/　☆未然形「あら」を含む。「あらして」に対応。

41、《組五》（1718 頃）

/ʔara'wa/　☆未然形「あら」を含む。「あらは」に対応。

/ʔaraba/　☆未然形「あら」を含む。「あらば」に対応。

48、《ベッテ》（1849）・（1852）

/ʔara/　☆ 未然形「あら」に対応。

/ʔara'wa/　☆ 未然形「あら」を含む。「あらは」に対応。

/ʔara'a/　☆ 未然形「あら」を含む。「あらは」に対応。

/ʔara'wa'ɴ/　☆ 未然形「あら」を含む。「あらはも」に対応。

/ʔara hazi/　☆ 未然形「あら」を含む。「あらはず」に対応。

49、《沖話》（1880）

/ʔara'ɴ/　☆ 未然形「あら」を含む。「あらぬ」に対応。

/ʔarani/　☆ 未然形「あら」を含む。「あらに」に対応。

/ʔara/　☆ 未然形「あら」に対応。

/ʔara'ɴka'ja'a/　☆ 未然形「あら」を含む。「あらぬかや」に対応。

50、《チェン》（1895）

/ʔara'a/　☆ 未然形「あら」を含む。「あらは」に対応。

　　7）「〈て〉の形」に対応する形

30、《おも3》（1623）

/aQti/　☆ 「あって」に対応。

37、《君由》（1700 頃）

/ʔataru'jani/　☆ 「ありて」を含む。「ありてあるやうに→ありたるやうに」に対応。

41、《組五》（1718 頃）

/ʔatidu/　☆ 「ありて」を含む。「ありてど」に対応。

/ʔatiɴ/　☆ 「ありて」を含む。「ありても→あっても」に対応。

/ʔaQta/　☆ 「ありて」を含む。「ありてあり」に対応。「あったり→あった」と変化か。

/ʔatuti/　☆ 「ありて」を含む。「ありてをりて」に対応。/ʔatoti/ も可か。

/ʔatara/　☆ 「ありて」を含む。「ありてあら」に対応。

/ʔatuti/　☆ 「ありて」を含む。「ありてをりて」に対応。

/ʔatoti/　☆ 「ありて」を含む。「ありてはをりて」に対応。

/ʔatikara/　☆ 「ありて」を含む。「ありてから→あってから」に対応。

/ʔataru/　☆ 「ありて」を含む。「ありてある→ありたる→あったる」に対応。

/ʔataga/　☆ 「ありて」を含む。「ありてあ（る）が→ありたが→あったが」に対応。

47、《クリ》（1818）

/ʔata'ɴ/　☆ 「ありて→あって」を含む。「ありてありむ→あってありむ→あったりむ」に対応。

48、《ベッテ》（1849）・（1852）

/ʔati/　☆ 「ありて→あって」に対応。

/ʔati'ɴ/　☆ 「ありて」を含む。「ありても→あっても」に対応。

/ʔati'ja/　☆ 「ありて」を含む。「ありては→あっては」に対応。

/ʔate'e/　☆ 「ありて」を含む。「ありては→あっては」に対応。

/ʔatidu'ɴ/　☆ 「ありて」を含む。「ありてども→あってども」に対応。

/ʔaQta'ɴ/　☆ 「ありて」を含む。「ありてありむ→あってありむ→あったりむ」に対応。

/ʔata'ɴ/　☆ 「ありて」を含む。「ありてありむ→あってありむ→あったりむ」に対応。

/ʔati'i/　☆ 「ありて」を含む。「ありてい→あってい」に対応。

/ʔati'imi/　☆「ありて」を含む。「ありてみ→あってみ」に対応。

/ʔata'ɴte'ema/　☆「ありて」を含む。「ありてありむてま→あってありむてま→あったりむてま」に対応。

/ʔata'ɴte'ema'ɴ/　☆「ありて」を含む。「ありてありむてまも→あってありむてまも→あったりむてまも」に対応。

/ʔata'ɴti'ɴ/　☆「ありて」を含む。「ありてありむても→あってありむても→あったりむても」に対応。

/ʔataru/　☆「ありて」を含む。「ありてある→あってある→あったる」に対応。

/ʔatasi/　☆「ありて」を含む。「ありてあ（る）す→あってあ（る）す→あった（る）す」に対応。

/ʔatase'e/　☆「ありて」を含む。「ありてあ（る）すは→あってあ（る）すは→あった（る）すは」に対応。

/ʔataQsa'a/　☆「ありて」を含む。「ありてあ（る）さ→あってあ（る）さ→あった（る）さ」に対応。

/ʔataQsiga/　☆「ありて」を含む。「ありてあ（る）すが→あってあ（る）すが→あった（る）すが」に対応。

/ʔatakutu/　☆「ありて」を含む。「ありてあ（る）こと→あってあ（る）こと→あった（る）こと」に対応。

/ʔatare'e/　☆「ありて」を含む。「ありてあれは→あってあれは→あったれは」に対応。

/ʔatara'a/　☆「ありて」を含む。「ありてあらは→あってあらは→あったらは」に対応。

/ʔate'e'ɴ/　☆「ありて」を含む。「ありてはありむ→あってはありむ」に対応。

/ʔate'eru/　☆「ありて」を含む。「ありてはある→あってはある」に対応。

/ʔate'esi/　☆「ありて」を含む。「ありてはあ（る）す→あってはあ（る）す」に対応。

/ʔate'ere'e/　☆「ありて」を含む。「ありてはあれは→あってはあれは」に対応。

/ʔato'o'ɴ/　☆「ありて」を含む。「ありてはをりむ→あってはをりむ」に対応。

/ʔato'oru/　☆「ありて」を含む。「ありてはをる→あってはをる」に対応。

/ʔato'osi/　☆「ありて」を含む。「ありてはを（る）す→あってはを（る）す」に対応。

/ʔato'oti'ɴ/　☆「ありて」を含む。「ありてはをりても→あってはをりても」に対応。

49、《沖話》（1880）

/ʔati/　☆「ありて→あって」に対応。

/ʔatidu/　☆「ありて→あって」を含む。「あってど」に対応。

/ʔataru/　☆「ありて→あって」を含む。「あってある→あったる」に対応。

/ʔatasiga/　☆「ありて→あって」を含む。「あってあ（る）すが→あった（る）すが」に対応。

50、《チェン》（1895）

/ʔati/　☆「ありて→あって」に対応。

/ʔati'i/　☆「ありて→あって」を含む。「ありてい→あってい」に対応。

/ʔata'ɴ/　☆「ありて→あって」を含む。「ありてありむ→あったりむ」に対応。

/ʔataru/　☆「ありて→あって」を含む。「ありてある→あったる」に対応。

/ʔatasi/　☆「ありて→あって」を含む。「あってあ（る）す→あった（る）す」に対応。

/ʔata/　☆「ありて→あって」を含む。「あってあ（る）→あった（る）」に対応。

〖をり居〗
　１）「連用形」に対応する形
30、《おも３》（1623）

/ujari/　☆連用形「をり」を含む。「をりあり」に対応。

/urijari/　☆連用形「をり」を含む。「をりあり」に対応。

/uribusjija/　☆連用形「をり」を含む。「をりぼしや」に対応。

39、《混験》（1711）

/ˈuribusja/　☼連用形「をり」を含む。「をりほしや」に対応。

41、《組五》（1718 頃）

/ˈuʼjabitaˈɴ/　☼連用形「をり」を含む。「をりはべりてありむ」に対応。

/ˈuˈɴ/　☼連用形「をり」を含む。「をり<u>む</u>」に対応。

/ˈuʼjuˈɴ/　☼連用形「をり」を含む。「をりをり<u>む</u>」に対応。

/ˈuʼjumi/　☼連用形「をり」を含む。「をりをりみ」に対応。

/ˈuʼjura/　☼連用形「をり」を含む。「をりをら」に対応。

47、《クリ》（1818）

/ˈuˈɴ/　☼連用形「をり」を含む。「をり<u>む</u>」に対応。

48、《ベッテ》（1849）・（1852）

/ˈuʼi/　☼連用形「をり」に対応。

/ˈuʼiuʼi/　☼連用形「をり」を含む。「をりをり」に対応。

/ˈuʼiuʼisjuˈɴ/　☼連用形「をり」を含む。「をりをりしをり<u>む</u>」に対応。

/ˈuʼizju/　☼連用形「をり」を含む。「をりじよ」（居り処）に対応。

/ˈuʼiduˈɴ/　☼連用形「をり」を含む。「をりども」に対応。

/ˈuʼiga/　☼連用形「をり」を含む。「をりが」に対応。

/ˈuʼigiQsa/　☼連用形「をり」を含む。「をりげさ」に対応。

/ˈuʼinjeʼe/　☼連用形「をり」を含む。「をりには」に対応。

/ˈuʼiˈɴdeʼe/　☼連用形「をり」を含む。「をりにては」に対応。

/ˈuʼjabiʼiˈɴ/　☼連用形「をり」を含む。「をりはべりをり<u>む</u>」に対応。

/ˈuʼjabiʼimi/　☼連用形「をり」を含む。「をりはべりをりみ」に対応。

/ˈuʼjabiʼisiga/　☼連用形「をり」を含む。「をりはべ（る）すが」に対応。

/ˈuʼjabiʼika/　☼連用形「をり」を含む。「をりはべるか」に対応。

/ˈuʼjabitaˈɴ/　☼連用形「をり」を含む。「をりはべりてありむ→をりはべりたりむ」に対応。

/ˈuʼjabitasi/　☼連用形「をり」を含む。「をりはべりてあ（る）す→をりはべりた（る）す」に対応。/ˈuʼjabiʼitasi/ の可能性もある。

/ˈuʼjabitasiga/　☼連用形「をり」を含む。「をりはべりてあ（る）すが→をりはべりた（る）すが」に対応。/ˈuʼjabiʼitasiga/ の可能性もある。

/ˈuʼjabira/　☼連用形「をり」を含む。「をりはべりをら」に対応。/ˈuʼjabiʼira/ の可能性もある。

/ˈuʼjabiraˈɴtiʼi/　☼連用形「をり」を含む。「をりはべらぬてい」に対応。

/ˈuʼjeʼe/　☼連用形「をり」を含む。「をりは」に対応。

/ˈuˈɴ/　☼連用形「をり」を含む。「をり<u>む</u>」に対応。

/ˈumi/　☼連用形「をり」を含む。「をりみ」に対応。

/ˈuˈɴteʼe/　☼連用形「をり」を含む。「をり<u>む</u>て」に対応。

49、《沖話》（1880）

/ˈuʼi/　☼連用形「をり」に対応。

/ˈuʼjabiʼiˈɴ/　☼連用形「をり」を含む。「をりはべりをり<u>む</u>」に対応。

/ˈuʼjabiʼimi/　☼連用形「をり」を含む。「をりはべりをりみ」に対応。

/ˈuʼjabiʼiga/　☼連用形「をり」を含む。「をりはべるが」に対応。

/'u'jabi'ika'ja'a/　☆ 連用形「をり」を含む。「をりはべるかや」に対応。

/'u'jabi'iru/　☆ 連用形「をり」を含む。「をりはべりをる」に対応。

/'u'jabi'isiga/　☆ 連用形「をり」を含む。「をりはべ（る）すが」に対応。

/'u'jabi'ikutu/　☆ 連用形「をり」を含む。「をりはべ（る）こと」に対応。

/'u'jabi'ira/　☆ 連用形「をり」を含む。「をりはべりをら」に対応。

/'u'jabira'ɴka'ja'a/　☆ 連用形「をり」を含む。「をりはべらぬかや」に対応。

/'u'jabirani/　☆ 連用形「をり」を含む。「をりはべらに」に対応。

/'u'ɴ/　☆ 連用形「をり」を含む。「をり<u>む</u>」に対応。

50、《チェン》（1895）

/'wi'idu/　☆ 連用形「をり」を含む。「をりど」に対応。

/'u'jabi'i'ɴ/　☆ 連用形「をり」を含む。「をりはべりをり<u>む</u>」に対応。

/'u'jabi'imi/　☆ 連用形「をり」を含む。「をりはべりをりみ」に対応。

/'u'jabi'ira/　☆ 連用形「をり」を含む。「をりはべりをら」に対応。

/'u'jabi'ikutu/　☆ 連用形「をり」を含む。「をりはべりを（る）こと」に対応。

/'u'jabira'ɴ/　☆ 連用形「をり」を含む。「をりはべらぬ」に対応。

/'u'jabira'ɴ ga 'ja'a/　☆ 連用形「をり」を含む。「をりはべらぬがや」に対応。

/'u'ɴ/　☆ 連用形「をり」を含む。「をり<u>む</u>」に対応。

/'usi ga/　☆ 連用形「をり」を含む。「をりを（る）すが」に対応。

/'uga 'ja'a/　☆ 連用形「をり」を含む。「をりを（る）がやあ」に対応。

２）「命令形」に対応する形

03、《琉館》（16C 前半成立か）

/wurari/　☆ 命令形「をられ」に対応。

41、《組五》（1718 頃）

/'uri'ju/　☆ 命令形「をれ」を含む。「をれよ」に対応。

/tatjo'ori/　☆ 命令形「をれ」を含む。「たちてはをれ→たってはをれ→たてはをれ」に対応。

48、《ベッテ》（1849）・（1852）

/'uri/　☆ 命令形「をれ」に対応。

/'uri'jo'o/　☆ 命令形「をれ」を含む。「をれよ」に対応。

50、《チェン》（1895）

/'uri/　☆ 命令形「をれ」に対応。

３）「終止形」に対応する形

39、《混験》（1711）

/'uri/　☆ 終止形「をり」に対応。

41、《組五》（1718 頃）

/'u'ɴ/　☆ 連用形「をり」を含む。「をり<u>む</u>」に対応か。

48、《ベッテ》（1849）・（1852）

/sjo'ori/　☆ 終止形「をり」を含む。「しをり」に対応。

４）「連体形」に対応する形

41、《組五》（1718 頃）

ʃʼuru/　☆ 連体形「をる」に対応。

ʃʼusi/　☆ 連体形「をる」を含むと判断。「を（る）す」に対応。

ʃʼusiga/　☆ 連体形「をる」を含むと判断。「を（る）すが」に対応。

ʃʼuru/　☆ 連体形「をる」に対応。

48、《ベッテ》（1849）・（1852）

ʃʼuru/　☆ 連体形「をる」に対応。

ʃʼu(Q)tukuru/　☆ 連体形「をる」を含む。「をるところの」に対応。

ʃʼukutu/　☆ 連体形「をる」を含む。「を（る）こと」に対応。ʃʼuQkutu/ の可能性もある。

ʃʼusi/　☆ 連体形「をる」を含む。「を（る）す」に対応。

ʃʼusiga/　☆ 連体形「をる」を含む。「を（る）すが」に対応。

ʃʼuga/　☆ 連体形「をる」を含む。「を（る）が」に対応。

ʃʼuka/　☆ 連体形「をる」を含む。「を（る）か」に対応。

/niʼɴtiduʼuru/　☆ 連体形「をる」を含む。「ねむりてどをる」に対応。

５）「已然形」に対応する形

41、《組五》（1718 頃）　3《組五銘苅》

ʃʼuriba/　☆ 已然形「をれ」を含む。「をれば」に対応。

６）「未然形」に対応する形

39、《混験》（1711）

ʃʼurariraʼɴ/　☆ 未然形「をら」を含む。「をられらぬ」に対応。

41、《組五》（1718 頃）

ʃʼuraʼɴ/　☆ 未然形「をら」を含む。「をらぬ」に対応。

ʃʼurani/　☆ 未然形「をら」を含む。「をらに」に対応。

ʃʼurazi/　☆ 未然形「をら」を含む。「をらず」に対応。

ʃʼuraba/　☆ 未然形「をら」を含む。「をらば」に対応。

45、《琉訳》（1800 頃）

ʃʼuraʼɴ/　☆ 未然形「をら」を含む。「をらぬ」に対応。

47、《クリ》（1818）

ʃʼuraʼɴ/　☆ 未然形「をら」を含む。「をらぬ」に対応。

48、《ベッテ》（1849）・（1852）

ʃʼura/　☆ 未然形「をら」に対応。

ʃʼuraʼwa/　☆ 未然形「をら」を含む。「をらは」に対応。

ʃʼuraʼwaʼɴ/　☆ 未然形「をら」を含む。「をらはも」に対応。

ʃʼuraʼɴ/　☆ 未然形「をら」を含む。「をらぬ」に対応。

ʃʼurani/　☆ 未然形「をら」を含む。「をらに」に対応。

ʃʼuraʼɴ hazi/　☆ 未然形「をら」を含む。「をらぬはず」に対応。

ʃʼuraʼɴgi(Q)sa/　☆ 未然形「をら」を含む。「をらぬげさ」に対応。

/ˈuraˈNga/ ☼ 未然形「をら」を含む。「をらぬが」に対応。

/ˈuraˈNka//ˈuraˈNka'ja'a/ ☼ 未然形「をら」を含む。「をらぬか」と「おらぬかや」に対応。

/ˈuraˈNsi/ ☼ 未然形「をら」を含む。「をらぬす」に対応。

/ˈuraˈNsiga/ ☼ 未然形「をら」を含む。「をらぬすが」に対応。

/ˈuraˈNsa'a/ ☼ 未然形「をら」を含む。「をらぬさ」に対応。

/ˈurane'e/ ☼ 未然形「をら」を含む。「をらねは」に対応。

/ˈuraˈNti'N/ ☼ 未然形「をら」を含む。「をらぬても」に対応。

/ˈuraˈNti'i/ ☼ 未然形「をら」を含む。「をらぬてい」に対応。

/ˈuraˈNtaru/ ☼ 未然形「をら」を含む。「をらぬてある→をらぬたる」に対応。

/ˈuraˈNtasi/ ☼ 未然形「をら」を含む。「をらぬてあ（る）す→をらぬた（る）す」に対応。

/ˈuraˈNtasiga/ ☼ 未然形「をら」を含む。「をらぬてあ（る）すが→をらぬた（る）すが」に対応。

49、《沖話》（1880）

/ˈura'a/ ☼ 未然形「をら」を含む。「をらは」に対応。

/urari'jabira'N/ ☼ 未然形「をら」を含む。「をられはべらぬ」に対応。

50、《チェン》（1895）

/ˈura'N/ ☼ 未然形「をら」を含む。「をらぬ」に対応。

/ˈura'N ga 'ja'a/ ☼ 未然形「をら」を含む。「をらぬがやあ」に対応。

/ˈura'N basju/ ☼ 未然形「をら」を含む。「をらぬ　ばしゆ」に対応。

/urarira'N/ ☼ 未然形「をら」を含む。「をられらぬ」に対応。

/ˈuraˈNta'N/ ☼ 未然形「をら」を含む。「をらぬたり<u>む</u>」に対応。

　　7）「〈て〉の形」に対応する形

30、《おも3》（1623）

/uQti/ ☼「をって」に対応。

/uQtaru/ ☼「をって」を含む。「をってある→をったる」に対応。

41、《組五》（1718頃）

/ˈuti/ ☼「をりて」に対応。「をって」と変化。

/ˈuti'N/ ☼「をりて」を含む。「をりても→をっても」に対応。

/ˈutidu/ ☼「をりて」を含む。「をりてど→をってど」に対応。

/ˈuta'N/ ☼「をりて」を含む。「をりてあり<u>む</u>→をりたり<u>む</u>→をったり<u>む</u>」に対応。

/ˈutami/ ☼「をりて」を含む。「をりてあり→をりたりみ→をったりみ→をたみ」に対応。

/ˈututi/ ☼「をりて」を含む。「をりてをりて」に対応。

47、《クリ》（1818）

/ˈuti/ ☼「をりて→をって」に対応。

48、《ベッテ》（1849）・（1852）

/ˈuti/ ☼「をりて→をって」に対応。

/ˈuti'N/ ☼「をりて→をって」を含む。「をりても→をっても」に対応。

/ˈutidu'N/ ☼「をりて→をって」を含む。「をりてども→をってども」に対応。

/ˈute'e/ ☼「をりて→をって」を含む。「をりては→をっては」に対応。

/ˈute'eru/ ☼「をりて→をって」を含む。「をりてはある→をってはある」に対応。

/ˈute'esi/　☆「をりて→をって」を含む。「をりてはあ（る）す→をってはあ（る）す」に対応。

/ˈute'ere'e/　☆「をりて→をって」を含む。「をりてはあれは→をってはあれは」に対応。

/ˈuti'i/　☆「をりて→をって」を含む。「をりてい→をってい」に対応。

/ˈuta'N/　☆「をりて→をって」を含む。「をりてあり<u>む</u>→をってあり<u>む</u>→をったり<u>む</u>」に対応。

/ˈutaru/　☆「をりて→をって」を含む。「をりてある→をってある→をったる」に対応。

/ˈutasi/　☆「をりて→をって」を含む。「をりてあ（る）す→をってあ（る）す→をった（る）す」に対応。

/ˈutasiga/　☆「をりて→をって」を含む。「をりてあ（る）すが→をってあ（る）すが→をった（る）すが」に対応。

/ˈutakutu/　☆「をりて→をって」を含む。「をりてあ（る）こと→をってあ（る）こと→をった（る）こと」に対応。

/ˈuto'omi/　☆「をりて→をって」を含む。「をりてはをりみ→をってはをりみ」に対応。

/ˈuto'oru/　☆「をりて→をって」を含む。「をりてはをる→をってはをる」に対応。

/ˈuto'osi/　☆「をりて→をって」を含む。「をりてはを（る）す→をってはを（る）す」に対応。

/ˈuto'osiga/　☆「をりて→をって」を含む。「をりてはを（る）すが→をってはを（る）すが」に対応。

/ˈuto'okutu/　☆「をりて→をって」を含む。「をりてはを（る）こと→をってはを（る）こと」に対応

/ˈuto'oti/　☆「をりて→をって」を含む。「をりてはをりて→をってはをって」に対応。

/ˈuto'oti'N/　☆「をりて→をって」を含む。「をりてはをりても→をってはをっても」に対応。

（融合しているもの）

/ˈsjo'oti/　☆「をりて」を含む。「してはをりて」に対応。

49、《沖話》（1880）

/ˈuti/　☆「をりて→をって」に対応。

50、《チェン》（1895）

/ˈuti/　☆「をりて→をって」に対応。

/ˈuti'N/　☆「をりて」を含む。「をりても」に対応。

/ˈuto'ori/　☆「をりて」を含む。「をりてはをれ」に対応。

（助辞？）

49、《沖話》（1880）

/ˈuti/　☆「をりて→をって」に対応。

/ˈutinu/　☆「をりて→をって」を含む。「をっての」に対応。

/ˈute'e/　☆「をりて→をって」を含む。「をっては」に対応。

/ˈuti'N/　☆「をりて→をって」を含む。「をっても」に対応。

/ˈuto'oti/　☆「をりて」を含む。「をりてはをりて」に対応。

50、《チェン》（1895）

/ˈute'e/　☆「をりて」を含む。「をりては」に対応。

〖はべり侍〗（総じて「助動詞」的な用例）

　１）「連用形」に対応する形

39、《混験》（1711）

/misju'jabi'N/　☆連用形「はべり」を含む。「めしをりはべり<u>む</u>」に対応。

（命令形、終止形　ナシ）

４）「連体形」に対応する形

39、《混験》（1711）

/da'jabiru/ ☆ 連体形「はべる」を含む。「どはべる→だやべる」に対応。

45、《琉訳》（1800 頃）

/hwabiru/ ☆ 連体形「はべる」に対応。

38、《仲里》（1703 頃）

/tu'jabi('i)si'ja/ ☆ 「はべる」を含む。「とりはべ（る）すは」に対応。

/mani'jabimunu/ ☆ 「はべる」を含む。「まねはべ（る）もの」に対応。

（已然形　ナシ）

６）「未然形」に対応する形

38、《仲里》（1703 頃）

/ʔuminuki'jabira/ ☆ 未然形「はべら」を含む。「おみのけはべら」に対応。「申し上げましょう」の意。

39、《混験》（1711）

/ʔa'jabira'ɴ/ ☆ 未然形「はべら」を含む。「ありはべらぬ」に対応。

/na'jabira'ɴ/ ☆ 未然形「はべら」を含む。「なりはべらぬ」に対応。

７）「〈て〉の形」に対応する形

39、《混験》（1711）

/'jabiti/ ☆ 「はべりて」に対応。

※「ラ行変格活用」動詞ではないが、「不規則変化動詞」として「いみめす」をここに
　収録しておく。

（不規則変化動詞）

〚いみめす召〛

１）「連用形」に対応する形

45、《琉訳》（1800 頃）

/ʔime'ɴsjo'ori/ ☆ 連用形「いみめし」を含む。「いみめしおわれ」に対応。

46、《漂録》（1818）

/(ʔi)me'ɴso'ori/ ☆ 連用形「いみめし」を含む。「いみめしおわれ」に対応。

48、《ベッテ》（1849）・（1852）

/me'ɴsje'e'igisaQsa('a)/ ☆ 連用形「いみめし」を含む。「いみめしありげさあるさ」に対応か。

/me'ɴ/ は /ʔme'ɴ/ の可能性を含む。以下、同じ。

/me'ɴsje'e'idu'ɴse'e/ ☆ 連用形「いみめし」を含む。「いみめしありどもせは」に対応か。

/me'ɴsje'e'ine'e/ ☆ 連用形「いみめし」を含む。「いみめしありには」に対応か。

/me'ɴsje'e'iga/ ☆ 連用形「いみめし」を含む。「いみめしあり（をる）が」に対応か。

/me'ɴsje'e'ira/ ☆ 連用形「いみめし」を含む。「いみめしあり（を）ら」に対応か。

/me'ɴsje'e'ɴ/ ☆ 連用形「いみめし」を含む。「いみめしあり<u>う</u>」に対応か。

/me'ɴsje'emi/ ☆ 連用形「いみめし」を含む。「いみめしありみ」に対応か。

/me'ɴsje'eru/ ☆ 連用形「いみめし」を含む。「いみめしある」に対応か。

/me'ɴsje'ega/　☆ 連用形「いみめし」を含む。「いみめしあ（る）が」に対応か。

/me'ɴsje'esi/　☆ 連用形「いみめし」を含む。「いみめしあ（る）す」に対応か。

/me'ɴsje'eti'i/　☆ 連用形「いみめし」を含む。「いみめしありてい」に対応か。「い」/i/ は「疑問」の助辞。

/me'ɴsje'eti'ɴ/　☆ 連用形「いみめし」を含む。「いみめしありても」に対応か。

/me'ɴsje'etaru/　☆ 連用形「いみめし」を含む。「いみめしありたる」に対応か。

/me'ɴsje'etasi/　☆ 連用形「いみめし」を含む。「いみめしありた（る）す」に対応か。

/me'ɴsje'era'ɴti'i/　☆ 連用形「いみめし」を含む。「いみめしあらぬてい」に対応か。「い」/i/ は「疑問」の助辞。

/me'ɴsjo'ori/　☆ 連用形「いみめし」を含む。「いみめしおわれ」に対応か。

/me'ɴsjo'ora'ɴdi/　☆ 連用形「いみめし」を含む。「いみめしおわら<u>むて</u>」に対応か。

/me'ɴsjo'ora'a/　☆ 連用形「いみめし」を含む。「いみめしおわらは」に対応か。

/me'ɴsjo'ora'wa'ɴ/　☆ 連用形「いみめし」を含む。「いみめしおわらはも」に対応か。

/me'ɴsjo'ora'ɴ/　☆ 連用形「いみめし」を含む。「いみめしおわらぬ」に対応か。

/me'ɴsjo'orani/　☆ 連用形「いみめし」を含む。「いみめしおわらに」に対応か。

/me'ɴsjo'ora'ɴka'ja'a/　☆ 連用形「いみめし」を含む。「いみめしおわらぬかや」に対応か。

/me'ɴsjo'ora'ɴga/　☆ 連用形「いみめし」を含む。「いみめしおわらぬが」に対応か。

/me'ɴsjo'ora'ɴhazi/　☆ 連用形「いみめし」を含む。「いみめしおわらぬはず」に対応か。

/me'ɴsjo'ora'ɴsi/　☆連用形「いみめし」を含む。「いみめしおわらぬす」に対応か。

/me'ɴsjo'ora'ɴʔa'ine'e/　☆ 連用形「いみめし」を含む。「いみめしおわらぬありには」に対応か。

/me'ɴsjo'ora'ɴʔati/　☆ 連用形「いみめし」を含む。「いみめしおわらぬありて」に対応か。

/me'ɴsjo'ora'ɴta'ɴ/　☆ 連用形「いみめし」を含む。「いみめしおわらぬてありむ→いみめしおわらぬたりむ」に対応か。

/me'ɴsjo'ora'ɴtaru/　☆ 連用形「いみめし」を含む。「いみめしおわらぬてある→いみめしおわらぬたる」に対応か。

/me'ɴsjo'ora'ɴtasi/　☆ 連用形「いみめし」を含む。「いみめしおわらぬてあ（る）す→いみめしおわらぬた（る）す」に対応か。

/me'ɴsjo'ora'ɴtare'e/　☆ 連用形「いみめし」を含む。「いみめしおわらぬてあれは→いみめしおわらぬたれは」に対応か。

/me'ɴsjo'ocji/　☆ 連用形「いみめし」を含む。「いみめしおはして」に対応か。

/me'ɴsjo'ocji'i/　☆ 連用形「いみめし」を含む。「いみめしおはしてい」に対応か。「い」/i/ は「疑問」の助辞。

/me'ɴsjo'ocji'ɴ/　☆ 連用形「いみめし」を含む。「いみめしおはしても」に対応か。

/me'ɴsjo'ocja'ɴ/　☆ 連用形「いみめし」を含む。「いみめしおはしてありむ→いみめしおはしたりむ」に対応か。

/me'ɴsjo'ocjaru/　☆ 連用形「いみめし」を含む。「いみめしおはしてある→いみめしおはしたる」に対応か。

/me'ɴsjo'ocjasi/　☆ 連用形「いみめし」を含む。「いみめしおはしてあ（る）す→いみめしおはした（る）す」に対応か。

/mehe'e'ɴ/　☆ 変種形。「めへむ」？

/mehe'emi/　☆ 変種形。「めへみ」？

50、《チェン》（1895）

召　/ʔime'ɴsje'e'ɴ/　☆ 連用形「いみめし」を含む。「いみめしあり<u>む</u>」に対応。

/ʔime'ɴsjo'ora'ɴti'i/ ☆連用形「いみめし」を含む。「いみめしをらぬてい」に対応。

/ʔme'ɴsje'ebi'i'ɴ/ ☆連用形「（い）みめし」を含む。「（い）みめしはべりをりむ」に対応。

/ʔme'ɴsje'e'ɴ/ ☆連用形「（い）みめし」を含む。「（い）みめしありむ」に対応。

居 /ʔime'ɴsje'ebi'imi/ ☆連用形「いみめし」を含む。「いみめしはべりをりみ」に対応。

/ʔime'ɴsje'eru 'e'eka'a/ ☆連用形「いみめし」を含む。「いみめしはべる　あいかは」に対応。

/me'ɴsje'ebi'iga/ ☆連用形「（い）みめし」を含む。「（い）みめしはべりをるが」に対応。

/me'ɴsje'e'ɴ/ ☆連用形「（い）みめし」を含む。（い）みめしをりむ」に対応。

行 /ʔime'ɴsje'ebi'imi/ ☆連用形「（い）みめし」を含む。「（い）みめしはべりをりみ」に対応。

/ʔime'ɴsjo'ore'e/ ☆連用形「いみめし」を含む。「いみめしおわれは」に対応。

/ʔime'ene'e/ ☆連用形「いみ（めし）」を含む。「いみ（めし）には」に対応。

来 /ʔime'ɴsje'ebiti'i/ ☆連用形「いみめし」を含む。「いみめしはべりてい」に対応。

/ʔime'ɴsjo'ori/ ☆連用形「いみめし」を含む。「いみめしおわれ」に対応。

/me'ɴsje'ebire'e/ ☆連用形「（い）みめし」を含む。「（い）みめしはべりをれは」に対応。

/me'ɴsjo'ori/ ☆連用形「（い）みめし」を含む。「（い）みめしおわれ」に対応。

第10節　「あり」・「をり」との接続

　用例としては今まで見てきたことと重複することになるが、「あり」・「をり」との接続関係に焦点を当てるとどのような様相を呈するかを見ようとする。

○「連用形＋あり」の初出例は、以下のものである。
　08、《おも1》（1531）
　　　　/jasjinajari/ ☆連用形「やしなひ」を含む。「やしなひあり→やしなやり」に対応。
　　　　/sjijari/ ☆連用形「し」を含む。「しあり→しやり」に対応。

（あり）
　1）「連用形＋あり」に対応
（四段）
　08、《おも1》（1531）
やしなふ養　/jasjinajari/ ☆連用形「やしなひ」を含む。「やしなひあり→やしなやり」に対応。
　30、《おも3》（1623）
いく行　/icjari/ ☆連用形「いき」を含む。「いきあり→いきやり」に対応。
うく浮　/ucjaagarijari/ ☆連用形「うき」を含む。「うきあがりあり→うきあがりやり」に対応。
つく着・付　/cïkjari/ ☆連用形「つき」を含む。「つきあり→つきやり」に対応。
なく泣　/nacjana/ ☆連用形「なき」を含む。「なきありな→なきやな」に対応。
ぬく貫　/nucjijari/ ☆連用形「ぬき」を含む。「ぬきあり→ぬきやり」に対応。
あふ会、戦　/ajari/ ☆連用形「あひ」を含む。「あひあり→あやり」に対応。
やしなふ養　/jasjinajari/ ☆連用形「やしなひ」を含む。「やしなひあり→やしなやり」に対応。
えらぶ選　/irabijari/ ☆連用形「えらび」を含む。「えらびあり→えらびやり」に対応。

きる切　/cjirijari/　☆連用形「きり」を含む。「きりあり→きりやり」に対応。

とる取　/turijari/　☆連用形「とり」を含む。「とりあり→とりやり」に対応。

とる取　/tujari/　☆連用形「とり」を含む。「とりあり→とりやり」に対応。「り」脱落。

ふる降　/hwurijari/　☆連用形「ふり」を含む。「ふりあり→ふりやり」に対応。

やる遣　/jarijari/　☆連用形「やり」を含む。「やりあり→やりやり」に対応。

　38、《仲里》（1703 頃）

めす召　/misja'i/　☆連用形「めし」を含む。「めしあり」に対応。

まふ舞　/tubja'ima'ja'inu/　☆連用形「まひ」を含む。「とびありまひありの」に対応。

　41、《組五》（1718 頃）

いく行　/ʔicja'i/　☆連用形「いき」を含む。「いきあり」に対応。

ひく引　/hwicja'i/　☆連用形「ひき」を含む。「ひきあり」に対応。

つぐ継　/cizja'i/　☆連用形「つぎ」を含む。「つぎあり」に対応。

あはす合？　/miʔa'wasja'a'i/　☆連用形「あはし」を含む。「みあはしあり」に対応。

なす為　/nasja'i/　☆連用形「なし」を含む。「なしあり」に対応。

なす成　/nasja'i/　☆連用形「なし」を含む。「なしあり」に対応。

めす召　/misje'N/　☆連用形「めし」を含む。「めしありをり<u>む</u>」に対応。

　　　　/misjeru/　☆連用形「めし」を含む。「めしありをる」に対応。

　　　　/misjori/　☆連用形「めし」を含む。「めしおわれ」に対応。

たつ立　/tacja'i/　☆連用形「たち」を含む。「たちあり」に対応。

もつ持　/mucja'i/　☆連用形「もち」を含む。「もちあり」に対応。

いふ言　/'ja'i/　☆連用形「いひ」を含む。「いひあり」に対応。

　　　　/ʔjani/　☆連用形「いひ」を含む。「いひありに」に対応。

　　　　/ti'ja'i/　☆連用形「いひ」を含む。「ていひあり」に対応。

　　　　/te'i/　☆連用形「いひ」を含む。「といひあり」に対応。

うしなふ失　/ʔusjina'ja'i/　☆連用形「うしなひ」を含む。「うしなひあり」に対応。

くらふ喰　/kwa'ja'i/　☆連用形「くらひ」を含む。「くらひあり」に対応。

よぶ呼　/'jubja'i/　☆連用形「よび」を含む。「よびあり」に対応。

うる売　/ʔu'ja'i/　☆連用形「うり」を含む。「うりあり」に対応。

かる刈　/ka'ja'i/　☆連用形「かり」を含む。「かりあり」に対応。

とる取　/tu'ja'i/　☆連用形「とり」を含む。「とりあり」に対応。

なる成　/na'ja'i/　☆連用形「なり」を含む。「なりあり」に対応。

のる乗　/nu'ja'i/　☆連用形「のり」を含む。「のりあり」に対応。

よる寄　/'ju'ja'i/　☆連用形「より」を含む。「よりあり」に対応。

　48、《ベッテ》（1849）・（1852）

かく書　/kacjagana'a/　☆連用形「かき」を含む。「かきありがな」に対応。

かむ嚙（食）　/kanjagana'a/　☆連用形「かみ」を含む。「かみありがな」に対応。

つくる作　/cuku'jagana'a/　☆連用形「つくり」を含む。「つくりありがな」に対応。

　　　　/cuku'jagacji'ina'a/　☆連用形「つくり」を含む。「つくりありがちな」に対応。

　49、《沖話》（1880）

かく書　/kacja'i/　☆連用形「かき」を含む。「かきあり」に対応。

めす召（めさる？）（補助動詞的なものも含めた。）

/misje'enu/　☆連用形「めし」を含む。「めしありの」に対応。

/misje'etaru/　☆連用形「めし」を含む。「めしありたる」に対応。

/misje'ebirana/　☆連用形「めし」を含む。「めしありはべらな」に対応。

（下二段）

　　30、《おも3》（1623）

そろふ揃　/suruijari/　☆連用形「そろへ」を含む。「そろへやり」に対応。

あまゆ歓（喜）　/amaijari/　☆連用形「あまえ」を含む。「あまえあり」に対応。

　　41、《組五》（1718頃）

いづ出（でる出←いづ）　/di'jo'ori/　☆連用形「で」を含む。「でおわれ」に対応。

たづぬ尋　/tazini'ja'i/　☆連用形「たづね」を含む。「たづねあり」に対応。

わかる別　/'wakari'ja'i/　☆連用形「わかれ」を含む。「わかれあり」に対応。

（カ変）

　く来

30、《おも3》（1623）

　/cjijari/　☆連用形「き」を含む。「きあり」に対応。

39、《混験》（1711）

　/ʔucja'i/　☆連用形「き」を含む。「おきあり」（御来あり）に対応。

（サ変）

　す為

08、《おも1》（1531）

　/sjijari/　☆連用形「し」を含む。「しあり」に対応。

29、《おも2》（1613）

　/sjijari/　☆連用形「し」を含む。「しあり」に対応。

30、《おも3》（1623）

　/sjijari/　☆連用形「し」を含む。「しあり」に対応。

49、《沖話》（1880）

　/sja'a'i/　☆連用形「し」を含む。「しあり」に対応。

　/sja'a'e'e/　☆連用形「し」を含む。「しありは」に対応。

（ラ変）

　をり居

30、《おも3》（1623）

　/urijari/　☆連用形「をり」を含む。「をりあり」に対応。

　/ujari/　☆連用形「をり」を含む。「をりあり」に対応。

（不規則変化動詞）

48、《ベッテ》（1849）・（1852）

いみめす召　/me'ɴsje'e'igisaQsa('a)/　☆連用形「いみめし」を含む。「いみめしありげさあるさ」
　　　　　　　　　　　　　　　　　　　に対応か。/me'ɴ/は/ʔme'ɴ/の可能性を含む。以下、同じ。

　　　　　　/me'ɴsje'e'ine'e/　☆連用形「いみめし」を含む。「いみめしありには」に対応か。

第10節　「あり」・「をり」との接続　1229

/me'ɴsje'e'iga/　☆ 連用形「いみめし」を含む。「いみめしあり（をる）が」に対応か。

/me'ɴsje'e'ira/　☆ 連用形「いみめし」を含む。「いみめしあり（を）ら」に対応か。

49、《沖話》（1880）

いみめす行　/ʔime'ɴsje'enu/　☆ 連用形「いみめし」を含む。「いみめしありの」に対応。

/ʔime'ɴsje'ebi'iga/　☆ 連用形「いみめし」を含む。「いみめしありはべ（る）が」に対応。

/ʔime'ɴsje'ebiri/　☆ 連用形「いみめし」を含む。「いみめしありはべれ」に対応。

/ʔime'ɴsje'ebitasa'a/　☆ 連用形「いみめし」を含む。いみめしありはべりた（る）さ」に対応。

/ʔime'ɴsje'ebitaga/　☆ 連用形「いみめし」を含む。「いみめしありはべりた（る）が」に対応。

/ʔime'ɴsje'ebitara/　☆ 連用形「いみめし」を含む。「いみめしありはべりたら」に対応。

2）「連用形＋あれ」に対応

用例ナシ

3）「連用形＋あり」に対応

用例ナシ

4）「連用形＋ありむ」に対応

（四段）

48、《ベッテ》（1849）・（1852）

めす召　/misje'e'ɴ/　☆ 連用形「めし」を含む。「めしあり<u>む</u>」に対応。

49、《沖話》（1880）

めす召　/misje'e'ɴ/　☆ 連用形「めし」を含む。「めしあり<u>む</u>」に対応。

50、《チェン》（1895）

めす召　/misje'e'ɴ/　☆ 連用形「めし」を含む。「めしあり<u>む</u>」に対応。

（サ変）

す為

48、《ベッテ》（1849）・（1852）

/sja'ɴ/　☆ 連用形「し」を含む。「しあり<u>む</u>」に対応。

不規則変化動詞

48、《ベッテ》（1849）・（1852）

いみめす召　/me'ɴsje'e'ɴ/　☆ 連用形「いみめし」を含む。「いみめしあり<u>む</u>」に対応か。

50、《チェン》（1895）

いみめす召　/ʔime'ɴsje'e'ɴ/　☆ 連用形「いみめし」を含む。「いみめしあり<u>む</u>」に対応。

「＋ありみ」

（四段）

48、《ベッテ》（1849）・（1852）

めす召　/misje'emi/　☆ 連用形「めし」を含む。「めしありみ」に対応。

50、《チェン》（1895）

めす召 /misje'emi/　☆連用形「めし」を含む。「めしありみ」に対応。

（不規則変化動詞）

48、《ベッテ》（1849）・（1852）

いみめす召 /me'ɴsje'emi/　☆連用形「いみめし」を含む。「いみめしありみ」に対応か。

　<u>5）「連用形＋ある」に対応</u>

（四段）

　　48、《ベッテ》（1849）・（1852）

めす召 /misje'eru/　☆連用形「めし」を含む。「めしある」に対応。

　　50、《チェン》（1895）

めす召 /misje'eru/　☆連用形「めし」を含む。「めしある」に対応。

　　　　　　/misje'esi/　☆連用形「めし」を含む。「めしあ（る）す」に対応。

　　　　　　/misje'e/　☆連用形「めし」を含む。「めしあ（る）」に対応。

（サ変）

す為

48、《ベッテ》（1849）・（1852）

　/sjaru/　☆連用形「し」を含む。「しある」に対応。

　/sjakutu/　☆連用形「し」を含む。「しあ（る）こと」に対応。

　/sjaga/　☆連用形「し」を含む。「しあ（る）が」に対応。

　/sjagana'a/　☆連用形「し」を含む。「しあ（る）がな」に対応。

　/sjagacji('i)na'a/　☆連用形「し」を含む。「しあ（る）がちな」に対応。

　/sjaQkutu/　☆連用形「し」を含む。「しあること」に対応。

　/sjatukuro'o/　☆連用形「し」を含む。「しあ（る）ところは」に対応。

49、《沖話》（1880）

　/sjakutu/　☆連用形「し」を含む。「しあ（る）こと」に対応。

（不規則変化動詞）

48、《ベッテ》（1849）・（1852）

いみめす召 /me'ɴsje'eru/　☆連用形「いみめし」を含む。「いみめしある」に対応か。

　　　　　　/me'ɴsje'ega/　☆連用形「いみめし」を含む。「いみめしあ（る）が」に対応か。

　　　　　　/me'ɴsje'esi/　☆連用形「いみめし」を含む。「いみめしあ（る）す」に対応か。

49、《沖話》（1880）

いみめす行 /ʔime'ɴsje'eru/　☆連用形「いみめし」を含む。「いみめしある」に対応。

　<u>6）「連用形＋あれ」に対応</u>

（四段）

　　50、《チェン》（1895）

かへる帰 /ʔuke'emisje'edu'ɴsa'a/　☆連用形「かへり」を含む。「おかへりめしあれどもさは」に対応。

第10節　「あり」・「をり」との接続　1231

かけあふ掛合　/kaki?o'o'jabira'N/　☆連用形「かけあひ」を含む。「かけあひをりはべらぬ」に対応。

（下二段）

　　30、《おも3》（1623）

みゆ見　/mijuri/　☆連用形「みえ」を含む。「みえをり」に対応。

　　49、《沖話》（1880）

みゆ見　/mi'i'ju'i/　☆連用形「みえ」を含む。「みえをり」に対応。

うう植　/?wi'i 'ju'i/　☆「ラ行（四段）化」後の連用形「うゑり」を含む。「うゑりをり」に対応。

（サ変）

す為

50、《チェン》（1895）

　　/sjo'o'jabi'isa'a/　☆連用形「し」を含む。「しをりはべ（る）さ」に対応。

　　/sjo'o'jabi'isi ga/　☆連用形「し」を含む。「しをりはべ（る）すが」に対応。

（ラ変）

あり有

30、《おも3》（1623）

　　/arijuri/　☆連用形「あり」を含む。「ありをり」に対応。

をり居

48、《ベッテ》（1849）・（1852）

　　/'u'i'u'i/　☆連用形「をり」を含む。「をりをり」に対応。

　　/'u'i'u'isju'N/　☆連用形「をり」を含む。「をりをりしをり<u>む</u>」に対応。

2）「連用形＋をれ」に対応

（四段）

　　08、《おも1》（1531）

もどる戻　/mudurijuri/　☆連用形「もどり」を含む。「もどりをれ」に対応。

　　30、《おも3》（1623）

まつ待　/macjijuri/　☆連用形「まち」を含む。「まちをれ」に対応。

　　39、《混験》（1711）

そよめく戦　/su'jumicjuri/　☆連用形「そよめき」を含む。「そよめきをれ」に対応。

　　43、《具志》（1743）

むかふ迎　/muka'uri/　☆連用形「むかひ」を含む。「むかひをれ」に対応。

　　48、《ベッテ》（1849）・（1852）

かふ買　/ko'ori/　☆「ラ行（四段）化」後の連用形「かうり」を含む。「かうりをれ」に対応。

（下二段）

　　30、《おも3》（1623）

きかる聞　/cjikjarijuri/　☆連用形「きかれ」を含む。「きかれをれ」に対応。

　　41、《組五》（1718頃）

いづ出　/dijo'ori/　☆連用形「で」を含む。「でおわれ」に対応。

　　48、《ベッテ》（1849）・（1852）

くる呉　/kwiri/　☆連用形「くれ」を含む。「くれをれ」に対応。

（ラ変）

あり 有

30、《おも3》（1623）

　/arijuri/　☆連用形「あり」を含む。「ありをれ」に対応。

　/ajuri/　☆連用形「あり」を含む。「あ（り）をれ」に対応。

（不規則変化動詞）

50、《チェン》（1895）

いみめす 来　/me'ɴsjo'ori/　☆連用形「（い）みめし」を含む。「（い）みめしおわれ」に対応。

<u>3）「連用形＋をり」に対応</u>

　終止形の「－をり」が接続していると判断される例はわずかである。その例は《おも3》を最終とする可能性も示唆する。「－をり<u>む</u>」と交代するのはこのあたりかということになる。

（カ変）

く 来

30、《おも3》（1623）

　/cjijuri/　☆連用形「き」を含む。「きをり」に対応。

　/cjijurititi/　☆連用形「き」を含む。「きをりてて」に対応。「－てて」（－と言って）に続くので「－をり」は終止形と判断される。

<u>4）「連用形＋をりむ」に対応</u>

　　39、《混験》（1711）の「/kaka'ju'ɴ/「かかりをり<u>む</u>」に対応。」が「連用形＋をり<u>む</u>」初出用例である。

（四段）

　　39、《混験》（1711）

かかる 掛　/kaka'ju'ɴ/　☆「連用形「かかり」を含む。「かかりをり<u>む</u>」に対応。

　　40、《琉由》（1713）

たつ 立　/tacji'ju'ɴ/　☆連用形「たち」に対応。「たちをり<u>む</u>」に対応か。

　　41、《組五》（1718頃）

いく 行　/ʔicju'ɴ/　☆連用形「いき」を含む。「いきをり<u>む</u>」に対応。

おく 置　/ʔucju'ɴ/　☆連用形「おき」を含む。「おきをり<u>む</u>」に対応。

なす 成　/nasju'ɴ/　☆連用形「なし」を含む。「なしをり<u>む</u>」に対応。

とる 取　/tu'ju'ɴ/　☆連用形「とり」を含む。「とりをり<u>む</u>」に対応。

なる 成　/na'ju'ɴ/　☆連用形「なり」を含む。「なりをり<u>む</u>」に対応。

　　42、《中信》（1721）

はぐ 剥（脱）　/hwazji'uɴ/　☆連用形「はぎ」を含む。「はぎをり<u>む</u>」に対応。/hwazji'ju'ɴ/の可能性もある。

　　45、《琉訳》（1800頃）

あく 開　/ʔacji'u'ɴ/　☆連用形「あき」を含む。「あきをり<u>む</u>」に対応。/ʔacju'ɴ/の可能性もある。

はぐ 剥（脱）/hwazji'u'ɴ/　☆連用形「はぎ」を含む。「はぎをり<u>む</u>」に対応。/hwazji'ju'ɴ/の可能性もある。

第10節　「あり」・「をり」との接続　1235

つくる作　/cikuri'u'N/　☼連用形「つくり」を含む。「つくりをりむ」に対応か。

　47、《クリ》（1818）

ありく歩　/ʔaQcju'N/　☼連用形「ありき」を含む。「ありきをりむ」に対応。

いく行　/ʔicju'N/　☼連用形「いき」を含む。「いきをりむ」に対応。

うなづく頷　/ʔNnazjicju'N/　☼連用形「うなづき」を含む。「うなづきをりむ」に対応。

かく書　/kacju'N/　☼連用形「かき」を含む。「かきをりむ」に対応。

かく描　/kacju'N/　☼連用形「かき」を含む。「かきをりむ」に対応。

きく聞　/cjicji'u'N/　☼連用形「きき」を含む。「ききをりむ」に対応。

　　　　　/cjicju'N/　☼連用形「きき」を含む。「ききをりむ」に対応。

すく鋤　/sicju'N/　☼連用形「すき」を含む。「すきをりむ」に対応。

たく炊　/tacju'N/　☼連用形「たき」を含む。「たきをりむ」に対応。

つく突　/cicju'N/　☼連用形「つき」を含む。「つきをりむ」に対応。

つく着　/cicju'N/　☼連用形「つき」を含む。「つきをりむ」に対応。

つく付　/cicju'N/　☼連用形「つき」を含む。「つきをりむ」に対応。

だく抱　/dacju'N/　☼連用形「だき」を含む。「だきをりむ」に対応。

なく泣　/nacju'N/　☼連用形「なき」を含む。「なきをりむ」に対応。

なく鳴　/nacju'N/　☼連用形「なき」を含む。「なきをりむ」に対応。

はく吐　/hacju'N/　☼連用形「はき」を含む。「はきをりむ」に対応。

ひく引　/hwicju'N/　☼連用形「ひき」を含む。「ひきをりむ」に対応。

ひく弾　/hwicju'N/　☼連用形「ひき」を含む。「ひきをりむ」に対応。

ひびく響　/hibicju'N/　☼連用形「ひびき」を含む。「ひびきをりむ」に対応。

ふく吹　/hwucju'N/　☼連用形「ふき」を含む。「ふきをりむ」に対応。

ふく吹（煙草吸）　/hwucju'N/　☼連用形「ふき」を含む。「ふきをりむ」に対応。

ほとく解　/hwutucju'N/　☼連用形「ほとき」を含む。「ほときをりむ」に対応。

およぐ泳　/ʔwi'izju'N/　☼連用形「およぎ」を含む。「およぎをりむ」に対応。

つぐ注　/cizju'N/　☼連用形「つぎ」を含む。「つぎをりむ」に対応。

ぬぐ抜（脱）　/nuzju'N/　☼連用形「ぬぎ」を含む。「ぬぎをりむ」に対応。

はぐ？剝（脱）　/hazji'u'N/　☼連用形「はぎ」を含む。「はぎをりむ」に対応。

　　　　　/hazji'i'N/　☼連用形「はぎ」を含む。「はぎをりむ」に対応。

へぐ剝　/hwizju'N/　☼連用形「へぎ」を含む。「へぎをりむ」に対応。

いだす出　/ʔi'Nzjasju'N/　☼連用形「いだし」を含む。「いだしをりむ」に対応。

おとす落　/ʔutusju'N/　☼連用形「おとし」を含む。「おとしをりむ」に対応。

くずす崩　/ku'Nsju'N/　☼連用形「くずし」を含む。「くずしをりむ」に対応。

ころす殺　/kurusju'N/　☼連用形「ころし」を含む。「ころしをりむ」に対応。

ころばす転　/kurubasju'N/　☼連用形「ころばし」を含む。「ころばしをりむ」に対応。

さす差　/sasju'N/　☼連用形「さし」を含む。「さしをりむ」に対応。

たふす倒　/to'osju'N/　☼連用形「たふし」を含む。「たふしをりむ」に対応。

なほす直　/no'osju'N/　☼連用形「なほし」を含む。「なほしをりむ」に対応。

ならす鳴　/narasju'N/　☼連用形「ならし」を含む。「ならしをりむ」に対応。

ほがす開穴　/hwugasju'N/　☼連用形「ほがし」を含む。「ほがしをりむ」に対応。

ほす乾　/hwusju'ɴ/　☆連用形「ほし」を含む。「ほしをり<u>む</u>」に対応。

めぐらす巡　/migurasju'ɴ/　☆連用形「めぐらし」を含む。「めぐらしをり<u>む</u>」に対応。

うつ打（耕）　/ʔucju'ɴ/　☆連用形「うち」を含む。「うちをり<u>む</u>」に対応。

うつ打　/ʔucju'ɴ/　☆連用形「うち」を含む。「うちをり<u>む</u>」に対応。

うつ打（縄綯）　/ʔucju'ɴ/　☆連用形「うち」を含む。「うちをり<u>む</u>」に対応。

たつ立　/tacju'ɴ/　☆連用形「たち」を含む。「たちをり<u>む</u>」に対応。/taQcju'ɴ/ の可能性もある。

あらふ洗　/ʔara'ju'ɴ/　☆連用形「あらひ」を含む。「あらひをり<u>む</u>」に対応。「ラ行（四段）化」後の連用形「あらり」を含み、「あらりをり<u>む</u>」に対応するとも考えられる。

いふ言　/ʔju'ɴ/　☆連用形「いひ」を含む。「いひをり<u>む</u>」に対応。

うたふ歌　/ʔuta'ju'ɴ/　☆連用形「うたひ」を含む。「うたひをり<u>む</u>」に対応。「ラ行（四段）化」後の連用形「うたり」を含み、「うたりをり<u>む</u>」に対応するとも考えられる。

くふ喰　/ku'u'ju'ɴ/　☆連用形「くひ」を含む。「くひをり<u>む</u>」に対応。「ラ行化」後の新連用形「くひり」を含み、「くひりをり<u>む</u>」に対応とも考えられる。

なふ綯・縫　/no'o'ju'ɴ/　☆連用形「なうひ」を含む。「なうひをり<u>む</u>」に対応。「ラ行（四段）化」後の連用形「なうり」を含み、「なうりをり<u>む</u>」に対応するとも考えられる。

はふ這　/ho'o'ju'ɴ/　☆連用形「はうひ」を含む。「はうひをり<u>む</u>」に対応。「ラ行（四段）化」後の連用形「はうり」を含み、「はうりをり<u>む</u>」に対応するとも考えられる。

わらふ笑　/'wara'ju'ɴ/　☆連用形「わらひ」を含む。「わらひをり<u>む</u>」に対応。「ラ行（四段）化」後の連用形「わらり」を含み、「わらりをり<u>む</u>」に対応するとも考えられる。

ゑふ酔　/'wi'i'u'ɴ/　☆連用形「ゑひ」を含む。「ゑひをり<u>む</u>」に対応。「ラ行（四段）化」後の連用形「ゑり」を含み、「ゑりをり<u>む</u>」に対応するとも考えられる。

とぶ飛　/tubi'u'ɴ/　☆連用形「とび」を含む。「とびをり<u>む</u>」に対応。

かむ噛（食）　/kamu'ɴ/　☆連用形「かみ」を含む。「かみをり<u>む</u>」に対応。
　　　　　　　　/kanu'ɴ/　☆連用形「かみ」を含む。「かみをりむ」に対応。

のむ飲　/numu'ɴ/　☆連用形「のみ」を含む。「のみをり<u>む</u>」に対応。

よむ読　/'jumu'ɴ/　☆連用形「よみ」を含む。「よみをり<u>む</u>」に対応。
　　　　/'junu'ɴ/　☆連用形「よみ」を含む。「よみをり<u>む</u>」に対応。

おくる送　/ʔuku'ju'ɴ/　☆連用形「おくり」を含む。「おくりをり<u>む</u>」に対応。

かたる騙（取ってしまう）　/kata'ju'ɴ/　☆連用形「かたり」を含む。「かたりをり<u>む</u>」に対応。

かぶる被　/ka'ɴzju'ɴ/　☆連用形「かぶり」を含む。「かぶりをり<u>む</u>」に対応。

きる切　/cji'u'ɴ/　☆連用形「きり」を含む。「きりをり<u>む</u>」に対応。

さがる下　/saga'ju'ɴ/　☆連用形「さがり」を含む。「さがりをり<u>む</u>」に対応。

さはる触　/sa'a'ju'ɴ/　☆連用形「さはり」を含む。「さはりをり<u>む</u>」に対応。

そる剃　/su'ju'ɴ/　☆連用形「そり」を含む。「そりをり<u>む</u>」に対応。

たぎる滾　/tazji'i'ɴ/　☆連用形「たぎり」を含む。「たぎりをり<u>む</u>」に対応。

つくる作　/cjuku'ju'ɴ/　☆連用形「つくり」を含む。「つくりをり<u>む</u>」に対応。

つる釣　/cji'u'ɴ/　☆連用形「つり」を含む。「つりをり<u>む</u>」に対応。

ぬる塗　/nu'ju'ɴ/　☆連用形「ぬり」を含む。「ぬりをり<u>む</u>」に対応。

ねぶる眠　/ni'ɴzju'ɴ/　☆連用形「ねぶり」を含む。「ねぶりをり<u>む</u>」に対応。

のぼる登　/nubu'ju'ɴ/　☆連用形「のぼり」を含む。「のぼりをり<u>む</u>」に対応。

第10節　「あり」・「をり」との接続　1237

のる乗　/nu'ju'ɴ/　☼連用形「のり」を含む。「のりをりむ」に対応

ひねる捻　/hwinu'ju'ɴ/　☼連用形「ひねり」を含む。「ひねりをりむ」に対応。

ほる掘　/hwu'ju'ɴ/　☼連用形「ほり」を含む。「ほりをりむ」に対応。

めぐる巡　/migu'ju'ɴ/　☼連用形「めぐり」を含む。「めぐりをりむ」に対応。

もどる戻　/mudu'i'u'ɴ/　☼連用形「もどり」を含む。「もどりをりむ」に対応。

やる破　/ˈja'ju'ɴ/　☼連用形「やり」を含む。「やりをりむ」に対応。

わる割　/ˈwa'ju'ɴ/　☼連用形「わり」を含む。「わりをりむ」に対応。

　　48、《ベッテ》（1849）・（1852）

あざむく欺　/ʔazamucju'ɴ/　☼連用形「あざむき」を含む。「あざむきをりむ」に対応。

ありく歩　/ʔaQcju'ɴ/　☼連用形「ありき」を含む。「ありきをりむ」に対応。

いく行　/ʔicju'ɴ/　☼連用形「いき」を含む。「いきをりむ」に対応。

ゆく行　/ˈjucju'ɴ/　☼連用形「ゆき」を含む。「ゆきをりむ」に対応。

おく置　/ʔucju'ɴ/　☼連用形「おき」を含む。「おきをりむ」に対応。

おどろく驚　/ʔudurucji'u'ɴ/　☼連用形「おどろき」を含む。「おどろきをりむ」に対応。
　　　　　　　　/ʔudurucju'ɴ/　☼連用形「おどろき」を含む。「おどろきをりむ」に対応。

かく書　/kacju'ɴ/　☼連用形「かき」を含む。「かきをりむ」に対応。

かわく乾　/ka'wacju'ɴ/　☼連用形「かわき」を含む。「かわきをりむ」に対応。
　　　　　/ka'aracju'ɴ/　☼連用形「かわらき」を含む。「かわらきをりむ」に対応。「かわらく」もあ
　　　　　　　　　　るると考える。

きく聞　/cjicju'ɴ/　☼連用形「きき」を含む。「ききをりむ」に対応。

しりぞく退　/sjirizucju'ɴ/　☼連用形「しりぞき」を含む。「しりぞきをりむ」に対応。

たたく叩　/tatacju'ɴ/　☼連用形「たたき」を含む。「たたきをりむ」に対応。

つく突　/cicju'ɴ/　☼連用形「つき」を含む。「つきをりむ」に対応。

つく付　/cicju'ɴ/　☼連用形「つき」を含む。「つきをりむ」に対応。

なげく嘆　/nazjicju'ɴ/　☼連用形「なげき」を含む。「なげきをりむ」に対応。

ふく吹　/hwucju'ɴ/　☼連用形「ふき」を含む。「ふきをりむ」に対応。

まく蒔　/macju'ɴ/　☼連用形「まき」を含む。「まきをりむ」に対応。

まねく招　/manicju'ɴ/　☼連用形「まねき」を含む。「まねきをりむ」に対応。

やく焼　/ˈjacju'ɴ/　☼連用形「やき」を含む。「やきをりむ」に対応。

あふぐ仰　/ʔa'uzji'u'ɴ/　☼連用形「あふぎ」を含む。「あふぎをりむ」に対応。

いそぐ急　/ʔisuzju'ɴ/　☼連用形「いそぎ」を含む。「いそぎをりむ」に対応。

およぐ泳　/ʔwi'izju'ɴ/　☼連用形「およぎ」を含む。「およぎをりむ」に対応。

こぐ漕　/ku'uzju'ɴ/　☼連用形「こぎ」を含む。「こぎをりむ」に対応。

そそぐ灌　/susuzju'ɴ/　☼連用形「そそぎ」を含む。「そそぎをりむ」に対応。

とぐ研　/tuzju'ɴ/　☼連用形「とぎ」を含む。「とぎをりむ」に対応。

ぬぐ脱　/nuzju'ɴ/　☼連用形「ぬぎ」を含む。「ぬぎをりむ」に対応。

ぬぐ抜？　/nuzju'ɴ/　☼連用形「ぬぎ」を含む。「ぬぎをりむ」に対応。

ふさぐ塞　/hwusazju'ɴ/　☼連用形「ふさぎ」を含む。「ふさぎをりむ」に対応。

ふせぐ防　/hwusjizju'ɴ/　☼連用形「ふせぎ」を含む。「ふせぎをりむ」に対応。

あはす合　/ʔa'wasju'ɴ/　☼連用形「あはし」を含む。「あはしをりむ」に対応。

| | /ʔa'asjuʼɴ/ | ☆連用形「あはし」を含む。「あはしをり<u>む</u>」に対応。 |

あらはす洗　/ʔara'wasjuʼɴ/　☆連用形「あらはし」を含む。「あらはしをり<u>む</u>」に対応。

　　　　　　/ʔara'asjuʼɴ/　☆連用形「あらはし」を含む。「あらはしをり<u>む</u>」に対応。

いだす出　/ʔɴzjasjuʼɴ/　☆連用形「いだし」を含む。「いだしをり<u>む</u>」に対応。

うつす写　/ʔucisjuʼɴ/　☆連用形「うつし」を含む。「うつしをり<u>む</u>」に対応。

おろす降　/ʔurusjuʼɴ/　☆連用形「おろし」を含む。「おろしをり<u>む</u>」に対応。

かへす返　/ke'esjuʼɴ/　☆連用形「かへし」を含む。「かへしをり<u>む</u>」に対応。

くはす食　/kwa'asjuʼɴ/　☆連用形「くはし」を含む。「くはしをり<u>む</u>」に対応。

くらす暮　/kurasjuʼɴ/　☆連用形「くらし」を含む。「くらしをり<u>む</u>」に対応。

さす差　/sasjuʼɴ/　☆連用形「さし」を含む。「さしをり<u>む</u>」に対応。

たのします楽　/tanusjimasjuʼɴ/　☆連用形「たのしまし」を含む。「たのしましをり<u>む</u>」に対応。

とほす通　/tu'usjuʼɴ/　☆連用形「とほし」を含む。「とほしをり<u>む</u>」に対応。

とらす取　/turasjuʼɴ/　☆「連用形「とらし」を含む。「とらしをり<u>む</u>」に対応。

なす生　/nasjuʼɴ/　☆連用形「なし」を含む。「なしをり<u>む</u>」に対応。

ぬらす濡　/ʼɴdasjuʼɴ/　☆連用形「ぬらし」を含む。「ぬらしをり<u>む</u>」に対応。

のぼす上　/nubusjiʼuʼɴ/　☆連用形「のぼし」を含む。「のぼしをり<u>む</u>」に対応。(「のぼせる」を四段に
　　　　　　　　　　　　活用させた語)

ひからす光　/hwikarasjuʼɴ/　☆連用形「ひからし」を含む。「ひからしをり<u>む</u>」に対応。

まはす回　/ma'wasjuʼɴ/　☆連用形「まはし」を含む。「まはしをり<u>む</u>」に対応。

　　　　　　/ma'asjuʼɴ/　☆連用形「まはし」を含む。「まはしをりむに対応。

うつ打　/ʔucjuʼɴ/　☆連用形「うち」を含む。「うちをり<u>む</u>」に対応。/ʔuQcjuʼɴ/の可能性もあるか。

かつ勝　/kacjuʼɴ/　☆連用形「かち」を含む。「かちをり<u>む</u>」に対応。

たつ立　/tacjuʼɴ/　☆連用形「たち」を含む。「たちをり<u>む</u>」に対応。

たもつ保　/tamucjuʼɴ/　☆連用形「たもち」を含む。「たもちをり<u>む</u>」に対応。

まつ待　/macjuʼɴ/　☆連用形「まち」を含む。「まちをり<u>む</u>」に対応。

もつ持　/mucjuʼɴ/　☆連用形「もち」を含む。「もちをり<u>む</u>」に対応。

あふ会　/ʔo'o'juʼɴ/　☆連用形「あひ」を含む。「あひをり<u>む</u>」に対応。

あらそふ争　/ʔaraso'o'juʼɴ/　☆連用形「あらそひ」を含む。「あらそひをり<u>む</u>」に対応。

いふ言　/ʔi'juʼɴ/　☆連用形「いひ」を含む。「いひをり<u>む</u>」に対応。

　　　　　/ʔjuʼɴ/　☆連用形「いひ」を含む。「いひをり<u>む</u>」に対応。

おこなふ行　/ʔukuna'juʼɴ/　☆連用形「おこなひ」を含む。「おこなひをり<u>む</u>」に対応。

おふ追　/ʔu'u'juʼɴ/　☆連用形「おひ」を含む。「おひをり<u>む</u>」に対応。

おもふ思　/ʔumu'juʼɴ/　☆連用形「おもひ」を含む。「おもひをり<u>む</u>」に対応。

かふ買　/ko'o'juʼɴ/　☆「ラ行（四段）化」後の連用形「かうり」を含む。「かうりをり<u>む</u>」に対応。

かまふ構　/kamu'juʼɴ/　☆連用形「かむひ」を含む。「かむひをり<u>む</u>」に対応。

すくふ救　/suku'juʼɴ/　☆連用形「すくひ」を含む。「すくひをり<u>む</u>」に対応。

そふ添　/si'i'juʼɴ/　☆連用形「そひ」を含む。「そひをり<u>む</u>」に対応。

つかふ使　/cika'juʼɴ/　☆連用形「つかひ」を含む。「つかひをり<u>む</u>」に対応。

　　　　　　/ciko'o'juʼɴ/　☆「つかうをり<u>む</u>」に対応。「つかひをり<u>む</u>」の可能性もある。

とふ問　/tu'u'juʼɴ/　☆連用形「とひ」を含む。「とひをり<u>む</u>」に対応。

ならふ習　/nara'ju^N/　☼ 連用形「ならひ」を含む。「ならひをり<u>む</u>」に対応。

なふ縫　/no'o'ju^N/　☼「ラ行（四段）化」後の連用形「なうり」を含む。「なうりをり<u>む</u>」に対応。

ふるふ震　/hwuru'ju^N/　☼ 連用形「ふるひ」を含む。「ふるひをり<u>む</u>」に対応。

やしなふ養　/ʃjasjina'ju^N/　☼ 連用形「やしなひ」を含む。「やしなひをり<u>む</u>」に対応。

よばふ叫（呼）　/ʃjuba'ju^N/　☼ 連用形「よばひ」を含む。「よばひをり<u>む</u>」に対応。

わらふ笑　/ʃwara'ju^N/　☼ 連用形「わらひ」を含む。「わらひをり<u>む</u>」に対応。

あすぶ遊　/ʔasibi'u^N/　☼ 連用形「あすび」を含む。「あすびをり<u>む</u>」に対応。

えらぶ選　/ʔirabi'u^N/　☼ 連用形「えらび」を含む。「えらびをり<u>む</u>」に対応。

たふとぶ尊　/taQtubi'u^N/　☼ 連用形「たっとび」を含む。「たっとびをり<u>む</u>」に対応。

とぶ飛　/tubi'u^N/　☼ 連用形「とび」を含む。「とびをり<u>む</u>」に対応。

まなぶ学　/manabi'u^N/　☼ 連用形「まなび」を含む。「まなびをり<u>む</u>」に対応。

むすぶ結　/musubi'u^N/　☼ 連用形「むすび」を含む。「むすびをり<u>む</u>」に対応。

よぶ呼　/ʃjubi'u^N/　☼ 連用形「よび」を含む。「よびをり<u>む</u>」に対応。

よろこぶ喜　/ʃjurukubi'u^N/　☼ 連用形「よろこび」を含む。「よろこびをり<u>む</u>」に対応。

　　　　　　/ʃjurukubi'ju^N/　☼ 連用形「よろこび」を含む。「よろこびをり<u>む</u>」に対応。

あかむ赤　/ʔakanju^N/　☼ 連用形「あかみ」を含む。「あかみをり<u>む</u>」に対応。

うらむ恨　/ʔurami'u^N/　☼ 連用形「うらみ」を含む。「うらみをり<u>む</u>」に対応

かむ嚙（食）　/kamu^N/　☼ 連用形「かみ」を含む。「かみをり<u>む</u>」に対応。

　　　　　　/kanju^N/　☼ 連用形「かみ」を含む。「かみをり<u>む</u>」に対応。

きざむ刻　/cjizanju^N/　☼ 連用形「きざみ」を含む。「きざみをり<u>む</u>」に対応。

すむ済　/simi'u^N/　☼ 連用形「すみ」を含む。「すみをり<u>む</u>」に対応。

　　　　/simu^N/　☼ 連用形「すみ」を含む。「すみをり<u>む</u>」に対応。

　　　　/sinju^N/　☼ 連用形「すみ」を含む。「すみをり<u>む</u>」に対応。

たのむ頼　/tanumu^N/　☼ 連用形「たのみ」を含む。「たのみをり<u>む</u>」に対応。

　　　　　/tanunju^N/　☼ 連用形「たのみ」を含む。「たのみをり<u>む</u>」に対応。

つむ積　/cimu^N/　☼ 連用形「つみ」を含む。「つみをり<u>む</u>」に対応。

　　　　/cinju^N/　☼ 連用形「つみ」を含む。「つみをり<u>む</u>」に対応。

のぞむ望　/nuzumu^N/　☼ 連用形「のぞみ」を含む。「のぞみをり<u>む</u>」に対応。

のむ飲　/numu^N/　☼ 連用形「のみ」を含む。「のみをり<u>む</u>」に対応。

　　　　/nunju^N/　☼ 連用形「のみ」を含む。「のみをり<u>む</u>」に対応。

はらむ孕　/haranju^N/　☼ 連用形「はらみ」を含む。「はらみをり<u>む</u>」に対応。

やむ病（痛）　/ʃjanju^N/　☼ 連用形「やみ」を含む。「やみをり<u>む</u>」に対応。

よむ読　/ʃjumu^N/　☼ 連用形「よみ」を含む。「よみをり<u>む</u>」に対応。

　　　　/ʃjunju^N/　☼ 連用形「よみ」を含む。「よみをり<u>む</u>」に対応。

をがむ拝　/ʃuganju^N/　☼ 連用形「をがみ」を含む。「をがみをり<u>む</u>」に対応。

あつまる集　/ʔacima'ju^N/　☼ 連用形「あつまり」を含む。「あつまりをり<u>む</u>」に対応。

あぶる焙　/ʔa'^Nzju^N/　☼ 連用形「あぶり」を含む。「あぶりをり<u>む</u>」に対応。

いる入　/ʔi'u^N/　☼ 連用形「いり」を含む。「いりをり<u>む</u>」に対応。

　　　　/ʔi'ju^N/　☼ 連用形「いり」を含む。「いりをり<u>む</u>」に対応。

うる売　/ʔu'ju^N/　☼ 連用形「うり」を含む。「うりをり<u>む</u>」に対応。

かぶる被　/ka'ɴzjiu'ɴ/　☆連用形「かぶり」を含む。「かぶりをり<u>む</u>」に対応。

かる借　/ka'ju'ɴ/　☆連用形「かり」を含む。「かりをり<u>む</u>」に対応。

きる切　/cji'u'ɴ/　☆連用形「きり」を含む。「きりをり<u>む</u>」に対応。

ことわる断　/kutu'wa'ju'ɴdu'ɴ/　☆連用形「ことわり」を含む。「ことわりをり<u>む</u>ども」に対応。

さる去　/sa'ju'ɴ/　☆連用形「さり」を含む。「さりをり<u>む</u>」に対応。

しる知　/sji'u'ɴ/　☆連用形「しり」を含む。「しりをり<u>む</u>」に対応。

そる剃　/su'ju'ɴ/　☆連用形「そり」を含む。「そりをり<u>む</u>」に対応。

たてまつる奉　/tatimaci'u'ɴ/　☆連用形「たてまつり」を含む。「たてまつりをり<u>む</u>」に対応。

つくる作　/cuku'ju'ɴ/　☆連用形「つくり」を含む。「つくりをり<u>む</u>」に対応。

とどまる留　/tuduma'ju'ɴ/　☆連用形「とどまり」を含む。「とどまりをり<u>む</u>」に対応。

とほる通　/tu'u'ju'ɴ/　☆連用形「とほり」を含む。「とほりをり<u>む</u>」に対応。

とる取　/tu'ju'ɴ/　☆連用形「とり」を含む。「とりをり<u>む</u>」に対応。

なる成　/na'ju'ɴ/　☆連用形「なり」を含む。「なりをり<u>む</u>」に対応。

　　　　/na'ju'ɴte'e/　☆連用形「なり」を含む。「なりをり<u>む</u>て」に対応か。

　　　　/na'i'ɴte'e/　☆連用形「なり」を含む。「なりをり<u>む</u>て」に対応か。

ねぶる眠　/nibu'ju'ɴ/　☆連用形「ねぶり」を含む。「ねぶりをり<u>む</u>」に対応。

　　　　/ni'ɴzju'ɴ/　☆連用形「ねぶり」を含む。「ねぶりをり<u>む</u>」に対応。

のる乗　/nu'ju'ɴ/　☆連用形「のり」を含む。「のりをり<u>む</u>」に対応。

はしる走　/hwasji'u'ɴ/　☆連用形「はしり」を含む。「はしりをり<u>む</u>」に対応。

ひかる光　/hwika'ju'ɴ/　☆連用形「ひかり」を含む。「ひかりをり<u>む</u>」に対応。

ふる降　/hwu'ju'ɴ/　☆連用形「ふり」を含む。「ふりをり<u>む</u>」に対応。

ほこる誇　/hwuku'ju'ɴ/　☆連用形「ほこり」を含む。「ほこりをり<u>む</u>」に対応。

まさる優　/masa'ju'ɴ/　☆連用形「まさり」を含む。「まさりをり<u>む</u>」に対応。

まじる混　/mazji'u'ɴ/　☆連用形「まじり」を含む。「まじりをり<u>む</u>」に対応。

やぶる破　/'ja'ɴzju'ɴ/　☆連用形「やぶり」を含む。「やぶりをり<u>む</u>」に対応。

50、《チェン》（1895）

あく開　/ʔacju'ɴ/　☆連用形「あき」を含む。「あきをり<u>む</u>」に対応。

いく行　/ʔicju'ɴ/　☆連用形「いき」を含む。「いきをりむ」に対応。

いごく動　/ʔɴzjucju'ɴ/　☆連用形「いごき」を含む。「いごきをり<u>む</u>」に対応。

きく聞　/cjicju'ɴ/　☆連用形「きき」を含む。「ききをり<u>む</u>」に対応。

つく着　/cicju'ɴ/　☆連用形「つき」を含む。「つきをり<u>む</u>」に対応。

はく吐　/hacju'ɴ/　☆連用形「はき」を含む。「はきをり<u>む</u>」に対応。

やく焼　/'jacju'ɴ/　☆連用形「やき」を含む。「やきをり<u>む</u>」に対応。

いそぐ急　/ʔisuzju'ɴ/　☆連用形「いそぎ」を含む。「いそぎをり<u>む</u>」に対応。

かへす帰　/ke'esju'ɴ/　☆連用形「かへし」を含む。「かへしをり<u>む</u>」に対応。

けす消　/cja'asju'ɴ/　☆連用形「きあし」を含む。「きあしをり<u>む</u>」に対応。

ころす殺　/kurusju'ɴ/　☆連用形「ころし」を含む。「ころしをり<u>む</u>」に対応。

たふす倒　/to'osju'ɴ/　☆連用形「たふし」を含む。「たふしをり<u>む</u>」に対応。

やます病（痛）　/'jamasju'ɴ/　☆連用形「やまし」を含む。「やましをり<u>む</u>」に対応。

たつ立　/tacju'ɴ/　☆連用形「たち」を含む。「たちをり<u>む</u>」に対応。

まつ待　/macjuʼɴ/　☆連用形「まち」を含む。「まちをりむ」に対応。

いふ言　/(ʔ)juʼɴ/　☆連用形「いひ」を含む。「いひをりむ」に対応。

おもふ思　/ʔumuʼjuʼɴ/　☆連用形「おもひ」を含む。「おもひをりむ」に対応。

かふ買　/koʼoʼjuʼɴ/　☆「ラ行（四段）化」後の連用形「かうり」を含む。「かうりをりむ」に対応。

まふ舞　/moʼoʼjuʼɴ/　☆「ラ行（四段）化」後の連用形「まうり」を含む。「まうりをりむ」に対応。

わらふ笑　/ʼwaraʼjuʼɴ/　☆「ラ行（四段）化」後の連用形「わらり」を含む。「わらりをりむ」に対応。
　　　　　　　　　　　　　　　　　連用形「わらひ」を含む可能性もある。

よぶ呼　/ʼjubuʼɴ/　☆連用形「よび」を含む。「よびをりむ」に対応。

かむ噛（食）　/kanuʼɴ/　☆連用形「かみ」を含む。「かみをりむ」に対応。

のむ飲　/nunuʼɴ/　☆連用形「のみ」を含む。「のみをりむ」に対応。

よむ読　/ʼjunuʼɴ/　☆連用形「よみ」を含む。「よみをりむ」に対応。

かかる掛　/kakaʼjuʼɴ/　☆連用形「かかり」を含む。「かかりをりむ」に対応。

かへる帰　/keʼeʼjuʼɴ/　☆連用形「かへり」を含む。「かへりをりむ」に対応。

しる知　/sjiʼjuʼɴ/　☆連用形「しり」を含む。「しりをりむ」に対応。
　　　　/sjiʼiʼɴ/　☆連用形「しり」を含む。「しりをりむ」に対応。

とまる止？　/tumaʼjuʼɴ/　☆連用形「とまり」を含む。「とまりをりむ」に対応。

とる取　/tuʼjuʼɴ/　☆連用形「とり」を含む。「とりをりむ」に対応。

なる成　/naʼjuʼɴ/　☆連用形「なり」を含む。「なりをりむ」に対応。

ねぶる眠　/niʼɴzjuʼɴ/　☆連用形「ねぶり」を含む。「ねぶりをりむ」に対応。

はじまる始　/hazjimaʼjuʼɴ/　☆連用形「はじまり」を含む。「はじまりをりむ」に対応。

　　51、《官話》（19世紀？）

とる取　/tuʼjuʼɴ/　☆連用形「とり」を含む。「とりをりむ」に対応。

（上一段）

　　47、《クリ》（1818）

にる煮　/niʼiʼɴ/　☆連用形「に」を含む。「にをりむ」に対応。

　　48、《ベッテ》（1849）・（1852）

いる射　/ʔiʼuʼɴ/　☆連用形「いり」を含む。「いりをりむ」に対応。
　　　　/ʔiʼjuʼɴ/　☆連用形「いり」を含む。「いりをりむ」に対応。

きる着　/cjiʼuʼɴ/　☆連用形「き」を含む。「きをりむ」に対応。

にる煮　/njiʼuʼɴ/　☆連用形「に」を含む。「にをりむ」に対応。

みる見　/njuʼuʼɴ/　☆連用形「み」を含む。「みをりむ」に対応。

ゐる座　/ʼiʼuʼɴ/　☆連用形「ゐ」を含む。「ゐをりむ」に対応。

　　50、《チェン》（1895）

みる見　/nuʼuʼɴ/　☆連用形「み」を含む。「みをりむ」に対応。

（上二段）

　　42、《中信》（1721）

おく起　/ʔukiʼuʼɴ/　☆連用形「おき」を含む。「おきをりむ」に対応。/ʔukiʼjuʼɴ/の可能性もある。

　　45、《琉訳》（1800頃）

あぶ呼・叫　/ʔabiʼjuʼɴ/　☆連用形「あび」を含む。「あびをりむ」に対応。/ʔabiʼiʼɴ/の可能性もある。

　　47、《クリ》（1818）

おく起　/ʔuki'i'ɴ/　☆「ラ行（四段）化」後の連用形「おきり」を含む。「おきりをりむ」に対応。

おる降　/ʔudi'ju'ɴ/　☆連用形「おり」を含む。「おりをりむ」に対応。

　48、《ﾍﾞｯﾃ》（1849）・（1852）

おく起　/ʔuki'u'ɴ/　☆「ラ行化」後の連用形「おけり」を含む。「おけりをりむ」に対応。

はづ恥　/hwazji'u'ɴ/　☆連用形「はぢ」を含む。「はぢをりむ」に対応。

　　　　/hazji'u'ɴ/　☆連用形「はぢ」を含む。「はぢをりむ」に対応。

ほろぶ滅　/hwurubi'u'ɴ/　☆連用形「ほろび」を含む。「ほろびをりむ」に対応。

（下一段）

　47、《ｸﾘ》（1818）

ける蹴　/ki'i'ɴ/　☆「ラ行（四段）化」後の連用形「けり」を含む。「けりをりむ」に対応。

　48、《ﾍﾞｯﾃ》（1849）・（1852）

ける蹴　/ki'u'ɴ/　☆下一段型の連用形「け」を含む。「けをりむ」に対応。「けりをりむ」の可能性もあるか。

（下二段）

　39、《混験》（1711）

みゆ見　/mi'ju'ɴ/　☆連用形「みえ」を含む。「みえをりむ」に対応。

　41、《組五》（1718頃）

くる呉　/kwi'ju'ɴ/　☆連用形「くれ」を含む。「くれをりむ」に対応。

　42、《中信》（1721）

みゆ見　/mi ('i)'u'ɴ/　☆連用形「みえ」を含む。「みえをりむ」に対応。

　45、《琉訳》（1800頃）

あきる呆　/(ʔa)cji'ju'ɴ/　☆「ラ行（四段）化」後の連用形「あきり」を含む。「あきりをりむ」対応。

うう植　/ʔwi'i'ɴ/　☆連用形「うゐ」を含む。「うゐをりむ」に対応。

　47、《ｸﾘ》（1818）

しつく躾　/sjiciki'u'ɴ/　☆「ラ行（四段）化」後の連用形「しつけり」を含む。「しつけりをりむ」に対応。

なぐ投　/nagi'u'ɴ/　☆「ラ行（四段）化」後の連用形「なげり」を含む。「なげりをりむ」に対応。

　　　　/nagi'i'ɴ/　☆「ラ行（四段）化」後の連用形「なげり」を含む。「なげりをりむ」に対応。

みす見　/misji'u'ɴ/　☆「ラ行（四段）化」後の連用形「みせり」を含む。「みせりをりむ」に対応。

たつ立　/tati'u'ɴ/　☆ラ行（四段）化」後の連用形「たてり」を含む。「たてりをりむ」に対応。

　　　　/tati'i'ɴ/　☆ラ行（四段）化」後の連用形「たてり」を含む。「たてりをりむ」に対応。

なづ撫　/nadi'ju'ɴ/　☆「ラ行（四段）化」後の連用形「なでり」を含む。「なでりをりむ」に対応。

たむ矯　/ta'ɴmi'u'ɴ/　☆「ラ行（四段）化」後の連用形「ためり」を含む。「ためりをりむ」に対応。

みゆ見　/mi'i'u'ɴ/　☆「ラ行（四段）化」後の連用形「みえり」を含む。「みえりをりむ」に対応。

　　　　/mi'i'ju'ɴ/　☆「ラ行（四段）化」後の連用形「みえり」を含む。「みえりをりむ」に対応。

　　　　/mi'i'ɴ　☆「ラ行（四段）化」後の連用形「みえり」を含む。「みえりをりむ」に対応。

いる入　/ʔiri'i'ɴ/　☆「ラ行（四段）化」後の連用形「いれり」を含む。「いれりをりむ」に対応。

くる呉（与）　/kwi'u'ɴ/　☆「ラ行（四段）化」後の連用形「くれり」を含む。「くれりをりむ」に対応。

たふる倒　/to'ori'i'ɴ/　☆「ラ行（四段）化」後の連用形「たふれり」を含む。「たふれりをりむ」に対応。

わかる別　/'waka'ju'ɴ/　☆「ラ行（四段）化」後の連用形「わかれり」を含む。「わかれりをりむ」に対応。

うう植　/ʔi'i'ju'ɴ/　☆「ラ行（四段）化」後の連用形「うゑり」を含む。「うゑりをりむ」に対応。

　48、《ﾍﾞｯﾃ》（1849）・（1852）

うく受　/ʔuki'u'ɴ/　☼連用形「うけ」を含む。「うけをりむ」に対応。「うけりをりむ」の可能性もあるか。

しりぞく退　/sjirizuki'u'ɴ/　☼連用形「しりぞけ」を含む。「しりぞけをりむ」に対応。

とづく託？言付（令）　/tuziki'u'ɴ/　☼連用形「とづけ」を含む。「とづけをりむ」に対応。

わく分　/'waki'u'ɴ/　☼連用形「わけ」を含む。「わけをりむ」に対応。「わけりをりむ」の可能性もあるか。

うちなぐ打投　/ʔuQcja'ɴgi'u'ɴ/　☼連用形「うちなげ」を含む。「うちなげをりむ」に対応。

なぐ投　/nagi'u'ɴ/　☼連用形「なげ」に対応。「なげをりむ」に対応。「なげりをりむ」の可能性もあるか。

おほす果　/ʔo'osju'ɴ/　☼連用形「おほせ」を含む。「おほせをりむ」に対応。

のす乗　/nusi'u'ɴ/　☼連用形「のせ」を含む。「のせをりむ」に対応。

すつ捨　/siti'u'ɴ/　☼連用形「すて」を含む。「すてをりむ」に対応。「すてりをりむ」の可能性もある。
　　　　　/siti'ju'ɴ/　☼連用形「すて」を含む。「すてをりむ」に対応。「すてりをりむ」の可能性もある。

はつ果　/hati'u'ɴ/　☼連用形「はて」を含む。「はてをりむ」に対応。「はてりをりむ」の可能性もあるか。

いづ出　/ʔɴzji'u'ɴ/　☼連用形「いで」を含む。「いでをりむ」に対応。

うれふ愁　/ʔuri'u'ɴ/　☼連用形「うれへ」を含む。「うれへをりむ」に対応。

かぞふ数　/kazu'u'ju'ɴ/　☼連用形「かぞへ」を含む。「かぞへをりむ」に対応か。

かんがふ考　/ka'ɴge'e'ju'ɴ/　☼連用形「かんがへ」を含む。「かながへをりむ」に対応。

ととのふ整　/tutunu'u'ju'ɴ/　☼連用形「ととのへ」を含む。「ととのへをりむ」に対応。

たかぶ高　/takabi'u'ɴ/　☼連用形「たかべ」を含む。「たかべをりむ」に対応。

あがむ崇　/ʔagami'u'ɴ/　☼連用形「あがめ」を含む。「あがめをりむ」に対応。

あつむ集　/ʔacimi'u'ɴ/　☼連用形「あつめ」を含む。「あつめをりむ」に対応。

あらたむ改　/ʔaratami'u'ɴ/　☼連用形「あらため」を含む。「あらためをりむ」に対応。

いましむ戒　/ʔimasjimi'u'ɴ/　☼連用形「いましめ」を含む。「いましめをりむ」に対応。

うづむ埋　/ʔuzunju'ɴ/　☼連用形「うづめ」を含む。「うずめをりむ」に対応。

さだむ定　/sadami'u'ɴ/　☼連用形「さだめ」を含む。「さだめをりむ」に対応。

すすむ勧　/sisinju'ɴ/　☼連用形「すすめ」を含む。「すすめをりむ」に対応。

とどむ留　/tudumi'u'ɴ/　☼連用形「とどめ」を含む。「とどめをりむ」に対応。
　　　　　/tudumi'ju'ɴ/　☼連用形「とどめ」を含む。「とどめをりむ」に対応。

はじむ始　/hwazjimi'u'ɴ/　☼連用形「はじめ」を含む。「はじめをりむ」に対応。
　　　　　/hwazjimi'ju'ɴ/　☼連用形「はじめ」を含む。「はじめをりむ」に対応。

をさむ治　/'usami'u'ɴ/　☼連用形「をさめ」を含む。「をさめをりむ」に対応。

おぼゆ覚　/ʔubi'u'ɴ/　☼連用形「おぼえ」を含む。「おぼえをりむ」に対応。

あらはる現　/ʔara'wari'u'ɴ/　☼連用形「あらはれ」を含む。「あらはれをりむ」に対応。

いる入　/ʔiri'u'ɴ/　☼連用形「いれ」を含む。「いれをりむ」に対応。「ラ行（四段）化」後の連用形「い
　　　　　れり」を含み、「いれりをりむ」に対応する可能性もある。

うまる生　/ʔɴmari'u'ɴ/　☼連用形「うまれ」を含む。「うまれをりむ」に対応。

くる呉　/kwi'u'ɴ/　☼連用形「くれ」を含む。「くれをりむ」に対応。

ぬる濡　/'ɴdi'u'ɴ/　☼連用形「ぬれ」を含む。「ぬれをりむ」に対応。

のがる逃　/nuga('a)'ju'ɴ/　☼連用形「のがれ」を含む。「のがれをりむ」に対応。

やぶる破　/'ja'ɴdi'ju'ɴ/　☼連用形「やぶれ」を含む。「やぶれをりむ」に対応。

わかる分　/'waka'ju'ɴ/　☼連用形「わかれ」を含む。「わかれをりむ」に対応。

　50、《チェン》（1895）

う得　/'i'i'ju'ɴ/　☆「ラ行（四段）化」後の連用形「えり」を含む。「えりをりむ」に対応。

あく開　/ʔaki'ju'ɴ/　☆「ラ行（四段）化」後の連用形「あけり」を含む。「あけりをりむ」に対応。

やく焼　/'jaki'i'ɴ/　☆「ラ行（四段）化」後の連用形「やけり」を含む。「やけりをりむ」に対応。

みす見　/misji'i'ɴ/　☆「ラ行（四段）化」後の連用形「みせり」を含む。「みせりをりむ」に対応。

たつ立　/tati'i'ɴ/　☆「ラ行（四段）化」後の連用形「たてり」を含む。「たてりをりむ」に対応。

いづ出　/ʔɴzji'ju'ɴ/　☆連用形「いで」を含む。「（お）んいでりをりむ」に対応。

　　　　/ʔɴzji'i'ɴ/　☆連用形「いで」を含む。「（お）んいでりをりむ」に対応。

　　　　/ʔɴzji'i'ɴdi/　☆連用形「いで」を含む。「（お）んいでりをりむて」に対応。

くぶ括　/ku'ɴzju'ɴ/　☆「ラ行（四段）化」後の連用形「くびり」を含む。「くびりをりむ」に対応。

はじむ始　/hazjimi'i'ɴ/　☆連用形「はじめ」を含む。「はじめをりむ」に対応。

きゆ消　/cja'a'ju'ɴ/　☆連用形「きえ」を含む。「きえをりむ」に対応。

わする忘　/'wasi'ju'ɴ/　☆連用形「わすれ」を含む。「わす（れ）をりむ」に対応。

　　　　/'wasi'i'ɴ/　☆連用形「わすれ」を含む。「わす（れ）をりむ」に対応。

（カ変）

く来

41、《組五》（1718頃）

　/cju'u'ɴ/　☆連用形「き」を含む。「きをりむ」に対応。

45、《琉訳》（1800頃）

　/cju'u'ɴ/　☆連用形「き」を含む。「きをりむ」に対応。

47、《クリ》（1818）

　/cju'u'ɴ/　☆「連用形「き」を含む。きをりむ」に対応。

47、《クリ》（1818）

　/sjiQcju'u'ɴ/　☆「してき」を含む。「してきをりむ」に対応。/Qsjicju'u'ɴ/の可能性もある。

48、《ベッテ》（1849）・（1852）

　/cju'u'ɴ/　☆連用形「き」を含む。「きをりむ」に対応。

50、《チェン》（1895）

　/cju'u'ɴ/　☆連用形「き」を含む。「きをりむ」に対応。

（サ変）

す為

41、《組五》（1718頃）

　/sju'ɴ/　☆連用形「し」を含む。「しをりむ」に対応。

48、《ベッテ》（1849）・（1852）

　/sji'u'i'ɴ/　☆連用形「し」を含む。「しをりむ」に対応。

　/sju'ɴ/　☆連用形「し」を含む。「しをりむ」に対応。

　/sju'ɴdo'o/　☆連用形「し」を含む。「しをりむど」に対応。

　/sju'ɴte'e/　☆連用形「し」を含む。「しをりむて」に対応。

　/sju'ɴdu'ɴ/　☆連用形「し」を含む。「しをりむども」に対応。

49、《沖話》（1880）

　/sju'ɴ/　☆連用形「し」を含む。「しをりむ」に対応。

50、《チェン》（1895）

/sju'N/　☆連用形「し」を含む。「しをりむ」に対応。

/sju'Ndi/　☆連用形「し」を含む。「しをりむて」に対応。

（ナ変）

しぬ　死

46、《漂録》（1818）

/sjinju'N/☆　連用形「しに」を含む。「しにをりむ」に対応。

47、《クリ》（1818）

/sjinu'N/　☆連用形「しに」を含む。「しにをりむ」に対応。

48、《ベッテ》（1849）・（1852）

/sjinju'N/　☆連用形「しに」を含む。「しにをりむ」に対応。

50、《チェン》（1895）

/sjinu'N/　☆連用形「しに」を含む。「しにをりむ」に対応。/sjinju'N/ ではない。

（ラ変）

はべり　侍

39、《混験》（1711）

/misju'jabi'N/　☆連用形「はべり」を含む。「めしをりはべりむ」に対応。

あり　有

41、《組五》（1718 頃）

/ʔa'ju'N/　☆連用形「あり」を含む。「ありをりむ」に対応。

（/ʔa'N/　☆連用形「あり」を含む。「ありむ」に対応。）

をり　居

41、《組五》（1718 頃）

/ʔu'ju'N/　☆連用形「をり」を含む。「をりをりむ」に対応。

（/ʔu'N/　☆連用形「をり」を含む。「をりむ」に対応。）

以下は対照のために。

47、《クリ》（1818）

/ʔu'N/　☆連用形「をり」を含む。「をりむ」に対応。

48、《ベッテ》（1849）・（1852）

/ʔu'N/　☆連用形「をり」を含む。「をりむ」に対応。

/sji'u'i'N/　☆連用形「し」を含む。「しをりむ」に対応。

/ʔu'Nte'e/　☆連用形「をり」を含む。「をりむて」に対応。

49、《沖話》（1880）

/ʔu'N/　☆「をりむ」に対応。

50、《チェン》（1895）

/ʔu'N/　☆連用形「をり」を含む。「をりむ」に対応。

「をりみ」

（四段）

　41、《組五》（1718 頃）

いく　行　/ʔicjumi/　☆連用形「いき」を含む。「いきをりみ」に対応。

いふ言　/ʔjumi/　☆連用形「いひ」を含む。「いひをりみ」に対応か。「

たつ立　/tacjumi/　☆連用形「たち」を含む。「たちをりみ」に対応。

なる成　/naʼjumi/　☆連用形「なり」を含む。「なりをりみ」に対応。

　　48、《ベッテ》（1849）・（1852）

すむ済　/simumi/　☆連用形「すみ」を含む。「すみをりみ」に対応。

　　　　　/sinjumi/　☆連用形「すみ」を含む。「すみをりみ」に対応。

つくる作　/cukuʼjumi/　☆連用形「つくり」を含む。「つくりをりみ」に対応。

なる成　/naʼjumi/　☆連用形「なり」を含む。「なりをりみ」に対応。

　　50、《チェン》（1895）

いく行　/ʔicjumi/　☆連用形「いき」を含む。「いきをりみ」に対応。

きく聞　/cjicjumi/　☆連用形「きき」を含む。「ききをりみ」に対応。

ころす殺　/kurusjumi/　☆連用形「ころし」を含む。「ころしをりみ」に対応。

とる取　/tuʼjumi/　☆連用形「とり」を含む。「とりをりみ」に対応。

　　　　　/tuʼimi/　☆連用形「とり」を含む。「とりをりみ」に対応。

なる成　/naʼjumi/　☆連用形「なり」を含む。「なりをりみ」に対応。

（下二段）

　　50、《チェン》（1895）

いづ出　/ʔɴzjiʼjumi/　☆連用形「いで」を含む。「（お）んいでりをりみ」に対応。

わする忘　/ʼwasiʼjumi/　☆連用形「わすれ」を含む。「わす（れ）をりみ」に対応。

　　　　　/ʼwasiʼimi/　☆連用形「わすれ」を含む。「わす（れ）をりみ」に対応。

（カ変）

く来

48、《ベッテ》（1849）・（1852）

　/cjuʼumi/　☆連用形「き」を含む。「きをりみ」に対応。

50、《チェン》（1895）

　/cjuʼumi/　☆連用形「き」を含む。「きをりみ」に対応。

（サ変）

す為

48、《ベッテ》（1849）・（1852）

　/sjumi/　☆連用形「し」を含む。「しをりみ」に対応。

（ラ変）

をり居

41、《組五》（1718頃）

　/ʼuʼjumi/　☆連用形「をり」を含む。「をりをりみ」に対応。

5）「連用形＋をる」に対応

（四段）

　　29、《おも2》（1613）

うらやむ羨　/urajamijuru/　☆連用形「うらやみ」を含む。「うらやみをる」に対応。

よる寄　/jurijuru/　☆連用形「より」を含む。「よりをる」に対応。

第10節　「あり」・「をり」との接続　1247

30、《おも3》（1623）

ふく吹　/hwucjijuru/　☆連用形「ふき」を含む。「ふきをる」に対応。

まつ待　/macjijuru/　☆連用形「まち」を含む。「まちをる」に対応。

ちよわる　「いらっしゃる」の意　/cjijuwajuru/　☆連用形「ちよわり」を含む。「ちよわりをる」に対応。

てる照　/tirijuru/　☆連用形「てり」を含む。「てりをる」に対応。

はる走　/hwarijuru/　☆連用形「はり」を含む。「はりをる」に対応。

ふる降　/hwurijuru/　☆連用形「ふり」を含む。「ふりをる」に対応。

もる盛　/murijuru/　☆連用形「もり」を含む。「もりをる」に対応。

37、《君由》（1700頃）

なほす直　/ʔurino'osji'juru/　☆連用形「なほし」を含む。「おれなほしをる」に対応。/ʔurino'osjuru/
の可能性を残す。

まつ待　/macji'juru/　☆連用形「まち」を含む。「まちをる」に対応。/macjuru/の可能性を残す。

ふさふ栄　/ʔurihusa'iru/　☆連用形「ふさひ」を含む。「おれふさひをる」に対応。

38、《仲里》（1703頃）

いく行　/ʔicjukutu/　☆連用形「いき」を含む。「いきを（る）こと」に対応。

ただらす爛　/tadarasjusi/　☆連用形「ただらし」を含む。「ただらしを（る）す」に対応。

　　　　　/tadarasjusi'ja/　☆連用形「ただらし」を含む。「ただらしを（る）すは」に対応。

　　　　　/tadarasjumunu/　☆連用形「ただらし」を含む。「ただらしを（る）もの」に対応。

とよます鳴響　/tu'jumasjusi/　☆連用形「とよまし」を含む。「とよましを（る）す」に対応。

ひびかす響　/hwibikasjusi/　☆連用形「ひびかし」を含む。「ひびかしを（る）す」に対応。

めす召　/misjuru/　☆連用形「めし」を含む。「めしをる」に対応。

をどらす踊　/'udurasjusi/　☆連用形「をどらし」を含む。「をどらしを（る）す」に対応。

こふ乞　/ku'u'juru/　☆連用形「こひ」を含む。「こひをる」に対応。

とる取　/tu'juru/　☆連用形「とり」を含む。「とりをる」に対応。

　　　　/tu'jusi/　☆連用形「とり」を含む。「とりを（る）す」に対応。

39、《混験》（1711）

いく行　/ʔicjuga/　☆連用形「いき」を含む。「いきを（る）が」に対応。

すふ吸　/su'jusa/　☆連用形「すひ」を含む。「すひを（る）さ」に対応。

まがる曲　/maga'juru/　☆連用形「まがり」を含む。「まがりをる」に対応。

41、《組五》（1718頃）

いく行　/ʔicjuru/　☆連用形「いき」を含む。「いきをる」に対応。

　　　　/ʔicjuga/　☆連用形「いき」を含む。「いきをるが」に対応。

きく聞　/cjicjuru/　☆連用形「きき」を含む。「ききをる」に対応。

つく付　/cicjuru/　☆連用形「つき」を含む。「つきをる」に対応。

なく泣　/nacjuga/　☆連用形「なき」を含む。「なきをるが」に対応。

ひく引　/hwicjuru/　☆連用形「ひき」を含む。「ひきをる」に対応。

つぐ注　/cizjuru/　☆連用形「つぎ」を含む。「つぎをる」に対応。

くらす暮　/kurasju'juga/　☆連用形「くらし」を含む。「くらしをるが」に対応。

とらす取　/turasju/　☆連用形「とらし」を含む。「とらしをる」に対応。

なす成　/nasjuru/　☆連用形「なし」を含む。「なしをる」に対応。

わたす渡　/'watasju/　☆連用形「わたし」を含む。「わたしをる」に対応。

たつ立　/tacjuru/　☆連用形「たち」を含む。「たちをる」に対応。

まつ待　/macjuga/　☆連用形「まち」を含む。「まちをるが」に対応。

いふ言　/ʔjuru/　☆連用形「いひ」を含む。「いひをる」に対応。

　　　　/ʔjusi/　☆連用形「いひ」を含む。「いひを（る）す」に対応。

　　　　/ʔjusi'ja/　☆連用形「いひ」を含む。「いひを（る）すは」に対応。

すふ吸　/su'juru/　☆連用形「すひ」を含む。「すひをる」に対応。

　　　　/su'juga/　☆連用形「すひ」を含む。「すひをるが」に対応。

かる借　/ka'juru/　☆連用形「かり」を含む。「かりをる」に対応。

しる知　/sji'juru/　☆連用形「しり」を含む。「しりをる」に対応。

ちる散　/cjiriru/　☆連用形「ちり」を含む。「ちりをる」に対応。

とる取　/tu'juru/　☆連用形「とり」を含む。「とりをる」に対応。

なる成　/na'iga/　☆連用形「なり」を含む。「なりをるが」に対応。

　　43、《具志》（1743）

おわる居　/ʔu'wa'juru/　☆連用形「おわり」を含む。「おわりをる」に対応。

とる取？　/tu'juru/　☆連用形「とり」を含む。「とりをる」に対応。

ふる降　/hu'juru/　☆連用形「ふり」を含む。「ふりをる」に対応。

　　47、《クリ》（1818）

いふ言　/ʔiga/　☆連用形「いひ」を含む。「いひを（る）が」に対応。「ラ行（四段）化」後の連用形「いり」を含み、「いりを（る）が」に対応するとも考えられる。/ʔi'iga/ の可能性もある。

　　48、《ベッテ》（1849）・（1852）

いく行　/ʔicjuru/　☆連用形「いき」を含む。「いきをる」に対応。

かく書　/kacju('ɴ)ne'e/　☆連用形「かき」を含む。「かきをるなり」に対応。

なく泣　/nacjuru/　☆連用形「なき」を含む。「なきをる」に対応。

　　　　/nacjuse'e/　☆連用形「なき」を含む。「なきを（る）すは」に対応。

　　　　/nacjuga/　☆連用形「なき」を含む。「なきを（る）が」に対応。

なげく嘆　/nazjicjuru/　☆連用形「なげき」を含む。「なげきをる」に対応。

あらはす現　/ʔara'wasjuru/　☆連用形「あらはし」を含む。「あらはしをる」に対応。

くらす暮　/kurasjusiga/　☆連用形「くらし」を含む。「くらしを（る）すが」に対応。/kurasjuQsiga/ の可能性もある。

ころす殺　/kurusjusi/　☆連用形「ころし」を含む。「ころしを（る）す」に対応。

すかす賺　/sikasjuru/　☆連用形「すかし」を含む。「すかしをる」に対応。

ならす鳴　/narasjuse'e/　☆連用形「ならし」を含む。「ならしを（る）すは」に対応。「鳴らすものは」の意。

ならはす習　/nara'asjuru/　☆連用形「ならはし」を含む。「ならはしをる」に対応。

いふ言　/ʔjuru/　☆連用形「いひ」を含む。「いひをる」に対応。

　　　　/ʔi'jusi'ɴ/　☆連用形「いひ」を含む。いひを（る）すに」に対応。

　　　　/ʔjuse'e/　☆連用形「いひ」を含む。「いひを（る）すは」に対応。

　　　　/ʔi'isiga/　☆連用形「いひ」を含む。「いひを（る）すが」に対応。

　　　　/ʔjuga/　☆連用形「いひ」を含む。「いひを（る）が」に対応。

　　　　/ʔi'ɴna'jo'o/　☆連用形「いひ」を含む。「いひをるなよ」に対応。

おもふ思　/ʔumu'ɴna/　☼ 連用形「おもひ」を含む。「おもひをるな」に対応。

かなふ叶　/kana'jusi/　☼ 連用形「かなひ」を含む。「かなひを（る）す」に対応。

よばふ叫（呼）　/'juba'juga/　☼ 連用形「よばひ」を含む。「よばひを（る）が」に対応。

あすぶ遊　/ʔasibu'ɴna'jo'o/　☼「連用形「あすび」を含む。「あすびをるなよ」に対応。

とぶ飛　/tubju'ɴne'e/　☼ 連用形「とび」を含む。「とびをるなり」に対応。

かむ嚙（食）　/kanju'ɴne'e/　☼ 連用形「かみ」を含む。「かみをるなり」に対応。

　　　　　　　/kanjuru ba/　☼ 連用形「かみ」を含む。「かみをる　ば」に対応。「食べる時」の意。

すむ済　/sinjuru/　☼ 連用形「すみ」を含む。「すみをる」に対応。

　　　　/sinjusiga/　☼ 連用形「すみ」を含む。「すみを（る）すが」に対応。

　　　　/sinjusa/　☼ 連用形「すみ」を含む。「すみを（る）さ」に対応。

のむ飲　/nunju'ɴne'e/　☼ 連用形「のみ」を含む。「のみをるなり」に対応。

よむ読　/'junjuru/　☼ 連用形「よみ」を含む。「よみをる」に対応。

あまる余　/ʔama'jusi/　☼ 連用形「あまり」を含む。「あまりを（る）す」に対応。

いる入　/ʔi'ju tukuru/　☼ 連用形「いり」を含む。「いりをる　ところ」に対応。

うる売　/ʔu'jusi/　☼ 連用形「うり」を含む。「うりを（る）す」に対応。

かかる掛　/kaka'juga/　☼ 連用形「かかり」を含む。「かかりを（る）が」に対応。

かへる帰　/ke'e'juru/　☼ 連用形「かへり」を含む。「かへりをる」に対応。

つくる作　/cuku'juru/　☼ 連用形「つくり」を含む。「つくりをる」に対応。

　　　　/cuku'juru ka'ɴge'e/　☼ 連用形「つくり」を含む。「つくりをる　かんがへ」に対応。

　　　　/cuku'juQtucji/　☼ 連用形「つくり」を含む。「つくりをるとき」に対応。

　　　　/cuku'juQkutu/　☼ 連用形「つくり」を含む。「つくりをること」に対応。

　　　　/cuku'juQsi/　☼ 連用形「つくり」を含む。「つくりをるす」に対応。

　　　　/cuku'jukutu/　☼ 連用形「つくり」を含む。「つくりを（る）こと」に対応。

　　　　/cuku'jutukuru/　☼ 連用形「つくり」を含む。「つくりを（る）ところ」に対応。

　　　　/cuku'jusi/　☼ 連用形「つくり」を含む。「つくりを（る）す」に対応。

　　　　/cuku'juse'e/　☼ 連用形「つくり」を含む。「つくりを（る）すは」に対応。

　　　　/cuku'jusiga/　☼ 連用形「つくり」を含む。「つくりを（る）すが」に対応。

　　　　/cuku'jusa'ja'a/　☼ 連用形「つくり」を含む。「つくりを（る）さや」に対応。

　　　　/cuku'juga/　☼ 連用形「つくり」を含む。「つくりを（る）が」に対応。

　　　　/cuku'juka'ja'a/　☼ 連用形「つくり」を含む。「つくりを（る）かや」に対応。

　　　　/cukuru'ɴna/　☼ 連用形「つくり」を含む。「つくりをるな」に対応。

　　　　/cuku'ju'ɴdu'ɴ/　☼ 連用形「つくり」を含む。「つくりをるども」に対応。

　　　　/cuku'ju'ɴdo'o/　☼ 連用形「つくり」を含む。「つくりをるど」に対応。

　　　　/cuku'ju'ɴte'e/　☼ 連用形「つくり」を含む。「つくりをるて」に対応か。

なる成　/na'juru/　☼ 連用形「なり」を含む。「なりをる」に対応。/nari/ → /na'i/ の変化がある。

　　　　/na'ju(Q)tukuru/　☼ 連用形「なり」を含む。「なりをる　ところ」に対応。

　　　　/na'jusi/　☼ 連用形「なり」を含む。「なりを（る）す」に対応。

　　　　/na'isi/　☼ 連用形「なり」を含む。「なりを（る）す」に対応

　　　　/na'juse'e/　☼ 連用形「なり」を含む。「なりを（る）すは」に対応。

　　　　/na'jusiga/　☼ 連用形「なり」を含む。「なりを（る）すが」に対応。

/na'isiga'ja'a/　☼ 連用形「なり」を含む。「なりを（る）すがや」に対応。

/na'juga/　☼ 連用形「なり」を含む。「なりを（る）が」に対応。

/na'juka/　☼ 連用形「なり」を含む。「なりを（る）か」に対応。

/na'iQsa'a/　☼ 連用形「なり」を含む。「なりをるさ」に対応。

/na'juꞥdo'o/　☼ 連用形「なり」を含む。「なりをるど」に対応。

はかる測　/haka'juga/　☼ 連用形「はかり」を含む。「はかりを（る）が」に対応。

ふる降　/hwu'juru/　☼ 連用形「ふり」を含む。「ふりをる」に対応。

49、《沖話》（1880）

いく行　/ʔicjuru/　☼ 連用形「いき」を含む。「いきをる」に対応。

/ʔicjukutu/　☼ 連用形「いき」を含む。「いきを（る）こと」に対応。

/ʔicjuse'e/　☼ 連用形「いき」を含む。「いきを（る）すは」に対応。

ゆく行　/'jucjuse'e/　☼ 連用形「ゆき」を含む。「ゆきを（る）すは」に対応。

きく利　/cjicjuru/　☼ 連用形「きき」を含む。「ききをる」に対応。

さく咲　/sacjuru/　☼ 連用形「さき」を含む。「さきをる」に対応。

さばく捌　/ʔu'isabacjuru/　☼ 連用形「さばき」を含む。「うりさばきをる」に対応。

いだす出　/ʔꞥzjasjuru/　☼ 連用形「いだし」を含む。「いだしをる」に対応。

かへす反　/ʔucjike'esjusiga/　☼ 連用形「かへし」を含む。「うちかへしを（る）すが」に対応。

くらす暮　/kurasjusi'ꞥ/　☼ 連用形「くらし」を含む。「くらしを（る）すも」に対応。

みおろす見下　/mi'iʔurusjusje'e/　☼ 連用形「みおろし」を含む「みおろしを（る）すは」に対応。

うつ打　/ʔucjusi/　☼ 連用形「うち」を含む。「うちを（る）す」に対応。

いふ言　/ʔjuru/　☼ 連用形「いひ」を含む。「いひをる」に対応。

/ʔjuQ/　☼「連用形「いひ」を含む。「いひをっ」に対応。「る」の「促音化」。

/ʔjuse'e/　☼「連用形「いひ」を含む。「いひを（る）すは」に対応。

かふ買　/ko'o'juru/　☼「ラ行（四段）化」後の連用形「かうり」を含む。「かうりをる」に対応。

ならふ習　/nara'juse'e/　☼ 連用形「ならひ」を含む。「ならひを（る）すは」に対応。

まなぶ学　/manabuse'e/　☼ 連用形「まなび」を含む。「まなびを（る）すは」に対応。

かむ嚼（食）　/kanuru/　☼ 連用形「かみ」を含む。「かみをる」に対応。

あたる当　/ʔata'juQ/　☼ 連用形「あたり」を含む。「あたりをる」に対応。「－る」の促音化。

いる入　/ʔi'iru/　☼ 連用形「いり」を含む。「いりをる」に対応。

うる売　/ʔu'juru/　☼ 連用形「うり」を含む。「うりをる」に対応。

/ʔu'juse'e/　☼ 連用形「うり」を含む。「うりを（る）すは」に対応。

おこる起　/ʔuku'juru/　☼ 連用形「おこり」を含む。「おこりをる」に対応。

かへる帰　/ke'e'juru/　☼ 連用形「かへり」を含む。「かへりをる」に対応。

たる足　/tari'iru/　☼ 連用形「たり」を含む。「たりをる」に対応。

つくる作・造　/cuku'juru/　☼ 連用形「つくり」を含む。「つくりをる」に対応。

とる取　/tu'juru/　☼ 連用形「とり」を含む。「とりをる」に対応。

なる成（出来）　/na'juru/　☼ 連用形「なり」を含む。「なりをる」に対応。

/na'jusiga/　☼ 連用形「なり」を含む。「なりを（る）すが」に対応。

/na'jukutu/　☼ 連用形「なり」を含む。「なりを（る）こと」に対応。

のる乗　/nu'juru/　☼ 連用形「のり」を含む。「のりをる」に対応。

はじまる始　/hazjima'juga/　☆連用形「はじまり」を含む。「はじまりを（る）が」に対応。

わかる解　/'waka'juru/　☆連用形「わかり」を含む。「わかりをる」に対応。

　50、《チェン》（1895）

ありく歩　/ʔaQcjusi/　☆連用形「ありき」を含む。「ありきを（る）す」に対応。

いく行　/ʔicjuse'e/　☆連用形「いき」を含む。「いきを（る）すは」に対応。

くらす暮　/kurasjuga/　☆連用形「くらし」を含む。「くらしを（る）が」に対応。

ころす殺　/kurusjuru/　☆連用形「ころし」を含む。「ころしをる」に対応。
　　　　　/kurusju/　☆連用形「ころし」を含む。「ころしを（る）」に対応。
　　　　　/kurusjusi/　☆連用形「ころし」を含む。「ころしを（る）す」に対応。

めす召　/misjo'o'ɴna/　☆連用形「めし」を含む。「めしおわるな」に対応。

やらす遣　/'jarasjukutu/　☆連用形「やらし」を含む。「やらしを（る）こと」に対応。

たつ発　/tacjukutu/　☆連用形「たち」を含む。「たちを（る）こと」に対応。

たつ立　/tacjusa/　☆連用形「たち」を含む。「たちを（る）さ」に対応。

いふ言　/(ʔ)juru mura/　☆連用形「いひ」を含む。「いひをる　むら」に対応。
　　　　/(ʔ)juru hanasji/　☆連用形「いひ」を含む。「いひをる　はなし」に対応。
　　　　/(ʔ)juQtukuru/　☆連用形「いひ」を含む。「いひをる　ところ」に対応。
　　　　/(ʔ)iru zjibu'ɴ/　☆連用形「いひ」を含む。「いひをる　じぶん」に対応。
　　　　/(ʔ)i('i)si/　☆連用形「いひ」を含む。「いひを（る）す」に対応。
　　　　/(ʔ)i('i)se'e/　☆連用形「いひ」を含む。「いひを（る）すは」に対応。

おもふ思　/ʔumu'jusiga/　☆連用形「おもひ」を含む。「おもひを（る）すが」に対応。

かけあふ掛合　/kakiʔo'o'iga/　☆連用形「かけあひ」を含む。「かけあひをりを（る）が」に対応。

かふ買　/ko'o'juru mado'o/　☆「ラ行（四段）化」後の連用形「かうり」を含む。「かうりをる　まどは」
　　　　　　　　　　　　　　に対応。

かむ噛（食）　/kanukutu/　☆連用形「かみ」を含む。「かみを（る）こと」に対応。

のむ飲　/nunusi/　☆連用形「のみ」を含む。「のみを（る）す」に対応。

いる入　/ʔi'isiga/　☆連用形「いり」を含む。「いりを（る）すが」に対応。

かへる帰　/ke'e'juru ba'a/　☆連用形「かへり」を含む。「かへりをる　ば」に対応。

しる知　/sji'juru/　☆連用形「しり」を含む。「しりをる」に対応。

つくる作　/cuku'juru/　☆連用形「つくり」を含む。「つくりをる」に対応。

とる取　/tu'juru/　☆連用形「とり」を含む。「とりをる」に対応。
　　　　/tu'jusi/　☆連用形「とり」を含む。「とりを（る）す」に対応。
　　　　/tu'ju/　☆連用形「とり」を含む。「とりを（る）」に対応。

ねむる眠　/ni'ɴzjusi/　☆連用形「ねむり」を含む。「ねむりを（る）す」に対応。

（上一段）

　30、《おも3》（1623）

ゐる座　/ijuru/　☆連用形「ゐ」を含む。「ゐをる」に対応。

　43、《具志》（1743）

にる似　/ni'jusi/　☆連用形「に」を含む。「にを（る）す」に対応。

　50、《チェン》（1895）

みる見　/nu'usi/　☆連用形「み」を含む。「みを（る）す」に対応。

（上二段）

49、《沖話》（1880）

もちふ用　/mucji'i'juru/　☆連用形「もちひ」を含む。「もちひをる」に対応。

（下二段）

37、《君由》（1700 頃）

いる入　/ʔiriru/　☆連用形「いれ」を含む。「いれをる」に対応。

39、《混験》（1711）

さらふ浚　/sara'juru/　☆連用形「さらへ」を含む。「さらへをる」に対応。「ラ行（四段）化」後の連
　　　　　　　　　　　　体形「さらゆる」の可能性もある。

41、《組五》（1718 頃）

たづぬ尋　/tazini'juru/　☆連用形「たづね」を含む。「たづねをる」に対応。
　　　　　/tazuni'juru/　☆連用形「たづね」を含む。「たづねをる」に対応。

たゆ絶　/ta'juru/　☆連用形「たえ」を含む。「たえをる」に対応。

まぎる紛　/mazjiri'juru/　☆連用形「まぎれ」を含む。「まぎれをる」に対応。

わかる別　/'wakari'juru/　☆連用形「わかれ」を含む。「わかれをる」に対応。

48、《ベッテ》（1849）・（1852）

たすく助　/tasiki'iru/　☆連用形「たすけ」を含む。「たすけをる」に対応。
　　　　　/tasiki'isi/　☆連用形「たすけ」を含む。「たすけを（る）す」に対応。
　　　　　/tasiki'isiga/　☆連用形「たすけ」を含む。「たすけを（る）すが」に対応。
　　　　　/tasiki'i'ndo'o/　☆連用形「たすけ」を含む。「たすけをるど」に対応。

つく付　/ʔi'iciki'iru/　☆連用形「いひつけ」を含む。「いひつけをる」に対応。

とづく託？言付（令）　/tuziki'i'ru/　☆連用形「とづけ」を含む。「とづけをる」に対応。

かんがふ考　/ka'nge'e'juQkutu/　☆連用形「かんがへ」を含む。「かながへをること」に対応。
　　　　　/ka'nge'e'ju'ndu'n/　☆連用形「かんがへ」を含む。「かながへをるども」に対応。

くはふ加　/ku'we'eru/　☆連用形「くはへ」を含む。「くはへをる」に対応。

をさむ治　/'usami'iru/　☆連用形「をさめ」を含む。「をさめをる」に対応。

いる入　/ʔiri'iru/　☆連用形「いれ」を含む。「いれをる」に対応。「ラ行（四段）化」後の連用形「いれり」
　　　　　　　　　　を含み、「いれりをる」に対応する可能性もある。

くる呉　/kwi'ukutu/　☆連用形「くれ」を含む。「くれを（る）こと」に対応。
　　　　　/kwi'iga'ja'a/　☆連用形「くれ」を含む。「くれを（る）がや」に対応。
　　　　　/kwi'u'ndo'o/　☆連用形「くれ」を含む。「くれをるど」に対応。
　　　　　/kwi'nna/　☆連用形「くれ」を含む。「くれをるな」に対応。

ながる流　/nagari'iru/　☆連用形「ながれ」を含む。「ながれをる」に対応。

わする忘　/'wasi'iru/　☆連用形「わすれ」に対応。「わすれをる」に対応。

49、《沖話》（1880）

わく分　/'waki'iru/　☆「ラ行（四段）化」後の連用形「わけり」を含む。「わけりをる」に対応。

おしあぐ押上（献上）　/ʔusjagi'iru/　☆連用例「おしあげ」を含む。「おしあげをる」に対応。

いづ出（おいづ御出）　/ʔnzji'ikutu/　☆連用形「いで」を含む。「いでを（る）こと」に対応。

みゆ見　/mi'i'juru/　☆連用形「みえ」を含む。「みえをる」に対応。

50、《チェン》（1895）

第 10 節　「あり」・「をり」との接続　1253

いづ出　/ʔɴzji'juru/　☆連用形「いで」を含む。「(お) んいでをる」に対応。

　　　　/ʔɴzji'ju/　☆連用形「いで」を含む。「(お) んいでりを (る)」に対応。

みゆ見　/mi'i'jusiga/　☆「ラ行 (四段) 化」後の連用形「みえり」を含む。「みえを (る) すが」に対応。

くる呉　/kwi'iru cju/　☆「ラ行 (四段) 化」後の連用形「くれり」を含む。「くれりをる　ひと」に対応。

ながる流　/nagari'uru/　☆連用形「ながれ」を含む。「ながれをる」に対応。

わする忘　/'wasi'juru/　☆連用形「わすれ」を含む。「わす (れ) をる」に対応。

　　　　/'wasi'iru/　☆連用形「わすれ」を含む。「わす (れ) をる」に対応。

(カ変)

く来

29、《おも 2》(1613)

　/kijuru/　☆連用形「き」を含む。「きをる」に対応。

30、《おも 3》(1623)

　/cjijuru/　☆連用形「き」を含む。「きをる」に対応。

　/cjijumunu/　☆連用形「き」を含む。「きを (る) もの」に対応。

　/cjijumuɴ/　☆連用形「き」を含む。「きを (る) もの」に対応。

45、《琉訳》(1800 頃)

　/cju'uga/　☆連用形「き」を含む。「きを (る) が」に対応。

48、《ベッテ》(1849)・(1852)

　/cju'uru/　☆連用形「き」を含む。「きをる」に対応。

48、《ベッテ》(1849)・(1852)

　/cju'usi/　☆連用形「き」を含む。「きを (る) す」に対応。

　/cju'uka'ja'a/　☆連用形「き」を含む。「きを (る) かや」に対応。

50、《チェン》(1895)

　/cju'uru/　☆連用形「き」を含む。「きをる」に対応。

　/cju'uru gutu/　☆連用形「き」を含む。「きをる　ごと」に対応。

　/cju'uru basju/　☆連用形「き」を含む。「きをる　ばしゆ」に対応。

　/cju'uQ tukuru/　☆連用形「き」を含む。「きをる　ところ」に対応。

　/cju'usi/　☆連用形「き」を含む。「きを (る) す」に対応。

　/cju'u/　☆連用形「き」を含む。「きを (る)」に対応。

(サ変)

す為

28、《碑文 (よう)》(1609)

　/sjijuru/　☆連用形「し」を含む。「しをる」に対応。

29、《おも 2》(1613)

　/sjijuru/　☆連用形「し」を含む。「しをる」に対応。

30、《おも 3》(1623)

　/sjijuru/　☆連用形「し」を含む。「しをる」に対応。

　/sjijuruna/　☆連用形「し」を含む。「しをるな」に対応。

37、《君由》(1700 頃)

　/sji'juru/　☆連用形「し」を含む。「しをる」に対応。/sjuru/ の可能性を残す。

1254　第 5 章　沖縄語動詞形態変化の通時的考察

/sjiru'jani/　☆連用形「し」を含む。「しをるやうに」に対応。

38、《仲里》（1703 頃）

/sji'uru/　☆連用形「し」を含む。「しをる」に対応。/sjuru/ の可能性を残す。

/sju'jusi/　☆連用形「し」を含む。「しを（る）す」に対応。

/sjusi'ja/　☆連用形「し」を含む。「しを（る）すは」に対応。

/sjumunu/　☆連用形「し」を含む。「しを（る）もの」に対応。「するので」の意。

41、《組五》（1718 頃）

/sjusi/　☆連用形「し」を含む。「しを（る）す」に対応。

/sjuga/　☆連用形「し」を含む。「しを（る）が」に対応。

45、《琉訳》（1800 頃）

/sju('N)ga/　☆連用形「し」を含む。「しをるか」に対応。

48、《ベッテ》（1849）・（1852）

/sjuru/　☆連用形「し」を含む。「しをる」に対応。

/sjuQtukuru/　☆連用形「し」を含む。「しをるところ」に対応。

/sjuQkutu/　☆連用形「し」を含む。「しをること」に対応。

/sjuru'i/　☆連用形「し」を含む。「しをるい」に対応。

/sjusi/　☆連用形「し」を含む。「しを（る）す」に対応。

/sjuse'e/　☆連用形「し」を含む。「しを（る）すは」に対応。

/sjusi'N/　☆連用形「し」を含む。「しを（る）すも」に対応。

/sjusiga/　☆連用形「し」を含む。「しを（る）すが」に対応。

/sjuga/　☆連用形「し」を含む。「しを（る）が」に対応。

/sju'juga/　☆連用形「し」を含む。「しを（る）が」に対応。

/sjumunu/　☆連用形「し」を含む。「しを（る）もの」に対応。

49、《沖話》（1880）

/sjuru/　☆連用形「し」を含む。「しをる」に対応。

50、《チェン》（1895）

/sjuru ʔucji/　☆連用形「し」を含む。「しをる　うち」に対応。

/sjuna/　☆連用形「し」を含む。「しを（る）な」に対応。

/sju ga/　☆連用形「し」を含む。「しを（る）が」に対応。

/sju kutu/　☆連用形「し」を含む。「しを（る）こと」に対応。

/sjusa'a/　☆連用形「し」を含む。「しを（る）さ」に対応。

/sjutasi/　☆連用形「し」を含む。「しを（る）たす」に対応。

51、《官話》（19 世紀 ?）

/sjuru/　☆連用形「し」を含む。「しをる」に対応。

（ナ変）

しぬ死

41、《組五》（1718 頃）

/sjinjuru/　☆連用形「しに」を含む。「しにをる」に対応。

48、《ベッテ》（1849）・（1852）

/sjinjusi/　☆連用形「しに」を含む。「しにを（る）す」に対応。

（ラ変）

あり有

15、《碑文（添門）》（1546）

　/arijuru/　☼ 連用形「あり」を含む。「ありをる」に対応。

30、《おも3》（1623）

　/arijuru/　☼ 連用形「あり」を含む。「ありをる」に対応。

　/ajuru/　☼ 連用形「あり」を含む。「あ（り）をる」に対応。

　/ariru/　☼ 連用形「あり」を含む。「あり（を）る」に対応。

　/arijuna/　☼ 連用形「あり」を含む。「ありを（る）な」に対応。

　/ajuruna/　☼ 連用形「あり」を含む。「あ（り）をるな」に対応。

41、《組五》（1718頃）

　/ʔa'juru/　☼ 連用形「あり」を含む。「ありをる」に対応。

やる也（あり？）ラ変？

38、《仲里》（1703頃）

　/'ja'juru/　☼ 連用形「やり」を含む。「やりをる」に対応。「である」の意。

6）「連用形＋をれ」に対応

（四段）

　08、《おも1》（1531）

たつ立　/tacjijuridumu/　☼ 連用形「たち」を含む。「たちをれども」に対応。

　30、《おも3》（1623）

いく行　/icjuridumu/　☼ 連用形「いき」を含む。「いきをれども」に対応。

さく咲　/sacijuriba/　☼ 連用形「さき」を含む。「さきをれば」に対応。

ふく吹　/hwucjijuriba/　☼ 連用形「ふき」を含む。「ふきをれば」に対応。

はる走　/hwarijuriba/　☼ 連用形「はり」を含む。「はりをれば」に対応。

　48、《ベッテ》（1849）・（1852）

おもふ思　/ʔumure'e/　☼ 連用形「おもひ」を含む。「おもひをれは」に対応。

（上一段）

　29、《おも2》（1613）

みる見　/mijuriba/　☼ 連用形「み」を含む。「みをれば」に対応。

　30、《おも3》（1623）

みる見　/miuriba/　☼ 連用形「み」を含む。「みをれば」に対応。

　39、《混験》（1711）

みる見　/mi'juriba/　☼ 連用形「み」を含む。「みをれば」に対応。

（サ変）

す為

30、《おも3》（1623）

　/sjijuriba/　☼ 連用形「し」を含む。「しをれば」に対応。

　/sjijuridumu/　☼ 連用形「し」を含む。「しをれども」に対応。

39、《混験》（1711）

/sji'juriba/　☼連用形「し」を含む。「しをれば」に対応。

（ラ変）

あり也

38、《仲里》（1703 頃）

　/ʔa'juridumu/　☼連用形「あり」を含む。「ありをれども」に対応。「あるけれども」の意。

７）「連用形＋をら」に対応

（四段）

　30、《おも３》（1623）

ふく吹　/hwucjijuraba/　☼連用形「ふき」を含む。「ふきをらば」に対応。

てずる手擦（祈）　/tizïrijura/　☼連用形「てずり」を含む。「てずりをら」に対応。

てる照　/tirijura/　☼連用形「てり」を含む。「てりをら」に対応。

とる取　/turijura/　☼連用形「とり」を含む。「とりをら」に対応。

ほこる慶　/hwukurijura/　☼連用形「ほこり」を含む。「ほこりをら」に対応。

　37、《君由》（1700 頃）

ふさふ栄　/ʔurihwusa'ira/　☼連用形「ふさひ」を含む。「おれふさひをら」に対応。

　41、《組五》（1718 頃）

なく泣　/nacjura/　☼連用形「なき」を含む。「なきをら」に対応。

おらぶ叫　/ʔurabi'juraba/　☼連用形「おらび」を含む。「おらびをらば」に対応。

しる知　/sji'jura/　☼連用形「しり」を含む。「しりをら」に対応。

　43、《具志》（1743）

ぬらす濡　/nurasji'jura/　☼連用形「ぬらし」を含む。「ぬらしをら」に対応。

　48、《ベッテ》（1849）・（1852）

いふ言　/ʔi'jura/　☼連用形「いひ」を含む。「いひをら」に対応。

つくる作　/cuku'jura'a/　☼連用形「つくり」を含む。「つくりをらは」に対応。

　　　　　　　/cuku'ira'a/　☼連用形「つくり」を含む。「つくりをらは」に対応。

なる成　/na'ira'a/　☼連用形「なり」を含む。「なりをらは」に対応。

　49、《沖話》（1880）

いみめす　/ʔime'ɴsjo'ora'ɴ/　☼連用形「いみめし」を含む。「いみめしおわらぬ」に対応。

　　　　　/ʔime'ɴsjo'orari'i'ja/　☼連用形「いみめし」を含む。「いみめしおわられは」に対応。

　50、《チェン》（1895）

かけあふ掛合　/kakiʔo'ora'ɴ/　☼連用形「かけあひ」を含む。「かけあひをらぬ」に対応。

（下二段）

　30、《おも３》（1623）

あまゆ歓（喜）　/amaijura/　☼連用形「あまえ」を含む。「あまえをら」に対応。

　41、《組五》（1718 頃）

すつ捨　/siti'juraba/　☼「ラ行（四段）化」後の連用形「すてり」を含む。「すてりをらば」に対応。

　48、《ベッテ》（1849）・（1852）

おほす果　/ʔo'osjura'a/　☼連用形「おほせ」を含む。「おほせをらは」に対応。

（カ変）

第10節　「あり」・「をり」との接続　1257

く 来

39、《混験》（1711）
　/cji'jura/　☆連用形「き」を含む。「きをら」に対応。

48、《ベッテ》（1849）・（1852）
　/cju'ura'wa/　☆連用形「き」を含む。「きをらは」に対応。
　/cju'ura'a/　☆連用形「き」を含む。「きをらは」に対応。

（サ変）

す 為

30、《おも3》（1623）
　/sjijurai/　☆連用形「し」を含む。「しをらい」に対応。
　/sjijurasjiju/　☆連用形「し」を含む。「しをらしよ」に対応。

41、《組五》（1718頃）
　/sju'jura/　☆連用形「し」を含む。「しをりをら」に対応。

48、《ベッテ》（1849）・（1852）
　/sjura/　☆連用形「し」を含む。「しをら」に対応。
　/sjura'a/　☆連用形「し」を含む。「しをらは」に対応。

49、《沖話》（1880）
　/sjura/　☆連用形「し」を含む。「しをら」に対応。
　/sjura'a/　☆連用形「し」を含む。「しをらは」に対応。

50、《チェン》（1895）
　/sjura'wa/　☆連用形「し」を含む。「しをらは」に対応。
　/sjura'a/　☆連用形「し」を含む。「しをらは」に対応。

（ラ変）

をり 居

41、《組五》（1718頃）
　/'u'jura/　☆連用形「をり」を含む。「をりをら」に対応。

<u>8）「連用形＋をりて」に対応</u>

（四段）

　30、《おも3》（1623）

まつ 待　/macjijutari/　☆連用形「まち」を含む。「まちをりてあれ」に対応。

　47、《クリ》（1818）

をる 折　/'u'uti/　☆「をりて」に対応。「をりをりて」の可能性もある。

　48、《ベッテ》（1849）・（1852）

のます 飲　/numasjutasiga/　☆連用形「のまし」を含む。「のましをりた（る）すが」に対応。

いふ 言　/ʔitaru/　☆連用形「いひ」を含む。「いひをりてある→いひをりたる」に対応。

たふとぶ 尊　/taQtubi'uta'N/　☆連用形「たっとび」を含む。「たっとびをりてありむ→たっとびをり
　　　　　　　　　　　　　　　たりむ」に対応。

とぶ 飛　/tubi'uta'N/　☆連用形「とび」を含む。「とびをりてあり<u>む</u>→とびをりたり<u>む</u>」に対応。

すむ 済　/sinjuta'N/　☆連用形「すみ」を含む。「すみをりてあり<u>む</u>→すみをりたり<u>む</u>」に対応。

おる織　/ʔu'juta'ɴ/　☼ 連用形「おり」を含む。「おりをりてありむ→おりをりたりむ」に対応。

なる成　/na'juta'ɴ/　☼ 連用形「なり」を含む。「なりをりてありむ→なりをりたりむ」に対応。

　　　　/na'jutara hazi/　☼ 連用形「なり」を含む。「なりをりてあら　はず→なりをりたら　はず」
　　　　　　　　　　　　　　に対応。

　　50、《チェン》（1895）

いふ言　/(ʔ)jutaga/　☼ 連用形「いひ」を含む。「いひをりてあ（る）が→いひをりた（る）が」に対応。

のむ飲　/nunutasi/　☼ 連用形「のみ」を含む。「のみをりてあ（る）す→のみをりた（る）す」に対応。

（上二段）

　　48、《ベッテ》（1849）・（1852）

ほろぶ滅　/hwurubi'uta'ɴ/　☼ 連用形「ほろび」を含む。「ほろびをりてありむ→ほろびをりたりむ」に対応。

（下二段）

　　48、《ベッテ》（1849）・（1852）

おほす果　/ʔo'osjutara/　☼ 連用形「おほせ」を含む。「おほせをりてあら→おほせをりたら」に対応。

（サ変）

す為

41、《組五》（1718 頃）

　/sjutaru/　☼ 連用形「し」を含む。「しをりてある→しをりたる」に対応。

48、《ベッテ》（1849）・（1852）

　/sji'uti'ɴ/　☼ 連用形「し」を含む。「しをりても」に対応。

　/sjuta'ɴ/　☼ 連用形「し」を含む。「しをりてありむ→しをりたりむ」に対応。

　/sjutasiga/　☼ 連用形「し」を含む。「しをりてあ（る）すが→しをりた（る）すが」に対応。

　/sjutare'e/　☼ 連用形「し」を含む。「しをりてあれは→しをりたれは」に対応。

　/sjute'ere'e/　☼ 連用形「し」を含む。「しをりてはあれは」に対応。

○「て＋あり」の初出例は、以下のようである。

　08、《おも 1 》（1531）

　　　　/mutinacjaru/　「もてなして」を含む。「もてなしてある→もてなしたる」に対応。

　　　　/usjijaQtaru/　「おしやりて」を含む。「おしやりてある→おしやりたる」に対応。

　　　　/urucjijari/　「おろして」を含む。「おろしてあれ」に対応。

　　　　/kuutari/　「こうて」を含む。」「こうてあれ」に対応。

　　　　/uritari/　「おれて」を含む。「おれてあれ→おれたれ」に対応。

　　以下の用例には「ては＋あり」も含む。「てあり」・「てはあり」については、序章で
述べた（p.18）。

1 ）「て＋あり」に対応

（四段）

　　41、《組五》（1718 頃）

つく着　/cicja'i/　☼「つきて」を含む。「つきてあり→つきたり」に対応。

いふ言　/ti'ja'i/　☼「いひて」を含む。「いひてあり」に対応か。

第 10 節　「あり」・「をり」との接続　1259

48、《ベッテ》（1849）・（1852）

きく聞　/cjicja'i/　☼「ききて→きいて」を含む。「きいてあり」に対応。

かむ嚙（食）/kada'i/　☼「かみて→かんで」を含む。「かんであり→かんだり」に対応。

のむ飲　/nuda'i/　☼「のみて→のんで」を含む。「のんであり→のんだり」に対応。

つくる作　/cukuta'i/　☼「つくりて→つくって」を含む。「つくってあり」に対応。

　　　　　/cukute'eta'ɴ/　☼「つくりて→つくって」を含む。「つくってはありたり<u>む</u>」に対応。

49、《沖話》（1880）

ひらく開　/hiracje'e'jabi'i'ɴ/　☼「ひらきて」を含む。「ひらきてはありはべり<u>む</u>」に対応。

やます病（痛）/'jamacja'i/　☼「やまして」を含む。「やましてあり→やましたり」に対応。

つかふ遣　/cikata'i/　☼「つかひて」を含む。「つかひてあり→つかったり」に対応。

よむ読　/'juda'i/　☼「よみて」を含む。「よみてあり→よんだり」に対応。

しる知　/sjiQcja'i/　☼「しりて→しって」を含む。「しりてあり→しったり」に対応。

なる成　/natano'o/　☼「なりて→なって」を含む。「なってありぬは→なったりぬは」に対応。

50、《チェン》（1895）

つく着　/cicja'i/　☼「つきて→ついて」を含む。「ついてあり→ついたり」に対応。

とる取　/tuta'i/　☼「とりて→とって」を含む。「とりてあり→とったり」に対応。

（上一段）

45、《琉訳》（1800頃）

にる似　/nitari/　☼「にて」を含む。「にてあり→にたり」に対応。

48、《ベッテ》（1849）・（1852）

みる見　/'ɴcja'i/　☼「みて」を含む。「みてあり→みたり」に対応。

ゐる座　/'icja'i/　☼「ゐて」を含む。「ゐてあり→ゐたり」に対応。

（下二段）

49、《沖話》（1880）

ながむ眺　/nagamita'i/　☼「ながめて」を含む。「ながめてあり→ながめたり」に対応。

をさむ修　/'usamita'i/　☼「をさめて」を含む。「をさめてあり→をさめたり」に対応。

（カ変）

く来

48、《ベッテ》（1849）・（1852）

　/cja'i/　☼「きて」を含む。「きてあり→きたり」に対応。。

　/cja'ibita'ɴ/　☼「きて」を含む。「きてありはべりたり<u>む</u>→きたりはべりたり<u>む</u>」に対応。

　/cja'ibi'isiga/　☼「きて」を含む。「きてありはべ（る）すが→きたりはべ（る）すが」に対応。

50、《チェン》（1895）

　/cjicja'i/　☼「きて」を含む。「きてあり→きたり」に対応。

　/cja'i/　☼「きて」を含む。「きてあり→きたり」に対応。

（ナ変）

いぬ往

49、《沖話》（1880）

　/ʔɴzja'i/　☼「いにて」を含む。「いにてあり→いにたり」に対応。

50、《チェン》（1895）

/ʔɴzja'i/ ☆「いにて」を含む。「いにてあり→いにたり」に対応。

しぬ死

49、《沖話》（1880）

/sjizja'i/ ☆「しにて」を含む。「しにてあり→しにたり」に対応。

（ラ変）

あり有

41、《組五》（1718頃）

/ʔaQta/ ☆「ありて」を含む。「ありてあり」に対応。「あったり→あった」と変化か。

2）「て＋あれ」に対応

（四段）

30、《おも3》（1623）

おろす降 /urucjijari/ ☆「おろして」を含む。「おろしてあれ→おろしたれ」に対応。

こふ乞 /kuutari/ ☆「こうて」を含む。「こうてあれ→こうたれ」に対応。

（上二段）

30、《おも3》（1623）

おる降 /uritari/ ☆「おれて」を含む。「おれてあれ→おれたれ」に対応。

3）「て＋あり」に対応

ナシ

4）「て＋ありむ」に対応

（四段）

30、《おも3》（1623）

おとす落 /utucjaɴ/ ☆「おとして」を含む。「おとしてありむ→おとしたりむ」に対応。

おわす御座「いらっしゃるの意。 /uwacjaɴ/ ☆「おわして」を含む。「おわしてありむ→おわしたりむ」に対応。

41、《組五》（1718頃）

なる成 /nataɴ/ ☆「なりて」を含む。「なりてありむ→なったん」に対応。

48、《ベッテ》（1849）・（1852）

いく行 /ʔicjaɴ/ ☆「いきて」を含む。「いきてありむ→いきたりむ」に対応。/ʔiQcjaɴ/の可能性も否定できない。

おどろく驚 /ʔudurucjaɴ/ ☆「おどろきて」を含む。「おどろきてありむ→おどろきたりむ」に対応。

かく書 /kacjaɴ/ ☆「かきて→かいて」を含む。「かきてありむ→かいてありむ→かいたりむ」に対応。

きく聞 /cjicjaɴ/ ☆「ききて→きいて」を含む。「きいてありむ→きいたりむ」に対応。

つく突 /cicjaɴ/ ☆「つきて→ついて」を含む。「ついてありむ→ついたりむ」に対応。

ふく吹 /hwucjaɴ/ ☆「ふきて→ふいて」を含む。「ふいてありむ→ふいたりむ」に対応。

とぐ研 /tuzjaɴ/ ☆「とぎて→といで」を含む。「といであり む→といだりむ」に対応。

ぬぐ脱 /nuzjaɴ/ ☆「ぬぎて→ぬいで」を含む。「ぬいでありむ→ぬいだりむ」に対応。

はぐ剥 /hazje'eɴ/ ☆「はぎて→はいで」を含む。「はいではありむ→はいだりむ」に対応。

ふせぐ防　/hwusjizja'ɴ/　☆「ふせぎて→ふせいで」を含む。「ふせいでありむ→ふせいだりむ」に対応。

くはす食　/kwa'acja'ɴ/　☆「くはして」を含む。「くはしてありむ→くはしたりむ」に対応。

だまかす騙　/damakacja'ɴ/　☆「だまかして」を含む。「だまかしてありむ→だまかしたりむ」に対応。

なす成　/nacja'ɴ/　☆「なして」を含む。「なしてありむ→なしたりむ」に対応。/naQcja'ɴ/の可能性
　　　　　　　も否定できない。

うつ打　/ʔuQcja'ɴ/　☆「うちて」を含む。「うちてありむ→うちたりむ」に対応。

たつ立　/taQcja'ɴ/　☆「たちて」を含む。「たちてありむ」に対応。

もつ持　/muQcja'ɴ/　☆「もちて」を含む。「もちてありむ→もちたりむ」に対応。

いきあふ行会　/ʔicjata'ɴ/　☆「いきあひて」を含む。「いきあひてありむ→いきあひたりむ」に対応。

いふ言　/ʔicja'ɴ/　☆「いひて」を含む。「いひてありむ→いひたりむ」に対応。

かふ買　/ko'ota'ɴ/　☆「かうて」を含む。「かうてありむ」に対応。「かひをりてありむ」の可能性もあるか。

わらふ笑　/'warata'ɴ/　☆「わらひて」を含む。「わらひてありむ→わらひたりむ」に対応。

あすぶ遊　/ʔasida'ɴ/　☆「あすびて→あすんで」を含む。「あすびてありむ→あすんだりむ」に対応。

たふとぶ尊　/taQtuda'ɴ/　☆「たっとびて」を含む。「たっとびてありむ→たっとんでありむ→たっと
　　　　　　　んだりむ」に対応。

とぶ飛　/tuda'ɴ/　☆「とびて→とんで」を含む。「とびてありむ→とんでありむ→とんだりむ」に対応。

よぶ呼　/'juda'ɴ/　☆「よびて→よんで」を含む。「よびてありむ→よんでありむ→よんだりむ」に対応。

よろこぶ喜　/'jurukuda'ɴ/　☆「よろこびて→よろこんで」を含む。「よろこびてありむ→よろこんだ
　　　　　　　りむ」に対応。

かむ嚙（食）　/kada'ɴ/　☆「かみて→かんで」を含む。「かんでありむ→かんだりむ」に対応。

のむ飲　/nuda'ɴ/　☆「のみて→のんで」を含む。「のみてありむ→のんだりむ」に対応。

いる入　/ʔiQcja'ɴ/　☆「いりて→いって」を含む。「いってありむ→いったりむ」に対応。

かぶる被　/ka'ɴta'ɴ/　☆「かぶりて→かぶって」を含む。「かぶってありむ→かぶったりむ」に対応。

かる借　/kata'ɴ/　☆「かりて→かって」を含む。「かってありむ→かったりむ」に対応。

きる　/cjiQcja'ɴ/　☆「きりて→きって」を含む。「きってありむ→きったりむ」に対応。

くだる下　/kudata'ɴ/　☆「くだりて→くだって」を含む。「くだってありむ→くだったりむ」に対応。

しる知　/sjiQcja'ɴ/　☆「しりて→しって」を含む。「しってありむ→しったりむ」に対応。

つくる作　/cukuti ʔa'ɴ/　☆「つくりて→つくって」を含む。「つくって　ありむ」に対応。

　　　　/cukuta'ɴ/　☆「つくりて→つくって」を含む。「つくってありむ→つくったりむ」に対応。

　　　　/cukuta'ɴti'ɴ/　☆「つくりて→つくって」を含む。「つくってありむても→つくったりむても」
　　　　　　　　に対応。

　　　　/cukute'e'ɴ/　☆「つくりて→つくって」を含む。「つくってはありむ」に対応。

とる取　/tuta'ɴ/　☆「とりて→とって」を含む。「とってありむ→とったりむ」に対応。

なる成　/nata'ɴ/　☆「なりて→なって」を含む。「なってありむ→なったりむ」に対応。

　　　　/nate'e'ɴ/　☆「なりて→なって」を含む。「なってはありむ」に対応。。

ねぶる眠　/ni'ɴta'ɴ/　☆「ねぶりて」を含む。「ねぶりてありむ→ねぶりたりむ」に対応。

やぶる破　/'ja'ɴta'ɴ/　☆「やぶりて」を含む。「やぶりてありむ→やぶりたりむ」に対応。

　49、《沖話》（1880）

なる成　/nata'ɴ/　☆「なりて→なって」を含む。「なってありむ→なったりむ」に対応。

　50、《チェン》（1895）

きく聞　/cjicja'ɴ/　☆「ききて」を含む。「ききてありむ→ききたりむ」に対応。「聞いた」の意となる。

いそぐ急　/ʔisuzja'ɴ/　☆「いそぎて」を含む。「いそぎてありむ→いそぎたりむ」に対応。

ころす殺　/kurucja'ɴ/　☆「ころして」を含む。「ころしてありむ→ころしたりむ」に対応。

たふす倒　/to'ocja'ɴ/　☆「たふして」を含む。「たふしてありむ→たふしたりむ」に対応。

いふ言　/(ʔ)icja'ɴ/　☆「いひて」を含む。「いひてありむ→いひたりむ」に対応。

　　　　/(ʔ)icja'ɴte'e'ɴ/　☆「いひて」を含む。「いひてありむてはも→いひたりむてはも」に対応。

かふ買　/ko'ota'ɴ/　☆「ラ行（四段）化」後の「かうりて」を含む。「かうりてありむ→かうりたりむ」に対応。

よぶ呼　/'juda'ɴ/　☆「よびて→よんで」を含む。「よびてありむ→よんだりむ」に対応。

かむ噛（食）/kada'ɴ/　☆「かみて→かんで」を含む。「かんでありむ→かんだりむ」に対応。

よむ読　/'juda'ɴ/　☆「よみて→よんで」を含む。「よんでありむ→よんだりむ」に対応。

しる知　/sjiQcja'ɴ/　☆「しりて→しって」を含む。「しってありむ→しったりむ」に対応。

なる成　/nata'ɴ/　☆「なりて→なって」を含む。「なってありむ→なったりむ」に対応。

ねぶる眠　/ni'ɴta'ɴ/　☆「ねぶりて→ねむって」を含む。「ねむってありむ→ねむったりむ」に対応。

やぶる破　/'ja'ɴta'ɴ/　☆「やぶりて」を含む。「やぶりてありむ→やぶりたりむ」に対応。

（上一段）

　　45、《琉訳》（1800頃）

みる見　/micja'ɴ/　☆「みて」を含む。「みてありむ→みたりむ」に対応。

　　48、《ベッテ》（1849）・（1852）

いる射　/ʔiQcja'ɴ/　☆「いりて→いって」を含む。「いってありむ→いったりむ」に対応。

　　　　/ʔicja'ɴ/　☆「いりて→いって」を含む。「いりてありむ→いったりむ」に対応。

きる着　/cjicja'ɴ/　☆「きて」を含む。「きてありむ→きたりむ」に対応。

にる煮　/njicja'ɴ/　☆「にて」を含む。「にてありむ→にたりむ」に対応。

みる見　/'ɴcja'ɴ/　☆「みて」を含む。「みてありむ→みたりむ」に対応。

ゐる座　/'icja'ɴ/　☆「ゐて」を含む。「ゐてありむ→ゐたりむ」に対応。

（上二段）

　　48、《ベッテ》（1849）・（1852）

おく起　/ʔukita'ɴ/　☆「おきて」を含む。「おきてありむ→おきたりむ」に対応。

（下一段）

　　48、《ベッテ》（1849）・（1852）

ける蹴　/kita'ɴ/　☆「けりて→けって」を含む。「けってありむ→けったりむ」に対応。

（下二段）

　　45、《琉訳》（1800頃）

かく掛　/kakita'ɴ/　☆「かけて」を含む。「かけてありむ→かけたりむ」に対応。

　　47、《クリ》（1818）

くる呉（与）/kwita'ɴ/　☆「くれて」を含む。「くれてありむ→くれたりむ」に対応。

　　48、《ベッテ》（1849）・（1852）

うく受　/ʔukita'ɴ/　☆「うけて」を含む。「うけてありむ→うけたりむ」に対応。「うけりてありむ→うけりたりむ」の可能性もあるか。

つく付　/ʔi'icikite'e'ɴdu'ɴ/　☆「いひつけて」を含む。「いひつけてはありむども」に対応。

とづく託？言付（令）/tuzikita'ɴ/　☆「とづけて」を含む。「とづけてありむ→とづけたりむ」に対応。

なぐ投 /nagita'ɴ/ ☼「なげて」を含む。「なげてありむ→なげたりむ」に対応。

すつ捨 /sitita'ɴ/ ☼「すてて」を含む。「すててありむ→すてたりむ」に対応。

いづ出 /ʔɴzjita'ɴ/ ☼「いでて」を含む。「いでてありむ→いでたりむ」に対応。

かんがふ考 /ka'ɴge'eta'ɴ/ ☼「かんがへて」を含む。「かんがへてありむ→かんがへたりむ」に対応。

さだむ定 /sadamita'ɴ/ ☼「さだめて」を含む。「さだめてありむ→さだめたりむ」に対応。

いる入 /ʔiQta'ɴ/ ☼「いれて」を含む。「いれてありむ→いれたりむ」に対応。

くる呉 /kwita'ɴ/ ☼「くれて」を含む。「くれてありむ→くれたりむ」に対応。

わかる別 /ˈwakata'ɴ/ ☼「わか（れ）て」を含む。「わか（れ）てありむ→わか（れ）たりむ」に対応。

50、《チェン》(1895)

くぶ括 /ku'ɴcja'ɴ/ ☼「ラ行（四段）化」後の「くびりて」を含む。「くびりてありむ→くびりたりむ」に対応。

わする忘 /ˈwasita'ɴ/ ☼「わす（れ）て」を含む。「わす（れ）てありむ→わす（れ）たりむ」に対応。

（カ変）

く来

01、《翻訳》(1501)

　/caɴ/ ☼「きて」を含む。「きてありむ→きたりむ」に対応か。

　/caɴga/ ☼「きて」を含む。「きてありむが→きたりむが」に対応か。

41、《組五》(1718頃)

　/cjicja'ɴ/ ☼「きて」を含む。「きてありむ→きたりむ」に対応。

48、《ベッテ》(1849)・(1852)

　/cja'ɴ/ ☼「きて」を含む。「きてありむ→きたりむ」に対応。

　/cje'e'ɴ/ ☼「きて」を含む。「きてはありむ」に対応。

（サ変）

す為

サ変48、《ベッテ》(1849)・(1852)

　/(Q)sje'e'ɴ/ ☼「して」を含む。「してはありむ」に対応。

（ナ変）

いぬ往

48、《ベッテ》(1849)・(1852)

　/ʔɴzja'ɴ/ ☼「いにて」を含む。「いにてありむ→いんでありむ→いんだりむ」に対応。

しぬ死

48、《ベッテ》(1849)・(1852)

　/sjizja'ɴ/ ☼「しにて→しんで」を含む。「しにてありむ→しんだりむ」に対応。

50、《チェン》(1895)

　/sjizja'ɴ/ ☼「しにて→しんで」を含む。「しにてありむ→しんだりむ」に対応。

（ラ変）

あり有

47、《クリ》(1818)

　/ʔata'ɴ/ ☼「ありて→あって」を含む。「ありてありむ→あってありむ→あったりむ」に対応。

48、《ベッテ》(1849)・(1852)

　/ʔaQta'ɴ/ ☼「ありて」を含む。「ありてありむ→あってありむ→あったりむ」に対応。

/ʔataʼɴ/ ☆「ありて」を含む。「ありてありむ→あってありむ→あったりむ」に対応。

/ʔataʼɴteʼema/ ☆「ありて」を含む。「ありてありむてま→あってありむてま→あったりむてま」に対応。

/ʔataʼɴteʼemaʼɴ/ ☆「ありて」を含む。「ありてありむてまも→あってありむてまも→あったりむてまも」に対応。

/ʔataʼɴtiʼɴ/ ☆「ありて」を含む。「ありてありむても→あってありむても→あったりむても」に対応。

/ʔateʼeʼɴ/ ☆「ありて」を含む。「ありてはありむ→あってはありむ」に対応。

50、《チェン》(1895)

/ʔataʼɴ/ ☆「ありて→あって」を含む。「ありてありむ→あってありむ→あったりむ」に対応。

をり居

41、《組五》(1718頃)

/ʼutaʼɴ/ ☆「をりて→をって」を含む。「をりてありむ→をってありむ→をったりむ→をたりむ」に対応。

48、《ベッテ》(1849)・(1852)

/ʼutaʼɴ/ ☆「をりて→をって」を含む。「をりてありむ→をってありむ→をったりむ→をたりむ」に対応。

「て＋ありみ」

(四段)

　41、《組五》(1718頃)

きく聞 /cjicjami/ ☆「ききて」を含む。「ききてあ（り）み」に対応。

　48、《ベッテ》(1849)・(1852)

つくる作 /cukuteʼemi/ ☆「つくりて→つくって」を含む。「つくってはありみ」に対応。

(上一段)

　41、《組五》(1718頃)

みる見 /ʼɴcjami/ ☆「みて」を含む。「みてあ（り）み→みたみ」に対応。

(下二段)

　41、《組五》(1718頃)

うまる生 /ʔɴmaritami/ ☆「うまれて」を含む。「うまれてありみ→うまれたりみ」に対応。

(カ変)

く来

41、《組五》(1718頃)

/cjicjami/ ☆「きて」を含む。「きてありみ→きたりみ」に対応。

(サ変)

す為

41、《組五》(1718頃)

/sjicjami/ ☆「して」を含む。「してありみ→したりみ」に対応。

(ラ変)

をり居

41、《組五》(1718頃)

/ʼutami/ ☆「をりて」を含む。「をりてありみ→をってありみ→をったりみ→をたりみ」に対応。

5）「て＋ある」に対応

（四段）

08、《おも1》（1531）

もてなす遇　/mutinacjaru/　☆「もてなして」を含む。「もてなしてある→もてなしたる」に対応。

おしやる押遣　/usjijaQtaru/　☆「おしやりて」を含む。「おしやりてある→おしやりたる」に対応。

27、《夏使》（1606）

しる知　/sjiQtawa/　☆「しりては」に対応。「しりたるは→しったるは→しったは」と変化か。

29、《おも2》（1613）

ぬく貫　/nucjaru/　☆「ぬきて」を含む。「ぬきてある→ぬきたる」に対応。

もてなす遇　/mucjinacjaru/　☆「もてなして」を含む。「もてなしてある→もてなしたる」に対応。

もつ持　/muQcjaru/　☆「もちて」を含む。「もちてある→もちたる」に対応。

たくむ工　/takuɴdaru/　☆「たくみて」を含む。「たくみてある→たくみたる→たくんだる」に対応。

30、《おも3》（1623）

おく置　/ucjaru/　☆「おきて」を含む。「おきてある→おきたる」に対応。

さく咲　/sacjaru/　☆「さきて」を含む。「さきてある→さきたる」に対応。

うえさす植差　/uisacjaru/　☆「うゑさして」を含む。「うゑさしてある→うゑさしたる」に対応。

さす差　/sacjamunu/　☆「さして」を含む。「さしてあるもの→さした（る）もの」に対応。

すます済　/sïmacjaru/　☆「すまして」を含む。「すましてある→すましたる」に対応。

たてさす立差　/tatisacjaru/　☆「たてさして」を含む。「たてさしてある→たてさしたる」に対応。

なす生　/nacjaru/　☆「なして」を含む。「なしてある→なしたる」に対応。

　　　　　/nacjiruju/　☆「なして」を含む。「なしてあるよ→なしたるよ」に対応。

　　　　　/nacjigaju/　☆「なして」を含む。「なしてがよ」に対応。

もたす持　/mutacjakutu/　☆「もたせて」を含む。「もたせてあ（る）こと」に対応。

たくむ工　/takuɴdaru/　☆「たくんで」を含む。「たくんである→たくんだる」に対応。

おしやる押遣　/usjijaQtaru/　☆「おしやりて」を含む。「おしやりてある→おしやりたる→おしやったる」に対応。

とる取　/tuQtaru/　☆「とって」を含む。「とってある→とったる」に対応。

　　　　　/tuQtamunu/　☆「とって」を含む。「とってあるもの→とった（る）もの」に対応。

　　　　　/tuQtarami/　☆「とって」を含む。「とってあるらめ→とった（る）らめ」に対応。

　　　　　/tuQtiru/　☆「とって」を含む。「とってある」に対応。

やる遣　/jaQtaru/　☆「やって」を含む。「やってある→やったる」に対応。

　　　　　/jaQtamunu/　☆「やって」を含む。「やってあるもの→やった（る）もの」に対応。

わたる渡　/wataQtaru/　☆「わたって」を含む。「わたってある→わたったる」対応。

37、《君由》（1700頃）

あはす合　/cjiri?a'wacjaru/　☆「あはして」を含む。「きりあはしてある→きりあはしたる」に対応。

とよむ鳴響　/tu'judaru/　☆「とよみて」を含む。「とよみてある→とよみたる→とよんだる→とよだる」に対応。

38、《仲里》（1703頃）

なす生　/nacjaruQkwa/　☆「なして」を含む。「なしてあるこら→なしたるこら」に対応。

このむ工　/kunudaru/　☆「このみて」を含む。「このみてある→このみたる→このんだる→このだる」に対応。

たくむ工　/takudaru/　☆「たくみて」を含む。「たくみてある→たくみたる→たくんだる→たくだる」
　　　　　　　　　　に対応。

　41、《組五》（1718頃）

おく置　/ʔucjaga/　☆「おきて」を含む。「おきてあるが→おきた（る）が」に対応。

きく聞　/cjicjaru/　☆「ききて」を含む。「ききてある→ききたる」に対応。

さく咲　/sacjaru/☆「さきて」を含む。「さきてある→さきたる」に対応。

つく付　/cicjaru/　☆「つきて」を含む。「つきてある→つきたる」に対応。

いふ言　/cjakutu/☆「いひて」を含む。「いひてあること」に対応か。

　　　　/tiru/　☆「いひて」を含む。「いひてある」に対応か。

　　　　/ti/　☆「いひて」を含む。「いひてある」→「いてる」→「て」等と変化か。

うしなふ失　/ʔusjinataru/　☆「うしなひて」を含む。「うしなひてある→うしなひたる→うしなたる」に対応。

おもふ思　/ʔumuta/　☆「おもひて」を含む。「おもひてありた（る）→おもひた（る）→おもた（る）」
　　　　　　　　　　に対応か。

きあふ来会？　/cjata/　☆「きあひて」を含む。「きあひてある→きあひたる→きやたる→きやた」に対応。

ねがふ願　/nigata/　☆「ねがひて」を含む。「ねがひてある→ねが（ひ）た（る）」と変化。

こむ込　/kudaru/　☆「こみて」を含む。「こみてある→こんだる→こだる」に対応。

たくむ工　/takuda/　☆「たくみて」を含む。「たくみてある→たくんだる→たくだ（る）」に対応。

のむ飲　/nudaru/　☆「のみて」を含む。「のみてある→のみたる→のんだる→のだる」に対応。

しる知　/sjiQta/　☆「しりて」を含む。「しりてある→しりたる→しったる→しった」に対応。

とる取　/tutaru/　☆「とりて」を含む。「とりてある→とりたる→とったる→とたる」に対応。

なる成　/nataru/　☆「なりて」を含む。「なりてある→なったる→なたる」に対応。

　42、《中信》（1721）

しる知　/sjiQta'wa/　☆「しりて」を含む。「しりてあるは→しりたるは→しったるは→しったは」に
　　　　　　　　　　　対応か。

　43、《具志》（1743）

このむ工　/kunudaru/　☆「このみて→このんで」を含む。「このんである→このんだる→このだる」
　　　　　　　　　　　に対応。

たくむ工　/takudaru/　☆「たくみて→たくんで」を含む。「たくんである→たくんだる→たくだる」に対応。

　48、《ベッテ》（1849）・（1852）

いく行　/ʔicjaru/　☆「いきて」を含む。「いきてある→いきたる」に対応。/ʔiQcjaru/ の可能性も否定
　　　　　　　　　　できない。

おどろく驚　/ʔudurucjasiga/　☆「おどろきて」を含む。「おどろきてあ（る）すが→おどろきた（る）
　　　　　　　　　　　　　　　すが」に対応。/ʔudurucjaQsiga/ の可能性もある。

きく聞　/cjicjaru/　☆「ききて→きいて」を含む。「ききてある→ききたる」に対応。

つく突　/cicje'eru/　☆「つきて→ついて」を含む。「ついてはある」に対応。

いごかす動　/ʔNzjukacje'eru/　☆「いごかして」を含む。「いごかしてはある」に対応。

くはす食　/kwa'acjaru/　☆「くはして」を含む。「くはしてある→くはしたる」に対応。

　　　　　/kwa'acjase'e/　☆「くはして」を含む。「くはしてあ（る）すは→くはした（る）すは」に対応。

つくす尽　/cikucjakutu/　☆「つくして」を含む。「つくしてあ（る）こと→つくした（る）こと」に対応。

とらす取　/turacjakutu/　☆「とらして」を含む。「とらしてあ（る）こと→とらした（る）こと」に対応。

第10節　「あり」・「をり」との接続　1267

なす成　/nacjaga/　☼「なして」を含む。「なしてあ（る）が→なした（る）が」に対応。

うつ打（耕）　/ʔuQcje'eru/　☼「うちて」を含む。「うちてはある」に対応。

いきあふ行会　/ʔicjataru/　☼「いきあひて」を含む。「いきあひてある→いきあひたる」に対応。

いふ言　/ʔicjaru/　☼「いひて」を含む。「いひてある→いったる」に対応。

　　　　/ʔicjakutu/　☼「いひて」を含む。「いひてあ（る）こと→いった（る）こと」に対応。

　　　　/ʔicje'eru/　☼「いひて」を含む。「いひてはある」に対応。

　　　　/ʔicje'esiga/　☼「いひて」を含む。「いひてはあ（る）すが」に対応。

　　　　/ʔicje'ese'e/　☼「いひて」を含む。「いひてはあ（る）すは」に対応。

　　　　/ʔicje'etasiga/　☼「いひて」を含む。「いひてはありてあ（る）すが」に対応。

おもふ思　/ʔumutaga/　☼「おもひて」を含む。「おもひてあ（る）が→おもひた（る）が」に対応。

　　　　/ʔumutasiga/　☼「おもひて」を含む。「おもひてあ（る）すが→おもひた（る）すが」に対応。

　　　　/ʔumuta/　☼「おもひて」を含む。「おもひてあ（る）→おもひた（る）」に対応。

かふ買　/ko'otaru/　☼「かうて」を含む。「かうてある→かうたる」に対応。

つかふ使　/ciko'oti ʔaru/　☼「つこうて」を含む。「つかうてある」に対応か。

　　　　/ciko'otaru/　☼「つこうて」を含む。「つかうてある→つかうたる」に対応か。前項の「融合形」と考えられる。

とふ問　/tu'utakutu/　☼「とうて」を含む。「とうてあ（る）こと→とうた（る）こと」に対応。

かむ嚙（食）　/kada/　☼「かみて→かんで」を含む。「かみてあ（る）→かんだ（る）」に対応。

きる切　/cjiQcjaQtucji/　☼「きりて→きって」を含む。「きってある　とき→きったる　とき」に対応。

　　　　/cjiQcje'esitu/　☼「きりて→きって」を含む。「きってはあ（る）すと」に対応。

つくる作　/cukutaru/　☼「つくりて→つくって」を含む。「つくってある→つくったる」に対応。

　　　　/cukutasi/　☼「つくりて→つくって」を含む。「つくりてあ（る）す→つくった（る）す」に対応。

　　　　/cukutaQkutu/　☼「つくりて→つくって」を含む。「つくってあること→つくったること」に対応。/cukutarukutu/ → /cukutaQkutu/であろう。

　　　　/cukutakutu/　☼「つくりて→つくって」を含む。「つくってあ（る）こと→つくったること」に対応。/cukutarukutu/ → /cukutaQkutu/ → /cukutakutu/であろう。

　　　　/cukuta'ndu'n/　☼「つくりて→つくって」を含む。「つくってあるども→つくったるども」に対応。

　　　　/cukute'eru/　☼「つくりて→つくって」を含む。「つくってはある」に対応。

　　　　/cukute'esiga/　☼「つくりて→つくって」を含む。「つくってはあ（る）すが」に対応。

　　　　/cukute'esa'ja'a/　☼「つくりて→つくって」を含む。「つくってはあ（る）さや」に対応。

　　　　/cukute'eka'ja'a/　☼「つくりて→つくって」を含む。「つくってはあ（る）かや」に対応。

とる取　/tute'e'ndo'o/　☼「とりて→とって」を含む。「とってはあるど」に対応。

なる成　/nataru/　☼「なりて→なって」を含む。「なってある→なったる」に対応。

　　　　/natasi/　☼「なりて→なって」を含む。「なってあ（る）す→なった（る）す」に対応。

　　　　/natasiga/　☼「なりて→なって」を含む。「なってあ（る）すが→なった（る）すが」に対応。

　　　　/natakutu/　☼「なりて→なって」を含む。「なってあ（る）こと→なった（る）こと」に対応。

　　　　/nate'eru/　☼「なりて→なって」を含む。「なってはある」に対応。

/nate'esi/　☆「なりて→なって」を含む。「なってはあ（る）す」に対応。

ふる降　/hwutaru/　☆「ふりて→ふって」を含む。「ふってある→ふったる」に対応。

　49、《沖話》（1880）

おく置　/ʔucje'eru/　☆「おきて」を含む。「おきてはある」に対応。

かく書　/kacje'esiga/　☆「かきて」を含む。「かきてはあ（る）すが」に対応。

まく蒔　/macjasiga/　☆「まきて」を含む。「まきてあるすが→まきた（る）すが」に対応。

うつ討　/ʔuQcje'eru/　☆「うちて」を含む。「うちてはある」に対応。

もつ持　/muQcje'eru/　☆「もちて」を含む。「もちてはある」に対応。

やとふ雇　/ˈjatute'eru/　☆「やとひて」を含む。「やとひてはある」に対応。

いる入　/ʔiQcjakutu/　☆「いりて→いって」を含む。「いってあ（る）こと→いった（る）こと」に対応。

くびる括　/ku'ɴcje'eru/　☆「くびりて」を含む。「くびりてはある」に対応。途中に、/kubiriti/→
　　　　　　　　　　　　　/kubiQti/→/ku'ɴcji/の変化があると考えられる。

つくる作・造　/cukute'eru/　☆「つくりて→つくって」を含む。「つくってはある」に対応。

なる成　/natakutu/　☆「なりて→なって」を含む。「なりてあ（る）こと→なった（る）こと」に対応。
　　　　　　　　　　　促音脱落の変化がある。

のる乗　/nutakutu/　☆「のりて→のって」を含む。「のりてあ（る）こと→のってあ（る）こと→のっ
　　　　　　　　　　　た（る）こと」に対応。

やぶる破　/ˈja'nte'eru/　☆「やぶりて→やぶって」を含む。「やぶりてはある→やぶってはある」に対応。
　　　　　　　　　　　途中、撥音化、促音脱落の変化がある。

をはる終　/ʔu'wataru/　☆「をはりて→をはって」を含む。「をはってある→をはったる」に対応。

　50、《チェン》（1895）

もつ持　/mucjaru/　☆「もちて」を含む。「もちてある→もってある→もったる」に対応。

いふ言　/(ʔ)icjakutu/　☆「いひて」を含む。「いひてあ（る）こと→いひた（る）こと」に対応。

つくる作　/cukute'ega/　☆「つくりて」を含む。「つくりてはあ（る）が→つくってはあ（る）が」に対応。

（上一段）

　29、《おも2》（1613）

みる見　/micjaru/　☆「みて」を含む。「みてある→みたる」に対応。

　30、《おも3》（1623）

きる着　/cjicjamunu/　☆「きて」を含む。「きてあるもの→きた（る）もの」に対応。

みる見　/micjaru/　☆「みて」を含む。「みてある→みたる」に対応。

　　　　　/micjasïga/　☆「みて」を含む。「みてあ（る）すが→みたる（す）が」に対応。

　39、《混験》（1711）

みる見　/micjaru/　☆「みて」を含む。「みてある→みたる」に対応。「みたる→みちやる」のように変化。

　41、《組五》（1718頃）

できる出来　/dikita/　☆「できて」を含む。「できてある」に対応。「できたる→できた」と変化。

みる見　/ˈɴcjaru/　☆「みて」を含む。「みてある」に対応。「みたる」と変化。融合変化の結果「んちやる」
　　　　　　　　　　　となった。

　　　　　/ˈɴcjaka/　☆「みて」を含む。「みてあるか」に対応。「みたか」と変化。融合変化の結果「んち
　　　　　　　　　　　やか」となった。

　48、《ベッテ》（1849）・（1852）

第10節　「あり」・「をり」との接続　1269

みる見　/ˈɴcjakutu/　☼「みて」を含む。「みてあ（る）こと→みた（る）こと」に対応。

　　49、《沖話》（1880）

みる見（試）　/ˈɴcjaru/　☼「みて」を含む。「みてある→みたる」に対応。

（上二段）

　　30、《おも3》（1623）

おる降　/uritaru/　☼「おれて」を含む。「おれてある→おれたる」に対応。

　　49、《沖話》（1880）

もちふ用　/mucji'i'taru/　☼「もちひて」を含む。「もちひてある→もちひたる」に対応。

（下二段）

　　29、《おも2》（1613）

しらる知　/sjiraQtaru/　☼「しられて」を含む。「しられてある→しられたる→しらったる」に対応。

　　30、《おも3》（1623）

う得　/itaru/　☼「えて」を含む。「えてある→えたる」に対応。

うく浮　/ukitakutu/　☼「うけて」を含む。「うけてあ（る）こと→うけたこと」に対応。

おしうく押浮　/usjiukitaru/　☼「おしうけて」を含む。「おしうけてある→おしうけたる」に対応。

はぎうく接浮　/hwazjiukitaru/　☼「はぎうけて」を含む。「はぎうけてある→はぎうけたる」に対応。

みつく見付　/micïkitaru/　☼「みつけて」を含む。「みつけてある→みつけたる」に対応。

よす寄　/jusitaru/　☼「よせて」を含む。「よせてある→よせたる」に対応。

いづ出　/iditaru/　☼「いでて」を含む。「いでてある→いでたる」に対応。

　　　　/izitaru/　☼「いでて」を含む。「いでてある→いでたる」に対応。

はりいづ走出　/hwariiditaru/　☼「はりいでて」を含む。「はりいでてある→はりいでたる」に対応。

　　　　　　　/hwariizjitaru/　☼「はりいでて」を含む。「はりいでてある→はりいでたる」に対応。

むかふ迎　/mukaitaru/　☼「むかへて」を含む。「むかへてある→むかへたる」に対応。

いる入　/iritaru/　☼「いれて」を含む。「いれてある→いれたる」に対応。

　　37、《君由》（1700頃）

はじむ始　/hwazjimitaru/　☼「はじめて」を含む。「はじめてある→はじめたる」に対応。

おる降　/ʔuritaru/　☼「おりて」を含む。「おりてある→おりたる」に対応。

　　38、《仲里》（1703頃）

うく浮　/ʔusjiʔukitaru/　☼「うけて」を含む。「おしうけてある→おしうけたる」に対応。

はぎうく接浮　/hwazjicjiʔukitaru/　☼「はぎうけて」を含む。「はぎうけてある→はぎうけたる」に対応。

　　41、《組五》（1718頃）

たづぬ尋　/tazinitaru/　☼「たづねて」を含む。「たづねてある→たづねたる」に対応。

さだむ定　/sadamitaru/　☼「さだめて」を含む。「さだめてある→さだめたる」に対応。

とむ留　/tumita/　☼「とめて」を含む。「とめてある」に対応。「とめてある→とめたる→とめた」と変化。

うまる生　/ʔɴmaritaru/　☼「うまれて」を含む。「うまれてある→うまれたる」に対応。

ほる惣　/hwurita/　☼「ほれて」を含む。「ほれてある→ほれた（る）」に対応。

　　48、《ベッテ》（1849）・（1852）

たすく助　/tasikitasiga/　☼「たすけて」を含む。「たすけてあ（る）すが→たすけた（る）すが」に対応。

つく付　/ʔï'icikitakutu/　☼「いひつけて」を含む。「いひつけてあ（る）こと→いひつけた（る）こと」に対応。

とづく託？言付（令）　/tuzikitakutu/　☼「とづけて」を含む。「とづけてあ（る）こと→とづけた（る）

1270　第5章　沖縄語動詞形態変化の通時的考察

こと」に対応。

おしあぐ押上（献上）（差上）　/ʔusjagitakutu/　☆「おしあげて」を含む。「おしあげてあ（る）こと
→おしあげた（る）こと」に対応。

いづ出　/ʔnʒitakutu/　☆「いでて」を含む。「いでてあ（る）こと→いでた（る）こと」に対応。

かんがふ考　/kaʼnge'etaga/　☆「かんがへて」を含む。「かんがへてあ（る）が→かんがへた（る）が」
に対応。

たくはふ貯　/taku'we'etasi/　☆「たくはへて」を含む。「たくはへてあ（る）す→たくはへた（る）す」
に対応。

ちぢむ縮　/cjizjumitakutu/　☆「ちぢめて」を含む。「ちぢめてあ（る）こと→ちぢめてた（る）こと」
に対応。

いる入　/ʔiQte'eru/　☆「いれて」を含む。「いれてはある」に対応。

くる呉　/kwita'ndo'o/　☆「くれて」を含む。「くれてあるど→くれたるど」に対応。

やぶる破　/ʼja'nditaru/　☆「やぶれて」を含む。「やぶれてある→やぶれたる」に対応。

うう植　/ʔwi'ite'eru/　☆「うゑて」を含む。「うゑてはある」に対応。

　49、《沖話》（1880）

つく付　/ʔi'icikite'ekutu/　☆「つけて」を含む。「いひつけてはあ（る）こと」に対応。

やく焼　/ʼjakitaru/　☆「やけて」を含む。「やけてある→やけたる」に対応。

はつ果　/ʔu'ihatite'eru/　☆「はてて」を含む。「うりはててはある」に対応。

おくる遅　/ʔukuritakutu/　☆「おくれて」を含む。「おくれてあ（る）こと→おくれた（る）こと」に対応。

いる入　/ʔiQta(Q)sa'a/　☆「いれて」を含む。「いれてあ（る）さ→いれた（る）さ」に対応。

　50、《チェン》（1895）

うう植　/ʔwi'ite'esi ga/　☆「うゑて」を含む。「うゑてはあ（る）すが」に対応。

（カ変）

く来

37、《君由》（1700 頃）

　/cjaru/　☆「きて」を含む。「きてある→きたる」に対応。/Qcjaru/ の可能性を残す。

41、《組五》（1718 頃）

　/cjicjaru/　☆「きて」を含む。「きてある→きたる」に対応。

　/cjicjaga/　☆「きて」を含む。「きてあるが→きた（る）が」に対応。

45、《琉訳》（1800 頃）

　/cjitaru/　☆「きて」を含む。「きてある→きたる」に対応。

48、《ベッテ》（1849）・（1852）

　/cjaru/　☆「きて」を含む。「きてある→きたる」に対応。

　/cjaQtucji/　☆「きて」を含む。「きてあるとき→きたるとき」に対応。/cjarutucji/ → /cjaQtucji/
の変化がある。

　/cjaQkutu/　☆「きて」を含む。「きてあ（る）こと→きた（る）こと」に対応。/cjaru kutu/ → /cjaQkutu/
の変化がある。更に、/cjakutu/ に変化する。

　/cjaga/　☆「きて」を含む。「きてあ（る）が→きた（る）が」に対応。

　/cje'ese'e/　☆「きて」を含む。「きてあ（る）すは」に対応。

50、《チェン》（1895）

第 10 節　「あり」・「をり」との接続　1271

/cjaru 'wikiga/　☼「きて」を含む。「きてある　ゐきが→きたる　ゐきが」に対応。

/cjasa/　☼「きて」を含む。「きてあ（る）さ→きた（る）さ」に対応。

/cjakutu/　☼「きて」を含む。「きてあ（る）こと→きた（る）こと」に対応。

/cjaga/　☼「きて」を含む。「きてあ（る）が→きた（る）が」に対応。

（サ変）

す為

30、《おも3》（1623）

/sjicjaru/　☼「して」を含む。「してある→したる」に対応。

37、《君由》（1700頃）

/sjitaru'jani/　☼「して」を含む。「してあるやうに→したるやうに」に対応。

38、《仲里》（1703頃）

/sjicjaru/　☼「して」を含む。「してある→したる」に対応。

41、《組五》（1718頃）

/sjicjaru/　☼「して」を含む。「してある→したる」に対応。

/sjicjaga/　☼「して」を含む。「してあるが→したるが」に対応。

48、《ベッテ》（1849）・（1852）

/(Q)sjita/　☼「して」を含む。「してあ（る）→した（る）」に対応。/(Q)sjitaru/ → /(Q) sjitaQ / → /(Q) sjita/ のような変化があったと考える。

/(Q)sjitahwu'i/　☼「「して」を含む。「してあ（る）ふり→した（る）ふり」に対応。/(Q)sjitaruhwu'i/ → /(Q)sjitaQhwu'i/ → / (Q)sjitahwu'i /、及び /ri/ → /'i/ の変化があった。

/(Q)sje'eru/　☼「して」を含む。「してはある」に対応。

/(Q)sje'eruna'a/　☼「して」を含む。「してはあるな」に対応。

/(Q)sje'esi/　☼「して」を含む。「してはあ（る）す」に対応。

せんず煎

49、《沖話》（1880）

/sjizjite'eru/　☼「せんじて」を含む。「せんじてはある」に対応。

（ナ変）

いぬ往

41、《組五》（1718頃）

/ʔɴzjaru/　☼「いにて→いんで」を含む。「いにてある→いんである→いんだる」に対応。

48、《ベッテ》（1849）・（1852）

/ʔɴzjaru/　☼「いにて→いんで」を含む。「いにてある→いんである→いんだる」に対応。

/ʔɴzjaka'ja'a/　☼「いにて→いんで」を含む。「いにてあるかや→いんであるかや→いんだるかや」に対応。

50、《チェン》（1895）

/ʔɴzjaru kutu/　☼「いにて→いんで」を含む。「いにてある　こと→いんである　こと→いんだる　こと」に対応。

（ラ変）

あり有

37、《君由》（1700頃）

/ʔataru'jani/　☼「ありて」を含む。「ありてあるやうに→ありたるやうに」に対応。

41、《組五》（1718 頃）

　/ʔataru/　☆「ありて」を含む。「ありてある→ありたる→あったる」に対応。

　/ʔataga/　☆「ありて」を含む。「ありてあ（る）が→ありたが→あったが」に対応。

48、《ベッテ》（1849）・（1852）

　/ʔataru/　☆「ありて」を含む。「ありてある→あってある→あったる」に対応。

　/ʔatasi/　☆「ありて」を含む。「ありてあ（る）す→あってあ（る）す→あった（る）す」に対応。

　/ʔatase'e/　☆「ありて」を含む。「ありてあ（る）すは→あってあ（る）すは→あった（る）すは」に対応。

　/ʔataQsa'a/　☆「ありて」を含む。「ありてあ（る）さ→あってあ（る）さ→あった（る）さ」に対応。

　/ʔataQsiga/　☆「ありて」を含む。「ありてあ（る）すが→あってあ（る）すが→あった（る）すが」に対応。

　/ʔatakutu/　☆「ありて」を含む。「ありてあ（る）こと→あってあ（る）こと→あった（る）こと」に対応。

　/ʔate'eru/　☆「ありて」を含む。「ありてはある→あってはある」に対応。

　/ʔate'esi/　☆「ありて」を含む。「ありてはあ（る）す→あってはあ（る）す」に対応。

49、《沖話》（1880）

　/ʔataru/　☆「ありて→あって」を含む。「あってある→あったる」に対応。

　/ʔatasiga/　☆「ありて→あって」を含む。「あってあ（る）すが→あった（る）すが」に対応。

50、《チェン》（1895）

　/ʔataru/　☆「ありて→あって」を含む。「ありてある→あったる」に対応。

　/ʔatasi/　☆「ありて→あって」を含む。「あってあ（る）す→あった（る）す」に対応。

　/ʔata/　☆「ありて→あって」を含む。「あってあ（る）→あった（る）」に対応。

をり居

30、《おも 3》（1623）

　/uQtaru/　☆「をって」を含む。「をってある→をったる」に対応。

48、《ベッテ》（1849）・（1852）

　/ʔutaru/　☆「をりて→をって」を含む。「をりてある→をってある→をったる」に対応。

　/ʔutasi/　☆「をりて→をって」を含む。「をりてあ（る）す→をってあ（る）す→をった（る）す」に対応。

　/ʔutasiga/　☆「をりて→をって」を含む。「をりてあ（る）すが→をってあ（る）すが→をった（る）すが」に対応。

　/ʔutakutu/　☆「をりて→をって」を含む。「をりてあ（る）こと→をってあ（る）こと→をった（る）こと」に対応。

６）「て＋あれ」に対応

（四段）

　48、《ベッテ》（1849）・（1852）

いく行　/ʔicjare'e/　☆「いきて」を含む。「いきてあれは→いきたれは」に対応。/ʔiQcjare'e/ の可能性も否定できない。

いふ言　/ʔicjare'e/　☆「いひて」を含む。「いひてあれは→いったれは」に対応。

つくる作　/cukutare'e/　☆「つくりて→つくって」を含む。「つくってあれは→つくったれは」に対応。

　　　　　/cukute'ere'e/　☆「つくりて→つくって」を含む。「つくってはあれは」に対応。

（上一段）

30、《おも 3 》（1623）

みる見

/mitariba/　☆「みて」を含む。「みてあれば→みたれば」に対応。

48、《ベッテ》（1849）・（1852）

みる見

/ɴcjare'e/　☆「みて」を含む。「みてあれは→みたれは」に対応。

（下二段）

30、《おも 3 》（1623）

あく開　/akitari/　☆「あけて」を含む。「あけてあれ→あけたれ」に対応。

にす似　/nisitari/　☆「にせて」を含む。「にせてあれ→にせたれ」に対応。

（カ変）

く来

29、《おも 2 》（1613）

　/kicjari/　☆「きて」を含む。「きてあれ→きたれ」に対応。「す」の結びとしての「已然形」。

（ラ変）

あり有

48、《ベッテ》（1849）・（1852）

　/ʔate'ere'e/　☆「ありて」を含む。「ありてはあれは→あってはあれは」に対応。

7 ）「て＋あら」に対応

（四段）

30、《おも 3 》（1623）

しらす知　/sjiracjarami/　☆「しらして」を含む。「しらしてあらめ→しらしたらめ」に対応。

41、《組五》（1718 頃）

なる成　/natara/　☆「なりて」を含む。「なりてあら→なったら」に対応。

48、《ベッテ》（1849）・（1852）

くらふ食　/kwatara'wa/　☆「くらひて」を含む。「くらひてあらは→くらひたらは」に対応。

つくる作　/cukuti ʔara'ɴ/　☆「つくりて→つくって」を含む。「つくって　あらぬ」に対応。

　　　　　　/cukutara'a/　☆「つくりて→つくって」を含む。「つくってあらは→つくったらは」に対応。

　　　　　　/cukute'era'waɴ/　☆「つくりて→つくって」を含む。「つくってはあらはも」に対応。

（下二段）

48、《ベッテ》（1849）・（1852）

たすく助

/tasikitara/　☆「たすけて」を含む。「たすけてあらは→たすけたら」に対応。

49、《沖話》（1880）

もとむ求　/mutumitara'a/　☆「もとめて」を含む。「もとめてあらは→もとめたらは」に対応。

（カ変）

く来

48、《ベッテ》（1849）・（1852）

/cje'era'wa'ɴ/　☼「きて」を含む。「きてはあらはも」に対応。

（サ変）

す為

41、《組五》（1718頃）

　/sjicjara/　☼「して」を含む。「してあら→したら」に対応。

ひす比

49、《沖話》（1880）

　/hwiQsjitara'a/　☼「ひして」を含む。「ひしてあらは→ひしたらは」に対応。

（ナ変）

いぬ往

47、《クリ》（1818）

　/ʔɴzjara/　☼「いにて→いんで」を含む。「いにてあら→いんであら→いんだら」に対応。

49、《沖話》（1880）

　/ʔɴzjara'a/　☼「いにて→いんで」を含む。「いにてあらは→いんであらは→いんだらは」に対応。

（ラ変）

あり有

41、《組五》（1718頃）

　/ʔatara/　☼「ありて→あって」を含む。「ありてあら→あってあら→あったら」に対応。

48、《ベッテ》（1849）・（1852）

　/ʔatara'a/　☼「ありて→あって」を含む。「ありてあらは→あってあらは→あったらは」に対応。

8）「て＋ありて」に対応

（四段）

　48、《ベッテ》（1849）・（1852）

おく置　/ʔucje'eta'ɴ/　☼「おきて」を含む。「おきてはありたりむ」に対応。

　　　　　/ʔucje'etakutu/　☼「おきて」を含む。「おきてはありた（る）こと」に対応。

つくる作　/cukuta(Q)to'oru/　☼「つくりて→つくって」を含む。「つくってありてはをる」に対応。

　　　　　/cukuti ʔati'ɴ/　☼「つくりて→つくって」を含む。「つくって　あっても」に対応。

　　　　　/cukuti ʔata'ɴti'ɴ /　☼「つくりて→つくって」を含む。「つくって　あってありむても」に
　　　　　　　　　　　対応。

　　　　　/cukute'etaru/　☼「つくりて→つくって」を含む。「つくってはありてある」に対応。

（下二段）

　48、《ベッテ》（1849）・（1852）

ゐす座（据）？　/'isjite'etaru/　☼「ゐすりて」を含む。「ゐすりてはありてある」に対応。

かふ代　/ke'ete'etakutu/　☼「かへて」を含む。「かへてはありてあ（る）こと→かへては（あり）てあ（る）こと」に対応。

○「て＋をり」の用例は、1800年以降の資料にしか存在しないようである。用例の数もさほど多くないと言える。

○《クリ》や《ベッテ》の次の例のように、融合した形とその前の形とが現れる。融合

し始めている時期と見做せよう。「て＋をり」の結びつきが古くからのものでないということも読み取れよう。

47、《クリ》（1818）

　　/nudu'N/　「のみて→のんで」を含む。「のみてをりむ→のんでをりむ」に対応。

　　/ʔjado'o'N/　「やみて→やんで」を含む。「やみてはをりむ→やんではをりむ」に対応。

　　/sigato'o'N/　「すがりて→すがって」を含む。「すがりてはをりむ→すがってはをりむ」に対応。「縋り付いている」の意。

　　/ni'Ntu'N/　「ねぶりて」を含む。「ねぶりてをりむ」に対応。/ni'Nti'u'N/の変化したものと見る。

48、《ベッテ》（1849）・（1852）

　　/ka'Nti 'u'i/　「かぶりて→かぶって」を含む。「かぶってをり」に対応。

　　/ka'Nto'o'i/　「かぶりて→かぶって」を含む。「かぶってはをり」に対応。

　　/ʔicju'N/　「いひて」を含む。「いひてをりむ」に対応。

　　/ʔumuto'o'N/　「おもひて」を含む。「おもひてはをりむ」に対応。

　　/no'oti 'u'N/　「なほりて→なうって→のうって」を含む。「のうって　をりむ」に対応。

　　/no'oto'o'N/　「なほりて→なうって→のうって」を含む。「のうってはをりむ」に対応。

　　/nato'o'N/　「なりて→なって」を含む。「なってはをりむ」に対応。

　　以下の用例には「ては＋をり」も含む。「てをり」・「てはをり」については、序章で述べた（p.20）。

1）「て＋をり」に対応

（四段）

　48、《ベッテ》（1849）・（1852）

かぶる被　/ka'Nti 'u'i/　☼「かぶりて→かぶって」を含む。「かぶってをり」に対応。

　　　　　　/ka'Nto'o'i/　☼「かぶりて→かぶって」を含む。「かぶってはをり」に対応。

　49、《沖話》（1880）

きく聞　/cjicjo'o'jabi'i'N/　☼「ききて→きいて」を含む。「きいてはをりはべりをりむ」に対応。

　　　　　/cjicjo'o'jabi'ikutu/　☼「ききて→きいて」を含む。「きいてはをりはべりを（る）こと」に対応。

　　　　　/cjicjo'o'jabi'isiga/　☼「ききて→きいて」を含む。「きいてはをりはべりを（る）すが」に対応。

すく好　/sicjo'o'jabi'i'N/　☼「すきて→すいて」を含む。「すいてはをりはべりをりむ」に対応。

つく付　/cicjo'o'jabi'itasiga/　☼「つきて→ついて」を含む。「ついてはをりはべりた（る）すが」に対応。

たつ立　/taQcjo'o'jabi'ikutu/　☼「たちて→たって」を含む。「たってはをりはべ（る）こと」に対応。

もつ持　/muQcjo'o'jabi'i'N/　☼「もちて→もって」を含む。「もってはをりはべりをりむ」に対応。

　　　　　/muQcjo'o'jabi'ikutu/　☼「もちて→もって」を含む。「もってはをりはべ（る）こと」に対応。

おもふ思　/ʔumuto'o'jabi'i'N/　☼「おもひて→おもって」を含む。「おもってはをりはべりむ」に対応。

　　　　　　/ʔumuto'o'jabi'iru/　☼「おもひて→おもって」を含む。「おもってはをりはべる」に対応。

　　　　　　/ʔumuto'o'jabi'isiga/　☼「おもひて→おもって」を含む。「おもってはをりはべ（る）すが」に対応。

　　　　　　/ʔumuto'o'jabi'ikutu/　☼「おもひて→おもって」を含む。「おもってはをりはべ（る）こと」に対応。

　　　　　　/ʔumuto'o'jabi'itakutu/　☼「おもひて→おもって」を含む。「おもってはをりはべりた（る）

こと」に対応。

とりこむ取　/tu'ikudo'o'jabi'ikutu/　☼「とりこみて→とりこんで」を含む。「とりこんではをりはべ（る）こと」に対応。

のむ飲　/nudo'o'jabi'i'ɴ/　☼「のみて→のんで」を含む。「のんではをりはべり<u>む</u>」に対応。

をがむ拝（拝聴）　/'ugado'o'jabi'itasiga/　☼「をがみて→をがんで」を含む。「をがんではをりはべりた（る）すが」に対応。

あがる上　/ʔagato'o'jabi'isiga/　☼「あがりて→あがって」を含む。「あがってはをりはべ（る）すが」に対応。

あたる当　/ʔatato'o'jabi'i'ɴ/　☼「あたりて→あたって」を含む。「あたってはをりはべり<u>む</u>」に対応。
　　　　　　/ʔatato'o'jabi'itakutu/　☼「あたりて→あたって」を含む。「あたってはをりはべりた（る）こと」に対応。

うる売　/ʔuto'o'jabi'i'ɴ/　☼「うりて→うって」を含む。「うってはをりはべり<u>む</u>」に対応。

かかる掛　/kakato'o'jabi'i'ɴ/　☼「かかりて→かかって」を含む。「かかってはをりはべり<u>む</u>」に対応。
　　　　　　/kakato'o'jabi'itasiga/　☼「かかりて→かかって」を含む。「かかってはをりはべりた（る）すが」に対応。

かはる変　/ka'wato'o'jabi'i'ɴ/　☼「かはりて→かはって」を含む。「かはってはをりはべり<u>む</u>」に対応。

さがる下　/sagato'o'jabi'isiga/　☼「さがりて→さがって」を含む。「さがってはをりはべ（る）すが」に対応。

さはる障　/sa'ato'o'jabi'ira/　☼「さはりて→さはって」を含む。「さはってはをりはべら」に対応。

なる成　/nato'o'i/　☼「なりて→なって」を含む。「なってはをり」に対応。
　　　　　/nato'o'jabi'i'ɴ/　☼「なりて→なって」を含む。「なってはをりはべり<u>む</u>」に対応。
　　　　　/nato'o'jabi'i'ru/　☼「なりて→なって」を含む。「なってはをりはべる」に対応。
　　　　　/nato'o'jabi'ikutu/　☼「なりて→なって」を含む。「なってはをりはべ（る）こと」に対応。
　　　　　/nato'o'jabi'iga/　☼「なりて→なって」を含む。「なってはをりはべ（る）が」に対応。
　　　　　/nato'o'jabi'isa'a/　☼「なりて→なって」を含む。「なってはをりはべ（る）さあ」に対応。
　　　　　/nato'o'jabi'isiga/　☼「なりて→なって」を含む。「なってはをりはべ（る）すが」に対応。
　　　　　/nato'o'jabi'itasiga/　☼「なりて→なって」を含む。「なってはをりはべりた（る）すが」に対応。

ねぶる眠　/ni'ɴto'o'jabi'i'ɴ/　☼「ねぶりて」を含む。「ねぶりてはをりはべりをり<u>む</u>」に対応。

のこる残　/nukuto'o'jabi'isiga/　☼「のこりて→のこって」を含む。「のこってはをりはべ（る）すが」に対応。
　　　　　　/nukuto'o'jabi'itakutu/　☼「のこりて→のこって」を含む。「のこってはをりはべりた（る）こと」に対応。

のぼる昇・登　/nubuto'o'jabi'i'ɴ/　☼「のぼりて→のぼって」を含む。「のぼってはをりはべり<u>む</u>」に対応。
　　　　　　　/nubuto'o'jabi'iga/　☼「のぼりて→のぼって」を含む。「のぼってはをりはべ（る）が」に対応。

ふる降　/huto'o'jabi'i'ɴ/　☼「ふりて→ふって」を含む。「ふってはをりはべり<u>む</u>」に対応。

　　50、《チェン》（1895）

みつ満　/miQcjo'obi'isa'a/　☼「みちて→みって」を含む。「みってはをりはべりを（る）さ」に対応。

いる入　/ʔiQcjo'o'(j)e'e/　☼「いりて→いって」を含む。「いってはをりは」に対応。

さはる障　/sa'ato'o'jabi'imi/　☼「さはりて→さはって」を含む。「さはってはをりはべりみ」に対応。

なる成 /nato'o'jabi'i'ɴ/ ☼「なりて→なって」を含む。「なってはをりはべりをりむ」に対応。

/nato'o'jabi'ire'e/ ☼「なりて→なって」を含む。「なってはをりはべりをれは」に対応。

/nato'o'jabi'iga'ja'a/ ☼「なりて→なって」を含む。「なってはをりはべりをるがや」に対応。

（上一段））

48、《ベッテ》（1849）・（1852）

ゐる座 /ʃicjo'o'i/ ☼「ゐて」を含む。「ゐてはをり」に対応。

49、《沖話》（1880）

できる出来 /dikito'o'jabi'i'ɴ/ ☼「できて」を含む。「できてはをりはべりむ」に対応。

（下二段）

49、《沖話》（1880）

やく焼 /ʃjakito'o'jabi'i'ɴ/ ☼「やけて」を含む。「やけてはをりはべりむ」に対応。

よす寄（参上） /ʃjusjirito'o'jabi'ikutu/ ☼「ラ行（四段）化」後の「よせりて」を含む。「よせりてはをりはべ（る）こと」に対応。

はつ果 /ʔu'ihatito'o'jabi'isiga/ ☼「はてて」を含む。「うりはててはをりはべ（る）すが」に対応。

いづ出（おいづ御出） /ʔɴzjito'o'jabi'i'ɴ/ ☼「いでて」を含む。「いでてはをりはべりむ」に対応。

かんがふ考 /ka'ɴge'eto'o'jabi'ikutu/ ☼「かんがへて」を含む。「かんがへてはをりはべりを（る）こと」に対応。

つたふ伝 /ʔi'icite'eto'o'jab'i'i'ɴ/ ☼「つたへて」を含む。「いひつたへてはをりはべりをりむ」に対応。

はじむ始 /hazjimito'o'jabi'i'ɴ/ ☼「はじめて」を含む。「はじめてはをりはべりをりむ」に対応。

はなる離 /hanarito'o'jabi'iga/ ☼「はなれて」を含む。「はなれてはをりはべりを（る）が」に対応。

やぶる破 /ʃja'ɴdito'o'jabi'i'ɴ/ ☼「やぶれて」を含む。「やぶれてはをりはべりむ」に対応。

わする忘 /ʃwasito'o'jabi'isa'a/ ☼「わすれて」を含む。「わすれてはをりはべるさ」」に対応。

50、《チェン》（1895）

おぼゆ覚 /ʔubito'omisje'ebi'imi/ ☼「おぼえて」を含む。「おぼえてはをりめしはべりをりみ」に対応。

（カ変）

く来

49、《沖話》（1880）

/cjo'o'jabi'i'ɴ/ ☼「きて」を含む。「きてはをりはべりをりむ」に対応。

/cjo'o'jabi'imi/ ☼「きて」を含む。「きてはをりはべりをりみ」に対応。

/cjo'o'jabi'isiga/ ☼「きて」を含む。「きてはをりはべりを（る）すが」に対応。

/cjo'o'jabi'ira/ ☼「きて」を含む。「きてはをりはべりをら」に対応。

（サ変）

す為

48、《ベッテ》（1849）・（1852）

/(Q)sjo'ori/ ☼「して」を含む。「してはをり」に対応。/sjo'o'i/ ではないことに注意。

49、《沖話》（1880）

/sjo'o'i'ine'e/ ☼「して」を含む。「してはをりいには」に対応。

/sjo'o'jabi'i'ɴ/ ☼「して」を含む。「してはをりはべりをりむ」に対応。

/sjo'o'jabi'iru/ ☼「して」を含む。「してはをりはべりをる」に対応。

/sjo'o'jabi'isiga/ ☼「して」を含む。「してはをりはべりを（る）すが」に対応。

/sjo'o'jabi'iga/　☆「して」を含む。「してはをりはべりを（る）が」に対応。

/sjo'o'jabi'isa'a/　☆「して」を含む。「してはをりはべりを（る）さ」に対応。

/sjo'o'jabi'ita'ɴ/　☆「して」を含む。「してはをりはべりをりたりむ」に対応。

/sjo'o'jabi'itasiga/　☆「して」を含む。「してはをりはべりをりた（る）すが」に対応。

２）「て＋をれ」に対応

（四段）

　48、《ベッテ》（1849）・（1852）

しる　知　/sjiQcjo'ori/　☆「しりて→しって」を含む。「しってはをれ」に対応。

　50、《チェン》（1895）

まつ　待　/maQcjo'ori/　☆「まちて→まって」を含む。「まってはをれ」に対応。

とる　取　/tuto'ori/　☆「とりて→とって」を含む。「とってはをれ」に対応。

（ラ変）

をり　居

50、《チェン》（1895）

　/'uto'ori/　☆「をりて」を含む。「をりてはをれ」に対応。

３）「て＋をり」に対応　（ナシ）

４）「て＋をりむ」に対応

（四段）

　45、《琉訳》（1800 頃）

いきあふ　行会　/ʔicjato'o'ɴ/　☆「いきあひて」を含む。「いきあひてはをりむ」に対応。/ʔicjati'u'ɴ/の可能性を残す。

くぼむ　窪　/kubudo'o'ɴ/　☆「くぼみて」を含む。「くぼみてはをりむ」に対応か。

そむ　染　/sudo'o'ɴ/　☆「そみて」を含む。「そみてはをりむ」に対応か。

ほこる　誇　/hwukurito'o'ɴ/　☆「ほこりて」を含む。「ほこりてはをりむ」に対応。/hwukuriti'u'ɴ/の可能性を残す。

まがる　曲　/magato'o'ɴ/　☆「まがりて」を含む。「まがりてはをりむ」に対応。/magati'u'ɴ/の可能性を残す。

　47、《クリ》（1818）

おとす　落　/ʔutucji'u'ɴ/　☆「おとして」を含む。「おとしてをりむ」に対応。

すまふ　住　/simato'o'ɴ/　☆「すまひて」を含む。「すまひてはをりむ」に対応。

のむ　飲　/nudu'ɴ/　☆「のみて→のんで」を含む。「のみてをりむ→のんでをりむ」に対応。

やむ　病（痛）　/'jado'o'ɴ/　☆「やみて→やんで」を含む。「やみてはをりむ→やんではをりむ」に対応。

かかる　掛　/kakato'o'ɴ/　☆「かかりて→かかって」を含む。「かかりてはをりむ→かかってはをりむ」に対応。

すがる　縋　/sigato'o'ɴ/　☆「すがりて→すがって」を含む。「すがりてはをりむ→すがってはをりむ」に対応。

ねぶる　眠　/ni'ɴtu'ɴ/　☆「ねぶりて」を含む。「ねぶりてをりむ」に対応。/ni'ɴti'u'ɴ/の変化したものと見る。

やる　破　/'jaditu'ɴ/　☆「やりて」を含む。「やりてをりむ」に対応。/'jaditi'u'ɴ/の変化形と見る。

よりかかる　寄掛　/'ju(Q)kakatu'ɴ/　☆「よりかかりて→よっかかって」を含む。「よりかかりてをりむ→

よっかってをりむ」に対応。/ʔjuQkakati'u'ɴ/ の変化形と見る。

48、《ベッテ》（1849）・（1852）

たつ立　/taQcjo'o'ɴ/　☆「たちて」を含む。「たちてはをりむ」に対応。

いふ言　/ʔicju'ɴ/　☆「いひて」を含む。「いひてをりむ」に対応。

おもふ思　/ʔumuto'o'ɴ/　☆「おもひて」を含む。「おもひてはをりむ」に対応。

ねがふ願　/nigato'o'ɴ/　☆「ねがひて」を含む。「ねがひてはをりむ」に対応。

あかむ赤　/ʔakado'o'ɴ/　☆「あかみて→あかんで」を含む。「あかんではをりむ」に対応。

しらむ白　/sjirudo'o'ɴ/　☆「しろみて→しろんで」を含む。「しろんではをりむ」に対応。

いる入　/ʔiQcjo'o'ɴ/　☆「いりて→いって」を含む。「いってはをりむ」に対応。

しる知　/sjiQcjo'o'ɴ/　☆「しりて→しって」を含む。「しってはをりむ」に対応。

なほる治　/no'oti 'u'ɴ/　☆「なほりて→なうって→のうって」を含む。「のうって　をりむ」に対応。
　　　　　/no'oto'o'ɴ/　☆「なほりて→なうって→のうって」を含む。「のうっては　をりむ」に対応。

なる成　/nato'o'ɴ/　☆「なりて→なって」を含む。「なってはをりむ」に対応。

49、《沖話》（1880）

もつ持　/muQcjo'o'ɴ/　☆もちて」を含む。「もちてはをりむ」に対応。

なる成　/nato'o'ɴ/　☆「なりて→なって」を含む。「なりてはをりむ→なってはをりむ」に対応。

50、《チェン》（1895）

きく聞　/cjicjo'o'ɴdi/　☆「ききて→きいて」を含む。「きいてはをりむて」に対応。

きく利　/cjicjo'o'ɴdi/　☆「ききて→きいて」を含む。「きいてはをりむて」に対応。

よむ読　/ʔjudo'o'ɴ/　☆「よみて→よんで」を含む。「よんではをりむ」に対応。

あがる上　/ʔagato'o'ɴ/　☆「あがりて→あがって」を含む。「あがってはをりむ」に対応。

しる知　/sjiQcjo'o'ɴ/　☆「しりて→しって」を含む。「しってはをりむ」に対応。

とる取　/tuto'o'ɴ/　☆「とりて→とって」を含む。「とってはをりむ」に対応。

なる成　/nato'o'ɴdi/　☆「なりて→なって」を含む。「なってはをりむて」に対応。

なる生　/nato'o'ɴ/　☆「なりて→なって」を含む。「なってはをりむ」に対応。

やぶる破　/ʔja'ɴto'o'ɴ/　☆「やぶりて」を含む。「やぶりてはをりむ」に対応。

わかる解　/ʔwakato'o'ɴ/　☆「わかりて→わかって」を含む。「わかってはをりむ」に対応。

（上一段）

47、《クリ》（1818）

にる似　/nicjo'o'ɴ/　☆「にて」を含む。「にてはをりむ」に対応。

いる射　/ʔicji'u'ɴ/　☆「いて」を含む。「いてをりむ」に対応。「いりてをりむ」の可能性もある。

48、《ベッテ》（1849）・（1852）

できる出来　/dikito'o'ɴ/　☆「できて」を含む。「できてはをりむ」に対応。

にる似　/njicjo'o'ɴ/　☆「にて」を含む。「にてはをりむ」に対応。

49、《沖話》（1880）

できる出来　/dikito'o'ɴ/　☆「できて」を含む。「できてはをりむ」に対応。

51、《官話》（19 世紀？）

みる見　/ʔɴcjo'o'ɴ/　☆「みて」を含む。「みてはをりむ」に対応。

（上二段）

47、《クリ》（1818）

1280　第 5 章　沖縄語動詞形態変化の通時的考察

いく生　/ʔicjicjo’oɴ/　☆「いきて」を含む。「いきてはをり**む**」に対応。

おつ落　/ʔutitu’ɴ/　☆「おてりて」を含む。「おてりてはをり**む**」に対応。

（下二段）

　　47、《クリ》（1818）

きる切　/cjirito’o’ɴ/　☆「きれりて」を含む。「きれりてはをり**む**」に対応。

ぬる濡　/’ɴdito’o’ɴ/　☆「ぬれりて」を含む。「ぬれりてはをり**む**」に対応。

　　48、《ベッテ》（1849）・（1852）

いる入　/ʔiQto’o’ɴ/　☆「いれて」を含む。「いれてはをり**む**」に対応。

　　50、《チェン》（1895）

いづ出　/ʔɴzjito’o’ɴ/　☆「（お）んいでて」を含む。「（お）んいでてはをり**む**」に対応。

みゆ見　/mi’ito’o’ɴ/　☆「みえて」を含む。「みえてはをり**む**」に対応。

（カ変）

　く来

　47、《クリ》（1818）

　/(Q)cji’u’ɴ/　☆「きて」を含む。「きてをり**む**」に対応。

　48、《ベッテ》（1849）・（1852）

　/cjo’o’ɴ/　☆「きて」を含む。「きてはをり**む**」に対応。

（サ変）

　す為

　41、《組五》（1718 頃）

　/sjicjo’ɴ/　☆「して」を含む。「してはをり**む**」に対応。

　48、《ベッテ》（1849）・（1852）

　/(Q)sjo’o’ɴ/　☆「して」を含む。「してはをり**む**」に対応。

（ラ変）

　あり有

　48、《ベッテ》（1849）・（1852）

　/ʔato’o’ɴ/　☆「ありて→あって」を含む。「ありてはをり**む**→あってはをり**む**」に対応。

「て＋をりみ」

（四段）

48、《ベッテ》（1849）・（1852）

なる成　/nato’omi/　☆「なりて→なって」を含む。「なってはをりみ」に対応。

（ラ変）

をり居

48、《ベッテ》（1849）・（1852）　/’uto’omi/　☆「をりて→をって」を含む。「をりてはをりみ→をっ
　　　　　　　　　　　　　　　　　　　　　　　　てはをりみ」に対応。

5）「て＋をる」に対応

（四段）

　41、《組五》（1718 頃）

つぼむ蕾　/cibudi'uru/　☼「つぼみて→つぼんで」を含む。「つぼみてをる→つぼんでをる」に対応。

　48、《ベッテ》（1849）・（1852）

すかす賺　/sikacjuru/　☼「すかして」を含む。「すかしてをる」に対応。

のこす残　/nukucjo'oru/　☼「のこして」を含む。「のこしてはをる」に対応。

いふ言　/ʔicjuru/　☼「いひて」を含む。「いひてをる」に対応。

うたがふ疑　/ʔutage'eto'oru/　☼「うたがひて」を含む。「うたがひてはをる」に対応。/ʔutagato'oru/
　　　　　　　　　　　ではない。

おもふ思　/ʔumuto'oru/　☼「おもひて」を含む。「おもひてはをる」に対応。

ならふ習　/narato'oru/　☼「ならひて」を含む。「ならひてはをる」に対応。

ねがふ願　/nigato'osi/　☼「ねがひて」を含む。「ねがいてはを（る）す」に対応。

いつはる偽　/ʔici'wato'oru/　☼「いつはりて→いつはって」を含む。「いつはってはをる」に対応。

いる入　/ʔiQcjo'oru/　☼「いりて→いって」を含む。「いってはをる」に対応。
　　　　/ʔiQcjo'okutu/　☼「いりて→いって」を含む。「いってはを（る）こと」に対応。

しる知　/sjiQcjuru/　☼「しりて→しって」を含む。「しってをる」に対応。
　　　　/sjiQcjo'oru/　☼「しりて→しって」を含む。「しってはをる」に対応。

つくる作　/cukuto'oru/　☼「つくりて→つくって」を含む。「つくってはをる」に対応。
　　　　　/cukuto'oQkutu/　☼「つくりて→つくって」を含む。「つくってはをること」に対応。
　　　　　/cukuto'osi/　☼「つくりて→つくって」を含む。「つくってはを（る）す」に対応。

なる成　/nato'oru/　☼「なりて→なって」を含む。「なってはをる」に対応。
　　　　/nato'okutu/　☼「なりて→なって」を含む。「なってはを（る）こと」に対応。
　　　　/nato'osi/　☼「なりて→なって」を含む。「なってはを（る）す」に対応。

のこる残　/nukuto'oru/　☼「のこりて→のこって」を含む。「のこってはをる」に対応。
　　　　　/nukuto'osi/　☼「のこりて→のこって」を含む。「のこってはを（る）す」に対応。

　49、《沖話》（1880）

さく咲　/sacjo'oru/　☼「さきて→さいて」を含む。「さいてはをる」に対応。

すく好　/sicjo'oru/　☼「すきて→すいて」を含む。「すいてはをる」に対応。
　　　　/sicjo'osiga/　☼「すきて→すいて」を含む。「すいてはを（る）すが」に対応。

とどく届　/tuducjo'oru/　☼「とどきて→とどいて」を含む。「とどいてはをる」に対応。

もつ持　/muQcjo'oru/　☼「もちて→もって」を含む。「もってはをる」に対応。

ちがふ違　/cjigato'oru/　☼「ちがひて→ちがって」を含む。「ちがってはをる」に対応。

むかふ向　/ʔNkato'oru/　☼「むかひて→むかって」を含む。「むかってはをる」に対応。

おしつむ押詰　/ʔusjicimato'osiga/　☼「おしつまりて→おしつまって」を含む。「おしつまってはを（る）
　　　　　　　　　　　　　　　　すが」に対応。

そむ染　/sudo'oru/　☼「そみて→そんで」を含む。「そんではをる」に対応。

のぞむ望　/nuzudo'osiga/　☼「のぞみて→のぞんで」を含む。「のぞんではを（る）すが」に対応。

ふくむ含　/hukudo'osiga/　☼「ふくみて→ふくんで」を含む。「ふくんではを（る）すが」に対応。

あたる当　/ʔatato'o'ru/　☼「あたりて→あたって」を含む。「あたってはをる」に対応。

いる入　/ʔiQcjo'oru/　☼「いりて→いって」を含む。「いってはをる」に対応。
　　　　/ʔiQco'o'Nka/　☼「いりて→いって」を含む。「いってはをるか」に対応。

うつる写　/ʔucito'oru/　☼「うつりて→うつって」を含む。「うつってはをる」に対応。

かかる掛　/kakato'oru/　☆「かかりて→かかって」を含む。「かかってはをる」に対応。

かはる変　/ka'wato'oru/　☆「かはりて→かはって」を含む。「かはってはをる」に対応。

　　　　　　/ka'wato'ose'e/　☆「かはりて→かはって」を含む。「かはってはを（る）すは」に対応。

なる成　/nato'oru/　☆「なりて→なって」を含む。「なってはをる」に対応。

　　　　/nato'okutu/　☆「なりて→なって」を含む。「なってはを（る）こと」に対応。

　　　　/nato'osa'a/　☆「なりて→なって」を含む。「なってはを（る）さあ」に対応。

のこる残　/nukuto'oru/　☆「のこりて→のこって」を含む。「のこってはをる」に対応。

ふる降　/huto'oru/　☆「ふりて→ふって」を含む。「ふってはをる」に対応。

わたる渡　/mucji'watato'oru/　☆「わたりて→わたって」を含む。「もちわたってはをる」に対応。

　　50、《チェン》（1895）

つく付　/cicjo'oru/　☆「つきて→ついて」を含む。「ついてはをる」に対応。

しる知　/sjiQcjo'oru tu'u'i/　☆「しりて→しって」を含む。「しってはをる　とほり」に対応。

なる成　/nato'osi'N/　☆「なりて→なって」を含む。「なってはを（る）すも」に対応。

　　　　/nato'osiga/　☆「なりて→なって」を含む。「なってはを（る）すが」に対応。

　　　　/nato'okutu/　☆「なりて→なって」を含む。「なってはを（る）こと」に対応。

　　　　/nato'osa/　☆「なりて→なって」を含む。「なってはを（る）さ」に対応。

（上一段）

　　41、《組五》（1718頃）

にる似　/nicjoru/　☆「にて」を含む。「にてはをる」に対応。

　　48、《ベッテ》（1849）・（1852）

ゐる座　/'icjo'oruga gutukuni/　☆「ゐて」を含む。「ゐてはをるがごとくに」に対応。

　　49、《沖話》（1880）

きる着　/cjicjo'oru/　☆「きて」を含む。「きてはをる」に対応。

　　　　/cjicjo'okutu/　☆「きて」を含む。「きてはを（る）こと」に対応。

ひる干　/hiQcjo'osiga/　☆「ひりて→ひって」を含む。「ひってはを（る）すが」に対応。

（上二段）

　　48、《ベッテ》（1849）・（1852）

すぐ過　/sizjito'oru/　☆「すぎて」を含む「すぎてはをる」に対応。

（下二段）

　　48、《ベッテ》（1849）・（1852）

やぶる破　/'ja'Ndito'osi/　☆「やぶれて」を含む。「やぶれてはを（る）す」に対応。

わする忘　/'wasito'oru/　☆「わすれて」を含む。「わすれてはをる」に対応。

　　49、《沖話》（1880）

うく受　/ʔukito'osiga/　☆「うけて」を含む。「うけてはを（る）すが」に対応。

やく焼　/'jakito'osiga/　☆「やけて」を含む。「やけてはを（る）すが」に対応。

はぐ禿　/hagito'oru/　☆「はげて」を含む。「はげてはをる」に対応。

へだつ隔　/hidatito'oru/　☆「へだてて」を含む。「へだててはをる」に対応。

くたびる草臥　/kuta'Ndito'oru/　☆「くたびれて」を含む。「くたびれてはをる」に対応。

なる馴　/narito'ose'e/　☆「なれて」を含む。「なれてはを（る）すは」に対応。

（カ変）

く来

48、《ベッテ》（1849）・（1852）

/cjo'oɴdo'o/　☼「きて」を含む。「きてはをるど」に対応。

/cjo'osa/　☼「きて」を含む。「きてはを（る）さ」に対応。

49、《沖話》（1880）

/cjo'oru/　☼「きて」を含む。「きてはをる」に対応。

（サ変）

す為

41、《組五》（1718 頃）

/sjicjuru/　☼「して」を含む。「してをる」に対応。

/sjicjoru/　☼「して」を含む。「してはをる」に対応。

48、《ベッテ》（1849）・（1852）

/(Q)sjo'oru/　☼「して」を含む。「してはをる」に対応。

/(Q)sjo'osi/　☼「して」を含む。「してはを（る）す」に対応。

/(Q)sjo'osiga/　☼「して」を含む。「してはを（る）すが」に対応。

/(Q)sjo'o'iɴ/　☼「して」を含む。「してはをるに」に対応。

/(Q)sjo'oka'ja'a/　☼「して」を含む。「してはを（る）かや」に対応。

/(Q)sjo'o'iɴkara/　☼「して」を含む。「してはをるにから」に対応。

49、《沖話》（1880）

/sjo'oru/　☼「して」を含む。「してはをる」に対応。

/sjo'osi'ɴ/　☼「して」を含む。「してはを（る）すも」に対応。

（ラ変）

あり有

48、《ベッテ》（1849）・（1852）

/ʔato'oru/　☼「ありて→あって」を含む。「あってはをる」に対応。

/ʔato'osi/　☼「ありて→あって」を含む。「あってはを（る）す」に対応。

をり居

48、《ベッテ》（1849）・（1852）

/ʔuto'oru/　☼「をりて→をって」を含む。「をってはをる」に対応。

/ʔuto'osiga/　☼「をりて→をって」を含む。「をってはを（る）すが」に対応。

/ʔuto'okutu/　☼「をりて→をって」を含む。「をってはを（る）こと」に対応。

6）「て＋をれ」に対応

（四段）

48、《ベッテ》（1849）・（1852）

つくる作　/cukuto'ore'e/　☼「つくりて→つくって」を含む。「つくってはをれは」に対応。

50、《チェン》（1895）

とる取　/tuto'ore'e/　☼「とりて→とって」を含む。「とってはをれは」に対応。

なる成　/nato'ore'e/　☼「なりて→なって」を含む。「なってはをれは」に対応。

7）「て＋をら」に対応

（四段）

　49、《沖話》（1880）

しる知　/sjiQcjo'orane'e/　☆「しりて」を含む。「しりてはをらねは」に対応。

8）「て＋をりて」に対応

（四段）

　30、《おも3》（1623）

すまふ住　/sïmatiucjaru/　☆「すまひて」を含む。「すまひてをりたる」に対応。

あぐむ待望　倦？　/aguɴdi(w)ucijaru/　☆「あぐんで」を含む。「あぐんでをりたる」に対応。

　38、《仲里》（1703頃）

なす生　/nacjo'oti/　☆「なして」を含む。「なしてはをりて」に対応。

うやまふ敬　/ʔu'jamato'oti/　☆「うやまひて」を含む。「うやまひてはをりて」に対応。

なる成　/nato'oti/　☆「なりて」を含む。「なりてはをりて」に対応。

　41、《組五》（1718頃）

する摺　/situti/　☆「すりて」を含む。「すりてをりて」に対応。

　48、《ベッテ》（1849）・（1852）

ねがふ願　/nigato'ota'ɴ/　☆「ねがひて」を含む。「ねがひてはをりたりむ」に対応。

つくる作　/cukuto'oti/　☆「つくりて→つくって」を含む。「つくってはをって」に対応。

　　　　　/cukuto'oti'ɴ/　☆「つくりて→つくって」を含む。「つくってはをっても」に対応。

　　　　　/cukuto'ota'ɴ/　☆「つくりて→つくって」を含む。「つくってはをりたりむ」に対応。

　　　　　/cukuto'otaru/　☆「つくりて→つくって」を含む。「つくってはをりたる」に対応。

　　　　　/cukuto'otare'e/　☆「つくりて→つくって」を含む。「つくってはをりたれは」に対応。

なる成　/nato'oti'ɴ/　☆「なりて→なって」を含む。「なってはをりても」に対応。。

　　　　/nato'ota'ɴ/　☆「なりて→なって」を含む。「なってはをりたりむ」に対応。

のこる残　/nukuto'oti/　☆「のこりて→のこって」を含む。「のこってはをって」に対応。

　49、《沖話》（1880）

なる成　/nato'ota'ɴ/　☆「なりて→なって」を含む。「なってはをりたりむ」に対応。

　50、《チェン》（1895）

まつ待　/maQcjo'oti/　☆「まちて→まって」を含む。「まってはをって→まってはをて」に対応。

よむ読　/'judo'ota'ɴ/　☆「よみて→よんで」を含む。「よんではをりたりむ」に対応。

とる取　/tuto'ota'ɴ/　☆「とりて→とって」を含む。「とってはをりたりむ」に対応。

　　　　/tuto'oti'i/☆「とりて→とって」を含む。「とってはをりてい」に対応。

（上一段）

　48、《ベッテ》（1849）・（1852）

ゐる座　/'icjo'oti/　☆「ゐて」を含む。「ゐてはをりて」に対応。

できる出来　/dikito'otano'o/　☆「できて」を含む。「できてはをりた（り）ぬは」に対応。

（下二段）

　41、《組五》（1718頃）

うまる生　/ʔɴmarito'oti/　☆「うまれて」を含む。「うまれてはをりて」に対応。

第10節　「あり」・「をり」との接続　1285

こがる焦　/kugarituti/　☆「こがれて」を含む。「こがれてをりて」に対応。/kugaritoti/ も可能か。

わする忘　/'wasirituti/　☆「わすれて」を含む。「わすれてをりて」に対応。

　48、《ベッテ》（1849）・（1852）

やぶる破　/ja'ɴdito'oti'ɴ/　☆「やぶれて」を含む。「やぶれてはをりても」に対応。

（カ変）

く来

48、《ベッテ》（1849）・（1852）

　/cjo'oti/　☆「きて」を含む。「きてはをりて」に対応。

　/cjo'oti'i/　☆「きて」を含む。「きてはをりてい」に対応。

　/cjo'otidu'ɴ/　☆「きて」を含む。「きてはをりてども」に対応。

　/cjo'otaru/　☆「きて」を含む。「きてはをりてある→きてはをりたる」に対応。

　/cjo'otasi/　☆「きて」を含む。「きてはをりてあ（る）す→きてはをりた（る）す」に対応。

　/cjo'otare'e/　☆「きて」を含む。「きてはをりてあれは→きてはをりたれは」に対応。

　/cjo'otara'a/　☆「きて」を含む。「きてはをりてあらは→きてはをりたらは」に対応。

（サ変）

す為

38、《仲里》（1703 頃）

　/sjicjo'oti/　☆「して」を含む。「してはをりて」に対応。

41、《組五》（1718 頃）

　/sjicjuti/　☆「して」を含む。「してをりて」に対応。

　/sjicji'ututi/　☆「して」を含む。「してをりてをりて」に対応。

48、《ベッテ》（1849）・（1852）

　/(Q)sjo'oti/　☆「して」を含む。「してはをりて」に対応。

　/(Q)sjo'oti'ɴ/　☆「して」を含む。「してはをりても」に対応。

　/(Q)sjo'otaru/　☆「して」を含む。「してはをりたる」に対応。

　/(Q)sjo'otasi/　☆「して」を含む。「してはをりた（る）す」に対応。

　/(Q)sjo'otasiga/　☆「して」を含む。「してはをりた（る）すが」に対応。

（ナ変）

いぬ往

48、《ベッテ》（1849）・（1852）

　/ʔɴzjo'ota(Q)siga/　☆「いにて」を含む。「いにてはをりてあ（る）すが→いんではをりてあ（る）すが
　　　　　　　　　　　　　　→いんではをりた（る）すが」に対応。

（ラ変）

あり有

41、《組五》（1718 頃）

　/ʔatuti/　☆「ありて」を含む。「ありてをりて」に対応。/ʔatoti/ も可か。

　/ʔatoti/　☆「ありて」を含む。「ありてはをりて」に対応。

48、《ベッテ》（1849）・（1852 ）

　/ʔato'oti'ɴ/　☆「ありて」を含む。「ありてはをりても」に対応。

をり居

41、《組五》（1718 頃）

　/ʃututi/　☆「をりて」を含む。「をりてをりて」に対応。

48、《ベッテ》（1849）・（1852）

　/ʃuto'oti/　☆「をりて」を含む。「をりてはをりて」に対応。

　/ʃuto'oti'ɴ/　☆「をりて」を含む。「をりてはをりても」に対応。

注

序章

1) 村木（1991） p.12 参照。
2) 村木（1991） p.12,13 参照。
3)（「せいで」と音韻的に対応する形式は存在しない。「ために」と対応する。）

　（『沖縄語辞典』が代表する）[sujikutuba]/su'ikutuba/「スイクトゥバ」（首里言葉）に準じる現代語版の代表として、[ja:dujikutuba]/ 'ja'adu'ikutuba/「ヤードゥイクトゥバ」（「屋取り言葉」。首里から移り住んだ人々の集落〈「寄留民」集落〉の言葉）のひとつである（宜野湾市）「赤道（あかみち）の言葉」を使用する。

　（その集落の人々を指すことばに [tʃidʒu:niɴ]/cjizju'uni'ɴ/（寄留人）というのがあるが、「屋取り」の人々は余り使わなかったようである。蔑みのニュアンスを含むからであろう。彼ら自身は、別のことばの [ja:dujinʧu]/'ja'adu'i'ɴcju/（屋取りの人）を使っていたようである。）

　これを「沖縄（現代）語」と称することにするが、同地で生涯を終えた祖母多和田ウト（1901 ～ 1989）、父多和田眞市（1921 ～ 2004）、母多和田トミ（1921 ～ 2008）の三人から受け継いだものを基に、「1947 － 1966」同地で生活（その後、事ある毎に帰省）している私の内省を加えたものである。1966 年 4 月から 1970 年 3 月の 4 年間に 6 回帰省しているが、その後間遠になり、年平均 3 回、長くて 10 日ぐらいの帰省となった。

　帰省した時の言葉は、家族（祖母、両親、弟妹達）・知り合いの年配の方々とは「ウチナーグチ（沖縄口）＜沖縄語＞」であり、その他の人々（友人、知人等）とは「ヤマトゥグチ（大和口）＜日本（共通）語＞」であった。ほぼ「二言語併用」状態であった。

　その結果として、1970 年代以降の沖縄語の劇的変化の影響を受けない「ヤードゥイクトゥバ」を保持することができたと言えようか。

　ついでに言えば、最近の私の（帰省時の）沖縄での言語使用状況の一端を具体例で示すと以下のようになる。

　A)（知り合いの父母世代に対して）〈「ウチナーグチ」で〉

　[ʔane: ʔaraɴhadʒi jaijibi:ʃigaja:saji][ma:ganandʒi kawajiga sabitara]

　「そうではないはずですけどね。」「どこかで変わったのでしょうか。」

　B)（弟妹達、従兄弟姉妹、同年代の友人達に対して）〈「ウチナーグチ」と「ヤマトゥグチ」との混交で〉

　[ʔane: ʔaraɴhadʒi jaʃigaja:][dokokade kawattanokana:]

　「そうではないはずだけどね。」「どこかで変わったのかな。」

　C)（甥・姪達に対して）〈「ヤマトゥグチ」で〉

　[so: dʒanaji hadzudakedona:][dokkade kawattanokana:]

　「そうじゃないはずだけどなあ。」「どっかで変わったのかな。」

　『沖縄語辞典』（1963）に「首里・那覇の両方言を含め沖縄南部の諸方言は相互に似ており，相互によく通ずる」（p.19）とあるが、「首里言葉」と「屋取り言葉」とは

「ほぼ同じ」であると、当事者として言える。「多和田宗家」の前当主眞宣（1922～2014）氏を、何度か那覇市首里赤田町に訪ね、「先祖」の伝承・逸話等を伺ったことがある。やり取りは、「首里言葉」と「屋取り言葉」でなされたが、時に世代差のようなものが出る以外は、アクセントの差異もないし、何ら違和感なく、スムースに進行した。（なお、伺った逸話等は、＜『麻姓世系譜　多和田門中』昭和58年12月　那覇出版社＞に収録されている。）

　　ただ、厳密な意味では、『沖縄語辞典』（p.3）にあるように、「（比嘉春潮氏が）西原で育った点で，首里方言の被調査者としての条件は完全といいにくいが，氏の首里方言は，島袋氏のそれときわめて多くの点で一致するものであった」というような観点を忘れるべきではない。

　　それでは、私の「屋取り言葉」が如何なるものか。多少なりとも客観的な何かを示す必要があろうと考え、一つのエピソードを紹介する。

　　1968年か69年（大学3年か4年の時）だったと記憶しているが、高校三年生の時に同じクラスだった者達が集まって、「クラス会」と称する懇親会を持ったことがある。その時にNさんが「うちの祖母があなたのこと褒めていたよ」と思いがけないことを言った。「今時の若者であれだけしっかりしたウチナーグチを話すことのできる者は少ない。敬語もちゃんとしていたし、と言っていた」と。思い出した。前の年の夏休みに、（これも高3の時同じクラスだった）O君を訪ねて、中城村字屋宜に行ったことがある。たまたま通り掛かった年配の女性にO君の家の所在地を教えてくれるように頼んだら、親切にも数十メートル離れたその場所まで連れて行ってくださった。途中、おしゃべりをした。

　　多分、その時に [wanneːʤinoːɴ ʔakamiʃinu taːtandi ʔiʃoːjabiːɴ]/ˈwaʼɴneʼe zjinoʼoʼɴ ʔakamicjiʼinu taʼataʼɴdi ʔicjoʼoʼjabiʼiʼɴ/（私は、宜野湾赤道の多和田と申します）等と名乗ったに違いない。それがNさんに伝わり、私だということがわかったということであろう（馬に乗って行った。それも私がNさんの祖母上の印象に残る要因になったかもしれないが）。私の「ウチナーグチ」が年配の方にも認めてもらえるものであるらしいと知って嬉しかった覚えがある。

4)　（沖縄語に関する）先行研究の多くが、「よむ（読）」「かく（書）」を代表語例として記述している。私もその影響下にあった。しかし、ある時、あることに気付き、自分の「立場」を見据えるべきであると考えた。

　　「読む」「書く」行為を日常的に行っている人が、それに準じる人をインフォーマントにして記述している。それはそれで結構なことであるが、私の第一言語形成に大きな役割を果たした「環境」は「読む」「書く」を日常的に行うそれではなかった。「読む」「書く」を中心に据えてしまうと、私の言語形成期の日常生活から遊離した記述をしてしまうことになると感じたのである。

　　年配の方にも褒められるほどの「ウチナーグチ」を仕込んでくれた祖母ウトは、学校に行かせてもらえなかったせいで文字とは縁のない生活を余儀なくされた。子供のころから働き者で重宝がられ、それが裏目に出てしまったのである。「バカだったなあ。もう少し怠け者だったら学校に行かせてもらえたのに」と、私が中学生の時だったかに、遣る瀬無さそうに言ったことがある。こちらも同じような気持ちに

注　1289

なり、何も言えなかった覚えがある。（学校は怠け者がいくところ？！何という時代であったことか。）

文字とは縁がなかったが（さらに言えば「ヤマトゥグチ（日本語）」もあまり解しなかったが）、聡明で、ほれぼれするほど、いろいろな「仕事」の手際がよかった。文字を手に入れておればさぞや、と思わせる人であった。

自分の無念さを払拭したいというか、自分のできなかったことを実現してほしいという思いがあったのであろうか。早くに孫の向学心を察知し、それに資する、できるだけのことをしてくれた。

因みに、二男六女の五女（6番目）。末っ子（8番目）の次男眞成と一番仲が良かったと聞いている。周りの「おとな」達の話から、「こども」ながらも私なりに、（祖母の兄弟姉妹八人のうちでは）この二人が抜きんでて「頭がいい」と判断していた。そういう二人が特に仲が良かったというのは相通ずる何かがあったからであろう。その大叔父眞成は若い時にアルゼンチンに移住した。自分の置かれた、不自由な境遇から脱出したかったからではなかろうかと推測している。

父眞市も、尋常小学校は出たようだが、「山学校」の優等生で、読み書きは苦手であった（「山学校」とは、学校へと出掛けはするが、学校へは行かず、途中の山や川などで過ごし、学校が終わるころにうちに帰ることを言う）。「日本語」も得意ではなかった。それで悔しい思いをしたことが幾度もあるようで、息子にはそうなってほしくないという思いがあったのか、手伝いを言いつける時は「学校の宿題は済んだか」「宿題が済んでからでいいから」と言うのが口癖であった。

母トミは、尋常高等小学校を出て、（先生にも勧められ）高等女学校に進みたかったそうだが、経済的理由で果たせなかったと寂しそうに語ったことがある（彼女も自らの叶えられなかった夢を息子に託すかのごとく、静かに応援していた）。

そういう背景もあって、生活上必要とされる手続きなどの読み書きには不自由しなかったが（「日本語」を「聞く」「話す」ことも）、それは日常的な事柄であると言えるものではなかった。

思いがけず家族史のようなものを語るかたちになってしまった。要は「読む」「書く」行為が日常生活で行われる環境にはなかったと言いたいだけのことである。

高等学校卒業まで身近にあった、「読む」「書く」に関するものと言えば、学校の教科書とそれに付随するものだけであり、周りに「読む」「書く」に日常的に親しんでいる人もいなかったから、その行為に関する日常会話がなされることもなかったのである。勿論、「よむ」「かく」が会話に出てくることはあるが、それは「数を数える」意味の「よむ」であったり、痒いところなどを「掻く」行為の「かく」であったりするのであって、「読む」「書く」ではない。

饒舌になってしまったが、上のような事情を反映させるには、「よむ（読）」ではなく、「のむ（飲）」が良いという結論に至った。先行研究に多く登場する「読む」と同様の形態変化をするので参照しやすいというのが最大の理由であり、人間の生存を支えるのに欠かせない行為が「飲む」であるという認識にもよる。食べられなくても飲めれば命が保てる。

5) 沖縄語の「終止形」・「言い切りの形」の成立過程に関連するものとして、内間（1984）が、「終止形の通時的考察」で、「〈居る〉〈ある〉の終止形」について「従来の説」「① woru 説、② *wormo 説、③ *worumono 説」等を紹介・検討しつつ詳しく論じている。

内間説は「*worimu」である。

中本（1990）にも同様のまとめ方が示されている。

沖縄語の「終止形」・「言い切りの形」の成り立ちのもとをなすのが「をり」ということになる（本書では、「をる」「ある」ではなく、「をり」「あり」とする）。

その「をり」「あり」の史的変化に関して、崎山（1963）が組踊を主な資料にして詳細に論述している。

次の事柄も参考になる。

高橋（1991）（《おも 3》に関して）〈終止形に「するむ」という今日の終止形語尾にあたるかと思われる「む」がついた形がある。〉(p.474)

高橋（1998）（《混験》に関して）〈「めよむ」は「見え居り＋む」に対応するものである。〉(p.92)

因みに、上記の論文・著書では、音声表記（高橋では主に仮名）により活用（形態変化）が論じられていることに留意する必要がある。

上記を踏まえて、第 5 章の当該箇所で考察する。

第 1 章（第 1 節）《翻訳》
1) 「ハ行点呼」。
2) 連用形「ぬくみ」の可能性もある。
3) 連用形「のみ」の可能性もある。
4) 連用形「あげり」の可能性もあるか。/aŋgïrï/ としてもよいか。
5) /sjiraŋgïtï/ の可能性もあるか。
6) 終止形「く」の可能性もあるか。
7) 「す」の命令形としての「すれ」であると推測される。

第 1 章（第 2 節）《漂録》
1) 「ムッチンジク」の「チン」の部分が、ハングル綴字法の関係上、切り離せないので、「쉰」（scin）のようにした。
2) 「이」('i) については、解釈を保留。
3) 仮に「いみめす召」を想定しておく。
「いく行」「く来」「をり居」の敬語に関して、仲宗根（1987）において（p.213 ～ 236 を中心に）述べられていることを、高橋（2001）（6 - 43）が次のように簡潔にまとめてくれていて大いに参考になる。

　　（10）仲宗根政善によれば、móyung* の語源（-ng は除く）は「いみ - おわる」で、mensheng の語源は「いみ - あり」と「めしあり」の複合したもので、menshorung は「いみ - あり」に「めし - おわる」が融合したものである。（『琉球方言の研究』1987 年　新泉社）

「いみ‐おわる」「いみ‐あり」の「いみ」は何か。仲宗根（1987）には次のよう
にある。

　　「いみ」は上代語の「います」や「往ぬ」などと関係がありそうに見える。
　　（p.224）

第2章（第1節）《琉館》

1)《陳使》「226、387、392　去　亦急」「238　見朝　大立葉亦急」「275　上緊走　排
　　姑亦急」「391　起身　榻知亦急」とある。

2)《陳使》「179　字　開的」とある。

3)《陳使》「016　起風　嗑済福禄姑」とある。
　　『日本館訳語』（《日館》と略称。以下、同じ）には「12　風吹　刊䔽福谷^{カンツエホコ}」とある。

4)《陳使》「242　立住　荅只歪立」とある。

5)《陳使》「391　起身　榻知亦急」「392　起去　榻知亦急」「393　起来　榻知」「407
　　明早起身　阿者速多蜜的榻知」とある。

6)《陳使》「234　買^{（ママ）}　烏利」「384　買^{（ママ）}　吾利」とある。

7)《陳使》「326　来　外亦立」とある。

8)《陳使》「222　説　嗑達里」「388　説　嗑達力」「395　説話　嗑達立」とある。

9)《陳使》「017　天陰　旬尼奴姑木的」「陰　姑木的」とある。

10)《陳使》「406　不知道　失藍子」とある。

11)《陳使》「398　知道　失知」「399　付答　失知」「400　回賜　失知」とある。

12)《陳使》「270、397　暁的　失達哇」「271　不暁的　民納失達哇」とある。

13)《陳使》「236　睡　眠不里」とある。

14)《陳使》「306　麵　以利蒙已」とある。「きりむぎ（切り麦）」の可能性もあるか。

15)《陳使》「019　下雨　嗑乜福禄」「020　下雪　由其福禄」とある。
　　《日館》には「19　落雨　阿密福禄^{アミホロ}」「24　落雪　由急福禄^{ユウキホロ}」とある。

16)《陳使》「255　辞朝　慢多羅」「256、394　回去　慢多羅」とある。

17)《陳使》「389　看　蜜只」とある。

18)《日館》には「関門」に対応する項目は存在しない。

19)《日館》には「開門」に対応する項目は存在しない。

20)《日館》には「板橙」に対応する項目は存在しない。

21)《陳使》「312　喫茶　昂乞利扎」「313　喫飯　昂乞利翁班尼」「314　喫肉　昂乞利
　　失失」とある。

22)《陳使》「252　進表　漂那阿傑的」「253　進本　盆那阿傑的」とある。

23)《陳使》「037　泥　乜禄」とある。《日館》には「56　泥　各聶禄^{コ子ロ}」とある。
　　《琉館》「038　泥　个乜禄」、《陳使》「037　泥　乜禄」。《琉館》が《陳使》を引用し
　　たという前提に立った場合、不都合な例となろう。《陳使》では「こ」に対応する「个」
　　が存在しないが、《琉館》ではそうではない。因みに、後続の《音字》「037　泥　乜禄」、
　　《夏使》「037　泥　乜禄」である。《陳使》に倣った可能性が高い。

24)《陳使》「246　平身　各失吾奴必約」とある。《日館》には「398　平身　各世吾那^{コスウウーナ}
　　必約^{ビョ}」とある。

25）《陳使》「071　晩　約姑里的」とある。

26）《陳使》「018　天晴　旬尼奴法立的」「067　陽　法立的」とある。

27）《陳使》「261　拿来　莫只个」とある。

28）《陳使》「250　起来　掲知」とある。

29）《陳使》「223　拝　排是」とある。

30）《陳使》「237　請来　子蓋失」とある。

31）《陳使》「265　作揖　撒哇立是礼」とある。《翻訳》に「すれ」（ᄼ레 sʌ-rjəi）とある。

32）《陳使》「230　有　阿力」「404　有無　阿力乃」とある。

33）《翻訳》の「すれ」、《琉館》の「すれ」参照。「をり＋あれ」→「をられ」か。「をら＋る（尊敬）」の可能性もある。「をられ（よ）」で尊敬命令と見る。

第2章（第2節）《陳使》

1）《琉館》「205、341　見麻　大立葉亦及」「208、325、556、578　去　亦及」「324　走　乜姑亦及（ママ）」「384　上緊走　排姑亦及」「577　起身　掲只亦及」とある。

2）《琉館》「232　字　開的」とある。

3）《琉館》「016　起風　嗑集福禄姑」とある。（《日館》には「12　風吹　刊薊福谷（カンツエホコ）」とある。

4）《琉館》「348　立住　達只外立」とある。

5）《琉館》「577　起身　掲只亦及」「578　起去　掲只亦及」「579　起来　掲只」「595　明日起身　阿者速多密的掲只」とある。

6）《琉館》「337、553　買烏立（ママ）」「366、590　買売　烏立高葉」とある。

7）《琉館》「326　来　外亦立」とある。

8）《琉館》「321　説　嗑達立」「573　説　嗑達立」「582　説話　嗑達立」とある。

9）《琉館》「017　天陰　旬尼奴姑木的」「073　陰　姑木的」とある。

10）《琉館》「594　不知道　失藍子」とある。

11）《琉館》「585　知道　失只」「586　付荅　失只」「回賜　失只」とある。

12）《琉館》「378、584　暁的　失達哇」「379、593　不暁的　民那失達哇」とある。

13）《琉館》「334　睡　眠不立」とある。

14）《琉館》「431　麺　以立蒙乞」とある。「きりむぎ（切り麦）」の可能性もある。

15）《琉館》「019　下雨　嗑乜福禄」「020　下雪　由乞福禄」とある。（《日館》には「19　落雨　阿密福禄（アミホロ）」「24　落雪　由急福禄（ユウキホロ）」とある。

16）《琉館》「207、361　辞朝　慢多罗」「362、580　回去　慢多罗」とある。

17）《琉館》「388　不好看　吐禄撒密只（ママ）」とある。

18）《琉館》「440　喫茶　昂乞立扎」「441　喫飯　昂乞立翁班尼」「442　喫肉　昂乞立失失」「443　喫水　昂乞立民足」「445　酒飯喫　撒及翁班尼昂乞立」「446　吃　昂乞立」「447　明日早起喫筵宴　阿者速多密的　昂乞立扎半失」とある。

19）《琉館》「358　進表　漂那阿結的」「359　進本　盆那阿結的」とある。

20）《琉館》「038　泥　个乜禄」とある。《日館》には「56　泥　各聶禄（コ子ロ）」とある。

21）《琉館》「351　平身　个失烏奴必約」とある。

22）《琉館》「078　晩　約姑立的」とある。

23)《琉館》「018　天晴　旬尼奴法立的」とある。

24)《琉館》「368　拿来　莫只个」とある。

25)《琉館》「356　起来　掲只」「577　起身　掲只亦及」「578　起去　掲只亦及」「579　起来　掲只」「595　明日起身　阿者速多密的掲只」とある。

26)《琉館》「322　拝　排是」とある。

27)《琉館》「388、581　請来　子蓋失」とある。

28)《琉館》「372　作揖　撒哇立是立」とある。《翻訳》に「すれ」とある。

29)《琉館》「331　有　阿立」「571　有　阿立」「591　有無　阿立及」とある。

第2章（第3節）《郭使》

1)「いく行」の例が、「はやくいけ」「もどりいけ」のように命令形の要素が強いので、それに倣ったが、「ありき」の可能性もある。

2)《陳使》「226、387、392　去　亦急」「275　上緊走　排姑亦急」とある。

3)《琉館》「232　字　開的」、《陳使》「179　字　開的」とある。

4) 連用形「なき」の可能性もある。

5)《琉館》「348　立住　達只外立」、《陳使》「242　立住　苔只歪立」とある。

6)《琉館》「336　買売　烏立高葉」等とある。

7)《琉館》「338、581　請来　子蓋失」、《陳使》「237　請来　子盖失」とある

8)《琉館》「337 買烏立」「366　買売　烏立高葉」、《陳使》「234　買烏利」「384　買吾利」とある。

9)《琉館》「073　陰　姑木的」等、《陳使》「066　陰　姑木的」等とある。

10)《琉館》「594　不知道　失藍子」、《陳使》「406　不知道　失藍子」とある。

11)《琉館》「585　知道　失只」等、《陳使》「398　知道　失知」等参照。

12)《琉館》「378、584　暁的　失達哇」等、《陳使》「270、397　暁的　失達哇」等とある。

13) 連用形「たもり」の余地を残しつつ。

14)《琉館》「334　睡　眠不立]、《陳使》「236　睡　眠不里」とある。命令形「ねむれ」の余地を残しつつ。

15)《琉館》「207、361　辞朝　慢多罗」「362、580　回去　慢多罗」、《陳使》「255　辞朝　慢多羅」「256、394　回去　慢多羅」とある。

16)《琉館》「388 不好看 吐 禄撒密只」、《陳使》「389　看　蜜只」とある。

17)《琉館》「078　晩　約姑立的」、《陳使》「071 晩　約姑里的」とある。

18)《琉館》「018　天晴　旬尼奴法立的」、《陳使》「018 天晴　旬尼奴法立的」「067　陽　法立的」とある。

19)《琉館》「368　拿来　莫只个」、《陳使》「261　拿来　莫只个」「264　放下　吾着刻」参照。

20)《琉館》「356　起来　掲只」、《陳使》「250　起来　掲知」参照。「たち」の可能性もあるか。

21)「て」の形シチも排除できない。/Qsi/ を表示した可能性もあるか。

22)《琉館》「331　有　阿立」、《陳使》「230　有　阿力」とある。

第 2 章（第 4 節）《音字》

1）「いく行」の例が、「はやくいけ」「もどりいけ」のように命令形の要素が強いので、そ
れに倣ったが、「ありき」の可能性もある。《郭使》「221　行　亜立基」とある。

2）《陳使》「275　上緊走　排姑亦急」、《郭使》「251　回去　悶都里一基」とある。「畏之」
は、ない。

3）《陳使》「226、387、392　去　亦急」275　上緊走　排姑亦急、《郭使》「222　去
亦急」「270　上緊走　排姑亦急」とある。「畏之」は、ない。

4）《琉館》「232　字　開的」、《陳使》「179　字　開的」、《郭使》「173　字　開第」と
ある。

5）連用形「なき」の可能性もある。《郭使》「396　啼　那基」とある。

6）《琉館》「016　起風　嗑集福禄姑」、《陳使》「016　起風　嗑済福禄姑」とある。
《郭使》にはこの項目に相当する例は存在しない。

7）《琉館》「348　立住　達只外立」、《陳使》「242　立住　荅只歪立」、《郭使》「238
住　荅止歪立」とある。

8）《琉館》「577　起身　掲只亦及」、《陳使》「391　起身　榻知亦急」とある。連用形「た
ち」の可能性もある。

9）《琉館》「336　買売　烏立高葉」等、《郭使》「230　買　科的」とある。

10）《琉館》「338、581　請来　子蓋失」、《陳使》「237　請来　子盖失」、《郭使》「233
請來　子蓋失之」とある。

11）《郭使》「395　笑　瓦喇的」とある。

12）《郭使》「397　呼　院的」とある。

13）《琉館》「337 買烏立」「366　買売　烏立高葉」、《陳使》「234　買（ママ）　烏利」「384
買（ママ）　吾利」、《郭使》「231　賣　屋的」とある。

14）《琉館》「073　陰　姑木的」等、《陳使》「066　陰　姑木的」等、《郭使》「066　陰
姑木的」とある。なお、/n/ と /r/ との問題については『沖縄語音韻の歴史的研究』
（2010）で言及済みである（p.356, p.364）。

15）《郭使》「266　不暁的　失藍」とある。

16）《琉館》「594　不知道　失藍子」、《陳使》「406　不知道　失藍子」、《郭使》「385
不知道　失藍子」とある。

17）《琉館》「585　知道　失只」等、《陳使》「398　知道　失知」等、《郭使》「384　知
道　識之」とある。

18）《琉館》「378、584　暁的　失達哇」等、《陳使》「270、397　暁的　失達哇」等、《郭
使》「265　暁的　識達哇」とある。

19）「命令形」の余地は残しつつ。《琉館》「334　睡　眠不立]、《陳使》「236　睡　眠不
里」、《郭使》「232　睡　眠不里」とある。

20）《琉館》「019　下雨　嗑乜福禄」「020　下雪　由乞福禄」、《陳使》「019 下雨　嗑乜
福禄」「020　下雪　由其福禄」とある。「日本語」である可能性が高い。（《日館》
には「19　落雨　阿密福禄（アミホロ）」「24　落雪　由急福禄（ユウキホロ）」とある。
《郭使》にはこの項目に相当する例は存在しない。

21）《郭使》「251　回去　悶都里（一）基」とある。

注　1295

22)《郭使》「219　興　屋起里」とある。

23)《琉館》は、「昂乞立」。但し、「進表」等は「阿結的」。《琉館》「358　進表　漂那阿結的」、《陳使》「252　進表　漂那阿傑的」等とある。
　　「語順」が異なっている。《琉館》、《陳使》は「動詞－目的語」、《音字》は「目的語－動詞」の順となっている。《琉館》の「昂乞立」「440　喫茶　昂乞立扎　441　喫飯　昂乞立翁班尼　　442　喫肉　昂乞立失失」

24)《琉館》「038　泥　个乜禄」、《陳使》「037　泥　乜禄」とある。

25)《琉館》「078　晩　約姑立的」、《陳使》「071　晩　約姑里的」、《郭使》「071　晩　約姑里的」とある．

26)《琉館》「018　天晴　旬尼奴法立的」、《陳使》「018　天晴　旬尼奴法立的」「067　陽　法立的」、《郭使》「067　陽　法立的」とある。

27)《琉館》「368　拿来　莫只个」、《陳使》「261　拿来　莫只个」「264放下　吾着刻」、《郭使》「拿來　枯」とある。

28)《琉館》「356　起来　掲只」、《陳使》「250　起来　掲知」、《郭使》「246　起來　掲知」とある。

29)《郭使》「218　拝　排失之」とある。

30)《郭使》「233　請來　子蓋失之」とある。

31)《郭使》「260　作揖　利十之」とある。

32)《琉館》「331　有　阿立」、《陳使》「230　有　阿力」、《郭使》「226　有　阿力」とある。

第2章（第5節）《蕭使》

1)「いく行」の例が、「はやくいけ」「もどりいけ」のように命令形の要素が強いので、それに倣ったが、「ありき」の可能性もある。《郭使》「221　行　亜立基」とある。

2)《郭使》「250　辭朝　畏之謾歸」とある。

3)《陳使》「275　上緊走　排姑亦急」、《陳使》「275　上緊走　排姑亦急」、《郭使》「220　走　迫姑一基」とある。

4)《琉館》「232　字　開的」、《陳使》「179　字　開的」、《郭使》「173　字　開第」とある。

5)連用形「なき」の可能性もある。《郭使》「396　啼　那基」とある。

6)《琉館》「348　立住　達只外立」、《陳使》「242　立住　荅只歪立」、《郭使》「238　立住　荅止歪立」とある。

7)《琉館》「336　買売　烏立高葉」等、《郭使》「230　買　科的」とある。

8)《琉館》「338、581　請来　子蓋失」、《陳使》「237　請来　子盖失」、《郭使》「233　請來　子蓋失之」とある。

9)《郭使》「395　笑　瓦喇的」とある。

10)《郭使》「397　呼　院的」とある

11)《琉館》「337 買烏立（ママ）」「366　買売　烏立高葉」、《陳使》「234　買　烏利（ママ）」「384 買（ママ）　吾利」、《郭使》「231　賣　屋的」とある。

12)《琉館》「321　説　嗑達立」等、《陳使》「222　説　嗑達里」「388　説　嗑達力」等、《郭使》「217　説　嗑荅里」とある。

13)《郭使》「266　不暁的　失藍」とある。

14)《琉館》「594　不知道　失藍子」、《陳使》「406　不知道　失藍子」、《郭使》「385　不知道　失藍子」とある。

15)《琉館》「585　知道　失只」等、《陳使》「398　知道　失知」等、《郭使》「384　知道　識之」とある。

16)《琉館》「378、584　暁的　失達哇」等、《陳使》「270、397　暁的　失達哇」等、《郭使》「265　暁的　識達哇」とある。

17)「連用形」の余地は残しつつ。《郭使》「382　求討　荅毛里」とある。

18)「命令形」の余地は残しつつ。《琉館》「334　睡　眠不立」、《陳使》「236　睡　眠不里」、《郭使》「232　睡　眠不里」とある。

19)《郭使》「251　回去　悶都里（一）基」とある。

20)《琉館》「207、361　辞朝　慢多罗」「362、580　回去　慢多罗」、《陳使》「255　辞朝　慢多羅」「256、394　回去　慢多羅」、《郭使》「250　辭朝　畏之謾歸」とある。

21)《琉館》「388 不好看 吐 ⁽ママ⁾ 禄撒密只」、《陳使》「389　看　蜜只」、《郭使》「381　看　密　只」とある。

22)《郭使》「219　興　屋起里」とある。

23)《郭使》「256　拿來　嗑子密的枯」とある。

24)この例は、この資料が初出。後続の《夏使》にもある。

25)《琉館》「018　天晴　旬尼奴法立的」、《陳使》「018 天晴　旬尼奴法立的」「067　陽　法立的」、《郭使》「067　陽　法立的」とある。

26)《郭使》「223　來　吃之」とある。

27)《琉館》「356　起来　掲只」、《陳使》「250　起来　掲知」、《郭使》「246　起來　掲知」とある。

28)《郭使》「260　作揖　利十之」とある。

29)《琉館》「331　有　阿立」、《陳使》「230　有　阿力」、《郭使》「226　有　阿力」とある。

第2章（第6節）《夏使》

1)「いく行」の例が、「はやくいけ」「もどりいけ」のように命令形の要素が強いので、それに倣ったが、「ありき」の可能性もある。《郭使》「221　行　亜立基」とある。

2)《郭使》「250　辭朝　畏之謾歸」とある。

3)《陳使》「226、387、392　去　亦急」275　上緊走　排姑亦急」、《郭使》「222　去　亦急」とある。

4)《琉館》「232　字　開的」、《陳使》「179　字　開的」、《郭使》「173　字　開第」とある。

5)《郭使》「396　啼　那基」とある。

6)《琉館》「348　立住　達只外立」、《陳使》「242　立住　荅只歪立」、《郭使》「238　立住　荅止歪立」、《蕭使》「241 立住　荅止歪立」とある。

7)《琉館》「336　買売　烏立高葉」等、《郭使》「230　買　科的」、《蕭使》「233　買　科的」とある。

注　1297

8) 《琉館》「338、581　請来子蓋失」、≪陳使≫「237　請来　子盖失」、《郭使》「233　請來　子蓋失之」、《蕭使》「236　請來　子蓋失之」とある。

9) 《郭使》「395　笑　瓦喇的」、《蕭使》「398　笑　瓦喇的」とある。

10) 《郭使》「397　呼　院的」、《蕭使》「400　呼　院的」とある。

11) 《琉館》「337 買 烏立」「366　買売　烏立高葉」、《陳使》「234　買　烏利」「384　買　吾利」、《郭使》「231　賣　屋的」、《蕭使》「234　賣　屋的」とある。

12) 《琉館》「073　陰　姑木的」等、《陳使》「066　陰　姑木的」等、《郭使》「066　陰　姑木的」とある。

13) 《郭使》「266　不曉的　失藍」とある。

14) 《琉館》「594　不知道　失藍子」、《陳使》「406　不知道　失藍子」、《郭使》「385　不知道　失藍子」とある。

15) 《琉館》「585　知道　失只」等、《陳使》「398　知道　失知」等、《郭使》「384　知道　識之」とある。

16) 《琉館》「378、584　曉的　失達哇」等、《陳使》「270、397　曉的　失達哇」等、《郭使》「265　曉的　識達哇」とある。

17) 「連用形」の余地は残しつつ。《郭使》「382　求討　荅毛里」とある。

18) 「命令形」の余地は残しつつ。《琉館》「334　睡　眠不立」、《陳使》「236　睡　眠不里」、《郭使》「232　睡　眠不里」とある。

19) 《琉館》「207、361　辞朝　慢多罗」「362、580　回去　慢多罗」、《陳使》「255　辞朝　慢多羅」「256、394　回去　慢多羅」、《郭使》「250　辭朝　畏之謾歸」とある

20) 《琉館》「388 不好看 吐 禄撒密只」、《陳使》「389　看　蜜只」、《郭使》「381　看　密只」とある。

21) 《郭使》「219　興　屋起里」とある。

22) 《琉館》「038　泥　个乜禄」、《陳使》「037　泥　乜禄」、《音字》「037　泥　乜禄」とある。

23) 《郭使》「256　拿來　嗑子密的枯」とある。

24) 《蕭使》「395　不見　迷闌」とある。

25) 《琉館》「018　天晴　旬尼奴法立的」、《陳使》「018 天晴　旬尼奴法立的」「067　陽　法立的」、《郭使》「067　陽　法立的」、《蕭使》「067　陽　法立的」とある。

26) 《琉館》「368　拿来　莫只个」、《陳使》「261　拿来　莫只个」「264 放下　吾着刻」、《郭使》「256　拿來　枯」とある。

27) 《郭使》「223　來　吃之」、《蕭使》「226　來　吃之」とある。

28) 《琉館》「356　起来　揭只」、《陳使》「250　起来　揭知」、《郭使》「246　起來　揭知」、《蕭使》「249　起來　揭知」とある。

29) 《郭使》233　請來　子蓋失之」とある。

30) 《郭使》「260　作揖　利十之」、《蕭使》「263　作揖　利十之」とある。

31) 《琉館》「331　有　阿立」、《陳使》「230　有　阿力」、《郭使》「226　有　阿力」、《蕭使》「229　有　阿力」とある。

第2章（第7節）《中信》

1298　注

1) 「いく行」の例が、「はやくいけ」「もどりいけ」のように命令形の要素が強いので、それに倣ったが、「ありき」の可能性もある。
《郭使》「221　行　亜立基」、《夏使》「224　行亜立基」とある。
2) 先行資料には、この例に対応する語は無い。
3) 《陳使》「226、387、392　去　亦急」「275　上緊走　排姑亦急」、《郭使》「222　去　亦急」、《夏使》「225　去　亦急」とある。
4) 《陳使》「275　上緊走　排姑亦急」、《郭使》「251　回去　悶都里一基」、《音字》「252　回去　悶都里一其」とある。
5) 丁（2001）は「乞介楞」に「琉球音」の「國際音声記号」として［kikaraɴ（聞からん）］と付している。「581　聽得　乞介楞」「582　不聽得　乞介藍」ともに［kikaraɴ（聞からん）］とし、「以上肯定式と否定式の言葉はともに否定式の読みになっている。５８１條は誤記。」とするが、疑問。総じてわかりにくい「音声記号」であるが参考にはなる。以下同じ。
6) 《郭使》「396　啼　那基」、《夏使》「399　啼　那基」とある。
7) 丁（2001）は「輕化子榮」に「琉球音」の「國際音声記号」［kiɴhadziiuɴ（着物脱ぐ）］を付している。
8) 《琉館》「348　立住　達只外立」、《陳使》「242　立住　荅只歪立」、《郭使》「238　立住　荅止歪立」、《音字》「240 立住　荅止歪立」、《蕭使》「241　立住　荅止歪立」とある
1700 年前後あたりから /ʔ/ と /ˈ/ との対立が生じたと考えられるので、このように表示する。以下、同じ。
9) 《琉館》「577　起身　掲只亦及」、《陳使》「391　起身　榻知亦急」、《音字》「391　起身　榻支」とある。
10) 但し、「あらら」の可能性は残る。
11) 《琉館》「336　買売　烏立高葉」等、《郭使》「230　買　科的」、《蕭使》「233　買　科的」、《夏使》「233　買　科的」とある。
12) 《琉館》「338、581　請来子蓋失」、《陳使》「237　請来　子蓋失」、《郭使》「233　請來　子蓋失之」、《蕭使》「236　請來　子蓋失之」、《夏使》「236 請來　子蓋失之」とある
13) この語の用例は、先行資料になし。
丁（2001）は「西米那那容」に「琉球音」の「國際音声記号」として［suminaraiuɴ（墨習う）］と付している。
14) 《郭使》「395　笑　瓦喇的」、《蕭使》「398　笑　瓦喇的」、《夏使》「398　笑　瓦喇的」とある。
15) 《琉館》「339、435　酔了　由的」とある。
16) 《郭使》「397　呼　院的」、《蕭使》「400　呼　院的」、《夏使》「400　呼　院的」とある。丁（2001）は「院的」に「琉球音」の「國際音声記号」として［iuɴdi］と付している。
17) 《音字》「257　拿来　嗑子密的枯」とある。
丁（2001）は「蹄子烘」に「琉球音」の「國際音声記号」として［tiːtsuɰuɴ］と付

している。

18)《琉館》「337 買烏立^{（ママ）}」「366 買売　烏立高葉」、《陳使》「234　買^{（ママ）}　烏利」「384 買　吾利」、《郭使》「231 賣　屋的」、《蕭使》「234　賣　屋的」、《夏使》「234　賣　屋的」とある。

19) 先行資料には、この例に対応する語は無い。

20)《琉館》「073　陰　姑木的」等、《陳使》「066　陰　姑木的」等、《郭使》「066　陰　姑木的」、《夏使》「017　天陰　旬尼奴姑木的」「066　陰　姑木的」とある。

21)《郭使》「266　不曉的　失藍」、《夏使》「269　不曉的　失藍」とある。

22)《琉館》「594　不知道　失藍子」、《陳使》「406　不知道　失藍子」、《郭使》「385 不知道　失藍子」《夏使》「388　不知道　失藍子」とある。

23)《琉館》「585　知道　失只」等、《陳使》「398　知道　失知」等、《郭使》「384　知道　識之」、《夏使》「387　知道　識之」とある。

24)《琉館》「378、584　曉的　失達哇」等、《陳使》「270、397　曉的　失達哇」等、《郭使》「265　曉的　識達哇」、《夏使》「268　曉的　識達哇」とある。

25)《琉館》「019　下雨　嗑乜福禄」「020　下雪　由乞福禄」、《陳使》「019　下雨　嗑乜福禄」「020　下雪　由其福禄」、《音字》「019　下雨　嗑乜福禄」「020　下雪　由旗福禄」とある

26)《郭使》「251　回去　悶都里（一）基」、《蕭使》「254　回去　悶都里一基」とある。

27) 先行資料には、この例に対応する語は無い。

28)《郭使》「219　興　屋起里」、《蕭使》「222　興　屋起里」とある。但し、これらの例は「おけれ」に対応。丁（2001）は「屋起堅」に「琉球音」の「國際音声記号」として [ʔukigeɴ（ご機嫌^{キゲン}）] と付している。

29)｜MITʃUˀN｜に到る途中の形と位置付けることが可能か。

30)《夏使》「395　不見　迷闌」とある。

31)《琉館》「018　天晴　旬尼奴法立的」、《陳使》「018　天晴　旬尼奴法立的」「067　陽　法立的」、《郭使》「067　陽　法立的」、《蕭使》「067　陽　法立的」、《夏使》「067　陽　法立的」とある。

32)《琉館》「368　拿来　莫只个」、《陳使》「261 拿来　莫只个」「264 放下　吾着刻」、《郭使》「256　拿來　枯」、《音字》「257 拿来　嗑子密的枯」、《夏使》「259 拿來　嗑子密的枯」とある。

33)《琉館》「356　起来　掲只」、《陳使》「250　起来　掲知」、《郭使》「246　起來　掲知」、《蕭使》「249　起來　掲知」、《夏使》「249 起來　掲知」とある。

34)《郭使》例（「218　拝　排失之」「241　朝貢　密加妳吸之」「260　作揖　利十之」、「394 辛苦　南及之」）を見ると、「失之」「吸之」「十之」が「して」に対応し、「之」が「し」に対応すると考えられる。これに準じて、ここも連用形「し」とする。しかし、「して」に対応するという可能性も否定できない。また、/Qsji/ を表示したという可能性も残る。

35)《琉館》「331　有　阿立」、《陳使》「230　有　阿力」、《郭使》「226　有　阿力」、《音字》「229　有　阿力」、《蕭使》「229　有　阿力」、《夏使》「229　有　阿力」とある。

第 2 章（第 8 節）《琉見》

1)《中信》「356　行路　阿之」とある。

2)「敷いて座った」状態を指してのことであろう。問うた人と答えた人との間に「誤解」が起こったか。「座る」をどう言うかと問うたはずのが、「敷く」という回答を得たか。

3)《郭使》「396　啼　那基」、《夏使》「399　啼　那基」、《中信》「599　啼　那其」とある。

4)《中信》は「福的」。

5)《中信》「347　脱衣　輕化子榮」とある。

6)《中信》「357　等待　末之」とある。

7)《琉館》「336　買売　烏立高葉」等、《郭使》「230　買　科的」、《蕭使》「233　買　科的」、《夏使》「233　買　科的」、《中信》「367　買　科的」とある。

8)《中信》「579　念書　西米那那容」とある。

9)《郭使》「395　笑　瓦喇的」、《蕭使》「398　笑　瓦喇的」、《夏使》「398　笑　瓦喇的」、《中信》「598　笑　瓦喇的」とある。

10)《琉館》「339、435　酔了　由的」、《中信》「349　大醉　威帝」とある。

11)《音字》「257　拿来　嗑子密的枯」、《中信》「345　拳頭打　蹄子烘」とある。

12)この語の用例は、先行資料には無い。

13)《琉館》「337　買^{（ママ）}烏立」「366　買売　烏立高葉」、《陳使》「234　買^{（ママ）}　烏利」「384　買^{（ママ）}　吾利」、《郭使》「231 賣　屋的」、《蕭使》「234　賣　屋的」、《夏使》「234　賣　屋的」、《中信》「368　賣　屋的」とある。

14)《琉館》「073　陰　姑木的」等、《陳使》「066　陰　姑木的」等、《郭使》「066　陰　姑木的」、《夏使》「017　天陰　旬尼奴姑木的」「066　陰　姑木的」、《中信》「020 天陰　町奴姑木的」とある。

15)《郭使》「266　不暁的　失藍」、《夏使》「269　不暁的　失藍」、《中信》「399　不暁得　失藍」とある

16)《琉館》「585　知道失只」等、《陳使》「398　知道　失知」等、《郭使》「384　知道　識之」、《夏使》「387　知道　識之」、《中信》「588　知道　識之」とある

17)《琉館》「019　下雨　嗑乜福禄」「020　下雪　由乞福禄」、《陳使》「019 下雨　嗑乜福禄」「020　下雪　由其福禄」、《音字》「019　下雨　嗑乜福禄」「020　下雪　由旗福禄」、《中信》「012　下雨　阿梅福的」「013 下雪　又急福的」とある

18)連用形なら /mudu'i/ 相等の音訳字だろうと考えて。次項の「わたる渡」の例も参照した。《郭使》「251　回去　悶都里（一）基」、《蕭使》「254　回去　悶都里一基」、《中信》「393　回去　悶_{ママ}都里一其」とある。

19)《中信》「359　生　一吉之」とある。

20)《郭使》「219　興　屋起里」、《音字》「222　興　屋起里」、《蕭使》「222　興　屋起里」、《夏使》「222　興　屋起里」、《中信》「362　興　屋起堅」とある。

21)《中信》「342　洗浴　阿美的」とある。

22)《中信》「375　肥　滑的」とある。

23)《琉館》「018　天晴　旬尼奴法立的」、《陳使》「018　天晴　旬尼奴法立的」「067　陽　法立的」、《郭使》「067　陽　法立的」、《蕭使》「067　陽　法立的」、《夏使》「067

陽　法立的」、《中信》「066　陽　町奴法力的」とある。

第2章（第9節）《琉訳》

1)「琉球語と日本語の文法の要綱（5）」に次のようにある。(p.108)

yumi とは学識ある者の「読み」の型で，ほとんど琉球語と同じ様に読まれる意味解釈方式である。fiódji((講議)) あるいは tūkushu((読書)) という読み方よりも，より中国語の構文と発音に近い。

2) 高橋（2002）には、次のようにある。(p.46-48)

比嘉春潮は次のように記している。

七歳で小学校に上がったのが明治二十二年（一八八九）。十二歳の兄も一緒に尋常一年に入った。（中略）入学前にわれわれは家庭で父から古い時代の教育を受けていた。いくつのころからか、兄と一緒にまず漢文の道徳経「三字経」をやり、続いて「小学」をやり、巻の二の初めまでやったところで学校へあがった。読み一本やりで暗唱できるまで朗読するのである。三字経までは琉球読みで「サンジチョウ」と読み、「小学」に入ると大和風に開口読みとし、「立教第一＝りっきょうだいいち」と読んだ。これは琉球読みだと「リッチョウデエイチ」である。

昔の大和口上などはみなこういう開口よみであったから、私の父はもちろん日本読み漢文も和文も読めたが、普通語のはなし言葉はできなかった。格式ばって「それはいかなることか」という調子ならよくわかった。（中略）両親は言葉づかいにも特にきびしく、われわれが西原なまりを使うとひどく叱られ、アクセントについてもやかましく直され、干渉された。（『比嘉春潮全集』第四巻評伝・自伝　一八五頁）

また、次のように記している。

明治十二年（一八七九）の廃藩置県以前の沖縄における漢文の訓読と直読（音読）について述べよう。

㈠　当時のすべての学校（首里・那覇・泊の村学校、平等学校、国学と、久米村の読書学校、明倫堂、宮古・八重山の南北学校）では、漢文はすべて訓読で教えた。

㈡　しかし、最初の『三字経』と『二十四孝』は合音訓読（沖縄語の発音による訓読）で、『小学』から『四書』『五経』は開音訓読（日本語の発音による訓読）で、久米村だけは『四書』『五経』までもすべて合音訓読であった。

㈢　久米村の読書学校、明倫堂、首里の国学、両先島の南北学校では、将来、漢文の直読、官話の入門として、「二字話」「三字話」「四字話」「五字話」を教えた、もちろん直読で。

すなわち原則として将来和文を用いる職務につく大和および国内向きの人は、最初は合音訓読、それから開音訓読を学び、唐向きの職務につくべき人々（久米村人と両先島の通事および官生志願の人々）は、ずっと合音訓読を学ぶ。（比嘉春潮著『比嘉春潮全集』第三巻文化・民俗　五四一頁）

「開」か「合」か、即断はできないが、「合」（沖縄式発音）が多い印象がある。例えば、

おとす　落武都酥　1192 流泪曰拿達武都酥　☼ 終止形「おとす」に対応。/ʔutusi/ と推定。

おびやかす脅　武必牙略息　1003 剽曰武必牙略息　☼ 終止形「おびやかす」に対応。/ʔubi'jakasi/ と推定。

わきばさむ　脇挟瓦直法煞木　0365 掖曰瓦直法煞木　☼ 終止形「わきばさむ」に対応。/wacjibasamu/ と推定。

等のように、「武」は「お」ではなく「う」であろうし、「直」は「き」ではなく「ち」であろうから。これと上記の「久米村だけは『四書』『五経』までもすべて合音訓読であった」と、李鼎元付の通事が久米村のそれである可能性が高かろうことを考え合わせると、「合」である確率が高いと思われる。分析の過程で明らかになっていくであろう。

3) これだけでは四段か下二段か、判別できないので、下二段にも収録してある。

4) 《中信》「267 畫　夷夷喀之」とある。

5) 「なづ→なでる（撫）」も一緒になっている。「なでる」は /nadiru/ のはずだが。

6) 《中信》「347 脱衣　輕化子榮」とある。

7) 連用形「あらはし」の可能性もある。連用形「あらはし」なら /ʔarawasji/。

　　以下、〈☼ 終止形「〜す」に対応。〉の例に関しては、同様の注記〈連用形「〜し」なら /〜 sji/。〉が続くことになる。逐一記すと煩雑になりすぎるので省略することとし、単に「注7）」と付して「注7）に準じる」意を示すことにする。但し、他の語例では、「て」の形や連用形等が多いようなので、それらとの統一を考える必要があろう。

　　第5章でそのようにするつもりである。

8) 連用形「あやまち」の可能性もある。連用形「あやまち」なら /ʔa'jamacji/。以下、「〜つ」（終止形）か「〜ち」（連用形）か「〜ちて」か、と関連して同様のことが考えられる。いちいち「注」を付けるのは煩雑なので、省略に従うことにし、「注7」に倣って「注8」のみとする。

9) 《中信》「380 立住　荅止歪立」とある。

10) 「かふ買」にも同様の表記「阿」と「阿禄」（「◇」と「◇禄」）がある。

11) 《中信》「349 大醉　威帝」とある。

12) 丁（2000）では「空不中」に [kuNbuddʒiN（くぼむ）] という「音声表記」を当てる。

13) 丁（2000）では「羊干治」に [iaNgaNdʒ（歪んで）] という「音声表記」を当てる。

14) 「得」も、同じ発音のものと意識されたらしく、一緒になっている（されている）ことに注意。同様の例が他にもいくつかある。

15) 「識之」で「しりて」。先行資料《郭使》「384　知道　識之」、《音字》「382　知道　識之」、《蕭使》「387　知道　識之」、《夏使》「387　知道　識之」、《中信》「588　知道　識之」。更に、《琉館》「585　知道　失只」等、≪陳使》「398　知道　失知」等、《郭使》「384　知道　識之」、《蕭使》「387　知道　識之」、《夏使》「387　知道　識之」、《琉見》「204　曉得　失之」も参照。

16) 「つげる（告）」「つきる（尽）」等と区別されていない。

17) 丁（2000）では「即姑林」に [ʔ] という「音声表記」を当てる。[ ] なしで ʔ のみにしたほうがよいように思われる。

注　1303

18)「問」「取」「踉蹌」等も「同音異義語」とされている。

19)「倣」「習」は「ならふ→ならう→なろう→ナルー→ナル」などとなり、「成」等と一緒にされたか。

20)「のる」(乗)も「ぬる」(塗)と「同音異義語」と認識されたらしい。

21)「陳」「申」「述」「展」等も「のぼる」と「同音異義語」のものとして扱われている。

22)「揮」(ふるふ)、「掘」(ほる)、「亡」(ほろぶ)が「同音異義語」のように扱われている。

23) この形「みだるる」は「日本語」(文語)である証拠となるか。「沖縄語」なら「みだりる」のようになろう。

24)「をり」(居)も一緒にされているので、連体形の「をる」と終止形の「をる」(折)の区別は意識されていないのかもしれない。

25)《中信》「342 洗浴　阿美的」とある。

26)《中信》「369 打更　柯北音」とある。

27)「飢」(うゑる)と「老」(おいる)が「同音」と見做されているらしい。

28)《中信》「403 拿來　一得姑」とある。

29)《中信》「390 進表　漂那阿傑的」とある。

30)「皮革」の「革」のはずが、「革新」の「革」となっている。

31)「荒」と「枯」とが「同じ(発音)」と見做されていることになるから、「あれる」と「かれる」が(聞き取りの段階で?)区別されなかった可能性がある。

32)《中信》「403 拿來　一得姑」とある。

33)《中信》「388 起來　掲之」とある。

34)《中信》「383 朝貢　密加妳吸之」とある。

第3章（第1節）《碑文》

1)（やら）(1554)には「ついさしよわちへ」とある。

2)（石西）(1522)には「つさしよわちへ」とある。

3)《ベッテ》に次のような例（「あら+名詞」(あらはず)）がある。

　　ara hāzī 5-105 Kurinyi stu, nya bitsi yuïshǔnǔ **ara** hāzīndi umutóng.(*I think there may be another reason besides.*)　この他に, 別の理由があると思います。

　　☆ 未然形「あら」を含む。「あらはず」に対応。/ʔara hazi/ と推定。/ʔaru/ ではない。

4)《翻訳》「079 做飯　오바리ᄉ레 'o-pa-ri- sʌ-rjɔi」(命令形「すれ」対応)参照。

第3章（第2節）《田名》　　　　（注　ナシ）
第3章（第3節）《おも1》

1) 高橋(1991)は、「あり」ではなく「やる」を立てる。

2) 高橋(1991)〈従来「依い憑く」の音変化形とされてきたが、「よりおれる(依り降れる)」の時の「より」は「い」に変化していないので、「結い付き」が穏当であろうか。」(p.51)に従う。

3) 高橋(1991)〈「き(来の連用形)」+「おわる」の融合した形。用例も多く、一単語として独立させる。なお、仲宗根政善氏は「おもろでは、『き』はまだ『ち』に

法則的に変化していないが、カ行変格の連用形『き』におわるがつくとき、『ちよわる』となり、極めてまれな例になっている。『ちよわる』は、おもろに多く用いられていて、『来給う』『行き給う』の意味のほかに『居給う』の意味にも用いられる。むしろその用例が多い」と述べておられる（「おもろの尊敬動詞『おわる』について」）。〉p.259

4）高橋（1991）は「五四八　おれる（降りる）」として「下二段動詞」に含める。本書では、「おる」に対応する「おれる」というまとめ方をする。
『おもろさうし辞典・総索引』には次のようにある。
　　おれ・ら（降れら）［自動］降りよう。動詞「おれる（おりる）」の未然形。本来上一段的に活用して
　　いた「おれる（降りる）」が、琉球方言動詞の一般的な変化現象であるラ行四段化していく過程にある
　　動詞で、「おれら」以外には、連体形「おれる」の用例と語幹「おれ」だけで機能する例がある。
本書では、「ラ行下一段」的な「おれる」と「ラ行四段」的な「おれる」の両方をカバーするために「おる」という見出し語を立てる。

5）高橋（1991）〈「たいらあけて」の「あ」は歌うとき、延ばしたのをそのまま音記[ママ]したもの。〉(p.369)

6）高橋（1991）は、〈《完了》…サ変動詞＋「やり」〉とする。p.470　本書では、「やり」/jari/ は「あり」{ARI}の異形態と捉える。

7）高橋（1991）は、〈《尊敬》…サ変動詞＋「よわる」〉とする。〉p.466　本書では、「よわる」/juwaru/ は「おわる」{UWARU}の異形態と捉える。

8）高橋（1991）〈五二〇　しめる（させるの意）　古語の助動詞「しむ」と同源であろうが、オモロの用例では、自立語として機能しているので、動詞としたほうが適切である。〉(p.423)に依る。「しめる」ではなく、「しむ」とする。

第3章（第3節）《おも2》

1）高橋（1991）は「はやす（栄やす）」とする。

2）高橋（1991）〈「北谷」がまだ「きたたん」であるので、「持ち来たる」の口蓋化したものとするよりも、「持ちたる」の口蓋化したものとするのが穏当であろう。〉p.138 に従う。文脈上も「回して持って来た」よりは「回して持っている」が妥当であろう。（但し、「口蓋化」ではなく「破擦音化」とする。）

3）高橋（1991）〈「ちよわる」の連用形に進行の意味の補助動詞「より」が付いた「ちよわりより」の音変化したもの。〉p.259

4）高橋（1991）〈「はして」「はしちへ」となったのち、さらに「し」が脱落し「はちへ」になったと考えられる。〉p.292

5）高橋（1991）は、〈《完了》…サ変動詞＋「やり」〉とする。p.470　本書では、「やり」/jari/ は「あり」{ARI}の異形態と捉える。

6）『おもろさうし辞典・総索引』〈有る。在る。（中略）　動詞「あり」の語幹に完了の助動詞「つ」の連体形「つる」が付いた形。〉
　　高橋（1991）〈「あり」に完了・強意をあらわす「つ」の連体形が接続した「ありつる」の音変化したものとされているものである。〉p.477

注　1305

第3章（第3節）《おも3》

1) 「未然形＋名詞」の「未然形」の例と捉える。

2) 高橋（1991）〈「うく（浮く）」は、〈「うききよら・うきとよみ・うきあかり・うきくも・うきしま」など転成名詞の複合した形のみである。〉p.34

3) 高橋（1991）〈仲宗根政善氏は、「『おわちへ』が「おはして」からの転とすることは、音韻変化の法則にかなっている。『おはす』のサ行変格、四段、下二段活用の中、サ行変格からきたのか、サ行四段から来たのかは明らかにしがたい」と述べておられる（「おもろの尊敬動詞『おわる』について」）。一応、サ行四段に入れておく。また、未然形についても「未然形『おわ』は、四段活用の『おはす』の未然形『おはさ』の『さ』の脱落と見るべきか、ラ行四段化して「おわら」となり、さらに『ら』の脱落したものと見るべきか、明らかでない。」と述べておられる。これは一応ラ行四段に入れておく。よって、未然形・連用形・終止形・連体形・已然形・命令形については、ラ行四段の「おわる」を参照されたい。〉p.74

4) 高橋（1991）〈「しらす」は「しる」の尊敬・使役表現であろうか。〉p.83

5) 『おもろさうし辞典・総索引』は「未詳語」とする。

6) 『おもろさうし辞典・総索引』は「寄らせ」とするが、高橋（1991）の「揺らせ」に従う。

7) 高橋（1991）〈この「たつ」は「…し続ける」の意であろう。〉p.126

8) 高橋（1991）〈ここの「たつ」は「…し始める」の意であろう。〉p.132

9) 「未然形＋しよ」で意志・推量を表わす。

10) 「もちちへ（持）」参照。

11) ＜待たないで＞とあるのをこのように改めた。

12) 「たちちへ（立）」参照。

13) 高橋（1991）に依った。『おもろさうし辞典・総索引』は、〈あやり（有遣り）　未詳語。有り遣り、有っての意か。〉とする。

14) 高橋（1991）に依った。『おもろさうし辞典・総索引』は、〈あわててよ（慌ててよ）［動連］大急ぎで。動詞「あわてる」の連用形に助詞「て」「よ」が付いた形。〉とする。

15) 『おもろさうし辞典・総索引』〈いやりせ（伝言せ）［動連］伝言しよう。「いやり」は伝言、「せ」はサ変動詞「す」の未然形。「せむ」の「む」の脱落か。〉

16) 高橋（1991）〈従来これらの「いよやに」は、副詞で、「いよいよ」の意とされていたが、「言う様に」である可能性がある。〉p.147

17) 〈「未然形＋助詞（ぎやで、ぎやめ、など）」の形で未来の内容を表わす。〉には合わないことになる。「変化」と捉える。「かよわきやめ」（通うまで）の例と対比。

18) 〈「未然形＋助詞（ぎやで、ぎやめ、など）」の形で未来の内容を表わす。〉に対応。

19) 「未然形＋に」で打消しの疑問（「〜ないか」の意）、あるいは、強い意志、願望を表わす。

20) 高橋（1991）では〈古語「しなゆ（萎ゆ）」（ヤ行下二段）となんらかの関係があるのではないかと考え、ヤ行下二段活用の所に入れておく。〉p.435　とするが、「しなて」に到る前の段階「しなひて」を「しなへて」と表記したと捉える。

21) 高橋（1991）〈ハ行四段動詞の未然形に尊敬の助動詞「ら」が接続したものであろ

うか、あるいは、ハ行四段動詞のラ行四段活用化したものであろうか。未詳。〉
p.167

22）「とへは」「とゑは」は「とへば」/tuiba/ に対応するとも考えられるが、「とへわ」からの類推により、/tuiwa/ であろうと判断した。高橋（1991）〈「とへわ」は、『校本』によると、仲吉本・伊波本は「わ」であるが、尚家本・安仁屋本は「は」である。〉p.175

23）高橋（1991）〈「ねがいよわちへ」あるいは「ねがよわちへ」とあるべきところで、「おわる」の用法としては例外となる（「おもろの尊敬動詞『おわる』について」参照）。P.176

24）高橋（1991）〈二二六　はりやふ（走り合う）「はしりやふ」の音変化した形。〉p.178

25）『おもろさうし辞典・総索引』は「走り競い」とする。

26）『おもろさうし辞典・総索引』は「走り競いて」とする。

27）高橋（1991）〈仲原善忠は「栄える」と「ふさわしい」の二義あるとする（『おもろ新釈』一七二頁）。（以下、略）〉p.178

28）高橋（1991）〈ここでは「い」が残っている点に注目される。〉p.178

29）高橋（1991）〈「むかは」は、従来「向かば（カ行四段動詞＋ば）」とされているが、「向かは（ハ行四段動詞未然形）」とするのが穏当であろう。〉p.184

30）高橋（1991）〈『辞典』は「群れ合い」とし、『全釈』は「守り合い」とする。後者が穏当であろう。〉p.185

31）高橋（1991）〈バ行四段動詞のまとめ　接続形は、音便化している。その撥音は、一音節として認識されなかったらしく、表記されていない。〉p.203

32）「未然形＋名詞」で未来の内容を表わす。
「あすばかす、あすはかす」の「未然形＋名詞」と「あすふかす」の「連体形＋名詞」とが共存している。これをどのように解釈するか。

33）（9の例が）「あすべは」であって「あすべば」ではないから（「べ」だけ濁点あり、「は」濁点なし）/asïbiwa/ の可能性が高いか、と判断した。

34）高橋（1991）では「三三八　たぽる（賜わる）」を立て〈命令形の例が一つあるのみである。移入語だからであろう。〉p.257 とする。前の例の「たほう」を認めていないらしい。

35）高橋（1991）〈『辞典』は「飛ぶ。飛行する。『とふ』に同じ」とする。ブの子音脱落か。未詳。〉p.200

36）高橋（1991）〈マ行四段動詞のまとめ　接続形は、撥音便化している。その撥音は、一音節として認識されなかったらしく、表記されていない。〉p.228

37）高橋（1991）は、「古語には下二段に活用した例がある。」(p.427) として下二段動詞に含めている。

38）高橋（1991）「～。今後の検討を要する。」p.229

39）『おもろさうし辞典・総索引』は「いりちへ（薨）」とする。高橋（1991）〈ラ行四段動詞の場合、接続形には「て」が付くのがほとんどであるが、活用語尾の母音がiであるため、「いりて」が口蓋化して、「いりちへ」となっている。〉p.236

40) 『おもろさうし辞典・総索引』p.90〈おわる［自動］おわす。居られる。来られる。動詞「おわす」のラ行四段化した形で、「おわる」のほかには已然形・命令形の「おわれ」があり、その他は語幹「おわ」に助動詞や補助動詞が付く形で機能している。原注に「御座するなり」（15－5）とある。〉

41) 高橋（1991）〈「す」は係助詞らしいので、「けすれ」を已然形としておく。〉P.248

42) 高橋（1991）〈「さがる」が「あまくれ」にかかるかどうか明確ではないが、一応連体形としておく。〉p.250

43) 『おもろさうし辞典・総索引』は「未詳語」とする。

44) 「未然形＋だな」で「打ち消し」の意を示す。

45) 高橋（1991）〈四段活用の「たる」と、下二段活用の「たれる」とあったと考えられる（拙論「『おもろさうし』に於けるエ段音とイ段音」）〉p.258

46) 高橋（1991）〈「ちやうわちへ」の表記に注目される。〉p.262

47) 注32）と同様、同じ「ぎやめ」が連体形「つくる」にも未然形「つくら」にも付いている。

48) 「やり」は動作の継続進行を表わす（『おもろさうし辞典・総索引』）。

49) 『おもろさうし辞典・総索引』は「はりゑ（晴れゑ）」とする。

50) 高橋（1991）〈「はして」「はしちへ」となったのち、さらに「し」が脱落し「はちへ」となったと考えられる。～。〉p.292。「はしる→はる」の変化だとすると見出し語としては「はしる走」が妥当か。

51) 『おもろさうし辞典・総索引』は「よれは〈未詳語〉」とする。

52) 高橋（1991）〈～、上一段動詞はラ行四段動詞の語幹末尾母音がiである語（例えば「入る」「走る」など）と、同じ活用になっていることが解る。ただし、「見る」「居る」の連用形は「い」「ゐ」であり、完全な四段動詞というわけではない。「射る」の連用形だけが「いり」であり、四段化が完成していたと言える。〉p.340

53) 高橋（1991）〈「いおとちへ」ではなく「いりおとちへ」であるところが注目される。〉p.332。「いら、いり、いる、…」のように（形態）変化していたことを示唆する。

54) 高橋（1991）〈「きちやる」の「る」が脱落した形、いわゆる「尾略形（apocopated form）」になっている。〉p.333

55) 高橋（1991）〈「た」が口蓋化していない点が注目される。〉p.336

56) 高橋（1991）〈「ゐ」ではなく「い」である点、意味が落ち着かない点で、少し疑問が残る。〉p.340

57) 高橋（1991）〈～、『おもろさうし』には上二段動詞は存在しないと言えそうである。〉p.343

58) 《おも1》の 注4）参照。

59) 「おれらかす」と「おれるかす」。「未然形＋かず」と「連体形＋かず」とが共存するかたちとなっている。

60) 高橋（1991）〈オモロ時代すでに、二段に渡って活用することはなくなっている。「日本古典語の下二段動詞に対応する動詞」という意味で以下に述べていく。〉p.344 本書の見出し語は、全ての（活用の）動詞に対してそのように（「古典語に対応するように」）している。

61）高橋（1991）〈一方は「ゑれ」、他方は「ゑれい」とあるのが、注目される。「い」は終助詞であろう。〉p.345

62）「未然形」が二つ並存していると捉えたい。「下二段」的「おしうく」の未然形「おしうけ」と「ラ行（四段）化」後の未然形「おしうけら」が。高橋（1991）は〈前記四例の「おしうけ」を何形とするか、問題になるところである。「かず」は名詞、または、動詞の未然形あるいは連体形に接続しているので、「おしうけ」は未然形とするのが穏当であろうか。そうすると、未然形に「おしうけら」と「おしうけ」の二つがあることになる。なお、動詞の転成名詞に接続していると考えることも可能であろう。〉p.350-351 とする。

63）『おもろさうし辞典・総索引』には、〈「つけるな→つけんな→つけな」と変化した形であろう。「な」は禁止の意を表わす助詞。「つけるな」に同じ。〉とある。

64）『おもろさうし辞典・総索引』には、〈「つけたな」がもとの形で禁止の意をあらわす助詞「たな」の「な」が脱落したものであろう。〉とある。

65）高橋（1991）〈「世かける」の未然形に尊敬の補助動詞「わ」、あるいは、助詞「は」の付いた形と考えることもできよう。〉p.361

66）高橋（1991）p.370 参照。

67）高橋（1991）〈同じ未然形でも「みせら」と「みせ」の二形がある。〉p.377

68）高橋（1991）〈「わ」は尊敬の補助動詞の未然形であろう。〉p.378

69）高橋（1991）〈連用形「たて」＋尊敬の補助動詞「わり」＋完了の助動詞「やり」の音変化した形。〉p.388

70）高橋（1991）〈『辞典』は「満つる」とする。下二段の古い連体形が残っていることになり、異例である。「水」＋係助詞「る」とも考えられそうである。未詳。〉p.391
　　　　『おもろさうし辞典・総索引』には「なつみつ（夏満つ）夏が満つるようにという形容句。」とあり、「－る、かに、ある」とする。

71）濁点があれば問題なく「出」だが、文脈上、「言、行、出」三様に解釈できる。

72）高橋（1991）〈一三の一と二二の四三は重複オモロ。「ちへ」が「ち」となっているのに注目される。〉p.394 。
　　　　「いてら」「いちへら」「いちら」の三つを対照すると、変化過程を展示してくれているように見える。/idira/ → /izira/ → /izjira/ のような変化過程である。

73）「いちて」の例はないが、前の「いてら」「いちへら」「いちら」の例に倣えば、「いでて /iditi/ →いぢへて /iziti/ →いぢて /izjiti/」という変化が類推されよう。

74）「いちたる」の例はないが、前の「いてら」「いちへら」「いちら」、「いてて」「いちへて」の例に倣えば、「いでたる /iditaru/ →いぢへたる /izitaru/ →いぢたる /izjitaru/」という変化が類推されよう。

75）高橋（1991）〈「ゑ」の影響で「て」が口蓋化したのであろう。類例に「たとゑちへ」がある。〉p.414。　ここの「口蓋化」は「破擦音化」のほうが相応しかろう。

76）高橋（1991）〈従来は「なふ」あるいは「ぬふ」の連用形とされている。そうだとすれば、「おわる」の用法としては例外となる。淡路島では「しね縄をなう」ことを「のべる」と言う（小学館『日本国語大辞典』）。これと同じ語とするのが穏当であろう。〉p.421 に依る。

77) 高橋（1991）は、〈[未然形]?〉とし、〈対句部に「だしきやくぎ　さしよわちへ」
とあり、このオモロのもとになったと考えられる「やらざ杜城の碑文」（『琉球国碑
文記東恩納乙本』所収）のミセセルでは「あさかゝね　とゝめはちへ」とあるので、
「とゞめはちへ」であった可能性が高い。〉p.426 とする。

78) 『おもろさうし辞典・総索引』は「未詳語」。

79) 高橋（1991）〈問題点が多い。〜〜。〉p.434

80) 高橋（1991）〈対句「いな（もう）」との関係で「まい」は「前」の可能性もあろう
か。〉p.436

81) 『おもろさうし辞典・総索引』〈見えおり。見えていて。動詞「みえる（見える）」の連用
形（「み」がおもろ表記された「め」）に補助動詞「より」の付いた形。〉とある。

82) 『おもろさうし辞典・総索引』〈見えないようにせよ。動詞「めいる（見える）」に禁止の
意を表わす助詞「な」の付いた形。〉とある。
　高橋（1991）は〈mï のような特殊な音を表そうしたものであろうか。〉p.437 と言う。
　　その可能性もあろうが、それよりは「みえるな」に対応した表記「めいるな」で
あると解釈したい。同様に、前出の「めより」も「みえより」で、「めいより」と
あってもよさそうに思える。

83) 『おもろさうし辞典・総索引』に〈「うまれて（生まれて）[動連] 勝れて。原義「生まれて」
から勝れての意に変化していく。動詞「うまれる」の連用形に接続助詞「て」の付
いた形。対語「すぐれて」〉とある。

84) 高橋（1991）は「命令形」とする。p.447

85) 高橋（1991）〈下二段動詞には、「よわす」ではなく「わす」が憑つ（ママ）のが普通
であるので、これは例外となる（「おもろの尊敬動詞『おわる』について」）。〉p.454

86) 『おもろさうし辞典・総索引』は「うへけ」「うゑけ」ともに「未詳語」。高橋（1991）に
依った。

87) 高橋（1991）〈『辞典』は「来て」とし、『全釈』は「掃き遣り」とする。今後の検
討を要する。〉p.460。本書では「きあり→きやり」と考えた。

88) 高橋（1991）〈従来「きたれ」の口蓋化した形とされている。しかし、類似の音変
化例がない（「北谷」も「きたたに」と表記されている）ので、多少疑問が残る。「走
り過ぎたれ」の音便形の可能性はなかろうか。未詳。〉p.461

89) 高橋（1991）は、《《進行》…サ変動詞連用形＋「より（居り）」》p.465 とする。本
書では、「より」/juri/ は「をり」{WURI} の異形態と捉える。

90) 高橋（1991）〈「する」の口蓋化したものではなく、「しおる」の音変化したもので
ある。〉p.466

91) 『おもろさうし辞典・総索引』は〈オモロの同義語。「せるむ」に同じ。〉とする。高橋（1991）
〈「む」があるのに注目される。〉p.473、〈終止形に「するむ」という今日の終止形
語尾にあたるかと思われる「む」がついた形がある。〉p.474

92) 『おもろさうし辞典・総索引』〈…する為に。サ変動詞「す」の未然形に終助詞「に」の
付いた形。〉

93) 『おもろさうし辞典・総索引』〈為れば。サ変動詞「す」の未然形に接続助詞「は」の付
いた形で、仮定条件を表わす。〉

94) 『おもろさうし辞典・総索引』〈したい。サ変動詞「す」の未然形に願望の助動詞「まし」の付いた形。〉

95) 『おもろさうし辞典・総索引』〈しよう。「まへ」は推量、意志の助動詞「む」の已然形「め」のおもろ表記。〉

96) 高橋（1991）〈古語の助動詞「しむ」と同源であろうが、オモロの用例では、自立語として機能しているので、動詞としたほうが適切である。〉p.423

97) 『おもろさうし辞典・総索引』〈有り居る。動詞「あり」の語幹に補助動詞「よる」の付いた形。〉

98) 『おもろさうし辞典・総索引』〈有り居れ。動詞「あり」の語幹に補助動詞「よれ」の付いた形。〉
　　　高橋（1991）〈対句の一方に「ありよれ」、他方に「あよれ」がある点に注目される。〉p.476

99) 高橋（1991）〈「ある」の「る」は「り」の誤写か、音が似かよっていたことによるのか不明。〉p.476

100) 高橋（1991）〈以上四例は、係助詞がないのに「ある」の形で、文を終止している。すなわち、ラ変の終止形と連体形が同じ形になりつつあったことを示す。〉p.479

101) 「あらきやめ」の例もある。

102) 『おもろさうし辞典・総索引』〈あるもの。あるのだから。動詞「あり」の語幹に終助詞「もの」の付いた形。「あ物」「あもん」も同じ。〉

103) ＜有れども＞の訳は疑問。「あってこそ」が妥当か。

104) 「あるきやめも」の例もある。

105) 高橋（1991）〈現在の方言ではア行の「お」とワ行の「を」の区別があるが、『おもろさうし』では、混同している。「お」と「を」の仮名で音を区別するという考えそのものがなかったからであろうか。〜〜〉p.481。　声門閉鎖の有無が示唆的特徴になっていない段階にあったという解釈も可能であろうか。/ʔ/ と /ʔ/ との音韻的対立が確立されてなかった、と。

106) 高橋（1991）〈「降り」という説もあるが、「居り」と解釈するのが穏当であろう（拙論「『おもろさうし』に於けるエ段音とイ段音」参照）。〉p.482

107) 高橋（1991）〈「居り欲しさ」で「居たい所・建物」を表わす語であろう。p.483

108) 高橋（1991）〈以上三例のように「場所を表わす名詞＋おて＋動詞」の場合、動作の行なわれる場所を表わす助詞とみなすこともできる。助詞化の過程にあると言えよう。〉p.482

第3章（第4節）《君由》

1) 1700年前後あたりには /ʔ/ と /ʔ/ との対立が出来上がっていたと推定される。《中信》注8）、《ベッテ》注122）も参照。

第3章（第5節）《仲里》

1)「仲原仲里」には「あふえいだちへ（12）〜〜。あふえ、ていえは普通、けんかの意であるが、ここのあふえは追う意味である。」という注がある。因みに [ʔoːjeːtiːjeːsuɴ]

は「喧嘩する」の意である。

2) 「仲原仲里」には「(28)　～～。ただ進水式の部分の後半が未来形の語法になっていることは注意せられるべきである。」の注がある。

3) 「〱」（繰り返し記号）を使わなければ「むすびむすびむすびかため」となる。

4) 「仲原仲里」には「(6) 拝みますから。」の注がある。

5) 『仲里村史　第二巻』には〈「とり・はべり・ます・は」がちぢまった形。〉とある。（p.264）。

6) 『仲里村史　第二巻』〈見守り下さって。みまぶ（り）－おわ（り）ちへ　見守り－おはし－て〉（p.273）。

7) 『仲里村史　第二巻』〈おりろは、完了の形で、命令ではない。〉（p.240）。

8) 『仲里村史　第二巻』〈まねをしますので。「もの」「ので」に相当。順接の助詞。〉（p.272）。

9) 「仲原仲里」には「(4) 咬えたまま死ぬ。」の注がある。

第3章（第6節）《混験》

1) 高橋（1998）〈「そよめきよれ」は継続の意味はない。〉（p.93）。

2) 池宮（1995）は、「わきあがて」を「沸き上がって」とする（p.232）。

3) 池宮（1995）は、「直さ」（p.299）。

4) 高橋（1998）〈「めしよわり」の変化したもので、名詞形である。「おみこし」と複合して、「お召しになる御腰物」の意である。〉（p.97）。

5) 高橋（1998）〈「めしよわる」は「召す」ママ＋「おわる」の複合語で、『おもろさうし』では、「し給う・着け給う・（馬や舟などに）乗り給う」の意の尊敬動詞として用いられている。『混効験集』では、食事をするの尊敬語としての例も見られる。〉（p.96）。

6) 高橋（1998）〈「おへむ」は未詳で、「および」は「御」＋「呼び」である。〉（p.97）。

7) 高橋（1998）〈「めしやる」は「召す」に「有る」が融合したもので、「する」の尊敬の意を表す。〉（p.97）。

8) 高橋（1998）〈その説明からすると、「め」が「む」（実際の発音は [m]）と音変化した形も用いられるが、そのばあいは、動詞の前の「お:も付けず、敬意が下がることが分かる。」〉（p.97）。

9) 池宮（1995）〈「おわつかい」は「おあつかい」（御扱い）の変化。〉（p.57）。

10) 池宮（1995）〈「そい」は「いそへ」（競へ）の「い」が前項のイに融合したもの。〉（p.294）。

11) 高橋（1998）〈「おぼかふ」は、ハ行四段動詞に対応するようである。語源は不明である。〉（p.98）。

12) 高橋（1998）〈「やべて」という丁寧語が付いている。それだけで「食事される」から「食事を頂く」という意味になっていることを説明しかねる。結局「おぼかう」の語源が不明なので、これ以上は論ずることができない。〉（p.98）。
　　　祖母ウトが、仏壇に供える時に、「御飯」のことを /ʔubuku/ と言っていたという記憶がある。関連のある語のように思う。

13) 高橋（1998）〈「とめば」はと＋思えば〉の融合したものである。〉（p.90）。

14) 高橋（1998）〈準連体形というのは、「動詞連用形＋居る」の末尾の「る」が脱落し

た形を言う。次の「そよ」は「吸い＋居る」の融合したもので、「さ」が後接して「る」が脱落している。「吸っているさ」の意味で、持続の意味がある。〉（p. 93）。

15）池宮（1995）〈○さうれ　（中略）語源的には「添ふ」であるが『混効験集』の編者は「たづさふ」の「たづ」が脱落したものと説明している。〉（p.249）。

16）池宮（1995）〈○嶋そはて　島を支配・守護して。〉（p.264）。

17）「跉跰」の「跰」、池宮（1995）では別字（p.245）。

18）高橋（1998）〈2例から帰納すると、終止形は「よしろふ」となり、首里方言のユシリユン（参る・伺候するなどの意）の連用形＋「合う」の融合したものであろうか。〉（p.100）。

19）高橋（1998）〈「あがふる」は「上がり」に「おわる」が融合したものであろう。カメー（食べよ）などと較べると敬語であろうが、敬語の意識が消滅しかけているようである。〉（p.96）。

　　　池宮（1995）〈あがふれ　「あがれ」（上がれ）の転か。〉（p.131）。

20）高橋（1998）〈「押し」＋「上がる」の複合語は、上位の敬語として用いられている。〉（p.97）。

21）高橋（1998）〈「いまうる」は、「いみ」＋「おわる」の融合した語で、『おもろさうし』にはみられない語であるが、「おわる」「ちよわる」の衰退とともに、活発に用いられるようになったと考えられる。〉（p.96）。これが現代語の /ʔimo'ori/ に変化したと考えられる。

22）高橋（1998）〈「おわる」は『おもろさうし』では、居る・来る・行くの尊敬動詞として用いられ、動詞の連用形に接続して「よわる」「わる」の形で、「…される」の意の補助動詞として、また接続形に接続して、「…しておられる」の意の補助動詞として、よく用いられている。『混効験集』で動詞として見られる次の例は、「来たれ」と訳していることから、敬意がなくなっているようである。「あうれ＝来れと云事」〈344,865〉。

　　　また、補助動詞として見られる次の例は、「御」を朱で追加していることからして、普通では敬意をほとんど失っていると考えられる。「おことあわしやうちへ＝御言葉を合わせてなり」〈1066〉。

　　　また、『おもろさうし』＜6の54＞では「おことあわしよわちへ」とあり、その表記の相違からして、アワシヨワチェアからアワショーチと長母音に変化していると考えられる。なお、接続形に接続した例は見当らない。〉（p.95-96）

　　　池宮（1995）〈あうれ　「おわれ」の転か。オーリ。〉、（p.258）（0865）〈あうれ　いらっしゃい、の意。「おわれ」の転。〉（p.131）

23）同様の例として、次のようなものがある。「ちよわる←き＋おわる」「おちよわる←お＋き＋おわる」「いまうる←いみ＋おわる」

24）高橋（1998）〈「かるよむ」は、「かかよむ」（「掛かり居り＋む」に対応）の誤写と考えられる。全体の意味からして、継続の意味はなさそうである。〉（p.92）。

25）高橋（1998）〈「知る」の受身形「しられる」は、「申し上げる」という意の謙譲語である。『おもろさうし』でよく用いられているが、『混効験集』でも用いられている。〉〈「おつされ」は「御知られ」の音変化したもので、他家を訪問し案内を乞う際の

慣用語になっている。〉(p.99-100)。

26) 高橋 (1998) 〈「おつさうれ」は、「御知られおわれ」の音変化したものであろうが、不明である。〉(p.100)。

27) 池宮 (1995) 〈「はちへ」は「はしりて」の転〉(p.289)。

28) 高橋 (1998) 〈「まがゅ(ママ)る」「しゅ(ママ)る」は、おのおの「曲がり居る」「知り居る」の融合したもので、「ど」の結びになっている。また、ともに恒常動作を表していて、継続の意味はない。〉(p.93)。

29) 池宮 (1995) 〈「もどろ」は「明けもどろ」の「もどろ」でもあって、霊力の発散する状態の組閣的な (ママ) 表現、〉(p.282)

30) 高橋 (1998) 〈「どうやんけん」は「どう＋やんじゅん」（直訳「自分を損なう」）と関係ありそうであるが、未詳である。もし、融合終止形なら、接尾辞「む」が「ん」に音変化し始めていたという例になる。これも継続の意味があるかどうか不明である。〉(p.92)。

31) 高橋 (1998) 〈「起けて」にあたり、下二段に準ずる活用をする〉(p.91)。

32) 高橋 (1998) 〈「おきれて」は、動詞「おきれる」の連用形＋｛て｝であろう。〉(p.91)。

33) 池宮 (1995) 〈○とづけ　言いつけること。命令すること。本土語の「言づけ」の「こ」の脱落した形か。〉(p.135)

34) 高橋 (1998) 〈「おみのけ」は敬意の接頭辞「おみ」と「かけ」の複合語である。「のけ」は未詳。「みおのけ」は、さらに敬意の接頭辞「み」が付いたものである。〉(p.100)

35) 高橋 (1998) 〈「おしやげる」は「押し」＋「上げる」の融合したもので、『混効験集』では、「（料理を貴人に）さしあげる」の意で、地の文に出てくる。まだ、文語（共通語）の意識があったようである。〉(p.100)。

36) 高橋 (1998) 〈次の「にきやげる」は『おもろさうし』には見られない語である。「にぎやげる＝同上」＜混 862 ＞「同上」とは、この項目より 2 つ前の「食などあがれと云事」＜混 860 ＞を意味している。〉〈また、次の項目では、「にきやがり」＋「おわれ」の融合した形の「にきやがうれ」も、同じ意味だとしている。　「にきやがうれ＝同上」＜混 861 ＞〉(p.97)

37) /ˈɴᴄjagaʼjuʼɴ/（召上る）を、祖母ウト (1901 ～ 1989) の言葉として聞いた記憶がある。

38) 高橋 (1998) 〈「みおやす」は、もとサ行四段活用であるが、次の「みおやすら」と「みおやすれ」は、各々ラ行四段活用の未然形と命令形と考えられる。〉(p.87)。
〈「おやす」、およびそれに接頭辞「み」のついた「みおやす」は、「奉る。差し上げる」意の謙譲語である。『おもろさうし』ですでに用いられているが、『混効験集』でも用いられている。〉〈「おやすら」はこの語の未然形であろう。〉(p.99)。

39) 池宮 (1995) 〈○よしろて　立ち寄って。参上して。方言ユシリティ。〉(p.126)。「よしろて」が直接「ユシリティ」に変化したとは考えにくく、「よしろひて→よしるいて→よしりて→ユシリティ」のような変化があったかと思われる。

40) 池宮 (1995) 〈「すでる」は巣出るで、孵化する意、生命の更新再生、貴人の誕生。などに使われる。高貴な方から物を頂いたときに感謝して「ももすですでやびて」という。〉(p.255)。

高橋（1998）〈「すでる」の「孵化する」という意から、「再生する」とか「頂戴する」とか「光栄にも…する」という意が生じた。〉(p.100)。

41）高橋（1998）〈助動詞「う」（「ふ」とも表記）が後接した例〉(p.88) に依った。

42）高橋（1998）〈「て」が「ち」と口蓋化している点に注目される。これは「途絶えて」の「え」がiと変化した後に、そのiの影響で口蓋化したのである。〉(p.91)。

43）高橋（1998）〈「めよむ」は「見え居り＋む」に対応するものである。〉(p.92)。

44）高橋（1998）〈「むでゝ」は「濡れて」の音変化したものである。〉(p.91)。但し、[muriti] → [mriti] → [mditi] → [nditi] のような音変化があったとすれば、音韻的には「ぬる濡」よりは「むる蒸」に対応する可能性も考えられる。

45）高橋（1998）〈「ちよわる」は「来」＋「おわる」の融合したものであり、居給う・来給う・行き給うの意で『おもろさうし』でよく用いられている。(p.96)。

46）池宮（1995）〈「おちよわいめしよわれ」の転。方言でウチェーンショーリという。〉(p.143)（「おちやいめしやれ」に関して）。

47）高橋（1998）〈「しよれば」は、前後関係からしてオモロ語で、それは当時の語では「しておれば」に当たるという解釈である。したがって、『混効験集』の時代は、継続の意味を表すには「しておれば」を使うということなので、融合形は継続の意味を表さなかったことを暗示する。〉(p.93)。

48）池宮（1995）〈橋にしたまいて〉(p.296)（「はししよわちへ」に関して）。

49）高橋（1995）〈「おつされ」は「御知られ」の音変化したもので、～〉〈「おつさうれ」は、「御知られおわれ」の音変化したものだろうか。〉(p.100)。

50）《翻訳》の「すれ」参照。

51）池宮（1995）〈○せたれ　おもろ語と思われるが「おもろさうし」に相当するものがない。編者の誤解か。〉(p.281)。

52）池宮（1995）〈○せらに　しないか。してほしい。せよ。「せる」の未然形に、一種の助動詞「に」が付いたもので、意思、疑問、命令などの意を持つ。〉(p.279)。

53）池宮（1995）〈○おらくしちへ　おもろ語「うらごしちへ」のこと。（中略）「うらごしちへ」は、「うら（心）・ごひ（乞い）して」で、心のうちで望むこと。会いたい、見たいと期待すること。底本、「うらこしちへ」を「おらくしちへ」に改めている。〉(p.305)。

54）池宮（1995）〈○物エンゼ　源氏物語帚木の巻に二例「物ゑんじ」があり、湖月抄に「嫉妬也。物うらみ也」と注している。三つの者（人）はそれぞれニュアンスを異にしている。〉(p.278)。

55）高橋（1998）〈濁点があることに注意したい。（中略）『おもろさうし』の「いちへ」は、「行きて」の音便形か、「往にて」の音便形か、決定できない。しかし、『混効験集』には「いぢ」と濁点が付いているので、遅くとも18世紀初期には、「往にて」に対応していたということになる。〉(p.91)。

池宮（1995）〈「い」は行くの「い」、「ぢ」は接続助詞「で」の転、「こう」は「こ」（来）である。〉(p.256)。

56）池宮（1995）〈「おちよわいめしよわれ」の転。〉(p.143)。

57）高橋(1998)〈「やべる」は「侍る」が上接語と融合して出来た形といわれている。『お

もろさうし』に若干出てくる。『混効験集』では、動詞の連用形に接続して「…ます」の意の謙譲語として用いられる例が多い。〈ラ行四段動詞が上接する場合は、(中略)連用形の語尾リ（イ）が脱落する。〉〈体言に接続して、断定（コピュラ）の意の謙譲語としても用いられる。〉〈強意の係助詞「ど」に付くと、(中略) 融合して「だやべる」となる。〉(p.101)。

第3章（第7節）《琉由》　　（注　ナシ）

第3章（第8節）《組五護敵》1

1）仮名遣いに混乱があるのは、「せ」と「す」とが同音になっていた証拠となる。

2）文字の上では「おもひ」であるが、[ʔumi]/ʔumi / として実現する。

　　実際に演じられるそれらが《組五》創作時の姿をそのまま伝えているかどうかについては考慮の余地が残ろうが、反映されているのは確かだから、「音声資料」として活用する必要がある。いずれも「企画：琉球政府文化財保護委員会　製作：東亜発声映画株式会社」による記録映画の以下の資料を参照した。

　　組踊「二童敵討」（1972 年）、組踊「執心鐘入」（1967 年）、組踊「銘苅子」（1972 年）、組踊「孝行の巻」（1972 年）、組踊「女物狂」（1967 年）　（「二童敵討」は、本書では「護佐丸敵討」としている。）

　　なお、これらの資料は、一般社団法人　伝統組踊保存会　眞境名正憲会長の御厚意により視聴することができた。感謝申し上げる。

　　因みに、いつからかはっきりしないが、台本に伊波普猷による「ローマ字表記」が並記され、それをもとに「伝承」されてきている。別のファクターが働くようになったことになる。

3）《女狂》に同様のものがある。「69　露きやたごと。　　tsiyu chata gutu.」

4）「節々になれば」ではなく、「節々がなれば」であるのは、統語論上、興味ある例である。

5）これが更に、/na'abi'iru/ へと変化していくことになる。

6）《孝行》にも「過し父親の　sijishi chichi-uya nu」とある。

7）「すらに、しようものを。」という注記がある。

8）《執鐘》の「25　番のしめさしやう」、《女狂》「22　談合しめさしやう。　dangô shimisashô」「しめさせう、させろ、しろ」という注記がある。

9）「のは、芸、躍」という注記がある。

第3章（第8節）《組五執鐘》2

1）前に「係助詞」相当の「ど」がないのに、「連体形」になっている。「係り結び」ではないことになる。「つちやる」で終止形的用法か。

2）連用形「いそぎ」の可能性もある。《銘苅》では「急ぎ」と「急ぢ」とがある。《孝行》には「急ぎ立戻れ」と「急ぢ立ち登れ」とがある。

3）伊波のローマ字表記は「uchusu」となっている。「記録映画」の音声は（はっきりしないが）[ʔutʃisu] と聞こえる。

4）伊波のローマ字表記が「kakusu」となっている。

5）/-nu musidi/ は統語上、注目すべき例となる。

6）「33　一道ならに。　chumichi nara nyi」という例がある。ここの「知らね」に倣えば「ならね」と表記された可能性もある。もし「ならね」ならば、ローマ字表記が「narani」となったであろうと推測される。伊波のローマナイズが、「ね＝ni」「に＝nyi」のように機械的になされたものであることを窺わせよう。

7）この「しらぬ」は連体形なので、別項目にした。

8）「ママ」は、「ukiri」とあるべきところ、「u」が脱落していることを示す。

9）《孝行》に「6　今日つれて来ちゃん。　chû tsiriti chichan.　35　わぬや来ちゃん。　wan yachichan.」とある。

10）《銘苅》では、伊波のローマ字表記は「tchin」。これは /Qcji'ɴ/ になるか。

11）《孝行》に「62　救てきちやる。　sukuti chicharu.」とある。

12）《孝行》には「61　生ちきちやが。　ichichi chicha ga?」とある。

13）《孝行》に「7　肝ほこりしゆゆが。　chimu fukuyi shuyu ga?」がある。

14）《護敵》に「3　用意しめさせう。　yûyi shimisa shô.」がある。

第3章（第8節）《組五銘苅》3

1）《銘苅》では「急ぢ立戻れ」と「急ぎ」の例もある。《孝行》には「急ぎ立戻れ」と「急ぢ立ち登れ」の例もある。

2）《女狂》には「7　放すことならぬ。　hanasu kutu naran.」とある。

3）「みたぬ」を取る。

4）この「しらぬ」は連体形なので、別項目にした。

5）この「ならぬ」は連体形なので、別項目にした。

6）《孝行》に「8　生れらぬ生れ　しち居らずよりや、'mmariran 'mmari shichi wurazi yuyi ya,」とある。参照。

7）《執鐘》には「人とまいてきちも　fitu tumeti chichin」とある。

8）「い」は、疑問の助辞。

第3章（第8節）《組五孝行》4

1）《銘苅》では「急ぢ立戻れ」。

2）《女狂》に「48　遊で暮す。asidi kurasi.「○暮す、暮せ。」とあり、伊波は「す」「せ」ともに「si」としている。

3）《女狂》には「54　言ゆることよ聞けば、'yuru kutu yu chiki ba,」とある。

4）「－て＋をり」の形を残している段階だと言える。更に [---doːru] へと変化が進む。

5）《護敵》に「過し父親も　sijishi chichiuyan」とある。

6）「一段化」と言い習わしているようであるが、それは違うと思われる。/ʔakira'ɴ/、/ʔakiri～/、/ʔakiriba/ 等と変化するから、むしろ「四段化」に近い。/ʔakira'ɴ/、/ʔakiri～/ の /ki/「き」に注目すれば「一段」だろうが、それは当たらない。「ラ行（四段）化」と表現することにした。

7）「おめなりよ　わかる」は「おめなりを　わかる」で、「～を　わかる」は統語上、注目される。

8)《執鐘》に「24　頼でわないきちやん。tanudi wane chichan.」とある。

9)《執鐘》に「37　あてど　とまいてきちやる。 ati du tumeti chicharu.」とある。

10)《執鐘》に「35　とまいてきちやが。　 tumeti chichi ga?」とある。

11)《執心》に「56　いきやがしゆゆら。　 icha ga shuyura?」がある。「しゆが」と「しゆゆが」の使い分けは、音数（あるいは「拍数」）を整える（「8」と「6」にする）ためと考えられる。「わぬやきやしゆが＝6音、与所あらばきやしゆが＝よそあらばきやしゆが＝8音、ならばきやしゆが＝6音、肝ほこりしゆゆが＝きもほこりしゆゆが＝8音」。「きや」・「しゆ」は、それぞれ「1音」。

12)「すな」と「するな」の使い分けは、音数を整えるためと考えられる。「油断すな互に＝ゆだんすなたげに＝8音」。「友むつれするな＝ともむつれするな＝8音」（「遊び〜、気遣〜、風の〜、雨の〜」も同じく8音）。

第3章（第8節）《組五女狂》5

1)《銘苅》に「急ぢ立戻れ」がある。

2)「○暮す、暮せ。」と注記したせいか、伊波のローマ字表記に揺れがある。「kurasi」は「暮せ」に対応すべく、「暮す」なら「kurasu」とすべきか。なお、《孝行》に「9孝の道尽（つく）す。kô nu michi tsikusi」があり、次の「起こす」では「36　こねやから起（おこ）す。kuniya kara ukusu?」となっている。

3) 伊波のローマ字表記について。ここでは「放す」に「hanasu」が当てられているが、《銘苅》には「18　はなす事ならぬ。fanasu kutu naran.」とある。

4)《孝行》に「13　姉の言（い）ふる言葉　 ani nu 'yuru kutuba」「51　与所の言（い）ふる言葉 yusu nu 'yuru kutuba」がある。

5)《護敵》にも「51　露きやたごと。　 tsiyu chata gutu.」とある。

6)「〜が　なる」は、統語上、注目すべき例となろう。

7)「見物（みもの）」に対して伊波のローマ字表記は、「44　mîmunu」「50　mimunu」となっているが、音数上、ともに「mimunu」とするのが妥当であろう。

8)「一段化」と言い習わしているようだが、それは違うであろう。《組五孝行》の注6)参照。

9)《孝行》「8　生（うま）れらぬ生（うま）れ　しち居らずよりや、'mmariran 'mmari shichi wurazi yuyi ya,」参照。

10)《執鐘》に「24　頼でわないきちやん。tanudi wane chichan.]とある。

11)《執鐘》に「37　あてど　とまいてきちやる。 ati du tumeti chicharu.」とある。

12)《執鐘》に「35　とまいてきちやが。　 tumeti chicha ga?」とある。

第3章（第9節）《具志》　　　（注　ナシ）

第3章（第10節）《沖話》

（以下の「琉便」は『琉球語便覧』の略称である。）

1)「ド̣ン」は「ドン̣」の誤り。

2)「イチジヌ。シブイチ」が、「琉便」では「ジユーグ　フン」に変えられている。

3)「wute」は「wutē」とあるべきであろう。

4)「yoyaku」は「yōyaku」とあるべきである。

5)「mishībīshi ga」は「mishēbīshi ga」とあるべきであろう。

6)「チカン」(効かぬ) を、「琉便」では「シルシエー　ミーラン」(「験はみえぬ」の意) に言い変えてある。

7)「チヽテー」に対応する「chichi ttē」の「ttē」の「t」は削除すべきか。「カチテー」「Kachitē」参照。

8)「琉便」では、「～ル」ではなく、「～ラ」となっている。

9)「sig」は「sigu」とあるべきである。

10)「ウテヌトヾチ」(御手の届きて) が、「琉便」では「テーイリヌユタシヤヌ」(手入れの良たさの) (「手入れが良くて」の意) に変えられている。

11)「ウテヌトヾチヤウル」相当部分が、「琉便」では「テーイリサットール」(「手入れされている」の意) に変えられている。

12)「琉便」では「のぞく (除く)」を「直訳体」と捉えたらしく「ドキタイ」(「どけたり」に対応) としている。

13)「ヒラカンガアヤビーラ」(「開かないのでしょうか」の意) が、「琉便」では「ヒラカニ」(「開かないのか」の意) に置き換えられている。

14)「chabita」は「chābita」とあるべきである。

15) アルファベット部分に、次のように修正すべき箇所がある。(yiuumun → yinumun、shukyusi → tsukuyusi)

16)「琉便」は、「ユーン」を「アマイン」に言い換えている。

17)「イチニンクラシユスン。ユミヌグトヾ。アヤビール」(一年暮らすのも夢のようでございます) を、このように「翻訳」している。

18)　前の「－が」と「－が～～ら」の照応がある。

19)「ウクシミ。シエービーミ。」(お越しになりますか) が「ウンジ　ミシエービーミ。」(お出でになりますか) に変えられている。

20)「琉便」では大分言い換えられている。「どうぞ知らせてくださりませ。」のようになる。

21)「トチスラチエー」が「ユナカナイネー」(夜中になれば) に変えられている。

22)「ハナシナユル　ムンヌ」に対応するには「hanashinayuru munnu」とあるべきである。「hanashuru munun」だと、もとの「話しできる者」ではなく「話す者も」の意味になる。

23)「はなしには」ではない。

24)「琉便」のローマ字、他では「hana~」とあるのに、「ufana ～」となっている。次の項目も同じ。

25) ローマ字部分、次のように修正される必要がある。(u-tsidi → u-tsīdi、imenshochi → imenshōchi、kwi mishēbir → kwi mishēbiri)

26)「琉便」では、「ミートーサリール」以外はほとんどが「改変」されていて「ちょっとでは見通されるほどではありませんから」という意味になっている。

27)「gubri」は、「guburī」とあるべきか。

28)「ウトミシエー～」は、「おとりめし～」に対応するはずであるが、「おとり」の「り」

に対応する部分が存在しない（本文確認済み）。「トゥミセーン」で「おとりになる」の意をしめすが、それに「御‐」を付加した形になっている。いずれにしても、「とり」の「り」相当部分が「り→い→Φ（ゼロ）」と変化したことは間違いない。

29）「mishībīshi ga」は「mishēbīshi ga」と修正されるべきものである。

30）「琉便」では「ヤ、ビーラ」となっている。

31）「琉便」では、「〜ミ。シエービランカヤー」が「〜ミシエービランナー」となっている。

32）「ナエー」は、「ナエー」とあるべきもの。

33）「mishil ukangē」は、「mishēru ukangē」とあるべきもの。

34）「mishōrariga」は、「mishōrarīga」とあるべきもの。

35）「琉便」では、「グルツピチエー」（五六疋は）が「グルツ　タノー」（五六反は）となっている。

36）「mishōche yabī gaya」は「mishōchē yabī ga」とあるべきもの。

37）「琉便」は、「ハヅ」のまえでは「〜〜ラ」、その他では「〜〜ル」となる。

38）「nkai」は、カナとの対応を考えれば「nakai」とあるべきもの。

39）「クト」は「クト」とあるべきもの。他にも同様の例（「・」の位置のずれ）が少なくない。省略に従う。

40）「テチウツチエールチユウシチ」（敵討ちたる旧跡）が、「琉便」では「テチウチヌアタットクロ」（敵討ちのあった所）に変えてある。

41）「debiru」は、「dēbiru」とあるべきところ。印刷不鮮明。

42）「ワーガ」が、「琉便」では「ワン」になっている。

43）「muchō」は、例えば「mucchō」等のように、促音表記があってしかるべきである。

44）「琉便」は「ムツチヤウル」ではなく、「ムツチ　ヤウラ」となっている。

45）「tushnyiuya」は「tushiyuyiuya」とあるべきもの。

46）「tsitate」は「tsikatē」とあるべきもの。

47）「mishōrariga」は「mishōrarīga」とあるべきもの。

48）「Fū」は「Nū」とあるべきもの

49）「ayabīn」は「yayabīn」とあるべきもの。

50）「アガラシヤビーカヤー」に「agayabī ka yā」が対応し、「ラシ」相当部が欠落した形になっている。但し、それは「日本語」の「揚リマスカ」には相応している。

51）「Nun」は「Nūn」、「nwatā mishōran」は「uwātā mishōran」とあるべきもの。

52）「yabīta kutu」は、「ヤビークト」に合わせるのであれば「yabī kutu」とあるべきものだろうが、「ヤビータクト」に合わせたものとなっている。

53）「ヤビーン」は、ローマ字表記「yayabīn」のごとく、「ヤヤビーン」が妥当と思われる。

54）「琉便」では「イッチヤウン」とされ、「カ」が省かれた形になっている。これからすると、「イツチヤウンカ」は「日本語」の「入テ居ルトカ」に合わせた「直訳体」の可能性もある。

55）「umi cihi tchō」は「umi chi tchō」とあるべきもの。

56）「琉便」には「スガ」相当部分がない。

57）「琉便」では「ヱーカシヤウシカラ」（親類付合いをしている者から）に変えられている。

58）「シヤビン」は「ン」の前の「ラ」が脱落している。

59）「Nu ga」は「Nū ga」、「yabēra」は「yabīra」とあるべきもの。

60）「琉便」の伊波のローマナイズ「nizukuyi」、「に」に対応する部分が「nyi」ではないことに注意。伊波は「nyi」「ni」書き分けをしていたりする。その例は「組五」に多い。その項参照。

61）「yiuumun」は「yinumun」、「shukyusi」は「tsukuyusi」とあるべきもの。

62）「wakwan」は「wōkwan」とあるべきもの。

63）「tmayabitan」は「tumayabitan」とあるべきもの。

64）「ウトミシエー〜」は、「おとりめし〜」に対応するはずであるが、「おとり」の「り」に対応する部分が存在しない。「トゥミセーン」は「とりめしをりむ」で「おとりになる」の意になるが、それに「御‐」を付加した形になっている。いずれにしても、「とり」の「り」相当部分が「り→い→Φ（ゼロ）」と変化したことは間違いあるまい。

65）この「nu」に対応するであろう「ヌ」は、仮名部分には存在しない。次の「unai」の「i」も対応するであろう仮名「イ」は見当たらない。

66）「unami sha ga shabira」は「unami shē ga shabīra」とあるべきもの。

67）「fɔku matasa nē」は「fēku mutasa nē」とあるべきもの。

68）「sabisa nu」は「sabissa nu」とあるべきもの。

69）「chashi sshi」は「chā sshi」とあるべきか。

70）「yiuumun」は「yinumun」、「shukyusi」は「tsukuyusi」とあるべきもの。

71）「nika」は「nikka」とあるべきもの。

72）「shakitara」は「 shabitara」とあるべきもの。

73）「wayabīga」は「wuyabīga」とあるべきか。

74）「mābirantasi ga」は「nābirantasi ga」の誤りであろう。

75）「yanterā」は「yantēra」とあるべきもの。

76）「mi」は「ni」の誤りか。

77）「ditōra」は「dikitōra」とあるべきもの。「ki」が脱落している。

78）「nn」は「nu」、「ichidē」は「ichidō」とあるべきもの。

79）「mābirantasi ga」は「nābirantasi ga」の誤りであろう。

80）「sig」は「sigu」とあるべきもの。「u」が脱落している。「琉便」のローマナイズについては、当該項目に直接関係がない場合、敢えて指摘しないこともある。

81）「琉便」の「アヤビラー」は「アヤビーラ」とあるべきか。

82）「hagitoru」は「hagitōru」とあるべきもの。

83）「unbushitayi」は「nubushitayi」とあるべきもの。

84）「fɔku matasa nē」は「fēku mutasa nē」とあるべきもの。

85）「nu nukī ga dt」は「un nukī ga du」とあるべきもの。

86）「njiyabin」は「njiyabīn」とあるべきもの。

87）「mishil u」は「mishēru」とあるべきもの。

88)「yakiatn」は「yabitan」とあるべきもの。

89)「kuyike」は「kuyikē」とあるべきもの。

90)「Fū」は「Nū」とあるべきもの。

91)「wuttin」は「wutin」、「mīyabīa」は「mīyabī」とあるべきか。但し、「wuttin」は伊波の内省音（那覇言葉？）が我知らず表出された可能性もある。

92)「u-tsidi」は「u-tsīdi」、「imenshochi」は「imenshōchi」、「kwi mishēbir」は「kwi mishēbiri」とあるべきもの。

93)「dōbiru」は「dēbiru」とあるべきもの。

94)「yabīu」は「yabīn」とあるべきもの。

95)「chabita」は「chābita」とあるべきもの。

96)「shakitan」は「shabitan」とあるべきもの。

97) 現代語では、「しない」の意を示すのも /sa'ɴ/、「した」の意を示すのも /sa'ɴ/ となって、形態上は区別がなくなっている。/cju'u ja sa'ɴ/（きょうは、しない）、/cjinu'u sa'ɴ/（きのう、した）のように統語レベルで区別されることになる。また、《沖辞》には次のようにある。「sjuɴ ①（他・不規則）㊀する。'jamatuguci 〜. 日本語を話す。biɴcooja siibusikoo neeɴkutu saɴ. 勉強はしたくないからしない。（以下、略）」

　ちなみに、《沖話》に「した」の意味に対応する用例は見出せないが、「シヤクト」「しあ（る）こと」/sjakutu/ や「シヤラー」「しあらは」/sjara'a/ などからの類推で、/sja'ɴ/ が想定される。「しありむ」に対応しよう。

98)「sshiu」は「sshin」とあるべきもの。

99)「yabīsi go」は「yabīsi ga」とあるべきもの。

100)「シヤココー」は「シヤコー」とあるべきもの。

101) カナ表記の「ヘーサーアヤビータシガ」に合わせるとすれば、「fēsa yabītasi ga」は「fēsā ayabītasi ga」とあるべきである。

102)「ditōra」は「dikitōra」とあるべきもの。但し、「琉便」では「デキタウタノーアラニンデ」相当部分が「デキタウ　ンデ」に変えられている。「できたのではないかと」の意が「できたと」の意に変えられている。

103)「ウヤーリヤビーン」は「ウマーリヤビーン」、「umēri yabīn」は「umāri yabīn」とあるべきもの。

104) 本文は「ムン」であるが、「琉便」では「主格」を示す「ヌ」が付加されている。しかし、それに対応するはずのローマ字表記は「munun」となっていて、ずれが生じている。「munun」だと「者も」の意となる。「ムンヌ」（者が）に対応するローマ字表記は「munnu」とあるべきである。

105)「wayabīga」は「wuyabīga」とあるべきもの。

106)「yayabī」は「yayabīra」とあるべきであろう。

107)「un」は「nu」の誤り。

第3章（第11節）《官話》

1) [mi(mi) kaku] か。

2) [wi:go:sa kaku] か。

3) 「カワケル」の誤りと考えられる。

4) 「ひひめく」と関係があるか。

5) 「ヤキジシ」で、「シ」脱落か。

6) 連用形「かみ」の可能性もあるか。

7) [jamiti]→[jamti[→[jandi] → [jadi] → [jari]/jari/ のように変化か。

8) [nira] → [mira] → [bira]/bira/ 等の変化があったか。

9) 「はなだり→はなだい→はならい」等の変化が考えられる。「らい」なので、もとは「だれ」ではなく「だり」と考えられ、「四段活用」の「たる」とした。

10) 「ツケナ」とあるべきところ。「ナ」の表記漏れであろう。

11) 連用形「つけ」相当部分が「キケ」と表記されているということは、*/ki/ と */tu/ とが同じ /cji/ であると認識されていたことを示す。

12) 「めふくれあ→めふっくぁあ」（ミイフックヮア）（目膨れもの）か。

13) 「ぶくれ→ぶくり→ぶくい」。「ボコエ」と表記。

第4章（第1節）《クリ》

1) 通し番号の所が空白になっている。(73.) として補った。

2) 「ha 〜」を /hi 〜 / と推定したが、疑問の余地は残る。なお、「クリフォード琉球語彙」の音韻に関しては、多和田（1997）(p.256-286) で詳しく述べた。

　　なお、言わずもがなのことになるが、形態レベルの考察を行っているので、（ここだけに限らず、本書全般において））特に疑義がない限り、音韻の問題はクリアーしているものとして論じている。

3) 「13. Cheénoo chung 　/ I came yesterday / Yesterday came」との対比において「ootoochung」の「chung」を /(Q)cji'uɴ/ と推定した。

4) 「〜 yoong」であれば / 〜 'juɴ/ となるが、「〜 oong」なので / 〜 'uɴ/ であり、融合前の姿を写していると解釈する。

5) 「かむ」には、/kamuɴ/、/kanuɴ/ の両形あり、「よむ」にも /jumuɴ/、/junuɴ/ の両形があるが、/nunuɴ/ 相当の用例はない。但し、「noonootoosha」の例がある。

6) 「太陽　見える　鏡」であるとすれば、連体形の可能性もあるか。但し、連体形であれば「meeooroo」等と綴られていた可能性が高い。

7) 共時態としては、/mi'i'uɴ/, /mi'i'juɴ/,/mi'iɴ/ の 3 形並存状態とする。

8) 「入れて」と見たが、「得て」の可能性もある。

9) 「直訳」は「琉球女多く居らぬ」となろうが、英語は「琉球女は奇麗ではない」なので、「（きれいな）琉球女多く居らぬ」（きれいな琉球女は多くはいない）の意のようである。

第4章（第2節）《ベッテ》

1) 別に「ゆく行」を立てるべきかもしれない。

2) 日本語の翻訳が簡単すぎると言えよう。「行けないのを恨んでいるのだ。行けるものなら、とっくに行っていたのだが。」などとすべきか。

3) 日本語訳は「彼の前には行くな」などとすべきか。なお、現代語 [wunna]/'uɴna/（「を

るな」に対応）参照。[wuruna → wunna] の変化が考えられ、それから類推すると「いくるな」の可能性もあるか。

4) ndjang 1-54 yā kae ndjang *he went home*〈彼は家に行った〉、1-68 bitsinkae ndjang〈別の所に行った〉、ndjáng 6-36 ndjáng（行った。音便語幹 ndj-）〈go〉等との関係については、第5章において考察するつもりである。

5) ndjaru 3-109 ndjaru ato、6-36 ndjaru hazi（行ったはず。音便語幹 ndj-）〈nearly〉等との関係については、第5章において考察するつもりである。

6) uchung に「置いておく」の訳は合わない。「置く」だけにすべきであろう。

7) 仮名遣いに注意。「ヲク」は「オク」とあるべきであろう。

8) 仮名遣いに注意。「ヲドロク」は「オドロク」とあるべきであろう。また、「((udurutchi wung とはっきり聞こえることがある))」は「連用形＋をり」に関する貴重な指摘である。融合が大分進行しているものの完成はしていなかったことを示していると同時に、既に /ʔuʼn/ になっていたことも示唆している。成り立ちを考えるにあたっては、どんな形から、いつ、/ʔuʼn/ になったかを明らかにすればよいことになる。

9) 「kachuné」は「kachungné」等とあるべきであろう。

10) kakarang なのに、英語も日本語も「過去」になっている。この一文は「書こうとすると手が痛くて書けない」の意である。

11) 未然形「かわらか」を重ねて「そのようになろうとしている」意を表す。（例）「けえらけえら　すん」（帰ろう帰ろう　する）（帰ろうとしている、帰りたがっている）の類いか。

12) 右から左へと書かれているものを、左から右へに書き換えた。

13) 「fussadjung」ではない。元がミスタイプかどうかは不明だが、〈『日本語訳　英琉辞書』(2017)〉（以下、「辞書2017」と略称）に次のようにあるので、「fussadjung」であろうと判断する。

　　　Obstruct 塞ぐ；〔他動〕fussadjung; 塞がれている fussagatóng,katamatóng,
　　　　Savatóng.

14) 例文には「⁶⁾」の表示なし。補った。

15) アルファベット表記「nyi」を反映させて /nji/ とする。以下、同じ。

16) 例文には「⁹⁾」が抜けている。補った。

17) kūūt は kūtŭ の誤りであろう。
　　アルファベット（ローマ字）は「to-」であるが、/tu-/ と推定する。*/o/ 相当部分に（アルファベットの）「o」が使われているのは「と」のみか。他は、「nóshé（なほしは）（直）」の例のように、/-oʼo/（長音）相当が多いか。

18) 「促音」の存する環境ではないので、「-ssi」は [ʃi] を表記したものと解する。

19) 「fuchi」は「fushi」とあるべきか。

20) 「受身」なのか、「尊敬」なのか判然としないところがある。文脈からすると、「tuzikiti」（言いつけて）の主語が「主人」なので、〈訳〉は「下男を許した（下男は許された）」となっているようである。

21) 「右から左へ」と書かれているのを「左から右へ」に書き換えた。

22) 「タキ」とあるから「たちて」ではなく「たち」に対応すると考えているらしい。

23)「yumi」と「fiodji,tukushu」の説明に関して。第2章（第9節）《琉訳》の注2）参照。

24）例文に ⁸⁾ なし。補った。

25）現代語の /ʔo'o'juɴ/ は、「喧嘩する」が一番目の意味になる。

26）《沖辞》では「あらそふ争　あらそう [争う]　ʔarasuujuɴ」である。対応するものであるとすれば、途中で /so'o/ → /su'u/ の変化があったことになる。

27）「あららぬ」の二番目の「ら」が発音されないのではなく、「あらはぬ」に対応すると考えられる。

28）/ʔi'juɴ/ と /ʔjuɴ/ との二形態ありとする。異形態とする。共時的には、例えば {ʔI'JU'N} のようにすればよい。

29）/ʔi'u 〜 / → /ʔi'ju 〜 / → /ʔi'i 〜 / 等と変化。

30）/ʔi'utaru/ → /ʔi'jutaru/ → /ʔi'itaru/ → /ʔitaru/ 等と変化か。

31）これが更に変化して（現代語では）/ʔjara'ɴ/ となる。/ʔirara'ɴ/ → /ʔirjara'ɴ/ → /ʔi'jara'ɴ/ のように変化したとも考えられる。

32）「アリト　イヘドモ」に、「アリヤ　シヨンドン　ayéshŭndung」が対応している。

33）「ヲコナフ」は「オコナフ」とあるべきであろう（仮名遣い上は）。

34）原注に次のようにある。「＊一つの試みをして，同学の士の意見を聞くため，この頁では，日本語を一方では右から左へ，他方は左から右へ書いてみた。」

　　それにより、この部分は「テナコヲ　ガト」となっているが、「左から右へ」にし、「トガ　ヲコナテ」とした。

35）「おもひの　のこしてをる　ば」に対応する。「おもひを　のこす」ではなく「おもひの　のこす」であり、統語上注目すべき例であろう。

36）「思いつかる」は、日本語訳としては「思いつく」が妥当か。

37）「ヲモフ」は「オモフ」とすべきところであろう。〈思う〉と〈思ふ〉とで（仮名遣いに）不統一が生じている。

38）現代語にも /ʔuma'azi hura'azi/（思はず知らず）（←「おもはずふらはず」？）という成句が存する。

39）「－ヲル」ではなく「－ヲン」としていることに注意。

40）以下、「ké を除くと、語幹共通部分は kó となり、語幹変化パターンは、「r,y,y,t」となる。連用形に ké という形があるのが特徴である。ké は kai の音変化したもので、kó は音便語幹の形が、他の語幹において類推により用いられるようになったものである。文語的な、あるいは複合語的な語においては、ké の形も用いられると考えられる。」と続く。

　　また、「6-32　ké-mudushung　（買い戻す。連用形語幹 ke-）〈back〉」とあるが、この「ké-mudushung」の ké- は接頭辞の「kee-」である可能性もある。「かきもどす→かいもどす」の可能性である。伊波和正 (1996) には「11. あがなう　redeem アガナフ （buy back) ké mudushung,(v.n. ké muduyung),(-from slavery)」とあり、接頭辞「kee-」の可能性を示唆しているとも受け取れる。

41）「skuyun」の「sk-」は母音の無声化を示すか。

42）この解釈は如何なものか。

43) 用例は、音韻的には「ぬふ」ではなく「なふ」にしか対応しないのでこのようにした。

44) vo の o はベッテルハイムの誤記の可能性も考えられよう。「辞書 2017」に、次のようにある。

　　Gibe あざける・はずかしめる ;varaï hazikashimïung,usséti hazikashimïung
　　Laght 笑う ;varayung,wúkashashung;（以下、略）

45) /ˈwara'wari'uru/ → /ˈwara'ari'uru/ → /ˈwara'arjuru/ → /ˈwara'ari'iru/ 等の変化が考えられる。

46) 日本語訳が「わらって」ではなく、「わらった」になっている、してある。

47) nū に「いくらか，少々。」の注が付き、shi にも「shi は省いても良いが，ここでは動詞 ndji（（イデル））を副詞的なものにしている」との注が付いているが、疑問である。「野出でし」「あすびてこ」に対応すると考えられる。

48)「エラブ」は「エラブ」とあるべきもの。「否定形は irarang, 命令形は irari となる」に関しては、疑問があるので保留とするが、「irarang」は「irabang」、「irari」は「irabi」の誤りである可能性が高い。「辞書 2017」に、次のようにある。

　　　　Select 選ぶ ;yirabïung {yiradang,yirabang}
　　　　Cull 選び抜く ;yirabïung,yirabi ndjashung

49) ここにあるべきアルファベットが、ない。

50)「kanyuné」は「kanyunné」とあるべきで、表記の過程で「n」が一つ落ちたと見る。「辞書 2017」に「Eat 食べる ;kanyung,kurayung,kvayung;（以下、略）」のようにはあるが、このような用例に対応するのは見当たらない。

51)「knya」は「kanya」とあるべきで、表記の過程で「a」が一つ落ちたと見る。「辞書 2017」に「Eat 食べる ;kanyung,kurayung,kvayung;（以下、略）」のようにはあるが、このような用例に対応するのは見当たらない

52) /sjirami/ と /sjirumi/ とは異形態と見做す。

53)「nunyung ne」で「ne」の前が「-ng」になっているのは、アルファベット表記（ローマ字表記）が必ずしも「発音通り」ではないことの証左か。

54) kakarang であるのに、英語も日本語も「過去」になっている。「書こうとすると手が痛くて書けない。」が妥当か。

55)「yumi kviri」(3-111) と「yumīndă」(3-107) とは注目に値する例であると言えよう。「mutchi kviri, "*please bring*"〈どうか持って来て下さい〉」(3-111)、「ndjiti-nda" let us go"〈出てみよう〉」(3-107) 等の例から類推すると「yudi kviri」、「yudindă」となるはずであるが、そうではない。

　　因みに、現代語ではそれぞれ /ˈjudi kwiri/（読んでくれ）、/ˈjudi 'nda/（読んでみよう）となる。

56) この指摘は、それぞれに重要である。但し、《ベッテ》に yunyung はあるのに yumyung がないことの説明をどうするかという問題は残る。第 5 章で考察することになろう。

57)「vugamabiran」等ではないのに（否定の要素は入っていないはずなのに）、英語も日本語も否定文になっている。

58)「－ぶら→－んだ」の変化に関し、「あぶら」（油）/ʔa'nda/ の例が参考になる。

59)「しかられて」は「受身」のような感じもあるが、文脈からすると（主語が「主人」なので）「尊敬」が妥当か。

60)「tsko ～」と「tsku ～」両様の用例があるが、「tskuyuse 2-110」と「 tskoyusé 3-109」や「tskuteng 2-86」と「tskoteng 3-110」等のように、綴字「ko」と「ku」とで何らかの違いがあることを示しているとは考えにくい。違いがあるとしても異音としてのそれで、音韻的には同じと見做してよかろう。

61) 変化過程を示す例だと考えて、綴字「nye」と「né」との違いを反映させた。

62) *continue* の後に making が来るべきか。

63)《沖話》の「－る　はず」に対応するのを、伊波普猷が『琉球語便覧』において、全て「－ら　はず」に「修正」しているが、それに繋がるであろう「-ra hazi」（tskoïoshutara((tskotóchutara)) hazi）である。但し、《ベッテ》においては「－ら　はず」というよりは「－たら　はず」の例が多く、「－た－」がない場合は「－る　はず」となるという印象を与える。次の例参照。

　　3-120 tassikitara hazi　3-120 tskoïoshutara((tskotóchutara)) hazi

　　3-121 nayutara hazi

　　3-117 nayuru hazi　6-36 ndjaru hazi

しかし、次のような例もあり、必ずしもそうではないことがわかる。

　　5-105　　bitsi yuïshŭnŭ **ara** hazĭndi

64)「琉球語では tskoï と発音する」ということは、tskuru,tskuri は「日本語」だと言っているということになるが。

65) 更に、促音が消滅して次の /cuku'jukutu/ に到る。そのことを示すために「つくりを（る）こと」と表示した。/cuku'jurukutu/ → /cuku'juQkutu/ → /cuku'jukutu/ の変化である。「－（る）ところ」や「－（る）す」等も同様である。

　　なお、《沖話》等でも「－（る）こと」のように表示したのはこれに準じる。

66) sé は sava ではなく、siva の変化したものだろう（/su/ → /sɯ / → /sï / → /si/ の変化参照）。

67) sawa よりは siwa が妥当か（/su/ → /sɯ / → /sï / → /si/ の変化参照）。

68) [nda] に対応させるべきものであるなら、miriba は miraba にすべきか。

69) 現代語では /cjukuta'n　te'ema'n/ で、/-ru/ → /-'n / の変化があったことを窺わせる。

70)「iyagadu tskuteru」ではなく「iyagadu tskuteng」となっていて「結びが流れた」かたちになっている。

71) 違いを示す両形が収録されている。他に、同様の例あり。

72)「nayuru hazi」であって、「nayura hazi」ではないことに注意。

73) mi-nakae は「目に」であって、「目の中に」ではあるまい。

74) [niburi] → [nimuri] → [nimri] → [ninri] → [nindi] → [nindʒi] のような変化を経ていないと [nindʒuN] /ni'nzju'n/ にはならない。連用形 /ni'nzji/ ができあがった後に「連用形＋をりむ」の結合が起きたと考えられる。[nindʒi wuN] → [nindʒuN] /ni'nzju'n/ と考えられよう。

75) nindarang であって、nindarangtang ではないから、形の上では「ねむれない」

にしかならないはずだが、英語訳、日本語訳ともに過去形になっている。

76) [niburiti] → [nimutti] → [nimtti] → [nintti] → [ninti]/niˈNti/のような変化が想定される。

77) [jaburi] → [jamuri] → [jamri] → [janri] → [jandi] → [jandʒi]。[jandʒi wuN] → [jandʒuN]/ˈjaˈNzjuˈN/と考えられよう。

78) [jariti] → [jatti] → [jati]/ˈjati/のような変化が想定される。

79) アルファベット表記（ローマ字表記）の shung は chung の誤りと見る。

80) 「沖縄語」と英語・日本語（の翻訳）とでは「主語」が入れ替わったようになっている。「沖縄語」では「才知ある者」が「これ（泥棒）」を「見当てて（見つけて）」であるのに対して、英語・日本語では「泥棒」が「見つけられ」となっている。

81) 「よむ読」の「yunyung 6-30」のところで引用した「首里では、古風な形としては ˈjumjuN ということもある」からの類推で /mjuˈuˈ N/ の存在を想定する。

82) これは「見る」である可能性が高いと考える。高橋（2001）では「6-36 nyūng（見る。融合語幹 ny-）〈look〉ndjung の形は見あたらない」とあるが。次のように対照すると見えてくる。

    ndjung   4-239 ndjung, *"to go"* 〈出る〉

    ndjïung   3-117 Matchinkae [1]ndjiti vutērē((wurava, wuïdunse))、（略）
                          [1] イデル ndjïung, 過去形は ndjang[1]、または ndjitang。

    ndiung   4-239 ndiung, *"to get wet"* 〈濡れる〉

「dju」が [dʒu] を、「djïu」が [dʒiu] を、「diu」が [diu] をそれぞれ表示していると判断されるので、「ndjung」は [ndʒuN]、「ndjïung」は [ʔndʒiuN]、「ndiung」は [ndiuN] であると認定できよう。「ndjung」は [ndʒuN]/ˈNzjuˈ N/ と推定できると考える。

    戸などを開けて外を「見る」行為を「出る」と解釈（勘違い）した可能性を考えている。また、ベッテルハイムに声門閉鎖の有無を聞き分ける（書き分ける）のは容易ではなかったろうとも考える。「1-52 日本語のムマ、ウマ、イモは ˈmm となる。アポシトロフィ（ˈ）で示された音には、母音的性質はないが、それは音節をなし、しばしば強勢もおかれる。例えば ˈmmū〈芋〉、ˈm mǎriŭng〈生まれる〉」という記述があるにはあるが。

83) 「見せなさい」ではなく、「みなさい」である。「顔を上げてみなさいと」であろう。

84) 「kangétindé」は「考えてみよう」ではなく、「考えてみよ、みろ」であろう。「考えてみれば」とも解釈できるが、「tó, mazi」（さあ、まず）との関係で考えると「さあ、まず考えてみよ、みろ」が妥当だと思われる。

    次の「ˈnchĭndé」は「みてみれ」（＝見てみよ）。これも「見てみれば」という解釈が可能である。

85) 「Anyi kadjinu」の「Anyi」に関して。「日本語」では「雨風で」となっていて「Anyi」が「雨」に当たるとされているが、英語部分では「*with the wind*」で「雨」は登場しない。「あめかぜ（雨風）」という語が存在するので（例えば《沖辞》では「ʔamikazi ⓪（名）雨風。」）、「Anyi kadjinu」が「雨風の」に対応し、「Anyi」は「あめ（雨）」であろうということは容易に類推できるが、それが「Ami」や「Amyi」等ではなく「Anyi」となっていることが問題を複雑にしている。/m/ と /n/ との交代が起こったのであれば「Ani」となるはずであり、「Anyi」にはなるまい。

1328 注

誤記・誤植等がないという前提で、「あめ（雨）」を「Anyi」と表記したのが是認されるとすれば、「ni」と「nyi」とで厳然たる書き分けが行われているということに少なからぬ影響を与えることになろう。

「辞書2017」に、次のようにある。

> Rain ①雨；ămĭ; 小雨 ami gva；（以下、略）…「以下」を見ても「anyi」は、ない。
>
> Rain ②雨が降る；〔自動〕aminu fuyúng ¦utíung,kudayung¦ ；（以下、略）…「以下」を見ても「anyi」は、ない。
>
> Rain-water 雨水；tín-si〈天水〉,ami mizzi;（以下、略）…「Rain-wind」は、ない。

86）これ（yitchōruga gutukunyi）は「琉球語」（沖縄語）的であると言える。「日本語」的（漢文訓読体？）であると言える「ざす座　zasiruga gutuku」と好対照の例となる。

（次と対照のこと）

zāsirūga gūtuku　5-107　（＊Yumĭ　アク　ジンノ　キヤウニ　タテ　アク　ジント　モノユ　コト　キヤウ　イ　キヤウ　クワンヲ　モテ　トタンニ　ザスルガ　ゴトク　Āāku　djīnnu chónyi tāti, aku djintu mūnuyū kūtū, chó-ĭ, chó kwanu muti tutannyi **zāsirūga gūtuku**.　意味　*To appear at a bad man's court, to speak with a bad man, is like wallowing in dust & ashes clad in courtly apparel & (official) cap.*〈悪い人の朝廷に出仕して，悪い人と話すことは，官の衣装に（公の）帽子をかぶって，泥や灰の中を転げ回るのと同じである〉（文字通りには，*The standing in the capital of a bad man(king), the speaking with a bad man, is like sitting into mud & ashes(coal) with public(official) dress & official cap.*）　（＊yumi とは学識ある者の「読み」の型で，ほとんど琉球語と同じ様に読まれる意味解釈方式である。＋fiódji((講議ママ)) あるいは tūkushu((読書)) という読み方よりも，より中国語の構文と発音に近い。

> 逆であろうと思われる。「ほとんど琉球語と同じ」は、「fiódji((講議ママ)) あるいは tūkushu((読書)) という読み方」の yitchōruga gutukunyi であって、「yumi」の zāsirūga gūtuku ではあるまい。

因みに、高橋（2008）に次のようにある。

『英琉辞書』は『華英字典』を参考にしているようである。

『英辞書』の意味記述は、『華英字典』を最も参考にして編集したと考えられる。

ベッテルハイムは、『華英字典』、なかでもその中国語の部分を媒介にして、琉球語を調査したと思われる。

（以上、p.84）

87）「ける（四段）」は、下一段の「ける」が江戸時代後半から四段に活用するようになったものというが、《ベッテ》の用例は、四段・下一段混淆と見る。

88）解説では「置く」となっているが、違うだろう。「置く」なら utchidunse などとなろう。

89）shiri zukiung は「しりぞける」、shiri zuchung は「しりぞく」に、それぞれ対応。

90）ベッテルハイムの分析法によれば、「ヨム」（四段）も「サダム」（下二段）もとも

注　1329

に「－ム」で終わっているから、同じ「型」に属することになるようである。「－て＋ヲル」などに気付きながら「－ng」を「単に音調を整えるもの」としてしまうなどと同じく、一種の限界というべきか。

「音調を整える」というのは、「tskoyung」の原注に「この ng（琉球語では）鼻音 ng は単に音調を整えるもの（euphonical）にすぎないように思える。日本語（の動詞）にはこれがない」とあるということを指す。

91) アルファベット表記「to」は、「tu」の例も少なくないことから、異音と捉える。

92) 「kără」と「kăvă」、「nagarĭru」と「nagarĭrŭga」、「gutóng」と「gutu」、それぞれ沖縄語：日本語（漢文訓読体？）の好対照の例となるか。また、日本語訳は「川の流れるように」とすべきであろう。

93) 「語幹クル chung は，ル・ru で終っている」と捉えている。2-118 の tskoyung についた原注(1)「この ng（琉球語では）鼻音 ng は単に音調を整えるもの（euphonical）にすぎないように思える。日本語（の動詞）にはこれがない」とあるように、－ng を単に音調を整えるものと考えているので、「ノム、ヨム、タノム、…」などと書くのが、ベッテルハイムの「琉球語」の動詞に対する基本的スタンスであると言える。

94) 「例がみあたらない」のではなく、「3-111　kotĭch-chi, *he bought & came*"〈彼は買って，そして来た〉の「ch-chi」は、『沖縄語辞典』の「Qci（来て）」に対応するものであると言えよう。

95) yimpó「ゑんぱう」（遠方）。「ゑ」に当たる部分が「yi」。/ － i/ を「-yi」としているので、/ － e/ は「i」とすべきはずのものが。「い」と対応するものなら「yyi」と綴られるべきか。

96) この限りにおいては、shuru と shung とを区別していないとも言える。

97) 〈同上〉は「たとえそうとしても……」。

98) /su-/ と /si-/ は異形態であるとする。形態素としては {SU-} とでもすべきか。

99) 「si」「shĭ」は異音を示していると解釈する。「shĭ」は /si/ → /sji/ と移行する過渡的なものと見る。「せ」を已然形とすることについては、注 100)、注 113) も参照。

100) 「未然形」は「せ」ではなく、「さ」であるとする。/sa'N/（さぬ）（「しない」の意）、/sana/（さな）（「しよう」の意）のように考えると、/numa'N/（のまぬ）（「飲まない」の意）、/numana/（のまな）（「飲もう」の意）等とパラレルになる。

101) 現代語では [kamiN saN]/kami'N sa'N/「かみもさぬ」（食べもしない）となるが、形の上では、そうではなく、[kadiN saN]/kadi'N sa'N/「かんでもさぬ」（食べてもしない）に相当していることになる。

102) shūmi の否定。

103) shĭ の否定。

104) sharu ba, shuru bashu の「否定」という意味。b の前なのに ng、n である。音声は [m] のはずだから、ベッテルハイムの表記が必ずしも「音声表記」ではないことの例になる。

105) shuru hazi, sheru, sharu hazi, shĭgissa の否定。

106) shīng の否定。

107) ベッテルハイムの促音に関する記述には、高橋（2001）にも「『英琉辞書』では促音の表記が正確でなく、明確なことは言えない」（6-34）という指摘があるように、不確かなものが多い。促音があってしかるべきところにそれがない場合、このように表記することにする。

108) 現代語の /nude'e'ɴna'a/（飲んであるのか）等も元は /nude'eru na'a/ である可能性を示してくれている /-ru na'a/ の例であると言える。

109) 「おいてし」ではなく「おいてす」と考える。「si」＝「す」は、「ざす座」の「zāsiruga」「ざするが」でも裏付けられる。

110) 「ゐる座　yitchoruga gutukunyi ang 5-107」と好対照の例となる。因みに、《琉訳》は、ほとんどこのスタイルであると言える。

111) 《官話》に「アリイヤエノモノ　488　便飯」の例がある。

112) 「美」の「び」ではあるまい。

113) 已然形とみる理由。「あれ＋はぞ」。例えば [numiwadu]（のめ＋はぞ）,[makiwadu]（まけ＋はぞ）（巻）で、「のむ」では「のみ」か「のめ」かはわからないが、「まく」では「まき」なら /macji/ となるはずだから /maki/ に対応するのは「まけ」（已然形）であることになる、と判断する。

114) 「いる」の意味で「あり」が使われている。英語の訳は過去形になっている。

115) [ʔate: ne:raɴ] なら（当ては　なし）、[ʔate: naraɴ] なら（有りては　ならぬ）。但し、後者はアクセントの違い（[ʔāte:]）で「当てにはできない」の意味になる。

116) 促音便（「ありて（＋あり）」→「あって（＋あり）」）が存在した可能性を示す例であろう。

117) 「あったか」の意を表すのに、ātī, ātīmī の二形あることが注目される。

118) 「vu」と「wu」に関しては「uráng 6-39」参照。

119) 「wïunye」は「wuïnye」の誤りであろう。「ï」と「u」との順序が逆だと思われる。「辞書2017」の次の例参照。

    Abode 住（まい）所 ;simdju,wuï-dju〔居所〕；（以下、略）

120) 補助動詞的用法なので、（「本動詞」を対象としている）ここでは取り上げなかったが、次の例は変化過程の観点から注目に値するものである。

shi-wūyin 3-121 vorabi shóying[1] kărā yudangsang((ukutărāng)) gutu simi narati. tushifī munashku tsi-yassang((tuchi sirasang)) ati dung atéré *"I had unweariedly studied from may youth up & not idled away my time"*〈子供の頃から根気強く学問をし，月日をむなしく費やすようなことがなかったら〉[1] **shi-wūyin**。

  ☆ 連用形「し」を含む。「しをりむ」に対応。/sji'u'i'ɴ/ と推定。

「wūyin」は「をりむ」*[worimu] に遡る可能性を示しているか。*[worimu] → [wurimu] → [wujimu] → [wujim]（更に→ /'u'ï'ɴ / → /'u'ɴ/）等と変化か。

121) uravang arang uravang は uravang urang aravang の誤りか。「をらはも　あらぬ　をらはも」ではなく、「をらはも　をらぬ　あらはも」であろう。

122) 「前の二例」は「uráng と wurang」を指す。音声レベルで言えば（高橋の記述のように）「wurang の方が正確な表記である」として良いが、ここでは音韻（そ

して、形態）レベルでの取り扱いとして、次のようにする。

　この「wurang 6-39 居ない」（「をらぬ」居らぬ）と最小対立的差異を示す例として「うらぬ」（売らぬ）を上げることができる。但し、《ベッテ》には「uyung 1-68」「ūyŭssī 1-68」「uratti 3-127」の用例しか見出せず、「うらぬ」に相当するものは存在しないが、もし収録されていたとすれば、この三つの用例から、「urang」は容易に類推できる。これを使用して対比してみる。

　「urang」を音声表記で表示すると [ʔuraɴ] となり、「wurang」は [wuraɴ] となるはずである。音韻表記を並記すると次のようになろうか。

　「urang」[ʔuraɴ]/ ʔura'ɴ /（うらぬ）、「wurang」[wuraɴ]/ 'ura'ɴ /（をらぬ）。（現代語の例だが）例えば、[ʔwa]/ʔwa'a/（豚）と [wa:]/'wa'a/（我、我が）、[ʔja:]/ʔja'a/（君、お前）と [ja:]/'ja'a/（家、屋）等の対立から /ʔw /:/'w /、/ʔj /:/'j / の対立が存在すると解釈できるので、[ʔu:juɴ]（追う）：[wu: juɴ]（折る）も、統一性を図る立場から /ʔu'u'juɴ/（追う）：/'wu'u'juɴ /（折る）と表記することも可能であろう。しかし、[ʔwa]/ʔwa/:[wa]/wa/、[ʔja]/ʔja/:[ja]/ja/ とは若干の違いがあるのでそれを示す意味でも /'u'u'juɴ/（折る）、/'u'ura'ɴ/（折らぬ）のように表記することにしたい。そして、この手法は他の資料にも適用することにする。[ʔu] /ʔu/:[wu] /'u/ とする。

123) 「法助動詞対応にする」は「法助動詞に対応する」の誤りであろう。

124) urataru は urantaru の誤りであろう。「辞書2017」の次の例参照。
　　　Ubiquity（同時に）至る所に存在する〔しうる〕こと・遍在 ;urang tukurundi iché nérang,ippényi vúng.
　　　Widow 寡婦 ;yágusami wínago,wúttu wurang,wúttunu sídji uráng.

125) 「kachusu vutóti」は、変化して現代語の /kacjuso'oti/ となる。

第4章（第3節）《チェン》

1) /ʔɴzji'ɴ/（いにても→いんでも）の使用頻度が高くなる前は、これが行なわれていたと思われる。
2) 連用形「かき」の可能性も排除できない。
3) 「かわけて」の可能性もあるか。
4) 「琉便」脱。
5) タイトルでは「TSICH ŌRU」となっているから（258'）、「Chinu tsichōndi」となるべきであろうが、「Chi nu chichō」となっているのは、チェンバレンが「気が利く」と「気が付く」とを混同したからのようである。
6) 「琉便」の日本語は「琉球語」とずれている。「貸してくれる人がいますか。」となるべきであろう。復刻版の Japanese が、Kashite kureru hito ga nai no ni... となっていて、ずれている。山口〈チェン〉は、これに忠実に、「貸してくれる人がないのに…。」となっている。
7) kēchi は、kēti（替えて）の誤りか。あるいは、当時「かへて」が kēchi だった可能性もあるか。
8) 「琉便」では脱。

9) nubashuru ではなく、nubashura であることに注意。

10) 「ぬ」と「む」の交代（/-n/ と /m-/ との交代）があるとすれば、「ぬらす濡」の可能性もある。文脈上は「ぬらして（濡らして）」が妥当か。

11) 「琉便」では脱。

12) mutcharu でない（促音がない）のは、組踊の詞章であるからだと考えられる。

13) 「琉便」では脱。

14) 直訳的には「明日というのは、鬼でも笑う」となる。

15) /ko'o'rihabi'u'ɴ/ → /ko'orjabi'ju'ɴ/ → /ko'o'jabi'u'ɴ/ → /ko'o'jabi'i'ɴ/ 等と変化か。

16) /ko'orimisjo'ori/ → /ko'o'imisjo'ori/ → /ko'o'i'ɴsjo'ori/ → /ko'o'ɴsjo'ori/ 等と変化か。

17) tāsi は、tātsi か。「人食はば、穴ふたつ掘りて来」の意。

18) 途中で /m/ → /b/ の変化があったと考えられる。

19) 途中で /mju/ → /nju/ → /nu/ の変化があったと考えられる。

20) /si/ が /sji/ に変化する過渡的現象を示していると見る。

21) du tanumu で係り結び。組踊詞章の故か。tanumuru ではないことに注目。

22) /numu'ɴ/ 相当の用例見当らず。

23) /numusi/ 相当の用例見当らず。

24) /numutasi/ 相当の用例見当らず。

25) /hasamaQti/ ではない。組踊詞章の故か。

26) 「琉便」では脱。

27) 「琉便」では脱。

28) /'jumu'ɴ/ 相当の用例なし。

29) yuniti の ni は、途中 /mi/ → /ni/ の変化があったことを示唆するか。単なるタイプミスか。ゆまに書房復刻版でも「*yuniti*」となっている。

30) 途中 /ri/ → /'i/ の変化がある。以下、同じ。

31) 「いれ」の可能性もある。

32) 「琉便」では脱。

33) 「スツテ」は「ソツテ」の誤りか。

34) 以下を注として付けておく。
　　　１０２　肯定疑問 tuyuMi　　否定疑問 turaNi　　「肯定現在及び否定現在の最も古い形である蓋然性を有するものとして、それぞれ turuM, turaN; kikuM,kikaN, 否むしろ turuMu,turaNu;kikuMu,kikaNu　等の形に帰着するのである（112参照）。」１０２　より古い turung/turi　　８２〜８４　tuyung tuyuru 〜略〜 tutai turang 〜略〜 turangtai　　９２　tuyung/ tutang/ tuyumi/ tutī/ (tutami) 「終止形 tuyung が古形の tuyum か tuyumu 否むしろ（語幹が r で終るゆえ）trum か turumu〔ママ〕相当するものだと見做したい。疑問形現在 tuyumi が m を所有する事実はこのことを示唆するものである。というのは、その形を更に tuyum yyi と分解し得るのであって、yyi は50節で扱ったところの疑問の助詞である。」
　　　１１６　tutōng← tuti wung,　　tutōtang←tuti wutang 「動名詞に wung を膠着せしめることによって形成」

35) （ゆまに書房）復刻版では、tutōti 該当部部分は *tutōtī* となっている。これに従っ

て、「tutōtī」とした。

36) 「なる（こと）が」と考えて、連体形に。

37) 「琉便」では脱。

38) /ri/ → /'i/ の変化がある。以下、同じ。

39) 「わかり」に /ri/ → /'i/ →脱落、の変化がある。

40) 「nūng「見る」の次の形に気づいた」として次のように示している。（１１８）
肯定　直説法現在終止 nūng・連体（空欄）・下略（空欄）・疑問 nūmi?・名詞 nūsi
半過去終止 nchang・連体 ncharu・下略 ncha'・疑問 nchī?　完了終止 nchōng
完了疑問 nchōmi?　　未来 nda　　同時 mīdungsē　　譲歩過去 nchangtang
動名詞 nchi　　動名詞孤立形 nchē　　　願望 ndangdē　　否定　直説法現
在終止 ndang・疑問 ndani?　　半過去終止 ndangtang・疑問 ndangtī?　　条件
ndangdarē
（以下、略）

41) [mihwa ∼]→[nihwa ∼]→[nja ∼]→[na: ∼]/na'a ∼/ 等の変化が考えられる。

42) 途中、/mju ∼ →nju ∼→ nu ∼/ の変化があると考えられる。

43) [mire] →[miri] →[mri] →[nri] →[ndi]/'ndi/ 等と変化か。

44) [mira] → [mra] →[nra] →[nda]/'nda/ 等と変化か。

45) 「琉便」Nichi の表記は、ミスタイプの可能性もあるが、＜ mi→ni ＞の変化を示す
証拠となるかもしれない。/micji/ → /nicji/ → /'ncji/ と変化か。

46) 原文の「Yā ya mī nchī?」が「お前、目見たか」等となって、意味不明なので、「琉
便」では意味が通じるように（日本語、英語に合うように）「Yyā ya nū ncha ga?」
（お前は何を見たか）としたらしい。

47) これだと「選んで取ってください」の意になり、「得」ではなく、「取」である。

48) 「おほす（果す）＝（他サ下二）果たす。なしとげる。してしまう。」

49) 「琉便」では脱。

50) ([nurete] →)[nuriti] → [nriti] → [nditi]/'nditi / 等と変化か。

51) 「chūng に関しては、次の時制に気づいた」とある（１１７）。
肯定　直説法現在終止 chūng・連体 chūru・下略 chū'・名詞 chūsi　　半過去終
止 chang・連体 charu・下略 cha'　完了終止 chōng　条件 kūrē　動名詞
chi 又は tchi　　同時 chīnē　　命令形 kū 又は kūn-nā　　限定付随 chīdungsē
否定形には kūng　及び過去 kūntang にのみ接した。

52) /cja'abi'ju'n/ の例はないが、/cja'abi'ju'n/ → / cja'abi'i'n / (/'ju/ → /'i/) の変化と考え
られる。

53) chū は chū' とあるべきである。

54) 「次表は、これまでに接した shung「する」の諸形態を含む」とある（１１８∼
１１９）。以下、参照。
肯定　直説法現在終止 shung・連体 shuru・下略 shu'　　半過去終止 shang・
連体 sharu・下略 sha'　完了（空欄）・連体 shōru・下略（空欄）　条件 sē　仮
定現在 shurā　　仮定過去 sharā　　譲歩過去 shang-tēmang　　未来 sa　不定
Shi 動名詞 sshi（集合）sshing　　命令形 shōri（shi wuri に対する）　　　　願

望 shītē　　否定　現在終止 sang・疑問 sani?・名詞 sangsi　　命令 shu-na 更に慣用句 sandarē narang「しなければならぬ」（より文字通りに言えば「もし～し なければいけないことだ」）にも注目したい。多くの敬譲形　shi-yabira,shiyabira 等々 に対する連体形現在 shabīru,　完了名詞形 shō-yabīsi,　未来 shabira,　動名詞 shabiti,　仮定過去 shabitara,　否定現在 shabirang,　更に shi-nābira（[日] shite mimashō）, shi-mishōcha,（日 nasai mashita）などの複合形及び敬譲語としての使 役形 shōrachi,shorasi にも注意したい。

55）shīnē か。

56）/sja'abi'ju'ɴ/ の例はないが、/sja'abi'ju'ɴ/ → /sja'abi'i'ɴ/（/'ju/ → /'i/）の変化と考えら れる。

57）「shōyabīsi ga　235」と「sōtasi ga 263」の例でわかるように、「してを～」相当 部分の綴字が shō～ であったり、sō～であったりしていることがわかる。

58）「sshi 149」に倣えば、sshi の誤りとも解釈できるが、sshi と shi との区別が曖昧 になっていたとも考えられる。異形態と捉え、/Qsji/ と /sji/ とを区別することとした。

59）「出て」に対応するのなら njiti のはずである。

60）njai を「njiyung「出掛ける」から来た形」と見ているが、誤りである。nji（いにて）・ njiti（いでて）。

61）以下のようにある。
　　「113. 半過去。この時制は明らかに ang「ある」の現在形を動名詞に膠着せし めた結果得られたものであろう。即ち tuti ang に対する tutang 等の如く、疑問形 以外の形態はすべてこの過程を経て形成されるものである。というのは、tuyung が tuyumi を有すると全く同様 ang は疑問形 ami を有するのであり、従って半過 去の疑問形としては tutami があってしかるべきであろう。しかし、半過去疑問形 は tutī であって tutami なる形は存在しない。tutī 及びそれに相当する他のすべて の動詞の形態が、今日半過去の疑問形としての機能を有するものであるが、これら は本来動名詞の疑問形であったと考えるのは、あながち無謀な憶測でもあるまい。」 （９３）
　　「142.　～（略）～、我々は ang の原形が ayung(ayuru,ayu' 等々）であって、 長年に亘る用法を経て今日見る形態へと縮少ᴹᴹ変化したものであろうと憶測せざ るを得ない。おそらくより古い時代には、arung であったろう。」（１１５）
　　あり有 ang「ある」　蓋然的過去終止形 atarung「あったろう」。これは（mashi y'atarung に対する）mashētarung「よかったろう」の如く、形容詞的表現との 組合せにおいて見られる。（１０１）

62）Sizika, Shizika → /si/,/sji/ 区別なき証拠か。

63）/-Q t-/ のほうが /-Q k-/,/-Q s-/ より「促音」を維持するのが容易か。

64）以下の「あが」「あこと」「あすが」等の「あ」を指すらしい。それなら「あ（る）」 でも良いかと思われる。

65）次のようにある。
　　「114. 完了及び過去完了. これらの時制は明らかに動名詞と「居する」「居る」 を第一義とする今一つの動詞 wung の結合した形に起因する。」「完了形 tutōng は

注　1335

tuti wung に対するものであり、完了過去 tutōtang は tuti wutang に対するもの等々とすることができる。過去完了疑問形は、それに相当する半過去の形と同様に考察し得ることが分る。即ち tuti wutī に対する tutōtī が本来動名詞 wuti の疑問形化したものであると見なす。」（９４）

66)「wuyabīmi」は、「おりますか」であって、「nai no ni...」「ナイノデ」とは対応しにくい。勿論、文脈によっては、反語法として「おりますか。いないでしょう。だから…」とも成り得るが、前文の「Kagu-dūru y'ating kati kūng nā? Chōchin demo karite koi. Go and borrow a lantern,—won't you?」に反語で応じるというのは、普通は、あり得ない。

67)「琉便」では脱。

68) nābitasi ga（の過去形）に照応するには wuyabirangtang となるべきはずのものであるが、そうではないらしい。検討する必要があろう。

第4章（第4節）《沖辞》

1)「かたぶく」（四段）の音変化。

2)「ほとく」に対応か。

3) 本文では manicuN。「s」は「i」の誤りだと思われる。

4)「ひきぬく」ではなく「ひきぬぐ」に対応するとする。

5) ʔara=aN は、「あらはぬ」に対応すると考えられ、「ハ行の名残」のあるグループだと言える。/='ju'N/ の前の母音が /a/ であることも作用しているらしい。

6) ʔaçika=aN は「あつかはぬ」に、ʔaçika=raN は「あつからぬ」にそれぞれ対応すると考えられ、「－はぬ～」と「－らぬ～」とが並存するグループであるとも言える。

7)「むかふ」は「=aN, =ti」なのに、「たちむかふ」が「=aN, =raN, =ti」になるのは不統一だということになる。/'ju'N/ の前の母音が /a/ である場合に「=aN」が残り、その他の母音の場合は「=raN」のみになるという規則性があるように見受けられるが、この例が示すように「=aN」の有無は「語的なもの」とも言え、過渡期における現象と捉えたほうがよいのかもしれない。因みに、私の内省では /taci'Nka'a'N/ /taci'Nkara'N/ 両方容認可能である。さらに言えば、「=aN」のみとされたものも「=aN」「=raN」両方許容できる。《沖辞》の次の段階を示していることになろう。

8) ただし、tuihakararaN ではなく、tuihakaraN, tuihwakaraN。

9)「－らぬ～」のみとなったグループとも言える。「あふ」「つかふ」以外は、「=juN」の前の母音が /a/ 以外であるということができる。

10)「おもふ思」に「（他 =raN, ʔumaaN ともいう, =ti）」とあり、これから類推すると（「-mujuN」が同じだから）「kamaaN」があっても構わないし、統一的に考えれば、「おもふ思」に「ʔumuraN」もあってよいと言えよう。

11) ʔumu=aN ではなく ʔuma=aN, ʔumu=raN。/ʔumu=waN/ → /ʔuma=waN/ → /ʔuma=aN/ と変化か。

12) 本文には hwiQtu=juN もある。

13)「かたぶく」（下二段）の音変化。

14) 本文では baki=juN で、これが正しい。bukijuN は音韻的には「ぼける」に対応する。

但し、「ぼける（惚ける）」には kanihaɴdijuɴ が当ててある（p.782）。

15）「はじける」に対応。

16）「やはらく」に対応か。

17）「みはてる」に対応。

18）本文には「taga=juɴ ◎（自・他　=aɴ, =raɴ, =ti）違う。たがえる。「たがう」に対応する。tagaaɴ. たがわぬ。一致する。違約しない。'jakusuku 〜 . 約束をたがえる。」とある。

19）「水を入れてぬるくする」意の「うめる」。

20）「世に聞こえる」の意。

21）「よくれる（夜暮れる」に対応する。

22）本文では tuɴhanarijuɴ となっている。

23）nugaarijuɴ はない。

24）本文には、ない。

参 考 文 献

飯豊毅一・日野資純・佐藤亮一編（1984）『講座方言学 10　沖縄・奄美の方言』国書刊行会

池宮正治（1995）『琉球古語辞典　混効験集の研究』第一書房

石崎博志（2015）『琉球語史研究』好文出版

市河三喜・服部四郎監修（1955）『世界言語概説』下巻　研究社（1974 年第 7 刷）

伊波和正（1987）「メドハーストとベッテルハイムの比較（Ⅰ）動詞」『沖縄国際大学文学部紀要　英語英文学篇』沖縄国際大学文学部

伊波和正（1997）「クリフォードとインフォーマント達：言語の問題」『沖縄国際大学外国語研究　第 1 巻　第 1 号』沖縄国際大学外国語学会

伊波和正（1997）「『クリフォード琉球語彙』：PART Ⅱ」『沖縄国際大学　外国語研究　第 1 巻　第 1 号』沖縄国際大学外国語学会

伊波和正（1997）「ベッテルハイム著『琉訳聖書』の分析：『ヨハネ福音書』（『欽定訳聖書』ギュツラフ日本語訳・ベッテルハイム琉球語訳）比較対照」『沖縄国際大学外国語研究　第 1 巻　第 1 号』沖縄国際大学外国語学会

伊波和正（1997）「ベッテルハイム『英琉辞書』：基礎語彙調査（及び親族用語）」『沖縄国際大学　外国語研究　第 1 巻　第 1 号』沖縄国際大学外国語学会

伊波和正（1997）「メドハーストとベッテルハイムの比較（Ⅱ）形容詞・副詞・代名詞・接続詞・前置詞等」『沖縄国際大学　外国語研究　第 1 巻　第 1 号』沖縄国際大学外国語学会

伊波和正（1997）「ベッテルハイム『英琉辞書』：アクセント・パターン（動詞）」『沖縄国際大学　外国語研究　第 2 巻　第 1 号』沖縄国際大学外国語学会

伊波和正（1997）「ベッテルハイム著『琉訳聖書』の分析：『ヨハネ福音書』（『欽定訳聖書』ギュツラフ日本語訳・ベッテルハイム琉球語訳）比較対照：資料篇Ⅰ（Ⅰ－5 章）」『沖縄国際大学　外国語研究　第 2 巻　第 1 号』沖縄国際大学外国語学会

伊波和正（1998）「メドハーストとベッテルハイムの比較（Ⅲ）：名詞（1）」『沖縄国際大学　外国語研究　第 2 巻　第 2 号』沖縄国際大学外国語学会

伊波和正（1998）「ベッテルハイム著『琉訳聖書』の分析：『ヨハネ福音書』（『欽定訳聖書』ギュツラフ日本語訳・ベッテルハイム琉球語訳）比較対照」：資料篇Ⅱ（6－8 章）」『沖縄国際大学　外国語研究　第 2 巻　第 2 号』沖縄国際大学外国語学会

伊波和正（1998）「ベッテルハイム『英琉辞書』：部首」『沖縄国際大学　外国語研究　第 3 巻　第 1 号』沖縄国際大学外国語学会

伊波和正（1998）「ベッテルハイム『英琉辞書』：動詞語尾型」『沖縄国際大学　外国語研究　第 3 巻　第 1 号』沖縄国際大学外国語学会

伊波和正（1998）「ベッテルハイム『英琉辞書』：声門破裂音」『沖縄国際大学　外国語研究　第 3 巻　第 1 号』沖縄国際大学外国語学会

伊波和正（1998）「ベッテルハイム『英琉辞書』：NI,NYI」『沖縄国際大学　外国語研究　第 3 巻　第 1 号』沖縄国際大学外国語学会

伊波和正（1998）「ベッテルハイム『英琉辞書』：語源表記」『沖縄国際大学　外国語研究　第3巻　第1号』沖縄国際大学外国語学会

伊波和正（1998）「メドハーストとベッテルハイムの比較（Ⅲ）：名詞（2）（資料篇カ行）」『沖縄国際大学　外国語研究　第3巻　第1号』沖縄国際大学外国語学会

伊波和正（2000）「メドハーストとベッテルハイムの比較（Ⅲ）：名詞（3）（資料篇　さ（た）行）」『沖縄国際大学　外国語研究　第4巻　第2号』沖縄国際大学外国語学会

伊波普猷（1974）『伊波普猷全集』第四巻　平凡社

伊波普猷監修（1916）『琉球語便覧　附琉語解釈』糖業研究会（1969　琉球史料復刻頒布会版）

岩倉市郎（1977）『喜界島方言集』国書刊行会

内間直仁（1979）「琉球方言における動詞活用形の成立について」『人文科学』31集

内間直仁（1984）『琉球方言文法の研究』笠間書院

H・J・クリフォード著、浜川仁翻訳・解説（2015）『クリフォード訪琉日記－もうひとつの開国』不二出版

沖縄古語大辞典編集委員会編（1995）『沖縄古語大辞典』角川書店

大友信一・木村晟（1968）『日本館譯語　本文と索引』洛文社

大友信一・木村晟（1979）『琉球館訳語　本文と索引』小林印刷出版

沖縄タイムス社（1983）『沖縄大百科事典』

沖縄県庁編（1880）『沖縄対話』（1975　国書刊行会復刻版）

小倉進平（1924）『朝鮮南部の方言』（朝鮮史学会　大正13・3）

小倉進平（1928）「朝鮮語の toin-siot」（『岡倉先生記念論文集』昭和3・12）
　　　ともに『小倉進平博士著作集（三）』京都大学文学部国語学国文学研究室編（1975・5）所収

尾崎雄二郎・都留春雄・西岡弘・山田勝美・山田俊雄（1992）『角川　大字源』角川書店

長田須磨・須山名保子（1977）『奄美方言分類辞典　上巻』笠間書院

長田須磨・須山名保子・藤井美佐子（1980）『奄美方言分類辞典　下巻』笠間書院

生塩睦子（2009）『新版沖縄伊江島方言辞典』　伊江村教育委員会

加治工真市（1982）「琉球，小浜方言の音韻研究序説」『琉球の言語と文化』論集刊行委員会

亀井孝解説（1979）『クリフォード　琉球語彙』勉誠社

亀井孝・河野六郎・千野栄一（1988）『言語学大辞典　第一巻　世界言語編（上）』三省堂

亀井孝・河野六郎・千野栄一（1992）『言語学大辞典　第二巻　世界言語編（下）』三省堂

京都大学文学部国語学国文学研究室 (1957)『捷解新語　本文・索引解題』京都大学国文学会

京都大学文学部国語学国文学研究室 (1968)『纂輯　日本譯語』京都大学国文学会

京都大学文学部国語学国文学研究室 (1987)『改修捷解新語　本文・索引解題』京都大学国文学会

金城朝永 (1944)『那覇方言概説』（『金城朝永全集（上巻)』1974　沖縄タイムス社）

金城朝永・服部四郎（1955）「附. 琉球語」『世界言語概説　下巻』研究社出版株式会社

小泉保訳、M・シュービゲル著『音声学入門』大修館書店

河野六郎 (1979)『河野六郎著作集　1　中国音韻学論文集』平凡社

河野六郎 (1979)『河野六郎著作集　2　朝鮮語学論文集』平凡社

参考文献　1339

国立国語研究所 (1963)『沖縄語辞典』大蔵省印刷局

崎山理 (1963)「琉球語動詞の通時的考察」『国語国文』第 32 号第 3 巻掲載 『沖縄文化 論叢 5 言語編』(1972) 所収

申叔舟 (1975)『海東諸国紀』国書刊行会

鈴木重幸 (1966)「首里方言の動詞のいいきりのの形」『国語学』41 集 (昭和 35 年)

鈴木重幸 (1972)『日本語文法・形態論』むぎ書房

鈴木泰 (1989)「文の構成単位と品詞」『講座日本語と日本語教育 4 日本語の文法・文体 (上)』明治書院

須藤利一訳 (1982)『バジル・ホール 大琉球島航海探険記』第一書房

陶山信男 (1973)『朴通事諺解・老乞大諺解語彙索引』釆中華書林

高橋太郎 (1994)『動詞の研究—動詞の動詞らしさの発展と消失—』むぎ書房

高橋俊三 (1991)『おもろさうしの国語学的研究』武蔵野書院

高橋俊三 (1995)「『英琉辞書』の表記法」『南島文化』(沖縄国際大学南島文化研究所 紀要) 第 17 号

高橋俊三 (1997)「Ⅵ 古典琉球語」『言語学大辞典セレクション 日本列島の言語』 三省堂

高橋俊三 (1998)「『混効験集』の文法の研究」『南島文化』(沖縄国際大学南島文化研 究所紀要) 第 20 号

高橋俊三 (2001)「『英琉辞書』における動詞の活用」『南島文化』(沖縄国際大学南島 文化研究所紀要) 第 23 号

高橋俊三・兼本敏 (2001)「『拾口』の翻字および注釈」『沖縄国際大学日本語日本文学 研究』第 5 巻第 1 号 (通巻第 5 号)

高橋俊三 (2002)「『拾口』における動詞の形態」『沖縄国際大学日本語日本文学研究』 第 6 巻第 1 号 (通巻第 9 号)

高橋俊三 (2002)「『三字經俗解』の翻字および訳注」『沖縄国際大学日本語日本文学研究』 第 7 巻第 1 号 (通巻第 10 号)

高橋俊三 (2008)「ベッテルハイムの『英琉辞書』とモリソンの『華英字典』との比較」 『南島文化』(沖縄国際大学南島文化研究所紀要) 第 30 号

田中健夫訳注、申叔舟著 (1991)『海東諸国紀』岩波書店

多和田眞一郎 (1979)「十五・六世紀首里語の音韻—『語音翻訳』にみる—(上)(下)」『沖 縄文化』第 51 号・第 52 号 沖縄文化協会

多和田眞一郎 (1980)「『クリフォード琉球語彙』にみる十九世紀初の沖縄語」『沖縄文化』 第 54 号 沖縄文化協会

多和田眞一郎 (1981)「十九世紀沖縄語の動詞の成り立ち」『沖縄文化』第 57 号 沖縄文 化協会

多和田眞一郎 (1982)「語音翻訳索引及び琉球館訳語用字一覧」『琉球の言語と文化』論集 刊行委員会

多和田眞一郎 (1982)「沖縄方言と朝鮮語資料」『国文学 解釈と鑑賞』第 47 巻 9 号 至文堂

多和田眞一郎 (1982)「尚真期沖縄語音韻考」『沖縄文化』第 59 号 沖縄文化協会

多和田眞一郎 (1983)「碑文にみる沖縄語」『琉球の方言』第 8 号　法政大学沖縄文化研究所

多和田眞一郎 (1983) 田名文書索引」『日本語学校論集』第 10 号　東京外国語大学附属日本語学校

多和田眞一郎 (1984)「沖縄語史的研究序説－『語音翻訳』再論－」『現代方言学の課題　第 3 巻　史的研究篇』明治書院

多和田眞一郎 (1985)「朝鮮・中国資料対照琉球語彙」『琉球の方言』第 9 号　法政大学沖縄文化研究所

多和田眞一郎 (1985)「沖縄語の音変化－朝鮮・中国資料による考察－」『沖縄文化研究』第 11 号　法政大学沖縄文化研究所

多和田眞一郎 (1985)「『クリフォード琉球語彙』琉英配列語彙」『琉球の方言』第 9 号　法政大学沖縄文化研究所

多和田眞一郎 (1985)「沖縄語の音変化－朝鮮・中国資料による考察－」『沖縄文化研究』第 11 号　法政大学沖縄文化研究所

多和田眞一郎 (1986)「『琉球官話集』の語彙（称呼類、内外親族称呼之類、向人回答類、人物死後称呼之言、応答人物死後之類、身体之類、食物之類）」『琉球の方言』第 10 号　法政大学沖縄文化研究所

多和田眞一郎 (1986)「沖縄の言語学　下　－韓国・中国・本土からみた琉球－」『月刊言語』Vol.15 No.10 大修館書店

多和田眞一郎 (1988)「中世朝鮮・中国人と琉球方言」『国文学　解釈と鑑賞』第 53 巻 1 号　至文堂

多和田眞一郎 (1992)「ハングル資料沖縄語（十九世紀初）」『沖縄文化研究』第 18 号　法政大学沖縄文化研究所

多和田眞一郎 (1994)『「琉球・呂宋漂海録」の研究－二百年前の琉球・呂宋の民俗・言語－』武蔵野書院

多和田眞一郎 (1996)「『琉球入学見聞録』「土音」の音訳字」『琉球の方言』第 20 号　法政大学沖縄文化研究所

多和田眞一郎 (1996)『「琉球館訳語」の音訳字（そのいち）』広島大学留学生センター

多和田眞一郎 (1996)「やすり（鑢）がヤシーに変わるまで－沖縄語の「スリ」から「シー」への変化－」『現代日本語研究諸領域の視点』（上・下）明治書院

多和田眞一郎 (1997)『外国資料を中心とする沖縄語の音声・音韻に関する歴史的研究』武蔵野書院

多和田眞一郎 (1997)『「琉球館訳語」の音訳字（そのに）』広島大学留学生センター

多和田眞一郎 (1997)「沖縄語ハングル資料」『日本語と外国語との対照研究　Ⅳ　「日本語と朝鮮語」』（国立国語研究所報告）

多和田眞一郎 (1997)「『中山伝信録』「琉球語」の音訳字」『広島大学日本語教育学科紀要』第 7 号

多和田眞一郎 (1997)「沖縄語の発音の変化－三母音化・ハ行の子音・有声子音の前の鼻音－」『沖縄学（沖縄学研究所紀要）』第 1 号

多和田眞一郎 (1998)『沖縄語漢字資料の研究』渓水社

多和田眞一郎 (1998)「方言と表記―沖縄語を例として―」『日本語学』1998 年 10 月号　明治書院

多和田眞一郎 (2001)「沖縄語の音声・音韻の変化過程」『広島大学留学生センター紀要』第 11 号　広島大学留学生センター

多和田眞一郎 (2002)「15 世紀の沖縄語（音声・音韻）－口蓋化・破擦音化／有声子音の前の鼻音－」『広島大学留学生センター紀要』　広島大学留学生センター

多和田眞一郎 (2003)「沖縄語ハングル資料吟味」『世界に拓く沖縄研究』第 4 回「沖縄研究国際シンポジウム」実行委員会

多和田眞一郎 (2004)「16 世紀の沖縄語（音声・音韻）－口蓋化・破擦音化－」『広島大学留学生センター紀要』第 14 号　広島大学留学生センター

多和田眞一郎 (2004)「口蓋化・破擦音化－16 世紀の沖縄語について－」『広島大学留学生教育』第 8 号　広島大学留学生センター

多和田眞一郎 (2004)「沖縄語音韻史－口蓋化・破擦音化を中心として－」『音声研究』第 8 巻第 2 号　日本音声学会

多和田眞一郎 (2005)「言葉の取替え　そして　言語の変化（沖縄語を例として）」『日語日文学』第 25 輯　大韓日語日文学会

多和田眞一郎・趙志剛 (2005)「『琉球譯』オ段音の漢字表記について」『日本語教育を起点とする総合人間科学の創出』　広島大学大学院教育学研究科日本語教育学講座推進研究　平成 16 年度報告書

多和田眞一郎 (2006)「文法 I（語）」『講座・日本語教育学　第 6 巻　言語の体系と構造』スリーエーネットワーク

多和田眞一郎 (2007)『沖縄語音韻史研究の基盤構築・整備』　平成 18 年度・19 年度　科学研究費補助金（基盤研究 (C)）研究成果報告書 (1)　広島大学留学生センター

多和田眞一郎 (2008)『沖縄語音韻史研究の基盤構築・整備』　平成 18 年度・19 年度　科学研究費補助金（基盤研究 (C)）研究成果報告書 (2)　広島大学留学生センター

多和田眞一郎 (2008)「日本語とハングル資料－沖縄語史とハングル資料－」『日本文化學報』第 37 号　韓国日本文化学会

多和田眞一郎 (2010) [1]『沖縄語史研究 ｛資料｝』広島大学留学生センター

多和田眞一郎 (2010) [2]『沖縄語音韻の歴史的研究』渓水社

多和田眞一郎 (2012)『地名で考える　沖縄語の移り変り―例えば、「ぜりかく」（勢理客）が「じっちゃく」になるまで―』渓水社

多和田眞一郎 (2015)「沖縄語動詞形態変化の移り変り―「みる」にみる―」『武蔵野文学　63』武蔵野書院

趙堈熙 (2001)『朝鮮資料による日本語音声・音韻の研究』J ＆ C

趙志剛 (2006)『漢字資料による沖縄語の研究―「琉球譯」を中心として』　広島大学大学院教育学研究科　博士学位論文

丁鋒 (1995)『琉漢對音與明代官話音研究』中国社会科学出版社

丁鋒 (1998)『中國學研究　開篇　單刊　No.10　球雅集　漢語論稿及琉漢對音新資料』好文出版

丁鋒 (2000)「『琉球訳』「訳訓第二」の対音解読」『琉球の方言』24 号　法政大学沖縄

文化研究所

丁鋒（2001）「『中山伝信録』「琉球語」・「字母」の対音解読」『琉球の方言』25 号　法政大学沖縄文化研究所

土井忠生（1934）「ベッテルハイムの琉球方言に関する著述」『方言』第四巻第十号

東条操（1969）『南島方言資料』刀江書院

藤堂明保（1980）『中国語音韻論　その歴史的研究』光生館

藤堂明保（1981）『学研漢和大字典』（第 10 刷）学習研究社

中島文雄（1979）『英語発達史』（改訂版）岩波書店

仲宗根政善（1960）「沖縄方言の動詞の活用」『國語学』41

仲宗根政善（1983）『沖縄今帰仁方言辞典』角川書店

仲宗根政善（1987）『琉球方言の研究』新泉社

仲原善忠・外間守善（1967）『おもろさうし　辞典・総索引』角川書店

仲本政世（1896）『沖縄語典』（1975　国書刊行会復刻版）

中本正智（1976）『琉球方言音韻の研究』　法政大学出版局

中本正智（1981）『図説琉球語辞典』力富書房金鶏社

中本正智（1983）『琉球語彙史の研究　三一書房

中本正智（1990）『日本列島言語史の研究』大修館書店

沼本克明（1986）『日本漢字音の歴史』東京堂出版

沼本克明（2006）「日本語史」『講座・日本語教育学　第 6 巻　言語の体系と構造』スリーエーネットワーク

野原三義（1986）『琉球方言助詞の研究』武蔵野書院

野原三義（1998）『新編　琉球方言助詞の研究』沖縄学研究所

野村雅昭・小池清治（1992）『日本語事典』東京堂出版

服部四郎（1933）「国語諸方言のアクセント概観（六）」『方言』第三巻第六号

服部四郎（1946）『元朝秘史の蒙古語を表はす漢字の研究』文求堂

服部四郎（1959）『日本語の系統』岩波書店

服部四郎（1960）『言語学の方法』岩波書店

服部四郎（1976）「琉球方言と本土方言」『沖縄学の黎明』沖縄文化協会

服部四郎（1977）「琉球方言動詞 “終止形” の通時的変化」『言語研究』第 72 号

服部四郎（1978 〜 79）「日本祖語について・1 〜 22」『月刊言語』vol.7 No.1 〜 vol.8 No.12

服部四郎（1979）「『語音翻訳』を通して見た 15 世紀末の朝鮮語の発音」『言語の科学』第 7 号

服部四郎（1984）『音声学』岩波書店

浜田敦（1970）『朝鮮資料による日本語研究』岩波書店

浜田敦（1983）『續朝鮮資料による日本語研究』臨川書店

浜田敦（1986）『國語史の諸問題』　和泉書院

春名徹訳、ベイジル・ホール著（1986）『朝鮮・琉球航海記―1816 年アマースト使節団とともに―』岩波書店

平山輝男（1966）『琉球方言の総合的研究』明治書院

福島邦道（1993）『日本館訳語攷』笠間書院

B．J．ベッテルハイム（1849）『琉球語辞書』大英博物館藏稿本（複写）

外間守善（1972）『沖縄の言語史』 法政大学出版局

外間守善（1972）『おもろ語辞書―沖縄の古辞書混効験集―』角川書店

外間守善（1981）『日本語の世界　沖縄の言葉』中央公論社

外間守善・波照間永吉（1997）『定本　琉球国由来記』角川書店

外間守善（2000）『おもろさうし（上）（下）』 岩波書店

松浪有・小野茂・忍足欣四郎・秦宏一　共訳、K・ブルンナー　著（1973）『英語発達史』
　　大修館書店

間宮厚司（2005）『おもろさうしの言語』笠間書院

村木新次郎（1991）『日本語動詞の諸相』ひつじ書房

村山七郎（1981）『琉球語の秘密』 筑摩書房

森岡健二（1988）『現代語研究シリーズ３　文法の記述』明治書院

諸橋轍次（1976）『大漢和辞典』大修館書店

安田章（1980）『朝鮮資料と中世国語』笠間書院

安田章（1990）『外国資料と中世国語』三省堂

柳田征司（1993）『室町時代語を通して見た　日本語音韻史』武蔵野書院

柳田征司（1999）「沖縄方言の史的位置（上）（下）―「キ」（木）「ウキ」（起き）「ウリ」
　　（降り）などの問題―」『国語国文』第六十八巻　第四号・第五号

山内盛熹遺稿、伊波普猷補註（1895）「南島八重垣―明治初年の琉球語彙―」『方言』
　　第四巻第十号（1934）

山口栄鉄（1976）『チェンバレン　日琉語比較文典』琉球文化社

＜韓国語＞

李基文（1972）『國語音韻史研究』塔出版社

李基文著、村山七郎監修、藤本幸夫訳（1975）『韓国語の歴史』大修館書店

李家源・権五惇・任昌惇（1990）『東亜　漢韓大辭典』東亜出版社

李弘稙（1976）『完璧　國史大辭典』大栄出版社

梅田博之（1983）『韓國語의音聲學的研究』螢雪出版社

金亨圭（1972）『増補　國語史研究』一潮閣

金鎭奎（1993）『訓蒙字會語彙研究』螢雪出版社

徐尚揆（1997）『飜譯老乞大語彙索引』図書出版박이정

崔鉉培（1971）『한글 改正正音學』正音社

崔鶴根（1978）『韓國方言辭典』ソウル大学出版部

崔範勲（1990）『韓國語発達史』慶雲出版社

南廣祐（1973）『補訂　古語辭典』一潮閣

文璇奎（1972）『朝鮮館譯語研究』景仁文化社

黄希栄（1979）『韓國語音韻論』二友出版社

許雄（1965）『改稿新版　國語音韻學』正音社

弘字出版社編集部（1989）『國漢　最新大字源』（改訂版）民衆書林

劉昌惇（1964）『李朝語辭典』延世大学出版部

事　項　索　引

〈ア行〉

「あり」・「をり」との接続　1227

アルファベット資料　594

イ音便　959

イ音便化　245

意図肯定　714

異形　657

異形態　569

一段活用　154

一段動詞　154

已然形　8　928　929　930　931　932　933
　　934　935　936　955　1042　1098　1105
　　1114　1150　1172　1178　1189　1197
　　1198　1216　1222

ウ音便化　155

浦添城の前の碑おもての文　1　134

受身　626　628　631　632　673　677

受身・可能・尊敬　9

受身形　663

受身半過去　852

打ち消しの疑問　155

打ち消しの中止法　155　180

沖縄語音韻の通時的変化　5

沖縄語動詞の記述　8

沖縄語動詞形態変化の史的変化　927

『沖縄語辞典』　2　8　899

『沖縄対話』　2　139　453

沖縄式　72

『おもろさうし』　2　134　154

音韻変化　943

音数　1176　1210

音便形　959

音便現象　155

音便語幹　623　631　639　645　646　654
　　657　658　669　672　689　691　720
　　737　738　742　744　745　746　765
　　778　779　783　805　806　828

音訳字　43

〈カ・ガ行〉

開音　72

開合　72

開合・開口　72

『海東諸国紀』　1　36

「カ行変格活用」動詞　1169

郭汝霖『使琉球録』　1　42　51

確定条件　155

過去　626　629　631　632　645　647　659
　　675　684　692　693　730　738　742
　　743　754　807　819　820　821　836

過去完了疑問形　871

過去形　644　670　671　738　743　777

過去終止形　656

過去の終止形　155

夏子陽『使琉球録』　1　42　61

かたはなの碑おもての文　1　134

活用形　8

活用語尾　8　945

仮名資料　138

可能　9

可能肯定　700　702　705　709

可能否定　702　710

「上一段」動詞　1097

「上一段活用」動詞　1097

「上二段活用」動詞　1109

漢字資料　42

完全な過去形　664

感嘆詞　804

勧誘肯定　702　713

完了　155

学校文法　3

願望　666　782

願望肯定　701

規則動詞　8

『君南風由来幷位階且公事』　2　134　260

希望　9

基本語幹　618　619　622　631　639　654
　　669　671　691　720　730　737　739
　　743　745　746　765　771　773　776
　　791　792　807　826
強意・主張肯定　704　705　716
強意・主張否定　706　707　708
強調　813　815　820
禁止　951　1176
近接未来　807
近接未来肯定　701
近接未来肯定分詞　701
近接未来否定　707
疑念　618　772　773　780　782　789
　　794　809　820　832　833　835
疑念肯定　699　700　701　715　721
疑念否定　706　708
義務肯定　699　718
義務否定　714　718
疑問　619　772　774　777　788　793
　　813　815　817　819　833　834
疑問肯定　700　703　704　705　712　714
　　716
疑問否定　700　706　707　708
『組踊　五組』脚本　2　340
クリフォード琉球語彙　2　594
『具志川間切旧記』　2　135　447
敬譲形　851
形態素　3　8
形態素分析　3
形態変化　10　943
形態論　3
結果態　155
欠落音節　641
謙譲法　722　772　782　810　811　822
現在　625　628　630　632　646　674
　　689　693　694　730　737　739　742
　　754　806
現在時制　703
現在進行　155
現代沖縄語動詞形態変化　928

口蓋化　183　210　251
口蓋化・破擦音化　959
肯定過去　9
肯定確言過去　9
肯定疑問　840
肯定結果態現在　9　18
肯定普通態現在　8　9
肯定保存態現在　9
古典タイプ　928
『混効験集』　2　135　309
合音　72
語彙的意味　821　1101
「語音翻訳」　1　36
語幹　3
語基　3
語形変化　703
語尾　3　620

（サ・ザ行）
最終母音　946
「サ行変格活用」動詞　1176
サ行四段化　1179
使役　9　137　628　631　632　650　673
　　675　677　684　692　697　737　739　742
使役形過去　635
使役肯定　711
使役否定　711　712
志向形　658
史的流れ　945
下一段化　1119
「下一段」的　139　141　146　162　231
　　273　297　337　391　611　744　1110
「下一段活用」動詞　1117
「下二段活用」動詞　1118
習慣　809
習慣肯定　699　712
習慣否定　700
終止形　8　928　929　930　931　932
　　933　934　935　936　951　1023　1104
　　1113　1117　1143　1172　1176　1187

1197　1199　1202　1203　1214　1221

終止形＋な　951

終止形語尾　1177

周鐘　等『音韻字海』　1　42　54

首里方言　8

蕭崇業『使琉球録』　1　42　58

焦慮・熱望肯定　702

進行　9

受動態　654　795　796　797

受動態肯定　709　710　715

受動態否定　705　710　711

準連体形　155

助詞　3

助辞　3

助動詞　3

徐葆光『中山伝信録』　2　42　64

譲歩　789　795　799　813　819　821
　　833　837

譲歩肯定　704　713

譲歩否定　707　708

推定と伝聞　9

随意　792　794　817　834

随意肯定　702　716

石門の西のひもん（真珠湊碑文）　1　134

石門之東之碑文（國王頌德碑）　1　134

接辞　3

接続不定　625　626　645

接続不定過去　693　754

接続不定現在　693　754

接続不定詞　664　700　712　771　782

接続不定詞過去　704　712　799

接続不定詞現在　704　712

接続法　618　620　771　780　781　789
　　793　794　808　816　818　821　832
　　834　835

接続法肯定　699　700　713　715　716
　　717　721　725　728

接続法否定　706　707　713　726

接頭辞的　698

接頭辞的用法　155

接尾辞　842

説得・勧誘　817

先行資料　944

専一（……のみではない）否定　708

崇元寺之前東之碑うらの文　1　134

縮合形　871

促音の無表記　155　169　171　173

促音化　44　69　74　155　168　501　683

促音脱落　196　266　270　291　292　312
　　314　316　317　319　320　349　350
　　362　364　365　378　379　380　382
　　383　384　386　387　395　408　410
　　411　412　413　424　425　431　433
　　435　436　437　438　446　447　450
　　451　510　524　525　526　527　528
　　529　531　532　533　534　578　580
　　581　602　607　608　609　616　651
　　665　668　687　688　692　695　712
　　713　720　721　727　728　729　731
　　733　734　735　745　819　820　821
　　829　830　831　863　865　867　871
　　895　959

促音表記　617

促音便　959

促音便化　697

添継御門の南のひのもん　1　134

尊敬　9

（タ・ダ行）

他動詞　633　640

他動詞形　681

たまおとんのひもん　1　134

玉城朝薫「組踊　五組」の脚本　2　135

単語　2　8

短縮形　649　726　763　832

『田名文書』　1　2　134　153

チェンバレン『琉球語文典』　2　594　837

知識階級　657　777

中止形　738

中性動詞　640　765

事項索引　1347

直接法　618　619　620

直説法　817　824　830

直説法過去　795　799

直説法現在　895

直説法肯定過去　724　728　729

直説法肯定現在　722

直説法肯定未来　722　725

直接法能動態肯定　702　703　713　714
　　715　716　717

直接法能動態否定　705　707　708　718

直説法否定過去　727

直説法否定現在　725

直説法未来　792

直説法未来複合形　802

長音化　665

陳侃『使琉球録』　1　42　47

通時的考察　927

「て＋あら」　1274

「て＋あり」　1259

「て＋ありて」　1275

「て＋ありむ」　1261

「て＋ある」　1266

「て＋あれ」　1273

丁寧体　9

〈て〉の形　959　1064　1107　1115　1117
　　1156　1174　1179　1192　1197　1199
　　1218　1223　1225

「て＋をら」　1285

「て＋をり」　1276

「て＋をりて」　1285

「て＋をりむ」　1279

「て＋をる」　1281

「て＋をれ」　1284

統語機能　4

当然・義務・可能　808　814　817　818

時・期間　781　793　800　801　808

時・期間肯定　699　713　714　717

時・期間否定　707

動詞　2

同時　851

動詞の活用　8

動詞の形態的論構造　8

動詞形態変化　8

動詞語幹　709

動詞的名詞　723　728　729　763　781
　　782　788　794　795　796　800　801
　　809　811　813　816　821　825　827
　　830　831　834　837

動詞的名詞肯定　699　700　703　705
　　709　710　711　712　714　716　717

動詞的名詞否定　706　707　708　711

動名詞　782

動名詞肯定　699　701　705　712

（ナ行）

『仲里旧記』　2　135　279

「ナ行変格活用」動詞　1196

二段動詞　154

日本本土式　73

能動態の受動的用法　635

能動動詞　633　640

（ハ・バ行）

ハ行点呼　44

破擦音化　44　45　52　54　57　60　62
　　63　64　65　67　68　69　70　71　74
　　78　80　81　82　84　85　132　150
　　151　156　157　164　167　168　171
　　172　180　186　192　195　210　230
　　244　245　254　256　264　278　312
　　319　320　326　329　342　351　352
　　354　355　357　358　359　360　376
　　377　399　400　413　427　428　429
　　430　439　445　477　595　596　597
　　598　599　600　607　610　652　653
　　670　689　693　697　730　738　742
　　743　744　771

派生形　704

撥音化　159　532　730

撥音脱落　68　70　91　268　291　315　316

345　346　347　355　362　381　382
406　407　434　450　496　497　499
500　605　670　671　672　674　675
677　678　679　681　684　686　687
806　856　858　860　861　862　959
撥音の無表記　155　170
撥音便　959
半過去　851　871　895
半過去疑問形　871
ハングル資料　36
潘相『琉球入学見聞録』　2　42　69
否定　625　628　631　632　647　653
672　674　677　683　692　693　730
737　742　754　775　776　793　794
795
否定過去　9
否定疑問　840
否定形　657　658　680　794
否定現在　9
非人称的用法　714
「碑文記」　134　136
鼻音化　642
fiódji「講義」　73
不規則動詞　8
不規則変化動詞　1225
複合語　620　800
付属辞　3
不定詞　618　798　822　824　830
分詞　619　620　778　780　795　801　829
831　833　834　836
分詞肯定　702　714　716　717　718　725
728
分詞否定　708　718　725　727
文法範疇　4
ベッテルハイム『琉球語と日本語の文法の
要綱』・『琉球語辞書』　2　594　616
補助動詞　1204
保存の動詞　621
本覚山碑文　2　134

（マ行）
まね・様子否定　706
末尾の N　1207
未然形　8　928　929　930　931　932
933　934　935　936　956　1045　1098
1106　1114　1117　1151　1173　1178
1190　1197　1199　1217　1222　1225
未来　642
未来時制　664
「みる見」の移り変り　1098
名詞との結合形肯定　698　705　715
名詞との結合形否定　707
命令　8　625　628　630　632　642　655
672　674　677　683　692　693　697
724　727　730　737　740　742　791
806　825　834
命令形　928　929　930　931　932　933
934　935　936　1017　1104　1112
1140　1171　1187　1196　1198　1214
1221
命令形語尾　949
命令肯定　711
命令否定　703　711
命令否定形　642

（ヤ行）
やらさもりくすくの碑のおもての文　1　134
yumi「読み」　73
唯一　819
融合語幹　618　622　631　639　645　660
663　669　671　685　691　719　730
737　739　743　745　746　752　773
789　825　942
「四段活用」動詞　938
ようとれのひのもん　1　134
四段活用　154
用例整理箱　9

（ラ行）
ラ行化　329　955　956　1097　1098　1118

事項索引　1349

1119

「ラ行化」現象　937

ラ行化タイプ　928

「ラ行変格活用」動詞　1198

ラ行（四段）化　45　46　49　60　63　66
　68　77　79　91　114　115　116　117
　118　119　120　121　122　123　124
　125　126　127　128　129　130　142
　152　165　171　172　173　206　229
　230　231　232　233　234　235　236
　237　238　239　240　241　242　243
　244　245　246　248　249　250　257
　272　273　297　298　299　300　302
　303　304　305　307　313　321　322
　323　324　325　326　327　329　344
　351　353　354　361　366　367　368
　370　380　387　388　389　390　391
　392　393　405　413　414　415　416
　417　418　432　439　440　441　442
　488　535　536　537　539　540　541
　542　544　545　546　547　551　553
　572　589　591　592　602　603　604
　610　611　613　614　615　648　655
　660　661　666　737　738　739　740
　741　745　746　750　751　752　754
　758　763　765　766　769　770　803
　804　878　879　880　881　883　884
　885　886　938　1110　1117　1121
　1122　1123　1124　1125　1126　1128
　1129　1130　1132　1133　1135　1137
　1138　1139　1140　1141　1142　1143
　1144　1145　1146　1147　1148　1149
　1150　1151　1152　1153　1154　1155
　1156　1157　1161　1164　1178

ラ行四段化　1179

ラ行四段活用　154

李鼎元『琉球譯』　2　42　72

「琉球館譯語」1　42　43

「琉球官話集」2　135　584

『琉球国由来記』2　135　330

『琉球・呂宋漂海録』　1　40

理由　815　820

理由（そうであるから）肯定　704　713
　715　716

理由（そうであるから）否定　707

両形並存状態　1100

連体形8　928　929　930　931　932　933
　934　935　936　953　1036　1105　1114
　1147　1172　1177　1189　1197　1198
　1203　1215　1222　1225

連用形8　928　929　930　931　932　933
　934　935　936　962　1097　1101　1110
　1117　1120　1169　1170　1176　1181
　1196　1199　1202　1203　1204　1212
　1219　1224

「連用形＋あら」　1232

「連用形＋あり」　1227

「連用形＋ありて」　1232

「連用形＋ありむ」　1230

「連用形＋ある」　1231

「連用形＋あれ」　1232

連用形語幹　631　639　644　657　659　668
　671　691　692　719　730　737　738
　743　745　746　752　765　771　783
　806

連用形語尾　946　949

「連用形＋て」　72

「連用形＋をら」　1257

「連用形＋をり」　72　1204　1233　1235

「連用形＋をりて」　1258

「連用形＋をりむ」　951　1235

「連用形＋をる」　953　1247

「連用形＋をれ」　1234　1256

連用語幹　618　649

連用名詞形　1097　1119

連用名詞用法　137　143　937

（ワ行）

「をり」付加タイプ　928

「－をりむ」　1206

語　彙　索　引 （第1章〜第4章の見出し語のみ）

（ア行）

あいす愛　131

あかがる明　687

あがく足掻　309

あかす明　331　358　427　632　902

あかむ赤　675

あがむ崇　138　760　922

あがらす上　261　280

あかる別　326

あがる上　159　170　210　268　291　316
　334　500　862　911

あきなふ商　850

あきはつ厭果　547

あきる呆　126

あく開（四段）73　837　900　（下二段）
　45　117　232　274　298　366　611
　746　879　917

あく飽　73

あく明　117　162　232　260　351　366
　388　414　440

あく空　453　900

あぐ上　38　45　49　56　119　236　274
　299　322　337　452　544　918　919

あぐむ待望　207

あけひろぐ開広　919

あざむく欺　73　617

あさる漁　363　588　911

あざる戯　304

あすばす遊　156　167　180　261

あすびたつ遊立　192

あすぶ遊　37　43　91　140　158　205
　289　334　345　380　406　433　492
　669　856　909

あたたむ暖　760

あたふ与　121

あたる当　99　140　500　687　862　911

あつ当　275　301　324　338　547　753
　920

あつかふ扱　312　907

あづかる預　911

あづく預　233　917

あつまる集　99　687　911

あつむ集　53　60　63　124　152　276
　303　339　367　441　553　760　922

あつらふ誂　325　550　921

あとおふ集？　286

あはす合　120　141　167　180　261　300
　341　388　415　427　448　633　902
　919

あはれむ憐　675

あふ会　85　139　147　158　194　359
　648

あふ合　377　402　586　908

あふ和　921

あぶ呼・叫　116

あぶ浴　67　71　116

あふぐ仰　136　151　629

あふらす煽　156　180

あふりあふ煽合　194

あふる溢　99

あふる煽　210　268　291　339

あぶる焙・炙　687　911

あべらす賑　281

あます余　902

あまゆ歓　165　173　248　277　325

あまる余　210　292　435　687　911

あむ編　93

あやかる肖　911

あやしむ怪　93

あやどる彩　99

あやまつ誤　83　643

あやまる誤　99　911

あゆむ歩　93　207　433

あらす荒　902

あらそふ争　85　136　648　908

あらだつ荒立　920

あらたまる改　911
あらたむ改　124　760　883　922
あらはす現　633　902
あらはす表　80
あらはす洗　633
あらはる現　126　353　418　764　924
あらふ洗　65　85　194　377　482　602
　648　907
あり在　132　355　574
あり有　40　47　50　54　57　60　64　68
　132　137　142　144　146　150　151
　153　166　174　257　278　329　355
　370　394　422　446　574　593　616
　807　894　926
あり也　308
ありく歩　50　54　58　61　64　69　73
　453　595　617　837　900
ある荒　126　924
あれはつ荒果　920
あわつ慌（急）　753
いがむ唫　93
いかる怒　99　687
いきあふ行会　85　648
いきあふ行合　360
いきすぐ行過　917
いきどほる憤　100
いきのこる生残　911
いきむ息　909
いぐます賑　262　281
いく行　43　47　51　54　58　61　64　74
　156　174　279　309　340　356　372
　396　425　454　595　618　837　926
いく生　67　71　340　413　439　610
　917
いごかす動　633
いごく動　144　455　839　900
いごふ乞　286
いさむ諫　124　760　922
いさむ勇　93
いそぐ急　310　358　374　398　427　465

　630　842　902
いそふ競　312
いだく抱　74
いたす到　80
いだす出　80　167　262　281　341　358
　399　428　465　599　633　843　902
いただく戴　74
いただく頂　456
いたむ傷　553　909
いたむ悼　93
いたる至　100　136　140　688
いづ出　120　243　302　324　352　389
　416　441　548　591　755　881　921
いつくしむ慈　94
いつはる偽　100　688
いでたつ出立（おいでたつ）　478
いとくる糸繰　100
いぬ寝　40
いぬ往　41　132　329　445　573　616
　804　893　926
いのりあふ祈合　195
いのる祈　100　145　148　159　211　268
　363　911
いはふ祝　139　195
いばる威張　911
いひあつ言当　920
いひいだす言出　902
いひおく言置　900
いひかく言掛　917
いひすぐ言過　917
いひたつ言立　920
いひなほす言直　80　902
いひのこす言残　902
いひはる言張　911
いひまぎらす言紛　902
いひまく言負　917
いひまはらす言回　903
いふ言　37　85　139　152　195　286
　312　344　360　378　402　430　482
　602　649　850　908

いまうる来　316

いましむ戒　124　760

います在　80　131

います参　281

いまふ参　286

いまゐる行？　862

いまゐる参？　269　450

いまゐる来？　862

いみめす居　898

いみめす行　581　899

いみめす来　583　899

いみめす召　41　133　832　898

いむ忌　94

いゆ癒　126

いらふ答　921

いりとばす射飛　903

いる射　114　228　610　736　915

いる入　38　72　100　126　211　250
　277　292　304　339　363　368　408
　502　556　588　591　613　688　765
　863　884　915　924

いる要　503　915

いる炒　588

いろどる彩　100

う得　67　117　232　414　745　879　917

うかがひみる窺見　114

うかがふ伺　907

うかす浮　374

うがつ穿　83

うかぶ浮　91

うきあがる浮上　911

うく受　117　388　414　541　746　917

うく浮（四段）175　340　900　（下二段）
　233　298　321　746

うけとむ受止　922

うけとる受取　911

うごかす動　80　181

うごく動　74

うしなふ失　86　430　907

うす失　239　388　415

うそぶく嘯　74

うたがふ疑　86　485　655　907

うたふ歌　602　656　907

うちあがる打上　159

うちあく打明　917

うちあぐ打上　163

うちあはす打合　903

うちあゆむ歩　159

うちかく打掛　917

うちかはる打変　911

うちとばす打飛　903

うちとぶ打飛　909

うちなぐ打投　751　919

うつ打（耕）　601　644

うつ打（縄綯）　601

うつ打　264　377　449　478　601　644
　848　906

うつ討　343　479　906

うづくまる踞　101

うつす移　80　358　903

うつす写　80　634　903

うつたふ訴　122　921

うっちゃらかす？　903

うづまる埋　911

うつむく俯　900

うづむ埋　761

うづもる埋　924

うつる移　269　292　911

うつる写　503　911

うなづく頷　595

うなる唸　101

うばひとる奪取　911

うばふ奪　86　907

うまる生　142　250　304　353　368　391
　418　442　766　884　924

うむ熟　909

うむ生　94

うむ埋　922

うやまふ敬　286　907

うらがへす裏返　903

うらがへる裏返　911
うらなふ占　86
うらむ恨　94　362　382　406　676　909
うらやむ羨　169　208
うる売　44　48　51　55　59　62　66　70
　435　504　689　863　911　924
うるたふ訴「うったふ」　756
うれふ愁　756
えぐる刳　911
えらびいだす選出　903
えらびいづ選出　244
えらぶ選　91　206　267　289　314　345
　449　670　856　909
おいてす於為　802
おうず応　925
おきつく置着　611
おぎなふ補　86　656　852
おく起　53　56　60　63　67　71　321
　366　388　439　539　610　743　917
おく置　144　147　175　279　330　340
　357　372　396　426　456　620　900
おく熾　321
おくらす遅　903
おくりかへす送返　903
おくる送　101　152　212　505　605　863
　911
おくる遅　558　885
おこす起　399　428　903
おこたる怠　101　690　911
おこなふ行　656　907
おこる起　505　911
おごる奢　101
おごる驕　911
おさふ押　921
おさむ納　417
おしあがる押上（召上）　317　505　864
おしあく押開　233
おしあぐ押上　172　236　322　415　545
　751　880　919
おしあはす押合　181　903

おしあふ押合　195
おしいだす押出　903
おしいづ押出　244
おしうく押浮　163　233
おしかかる押掛　212
おしかく押掛　917
おしかへす押返　903
おしかへらす押返　903
おしきる押切　915
おしこむ押込　909　922
おしたつ押発　241
おしたつ押立　163　241
おしつく押付　917
おしつむ押詰　495
おしつる押連　924
おしとほす押通　599
おしながす押流　903
おしなぶ押並　325
おしはなす押放　903
おしまぐ押曲　919
おしまはす押廻　181
おしみつ押閉　242
おしもどす押戻　903
おしやる押遣　159　212
おしわく押分　917
おす押　181　262　281　331　341　375
　399　428　466　634　903
おそひつく襲付　234
おそふ襲　139　158　169　196　265　586
　602
おぞむ覚　382
おそる恐　127　766
おちあふ落合　907
おちつく落着　900
おつ落　115　297　301　414　439　540
　610　917
おづ怖　336　917
おったつ　906
おとす落　81　181　281　599　843　903
おどす威　182

おとる劣　101　911

おどろかす驚　310

おどろく驚　74　621　900

おとろふ衰　921

おはす御座　39

おひいだす追出　903

おひおとす追落　903

おひたつ追立　242　920

おひつく追付　900

おひつむ追詰　247

おひはらふ追払　908

おびやかす脅　81

おふ生　388

おふ追　86　196　360　656

おふ負　852

おぶ佩　116

おぼかふ　312

おほす果　545　752

おほす仰　323　415

おほふ覆　86

おぼゆ覚　764　884　923

おぼる溺　924

おみのく奏上　298

おもだつ主立　906

おもはす思　182

おもひあたる思当　911

おもひいだす思出　903

おもひきる思切　506

おもひしる思知　915

おもひたつ思立　906

おもひつく思付　900

おもひつむ思詰　922

おもひながす思流　903

おもひのこす思残　903

おもんばかる慮　101　690

おもふ思　86　169　196　265　286　312
　　333　344　360　378　403　431　485
　　657　852　908

おやす奉　182　323

おゆ老　116　322　744　917

およぐ泳　598　630　902

およぶ及　91　152　362　406　493　670
　　909

おらぶ叫　433

おる降　116　139　141　146　149　162
　　230　273　297　337　391　418　541
　　611　744　879　917

おる織　269　690　911

おれかはる降変　212

おれたつ降立　192

おれなほす降直　182

おれぶさふ降栄　198

おろす降　156　167　182　282　448　634
　　903

おわす御座　183

おわる　44　48　212　317　450

（カ・ガ行）

がいす害為　802

かうむる蒙　102　911

かかぐ掲　119

かかはる係　102　911

かがまる屈　102

かがむ屈　406

かがやく輝　74　260

かかる掛　317　335　347　506　605　690
　　864　911

かかる罹　507

かがる輝　292

かきあぐ掻上　919

かきいる書入　924

かきこむ掻込　909

かきそふ書添　921

かきつく書付　137

かきなづ掻撫　164　245

かきめぐらす掻巡　903

かきよす掻寄　239

かぎる限　102　140

かく架　149

かく掛（釣）　611

かく掛　45　117　163　172　234　274
　　299　321　337　351　388　440　541
　　747　879　918

かく駆　118　337

かく欠　118　590　918

かく書　43　47　51　54　58　61　74
　　426　456　595　622　839　900

かく掻　309　584　623　900

かく賭　918

かく描　595

かくす隠　81　183　341　358　375　399

かくる隠　127　391　924

かけあふ掛合　853

かけつぐ掛継　902

かけふさゆ掛栄　173

かこむ囲　94　909

かさなる重　102　335　911

かさぬ重　338　756

かさばる嵩張　911

かさぶ重　276

かさむ嵩　909

かざる飾　102　408　912

かしぐ炊　78

かす化　131

かすむ霞　94

かぞふ数　122　757　921

かたづく片付　880　918

かたどる象　102

かたぶく傾　75　118

かたまる固　912

かたむく傾　900　918

かたむ固　146　303

かたよる偏　102

かたらふ語合　361　907

かたる語　44　48　59　102　363　382
　　408　435　912

かたる騙（取ってしまう）　606

かたわく方分　322

かつじぬ渇死？　445

かつ勝　644　906

かなしむ悲　94　676

かなふ叶（四段）86　139　404　659　854
　　907　（下二段）122　139　141

かぬ兼　121　352　367　416　441　921

かはす交　466

かはりく変来　253

かはる代　691　912

かはる変　103　213　317　347　382　508
　　691　912

かふ代　757

かふ替　40　551

かふ変　757

かふ変・替　921

かふ買　43　51　55　58　61　65　70　86
　　198　487　659　854　908

かぶす被　919

かぶる被　44　606　691　912　916

かへす帰　843　903

かへす反　466

かへす返　81　634　843　903

かへらす返　919

かへりみる顧　114

かへる帰　103　213　347　509　692　864
　　912

かへる返　103　912

かまふ構　488　661　908

かむ噛（食）　495　587　604　676　858
　　909

かむ噛　94

かむ咬　94

かむ戴　276

かよふ通　158　198　333　489　908

からぐ絡　919

からす枯　399　903

からす貸　358　428　843　903

からす嗄　903

からまく絡　900

からむ絡　922

からむ搦　441

からめとる絡取　912

かる刈　103　347　912

かる駆　103

かる枯　924

かる借　363　435　509　692　865　916

かる嗄　924

かれはつ枯果　920

かわかす乾　586　903

かわく乾　75　584　623　839　900

かんがふ考　551　758　882　921

かんず感　803

きあふ来会　344

きかす聞　183　263　310　545　844

きがふ着替　921

きかる聞　250

ききおとす聞落　903

ききかへす聞返　903

ききながす聞流　903

ききほる聞惚　924

ききまはる聞回　912

ききわく聞分　918

きく聞　64　75　175　260　340　357
　373　397　426　447　458　595　624
　839　900

きく利　457　840　900

きこゆ聞　165　249　923

きざす兆　634

きざむ刻　94　678　909

きしめく軋　176

きす着　919

きづく築　75

きはまる極　103　510

きばる気張　692

きゆ消　126　884

きよむ清　922

きらす切　903

きらふ嫌　87　907

きりころす切殺　903

きりすつ切捨　920

きりたふす切倒　904

きりふす切伏　239

きる切　66　103　160　213　269　292
　317　408　450　558　588　606　614
　692　865　915　924

きる着　171　228　534　737　916

きんず禁　370

く来　39　40　46　50　53　57　60　63
　68　130　146　149　151　173　253
　277　306　327　354　369　393　420
　444　561　615　771　888　925

くく絎　918

くさる腐　510　912

くじく挫　75

くしけづる梳　103

くじる抉　912

くすぐる擽　912

くずす崩　599　904

くだく砕　900　918

くだす下　184　904

くたびる草臥　558

くだる下　103　214　382　510　693

くつ朽　115　917

くつがへる覆　104

くづす崩　399

くづる崩　127　592　924

くつろぐ寛　902

くはす食　635

くはふ加　122　759　921

くばりあつ配当　920

くばる配　912

くひきる食切　916

くひたふす食倒　904

くひつく食付　900

くびる括　104　510

くふ喰　87　603　854　907　908

くふ咬　286

くふ銜　602

くぶ括　883

くぼむ窪　95　587

くみたつ組立　920

くみとる汲取　912

くむ汲　95　406　495　909

くむ酌　95

くむ組　290　495　909

くむ編　587

くむ履　909

くもる曇　38　44　48　52　55　62　66
　70　104　317　912

くやむ悔　678　909

くゆ悔　116

くらす暮　341　375　399　428　466　636
　844　904

くらはす食　904

くらふ食　312　431　603　661

くらぶ比　123　452　924

くりかふ繰替　921

くりかへす繰返　358　904

くりもどす繰戻　904

くる繰　104　383　510

くる呉　251　391　442　559　614　766
　885　924

くる暮　46　49　53　57　304　368　392
　442　924

くる刳　317

くるしむ苦　95　495　679　909

くるふ狂　87　145

くろむ黒　909

けあり気有　166

けがる穢　127

けす消　81　844　904

けづる削　104　214　450

けぶる煙　912

げらふ造　265　449

けりとばす蹴飛　904

ける蹴　231　297　611　745　879　916

こがす漕　184

こがる焦　127　368

こぐ焦　919

こぐ漕　179　280　630

こころがく心掛　918

こころむ試　116　541

こす越　467　904

こす濾　586

こたふ応・答　921

ことなる異　104

ことよす事寄　920

ことわる断　511　694　912

こなす熟　904

こぬ捏　46　49　57　63　245　338

このむ好　208

このむ工　290　450　679

こはる壊　924

こはる強　511

こふ乞　87　158　198　265　287　431
　662　855

こぶ媚　116

こほる凍　104

こぼる溢　326

こまぬく拱　75

こむ込（四段）434　679　（下二段）247
　303　922

こもらす籠　282

こもる籠　104　912

こゆ越　126　249　303　326　556　923

こゆ肥　68　72　126　613　923

ころす殺　69　81　342　599　636　844
　904

ころばす転　600

ころぶ転　857　909

こわす壊　904

（サ・ザ行）

さえぎる遮　105

さかす咲　342

さがす探　342　358　904

さかやかす栄（喜ばす）184

さかゆ栄　277　304　923

さかる盛　347　363　435

さがる下　214　408　511　606　912

さきだつ先立　906

さく咲　176　397　426　459　900

さく裂　118　918

さぐ下　237　751　919

さぐる探　105　318　912

さけぶ叫　91

ささぐ捧　237

さしあぐ差上　237

さしこす差越　636

さしころす刺殺　904

さしつかふ差支　552

さしつまる差詰　694

さしはさむ挟　95

さしまはす差廻　184

さしわく差分　542

さす差　136　167　184　310　332　375
　　428　448　600　636　900　904

さす刺　147　282　332

ざす座　802

さそふ誘　313

さだまる定　409

さだむ定　124　146　352　367　390　441
　　553　761

さづかる授　912

さづく授　118　141　299　918

さっす察　925

さとす諭　81

さとる悟　105　140　912

さばく裁　584

さばく捌　（四段）460　900　（下二段）918

さはる障　347　409　511　694　865　912

さはる触　214　606　912

さふらふ候　431

さへづる囀　214

さます覚　904

さます冷　904

さまたぐ妨　119

さむ醒　124　922

さむ冷　922

さむ褪　922

さらす晒　81　904

さらふ浚　325　908　921

さらめく吹　309

さる去　105　214　318　694

ざる戯　924

さわぐ騒　78

しかかる仕掛　912

しかく仕掛　918

しかる叱　695

しく敷　69　176　260　279　460　900

しくむ仕組　909

しけこむ湿気込　909

しげる茂　105

しす死　593

したがふ従　87　662　908

したたむ認　124

したたる滴　105

したふ慕　87

しつく仕付　918

しつく躾　612

しっす失　802

しづむ沈　95　909

しなふ撓　158　169　199　908

しなほす仕直　904

しなる為慣　924

しぬ死　41　68　132　307　355　370
　　422　573　616　805　893　926

しのぐ凌　310　465　902

しのぶ忍　91　206　346　406　909

しばる縛　435　912

しびる痺　127

しふ強　917

しぼむ萎　95

しぼる絞　588　912

しまふ仕舞　431　489

しむ為　166　257　307

しむ締　276　922

しむ閉　613

しめころす絞殺　904

しめる湿　912

しやうず生　593　803　925

しらぐ精　39　591

語彙索引（第1章〜第4章の見出し語のみ）　1359

しらす知　185　341　428　467　919

しらぶ調　759　883　922

しらむ白　679　909

しらる知　165　173

しりぞく退（四段）75　118　309　625
　900　（下二段）747

しる知　44　48　52　56　59　62　66　70
　105　144　148　160　214　292　318
　348　363　368　383　409　418　436
　512　559　695　865　886　916

しるす印　637

しるす記　81　400

しをはる仕終　912

しんず信　803

す為　39　46　50　53　57　60　64　68
　131　142　146　151　153　166　173
　254　278　306　328　355　369　393
　420　444　563　592　615　781　889
　925

すう据　153　253　305

すかす賺　310　375　429　637

すがる縋　383　606　912

すく好　176　460　900

すく漉　900

すく鋤　75　596　900

すく据　440

すぐ過　115　152　351　413　440　540
　744　917

すぐ挿　919

すくふ掬　908

すくふ救　87　361　404　431　662　908

すくむ竦　909

すぐる勝　165　251　304　327　924

すごす過　904

すすぐ濯・漱　902

すすむ勧　761　922

すすむ進（四段）95　910　（下二段）124

すする啜　106　910

すたる廃　924

すつ捨　120　242　351　367　389　415

　441　753　920

すづ孵　276　324　389

すばふ戯？　325

すふ吸　87　313　344　361　603　908

すぶ統　124

すべらす滑　600

すべる滑　912

すます済　185　467　637　904

すまふ住　200　603

すみあがる澄上　215

すむ済　679　859　910

すむ住　407

すむ澄　96　208　860　910

すゆ饐　923

すりけす擦消　904

すりはぐ擦剝　902

する擦　106　588　606　912

する摺　335　384

せまる迫　106

せむ攻　125　173　247　922

せむ責　922

せめいだす攻出　185

せめころす攻殺　904

せめつく攻付　234

せめよす攻寄　920

せんず煎　572　925

そぐ削　919

そこなふ損　88

そしる謗　106　698　912

そそぐ濯　630

そそぐ注　79

そそる選　215

そだつ育（四段）907　（下二段）324　389
　416　547　920

そなはる備　106　912

そなふ備　122

そばだつ敧　120

そふ沿　88　855

そふ添（四段）265　287　313　344　379
　489　663　908　（下二段）122　164

339　591　921

そむ染（四段）96　495　860　910　（下二段）125　149　353　390　761　922

そむく背（四段）75　136　900　（下二段）118

そめかふ染替　921

そめかへす染返　904

そよめく戦　309

そらす逸　467

そりかへる反返　912

そる剃　106　606　698　866　912

そろふ揃　138　139　141　143　145　147　158　164　169　200　246　265　287　404　449　489　908

そわる添　160　215

そんず損　131

（タ・ダ行）
たいす対　131

たえはつ絶果　920

たがふ違　88　921

たかぶ高　760

たかぶ崇　141　149　247　276　303　321　416

たかぶる崇　106

たがやす耕　82　904

だきこむ抱込　910

たきつく焚付　918

たぎる滾　607　912

たく炊　76　584　596　901

だく抱　177　279　426　597　901

たくはふ貯　88　122　759　921

たくむ工　96　169　208　290　407　434　450　681　910

たぐる手繰　913

たける猛　106

たしかむ確　922

たすく助　118　366　414　440　747　918

たたく叩　76　625　901

ただす正　637　904

ただよふ漂　88

ただらす爛　282

たたる祟　136　152

ただる爛　127　924

たちあふ立合　200

たちなほる立直　216

たちのく立退　901

たちはばかる立憚　913

たちまさる立勝　913

たちむかふ立向　907

たちもどる立戻　106

たつ経　906

たつ建　137　151　152　242

たつ裁　84

たつ絶・断　84

たつ発　37　43　48　55　65　192　242　479　848

たつ立・建　906

たつ立（四段）43　48　51　55　58　61　65　84　157　168　192　264　286　312　333　343　359　377　401　429　480　601　644　848　（下二段）46　72　242　275　301　324　338　351　389　416　452　547　612　881

たづ　921

たづぬ尋　121　389　441　550　921

たてさす立差　185

たてなほす建直　167　185

たてまつる奉　107　698

たとふ譬　164　200　246　552　759　882　921

たなびく棚引　901

たのします楽　637

たのしむ楽　96　140　496　681　910

たのむ頼　96　170　362　434　450　496　681　860　910

たばぬ束　921

たはむる戯　127　768

たばる縛　698

たひらぐ平　163　237
たふ堪　122
たぶ賜　206　493　857
たふす倒　185　448　600　845　904
たふとぶ尊　91　670　909
たぶらかす誑　82　429
たふる倒　128　327　614　924
たほふ貯　313
だまかす騙　638
だます騙　904
たまはる賜　138　148　153
たまふ給　88　143　266　287　344　361
　379　405　432
たまる溜　107　913
たまる撓?　913
だまる黙　913
たむ矯　165　613　923
たむろす屯　131
ためす試　904
たもつ保　84　646　907
たもる賜　52　59　62
たゆ絶　353　417　923
たよる頼　216　364　384　436　513
たらす垂　904
たりさがる垂下　913
たる垂（四段）216　588　（下二段）128
　251　304　327　339　452　924
たる足　384　436　513　698　913
だる垂　592
だれる　917
たんず嘆　804
ちかづく近　340　901　918
ちかふ誓　88　288
ちがふ違　490　663　855
ちかよる近寄　913
ちぎる契　384
ちぢまる縮　107
ちぢみあがる縮上　913
ちぢむ縮（四段）910　（下二段）761　923
ちよわる　160　170　216

ちらす散　82　400　638　904
ちる散　348　409　913
ち（れ）る散　107
づ出　352
ついのく退　235
つうず通　572　804
つかさどる司　107
つかなふ養　313　663　855
つかぬ束　121
つかふ仕　123
つかふ遣　51　55　58　61　65　490
つかふ使　88　169　201　266　379　405
　432　449　663　908
つかふ支　123　552　922
つかまつる仕　107
つかむ掴　55　66　70　910
つかる漬　913
つかる疲　128　392　442　559　924
つきあく突開　918
つきあたる突当　913
つぎあはす継合　904
つきおる憑降　251
つきおろす突下　186
つきおろす付下　186
つきさす突刺　144
つきはなす突放　904
つく衝　76
つく着・付　177　235
つく着（四段）137　357　373　397　462
　596　841　901　（下二段）542　880
　918
つく漬　590　918
つく点　880
つく撞　901
つく突　76　177　260　596　625　901
つく付（四段）280　330　357　373　397
　427　461　584　597　626　840　901
　（下二段）149　163　274　321　337
　440　542　612　748　918
つく付・着　235

つく憑　177　280

つく搗　330

つぐ注　69　341　585　598　902

つぐ継　79　139　147　156　180　331
　398　630　902

つぐ告　919

つくす尽　359　376　400　429　638　904

つぐむ噤　910

つくりひろむ造広　923

つくる作　107　217　335　409　513　589
　607　698　866　913

つくる造　44　138　140　269

つくろふ繕　908

つさす突刺　137

つたはる伝　913

つたふ伝（四段）88　（下二段）123　553
　922

つづく続（四段）76　280　901　（下二段）
　749

つつしむ慎　682　910

つつむ包　96　587　910

つづる綴　108

つとむ勤　125　761　923

つとむ努　923

つながる繋　108　913

つなぐ繋　79　280

つひやす費　82　638

つぼむ蕾　346　407　434

つまづく躓　76

つまる詰　913

つみあぐ積上　237

つみなほす積直　186

つむ詰（四段）401　（下二段）353　417
　923

つむ積　143　145　148　208　267　315
　334　362　682　860　910

つむ摘　96　315　346　407　910

つむぐ紡　79　902

つもる積　348　913

つよまる強　913

つよむ強　923

つらなる列　108

つらぬ列　121

つる釣　108　607　913

つる連　354　392　418　442　768　924

でかす出来　904

できあがる出来上　913

できる出来（実）　535

できる出来　350　413　535　738　916

てずる手擦　160　170　217　269　292
　318

てばなす手放　904

てりあかがる照輝　913

てりあがる照上　148　150　218

てりわたる照渡　913

てる照　218　270　293　318　335　364
　450　607　913

どうず動　925

とがむ咎　325　762　923

とがる尖　319　913

とく解　76

とく溶　119　918

とぐ研　630　902

とぐ遂　119　415　919

どく退（四段）177　309　901　（下二段）
　749　918

とだゆ途絶　326　923

とづ綴　115　917

とづ閉　45　115

とづく託、言付（令）749

とどく届（四段）462　901　（下二段）299
　918

とどこほる滞　718　913

ととのふ整（四段）89　（下二段）123
　759

ととのふ調　432

とどまる留　719　913

とどむ留　97　125　138　146　248　303
　762

となふ唱　123

となむ調　554
となむ鎮　276
とびあふ飛合　201
とびいづ飛出　921
とびこゆ飛越　923
とびはなる飛離　924
とふ問　89　201　344　664　855　908
とぶ飛　92　206　289　314　381　406
　604　671　909
とほす通　157　186　468　638　904
とほのく遠退　901
とほる通　108　219　319　515　719　867
　913
とぼる点　913
とまふ探　325　379　405
とまる止　409　913
とまる泊　335　451　516　913
とむ止　417　762　923
とむ泊　923
とむ留・止　367
とむ留　353　390　441
ともす灯　311
どもる吃　108
とよます鳴響　157　186　282
とよむ鳴響　159　170　209　267　290
　315　334　346　450
とらす取　157　186　282　342　429　638
　845　919
とりあつかふ取扱　908
とりあつむ取集　923
とりあはす取合　919
とりかはす取交　186
とりかへす取返　905
とりこむ取込　496　910
とりしまる取締　913
とりすがる取縋　913
とりすつ取捨　920
とりちらかす取散　905
とりちらす取散　905
とりつぐ取次　902

とりなほす取直　187
とりはからふ取計　908
とりはずす取外　905
とりもどす取戻　905
とりよす取寄　920
とる取　108　160　170　219　270　293
　319　335　348　364　384　410　436
　451　516　589　607　719　867　913
とる凪　277
とる捕　437
とろく蕩　119

（ナ行）
ながす流　311　342　468　905
ながびく長引　901
ながむ眺　554　923
ながらふ長　922
ながる流　128　327　592　768　886　924
なきあかす泣明　905
なきいる泣入　916
なきくらす泣暮　905
なく泣　51　54　58　61　65　69　177
　373　398　597　627　901
なく鳴　76　597　901
なぐ投　120　545　612　751　919
なぐ薙　79　261　448
なぐさむ慰　97　497　682　910　923
なげかす嘆　187
なげく嘆　76　156　178　627
なごやく和　163
なす為　400
なす成　82　263　376　400　448　468
　639　905
なす生　167　187　283　376　400　429
　639　845
なする擦　720　913
なだむ宥　125
なづ撫　325　338　612　921
なのる名乗　913
なばくる掵　437

なびく靡 76

なふ縫 603 665

なふ絢 333 665 908

なへぐ蹇 902

なほす直 82 187 263 283 311 332
　449 468 600 639 905

なほる治 518 721

なほる直 220 294 913

なまる鈍 913

なむ舐 762

なやむ悩 97

なゆ萎 924

なよびかす靡 188

なよびく靡 178

ならす均 468 905

ならす鳴 188 600 640 905

ならはす習 469 640

ならふ習 66 70 89 201 345 361
　380 405 490 665 907

ならぶ並（四段）92 206 290 909
　（下二段）922

なりあがらす鳴上 172 188

なりいづ鳴出 245

なりかはる成変 220

なる慣 128 392 768

なる成（出来）519

なる成 38 108 160 220 270 294
　319 336 349 364 384 410 437
　451 519 607 721 872 913

なる生 874 913

なる馴 251 559 924

なる鳴 221 270 729 913

にあふ似合 908

にかぐ御香上？ 323

にぎる握 109 336 914

にぐ逃 120 366 919

にくむ憎 97 910

にごる濁 38 109 914

にす似 172 239 300 920

にほふ匂 345 361

にゆ煮 924

にらむ睨 97

にる似 113 141 413 438 451 536
　610 738 916

にる煮 114 536 589 610 738 916

ぬ寝 302 352 389

ぬかす抜（逃）429

ぬきあぐ 919

ぬきあぐ抜上 163 237

ぬきんづ抜出 121

ぬく貫 167 178 280 310 341 398
　841 901

ぬく抜 77 331

ぬぐ脱（四段）631 902 （下二段）919

ぬぐ抜 598 631

ぬぐふ拭 908

ぬくむ温 37 97

ぬすむ盗 97 209 434 910

ぬふ縫 89 908

ぬらす濡 449 640 846 905

ぬる塗 109 221 607 729 914

ぬる濡 327 614 769 886 924

ぬるむ温 910 923

ねがふ願 147 201 405 433 491 666
　855 907

ねぐ？耐？ 843

ねづく根付 901

ねぶる眠 44 49 52 56 59 62 71
　109 385 527 608 730 874 916

ねる寝 440

ねる練 45 49 109 914

ねんず念 329 925

のがす逃 342 905

のがる逃 128 769 924

のく退（四段）901 （下二段）366

のく言上？ 322

のこす残 469 640 846 905

のこる残 109 150 221 349 411 527
　731 914

のす載 120 301

語彙索引（第1章〜第4章の見出し語のみ）　1365

のす乗　239　275　753　920
のぞく除　77　463
のぞむ望　97　346　407　497　682　910
のだつ宣言　275　301
のたまふ宣　667
のばす延　846　905
のぶ伸　46　49　207　590　883　922
のぶ絢　247
のぼす上　240　546　640　920
のぼる上　170　221
のぼる登　109　144　270　336　365　385
　411　451　527　608　731
のます飲　37　600　640
のみこむ飲込　910
のむ飲　38　97　346　434　497　604
　682　860　910
のりふさふ乗栄　202
のる乗　109　222　386　528　608　732
　875　914
のろふ詛　313

（ハ・バ行）
はうむる葬　914
はかどる捗　914
はからふ計　908
はかる計　110　914
はかる測　732
はかる謀　732
はきいだす吐出　905
はぎうく接浮　235　299
はく掃　77　901
はく吐　77　585　597　841　901
はく履　452
はく佩（四段）178　585　901（下二段）
　235
はぐ接　180　261　448
はぐ禿　545　919
はぐ剝　65　69　79　598　631　902
ばく化　918
はこぶ運　92

はさむ挟　98　209　861　910
はじく弾（四段）585　（下二段）918
はじまる始　270　294　529　875　914
はじむ初・始　165　248
はじむ始　277　303　391　417
　452　554　762　883　923
はしる走　171　319　732
はずす外　905
はだかる開　914
はたらく働　901
はちきれる　917
はっす発　802
はづす外　469
はづむ弾　315
はづる外　368
はつ果　547　754　920
はづ恥　116　744
はなす放　359　376　429　905
はなす話　469　905
はなひる嚔　114
はならす離　600
はなる離　146　149　251　305　327　339
　392　443　559　925
はぬ跳　921
はぬ撥　164　246
はばかる憚　914
はばむ阻　684
はひいづ這出　921
はびこる蔓延　110
はふ延　247
はふ這　89　169　288　491　587　603
はぶく省　77
はべり侍　132　329
はまる嵌　319　914
はむ嵌　142　149
はやす栄　905
はやす囃　167　188　905
はやむ早　884　923
はやる流行　529　914
はゆ栄　249　326

はらす晴　905
はらす走　283
はらひおとす払落　905
はらふ払　266　907
はらふ祓　143　145　333
はらむ孕　98　684
はりあふ走合　202
はりいづ走出　245
はりそふ走添　202
はりやす走　189
はる腫　592
はる晴　39　46　50　53　57　60　63　68
　72　128　354　419　560　925
はる走　222　271　294　875
はる張　222　914
ひあがる干上　914
ひかふ控　922
ひがむ僻（「曲がる」の意）　210
ひからす光　640
ひかる光　732　914
ひきあぐ引揚　919
ひきあはす引合　189　905
ひきあふ引合　907
ひきいだす引き出　905
ひきいづ引出　245
ひきうく引受　918
ひきおとす引き落　905
ひきかく引掛　918
ひきかたむく引傾　901
ひきかへす引返　640　905
ひききる引切　916
ひきこす引越　641　905
ひきこむ引込　910
ひきこもる引き籠　914
ひきさく引裂　901
ひきさぐ引提　919
ひきしむ引締　248　923
ひきたくる引手繰　914
ひきたつ引立　242　907　920
ひきたふす引倒　905

ひきつぐ引継　902
ひきつる引連　252
ひきとる引取　914
ひきなふす引直　905
ひきぬぐ引き抜　902
ひきのばす引伸　905
ひきはなす引離　905
ひきはる引張　914
ひきよす引寄　172　240　920
ひく引　77　178　261　280　331　357
　374　398　427　463　585　597　628
　841　901
ひく弾　597　842　901
ひさぐ提　120
ひす比　572
ひたす浸　82
ひねる捻　608　914
ひびかす響　283
ひびく響　597　901
ひひめく咳？　585
ひひらく疼　901
ひやす冷　641
ひらく開　77　463　901
ひる干　536　916
ひる放　294　916
ひるがへる翻　110
ひろがる広　914
ひろぐ広　919
ひろふ拾　89　380　405　908
ひろまる広　914
ひろむ広　923
ひんまがる曲　914
ふ経　922
ふきけす吹消　905
ふきこむ吹込　910
ふきとばす吹き飛　905
ふく更　119　918
ふく吹（煙草吸）　598　629　842
ふく吹（鳴）　179
ふく吹　43　47　55　69　179　398　598

628　842　901

ふく茸　69　331　448　901

ふくむ含　98　497　910

ふくる膨　592　925

ふさがる塞　110　589

ふさぐ塞　631　902

ふさふ栄　202　266　288

ふす伏　136　151　332

ふせぐ防　79　632　902

ふみこむ踏込　910

ふみたふす踏倒　905

ふみつく踏付　918

ふみはずす踏外　905

ふむ踏　98　291　315　605

ふらす降　157　189　284

ふりあぐ振上　919

ふりおそふ降襲　202

ふりすつ振捨　920

ふりまはす振回　905

ふりみつ降満　164　193

ふる狂　128　305　443　769　925

ふる呆（狂）419

ふる呆（狂？）368

ふる降　38　45　49　56　67　71　110
　　141　148　223　451　530　732　875
　　914

ふる触　925

ふる振　295　365　386　530　733　914

ふるふ揮　89

ふるふ振　587

ふるふ震　89　587　667　922

ふるぼける古惚　917

ふるむ古　382

ふんばる踏張　914

へぐ剝　79　902

へだたる隔　914

へだつ隔　84　548　920

へる減　914

べんず弁　804

ほがす開穴　586　600

ほこる慶　160　171　223

ほこる誇　110　271　295　386　411　733
　　914

ほしむ欲　910

ほす乾　601

ほす干　284　332　641　905

ほとく解　598　901

ほどこす施　82

ほとめく瞬？　585

ほむ褒　125　923

ほめく熱　629　901

ほる掘　110　608　876　914

ほる惚　393　419　443　925

ほる彫　150　914

ほろぶ滅　92　207　672

ほろぼす滅　83　342

（マ行）

まうく儲　322　543　750　918

まうしいづ申出　929

まうす申　151　641

まかす負　189

まがる曲　110　271　320　589　914

まきあぐ巻上　238

まきはふる巻放　914

まぎる紛　129　354　419　925

まく巻　77　179　901

まく蒔　78　464　629　901

まく負　918

まぐ曲　591　919

まさる勝　148　151　161　171　224　271
　　349　365　386　412　733　914

まじなふ呪　313

まじはる交　111　530　734　914

まじる混　111　734　914

ます増　83

まず混　920

またがる跨　111

まちあかす待明　905

まちうく待受　918

まちがふ 間違（四段）491　667　856　908
　（下二段）922

まつ 待　65　70　84　193　264　359　377
　401　430　480　602　646　848　906

まつる 祭　111　272　336　915

まとふ 纏　89　362

まどふ 惑　90

まとまる 纏　915

まとむ 纏　923

まどろむ 微睡　316

まなぶ 学　92　494　672

まぬ 真似　302　452

まねく 招　78　629　901

まはす 回　168　189　284　641　906

まはる 回　224　320　876　915

まひあふ 舞合　203

まひこゆ 舞越　250

まふ 舞　203　288　313　380　587　856
　908

まもる 守　111　161　171　224　349　451
　734　915

まよはす 迷　190

まよふ 迷　90　314　362　380　405　433

まるむ 丸　368　923

まろぶ 転　381

まわる 回　386

まゐる 参　153　225　272

みあぐ 見上　172

みあつ 見当　920

みあはす 見合　906

みいだす 見出　906

みうしなふ 見失　907

みおとす 見落　906

みおぼゆ 見覚　924

みおやす 奉　157　190

みおろす 見下　470　906

みがく 磨　78

みかへす 見返　906

みきはむ 見極　923

みきる 見切　916

みこむ 見込　497　910

みさぐ 見下　919

みしる 見知　916

みす 見　240　367　415　440　546　612
　880　920

みすつ 見捨　920

みすます 見澄　906

みたす 満　906

みだる 乱　111　129　925

みちあがる 満上　225

みちびく 導　78　901

みつ 満（四段）193　377　430　480　611
　849　916　（下二段）115　243

みつく 見付　236　918

みつむ 見詰　248

みとどく 見届　918

みとほす 見通　470

みなす 見做　906

みならふ 見習　907

みなる 見馴　925

みのがらす 見逃　906

みはつ 見果　920

みはなす 見放　906

みはる 見張　111

みまはる 見回　915

みまふ 見舞　491　667

みまもる 見守　161　225　272　295

みゆ 見　60　63　68　250　326　368　391
　442　556　613　764　884　924

みる 見　45　49　53　60　63　114　136
　162　171　228　272　297　320　336
　350　366　387　413　438　452　537
　589　610　738　877　916

みわく 見分　918

むかふ 迎　247　449　553　922

むかふ 向　90　169　203　289　314　492
　668　907

むく 向　918

むく 剝　901

むくふ 報　90

語彙索引（第1章〜第4章の見出し語のみ）　1369

むさぼる貪　111

むしる毟　915

むす蒸　83　586　906

むすびおろす結下　190

むすぶ結　92　207　290　334　362　381
　672　909

むせぶ噎　93

むつる睦　327　419　443

むらす蒸　846　906

むる群　165　252　277

むる蒸　925

むれまふ群舞　203

めぐむ恵　98

めぐらす巡　601　906

めぐる巡　112　295　412　437　530　608
　915

めす召　65　83　139　142　144　147
　150　157　168　190　264　284　311
　332　342　376　401　470　601　641
　846

めだつ目立　907

めとる娶　112

めひかる目光　915

もくろむ目論　910

もたす持　190　311　477　643　847

もだゆ悶　326

もちあがる持上　915

もちあぐ持上　919

もちおくる持送　112

もちなほす持直　906

もちにぐ持逃　238

もちふ用　540

もちみつ持満　243

もちよす持寄　240

もちゐる用　114

もつ持　40　43　84　168　193　264　312
　402　481　602　646　849　906

もつる纏　925

もてあすぶ弄　93

もてあます持余　906

もてなす遇　157　168　190

もどす戻　168　191　343　376　906

もとむ求　554　763　923

もとる悖　112

もどる戻　45　49　52　56　59　62　67
　71　161　226　320　350　365　386
　412　437　531　609　734　876　915

ものがたる物語　52　734

もむ揉　98　910

もやす燃　906

もゆ燃　924

もゆ萌　353

もらす盛　191　285

もらふ貰　433

もりあがる盛上　915

もりあふ守合　203

もりたつ盛立　920

もる守　387　915

もる盛　227　915

もる漏　112　129　162　227　915　925

（ヤ行）

やく焼（四段）47　78　331　464　585
　629　842　902　（下二段）543　880
　918

やしなふ養　90　158　204　267　289
　587　668

やす痩　68　546　612　920

やすまる休　915

やすむ休（四段）38　98　210　362　435
　498　910　（下二段）923

やすらふ跉跰　314

やすんず安　132　804　925

やつる窶　925

やとふ雇　90　449　492

やどる宿　112　915

やはらぐ和　919

やぶりすつ破捨　920

やぶりはふる破放　915

やぶる破　112　129　296　320　532　560

735　769　876　915　925

やます病（痛）　477　847

やむ止　（四段）684　910　（下二段）125
　923

やむ病（痛）　70　435　498　588　605
　684　861　910

やらす遣　285　323　478　847　906

やりあぐむ遣倦　210

やり也　279

やる遣　162　171　227　350　877

やる破　609　735

ゆがむ歪　98　910　923

ゆくふ憩　492

ゆく行　78　331　374　427　464

ゆすぐ濯　902

ゆだる怠　117

ゆづ茹　338　921

ゆづる譲　112　532　915

ゆひつく結付　156

ゆふ結　908

ゆらす揺　191

ゆるす許　83　359　429　643　847　906

ゆるむ緩　125　923

よがく世掛　236

よく避　322

よごす汚　906

よこたはる横　112

よこたふ横　922

よこふ憩　314　334　856

よごる汚　925

よしろふ参・参進・伺候　314

よす寄（参上）　546

よす寄　120　163　172　240　301　324
　338　452　920

よす止　643　847

よすらす賑？　285

よせつく寄着　236

よそほふ装　90

よどむ淀　316　910

よばふ叫（呼）　668

よびいだす呼出　906

よびもどす呼戻　906

よびよす呼寄　920

よぶ呼　51　55　59　62　66　147　267
　346　381　672　857　909

よみがへる甦　113

よむ詠　152　861

よむ数　99　382

よむ読　98　498　605　684　861　910

よらす寄　168　191　264　285

よらる怠？　305

よりあぐ寄上　238

よりあはす寄合　191

よりあふ寄合　204

よりおる依降　162　231

よりおろす依降　191

よりかかる寄掛　609

よりかく依掛　236

よりそふ寄添　204

よりだつ寄立　194

よりなほす寄直　191

よりみつ寄満　164　243

よる依　113　735

よる寄　162　171　227　296　350　365
　387　438　532　915

よる選　412　589

よろこぶ喜　93　140　494　674　909

よわる弱　915

（ワ行）

わかす沸　37　586　906

わかつ分　85

わかる解　228　533　735　877

わかる分　770　915　925

わかる別　129　354　393　419　443　615
　770　925

わきあがる湧上　228　915

わきあぐ湧上　239

わきばさむ脇挟　99

わく沸　902

語彙索引（第1章〜第4章の見出し語のみ）　1371

わく分　119　543　751　918

わく湧　78　179　261　310　902

わしる走　113

わする忘　113　129　252　354　369　419
　444　560　770　886　925

わたす渡　137　147　343　478　906

わたる渡　71　113　137　138　152　228
　272　296　336　413　438　533　915

わづらはす煩　83

わづらふ煩　908

わぶ詫　321

わめく喚　310

わらふ笑　51　55　58　61　66　70　90
　205　334　380　603　668　856　907

わる割　252　305　451　589　609　736
　915　925

ゐす座（据）　753

ゐなほる居直　915

ゐる座　67　114　230　539　742　916

うう飢　130

うう植　130　142　173　252　305　560
　615　771　888　925

うゑさす植差　181

ゑがく描　78　179

ゑふ酔　37　43　66　70　90　205　604
　908

ゑんず怨　329

をかす侵　83

をかす冒　83

をがむ拝　138　140　143　145　148　150
　268　291　316　334　347　382　407
　686　862　910

をがむ拝（拝謁）　499

をがむ拝（拝見）　499

をがむ拝（拝聴）　500

をさまる治　915

をさまる納　136

をさむ治　142　763　923

をさむ修　555

をさむ納　353

をしふ教　123　553

をしむ惜　99　686

をどらす踊　285

をどる踊　40　113　296　350　387　413
　438　609　915

をはる終　113　534　736　915

をり居　47　132　259　330　356　371
　395　424　446　578　616　821　896
　926　（助辞）580　（用例ナシ）50　54
　58　61　64　69　167　174　279　309

をる折　113　297　320　336　609　736
　915　925

お わ り に

　三年ぐらいでまとめることができるだろうと作業を始めたのだが、実際はその二倍近くの時間を要することになった。見通しが甘かったと言えばそれまでのことではあるものの、予期せぬことが多々起こったからである。

　遅れたことのおかげでと言うべきか、その間に待望の「ベッテルハイム辞書」が『日本語訳　英琉辞書』として刊行された（2017 年、武蔵野書院）。それにより疑問点のいくつかが解決された。

　「ベッテルハイム」に関しては、苦い思い出がある。『沖縄語音韻の歴史的研究』（2010年）の「分析対象資料」に加えることが出来なかったことである。

　故高橋俊三博士は、次々と出される御論考の抜き刷りをその都度送ってくださった（私に期待するところがおありだったからだろうと勝手に解釈している）。その中でも「ベッテルハイム」関係のそれは貪り読み、書き込みだらけにしている。そして、その恩恵に報いるべく精進しているつもりであった。

　ところが、直接御恩返しのできる機会を失してしまった。いくらきれいな分析結果を示されても自分なりに分析してみないと理解・納得できない不器用さゆえにである。途中で、資料が多量で「期限」内に作業を終えることができそうにないことがわかったので、「次回を期する」ことにした。そのことを何らかの形で書くべきであったが、弁解にしかならないと思って、そうしなかった。行間を読んでもらえるであろうという緩びもあった。そのせいで予想外の誤解をされた向きもあったようである。浅慮であった。

　本書によっていくらかなりとも御恩返しができれば幸いである。博士も喜んでくださっていると信ずる。もう少し精進できそうなので、/mi'ima'ɴti ʔutabimiso'ori/（「みまもりておたぼりめしおわれ」。見守ってください。）とお願いしたい。

　精進の対象は統語論に関する事柄にしようと考えている。例えば、所謂「係り結び」に関するものである。/na'iga sura/（「なりが　すら」。できるだろうか。）,/na'idu suru/（「なりど　する」。できるよ。）

　末尾になってしまったが、出版を御快諾くださり、種々適切で貴重なアドバイスをくださった前田智彦院主に心からお礼を申し上げる。

2019 年 2 月 28 日
多和田　眞一郎

著者紹介

多和田　眞一郎（たわた　しんいちろう）＜広島大学名誉教授＞

1947 年　沖縄（県）生
1970 年　静岡大学人文学部（人文学科）卒業
1972 年　東京都立大学大学院人文科学研究科修士課程修了、同　博士課程進学
1974 年　（韓国）延世大学　Korean Language Institute　卒業
1978 年　東京都立大学大学院人文科学研究科博士課程退学（単位取得）
1995 年　博士（学術）（広島大学）

現住所　〒733-0812　広島県広島市西区己斐本町 3－1－6－812

主要著書・論文

　『地名で考える沖縄語の移り変り―例えば「ぜりかく」（勢理客）が「じっちゃく」になるまで―』（2012 年、渓水社）、『沖縄語音韻の歴史的研究』（2010 年、渓水社）、『沖縄語漢字資料の研究』（1998 年、渓水社）、『外国資料を中心とする沖縄語の音声・音韻に関する歴史的研究』（1997 年、武蔵野書院）、『「琉球・呂宋漂海録」の研究―二百年前の琉球・呂宋の民俗・言語―』（1994 年、武蔵野書院）

　「日本語とハングル資料―沖縄語史とハングル資料―」（『日本文化學報』第 37 号）（2008年）、「文法Ⅰ（語）」（『講座・日本語教育学　第 6 巻　言語の体系と構造』）（2006 年）、「言葉の取替え　そして　言語の変化（沖縄語を例として）」（『日語日文学』第 25 輯）（2005 年）、「沖縄語音韻史―口蓋化・破擦音化を中心として―」（『音声研究』第 8 巻第 2 号）（2004 年）

沖縄語動詞形態変化の歴史的研究　　武蔵野書院創業百周年記念出版

2019 年 8 月 28 日　初版第 1 刷発行

著　者：多和田眞一郎
発行者：前田智彦
発行所：武蔵野書院
　　　　〒101-0054
　　　　東京都千代田区神田錦町 3-11　電話 03-3291-4859　FAX 03-3291-4839
印　刷：シナノ印刷株式会社
製　本：有限会社佐久間紙工製本所

©2019　TAWATA, SinIciRou
定価はカバーに表示してあります。
落丁や乱丁があった場合は、お取り替えいたしますので、お手数ですが発行所まで御連絡ください。
本書の一部または全部について、いかなる方法においても無断で複写、複製することを禁じます。
ISBN 978-4-8386-0721-1　Printed in Japan